中国大百科全书

（第二版简明版）

中国大百科全书出版社

中国大百科全书

（第二版简明版）

1

中国大百科全书出版社

图书在版编目(CIP)数据

中国大百科全书：第二版简明版/中国大百科全书编辑部编著，--北京：中国大百科全书出版社，2011.10

ISBN 978-7-5000-8667-3

Ⅰ.① 中… Ⅱ. ①中… Ⅲ. ①百科全书-中国-现代 Ⅳ. ①Z227

中国版本图书馆CIP数据核字（2011）第189962号

中国大百科全书
（第二版简明版）

中国大百科全书出版社出版发行

（北京阜成门北大街17号　　邮编：100037）

http://www.ecph.com.cn

北京华联印刷有限公司

2011年11月第1版　　2011年11月第1次印刷

开本：889×1194　1/16　　印张：424.5

字数：20 000千字　　印数：1～12 000

ISBN 978-7-5000-8667-3　全套(10卷)定价：1980.00元

《中国大百科全书》第二版总编辑委员会

《中国大百科全书》第一版总编辑委员会

《中国大百科全书》第二版各学科主编、副主编

赵志奇	赵志祥	柳春图	闻力生	祝国瑞	秦化淑	秦佑国
袁　禾	袁乃驹	袁守芳	袁新泉	耿兆林	聂玉昕	钱志林
钱迎倩	倪　诚	徐　庄	徐家福	凌国灿	高云鹏	高建国
高铭暄	席泽宗	唐建军	唐统一	谈庆明	陶本藻	黄　涛
黄佩民	黄宝生	阎守胜	蒋　超	程不时	程西筠	傅璇琮
傅熹年	温光春	谢绍东	谢昭传	赖茂生	蔡运龙	蔡惟慈
管华诗	樊　平	薛永彪	穆西南	戴念祖		

分支学科主编、副主编（按姓氏笔画顺序）

丁义忠	丁茂柏	丁罗男	丁家琪	于化民	马文璞	马书铭
马春燕	马骏德	马盛德	王　元	王　东	王　均	王　镛
王　飚	王　巍	王云峰	王日中	王世强	王处辉	王贞松
王兆耀	王希恩	王宏钧	王松霈	王法安	王春光	王省良
王思斌	王炳林	王祖跃	王铁铮	王展意	王章辉	王辉青
王赐震	王善迈	王禄林	王源升	王福成	王端礼	毛汉英
乌家培	文　晔	方　秦	方富熹	尹　浩	巴莫曲布嫫	
邓小南	邓绍基	石生明	石宝珩	石南征	叶　朗	叶廷芳
叶敦和	田乃前	田东风	田江海	史轶蘩	丘坤元	白云翔
包青华	包科达	包楚忠	邝书斌	冯士筰	冯士雍	冯双白
司马云杰	巩　文	朴永光	曲爱国	吕　政	吕　微	吕国栋
朱　伦	朱　根	朱力宇	朱大年	朱元珏	朱凤瀚	朱希淦
朱学骏	朱承进	朱振华	朱家桢	朱照宣	任一飞	任式楠
任福弘	向世陵	庄祥鸣	刘　庆	刘　佐	刘　统	刘　继
刘化绵	刘文忻	刘玉清	刘功仕	刘伟伟	刘庆柱	刘安国
刘青弋	刘现华	刘国语	刘金胜	刘泽华	刘宝存	刘宗和
刘春田	刘涌泉	刘跃进	刘寄星	刘景竹	刘智深	刘魁立
刘增录	刘德刚	刘曦林	齐德学	闫　力	关　怀	江　平
江　伟	江时学	汤重南	许宝华	许崇德	许炽熛	孙　迈
孙　华	孙　燕	孙乃祥	孙光德	孙相如	寿晓松	严立军
严加安	严仲瑜	劳凯声	苏　星	苏勉曾	苏彦捷	苏振礼
苏群星	杜　一	杜忠良	杜厚文	李　扬	李　非	李　忠
李　峰	李　竞	李　强	李　毅	李广山	李永祺	李邦河
李江帆	李志光	李京文	李宝芳	李宗伟	李诗原	李荫藩
李树峰	李桂来	李培林	李银安	李隆弟	李辉凡	李瑞晨
李蓉生	李路路	李新华	杨　泓	杨圣明	杨华渝	杨志远

杨国昌	杨国桢	杨金水	杨学军	杨建华	杨贵华	杨秋宝
杨维才	杨雅彬	杨紫烜	肖德甫	吴 岷	吴 瑛	吴明海
吴岳添	吴受琚	吴宗国	吴政宏	吴修功	吴振云	吴恩远
吴常云	吴超群	吴毓林	利广安	何 雷	何光沪	何宝民
何顺果	何起祥	何新中	余雅风	邹安寿	邹振隆	邹谋炎
库桂生	应松年	闵振范	汪兆钧	沙自平	沈 杰	沈 培
沈四宝	沈兰荪	沈永欢	沈宗灵	沈复兴	沈德灿	宋 怡
宋月红	宋冬林	宋立道	宋圃菊	宋鸿林	宋新宁	宋新民
张 侃	张 顺	张 炯	张 斌	张 静	张 翼	张大勇
张广瑞	张之一	张卫平	张开逊	张天荣	张元仲	张方华
张正斌	张立文	张永山	张伟忠	张庆霖	张问敏	张志尧
张治平	张树基	张星久	张秦洞	张振龙	张振辉	张晋藩
张晓山	张旅平	张海澜	张焕乔	张联荣	张葆林	张景增
张肇西	张震康	陆 栋	陆庭恩	陈 申	陈 多	陈 瑛
陈东林	陈代璋	陈发景	陈亚春	陈光中	陈众议	陈连山
陈希孺	陈英武	陈佳圭	陈泳超	陈春花	陈星灿	陈信元
陈铁榜	陈家勤	陈骏涛	陈婴婴	陈得芝	陈维桓	陈熙谋
纳日碧力戈		武 军	武文祥	武桂馥	苗建华	范 文
林 露	林元章	林少忠	林志彬	林尚立	林被甸	欧阳钟灿
欧建平	易杰雄	罗 昆	罗 明	罗玉中	罗世平	罗冬树
季任钧	季淑娟	侍茂崇	金 钰	金 鹏	金瑞林	周远东
周志忍	周旺生	周忠海	周荣耀	周绚隆	周流溪	周爕藩
郑木明	郑乐民	郑成思	郑志鹏	郑伯承	郑金洲	郑家馨
郑朝军	单秀法	郎 樱	郎景和	孟洛明	项礼文	赵 刚
赵一新	赵仑山	赵玉明	赵旭东	赵彦云	赵晓哲	郝柏林
郝晓光	郝鈉新	胡光正	胡守仁	胡作玄	胡家勇	柯春桥
查金路	柳春图	钟亚平	钟善基	段恩奎	侯鸿飞	俞启宜
饶鑫贤	施爱东	施惠平	姜小网	姜长青	姜立德	姜廷玉
姜伯驹	姜忠尽	姜遵峰	洪 兵	宫 敬	宫宝荣	姚有志
姚江宁	贺兰亭	贺学君	袁 禾	袁树人	袁德成	袁德金
耿良玉	耿瑞伦	聂玉昕	聂崇正	聂嘉玉	贾凤山	贾随刚
顾之燕	顾方六	顾国富	顾瑞金	顾德欣	柴之芳	柴宇球
晏智杰	钱 津	钱元凯	钱绍钧	钱铭怡	倪宏伟	倪集众

徐　军	徐　航	徐天新	徐世澄	徐显明	徐钦琦	殷登祥
凌国灿	高　建	高　敏	高宏伟	高崇文	高铭暄	郭　方
郭小碚	郭开周	郭书春	郭世绂	郭冬乐	郭得河	郭懋正
席文启	席泽宗	唐　灿	唐　钧	唐统一	海顺增	诸葛殷同
谈世中	谈庆明	桑玉成	黄　行	黄　星	黄　涛	黄小虎
黄长著	黄伟民	黄向阳	黄守铨	黄迎旭	黄金元	黄宝生
黄柯可	萧裕声	梅遂生	曹先擢	曹沛霖	曹道衡	龚中麟
龚书铎	盛　宁	常巧章	崔亚峰	章国锋	商　传	阎守胜
梁　策	梁志明	梁承谋	梁前进	谌贻璞	越民义	彭坤元
斯崇文	葛　荃	董　方	董　明	董跃农	蒋建忠	韩大元
韩东军	韩东雪	韩生民	韩岫岚	韩继业	韩德培	朝戈金
喻岳青	程信和	傅小兰	傅立群	傅荣斌	傅雁南	傅璇琮
焦书兰	童庆炳	曾业英	曾枣庄	曾湘泉	曾谨言	温桂芳
游　雄	游振东	谢纪锋	谢桂华	靳希民	蒲　方	赖京军
雷　达	褚斌杰	慕　崧	蔡　禾	蔡克勤	臧志军	裴娣娜
廖向红	谭　深	谭跃进	樊高月	黎　虎	颜其德	潘一民
潘汉典	潘兆橹	潘承彪	薛芳渝	戴　浩	戴玉华	戴念祖
瞿林东						

前　言

《中国大百科全书》(第二版简明版)是以《中国大百科全书》第二版为基础，经精选、浓缩、改编、增补而成的一部概述各学科、各领域一般知识，注重简明实用的综合性百科全书。

《中国大百科全书》的编纂出版是和中国的改革开放同时起步的。30多年来，《中国大百科全书》的编纂作为中国科学文化事业一项重要的基础建设工程，得到了党中央、国务院的高度重视。

1978年，国务院决定编辑出版《中国大百科全书》，并成立中国大百科全书出版社负责此项工作。此后，《中国大百科全书》第一版各分卷陆续出版，至1993年，全书所有学科卷全部出齐。《中国大百科全书》第一版的出版，结束了中国没有百科全书的历史，被誉为“中华文化的丰碑”，成为20世纪末中国科学文化事业繁荣发达的一个标志。

《中国大百科全书》第一版出版以后，人类社会发生了急剧的变化，各领域的知识大幅度增加和更新。因此，《中国大百科全书》的修订重编成为一项紧迫的任务。1995年，国务院批准《中国大百科全书》第二版立项编纂，并列为国家“九五”、“十五”图书出版规划的重点项目。2006年，《国家“十一五”时期文化发展规划纲要》也将《中国大百科全书》的编纂列为国家重大出版工程。经过全国专家、学者和编辑出版人员的共同努力，《中国大百科全书》第二版于2009年3月正式出版。全书第二版共32卷，计收条目6万个，约6 000万字，附有3万幅图片，约1 000幅地图。全书第二版在编排上不同于第一版，全部条目不按学科分类排列，而按条目标题的汉语拼音字母顺序排列，更加便于读者寻检查阅。从这一意义上说，它是中国第一部符合国际惯例编写的大型现代综合性百科全书。

《中国大百科全书》第一版在1994年获第一届国家图书奖荣誉奖，《中国大百科全书》第二版在2011年获第二届中国出版政府奖图书奖。

为了满足更多读者的需要，《中国大百科全书》第一版出版后，1996年，我们编纂出版了《中国大百科全书》(简明版)，行销10多年，先后获国家图书奖荣誉奖、国家辞书奖一等奖，深受学界和读者的推许。有鉴于此，《中国大百科全书》第二版出版后，我们又组织编纂了这套《中国大百科全书》(第二版简明版)。

《中国大百科全书》（第二版简明版）继续贯彻《中国大百科全书》第二版的编纂方针和编辑体例，本着基础、简明、实用和检索率高的选条原则，在第二版的基础上，精选了近3万个条目，1万多幅图片，计2 000余万字。内容包括哲学、社会科学、文学艺术、文化教育、自然科学、工程技术以及军事科学等各个学科和领域古往今来的基本知识。特别是补充了第二版出版以来的新知识，更新了资料和数据，重要的资料和数据一般收录到2010年底，个别资料和数据截止2011年7月。

《中国大百科全书》（第二版简明版）在继承第二版的编纂原则和编写理念的基础上，更强调简明性原则，设条和行文更注重综合性和检索性，介绍知识既坚持学术性、准确性，又努力做到深入浅出，具有可读性，为全社会各个领域的读者综合运用人类已有知识成果并继续有所创新，提供了桥梁和阶梯。

《中国大百科全书》（第二版简明版）适于具有中等及其以上文化程度的读者查检和阅读。它的知识容量基本可满足各类研究人员、大中院校师生、国家公务员、科技文化工作者和图书馆的需要。它将进入许多普通家庭，成为一座没有围墙的大学，伴随人们在学习、工作和生活中取得更大的进步。

《中国大百科全书》（第二版简明版）涉及的学科领域极为广泛，编纂工作十分浩繁，差错和疏漏在所难免，欢迎广大读者给予批评指正，以便今后不断改进和完善。

凡 例

一、条　目

1. 条目是全书主体，一般由条目标题、释文和相应的插图、表格等组成。

2. 条目按条目标题的汉语拼音字母顺序排列。第一字同音时按声调顺序排列；同音同调时按汉字笔画由少到多的顺序排列；笔画数相同时按起笔笔形横（一）、竖（丨）、撇（丿）、点（丶）、折（包括乛、亅、乚、く等）的顺序排列。第一字相同时，按第二字，余类推。条目标题中夹有外文字母或阿拉伯数字的，依次排在相应的汉字条目标题之后。以拉丁字母、希腊字母和阿拉伯数字开头的条目标题，依次排在全部汉字条目标题之后。

3. 不同概念具有同一名称时，分别设条。如中国先秦诸侯国宋国、南朝宋朝，分别设为“宋”、“宋”两条，并按出现时间先后排列。

4. 参见条目都附有简要解释，需要进一步了解时可去查阅被参见条目。

二、条目标题

5. 条目标题一般为词或词组，如“科学”、“技术”、“世界遗产”、“周口店遗址”。

6. 条目标题一般由汉语标题和相对应的外文两部分组成。

7. 条目标题外文主要为英文，少数为法文、德文、西班牙文、意大利文等，或与其相应的拉丁字母转写形式。

8. 条目标题有两个以上对应外文的，中间用分号（;）隔开。

9. 生物属名、种名的条目标题外文一般注拉丁学名和英文名称，中间用分号隔开。其中，拉丁学名为斜体，英文名称为正体。属以上的科、目、纲、门名称的拉丁学名排正体，第一个字母大写，其他字母小写。如：

百合　*Liliun* ; lily

人科　Hominidae

10. 纯中国内容的条目，没有通用译名的，不附条目标题外文。

三、释　文

11. 释文一般依次由定义和定性叙述、简史、基本内容、研究状况、插图、表格等构成，视条目的性质和知识内容的实际状况有所增减或调整。

12. 一个条目的内容涉及其他条目并需由其他条目的释文补充的，采用“参见”的方式。所参见的条目标题在释文中用楷体字显示。如“阿波罗尼奥斯……古希腊数学家。常与欧几里得、阿基米德合称为……三大数学家”；未在释文中出现时，则另用括号加“见”字标出，如“水圈各水体中的水互相交换，不断更新（见水循环）”。

13. 释文较长时，设置层次标题，并用不同的字体和排式表示不同的层次标题。

14. 插图包括照片、航摄图、遥感图、线条图、地图等，随文编排。

15. 插图附图题、图注等说明文字。条目只配一幅图且图题与条目标题一致时，不附图题。

四、附　　录

16. 全书条目正文后辑有11种附录，包括世界大事年表、诺贝尔奖获得者名单等。

五、索　　引

17. 全书附有条目标题汉字笔画索引、条目外文标题索引、内容索引等。

六、其　　他

18. 全书所用汉字，除必须用繁体字和异体字的以外，以国家语言文字工作委员会1986年公布的《简化字总表》及规定为准。

19. 全书所用数字，执行国家标准GB/T 15835−1995《出版物上数字用法的规定》。

20. 全书数学、物理、化学符号的用法执行国家标准GB 3102.1～13−1993等13个文件，并参考国际标准化组织的规定。其他学科符号的使用参照以上标准。

21. 全书所用地名，除历史地名外，一般以中国地名委员会审定的为准（含中国地名、外国地名）。历史地名后一般括注今地名。

目 录

A

阿巴丹 Abādān 伊朗石油城。位于阿拉伯河与卡伦河交汇点下游的阿巴丹岛北端。早年为沿海城镇，以产盐和编席出名。1908年，附近发现油田多处，英国波斯石油公司在此建炼油厂，敷设输油管道，并进行城市建设。1942年以后成为石油输出港，20世纪50年代起扩建。1973年伊朗实现石油国有化后，发展为中东地区最大、最先进的炼油中心和设施齐全的现代化城市。1980年前，伊朗所产原油的2/3在此提炼，生产石油产品百余种，有伊朗最大的炼油厂，也是世界最大炼油中心之一。与德黑兰和伊斯法罕均有输油管道相通。还建有阿巴丹化工厂和阿巴丹技工学院。市内博物馆展出大量伊朗历史文物。1980年两伊战争中破坏严重，1988年两伊战争后重建。

阿巴多 Abbado, Claudio (1933-06-26～) 意大利指挥家。生于米兰。曾在米兰威尔第音乐学院学习钢琴及作曲，又在维也纳音乐学院学习钢琴、作曲及指挥。1958年在美国参加库谢维茨基指挥比赛获奖。1963年又获米特罗普洛斯国际指挥比赛头奖。1965年被邀请参加萨尔茨堡音乐节，担任维也纳爱乐乐团指挥。常以客席指挥身份出现于欧洲各地。1968～1971年被聘为米兰斯卡拉歌剧院、维也纳爱乐乐团的常任指挥，1977年曾一度辞去斯卡拉歌剧院之职，以抗议意大利政府不重视歌剧，旋又复职，任该院艺术指导。1979年任伦敦交响乐团首席指挥，1982年创办斯卡拉爱乐乐团，1989年任柏林爱乐乐团首席指挥，2003年任卢塞恩节日管弦乐团艺术总监。阿巴多的指挥富有戏剧性效果，尤擅长于意大利歌剧，特别是G.威尔第和G.罗西尼的作品。

阿巴和卓麻扎 Abakhoja Mazār 位于中国新疆维吾尔自治区喀什市的阿巴和卓（又译阿帕克和加）家族的墓地（维吾尔语“麻扎”意思是墓）。传说墓地中还葬有清朝乾隆皇帝的香妃，故又被称为香妃墓。始建于17世纪中叶，为新疆现存伊斯兰建筑中规模最大的综合建筑群。包括阿巴和卓墓祠一座，礼拜寺四座，教经堂一座，以及阿訇住宅、厨房、浴室等，墓祠东侧和北侧有数以千计的伊斯兰教民墓群。

阿巴和卓麻扎墓祠

墓祠为墓区最主要的建筑。墓祠四隅置圆形塔状邦克楼，内有楼梯可达顶部。中间为大穹窿顶，下为墓室。穹窿顶直径约16米，顶高24米，在新疆是最大的，穹窿顶上置亭状建筑。墓祠外部墙面每间做成尖拱形，在白色墙面上部有木棂条花窗，墙面外框和邦克楼都镶砌绿色琉璃砖。整个建筑造型简练宏伟，有浓厚的伊斯兰建筑特色。

阿巴坎宫殿 Abakan, Palace at 南西伯利亚地区汉式宫殿。遗址位于俄罗斯哈卡斯共和国首府阿巴坎市以南8千米。年代约公元前后。20世纪40年代进行考古发掘。宫殿为四阿式重檐建筑，平面呈长方形，包括中央大殿和周围19个较小房间。屋顶用板瓦及筒瓦覆盖，圆形瓦当有反印的汉隶八分体“天子千秋万岁常乐未央”吉语。墙壁为木骨泥墙，草泥的地面下有石砌烟道通至屋内火炕。宫殿中出土有绿玉瓶、珊瑚珠、青铜铺首及轮制陶片等汉代器物，还发现环首铁刀、穿孔铁斧和青铜带扣等典型的塔施提克文化遗物。沟纹和波纹陶罐残片与贝加尔湖沿岸出土的匈奴人所遗陶器残片相似。公元前后，这一地区为匈奴族活动地区。关于宫殿的性质，一说为公元前99年李陵降匈奴后的宅邸，另一说为王昭君的长女须卜居次云的居所。

阿巴拉契亚高地 Appalachian Highlands 北美洲东部地形区。北起纽芬兰岛，经加拿大东南沿海和美国东北部，至亚拉巴马州东北部，全长约2 600千米。东北—西南走向。东、西介于大西洋沿岸平原和中部平原之间，宽度160～480千米，北窄南宽。构造上属古生代褶皱带。因久经侵蚀，已成为一个以切割高地为主的地形区，海拔一般不足600米，仅局部地带保持海拔较高的狭长山地。大致以纽约附近的莫霍克谷地为界，分西南和东北两区。西南区自东向西依次排列着山麓台地、蓝岭、岭谷区和阿巴拉契亚高原4个地形单元。山麓台地也称皮德蒙特高原，海拔200～450米，向东缓倾，与沿海平原的陡崖相接，河流经此陡落，构成著名的“瀑布线”。蓝岭为一崎岖之地，自北向南增高，南部达1 800米以上，其中米切尔山海拔2 037米，为美国东部的最高峰。岭谷区经长期差别侵蚀，硬岩为岭，软岩为谷，表现了岭谷相间的地形特征，发育格状水系。阿巴拉契亚高原约占西南区一半面积，岩层近于平展，起伏和缓，海拔300～600米，包括阿勒格尼高原和坎伯兰高原。东北区以新英格兰高地为主体，海拔300～500米，向东、南倾斜，其构造、地形特点与西南区的山麓台地相当；高地西侧为格林山等狭长山岭和哈得孙-尚普兰谷地，分别与蓝岭和岭谷区相当，但范围较小；相当于西南区阿巴拉契亚高原的地形单元在东北区几告缺失。第四纪冰期时，东北区曾受大陆冰川侵袭，冰蚀和冰碛地貌广布。地处温带和亚热带，年降水量在1 000毫米以上，蓝岭地区可达1 750毫米。森林茂密，自北而南遍布针阔混交林和落叶阔叶林。矿藏丰富，拥有世界最大的石棉矿和美国最大的煤矿以及铁、铅、锌矿并产大理石、花岗石等。自然风光优美，辟有大烟山等4个国家公园、许多州立公园和游览地；另有著名的阿巴拉契亚小道。

阿巴斯 Abbas, Mahmoud (1935-03-26～) 巴勒斯坦民族权力机构主席（2005～ ）。又名阿布·马赞。生于巴勒斯坦北部萨法德。获莫斯科大学历史学博士学位。1959年协助巴勒斯坦领导人阿拉法特创建巴勒斯坦解放组织主流派“法塔赫”。20世纪90年代初，曾作为巴方首席谈判代表出席马德里中东和会，主持巴以奥斯陆谈判并签署了《奥斯陆协议》。1994年5月巴勒斯坦实行有限自治后，回到巴勒斯坦。1995年当选巴解组织执委会总书记，2003年4～9月出任巴勒斯坦自治政府首任总理。2004

年11月阿拉法特逝世后，当选为巴解组织执委会主席。2005年1月，以绝对多数票当选巴民族权力机构第二任主席。同年1月15日宣誓就职。2008年11月23日，巴解组织中央委员会选举他为巴勒斯坦国总统。1999年11月曾访问中国。2005年5月、2010年4月底5月初对中国进行国事访问。

阿拔斯王朝 Abbasid Dynasty 古代阿拉伯帝国王朝。因创立者为阿布·阿拔斯，故名。750年，阿布·阿拔斯推翻阿拉伯帝国倭马亚家族统治，夺取哈里发职位，开创阿拔斯家族统治时代，历时500余年，直至1258年被蒙古大军灭亡。中国史书称其为黑衣大食。

阿拔斯一世 ‘Abbās I (1571-01-27～1629-01-19) 伊朗萨非王朝中兴君主。生于赫拉特，号称大王。在位期间(1587～1629)首创常备军，收复大量失地，使伊朗国势达于全盛。他即位时，正值内忧外患交侵，内部土库曼诸部落首领专横僭越；外部西方有奥斯曼帝国，东方有乌兹别克汗国，两大强邻不断侵犯。阿拔斯一世依靠常备军诛除阴谋倡乱和不听命的基泽勒巴什的首领。1597年，他大败乌兹别克于赫拉特，收复呼罗珊，遂将国都从加兹温迁至伊斯法罕。1603年起，对奥斯曼帝国发动攻势，收复了北起阿塞拜疆南至巴格达的失地，并收复了葡萄牙人强占的波斯湾上的霍尔木兹岛。他在伊斯法罕兴建清真寺、神学院、公共浴室、广场和林荫大道，各国使节和商人云集于此，使都城空前繁荣。阿拔斯一世关心吏治，认真惩处贪官污吏。但他在位期间，农民和城市的劳动阶层，尤其是边远地区的人民，身负租税、徭役的重担，并遭受官吏的横暴压迫，因而不断反抗。他多次以极其残酷的手段镇压人民起义。

阿坝藏族羌族自治州 Aba Tibetan-Qiang Autonomous Prefecture 中国四川省辖自治州。位于省境西北部，四川盆地西北，北和西北部与甘肃、青海省交界。辖马尔康、汶川、理县、茂县、松潘、九寨沟、金川、黑水、小金、壤塘、阿坝、若尔盖、红原13县。面积84 242平方千米。人口70万(2010)，有藏、羌、满、土、苗、回、汉等民族。自治州人民政府驻马尔康县。1950年设立茂县专区。1953年成立四川省藏族自治区，1954年首府迁刷经寺镇（在今红原县)。1955年改为四川省阿坝藏族自治州。1959年改为阿坝藏族羌族自治州。地处青藏高原与四川盆地边缘山地峡谷交错地带，地形以丘状高原和山原为主。高原区属大陆性高原气候，夏凉湿润，昼夜温差大，水草丰茂，为主要牧区；山原区属温凉半湿润气候，夏秋温凉，冬长严寒，干湿季

迭溪海子

明显；东南高山峡谷河谷区属暖温带和亚热带气候，冬无严寒，夏无酷热，无霜期较长，为主要农业区。矿产资源以金、泥炭、褐煤、花岗石、大理石、宝玉石、水晶等较为丰富。农业以旱作农业为主，产小麦、青稞、玉米、马铃薯、蚕豆、豌豆、油菜子、麻类等。畜牧业多集中于高原牧区，以放牧绵羊、山羊、牦牛、犏牛、黄牛等为主，是全国重要牧区之一。河谷地带以饲养山羊、黄牛和生猪居多。山地森林资源较丰富，以冷杉、云杉、高山栎、铁杉、桦木等为主，是长江上游水源涵养林区和西南地区主要林区之一。工业发展原以森林工业为代表的森林采伐、木材加工等传统产业为主，形成了结构单一的“木材经济”，后已转变为以水电为龙头的水电能源、采矿、建材、制药、畜产品加工等工业。名胜古迹有黄龙寺－九寨沟自然风景区，以及四姑娘山、米亚罗、松坪沟3个风景名胜区，还有卧龙自然保护区、王朗自然保护区，雪宝顶、扎嘎瀑布、五色泉、迭溪海子、姜维城垣等。

阿拜·库南巴耶夫 Abaj Kunanbayev (1845-08-10～1904-07-06) 哈萨克诗人。1880年开始诗歌创作。主要创作了讽刺诗《我终于成了乡长……》(1889)、《管理员看见上司很高兴……》(1889)，组诗《春》(1890)、《夏》(1886)、《秋》(1888)、《冬》(1888)、《当影子要变长的时候》(1900)，爱情诗《致姑娘》(1889)、《我眼中的瞳人》(1891)，长篇叙事诗《玛斯古德》(1887)等。阿拜·库南巴耶夫创造了新的诗歌形式（六行诗、八行诗)，诗歌内容丰富，技巧独到。还著有思想启蒙著作《箴言》。

阿保机 A Baoji (872～926) 中国辽朝的创立者。辽太祖。契丹名耶律阿保机，又名耶律亿，习称阿保机。见辽太祖耶律亿。

阿贝 Abbe, Ernst (1840-01-23～1905-01-14) 德国物理学家。生于爱森纳赫，卒于耶拿。1861年在耶拿大学获得博士学位。1863年在该校任数学、物理学和天文学讲师，1870年任教授。1866年与C.蔡司合作研制光学仪器。以显微镜为中心，他的两项重要贡献为：①几何光学中的正弦条件，确定了可见光波段上显微镜分辨本领的极限，为迄今光学设计的基本依据之一；②波动光学中的两步成像理论——阿贝成像原理。A.B.波特1906年以实验证明了这个理论，成为近年以激光为实验条件的光学变换基本理论之一。他在1867年制成测焦计，1869年制成阿贝折射计及分光仪。1870年后又制成数值孔径计、高度计和比长仪等。1879年与O.肖托合作，研制成可用于整个可见光区的复消色差镜头。他还改进了不少天文观察仪器。

阿贝尔 Abel, Niels Henrik (1802-08-05～1829-04-06) 挪威数学家。生于芬岛牧师家庭，卒于弗鲁兰。13岁入奥斯陆一所教会学校学习，年轻的数学教师B.M.霍尔姆博发现了阿贝尔的数学天才，并给予指导。1821年入奥斯陆大学。1824年，解决了用根式求解五次方程的不可能性问题。他的论文以法文写成，可是在外国数学家中没有任何反响。1825年去柏林，结识了A.L.克雷尔。克雷尔创办了著名的数学刊物《纯粹与应用数学杂志》，第1卷(1826)刊登了阿贝尔的7篇文章，其中有一般五次方程用根式不能求解的证明。1826年阿贝尔到巴黎，遇见A.-M.勒让德和A.-L.柯西等数学家，他写了一篇关于椭圆积分的论文，提交给法国科学院，不幸未得到重视，他只好又回到柏林。克雷尔为他谋求教授职位，没有成功。1827年，阿贝尔贫病交迫回到挪威，以做家庭教师为生。直到阿贝尔去世前不久，人们才认识到他的价值。1828年，四名法国科学院

院士上书挪威国王，请他为阿贝尔提供合适的科学研究位置，勒让德也在科学院会议上对阿贝尔大加称赞。次年4月6日，不到27岁的阿贝尔病逝。柏林大学邀请他担任教师的信件在他去世后的第二天才送出。此后荣誉和褒奖接踵而来，1830年他和C.G.J.雅可比共同获得法国科学院大奖。

阿贝尔的数学成就是多方面的。除了五次方程之外，他还研究了更广的一类代数方程，后人发现这是具有交换的伽罗瓦群的方程。为了纪念他，后人称交换群为阿贝尔群。阿贝尔还研究过级数，得出一些判别准则以及关于幂级数求和的定理。这些工作使他成为分析学严格化的推动者。

阿贝尔和雅可比是公认的椭圆函数论的奠基者。阿贝尔通过椭圆积分的反演，引进了椭圆函数，并发现了椭圆函数的加法定理及双周期性。其后他研究了形如$\int R(x,y)\,dx$的积分（现称阿贝尔积分），其中$R(x,y)$是x和y的有理函数，且存在二元多项式f，使$f(x,y)=0$。他还证明了关于上述积分之和的定理，现称阿贝尔定理，断言：若干个这种积分之和可以用g个这种积分之和加上一些代数的与对数的项表示出来，其中g只依赖于f，称为f的亏格。

阿贝尔的工作直接推动了19世纪代数函数论的大发展。C.埃尔米特曾说：阿贝尔留下的思想可供数学家们工作150年。

阿贝剧院 Abbey Theatre 爱尔兰的实验性剧院。全名为都柏林阿贝剧院。1904年建于当时的首府都柏林，1951年焚于火灾。剧院的前身是W.G.费所领导的爱尔兰民族戏剧剧团和由诗人W.B.叶芝、剧作家格雷戈里夫人等所创立的爱尔兰民族文学剧院，后来两家合并，成立了阿贝剧院，作为实验剧院。

阿贝剧院坚持演出叶芝、J.M.辛格等剧作家的具有本民族特色的爱尔兰戏剧，在全欧洲赢得了声誉。剧院被焚后，新阿贝剧院于1966年7月18日重新开幕。现剧院定名为国家剧院，由设624个座位的阿贝剧院和设157个座位的孔雀剧院组成，并定期举行演出。

阿比让 Abidjan 科特迪瓦经济首都和最大港口城市。位于东南沿海埃布里耶潟湖北岸，市区由阿比让半岛、小巴萨姆岛扩大到潟湖南岸，中间有铁路桥和公路桥相连。人口400.7万（2009）。热带雨林气候，年平均最高气温30.1℃，最低气温23.5℃，极端最高气温36.2℃，平均年降水量2 144毫米。

城市始建于1903年，当初以铁路兴市。1934年法国殖民首府从班热维尔迁此。原有简易小港，1950年建成通大西洋的弗里迪水道，并在小巴萨姆岛西面扩建码头，远洋巨轮畅通无阻。1960年独立后定为国都，成为全国政治、经济、文化中心和交通枢纽。1983年3月12日起，在亚穆苏克罗另立政治首都，但政府机构和外交使团仍留在阿比让，并作为经济首都。全国主要工业部门和大型企业大多集中于此，主要有炼油、石油化工、木材加工、机械、汽车装配、纺织、榨油、食品、水果罐头、啤酒、建材，以及其他农产品加工业。铁路纵贯南北并通布基纳法索首都瓦加杜古，成为内陆邻国出海的主要通道。公路四通八达，连接全国主要城市，主要为高等级公路和高速公路。阿比让港是西非第一大港，年吞吐量1 500万吨（2000）。阿比让机场是非洲重要国际航空港，有众多国际国内航线。为全国文教科研中心，有建于1958年的全国最高学府阿比让大学，还有医学、农学等高等院校；有国立科学研究院和医学、橡胶、油棕等热带作物及热带水果科研机构；有全国最大的图书馆和国家博物馆。阿比让半岛上的普拉托为市中心区，也是主要商业区。小巴萨姆岛和弗里迪区为工业区，普拉托区北边及城郊和各区外围是住宅区。潟湖沿岸风景优美，是全国最大旅游中心；星级宾馆众多，象牙宾馆是世界知名宾馆。

阿比让市景

阿庇安 Appian（90/100～165/170） 罗马帝国时期的希腊历史学家。生于亚历山大城。起初在家乡担任公职，后取得罗马公民权和骑士身份，担任皇帝的代理官（可能在埃及）。

他用希腊文写了一部24卷的《罗马史》。各卷分别记述国王们的战争、意大利战争、萨姆尼乌姆战争、高卢战争、西西里战争、西班牙战争、利比亚（阿非利加）战争、马其顿和伊利里亚战争、希腊和亚细亚战争、叙利亚战争、米特里达特斯战争、内战（这一部分的标题即为“内战”）、埃及战争、凯撒们的战争（至图拉真时期）、达契亚战争、阿拉伯战争。此书至少到9世纪时还是完整的，但今天保留下来的不足一半。阿庇安能严格地以史料为依据，不捏造事实，不作迂腐说教，使此书成为珍贵的历史材料。他的文字清晰、流畅，不大注意辞藻。

阿庇亚 Appia, Adolphe（1862-09-01～1928-02-29） 瑞士舞台美术家。生于日内瓦，卒于尼翁。他崇拜德国作曲家R.瓦格纳，终身从事改革瓦格纳歌剧布景设计的研究工作。1923年起为演出瓦格纳歌剧《特里斯坦与伊索尔德》、《莱茵河的黄金》、《女武神》等设计布景。有《瓦格纳音乐剧的演出》、《音乐和舞台演出》、《活的艺术品》等3部著作出版。阿庇亚主张戏剧演出是个整体，表演艺术是戏剧的中心，布景应从属于演员表演的需要，而以台阶、斜坡和平台等组成的节奏感很强的立体空间可以帮助与衬托演员表演。他主张灯光应与音乐融合无间，通过光影塑造使舞台画面获得新的意义。他的设计形象精练生动，富有诗情画意。他的理论和设计展示了关于舞台布景和灯光运用的全新观念，把舞台设计提高到一个重视塑造气氛意境的高度艺术水平，对后来的舞台设计影响甚巨。

阿炳 Abing（1893?～1950） 中国民间音乐家。原名华彦钧。

阿波利奈尔 Apollinaire, Guillaume（1880-08-26～1918-11-09） 法国诗人。生于意大利罗马，卒于巴黎。原名为W.A.de科斯特罗维茨基。1895年到巴黎，当过银行职员、书店伙计、记者。第一次世界大战爆发后，他从军并入法国籍。诗集有《动物小唱》（1911）、《醇酒集》（1913）、《被杀害的诗人》（1916）、《美好的文字》（1918）等。诗人力求革新传统诗律，重视诗歌内在的节奏与旋律。《醇酒集》采用新的节奏，和谐地表现了淳朴、自然、清新、亲切的意境。诗集《美好的文字》包括许多短诗，是诗人在战壕里匆匆写成的，标志着现代诗在诗体与格律上的彻底解放。有些诗将诗句分散排列成奇异的图像，被称为“立体诗”，对法国现代诗的发展影响极为深远。此外创作有剧作《蒂雷西娅的乳房》（1917），被认为是超现实主义的发轫之作。

阿波罗 Apollo 希腊神话中的一位主神。宙斯和女神勒托的儿子。阿尔忒弥斯的孪生兄弟。与阿波罗有关的神话很多，主要有：他斩杀恶龙皮同，在德尔斐他战胜皮

贝尔维德尔的阿波罗之大理石复制品
（藏于梵蒂冈博物馆）

同的地方修建神庙；参加奥林波斯山众神与巨灵的战斗；在特洛伊战争中，他的祭司受希腊人侮辱，他施瘟疫，使希腊人遭受侵袭；赫尔墨斯发明七弦琴送给阿波罗，使他成为音乐之神；特洛伊公主卡珊德拉与他相爱而被赋予预言才能，而公主事后食言，阿波罗又使其预言不为人所信；神女达佛涅极力摆脱他的追求，被变作月桂树，称为阿波罗圣树；他还和波塞冬合力帮助特洛伊，建起牢不可破的城墙等。通常阿波罗作为太阳神为人们接受，称福波斯（光亮之意），他一方面保护农业，另一方面他的阳光被视作金箭，具有战神作用。常见的阿波罗形象多是长发无须的青年，随身带有竖琴、弓、神盾等。

“阿波罗”号飞船 Apollo spacecraft 美国载人登月飞船系列。1966～1968年进行了6次不载人飞行试验，1968～1969年发射了4艘飞船进行载人在轨飞行试验。1969～1972年共发射了7艘载人飞船执行登月任务，其中6艘登月成功，共有12名航天员登上月球。

“阿波罗”号飞船由指令舱、服务舱和登月舱3部分组成，每次登月载3名航天员。登月飞行结束后，返回地球的只有指令舱，3名航天员均乘指令舱返回。指令舱呈圆锥形，高3.23米，底面直径3.1米，起飞质量约5.9吨。服务舱附在指令舱下端，呈圆筒形，直径3.9米，高7.37米，装上推进剂和设备后总质量25吨。登月舱由下降段和上升段组成，地面起飞时质量14.7吨，宽4.3米，最大高度约7米。下降段还装有考察月面的科学仪器，下降段在上升段飞离月面时起发射架作用。

航天员在月面的实地考察工作，包括采集带回地面的月球土壤和岩石标本，在月面建立核动力科学站，进行驾驶月球车试验，实地拍摄了月面照片等。

“阿波罗”计划 Apollo Project 20世纪60～70年代美国实施的载人登月工程。计划包括：确定登月方案和登月飞行的辅助计划、研制运载火箭和试验飞行、研制“阿波罗”号飞船，以及实现载人登月飞行。其中辅助计划共有四项研制开发：“徘徊者”号探测器（1961～1965年共发射9个绕月飞行器）、“勘测者”号探测器（1966～1968年共发射5个月面软着陆装置）、“月球轨道环行器”（1966～1967年共实现5次环月飞行）和“双子星座”号飞船（1965～1966年共发射10个飞行器）。

“阿波罗”登月飞行从1966年启动。到1968年，“阿波罗”1～6号飞船进行了6次不载人试验性飞行。1968～1969年，“阿波罗”7～10号飞船完成了4次载人飞行。1969～1972年，“阿波罗”11～17号飞船进行了7次载人登月飞行，除“阿波罗”13号飞船因服务舱故障中途终止登月任务外，共12人实现了登月的壮举。

“阿波罗”计划完成的登月探测项目计有航天员在月面步行和乘月球车行程总计26千米；对月面结构观测、摄像和采样；设置核动力实验站；探测近月空间；安置

在月球上行走的航天员和月球车

月震仪、太阳风探测仪、宇宙线探测仪；设置用于激光测距的月面反射器；采集带回月球岩石和土壤样品总计约385千克。

阿波罗尼奥斯 Apollonius 古希腊诗人、语法学家。生于亚历山大城（一说在古埃及的瑙克拉提斯）。创作时期约在公元前222～前181年。曾受命主持亚历山大城图书馆，因写作史诗《阿尔戈船英雄纪》与老师卡利马科斯发生分歧，移居罗得岛。《阿尔戈船英雄纪》是他的主要著作，共4卷，6 000余行，系统地叙述了有关阿尔戈船英雄的传说，为古希腊后期留存至今最长的史诗。它重点叙述了美狄亚和伊阿宋的爱情。这部长诗对以后的多位罗马诗人有很大影响。另外，他还著有铭辞及语法和评论方面的著作，都已散佚。

阿波罗尼奥斯 Apollonius（约前262～约前190） 古希腊数学家。常与欧几里得、阿基米德合称为古希腊亚历山大前期的三大数学家。生于小亚细亚南岸的佩尔加，卒于亚历山大。年轻时在亚历山大跟从欧几里得的门徒学习，以后就在那里教学。曾访问帕加马（小亚细亚西北），在那里新建的大学和图书馆工作过。他的《圆锥曲线论》是古代科学巨著，其他著作大都失传。

《圆锥曲线论》共8卷，前4卷的希腊文本和其后3卷的阿拉伯文本保存了下来，最后一卷遗失。此书集前人之大成，且提出很多新的理论。推广了梅内克缪斯（公元前4世纪中，最早系统研究圆锥曲线的希腊数学家）的方法，证明三种圆锥曲线都可以由同一个圆锥体截取而得，并给出抛物线、椭圆、双曲线、正焦弦等名称。书中已见坐标制思想的端倪，以圆锥体底面直径作为横坐标，过顶点的垂线作为纵坐标，这给后世坐标几何的建立以很大的启发。

阿波罗尼奥斯还在《取火镜》中证明了平行光线投影在凹球面镜上，反射光线并不集中在球心，抛物面镜才有这种聚焦的性质。在《相切》一书中提出后来被称为“阿波罗尼奥斯问题”的有名作图题，作一圆与三已知圆相切。在天文学方面也颇有建树，证明了求行星留点的方法，成功地将几何学应用于天文。

阿卜杜拉·宾·阿卜杜尔·卡迪尔 Abdullah bin Abdul Kadir（1796～1854） 马来作家。生于马六甲，去麦加朝觐途中卒于吉达。自幼受家庭传统教育和伊斯兰教的熏陶，精通马来语、阿拉伯语，还熟悉英语，马来古典文学的造诣很深。他的代表作《阿卜杜拉传》（1843）主要记载他追随莱佛士的种种经历，通过鲜明的对比颂扬西方资产阶级文化的先进性、批判马来封建文化的落后性，引起强烈的反响。他的写作手法不落俗套而近于写实，语言风格也有所革新，在当时已属超前。他的作品有叙事诗、散文等，大多带纪实性，反映19世纪马来社会的政治风云和风土人情。

此外，他还整理了《马来纪年》等马来古典文学名著，对马来文学的发展作出了很大贡献。

阿卜杜勒·拉赫曼 Abdul Rahmman (?～约1740) 阿富汗诗人。出身贫苦，生平事迹不详。著有《拉赫曼巴巴诗集》(“巴巴”是对长者的尊称)，在普什图文学史上与胡什哈尔·哈塔克齐名，被誉为普什图文学的先驱。他的诗大部分是爱情诗，情调忧郁悲怆。当时阿富汗处在莫卧儿帝国统治之下，诗人借这种形式来表达对祖国的热爱和对侵略者的痛恨。他的很多诗句长期在人民中口头流传。著名诗篇有《盛着爱情琼浆的酒坛》、《美人儿并不需要我》和《爱情的来信》等。

阿不来提·阿不都热西提 Ablät Abdurešit (1942-03-15～) 中国人民政治协商会议全国委员会副主席。维吾尔族。新疆伊宁人。1960年7月加入中国共产党。1960年入新疆工学院机电系电气专业学习。毕业后历任新疆维吾尔自治区建筑勘察设计院技术员、工程师、副院长。1983年任新疆维吾尔自治区计划委员会副主任、中共党组书记。1991年后历任新疆维吾尔自治区人民政府副主席，自治区党委副书记，自治区人民政府代主席、主席。2003年任新疆维吾尔自治区人大常委会主任。2003年、2008年当选为全国政协十届、十一届副主席。是中共十五届、十六届、十七届中央委员。

阿布德拉什托夫 Abdrashitov, Vadim Yusupovich (1945-01-19～) 俄罗斯电影导演。生于乌克兰哈尔科夫。1974年毕业于全苏国立电影学院M.I.罗姆和L.A.库里让诺夫的工作室。成名作是毕业作品《请把波塔波夫留下！》。其后与剧作家敏达杰合作拍摄了一系列进行道德探索的影片，如《辩护词》(1976)、《转折》(1978)、《猎狐》(1980)、《火车停驶》(1982，获俄罗斯联邦共和国奖)、《行星的检阅》(1984，获1986年意大利阿维里诺第15届国际电影节奖)等。后又陆续拍摄了《普留姆布姆，或者危险游戏》(1986，获威尼斯电影节“意大利共和国金质奖章”奖)、《仆人》(1988，获西柏林国际电影节巴乌艾尔奖)、《阿尔玛维尔》(1991)等。苏联解体后拍摄的影片有表现俄罗斯新贵的《一个乘客的剧本》(1995，获柏林国际电影节银熊奖)、描写高加索战争的影片《跳舞者的时代》(1998)等。

阿布贾 Abuja 尼日利亚首都。位于国土中央、联邦首都区的北部，西距尼日尔河支流古拉拉河20余千米。联邦首都区面积7 315平方千米，人口约300万(2008)，市区面积约250平方千米，人口14.06万(2006)。原为国家锡矿产区和中部公路网中心、农畜产品集散地。1976年国家划定联邦首都区。20世纪80年代始建，1991年建成，随即首都由沿海大城市拉各斯迁入。联邦首都区地处丘陵地带，中部的丘库库山海拔688米。属热带草原气候，是主要的农牧业区，有锡、铅、黏土、长石、黄金、铁等矿产资源。城市建于联邦首都区北部瓜瓜平原上，海拔360米。周围土地开阔，气候凉爽干燥，水源充足，便于开发。市区分为三部分，市中心为行政区，有总统府、国会大厦和立法、司法部门以及市政府、文教机构等建筑，还有中心商业区；市中心以南为主要居住区，有商业和娱乐等设施；最南端规划为工业区。有高速公路通往各州首府，并设有机场。

阿布拉泽 Abuladze, Tengiz Yevgeniyevich (1924-01-31～1994-03-06) 苏联电影导演，诗电影代表人物之一。生于库塔伊西，卒于格鲁吉亚第比利斯。1943～1946年在第比利斯国家戏剧学院学习，后进入全苏国立电影学院导演系，1953年毕业。1956年与他人合作导演了《马格丹娜的小驴》，表现19世纪格鲁吉亚贫苦农民的生活。1958年导演了表现格鲁吉亚现代生活的《别人的孩子》。1967年拍摄影片《哀求》，用寓言、象征等手法提出善与恶、良心与责任的问题，被称为哲理片。他在20世纪70年代的最成功作品是《愿望树》(1977)。这部影片被看作“诗的电影”，具有浓烈的民族风格，人物性格与造型处理颇具特色。1983年拍摄的《悔悟》以诗意的隐喻手法再现了斯大林时代知识分子的命运，1987年公映后获戛纳电影节特别奖。1980年获苏联人民艺术家称号。

阿布维利文化 Abbevillian Culture 欧洲旧石器时代早期文化。因发现于法国北部索姆河边的阿布维尔附近而得名。遗物埋藏于高出河面45米的阶地砾石层中。时代为中更新世。主要分布于法国和英国。许多学者认为它起源于奥杜韦文化，大约在第二间冰期时为阿舍利文化所代替，因而又名早期阿舍利文化。该文化属于手斧文化系统。手斧是其代表性石器，用火石结核从两面打制而成，器身较厚，石片疤深，刃缘曲折，形状不定，根部常保留一部分火石结核的外皮。与手斧等工具伴存的动物化石表明，西欧当时气候温暖。到目前为止，尚未发现与阿布维利文化伴生的人类化石，有人把距今70万年前的海德堡人看作是与该文化同时代的人。

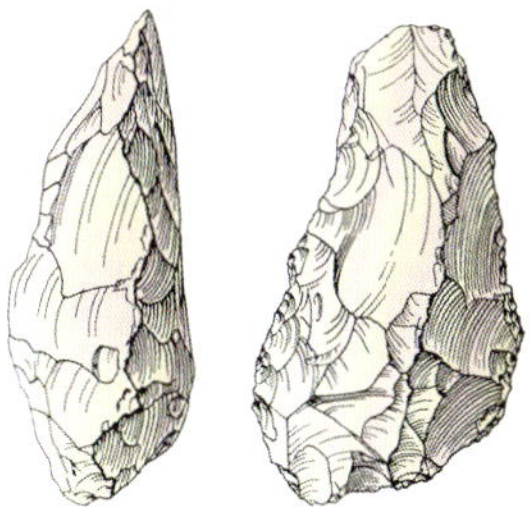

阿布维利手斧

阿布扎比 Abu Dhabi; Abū Zabī 阿拉伯联合酋长国首都，阿布扎比酋长国首府。人口129.21万(2005)，其中移居人口超过80%。位于波斯湾南岸一个三角形小岛上，面积60平方千米，有穆克塔大桥与陆地相连。市区占岛的大部分。始建于1761年。居民以放牧骆驼或采珠、捕鱼为业。1962年以后，随着石油的大规模开采和国家经济的发展，迅速发展为一座现代化城市，经济活跃，人口激增。有大型的海水淡化厂和炼油厂，还有建材、面粉、家具、纸袋等工业。出口以石油为主，进口食品、纺织品和各种日用消费品。全国公路和空

阿布扎比市景

运中心。国际机场设在城南，通连阿拉伯各国和世界许多城市。城北建有泊位众多的扎伊德深水港。市内有古老城堡、古老岗楼以及宏伟的清真寺。市郊有现代化的骆驼赛跑场。

阿昌语 Achang language 中国西南部一种少数民族语言。属汉藏语系藏缅语族缅语支。分布于中国云南省德宏傣族景颇族自治州的陇川、梁河、潞西以及保山市的龙陵等县市。分陇川方言、潞西方言和梁河方言。方言之间差别较大，不能通话。阿昌语（以陇川方言户撒话为代表）有37个声母，塞音、塞擦音有清无浊；有卷舌化声母。有80个韵母，其中单元音韵母有8个，复合元音韵母有10个。有4个声调。以虚词和词序为表达语法意义的主要手段。形态变化少。人称代词单数加后加成分表示双数和复数。动词使动态的语法形式有屈折式和分析式两种。借词主要来自汉语、傣语，还有一些来自缅甸语。

阿昌族 Achang 中国少数民族。主要分布在云南省德宏傣族景颇族自治州的陇川、梁河等县。人口33 936(2000)。使用阿昌语，属汉藏语系藏缅语族缅语支。无文字，

阿昌族女子

习用汉文和傣文。先民原住滇西北地区，汉文史书中称“峨昌”、“莪昌”、“蛾昌”等；13世纪，经迁徙定居于今云南陇川、梁河地区。主要从事农业，种植水稻。制造铁器极负盛名，阿昌刀（又称户撒阿昌刀）著称于世。善唱山歌。男子穿蓝、白或黑色对襟上衣，黑色裤子。已婚女子一般穿裙子，上穿窄长袖对襟衣，黑布包头，佩戴银首饰；未婚妇女穿长裤，上穿浅色对襟衣，盘辫。食物以大米为主，还有玉米、薯类、蔬菜、肉类等，喜酸味食品。住房多为砖瓦、木石结构的四合院建筑。婚姻行一夫一妻制。婚前恋爱自由，盛行“串姑娘”。葬俗一般为土葬，非正常死亡须火葬。节日主要有窝罗节、会街节、火把节等。梁河地区保留原始的鬼魂信仰和祖先崇拜，户撒地区信仰小乘佛教。1988年在梁河、陇川成立了3个阿昌族民族乡。

阿达 Ada (1934-06-16～1987-02-15) 中国美术片创作家、漫画家。原名徐景达。祖籍江苏昆山。生于上海，卒于北京。1951年考入苏州美术专科学校动画班，1952年转入北京电影学校动画班。毕业后分配到上海电影制片厂美术片组。后为30多部影片绘景、设计和导演。“文化大革命”后与林文肖合作导演《画廊一夜》，构思独特、寓意深刻。1979年与王树忱等人联合导演《哪吒闹海》，获1979年文化部优秀影片奖、1980年第3届大众电影百花奖最佳美术片奖。1980年导演《三个和尚》，获当年文化部优秀影片奖和1981年第1届中国电影金鸡奖最佳美术片奖，并获丹麦第4届国际儿童和青年电影节银质奖、第32届西柏林国际电影节银熊奖、第6届葡萄牙国际动画节C组头奖、第2届罗马尼亚国际电影节特别奖。此外，他导演的《三十六个字》、《超级肥皂》、《新装的门铃》等也获得国内、国际奖项。

阿达马 Hadamard, Jacques(-Salomon) (1865-12-08～1963-10-17) 法国数学家。生于凡尔赛，卒于巴黎。1888年毕业于巴黎高等师范学校。先后在巴黎布丰中学、波尔多理学院和巴黎大学理学院任职。1909年到法兰西学院任教，一直到退休（1937）。长期在巴黎综合工科学校和中央学校兼职任教，并在法兰西学院创办了著名的讨论班。1912年被选为法国科学院院士。他还是苏联、美国、英国、意大利等国的科学院院士或皇家学会的会员及许多国家的名誉博士。

早期就致力于把A.-L.柯西在分析学上的局部理论推广到全局。在复域里，其博士论文《泰勒级数所定义的函数的解析开拓》(1892) 第一次把集合论引进复变函数论，更简单地重证了柯西有关收敛半径的结果；并探索了奇点在收敛圆上的位置及其性质，从而使收敛圆外的解析开拓更切实可行。在研究函数的极大模时发现了著名的三圆定理，并应用到整函数的泰勒级数系数极大模的衰减和这个函数的亏格间的关系上，他还证明了黎曼ζ函数的亏格为零（1896），证明了黎曼的一些猜想。在数论中阿达马最大贡献是首次证明素数定理。在实域里，他的贡献体现在常微分方程定性理论、泛函分析、线性二阶偏微分方程定解问题和流体力学上。他的《变分学教程》一书奠定了泛函分析的基础。在偏微分方程方面，明确了定解问题的含义，完善了适定性的要求。在流体力学方面的工作，大都包含在《波的传播教程》一书里。在书中，通过有关定解问题的讨论，说明引进波的概念的必要性，对D.希尔伯特的重要工作，进行简化和增补，对特征理论作了详尽的讨论，从而指出方程组和单个方程有本质的不同，并在附录中指出流体滑动的可能性。这些都在后来的气动力学大范围研究中起了重要作用。

阿达马曾在1936年来中国清华大学讲学3个多月。1964年在中国出版了他的著作《偏微分方程论》。

阿达莫夫 Adamov, Arthur (1908-08-23～1970-03-15) 法国剧作家。原籍亚美尼亚。生于俄国基斯洛沃茨克，卒于巴黎。通晓德语和俄语，曾翻译过R.M.里尔克、A.P.契诃夫和M.高尔基等许多作家的作品。他用法语致力于戏剧创作，是荒诞派戏剧的奠基人之一。早期剧作带有浓厚的荒诞色彩，如《自白》(1945)、《人与孩子》(1967)和《他们》(1969)等。剧作《滑稽模仿》(1947)、《大小手术》(1950)和《塔拉纳教授》(1953)都是表现人的孤立无援和人与人之间的无法沟通。从1954年的《乒乓》开始，他的风格发生了变化。他在60年代接近共产党，创作了利用木偶人物来表现巴黎公社的《七一年春天》(1961)，以及揭露美国司法不公的《残渣余孽们的政治》(1962)等反映社会现实的剧本。

阿达纳 Adana 土耳其阿达纳省首府。位于地中海东北沿海平原塞伊汉河下游西岸。人口113.07万(2000)。古为军事要镇。其西北60千米处的托罗斯山脉的“乞利奇亚门”，是历史上著名的交通隘道和军事关塞。自20世纪初伊斯坦布尔—巴格达铁路修通后，是土耳其发展最快的城市之一。现为阿达纳省最大的农贸市场和工业中心，工业以纺织为主，有大型棉纺织厂、人造纤维厂以及水泥、农机等厂；还有粮食、水果、烟草、木材和皮革等各种农牧产品加工企业。市北5千米有塞伊汉河大坝和塞伊汉水库。伊斯坦布尔到叙利亚、伊拉克铁路要站，并有支线通往西南方的地中海岸港口梅尔辛。西郊有国际机场。城东有根据1947年土美协定向美空军开放的因吉尔利克空军基地。有丘库罗瓦大学(1973)。

阿德莱德 Adelaide 澳大利亚第五大城市，南澳大利亚州首府，主要工商业城市和港口。位于该州东南部洛夫蒂山地与圣文森特湾东岸之间的滨海平原上。横跨托伦斯河。大阿德莱德市区包括西自阿德莱德外港至布雷顿以南的海湾沿岸，北至伊丽莎白，东迄洛夫蒂岭西麓的广大地区，共约30个城镇。都市区人口110.58万（2006年8月）。属地中海型气候，夏季干旱温暖，冬季凉爽多雨，年均气温17.1℃，平均年降水量528毫米。1836年始建居民点，以英王威廉五世的妻子阿德莱德王妃的名字命名。在农畜产品集散地的基础上发展起来，并逐步建立了加工工业。20世纪40年代末，随着邻近的米德尔巴克山脉铁矿和利克里克煤矿的开采，重工业兴起，港口亦随之扩展。现为南澳大利亚州行政、经济、交通和文化中心。中心市区距海岸约10千米。托伦斯河南岸是商业区，北岸是住宅区。市区中心附近河流上筑坝形成人工湖泊，两岸绿地宽广，为政府机构、大学、博物馆、美术馆、体育场和植物园所在。工业区主要分布在港区和市区东北新建的卫星城镇，有汽车制造、轧钢、石油炼制、机械、电器、化学、棉毛纺织、食品加工等工业。城市所在的平原地区连接富庶的墨累河下游低地农业区，盛产小麦、葡萄、羊毛和奶制品。铁路连接澳大利亚东西海岸重要城市。港区设在城市西北部，内港属于河口区，外港为圣文森特港，后者距市中心约20千米。为著名冬季游览地，市内名胜古迹颇多，有阿德莱德大学、南澳大利亚弗林德斯大学、矿工学校、农业研究所、议会大厦和政府大厦、英国圣公会圣彼得大教堂和天主教圣方济各·沙忽略大教堂、自然历史博物馆（富藏澳大利亚人种学资料）。始于1960年的阿德莱德文艺节每两年举行一次，是在澳大利亚举办的第一个国际性文艺活动。

阿德莱德南澳大利亚州议会大厦前的雕塑公园

阿登纳 Adenauer, Konrad (1876-01-05～1967-04-19) 德意志联邦共和国总理（1949～1963）、基督教民主联盟主席（1950～1966）。生于科隆，卒于波恩附近的勒恩多。1917年被选为科隆市市长，并兼任普鲁士参议院议长。1933年A.希特勒执政后被撤职。1934和1944年两次被捕。第二次世界大战后再度出任科隆市市长。1945年9月参与创立基督教民主联盟，1946年任英占区该联盟主席。1948年被推举为西方占领区协商议会主席，主持起草联邦德国基本法工作。1949年9月任联邦德国总理，1950年任基督教民主联盟主席。1951～1955年兼任外交部长。执政期间，联邦德国加入北大西洋公约组织，逐步摆脱战败国地位，取得国家主权和独立。在内政方面，阿登纳支持推行社会市场经济的主张，在他领导下联邦德国迅速恢复了战争中遭到破坏的经济，成为西方资本主义国家中经济发展最快的国家之一。1963年辞去总理职务。担任基督教民主联盟主席，直到1966年。著有《阿登纳回忆录》。

阿底峡 Atīśa (982～1054) 印度僧人，佛教学者。生于巴格浦尔（另说班加尔或比哈尔），卒于中国西藏聂塘寺。本名月藏，法名燃灯吉祥智，阿底峡（意即“殊胜”）是中国西藏佛教徒对他的尊称。11岁在那烂陀寺从觉贤学习佛学，随后，陆续于王舍城从密教大师阿缚都底波陀学密法，于超戒寺从那洛波研习显密，又从戒护受具足戒，学习戒律，从法称学习密法，并赴锡兰（今斯里兰卡）钻研大小乘经论和密咒。44岁返回印度，任超戒寺首座，极富声望，名列超戒寺八贤之一。

1042年，阿底峡应邀来到阿里，致力于讲说经论，传授密法灌顶，以及译经和著述。所著《菩提道灯论》针对当时藏地佛教在学说和修行方法方面的混乱和偏见，强调如法如律、次第修行，对于正在复兴的西藏佛教走上正规道路起了重要的作用。稍后，阿底峡又应鲁梅的弟子之请到达卫藏（1045），讲说佛法，传戒授徒，译出《摄大乘论》及世亲的《摄大乘论释》等多种经论。后又被请到拉萨聂塘，译出《中观心要释思择焰》，并著有两部解释此论的著作。后至耶巴，译出无著的《究竟一乘宝性论》。阿底峡的学说经其弟子仲敦巴·甲哇迥乃等弘传，后来形成噶当派。宗喀巴继承并发展了他的学说，创立了格鲁派。

阿蒂加斯 Artigas, José Gervasio (1764-06-19～1850-09-23) 乌拉圭民族英雄，乌拉圭独立之父。生于蒙得维的亚，卒于亚松森。1797年参加西班牙人组织的高乔轻骑兵团队，反对葡萄牙人入侵。1807年参加抗击英军入侵蒙得维的亚的战争。1811年2月，参加拉普拉塔地区独立革命，被拉普拉塔临时政府任命为乌拉圭河东岸爱国军副司令。同年4月，率领150名士兵回到乌拉圭，领导独立战争。5月，在拉斯彼德拉斯战役中，击溃西班牙殖民军，接着率部围攻西班牙人控制的蒙得维的亚。后因葡萄牙王室出兵干预，阿蒂加斯被迫率约1.6万人撤入阿根廷境内。1812年，协助阿根廷军队包围蒙得维的亚。1814～1816年，乌拉圭和阿根廷东北部五省相继脱离拉普拉塔联合省，组成以他为首的“联邦同盟”，他任同盟的“保护者”。1815年2月，阿蒂加斯的部队一度攻占阿根廷占领下的蒙得维的亚，成立了议会和政府。1816年，葡萄牙军从巴西侵入乌拉圭，次年1月占领蒙得维的亚。阿蒂加斯率部退入内地继续战斗，1820年战败，退入巴拉圭。

阿多尼斯 Adonis 腓尼基的自然之神。草木生死荣枯的象征。比布鲁斯曾有一个崇拜他的中心。在希腊神话里他是塞浦路斯王基尼拉斯与其女儿弥拉所生的儿子，模样十分俊俏，为爱神阿佛罗狄忒和冥后佩尔塞福涅两位女神所宠爱，因而发生争执。后来他在狩猎时被野猪咬伤致死，从他的血滴中长出了玫瑰。另有神话说两位女神的争执和他的还阳，发生在他狩猎受伤死后。也有的神话说他触怒了宙斯或阿瑞斯，招致死亡。腓尼基和叙利亚地区曾有纪念他的节日，希腊妇女纪念他时，要用自己的头发献祭。文艺复兴时期的作家常把这个神话作为创作的题材。

阿多诺 Adorno, Theodor W.(1903-09-11～1969-08-06) 德国哲学家、社会学家、美学家。生于法兰克福，卒于瑞士菲斯普。1924年获法兰克福大学博士学位。曾在法兰克福大学任教。1933年后曾流亡美国。历任法兰克福社会研究所所长、德国社会学协会主席。

阿多诺提出了“否定的辩证法”，认为辩证法的灵魂就在于它的否定性；对传统的美学和文艺观念进行了尖锐的批

判，他的美学主张因此也被称为“否定的美学”。主要著作有《最低道德》(1951)、《否定的辩证法》(1966)、《美学理论》(1970)等。

阿尔·阿赫玛德 Al Ahmad, Jalāl (1923-12-02～1969-09-09) 伊朗作家。生于德黑兰。曾攻读波斯语言文学。做过多年小学教师。1944年参加人民党，1948年退出。1953年摩萨台内阁倒台后退出政治舞台，专心致力于文学创作。代表作《刀笔》(1961)讲述在伊朗沙法维王朝发生的一场平民起义以失败告终的故事。他善于巧妙地将具有重大社会意义的思想内涵，熔铸于传统的民间故事模型，凝铸成相当完美的艺术品，被人们称为“政治作家”。其他主要作品还有短篇小说集《朝觐》(1945)、理论专著《西方化》(1962)等。

阿尔巴尼亚 Albania 欧洲南部国家。全称阿尔巴尼亚共和国。位于巴尔干半岛西南部。北部、东北部分别与黑山、塞尔维亚及马其顿接壤，东南邻希腊，西临亚得里亚海，隔奥特朗托海峡与意大利相望。面积28 748平方千米。人口319.5万(2010)。98%为阿尔巴尼亚族，少数民族有希腊族、马其顿族、塞尔维亚族、克罗地亚族等。通用阿尔巴尼亚语。历史上绝大多数阿尔巴尼亚人信奉伊斯兰教。现居民中，70%的人口信奉伊斯兰教，20%信奉东正教，10%信奉天主教。首都地拉那。

全国最高峰。主要河流有德林河、马蒂河、什昆比尼河、塞曼河、奥苏姆河等。湖泊主要有3个，西北部的斯库台湖、东部的奥赫里德湖和普雷斯帕湖都位于边境，与邻国共有。

地理 多山国家。山地和丘陵占国土面积的77%，平原为23%。全国可分为东部山地、中部丘陵、西部沿海平原3个地形区。东部边境的科拉比山海拔2 764米，为全国最高峰。

全国属亚热带地中海型气候。

植被类型较为多样。在平原、丘陵区，普遍分布地中海常绿灌木群落，种植油橄榄、柑橘等。山区柞树林和山毛榉林广布。森林面积占国土面积43%～44%。海拔1 800米以上的高山草地是天然牧场。

境内矿产资源丰富。铬矿储量居欧洲第二位，其他还有石油、铜、天然沥青、煤、镍铁、铝土矿等。

历史 阿尔巴尼亚人的祖先是伊利里亚人，公元前5世纪建立国家。公元前2世纪罗马帝国入侵，公元4世纪末被划入东罗马帝国版图。5世纪后，先后有哥特人和斯拉夫人入侵。9世纪后曾受保加利亚王国统治。1190年为封建公国。1415年起被奥斯曼土耳其帝国占领达450年之久，1912年11月28日宣布独立。1913年7月英、法、俄、意、德、奥匈六强在伦敦会议上，承认阿尔巴尼亚独立。第一次世界大战期间，被奥匈、意、法军队占领。1925年后处于索古王朝统治下。第二次世界大战期间，先后被意、德法西斯侵占。1944年11月29日全国解放。1946年1月11日成立阿尔巴尼亚人民共和国。1976年称阿尔巴尼亚社会主义人民共和国。1991年改用现名。

政治 1998年11月通过新宪法。规定议会为最高国家权力机关和立法机关。议会一院制。政府称部长会议。司法机构包括地方法院、上诉法院、最高法院及总检察院。

全国注册的政党约有60个，主要政党有民主党、阿尔巴尼亚共和党、社会党、争取一体化社会运动党、社会民主党、民主联盟党等。

经济 阿尔巴尼亚是欧洲经济相对落后的国家。20世纪90年代初，开始由计划经济向市场经济转轨。截至1999年底，私有部门创造的产值已占社会总产值的80%。2009年国内生产总值约120亿美元。

工业在国民经济中居主要地位。2007年工业产值为12.53亿美元，主要工业有采矿、电力、轻工、纺织、食品、冶金、机械和化工等。

农业在国民经济中占有重要地位。2007年农业产值为23.13亿美元。耕地约占国土面积的18.7%，耕作业是主要的农业部门，以种植小麦、玉米等粮食作物为主。烟草、果品和蔬菜都是出口商品。粮食不能自给，只能满足需求量的50%。畜牧业是传统的重要农业部门，主要饲养绵羊、山羊、牛、猪等。

交通运输以公路为主。主要港口有都拉斯、发罗拉、萨兰达等，都拉斯是全国最大的海港。地拉那里纳斯机场是阿尔巴尼亚唯一的民航机场，有通往雅典、索非亚、法兰克福、布达佩斯等多条国际航线。

2009年外贸进出口总额56.48亿美元，主要出口纺织、制鞋等来料加工产品和农副产品，主要进口机械设备、矿产品和纺织品等。同50多个国家有贸易往来。主要贸易伙伴为意大利、希腊、德国、法国和比利时。

文化 全国实行八年制义务教育。有11所高等院校。主要报刊有《当代报》、《人民之声报》、《民主复兴报》、《世纪报》、《阿尔巴尼亚报》等。有阿尔巴尼亚通讯社、地拉那广播电台、阿尔巴尼亚电视台等。还有私人广播电台和电视台。

对外关系 阿尔巴尼亚奉行务实的外交政策，优先发展同西方国家的关系，寻求美欧国家对其经济改革和政治上的支持。

地拉那的斯坎德培塑像

同时，积极参加东南欧区域合作，努力发展和改善同其他地区国家的友好合作关系。已和150多个国家建立了外交关系。1949年与中国建立大使级外交关系，1978年双边关系出现曲折，1983年恢复交往。

阿尔巴尼亚人 Albanians 欧洲巴尔干半岛阿尔巴尼亚共和国的主体民族。约311.6万人（2008）。另有部分人分布在塞尔维亚、马其顿、希腊、意大利、保加利亚、土耳其、美国等国。属欧罗巴人种巴尔干类型。使用阿尔巴尼亚语，属印欧语系阿尔巴尼亚

阿尔巴尼亚人在舞蹈

语族。自1908年起用拉丁字母拼写。多信伊斯兰教，部分人信东正教和天主教。阿尔巴尼亚学者认为，其祖先主要是公元前1千纪陆续迁至巴尔干半岛的伊利里亚人。后不断吸收外来的罗马人、哥特人、匈奴人、保加利亚人、斯拉夫人和诺曼人等成分，于中世纪逐步形成统一的民族共同体——“阿尔巴诺伊人”。至14世纪，出现各封建公国合并为统一民族国家的局面，但不久即被土耳其人的入侵所打乱。18世纪后半叶形成南北两大支系：北部称盖格人，保持较多固有文化；南部称托斯克人，受希腊影响，文化较发达。至19世纪末20世纪初，民族运动逐渐高涨，1912年获得独立。主要从事农业，种植小麦、玉米、马铃薯、烟草和甜菜等作物；畜牧业发达，饲养牛、羊。

阿尔巴尼亚语 Albanian language 阿尔巴尼亚的官方语言。在当地又称什基普语。印欧语系中一种独立的语言。主要分布于阿尔巴尼亚，也通行于塞尔维亚的梅托希亚地区；在希腊与阿尔巴尼亚接壤的部分地区和意大利南部的阿尔巴尼亚人聚居地区也有人使用。

主要方言有两种：南部的托斯克方言和北部的盖格方言，差别不大；盖格方言为文学标准语的基础。采用以拉丁字母为基础的文字，共有36个字母。拼写和发音基本一致。

阿尔巴尼亚语的语法与其他欧洲语言非常相似。语音方面则接近于匈牙利语和希腊语；重音常落在倒数第二个音节上。语序为主－动－宾型。它还吸收了希腊、斯拉夫、土耳其和意大利等语言的许多语词。

阿尔班山遗址 Monte Albán 中美洲印第安人文化古典期重要古城遗址。位于墨西哥南部城市瓦哈卡西南10千米的山丘上。始建于公元前5世纪。公元1世纪前后趋于繁荣，成为萨波特克文化的宗教崇拜中心。5～10世纪成为米斯特克文化中心，15世纪后因西班牙人入侵而衰落。1930年起开始发掘。

遗址占地4平方千米，中心为南北长约320米、东西宽约220米的广场。广场有神庙、殿堂、球戏场等建筑，南北两面各有一宏大台阶，台阶上及东西两面也有许多神庙、殿堂之类的建筑物，今只剩台阶和台基。神庙多取台庙形式，每座庙的布局和结构一致。遗址有很多君主或首领的地下墓室，随葬品较丰富。104号墓用精美的壁画装饰，有大量的陶器陪葬。米斯特克人进入此地后，往往利用前代的墓葬作为自己的葬地，如著名的7号墓，墓室随葬

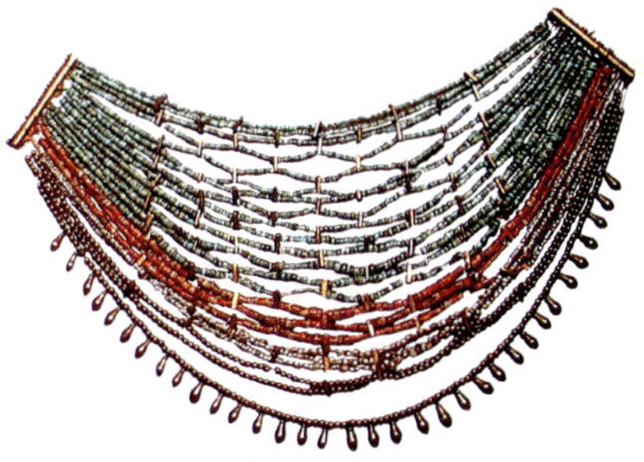

阿尔班山遗址出土的用绿松石、黄金等串成的项链

品多达500余件，主要为金、银、铜、玉石等制作的工艺品，有耳环、戒指、胸饰等，代表了当时的工艺水平。萨波特克文化时期，这里产生了中美洲第一种文字和书面历法。

阿尔卑斯山脉 Alps 欧洲最高大的山脉。位于欧洲南部，西起法国东南部，经意大利北部、瑞士南部、列支敦士登、德国南部，东至奥地利和斯洛文尼亚，呈弧形东西延伸，长约1 200千米，宽130～260千米。总面积约20.7万平方千米。平均海拔3 000米左右。山脉分为西、中、东三段。西阿尔卑斯是山脉最窄、高峰最集中的山段，最高峰勃朗峰（4 810米）位于法、意边境；中阿尔卑斯介于大圣伯纳德山口和博登湖之间，宽度最大；东阿尔卑斯海拔相对较低。山脉主干向西南延伸为比利牛斯山脉，向南延伸为亚平宁山脉，向东南延伸为迪纳拉山脉，向东延伸为喀尔巴阡山脉。

地质上属第三纪年轻褶皱山脉。早自垩世以来，从非洲分裂出小板块不断北移，晚始新世开始与欧洲板块碰撞，逐渐隆起阿尔卑斯山脉。巨大的推覆构造为其显著特征，这是由于在板块碰撞过程中多次构成剧烈的冲断层，使有些巨大岩体被掀移动数十千米覆盖到其他岩体之上，并形成大型的平卧褶皱。这种推覆构造以西阿尔卑斯最为典型。

更新世时阿尔卑斯山脉是欧洲最大的山地冰川中心。各种类型冰川地貌广泛分布，冰蚀地貌尤为典型。山峰岩石嶙峋，角锋尖锐，挺拔峻峭，并有许多冰蚀崖、U形谷、冰斗、悬谷、冰蚀湖等。有1 200多条现代冰川，总面积约4 000平方千米，其中以瑞士西南中阿尔卑斯的阿莱奇冰川规模最大，长22.5千米，面积130平方千米。

阿尔卑斯山脉地处中欧温带大陆性湿润气候和南欧地中海型气候的分界线。山地本身具有气候垂直分异特征。高峰全年寒冷，在海拔2 000米处年平均气温为0℃。山地年降水量为1 200～2 000毫米，但因地而异，高山迎风坡区年降水量超过2 500毫米，背风坡山间谷地只有750毫米。冬季降雪量较大，高山普遍积雪。山区常出现焚风，引起冰雪迅速融化或雪崩。

欧洲许多大河均源出阿尔卑斯山脉，如多瑙河、莱茵河、波河、罗讷河等。各河上游都具有山地河流特点，水流湍急，富水力资源。山区湖泊多系冰川成因，较大的有莱芒湖（日内瓦湖）、四森林州湖（卢塞恩湖）、苏黎世湖、博登湖、马焦雷湖等。

阿尔卑斯山脉的植被带具有明显的垂直变化。南坡海拔800米以下属亚热带常绿硬叶林带；800～1 800米为森林带，其下部是混交林带，上部是针叶林；1 800～2 300米处寒冷多风，为森林线上限，以上逐步转为高山草甸；再往上则多为裸露的岩石和终年积雪带。野生动物有阿尔卑斯大角山羊、小羚羊、山拨鼠、山兔等。

阿尔卑斯山脉的布伦纳山口（1 370米）、辛普朗山口（2 009米）、圣哥达山口（2 112米）等，自古以来就是南北交通的要道。1871年法、意间的塞尼山开凿第一条

阿尔卑斯山脉风光

铁路隧道。1906年竣工的瑞、意间的辛普朗隧道，是20世纪世界上最长的山岭铁路隧道。1958～1965年法、意共同建成勃朗峰公路隧道（11.6千米）。1980年瑞士建成当时世界上最长的圣哥达公路隧道（16.9千米）。阿尔卑斯山区风景幽美，设有现代化旅馆、滑雪道、登山吊车等，为旅游、度假和登山、滑雪胜地，每年吸引大量游客。山区主要城镇有法国的格勒诺布尔、奥地利的因斯布鲁克、意大利的博尔扎诺等。

阿尔卑斯运动 Alpine movement 以欧洲阿尔卑斯山脉命名的发生在中生代和新生代的各次构造运动。欧洲南部广大地区和地中海沿岸在第三纪中、晚期发生强烈的地壳运动，使地壳发生强烈的南北向缩短，先期存在的岩层发生强烈的变形，造成阿尔卑斯山脉的隆升。德国地质学家W.H.施蒂勒（1924）把其分为11个幕，依次为老基米里幕（三叠纪和侏罗纪之间）、新基米里幕（侏罗纪和白垩纪之间）、奥地利幕（早白垩世）、亚海西幕（晚白垩世中期）、拉拉米幕（白垩纪与古新世之间）、比利牛斯幕（始新世与渐新世之间）、撒夫幕（渐新世与中新世之间）、斯图利幕（中新世中期）、阿提克幕（中新世与上新世之间）、路登幕（下、中上新世之间）、瓦拉赤幕（上新世与第四纪之间）。在中国，一般把中、新生代的构造运动又细分为印支运动、燕山运动和喜马拉雅运动。

阿尔贝蒂 Alberti, Leon Battista (1404-02-14～1472-04-25) 意大利文艺复兴时期的建筑师和文艺理论家。生于热那亚，卒于罗马。毕业于博洛尼亚大学法律系，精通数学、物理，又具有出众的音乐、运动才能，并擅长辞令。一度在教皇手下任职。他的名著《论建筑》1485～1486年在佛罗伦萨正式出版。这部巨著共分十卷，写作方式颇似古罗马建筑理论家维特鲁威的《建筑十书》。这是文艺复兴时期第一部完整的建

鲁奇兰府邸

筑理论著作，也是对当时流行的古典建筑的比例、柱式及城市规划理论和经验的总结。其他著述还有《论绘画》、《论家庭》、《罗马记事》等。

他的建筑作品既有仿古式样的，也有大胆革新的。比较有代表性的是佛罗伦萨的鲁奇兰府邸（1446～1451），立面分三层，每层都有壁柱和水平线脚，第二、三层窗用半圆券，顶部以一个大檐口把整座建筑统一起来。这种手法为意大利文艺复兴时期其他建筑所仿效。

阿尔比 Albee, Edward (1928-03-12～) 美国剧作家。生于华盛顿。在中学时开始创作剧本、诗与小说。1946年进入三一大学，一年后离校，为广播电台编写音乐节目。1948～1958年先后充当广播机构服务员、商品推销员、旅馆服务员、电报公司杂差等。1958年后从事专业创作。他的第一个名闻欧美的剧本是《动物园故事》(1959)。1960～1977年，相继问世并演出的较为重要的作品有《贝西·史密斯之死》(1960)、《美国之梦》(1961)、《谁害怕弗吉尼亚·沃尔夫？》(1962)、《小艾丽斯》(1965)、《海景》(1975)等。阿尔比用象征、暗喻、夸大的手法描写美国社会生活，剧本中表现了他对西方社会价值观念的某些背弃和否定，在一定程度上也表现了他对人类存在意义的怀疑和否定。

阿尔布佐夫 Arbuzov, Aleksei Nikolayevich (1908-05-26～1986-04-20) 苏联剧作家。生于莫斯科。戏剧学校毕业后，在列宁格勒和莫斯科等地剧院担任演员、导演和编剧。1923年开始编写活报剧，1935年创作《六个可爱的人》，一举成名。此后发表了一系列青年题材的剧本如《塔尼娅》(1938)、《朝霞中的城市》(1941)、《伊尔库斯克的故事》(1959)、《我可怜的马拉特》(1965)等。70年代重要剧作有写老年人感情生活的《老式喜剧》(1975)，反映青年人追求西方生活的《期待》(1976)，呼吁不要把生活当作儿戏的《残酷的游戏》(1978)，探索人生和谐的《女强人》(1984)等。

阿尔登马 Ardennes 马的重挽型品种。原产比利时与法国交界处的阿登山区。比利时的重挽马原有大小两型：大型为布拉邦逊马，小型即阿尔登马。阿尔登马具有适应性强、早熟、性情温驯、挽曳性能好、不苛求饲养管理条件等优点。体格不太大，结实；胸廓宽深、尻宽而斜，呈复尻。四肢粗壮，短立，蹄质不够坚实。被毛多为栗、骝色。2岁公马最大挽力为314千克，载重700千克，快步2 000米速度为7分7秒4。遗传性稳定，用以改良地方马种效果良好。中国于1949年后培育的东北挽马、关中马

和渤海马等新品种，都引用过阿尔登马的血统。

阿尔杜塞 Althusser, Louis (1918-10-16～1990-10-23) 法国哲学家，“结构主义的马克思主义”的主要代表人物。生于阿尔及尔，卒于巴黎。第二次世界大战中曾应征入伍。战后去巴黎高等师范学校读书。1948年获哲学博士学位，同年参加法国共产党。阿尔杜塞试图按结构主义观点重新“发现”和“解释”马克思主义，反对把马克思主义黑格尔化，否认人道主义与马克思主义的内在联系。他依据“症候阅读法”，认为马克思的思想发展有过“认识论上的断裂”，即1845年以前的非科学的意识形态时期，经过1845年的决裂和1845～1857年的过渡以后，进入科学时期。他认为科学的马克思主义是反历史主义、反人道主义的，主张多元决定论和结构因果观，主张历史的发展是一个“无主体的过程”。主要著作有《保卫马克思》(1965)、《读资本论》(1965)、《列宁和哲学》(1969)、《政治和哲学》(1972)、《自我批评论文集》(1974)等。

阿尔法磁谱仪 Alpha Magnetic Spectrometer; AMS 人类首次送入太空进行天体物理、宇宙学和粒子物理研究的大型探测装置。目标是寻找宇宙中的反物质和暗物质，精确测量宇宙中各种同位素成分和能量高达数百吉电子伏的γ射线等。由丁肇中领导

阿尔法磁谱仪外观

建造，有美国、中国等11个国家和地区的数百名科学家共同参与。

1998年6月2日，AMS搭乘美国“发现”号航天飞机，在距离地球表面约400千米的高空进行了为期10天的太空实验飞行，检验了探测器的各项性能，收集到许多实验数据，观察到了400千米高度赤道附近区域的一些反常效应。

阿尔菲耶里 Alfieri, Vittorio (1749-01-16～1803-10-08) 意大利剧作家。生于皮埃蒙特阿斯蒂，卒于佛罗伦萨。1775年第一部悲剧《安东尼与克莉奥佩特拉》公演，获得成功。论文《论暴政》(1777)是声讨封建专制政权的檄文。《论君主和文学》(1778～1786)一文则批判封建君主对文学艺术名为庇护实为控制的政策，呼吁作家充当自由和真理的旗手。主要成就在悲剧创作，共写21部悲剧，大多取材于古代历史和《圣经》，贯串着启蒙主义的精神。如《腓力》(1776)、《老布鲁图斯》、《小布鲁图斯》和《维吉尼娅》等，反映出民族复兴运动时期人们对自由、民主的向往。悲剧《扫罗》(1782)、《弥拉》(1787)则反映了作家贵族自由派的立场。晚年写了回忆录《阿尔菲耶里自叙的生平》。

他的悲剧遵循三一律，结构严谨、层次清晰、重点突出。历史题材中注入新的启蒙思想，人物性格特征鲜明、语言洗练、感染力强，奠定了意大利古典悲剧的基础。

阿尔盖齐 Arghezi, Tudor (1880-05-21～1967-07-14) 罗马尼亚诗人。原名伊·纳·迪奥多雷斯库。笔名阿尔盖齐。中学毕业后做过工人，编辑，教堂执事、修士等。曾

一度旅居国外，1911年回国。后因发表进步言论，两次获罪入狱，坎坷的经历形成了他的叛逆性格。他的诗歌敢于暴露社会黑暗，表达对被压迫的劳苦大众的同情。后期逐渐摆脱早年思想上对超自然力的幻想，歌颂人，歌颂劳动者。主要作品有诗集《霉花》(1931)、《和谐的词》(1927)、《圣歌》(1959)、《一九〇七》(1955)、《人的颂歌》(1956)，以及大量散文、小说等。

他突破了旧体诗歌的表现形式，丰富了罗马尼亚现代诗歌语言。

阿尔戈船英雄 Argonautai 希腊最古老的传说之一。讲的是以伊阿宋为首的希腊英雄乘"阿尔戈"号快船远航，夺取金羊毛的故事。伊阿宋的父亲被同母异父的兄弟佩利阿斯篡夺王位。伊阿宋长大后，佩利阿斯怕他要求继承权，想置他于死地，就打发他去取金羊毛，答应他取回金羊毛便可得到王位。然而，金羊毛被钉在阿瑞斯圣林的一棵橡树上，由一条不眠的巨龙守卫。

伊阿宋邀请希腊各地有名的英雄参加这次远航，共约50人。靠雅典娜女神保佑，英雄们建造了一艘适于远航的船"阿尔戈"号。他们驾船大败六臂巨人，打死柏布律克斯人的首领，赶走折磨菲纽斯的美人鸟哈尔庇埃，驱走阿瑞斯岛上伤人的怪鸟……最后在美狄亚的帮助下，伊阿宋从树上取下金羊毛，终于辗转回到了祖国。

这个传说产生于荷马时代之前，长期在口头流传，曾是很多作家创作的素材。公元前3世纪与前2世纪之交，罗得岛的阿波罗尼奥斯据此传说创作了史诗《阿尔戈船英雄纪》。

阿尔衮琴人 Algonkins 北美洲印第安人的一支。又译阿尔贡金人。约40万人(2001)。分布在北美东部和中部广大地区。属蒙古人种美洲支。使用阿尔衮琴语，属阿尔衮琴-莫桑语族。信萨满教，崇拜祖先。按地区分为东北集团、大西洋沿岸集团、中部集团、西部集团。经济上，除草原居民从事狩猎外，大多数以定居务农为主，种植玉米、南瓜、豆类、烟草等。手工业有制陶、编筐、织席。使用树皮船和独木舟。穿皮革制作的衣服。住圆形木屋和帐篷。实行墓葬。传统社会组织分为氏族、部落、部落联盟。在北美大陆的阿尔衮琴人最先遭到殖民者的侵略和屠杀，大西洋沿岸的部落被消灭殆尽。幸存者现被迫住在保留地内，语言及生活方式深受白人影响。

阿尔汗布拉宫 Alhambra 西班牙中世纪格拉纳达王国的王宫。位于格拉纳达城东山丘上。始建于13世纪阿赫马尔王及其继承人统治期间，以后又曾扩建。曾多次被毁，1828年修复。阿尔汗布拉宫占地面积23 400平方米，以两个相互垂直的矩形院子为中心。南北向的院子称石榴院，主要用于朝觐仪式。殿、廊内墙面上布满精美的石膏浮雕图案。东西向的小院是著名的狮子院，为后妃的居住处。124根大理石柱支撑着回廊，柱头和券拱表面满布复杂华丽的几何形石膏雕饰，圆形屋顶饰有金银丝镶嵌的精美图案。院中央是12头白色大理石狮子簇拥的盘形喷泉水池。阿尔汗布拉宫是著名的古代伊斯兰宫殿，是摩尔人留存在西班牙所有古迹中的精华，为研究当地已经消失的伊斯兰文化提供了实物例证。1984年作为文化遗产被列入《世界遗产名录》。

阿尔汗布拉宫狮子院

阿尔及尔 Alger 阿尔及利亚首都和最大港口城市。位于地中海南岸阿尔及尔湾西侧，背靠丘陵坡地，平均海拔59米。人口256万(2004)。"阿尔及尔"阿拉伯语意为"群岛"，因附近海湾中有数座小岛而得名。地中海型气候，1月和8月平均气温分别为12℃和25℃，平均年降水量712毫米，以冬雨为主。公元前腓尼基人曾在此建立据点，后归罗马帝国统治。公元10世纪前叶，由柏柏尔人和阿拉伯人建为一商业港口。16世纪被土耳其人占领。1830年被法国占领，成为法属北非殖民地军事、政治中心。第二次世界大战期间，曾为北非盟军指挥部所在地，一度为法国临时首都。1962年阿尔及利亚独立，定为首都。工业发展很快，有炼油和石油化工、机械、水泥、纺织、酿酒、制革等部门。铁路干线东接突尼斯，

阿尔及尔城

西连摩洛哥，公路四通八达。1989年开始修建总长为26.5千米的地铁。东郊有国际机场。港口建于海滨和4个小岛间，分为圭区、穆斯塔法区和阿加区3个港区，水深一般7～12米，有泊位37个。市区依山临海，从阿尔及尔湾一直延伸到周围的丘陵山坡上，迂回起伏，长20余千米。旧城建在山坡上，以东北的卡斯巴区（穆斯林区）为中心，富有阿拉伯民族特色，石砌房屋依坡而筑，街道狭窄弯曲，商店密集，多传统摊贩市场，有著名的卡斯巴古城堡。新城沿海边展开，并顺山坡向上发展，街道宽敞整洁，与海岸平行，多欧式建筑和街头公园。工厂分布于沿岸一带，长数千米。主要商业区在阿尔及尔湾附近。新城区中心有1879年创办的阿尔及尔大学和许多外国大使馆以及摩天大厦。市区还有巴尔多史前人类博物馆、穆斯林艺术博物馆、国家图书馆、美术馆、动物和植物园以及多座教堂和清真寺。城市附近多古罗马时代的古迹。

阿尔及利亚 Algeria 非洲北部国家。在非洲西北部，北临地中海，东邻突尼斯和利比亚，南接尼日尔、马里和毛里塔尼亚，西连摩洛哥和西撒哈拉。海岸线长约1 200千米。面积2 381 741平方千米，次于苏丹，居非洲第二位。人口3 440万(2008)。首都**阿尔及尔**。居民中阿拉伯人约占3/4，遍布各地，其次是柏柏尔人（约占20%)、黑人、混血种人，还有少数欧洲人。柏柏尔人集中分布在山区，黑人和混血种人多分布在南部沙漠地区。欧洲人多居住在城市。居民多信奉伊斯兰教，全部属逊尼派。有少数天主教徒和犹太教徒。伊斯兰教是国教。官方语言为阿拉伯语，通用法语。

地理 地形以高原、山地和台地为主。从北向南可分为5个地形区：①沿海地区。由海岸山地和滨海平原组成。滨海平原多为河流冲积而成，土地肥沃，是重要的灌溉农业区。分布在山地之间的内陆高平原海拔超过500米，是主要农牧业地区。②泰勒阿特拉斯山脉（阿尔及利亚境内**阿特拉斯山脉**北支）。在沿海地区以南，东西走向，西部地势高峻、多陡峭山峦和封闭盆地，河流多南北流向；东部山体宽广，地势较平缓，河流多东西流向。③上高原地区。西南—东北向绵亘700余千米，西部宽200千米，海拔1 200米；向东宽度和高度渐减，东部宽110千米，海拔在800米以下。④撒哈拉阿特拉斯山脉。在上高原和撒哈拉沙漠之间，地势西高东低。北坡较缓，山前多小山和丘陵；南坡陡峻，山麓多干谷。⑤沙漠地区。包括撒哈拉阿特拉斯山脉以南的广大沙漠地区，约占国土总面积85%以上。大部为海拔200米以上的台地、沙丘广布的沙质荒漠。中部、北部散布有古拉拉等绿洲。

南北气候差异明显。自北向南，气候大陆性增强，降水减少。泰勒阿特拉斯山脉以北属地中海型气候，冬季温和多雨，夏季炎热干燥。阿尔及尔7月平均气温25℃，1月12℃；平均年降水量712毫米，约80%集中在冬季。上高原地区和撒哈拉阿特拉斯山脉属热带半荒漠气候，年平均气温26～27℃，平均年降水量300毫米左右。撒哈拉阿特拉斯山脉以南属热带沙漠气候，年平均气温25℃以上，极端最高气温多处有50～55℃的纪录；日较差11～18℃；平均年降水量在200毫米以下，局部地区终年无雨。河流多分布在北部，发源于撒哈拉阿特拉斯山脉，向北注入地中海，一般长200～300千米，最长的谢利夫河仅700千米。诸河流域是全国人烟稠密、经济最发达的地区。

历史 公元前3世纪，在国境东部和西部先后形成努米底亚和毛里塔尼亚两个柏柏尔人王国。前2世纪沦为罗马帝国的一个行省，公元5世纪后受汪达尔人和拜占廷帝国的统治。7世纪阿拉伯人迁入并建立阿拉伯人统治的王国，传播伊斯兰教和阿拉伯文化。15～16世纪，西班牙和土耳其先后入侵。1526年，沿海地区被并入奥斯曼帝国，成为其一个省。1830年法国入侵，1905年全境沦为法国殖民地。第二次世界大战期间，阿尔及尔曾为北非盟军指挥部所在地，并为法国临时首都。1958年9月19日，阿尔及利亚共和国临时政府成立。1962年7月3日正式宣布独立，7月5日为独立日；9月定国名为阿尔及利亚民主人民共和国。1963年9月，**本·贝拉**当选首任总统。1996年11月完成了修改宪法全国公民投票，通过了政党法。宪法确定了国家的伊斯兰、阿拉伯、柏柏尔属性，禁止成立宗教、种族和地方主义的政党，规定议会由国民议会和民族院组成，国民议会由直接普选产生。1997年6月成立首届多党议会。1999年9月16日，全民投票通过《全国和解法》，对恐怖团伙起了有效的威慑、分化、瓦解作用，伊斯兰拯救军和伊斯兰宣教及圣战同盟相继宣布解散。

根据宪法修正案和政党法，现有合法政党约30个。主要有：①民族解放阵线，

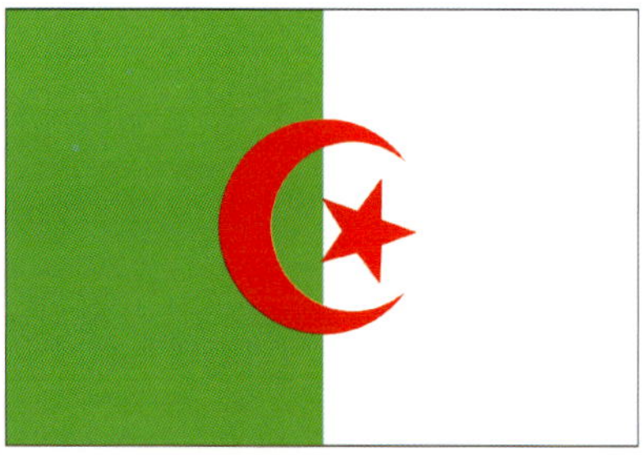

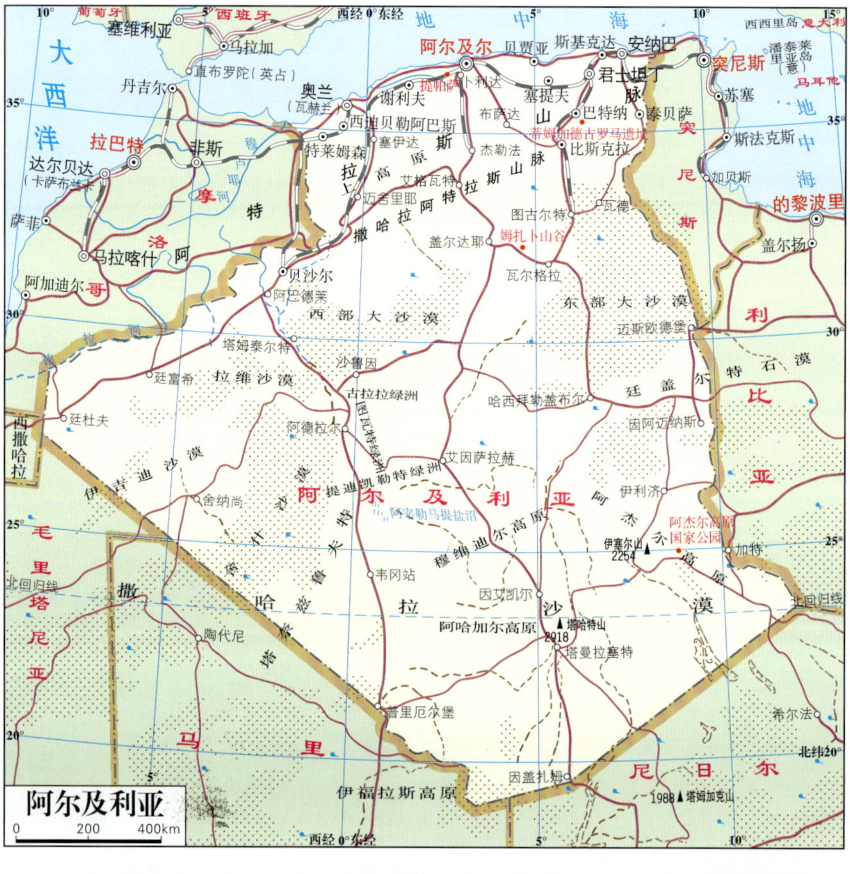

图1 阿尔及利亚沙漠中的绿洲

前身为团结与行动委员会，成立于1954年8月。1997年6月立法选举后确定。为第一大政党。②民族民主联盟，成立于1997年2月。③劳工党，1990年成立。④争取和平社会运动，原名哈马斯，成立于1990年。⑤社会主义力量阵线，1963年成立。⑥文化与民主联盟，1989年2月成立，由柏柏尔人组成。

经济 独立后，政府把外国殖民者占有的数百万公顷土地、矿山、银行、铁路和大企业收归国有，以石油、天然气工业为基础，引进外资兴建工厂，优先发展重工业；同时，加速农业发展，经济面貌有较大改观。1989年，实行经济改革，向市场经济过渡。1995年，政府通过私有化法案，加快经济结构调整。2001年执行紧缩财政政策，使国民经济实现持续增长。2009年国内生产总值（GDP）为1 612亿美元，国内生产总值增长率2.8%。货币名称第纳尔。2007年农业占GDP的7.5%。

矿产资源丰富，主要有石油、天然气、铁、锌、铜、金、铀、磷酸盐等。天然气储量为4.58万亿立方米。石油探明储量约15.4亿吨，占世界总储量1%。廷杜夫的杰比勒特大铁矿蕴藏量约30亿吨。锌矿储量约26亿吨。铀矿藏量估计为5万吨，磷酸盐矿储量20亿吨。采矿业在国民经济中占有重要地位，2008年石油产量7 300万吨，油气出口收入760亿美元，是世界十大天然气生产国和出口国之一。

加工工业以石油化工为主，其他工业有电力、冶金、机械、水泥、玻璃、陶瓷等部门。轻工业主要有纺织、服装、制革、烟草、印刷、酿酒、制糖、食品、造纸等部门。

可耕地占国土面积17%，已耕地占国土面积3%，水浇地仅占耕地面积的5%。主要粮食作物有小麦、大麦、玉米及少量稻谷，2009年粮产量600万吨。葡萄是重要的经济作物，主要用于酿造葡萄酒供出口，是世界葡萄酒产量最多的国家之一。其他经济作物有油橄榄、柑橘、蔬菜、烟草、甜菜、棉花、亚麻、香料等。南部沙漠绿洲中盛产椰枣，产量居北非首位，是世界主要椰枣生产国之一。上高原地区盛产阿尔法草，常年产量15万～20万吨，是世界最大生产国，大部供出口。草场占国土面积的13.4%，主要饲养牛、羊及骆驼。森林覆盖率为11%，软木林46万公顷，软木产量居世界前列。

国内陆运以公路为主，总长达10.7万千米。高速公路350千米。铁路总长4 219千米。公路占陆运量83%，铁路占17%。全国有商业运营机场29个。海运在国民经济中占有重要地位。全国主要港口有17个，其中油港4个。管道运输发达，境内油、气管线密集。管道由产地通往沿海港口，产品出口或就地加工。有8条输油管道，总长3 604千米，年输油能力为6 390万吨；输气管道长4 699千米，年输气能力为820亿立方米。

1991年以来实行贸易伙伴多样化，强调贸易平衡，扩大非碳化氢产品出口。但石油、天然气及其制品出口仍占出口总值的85%以上。外贸长期顺差，2009年顺差为45亿美元左右。主要进口产品依次为工农业设备、食品、生产原料、非食品消费品等。主要贸易对象是经合组织国家。法国是最大的贸易伙伴国。

旅游资源丰富，多风景名胜和历史古迹。重要的旅游名胜有：贾米拉古罗马遗迹，公元1世纪末的罗马都城；贝尼·哈迈德城堡，建于1007年的哈迈迪塔酋长国的第一个都城；提姆加德古罗马遗迹，因地震埋于沙土之下而保存相当好的罗马古城，有“非洲庞贝”之称；提帕萨考古遗迹，有始建于公元前7世纪的古城遗址和最古老的迦太基墓地；姆扎卜山谷古城遗址，包括由伊斯兰教伊巴迪达教派建于11世纪的5座要塞城市；以蕴藏丰富的史前岩画而震惊世界的阿杰尔的塔西利国家公园；阿尔及尔的卡斯巴古城；以及阿尔及尔的尤巴二世王后墓和君士坦丁古城等。前7项已被列入联合国《世界遗产名录》。

图2 提姆加德古罗马遗迹

文化 自1980年起实行9年一贯制免费义务教育。制定了教育民主化、阿尔及利亚化、阿拉伯语化、重视科学和为了国家发展四项原则。拥有各类高等院校56所，主要大学有阿尔及尔大学、胡阿里·布迈丁科技大学、君士坦丁大学等。

主要报纸有《圣战者报》、《人民报》、《地平线报》和《晚报》。主要刊物有《阿尔及利亚时事周刊》、《非洲革命》。1990年颁布新的新闻法，实行新闻自由，一些政党创立了党报，并出现《祖国报》、《自由报》等独立地方报刊。

阿尔及利亚新闻通讯社为官方通讯社；阿尔及利亚新闻社是唯一的私营通讯社，以经济信息为主。阿尔及利亚广播电台和电视台均为国营。

对外关系 奉行独立自主、不结盟的对外政策，维护民族独立和国家主权。截至2007年底，已与170个国家建立了外交关系。阿尔及利亚与中国于1958年12月20日建交。

阿尔及利亚同欧盟国家有密切的经济关系，同欧盟各国的贸易额占其外贸总额的60%以上，60%的债务来自欧盟；其碳化氢产品大部分销往欧盟，是欧盟最大的天然气供应国。与法国有传统关系，法国是阿尔及利亚最大的贸易伙伴和债权国，阿尔及利亚也是法国在非洲的第一贸易伙伴。

阿尔及利亚人 Algerians 北非阿尔及利亚民主人民共和国的主体民族。又称阿尔及利亚阿拉伯人。有2 606万人（2002）。主要分布在北部沿海与阿特拉斯山脉之间。另有少数人分布在突尼斯（4万）、摩洛哥（2.7万）和其他国家。属欧罗巴人种地中海类型。使用阿拉伯语，部分城市居民通

用法语。信奉伊斯兰教，属逊尼派。阿尔及利亚的土著居民系柏柏尔人。7世纪阿拉伯人开始迁入，至11世纪阿拉伯部落希拉尔人大批到来，当地柏柏尔人逐渐与之混合同化。之后不断吸收外来成分，逐步形成今日的阿尔及利亚人。主要从事农业和畜牧业，种植小麦、大麦、蔬菜、柑橘、葡萄，饲养牛、羊、马、骡等。1962年独立以后，工业有了较大发展。近年来新兴的石油、钢铁、机器制造、电子、纺织、造纸等工业发展较快，大批农民进入工厂。

阿尔及利亚战争 Algerian War 阿尔及利亚民族解放阵线于1954～1962年领导人民进行的反对法国殖民统治的武装斗争。1954年11月1日民族解放阵线在奥雷斯山区发动的武装起义，迅速扩展到全国各地。1956年阿尔及利亚民族解放军发展到十多万人，解放区建立了政治、军事统一的民主政权，形成巩固的农村根据地。

1958年9月19日，阿尔及利亚共和国临时政府宣告成立，费尔哈特·阿巴斯任总理。此后，各解放区纷纷设立政权机构——人民会议，把法国殖民者霸占的土地分给农民，并发放农业贷款。农民踊跃参军，民族解放军很快发展到13万人，解放了全国2/3的土地。

C.戴高乐执政后，为摆脱法国政府面临的困境，建议法、阿谈判。谈判从1960年6月25日开始。最初，由于法国政府作梗，谈判一再破裂。同时，法国在战场上仍坚持武力镇压政策。阿尔及利亚民族解放军一再突破封锁线，大量歼灭法军。1960～1961年，法占区也爆发了规模空前的爱国正义斗争。阿尔及尔、奥兰（今瓦赫兰）和君士坦丁等城市发生激烈的巷战。法占区人民的斗争有力地推动了民族解放运动。

1962年3月7日，阿、法两国代表团在法国的埃维昂恢复谈判。3月18日双方签署《埃维昂协议》。7月1日阿尔及利亚举行公民投票，7月3日宣布独立。法国殖民者130年的统治结束。

阿尔金山 Altun Mountain 构成中国青藏高原北边屏障的山脉之一，柴达木盆地与塔里木盆地的界山。从新疆维吾尔自治区东南部绵延至青海和甘肃两省边界。大致呈北东东方向延伸，在东端的当金山口与祁连山衔接。西端以车尔臣河上游河谷与昆仑山脉分界，最宽处超过100千米，全长720千米。面积6.2万平方千米。地势西高东低，一般海拔3 500～4 000米，最高峰尤苏巴勒塔格海拔6 161米。阿尔金山山体南北两翼极不对称。北坡相对高度可达2 500米以上，南坡地势缓和，高差较小。

阿尔金山为中国及世界上干旱山区之一。5 400～5 600米以上有常年积雪和现代冰川发育。河流主要靠冰雪融水补给。山地北坡呈极端干旱荒漠山地的植被垂直带谱。山麓、中山、亚高山以至高山带，均以荒漠植被占统治地位。主要代表植物有合头草、昆仑蒿、驼绒蒿和玉柱琵琶柴等。

阿尔金山自然保护区 Altun Mountain Natural Reserve 中国高原生态系统保护区。1983年设立。1985年批准为国家级自然保护区。位于新疆维吾尔自治区东南缘若羌县南部，北部为阿尔金山以南，南至新疆阿尔格山。面积4.494万平方千米。主要保护对象为以高山草甸草原与有蹄类动物为主的原始高原生态系统，包括高山湖泊、高山沙漠、岩溶地貌、各种珍稀野生动物和高山植物。保护区内已发现野生动物42种，主要有野牦牛、藏野驴、藏羚、盘羊、雪豹、野骆驼、黑颈鹤、猞猁、藏马熊、高山雪鸡、金雕、白肩雕、玉带海雕、藏雪鸡、胡兀鹫、原羚、岩羊、鹅喉羚、红隼等。属于国家保护的有16种。这里保护着世界上1/3的野骆驼。保护区为地理研究空白区，是开展多学科研究、认识生物间的相互联系及生态变化规律的理想空间。

阿尔金山高山草原上的野生动物群

阿尔克斯 Arx, Cäsar von (1895-05-23～1949-07-14) 瑞士戏剧家。生于巴塞尔，卒于兰普恩。大学时代攻读文学，后任巴塞尔剧院舞台监督、苏黎世话剧院首席导演。1925年起在尼德尔林斯巴哈专事戏剧创作，1949年自杀。他的作品多以瑞士历史上的重要事件为素材，擅长写作“欢庆戏”。其戏剧创作的主要成就是以爱国为主题的历史剧：《诺瓦拉的背叛》(1934) 表达出瑞士人忠于乡土的感情；《没有天空的国土》(1943) 借用历史的外衣暗讽纳粹势力。其他剧作还有《普留施的浪漫曲》(1940)、《信奉基督精神的弟兄们》(1947) 等。阿尔克斯的戏剧作品大多保持着传统的艺术情趣，散发着乡土气息，对话颇多警句。

阿尔蒙德 Almond, Gabriel Abraham (1911-01-12～2002-12-25) 美国政治理论家，政治结构－功能理论的创立者。生于伊利诺伊，卒于加利福尼亚。1938年在芝加哥大学政治科学系获博士学位，后执教于耶鲁大学、普林斯顿大学和斯坦福大学等。曾任美国政治科学协会会长。代表作有《比较政治学：体系、过程和政策》(1966) 等。在阿尔蒙德的政治系统架构中，系统有三种功能：①系统功能，指系统的维持与适应，包括政治录用、政治社会化与信息交流。②过程功能，指政治要求与政治支持转换成权威性政策，包括利益表达、利益综合、决策和政策实施。③政策功能，指政策的实际作为，包括政策输出与政策结果。政策结果由环境反馈到政治系统，影响到下一轮政策过程。以此结构－功能为主干，建立了比较政治分析的框架。同时，他提出，政治发展就是在社会经济现代化的大环境中引发的政治系统、过程与政策诸方面一系列相互关联的变化。他在主持对西方五国公民文化的考察中，提出政治文化包括民众的认知取向、情感取向与评价取向，并且把不同国家的政治文化划分为地域型、依附型和参与型三种简单形式以及组合成分不一的混合形式。

阿尔莫多瓦 Almodóvar, Pedro (1951-09-25～) 西班牙电影导演。生于雷亚尔市附近。高中毕业后来到首都马德里，业余时间演话剧，拍摄超8毫米短片。1975年成为新文化潮流新浪潮的主要成员。1980年，自编自导了第一部长故事片《佩比、卢西、博以及不出众的姑娘们》。在导演《激情迷宫》(1982)、《在黑暗中》(1983) 后，1984年拍摄的《我为什么命该如此》被评论界称为“80年代的新现实主义影片”。1988年拍摄的《神经近于崩溃的女人》在西班牙刷新了票房收入，并获1988年威尼斯电影节最佳故事片、最佳剧评奖。此后导演的优秀作品有《捆住我》(1990)、《高跟鞋》(1991)、《基卡》(1993)、《我的秘密之花》(1995)、《颤抖的肉体》(1997)、《关于我的母亲》(1999，2000年获第57届金球奖和第72届奥斯卡奖的最佳外语片奖)、《对她说》(2002，2003年获第60届金球奖最佳外语片奖及第75届奥斯卡最佳导演、最佳编剧的提名)、《不良教育》(2004)、《回归》(2006) 等。阿尔莫多瓦自建出版社，出版自己撰写的电影文学剧本、自己电影作品的原声带和音乐带。

阿尔穆拉比特王朝 Al-Murabitūn Dynasty 11～12世纪北非和西班牙南部及东南部柏柏尔人所建的穆斯林王朝。又称阿尔摩拉维德王朝。阿尔穆拉比特，意为来自里巴特的人。阿尔穆拉比特人主要来自柏柏尔人的伦图纳（意为蒙面人）部落。这个部落的成员披戴黑面罩，在摩洛哥以南的撒哈拉到尼日尔河一带（今毛里塔尼亚境内）从事游牧。1035年，神学家阿卜杜拉·伊本·雅辛到伦图纳部落宣讲伊斯兰教真谛，并创立了一个教规严格的宗教组织。1042年前后，雅辛开始对撒哈拉的柏柏尔人和塔克鲁尔的黑人宣传教义。同时将信徒们组成一支强大的武装，向北非进攻。1058年，雅辛阵亡。1061年，伊本·塔什芬征服摩洛哥，建立阿尔穆拉比特王朝，并于1062年定都马拉喀什城。塔什芬死后，王朝统治不稳，日渐衰微。1147年为阿尔穆瓦希德王朝所取代。

阿尔穆拉比特王朝时期马斯高塔

阿尔穆瓦希德王朝 Al-Muwaḥḥidūn Dynasty 12～13世纪北非和西班牙柏柏尔人所建穆斯林王朝。又称阿尔摩哈德王朝。伊斯兰教神学家伊本·图迈尔特提出要维护伊斯兰教的基本信条，坚持一神观念："除安拉外，别无神灵。"其门徒称穆瓦希德，意为"信仰独一神的人"。

12世纪初，伊本·图迈尔特自称马赫迪（救世主），指责阿尔穆拉比特王朝信奉神人同一说和多神论。1121年，当阿特拉斯山区部落首领宣誓皈依后，建立阿尔穆瓦希德王朝，并宣布进行推翻阿尔穆拉比特王朝的圣战。

1128年图迈尔特死后，他的继承者阿卜杜勒·穆明自立为哈里发。1147年占领马拉喀什城，推翻了阿尔穆拉比特王朝的统治。辗转作战多年后，建立了一个庞大的帝国，包括西班牙南部和整个北非。1269年，巴尼-马林部落占领马拉喀什，建立马林王朝。阿尔穆瓦希德王朝遂亡。

阿尔尼姆 Arnim, Ludwig Achim von（1781-01-26～1831-01-21） 德国作家。生于柏林，卒于维佩尔斯多夫。1788～1801年在哈勒、格丁根等地学习自然科学。1805～1808年在海德堡与C.布伦塔诺等共同出版《隐士报》，共同编纂了民歌集《男童的神奇号角》（1806～1808），收集民歌700多首，其中有情歌、叙述谣曲、士兵歌、流浪曲、离别歌、饮酒歌等。1814年开始隐居，从事写作。作品数量多，想象奇特，但缺乏艺术表现力。对整个19世纪的德国诗歌影响极大。

《男童的神奇号角》第二卷扉页

阿尔农 Arnon, Daniel Israel（1910-11-14～1994-12-20） 美籍波兰植物生理学家和生物化学家。生于波兰，卒于加利福尼亚伯克利。1936年获美国加利福尼亚大学哲学博士学位。后在该校任植物生理学教授。1960年起为细胞生理学教授。曾先后在英国剑桥大学、斯坦福大学和霍普金斯海洋研究站任教，并于1948～1955年担任美国《植物生理学年评》的编辑。他是美国国家科学院院士、美国植物生理学家协会会员（1952～1953年为该会主席）、美国生物化学学会委员、英国生物化学学会会员、西班牙生物化学学会名誉会员等。

阿尔农对现代光合作用理论的形成和发展有重要贡献。1954年阿尔农发现叶绿体在光照下可合成腺苷三磷酸（ATP），即光合磷酸化的过程。1957年发现光合磷酸化与希尔反应相耦联。1962年发现高等植物叶绿体中也存在铁氧还蛋白（Fd），并认为Fd是光合作用中重要的电子载体，揭示了Fd在电子传递、光合磷酸化及二氧化碳同化等方面的作用。阿尔农于1966年获美国植物生理学家学会颁发的斯蒂芬-黑尔斯奖；1973年获美国总统颁发的国家科学奖。

阿尔普 Arp, Jean（1887-09-16～1966-06-07） 法国雕塑家、画家、诗人。生于斯特拉斯堡，卒于瑞士巴塞尔。曾在德国魏玛美术学校和巴黎的朱利安学院学习，受到P.克利、W.康定斯基等人的影响。1915年以前，创作了不少暗示植物叶子或动物幼虫形象的近似抽象的作品。1916年的《查拉像》（敷色的木质浮雕，见图）是纯粹抽象的平面组合，这些抽象的平面暗示着某种成长着和繁殖着的有机物。阿尔普的有机抽象创造一直延续到50年代。他不愿用"抽象"一词来称呼自己的作品，而把它们称为实体，说明构思作品时是从人体得到启示的，实际上是把实体的物象抽象化了。

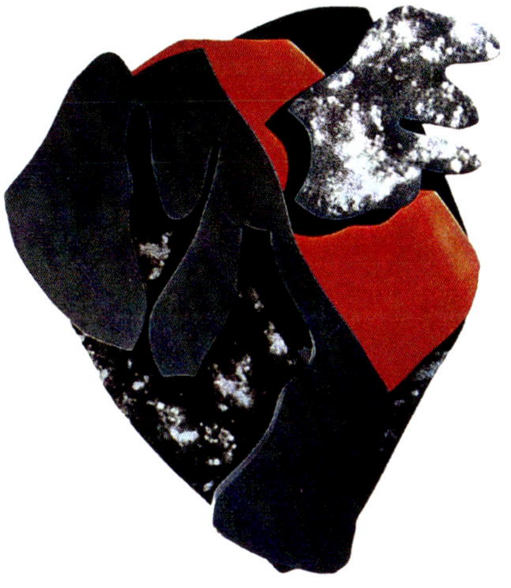
《查拉像》

他是达达主义的成员，后来参加超现实主义运动，是现代派中最早注意偶然性效果和使用拼贴法的美术家之一。

阿尔萨斯 Alsace 法国东北部大区。范围包括上、下莱茵省，与历史上的阿尔萨斯区大致相当。西连洛林区，南接瑞士，北、东两面与德国为邻。面积8 280平方千米。人口183.75万（2008）。首府斯特拉斯堡。人口稠密，人口密度近全国平均数的两倍，约一半人口集中在斯特拉斯堡、科尔马和米卢斯三大城市。地形分三部分：西部孚日山地东坡；中部丘陵；东部是阿尔萨斯平原。气候受大陆性影响明显，冬季寒冷，夏季湿热。因孚日山屏障，区内降水较少，多晴天。公元5世纪末成为法兰克王国的宗教中心。1648年隶属法兰西王国。1870～1871年普法战争后割让给德国，第一次世界大战后归还法国。1940年再度割让给德国，1945年又回归法国。工农业较发达。工业有机器制造、电器、化工以及传统的棉纺织、食品、酿酒等部门，出产的"雷司令"等白葡萄酒驰名世界。农业以种植小麦及葡萄、烟草、甜菜、啤酒花等多种经济作物为主。

阿尔萨斯人 Alsatians 法兰西共和国阿尔萨斯和洛林地区的居民。属欧罗巴人种。通用德语和法语。多为天主教徒，部分人信奉基督教路德教派和加尔文教派。主要由公元前居住在当地的凯尔特部落和4世纪到来的阿勒曼尼人、法兰克人结合而成。

阿勒曼尼人与法兰克人均属日耳曼部落群，前者主要进入阿尔萨斯地区，后者主要进入洛林地区，曾同为法兰克王国的臣民。843年法兰克王国分裂后分别归属不同国家，17世纪又同为法国的一部分。阿尔萨斯人的族源与德意志人相近，文化上受法兰西人影响很大。

阿尔山市 Arxan City 中国内蒙古自治区兴安盟辖市。位于内蒙古自治区东部，大兴安岭西南山麓，西北与蒙古国毗邻。面积7 409平方千米。人口7万（2010），有汉、蒙古、回、满、朝鲜、达斡尔、苗、壮、锡伯等民族。原为科尔沁右翼前旗的一个建制镇，1996年成立阿尔山市。属典型中低山地貌。矿产有大理石、萤石、花岗岩、硅石、铬、铁、铝、蛇纹岩、玄武岩等。境内水系发达，水资源丰富。土壤肥沃，为低磷高钾、氮土壤。属寒温带大陆性季风气候。年平均气温-3.2℃。名胜古迹有阿尔山温泉、石塘林、摩崖题记、金界壕、天池等。

阿尔山温泉 Arxan Thermal Spring 中国最大的放射性氡泉群。位于内蒙古自治区科尔沁右翼前旗西北部、大兴安岭之中。分布在长500米，宽70米的地带上。共有大小温泉42个。各泉水温度不同，含氡量及其他化学成分不同，对于多种疾病有良好疗效。阿尔山海拔1 000余米，空气清新，夏日阳光充足，凉爽宜人，是避暑胜地。冬季封雪期达7个月，可开展冬季运动。温泉附近树多林密，苍松白桦掩盖峻岭，山珍药材遍地丛生。

阿尔塔米拉洞窟壁画 Altamira Cave Paintings 西班牙北部坎塔布连山区阿尔塔米拉的石灰岩溶洞中的旧石器时代壁画。1870年，西班牙学者M.de绍托拉在洞址发掘旧石器文化层时，被随他来玩的5岁女儿玛利亚偶然发现。绍托拉考订为旧石器时代的绘画，但受到当时学术界的否定，20年后才得到承认。阿尔塔米拉洞窟是最早发现旧石器时代壁画的地点，也是这种壁画艺术的典型代表。洞中主要画的是欧洲野牛、鹿类等动物形象，还有人物形象和几何图

壁画《野牛》

形。绘画风格可分为相互关联的5个发展时期。最早的是手指并排画在潮湿壁面上的痕迹，最晚的是洞内一段被称作“画厅”的洞顶上，数种颜料绘制的一片动物形象，每个形象长约2米，有跳跃的牡鹿，有垂死挣扎的野牛，形态生动、充满活力。技巧写实，透视准确，结构精到，风格质朴、粗犷，是旧石器艺术的最高成就。洞口的居住区堆积层只到梭鲁特文化为止，而洞里的壁画却有马格德林文化的遗迹。

新疆境内的阿尔泰山

阿尔塔米拉诺 Altamirano, Ignacio Manuel (1834～1893-02-13) 墨西哥小说家。生于蒂斯特拉，卒于意大利圣雷莫。曾在托卢卡文学院和莱特兰学院攻读文学和法律。他是杰出的自由派代表人物。在胡亚雷斯执政期间，曾在教育、政治和外交等方面担任过重要职务。1870年任伊达尔戈学院院长，学院对推动墨西哥文化的发展起了重要作用。1871年他的《诗歌集》问世。他文学上的主要成就体现在小说方面。《克莱门西娅》(1869) 写女主人公和一个忠于共和国的青年军官的爱情故事。他还著有《蓝眼盗》(1869)、《山中圣诞节》(1871) 和其他短篇小说，其中一部分结集为《冬天的故事》(1880)。作品具有浪漫主义色彩，对民俗的观察很细致，对心理的分析很深入。

阿尔泰山脉 Altay Mountains 典型的断块山，亚洲宏伟山系之一。北西—南东走向，斜跨中国、哈萨克斯坦、俄罗斯、蒙古国境，绵延2 000余千米；中国境内的阿尔泰山属中段南坡，山体长达500余千米，南邻准噶尔盆地。主要山脊高度在3 000米以上，北部的最高峰为友谊峰，海拔4 374米；西部的山体最宽，愈向东南愈狭窄，高度亦渐低下；只在高山地区有冰蚀地形，并有现代冰川；除沿北西向断裂分布有断陷盆地外，无大型纵向谷地。阿尔泰山山体浑圆，山坡广布冰碛石，U形谷套U形谷，古冰斗成层排列，羊背石、侧碛、中碛、终碛等清晰可见。地貌垂直分带明显，由高而低有：现代冰雪作用带，海拔3 200米以上；霜冻作用带，2 400～3 200米；侵蚀作用带，1 500～2 400米，以流水切割为主；干燥剥蚀作用带，1 500米以下，喀纳斯综合自然保护区位于该带边缘。

阿尔泰山耸立于亚洲腹部的干旱荒漠和干旱半荒漠地带，西风环流带来大西洋水汽。降水随高度递增和由西而东递减，冬夏多，春秋少，降雪多于降雨。气温变化随高度增加而递减。阿尔泰山区气候垂直梯度变化明显，具有冬长夏短而春秋不显的特征。阿尔泰山径流较丰富，发育了额尔齐斯河与乌伦古河。额尔齐斯河是新疆境内唯一的外流河。植被自高到低依次为苔藓类垫状植物、高山－亚高山草甸草原、森林草原带、灌木草原。

阿尔泰山的自然资源丰富多样，有多种矿藏和优良牧场，尤以森林资源中的优质木材在新疆占有重要地位，水力资源亦蕴藏充沛。是理想的高山旅游胜地，适于避暑和冰雪运动。

阿尔泰语系 Altaic family 按谱系分类法划分的语系之一。包括突厥语、蒙古语、满－通古斯语3个语族。主要分布在中国、土耳其、蒙古国、俄罗斯、哈萨克斯坦、乌兹别克斯坦、阿塞拜疆、土库曼斯坦、吉尔吉斯斯坦、伊朗、阿富汗以及东欧的一些国家。

3个语族都有元音和谐律，元音分为阳性和阴性两类。大多数语言都有16个辅音。

阿尔泰语系语言是黏着语，在构词法和形态学上有很大的共同性。词根后加构词后缀为派生新词的主要手段，词干后加语法后缀为形态变化的主要手段。动词均至少可以接3套表达不同语法功能的后缀。语族之间最引人注意的共同性是第一、二人称单、复数的人称代词，其语音形式的不同可以从音变规则中得到解释。3个语族之间还有一些彼此相同的名词、形容词和动词。有一派学者认为这是同源的证据，另一派学者则认为是词汇借贷所致。

阿尔特多费尔 Altdorfer, Albrecht（约1480～1538-02-12） 德国画家、版画家、建筑师，文艺复兴时期多瑙河画派的奠基人。生于雷根斯堡，卒于雷根斯堡。曾任故乡雷根斯堡城建筑总监及市议员。1511年前后沿多瑙河长途旅游，并南下维也纳，开创了以描绘风景著称的多瑙河画派或多瑙河风格。他的早期作品《圣乔治》(1510)就已突出描绘了德国茂密的原始森林景象。后来创作的油画《多瑙河风景》(1520～1525)更属于没有人物的纯粹风景画。他的杰作《亚历山大之战》(1529)，从空中鸟瞰战场全貌，场面极为浩大，吸引人之处仍是背景山水的描绘（见图）。

《亚历山大之战》

阿尔托 Aalto, Alvar (1898-02-03～1976-05-11) 芬兰建筑师、城市规划师和家具设计师。生于库奥尔塔内，卒于赫尔辛基。1921年毕业于赫尔辛基工学院建筑学专业。1923年起，先后在芬兰的于韦斯屈莱市和图尔库市开设建筑事务所。1933年迁居赫尔辛基。他抛弃传统风格的一切装饰，使现代主义建筑首次出现在芬兰，推动了芬兰现代建筑的发展。1927、1928年先后设计了帕伊米奥结核病疗养院和维普里（今维堡）市立图书馆，使他成为芬兰最优秀的建筑师。1937年巴黎世界博览会和1939～1940年纽约博览会中，两座芬兰馆的优美形象，进一步提高了他的国际声誉。他一生设计了200多座建筑，代表作有芬兰赛于奈察洛市政厅建筑群和美国麻省理工学院贝克大楼等。阿尔托于1955年当选芬兰科学院院士，1963～1968年兼科学院院长。1928～1956年是国际现代建筑协会的成员。1957年获英国皇家建筑师学会金质奖章，1963年获美国建筑师学会金质奖章。

阿尔托 Artaud, Antonin (1896-09-04～1948-03-04) 法国戏剧理论家、演员和诗人。生于马赛，卒于巴黎。1920年赴巴黎求学，业余在剧团演戏。1926年，他和R.维特拉克一起创办阿尔弗雷德·雅里剧团。1935年上演的《钦契》由他编剧、导演并饰演伯爵。阿尔托生前的戏剧活动并不成功，但其惊世骇俗的“残酷戏剧”理论却对后世有着巨大的影响。这一戏剧理论集中体现在论文集《戏剧及其重影》(1938)中。他认为传统戏剧无法把人的存在的整体性包含在内，传统的对话把一切导向有序，因而无法暗示戏剧的神秘性。他追求的是总体创造的戏剧，认为戏剧家应该唤醒人们意识到混乱的存在和生存的短暂。阿尔托心中的模式是巴厘的宗教仪式戏剧，使戏剧返璞归真，寻本探源，把所有戏剧演出元素如哑剧、舞蹈、歌唱、服装、布景、音乐、灯光混合在一起。

阿尔托的残酷戏剧理论对第二次世界大战后一代剧作家及导演产生了重大影响。

阿尔韦尼斯 Albéniz, Isaac (Manuel Francisco) (1860-05-29～1909-05-18) 西班牙作曲家、钢琴家。生于莱里达，卒于康博莱班。4岁在巴塞罗那的罗梅亚剧院开钢琴独奏音乐会，7岁入马德里音乐学院，12岁毕业获钢琴系一等奖。1874年入比利时布鲁塞尔音乐学院深造，翌年在布达佩斯遇到F.李斯特并受其指点。在1880～1892年间他的作品已达250首。这些作品虽然没有采用真正的民间曲调，但具有西班牙色彩。1892年到伦敦，创作西班牙题材的歌剧《佩比塔·希梅内斯》获得成功。1893年定居巴黎。他的钢琴曲《伊比利亚》4集以丰富的和声、多彩的音响节奏，烘托出西班牙的气氛。阿尔韦尼斯是现代西班牙民族乐派的奠基者。

阿尔文 Alfvén, Hannes (Olof Gösta) (1908-05-30～1995-04-02) 瑞典物理学家。生于诺尔雪平，卒于什霍尔姆。1934年获乌普萨拉大学博士学位，1940年任瑞典斯德哥尔摩皇家理工学院教授。1967年兼任美国加利福尼亚大学教授。是瑞典科学咨询委员会委员，瑞典科学院和瑞典工程科学院院士，美国科学院和苏联科学院外籍院士。

1940年前后，发现磁力线与导电流体一起运动的现象，提出了冻结磁场理论。这一理论可用来解释太阳黑子的成因、恒星际磁场和地球磁场的某些观测特性等。他还提出带电粒子在电磁场中运动的引导中心理论、磁暴和极光理论、宇宙线的起源理论等。其中最显著的成就是发现在等离子体中可以出现一种波动，后被称为阿尔文波，这种波的传播速度称为阿尔文速度。此后，多种多样的等离子体波被相继发现。阿尔文也因此获得1970年诺贝尔物理学奖。阿尔文还在实验室内开展模拟空间等离子体各种现象的实验。在70年代前期，他从事大量有关太阳系的起源的研究工作。

《阿凡达》 *Avatar* 美国故事片。20世纪福克斯电影公司2009年出品。詹姆斯·卡梅隆编剧、执导，主演萨姆·沃辛顿、佐伊·索尔达娜、西格。影片中3D技术的运用是电影产生以来，在有声电影、彩色电影和数字电影之后的又一次革命性的进步。该技术的运用使电影从平面艺术上升为三维艺术，让观影者获得了如同进入现实世界的立体效果。影片创造了近30亿美元的票房新纪录，获第15届广播影评人协会电影奖最佳摄影、最佳视觉效果等6项奖，第67届金球奖最佳影片（剧情类）和最佳导演奖，第82届奥斯卡金像奖最佳摄影、最佳视觉效果等3项奖。

阿凡提故事 Apendi's stories 中国维吾尔族机智人物故事。是一系列以传奇人物纳斯尔丁·阿凡提为主人公的维吾尔民间幽默故事的总称。“阿凡提”意为“先生”，是维吾尔族对有学问男子的尊称。阿凡提的形象是维吾尔族劳动人民在长期反抗社会不公正的斗争中创造出来的理想化人物。他聪明睿智，机智果敢，富于正义感，敢于蔑视统治阶级和一切社会恶习。在他身上体现了劳动人民勤劳、善良、淳朴、乐观的优秀品质以及爱憎分明的情感。阿凡提的故事题材广泛，构思奇巧，篇幅短小精湛，寓意深刻，故在民间不胫而走，声名远播。在中国，除了维吾尔族，在乌孜别克、哈萨克、柯尔克孜等民族中也有流传，并且已经为汉族所熟知和喜爱。此外，在土耳其、伊朗、阿拉伯、巴尔干半岛以及中亚各地均有流传。1958年以来，在中国已先后出版汉、维吾尔、蒙古、哈萨克、藏等文字的多种版本的《阿凡提的故事》，其中戈宝权主编、中国民间文艺出版社1981年的版本收入故事393则，是迄今较全的一种版本。

阿非利坎人 Afrikaners 荷裔南非白人。又称布尔人。有376万人（2002）。另有部分人分布在纳米比亚、赞比亚、津巴布韦、博茨瓦纳。到19世纪下半叶，形成自己的语言——阿非利坎语，为一种混入若干科伊桑语、英语、法语、德语、马来语和班图语词汇的荷兰语方言。同时，开始形成独特的民族意识，自称“阿非利坎人”，意为“非洲人”。信基督教，属荷兰改革派。

其祖先为17世纪中叶开始陆续进入开普地区的欧洲移民。早期欧洲移民既相互通婚，又与当地霍屯督妇女通婚，血统早已混杂。他们大规模侵占霍屯督人和布须曼人的土地，建立了以奴隶制劳动为基础的农业和畜牧业。英国占领开普以后，被称为“布尔人”的欧洲移民于1835～1843年成批地离开开普殖民地，越过奥兰治河，向东北方向迁徙。1838年12月在恩康姆河打败祖鲁人军队以后，布尔人在奥兰治、德兰士瓦和纳塔尔侵占了大片土地，于1848年和1852年先后成立了奥兰治自由邦和德兰士瓦共和国。英国人同布尔人于1899～1902年爆发了英布战争。布尔人战败，英国于1910年将开普殖民地、纳塔尔殖民地和两个布尔人国家合并，成立统一的南非联邦。布尔人大农场主和大资产阶级竭力推行白人种族主义，甚至将种族隔离作为南非白人政权的施政纲领。新南非诞生前，他们处于支配地位。

历史上阿非利坎人主要住在农村，经营农牧业；英裔南非白人主要住在城市，从事工商业。现在，这样的区分已基本消除，绝大部分阿非利坎人已进入城市，在工业、商业和金融业拥有很大势力。

阿非利坎人小孩与鸵鸟

阿非利坎语 Afrikaans language 南非的两种通用语言之一（另一种是英语）。属印欧语系日耳曼语族西支。又称南非荷兰语。又译阿非利堪斯语。分布于南非和纳米比亚（西南非洲）。使用人口约600万。阿非利坎语由17世纪中叶以后在南非定居的荷兰、德国和法国移民使用的荷兰语演化而成，偶尔称布尔语。“布尔”原意农民，因为这些移民到达南非后主要以农牧业为生。

在欧洲移民到达南非以后的200年间，阿非利坎语只有口语，到19世纪中叶，标准书面语才逐渐形成。阿非利坎语语音系统以荷兰南部方言为基础，它的拼写规则与荷兰语基本相同，但稍简化。语法也比荷兰语简单。名词没有性和格的变化；动词的时态和人称形式都已消失，只剩有规则的变化，时态和语气用情态词表示，用助动词构成现在完成时。阿非利坎语的另一个特点是使用重叠词。词汇和荷兰语相似。来自英语的借词数量很大，主要是科学技术和体育术语。

阿非罗-亚细亚语系 Afro-Asiatic family 分布于北非和西南亚的一个主要语系。又称闪-含语系、非亚语系。主要语言包括阿拉伯语、希伯来语、豪萨语和阿姆哈拉语等。使用人口超过2亿。通常分为5个语族：闪（米特）语族、埃及-科普特语族、柏柏尔语族、库希特语族和乍得语族。关于乍得语族的归属问题，有些学者否认乍得诸语言与其他各语族之间有亲缘关系，另一些学者则认为有亲缘关系。

闪语族主要包括阿拉伯语、希伯来语、阿拉米语、马耳他语和阿姆哈拉语等。主要语言特点：保存有强势塞音t和q。古代的塞擦音已经消失。阿拉伯语中保留有喉音。原来的6元音系统也已经发生变化。闪语族诸语言的典型句法是修饰结构。阿拉伯语中有不少来自波斯语和突厥语的词语。

埃及-科普特语族最初的代表是古埃及语，约4世纪以后为科普特语所取代，后者现仅用于宗教仪式。科普特语采用简化了的象形文字。

柏柏尔语族分布于北非，主要是摩洛哥和阿尔及利亚，其次是尼日尔、马里等国。主要语言有什卢赫语、塔马齐格特语、瑞非安语和图阿雷格语（又称塔马舍克语）。各语言间极为相似。除动词外，构词采用内部屈折法。来自阿拉伯语的借词很多。

库希特语族的主要语言有索马里语、奥罗莫语、锡达莫语、贝贾语等。分布于索马里、埃塞俄比亚等地。诸语言的特点：保留有大部分强势辅音，闪语族诸语言中的齿间音在这里变成塞擦音。代词系统与闪语族诸语言非常接近。借词多来自埃塞俄比亚诸语言、阿拉伯语和尼罗-撒哈拉诸语言。索马里语采用阿拉伯字母。

乍得语族分布于撒哈拉以南地区。主要语言是豪萨语。主要的语言特点：都是声调语言，声调有区分词义的功能。大部分动词是助动词后接动词性名词。大多数语言的名词都有性，但没有格。有来自英语、阿拉伯语、弗拉尼语、东苏丹诸语言的借词。

阿芬那留斯 Avenarius, Richard (Heinrich Ludwig)（1843-11-19～1896-08-18） 德国哲学家。经验批判主义创始人之一。生于巴黎，卒于瑞士苏黎世。曾就学于苏黎世、柏林、莱比锡等大学，1877年起任苏黎世大学哲学教授，并创立该校哲学学会。他在哲学上持与E.马赫相同的观点，认为自然界并不存在物理的或心理的东西，只存在非物非心的“纯粹经验”，自我与环境是这种纯粹经验的不同联系的表现，它们是不可分割的“原则同格”。他主张科学理论应遵循“费力最小原则”来记述经验之间相似和先后的关系。著有《纯粹经验批判》等。

阿丰索一世 Afonso Ⅰ（约1109或1111～1185-12-06） 葡萄牙第一代国王（1139～1185年在位）。又称阿丰索·恩里克斯。其父恩里克伯爵去世时，他只有3岁，由母亲特雷莎摄政。当阿丰索逐渐长大时，特雷莎企图剥夺其继承权，引起葡萄牙贵族的不满。1128年，阿丰索王子在其军队和部分贵族的支持下，以武力夺得政权。1137年，在塞尔内雅战役中阿丰索打败了莱昂王国的军队。1139年7月，在欧里基（旧译奥利基）城大败摩尔人，建立葡萄牙独立王国，自立为国王。1147年，打败摩尔人，占领圣塔伦。同年，在英军的援助下攻克里斯本，定为国都。其后陆续攻克一些城市，扩大了国家疆域。在位期间，奖励农耕，修建城市，使长期战乱中的社会经济逐渐得到恢复。

阿佛罗狄忒 Aphrodite 希腊神话中司爱与美的神。一说她是宙斯和瀛海之神奥克阿诺斯的女儿狄奥涅所生，一说她诞生于大海。起初被尊为丰产女神、海的女神和航海的庇护者，后变为司爱与美的女神，在神话中常由时光女神、美乐女神和小爱神埃罗斯伴随。

对阿佛罗狄忒的崇拜明显地表现出群婚制的残余。在奥林波斯众神中，她被认为是工匠之神赫菲斯托斯的妻子，她曾一次次“失节”，为战神生了埃罗斯等五个子女，为神使赫尔墨斯生了一个儿子，与特洛伊的英雄安基塞斯生了罗马人的祖先埃涅阿斯。

在罗马，阿佛罗狄忒与当地丰产女神和园艺女神维纳斯混合，成为夫妻之爱的庇护者。在古希腊、罗马的艺术作品中被塑造成绝色女子，借以体现理想的女性美。最著名的雕像是后来在米洛斯岛出土的“米洛斯的阿佛罗狄忒（或维纳斯）”。

《阿佛罗狄忒》（米洛斯的） *Aphrodite of Melos* 希腊雕像。又称《维纳斯》（米洛斯的）。作于公元前2世纪希腊化时期。这尊大理石雕像高2.04米，从底座铭文上得知，作者是雕塑家阿历山德罗斯。1820年在爱琴海米洛斯岛的山洞中发现。阿佛罗狄忒是希腊神话中爱与美的女神，即罗马神话中的维纳斯。雕像高贵端庄，她那丰满的胸部、浑圆的双肩、柔韧的腰肢都呈现出成熟的女性美。女神下肢为衣裙所遮，舒卷自然的衣褶显示出人体的结构和动态，增添了丰富的变化和含蓄的美感。雕像既有女性的丰腴妩媚又有母性的

《阿佛罗狄忒》（卢浮宫博物馆藏）

温柔慈爱。雕像双臂已残缺，后世不少雕塑家曾设计各种方案试图复原双臂，却都在原作面前黯然失色。

阿弗拉尼乌斯 Afranius, Lucius 古罗马喜剧作家。罗马式喜剧——长袍剧的最后一位杰出的重要代表作家。活动时期约公元前2世纪后半叶。现只传他的约40个剧本标题和400多行残诗。从传世的残段看，他的喜剧题材比较多样，包括婚姻、嫁妆、夫妻关系等家庭问题。妇女在他的喜剧中占有重要地位。语言较雅致，表明其力图提高比较粗俗的喜剧的地位，因而受到西塞罗、贺拉斯、昆体良等古典批评家的好评。他的喜剧在罗马帝国时期仍在舞台上演出。

阿伏伽德罗 Avogadro, Amedeo (1776-08-09～1856-07-09) 意大利物理学家、化学家。生于都灵，卒于都灵。1796年获都灵大学法学博士学位。1800年开始研究物理学和化学。1820年任都灵大学数学和物理学教授，曾一度被解职而于1834年又重任该校教授，直到1850年退休。他是都灵科学院院士，还担任过意大利度量衡学会会长而促使意大利采用公制。

阿伏伽德罗的重大贡献是他在1811年提出的分子假说：同体积的气体，在相同的温度和压强下，含有同数目的分子。他反对当时流行的气体分子由单原子构成的观点，认为氮、氧、氢气都是双原子的分子。由于有些分子发生了离解，出现了分子假说难以解释的情况，但更主要是当时科学界尚不能区分分子和原子，使这学说长期不为科学界所接受。直到1860年，由于意大利化学家S.坎尼扎罗的努力，分子假说才被公认，后称之为阿伏伽德罗定律。它对科学的发展，特别是原子量的测定工作，起了重大的推动作用。阿伏伽德罗常数是自然科学的重要基本常数之一。

阿伏伽德罗常数 Avogadro constant 12.000克^{12}C中所含碳原子的数目。为纪念意大利化学家A.阿伏伽德罗而得名，具体的数值是$6.022\ 141\ 99\times10^{23}$，符号$N_A$或$L$。包含阿伏伽德罗常数个微粒的物质的量是1摩尔。例如1摩尔铁原子，质量为55.845克，其中含N_A个铁原子；1摩尔水分子的质量为18.010克，其中含N_A个水分子；1摩尔钠离子含N_A个钠离子；1摩尔电子含N_A个电子。

该常数可用多种不同的实验方法测定，例如电化当量法、布朗运动法、油滴法、X射线衍射法、黑体辐射法、光散射法等。现在公认的数值就是取多种方法测定的平均值。由于实验值的不断更新，这个数值历年略有变化，在20世纪50年代公认的数值是6.023×10^{23}，1998年修订为$6.022\ 141\ 99\times10^{23}$，2006年修订为$6.022\ 141\ 79\times10^{23}$。

阿伏伽德罗定律 Avogadro's law 在同一温度、同一压力下，体积相同的气体所含的分子数都相同。例如在0℃、101千帕压力下，22.4升的氢气、氧气或氮气的分子数都是相同的（等于阿伏伽德罗常数）。这是1811年A.阿伏伽德罗提出的假说，结合J.道尔顿提出的原子论，阐明了气体化合体积定律。到19世纪末，这个假说由分子动理论予以理论证明，被称为阿伏伽德罗定律。它在原子分子学说的形成和原子量测定等方面都起过重要的历史作用。

“阿芙乐尔”号巡洋舰 Aurora Cruiser 沙俄帝国彼得堡船厂建造的巡洋舰。因参加俄国十月社会主义革命炮击冬宫而闻名于世。1900年5月11日在彼得堡下水，1903年建成服役。编制舰员578名。标准排水量6 731吨，满载排水量7 000吨。舰长124米，舰宽18米，吃水7米，航速20节。主要武器有152毫米主炮8门、75毫米副炮24门、37毫米副炮8门、鱼雷发射装置3座。该舰服役后被编入俄国波罗的海舰

队，日俄战争爆发后被调往远东参战。第一次世界大战期间，配合地面部队保卫彼得堡。1917年3月13日，该舰水兵受俄国“二月革命”影响，举行起义，夺取军舰指挥权。11月7日晨，该舰电台广播了列宁签署的《告俄国公民书》，向全世界宣告革命军事委员会已掌握政权。当日21时40分，舰首炮用空包弹发出了攻打冬宫的信号，为俄国十月革命的胜利建立了功绩。1948年11月起，作为十月革命的纪念舰和纳希莫夫海军学校的训练舰，永久停泊于涅瓦河上。1957年11月，为纪念十月革命胜利40周年，舰上建立苏联海军中央博物馆分馆。曾荣获红旗勋章和十月革命勋章。

阿富汗 Afghanistan 亚洲中西部内陆国。位于西亚最东部。北界土库曼斯坦、乌兹别克斯坦和塔吉克斯坦，东北部以狭长带状地（“瓦罕走廊”）与中国相连，东南同巴基斯坦接壤，西邻伊朗。地处中亚、南亚和西亚三大区域的交会点，素有“亚洲十字路口”之称。面积647 500平方千米，人口约2 850万（2004）。民族成分复杂，共有30多个民族。主要有普什图族（阿富汗

人)、塔吉克族、哈扎拉族、乌兹别克族等。伊斯兰教为国教。通行普什图语和达里语，也为官方语言。首都喀布尔。

地理 属伊朗高原的一部分，山地和高原占全国面积的4/5。地势自东北向西南倾斜，平均海拔1 200米以上。东北端有突出的“瓦罕走廊”，介于“世界屋脊”帕米尔高原和兴都库什山脉东端之间，长300多千米，海拔4 000～6 000米。其南侧有耸峙于阿富汗和巴基斯坦边界线上的诺夏克峰，海拔7 485米，是全国最高峰。兴都库什山脉向西南延伸至西部形成一系列平行山脉，总称帕鲁帕米苏斯山脉，斜贯国境腰部，形成南北屏障，将全国分为三大区域：北为平原和肥沃的山麓丘陵区，依次向阿姆河缓斜；南为以雷吉斯坦沙漠为主要组成部分的高原沙漠区；挺拔于中部的巍峨山地，则是几乎全国所有重要河流的导源地。河流主要为内流河，有北流的阿姆河、西流的哈里河和西南流的赫尔曼德河。喀布尔河是唯一的外流河，东汇印度河，转入印度洋。

属亚热带大陆性干旱与半干旱气候。山地与平原差异显著，气温日较差和年较差都很大。山地冬季寒冷，常有暴风雪，平原则较温暖。平原夏季酷热，南部气温可达49℃，而在海拔2 500～4 000米地区，7月平均气温也可低至10℃左右。降水很少。沙漠地区常有干热沙暴。平均年降水量240毫米左右。东南山地夏季可达400～800毫米。西南部最为干燥，有些地区终年无雨。

矿产资源丰富，主要有天然气、石油、煤、铁、铜、铅、重晶石、银、铬、云母、滑石、绿宝石和大理石等。其中喀布尔南部的埃纳克铜矿探明储量约7亿吨，铜金属总量达1 133万吨。森林仅占全国面积约3%，而且多半为灌木林。

历史 古代有伊朗人、希腊人、月氏人、印度人、阿拉伯人、蒙古人先后在阿富汗进行统治或建立王国。16～17世纪，又先后沦为印度莫卧儿帝国和伊朗萨菲王朝的一部分。1747年建立阿富汗王国。1878～1880年经过英阿之战，成为英国的附庸国家。1919年第三次英阿战争后赢得独立。1973年，封建王朝被推翻，共和制建立。亲苏势力随之于1978年发动军事政变，自行上台。1979年年底，苏联径直派军入侵，另行扶植傀儡政权。1989年初苏联撤出，继之又是连年的政权更迭、国名变换。1994年学生武装“塔利班”运动突起，与国际恐怖势力相结合，使得阿富汗局势益发复杂。2001年在以美国为首的多国部队和“北方联盟”的内外夹击下，塔利班政权迅速土崩瓦解。2001年年底，临时政府成立，阿富汗政局开始走向新生。2004年1月，定国名为阿富汗伊斯兰共和国。

图1 喀布尔附近的兴都库什山脉

政治 1978年4月废除宪法。阿富汗伊斯兰国成立后，1992年6月另行颁布伊斯兰宪法。2004年1月颁布新宪法。大支尔格会议，又称大国民会议，是国家最高立法机关，由人民院（下院）和长老院（上院）组成。人民院议员不超过250名，长老院议员从各省、区管理委员会成员中间接选举产生。政府由总统、若干名副总统和20多个部的部长共同组成。主要政党有阿富汗伊斯兰促进会、阿富汗伊斯兰统一党、阿富汗伊斯兰民族运动、阿富汗民族解放阵线、阿富汗伊斯兰党、阿富汗圣战者伊斯兰联盟、阿富汗伊斯兰民族阵线、阿富汗伊斯兰革命运动、阿富汗伊斯兰运动。

经济 阿富汗是落后的农牧业国家，经济发展相当迟缓。自1973年建立阿富汗共和国不久即发生内战，经随后近30年的战乱，基本的行政和经济体系几陷于完全瘫痪，交通、通信、水利和农业基础设施严重受损，国民流亡国外沦为难民。阿富汗现政府重视经济重建，倚西方国家，积极争取外援，采取了诸多举措，力谋重建国内经济，包括中国在内的国际援助陆续到达，国内经济逐渐恢复，交通、能源、水利灌溉等关系到国计民生的相关基础设施建设得以陆续进行。同时，颁布了投资法，鼓励国外商企赴阿富汗投资。

2009年国民生产总值145亿美元，人均国内生产总值562美元。

农牧业迄今依然是国民经济的主要支柱。2005年，农牧业人口共占全国总人口的80%，耕地约占全国面积的10%。农牧

图2　巴米扬大石佛（已被塔利班炸毁）

业产值占国内生产总值（GDP）的48%，主要农作物有小麦、棉花、甜菜等，主要分布于河谷地带和低高原地区。粮食尚不足自给。果树栽培历史悠久，是主要出口商品和外汇收入主要来源之一，多产于兴都库什山脉以南广大地区，主产葡萄、杏、樱桃、苹果、榅桲、无花果、石榴等。阿富汗是世界罂粟生产大国，2006年生产的罂粟高达6 100吨，相当于同年世界总产量的92%。有牧场和草地3 000万公顷，占全国面积的46%，实际利用不足1 000万公顷。畜牧业原是国民收入重要来源之一，因战乱而致畜产品（肉类、奶类、皮革、兽毛等）大量减产，现仍在复苏之中。

工业向以轻工业和手工业为主。尤以纺织业占主导地位，其中手工编织的地毯是大宗出口产品。但因战争，原已薄弱的工业基础几乎荡然无存，战后正在艰难恢复。

阿富汗是内陆国，交通运输主要靠公路和空运，尤其以公路运输为主。全境共有公路17.789万千米，其中国家级高速公路4 906千米。公路70%毁于战火，在各国及非政府组织协助、支援下，积极恢复和增建。空运是阿富汗交通运输方式的重要一翼，全国有46个机场，喀布尔机场为国际机场。

文化　实行12年义务教育，因战争教育事业受到严重破坏。有高等院校十余所，喀布尔大学（1931）是全国最高学府，赫拉特大学（1956）是西部教育中心。2002年8月复校。新闻事业劫后复苏，主要报纸为《喀布尔时报》（阿官方报纸）、《喀布尔周报》（唯一的英文报纸）和《祖国报》等。阿富汗广播电台成立于1925年，阿富汗电视台建立于1978年，均已恢复运行。

对外关系　阿富汗是联合国早期会员国之一，还是联合国许多国际组织的成员国。政府当局对于加强国际联系格外重视，尤其致力于主动摈弃历史纠葛，积极修好与各邻国的关系。阿富汗政府已经得到联合国几乎所有会员国的外交承认。已有50多个国家在阿富汗恢复设立了大使馆。1955年1月20日与中国建交。

阿富汗抗苏战争　Afghan Movement Against Soviet Union Aggression　1979～1989年阿富汗人民抗击苏联入侵的战争。1979年9月，阿富汗亲苏的努尔·穆罕默德·塔拉基在军事政变中被打死。总理兼国防部长哈菲佐拉·阿明上台，采取疏远苏联、亲近西方的政策，苏阿关系骤紧。苏联为防止阿明投入西方怀抱，于同年12月25日晚侵入阿富汗。27日，苏军发动猛攻，击毙阿明，扶植起卡尔迈勒傀儡政权。苏联的入侵激起阿富汗人民强烈愤慨，全国相继出现200多个抵抗组织袭击苏军。1980～1984年，苏军向潘杰希尔山谷发动7次大规模围剿，均被马苏德领导的伊斯兰促进会武装粉碎。M.S.戈尔巴乔夫担任苏共中央总书记后，着手政治解决阿富汗问题。1988年4月14日，在联合国秘书长J.德奎利亚尔的主持下，喀布尔政权、巴基斯坦、苏联和美国四国外长签署解决阿富汗问题的《日内瓦协议》。1989年2月15日，苏军全部撤出阿富汗。阿富汗人民抗击苏联入侵的战争取得胜利。

被阿富汗抵抗战士击落的苏联直升机残骸（1980）

阿富汗抗英战争　Afghan Wars of Resistance against Britain　19世纪30年代至20世纪初，阿富汗人民抗击英国殖民入侵的战争。又称英阿战争。

第一次抗英战争（1838～1842）　1837年，伊朗在沙俄的怂恿和支持下围攻赫拉特，英国派A.伯恩斯出使喀布尔，企图促使阿富汗同英国人建立反对伊朗及俄国的同盟。双方谈判无结果。统治者多斯特·穆罕默德汗乃转向俄国，接见俄国特使。英国以此为借口发动战争。1838年11月，英国侵略军开始向阿富汗推进，次年4月占领坎大哈，进逼喀布尔，多斯特·穆罕默德汗出走。1841年11月，被称为“阿富汗之星”的阿克巴尔领导喀布尔起义，英国侵略军陷于绝境，不得不答应撤离。1842年1月，英军16500人开始撤退，不断遭到截击，几乎全军覆没，仅数人生还。同年，英军重新集结力量，再度占领喀布尔，对和平居民进行血腥报复，不久即撤出阿富汗。

第二次抗英战争（1878～1880）　19世纪70年代，帝国主义者加紧争夺殖民地。沙俄相继占领中亚布哈拉、浩罕、希瓦三汗国后，派以斯托莱伊托夫将军为首的军事代表团到喀布尔，企图劝说阿富汗国王希尔·阿里汗（1863～1879年在位）与俄国结成同盟。英国人闻讯后，要求希尔·阿里汗接待以N.张伯伦将军为首的英国代表团，为希尔·阿里汗拒绝。英国遂以此为借口，又发动第二次侵略阿富汗的战争。

1878年11月，英军入侵阿富汗，希尔·阿里汗向俄国求援，遭拒绝，忧愤而死。其子耶古卜汗放弃抵抗，于1879年5月与英国签订《冈达马克条约》。同年9月，喀布尔爆发人民起义，不久，起义遍及全国。1880年在俄国怂恿和支持下，希尔·阿里汗之侄阿卜杜·拉赫曼汗从中亚回到阿富汗，组织军队，向喀布尔推进。英国急于从阿富汗脱身，乃同阿卜杜·拉赫曼汗进行谈判，承认他为国王，并答应给他大量金钱和军火，阿卜杜·拉赫曼汗则承认《冈达马克条约》的主要条款，即由英国控制阿富汗的对外关系。

第三次抗英战争（1919）　1919年，阿曼努拉汗继任国王，宣布阿富汗在对内对外方面完全独立，并写信给英国印度总督，要求英国承认阿富汗的独立，遭到无理拒绝。同年5月，战争爆发，阿富汗军民在大部分战线上取得胜利。由于当时印度境内爆发非暴力不合作运动，英国急于结束战争。6月双方缔结停战协定。8月在拉瓦尔品第签订和约，英国正式承认阿富汗独立。

阿富汗战争　Afghan War　2001年美国针对阿富汗塔利班政权的反恐怖战争。2001年发生的9·11事件，美国认定是藏匿在阿富汗的国际恐怖主义“基地”组织头目本·拉登所为，于是勒令阿富汗塔利班政权交出本·拉登，否则将以军事行动达到目的。塔利班（见“塔利班”运动）于1994年在阿富汗上台执政，1996年收留本·拉登。2001年10月7日，美国总统G.W.布什宣布对阿富汗发动代号为“持久正义行动”的军事进攻。美军利用现代化尖端武器，仅仅三四天的时间就摧毁了塔利班85%的军事目标。11月13日，塔利班放弃喀布尔退守大本营坎大哈。月底，美军地面部队在阿富汗北方联盟武装的配合下，包围并进攻坎大哈。12月7日，塔利班守军宣布投降。战事前后历时61天。12月22日阿富汗组成卡尔扎伊临时政府。美国虽然以极小的代价打垮了塔利班政权和“基地”组织，但没有实现最初目标——抓获本·拉登及其主要助手，不得不进行“反恐持久战”。

《阿甘正传》 *Forrest Gump* 美国故事片。1994年派拉蒙影业公司出品。编剧E.罗斯，导演R.泽米基斯，主演汤姆·汉克斯、R.怀特。轻微弱智的甘普生性憨厚、办事执著，而且似乎还有点天命辅佑，因此他的人生旅途总是歪打正着，取得常人难以企盼的成就。他先后成为橄榄球星、越战英雄、乒乓球国手、捕虾大王，富裕后又乐善好施。他对从小青梅竹马、后误入嬉皮歧途的珍妮一往情深，终于感化了珍妮。珍妮与他结婚生子，可惜命蹇早逝。阿甘埋葬了珍妮，对儿子寄以一片深情。本片具有乖僻喜剧的风格，阿甘这个正直、憨态可掬的普通美国人未受社会污染，体现了以“乐天、奋斗、成功、富裕”为特征的美国精神，因而深受美国人民的欢迎。该片制作时大量采用电脑高科技，因此有很多虚拟的真实画面。获1995年第67届奥斯卡金像奖最佳影片等6项奖。

阿格达斯 Arguedas, José María (1911-01-18～1969-11-28) 秘鲁小说家。生于安达韦拉斯，卒于利马。青少年时期深受印第安人文化影响。20岁在利马一大学攻读人种学，从事民间调查。1935年发表第一部小说《水》，反映当时秘鲁农村的面貌。评论界认为，只有阿格达斯的作品出现后才使印第安人真正从本质上进入秘鲁文学。《血的节日》(1941) 描写印第安传统

斗牛节中的矛盾冲突，刻画了印第安农民的精神面貌和心理状态。《深沉的河流》(1958)通过一个在印第安人中间长大的混血儿的生活，追忆作者的童年。《所有的血》(1964)写美国一跨国公司霸占印第安山区矿山，使印第安农民家破人亡，展示了秘鲁社会各种错综复杂的矛盾。作品还有短篇小说集《世界之爱和所有的故事》(1967)、遗著《山上的狐狸和山下的狐狸》(1971) 等。

阿格拉 Agra 印度历史古城。位于亚穆纳河中游右岸，海拔168米。西北距德里190千米。人口约132.14万。城市兴起于12世纪，原在亚穆纳河左岸。莫卧儿帝国阿克巴大帝即位后，于1564年在右岸择今址加以扩建。1566～1569年和1601～1658年两度为莫卧儿帝国首都。1803年被英国侵占，降为省的首府。向以地毯、金银细工、雕刻、铁器皿制造驰名，现为工业与商业中心，谷物、棉花的集散地。还有棉纺织、毛纺织、榨油、面粉、制革、电缆和橡胶制品等工厂。建有大型炼油厂。是印度享有盛誉的文物－旅游之都，尤以两大世界级文物名胜著称。一是阿格拉古堡，俗称红堡；一是泰姬陵。均临亚穆纳河而立。古堡由莫卧儿帝国阿克巴大帝于1564～1575年兴建。形似一高耸的要塞，四周由双层红色砂石砌成的高大城墙围绕。内有宫殿、集市、民居和大清真寺等多种建筑。泰姬陵是莫卧儿帝国沙·贾汗为纪念其宠妃而兴建的。公路和铁路枢纽，水陆运输要地，有5条铁路与多条公路交会于此，并有机场。设有阿格拉大学 (1927)。

阿格拉古堡 Agra Fort 印度莫卧儿王朝都城。位于北方邦西南、德里东南200千米的亚穆纳河南岸，属今阿格拉市。1504年，德里洛提王朝第二代皇帝塞坎达尔·洛提定都于此，兴建阿格拉城和王宫。1526年洛提王朝灭亡后，莫卧儿王朝继续以此为都。1564年，莫卧儿王朝第三代皇帝阿克巴兴建阿格拉堡，将伊斯兰教和印度教不同的建筑风格融汇一体，建成约500座式样新颖、各具特色的建筑物，后又经第五代帝王沙·贾汗改建。阿格拉古堡因用红砂石筑成而有红堡之称。周长2.5千米，城堡内楼台殿宇优美别致，有雕梁画栋的觐见宫、豪华壮观的枢密宫、造型秀丽的清真寺、别具一格的镜宫等。镜宫的墙壁和天花板上镶嵌了成千上万块玻璃，闪闪耀眼。古堡附近有著名的泰姬陵。此外，城内还有莫卧儿王朝贾汗季大帝皇后努尔·贾汗为她父亲修建的伊蒂默德·乌德－陶拉陵墓以及阿克巴陵墓和法塔赫布尔·西格里古堡等文物古迹。1983年，阿格拉古堡作为文化遗产被列入《世界遗产名录》。

阿格里科拉 Agricola, Mikael (约1509～1557-04-09) 芬兰作家、宗教改革家。生于乌西玛佩尔纳，卒于乌西基尔科。早年在维堡读书，后到图尔库市学习。1536～

1539年去德国进修神学，获硕士学位。回国后先后任图尔库教会学校校长、主教等。他是芬兰书面文学和民族文学的开山鼻祖。于1542年编制出一套芬兰语字母，出版第一部芬兰文教科书《ABC识字课本》。约在1544年编写《宗教入门》一书，用自己创造的芬兰文字介绍圣经故事。并用芬兰文翻译《新约》(1548)、《旧约》(去世后由其学生完成)。

阿格农 Agnon, Shmuel Yosef (1888-07-17～1970-02-17) 以色列小说家。本名施穆尔·约瑟夫·查兹克斯。生于奥匈帝国布克扎克兹（今属波兰），卒于耶路撒冷。1907年离开故乡到巴勒斯坦，任教师的同时发表处女作《阿古诺》。1913～1924年在德国各地迁徙、漂泊。1924和1929年阿格农家中的两场大火烧毁了书籍、手稿，也使毁灭与失落成为他许多作品的主题。1966年与

N.萨克斯共获诺贝尔文学奖。主要创作了笔触触及犹太人政治、经济、文化生活的长篇小说《新娘的华盖》(1931)、带有自传色彩的《宿夜的客人》(1939)、反映第二代犹太人宗教回归的《只是昨天》(1945)、探索犹太人充满矛盾与悖论的历史的《希拉》(阿格农死后由其女儿埃蒙娜整理出版）以及中、短篇小说集《大海深处》(1935)、《两个传说》(1966)，拉比训诫集《敬畏的日子》(1938)和诸多散文与书信。

阿格耶伊 Agyey; Ajney (1911-03-07～1987-04-04) 印度印地语诗人、小说家。原名萨吉达南德·希岚南德·瓦德斯亚衍。生于北方邦一个学者家庭。1930年因参加独立斗争入狱，1934年获释。1943年参加盟军。1946年辞去军职专心从事文学创作。1947年创办文学杂志《象征》，此后还编辑过《伟大的印度》等。他致力于文学的“实验”与创新，提倡科学人道主义文学观，主张艺术的客观化。一生创作了十多部诗集，最著名的是《庭院的门槛》(1961)。还创作了3部长篇小说、10部短篇小说集、大量散文和文艺批评文章。

阿根廷 Argentina 南美洲国家。位于南美洲东南部，东濒大西洋，北接玻利维亚和巴拉圭，东北邻巴西、乌拉圭，西以安第斯山脉与智利为邻。海岸线4 725千米。面积2 780 400平方千米（不含马尔维纳斯群岛及南极）。人口4 134万(2010年估计)。

白种人占总人口的95%，多为西班牙和意大利移民后裔，其他为印欧混血种人和印第安人。居民多信奉天主教。官方语言为西班牙语。首都布宜诺斯艾利斯。

地理 地势西高东低。西部是以安第斯山脉为主体的山地，约占国土面积的1/3，其中阿空加瓜山海拔6 960米，是南美洲第一高峰。东部拉普拉塔平原与南部的巴塔哥尼亚高原各约占国土面积的1/3。南北气候差异较大，降水分布不均。北部和中部属亚热带气候，南部为温带气候。年降水量东北部约2 000毫米，西北部和南部约250毫米。最重要的河流为巴拉那河。湖泊400多个。

历史 16世纪前，印第安人在此居住。1580年西班牙殖民者正式建立布宜诺斯艾利斯城。1776年西班牙设立拉普拉塔总督区。1810年5月25日爆发反对西班牙统治的“五月革命”。自1812年起，民族英雄J.de圣马丁领导了抗击西班牙殖民军的武装斗争。1816年7月9日，拉普拉塔联合省宣告独立。1866年定名为阿根廷共和国。1982年，同英国之间爆发了马尔维纳斯群岛战争。阿根廷战败。

政治 为联邦制国家，实行代议制民主。总统通过直接选举产生，任期4年，可连选连任1次。总统是国家元首、政府首脑、武装部队总司令。议会分参、众两院，拥有联邦立法权。主要政党有正义党、激进公民联盟等。

经济 拉美地区经济较发达的国家之一。工业和农牧业均较发达，是世界粮食和肉类的重要出口国，并初步形成了较完整的工业体系。2009年国内生产总值3 070.8亿美元。货币名称比索。

矿产资源比较丰富，已探明石油储量24.78亿桶，天然气7 635.2亿立方米，煤6亿吨，铁3亿吨，铀2.94万吨，还有铅、锌、锡、铜等矿藏。森林面积约占国土面积的21%。水力和渔业资源也很丰富。

工农业技术水平较高，有石油化工、钢铁、冶金、水泥、汽车制造、食品、纺织、皮革等工业。核工业发展水平居拉美前列，能独立生产浓缩铀，拥有3座核电站。农作物有小麦、玉米、大豆、高粱等。交通运输业比较发达，有以铁路、公路、水运、航空和管道运输等组成的现代化交通运输体系。旅游业发达，是南美主要旅游国家。主要旅游点有巴里洛切风景区、伊瓜苏瀑布、莫雷诺冰川等。

阿根廷为拉美地区吸引外资最多的国家之一。外国企业的投资主要集中在通信、汽车、食品、石油和天然气、化工和矿业等部门。对外贸易在国民经济中占有重要地位。主要出口谷物、牛肉、皮革、羊毛、钢材、化工产品、机械设备等，进口化肥、石油产品、铁矿砂、煤炭等。主要贸易伙伴是拉美国家、美国、欧盟等。

文化 教育水平较高。全国实行13年制义务教育。著名的大学有布宜诺斯艾利斯大学、拉普拉塔大学、科尔多瓦大学等。科技研究机构由各大学的研究所、公共研究机构和私人研究机构三部分组成。主要报纸有《纪事报》、《号角报》、《国民报》和《新闻报》，重要周刊有《市场》、《索莫斯》、《人物》等。主要通讯社有美洲通讯社、新闻社和报联社。有电台1 601家，各种电视台1 088家。

对外关系 坚持独立自主、不干涉他国内政和保护人权的多元化外交政策。主张维护拉美代议制民主体制，加强拉美国家团结合作。强调国家关系不受政治制度和意识形态的限制。至2008年年底，已同184个国家建有外交关系。1972年2月19日与中国建交。1983年民选政府执政后，改善了同美国的关系。同德国、意大利、西班牙和法国等保持着密切的关系。在马尔维纳斯群岛主权问题上与英国存在争端。阿根廷是不结盟运动和七十七国集团成员，也是美洲国家组织、拉美经济体系、拉美一体化协会、里约集团等地区性组织的成员。

阿贡火山 Agung, Gunung 印度尼西亚巴厘岛的活火山。又名巴厘峰。海拔3 142米，为巴厘岛的最高峰，当地人奉为圣山。因火山口完整，被称为“世界肚脐眼”。火山位于岛的东北部，喷发周期一般约50年。1963年的猛烈爆发，为百余年来的最强一次，热浪高达1万米，火山灰在4 000米高空弥漫全岛，人畜伤亡惨重，死亡约1 600人，8.6万人无家可归。山的南坡海拔900米的普拉·毕沙基庙是全岛最神圣的主庙，历史悠久，规模宏大，倚山建成约有30所庙宇的大寺。寺内供奉印度教的主神梵天、毗湿奴和湿婆等。附近种植沙腊树，果实

阿贡火山俯瞰

硕大，肉厚味甜，为岛上祭祀用的珍贵供物。

阿古柏事件 Yaqub Incident 19世纪70年代中亚浩罕汗国阿古柏入侵中国新疆的事件。清同治三年（1864），新疆各族人民发动的大规模反清运动遍及天山南北，但各支反清势力的领导权皆为阿訇、和卓、伯克和清朝地方官吏等上层分子所掌握。占据南疆喀什噶尔城（今喀什）的柯尔克孜族思的克伯克向中亚伊斯兰教汗国浩罕乞师求援，迎请大小和卓之后、张格尔之子布素鲁克汗返回新疆。1865年春，浩罕军事头目阿古柏随布素鲁克汗进入南疆。

阿古柏本为浩罕的军官，初为浩罕国王呼达雅尔汗的“穆合热本”(近卫)，后升至阿克美奇特（白清真寺）要塞指挥官，进入南疆不久，便驱逐布素鲁克汗，并对其他各支反清势力展开攻势，先后攻占喀什噶尔、阿克苏、叶尔羌（今莎车）、库车等地。1867年建立哲德沙尔（七城之意）政权，自立为汗。1870年攻占乌鲁木齐，旋据有天山南路和天山北路部分地区。

阿古柏为维持其反动政权，同当时争夺中国新疆的英、俄两国侵略势力进行勾结。1873年，英国派出费赛斯使团，带给阿古柏一封英国女王的亲笔信和大批武器。次年，双方签订《英国与喀什噶尔条约》，英国取得在新疆自由进出、商品自由流通及派驻领事享有治外法权等侵略权益。俄国为抵制英国扩张势力，也密切注视着阿古柏入侵新疆的事态发展。1871年，俄国悍然出兵侵占伊犁。第二年同阿古柏签订了《俄国和喀什噶尔条约》，阿古柏取得了俄国政府对其政权的承认与支持；俄国在阿古柏占领下的中国新疆地区攫得大量侵略权益。

光绪元年（1875），清政府采纳左宗棠的建议，派军进入新疆，于1876年收复天山北路，1877年进入南疆。阿古柏失败后，于库尔勒服毒自杀，其汗国亦随之覆灭。至此，中国新疆地区除伊犁仍被俄国侵占外，天山南、北两路全部收复。

阿桂 Agui (1717～1797) 中国清朝乾隆时大臣。字广廷，号云岩。章佳氏。满洲正蓝旗人，后以新疆战功抬入正白旗。大学士阿克敦子。乾隆三年（1738）举人。初以父荫授大理寺丞，累迁至吏部员外郎、军机章京。十三年，从兵部尚书班第参金川军事，后擢至内阁学士。二十年，值用兵准噶尔部，命赴乌里雅苏台督台站，参与平定准、回兵事。回疆定，先驻阿克苏，旋移驻伊犁。上言驻兵、屯田诸策，皆允行，命经理之。又疏定约束章程，建绥定、安远二城。授予骑都尉世职。二十八年，召还京，授军机大臣。三十年，赴乌什协助将军明瑞镇压维吾尔族起义。三十二年，授伊犁将军。三十六年，派赴金川，后授定西将军主持金川军务。四十一年，金川平，以功封一等诚谋英勇公，授吏部尚书、协

阿桂像（故宫博物院藏）

办大学士，班师叙功列第一。次年，拜武英殿大学士。此后十数年，多次出办河工及江浙海塘工程、湖北荆州堤工。又率师镇压青海循化撒拉族苏四十三与甘肃通渭石峰堡回族田五领导的两次起义，颇得乾隆帝器重。嘉庆二年（1797）八月卒。

阿含 āgama 原始佛教基本经典。又称阿铪、阿含暮、阿笈摩等。意译为“法归”，指此类基本经典为佛陀教说之所持、所归、所聚。依据传说，佛陀逝世后，其弟子大迦叶主持了首次结集，会诵了法藏与律藏两部分。法藏记录了佛陀及弟子们的言教行迹，包含了原始佛教的基本教义。法藏之分为4部或5部阿含，估计在阿育王时代（公元前3世纪）。原始佛典以文字写定是在公元前1世纪。一般认为阿含经形成与部派分裂同时，所以各部派都有大同小异的阿含经典。阿含分北传佛教和南传佛教两系。北传方面称《长阿含经》、《中阿含经》、《杂阿含经》和《增一阿含经》，现代学者认为它们并不属于同一部派。南传方面有5部，称《长部经典》、《中部经典》、《相应部经典》、《增支部经典》、《小部经典》。此中前4部与北传四阿含经大体相当，但经文数目、排列以至部分内容都互有差异。汉译《长阿含经》22卷，分4部分，分别叙述有关佛陀、教行，与外道论难及世界成败之说；《中阿含经》60卷，222经，说四谛、十二因缘及佛陀与弟子们的言行；《增一阿含经》51卷，从一法而至十一法，宣说法数，故名增一；《杂阿含经》50卷，含其他阿含经未收的经文。阿含经类在汉地译出始于东汉明帝时的《四十二章经》编译，整部阿含经在4～5世纪译出。此前则有阿含经中单品陆续译出。

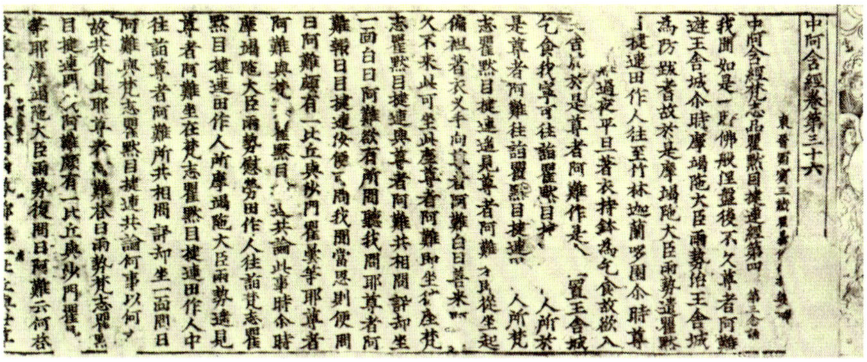
中阿含經卷第三十六
東晉罽賓三藏瞿曇僧伽提婆譯
中阿含經梵志品瞿默目揵連經第四 第三念誦
我聞如是一時佛般涅槃後不久尊者阿難
遊王舍城介時摩竭陀大臣雨勢治王舍城
為防跋耆故於是摩竭陀大臣雨勢遣瞿默
目揵連田作人往至竹林迦蘭哆園介時尊
者阿難過夜平旦著衣持鉢為乞食故欲入
王舍城乞食於是尊者阿難作是念且置王舍城
乞食我寧可往詣瞿默目揵連田作人所梵
是尊者阿難往詣瞿默目揵連田作人所梵
志瞿默目揵連遙見尊者阿難來即從坐起
偏袒著衣叉手向尊者阿難白曰善來
久不來此可坐此座尊者阿難即坐於座梵
志瞿默目揵連與尊者阿難共相問訊却坐
一面白曰阿難欲有所問聽我問耶尊者阿
難報曰目揵連隨汝所問我聞當思則便問
曰阿難頗有一比丘與沙門瞿曇等耶尊者
阿難與梵志瞿默目揵連共論此事時介時
摩竭陀大臣雨勢按行田作人往詣梵志瞿
默目揵連田作人所摩竭陀大臣雨勢遙見
尊者阿難坐在梵志瞿默目揵連田作人中
往詣尊者阿難所共相問訊却坐一面問曰
阿難與梵志瞿默目揵連共論何事以何
故共會此耶尊者阿難答曰雨勢梵志瞿默
目揵連問我阿難頗有一比丘與沙門瞿曇
等耶摩竭陀大臣雨勢復問曰阿難云何答

《中阿含经》（局部）

阿合马 Ahema（？～1282） 中国元朝初期大臣。出生于中亚费纳喀忒（今乌兹别克斯坦塔什干西南锡尔河右岸）。中统三年（1262），领中书左右部，兼诸路都转运使，负责财赋。至元元年（1264），升中书平章政事。此后兼制国用使，改尚书省平章政事。九年，为中书平章政事达10年之久。时值灭南宋前后，元廷费用浩繁，阿合马采取兴铁冶、铸农器官卖、增盐课、括户口、推行钞法、籍括药材等措施，使财政支出得以应付，深得世祖宠信。阿合马专权横暴，引起太子真金和许多大臣不满。十九年三月，益都千户王著与高和尚等乘世祖和真金去上都，潜入大都，假称真金回宫，召阿合马至，杀阿合马及其党羽郝祯。

阿赫里奇 Argerich, Martha（1941-06-05～ ） 阿根廷钢琴家。生于布宜诺斯艾利斯。4岁开始学钢琴，5岁登台演奏。8岁举行独奏音乐会，获得好评。曾获1957年日内瓦国际钢琴比赛和1965年肖邦国际钢琴比赛一等奖。她每年举行百次以上的演奏会。1996年和1999年两次访问中国，在北京人民大会堂和世纪剧院演奏。她演奏技巧高超，演奏风格豪放、狂热，被称为具有男性气质的吉普赛式女钢琴家。

阿赫马德·达鲁 Ahmad Talu（1889～1939） 马来西亚作家，马来西亚新文学奠基人之一。生于槟榔屿。只念过马来小学，年轻时曾游历马来半岛各地。1927年创作长篇小说《挚友》，在文学创作中开辟了描写马来亚本土马来民族生活的领域。小说写丈夫嫌弃妻子而在挚友的规劝下和好如初的故事，情节简单，具有初期马来劝世小说的特点。1928年创作以爱情为题材的长篇小说《她是莎尔玛？》，塑造了一个敢于与传统观念决裂的新女性的形象。作品中主要人物的性格各具特色，有一定的艺术感染力，被认为是第二次世界大战前马来亚最佳社会小说。长篇小说《十二次痛苦》（1929～1930）描写一个飘零在外的男子12次坠入情网而遭受的精神上的痛苦，故事离奇。

阿赫马托娃 Akhmatova, Anna Andreyevna（1889-06-23～1966-03-05） 苏联诗人。生于敖德萨，卒于莫斯科。1912年，出版诗集《黄昏》，赢得了广泛的声誉。诗集《念珠》（1914）曾引起轰动。基本主题是苦恋、忧愁、背叛、愤怒、悲哀、绝望等。组诗《安魂曲》（1987），以个人的不幸来折射民族的灾难和不幸，谴责法制破坏者。卫国战争期间，阿赫马托娃创作了一批具有较高艺术水准的爱国主义诗篇，如《起誓》（1941）、《勇敢》（1942）、《祖国土》等。1946年被开除出苏联作协，后恢复名誉。晚期的长诗《没有主人公的叙事诗》（1940～1962），以现代人的目光反思和评判过去，充满时代和历史感。另外还有诗集《光阴的飞逝》（1909～1965）等存世。

阿赫迈德沙·杜兰尼 Ahmad Shāh Durrānī（1722-10～1773） 阿富汗杜兰尼王国萨多查依王朝创立人，国王（1747～1773年在位）。生于旁遮普尔坦阿布达利，卒于多巴马鲁夫。被阿富汗人尊为“巴巴”（国父）。出身阿布达利部族的萨多查依氏族。1747年，由部落首长会议推选为国王，号阿赫迈德沙·杜兰尼（杜兰尼意为珍珠，阿布达利部族从此改称为杜兰族）。即位后，着手收复莫卧儿人占领的加兹尼和喀布尔，伊朗人占领下的赫拉特、乌兹别克人占领下的巴尔赫和巴达赫尚。1751年他将长期受异族压迫、控制和内部分裂的阿富汗统一起来，建立阿富汗历史上第一个中央集权制的独立国家。在位期间曾9次率军入侵印度，掠夺大量战利品。

阿訇 Akhūnd 伊斯兰教教职名称。波斯语的音译。旧译阿洪、阿衡。原意为教师，在通用波斯语地区是对宗教学者或教师的尊称。在中国穆斯林中，阿訇是对具有宗教学识或担任教职者的通称。凡在清真寺学习多年，经“挂帐”或“穿衣”的毕业仪式后，受聘到清真寺任职者，称为开学阿訇。主持清真寺教务者，称为教长阿訇。不任职者称为散班阿訇，也可应邀为教徒举行宗教仪式。

阿霍 Aho, Juhani (1861-09-11～1921-08-08) 芬兰小说家。原名尤哈内斯·布罗费尔德。生于拉宾拉赫蒂，卒于赫尔辛基。1880年入赫尔辛基大学读文学。其间发表处女作《当父亲买灯的时候》(1883)。成名作是小说《铁路》(1884)。长篇小说《尤哈》(1911)反映芬俄交界地区一青年女子的生活遭遇，故事情节戏剧性强，极富艺术感染力，曾被改编成歌剧和电影。其他主要作品还有长篇小说姊妹篇《牧师的女儿》(1885)、《牧师的夫人》(1893)，小说《良知》(1914)等。

阿基兰 Akilan (1922～1988) 印度泰米尔语小说家。原名阿基拉达姆。生于马德拉斯。1945年因参加民族独立运动被捕入狱。1946～1958年在铁路邮政部门当职员。1958年开始专业创作。1966年后在全印广播电台马德拉斯分部任职。一生共创作18部中长篇小说、14部短篇小说集、4部儿童故事书、4部散文著作和一部自传。文学成就主要体现在长篇小说创作上，《画中女》(1968)写女主人公阿南蒂爱上一艺术家，最后不顾社会习俗，离开凶狠的丈夫，投进艺术家的怀抱。其他主要作品还有《掌灯的少女》(1958)、《新的潮流》(1964)等。阿基兰善于将浪漫传奇、感伤情调与甘地式的社会理想结合起来。

阿基琉斯 Achilleus 希腊神话中的英雄。特萨利亚地区密尔弥冬人的王佩琉斯和海中神女忒提斯之子。命定他或是庸碌而长寿，或是短命却荣耀，他选择了后者。他明知自己不能从特洛伊战争中生还，但还是毅然参战。他是希腊军队中最杰出的将领，因其主帅阿伽门农夺走他的女俘布里塞伊斯，他拒绝参战。特洛伊人乘机进攻，他的好友帕特罗克洛斯不幸战死。他悔恨自己的执拗，与阿伽门农和解，重新出战，大败特洛伊人，杀死特洛伊主将赫克托尔。以后又建立了许多功绩。据说他出生后，母亲为了使他能刀枪不入，便把他浸入冥河水里，但被母亲捏住的脚踵未能浸到冥河水，成了他的致命弱点。后来他被帕里斯射中脚踵而死，死后住在冥间，统治亡灵。

阿基米德 Archimedes (约前287～前212) 古希腊力学家和数学家。生于西西里岛的叙拉古（今意大利锡拉库萨），卒于叙拉古。曾师从欧几里得学习数学，潜心于理论研究，对数学最大的贡献是对几何学的研究。他发展了前人的穷竭法，把面积或体积看成是有重量的东西，由许多长条或薄片组成，然后用已知面积或体积去"平衡"这些元素，找出重心和支点，并利用杠杆定理来求出这些面积或体积。他的工作已蕴含了微积分的思想。利用这种方法，他求出了抛物线弓形、螺线的面积，圆球及其截体的面积和体积，椭球体、抛物面体、双曲面体的体积等。他是理论力学创始人，以提出阿基米德浮力定理、杠杆原理著称。他还发明了螺旋式水车，可用来排水或灌溉。阿基米德的著述很多，流传下来的有《论球与圆柱》、《圆的度量》、《劈锥曲面与旋转椭圆体》、《论螺线》、《抛物线图形求积法》、《平面图形的平衡或其重心》、《数沙者》等。

阿基米德原理 Archimedes principle 浸入静止流体中的物体，其所受到的浮力，等于物体所排开流体的重量，方向铅垂向上，作用线通过所排开流体的形心。流体静力学的重要原理，由阿基米德首先提出。处于流体静力学平衡的浮体所受的浮力等于它自身的重量。阿基米德原理可由流体静力学的平衡方程导出。液体比重计也是根据阿基米德原理设计的，当比重计部分浸入液体并静止时，测量所排开的液体体积（对应于浸没高度），即可求得液体比重。阿基米德原理在造船和海洋工程的浮体平衡方面有重要应用。

阿基诺夫人 Aquino, Corazon (1933-01-25～2009-08-01) 菲律宾共和国总统（1986～1992）。出身于打拉省著名的许寰哥家族（西班牙文译为科胡昂科），卒于马尼拉。本名为科拉松·科胡昂科。1946年赴美国费城拉文山学院留学。1949～1953年在纽约圣文森特山学院学习，获文学学士学位。1984年获圣文森特山学院和斯通希尔学院名誉博士学位。1953年返菲后在远东大学攻读法律一年。1954年与B.S.阿基诺结婚。1972年阿基诺被捕入狱后，承担其对外联系工作。1978年协助丈夫竞选临时国民议会议员。1980年随夫赴美。1983年8月阿基诺返菲时被暗杀后，参与领导反F.E.马科斯政权的政治运动。1985年12月3日，宣布以民族民主组织领导人的名义参加总统竞选。马科斯被推翻后，1986年2月25日出任总统。1987年5月举行参众两院民主选举。同年7月22日签署土改法令，但由于资金缺乏，难以落实。执政期间共发生七次军人未遂政变，国内政局不稳定。1992年5月11日菲律宾举行换届选举，她任期结束，正常卸职。前国防部长F.拉莫斯接任总统。

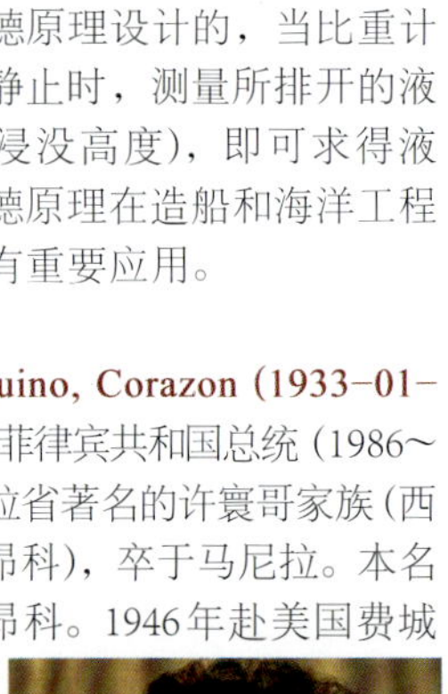

阿基坦盆地 Aquitaine Basin 法国西南部仅次于巴黎盆地的全国第二大盆地。又称加龙盆地。拉丁语意为水乡。属加龙河、多尔多涅河和阿杜尔河流域。介于中央高原和比利牛斯山脉之间。西向大西洋敞开，往东渐趋狭窄，呈三角形。地势由东南向西北倾斜，西部海拔不足100米，海岸线平直，沙滩连绵长达270千米，沿岸多湖泊、沙丘。海滨旅游胜地。气候暖湿，西部海洋性特征明显。土地肥沃，广泛种植葡萄，加龙河流域尤为集中。还有玉米、小麦、烟草、水果、蔬菜等作物。矿产贫乏。葡萄酿酒业和食品加工业发达。有波尔多、图卢兹等城市。

阿加里亚 Acharya, Bhanubhakta (1814～1869) 尼泊尔诗人。首先使用尼泊尔语从事文艺创作，为尼泊尔文学发展奠定了基础。作品主要有《罗摩衍那》以及《祭祀》、《妻子的忠告》、《问答》、《罗摩之歌》等。他将印度史诗《罗摩衍那》用尼泊尔语加以改写，并在其中补入本民族的故事，用通俗的语言刻画罗摩的形象，使罗摩尼泊尔化。长诗语言精练、朴实，富有浓郁的民族特色，成为人民群众传颂的佳作。阿加里亚被认为是尼泊尔最早的诗人。

阿加尼亚 Agana; Agaña 美国领地关岛首府。位于关岛中部最窄处西海岸。1668年由西班牙人建立，是太平洋地区最早的"欧洲式"城市之一。第二次世界大战期间受到严重破坏，1946年由美国政府出资重建。市区人口约1 200 (2005)。商业、服务业发达，周围有很多查莫罗人的村庄。设有阿加尼亚海军航空站。附近的深水港口阿帕拉港可以停靠包括航空母舰在内的各种大型船舶。

阿加西 Agassiz, Alexander Emmanuel Rodolphe (1835-12-17～1910-03-27) 美国海洋动物学家。生于瑞士纳沙泰尔，卒于由英返美途中。瑞士博物学家J.L.R.阿加西之子。

1849年随父移居美国，1855年毕业于哈佛大学。早年研究棘皮动物，发表过《海星胚胎学》等著作。专著《海胆的重新分类》，在系统动物学上有重要意义。后期主要从事珊瑚礁的研究。1875年在北大西洋海岸，他发现环状珊瑚礁比平均海平面高出915米，提出了环礁成因的新见解。在加勒比海、南太平洋及澳大利亚堡礁等海域，他持续进行了25年的调查研究，极大地丰富了海洋动物区系和海底构造方面的知识，著有《信天翁号调查报告（1904～1905）》等。

阿加西曾任苏必利尔湖附近一个铜矿的总经理，他把从矿山得到的百万财富贡献给了海洋科学事业。阿加西去世后，他的儿子编辑出版了《A.阿加西生活与工作的书信和著作选》。

阿伽门农 Agamemnon 希腊神话中的迈锡尼王，特洛伊战争希腊联军的统帅。阿特柔斯之子。阿特柔斯在与兄弟提埃斯特斯争夺王权过程中被杀，阿伽门农和墨涅拉奥斯兄弟俩逃离迈锡尼，来到斯巴达，投奔斯巴达王廷达瑞奥斯。阿伽门农娶了廷达瑞奥斯的女儿克吕泰涅斯特拉，墨涅拉奥斯娶了廷达瑞奥斯的另一个女儿海伦（实为主神宙斯所生）。后来阿伽门农回到迈锡尼，成为迈锡尼王，墨涅拉奥斯留在斯巴达，继承了廷达瑞奥斯的王位。因海伦被拐而引发特洛伊战争，阿伽门农统率希腊各城邦联军，渡过爱琴海，攻打伊利昂城。战争期间，阿伽门农作战勇敢，富有指挥才能，但性情横暴、贪婪，曾为一个女俘与阿基琉斯发生争吵，给军队造成巨大损失。战争进行到第十年时，希腊人终于用木马计攻陷伊利昂城，结束了战争。阿伽门农带着被俘的特洛亚公主卡珊德拉回国时，被妻子克吕泰涅斯特拉及其私通者杀害，其子俄瑞斯忒斯弑母为父报仇。

《阿伽门农》 *Agamemnon* 古希腊悲剧作家埃斯库罗斯的悲剧。由《阿伽门农》（前458）、《奠酒人》（前458）和《报仇神》（前458）组成，是古希腊流传下来的唯一一部三联剧。剧本题材取自希腊神话。第一部描写古希腊联军统帅、迈锡尼王阿伽门农在特洛伊战争结束之后回到王宫被妻子克吕泰涅斯特拉和其奸夫埃吉斯托斯谋杀的故事；第二部叙述阿伽门农的儿子俄瑞斯忒斯长大成人回到故国之后，在姐姐厄勒克忒拉的鼓动与帮助下替父报仇，杀死母亲及其奸夫；第

《阿伽门农》剧照

三部表现事发之后，复仇女神要求俄瑞斯忒斯偿还弑母血债，后在雅典长老法庭上，俄瑞斯忒斯得到雅典娜的帮助，被宣告无罪。埃斯库罗斯通过这三部曲明确表达了他的反战态度。三联剧在传达古希腊人的因果报应等传统的氏族观念的同时，更表现了新兴的父权战胜过时的母权、奴隶主的民主与法制代替野蛮仇杀的新法则，体现了埃斯库罗斯追随时代潮流、支持进步的精神。三联剧中，又以第一部最为著名，不仅情节紧张动人，而且气氛强烈，令人惊心动魄，具有极强的戏剧性。

阿甲 Ajia（1907～1994-12-24） 中国戏曲理论家、剧作家、导演。原名符律衡，又名符正。江苏武进人。卒于无锡。自幼喜习书画和京剧艺术，向各派京剧艺人求教，习老生并参加票房演出。1938年，赴延安鲁迅艺术文学院美术系进修，后任该院新成立的平剧（京剧）研究团团长，从此专门从事戏曲的演出、编导和研究工作。历任延安平剧研究院副院长，中国戏曲研究院研究室主任，中国京剧院总导演、名誉院长，中国戏剧家协会副主席。延安时期，阿甲先后参加了《松花江上》、《钱守常》、《夜袭飞机场》等京剧现代戏和传统戏全本《宋江》的改编、演出活动，以及新编历史剧《三打祝家庄》、《进长安》的编、导和演出。在中国京剧院任职期间，相继参加了《赤壁之战》、《凤凰二乔》的编导和现代戏《白毛女》、《洪湖赤卫队》、《柯山红日》等的导演工作，并应邀担任粤剧《桃花扇》和昆曲《晴雯》的导演。1964年，以他为主改编和导演了京剧现代戏《红灯记》。理论著作有《戏曲表演论集》（1962）和《戏曲表演规律再探》（1990）。

阿卡德 ‘Aqqād, ‘Abbās Mahmūd al-（1889-06-28～1964-03-12） 埃及评论家、诗人。生于上埃及阿斯旺，卒于开罗。1921年与马兹尼合出诗集《笛旺》。他与马兹尼、舒克里等人形成一个深受西方文学影响的浪漫主义流派笛旺派，即诗集派。4部诗集《晨苏》（1916）、《午间的炙热》（1917）、《傍晚的幻影》（1921）和《黑夜的忧愁》（1928），合集称《阿卡德诗集》（1928）。他的文论有《批评与文学专集》（1921）、《文学艺术之见》（1925）等。1930年因反政府言论被囚禁数月，他写有《20世纪的极权统治》和《监狱和镣铐的世界》等书，揭露专制统治，要求政治民主。其他主要作品还有诗集《四十的启示》（1933）、《过路人》（1937），长篇小说《萨拉》（1937），论文《阿拉伯文学的新倾向》、《古今阿拉伯文学对外国文学的态度》等。40～50年代，他陆续发表多部阿拉伯古代诗人和学者的评传。

阿卡德王国 Akkad Kingdom 古代西亚两河流域南部塞姆语系的阿卡德人奴隶制国家。约公元前2340年由萨尔贡一世所建。

阿卡德青铜像（公元前第3千纪晚期）

萨尔贡一世在位期间（约前2371～约前2316），创建常备军，对外进行扩张。在东方征服埃兰的一些城邦，在西方一度征服幼发拉底河中游的马里和叙利亚古国埃布拉，打开通往地中海沿岸的商路。其子玛尼什吐苏继位后对波斯湾沿海国家进行战争，发展了同梅露哈（古代印度）、马干（阿曼沿海地区）及狄尔蒙（巴林及波斯湾西部沿海）的海运贸易。玛尼什吐苏之子纳拉姆辛在位26年，自称为“天下四方之王”。他在西方重克埃布拉，在南方波斯湾上重征马干，在东北山区与卢卢卑人交战。其子沙尔卡利沙利被宫廷政变推翻。约前2159年，阿卡德王国被古提人所灭。

阿克巴 Akbar, Abū-ul-Fatḥ Jalālud-din-Muḥammad（1542-10-15～1605-10-17） 印度莫卧儿王朝开明专制君主（1556～1605），政治改革家。生于信德省乌马尔科特（今属巴基斯坦），卒于亚格拉。1555年任旁遮普总督。1556年在宰相拜拉姆汗辅佐下登上王位，并由拜拉姆汗摄政。1560年，铲除专权的拜拉姆汗，亲掌政权。1562年开始南征北战开疆拓土。1570年召开拉杰普特

诸王公会议，与其结成联盟。1573年，征服古吉拉特，取得与西方进行贸易的港口。1580年平定孟加拉、比哈尔的达乌德叛乱，结束阿富汗在这一地区的统治。1596年征服俾路支后统一北印度。1598年阿克巴亲率大军进攻德干。1601年最后征服阿西尔加尔，将南印度巴赫马尼的5个苏丹国并入莫卧儿版图。1574年后阿克巴为巩固统治，进行了一系列内政改革。鉴于**德里苏丹国**采取单纯武力征服印度教徒导致最后灭亡的教训，他实行“普遍宽容”的宗教政策，取消印度教徒的人头税和香客税，准许强迫改宗伊斯兰教的印度教徒恢复信仰。阿克巴还以伊斯兰教为基础，糅合**印度教**、**耆那教**等宗教的教义，创立一种“一神教”，以图缓和印度教徒的反伊斯兰教情绪。

阿克巴实行曼萨布达尔制，改革军事官僚制度的国家管理体制。加强了中央对各级官吏的控制，并限制了大贾吉尔达尔的地方割据倾向。阿克巴还改革田赋制度。1582年实行统括课税制。实物税率占耕地总产量的1/3。国家直接派税吏向农户征课，没有包收、转派。因此，赋额精确而稳定，增加了国库的田赋收入，促进了农业生产的发展。此外，阿克巴还下令取缔“萨蒂”(寡妇自焚殉夫)、杀女婴、童婚等印度教陋习。

阿克别希姆古城 Ak-Beshim 中亚中世纪古城。位于今吉尔吉斯斯坦楚河南岸托克马克城西南8千米处。始建于5世纪，10～12世纪废毁。该城是当时楚河流域的经济和文化中心，与中亚粟特等地及中国新疆一带有密切的商业和文化联系，是唐代安西四镇之一的碎叶城。

城分彼此邻接的东西两个部分，各有5座城门。西城面积约35公顷，东城面积60公顷以上。所有建筑均用黏泥和土坯筑墙。城区以南有两座分别为6～7、7～8世纪的佛寺，寺门均朝东，前有门厅门房，中有两侧带长廊的庭院，后有大殿和佛堂。佛寺的主要建筑及雕塑、壁画与中国新疆焉耆明屋等地的佛寺，以及中亚片治肯特、巴米扬、哈达等地的佛教艺术颇为接近。城区以西有7～8世纪的摩尼教墓地。城东有8世纪的景教教堂和教徒墓地，后者是迄今所知中亚最早的景教墓地。据墓葬材料推断，该城居民属欧罗巴人种。主要从事农业，渔猎起辅助作用。

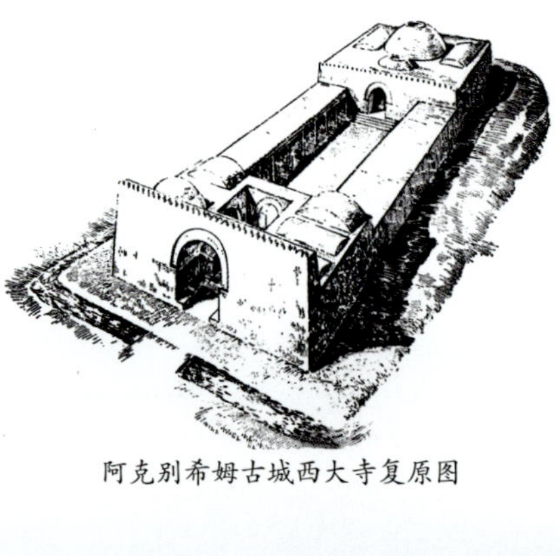

阿克别希姆古城西大寺复原图

阿克拉 Accra 加纳首都和最大城市。位于国境东南部，濒临大西洋几内亚湾。人口约228万(2008)。居民以加族、阿肯族和埃维族居多。地处阿克拉平原，背靠低缓丘陵，平均海拔65米。地近赤道，气候炎热干燥，年平均气温高达29℃，平均年降水量730毫米。历史上曾多次发生地震。1482年葡萄牙人进入加纳以前为加纳人村落。16～19世纪葡萄牙、荷兰、丹麦、瑞典、英国等欧洲殖民者相继据此贩运奴隶；于1650～1680年建有军事要塞和城堡。1877年成为英属黄金海岸殖民地首府，1903～1923年铁路修通，发展了西南部的采矿与可可种植业，并于1920～1930年制定城市规划，成为加纳南部黄金、金刚石、可可销售市场和商业、海运、外贸中心。1957年加纳独立后成为全国政治、经济、文教中心。20世纪60年代以后，随着市东特马港和市北沃尔特河工程的修建，形成大城市区。工业规模居全国之首，建有炼铝、炼油、炼钢、金属加工、汽车装配、橡胶、水泥、木材加工、纺织、服装、榨油等各种轻重工业。全国铁路、公路和航空线交会点。铁路东通特马，西通塞康第-塔科拉迪，西北达库马西。公路线呈辐射状连接国内各主要城镇。市东北建有科托吉国际机场。特马港为非洲最大人工海港，年吞吐量500余万吨(2006)。铁路以东、以南为城市主要部分，其中基督堡、阿达布拉卡和詹姆斯敦之间滨海三角形地带为市中心区。工业区设于市东部。铁路南北为文教区，设有加纳大学、加纳科学和工业研究委员会、艺术与科学院等机构。滨海的克里斯琴博堡和詹姆士堡等保留有当地遭受殖民主义残酷统治的见证，其中前者已列入《世界遗产名录》。滨海地带阳光灿烂，景观秀美，不乏旅游度假场所。

阿克洛夫 Akerlof, George Arthur (1940－06－17～) 美国经济学家，新凯恩斯主义的主要代表，世界当代主流经济学的重要代表之一。生于康涅狄格州纽黑文。1966年获麻省理工学院经济学博士学位。1966年起，长期执教于加利福尼亚大学伯克利分校经济学系，先后任助理教授、副教授、教授。1967～1968年被聘为印度统计学院客座教授。1973～1974年任总统经济顾问委员会高参经济学家。1977～1978年被聘为伦敦经济学院货币银行学卡塞尔讲座教授。1994年起任布鲁金斯研究会高级研究员。2001年与A.M.斯彭斯和J.E.斯蒂格利茨共获诺贝尔经济学奖。

阿克洛夫（左）领取诺贝尔经济学奖

1970年，阿克洛夫发表的《柠檬市场：质量的不确定性与市场机制》论文，被看作是现代信息经济学的开山之作。阿克洛夫将“柠檬市场”(“柠檬”一词在美国俚语中表示“次品”或“不中用的东西”)的概念引入信息经济学研究。他通过自身构造的“柠檬市场”模型(或称“阿克洛夫模型”)，证明了信息不对称的后果是由“柠檬”问题所导致的逆向选择降低了市场交易的效率。依据阿克洛夫的描述：在某个商品市场中，当产品的卖方对产品质量比买方有更多的信息时，低质量产品将会驱逐高质量产品，从而使市场上的产品质量有持续下降趋势。阿克洛夫在次品市场模型中对信息不对称现象及其结果的分析成为现代**微观经济学**的经典理论，被广泛用来讨论**市场失灵现象**。他的分析及其论证，动摇了**新古典经济学**的理论基础。

阿克萨清真寺 AL-Aqsa Mosque 伊斯兰教清真寺。位于耶路撒冷旧城伊斯兰教圣地南侧。与麦加**禁寺**、麦地那**先知寺**并称伊斯兰教三大圣寺。“阿克萨”意为“极远”，故意译为远寺。其名源自《古兰经》，传说穆罕默德一夜之间“从禁寺行到远寺”。705年，此寺由倭马亚王朝哈里发阿卜杜勒·马利克(685～705年在位)始建，由其子瓦利德(705～715年在位)于709年建成。771年毁于地震，后几经重修。礼拜大殿高88米、长90米、宽36米，内有大理石圆柱53根、方柱49根。银色圆顶

阿克萨清真寺外观

和北门为11世纪增建。1099年十字军占领耶路撒冷后，将寺的一部分改作教堂，其余部分用作营房、武器库等。1187年萨拉丁收复耶路撒冷后，下令修复阿克萨清真寺。1967年以色列占领耶路撒冷后陆续拆毁寺附属的大部分建筑。1969年8月21日阿克萨清真寺遭焚，主体建筑严重损坏。

阿克塞哈萨克族自治县 Aksay Kazak Autonomous County 中国甘肃省酒泉市辖自治县。位于省境西部河西走廊西端。西接新疆维吾尔自治区，南邻青海省。面积31 374平方千米，人口1万（2010），有哈萨克、汉、蒙古、回、藏、土、维吾尔等民族。西汉以来先后属龙勒、鸣沙、寿昌、敦煌县地。1954年成立阿克塞哈萨克族自治区（县级），翌年改名为阿克塞哈萨克族自治县。矿藏有煤、石棉、水晶等。工业以石棉开采加工为主。旅游景点有博罗转井镇、阿尔金山山口、阿尔金山冰峰等。

阿克苏地区 Aksu Region 中国新疆维吾尔自治区人民政府设立行政公署所管理的地区。位于自治区西部，西北与吉尔吉斯斯坦邻接。辖阿克苏市、温宿县、库车县、沙雅县、新和县、拜城县、乌什县、阿瓦提县、柯坪县。面积128 099平方千米。人口237万（2010），有维吾尔、汉、回、柯尔克孜等民族。地区行政公署驻阿克苏市。清光绪八年（1882）置阿克苏道，1933年改阿克苏行政区，1943年改阿克苏行政督察区，1950年改阿克苏专区，1971年改称阿克苏地区。农作物有小麦、水稻、玉米、棉花、甜菜等。天然牧地广阔，为三北羊主要产地。工业有煤炭、电力、农机、建材、纺织、化工、制糖等。有314、217国道和南疆铁路过境。名胜古迹有克孜尔千佛洞、库木吐喇千佛洞、库车大寺、刘平国将军石刻、唐王城、九眼泉等。

库车大寺

阿克苏河 Aksu River 中国塔里木河支流。上游有二源，都源于吉尔吉斯斯坦境内天山南脉。北源昆马力克河，在新疆的温宿和乌什两县之间流入境内，在温宿县协合拉流出山口，流域面积1.282万平方千米，多年平均年径流量45.7亿立方米；南源托什干河，在新疆的阿合奇县西境流入境内，阿合奇县沙里桂兰克以上流域面积1.8万平方千米，多年平均年径流量26.5亿立方米。两河相会于阿克苏城西，以下称阿克苏河，年径流量72.2亿立方米，供给塔里木河水量44.2亿立方米，占塔里木河补给来源68.5%，占阿克苏河径流量47.5%。

阿克苏姆王国 Aksum Kingdom 非洲东北部古代王国。公元前5世纪后兴起于今埃塞俄比亚提格雷省，最盛时版图包括红海两岸的大片地区。首都为阿克苏姆城。公元7世纪后由于阿拉伯人的进攻而逐渐衰亡。公元初年，阿克苏姆成为独立国家，约在公元2世纪前后统一北方后，又向埃塞俄比亚高原中部扩张。4世纪时，在国王埃扎纳统治下，阿克苏姆王国进入极盛时期。525年，国王加列布出兵征服也门地区，进一步巩固和扩大了对阿拉伯半岛南端的控制。东罗马帝国为了对抗波斯，曾与阿克

阿克苏姆王国圆顶石碑

苏姆结好。570年，波斯占领也门，并夺占阿克苏姆的部分海岸属地和通商城市。阿克苏姆被赶出阿拉伯地区。7世纪阿拉伯帝国兴起后，阿克苏姆与海外联系全被隔绝，国家趋于衰落。

阿克苏市 Aksu City 中国新疆维吾尔自治区阿克苏地区辖市。地区行政公署驻地。位于自治区境西南部。面积14 450平方千米，人口46万（2008），有汉、维吾尔、回等民族。驻有新疆生产建设兵团农一师14个团场和地区红旗坡农场、实验林场。1913年置阿克苏县，1983年撤县设市。地处天山南麓，南部深入塔克拉玛干沙漠。属暖温带大陆性干旱性气候，年平均气温10.7℃，平均年降水量52.7毫米，无霜期212天。主要河流有阿克苏河、塔里木河。矿产有煤、石灰岩、磷、汞、重晶石、铀等。野生植物资源有芦苇、甘草、贝母、党参等。野生动物有鹿、黄羊、野猪、野兔、狐狸、大雁等。工业有建材、化工、纺织、冶金、机械、能源等行业。盛产稻谷、小麦、玉米、棉花、亚麻和瓜果。为棉花生产基地之一，长绒棉产量和出口量居全国前列。有阿克苏职业技术学院等院校。名胜古迹有买吾拉乃姆清真寺。

阿肯人 Akan 西非民族集团之一。有1 162万人（2002）。主要分布在加纳和科特迪瓦。包括阿基姆人、阿尼人、阿散蒂人、阿铁人、劳蒂人、古昂人等。属尼格罗人

阿肯人青年女子

种苏丹类型。各族都有自己的语言，均属尼日尔－科尔多凡语系尼日尔－刚果语族克瓦语支。人多保持传统的自然崇拜，还有各种图腾崇拜和祖先崇拜。阿肯人大多数系在11～18世纪从北方分批迁移而来。13～17世纪，曾建立特威费、阿丹西、登基拉等土邦。17世纪末，建立了强大的阿散蒂邦联。15世纪末起，先后受葡萄牙、荷兰、英国、瑞士、丹麦和法国殖民者统治。20世纪60年代，阿肯地区各国取得独立。大多从事农业，种植薯类、香蕉、玉米以及可可、咖啡、油棕等。沿海地区的以渔业为生。有许多人从事森林采伐业和采矿业。具有共同的文化传统。他们在西非地区最早采用“周七历”，音乐、舞蹈、诗歌和民间文学内容丰富，历史悠久。实行母系继承制，也承认父系亲属。社会分为家族、氏族、部落等组织，实行酋长制。

阿肯色河 Arkansas River 美国中南部河流，密西西比河支流。发源于科罗拉多州

中部落基山区的萨沃奇岭，向东、东南流，经堪萨斯、俄克拉何马和阿肯色3个州，在阿肯色市以北注入密西西比河。全长2 350千米，流域面积41.7万平方千米。全河总落差达3 475米。主要支流多在俄克拉何马州境内汇入，如索尔特福克河、锡马龙河、弗迪格里斯河、格兰德河、加拿大河等。以降水和雪融水补给，流量季节变化较大，春末夏初涨水，秋冬枯水。河口年平均流量1 160米^3/秒。建有多处水利工程，如上游的约翰·马丁大坝与水库、尤福拉大坝与水库等。1971年完成阿肯色河航行系统工程，控制河流的定期泛滥，并开辟一条自河口上溯760多千米的航道。沿河主要城市有科罗拉多州的普韦布洛、堪萨斯州的威奇托、俄克拉何马州的塔尔萨、阿肯色州的小石城等。

阿肯色州 Arkansas State 美国中央西南区一州。东以密西西比河与田纳西州、密西西比州为界，北、西、南分别邻接密苏里州、俄克拉何马州、得克萨斯州和路易斯安那州。面积137 733平方千米，其中陆地面积134 874平方千米。人口285.54万(2008)。其中白人占80%，黑人占15.7%。州府小石城，也是全州最大城市。

州西北部地势较高，大致以阿肯色河为界，北、南分属欧扎克高原和沃希托山地，最高峰马格津山海拔839米。东南部地势平坦，土地肥沃，主要属密西西比河下游冲积平原。境内几乎所有的河流如阿肯色河、怀特河、沃希托河等，均顺势从西北流向东南，注入密西西比河。亚热带湿润气候，1月平均气温3～8℃，7月平均气温26～28℃；年降水量1 000～1 300毫米，冬春降水较多，易出现洪涝。森林覆盖率56%。

原为印第安人居住地。1641年起西班牙和法国探险队先后到此。1682年法国宣称密西西比河下游两岸土地为法属路易斯安那。1686年法国人在阿肯色河下游建立第一个白人定居点——阿肯色站。1803年根据《路易斯安那购地条约》归属美国。1836年加入联邦，成为美国第25州。1861年南北战争时退出联邦，1868年重新加入。

20世纪中期以来，经济趋于多样化，逐步以第二、第三产业为主。农业中，稻米和养鸡业居各州之首，还有大豆、棉花、肉牛、乳品、水果、蔬菜等。矿业生产以石油、天然气为主，其次是煤、重晶石、溴及溴化合物等。电力工业较发达。主要制造业部门有食品加工、化工、木材加工、造纸、电子、汽车和飞机零部件等。旅游业也是州经济的支柱产业之一。小石城为全州工业中心和交通枢纽。有阿肯色大学、阿肯色州立大学等高等院校。有温泉国家公园和众多石灰岩溶洞等自然胜景，阿肯色站、史密斯堡等历史纪念地，47个州立公园。

阿空加瓜山 Aconcagua, Cerro 南美洲第一高峰。地处安第斯山脉阿根廷门多萨省西北端，临近智利边界。海拔6 960米。由第三纪沉积岩层褶皱抬升而成，同时伴随着岩浆侵入和火山作用。峰顶较为平坦，堆积火山岩层。东、南侧雪线高4 500米，冰雪厚达90米左右，发育多条现代冰川，其中菲茨杰拉德冰川长达11.2千米，终止于奥尔科内斯河，融水泻入门多萨河。山麓多温泉，附近著名的自然奇观印加桥为疗养和旅游胜地。1897年登山家首次成功登顶。

阿拉伯半岛 Arabian Peninsula 世界最大的半岛。以主要居住着阿拉伯人而得名。位于亚洲西南部。以亚喀巴湾北端东至波斯湾的阿拉伯河河口一线，与亚洲的主体部相连；东临波斯湾和阿曼湾，东南濒阿拉伯海，南临亚丁湾，西临红海。南北长约2 240千米，东西宽1 200～1 900千米，面积约322万平方千米。分布着沙特阿拉伯、也门、阿曼、阿拉伯联合酋长国、卡塔尔和科威特6国。半岛地形比较单调，高原和平原居多，主体部分由西南向东北倾斜，海拔由1 200米逐渐降至500～300米。沙漠广布，主要有鲁卜哈利沙漠、代赫纳沙漠和内夫得沙漠等，其间穿插了大批沙垅和高达100～150米的新月形沙丘以及石质荒漠。半岛西、南边缘多高峻的断崖，海拔1 200～2 500米不等。耸峙于半岛南部也门境内的哈杜尔舒艾卜峰，海拔3 760米，是半岛的最高点。海岸平直，仅少数岸段有宽20～50千米的狭窄平原；波斯湾沿岸较曲折，多小岛、沙滩与珊瑚暗礁。半岛石油资源丰富，是世界石油与天然气蕴藏量十分丰富的地区，油气多分布于东部平原和波斯湾沿岸。半岛地处北纬13°～30°，北回归线横贯其中，属热带荒漠气候。气候干热，大陆性强。年平均气温25℃以上，绝对最高气温可达55℃以上，为世界最热地区之一，最冷月平均气温多在14℃～24℃。年降水量南方50毫米以下，北方150～300毫米，南部山区和沿海，受印度洋气流和地形雨的影响，降水量可达700～900毫米。水系极不发育，整个半岛几乎无常流河。沙漠中的绿洲分布在地下水位较高的地方，面积虽不大，但植被繁茂，农牧业发达，人口集中，有大小不等的居民点，甚至大型城市，如利雅得。当地称为“树王”的椰枣树是绿洲的代表植物，其果实供食用，还有阿拉伯胶树、阿拉伯相思树以及一些耐旱、多汁植物和半灌木等。南部的狭窄平原，沿海降水较多，多热带植物，盛产咖啡、阿拉伯树胶、椰枣、杧果、棉花和甘蔗等。半岛人口约5 350万，绝大多数为阿拉伯人，信奉伊斯兰教，通用阿拉伯语；另有许多贝都因人游牧部落。伊斯兰教创始地和传布中心。

阿拉伯大沙漠 Arabian Desert 世界主要沙漠之一。位于亚洲西南部的阿拉伯半岛上。范围广阔，西近红海，北接叙利亚沙漠，南临阿拉伯海和亚丁湾，东和东北临波斯湾、阿曼湾和阿拉伯海。地跨沙特阿拉伯、也门、阿曼、阿拉伯联合酋长国、卡塔尔、科威特6国，兼及周边约旦和伊拉克的部分地区。面积233万平方千米，约占阿拉伯半岛面积（322万平方千米）的3/4。所谓“阿拉伯大沙漠”乃一非常概括性的称呼，实际是以沙漠为主体的多个沙漠（包括石质荒漠）以及穿插其间众多高原、平原、草原和绿洲的总称。气候炎热干燥。

在阿拉伯大沙漠上行走的骆驼

《阿拉伯的劳伦斯》 *Lawrence of Arabia* 英国故事片。1962年英国地平线公司出品（由美国哥伦比亚公司出资）。编剧罗伯特·博特，导演D.里恩，主演彼得·奥图尔、奥马尔·萨里夫。第一次世界大战时期与德国结盟的土耳其统治着阿拉伯地域。深谙阿事务的英国军官劳伦斯奉命联络阿起义部族。他运筹帷幄，巧妙地游刃于部族矛盾之间，不断组织各部族骚扰土军运输线，给土军以沉重打击，并先于英军占领大马士革。然而阿部族间摩擦尖锐、内讧严重，劳伦斯无法实现其建立一个统一的阿拉伯国家的理想。英国坐享殖民利益，劳伦斯晋级后被送回国。此片是英国“跨洋电影”的代表作之一。影片具有历史、文化反思的底蕴，体现了苏伊士事件后英国人对本国殖民政策的反思。里恩的这部影片场面壮观，气势恢弘。1962年获英国电影与电视学院最佳影片等4项奖，1963年获第35届奥斯卡金像奖最佳影片等7项奖。

阿拉伯帝国 Arab Empire 阿拉伯人建立的伊斯兰哈里发国家。中国史书称之为大食。西方史籍称之为萨拉森帝国。610年，穆罕默德在麦加创立了伊斯兰教。到他逝世时（632），一个以伊斯兰教为共同信仰的、政教合一的、统一的阿拉伯国家出现于阿拉伯半岛。阿拉伯帝国历史分为以下几个时期。

四大哈里发时期（632～661） 穆罕默德之后，阿拉伯国家的首脑称为哈里发，意为真主使者的继承人。最初的四大哈里发由穆斯林公社选举产生。第一任哈里发艾布·伯克尔（632～634年在位）恢复了阿拉伯半岛的统一。第二任哈里发欧麦尔（634～644年在位）先后征服拜占廷统治下的叙利亚（636）、巴勒斯坦（637）和埃及，占领了从波斯湾到高加索，从伊拉克到波斯本土的广大地区，为阿拉伯帝国的建立奠定了基础。661年叙利亚总督穆阿维亚即位哈里发，以大马士革为首都，建立了倭马亚王朝。哈里发改为世袭，实际上是帝国的君主。

倭马亚王朝时期（661～750） 8世纪初，倭马亚王朝的政权巩固以后，阿拉伯贵族又发动了大规模的对外战争。至8世纪中叶倭马亚王朝后期，阿拉伯帝国的版图西临大西洋，东至中亚河外地区，成为地跨亚、非、欧三大洲的庞大封建军事帝国。

倭马亚王朝仿效拜占廷帝国的政体，设置了政府机构，并继续实行由阿拉伯军事贵族执政的政策。封建土地制度逐渐完备，被称为伊克塔的封建采邑日益增多。阿拉伯语成为帝国的正式语言，政府的一切文件必须用阿拉伯文书写。

8世纪20年代以后，阿拉伯统治集团之间的矛盾激化，内讧不止。一直受歧视、受压迫的非阿拉伯穆斯林纷纷揭竿而起。阿拔斯的后裔阿布·阿拔斯（750～754年在位）利用波斯籍释奴阿布·穆斯利姆在呼罗珊的力量，联合什叶派，于750年推翻了倭马亚家族的统治，建立了阿拔斯王朝。曼苏尔（754～775年在位）时迁都巴格达（762）。中国史书称该王朝为黑衣大食。

阿拔斯王朝时期（750～1258） 阿拔斯王朝建立后最初的近100年，特别是哈伦·拉西德和麦蒙执政时期，是阿拉伯帝国的极盛时代。751年阿拉伯帝国军队在中亚怛罗斯战役中，击败中国唐朝安西节度使高仙芝的军队，控制了中亚的大部分地区。帝国境内的丰富资源和过境贸易，为商业的发展创造了条件。阿拉伯商人的足迹遍布亚、非、欧三大洲。巴格达成为著名的世界商业和贸易中心之一。经济的发展促进了科学文化的进步与繁荣。在各族人民的共同努力下，创造出光辉灿烂的阿拉伯文化，为世界文明的发展作出了伟大贡献。伊斯兰教已成为埃及、叙利亚、伊拉克、波斯、北非等地大部分居民共同信仰的宗教。

9世纪中叶后，突厥人逐渐取得权势，阿拔斯王朝进入分裂和衰落时期。突厥将领握有军权，专横跋扈，任意废立甚至杀害哈里发。哈里发完全成为他们手中的傀儡。各地封建主拥兵割据，独霸一方。其中有伊德里斯王朝（789～956）、艾格莱卜王朝（800～908）、哈姆丹尼王朝（929～1003）、萨曼王朝、伽色尼王朝、布韦希王朝、塞尔柱帝国，以及阿尤布王朝（1171～1250）。此外，还有两个哈里发王朝：一个是法蒂玛王朝。该王朝是当时最强大的哈里发王朝。中国史书称之为绿衣大食。另一个是由倭马亚人后裔阿卜杜勒·拉赫曼三世（929～961年在位）在西班牙建立的后倭马亚王朝（929～1031），建都科尔多瓦。中国史书称之为白衣大食。在阿卜杜勒·拉赫曼三世及其后的两位统治者在位时期，阿拉伯人在西部的统治达到极盛时代。当时，科尔多瓦与巴格达和开罗齐名，成为阿拉伯三大文化中心之一，对阿拉伯文化在西方的传播，起了极其重要的作用。

普瓦提埃战役（732年）前后的阿拉伯人统治地区

8世纪70～80年代的蒙面人起义、816～837年的巴贝克起义和869～883年的辛吉起义，给阿拔斯王朝以沉重的打击。到10世纪中叶，王朝实际统治区域仅限于巴格达及其周围地区。1055年塞尔柱突厥人占领巴格达，哈里发失去了一切世俗权力，只保留了宗教领袖的地位。1258年，成吉思汗之孙旭烈兀率领蒙古军队攻陷巴格达，杀死哈里发，阿拉伯帝国遂亡。

阿拉伯翻译运动 Harakah at-Tarjamah al-‘Arabiyah 中世纪阿拉伯文化的黄金时代，是从翻译运动开始的。它分为三个主要阶段：第一阶段（754～809）以翻译天文、医学书籍为主；第二阶段（813～913）是翻译的鼎盛期，以翻译哲学、逻辑、数学为主，同时翻译化学、动物、植物等著作；第三阶段，（913年之后），为翻译运动的延续期。这场由哈里发提倡、发起的翻译运动，产生了一大批不同民族的著名翻译家，前后持续约200年之久，先后翻译各类希腊书籍数百种之多，几乎涉及一切科学领域。翻译家们还翻译了波斯、印度及其他民族的书籍，有力地推动了人类文明的进步和发展。

阿拉伯国家联盟 League of Arab States; LAS 为加强阿拉伯国家联合与合作而建立的地区性国际组织。简称阿拉伯联盟或阿盟。1945年3月，埃及、伊拉克、约旦、黎巴嫩、沙特阿拉伯、叙利亚和也门7个阿拉伯国家的代表在开罗举行会议，通过了《阿拉伯国家联盟条约》，宣告联盟成立。截至2008年3月，共有22个成员国。宗旨是加强成员国之间的密切合作，维护阿拉伯国家的独立与主权，协调彼此的活动。组织机构主要有首脑会议、联盟理事会和秘书处，总部设在开罗。联盟成员国自成立后陆续缔结了一些加强各方面合作的条约、协定，在维护本地区石油国权益、支持巴勒斯坦人民正义事业，处理阿拉伯国家间分歧和解决本地区国家间冲突方面发挥了积极的作用，是当代国际社会，尤其是中东地区的重要政治力量。

阿拉伯海 Arabian Sea 印度洋西北部的边缘海。位于亚洲南部的印度半岛与阿拉伯半岛间，平面轮廓北窄南宽，略呈矩形。南面以非洲大陆的阿赛尔角（索马里）和马尔代夫南部的阿杜环礁之间的连线为界。总面积386万平方千米，平均深度2 734米，最大深度5 203米。阿拉伯海南侧面对辽阔的印度洋，西北以阿曼湾经霍尔木兹海峡通达波斯湾，西以亚丁湾经曼德海峡进出红海。阿拉伯海的大陆架，以东北部比较宽阔，为120～253千米，孟买以北沿岸最宽，达352千米；其余海岸的大陆架很窄，有的地方不足40千米。大陆架的水深悬殊，伊朗沿海只有37米，印度沿海可达220米。海底基本为一面积宽广的海盆，比较平坦。唯印度河通过河口附近的大陆架，向阿拉伯海盆源源不断地输送沉积物，从而形成一巨大的海底冲积锥（深海扇）。阿拉伯海因处于热带季风气候区，终年气温较高。中部海域6月和11月表层水温常在28℃以上；1月和2月温度转低，仍在24～25℃之间。表层海流以季风海流为主，每年11月到次年3月，海域盛行东北季风，空气干燥，降水少，随之形成东北季风漂流，沿印度沿岸向南流动，约在北纬10°附近转向西流，然后分成两支：一支进入亚丁湾，一支沿索马里海岸南下；4～11月，水汽充沛的西南季风代替东北季风，降水丰沛，夏秋之交常发生热带气旋，表层海流随之倒转，形成西南季风漂流。海水盐度，雨季低于35，旱季高于36。大陆架（波斯湾未计）某些区域蕴藏有石油与天然气，但勘测尚远远不够。海中生物资源丰富，主要食用鱼有鲭鱼、沙丁鱼、比目鱼、金枪鱼和鲨鱼等。阿拉伯海是联系亚、欧、非三大洲海上交通的重要海域，自古是东西方往来的方便通道。沿岸重要海港有孟买、卡拉奇、亚丁、吉布提等。

阿拉伯联合酋长国 United Arab Emirates; UAE 亚洲西部国家。由7个酋长国（阿布扎比、迪拜、沙迦、哈伊马角、富查伊拉、乌姆盖万和阿治曼）联合组成。简称阿联酋。位于阿拉伯半岛东部，北临波斯湾，东北濒阿曼湾，海岸线长734千米。西北与卡塔尔为邻，西和南与沙特阿拉伯交界，东北与阿曼毗连。包括波斯湾内的200多个小岛和珊瑚礁。面积83 600平方千米。人口508万（2008）。城市人口占80%以上。本地阿拉伯人仅占人口的1/4，其他大多为伊朗人、印度人和巴基斯坦人等。居民大多信奉伊斯兰教，多属逊尼派；唯在迪拜什叶派占多数。阿拉伯语为官方语言。通用英语。首都阿布扎比。

地理 全境绝大部分是海拔200米以下的低平草原和沙漠，约占国土2/3。有少数绿洲。阿布扎比以东150千米，靠近阿曼边境的艾因绿洲较大，是历史上阿拉伯东南部多条商路的会合点，今为富庶的农业区和游览中心。另有靠近沙特阿拉伯边境的利瓦绿洲群，东北部南北蜿蜒山地，是哈杰尔山地的一部分，海拔1 000～1 500米。最高峰伊比尔山，海拔1 527米。热带和亚热带沙漠气候。夏季炎热潮湿，冬季偶有霜冻。年降水量75～80毫米，内地仅25毫米。东北山地哈伊马角可达150毫米以上。没有常流水，更没有湖泊。沿海多沙岸、浅滩。全境除降雨较多和有地下水地区外，植被稀少。

石油和天然气资源非常丰富，已探明的石油储量为130亿吨，占世界石油总储量的9.5%，居世界第五。3个巨型油田即占总储量的61%，且拥有西亚品质最优的轻质油。天然气储量6.06万亿立方米，居世界第五。1974年在富查伊拉发现了丰富的铀矿。

历史 石器时代已有人居住，公元前4世纪，腓尼基人曾在沿海一带经商。7～8世纪期间，是阿拉伯帝国倭马亚王朝通向外部世界的一个航海、海运中心。16世纪起，受葡萄牙统治长达200年之久。法、荷、英等国相继侵入。1820年沦为英国保护国。1971年3月1日，英国宣布同波斯湾各酋长国签订的条约于年底终止。同年12月2日宣布独立，组成阿拉伯联合酋长国（哈伊马角酋长国于1972年加入），并立即加入联合国。

政治 联邦最高委员会是最高权力机构，由7个酋长国的酋长组成。总统和副总统从最高委员会成员中选举产生，任期5年，总统兼任武装部队总司令。除外交和国防相对统一外，各酋长国拥有相当的独立性和自主权。联邦经费基本上由阿布扎比和迪拜两个酋长国承担。1971年7月18日，联邦最高委员会通过临时宪法，同年12月3日生效。1996年12月，联邦最高委员会决议，把实施了25年的临时宪法定为永久宪法，并正式确定阿布扎比为阿联酋的永久首都。联邦国民议会，又称全国协商议会，是咨询机构，成立于1972年，每届任期2年，由40名议员组成，其中20名由各酋长国设立的选举委员会选出，另20名由各酋长国酋长直接任命。

经济 经济以石油生产和石化工业为主，同时发展多样化经济、增加非石油收入在国内生产总值（GDP）中的比重。2009年国内生产总值2 283.35亿美元。国家财政收入90%以上来自石油。1955年开始产油，是世界主要产油和输出国之一。2003年实现产油1亿吨。现全国有11个油田，4个在陆地，其余在波斯湾中。80%石油产自阿布扎比，迪拜生产15%，沙迦也有少量产出。迪拜原油产于离海95千米的费胡油田，原油通过海底油管输送。炼油和石化是其两大配套产业。有4座炼油厂，以鲁韦斯炼油厂最大，日炼油能力占全国炼油能力的1/3强。所产天然气除自用外，越来越多地向外出口（包括液化气）。积极发展石油化工和天然气加工工业，先后在达斯岛等地区建立了几座天然气液化厂，年产液化气近千万吨。

石油和天然气的巨额收益，促进了工农业的发展。除炼油、液化油气、石油化工等工业外，还兴建了电力、炼铝、海水淡化、钢铁、化肥、饮料、印刷、建筑材料、金属制品、塑料制品以及鱼干等工厂。工业大多集中在阿布扎比和迪拜。新发展的重工业分布在鲁韦斯和迪拜。工业产品大部分供出口。

全国可耕地面积32万公顷，已耕地面积27万公顷。除阿布扎比、迪拜和沙迦外，其他酋长国经济仍以农业为主。其中，哈伊马角生产全国一半的水果、蔬菜和谷物。粮食依赖进口，椰枣自给。沿海鱼类资源丰富，阿曼湾的豪尔费坎是最大渔业基地。

外贸在经济中占有重要位置，1995年加入世界贸易组织，现与179个国家和地区有

图1 迪拜阿拉伯塔饭店

图2 迪拜港

贸易往来。近些年对外贸易连续顺差，2009年出口额1 746.69亿美元，进口额1 445.36亿美元，顺差301.33亿美元。出口以石油占绝对优势，另有天然气、石化产品、铝锭和少量土特产；进口粮食、机械和轻工业品等。出口对象国，日本占第一位，其次是欧盟国家和美国；进口来源国，依次是欧盟国家、日本和美国。

境内无铁路，公路总长将近3 171千米，100%沥青路面。滨海高速公路连接海湾沿岸各酋长国首府，西延可衔接横贯阿拉伯半岛的公路，直通沙特阿拉伯的麦加和麦地那以及红海港口。油、气管线各约1 000千米。海运发达，有大小15个港口，港口年吞吐量7亿吨。迪拜拉希德港是中东第二大深水港。国际机场有阿布扎比、迪拜等6个，皆为重要的国际航空港，有通往世界各地的航线。

银行业发达，现有本国银行328家，外国银行109家。外汇不受限制，货币自由入出境，汇率稳定。1973年开始发行本国货币迪尔汗。

文化 实行免费教育。有阿联酋大学（1976）等高校。主要报纸有阿拉伯文的《联合报》、《宣言报》、《海湾报》以及《海湾时报》(英文)。此外，有《海湾新闻》、《海湾之花》、《青年体育》等杂志。阿拉伯联合酋长国通讯社是国家通讯社（1977）。有电台和电视台各4家。实行免费医疗。

对外关系 广泛参与国际活动，是联合国许多国际组织以及阿拉伯国家联盟、海湾合作委员会、伊斯兰开发银行和阿拉伯石油输出国组织等的会员国。致力于国际经济援助，阿布扎比发展基金会以贷款、赠款和技术援助等方式向发展中国家提供援助。已与147个国家建立外交关系。1984年11月1日与中国建交。

阿拉伯旅美派文学 Adab al-Mahjar al-‘Arobī 阿拉伯旅美作家在北美形成的一个文学流派。见笔会。

阿拉伯马 Arabian horse 马的乘用型品种。世界古老名贵马种，原产阿拉伯半岛，经长期选育而成。体质结实，姿态优美，运步有弹性，步伐稳健，机敏而温顺，易于调教。体格中等，结构匀称。额宽，眼大，腭凹宽，鼻孔大，颈长中等，项部稍隆起，鬐甲高长。背腰较短，比一般马少1个腰椎。

尻长，呈正尻，尾础高。肩长而倾斜。腿长，筋腱轮廓明显，蹄质坚实。被毛多为青色、枣红色或栗色。耐力强，对饲养管理条件要求不苛。中国用阿拉伯马改良**蒙古马**和西南马效果良好。

阿拉伯人 Arabs 泛指讲阿拉伯语的各民族。主要分布在西亚和北非阿拉伯国家，占各国居民的大多数。此外，还有一部分分布在土耳其、伊朗、阿富汗、印度尼西亚、

阿拉伯妇女

埃塞俄比亚、索马里、乍得、坦桑尼亚等国。共约2亿人(2001)。属欧罗巴人种地中海类型，北非和南阿拉伯的一部分人混有尼格罗人种特征。**阿拉伯语**为阿拉伯国家官方用语，属阿非罗－亚细亚语系闪语族，分为众多方言。使用阿拉伯文字。绝大多数阿拉伯人信仰伊斯兰教，多属逊尼派，部分属什叶派。各教派通用伊斯兰教历（希吉来历）。伊斯兰教徒以星期五为聚礼日，隆重纪念宰牲节（古尔邦节）和开斋节。黎巴嫩、叙利亚、巴勒斯坦、约旦的部分阿拉伯人信奉基督教。

阿拉伯人历史上与亚述人、阿拉米人、迦南人、腓尼基人、希伯来人等有亲缘关系。7世纪初伊斯兰教兴起，各阿拉伯部落在伊斯兰教旗帜下完成统一后，迅速向外扩张。8世纪中叶建立起东自印度河，西至大西洋，横跨亚、非、欧三洲的阿拉伯帝国（中国史称大食）。9世纪起，国势渐衰，分裂为许多独立的哈里发政权。阿拉伯人把伊斯兰教和阿拉伯语带到阿拉伯帝国各个角落，取代了当地宗教和语言，同时吸收被征服民族的文化，形成**阿拉伯文化**，在文学、医学、史学、数学、天文、建筑等方面取得卓越成就，对世界文化作出了重要贡献。阿拉伯风格的建筑物至今遍布于西亚、中亚和北非。

阿拉伯人绝大部分从事农业，部分人仍过着游牧或半游牧生活。半游牧民主要饲养山羊和绵羊，兼营农耕。游牧的阿拉伯人又称**贝都因人**，主要饲养骆驼，仍保留部落制度及血族复仇残余。不少阿拉伯国家石油工业发达，城市建设发展迅速，城市人口日益增多。盛行嫡堂婚姻，个别地方尚有交换婚和临时婚。传统服装为白长衫、粗毛呢斗篷、黑色灯笼裤，戴白布或方格布的盖头或缠头。大部分地区的妇女外出戴面纱。

阿拉伯书法 Arabian calligraphy 伊斯兰时代的阿拉伯文字书法艺术。起源于《古兰经》抄本。以11世纪为界，大致可分为前、后两个发展阶段。前段为古体时期，后段为新体时期。古体时期的文字形式又可分为两个类型。第一类起源最早，名为库法体，其结体特点是强调纵向笔画，线条笔直，棱角清晰，带有明显的装饰趣味。第二类

库法体《古兰经》经文（9世纪）

古体文字，虽然容易辨认，但较难书写，是一种烦琐而规范的手写体及印刷体，艺术特点是结体工整圆润，运笔舒展流畅而呈曲线风格。在这类字体中，以纳斯黑体和斯尔希体为典型代表。

从11世纪开始，阿拉伯书法日趋繁荣，书法名家相继涌现，艺术风格也变得丰富多彩。除了上述的老式字体外，还出现了穆哈卡克体、拉伊哈尼体、鲁库阿体、塔乌奇体4种新式字体。阿拉伯书法具有两大特点：一是追求外在形式美（如节奏感、装饰性、纹样化），二是书写工具比较特殊。最初使用苇笔，在羊皮纸上由右而左横向书写，笔端扁平且坚硬，容易形成简洁流畅的曲线效果。

阿拉伯糖 arabinose 五碳单糖，分子式 $HOCH_2(CHOH)_3CHO$。又称果胶糖。广泛分布在植物中，通常与其他单糖结合，以杂多糖的形式存在于胶、半纤维素、果胶酸、细菌多糖及某些糖苷中。在许多松柏科（如红杉）树的心材中有游离状态的L-阿拉伯糖。阿拉伯糖通常形成分子内半缩醛，可以吡喃糖或呋喃糖形式存在，半缩醛上的羟基则又可能为α或β构型，因此有8种立体异构体，常见的为β-L-阿拉伯糖和β-D-阿拉伯糖。自然界中D-阿拉伯糖很少见，

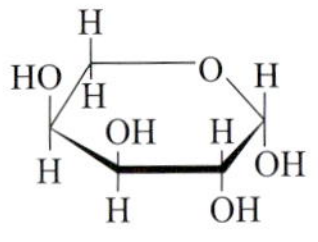
β-L-阿拉伯糖
（吡喃糖式）

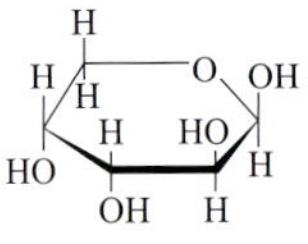
β-D-阿拉伯糖
（吡喃糖式）

仅在某些细菌多糖中存在。D-阿拉伯糖一般用化学的方法由D-葡萄糖醇降解而得。β-L-阿拉伯糖熔点159～160℃，比旋光度 $[\alpha]_D^{20}+190.6 \rightarrow +104.5$，溶于水；β-D-阿拉伯糖熔点155.5～156.5℃，$[\alpha]_D^{20}-175 \rightarrow -108$（甲醇水溶液），溶于水。

阿拉伯文化 Arabic civilization; al-Ḥaḍārah al-ʻArabiyyah 阿拉伯-伊斯兰文化的简称。7世纪，随着伊斯兰教的诞生和传播，萌生了阿拉伯-伊斯兰文化。经过阿拉伯人的倭马亚、阿拔斯、法特梅和西班牙后倭马亚诸王朝各时期的持续发展，阿拉伯文化趋于成熟，并达到了世界的前列。阿拉伯文化通过西班牙和西西里岛传入欧洲，曾对14世纪欧洲掀起的文艺复兴运动产生过有益的影响。大马士革、巴格达、开罗和西班牙的科尔多瓦被认为是世界著名的阿拉伯文化城市；麦加的禁寺，麦地那的先知寺，大马士革的倭马亚清真寺，科尔多瓦的大清真寺和格拉纳达的红宫被喻为阿拉伯文化遗存的典范。

阿拉伯文化大致由三部分构成：①包括古代阿拉伯在内的闪族文化，如闪族神

阿拉伯半岛萨姆德人国王马达因·沙里夫的陵寝

话、传说、故事和阿拉伯诗歌、散文、谚语、习俗、礼仪等。阿拉伯古代文化有文字记载的历史可上溯至公元前1000年。赛伯伊王国于公元前7世纪修建的马里卜水坝，被认为是古代水利工程的杰出代表之一。②7世纪创立的伊斯兰教文化，如《古兰经》、《古兰经》经注学、圣训、圣训学、教义学、教法学、礼拜、罢斋、开斋、朝觐、宗教节日、清真寺建筑等。③希腊、罗马、波斯、印度等外来文化。如希腊的古典哲学、几何学，拜占廷的典章制度、基督教教义学、罗马法典，古叙利亚和埃及亚历山大学派的炼金术、科学研究，波斯的文学、艺术，印度的数学、天文学、医学和中国的造纸、火药、印刷术等。中世纪阿拉伯穆斯林以伊斯兰精神为核心和导向，使上述三部分文化融会贯通，在9世纪中叶后创建了伊斯兰宗教学、哈里发行政制度、伊斯兰法典、伊斯兰艺术、阿拉伯哲学、书法、医学、数学、天文学、物理学、化学等在中世纪富有个性的阿拉伯文化体系。

阿拉伯文化体系具有3个特点。①宗教本位。即实质上是一种以宗教——伊斯兰教为本的文化，其宗教性是由其萌发、产生的过程所决定的。②承上启下。它继承了古代世界的优秀文化，如希腊、罗马、印度文化，同时它又通过自身的发展和创新为近代文明的兴起提供了有益的经验。7世纪阿拉伯穆斯林从阿拉伯半岛崛起后，以传播伊斯兰教为名进行“圣战”。阿拉伯人所占领的拜占廷在西部统治的叙利亚、巴勒斯坦、两河流域、埃及等地以及波斯和印度西北部都是古代东方文化的重要发祥地。自公元前4世纪马其顿国王亚历山大东侵后已在上述诸多地区建立了希腊化城市，其中不少成为东方的希腊学术中心。上述学术中心遗留下来的希腊著作、文化传统和科研成果成为阿拉伯穆斯林就近吸取希腊文化精髓发展伊斯兰文化的理想养分。③连贯东西。即指中世纪东西方文化的交流往往通过中间媒介——阿拉伯文化的消化、吸收和传播的过程。现代所谓的阿拉伯数字就是经阿拉伯人从东方传入欧洲的。8世纪下半叶，印度天文学传入巴格达。在印度天文学中包含了印度数字系统的知识，但鲜为人知。阿拉伯数学家和天文学家花拉子米（约780～约850）的数学著作通过西班牙的阿拉伯人传入了欧洲。由于当时的欧洲人是从阿拉伯数学著作中得知这套数字系统的，故称之为阿拉伯数字。又如13世纪阿拉伯天文学家札马鲁丁传入中国的万年历（又称回回历）及多环仪、方位仪等7种天文仪器，也同样是经历了继承、总结前人天文知识并加以改进提高，尔后传入其他国家的。

阿拉伯文学 Arabic literature 最初指阿拉伯半岛人民的文学，以后指阿拉伯帝国的文学。阿拉伯近代和现代文学则为阿拉伯各国的文学。阿拉伯文学大致分为4个时期。

贾希利叶时期 阿拉伯文学的蒙昧时期，又称伊斯兰以前时期。当时社会处于原始公社制阶段，各氏族部落过着游牧生活。文学起源于民间口头文学，先有诗歌，后有散文。口头文学大多是驱赶骆驼时的吆喝和歌唱，并根据骆驼蹄子的节拍而吟唱，形成诗歌韵律。伊斯兰教开始传播之前大约150年的诗篇，是迄今所知的最古老的阿拉伯诗歌。赞美部落、描述血亲复仇和部落战争成为诗歌创作的重要题材。当时战争在白天进行，称为“日子”，古代文学家艾布·欧贝德、伊斯法哈尼、梅达尼都辑录过许多“日子”，这是阿拉伯人早期的诗文汇编。诗人在部落中享有崇高地位，被尊为先知和领袖。流传下的诗歌中最著名的是悬诗，它是7篇（一说10篇）长诗的总称，是7个著名诗人的作品，包括阿拉伯传统诗歌开创者乌姆鲁勒·盖斯和骑士诗人安塔拉等。据记载，“悬诗”是阿拔斯王朝初期古诗收集家哈马德·拉维叶搜集的。这时期还有游侠诗人塔阿巴塔·舍拉、尚法拉，写悼亡诗的女诗人韩莎和讽刺诗人侯忒艾等。

伊斯兰教初期和倭马亚王朝时期 阿拉伯人在伊斯兰旗帜下逐渐形成统一民族和奴隶制国家，并对外扩张。诗歌作为主要文学成就，带有强烈的宗教和政治色彩。赞美真主、歌颂穆罕默德、宣传伊斯兰教义的宗教诗受到大力提倡。如哈桑·本·萨比特的作品。还有不少歌颂圣战的征伐诗，歌颂阿拉伯人开疆拓土的军事行动，也不禁流露思乡之情。倭马亚人夺取政权后，阿拉伯人的家族矛盾和教派斗争更趋尖锐，不少诗人也卷入了政治斗争，如欧贝杜拉·本·盖斯·鲁盖雅特、提里马哈·本·哈基姆、库迈特·艾赛迪等。为各

自派别服务的政治诗人也产生了，艾赫泰勒、法拉兹达格、哲利尔就以写宫廷颂诗、讽刺诗、辩驳诗著称。在希贾兹一带还盛行爱情诗，既有表现游牧人淳朴贞洁爱情生活的情侣诗人哲米勒和蒲赛奈，莱拉·艾赫里娅和陶拜；也有写城市贵族艳情诗的麦加诗人欧麦尔·本·艾比·拉比尔。7世纪中叶《古兰经》问世，它是伊斯兰教的经典和法典，也是第一部阿拉伯文散文巨著，包括不少生动的故事和寓言，是6世纪末至7世纪前半叶阿拉伯人思想、道德的记录，在修辞、音韵等方面成为后世散文的典范，对阿拉伯文学、东方文学及东非斯瓦希里语地区文学都有很大的影响。

阿拔斯王朝时期　8世纪中叶至9世纪中叶是阿拔斯王朝的鼎盛时期。麦蒙哈里发时期(813～833)被誉为伊斯兰文化的黄金时代。从阿拔斯朝初期至9世纪初的文学，从思想内容到艺术形式都有创新。一些作家和诗人处于新旧交替时代，不受旧传统约束，敢于藐视宗教权威，对现实生活提出新颖大胆的见解。代表诗人有柏萨尔·本·布尔德、艾布·努瓦斯、艾布·阿塔希叶等。散文作家有伊本·穆格法，他通过作品《小礼集和大礼集》提出一系列改革社会的观点。9世纪初至10世纪初，诗人崇尚古诗，极力恢复阿拉伯固有传统，与前期的创新精神比较是个倒退。诗歌也受到希腊哲学和波斯文学影响。如艾布·泰马姆的古体诗。散文作家贾希兹著有《吝人传》、《动物书》和文学评论《修辞与阐释》。

从10世纪初至阿拔斯朝末，文学日益倾向雕琢和华丽之风，影响及于19世纪末。诗歌仍突出，在安达卢西亚出现新诗体"彩诗"(阿拉伯语为"穆瓦舍赫")。代表诗人有穆太奈比、哈姆达尼、盲诗人麦阿里、伊本·法里德等。散文也有很大发展。出现玛卡梅体韵文故事，实际上是阿拉伯古典短篇小说的雏形，作者有赫迈扎尼和哈里里。另有两部著名故事集《安塔拉传奇》和《一千零一夜》。

蒙古人和土耳其人统治时期　这是阿拉伯文学史上的衰落时代。蒙古人阶段(1258～1516)，阿拉伯文典籍几乎荡然无存，只是埃及和叙利亚在马木鲁克朝时期(1250～1517)文学活跃，出现了诗人蒲绥里。土耳其人阶段(1516～1798)强制使用土耳其语，阿拉伯文学从此一蹶不振。

阿拉伯纹样　Arabesque　阿拉伯式的装饰花纹。自公元7世纪中期以来，随着伊斯兰教的兴起及其美术的空前繁荣，阿拉伯纹样逐渐进入全面发展时期。阿拉伯纹样种类繁多，按其题材来源大致可分为几何纹、植物纹、文字纹3种类型。圆形和方形是构成所有几何纹的基础形式，大多含蕴着某种玄奥的神秘哲学或宗教观念。圆

葡萄唐草纹彩釉陶盘(15世纪，巴伦西亚出土，卢浮宫博物馆藏)

形表示所谓不可分割的整数"1"，象征着真主独一无二、完美无缺。方形则象征着四季、四方、四种美德、四种味觉等。植物纹并非对自然物象如实描绘，而是曲线几何纹的变体。其中，最典型的是棕叶卷草纹。此外，还有一些富于象征或寓意的植物纹，如圣树纹、缠枝葡萄纹、乐园纹等，则取材于古代伊朗。在阿拉伯纹样中，阿拉伯文字(见阿拉伯书法)也起着相当重要的装饰作用。阿拉伯文的字体种类繁多，其中以库法体出现最早。库法体又分为叶状库法体和花状库法体，二者各具特色并趋向装饰化。上述3类纹样，都具有抽象、连贯、灵活、密集等特性。它们在艺术实践中完全不受上述分类的限制，或重合套叠，或颠倒错位，浑然一体，相映成趣，其最大作用在于装饰以清真寺为代表的各类建筑物及其工艺品。

阿拉伯语　Arabic language　阿尔及利亚、巴林、埃及、伊拉克、约旦、科威特、黎巴嫩、利比亚、毛里塔尼亚、摩洛哥、阿曼、卡塔尔、沙特阿拉伯、阿拉伯联合酋长国、索马里、苏丹、叙利亚、突尼斯、也门等近20个国家的官方语言。也是联合国的工作语言之一。属阿非罗－亚细亚语系闪语

古代阿拉伯文字

族。使用人口超过2亿。阿拉伯语源出阿拉伯半岛。公元5世纪前后，在北方方言的基础上形成统一的阿拉伯语文学语言。7世纪随着伊斯兰教和阿拉伯帝国的兴起，这种语言很快成为东起印度河，西到直布罗陀，南到北非，北至里海这一广大地区信奉伊斯兰教的各民族的通用语。在欧洲中古世纪，它是保存希腊文化和沟通东西方文化的媒介语。

阿拉伯语有元音8个，辅音28个，以多顶音和喉音为其特色。因为在世界诸语言中独具dad(达德)这个顶音而有"达德语"之称。阿拉伯语是一种综合型语言。词大多具有内部屈折变化，构词法和词形变化有独特的规则，词根通常由3个辅音搭成框架，填进不同的元音，或附加词缀，形成不同的词或赋予不同的语法意义。借词在古代主要来自波斯、土耳其、印地、古希腊、拉丁以及希伯来等语言，近现代的借词主要是西方的科技词语。阿拉伯语方言与文学语言有很大差异，各方言间的差别也很大。

阿拉伯文字是一种音位文字，4世纪由闪语族西支的音节文字发展而来，共有28个辅音字母，元音没有字母，需要标识时，可在字母上方、下方加符号表示。自右而左书写。阿拉伯语的重要文献，7世纪以后的有伊斯兰教的经典《古兰经》。

阿拉尔市　Aral City　中国新疆维吾尔自治区直辖县级市。位于自治区西部，四周为阿克苏地区地域。东邻沙雅县，西依阿瓦提县，南、北靠阿克苏市，东北接新和县。面积3 927平方千米。人口17万(2008)，有维吾尔、汉、回等民族。2002年设立新疆维吾尔自治区直辖县级阿拉尔市。地处天山南麓、塔克拉玛干沙漠北缘，阿克苏河与和田河、叶尔羌河三河交汇之处的塔里木河上游。这里水土资源丰富，光照时间长，气候宜人，年平均气温10.7℃。农产品主要有长绒棉、细绒棉、香梨、灰枣等。产喀拉库尔羊、绒山羊。市内设有塔里木大学、农业科学研究所、中国新疆长绒棉育种中心等教学、科研机构。有公路通阿克苏市和博孜墩。建有多浪、胜利、上游三大水库。是理想的绿色生态旅游城市。

阿拉法特　'Arafāt, Yāsir(1929－08－24～2004－11－11)　巴勒斯坦解放组织执行委员会主席，巴勒斯坦革命武装力量总指挥，巴勒斯坦民族解放运动(简称法塔赫)中央委员会主席。巴勒斯坦国总统。又名阿布·阿马尔。逊尼派穆斯林。生于耶路撒冷，卒于法国巴黎。1948年参加第一次阿以战争。后赴开罗大学工学院留学。1952年当选为埃及巴勒斯坦学生联合会主席。后进埃及军事学院学习。1959年在科威特秘密筹建

巴勒斯坦民族解放运动及其军事机构“暴风”部队。1969年2月任巴勒斯坦解放组织执委会主席。1980年当选为法塔赫中央委员会主席兼“暴风”部队总司令。1989年当选为巴勒斯坦国总统。为恢复巴勒斯坦的合法民族权利，他领导巴解组织除坚持武装斗争外，还积极开展政治和外交活动。1993年8月20日与以色列达成《奥斯陆协议》。9月，阿拉法特和以色列总理Y.拉宾相互致函，宣布相互承认。为此，阿拉法特与S.佩雷斯、拉宾同获1994年诺贝尔和平奖。1996年1月20日，阿拉法特在巴勒斯坦首次选举中，当选巴勒斯坦民族权力机构主席。

2000年8月，巴以冲突再起。特别是2001年3月A.沙龙担任以色列总理后，双方暴力冲突加剧。同年12月，沙龙政府以阿拉法特支持恐怖活动为由，对阿拉法特采取强制性“软禁”措施，将其围困在安姆安拉的官邸内。阿拉法特失去行动自由，时间持续3年之久。

阿拉弗拉海 Arafura Sea 太平洋边缘海。在澳大利亚与新几内亚之间，西连帝汶海，西北通班达海与塞兰海，东部经托雷斯海峡沟通珊瑚海。大部分海域基底是阿拉弗拉大陆架，为广阔的萨呼尔大陆架的一部分，深仅50～80米。海底向西倾斜，托雷斯海峡附近仅深11米，西部塔宁巴尔群岛以南深1 190米，西北部弯曲的阿鲁海沟最深3 680米，其上珊瑚生长层厚达610米。阿拉弗拉海尚有许多未经测绘和标明的浅滩，是航行中的危险地带，托雷斯海峡更是有名的危险航道。海域近岸有大量珊瑚礁。海水温度25～28℃，盐度34～35，潮高2.5～7.6米。富贝类及其他海产。阿鲁群岛周围受保护的清洁海水中产珍珠，虽产量不高，但持续稳产。群岛东南部及沿海小岛已辟为自然保护区。

阿拉戈 Arago, Dominique-François-Jean (1786-02-26～1853-10-02) 法国物理学家、天文学家。生于埃斯塔热勒，卒于巴黎。1803年毕业于巴黎国立工艺美术学院。1809年任巴黎国立工艺美术学院画法几何讲座教授，同年被选为法国科学院院士，1830年任巴黎天文台台长，暨法国科学院终身秘书。在政治上他是资产阶级共和派著名人物之一，1830年进入议会，1848年二月革命后出任临时政府海军部长。在光学上，阿拉戈支持A.-J.菲涅耳、É.-L.马吕斯、T.杨等人的波动说，与坚持微粒说的P.-S.拉普拉斯、J.-B.毕奥、S.-D.泊松等人抗争。按照微粒说，光的传播速度在稠密介质中应较大，按照波动说则相反。他在1838年开始设计一个判决性实验，计划直接比较光在空气、水和玻璃中的传播速度。却因1848年法国革命和1850年他失去视力未完成，后由J.-B.-L.傅科和A.H.L.斐索改进了他的设计，实验成功，从而直接否定了微粒说。他与菲涅耳共同研究了偏振光的干涉，于1816年发现偏振方向互相垂直的两束光线不干涉。他还制造了一种偏振镜，用以观察天空散射光的偏振。1811年他发现石英有使光偏振方向旋转的能力，即物质的旋光性。在磁学上，1820年阿拉戈发现通电的铜螺线管能像磁铁一样吸引铁屑，1824年还发现转动的铜盘能影响磁针转动。在天文学上，阿拉戈支持U.-J.-J.勒威耶对天王星运动反常的研究，这一研究导致了海王星的发现。

阿拉贡 Aragon, Louis (1897-10-03～1982-12-24) 法国诗人、小说家。生于巴黎，卒于巴黎。1920年发表超现实主义诗集《欢乐之火》和小说《阿尼赛》。1924年发表三部散文集：《梦幻的浪潮》、《放任集》和《巴黎的乡人》，后者被认为是超现实主义文学的代表作。1934年列席第一次全苏作家代表大会，回国后发表歌颂布尔什维克革命的演说和诗集《乌拉尔万岁！》，同时倡导“社会主义现实主义”，发表了长篇小说《巴塞尔的钟声》(1934)和《豪华市区》(1936)。第二次世界大战爆发后，写作了许多充满爱国主义激情的诗歌，收入《断肠集》(1941)、《法兰西的晓角》(1945)等诗集。还写了以《现实世界》为总题的一系列长篇小说，如《街车顶层的乘客》(1943)和《奥莱里安》(1944)等。1947～1951年间陆续出版总名为《共产党员们》的小说。小说《受难周》(1958)、评论集《我摊牌》(1959)等显示他放弃了社会主义现实主义。晚年作品如小说《处死》(1965)、《亨利·马蒂斯》(1971)和《戏剧小说》(1974)等，标志着他自始至终没有离开超现实主义。

阿拉贡王国 Aragon, Kingdom of 11～15世纪时伊比利亚半岛东北部阿拉贡地区的封建王国。因阿拉贡河而得名。

9世纪，当地居民驱逐阿拉伯人，建立阿拉贡王国。1104年阿方索一世（1104～1134年在位）当政，王国疆界向南扩展，直达西班牙南部的格拉纳达。1137年拉米罗二世将女儿嫁给巴塞罗那伯爵拉蒙·贝伦格尔四世联姻，导致阿拉贡同加泰罗尼亚合并。1229年海梅一世进占马约尔岛。不久又征服巴伦西亚。1276年佩德罗三世继位后征服了西西里与撒丁岛，使阿拉贡王国成为地中海的强国。1416～1458年阿方索五世在位时，阿拉贡王国征服了那不勒斯，王国的版图扩大到意大利半岛。1469年王子斐迪南二世同卡斯蒂利亚王国王位继承人伊莎贝拉一世结婚。1479年阿拉贡王国同卡斯蒂利亚王国合并，为西班牙统一奠定了基础。

阿拉米语 Aramaic language 古代近东的通用语言和波斯帝国的官方语言，近代通常指叙利亚的一种方言。属阿非罗－亚细亚语系闪语族。阿拉米语在中近东文化史上有着重要意义。公元前6世纪以前的2 000年中，古代语言阿卡德语的两种方言——亚述语和巴比伦语在近东广为通行，但到前6世纪，阿拉米语逐渐取代了它们，成为近东的共同语言，其后又成为波斯帝国的官方语言。基督教《圣经》的《旧约全书》中有一部分就是用阿拉米语写的。阿拉米语的方言很多，主要可分为东、西两支。阿拉米语保留了更多的古代成分。词汇中借自阿卡德语和波斯语的词很多。阿拉米语文字是一种十分古老的文字，它是亚洲许多文字的基础。

阿拉木图 Almaty; Alma-Ata 哈萨克斯坦最大城市、经济中心，直辖市。面积170多平方千米。人口150万(2007)。位于外伊犁阿拉套山脉北麓，伊犁河支流大、小阿尔马廷卡河畔，海拔650～950米。城市建于1854年，当时称外伊犁，后改称维尔内。因城郊盛产苹果，于1921年改称今名(哈萨克语意为“苹果城”)。1929年以来一直是哈萨克斯坦首都。1997年12月首都迁往中北部的阿克莫拉（阿斯塔纳）。全国最大工业中心。主要有机械制造业(电机、机车车辆、重型机械)、纺织和食品工业。产品远销独联体各国和阿拉伯、东欧各国。所产葡萄酒曾获国际博览会奖。阿拉木图也是哈萨克斯坦的交通中心。铁路通西伯利亚、乌拉尔和中亚。公路枢纽，航空要站。不仅拥有通往独联体各国和本国中心

阿拉木图的城市风光

城市的航线，还开通了多条国际航线。设有多所高等院校、共和国科学院，建有博物馆、剧院、图书馆、植物园、体育场和展览馆及共和国广场等。城区布局具东方色彩。多公园和果园，是独联体国家十分美丽的城市。市内的东正教大教堂，是世界现存第二高木结构建筑。阿拉木图附近的麦迪奥冬季运动场是世界著名的运动场之一。

阿拉木图地震 Alma-Ata Earthquake 1911年1月3日发生于俄国阿拉木图（今属哈萨克斯坦）以南的大地震。苏联学者认为此处是地壳垂直差异运动很强烈的地带，极易发生大地震。最初计算的震级为8.4级，后来修订为7.8级。地震发生在克宾河谷内。从更大的范围看，这次地震属于北天山地震带，与中国新疆北部的地震属于同一个体系。在宏观现象上，这次地震具有一个非常显著的特点，即沿地面裂缝冻土破碎出现大量的巨大冻土块。地震发生后，在考察中未找到主断层线。后来的研究认为存在一个以地表断层崖为标志的主断层线，它一直切过地表的各种地形，最大错距有10米。

阿拉善高原 Alxa Plateau 在中国**内蒙古高原**的西部。行政区划上为内蒙古自治区阿拉善盟和巴彦淖尔市的主体。北为中蒙国界线，东界**贺兰山**，西面直抵黑河西岸的马鬃山地东端，南面则以阿拉善地台边缘山地的龙首山-合黎山（北山）邻接**河西走廊**。

地质构造上为长期稳定隆起的剥蚀地块，仅于燕山运动时期在南缘形成了一些断裂山地和拗陷盆地。地表结构为一系列东北—西南或东西走向的干燥剥蚀山丘与山间盆地并列。干燥剥蚀山丘从北而南为：洪果尔山、阿克雷山、宗乃山-雅布赖山、北大山、龙首山-合黎山。干燥剥蚀山丘间为一系列浅宽盆地，亦即阿拉善高原面所在，一般海拔1 000～1 500米，以剥蚀石质戈壁和洪积砾石戈壁为主，盆地中心有砂砾戈壁与盐沼。高原南缘和东缘的一些较大山间盆地则为广阔的沙漠，主要有：高原西南缘的**巴丹吉林沙漠**、高原东南缘的**腾格里沙漠**、高原东北缘的乌兰布和沙漠。

高原为典型温带荒漠地区。平均年降水量在200毫米以下，从东部贺兰山的200毫米左右向西递减到黑河下游的50毫米左右。石羊河下游及黑河下游（又称额济纳河）有广阔的冲积、湖积平原。曾由石羊河注入淡水的白亭海，已完全干涸，盐分厚积，成为重要食盐产地之一。民勤绿洲四周为腾格里沙漠及广大戈壁滩所包围。黑河下游平原介于巴丹吉林沙漠与马鬃山地间，沿河有少量农田及居民。

阿拉善高原晨光中的疏林草原

阿拉善盟 Alxa League 中国内蒙古自治区辖盟。位于自治区最西部，南与宁夏相望，西与甘肃相连，北与蒙古国交界。辖阿拉善左旗、阿拉善右旗、额济纳旗。面积267 574平方千米。人口23万（2010），有蒙古、汉、回、满、朝鲜、达斡尔等民族。盟行政公署驻阿拉善左旗。阿拉善是贺兰山的谐音。东汉置西海郡，魏晋因之。唐代在居延置宁寇军统管军事，西夏时在居延建立威福军司防守机构。元朝设亦集乃路总管府。清康熙三十六年（1697）设阿拉善和硕特旗，乾隆十八年（1753）置额济纳旧土尔扈特旗。1951年置阿拉善自治区，1956年置巴彦淖尔盟。1980年析巴彦淖尔盟置阿拉善盟。属中温带干旱荒漠气候。矿产有煤、湖盐，以及金、银、铜、水晶、石墨、钾盐、大理石、

延福寺

白云岩、冰洲石等，闻名中外的“太西煤”在国际市场上被誉为“黑色宝石”。经济以牧业为主，主要有骆驼、山羊、滩羊、蒙古羊、牛、马、驴、骡等。主要工业产品以一黑（无烟煤）二白（湖盐、芒硝）为特色。古迹有里城子古城、延福寺等。

阿拉斯加半岛 Alaska Peninsula 美国阿拉斯加州向西南伸出的半岛。介于阿拉斯加湾和白令海的布里斯托尔湾之间。长约800千米。面积2.2万平方千米。阿留申山脉构成半岛脊梁，并入海延续为**阿留申群岛**。地壳不稳定，多火山、地震活动。著名的卡特迈火山以及**“万烟谷”**在半岛东北部，常年笼罩在蒸气和火山烟之中。气候冷湿多雾，全年温差较小。沿岸有少量居民，以渔猎为生。辟有卡特迈国家公园和自然保护区、阿尼亚查克国家保护区、别恰罗夫野生动物保护区与伊泽姆贝克野生动物保护区。

阿拉斯加地震 Alaska Earthquake 1964年3月27日发生于美国阿拉斯加州南部威廉王子海峡地区的巨大地震。震级8.5级，震中烈度Ⅹ～Ⅺ度。震源在地表以下30～60千米处。震中位于阿拉斯加最大的城市安克雷奇城东130千米的威廉王子湾，震动持续4分钟。地震从费尔维瑟断层开始，向南波及华盛顿州的西雅图市和加利福尼亚州的克雷森特城。地震发生后，海啸随之而来。遭受损失最严重的地区是阿拉斯加州的安克雷奇、苏尼德、科迪亚克和瓦尔迪兹。震害特点是沙土液化引起大面积滑坡；地震波动长周期分量突出，对高层建筑的破坏力大；非结构部件破坏所造成的经济损失大。这次地震有感半径为1 500千米，破坏区面积约180万平方千米，是美国有仪器记录以来北美洲最大的地震。

阿拉斯加湾 Alaska, Gulf of 美国阿拉斯加州南部的海湾。在阿拉斯加半岛和亚历山大群岛之间，向太平洋敞开。面积153.3平方千米。平均水深2 431米，最大深度5 659米。湾岸曲折，多小海湾和峡湾。有苏西特纳河、库珀等河注入。阿拉斯加暖流在湾内形成反时针方向环流。科迪亚克岛是湾内最大的岛屿。世界著名渔场，盛产

鲑、鲭、大比目鱼等。在苏克湾一带蕴藏石油。湾岸有**安克雷奇**、苏厄德和瓦尔迪兹（纵贯阿拉斯加输油管终点）等不冻良港。

阿拉斯加州 Alaska State 美国太平洋沿岸区一州，面积最大的州。位于北美洲西北角，介于太平洋和北冰洋之间。西隔白令海峡与俄罗斯相望；东与加拿大育空地区分界；东南延伸的狭长地带（俗称"锅柄"地区），包括大陆沿岸部分和亚历山大群岛，与加拿大不列颠哥伦比亚省毗邻；

阿拉斯加州首府朱诺海滨

西南部为狭长的阿拉斯加半岛和阿留申群岛。地处远东地区各国通往北美、北欧的最短途程上，战略地位重要。面积1 717 854平方千米，占全国总面积1/6以上。人口68.63万（2008），其中白人占69.3%，因纽特人、印第安人、阿留申人等土著民族占15.6%。地广人稀，人口密度平均每平方千米0.45人。州府朱诺。最大城市**安克雷奇**，其次是费尔班克斯等。

全州近1/3地区在北极圈内，布鲁克斯岭横贯东西，其北为北冰洋沿岸平原，气候严寒，苔原广布，地下有永冻层。中部育空高原，波状起伏，北美洲第三长河**育空河**流贯高原向西注入白令海，属亚寒带大陆性气候，河谷地带分布针叶林和湿地。南部山地环绕太平洋岸分布，以中南部阿拉斯加山脉为主干，向西南伸入阿拉斯加半岛和向东南伸入"锅柄"地区，主峰**麦金利山**海拔6 194米，为北美洲最高峰。地处环太平洋火山地震带，地壳不稳定，阿拉斯加半岛和阿留申群岛有50多座活火山，包括著名的卡特迈火山和**万烟谷**。受西风和阿拉斯加暖流影响，太平洋沿岸气候凉湿，海洋性显著，密布以针叶林为主的森林。森林覆盖率34%。

原是因纽特人、印第安人、阿留申人的居留地，以渔猎为生。1741年丹麦人V.J.白令受俄国派遣到此探险。1784年俄国人在南岸科迪亚克岛建立第一个定居点。1799年阿拉斯加正式成为俄国属地。1867年美国以720万美元向俄国购得此地。19世纪末发现黄金，掀起"淘金热"，人口有较大增长。1959年加入联邦，成为美国第49州。采矿业在经济中居突出地位。1968年在北部普拉德霍湾发现大油田后大规模开发，采油业跃居矿业首位。

渔业发达，产量和产值均居各州之首。太平洋沿岸渔场盛产鲑鱼、鲱鱼、大比目鱼和蟹类等。毛皮业为传统产业，白令海普里比洛夫群岛的海豹毛皮生产闻名于世。南部沿海和"锅柄"地区伐木业发达。主要工业部门有鱼类加工、木材加工、炼油、石油化工、液化天然气等。农业薄弱，80%以上食品需进口。州内外交通运输主要依靠航空，小型机场遍及州内主要城镇，在安克雷奇、费尔班克斯和朱诺设有国际机场。太平洋沿岸诸港与美国本土西雅图等港和加拿大温哥华港之间，有定期船运航班。旅游业发展很快。有8个国家公园，其中兰格尔－圣伊莱亚斯、冰川湾被联合国列入《世界遗产名录》。主要高等院校有阿拉斯加大学、阿拉斯加费尔班克斯大学、阿拉斯加太平洋大学等。1985年2月与中国黑龙江省建立友好州省关系。

阿拉维 ʻAlavī, Bozorg（1904－02－02～1997－02－18） 伊朗作家。生于德黑兰，卒于德国柏林。早年留学德国，归国后在德黑兰工业学校任教。1937年因参与反对礼萨王独裁统治的政治活动被捕，1941年获释。1953年移居德国，在汉堡大学任教。中篇小说《她的眼睛》（1952）奠定了他在伊朗现代文学史上的地位。小说准确刻画了贵族小姐法兰吉斯的人物形象。其他主要作品还有短篇小说集《手提箱》（1934）、《狱中札记》（1941）、《书简》（1952）和报告文学《五十三人》（1942）等。

阿来 A le（1959～ ） 中国藏族诗人、作家。生于四川阿坝藏族羌族自治州马尔康。1976年在马尔康县卓克基公社中学初中毕业，回乡务农。1979年考入阿坝马尔康师范学校，毕业后任乡村教师。曾任《科幻世界》和《飞》杂志主编。1982年开始诗歌创作。代表作品有《群山，或者关于我自己的颂词》、《灵魂之舞》、《三十周岁时漫游若尔盖大草原》，抒情诗集《梭磨

河》（1988）。20世纪80年代中期以后，逐渐转向小说创作。作品有小说集《旧年的血迹》（1989）。小说集《月光下的银匠》（1999）曾获"全国少数民族文学创作奖"、"全国少数民族文学骏马奖"。他的第一部长篇小说《尘埃落定》（1998）2000年获第五届茅盾文学奖，有英、法、德等文种译本出版。另有《阿来文集》（4卷本，2001），散文《大地的阶梯》（2001）、《就这样日益丰盈》（2002）。其创作深受中国藏、汉及西方等文化的多元滋养，其作品无论是思想内容还是审美境界、创作风格皆为20世纪90年代中国长篇小说创作的重要收获之一。

阿莱克桑德雷·梅洛 Aleixandre Merlo, Vicente（1898－04－26～1984－12－14） 西班牙诗人。生于塞维利亚，卒于马德里。大学毕业后从事诗歌创作。1928年出版第一部诗集《轮廓》。诗集《毁灭或爱情》确立了他在诗坛的地位。1933年，与**P.聂鲁达**合办《诗歌的绿马》杂志，促进了西班牙诗歌的发展。

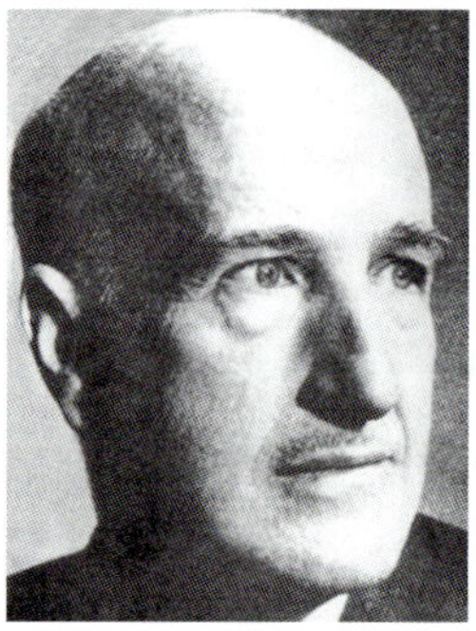

他推崇自由诗体，不受任何韵律约束，倾向散文化，但遣词造句注重精练、优美，讲究传神，在西班牙诗坛独树一帜。多表达对自然、生命、宇宙、爱情、人生和死亡的观点，感情激荡，充满幻想。其他主要作品还有诗集《如唇之剑》（1932）、《天堂的影子》（1944）、《心声》（1954）。1977年获诺贝尔文学奖。

阿莱克西斯 Alexis, Jacques Stephen（1922－04－22～1961） 海地作家、政治活动家。1947年去法国行医，并从事文学创作。后积极投身海地的民族解放运动，1959年创立马列主义政党人民理解党。1961年回海地准备发动武装起义，事发被捕，在狱中被秘密杀害。长篇小说《太阳老爷》（1955）描写20世纪中叶海地社会的面貌，强烈谴责帝国主义的侵略以及统治阶级的专制独裁。其他作品有长篇小说《音乐树》（1957）、《一次眨眼的空间》（1959），短篇集《星星的歌谣》（1960）和剧本《美元》等。还有包括《奇迹般的中国》在内的两部论文集。他善于从民间传统和神话中汲取丰富的文化营养，以大众化的语言反映当时社会政治生活中的重大题材。

阿莱曼 Alemán, Mateo（1547－09－28受洗～1614?） 西班牙作家。生于塞维利亚，卒于墨西哥。曾在马埃塞·罗德里戈大学学习法律，在埃纳雷斯堡大学学习医学，但均未卒业。曾

几次被捕入狱。1607年移居墨西哥。由于接受了人文主义思想，在文学界占有重要地位。最重要作品是小说《古斯曼·德·阿尔法拉切的生平》，描写一个划船苦役犯坎坷的一生，夹叙夹议，穿插许多独立的故事，涉及西班牙的社会政治状况和经济、文化及宗教等问题，描写了贫困的现实和下层人民求生的挣扎。小说第1卷于1599年出版，被多次盗版，第2卷于1604年在葡萄牙的里斯本出版。这部**流浪汉小说**在西班牙文学史上占有重要地位，对西班牙以至欧洲其他各国的文学都产生了影响。

阿莱曼战役 Alamein, Battle of el 第二次世界大战期间，英军于1942年10～11月在埃及阿莱曼地区对德、意军发动的进攻战役。1940年12月，意军在北非为英军击溃。1942年2月，E.J.E.隆美尔率德军增援，击败英军。1942年6月，英军退守亚历山大港以西百余千米的阿莱曼防线。8月底德、意军进攻受挫，转入防御，与英军在阿莱曼地区形成对峙。8月中旬，B.L.蒙哥马利接任英军第8集团军司令。他反对继续后退，力主以进攻把德、意军驱逐出北非。进攻前，英军兵力约19.5万人，士气高涨，补给充足。德、意军兵力仅10.4万人，补给困难。10月23日夜，英军突然向德军防线展开猛攻，经数日激战，未能突破德军防线。11月2日英军凭借优势兵力和制空权再次进攻，终于在德、意军结合部打开缺口，坦克部队乘胜突入纵深，对德军形成围歼之势。4日，德军急速西撤。此次战役，德、意军伤亡约2.5万人，被俘约3万人；英军伤亡1.35万人。阿莱曼战役是第二次世界大战非洲战局的转折点，从此盟军掌握北非战场的主动权。

阿兰达人 Arandas 大洋洲澳大利亚联邦的土著居民。又译阿龙塔人。分布在中部高原艾尔湖以北沿芬克河至麦克唐奈山脉一带。属尼格罗－澳大利亚人种，为澳大利亚种族的典型代表。使用阿兰达语，系属不详。曾广泛使用手势语。18世纪末英国殖民者侵入时，尚处在氏族公社阶段，保留着氏族、胞族和部落组织，已由母系向

父系过渡。每个氏族划分为2个或4个婚姻级，实行婚姻级之间的群婚和对偶婚。同一氏族或同一婚级内部禁止通婚。使用石木工具，从事采集和狩猎。盛行图腾崇拜，相信巫术。原为澳大利亚土著居民中较大的部落，分为4大支系：坦卡人、达拉人、罗阿拉人和乌利巴人。后遭英国殖民者大批屠杀，至19世纪中叶已不足2 000人，近年人口有所恢复。

阿兰·德隆 Alain Delon (1935-11-08～) 法国电影演员、导演、编剧、制片人。生于索镇。1957年步入影坛。在R.克雷芒、L.维斯康蒂和M.**安东尼奥尼**等导演的提携下，很快跻身于一流青年演员的行列。20世纪60年代初，与J.-P.贝尔蒙多一起成为法国商业电影的两大台柱。他从影40多年来，演出了100余部影片，其中在观众中影响最大的是惊险片和打斗片。1962年创建了阿代尔制片公司，自任制片人。他演出的影片有《生活多美好》(1961)、《黑郁金香》(1964)、《佐罗》(1975)、《德黑兰1943年》(1981)、《我们的故事》(1984，1985年获凯撒最佳男演员奖)、《不要叫醒熟睡的警察》(1988，自编剧本)、《卡萨诺瓦归来》(1992)等。制作的影片有《博萨里诺》(1970)、《机器舞蹈》(1990)等。导演的影片有《为了警察的荣誉》(1981)和《斗士》(1983)等。

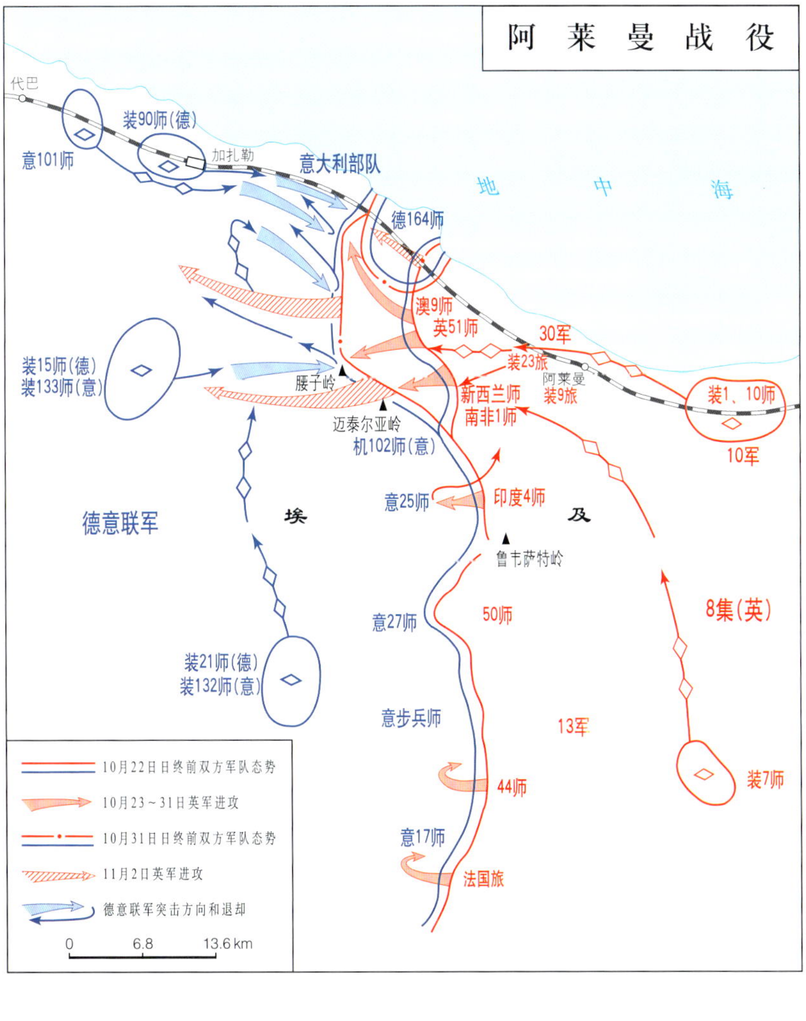

《阿劳加纳》 *La Araucana* 拉丁美洲殖民地时期最早的一部史诗。作者A.de埃尔西利亚·伊·苏尼加（1533～1594），生于马德里，随寡母入皇室，成为王子腓力二世的侍从伴读。后在西班牙殖民军队中服役，约1577年参加征服阿劳坎印第安人的战争，为阿劳坎人英勇不屈的反抗精神所感动，回到西班牙后写成叙事长诗《阿劳加纳》。这部史诗是第一部作者作为事件的参与者身份出现在诗中，也是第一部以诗歌的形式歌颂美洲的作品。全诗分3部分，37章，于1569年、1578年和1589年陆续出版。在第一部分，诗人一方面歌唱无畏的西班牙武

士，另一方面也赞美不屈不挠的阿劳坎人。描述了西班牙军队入侵、阿劳坎人军事领袖劳塔罗精选500士兵与西班牙军队作战的经过。第二部分叙述几次战况，双方互有胜负。劳塔罗死后，新任的军事领袖考波利坎按照他的计策立下战功。第三部分写西班牙殖民军取得最后胜利的经过。全诗很少提及西班牙殖民军最高统领，抨击西班牙征服军的凶残、野蛮的本性，而对阿劳坎人的军事领袖多处表露钦佩和崇敬之情。这部作品受到当时西班牙当局的抵制。

阿勒颇 Aleppo; Ḥalab 叙利亚第二大城市，阿勒颇省首府，中东历史名城。人口约200万。位于国土西北古韦格河畔，海拔390米。气候干燥，平均年降水量不到450毫米。公元前2000年已形成聚落，历史上曾是中东地区最大的商贸中心之一和交通要地。1516年并入奥斯曼帝国。1920年法国委任统治地当局建立阿勒颇独立区，1923年并入叙利亚。工业有丝织、棉纺织、印染、毛皮初加工、干果加工、地毯、榨油、肥皂、制糖、水泥、管道等。棉花、羊毛、烟草等农牧产品的贸易颇盛。19世纪末通铁路，现为叙利亚最大的铁路枢纽。公路辐射全国各大城市。有国际机场。名胜古迹众多，多石灰岩建筑，有白色阿勒颇之称。中世纪兴建的苏尔塔尼亚城堡（1223），成为阿勒颇的标志。其他有拜占廷时期的圣海伦那教堂（1125年改为清真寺，1149年改为神学校）、715年兴建的倭马亚大清真寺、阿尔菲道斯城堡（1235）以及16～17世纪的有篷市场等。有阿勒颇大学（1946）和1969年建立的国家博物馆。

阿勒颇鸟瞰

阿勒泰地区 Altay Region 中国新疆维吾尔自治区伊犁哈萨克自治州人民政府所辖的地区。辖阿勒泰市、布尔津县、富蕴县、福海县、哈巴河县、青河县、吉木乃县。面积117 988平方千米。人口60万（2010），有哈萨克、维吾尔、汉、回、蒙古、塔塔尔、俄罗斯等民族。地区行政公署驻阿勒泰市。

阿勒泰市 Altay City 中国新疆维吾尔自治区阿勒泰地区辖市。地区行政公署驻地。“阿勒泰”系蒙古语译音，意为“黄金”。位于自治区北部。阿尔泰山南坡至额尔齐斯河沿岸，东北部与蒙古国接壤。古“丝绸之路”北路通道。面积10 852平方千米，人口23万（2008）。有汉、哈萨克、回、维吾尔、蒙古等25个民族。1913年置承化县佐，1921年设承化县，1953年改阿泰县，1954年改称阿勒泰县，1984年撤县建市。矿产有金、铜、铁、铅、锌、钽、铌、铍、锂等金属及稀有金属，还有宝石、云母、水晶、食盐、芒硝等非金属矿。野生动物有马鹿、棕熊、盘羊、金雕、雪鸡。森林资源有落叶松、冷杉、杨、桦等，是自治区主要林区之一。盛产甘草、大芸、麻黄、党参、雪莲等中药材。216、217国道横贯境内。乌鲁木齐—阿勒泰有定期航班。工业有电力、皮革、毛纺、造纸、制药、水泥、采金、宝石、粮油加工、乳品加工等，尤以皮革、宝石、金饰闻名。农作物有小麦、油葵、玉米、豆类作物、水稻。畜牧业主要牧养牛、羊、马、驼，尤以阿勒泰羊驰名，是国家商品牛、阿勒泰羊生产基地。名胜古迹有小东沟风景区、克尔木齐石人石棺墓、阿尔泰山千里岩画长廊阿勒泰段、克兰河、达列力汗苏古尔巴耶夫墓、草原石人等。

阿尔泰山脉

阿雷格里港 Alegre, Porto 巴西南部重要港口城市，南里奥格兰德州首府。位于帕图斯潟湖西北端，瓜伊巴河河口两岸。面积497平方千米，人口137.91万（2007）；大阿雷格里港含13个郊区市，面积5 806平方千米。地势略有起伏，平均海拔10米。年平均气温20℃，平均年降水量1 313毫米。始建于1740年，1822年设市。20世纪20年代，由于疏浚格兰德河道和帕图斯潟湖通道，工业迅速发展，市区向周围扩展。现已成为巴西大工业城市之一。主要工业有食品、纺织、制革、冶金、造船、金属加工、化工、建筑材料等。港口设施优良，码头总长8 014米，能停泊7 000吨级的海轮，输出大米、小麦、玉米、肉类、皮革、羊毛、烟草、葡萄酒和松木。铁路和公路交通发达，有国际机场。市内多现代化建筑，近郊景色宜人。

阿雷基帕 Arequipa 秘鲁第二大城市，阿雷基帕省首府。地处南部米斯蒂火山山麓、奇利河谷地，海拔2 304米。人口78.3万（2005）。气候温和干燥，年平均气温14.4℃，平均年降水量109毫米。1425年以前为印加帝国重镇，1540年在古城址上兴建。为农牧产品集散地。全国羊毛加工中心。拥有毛纺织、皮革、食品和小型化工等多种工业。商业发达。重要的交通枢纽，有铁路和公路经过。城内多教堂和修道院等宗教建筑，有国立圣阿古斯丁大学和博物馆数座。附近有前印加文化遗迹和广阔的梯田，旅游业兴旺。

阿里 ‘Alī ibn Abī Ṭālib（约600～661－01－24） 伊斯兰教史上第四任哈里发。出身于麦加古莱什部落哈希姆氏族，卒于伊拉克库费。穆罕默德的堂弟和女婿。幼年由穆罕默德抚养，13岁时信奉伊斯兰教，是最早的穆斯林之一。穆罕默德迁徙时，阿里曾冒险睡在穆罕默德床上作替身掩护。到麦地那后与穆罕默德之女法蒂玛结婚。参加白德尔、吴侯德、壕沟等重大战役，因骁勇善战，有“真主雄狮”之称。为穆罕默德应许进入天园的十大圣门弟子之一。630年，他奉命赶往朝觐地点宣读禁止异教徒朝觐的经文。翌年出征也门。656年6月奥斯曼·伊本·阿凡被害后，在麦地那继任哈里发。执政期间（656～661）从麦地那迁都于库费，重新任命地方总督，遭到各派政治势力的反对，面临伊斯兰教第一次内战。经历骆驼之战、隋芬之战和拿赫鲁宛之战后，实力大减。661年1月24日在库费被哈瓦利吉派刺客所杀，葬于纳杰夫。在伊斯兰教各宗教学科和苏非派中享有盛誉；被后世视为高贵和豪侠的典型，称穆尔太达（可嘉者）。什叶派尊奉他为第一代伊玛目，真主的挚友和圣徒，并被某些极端的支派神化。

阿里 Ali, Muhammad（1942－01－17～ ） 美国拳击运动员。原名卡修斯·马塞勒斯·克莱，后取名穆罕默德·阿里。生于肯塔基路易斯维尔。12岁练习拳击。1959年获“金手套大赛”冠军。1960年第17届奥林匹克运动会拳击比赛获81公斤级金牌，年仅18岁。后即转为职业拳手，1965～1969年间9次

蝉联世界重量级拳王称号。1967年因拒绝入伍，被美政府没收拳击执照，取消拳王称号。1970年复出，1974年击败G.福尔曼，夺回了世界冠军，重获拳王称号。曾创职业拳手最高收入纪录。1975年被评为年度世界最佳运动员。后患帕金森氏综合征。阿里被认为是动作最快、技术最好的拳击家，素有“雄师”之称。1979～1986年，阿里曾3次访问中国，对中国拳击运动的恢复与发展起到促进作用。1990年出访海湾地区。1998年被联合国任命为“和平使者”，为世界各国的和平事业而四处奔走。1999年被国际体育记者协会评为最佳运动员。

阿里奥斯托 Ariosto, Ludovico (1474-09-08～1533-07-06) 意大利诗人。生于雷焦艾米利亚，卒于费拉拉。早年用拉丁语、俗语写过一些爱情诗和哀歌，较著名的有七首《讽刺诗》(1517～1525)、喜剧《列娜》(1528～1529)和《巫术师》(1528)。长篇传奇叙事诗《疯狂的罗兰》(1502～1532)是他历时30年创作的代表作，全诗计46歌，4 800余行。长诗以查理大帝及其骑士同伊斯兰教徒的大战为背景，以骑士罗兰对安杰丽嘉的爱情为主线。情节曲折离奇，富有神话色彩。为意大利文艺复兴时期社会生活的画卷，对欧洲的叙事长诗产生了深远的影响。

阿里不哥 Ariɣböke (？～1266) 中国元宪宗蒙哥、世祖忽必烈同母幼弟。宪宗八年(1258)，蒙哥大举伐宋，以阿里不哥与其子玉龙答失留守大斡耳朵。1259年，蒙哥在四川合州军前病逝。阿里不哥谋即汗位，遣阿蓝答儿发兵于漠北诸部，脱里赤括兵于漠南诸州。在鄂州前线的忽必烈闻讯，立即北返，1260年3月，在部分蒙古宗王的拥戴下，抢先即帝位于开平。阿里不哥也在留漠北诸宗王的拥戴下，即大汗位于和林。阿里不哥分遣阿蓝答儿进军西凉府，另遣其子玉木忽儿和哈剌察儿（朮赤孙，斡鲁朵子）南征。皆为忽必烈所败，阿里不哥于是奔吉利吉思之地。在窘困中令阿鲁忽（察合台孙，拜答儿子）往主持察合台汗国事，征集器械粮食，以为接济，同时，命他扼守阿姆河，以防旭烈兀东援忽必烈。中统二年（1261）九月，阿里不哥突袭忽必烈戍军移相哥部，逾漠而南。忽必烈急召蒙汉诸军抵敌，大战于昔木土脑儿之地，胜负难分，至冬各自撤回。次年春，阿里不哥得悉阿鲁忽叛附于忽必烈，便引军西征，败阿鲁忽，进据阿力麻里。阿鲁忽退走撒马尔罕。阿里不哥驻冬阿力麻里，大肆杀掠，又值大饥，民怨沸腾，部众离散。阿鲁忽整军来攻，阿里不哥穷蹙不支，于中统五年七月归降忽必烈。后病死。

阿里地区 Ngari Region 中国西藏自治区人民政府设立行政公署所管理的地区。位于自治区西部。西南部与印度、尼泊尔相邻。辖噶尔县、普兰县、札达县、日土县、革吉县、改则县、措勤县。面积304 683平方千米。人口10万（2010），其中藏族占98%以上，还有汉、回、门巴等民族。行政公署驻噶尔县。1960年设阿里专区，1970年改称阿里地区。平均海拔4 500米以上。气候寒冷干旱，多大风。主要农作物有小麦、青稞、谷子、豌豆、油菜等。牧业以牧养羊、牦牛、黄牛、马、驴等为主。野生动物有羚羊、野羊、野驴、野牛、雪豹等。有雪莲、黄连、当归、沙棘等药材。工业薄弱，主要有农具修理、木家具、编织等。218国道纵贯西部。古迹有扎西曲林寺、古格王国遗址等。

阿里山 Ali Mountain 中国台湾省山地。位于嘉义市以东，玉山西北。北起鼻头角，南到高雄附近，全长135千米。一般情况下，阿里山主要指其南段，即玉山以西，浊

阿里山远眺

水溪以南部分。以谷深林茂、山势雄伟著称。近南北走向，海拔1 000～2 500米。自嘉义市有阿里山森林铁路盘旋登山，至海拔2 274米阿里山站，全线长71.9千米，中经114座桥梁，55处隧道。主峰大塔山（2 663米）以北有眠月、千佛洞，对高山以东有霍隆溪谷地的神木村，均为阿里山区著名风景点。其中，神木站3 000年树龄的老红桧、大塔山断崖和群峰间云海等尤称胜景。阿里山原是台湾著名林区，山地多雨，平均年降水量高达4 160.5毫米，雨日188天。年平均气温不超过10.6℃，月平均气温最高的7月约14℃，为避暑胜地。自森林铁路终点站有长约12千米的支线通至玉山口，为登玉山要道。

阿里斯托芬 Aristophanes (约前446～前388) 古希腊喜剧诗人。生于雅典。公元前427年，阿里斯托芬的第一个喜剧《宴会者》上演。他共写了44个喜剧，得过7次奖。流传到

今天的旧喜剧有《阿哈奈人》(前425年)、《骑士》(前424年)、《云》(前423年)、《马蜂》(前422年)、《和平》(前421年)、《鸟》(前414年)、《蛙》(前405年)等11个，其中《蛙》又是古希腊最早的文艺批评论著。

阿里斯托芬的喜剧触及当时一切重大的政治和社会问题，反映雅典奴隶主民主制危机时期的思想意识。如在《阿哈奈人》中的雅典农民狄凯奥波利斯对战争感到绝望，私下与斯巴达人订立和约，遭到烧木炭的阿哈奈人（歌队）的反对，狄凯奥波利斯在“对驳场”中争辩说，战争不过是为了互相争夺妓女，事情不能全怪斯巴达人，雅典当局也难辞其咎。他说服了烧炭人，然后向对方开放市场。此剧的政治作用在于扫除群众中的报复心理，主张重建和平。又如诗人在《骑士》中对克勒翁愚弄人民、拒绝和谈、勒索盟邦、侵吞公款等罪行予以猛烈抨击。当时克勒翁作战胜利归来，气焰甚高，诗人却把他描写为德谟斯（人民）的家奴，他欺骗主人，压迫伙伴。伙伴们找来一个腊肠贩，这人更善于向主人献媚，夺取了管家的职位。腊肠贩得胜后，改邪归正，使德谟斯返老还童，也就是恢复旧日的民主制度和抗击波斯人的爱国精神。此剧是阿里斯托芬最尖锐、最有力的政治讽刺剧，深刻揭露了当时雅典政治的腐败。

公元前416年雅典法律禁止喜剧讽刺个人，从此旧喜剧逐渐转向讽刺宗教、哲学、文学，评论一般社会问题。阿里斯托芬晚年作品已经具有这种中期喜剧的特点。阿里斯托芬的人物缺少个性和内心特征，惯于采用夸张手法以产生戏剧效果。他想象力非常丰富，剧中虚构的情节，往往流于荒诞，但主题是现实的。戏剧的结构简单、松散，但风格多样化。朴素的语言中掺杂优雅词句，人物严肃与诙谐交织。剧中合唱歌优美、抒情。他的喜剧在欧洲文学中有着广泛影响。

阿里亚斯·桑切斯 Arias Sánchez, Oscar (1940-09-13～) 哥斯达黎加共和国总统(1986～1990)。生于埃雷迪亚。曾在美国和哥斯达黎加大学攻读法学和经济学，获博

士学位。后任哥斯达黎加大学政治学院教授。70年代曾任总统经济顾问、中央银行副行长、国家计划和经济政策部部长、民族解放党国际书记等职。1978年当选议员。1979年任民族解放党总书记。1986年5月就任总统。1987年2月8日，邀请洪都拉斯、危地马拉和萨尔瓦多总统举行会议，磋商中美洲和平问题，提出反对外国干涉，中美洲国家实现民族和解的和平方案。同年7月中美洲五国总统共同签署《中美洲和平协议》。随后尼加拉瓜、萨尔瓦多和危地马拉政府先后与反政府武装开始对话。1990年卸去总统职务。1987年获诺贝尔和平奖。

“阿丽亚娜”号运载火箭 Ariane launch vehicle 欧洲空间局研制的运载火箭系列。1973年7月开始研制，已研制成功“阿丽亚娜”1～5号共5种型号。截至2009年7月，“阿丽亚娜”火箭已完成189次发射。

“阿丽亚娜”1号火箭是三级火箭，长47.39米，能将1.7吨的有效载荷发射到地球同步转移轨道。1979年12月首枚“阿丽亚娜”1号火箭发射成功。1984年8月成功发射首枚“阿丽亚娜”3号火箭。“阿丽亚娜”2号火箭比3号晚两年发射，1986年5月首次试飞失败，随后连续发射5次均获成功。1988年6月，首枚“阿丽亚娜”4号火箭发射成功。它的地球同步转移轨道运载能力为1.9～4.2吨。

1988年开始研制的“阿丽亚娜”5号火箭，在1996年6月首次发射时，因制导控制软件有问题，导致起飞后不到40秒失控而失败。1997年10月30日，携带2颗试验卫星进行了第二次发射，取得了部分成功。于1998年10月21日成功地进行了第三次发射，将2颗试验有效载荷送入轨道。这种火箭可用于发射6.8吨的地球静止轨道卫星。

“阿丽亚娜”5号运载火箭发射

世界商业卫星的发射业务约有50%由“阿丽亚娜”号火箭承担。

阿利 Allee, Warder Clyde (1885-06-05～1955-03-18) 美国动物学家、动物生态学家。生于印第安纳州布卢明顿，卒于佛罗里达。1912年在芝加哥大学获博士学位。

1915～1921年为雷克福里斯特学院教授。1921年任芝加哥大学副教授，1925～1927年任教务长，1928～1950年任教授，1950年后为名誉退职教授。1950～1955年为佛罗里达大学生物学教授会主任。

阿利早年研究池塘动物群落演替，随后研究海洋无脊椎动物生态学。一生以研究动物的社会行为和集群而闻名。他发现集群能提高动物的存活力，生态学中的阿利规律，就是说明过疏和过密对种群都不利，而中等的适当密度对种群最有利的原理。主要著作有《动物的集群》、《动物的生活和社会增长》、《动物的社会生活》等。1949年以阿利为首的5个生态学家合编的《动物生态学原理》一书的出版，标志着动物生态学已成熟为一门独立的学科。

1929年阿利任美国生态学会主席。1942年为美国科学促进协会会员、美国昆虫学会会员、美国国家科学院和美国技术学院院士。1930～1955年任《生理动物学》杂志的主编，1944～1950年任《不列颠百科全书》动物学方面论文的校订委员会主席。

“阿利·伯克”级驱逐舰 Arleigh Burke Class Destroyer 美国建造的具有一定隐身性能的多用途驱逐舰。首制舰“阿利·伯克”号1991年7月建成服役。该级舰采用模块化设计，重视舰艇隐身性能和防核、防化学、防生物武器的能力，是美国海军进入21世纪的主战舰艇之一。满载排水量8 422～9 033吨；舰长153.8米，舰宽20.4米，最大吃水9.1米；编制舰员308名。采用全燃气轮机动力装置。最大航速32节，续航力4 400海里。甲板上可停放多架SH-60B“海鹰”多用途直升机。舰上可发射舰空导弹、巡航导弹、舰舰导弹、鱼雷、干扰火箭。还装备有近程防御武器系统等。主要电子设备有SPY-1D相控阵雷达、SPS-67(V)对海搜索雷达、SPG-62火控雷达、SPS-64(V)9导航雷达、URN-25“塔康”战术导航雷达、球鼻首声呐、拖曳线列阵声呐、电子对抗系统、火控系统、反潜武器控制系统和战术数据处理系统等。

阿利斯塔克 Aristarchus (约前3世纪) 古希腊天文学家、数学家。生于爱琴海上的萨摩斯岛。开创了太阳、月亮与地球距离之比以及三者大小之比的测量，在留存至今的著作《论日月的大小和距离》中，求得日地距离为月地距离的18～20倍，太阳直径为月球直径的18～20倍以及为地球直径的6～7倍。尽管这些结果与实际值相差甚远，但他是第一个认识到太阳远比地球大得多的人。他很可能因此逻辑地推论大的东西不能绕小的东西转动，从而提出了古代的日心说：恒星和太阳静止不动，地球和行星在以太阳为中心的不同圆轨道上绕太阳转动，地球还每天绕轴自转一周。因此，F.恩格斯称他为“古代的哥白尼”。此外，他还开创了三角计算，导出了不等式

$$\frac{1}{18} > \sin 3° > \frac{1}{20}$$

以及

$$\frac{\mathrm{tg}\alpha}{\mathrm{tg}\beta} > \frac{\alpha}{\beta} > \frac{\sin\alpha}{\sin\beta}$$

其中α与β均为锐角，且$\alpha > \beta$。

阿连德·戈森斯 Allende Gossens, Salvador (1908-07-26～1973-09-11) 智利社会党领袖，总统(1970～1973)。生于瓦尔帕莱索，卒于圣地亚哥。早年曾参加学生运动。1932年获医学博士学位。1933年参与创建智利社会党，1943年起先后担任该党总书记和主席。

1939～1942年任人民阵线政府卫生部部长。1937～1945年任众议员。1945年起四次当选参议员，曾任参议院副议长、议长。1970年作为人民团结阵线候选人当选总统。执政期间实行一系列重大经济和社会改革，对外维护国家主权和民族独立，同中国正式建立外交关系。由于没有掌握军队等重要国家机器，以及某些政策失误等原因，他执政两年后，智利经济形势恶化，政局动荡。1973年9月11日，军人发动政变，推翻人民团结阵线政府。同日，在与政变部队战斗中以身殉职。

阿列克山德里 Alecsandri, Vasily (1821-07-21～1890-08-22) 罗马尼亚诗人、剧作家。生于摩尔多瓦巴格乌，卒于米尔切什蒂。大学期间在巴黎攻读医学和法律。1839年回国。早年在摩尔多瓦地区采风，整理出版了《民间诗歌》(1852)。1848年投入罗马尼亚民主革命，创作诗歌《罗马尼亚的觉醒》，呼吁人民为民族解放而战斗，被称为革命的宣言而传唱。革命失败后流亡巴黎。1851年回国后，为罗马尼亚和摩尔多瓦两个公国的联合而奔走呐喊。创作有诗歌《誓词》、《统一霍拉舞》，组诗《我们的士兵》(1877～1878)及《田园诗歌》(1875)、《传说》(1875)等。此外，他还写了50余部剧作，其中讽刺喜剧《基丽查太太在雅西》揭露了上流社会对西方文明顶礼膜拜的丑态。

一生留下了11卷全集。作品体裁多样，内容深刻，语言流畅，对后人的影响很大。

阿列克谢耶夫 Alekseyev, Vasily Ivanovich (1942-01-07～) 俄罗斯举重运动员。生于波克罗沃-希什基诺。少年时在一次校运动会的举重比赛中，奇迹般以245公斤的总

成绩夺魁。后经系统训练，成绩突出。1970～1977年6次获世界举重锦标赛冠军，多次获欧洲冠军。在1972年第20届、1976年第21届**奥林匹克运动会**举重比赛中均获110公斤以上级金牌。在他的运动生涯中，80多次创造世界纪录，是世界上创造世界纪录最多和第一个举起（推、抓、挺举）总成绩600公斤的运动员。被誉为“世界举重第一大力士”。

阿留申群岛 Aleutian Islands 北太平洋和白令海之间的弧形岛群。属美国阿拉斯加州。自阿拉斯加半岛西端的乌尼马克岛向西呈弧形延伸至阿图岛，全长1 770多千米。由14个较大岛屿和众多小岛、岩礁组成，总面积17 900多平方千米。环太平洋火山地震带的一部分，岛弧南侧为阿留申海沟。多数属火山岛，部分火山有间隙性活动；乌尼马克岛上的希沙尔丁火山海拔2 857米，是群岛的最高峰。气候冷湿，全年温差小，冬季平均气温-0.5℃，夏季10℃，年降水量1 000～1 270毫米。多强风、暴雨和海雾。山地雪线很低，冰川广泛发育。植被以草类、地衣、苔藓为主。阿拉斯加国家海洋野生动物保护区的组成部分。原属俄国，1867年同阿拉斯加一起卖给美国。战略地位重要，建有多处海、空军基地。人口约8 000人，主要居住在乌纳拉斯卡、埃达克、谢米亚等岛，从事渔猎、驯养毛皮兽和基地服务业。乌纳拉斯卡岛的荷兰港为群岛最大的城镇。

阿留申人 Aleutians 美洲西北地区的居民。自称尤南干。约6 000人(2001)。主要分布在阿留申群岛和阿拉斯加半岛，另有部分人于19世纪初移居到科曼多尔群岛。属**蒙古人种**。使用阿留申语，分乌纳拉斯卡、阿图、阿特卡三种方言，属爱斯基摩-阿留申语系。无文字。信万物有灵，部分人信东正教。体质特征、语言和文化与**因纽特人**相似。多数研究者认为，阿留申人原是因纽特人的一支，约在4 000年前经白令海峡从亚洲迁移到美洲，后又从阿拉斯加迁到阿留申群岛。现经济和文化深受**俄罗斯人**和美国人的影响。住在美国的阿留申人多在肉类加工厂从事非技术劳动，保留有编织、木雕等手工艺生产。住在俄罗斯境内的多在农场从事狩猎。

阿鲁巴 Aruba 加勒比海中的荷兰属地。位于小安的列斯群岛最西南端，库拉索岛以西68千米，距委内瑞拉北岸25千米，是西欧、北美和南美之间航运的枢纽。面积180平方千米。人口约10万(2007)，主要为印欧混血种人。多数信奉天主教。官方语言为荷兰语。首府**奥拉涅斯塔德**。全岛

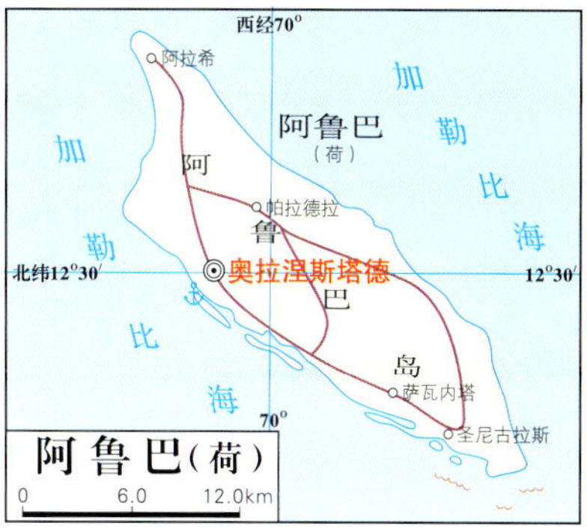

地势低平。属热带草原气候，高温少雨，缺少淡水。

1499年被西班牙占领，1636年易手荷兰，1807年又归于英国。1814年重归荷兰，为**荷属安的列斯**的一部分。1986年脱离荷属安的列斯，成为荷兰王国的一个单独的政治实体。总督由荷兰女王任命，荷兰负责该岛的防务和外交。议会为一院制，政府由部长会议组成，司法体系属于荷属安的列斯的一部分。主要政党有阿鲁巴人民选举运动、阿鲁巴人民党。

经济以石油提炼和旅游业为主。旅游资源雄厚，有著名的棕榈海滨浴场和早期印第安人的岩洞。有海水淡化厂。农业落后，仅种少量芦荟。公路总长800千米。海运较发达，主要港口为奥拉涅斯塔德。空运主要往来于欧洲、中南美洲和美国、加勒比其他地区。对外贸易的主要对象是美国、荷兰和委内瑞拉。2007年地区生产总值为24亿美元。货币名称弗罗林。

教育制度与荷兰类似。通讯社有全荷通讯社和阿鲁巴通讯社。全岛有广播电台6家，电视台1家。

鸟瞰阿鲁巴岛

阿鲁沙 Arusha 坦桑尼亚山城，阿鲁沙区首府。位于坦桑尼亚东北部，梅鲁山南麓。人口27.05万(2002)。海拔1 409米。热带山地气候，终年凉爽宜人。最热月平均气温21℃，最冷月平均气温17℃，平均年降水量600毫米以上，曾是东非共同体总部所在地。1967年，坦桑尼亚执政党在此发表强调国有化和自力更生的《阿鲁沙宣言》。坦桑尼亚北部农畜产品贸易中心，咖啡、剑麻、除虫菊、畜产品等贸易颇盛。工业有肉类加工、面粉、食品和饮料、纺织、塑料、轮胎、电器、收音机装配等。特产为海泡石烟斗。重要交通枢纽，非洲著名的南北国际公路干线大北公路经此；铁路通印度洋沿岸的坦噶

和肯尼亚的蒙巴萨港，乞力马扎罗机场是全国最大的国际机场。全国重要旅游中心城市，附近有乞力马扎罗山、梅鲁火山及多处野生动物园，与东面80千米的莫希组成全国著名的旅游区。有热带农药研究所和坦桑尼亚人民国防学院。建有国际会议中心，非洲地区性的国际会议常在此举行。

阿鲁孜诗律 aruz; arūd 中国维吾尔族诗歌格律。最早创建这一诗律系统的是公元8世纪的阿拉伯学者哈里勒·伊本·艾合买德，他以家乡古名“阿鲁孜”命名这一诗律。哈里勒归纳了阿鲁孜诗律调式共16种，各有不同的名称。后来，波斯诗学家又增补了3种。每种调式内又含有几种，甚至几十种变体。维吾尔族诗歌中最常用的调式有哈扎吉、拉马勒、拉贾孜、穆台卡里甫等数种。据近人研究，远在伊斯兰教传入维吾尔地区之前，古代维吾尔族诗歌中即含有阿鲁孜诗律的基本因素。随着伊斯兰教文化的传播，阿鲁孜诗律系统被维吾尔古典诗人们普遍接受，广泛使用于各种诗体。成书于11世纪的长诗《福乐智慧》即使用了“穆台卡里甫”调式。阿鲁孜诗律是以长、短音节不同的组合和变化构成各种调式和格式，赋予诗行以音乐的美感，起伏变化、跌宕有致，既宜于朗读，又适于配乐。

阿伦卡尔 Alencar, José Martiniano de (1829-05-01～1877-12-12) 巴西小说家。生于梅塞雅纳，卒于里约热内卢。毕业于圣保罗大学。当过律师和记者。曾任专栏作家、《里约热内卢日报》主编，当选众议员，任司法大臣等。一生创作甚丰，且题材十分广泛，全部著作就像一部百科全书。强烈的民族主义情绪使作家笔下的巴西人以及巴西的自然景色都带上了浓厚的理想主义色彩。他不仅以巴西人和巴西景物作为小说的描写对象，而且在语言上使用的也是巴西流行的葡萄牙语方言，为确立巴西小说的风格和语言作出杰出贡献。其小说有以印第安人为题材的成名作《瓜拉尼人》(1857) 以及传世之作《伊拉塞玛》(1865)；以历史人物或事件为题材的《银矿》(1866)、三卷本的《古旧书籍》(1873) 和《马斯卡特人的战争》(1874)；以不同地区风土人情为题材的《加乌乔》(1870)、《腹地人》(1875)；以城市生活为题材的《五分钟》(1856)、《黄金梦》(1872)、《化身》(1893) 等。除小说外，他还著有《圣若昂之夜》(1857)、《天使之翼》(1860)、《母亲》(1862) 等剧本。

阿伦尼乌斯 Arrhenius, Svante August (1859-02-19～1927-10-02) 瑞典物理化学家。生于乌普萨拉，卒于斯德哥尔摩。17岁时入乌普萨拉大学，主修化学。1878年毕业后留校。后去斯德哥尔摩瑞典皇家科学院学习测量

溶液电导，准备博士论文。1884年回乌普萨拉大学申请论文答辩，答辩后任讲师。1885年他在W.奥斯特瓦尔德的实验室工作约一年，1886～1887年在维尔茨堡继续研究溶液电导实验。1891年任瑞典皇家工学院讲师，四年后任教授。1905年任斯德哥尔摩诺贝尔物理化学研究所所长。1901年当选瑞典皇家科学院院士。1911年当选英国皇家学会外籍会员。1887年提出电离学说（见阿伦尼乌斯电离理论）。1889年提出活化分子和活化能概念，导出化学反应速率公式（阿伦尼乌斯方程）。

阿伦尼乌斯因为创立电离学说而获1903年诺贝尔化学奖。1902年还获得了英国皇家学会戴维奖章。著有《宇宙物理学教程》、《免疫化学》、《溶液理论》和《生物化学中的定量定律》等。

阿伦尼乌斯电离理论 Arrhenius ionization theory 描述溶液中电解质自动离解成带电的正、负离子的电离理论。1887年S.A.阿伦尼乌斯提出。他在研究高度稀释的电解质水溶液的电导时，发现酸、碱、盐分子在水溶液中自动地部分离解为带不同电荷的离子，而不需要借助电流的作用产生离子。在无限稀释的溶液中，电解质接近百分之百离解。不同电解质在水溶液中的离解程度不一样，离解程度可用电离度表示，它是溶液中已经电离的电解质分子数占原来总分子数的百分数。阿伦尼乌斯认为，离子对于稀溶液的依数性（电解质溶液的蒸气压下降、凝固点降低、沸点升高）起着同未离解分子一样的作用。根据电离理论，强酸在稀溶液中几乎完全电离为氢离子和酸根离子；强碱在稀溶液中也几乎完全电离为氢氧根离子和金属离子，强酸与强碱的中和反应实质上是氢离子与氢氧根离子之间的反应：$H^+ + OH^- \longrightarrow H_2O$。

阿罗 Arrow, Kenneth Joseph (1921-08-23～) 美国经济学家。生于纽约。1940年获纽约市立学院数学学士学位，1941、1951年先后获哥伦比亚大学数学硕士、经济学博士学位。1948～1968年任芝加哥大学经济学讲师；1949～1968年执教于斯坦福大学。1966年被聘为麻省理工学院经济学客座教授。1968～1979年任哈佛大学经济学教授。1979年任斯坦福大学经济学教授和运筹学教授。1981年任胡佛研究所特约高级研究员。1972年与英国经济学家J.R.希克斯共获诺贝尔经济学奖。

阿罗对经济学的一项重要贡献是创立了社会选择理论。在现代民主社会中，社会选择的方法有投票表决和市场机制两种。阿罗运用数理逻辑符号体系对多数投票规则提出了疑义，他认为投票僵局不仅会在以多数规则为基础的制度下发生，而且还会在除独裁制度之外的任何一种可设想的制度下产生。因此，在逻辑上是不可能把个人的选择累加或间接地通过政党或国会议员来操纵“制度”，如把所有的备选方案限于两个备选对象。这就是著名的“阿罗投票悖论”。阿罗不可能性定理对政治哲学和福利经济学产生了极大的影响。

此外，阿罗还首先提出“交易费用”的定义。他认为交易费用在通常情况下妨碍了市场形成，在特殊情况下阻止了市场的形成，它可定义为“经济系统运行的成本”。除了在一般均衡理论领域的突出成就以外，阿罗还在风险决策、组织经济学、信息经济学、福利经济学和政治民主理论方面取得了创造性的研究成果。著有《社会选择与个人价值》、《存货与生产的数学理论研究》(合著)、《公共投资、收益率与最适财政政策》、《组织的极限》等。

阿罗不可能性定理 Arrow's impossibility theorem 在一定的规则和一定的假设条件下，从社会每个人的偏好序出发推导全社会所有人一致的偏好序是不可能的理论。美国经济学家K.J.阿罗首先提出。阿罗认为，如果社会选择以个人偏好序为基础，社会福利函数的决定就必须符合以下5个条件：①社会偏好和个人偏好一样，应该满足完备性、反身性和传递性。②社会偏好对个人偏好的响应性。③如果没有一个人更加偏好*B*，但是至少有一个人更加偏好*A*，那么这个社会也是更加偏好*A*。④不存在独裁。⑤偏好的独立性。阿罗证明，满足上述5个条件就不可能得出一致的社会偏好。

阿罗蒙人 Aromanians 欧洲巴尔干半岛的民族之一。又称弗拉赫人。约24万人(2001)。主要分布在塞尔维亚、克罗地亚、希腊和阿尔巴尼亚。属欧罗巴人种巴尔干类型。使用一种接近罗马尼亚语的阿罗蒙方言，属印欧语系罗曼语族。信教者大多为东正教徒，居住在阿尔巴尼亚的阿罗蒙人信奉伊斯兰教。族源与罗马尼亚人相近，文化则与周围的斯拉夫人相近，语言也深

受斯拉夫语的影响。系古代居住在巴尔干半岛北部的罗马化的伊利里亚－色雷斯部落的后代。7世纪受斯拉夫人排挤而逐渐南移。大多数人从事农业，部分人居住在城市。男人上穿又肥又长的无袖白衬衫，系宽腰带，裤脚塞进长袜，着平跟矮腰软皮鞋；妇女穿宽腰带长衣衫和肥大裙子。

阿洛菲 Alofi 新西兰自治领**纽埃**首府。位于纽埃岛西部沿岸。约900人（2001）。为纽埃岛上唯一拥有服务设施和娱乐场所的城市。主要建筑沿海滨分布，绵延约3千米。全岛进出口货物通过新西兰航运公司经营。东南方3千米处的哈南机场，是游客进出纽埃的唯一口岸。有简易的环岛公路连接分布于海岸的其他13个村庄和各主要观光景点。

阿马尔奈古城 Amarna, Tell el- 古埃及都城。遗址位于开罗以南287千米的尼罗河畔。第18王朝阿肯那顿王（约公元前1379～前1361年在位）时营建。前1361年，图坦哈蒙继位后城址被废弃。1891年起发掘。古城跨尼罗河而建，城市主体集中在河东，宽5千米，南北13千米。市中心为宫殿建筑和神庙，城郊为贵族和平民宅邸，墓葬主要集中在城东。古城最大的建筑是祭祀太阳神的阿吞神庙，用石灰石块建成，庙内各个庭院均有祭坛。宫殿建筑集中分布在阿吞神庙以南，东侧为王室宫苑，西侧为行政官署。在古城周围的陡崖上发现14块大石碑，石碑上的图案和铭文表现了阿肯那顿王对太阳神阿吞的祭祀和崇拜。王室宫殿出土的300余块楔形文字泥板文书记载了古埃及与西亚诸国的交往，十分珍贵。这里发现的壁画和奈费尔提蒂王后彩色半身雕像，堪称古埃及的艺术杰作。

阿曼 Oman; ‘Umān 亚洲西部国家。位于阿拉伯半岛东南端。北濒阿曼湾，东和东南临阿拉伯海；还因最北端一块“飞地”——波斯湾出口处的穆桑代姆半岛而扼波斯湾进出印度洋的门户。海上隔霍尔木兹海峡与阿曼湾同伊朗遥望，陆上西北与阿拉伯联合酋长国相连，西与沙特阿拉伯毗邻，西南与也门相接。绝大部分陆上边界，尚未最后划定。面积30.95万平方千米，人口287万（2008）。其中阿曼人197万，外籍人90万。城市人口占76.5%以上。绝大部分居民信奉伊斯兰教，以艾巴德派为主。阿拉伯语为国语。首都**马斯喀特**。

地理 境内大部分是高原，中部为平原和沙漠。北部哈杰尔山脉及其毗连地区，约占国土面积1/4。海拔1 000～1 500米。最高峰沙姆山，海拔3 352米。山地北坡陡峻，沿岸为狭窄的巴提奈平原。西南部为佐法尔山地，南高北低，海拔900～1 200米，约占

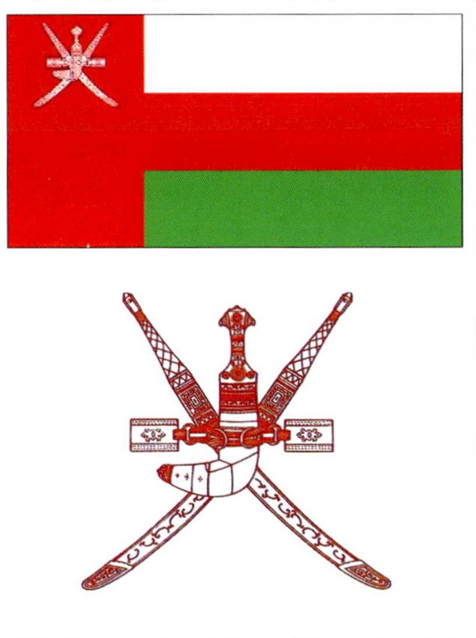

国土1/3。有多条涸河向北没入鲁卜哈利沙漠，南侧沿阿拉伯海岸，是一片宽窄不等的沿海平原。中部平原海拔大多在200米以下，多沙漠和盐滩。

北回归线从国境北部穿过，除东北部山地外，均属热带沙漠气候。夏季（5～10月）沿海平均气温在32℃以上，内陆高逾45℃。冬季1月平均气温，北部为10～15℃，南部超过20℃。全境降雨稀少，平均年降水量130毫米左右。没有常流河和湖泊，多干河床（干谷）。阿曼湾岸较平直，阿拉伯海岸线比较曲折，形成马西拉湾、索基拉湾和库里亚穆里亚湾等多个海湾；近岸有阿曼的最大岛屿马西拉岛和库里亚穆里亚群岛。植被大都为荒漠和半荒漠植物，中部的哈拉西斯平原生息着稀有动物——阿拉伯大羚羊，并在此建立了保护区。矿产蕴藏丰富。现已探明石油储量8亿吨，天然气储量0.83万亿立方米；哈杰尔山已发现铜、锡、铬、金、银、煤、硫磺和石棉等矿。

历史 阿拉伯半岛最古老的国家之一。古称马干，意为“矿产之国”，又以航海造船闻名于世。7世纪成为阿拉伯帝国的一部分。754年建立神权制的阿曼教长国。9世纪末，复入阿拉伯帝国版图；11世纪末，

阿曼再行独立。1507年起，先后遭葡、荷、法、波斯和英国的入侵。1624年，建立雅鲁卜王朝，政治势力曾扩及东非部分海岸和桑给巴尔岛。1749年，赛义德王朝建立，称马斯喀特苏丹国。19世纪中期，沦为英国的保护国。1913年，内地成立阿曼伊斯兰教长国，于是出现“国内有国”的畸形局面。1967年，二者统一，称“马斯喀特和阿曼苏丹国”。1970年7月23日，成立阿曼苏丹国。

政治 实行专制君主政体，苏丹掌握国家的最高权力。1996年11月6日，苏丹公布了相当于宪法的《国家基本法》，其中对国家体制、政治指导原则、国家元首、政府首脑、内阁及其成员的职责、公民权利与义务等方面做出了规定。禁止一切政党活动。内阁是苏丹授权的国家最高执行机构，成员一概由苏丹任命。

经济 国民经济仍以石油开采为主，开采范围也越来越大。中心产地则是南部和西北部以及与沙特阿拉伯交界一带。年产原油约3.5亿桶，95%出口，产值在阿曼的国内生产总值（GDP）中约占85%。为加强炼油能力，在石油出口港费赫勒（马特拉西侧新建港口）建立了炼油厂，日炼油约9万桶。相对于石油储量，天然气资源丰富得多，并已积极开发。除自用外，尚有1/3出口。为了减少对石油的依赖，除积极扩大天然气生产外，着重发展非石油经济，开采其他矿藏如磷酸盐和铜、铬等矿。已建立石油化工、造船、电力、水泥、海水淡化、面粉、制盐、渔产加工、造纸、食品、冷藏、瓷砖、化肥、橡胶和铝制品等工业。古老的手工艺品是著名的传统产品。

阿曼可耕地面积约占国土面积的0.3%。基本分布在沿海平原和各绿洲。主要农作物有小麦、大麦、乳香和棉花等。有椰枣、玉米、烟草、苜蓿等种植。椰枣一直是主要的栽培和出口作物，种植面积占全国耕地的37%。多雨的坡地有柑橘、香蕉、杧果、石榴等果树。有少量农产品出口，但粮食不能自给。阿拉伯半岛牲畜主要出产国之一，内地游牧民多放牧骆驼、牛和羊，佐法尔是主要养牛区。沿海渔业资源丰富，渔产品部分出口。

外贸出口主要是石油和天然气，约占出口总额的85%、国家财政总收入的75%，主要输往日本、韩国、中国等；非石油出口商品有铜、化工产品、鱼类、椰枣及水果、蔬菜等。进口商品主要为机械、运输工具、食品及工业制成品等，主要来自阿拉伯联合酋长国（转口）、英国、美国、日本等。外贸总额尤其是出口额连年大幅度上升，2009年出口额276亿美元，进口额185亿美元。

全境无铁路，陆上交通运输主要依靠

首都马斯喀特远眺

公路。公路总长4万多千米，其中沥青路面7 407千米。以首都马斯喀特为中心，通连沿海各港口、内地绿洲和石油产地，并与阿拉伯联合酋长国及也门的公路相接。港口主要分布在阿曼湾岸，有石油运输专用港费赫勒港以及马特拉、苏哈尔、鲁萨伊尔、苏尔等多座新旧港口。阿拉伯海岸以赖苏特港较著名。输油管线形成网络，大多通向费赫勒港的干线油管外运，总长超过1 000千米。首都的锡卜国际机场辟有通往邻国和欧洲航线。塞拉莱、苏尔、奈兹瓦和布赖米绿洲等地，也有机场。

国家财政收入90%左右来自石油。2009年GDP为569亿美元，人均GDP为2.49万美元。货币主币名称为阿曼里亚尔。

文化 实行免费教育。卡布斯大学是唯一的高等学校。有大批学生在国外留学。实行免费医疗。全国现有报刊30余种，日报主要有《阿曼报》、《观察家报》和《祖国报》(以上均为阿拉伯文)；另有周刊《阿曼时报》(英文)。官方的阿曼通讯社（1986）和阿曼广播电台（1970）均设在马斯喀特。另有萨拉拉电台（1974）。还有马斯喀特电视台（1974）、萨拉拉电视台（1975）和人造卫星地面站（1979）。

对外关系 阿曼是阿拉伯国家联盟（LAS）和海湾合作委员会（GCC）的成员国，但没有加入石油输出国组织（OPEC）。2000年11月，正式成为世界贸易组织（WTO）的成员国。至2009年已同138个国家建立了外交关系。1978年5月25日与中国建交。

阿曼努拉汗 Amānollāh Khān (1892－06－01～1960－04－25) 阿富汗国王（1919～1929年在位）。生于帕格曼，卒于瑞士苏黎世。哈比布拉汗之子。早年同情青年阿富汗党人的政治主张。1919年继位后，领导第三次抗英战争，迫使英国承认阿富汗完全独立。执政期间，仿效土耳其政府组织形式，设立内阁和各部，以消除中央行政管理的混乱现象。修筑连接印度及阿富汗的公路，营建新的首都和宫室，招聘外国军事专家和技术人员来阿富汗训练军队和修建工厂。下令给妇女以受教育的权利并保障妇女在家庭中享有一定的平等权。1927年至1928年6月，访问西欧各国和苏联、土耳其、伊朗。回国后又颁布一系列法令：实行政教分离，不分性别的强迫教育，增加税收，取消妇女必须戴面纱的规定。在改革中阿曼努拉汗急于求成，一意孤行，不改变专制独裁制度。改革引起教会上层和部落酋长的强烈反对，加重赋税更引起人民的不满。不少地区发生暴乱，以巴契·萨高为首的叛乱分子占领首都。1929年1月，阿曼努拉汗宣布退位，流亡欧洲。

阿米巴 *Amoeba* 原生动物门根足纲变形目变形虫科的一属。**变形虫**音译名称。

阿米巴病 amoebiasis 由溶组织内阿米巴引起的**寄生虫病**。原虫主要侵入结肠引起肠阿米巴病，也常累及肝脏引起肝阿米巴病。呈世界性分布，但以热带及亚热带地区较为多见，温带甚至寒带地区也有发生。阿米巴痢疾多见于夏秋季，因虫体借蛋白酶如半胱氨酸酶等破坏组织引起典型的烧瓶样溃疡，症状有腹痛、腹泻，粪便呈烂肉样，有腥臭味；诊断主要依据在粪便中查到阿米巴滋养体或抗原；甲硝唑（灭滴灵）或氟哌酸治疗有效。阿米巴肝脓肿常继发于肠阿米巴病，肝右叶较常受侵犯；起病缓慢，有发冷、发热、右上腹部疼痛等症状，晚期可有恶液质；脓肿向胸腔或肺脏穿破时引起继发性脓胸或肺脓肿，向心包腔穿破时可引起心包积脓或心包填塞；诊断依据肝肿大并有局限性压痛，超声检查可见液平段，脓肿部穿刺可抽出巧克力色脓液，血清免疫学诊断具有重要价值；甲硝唑或氯喹治疗有效。

阿米亥 Amihai, Yehuda (1924－05－03～2000－09－22) 以色列诗人、作家。生于德国维尔兹堡，卒于耶路撒冷。第二次世界大战时曾参加犹太军队。曾在希伯来大学学习。后一边写诗一边在中学任教，并在希伯来大学和纽约大学授课。相继发表《现在和其他日子》(1955)、《并非为了记忆》(1971)、《睁开眼睛的土地》(1992)、《打开的关闭的打开的》(1998)等20余部诗集。用朴直、简易的语言，借助犹太经典文献中的意象，表达深邃而带有普遍性的思想真谛与人生体验。

长篇小说《并非此时，并非此地》(1963)以主人公约珥从耶路撒冷返回德国故乡寻找出生地和早期生活遗迹为主线，再现大屠杀在人们心中唤起的愤怒与耻辱。在以色列文学史上第一次打破现实主义规范。

阿明尼乌 Arminius, Jacobus (1560－10－10～1609－10－19) 荷兰基督教新教神学家，阿明尼乌派创始人。生于奥德瓦特，卒于莱顿。1576年在莱顿大学攻读神学，1588年在阿姆斯特丹受圣职。原为加尔文派信徒，后逐渐对加尔文严格的预定论产生怀疑，主张宽容，允许在某些重要问题上对信经教理持不同观点。认为预定论只表示上帝早已预见谁将改恶从善得到拯救，谁却永不悔改。这种预定论是有条件的，凡凭信心响应上帝召唤者必蒙选择。其学说对17世纪英国清教运动中宗派的分化产生过影响。

阿姆巴楚米扬 Ambartsumian, Viktor Amazaspovich (1908－09－18～1996－08－12) 苏联天文学家。生于格鲁吉亚第比利斯，卒于亚美尼亚埃里温。1928年毕业于列宁格勒大学，后任该校教授，领导天文学教研室。曾任比尤拉坎天体物理台台长，国际天文学联合会主席，国际科学联合会理事会主席。1953年当选苏联科学院院士。

阿姆巴楚米扬研究恒星起源理论，尤其强调灾变、爆发活动在恒星的形成和演化中以及在星系的演化中的作用。1947年提出**星协**概念。20世纪50年代转向星系核和**宇宙学**的研究，提出超密态假说，用以说明天体和宇宙的起源，认为天体的演化是沿着从密到稀的方向进行的。1955年提出天鹅座A不是两个相碰的星系，而是一个正在爆炸（分裂）的星系。他从事多重星系的研究，认为多重星系的主要倾向是分裂，而不是碰撞。随后，爆发星系（如M82）

的陆续发现，证实了他的看法。1946年提出星系分类法。还曾论证沃尔夫-拉叶星应观测到氦的吸收禁线，后来为观测所证实；估算银河系的年龄为10^{10}年，也得到了普遍认可。著有《恒星演化与天体物理学》(1947)、《学术著作集》(2卷，1960)和《河外星系研究》(1968)等。

阿姆哈拉语 Amharic language 埃塞俄比亚官方语言。又称安哈拉语、阿马里尼亚语。属阿非罗-亚细亚语系闪语族。原分布于埃塞俄比亚阿姆哈拉地区，故名。现分布于埃塞俄比亚北部、中部、南部地区。

现存最早的阿姆哈拉语文献可上溯至14世纪，主要形式是诗歌。阿姆哈拉语丧失了大部分喉音，名词格的变化也已经消失。动词中的元音有完全元音和简化元音两类。阿姆哈拉语采用音节文字。书写时，在每个词的后面都要标上两点(:)，以便和下一个词分开。语序为主-宾-动型。

阿姆河 Amu Darya 中亚流域面积最大的河流。发源于帕米尔高原东南部海拔约4 900米的山地冰川，上游称瓦罕河，向西汇帕米尔河后称喷赤河，汇合瓦赫什河后称阿姆河，注入咸海。如以上游源流瓦赫什河和喷赤河的汇合处为起点，全长1 415千米；如从东帕米尔的瓦赫吉尔河源算起，全长为2 540千米。流域面积46.5万平方千米。分别流经阿富汗、塔吉克斯坦、乌兹别克斯坦和土库曼斯坦。主要支流有苏尔霍布河、苏尔汉河和卡菲尔尼甘河。流域内山区冬春多雨，平均年降水量可达1 000毫米，平原地区干旱，平均年降水量仅200毫米。春季雪融涨水，6～8月流量最大。河口处年平均流量为1 330米^3/秒。河水含沙量大。从河口到铁尔梅兹约1 000千米可通航。最大港口是查尔朱。河口附近结冰期长达4个月。下游流经土库曼斯坦、乌兹别克斯坦两国沙漠地区，河谷展宽，已筑水坝可防洪和引水灌溉。在阿姆河左岸修建的卡拉库姆运河，可向阿什哈巴德供水。在上游还建有多处水电站。中、下游两岸多绿洲，盛产稻谷、棉花、葡萄、梨等；河口有宽广三角洲，面积约1万平方千米，盛产芦苇和柳、白杨等林木。流域内水产主要有鲟、鲤、鲑，动物主要有野猪、野猫、豺、狐、野兔等，鸟类多达200多种。

阿姆河窖藏 Amu Darya Treasure 公元前第1千纪下半叶中亚乌浒水（今阿姆河）畔的金银器和钱币窖藏。又称乌浒水窖藏。一般认为，这批器物是1877年在今塔吉克斯坦共和国与阿富汗交界地带发现的，计金银器177件，钱币1 300余枚。这些遗物不仅有助于比较研究古代波斯、大夏、中亚塞种和黑海北岸斯基泰人的物质文化，在艺术史上也有很大价值。

鹰喙羚角手镯

金银制品中，容器类有金瓶、金盘、金碗等，雕像有人、马、鹿、鹅、鱼等形象和四马并驾的二人战车模型等，以及各种金饰牌和纽扣，其中尤以捶打出武士形象的金牌为多。此外，还有指环和手镯，其中一件两端为鹰喙、羚角狮身神兽的手镯最为有名。这些器物反映了波斯阿契美尼德王朝的艺术传统、本地的希腊-大夏艺术风格和所谓斯基泰野兽纹的特点。窖藏中的钱币明显可分为两批，一批为阿契美尼德王朝钱币，另一批为亚历山大帝国及希腊化国家钱币。

阿姆斯特丹 Amsterdam 荷兰宪法规定的首都，最大城市和第二大海港，属北荷兰省。位于阿姆斯特尔河口，城市低于海平面1～5米。有运河通北海和莱茵河，10万吨级货轮可经运河从北海直接进港。人口76.7万(2009)。初为渔村，后建城堡，1296年建市。13世纪在阿姆斯特尔河上修建堤坝而得名，意指阿姆斯特尔河上的大坝。14～15世纪成为世界重要港口。17世纪为欧洲重要港口城市。1806年为荷兰王国首都。工业有造船、化工、飞机制造、电子等工业，金刚石加工著名。金融业发达，有世界上最古老的证券交易所。世界重要贸易中心和货物转运港。荷兰铁路枢纽，并建有现代化国际机场。欧洲著名的文化艺术城，主要旅游中心之一，素有“北方威尼斯”之称。建于1640年的荷兰王宫现为荷兰王室的宾馆。有藏品丰富的博物馆、凡高美术馆等60多座。还有科学院、图书馆等。西南郊的阿尔斯梅尔为世界最大的花卉市场。

阿姆斯特丹城市风光

阿姆斯特朗 Armstrong, Edwin Howard (1890-12-18～1954-01-31) 美国无线电专家，再生和超外差接收电路及调频广播的发明人。生于纽约，卒于纽约。1913年毕业于哥伦比亚大学。阿姆斯特朗在1912年发明了再生（反馈）电路，将信号放大上千倍。他还发现当放大倍数极高时，再生电路成为无线电电波的原发生器，是广播电视的心脏。他在第一次世界大战时的美国陆军通信部队实验室发明了超外差接收电路。1933年取得四项电路专利，从而发明宽带调频广播和体制。1954年，他年迈多病，又因调频制的斗争使他濒临破产，最终自杀。阿姆斯特朗在日内瓦国际电信联盟的先哲祠中被列为世界20位大科学家之一。

阿姆斯特朗 Armstrong, Louis (1901-08-04～1971-07-06) 美国黑人爵士乐小号演奏家，爵士乐发展史上最重要的人物之一。生于新奥尔良，卒于纽约。幼年在流浪儿收容所度过，并在该所的铜管乐队的熏陶下逐渐成为一名小号手。后来到芝加哥，与弗莱切·亨德森同台演出，并组织热爵士五人乐队和热爵士七人乐队。阿姆斯特朗录制了一些唱片，达到事业的顶峰。较

重要的爵士乐作品有《哭泣的威力》、《西区布鲁斯》、《候鸟》、《这样的紧张》等。另著有自传体著作《萨奇莫：我在新奥尔良的生涯》(1954)。

阿姆斯特朗 Armstrong, Neil (Alden) (1930-08-05～) 美国航天员，第一个登上月球的人。生于俄亥俄州瓦帕科内塔。1946年取得飞行员证书。1949～1952年为海军飞行员。1955年毕业于普渡大学航空技术专业。同年在刘易斯研究中心当试飞员，后为X-15火箭飞机驾驶员。1962年9月被选为航天员。1966年3月16日与D.R.斯科特合乘"双子星座"8号飞船进入太空，与"阿金纳"目标飞行器会合，完成飞船太空对接。1969年7月16～24日，作为"阿波罗"11号飞船指令长与登月舱驾驶员E.E.奥尔德林和指挥舱驾驶员M.柯林斯完成人类首次登月飞行。7月20日格林尼治时间20时17分，阿姆斯特朗和奥尔德林乘登月舱"鹰"在月球静海西南角着陆。7月21日阿姆斯特朗向月面迈出第一步时说："对一个人来说，这是一小步。对人类来说，这是巨大的一步。"他们在月球上安放科学实验装置，拍摄月面照片，搜集月球岩石和土壤样品。在月球表面共停留21小时36分。曾获美国自由勋章、美国国家航空航天局卓越服务奖章和国际航空联合会金质奖章。

阿睦尔撒纳 Amursanaγ-a (1723～1757) 中国清代厄鲁特蒙古辉特部台吉（清朝封赠蒙古贵族称号）。准噶尔汗**策妄阿拉布坦**外孙。原游牧于塔尔巴哈台一带。乾隆十七年(1752)冬，助达瓦齐袭杀喇嘛达尔札夺取汗位，不久又与达瓦齐发生火并，被击败。十九年秋，率部归附清廷，封为亲王(后晋封双亲王)。次年春，清军兵分两路进攻伊犁、征伐达瓦齐时，任定边左副将军。攻占伊犁后，他广结党羽，欲挟清廷封其为厄鲁特四部总汗。清廷以"行饮至礼"为名，准备召回处置。阿睦尔撒纳在前往热河途中，借口暂归治装，逃回塔尔巴哈台，唆使同伙乘机抢掠清军台站，袭击伊犁。清将班第兵败自杀，天山南北变乱复起。二十一年三月，在清军追击下，逃往哈萨克。俄国遣使携信与其密谋，表示支持。同年冬，他潜回塔尔巴哈台，收集残部，自立为汗。同时，派达瓦使团向俄国求援，以永远臣服俄国为条件，要求俄国承认他为厄鲁特总汗，并在额尔齐斯河与斋桑泊之间修建要塞，以防清军进攻。二十二年七月，被清军击溃，间道哈萨克投奔沙俄。九月病死于俄国托波尔斯克。

阿那克萨戈拉 Anaxagoras (约 前500～前428) 古希腊哲学家。克拉左美尼人。他提出"种子"是构成万物的最初元素，其数无限多，体积无限小，性质多样，具有各种形式、颜色和气味。在外力"奴斯"的作用之下，各种不同的种子相互结合和分离，形成世界万物生生灭灭的过程。他提出的"种子说"为**原子唯物论**的产生作了准备，但他以奴斯作为万物动因，又陷入了外因论。

阿那克西曼德 Anaximandros (约 前610～前546) 古希腊**米利都学派**哲学家。他认为万物的本原不是具有固定性质的东西，而是"无限定"，即无固定界限、形状和性质，它不生不灭，无穷无尽。从无限定中分离出冷和热、干和湿等对立物，因其运动而产生天体万物。他还提出，宇宙中有无数个世界，生物是从湿元素中产生的，最原始的动物是从海里的泥变化而成，人是由鱼变化发展而来的。著有古希腊第一部哲学著作《论自然》。

阿那克西米尼 Anaximenes (约 前585～前526) 古希腊米利都学派哲学家。米利都人。他认为"气"是万物的本原，气是无限的、永恒的、运动变化的。其运动形式有稀散和凝聚两种。由于气的稀散和凝聚产生了世界万物，万物也可转化为气。

阿难答 A Nanda (约1265～1307) 中国元世祖忽必烈之孙。自幼由一位中亚穆斯林抚养，通晓《古兰经》，笃信伊斯兰教。至元十七年(1280)，其父忙哥剌病亡，袭封安西王，镇守原西夏之地，设王府于京北（今陕西西安）和开城（今宁夏固原)。因在其辖地和军中传播伊斯兰教，被元成宗(1295～1307年在位)拘捕下狱，迫令放弃信仰伊斯兰教，但他坚持不从。元成宗因其颇得民心，遂释归封地。大德十一年(1307)成宗病逝。阿难答在帝位之争中被杀。

阿尼哥 Aniko (1244～1306) 尼波罗（今尼泊尔）建筑师、雕塑家和工艺美术家。原为王族，其国人称之为八鲁布。中国元代中统元年(1260)，帝师八思巴奉元世祖忽必烈之诏在西藏建黄金塔，从尼波罗选良工巧匠80人，其时阿尼哥年仅17岁，自告奋勇率领众工入藏，深受八思巴器重。塔成之后，八思巴为他落发，度为僧，带到大都（今北京）晋见忽必烈。阿尼哥杰出的智慧和才艺受到忽必烈赏识，先后受命完成许多重要寺塔的构思营建、神像的塑妆范铸、帝后御容的制作，以及朝廷仪仗礼器的设计制造。至元十五年皇帝命他还俗，授以光禄大夫、大司徒，兼领将作院使（掌管金、玉、织造等手工艺品的制作)，品级、俸禄相当于丞相。病逝后塔葬于宛平。后追赠开府仪同三司等，谥敏慧，并树立神道碑，彰其功德。

妙应寺内阿尼哥塑像

阿尼哥在中国先后主持设计和修建了圣寿万安寺白塔(1279，今北京**妙应寺白塔**）等三座塔；大都的南寺(1280）等9座佛寺以及祠祀、道宫等。他为喇嘛教在内地的传播，为汉、蒙古、藏各族美术的融合，为中国与尼泊尔两国文化的交流作出了重要贡献。

阿奴律陀 Anawrahta (1002～1077) 缅甸**蒲甘王朝**的创建者（1044～1077年在位)。当政期间，兴修叫栖（又译皎克西）和密铁拉的水利灌溉工程，扩大耕种面积，使农业有了很大发展。接受缅甸北部掸族各土司的朝觐，娶孟拱土司之女修牟罗，以提高其在掸族中的威望。1057年用武力征服下缅甸直通，俘获僧俗学者和各种工匠达3万人，用32头白象驮回三藏经及珍宝等战利品至蒲甘，促进了蒲甘的宗教、政治、经济、文化等的发展，也为统一缅甸奠定了基础。又聘高僧阿罗汉为国师，以上座部佛教（小乘佛教）取代落后的阿利教。从直通传入孟文字母后，缅甸始有文字。平定下缅甸后，征服阿拉干北部，完成了缅甸的第一次统一。阿奴律陀广建佛塔，以兴建在蒲甘的瑞喜宫佛塔最有名，因工程浩大，直至逝世时尚未竣工。塔内珍藏从锡兰迎来的佛牙和圣物。

阿努拉德普勒 Anuradhapura 斯里兰卡北中省阿努拉达普勒区首府。位于国土中北部，阿鲁维河畔。人口约5.32万。公元前3世纪中期直至10世纪末期，连续为维阇耶，杜多加莫尼，第一、二兰巴卡纳，泰米尔诸王朝和僧伽罗王国的都城。斯里兰卡最早的佛教圣地和向东南亚地区传布佛教的摇篮。佛教徒朝拜中心和游览胜地。保留有古城堡遗迹和大量寺庙、佛塔和石窟、石像，规模宏伟。水工建筑素享盛名，古水库遗迹犹存，最早的据说建于前505年，最大的一座迄今尚为市民用水之源。整个老城作为文化遗产1982年列入《世界遗产名录》。斯里兰卡国家考古总局设此。新市区建于古城南侧。

阿努钦 Anuchin, Vsevolod Aleksandrovich (1913～1984-08-30) 苏联地理学家。生于沙俄梁赞，卒于莫斯科。1965年获莫斯科大学博士学位。曾任莫斯科大学教授，后

任苏联科学院生产力研究委员会副主任。50年代末60年代初连续发表4篇论文和一本专著《地理学的理论问题》，在苏联地理学界引起对地理环境、地理环境与社会的相互作用、经济地理学研究对象、经济地理学与经济学科的关系、理论与生产实践结合等问题的论战。阿努钦主张自然地理学和经济地理学的统一，对苏联地理学的发展起了推动作用。

阿努伊 Anouilh, Jean (1910-06-23～1987-10-03) 法国剧作家。生于波尔多，卒于瑞士洛桑。早年在大学法科学习，后来当过广告员，曾任著名导演兼演员路易·茹威的秘书。1932年创作的第一部剧本《白鼬》上演，获得成功，被认为是“纯粹的剧作家”。1938年正剧《野姑娘》上演，一举成名。阿努伊是个多产的剧作家，他把自己的剧作按表现手法分为五种：黑色戏剧、玫瑰色戏剧、刺耳戏剧、闪光戏剧和古装戏剧，以此来表明他的各类剧作的特色。总的倾向是现实主义。著名剧作有《无行李的旅客》、《窃贼们的舞会》、《桑里斯的约会》、《安提戈涅》等。

阿诺 Annaud, Jean-Jacques (1943-10-01～) 法国电影导演、编剧、制片人。生于巴黎郊区奥尔热河儒维西。1964年毕业于法国高等电影学院。1976年执导处女作《高歌

走向胜利》，获1977年奥斯卡金像奖最佳外语片奖。1979年执导《随心所欲》。20世纪80年代后，开始拍摄大预算、国际融资的巨片。没有对白的《火之战》(1981) 描绘出人类祖先原始生活的画卷；《玫瑰的名字》(1986) 成功地改编了意大利作家U.埃科的同名侦探畅销小说；《熊》以动物为主角，涉及人类的生态环境问题。根据法国女作家M.杜拉斯的自传体小说改编的《情人》(1992) 是他执导的第一部言情影片。此后他又导演了《兵临城下》(2001)、《两兄弟》(2004)、《陛下未成年》(2007) 等。作为制片人，他制作了《马鬃随风飘扬，灵魂不可战胜》(2001)。2007年当选法兰西学院院士。

阿诺德 Arnold, Thomas (1795-06-13～1842-06-12) 英国教育家。生于怀特岛东考斯，卒于沃里克拉格比。幼年体弱，但智力过人。1818年大学毕业后成为教会执事、牧师和家庭教师。对德国文学和“陶鲁宁”(德语“体操”的意思) 发生兴趣。1828年任拉格比学校校长，同年获得神学博士学位。1841年任大学近代史教授，翌年因心脏病逝世。阿诺德在体育方面的主要功绩，一是对学校体育进行改革，将英国传统的竞技游戏引入学校，初步形成学校体育的体系；二是很好地利用学生自治，使在拉格比学校中占有重要地位的风行于英国的板球、足球、划船、狩猎等传统户外运动组织化。后人称之为“竞技运动自治”。随着英国对外关系的发展，“阿诺德方式”传到世界各地，对世界竞技运动产生了很大影响。

阿帕网 ARPANET 美国国防部高级研究计划局组建的计算机网。ARPANET是英文Advanced Research Projects Agency Network的缩写，又称ARPA网。

阿帕网于1968年开始组建，1969年投入使用。开始只有4个结点，1971年扩充到15个结点。经过几年成功运行后，已发展成为连接许多大学、研究所和公司的遍及美国领土的计算机网，并能通过卫星通信与相距较远的夏威夷州、英国的伦敦和北欧的挪威连接，使欧洲用户也能入网。1975年7月阿帕网移交给美国国防部通信局管理。到1981年已有94个结点，分布在88个不同的地点。阿帕网的主要特点是：①可以共享硬件、软件和数据库资源。②利用分散控制结构。③应用分组交换技术（包交换技术）。④运用高功能的通信处理机。⑤采用分层的网络协议。

阿沛·阿旺晋美 Ngapoi Ngawang Jigme; Nag phod Ngag dbang ’jigs med (1910-02～2009-12-23) 中国爱国主义者，社会活动家，民族工作的领导人，全国人大常委会

副委员长，全国政协副主席。藏族。西藏拉萨人。卒于北京。1936～1952年任西藏地方政府昌都粮官、民事法官等。1950年昌都解放，任昌都地区人民解放委员会副主任。1951年任西藏地方政府赴北京谈判的首席代表，同中央人民政府代表签署了《中央人民政府和西藏地方政府关于和平解放西藏办法的协议》。1952～1959年，担任西藏军区副司令员，西藏自治区筹备委员会秘书长、副主任委员。1955年被授予中将军衔。1959～1964年，任西藏自治区筹备委员会副主任。1965～1979年，任西藏自治区人民委员会主席。1979～1981年任西藏自治区人大常委会主任，1981～1983年任西藏自治区人民政府主席。1983～1993年任西藏自治区人大常委会主任。1959年后历任全国政协一届委员，全国政协三届、八届、九届副主席；一至七届全国人大代表，三至七届全国人大常委会副委员长，五至七届全国人大民族委员会主任委员。2003、2008年当选全国政协十届、十一届副主席。2006年3月当选援助西藏发展基金会第三届理事会理事长。

阿皮亚 Apia 南太平洋中部岛国萨摩亚首都和主要港口。全国政治、经济和文化中心，交通枢纽。人口约3.98万(2005)。位于乌波卢岛北部海岸。始建于1850年。因地震频繁，全市无高楼大厦。城市西北3千米的穆林乌建有阿皮亚天文台、议会厅和广播电台。有南太平洋大学分校——阿拉富阿农学院。英国著名作家R.L.斯蒂文森的故居被辟为斯蒂文森博物馆。西部40千米的法莱奥洛建有国际机场。城市依山傍水，风景秀丽，旅游业发达。工业主要有农产品加工和小型轻工业。东部4千米处有深水码头。出口香蕉、干椰子肉和可可。进口棉制品、汽车、肉和糖等。

阿普顿 Appleton, Sir Edward Victor (1892-09-06～1965-04-21) 英国大气物理学家。生于布莱德福，卒于爱丁堡。曾在剑桥大学圣约翰学院学习，1920年在剑桥卡文迪什实验室工作。1924年任伦敦大学国王学院惠斯

通物理学教授，12年后返回剑桥大学主持自然哲学讲座。

曾短期担任卡文迪什实验室主任，开创了该实验室的无线电物理学学派。历任国际无线电联合会主席，英国科学和工业研究部大臣，爱丁堡大学校长。1941年被授予爵士。

阿普顿于1924年证实O.亥维赛等人提出的高空反射电离层（96.6千米）的存在，1926年发现241千米高的新的电离层，后被称为阿普顿层。还创造了一系列用无线电波探测电离层的方法，建立了电离层的磁离子理论。他的发现使远距离无线电通信成为可能，也促进了雷达的发展，为此获1947年诺贝尔物理学奖。

阿普列尤斯 Apuleius, Lucius (124/125～2世纪末) 古罗马作家。生于努米底亚马道罗斯（今阿尔及利亚姆道什附近）。从小受到良好教育，学过修辞学和哲学。早年在各处

游历、演说，后半生主要在迦太基度过，专事著述演讲，获得很高声誉。著述包括哲学、自然科学、医学以及各种体裁的文学作品，但只有部分拉丁文著作传世。他的哲学著作主要阐述柏拉图的哲学思想，演说著作有在奥亚城的《辩护辞》和《英华集》，后者是对他演说辞中精彩部分的摘录。长篇小说《变形记》（又称《金驴记》）共11卷，取材于希腊民间传说，描写一个希腊青年误服魔药，由人变驴，历尽艰辛，最后得埃及女神伊希斯挽救，复为人形，皈依伊希斯教门。小说保持了民间故事的风格，具有传奇小说的特色，同时带有神秘色彩。叙述生动、幽默，真实描写了2世纪时罗马行省各阶层的生活。

阿齐兹 Aziz, Shaukat (1949-03-06～) 巴基斯坦总理（2004～2007）。生于卡拉奇。1969年在卡拉奇大学取得工商管理硕士学位。离校后进入美国花旗银行卡拉奇分行工作。1992年被任命为花旗银行执行副总裁。1999年10月穆沙拉夫上台后，被任命为过渡政府财政部长。2002年，成为参议员，并在贾迈利政府中继续担任财政部长。2004年8月18日，阿齐兹当选为国民议会议员。25日，穆斯林联盟推举阿齐兹为总理候选人。27日，在巴国民议会以多数票当选为巴基斯坦第23任总理。曾多次访问中国。

阿契贝 Achebe, Chinua (1930-11-16～) 尼日利亚小说家、诗人、批评家。生于奥吉迪。伊博族人。毕业于伊巴丹大学，先后在尼日利亚广播公司、英国广播公司任职。用英语写作。最初的4部小说《瓦解》(1958)、《动荡》(1960)、《神箭》(1964)和《人民公仆》(1966)被称为“尼日利亚四部曲”。作品从19世纪后半叶英国殖民者入侵，一直写到独立后伊博族人传统文化的解体。小说巧妙地运用了许多伊博族的传说和谚语，在语言上也很有特色，对用英语写作的年青一代非洲作家产生很大的影响。其他主要作品还有诗集《当心啊，我的心灵的兄弟及其他诗歌》(1971)，论文集《创世日的黎明》(1975)和散文集《希望与阻遏》(1987)等。

阿瑞斯 Ares 希腊神话中的战神，是尚武精神的体现。为宙斯和赫拉所生（一说没有父亲）。他最初在色雷斯一带被奉为冥土之神。《奥德修纪》中提到他与阿佛罗狄忒幽会，被赫菲斯托斯捉住，当众出丑。雅典城内有以他的名字命名的小山——阿瑞奥帕戈，山麓有他的庙宇，传说他曾在那里受审，被判无罪。在罗马他等同于马尔斯，是罗马最受崇敬的神。

阿萨德 Assad, Hafiz al- (1930-10-03～2000-06-10) 阿拉伯叙利亚共和国总统（1971～2000）。全名哈菲兹·阿萨德。生于拉塔基亚卡尔达哈，卒于大马士革。阿萨德意为“狮子”，所以阿萨德被称为“大马士革雄狮”。为中东地区一位有影响的政治家，统治叙利亚达30年之久。属穆斯林什叶派中的阿拉维派。1946年加入阿拉伯复兴社会党。1952年入叙利亚霍姆斯军事学院学习，后转入空军学院。1957～1958年赴苏联学习空军夜战技术。1963年3月8日阿兹姆议会政府被推翻后，阿萨德进入全国革命指挥委员会，出任大马士革空军基地司令。1966年2月23日，参与复兴社会党地区指挥部副总书记萨拉赫·贾迪德领导的军事政变，推翻阿明·哈菲兹中将的政权，出任国防部长兼空军司令。1970年11月13～16日，成功发动以“纠偏运动”为名的不流血的军事政变，被临时地区指挥部任命为总理。1971年在全民公决中被选为总统，并当选复兴社会党叙利亚地区领导机构总书记。从此执掌叙利亚党政军大权，直到逝世。

阿萨德执政期间，整合了叙利亚政治结构脆弱涣散的局面，推动了社会、经济和文化等方面的发展，维护了叙利亚的民族独立和尊严，提高了叙利亚在中东地区和国际社会中的影响力。

外交方面，一直注重改善同阿拉伯国家的关系，打破在阿拉伯世界的孤立处境。积极发展同中国的外交关系。海湾危机以后，开始改善叙美关系，反对伊拉克吞并科威特，支持美国对伊拉克采取的军事打击措施。海湾战争以后，认同“土地换和平”的原则，积极参与中东和平进程。

阿萨德 Assad, Bashar al- (1965-09～) 阿拉伯叙利亚共和国总统（2000～ ）。生于大马士革。叙利亚已故总统哈菲兹·阿萨德的次子。1982年入大马士革大学医学院学习。1988年

毕业后成为眼科医生，后弃医从政。1994年进入叙利亚霍姆斯军事学院学习，毕业后晋升为少校。1998年晋升为中校，1999年晋升为上校。曾在英国伦敦攻读医学硕士学位。2000年6月其父逝世后，当选叙利亚复兴社会党总书记，并晋升为大将兼叙武装部队总司令。同年7月在总统选举中以绝对多数当选为总统。2005年6月再次当选阿拉伯复兴社会党总书记。他十分重视科技在国家经济建设中的作用，积极倡导计算机的应用与普及。曾访问中国。

阿萨勒湖 Assal, Lac 非洲咸水湖。又称阿萨勒盐湖。在吉布提共和国中部丹纳吉尔沙漠中，处于塔朱拉湾以西的阿萨勒洼地内，东距吉布提港约90千米。南北长16千米，东西宽6.5千米，面积100多平方千米。四周为火山环绕。湖面低于海平面153米，是非洲大陆最低点。由于距海岸较近，海水不断渗透汇聚，湖水含盐量高达325，故称“盐湖”，是吉布提采盐区。地热资源丰富，洼地中喷气孔和热泉处处涌现。盐

湖畔火山与盐丘交相辉映，景色奇丽，成为旅游胜地。

阿萨姆地震 Assam Earthquake 1897年6月12日发生于印度东北部阿萨姆地区的巨大地震。这次地震的规模可以同1755年的里斯本地震、1920年的海原地震相比。在近10万平方千米的土地上，所有砖石结构的房屋几乎全部破坏。地震发生在当地时间下午5时许，大多数居民都在户外活动，只死亡1 542人，其中约有600人死于滑坡。地表断层位移的规模不如1891年日本浓尾地震和1906年美国旧金山地震那样大，但在个别地段上断层位移超过10米。地震时地表有波动起伏。最早测定的震级高达8.7级，也有人认为早期定的震级偏高。

阿萨姆人 Assamese 南亚印度共和国的民族之一。自称阿霍米亚人。约1 650万人(2001)。主要居住在阿萨姆邦。阿萨姆地区的最早居民属原始澳大利亚人种，体质特征与马来西亚、印度尼西亚、澳大利亚的一些原始部落相近。后来，达罗毗荼人进入，与之发生混合；之后蒙古种人、雅利安人相继到来。经过长期融合，逐渐形成了今天的阿萨姆人。使用阿萨姆语，属印欧语系印度-伊朗语族印度语支，与孟加拉语相近，受藏缅语影响很大。有以梵文天城体字母为基础的文字。信仰印度教，属湿婆派，敬奉克里希纳神和象征力量的湿婆神、迦利女神。男女婚姻自主。人死后行火葬。多以务农和畜牧为业，种植水稻、棉花等。男子只穿围裤，冬季肩披布单；妇女穿长筒裙，缠胸巾，头上和肩上披纱巾（城市妇女多穿纱丽）。多以大米为主食，尤喜喝茶。

阿萨姆语 Assamese language 印度阿萨姆邦的语言，印度宪法承认的语言之一。属印欧语系印度-伊朗语族印度（又称印度-雅利安）语支。最早文献见于14～15世纪印度史诗《罗摩衍那》译本。阿萨姆语的元音系统里i和u没有长短音区别。元音鼻化现象常见。中古雅利安语的a在阿萨姆语中变成ɒ。由于受周围藏缅语言的影响，辅音中没有卷舌音。阿萨姆语把中古雅利安语词首的s变成x，又把元音间的s变成h。语法方面，阿萨姆语没有“性”的范畴。名词有6个格，代词有4个格，每个格不止一个形式，此外还有敬体形式。阿萨姆语的文字和孟加拉文字相似。

阿塞拜疆 Azerbaijan 亚洲西部国家。位于外高加索东南部。北靠俄罗斯，西和西北与亚美尼亚、格鲁吉亚为邻，南与伊朗接壤，东濒里海。纳希切万自治共和国是阿塞拜疆的飞地，被亚美尼亚、伊朗和土耳其环绕。全国面积8.66万平方千米。人口900万(2010)。城市人口占人口总数的50.7%。居民中阿塞拜疆人占90.6%，列兹根人占2.2%，俄罗斯人占1.8%，亚美尼亚人占1.5%，塔雷什人占1.0%。官方语言为阿塞拜疆语，居民多通晓俄语。主要信奉伊斯兰教，属什叶派。首都巴库。

地理 全境约有一半面积为山地。东北部为大高加索山脉，最高点巴扎尔迪聚山海拔4 466米，西南属小高加索山脉，东南有塔雷什山。库拉河横贯全境。中部为库拉河和最大支流阿拉斯河之间的河谷平原及低地。塔雷什山与里海间为连科兰低地。大部分地区属干燥亚热带气候，平原及低地1月平均气温1～3℃，7月25～28℃，年降水量200～300毫米。高山地区1月平均气温可低达-10℃，平均年降水量1 300毫米。连科兰低地属湿润亚热带气候，年降水量1 200～1 700毫米。石油、天然气、铁矿、明矾石及水力资源丰富。在库拉河上建有明盖恰乌尔水库（总库容161亿立方米）。全国设有10个自然保护区，其中最大的为克孜勒阿加奇自然保护区、扎卡塔雷自然保护区及希尔万自然保护区。

历史 11～13世纪形成阿塞拜疆民族，11～14世纪遭受土耳其-塞尔柱人、蒙古鞑靼人和帖木儿的入侵。16～18世纪属伊朗苏斐王朝。18世纪中叶分裂成15个封建国家。19世纪初并入俄国。1920年建立苏维埃政权。1922年加入外高加索苏维埃社会主义共和国，同年12月加入苏联。1936年称阿塞拜疆苏维埃社会主义共和国，并成为苏联的一个加盟共和国。1991年2月改名为阿塞拜疆共和国。同年10月正式宣布独立。

政治 宪法规定阿塞拜疆为民主、法制、文明国家，实行总统制，总统为国家元首、最高行政首脑和武装力量总司令。任期5年。立法、行政、司法三权分立。国民议会是最高立法机关，为一院制。由125名议员组成，任期5年。政府为内阁，国家最高行政首脑机关。司法权由法院依照法律独立行使。主要政党有新阿塞拜疆党、公民团结党、祖国母亲党、阿塞拜疆人民阵线党、穆萨瓦特党、统一阿塞拜疆民主改革党、阿塞拜疆民族独立党。

经济 2009年国内生产总值(GDP)430.6亿美元，人均3 844美元。工业以石油开采及炼油、石油化工、石油机械制造等部门为主。巴库油田于19世纪中叶开采，以前是苏联最大油田，后由于资源逐渐枯竭，原油产量及在苏联所占地位不断下降。近年来因新油田发现，石油探明储量35亿～40亿吨，天然气可采储量为8 940亿立方米。2008年石油产量4 450万吨，天然气163亿立方米。主要产油区在阿普歇伦半岛、库拉河下游和里海水域。天然气主要产自卡拉达格气田。炼油工业集中于巴库（炼油能力2 200万吨/年），石油化工（生产合成橡胶、基本有机合成工业原料）分布在苏姆盖特和巴库。此外，还有石油机械、船舶、汽车、纺织、食品等工业企业。苏姆盖特

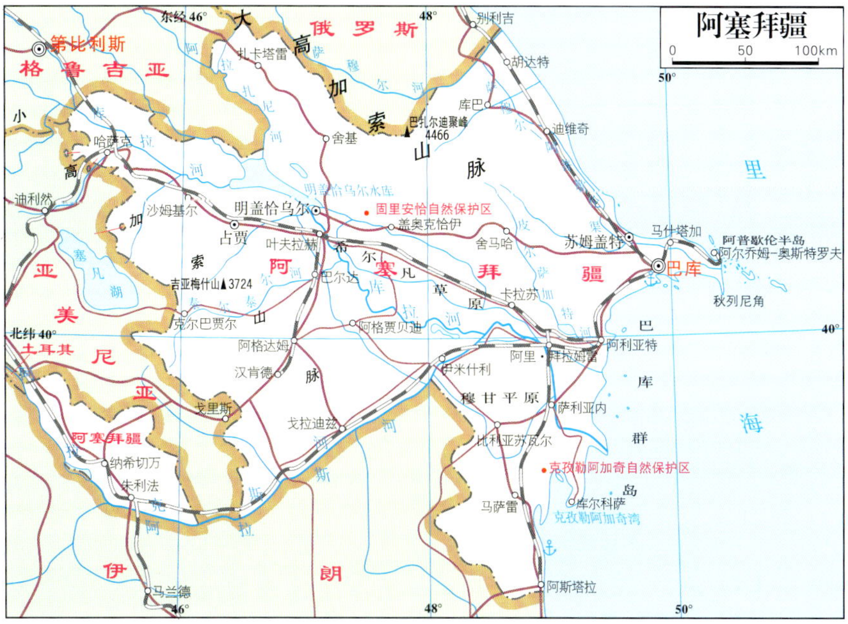

有钢管轧制、炼铝和化学工业（生产化纤和过磷酸钙）；占贯有纺织、炼铝、石油加工、酿酒和制革业。在库拉河上建有明盖恰乌尔等梯级水电站。耕地面积181.36万公顷，其中灌溉地占88%。永久性牧场260万公顷。经济作物是农业的主导部门，以棉花、烟草为主。棉田主要分布在库拉河及其支流阿拉克斯河河谷地带。连科兰低地栽植茶树和亚热带果树，并种植油桐、芳香油料作物（天竺葵属、蔷薇、茉莉等）和药用植物。粮食作物以冬小麦、玉米为最重要。科尔希达和连科兰低地以冬季蔬菜栽培闻名。畜牧业以养羊业为主。有养蚕业。在里海沿岸还发展捕鱼业。交通运输以铁路和公路为主。铁路总长2 122千米，公路总长2.50万千米，巴库是里海沿岸最大港口。有巴库和吉杨贾两个国际机场。有石油和天然气管道，其中石油管道总长1 400千米，天然气管道总长3 100千米。

对外贸易 2009年贸易总额180亿美元，其中进口额55亿美元，出口额为125亿美元。主要出口石油和石油制品、天然气、食品、烟草、机械产品等。主要进口机械和金属制品、轻工产品、石油开采设备和备件、汽车、水泥、粮食、木材等。主要贸易对象为意大利、美国、以色列和法国等。

文化 实行免费和收费两种教育制度。国立高等院校28所，著名高校为国立巴库拉苏尔扎德大学。发行报刊约400种，主要报纸有《巴库工人报》、《人民报》、《阿塞拜疆报》、《穆萨瓦特报》等。阿塞拜疆通讯社为官方通讯社，还有中央电台和国家电视台等。

对外关系 奉行独立自主、多元平衡的外交政策。积极开展能源外交，努力谋求油气外运渠道多样化。积极参与欧洲能安全和黑海、里海地区合作。继续保持同美国、俄罗斯的平衡关系，积极参与俄罗斯主导召开的独联体峰会。1988年起，因纳希切万的归属问题与亚美尼亚冲突不断，虽经多方调停但仍未解决。已同160个国家建交（2010）。1992年4月2日与中国建交。

阿塞拜疆人 Azerbaijanians 亚洲中西部跨界民族。主要分布在伊朗、阿塞拜疆、亚美尼亚、乌兹别克等地区，少数分布在伊拉克和土耳其。自称阿塞里列尔人，曾译阿捷尔拜疆人。约1 090万人（2001）。属欧罗巴人种。使用阿塞拜疆语，属阿尔泰语系突厥语族。有阿拉伯字母拼写的文字。信伊斯兰教，为什叶派和逊尼派教徒。其远祖可追溯为青铜时代就已居住在南高加索东部地区的当地居民，以及在公元前后入侵的基美里人、斯基泰人、保加尔人、可萨人和匈奴等。11～13世纪时，使用突厥语的各族（主要是塞尔柱人）大批进入，形成统一的阿塞拜疆部族。历史上曾由于分布地区和社会经济发展不同，形成了在经济、文化和生活上各具

正在编织地毯的阿塞拜疆妇女

特点的集团。传统的住屋是用石块和土坯砌成的拱形建筑。典型的民族服装是古罗马式的长衬衫和肥大的灯笼裤。妇女穿敞襟短上衣、宽大的百褶裙。

阿塞拜疆语 Azerbaijan language 阿塞拜疆的官方语言。属阿尔泰语系突厥语族西匈语支，与**土耳其语**最接近。主要分布在阿塞拜疆、格鲁吉亚和伊朗等国。可划分为下列几组方言：东部（库宾、德尔本、巴库、舍马赫等地），西部（哈萨克、卡拉巴赫等地），北部（努赫、扎卡塔雷等地），南部（纳希切万、奥尔杜巴德、大不列孜等地）。伊朗境内的卡施卡依语则组成南部阿塞拜疆语的特殊方言。现代标准语以巴库等地的方言为基础，形成于19世纪中叶。阿塞拜疆语有9个元音、23个辅音。语法特点与其他突厥语相同，名词有数、领属人称、格的变化。动词有人称、式、态、时的变化和多种形式的形动词和副动词。文字1929年以前采用阿拉伯字母，1929～1939年采用拉丁字母，1939年后采用西里尔字母，但有几个特殊的非西里尔字母。

阿散蒂帝国 Ashanti Empire 17世纪末至19世纪末西非黄金海岸（今加纳）一带的阿肯人王国。又称阿散蒂王国。全盛期其版图包括今加纳及多哥和科特迪瓦的一部分。由奥塞·图图创建。居住在阿旦西的阿肯人原为登基拉国的臣属，17世纪末向北迁移，建立库马西（后成为首都）。奥塞·图图于1701年打败登基拉，被拥戴为阿散蒂的国王。阿散蒂在18世纪曾与沿海地区的欧洲商人进行贩卖奴隶及其他贸易，以购买武器扩充军力。继任的国王不断征战，版图大大扩展。国王奥塞·克瓦多在1764年进行改革，对加强王权和健全国家政治制度起了极重要的作用。

阿散蒂在19世纪初已成为西非强大的中央集权国家，其统治区域除以首都库马西为中心并受王权直接统治的阿肯人地区之外，还有周围一批附庸国和保护国。

19世纪初，阿散蒂为控制出海口向沿海地区扩张，与入侵西非的欧洲殖民军发生冲突。1824年蓄意要向内陆地区扩张势力的英国殖民者挑起了第一次阿散蒂战争，结果负责黄金海岸事务的总督C.麦卡锡和八名欧洲军官战败身亡。在此后长达70多年的战争中，双方互有胜败。英国和沿海的酋长国相继签订条约，不断蚕食阿散蒂帝国的地盘。1902年1月1日，英国宣布阿散蒂为英国的直辖殖民地。虽然英国殖民政府在20世纪20年代成立阿散蒂联邦，但国王只是名义上的。

阿散蒂人 Ashanti 加纳共和国的主要民族之一。有505万人（2002）。属苏丹尼格罗人种。系阿肯民族集团中的最大民族。分奥约科人、阿汉塔人、阿森－特维弗人、瓦萨人等支系。操阿散蒂语，属尼日尔－科尔多凡语系支瓦语支，有文字。多保持万

加纳的阿散蒂人

物有灵信仰，部分人信奉新教。相传中世纪来自西北方，17世纪末以奥约科人为中心，建立强大的阿散蒂帝国。按母系组织社会。实行族外婚和母系继承制度。社会的最基本单位是氏族下的母系家庭。主要从事农业，种植薯类、水稻、香蕉、可可和油棕等，地区贸易发达。

阿舍利文化 Acheulian Culture 非洲、欧洲、西亚**旧石器时代**早期文化。因最初发现于法国北部亚眠市郊的圣阿舍尔而得名。文化遗物埋藏于高出索姆河面30米的阶地砂土层中。时代为中更新世。已知最早的阿舍利文化遗存在非洲，年代距今约170万～150万年；最晚的遗存距今约20万年。一般认为该文化的石制品是由直立人制造的。但较晚的阿舍利文化已与早期智人共存。现在许多学者以**阿布维利文化**作为阿舍利文化的早期，而米寇克文化为阿舍利文化晚期。欧洲的阿舍利文化被勒瓦娄哇文化和**莫斯特文化**所代替，

阿舍利手斧

在非洲被福尔史密司文化和桑戈文化所代替。阿舍利文化属于一种手斧文化，其代表性石器手斧较阿布维利手斧进步。据认为这类手斧是用骨棒或木棒在火石结核上交互打制成的，器身薄，刃缘平直，石片疤较浅。以左右对称为特色。器形有扁桃形、卵圆形等。此外，还有砍斫器和石片，石片是修理手斧时产生的，可用作石刀。在西班牙，发现有此文化的洞穴和岩棚遗址。在肯尼亚，发现了湖边的居住址。

《阿诗玛》 *Ashymo* 中国彝族叙事长诗。流传在云南路南圭山一带彝族支系撒尼人中。长诗异文较多，除了民间口头流传外，还有多种彝文抄本。长诗最早经云南省人民文工团圭山工作组搜集，由黄铁、公刘等人在20种异文基础上进行了第一次整理，于1954年发表并出版了4种不同的单行本。此后近50年中，又对《阿诗玛》进行了多次整理，先后有多种版本问世。2002年云南民族出版社出版赵德光主编的《阿诗玛文化丛书》，包括原始资料、文献和研究论文共3卷，为《阿诗玛》研究提供了全面的资料。

长诗的主要内容是阿着底山上，穷苦人格尔依尼家有一个聪慧美丽的女儿，名叫阿诗玛。山下的财主热布巴拉的儿子阿支看上阿诗玛，下毒手劫持阿诗玛，逼她允婚。阿诗玛的哥哥阿黑得知后只身赶去营救。与热布巴拉父子三次比智、三次比武，阿黑大获全胜。慑服于阿黑的“神力”，财主不得不放了阿诗玛。他们暗地里勾结岩神，在兄妹俩回家的路上放出洪水，淹没了阿诗玛。从此，在撒尼的高山上、云雾中，长久地回响着她不屈的歌声：“日灭我不灭，云散我不散，我的灵魂永不息，我的声音永不绝。”

长诗细腻地描写阿诗玛从诞生到成人、从被劫到被害的全过程，塑造了阿诗玛和阿黑这两个可爱的形象。想象寓于情理等艺术表现手法与彝族传统的爱情幻想故事一脉相承。

《阿诗玛》先后被译为英、日、俄等文字，并被改编为京剧、舞剧和电影，在国内外都有深远的影响。

阿什顿 Ashton, Frederick (1904-09-17～1988-08-18) 英国芭蕾表演家、编导。生于厄瓜多尔瓜亚基尔，卒于艾伊。曾担任维克·威尔斯芭蕾舞团编导、团长等职，亲身经历并鼎力推动芭蕾舞团发展壮大为皇家芭蕾舞团。先后兼任纽约市芭蕾舞团、丹麦皇家芭蕾舞团和米兰斯卡拉歌剧院芭蕾舞团的客座编导。他的作品突破古典芭蕾的框框，剧情、人物性格、音乐和舞蹈和谐统一，并促进形成了英国芭蕾学派优美、流畅、抒情、典雅、高贵、多样的风格。代表作有交响芭蕾《交响变奏曲》、《谜语变奏曲》、《狂想曲》，主题芭蕾《幽灵》、《溜冰者》、《玲珑剔透》、

阿什顿（上）在编舞中

大中型的芭蕾舞剧《灰姑娘》、《水中仙女》、《两只鸽子》、《乡村一月》等。鉴于他对英国芭蕾的贡献被封为爵士。

阿什哈巴德 Ashkhabad 土库曼斯坦首都和阿什哈巴德州首府。位于科佩特山脉北麓阿哈尔绿洲和卡拉库姆沙漠边缘，土库曼巴希—塔什干铁路干线上。人口90万(2005)。1881年建为要塞。1924年成为

阿什哈巴德总统府

土库曼加盟共和国首都。1948年10月毁于地震，后按原样重建。1962年卡拉库姆运河通此，多年缺水现象大为缓和。工业有纺织（棉织、缫丝、制毯）、电机、玻璃、食品、机械制造（推土机、农机以及汽车和内燃机车修理）和金属加工等。所生产的防热玻璃、离心水泵在国内外享有盛名。尤其是阿什哈巴德地毯驰名全球，且是珍贵的艺术品。有公路通达国内主要城市。土库曼斯坦科学院拥有16个研究所，其中沙漠所、太阳能研究所、防震建筑研究所在世界上有一定影响。有土库曼斯坦大学等高等学校以及造型艺术博物馆。由于阿什哈巴德周围有壮观的景色，所以也是电影制片业中心。市内主要街道两侧都有一条宽半米左右的水渠，引自运河的清水灌溉路旁的花草树木。

阿什克纳济 Ashkenazy, Vladimir (1937-07-06～) 冰岛籍俄裔钢琴家。生于俄罗斯高尔基城。莫斯科音乐学院L.N.奥博林班上的高才生，1955年在国际肖邦钢琴比赛中获第二名，1956年在比利时伊丽莎白国际钢琴比赛中获一等奖，1962年在柴科夫斯基国际钢琴比赛中与J.奥格登并列一等奖。1963年在英国演出后侨居英国，现住瑞士。1972年正式加入冰岛国籍。1980年曾访问中国。1981年被任命为英国爱乐交响乐团指挥，此后还兼任柏林电台交响乐团首席指挥、伦敦皇家管弦乐团音乐总监等职。他的演奏风格朴实含蓄，技术纯正。为俄罗斯钢琴学派的代表人物之一。

阿史那贺鲁 Ashina Helu (? ～659) 西突厥将军、可汗。原为西突厥咄陆可汗麾下的叶护，居多罗斯川（今新疆额尔齐斯河上游）。贺鲁率执舍地、处木昆、婆鼻3部归属唐朝。正值唐朝发兵讨伐龟兹王，即以贺鲁为昆丘道行军总管，进军龟兹。龟兹平，唐以贺鲁所属为瑶池都督府，任贺鲁为左骁卫将军、瑶池都督。唐太宗李世民死，贺鲁渐有反唐之心，谋取西、庭二州。651年，贺鲁自号沙钵罗可汗，建牙帐于千泉（今吉尔吉斯斯坦境内库腊加特河上游一带），统率西突厥十姓之众，与唐为敌。唐派梁建方、契苾何力等率唐兵与回纥兵西进，652年，败贺鲁所属的处月部。次年罢瑶池都督府。655年，又派程知节率兵讨贺鲁，败贺鲁所属歌逻禄部、处月部、处木昆部、鼠尼施部。657～658年，唐军与贺鲁本部直接接触将其彻底打败，并在石国（今乌兹别克斯坦塔什干一带）俘获了贺鲁，西突厥汗国灭亡。唐设置昆陵、蒙池二都护府以统贺鲁之众。

阿是穴 ashi point 中医以病痛局部或敏感反应点作为进行针灸治疗的腧穴。又称天应穴、不定穴。《灵枢·经筋》说：“以痛为输”，即根据痛的部位来定位。从按压敏感这一特点来说，取用经穴和奇穴时都应加以注意。有时按压到敏感的地方，既不是经穴，又不是奇穴，即可称之为阿是穴。用按压撮捏手法检查病体时，如发现敏感反应（轻快或疼痛）处，便可定为针灸穴位。它既无具体的穴名，又无固定的位置，临床多用于疼痛性病证。阿是穴在疾病诊断上也有一定参考价值，如在足三里下1～2寸间有明显压痛，结合临床右下腹部疼痛等体征，有助于阑尾炎的诊断。

阿舒拉日 ‘Ashūrā’ 伊斯兰教节日。阿舒拉意为第十，指伊斯兰教历1月10日。原为犹太教的赎罪日。622年穆罕默德迁徙麦

地那后，曾仿效犹太人习俗，定该日为斋戒日。后以莱麦丹月斋戒为定制，改该日为自愿斋戒日。逊尼派视该日为吉祥的日子。680年阿里之子侯赛因于该日在卡尔巴拉殉难，故什叶派以该日为哀悼日。后发展为阿舒拉节，在该日前公演殉教剧，9日斋戒，该日一般在清真寺举行悼念性礼拜仪式。

阿斯顿 Aston, Francis William (1877-09-01～1945-11-20) 英国物理学家、实验化学家。生于伯明翰哈伯恩，卒于剑桥。1900年伯明翰大学毕业。1903年在伯明翰大学研究气体放电现象。1910年进入剑桥大学卡文迪什实验室，担任J.J.汤姆孙的助手。1920年任剑桥大学三一学院研究员。1921年当选为英国皇家学会会员。

阿斯顿1913年在卡文迪什实验室和汤姆孙用氖做实验，发现多数化学元素是几种质量不同但化学性质相同的原子的集合物，即有同位素存在。在第一次世界大战后，他利用质谱仪发现了更多的同位素。因创制质谱仪和发现非放射性元素的同位素而获1922年诺贝尔化学奖。著有《同位素》、《质谱和同位素》、《元素的合成》等。

阿斯马拉 Asmara 厄立特里亚首都和最大城市。位于中西部的哈马森高原上，海拔2 325米。人口约50万(2006)。年平均气温16℃，气温年较差仅3.7℃。平均年降水量510毫米，7～8月占全年的64%。原为蒂格雷人的小村庄。1885年由意大利殖民者始建。1900年成为意大利殖民地厄立特里亚的首府和向埃塞俄比亚中、南部扩展的据点，城市建设随之发展。1941～1952年被英国占领，1952年后成为该国的行政区首府。1993年厄立特里亚独立，阿斯马拉被定为首都。工业主要有电力、机器制造、化工、水泥、纺织、食品、卷烟、皮革等，附近有铜矿开采。农牧产品贸易也很繁荣。有铁路和公路与外港米奇瓦相连。干线公路通埃塞俄比亚首都亚的斯亚贝巴。阿斯马拉机场是厄立特里亚最大的航空港，1991年恢复使用，可起降大型客机。有阿斯马拉大学和公共图书馆。著名标志性建筑有皇宫、天主教大教堂、大清真寺和圣玛丽亚基督教教堂。

阿斯马拉天主教大教堂

阿斯塔那墓群 Asitana Cemetery 中国西晋至唐代高昌城居民的公共墓地。位于新疆维吾尔自治区吐鲁番东南的阿斯塔那及哈拉和卓附近，南邻高昌故城。年代约为公元3～8世纪。20世纪初曾遭外国探险家和学者盗掘。1930年中国学者到此调查。1959年以来多次进行发掘。1988年国务院公布为全国重点文物保护单位。

清理墓葬近400座，皆为土洞墓。墓主多是汉人，少数为其他民族居民。墓可分3期：①晋至十六国时期(3世纪至6世纪初)。墓的形制有斜坡(或阶梯)墓道土洞墓和竖井墓道土洞墓。墓室平面近方形，四角攒尖式或覆斗式顶。一般以木棺为葬具。木俑和灰陶器皿为主要随葬品，少见墓志。壁画描写地主庄园生活。②麴氏高昌时期(6世纪初至7世纪中)。出现地面建造的家族坟院，墓依死者辈分及长幼排列。均为斜坡(或阶梯)长墓道土洞墓，墓室四壁向外弧凸，顶部平圆。很少用木棺。木俑减少，多体小质劣的彩绘陶明器。出现伏羲女娲画像。砖墓志流行。③唐西州时期(7世纪中至8世纪中)。墓的形制与第二期相同，但规模较大。一些大墓增设甬道及壁龛。死者多陈尸席上。陶俑增多，还有彩绘泥俑、纸臂绢衣木俑、绢花、伏羲女娲绢画等。出现石墓志。有弈棋妇女、伎乐和牧马等内容的屏风绢画，以及以人物、花鸟为主题的仿屏风条幅式壁画。出土大量丝、棉、麻、毛织物，尤以丝织品为丰富，纹样已采用流行于中亚、西亚的狮、象和佛教艺术中常见的化生、莲花等。

从用以制作纸棺和死者鞋帽等物的故纸中，清理出数千件残缺的晋至唐代汉文文书。内容涉及政治、经济、军事、思想文化等方面，可为史籍之证，并补史籍之缺。

阿斯塔纳 Astana 哈萨克斯坦首都，直辖市。位于哈萨克斯坦中部偏北的平原丘陵地带，濒临伊希姆河。人口70万(2008)。早期为俄国军事要塞，称阿克莫拉。1832年开始建市，1832～1961年称阿克莫林斯克。由于20世纪50年代中期苏联垦荒运动的发展，这里成为重要的粮食产地，于是1961年起改称切利诺格勒(俄文意为“垦荒城”)。1991年12月苏联解体，独立后的哈萨克斯坦又把切利诺格勒恢复了原名阿克莫拉。工业有农业机械制造、车辆修造、轻工业和食品工业。设有农学院、医学院和各类科研机构。原来的首都阿拉木图地处哈萨克斯坦东南部，离边境太近，而且人口密度过大，又处于地震活跃地带，首都安全受到威胁。于是哈萨克斯坦议会根据总统提议，于1994年7月6日通过迁都决议。在阿克莫拉进行了大规模的城市改建和扩建工程。1997年12月迁都于此。1998年4月6日宣布将阿克莫拉更为现名。

阿斯特拉罕汗国 Astrakhan Khante 15世纪中叶蒙古封建主建立的国家(约1459～1556)。原为金帐汗国属地。约于1459年独立。定都于阿斯特拉罕城。疆域包括伏尔加河下游及南高加索草原地带，北邻喀山汗国，西接克里木汗国，东与诺盖汗国为界。居民主要从事牧业、渔业，农业也占有一定的比例。手工业较发达，毛皮、制革等享有盛名。地处交通枢纽，通过陆路和水路可连接高加索、黑海与里海，内外贸易颇为发达。汗国先后依附于诺盖汗国和克里木汗国。1554年伊凡四世(雷帝)派3万俄军进攻阿斯特拉罕汗国，推翻了雅姆古尔切伊汗，扶持捷尔维什·阿里上台，汗国变为俄国的属国。1556年伊凡四世派兵驱逐阿里汗，正式吞并阿斯特拉罕汗国。

阿斯图里亚斯 Asturias, Miguel Angel (1899-10-19～1974-06-09) 危地马拉小说家、诗人。生于危地马拉城，卒于马德里。大学毕业后任律师。1923年因受迫害侨居法国多年，其间开始文学创作。1933年回国。1954年被剥夺国籍，在国外流亡10年。曾多次担任外交官。1967年获诺贝尔文学奖。

他的文学成就主要在小说方面。强烈的社会责任感，对印第安世界的不懈的探索，无所不在的有关死亡的主题，使他的作品独树一帜。第一部作品《危地马拉传说》(1930)是短篇小说集，根据印第安神话和民间传说写成。长篇小说《总统先生》(1946)对拉丁美洲普遍存在的寡头政治作了深刻的剖析和揭露；历史、现实与梦呓、幻觉，以及印第安人对现实与大自然的奇特认知交织在一起，成为拉丁美洲**魔幻现实主义**早期的代表作之一。长篇小说《强风》(1950)、《绿色教皇》(1954)和《被埋葬者的眼睛》(1960)是三部曲，主要揭露美国垄断资本对危地马拉的掠夺和剥削，描写了人民的反抗斗争。其他主要作品还有小说《玉米人》(1949)、《珠光宝气的人》(1961)、《马拉德龙》(1969)、《多洛雷斯的星期五》(1972)，短篇小说集《危地马拉的周末》(1956)，诗集《十四行诗集》(1936)、《云雀的太阳穴》(1949)以及《戏剧全集》等。

阿斯旺 Aswan 埃及城市和河港，阿斯旺省首府。在东南部尼罗河“第一瀑布”下游东岸，北距开罗900千米，是埃及南方的大门。人口26.50万(2006)。历史上为埃及南部通往努比亚的门户，水运和骆驼商队的交汇点。在古埃及时代，曾为驿站、兵营和同苏丹、埃塞俄比亚进行贸易的中心（柯普特语“阿斯旺”即“市场”之意）。现为省行政和工商业中心，埃及南部重要旅游城市。有钢铁、制铝、化肥、制糖、纺织、制革、水泥等工业，还开采

菲莱神庙

铁矿和石料。市内有大量寺庙和陵墓，如著名的菲莱神庙（见图）、阿布森布勒神庙等；埃莱方丁博物馆藏有本省历史文物。有古代耶勃城遗址和植物园等名胜。铁路、公路通开罗、亚历山大等城市。建有国际机场。冬季干燥、温和，是疗养和游览胜地。1970年7月竣工的**阿斯旺高坝**，形成世界上最大的人工湖之一——纳赛尔湖，长500千米，平均宽12千米，面积6 500平方千米，已成为大型淡水鱼场。尼罗河下游的航运能力也得到改善。

阿斯旺高坝 Aswan High Dam 埃及尼罗河上的大型水利工程。位于开罗以南约900千米。水库总库容1 689亿立方米，有灌溉、防洪、发电、运输等综合效益。每年可提供740亿立方米稳定可靠的灌溉用水，新增灌溉面积200万公顷，还有70万公顷农田由单

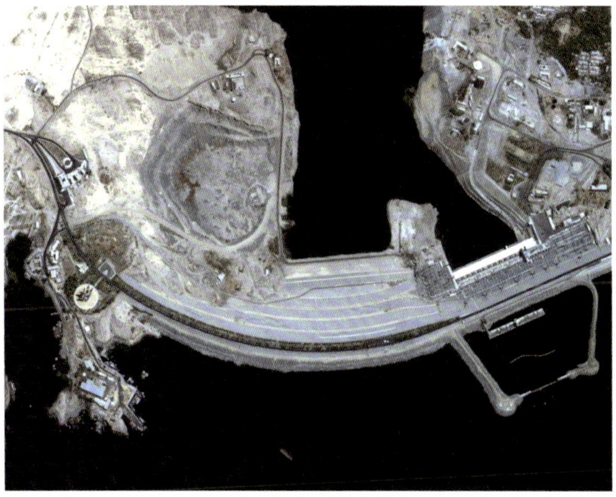

阿斯旺高坝俯瞰

季耕种变成双季耕种。装机12台，总容量210万千瓦。年发电100亿千瓦·时，通过2条500千伏高压输电线输往开罗和下埃及。

坝址河谷宽约500米。大坝为黏土心墙堆石坝，坝高111米，顶宽40米，底宽980米，坝顶长3 830米。1961年开工，1970年竣工。

阿苏埃拉 Azuela, Mariano (1873-01-01～1952-03-01) 墨西哥小说家。生于拉各斯·德·莫雷诺，卒于墨西哥城。在瓜达拉哈拉医学院毕业后，曾回家乡行医并从事文学创作。1910年墨西哥革命爆发后，参加反对波菲略独裁统治的政治斗争。曾任哈利斯科州公共教育部长。革命后致力于文学创作。他的小说《在底层的人们》(1915)是根据他的亲身经历写成的，被视为墨西哥革命小说的杰作。其他革命小说有《马德罗主义者安德列斯·佩雷斯》(1911)、《首领们》(1917)、《苍蝇》(1918)、《恶时辰》(1923)、《报复》(1925)、《萤火虫》(1932)等。其中后三部是他试图采用先锋派手法写作的成果，运用了内心独白、蒙太奇等手法。其他小说有《潘多哈同志》(1937)、《先进女人》(1940)、《迷失的道路》(1945)、《血》(1956)等。

阿苏尔古城 Ashur 古代西亚亚述帝国的宗教中心和发源地。得名于所祭祀的主神阿苏尔。又译阿淑尔、亚述。遗址位于伊拉克巴格达以北300千米处，底格里斯河西岸。今名舍尔加特堡。公元前第3千纪后半叶已有该城，是南方阿卡德王朝

象牙雕饰

和乌尔第三王朝的属国。前第2千纪初成为独立城邦。经古亚述、中亚述、新亚述时代，至前9世纪前半叶，一直是亚述帝国的宗教首都。前614年和前612年，米底军队和巴比伦军队攻陷并洗劫了阿苏尔。帕提亚（安息）时期，此地一度为总督府，此后逐渐湮没。1903～1913年发掘。

城平面呈三角形，面积逾0.6平方千米，有两重城墙，已确定8座城门。内墙厚7米，每隔30米设一城塔，城门饰有彩色琉璃砖。外墙外有护城河。城内建筑多位于北部。据记载，共有38座神庙，但现仅发掘5座。包括初为献给苏美尔主神恩利勒，后改献给升为主神的阿苏尔的阿苏尔神庙和阿苏尔方形大塔庙、天神安努和雨神阿达德双庙、日神夏马西庙、月神欣庙、爱与战争女神伊丝塔尔神庙。一般住房分布在城西北部，地下有窖藏。城内街道不规则。城址出土的遗物有石雕、圆筒印章、各种石板和泥板铭文（其中有亚述法典的部分）、首饰、武器、工具、金属碗和陶器等。

阿苏山 Aso-san 世界最大破火山口的复式活火山、中央火山丘与外轮山的总称。位于九州岛中部熊本县东北。大火山口略呈椭圆形，周长约120千米，高900～1 100米，面积约250平方千米，其规模堪称世界之最。地处东西走向的白山火山带与南北走向的雾岛火山带的交汇处。火山喷出物约180立方千米，在距今约3.3万年前经多次喷发而形成的巨大破火山口。在大火山口内沿东西方向尚有10余个喷火口，形成中央火口丘群，其中较高者通称“阿苏五岳”：最高为高岳(1592)，依次有根子岳、乌帽子岳、中岳和杵岛岳。中岳位于大火山口中央，为活火山，有7个喷火孔。周期性喷发，景色恢弘壮丽，蔚为火山奇观。自553年有喷发记录以来已喷发和显著活动达100余次。大火山口边沿的外轮山海拔约1 000米，内侧多悬崖峭壁，熔岩裸露，层次分明；外侧地势缓倾，向四周逐渐扩展，形成波状高原。大火山口西面有内牧、阿苏、垂玉等多处温泉，为著名浴场。1934年设立“阿苏国立公园”为著名的旅游胜地。阿苏山区建有京都大学的火山研究所、阿苏火山博物馆（1982年建于“草千里”）、阿苏山气象站等。

阿索林 Azorín (1874-06-08～1967-03-02) 西班牙散文作家、小说家、文学评论家。原名何塞·马丁内斯·鲁伊斯。生于莫诺瓦尔，卒于马德里。在大学学习法律。政治上先主张共和政体，后成为无政府主义者，

最后成为保守派。他是西班牙文学史上印象主义派评论家，随笔体小说的创始者。作品有自传体小说《意志》(1902)，情节互不连贯。《小哲学家的表白》(1904)，认为世界上一切都毫无意义，对现实生活悲观失望。此外，还有《堂娜伊内斯》(1925)、《堂胡安》(1922)，以及随笔、评论著作《村镇》(1905)、《卡斯蒂利亚》(1912)、《古典的和现代的》(1913)等。

阿塔卡马沙漠 Atacama, Desierto de 智利北部沙漠。位于南纬18°～27°，从秘鲁－智利边界沿太平洋海岸向南伸延至科皮亚波河。主要包括太平洋沿岸荒漠和山地盐生荒漠以及东边安第斯山脉底部的冲积扇。南北长1 000～1 100千米，平均宽度45千米，面积约18万平方千米。为地球上最干旱的地区之一，人称“旱极”。19世纪时分属智利、玻利维亚和秘鲁。为争夺该地区资源，三国于1879～1883年爆发南美太平洋战争，智利获胜，遂永久占有这块沙漠地区。荒漠下蕴藏着丰富的矿藏，盛产铜，有世界最大的丘基卡马塔露天铜矿，也是世界上唯一的天然硝石产区。

阿塔帕斯克人 Athapascans 北美洲印第安人的一支。自称德涅。约35万人(2001)。分布在北美大陆西部广大地区。属蒙古人种美洲支系。使用阿塔帕斯克语，属纳德内语系。信基督教或天主教。按分布地区可分为三个集团：①北方集团，分布在加拿大西部和美国阿拉斯加；②太平洋集团，分布在美国华盛顿、俄勒冈、加利福尼亚诸州和加拿大太平洋沿岸，包括特林基特人、海达人等；③南方集团，分布在美国西南部亚利桑那、新墨西哥诸州，包括纳瓦霍人、阿帕契人等。传统经济文化各有特点：北方集团从事狩猎和采集，以鹿皮制作衣服和建造房屋，主要食肉；太平洋集团从事狩猎或用鱼鹰捕鱼；南方集团主要从事传统的农业经济。现代阿塔帕斯克人大多住在保留地里，从事农业和畜牧业，或当雇工，生活较贫困。文化上深受白人影响。

阿特拉斯山脉 Atlas Mountains 非洲西北部褶皱山脉。大体呈东北东—西南西走向，从摩洛哥大西洋岸经阿尔及利亚到突尼斯的舍里克半岛，长约1 800千米，南北最宽处约450千米。

阿特拉斯山脉包括几条平行山脉以及从西向东逐渐变窄的若干山间高原、深谷和盆地。大阿特拉斯山脉(高阿特拉斯)山体高大，海拔3 000米以上，最高峰图卜卡勒山海拔4 165米。东延至阿尔及利亚境内，称撒哈拉阿特拉斯山脉。外小阿特拉斯山(前阿特拉斯山)位于大阿特拉斯山脉以南，高度较低，最高峰艾克利姆山海拔2 531米。中阿特拉斯山位于大阿特拉斯山脉以北，两山大致平行，其间是土地肥沃的穆卢耶河谷地，最高峰布纳赛尔山海拔3 340米，地表起伏较大。里夫阿特拉斯山(小阿特拉斯山)是最北一列山脉，位于地中海沿岸，平均海拔2 000米左右，地势起伏很大。向东经阿尔及利亚到突尼斯西北部，称泰勒阿特拉斯，深谷切割，最高峰朱尔朱拉山海拔2 308米。撒哈拉阿特拉斯与泰勒阿特拉斯之间为上高原。整个阿特拉斯山区森林面积约800万公顷，主要分布在比较湿润的北坡，特产栓皮栎以及绿栎、雪松等。水力资源丰富，矿藏有磷酸盐、铁等。居民主要是柏柏尔人，多以农、牧业为生。

阿提拉 Attila(约406～453) 匈奴王(434～453年在位，434～445年与兄布莱达共王)。统治时期，匈奴势力范围东起里海，西至莱茵河，北达波罗的海，南逾多瑙河，成为一个庞大松散的帝国。435、441～443、447年三次出兵拜占廷帝国，迫使拜占廷重金乞和。后又入侵高卢、意大利，均受阻。死后，其子争位。约455年匈奴人被格皮德人、东哥特人、赫卢里人等联军击溃，帝国遂即解体。

阿图什市 Artux City 中国新疆维吾尔自治区克孜勒苏柯尔克孜自治州辖市。自治州人民政府驻地。位于自治区西南部，与吉尔吉斯斯坦接壤。面积15 698平方千米，人口23万(2008)，有柯尔克孜、维吾尔、汉、回、哈萨克、塔吉克等民族，其中维吾尔族占80%。东汉时期属疏勒管辖。为古丝绸之路重镇，通往中亚各国的交通要冲。清代称阿斯图阿图什，后演变为阿图什。1942年设阿图什县。1986年撤县设阿图什市。地处天山南麓，塔里木盆地西缘。属暖温带大陆性干旱气候。矿产有铁、钒、钛、铜、铂、锌、金、冰洲石、盐、云母、水晶、萤石等。名贵中药材有党参、阿魏、独活、车前、黄连、麻黄、甘草等。有国家重点保护动物棕熊、仙鹤、猞猁、雪豹、天鹅、盘羊。农产品有粮油、棉花、蔬菜、杏、石榴等。无花果、葡萄驰名中外，素有“瓜果之乡”的美称。名胜古迹有苏里堂麻扎、玉奇莫日万千佛洞、艾比甫艾结木麻扎、古喀拉汗王朝遗址、伽依帕其木塔格。旅游景点有阿图什无花果公园。

收获葡萄

阿托品 atropine 莨菪烷型生物碱，即消旋莨菪碱(D,L-莨菪碱)，分子式$C_{17}H_{23}NO_3$。又称颠茄碱。存在于颠茄、曼陀罗等茄科植物中。无色长柱状晶体，熔点118～119℃，无光学活性，易溶于苯、乙醇、氯仿，微溶于乙醚和热水。与多种无机或有机酸生成水溶性盐，与氯化汞生成黄红色沉淀。阿托品由茄科植物中含量较多的L-莨菪碱在稀碱溶液中消旋化制备。阿托品是副交感神经抑制剂，可作扩瞳剂、泻药，还可缓减干草热、伤风鼻阻和肠痉挛，也用于治疗小儿夜尿症，有时用于舒减输尿管和胆管痉挛。毒性较大，剂量过大时可引起视觉模糊、分泌抑制、血管扩张、高热、兴奋、激动和谵妄。它是吗啡、毛果芸香碱、毒扁豆碱等的拮抗剂。

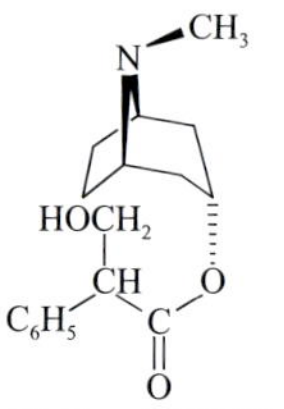

阿瓦尔人 Avars 北高加索达吉斯坦人的一部分。自称马阿鲁拉尔人。约60万人(2001)。主要分布在俄罗斯联邦达吉斯坦共和国中西部山区和布伊纳克斯克、哈萨维尤尔特平原，部分分布在阿塞拜疆北部及北奥塞梯。属欧罗巴人种高加索类型。使用阿瓦尔语，属高加索语系达吉斯坦语族。原有阿拉伯字母的文字，1927年改用拉丁字母，1938年起又改用斯拉夫字母。信伊斯兰教，属逊尼派。阿瓦尔人的早期民族史与东高加索、里海沿岸地区的古代部落，以及后来的阿尔班人有密切联系。现代阿瓦尔人由安季各族和季多伊各族10多个支系组成。饲养绵羊、牛、马等，种植玉米、冬小麦、苹果、梨等。家庭手工业生产有毛纺、织毡、皮革加工、制作铁器和铜器、木器家具、木雕、石刻等。

阿瓦鲁阿 Avarua 库克群岛首府。位于南库克群岛主岛拉罗汤加岛北部。人口1.22万(2001)。拉罗汤加岛的珊瑚礁、潟湖和火山，库克毛利人的传统风俗，使阿瓦鲁阿成为著名的旅游地。阿瓦鲁阿国际机场能够起降波音747等大型客机。附近的阿瓦蒂乌港可停靠3 000吨级船舶。每年5～9月是游艇最多的季节。

阿瓦士 Ahvāz 伊朗西南部城市，胡齐斯坦省首府。人口98.56万(2006)。位于卡伦河流出扎格罗斯山口附近，是交通要道，又是水陆转运点。12～13世纪即为糖、稻、蚕丝贸易中心，后随胡齐斯坦农业衰落而衰落。新的城区是19世纪末以来随石油业与伊朗纵贯铁路的修筑而逐渐兴起，一度称纳济利，后改今名。交通枢纽与工业中心，工业有钢铁、钢管、石油化工、纺织与制糖等，同时是重新振兴起来的胡齐斯坦灌溉农业的管理调配中心。铁路向北远通首都德黑兰，向南分别通往霍拉姆沙赫尔港和霍梅尼港，还是多条公路包括一条高速公路的交会点。油管通往阿巴丹。有机场，空运繁忙。

阿瓦王朝 Ava Dynasty 缅甸分裂时期的封建割据王朝。由夺取**蒲甘王朝**政权的掸族三兄弟的后裔他拖弥婆耶于1364年在阿瓦城建立，故名。共历19代王。王朝统治着缅甸北部，与白古王朝南北对峙。有人认为阿瓦王朝为缅人所建。阿瓦王朝在国王明吉斯伐修寄执政时（1368～1401），巩固了上缅甸的统一，农业有所发展，国力日增。1371年与**白古王朝**国王频耶宇结为联盟，但是这个联盟只保持了15年。由于孟人统治集团之间有矛盾，在渺咯的孟人封建主劳骠竟要求阿瓦王进攻白古王罗娑陀利，于是爆发了1386～1425年间的战争，史称四十年战争。1425年双方联姻结盟后，这场战争始告结束。阿瓦王朝同中国关系密切，早在掸人三兄弟篡夺蒲甘政权时，蒲甘遗族就向元朝求援。元曾出兵援助。明洪武十六年（1383），阿瓦王派板南速勒首访中国，翌年又遣使访问，明廷授阿瓦王“缅中宣慰使”。1396、1406、1414和1433年明廷多次遣使至阿瓦，调解阿瓦内部冲突。

阿瓦王朝由于长期战争，国力消耗殆尽，农田荒芜，人民迫于饥馑、战祸，纷纷向东吁逃荒和避难。1542年**东吁王朝**进军卑谬，各地缅人纷纷起义。1555年，阿瓦王朝为东吁王朝所灭。

阿维兰热 Havelange, João Marie Faustin Godefroid（1916-05-08～ ） 巴西体育活动家、律师、企业家。生于里约热内卢。早期为游泳、水球运动员，参加过1936年第11届**奥林匹克运动会**游泳比赛和1952年第15届水球比赛。1956、1964年任巴西奥运代表团团长，后任巴西足协主席。1958～1974年任巴西体育协会主席。1963年起为**国际奥林匹克委员会**委员。60年代开始在国际足球联合会任职，1974年当选国际足联主席。1974年以后曾多次访华，热心恢复中国在国际足联的合法席位。任国际足联主席20多年中，世界杯足球赛决赛圈由16个队增加到24个队，为促进世界足球运动，特别是第三世界足球运动的发展作出了贡献。1998年卸任。

《阿细的先基》 *Axixitjie* 中国彝族创世史诗。原题直译为《阿细根本》，因以民间传统曲牌“先基调”演唱而得名。流传于云南弥勒县西山一带的彝族支系阿细人中。1942～1944年**光未然**对这部史诗进行整理，1945年北京大学袁家骅用国际音标记录了这一长诗。

《阿细的先基》1978年版封面

全诗5 500余行，除引子和尾声外，主要包括两大部分，即“最古的时候”和“男女说合一家”。“最古的时候”叙述天地万物的来源，各种自然现象的成因，人类的起源和发展，以及阿细先民的早期生活习俗及所经历的史路历程。“男女说合一家”则以男女婚恋为主线，通过对盘问、相爱、成家、开荒、生儿育女等内容的叙述和描写，记录阿细人独特的婚俗，诉说人们在劳动中的苦与乐，反映他们纯真的爱情和对现实生活的朴素见解。

史诗气势宏伟，结构复杂，神话与现实和谐地交织为一体，劳动创造美好生活的理想贯穿在先民们艰苦创业的历程中，形象生动地反映出阿细人心目中的“历史”，具有独特的人文学术价值与审美艺术价值。

阿歇特传媒集团 Hachette Filipacchi Médias 法国最大的期刊出版集团。全球最大的期刊出版商之一。1826年由L.-C.F.阿歇特在巴黎创立的阿歇特出版公司，后成为法国最大的传媒集团——拉加德尔传媒集团的子公司。阿歇特出版集团下有文学、绘画本、教育、百科全书、国际、行业6个分集团，均以阿歇特冠名。1985年，集团开始向全球发展，现拥有包括《她》等在内的在版期刊200多种，内容涉及女性、娱乐、运动休闲、日常生活、男性、青年、名人报道、电视、旅游、装饰和生活艺术，以及新闻和商业等社会范畴。集团在英国的分公司超过美国兰登书屋集团，成为英语市场最大的大众图书出版社。

阿谢格 Ashk, Upendranath（1910～1996） 印度剧作家、小说家。生于加伦特尔。大学时专攻法律，毕业后从事文学创作。写过10多种多幕剧和大量独幕剧。《天堂一瞥》（1939）讽刺受过高等教育的上层妇女欧化的生活方式；《第六个儿子》（1940）抨击人与人之间的金钱关系；《幽禁》和《飞翔》写不自由的婚姻给妇女造成的精神压抑和她们冲破束缚的努力；《第一条出路》（1950）是他最优秀的剧本，写妇女在生活中所受的不公正待遇和她们的觉悟与奋斗。他的作品多取材于现实生活，有浓厚的批判现实主义色彩。

阿亚图拉 Ayatullah 伊斯兰教**什叶派**十二伊玛目派高级宗教职衔和荣誉称号。为阿拉伯语音译，意为真主的迹象。出现于20世纪初，多为库姆、马什哈德、大不里士和纳杰夫等地的宗教中心和学院的宗教权威。自18世纪后，乌苏勒学派在十二伊玛目派内战胜艾赫巴尔学派，宣称品德和学识超群的教法学家作为隐遁伊玛目的代理人，有对教法问题发表个人意见的权利，称**穆智台希德**。至19世纪末，穆智台希德中著名者称胡杰特·伊斯兰（伊斯兰教证据），即伊斯兰教权威。至20世纪，又用阿亚图拉称呼其中最杰出的宗教学者，一位穆智台希德只有凭个人的虔诚品德和宗教学识赢得广泛的追随者，并被现有的阿亚图拉承认后才能获此称号。40～50年代，曾出现阿亚图拉·乌兹玛（真主的最大迹象）和麦尔杰·塔格利德·穆特莱格（绝对的效法榜样）的最高称号。获得最高称号的阿亚图拉，其言行被视为安拉意志的体现，居于什叶派教阶之首。

阿耶波多（第一） Āryabhaṭa I（476～550） 印度古代笈多王朝的天文学家和数学家。生于古苏姆布尔华氏城（今印度比哈尔邦巴特那城）附近。他499年所著的历数书《阿耶波提亚》，是印度天文学的第一次系统化。全书分四部分，由118行诗组成。第一部分介绍用音节表示数字的特殊方法；第二部分讨论数学问题，其中包括正弦函数和圆周率（等于3.141 6）；第三部分讲历法，同他以前的《苏利亚历数书》基本上一样；第四部分论天球和地球，还提到日食，并提出用地球绕轴自转来解释天球的周日运动。阿耶波多的著作于公元8世纪末以《阿耶波多历数书》的名称译成阿拉伯文，后经比鲁尼注释。

10世纪中叶，还有一位印度天文学家阿耶波多，著有《阿耶历数书》。一般西方著作把5世纪的阿耶波多称为阿耶波多第一，把后者称为阿耶波多（第二）。

阿伊努人 Ainu 日本国的少数民族。古文献又称虾夷。约3万人（2001）。主要分布在北海道。属蒙古人种和尼格罗－澳大利亚人种的混合类型。多年来与大和族通婚，纯血统后裔逐年减少。使用阿伊努语，系属未定，分口语、雅语。无文字。有用雅语传述的民间故事和叙事诗，现仅在老年人中流传。一般中青年人皆通日本语文。信仰万物有灵和多神，崇拜祖先。以前，每年皆举行隆重的“熊祭”和“鲑祭”，妇女多于口部周围、前腕和手背文身。长期从事渔猎，近年大多转事农耕。古时曾以鸟羽、兽皮、鱼皮制衣；以鸟兽鱼肉为主食。善于制作和驾驶独木舟。有独特的木架茅屋。现在的衣食住行，已与大和族无别。

《阿依达》 *Aida* G.威尔第作曲的四幕歌剧。脚本为安托尼奥·吉斯兰佐尼和作曲家共同编撰。作品应埃及总督帕哈之邀，为庆祝苏伊士运河竣工而创作。1871年在开罗首演。故事发生在古埃及。埃及军队统帅拉达米斯获悉埃塞俄比亚军已经入侵，即将迎战。他渴望胜利后能与自己的心上人阿依达结合。然而他并不知道，恋人阿依达就是埃塞俄比亚国王的女儿，被俘后成为埃及公主阿姆内丽斯的女奴。阿姆内丽斯也爱着拉达米斯，她对拉达米斯和阿依达的爱情非常嫉妒。阿依达悲痛欲绝，在政治责任与个人爱情之间挣扎。拉达米斯凯旋，得到国王褒奖。他恳求国王手下留情，释放俘虏。阿依达之父阿莫纳斯罗以爱国激情打动女儿，让她从拉达米斯处探听军情，协助埃塞俄比亚获胜。拉达米斯因泄露机密被判入狱。此时，公主告诫如果他放弃阿依达就可以赦他无罪，而坚贞的拉达米斯宁愿一死。在阴暗的地下石窟中，等待死亡的拉达米斯和偷偷潜入的阿依达双双殉情。此作品以场面绚丽庞大的法国式大歌剧特征（特别体现在第二幕的终场中）而著称，具有奇特的东方异国情调，故事凄婉而悲壮。

《阿依达》剧照

阿英 Aying (1900-02-06～1977-06-17) 中国文艺理论批评家、文学史家、作家。原名钱德富，又名钱杏邨，笔名阿英、钱谦吾。生于安徽芜湖，卒于北京。1919年积极参加五四运动，在上海学生联合会担任《日刊》编辑。1930年初，参加中国左翼作家联盟的筹建工作，在左联成立大会上被选为主席团成员和执委会常委。1933年3月参加中国共产党领导下的左翼电影小组工作。1933～1934年，先后与人合作改编、创作电影剧本《盐潮》、《时代的儿女》等，并独立创作了电影剧本《丰年》。九一八事变后，他着力于以戏剧创作激励人民的抗日热情，先后创作了多幕剧《春风秋雨》、《桃花源》、《不夜城》等密切反映现实的话剧。上海成为“孤岛”后，阿英坚持斗争，利用历史题材进行创作，宣扬民族气节，激励人民的抗日斗志，先后写作了《碧血花》、《杨娥传》和《洪宣娇》、《牛郎织女》等多幕剧。1941年，阿英在新四军苏北根据地主管新闻、文化、统战等方面工作。1944年创作了五幕历史剧《李闯王》。中华人民共和国建立后，历任天津市文化局局长、中国文学艺术界联合会副秘书长等职。编有《晚清文学丛抄》9种，还著有小说集、诗集、散文集等多种文学作品。

阿尤布·汗 Ayub Khan, Mohammad (1907-05-14～1974-04-19) 巴基斯坦总统（1958～1969年在位）。生于印度西北边境省（今属巴基斯坦），卒于伊斯兰堡。曾就读于阿利加尔穆斯林大学和英国桑赫斯特皇家军事学院。1928年起在英属印度军队中任军官。第二次世界大战中率第十四旁遮普联队在缅甸对日作战。

1947年巴基斯坦独立后，历任师长和陆军副总司令，1951年任陆军总司令。1958年10月7日发动政变，10月27日出任总统兼国防部长、武装部队最高统帅和军法管制首席执行官。1959年晋升为元帅。1960和1965年两度当选为总统。1969年2月21日宣称不赞成重新进行大选，引起广泛的学潮与罢工。同年3月25日迫于国内形势，宣布把政权移交给陆军总司令叶海亚·汗。

任内实行农业改革，颁布西巴土改条例，规定土地最高限额，征收超过限额的土地以出租或出售给农民，并规定保障佃农合法权益，严禁夺佃、增加地租和非法勒索。阿尤布·汗为发展工业生产也做了一定努力，外国在巴投资受到鼓励。

主张巴中友好，曾5次访华。任内执行了以“双边对等主义”为基础的外交政策。

阿尤恩 Aaiun, El 西撒哈拉最大城市。位于境内西北部萨吉耶哈姆拉地区，距大西洋岸30千米。人口18.37万（2004）。热带荒漠气候，终年干旱少雨，平均年降水量43毫米。始建于1934年，原为西班牙海外省行政、军事中心。1976年为摩洛哥占领并成为摩占区阿尔马格里斯省中心后，基础设施、道路住宅增多，城区扩展，成为现代化城市。城南部布克拉地区为重要磷酸盐矿产地。公路北通摩洛哥，东南达毛里塔尼亚。摩洛哥在附近建有哈桑二世国际机场。市内建有医院诊所和中等学校。水源来自附近绿洲。

阿瑜陀耶王朝 Ayutthaya Dynasty 泰国古代以阿瑜陀耶城（今曼谷北，意为不可战胜之城）为首都建立的王朝。华侨习惯称阿瑜陀耶城为大城，故又称大城王朝。王朝最强盛时期，其统治势力北达兰那泰王国，南至马来半岛的六坤，东面一度扩张到老挝的琅勃拉邦，西部抵达丹那沙林。阿瑜陀耶王朝的创始者乌通王（拉玛蒂菩提）原为罗斛国国王，1350年率众迁都阿瑜陀耶，建立阿瑜陀耶王朝。1438年灭素可泰王朝。从1538年起泰缅之间进行了长期的战争。1569年阿瑜陀耶城被缅军攻陷，泰国沦为缅甸属国达15年之久。1584年，纳黎宣宣布摆脱缅甸的统治而独立，并于1595年进占缅甸的首都勃固。

继纳黎宣大帝之后的厄迦陀沙律王（1605～1610年在位）、嵩贪王（1612～1628年在位）、巴塞通王（1629～1656年在位）和纳雷王（1656～1688年在位）统治时期，阿瑜陀耶王朝曾一度中兴。

16世纪以后，葡萄牙、西班牙、英国、荷兰、法国西方殖民主义势力逐渐渗入泰国。纳雷王统治时期，法国军队进驻暹罗，取得了对曼谷和墨吉的控制权。

阿瑜陀耶王朝末期，商品经济有很大的发展，对外贸易十分活跃，几乎每年都要派船来中国进行朝贡式贸易。清康熙六十一年（1722）后，中泰大米贸易兴起，许多华人移居泰国。阿瑜陀耶王朝曾借助华人的航海技术和人力，积极发展和日本、菲律宾的远航贸易。1767年4月7日，缅甸雍籍牙王朝的军队攻陷阿瑜陀耶城，阿瑜陀耶王朝遂告结束。

阿育王 Aśoka（前304～前238/前232） 古印度孔雀王朝国王（前265～前238年或前273～前232年在位）。又称无忧王。频头娑罗王之子。18岁时被任命为阿般提省总督，后又派为呾叉始罗城总督，镇压叛乱，初露头角。约公元前273年频头娑罗王逝世，阿育王在大臣成护的帮助下，与其兄修私摩争夺王位取胜。约公元前269年阿育王即位后，向外扩张。约公元前262年，开始大举进犯南印度的羯陵伽。据铭文记载，在其当政第8年（约前261），羯陵伽国被征服，继而，除迈索尔地区外，统一印度全境。其统治时期成为古代印度史上空前强盛时代。

征服羯陵伽的战争对阿育王本人及其内外政策产生深远的影响，此后阿育王笃信佛教，大力宣扬佛法。在他即位第17年，在华氏城举行第三次佛教结集，国内信教者日众。他还向周邻诸国派出许多传教团，使佛教开始成为世界性的宗教。据传说，阿育王在位期间，曾建造8.4万座佛塔。他的敕令和教谕刻写在摩崖和石柱上，分布全国各地，迄今仍存40余处。

阿赞德高原 Azande, Plateau 非洲中部高原。跨中非、苏丹和刚果（金）三国，以中非境内面积最大。南以乌班吉河与韦莱河为界，东至苏丹乌瓦以西，西至中非共和国中部高地，北至邦戈斯高地。平均海拔600～900米，地势北部最高，多1 000米以上山峰，最高点恩加亚山1 388米。为尼罗河、刚果河和乍得湖三大水系分水岭。高原基底由古老岩系组成，蕴藏黄金、锡、铜、铁、铀、金刚石等矿产。高原受水系切割，岭谷相间，高原南侧的乌班吉河水系，多急流、瀑布，富水力，科托河尤为突出。野生动物资源丰富。乌班吉河与韦莱河河谷地带，有不少咖啡种植园，还产油棕、可可和棉花。森林采伐和钻石开采也相当活跃。

阿赞德人 Azande 非洲中部跨界民族。又称尼扬尼扬人、桑德人和赞德人。有467万人（2002）。主要分布在刚果（金）东北部（345万），其余在苏丹西南部（88万）和中非东南部（34万）。属尼格罗人种。使用阿赞德语，属尼日尔-科尔多凡语系尼日尔-刚果语族。大部分人崇拜祖先，少部分信奉伊斯兰教。17世纪形成部落联盟。19世纪初发展成国家，名“赞德”。1894年和1899年，阿赞德人居住地区被英国、法国、比利时殖民者瓜分。1956年和1960年同当地各族人民一起分别争得各所在国的独立。主要从事农业，种植玉米、木薯等。

阿旃陀石窟 Ajanta Caves 印度佛教石窟群。位于马哈拉施特拉邦北部奥兰加巴德市东北106千米处。石窟开凿于温迪亚山脉的悬崖上，分布在海拔540米的马蹄形山腰。始凿于公元前2世纪，7世纪后终止。中国唐代僧人玄奘曾游历至此并留下现存最早的关于该石窟的文献记录。8世纪后荒废。1819年被英国驻军发现。现存编号石窟30座，大体分早、晚两期。早期年代为公元前2至公元1世纪，晚期石窟为4～7世纪。阿旃陀石窟在印度佛教建筑、雕刻和壁画艺术上有很高地位。

石窟分为塔庙窟和精舍窟两类，以后者为多。塔庙窟平面多作倒U字形，后部中央雕造圆形佛塔，侧壁前环绕列柱。早期石窟有明显的模仿木结构建筑，装饰简朴。至晚期，仿木现象减弱乃至消失，装饰趋于繁复、精美。精舍窟中央大厅为方形或长方形，大厅周围雕造小室，内部陈设简单，小室内凿出石床。晚期精舍窟因大厅正壁雕造佛殿而多具礼拜功能。

雕刻分造像与装饰两类。因当时佛像尚未以人格化形式出现，早期雕刻题材仅为装饰性图案，如栏楯、法轮、太阳棋等。晚期增加佛像且遍布窟内外，雕刻艺术也臻于完善。造像通常为一铺三身，即一佛二菩萨。此外还有降魔、涅槃等题材，以及龙王、河神、飞天等形象。

阿旃陀石窟壁画是印度古代壁画的代表，尤为世界瞩目。根据壁画样式可分为早、晚两期。早期壁画内容有佛传和本生故事，晚期壁画辉煌壮观、精美绝伦。后者画面构图更为壮阔，布局紧凑和谐，设色典雅，画风沉着洗练并带有抒情趣味。注重人物形神兼备和意境的表达，场面描绘精细且富于变化。如第1窟著名的《捻花菩萨》中，菩萨头戴宝冠，肌肉匀称，妙相庄严。阿旃陀石窟雕刻与壁画以现实生活为基础，洋溢着浓厚的生活气息。

《捻花菩萨》壁画

阿旃陀壁画和雕刻，不仅对印度美术，而且对佛教传布的其他国家和地区，都产生深远影响。1983年，阿旃陀石窟作为文化遗产被列入《世界遗产名录》。

阿注婚 Azhu marriage 旧时中国纳西族一支系摩梭人中流行的一种婚姻形式。“阿注”原系普米语，意为“朋友”。“阿注”间走婚的婚姻形式称为“阿注婚”，流行于云南宁蒗泸沽湖一带的摩梭人当中。摩梭女子到十五六岁，男子到十七八岁，即有结交异性、建立婚姻关系的自由。除遵守母系血缘近亲不婚的原则外，结交异性、建立“阿注”关系，一般不受年龄、辈分、等级和民族的限制，较为看重对方的人品、才干、外貌等，女方的意愿受到最大限度的尊重。关系的确立不需要任何仪式，男女双方只是偶居，不娶不嫁，各居母家，仍分属两个家庭。男子夜晚到女家访宿，白天则在母家生活和劳动。所生子女属于女方，采用母亲的姓氏，男方一般不承担抚养责任。此种关系解除也较方便，因而不很稳固，具有早期对偶婚的特点。与此相适应，其家庭由以血缘为纽带的母系亲属组成，其世系财产均由母系血统的成员继承，子女均留母家，男子的身份是舅父或舅祖父。除云南永宁外，四川盐源、木里等地的部分纳西族中也曾存在这种婚姻形态。

阿兹特克人 Aztec 北美洲南部墨西哥合众国人数最多的一支印第安人。又译阿兹台克人。约300万人（2001）。其核心部分现称纳瓦人。因其传统居住地在墨西哥特诺奇，故又称墨西卡人或特诺奇卡人。主要分布在中部的韦拉克鲁斯、莫雷洛斯、格雷罗等州。属蒙古人种美洲支。使用纳瓦特尔语，属犹他-阿兹特克语系。原有象形文字。多信天主教和众神，如“太阳神”、“玉米神”等，特别是守护神“威齐洛波特利”（战神）。

阿兹特克人于1160年由北部的阿兹特兰（“鹭之地”）经过两个世纪的漂泊生活后，定居于墨西哥谷地，由游猎转为务农。1325年建立特诺奇蒂特兰城（今墨西哥城）。14～15世纪征服邻族，后疆域扩展，盛极一时，号称“阿兹特克帝国”。1521年被西班牙殖民军征服，帝国灭亡。阿兹特克帝国对墨西哥的历史、文化和民族形成曾产生深远影响。经济以农业为主，种植玉米、豆类、棉花、烟叶和剑麻等；沿海居民从事渔业。14～16世纪经历了文艺昌盛时期，吸收、发展和丰富了托尔特克人、米斯特克人的文化。除有象形文字外，天文学和医学也很发达。特诺奇蒂特兰建有宏伟的宫殿和神殿金字塔。供祭祀的宫内墙面饰有浮雕、壁画及花纹。曾制作各种造型美观的陶器。为拉丁美洲四大文明区之一，史称**阿兹特克文明**。在服饰方面，男子披短披肩，妇女穿裙子和白色长背心。男女均戴大耳环。阿兹特克人今已成为现代墨西哥居民的组成部分，只有少数人尚保留旧的经济结构和传统文化习俗。

阿兹特克文明 Aztec Civilization 中部美洲古代印第安人文明。因**阿兹特克人**而得名。主要分布在墨西哥中部和南部。形成于14世纪初，1521年为西班牙人所毁灭。对其研究始于18世纪末。20世纪后重点发掘了首都特诺奇蒂特兰城的遗址，对这一文明的文化、艺术、宗教等有了较多的了解。

第五太阳石

阿兹特克文明在发展过程中，吸收了托尔特克文化和**玛雅文明**的许多成就，自己也有独创。阿兹特克人的陶器和绘画均极精致，建筑和艺术也达到相当高的水平。首都特诺奇蒂特兰的公共建筑物多以白石砌成，十分瑰丽壮观。1790年在墨西哥城中心广场发现的“第五太阳石”直径近3.7米，重约25吨，刻有阿兹特克宗教传说中创世以来四个时代的图像，代表了阿兹特克人石雕艺术水平。

宗教在阿兹特克人生活中占有重要地位。居民相信灵魂永存，并相信存在至高无上的主宰。他们崇拜自然神。国王被看成神的化身。祭神时以战俘为牺牲。其特异习俗之一是以活人为祭品。

《阿Q正传》 *The True Story of Ah Q* 中国现代短篇小说。**鲁迅**的代表作。1921年12月4日至1922年2月12日分章发表于北京《晨报副刊》，署名巴人。后收入《呐喊》，署名鲁迅。它以辛亥革命前后的农村未庄为背景，塑造了深受精神毒害的贫苦农民阿Q的形象。阿Q受尽了压迫和剥削，可是在精神上却“常处优胜”，对自己的失败命运和奴隶地位采取了令人难以置信的辩护与粉饰的态度。他通过夸耀过去、幻想未来、自轻自贱、自欺欺人等手段获得没有根据的自尊和精神上虚幻的胜利。小说还集中表现了阿Q在辛亥革命中的表现和命运，

阿Q像（蒋兆和作）

揭示了辛亥革命的历史缺陷。对阿Q“精神胜利法”的刻画即是对国民性弱点的反省和对民族的自我批判。同时，阿Q面临的苦恼和恐惧又是人类个体普遍的生存困境。鲁迅通过对人类生存状态的正视，揭示了人类精神现象的一个重要的侧面，使《阿Q正传》具有超越时代和民族的意义和价值，从而成为享誉世界的不朽作品。自问世以来，已有40余种不同的文字译本。

锕系元素 actinide element; actinide 元素周期表中第89号元素锕至103号元素铹共15种**放射性元素**的统称，它们的化学性质相近，和**镧系元素**一样，单独组成一个系列，在元素周期表中占有特殊位置。

1944年G.T.**西博格**提出锕系理论，认为在锕之后存在一个类似于镧系元素系列的锕系元素系列。前4种锕系元素锕、**钍**、镤、**铀**存于自然界。镎至铹11种**超铀元素**则全部用人工**核反应**合成（镎、钚虽在含铀矿物中也存在，但它们是在人工合成后，才在自然界发现的，其量极微），合成的方式有在核反应堆或核爆炸中辐照重元素靶及在加速器上用带电粒子轰击重元素靶等。

锕系元素在化学性质上不显示如镧系元素那种一致性。常见氧化态也是+3，但轻锕系元素（钍、镤、铀、镎、钚等）却更倾向于形成比+3高的氧化态，如镤有+5氧化态，铀、镎、钚、镅有+5和+6氧化态，镎还有+7氧化态，而镧系元素中最高氧化态为+4；重锕系元素锎、锿、镄、钔和锘则有+2氧化态。

锕系元素金属具有银白色光泽，有较高的相对密度。它们易溶于稀酸，在空气中易被氧化成氧化物，细粉状金属可自燃，但与氮的作用即使在高温下也很缓慢。

已经鉴定的锕系元素的**同位素**有200余种，它们全部具有放射性，**α衰变**和**自发核裂变**是锕系元素的重要核特性。

随着原子序数的增大，半衰期依次缩短。以锕系元素中半衰期最长的同位素为例，^{238}U的半衰期为4.47×10^9年，^{251}Cf的半衰期为900年，而^{260}Lr却仅为3分钟。

从锕至锔均能制成金属，其中钍、铀和钚已经大规模生产，如^{239}Pu的年生产规模已达数十吨，其他锕系元素产生数量很少，^{249}Cf仅为毫克水平，而重锕系的^{256}Lr只在实验室内人工获取了数十个原子作为研究之用。

铀和钚是最重要的锕系金属，通常用锂或钡（实验室规模）或用钙或镁（工业生产规模）还原其氟化物而制成金属。

^{233}U、^{235}U和^{239}Pu是核反应堆、核电站或其他核动力的燃料。在军事上，^{235}U和^{239}Pu还是裂变核武器的装料。许多锕系元素核素除了利用其α辐射制成各种中子源以外，还利用其产生的热能制成热源和热电池，如^{244}Cm、^{238}Pu等用作航天器中某些仪表的能源，^{238}Pu可用于人工心脏起搏器。

锕系元素的毒性和辐射伤害很大。特别要防止吸入α辐射体和保障临界安全，必

锕系元素的主要物理性质及发现年份

原子序数	元素名称	符号	原子量*	熔点（℃）	沸点（℃）	密度（g/cm^3）	发现年份
89	锕	Ac	(227)	1 051	3 198	10.07**	1899
90	钍	Th	232.038 06	1 750	4 788	11.7	1828
91	镤	Pa	231.035 88	1 572		15.4	1917
92	铀	U	238.028 91	1 135	4 131	19.1	1789
93	镎	Np	(237)	644		20.48（α体）	1940
94	钚	Pu	(244)	640	3 228	19.84（α体，25℃）	1940
95	镅	Am	(243)	1 176	2 011	13.67（20℃）	1944
96	锔	Cm	(247)	1 345	3 100	13.51**	1944
97	锫	Bk	(247)	1 050		14***	1949
98	锎	Cf	(251)	900			1950
99	锿	Es	(252)	860***			1952
100	镄	Fm	(257)	1 527			1952
101	钔	Md	(258)	827			1955
102	锘	No	(259)				1958
103	铹	Lr	(262)				1961

*括号内为半衰期最长的同位素的质量数。 **计算值。 ***估计值。

须在有防护措施的密闭环境中操作，必须采取特殊措施保存和运输。

哀牢山 Ailao Mountain 位于中国云南省南部。元江与阿墨江的分水岭。云南高原和横断山脉两大地貌区的分界线。云岭南延分支，西北—东南走向，起于大理白族

哀牢山风光

自治州南部，止于红河哈尼族彝族自治州南部，长约450千米，海拔一般2 000米以上，主峰（同名哀牢山）3 166米。山体东部因沿断裂带下切较陡，相对高差大，西坡则较平缓。哀牢山冬季阻滞来自东北方向的冷空气；而西南暖湿气流东进时，也受山体阻挡，形成哀牢山以西、以南降水多于东部，气温较同纬度、同海拔的东部地区高，冬季寒潮入侵次数也较东部少。山体相对高差大，气候垂直分布明显，从山麓至山顶依次为南亚热带、中亚热带、北亚热带、暖温带、中温带、寒温带气候。与此相应，植被也具有明显垂直分布。1988年建立国家级自然保护区——哀牢山自然保护区。

埃博拉病毒 ebola virus; EBV 丝状病毒科丝状病毒属的一种。能引起一种烈性传染病——埃博拉出血热。病毒毒粒为多形性、长丝状，一端轻度弯曲，常见分支，可卷曲成“U”形、拐杖形或环形。其长度差别很大。内部为螺旋状结构。外面有刷样排列的突起。毒粒有包膜、不分节段、单股负链RNA。自然界中的猕猴、黑猩猩等动物高度易感，感染后多发病死亡，也可作为中间宿主。临床上，埃博拉出血热以突发高热、出血、休克、呕吐、腹泻及麻疹样斑丘疹为特征。病死率高达53%～88%。患者血液、体液、分泌物、精液、带汗腺皮肤及器官组织均带有高感染性病毒。预防上，应严格隔离、监护治疗患者，病房及医护人员采取最严格高等级安全防护措施，对接触者隔离检疫2周。尚无疫苗和特效治疗药物可用。

埃卜拉古城 Ebla 西亚古代城市。遗址位于今叙利亚阿勒颇以南55千米处的马尔迪赫。公元前3000年为农业定居点，600年后发展为城市，前1600年左右被毁灭。古城主要经历了铜石并用时代和青铜时代早、中期。1964年起多次发掘。发现16 500多块楔形文字泥板，以苏美尔语词为主，少数为埃卜拉语，其中包括世界上已知最早的“翻译词典”——埃卜拉苏美尔双语词典。有些泥板至晚写于前2500年。根据泥板上的文字可知，埃卜拉和美索不达米亚许多城市国家的关系甚密，与埃及、波斯也有商业往来；它可能是西亚最早使用金银货币的城市国家；当时城内有3层楼的宫殿，宫墙高15米；供奉500余位神，包括伊丝塔尔和大衮神。泥板上还有许多与《圣经》人物相似的名字，故被认为与希伯来文化有密切关系。一尊人面公牛身的金雕像代表太阳神沙马什，可能是后来类似形象的源头。此城的发现在考古学上填补了埃及和苏美尔两个地区之间的空白。

埃布罗河 Ebro, Río 西班牙东北部河流。又译厄布罗河。发源于北部坎塔布连山脉，向东南经阿拉贡平原，并穿越加泰罗尼亚山脉在流至托尔托萨角处注入地中海。全长928千米，流域面积8.68万平方千米，为西班牙最长和最大的河流。支流众多。冬季和春季为汛期。富水力，建有大型水电站和灌溉工程。仅河口到托尔托萨可通航。河谷地带盛产谷物、葡萄等，是重要农业区。

埃达 Edda 中世纪冰岛文学作品。“埃达”有诗歌之意，是8世纪至12世纪前流传在北欧的民间史诗，体裁、格律和韵律自成一体，可供吟唱。大部分于10世纪左右成

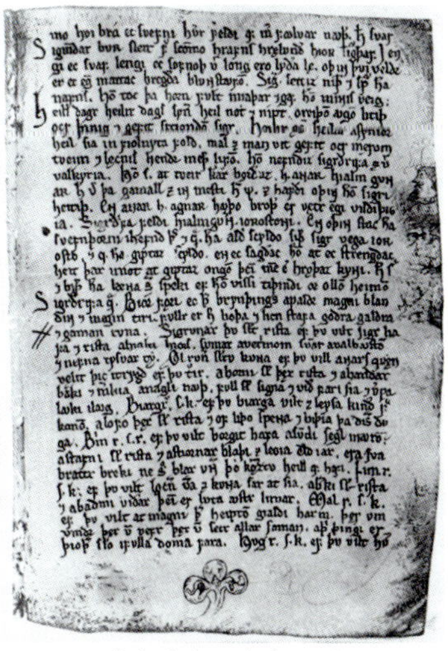

埃达早期版本中一页

篇于冰岛。包括神话故事和英雄传说。神话主要是世界创造和神族产生、诸神祇谱系和日常生活故事、人类起源与社会形成、世界的毁灭与再生等。代表作是《女占卜者的预言》(瓦洛斯帕)、《里格颂歌》(里格斯图拉）和《洛加的吵骂》(洛加森那)。神话诗包括故事诗和教喻诗，代表作是《高人的箴言》(哈瓦玛尔)。英雄传说中以《伏尔松家族之歌》影响最大。埃达诗歌韵律格式严格，只押头韵不押尾韵，大多是四音步抑扬格。

埃达包括“诗体埃达”(“旧埃达”）和“散文埃达”(“新埃达”)。“诗体埃达”由智者塞蒙恩德整理保存。保存的诗歌共38首，其中35首（神话诗14首，英雄史诗21首）都是11世纪前的作品，作者均佚名；另外《太阳颂歌》等3首是基督教传入冰岛后添加进去的。“散文埃达”由冰岛诗人、历史学家斯诺里·斯图鲁松在1220年撰写，用叙事散文为“诗体埃达”的神话和英雄史诗作出诠注，并论述吟唱诗的写作技巧、格律修辞及诗的韵律。

埃德尔施泰因 Edelśhtein, Vitaly Ivanovich (1881-04-17～1965-08-01) 苏联蔬菜园艺学家。生于喀山，卒于莫斯科。1902年于彼得堡林学院毕业后在该校植物教研室任教，后到图拉园艺试验站主持工作。1905年赴德国进修园艺学，回国后在乌曼斯克园艺学校任教。1916年到莫斯科农学院果树和蔬菜栽培教研室任教授。长期主持蔬菜栽培教研室和蔬菜试验站的工作。对蔬菜生物学、蔬菜与环境条件的关系以及蔬菜栽培生理等方面有较深造诣，并在蔬菜栽培技术研究上取得成就。编著有《蔬菜栽培学》(1994) 等。

埃德蒙顿 Edmonton 加拿大艾伯塔省首府。位于该省中部，跨北萨斯喀彻温河两岸；纬度位置北纬53° 33′，是北美洲最北的大城市。市区面积683.9平方千米，人口73.04万(2006)；大都市区面积9 418.6平方千米，人口103.50万 (2006)。始于1795年英国毛皮公司在北萨斯喀彻温河沿岸设立的贸易站，其中北岸称埃德蒙顿堡。1891年加拿大太平洋铁路支线通达，形成新的居民点斯特拉斯科纳。埃德蒙顿开始作为农产品加工中心和集散地发展。1904年设市。翌年埃德蒙顿被立为新设的艾伯塔省首府。1912年斯特拉斯科纳并入。1947年在城南30多千米的勒杜克附近地区，发现丰富的石油、天然气矿并随后开发，促进城市迅速发展。

加拿大中西部重要工业中心，以炼油、石油化工和农牧产品加工工业最为发达，还有农业机械、化肥、金属冶炼和加工、木材加工等。公共行政服务业、商贸、旅游业等也是城市经济的重要组成部分。交

通枢纽，地处横贯大陆东西的铁路、公路干线上，并有支线通往西北地区、育空地区和阿拉斯加，素有“北方门户”之称。城郊国际机场是全国主要航空港之一。输油、输气管道通往东、西部各大城市。市内设有轻轨公交系统，多座跨河大桥联系城市南北交通。主要政府机构和商业区在河北岸。位于河南岸的艾伯塔大学（1906）是加拿大中西部最著名的高等学府，还有北艾伯塔理工学院等。文化设施众多，如艾伯塔省博物馆、美术馆、太空科学中心、公共图书馆、西达多剧院以及大型体育场馆等。每年7月举行克朗代克淘金节和博览会。1985年12月与中国哈尔滨结为友好城市。

埃德蒙顿城市风光

埃地人 Ede 亚洲中南半岛越南社会主义共和国的少数民族之一。自称拉地人、格巴人、阿德汗人。系摩伊人的一支。约20万人（2001）。主要分布在多乐、富庆等省。属蒙古人种南亚类型。使用埃地语，属南岛语系印度尼西亚语族。一般按血缘关系聚居一村。主要从事农业，兼事畜牧和渔猎。传统住宅为干栏式长屋，楼上住人，楼下养畜。保留母系残余，妇女为一家之长，村寨首领从前任的女婿或外甥中选出。近年来，母系残余已有变化。

埃尔顿 Elton, Charles Sutherland (1900-03-29～1991-05-01) 英国动物生态学家。生于曼彻斯特，卒于牛津。1922年毕业于牛津大学动物系。1932年在牛津大学建立动物种群研究所，该所后来成为国际性的动物数量和生态学的研究和情报中心。1953年被选为英国皇家学会会员，1968年被授予美国科学艺术和科学研究院的国外荣誉院士称号。

埃尔顿创造性地研究了动物（特别是小型哺乳动物）自然种群的数量变动规律，成果集中反映在他所著的《田鼠、小鼠和旅鼠：种群动态问题》一书中。他对啮齿类动物种群动态规律和鼠害防治方法的大量研究，直接给第二次世界大战期间的食物保存带来实际效益，其研究成果反映在《大鼠和小鼠的防治》一书中。埃尔顿对生态学的基本理论很重视，所著的《动物生态学》、《动物生态与进化》等书，对20世纪30～50年代的生态学界发生过重大影响。晚期著作有《动植物的入侵生态学》和《动物群落的类型》等。

埃尔贡火山 Elgon, Mount 东非乌干达与肯尼亚交界处的死火山。在维多利亚湖东北面。最高峰瓦加加伊峰海拔4 321米。火山口直径约3 000米，深达600米。覆盖有3 200平方千米的火山熔岩，山顶有冰积层，环绕火山口的丘陵地带常被冰雪覆盖。山坡与山麓森林茂密，有咖啡、香蕉和茶叶种植园。海拔2 450米以上山地为森林保护地。东坡辟有埃尔贡山国家公园，面积170平方千米。

埃尔加 Elgar, Edward (1857-06-02～1934-02-23) 英国作曲家。生于伍斯特附近，卒于伍斯特。自幼随父亲学习小提琴和钢琴。1873年起，在伍斯特合唱团乐队中拉小提琴、弹钢琴和从事指挥。1885年继承父职任教堂管风琴师。1890年，以序曲《弗鲁瓦萨尔》引起人们的注意。但真正给他带来声誉的是管弦乐《谜语变奏曲》和清唱剧《杰龙修斯之梦》。这两部作品被誉为英国音乐开始复兴的标志。此后，埃尔加又写了序曲《在伦敦城中》、清唱剧《基督使徒》和《王国》等一系列作品。1908年以后，埃尔加专注于大型器乐曲的创作。如2首交响曲、《小提琴协奏曲》、交响练习曲《福斯塔夫》、《大提琴协奏曲》等。为英王爱德华七世加冕，埃尔加创作了《加冕颂歌》。他的军队进行曲《威风堂堂进行曲》第一首，多年来一直是新闻片中不列颠王室镜头的必不可少的配乐，也是他作品中最流行的。1920年后，由于妻子去世，很少有重要创作。1904年被封为爵士，1924年获“英王音乐大师”称号，1931年被封为从男爵。

埃尔库拉诺·德·卡尔瓦略·埃·阿劳若 Herculano de Carvalhoe e Araújo, Alexandre (1810-03-28～1877-09-13) 葡萄牙诗人、历史学家、小说家。生于里斯本，卒于圣塔伦。青年时期曾攻读文学。作为自由主义者，1831年被迫流亡到法国和英国。受浪漫主义文学影响较大。1839年任皇家图书馆馆长。此后致力于文学创作。晚年因历史著作引起宗教界和新闻界不满。他是葡萄牙浪漫主义文艺理论的奠基人，主张文学要反映社会和政治的变革，创立民族的民众的文学。主要论文收在《论文集》(1873)中。历史小说有《小丑》(1843)、《西斯特尔派的长老》。成名作是描写教士独身生活的小说《埃乌里科》(1844)。诗集有《信徒的竖琴》，表明他自由主义者和虔诚的宗教徒的立场。历史著作有《葡萄牙史》(4卷，1846～1853）和《葡萄牙宗教裁判所始末》(1854～1859）一书。

埃尔利希 Ehrlich, Paul (1854-03-14～1915-08-20) 德国免疫学家、血液学家，化学疗法的奠基人。生于西里西亚的施特雷伦（今波兰斯切林），卒于巴特洪堡。1878年毕业于莱比锡大学并获医学博士学位。1908年与I.I.梅契尼科夫共获诺贝尔生理学或医学奖。

他发现生物体内不同的组织、细胞被染色的能力不同。发明活体染色法。最早研究细胞和组织的染色，发现染料分酸性、碱性、中性三类。1877～1878年鉴别了肥大细胞与浆细胞，1879年发现嗜酸性粒细胞。1886年用美蓝为活性染色剂染神经节细胞、神经末梢。1891年用美蓝治疗神经痛。1882年用氟化荧光素观察房水的流动，用重氮反应测尿中的胆红素。1885年用对氨基苯磺酸治疗碘中毒。1891～1892年发现含抗毒素的幼鼠食母鼠乳或接受抗血清可获得暂时的免疫力（被动免疫）。创侧链学说。研究动物血清的溶血反应，提出“补体”一词。1910年发现的第606号化合物，即二氨基二氧偶砷苯（商品名砷凡纳明或606）对锥虫病有较好疗效，且能治疗梅毒。他被誉为化学疗法的先驱。先后获得世界各学术团体授予的81个荣誉称号。著有论文600多篇。

埃尔米纳堡 Elmina Castle 加纳古城堡。位于首都阿克拉西南150千米，本亚河与几内亚湾之间的一座小山上。“米纳”，葡萄牙语意为矿藏。建于1482年，称圣乔治·达·埃尔米纳，是葡萄牙人在黄金海岸（加纳殖民地时期的名称）建造的第一个城堡。后成为奴隶贸易场所。

城堡三面临水，仅西面连通陆地，防御工事集中于此。城堡呈长方形，围有城墙。墙外有壕沟。城堡上架有吊桥，桥的尽头是一座八角形塔楼，为殖民地时期的总督官邸。碉堡上设重炮台和枪眼。城堡中央院子有一间大而矮的厅堂，是昔日奴隶贩子挑选奴隶的场所。城堡地下是囚禁奴隶的地牢，有暗道直通海边，奴隶经此被赶

远眺埃尔米纳堡（正中为八角形的总督官邸）

上轮船贩运他乡。城堡于1637年被荷兰人攻占，1872年又落入英国人之手。加纳独立后加以整修。1979年，包括埃尔米纳堡在内的加纳城堡作为文化遗产被列入《世界遗产名录》。

埃尔塞维尔家族 Elsevier family; Elzevir family 荷兰印刷出版世家。创始人L.埃尔塞维尔（Lodewijk, 约1546～1617），生于卢万，卒于莱顿。于1580年在莱顿开办书店，1583年开设印刷所。1625～1652年是此家族印刷出版业的顶峰期，他们用精湛的技术，上乘的纸张，精美的字体，印刷出文字容量大、版本小巧的图书，还不断修订与大量印刷拉丁文古典作品。他们印刷出版的“小共和国”丛书，收录各国的统计数字与地图；而凯撒、泰伦提乌斯、普林尼的著作，被视为活版印刷术的杰作。1712年此家族最后一代去世时，共印刷出版2 000多种图书，对16～17世纪欧洲印刷出版业的发展作出了贡献。后人将此家族印刷出版的图书，称为“埃尔塞维尔版”；将其使用的字体，称为“埃尔塞维尔字体”；将仿效其印刷出版的图书，称为“埃尔塞维尔版式”。

埃尔舍默 Elsheimer, Adam (1578-05-18～1610-12-11) 德国画家。生于法兰克福，卒于意大利罗马。约1598年到慕尼黑，1600年后在罗马。他继承了文艺复兴的传统，在风景画、宗教画和神话故事画里融入人文主义精神。他对画面明暗关系的创造性处理，对17世纪荷兰、意大利和法国的美术发展有一定影响。所作的风景画大多画在铜版上，尺幅不大却十分精致，充满诗意和自然的气息，属于早期的理想主义风景画，如《逃往埃及》(1609)，影响了稍后法国的克洛德·洛兰、N.普桑等人的古典主义风景画。他还擅长版画，注重用丰富的色调和强烈明暗对照的层次描绘自然风光和人物。

《逃往埃及》（慕尼黑美术馆藏）

埃尔斯米尔岛 Ellesmere Island 加拿大北极群岛最北部的岛屿。属努纳武特地区。东隔罗伯逊海峡—史密斯海峡与格陵兰岛相望。岛北端的哥伦比亚角在北纬83° 07′，是加拿大领土的最北点。岛南北长740多千米，东西最宽处480多千米，面积196 236平方千米，为加拿大第三大岛。岛上山峦起伏，东北部合众国岭的巴博峰，海拔2 616米，为全岛和加拿大北极群岛最高峰。北、中、南部均有大片冰盖分布区。海岸曲折破碎，多深入内陆的峡湾，尤其是西海岸。气候严寒，植被贫乏。在无冰区可见到北美驯鹿、麝牛等动物。1616年英国探险家W.巴芬首先发现该岛。居民稀少，以因纽特人为主。北部的阿勒特是世界上最北的居民点，建有无线电台、气象站。1988年在岛北部建立库提尼尔帕克国家公园。

埃菲尔铁塔 Eiffel Tower 位于法国巴黎市区塞纳河左岸的一座纪念性建筑。因铁塔的设计者和工程负责人法国工程师G.埃菲尔而得名。又称巴黎铁塔。法语作Tour Eiffel。1889年为纪念法国大革命100周年在巴黎举办国际博览会，埃菲尔铁塔是博览会的一座纪念性建筑，属近代建筑工程史上的一项重大成就。在1930年纽约市的克莱斯勒大厦建成以前，该塔为世界最高建筑。埃菲尔铁塔的宏伟形象已经成为巴黎的象征。塔高300米，为钢铁构架。整个塔身

自下而上逐渐收缩，形成优美的轮廓线。铁塔共有12 000多个构件，用250万个螺栓和铆钉连接成为整体。共用了7 000吨优质钢铁。在距地面57米、115米和276米处分别设平台。自底部到塔顶的步梯共有1 711级台阶。建塔时安装了以蒸汽为动力的升降机，后改用电梯。1959年顶部增设广播天线，塔增高到320米。

埃菲社 La Agencia EFE, S.A. 西班牙通讯社。1938年10月创办于布尔戈斯，次年迁马德里。由法布拉等通讯社合并而成，是商业性质的通讯社，但由国家提供部分经费，政府任命社长。20世纪70年代后逐渐面向国外，特别是向拉丁美洲发展，成为国际性通讯社。在国外设有80多个分社，用西班牙文、法文和英文向世界1 000多家订户提供消息。其中，半数驻外记者部署在拉丁美洲的28个分社，15条卫星线路中有14条直通拉丁美洲。报道拉丁美洲新闻较及时、全面，受到重视。有驻外记者200多人。负责转发西班牙政府的公报与法令，但不代表政府表态或发表评论。为了鼓励工作卓有成效的记者，设立了“阿斯纳尔新闻奖”和“埃菲新闻奖”。

埃弗里 Avery, Oswald Theodore (1877-10-21～1955-02-20) 美国细菌学家。生于加拿大新斯科舍哈利法克斯，卒于田纳西州纳什维尔。1904年毕业于哥伦比亚大学医学院，后到布鲁克林的霍格兰实验室研究并讲授细菌学和免疫学。1913年转到纽约的洛克菲勒研究所附属医院工作。他和C.麦克劳德、M.麦卡锡于1944年共同发现不同型的肺炎双球菌的转化因子是DNA。第一次证明了遗传物质是DNA而不是蛋白质。虽然这一发现曾引起争论和怀疑，但的确推动了DNA的研究，直至1953年DNA双螺

旋结构的发现。他早年研究过肺炎双球菌的免疫性。提出肺炎双球菌可根据其免疫的专一性来进行分类，而这种免疫专一性是由于不同菌型的荚膜中所含的多糖引起的。由此他建立起对不同型肺炎双球菌的灵敏检验法。

埃富蒂米乌 Eftimiu, Victor（1889-01-24～1972-11-27） 罗马尼亚剧作家、诗人、小说家。生于博博什蒂查。1905年创办刊物《希望》。曾当过剧院经理。埃富蒂米乌创作各种体裁的作品近100部，以戏剧创作最为突出。其中有古代悲剧《普罗米修斯》，中世纪剧《西班牙的故事》、《唐璜》，农民悲喜剧《财宝》；还有《青蛙检察官》、《拿破仑》、《浮士德博士，魔鬼》等。布加勒斯特民族剧院上演的五幕神话剧《与其说是神话，不如说是真实故事》（1911），运用浪漫主义手法、神奇的情节和诗歌语言，描写了真善美和假丑恶的斗争，被视为罗马尼亚梦幻剧的典范。

埃赫那吞改革 Akhenaton, Reforms of 埃及新王国第18王朝国王阿蒙霍特普四世（约前1379～前1362年在位）所进行的一次社会改革。在阿蒙霍特普四世之前的图特摩斯三世和阿蒙霍特普三世统治时期，阿蒙神庙的僧侣集团势力逐渐增长。僧侣贵族不仅拥有雄厚的物质财富，而且常常左右政事。阿蒙霍特普四世即位后，为了打击僧侣集团势力和世袭权贵，加强中央集权的统治，依靠中小奴隶主和新兴的军事贵族，进行全面的社会改革。为了消除阿蒙在人们思想上的影响，下令从一切纪念物上抹掉阿蒙的名字；在其统治的第5年，把自己带有“阿蒙”字根的名字阿蒙霍特普（意为阿蒙满意者）改为埃赫那吞（意为有益于阿吞者）。埃赫那吞统治的第6年，废弃国都底比斯，迁都至尼罗河东岸的阿马纳，取名为埃赫太吞（意为阿吞之境界）。他提拔新人改革政府官吏的成分，并在新都大力兴建阿吞神庙宇，雕塑阿吞神像和他自己与王后的像。

在埃赫那吞改革时期，造型艺术与绘画冲破了传统模式，追求现实主义或自然主义，形象生动，焕然一新。在文学上，创作了许多歌颂阿吞和埃赫那吞的不朽诗篇，如《阿吞颂诗》等。埃赫那吞以新的一神教代替传统的旧宗教，削弱了旧的僧侣集团势力，加强了君主专制的统治。但改革是短命的，埃赫那吞死后不久，一切改革被废除。

埃及 Egypt; Mişc 非洲东北部国家。领土包括苏伊士运河以东、亚洲西南端的西奈半岛。西与利比亚为邻，南与苏丹交界，东临红海并与巴勒斯坦、以色列接壤，北濒地中海。海岸线长2 900多千米。踞亚、非、欧三洲交通要冲。面积100.145万平方千米。人口7 950万（2008）。首都开罗。阿拉伯人约占总人口的98%，另有少数努比亚人、柏柏尔人以及欧亚各国移民等。伊斯兰教为国教。居民绝大多数信奉伊斯兰教，少数信仰基督教和犹太教。官方语言为阿拉伯语，中上层多通用英语，法语次之。

地理 地形以高原为主，大部分海拔200～700米，沙漠广布。尼罗河在国境偏东部分由南向北贯穿全境，流长1 530千米，形成3～16千米的狭长河谷走廊；在开罗以北形成面积约2.5万平方千米的尼罗河三角洲。谷地和三角洲土地肥沃，人口密集，是富饶的农业区。西部为利比亚沙漠的一部分，又称西部沙漠，约占国土面积的2/3，自南向北降低，南部海拔350～500米，其中西南部的大吉勒夫高原海拔700～1 000米；中北部海拔100～250米。尼罗河谷与红海、苏伊士湾之间为东部沙漠（阿拉伯沙漠），约占国土面积的1/5。地势崎岖高峻，多砾漠和裸露岩丘，有的山峰高达2 000米以上。山地东坡陡峭，直逼红海海岸；西坡较缓，向尼罗河谷地倾斜。西奈半岛介于苏伊士湾和亚喀巴湾之间，为一切割高原，许多干谷贯穿半岛直达地中海岸和苏伊士湾。半岛南部地势高峻，不少山峰高逾2 000米，其中凯瑟琳山海拔2 637米，是全国最高峰。

东、西部沙漠，西奈半岛，苏伊士湾和地中海沿岸矿产资源丰富。其中21世纪初已探明储量为：石油37亿桶（2005），天然气18万亿立方米（2005），磷酸盐约70亿吨，铁矿6 000万吨。其他矿产有锰、煤、金、锌、铬、银、钼、铜、滑石等。

全境96%的地区属热带沙漠气候，盛行东北信风，终年干旱炎热；仅北部沿海狭窄地带，冬季受湿润的西风影响，具有亚热带地中海气候特征。从北向南，最冷月（1月）平均气温11～15℃，最热月（7月）25～31℃，南部可达40℃以上。气温的年较差和日较差都很大。全年日照充足，降水稀少，广大内陆区平均年降水量不足50毫米，许多地方甚至多年滴水不降。

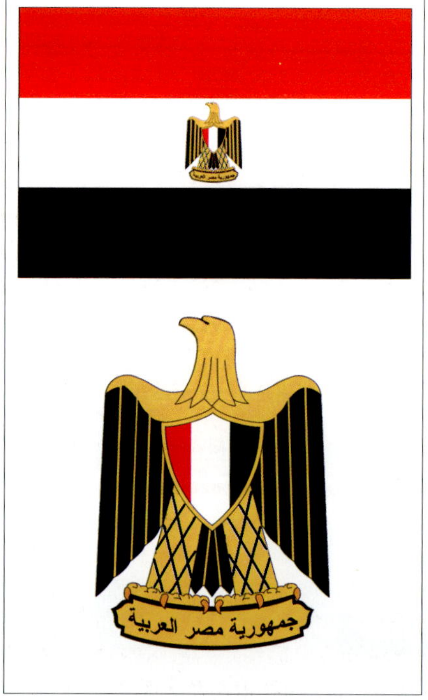

尼罗河是埃及的生命线，几乎是埃及唯一的地表水源。在阿斯旺以下平均年径流量840亿立方米。1970年阿斯旺高坝建成后，形成巨大的人工湖纳赛尔水库，给调节径流、灌溉、发电等带来巨大效益。

地下水储量巨大，西部沙漠中的努比亚砂岩承压水有8个含水层，储量23 400亿立方米，矿化度低，是良好的灌溉水源。

历史 埃及为世界四大文明古国之一。早在公元前3100年，由南方的美尼斯统一了上埃及和下埃及，建立第一个奴隶制王朝，文化渐趋成熟，开始使用象形文字，开创法老专制政治。历代王朝陆续建造了一批称为世界奇迹的金字塔、狮身人面像和大量雕像。前525年，波斯帝国侵占埃及，建立第27王朝。后埃及人发动起义，前404年波斯王朝被推翻，埃及获得独立。前343年波斯人再次侵入，建立第31王朝。前332年希腊马其顿国王亚历山大击败波斯人，接管埃及，被埃及人称为解放者并拥戴为法老，亚历山大去世后，其部将、留驻埃及的总督托勒密·索特尔在前305年称王，建立托勒密王朝。前30年罗马征服埃及，从此统治埃及长达600余年，使埃及成为主要的基督教国家之一。395年，罗马帝国分裂后，埃及成为东罗马帝国的行省之一（见古埃及）。640年阿拉伯人侵入，推行“阿拉伯化”，埃及沦为阿拉伯帝国的一个省。1517年土耳其人入侵，又沦为奥斯曼帝国的行省。1798年法国拿破仑一世入侵，统治了3年。1882年英军占领埃及，成为英国的殖民地，但名义上仍属奥斯曼帝国。第一次世界大战爆发后，英国借口土耳其为交战国，取消奥斯曼帝国对埃及的宗主权，并宣布埃及为其“保护国”。英国于1922年2月28日宣布埃及为独立国家，但保留英军驻守苏伊士运河区，以及对国防、外侨和财产、苏丹最高统治权等问题的处置权。1952年7月23日以纳赛尔为首的自由军官组织推翻法鲁克王朝。1953年6月18日埃及共和国宣告成立。1958年埃及与叙利亚合并为阿拉伯联合共和国，1961年解体。1971年9月1日，埃及改名为阿拉伯埃及共和国。国家实行共和政体后，奉行独立自主、不结盟政策，主张维护国家主权，尊重和不干涉别国内政。先后挫败英、法、以军事干预，收回（1956）并重新开放（1975）苏伊士运河，收复被以色列占领的西奈半岛领土。

1971年9月经公民投票通过宪法。按

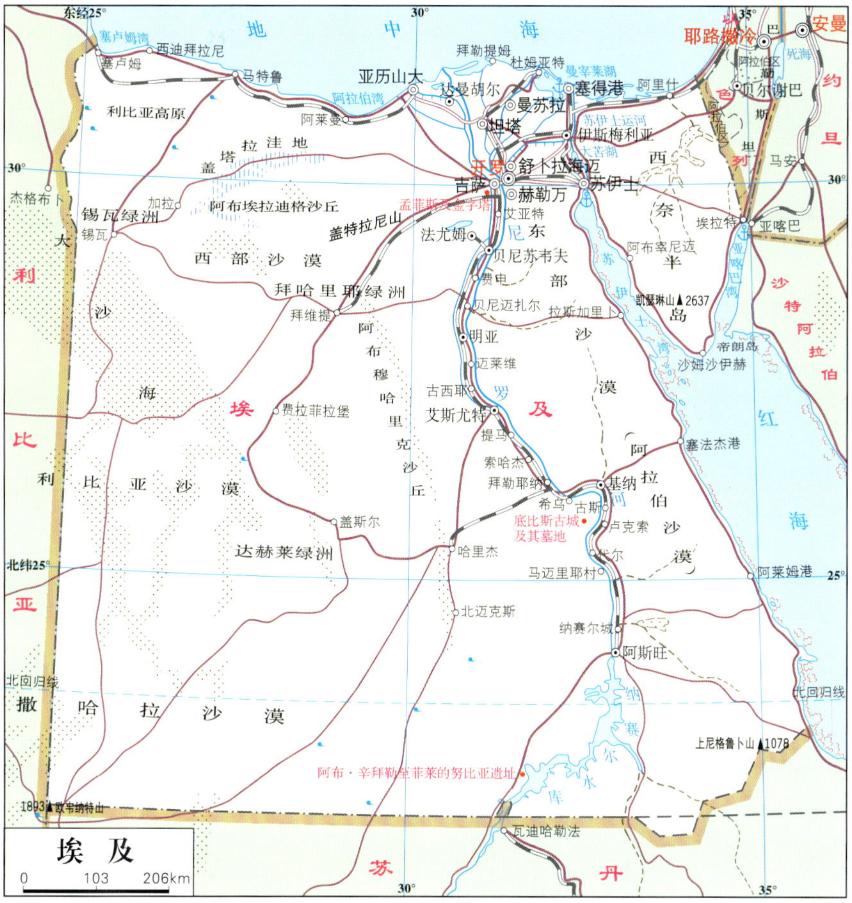

宪法规定，埃及是"以劳动人民力量联盟为基础的民主和社会主义制度的国家"，总统是国家元首、武装部队最高统帅，由公民投票产生，任期6年。1980年5月22日经公民投票修改后的宪法则规定，政治制度"建立在多党制基础上"、"总统可多次连选连任"，并"建立协商会议"。2005年再次修宪，允许有选举权的公民通过公开的无记名直接投票方式在多名候选人中选出总统；用"选举"代替"公决"。议会是最高立法机关。议员由普选产生，任期5年。主要职能是：提名总统候选人，主持制定和修改宪法，决定国家总政策，批准经济和社会发展计划及国家预算、决算，对政府工作进行监督等。司法机构为法院，包括最高法院、上诉法院、中央法院和初级法院及行政法院，还设有最高宪法法院。1976年开始实行多党制。目前主要合法政党有24个。其中民族民主党，1978年7月成立，同年10月阿拉伯社会主义联盟并入。还有新华夫脱党、社会主义工党，以及自由者党（右派党）、阿拉伯民主纳赛尔主义党（左派党）等。

经济 1952年纳赛尔推翻法鲁克王朝后，对原有较大的工商业、银行、保险业、运输业和进出口贸易实行国有化。1974年萨达特总统宣布实行"经济开放"政策，积极争取外援，大力引进外资，在强调国有经济支柱作用的同时，发展私营企业；开发石油，发展旅游业。穆巴拉克执政后，逐步调整经济政策，进行财政、经济和管理改革，保持经济稳定。经历几个时期的经济发展，2008—2009财政年度国内生产总值（GDP）达1 812亿美元，人均GDP 2 323美元，已成为中等收入国家。

埃及是非洲工业较发达的国家之一。20世纪90年代前工业以国营为主体，产值占工业产值的60%～70%。90年代推行经济改革后，私营企业数量占80%。纺织和食品加工为传统工业，占工业总产值的一半以上。石油、电力、建材、钢铁、采矿、汽车制造、化工等亦具有一定实力，其中成衣及皮制品、石油、水泥、化肥、制药、机械、电力等工业发展较快。化肥已可自给；电网覆盖全境，并与周边邻国联网；2005年，开采提炼石油、大然气产值达518亿埃镑。主要石油产区有苏伊士湾（78%）、西部沙漠（13%）、西奈半岛和东部沙漠。

农业在国民经济中占有重要地位，全国就业人口的27%从事农业。可耕地约占全国总面积的3.5%，主要作物有棉花、小麦、水稻、玉米、甘蔗、亚麻、花生、水果和蔬菜等。其中棉花是首要出口产品，超长绒棉一向享誉国际市场。

旅游业是国家四大外汇收入（旅游、侨汇、运河和石油）来源之一。埃及历史悠久，文化灿烂，名胜古迹众多，地中海和红海之滨，风景优美，旅游资源丰富。2008—2009财政年度接待国际旅游者1 280万人次，旅游收入105亿美元。主要旅游点有金字塔、狮身人面像、爱资哈尔清真大寺、古城堡、埃及博物馆、卡特巴城堡、蒙塔扎宫、卢克索神庙、卡纳克神庙、帝王谷、亚历山大灯塔、克娄巴特拉女王宫、阿斯旺高坝等。其中金字塔和狮身人面像是古埃及文明最具代表性的遗迹。

交通运输十分便利。1851年修建第一条铁路。20世纪80年代后，海、陆、空运输能力增长较快。铁路网全长近10 000千米，由28条铁路组成。公路总长4.9万千米，其中铺面公路超过1.8万千米。内河航线总长约3 500千米。主要港口有亚历山大、塞得港、苏伊士、杜姆亚特和新建的东塞得集装箱港等，年吞吐量5 200万吨，其中最大港口亚历山大港年吞吐能力2 200万吨。*苏伊士运河*是沟通亚、非、欧的主要国际航道，可通行24万吨以下航船。2007年全国共有机场30个，其中国际机场11个，开罗机场是联结亚、非、欧的重要国际航空港。

财政来源除税收外，主要靠石油、侨汇、苏伊士运河过境费和旅游。随着工业的发展，石油及其产品已成为主要出口商品之一。其他出口商品为棉花、马铃薯、柑橘、纺织品等。进口商品主要为机械、运输设备、化工产品、牲畜及畜产品、粮食、蔬菜、油料等。

埃及同120多个国家和地区有贸易关系，主要贸易伙伴是美、法、德、意、英、日等国。

文化 已普及小学义务教育。全国有大学28所，著名的有开罗大学、亚历山大大学、艾因·舍姆斯大学、爱资哈尔大学等。

报纸、期刊主要为阿拉伯文，少数为法文和英文。《金字塔报》、《共和国报》、《晚报》、《消息报》为阿拉伯文主要报纸。较有影响的法文报为《埃及前进报》、《埃及日

图1 首都开罗鸟瞰

图2 尼罗河畔的卢克索

报》。期刊均为阿拉伯文，有《金字塔经济学家》(周刊)、《最后一点钟》(周刊)、《图画》(周刊)、《鲁兹·尤素福》(周刊) 等。

中东通讯社为国家通讯社，1956年成立。国家广播电台创建于1928年，用38种语言向国内外广播。埃及电视台建于1960年，有数十个频道。

对外关系 埃及在阿拉伯世界、非洲和国际事务中均发挥着重要作用。开罗现为阿拉伯国家联盟总部所在地。进入21世纪以来，埃及继续奉行积极进取、独立自主、不结盟的外交政策积极介入中东事务，加强同世界大国以及发展中国家的关系；积极参与有关区域性组织和活动，加强与周边国家的政治、经济交流与合作，已与169个国家建立外交关系。

埃及是第一个承认中国并同中国建交的阿拉伯、非洲国家。1956年5月30日建交后，两国友好合作关系不断发展。

埃及博物馆 Egyptian Museum 世界上收藏古埃及文物最多的博物馆。位于开罗解放广场。1858年法国埃及学家A.马里埃特在布拉克创设，1891年迁至吉萨，1902年迁至开罗新馆。藏品约12万件，收藏有埃及全国各地的史前时期至希腊、罗马时期的雕像、绘画、工艺品、棺木、石碑、纸草文书，历代国王的木乃伊10余具，绝大部分藏品是出土文物。原收藏的科普特艺术和早期基督教艺术，均移至科普特博物馆。

该馆主楼分两层，按时代顺序展出。展品6.3万余件，其中有古王国时期的卡夫勒王坐像、盘腿书记坐像、拉胡泰普王子及妻子奈费尔特坐像等雕像，中王国时期的彩色木雕士兵像、送祭品人像等，新王国时期的图特摩斯三世、拉美西斯二世、阿蒙霍特普四世等雕像。最受关注的展品是从第18王朝法老图坦哈蒙陵墓中出土的1 700余件珍贵文物，其中有图坦哈蒙的黄金棺、黄金面具、黄金饰物、床、椅以及各类工艺品。此外，博物馆的木乃伊室有部分古埃及国王和王妃的木乃伊，其中有著名的图特摩斯三世木乃伊和拉美西斯二世木乃伊；纸草文书中有寺庙礼节、设施、祭司职责等史料。博物馆还陈列有大量历代浮雕、绘画、钱币、珍宝、饰品等。

埃及－科普特语族 Egyptian-Coptic group 阿非罗－亚细亚语系的一个语族。

埃及七月革命 Egypt, July Revolution of 1952 年7月23日由埃及自由军官组织执行委员会领导的民族民主革命。

第二次世界大战后，代表中小资产阶级利益的埃及自由军官组织成为埃及革命的领导力量。其宗旨是：反对英国的占领；反对法鲁克封建王朝的腐败统治；要求埃及人管理自己的国家。1948年5月，第一次中东战争爆发，自由军官组织在前线进行秘密活动，影响日益扩大。

1950年初，成立自由军官组织执行委员会，纳赛尔当选为主席。1952年7月22日夜，自由军官组织执行委员会发动革命。到7月23日清晨，部队已控制局势。26日宣布废黜国王法鲁克，由其子继位，同时成立革命指导委员会，由穆罕默德·纳吉布任主席，纳赛尔任副主席。新政权宣布没收封建王室土地，取消社会等级和贵族称号，废除1923年宪法，颁布《土地改革法》。1953年宣布永远废除君主政体，成立埃及共和国。

纳赛尔（前左1）和革命指导委员会成员

埃及圣书字 Egyptian hieroglyphics 埃及5 000多年前第一王朝创始的文字。有3种字体：碑铭体、僧侣体和大众体。

碑铭体起初是雅俗通用的，后来成为雕刻在金字塔和神庙石壁上，以及绘写在石器和陶器等器物上的庄严字体。古埃及人称文字为“神文”。希腊人把埃及文字的碑铭体称为“圣书字”，同时也是3种字体的总称。碑铭体的符号外形像图画，实际大都早已失去象形功能。碑铭体是装饰性的正体。僧侣体是实用性的草体，主要用于宗教写经，因此称为“僧侣体”。僧侣体好像“狂草”，外形与碑铭体很不相同，但内部结构完全一致。大众体又称书信体或土俗体，它是僧侣体的简化。

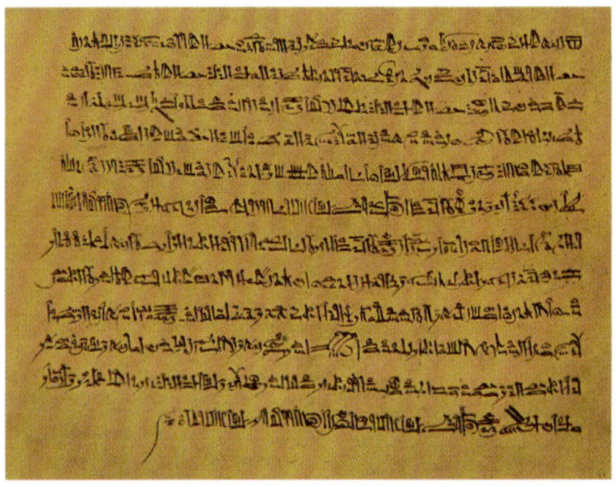

埃及圣书字（僧侣体）

埃及圣书字由意符、音符和定符组成，是一种语词－音节文字。碑铭体中的意符有许多是明显的象形字。写成僧侣体以后，完全失去了象形作用。音符大都从早期的意符转化而成。埃及圣书字的音符，只表辅音，附带不写出的元音。定符是规定意义类别的记号，本身不读音，与其他符号结合成词，有区别同音词的作用。埃及圣书字从425年后开始衰亡。

埃及60年代文学 Egyptian literature in 1960s 20世纪60年代埃及作家群在特殊条件下的创作。1967年第三次中东战争中埃及和参战的阿拉伯国家惨败。阿拉伯民族受到强烈震动，也引发了人们对历史的沉重反思。埃及文坛的一群青年作家认为，导致民族灾难的根本原因在社会内部。他们的作品多暴露长期存在的政治主张与社会实践的矛盾，以及由此产生的普遍不公、各阶层难以避免的暴力和迫害事件，深入探索社会底蕴，揭示农村和城市的各种社会矛盾，青年知识分子阶层的苦闷、彷徨。60年代作家群来自埃及城乡各地。他们在内容和形式上超越了传统现实主义文学的窠臼，大量运用意识流、内心独白、时空跳跃、故事片情节等手法。代表作家有贾·格塔尼、尤·格依德、马·图比亚、阿·哈·卡塞姆、叶·塔·阿卜杜拉等。60年代文学对埃及和阿拉伯当代文学产生过重大影响。

埃可病毒感染 ECHO virus infection 埃可病毒引起的感染。埃可病毒即人类肠道致细胞病变孤儿病毒（enteric cytopathic human orphan virus）。主要表现为发热、头痛、乏力、皮疹，并可引起胃肠道、呼吸道和中枢神经系统等感染。多在夏秋季流行。在世界分布极为广泛。患者及带病毒者均为传染源，主要经消化道传播，亦可经呼吸道及母婴传播，儿童发病率远较成人高。潜伏期为2～6日。主要引起以下疾病：①中枢神经系统疾病。主要有脑膜炎、脑炎、松弛性瘫痪等。②流行性胸肌痛。③发热出疹性疾病。有发热和皮疹。多呈斑丘疹，分布在面、胸、臀及四肢。④呼吸道疾病。表现有发热、咽痛、鼻炎、气管炎和肺炎。⑤急性胃肠炎。⑥其他疾病。有心肌炎、出血性结膜炎、疱疹性咽峡炎、手足口病、肝炎等。根据典型临床表现、病毒学和血清学检查可以确诊。无特效治疗，主要是对症和支持治疗。预防主要为切断传播途径，注意饮食和个人卫生。尚无疫苗可供预防。

埃克尔斯 Eccles, John Carew (1903-01-27～1997-05-02) 澳大利亚神经生理学家。生于墨尔本，卒于瑞士洛迦诺。1925年在墨尔本大学毕业。1944～1951年在新西兰奥塔戈大学任教授。1951～1966年在澳大利亚国立大学任教授。1968～1975年在纽约州立大学任教授。他是澳大利亚科学院的创建者和领导人之一、美国艺术与科学学院的外籍院士。

自20世纪30年代起，他即对突触传递的本质——信号如何从一个神经元传到另一个神经元的机理进行了研究，是神经元间化学传递观点的倡导者。他还研究了神经系统的其他领域，发现了大脑如何与小脑在功能上建立联系。他的这些研究成果都总结在《作为神经机器的小脑》一书中。主要著作有：《神经细胞生理学》、《突触生理学》、《中枢神经系统的抑制途径》、《人体的奥秘》等。由于他对神经元连接上兴奋与抑制本质的研究贡献，与英国生理学家A.L.霍奇金和A.F.赫胥黎共同获得1963年诺贝尔生理学或医学奖。

埃克曼 Ekman, Vagn Walfrid (1874-05-03～1954-03-09) 瑞典物理海洋学家。生于斯德哥尔摩，卒于戈斯塔德。物理海洋学家F.L.埃克曼的小儿子。早年就读于乌普萨拉大学。1902年获学士学位后，进奥斯陆国际海洋研究室，在挪威气象学家V.皮耶克尼斯和挪威探险家F.南森的指导下工作，直至1909年。1910～1939年任瑞典隆德大学教授。他以研究海流动力学著称，是发展物理海洋学的先驱。最重要的贡献是建立了海洋中的风漂流和梯度流理论，阐明了流速（风速）矢量随深度（高度）偏转现象（即埃克曼螺线）的成因。还研究过“死水”现象，指出“死水”是融化中的冰形成的一薄层准淡水在海上的扩张现象，在北冰洋的峡湾中常见。研究海水压缩率、坡度流、密度流、深层流、混浊流等方面的理论。设计制造了能同时测量流速和流向的埃克曼海流计和埃克曼颠倒采水器。以他名字命名的术语还有埃克曼层、埃克曼输送、埃克曼漂流等。

埃克曼漂流 Ekman drift current 理想化的无边界、无限深和密度均匀的海洋，因海面受稳定的风长时间吹刮，出现铅直湍流而产生的水平湍流摩擦力，与地转偏向力平衡时出现的海流。

1893～1896年，挪威海洋调查船“前进”号横越北冰洋时，F.南森观察到冰山不是顺风漂移，而是沿着风向右方20°～40°的方向移动。1905年，V.W.埃克曼研究了这种现象，得出埃克曼漂流理论。

海面风力对海水的搅拌混合，使风的动量通过海面传给表面的海水后，因海水的黏滞性，依次传给下层的海水，使后者也流动起来。由于地转偏向力的作用，在北（南）半球，埃克曼漂流的表面流速，偏于风向右（左）方45°。表层以下的海水随着深度的增加，流向不断右（左）偏，流速也不断减小，直至某深度处流向和表面流向完全相反时，流速约为表面流速的4%，此深度称为摩擦影响深度，又称埃克曼层深度。从海面至此深度处的水层称为埃克曼层。埃克曼漂流的流速矢端在空间所构成的曲线称为埃克曼螺旋，其在水平面上的投影便称为埃克曼螺线。

埃克森-美孚公司 Exxon Mobil Corporation 美国石油行业的垄断组织，世界最大的石油公司。由埃克森公司和美孚公司于1998年合并而成。总部设在得克萨斯州爱文市。其石油产量仅次于沙特阿拉伯、伊朗，名列世界第三。埃克森公司前身是新泽西美孚石油公司，1882年8月5日在美国新泽西州成立，1972年改用现名。美孚公司成立于1870年，是J.D.洛克菲勒（老）合股开办的，时称俄亥俄标准（美孚）石油公司。1882年改组为美国第一个托拉斯组织——美孚石油托拉斯。同年成立了一批新的子公司，新泽西美孚石油公司便是其中之一。埃克森、美孚合并后，成为一家在石油、气体燃料及石油化工领域里具有世界领导地位的跨国垄断组织。业务范围涉及各类与能源有关的作业——石油勘探及生产，以至供应、运输、制造及市场推广。

埃克森-美孚公司生产的原油有4/5来自国外。公司则通过技术援助合作、作业合同、销售合同等形式，参与产油国企业的管理和进行控制，仍保持着相当高的垄断程度。

墨西哥湾的埃克森-美孚公司海上石油钻井平台

公司除经营石油业务外，在石油化工方面的经营也有较长历史。在全世界的石油化工经营活动，统由其分公司埃克森化学公司进行。此外，公司还通过专业子公司进行煤、铀、铂以及铜、锌等矿物资源的勘探和开采，并从事信息设备生产和旅游业。

埃克脱 Eckert, John Presper (1919-04-09～1995-06-03) 美国工程师。生于宾夕法尼亚州费城，卒于宾夕法尼亚州。1941年毕业于宾夕法尼亚大学莫尔电器工程学院，获电气工程学士学位，1943年获硕士学位，1964年获该大学荣誉工程理学博士。埃克脱与J.W.莫奇利一起领导了埃尼阿克（ENIAC）计算机的研制工作，任总工程师。1946年研制成功世界第一台通用电子计算机。此后，仍与莫奇利合作，相继研制成拜那克（BINAC）计算机和尤尼瓦克－Ⅰ（UNIVAC）商用计算机。埃克脱是美国电气和电子工程师学会（IEEE）会员。1948～1966年在美国共获得85项专利，1966年获国家科学勋章。

埃拉托色尼 Eratosthenes of Cyrene（约前276～约前194） 古希腊地理学家、天文学家和作家。曾译埃拉托斯特尼。生于昔兰尼，卒于亚历山大。在本地求学，后到雅典接受教育。任亚历山大城图书馆馆长等职。奠立数理地理的初步基础，为测量地球周长的第一人。首次测量黄赤道交角为23° 51′ 19.5″，并编制一部星表。著有《地理学》(3卷)，把世界分成3个主要地区，欧洲、亚洲和利比亚（即非洲）；5个气候带，一个热带、两个温带和两个寒带。划定南北纬24°之间为热带，寒带从两极向赤道方向延伸纬度24°，温带介于热带与寒带之间。还第一个根据经纬网绘制世界地图。创用“地理学”（geographica）一词，在西方被称为“地理学之父”。

埃兰 Elam 伊朗高原西南部的古代国家。居民称埃兰人，主要居住在今伊朗西南的胡齐斯坦地区，中心在苏萨。

古埃兰时期（约前2600～约前1500），埃兰出现了城邦国家的统治形式。埃兰人也与两河流域居民建立了商业贸易关系。阿卡德国家曾经一度占领苏萨。公元前23世纪，统一的埃兰王国建立。中埃兰时期（约前1500～约前1000)是埃兰统治的鼎盛时期，又称“古典时期”，埃兰王曾经率军进攻巴比伦尼亚地区，掠走马尔杜克神像和汉穆拉比法典碑，一度统治巴比伦尼亚地区，并曾经到达亚述统治的中心地区。从前12世纪初开始，埃兰人统治衰落。

埃兰文字最早出现在前3400年左右，与两河流域文字起源几乎同时。但埃兰文字不久就被楔形文字取代。埃兰文化受两河流域影响较大，在伊朗高原和西亚各地的联系中起桥梁作用。

埃里蒂斯 Elytis, Odysseus (1911-11-02～1996-03-18) 希腊诗人。原名阿历波德利斯。生于伊拉克利翁，卒于雅典。幼年在雅典学法律，后在巴黎攻读文学，青年时代开始写诗。早期的两本诗集《方向》(1939)和《初升的太阳》(1943) 都带有浓厚的超现实主义色彩。埃里蒂斯曾参加在阿尔巴尼亚的反法西斯战争。1943年他写成长诗《献给在阿尔巴尼亚牺牲的陆军少尉的英

雄挽歌》，1945年出版后反映强烈。此后十几年间只写过一些美学论文。1960年发表诗集《对天七叹》，诗中表现出诗人对社会和人生更深的思考。同一时期还发表了著名长篇组诗《理所当然》，在这部组诗中，韵文与散文交替使用，内容丰富，结构严谨。诗人把自己的感情和经历同希腊民族的苦难历史合而为一。埃里蒂斯继承了希腊历史文化遗产，同时从现实生活中吸取养料，采用西方现代艺术的某些手法，形成他的独特风格。1979年获诺贝尔文学奖。

埃里温 Yerevan 亚美尼亚首都和经济、文化中心。曾译耶烈万。位于亚拉腊平原，拉兹丹河左岸。南距土耳其边境仅23千米。海拔850～1 300米。面积约90平方千米。人口111.13万(2008)。南高加索古城之一。6世纪初首见于亚美尼亚史籍。1440年为东亚美尼亚的行政、商业和手工业中心。1828年合并于俄国。1921年成为亚美尼亚苏维埃社会主义共和国首都，1991年成为新成立的亚美尼亚共和国首都。工业发达，机械工业占有重要地位，生产汽车、电缆、机床、电器等；其他有化学（合成橡胶、聚乙烯、轮胎、医药）、食品加工（葡萄酒酿造、罐头、制烟）、轻工（纺织、制鞋）、炼铝、建材等工业。市内建有地铁、热电厂、水电站。有铁路通第比利斯、巴库和塞凡等地，并有数条公路汇集于此。设有科学院、研究所、埃里温大学等，以及历史博物馆、文学和艺术博物馆、植物园。城市建筑多用花岗岩、大理石修建。斯潘迪亚罗夫歌剧院、加多基克大教堂、佐拉瓦尔大教堂、乌拉杜埃雷布尼古堡、国家画廊等是著名的建筑和游览地。附近的埃奇米亚金是亚美尼亚的古都。

埃利希 Ehrlich, Eugen (1862-09-14～1922-05-02) 奥地利法学家，社会学法学派在欧洲的创始人。生于切尔诺维茨，卒于维也纳。曾在维也纳大学学法律。1899年起在切尔诺夫策大学任罗马法教授。主要著作有《法的自由发现和自由法学》(1903)、《法律社会学的基本原理》(1913)、《法学逻辑》(1918) 等。宣称他的学说的中心思想是法的发展的重心不在立法、法学或判决，而在社会本身。他认为法比国家出现得更早，国家制定和执行的法（国家法）仅是法的很小的一部分。即使在现代，国家法所起的作用也是有限的，而大量存在的是“活的法”。活的法不同于国家法，而是社会组织的内在秩序。尽管这种法在法律制度中没有地位，但它却支配着社会生活本身。为了研究“活的法”，他认为要注意各种法律文件，并观察社会生活、商业习惯和组织等，不论它们是否为国家的法律所承认。早在20世纪初，他就提倡“法的自由发现”、“自由的判决方法”，即主张法官在法律规定含糊不明等情况下，应就案件事实根据正义感加以判决，并与德国的H.坎托罗维奇等人一起，在欧洲创立自由法学派。

埃林－彼林 Elin Pelin (1877-07-18～1949-12-03) 保加利亚作家。原名迪米特尔·伊万诺夫。早年曾做过乡村教师、杂志编辑、军队记者和博物馆馆长。1945年保加利亚解放后主要从事儿童文学创作和主编儿童刊物。他的创作以中短篇小说见长，最有影响的是第一次世界大战前写的《短篇小说集》(第一集1904，第二集1911) 和中篇小说《格拉克一家》。这些作品以19世纪90年代以后的农村生活为题材，揭露农民的苦难，歌颂农民的友爱和机智反抗。《格

以圣山亚拉腊山为背景的埃里温城鸟瞰

拉克一家》描写格拉克一家由尊长爱幼、勤劳和睦而分崩离析的过程，反映了农村封建宗法制的解体，揭露了资本主义原始积累手段的野蛮和新生资产者的道德沦丧。埃林-彼林的儿童文学作品重要的有幽默作品集《皮若与潘多》(1917) 和长篇小说《扬·毕毕扬在月球上》(1934)。

埃林顿 Ellington, Edward Kennedy (1899-04-29～1974-05-24) 美国爵士乐作曲家、钢琴家、爵士乐队指挥。生于华盛顿，卒于纽约。绰号“公爵”是指他的爵士乐风格和个性犹如贵族。从20世纪20年代到50年代，埃林顿创作了各种不同风格的爵士乐作品及古典音乐的爵士改编曲。他的主要作品有《黑色与棕色幻想曲》、《蓝色的情绪》、《克里奥尔的爱之呼声》、《克里奥尔狂想曲》、《虱子协奏曲》等。他的作品在爵士乐发展史上具有很大的影响。

埃鲁 Héroult, Paul-Louis-Toussaint (1863-04-10～1914-05-09) 法国冶金学家。生于蒂里阿库尔，卒于昂蒂布附近。1882年就读于巴黎矿业学院。他采用H.S.C.德维尔的电解熔融氯化铝钠复盐制铝法的原理，先利用纯冰晶石熔体进行实验，几经失败，后认识到熔体中必须加氧化铝；1886年实验成功，并取得电解制铝法的专利。德维尔法所用电能取之于蓄电池，费用昂贵；而埃鲁则利用发电机，成本大为降低，从而为铝的工业生产铺平道路。与此同时，美国的C.M.霍尔也独立发明同一方法，因此该法又称为霍尔-埃鲁法。此外，埃鲁还发明了铁合金电炉和电弧炼钢炉。

埃伦斯 Hellens, Franz (1881-09-08～1972-01-20) 比利时法语小说家、诗人。生于布鲁塞尔，卒于布鲁塞尔。长期任国会图书馆管理员。曾创刊《绿盘》等文学杂志。发表了100多部作品。长篇小说《在死城中》(1905)、《潜伏的光明》(1912)，以及三部自传体小说《幼稚的人》、《怀春的少女们》、《弗雷德里克》(1926～1935) 等，采用现实主义创作手法。

埃伦斯（右）与高尔基

梦幻小说《龙尾裸体女神》(1920) 是超现实主义作品。文艺论文集《荒诞的现实》(1931)、《新荒诞的现实》(1941) 和论文《现实的幻想物》(1967)，倡导将现实和幻想交织在一起的“魔幻现实主义”创作手法。采用此手法创作了《分享的女人》(1929)、《海洋的微风》(1933) 等小说。诗歌方面，著有《昨天和明天的诗》(1932) 等。

埃罗斯 Eros 希腊神话中的小爱神。又译厄洛斯。原是最古的神，被看成世界的创造者，为卡奥斯所生（一说是克罗诺斯之子），后来成了阿佛罗狄忒和阿瑞斯（或宙斯等）的儿子。他出生后，宙斯想把他杀死，被阿佛罗狄忒救出，送交母狮哺养。传说他是阿佛罗狄忒的随从使者，他将爱情之箭射向神和人的心灵，有时给他们送去的是欢乐，有时给他们送去的却是痛苦，甚至是死亡，他们都无法抵御。希腊化时期传说存在很多埃罗斯。罗马神话中的阿摩尔或丘比特与他混同。他在艺术作品中被描绘成漂亮的青年或少年，持弓背箭，长着两只金翅膀。各个时代的绘画中，他和普叙赫的爱情故事是最常见的题材。

埃洛拉石窟 Ellora Caves 印度佛教、印度教和耆那教石窟群。位于马哈拉施特拉邦奥兰加巴德市西北26千米处。现存编号洞窟34座。佛教石窟开凿于7～9世纪，形制基本沿袭阿旃陀石窟。除第10窟为塔庙外，余皆为佛殿与僧房混合而成的精舍窟。这些石窟在建筑和雕刻上虽不及印度教石窟繁缛奢华，但许多雕刻已呈现大乘佛教末期的特征，除一佛二胁侍的三尊像之外，开始出现众多菩萨、多罗女神和曼荼罗等早期密教图像，意味着佛教的衰落、解体与蜕变。印度教石窟开凿于7～10世纪，气势宏伟、雕饰豪华，吸收了佛教寺院和南北方印度教神庙的特征。人物雕刻以动态强烈、变化丰富为特征。第16窟俗称凯拉萨神庙，既是埃洛拉石窟群最重要的一座，也是印度教石雕建筑的扛鼎之作，堪称世界建筑艺术的奇迹。石窟是在一整块从山崖中分出的巨石上雕凿出各种建筑。主殿及其后部连接的方锥形建筑是全窟建筑和雕刻的精华，总长50米、高29.5米、宽32米。表面雕刻各种印度教神像及装饰性图案，在造型、情态等方面颇具印度本土风貌，充分显示印度教艺术的华丽风格，对当时其他地区的印度教造像有重要影响。耆那教石窟开凿于9～11世纪，形制多仿印度教石窟，但规模不如后者宏伟。窟内雕刻亦缺少印度教石窟的活力，而流于繁琐、细密和纤巧。第32窟俗称因陀罗瑟帕，是埃洛拉保存最好的耆那教石窟。埃洛拉石窟以雕刻和三教合一而著名，与相距不远的阿旃陀石窟并称印度艺术的两大宝库。1983年，埃洛拉石窟作为文化遗产被列入《世界遗产名录》。

埃洛拉石窟一角

埃梅 Aymé, Marcel (1902-03-29～1967-10-29) 法国小说家、剧作家。生于汝拉山区，卒于巴黎。曾当过小工、小贩和银行雇员等。1925年开始写作，1928年发表小说《陈厂台》。1935年出版的长篇小说《绿色牝马》最为著名，小说以拉伯雷式的粗俗笔调描写了农村的习俗和农民的肉欲，是第二次世界大战前最畅销的小说之一。此外还有《无名街》(1931)、《移动摄影》(1941)、《天王星》(1948) 和《陌生人的抽屉》(1961) 等。短篇小说集主要有《穿墙人》(1943) 和《巴黎的酒》(1947)。专为儿童写的短篇小说集《捉猫故事集》(1934) 流传很广，被列为法国中、小学教材。还创作了喜剧《克莱昂巴尔》(1950) 等。一生共创作了17部长篇小说，9部短篇小说集，10部戏剧和3部童话集。作品文笔幽默，讽刺犀利，语言流畅生动，具有奇特的想象力。

埃奈斯库 Enescu, George (1881-08-19～1955-05-04) 罗马尼亚作曲家、小提琴家。生于利韦尼·维纳夫，卒于巴黎。少年时在维也纳音乐学院学小提琴和作曲。1893年赴巴黎深造，之后长期从事演奏和教学活动。1944年后，被任命为科学院院士。他流传最广的作品是两首管弦乐《罗马尼亚狂想曲》，以民歌曲调为素材，一首描绘农村节日的热烈情景，另一首具有深沉、抒情的史诗气质。其他作品有5部交响曲、管弦乐《罗马尼亚诗曲》、3首小提琴奏鸣曲、《弦乐八重奏》、2部钢琴五重奏、歌剧《俄狄浦斯》等。

《埃涅阿斯纪》 *Aeneis* 古罗马诗人维吉尔的长篇英雄史诗。作于公元前29年至前19年间。全诗12卷，叙述特洛亚英雄埃涅阿斯在特洛亚被希腊军队攻陷后，带领一些幸免于难的特洛亚人漂泊到意大利，建立新的邦国的故事。史诗借用神话传说歌颂罗马人的光辉渊源和罗马建国的艰辛。肯定奥古斯都统治的历史必然性。其情节结构模仿荷马史诗，前半部分叙述漂泊，后半部分叙述战争。这是欧洲文学史上第一部文人史诗，全诗情节动人，语言凝练，故事性强，历来受到人们的肯定。

埃皮达鲁斯戏剧节 Epidaurus Festival 以同名古剧场命名的戏剧节。埃皮达鲁斯位于希腊伯罗奔尼撒半岛东北部沿海，曾是古希腊一个重要的商业与文化中心。埃皮达鲁斯古剧场建于公元前330年左右，约能容纳14 000人，是世界上保存最为完好的古代剧场。1938年，剧场首次上演了索福克勒斯的悲剧《埃勒克特拉》。1954年起希腊政府开始在此举办一年一度的戏剧节，专门上演前5世纪黄金时代的戏剧作品。最初规模有限，仅有希腊国家剧院才有资格在古剧场内演出，后向其他团体开放。如今也经常邀请世界各国其他表演团体参加。因此，每到夏天，埃皮达鲁斯便成为全球戏剧爱好者的圣地。

埃切加赖-埃伊萨吉雷 Echegaray y Eizaguirre, José de (1832-04-19～1916-09-04) 西班牙戏剧家。生于马德里，卒于马德里。历任公用局局长、内阁财政大臣，还担任过公共教育、税务等方面的高级官员。第一部戏剧《单据簿》，突破了西班牙戏剧萧条期。他创作了100多部风格不同的剧本，其中半数是诗剧，大致分为新浪漫主义戏剧、哲理剧、象征主义戏剧和讽刺剧等类。新浪漫主义剧作主要有描写爱情纠纷的《报复者的妻子》(1874)，描写爱情悲剧的《在剑柄里》(1875)及一些抨击宗教狂热的剧本。哲理剧反映社会道德中的种种矛盾，主要有描写一个家庭因流言飞语而招致不幸的《伟大的牵线人》(1881)等。象征主义戏剧如《不是精神失常，就是品德圣洁》(1877)和《堂胡安之子》(1892)等，着重刻画人物的内心冲突。还有一些取材于当代生活的讽刺剧，描写爱情冲突，探讨社会问题，如《初出茅庐的批评家》(1891)、《向上爬》(1905)等。剧本具有夸张、伤感和脱离现实的倾向，但能够以华丽的台词、奇特的情节和紧张的气氛抓住观众的情绪。1904年与F.米斯特拉尔共获诺贝尔文学奖。

埃萨·德·克罗兹 Eça de Queiróz, José Maria (1845-11-25～1900-08-16) 葡萄牙小说家、文学评论家。生于波武阿-迪瓦尔津，卒于巴黎。大学时参加“科英布拉派”(又称“七十年代派”)。1866～1867年间，在《葡萄牙新闻报》上发表了许多题材不同的短篇小说，后来辑为小说集《粗野的散文》(1903)，其中多是神怪、奇闻、幻想故事。他抨击当代葡萄牙文学“没有独创性，随波逐流，弄虚作假”，主张文艺应当描写现实，探讨现实问题。1871年与人合作出版社会评论杂志《投枪》。1872年进入外交界工作，并出版《英国书简》(1903)和《伦敦纪事》(1945)两本集子。

埃萨·德·克罗兹被誉为葡萄牙新小说的创始人。作品构思巧妙，环境描写能够很好地衬托出人物的典型性格。对话警词妙语俯拾皆是。人物形象既丰满又具有想象力，从而为葡萄牙民族画廊留下了许多不可磨灭的生动形象。其现实主义小说在国际文坛享有较高声誉。

埃塞俄比亚 Ethiopia 非洲东部内陆国家。北邻厄立特里亚，东与索马里、吉布提接壤，西与苏丹交界，南连肯尼亚。面积110.36万平方千米，人口7 392万(2007)。首都亚的斯亚贝巴。全国共有80多个民族，其中70多个具有自己的语言。奥罗莫人占全国总人口的40%，分布于高原中、西部低地。安哈拉人（又译阿姆哈拉人）约占20%，主要分布在中、西北部高地。蒂格雷人（又译提格雷人）约占8%，多分布在北部和东北部高地。索马里人散布于欧加登地区。此外，还有为数较少的阿法尔人、哈勒人、锡达莫人等。阿姆哈拉语为联邦工作语言，通用英语。居民45%信奉东正教（科普特教派），25%信奉伊斯兰教，少数人信奉新教、天主教、犹太教和原始宗教。

地理 地质上系非洲古陆一部分，由前寒武纪基底杂岩组成。地形以玄武岩高原——埃塞俄比亚高原为主体，海拔大多2 500米以上，有“非洲屋脊”之称。高原被东非大裂谷东北—西南向切穿，分割为东、西两块。西部高地为高原的主体，地势最高，许多山峰海拔3 500米以上，其中达尚峰海拔4 620米，为全国最高峰。东部主要属低高原，仅西侧裂谷边缘地势较高，有几座3 000米以上山峰，往东很快降至1 500米以下，到欧加登地区，海拔仅500米。

河流均发源于高原中部，水系依地形呈放射状。最大河流属青尼罗河水系，是尼罗河主要水源之一。青尼罗河上游河段阿巴伊河，发源于塔纳湖，境内长800千米，支流多，水量大。塔纳湖为全国最大淡水湖。内陆河中以向北注入阿贝湖的阿瓦什河最重要。高原河流坡陡降，多瀑布、急流，水力资源丰富。其中青尼罗河占可供开发水力资源的80%以上。大部地区为热带高原气候，年中分为旱、雨两季。7～8月降雨占全年雨量的1/3～1/2。气候类型呈垂直地带性分布：海拔500米以下为热带沙漠气候带；海拔500～1 800米为热带草原气候带；海拔1 800～2 400米为亚热带高地气候带；海拔2 400～3 500米为温带山地气候带；海拔3 500米以上为高寒气候带；海拔4 000米以上地带终年冰雪覆盖。

已探明的矿产资源有金、铂、钽、铌、铁、煤、铜、镍、钾、硅碱、大理石、石油、天然气等。初步发现铀矿。

历史 具有3 000年文明史的古国。约

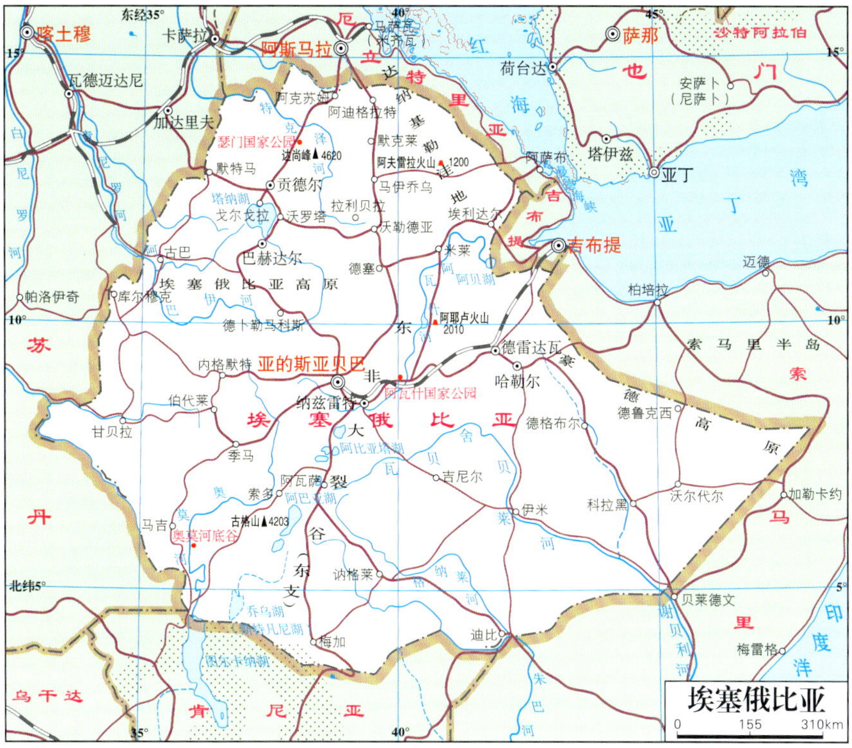

公元前2000年，高原上已有以农耕为生的黑人定居。前200年，北方出现阿克苏姆王国，在公元2～6世纪鼎盛时期，曾成为东非地区政治、经济、文化、宗教中心。1270年，建立阿比西尼亚王国，创造了自己的文化；19世纪初，分裂成许多小公国。1889年孟尼利克二世统一全国，定都亚的斯亚贝巴，奠定现代埃塞俄比亚疆域。1894年意大利入侵，宣布阿比西尼亚为"保护地"。1896年孟尼利克二世率兵在阿杜瓦大败意军，意被迫承认埃塞俄比亚独立。1930年海尔·塞拉西加冕称一世皇帝。1935年意军再度入侵，次年占领亚的斯亚贝巴。1941年阿比西尼亚武装力量联合盟军击败意军，塞拉西一世复位，改国名为埃塞俄比亚帝国。1952年，厄立特里亚作为一个自治体与埃塞俄比亚结成联邦。1962年，塞拉西取消联邦制，将厄立特里亚合并为一个省。1974年发生军事政变，废黜帝制。1991年5～7月，埃塞俄比亚人民革命民主阵线（简称"埃革阵"）推翻前政权后成立过渡政府。1993年5月，厄立特里亚脱离埃塞俄比亚宣告独立。1995年8月埃塞俄比亚联邦民主共和国成立。

现行宪法于1994年12月通过。依据宪法，实行三权分立和议会内阁制，政教分离；各民族平等自治，享有自决和分离权。议会实行人民代表院和联邦院两院制。人民代表院系联邦立法和最高权力机构。联邦院拥有宪法解释权以及裁决民族自决或分离、各州间纠纷等权力。总统为国家元首，每届任期6年，总理和内阁拥有最高执行权。有77个注册政党，其中全国性的18个。埃塞俄比亚人民革命民主阵线为全国第一大党。非洲武装力量人数较多的国家之一，2006年国防军总兵力18.25万。

图1　埃塞俄比亚的基督教徒在圣乔治教堂举办庆典活动

经济　国内生产总值296亿美元（2009）。农牧业是国民经济和出口创汇的支柱。农业劳动力占就业人口的85%。农畜产品出口占出口总值的90%以上。3/4的耕地种植粮食，主要有玉米、苔麸、大麦、小麦、高粱和豆类。经济作物最重要的是咖啡，还有恰特草、鲜花、蔬菜、油料等。小粒种咖啡的发源地，咖啡产量居非洲前列。为畜牧业大国，宜牧地约占国土的一半以上。养牛业地位重要，牛存栏数居非洲之首。养羊业以绵羊居多，数量居非洲前列；山羊主要分布在海拔2 800米以上的高山草地。东部、北部沙漠地区的骆驼数量亦居非洲前列。为非洲最大的蜂蜜和蜂浆生产国。

工业基础薄弱，传统手工业占有重要地位，未建成现代工业体系。农产品加工业产值占工业产值的80%以上，以食品、饮料、纺织、制革为主。工业分布不平衡，主要集中在亚的斯亚贝巴－纳兹雷特工业区和德雷达瓦－哈勒尔工业区。

交通运输以公路为主，总长约4.4万千米，以首都为中心，呈放射状通向全国主要城市和邻国。亚的斯亚贝巴—德雷达瓦—吉布提港铁路是唯一的一条铁路，也是最重要的对外联系通道，有"埃塞俄比亚生命线"之称。该铁路在境内长681千米（全长850千米），运力不足。空运较发达，在运输业中占有极其重要的地位。国际机场有亚的斯亚贝巴、德雷达瓦和巴赫达尔，国内机场40多个，遍布全国主要城市。

输出农畜产品、进口工业制成品是外贸结构的突出特点。出口以咖啡、皮张、恰特草为主，其中咖啡约占出口总值的60%；主要出口对象为吉布提、德国、日本、中国。进口以化肥、石油、日用品、原材料及半成品、食品等为主，主要来自沙特阿拉伯、印度、意大利、美国等国。

文化　实行10年义务教育制，小学8年和初中2年免费。2004年有公立大学8所。亚的斯亚贝巴大学为全国最大的综合性大学。

官方报刊有阿姆哈拉文日报《亚的斯泽门》、季刊《今日埃塞俄比亚》、英文日报《埃塞俄比亚先驱报》、阿拉伯文周报《世界》等。埃塞俄比亚通讯社是官方通讯社。埃塞俄比亚电视台和埃塞俄比亚广播电台，每天用英语、阿姆哈拉语、奥罗莫语、提格雷语等语言播放。官方出版社有塞拉姆出版社、艺术出版社、商业出版社等。

图2　埃塞俄比亚农村景观

传统文化具有浓重的民族和宗教色彩。全国有3万多座教堂和众多的清真寺。教堂内拥有许多艺术价值很高的壁画和雕刻。

旅游业发展前景广阔。位于北部提格雷附近的阿克苏姆考古区有公元初年古阿克苏姆王国首都遗址、古城堡、古建筑和众多的尖碑及大石碑；位于首都以北300千米的拉利贝拉岩石教堂，建于12世纪，有"非洲奇迹"之称；位于西北部的瑟门国家公园，有海拔4 000米以上的巍峨高山，显现“非洲屋脊”的独特景观；位于西北部贡德尔地区的法西尔·盖比及其他古迹、首都西南220千米索多的蒂亚考古遗址、阿瓦什低谷的非洲古猿人化石、奥莫低谷史前文化遗址分别被联合国教科文组织作为文化遗产列入《世界遗产名录》。

对外关系　奉行全方位外交政策，主张在平等互利、相互尊重主权、互不干涉内政基础上与各国发展友好关系。重视周边外交，与吉布提、肯尼亚、乌干达等国签有友好合作条约，积极调解索马里冲突。在地区事务中发挥重要作用。1970年11月24日与中国建立外交关系。重视发展与美国关系，是接受美援最多的非洲国家之一。

埃塞俄比亚高原　Ethiopian Highland　东非北部高原。又称阿比西尼亚高原。地处北纬5°～18°，居非洲东北部，东北濒红海和亚丁湾，西邻撒哈拉沙漠，南连东非高原，包括埃塞俄比亚的大部分、厄立特里亚、吉布提和索马里西北角部分地区。面积约105万平方千米。基底岩系由古老的前寒武系结晶岩组成。平均海拔2 500米以上，是

埃塞俄比亚高原景观

非洲大陆最高的高原，有“非洲屋脊”之称。高原中部突起，四周低下，东非大裂谷西南—东北向斜贯中央，把高原分割为东、西两大部分。西部为高原主体，最北部阿姆哈拉高原上的达尚峰，海拔4 620米，为高原最高峰。塔纳湖是高原上最大的湖泊，出湖的阿巴伊河（青尼罗河中上游段）为尼罗河水系中的主要水源。东部为索马里高原，地势向东南逐渐降低，其中门德博山脉的几座山峰，海拔高度均在3 900米以上。谢贝利河和朱巴河经索马里注入印度洋。大裂谷是深陷的槽状低地，南段长550千米，宽40～60千米，谷深580～1 000米，谷底分布着一连串无出水口的湖泊；北段向北逐渐展宽为阿法尔低地和达纳基勒洼地，地面下降至海平面以下。气候、植被、土壤均表现为垂直地带性特点。旱雨季分明，10月至翌年1月为旱季，2～5月为小雨季，6～9月为大雨季。年降水量从高原西部的1 500毫米向东递减至200毫米以下。气候类型垂直分布为热带沙漠气候带—热带草原气候带—温带山地气候带—寒带高山气候带。大裂谷带的奥莫河流域和阿瓦什河流域有大量古人类遗迹发现，垦殖历史悠久。海拔1 700～3 500米的高原地带适宜多种作物栽培和牛羊饲养，是非洲大陆发达的农牧业地带。西南部的咖法地区是世界著名的咖啡原产地。

埃塞俄比亚抗意战争　Ethiopian War of Resistance Against Italy　埃塞俄比亚抗击意大利侵略的两次战争。1895～1896年，发生第一次抗意战争；1935～1941年爆发第二次抗意战争。埃塞俄比亚皇帝孟尼利克二世于1889年即位后，统一并扩大了领土，奠定了今日埃塞俄比亚的版图。孟尼利克二世于1889年5月2日与意大利签订了《乌查利条约》。1893年，孟尼利克二世宣布将在《乌查利条约》签订5年之际予以废除。1894年7月，意大利不宣而战，并在半年内侵占了古城阿克苏姆及提格雷省首府马卡累。1895年，孟尼利克二世宣布废除《乌查利条约》，并发布《告人民诏书》，号召人民奋起保卫祖国。1895年12月，埃军在阿拉吉平顶山首次击败意军并收复马卡累城。

1896年3月1日，孟尼利克二世亲自率军在埃塞俄比亚北部的阿杜瓦战胜意军。意大利政府被迫于10月26日同埃塞俄比亚签订《亚的斯亚贝巴和约》，放弃了把埃塞俄比亚作为它的保护国的要求，承认其作为主权国家的完全独立，并赔款1 000万里拉。

1934年12月，意大利在意属索马里同埃塞俄比亚边界线蓄意制造边境武装冲突。

1935年10月3日，意大利侵略军不宣而战。埃塞俄比亚在海尔·塞拉西一世领导下，奋起保卫祖国。埃塞俄比亚方面由于盲目坚持正规的阵地战，在1936年初的坦皮恩战役中遭到重大挫折。5月5日，意军攻陷亚的斯亚贝巴，海尔·塞拉西一世流亡海外。

1941年初，海尔·塞拉西一世率领爱国武装同英军一道由苏丹和肯尼亚两个方面打回埃塞俄比亚，迅速击败意大利占领军。5月5日收复亚的斯亚贝巴，1941年底，埃塞俄比亚全境基本解放。

埃森　Essen　德国北莱茵-威斯特法伦州西部城市。位于鲁尔河畔，北有莱茵-黑尔讷运河。面积210.3平方千米。人口约57.62万（2009）。气候属温带海洋性。852年建立城堡。11世纪为市镇。14世纪开始采煤。16世纪起制造军火。1811年克虏伯铸钢厂在此建立。1815年归属普鲁士。19世纪中叶后工业迅速成为鲁尔区最大工业城市。两次世界大战中，第三帝国使用武器的40%产自克虏伯集团，有德国“真正的权力中心在埃森”之说。第二次世界大战中受到破坏，战后修复。传统工业有采煤、钢铁、机械、军工、化工等，20世纪后期电子、服装、塑料工业和第三产业有很大发展。绿化率达46%。市区西部是工业区，北部是煤矿区，南部是高级住宅区和公园度假区。市内有研究所和高等学校等。主要名胜有克虏伯故居、明斯特修道院、水上城堡、浸礼会教堂等。

埃斯基维尔　Esquivel, Laura（1950-09-30～　）　墨西哥小说家。生于墨西哥城。她的处女作《沸腾》（又译《恰似水之于巧克力》）于1989年出版。小说叙述墨西哥北部一个庄园的女庄园主，蛮横地干涉小女儿的婚姻，而后者为了爱情进行了不屈不挠的斗争。小说开了“厨房文学”的先河。小说共12章，一年的12个月各占一章，每一章的开头都有一份菜谱，故事的主要情节都是以厨房为舞台的。作品带有浓厚的墨西哥北方民俗风情，同时大量运用魔幻现实主义手法。其他主要作品还有《爱情法则》（1995）、《美味在心中》（1998）等。

埃斯库罗斯　Aeschylus（约 前525～约 前456）　古希腊三大悲剧作家之一。生于阿提卡，卒于西西里杰拉。贵族出身。参加过波斯战争中的马拉松战役（前490）和萨拉米湾战役（前480）。两次旅居国外。

埃斯库罗斯歌颂雅典的民主自由，反对僭主专制，提倡爱国主义，力图使先进思想与传统观念调和起来。写过90部剧本，现存7部较完整的悲剧。《乞援人》（前463?）写埃及王达那俄斯带领他的50个逃婚的女儿来到阿耳戈斯请求避难。最后国王佩拉斯戈斯把他们保护下来。《波斯人》（前472）写波斯国王薛西斯从萨拉米湾战役中大败而归的故事。《七将攻忒拜》（前467）触及“家

族诅咒”问题。在《被缚的普罗米修斯》(前466/前459?）中，埃斯库罗斯揭示了反对暴君统治的主题。埃斯库罗斯还留下一部完整的三联剧，包括《阿伽门农》(前458)、《奠酒人》(前458）和《报仇神》(前458)。

埃斯库罗斯的作品题材大都来自神话，但作家也增加了一些内容，从而反映了一定的现实生活。他的作品故事情节简单，抒情成分占有重要地位，但是矛盾冲突尖锐，很能感动人。悲剧英雄形象高大，有坚强的自由意志和战斗精神。语言庄严雄伟，带有夸张色彩。

埃斯帕特罗 Espartero, Baldomero (1793-10-27～1879-01-08) 西班牙将军、首相(1840～1843,1854～1856)。生于雷阿尔城格拉纳图拉一个工人家庭，卒于洛格罗尼奥。1815年赴南美镇压西属美洲殖民地独立运动。因失败而于1825年返回西班牙。1833年斐迪南七世国王去世后，效忠其女伊莎贝拉二世女王(1833～1868年在位)，被任命为西军总司令。1833～1839年，因在同王位觊觎者斐迪南之弟卡洛斯进行的第一次卡洛斯战争中表现出色，被封为维多利亚公爵。1836年进入政界，1840年任首相。1841年因收回教会领地，废除什一税，遭保守派反对，于1843年7月被迫流亡英国。1848年大赦后返回西班牙。1854年又重新组织政府，直至1856年引退。

埃特纳火山 Etna, Monte 欧洲海拔最高的活火山。位于意大利西西里岛东北部。海拔3 323米（20世纪90年代后期)，以世界上喷发次数最多的火山著称。史载首次喷发距今已有2 400多年，估计喷发200多次。1669年的喷发持续4个月之久，喷发熔岩约达8.3亿立方米，使卡塔尼亚等附近城市约2万人丧生。20世纪以来已喷发十多次，1981年3月17日的喷发是近几十年来最猛烈的一次，掩埋了数十公顷树林和许多葡萄园，毁房数百间。山坡植被垂直分带明显。海拔900米以下，广布果园；900～1 900米的森林带，有栗树、山毛榉、栎树、松树、桦树等；海拔1 900米以上，满布火山堆积物，仅有稀疏的灌木。山顶常积雪。建有盘山公路和缆车，供旅游者登山观赏火山胜地。

埃特纳火山景观

《埃维昂协议》 *Evian Agreement* 法国承认阿尔及利亚独立的协议。法国政府和阿尔及利亚共和国临时政府为结束阿尔及利亚战争于1962年3月7～18日在法国埃维昂谈判，3月18日签署法阿协议的“总声明”，即《埃维昂协议》。协议规定1962年3月19日在阿尔及利亚全境结束军事行动，法国承认阿尔及利亚人民有权行使自决权，成立一个独立和主权的国家，法国承认阿尔及利亚民族解放阵线为“合法新政治组织”。法国3年内分批从阿尔及利亚撤出全部军队，但保留米尔斯克比尔（现凯比尔港）的海军基地，租借期15年，法国承担向阿尔及利亚提供为期3年的经济援助。法国公司则保持它们在阿尔及利亚的石油租借权。法国在1962年4月8日举行公民投票，以压倒多数赞成《埃维昂协议》。同年7月1日，阿尔及利亚人民一致投票赞成国家独立，持续7年半的阿尔及利亚战争至此结束，同时也结束了法国在阿尔及利亚130余年的殖民统治。

埃维人 Ewe 西非跨界民族。有486万人(2002)。主要分布在加纳东南部（238万）和多哥中南部（248万)。属尼格罗人种苏丹类型。使用埃维语，属尼日尔-科尔多凡语系尼日尔-刚果语族。有用拉丁字母拼写的新创文字。多信万物有灵，崇拜祖先和多神，部分信基督教。其祖先原住今贝宁境内凯图一带。16世纪末，受约鲁巴人排挤，被迫西迁至奴瓦查一带定居。17世纪中叶，内部发生分裂，许多人到沃尔特河下游、沿海平原及内陆萨瓦纳草原地带开辟新居住区。到17世纪末，先后建立起120个土邦，形成3个主要分支：沃尔特河西岸的安格洛人，沃尔特河东岸的正统埃维人，多哥东南部的瓦蒂人。大多从事农业，种植玉米、谷子、薯类、稻谷、可可和油棕；沿海地区居民从事渔业；潟湖地区居民从事盐业。手工业主要有编织、制陶和铁器加工。保存氏族部落组织，实行酋长制。婚姻为一夫多妻制，一般采取父系继承。

埃维人妇女的头饰

埃文思 Evens, Walker (1903-11-03～1975-04-10) 美国摄影家。生于密苏里州圣路易斯，卒于纽黑文。少年时爱好绘画并自修摄影。1923～1925年任纽约市公共图书馆摄影师。1926～1927年在巴黎大学旁听并钻研摄影。1930年开始以纪实方式记录新英格兰和纽约早期的维多利亚式建筑。1935～1937年参加美国农业安全局组织的农村摄影调查。1943～1945年任《生活》杂志记者。1945～1965年任《财富》杂志摄影师，此后任耶鲁大学平面艺术设计教授，直到去世。

《小作坊之家》(1936)

埃文思最有影响的作品拍摄于20世纪30年代中期，一部分是为农业安全局拍摄的美国南方各州的农民生活状况，和D.兰格等的作品一起构成美国经济大萧条时期纪实摄影的精华；另一部分是1936年夏，和作家J.阿吉合作，对阿拉巴马州佃农窘困的生活状态和辛苦的工作进行近距离的深入拍摄，并于1941年以《让我们现在就赞扬著名的人吧》出版。英国学者J.罗德里格斯曾将这本在影像和文字方面都达到很高水平的摄影集，列为影响摄影史的30本摄影集之一。

埃文思认为自己的摄影主题是人所创造的文明，最直接、简洁、从容、透明的拍摄就是最好的方式。他照片中的人物（如《小作坊之家》），在镜头面前十分自然，又脏又破的衣服丝毫不能减少他们脸上的从容。埃文思摄影风格的形成是20世纪20年代纯粹审美派的影响和纪实观念相结合的产物，不仅与一般报道摄影和技巧派有明显区别，即使在美国纪实摄影群体中也与众不同。

癌基因 oncogene 特定条件下可使某种动物细胞发生恶性转化的一类基因。又称转化基因。最初发现于肿瘤病毒，如20世纪初P.劳斯发现鸡肉瘤滤液能使小鸡在1～2周后发生肉瘤。直到70年代才用分子遗传学技术从劳氏肉瘤病毒中分离到可以致瘤的核酸序列，并称之为癌基因。1982年美国同时有几个实验室首次从人癌细胞中分离到癌基因。在短短五六年中，从各种逆转录病毒株和肿瘤细胞中分离到约50种不同的癌基因，并对它们的核苷酸序列、染色体定位、编码产物的结构和功能进行了深入的研究。已确定30种以上的癌基因，根据癌基因编码产物的不同生理功能，癌基因可分为蛋白激酶类、GTP酶类、生长因子类、生长因子受体类和基因表达调控蛋白5类。前4类产物涉及细胞增殖信号的产生、接受、传递等，故大都位于细胞表面的内、外侧。最后一类则位于细胞核内。癌基因都是通过它们的存在（还要通过点突变、重排或放大等激活过程）而对癌变起促进作用，作用方式为显性。

癌 cancer 一类以细胞生长失控为特征的疾病。典型状况是：在环境因子影响下，控制细胞生长的基因发生突变，使静止的或正在有序生长的正常细胞转化为无序生长的癌细胞；癌细胞大量繁殖，形成包块，不断膨胀，挤压和侵袭周围组织，并有部分癌细胞脱落，被淋巴或血液携带至体内其他部位，着床、生长、形成次生包块；它们破坏原发和转移部位的正常组织和器官，导致相应的功能障碍并产生疼痛、出血、腔道阻塞和消耗等症状；患者最终因基本生命过程受阻而死亡。癌变过程必然涉及遗传物质，造成基因突变，因此在细胞水平上癌是有遗传性的。但发生在体细胞的癌变并不影响生殖细胞，从而在个体水平上癌并不遗传，因此癌不被视为遗传病。细胞的生长机制复杂，控制生长的因子众多。因此，癌的发生常需要若干相关基因先后发生突变，故多数癌的好发年龄都要到四五十岁以后。一旦发生，癌的临床表现同发生的部位密切相关，而癌的发展主要决定于细胞本身所属类型。患者较难达到彻底康复，可能是癌得到治愈了，但毁容、残疾，甚至生活无法自理以至需要终生照顾。其次，如果癌不能治愈，就应求得一个时间较长、生活质量也较满意的缓解期。

霭覃 Eeden, Frederik Willem van (1860-04-03～1932-06-16) 荷兰诗人。生于哈勒姆，卒于比瑟姆。1878～1886年在阿姆斯特丹大学学医，同时从事文学创作。后曾参与创办文学月刊，任周刊编辑等。代表作品《小约翰》(1885) 是一篇“象征与写实的童话诗”，具有“实际和幻想的混合”的艺术特色。其他主要作品有抒情诗《爱伦，痛苦之歌》(1891)，散文诗《影像和实质之歌》(1895)，诗体悲剧《兄弟们》(1894)，童话剧《理亚波》(1897)，诗集《零星的韵言》(1898～1909)、《献给我的守护天使》(1922)，社会讽刺剧《哈勒姆的女巫》(1915)，散文集《小红灯》(1921) 以及心理小说《死亡深渊》(1900)、《梦中的新娘》(1909) 等。

艾 *Artemisia argyi*; argy sagebrush 菊科蒿属的一种。又名家艾、艾蒿。中国自东北至南方广布。朝鲜半岛、日本、蒙古亦有分布。多年生草本。有香味。高达1米。根状茎细长，有匍枝，茎直立，紫褐色，密生灰白色蛛丝状毛。叶互生。头状花序长圆钟形，长3～4毫米，直径2～2.5毫米，下垂，多数在茎顶排成锥状。花红紫色，外层花雌性，内层花两性，花托无托毛。瘦果长圆形。花期8～9月，果期9～10月。野生于山地、荒地、林缘。

古人认为艾可避邪祛秽，端阳节采艾作饰或插门上以除毒。艾气味浓烈，叶、茎含芳香油，有杀菌消毒作用。艾药名艾叶。入药可理气血，温经、止血、安胎。艾叶油有平喘、镇咳、祛痰、消炎功能。叶加工为绒，称艾绒，是灸法治病的原料。

艾宾浩斯 Ebbinghaus, Hermann (1850-01-24～1909-02-26) 德国实验心理学家。生于波恩附近的巴门，卒于哈雷。17岁入波恩大学学习历史和语言，1873年获博士学位。1894年任哈雷大学教授，并在柏林大学和哈雷大学各建成一个心理学实验室。1890年与A.柯尼希合创《感官心理、生理杂志》。

艾宾浩斯立志将实验法应用于研究较高级心理过程，他自己做主试和被试进行记忆实验，研究成果载入《记忆》(1885) 一书。为了选用难度相等的记忆材料编制了2 000多个无意义音节，并创造了精确测定记忆保存量的方法——节省法。他还设计了种种方法

来探测在学习中所形成的联系，并测定各种联想的不同强度。他也比较了学习有意义和无意义材料的不同速度，比较了学习材料的不同长度对学习速度的影响，考察了过度学习、集中学习和分散学习的效应。最著名的遗忘曲线，即表明遗忘的进程是先快后慢的曲线，是用他的名字命名的。此外，他还研究过光的感觉，发表过色觉学说。他发明的一种填充实验后来被广泛应用于智力测验和作业测验。著有《心理学原理》(1902) 和《心理学纲要》(1908)。

艾伯塔省恐龙公园 Alberta Dinosaur Provincial Park 世界恐龙化石宝库之一。位于加拿大艾伯塔省东南部，雷德迪尔河两侧。面积90平方千米。1889年加拿大地质学家J.蒂勒尔在此首次发现食肉恐龙头盖骨。1910～1917年间，世界各地的古生物学家蜂拥而至，在雷德迪尔河谷掀起一股“恐龙热”。20世纪50年代初，艾伯塔省议会立法对该地区恐龙化石实行保护，1955年正式建立省立恐龙公园，开始实施向公众展出恐龙的计划。在园内已出土恐龙样品达60多种，分7科45属，几乎包括所有已知种类的恐龙化石，为世界罕见。1980年作为自然遗产被联合国教科文组织列入《世界遗产名录》。许多恐龙化石发掘遗址受到精心保护，开辟长达47千米的“恐龙之路”；著名的蒂勒尔恐龙博物馆陈列完整的巨型恐龙骨骼，模拟和演示史前动物的生活情景和发掘恐龙化石的过程。

艾伯塔省恐龙公园一角

艾卜耶德 Abyad, Jurj (1880-05-05～1959-05-21) 黎巴嫩戏剧表演家。生于贝鲁特。1898年到埃及，1904年国王派他到

法国学习戏剧表演艺术。1910年，他率领一法国剧团回到埃及，在开罗的国家歌剧院和亚历山大市的汉姆巴拉剧院演出，获得成功。1912年，法国剧团离开后，艾卜耶德组成第一个符合戏剧艺术标准的阿拉伯剧团，演出了许多世界名剧。1913年，他主演了F.安顿编写的第一部剧作《新旧开罗》，这也是艾卜耶德剧团上演的第一部阿拉伯社会讽刺剧。艾卜耶德把话剧和歌剧、舞剧分开，以演话剧为主，这代表了埃及和阿拉伯戏剧从以歌剧为主转向以话剧为主的一个发展阶段。

艾布·伯克尔 Abū Bakr (572～634-08-23) 伊斯兰教史上的第一任正统哈里发。生于麦加古莱什部落泰姆氏族，卒于麦地那。葬于先知寺内穆罕默德墓北侧。为最先信奉伊斯兰教者之一，是穆罕默德的得力助手。艾尔盖姆秘密会主要成员。他刚直善良，谦恭持重，将大部分财产捐给宣道事业。622年只身护卫穆罕默德安全到达麦地那。参与创建穆斯林公社、组建军队，并率军参加白德尔、吴侯德、壕沟等战役。穆罕默德临终前，委托他领导穆斯林礼拜祈祷，并主持处理重大教务和行政事务。

632年，被推选为第一任哈里发（意为“安拉使者的继任者”）。执政期间（632～634），平息了各地武装叛乱，巩固了麦地那政权，维护了半岛的稳定。634年，主持首次《古兰经》的汇集，史称《古兰经》“穆斯哈福”本。

艾布·努瓦斯 Abū Nuwās（约762～约814） 阿拉伯阿拔斯王朝诗人。原名哈桑·本·哈尼。生于伊朗阿瓦士，卒于巴格达。父早亡，随母迁往巴士拉。幼时曾随香料商学艺，但志在诗文。后随一文士去库费深造。30多岁时到巴格达，因有诗名而受到哈里发器重，成为宫廷诗人。喜饮酒，擅长作饮酒歌，有“酒诗人”之称。诗如其人，主张享受人生欢乐，反对宗教禁欲主义。以赞美青春、美酒、爱情的抒情诗，描写宫殿、花园的写景诗和调侃权贵、嘲弄群小的讽刺诗著名。这些诗想象奇妙，辞藻华美，突破了传统诗歌的题材和形式。他的诗经10世纪文学家伊斯法哈尼搜集整理，传世的有12 000多句。《一千零一夜》中还记载了许多他和哈里发的幽默故事。

艾德礼 Attlee, Clement Richard (1883-01-03～1967-10-08) 英国首相（1945～1951）、工党领袖（1935～1955）。生于伦敦，卒于威斯敏斯特。曾在伦敦东区莱姆豪斯贫民区居住20年。1907年加入费边社。1908年加入独立工党。第一次世界大战时入伍并受伤。1922年在伦敦东区当选为英国工党下院议员。1935年继G.兰斯伯里任工党领袖。他担任此职20年，长于任何其他工党领袖。1940年参加W.丘吉尔的战时内阁。

1945年7月大选工党获胜，任首相，直到1951年。1945～1946年兼任国防大臣。首相任内，对内推行社会改革，对英格兰银行、煤矿、电站、钢铁等部门实行国有化，废除1927年反工人的工会法，实行新的卫生保健制度，实施社会保险措施，宣传推行“民主社会主义”。通过限制上院权力的法案。在对外政策方面，主张加强英美联盟；推动西欧联合；派兵参加朝鲜战争；竭力维护殖民帝国，但被迫同意印度、巴基斯坦、缅甸和锡兰独立。

1950年1月艾德礼政府承认中华人民共和国。1951年艾德礼辞去首相职务。1954年8月，率工党代表团访问中国。1955年11月放弃工党领袖职位。同年受封为伯爵，进入英国上院。1964～1967年任英国战略研究所所长。

艾丁湖 Aydingkol Lake 中国大陆海拔最低的湖。位于新疆维吾尔自治区吐鲁番盆地最低洼处，最低处海拔-154.31米，是中国大陆最低点。吐鲁番盆地为中国天山东段南侧封闭性山间盆地，艾丁湖为吐鲁番盆地地表径流的归宿点。艾丁湖在维吾尔语中意为月光湖；又称觉洛浣，维吾尔语意为荒漠湖，以湖的南侧有觉洛塔格（意为草木不长的荒山）而得名。湖盆的自然环境亦为草木不长的盐漠。艾丁湖原面积23平方千米。过去湖水补给来源有：河流夏季洪水；坎儿井冬季流水；灌区排水，

通过地下径流入湖。20世纪50年代以来，因灌区扩大，农田引水增加，坎儿井出口处修建水库蓄纳冬水等原因，河流洪水补给量甚微，主要补给为地下径流，湖面日益减缩，现几乎已成一个干涸的洼地。

艾杜尼斯 Adūnīs ‘Ali Asbar (1930～) 叙利亚诗人。本名阿里·艾斯巴尔。曾长期居住在黎巴嫩。后侨居欧洲。从50年代起发表诗作。诗中充满浪漫主义激情，无论在形式和内容上都打破了传统阿拉伯诗歌的束缚。他对传统阿拉伯社会持批判态度，在诗作中始终保持着独立的个性。有诗集《风中的诗篇》(1958)、《迁徙之书》(1965)、《灰烬和玫瑰中的时间》(1970) 和《带有复数色彩的单数》(1977) 等。他还翻译过大量外国诗歌。

艾尔湖 Eyre, Lake 澳大利亚最大的湖泊，为季节性浅水盐湖。位于南澳大利亚州东北部、大自流盆地西南角。因1840年探险家爱德华·约翰·艾尔最先发现此湖而得名。由南、北两湖组成。北艾尔湖湖盆长144千米，宽65千米；南艾尔湖湖盆长64千米，宽约24千米。两湖之间有戈伊德水道相通。湖盆最低点在海平面以下16米，是澳大利亚和大洋洲的最低点。湖区气候干旱，且降水变率很大，平均年降水量一般在125毫米以下，蒸发量可达3 000毫米。流入河流均为间歇河，主要有沃伯顿河、迪亚曼蒂纳河、库珀河。由于降水主要以暴雨形式出现，湖面面积和湖区轮廓很不稳定。雨季，众多的间歇河带来大量雨水，使湖面随之扩大，甚至成为淡水湖；旱季，强烈的蒸发作用使湖面迅速缩小，湖底形成极为平坦的盐壳。在湖南部的最低洼处，盐壳最大厚度可达到46厘米。湖区拥有丰富的地下水资源，还有石油、煤等矿藏。

艾尔湖一角

艾尔米塔什国家博物馆 State Hermitage Museum 俄罗斯最大的艺术与文化历史综合性博物馆。位于圣彼得堡涅瓦河畔。俄国女皇叶卡捷琳娜二世于1764年创建，1852年开放。占地面积9万平方米。“艾尔米塔什”源于法语“幽居之宫”之意。建筑物包括：冬宫、小艾米尔塔什、旧艾

艾尔米塔什国家博物馆近景

米尔塔什、新艾米尔塔什以及可容纳500多观众的艾尔米塔什剧院。该馆设8个部：原始文化部，古希腊、罗马世界部，东方民族文化部，俄罗斯文化史部，钱币部，西欧艺术部，科学教育部和修复保管部。藏品300万件，主要是绘画、雕塑、版画、素描、出土文物、实用艺术品、钱币和纪念章。藏品中绘画闻名于世，从拜占廷最古老的宗教画，直到现代的马蒂斯、毕加索的绘画作品，及其他印象派、后期印象派画作应有尽有，共收藏15 800余幅。其中意大利达·芬奇的两幅《圣母像》、拉斐尔的《圣母圣子图》、《圣家族》、荷兰伦勃朗的《浪子回头》，以及提香、P.P.鲁本斯、D.委拉斯开兹、P.-A.雷诺阿等人的名画均极珍贵。展厅约400个。有金银器皿、服装、礼品、绘画、工艺品等专题陈列和沙皇时代的卧室、餐厅、休息室、会客室的原状陈列。其中彼得大帝陈列室最引人注目。该馆收藏的中国敦煌、和田、库车地区的佛教绘画、文书、雕塑等也极为珍贵。

艾尔斯岩 Ayers Rock 世界上最大的独体岩石。位于澳大利亚北部地区西南部，阿马迪厄斯湖以南39千米。当地土著语称“乌卢鲁”。岩石呈椭圆形，长约3.6千米，宽约2千米，高335米，基围约9千米。东部宽而高大，西部相对狭窄低矮。由富含浅红色长石的砂岩组成。每日早晚岩石的颜色可随日光照射程度的不同而变幻，呈现淡红、紫红、橘红、大红、赭红等多种色彩，在日出及傍晚时分景象尤为壮观，因此而闻名于世。土著人视此巨石为神的象征。巨石底部有一些浅洞穴，被某些土著部族视为圣地。洞内的岩画具有重要的文物考古价值。1985年10月，艾尔斯岩作为乌卢鲁－卡塔曲塔国家公园的一部分，被归还给土著人并授予他们正式所有权。土著人则将巨石及其所属的国家公园租借给政府，为期99年。

艾尔斯岩远眺

《艾凡赫》 *Ivanhoe* 英国作家W.司各特所著历史题材长篇小说。旧译《撒克逊劫后英雄略》。1819年出版。小说以12世纪末诺曼贵族统治下的英国社会为背景，描写撒克逊人民同诺曼贵族之间尖锐的矛盾和斗争。小说中，狮心王理查被描写成一个英明的君主，他缓解尖锐的民族矛盾，减轻了广大人民的苦难。主人公艾凡赫曾同理查一道参加十字军远征，辅佐理查调和诺曼人和撒克逊人的冲突，被描写成一个勇敢、忠诚、智勇双全的英雄人物。小说准确传神地刻画了一系列人物，故事引人入胜，描写精妙。

艾夫斯 Ives, Charles Edward (1874－10－20～1954－05－19) 美国作曲家。生于康涅狄格州丹伯里，卒于纽约。艾夫斯幼年随父亲学习音乐，1894年入耶鲁大学学习作曲。1898年毕业后专营保险业，并且业余从事作曲。其重要作品有：第一至第四交响曲及《假日》交响曲、第一管弦乐组曲《新英格兰的三个地方》、第二钢琴奏鸣曲《马萨诸塞州的康科德，1840～1860》、《第二弦乐四重奏》以及小型乐队曲《未被回答的问题》、《中央公园的夜晚》等。在这些作品中，他使用了多调性、无调性、复节奏、四分之一音等现代音乐技法，并大量引用了美国流传的各种民间的或宗教的音乐素材，如民歌、赞美歌、爱国歌曲、乡村铜管乐曲等。艾夫斯在世时，他的大部分作品没有得到演出，他本人也未能听到实际音响。死后，他的作品才受到重视。

艾根 Eigen, Manfred (1927－05－09～) 德国化学家。生于波鸿。1945年进入格丁根的格奥尔格－奥古斯特大学，学习物理和化学，1951年获博士学位。1951～1953年，在格丁根大学从事物理化学研究工作。1953年起在格丁根的马克斯·普朗克学会物理化学研究所任助理研究员、研究员、所长。他和合作者发展了研究溶液中半寿期在毫秒以下的极快反应动力学的温度跳跃法。此法的原理是给予平衡的样品体系一个高速的、突然的温度脉冲，使体系稍微偏离平衡，然后利用电导、光谱等手段监测体系的弛豫时间，从而得到体系中化学反应的速率常数。用这种方法，经不断改进，能对在10^{-8}秒内完成的极快反应进行观测和研究。将“快”反应的观念一下提高了四五个数量级。他由于对极快化学反应的研究与英国的R.G.W.诺里什和G.波特共获1967年的诺贝尔化学奖。

艾哈德 Erhard, Ludwig (1897－02－14～1977－05－05) 德意志联邦共和国总理(1963～1966)。生于巴伐利亚邦富耳特市，卒于波恩。第二次世界大战后负责重建纽伦堡－菲尔特地区的工业，历任中法兰克尼亚和上法兰克尼亚经济顾问，巴伐利亚经济部长，货币信贷顾问委员会主席，英美共同占领区经济委员会主席。1949年9月起在K.阿登纳内阁中任经济部长，1950年以社会市场制解决经济迅速复苏问题，效果显著，出现德国的经济奇迹。1957年他被任命为联邦副总理，1963年10月继阿登纳担任总理，1966年辞职。1967年成为基督教民主联盟名誉主席。

艾哈迈达巴德 Ahmādabād 印度西部城市。人口约451.82万。位于阿拉伯海肯帕德湾以北96千米的古吉拉特平原上，市区横跨萨巴马蒂河东西两岸，海拔55米。历史上曾累经兴衰。1619年英国在此设商站，很快成为印度西部人口最多、市况最繁荣的都会。后孟买兴起，地位下降。20世纪20～30年代为M.K.甘地活动中心。印度独立后，1960年成为古吉拉特邦首府(1970年迁至其北23千米的新城市甘地讷格尔)。印度内陆最大工业中心。因地处印度最大棉产区之一的古吉拉特平原产棉区，自

1859年建立第一个棉纺织厂以来，棉纺织发展非常迅速，规模现已超过孟买和加尔各答而跃为印度最大的纺织工业中心，纺织工人几占工人总数的一半，生产并出口大量高档细布等棉织品。其他工业有纺织机械和电工器材以及丝织业等；化工和水泥工业发展势头也很突出。面粉等食品工业发达，榨油业的发展尤速，已与棉纺织业并居全印首位。传统的精致陶瓷、地毯、铜器、珠宝等工艺品亦驰名。重要的陆、空交通枢纽，多条铁路、公路和航线交会于此。市内印度教、伊斯兰教、耆那教建筑并存，与近代工厂建筑成鲜明对比。莫卧儿时代精美建筑众多，寺院、陵墓、古城堡等古迹尤多；其中建于1424年、具有300根雕柱的贾玛大清真寺，更以建筑宏伟知名。萨巴马蒂河右岸有甘地隐居处。1949年建古吉拉特大学。

艾虎 polecat 鼬科鼬属小型毛皮动物。又称艾鼬。人工饲养的主要指欧洲艾虎，分布于欧洲大部、亚洲西伯利亚南部和中国东北、华北及四川北部。上唇、鼻周和下唇为白色，眼周和两眼之间呈棕黑色。被毛暗褐至浅黄褐色，绒毛米黄色。体重可达2千克。野生艾虎栖息于荒山草原的自然洞穴中，昼伏夜出，行动敏捷，视觉和听觉敏锐。以小型哺乳动物（兔、黄鼠）、鱼、鸟及昆虫为食。10～11月龄性成熟，一年繁殖两窝。每胎平均5～8只，16～20周龄时达成年艾虎的体型和体重。以动物性饲料为主，繁殖期适当补充矿物质和维生素等。艾虎的毛皮可加工制裘。在毛皮业称其为艾虎皮或艾鼬皮。一般28～30周龄时毛皮成熟，多在冬季取皮。

艾捷克 aijik 擦奏弦鸣乐器。流行于中国新疆的维吾尔、乌孜别克等民族中。有古老的多兰艾捷克、哈密艾捷克和新型艾捷克等几种。

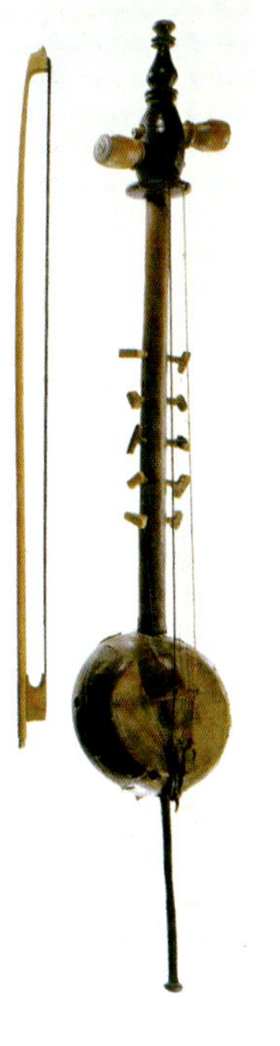

多兰艾捷克 又称刀朗艾捷克。流行于新疆巴楚、麦盖提、阿瓦提、莎车等地的维吾尔族中。琴长88厘米，形似板胡。沙枣木球型音箱，面蒙羊皮或驴皮。主奏弦为1缕马尾弦或3根金属弦，旁设6～10根金属共鸣弦，以增大音量。演奏时音箱夹于两膝间，左手扶琴按弦，右手持马尾弓拉奏。音量较小。多兰艾捷克是多兰乐队中唯一的弓弦乐器，常与热瓦普、卡龙、达普一起为民间歌舞多兰赛乃姆伴奏。

哈密艾捷克 又称哈密胡琴，流行于新疆哈密、吐鲁番等地的维吾尔族中。形似中胡。琴筒有铁制、木制两种，面蒙羊皮或蟒皮。张两根主奏弦，4～8根金属共鸣弦。共鸣弦轴设在琴杆中部。奏法似中胡。

新型艾捷克 又称哈尔扎克。在多兰艾捷克的基础上改制而成。半球形木制音箱，内设音柱，面蒙松木薄板或羊皮。琴杆上设指板，张4根金属弦。无共鸣弦。底部设人字形转动支架。用小提琴弓拉奏。吸收提琴、二胡的指法和弓法。定弦为g、d^1、a^1、e^2，音域$g \sim a^3$。常用以演奏民间歌舞曲和木卡姆音乐。20世纪60年代又出现改革的低音艾捷克。琴体大，底座长，定弦与奏法与大提琴相同。

艾灸 moxibustion with moxa stick 中医将艾条点燃后置于腧穴或病变部位上进行熏灼的治疗方法。

一般分为悬起灸和实按灸两大类。悬起灸是将艾条悬放在距离穴位一定高度上进行熏烤，而不使艾条点燃端直接接触皮肤。悬起灸一般用无药艾条，有时也可用药物艾条进行熏灼。又分为：①温和灸。将艾条燃着的一端与施灸处的皮肤保持1寸左右距离，使患者局部温热而无灼痛。每穴灸3～5分钟，以皮肤稍见红晕为度。对昏迷或局部知觉减退者，须随时注意局部温热程度，防止灼伤。现有各种灸疗架，可将艾条插在上面，固定施灸。温和灸适于一切灸法适应证。②回旋灸。又称熨热灸。即将点燃的艾条一端接近施灸部位，距皮肤1寸左右，平行往复回旋施灸。一般灸20～30分钟。适于各种痹证、麻木和皮肤病。③雀啄灸。将艾条点燃的一端对准穴位，似鸟雀啄米状，一上一下地进行艾灸。一般可灸5分钟左右，适于晕厥、急性腹痛和虚寒证。实按灸是将艾条燃着的一端紧按在隔着棉纸或布的施灸部位（局部痛点）上，稍留1～2秒钟即可，若火熄灭可重新点燃，如此反复5～10次。适于寒湿痹证、麻木、痿证等久治无效者。见灸法。

艾克曼 Eijkman, Christiaan (1858-08-11～1930-11-05) 荷兰营养学家。生于奈凯尔克，卒于乌得勒支。首先发现脚气病是因缺乏某种微量物质引起，从而导致维生素B_1的发现。为此，与F.G.霍普金斯共获1929年诺贝尔生理学或医学奖。1883年毕业于阿姆斯特丹大学后在爪哇、苏门答腊任军医，后至柏林跟随科赫学习、工作。1886年赴东印度群岛研究当地流行的脚气病。1887年他将被认为脚气病病原的球菌接种动物，

未能引起脚气病。经过大量的实验证明带壳的糙米有预防和治疗脚气病的作用，首先发现食物中含有生命必需的微量物质。1898年他任乌得勒支大学公共卫生和法医学教授。1911年与其同事自米糠中获得了抗脚气病的浓缩液体。在他的影响下，学者们自米糠中提取出抗脚气病的化合物——粗制维生素B_1。

艾肯 Aiken, Howard Hathaway (1900-03-09～1973-03-14) 美国数学家。生于新泽西州霍博肯，卒于圣路易斯。1923年毕业于威斯康星大学，1939年获哈佛大学博士学位。艾肯在1937年提出题为“自动计算机建议”的备忘录。他在国际商用机器公司（IBM）的资助下于1944年8月研制成功世界第一台通用自动计算机——自动

程控计算机，又称马克-1。这台计算机使用了3 000多个继电器，又称继电器计算机。马克-1的基本结构和C.巴贝奇的设想相同，机器十进制23位数字的加减计算时间为0.3秒，乘法6秒，除法11.4秒。以后，艾肯制成速度更快的马克-2计算机。1956年研制成使用电子管的马克-3计算机。

《艾里甫和赛乃姆》 *Herip and Senem* 维吾尔族民间爱情叙事诗。在维吾尔族人民中家喻户晓，广为流传。产生的确切年代不详，但可以确定为维吾尔族信仰伊斯兰教以后的作品。长诗从中亚广泛流传的故事演变而成，因此在中亚还存在其他民族的不同变体，但故事情节基本相同。大意是：国王阿巴斯之女赛乃姆与丞相艾山之子艾里甫，是一对指腹为婚的恋人。但随着丞相艾山的失宠被贬为民，国王阿巴斯背信弃义撕毁婚约。艾里甫不顾艰难险阻潜入宫中以园丁的身份与赛乃姆幽会，在好心人的帮助下携赛乃姆私奔出走。长诗通过艾里甫与赛乃姆这对恋人曲折、离奇、动人的爱情故事，讴歌他们忠贞纯洁的爱情，表达普通民众对自由的追求和对美好生活的向往。长诗在民间有多种异本流传，哈吉·玉素甫于1873～1874年在喀什的抄本较为完整。此抄本以100页的篇幅抄录了1 500行，总计68首诗。长诗遵循了维吾尔

《艾里甫和赛乃姆》剧照

族民间叙事长诗的传统说唱风格，以韵文、散文交替抒情与叙事，富于音乐性和故事性。长期以来，它不仅成为维吾尔族民间说唱艺人的保留曲目，而且应用于维吾尔族的音乐套曲十二木卡姆中。1934年，长诗被伊犁萨那伊奈底斯艺术团改编成歌剧，在新疆各地演出。1980年，长诗的汉文版由新疆人民出版社出版。

艾里坎木·艾合坦木 Älqäm Äxtäm (1922–08～1996–06) 中国维吾尔族诗人。新疆伊宁县人。幼年丧父，少年时期在煤矿劳动。1939年进入乌鲁木齐省立师范学校求学，并积极参加抗日爱国运动，创作诗歌鼓舞抗日斗志。毕业后在伊犁三区革命政府任报刊文学编辑。1949年后任《新路报》社社长、伊犁地区党委宣传部副部长、自治区文字改革委员会主任。1959年后担任中国作家协会新疆分会主席；1979年当选中国作协理事；1980年当选新疆文学艺术界联合会副主席、中国作协新疆分会副主席。1942年开始发表作品。早期的诗作主要反映抗日斗争生活和表现黑暗年代新疆人民对民主、自由、解放的憧憬。这一时期的抒情诗《喀什噶尔姑娘》、《盼春》等脍炙人口。中华人民共和国建立后，诗人创作了大量热情歌颂新生活的作品，出版有诗集《希望的浪涛》(1951)、《斗争的浪涛》(1957)和《胜利的浪涛》，叙事长诗《沙黛提汗》和《恶魔》，电影剧本《远方的星火》(与他人合作)。作品《心的叮咛》获第一届全国少数民族文学创作奖。艾里坎木·艾合坦木从民间文学吸收养料，作品语言平实质朴，明晓畅达，深受维吾尔族人民的喜爱。

艾利 Ailey, Alvin (1931–01–05～1989–12–01) 美国现代舞黑人表演家、编导、教育家，美国古典现代舞的代表人物。生于得克萨斯州罗杰斯，卒于纽约。1958年创建艾尔文·艾利美国舞蹈剧院，并率团巡演世界各地，被誉为“最佳黑人现代舞团”。后又创办舞校。最大贡献是把非洲的民族舞、美国黑人的灵歌和布鲁斯音乐及其律动、美国的现代舞和爵士舞、欧洲的学院派芭蕾完美地融为一体。代表作有《布鲁斯组曲》、《启示录》、《呐喊》、《目击》、《回忆》、《夜之灵》、《献给伯德的爱》等。有自传《启示录》。

艾吕雅 Eluard, Paul (1895–12–14～1952–11–18) 法国诗人。原名欧仁·格兰代尔。生于巴黎，卒于沙朗东勒蓬。1917年发表第一部诗集《责任与焦虑》。之后发表的主要诗作有《为了不死而死》(1924)、《痛苦的首都》(1926)、《爱情与诗歌》(1929)、《直接的生活》(1932)、《公共玫瑰》(1934)和《丰富的眼睛》(1936)等。主要内容是歌唱爱情，具有人道主义的基调。第二次世界大战期间创作的诗篇收入《诗与真理》(1942)、《和德国人会面》(1944)等诗集并出版。诗歌充满爱国主义激情，其中一些名篇曾在伦敦的“自由法国”电台广播，并由英国空军空投在被占领的法国领土上，被法国人民广为传诵。

艾略特 Eliot, George (1819–11–22～1880–12–22) 英国小说家。原名玛丽·安·埃文斯。生于沃里克，卒于伦敦。曾笃信福音教，热衷慈善事业。1836年母亲去世后辍学为父亲管家。怀疑主义论著《基督教起源的调查》(1838)转变了她的宗教信仰。1850年任《威斯敏斯特评论》副编辑。1856年开始从事创作，以乔治·艾略特为笔名发表作品。《教区生活场景》(1858)包括3部回忆早年家乡生活的中篇小说。《弗洛斯河上的磨坊》(1860)通过一对兄妹的故事和命运反映作者的道德思考。《米德尔马契》(1871～1872)围绕两个想为社会造福的青年在婚姻、事业上的失败，全面勾勒了一幅英国地方生活的画面。其他主要作品还有心理小说《织工马南》(1861)、长篇小说《罗慕拉》(1862～1863)、《菲利克斯·霍尔特》(1866)、《亚当·比德》(1859)、《但尼尔·狄隆达》(1876)等。艾略特具有深刻的观察力和思考力，在小说中塑造了许多有声有色的女性人物。

艾略特 Eliot, Thomas Stearns (1888–09–26～1965–01–04) 英国诗人、批评家。生于美国圣路易斯，卒于伦敦。曾在哈佛大学、巴黎大学学习。1914年起定居英国。做过教师、银行职员。创办并主编文学评论季刊《标准》。后任费柏出版社董事。1948年获诺贝尔文学奖。

1909年开始发表诗歌。早期诗歌中重要的有《普鲁弗洛克的情歌》(1915)、《一位夫人的写照》(1915)、《小老头》(1919)，反映了第一次世界大战前后英美上层社会人物精神的空虚、贫乏和绝望。《荒原》(1922)共433行，使用了7种文字（包括题词）和大量典故。包括“死者葬仪”、“对弈”、“火诫”、“水里的死亡”和“雷霆的话”，是对西方没落文明的写照。《四首四重奏》(1935～1941)由四首探讨永恒和时间的哲理诗组成，冥想与形象交织结合，语言节奏性强，读来明白澄澈。诗剧《大教堂凶杀案》(1935)写12世纪坎特伯雷大主教被国王亨利二世派骑士杀死的故事。其他主要作品还有诗作《空心人》(1925)、《灰星期三》(1930)，剧作《全家重聚》(1939)，文学批评论文《传统与个人才能》(1917)等。

艾略特还提出“感受的分化”、“客观对应物”两个诗歌批评概念。前者指思想与感情、形象脱节；后者强调作家要把“客观对应物”如各种意象、情景等搭配成一幅图案来表达情绪，以引起读者共鸣。

艾马克人 Aimaks 亚洲中西部阿富汗伊斯兰国的民族之一。又称查哈尔艾马克。约60万人(2001)。分为四大支系，即菲鲁兹库赫人、泰曼尼人、贾姆希德人和泰穆尔人。主要分布在阿富汗中部和西部地区。另有少数人分布在伊朗。体质特征不同程度地具有突厥人、蒙古人、波斯人和塔吉克人的特点，以突厥人和蒙古人的影响较为显著。泰穆尔人具有波斯人的体型，其他三支具有蒙古人的体型。使用达利语方言，属印欧语系印度-伊朗语族，包含不少突厥语词汇。信奉伊斯兰教，属逊尼派。

主要从事游牧，一部分已定居务农，擅长纺织毛毯。泰穆尔人受波斯人影响较深，住波斯式长方形黑色帐篷；菲鲁兹库赫人、泰曼尼人、贾姆希德人住蒙古包式帐篷，或圆顶帐篷式土房。

艾马拉人 Aymara 南美洲印第安人的一支。约250万人（2001）。主要分布在玻利维亚西部的拉巴斯、奥鲁罗、波托西等省及秘鲁南部的普诺省和塔克纳省，少数分布在智利北部的塔拉帕卡地区。属蒙古人种美洲支。使用艾马拉语，属安第斯语系艾马拉语族。有文字。大多数人会讲西班牙语，部分人使用克丘亚语。多信天主教，残存许多原始信仰。其祖先是蒂亚瓦纳科文化的创造者。15世纪末，成为印加帝国的居民。1538年受西班牙殖民统治。19世纪20年代殖民统治被推翻。20世纪初，艾马拉人已形成统一民族。大部分人从事农牧业。农业主要种植土豆、玉米、大麦、蔬菜等，畜牧业以饲养骆马、羊驼和绵羊为主。沿海地区的人从事渔业。制陶和纺织业比较发达。部分人在工矿企业工作。过去男子穿紧身短上衣（外扎腰带）和斗篷，妇女穿缩腰紧身衣，束一宽而长的腰带，现在男女也穿欧式服装。民间医术较为普及，用自制草药治病。

《艾那尼》 *Hernani* 法国诗人、小说家、剧作家V.雨果的五幕诗体剧（1829）。主人公艾那尼因父亲被当朝国王卡洛斯的父亲杀害而与之不共戴天流落绿林。艾那尼爱上了葛梅茨公爵的侄女素儿，谁料追求素儿的还有葛梅茨公爵和卡洛斯国王本人！于是，一场爱情冲突在3个男人之间展开。剧中雨果按照自己的浪漫主义戏剧原则，

《艾那尼》剧照

不仅设置了惊心动魄的情节，而且安排了大量扣人心弦的场面，并广泛运用了对照手法，使冲突紧张，人物对比鲜明，充分体现出雨果戏剧的特点，而艾那尼更是一个典型的雨果式叛逆英雄。

艾纳螺科 Enidae; enid snails 软体动物门腹足纲一科。体形约8～22毫米，贝壳长，

艾纳螺

常为锥形或略呈圆柱形，螺层数多，通常为棕色，或浅灰色、浅棕色的纵向斑纹。贝壳光滑。口缘扩张，常肥厚。有时壳口内有钝而膨大的齿。为古北区分布的陆生腹足类，多见于干旱而多钙质的山地环境中。最著名种为艾纳螺。

艾青 Ai Qing (1910-03-27～1996-04-15) 中国诗人。原名蒋海澄，笔名莪加、克阿等。生于浙江金华。1928年考进杭州国立西湖艺术院绘画系。翌年赴法国勤工俭学，自学绘画兼习法文，并大量阅读哲学和文学著作。比利时诗人凡尔哈仑的诗作给他后来的创作留下深刻的影响。1932年回国，同年5月在上海加入中国左翼美术家联盟。7月被国民党当局逮捕入狱，囚徒生活促使他从绘画转到诗歌创作，在狱中写下《芦笛》、《透明的夜》、《巴黎》、《马赛》等诗作，其中《大堰河——我的保姆》一诗使艾青一举成名。作品赞美养育自己的农妇，为其凄苦的命运抒发悲愤与不平，表达了对中国广大农民遭际的深刻同情。1935年出狱，曾到常州武进女子师范学校任教半年，继又流浪到上海。1936年自费出版第一本诗集《大堰河》。

1937年抗日战争全面爆发后，从上海到武汉、临汾、西安、桂林等地参加抗日救亡运动。1940年到重庆，任育才学校文学系主任。翌年去延安，被选为陕甘宁边区参议员、延安文艺界抗敌协会理事。1939年出版诗集《北方》，至1945年共有《向太阳》、《火把》等诗集12部。1945年9月，率华北文艺工作团从延安到张家口。1949年1月，以军代表身份参与接管北平艺术专科学校，同年10月起任《人民文学》杂志副主编。1950年出版诗集《欢呼集》。同年夏访问苏联，后出版诗集《宝石的红星》。1956年出版诗集《春天》。次年被聘为《诗刊》与《收获》编委，出版诗集《海岬上》。不久被错划为"右派"。

1976年10月，重新获得写作权利，开始第二个创作高潮。1979年错案平反，同年当选中国作家协会副主席。1980年出版诗集《归来的歌》、《彩色的诗》，1983年又出版《雪莲》。这些作品更为练达圆熟，除继续保持真实与想象相结合的特色，又增添了深沉的思考和睿智的哲理。其中《光的赞歌》、《鱼化石》、《古罗马的大斗技场》等诗篇影响较大。1991年5卷本《艾青全集》出版。著作还有《诗论》、《新文艺论集》、《绿洲笔记》、《原野与城市》，以及《艾青选集》（1～3册）和多种版本《艾青诗选》等。在中国现代新诗发展史上，是继郭沫若、闻一多等人之后推动一代诗风的诗人。

艾森豪威尔 Eisenhower, Dwight David (1890-10-14～1969-03-28) 第34任美国总统（1953～1961）、陆军五星上将。生于得克萨斯丹尼森，卒于华盛顿。1915年毕业于西点军校。曾擢升上尉。1942年6月出任欧洲战区美军司令、北非战场盟军最高司令，指挥盟军在北非登陆。1944年6月6日，作为盟国远征军最高统帅，成功指挥了诺曼底登陆战役，为开辟第二战场、粉碎法西斯德国作出了贡献。同年12月晋升五星上将。1945年任美国驻欧洲占领军司令，6月归国。1945～1948年任美国陆军参谋长。1950～1952年任北大西洋公约组织武装部队最高司令。1952、1956年，两次作为共和党候选人当选为美国总统。1953年签订《朝鲜停战协定》。在外交上继续奉行H.S.杜鲁门政府的反共遏制政策，把军事同盟体系扩展到全球，分别与李承晚、蒋介石签订《共同防御条约》。1954年4月提出多米诺骨牌理论，称西方在印度支那的失败将会波及东南亚各国。于是针对中国和北越，于1954年9月与英、法、澳等7国签订东南亚集体防御条约。1957年1月，向国会提交关于中东的决议案，称"在中东出现的真空必须在俄国人进来之前由美国来填补"。他的这一主张史称"艾森豪威尔主义"。1958年派兵入侵黎巴嫩。在国内政治上，对麦卡锡主义姑息迁就，压制共产党和进步人士。在社会经济政策上，

主张走介于新政改革和传统共和党主义之间的“中间道路”。他的“现代共和党主义”在一定程度上继续和扩大了国家干预，使美国国家垄断资本主义得到进一步发展。1961年卸任。著有《授权变革》(1963)、《争取和平》(1965)等。

艾森克人格量表 Eysenck Personality Inventory H.J.艾森克和S.B.G.艾森克设计的一种有关人格维度研究的测定方法。简称EPQ。通用的EPQ是1975年制定的，是一种自陈量表，有成人和少年两种形式，各包括四个量表：E——内外向；N——神经质，又称情绪性；P——精神质，又称倔强、讲求实际；L——谎造或自身隐蔽。经艾森克等人的因素分析计算，前三个量表代表人格结构的三种维度，它们是彼此独立的，L则是效度量表，代表假托的人格特质，也表现社会性朴实、幼稚的水平。L虽与其他量表有某些相关，但它本身却代表一种稳定的人格功能。中国的艾森克测验由陈仲庚等于1981年修订。

艾森施塔特 Eisenstadt, Shmuel Noah (1923-09-10～) 以色列社会学家，新功能主义和现代化理论的重要代表人物之一。生于波兰华沙。早年就读于希伯来大学，获博士学位。后在伦敦经济与政治科学学院从事博士后研究。1951～1967年任希伯来大学社会学系主任。20世纪60年代中期以后先后任芝加哥大学、哈佛大学、密歇根大学、苏黎世大学等校客座教授。1991年9月曾到中国访问。

艾森施塔特在理论观点和研究方法上深受M.韦伯和T.帕森斯等人的影响，对古典和现代社会学各家学说进行了批判性总结，被称为“合意的理论家”。著有《世世代代》、《帝国的政治体制》、《现代化：抗拒与变迁》、《政治社会学》、《革命与社会转变：文明的比较研究》、《社会、文化和城市化》(合著)等。

艾什尔里派 al-Ash ʻarīyah 中世纪伊斯兰教逊尼派教义学派。又称新凯拉姆学派。公元10世纪初，由艾布·哈桑·阿里·艾什尔里奠基。913年，艾什尔里脱离穆尔太齐赖派，转向正统派。后迁居巴格达，专事正统教义学的研究和著述。初期，因采取调和宗教与哲学、理性与信仰、定命论与意志自由的折衷主义，遭到其他派别的抨击。后完全转向逊尼派罕百里学派，很快得到发展。10世纪末，趋于完善。11世纪后期，成为塞尔柱王朝的官方信条。艾什尔里所著《教义学原理的说明》和《伊斯兰教学派言论集》，奠定了该派学说的理论基础。强调“天启”高于理性，安拉是唯一永恒的存在；反对意志自由论而主张前定说；反对《古兰经》被造说，认为《古兰经》是“安拉本体的无始言语”；肯定安拉有诸多属性，反对将安拉的诸德性完全拟人化。安萨里继承该派思想，并结合苏非主义，形成伊斯兰教逊尼派教义学的最终理论形式。

艾思奇 Ai Siqi (1910-02-03～1966-03-22) 中国哲学家、教育家。原名李生萱。云南腾冲人。卒于北京。蒙古族。早年留学日本。1935年加入中国共产党。1935～1936年任上海《读书生活》杂志编辑。1937年到延安，历任抗日军政大学主任教员、中央研究院文化思想研究室主任、中央文委秘书长、《解放日报》副总编辑。中华人民共和国建立后，任中共中央高级党校哲学教研室主任、副校长，中国哲学会副会长。

艾思奇长期从事马克思主义哲学的研究、宣传和教育工作，是中国对马克思主义哲学通俗化和大众化的先驱。他在1934年发表的《大众哲学》，对广大群众特别是青年起过启蒙作用。1938年，他提出开展马克思主义中国化、现实化的运动。在延安整风运动中，他结合中国革命实际，宣传唯物主义和辩证法，批判主观主义。中华人民共和国建立后，他大力宣传毛泽东哲学思想，系统地阐明了辩证唯物主义和历史唯物主义的许多原理。主要哲学著作有：《大众哲学》、《实践与理论》、《辩证唯物主义纲要》，并主编有《辩证唯物主义与历史唯物主义》。

艾斯勒 Eisler, Hanns (1898-07-06～1962-09-06) 德国作曲家。生于莱比锡，卒于柏林。1919～1923年在维也纳音乐学院学习作曲，是A.勋伯格的学生。1924年获维也纳市创作奖。1925～1932年在柏林音乐高等学校任教，并写作具有十二音体系风格的作品。1929年与戏剧家B.布莱希特合作，写出大量革命歌曲及工人歌曲，并为戏剧、电影写作音乐，成为知名的左翼音乐家。希特勒上台后，他于1933年流亡国外，曾为国际纵队写过一些战斗歌曲。1938年去美国任教。1942年在好莱坞从事电影音乐写作，曾担任喜剧大师C.卓别林的音乐助理。1947年写成《电影音乐作曲》一书。同年，被美国非美活动委员会传讯，因拒绝回答问题，被判处监禁。后经卓别林、A.科普兰等向美国政府提出抗议，于1948年被改为驱逐出境，到维也纳居住。德意志民主共和国成立后，艾斯勒回到东柏林定居，与布莱希特继续合作，仍从事作曲及音乐理论工作，并成为著名的社会活动家。为了纪念艾斯勒，柏林有以他的名字命名的音乐学院，并建立了他的文献馆。

艾斯勒一生写有大量音乐作品，有歌曲600余首，包括《德意志民主共和国国歌》、《蓝旗歌》、《共产国际》等；管弦乐合唱曲多首，著名的有《反对战争》、《列宁安魂曲》、《孩子之歌》；歌剧有2部；小歌剧有《圆颅党与尖颅党》；器乐曲有管弦乐组曲8首、交响曲2部及各种小型器乐曲等。此外还有电影音乐40余部，戏剧音乐30余部。理论著作有《资产阶级音乐文化危机》、《社会主义音乐发展的道路》、《音乐与政治》及大量论文。1968年德意志民主共和国出版了艾斯勒作品3卷集，其中声乐曲、器乐曲及文字论著各一卷。

艾特马托夫 Aitmatov, Chingiz (1928-12-12～2008-06-10) 吉尔吉斯斯坦作家。生于塔拉斯，卒于德国纽伦堡。幼年在家乡山区度过。曾担任村苏维埃秘书、税收员等。1953年毕业于农学院。中篇小说《查密利雅》(1958)，描写男女青年的真挚爱情，因手法新颖而闻名。还创作了短篇小说集《草原和群山的故事》，中篇小说《别了，古里萨雷！》(1966)、《白轮船》(1970)，长篇小说《一日长于百年》(1980，后改名《风雪小站》)、《断头台》(1986)、《卡珊德拉印记》(1994)等。他的创作善于吸取民间文学传统，并以自然景物烘托人物内心变化，具有较强的艺术感染力。

艾提卡尔清真寺 Id Kah Mosque 中国伊斯兰教清真寺。位于新疆喀什市。喀什噶尔的统治者沙尼色孜·米尔扎亦葬于此。初建于明正统七年(1442)，嘉靖十六年(1537)改建为作聚礼的主麻清真寺。清代多次整修和扩建，初步形成规模和格局。西部为经学院和沐浴净室，东部为宣礼塔、尖拱型门楼和礼拜大殿。大殿长160米，进深16米，内有140根绿色雕花木柱，成网格状排列，支撑白色密肋顶棚。顶棚上有各

种花卉图案的藻井。寺前为艾提卡尔（维吾尔语，意为节日场所）广场。该寺基本上是阿拉伯式建筑，兼有维吾尔族古代建筑的独特风格。外观雄伟，工艺精细。是喀什地区宗教活动的中心，新疆伊斯兰教的最高学府。

艾芜　Ai Wu (1904-06-20～1992-12-05)　中国作家。原名汤道耕，曾用笔名汤爱吾、吴岩、刘明、魏良、乔城等。四川新繁人。曾入成都省立第一师范学校学习，1925年因反抗封建包办婚姻而离家出走。他步行到昆明，尔后继续西行到达缅甸，在漂泊中和底层人民生活在一起，做过杂役，当过小学教师、报馆校对和副刊编辑。1930年，途经新加坡回到上海后，得到**鲁迅**指导，从事文学创作。1932年加入**中国左翼作家联盟**。1935年出版短篇小说集《南国之夜》、《南行记》和散文集《漂泊杂记》。这些作品均取材于滇缅漂泊生活，描写明丽旖旎的自然风光、边疆异域的风土人情和下层劳动者的悲惨命运，引起文坛的注目，成为左翼文学的新人。此后，写有短篇集《秋收》、《童年的故事》、《我的旅伴》，中篇《我的青年时代》、《乡愁》、《一个女人的悲剧》，长篇《丰饶的原野》、《故乡》、《山野》，散文集《缅甸小景》，理论著作《文学手册》等。其中，《秋收》、《山野》等对于战争期间农村社会作了真切的刻画，写得最具特色。

中华人民共和国建立后，艾芜创作了反映新的社会现实的作品。长篇《百炼成钢》是新中国最早反映现代大工业的作品之一。《南行记续篇》记述了作家重返云南边境的见闻。还有散文《欧行记》，论文《浪花集》等。1976年，艾芜重新执笔完成了长篇小说《春天的雾》。

艾兴多尔夫　Eichendorff, Joseph von (1788-03-10～1857-11-26)　德国诗人。生于上西里西亚，卒于尼斯。1805～1807年在哈勒大学读哲学和法律。1844年成为自由作家。他的诗歌大多描写自然景色，富有民歌特色，如《林中孤寂》、《森林的魅力》、《废墟上的月色》等。中篇小说《一个无用人的生涯》(又译《废物传》，1826)，写一个“游手好闲”的农家少年，不顾一切地要到远方去游历和冒险，最后得到意外幸运的结局。其他主要作品还有中篇小说《迪兰德宫》(1837)，剧本《迈耶贝特的兴亡史》(1828)、《求婚者》(1833)等。

艾耶尔　Ayer, Alfred Jules (1910-10-29～1989-06-27)　英国哲学家，逻辑实证主义者。生于伦敦，卒于伦敦。就学于伊顿公学及牛津大学。1933年起在牛津大学任哲学讲师，1944年任沃德姆学院研究员、院长，1946年后任伦敦大学逻辑与精神哲学的格罗特讲座教授，1959年重返牛津任逻辑的威克姆讲座教授，1978年退休。1970年受封为爵士。艾耶尔早期完全接受**维也纳学派**的意义理论，认为哲学仅仅是一种分析活动，其正当任务主要是从事语义分析、定义分析、认识论分析、辩护分析、构成分析和语言的日常用法分析。艾耶尔是最早在英国传播**逻辑实证主义**的人之一，他的《语言、真理与逻辑》一书，曾经被视为通俗阐述逻辑实证主义观点的教材，在当时的英国哲学界引起很大震动。

艾滋病　AIDS　人类免疫缺陷病毒(HIV)引起的**传染病**。“获得性免疫缺陷综合征”英语首字母缩拼词的汉语音译。发病年龄多在20～49岁间，男多于女。病死率极高。自1981年美国首先报告病例以来，几乎所有国家和地区都发现了艾滋病疫情。

传播途径　患者和无症状的病毒携带者是艾滋病的传染源。其血液、精液和阴道分泌物中含有大量病毒。传播途径为：①性接触传播。②血液传播。③母-婴传播。

临床表现　潜伏期1～15年以上。感染HIV后，多数人不表现症状，只是血清抗体阳性，成为无症状HIV携带者。30%感染者表现全身持续性淋巴结肿大，无痛或出现疲乏。这种情况称为持续性全身淋巴结病(PGL)。少部分患者可出现极度不适、消瘦、腹泻、盗汗、口腔白斑病、脾肿大等临床表现，这称为艾滋病相关复合征。进一步可发展为艾滋病。

可先有发热、疲乏无力、盗汗、消瘦等前驱期症状，主要表现为机会性感染和肿瘤（如卡波济氏肉瘤）。机会性感染中最常见的是肺孢子虫炎，表现为发热、干咳、胸痛及呼吸困难等，X射线检查肺部有弥漫性炎症。其次可表现为脑炎及脑膜炎、慢性腹泻及全身性播散性感染，包括肺炎、肝炎、中枢神经系统感染及消化道炎症等。

诊断　遇上述临床表现，尤其是来自艾滋病流行地区并有高危性行为者，同性恋者、药瘾者、血友病患者，均应怀疑为本病。淋巴细胞总数明显减少，CD4+/CD8+细胞比例低于1，都有辅助诊断意义。进一步可检查抗HIV抗体。酶联免疫吸附等方法检测可出现假阳性，仅能作为筛选检查。检查结果为阳性者，可进一步用放射免疫沉淀法或免疫印迹法确诊。

做血中HIV RNA及P24抗原检测，用作早期确诊方法。有条件的单位可作病毒分离。

治疗　尚无特效治疗。综合治疗措施有：抗病毒、调节免疫功能、治疗机会性感染及卡波济氏肉瘤等。

卡波济氏肉瘤

预防　主要是切断传播途径。广泛开展健康教育，包括性道德教育。避免高危性行为；严禁静脉滥用毒品等；严格执行输血法。

砹　astatine　人工**放射性元素**，元素符号At，原子序数85，属周期系ⅦA族。半衰期最长的同位素是^{210}At。由希腊文astatos(不稳定）得名。

1940年D.R.科森等用60英寸回旋加速器加速的能量为28兆电子伏的α粒子轰击铋靶，通过核反应^{209}Bi(α,2n)^{211}At，合成了85号元素。

已发现质量数为193～223的全部砹同位素，^{215}At、^{216}At、^{218}At和^{219}At天然存在，其余都是通过人工核反应合成的。自然界存在的砹都是天然放射性衰变系的衰变产物，存在量极少，在地壳中的原子质量分数只有4×10^{-23}。

由于砹的同位素半衰期短，而且数量少，其性质大多是由它的同族元素用外推法得到的估计值。砹的熔点302℃，沸点337℃；氧化态－1、0、+1、+3、+5、+7。

爱德华湖 Edward, Lake 非洲淡水湖。位于赤道之南刚果（金）与乌干达接界处、**东非大裂谷**西支中。由断层陷落而成。湖面海拔912米。南北长76千米，东西宽51千米，面积2 300平方千米。平均深度34米，最深117米。东南有鲁丘鲁河等诸河注入；东北有卡津加水道与乔治湖相连。湖水北流经塞姆利基河注入艾伯特湖。南、北湖滨地势低平；东、西岸悬崖壁立，多深谷、山溪。富鱼类、水鸟和河马。

爱德华兹 Edwards, Jorge (1931-07-29～) 智利小说家。生于圣地亚哥。曾在智利和美国攻读哲学和法律。1957年进入外交界。阿连德政府被推翻后，流亡到西班牙，至1978年才得以回国。他的短篇小说大都反映智利资产阶级的没落，其中较著名的有《城里人》(1962)、《面具》(1967)和《题材及其他》(1969)。长篇小说《夜晚的分量》(1962)表现年青一代的生活。其他重要作品有小说《想象的女人》(1985)、《东道主》(1988)。还有散文集《从龙尾巴说起》(1977)、报告文学《不受欢迎的人》(1973)、关于**P.聂鲁达**的传记《再见了，诗人》(1990)和长篇历史小说《历史之梦》(1999)等。

爱迪生 Edison, Thomas Alva (1847-2-11～1931-10-18) 美国发明家、企业家。生于俄亥俄州迈兰的一个荷兰移民家庭，卒于新泽西州西奥兰治。幼时只受过3个月的正规教育。12岁起做过报童、小贩、报务员等。1869年由波士顿移居纽约。他改进金指示器电报公司的电报机，得到公司经理的赏识，受聘月薪300美元（这在当时是很高的月薪）。1870年移居新泽西州，开始他的高效发明时期。1876年他给**A.G.贝尔**发明的电话加装炭粒话筒，提高了受话的声响。

1876年爱迪生创办他著名的实验室。在这个实验室里，他打破以往科学家个人独自从事研究的传统，组织一批专门人才（包括N.特斯拉等人），由他出题目并分派任务，共同致力于一项发明，从而开创现代科学研究的正确途径。1877年发明留声机。1878年开始白炽灯的研究，在十几个月中经过多次失败后，于1879年10月21日成功点亮白炽炭丝灯，稳定地亮了两整天。1882年在纽约珍珠街创办世界第二座公用火电厂，建立起纽约市区电灯照明系统。1883年在试验真空灯泡时，意外发现冷、热电极间有电流通过。这种现象后来被称为爱迪生效应，成为电子管和电子工业的基础。1887年移居西奥兰治，同年在该市创建规模更大、装备也更新的实验室，即著名的爱迪生实验室（后人称之为发明工厂）。在这里，他根据G.伊士曼的发明，制作自己的照相机。1888年研制出一台称之为活动电影的摄影机，可以记录持续活动约1分钟的景物，这种摄影机被视为近代电影摄影机的始祖。1891年他和W.K.L.迪克森发明早期的活动电影视镜，获得“活动电影摄像机”专利权。1914年爱迪生用留声机和照相机制成最早的有声电影系统。

晚年，其发明和革新有蓄电池、水泥搅拌机、录音电话、双工式电报系统和多工式电报系统、铁路用制动器等。第一次世界大战期间，他任海军技术顾问委员会主席，指导鱼雷和反潜设备研究，发明几十种武器。为此，美国政府于1920年授予他卓越服务奖章，法国政府授予他军团荣誉勋位。1928年美国国会授予他荣誉奖章。终其一生，爱迪生共获1 093项发明专利权。

爱丁堡 Edinburgh 英国北部城市，苏格兰首府。位于苏格兰中部低地的福斯湾南岸。面积264平方千米。人口约47.77万（2009）。市内地势起伏，有5个突起的死火山，其中最高的是位于东南的阿瑟死火山，海拔251米。为苏格兰古代要塞，7世纪爱德温国王兴建城堡，11世纪成为马尔可姆三世的官邸。1329年建市。1437～1707年为苏格兰王国首都。18～19世纪为欧洲重要文化中心之一。1750～1850年间，在城北兴建新城。20世纪城市再次扩展。现爱丁堡市包括福斯湾对岸的昆斯费里以及周边的特恩豪斯飞机场、利斯港及彭特兰丘陵。现代工业中的电子、电器、化学等行业发展较快，传统工业中的造纸、印刷出版、造船、橡胶和食品等尚有一定地位。苏格兰航空和铁路运输枢纽。

老城中世纪风貌犹存，其中以圣十字架宫最为著名。新城主要是商业与住宅区。市内有许多历史悠久的古建筑，如苏格兰议会大厦、爱丁堡大学、苏格兰国家画廊、肖像画廊、皇家苏格兰博物馆及苏格兰国家现代艺术馆等。1974年起在此举办每年一度的国际艺术节。

爱丁堡城区一景

爱丁顿 Eddington, Arthur Stanley (1882-12-28～1944-11-22) 英国天文学家、物理学家。生于韦斯特摩兰德郡肯德尔，卒于剑桥。1905年毕业于剑桥大学三一学院。曾在格林尼治天文台任职，历任剑桥大学天文学教授，剑桥大学天文台台长。曾任英国皇家天文学会会长、物理学会会长、数学协会会长，国际天文学联合会主席。

爱丁顿的研究领域广泛，在**相对论**、**宇宙学**、恒星内部结构理论和恒星动力学等领域都作出了贡献。早年研究恒星的运动和分布，证实了二星流的存在。1913～1915年，研究恒星系统的动力学问题。1918～1919年他摈弃了双星假说，用脉动假说来解释**造父变星**的亮度变化和视向速度变化。1919年他带领一个观测队到西非的普林西比岛观测日全食，第一次证实了爱因斯坦的**广义相对论**所预言的光线的引力弯曲现象。爱丁顿是英国最早研究

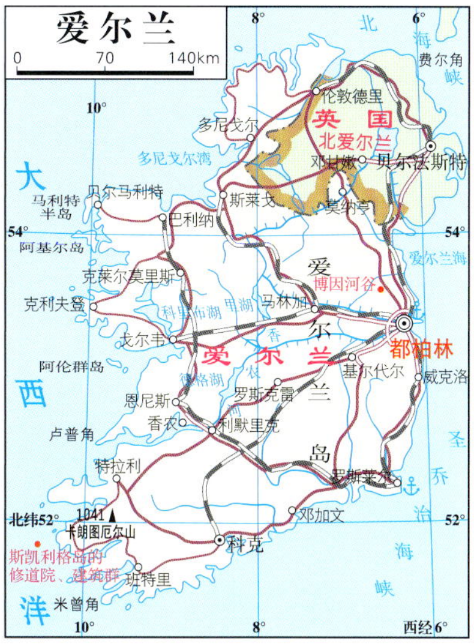

广义相对论的科学家，他所写的《相对论的数学理论》(1923) 被爱因斯坦誉为这个领域内最好的作品之一。1916～1926年，爱丁顿首次提出，在恒星内部能量由里向外转移的方式主要不是对流而是辐射，并用辐射平衡取代了对流平衡。他于1924年从理论上确立了恒星的质光关系，同年提出**白矮星**是一类低光度、高密度的星体的理论预言，后被证实。

爱尔兰 Ireland 欧洲西部岛国。位于大西洋的爱尔兰岛上。东北部与英国的北爱尔兰相接，东隔爱尔兰海、圣乔治海峡与大不列颠岛相望。面积70 282平方千米。人口447.07万(2010)。民族构成单一，约95%居民为爱尔兰人，属凯尔特人、古挪威人、诺曼人和英格兰人的后裔。居民94%信奉罗马天主教，其他信奉新教、长老会、循道宗和犹太教等。爱尔兰语和英语同为官方语言。但英语为通用语，学校均教授英语。首都都柏林。

全境地势低缓，约85%的部分在海拔200米以下。由中部平原和环列四周的滨海山地构成，形似一个碟形盆地。中部平原占全国总面积一半以上，间有低丘。位于西南端凯里山的卡朗图厄尔山海拔1 041米，为全国最高峰。主要河流香农河全长372千米（包括113千米的河口湾）。最大湖泊科里布湖，面积168平方千米。温带海洋性气候。植被以草原为主，森林覆盖率约6%。矿产资源丰富，有重晶石、铜、磷酸盐、石膏、石油和天然气等。尤以铅锌矿储量较丰，达9 840万吨，为欧洲最大的铅锌生产国。泥煤分布较广，约占全国面积的13%。

公元前4世纪，凯尔特人已在岛上居住。1世纪岛上出现按氏族组成的王国。4世纪起进入尼尔国王及其8个儿子和后裔（史称“九祖王”）统治爱尔兰的时代，历时600多年。759年，挪威人入侵，占领了爱尔兰的大片领土。1169年英国势力开始入侵，逐渐沦为英国的殖民地。1541年英王成为爱尔兰国王。17世纪爆发反英民族起义。1800年英国议会通过英国与爱尔兰合并法案，次年爱尔兰正式划入英国版图，成为“大不列颠及爱尔兰联合王国”。1916年，都柏林爆发抗英的“复活节起义”。1921年12月6日英国被迫允许爱尔兰南部26郡成立“自由邦”，北部6郡仍属英国。1937年爱尔兰通过新宪法，宣布“自由邦”为独立共和国，但仍留在英联邦内。1948年12月21日脱离英联邦。1949年4月18日爱尔兰共和国正式成立。英国承认爱尔兰独立，但拒绝归还北部6郡。

爱尔兰是中央集权的多党共和制国家。爱尔兰宪法于1937年经议会通过，后修改10次。宪法规定，总统为国家元首，由全民直接选举产生，任期7年，可连选连任一期。总统有权召集和解散议会，任命内阁总理及部长，并任军队最高统帅。议会由总统和参众两院组成。爱尔兰主要政党有共和党、进步民主党、统一党、工党、工人党、新芬党、绿党和共产党等。爱尔兰奉行军事中立政策。实行志愿兵役制。

传统上爱尔兰是个农牧业国家，素有“欧洲农村”之称。1973年加入欧洲共同体，依靠共同体的援助，经济获得持续发展。20世纪80年代以来，政府不断调整对内对外经济政策，工业生产迅猛发展，已成为爱尔兰经济的主要成分。特别是1993年后完成了由农牧经济向知识经济的过渡。1994～2000年，年均增幅超过8%，是经济合作组织中发展速度最快的国家，被誉为“欧洲小虎”。2009年国内生产总值1 635亿欧元。爱尔兰的经济全球化指数居世界前列。

主要工业部门有电子、电信、化工、制药、机械制造、采矿、纺织、食品加工、烟草、木材加工等。近年来，化工、电子工程、计算机软件产业发展迅速，是世界最大的软件出口国之一。传统的服装、制鞋、皮革、造纸、印刷等也有一定发展，但比例已明显下降。

农业以畜牧业为主，耕地和林地面积占整个陆地面积的75%。2008年农业总产值为58.22亿欧元。饲养牛、猪、羊等牲畜。种植业以小麦、燕麦、马铃薯、甜菜为主，粮食不能自给。

服务业已占重要地位，流通、运输及通信业产值占GDP的13.9%(2006)，而包括出租业的其他服务业产值约占GDP的36.7%(2006)。旅游业多年来稳步发展，2009年旅游收入52亿欧元，占GDP的3.18%。著名旅游景点为中西部湖区、沿海风景区和名胜遗迹等。

内陆交通运输以公路和铁路为主。公路总长9.6万千米，铁路总长3 314千米。海运承担了绝大多数国际贸易货物的运输。主要港口有都柏林、香农、科克等。全国有都柏林、香农、科克3个国际机场。

对外贸易在经济中占重要地位，2009年出口额1 141亿美元，进口623亿美元。主要出口机械、运输设备、化学药品、食品、饮料、烟草、科学仪器等，进口原料、半成品、石油等。英国和美国是爱尔兰的最大贸易伙伴。主要贸易对象还有欧盟其他成员国和日本、伊朗等国家。

爱尔兰的中小学实行义务教育，大学由国家提供部分经费。著名高等学府有爱尔兰国立大学、都柏林大学等。主要报刊有《爱尔兰时报》、《爱尔兰独立报》、《爱尔兰先驱晚报》、《观察者报》等。英国报

爱尔兰中部田园风光

纸在爱尔兰销量很大。国家广播电视总台用英语播音。另有爱尔兰语广播电台。

爱尔兰积极推进“小国外交”，重视联合国的作用，积极参与联合国维和行动。积极拓展海外市场。重视发展同美、英及欧盟的关系。奉行军事中立政策。1999年12月加入北约“和平伙伴关系”计划。主张同发展中国家进行合作。至2007年已同104个国家建立外交关系。1979年6月22日与中国建交。

爱尔兰岛 Ireland Island 欧洲第三大岛，不列颠群岛主岛之一。西临大西洋，与大不列颠岛以北海峡、爱尔兰海、圣乔治海峡相望。面积8.44万平方千米。人口625.96万(2009)。东北部称北爱尔兰，占总面积的16.8%，占总人口的40%，属英国；余属独立国家爱尔兰。全岛地势周高中低，四周群山环绕，海拔一般为600～700米，西南部卡朗图厄尔峰海拔1 041米，为全岛最高峰。中部平原宽广，河网稠密，湖泊众多，有香农河、科里布湖等。西海岸曲折，多深入内陆的海湾；东海岸比较平直。典型的海洋性气候。自然景观以草原为主，泥炭资源丰富，还有煤、铅、锌和磷灰石等矿。

爱尔兰共和军 Irish Republican Army; IRA 爱尔兰新芬党的军事组织。成立于1919年。前身是1913年成立的准军事组织“爱尔兰义勇军”。这个组织的目的是通过武装斗争，结束英国在北爱尔兰的统治，争取建立统一的爱尔兰共和国。

爱尔兰共和军于1954年宣布停止在爱尔兰境内的军事活动，集中力量对付驻扎在北爱尔兰的英国军队。在随后的40多年时间里，爱尔兰共和军在北爱尔兰和英国本土不断进行恐怖活动，成为英国政府最棘手的问题之一。

1994年爱尔兰共和军宣布，从8月31日午夜起彻底停止一切军事活动，实行“无条件和无限期的”的停火。1996年2月声称终止“完全停止军事行动”。1997年英国政府与爱尔兰共和军的政治组织新芬党进行会谈，并达成和平停火的意向。1998年4月，英国、爱尔兰两国政府同共和军等8个党派签署和平协议，规定2000年5月22日前，北爱尔兰各派包括爱尔兰共和军在内必须全部交出武器并予以销毁。但是在协议签订后，爱尔兰共和军一直拒绝缴械。在国际社会的斡旋下，2001年10月爱尔兰共和军宣布开始解除武装，2005年，解除武装的工作结束，从此持续动荡80年之久的北爱尔兰终于走上了和平的道路。

爱尔兰人 Irish 西欧民族之一。主要居住在爱尔兰共和国和大不列颠及北爱尔兰联合王国。部分散居美国、加拿大、澳大利亚

爱尔兰女孩

和新西兰等国。属欧罗巴人种大西洋波罗的海类型。使用英语和爱尔兰语（又称盖尔语，属印欧语系凯尔特语族）。多信天主教。爱尔兰人的先民主要是属于凯尔特部落群的盖尔人，并吸收有伊比利亚人、诺曼人、盎格鲁-撒克逊人的成分。伊比利亚人是爱尔兰岛上最早的居民，来自比利牛斯半岛。公元前4世纪，盖尔人从法国南部和西班牙北部来到这里（也有学者认为来自苏格兰），同化了伊比利亚人，成为爱尔兰民族的基础。罗马帝国统治不列颠时，他们所受的影响较小。从8世纪起，爱尔兰及其邻近岛屿常受到来自挪威的诺曼人的侵扰。来自法国的诺曼底人征服英格兰后，于1169年侵入爱尔兰。这些后来的民族大多通过与爱尔兰人通婚，逐渐盖尔化。

爱尔兰语 Irish language 爱尔兰的官方语言之一（另一种是英语）。又称盖德尔语或盖尔语。属印欧语系凯尔特语族海岛凯尔特语北支。

爱尔兰语和不列颠群岛其他凯尔特语言一样，有系统的“头音交替”音变。动词有人称、数、时、式、态的变化，名词、形容词和定冠词也有性、数、格的变化。人称代词除单用外，还有与动词或介词融合的特殊形式。句子的语序是动词位于主语之前。

爱尔兰语最古的文献见于公元4～8世纪。5世纪以后，出现以拉丁字母为基础的两种文字。两种文字同时使用。

爱尔兰自治法案 Home Rule Bills in Ireland 英国政府关于在爱尔兰实行自治的法案。又称地方自治法案。在19世纪末至20世纪初，曾先后提出3个法案。第1个法案，是1886年4月由自由党W.E.格莱斯顿政府提出的给予爱尔兰自治的法案。法案提出后，遭到保守党的猛烈抨击。结果，格莱斯顿政府垮台，自治法案夭折。1892年，自由党再度组阁，格莱斯顿向议会第2次提出自治法案。1893年2月，下院以301票对267票勉强通过。可是，上院否决了这个法案。

1906年为了取得爱尔兰议员的支持，自由党H.H.阿斯奎斯内阁于1912年4月向英国议会提出第3个自治法案。这个法案同样受到保守党的反对。历经波折，总算被英国下院三读通过，但仍遭上院否决。为了缓和局势，安定后方，英王乔治五世于1914年批准了法案，使之成为正式法令。1921年12月6日，英国政府和爱尔兰新芬党签订《英爱条约》，将爱尔兰一分为二，南部26个郡成立自由邦，享有自治权，而北部6个郡仍留在英国。

爱尔维修 Helvétius, Claude-Adrien (1715-01-26～1771-12-26) 法国启蒙思想家、哲学家。生于巴黎，卒于巴黎。早年接受自由主义思想，曾任总包税官，后辞职专事著述。他继承和发展了J.洛克的唯物主义经验论，反对“天赋观念”和“内省”经验，认为感觉是一切知识的根本源泉，但他走向极端，认为一切都可归结到感觉。他试图建立以人性论为基础的道德学说，认为自爱心是人的本性，利益是决定人的行为的动力和判断人的行为的道德标准，提出“合理利己主义”观点。认为人的性格取决于社会环境和政治制度。他主张教育万能，要求清除天主教的蒙昧主义和封建专制，通过发展教育完善社会政治制度和法律，为人创造有利于发展私欲的环境。著有《论精神》、《论人的理智能力和教育》等。

“爱国者”导弹 Patriot Missile 美国研制的全天候、全空域地空导弹。属第三代地空导弹。用于区域防空，拦截来袭的飞机、战术弹道导弹和巡航导弹。1985年装备部队，曾出口德国、荷兰、沙特阿拉伯、科威特等国，日本还获准生产该导弹。弹长5.20米，弹径0.41米，翼展0.87米，发射质量1吨，最大射程100千米，最大射高24千米，最大飞行速度马赫数5～6，单发杀伤概率大于80%。采用破片杀伤式战斗部和无线电近炸引信。制导方式为初段程序制导，中段无线电指令制导，末段半主动雷达（TVM）制导。发射方式为四联装发射

筒倾斜(38°)发射。采用AN/MPQ-53多功能相控阵雷达，作用距离150千米，能完成对目标的探测、识别、跟踪、制导及反电子干扰等多种功能。在1991年海湾战争中，多国部队曾用“爱国者”导弹拦截多枚伊

“爱国者”导弹发射

拉克发射的“飞毛腿”地地导弹。

爱国主义 patriotism 历史形成的忠诚和热爱自己祖国的感情，以及由此所产生的思想观念和行为实践。人类随着定居生活的出现而产生爱乡土的感情，后随着民族和国家的形成，这种感情逐渐发展成明确的民族意识和祖国之爱。爱国主义的思想和行为，中国古代早已出现。《战国策·西周策》载，游腾谓楚王曰：“周君岂能无爱国哉？恐一日之亡国而忧大王。”爱国主义不仅是人们长期凝结起来的对祖国的深厚感情和忠诚观念，以及一种以热爱祖国为基础的，包含着热爱、建设、保卫和报效祖国的社会心理和社会意识形式，也是人们保卫祖国、建设祖国的行为实践。同时，爱国主义反映在个体与社会的关系上又是基本的道德规范和政治准则。作为道德规范，它是以人们的内心信念和良知等来自觉实行的，个人把个人利益服从祖国利益看作应尽的道德义务。作为政治准则的爱国主义既肯定祖国主权的神圣性和不可侵犯，又强调国家民族利益的至高无上。爱国主义又是一个社会历史范畴。但就其总体而言，爱国主义也具有一以贯之的共同的基本内容，表现为：①致力于发展祖国的经济文化；②坚决维护各民族的团结和祖国的统一；③坚决反对外来侵略，挺身而出保卫祖国；④立志革故鼎新，报效祖国，同一切阻碍社会进步的反动势力及其制度作斗争，推动祖国朝着繁荣富强的方向前进。

爱克哈特 Eckhart, Meister Johannes (约1260～1327) 德国神秘主义者、神学家兼哲学家。生于图林根霍赫海姆贵族家庭。1275年加入多明我会，先后在许多地区任多明我会会长及大学教授。在神学上主张上帝与万物融合，人为万物之灵，人性是神性的闪光，人不仅能与万物合一，还能与上帝合一。其思想是德国新教、浪漫主义、唯心主义、存在主义的先驱。1326年被指控为异端。著有《讲道集》、《神的安慰》等。

爱丽舍宫 Elysee, Palais de l' 巴黎古建筑。法兰西共和国总统府所在地。坐落在巴黎市中心，福波·圣奥诺雷路、爱丽舍路以及加布里埃尔大道和玛尔人基宜大道之间。建于1718年，为一座大石块砌成的两层楼建筑。室内陈设有17、18世纪各朝镀金雕刻家具、名贵挂毯、精致座钟以及大量著名油画和其他珍贵艺术品。宫殿后部是花园。爱丽舍宫曾为法国国王路易十五、路易十六等私人所有。曾名“波旁大厦”。1793年在法国大革命中被没收为公产，取名爱丽舍，意为“天国之乐土”。1848年拿破仑三世将其改为皇宫。1879年法兰西第三共和国总统颁布法令，正式规定爱丽舍宫为

爱丽舍宫前的迎宾仪式

共和国总统府。新闻报道常以爱丽舍宫作为法国总统的代称。

爱利亚学派 Eleatic school 产生于公元前6世纪意大利南部爱利亚城邦的哲学派别。先驱者为克塞诺芬尼，创始者为巴门尼德，代表人物还有芝诺(爱利亚的)。克塞诺芬尼提出“神”是不动的“一”，巴门尼德则由此概括出“存在”是不动的“一”，认为具体的事物是虚伪的，唯有抽象的“存在”才是真实的。芝诺提出一系列论证来维护巴门尼德的观点。麦里梭修正和发展巴门尼德的某些观点，认为“存在”是无限的和不能创造的。该学派前后延续了1个世纪，在西方哲学史上地位重要。

爱伦堡 Ehrenburg, Ilya Grigorievich (1891－01－27～1967－08－31) 苏联作家、社会活动家。生于基辅，卒于莫斯科。1908年流亡巴黎。1910年开始发表诗作。1915～1917年在前线任军事记者。1917年回国。历任保卫世界和平委员会副主席等职。长篇小说《巴黎的陷落》(1941)以第二次世界大战时作者目睹的法国沦陷为题材。《暴风雨》(1946～1947)是一部反映“二战”时整个欧洲战场全过程的史诗性作品。结构复杂、人物众多，画面广阔。其他主要作品还有长篇讽刺哲理小说《胡里奥·胡列尼托及其门徒奇遇记》(1922)；批判资本主义社会和资产阶级道德的短篇小说集《十三个烟袋》(1923)；反映苏联社会主义建设中新人成长的长篇小说《第二天》(1933)；呼吁世界各国人民奋起斗争的政论集《战争》(3卷，1942～1944)；反映战后生活的长篇小说《九级浪》(1951～1952)；贯穿反对个人崇拜思想的中篇小说《解冻》(1954～1956)；记录了作者一生的经历、见闻和感受的回忆录《人、岁月、生活》(6卷，1961～1965)等。

爱伦·坡 Allan Poe, Edgar (1809－01－19～1849－10－07) 美国诗人、小说家、批评家。生于波士顿，卒于巴尔的摩。幼年丧失父母，随养父母赴英国受教育。后回国就读弗吉尼亚大学及西点军校。1831年被军校开除，在巴尔的摩、里士满、纽约与费城等地写稿，并参与编辑工作。1847年后精神日益失常。

爱伦·坡的诗集有《帖木儿》(1827)、《艾尔·阿拉夫》(1829)、《诗集》(1831)，诗中大多是古怪、奇特、病态的形象。他强调写忧郁的情绪，著名的《乌鸦》(1845)一诗就是这方面的代表作。这首诗悲叹死去的爱人，流露了诗人阴郁的心理。诗中的乌鸦对诗人的一切提问都以“永不复返”作答，表达了一种绝望的情绪。这是他诗歌的基调。

爱伦·坡开创了美国侦探小说和科幻小说的先河，是西方侦探小说的鼻祖。他的短篇小说大致可分为恐怖小说和推理小说两种。共约70篇，收入《述异集》(1840)中。他自称他的小说的特点在于“把滑稽提高到怪诞，把害怕发展到恐惧，把机智夸大成嘲弄，把奇特变成怪异和神秘”。

爱伦·坡的文学批评论著有《创作哲学》(1846)、《诗歌原理》(1850)等，这些著作强调纯艺术观念，

推崇唯美主义诗学与创作技法。

爱美剧 amateur drama 20世纪20年代中国兴起的非职业戏剧运动。又称爱美的戏剧。1921年1月，汪优游在五四新思潮推动下，针对文明戏商业化的弊病，首次提出组织一个非营业性质的独立剧团的设想，并与陈大悲等成立了民众戏剧社。不久，陈大悲著《爱美的戏剧》一书，在社会上引起热烈反响，爱美剧迅速取代已经没落的文明戏，成为20年代初期中国话剧运动的主流。

爱美剧运动是现代话剧在中国舞台上最初的尝试，它在批判文明戏的基础上，介绍西方戏剧的学说与方法，要求采取欧洲近代写实主义戏剧的形式，演出用剧本，设立导演，打破文明戏原有的角色分派制度和名角制度，舞台布景改平面景为立体景。中国话剧现实主义的演剧体制，经由爱美剧运动得以正式确立。

爱明内斯库 Eminescu, Mihai (1850-01-15～1889-06-15) 罗马尼亚诗人。原名米哈伊·爱明诺维奇。生于博托沙尼，卒于布加勒斯特。早年曾为剧团演员并从事文学创作。1869年在维也纳和柏林攻读哲学，这对他的创作颇具影响。1874年秋回国。曾任图书馆馆长、学监和编辑。6年后，诗人在贫病中去世。

他一生短暂，但文学创作丰富。主要有政治诗歌《穆雷沙努》、《我希望你些什么呢，可爱的罗马尼亚》、《不肖子孙》、《皇帝和无产者》和《信》等名篇；情诗《山坡上的黄昏》、《蓝色的花儿》、《树林的故事》、《啊，留下吧》、《孤零零的杨树》；取材于民间文学的叙事诗《疯人格林》和神话故事诗《泪水中的英俊少年》等。他的诗内容丰富，思想深邃，采取了较抽象的表现手法，艺术构思更为完美。代表了爱明内斯库的创作高峰的《金星》，是一首用民歌体写成、阐述诗人世界观的浪漫主义长诗。

爱明内斯库的诗歌继承了浪漫主义传统，是罗马尼亚诗歌创作的典范。

爱默生 Emerson, Ralph Waldo (1803-05-25～1882-04-27) 美国思想家、散文作家、诗人。生于波士顿，卒于康科德。17岁毕业于哈佛学院。1828年成为波士顿第二教堂牧师，后放弃神职，于1833年赴欧洲游历。回国后于1836年出版《论自然》一书，这部书几乎包含了他所有重要思想的胚芽。他认为精神法则存在于自然的中心，自然对人来说，

不仅是物质，也是过程和结果；每一个自然过程都是精神的体现。他在书中还阐述了他的美学观，认为美是上帝给德行打下的印记，美的创造是艺术，对美的爱慕便是趣味，美是诗人追求的主要目的。

1837年8月31日，爱默生以“论美国学者”为题发表演讲，抨击美国社会中灵魂从属于金钱的拜金主义和资本主义劳动分工使人异化为物的现象，强调人的价值。对美国民族文化的兴起产生重大影响。

1838年7月15日，爱默生发表著名演讲《神学院致辞》，指出只要一个人秉心公正，他在一定范围内便是上帝；呼吁用原始的真理代替传统的宗教形式。爱默生哲学思想的基本出发点是反对权威，崇尚直觉；核心是主张人能超越感觉和理性而直接认识真理。

1840～1844年，爱默生任评论季刊《日晷》主编，是超验主义运动的主要代表。提倡个性的绝对自由和社会改革。南北战争时期，他为庆祝《黑奴解放宣言》的颁布，写了著名的《波士顿颂》一诗，为黑人的平等权利而呼吁。

爱默生的著作大多用散文写成，其他主要作品还有《论自助》、《论超灵》等，收在《论文集》(1841) 和《论文集：第二辑》(1844) 中。1847、1867年分别出版两册《诗集》。此外还有《代表人物》(1850)、《英国人的性格》(1856) 等。

爱泼斯坦 Epstein, Israel (1915-04-20～2005-05-26) 中国新闻记者。原籍波兰，1917年移居中国，1957年入中国籍。卒于北京。曾任《京津泰晤士报》、《北平时事日报》记者。1937年作为美国合众国际社记者，曾在台儿庄等抗日前线采访。1944年5月参加中外记者西北参观团，访问陕北和晋西北抗日民主根据地，写了数十篇文章在美、英、印、澳大利亚等国报刊上发表。1945年到美国任《劳动联合新闻》总编辑。1951年3月应宋庆龄邀请，返回中国参加《中国建设》杂志的创刊工作。1964年加入中国共产党。1979年起任《中国建设》总编辑。六届全国政协常务委员。1955～1985年，

爱泼斯坦曾4次进入西藏采访，撰写了《西藏的转变》一书。多年来他还参与《毛泽东选集》、《邓小平文选》英译本的审定工作。著有《人民之战》、《记者的笔记本》等。

爱琴海 Aegean Sea 地中海东部海域，在希腊半岛和小亚细亚半岛（土耳其）之间，东北经达达尼尔海峡、马尔马拉海、博斯普鲁斯海峡与黑海相连，南至克里特岛。南北长600多千米，东西宽约300千米，面积21.4万平方千米。平均深度570米，最深处在克里特岛以东，达3 543米。属地中海式气候，盐度36～39。产沙丁鱼和海绵。大小岛屿星罗棋布，有“群岛海”之称。绝大部分岛屿属希腊。沿海主要港口有比雷埃夫斯港、塞萨洛尼基港、伊兹密尔港等。

爱琴文明 Aegean Civilizations 欧洲青铜时代文化。分布于爱琴海克里特岛及其周围地区以及希腊大陆。年代为公元前3500～前1100年。依地区分为：克里特岛的米诺斯文明、希腊半岛的迈锡尼文明和爱琴海诸岛的基克拉泽斯文明。约在前3500～前2600年，爱琴各地先后进入青铜时代，并在欧洲率先进入文明时代，其中爱琴诸岛最早，约自前3500年开始；克里特岛次之，约自前3000年开始；希腊半岛最晚，约自前2600年左右开始。爱琴地区进入铁器时代后，欧洲其他地区才进入文明。19世纪70年代德国考古学者H.谢里曼在希腊和小亚细亚的发掘，20世纪初英国考古学者A.伊文斯在克里特岛的发掘，发现城市、宫殿、住宅、陵墓和城堡等遗址，极大地推动了世界对爱琴文明的研究。

爱情 love 人际吸引的最高水平。加拿大心理学家A.李约翰总结出6种爱情的类型：①情人型，即浪漫式爱情。②游戏型，即游戏式爱情。③友爱型，即伴侣式爱情。④躁狂型，即占有式爱情。⑤无私型，即奉献式爱情。⑥实用型，即现实式爱情。美国心理学家R.J.斯滕伯格提出爱情的三角形理论，认为爱情有亲密、激情、决定/承诺三种成分。斯滕伯格将其形象地比喻为爱情三角形的顶点。亲密大部分来自情感性投入，激情大部分来自动机性卷入，而决定或承诺大部分来自认知性。根据这三种成分在爱情中的多寡情况，可以把人类的爱情关系区分为不同的类型。心理学研究表明，父母的干涉往往不会如愿以偿，相反会加强青年人之间的恋爱，这被称为“罗密欧和朱丽叶效应”。

爱森斯坦 Eisenstein, Sergey Mikhaylovich (1898-01-22～1948-02-11) 苏联电影导演、电影艺术理论家、教育家。生于里加（今

拉脱维亚首都），卒于莫斯科。曾获艺术学博士学位。1921～1922年进入由戏剧家V.E.梅耶荷德指导的高级导演班学习。1922年发表《杂耍蒙太奇》，标志着苏联蒙太奇理论的诞生。1925年导演的《罢工》被《真理报》看作“第一部真正无产阶级的影片”。同年拍摄的《战舰波将金号》发展了《罢工》的思想主题倾向和美学原则。影片中的石狮子、敖德萨阶梯等一系列场面，成为世界电影的经典。在1958年布鲁塞尔国际电影节上，该片被评为电影问世以来12部最佳影片之首。1932年拍摄描述墨西哥历史的《墨西哥万岁》，探索单镜头画面的运动、节奏和结构。此后他拍摄的历史巨片《亚历山大·涅夫斯基》和《伊凡雷帝》在叙事结构、声音的运用上都有创新。爱森斯坦的艺术实践和电影理论从影片整体结构、蒙太奇、声画结合、画面结构等许多方面都丰富了电影的表现力。

爱沙尼亚 Estonia 欧洲东北部国家。位于波罗的海东岸，北濒芬兰湾，西临里加湾，东与俄罗斯接壤，南与拉脱维亚为邻。包括萨雷马岛、希乌马岛、穆胡岛等数以百计岛屿，海岸线长3 794千米，面积45 277平方千米。人口132.3万（2010）。居民中爱沙尼亚族占65%，俄罗斯族占29%，其余为乌克兰族、白俄罗斯族、芬兰族等。爱沙尼亚语为官方语言，也使用英语和俄语。绝大部分居民信奉基督教新教，少数人信仰东正教和天主教。首都塔林。

境内地势低平，间有低矮的丘陵。属

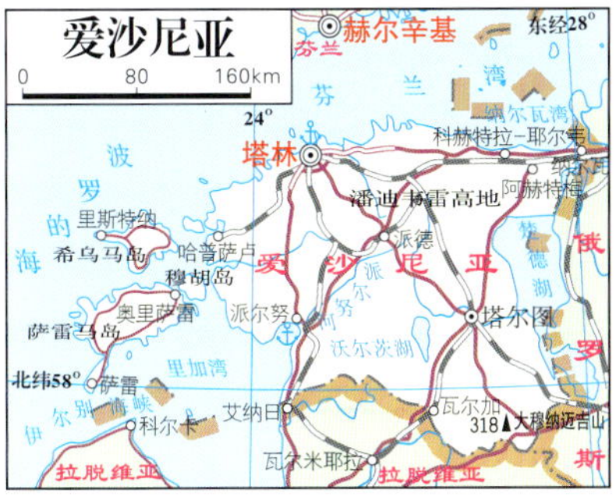

温带海洋性气候向温带大陆性气候过渡类型。多河流和湖泊，其中派尔努河为最大河流。自然资源主要有油页岩、磷灰岩、泥炭等。森林覆盖率为46.7%，以针叶林为主。海洋渔业资源丰富。

公元前2世纪芬兰－乌戈尔人来到波罗的海，成为爱沙尼亚先民。10～11世纪爱沙尼亚东部地区并入基辅罗斯。1227年起爱沙尼亚成为立窝尼亚的一部分。16世纪末被瓜分，北部属瑞典，南部属波兰－立陶宛王国，萨雷马岛属丹麦。1721年北方战争后，爱沙尼亚并入俄国。1918年2月爱沙尼亚资产阶级政权宣告为独立国家。1939年8月苏联同德国签订《苏德互不侵犯条约》，爱沙尼亚划归苏联。1940年8月正式并入苏联，成为其加盟共和国。1991年8月20日，爱沙尼亚宣布完全独立。

爱沙尼亚在政治上实行三权分立的议会民主制和多党制。议会为一院制，普选产生101席议员，任期4年。总统是国家元首兼武装力量最高统帅。政党众多，主要有共和国党、改革党和人民联盟，其他政党有中间党、温和党、联合人民党等。1991年9月被接纳为联合国成员国。1999年底正式加入世界贸易组织。2004年5月加入欧洲联盟。已与世界116个国家建立外交关系。1991年9月11日与中国建交。

发达的工业农业国。独立以来，实行自由市场经济，推行私有化，国民经济运行良好。经济结构比较合理。国内生产总值191亿美元（2009）。工业在国民经济中占主导地位，重要部门有食品加工、木材加工、机械设备制造、化学、电力、电子、纺织等。人均发电量居世界前列。农业用地约占国土面积31.65%。畜牧业产值占农业总产值的70%，主要饲养乳牛、肉牛和猪；种植业以生产麦类谷物和马铃薯、蔬菜等为主。旅游业发展较快，主要旅游点有塔林、塔尔图、派尔努、萨雷马岛、希乌马岛等。境内有铁路1 229千米，公路58 034千米。海运较发达，塔林港是波罗的海主要港口之一，还有哈普萨卢、派尔努、昆达、帕尔迪斯基等港口。全国共有38个民航机场（2002）。2009年对外贸易额约191.3亿美元，历年外贸逆差，主要贸易伙伴有芬兰、瑞典、德国、俄罗斯等国。货币名称爱沙尼亚克朗，实行与欧元挂钩的固定汇率制。

文化教育事业发达，全国已基本无文盲。实行9年义务教育。2009年共有575所各类中小学校，51所各类技术职业学校。高等教育机构34所。文化设施众多。全国发行《爱沙尼亚日报》、《民族之声》、《爱沙尼亚》、《消息报》等500多种报纸。主要通讯社有爱沙尼亚通讯社和波罗的海通讯社。电视台有国家电视台及私营电视台。主要的广播电台有爱沙尼亚电台、布谷电台、俄罗斯电台等。

爱沙尼亚人 Estonians 东欧波罗的海东北沿岸的民族。自称爱斯特拉塞德人。约110万人（2001）。主要分布在爱沙尼亚共和国，部分分布在俄罗斯、拉脱维亚、格鲁吉亚、乌克兰等国。另有部分人散居美国、瑞典和加拿大等国。属欧罗巴人种波罗的海类型。使用爱沙尼亚语，属乌拉尔语系芬兰－乌戈尔语族。有以拉丁字母为基础的拼音文字。信基督教路德宗，南部和岛屿地区居民多信东正教。其远祖早在公元前3000年就已居住在今爱沙尼亚地区。前5世纪称楚德人。后来，曾接纳来自南方的列托－立陶宛人，中世纪时又吸收了部分北日耳曼人和东斯拉夫人。13世纪30年代至16世纪中叶，受日耳曼十字军统治。17世纪中叶起，又先后遭受瑞典和沙皇俄国的侵袭。1721年被沙俄兼并。1940年成立爱沙尼亚苏维埃社会主义共和国，加入苏联。1991年脱离苏联，建立独立的爱沙尼亚共和国。自古从事农业和畜牧业，种植稞麦、燕麦、大麦、马铃薯等，饲养牛、猪和羊；沿海地区以捕鱼为生。制革和家具生产等手工业颇负盛名。主要工业部门有油页岩的开采和加工、机器制造等。传统的农舍是用圆木柱架成的壁桁式建筑。妇女上身穿古

爱沙尼亚王宫

爱沙尼亚人一家

罗马式的白色短袖衬衫，下身穿宽大的黑色百褶裙。男子穿对襟黑色长大褂。

爱沙尼亚语 Estonian language 爱沙尼亚的官方语言。属乌拉尔语系芬兰-乌戈尔语族芬兰语支。除分布于爱沙尼亚外，还分布于俄罗斯、拉脱维亚和北美等地。通常分为两组方言：北部方言（又称塔林方言）和南部方言（又称塔尔图方言）。北部方言是爱沙尼亚标准语言的基础。19世纪后半叶，统一的民族语言开始形成。

爱沙尼亚语有9个元音和16个辅音。元音和辅音各有三阶音长（短、长、特长），有辅音交替现象，但并不要求元音和谐。主要重音落在词的第一个音节上。爱沙尼亚语是有词尾变化的黏着型语言。语法方面有数和格的变化，没有性的区别；动词有变位和不变位形式。词与词之间的句法关系主要由一些词的语法形态和虚词表示。句中的语序比较自由，通常为主-动-宾型语言。近代有许多来自德语、俄语和拉脱维亚语的借词。文字采用拉丁字母。

爱斯基摩-阿留申语系 Eskimo-Aleut family 语种很少、分布地区广泛的一个语系。从格陵兰岛越过加拿大的北极地区，直达阿拉斯加和西伯利亚。该语系划分为爱斯基摩语族和阿留申语族。包括爱斯基摩语和阿留申语等。爱斯基摩语分为东、西两支方言：东支即因纽特语，使用于格陵兰加拿大北部及阿拉斯加部分地区；西支即尤皮克语，使用于阿拉斯加大部分地区和西伯利亚。爱斯基摩语的使用人口超过8.5万。阿留申语分布于阿留申群岛，只有几百人使用。

爱斯基摩人 Eskimo 亚洲东北角和美洲北极地区土著居民因纽特人的旧称。

爱斯基摩文化 Eskimo Culture 北极地区因纽特人（又称爱斯基摩人）的史前文化。

象牙和骨制鱼镖

年代约从公元前10～公元16世纪。起源于白令海峡地区，后逐渐扩展到阿留申群岛、阿拉斯加沿海、加拿大北部、纽芬兰岛以及格陵兰岛地区。源于北极小工具传统及阿留申石核和石片工具传统。经长期发展，因纽特人适应北极苔原、冻土地区的环境，形成具有鲜明特色的文化。居民以捕食海兽和畜养驯鹿为生，代表性遗物是套索鱼镖、燧石刀和各种雕饰。居住遗址以半地穴式房址多见，房子多用木头、鲸鱼骨或石头建成，屋内多有火塘，保暖性强，显然是为了适应北极严寒地区环境而形成的建筑传统。爱斯基摩文化的晚期代表是发现于格陵兰岛西海岸的图勒文化，自10世纪一直延续至历史时代，已进入铁器时代，人们以获取海兽为生，其居民是现代因纽特人的主要族源。

爱薛 Isa (1227～1308) 仕于中国元朝的基督教徒。原籍叙利亚。卒于上都。蒙哥之母唆鲁禾帖尼笃信基督教，1246年，闻知爱薛之父不鲁麻失的才能，奏请贵由汗遣使邀请，不鲁麻失以年高推辞。爱薛继承家学，通晓西域多种语言，擅长星历、医药之术，代父应召，入侍贵由汗及唆鲁禾帖尼母子，深为蒙哥信任。忽必烈即汗位，爱薛仍当侍从，建议设西域星历、医药的官署。至元十年（1273），爱薛所创的京师医药院改为广惠司，仍由他管领，兼为有残疾的穷苦人治病施药。爱薛从基督教徒的立场出发，谏止忽必烈大作佛事。二十年，随孛罗丞相出使伊利汗国。孛罗被伊利汗国所留用。爱薛备尝艰险，历时两年返回大都。忽必烈对其倍加器重。二十四年，爱薛被任为秘书监卿，掌历代图籍和阴阳禁书。二十六年，爱薛兼崇福司使，管也里可温十字寺（基督教堂）礼拜等事。三十一年，加授翰林学士承旨，兼修国史。大德十一年（1307），封秦国公。

爱因汉姆 Arnheim, Rudolf (1904-07-15～2007-06-09) 德国心理学家、美学家。又译阿恩海姆。生于柏林，卒于美国密歇根。早年在柏林大学攻读心理学。1939年移居美国，在哈佛大学任艺术心理学教授。他从心理学角度研究电影，主要电影论著是1932年出版的《电影作为艺术》一书，译成英文时改名为《电影》。他认为，艺术活动和审美活动归根结底是在感性上对形式的把握，对它们的研究应当通过心理学的途径。从这一根本观点出发，他把艺术与现实之间的不同一性视为艺术的源泉，认为艺术潜力的发挥即是在艺术地运用这种不同一性。就电影来说，他将电影形象与现实事物之间的这种不同一性归结为视觉可见性、照相记录性和蒙太奇。他对电影形象特性的研究结论是以无声电影为依据的。1957年爱因汉姆修订重版《电影作为艺术》，强化了他维护无声电影的立场，猛烈反对有声、彩色等一切电影技术上的进步现象。

爱因斯坦 Einstein, Albert (1879-03-14～1955-04-18) 美籍犹太裔物理学家，20世纪最伟大的自然科学家之一。生于德国符腾堡乌耳姆一个经营电器作坊的犹太人家庭，卒于美国新泽西普林斯顿。自幼喜爱音乐，是一名熟练的小提琴手。1900年毕业于苏黎世联邦工业大学并取得瑞士籍。后在伯尔尼瑞士专利局找到固定工作。他早期的一系列历史性成就都是在这里作出的。1909年出任苏黎世大学理论物理学副教授。1914年应M.普朗克和W.H.能斯特的邀请，回德国任威廉皇家物理研究所所长兼柏林大学教授。1933年A.希特勒上台，爱因斯坦因为是犹太人，又坚决捍卫民主，首遭迫害，被迫移居美国的普林斯顿。1940年入美国籍。1945年退休。

爱因斯坦在量子论、分子运动论、相对论等物理学的三个不同领域取得了历史性成就，特别是狭义相对论的建立和光量子论的提出，推动了物理学理论的革命。

量子论的进一步发展 爱因斯坦的一项开创性贡献是发展了量子论。量子论是普朗克于1900年为解决黑体辐射谱而提出的一个假说。他认为物体发出辐射时所放出的能量不是连续的，而是量子化的。然而，大多数人包括普朗克本人在内，都不敢把能量不连续概念再向前推进一步，甚至一再企图把这一概念纳入经典物理学体系。爱因斯坦预感到量子论带来的不是小的修正，而是整个物理学的根本变革。1905年他在《关于光的产生和转化的探讨》一文中，把普朗克的量子概念扩充到光在空间中的传播，提出光量子假说，认为：对于时间平均值（即统计的平均现象），光表现为波动；而对于瞬时值（即涨落现象），光表现为粒子。这是历史上首次揭示了微观粒子的波动性和粒子性的统一，即**波粒二象性**。以后的物理学发展表明：波粒二象性是整个微观世界的最基本的特征。根据光量子概念，他圆满地解释了经典物理学无法解释的光电效应的经验规律，为此获得1921年诺贝尔物理学奖。1916年他又把量子概念扩展到物体内部的振动上去，基本上说明了低温下固体比热容同温度间的关系。1916年他继续发展量子论，从N.玻尔的量子跃迁概念导出黑体辐射谱。在这项研究中他把统计物理概念和量子论结合起来，提出自发发射及受激发射等概念。从量子论的基础直到受激发射概念，对天体物理学有很大的影响。其中受激发射概念，为20世纪60年代蓬勃发展起来的激光技术提供了理论基础。

分子运动论 爱因斯坦在《根据分子运动论研究静止液体中悬浮微粒的运动》一文中，以原子论解释布朗运动。这种运动是一些极小的微粒悬浮在液体中的不规则运动，首先被R.布朗发现。3年后，法国物理学家J.B.佩兰以精密的实验证实了爱因斯坦的理论预测，从而解决了半个多世纪来科学界和哲学界争论不休的原子是否存在的问题，使原子假说成为一种基础巩固的科学理论。

相对论 作为爱因斯坦终生事业的标志是他的相对论。他在1905年发表的题为《论动体的电动力学》的论文中，完整地提出了**狭义相对论**，在很大程度上解决了19世纪末出现的经典物理学的危机，推动了整个物理学理论的革命。19世纪末是物理学的变革时期，新的实验结果冲击着**伽利略**、**I.牛顿**以来建立的经典物理学体系。以**H.A.洛伦兹**为代表的老一代理论物理学家力图在原有的理论框架上解决旧理论与新事物之间的矛盾。爱因斯坦则认为出路在于对整个理论基础进行根本性的变革。他根据惯性参考系的相对性和光速的不变性这两个具有普遍意义的概括，改造了经典物理学中的时间、空间及运动等基本概念，否定了绝对静止空间的存在，否定了同时概念的绝对性。狭义相对论最出色的成就之一是揭示了能量和质量之间的联系，质量（m）和能量（E）的相当性：$E=mc^2$，是作为相对论的一个推论。由此可以解释放射性元素（如镭）所以能放出大量能量的原因。质能相当性是原子物理学和粒子物理学的理论基础，满意地解释了长期存在的恒星能源的疑难问题。狭义相对论成为后来解释高能天体物理现象的一种基本的理论工具。

狭义相对论建立后，爱因斯坦力图把相对性原理的适用范围扩大到非惯性系。他从伽利略发现的引力场中一切物体都具有同一加速度（即惯性质量同引力质量相等）的实验事实，于1907年提出了等效原理："引力场同参照系的相当的加速度在物理上完全等价。"并且由此推论：在引力场中，时钟要走快，光波波长要变化，光线要弯曲。经过多年的努力，终于在1915年建立了本质上与牛顿引力理论完全不同的引力理论——**广义相对论**。根据广义相对论，爱因斯坦推算出水星近日点反常进动，同观测结果完全一致，解决了60多年来天文学一大难题。同时，他推断由遥远的恒星所发的光，在经过太阳附近会弯曲。这一预言于1919年由A.S.爱丁顿通过日食的观测而得到证实。1916年，他预言引力波的存在。后人通过对1974年发现的射电脉冲双星PSR1913+16的周期性变化进行了四年的连续观测，1979年宣布间接证实了引力波的存在，对广义相对论又是一个有力的证明。

广义相对论建立后，爱因斯坦试图把广义相对论再加以推广，使它不仅包括引力场，也包括电磁场，就是说要寻求一种统一场理论，用场的概念来解释物质结构和量子现象。由于这是当时没有条件解决的难题，他至逝世前仍未完成。70年代和80年代一系列实验有力地支持电弱统一理论，**统一场论**的思想以新的形式又开始活跃起来。

社会进步事业 爱因斯坦在科学思想上的贡献，只有**N.哥白尼**、牛顿和**C.R.达尔文**可以与之媲美。他还以极大的热忱关心社会，关心政治。第一次世界大战期间，他投入公开的和地下的反战活动。1933年纳粹攫取德国政权后，爱因斯坦是科学界首要的受迫害对象，幸而当时他在美国讲学，未遭毒手。1939年获悉铀核裂变及其链式反应的发现，在匈牙利物理学家**L.西拉德**的推动下，上书罗斯福总统，建议研制原子弹，以防德国抢先。美国于1945年在新墨西哥州试验成功。第二次世界大战结束前夕，美国在日本广岛和长崎上空投掷原子弹，爱因斯坦对此强烈不满。战后，为开展反对核战争的和平运动和反对美国国内法西斯恐怖，进行了不懈的斗争。

图1　爱因斯坦（右）与玻尔交谈

图2　爱因斯坦（左）与爱丁顿讨论光受大质量的物体影响产生偏离的现象

爱因斯坦对当时中国劳动人民的苦难寄予深切同情。九一八事变后，他一再呼吁，用联合的经济抵制的办法制止日本对华军事侵略。1936年沈钧儒等"七君子"因主张抗日被捕，他热情参与了正义的营救和声援。

爱因斯坦 Einstein, Hans Albert (1904-05-14～1973-07-26) 美籍犹太裔泥沙专家。生于瑞士伯尔尼，卒于美国马萨诸塞州。1936年在瑞士苏黎世联邦理工学院取得科学博士学位。1938年移居美国，先后在美国农业试验站、农业部加州理工学院研究站从事研究工作。1947年任加州大学伯克利分校副教授、教授。1971年退休。

爱因斯坦首先提出泥沙应划分为床沙质和冲泻质的概念，并阐述了两者的来源、对河床演变的作用及其数量估计的不同。他提出冲积河流阻力叠加原理，给出划分河床阻力和河岸阻力的方法，并把阻力与泥沙运动联系起来，这些概念和方法已被普遍接受和应用。1959年获美国土木工程师学会的水力学研究奖，1960年获斯蒂文斯奖。

爱因托芬 Einthoven, Willem (1860-05-21～1927-09-28) 荷兰生理学家。生于印度尼西亚爪哇，卒于荷兰莱顿。1879年入乌得勒支大学医学院。1885年获博士学位，1886年后任莱顿大学生理学教授。他是荷兰皇家科学院的成员。由于研究**心电图**机理、发明心电图描记器，获1924年诺贝尔生理

学或医学奖。

1887年英国生理学家A.D.沃勒用毛细管静电计记录了心动电流图。1895年爱因托芬在此基础上开始心脏动作电流的研究，改进了德·阿森瓦尔氏的镜影电流计，1903年设计了弦线式电流计，确定了心电图的标准测量单位。并选择双手与左脚安放电极板，组成三种标准导联。1912年研究了正常心电图的变动范围，提出“爱因托芬三角”理论。主要著作有《色差实体镜》、《弦线电流计和心脏动作电流的测量》。

爱资哈尔大学 al-Azhar University 世界最古老的大学。也是一所伊斯兰最负盛名的大学。校址在埃及开罗爱资哈尔清真大寺内，970年由法蒂玛王朝创建。988年哈里发·阿齐兹建造了其附属建筑“迈德拉萨”(高等教育设施)，即现在的爱资哈尔大学的前身。1936年，清真寺和大学分开，但非穆斯林仍不能入学。1962年开始招收女生，但男女生分别进入不同的学院学习。

爱资哈尔大学的开罗本部设有伊斯兰神学、伊斯兰教法和法律、阿拉伯文学、教育、语言和翻译学、医学、药学、牙科学、农学、商学、工程学等学院。学校的研究中心主要有国际伊斯兰人口研究中心、赛力·阿卜杜拉·卡梅尔伊斯兰商业研究中心、心脏外科中心、爱资哈尔大学环境保护中心等。

爱资哈尔清真大寺 ‘al-Azhar, al-Jāmi 伊斯兰教清真寺。位于埃及开罗城东南。法蒂玛王朝大将昭海尔于970年修建开罗城后兴建，972年6月11日开始启用。为纪念穆罕默德之女法蒂玛，以其称号“佳丽”(al-Zahrā’)命名。初期建筑为正方形，后经历代扩建。寺北为正门，门内为大理石露天庭院。礼拜大殿及庭院可同时容纳5万人礼拜，回廊圆柱排列整齐，正殿中央有20排石柱，两侧回廊各有10排，正殿深处凹壁配有门框及镂花雕饰。有5座宣礼尖塔，其中一座为双头式，建于马木鲁克王朝。大部分建筑为历代陆续增建，但中心部分仍保持原貌。10世纪末附设宗教学院，后发展为宗教教育和学术研究中心。

瑷珲 Aigun 中国清代东北边疆重镇。又作艾浒、艾虎、艾呼、艾浑、爱珲、爱浑。皆为一些少数民族语的不同汉语对音。满语“萨哈连乌喇”。1858年后，始有“瑷珲”字样。有新旧二城：①江东旧瑷珲。在今黑龙江省黑河市南爱辉镇东北十二里黑龙江东岸（今俄罗斯境内维笑勒伊村附近）。明时在此筑忽里平寨，属奴儿干都司。清初称此地为“艾呼”。17世纪中叶沙俄侵入黑龙江流域，将此寨焚毁。康熙二十二年(1683)为抗击沙俄侵略，清廷命萨素布在黑龙江边艾呼建城永戍，名爱珲城，并设黑龙江将军及副都统驻此。二十四年因地处江东不便，迁黑龙江将军驻地于西岸。原处留副都统镇守。二十九年裁撤。咸丰八年(1858)《瑷珲条约》后，因该城位于江东六十四屯内，仍归清朝管辖。光绪二十六年(1900)沙俄制造了江东六十四屯惨案，武力强占了该城。②江西新瑷珲。康熙二十四年，清廷迁黑龙江将军驻地于西岸达斡尔族托尔加寨旧址重建新城。仍名瑷珲城，因黑龙江将军驻地，又名黑龙江城。即今黑龙江省黑河市南爱辉镇。康熙二十九年黑龙江将军移驻墨尔根（今黑龙江省嫩江县北三里）后，此城留副都统镇守。咸丰八年《瑷珲条约》即在此签订。光绪二十六年(1900)沙俄侵略军攻陷瑷珲，纵火焚城。宣统元年(1909)裁瑷珲副都统，设瑷珲直隶厅。1913年改为瑷珲县。

《瑷珲条约》 *Treaty of Aigun* 第二次鸦片战争期间俄国强迫中国清政府签订的不平等条约。又称《中俄瑷珲条约》。从19世纪40年代末起，俄国利用清朝在鸦片战争失败后的困境，多次派兵入侵中国黑龙江上中游北岸和下游两岸。咸丰八年四月（1858年5月)，乘英法联军进犯天津、威胁北京之际，俄国东西伯利亚总督N.N.穆拉维约夫率领兵船多艘驶至瑷珲（今黑龙江爱辉)，向清朝黑龙江将军奕山提出条约草案，宣称以黑龙江为两国边界，如果不从，将联合英国对华作战。谈判时，俄国兵船鸣枪放炮，以武力相威胁。5月28日（四月十六日），奕山被迫与穆拉维约夫签订《瑷珲条约》。条约共三款，主要内容为：中俄以黑龙江为界；乌苏里河（今乌苏里江）以东至海所有土地由两国共管；黑龙江、乌苏里河只准中、俄行船，黑龙江左岸、由精奇里江（今结雅河）以南至豁尔莫勒津屯（后称江东六十四屯）仍保留中方的永久居住权和管辖权。据此，沙俄割占黑龙江以北、外兴安岭以南60多万平方千米的中国领土，并将乌苏里河以东约40万平方千米的中国领土划为中俄共管。清政府最初没有批准《瑷珲条约》，至1860年订立中俄《北京条约》时，始予承认。

安倍晋三 Abe Shinzō (1954-09-21～) 日本首相（2006～2007）、日本自由民主党总裁（2006～2007）。生于山口大津。1977年毕业于东京成蹊大学政治学系。后在美国

加利福尼亚大学攻读政治学，半年后弃学回国。1982年11月担任时任外相的父亲安倍晋太郎的秘书，从此步入政坛。自1993年7月以来，连续4次当选众议院议员。2000年出任森喜朗内阁的官房副长官。2005年10月就任小泉内阁的官房长官。2006年9月20日当选第21届自民党总裁。9月26日当选第90届日本内阁首相，成为日本第二次世界大战后出生的最年轻的首相。主张修宪，赋予日本自卫队更多参与国际维和行动的自由。2006年10月，出任首相后的外访首站是中国，与中方一道打开了中日政治关系僵局，被称为中日关系的“破冰之旅”。2007年9月12日，正式表示辞去首相职务。

安部公房 Abe Kobo (1924-03-07～1993-01-22) 日本小说家。生于东京，卒于东京。在中国沈阳长大。1948年毕业于东京大学医学部，后弃医从文，走上职业作家的道路。成名作《墙壁——卡尔马氏的犯罪》(1951)描写人物的“失名”(即被自己的名片夺走了自己的名字)，无法保持接触他人的主体性。主要作品还有长篇小说《砂女》(1962)、《旁人的脸》(1964)以及诸多剧本和评论。安部公房创作上袭用西欧现代派的表现形式，使用离奇的寓意，把现实生活与虚幻情境交织在一起，描写个人的孤独和资本主义制度下人的“异化”。

安达市 Anda City 中国黑龙江省辖县级市。位于省境西南部，松嫩平原中部。面积3 586平方千米。人口47万(2010)，有汉、满、回、蒙古、朝鲜、达斡尔、锡伯等19个民族。清光绪三十二年(1906)置安达厅。“安达”蒙古语意为“朋友”、“近友”。1913年改设安达县。1960年撤县，设立安达市。由绥化市代管。矿产资源有石油、天然气、盐、碱、芒硝等。工业以食品、化工、纺织、建材、机械、电子等为支柱。农业以生产玉米、小麦、甜菜、油料、烤烟、蔬菜等为主。畜牧养殖以优良黑白花奶牛为特色。有“奶牛之乡”和“甜菜之乡”的美称。名胜古迹有红湖国家级水利风景区、东湖湿地保护区、保安寺、“七三一”遗址和半里长城等。

安大略湖 Ontario, Lake 北美洲五大湖之一。美国和加拿大界湖，东西长311千米，南北最宽处85千米，面积1.9万平方千米，美、加两国分别占47%和53%。湖岸线长1 380千米。平均深85米，最深处244米，蓄水量1 638立方千米。湖面海拔74米。12月至翌年4月中旬沿岸带封冻，全年通航期约8个月。有杰纳西河、奥斯威戈河等小河注入，流域面积(不包括湖面积)约7万平方千米。西南面通过尼亚加拉河承受上游四大湖的水量，河上有世界著名的尼亚加拉瀑布；往东北经圣劳伦斯河注入大西洋。建有许多运河，与周围湖、河沟通。如西南经韦兰运河与伊利湖相连；东经奥斯威戈运河与纽约州巴吉运河、哈得孙河相通；西北经特伦顿运河与休伦湖的佐治亚湾相连；东北经里多运河与渥太华河相通。湖区人口稠密。沿湖平原地区农业发达。工业集中于湖港的周围，如加拿大的多伦多、金斯顿和哈密尔顿，美国的罗切斯特等。

安大略省 Ontario 加拿大中东部一省。北濒哈得孙湾，南临大湖区，东、西分别与魁北克省和马尼托巴省接壤。面积107.64万平方千米，其中内陆水域占14.7%。人口1 216.03万(2006)，约占全国人口1/3以上。一半以上居民为英国移民后裔。86%居民使用英语。主要信奉新教和天主教。城市人口占84.7%。首府多伦多。

全省大部分地区基岩裸露，土壤瘠薄，湖泊广布，为劳伦琴低高原的一部分，富藏金属矿；地势向北倾斜，转为哈得孙湾沿岸低地，排水不畅，多泥沼；亚寒带大陆性气候，冬季寒冷漫长，夏季温凉短促，针叶林茂密。东南部大湖-圣劳伦斯低地，土地较肥沃，气候相对温和，平均年降水量750毫米以上，无霜期可达170天，分布针阔混交林；面积不及全省1/10，却是人口、城市和经济的集中地区。

原为印第安人易洛魁族居地。17世纪初法国人到此，从事毛皮贸易。1763年法国印第安战争结束后，该地割让给英国。1774年并入魁北克省。1791年按宪法法案又从魁北克划出，称上加拿大(魁北克称下加拿大)。1841年上、下加拿大合称加拿大联合省。1867年加拿大自治领成立，上加拿大改称安大略省，为自治领最初四省之一。19世纪末以来，铁路、公路通达，人口激增，水电和林、矿资源开发，工业和商贸兴起，经济迅速发展，跃居各省之首。该省国内生产总值(GDP)约占全国2/5，第一、第二、第三产业分别占GDP的2%、28%和70%。专门化农业生产集中分布在南部大湖-圣劳伦斯低地，烟草、玉米、水果、蔬菜和乳用畜牧业在全国占有突出地位。林业也是省传统产业，森林覆盖率54%，林木及其加工产品大部分供出口。主要矿区在中部，开采镍、铜、铂、锌、金、铀、钴、银、铁等矿，其中镍矿产值居首，也是世界最大的镍矿产区。制造业发达，产值占全国一半以上，最突出的部门是汽车、飞机、机车等运输设备制造，其次是机械、电器、金属加工、化学、纸浆和造纸、食品等部门，以多伦多为中心沿安大略湖、伊利湖西岸为全国最重要的制造业带。渥太华是微电子、计算机、信息技术等高科技产业的中心。电力工业以核电为主，水电和火电为辅。金融业和旅游业规模也居全国首位。水陆交通畅达。圣劳伦斯河深水航道东通大西洋，西连五大湖。横贯大陆铁路、公路干线经过省南部。遍布60个机场，多伦多皮尔森国际机场是全国最繁忙的航空港。文教事业发达，有多伦多大学、渥太华大学、麦克马斯特大学、圭尔夫大学等21所授予学位的高等学校。辟有6个国家公园和272个省立公园，1985年与中国江苏省结为友好省。

安大略省首府多伦多

安道尔 Andorra 欧洲西南部内陆国。位于比利牛斯山脉东段南坡，介于法国和西班牙之间。面积468平方千米。人口约8.41万(2009)。安道尔人仅占38.16%，属加泰罗尼亚族；以外国移民为主，其中西班牙人占31.71%，还有法国人、葡萄牙人等。官方语言为加泰罗尼亚语，通用西班牙语和法语。居民多信奉天主教。首都安道尔城。

境内高山环绕，平均海拔1 300米左右。地势北高南低。北部和西部山峰耸立，最高峰科马佩德罗萨峰海拔2 946米。瓦利拉河纵贯全境。属山地气候。森林覆盖率28.5%，多云杉、比利牛斯松和落叶松等。矿藏有铁、铝、明矾和宝石等。多矿泉和温泉。

公元9世纪初，法兰克王国在西班牙边境地带建立安道尔等若干小缓冲国。此后，法国和西班牙对安道尔的归属争夺不休。1278年两国缔结

和约，共享安道尔宗主权，法国国王和西班牙塞奥－德乌赫尔地方主教同为安道尔公国的国家元首（大公），并有权任命自己的代表和接受象征性的贡赋。这种“双属公国”的封建政体持续达715年。1993年3月14日成为主权国家。法、西仅保留名义上的共同国家元首，国家主权属于人民，实行立法、行政和司法三权分立。议会为一院制，称总委员会行使立法权。主要政党有自由党、社会民主党和民主党。总委员会选举产生首相，政府内阁由首相任命。1993年7月加入联合国，开始建立和发展独立外交关系。现已与80个国家建交。发展同西班牙、法国和欧盟国家的关系为其外交重点。1994年6月29日同中国正式建立大使级外交关系。

经济原以农牧业为主，种植麦类、马铃薯、烟草等，饲养牛、羊。有小规模烟草、食品、木材等加工业。20世纪60年代起，商业和旅游业逐步成为国民经济的支柱。不征关税和免税、低税政策刺激商业市场繁荣。2008年，从业人数为4.33万人。

境内有总长269千米的公路网，通往西班牙和法国。无铁路和飞机场。与法、西经济关系密切，它们是安道尔对外贸易的主要伙伴国。使用欧元作为支付货币。2008年国内生产总值38亿美元，人均GDP4.5万美元。

实行6～16岁免费义务教育制，无文盲。小学、中学共33所，大学2所。全国有1家电台、1家电视台和2种报纸。

安道尔城 Andorra la Vella 安道尔公国首都。位于中南部瓦利拉河畔。海拔1 029米，是欧洲海拔最高的首都。人口2.34万

鸟瞰安道尔城

(2009)，约占全国人口的1/3。长期为一乡村市镇，与外界隔绝。20世纪30年代后开始现代化建设，60年代后成为商业和旅游中心。沿瓦利拉河延伸2 000米的商业大街是城市主干道。始建于1508年的安道尔大厦是国家的象征。中世纪的城堡、教堂和石板小路，与现代化建筑、商店和宽阔大街交互共存，为山城一大特色。

安道尔人 Andorrans 西南欧民族之一。约有2万人(2001)。主要分布在安道尔公国。属欧罗巴人种地中海类型。使用加泰罗尼亚语，属印欧语系罗曼语族，并通用法语和西班牙语。信奉天主教。安道尔人的祖先系定居于当地山谷中的加泰隆人农民。9世纪，查理曼帝国为防止阿拉伯人北上，在比利牛斯山东部建立安道尔国以作缓冲。1278年法国和西班牙缔约，共享对安道尔的宗主权，双方均派驻代表，并接受象征性贡赋。在过去许多世纪里，安道尔人经常向外移民。近几十年来入境者增多，有大批西班牙人和法国人迁入。主要从事畜牧业和农业。牧场和耕地归国家和市政会所有，农牧民只有使用权。有烟草加工、纺织、木材加工等工业。

安德拉德 Andrade, Carlos Drummond de (1902-10-31～1987) 巴西诗人、小说家。生于伊塔比拉。毕业于医学院。曾教授过葡萄牙语，后从事记者工作。1930年第一部诗集《诗数首》问世，从此步入巴西诗坛。诗人常以平凡的生活为题材，探索人生、世界的真谛。名篇《若泽》是诗人对不公正社会的批判和嘲讽。他对底层人民的不幸寄予同情，赢得“公众诗人”的桂冠，《送奶工之死》就是一首这样的优秀诗作。从1947年《新诗集》问世，他的作品开始注重哲理性，风格更趋于朴素。主要诗集有《心灵的沼泽》(1934)、《人民的玫瑰》(1945)、《滤净的生活》(1959)、《事物的教训》(1962)、《春天的演说》(1978)、《在爱中学会爱》(1985)等。他还是出色的短篇小说家和散文作家。除短篇小说集《经理》(1945)和《学徒的故事》(1951)外，还有《岛上漫步》(1952)、《摇椅》(1966)、《美丽的日子》(1977)、《目光的嘴巴》(1984)等多部散文集。

安德拉德 Andrade, Eugenio de (1923-01-19～2005-06-13) 葡萄牙诗人。生于丰当，卒于波尔图。1942年出版第一部诗集《青年》。1948年出版诗集《手与果实》，奠定了他在诗坛的地位。其创作主题多是人与自然的关系，大地、阳光、大海和爱情构成了他反复吟诵的四大题材。他的诗语言简洁纯净、朴实自然，意境空灵。主要作品还有《没有钱的情侣》(1950)、《禁语》(1951)、《明日再会》(1956)、《九月的大海》(1961)、《诗集，1945～1965》(1966)、《鸟儿的门槛》(1976)、《另一条河流的记忆》(1978)、《阳光的物质》(1981)、《白色中的白色》(1984)、《新生》(1988)和《舌头的趣味》(1995)等。

安德拉德 Andrade, José Oswald de Sousa (1890-01-11～1954-10-22) 巴西诗人、小说家。生于圣保罗，卒于圣保罗。毕业于圣保罗大学。当过文学记者。1925年发表的《巴西红木宣言》，提倡本土文学，崇尚原始主义，主张从尚未开化的印第安人和儿童的原始纯真以及本国的文化中寻找创作源泉。

1928年又发表《食人派宣言》。安德拉德是现代主义文学的倡导者，主张不为任何传统观念所束缚，对巴西过去的传统文学持彻底否定态度。他所创作的诗歌不讲究韵律，语言诙谐而大众化。在小说创作中，打破传统模式，对现代文学语言进行了大

胆的探索。他的小说由一个又一个短小片段组成，语句像电报一样简短，诗歌与散文相互混杂，形成独特而又离奇的风格。主要作品有诗歌《巴西红木》(1925)、《诗歌汇集》(1945)，长篇小说《囚徒》(1922)、《红梯子》(1934)、《忧郁的革命》(1943)、《地面》(1946)，剧本《人与马》(1934)、《死亡》(1937)。另有论文集《矛尖》(1945)以及回忆录《一个没有职业的人》(1954)等。

安德拉德 Andrade, Mario Raul de Morais (1893-10-09～1945-02-25) 巴西作家。生于圣保罗，卒于圣保罗。毕业于圣保罗市音乐戏剧学院。做过家庭钢琴教师，教授过音乐史等。历任圣保罗文化局局长、里约热内卢联邦大学艺术学院院长等职。安德拉德是巴西现代主义文学运动的一位主要倡导者，为革新巴西的文学艺术进行了不懈的探索。诗集《充满幻觉的保利赛娅》(1922)是他第一部现代主义诗歌作品。长篇小说《马库奈伊玛》(1928)把印第安人、黑人和巴西腹地人的神话传说融为一体，是探索巴西文学民族化的一次大胆尝试。这部小说使用大量流传在巴西各地的民间谚语、成语和特殊习惯用语，力图使小说用语民族化。其他主要作品还有诗集《每首诗时一滴血》(1917)、《土色的菱形》(1926)、《消除弊端》(1930)、《诗集》(1941)，长篇小说《爱，不及物动词》(1927)，短篇小说集《第一个台阶》(1926)、《贝拉扎尔特》(1934)、《新的故事》(1945)，文学理论专著《不是伊佐拉的奴隶》(1925)、《现代主义运动》(1942)以及《巴西音乐》(1941)等。

安德雷森 Andresen, Sophia de Mello Breyner (1919-11-06～2004-07-02) 葡萄牙作家。生于波尔图，卒于里斯本。从1944年第一部诗集《诗歌》问世起，共出版10余部诗集，展示了一个诗人执著地表现自然、表现万物（尤其是大海和阳光）的创作历程。她的诗歌触角多深入敏感的内心世界，因而被评论界称之为"表现感觉的一面魔镜"。主要作品有诗集《海之昼》(1947)、《在分割的时间里》(1954)、《吉普赛的基督》(1961)、《万物之名》(1977)、《航海》(1983)、《彩色的诗》(1991)，短篇小说集《短篇小说范例》(1962)、《大地和海洋的故事》(1984)，儿童文学作品《大海的少女》(1958)、《丹麦的骑士》(1964)、《宝库》(1978)、《树木》(1985)等。

安德里奇 Andrić, Ivo (1892-10-10～1975-03-13) 塞尔维亚作家。生于波斯尼亚特拉夫尼克，卒于贝尔格莱德。幼年丧父。1912年入萨格勒布大学学习。同年初涉诗坛。后转学维也纳和克拉科夫。第一次世界大战期间因宣传民族解放思想而被捕入狱。1917

年获释后相继问世的散文诗集《黑海书简》(1918)、《忧思》(又译《心潮》，1920)是他狱中自我反思的写照，反映出他深受现代派思潮的影响。

自1921年起他在驻欧洲诸国领事馆、大使馆任职，于1924年获格拉茨大学博士学位。这个时期的重要创作为连续出版的3部小说集(1924、1931、1936)。这些小说多取材于波斯尼亚民间传说或历史，描绘中世纪以来土耳其和奥地利统治时期的民族纠葛、宗教纷争和社会冲突，凸显了作者长于探测人物内心世界、精于叙事和哲理思考的独特艺术风格。第二次世界大战期间，他拒绝同法西斯合作和发表作品，潜心笔耕。1945年同时推出《女士》(又译《小姐》)、《特拉夫尼克纪事》和《德里纳河大桥》3部长篇小说。《德里纳河大桥》是作者艺术风格的集萃之作。它以大桥兴废贯串故事的始终，叙述了上自桥梁建成的16世纪下至第一次世界大战爆发的风云变幻，反映出波斯尼亚在土耳其和奥匈帝国占领时期的民族灾难、悲苦和英勇反抗。这部历史哲理小说具有鉴往而知今的深刻认识价值。作者文笔流畅，叙事功力深厚。战后，安德里奇仍继续写作波斯尼亚题材小说，有《大臣大象的故事》(1948)、《罪恶的庭院》(1954)等。1961年获诺贝尔文学奖。

安德列耶夫 Andreyev, Leonid Nikolayevich (1871-08-21～1919-09-12) 俄国作家。生于奥廖尔，卒于芬兰库奥卡拉。1897年毕业于莫斯科大学。曾任助理律师。后侨居芬兰。1898年发表第一部描写下层人民生活的短篇小说《巴尔加莫特和加拉西卡》。《小天使》(1899)和《沉默》(1900)等都是"小人物"的题材。短篇小说

《马赛曲》(1903)、中篇小说《红笑》(1904)和剧本《走向星星》(1905)等塑造了一系列革命者的形象。但短篇小说《黑暗》(1907)、剧本《饥饿之王》(1908)、中篇小说《七个绞刑犯的故事》(1908)却表现出作者无政府主义思想和怀疑悲观的情调。安德列耶夫的作品像晴雨表一样折射出转型期俄国社会和生活的演变。

安德罗波夫 Andropov, Yuri Vladimirovich (1914-06-15～1984-02-09) 苏联共产党中央委员会总书记(1982～1984)，苏联最高苏维埃主席团主席(1983～1984)。生于斯塔夫罗波尔区，卒于莫斯科。1939年加入联共(布)。1954年任驻匈牙利大使，参与处理匈牙利事件。1957年5月，任苏共中央社会主义国家共产党和工人党联络部部长。1961年当选为中央委员。1962～1967年任苏共中央书记。1967～1982年任国家安全委员会主席，达15年之久。1967年当选为党中央政治局候补委员。1973年升为正式委员。1976年获大将军衔。1982年5月，当选为苏共中央书记。同年11月，当选为苏共中央总书记，任苏联国防会议主席。次年6月，当选为最高苏维埃主席团主席。

安德罗诺沃文化 Andronovo Culture 南西伯利亚青铜时代文化。分布地域西起南乌拉尔，东到叶尼塞河沿岸，北起西伯利亚森林南界，南达中亚诸草原。年代约为公元前2000～前1000年初。因20世纪20年代在苏联阿钦斯克附近安德罗诺沃村旁的发掘而得名。居民主要经营定居的畜牧和锄耕农业，饲养牛、马、羊等家畜，种植小麦，使用青铜镰刀、砍刀、石锄、石磨盘和石磨棒等农具。金属冶炼业较为发达，发现铜、锡、金矿遗址。金属制品有青铜锻造或铸造的武器、工具和其他日用器具以及金银饰物。陶器为手制，平底。主要器类是罐形器和缸形器。村落一般位于河流下游沿岸，面积多在1万平方米以上。村内建有10～20座圆形或长方形半地穴式房屋。墓葬多为不高的土冢。冢周多有石板圆形围垣，墓内一般有一个长方形墓穴，内多置木椁或石棺。随葬的情况表明，社会已出现贫富差别，处于父系氏族阶段。该文化的居民属欧罗巴人种的一个特殊类型，定名为安德罗诺沃类型。

安德森 Anderson, Maxwell (1888-12-15～1959-02-28) 美国戏剧家。生于费城，卒于斯坦福。大学毕业后教书，后转向新闻工作。1924年与L.斯托林斯合写剧本《荣誉值几个钱？》获得成功，从此改行写戏。他对美国现代戏剧的最大贡献是创作无韵诗体悲剧《冬景》(1935)，取材于萨科－万泽蒂事件。剧中以一个被陷害的进步知识分子的遗子米奥的命运为主线，表现了光明与黑暗、正义与邪恶两种

势力的斗争。《冬景》以庄重的诗句控诉了社会的黑暗与不平，把被贱视的工人和广大受压迫者的命运以庄严的悲剧形式加以表现，是美国现代戏剧史上一次重要的尝试。

安德森 Anderson, Sherwood (1876-09-13～1941-03-08) 美国小说家。生于卡姆登，卒于巴拿马科隆。出身贫苦，当过工人、士兵。1916年开始发表小说。最著名的作品有短篇小说《小镇畸人》(1919)、《鸡蛋的胜利》(1921)和自传体小说《讲故事者的故事》(1924)等。主要反映了在工业化浪潮冲击之下失去旧有生活基础的乡镇普通人民的彷徨与苦闷。《小镇畸人》用印象派手法描写人物对于某种事物的感受，心理刻画细致生动，尤其擅长表现失意困惑的小人物的精神状态。安德森是美国文学中现代文体风格的开创者之一。

安德斯 Anders, Edward (1926-06-21～) 美国陨石学家和宇宙化学家。生于拉脱维亚。1946～1949年在德国慕尼黑大学学习，1954年在美国哥伦比亚大学获博士学位。1954～1962年先后在美国伊利诺伊大学和芝加哥大学任教。1961～1969年任美国国家航空航天局空间研究所顾问，并任航天局月样初步研究队队员。曾任美国地球化学学会理事(1967～1970)、国际陨石学会副理事长(1970～1973)等职。

长期从事陨石、月球和行星的组成、年龄和成因的研究工作。提出了有关陨石学和宇宙化学方面的一些重要概念，如陨石来源于小行星规模的母体，一些球粒陨石中某些元素族丰度的变化，这些球粒陨石是在冷却太阳星云中通过吸积作用形成的，以及某些陨石中丰富的有机化合物是在太阳星云中通过非生物反应形成的等。1959年获美国科学促进会克利夫兰奖，1971年获美国国家科学院史密斯奖，1973年获美国国家航空航天局优秀科学成就奖，1974年获陨石学会伦纳德奖。

安第斯山脉 Andes Mountains; Cordillera de Los Andes 世界上最长的山脉。属科迪勒拉山系，为褶皱山系。纵贯南美大陆西部，大体上与太平洋岸平行。全长约8 900千米。由一系列平行山脉和横断山体组成。跨委内瑞拉、哥伦比亚、厄瓜多尔、秘鲁、玻利维亚、智利、阿根廷等国。世界上高大的山系之一，海拔多在3 000米以上，超过6 000米的高峰有50多座，其中阿空加瓜山海拔6 960米，为西半球最高峰。

安第斯山脉形成于白垩纪末至第三纪阿尔卑斯运动，历经多次褶皱、抬升以及断裂、岩浆侵入和火山活动，地壳活动持续至今，为环太平洋火山、地震带的一部分。

安第斯山脉是南美洲许多河流的发源地和分水岭，有世界上流域面积最广的亚马孙河。气候和生物类型复杂多样，垂直分带明显。山猫、白尾鼠、南美驼和南美秃鹰等生活在不同海拔的地区。

安第斯山区矿产丰富，农业发展较好。主要矿藏有铜、铁、锡、金、银、铂、铋、钒、煤、石油、硝石、硫磺等。其中最重要的是铜矿，矿区从秘鲁南部至智利中部，为世界最大的斑岩型铜矿床。石油主要分布在安第斯山北段的山间构造谷地或盆地以及南段的东麓。北段低坡地带是咖啡、可可、香蕉、金鸡纳、烟草、棉花、稻米等的重要产区；中段高原地带以种植玉米和马铃薯等作物为主。

安第斯山脉鸟瞰

安第斯山区是南美洲开发最早的地区，中段山区保留着古代印加帝国的许多文化遗迹。北段和中段山区海拔1 500～3 500米的地区是人口密集区，居民主要为印欧混血种人，其次为克丘亚族和艾马拉族印第安人。泛美公路沿纵谷和海岸沟通安第斯山区各国。山中多垭口，有横贯大陆的铁路通过。

安东内斯库 Antonescu, Ion (1882-06-15～1946-06-01) 罗马尼亚军事法西斯独裁者、首相(1940～1944)。生于皮特什蒂，卒于日拉瓦附近。青年时代曾就学于法国军事学院。第一次世界大战期间服军役。1919年参加对匈牙利革命的军事干涉。1940年9月6日自称“国家领袖”，成为军事独裁者。1940年10月，允许德军进驻罗马尼亚。11月23日，签署加入德、意、日三国同盟的议定书。1941年6月22日参加侵苏战争，充当A.希特勒的仆从和帮凶。1944年8月23日由共产党、王室和军队等方面参加的罗马尼亚人民武装起义爆发，安东内斯库被捕。1946年5月17日被布加勒斯特人民法庭判处死刑，6月1日处决。

安东尼 Antonius, Marcus (约前82-01-14～前30-08-01) 古代罗马统帅、政治家。生于罗马，卒于亚历山大里亚。凯撒部将，曾随凯撒远征高卢。公元前49年任保民官。翌年，参加法萨罗战役，助凯撒打败庞培。前44年任执政官。次年与屋大维、李必达结成“后三头同盟”。前42年，与屋大维共同打败谋刺凯撒的共和派领袖布鲁图和喀西约·龙基纳。前37年与埃及女王克里奥帕特拉七世结婚。前32年，元老院宣布他为“祖国之敌”，向其宣战。前31年安东尼与女王在亚克兴海战中败于屋大维，逃回埃及。次年，因绝望自杀。

安东尼 Anthony, Susan Brownell (1820-02-15～1906-03-13) 美国女权运动的先驱和领袖。生于马萨诸塞亚当斯，卒于纽约罗切斯特。曾任教师。受纽约州一些社会改革家，特别是女权运动倡导者E.C.斯坦顿的影响，于1854年后，开始从事美国废奴运动和女权运动。内战结束后，她与斯坦顿合作在纽约出版《革命》周刊，鼓吹妇女应享有选举权、支配财产权以及离婚后对子女的监护权等。1872年，为要求妇女也取得与宪法第14条修正案授予所有男性公民同样的公民权利和政治权利，她带头参加投票选举，结果被捕受审。1888年，安东尼组织了国际妇女理事会。1892～1900年任全美妇女争取选举权协会主席。1904年组织国际女权运动联盟。1920年，美国国会通过以安东尼命名的宪法第19条修正案，规定授予所有妇女公民选举权。安东尼与斯坦顿、M.T.盖奇合著《争取妇女选举权的历史》。

安东尼奥尼 Antonioni, Michelangelo (1912-09-29～2007-07-30) 意大利电影导演。生于费拉拉，卒于罗马。1940年曾短期就读于罗马电影实验中心。早期作品有《一个爱情的故事》(1950)、《被征服的人们》(1952)、《没有茶花的茶花女》(1953)等。中期作品有“关于人类感情的三部曲”《奇遇》(1960)、《夜》(1961)和《蚀》(1962)，以及被认为是第一部以色彩参与意识的影片《红色沙漠》(1964)。后期作品有《放大》(1966)、《扎布里斯基角》(1970)、《中国》(1972)、《奥

希瓦尔德的秘密》(1980)、《一个女人的辨认》(1982)、《云上的日子》(1995)等。这些影片探索了现代意大利中产阶级面对社会的急剧变革在价值观念和道德观念上的变化，揭示了他们的空虚冷漠；在艺术上，这些影片不仅被称为“无情节”，而且大量采用象征和隐喻的手法，经常用大自然和高大建筑的稳定来反衬人物的渺小和易变。

安东尼王朝 Antoninus Dynasty 公元96～192年，从罗马帝国皇帝涅尔瓦（96～98年在位）继位到康茂德（180～192年在位）被杀的古罗马时期。其间罗马皇帝图拉真当政时，帝国的疆域达到最大规模。

安顿 Anton, Farah (1861～1922) 黎巴嫩剧作家、文学家。早年在埃及和美国创办过《大学》等杂志，后定居埃及。他创作了许多剧本，其中《新旧开罗》和《撒拉丁素丹和耶路撒冷王国》两剧最著名。《新旧开罗》是一部四幕社会讽刺剧，揭露社会弊病和西方生活方式带来的不良影响，试图唤起青年一代的觉醒，建立“新开罗”。《撒拉丁素丹和耶路撒冷王国》是一部历史剧，以1187年的十字军战争为背景，揭露西方殖民者的野蛮侵略，宣扬阿拉伯人民的英勇斗争精神。安顿的剧作，代表了阿拉伯戏剧的一个转折点，即开始重视戏剧的思想性、社会意义和教育作用，也包含了一些哲学思想和人生道理。在剧作中他使用了半文半白的阿拉伯戏剧语言，这是阿拉伯戏剧从纯粹的舞台表演艺术向戏剧文学发展的一个重要标志。

《安菲特律翁》 *Amphitrion* 古罗马喜剧家普劳图斯的作品，演出年代不详。剧本以主神朱庇特（宙斯）与人间女子、武拜将领安菲特律翁的妻子阿尔克墨涅结合生大英雄海格立斯（赫拉克勒斯）的神话传说为题材。这部剧本是古希腊罗马时代传下来的唯一一部对宗教-神话传说进行戏拟的喜剧，剧中以“误会”为基本手法，构成一幕幕滑稽可笑的场面，剧情非常活跃。剧目曾经多次受到后代欧洲剧作家的模仿。

安福系 Anfu Clique 中国北洋军阀时期依附于皖系军阀的官僚政客集团。因其成立及活动地点在北京宣武门内安福胡同，故名。袁世凯死后，皖系军阀首领段祺瑞出任国务总理，操纵了北洋政府。为排斥异己，推行“武力统一”，建立皖系的独裁统治，段祺瑞指使其亲信徐树铮组织自己的政客集团。1918年3月，在徐树铮的策划下，王揖唐、王印川、光云锦等皖系政客在安福胡同成立安福俱乐部，为该系形成肇始。徐树铮、王揖唐是核心人物。从成立到1920年直皖战争皖系失败止，该系作为皖系军阀左右北方政局的政治力量在政界颇为活跃。在1918年8月的新国会选举中，安福系以非法手段操纵选举。在全部议员的400多人中，安福系即占380余人，王揖唐被举为众议院议长，因而这届国会被称为安福国会。后徐世昌就任大总统，段祺瑞被免总理职，皖系军阀仍通过安福系成员在参、众两院的多数议席左右北京政府。1920年直皖战争后，段祺瑞通电辞职。直系军阀控制下的北京政府下令解散安福俱乐部，通缉徐树铮等首要分子。徐避匿日本使馆，王揖唐潜逃日本，但安福系势力仍然存在。后徐树铮著《建国真铨》，宣扬其政见，鼓吹皖、直、奉三系军阀联合对抗广东革命政府。直到段祺瑞在1926年4月彻底垮台时，安福系才告解体。

安哥拉 Angola 非洲西南部国家。北邻刚果（金），东接赞比亚，南连纳米比亚，西濒大西洋。本土以北的大西洋岸还有一块“飞地”卡宾达。岸线长1 650千米。面积124.67万平方千米。人口1 740万 (2008)。首都罗安达。有30多个部族，其中三大部族为奥文本杜（约占总人口38%）、班本杜(25%)、巴刚果（14%）。49%居民信奉罗马天主教，13%信奉基督教新教，其余信奉拜物教。各主要部族有自己的民族语言。官方语言为葡萄牙语。

地理 地处南非高原西北部。地势东

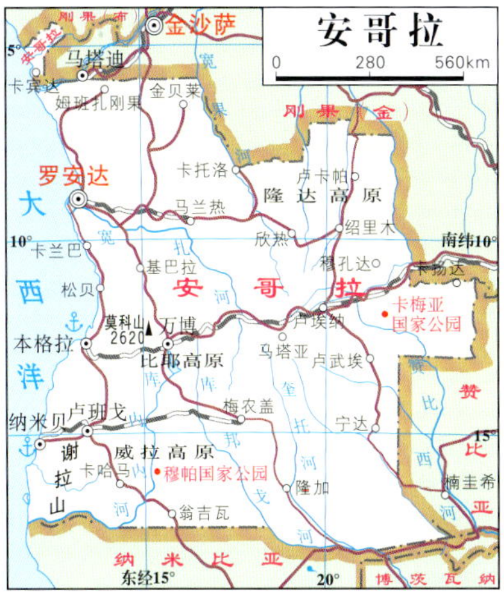

高西低，全国地形分为平原、丘陵和高原三种类型。高原地区约占全国面积的65%，海拔1 000～1 200米以上。莫科山为全国最高峰，海拔2 620米。境内有30多条较大河流，形成典型的辐射状水系。主要河流有开赛河、宽果河、赞比西河、宽扎河、库内内河、奎托河等。其中开赛河和宽果河是刚果河的重要支流，水量丰沛，富水力资源。注入大西洋的较大河流为宽扎河与库内内河（图1）。

大部分地区属热带草原气候，南部属亚热带气候，高海拔地区为温带气候。年平均气温22℃左右，中部高原为18～19℃。降水量随地势高低和距海远近而异。高原最高地区和马扬巴山地平均年降水量1 800毫米，南部纳米布沙漠仅50毫米。年内雨、旱季分明，10月至翌年5月为雨季，6～9月为旱季。植被除南部为干草原外，大部地区为热带稀树草原。森林覆盖率40%。产乌木、非洲白檀木、紫檀木等名贵木材。野生动物有非洲象、黑犀牛、安哥拉长颈鹿等（图2）。

矿产资源丰富。已探明石油储量为131亿桶。天然气储量达7万亿立方米。金刚石探明储量约1.8亿克拉。其他矿藏有铁、铜、锰、金、钨、高岭土、云母、大理石等30多种。

历史 中世纪时期，分属刚果、恩东戈、马塔姆巴和隆达4个王国。1482年葡萄牙殖民者船队首次抵达，1576年建立罗安达城。1884～1885年柏林会议上被划为葡萄牙殖民地。1922年葡萄牙占领安哥拉全境。1951年葡萄牙将其改为一个“海外省”。安哥拉人民解放运动（简称安人运）、安哥拉民族解放阵线（简称安解阵）和争取安哥拉彻底独立全国联盟（简称安盟），于20世纪60年代开展争取民族独立的武装斗争。1975年1月31日，三个民族解放组织与葡萄牙当局共同组成过渡政府，后解体。同年11月11日安人运宣布成立安哥拉人民共和国。1992年8月改国名为安哥拉共和国。9月，安举行多党制大选。安盟拒绝安人运领先结果，重陷内战。2002年4月，安政

图1 库内内河

府与安盟签署停火协议，结束长达27年战乱，开始进入战后重建时期。现行宪法于1975年11月11日颁布并先后4次修改。宪法规定安哥拉实行多党制；共和国总统经选举产生，任期5年，可连任；总统兼任政府首脑和武装部队总司令，有权公布或废除法律，任免政府部长等。全国现有126个合法政党，主要政党有安哥拉人民解放运动（MPLA）、争取安哥拉彻底独立全国联盟（UNITA）等。

经济 2009年，国内生产总值约814亿美元，通货膨胀率15%。货币名称宽扎。

工矿业是国民经济的支柱产业。其中石油、金刚石、铁等采矿业占GDP的72.8%。2009年原油行业产值约占GDP的57%，全年原油产量超过6.5亿桶。钻石年产值890万克拉，居世界第五位。主要加工工业有石化、水泥、石材和其他建材、车辆装修等部门；电力工业以水电为主。

全国人口的63%从事农业。主要种植玉米、木薯、咖啡、甘蔗、棉花、剑麻、油棕、花生等作物。咖啡、剑麻是主要出口农产品。内战以后粮食不能自给。

地处南大西洋寒流与卡宾达暖流交汇区，沿海鱼类资源丰富。主产鲭鱼、沙丁鱼等。主要渔港有洛比托、本格拉、纳米贝。

交通运输发达，因遭受战争破坏正处在恢复重建中。公路总长7.3万千米，铁路总长2 800千米。有三条主干线，自沿海通向内地。海运船队总吨位10万多吨，主要港口罗安达、洛比托和纳米贝等均可停靠万吨级货轮。安哥拉航空公司是国际民航组织成员，共有32个机场。

对外贸易总额中出口额占2/3以上。外贸连年顺差。主要出口石油、金刚石。主要进口日用消费品、原材料和机械设备、食品等。2008年主要出口市场是美国、南非和法国等；进口主要来自中国、美国和巴西。

文化 儿童7岁起接受8年免费义务教育。有一所国立大学和两所私立大学。

新闻机构和组织有安哥拉通讯社、安哥拉国家电台和安哥拉人民电视台。报刊有《安哥拉日报》、《共和国公报》等。

对外关系 奉行和平共处和不结盟的对外政策。已与约100个国家建立外交关系。重视发展与非洲国家关系，是南部非洲发展共同体成员国；与邻国津巴布韦、刚果（金）等结成共同防务联盟。1976年10月与葡萄牙（原宗主国）建交。1983年1月12日与中国建交。

图2 安哥拉野生长颈鹿

安哥拉山羊 Angora goat 毛用山羊品种。原产于土耳其安哥拉地区。适应干燥的大陆性气候。产毛量较高。毛长而有光泽，弹性大，且结实，国际市场上称马海毛。用于高级精梳纺。现以土耳其、美国和南非饲养最多。公母羊均有角，颜面平直，耳大下垂，嘴唇端或耳缘有深色斑点。颈短，体躯窄。全身被毛白色，由辫状结构

组成，毛辫长可垂至地面。体格中等，成年公羊体重50～55千克，母羊30～35千克。性成熟较晚，一般母羊18月龄开始配种，多产单羔，繁殖率及泌乳量均低。成年公羊剪毛量4～6千克，母羊3～4千克，净毛率65%～85%。羊毛为同质半细毛，长度13～16厘米，细度平均32微米左右，可纺50～52支。

安格尔 Ingres, Jean-Auguste-Dominique（1780-08-29～1867-01-14） 法国画家，新古典主义美术的最后代表。生于蒙托邦，卒于巴黎。1791年进入图卢兹学院学习美术。1797年来到巴黎，进入J.-L.大卫的画室。1801年以《阿伽门农的使者》一画获罗马大奖。1806年赴罗马法兰西学院学习，自此一直在罗马学习工作到1820年。1835～1841年担任罗马法兰西学院院长。1825年被选为皇家美术院院士。

安格尔首先是坚定的新古典主义者，他崇拜希腊、罗马艺术和拉斐尔。他的代表作《路易十三的誓愿》(1824) 描绘法王路易十三虔诚地跪在圣母子前，其形式完全是模仿拉斐尔的《西斯廷圣母》；《荷马礼赞》(1827) 则是对希腊传统的无尽赞美。《路易十三的誓愿》产生在波旁王朝复辟时期，表明了他的政治倾向。

安格尔的真正优秀之作是《雷维尔夫

图1 《雷维尔夫人肖像》(卢浮宫博物馆藏)

人肖像》(1805)、《贝尔登肖像》(1832)和《瓦平松的浴女》(1808，由收藏者的名字命名)、《泉》(1856)那样把古典美的理想和对具体对象精到的直观把握完满结合起来的肖像画和裸体画。他的上层社会妇女肖像不仅构图严谨单纯、轮廓柔和自由，出色地表现了服饰和肌肤的质感，而且突出地描绘出人物本身迷人的风韵和雍容、自信。《辩论报》创办人、出版家贝尔登的肖像也由于性格刻画得极为成功而被认为是例外地创造了一个足以表现整整一个时代的坚强人物的形象。

安格尔对描绘女子裸体表现出真正的热情，从1820年起就在佛罗伦萨画《泉》，但直到1856年才最后完成。在这幅作品中，安格尔把少女的青春健美和妩媚与泉水般的纯洁作为美的象征。

他的素描作品，如《帕格尼尼肖像》(1819)，显示出他在用精练的线条把握对象方面的高度造诣。

图2 《荷马礼赞》(卢浮宫博物馆藏)

安格尔和E.德拉克洛瓦关于线条和色彩究竟哪一个是绘画主角的争论，构成新古典主义和浪漫主义在技法上的分歧要点之一。虽然安格尔是反对浪漫主义的，但他却又和大卫革命古典主义的**写实主义**倾向相悖，而更多地表现出对J.J.温克尔曼所提倡的纯洁而淡漠的美的向往，并对希腊、中世纪和东方异国情调表现出浓厚的兴趣，因而他又被西方某些艺术史家戏剧性地划入了浪漫主义画派。

安格隆 angklung 摇奏体鸣乐器。流行于印度尼西亚的传统乐器。有摇奏与击奏两种。摇奏安格隆是在竹制框架上穿以2～3根长短粗细不等、音高彼此相距八度的竹筒，竹筒上端削成长舌形，下端呈凹形，插入框架底部粗竹筒的长方形槽内，演奏时前后摇动框架，使架上竹筒撞击槽壁，发音清脆，一人同时可用两架持奏。安格隆最初为节奏乐器，后经改良按十二平均律定音并组合成套，一套可达50～70架。击奏安格隆是一种竹制的、形似木琴的乐器。用绳把12～14根长短不一的竹筒排放在木架上，以两根竹棒或木棒击奏，是佳美兰乐队的曲调乐器之一。

安格罗普洛斯 Angelopouluos, Theo (1935-04-27～) 希腊电影导演、编剧。生于雅典。1964年毕业于法国高等电影学院。早期影片《无线电广播》(1968)、《改造》(1970)、《36年的日子》(1972)显示了他对纪实结构、对社会生活进行历史分析及对记录式研究极端事件的爱好。后来的作品有表现第二次世界大战期间希腊人民英勇斗争的《演员游记》(又译《流浪艺人》，1975，获**戛纳电影节**国际影评奖)、揭露希腊资产阶级害怕民主运动的《猎人》(1977，获芝加哥电影节大奖)、以希腊英雄亚历山大来反思民主政治对于民族的影响的《亚历山大大帝》(1980，获**威尼斯电影节**实验作品奖)、表现一名年迈的共产党流放者重返希腊的《到基菲拉旅行》(又译《塞舌岛之旅》，1984年获戛纳电影节剧本奖)等。此后又拍摄了《雾中风景》(1988)、《被中断的鹳的脚步》(又译《白鹳的踌躇》，1991)、《尤利西斯的凝视》(1995)、《永恒的一日》(1998)等。安格罗普洛斯是希腊政治电影最具声望的代表人物。

安圭拉 Anguilla 加勒比海的英国属地。位于小安的列斯群岛中背风群岛的北部。东距圣基茨岛约100千米，南距圣马丁岛约8千米。包括安圭拉岛（约91平方千米）和其东北的斯克拉布岛以及几个无人居住的小岛。面积约96平方千米。人口1.44万(2009)。居民主要是黑人，其余为混血种人和白人。多数居民信奉基督教。官方语言为英语。首府**瓦利**。属热带海洋性气候，年平均气温22～30℃，平均年降水量约1 100毫米。

1650年沦为英国殖民地。1825年6月英国将该岛划归圣基茨岛管辖。1882年与圣基茨、尼维斯合并，1967年成为英国的联系邦。1969年2月单方面宣布独立，成立共和国。3月英军占领该岛，将其置于英专员的管辖下。1980年英国正式同意安圭拉脱离圣基茨-尼维斯联合，成为直属英国的自治领。1982年英王任命总督管理。

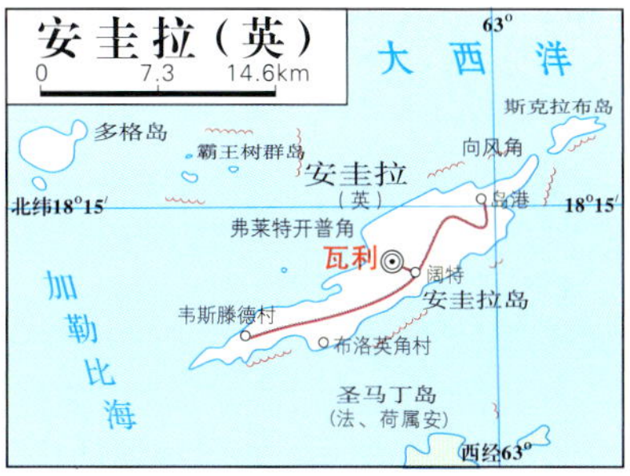

经济以旅游业为主，此外还有渔业、海盐业等。离岸金融业发展迅速。2004年地区生产总值1.089亿美元。货币名称东加勒比元，固定汇率。近海岛礁盛产鱼类和龙虾。农业在经济中占次要地位，仅种植一些玉米和蔬菜供本岛居民食用。主要进口粮食、建材和机器设备等；出口鱼虾和盐等。无铁路。有公路通全岛。主要海港有路德港。沃巴尔克机场，有航线通往圣基茨岛、英属维尔京群岛和其他加勒比岛国。

对4～16岁儿童实行免费义务教育。主要有《阿鲁巴朋友报》和《新闻报》。主要通讯社为阿鲁巴通讯社，有6家广播电台。

安国市 Anguo City 中国河北省辖县级市。位于省境中南部。面积486平方千米。人口37万(2010)。古称祁州。西汉武帝元狩六年（前117）置安国县。1991年，撤县设市。由**保定市**代管。属暖温带半湿润大陆性季风气候。农作物有小麦、玉米、谷子、棉花等。有中国最大的中药材专业市场，被誉为“华夏珍药荟萃之区”。工业有纺织、化工、酿酒、农机制造等。古迹有药王庙、伍仁桥等。

安哈拉人 Amhara 东非埃塞俄比亚联邦民主共和国的主体民族。又译阿姆哈拉人，又称阿马拉人。有2 552万人(2002)。属埃塞俄比亚人种。使用**阿姆哈拉语**，现为埃塞俄比亚国语，有古老的音节文字。通用英语。几乎全部信奉基督教，属科普特教派。2～9世纪，安哈拉人为阿克苏姆王国

安哈拉人的生活场景

的居民。13～16世纪，曾在戈贾姆和伯根德地区建立封建王国阿比西尼亚。16世纪起，先后受奥斯曼帝国以及葡萄牙、英国、意大利等殖民势力的入侵和奴役。婚姻实行一夫一妻制，按父系居住，按双系计算亲属，实行长子继承制。男女均行割礼。住宅多为长方形平房。主要从事农业，种植苔麸、小麦、大麦、玉米和高粱；南方兼事畜牧，饲养牛、羊。棉纺、木雕等手工业发达。

安赫尔瀑布 Angel Falls; Salto del Angel 世界落差最大的瀑布。又称丘伦梅鲁瀑布。位于委内瑞拉东南部卡罗尼河支流丘伦河上、卡奈马国家公园内。丘伦河上游为地下河，在圭亚那高原的奥扬特普伊山顶部东缘，河水从地下60多米的砂岩层中流出，沿着陡峻的崖壁跌落下来，落差高达979米。瀑布分两级，第一级落差807米，第二级落差172米。瀑布为群山环抱，密林遮掩，陆路难以进入，只能乘小飞机从空中观赏或乘船从水路靠近。周围地区生活

安赫尔瀑布全景

着卡马拉塔斯族印第安人。距瀑布10千米处有乌鲁叶族印第安人居民点。现为旅游探险地。

安鹤宫城 Anhak Palace 高句丽后期前段的宫城。位于朝鲜平壤市东北约12千米大城山南麓。始建于427年，586年高句丽迁都长安城后废弃。20世纪曾多次发掘。城址略呈菱形，每边长约620米。城墙用土石混筑，残高4米。东西北墙各开1门，南墙开有3门。由北而来的3条水流，中间的一条由城中穿过，经东南角的大水池后流出，南北城墙均有水门；东西的两条沿城墙外侧流过，形成天然的护城河。宫城内的52座建筑基址，按地形起伏对称配置成5组：沿中轴线有南宫、中宫和北宫，东北有东宫，西北有西宫。宫殿外围均有大型回廊，各组建筑间以廊道相连接。城内东部的低洼地带，还修有两座独立的宫殿，北宫之北和南宫之西有带假山的庭园遗迹。宫城仅限于统治集团居住并从事政治活动，一般居民则居住在宫城之外。宫城以北的大城山山城为军事防御设施。

安徽菜 Anhui cuisine 中国八大菜系之一。简称徽菜、皖菜。由徽州、沿江和沿淮三种地方风味菜肴所组成。起源于南宋

葡萄鱼

时期的古徽州（今安徽歙县），原是徽州山区的地方风味。由于徽商的崛起，这种地方风味逐渐进入市肆，流传于苏、浙、赣、闽、沪、鄂以至长江中下游流域。明清时期，徽商在扬州、武汉盛极一时，那时传入扬州的徽州圆子、徽州饼和大刀切面等，至今仍盛名不衰。

徽州菜是指皖南一带的菜肴，是安徽菜的主要代表。自古以来即以善烹山珍野味著称。沿江菜以芜湖、安庆地区的菜肴为代表。它以烹调河鲜、家禽见长，尤以烟熏技术别具一格。沿淮菜主要由蚌埠、宿县、阜阳等地方风味菜肴构成，口味咸中带辣，汤汁口重色酽，重香料，喜用香菜佐味配色。

安徽菜擅长烧、炖、蒸，爆、炒菜较少，重油、重色、重火功。主要名菜有清炖马蹄鳖、火腿炖甲鱼、腌鲜鳜鱼、无为熏鸭、符离集烧鸡、问政笋、黄山炖鸽等。

安徽大学 Anhui University 中国综合性大学。校址在合肥市。原名安徽省立大学，1928年创建于安徽省会安庆市。1937年抗日战争全面爆发，被迫西迁并停办。1946年复校，定名国立安徽大学。1949年12月迁至芜湖，与安徽学院合并，恢复校名安徽大学。1952年，全国高校院系调整，设师范、农学两个学院。1954年分别独立组建安徽农学院和安徽师范学院，学校建制取消。1956年起在合肥筹备重建安徽大学，1958年恢复招生。2000年原安徽银行学校和安徽财政学校并入。

设有数学与计算科学、物理与材料科学、化学化工、生命科学、计算机科学与技术、文学、新闻传播、经济、外语、法学、管理、艺术等学院。有培养学士、硕士和博士的教学体系。

安徽省 Anhui Province 简称皖。位于中国东部，长江、淮河中下游。以安庆和徽州两地的首字得名。东连江苏、浙江，南接江西，西与湖北、河南为邻，北部一隅与山东接壤。辖17个地级市、44个市辖区、5个县级市和56个县（见表）。面积约14万平方千米。人口5 950万（2010）。有汉、回、满、壮、苗、彝、畲、布依、蒙古、朝鲜、侗等民族。省会合肥市。

建制沿革 春秋分属楚、吴、宋等国，战国属楚国，寿春（今寿县）曾为楚国国都。秦为九江、泗水等5郡。汉曾置汝南、沛、九江、庐江、丹阳等郡和六安国。三国时分属吴、魏。西晋分属扬、豫、徐3州。东晋、南北朝，迁废侨置频繁。唐分属江南、淮南、河南3道。北宋时属江南东路、淮南东路等5路，南宋与金划淮而治，淮北属金，淮南属南宋。元归河南、江浙两行省。明直隶南京，分为安庆、徽州、宁国等7府和滁、和、徐、广德四州。清康熙六年（1667）始建安徽省。

自然条件 地形以平原、丘陵、低山为主，河流、湖泊众多，气候终年温和湿润，自然条件优异。

全省大致可分为5个自然区域：①淮北平原。黄淮海平原的一部分，海拔20～40米，为全省重要的粮油棉基地。②江淮丘陵。主要山岭呈东北—西南走向。东部为江、淮水系的分水岭，海拔100～300米；西北部略低，河谷平原宽阔。③皖西大别山区。位于该省与鄂、豫两省交界处，为大别山的主体部分，地势险要。④沿江平原。长江中下游平原的一部分，海拔多在20米左右；河网密集，土地肥沃。⑤皖南山区。位于该省长江以南，大部分海拔200～400米，山形圆浑、秀气，黄山屹立在该区中部。

河流基本属于长江、淮河两大水系，南部和浙江接壤的小部分地区属新安江（钱塘江）水系。长江沿岸湖泊众多，巢湖为全省第一大湖。季风气候特点显著，四季分明，终年温和湿润，并有明显的南北过渡特征。其中淮河以北为暖温带半湿润季风气候；淮河以南、黄山山脉以北为北亚热带季风气候；黄山山脉以南为中亚热带湿润季风气候。年平均气温14～17℃，无霜期为200～250天；年降水量800～1 800毫米，一般南部多于北部，山地多于平原。

经济概况 安徽省资源丰富。农产品中的粮食、棉花、油料、麻类、茶叶、烤烟的产量及矿藏资源中的煤炭、铁矿、铜矿、硫铁矿、明矾等的储量，均居中国前列。也是中国煤炭、钢铁、炼铜等工业的重要基地。

安徽省行政区划表(2010)

合肥市	蒙城县　利辛县	**芜湖市**	祁门县
蜀山区　庐阳区	**蚌埠市**	鸠江区　弋江区	**六安市**
瑶海区　包河区	蚌山区　龙子湖区	三山区　镜湖区	金安区　裕安区
长丰县　肥东县	禹会区　淮上区	芜湖县　繁昌县	寿县　霍邱县
肥西县	怀远县　五河县	南陵县	舒城县　金寨县
宿州市	固镇县	**铜陵市**	霍山县
埇桥区　砀山县	**淮南市**	铜官山区　狮子山区	**巢湖市**
萧县　灵璧县	田家庵区　大通区	郊区　铜陵县	居巢区　庐江县
泗县	谢家集区　八公山区	**安庆市**	无为县　含山县
淮北市	潘集区　凤台县	大观区　迎江区	和县
相山区　杜集区	**滁州市**	宜秀区　桐城市	**池州市**
烈山区　濉溪县	琅琊区　南谯区	怀宁县　枞阳县	贵池区　东至县
阜阳市	明光市　天长市	潜山县　太湖县	石台县　青阳县
颍州区　颍东区	来安县　全椒县	宿松县　望江县	**宣城市**
颍泉区　界首市	定远县　凤阳县	岳西县	宣州区　宁国市
临泉县　太和县	**马鞍山市**	**黄山市**	郎溪县　广德县
阜南县　颍上县	花山区　雨山区	屯溪区　黄山区	泾县　旌德县
亳州市	金家庄区　当涂县	徽州区　歙县	绩溪县
谯城区　涡阳县		休宁县　黟县	

粮食作物是安徽种植业的主体。水稻和小麦是最重要的两大粮食作物，分别占粮食总产量的1/2左右和1/4左右。前者主要分布在沿江平原和巢湖流域，后者主要分布在皖北平原。经济作物以棉花、麻类、茶叶、油菜、花生、芝麻、烟草等为主，其播种面积和产值仅次于粮食作物。森林分布以山区为主，蓄积量占全省4/5以上。木本植物有1 200种，其中有第三纪、白垩纪残存的珍贵树种。畜牧业中以猪和牛为最多，次为羊。全省水域广阔，为中国重要淡水渔业省份之一。宣城、当涂一带的扬子鳄和长江中下游的白暨豚，均为中国特有的珍稀动物。

工业主要集中于沿淮、沿江和津浦、淮南铁路沿线。其中沿江地区以“全省工业走廊”著称。**淮南市**、**淮北市**以煤炭、电力工业为主，机械、化学等工业也有一定基础。**马鞍山市**和**铜陵市**是冶金工业基地，**安庆市**是石油化工基地，合肥市是全省最大的多种工业中心，**蚌埠市**、**芜湖市**等也有多种中小型工业。安徽为中国煤炭、冶金的重要省份之一。电力、机械、化工、纺织、食品、建材、石油、造纸等工业也具相当规模。食品、纺织工业产值均较高，分别占全省工业总产值的首位和第3位。泾县的宣纸生产已有千余年历史，纸质优良，驰名中外。特种美术工艺制品有芜湖铁画、舒城竹席等。

安徽省处于中国水陆空立体交通网较为有利的位置，便于客商将其产品和技术输往国内和国际市场。陇海铁路和长江通道分别横贯安徽北部和南部，向西可以挺进中西部，向东可经长江到达上海，经陇海线到达连云港。京沪、京九两铁路干线南北纵贯全省，可直达北京、上海、香港。乘汽车通过合肥至上海的高速公路，6小时可抵达上海。长江是最主要的水运干线，沿江有安庆、铜陵、芜湖、马鞍山等港口。省境全部河段已通航轮船。合肥机场已与北京、上海、广州、深圳、香港、西安等数十个大中城市通航。

文教科技　安徽文化遗存丰富而别具特色。**歙县**是历史上的徽州府所在地，为**新安画派**、新安医学、徽派篆刻（见**皖派**）、徽派版画、徽派建筑园林、**徽菜**和**徽剧**的发祥地。徽州的文房四宝（**宣纸**、徽墨、宣笔、**歙砚**）、徽州四雕（砖、石、竹、木）、芜湖铁画、阜阳剪纸等丰富和发展了文化、艺术宝库。地方戏曲有40多个剧种，**黄梅戏**是安徽省的主要地方戏曲剧种。影响较大的还有徽剧、庐剧、泗州戏、凤阳花鼓、淮北梆子戏、**青阳腔**、傩戏等。

全省现有**中国科学技术大学**、合肥工业大学、**安徽大学**、安徽师范大学、安徽农业大学、安徽医科大学等近百所高等院校。有国务院部门及中国科学院驻皖科研机构近20个。已建成的国家同步辐射实验室、火灾科学国家重点实验室、EAST超导托卡马克核聚变实验装置等，在各自领域代表着中国的最高水平。

名胜古迹　安徽旅游资源遍及全省，南部以自然山水风光为主，景区相连成片；北部以历史文物古迹为多，点小而分散。全省共计有国家级、省级各类旅游点260多处，其中国家级重点风景名胜区有黄山、九华山、天柱山、琅琊山、齐云山等10处。还有黄山市屯溪区的“宋街”，**黟县**等地的古民居，亳州的古地下运兵道，合肥、

图1　马鞍山钢铁股份有限公司第二钢轧总厂生产线

图2　皖南芜湖县的水上蔬菜种植

图3 巢湖落日

安庆等地的古建筑，凤阳的中都城和皇陵等，均在国内外享有盛名。黄山和黟县的皖南古村落西递、宏村均已列入《世界遗产名录》。有国家历史文化名城歙县、寿县、亳州。

安魂曲 requiem 一种用于天主教追悼仪式的合唱曲。又译“追思曲”。原为悼念死者的**弥撒曲**，歌词用拉丁文。名称源自进台经的起名“Requiem aeternam dona eis, Domine”(望主赐彼永息)。后发展为一种音乐体裁。W.A.**莫扎特**、G.**威尔第**、J.**勃拉姆斯**等人都创作过安魂曲。这些安魂曲已超出了宗教的范畴。

安吉丽娜·朱莉 Angelina Jolie(1975-06-04～) 美国电影演员。生于洛杉矶。毕业于美国纽约大学电影学系。1993年在《电子人2》中开始跑龙套，1995年在《黑客》中扮演了一名计算机黑客。其清秀的面容和不俗的演技引起了观众和导演的注意。1997年因在电视电影《乔治·沃莱斯》中演出乔治·沃莱斯的妻子获得金球奖。紧接着《吉娅》又使她获得国际艾美奖提名。1998年她和包括肖恩·康纳利、瑞安·菲利普、吉莲·安德森在内的一批影星联手出演了《随心所欲》。1999年拍了《空中塞车》、《拾骨者》和《移魂女郎》3部影片。《移魂女郎》中的表演为她赢得金球奖最佳女配角奖和**奥斯卡金像奖**最佳女配角奖。进入21世纪，拍摄的影片有《古墓丽影》(2001)、《机动杀人》(2004)、《亚历山大大帝》(2004)、《史密斯夫妇》(2005)、《坚强的心》(2007)、《功夫熊猫》(2008)、《特工绍特》(2009)等20余部。其中《换子疑云》获得81届奥斯卡金像奖最佳女主角提名。

安济桥 Anji Bridge 世界古石桥，位于中国河北省赵县。又称**赵州桥**。

安杰利科 Angelico, Fra(约1400～1455-02-18) 意大利画家。生于佛罗伦萨附近的维基奥，卒于罗马。原名圭多·迪彼得罗。约1420年进入修道院，安杰利科(意为天使)是后人对他的美称。现存最早作品是1429年完成的祭坛画《圣彼得殉教》。15世纪30年代以后，其作品吸收了马萨乔的新风格以及透视画法等新技法。代表作有为科尔托纳的圣多米尼克教堂作的祭坛画《受胎告知》(见图)、《从十字架上放下基督遗体》(约1436～1440)和他在圣马可修道院各僧房、楼梯过道等处绘制的45幅壁画(1437～1450)。这些作品的构图、透视及风景描绘都很有新意，人物则强调虔诚温柔的宗教情感，开创了**佛罗伦萨画派**中的抒情风格。

《受胎告知》(约1436)

安居 housing project for comparatively low-income urban residents 自1995年始，中国政府为解决中低收入家庭的住房困难而采取的一项措施。是中国住房体制改革的重要内容。其目的是结合城镇住房制度改革，调动各方面的积极性，加快城镇住房商品化和社会化进程，促进城镇住房建设，为推进城镇住房制度改革提供政策示范。具体步骤是由各级政府在固定资产贷款计划中安排一定规模的资金，配合各自自筹的住房资金，建设**经济适用房**，以成本价出售或以成本租金出租给中低收入家庭。为降低建设成本，安居工程的建设用地由政府划拨，相应减免有关费用；市政基础设施建设配套费用，原则上由政府承担，小区级非营业性配套公建费，一半计入房价。开发建设安居工程不得营利。

安卡拉 Ankara 土耳其首都、第二大城市。位于安纳托利亚高原中部、萨卡里亚河支流安卡拉河东侧，海拔895米。东、南、北三面环山。人口447万(2008)。气候冬湿冷、夏干热。1月平均气温-2℃，7～8月平均气温30℃。平均年降水量360毫米，1～2月雨雪最多。前13世纪为赫梯帝国首府，前25年归属罗马帝国，4世纪为拜占廷帝国城市，11世纪被突厥人占领，1360年入奥斯曼帝国版图。15世纪后数百年间为东西商路上的贸易中心。1923年成为共和国首都。高原农牧产品的集散中心。市郊农业发达，是土耳其粮仓之一。盛产优质羊毛，号称“安卡拉毛”。工业有食品、纺织、制革以及水泥、化工和机械制造等部门。横贯全国的铁路干线

安卡拉新城区

经此，高速公路通达伊斯坦布尔。市区由新旧两部分组成，旧市区仍保有奥斯曼帝国时代的风貌，新城区环绕旧城东、西、南三面展开，分布着商业中心、总统府、政府机关、大国民议会和各国使馆等。城北有埃森博国际机场。有安卡拉大学（1925）、中东技术大学（1956）、哈贾泰佩大学（1967）等高等学府及国家剧院、国家图书馆、国家博物馆、5月19日体育场等。文物古迹众多，包括罗马时期的凯撒圆柱、奥古斯都神庙、拜占廷时代的城堡和墓地、塞尔柱（突厥）时代的阿拉丁清真寺、奥斯曼帝国时代的建筑以及共和国时代的阿塔图尔克（凯末尔）陵墓等。

安康市 Ankang City 中国陕西省辖地级市。位于省境东南部，与四川、重庆、湖北相邻。辖汉滨区和汉阴、石泉、宁陕、紫阳、岚皋、平利、镇坪、旬阳、白河9县。面积23 391平方千米。人口263万（2010）。周为庸国属地，春秋属楚，秦置西城县，南北朝北周武成二年（560）西城县并入吉安县。唐武德元年（618）复设西城县（隶属金州），元撤西城县入金州，明万历十一年（1583）金州改名兴安州，清乾隆四十八年（1783）兴安州升为府，设置安康县。1949年置安康分区，1950年改安康专区，1969年改安康地区，2000年设地级安康市。境内矿藏有黄金、金红石、重晶石等，出产天麻等中药材。装机容量85万千瓦的安康水电站坐落在市区西部。工业以丝绸、医药、化工、水电、建材、酿造、食品为主。农业以种植水稻、玉米、小麦、油菜为主，盛产桐油、生漆、茶叶、木耳、板栗，为省蚕桑丝绸基地市。名胜古迹有香溪洞、金堂寺、万春寺以及瀛湖风景区等。

安克雷奇 Anchorage 美国阿拉斯加州最大港口城市。位于该州南部，阿拉斯加海北部的库克湾顶端。面积4 396平方千米，人口27.92万（2008），约占全州人口的40.7%。平均海拔36米。沿海有阿拉斯加暖流流经。1914年作为敷设阿拉斯加铁路的总部驻地始建。1920年设市。第二次世界大战中军事基地的兴建，1957年以来库克湾油田的发现和开发，促进了城市的发展。1964年遭受强烈地震，损失严重，后重建。南阿拉斯加的商业中心。建筑业较发达。有食品、建材、木材加工等工业部门。附近有埃尔门多夫空军基地和理查森堡陆军基地，联邦国防部的军事开支为城市经济收入的重要来源。国际机场在城西郊，为连接北美、北欧与远东之间航空线的中继站。经阿拉斯加铁路，北连费尔班克斯，南达苏厄德；通向东北的公路与阿拉斯加公路相接。港口终年不冻，以转运库克湾地区所产石油为主。有阿拉斯加大学安克雷奇分校、阿拉斯加太平洋大学、北极健康研究中心、阿拉斯加精神病研究所等文教科研机构。旅游业较盛，为滑雪等冬季运动胜地。

安拉 Allāh 伊斯兰教信奉的唯一主宰。见真主。

安乐死 euthanasia 使无法医治且不堪病痛折磨或"脑死亡"之类病人无痛苦地死去的做法。是一个长期争论的医学伦理学、法医学、医学社会学与人类学问题。

分类及争论热点 主要有两种。

消极的（被动的）安乐死 即对垂危患者不给予治疗或撤除治疗。此类安乐死有两种情况：①垂危患者的安乐死。不过使死亡时间提前一些。②非垂危患者的安乐死。若不进行安乐死，患者可以存活相当长时间，并且不一定自觉痛苦，但生活质量低下，对社会和家庭是一个负担。无论从伦理学还是从法学的角度来看，消极的安乐死接近自然死亡，而积极的安乐死则接近故意杀人。有人认为如果符合以下条件，撤除生命支持措施是合理的：①患者的死亡已迫近，且不能避免。②患者已失去意识，而且根据现在的医学知识和技术已不可能恢复。③患者在清醒时曾表示同意不使用医学中的生命支持措施，当患者已经失去意识的情况下，则由患者的直系亲属表示同意。④放弃或停止使用生命治疗由医生来执行。但有些法学家反对这种意见，认为能否恢复意识很难预料，而医学的生命支持治疗的含义又不太明确，直系亲属的同意并不总是符合患者清醒而又了解实情时的愿望。这种做法存在着把安乐死滥用于残疾人及老人的危险。

积极的（主动的）安乐死 指采取促使患者死亡的措施，结束其生命，如当患者无法忍受疾病终末期的折磨时。除个别国家对积极的安乐死持容忍的态度、免予追究法律责任外，一般多数国家都把它视为一种特殊的杀人罪。

合法化 1935年在英国成立第一个自愿安乐死合法化委员会，3年后，在美国也成立了同样的委员会。1976年后丹麦、挪威、瑞典、比利时、日本，甚至在天主教信徒很多的意大利、法国和西班牙也都出现了自愿实行安乐死协会。这些民间组织旨在使安乐死合法化。英、美的安乐死协会还曾起草能妥善防止发生谋杀、欺骗、操之过急的提案，但均被国家和地方立法机构一一否决。1987年荷兰通过一些有严格限制的法律条文，允许医生为患有绝症的患者实行安乐死。从历史发展的趋势来看，安乐死的合法化势在必行，只是时间与实施细则问题尚未确定。

安立甘宗 Anglican Communion 基督教新教主要宗派之一。与路德宗、加尔文宗合称新教三大主流教派。"安立甘"意为"英格兰的"，中国常称圣公会。该宗在英格兰为国教，称英国国教会。16世纪宗教改革时期，英王亨利八世因与罗马教廷的矛盾而禁止英格兰教会向教廷纳岁贡，后又促使国会通过《至尊法案》，规定英格兰教会不再受制于教皇而以国王为英格兰教会最高元首，但在教义、教规上仍保持天主教传统，只在崇拜习惯上有所改革。由于从英国传布到世界各地的圣公会陆续建立教会，安立甘宗逐渐形成。

安立甘宗没有世界性的统一组织或集权领导机构。习惯上尊坎特伯雷大主教为名义上的领袖，以《圣经》为教义基础，在持守传统教义的同时主张在具体解释上兼容各家之说。保留主教制并承认其有继承使徒的性质，但也让平信徒参加管理。1835年传入中国。该宗现有8 000余万信徒，分布在165个国家和地区。

安陆市 Anlu City 中国湖北省辖县级市。位于鄂中腹地，府河沿岸。面积1 355平方千米。人口63万（2008）。市人民政府驻府城街道。汉高祖六年（公元前201）置安陆县。后历经更迭变化，1987年撤县设市。由孝感市代管。矿产资源有石灰岩、河沙和黄铁矿、重晶石、萤石、磷、矿泉水等。工业以机械电子、有色金属、电力、纺织、食品、建材、化肥、医药等为主。农业以水稻、小麦、油菜、芝麻、蔬菜、银杏和生猪、牛、羊、家禽养殖等为重点。省及全国银杏重点产区之一。名胜古迹有李太白隐居的碧山风景区、太白公园、太白纪念堂等。

安禄山 An Lushan (703～757) 中国唐朝安史之乱的祸首。营州柳城（今辽宁朝阳）杂胡。本名轧（一作阿）荦山。母突厥人。禄山少孤，因母改嫁安延偃，遂冒姓安氏，改名禄山。开元二十八年（740）禄山为平卢兵马使，以贿赂交结唐廷派往河北的使臣，博得唐玄宗李隆基的称许。二十九年，擢为营州都督；天宝元年（742），为平卢节度使；天宝三载，兼范阳节度使、河北采访使；十载，又兼河东节度使，掌握了今河北、辽宁西部、山西一带的军事、民政及财政大权。安禄山权势的取得，除了手段狡诈，善于谄媚逢迎，骗得唐玄宗、杨贵妃等人的宠信和支持外，还因为河北一带民族杂居，奚族和契丹族势力较强，不时进扰河北，他以征战或欺诈手法镇压两族立功，被玄宗倚为安边长城。

玄宗统治晚年，朝政腐败，禁军虚弱。安禄山洞悉内情，有轻朝廷之心。他又与权臣杨国忠不和，遂阴谋叛唐。养同罗、奚、契丹降人八千为假子，称“曳落河”(胡语意为壮士)，皆骁勇善战；又畜战马数万匹，多聚兵仗，分遣胡商至各处经商致财。天宝十四载，又请以蕃将32人代汉将，组成一个以胡族武人为骨干、有汉族失意文人和地方军人参加的财富力强的武装集团。同年十一月，自范阳起兵，发动叛乱，攻陷洛阳。次年正月在洛阳称大燕皇帝，建元圣武。同年六月，遣军陷长安。从此，唐朝的半壁江山陷于长期战乱之中。至德二载（757）正月，为其子安庆绪所杀。

安曼 Amman 约旦首都和最大城市，安曼省首府。位于丘陵地带，临扎尔卡干河上游，海拔748米。人口212.5万（2007）。具有亚热带地中海式气候特点。冬温夏热，年平均气温17.4℃，平均年降水量279毫米。早在公元前3000年由安蒙人兴建称拉巴斯·安蒙，马其顿时期改称费拉德尔菲亚。635年阿拉伯人占领后，始称安曼。曾先后受亚述、迦勒底、波斯、希腊、马其顿、阿拉伯和奥斯曼土耳其的统治。素为西亚、北非贸易中心和交通要道之一。7世纪后急剧衰落。19世纪后半期开始缓慢复苏，1921年为外约旦酋长国首都。1946年成为约旦哈希姆王国首都。随后发展迅速，市区不断扩展，向北已接近扎尔卡。现为全国商业、金融及国际贸易中心和主要交通枢纽，工业产值占全国工业总产值的1/2以上，主要有食品、烟草、纺织、造纸、皮革制品、塑料制品、水泥、电力等部门。有铁路南北纵贯全部国境，并远通叙利亚和沙特阿拉伯；公路通连国内主要城市，并通往各邻国。城南有阿利娅王后国际机场。西亚古城，有罗马圆形剧场以及清真地、跑马场、古城堡等。约旦大学设于1962年。建有青年城、大学城、博物馆等。

安纳巴 Annaba 阿尔及利亚东北部港口城市，安纳巴省首府。曾称博纳或波尼。位于地中海安纳巴湾西岸、塞布斯河口附近，东近突尼斯，西距阿尔及尔435千米。人口49.2万(2002)。公元前12世纪，腓尼基人迁入，曾是基督教中心。697年被阿拉伯人征服后重建。1832年被法国人占领。附近为富庶的农业区，为农林产品的重要贸易中心，背后的丘陵山地富铁、锑、磷灰石等矿产资源。有钢铁、化学、制铝、纺织、汽车和铁路机车修配等工业。沿海地区交通枢纽。有铁路通君士坦丁和邻国突尼斯。港口属天然避风良港，有普通货运与散装船泊位，可接纳集装箱船和滚装船，最大可接纳长250米、吃水深11.5米的船只。年吞吐量约600万吨。输出铁矿石、磷灰石、软木、阿尔法草、羊毛、葡萄酒、水果等。城区由海岸伸展到丘陵山麓。市中心的旧城环“8月19日”广场修建，街道狭窄。有18世纪修建的萨拉拜清真寺和用罗马废墟石柱建成的西迪波麦罗清真寺。新城建于19世纪，有1850年建的教堂、1881年建的圣·奥古斯丁王宫以及希波博物馆。大型公用建筑、学校和公园等集中在“革命大道”两侧。城东有大型机场。

安纳德 Anand, Mulk Raj (1905-12-12～2004-09-28) 印度英语作家。生于白沙瓦（现属巴基斯坦），卒于浦那。1925年获旁遮普大学文学学士学位。同年去英国留学。1929年获哲学博士学位。1937年以战地记者身份去西班牙，写了许多充满激情的反法西斯政论。1947年印度独立后，参加世界和平运动，于1953年获世界和平理事会的国际和平奖。

早期小说主要描写印度底层民众的苦难生活，如《苦力》(1933)、《不可接触的贱民》(1935)、《两叶一芽》(1937)和长篇小说三部曲——《村庄》(1939)、《黑水洋彼岸》(1940)、《剑与镰》(1942)等。印度独立后创作题材更为广泛，艺术手法更加丰富，如长篇小说《一个印度王公的私生活》(1953)、《老妇人和母牛》(1960)、《道路》(1961)等。此外，还写了《七个夏天》(1951)、《早晨的面孔》(1968)、《一个情人的自白》(1976)，这是他计划中的7卷本长篇自传体小说的前3部。安纳德还有若干短篇小说集。

安纳托利亚 Anatolia; Anadolu 亚洲地区名。大体相当于土耳其的亚洲部分，面积约75万平方千米。因基本上为山地环绕的高原，故自然地理上也可称安纳托利亚高原。西部有爱琴海沿岸各平原，东部与亚美尼亚高原和伊朗高原相接，东南与美索不达米亚平原相连。高原内部大都由陷落盆地与地垒式高地组成，海拔800～1 200米。安卡拉西南250千米的埃尔吉亚斯山，海拔3 916米，是安纳托利亚高原的最高峰。因位于欧亚两洲交界处，自人类文明的黎明期起，即为亚欧两大洲许多民族迁徙和互相征战的十字路口。气候比较干旱，多干草原。矿藏主要有硼、铬、铜、铁、铝矾土及煤，尤以铬矿著称。

安纳托利亚语族 Anatolian group 印欧语系中已消亡的一个语族。历史上分布于小亚细亚一带。主要包括赫梯语和卢维亚语。

《安娜·卡列尼娜》 *Anna Karenina* 俄国长篇小说。L.N.托尔斯泰著。创作于1873～1877年。小说由两条平行而又彼此交织的线索构成。一条是安娜不能忍受丈夫的虚

安曼的罗马圆形剧场

《安娜·卡列尼娜》插图

伪与冷漠，追求真正爱情和幸福，抛弃丈夫和儿子，投入情人沃龙斯基的怀抱，最后又被情人冷落而卧轨自杀；另一条是列文和吉提经过一波三折的爱情终成眷属。第一条线索表现的是贵族旧的道德伦理观念的动摇；第二条线索表现的则是整个社会旧经济基础的动摇。

安娜是第一条线索的代表人物。在小说中，作者一方面同情安娜的不幸，另一方面却谴责她为个人的爱情毁灭家庭和自己的行为。因此，安娜虽然得到了爱情的幸福，却始终背负着罪人的十字架。

列文则是另一条线索的主角。他长居乡下，厌恶都市，既赞同农奴主反对农奴制改革，又抨击农奴制对农民的压制；既希望改善农民的处境，又不肯放弃地主的利益，幻想以人人富裕来代替贫困和仇恨。在现实中碰壁后，绝望之中几乎自杀，最后从一个农民那里得到启示："为了灵魂而活着"，从而走出绝望。

小说的创作过程十分复杂，几年间数易其稿，主题一改再改，反映了作家思想的变化。小说的情节结构分而不离，心理描写精细入微，为作家赢得"艺术之神"的声誉。

安南 Annan, Kofi (1938–04–08～) 联合国第七任秘书长（1997～2006）。生于加纳库马西。早年就读于加纳库马西理工大学，曾到美国和瑞士留学。1962年进入联合国工作。1974年中东"十月战争"后，担任驻开罗的联合国紧急部队民事长官。1986年升任联合国助理秘书长，负责人事厅工作。1990年海湾战争爆发后，负责同伊拉克谈判释放联合国及其他国际组织工作人员的人质问题。1993年3月出任联合国负责维持和平事务的副秘书长。1996年12月17日，第51届联大任命安南为联合国第七任秘书长。1997年1月1日正式就职，任期5年。2001年6月，联大通过安理会提名安南连任秘书长，任期至2006年12月31日。曾于1998年赴巴格达进行斡旋，化解了伊拉克武器核查危机。2001年10月，获诺贝尔和平奖。安南是位经验丰富的外交家，懂英语、法语和几种非洲语言。曾5次访问中国。

安宁市 Anning City 中国云南省辖县级市。位于省境中部，滇中高原中部。面积1 313平方千米。人口34万（2010），有汉、白、彝、苗、回等民族。西汉元封三年（前108）置连然县，属益州郡。晋太康七年（286）置宁州，辖连然县。唐武德四年（621）改设安宁县，属昆州。1956年从楚雄专区划归昆明市，为安宁区。1959年复置安宁县。1995年撤县设安宁市。由昆明市代管。矿产以磷、盐、铁、锰、铝土矿等为主。农业主产水稻、小麦、玉米、蚕豆、大豆、烤烟、蔬菜、水果等，为省烤烟、蔬菜、花卉、禽蛋、红梨、速生丰产林等商品基地。工业以冶金、化工、机械、铸造、建材、塑料、印刷等为主。成昆、昆安铁路和昆畹、安（宁）石（林）等公路干线贯穿境内。名胜古迹有安宁温泉、法华寺石窟、曹溪寺、王仁求碑等。

安宁法华寺石窟卧佛

安诺文化 Anau Culture 中亚铜石并用时代的彩陶文化。分布于土库曼斯坦南部科佩特山北麓平原。年代为公元前第5千纪初至前第3千纪初。因1904年在阿什哈巴德附近发掘的安诺遗址而得名。居民主要经营农业，有引水灌溉工程，主要作物有小麦和大麦。家畜饲养业相当发达，有牛、羊、骆驼和猪。住房为单间和多间组合的土坯建筑，还有公共使用的集会房间。有手制彩陶、动物和人的陶塑像及金银铜和宝石装饰品。有石制、骨制和红铜铸造的工具。出现双扇合范铸造技术。社会当处于母系氏族公社阶段。居民属欧罗巴人种东地中海类型。该文化与阿富汗、巴基斯坦、伊朗、美索不达米亚等地发生密切的文化联系。

安培 ampere 国际单位制中表示电流的基本单位。简称安。符号为A。为纪念法国物理学家A.-M.安培而命名。1908年在伦敦举行的国际电学大会上，定义1秒时间间隔内从硝酸银溶液中能电解出1.118 00毫克银的恒定电流为1安培，又称国际安培。1946年国际计量委员会提出的定义为：在真空中，截面积可忽略的两根相距1米的平行而无限长的圆直导线内，通以等量恒定电流，导线间相互作用力在1米长度上为2×10^{-7}牛时，则每根导线中的电流为1安培，又称绝对安培。该定义经1948年第9届国际计量大会通过沿用至今。实际上，定义中的两根"无限长"导线是无法实现的，根据电动力学原理，可以用作用力相似等效的两个线圈替代。1960年10月第11届国际计量大会决定采用安培为电学量的基本单位，并作为国际单位制的基本单位。1国际安培＝0.999 85绝对安培。

安培 Ampère, André-Marie (1775–01–22～1836–06–10) 法国物理学家。生于里昂，卒于马赛。1802年在布尔让–布雷斯中央学校任物理学和化学教授。1808年被任命为新建的大学联合组织的总监事，此后一直担任此职。1814年被选为帝国学院数学部成员，1819年主持巴黎大学哲学讲座。1824年担任法兰西学院实验物理学教授。1827年被选为英国皇家学会会员，柏林科学院和斯德哥尔摩科学院院士。安培最主要的成就是对电磁作用的研究。1820年7月，H.C.奥斯特发表关于电流磁效应的论文后，安培报告了他的实验结果：通电的线圈与磁铁相似。9月25日，他报告了两根载流导线存在相互影响，相同方向的平行电流彼此相吸，相反方向的平行电流彼此相斥；对两个线圈之间的吸引和排斥也作了讨论。通过一系列实验，他认识到磁是由运动的电产生的，并用这一观点来说明地磁的成因和物质的磁性。他提出分子电流假说：电流从分子的一端流出，通过分子周围空间由另一端注入；非磁化的分子的电流呈均匀对称分布，对外不显示磁性；当受外界磁体或电流影响时，对称性受到破坏，显示出宏观磁性，分子被磁化。在科学高度发展的今天，安培的分子电流假说有了实在的内容，已成为认识物质磁性的重要依据。为进一步说明电流之间的相互作用，1821～1825年，安培做了关于电流相互作用的四个实验，并根据实验导出两个电流元之间的相互作用力公式。1827年，安培将他的电磁现象的研究综合在《电动力学现象的数学理论》一书中，对以后电磁学的发展起了深远的影响。为纪念安培在电学上的杰出贡献，电流的单位安培以他的姓氏命名。

他曾研究过概率论和积分偏微分方程，显示出在数学方面奇特的才能。他还做过化学研究，几乎与H.戴维同时认识到元素氯和碘；比A.阿伏伽德罗晚3年导出阿伏伽德罗定律。

安培定律 Ampere's law 描述两个恒定电流元相互作用的规律。电磁学的基本规律之一。在H.C.奥斯特电流磁效应实验及其他一系列实验的启发下，A.-M.安培认识到磁现象的本质是电流，把涉及电流、磁体的各种相互作用归结为电流之间的相互作用，提出了寻找电流元相互作用规律的基本问题。为克服孤立电流元无法直接测量的困难，安培精心设计4个示零实验并伴以缜密的理论分析，得出了结果。但由于安培对电磁作用持超距作用观念，曾在理论分析中强加了两电流元之间作用力沿连线的假设，期望遵守牛顿第三定律，使结论有误。以下公式是摒弃错误的作用力沿连线的假设，经修正后的结果。两个电流元相互作用力公式为：

$$\mathrm{d}\boldsymbol{F}_{12}=k\frac{I_1 I_2}{r_{12}^3}\mathrm{d}\boldsymbol{l}_2\times(\mathrm{d}\boldsymbol{l}_1\times\boldsymbol{r}_{12})$$

式中k为比例系数，它与各量的单位选择有关，$I_1\mathrm{d}\boldsymbol{l}_1$为电流元1，$I_2\mathrm{d}\boldsymbol{l}_2$为电流元2，$\boldsymbol{r}_{12}$为从电流元1到电流元2的径矢，$r_{12}$为其绝对值，亦即电流元1和电流2之间的距离，$\mathrm{d}\boldsymbol{F}_{12}$为电流元1对电流元2的作用力。此式即称为安培定律。

将此式分解成两式：

$$\boldsymbol{B}=k\frac{I_1\mathrm{d}\boldsymbol{l}_1\times\boldsymbol{r}_{12}}{r_{12}^3}$$

$$\mathrm{d}\boldsymbol{F}_{12}=I_2\mathrm{d}\boldsymbol{l}_2\times\boldsymbol{B}$$

第一式为电流元1在$\boldsymbol{r}_{12}$处激发的磁感应强度，它与毕奥-萨伐尔定律的形式一致，是讨论恒定电流激发的磁场性质和计算其磁场分布的基础。第二式为电流元2在磁场$\boldsymbol{B}$处所受的安培力，它是研究电流线圈在磁场中受力和力矩以及运动的基础，它与运动电荷在磁场中受的洛伦兹力公式一致，因而也是研究运动电荷在磁场中运动的基础。

安庆市 Anqing City 中国安徽省辖地级市。位于省境西南、长江下游北岸，毗邻湖北省和江西省。辖迎江、大观、宜秀3区和怀宁、枞阳、潜山、太湖、宿松、望江、岳西7县。代管桐城市。面积15 317平方千米，人口531万（2010）。南宋绍兴年间（1131～1162）置安庆军，元为安庆路，明为安庆府。1914～1928年属安庆道。1949年设安庆专区，1951年置安庆县级市。1979年升为地级市。境内山地、丘陵和洲圩湖泊各占1/3。全境地形自西北向东南，分别为山地、丘陵和沿江平原。属亚热带湿润季风气候，四季分明。长江、华阳河、皖河过境。湖泊众多，有大官湖、沙湖、菜子湖、泊湖、武昌湖等。主要农作物有水稻、棉花、油菜、茶叶、蚕桑、柑橘等。林木主要有松、杉、毛竹等。盛产木材、银杏、板栗、桐油、茶叶、鱼虾蟹等。主导产业有机电、纺织、建材、石化、食品等。长江过境流程243千米，可常年通航5 000吨级货轮和万吨油轮；合九铁路贯穿境内，

安庆振风塔

与京九铁路相连；民航已开通北京、广州、温州、厦门、上海等航线。文学史上著名的散文流派——安庆桐城派影响文坛200余年。名胜古迹有天柱山、薛家岗文化遗址、迎江寺、振风塔、张四墩新石器时代遗址等，还有陈独秀墓。

安丘画像石 Anqiu Stone Sculptures 中国东汉晚期大型画像石刻。1959～1960年清理。原位于山东安丘的董家庄村北古墓中，现于县城内复原保存。此画像石刻的内容非常丰富，雕刻技法多样。在224块石材中，有103块刻有画像，主要雕刻在甬道封口石、墓门、墓室四壁及顶部、立柱等处，总面积146.14平方米，计画面69幅。

安丘汉墓前室封顶石南段画像

画像题材多样，有反映墓主人生活内容的车马出行、乐舞百戏和历史故事等内容，多分布于室内四壁；有大量反映升仙思想及日月、神灵、仙人和奇禽异兽等内容，主要分布于屋顶和墓门上；还有在立柱上雕刻的瑞兽、胡人以及反映生殖崇拜观念的画像。这些画像中绝大多数为凿纹减地浅浮雕，在构图和造型等方面均表现出较高的水平，具有强烈的艺术感染力，善于把握宏大场面的描绘，是已发现的汉画像石中比较成熟的作品。

安丘市 Anqiu City 中国山东省辖县级市。位于省境中东部。面积1 907平方千米。人口93万（2010），民族以汉为主。汉景帝中元二年（前148）置安丘县，后曾更名诛郅县、牟山县、辅唐县、胶西县等。宋开宝四年（971）复名安丘县。1945年改建为淮安县，1950年因与江苏省淮安县同名改称潍安县，1952年撤销潍安县重置安丘县。1994年撤县设市。由潍坊市代管。矿产有重晶石、石灰岩、大理石、玄武石、白云岩、花岗岩、油页岩、膨润土、石墨等。农作物有小麦、玉米、高粱、大豆、花生、甘薯、谷子、棉花、黄烟、大蒜、中草药等。工业以化工、纺织、电子、机械、建材为主。济青高速公路、206国道、胶济铁路等过境。名胜古迹有东汉雕刻画像石墓、庵上石坊、公冶长书院、老子庙等。

安全困境 security dilemma 关于国际社会在无政府状态下，国家之间由于缺乏信任和信息的沟通，导致在国家安全上处于两难选择的一种国际政治理论。理论前提是，在国际社会体系中不存在一个使所有国家服从和承认的最高权威和一个可以为所有国家提供共同安全与和平的最高机构，国际社会为其成员提供安全保障的能力是有限的，因而与国内政治体系相比，国际社会处于一种无政府的自然状态。在这种状态下，生存与自保是所有国家的自然本性，国家的独立与安全主要借助自身的手段。这必然会导致国家间相互猜忌和对对方的意图进行最坏的分析。

在国际社会中，一国的国家安全不仅决定于自身的行为，同时也决定于其他国家会作出什么反应。在无政府状态下，国家只能控制自己的行为，无法确定其他国家的反应，国家通常难以预料自己的行为后果。国家为安全而采取的行动可以有两种选择：一是增强自己的力量，二是削弱自己的力量。一般来说，国家在现实政治中多采取增强自己力量的方式，削弱的做法是很少见的。国家增强自身力量如果对别国产生了威慑作用，使之减少敌意，那就会使自己更安全；但如果产生了挑衅作用，使对方增加敌意，则自己就会更不安全。与此相类似，国家削弱自身力量如果产生和解作用，使对方减少敌意，会增加自身的安全；相反，如果产生引诱作用，则会使自己更不安全。所以，无论国家采取哪种战略，都会冒某种风险。而且，即使事后知道最初的选择是不明智的，也无法知道换一种选择是否会有更好的结果。国家在安全问题上的这种两难选择，国外学者称之为“安全困境”。在这里，核心问题就是国家间的恐惧感和不信任感。

在安全困境下，秩序从何而来？如何阻止一国对另一国的进攻？和平如何保障？

西方学者先后提出了“均势理论”、“集体安全理论”和“霸权稳定论”等。但这些理论都不能从根本上根除国家安全的这种两难困境。

安萨里 Ghazālī, al-（1058～1111-12-18） 伊斯兰教神学家、哲学家，伊斯兰教正统神学古典形式的集大成者。全名艾卜·哈米德·穆罕默德·本·穆罕默德·安萨里。中文名又称加扎利。生于中亚呼罗珊地区图斯镇，卒于图斯镇。自幼接受宗教教育，1079年前往当时的文化学术中心内沙布尔跟随正统派神学家楚瓦伊尼学习神学、哲学和逻辑；又随苏非派教师法尔马基学习苏非派的学说。1084年游学巴格达，后被聘为巴格达尼查姆大学教授（1090～1094）。这一时期，他开始系统研究凯拉姆学、塔骚屋夫、斐格哈学以及法勒赛法（理性哲学）等宗教哲学思想。1094年，由于对理性的怀疑与否定，他投身塔骚屋夫运动，漫游叙利亚、巴勒斯坦、麦加、希贾兹等地，然后回到图斯，教授弟子并继续从事著述。1106年，受聘于内沙布尔尼查姆神学院。两年后返回图斯，终老故乡。

安萨里的著作约有228种，流传至今的神学哲学著作大致分为三类：①关于塔骚屋夫哲学，如《光的壁龛》、《内心的揭秘》、《修道者的明灯》等；②有关正统派信仰，如《正道标准》、《逊尼派信仰》等；③有关理性哲学，如《哲学家的矛盾》、《哲学家的宗旨》等。其中6卷本《宗教学科的复兴》是以正统信仰为基础三者兼容的复合性巨著。安萨里的哲学思想为伊斯兰教一神论在理论上作进一步论证，成为伊斯兰教正统神学-哲学的古典形式。他是伊斯兰神学理论的集大成者，被奉为“伊斯兰权威”。他的哲学思想对中世纪犹太哲学家M.迈蒙尼德和基督教神学家托马斯·阿奎那等都有一定影响。他的《哲学家的宗旨》一书对阿拉伯西方世界和中世纪的欧洲了解阿拉伯东方哲学家的观点起了一定的媒介作用。

安塞腰鼓 Ansai waist drum dance 中国汉族民间舞蹈。腰鼓舞的一种。

安瑟尔谟 Anselmus（约1033～1109-04-21） 基督教经院哲学家，神学家。唯实论主要代表。26岁进入本笃修会，先后任法国柏克隐修院副院长、院长，英国坎特伯雷大主教。曾因拥护教皇权益与英王发生争执，并为争夺主教任命权两次被迫出走。认为信仰高于理性，是理性的基础，提出了关于上帝存在的本体论论证，即上帝是最完美者，而不存在者不是最完美者，故上帝必然存在，为上帝和教会高于一切作了哲学论证。有最后一位教父和第一位经院哲学家之称。

安莎社 Agenzia Nazionale Stampa Associata; ANSA 意大利最大的通讯社。国际性通讯社之一。意大利全国报业联合社的简称。第二次世界大战期间盟军占领意大利后，受法西斯政府控制的原斯蒂法尼通讯社瓦解，意大利12家重要日报于1945年1月13日联合创办了安莎社。总社设在罗马。在意大利各地设有19个分社，国外有89个分社和记者站。每天用意大利、西班牙、葡萄牙、法、英5种文字播发国内国际新闻。

安山岩 andesite 中性火山岩。成分与深成的闪长岩相当。岩石多为灰、暗灰、灰绿、紫褐等色。化学成分中SiO_2平均含量为58.17 %，Na_2O为3.48 %，K_2O为1.62 %，CaO为6.79%。岩石为块状构造，也有气孔、杏仁构造，杏仁主要为硅质、碳酸盐类。具斑状结构，斑晶主要为斜长石（中-拉斜长石）和角闪石；基质由斜长石（中、更斜长石为主）、辉石、绿泥石微晶和玻璃质组成。碱性长石和石英少见，多成不规则状充填在微晶间隙中。副矿物为磷灰石和铁质氧化物。据暗色矿物斑晶成分又可分为辉石安山岩、角闪安山岩（见图）和黑云母安山岩。次生变化主要为绿泥石化、绿帘石化、碳酸盐化、泥化等。在热液的作用下，还可形成青盘岩化而成变质安山岩。安山岩产状多为岩流、岩穹。分布较广，主要分布在活动大陆边缘、造山带及近代火山岛弧区，如环太平洋周边有广泛的安山岩分布，因此有“安山岩线”之称。中国东部及沿海地区有产出。与安山岩有关的矿产有铁、铜、金、银、铅、汞等。色泽美观的安山岩可作装饰石材和建筑石材。

角闪安山岩

安神 tranquilization 中医学用以治疗神志不安的方法。主要适用于心悸、怔忡、失眠、烦躁、惊狂等病证。神志不安的病证主要与心、肝有密切关系。不同原因所致的心神不安治法也因之而异。

安神法主要有养心安神和重镇安神两种。养心安神适用于治疗心肝血虚或心阴不足所致的心悸、怔忡、失眠、多梦、神情恍惚等病证。常用滋阴养血安神药如酸枣仁、柏子仁、远志、小麦、首乌藤，方剂有酸枣仁汤、天王补心丹、甘麦大枣汤等。重镇安神是治疗神志不安的方法，适用于治疗邪热、痰浊等实邪所致的阳气躁动的病证，常用龙骨、牡蛎、朱砂、琥珀、珍珠、紫石英等同清热、化痰的药物配合组方，方如朱砂安神丸、磁朱丸等。临床属神志不清者，不应使用安神法，而宜用开窍法。

安神剂 sedative and tranquilizing prescriptions 中医用以治疗神志不安病证的方剂。以安神定志为主要作用。神志不安疾患临床常表现为心悸怔忡、失眠健忘、烦躁惊狂等症。安神剂主要适用于因情志内伤所致脏腑偏盛偏衰，且以神志不安为主要表现者。

分类 ①重镇安神剂。适用于心肝阳亢，热扰心神证。证见心烦神乱，失眠多梦，惊悸怔忡，癫痫等。代表方如朱砂安神丸等。②滋养安神剂。适用于阴血不足，心神失养证。证见虚烦不眠，心悸怔忡，健忘多梦，舌红少苔等。代表方如天王补心丹、酸枣仁汤。

使用注意事项 重镇安神剂多由金石、贝壳类药物组方，易伤胃气，不宜久服。脾胃虚弱者宜配伍健脾和胃之品。某些安神药如朱砂等有一定的毒性，久服引起慢性中毒，亦应注意。服药期间忌服茶叶、咖啡等兴奋性饮料，饮食宜清淡。

安盛保险公司 AXA Group 法国保险集团及资产管理公司。世界最大的保险公司。总部设在法国巴黎。分支机构遍布世界60多个国家和地区，主要从事保险及资产管理业务。员工103 534人（2007）。拥有全球客户约4 000万户。

公司创始于1816年，1985年AXA名称开始被所有集团公司所采用。1995年通过收购国外公司涉足澳大利亚、新西兰和中国香港市场。1996年在纽约股市挂牌交易。1997年取得中国政府的保险经营牌照。1999年和中国五矿集团在上海合资成立金盛人寿保险有限公司，经营人寿保险业务，

AXA拥有51%股权。2010年营业额在世界保险公司中排名第1位。

安史之乱 An-Shi Rebellion 中国唐朝玄宗末年节度使**安禄山**和**史思明**发动的叛乱。节度使置自睿宗时，仅是统领边防军镇的使职。玄宗为控制和防御周边各族，将节度使增为10个，他们除管军政外，又兼管本道民政及财政，权势积重。玄宗统治后期，政治败坏，中央军备空虚，天宝元年(742)，全国兵数为57.4万，边兵竟占49万。安禄山即在此外重内轻、尾大不掉的局面下起兵叛唐。安禄山身兼平卢（今辽宁朝阳）、范阳（今北京）、河东（今山西太原西南）三镇节度使，兵力雄厚。他洞悉长安朝廷腐朽、实力空虚的内情，又因与宰相**杨国忠**争权，遂于天宝十四载(755)十一月，以讨杨国忠为名，自范阳起兵。河北州县，望风瓦解，守、令或逃或降，或被擒杀。叛军军锋迅速指向洛阳，唐玄宗派遣大将封常清到洛阳募兵6万，这些兵未经训练，很快为叛军击败，洛阳失陷。封常清与驻屯陕州的大将高仙芝一起退守潼关（今陕西潼关东北）。玄宗听信监军宦官的诬辞，杀死高、封两人，起用病废在家的大将**哥舒翰**统兵赴潼关。次年正月，安禄山在洛阳称大燕皇帝，令部将史思明经略河北。

洛阳失陷后，常山（今河北正定）太守颜杲卿与平原（今山东陵县）太守**颜真卿**起兵讨安禄山，河北人民纷纷响应。此时唐大将**郭子仪**、**李光弼**率领朔方军出师河北，屡获胜利；河北十余郡多杀叛军守将，重树唐帜，使叛军将士军心动摇，安禄山甚至想放弃洛阳逃回老巢。唐朝很有讨平叛乱的希望，但杨国忠猜忌驻防潼关的哥舒翰，不采纳他关于据险坚守以待敌内变和由郭子仪、李光弼引兵北取范阳覆敌巢穴的建议，十五载六月，哥舒翰被迫出兵，结果大败，潼关陷落，长安震动。玄宗逃往成都，行至马嵬驿（今陕西兴平西），军士哗变，杀杨国忠，玄宗被迫缢杀**杨贵妃**。随即奔成都。太子李亨奔灵武（今宁夏灵武），同年七月即位，是为肃宗，改元至德。

安禄山遣部将孙孝哲入长安，自己仍留洛阳。安军将领在长安胡作非为，专以声色财贿为事，已无再进取之意，致使唐军得到了重整军备、调集重兵的机会。

长安失陷后，郭子仪、李光弼奉命率步骑5万自河北至灵武，壮大了朝廷的声势。河西（今甘肃武威）和北庭（今新疆吉木萨尔北破城子）、安西（今新疆库车）节度使的兵也来会合。唐廷又得到回纥（见**回鹘**）、于阗及西域诸族的援助。至德二载（757）正月，安禄山为其子安庆绪所杀。李光弼坚守太原，屡败敌军；郭子仪收复河东郡（今山西永济），解除了侧面敌人的威胁，为收复两京做了战略的准备。同年九月，广平王李俶（后为**唐代宗李豫**）与郭子仪统朔方等军及回纥、西域之众15万自凤翔出发，攻克长安，十月收复洛阳，安庆绪逃往邺郡（相州，今河南安阳）。此时，留在范阳的史思明不愿受安庆绪的节制而降唐。唐封他为归义王，任范阳节度使。但唐廷又策划消灭他。事泄，史思明遂反，与安庆绪遥相声援。

红枫湖风景区

乾元元年（758）九月，唐派郭子仪、李光弼等九节度使统兵20余万（后增至60万）讨安庆绪，包围了邺城。次年三月，史思明率兵来援，唐军60万众溃于城下。史思明杀安庆绪，还范阳，称大燕皇帝。九月，攻占洛阳，与唐军相持年余。上元二年（761）二月，李光弼攻洛阳失败。三月，史思明为其子史朝义所杀，叛军内部离心，屡为唐军所败。宝应元年（762）十月，唐借回纥兵收复洛阳，史朝义穷迫自杀，历时七年又两个月的安史之乱，至此始告平定。

安史之乱是唐朝由盛而衰的转折点。

安世高 An Shigao（约2世纪） 中国东汉时期外籍僧人，佛经译师。本名清，原是安息国太子，自幼信佛，出家后游历西域各国。他精研阿毗昙，勤修禅定。汉桓帝建和元年（147）进入中国内地，在洛阳从事译经传教活动，是到中国内地传播**说一切有部**毗昙和禅法的第一位外籍僧人。安世高来到洛阳后，不久即通晓汉语，并开始翻译佛教典籍。据晋道安所编《众经目录》载，安所译佛教经典共35种41卷；现存22种26卷。现存安译经典中影响较大的有《安般守意经》、《阴持入经》、《人本欲生经》、《大十二门经》、《小十二门经》、《道地经》等。其所译佛典的思想，属于部派佛教上座部系统，重点译传的是定学（禅法）和慧学（数法）两方面的学说。

安顺市 Anshun City 中国贵州省辖地级市。位于省境中西部，历有“黔之腹，滇之喉”之称，向为交通要道。辖西秀区和平坝县、普定县、关岭布依族苗族自治县、镇宁布依族苗族自治县、紫云苗族布依族自治县。面积9 269平方千米。人口230万(2010)，有汉、苗、布依、回、彝、仡佬等40个民族。汉初为夜郎国地。明洪武十四年(1381)移安顺州（今旧州）于此，始筑城；万历三十年(1602)改称安顺军民府。曾名安顺场。1914年置安顺县，1958年建市，2000年撤销安顺地区和县级安顺市，设立地级安顺市和西秀区。碳酸盐类岩层分布广泛，岩溶地貌如峰林、峰丛、溶洞、暗河、洼地、漏斗、盲谷等均甚发育。属北亚热带－中亚热带湿润性季风型气候，气温适中，冬无严寒，夏无酷暑，降水充足，热量丰富。矿产资源有煤、铁、铜、锰、汞、石灰岩、大理石等。农业主产水稻、玉米、小麦和油菜子、烤烟、茶叶、蚕桑等。以传统的“安顺三刀”（剪刀、菜刀、皮刀）和被誉为“东方第一染”的蜡染艺术及地毯著称。在五金、酿酒、制革、染织等传统工业的基础上，形成了以飞机、微型轿车、机械、食品等为主的新的工业体系。名胜古迹有黄果树瀑布、龙宫、红枫湖、织金洞等风景名胜区和飞虎山古人类文化遗址、天台山、安顺文庙、钟鼓楼、狮子山、文昌阁等。

《安塔拉传奇》 *Romance of Antar* 古代阿拉伯长篇故事。一般认为是9世纪阿拉伯说书人艾绥迈伊根据民间传说整理而成。原型是古代骑士、七首悬诗作者之一安塔拉，有虚构情节。安塔拉是阿拉伯半岛一个部落头人的儿子，为黑人女奴所生，力大无比。他爱上了堂妹阿卜莱。由于当时习俗，他父亲不承认与他的亲缘关系，婚姻亦遭叔父拒绝。安塔拉决心用勇敢和武力为自己赢得幸福和荣誉。他仗义行侠，转战南北。最后终于与阿卜莱结成良缘。作品气势宏伟，人物形象个性鲜明。全书为韵文体，间有诗歌。对后世作家影响很大。

安特生 Andersson, Johan Gunnar (1874-07-03～1960-10-29) 瑞典地质学家、考古学家。生于克尼斯塔，卒于斯德哥尔摩。毕业于乌普萨拉大学，1902年获博士学位。早年多次从事北极和南极的探险工作，1906～1914年任瑞典地质调查所所长，1914～1924年任中国北洋政府农商部矿政顾问。1926～1939年任瑞典远东古物馆馆长。1937年再度来中国调查四川等地的冰川，然后去越南北部作考古调查。是较早从事中国新石器时代考古学研究的学者之一。在中国任职期间，着重于新生代地质的研究，后兴趣逐渐转移到考古学方面。1921

年发掘河南省渑池县仰韶村遗址，发现仰韶文化，揭开了中国田野考古工作的序幕。后到甘肃、青海进行考古调查，发现遗址近50处。受材料局限，提出过中国文化西来说；后自已有所纠正。他对周口店化石地点的调查，促成了后来北京人遗址的发现。有关中国考古学的著作主要有《中华远古之文化》、《甘肃考古记》、《中国史前史研究》等。

安特卫普 Antwerp; Antwerpen 比利时最大港口和第二大城市，安特卫普省首府。位于比利时西北部斯海尔德河下游，靠近北海。面积133.48平方千米。人口48.86万(2009)。居民大多使用荷兰地方方言，工商界主要使用法语。地形平坦，河道纵横。兼具海港和河港之利。

2～3世纪已有居民点。大约7世纪建城堡。1291年建市。13世纪加入汉萨同盟。1356年安特卫普附属佛兰德，部分属于布吕赫。16世纪中期成为欧洲最繁荣的商业、金融城市和第一大贸易港，17世纪初期成为世界钻石加工和贸易中心。增至10万。由于宗教战争，1576年城市遭破坏。后又曾被西班牙占领。1831年比利时独立后，1863年从荷兰赎回斯海尔德河口商业权后，遂发展成为现代大海港。两次世界大战中，均被德国占领，遭受严重破坏，战后迅速恢复并不断发展。1993年，安特卫普被提名为欧洲文化之都，文化发展达到高潮。

欧洲北部贸易中心和比利时第二大经济中心。重要工业部门有钻石加工、造船、汽车装配和金属制造业、电子通信、炼油及石油化工等。世界上最大的钻石加工和贸易中心，其钻石加工量占世界产量的一半，加工的钻石绝大多数供出口。有1/4的世界钻石交易所设此。是12条重要铁路干线和7条欧洲公路的交会点。与海港、内河组成四通八达的水陆运输系统。多尔内机场是重要的航空港。

欧洲著名文化中心和旅游地。佛兰德斯画家凡·戴克的诞生地。建有多所故居博物馆、皇家歌剧院、皇家荷兰剧场、伊丽莎白女王音乐厅以及欧洲保存动物种类和数量最多的动物园。老城区位于斯海尔德河右岸，多中世纪哥特式建筑。往东穿越宽阔的林荫大道(原是绕城城墙)，为19世纪以来扩展形成的新城区，两侧多现代建筑。

安特卫普城堡

安藤昌益 Andō Shōeki (? ～ 约1762) 18世纪日本德川时代中期的思想家，医生。幼名三之丞，号确龙堂良中。生平不详，有多种说法。1744～1756年昌益在八户一带行医；1752～1755年完成他的主要著作。据说1762年卒。1899年左右代表作《自然真营道》手稿被日本学者狩野亨吉发现，从此才开始被重视。其主要著作还有《统道真传》。昌益的宇宙观是气一元论。他自造了一套术语，还提出"土活真"、"互性"等范畴。他赋予"自然"概念以特殊的含义，认为"道"是自然之进退的一气，且不停地运行，充满整个宇宙。

昌益抨击封建等级制度，主张回到"自然世"去。他还批判儒学、佛教和日本的神道教，有否定一切的倾向。

安藤广重 Andō Hiroshige (1797～1858-10-12) 日本浮世绘画家。生于江户（今东京），卒于江户。10岁时曾画《来贡使行列图》。15岁左右师从歌川丰广，更名歌川广重。1818年绘制《狂歌紫之卷》插图。随后，他一面以一游斋为号描绘明星演员像、美人画、武士像等，一面摸索和创造自己的画风。1831年前后发表了充满新情趣的彩色风景组画《东都名胜》。1832年他沿东海道去京都旅行，发表了《东海道五十三次》(1833～1834)，从此确定了他的风景画创作方向。不久，出版了《近江八景》、《京都名胜》、《金泽八景》、《诸国六国河》等风景组画名作。这些作品描绘了四季的情趣，洋溢着诗情画意。他的主要作品还有《江户近郊八景》、《木曾海道六十九次》、《东都八景》等。他的画风对后世颇有影响，门人有歌川广重二代、歌川广重三代。

《东海道五十三次——庄野图》

安提瓜和巴布达 Antigua and Barbuda 加勒比海岛国。位于加勒比海小安的列斯群岛中背风群岛的东南部。南与瓜德罗普岛相望，西与圣基茨和尼维斯为邻。由安提瓜岛（约280平方千米）、巴布达岛（约161平方千米）和无人居住的雷东达岛（约1平方千米)组成。面积442.6平方千米。人口8.6万（2010)。居民大部分是非洲黑奴的后裔。多数居民信奉基督教。官方语言为英语。首都圣约翰。年均气温21～30℃。平均年降水量约为1 100毫米。资源贫乏。

1493年C.哥伦布抵达安提瓜岛。1520～1629年，西班牙和法国殖民者先后侵入该岛。1632年英国占领该岛，并从非洲贩运黑奴来此地种植甘蔗和烟草。1667年依据《布雷达条约》，该岛正式沦为英国殖民地。1860年巴布达岛并入安提瓜岛版图。1958～1962年为西印度联邦成员。1967年2月实行内部自治。1981年11月1日正式宣

布独立。英联邦成员国。英王为国家元首，并任命总督，总督须由本国人担任，并根据内阁的决定行使职权。政府为总理内阁制。众议院多数党领袖担任总理。议会由参议院和众议院组成，任期5年。众议员由直接选举产生。主要政党有联合进步党和安提瓜工党。

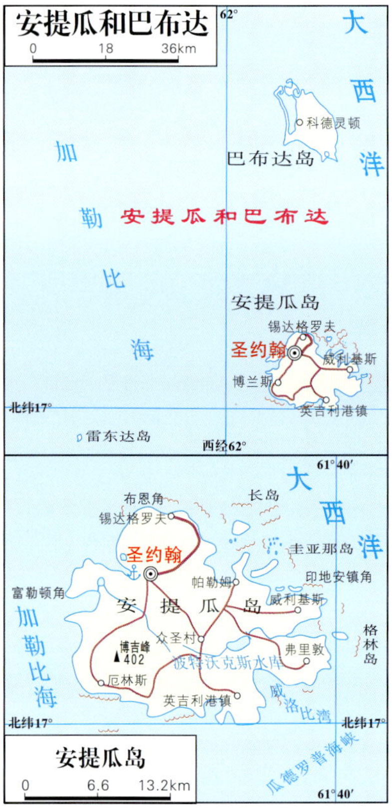

2009年国内生产总值11.94亿美元，人均国内生产总值18 100美元。货币名称为东加勒比元。旅游业是国民经济中的支柱产业。粮食不能自给。工业基础薄弱。每年贸易均为逆差。主要出口朗姆酒、海岛棉、服装、皮棉、加工食品等。进口食品、建材、机电产品、燃料等。主要贸易对象是美国和加勒比地区国家。每年从英国获得相当数量的援助。美国的援助和游客是该国外汇收入的重要来源。有干线公路384千米，辅助公路781千米，无铁路。主要港口为圣约翰港。维尔·伯德机场有通往北美、欧洲和加勒比地区其他英语国家的航线。

中、小学实行义务教育。有多种报刊。有国营和私人电视台各1家。为加勒比地区外交上比较活跃的国家，积极参与地区一体化。重视同英、美的传统关系。1983年1月1日与中国建交。

安童 Antong (1248～1293) 中国元代前期政治家。蒙古札剌儿氏。木华黎四世孙。忽必烈即帝位，召安童入宿卫，为四怯薛（禁卫军）之长。至元二年（1265）任中书右丞相。安童尊礼汉族士大夫，受到儒家思想的影响，积极协助忽必烈推行“汉法”。十二年，忽必烈命安童从皇子北平王那木罕出镇阿力麻里，防御叛乱的西北诸王。十三年，那木罕所部宗王昔里吉等叛变，将那木罕送交术赤系后王忙哥帖木儿，将安童送交窝阔台系后王海都。二十一年，被放还，仍为中书右丞相。二十四年，忽必烈重立尚书省，中书省形同虚设，安童因失去忽必烈的宠信，被迫辞职。

安徒生 Andersen, Hans Christian (1805-04-02～1875-08-04) 丹麦作家。生于菲英岛欧登塞，卒于哥本哈根。11岁时丧父。从小就为贫困所折磨，先后在几家店铺里做学徒，没有受过正规教育。1819年在哥本哈根皇家剧院当小配角，后因倒嗓（青春期变声）被解雇。此后学习剧本创作也未获成功。

1822年得到资助就读于一所文法学校。1829年进入哥本哈根大学学习。他的第一部重要作品游记《1828和1829年从霍尔门运河至阿迈厄岛东角步行记》(1829)的出版，使安徒生得到社会的初步承认。此后他继续从事戏剧创作。1833年去意大利，创作了诗剧《埃格内特和美人鱼》和以意大利为背景的长篇小说《即兴诗人》(1835)。小说被译成德文和英文出版，标志着作者开始享有国际声誉。他的第一部《讲给孩子们听的故事集》(1835)包括《打火匣》、《小克劳斯和大克劳斯》、《豌豆上的公主》和《小意达的花儿》，后又增加《小美人鱼》（又译《海的女儿》）。1847年又写了一部《没有画的画册》。1840～1857年，安徒生访问了挪威、瑞典、德国、法国、意大利、西班牙、葡萄牙、希腊等国和小亚细亚、非洲等地，在旅途中写了不少游记，如《瑞典风光》(1851)、《西班牙纪行》(1863)、《访问葡萄牙》(1866)等。他写过《小传》(1832)、《正传》(1847)和《传记》(1855)3部自传。他的小说和童话故事也大多带有自传的性质。这位童话大师一生坚持不懈地进行创作，共写了168篇童话和故事。他的作品被译成80多种语言。

安徒生的童话脍炙人口，一直为世界上众多的成年人和儿童所传诵。如《卖火柴的小女孩》、《丑小鸭》、《看门人的儿子》等，既真实地描绘了穷苦人的悲惨生活，又渗透着浪漫主义的情调和幻想。《皇帝的新装》辛辣地讽刺了皇帝的昏庸无能和朝臣们阿谀逢迎的丑态；《夜莺》和《豌豆上的公主》嘲笑了贵族的无知和脆弱。有些故事如《白雪皇后》则表现了作者对人类理想的看法。他早期的作品大多取材于民间故事，后期创作也引用了很多民间歌谣和传说。作品大量运用丹麦下层人民的日常口语和民间故事的结构形式，语言生动优美，自然流畅，充满浓郁的乡土气息。

《皇帝的新装》插图

安徒生的作品在1919年经周作人翻译介绍进入中国，后有郑振铎、茅盾、叶君健等人对其进行过系统翻译和研究。

安托万 Antoine, André (1858-01-31～1943-10-19) 法国导演、演员和戏剧活动家。生于利摩日，卒于普利甘。1887年创建自由剧团，1897年创办安托万剧院。他支持É.左拉关于自然主义戏剧的原则，并在戏剧实践中进行革新活动。1888年他首演的L.N.托尔斯泰的《黑暗的势力》，以表演的真实、气氛的紧张、演出的浑然一体征服了同时代人。

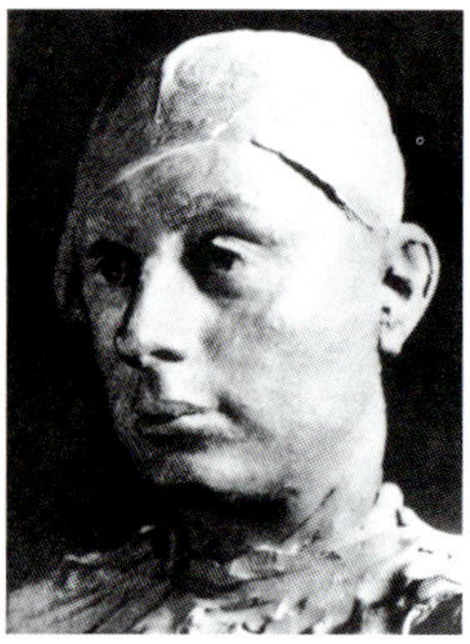

安托万提出“生活的截面”和“讽刺性喜剧”的戏剧理论，旨在向流行戏剧中庸俗的程式和惯用的技巧进行斗争。自由剧团在8年中共演出了88位剧作家的111部戏，包括左拉、龚古尔兄弟的剧作，以及H.易卜生、J.A.斯特林堡等的名剧。在安托万剧院（设在奥德翁剧场）存在的10年里，不仅上演了他主持自由剧团时的保留剧目，还对传统剧目的演出进行大量探索，其中成绩卓著的是对W.莎士比亚戏剧的导演。

安托万为实现自己的戏剧主张，债台高筑，1914年破产。后一直以剧评家兼戏剧记者身份谋生。

安托万是一位思维敏捷、才情横溢的戏剧革新家，也是一位有深远影响的法国现代戏剧始祖。

安慰药 placebo 借助心理暗示作用满足患者解除病痛要求的药物。一般分为两种：①惰性安慰药，无药效，如医务人员给患者注射生理盐水却告之是吗啡。②具一定药效的药物，但向患者暗示它具有实际不存在的用途，如用维生素止痛。安慰药最常用于缓解主观症状，如疼痛，其作用包括心理生理机制。

安西四镇 Four Garrisons of Anxi Protectorate 中国唐代安西都护府属下的四个军事重镇，负责西域地区军事防御和征收商税事务。贞观二十二年十二月（649年1月）安西都护府自西州移治龟兹（今新疆库车县东皮朗古城），始置龟兹、于阗（今新疆和田县境内）、疏勒（今新疆喀什市一带）、碎叶（今吉尔吉斯斯坦北部托克马克西南阿克别希姆废墟，因北临碎叶水今楚河而得名）四镇。永徽元年（650）罢。约于显庆三年（658）复置，时四镇有焉耆（今新疆焉耆县）而无碎叶（一说贞观始置时即为焉耆）。咸亨元年（670）陷于吐蕃。调露元年（679）安西都护王方翼筑碎叶城，复置碎叶、龟兹、于阗、疏勒四镇。旋罢。长寿二年（693）破吐蕃再置。开元七年（719）弃碎叶城于西突厥十姓可汗，遂改焉耆为四镇之一。安史之乱后，陇右陷于吐蕃，四镇虽与中原隔绝，然仍坚守至8世纪90年代初始全部陷入吐蕃。

安息 Parthia 中东古国名。始见于《史记》，指帕提亚（Parthia）朝波斯帝国（公元前247～公元224），“安息”是该国创始人Arshak的汉译。安息国都《汉书》作番兜城；《后汉书》作和椟城。

安息至米特拉达梯一世（前171～前138年在位）和弗拉特二世（前138或前137～前128或前127年在位）在位时才强盛起来。汉使张骞于前129年到达大月氏、大夏时，正当弗拉特二世末年。张骞虽未亲莅安息，但听说过一些该国的情况，知道安息是西域最大的农耕国家，商业发达，还留下了有关安息银币的记载。张骞使乌孙时，又遣副使到安息，时约前116或前115年。

安息帝国在其君主阿尔达班五世（约213～224年在位）时在新兴的波斯萨珊王朝阿尔达希尔一世的连年攻击下灭亡，在中东存在了470多年。它因地处欧亚贸易要道而得以繁荣。古代丝绸之路和几条重要支路均穿过安息。见帕提亚帝国。

安息日 Sabbath 犹太人每周一天的圣日、休息日。为每周第七天，即星期五日落始，到星期六下午天空出现第一颗星星时结束。“安息”为希伯来语意译，原意为“休息”。据《圣经》记载，上帝在六天内创造宇宙万物，第七天完工休息；另在以色列人出埃及途中，摩西接受耶和华的十条诫命并颁布给以色列人之后，安息日作为犹太人与上帝订立的盟约内容之一开始成为犹太教遵守的圣日。该日要守安息，禁止工作、旅行、做饭、抽烟、乘交通工具到犹太会堂等，但可雇用非犹太人代替自己工作。犹太人认为，安息日是使他们脱离艰辛的工作，得到全身心休息，并能专事敬拜上帝，得到精神更新的神圣日子。以家庭为中心过安息日是最重要的习俗。周五日落前要待在家里，晚餐前举行祝祷仪式。周六要参加犹太教会堂的礼拜，读经。安息日结束时，全家举行一个小仪式，背诵安息日的特别祝祷，并传递一个小香坛，吸闻它的香味，希望把香味带进新的一周。根据《以赛亚书》，此日也可举行各种形式的聚会。20世纪以来，越来越多的犹太会堂和社团在安息日下午举行联欢，内容包括吟唱安息日颂歌、集体研读《塔纳赫》、发表演讲或讨论、欣赏音乐等。现代，安息日的社交因素远大于宗教意义，但守安息日的条律已成为犹太人生活的一部分。这对犹太民族在几千年的流亡中，顽强维护自己民族和宗教的特性起了重要的凝聚作用。安息日不同于后来基督教的礼拜日。

安阳市 Anyang City 中国河南省辖地级市。中国历史文化名城、七大古都之一。

天宁寺塔

位于省境北部，太行山东麓。北与河北省毗连。辖北关、文峰、殷都、龙安4区和安阳、汤阴、滑县、内黄4县，代管林州市。面积7 355平方千米。人口517万（2010），民族有汉、回、满等。商代以此为都，称殷，历273年。战国时属魏宁新中邑，秦置安阳县，取安定繁荣之意。1949年设立安阳市。属暖温带大陆性季风气候。矿产有煤、硫铁矿、陶土、铝矾土等。农作物有小麦、玉米、谷子、棉花、油菜、芝麻等。牲畜良种有豫北黑山羊。工业有冶金、机械、煤炭、化工、纺织、医药、建材、电子、造纸、食品加工等。京广铁路纵贯全市，为晋、冀、鲁、豫4省交通要冲。殷墟已被列入《世界遗产名录》。旅游景点有高阁寺、天宁寺塔、府城隍庙、袁世凯墓等。

安源镇 Anyuan Town 中国江西省萍乡市安源区辖镇。面积25.5平方千米。矿藏以煤、石灰岩、瓷土为主，其中煤炭储量8.52亿吨，素有“江南煤城”之称。为安源煤矿所在地。安源素称“赣西文化之乡”，有傩、采茶戏、磨漆画、农民铜管乐等传统文化。是中国工人运动发源地之一，1922年毛泽东、刘少奇、李立三等在此发动并领导了安源路矿工人大罢工。名胜古迹有孽龙洞、武功山、孔庙、宝积寺、横龙寺、如愿塔等。革命纪念地有安源路矿工人俱乐部旧址、总平巷、谈判大楼（又称安源公务总汇）、张家湾秋收起义军事会议旧址、安源路矿工人运动纪念馆、秋收起义广场等。

安岳石刻 Anyue Cliffside Engravings 中国唐宋摩崖石刻。以佛教造像为主，有少量道教造像。位于四川安岳境内。摩崖造像多达217处，窟龛1 289个，造像2万余躯。主要有卧佛院、圆觉洞、毗卢洞、千佛洞、观音堂、茗山寺、玄妙观等处。1988和2001年，国务院先后公布卧佛院摩崖造像和毗卢洞石刻造像为全国重点文物保护单位。

卧佛院位于安岳城北40千米处的卧佛村，有窟龛139个，开凿于盛唐至五代。卧佛为释迦牟尼涅槃像，身躯全长23米，头东脚西，左侧卧于距地高约10米的崖壁上，衣纹舒朗，姿态安详。佛身侧后所刻诸弟子、菩萨、神王、力士像造型生动，表情各不相同，表现出惊于释迦灭度的情景，与静卧的巨佛形成鲜明对比，在构图上打破了因佛体僵直而形成的拘板布局。卧佛院还有15座刻经洞窟，内有唐开元年间（713～741）刊刻的10余部佛经，共约40余万字，是研究佛教经典和书法艺术的重要文物。圆觉洞在县城东1千米处的云居山上，有唐宋时期摩崖窟龛103个，以宋元符二年（1099）至大观

安岳石刻卧佛院释迦牟尼涅槃像

元年（1107）刻成的西方三圣雕造最精，显示出北宋石刻造像的艺术水平。毗卢洞在县城东南25千米处的塔子山上，为五代、北宋时期四川佛教密宗的主要道场之一。造像中有“柳本尊十炼修行图”，人物众多，造型生动。还有观音堂内所刻水月观音像，像高3米，背倚浮雕紫竹和柳枝净瓶，戴宝冠，袒胸腹，饰璎珞，坐姿优美，俗称紫竹观音，是安岳石刻佳作之一。

安志敏 An Zhimin（1924-04-05～2005-10-26） 中国考古学家。生于山东烟台，卒于北京。1948年毕业于北平中国大学史学系。1949～1952年为北京大学史学研究部考古学研究生。历任中国社会科学院考古研究所研究员、副所长，《考古》杂志主编，《中国大百科全书·考古学》编辑委员会副主任，中国社会科学院研究生院院务委员兼考古系主任等职，并曾任中国考古学会常务理事、中国史学会理事、国际史前与原史科学协会常务理事等，被聘为德国考古研究院通讯院士。

致力于田野考古，调查发掘遍及中国大部地区。学术研究以中国新石器时代考古为重点，兼及中国古代物质文化的其他领域。他修正了华北地区旧石器时代两个系统的传统概念；深入研究细石器的渊源、传统和发展，揭示了中国大陆和东北亚、美洲的史前文化联系；确立庙底沟二期文化，并揭示仰韶文化与龙山文化之间的传承发展关系；对黄河流域的仰韶文化和龙山文化进行地区和类型的划分；总结中国新石器时代考古的发现成果，提出一个比较全面的轮廓。此外，他还对中国史前农业、中国早期铜器、辽东史前文化、东南沿海和华南地区史前文化、碳十四年代测定的异常问题、中日古代文化交流以及历史时期考古中的诸多问题有深入研究。出版专著十多种，论文近400篇，许多论著被译成日、英、德等多种文字在国外发表。

安重根 Ahn Joong Keun（1879-09-02～1910-03-26） 朝鲜爱国志士。又名应七。生于朝鲜黄海道海州，卒于中国旅顺。早年曾加入天主教。1893年随父参加义兵运动。1905年日本迫使朝鲜签订《乙巳保护条约》后，安重根见国势日危，遂到中国上海、烟台等地谋求救国之路。次年归国。后变卖家产，兴办学校，并以士兴、民兴、国兴为宗旨，将学校命名为三兴学校并任校长。由于朝鲜**反日义兵斗争**受到日本的疯狂镇压而失败，安重根先后流亡到中国东北、俄国远东地区进行反日活动。1908年在俄远东地区组织义兵队伍，率所部回国，在庆兴与日军激战，失败后重返俄远东地区。1909年10月26日在哈尔滨车站将**伊藤博文**击毙，安重根当场被捕，囚入旅顺监狱。后在旅顺狱中英勇就义。

安子介 An Zijie（1912-06-26～2000-06-03） 中国社会活动家，爱国人士，实业家，全国政协副主席。浙江定海人。生于上海，卒于香港。早年入上海圣方济学院读经济系，同时学英、法、日三种语言，后来自学德语和西班牙语。1937年译述西方会计学专著《间接成本之研究》。1938年到香港，日本侵占香港后赴重庆。1942年在国民政府中央信托局工作。1948年重到香港经商。1950年与人合办中南纺织厂、华南漂染厂。1965年任香港棉纺业同业公会主席。1969年成立香港南联实业有限公司，任主席。1970年任香港立法局非官守议员。1985年任香港基本法起草委员会副主任委员、香港基本法咨询委员会主任委员。1992年被聘为首批港事顾问。1993年任香港特别行政区筹委会预备委员会副主任委员。是全国政协第六、七届常委，第八、九届副主席。1997年7月获香港特区大紫荆勋章。在语言学方面有较深造诣，著有《国际贸易实务》、《学习汉语》、《解开汉字之谜》、《劈文切字集》等，发明了安子介中文写字机。

桉树 *Eucalyptus*; eucalyptus **桃金娘科**桉属植物的统称。常绿乔木或灌木。原产澳大利亚等国家与地区。中国主要栽培地在海南、广东、广西、四川、云南中部、江西、浙江和福建南部。桉属种类有600多种。

高矮不一，最高的王桉可达150米，矮的不到3米。树皮粗糙或光滑。叶异型，分幼态叶、中间叶和成熟叶。花3至多朵，排成伞形花序或圆锥花序。桉树喜光，一般枝叶稀疏。大多要求年平均温度15℃以上，最冷月不低于7～8℃。一般能生长在年降水量500毫米的地区，年降水量超过1 000毫米生长较好。适生于酸性的红壤、黄壤和土层深厚的冲积土。在土层深厚、疏松、通气、排水良好的地方生长良好。一般造林后3～4年即可开花结实。

柠檬桉

桉属的某些木材产品以坚重、耐久著称，是世界上重要的硬木来源。中国栽培的多为散孔材（极少数如柠檬桉为辐射孔材），主要用作矿柱、建筑材料、家具、车船、枕木、电杆、工农具柄、浆粕和人造板等。桉叶可蒸制精油，生产**桉叶醇**、胡椒酮、柠檬醛等。许多桉树的皮、材、叶都含有单宁，可用于锅炉除垢和缓凝剂。此外，某些桉树的叶可浸提医药用芦丁和植物生长促进剂。中国栽培的主要桉树还都是**蜜源植物**。桉树还是防护林的优良树种。

桉叶醇 eudesmol 双环倍半**萜**，分子式$C_{15}H_{26}O$。广泛存在于许多桉树的油中。桉叶醇为α-桉叶醇和β-桉叶醇的混合物。

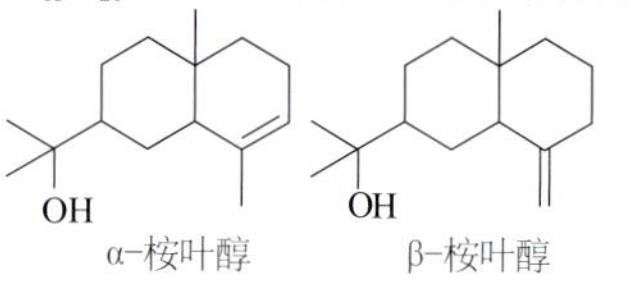

α-桉叶醇　　β-桉叶醇

角锥形结晶；熔点82～83℃，沸点156℃（10毫米汞柱），相对密度0.988 4，比旋光度$[\alpha]_D$ +31.3（氯仿）。α-桉叶醇熔点75℃，沸点156℃（10毫米汞柱），比旋光度$[\alpha]_D$ +28.6（氯仿）；其3,5-二硝基苯甲酸酯熔点102～103℃。β-桉叶醇熔点80～82℃，$[\alpha]_D$ +63.8（氯仿）；其3,5-二硝基苯甲酸酯熔点136～137℃。α-桉叶醇已从已知绝对构型的假虎刺酮合成。桉叶醇可用作定香剂，其乙酸酯在澳大利亚作佛手柑油的代用品。

氨 ammonia 氮与氢的化合物，化学式NH_3。无色具有刺鼻臭味的气体，熔点－77.73℃、沸点－33.33℃，密度0.696克/升，临界温度132.4℃，临界压力11.28兆帕。氨呈碱性，极易溶于水〔1体积水可溶解700体积氨（20℃）〕，生成氨水；易溶于乙醇、乙醚；溶于酸生成铵盐。氨在高温下分解成氮和氢，铁、镍、锇、锌可以加速氨的分解。氨易液化为液氨，是重要的无机溶剂，强极性溶剂，可以溶解碱金属、碱土金属以及磷、硫、碘等非金属，也可以溶解许多无机和有机化合物。

氨参与的化学反应有：①氨具有还原性，易被氧化剂氧化。高温下氨的还原性更强，能将某些金属氧化物还原为金属单质或低氧化态，如：

$$3CuO+2NH_3 \longrightarrow 3Cu+N_2+3H_2O$$

②氨分子中有3个氢原子，可被某些原子或原子团取代，分别生成—NH_2（氨基化物）、═NH（亚胺化物）、N^{3+}（氮化物），如光气$COCl_2$和氨反应生成尿素$CO(NH_2)_2$。③氨分子中有一孤对电子，可以和金属离子以**配位键**形式结合，生成**配位化合物**，例如$Ag(NH_3)_2Cl$、$[Cu(NH_3)_4]SO_4$、$[Zn(NH_3)_4]SO_4$、$[Co(NH_3)_6]Cl_3$、$Pt(NH_3)_2Cl_2$（氯氨铂）等。

氨的工业制法是德国F.哈伯1909年发明的，由氮和氢直接**合成氨**：

$$N_2+3H_2 \xrightarrow[\text{400～520℃，铁催化剂}]{\text{15.2～30.4兆帕}} 2NH_3$$

氨也可作为炼焦炉的副产物得到。实验室制备少量氨是用铵盐与浓碱一起加热，如：

$$NH_4Cl+NaOH \longrightarrow NH_3+NaCl+H_2O$$

氨主要用于制造氮肥和复合肥料，有的直接往土壤中施用液氨或氨水，有的将氨转化为硫酸铵、碳酸氢铵、碳酸铵等化肥。氨在染料、塑料、医药方面也有重要应用。液氨汽化热（23.35千焦/摩）很大，是常用的制冷剂，用于室内冰场、飞播增雨等操作中。当空气中含氨量达14.5%～26.8%（体积）或氧气中含氨量达13%～82%（体积）时，室温、常压下即可爆炸。液氨能冻伤皮肤，空气中氨含量过高会引起窒息。

氨基甲酸酯 carbamate 氨基或胺基直接与甲酸酯的**羰基**相连的化合物，分子式R_2NCOOR'（R为氢或烃基，R′为烃基）。氨基甲酸酯可由氯代甲酸酯与氨或胺反应制得，也可由氨基甲酰氯与醇或酚反应制得。异氰酸酯与醇或酚的反应，也是氨基甲酸酯的简便制法。氨基甲酸酯是重要的药物和农药。例如，氨基甲酸乙酯是一种镇静药和催眠药，药名乌拉坦；N-甲基氨基-*α*-萘酯是广效的杀虫剂，商品名西维因。N-(3,4-二氯苯基)氨基甲酸甲酯是除草剂，称为灭草灵。双官能团的异氰酸酯与二元醇聚合而成的聚氨基甲酸酯（简称**聚氨酯**）可作合成革、合成纤维、油漆、泡沫塑料和黏合剂。

氨基葡萄糖 glucosamine **葡萄糖**的一个羟基被一个氨基取代的化合物，*n*-氨基-*n*-脱氧己醛糖（俗称氨基糖）中的一种，分子式$C_6H_{13}O_5N$。2-氨基-2-脱氧-D-葡萄糖的结构式如下：

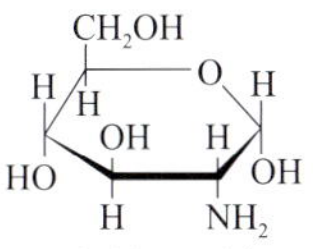

2-氨基-2-脱氧-α-D-葡萄糖

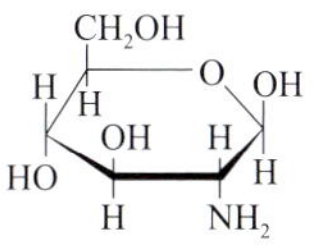

2-氨基-2-脱氧-β-D-葡萄糖

α型为针状结晶，熔点88℃，比旋光度$[\alpha]_D^{20}$ +100 → +47.5（水）；β型为针状结晶，熔点110℃（分解），$[\alpha]_D^{20}$+28 → +47.5（水）。氨基己醛糖广泛存在于自然界，尤其是2-氨基-2-脱氧-D-葡萄糖和2-氨基-2-脱氧-D-半乳糖，前者存在更为广泛，通常以N-乙酰基衍生物（如**甲壳素**）或以N-硫酸酯和N-乙酰-3-O-乳酸醚（胞壁酸）形式存在于微生物、动物来源的**多糖**和结合多糖中。2-氨基-2-脱氧-D-葡萄糖是多种**抗生素**的组分，链霉菌的许多菌株的代谢产物中存在3-氨基-3-脱氧葡萄糖及其衍生物。

氨基酸 amino acid 一类既含氨基又含酸性基团的有机化合物。已发现的氨基酸、亚氨基酸有700余种，其中绝大多数是L-型的*α*-氨基酸。有20种，严格地说19种氨基酸和1种亚氨基酸是构成**蛋白质**所必需的。

α-氨基酸的结构如图所示。在同一个碳原子上同时接有氨基、羧基、氢原子和

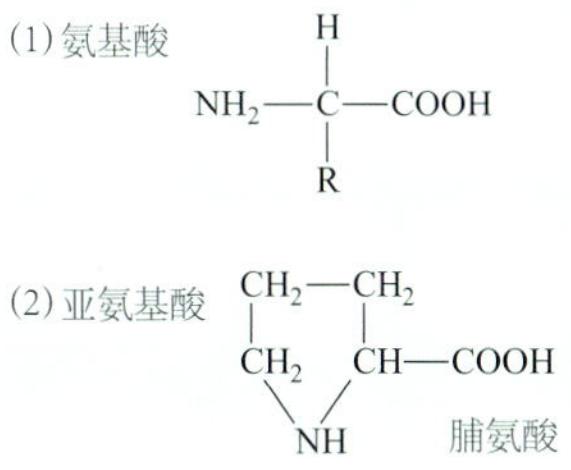

α-氨基酸的结构示意图

一个侧链基团（R）。最简单的氨基酸是甘氨酸（Gly），它的侧链基团都是氢原子。其他含有脂肪族侧链基团的有丙氨酸（Ala）、缬氨酸（Val）、亮氨酸（Leu）、异亮氨酸（Ile）；含有侧链脂肪族羟基或硫的有丝氨酸（Ser）和苏氨酸（Thr）、半胱氨酸（Cys）和甲硫氨酸（Met）；含有侧链芳香族基团的有苯丙氨酸（Phe）、酪氨酸（Tyr）和色氨酸（Trp）；组氨酸（His）的侧链为咪唑基团。除上述的中性氨基酸外，还有在中性环境带有正电荷的赖氨酸（Lys）和精氨酸（Arg）两种碱性氨基酸；谷氨酸（Glu）和天冬氨酸（Asp）是两种酸性氨基酸。后两种酸性氨基酸的侧链羧基为酰胺所代替时各成为谷氨酰胺（Gln）和天冬酰胺（Asn）。除Gly外，*α*-氨基酸都有两种异构体，分别称L型和D型。存在于蛋白质中的氨基酸都是L型。脯氨酸（Pro）是一个环亚氨基酸，它的结构见图中（2）。此外，机体中还有其他氨基酸，如鸟氨酸、瓜氨酸、碘代酪氨酸、硒代半胱氨酸等。

蛋白质中的这些氨基酸均是由三联体核苷酸编码的。结构基因的突变造成多肽链中氨基酸的改变或增减。在蛋白质分子成熟过程中，有不少氨基酸的侧链经过酶的作用转变成它们的衍生物。这是蛋白质翻译后加工的一个重要内容。

有些氨基酸，动物自身不能合成而必须从食物中获得，缺乏这些氨基酸会导致营养不良。这类氨基酸被称为必需氨基酸。对人体来说，必需氨基酸包括：Val、Leu、Ile、Thr、Phe、Trp、Lys和Met。而Arg和His仅是婴儿必需的，需适量补充。

α-氨基酸具有多种多样的性质。最主要的有两种。一是它们的氨基和羧基都能电离，可成为兼性离子。二是它们同时具有亲水/疏水性质。此外，它们形成α螺旋和β折叠链的倾向各不相同；侧链R的大小也有很大差别；分子中的一些带负电性的原子还能形成氢键。这些性质对于蛋白质的结构和功能均产生很大的影响。

氨基酸不仅是机体中构成蛋白质的必不可少的组分，还是合成**肽**的原料和重要的试剂。还可用做调味剂、食物添加剂和药物。谷氨酸钠盐，即味精，世界年产量在30万吨左右。Gly可作甜味剂。许多种氨基酸的混合液是重要的急救药，用于补液。个别氨基酸也可药用。

生产氨基酸的主要方法是发酵法，几乎找到了生产所有蛋白质中氨基酸的发酵菌。如L-Glu、L-Lys、L-Arg等都可以用发酵法生产。利用酶的专一性，可将其底物转变成相应的氨基酸。例如天冬氨酸酶可以将富马酸（延胡索酸）转变成L-Asp。微生物发酵法价格低廉，但是酶法的产物容易提纯。

氨基糖苷类抗生素 aminoglycoside antibiotic 结构中含有氨基糖与氨基环醇的**抗生素**。临床常用。天然氨基糖苷类抗生素分别来自链霉菌与小单胞菌。来自链霉菌的有链霉素、卡那霉素、新霉素、巴龙霉素、妥布霉素和大观霉素等；来自小单胞菌的有庆大霉素、西索米星、小诺霉素、阿司米星。半合成的氨基糖苷类抗生素是由人工进行结构改造而得，有阿米卡星和由庆大霉素改造的依替米星和异帕米星。

特点 ①抗菌谱较广，对革兰氏阳性及阴性细菌都有作用，但对革兰氏阴性杆菌作用更突出。②口服难吸收，故仅用于肠道消毒。对于全身性感染必须注射给药。体内破坏很少，大部分以原形从尿液排出，故可用于治疗泌尿道感染。③主要为肾和耳毒性。④细菌的耐药性已较前增加，这应引起人们的注意，本类各抗生素间有一定的交叉耐药性。⑤氨基糖苷类对革兰氏阴性杆菌和革兰氏阳性球菌均有明显的抗生素后作用，即接触此类抗生素一段时间后，停药后仍有抗菌效果。

分类及抗菌特性　链霉素　1944年发现。发挥过重要作用。由于细菌耐药性增加，链霉素已失去了广谱抗生素地位。仍可作抗结核菌的首选药物。其化学结构为：

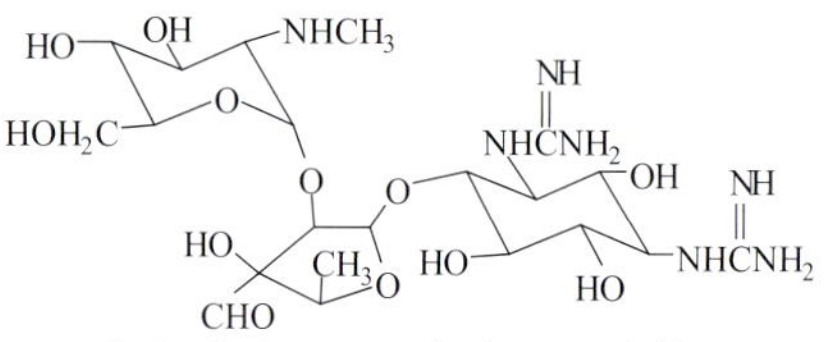

庆大霉素　1964年发现。对革兰氏阳性球菌如金黄色葡萄球菌（金葡菌）包括对其他抗生素耐药的金葡菌呈高度的杀菌作用，对革兰氏阳性杆菌如炭疽杆菌、白喉杆菌亦很有效。对革兰氏阴性杆菌如大肠杆菌、变形杆菌、克莱布斯氏菌属、痢疾杆菌等都有良好的抗菌作用。对绿脓杆菌的强大杀菌作用是其重要特点。其他细菌多半对庆大霉素不敏感或耐药。小诺霉素为其衍生物，毒性较小，疗效较好。

妥布霉素、西梭霉素、乙基西梭霉素　在抗菌作用及其药理作用方面有许多与庆大霉素相似之处。但对绿脓杆菌的作用有所不同，对庆大霉素耐药菌的作用也不尽相同。妥布霉素有肯定的抗菌作用，有的学者认为它对部分绿脓杆菌的抗菌作用优于庆大霉素，少数对庆大霉素耐药的绿脓杆菌对妥布霉素仍敏感。西梭霉素的抗菌作用与庆大霉素基本相似，但其衍生物乙基西梭霉素对部分庆大霉素耐药菌仍有作用，少数对阿米卡星耐药的细菌仍可能被乙基西梭霉素杀灭。

卡那霉素、阿米卡星　具有相似的药理特性。卡那霉素由于耐药菌多，不良反应大，临床已少用。阿米卡星是卡那霉素结构改造的产物。具有抗绿脓杆菌的作用，耐药菌大大减少，特别是阿米卡星对耐药菌很有效。

奈替米星　抗菌活性和抗菌谱与庆大霉素、妥布霉素相似，但耳、肾毒性低。

作用机制　本类抗生素的抗菌作用机制是抑制细菌蛋白质的合成。

不良反应　重要的是肾毒性和耳毒性。

肾毒性　连续用药可使药物在肾脏组织蓄积，破坏肾组织，引起肾功能障碍，使尿中出现蛋白质、管型、红细胞等，严重的可使血尿素氮和肌酐升高，引起肾功能衰竭。

耳毒性　为第Ⅷ对颅神经的损害，表现为：①对耳蜗听神经的损害主要是不同程度的听觉失灵，特别是对高频音调的听力障碍。可出现耳鸣、耳聋。用药中或用药后出现持续的耳鸣是耳聋的先兆。②对前庭神经的损害表现为步态不稳、共济失调，随时都有向前倾倒的感觉，可伴有眼球震颤、恶心、呕吐、眩晕等症状。

其他　链霉素注射后可能出现类似青霉素的即刻过敏反应，应密切观察。还可发生面部及口周麻木感。

氨纶　spandex　聚氨酯弹性纤维的中国商品名。以聚氨酯为原料，通过纺丝制成的合成纤维。具有与橡胶丝相似的弹性，又称弹性体纤维。美国商品名为莱卡。发明于1958年。由于生产流程长、成本高，发展迟缓，近年来弹性纺织品需求量增加，发展加快。

氨纶为高弹性纤维，有良好的加工和使用性能，其强度高于橡胶丝，伸长可达原长的500%～700%，弹性恢复良好，柔软，耐化学药品，耐油，耐汗，不霉不蛀。广泛用于各类纺织品。用少量氨纶（2%～25%）与其他天然或化学纤维合股或制成包芯纱、包覆纱，可用以生产各种弹性针织品和机织品，针织品如运动服、游泳衣、袜子、紧身衣、衣服的领口和袖口、松紧带、童装和卫生用品（如绷带、护膝等）等，机织品如夹克衫、女装、牛仔装、沙发套等。时装和休闲装中也越来越多地使用氨纶。

鹌鹑　*Coturnix coturnix*; common quail　鸡形目雉科鹌鹑属的一种。又称赤鹑、红面鹌鹑。简称鹑。中国有两个亚种：一种在东部，为普通亚种；另一种在西部，为指名亚种，是雉科唯一具有迁徙性的鸟。鹌鹑体型小，但肉味鲜美且含精氨酸，产蛋多，成熟早，适应性广，饲料转化率高。医学上还常用作实验动物。

鹌鹑体貌

外貌似鸡雏，头小，颈粗，体硕，尾短，羽深麻黄色。习群居，喜暖怕冷，容易受惊，适宜安静环境。肉用鹑于三四周龄、体重达125～200克时上市出售；蛋用鹑开产日龄一般为35～60天，年产蛋240～280个。蛋的孵化期17天，孵化操作和鸡基本相似。种鹑一年淘汰一次。在40日龄左右按雄、雌1∶3～1∶4的比例选留种。被淘汰的种鹑和蛋用鹑作为肉用鹑出售。

鮟鱇科　Lophiidae; anglers　鱼类鮟鱇目一科。又称丑鱼。全世界有4属25种。广泛分布于各大洋热带、亚热带和温带水域。中国有隐棘拟鮟鱇、褐拟鮟鱇、奈氏拟鮟鱇、黄鮟鱇、黑鮟鱇等。体长一般为200～300毫米，黑鮟鱇可达500毫米。体平扁，

欧洲鮟鱇

柔软，躯干部粗短。头大而宽，平扁，圆盘状。吻宽阔。眼位于头背面。上位。下颌突出。上下颌、犁骨与腭骨均具大小不等的发达犬牙或尖牙，可向内倒伏。体裸露无鳞，头的周缘及体侧具许多发达的皮质突起。第一背鳍具5～6鳍棘，第一鳍棘在吻上形成吻触手（引诱被捕食鱼、虾用），端部长圆形，具皮瓣；第二背鳍与臀鳍相对，位于尾部。胸鳍宽大，侧位，边缘具小皮瓣，2鳍条基骨在鳍基形成假臂。腹鳍短小，喉位。尾鳍小，圆形。具幽门盲囊。

为暖水性和温水性底层肉食性鱼类。栖息于水深40～50米、泥沙底质的海区。个别种类生活于深海。摄食石首鱼类、鳐、虾虎鱼等，也食虾类。春季产卵。卵浮性。幼鱼变态复杂，头上有刺，长大后逐渐消失。肉可食用。

鞍马　pommel horse　体操器械的一种，也是男子竞技体操项目之一。鞍马外包皮革，固定在专门的支架上，上装有两环，正式比赛器械有一定规格，比赛时要求运动员两臂支撑鞍马或鞍环完成各种单腿摆越、交叉、全旋和移位转体等。鞍马起源于古罗马，那时古罗马人用木制马训练骑手。18世纪末德国体操家F.L.杨将这种木马去掉头尾作为体操器械。1896年第1届奥林匹克运动会鞍马就列为男子比赛项目。鞍马动作不断变化创新，20世纪30年代出现了双腿全旋，60年代伞形全旋技术面世，匈牙利运动员Z.马乔尔创造了纵向移位及

中国运动员滕海滨的鞍马动作

转体；70年代美国运动员K.托马斯做了“大分腿全旋”（称托马斯全旋），开创了鞍马技术新领域。鞍马是中国体操队的强项，在世界性比赛中多次获得冠军。

鞍山市 Anshan City 中国辽宁省辖地级市。中国最大的钢铁工业基地。位于省境中部，千山山脉西麓。辖铁东、铁西、立山、千山4区和台安县、岫岩满族自治县，代管海城市。面积9 249平方千米。人口365万（2010），有汉、满、回、蒙古、朝鲜等民族。市境南部有形似马鞍的东鞍山、西鞍山，故名。战国时为燕国辽东郡，明洪武十二年（1379）修鞍山城，置鞍山驿，历史上是交通要道。1937年置鞍山市。矿产资源丰富，已探明有35种。其中，铁矿储量100亿吨，占全国的1/4；菱镁矿储量23亿吨，占世界的1/4；玉石和滑石储量居全国之首。地热和矿泉水资源十分丰富。盛产水稻、玉米、大豆、高粱、花生等，是省主要商品粮基地。盛产苹果、梨、板栗、山楂、葡萄、柞蚕丝等，其中以千山香水梨、南果梨为鞍山特产。工业以钢铁工业为主，还有机械、化工、建材、电子、纺织、食品等部门。长大铁路、沈海高速公路、哈大公路贯穿市境。名胜古迹有千山风景区、汤岗子温泉、析木城金塔、析木城石棚、鞍山驿堡遗址等。

俺答汗 Altan qan（1507～1582） 中国明朝蒙古右翼土默特万户首领。孛儿只斤氏，达延汗孙。其部住牧在丰州滩（今内蒙古自治区呼和浩特）一带。明代嘉靖初年崭露头角，配合其长兄吉囊征战。吉囊死后，势力日强，控制蒙古右翼地区，将察哈尔宗主汗迫往辽东。嘉靖二十九年（1550）兵临北京城下，胁求通贡，史称庚戌之变。次年明朝迫于俺答威势，开马市于宣府、大同等地，旋因闭市而战事复开。隆庆四年（1570），双方又开始和谈。次年明朝封俺答为顺义王，其弟、子及各部头目皆授以官职。又议定通贡互市条款。还先后于大同、宣府、延绥、宁夏、甘肃等近边地区开设马市11处，互市贸易，与市人数年有增加。从此开始了明、蒙几十年和平友好的局面，促进了蒙古右翼地区经济、文化的发展。万历六年（1578），俺答赴青海西会见西藏喇嘛索朗嘉错时，尊索朗嘉错为“圣识一切瓦齐尔达喇达赖喇嘛”，是为达赖称号之始；并先后在归化城等地建立寺庙。在其扶持下，喇嘛教开始在蒙古广泛传播。

岸舰导弹 shore-to-ship missile 从岸上发射攻击舰船的导弹。又称岸防导弹。是用于海岸防御的主要武器之一。多为巡航导弹，射程数十千米至数百千米，飞行速度多为亚声速，也有超声速的。既可在海岸固定阵地上发射，也可车载机动发射。它

中国岸舰导弹

比海岸炮射程远，命中精度高，毁伤威力大，但易受干扰。由弹体、战斗部、推进装置和制导系统等部分组成。

1957年苏联率先研制成功“幼鲑”岸舰导弹。20世纪60年代后，一些国家相继部署岸舰导弹。这一时期研制的导弹多采用惯性加雷达或红外末制导，射程多为中程、远程，性能较从前有较大提高。1982年6月12日英阿马尔维纳斯群岛战争中，阿根廷从岸上发射MM38“飞鱼”岸舰导弹，重创英国“格拉摩根”号导弹驱逐舰。

岸线测量 coastline survey 水域与陆地分界线位置和组成物质的测量。为编制地形图与海图提供海洋和江河湖泊边缘的地形资料。海岸线是指平均大潮高潮时水陆分界的痕迹线，为海图上的重要要素，也是关系到中国沿海省、市海域划界和国家海域划界的重要因素。一般根据当地的海蚀阶地、海滩堆积物或海滨植物确定。依其性质分为砂质岸、砾质岸、岩石岸等。岸线的测量方法有两种：①采用具有测角和测距功能的测量仪器（全站仪、经纬仪、测距仪等）在实地设立观测站对岸线进行测绘。②应用航空摄影测量的方法对海岸地带进行测量，并通过实地调绘确定岸线的位置和性质。岸线测量一般与海岸区域的地形测量同时进行，统称为海岸地形测量或海岸带测量。江河岸线、湖泊岸线与海岸线的测量和在海图上的表示方法基本相同。

岸信介 Kishi Nobusuke（1896-11-13～1987-08-07） 日本首相（1957～1960）。生于山口县，卒于东京。原姓佐藤，后成为岸姓养子。1920年在东京帝国大学法学部毕业。1936年任伪满洲国实业部次长。1940年回国，任商工省次官。1941年在东条英机内阁任商工大臣。1942年选入众议院。随后任军需省次官。由于他反对东条的战争政策，1944年促使东条内阁垮台。1945年被盟国占领军逮捕，但未经公审就获释。曾一度经商。1953年又选入众议院，参加组织日本民主党。

1955年民主党并入日本自由民主党。翌年，在石桥湛山内阁中任外务大臣。因石桥有病，他于1957年2月接任首相。后由于示威事件迭起，他被迫辞职，但此后仍为自民党积极分子，到处活动。后历任自民党高级顾问，日美协会、日英协会、家族计划国防协力财团会长，自由宪法制定促进国民会议议长，皇学馆大学校长等职。1979年8月获联合国和平奖。1980年3月任日中研究会顾问。

按揭 mortgage 银行抵押贷款业务的一种形式。中国香港特别行政区和澳门特别行政区习惯用语。指将某项资产的法定权益转让给债权人，常与抵押通用。通常特指房地产抵押贷款。

按揭抵押品主要是房地产，借贷双方签约后，贷方定期还本付息，还清后银行归还抵押品。若贷款者无力还贷，银行将处置抵押品以收回贷款。

在香港、澳门，住房按揭贷款分为契前按揭（未办理业权证的物业）和契后按揭（已办理正式权证）两种。前者称三方承诺放款，俗称“三方约”；后者称买房放款。申请契前按揭贷款时银行会要求贷方、开发商和银行三方共同签署一份借款契约。因为贷方申请贷款时尚未正式成为物业业权人，无权把物业押给银行。银行为规避风险，必须要开发商加签，证明其同意将有关物业抵押给银行。在一般情况下，银行不接受楼花（未落成房屋）的按揭申请。

按劳分配 distribution according to work 社会主义社会中按照劳动者为社会提供的劳动量分配个人消费资料的原则。

按劳分配的基本内容 在社会主义条件下，凡有劳动能力的社会成员都必须参加社会劳动；社会按劳动者提供的劳动的质和量分配个人消费品；等量劳动领取等量报酬，多劳多得，少劳少得。社会按劳动者提供的劳动分配的产品，只是社会总产品的一部分。社会总产品在对个人进行分配以前，首先要作下列扣除：①用于补偿消费掉的生产资料的部分；②用于扩大生产的追加部分；③用于应付不幸事故、自然灾害等的社会后备基金或社会保障基金。作了这三项扣除后，剩下的社会总产品中的其他部分用作消费资料，在这

部分中还要作如下扣除：①扣除和生产无关的一般管理费用；②扣除用于满足共同需要的部分，如学校、保健设施等；③扣除为丧失劳动能力的人等设立的基金。在上述各项扣除之后，才在劳动者之间按劳动的质和量进行分配。

按劳分配存在的客观必然性　主要表现在：①社会主义生产资料公有制是按劳分配存在的前提条件。社会主义公有制的建立，消除了凭借生产资料的私人占有获取劳动成果的可能性，从而根据各个劳动者向社会提供的劳动量分配个人消费品。②社会主义生产力发展水平是按劳分配存在的物质基础。社会主义发展阶段生产力发展水平不够高的事实，决定了消费品的数量还不充足；因此，消费品的分配必然实行等量劳动获取等量报酬的分配原则。③旧的社会分工的存在和社会主义劳动的性质，是实行按劳分配的直接原因。由于脑力劳动和体力劳动、复杂劳动和简单劳动差别的存在，因而在同一时间内不同劳动者向社会提供的劳动在质和量上都存在一定的差别。社会在分配个人消费品时，必须承认这种差别。同时，劳动在社会主义发展阶段还只是一种谋生的手段，劳动者必然要求在“平等”的基础上交换他们各自的劳动。

按劳分配的实现　在社会主义经济中，按劳分配的实现具有间接性和局限性。按劳分配实际上是把企业作为一个自负盈亏的分配实体，劳动者向社会提供的劳动量，只能以企业为单位加以计量。并且，劳动者能为社会提供多少社会必要的劳动量，不完全取决于他本人的劳动熟练程度和劳动强度，而是取决于企业的生产条件和企业联合劳动的状况，取决于企业的经济效益。劳动者个人消费品的分配必然和企业的生产经营成果相联系，必然以企业的经济效益为前提。按劳分配的实现所具有的间接性和局限性，决定了按劳分配首先在国家和企业之间进行，然后在企业内部劳动者之间分配，每个劳动者取得应归本人的那部分劳动报酬。这样，各企业由于经济效益不同，对社会所作的贡献不同，所获得的供本企业劳动者分配的个人消费基金也不同；在同一企业内部，由于劳动者提供的劳动量不等，对企业所作的贡献不同，因而所获得的劳动报酬也就不等。

实行按劳分配的意义　主要有：①可以将劳动者的劳动量与劳动所得结合起来，从而能激发劳动者的生产积极性和创造性；②可以将劳动者的个人物质利益与企业的经济利益结合起来，从而能有效地促进企业经营管理的改善和经济效益的提高；③可以奖勤罚懒，反对平均主义，提高劳动效率，促进商品经济和社会生产力的发展。

按劳分配的实现形式　主要包括工资、奖金和津贴。其中，工资是按劳分配的主要实现形式，奖金和津贴是补充的实现形式。由于社会主义经济中还存在着以生产资料公有制为主体的多种所有制形式，因而在社会主义分配方式中，除了按劳分配外，还存在着以下分配形式：①按资金分配；②按经营成果分配；③按劳动力价值分配；④按社会保障原则分配。这些分配形式属于非按劳分配形式。

按摩　massage　以手或器械，用特定的操作手法作用于人体以达到防治疾病和保健强身的方法。又称推拿。在体育运动实践中，为运动员提高体能，消除疲劳和防治运动损伤的按摩称为运动按摩。

按要素分配　distribution according to element　各生产要素所有者凭借其所有权参与价值产品分配的分配方式。既适合于企业内部对新创造的价值的分配，又适合于社会总价值产品的分配。是市场经济特有的分配方式。

实质内涵　作为一种分配方式和分配关系，按要素分配实质是按要素所有权及其对发展“资本的生产力”所起的作用进行分配，是由资本主义生产方式决定的。资本、土地、劳动等各种生产要素的所有者，凭借对生产要素的所有权，按照它们在形成和发展“资本的生产力”中所起的作用，即按照它们在生产过程中对提高劳动生产率、降低资本成本、开发新产品、增加超额利润等方面所起的作用，获得与这些要素的购买价格相适应的份额。

实现过程　按要素分配是通过两个层次的分配完成的：①企业主（即职能经营者或职能资本家，在混合企业中表现为股东及其代理人）和雇佣劳动者之间的分配，即新创造的价值或价值产品划分为两个部分，必要产品价值和剩余价值。②上述两个部分各自的进一步分配，即必要产品价值在劳动者之间的分配，以及剩余价值在不同当事者之间的进一步分割。在这两个层次的分配中，起作用的都是所有权规律。

按要素分配尽管从劳动者方面看是不合理的，但只要资本主义生产方式同生产力的发展是相适应的，这种分配方式就是不可避免的，而且是必要的。

理论误区　按要素分配的理论歪曲了按要素分配的关系，掩盖了按要素分配的真正原因。从庸俗经济学的角度看问题，劳动和生产资料等都是生产的要素，共同为生产使用价值、提高劳动生产率和企业赢利作出了贡献，那么，它们也就都参与了价值的创造。因此，它们都应当按对创造价值贡献的大小参与分配。这种按要素分配的理论是以生产要素价值论（或效用价值论、生产费用论）为基础的。这一理论的奠基人是J.-B.萨伊。他认为劳动、资本、土地既是创造使用价值的要素，也是创造价值的要素。工资、利息、地租成为为取得劳动、资本、土地的生产性服务而付出的代价；这三项收入构成创造效用的生产费用，并确定商品的价值。这就是萨伊所谓的“生产三要素论”。这种按要素分配理论的庸俗之处，不在于他们肯定要素所有者参与分配本身，而在于提出参与分配的根据。他们不是从生产条件的分配或要素所有权出发来说明这种分配方式，而是从非劳动要素和劳动要素共同创造价值出发来说明这种分配方式。

在中国特色社会主义初级阶段，多种所有制形式并存是既定的前提，生产的物质条件属于不同的所有者或产权主体，社会经济采取市场经济形式，除小生产者之外的劳动者作为生产要素进入市场，因而，按要素分配必然成为主要的或基本的形式。所谓按要素分配，仍然是按要素所有权分配，进而按各种要素对企业提高竞争力、增加赢利的贡献分配。

按诊　body palpation　医生用手对病人体表某些部位进行触摸、按压，以获得诊断印象的诊察方法。又称切诊、触诊。见四诊。

胺　amine　氨分子中的氢原子被烃基取代而生成的化合物。按照氢被取代的数目，依次分为一级胺（伯胺）RNH_2、二级胺（仲胺）R_2NH、三级胺（叔胺）R_3N、四级铵盐（季铵盐）$R_4N^+X^-$。胺具有碱性，在气相条件下氨比任何一种甲胺的碱性都弱得多，但在溶液中其碱性与三甲胺相近，一甲胺和二甲胺的碱性较三甲胺约强10倍。低级的胺是气体或易挥发的液体，气味与氨相似，有的有鱼腥味；高级的胺为固体；芳香胺多为高沸点的液体或低熔点的固体，具有特殊的气味。胺与酸作用易成盐。在许多有机反应中，常把胺作为亲核试剂使用。其反应活性通常随碱性的强弱而异，取代基的大小对反应活性的影响较大。此外，芳香胺的重氮化反应也是重要的有机反应之一。胺在自然界中分布很广，其中大多数由氨基酸脱羧生成。工业制备胺类的方法多是由氨与醇或卤代烷反应制得，产物为各级胺的混合物，分馏后得到纯品。由醛、酮在氨存在下催化还原也可得到相应的胺。工业上也常由硝基化合物、腈、酰胺或含氮杂环化合物催化还原制取胺类化合物。胺的用途很广，在化学工业中占有重要位置。最早发展起来的染料工业就是以苯胺为原料的。有些胺是维持生命活动所必需的，但也有些对生命十分有害，不少胺类化合物有致癌作用，尤其是芳香胺，如萘胺、联苯胺等都是强致癌物质。

暗房 dark room 摄影制作中使用的不透光的房间。又称暗室。它可以提供完全黑暗或使感光材料不会明显感光的某种色光，以便洗印或处理感光材料。传统摄影中，多数胶卷的冲洗与相纸的印相、放大都在暗房中进行，因此暗房是传统摄影，特别是黑白摄影必不可少的工作环境。在暗房中使用的器材主要有相纸冲洗机、放大机、印相机、上光机、放大镜头，暗房测光表、校色仪、定时器、彩色密度计，调焦器、放大尺板（压纸板）、胶卷显影罐、显影盘、相纸夹子、显影温度计、恒温仪、安全灯、胶卷分装器、裁刀、暗房袋及配置药液的各种量具与容器。

数码摄影中在计算机上利用图像处理软件处理数字影像，可以取代并超越传统暗房的全部功能，因此又称数码暗房。数码暗房以其手段丰富、效率高、成本低、易于掌握、利于环保等优点，正在迅速取代传统暗房。

暗河 subsurface river 存在于石灰岩或熔岩地下洞穴通道中的集中的地下水流。又称地下河。

暗礁 submerged reef 接近海面，但在低潮时依然位于海面之下的岩礁。通常把对航行安全有威胁的、位于海面之下10米以内的暗礁标注在海图上，在航道附近者，甚至需要设置航标或灯塔，以避免航行事故发生。

暗能量 dark energy 一种致使宇宙加速膨胀的能量成分。迄今所知道的普通物质与暗物质加起来只占宇宙总物质的1/3左右，仍有约2/3的物质称为暗能量，其基本特征是具有负压，在宇宙空间中几乎均匀分布或完全不结团。正是这种未知的负压物质（通常的辐射、普通物质和冷暗物质，压强都是非负的）主导今天的宇宙。21世纪初微波背景辐射探测卫星WMAP观测数据显示，暗能量在宇宙中占总物质密度的73%，其能量密度大约为2.3×10^{-3}（电子伏）^{4}。暗能量的本质尚不清楚。

暗示 suggestion 人们为了某种目的，在无对抗的条件下，通过交往中的语言、手势、表情、行动或某种符号，用含蓄、间接的方式发出一定的信息，使他人接受所示意的观点、意见，或按所示意的方式进行活动。社会和人际影响的形式之一。在一般情况下，暗示者是主动的、自觉的；相对来说，受暗示者是被动的。暗示一般可分为直接暗示、间接暗示、自我暗示和反暗示4种。影响暗示的因素主要有三方面：暗示者的特征、受暗示者的特征和当时的客观情况。在情况不明或困难、混乱的境况中，人们容易受暗示。

暗示疗法 suggestion therapy 通过言语或非言语手段暗示患者不加主观意志地接受一种观点、信息或态度，以消除某种症状或加强某种治疗效果的心理治疗方法之一。

暗示疗法可分他人暗示和自我暗示两类。他人暗示是施治者利用患者对他的信赖和顺服给予暗示以改变患者的心理状态，减轻或消除其心理的或生理的症状。自我暗示是患者通过自己的认识、言语、思维等心理活动调节和改变其心身状态。暗示疗法常用于治疗神经症、癔病、强迫症、运动障碍、口吃以及其他心身疾病。

暗物质 dark matter 只能通过引力效应推断其存在，但由于没有电磁辐射而不能直接看到的物质。宇宙中这种暗物质的质量远超过恒星和星系等可见物质的质量，因而对星系形成乃至宇宙演化等问题有重大影响。了解暗物质的数量和本性是当代天体物理学、宇宙学和粒子物理学面临的最迫切的问题之一。

1933年，F.兹威基在研究星系团时发现，根据成员星系的光度测量和质光比估计的光度质量远小于根据速度弥散和位力定理估计的动力学质量。这两种估计之间相差多达一两个数量级的不符，这意味着星系团中存在大量不发光但有引力作用的暗物质，历史上称之为失踪（或短缺）质量问题。曾有人认为，导致这种不符的原因可能是星系团尚未演化到稳定状态，用位力定理估计的质量过高。但20世纪70年代以来，大量观测事实表明这一现象在星系、星系群层次，甚至比星系团更大的尺度上也普遍存在。

暗星云 dark nebula 银河系中不发光的弥漫物质所形成的云雾状天体。如果气体尘埃星云附近没有恒星，则星云将是暗的，即为暗星云。它们的形状和大小是多种多样的。小的只有太阳质量的百分之几到千分之几，是出现在一些亮星云背景上的球状体；大的有几十到几百个太阳的质量，有的甚至更大。它们内部的物质密度也相差悬殊。赫歇耳父子于1784年首次注意到明亮的银河中有一些黑斑和暗条。后来的照相研究表明，这种现象是由于一些位于恒星前面的不发光的弥漫物质造成的。这种暗区在银河系中很多，最明显的是天鹅座的暗区，银河被分割成为向南延伸的两个分支。有些暗星云和亮星云在一起，如位于猎户ζ南面的有名的马头星云，它是一个很大的暗星云的一部分，“马头”四周的光芒是从亮星云发出的。此外，暗星云所在天区发现许多有机分子，因此有些暗星云又称星际分子云。

马头星云

昂船洲大桥 Stonecutters Bridge 主跨度为世界第二的公路斜拉桥。位于中国香港。大桥跨越蓝巴勒海峡，连接昂船洲和青衣岛的货柜码头，并缓和青葵公路拥堵情况，对香港的港口物流业发展非常重要，也是香港新的建筑地标之一。大桥为双向三车道斜拉桥，全长1 596米，主跨由钢箱梁构成，跨度1 018米，仅次于苏通长江大桥。边跨由预应力混凝土和钢箱梁构成，由连接双塔和箱梁外侧的拉索支撑。桥塔为全球首次采用钢与混凝土的混合式独柱结构，塔高298米，桥塔顶部安装有灯塔。大桥于2004年4月奠基，2005年动工兴建，2009

年12月20日通车。

昂纳克 Honecker, Erich (1912-08-25～1994-05-29) 德国统一社会党第一书记(1971～1989)，德意志民主共和国国务委员会主席(1976～1989)。生于德国诺因基兴，卒于智利。14岁参加共产主义青年运动，1929年转为正式党员。1930年到苏联青年团共产国际学校学习。1931年回国后从事反法西斯地下活动。1933年纳粹掌握政权后，组织青年参加抵抗。1935年被盖世太保逮捕，判处10年劳役。1945年被苏军解放，参与创建自由德国青年联盟，1946～1955年任青年联盟主席。1946年任共产党中央委员会委员，为共产党与社会民主党合并成德国统一社会党的主要倡议人之一。1955年在苏共中央高级党校学习。1971年5月3日起任第一书记。同年7月任国防委员会主席。1976年任国务委员会主席。1989年10月民主德国政治剧变，柏林墙被毁，他被解除党内外一切职务。同年12月被开除出党，并受到国家监察机关的侦审。1990年1月29日被逮捕，30日出于健康原因被释放。1991年3月13日被秘密送去苏联，苏联解体后，俄罗斯政府接受德方要求，宣布驱逐昂纳克出境，昂纳克及其夫人住进智利驻俄大使馆。1992年被引渡回国受审。1992年11月德国柏林地方法院开庭审判昂纳克“涉嫌杀人案”。审判后准予他去智利与家人团聚。

昂山 Aung San (1915-02-13～1947-07-19) 缅甸民族主义领袖，缅甸共产党创始人。生于马圭县，卒于仰光。在仰光大学求学时期，任学生联合会主席，1936年2月与吴努一起领导学生罢课。1937年参加我缅人党(德钦党)。1939年任缅共总书记(1939～1940)。1940年为缅甸独立而寻求外国的支持，曾与日本人接触。日本人协助他建立缅甸独立军。这支军队跟随日军前进，接管占领区的地方行政。1943～1945年昂山在巴莫傀儡政府中任国防部长。1944年8月秘密成立缅甸反法西斯人民自由同盟，任主席。1945年3月率缅甸国民军协助同盟国作战，直至日本投降。1946年任缅甸行政委员会副主席，实际等于总理。1947年1月去伦敦，与英国首相C.R.艾德礼进行谈判，签订关于缅甸独立的协定。他公开谴责英政府背信弃义的行为，同年4月选举制宪会议，以昂山为首的反法西斯人民自由同盟获胜。同年7月19日，与其他6名部长同时遭杀害。1948年缅甸独立后，昂山遇难的这一天被定为烈士节。在仰光燕子湖畔有昂山将军纪念铜像及其故居。

盎格鲁-撒克逊人 Anglo-Saxon 欧洲古代日耳曼人的一支。由盎格鲁人和撒克逊人融合而成。盎格鲁人原居住在日德兰半岛南部，撒克逊人居住在莱茵河下游与易北河之间的地区。5～6世纪，盎格鲁人、朱特人和撒克逊人的一部分，跨海侵入不列颠，建立了麦西亚、诺森伯里亚、东盎格里亚、韦塞克斯、苏塞克斯、埃塞克斯和肯特等国。827年，西撒克逊国王埃格伯特打败诸国，建立起统一的英格兰王国。此后，盎格鲁人、撒克逊人和朱特人与不列颠岛上的凯尔特部落逐渐发生融合，形成盎格鲁人-撒克逊人，成为后来英格兰人的主要成分。

盎司 ounce 英制重量、质量单位。旧称英两或唡。在常衡制中，1盎司=1/16磅=28.35克。在金、药衡制中，1盎司=1/12磅=31.10克。盎司源自罗马的盎西亚(uncia)，意指1/12磅，即罗马尺的1/12。罗马尺的标准为一铜棒，又是重量1磅的标准，全长分成12等份，每等份称为盎西亚。

敖德萨 Odessa; Odesa 乌克兰敖德萨州首府，黑海沿岸最大港口城市。位于德涅斯特河流入黑海的海口附近。人口102.9万(2001)。1415年由鞑靼人始建居民点，称卡吉贝伊。1791年并入俄国，1794年建为军港，1795年改称现名。1805年为诺沃罗西斯克边疆区行政中心。有机械制造、石油加工、木材加工、建材工业、化学工业、轻工业和食品工业。机械工业是该市的主要部门，以机床、农业机械和起重运输机械制造为主。乌克兰重要的国际贸易港。港口内拥有38个吃水12米的泊位。20世纪60～70年代，分别在敖德萨南26千米和东北25千米处新建卫星港伊利伊切夫斯克港和格里戈里耶夫港。市内有敖德萨大学等十数所高等院校。著名的旅游和海滨疗养地。素有“乌克兰南部珍珠”之称。为纪念1905年的波将金军舰起义，从市中心半圆广场通向海边建有波将金石阶，192级，宽达142米，高30米。

敖德萨港

螯合树脂 chelate resin 能从含有金属离子的溶液中以离子键或配位键的形式，有选择地螯合特定的金属离子的高分子化合物。以交联聚合物为骨架，连接特殊的功能基而构成。属功能高分子。螯合树脂对金属离子的选择性比低分子有机螯合试剂更为优异。由于树脂不溶于酸、碱、溶剂等，将树脂与溶液分离很方便，这在富集、分离、分析、回收等方面有突出的优点。螯合树脂制备一般通过高分子化学反应，或将含有配位基的单体经聚合或共聚合变为在高分子主链或侧链中含有配位基的树脂。按配位基分类螯合树脂有：亚氨二乙酸型(也称氨羧型)，它对二价金属离子有良好的选择性；水杨酸型，可用于海水中Fe^{3+}、Cu^{2+}的定量分析；8-羟基喹啉型，可用于除去工业污水中的Hg^{2+}，也可用于铀的分离。螯合树脂在湿法冶金、分析化学、海洋化学、抗生素类药物、环境保护、地球化学、放射化学和催化等领域有广泛用途。除作为金属离子的螯合剂外，也可用作氧化、还原、水解、烯类加成聚合、氧化偶合聚合等反应的催化剂，以及用于氨基酸、肽的外消旋体的拆分。

螯合物 chelate compound 由具两个或两个以上配位原子的双齿或多齿配体与同一个金属离子作用形成的具有环状结构的配位化合物。要形成螯合物，其中配体必须含有两个或两个以上可以与同一个金属离子作用的配位原子，且两个配位原子之间应该间隔一个或一个以上的其他原子，而不能直接相连接。螯合物与组成相似但未螯合的配合物相比较性质上会发生较大的变化。螯合物在水中的溶解度不大，而在有机溶剂中的溶解度较大。因此在水溶液中加入适当的螯合剂可作为某些金属离子的沉淀剂。在金属离子溶剂萃取分离中用作萃取剂，在分析化学中用作金属离子的缓冲剂、指示剂及用于螯合滴定等。

螯虾 crayfish; crawfish 十足目螯虾次目中淡水种类的通称。共有5科约400多种，主要栖于淡水。其中海螯虾科（9属38种）和锯螯虾科（1属2种）为海生类型。淡水产的3科中，螯虾科3属13种，美螯虾科10属260多种，拟螯虾科14属120种。体形较大呈圆筒状，甲壳坚厚，头胸甲稍侧扁。颈沟明显。3对颚足都具外肢。步足全为单枝型，前3对螯状，其中第1对特别强大、坚厚，故称螯虾。尾肢宽大。生活史无变态，直接发育。淡水产的各种螯虾中许多种有经济价值，可供食用。人工养殖发展很快。

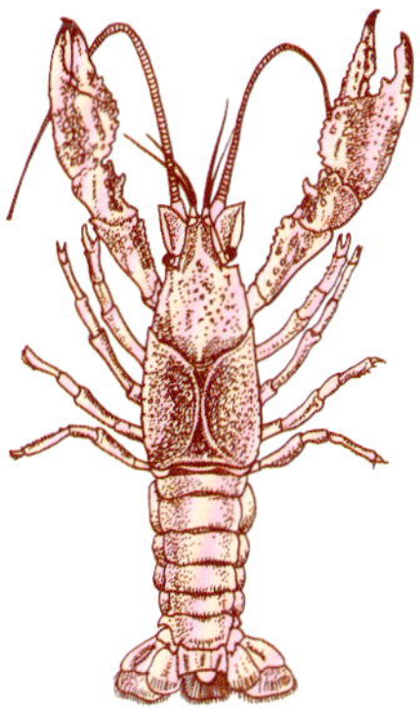
克氏原螯虾

鳌拜 Oobai（?～1669） 中国清初权臣。瓜尔佳氏，满洲镶黄旗人。以勇武敢战著称。崇德二年（1637），攻明皮岛，鳌拜为先锋，冒石矢直前搏战，擢三等梅勒章京，赐号巴图鲁（满语勇士）。此后屡从征，战功卓著。顺治帝亲政后授议政大臣封二等公，擢领侍卫内大臣。

顺治帝死后，康熙帝八岁即位，鳌拜与索尼、苏克萨哈、遏必隆同受顾命辅政。鳌拜以武人掌政，思想守旧，威福自恣，以镶黄旗与正白旗换地细事，诛杀大学士、户部尚书苏纳海，直隶、山东、河南三省总督朱昌祚，巡抚王登联。复罗织罪状，杀同受顾命之苏克萨哈。与弟穆里玛、侄塞本特、讷莫及班布尔善等党比营私，文武各官尽出其门。凡事即家中定议，然后施行。各部院缺出徇情补用，安插亲信，并申禁言官不得上疏，以图闭塞言路。鳌拜结党专权，紊乱国政，严重威胁皇权的集中。时康熙帝年幼，凡事姑从宽容。康熙八年（1669），玄烨智擒鳌拜，宣布其30条罪状，从宽革职，籍没拘禁。旋死于禁所。

袄 lined Chinese-style jacket 有衬里的中式上衣。通常分为三类：一面一里两层的夹袄，里、面之间加絮料的棉袄，以鞣制的动物皮制作的皮袄。按衣长又可分为大袄和小袄。大袄即长袄，摆线在膝盖上下；小袄即短袄，摆线在腰际至臀部之间。袄的名称最早出现于中国南北朝时期。隋代的缺胯袄子用作武官制服，并于唐代传入日本。唐代受胡服影响出现翻领袄。宋代出现由唐代上襦发展而成的对襟袄（旋袄）。清末，袄的基本形制为立领、连肩袖、右大襟、开衩摆。从20世纪初开始，男袄渐以对襟式为主；女袄采用右大襟、偏襟、琵琶襟、对襟、左大襟和背开襟，其领、袖、衣摆也多变化。比较讲究的袄，多采用丝绸面料，采用传统装饰工艺制作，形成富有东方风格的民族服装。此外，由于受西方服装款式的影响，现代的袄还有翻领袄、装袖袄等，称中西式袄。

圆摆彩绣短袄

奥巴马 Obama, Barack Hussein（1961－08－04～ ） 美国第44任总统。生于夏威夷州火奴鲁鲁市（檀香山）。1983年毕业于哥伦比亚大学。1985年到芝加哥工作。1991年毕业于哈佛大学的法学院。1993～2005年，一直在芝加哥大学法学院任宪法讲师。1996年当选伊利诺伊州参议员。2004年当选伊州联邦参议员。2008年11月当选总统。2009年9月，在国会两院联席会议上，提出医改三大目标。其宗旨是让人人都能享有医疗保险。2009年2月27号宣布，将在未来18个月内从伊拉克撤离大部分军队。同年10月被授予2009年度诺贝尔和平奖。2010年8月18日，最后一批驻伊美军战斗部队跨越伊拉克与科威特的边境，完成了美国在8月31日前从伊拉克撤出战斗部队的计划。2010年12月1日，奥巴马在西点军校发表讲话，宣布美国将在2011年夏季之前向阿富汗增派3万名军人，并计划从2011年7月开始逐步从阿富汗撤军。2009年11月15日至18日对中国进行国事访问。

奥本海默 Oppenheimer, J. Robert（1904－04－22～1967－02－18） 美国理论物理学家。生于纽约，卒于普林斯顿。1925年哈佛大学毕业，1927年到德国格丁根大学工作，1929年回国后在加利福尼亚州理工学院和加利福尼亚州大学任教，1941年参加曼哈顿工程，组织领导大批科学家，研究设计制成了美国首批原子弹。历任普林斯顿高级研究院院长，物理学教授，美国原子能委员会总顾问委员会主席，美国政府的首席原子能顾问。他在原子物理学和核物理学以及原子弹研制等方面，作出重大贡献，曾被授予梅里特国会勋章。1926年，他利用量子力学方法研究了分子振动光谱；与M.玻恩一起提出量子力学中奥本海默－玻恩近似法。1930年指出P.A.M.狄拉克电子理论中的“空穴”不是质子，而应是质量与电子相同的一种带正电的新粒子，预言了正电子的存在。1937年与J.F.卡尔森共同提出一种研究宇宙线中电子－光子簇射的方法。1939年又同别人合作，提出中子星的质量上限，即奥本海默极限，还根据广义相对论提出球对称下的引力坍缩现象，它是黑洞理论的先驱性论说。他培养了许多理论物理学家，促进了第二次世界大战后美国的新的物理学中心的形成。

奥伯特 Oberth, Hermann（1894－06－25～1989－12－28） 德国火箭专家，现代航天学奠基人之一。生于奥匈帝国赫曼施塔特（今罗马尼亚锡比乌），卒于联邦德国纽伦堡。第一次世界大战中被征召入奥匈帝国军队当兵，中断了医学学习。后来他专注于宇宙航行的基础理论研究。1922年提出空间火箭弹点火的理论公式和脱离地球引力的方法。他的著作《飞往星际空间的火箭》于1923年出版，1929年经修改和充实改名《通向航天之路》。奥伯特于1938年在维也纳工程学院从事火箭研究，后又在德累斯顿大学研制液体火箭的涡轮泵，但主要兴趣在固体火箭方面。1940年入德国籍，1941年到佩内明德研究中心参与V－2火箭研制工作。第二次世界大战后，在瑞士任火箭技术顾问。1950年为意大利海军研究固体推进剂防空火箭，以后返回德国纽伦堡从事教学工作。1955～1958年在美国任陆军红石兵工厂的顾问。1958年退休回联邦德国，曾被选为联邦德国空间研究学会的名誉会长。

《奥勃洛莫夫》 *Oblomov* 俄国长篇小说。作家I.A.冈察洛夫的代表作，发表于1859年。主人公奥勃洛莫夫是一个30岁出头的地主，终日无所事事，虽然订了自己田庄的种种改良计划，但一项也没实现。他足不出户，与世隔绝，总离不开那柔软而又温暖的床。甚至觉得谈恋爱也是一桩“很艰苦”的事情，力所不及。这是一个彻头彻尾的懒汉与废物，后因中风死去。

奥勃洛莫夫是俄国19世纪农奴制改革前没落地主阶级的典型，它预示着俄国农奴制度的生活原则和道德基础已濒临灭亡，具有巨大的概括意义。

奥博莫绍 Ogbomosho 尼日利亚西南奥约州城市。地处约鲁巴高原热带草原区，西南距伊巴丹80千米。人口74.08万(2003)。原为奥约王国村落，17世纪中叶始建。19世纪富拉尼人征服奥约后，大批约鲁巴人涌入，发展为约鲁巴人最大居民点。现为国家西南部工商业中心。有纺织、榨油（花生）、肉乳加工、制鞋、橡胶等企业。丝绸、棉布织染、制鞋、炼铁等手工业发达，其中约鲁巴布和萨尼安绸为远近闻名的特产。为周围地区烟叶、花生、棉花、油棕、柯拉果、豆类、水果、木材等产品的重要集散地、牲畜转运点及市场。公路连通伊巴丹、奥约、伊洛林、伊科伊和全国公路网。有中央伊斯兰教寺院和古城墙，与地方政府参议会大厦等现代建筑交相辉映。

奥黛丽·赫本 Audrey Hepburn (1929-05-04～1993-01-20) 美国电影演员。生于比利时布鲁塞尔，卒于瑞典。第二次世界大战后学习芭蕾舞；1951年演出第一部影片

《天堂里的笑声》。1953年以喜剧片《罗马假日》一举成名，除获奥斯卡金像奖最佳女主角奖外，纽约影评协会和英国电影学院都授予她最佳女演员奖。以后大部分时间在美国拍片。曾以《萨布里娜》(1954)、《修女故事》(又译《修女传》，1959)、《蒂凡尼的早餐》(1961) 和《等到天黑》(1967) 4次获奥斯卡金像奖最佳女主角提名。因《修女故事》的出色表演，再获纽约影评协会和英国电影学院最佳女演员奖。1963年以《谜中谜》第3次获英国电影学院最佳女演员奖。1964年主演的《窈窕淑女》获奥斯卡金像奖最佳影片奖。

奥得河 Oder River 欧洲中部河流。源于捷克奥得山，流经波兰西南部，接纳左岸支流尼斯河后北流，构成波兰和德国界河，距河口84千米处，分成两支平行注入斯德丁湾（什切青湾），经沃林岛两侧海峡通波罗的海。长912千米。流域面积12.5万平方千米，其中90%在波兰境内。重要支流有瓦尔塔河、布布尔河、尼斯·克沃兹卡河等。河口处年平均流量540米^3/秒。冬季偶有冰冻，常有春汛。河道具有重要的航运价值，从河口上溯765千米可通航，是捷克东北部和波兰西南部连接波罗的海的重要通道。重要河港有捷克的俄斯特拉发，波兰的奥波莱、弗罗茨瓦夫、什切青等。

奥德姆 Odum, Eugene Pleasants (1913-09-17～2002-08-10) 美国生态学家。生于新罕布什尔，卒于希腊雅典。1939年获伊利诺伊大学博士学位。1940～1957年在佐治亚大学先后任助教、教授；1957年任该大学阿鲁尼基金会动物学教授；1961年任该大学生态学研究所所长。主要研究生态系统生态学，与其弟H.T.奥德姆最早认识到把能流作为生态学原理的重要性，并使生态学与经济学结合起来，发展了人类生态学。他编写的《生态学原理》(1983年改名为《基础生态学》) 一书反映了各种新理论，被世界各国学界所采用。此外，在鸟类生态、脊椎动物种群以及河口、湿地生态学等方面，也有不少的研究。他是美国国家科学院院士，美国科学发展协会会员。1964～1965年被选为美国生态学会主席。

《奥德修纪》 *Odysseia* 古希腊荷马史诗之一部。又译《奥德赛》。奥德修斯是希腊伊塔克岛之王，特洛伊战争参加者。《奥德修纪》叙述他在特洛伊战争结束后历尽艰辛回国的故事。特洛伊战争已结束十年，许多希腊首领纷纷回国，但奥德修斯仍无音讯。原来奥德修斯率领同伴乘船返回故乡伊塔克途中，误入独眼巨人的洞穴，误陷魔女基尔克的圈套，惊险地躲过海妖塞壬的迷人歌声、撞岩的夹击、海潮的吞吸等，只身漂泊到神女卡吕普索的岛屿，被神女阻留在岛上。最后奥德修斯在菲埃克斯人的帮助下返回到伊塔克，并且在儿子和忠实奴隶的帮助下，杀死了觊觎王位的求婚人，与妻子团圆，重掌权力。诗人赞扬人的智慧和与自然顽强斗争的进取精神，反映了古希腊奴隶制社会形成时期的社会意识。

奥德修斯 Odysseus 希腊神话中伊塔克岛之王。又译俄底修斯。罗马神话传说中称之为尤利塞斯或尤利克塞斯。特洛伊王子帕里斯劫夺海伦引起战争，希腊联军围攻特洛伊的10年期间，奥德修斯英勇善战，足智多谋，屡建奇功。他献木马计里应外合攻破特洛伊。在率领同伴从特洛伊回国途中，刺瞎独目巨人波吕斐摩斯，战胜魔女基尔克，终于回到故里。同儿子特勒马科斯一起，杀死纠缠他的妻子、挥霍他的家财的求婚者，阖家团圆。奥德修斯的事迹在荷马史诗中有详细描述。荷马史诗之后的传说对奥德修斯的经历又有补充，但多突出他性格的负面特点，把他描绘成一个虚伪、狡诈、胆小的人。

奥德兹 Odets, Clifford (1906-07-18～1963-08-14) 美国剧作家。生于费城，卒于好莱坞。曾参加“同仁剧社”做演员。30年代美国左翼文艺在戏剧方面的代表人物。1935年以纽约汽车工人的罢工斗争为题材，写了6场话剧《等待老左》。这个剧本采取当时流行的活报剧形式，每一场戏主要表现一个人物的某一段经历，总的说明生活本身的逻辑怎样迫使他们（工人、技术人员、失业艺术家、受歧视的少数民族）不得不走上斗争的道路。具有较强的感染力。其他主要作品还有《醒来歌唱》(1935)、《金孩子》(1937)、《发向月球的火箭》(1938) 等，描写美国社会中各种小人物的状况以及资产阶级自由民主理想的破灭。《到我死的那一天》(1935) 则属于反法西斯题材。《大屠刀》(1948) 揭露好莱坞电影工业扼杀人才，在某种意义上透露了作者内心的矛盾。

奥登 Auden, Wystan Hugh (1907-02-21～1973-09-29) 美籍英国诗人。生于约克，卒于奥地利维也纳。1922年开始写诗。1925年入牛津大学。曾在中学和美国的许多大学

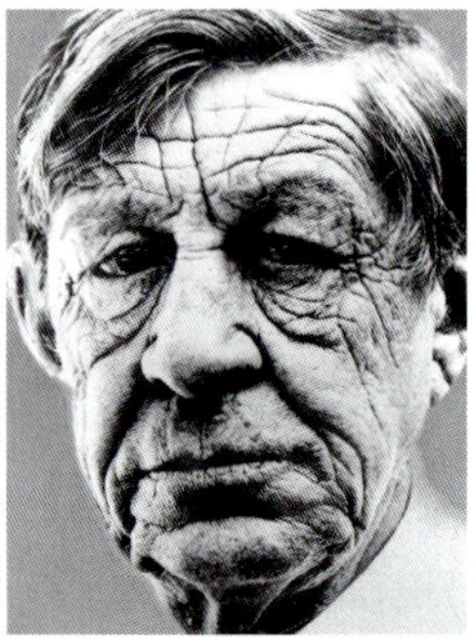

任教。1946年入美国籍。创作分为4个时期。第一个时期 (1927～1932) 的《诗集》(1930)、《雄辩家》(1932) 是他在诗的形式和技巧方面进行长期实践的开始。第二个时期 (1933～1938) 的作品具有鲜明的左翼政治观点，反映当时重大政治和社会问题。如诗集《看吧，陌生人》(1936)、长诗《西班牙》(1937)、诗剧《皮下之狗》(1935，合著）等。第三个时期（1939～1948）的诗集《另一次》(1940)，长诗《新年书信》(1941)、《忧虑的时代》(1948) 等标志着奥登世界观的重大转变。晚期的诗歌带有浓厚的宗教色彩，如《阿基琉斯的盾牌》(1955)、《无墙的城市》(1969) 等。

奥地利 Austria; Österreich 欧洲中部内陆国。全称奥地利共和国。同德国、捷克、斯洛伐克、匈牙利、斯洛文尼亚、意大利、瑞士、列支敦士登相邻，边界总长2 706千米。面积83 871平方千米。人口837.53万

(2009年12月31日)。其中外籍居民占10.68%。98%的奥地利人讲德语。少数民族有克罗地亚人、匈牙利人、捷克人、斯洛伐克人、斯洛文尼亚人、洛马人和森梯人。78%的居民信奉天主教，5%是基督教新教教徒。首都维也纳。

地理 地势西高东低。东阿尔卑斯山脉自西向东横贯全境，约占全国面积的64%，最高峰大格洛克纳山海拔3 797米，山顶终年积雪。多瑙河境内长350千米，由西向东贯流北部，可航行，主要支流有因河、萨尔察赫河、恩斯河、德劳河等。气候受大西洋影响，大部分地区属于温带海洋性气候向温带大陆性气候过渡类型。起伏的地势及多变的气候使奥地利动植物种类繁多，森林资源丰富，森林覆盖率约占总面积的43.2%。矿产资源主要有铁、石油、镁、石墨、铅、煤、铜。水力资源十分丰富。

历史 史前即有人居住，公元初至10世纪相继为罗马帝国、法兰克王国的东部领土。976年巴奔堡家族的利奥波德一世受封为奥地利边疆伯爵。1156年奥地利成为公国。1278年为哈布斯堡王朝统治。1814年维也纳会议后成立神圣同盟，奥地利恢复大国地位。1866年在同普鲁士的战争中失败。1867年与匈牙利签约，成立奥匈帝国，奥地利皇帝兼匈牙利国王。1918年成立奥地利共和国(史称第一共和国)。1938年3月被希特勒德国吞并，并作为德国的一部分参战。第二次世界大战后一度被苏、美、英、法4国分区占领。1945年4月建立第二共和国。1955年5月，4个占领国同奥地利签订《重建独立和民主的奥地利国家条约》。同年10月占领军撤出，奥地利国家主权完全恢复，并宣布永久中立。

政治 奥地利是联邦共和国。国家元首是联邦总统，由人民选举产生，任期6年。议会由国民议会和联邦议会组成。国民议会共183席，按比例代表制产生，任期4年。联邦议会议员由各州议会选派，代表各州利益。联邦政府首脑是联邦总理，从国民议会中占多数议席的政党中产生，联邦总理和由他提名的其他政府成员由联邦总统任命。主要政党有人民党、自由党、社会民主党和绿党。防务由联邦政府负责，政府通过国防部长对部队实施作战指挥，总统为武装部队最高统帅。奥地利同中国于1971年5月28日建交。

经济 经济发达，1999年1月1日成为首批欧元国，2002年以来使用欧元。2009年国内生产总值为2 769亿欧元。2009年GDP中农林业占1.7%，工业占48.5%。

工业以中小企业为主，以技术精湛、管理先进为特色，只有1%的企业雇员在1 000人以上。能源工业基础较好，2/3的电能通过水力获得。汽车发动机和传动装置及测试设备、机车车辆和铁路工程机械、消防设备、缆索牵引运送系统、塑料加工机械等众多产品世界驰名。轻工业中的钢琴、水晶制品、珠宝钻玉、精美瓷器和蛋糕、咖啡等颇具特色。

图1 维也纳市政厅

农林牧业并重是奥地利农业发展的特点，生态农业发达，在欧盟国家中处于领先地位，机械化程度高。主要作物有小麦、黑麦、马铃薯、甜菜、葡萄等，牲畜以肉牛、乳牛、猪为主。

旅游业是奥地利经济的主要支柱之一，2006年接待游客3 013万人次，其中外国游客2 026万人次。旅游资源丰富。环境优美，自然景色秀丽，夏季可登山或避暑，冬季可滑雪溜冰。

地处欧洲中心，是欧洲水、陆、空交通要道。铁路和高速公路以维也纳为中心通达布拉格、布达佩斯、纽伦堡、慕尼黑、苏黎世、威尼斯以及各欧洲城市，航空线可由维也纳通至世界各地，维也纳和林茨是重要河港。

近年来财政支出大于收入。2009年，国债1 687.2亿欧元，相当于GDP的60.9%。

国际贸易发达，同150多个国家和地区有贸易关系，最重要的贸易伙伴是德国，其次是意大利、美国、法国、瑞士和匈牙利。2009年出口942亿欧元，进口978亿欧

图2 维也纳市内的J.施特劳斯金色塑像

元。主要出口产品是钢铁、机械、交通工具、化工制品和食品。进口主要是能源、原料、化工制品、车辆、通信设备和消费品。2009年外国在奥地利直接投资为50.8亿欧元。奥地利向国外直接投资27.1亿欧元，主要投资对象是荷兰、意大利和罗马尼亚。

文化 奥地利是著名的音乐之国，其音乐和戏剧闻名世界。维也纳古典音乐、轻歌剧曾在音乐史上产生过巨大影响。维也纳爱乐乐团和维也纳童声合唱团的演出享誉全球。

奥地利实行9年义务制教育，持有高中毕业文凭可免试上大学。2009年全国有各类大学189所，最著名的是维也纳大学。报刊主要有《皇冠报》、《信使报》、《新闻报》等，以及《新闻周刊》、《规格》周刊等。

身着民族服装的奥地利人

奥地利帝国 Austrian Empire 由哈布斯堡家族统治的奥地利封建帝国。1804年神圣罗马帝国皇帝弗兰茨二世（1792～1806年在位）宣布自己为奥地利皇帝，改称弗兰茨一世（1792～1835年在位），是为奥地利帝国之始。统治范围包括奥地利、匈牙利、上西里西亚、波希米亚等地。

法国大革命期间，奥地利先后3次参加反法联盟，均为拿破仑·波拿巴击败，失去本土西部、意大利北部、西加里西亚和南斯拉夫等领地，神圣罗马帝国已彻底瓦解。1814年召开的维也纳会议上，K.W.N.L.von梅特涅施展外交手腕，使奥地利收复所失领地，后组成以奥地利为首的德意志联邦，奥地利的大国地位得到恢复。欧洲1848年革命爆发后，3月13日维也纳群众在学生领导下爆发起义，梅特涅被迫辞职。在维也纳革命影响下，匈牙利和捷克先后发生革命，弗兰茨·约瑟夫一世即位。此后政治倒退，帝国的专制统治变本加厉。1866年普奥战争爆发，奥军被击败，被迫同意解散德意志联邦，此后，奥地利被迫转向巴尔干等地发展，对国内日益尖锐的民族矛盾采取让步政策。1867年2月，匈牙利获得自治，同年6月正式成立奥匈帝国，奥地利帝国的统治结束。

奥地利人 Austrians 欧洲中部奥地利共和国的主体民族。属欧罗巴人种，大多为阿尔卑斯类型。主要由属于日耳曼部落群的阿勒曼尼人、巴伐利亚人、法兰克人结合而成，并吸收有斯拉夫人以及罗马化的土著居民的成分。国语为德语。多信仰天主教，少数信仰基督教的加尔文派。奥地利人有着悠久的民族文化。17～18世纪，巴罗克式建筑闻名于欧洲。J.海顿、W.A.莫扎特、F.舒伯特、J.施特劳斯等作曲家的出现，使奥地利的音乐驰名全世界。工农业较发达，主要有冶金、机械、石油、化工、电器、纺织、木材加工、水力发电等；畜牧业以养牛、猪为主。农作物有马铃薯、甜菜、小麦、玉米等。

奥地利王位继承战争 Austrian Succession, War of 1740～1748年欧洲国家围绕玛丽亚·特蕾西亚继承奥地利王位问题进行的欧洲战争。

1740年，奥地利国王查理六世逝世，长女玛丽亚·特蕾西亚根据《国本诏书》即位。普鲁士国王腓特烈二世为夺取西里西亚，率先反对，提出由巴伐利亚选帝侯继承王位，并于1740年12月不宣而战，攻入西里西亚，开始了第一次西里西亚战争。

1741年，巴伐利亚、法国、西班牙、普鲁士、萨克森、瑞典、撒丁、那不勒斯、科隆等国结成同盟。其目标是要瓜分奥地利。俄国、英国和荷兰则支持奥地利。战争发展为欧洲战争。奥地利在两次西里西亚战争中战败。1748年10月，各参战国缔结《亚琛和约》。奥地利王位继承战争结束。条约承认《国本诏书》及弗兰茨·斯特凡，即弗兰茨一世的神圣罗马帝国皇帝位，规定法国将尼德兰归还奥地利，奥地利将意大利境内的某些属地割与西班牙和撒丁。普鲁士对西里西亚及格拉茨领地的占有得到确认，成为欧洲强国。

奥杜韦文化 Oldowan Culture 广泛分布于非洲大陆的旧石器时代早期文化。因发现于坦桑尼亚的奥杜韦峡谷而得名。20世纪30年代首次发现石器，1960年起进行系统发掘。该文化的典型器物是砾石砍斫器，占全部石器的51%。还有盘状器、多面体石器、原型手斧、石球、刮削器和雕刻器等。当时已知狩猎，发现屠兽遗址。还发现石块堆成的窝棚式建筑地基。其地质时代属早更新世，据测定奥杜韦第Ⅰ层的年代为距今175万年，是迄今所知世界上最早的旧石器文化之一。奥杜韦文化的人类遗址中，发现有能人化石，表明这一时期人类的进化已到能人阶段。

奥恩布鲁格 Auenbrugger, Joseph Leopold (1722-11-19～1809-05-18) 奥地利医生，叩诊法的发明者。生于格拉茨，卒于维也纳。早年在维也纳大学学医，1752年毕业。

1751～1755年在维也纳一所西班牙医院任助理医师，1758年升主任医师，1762年后在维也纳私人开业。受其父用手指叩击酒瓮，从声音估计酒量的启发，用叩击胸廓的方法研究胸部疾患，并将临床诊断和病理解剖的结果进行对照。1761年写成《叩诊人体胸廓诊断胸腔内疾患的新方法》。但在当时未得到重视，直到50年后才得以推广。

奥尔 Auer Leopold (1845-06-07～1930-07-15) 匈牙利小提琴家、小提琴教师。生于维斯普雷姆，卒于德国德累斯顿附近。学于布达佩斯音乐学院和维也纳音乐学院。曾在欧洲旅行演出，获得声誉。1868～1917年任圣彼得堡音乐学院教授。他在教

奥地利王位继承战争——阿希塔战役

学上强调因材施教，保留每个学生的特点，开拓其潜在的才能，从而达到完美的艺术境界。他的教学成绩显著，学生遍于全世界，如现代著名小提琴家M.埃尔曼、E.津巴利斯特、J.海菲兹、M.皮亚斯特罗等。奥尔善于把俄国艺术的民族传统与世界小提琴演奏艺术的优秀成果结合起来，创立了俄罗斯小提琴学派，对发展小提琴演奏艺术作出卓越贡献。著述有《小提琴演奏法教程》、《我的小提琴演奏教学法》(有中译本，1980年出版)、《小提琴名作解释》以及回忆录《我的音乐生活》等，并曾编订大量古典乐曲。

奥尔甫斯 Orpheus 希腊神话中的色雷斯歌手。又译俄耳甫斯。河神奥阿格罗斯之子。流行的神话说他首创了音乐和诗歌，因此有时又被称为阿波罗之子。他的音乐有着不可抗拒的魔力。他曾用神奇的歌声和演奏使阿尔戈船的英雄们安全驶过海妖塞壬旁；他靠音乐驯服冥府的三头狗克尔柏罗斯，感动冥后佩尔塞福涅，允许他把妻子欧里狄克领回尘世。但他却因拒绝参加敬奉酒神的狂欢，惹怒了疯女们，被她们杀死（一说妻子死后，他逃避女人，被色雷斯妇女扯碎）。另有说他惹怒酒神，才是他的死因。他的生平是古希腊罗马最流行的传说之一，在陶瓶和壁画上常出现有关他的传说的场面。有学者认为他是奥尔甫斯教的创始人。

奥尔洛夫快步马 Orlov Trotter 快步型马的代表品种。原产俄国，由M.M.奥尔洛夫等人于1775年用阿拉伯马与荷兰马、丹麦马、梅克陵堡马、英国纯血马等经复杂杂交

育成。体格高大结实，头较重，颈长，背长直，尻稍斜，四肢干燥，肌肉发达。具有适应性强，步法伸畅，运步轻快，遗传性稳定等优点。母马平均体尺(厘米)：体高156.0，体长158.8，胸围182.5，管围20.1。用以改良兼用马，效果良好。对中国三河马和伊犁马等品种的形成影响较大。

奥尔梅克文化 Olmec Culture 中美洲前古典期印第安文化。因奥尔梅克人而得名。年代约当公元前10～前3世纪。主要分布在今墨西哥的韦拉克鲁斯州和塔瓦斯科州，代表性遗址是拉本塔和特雷斯萨波特斯。

男性巨石头雕

拉本塔遗址面积约5平方千米，年代约在前800～前400年。遗址发现多座金字塔式台庙，最大的一座塔基底边长120米，宽70米，高32米，出土有玉斧、玉饰、小陶俑、念珠等，最引人注目的是一些巨型石碑和巨石头雕。最大的石碑重达50吨。巨石头雕高达2.3米，重约20吨。头像戴头盔，面部特征接近蒙古人种或尼格罗人。特雷斯萨波特斯遗址在拉本塔以北，始建于前4世纪。遗址发现的石碑上有数字和象形文字。奥尔梅克人被认为是墨西哥古代印第安文化的先驱。这一文化的台庙建筑、象形文字、数字和历法、祭祀系统和雕刻艺术，对以后中美洲各地古代印第安文化都有明显影响。

奥尔斯特人 Olsters 西欧大不列颠及北爱尔兰联合王国北爱尔兰地区的民族。约100多万人(2001)，占北爱尔兰总人口的2/3。由英格兰殖民者、苏格兰殖民者与土著爱尔兰人混血形成。自称英格兰爱尔兰人和苏格兰爱尔兰人。北爱尔兰历史上曾称奥尔斯特，故此得名。使用英语，信奉基督教，多从事农业。

奥尔特 Oort, Jan Hendrik (1900－04－28～1992－11－05) 荷兰天文学家。生于弗拉内克，卒于莱顿。青年时代在格罗宁根大学求学。1926年获博士学位。1924年起在莱顿大学天文台工作，后任台长。曾任国际天文学联合会主席。

1927年奥尔特用观测资料证实银河系自转的假说。他推导出由恒星的自行和视向速度确定银河系自转的公式，称为奥尔特公式。1938年奥尔特根据恒星的空间分布，定出银心方向和反银心方向各有一个恒星密集区域，由此认为银河系具有旋涡结构，太阳位于两个旋臂之间。1942年他证认出蟹状星云是中国宋代记录到的1054年超新星爆发所形成的。1944年B.L.范德胡斯特在奥尔特的鼓励下，从理论上预言银河系中存在星际氢原子，可能观测到它的21厘米谱线，1951年获得观测的证实。1954年描绘出银河系外部区域的旋涡结构；1957年提出银河系的恒星可细分为五个星族；1958年与澳大利亚的射电天文小组合作，绘成银河系中性氢分布图。他还在1950年提出彗星起源新理论，认为太阳系外围有一个原云，彗星即起源于这个云。晚年致力于银河系和近距星系的星系核活动的研究。

奥尔特云 Oort cloud 1950年，荷兰天文学家J.H.奥尔特根据长周期彗星的轨道特征，认为在离太阳10 000个天文单位(AU)处有一个笼罩太阳系的球状包层，其中分布以千亿计的小天体，那里是长周期彗星的诞生地。后人称之为奥尔特云。

奥芬巴赫 Offenbach, Jacques (1819－06－20～1880－10－05) 法籍德裔作曲家。生于科隆，卒于巴黎。少时从父接受音乐启蒙教育。1833年入巴黎国立高等音乐学院学大提琴，一年后在巴黎喜歌剧院任大提琴师，同时从E.L.阿莱维学作曲。1850年任法兰西歌剧院指挥。1855年自办巴黎人趣歌剧院。他最初的作品多为圆舞曲、大提琴曲和歌曲，1853年开始写作轻歌剧，但最初的几部都不成功。1858年创作的《地狱中的奥尔甫斯》大受欢迎，此后一系列轻歌剧都很成功。重要的有《美丽的海伦》、《巴黎生涯》、《盖罗尔施泰因公爵夫人》等。晚年未完成的《霍夫曼的故事》是他的代表作，后由E.吉罗续成。他是法国轻歌剧的奠基人和杰出代表，一生创作的96部歌剧中有近90部是轻歌剧。他把舞台剧的传统、喜歌剧的形式与街头活报剧、城市民谣相结合，曲调贯穿着大众喜闻乐见的民间音调，广泛采用生活舞蹈的节奏。他的音乐对许多轻歌剧作曲家及现代美国音乐剧都有影响。

奥格 Haug, Gustave-Émile (1861－06－19～1927－08－28) 法国地质学家。生于阿尔萨斯的德吕瑟内姆，卒于巴黎。1891年获博士学位。曾任索邦大学教授。1909年当选为彼得堡科学院通讯院士，1917年当选为法国科学院院士。奥格发展了地槽学说，第

一个将地槽和陆台明确区分开，推论地槽形成于稳定的陆台之间。通过对沉积相的分析，提出地槽沉积物既在深槽中堆积，也在浅槽中堆积的观点。论证了地槽在沉积物堆积的同时就有上升作用，并把大部分仍处于水下地槽内的上升地区称作地背斜。他还认为地槽下沉伴随着陆台的海退，而地槽上升伴随着陆台海侵。奥格的构造地质学思想和地层学思想系统地反映在他的《地槽和大陆区》和《地质学论》中。主要著作还有《北阿尔卑斯石灰岩地区构造运动推复体》、《地质学教程》和《西阿尔卑斯地层综论》等。

奥格本 Ogburn, William Fielding (1886-06-29～1959-04-27) 美国社会学家。生于佐治亚州巴特勒，卒于佛罗里达州塔拉哈西。1905年在默塞尔大学获学士学位，1912年获哥伦比亚大学博士学位。之后，执教于普林斯顿大学，1919～1951年先后任哥伦比亚大学、芝加哥大学教授。1930～1933年曾兼任胡佛总统的美国社会动向调查委员会主任。历任美国社会学会会长、美国统计学会主席等职。著有《社会变迁：关于文化和本性》、《社会科学及其相互关系》(合著)、《社会学》(合著)、《文化和社会变迁论文集》(O.D.邓肯编) 等。

社会变迁是奥格本关注和研究的中心问题。他认为，社会变迁是一种文化现象，应该从人的文化方面而不是从人的生物本性去寻求社会变迁的原因。社会变迁即是社会在一种发明打破旧均衡状态后作出调节以寻求新的均衡的过程。他强调技术发明的作用，被后人称为“技术决定论”的代表。在社会学研究中，奥格本强调统计数据作为验证假说证据的重要性，对第二次世界大战以后定量社会学的发展产生了重要影响。

《奥格斯堡宗教和约》 *Religious Peace of Augsburg* 1555年在日耳曼民族神圣罗马帝国会议上签订的和约。因会议地址在奥格斯堡，故名。和约结束了天主教和新教各邦诸侯之间的战争，制订了“教随国定”的原则，承认各邦诸侯有权自由选定其自身及其臣民信仰天主教或路德宗新教。和约还规定，1552年前新教诸侯占有的天主教会土地和没收的天主教会财产不再归还；但凡领有教职教产的诸侯和高级教士，如皈依新教，应立即放弃其职位、土地和俸禄。和约进一步扩大了德意志帝国诸侯的势力，并使路德宗新教在德意志境内取得了合法地位。

奥古斯丁 Augustine (354-11-13～430-08-28) 基督教神学家，哲学家。北非希波主教，拉丁教父的主要代表。早年曾信奉摩尼教，387年后改奉基督教，后任神父和终身主教。皈依基督教后一生都维护基督教正统信仰，抨击摩尼教，用新柏拉图哲学论证基督教教义，使哲学神学合一。其神学坚持原罪论、恩宠论和预定论。其著作《上帝之城》第一次用神学研究社会历史，指出历史的本质是世俗之城与上帝之城的冲突，世俗之城的人迷恋现世事物，而上帝之城的人则受到上帝之爱的激发，前者终将被后者取代，而教会则是上帝之城在人间的体现。此说为中世纪教权至上提供了理论依据。其学说对后来基督教各派的神学和哲学都有巨大影响。其他主要著作还有《忏悔录》、《三位一体》等。

《写作中的奥古斯丁》(绘画，藏佛罗伦萨美术馆)

奥古斯都 Augustus (公元前63-09-23～公元14-08-19) 罗马帝国的创始人，元首政制的创立者。原名屋大维。出身骑士阶层，公元前44年被凯撒收为养子。不久利用凯撒威望和遗产登上罗马政坛。前43年任执政官，与安东尼、李必达公开结成“后三头同盟”。前36年剥夺李必达的军权。前31年在阿克兴海战中击败安东尼，成为罗马的唯一主宰。前28年改组元老院，自任“元首”(Princeps，意为“第一公民”或“首席元老”)。前27年1月13日，在元老院宣布交卸权力，还政于民；元老院为此授予他“奥古斯都”(意为“神圣”、“伟大”)尊号。而实际上，他兼执政官和终身保民官等要职，集大权于一身。史称他所创立的政制为“元首制”，实是披着共和外衣的君主制。

奥古斯都是机智善断、谨慎稳健的政治家。他根据罗马从城邦发展成庞大帝国这一基本变化，采取一系列顺乎形势的内外政策，使罗马奴隶占有制社会臻于鼎盛。

奥古斯都时代 Augustan Age 古罗马文学史上的黄金时代。始于公元前27年，罗马帝国第一位皇帝屋大维被元老院授予“奥古斯都”(意为“神圣”、“伟大”)尊号；终于公元14年屋大维去世。见古罗马文学。

奥海因 Ohain, Hans-Joachim Pabst von (1911-12-14～1998-03-13) 德国发动机设计师，涡轮喷气发动机创始人。生于德国德绍，卒于美国佛罗里达州墨尔本。20世纪30年代在格丁根大学学习应用物理和空气动力学。1935年在大学读书时取得离心式涡轮喷气发动机专利，同年获物理学博士学位。1936年进入亨克尔飞机工厂，着手制造第一台以氢气为燃料的涡轮喷气发动机HeS-1。1937年3月，HeS-2型涡轮喷气发动机试验成功。同年开始研制以汽油为燃料的燃烧室，1938年初取得成功。1939年春制成实用型涡轮喷气发动机HeS-3B，推力为4.45千牛(454千克力)。他又与E.H.亨克尔合作研制成世界上第一架涡轮喷气发动机推进的喷气飞机He-178。1947年，赴美国进行空气喷气发动机的研究工作，任俄亥俄州莱特-帕特森空军基地航空航天研究实验室的首席科学家。

奥凯西 O' Casey, Sean (1880-03-30～1964-09-18) 爱尔兰剧作家。生于都柏林，卒于英国德文。参加过工人运动及1916年爱尔兰公民军发动的复活节起义。1918年开始写剧本。早期的剧本《枪手的影子》(1923)、《朱诺和孔雀》(1924)、《犁和星》(1926) 都是悲剧，但包含着精湛的喜剧场景，造成感人的悲喜剧效果。中期剧作带有鲜明的政治色彩，在创作方法上进行了表现主义的实验，如《星儿变红了》(1940)、《给我红玫瑰》(1943) 等。晚期剧作采取喜剧性道德剧形式，如《大公鸡》(1949)、《主教的祝火》(1955) 等。

奥康奈尔 O' Connell, Daniel (1775-08-06～1847-05-15) 19世纪前期爱尔兰民族主义运动的主要代表。生于爱尔兰，卒于

意大利热那亚。1797年参加秘密组织“爱尔兰人联合会”。1798年取得律师资格。1801年爱尔兰与英国合并。奥康奈尔热忱鼓吹天主教解放。1823年5月参与组织“天主教协会”，很快在知识界、宗教界取得广泛支持。1828年，在克莱尔郡竞选获胜，但当时的法律不允许天主教徒进入议会行使议员权利，激起爱尔兰人强烈的民族情绪，内战一触即发。迫于形势，威灵顿政府不得不于1829年通过《天主教解放法案》，使数百万天主教徒获得平等的公民权利，奥康奈尔因而赢得“解放者”的称号。此后，他在议会活动中支持辉格党，并在1835年正式与辉格党结盟。1839年他组织“合并撤销派协会”。在爱尔兰境内各地举行一系列群众集会。1844年以煽动叛乱罪而被捕入狱，监禁3个月后获释。

奥克兰 Oakland 美国加利福尼亚城市。位于该州西部，圣弗朗西斯科湾东岸，与圣弗朗西斯科市隔湾相望。市区面积145平方千米。人口42.02万（2008）。隶属圣弗朗西斯科－奥克兰－圣何塞大都市区。1820年始建定居点。1852年设镇。1854年设市。1869年成为第一条横贯大陆铁路线的西部终点后兴建海港。1936年建成圣弗朗西斯科－奥克兰海湾大桥，长13千米。1989年10月17日发生里氏7.1级地震，部分建筑、公路、大桥受损。电子工业实力雄厚，为世界电子科学研究中心之一。其他重要工业部门有汽车、造船、化工、炼油等。为著名铝业生产商凯塞公司和超市连锁零售企业赛夫韦公司的总部所在地。深水港区长31千米，有大型集装箱码头。国际机场在港口西南。市内有120千米地铁系统。有密尔斯大学（1852）、圣明学院（1868）、加利福尼亚工艺美术学院（1907）等高等院校。著名作家杰克·伦敦在该市成长和写作，市内有以他的姓名命名的广场和海滩。

奥克兰 Auckland 新西兰最大城市和港口。位于北岛北部的奥克兰半岛根部附近。由奥克兰、马努考等市、区组成。人口130.31万（2006）。是世界上毛利人最多的城市。

奥克兰市占据了整个奥克兰地峡。北濒怀特马塔港，经豪拉基湾直通西南太平洋。南临塔斯曼海的马努考港。地峡最窄处仅宽13千米。市区及其近郊地势起伏，有许多死火山锥。气候温和湿润，平均气温2月19℃，7月11℃。平均年降水量

奥克兰风光

1 268毫米，各月降水量变化不大。

在西方殖民者到来以前，这里是毛利人的主要聚居地区。在郊区附近不少火山岗丘上，仍保留着早期毛利人的堡垒式聚落遗址。奥克兰始建于1840年。1851年建镇。1871年设市。1841～1865年曾为殖民地首府。

最初为奥克兰半岛地区及其邻近海域的农、畜、林、渔产品的集散地，现已发展成为全国最大的工商业中心和海空运输枢纽。奥克兰市及其附近地区集中了全国1/3以上的工厂。旅游业有较大发展。市中心区地处怀特马塔港南岸，面对水域广阔的港湾。港口航道最大深度约10米，为新西兰主要的外贸口岸。港区后方为商业中心区。奥克兰市南郊的芒厄雷是全国最大的国际机场。港口主要出口钢铁、乳品、肉类和皮革，进口以石油、钢铁制品、食糖、小麦和磷酸盐为主。

市区内有利用大片草地和一些死火山辟建的公园360处。有奥克兰大学和战争纪念博物馆，战争纪念博物馆以收藏毛利人文物著称。此外，还有艺术馆、图书馆、天文馆、动物园以及海滨浴场、游艇俱乐部等设施。保留有伊甸山、独树山上古代毛利人的战堡遗迹。

奥克桑 Akesson, Birgit（1908－03－24～2001－03－24） 瑞典现代舞表演家、编导、教育家和研究家，瑞典现代舞的创始人。生于马尔墨，卒于斯德哥尔摩。舞校毕业后曾与M.魏格曼同台共舞。首次在巴黎登台，便以《士兵的故事》等自编自演的独舞赢得盛誉。他同瑞典现代派诗人、音乐家和美术家长期合作，开辟了瑞典现代舞道路。代表作

有《动作》、《蓝色的夜晚》、《生命不息》、《梦中眠》及现代芭蕾《西西弗斯》、《祭祀》、《八人游戏》、《伊卡洛斯》、《诺西卡》等。他创办瑞典国家舞蹈学院，并主持编导系教学直至退休。深入非洲考察7年，出版专著《泉水的假面：非洲的舞蹈》。

奥拉比帕夏 ‘Urābī Pasha（1841－04－01～1911－09－21） 埃及军官，抗英运动领袖。生于下埃及札加济格附近农民家庭，卒于开罗。13岁入伍，19岁晋升中校。1875年投身政治斗争，加入并领导青年埃及协会。1879年创立以本地军官和知识分子为主体的祖国党，强调“埃及是埃及人的埃及”。1882年2月在巴鲁迪领导的民族内阁中任陆军大臣，并被授予将级军衔和帕夏称号，是内阁的实际负责人。7月英军入侵埃及，穆罕默德·陶菲克叛国投敌。奥拉比在开罗组成军事会议，履行中央政府职责，组织人民进行抵抗。最后因力量悬殊和叛徒出卖，在泰勒凯比尔战役中失利。9月15日开罗沦陷。奥拉比被俘，后被流放到锡兰（今斯里兰卡），1901年获准回国。

奥拉涅斯塔德 Oranjestad 荷属阿鲁巴的首府，自由港。位于阿鲁巴岛西南海岸。人口约10万（2007）。海运中心，石油加工和运输中心。封闭式港口有现代化的货物装卸和燃料加装设备。阿鲁巴岛的交通枢纽，全岛公路均在此连接，还有国际机场。阿鲁巴旅游中心之一，城中有色彩明亮的建筑和繁华的商业街，旅游设施完善。

奥兰 Oran 阿尔及利亚第二大城市和海港，奥兰省首府。又称瓦赫兰。位于地中海瓦赫兰湾南岸，阿尔及尔西南360千米，隔地中海与西班牙的卡塔赫纳及阿尔梅里亚相望。人口98.5万（2002）。地中海型气候。10世纪由摩尔人建立，与欧洲有海上往来，成为中世纪阿尔及利亚西部商业中心。1509年被西班牙占领，受其统治约200年。1708年被土耳其人占领。1831年被法

鸟瞰奥兰

国占领后，建起新型港口，成为海军基地。1962年国家独立后成为重要商业中心。周围是重要农业区，盛产葡萄、小麦、蔬菜等。有北非最大的玻璃制造厂和石油化工、冶金、造船、纺织、酿酒、面粉、金属加工、罐头（水果、鱼类）等工业。铁路西通邻国摩洛哥，东连阿尔及尔等城市，南穿阿特拉斯山达撒哈拉沙漠边缘的贝沙尔和阿巴德莱。市区以南塞尼耶有国际机场。港口为国际停靠港，由两道防波堤保护，有泊位34个，包括集装箱船、滚装船和油轮泊位；岸线总长4 367米，最大吃水深12米。年货物吞吐量约250万吨，进出港船只500艘。输出石油制品、葡萄酒、柑橘、皮革、阿尔法草、蔬菜等。城市建于滨海山坡，有旧城和新城之分。旧城部分位于山顶，部分靠海；新城建在旧城以东山坡上。城市建筑风格多样，异彩纷呈。如圣克鲁斯古城堡、圣路易教堂、夏托纳夫城堡等。政府机关建筑集中在克莱贝尔广场周围。城中其他建筑还有土耳其人的古兵营及军官官邸，文艺复兴时期风格的市政府大厦，意大利古典风格的剧场等。市内主要文化教育设施有美术馆、瓦赫兰大学、奥兰科技大学、奥贝尔图书馆以及古物博物馆等。海滨风光和古建筑及文化娱乐设施不断吸引游客旅游度假。

奥兰治河 Orange River 非洲南部河流，非洲第五大河。意译橘河。源出莱索托境内德拉肯斯山脉中的马洛蒂山，西流经南非中部，往西构成南非与纳米比亚的界河，注入大西洋。全长约2 160千米，流域面积约95万平方千米，河口年平均流量490米^3/秒。上游地区年降水量700～800毫米，河流水量较丰，支流众多，多峡谷瀑布。中下游流经干旱地区，支流稀少，水量季节变化大。冬季，下游常干涸见底，中游水量也很少。在东经20°附近，河床呈阶梯状下降，形成奥赫拉比斯瀑布，总落差146米。瀑布以下河段穿越沙漠地带，河水大量消耗于蒸发和渗漏。主要支流有卡利登河、法尔河等。流域内建有多处水利工程，如亨德里克·弗武尔水库、范德克卢夫水库等。

奥朗则布 Aurangzeb（1618-11-03～1707-03-03） 印度莫卧儿王朝皇帝（1658～1707年在位），沙·贾汗的第三子。生于马尔瓦多德，卒于阿马德纳加尔。1636年任德干副王，1658年即位，次年称帝，号“阿拉姆吉尔”（意为世界的征服者）。经过长期的征战，到1690年，南亚次大陆及阿富汗几乎全部统一在莫卧儿帝国的政权之下。

奥朗则布是狂热的伊斯兰教暴君，企图按照《古兰经》的信条把一个根深蒂固的印度教大国变成逊尼派伊斯兰教帝国，蓄意破坏阿克巴联合印度教王公统治莫卧儿帝国的基本国策。1665年加重印度教商人的关税，1669年谕令摧毁印度教寺庙和学校，1679年重征印度教徒人头税，1695年禁止印度教徒骑马、乘象等。

奥朗则布的政策使印度教农民和封建

奥朗则布画像

主起而反对，特别是拉杰普特人和马拉提人反抗莫卧儿帝国的游击战争给奥朗则布以致命打击，加速了莫卧儿帝国的衰亡。

奥里诺科河 Orinoco, Río 南美洲主要河流。发源于委内瑞拉与巴西交界处的帕里马山脉西坡。呈弧形绕行于圭亚那高原西、北部边缘，最后向东注入大西洋。全长2 740千米，流域面积约88万平方千米，其中近4/5在委内瑞拉境内，其余在哥伦比亚境内。奥里诺科河流域为热带草原气候，4～10月为汛期，11月至翌年3月为枯水期。河口年平均流量达1.4万米^3/秒。流域内大部分为热带草原，东部和南部高原亦可见茂密的热带雨林。全河通航里程1 000千米以上，海轮可上溯至玻利瓦尔城，河轮可通至阿亚库乔港。水利资源丰富。流域内有石油、铁、铝土、锰、金刚石、镍、钒等矿藏。

奥里亚人 Oriyas 南亚印度共和国的民族之一。又称乌里亚人。主要分布在奥里萨邦。属欧罗巴人种地中海类型。使用奥里亚语。有近似孟加拉文和梵文天城体字母的圆形体文字。主要信仰印度教，属毗湿奴派；少数信基督教。奥里萨地区的原始居民为达罗毗荼人，曾建立强大王国。约在公元前1000年，雅利安人进入其地，逐渐与之融合，形成奥里亚人。分婆罗门、坎代德、戈拉腊、拉柬尼耶和首陀罗5个种姓。种姓制度不严，种姓地位可升可降。实行种姓内婚。包办婚普遍。高等种姓寡妇不得再嫁。人死后行火葬。大多从事农业，以种水稻为主。擅长首饰加工和石刻工艺。一般穿无领上衫，缠一围裤，披一布巾。

奥里亚语 Oriya language 印度东部奥里萨邦的地方语言，印度宪法承认的语言之一。属印欧语系印度－伊朗语族印度（又称印度－雅利安）语支。它的标准语形成于15世纪。由于奥里萨地处偏僻，被外族征服较晚，所以奥里亚语受外来语（波斯语和英语）的影响不大，较多保留了本族语的特点。

奥里亚语的元音系统没有长短音的区别，辅音系统比梵语简单。语法方面，奥里亚语没有“性”的范畴，名词分为两类：一类表示有理智的实体，另一类表示无理智的实体；对于有理智实体名词，动词要用复数（作为敬体）。奥里亚语的文字和孟加拉文同出一源，但带有更强的草书笔势，类似达罗毗荼文字。

奥立弗 Olivier, Laurence（1907-05-22～1989-07-11） 英国演员、导演。生于萨里多金，卒于伦敦。1922年首次登台演出，1926～1928年参加伯明翰节目轮演剧团，随后又在新剧院与A.J.吉尔古德搭档。1937

奥立弗在电影《亨利五世》中

年加入老维克剧院，演出了《哈姆雷特》，并成功地扮演了A.P.契诃夫、E.奥尼尔和J.A.斯特林堡等人剧中的角色。同时，多次在现代戏中扮演角色，如奥斯卡的《艺人》、E.尤内斯库的《犀牛》等。他在电影上塑造的人物如亨利五世、哈姆雷特和理查三世等也都给观众留下深刻的印象。

奥利弗·斯通 Oliver Stone (1946-09-15～) 美国电影导演、编剧。生于纽约。曾就读于耶鲁大学和纽约大学电影系。20世纪70年代进入电影圈。1978年剧本《午夜快车》获得奥斯卡金像奖最佳改编奖。1986年自编自导《野战排》，赢得奥斯卡金像奖最佳影片、最佳导演奖。此后又编导了批判越战的荒谬性和欺骗性的《生于7月4日》(1989，获西柏林国际电影节金熊奖、奥斯卡最佳导演奖）及反思越战给越南人民带来灾难的《天与地》(1993)，被称为“越战三部曲”。他还编导了两部表达对历史事件的关注和反叛性思考、引起争议的政治片《刺杀肯尼迪》(1991）和《尼克松》(1995)。主要作品还有《萨尔瓦多》(1986)、《华尔街》(1987)、《天生杀人狂》(1994)、《亚历山大大帝》(2004)、《世贸中心》(2006)等影片。

奥利金 Origen (约185～约254) 古代基督教护教家，希腊教父。生于埃及亚里山大里亚，卒于腓尼基提尔。先后在亚里山大里亚和该撒利亚城主持基督教教理学校。一生致力于校勘《圣经》和注释《圣经》。他认为上帝的创造既自由又受制于必然性，既超乎万物之上又具有内在能动性。上帝与宇宙相互需要与依赖。认为信徒应坚信基督教的基本教义信条，但又可自由探索。其神学观点在4世纪时已遭到强烈反对，在6世纪时被指责为异教徒。但他一直是希腊神学史上最有影响的教父。著有《论原理》、《驳塞尔苏斯》等。

奥林 Ohlin, Bertil Gotthard (1899-04-23～1979-08-03) 瑞典经济学家、政治家，当代瑞典学派的奠基人。又译俄林。生于克利潘，卒于斯德哥尔摩。1917年获文学学士学位。1919、1922和1924年先后获斯德哥尔摩大学经济与商业管理学院文学学士、经济学硕士和经济学博士学位。1925～1930年，任丹麦哥本哈根大学经济学教授。1930～1965年，作为E.F.赫克歇尔的继承人，回到斯德哥尔摩大学经济与商业管理学院。1965年退休后任学校荣誉教授。1977年与J.E.米德一起获得诺贝尔经济学奖。

奥林在经济学上的主要贡献是他继承和发展了赫克歇尔的国际贸易思想，提出了生产要素禀赋学说，奠定了现代国际贸易理论的基础。奥林的另一贡献在经济稳定政策方面。从20世纪20～30年代起，他长期致力于建立宏观经济理论，注重研究总需求水平同总供给水平的关系。奥林从瑞典这样一个严重依赖国际市场的小国的实际出发，注重研究怎样借助于汇率的变化和进口管制来控制国际收支平衡。此外，他在区域经济学和布局理论、在通货膨胀和充分就业问题的研究中也作出了重要贡献。著有《贸易理论》、《对外贸易与贸易政策》、《区际贸易与国际贸易》、《货币政策与公共工程：解决失业的工具》、《资金市场与利率政策》等。

奥林匹克剧场 Teatro Olimpico 意大利文艺复兴时期的剧场。1580～1585年建于维晋寨。因属奥林匹克学院而得名。设计师是意大利建筑家A.帕拉第奥，接替他完成建筑工程的是他的儿子和另一位建筑家B.斯卡莫齐。约有1 000个座位。剧场保持了古代剧场的3个基本组成部分——观众席、“圆场”和斯坎纳（换装建筑），但有变化。主要表演区移到了台前部。斯坎纳的正面檐口结构分割成三层装饰墙，最下层开有3个门洞，门洞里置有表现理想城的街景。为古代剧场和镜框舞台剧场之间的过渡形式。

奥林匹克运动会 Olympic Games 由国际奥林匹克委员会主办的世界性综合运动会。每4年举行1次。简称奥运会。奥林匹克运动会起源于古希腊，因举办地点在奥林匹亚而得名。古希腊分成许多城邦，各城邦经常举行运动会。这些运动会既为了祭神，又因城邦间不断征战，需要强健的体魄，因而使运动会具有军事锻炼的性质；另一方面，运动会期间的停战又象征着和平与友谊。运动会中规模最大的是在奥林匹亚地方举行的运动会，即奥林匹克运动会。

第1届古代奥运会于公元前776年举行，到公元393年，一共举行了293次。由于罗马皇帝狄奥多西一世信奉基督教，禁止一切异教活动，废止了运动会，并烧毁了奥运会建筑。随着近代体育的兴起，希腊人希望恢复古代奥运会。1859～1889年，希腊人曾举办过4届奥运会。1888年，法国的P.de顾拜旦提出恢复奥林匹克运动会的建议。1896年，在希腊举行了第1届现代奥林匹克运动会。此后，每4年举行1次。运动会如因故不能举行，其届数仍计算在正常举行的奥运会届数内。1924年开始设

历届近现代奥运会一览表

届次	时间	举办国家	地点	参加单位	届次	时间	举办国家	地点	参加单位
1	1896	希腊	雅典	13	16	1956	澳大利亚	墨尔本	67
2	1900	法国	巴黎	21			瑞典	斯德哥尔摩	29
3	1904	美国	圣路易斯	12	17	1960	意大利	罗马	83
4	1908	英国	伦敦	22	18	1964	日本	东京	93
5	1912	瑞典	斯德哥尔摩	28	19	1968	墨西哥	墨西哥城	112
6	1916	因第一次世界大战停办			20	1972	联邦德国	慕尼黑	121
7	1920	比利时	安特卫普	29	21	1976	加拿大	蒙特利尔	88
8	1924	法国	巴黎	44	22	1980	苏联	莫斯科	81
9	1928	荷兰	阿姆斯特丹	46	23	1984	美国	洛杉矶	140
10	1932	美国	洛杉矶	37	24	1988	韩国	汉城（今首尔）	160
11	1936	德国	柏林	49	25	1992	西班牙	巴塞罗那	169
12	1940	因第二次世界大战停办			26	1996	美国	亚特兰大	197
13	1944				27	2000	澳大利亚	悉尼	199
14	1948	英国	伦敦	59	28	2004	希腊	雅典	201
15	1952	芬兰	赫尔辛基	69	29	2008	中国	北京	204

2004年第28届奥运会（雅典）开幕式

立冬季奥林匹克运动会。1960年又设立了专为残疾人举行的残疾人奥林匹克运动会。1968年开始举办专为精神障碍患者以及弱智人举办的特殊奥林匹克运动会。

根据国际奥委会章程规定，奥运会属国际奥委会的专利。国际奥委会根据申请举办的城市的组织能力和财力，决定授予某申请城市举办下一届奥运会的权力，并同其签订必要的合同。主办城市必须遵照国际奥委会的章程和指示办事。中国北京2008年举办了第29届奥林匹克运动会。凡被国际奥委会承认的国家和地区奥委会皆可派运动队参加奥运会比赛。中国体育组织曾多次派队参加奥运会的比赛。自1984年始历届奥运会中国奥林匹克委员会都派出大型体育代表团参加。1984年射击运动员许海峰在洛杉矶第23届奥运会上获得首枚金牌，实现了中国在奥运会中金牌零的突破。2000年中国运动队在悉尼第27届奥运会上共获28枚金牌，金牌数仅次于美国和俄罗斯，首次在奥运会上进入世界三强之列。在2008年第29届奥运会上，中国运动队共获金牌51枚，银牌21枚，铜牌28枚。金牌数在参赛国各队中位列第一。

奥运会比赛项目目前共有28个大项，即田径、赛艇、羽毛球、棒球、篮球、拳击、皮划艇、自行车、马术、击剑、足球、体操、举重、手球、曲棍球、柔道、摔跤、游泳、现代五项、垒球、跆拳道、网球、乒乓球、射击、射箭、铁人三项、帆船、排球。

奥林匹亚遗址 Olympia 希腊古典时代遗址。得名于希腊传说中诸神会聚的奥林波斯山。为古希腊宗教圣地和举行奥林匹克运动会之处。位于伯罗奔尼撒半岛皮尔戈斯城东约21千米处。在青铜时代中期即有人居住，还发现了迈锡尼文明的居址。自公元前8世纪起为希腊人供奉诸神之父宙斯的最重要圣地，作为崇拜仪式之一的奥林匹克运动会于前776年首次举行。罗马帝国后期，奥林匹克运动会遭禁，奥林匹亚逐渐荒废。1829年首次发掘，1986年作为文化遗产被列入《世界遗产名录》。遗址东西长约520米，南北宽约400米，中心是宙斯神庙和宙斯之妻赫拉的神庙，周围有竞技运动场、健身房、角斗学校、宾馆、运动会主席团办公厅和圣火坛、祭司住房等与运动会有关的建筑。宙斯神庙重建于前468～前456年，是希腊古典建筑的优秀代表之一。其装饰雕刻为古典艺术杰作，其中东西两山墙上的群像表现希腊英雄珀罗普斯在奥林匹亚赛车和希腊人与半人半马怪兽斗争的神话故事，作于前5世纪初，是早期古典雕刻的代表作。约作于前5世纪后半叶的宙斯巨像用黄金、象牙镶嵌，极为宏伟精美，是盛期古典雕刻的代表，被誉为世界七大奇观之一。遗址中还出土有赫尔墨斯与婴孩狄奥尼索斯神像，为希腊雕刻大师普拉克西特列斯的真迹，约作于前4世纪初。

奥林匹亚赫拉神庙遗址

奥罗莫语 Oromo 埃塞俄比亚最重要的地区语言之一。又称加拉语。分布于从索马里经埃塞俄比亚东北部到肯尼亚的大片地区。属阿非罗－亚细亚语系库希特语族。奥罗莫语有丰富的口头文学，包括诗歌和歌曲等。采用埃塞俄比亚音节文字和拉丁化的文字。基本语序为主－宾－动型。

奥尼尔 O' Neill, Eugene (1888-10-16～1953-11-27) 美国戏剧家。生于纽约，卒于波士顿。1906年进普林斯顿大学学习一年。到过许多国家，做过海员。1912年到《新伦敦电讯报》工作。1913～1914年，奥尼尔共写了9部剧本，1916年夏《东航加的夫》由普罗文斯顿剧团上演。1916～1917年，他又完成了《鲸油》、《在交战区》(1917)、《远航归来》和《加勒比的月亮》等独幕剧，

赢得初步声誉。1918年奥尼尔写出名剧《天边外》，这是他第一部在纽约百老汇上演的戏剧。之后，奥尼尔以大量作品引起国内外的重视，一生共创作剧作40余部。1936年获诺贝尔文学奖。

奥尼尔曾经创造性地运用欧洲各种戏剧流派的创作方法写戏。但他首先是一位现实主义剧作家。1920年，除上演《天边外》外，他还写了《黄金》、《安娜·克里斯蒂》、《琼斯皇帝》和《与众不同》四部长剧。《天边外》描写的是个人理想与现实之间的矛盾。20年代，奥尼尔的剧本《毛猿》(1921)、《榆树下的欲望》(1924)、《伟大之神布朗》(1925)和《奇妙的插曲》(1927)占有比较重要的地位。《毛猿》富于表现主义特色，并具有象征意义，它表现人类确定自己人生价值的困难。《榆树下的欲望》揭示了人的物质欲念与真正感情的冲突。《伟大之神布朗》运用面具揭示表里不一的人物性格。《奇妙的插曲》运用旁白和独白揭示人物的内心世界。从1929年开始，奥尼尔着手写他最有代表意义的作品《哀悼》，历时3年才完成。这是一部三部曲，共有13幕，上演需要6小时。奥尼尔力图利用现代心理学解释古代希腊悲剧所表现的命运问题。后期的重要作品有《卖冰的人来了》(1939)和《直到夜晚的漫长一天》(1941)。

奥尼尔善于运用各种戏剧流派的表现手法进行创作，作品深刻地反映了美国的现实生活，艺术上不拘一格，对美国现代戏剧具有重大的影响。

奥涅格 Honegger, Arthur (1892-03-10～1955-11-27) 瑞士作曲家。生于勒阿弗尔，卒于巴黎。1909年入苏黎世音乐学院，1911年又入巴黎国立高等音乐学院学作曲和指挥。第一次世界大战后成为法国“六人团”成员。他的作品自古风的格列高利圣咏（《火刑堆上的贞德》）到现代爵士音乐（《钢琴小协奏曲》），甚至十二音技法（歌剧《安提戈涅》）都有。主要作品还有清唱剧《大卫王》、《大众的呼声》，管弦乐曲《太平洋

231》、《橄榄球》、《夏天的田园曲》，歌剧《犹滴》，舞剧《山岳的召唤》及5部交响曲。他的创作手法和音乐语言大胆而自由，在和声色彩上受法国先锋派影响，但属新古典主义流派。著有《我是作曲家》等。

奥涅加湖 Onega, Lake; Onezhskoye Ozero 欧洲第二大湖。位于俄罗斯欧洲部分西北部，大部在卡累利阿共和国，南部在列宁格勒州和沃洛格达州境内。属冰川构造湖。湖盆从西北向东南延伸245千米，最宽处91.6千米，面积9 700平方千米。北和西北岸为曲折花岗岩岸，多湖湾；南和东南岸为平直的沙岸，多湖滩。湖盆南浅北深。平均水深30米，最大深度127米。有1 369个湖岛，总面积250平方千米。水量约3/4来自维捷格拉等58条河流，约1/4为降水；84%水量经斯维里河流出，其余蒸发。湖区属亚寒带大陆性气候，11月至翌年5月为结冰期。湖内盛产多种鱼类。斯维里河上有水电站，南岸建有通航运河，与白海-波罗的海运河、伏尔加-波罗的海运河相连，具有重要航运价值。

《奥涅金》 *Onegin* 俄罗斯三幕芭蕾舞剧。根据A.S.普希金诗体小说《叶甫盖尼·奥涅金》改编，采用P.I.柴科夫斯基的音乐编曲。编剧、编导J.克兰科。1965年斯图加特芭蕾舞团首演于斯图加特。主演M.海蒂等。克兰科选取了普希金原著中的一系列场面，着重刻画塔吉雅娜的天真纯洁和奥涅金的轻佻虚伪、玩世不恭。这是一部既具交响

芭蕾舞剧《奥涅金》剧照

芭蕾的长处，又注重戏剧性的舞剧。戏剧结构严谨清晰，舞蹈编排新颖，与音乐水乳交融，以古典芭蕾作为全剧的主要表现手段。是各国公认的优秀剧目之一。

奥普艺术 Op art 西方20世纪60年代兴起的美术思潮。奥普即"optical"的缩写，意为视觉效应。正式使用这一名称是在1965年。时值纽约现代艺术博物馆举办"眼

瓦萨雷利作《红窗》(1964)

睛的反应"画展，展览会上陈列出大量经过精心设计、按一定规律排列而成的波纹或几何形画面，造成视知觉的运动感和闪烁感，使视神经在与画面图形的接触中产生眩晕的光效应现象与视幻效果。奥普艺术家以此证明诉诸视觉的艺术品与探究知觉心理的科学之间并无严格的分界，用严谨的科学设计亦可激活视觉神经，并组合成视觉形象，达到与传统绘画同样动人的艺术体验。奥普艺术几乎同时兴起于欧美各国。欧洲奥普艺术的开创者是法国画家V.瓦萨雷利，他从50年代起就开始创作具有运动感和闪烁效果的绘画，自封为电影主义，成为法国奥普艺术的主流。受瓦萨雷利影响的画家有以色列的Y.阿加姆、委内瑞拉的J.R.索托、法国的F.莫利勒特、英国的B.赖利等。美国奥普艺术的先驱是J.阿伯斯。最有代表性的画家是R.阿纽斯凯维兹，他所创色彩浸润法与规整的几何图形对硬边艺术派画家曾产生直接影响。重要的奥普艺术社团有巴黎的视觉艺术研究社(1961)、西班牙的57组、意大利帕多瓦的N社、德国的零派。

奥热什科娃 Orzeszkowa, Eliza (1841-05-25～1910-05-18) 波兰作家。生于格罗德诺，卒于格罗德诺。1863年波兰起义期间积极从事爱国斗争。1866年发表短篇小说《荒年》，揭示农村阶级对立和农民的困境。长篇小说《马尔达》(1872)写小贵族出身的女主人公为生活所迫沦为小偷、被捕及死于车轮之下的经历，在社会上引起强烈反响。接着又发表《久尔济一家》(1885)、《涅曼河畔》(1888)、《乡下佬》(1888)等。这些长篇小说题材广泛，涉及犹太人、农民和妇女解放等重要社会问题。作品中的人物大多来自底层，有手工业者、小商贩、贫民和农民。后期创作具有伦理道德和宗教色彩。

奥瑞纳文化 Aurignacian Culture 欧洲旧石器时代晚期文化。因最初发现于法国南部加龙河上游图卢兹附近的奥瑞纳克山洞而得名。分布于欧洲大部分地区，西亚的许多遗址中也有类似遗存。此文化的创造者是晚期智人克罗马农人和格里马迪人。时代为晚更新世，约距今3.4万～2.9万年。奥瑞纳文化石器主要是用石叶制成的端刮器、吻状刮削器和各式雕刻器等，均狭长而小。骨器有底端带缺口的尖状器（装柄使用）及骨针和骨锥。装饰品有穿孔兽牙和贝壳。艺术品发达，包括刻有简单动物形象的小石头，在骨片和象牙上雕刻的动物及小型的动物泥塑、女性雕像等。在西欧的一些石灰岩洞穴中，还发现了该文化末期数以百计的绘画和雕刻，法国西南部拉斯科洞穴中的野马和野牛壁画便是这时期壁画的代表作。当时人死后进行埋葬，用红土对遗体染色。关于该文化的来源有两种说法：一种认为在莫斯特末期时来自亚洲的西南部，另一种认为和具有阿舍利传统的莫斯特文化有关。

法国西南部拉斯科克斯洞穴壁画：有孕奔马

奥塞美术馆 Musée d' Orsay 法国美术博物馆。又译奥尔赛美术馆。位于巴黎塞纳河右岸，与土伊勒里宫相对。馆址原为奥尔赛火车站，1978年法国国会决定将奥尔赛车站改建为美术馆，1986年开馆。主要

奥塞美术馆全景

展示及收藏法国19世纪中期和晚期美术作品，收藏范围从巴黎二月革命发生的1848年起到第一次世界大战前的1914年为止，部分藏画来自卢浮宫的展品、库藏品及印象主义博物馆。

奥塞梯人 Ossetians 北高加索地区的居民。自称伊龙人。约60万人(2001)。主要分布在俄罗斯北奥塞梯共和国和格鲁吉亚的南奥塞梯自治州，部分分布在邻近地区。属欧罗巴人种高加索类型，使用奥塞梯语，属印欧语系印度-伊朗语族。原有用西里尔字母的文字，1923年改用拉丁字母；1938年起，北奥塞梯用斯拉夫字母，南奥塞梯用格鲁吉亚字母，1954年通用斯拉夫字母。信东正教，部分信伊斯兰教。奥塞梯人由北高加索当地的古代居民和外来的斯基泰人、萨尔马泰人、阿兰人等结合而成。过去，居住在平原地区的奥塞梯人主要从事农业，种植玉米、向日葵、蔬菜、瓜类、水果等；居住在山区的从事畜牧业，饲养绵羊、牛、马等。擅长木刻、石刻、金属加工等手工艺。传统房屋多用石块砌成，山区村舍多依山坡建筑，下面一家的屋顶即上面一家的场院，类似北美普埃布洛印第安人的住宅。主食是面包和稠玉米粥。妇女穿对襟的束腰连衣裙，上有用金银线绣成的图案；男子披宽大的毡斗篷。民间文学丰富。社会

奥塞梯儿童

生活和许多文化遗迹明显地反映出母系氏族的残余。

《奥赛罗》 *Othello* 英国剧作家W.莎士比亚的四大悲剧之一。写于1604年。高贵淳朴的黑人将军奥赛罗与美丽善良的苔丝德蒙娜相爱而秘密成婚，旗官伊阿古因自己梦寐以求的职位被奥赛罗授予凯西奥，决

《奥赛罗》剧照

意报复。他设计使凯西奥触犯军纪被撤职，又鼓动苔丝德蒙娜向奥赛罗求情，同时又借一方手帕，用暗示与诬蔑中伤的手段使奥赛罗怀疑爱妻与凯西奥有私情。奥赛罗不识诡计，认定妻子不贞，悲愤之下将苔丝德蒙娜掐死。伊阿古的妻子揭发了阴谋，奥赛罗痛悔不已，拔剑自杀，伊阿古也被处以极刑。

剧作在颂扬理想的爱情与人的纯洁善良的同时，深刻揭露了极端个人主义的邪恶。剧目因结构紧凑、戏剧性强、人物富于个性而被世界各国经常搬演。意大利作曲家G.威尔第还将它写成歌剧(1887)，成为他后期歌剧的代表作，在歌剧史上占有重要地位。

奥斯本 Osborne, John James (1929-12-12～1994-12-24) 英国剧作家。生于伦敦，卒于什罗普。曾当过演员、导演，并与人合资创办电影公司。早期剧本未受重视。1956年《愤怒的回顾》在伦敦上演获得成功。剧本描写一个愤世嫉俗的青年吉米，憎恨冷酷的社会、无聊的生活、伪善的人们，但又不愿采取行动改革现实。此剧掀起英国戏剧从描写上层社会的客厅转向反映中、下层人民生活的新浪潮。还创作了表现出怀旧、保守倾向的《苏伊士以西》(1971)等30多部电影剧本和电视剧。

奥斯丁 Austin, John (1790-03-03～1859-12) 英国法学家，分析法学派(或称分析实证主义法学派)首创人。生于萨福克克里廷米尔，卒于萨里韦布里奇。1818～1825年任律师。1826年任伦敦大学第一任法理学教授。主要著作有《法理学范围》(1832)和《法理学讲义》(1863)。与J.边沁交往甚密，信奉边沁的功利主义学说，但他的法学思想基础主要是实证主义哲学。

奥斯丁的法学思想主要有三个方面：法学研究的范围、法和道德的关系以及法的概念。他虽然信奉功利主义，认为立法的目的在于最大限度地促进人类幸福，但又认为立法学不同于法学，前者属于伦理学范围，后者涉及实在法或严格意义的法，而不管这种法的好坏如何。他的出发点是：法学只应研究实在法，而不是像自然法学家那样研究理想法或正义法。他认为一般法学不同于一国的或特殊的法学，一般法学的任务是从逻辑上比较分析各种成熟的实在法制度的共同原则、概念和特征，其中包括权利、义务、损害、制裁、惩罚和赔偿等重要概念。分析法学派的名称即由此而来。奥斯丁认为法与道德无关，或至少两者并不存在必然的联系，法律尽管是不道德或不正义的，但只要是合法制定的，仍应具有法律效力。“恶法亦法”说即由此而来。他将人定法分为适当意义上的法和不适当意义上的法，前者主要指国家制定的实在法，后者指实在法以外的行为规则。奥斯丁认为法(实在法)是掌握主权者责成或禁止在下者从事一定行为的命令，如不服从即以制裁作为威胁。这种法的定义包括三个要素：主权、命令、制裁。因此被称为法的三位一体说。与边沁不同，奥斯丁认为判例法是真正意义上的实在法。

奥斯丁的法学思想与17、18世纪强调正义、理性的古典自然法学派有很大区别，它适应了占统治地位的资产阶级的需要。奥斯丁的法学思想在他死后成为整个19世纪英国法学中占统治地位的学说，成为西方法学19世纪三大派别之一。20世纪，他的学说在西方法学界尽管备受攻击，但仍有重大影响。H.凯尔森的纯粹法学和H.L.A.哈特的新分析法学都是在继承和修改他的学说的基础上形成的。

奥斯丁 Austen, Jane (1775-12-16～1817-07-18) 英国小说家。生于汉普史蒂文顿，卒于温切斯特。没有进过正规学校，生活圈子十分狭窄。她以女性的敏锐和细腻描绘周围小小的世界。小说《傲慢与偏见》(1813) 和《爱玛》(1815) 都写爱情与婚姻，生动地反映了当时农村的阶级关系、风俗习惯和社会心理。《诺桑觉寺》(1818) 和《理性与感伤》(1811) 故意模仿“哥特小说”和“感伤小说”，嘲讽这类流行小说的庸俗无聊。还有《曼斯菲尔德庄园》(1814)、《劝导》(1818) 两部小说。奥斯丁的作品虽然反映的生活面不广，但扭转了当时小说创作的庸俗风气。

奥斯定会 Augustinian Order 天主教托钵修会之一。又译奥古斯丁会。原指根据奥古斯丁所倡隐修修会会规而成立的各隐修修会。1256年教皇亚历山大四世统一各会，并发表《教会许可通谕》，转变成为天主教四大托钵修会之一。13世纪中叶时发展迅速，有3万余会员。到1925年全世界有其会院500余所，总部设在罗马。康熙十九年(1680) 该会传教士来华后曾在广州、湖南常德等地设立教区。

奥斯卡金像奖 Academy Awards 美国电影艺术和科学学院举办的学院奖。创办于1927年，旨在鼓励和表彰那些在电影艺术领域取得突出成绩的电影从业人员。初称学院奖，1931年后通称奥斯卡金像奖。

奥斯卡金像奖金像由乔治·斯坦利创作，高13.5英寸，重8.54磅，是一尊握剑男子立于一盘电影胶片上的镀金人像。1927年5月16日，第一届奥斯卡金像奖颁奖典礼在洛杉矶罗斯福饭店举行，共颁发了15座金像。之后除1930年与1933年外，都是每年举行一次。

奥斯卡金像奖的获奖名单事先要经过调查、提名、观摩、投票、统计等一系列程序方能确定，只有美国电影艺术和科学学院会员才有表决权。最后投票结果绝对保密，到授奖大会上才能当众开封揭晓。

参加奥斯卡金像奖评选的美国影片必须是当年在洛杉矶商业电影院放映一周以上的影片，外国参赛作品不在此限。每年12月由美国电影艺术和科学学院所属制片、导演、演员、编剧、技术等5个部门各自提出候选名单，之后由全院4 000多成员投票选出各个奖项的1名获奖者。

奥斯卡金像奖创办以来，奖项几经调整，至今约有28项：最佳影片、最佳导演、最佳男女演员、最佳男女配角、最佳外语片、最佳原创剧本、最佳改编剧本、最佳摄影、最佳美工、最佳服装设计、最佳化装、最佳剪辑、最佳音响、最佳音响效果剪辑、最佳视觉效果、最佳原创音乐、最佳改编音乐、最佳歌曲、最佳动画片、最佳真人实影短片、最佳纪录片、最佳纪录长片等。另有琼·赫肖尔特人道主义奖、荣誉奖、科学技术奖等。

奥斯勒 Osler, William (1849-07-12～1919-12-29) 加拿大临床医学家、医学教育家和医学活动家。生于安大略省，卒于英国伦敦。1865年入多伦多三一学院学习艺术，1868年转入其医学院，1871年入麦吉尔大学医学院，1872年获医学博士学位。1873年去伦敦大学生理实验室工作。1874年被聘为麦吉尔大学医学生理学讲师，1875年任内科教授。1876年任蒙特利尔综合医院病理医师。1884年任宾夕法尼亚大学临床内科教授、费城临床医学会主席。1888年任约翰斯·霍普金斯大学医学院内科学教授。1904年被聘为牛津大学内科学教授。1873年他证实血小板是血液中第三种有形成分，并与血栓形成有关。1895年描述红斑狼疮的全身表现。1901年报道遗传性出血性毛细血管扩张症。1903年报道慢性紫绀合并红细胞增多与脾肿大的临床现象（奥斯勒氏病）。1908年观察到心内膜炎患者手足皮肤出现疼痛性小结（奥斯勒氏结节）。著有《近代医学之进展》、《临床内科学原理》等，是《内科学季刊》创办人之一。

奥斯陆 Oslo 挪威首都和最大城市。位于挪威东南部、长128千米的奥斯陆峡湾北端，周围是全国最重要的工农业区，水陆交通方便。市区面积453平方千米，其中水面积23平方千米。人口约58.7万(2010)。四周多山，北部地势最高，山间森林繁茂，沿峡湾一带地势较平坦。属亚寒带针叶林气候。

城市始建于1024年，约1300年国王哈康五世建阿克什胡斯城堡。初为挪威南部木材、毛皮等贸易站。城内多木质建筑，1624年焚毁后，丹麦-挪威王国国王克里斯蒂安四世在原址以西建新城，命名为克里斯蒂安尼亚。19世纪城市迅速发展。1841年定为首都。1850年成为全国最大城市。1854年起，陆续建成通达国内各主要区域的铁路，1900年成为全国第一大港。1910年人口增至22.5万；1925年改名奥斯陆，取代卑尔根成为挪威最大城市。第二次世界大战以后发展迅速。20世纪50～60年代，人口保持在48万左右，70年代随着郊区化，市区人口有所减少，80年代初为44万；近年市内人口又渐有增加。

维格兰雕塑公园

全国贸易、银行业、工业和航运中心。工业以金属加工、机械、电子、纺织、食品等部门较为重要。全国最大的海陆空交通枢纽，航运业尤其发达。港口年吞吐量约1 000万吨。全国文化中心，现有50座博物馆、30多家电影院和建筑风格各异的剧场。1924年始建的维格兰公园展出挪威现代雕塑家G.维格兰的石雕人物形象作品，有“人生旅途公园”之称。有全国最大最古老的奥斯陆大学。比斯雷特竞技场位于市中心，是国际上闻名的速度滑冰竞赛场。

奥斯陆大学 University of Oslo 挪威规模最大的以科研为主的综合性高等学校。校址在奥斯陆。1811年建立。原名弗里德里克国王大学，1939年改现名。由政府拨款，

奥斯陆大学办公楼

免收学费。建校之初，设有神学、法学、医学和哲学4个学院。1861年，哲学院分为人文和数学与自然科学2个学院。以后，陆续增加了牙科、社会科学和教育3个学院。设有多个学院、几十个系及若干研究中心。同时设自然历史博物馆与植物园和文化遗产大学博物馆。其中，自然历史博物馆与植物园附设矿藏与地质、古生物学、植物学以及动物学博物馆和植物园；文化遗产大学博物馆附设国家古代文物珍藏馆、古币陈列室、人种学博物馆和北欧海盗船博物馆。在经济学、化学和物理学领域中先后有多位诺贝尔奖获得者。

奥斯曼帝国 Ottoman Empire 奥斯曼土耳其人建立的军事封建帝国。又译奥托曼帝国、鄂斯曼帝国，也称奥斯曼土耳其帝国。奥斯曼国家创始人奥斯曼一世的先世出于

乌古斯突厥人的卡伊部落，12世纪时迁入安纳托利亚，建立**罗姆苏丹国**等政治实体，13世纪沦为蒙古人的藩属。1299年，奥斯曼宣布独立，称苏丹。

1324年,奥斯曼一世之子奥尔汗（1326～1360年在位）夺取布尔萨，1453年穆罕默德二世（1451～1481年在位）攻陷君士坦丁堡，拜占廷帝国遂亡。君士坦丁堡（后改称伊斯坦布尔）成为奥斯曼帝国的新都。此时，奥斯曼帝国已直接统治巴尔干诸国以及多瑙河河口。谢利姆一世（1512～1520年在位）东征伊朗，在恰尔德兰击败**萨非王朝**的军队（1514）。嗣后又扫平马木留克王朝而称霸于叙利亚和埃及，从而控制了阿拉伯世界（伊朗和美索不达米亚除外），领土增加一倍以上。奥斯曼苏丹成为穆斯林世界的首脑——**哈里发**。

谢利姆二世在位期间（1566～1574），曾征服塞浦路斯，击败西班牙、威尼斯和教皇的联合舰队。海军称霸于地中海东部，疆域扩大到匈牙利、美索不达米亚以及北非的的黎波里。奥斯曼帝国极盛时，领土北面从奥地利边界直至俄国境内，西界非洲摩洛哥，东迄亚洲高加索和波斯湾，南境一直伸入非洲内地，囊括今欧、亚、非近40个国家和地区的土地，领土面积约600万平方千米，成为地跨欧、亚、非的大帝国。

16世纪初，奥斯曼帝国统治机构逐渐完善，宗教法与民法并行。境内非伊斯兰教民族则根据米勒特制度，享受宗教自治。16世纪中叶以后，帝国开始由盛转衰。苏丹多不亲政，沉湎后宫，大权旁落于“大维齐”（首相）之手。近卫军干涉政治，控制苏丹。财政拮据，工商业衰落，社会动荡不安。1683～1792年间的对外战争屡次受挫，失地累累。及至马赫穆德二世（1808～1839年在位）时，一举消灭抗命的禁卫军，再度建立“新军”，削弱伊斯兰教士的权力，加强对地方官吏的控制，以提高苏丹的权威。开设军校，提倡世俗教育，整顿税制。土耳其在俄土战争（1828～1829）、两次土埃战争（1831～1833，1839～1841）中相继失败。1839年英、法、俄、奥、普五国联合干预土埃冲突，埃及已取得事实上的独立，希腊、塞尔维亚皆获得自治，帝国仅能牢牢控制安纳托利亚、伊拉克，以及鲁米利亚的大部分地区。

阿卜杜勒迈吉德一世（1839～1861年在位）和阿卜杜勒阿齐兹（1861～1876年在位）统治期间，颁布了一系列改革敕令（坦齐马特）。但是，由于奥斯曼帝国财力支绌，加上国内人民的起义、属地的民族独立运动高涨以及列强的侵略，帝国的改革不但未见成效反而危机转深。

从19世纪60年代起，逐渐形成了新奥斯曼人的君主立宪运动。在1877～1878年的**俄土战争**中，土军大败，帝国被迫签订《圣斯特凡诺条约》，在柏林会议（1878）上，承认罗马尼亚、塞尔维亚、黑山的独立，承认保加利亚的自治，割让卡尔斯和巴统给俄国。于是，帝国在欧洲的领土只剩下马其顿、阿尔巴尼亚和色雷斯。在此之前，具有革新思想的米德哈特帕夏等于1876年发动宫廷政变，迫使新任苏丹的阿卜杜勒哈米德二世（1876～1909年在位）同意实行宪政，颁布了帝国的第一部宪法。阿卜杜勒哈米德二世不久即利用其权力复辟。1878年，宪法被废除，国会遭解散，米德哈特被处死。阿卜杜勒哈米德二世虽然继续改革军队、发展交通事业，但他一意推行泛伊斯兰主义，为了实行独裁统治并镇压反抗者，组织侦探机关，残酷迫害亚美尼亚人（1894～1896），因而被欧洲人称为“血腥的苏丹”。1908年7月，驻马其顿的第3军团在青年土耳其党人的影响下发动起义，宣布恢复1876年宪法（见**土耳其革命**）；次年4月，才进军首都，废黜阿卜杜勒哈米德二世，代之以穆罕默德五世（1909～1918年在位）。青年土耳其党人执政期间，加强了中央集权，发展教育事业，但他们强制推行土耳其化，激起非土耳其各族人民的反抗。在两次巴尔干战争（1912～1913）后，帝国丧失了在欧洲的领土的83%。

第一次世界大战中，帝国战败，1918年10月签订了摩德洛斯停战协定，在欧洲的领土只剩下伊斯坦布尔以及色雷斯的一部分。1919年5月15日，希腊军队占领了伊兹密尔，推动了安纳托利亚人民的抵抗，帝国的将军穆斯塔法·凯末尔（见**M.凯末尔·阿塔图尔克**）领导了民族抗战运动。他于5月19日在萨姆松登陆后，即在埃尔祖鲁姆和锡瓦斯召开国民代表大

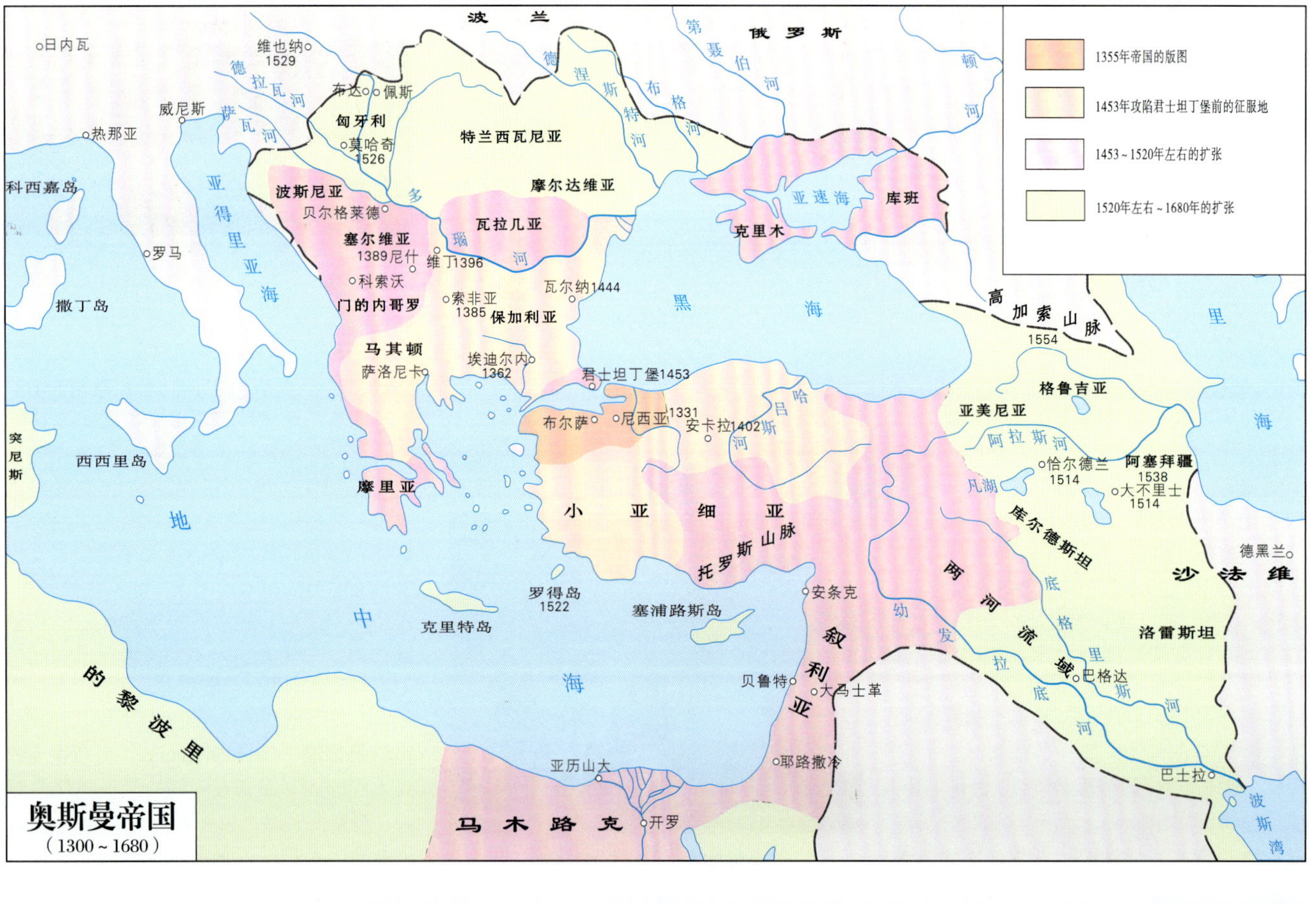

奥斯曼帝国
（1300～1680）

会，并于1920年4月在安卡拉成立大国民议会，号召穆斯林共御外侮。1920年8月10日，协约国迫使苏丹政府在《色佛尔条约》上签字。1921年1月，大国民议会通过根本法，改国名为土耳其。1922年11月1日，大国民议会经过激烈辩论，决定废除苏丹制，从此结束了奥斯曼帝国的历史。1923年10月29日建立土耳其共和国，凯末尔任总统。

奥斯曼一世 Osman Ⅰ (1258～约1326) 奥斯曼帝国的创建者。生于小亚细亚西北部的瑟于特，卒于瑟于特。1281年继承其父埃尔托格鲁尔边境贝伊职位。他通过联姻和收买等手段，逐步提高政治威望，时而以武力兼并邻近的拜占廷帝国领土。13世纪末罗姆苏丹国王室衰微，境内各土耳其人公国纷纷独立，奥斯曼亦于1299年宣布独立，称苏丹。14世纪初，奥斯曼数次打败拜占廷雇佣军，不断向外扩张，先后占领厄斯基色希尔、莱夫凯、阿克希萨尔、伊内格勒和耶尼谢希尔等地，进而攻占布尔萨，定为首都。奥斯曼统治期间，土耳其人逐渐从游牧走向定居。

奥斯曼·伊本·阿凡 ‘Uthmān ibn ‘Affān (576～656-04) 伊斯兰教史上第三任哈里发。出身于麦加古莱什部落倭马亚氏族，卒于麦地那。于615年信奉伊斯兰教。与艾布·伯克尔、欧麦尔一世和阿里并称为穆罕默德的四大圣门弟子。作为统治氏族的富商，在早期穆斯林中极为罕见，一贯忠实追随并以财力支持穆罕默德。曾两次迁徙到阿比西尼亚。622年返归麦地那后，协助穆罕默德处理外交事宜。参加白德尔、吴侯德等战役。先后与穆罕默德之女鲁吉亚和乌姆·库勒苏姆结婚，故有“祖·努赖因”(拥有双光者)之称。644年欧麦尔遇刺后，被推选为第三任哈里发。传统认为，他在位（644～656）的前6年继续推行前任的政策，于650年平定波斯全境，652年征服亚美尼亚和阿塞拜疆，655年击败拜占廷君士坦丁二世的战船舰队，扩大在北非的版图；下令收集和审定《古兰经》定本，成为沿用至今的奥斯曼本。后6年一改前任的民主协商制度，委任家族成员担任中央和地方军政要员，对战利品分配不公，终于激化社会矛盾，爆发内乱。在麦地那被杀于宅邸。曾于651年（唐永徽二年）遣使长安与唐朝修好，为阿拉伯与中国邦交之始。

奥斯特 Oersted, Hans Christian (1777-08-14～1851-03-09) 丹麦物理学家、化学家。生于鲁兹克宾城，卒于哥本哈根。1799年获哥本哈根大学哲学博士学位。1806年任该大学物理学教授。1829年任哥本哈根理工学院院长，直至逝世。奥斯特从事物理学和化学多方面的研究，主要贡献是发现电流的磁效应。1820年4月他观察到通电导线扰动磁针现象。论文发表后，促进了A.-M.安培对电磁力的研究，并导致了毕奥-萨伐尔定律的发现及一系列电与磁关系的发现和电磁铁的问世。奥斯特在19世纪40年代末对抗磁体也进行了研究。为纪念奥斯特在电磁学上的贡献，在CGS单位制中，用奥斯特命名磁场强度单位。他的重要论文收在《奥斯特科学论文》一书中。

奥斯特利茨之战 Austerlitz, Battle of 拿破仑战争期间，法国军队同俄国和奥地利联军于1805年12月在奥斯特利茨（今捷克斯拉夫科夫）附近地区进行的会战。又称三皇会战。1805年10月乌尔姆之战后，法军乘胜占领维也纳，并紧追退却的俄奥联军。11月下旬，联军在奥尔米茨（今奥洛穆茨）地区占领阵地，并得到俄军增援，兵力达8.7万人。拿破仑一世率军4万人孤军深入，进抵布吕恩（今布尔诺）地区后停止追击。他一面故意示弱、诱敌进攻，一面调援兵3.3万人秘密赶到前线。俄皇亚历山大一世不顾M.I.库图佐夫劝阻，决定进攻法军。12月2日，联军以左翼为主力发起进攻。拿破仑在右翼以1万余人阻击联军主力，而将6万余人集结在中央和左翼阵地，形成局部兵力优势。法军在顶住联军进攻后，占领位于战线中央的普拉岑高地，并从高地集中兵力向左翼联军侧后实施反击，将其压到刚结冰的湖泊沼泽地带，而后以炮火猛烈轰击。结果，左翼联军大部或葬身湖底，或缴械投降，俄皇、奥皇侥幸脱逃。此役，联军损失2.7万人，法军损失不足万人。12月26日，奥地利与法国签订《普雷斯堡和约》，第三次反法联盟瓦解。此战突出体现了拿破仑的统帅才能，是欧洲军事史上以少胜多和以谋克敌的典型战例。

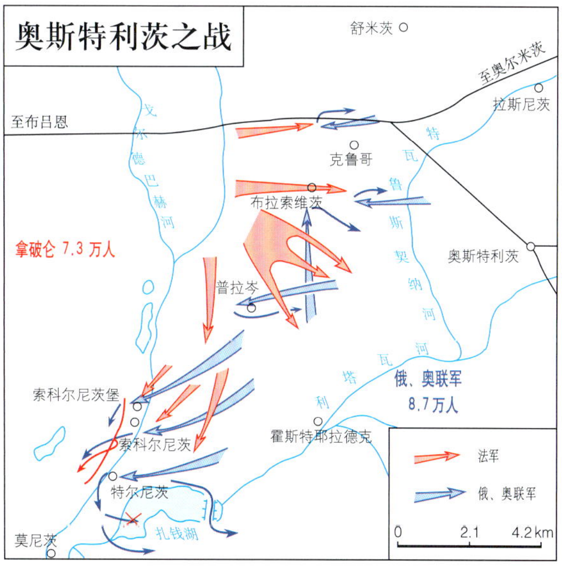

奥斯特洛夫斯基 Ostrovsky, Aleksandr Nikolayevich (1823-04-12～1886-06-14) 俄国剧作家。生于莫斯科，卒于晓尔科沃。1840年入莫斯科大学攻读法律。后在法院任书记官。1850年发表《自家人好算账》。一生为俄国舞台提供了近50部剧本，创造了几百个人物形象，为俄国戏剧事业的发展作出了很大贡献。

奥斯特洛夫斯基的全部剧作，大体可以分成描写商人生活的如《贫非罪》(1854)、《大雷雨》(1860)等，关于人民生活的如《切勿随心所欲》(1834)、《闹市》(1865)等，描写小官吏生活的如《穷新娘》(1852)、《富新娘》(1876)等，表现所谓“社会头面人物”的如《智者千虑必有一失》、《没有陪嫁的女人》等，以及历史剧如《土辛诺》等。

奥斯特洛夫斯基塑造了一大批各种类型的妇女形象，使女演员们能发挥各自的才能并取得成功，因此许多女演员特别爱戴这位剧作家。他的剧本对白清晰动听，语言优美。他能掌握舞台上的位置和调度，能恰到好处地安排演员上下场，这就使他的剧本演出具有很高的戏剧性。

奥斯特洛夫斯基的剧作曾在俄国舞台上广泛上演，直到今天，他的一些名剧还是俄罗斯剧院的保留剧目。

奥斯特洛夫斯基 Ostrovsky, Nikolay Alekseyevich (1904-09-29～1936-12-22) 苏联作家。生于乌克兰沃伦，卒于基辅。早年丧父。曾做过饭馆杂工、发电厂副司炉等。1917年参加革命活动。1920年因在战斗中负重伤而离开部队。在参加修建铁路的工作时得了伤寒病和风湿病，1926年全身瘫痪，1929年双目失明，但他并不向命运屈

服，开始创作长篇小说《钢铁是怎样炼成的》。小说以作者一生的经历为雏形，刻画了一个普通工人的孩子保尔·柯察金通过革命烈火的锻炼，成为一名性格刚强、勇于克服任何困难的无产阶级先锋战士的形象。第二部重要作品是《暴风雨所诞生的》，由于作者过早去世，作品没有全部完成。此外作者还留下一本宝贵的《书信和演讲集》。《钢铁是怎样炼成的》由梅益译成中文于1942年出版，多年来一直深受中国读者的喜爱。

奥斯特瓦尔德 Ostwald, (Friedrich) Wilhelm (1853-09-02～1932-04-04) 德国物理化学家。生于俄国拉脱维亚里加，卒于莱比锡。1878年获爱沙尼亚多尔帕特大学化学博士学位。

1881年任里加工业大学化学教授。1887年任莱比锡大学物理化学教授。物理化学的创始人之一。1888年提出奥斯特瓦尔德稀释定律，最先将质量作用定律应用于电离上，在历史上起了重要作用。他1894年给催化和催化剂下了现代的定义，1902年指出催化剂只能改变化学反应速率而不能影响化学平衡，它的催化作用是由于降低了活化能的缘故。1902年发明了由氨经过催化氧化制造硝酸的方法，后称奥斯特瓦尔德法。1894年提出奥斯特瓦尔德指示剂理论。因研究催化作用、化学平衡条件和反应速率等方面的贡献而获1909年诺贝尔化学奖。他1887年和J.H.范托夫共同创办《物理化学》杂志。著有《普通化学教程》、《电化学》、《分析化学的基础》等书。

奥斯汀 Austin, Derek William (1921-08-11～2001-05-22) 英国文献学家，保持原意索引系统(PRECIS)的创始人。生于伦敦。1938年开始从事一般性图书馆工作。第二次世界大战后进拉夫巴勒图书馆学院深造。1950年成为英国图书馆协会会员。曾在基层公共图书馆从事参考咨询工作多年，积累了丰富的实践经验。1963年任《英国国家书目》(BNB)编辑。1968年研制出“保持原意索引系统”，并成功地应用于《英国国家书目》的主题索引编制工作。

其代表作为《保留原意索引系统手册》。1976年国际文献联合会授予他第一届S.R.阮冈纳赞奖，1978年美国图书馆协会授予他玛格丽特·曼奖。

奥斯汀 Austin, John Langshaw (1911-03-28～1960-02-08) 英国哲学家，日常语言哲学牛津学派的主要代表。生于兰开斯特，卒于牛津。1933年开始在牛津大学任教，

1952年任怀特道德哲学讲座教授。G.E.摩尔与L.维特根斯坦后期的哲学思想对奥斯汀影响很大。奥斯汀十分强调研究日常语言本身，研究某些与认识有关的词汇在用法上的细微区别，认为哲学家如果不首先仔细研究语言这个不可缺少的研究手段本身，而立即运用它去研究哲学问题和作出结论，就必然会犯错误。因此他认为，对日常语言的研究，即使不是哲学研究的全部目的，也是哲学研究的起点。在认识论上，他赞同“贯通论”的观点，反对“基础论”的主张。他认为，除分析命题之外，一个命题正确与否取决于这个命题被说出时的环境。他所提出的“言语行为理论”，把说出语句时完成的行为分为3类：①言语行为。②以言行事的行为。③以言取效的行为。他的著作主要是由讲稿和笔记整理而成，有《哲学论文集》、《如何以言行事》、《感觉和可感觉的》等。

奥斯托斯 Hostos, Eugenio María de (1839-01-11～1903-08-11) 波多黎各作家、教育家、政治活动家。生于马亚圭斯附近，卒于多米尼加圣多明各。曾在西班牙马德里求学，获法学博士学位。毕生致力于波多黎各和古巴的独立运动。先后参加建立西班牙共和制度、支持古巴流亡者起义、改变秘鲁的中国劳工境遇等活动。1870年在美国主编古巴独立期刊《革命》。为建立多米尼加教育体制起了重大作用。有《全集》(1939) 20卷，其中有重要的社会科学著作《社会道德》(1888)、《宪法教程》(1887)、《社会学》(1883～1901)。他在文学上的主要成就是《巴约安的漫游》(1863)。作品记述巴约安在美洲各地游历、对一个古巴姑娘的爱，以及为安的列斯群岛殖民地的独立运动奔走与爱情之间的矛盾，充满浪漫主义的热情和对未来的憧憬。

奥斯威辛集中营 Auschwitz Concentration Camp 第二次世界大战期间德国纳粹党消灭犹太人、波兰人和斯拉夫人的主要中心。坐落在波兰克拉科夫以西60千米外，以前是兵营。到1943年，集中营已能居住3万奴隶劳动者。后进一步扩大，占地十几平方千米，计划可容20万人。火车可以直接开进集中营里。列车把新来者运到营区，然后由党卫队的医生进行挑选，有些人被挑出来从事奴隶劳动，大多数人被送进毒气室消灭掉。在1943～1944年间，毒气室一次可毒死2 000人，一天可毒死1.2万人。纳粹让无辜的男女老幼脱光衣服，交出所有的财物，赤裸裸地走进毒气室（谎称是进去洗淋浴），然后施放毒气齐克隆B（氢氰酸），使他们窒息而死。接着，营内劳工把死者尸体搬出，剃去死者的头发，剥去金牙，再把尸体运到焚化场。焚化场昼夜不停地焚烧尸体。据统计，1942～1944年，约有110万人在奥斯威辛被杀害。1945年1月27日苏联红军解放奥斯威辛集中营，解救了

奥斯威辛集中营分营布热津卡集中营正门，当年囚犯乘火车被直接押进这个大门

7 000名幸存者。同时发现7 000千克头发，近1.4万条人发毛毯。此前，纳粹把大量劳工撤退到德国，并炸毁了大部分毒气室和焚化场。战后，波兰政府把遗留下来的建筑物改建成死难者纪念馆和博物馆。

奥陶纪 Ordovician Period 古生代第二个纪，在寒武纪之后，志留纪之前。约开始于4.9亿年前，结束于4.38亿年前。在此期间形成的地层称奥陶系。奥陶系是英国地质学家C.拉普沃思于1879年用威尔士地区的一古民族名Ordovices命名。“奥陶”一词系Ordovices的日文汉语音译。

奥陶纪一般分为3个世：早奥陶世、中奥陶世和晚奥陶世。相应的地层为下奥陶统、中奥陶统和上奥陶统。世界上多数国家的奥陶系都取用三分，但界线不甚一致。奥陶系岩石有砂岩、页岩、碳酸岩、硅质岩、火山岩等，北非和南美有冰碛层。

奥陶纪生物界以海生无脊椎动物占绝对优势。由于浅海广布和气候条件适合，海生无脊椎动物进一步繁盛，生态分异更为显著。奥陶纪重要生物门类是笔石、三叶虫、腕足类、鹦鹉螺。此外，牙形石也是奥陶系重要分带的生物门类。

奥陶纪是地史上海侵范围最大的时期

之一，世界上许多地区都广泛分布有海相地层，地槽区有较多的**火山岩**。奥陶纪早、中期气候温暖，晚期南大陆发生大规模的大陆冰盖和冰海沉积，影响全球海平面下降，并引起广泛的海退。奥陶系主要矿产有铁、锰、磷、石油、油页岩和石膏。

奥托 Otto, Nikolaus August (1832-06-10～1891-01-26) 德国机械工程师，第一台四冲程内燃机（见**内燃机**）的制造者。生于霍尔茨豪森，卒于科隆。1861年，奥托对法国的É.勒努瓦的煤气机发生兴趣。1862年在小车间内制造了大气式煤气机，并于1863年获得专利。1864年，他与德国工业家E.兰根合作组建奥托公司，制造和出售他的煤气机。这是一种老式的自由活塞式发动机，立式单缸，耗燃料少，效率比勒努瓦的煤气机高3倍，在1867年的巴黎博览会上赢得金牌。这个公司在10年中制造和出售5 000余台这种机器。1876年，奥托等人受法国的A.E.B.de罗沙四冲程理论的启发，制成四冲程往复式单缸卧式煤气机。它以照明煤气为燃料，热效率提高到14%，1877年获得美国专利。这种内燃机把内燃、压缩燃气、四冲程融为一体，因而效率高，体积小，重量轻，功率大，被称为J.**瓦特**以来动力机方面最大的成就。1878年美国开始生产奥托的内燃机。1886年奥托内燃机的专利被宣布无效，因为罗沙已经获得过四冲程循环的发明专利。不过罗沙并没有制成任何实际的四冲程循环内燃机，而奥托是第一个应用四冲程循环原理制成内燃机的人。所以，人们习惯上用奥托循环来称呼点燃式的四冲程内燃机循环。

奥托 Otto, Rudolf (1869-09-25～1937-03-06) 德国宗教史学家，宗教现象学家，基督教神学家。生于普鲁士派纳，卒于马尔堡。先后在格丁根、布雷斯劳和马尔堡大学担任教授。研究领域包括西方哲学、系统神学、新约和旧约宗教史学、印度学等，曾潜心探讨宗教本质与真理、宗教情感与体验、哲学认识论、神圣观念和神秘主义等问题。代表作为《论神圣：关于神灵观念的非理性现象和它与理性的关系》，还写有《路德的圣灵观》、《自然主义与宗教的世界观》、《东西方神秘主义》、《印度的恩典宗教与基督教》等重要著作。其对“神圣”这一宗教范畴的研究影响深远，曾为宗教现象学的发展创造了条件。他称这种超自然的“神圣”乃主客体之结合，由绝对意义的“神圣实体”和人们“对神圣的体验”所构成；人的宗教现象即因其接触这种“神圣实体”而产生的心理状态，表现为一种对之既敬畏又向往的感情交织。奥托对“神圣”的理解从宗教哲学和宗教心理学意义上深化了对“宗教之人”的认识，启发人们从神人交感这种神秘体验上来揭示宗教现象的奥秘。

奥万博人 Ovambo 西南非洲跨界民族。有107万人(2002)，主要分布在纳米比亚北部和安哥拉南部。属尼格罗人种班图类型。使用奥万博语，属尼日尔-科尔多凡语系西南班图语群。多信奉原始宗教，部分人信奉基督教。其先民来自东非大湖地区，至迟于15世纪中期就已来到纳米比亚。主要从事农业，也饲养牛、羊。基本社会组织是居住在克拉尔的父权制大家族。部落居住区划分成若干“奥米孔达”，每个奥米孔达包括数十个到一百多个克拉尔。各部落彼此独立，由各自的酋长管理。埃托沙盆地的奥万博人分为7个部落。从事农业，种植玉米、高粱、谷子和蔬菜。沿欧科范果河两岸居住的5个部落除经营农业，也兼事捕鱼。有许多人在白人企业充当契约劳工。

奥维德 Ovid(前43-03-20～公元17) 古罗马诗人。全名普布利乌斯·奥维狄乌斯·那索。生于苏尔莫，卒于莫西亚托弥(今罗马尼亚康斯坦察)。青年时期在罗马学习修辞，受到良好教育。他的妻子出身名门，使他有机会出入上层社会。公元8年被流放，后病死异乡。他一生创作丰富，早期作品主要是用埃勒格体（一称哀歌体）格律写成的爱情诗，包括《恋歌》、《列女志》、《爱的艺术》、《论容饰》、《爱的医疗》等。内容轻佻，但语言优美，技巧娴熟，真实地反映了当时的生活面貌。成熟时期的作品主要是长诗《变形记》和《岁时记》。《变形记》根据古希腊哲学家**毕达哥拉斯**的“灵魂轮回”理论，用变形即人由于某种原因被变成动物、植物、星星、石头等这一线索贯串全书，是古希腊罗马神话的大汇集。《岁时记》原计划写12卷，按时间顺序每月一卷，叙述罗马的宗教节日及与其有关的传说、历史事件和祭祀仪式、民间习俗等，但只写了前6卷即因流放而中断。残稿在作者死后由友人发表。流放期间的作品主要是《哀歌》和《黑海零简》。

《哀歌》共5卷，收诗50首。《黑海零简》共4卷，收诗46首，为诗人流放期间致妻子、友人或罗马的一些达官贵人的信件，主要描写流放途中的感受，表达作者孤独、痛苦的心境。

奥文本杜人 Ovimbundu 西南非洲安哥拉共和国的主要民族之一。又称奥温本杜人、姆本杜人、翁本杜人、宾本杜人。约530万人(2004)。属尼格罗人种班图类型。使用奥文本杜语，属尼日尔-科尔多凡语系西班图语群。多保持传统万物有灵信仰，部分人信奉基督教。约在13世纪，南迁的班图人有一支进入安哥拉北部和中部，其中分布在中部的就是奥文本杜人。约在17世纪初就已掌握织布、炼铁、建筑等技术。精于经商，19世纪曾垄断了本格拉到上赞比西的贸易。中世纪时，奥文本杜人及其所属各族曾在安哥拉中、南部建立过22个大大小小的王国。1890～1902年间，大多数王国被葡萄牙殖民者征服。1975年，奥文本杜人和国内其他民族一起获得独立。主要从事锄耕烧荒农业，种植玉米、高粱、豆类和薯类作物，大量种植咖啡和甘蔗；兼事畜牧，狩猎占一定地位。传统社会行一夫多妻制。甥舅同居。按双系续谱，土地按父系继承，动产按母系继承。男女均行成年礼。

奥文本杜人及其头饰

奥希金斯 O' Higgins, Bernardo (1778-08-20～1842-10-24) 智利民族独立运动领袖，独立后第一任最高执政长官（1817～1823）。生于奇廉城，卒于秘鲁。1798年，结识南美独立运动的先驱者F.de**米兰达**，参加秘密革命团体“劳塔罗社”。1801年返回智利，积极投入反对西班牙殖民统治的活动。1811年7月4日，智利第一届国民议会开幕，他成为激进派议员的领袖。1813年被任命为爱国军总司令，同年10月在兰卡瓜战役中爱国军战败，圣地

亚哥陷落，西班牙殖民统治复辟。奥希金斯率爱国军余部退至阿根廷的门多萨城与J.de圣马丁相会合。1817年1月，参加圣马丁指挥的“安第斯山军”向智利进军。2月14日，圣地亚哥解放，被推举为智利最高执政长官。1818年2月12日，宣布智利正式独立。执政期间，实行发展文化教育、取消殖民统治时期的一些赋税和废除贵族爵位等改革，创建海军，支援圣马丁解放秘鲁。他的改革遭到保守派和教会的反对。1823年2月，被迫辞去最高执政长官之职。后前往秘鲁参加S.玻利瓦尔率领的军队。

奥匈帝国 Austria-Hungary 在奥地利帝国基础上建立的二元制君主国。哈布斯堡家族统治下的最后一个封建君主国。1866年的普奥战争后，奥地利被迫转向巴尔干、地中海地区寻求发展，而对国内的民族矛盾采取让步政策，1867年6月帝国议会通过奥匈协定，正式建立奥地利－匈牙利君主国，简称奥匈帝国。奥地利皇帝为帝国元首，兼有匈牙利国王称号。帝国以莱塔河为界分奥匈两部分，同为主权国家，有各自的议会和政府。外交、军事、财政由帝国政府统一办理。国家支出按比例分摊，订有货币、关税盟约以保证两国经济上的协调或统一。帝国君主与两院组成的帝国议会共享立法权。

奥匈帝国幅员辽阔，版图仅次于俄国，居欧洲第二位。其地居水陆交通要冲，经济自成体系。立国后，工农业、科学文化均有长足发展，是欧洲主要强国之一。但政治上极不稳定。在外交上，普法战争后，奥匈帝国开始逐渐转变为同德意志帝国合作，并同意大利和俄国接触。1914年6月28日，奥皇储斐迪南在波斯尼亚首府萨拉热窝被塞尔维亚爱国分子炸死，德奥集团以此为借口，挑起第一次世界大战。

1918年，德奥集团战败，维也纳和布达佩斯等地同时爆发革命。11月1日，皇帝查理一世（1916～1918年在位）被迫退位，奥匈帝国解体。1918年11月12日，奥地利成为共和国。哈布斯堡家族统治结束。

奥伊肯 Eucken, Rudolf Christoph (1846-01-05～1926-09-14) 德国哲学家，生命哲学代表人物之一。生于奥里希，卒于耶拿。1863年入格丁根大学，后获文学博士学位。1871年任瑞士巴塞尔大学教授，与F.尼采同事。1874年任耶拿大学教授，并在那里工作达45年之久。1908年获诺贝尔文学奖。作为自然主义世界观的反对者，他力图根据古典唯心主义的传统来建立精神形而上学。他认为哲学并非对世界作纯理论的说明，而是根植于生命之中的生活智慧，是生命的表达。他强调，人的精神生活分为3个阶段，第一阶段是认识精神，第二阶段是为精神而奋

斗，第三阶段是获得精神。他指出宗教信仰是精神生活的基础与真髓，精神价值是人生的最高价值。20世纪初，奥伊肯的哲学曾得到广泛传播，但随着存在主义哲学的兴起，他的思想影响渐微。主要著作有《亚里士多德的研究方法》(1872)、《近代精神思潮》(1878)、《精神生活的统一性》(1888)、《为精神生活的内容而战斗》(1896)、《生活的意义与价值》(1908)、《认识与生命》(1912)、《人和世界》(1918)、《生活的回忆》(1921)等。

奥伊米亚康 Oymyakon 俄罗斯东西伯利亚奥伊米亚康盆地的村庄。在因迪吉尔卡河上游的松塔尔－哈亚塔山与塔斯－克斯塔贝特山之间。12月至翌年1月，昼夜平均气温均低于－45℃，绝对最低温度达－71℃，是北半球“寒极”之一。该地气温绝对年较差达101.8℃，世界上气温年较差很大的地区之一。

奥伊斯特拉赫 Oistrakh, David (Fiodorovich) (1908-09-30～1974-10-24) 苏联小提琴家。生于敖德萨，卒于荷兰阿姆斯特丹。早年入敖德萨音乐戏剧学院学习。1926年在基辅演奏A.K.格拉祖诺夫的《小提琴协

奏曲》，获得成功。1935年在列宁格勒参加全苏小提琴比赛和1937年在布鲁塞尔参加伊萨伊国际小提琴比赛，均获得一等奖。此后在欧美各国演出，受到欢迎。从1937年起，他一直在莫斯科音乐学院任教。1953年，苏联政府授予他苏联人民艺术家称号。1957年秋曾访问中国，在北京、天津和上海演出。奥伊斯特拉赫的演奏音色灿烂，气魄豪放，表情深刻，被认为是现代最优秀的小提琴演奏家之一。他的儿子伊戈尔也是一位优秀的小提琴家。

奥义书 Upani Sad 婆罗门教经典。原意是“秘密相会”、“近坐”等，引申为师徒对坐传授秘密教义，因此是教师授给学生的神秘训示。奥义书标志着对祭祀宗教的反动，揭示了一种被认为是人的解放所不可缺少的知识。奥义书是吠陀文献中哲学思辨最丰富的著作，它所阐述的理论是全部吠陀文献的顶峰和精华。奥义书最古老的一部分在森林书里，因此森林书和奥义书之间的界线很难划定。最早的奥义书产生于公元前6世纪左右，较晚的则产生于公元100年左右，甚至有伊斯兰时代编写的奥义书。奥义书一般是散文，有些是韵文。奥义书数目众多，现在可见的奥义书有100多篇，但学术界公认的最古老的奥义书只有13部左右，其中最重要的有11部。至16世纪后期，奥义书开始由梵文译成波斯文。从18世纪至20世纪初，又陆续译成拉丁、法、英、德、日、印地、孟加拉等文字。1984年，中国社会科学出版社出版了由徐梵澄翻译的《五十奥义书》。

奥羽山脉 Ōu Sammyakn 日本最长山脉。呈弧形纵贯本州北部东北地方中央，绵延500千米。地处那须火山带的中段，多高峰、火山，海拔在1 000米左右。主要山峰有最高峰岩手山（2 041米）等。奥羽山脉是本州岛北部太平洋和日本海水系的分水岭，两侧河流形成一系列平原和盆地。1888年磐梯火山喷发，导致山北侧火山喷出物大量堆积，形成了猪苗代湖、秋元湖等高山湖泊和众多温泉。山脉东有北上高地，西有出羽山脉。属温带海洋性季风气候。山区森林密布，原始林郁郁葱葱，加之火山高峰、山地湖泊与温泉以及高山滑雪场等，成为人们登山旅游、游览和休憩的好去处。在山地地区从北向南建立了十和田八幡平国立公园、栗驹国定公园、藏王国定公园、磐梯朝日国立公园和日光国立公园以及数十个县立公园等。

奥云 Oyun, Erdenebathaan (1918～2001) 蒙古剧作家。库伦（乌兰巴托）人。曾在苏联受教育。从20世纪30年代后期起，长期在剧院从事翻译、导演和创作。《宿站》和《兄弟们》是她的代表作。《宿站》(1942) 写草原上的一个宿站的牧民们以集体的力量和智慧战胜自然灾害的故事，被认为是蒙古戏剧中划时代的作品。《兄弟们》(1946) 以1945年反对侵略战争为背景，歌颂蒙古军队和苏联红军的友谊。其他主要剧作还有《达西玛》(1938)、《新人》(1939)、《草原勇士》、《阿睦尔萨纳》(1944)、《我们的歌声》(1959，与桑达嘎合作)、《我不从这里走》(1962)，70年代后期与女作家乌达巴拉合写的剧本《瓶中之宝》等。奥云的创作在30～40年代的蒙古戏剧创作中占有重要地位。

奥兹 Oz, Amos (1939-05-04～) 以色列作家。生于耶路撒冷。12岁时母亲自杀。

14岁离家到基布兹开始创作生涯。毕业于希伯来大学。后获英国牛津大学硕士学位及以色列特拉维夫大学荣誉博士学位。曾在军队服役和在基布兹和本·古里安大学任教、编辑刊物《第七天》等。

《胡狼嗥叫的地方》(1965)是奥兹发表的第一部短篇小说集，表现以色列基布兹人的生存状况，引起文坛关注。长篇小说《我的米海尔》(1968)采用女性话语，表现女性意识和女性心理特征，在现代希伯来文学史上具有开创意义，为作家赢得国际声誉。《完美的和平》(1982)揭示当代以色列人信仰的失落。其他主要作品还有长篇小说《何去何从》(1966)、《一样的海》(1998)，短篇小说集《一直到死》(1971)、《恶意之山》(1976)以及杂文、随笔集、儿童文学作品等。

图1　澳大利亚大堡礁风光

澳大利亚 Australia　大洋洲国家。领土由澳大利亚大陆、塔斯马尼亚岛等岛屿和海外领土组成。西、南临印度洋，北隔帝汶海和阿拉弗拉海与印度尼西亚、东帝汶、巴布亚新几内亚相望，东濒**珊瑚海**和塔斯曼海。面积769.2万平方千米，居世界第6位。人口2 245.14万（2010）。其中74%为英国及爱尔兰后裔，5%为亚裔，2.2%为土著民，18.8%为其他民族。居民有63.9%信奉基督教，5.9%信奉佛教、伊斯兰教、印度教和犹太教等，另有30.2%的居民无宗教信仰或宗教信仰不明。英语为官方语言。全国分为6个州（即**新南威尔士州**、**维多利亚州**、**昆士兰州**、南澳大利亚州、西澳大利亚州、塔斯马尼亚州）和2个地区（即北方领土和首都地区）。首都**堪培拉**。

地理　澳大利亚是世界上唯一独占整个大陆的国家，为领土全部位于南半球的国家中面积最大的一个。海岸线总长36 735千米（包括大陆和塔斯马尼亚岛）。地势低平，全境平均海拔仅300余米，87%的地区低于海拔500米，海拔1 000米以上的山地面积不足1%。虽四面环水，但沙漠和半沙漠却占全国面积的35%。地形分为东部山地、中部平原和西部高原3个地区。位于大陆东南隅的澳大利亚山脉的主峰**科西阿斯科山**海拔2 228米，为全境最高峰。位于中部偏南的**艾尔湖**，湖面在海平面以下16米，为澳大利亚和大洋洲最低点。东北部沿海有世界上最大的珊瑚礁群大堡礁。全境有240多条大小河流，水网稀疏，内流区和无流区面积大。多流程短和季节性河流。其中**墨累－达令河**水系是全国最大水系。流注艾尔湖的迪亚曼蒂纳河是最大的内流河。此外，还有冰川湖和火山口湖、泛滥平原湖、时令湖、海岸潟湖4类数百个湖泊。

南回归线从澳大利亚大陆中部附近横贯而过。北部属热带，大部分属温带。年平均气温北部27℃，南部14℃。平均年降水量470毫米，为降水量最少的大陆。降水地区分布很不均匀。占大陆面积68%的内地，降水量小于500毫米。北部、东部和西南沿海降水丰沛，达2 000毫米。

澳大利亚的铁、铝、镍、铀等矿藏均居世界前列，煤、铜、铅、锌、锰、银、锡、钨等矿藏亦相当丰富，石油、天然气、磷酸盐等近年也有重要发现。矿藏主要分布在西部、中部和东部地区，东海岸中段海滩的金红石、锆石、独居石、钛铁矿等砂矿储量也很大。

植物资源丰富，共有植物12 049种，其中特有种占植物种数的75%。桉树是澳大利亚特有属，有600多种。在澳大利亚的森林与热带稀树草原中，约95%的树木为桉树，是世界各地桉树的原产地。动物具有独特性和古老性。有澳大利亚肺鱼、针鼹、鸭嘴兽和中生代的斑点楔齿蜥等活化石，袋鼠、袋熊、袋獾等单孔目、有袋目的动物，还有笑鸟、琴鸟、极乐鸟等特有种。

历史　澳大利亚土著居民的祖先在4万～6万年前由东南亚经海路移居至此。此后，在澳大利亚大陆的许多地区和塔斯马尼亚岛，都留下了土著居民活动的痕迹。欧洲人很早以前就认为存在着一个南方大陆。阿拉伯和中国的古文献中的一些记载表明，航海者在中世纪期间可能到过这里。自16世纪下半叶开始，欧洲探险家多次远航太平洋，试图寻找传说中的南方大陆。17世纪初，荷兰人最先登上大陆的西岸。1642年荷兰人塔斯曼发现了今塔斯马尼亚岛，1644年他又到达了大陆北岸，并统称为新荷兰。1770年英国航海家J.库克船长在大陆东南岸植物学湾登陆，并命名该地为“新南威尔士”。1786年，英国政府决定殖民于此。1787年，由航海家菲利普率领的船队从普利茅斯港出发，前往新南威尔士殖民地。1788年1月，包括流放犯736人在内的首批移民1 030人到达植物学湾。后建立以今悉尼为中心的殖民区。此后，维多利亚、范迪门（塔斯马尼亚）等殖民地相继建立。1817年，这块南方大陆正式定名为澳大利亚。新南威尔士殖民地建立初期，农业开拓不利，工业发展缓慢，经历了史称“黑暗年代”的艰难岁月。1830～1860年为澳大利亚政治、经济、文化的奠基期，也是历史上变化最快的时期。1851年发现金矿，促使大批矿工和移民涌来。到19世

图2　澳大利亚的热带雨林

纪末，英国已经先后在澳大利亚大陆建立了6个殖民区。1900年7月，英国议会通过《澳大利亚联邦宪法》和《不列颠自治领条例》。1901年1月1日，澳大利亚各殖民地改为州，组成澳大利亚联邦，成为英国自治领。1901年3月，澳大利亚自治领首届议会在墨尔本召开。1927年联邦政府从墨尔本移至堪培拉。1931年澳大利亚联邦获得内政、外交独立自主权，成为英联邦内的独立国家。

政治 实行议会民主制、联邦制、君主立宪制。联邦宪法由英国议会于1900年7月9日通过，曾于1907、1910、1929、1948和1967年对个别条款进行修改。宪法就联邦制度、政府、议会的职责和权力，联邦和州的关系作了规定。1986年，英国女王在澳大利亚签署了《与澳大利亚关系法》。据此，澳大利亚最高法院享有终审权，终止了英国议会和政府对澳大利亚各州的权力，英国法律对澳大利亚不再有效。但英国女王仍为澳大利亚国家元首。总督是英国女王的代表。立法机构为联邦议会，实行两院制。参议院设有76个席位，其中6个州每州12席，两个联邦直辖区每区2席，每3年选举一次，每次改选1/2的议席。众议院有150个席位，按人口比例分配，每3年选举一次。总理和内阁成员由众议院多数党提名、议员表决通过后，由总督任命。总督由总理提名，参议员表决通过后由英国女王任命。

澳大利亚大小政党有几十个，主要政党有**澳大利亚工党**、澳大利亚自由党、澳大利亚国家党、澳大利亚绿党等。

经济 澳大利亚是后起的工业化国家。第二次世界大战前，曾长期被称为“骑在羊背上的国家”。除农牧业和农畜产品加工工业外，其他经济部门都较落后。第二次世界大战期间，采矿、机械、化工、军火工业等都有较大发展。战后，随着矿物资源的大量发现和开采，从20世纪60年代起，开始成为重要的矿产品出口国。进入80年代，澳大利亚在发展制造业、高新技术产业方面也取得了很大进展。但在实现国际收支平衡方面却仍然严重依赖农产品和矿产品的出口。

农业是澳大利亚传统的产业部门，盛产

图3 澳大利亚首都堪培拉联邦议会所在地

羊、牛、小麦和蔗糖。是世界上最大的羊毛和牛肉出口国。全国约2/3的土地用于耕种和放牧，东部、东南部、南部和西南部沿海附近的小麦－牧羊带及其两侧是最主要的

图4　澳大利亚牧民和澳大利亚细毛羊

农牧业地区。澳大利亚还是世界第三大捕鱼区，最主要的水产品有龙虾、金枪鱼等。

采矿业在20世纪60年代取代农业成为外汇收入的主要来源。开采量比较大的矿产品主要有铁矿石、铝土矿、锰、镍、煤炭、铜、铅、锌、铀等，是世界上最大的烟煤、铝矾土、钻石及精矿等的出口国。海底的石油、天然气，海滩上的各种砂矿也得到了大规模开采。在政府的保护政策支持下，加工工业一度门类齐全。近年来虽然一些部门日渐萎缩，如船舶工业，但仍有许多具有优势的加工工业部门，如钢铁、有色金属、石油化工等原材料工业，肉类加工、制糖、毛纺织等以农畜产品为原料的轻工业部门，以及机械制造业和信息技术产业某些部门。

服务业是澳经济发展最快的部门，已成为国民经济支柱产业。旅游业资源丰富，除海滨城市悉尼、墨尔本、布里斯班、阿德莱德、珀斯外，自然景观丰富多彩，至2011年被联合国教科文组织列入《世界遗产名录》的有19处，包括卡卡杜国家公园、大堡礁、威兰德拉湖泊区、塔斯马尼亚自然保护区、豪勋爵岛、澳大利亚东海岸雨林、乌卢鲁－卡塔曲塔国家公园、昆士兰的热带雨林、西澳大利亚沙克湾、弗雷泽岛、澳大利亚哺乳动物化石遗址、赫德和麦克唐纳群岛、麦夸里岛、大蓝山地区自然保护区、普尔努卢卢国家公园等。

澳大利亚的公路、铁路、航空、海运等都较发达。国内货运以公路为主。大部分以港口城市和各州首府为中心，形成沟通城乡的公路系统，公路总长81.16万千米(2004)。铁路主要承担矿产品的运输，运营里程4.38万千米(2004)。海运繁忙，有港口97个。墨尔本为澳大利亚第一大港。有448个注册机场(2004)，其中12个国际机场，年客流量超过100万人次的国际机场有悉尼、墨尔本、布里斯班及珀斯。

澳大利亚货币名称为澳元。2008–2009财年国内生产总值11 962亿澳元。澳对国际贸易依赖较大。2008–2009财年澳外贸总额5 637亿澳元，贸易顺差57亿澳元。与130多个国家和地区有贸易关系，主要贸易伙伴依次为中国、日本、美国、英国、韩国、新加坡、新西兰、印度、泰国和德国。出口以能源矿业资源和农牧业产品为主，包括煤、黄金、铁矿石、原油、天然气、铝矾土、牛肉、羊毛、小麦、糖等。进口以制造品为主，主要包括计算机、航空器材、药物、通信器材、轿车、原油及精炼油和汽车配件等。20世纪80年代以来，澳大利亚海外投资持续增长。截至2009年12月，累计海外投资7 686亿澳元，主要投资对象为美国、英国、新西兰、日本等。澳大利亚对外援助的主要对象是南太平洋岛国和部分亚洲国家。2008–2009年度，澳对外官方发展援助总额约38亿澳元，主要集中于巴布亚新几内亚等南太岛国和东南亚。截至2008年底，美国、英国、日本和国际资本市场等对澳大利亚的投资累计达17 270.3亿澳元（直接投资为3 869.7亿澳元），主要集中于金融保险、制造、采矿等行业。澳是一个高福利国家，福利的种类多而齐全。所有永久居民享受全国性医疗保健，其资金来源于政府税收收入。

文化　澳大利亚的教育主要由州政府负责。各州设教育部，独立主管本州的大、中、小学和技术教育学院。联邦政府只负责给大学和高等教育学院提供经费、制定和协调教育政策。学校分公立、私立两种，实行学龄前教育、中小学12年义务教育和高等教育。全国共有高校74所。著名高等院校有澳大利亚国立大学、堪培拉大学、墨尔本皇家理工学院、格里菲斯大学、墨尔本大学、悉尼大学、新南威尔士大学、莫那什大学、默多克大学、麦夸里大学、新英格兰大学等。

澳大利亚有四大报业集团：先驱报和时代周刊杂志集团、默多克新闻公司、费贝法克斯公司和帕克新闻联合控股公司。其中默多克新闻公司已成为国际性报业集团。全国主要报纸为《澳大利亚人报》、《悉尼先驱晨报》、《世纪报》、《金融评论》、《堪培拉时报》。有期刊1 400余种，《澳大利亚妇女周刊》发行量最大，创办于1880年的《公报》为最老的刊物之一。总部设在悉尼的澳大利亚联合通讯社为国内最大的通讯社。澳大利亚有3个广播电视管理机构：澳大利亚广播公司(ABC)、澳大利亚广播事业局和澳大利亚特别节目广播事业局。

对外关系　澳大利亚与前宗主国英国及其他一些英联邦国家之间一直有着十分密切的联系。自20世纪50年代冷战开始以来，澳大利亚与美国在政治、军事、经济方面的合作逐步升级。近年来，澳大利亚与东南亚国家联盟之间政治关系也越来越紧密。澳大利亚与中国于1972年12月21日建交，至2009年，中国已成为澳大利亚第一大贸易伙伴、第一大进口来源地和第一大出口市场。中国主要从澳大利亚进口铁矿石、氧化铝、煤、羊毛、大麦等。

澳大利亚工党　Australian Labor Party　澳大利亚历史最长、规模最大的政党。成立于1891年。1890年，剪羊毛工和海员罢工失败，促使工会领导人考虑建立政党。1891年，第七次各殖民地工会代表大会决定正式成立澳大利亚工党。宣布以“民主社会主义”为准则，以实现工业、生产、分配和交换的民主社会化和平等、民主、自由与社会合作为目标。主张在党内实现平等、团结和多数裁决的原则。1910年，工党在联邦议会中取得多数席位。第一次世界大战期间，因征兵问题党内发生分裂，一些领导人退出。1916～1944年党内发生几次分裂。1955年党内部分反对共产主义的党员退出工党，另组澳大利亚民主工党。1891～1949年工党曾6次执政。1972年工党执政后，以E.G.惠特拉姆为首的联邦政府与中国建立了外交关系。在1975年大选中失败。1983、1987、1990、1993、2007、2010年再度执政，党中央领导机构是联邦执行委员会。成员以工会集体党员为主体，2009年约200万人，另有个人党员8万人。2010年6月24日，陆克文辞职，J.吉拉德出任总理，成为澳历史上首任女总理。

澳大利亚黄金海岸　Australian Gold Coast　澳大利亚昆士兰州东南海滨休养地。位于

澳大利亚黄金海岸景色

布里斯班以南。因绵延长达32千米的金色海滩而得名。地处太平洋暖流冲击地带，气候温暖，终日日照，冬夏宜人。1770年英航海家J.库克经过这里时，看到水浅礁危，分别给山和岸岬取名为警告山和危险岬，并填入航海图。危险岬已成为新南威尔士州和昆士兰州的边界标记，岬上有库克纪念碑和灯塔。19世纪40年代，欧洲人在此造屋建舍，开荒垦殖，当年土著聚居之地瑟弗斯佩勒代斯已建有许多旅馆、别墅，形成旅游中心。有全国最大的海洋公园，园内有精彩的海豚表演，有库克乘坐的“努力”号帆船复制品漂泊湖上，有种类齐全的冲浪滑水设施。在库鲁姆宾海滩建有面积达20公顷的飞鸟保护区，栖息有数以百计的红嘴蓝颈绿羽长尾鹦鹉。

澳大利亚人种 Australoid race 世界四大人种之一。又称大洋洲人种、棕色人种，俗称棕种人。即澳大利亚土著居民和塔斯马尼亚土著居民。原分布澳大利亚、塔斯马尼亚等地，约在3 000年前开始扩散到美拉尼西亚、密克罗尼西亚和波利尼西亚。

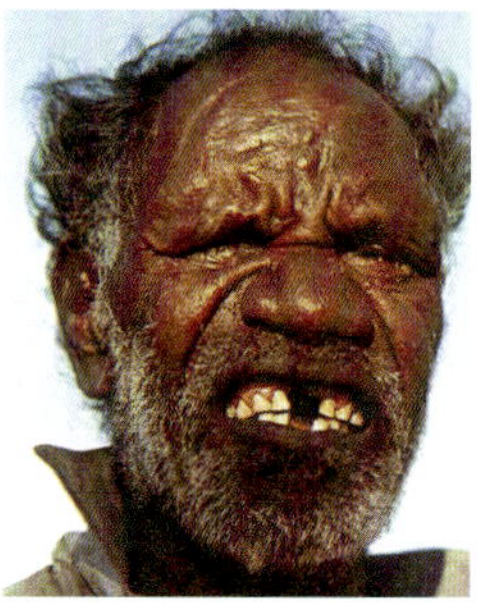
澳大利亚土著男性居民

典型体质特征：肤色黝黑；头发深棕色（儿童时期有呈浅黄或微红色），波纹型至卷曲型；面部和体部再生毛发达，男子秃顶者多；鼻梁低而宽；唇厚颌突。ABO血型系统B型血出现率很低。MNSs血型系统N型血出现率极高（有时达100%）。无S型血型。1788年，欧洲殖民者在今悉尼附近建立殖民据点，高加索人种开始定居，土著人数锐减。1876年，塔斯马尼亚土著居民灭绝（今仅存混血后裔），澳大利亚土著居民中的幸存者被迫迁至中西部沙漠和高山密林处。过去把太平洋诸岛屿的人种均归入澳大利亚人种，现按S.M.卡恩的方案已分为澳大利亚地理人种、波利尼西亚地理人种、密克罗尼西亚地理人种和美拉尼西亚地理人种（见**地理人种**）。

鉴于澳大利亚人种波卷形头发和浓密髭须接近欧洲高加索人种，而深的肤色、宽鼻、突出的嘴唇与非洲**尼格罗人种**相似，有人认为他们是尼格罗人种和高加索人种混杂产生的。因而，主张把澳大利亚人种归入尼格罗人种，或把澳大利亚人种与尼格罗人种合为赤道人种、尼格罗-澳大利亚人种。但据澳大利亚和亚洲发现的人类化石提供的证据，以及根据澳大利亚所处的地理位置，大部分学者认为是三四万年前，原居住在亚洲的一部分居民越过今帝汶岛以东海峡，扩散到萨胡兰（当时澳大利亚与新几内亚连成一片的岛屿）。

澳门 Macao 见**澳门特别行政区**。Macao又拼Macsu。

澳门半岛 Macao Peninsula 中国澳门市区的主体部分。北、西部与广东省相接，东隔珠江口与香港相望。面积9.3平方千米。

澳门半岛景观

1840年澳门半岛仅有2.78平方千米，后经历年填海造地，面积逐步扩大。半岛西侧的狭长河道是内港，沿岸有20多个码头。东侧面向珠江口的是外港，有港澳码头。南面有三座跨海大桥通往氹仔。名胜古迹有妈阁庙、大三巴牌坊、普济禅院、国父纪念馆、澳门博物馆等。

澳门回归 Macao's Return 20世纪末在澳门发生的历史性变革。1999年12月20日中国政府对澳门恢复行使主权，澳门回到祖国怀抱。

背景 澳门自古以来就是中国领土的一部分。16世纪中叶，葡萄牙人开始入住、盘踞澳门。**第二次鸦片战争**后，1887年葡萄牙政府强迫清政府先后签订了《中葡会议草约》和《中葡北京条约》。此后，葡萄牙一直占领着澳门。清政府被推翻后，中国历届政府从未放弃通过外交途径收回澳门的要求。

过程 1974年，葡萄牙新政府宣布承认澳门不是殖民地，而是中国领土。1979年中葡建交，双方达成协议，明确规定澳门目前是葡萄牙管理下的中国领土，将于日后交还中国。1984年，**邓小平**提出，澳门问题必须像香港一样解决，而且必须在20世纪内彻底解决。1986年起中葡两国政府开始就澳门问题举行谈判。1987年4月13日，中葡两国在北京签署了《中葡关于澳门问题的联合声明》，确认中国政府于1999年12月20日对澳门恢复行使主权；设立直辖于中央人民政府的**澳门特别行政区**；澳门特别行政区除外交、国防外拥有高度的自治权，现行的社会、经济制度不变，生活方式不变。1993年3月，八届全国人大一次会议审议通过了《**中华人民共和国澳门特别行政区基本法**》。1998年5月5日，澳门特别行政区筹委会在北京成立。经过一

1999年12月19日，中葡两国政府澳门政权交接仪式在澳门文化中心花园举行

年多的工作，顺利完成了澳门回归的各项准备工作。

交接仪式　1999年12月19日午夜至20日凌晨，中葡两国政府澳门政权交接仪式在澳门文化中心花园举行。中华人民共和国国旗和中华人民共和国澳门特别行政区区旗在澳门升起。江泽民主席代表中国政府庄严宣告：中国政府对澳门恢复行使主权。成功解决香港、澳门问题，这是中国人民在完成祖国统一大业中取得的重大进展。交接仪式后，举行了中华人民共和国澳门特别行政区成立暨特区政府宣誓就职仪式，澳门特别行政区首任行政长官**何厚铧**和第一届政府主要成员宣誓就职，**朱镕基**总理宣布《中华人民共和国澳门特别行政区基本法》从12月20日起实施。

与交接仪式同时，中国人民解放军驻澳门部队接管了澳门防务。当天，澳门特别行政区成立庆祝大会，庆祝澳门回归祖国招待会和首都各界人士庆祝澳门回归祖国大会分别在澳门综艺馆、北京人民大会堂、首都体育馆隆重举行。

《澳门日报》 *Diário de Macau*　中国澳门发行量最大的中文报纸。1958年8月15日创刊。前身为1950年3月创刊的《新园地》周刊。创刊宗旨为立足澳门，服务市民，实事求是报道中国各方面的成就和变化，准确反映民意。每日出对开40～80版。内容包括澳门新闻、中国新闻、国际新闻，以及“新园地”、“艺海”、“乡情”等30多个专栏。每日有两档时事述评：专门评论当地政经与社会新闻的“新闻小语”和评论内地与国际新闻的“新闻解说”。每日发行量约10万份。

澳门圣保罗教堂　Macao St. Paul's Cathedral　中国天主教堂。位于澳门大三巴街附近的小山丘上。于1637年建成，为当时澳门天主教圣母学院教堂。设有3个殿堂，为当时东方最大的天主教堂。1835年毁于一场大火，仅残存了现在的前壁部分。残壁上有圣母、圣婴、修士和耶稣会圣人等塑像，顶端有高耸的十字架。整座教堂结合了欧洲文艺复兴建筑与东方建筑的风格。现存部分与中国传统牌坊相似，所以俗称“大三巴牌坊”（“三巴”为圣保罗SãoPaulo之译音），被视为澳门的象征性名胜之一。

澳门特别行政区　Macao Special Administrative Region　简称澳。位于中国**南海**之滨，珠江口西侧，毗邻广东省，东与香港相距60千米。传统的国际自由港和旅游名城。博彩业发达，早有“东方蒙特卡洛”，现有“东方拉斯维加斯”之称。澳门由**澳门半岛**、**氹仔岛**和**路环岛**3个自然地理区域组成。

澳门大三巴牌坊

未设政区性行政区划。面积29.2平方千米。人口55.23万（2010）。澳门使用中文的人口超过96%，使用葡萄牙语的人口约为2%。广东话是居民日常生活的主要用语，普通话相当普及，闽方言也是在澳门流行的中国方言。澳门居民95%以上是中国同胞，其中大部分又是广东籍人。特别行政区政府驻澳门半岛。按照中华人民共和国宪法，实行澳人治澳、高度自治。

建制沿革　秦汉时期，澳门属南海郡地。南宋绍兴二十二年（1152）属香山县（今珠海市）的一个渔村。明时称濠镜，后又别称濠江、海镜等。明嘉靖三十二年（1553）葡萄牙人贿赂地方官吏，取得停靠澳门码头进行贸易之便。1557年葡萄牙人进入澳门，开始在此长期居留。1845年葡萄牙人宣布澳门为“自由港”，之后先后侵占了澳门南面的氹仔岛和路环岛等地。1887年，葡萄牙政府迫使清政府先后签订了《中葡会议草约》和《中葡北京条约》，规定“葡国永驻管理澳门以及属澳之地与葡国治理它处无异”。此后，葡萄牙把澳门划为其领土。1976年葡萄牙宪法规定澳门是在葡萄牙管辖下的特殊地区。1979年中葡两国正式建立外交关系，葡方承认澳门是中国领土。1987年4月13日，中葡两国政府签署《中葡关于澳门问题的联合声明》。中华人民共和国政府于1999年12月20日对澳门恢复行使主权。

自然状况　澳门属华夏古陆的一部分，受中生代多次强烈造山运动的影响，形成大量花岗岩和火山岩，花岗岩地貌和红土地貌比较发达。澳门半岛自东北斜向西南，和华南沿岸山脉震旦走向相同。平原和山地各占47%，其余为台地。路环岛地势最高，主峰塔石塘山海拔172米。海岸线总长42.44千米，多港湾。海域多泥沙淤积。境地大部由填海造成。

澳门属南亚热带海洋性季风气候，炎热多雨。1月平均气温14.6℃，7月平均气温28.5℃。平均年降水量1 970.4毫米，5～9月为雨季，10月至翌年2月为旱季。6～9月为台风季节，年平均有2次以上台风侵袭。植被属亚热带常绿阔叶林，四季青翠，攀缘植物与寄生植物普遍，岛上生长有椰子树，氹仔岛海滨有红树林。

境内无河流，淡水资源贫乏，生活用水为严重问题。20世纪60年代以来，先后在珠海市建成竹仙洞、银坑、大境山和梅溪水库，经水管和抽水站向澳门供应淡水。

经济概况　澳门经济从20世纪60年代开始起步，经历了约30年的高速增长和全面发展，形成了旅游博彩、出口加工、银行保险、地产建筑四大经济支柱。其中旅游博彩曾占澳门GDP的40%左右，专营税占财政收入的60%左右。特别行政区政府成立后，明确制定以博彩旅游业为龙头，以服务业为主体，其他行业协调发展的经济政策，旅游博彩业和出口加工业出现了增长势头，制衣、毛纺、电力、玩具、制造、电子、彩瓷、造船业发展较快。

澳门是微型海岛经济，独特的地理和历史因素，使澳门成为中国沿海一个重要的外贸中心。特区政府成立后，澳门在贸易上继续奉行自由港政策，货物、资金、外汇、人员进出自由，并参加50多个国际组织，与世界上120多个国家和地区有经贸往来，特别是与欧盟及葡语系国家有着传统和特殊的经贸联系。区域经济合作方面，政府重点加强与珠江三角洲西部地区的经济合作。继续加强与新加坡、日本及中国的香港、台湾等国家和地区的经贸交流与合作。

澳门主要通过空运与海运同香港、大陆和世界各地相连。澳门半岛与氹仔岛、氹仔岛与路环岛之间有公路大桥相连，内部交通方便。有建于氹、澳两岛之间的澳门国际机场，对外空运联系相当方便。

文教科技　澳门在过去4个世纪中，一直是东西文化交流最频繁的地方之一。这种独特的历史源流，汇聚成独特的文化面貌，充分地展现在教育、建筑、宗教、饮食，以至居民的日常生活等不同的层面上。中、小学教育机构可分为官立学校和私立学校。免费教育的范围由小学预备班至初中三年级。高等院校有澳门大学、澳门理工学院、澳门科技大学等。澳门有众多博物馆，如澳门博物馆、大赛车博物馆、葡萄酒博物馆、海事博物馆、澳门艺术博物馆等。

名胜古迹　澳门地区呈现一派南国亚热带海岛风光，又多文化古迹，是一处有名的国际旅游胜地。澳门的名胜古迹和游乐设施既保持中华文化传统，又融入西方文化特色。名胜古迹有东望洋灯塔、妈阁庙（妈祖阁）、大三巴牌坊（见澳门圣保罗教堂）、观音堂（普济寺禅院）、莲峰庙、林则徐纪念馆、郑家大屋、西湾海滨风景区、黑沙湾、竹湾海滨浴场、白鸽巢公园和卢廉若花园等。

澳门元 Macao pataca 中国澳门特别行政区的法定流通货币。1905年由澳葡政府委托当时澳门唯一注册银行——大西洋银行发行。1977年4月7日，澳门政府宣布澳门元与葡萄牙货币埃斯库多脱钩，与港币挂钩。后港币采取与美元挂钩的联系汇率制度，澳门元也间接与美元挂钩。1989年7月1日，澳门政府设立“澳门货币暨汇兑监理署”，把货币的发行专权全部归到政府手中。1995年10月16日，中国银行澳门分行也获委托发行澳门币，与大西洋银行澳门分行共同负责澳门币的印制发行工作。1999年12月20日，中国政府对澳门恢复行使主权，澳门元作为澳门特别行政区的法定货币继续流通。澳门特区不实行外汇管制，澳门元可以在银行和兑换店自由兑换。至2006年7月，市面流通的澳门元有面额分别为10元、20元、50元、100元、500元和1 000元的6种纸币和1角、2角、5角、1元、2元、5元及10元的7种硬辅币。

1 000澳门元

澳新军团 Australia and New Zealand Army Corps; ANZAC 原指1915年4月25日在土耳其加利波利半岛登陆作战的澳大利亚和新西兰陆军官兵，后来扩及所有在第一次世界大战中服役的澳新军队，有时也泛指两国在第二次世界大战中的参战部队。

第一次世界大战爆发后，澳新两国参战，派到地中海战区的澳新军队组成军团，军团下辖两个步兵师和一个骑兵师，在埃及进行训练。1915年初，英国为配合俄国军队在高加索地区对土耳其的作战，决定以澳新军团兵力进攻达达尼尔海峡，但登陆失败。其中加利波利战役，澳新官兵伤亡逾3.5万人。1915年末，澳新军队撤至埃及。为纪念在战争中阵亡的将士，每年的4月25日成为澳大利亚和新西兰法定的“澳新军团日”。

B

八达岭长城 Badaling Great Wall 中国明长城重要关隘。位于北京延庆境内西山与军都山相交处。此处的关沟为华北平原通往内蒙古高原的重要通道，中部有**居庸关**，八达岭为北端外口，居高临下，形势险峻。八达岭长城始筑于明洪武元年(1368)，明代曾多次修筑。1961年国务院公布为全国重点文物保护单位。1987年，长城作为文化遗产被列入《世界遗产名录》，八达岭是其中重要的组成部分。

八达岭岭口处的关城东西长约64米，建于明弘治十八年(1505)，今城台上已无城楼建筑。关城设东、西二门，外侧门额分别有“居庸外镇”和“北门锁钥”石匾。从关城西侧南北两面起，依山势构筑长城，间筑敌台。城墙高大坚固，平均高约7.8米，墙基宽约6.5米。墙体用条石筑成，内部满填泥土石块。墙顶用方砖铺砌，外侧设垛口，垛口墙有瞭望孔和射孔。城墙上每隔300～500米建一座上下两层的敌台。八达岭长城的城墙不止一道，几处城墙之间设有传递军情的烽火台。关城东门外不远处另有一砖城，为守军的前哨指挥部。

八达岭长城屏蔽的居庸关关城

八大菜系 eight famous Chinese cuisines 中国八种地方菜系的统称。包括**山东菜**、**江苏菜**、**四川菜**、**广东菜**、**浙江菜**、**福建菜**、**湖南菜**和**安徽菜**。其中山东菜、四川菜、江苏菜和广东菜，又称“四大菜系”。历史上一直以“四大菜系”和“八大菜系”代表中国东南西北各地风味。菜系，主要对地方风味而言，现亦有称为各地风味菜的。中国各地风味菜的品种有数万种，其中被列为名菜的也有数千种。

八大山人 Mountain Man of the Eight Greats (1626～1705) 中国清代画家。见**朱耷**。

八段锦 baduanjin exercises 中国民间流传广泛的一种健身防病体操。全套动作简练，歌诀明快，易懂易学，每节动作的设计，都针对一定脏腑和病症的保健与治疗需要，有疏通经络气血，调整脏腑功能的作用。在练法上要求肢体运动与吐纳(呼吸)、意念等活动结合进行。八段锦有立式和坐式之分，立式八段锦最常见的歌诀是：①两手擎天理三焦；②左右开弓似射雕；③调理脾胃须单举；④五劳七伤往后瞧；⑤摇头摆尾去心火；⑥两手攀足固肾腰；⑦攒拳怒目增气力；⑧背后七颠百病消。常见的坐式八段锦为：①手抱昆仑；②天柱微震；③托天按顶；④手攀脚心；⑤臂转车轮；⑥左右开弓；⑦交替冲拳；⑧叩击全身。中国医疗单位已将八段锦广泛用于防治各种疾病的医疗体操中。

八法 the eight therapeutic methods 中医在**辨证论治**原则指导下的八种基本治疗大法的总称。它包括：**汗法**、**吐法**、**下法**、**和法**、**温法**、**清法**、**消法**、**补法**。清代程钟龄在《医学心悟》中，总结前人的经验，依据疾病的阴、阳、表、里、寒、热、虚、实的不同性质，把常用的多种治疗方法归纳为八法：①汗法，又称解表法，通过发汗，开泄腠理，逐邪外出的治法。②吐法，又称催吐法。运用具有催吐作用的药物或方法，引起呕吐，排除停留在胃及胸膈之上病邪的治法。③下法，通过通便、下积、泻实、逐水，以祛除实邪的方法。④和法，和解少阳，扶正祛邪，协调内脏功能的治法。⑤温法，祛除寒邪和补益阳气的治法。⑥清法，通过寒凉泄热的药物和措施，消除热证的治法。⑦消法，通过消导和散结，使积聚之实邪渐消缓散的治法。⑧补法，补益人体脏腑气血阴阳不足的治法。由于临床上疾病的性质往往是错综复杂的，单独用某一治法不适用这种复杂的病情，因此八法的运用常根据病情配合使用，如汗法同补法、下法、消法的并用等。

八纲辨证 eight principles, syndrome differentiation of 中医学中运用阴、阳、表、里、寒、热、虚、实八纲对病位的深浅、病邪的性质和盛衰、人体正气的强弱等进行概括和分类，从而为施治提供依据的辨证方法。分为表里、寒热、虚实、阴阳四对纲领。表里是辨别疾病病位内外和病势深浅的两个纲领。是一对相对的概念。狭义的表里是指身体的皮毛、肤腠、经络为外；脏腑、骨髓为内。外有病属表，内有病属里。从病势深浅上讲，表证病浅而轻，里证病深而重；表邪入里为病进，里邪出表为病退。表里辨证适用于外感病，可察知病情的轻重深浅及病势趋向。寒热是辨别疾病性质的两个纲领。寒证与热证反映机体阴阳的偏盛与偏衰，阴盛或阳虚的表现为寒证；阳盛或阴虚的表现为热证。寒热辨证在治疗上有重要意义。虚实是辨别邪正盛衰的两个纲领。虚指正气不足，实指邪气盛实。虚实辨证可为治疗提供依据，补虚泻实。阴阳辨证将一切疾病分为阴阳两大类，是八纲辨证的总纲。阴阳两纲可以概括其他六纲，即表、热、实证为阳；里、寒、虚证属阴。

八纲辨证之间是互相联系的，如表里与寒热虚实相联系，寒热与虚实表里相联系，虚实与寒热表里相联系。在一定条件下，每对纲领之间还可以相互转化，如表邪入里，里邪出表，寒证化热，热证转寒，实证转虚，因虚致实，从阴转阳，从阳转阴。表里、寒热、虚实也常同时并见，如表里同病，寒热、虚实错杂等。在疾病发展到一定阶段，还可出现与疾病性质相反的假象，如真寒假热等。

八纲辨证是分析疾病共性的辨证方法，有执简驭繁、提纲挈领的作用。应用八纲辨证可确定证候的类型，判断其趋势，为治疗指出方向。八纲辨证是其余各种辨证方法不可缺少的要素，各种辨证是在八纲辨证基础上的深化。

八哥 *Acridotheres*; mynas 雀形目椋鸟科八哥属鸟类的统称。有8种，主要分布于亚洲，个别种可到达大洋洲、非洲南部，并被引进到北美。中国有普通八哥等5种。额羽延长而竖立，与头顶尖长羽毛形成巾帻；头侧或完全被羽，或局部裸出。两性相似。

普通八哥

八哥喜群居，常数十成群栖息于大树上，在村寨、田野、山林边缘的灌丛中都有它们的踪迹。杂食性，常尾随耕田的牛，取食翻耕出来的蚯蚓、蝗虫、蝼蛄等；也在树上啄食榕果、乌柏子、悬钩子等。繁殖期4～7月。每年可繁殖2次。在树洞或建筑物的裂缝中营巢，有时也利用喜鹊、椋鸟等的旧巢；巢浅盂状，用稻草、树叶、羽毛等堆成。每窝产卵4枚。卵呈浅蓝色。

八股文 eight-legged essay 中国明清科举考试所采用的专门文体。又称制艺、制义、时艺、时文（相对于古文而言）、八比文等。它要求文章必须有四段对偶排比的文字，总共包括八股，所以称八股文。“股”或“比”，都是对偶的意思。

八股文滥觞于北宋。王安石变法时，认为唐代以诗赋取士，浮华不切实用，于是并多科为进士一科，一律改试经义，文体并无规格，不一定要求对仗排偶。但有的考生不自觉地运用排比笔法，写成与八股文类似的文章。元代科举考试，基本沿袭宋代。明代洪武元年（1368），诏开科举，对制度、文体都有了明确要求。不过写法或偶或散，初无定规。成化年间，经王鏊、谢迁、章懋等人提倡，八股文更为兴盛，并逐渐形成比较严格的程式。此后，一直沿用下来，由明前期而泛滥整个清代，直到戊戌变法后，才随着科举考试的停止而废除。

八股文的基本特点，大致分为以下几方面：①题目一律用五经、四书中的原文。②内容必须以程朱学派的注释为准。③体裁结构有一套固定的格式。全文由破题、承题、起讲、入题、起股、中股、后股、束股、大结等部分组成。

八股文的字数也有限定。明代规定乡试、会试用五经、四书各题每篇不得超过500字。清顺治时要求550字，康熙时要求650字，乾隆以后一律以700字为准。书写亦有格式。

八股文虽有大量排偶，却不是骈文，不用四六句式，不求押韵，不事藻饰。通常禁用类似诗赋中的形容描写与夸张华丽词语。虽然属于议论文，却不许引证古史，不许巧设比喻。严重束缚思想感情，文章寡淡无味。明清两代，八股文是几乎所有官私学校的必修课。从童试到乡试、会试都要用它。不会写八股文，就无法通过科举考试，就难以得官。而八股文的唯一用途即在于应付科举，此外毫无实用价值。因而人们把它比作敲门砖，中试之后，就弃之不顾。其弊病十分明显。

八卦 eight trigrams 《周易》中筮占所用的八种基本图像。按《易传》的解释，分别由阳爻“⚊”和阴爻“⚋”两种符号，效法天、地、人三重关系排列组合而成。八卦的名称和卦象是：乾（☰）、坤（☷）、震（☳）、巽（☴）、坎（☵）、离（☲）、艮（☶）、兑（☱）。《周礼》称八卦为“经卦”，六十四卦为“别卦”。

关于八卦的起源，其说不一，尚无定论。《易传》有两说。一是观象作卦说。《周易·系辞》认为：八卦乃伏羲氏观察天文、地理、动植物和人身等，仿其形象，“于是始作八卦”；以乾象天，坤象地，震象雷，巽象风，坎象水，离象火，艮象山，兑象泽等。二是据数定象说。《系辞》：“据其数遂定天下之象。”《说卦》：“参天两地而倚数，观变于阴阳而立卦。”韩康伯注以参天两地为奇偶二数，谓取奇偶二数以定八卦之象，即“⚊”为奇数，“⚋”为偶数，演为八卦之象。宋代杨万里于《诚斋易传》中提出，八卦起源于古代象形文字，如☰（乾）为古天字，☷（坤）为古地字，☵（坎）为古水字，☲（离）为古火字，然不能尽解八卦。近人对八卦的起源也有许多说法。

八卦教 Eight Trigrams Society 中国民间宗教教派。清康熙元年（1662）由山东单县人刘佐臣创立。刘佐臣按《八卦图》“内安九宫，外立八卦”的组织形式收徒设教。所谓八卦九宫，即认为世界被乾、坤、震、巽、坎、离、艮、兑八卦分成西北、西南、正东、东南、正北、正南、东北、正西八个方位，这八个方位又都围绕着中央方位。八卦即八宫，加上中央宫为九宫。自刘佐臣创教之日起，刘姓教首历来都位居中央宫，其他各教，则由刘姓教主委派卦长掌教。各卦教的力量大小不一，分布也并不严格遵守八卦所定方位。

八卦教的主要经书有：《五女传道书》（亦称《五圣传道书》）、《禀圣如来》、《锦囊神仙论》、《八卦图》和《六甲天元》等。其中最重要的经典《五女传道书》，则是一部讲修炼内丹，追求长生不死的传教书。炼内丹（气功）修长生的教理，深受下层民众广泛信仰，使八卦教在山东、山西、河北、河南等地蔓延滋长。

八卦教在创教时并没有明显的政治色彩，目的只在于传教敛钱。至第二代传人刘如汉时，教主的“圣库”收入已成千累万，竟至富甲一方。而清朝统治者一直认为民间宗教是产生社会动乱的重要根源，故对其发展一贯采用严厉镇压手段，致使八卦教不能公开发展，一向处于地下秘密传布状态。某些农民起义，往往利用八卦教作为组织纽带。乾隆三十九年（1774）山东清水教起义，嘉庆十八年（1813）天理教起义，都是八卦教异名教派组织的造反行动。近代义和团运动，也与八卦教有着密切关系。

八国集团 Group 8; Group of Eight 工业化国家的俱乐部。简称G8。是一个论坛性组织，无常设机构。见八国首脑会议。

八国联军 Eight-Power Allied Forces 1900年主要由俄、英、美、德、法、日、意、奥等八国为镇压中国义和团运动而组成的侵华联军。

1900年，义和团运动迅猛发展，各国驻北京公使认为清政府已经无法控制局势，决定联合派兵镇压。1900年5月下旬～6月上旬，各国以“保护使馆”为名，陆续派军队进入京、津。6月10日，联军2 000余人在英国海军中将E.西摩率领下由天津进犯北京。6月17日，联军攻陷大沽炮台。7月14日陷天津，成立天津都统衙门。8月14日，八国联军（除德军）2万余人攻陷北京，慈禧太后、光绪帝出逃。9月，德国元帅A.von瓦德西率领德军2万到中国，并受任为联军统帅。联军陆续增至10万，他们的侵略以北京为中心，南至正定，北至张家口，东至山海关，西至娘子关的广大地区。八国联军在京津地区烧杀抢掠，暴行累累。在大沽周围地区，繁华的大沽被夷为平地，塘沽“已无华人足迹”。在天津，联军恣意屠杀，抢劫财物。在北京，凡是义和团设过坛的房屋都被焚毁。当时，从公使、将军直到传教士、士兵都参与暴行。联军在抢劫财物后即毁灭罪证，甚至将抢来的东西造册，然后当众拍卖，再以官阶高低分赃。瓦德西则从钦天监里将17世纪设置的古天文仪器掠至柏林。大量珍贵的历史文物，也遭到毁坏和抢劫。翰林院所藏《永乐大典》，几乎丧失净尽，其他珍本图书，共损毁4.6万余册。经过这次洗劫，中国“自元、明以来之积蓄，上自典章文物，下至国宝奇珍，扫地遂尽”。同时，沙俄又单独出

八国联军进入紫禁城

兵17万，占据了东三省的重要城市。次年9月《辛丑条约》签订以后，八国联军大部撤兵回国，但仍留一部常驻京津、津榆铁路沿线。唯有沙俄军队拒不退出东三省，激起中国人民的拒俄运动（见拒俄事件）。

八国首脑会议 G-8 Summit 世界主要发达国家的协调机制。由西方七国首脑会议演变而来。又称西方工业化民主国家国家元首和政府首脑会议。简称八国峰会。与会的美国、加拿大、英国、德国、法国、意大利、日本和俄罗斯被称为八国集团。自1975年以来，每年的首脑会议及其议题，都成为令世人瞩目的焦点。在法国的倡议下，于1975年11月15～17日在巴黎郊外的朗布依埃，法、美、英、意、日和联邦德国六国领导人举行了首次首脑会议。1976

年6月，在波多黎各举行第二次首脑会议时，增加了加拿大，形成七国峰会和七国集团。从此，七大工业国会议作为一种制度固定下来，每年轮流在各成员国举行一次。1994年第20次首脑会议举行时，B.N.叶利钦正式参加政治问题讨论，形成了“7+1”机制。但俄罗斯仍被排除在经济议题的讨论之外。1997年在美国丹佛举行首脑会议时，美国总统W.J.克林顿作为东道主邀请叶利钦以“同等成员”身份自始至终参加会议，并

序号	召开时间	召开地点
1	1975-11-15～17	法国朗布依埃
2	1976-06-27～28	波多黎各圣胡安
3	1977-05-07～08	英国伦敦
4	1978-07-16～17	联邦德国波恩
5	1979-06-22～23	日本东京
6	1980-06-22～23	意大利威尼斯
7	1981-07-20～21	加拿大渥太华
8	1982-06-04～06	法国凡尔赛
9	1983-05-28～30	美国威廉斯堡
10	1984-06-07～09	英国伦敦
11	1985-05-02～04	联邦德国波恩
12	1986-05-04～06	日本东京
13	1987-06-08～10	意大利威尼斯
14	1988-06-19～21	加拿大多伦多
15	1989-07-14～16	法国巴黎
16	1990-07-09～11	美国休斯敦
17	1991-07-15～17	英国伦敦
18	1992-07-06～08	德国慕尼黑
19	1993-07-07～09	日本东京
20	1994-07-08～10	意大利那不勒斯
21	1995-06-15～17	加拿大哈利法克斯
*	1996-04-19～20	俄罗斯莫斯科
22	1996-06-27～29	法国里昂
23	1997-06-20～22	美国丹佛
24	1998-05-15～17	英国伯明翰
25	1999-06-18～20	德国科隆
26	2000-07-21～23	日本冲绳
27	2001-07-20～22	意大利热那亚
28	2002-06-26～27	加拿大卡尔加里
29	2003-06-02～03	法国埃维昂
30	2004-06-08～10	美国佐治亚
31	2005-07-06～08	英国格伦伊格尔斯
32	2006-07-15～17	俄罗斯圣彼得堡
33	2007-06-06～08	德国海利根达姆
34	2008-07-07～09	日本北海道
35	2009-07-08～10	意大利拉奎拉
36	2010-06-25～26	加拿大多伦多

*俄罗斯－西方七国首脑会议。

第一次以“八国首脑会议”的名义共同发表“最后公报”。从此首脑会议机制形成。历次会议举行的时间、地点详况见表。

20世纪70年代，西方七国首脑会议的宗旨是为了讨论和解决各国面临的一些具有共性的经济问题和协调各国的宏观经济政策。1978年在波恩会议上，与会各国发表了关于反对劫机的声明，政治议题开始进入峰会。在此后的历届首脑会议上，与会各国曾多次就国际热点问题展开讨论，并多次发表政治性声明。9·11事件后，反恐问题成为首脑会议讨论的重点之一。2004年6月，八国首脑会议主要讨论了中东改革、伊拉克重建、反恐和防扩散、全球经济和援助非洲等问题。2005年7月，首脑会议重点讨论了气候变化、国际发展合作、世界经济、国际贸易等问题。2006年7月，首脑会议议题广泛，除能源安全、传染病防治和教育三个主题外，还讨论和通过了打击恐怖主义、反腐败、国际贸易、保护知识产权和非洲经济问题等总计11份共同文件。2007年6月8日，第33次八国首脑会议集中讨论了气候变化、非洲发展和全球化时代的全球管理等焦点问题。

八国集团虽然囊括了当今世界最主要的经济大国，但依然无法单独处理全球政治、经济问题。由于中国、印度、巴西等新兴经济体的崛起，八国集团占全球经济总量的份额已逐年下降，处理全球化政治、经济问题已经离不开发展中国家的参与。2003年6月，法国作为第29次八国首脑会议的东道主，邀请中国、巴西、墨西哥、沙特阿拉伯、印度、马来西亚六个经济新兴国家的领导人和埃及、塞内加尔、尼日利亚、阿尔及利亚、南非五个“非洲发展新伙伴计划”参加国的领导人参加了在首脑会议召开前举行的南北领导人非正式对话会议，就新世界经济、安全问题交换了意见。从此以后，历次首脑会议都向亚、非、拉发展中国家发出对话邀请。

20世纪70～80年代，“七国集团”并未关注中国，直至80年代末期才在会议公报中提及应关注中国的经济改革。此后，随着中国综合国力的不断提高、国际影响加大，“七国集团”逐渐把目光转向中国，注重发展与中国的关系。2003年应法国总统J.希拉克的邀请，中华人民共和国主席胡锦涛出席了在埃维昂举行的第29次八国首脑会议召开前的南北领导人非正式对话会议。

八会穴 eight influential points 中医学中脏、腑、筋、脉、骨、髓、气、血的精气分别会聚处的八个腧穴。属特定穴。八会穴首载于《难经》，它与经穴中的某些特定穴有重复。如章门为脏之会穴，因五脏皆禀于脾，故脾之募穴为脏会；中脘为腑之会穴，因六腑皆禀于胃，故胃之募穴为腑会。由于八会穴与八种生理功能有着密切的关系，因此在临床上，凡属与这八者有关的病变，均可用相关的八会穴来治疗，如脏病取章门，腑病取中脘。又如咳血、吐血、衄血、血崩之取膈俞，胃脘疼痛、霍乱吐泻之取中脘，都是因为血会膈俞、腑会中脘之故。另外，八会穴还能治疗某些热病。

八角 *Illicium verum*; truestar anisetree 八角科八角属的一种。常绿小乔木。又称大茴香、八角茴香。原产东南亚和美洲。中国主产于广西龙州一带山区。株高10～15米。树皮灰色至红褐色。单叶互生、革质、

八角形态

全缘，椭圆形或椭圆状披针形。两性花，单生于叶腋，花粉红至深红色，蓇葖果呈放射性排列，红棕色，各含一种子。适生于亚热带山区阴湿温暖、年平均气温21～23℃、平均年降水量1 300毫米左右且分布均匀的环境。幼树喜阴，成年树需充足的阳光。用种子繁殖。二三年生幼苗可定植。种后六七年结果，20～30年为盛产期。每年开花两次。2～3月开春花，果实9～10月成熟，子粒饱满，含油量高；8～9月开秋花，果实于翌年3～4月成熟，粒小，含油量低。果实收获后经烘干即可用作调味香料或作药用。木材可制工艺品、家具、农具等。

八角枫科 Alangiaceae; alangium family 双子叶植物纲蔷薇亚纲的一科。仅有八角枫属1属。30余种，分布于亚洲、大洋洲和中非洲东部。中国有9种，其中广西八角枫、小花八角枫和云南八角枫为中国特产，其余6种都分布于中国及其邻近各国。因其叶具八角而得名，事实上五裂或五角比较常见。乔木或灌木。单叶互生；花小，白色或黄绿色，整齐，两性，花萼小，萼管钟形与子房合生；萼片4～10，为齿状小裂片；花瓣4～10，条形，镊合状排列，开花时花瓣的上段常反卷，香味很浓；花盘环状或褥状；雄蕊与花瓣同数而互生或为花瓣数目的2～4倍；子房下位，2室。核果。

八角枫科植物种子可榨油供工业用；木材轻软，可制造器具。八角枫是药用植物，有清热解毒、活血散瘀的功效；根和树皮的药效最好，通常根称为白龙须，树皮称为白龙条；八角枫树皮纤维良好，是造纸和人造棉的原料。

八角莲 *Dysosma versipellis*; dysosma 小檗科八角莲属的一种。多年生草本植物。分布于中国河南、陕西、四川、云南、广西、贵州、湖北、湖南、江西、安徽、浙江等省区。根状茎粗壮，横生，有节，有刺激性香味；

茎直立，不分枝，无毛。茎生叶一二片，盾状，圆形，直径30厘米以上，4～9浅裂或深裂，裂片宽三角状卵形或卵状长圆形，细锯齿缘。花两性，深红色，5～8朵成伞形花序，生于叶柄上部离叶片不远处；花梗长5厘米，下弯；萼片6；花瓣6，粉红色，下垂；雄蕊6，花药纵裂；雌蕊心皮1，子房上位，1室；花期4～7月。浆果卵形，红色；种子多数；果期7～10月。生长在海拔200～2 400米阔叶林或竹林下阴湿处。根状茎和根含木聚糖类，可药用，能散风祛痰、解毒消肿。为中国珍稀濒危保护植物。

八路军 Eighth Route Army; ERA 抗日战争时期，中国共产党领导的在华北坚持抗战的人民军队。1937年2月，中国共产党同中国国民党就中国工农红军改编和开赴抗日前线的问题开始谈判，抗日战争爆发后达成协议。8月22日，国民党政府宣布

图1 朱德（右）与彭德怀在山西省武乡县王家峪

中国工农红军主力部队改编为国民革命军第八路军，简称八路军。8月25日，中共中央军委发布命令，将驻陕甘宁边区的红军第一、第二、第四方面军和西北红军改编为国民革命军第八路军，朱德任总指挥，彭德怀任副总指挥（从9月11日起，按战斗序列又称第18集团军，朱德、彭德怀改称正、副总司令），叶剑英任参谋长，左权任副参谋长，任弼时任政治部主任，邓小平任政治部副主任。下辖3个师：第115师，林彪任师长，聂荣臻任副师长；第120师，贺龙任师长，萧克任副师长；第129师，刘伯承任师长，徐向前任副师长。全军共4.6万人。改编后，主力开赴华北前线作战。为保卫陕甘宁边区的安全，成立八路军后方总留守处（12月改称八路军留守兵团），萧劲光任主任，统一指挥各师留守部队。抗日战争期间，八路军共歼灭日伪军125万余人，解放了大片国土，为抗日民族解放战争和世界反法西斯战争作出了巨大贡献。抗日战争结束时，八路军发展到100余万人，成为解放战争时期中国人民解放军的主要组成部分。

图2 八路军留守兵团骑兵部队

八脉交经八穴 eight confluential points 中医学中奇经八脉与十二经脉经气相通的八个重要腧穴。属特定穴。均分布在肘、膝以下。因这八个穴是金元时代窦汉卿常用的有效穴位，所以又称“窦氏八穴”。

由于奇经与十二经的经气以八穴相会通，所以八穴既能治相关的十二经脉病，又能治相通的奇经病。如足太阴脾经穴公孙通冲脉，故公孙穴能治足太阴经病，又能治冲脉病；手太阴肺经穴列缺通任脉，故列缺穴能治手太阴经病，又能治任脉病等。八脉交经八穴在临床上常采用上下相应的配穴法，如下肢公孙穴配上肢内关穴治疗胃、心、胸部病症；上肢列缺穴配下肢照海穴治咽喉、胸膈、肺病等。此外，上述八穴尚可结合天干、地支、九宫、八卦等应用，称为飞腾八法和灵龟八法，是一种按时取穴的临床选穴方法。

八七会议 August 7th Conference 1927年8月7日，中国共产党在汉口召开的中央紧急会议。1927年蒋介石、汪精卫先后叛变革命，大批共产党人和革命群众惨遭屠杀，中共中央遂在共产国际帮助下，于8月7日在汉口召开紧急会议，总结了大革命失败的经验教训，批判和纠正了陈独秀右倾投降主义的错误，确定了土地革命和武装反抗国民党反动派的总方针，并把发动农民举行秋收起义作为党当前最主要的任务。毛泽东提出“今后要非常注意军事，须知政权是由枪杆子中取得的”重要论断。会议选举瞿秋白、李维汉、苏兆征等组成中共临时中央政治局。

八旗制度 banner system 中国清代满族的社会组织形式。满族的先世女真人以射猎为业，每年到采捕季节，以氏族或村寨为单位，由有名望的人当首领，这种以血缘和地缘为单位进行集体狩猎的组织形式，称为牛录制。总领称为牛录额真（牛录意为大箭；额真，又称厄真，意为主）。

八旗的建立 努尔哈赤在统一女真各部的战争中，取得节节胜利。随着势力扩大，人口增多，他于明万历二十九年（1601）建立黄、白、红、蓝四旗，称为正黄、正白、正红、正蓝，旗皆纯色。四十三年，努尔哈赤为适应满族社会发展的需要，在原有牛录制的基础上，创建了八旗制度，即在原有的四旗之外，增编镶黄、镶白、镶红、镶蓝四旗（镶，俗写亦作厢）。旗帜除四正色旗外，黄、白、蓝均镶以红，红镶以白。把后金管辖下的所有人都编在旗内。其制规定：每300人为1牛录，设牛录额真1人；5牛录为1甲喇，设甲喇额真1人；5甲喇为1固山，设固山额真1人。据史籍记载，当时编有满洲牛录308个，蒙古牛录76个，汉军牛录16个，共400个。此时所编设的八旗，即后来的满洲八旗。清太宗时，又建立蒙古八旗和汉军八旗，旗制与满洲八旗同。八旗由皇帝、诸王、贝勒控制，旗制终清未改。

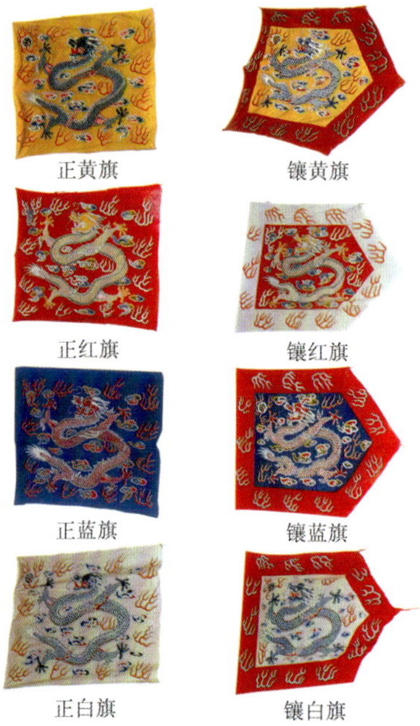

八旗旗帜

八旗制度的特点 八旗初建时兵民合一，全民皆兵，凡满洲成员皆隶于满洲八旗之下。旗的组织具有军事、行政和生产等多方面职能。入关前，八旗兵丁平时从事生产劳动，战时荷戈从征，军械粮草自备。入关以后，建立了八旗常备兵制和兵饷制度，八旗兵从而成了职业兵。清定都北京以后，绝大部分八旗兵丁屯驻在北京附近，成卫京师的八旗则按其方位驻守，称驻京八旗，俗称京旗，实即禁军。另抽出一部分旗兵派驻全国各重要城市和军事要地，称驻防八旗。八旗有一套完整的制度。如封爵，崇德元年（1636）始定亲王、郡王、贝勒、贝子、镇国公、辅国公、镇国将军、辅国将军、奉国将军九等。八旗按引军旗色定户籍。八旗兴办宗室觉罗学、官学等，课其子弟。八旗宗室王公及官兵的婚丧等均有规定。清初定满汉不通婚，直到光绪二十七年（1901）才取消禁令，实际上民间早已通婚。

八旗的兴衰 清军入关，满族人口大

量涌入北京及其附近地区。为了安置八旗官兵和闲散人口，清政府进行大规模的圈地运动，八旗官兵因此获得一部分旗地。兵丁份地大多数靠本人带同家属从事耕种，后多迫于生计被典押出去。清统治全国以后，八旗兵丁生计日渐拮据。清王朝虽采取了种种措施，但直至清末，八旗生计问题非但没有解决，反而陷于贫困的境地。

八旗制度从正式建立到1911年辛亥革命后清王朝覆灭，共存在296年。它是清王朝统治全国的重要军事支柱，曾为发展和巩固中国多民族统一的国家、为保卫边疆防止外来侵略等都作出了重要贡献，对满族社会的发展，更起到不可磨灭的作用。随着历史的嬗变，八旗制度中落后的一面也日益明显，严重地束缚了满族人民的发展，在征战中的作用也愈来愈小。八旗制度与清王朝的命运紧密地联系在一起，经历了由盛而衰，由衰而亡的整个历史过程。

八千卷楼 Baqianjuanlou Library 中国清代杭州藏书家丁丙丁申弟兄的藏书楼。丁丙(1832～1899)，字嘉鱼，别字松生，晚号松存，浙江钱塘(今杭州)人。丁申(?～1880)，丁丙之兄，字竹舟。丁氏家族有藏书的传统，丁丙的祖父丁掌六有感于其北宋先人丁颛曾尽其家资，聚书至八千卷，遂于杭州梅东里建藏书楼，名之为“八千卷楼”，但不幸于咸丰十一年(1861)毁于兵燹。丁丙承继祖上藏书遗风，沿用楼名，于光绪十四年(1888)在其所居正修堂西北处重建扩建了“八千卷楼”，其中分为三个藏书处，一为八千卷楼，收藏《四库全书》所收及附入存目之书；二为后八千卷楼，收藏《四库全书》未收之书；三为小八千卷楼，收藏宋元刊本、明清精刊本、旧抄本、校本、稿本等善本书籍，总名藏书之所为“嘉惠堂”，取光绪谕旨中“嘉惠艺林”之义，但人们习惯统称之为八千卷楼。藏书达8 000余种近20万卷，被誉为清代末年四大藏书楼之一。光绪三十四年(1908)，两江总督端方闻丁氏藏书将散，为防止世藏古籍继皕宋楼后再次外流，于是在奏请创设江南图书馆(今南京图书馆)的同时，委派缪荃孙将八千卷楼全部藏书以75 000元收购入藏江南图书馆。现均收藏于南京图书馆。八千卷楼藏书目录有丁仁编《八千卷楼书目》，丁丙撰《善本书室藏书志》。

《八千里路云和月》 *Eight Thousand Li of Clouds and the Moon* 中国故事片。联华影艺社1947年出品。编导史东山，摄影韩仲良，主要演员白杨、陶金、周峰、高正等。影片通过江玲玉、高礼彬两人在抗日战争期间和胜利后的生活经历，反映了当时的社会现实生活。抗战期间，一方面是进步青年不畏艰难，跋山涉水，向广大人民群众宣传抗日救国；另一方面却是国民党军队不战自溃，重庆上层人物腐化奢侈，对照鲜明。待到胜利，江玲玉、高礼彬回到上海，面对的仍是一片黑暗世界。最后江玲玉临产之际，竟陷于生死难卜的境地。影片场景处理真实感人，人物刻画生动逼真。许多场景生活气息浓，又很细腻，富有诗意。

八千麻袋事件 中华民国时期北洋政府教育部出卖清朝内阁大库所存档案，后又招致辗转买卖散失的事件。宣统元年(1909)，为修缮大库，把库中大部档案迁出交由学部管理。至民国，北洋政府教育部于1913年设立历史博物馆筹备处接管了这批档案。1921年教育部因经费困难将大部分档案变卖，共装八千麻袋，重15万斤，以4 000元售与北京西单同懋增纸店作重造纸原料。次年，原清学部参事罗振玉又以3倍价钱由纸店将原物买回，罗振玉根据这批档案编印了《史料丛刊初编》10册。1924年罗振玉又将这批档案中的大部分以1.6万元卖与前清官员李盛铎，1929年又将40余箱档案卖给日本人松崎。1936年罗振玉把他存留的最珍贵的档案6万余件献给伪满皇帝溥仪。李盛铎将其买得的档案一部分又卖与国民政府中央研究院历史语言研究所，该所经整理校勘，编辑出版了《史料丛刊》和《明清史料》多种。1936年历史语言研究所将其中部分档案携至南京，后迁往台湾。留北京的部分档案，后由中国第一历史档案馆接收。

八人画派 Eight, The 美国20世纪初反学院派的画派。见垃圾箱画派。

八色鸫科 Pittidae; pittas 雀形目一科。世界有25种，中国有9种，见于云南、广西、海南和台湾等省区。体型似鸫，且色彩丰富。其中，仙八色鸫最绚丽多彩，全长约190毫米，脚长而强健，翅短圆。生活于竹丛或落叶林中，营地栖生活；善奔走，不轻易起飞，性机警，好隐蔽，平时不易见到。常于枯枝落叶中刨取昆虫、虫蛹、卵块为食。大都在矮树的低枝间营巢，有时置于地上。每窝产卵2～7枚，卵呈粉红色且缀以白色和红色点斑。

八思巴 ’Phags-pa (1235～1280) 藏传佛教萨迦派第五代祖师。中国元代第一代帝师(即元代皇帝从吐蕃请来喇嘛充当的一种最高神职)，学者。本名罗古罗思坚藏，尊称八思巴，又译发思巴等(意为圣者)。吐蕃萨斯迦(今西藏萨迦)人。生于款氏贵族之家。10岁随伯父萨班·贡噶坚赞至凉州见阔端。1253年，谒忽必烈于六盘山驻地，备受崇敬。同年为忽必烈等25人作密宗灌顶。1258年，忽必烈集僧道辩论《老子化胡经》的真伪。八思巴参与了辩论，使道士词穷。中统元年(1260)，忽必烈即位，封八思巴为国师，赐玉印，统领天下释教。至元元年(1264)以国师身份领总制院(后改宣政院)事，统辖释教僧及吐蕃僧俗政务。回乌思藏，置宣慰司等官衙后，返中都(燕京)。1269年，完成了以藏文字为基础的蒙古新字(后人称为八思巴文)的创制。次年升号帝师、大宝法王。1276年，八思巴返回萨迦寺。1277年，在后藏曲弥仁摩举行盛大法会，即著名的法轮泉法会。1280年在萨迦去世。朝廷为了纪念他，在大都(今北京)建塔，奉藏真身舍利。著作有多种，收录于《萨迦五祖集》中，其中以《彰所知论》最为著名。

八思巴文 ’Phags-pa script 中国元朝八思巴创制的拼音文字。元朝至元六年(1269)忽必烈颁发诏书推行，最初称为“蒙古新字”，不久改称“蒙古字”。元灭后逐渐被废弃。现在国内外学术界通用两种名称，一是按创制者命名，称“八思巴文(字)”；一是按字母形状特征命名，称“方体字”。字母表主要由藏文字母组成，也有一些梵文字母，还包括几个新造字母。按忽必烈的规定，八思巴文用以“译写一切文字”。现存资料也说明，它的书写对象包括蒙古、汉、藏、梵、维吾尔等多种语言。

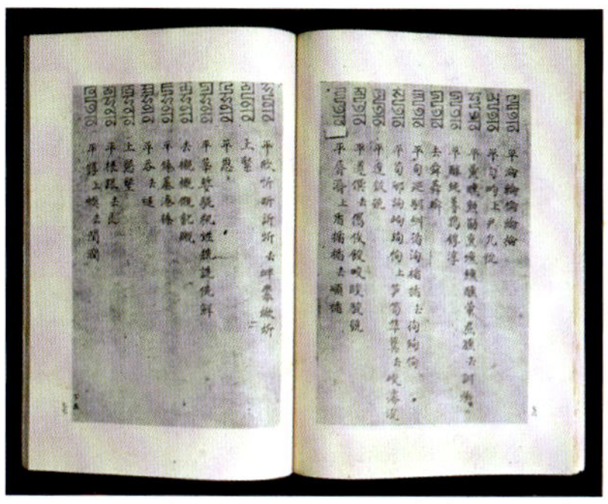

用八思巴字拼写汉语的韵书《蒙古字韵》

八思巴文以音素为表音单位，字母分元音和辅音。字母体式常见的有正体和篆体两种。行款为左起竖写。书写单位是音节，且不使用标点符号，所以词和句子的界限只能靠上下文判断。

八王之乱 Eight Princes, War of the 中国西晋统治集团内部历时16年(291～306)之久的战乱。因战乱参与者有汝南王司马亮、楚王司马玮、赵王司马伦、齐王司马冏、长沙王司马乂、成都王司马颖、河间王司马颙、东海王司马越八王，故史称“八王之乱”。

晋武帝司马炎认为曹魏未分封同姓诸侯王，缺乏屏藩，于泰始元年(265)封宗室27人为王，有领地和军队，分润租调。因此，可以凭借其势力发动战乱。

太熙元年(290)晋武帝临终时命弘农

大姓出身的车骑将军、杨皇后的父亲杨骏为太傅、大都督，掌管朝政。惠帝即位后，皇后贾南风（即贾后）于元康元年（291）与楚王玮合谋，发动禁卫军政变，杀死杨骏，而政权却落在汝南王亮和元老卫瓘手中。贾后政治野心未能实现，当年六月，又使楚王玮杀汝南王亮，然后反诬楚王玮假诏擅杀大臣，将玮处死。贾后遂执政，于元康九年废太子遹，次年杀之。统领禁军的赵王伦联合齐王冏起兵杀贾后。永宁元年（301）正月，赵王伦废惠帝自立为帝。至此，政变仍只局限在宫廷；此后方镇军参加内战，战乱规模扩大，战场从洛阳、长安延展到黄河南北的广大地区。

赵王伦篡位后，镇许昌的齐王冏起兵讨伦，镇邺的成都王颖与镇守关中的河间王颙举兵响应。洛阳城中的禁军将领王舆也起兵反伦，迎惠帝复位，四月赵王伦被杀。齐王冏以大司马入京辅政。太安元年（302）底，河间王颙又从关中起兵讨冏，洛阳城中的长沙王乂也举兵入宫杀齐王冏，政权落入乂手。太安二年（303），河间王颙、成都王颖合兵讨长沙王乂。司马颙命都督张方率精兵7万，自函谷关向洛阳推进，司马颖调动大军20余万，也渡河进军洛阳，司马乂所能指挥的洛阳军队不下数万人，这是八王之乱以来人数最多的一次集结。二王的联军屡次为长沙王乂所败。但由于双方兵力悬殊，洛阳陷于包围之中。城内的统治集团发生分裂。次年正月，洛阳城里的东海王越与部分禁军合谋，擒长沙王乂，将其交给河间王颙的部将张方，被张方烧死。成都王颖入洛阳为丞相，但仍回根据地邺城，以皇太弟身份专政，政治中心一时移到邺城。东海王越对成都王颖的专政不满，率领禁军挟惠帝北上进攻邺城。荡阴（今河南汤阴）一战，被成都王颖击败，惠帝被俘入邺，东海王越逃往自己的封国（今山东郯城北）。与此同时，河间王颙派张方率军占领洛阳，接着并州刺史司马腾（司马越弟）与幽州刺史王浚联兵攻破邺城，成都王颖与惠帝投奔洛阳，转赴长安。永兴二年（305），东海王越又从山东起兵进攻关中，击败河间王颙。光熙元年（306），东海王越迎惠帝回洛阳，成都王颖、河间王颙相继为其所杀，大权落入越手中，八王之乱到此终结。

自贾后杀杨骏（291）到惠帝回洛阳（306），16年中参战诸王多相继败亡，被杀害的人民动辄以万计，社会经济严重破坏，西晋统治集团的力量消耗殆尽，隐伏着的阶级矛盾、民族矛盾便迅速爆发。

八仙 Eight Immortals　中国民间流传的八位仙人。道教援引改造之成一组上仙，即铁拐李、钟离权、吕洞宾、张果老、曹国舅、韩湘子、蓝采和、何仙姑。

八仙过海图

八仙的人物有多种说法。如淮南八仙，所指即是助西汉淮南王刘安著成《淮南子》的八公。今之所谓八仙，大约形成于元代，但人物不尽相同。至明代吴元泰作《八仙出处东游记》，铁拐李等八仙过海的故事日渐流传，八仙人物也在流传中稳定下来。

八仙人物出处不一，时代不同。最初见于史籍且确有其人的，是初盛唐时道术之士张果。五代宋初，关于吕洞宾的仙话传说流传甚盛，两宋之际亦盛传“钟吕金丹道”。金元时全真道教兴起，为回应民间信仰及传说以宣扬其教法，将钟离权、吕洞宾等推为北五祖。民间传说、杂剧戏谈等便与道教神仙传说相互影响衍化，八仙故事流传益广，内容益繁富。吕洞宾是八仙形成的核心人物，道教称之为吕祖。

八一电影制片厂 August First Film Studio　以创作生产军事题材影片为主的，具有摄制故事片、军事教育片、新闻纪录片、国防科研片、电视片和电视剧等多片种生产能力的综合性电影制片厂。隶属中国人民解放军总政治部领导，全称中国人民解放军八一电影制片厂。1952年8月1日正式建厂，定名为解放军电影制片厂。1956年7月1日改现名。建厂初期主要生产军事教育片和新闻纪录片。1955年开始拍摄故事片。建厂以来，已制作各类影片2 000余部。早期故事片有《柳堡的故事》、《东进序曲》、《野火春风斗古城》、《回民支队》等。20世纪80年代改革开放以后摄制的影片有故事片《闪闪的红星》、《归心似箭》、《巍巍昆仑》、《晚钟》等。90年代以来，对战争巨片进行了大胆尝试，拍摄了大型战争历史片《大转折》、《大决战》、《大进军》等系列影片。2001年拍摄了《冲出亚马逊》，2005年拍摄了《太行山上》，2006年拍摄了《我的长征》。1982年起开始摄制电视剧。

八一九事件 August 19th Coup　苏联1991年试图夺取M.S.戈尔巴乔夫总统权力的政治事件。因发生在8月19日而得名。戈尔巴乔夫推行改革后，苏联社会动荡，国内各民族共和国纷纷要求独立。1991年8月，政府公布新联盟条约，规定各共和国拥有本国领土内的全部权力，并将国名改为“苏维埃主权共和国联盟”。就在预定签署此条约的前一天，即8月19日凌晨，塔斯社突然播发声明，宣布戈尔巴乔夫由于健康原因不能履行总统职责，成立国家紧急状态委员会接管国家政权，进而在莫斯科等地区实行紧急状态。委员会由副总统G.I.亚纳耶夫、总理V.S.帕夫洛夫、国防部长D.T.亚佐夫、国家安全委员会主席V.A.克留奇科夫等8人组成。这次行动遭到B.N.叶利钦等“民主派”的坚决反对，也没有得到社会的广泛支持。8月21日，戈尔巴乔夫重掌政权，紧急状态委员会的冒险行动失败。

《八一宣言》 *August 1st Declaration*　中国共产党为建立抗日民族统一战线而发表的政治宣言。日本侵占东三省之后，1935年上半年加快了侵略华北的步伐。六七月间，中共驻共产国际代表团根据共产国际第七次代表大会关于建立国际反法西斯统一战线的新方针，责成王明起草了《为抗日救国告全体同胞书》，并以中国苏维埃中央政府、中国共产党中央委员会的名义，公布于10月1日出版的巴黎中文《救国报》。因签发时间是“8月1日”，故通称《八一宣言》。宣言揭露了日本侵略华北、灭亡中国的野心；指出中华民族正处在千钧一发的生死关头，“抗日则生，不抗日则死，抗日救国，已成为每个同胞的神圣天职”；号召全国同胞停止内战，一致抗日；表明中国共产党当前的政治主张是组织国防政府和抗日联军，并提出10条具体方针作为国防政府的施政纲领。《八一宣言》是中共政策开始转

1935年8月1日，中共中央发表《为抗日救国告全体同胞书》，即《八一宣言》

变的重要历史文献，在推动抗日救亡运动方面发挥了重要作用。

八议 中国封建刑律对于八种权贵人物在审判上给予特殊照顾的制度。

八议包括议亲、议故、议贤、议能、议功、议贵、议勤、议宾。“亲”指皇室一定范围的亲属；“故”指皇帝的某些故旧；“贤”指朝廷认为“有大德行”的贤人君子；“能”指“有大才业”，能整军旅、莅政事，为帝王之辅佐、人伦之师范者；“功”指“有大功勋”者；“贵”指职事官三品以上、散官二品以上及爵一品者；“勤”指“有大勤劳”者；“宾”指“承先代之后为国宾者”（《唐律疏议·名例》）。这八种人犯了死罪，官

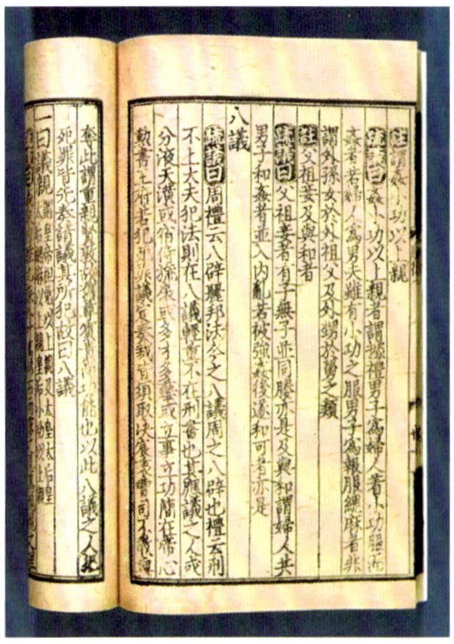

《唐律疏议》中的“八议”一节
（元至正年间刻本）

府不能直接定罪判刑，而要将他的犯罪情况和特殊身份报到朝廷，由负责官员集体审议，提出意见，报请皇帝裁决。这八种人犯流（将罪犯押解到荒僻的地方去服劳役或生活的刑罚）以下的罪，都要减一等论罪。唯一例外是，如果他们犯十恶罪，则不适用上述规定。

八珍 原指美味食品，后为稀有、珍贵烹饪原料的统称。“八珍”一词源于《周礼·天官冢宰》“珍用八物”和“八珍之齐”二语。据注文，这里的八珍即《礼记·内则》所列的淳熬、淳母、炮豚、炮牂、捣珍、渍、熬、肝膋八种食品（一说即八种烹调法）。此后八珍常作为珍肴美馔的代词。将八珍指为八种烹饪原料，始见于中国北宋元丰年间陆佃撰《埤雅》，认为《周礼》“珍用八物”乃牛、羊、麋、鹿、麕、豕、狗、狼。至于八珍究竟应为何物，历代说法各有不同。从清代起，海产原料始进入八珍，且海产比重逐渐增多。

八正道 āryāṣṭāṅgika-mārga 佛教教义。又称八圣道、八支正道、八圣道分。意谓八种克服以苦为根本特征的世间存在而获得涅槃解脱的正当途径或修行方法。八正道教法是佛陀在鹿野苑初转法轮时宣说的。现代学者认为佛陀当初宣说的是戒、慧、定三个基本修行内容，八正道是后来逐步形成的。八正道有：①正见，是最为根本的解脱途径，指对四谛的正确理解。②正思维，对佛教教义的正确思维。③正语，指修口业，不作妄语、两舌等过失。④正业，从事清净正当之身业，即不杀生、不偷盗、不淫邪等。⑤正命，过符合佛教伦理的正当生活，包括不从事屠宰、贩酒及毒品等营生。⑥正精进，又称正方便，毫不懈怠地修行佛法，以达到涅槃的理想境地。⑦正念，一心思念四谛道理。⑧正定，心专注一境，以四谛观察为禅定对象。八正道并不是八个阶次，而是并行的应同时努力实行的。它们可归属于戒、定、慧三者，或扩展为“三十七道品”。

八字 eight characters 用中国传统的干支纪时法表达的一个人的生辰。因年、月、日、时均用天干、地支中各一字相配，加起来共八个字，故称。也称生辰八字。八字按年、月、日、时排列，故又名四柱。传统认为，根据八字可以推算一个人的命运。相传始于战国鬼谷子，一说为唐代李虚中始创。旧俗订婚时必须先交换八字帖，也称“庚帖”，主要流行于汉族地区。六礼中的“问名”就包括问女方的生辰八字。民间合婚有五行相克说，八字相犯相冲不宜婚配。现代婚姻已不再注重八字。

巴巴多斯 Barbados 加勒比海岛国。位于小安的列斯群岛最东端。面积431平方千米。人口约27.5万（2008）。通用英语。居民多信奉基督教。首都布里奇敦。

中部为山地，最高点希拉比山海拔340米；西部地势平缓；东北部海岸多悬崖峭壁。石灰石和珊瑚石是主要的矿产资源。

属热带雨林气候。年平均气温为22～28℃。

16世纪以前印第安人在此居住。1605年为英国占领。1958年加入西印度联邦。1961年实行“内部自治”。1966年11月30日宣告独立，为英联邦成员国。

英王是国家元首，任命总督作为代表。议会分参、众两院。众议员由普选产生。众议院多数党领袖担任总理，组成政府内阁。主要政党有巴巴多斯工党、民主工党和人民自强党。

以传统蔗糖业为经济主要支柱。近些年来推行经济多样化，大力发展旅游业和制造业。离岸金融业和信息服务业亦有较大发展，成为外汇收入的重要来源。工业主要有制糖、电子器件、服装、家具和农产品加工等。2009年国内生产总值约为35.95亿美元。货币名称巴巴多斯元。主要出口蔗糖、糖浆、朗姆酒、电子产品和服装等，主要进口食品、饮料、石油及其制成品、机械、建筑材料等。美国是最主要的贸易伙伴，其次为加拿大、英国及加勒比地区国家。

全国实行包括大学在内的免费义务教育。主要报刊有《巴巴多斯鼓动报》、《民族报》、《巴巴多斯人》（月刊）等。有加勒比广播公司、广播电台和1家国营电视台。1975年由加勒比共同体创办的加勒比通讯社总部设在布里奇敦。

巴巴多斯风光

重视发展同美国的友好关系。同英国保持着传统良好关系。1977年5月30日与中国建立外交关系。

巴贝夫 Babeuf, François-Noël (1760-11-23～1797-05-27) 法国大革命时期革命家，平等派理论家和领导人。生于皮卡第省圣康坦城，卒于旺多姆。法国大革命初期，在皮卡第积极参加群众反封建和旧制度的斗争。1789年协助三级会议起草陈情表，要求废除封建特权。1790～1791年创办《皮卡第通讯》。1792年9月被选为索姆郡行政官。他谴责私有财产制度，拥护巴黎公社，抨击罗伯斯比尔派的政策。热月政变前夕创办《新闻自由报》，后改名《护民官》。

1794年12月热月党的国民公会废除最高限价法，投机商活动猖獗，人民生活困难，巴贝夫激烈抨击热月党政策，主张取消个人财产，支持土地公有和建立“平等者共和国”。1795年2月被捕，10月获释。他继续出版《护民官》，抨击督政府。1796年2月，督政府查封他的报纸和主要活动场所先贤祠俱乐部，并试图逮捕他。巴贝夫转入地下活动。1796年3月同他的战友A.达尔泰、P.邦纳罗蒂等组成“平等派密谋”指导委员会，进行秘密活动，策划发动武装起义推翻督政府。但起义前夕，巴贝夫等主要领导人全部被捕。经过1年关押和审讯，1797年5月27日，巴贝夫、达尔泰被处死，其他7名首领被流放。

巴比伦古城 Babylon 古代西亚巴比伦王朝都城。遗址位于伊拉克首都巴格达以南约88千米处。巴比伦，阿卡德语意为“神之门”。乌尔第三王朝时城邦首府。公元前19世纪时为城邦。后汉穆拉比统一两河流域，以此为都，并成为祭祀巴比伦主神马尔杜克的中心。后成为加喜特诸王的都城。公元前689年为亚述王西拿基立所毁，不久又经新巴比伦王国重建。新巴比伦国王尼布甲尼撒二世在位时（前605～前562），该城达到极盛，约于前539年成为波斯帝国的都城。前331年马其顿军队入侵，巴比伦成为马其顿在东方的首都。马其顿王亚历山大大帝死后，巴比伦城渐趋荒废。古希腊历史学家希罗多德曾对尼布甲尼撒二世所建之巴比伦城有过记述。1899年起多次发掘。

结合史料和发掘成果，可大体复原尼布甲尼撒二世所建的巴比伦城的布局。城市面积1 000公顷。幼发拉底河从城中间流过，主要宫殿和神庙集中在河东。市街区以两重城墙环绕，墙外为护城壕。城中心为长方形的内城，有二重土坯筑城墙和护城河。尼布甲尼撒二世的夏宫即位于内城北端。城市的正门是伊丝塔尔门，高12米，双重，是为献给女神伊丝塔尔而建。城中的马尔杜克神庙正对夏至日出方向，并以神庙为中心确定全城的布局。街道布局成方格形，主干是南北向与河流平行的“游行大街”，大街自伊丝塔尔门至城外的“新年节庙”的一段装饰有彩釉狮子浮雕的护墙。伊丝塔尔门附近的城墙内外有尼布甲尼撒二世的宫殿“南宫”和“北宫”，南宫之西为尼布甲尼撒二世之父的旧宫。南宫是国王的主要宫殿，由5个院落组成，王座殿位于第3号院落，内饰彩釉砖组成的花木几何图案和狮子，南宫东北角即为古代地中海世界七大奇观之一的“空中花园”。城中有神庙多处。主神马尔杜克的神庙埃萨吉拉和塔庙埃特曼安吉位于内城中心，埃特曼安吉塔庙就是著名的巴别塔；母神宁玛赫庙和女战神伊丝塔尔庙均位于游行大街之东、伊丝塔尔门外。其中宁玛赫庙为长方形土坯砌建筑物，表面有白色灰泥装饰。巴比伦建筑创造了用土坯和砖砌筑拱券，以彩色琉璃砖作为建筑装饰的技术。这种技术传到小亚细亚、欧洲和非洲，对后来的拜占廷建筑和伊斯兰建筑有很深的影响。城址中出土的遗物有陶器、玻璃器、各种武器、装饰品、圆筒印章、护身符、铭文泥板、浮雕泥板等。

巴比伦城的伊丝塔尔城门（西亚巴比伦－亚述时代）

巴比伦空中花园 Babylon, Hanging Garden of 新巴比伦国王尼布甲尼撒二世为他的妃子建造的花园。建于公元前6世纪，被誉为世界七大奇观之一。古罗马历史学家斯特拉波和希腊历史学家狄奥多罗斯对此园有不同的记载。据后者的描述，此园建有不同高度、越上越小的台层组合成的剧场般的建筑物。每个台层以石拱廊支撑，拱廊架在石墙上，拱下布置成精致的房间，台层上面覆土，种植各种树木花草。顶部有提水装置，用以浇灌植物。这种逐渐收分的台层上布满植物，如同覆盖着森林的人造山，远看宛如悬挂在空中。这座花园可算作最古老的屋顶花园。

巴比伦空中花园复原图

巴比伦之囚 Babylonian Exile 古犹太人被掳往巴比伦的历史事件。公元前597～前538年，犹太王国两度被新巴比伦王国国王尼布甲尼撒二世征服，大批民众、工匠、祭司和王室成员被掳往巴比伦。公元前538年波斯国王居鲁士灭巴比伦后，被囚掳的犹太人才获准返回家园。这段历史对犹太教改革产生了巨大影响。

巴比塞 Barbusse, Henri (1873-05-17～1935-08-30) 法国作家、社会活动家。生于阿斯尼埃尔，卒于苏联莫斯科。早期出版过诗集《泣妇》(1897)。长篇小说《哀求者》(1903)和《地狱》(1908)，描绘人生的苦难和孤苦无依的人们，表现了作家对现实的不满和强烈的人道主义激情。1915年写出成名作《炮火——一个步兵班的日记》，如实地记录了贝特朗步兵班在16个月里的战争生活。1919年与罗曼·罗兰一起创办反帝团体“光明社”和《光明》杂志。此后陆续发表了小说《光明》(1919)、《镣铐》(1924)、《锁链》(1925)，短篇小说集《力量》(1926)，以及历史和社会评论。从1926年起任《人道报》的文学主编。

1932年8月与罗曼·罗兰共同主持了在阿姆斯特丹举行的世界反战同盟大会。

巴比松画派 Barbizon school 法国19世纪的风景画派。巴比松系巴黎南郊约50千米处的一个村落，以风景优美著称。画派活跃于19世纪30～40年代，主张描绘具有民族特色的法国农村风景。

法国风景画有其自身的传统，早在17世纪，就有克洛德·洛兰和N.普桑的风景画。巴比松画派又从17世纪荷兰风景画和19世纪英国风景画获得启发，提出了面对自然写生的主张。它不仅用写实手法表现自然的外貌，而且致力于探索自然界的内在生命，力求在作品中表达画家对自然的真诚感受。巴比松画派以真实的自然风景画创作否定了学院派虚假的历史风景画程式。它的创作成果使法国风景画从新古典主义的束缚下解放出来，也揭开了19世纪法国写实主义美术运动的序幕。

特罗容作《家畜》

巴比松画派的成员有T.卢梭、N.-V.迪亚兹·德拉佩纳、C.特罗容、J.杜普雷、C.-F.多比尼、C.-E.雅克等，其中卢梭为画派的领袖。

巴比松画家们的创作经验，特别是对景写生，以求获得真实新鲜的感受和使画面色调响亮起来的艺术主张和实践，给以后的欧美风景画家，包括印象主义以重要启示。

巴别尔 Babel, Isaak Emmanuilovich (1894-07-13～1941-03-17) 苏联作家。生于敖德萨，卒于莫斯科。1919年起陆续写了一系列记述红军第一骑兵队战斗生活的短篇小说，后来收在短篇小说集《骑兵队》(1924)和《敖德萨的故事》(1931)中。《骑兵队》中既有正面的英雄形象，也有关于无组织无纪律的无政府主义士兵的描写。战士们身上往往是人性和残忍、理智与放纵交替出现，黑白两色反差极大。作品曾引起争议。还写有电影脚本《漫游的星星》(1926)，剧本《晚霞》(1928)和《玛丽雅》(1935)等。

巴布尔 Bābur (1483-02-15～1530-12-26) 印度莫卧儿王朝的创建者。生于中亚费尔干纳，卒于阿格拉。帖木儿后裔。原名扎希尔·乌德·丁，巴布尔系绰号，意为老虎。1494年继费尔干纳王位。1497年夺取了帖木儿王朝的首府撒马尔罕。1501年被乌兹别克人击败，失去王位。1504年南下阿富汗，入据喀布尔。1510年12月，昔班尼汗兵败阵亡。巴布尔趁机借助波斯军于1511年10月收复撒马尔罕。但不久就被反攻的乌兹别克人打败。巴布尔再退往喀布尔。1519年进入北印度。1526年在帕尼巴特战役中，以2.5万人打败德里苏丹易卜拉欣·洛迪的10万大军，攻占德里，建立莫卧儿王朝，自称印度皇帝。

巴布尔不但是一个成功的君主，而且是一个诗人和察合台文大师。他写的回忆录《巴布尔纳玛》是研究15～16世纪中亚史和印度史的第一手资料。

巴布教徒起义 Babis Uprising 1848～1852年伊朗人民的反封建起义。因参加者以巴布教徒为主，故名。设拉子商人米尔扎·阿里·穆罕默德在从事宗教活动多年后，于1844年自称是救世主把意旨传达于世人的巴布（意为门户）。1847年他进一步自称为马赫迪，即救世主；并仿《古兰经》写成《默示录》——巴布教的圣经，创巴布教。主张制度和法律应保障人身自由和人民财产，保障贸易和商业利益，男女平权，人人平等而幸福。

巴布教徒最初企图在统治集团中传教，但未获成功。1847年巴布被捕入狱，各地遂纷纷起义。起义的主力为农民、手工业者和商人，领导者为低级教士和商人。最大的3次起义为：1848～1849年的马赞德兰起义，1850年赞兼起义和尼里士起义。国王惊恐，于1850年7月9日将巴布处死，并调集重兵对各地起义进行镇压。因力量悬殊，到1852年各地起义据点先后被击破，无数巴布教徒惨遭杀害，起义失败。

巴布亚人 Papuans 太平洋西南部新几内亚岛（伊里安岛）及附近岛屿的居民。约504.91万人(2001)。属尼格罗-澳大利亚人种巴布亚类型和美拉尼西亚类型。语言自成语系语族，与世界其他语言没有亲属关系。部分人通用英语和皮钦语。崇拜祖先和图腾，迷信精灵和巫术。有些人信基督教。巴布亚人的祖先可能在5万年前开始从东南亚迁入，后又不断与新的移民互相混合。自18世纪末起历受荷、德、英、澳殖民统治。1963年西部划归印度尼西亚，1975年东部宣告独立，建巴布亚新几内亚独立国。巴布亚人长期从事原始农业，种植薯芋、豆类、西米、香蕉和甘蔗；山区辅以采集和狩猎；沿海则以渔业为主。现部分人进入城市、矿山和农场，靠工资生活。独立后，城市建设和工矿业、交通运输业发展较快。善于雕刻、制陶和造船。喜戴鼻饰，流行斑痕文身。住房多为高脚茅屋，村庄围有栅栏。

巴布亚男子

巴布亚新几内亚 Papua New Guinea 南太平洋西部国家。西与印度尼西亚的巴布亚省接壤，南隔托雷斯海峡与澳大利亚相望。面积462 840平方千米。人口630万(2006)。居民中78%属巴布亚人，20%属美拉尼西亚人，其余为密克罗西亚人、波利尼西亚人、华人和欧洲裔居民。英语为官方语言，方言有820余种，居民中流行“皮钦语”(即当地方言与英语的混合语言)。多数居民信奉各种原始宗教，少数信奉基督教新教。全国分为19个省和首都行政区，其中布干维尔省是自治省。首都莫尔兹比港。

地理 由新几内亚岛（伊里安岛）东半部和俾斯麦群岛、路易西亚德群岛和布干维尔岛等800多个岛屿组成。海岸线全长8 300千米。新几内亚部分占全国面积的85%。东半部山岭重叠，中部中央岭等主要山系横亘东西。最高峰威廉山海拔4 509米。其他各岛屿也都崎岖多山，边缘有低洼的珊瑚礁。平原、低地主要分布于岛屿沿海地区。常有地震发生和火山喷发。较大的河流均发源于中部山地，并分别向南北注

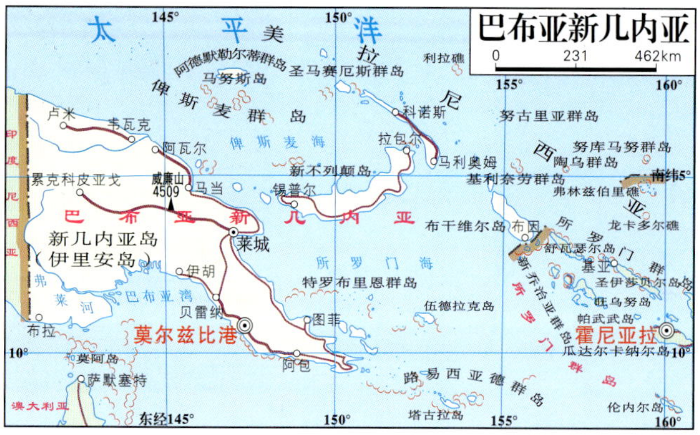

入海洋。西南部的弗莱河径流量最大，长1 200余千米。北部有塞皮克河、拉穆河、马克姆河等河流，上游多湍流、瀑布，水力资源丰富。近海水域分布着多种重要的经济鱼类。大部分地区属赤道雨林气候和热带湿润气候。气候炎热，因风向季节性变换、海拔高度与坡向影响，各地气候差异很大。沿海地区年平均气温21～32℃，山区略低。平均年降水量2 500毫米。5～10月为旱季，11～4月为雨季。热带雨林密布，森林覆盖率80%左右。矿藏资源丰富，布干维尔岛的铜矿储量居世界前列，可供开采的矿床还有金、铬、镍、铝矾土等。海底天然气和石油资源已经得到大规模的开发利用。

历史 最早的史前人类遗迹可以回溯到5万年以前。公元前8000年左右，新几内亚高地已经有人定居。1511年，葡萄牙人“发现”新几内亚岛。18世纪下半叶，荷兰、英国、德国殖民者接踵而至。1884年，英、德两国瓜分了新几内亚岛东半部及其附近岛屿，在沿海一些地区建立了少数热带作物种植园。1906年英属新几内亚交由澳大利亚管理，改称澳属巴布亚领地。第一次世界大战期间，德属部分为澳大利亚军队占领。1920年底，国际联盟将其委托澳大利亚管理。第二次世界大战期间，日本军队曾占领新几内亚岛，战后，联合国委托澳大利亚继续管理德属部分。1949年，澳大利亚将原英属和德属两部分合并，称巴布亚新几内亚领地。1973年底实行内部自治。1975年9月16日独立，称巴布亚新几内亚独立国。

政治 实行内阁制。国民议会只设一院，有109个议席，任期5年。政府由议会中占多数的政党或政党联盟组阁。内阁对议会负责。作为英联邦成员，国家元首为英国女王。总督为其代表，不掌握实权。政党较多，主要有国民联盟党、人民进步党、人民行动党、人民全国代表大会党、巴布亚新几内亚党、潘古党等。巴布亚新几内亚军队建立于1940年，与澳大利亚签有防务合作协议。

经济 近现代工业起步较晚，是发展中国家。矿产、石油和经济作物种植是经济的支柱产业。制造业基础薄弱、发展缓慢。为南太平洋最大的椰油和椰干生产国。渔业资源丰富，盛产金枪鱼、对虾和龙虾等，但主要由外国渔船捕捞。旅游业在国民经济中占有一定地位，游客主要来自澳大利亚、美国、英国、日本、新西兰等国。公路总长2.5万千米。沿海地区水运较发达，有莫尔兹比港、莱城和拉包尔等港口。新几内亚航空公司是国内最大的航空公司。注册机场492个，主要机场有杰克逊国际机场、芒特哈根机场等。国家财政长期入不敷出，一直依赖于国际援助，最大的援助国为原先的宗主国澳大利亚。货币名称基那。2009年国内生产总值79.50亿美元（估计值）。外贸依存度较高，出口铜、金、矿砂、原木、原油、椰干、椰油、可可、咖啡等初级产品，进口食品、饮料、纺织品、化工产品、燃油和机电、运输设备。主要贸易对象为澳大利亚、日本、新西兰、中国、韩国、英国、新加坡、美国和德国。各主要行业几乎均为澳、日、英、美等外国资本所控制。

巴布亚人传统舞蹈

文化 全国实行初级教育6年，中级教育4～6年，有官办和民办两种学校。全国有社区中小学3 000多所，21所私营城乡国际学校和6所大学。主要报刊有《国民报》、《巴布亚新几内亚信使邮报》、《独立报》和《同乡报》。巴布亚新几内亚国际通讯社为官方通讯社。巴布亚新几内亚国家广播委员会成立于1973年，经营两套全国性英语广播节目。仅有的1个电视台坐落在首都。

对外关系 对外奉行独立政策，与原宗主国澳大利亚和其他英联邦国家之间保持密切联系。近年来与东盟各国之间的关系发展较快。在经贸领域与日本关系密切。在军事等领域与美国有紧密合作。1991年成为东盟观察员。1993年加入亚太经济合作组织。在继续与澳大利亚和新西兰等南太平洋国家和欧美国家发展关系的同时，把外交重点进一步转向中国、日本、韩国和东盟各国。已与69个国家建立外交关系。1976年10月12日与中国建交。

巴布亚诸语言 Papuan languages 主要分布于新几内亚及其周围地区，以及分布于西起阿洛尔群岛、哈马黑拉岛和帝汶岛，东达圣克鲁斯群岛的大片地区的数百种语言。美国有的语言学家把它们称为印太诸语言或非南岛诸语言。

“巴布亚”这个名称在此仅表示地理概念，而不是语言概念，因为巴布亚诸语言彼此差别很大，不可能用一个语言学上的名称概括。已证实有远亲关系的语言计350～450种，使用者分布在新几内亚大陆3/4的地区，构成新几内亚中部大语群。美国语言学家J.H.格林伯格认为，这一大语群主要由七组语言组成：中部诸语言、东部诸语言、东北部诸语言、北部诸语言、南部诸语言、西南部诸语言和西部诸语言。其余200多种语言，有的语言学家将其中的大部分划为若干大小不等的语群，约有50种应视为独立的语言，另一部分语言的亲属关系不明。

巴布亚诸语言中，使用人数超过1万的不多，许多语言的使用人口不过几百，有的只有几十。新几内亚的内陆地区交通不便，居民往来很少，使用的语言不能互通。

巴布亚诸语言在结构上差异相当大，但多数语言有某些共同特征：①语音方面，许多都是声调语言，词义随声调而变；有元音交替现象；声调系统和重音类型及音节长度之间的相互作用十分复杂。②词汇方面，许多语言都有性和名词的类别，有的语言类别多达10个以上；许多语言没有冠词。③语法方面，名词常有格的变化，但数的变化不常有；典型的语序是主－宾－动型。

巴丹吉林沙漠 Badain Jaran Desert 中国第三大沙漠。面积约5万平方千米。主要属内蒙古额济纳旗和阿拉善右旗，东部小范围属阿拉善左旗。在沙漠范围内，除东、南、北部有小面积的准平原化基岩和残丘外，

巴丹吉林沙漠西部的胡杨林

广大地区全为沙丘覆盖，其中流动沙丘占80%。沙漠东南部有140多个内陆小湖，湖水多为咸水，不能饮用。湖周植物生长茂密，多为湿生、盐生等类型，湖周围常为牧场及聚落所在。沙漠西部的额济纳旗胡杨林区是国家级胡杨林自然保护区。沙漠地区属中温带大陆性气候，年降水量50～60毫米，年平均气温7～8℃，沙面温度达70～80℃。沙丘上植物较少，仅于沙丘下部或丘间低地生长有稀疏灌木、半灌木，除梭梭林外，主要生长有沙拐枣、沙竹、霸王、木蓼、沙蒿、柽柳、沙葱等，在沙山与湖泊间常出现有白刺沙堆。

巴德沙清真大寺 Bādshāhi, Masjidi 伊斯兰教清真寺。位于巴基斯坦拉合尔城北。意译皇家清真寺。由印度莫卧儿王朝皇帝奥朗则布的火炮总管费达依汗监督兴建，1674年

巴德沙清真大寺外景

竣工。全寺坐落在距地面约10米的高台上，东面入口处有22级红石铺砌的宽大台阶，直通用红色大理石砌成的拱门。寺前有面积近万平方米宽敞明净的大理石广场。礼拜大殿呈长方形，上有三个白色大理石圆顶。庭院四角高耸的白色尖塔寺院围以红色外墙。整个建筑蔚为壮观。寺内珍藏的一部历时10年用金线刺绣而成的《古兰经》最为珍贵。

巴蒂 Baty, Gaston (1885-05-26～1952-10-13) 法国导演、戏剧理论家。生于里昂佩吕桑，卒于佩吕桑。1919年，在冬季马戏团首次导演《大型牧歌》一举成名。巴蒂着意建立艺术戏剧，导演了H.R.勒诺芒的《西蒙》(1920)、P.克洛代尔的《给圣母报信》。1923年创办美人鸟剧团。他导演的《玛雅》(1924)、《心灵的呼号》(1928)等剧目，使他名声倍增。1930～1947年，巴蒂任蒙帕纳斯剧院院长，导演了一系列驰名剧坛的佳作。而后他一度从事木偶戏的演出。晚年为普罗旺斯喜剧院负责人。

巴蒂强调导演的绝对权威，认为导演的根本使命是表现可见宇宙之外的看不见的诗意及神秘的宇宙。他的导演手法独特，突出灯光布景的设计，被视为法国当代导演的先驱。

巴丁 Bardeen, John (1908-05-23～1991-01-30) 美国理论物理学家。生于威斯康

星州麦迪逊城，卒于波士顿。1936年获普林斯顿大学博士学位。历任哈佛大学初级研究员，明尼苏达大学物理学助理教授，美国海军军械实验室研究人员，贝尔实验室研究员，伊利诺伊大学教授，美国总统科学顾问委员会委员，美国物理学会会长。美国科学院院士。研究领域包括半导体器件、超导电性和复制技术。1947年12月23日，巴丁与W.B.肖克莱和W.H.布拉坦制成点接触晶体管，共同获得1956年诺贝尔物理学奖。50年代初开始研究超导现象，1957年与合作者提出巴丁-库珀-施里弗理论（BCS理论），对超导电性作出了正确的解释。为此，巴丁与L.N.库珀、J.R.施里弗共同获得1972年诺贝尔物理学奖。

巴顿 Barton, Derek Harold Richard (1918-09-08～1998-03-16) 英国有机化学家。生于肯特郡格雷夫森德，卒于美国得克萨斯州科利奇站。1940年毕业于伦敦帝国理工学院，1942年获哲学博士学位。1945年任帝国理工学院讲师。1949～1953年在美国哈佛大学任有机化学访问教授。1953年回国，任伦敦大学伯

克贝克学院教授。1955年任格拉斯哥大学教授。1957年后回伦敦帝国理工学院，任有机化学教授。1978年成为伦敦大学荣誉教授。1994年当选中国科学院外籍院士。他阐明了分子的特性与它们的空间构型和构象之间的关系，提出了一些甾族化合物的构象；50年代初，关于构象分析的著名论文公开发表。60年代后，发明了著名的合成醛甾酮的一种简便方法，后被称为“巴顿反应”。他因测定一些有机物的三维构象所作的贡献而与O.哈塞尔共获1969年诺贝尔化学奖。

巴顿 Patton, George Smith (1885-11-11～1945-12-21) 美国陆军上将。生于加利福尼亚州圣加夫列尔，卒于德国。1909年毕业于西点军校。1917年参加第一次世界大战，负责组建美军第一个装甲旅，战后曾长期在装甲部队任职，对坦克的运用有深入理解。1935年起历任第2装甲旅旅长、第2装甲师师长、第1装甲军军长等职。1942年11月指挥北非远征军西部特遣部队登陆法属摩洛哥。后负责组建美国第7集团军，并于1943

年7～8月指挥该部参加西西里岛登陆战役。1944年1月前往英国就任美国第3集团军司令。阿登战役中，指挥所部从德军翼侧发起反击，驰援坚守巴斯托涅的美军。1945年3月率部突破齐格菲防线，强渡莱茵河。4月晋升上将，率部突入德国腹地，占领巴伐利亚并向捷克斯洛伐克和奥地利边境推进。德国投降后任巴伐利亚军事长官、第15集团军群司令。12月因车祸身亡。

巴顿 Paton, Yevgeny Oskarovich (1870-03-04～1953-08-12) 苏联焊接专家和桥梁建筑专家，乌克兰科学院院士。生于法国尼斯，卒于基辅。1896年毕业于彼得堡公路工程学院，1898年后在莫斯科工程学院、基辅工学院任教。1929年始研究电焊，1930年组建了焊接实验室。1934年实验室改建为电焊科学研究所，首任所长。1945年研究所被命名为巴顿焊接研究所。在焊接方面主要研究焊接过程的自动化，创立熔剂层下的焊接方法和提出焊接的强度等问题，并探讨特种钢的焊接方法和在工业中推广新的焊接方法。在他的参与下设计并制成第一批焊接生产自动线，研制出自动焊接装置，创造了管道和容器等焊接方法。1953年，由他领导在基辅建造了一座通过第聂伯河的全焊接结构的桥梁，并以其姓氏命名。1941年获苏联国家奖。

《巴顿将军》 *Patton* 美国故事片。1970年20世纪福克斯电影公司出品。编剧F.F.科波拉、E.诺斯，导演F.沙夫纳，摄影F.康恩肖普，主演G.斯科特、K.马尔登、M.贝茨。1943年2月，美军在北非受挫，G.S.巴顿将军调任第2军军长。巴顿到任，联军连连获胜，德军被全部赶出非洲。在摩洛哥、西西里、诺曼底登陆等战役中，巴顿虽不断获胜，但也屡犯军纪，受到处分。1944年1月，被任命为美军第3集团军司令，攻占了巴黎，直捣法德边境。同年12月，又粉碎了德军的冬季攻势，创造了美军史上罕有的战绩。德国投降，巴顿对苏军元帅出言不逊，不久又雇用纳粹分子。离开军队的巴顿成为一个无所事事的孤独老人。《巴顿将军》公映后，在弘扬美国军威、树

立美国强大的军事形象方面发挥了重要作用。影片获1970年第43届奥斯卡金像奖最佳影片等7项大奖。

巴尔迪斯 Balthus (1908-02-29～2001-02-18) 法国画家。生于巴黎，卒于瑞士罗西尼耶尔。又译巴尔蒂斯。原名巴尔塔扎·克罗索斯基。1934年在巴黎举办了第一次个人展览。此后长期隐居在巴黎近郊，直到1961年出任罗马法兰西美术学院院长。前期作品描绘的街景和室内景物具有写实特色，而且含有魔幻的气氛，受到早期文艺复兴、早期现代主义和超现实主义的影响，并将其融合。后期作品更加关注人的

《飞蛾》(1954～1960)

内心世界，细致地揭示人物（特别是青年）隐蔽复杂的心理状态，色彩更丰富，更亮丽，他称自己在创造“一种可传递事物之神并表现所见到现实之美的绘画”。

巴尔的摩 Baltimore 美国马里兰州最大城市，大西洋岸重要海港。位于该州中北部，切萨皮克湾顶部西侧，帕塔普斯科河河口附近。市区面积209.3平方千米，人口63.69万（2008)；包括周围6县的大都市区人口266.71万（2008），隶属华盛顿-巴尔的摩联合大都市区。17世纪初欧洲移民到此定居。1729年英国移民在帕塔普斯科河河口建立城镇。1797年设市。1811年建成通往内地的国家公路；1827年美国第一条铁路通车，继又通纽约、费城等沿海港口城市；1830年特拉华-切萨皮克运河沟通后，出海距离大为缩短。巴尔的摩迅速发展为美国东海岸的重要海港和工商业中心。两次世界大战刺激城市工业进一步发展，经济趋于多样化，人口激增。工业发展以进口原料为基础，钢铁、造船和有色冶金（以炼铜为主）为三大工业部门，斯帕罗斯角钢铁联合企业规模居世界前列；其次是炼油、化工、军火、电子、食品和服装等工业。新兴以生物技术为中心的高科技产业。天然良港，码头岸线总长70千米，有200多个泊位和现代化装卸、仓储设施。3条铁路干线、多条州际公路和环城高速公路均通达港区，构成城市对外联系的陆路交通网。巴尔的摩-华盛顿国际机场位于城南。

市内多反映美国早期历史的旧迹，有“不朽城”之称。1814年战火中的麦克亨利堡是美国国歌《星条旗之歌》据以诞生的地方，该堡现已辟为国家保护区和历史圣地。城北芒特弗农广场上高耸的华盛顿纪念碑于1829年落成，附近有美国罗马天主教教堂（1806～1821)。1797年美国最大的战舰“星座”号在巴尔的摩起航，该舰现已辟为博物馆。巴尔的摩也是美国东部重要的文化城，拥有60余家联邦研究机构，30余所高等院校，设有马里兰州科学院。1994年落成的哥伦布中心为海洋生物技术研究中心。有约翰斯·霍普金斯大学、摩根州立大学、马里兰大学、巴尔的摩大学、皮博迪音乐学院等高等院校。有图书馆、艺术陈列馆、美术馆以及歌剧院、剧场等文化设施。

巴尔的摩 Baltimore, David (1938-03-07～) 美国病毒学家。生于纽约。1956年入宾夕法尼亚州斯沃斯摩学院攻读生物学，1960年获化学学士学位。后到马萨诸塞理工学院、爱因斯坦医学院、哈勃实验室、洛克菲勒大学深造。1964年获洛克菲勒研究所生物学博士学位。1965～1968年任职于加利福尼亚拉霍亚的索尔克研究所。1968年在马萨诸塞理工学院研究肿瘤病毒。他发现某些RNA组成的癌瘤病毒可将其遗传信息传给DNA，证明病毒自我复制时不需要DNA参加，而是通过转录RNA起重要作用的酶，即转录酶。1975年他和H.M.特明、R.杜尔贝科共获诺贝尔生理学或医学奖。

巴尔干半岛 Balkan Peninsula 欧洲南部三大半岛之一。位于南欧东部，北以多瑙河下游、萨瓦河（西至的里雅斯特）为界，西临亚得里亚海，东临黑海，东南隔黑海海峡与亚洲小亚细亚半岛相望，南滨伊奥尼亚海和爱琴海。面积50.5万平方千米，包括阿尔巴尼亚、波斯尼亚和黑塞哥维那、保加利亚、希腊和马其顿的全部领土，塞尔维亚、黑山、斯洛文尼亚、克罗地亚、罗马尼亚、土耳其等国的部分领土。半岛地处欧、亚、非三大陆之间，是联系欧亚的陆桥，地理位置十分重要。

地形以山地为主，约占总面积的7/10，“巴尔干”土耳其语意即“多山”。迪纳拉山脉-品都斯山脉纵贯半岛西部；东北部斯塔拉山脉（巴尔干山脉）横贯保加利亚全境；东中部为罗多彼山地和马其顿山丛，穆萨拉峰海拔2 925米，是半岛的最高峰。山间河谷平原分布分散，面积较广的有多瑙河下游平原、萨瓦河平原、马里查河谷地、摩拉瓦-达尔瓦尔河谷地等。除多瑙河、萨瓦河外，其他河流多短小湍急。海岸线曲折，多良港。半岛西部和南部沿海为地中海型气候，内部属大陆性气候；山地气候则呈垂直变化。山区森林广布。有铜、锌、铅、铬、煤等矿。

巴尔干同盟 Balkan League 保加利亚、塞尔维亚、希腊和门的内哥罗为反对土耳其而建立的政治军事同盟。14世纪以后，巴尔干半岛各民族长期受土耳其的统治和压迫。塞、保经过多次谈判，于1912年3月13日签订《塞保同盟条约》。双方约定：互相保证各自国家的独立和领土完整，如其中一方遭到他国侵犯，另一方应全力支援；当任何大国（暗指奥地利）企图兼并巴尔干领土时，双方应以全部武装力量互援。5月29日，保、希两国签订《希保防御同盟条约》。条约规定：当土耳其攻击缔约国一方领土或者破坏根据条约或国际法基本原则所享有的权利时，双方应以全部武装力量互援。9月，门的内哥罗和塞、保也达成共同对土作战的协议。至此，以保加利亚为核心的巴尔干同盟遂告形成。同盟的目的是使巴尔干各国以及整个巴尔干半岛摆脱土耳其统治，反对大国兼并。在第一次巴尔干战争中，同盟各国联合对敌，取得反土战争的胜利，结束了土耳其在巴尔干半岛的统治。但在反土战争胜利后，同盟各国因争夺领土，导致1913年第二次巴尔干战争，同盟遂瓦解。

巴尔干战争 Balkan Wars 1912～1913年间为争夺土耳其在巴尔干的属地而引发的两次战争。

第一次巴尔干战争(1912～1913) 巴尔干同盟对土耳其的战争。20世纪初，巴尔干各族人民反对土耳其统治，争取民族独立的斗争日益高涨。1912年10月9日，门的内哥罗首先向土宣战，17、18日，保加利亚、塞尔维亚和希腊先后参战。保军进攻色雷斯，在东部战场与土军战斗，中部战场主要是塞、土两军角逐，西南战场则是希、门、塞三国联军与土军抗衡。土军三面受敌，节节败退。10月底保军逼近土耳其首都君士坦丁堡。11月初，土耳其

请求欧洲列强调停，并于12月3日与保、塞、门三国签订休战协定。在欧洲列强斡旋下，1912年12月16日土耳其与四交战国在伦敦议和谈判。1913年1月23日，土耳其国内发生政变，新政府在德国的支持下态度强硬，和谈破裂。2月3日，战事再起。3月5日，希军攻克亚尼纳。3月26日，保、塞联军攻陷亚得里亚堡。4月22日，斯库台土军投降。土耳其再次求和。5月30日，土耳其与巴尔干四国签订《伦敦条约》。条约规定，埃内兹至黑海的米迪耶一线以西的土耳其欧陆属地（阿尔巴尼亚除外）和克里特岛割让给巴尔干同盟国家；阿尔巴尼亚独立，但须受俄、英、法、德、奥、意六大国监督；爱琴海诸岛问题则由德、奥、英、俄四国处理。

第二次巴尔干战争（1913-06～1913-08） 以保加利亚为一方，希腊、塞尔维亚、罗马尼亚、门的内哥罗和土耳其为另一方的战争。1913年6月1日，塞、希秘密订立反保同盟，罗马尼亚旋即加入。6月29日，保对塞、希发动突然攻击，遭到猛烈抵抗。罗立即向南进军，土耳其欲乘机收复失地，于7月16日向保加利亚发动进攻。保加利亚四面受敌，不断受挫，至7月29日力屈乞和。7月30日，交战双方在布加勒斯特召开和会，8月10日签订了《布加勒斯特条约》。依约，塞取得马其顿的大部，希取得马其顿南部（包括萨洛尼卡）、色雷斯西部和克里特岛，罗取得南多布罗加，土收回东色雷斯和亚得里亚堡，门的内哥罗的领土也有扩充。

战后，巴尔干诸国的组合发生变化。原先的反土同盟不复存在，代之而起的是两个集团：一方是塞尔维亚、希腊和罗马尼亚；另一方是保加利亚和土耳其。通过两次巴尔干战争，塞尔维亚实力大为增强。

巴尔加斯·略萨 Vargas Llosa, Mario (1936-03-28～) 秘鲁作家。生于阿雷基帕。1957年毕业于圣马科斯大学。1958年获马德里中央大学博士学位。1963年出版第一部长篇小说《城市与狗》。1965年出版长篇小说《绿房子》，反映秘鲁原始森林和海滨城市的生活。创作的长篇小说还有《大教堂中的谈话》(1970)、《潘达雷翁上尉与劳军女郎》(1973)、《胡莉娅姨妈与作家》(1977)。此外，还创作了一些中短篇小说、散文和文学评论。1976年8月在第41届国际笔会代表大会上被推选为主席，这是拉丁美洲的作家第一次担任这个职务。2010年获诺贝尔文学奖。巴尔加斯·略萨提倡"不妥协"的文学，主张"文学要抗议，要控诉，要批判"。在创作方法上，保持了现实主义的某些传统手法，同时又吸收现代派意识流中的一些技巧，对小说的结构进行改革，故有结构现实主义之称。

巴尔喀什湖 Balkhash Ozero 哈萨克斯坦东部的**堰塞湖**。中国传统名夷播海。湖面海拔340米，东西长605千米，南北宽9～74千米。面积随水位高低变化，为1.7万～2.2万平方千米。水深26米。大体以湖中部萨雷耶瑟克半岛以北的乌泽纳拉尔湖峡（宽约3.5千米）为界，分为东西两部分：西部有伊犁河注入，占总流入水量75%～80%，水淡且浅，平均含盐量1.48；东部仅有数条小河注入，水微咸且深，平均含盐量10.42。北岸同哈萨克丘陵毗连，为高岩岸；南岸为低平沙岸，芦苇丛生，多小湖沼。湖区属温带大陆性气候，1月－15℃、7月24℃左右，西部高于东部。平均年降水量约120毫米。11月底至翌年4月初湖面冰冻。湖中盛产鲤、鲈、鳊、鲟、狗鱼、弓鱼等，渔获量居独联体国家淡水湖之冠。北岸为著名的铜矿带，巴尔喀什是全国重要的炼铜中心。湖上可定期通航，主要湖港有布雷尔拜塔尔和布尔柳托别。

巴尔扎克 Balzac, Honoré de (1799-05-20～1850-08-18) 法国小说家。生于图尔，卒于巴黎。幼时在教会学校读书。1816年进入大学攻读法律。在诉讼代理人和公证人的事务所当过见习生。20岁时从事文学创作，但都不成功。后经营印刷厂和铸字厂，结果都宣告失败。1829年发表《舒昂党人》，以共和国军队平定布列塔尼封建势力的武装叛乱为题材，第一次用真名发表，初步奠定了他在文学界的地位。接着发表的哲理小说《驴皮记》(1831)获得成功，使他成为法国最负盛名的作家。

1841年巴尔扎克决心写作总题目为"人间喜剧"(1829～1848)的风俗史。从客观现实出发，如实地反映社会生活的光明面和黑暗面，并且突出典型事件和典型人物。

《人间喜剧》分为《风俗研究》、《哲理研究》和《分析研究》三大部分，原计划写作137部小说。其中《风俗研究》是《人间喜剧》的主体，它要描绘的是复辟王朝时期的人情风俗，分为《私人生活场景》、《外省生活场景》、《巴黎生活场景》、《政治生活场景》、《军旅生活场景》和《乡村生活场景》6个门类。他夜以继日地勤奋写作，虽然未能完全实现原定的计划，但是在不到20年的时间里，已经完成了91部长篇小说。这些小说包括2 400多个人物，从各个方面反映了法国19世纪上半叶的社会现实，构成了一幅社会变革时期的宏伟历史画卷，是一部名副其实的社会百科全书。

巴尔扎克的文学创作道路可以分为三个阶段。

第一阶段是1829～1835年。共有40多部作品，大部分是中短篇小说，包括刻画生财有道的高利贷者的《高布塞克》(1830)、讽刺贪欲的《驴皮记》(1831)、表现资产阶级与贵族斗争的《都尔的本堂神甫》(1833)等。这一阶段的代表作是《**欧也妮·葛朗台**》(1833)和《**高老头**》(1834)。小说从不同的角度反映了资本主义社会里金钱对人心的败坏，淋漓尽致地揭露了资产者的贪婪和虚荣。《夏倍上校》(1832)也是一部比较重要的作品，反映一个拿破仑时代的军官在国外流浪了10年及回国之后的悲惨遭遇，揭露了社会矛盾。

第二阶段是1836～1842年。写有30多部作品，其中《无神论者做弥撒》(1836)塑造了品质高贵的挑水夫，《幽谷百合》(1836)揭露了外省贵族的腐朽没落，《比哀兰德》(1840)反映了复辟王朝贵族、教会与资产阶级的斗争，《赛査·皮罗多盛衰记》(1837)写观念陈旧的老商人的破产，《纽沁根银行》(1838)写银行家的发迹，《于絮尔·米罗埃》(1841)则是一幕亲属之间争夺财产的丑剧。这一阶段最重要的作品《幻灭》(1837～1843)，塑造了青年野心家吕西安的形象。吕西安千方百计地跻身于贵族上流社会，经历了新闻出版界的种种无耻交易，以及保王党和自由党对他的拉拢和打击。小说通过逃犯伏特冷之口，深刻地揭露了人与人之间尔虞我诈的伪善关系。

第三个阶段是1843～1848年。这一阶段巴尔扎克共创作了十多部作品，比较重要的有《交际花盛衰记》(1843～1844)，描写了两个野心家的不同命运：一个因失败而自杀，另一个则跻身于统治阶层；《邦斯舅舅》(1847)是争夺一个名画收藏家遗产的故事。这一阶段的代表作是《贝姨》(1846)和《农民》(1855)。《贝姨》通过对于洛男爵和暴发户克勒凡的刻画，抨击了七月王朝时期大资产者的荒淫无耻和腐朽糜烂的社会风气，同时通过下层人民的悲惨生活，揭示了贫富之间的尖锐对立和日益激化的阶级矛盾。《农民》描写了农村中复杂的矛盾和斗争，是直接反映农村阶级斗争的长篇小说，反映了社会的变革和时代的进程。

巴尔扎克是一个伟大的现实主义作家。

虽然在1831年加入了保王党，在政治上拥护波旁王室，同情贵族阶级，但是依然如实地反映社会现实，指出了贵族阶级必然灭亡的命运。巴尔扎克作品的重要特色，就是真实地描写细节，塑造典型环境中的典型人物。他的小说不仅真实地描写环境、反映当时的社会现实，而且注重描写财产、房屋、家具、陈设、器皿、服装等涉及人的生活的各个方面，就连提供的经济资料也力求具体和详尽。

巴尔扎克具有惊人的观察力和记忆力。他不但博览群书、学识渊博，而且注重实地调查，以丰富的想象力对观察到的一切进行艺术加工，同时尽量采用各行各业人物特有的行话，因而使塑造的人物有血有肉、栩栩如生。他的小说同时也富于浪漫色彩，他笔下的人物众多，然而并不雷同，他们往往各自被一种炽烈的激情所控制。这种激情的火焰日夜焚烧着他们，以致最终葬送了他们的生命。某些作品如《长寿药水》(1830)、《绝对之探求》(1834)等不但想象丰富，甚至还带有神秘的意味。小说通过真实的情节和典型的人物，以富有特色的细节和语言，撕下遮盖在人际关系上的温情脉脉的面纱，无情地讽刺了人与人之间赤裸裸的金钱关系，深刻地批判了资产阶级自私和贪婪的本性，揭露了资本主义社会的本质，因而给读者留下强烈而深刻的印象。

巴尔扎克平均每年出版四五部小说，每天都要写作十四五个小时，终于积劳成疾，51岁去世。在他之前，小说从总体上来说属于通俗文学，曾经受到古典主义者排斥。但是，巴尔扎克却以他的《人间喜剧》这座丰碑，使小说艺术达到了前所未有的高峰，在世界上产生了广泛而持久的影响。

巴耳末 Balmer, Johann Jakob (1825-05-01～1898-03-12) 瑞士物理学家、数学家。生于洛桑，卒于巴塞尔。曾在卡尔斯鲁厄大学和柏林大学攻读数学。1849年以关于

摆线的论文获博士学位。在巴塞尔女子中学任教多年，并兼任巴塞尔大学讲师。长期研究原子光谱线。1884年发现了氢光谱波长规律的经验公式，后称为巴耳末公式。由此计算得到的可见光谱线的波长和实验值的误差小于四万分之一，巴耳末公式成为后来发现其他光谱线公式的范例。1897年巴耳末又发表了可用以计算锂和铊的光谱线波长的公式。

巴伐利亚国家画廊 Bavarian State Picture Galleries 德国美术馆。在慕尼黑。由慕尼黑古画廊、新画廊、现代艺术国家画廊和国家版画陈列馆组成。其中尤以古画廊闻名世界，它珍藏欧洲14～18世纪的绘画。1528年，巴伐利亚的威廉四世公爵委托当时的著名画家画了一批反映重大历史事件的画，这些作品为绘画馆奠定了基础。经他的后继者们狂热收集，购进了不少佛兰德斯、荷兰、法国和意大利大师的作品，到路德维希一世时代画藏蔚为大观，如今的画廊便是他让宫廷建筑师L.von克伦策设计的。重要的收藏有A.阿尔特多费尔的《亚历山大之战》、A.丢勒的《四使徒》及拉斐尔、提香、P.勃鲁盖尔、E.格列柯、P.P.鲁本斯和伦勃朗等大师的作品。

巴芬岛 Baffin Island 世界第五大岛，加拿大最大的岛屿。加拿大北极群岛的组成部分，行政上属努纳武特地区。东隔巴芬湾和戴维斯海峡与格陵兰岛相对，南隔哈得孙海峡与本土拉布拉多－昂加瓦半岛相望，西濒福克斯湾和布西亚湾。西北—东南向延伸，大部分位于北极圈以内。长1 500千米，宽200～700千米，面积507 451平方千米。地形以山地和高原为主。一条被冰川覆盖的山脊纵贯岛的东部，最高山峰2 060米。北部和南部为高原，中西部福克斯湾沿岸为低地。岸线曲折，多海湾和深长的峡湾。气候严寒，冬季漫长，1月平均气温－32℃；夏季短促，7月平均气温7℃。典型的自然景观是极地苔原和山地苔原。人口稀少，多数是因纽特人，以渔猎为生，在沿岸地带形成若干小聚落。大部分地区无人居住。最大的居民点伊卡卢伊特在费罗比舍湾顶端，为努纳武特地区首府，建有机场。北部蕴藏铅、锌、银、铁矿，西北端的纳尼斯维克为世界上最北的矿场。1972年在东岸坎伯兰半岛上建立奥尤伊图克国家公园。岛上建有气象站、空军基地（美）和雷达站（加、美），驻有加拿大皇家骑警队。1576年英国探险家M.弗罗比舍首先到达此岛。1616年英国航海家W.巴芬航行到此。

巴芬岛一角

巴芬湾 Baffin Bay 北冰洋属海。介于格陵兰岛（丹）与加拿大埃尔斯米尔岛、德文岛、巴芬岛之间，呈西北—东南走向。东南经戴维斯海峡与大西洋相通，北经史密斯海峡、罗伯逊海峡与北冰洋相连，西经琼斯海峡和兰开斯特海峡入加拿大北极群岛水域。1585年英国航海家J.戴维斯首先进入海湾探险。1616年英国航海家W.巴芬为寻找通往东方的西北航路，进入海湾，故名。海湾长1 126千米，宽112～644千米，面积68.9万平方千米。北部水深240米，南部水深700米，中央巴芬凹地最深2 400米。北极圈通过海湾南部，北端已达北纬80°，气候严寒。表层水温冬季－2℃，夏季5～6℃。盐度30～32，深处为34.5。全年仅8～9月可完全通航。海洋生物丰富，有鳕鱼、鲭鱼、大比目鱼等鱼类和海豹、黑鲸、海象、海豚等哺乳动物，沿岸地区栖息很多鸟类。当地因纽特人以渔猎为生。

巴甫利克 Pawlik, Kurt (1934-03-16～) 奥地利心理学家。生于维也纳。在维也纳大学学习心理学，1959年获哲学博士学位。1966年起任德国汉堡大学教授兼心理研究

所所长。主要研究领域包括：个体差异心理学、心理测量学、生物心理学和临床神经心理学。还研究环境心理学，从事全球环境变化的心理维度研究、城市居住条件的生态研究、对环境的态度的跨国研究等。发表论文170余篇。是《欧洲心理学家》的创刊人和主编、德文心理学专刊系列《心理学方法》和《心理学研究文集》的主编。著有《行为的维量》（第三版，1976）、《人格的多重变异研究》（1982），还参与主编《国际心理学手册》（2000，中译本2002）。

巴甫利克曾任德国心理学会主席（1972～1974）、国际心理科学联合会主席（1992～1996）、国际社会科学理事会（ISSC）主席（1998～2002）。也是奥地利科学文学一级十字奖章获得者。

巴甫洛夫 Pavlov, Ivan Petrovich (1849-09-26～1936-02-27) 苏联生理学家。生于梁赞，卒于列宁格勒。1883年在军事医学院获博士学位，1890～1924年任军事医学院药理学教授，1891年起兼任实验医学研究所生理研究室主任。晚年又领导了苏联科

学院生理研究所（巴甫洛夫生理研究所）的工作。十月革命后，建立了专门研究条件反射的实验站。

巴甫洛夫在学生时代就从事心血管神经调节的研究，提出了心脏营养神经的概念。1891年始研究消化生理，制成了保留神经支配的“巴甫洛夫小胃”，并创造了一系列研究消化生理的慢性实验方法，揭示了消化系统活动的一些基本规律，并总结发表在《主要消化腺讲义》一书中。为此获得1904年诺贝尔生理学或医学奖。20世纪初，研究重点转到高级神经活动方面。第一次用生理学中的“反射”概念来理解“心理性分泌”，建立了**条件反射**学说，其代表作是《大脑两半球活动讲义》和《动物高级神经活动客观性研究实验20年》。1907年当选为俄罗斯科学院院士；后又被英、美、法、德等22个国家的科学院选为院士。是28个国家（包括中国）生理学会的名誉会员和11个国家的名誉教授。

巴甫洛夫 Pavlov, Todor Dimitrov（1890-02-14～1977-05-08） 保加利亚哲学家、美学家、文艺批评家、社会活动家。生于马其顿的什提普，卒于索非亚。毕业于索非亚大学哲学系和教育系。1919年加入保加利亚共产党。1941～1944年因进行反法西斯斗争被关进集中营。1945年当选为保加利亚科学院院士，同年起任《哲学思想》主编。1946年起任索非亚大学教授。1947～1962年任保加利亚科学院院长，1962年起任名誉院长。从20世纪20年代起研究辩证唯物主义和历史唯物主义，在对列宁哲学思想的研究方面作出了重大贡献。在研究马克思主义哲学和具体科学的关系问题、保加利亚的历史问题、美学和文艺理论问题及批判资产阶级哲学等方面都有一定建树。主要著作有：《反映论》、《普通艺术理论》、《美学基本问题》、《辩证唯物主义哲学和各门科学》、《反映论和控制论》、《信息、反映和创造》、《列宁的反映论和现代》（主编）等。

巴甫洛娃 Pavlova, Anna Pavlovna（1881-02-12～1931-02-23） 俄国芭蕾表演家。生于圣彼得堡，卒于荷兰海牙。自圣彼得堡皇家戏剧学校毕业后，加入马林斯基剧院芭蕾舞团。她表演的角色几乎涉及传统芭蕾舞剧的所有女主人公。1907年，在M.M.**福金**为她度身创作的《天鹅之死》中塑造了不朽形象。1909年随S.P.**佳吉列夫**赴巴黎参加“俄罗斯演出季”。1910年自行组团作环球巡演，实现“为天下人跳舞”的理想，把古典芭蕾的优美典雅传播到世界各地。1912年定居伦敦，并建立了自己的剧团，在各地巡演。她舞风轻盈飘逸、质朴动人，被公推为“唯一能与19世纪芭蕾女明星M.塔利奥尼相媲美的20世纪芭蕾女明星”。

巴刚果人 Bakongo 非洲中部刚果河下游的居民。又称刚果人。共约1 243万人（2002）。主要分布在刚果（金，910万）、刚果（布，166万）和安哥拉（167万）。属尼格罗人种班图类型。包括维利、库尼、卡刚果、姆潘古、希刚果等20多个支系。通用刚果语，属于尼日尔-科尔多凡语系尼日尔-刚果语族。有用拉丁字母拼写的文字。多信万物有灵，盛行祖先崇拜和物神崇拜；有部分人信奉天主教。源自南迁班图人的一支，13世纪末或14世纪建立了早期奴隶制国家刚果王国。15世纪末，葡萄牙殖民势力曾一度侵入。19世纪末，刚果河下游地区被法国、比利时和葡萄牙瓜分。第二次世界大战后，巴刚果人所在的三国获得独立。主要从事锄耕农业，种植木薯、玉米、高粱、稻谷、咖啡、可可、香蕉和棕榈等，兼营渔猎。冶锻铜铁、纺织、木雕等手工业有悠久的历史。按母系计算世系、继承财产。一夫多妻现象较为常见。

巴刚果少女

巴格达 Baghdad 伊拉克首都和最大城市，巴格达省首府。位于美索不达米亚平原中部，底格里斯河流经市区。海拔34米。面积860平方千米，人口630.7万（2009）。气候干热，年平均气温22.7℃。平均年降水量130毫米。公元762年兴建，拉希德时代（786～809）臻于鼎盛，成为阿拉伯世界的政治、经济、宗教中心。后发生内战，国都一度他迁（836～892）。继而遭蒙古人（1258）、波斯人（1508）占领，1534年被奥斯曼土耳其统治。1921年成为伊拉克王国首都后复兴。市区主要部分在河东，古城在河西，以6座大桥相连。全国最大的工商业中心、金融中心和最大的交通枢纽。有炼油、钢铁、水泥、纺织、皮革、卷烟、丝织、棉织、食品等工业。郊区及其附近农业发达，是平原中部农畜产品集散中心。名胜古迹众多，包括阿拔斯宫、卡济迈因清真寺、金顶清真寺和费萨尔一世陵墓等。有巴格达大学（1908）、希克马大学（1956）、穆斯坦西里耶大学（1963）、科技大学（1960）以及伊拉克博物馆、阿拉伯文物博物馆、国家现代艺术博物馆等。20世纪80年代以来，连遭战火，破坏严重。

底格里斯河岸边的巴格达市

巴格石窟 Bāgh Caves 印度佛教石窟群。位于中央邦塔尔地区巴格镇西南5千米处，故名。石窟开凿在温迪亚山脉南麓，下临巴格河。现存编号洞窟9座，开凿年代为5～7世纪，其中6座保存较好。第2窟为典型的塔庙精舍混成式窟。前廊已崩毁，中央大厅的石柱雕饰繁复，原为僧人起居用的小禅室多保存完好，塔殿内有独石佛塔，塔殿入口两侧各雕一菩萨像，前庭两侧分别浮雕一佛二菩萨。第4、5窟残存的壁画中出现大量世俗场景绘画及巨幅音乐歌舞场面，反映出当时佛教衰退、印度教兴起的历史背景。巴格石窟在洞窟形制、雕刻和壁画题材及技法方面，与**阿旃陀石窟**有密切联系，是印度笈多时期重要的佛教遗迹。

巴哈尔 Bahār, Muḥammad Taqī（1886～1951-03） 伊朗诗人、学者、社会活动家。生于马什哈德，卒于德黑兰。自幼学习波斯古典文学。10岁开始写诗，18岁继承父亲“诗王”徽号。

1909年加入呼罗珊民主党。创办的《新春》杂志多次被查封，本人也屡遭逮捕和流放。1916年创办“学院”社。曾多次当选为议员。后退出政界，转而从事教育和科研工作，撰写了三卷本的《文体修辞学》。1945年出任教育大臣。1949年出任伊朗保卫世界和平委员会主席。

巴哈尔共写诗6万余行，有反帝爱国的政治诗《规劝国王》(1907)，提倡妇女解放的《穆斯林妇女》等。《巴哈尔诗集》分上、下两卷，收诗近4万行。其中包括《达马万德峰》(1923)等以古典格律诗的形式反映现实生活的诗作。他一生坚持古典格律诗创作，具有古代“呼罗珊体”诗歌朴实、精练、通俗的风格。

巴哈马 Bahamas, The 拉丁美洲加勒比地区岛国。位于西印度群岛的最北部，南邻古巴岛和海地岛，西距美国佛罗里达州90多千米。陆地面积13 878平方千米，国土总面积（含水域）25.9万平方千米。人口33.3万(2007)。约85%是黑人和黑白混血种人，14%为白人，其余为亚裔和西班牙裔人。官方语言为英语。多数居民信奉基督教，部分人信天主教。首都拿骚。

巴哈马海滨风光

由700多个大小岛屿和2 000多个岩礁、珊瑚礁组成。地势低平，海拔10米左右。岛上河流较少，沿海低地多沼泽，淡水缺乏。北回归线从群岛中部穿过，为温和的亚热带气候。年平均气温23.5℃。盛行东北风，平均年降水量1 200毫米。夏秋季节多飓风。海底蕴藏有文石矿，储量居世界第一。其他矿产资源主要有石油、天然气、盐等。人口主要分布在新普罗维登斯岛、大巴哈马岛、安德罗斯岛、伊柳塞拉岛等岛屿。

印第安阿拉瓦克人最早定居于此地。1492年意大利航海家C.哥伦布首航美洲时，最先登上巴哈马群岛中部的圣萨尔瓦多岛（又称华特林岛）。1649年被英属百慕大总督率众占据。1783年英国与西班牙签订《凡尔赛和约》，正式将其据为殖民地。20世纪，美国势力加紧渗透。1964年1月取得英联邦“内部自治”地位。1973年7月10日获得独立。

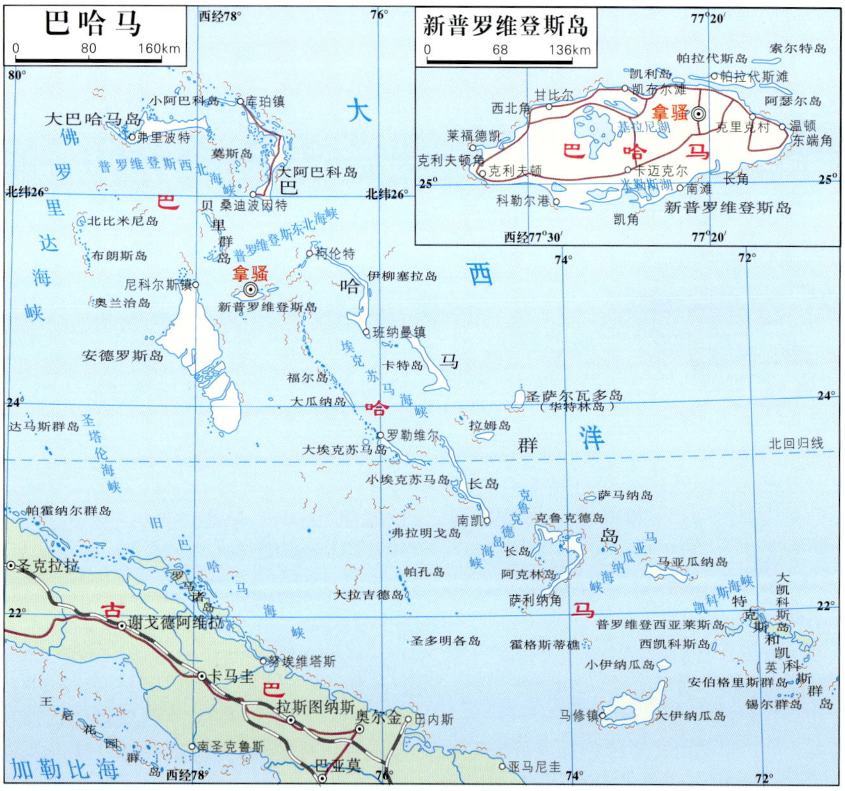

英国女王为国家元首，总督为英国女王在巴哈马的代表，为武装力量统帅。议会由参议院和众议院组成，议员任期均为5年。主要政党有进步自由党、自由民族运动等。

巴哈马是加勒比地区最富裕的国家之一。2009年国内生产总值73.77亿美元。货币名称巴哈马元。旅游业是国民经济的第一大支柱产业，吸收全国2/3的劳动力，产值占国内生产总值的50%以上。金融服务业是国民经济的另一重要支柱。制造业主要集中在大巴哈马岛上的自由贸易区内，大部分企业属美国资本。出产龙虾、海螺、马林鱼、旗鱼和金枪鱼等海产品。国际海运中心之一，拿骚和弗里波特是两大主要港口。至2003年年底注册的外国船舶总吨位3 475万吨，为世界第三大船舶注册国。主要商品长期依赖进口，每年均有贸易赤字，国际收支主要靠旅游业收入平衡。主要出口渔产品、化工制品、药品、朗姆酒、食盐。主要贸易伙伴有美国、加拿大和欧盟国家。

实行英国式的教育制度。公立学校对5～14岁儿童实行免费义务教育。巴哈马大学是一所综合性大学，是西印度大学的一个分院。主要报刊有《拿骚每日论坛》、《拿骚卫报》、《弗里波特新闻报》。有国营巴哈马广播公司(1936)及其下属的巴哈马电视台(1977)。与64个国家建立了外交关系。1973年被联合国接纳为成员国。1983年成为加勒比共同体和共同市场成员国。同英国和美国保持传统的密切联系。美国设有导弹追踪站等一系列军事设施。1997年5月23日同中国建立大使级外交关系。

巴哈伊教 Bahā' ī Faith 新兴的世界宗教。旧称大同教，又译巴哈教、巴海教等。19世纪中叶兴起于伊朗，初创时期系由巴布派中分化而来。巴布派创始人阿里·穆罕默德是什叶派伊斯兰教的支派十二伊玛目派的一名学派领袖，是巴哈伊教的先驱。而直接创始人米尔扎·侯赛因·阿里，后称巴哈乌拉（意为上帝的荣耀），是阿里·穆罕默德的门徒。阿里·穆罕默德于1844年被推举为谢赫学派首领后，宣称自己是人类与执行天意的伊玛目之间的“门”(巴布)，并开始公开宣教，巴布派的传播及引发的起义，遭到卡扎尔王朝的镇压，巴布本人于1847年被捕，1850年遭杀害。侯赛因·阿里出身贵族，因参与并资助巴布派活动而遭迫害，全家被逐出伊朗。流放期间，他成为多数派领袖。1863年，他在巴格达宣布他就是巴布预言的“真主应许的显现者”，即他已受命为使者，从而为新的信仰奠定基础。追随者尊称他为巴哈乌拉，该教自此得名。追随者最初仅限于伊朗及西亚各地。1891年巴哈乌拉指定长子阿布杜·巴哈为其思想和著作的阐释者后，该教在欧美及澳大利亚等地得到传播和发展。1921年再经阿布杜·巴哈的外孙绍基·埃芬迪的宣教活动，终使该教演化为独立的世界规模的新兴宗教。1963年该教最高教务行政机构世界正义院的建立，标志着该教进入了成熟的发展阶段。20世纪50～80年代，是该教发展最为迅速的时期。

巴哈伊教的基本教旨为：上帝独一、宗教同源、人类一家。该教认为，各大传统宗教均为上帝在不同时期不同地区降示的启示，是人类整体发展不同阶段的“灵性显现”，但巴哈伊教是最新阶段的宗教。巴哈乌拉是最新的一位显圣者。巴哈乌拉的使命和该教的宗旨是建立世界大同的太平盛世。该教提倡排除一切偏见、确保男女平等、消除贫富悬殊、建立世界联邦、普及义务教育、使用世界语言，主张独立寻求真理、宗教与科学的追求是殊途同归。在目前则要求消灭战争，实现人类团结和和平，建立新世界秩序。

巴哈伊教奉巴布的《默示录》和巴哈乌拉的《隐言经》、《笃信之道》、《至圣书》、《七谷书简》，以及阿布杜·巴哈和绍基·埃芬迪对其的释义为该教经典。巴哈伊教没有公共的宗教礼仪和圣礼，也没有私人的祭祀仪式。基本的宗教义务有：在教历每月初，即每19天聚会一次，称“十九日灵宴会”；每年的阿拉月从日出到日落斋戒19日（3月2～20日）；禁戒烟酒，但反对出家和禁欲；每日的义务祈祷，个人私下进行。强调男女平等，服从当地政府，不参与政治活动等，以及倡导科学和艺术，重视道德规范。

巴哈伊教从20世纪20年代起开始传入中国，当时被称为大同教。21世纪初，该教约有信徒600万，分布在190个国家与45个地区。

巴赫 Bach, Johann Sebastian (1685-03-21～1750-07-28) 德国作曲家、管风琴家。生于爱森纳赫，卒于莱比锡。其父曾任乐师，共有8子，巴赫是幼子。

巴赫的经历 8岁父母双亡，寄居于兄长处，并从其兄学键盘乐器等，进步迅速。

15岁起独立谋生，往吕讷堡入中学，同时在教堂中担任合唱队女高音声部歌手直至变声。1703年4月任魏玛宫廷小提琴手。8月往阿恩施塔特任“新教堂”管风琴师。1707年6月任米尔豪森教堂管风琴师。不久因与教堂监督发生矛盾而离去。1708年7月任魏玛宫廷管风琴师，兼为宫廷作宗教音乐。1714年起被任命为宫廷乐师，因每月要为宫廷创作新曲，所以创作了大量**康塔塔**。1717年秋，赴德累斯顿与法国哈普西科德演奏家L.马尔尚进行演奏比赛。临赛前马尔尚不辞而别，巴赫不赛而胜。因惹怒魏玛公爵，巴赫曾被监禁4周，在监禁期间他写下了《管风琴小曲集》。1717年8月任克滕宫廷乐长后的六七年间，写下许多最重要的作品，如：《平均律钢琴曲集》上卷、《勃兰登堡协奏曲》、小提琴独奏奏鸣曲、大提琴独奏奏鸣曲、《创意曲》等。1724年，凭借《约翰受难曲》，巴赫争取到了莱比锡托马斯教堂乐长这个颇具声望的职位，同时他还在尼可拉教堂供职，并兼事托马斯教堂附属学校的教学和演出工作。巴赫在莱比锡度过了他的后半生，写下了265部宗教康塔塔、6部经文歌、5部弥撒曲、4部受难曲、3部清唱剧等宗教性乐曲，又创作了《平均律钢琴曲集》下卷、《意大利协奏曲》、《戈尔德贝格变奏曲》等世俗性乐曲。1737年获“德累斯顿宫廷作曲家”头衔。1747年，巴赫访问波茨坦，为普鲁士皇帝腓特烈演奏。此后，他根据普皇的一个主题写作了一部乐曲《音乐的奉献》献给普皇。最后，巴赫还写作了一卷《赋格的艺术》(未完成)。由于他的体力日衰和双目失明而就此搁笔。

巴赫与宗教音乐 巴赫生活在18世纪上半叶封建落后、四分五裂的德意志，终身在教堂和宫廷中供职，从未离开过德国。虽然在思想、创作上深深打下了宗教的烙印，但是这些并未妨碍巴赫作出伟大的创造。1747年加入L.C.米茨勒尔·冯·科洛夫创办的“音乐科学协会”。巴赫音乐思维的高度逻辑性、结构的严密性，都与当时崇尚理性和数学的理性主义有关。他积极支持十二平均律，并创作《平均律钢琴曲集》加以应用和推广。巴赫的音乐富于哲理性，具有沉思冥想的性质和内在的思想情感；作品中常有宗教思想情绪的流露，或向宗教寻求精神解脱的倾向，但始终与消极悲观、委靡不振的精神状态绝缘。坚实宏大是巴赫音乐的基本性质。他的一些代表作，如管风琴曲《d小调托卡塔与赋格》、钢琴曲《半音阶幻想曲与赋格》、《意大利协奏曲》、小提琴独奏奏鸣曲《d小调恰空》等，都具有宏大的气魄和奔放不羁的性格。在巴赫作的一些声乐曲中，还有歌唱爱情、婚姻（《婚礼康塔塔》、《婚礼合唱曲》等）、吸烟（《烟草康塔塔》）、喝咖啡（《咖啡康塔塔》）等的生活内容。在许多器乐曲（包括各种舞曲）中，也体现了各种生动、活跃、轻松、甚至诙谐的形象。巴赫也常将他早已写成的世俗乐段或曲调，直接引用到宗教作品中去，从而使宗教音乐中也渗透着世俗的因素。

巴赫与民间音乐 巴赫的创作植根于德国民间传统音乐之中。中世纪以来，以民间艺人为支柱的德国民间音乐传统，在人民中一直保持着。历代充当民间艺人、城市吹鼓手或管风琴师的巴赫家族的音乐传统，也为巴赫所继承。从幼年充当歌童起，巴赫即在接触宗教音乐的同时，广泛接触民间音乐。德国民歌、民间器乐以及在民歌基础上产生的新教众赞歌是巴赫音乐语言素材的基础。在继承本民族民间音乐的基础上，巴赫富于创造性地广泛吸取了外国音乐成就。自15、16世纪尼德兰乐派以来高度发展的复调技术，17世纪以来以A.**维瓦尔第**、A.科雷利等为代表的意大利器乐和声乐艺术，以F.库普兰等为代表的法国哈普西科德音乐、室内乐和组曲的艺术成就等，都是巴赫学习的对象。

巴赫对后世的影响 巴赫的音乐创作标志着德意志民族音乐的开端，对后世音乐的发展有深远的影响。几个世纪以来，尽管巴赫在世时，他的作品未能广泛流传，但1829年F.**门德尔松**重新发掘、演出了巴赫的久被人遗忘了的《马太受难曲》以来，巴赫的音乐在现实音乐生活和音乐教育、创作中所起的作用与日俱增。巴赫音乐思维的高度逻辑性和哲理性，始终是作曲者的楷模。18世纪末叶的古典乐派大师W.A.**莫扎特**在其晚期创作中明显地吸取了

巴赫的风琴

巴赫复调音乐的精神和手法。L.van 贝多芬在音乐的逻辑性上更直接继承和发扬了巴赫的成就。19世纪的浪漫主义音乐家，如R.舒曼、门德尔松、F.F.肖邦等，也从巴赫的音乐中吸取灵感。20世纪各种不同倾向和流派的作曲家，如巴托克、I.F.斯特拉文斯基、P.欣德米特、A.奥涅格等，也从巴赫的音乐中汲取了营养。综上所述，巴赫及其音乐不仅是他以前音乐成就的集大成者，更是他以后音乐发展的启迪者。

巴赫蒂亚里人 Bakhtyārī 西亚伊朗伊斯兰共和国的民族之一。约66万人(2001)。主要分布在西南部伊斯法罕以西的胡齐斯坦东部的巴赫蒂亚里群山中。属欧罗巴人种地中海类型。使用巴赫蒂亚里语，属印欧语系印度-伊朗语族。无文字。多数人会讲波斯语。信伊斯兰教，属什叶派。仍保留着万物有灵信仰，广泛崇拜树、石、山泉等。为古代埃兰人与外来波斯部落混血的后裔。仍保留着部落结构。主要分为两大支系：北部为哈夫特兰，大部分是游牧民；南部为查哈尔兰，大部分定居，绝大多数从事畜牧业，部分从事农业，少数人在石油企业中做工。牧民饲养绵羊、山羊、驴和骡。农民种植小麦和大麦。牧民住毛毡帐篷，主要食用奶制品；定居农民住泥土房，食用麦面烤饼。盛行早婚，几乎全是一夫一妻制家庭。

巴赫马尼王国 Bahmanī Kingdom 中世纪南印度德干北部伊斯兰教王国。其版图北起文迪亚山，南至通加巴德拉河，西临阿拉伯海，东部一度达到孟加拉湾。

14世纪德里苏丹国统治南印度的失败，导致南印度许多独立的地区王国的兴起。1347年图格鲁克王朝的德干省长哈桑·甘古宣布独立，自称是波斯皇族巴赫马尼家族的后裔，建立巴赫马尼苏丹王国，迁都古尔伯加。巴赫马尼王国与南面劲敌维贾亚纳加王国为争夺富饶的赖丘尔河间地区及戈尔孔达，进行长期的战争。穆罕默德三世当政时，重用穆罕默德·加万为首相，实行加强中央集权、削弱地方省长权力的改革，激起守旧派贵族忌恨，1481年加万被处死，守旧派贵族控制朝政，苏丹权力削弱，各地省长权力扩大。

15世纪末至16世纪初，巴赫马尼王国分裂为5个小邦：阿马德纳伽尔、比贾普尔、戈尔孔达、贝拉尔和比达尔。1526年巴赫马尼王国大臣阿密尔·巴里德推翻苏丹自立为王，在比达尔建立巴里德王朝，巴赫马尼王国遂亡。

巴哼语 Baheng language 自称“巴哼”、“唔奈”的瑶族使用的语言。属汉藏语系苗瑶语族苗语支。在中国分布于广西的融水、三江、龙胜、融安、临桂，贵州的黎平、从江，湖南的隆回、洞口、辰溪、溆浦、通道、城步等15个县的部分山区；国外主要分布于越南河江省北光县和宣光省沾化县。声母较多，韵母较少，没有塞音韵尾和唇鼻音韵尾。虚词和词序是表达语法意义的主要手段，有简单的形态变化。句子的语序是主语-谓语-宾语。分巴哼方言和唔奈方言，巴哼方言分为南、北两个土语。使用不同方言的人互相不能对话。

巴基斯坦 Pakistan 亚洲南部国家。位于南亚次大陆西北部。东北经克什米尔巴控区与中国毗邻，东界印度，西北邻阿富汗，西接伊朗；南临阿拉伯海，海岸线长1 046千米。面积796 095平方千米（克什米尔巴基斯坦实际控制区未计入，其面积为8.55万平方千米）。人口1.7亿(2008)。民族众多，63%为旁遮普族、18%为信德族、11%为帕坦族，余为俾路支族、穆哈吉尔人等。乌尔都语为国语，通用英语和旁遮普语。伊斯兰教为国教，90%以上为穆斯林，少数人信奉基督教和印度教。首都伊斯兰堡。

地理 山地和高原约占全国面积的3/5。地表大体由西北向东南倾斜。西北和北部由喜马拉雅山脉和兴都库什山脉的南延支脉构成，海拔一般在3 500米以上，其中的蒂里奇米尔峰海拔7 690米，为全国最高峰。北纬35°以南，山势逐渐降至海拔3 000米上下。西部和西南部的俾路支山地高原，平均海拔约700米，在其东侧的苏莱曼山脉（最高峰3 383米）和吉尔特尔山脉（最高峰2 096米）纵向隆起，构成了高原和印度河大平原的天然分界线。界线以东为印度河平原，南北延伸长1 200千米，最大宽度550千米。这片大平原除北部山麓地带外，海拔均在200米以下，地势平坦，略向南倾。大平原以东，则为塔尔沙漠。

除西部沿海为热带季风区外，大部分属亚热带干旱和半干旱气候。由于北有高

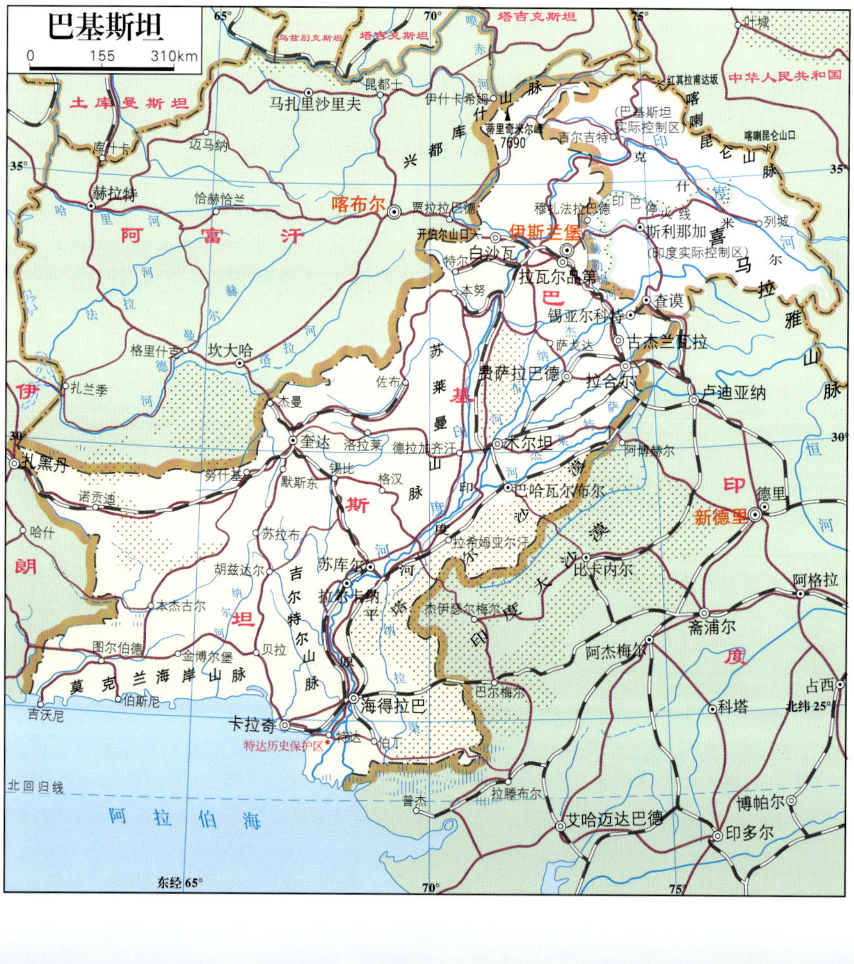

图1 巴基斯坦的汉隆峡谷

山阻隔，气温高于亚洲东部同纬度地区。冬季温和，1月平均气温平原为12～16℃，南部沿海可达20℃，仅北部高山地区严寒；夏季炎热，6月平均气温沿海为29℃，山地高原为20～25℃，内陆地区为30～35℃，信德省北部的雅各布阿巴德，绝对最高气温可上升至52.2℃，因有南亚“热极”之称。全境降水稀少，北部高山区以春夏雨为主，为全国多雨区，年降水量可达1 000～1 500毫米。东南部平原区以夏雨为主，多暴雨，雨量集中于西南季风期（6～9月），占全年降水量60%～70%，年降雨日数仅10～20天。旁遮普平原北部山麓地带年降水仅350～500毫米，信德平原减为100～200毫米。卡奇平原和塔尔沙漠更在100毫米以下。沿海地区雨量又可增至150～250毫米。

除俾路支山地高原西部小片内流区和西南沿海一些径直入海的短小河流外，境内河流全属印度河水系。印度河在巴基斯坦境内流域面积约52万平方千米。干流自北而南流贯印度河平原，蜿蜒2 000千米。年径流总量达2 095亿立方米。中上游支流众多，下游河床平缓，洪水季节易泛滥成灾。河流大部分流经干旱区，干支流修筑了众多水利工程，约40%的水量已用于灌溉。

矿藏主要分布于俾路支、苏莱曼山脉和博德瓦尔高原，蕴藏有石油、天然气、铬铁矿、重晶石、锰、铅、锌、铝土矿、铜、铀、盐、石膏、硫磺、锑矿和石灰石等矿近50种。已探明的原油储量约2亿桶，天然气5 000亿立方米、煤1 850亿吨、铁4.3亿吨、铝土0.8亿吨。近年在阿拉伯沿海发现了海底油气田。森林覆盖率4.8%。

历史 巴基斯坦的印度河流域是世界古代文明发祥地之一，早在公元前3 000年，就出现了灌溉农业、青铜冶炼技术和雏形城市。以地处南亚与西亚、中亚陆上往来的要冲，曾屡次遭分裂、统一和异族入侵。8世纪初阿拉伯人对信德地区的征服和10世纪末伊朗东部穆斯林对旁遮普的攻占以及随之而来的伊斯兰教文化，影响尤为深远。1757年后逐步沦为英国殖民地。第二次世界大战后，迫于南亚民族运动高涨，1947年英国按居民宗教信仰，把英属印度分为印度和巴基斯坦两个自治领；同年8月14日，巴基斯坦宣布独立。1956年结束自治领地位，改建共和国，定国名为巴基斯坦伊斯兰共和国。但领土根据宗教原则分为相距1 600千米互不连接的东西两部分，给日后政治上的分裂埋下隐患。1971年3月东巴基斯坦宣布独立，次年1月正式成立孟加拉人民共和国。

政治 总统为国家元首，由国民议会和参议院联席会议选举产生。必须为伊斯兰教徒，年龄不小于45岁。任期5年，可连任两届。有权召集和解散议会，任免总理、内阁成员、总检察长、最高法院首席法官、三军参谋长，并兼任全国武装部队最高统帅。实行多党制。现有政党200个左右，全国性大党主要有巴基斯坦穆斯林联盟（领袖派）、巴基斯坦人民党、联合行动同盟、巴基斯坦穆斯林联盟（谢里夫派）和统一民族运动党等。1947年建国后长期采取一院制，1973年宪法颁布后改为两院制，由国民议会（下院）和参议院（上院）组成。国民议会经普选产生，参议院按每省议席均等的原则，由省议会和国民议会遴选产生。政府实行内阁制，总理为政府首脑，由议会中占席位最多的政党领袖充任。内阁由总理、内阁部长、国务部长、总检察长和一些特设机构的负责人组成。司法机构分为三级。1991年5月，议会通过伊斯兰法法案，宣布《古兰经》和《圣训》为国法，一切法律均以此为准。

经济 独立半个多世纪以来，经济形势趋于好转，经济结构有明显变化，各主要产业部门产值在国内生产总值（GDP）中所占的比重大有所变动，特别是工业渐具规模，农业生产所占比值在持续下降。由于过去经济基础过于薄弱，以农业为主导的基本情况尚未完全改观。截至2007年年初，外汇储备达到133.8亿美元。2008—2009财政年度GDP1 574亿美元，人均国内生产总值1 046美元。

工业部门中最大的是棉纺织业，约占工业总产值的27%和产业工人数的37%。卡拉奇、海得拉巴、费萨拉巴德、木尔坦和拉合尔均为大纺织工业中心。产品近1/2供出口。采矿业以开采天然气、石油和铬铁矿为主。俾路支省的苏伊是天然气主要产地，有管道通卡拉奇、木尔坦、费萨拉巴德、拉合尔和伊斯兰堡等地；石油开采主要在博德瓦尔高原和旁遮普平原南部。卡拉奇和拉瓦尔品第设有炼油厂，分别利用进口和本国生产的原油加工。采煤、制糖、榨油、卷烟、电力等均有一定地位，其中制糖业产值占食品工业一半。发电量650亿千瓦·时。手工业以地毯、制革、刀剑等著称于世。

农业人口占全国人口的62%，农业产值占GDP24%。全国可耕地面积5 768万公顷，其中实际耕地面积2 168万公顷（2008）。由于大量水利工程的兴建，灌溉面积大为增加，已占总播种面积3/4以上，成为世界灌溉面积比重最大的国家之一。粮食作物占总耕地面积的80%，小麦和水稻分别占全国总播种面积的44%和13%。20世纪60年代开展“绿色革命”后，粮食产量稳步增长。小麦主要分布在印度河平原，尤以旁遮普平原最集中，约占全国产量的1/3。水稻是重要出口商品。产区分布在灌溉设施良好的盐渍化地区，约占全国一半的产量集中在印度河下游和三角洲地带及上游印巴边界地区。其他还有高粱、玉米和大麦等。经济作物以棉花最重要，占全国播种面积14%，为世界主要棉花生产国和出口国之一。3/4产于旁遮普平原南部，1/4产于印度河下游东岸一带。其他经济作物有甘蔗、烟草、油菜等。畜牧业以绵羊、山羊为主。经营比较粗放，羊毛和皮革是重要出口商品。

旅游资源丰富。但受各种因素影响，发展较慢。主要旅游点有伊斯兰堡、拉瓦尔品第、卡拉奇、拉合尔、白沙瓦、奎塔、费萨拉巴德和北部地区等。摩亨佐达罗考古遗址（1980）、塔克西拉（呾叉始罗）考古遗址（1980）、塔赫特·巴希佛教遗址（1980）、特达的历史保护区（1981）、拉合尔古堡与夏利马尔花园（1981）、罗赫达斯要塞（1997），已作为文化遗产列入《世界遗产名录》。

2004年有铁路7 791千米，主要干线多沿印度河干支流作东北—西南延伸，各省和主要城市均有铁路通达。但国内客货运输以公路为主，近年来，公路以及空运网

图2 农民在收获棉花

的增加均远快于铁路。公路全长258 340千米，55%铺沥青路面。全国对外贸易的货运，90%由海运承担，开辟有多条通达亚、欧、美、非的国际航线。卡拉奇港是最大海港，年吞吐量2 184.5万吨。为分流货运，在其东南50千米处，又新建卡西姆港，年吞吐量接近千万吨。此外，西南沿海，由中国援建的瓜德尔港正在加紧施工。全国现有机场36个，伊斯兰堡、卡拉奇、拉合尔和白沙瓦均有国际航空港，与国外28个国际航空港和23个国内机场均有航线联系。

对外贸易发展较快，出口商品结构发生很大变化，初级产品（主要是稻米和棉花）出口比重大幅下降，成品和半成品（主要是棉布、服装和棉纱）出口比重稳步上升。与90多个国家和地区有贸易关系。但长期入超的不利局面仍然没有改变。

文化 实行中小学免费教育，重视高等教育的发展，各省都设有大学。著名的有伊斯兰堡的真纳大学、国际伊斯兰大学，拉合尔的旁遮普大学、工程技术大学，海得拉巴的信德大学、奎达的俾路支大学以及卡拉奇大学、白沙瓦大学等。全国报刊众多，主要有英文报纸《新闻报》、《黎明报》、《国民报》等；乌尔都文报纸《战斗报》、《时代之声》和《东方报》等。巴基斯坦联合通讯社（国营）和巴基斯坦国际通讯社（私营）是最大的通讯社。巴基斯坦广播公司拥有27个电台，对外用17种语言广播。还有巴基斯坦电视公司，各主要城市也均有电视台。

对外关系 1947年9月30日加入联合国，是南亚区域合作联盟的成员国；到2005年，已同世界上120多个国家建立了外交关系。英联邦成员国。近年来，在国际事务特别在反恐活动中，发挥了很大作用。巴印关系是巴基斯坦对外关系中至为重要的一环，近来出现了互相接近的意向与紧张状态趋于缓和的迹象。1951年5月21日与中国建交。

巴吉尔米人 Bagirmi 非洲中部跨界民族。约有283万人（2002）。主要分布在乍得南部，少数分布在苏丹、中非和喀麦隆。包括巴吉尔米人本支、萨拉人、克雷什人、邦戈人和马卡里人等支系。属尼格罗人种苏丹类型。使用巴吉尔米语，属尼罗－撒哈拉语系沙里－尼罗语族。多信伊斯兰教。16世纪初在乍得湖东南地区建立了巴吉尔米王国。18世纪进一步向南北扩大疆界。1870年遭邻国瓦代王国大规模进攻，首都马塞尼亚陷落。19世纪80年代西方殖民主义者侵入。20世纪60年代巴吉尔米人所在各国获得独立。主要从事灌溉农业，种植棉花、玉米、小麦，兼事畜牧和渔猎。

巴金 Bajin（1904-11-25～2005-10-17）中国现代作家，社会活动家，无党派爱国民主人士，全国政协副主席。原名李尧棠，字芾甘。四川成都人。巴金是他1929年以后使用的笔名。另外还有佩竿、余一、王文慧、欧阳镜蓉等笔名。

生平和创作 童年和少年时代，巴金从阅读中国古代诗词、散文、小说和汉译外国小说中，受到思想的启蒙和艺术的熏陶，五四运动波及四川后，他如饥似渴地阅读《新青年》等书刊，吸收各种新的思想学说，在接受了五四的科学与民主的思想的同时，也从P.A.克鲁泡特金、爱玛·高德曼等的文章中受到无政府主义的影响。1920年5月，考入成都外国语专门学校。次年初，成为成都《半月》社成员，在该刊发表《怎样建设真正自由平等的社会》，并参与组织了以无政府主义为指导思想的团体均社。1923年5月，巴金冲出封建家庭到上海求学，考入南洋中学，年底赴南京进东南大学附中。1925年夏毕业后，报考北京大学，因查出肺病未进考场。返上海养病期间，翻译了克鲁泡特金《面包与自由》等著作，继续从事无政府主义宣传活动。在新文学运动的推动下，1922～1924年，巴金在《文学旬刊》等刊物上发表了写景抒怀的新诗30余首，这是他文学创作的最初尝试。

1927年2月，巴金赴法国留学。在异国寂寞的生活中，断断续续写成第一部中篇小说《灭亡》，1929年连载于《小说月报》，受到文坛的重视和读者的好评。从1928年12月回国到1941年底，陆续写成15部中长篇小说和近70篇短篇小说，还出版了《海行》、《旅途随笔》、《点滴》、《忆》、《梦与醉》等十几个散文集。以炽烈的情怀表现知识青年反抗现实、献身理想的活动及其矛盾苦闷的思想感情，鞭挞封建礼教、封建制度的不义与罪恶并展示其必然崩溃的命运，是他在这一时期创作的小说的两个基本主题。前者以《灭亡》和总题为《爱情三部曲》的《雾》、《雨》、《电》为代表，具有浪漫主义的色彩。后者以根据自己在封建家庭生活经历创作的《激流三部曲》（《家》、《春》、《秋》）为代表，更多现实主义的刻画。《家》既是他文学道路上的丰碑，也是中国现代文学史上一部重要的长篇小说。其他中、短篇小说还从多方面描写了工人、农民的苦难生活和反抗斗争，以及异国人士的受难和悲哀。他的散文题材广泛，风格多样，不论是记叙见闻，抒写感兴，还是议事说理，都流畅自如，真挚动人。

抗日战争时期，巴金在迁徙不定的生活中先后写有《抗战三部曲》（《火》）和《憩园》、《第四病室》，以及继《家》之后代表了他创作最高成就的《寒夜》等中长篇作品。还出版了短篇小说集《还魂草》、《小人小事》和《龙·虎·狗》、《怀念》等5个散文集。这些描写小人小事的作品，揭示金钱造成的罪恶，病人遭受的苦难，家庭经历的悲剧，以及市井小民间的纠纷，透视出社会底层的种种世相。

巴金还是一位翻译家和编辑家、出版家。他翻译过屠格涅夫、赫尔岑、高尔基、王尔德等许多外国作家的作品。自1935年起，他长期主持文化生活出版社的编务，主编《文学丛刊》等多种丛书，并编辑过《文季月刊》、《文丛》、《烽火》等文学刊物，发现和培养了许多文学新人。

中华人民共和国建立后，巴金创作了近百万字的小说、散文，还翻译了一些外国文学作品。

“文化大革命”期间，在极端困难的情况下，巴金重译了屠格涅夫的《处女地》，并开始翻译赫尔岑回忆录《往事与随想》。

1978年底至1986年7月写成5集150篇《随想录》，为记录他“真实思想和真挚感情”的随笔和回忆文章。他以强烈的历史责任感和严于自剖的品格，推心置腹地与读者交流自己对祖国和人民命运的深沉思索。1980年底，他倡议建立中国现代文学馆，并捐赠巨额稿费和大量珍藏的书刊、手稿。1986～1993年，他编辑出版了26卷《巴金全集》，这部迄今规模最大的作品汇编，收入他1921年以来所作小说、散文、杂文、诗歌、序跋、传记等，以及书信和日记。

影响 巴金是一位有世界声誉的作家，他的作品被译为20余种外国文字。巴金1982年获意大利但丁国际奖，1983年获法国荣誉军团勋章，1984年作为七位“荣誉客人”之一出席国际笔会第47届大会，并被授予香港中文大学荣誉文学博士学位，1985年被授予美国文学艺术研究院名誉外籍院士称号，1990年获苏联人民友谊勋章和首届日本福冈亚洲文化奖特别奖。1949年以后，巴金多次被选为中国文学艺术界联合会副主席、中国作家协会副主席，1981和1984年，两次被选为中国作家协会主席。1996年12月再次当选中国作家协会主席。他还是第六、七、八、九届全国政协副主席；此外，他还担任中国笔会中心会长，中国世界语协会名誉会长，上海市文学艺术界联合会名誉主席，《收获》主编。

巴科维亚 Bacovia, George（1881-09-17～1957-05-22） 罗马尼亚诗人。原名乔治·瓦西里乌。生于巴克乌，卒于布加勒斯特。大学期间攻读法律。当过职员、教师、抄写员，办过刊物。1899年开始发表诗歌，主要诗集有《铅》（1916）、《黄色的火花》（1926）、《其实是喜剧》（1936）和《资产阶级八行尾韵诗》（1946）。

巴科维亚的创作受象征主义思潮影响，特别是早期作品，注重抒发个人内心深层感受，令人难以捉摸。后期主要描写四季风光、小城镇景象和葬礼等，充满孤寂和阴暗忧郁的气氛。他擅长写雨景，有“雨水诗人”之称。他的诗歌也常常针砭时弊，这使他不同于其他象征派诗人。

巴克 Barker, Ernest (1874-09-23～1960-02-17) 英国政治思想家、历史学家。生于英国。牛津大学毕业后，先后任教于牛津大学、伦敦大学、剑桥大学。1944年受封为爵士。

巴克认为，一切政治理论都是关于国家的看法。国家是人们权利的源泉和赋予者。他积极主张维护自由权，把自由分为民事自由、政治自由和经济自由三类。认为从来没有绝对的自由，任何人的自由必然受到所有人对自由的需要的限制。

巴克认为，国家对社会有决定性作用。社会是由国家结合成一体的，社会与国家都由同一道德目的来维系。但他主张应严格地区分国家与社会，否则便会导致国家对生活的无限控制。社会是自愿的合作，其能量出自善意，其方法是灵活的；而国家则是机械的行动，其能量出自强力，其方法是僵硬的。倘若国家能比社会更好地达到双方共同具有的目标，就非但不应为保护个人而反对国家，甚至也不应为保护社会而反对国家。主要著作有《从赫伯特·斯宾塞到现代的英国政治思想》(1915)、《国家的性质》(1927)、《英帝国的思想和理想》(1941)等。

巴克 Barker, Harley Granville (1877-11-25～1946-08-31) 英国剧作家、演员、导演、批评家。1891年登台表演。1900年在**萧伯纳**的《康蒂妲》首演中扮演马本克一角。1904～1907年间同剧场经理维德里安合伙经营皇宫剧院时，大力推出萧伯纳、**H.易卜生**和他自己的反映社会现实的戏剧并以表演技术的严格和舞台设计的改革，提高了演出质量，从而成为现代英国戏剧倡导者之一。剧作有《安·莉特的婚事》(1902)、《沃尔赛遗产》(1905)、《毁损》(1907)、《马德拉斯家族》(1910)等。理论著作有《莎士比亚序言》。

巴克斯 Backus, John Warner (1924-12-03～2007-03-17) 美国数学家、计算机科学家。生于费城，卒于俄勒冈。1949年，获得哥伦比亚大学数学硕士学位，进入IBM公司工作。1952年，巴克斯率领研究人员为IBM701计算机研发高速编程系统。1956年，FORTRAN语言正式面世，并在IBM704计算机上实现了第一个FORTRAN翻译系统。此后，巴克斯又首次提出了元语言巴克斯范式(巴克斯形式体系)。由于这两项成就，巴克斯获得1977年美国计算机学会(ACM)图灵奖。

巴克特里亚王国 Bactria, Kingdom of 公元前3世纪中叶希腊殖民者在中亚建立的奴隶制国家。首都巴克特拉(今阿富汗巴尔赫)。“巴克特里亚”是古希腊人对今兴都库什山以北的阿富汗东北部地区的称呼。这一地区是古代中亚、南亚、西亚的交通枢纽，公元前6世纪后期起为波斯帝国的一个行省，原居民属东伊朗族。

公元前329年马其顿王**亚历山大大帝**征服此地后，即以此为其东方领地的统治中心。塞琉西王朝统治中亚时，更将大批希腊人和马其顿人移居此地。公元前255年，巴克特里亚总督狄奥多图斯一世(约前256～前248年在位)宣告独立。并委派其亲属和功臣为各州总督。

约公元前230年，索格狄亚那总督欧西德穆斯夺得王位。公元前208年，他挫败安条克三世率领的塞琉西军队，迫使后者正式承认巴克特里亚王国。其子德米特里一世(约前200～前185年在位)即位后，将喀布尔、犍陀罗和旁遮普等地纳入王国的版图。至公元前2世纪70年代时，王国的版图东起恒河中游流域，西达波斯沙漠，南抵孟买湾，北界锡尔河，势力鼎盛。王国后以兴都库什山为界，分裂为南北二朝，互相攻战不已。

公元前145年，巴克特里亚为大月氏人和部分塞种人所征服。公元前1世纪末至公元1世纪初，控制喀布尔和犍陀罗地区的赫尔谟尤斯一度势强，但在安息很快衰亡。

巴克特里亚王国时期，中亚的农业和畜牧业迅速发展，种植小麦、稻谷、葡萄。费尔干纳盆地以出产良马著称。这一时期的东西方交通亦有很大发展。从中国西北经中亚或从中国西南经由印度去西方的商道，都经过巴克特里亚，因此中介商业十分发达。

由希腊移民创建的巴克特里亚王国的

牵骆驼的巴克特里亚人

政治体制、经济结构、文化构成等都植根于古老的希腊文明。这种文化，对中亚古代文明的发展影响甚深，对中亚周边各文明区亦有程度不同的影响。

巴克夏猪 Berkshire 瘦肉型猪品种。产于英国伯克郡及其周围地区。1770年前后英国人从中国引去广东猪和东南亚的暹罗猪与当地猪杂交，1860年基本育成，为脂

肪型品种。二战后，改育为瘦肉型。中国早在19世纪末就有引进。体躯长而宽，鼻短面凹，耳直立或稍前倾，胸深臀宽，被毛黑色，并有“六白”(鼻端、尾帚和四肢末端为白色)特征。繁殖力偏低。

巴枯宁 Bakunin, Mikhail Aleksandrovich (1814-05-30～1876-07-01) 俄国革命者。国际社会主义运动活动家和理论家，无政府主义者。生于俄国特维尔省诺沃托尔斯杰克县一个贵族家庭，卒于瑞士伯尔尼。1833年毕业于彼得堡炮兵学校。1840年秋侨居国外，接触到各种社会主义流派的代表人物，特别受到

P.-J.蒲鲁东和**W.魏特林**的思想影响。1847年12月被法国政府驱逐出境。积极参加**欧洲1848年革命**。法国二月革命爆发时，他赶赴巴黎与法国劳动者并肩战斗。4月到柏林策划武装暴动。6月参加布拉格人民起义，并积极投入战斗。1849年5月因参加并领导德累斯顿起义被捕。1851年被引渡俄国。1857年被判终身流放东西伯利亚。1861年6月逃到英国。1862年底，与俄国国内的革命组织“土地与自由社”取得并保持密切联系，对革命的民粹派运动产生过很大影响。1864年11月在伦敦会见**K.马克思**，加入**第一国际**。19世纪60年代中期开始，到意大利、瑞士和西班牙等国活动。1866年写成《国际革命协会的原则和组织》，标志其无政府主义思想已逐渐形成。他认为，包括无产阶级专政在内的一切国家都是同个人自由相对立的，因而是违反人性的。他把国家看作是现代社会中万恶之首，因为它保护财产继承权，而这种继承权正是

私有制的基础，是资本主义社会中不平等的根源。他反对各种形式的政治斗争，主张通过暴动和不间断的破坏立即消灭国家，然后建立一个自下而上的各自由公社的联邦，联邦中的所有个人和团体都是绝对自由的，不受任何权力的支配。

1868年10月在瑞士建立国际社会主义民主同盟。1871年成立第一国际汝拉联合会作为进行分裂活动的一个重要据点。1872年被开除出国际。此后，他纠集一些国家的无政府主义者成立无政府主义国际，自称“国际工人协会”，与第一国际分庭抗礼。1873年，发表《国家制度和无政府状态》一书，集中表达了他的无政府主义思想。

巴库 Baku 阿塞拜疆首都。位于里海西岸，阿普歇伦半岛南缘。人口181.1万(2006)。大巴库包括其周围的卡姆尼等4个卫星城和附近的50多个工矿城镇。885年见于记载。18世纪为巴库汗国都城，1806年并入俄国。19世纪下半叶因开采石油而迅速发展，20世纪初成为外高加索的主要工业中心和石油基地。以石油开采、石油加工、石油化工和石油机械工业为主，年加工原油能力2 200万吨。此外有船舶修造、电机、精密仪器、化工、水泥、纺织和食品加工等行业。外高加索3条重要铁路的终点，里海沿岸最大港口。重要的文化、教育中心，有阿塞拜疆科学院和多所高等院校。市区核心为伊切里－谢赫尔城堡，古代建筑错落其间。其中的锡尔万王宫已改为历史博物馆，清真寺和寺内辛尼克－卡拉尖塔为11世纪建筑。新市区建在环绕海湾的山坳上，建筑错落有致。滨海公园景色迷人。工厂多设在市区东部和西南端。

巴拉 Balla, Giacomo (1871-07-24～1958-03-01) 意大利画家、雕塑家和工艺师，未来主义美术的代表。生于都灵，卒于罗马。1900年到法国巴黎，熟悉与掌握了新印象主义的光学混合技法。回国后向学生U.博乔尼、G.塞韦里尼传授。同时，他在学生的带动下转向新绘画手段的试验，并经介绍与未来主义的领袖F.T.马里内蒂和画家C.卡拉、L.鲁索洛相识。巴拉参加签署了于1910年4月11日公布的《未来主义绘画技法宣言》。1912年，巴拉画出他的第一幅未来主义风格的油画《拴着皮带的狗》，描绘奔跑的女人和狗，将一连串的运动凝缩成一个个的变化阶段，画出人和狗的几十只脚。不久，他改用以色和形为基础的抽象符号来表现运动、速度和力量，如1913年的水彩画《雨燕的飞行》、1923年的《悲观与乐观》。1930年左右，巴拉又返回较为写实的手法。在未来主义画家群中，巴拉属于抒情类型。

《拴着皮带的狗》(1912)

巴拉巴诺夫 Balabanov, Aleksei (1959-02-25～) 俄罗斯电影导演、编剧、制片人。生于斯维尔德洛夫斯克。1981年毕业于高尔基师范学院翻译系。1983～1987年在斯维尔德洛夫斯克电影制片厂任导演助理。

1990年毕业于高级编剧导演班（“作者电影”实验班）。独立执导的第一部影片《幸福的人们》(1991)引起电影界的普遍关注。后拍摄的艺术片有根据F.卡夫卡的小说改编的《城堡》(1994)、为纪念电影诞生100周年拍摄的系列片《火车到站》、《特罗菲米》(1995)和《谢尔盖·爱森斯坦》(1995～1996)。1997年以低投资拍摄的表现当代俄罗斯社会现实的刑事犯罪片《兄弟》引起激烈争论。其后拍摄的影片有《兄弟-2》(2000)、表现青年人爱情的《河流》(2001)、表现车臣战争的《战争》(2002)、《死人的骗局》(2005)等。从事电影之初偏重艺术电影探索，《兄弟》后转向大众电影，善于用激烈刺激的电影手段吸引观众。

巴拉德拉洞穴群 Baradla Caves 欧洲最大和最美的洞穴群之一。位于匈牙利东北部与斯洛伐克交界处，距米什科尔茨49千米。是一组错综复杂的地下洞穴群。地下通道全长22千米，其中有7千米在斯洛伐克境内。是世界上同类型洞穴中石笋最长、钟乳石最多的一个。世界上最大的石笋之一——“天文台”，高达25米，底部直径8米。在地下200米深处的“巨人厅”，长120米、宽30米、高40米，是欧洲最宏伟的洞穴大厅之一。大厅中间有地下湖。在“圆柱大厅”里有几百根颜色各异的冰柱，其中一根冰柱上刻有“裴多菲，1845”的字样，这是匈牙利著名诗人裴多菲来此游览的记载。1952年发现的伯克洞，洞中有洞，并有5叠瀑布。此外，考古学家在“骨穴”中发现有石器时代原始人类的遗迹。

巴拉顿湖 Balaton Lake 中欧最大的湖泊。在匈牙利中西部包科尼山东南侧，距布达佩斯90千米。构造湖。长78千米，宽1.5～15千米。面积596平方千米。平均水深3～4米，最深11米。盛产鱼类。可通航。湖水有医疗价值，湖区多疗养院和休养所。有11～13世纪修建的寺庙和城堡遗址。湖区已辟为国家公园，也是许多运动项目的比赛场所。

巴拉圭 Paraguay 拉丁美洲国家。位于南美洲中部。内陆国。东邻巴西，北界玻利维亚，南面和西面与阿根廷接壤。面积40.68万平方千米。人口616.4万(2009)。其中95%为印欧混血种人，余为印第安人和白人。官方语言是西班牙语和瓜拉尼语。绝大多数居民信奉天主教，少数人信奉基督教及传统的印第安宗教。首都亚松森。

地理 巴拉圭河自北向南将国土分为东、西两个部分。东部是巴西高原向西南的延伸，占国土总面积的1/3。地势东高西低，海拔一般为300～600米。西部是大查科平原的一部分，海拔100～400米。绝大部分地区属于亚热带湿润气候。冬暖夏热。雨量充沛，从东到西逐渐递减。

历史 原为印第安瓜拉尼人居住地。1537年沦为西班牙殖民地。1811年5月14日宣布独立，成立巴拉圭共和国。1864年11月，发动对巴西、阿根廷、乌拉圭三国的巴拉圭战争。1870年战败，割地赔款，疆域缩小近一半，失去出海口成为内陆国家，社会发展严重受挫。1932年，为了争夺北查科地区的石油资源，和玻利维亚爆发了查科战争。1935年战争结束，争得该地区3/4的土地。

政治 代议制民主共和国。总统为国家元首、政府首脑、武装部队统帅。总统由普选产生，任期5年，不得连任。议会分参、众两院，参议员45人，众议员80人，均由

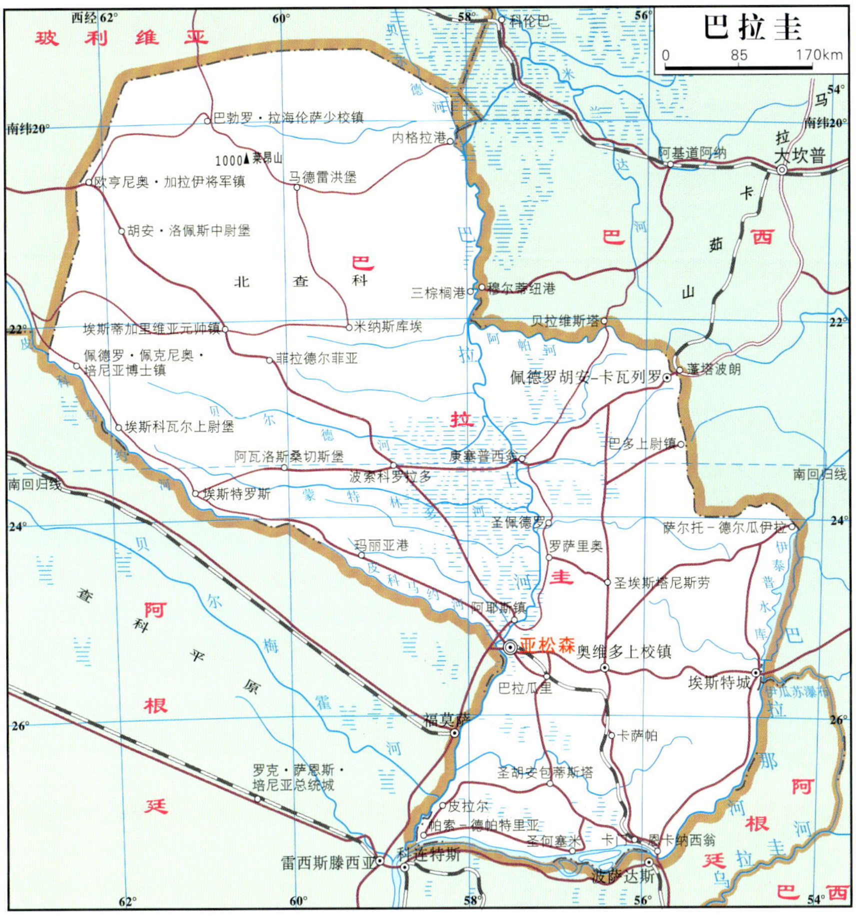

普选产生，任期5年。主要政党有红党、真正激进自由党、全国聚会党、道德公民全国联盟、亲爱祖国运动、团结祖国党等。

经济 是一个以农牧业、林业为主的国家，工业基础薄弱，是拉美最落后的国家之一。农业是国民经济的重要支柱。主要作物有玉米、小麦、木薯、大豆和棉花等。1989年，巴拉圭首次实现小麦自给。林业较发达。森林覆盖率为39%。畜牧业曾在巴拉圭经济中占有重要地位，2006年农牧业产值占国内生产总值的25.1%。畜牧以牛、猪为主，牛肉和牛皮为重要出口商品。制造业主要包括食品加工、饮料、烟草、服装、毛皮、制鞋、木材及化学产品、石油和塑料。食品加工、饮料和烟草加工一直是巴拉圭制造业的核心部门，约占巴拉圭工业生产的50%。水力资源丰富。1973年同巴西合建伊泰普水电站（总装机容量

卡库佩城典型的巴拉圭建筑

1 260万千瓦)、同阿根廷在建亚西雷塔－阿皮佩水电站。旅游业发展较快，是外汇收入的主要来源。主要名胜有亚松森的政府官邸、洛佩斯公园和卡巴雷洛公园等。主要贸易对象为巴西、阿根廷、乌拉圭、美国、日本、荷兰和意大利等。巴拉圭政府积极引进外资。外资主要来源于巴西、阿根廷、美国，投资集中在食品加工、纺织和化工等。2009年国内生产总值149.5亿美元。货币名称瓜拉尼。

文化 实行9年义务教育制。小学实行免费义务教育。有亚松森国立大学和天主教大学。主要报纸有《红色ABC》、《今日报》、《祖国报》、《论坛报》和《最后时刻》等。全国广播电台为国家电台，另有11家私营商业电台和5家电视台。

对外关系 政府提出实行对外开放和多元化政策，宣称愿同世界所有国家发展友好合作关系。同巴西和阿根廷保持着传统的密切联系和往来。美国在巴拉圭对外关系中占重要地位。1991年3月同巴西、阿根廷、乌拉圭组成南方共同市场，加强了同拉美国家的往来，参与了拉美一体化的各种组织和活动。目前，巴拉圭已经与128个国家建立外交关系。

巴拉圭河 Paraguai, Río 南美洲巴拉那河重要支流。发源于巴西马托格罗索高原帕雷西斯山东麓，自北向南流经巴西西南部，形成巴西与巴拉圭两国之间的一段界河；然后纵贯巴拉圭，从首都亚松森向南，直至汇入巴拉那河汇合处（位于阿根廷的科连特斯附近），为巴拉圭与阿根廷的界河。全长2 550千米，流域面积110万平方千米。流域处于热带草原气候带，夏雨冬旱，河水流量的季节变化明显，年平均流量约2 000米^3/秒。除上游外全程皆可通航，亚松森以下可通大型河轮，为南美洲中部重要的内河航道。渔产丰富。重要港口和城市有库亚巴、科伦巴、亚松森等。

巴拉那河 Parana 南美洲第二大河。位于南美洲东部，发源于巴西高原东南缘的曼蒂凯拉山脉北坡，主源格兰德河与巴拉那伊巴河汇合后，始称巴拉那河。自东北向西南，先后流经巴西东南部、巴拉圭和阿根廷东北部，最后在罗萨里奥折向东南，注入拉普拉塔河。全长5 290千米，流域面积280万平方千米。

流域内降水丰富，主流水量充沛，河口年平均流量达1.74万米^3/秒，但季节变化幅度较大。上游地区气候湿热，两岸为森林、草原；中、下游地区则为亚热带气候，雨量较少，两岸广布沼泽。

巴拉那河鸟瞰

巴拉那河上段具有丰富的水力资源，巴西、阿根廷、巴拉圭均建有大型水电站。下段为南美洲中东部重要的内河航道，全年通航里程达2 700千米。主要港口和城市有阿根廷的罗萨里奥、圣菲。

巴拉诺夫 Baranov, Fiodor Ilich（1886～1965） 苏联水产资源学家和渔具理论专家。1915年被聘为莫斯科农学院捕捞技术教授。1930年起任莫斯科渔业高等技术学校工业捕鱼教研室主任直至退休。他1918年发表《论渔业的生物学基础问题》，最先揭示了鱼类群体受捕捞和自然死亡影响而发生数量变动的规律，并最早使用高等数学方法研究鱼类种群数量的变动。1925年发表《论渔业的变动问题》，进一步阐明鱼类种群在不受破坏条件下合理捕捞的可能性。

自1933年起先后发表《渔业技术》(世界上第一部捕捞教科书)、《渔具与工业捕鱼方法》、《渔具的理论与计算》等专著及100多篇论文。

巴莱拉 Valera, Juan (1824－10－18～1905－04－18) 西班牙小说家、诗人、散文作家、文学批评家。生于卡夫拉，卒于马德里。从小受到良好教育，先后在塞维利亚、马拉加和格拉纳达等地学习法律和哲学。曾出任驻欧美各国大使，担任过议员、部长等职务。1844年发表《诗歌试笔》，1893年开始专门从事文学创作和评论工作。曾创办《西班牙评论》杂志。著有长篇小说《佩比塔·希梅内斯》(1874)、《门多萨骑士》(1877)、《卢斯夫人》(1898)，均描写西班牙贵族社会的风俗习惯，反对教会的禁欲主义。《福斯蒂诺博士的幻想》(1875) 讽刺资产阶级的卑鄙庸俗和冷酷无情。作品注重描写人物的心理活动，表现人物的内心世界，但带有神秘色彩。语言则过于雕琢。

巴兰格 Baranga, Aurel (1913－06－20～1979－06－10) 罗马尼亚剧作家。生于布加勒斯特。大学医学系毕业。当过医生、编辑和剧院的艺术领导人等。巴兰格早期写诗歌，之后写报告文学和戏剧。第一部剧作是政治性的讽刺喜剧《法格德乌的舞会》(1946)。接着写了《害草》(1949)、《为了人民的幸福》(后改名《黑暗的年代》，合写，1950)。《凯旋门》(1954) 歌颂1944年全国武装起义。巴兰格的政治剧感情含蓄、剧情紧凑、语言有力，具有新闻报道特色。巴兰格是罗马尼亚第一位创造正面喜剧人物的作家。他的《被激怒的羔羊》(1953) 和《公众舆论》(1967) 批判了生活中因循守旧、媚上压下和独断专横等作风。

巴兰基亚 Barranquilla 哥伦比亚最大港口、大西洋省首府。位于马格达莱纳河下游。面积174平方千米。人口132.96万 (2003)。气候干燥炎热，年平均气温28℃，平均年降水量750毫米。始建于1629年，当时有畜牧业和捕鱼业。1881年修建长达2千米、当时世界上最长的码头。1930年河口疏浚后，增设现代化船坞，可泊万吨巨轮，成为全国最大的进出口港，承担国家大部分国际贸易运输任务。主要输出咖啡、棉花、蔗糖、肉类和石油，输入机器、车辆、工业原料等。工业有纺织、油料加工、食品、化工、造船、冶金、精密仪器制造、印刷、制烟、炼油、化肥、水泥等部门。1958年成立自由贸易免税区。有2所大学、人类学博物馆、自然历史博物馆、现代艺术博物馆等。每年1月下旬举行的巴兰基亚狂欢节是全国规模最大的民间传统节日。有公路、铁路和国际机场同国内外主要城市联系。

巴兰钦 Balanchine, George (1904－01－22～1983－04－30) 美籍格鲁吉亚芭蕾表演家、编导、教育家。生于俄国圣彼得堡，卒于美国纽约。初在彼得格勒歌舞剧院芭蕾舞团任演员。后入俄罗斯芭蕾舞团任编导。

巴兰钦（左）为演员作指导

1933年赴美创办美国芭蕾学校和美国芭蕾舞团（后易名为纽约市芭蕾舞团），担任团长和艺术指导。他创作的百余部作品中多是交响芭蕾，如《C调交响曲》、《苏格兰交响曲》、《西部交响曲》等，完善了交响芭蕾的编舞方法。他善于运用传统舞步，将民间舞的舞步融入芭蕾之中。他设计的舞蹈动作刚柔相济，时空的变幻多端，并且不依赖于文学与戏剧情节，动作与感情、形体与精神、表演与联想得到完美结合。由此形成美国芭蕾学派的主体特征，为美国芭蕾学派的建立和发展作出重大贡献。

巴勒斯 Burroughs, William (1914－02－05～1997－08－02) 美国实验小说家。生于圣路易，卒于劳伦斯。1936年毕业于哈佛大学。曾在军队短期服役，当过记者，做过私人侦探、酒吧侍者。1944年在纽约吸毒成瘾。移居墨西哥后不慎手枪走火将妻子打死。他在南美亚马孙地区游荡，间或又在伦敦、巴黎、丹吉尔群岛、纽约等地居住。1963年出版的《耶奇书信集》详细记载了他的经历。巴勒斯所有的文学创作都是与他这种放浪形骸的生活方式结合在一起的。他写的《瘾君子：一个未能戒瘾的吸毒者的自白》(1953) 和《裸体午餐》(1959) 等所谓的"实验小说"，以极其露骨、粗野的色情文字来再现一个噩梦般的虚幻世界。由于他狂热而公开地鼓吹和描述同性恋性行为，坦率直露地叙述自己吸毒成瘾的体验，因此一直被避世运动作家群奉为精神领袖和仿效的榜样。其他作品还有《根绝者》(1960)、《荷兰人舒尔茨的遗言》(1975)、《死路之地》(1983)、《同性恋男子》(1985) 和《西部土地》(1987) 等。

巴勒斯坦 Palestine 亚洲西部地区。西起地中海，东至约旦河谷，南至内盖夫地区，北至加利利地区。1947年11月前的面积为2.7万平方千米。由于地处东西方陆、海交通必经的"十字路口"，既是东西方各大帝国扩张势力的前沿阵地，又是东西方文化冲突、对峙的交会地带，从而有"中东心脏"之称。地处阿拉伯高原西北部，多南北走向的断裂带。其中约旦河断陷谷地规模最大。北部的加利利地区最高，其中梅龙山海拔1 208米，是巴勒斯坦的最高点；中部为一系列纵向低山构成的高原，向南为比较低平的内盖夫沙漠；沿海地带有狭窄平原，内地的死海湖面，低于海平面以下413米。约旦河流经叙利亚和黎巴嫩，构成约旦和巴勒斯坦的界河，流入死海。主要矿藏有死海的钾盐和溴化物，南部还有石油、锰、铬、铝土、硫磺等。属典型的地中海型气候，夏季炎热无雨，冬季温和湿润。约公元前3000年，迦南人在沿海和谷地平原带活动。前12世纪，希伯来人（犹太人）从埃及迁入，前11世纪建立希伯来王国。前63年沦入罗马帝国版图，绝大多数犹太人被赶出境，流落世界各地。

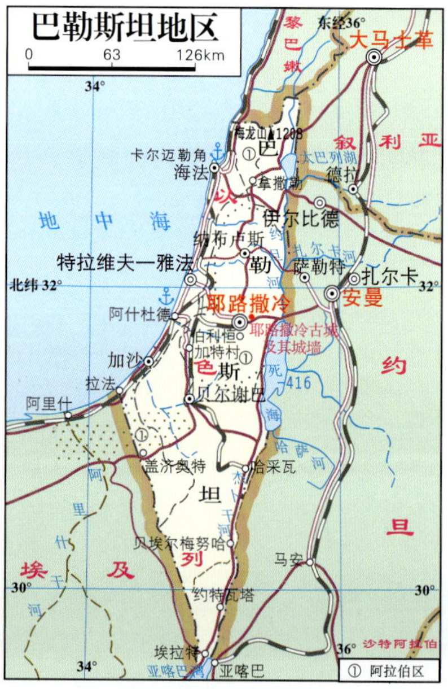

637年成为阿拉伯帝国的一部分，阿拉伯人不断进入，成为主要居民。1516～1917年为奥斯曼帝国的一部分。1917年11月英国发表《贝尔福宣言》，尤其1922年由英国委任统治后，大批欧美犹太人开始向巴勒斯坦迁移。1947年11月29日，联合国大会通过巴勒斯坦“分治决议”，规定在巴勒斯坦建立阿拉伯国（1.15万平方千米）和犹太国（1.52万平方千米），对耶路撒冷市实行国际化（176平方千米）。以色列国于1948年5月14日建立。阿拉伯国家反对和拒绝该决议，于以色列建国次日向以色列宣战，结果战败，随后又在1956、1967、1973年发生多次战争，以色列占领整个巴勒斯坦领土。1988年11月巴勒斯坦全国委员会第19次特别会议宣告成立巴勒斯坦国，但未确定其疆界。代表巴勒斯坦人民的巴勒斯坦解放组织自马德里和会（1991年10月）后，通过与以和谈，陆续收回了约旦河西岸地区和加沙地带的若干城市及其周边约2 500平方千米的土地，由过渡性的民族权力机构管理；2005年以来，以色列政府采取单边行动，撤出加沙地带。目前，巴勒斯坦和以色列仍未就边界划分问题达成一致。

巴勒斯坦国 Palestine, The State of 亚洲西部国家。根据1947年11月联合国关于巴勒斯坦分治的181号决议，在巴勒斯坦地区建立的阿拉伯国，由约旦河西岸部分地区和加沙地带及北部与黎巴嫩相邻的阿拉伯区3个互不连接（中间隔着以色列）的部分组成。面积为1.15万平方千米。当时阿拉伯国家反对该决议，于以色列建国的次日（1948年5月15日）向以宣战，结果战败，以色列占领了181号决议规定属于阿拉伯国的大部分领土；1967年第三次中东战争中，以色列占领了该决议规定的全部阿拉伯国领土。1988年11月，巴勒斯坦全国委员会第19次特别会议宣告成立巴勒斯坦国，但未确定其疆界。自马德里和会（1991年10月）至今，通过与以色列和谈，陆续收回了其中约2 500平方千米的土地。全国人口1 125万（2009年6月），其中居住于约旦河西岸地区和居住于加沙地带的人口390万，其余为流散在各阿拉伯国家和其他国家（地区）的难民。居民通用阿拉伯语，主要信仰伊斯兰教。1947年11月联大第181号决议，规定耶路撒冷国际化，由联合国管理。以色列通过1948年和1967年两次战争，先后占领了整个耶路撒冷地区，并于1980年7月宣布耶路撒冷为其永久、不可分割的首都。而1988年11月，巴勒斯坦全国委员会第19次特别会议通过《独立宣言》也宣布耶路撒冷为新成立的巴勒斯坦国首都，目前巴勒斯坦政府机构设在拉姆安拉。

地理 约旦河西岸地区的地势，大体是西高东低，地面起伏变化很大，中部的

阿苏尔山海拔1 016米，是全国陆面的最高点。加沙地带和北部阿拉伯区沿地中海为沿海低平原，最高海拔不过105米。属亚热带地中海型气候，夏季炎热干燥，最热月为8月，气温最高达38℃左右。冬季微冷，湿润多雨，平均气温为4～11℃。12月至翌年3月为雨季。约旦河是与约旦的界河，也是巴勒斯坦国唯一的常年河。

历史 巴勒斯坦古称迦南。历史上，犹太人和阿拉伯人都曾在此居住过。公元前1020年至前923年，犹太人在此建立希伯来王国。前63年罗马帝国占领后多次镇压犹太人并将大部分幸存者赶出巴勒斯坦。公元637年成为阿拉伯帝国的一部分。16世纪起被奥斯曼帝国纳入版图。1922年沦为英国的委任统治地。1947年11月29日，联合国大会通过第181号决议，规定在这里分别建立阿拉伯国和犹太国。由此，巴勒斯坦问题一直是中东问题的核心，长期以来悬而未决。

政治 1994年5月12日成立的巴勒斯坦民族权力机构（设在加沙），是一个阶段性、过渡性的权力机构，主要负责管理约旦河西岸和加沙的所有民事如教育、社会福利、旅游、税收、卫生等事务。由主席总其成，下设总理和若干政府部门。巴勒斯坦立法委员会，是1996年1月20日选举产生的，下设法律、耶路撒冷、预算与财政事务、经济、自然资源、领土与定居、难民、内政与安全、教育、政治、监督11个委员会，每年举行两次年会。有多个政治派别，巴勒斯坦解放组织，1964年5月由巴勒斯坦民族解放运动（简称“法塔赫”）等多个政治组织共同组成，简称巴解。其最高权力机构为巴勒斯坦全国委员会（相当于议会），常设领导机构称执行委员会。另有巴解中央委员会，则是巴全国委员会与巴执委会之间的一个监督机构。伊斯兰抵抗运动（简称“哈马斯”），在2006年1月第二届立法委员会选举中获得132个议席中的74个，成为立法委员会中第一大党。2006年1月巴举行第二次立法委员会选举，哈马斯获胜，民族权立机构主席任命哈马斯领导人为总理，组阁新政府。2007年3月哈马斯和法塔赫爆发严重冲突。政府机构解散成立临时政府。2009年2月开始双方的和解对话，至今仍未达成一致。

经济 以农业为主，其他有建筑、加工、手工业、商业和服务业等。2009年国内生产总值（GDP）44.96亿美元，通货膨胀率4.1%。由于以色列与巴勒斯坦间的暴力冲突持续不断，巴方经济受到很大破坏，也导致财产的巨大损失，经济活动难以正常运行。工业水平很低，规模较小。主要工业部门有制革、塑料、橡胶、化工、食品、石材、大理石和人造石板、制药、造纸、印刷、建筑、纺织、制衣和家具等。农业是经济支柱，农产品丰富，也是外贸出口的重要部分。可耕地面积16.6万公顷，其中加沙地带为1万公顷（几乎全部为水浇地）。牧场面积为19万公顷（全部在西岸地区）。森林面积约2万公顷（约旦河西岸1.2万公顷，加沙地带0.8万公顷）。2007年农业总产值占GDP的8.2%。农业劳动力占劳动力总数的20%左右。气候宜人，有大量的历史文化古迹，旅游资源丰富。像耶路撒冷（东区）、拉姆安拉、埃里哈（杰里科）、哈利勒（希伯伦）、伯利恒、纳布卢斯和加沙等，都是常年吸引大量观光客的旅游城市。但因政治局势关系，旅游事业深受影响。巴民族权力机构现辖区内没有铁路（加沙地带曾经有铁路通过，但早已废弃不用），一切运输全靠公路。1998～2000年间，巴民族权力机构为改善运输状况，在约旦河西岸设立了163个公路项目（总造价1.176亿美元）；在加沙地带设立了20个公路项目（总造价0.176亿美元）。2000年后巴以冲突不断，交通建设陷于停滞。1996年组建了民航机构。加沙国际机场是唯一的机场，但机场跑道已被摧毁。加沙地带紧靠地中海，加沙自古就是一个海港，但经过多番战乱，港口设施全毁，海运陷于停顿。

巴勒斯坦金融机构于1994年年底成

图1 地中海东岸的巴勒斯坦城市加沙

立，该机构作为日后巴中央银行，在确定金融政策、调控和监督各银行活动方面起着主导作用。在巴勒斯坦民族权力机构控制区的银行共有23家，其中巴勒斯坦银行10家，阿拉伯银行11家，外国银行2家。巴勒斯坦没有自己的货币，使用以色列货币（谢克尔）和约旦货币（第纳尔）。

由于巴勒斯坦迄今实际上仍然处于以色列占领、包围之下，经济发展落后，行政运作缺乏财政支持，一切活动均有赖外部援助。1980年1月至2005年5月，国际社会共向巴勒斯坦提供60.5亿美元，实际支付44亿美元。美国是最大援助方，实际援助11.5亿美元，欧盟累计支付11.4亿美元。2009年，在埃及召开的加沙重建捐助国会议上，70多个国家和10多个国际和地区组织作出52亿美元捐助承诺，其中美国9亿美元，沙特10亿美元，欧盟4.36亿欧元。

文化 巴教育状况总体比较落后，文盲率为9.1%。教育体制：小学6年，中学3年，高中3年，大学4～5年。共有8所正规大学，2006—2007年度大学在校学生约16.9万人。主要报纸有《耶路撒冷报》、《日子报》、《新生活报》。巴勒斯坦通讯社简称WAFA，由巴勒斯坦解放组织1971年创办于贝鲁特。巴现有广播电台11家，“巴勒斯坦之声”是官方广播电台，其余10家为商业广播电台。巴勒斯坦电视台是巴官方唯一的电视台，每天播放12小时，可以覆盖约旦河西岸和加沙地带。

对外关系 巴勒斯坦国成立前，巴解组织已经得到世界许多国家的广泛支持。1974年10月，被阿盟承认为巴人民的唯一合法代表。同年11月，巴解以观察员身份参加联大会议和工作。1976年8月，成为不结盟国家会议的正式成员。同年9月，成为阿盟的正式成员。1988年巴勒斯坦国成立后，陆续得到137个国家的正式承认。巴解组织原在90多个国家设立的办事处，多已改为巴勒斯坦国大使馆。1988年12月15日，巴勒斯坦国正式成为联合国观察员。在对外关系中，同阿拉伯国家维持良好的兄弟联系，是巴勒斯坦对外关系的基石。其中与约旦在历史、地理、血缘等方面，更有着特殊关系。约旦曾是巴解组织总部所在地，而且是阿拉伯世界唯一给予巴勒斯坦人以国籍的国家（约旦现有人口中，30%是巴勒斯坦人）。与埃及的关系也非常重要，埃及是最早支持巴解组织和给巴解组织提供政治活动基地的阿拉伯国家之一。美国曾长期拒不承认巴勒斯坦解放组织，但1993年9月也宣布承认巴解为巴勒斯坦人民的代表。巴在十多个欧盟国家派驻有形式不同的代表，只是欧盟国家认为巴勒斯坦国的疆界未定，尚无正式的政府，故法律上未承认巴国。同以色列间长期存在的政治症结，仍然是巴勒斯坦国对外关系上的头等大事。尽管巴勒斯坦早在1988年12月7日已经发表声明，宣布承认以色列的存在，嗣后国际社会的各个方面也多番努力，争取和推动巴以问题的化解，但收效甚微；双方的一些矛盾，难以调和。巴勒斯坦与中国的友好关系不断得到发展、巩固和加强。巴解组织从成立的次年即1965年的5月，就在中国首都北京设立了享有外交机构待遇的办事处。1988年11月20日，中国宣布承认巴勒斯坦国，双方正式建立大使级的外交关系，巴解组织驻北京办事处，相应改为驻华大使馆。1990年7月5日起，中国驻突尼斯大使兼任驻巴勒斯坦国特命全权大使。巴勒斯坦民族权力机构建立后，1995年12月，中国在加沙设立了驻巴民族权力机构的办事处。2004年5月迁至拉姆安拉。

图2 身着传统服装的巴勒斯坦妇女在购物

1993年9月13日，巴解执委会主席阿拉法特（右三）和以色列外长佩雷斯（坐者）在华盛顿签署巴勒斯坦和以色列关于巴勒斯坦人自治原则宣言的协议

巴勒斯坦解放组织 Palestine Liberation Organization 巴勒斯坦人民的政治组织。1964年6月正式成立。

巴勒斯坦解放组织的最高权力机构是巴勒斯坦全国委员会。执行委员会是巴勒斯坦解放组织的最高行政机构，在全国委员会闭会期间代行全国委员会的权力，处理日常工作，下设10个职能部门。执委会第一任主席是艾哈迈德·舒凯里。从1969年2月起主席由阿拉法特担任。2004年11月，阿拉法特去世后，阿巴斯继任主席。巴解组织有自己的机关报《革命的巴勒斯坦》以及巴勒斯坦通讯社和巴勒斯坦之声广播电台。

巴勒斯坦解放组织实质是统一战线组织，其成员在遵守巴勒斯坦国民宪章的条件下可以保留各自的组织机构。成立以来，其成员组织发生多次分化改组。现有主要组织包括：1959年建立的巴勒斯坦民族解放运动，简称“法塔赫”；1968年10月成立的人民解放战争先锋队，简称“闪电”；1967年12月组成的解放巴勒斯坦人民阵线，简称“人阵”；1968年组成的解放巴勒斯坦人民阵线（总指挥部），简称“人阵（总部）”；1969年2月成立的解放巴勒斯坦民主阵线，简称“民阵”；1969年建立的解放巴勒斯坦阿拉伯阵线，简称“阿解阵”；1967年7月成立的巴勒斯坦人民斗争阵线，简称“人斗阵”；1977年4月正式成立的巴勒斯坦解放阵线，简称“巴解阵”；1982年建立的巴勒斯坦共产党，简称“巴共”。此外，巴勒斯坦的群众团体也都有代表参加巴解组织。

1964年8月，巴勒斯坦解放组织决定建立巴勒斯坦解放军，作为该组织正规部队。兵力6 000多人，分驻在埃及、叙利亚、约旦等国。附属于巴勒斯坦解放军的游击队称为人民解放力量。巴解组织的武装力量包括地面作战部队及少量的海上突击队和特别行动部队。1970年9月至1971年7月，巴解组织同约旦发生武装冲突，巴勒斯坦游击队武装由约旦迁往黎巴嫩。1982年6月，以色列入侵黎巴嫩，巴勒斯坦游击队力量遭到重大损失，在黎巴嫩的主要基地被摧毁。

1982年黎巴嫩战争爆发后，以阿拉法特为首的多数派更加明确地主张在坚持武装斗争的同时应把重点放在政治和外交努力上。但是，反对派仍坚持要消灭以色列，反对阿拉法特的政治和外交努力。政治分歧导致组织分裂。1983年5月，形成法塔赫反对派。1993年《奥斯陆协议》签署后，10个反对派组织组成“民族民主伊斯兰阵线”（又称巴勒斯坦力量联盟），抵制《奥斯陆协议》，反对巴以和平进程，反对阿拉法特执行的路线，但宣称并不是取代巴勒斯坦解放组织。

2004年，阿拉法特病逝，阿巴斯接任巴解执委会主席。2005年11月9日，阿巴斯当选新一任民族权力机构主席。2007年3月17日，巴勒斯坦民族解放运动（法塔赫）和哈马斯等组成民族联合政府，6月，法塔赫和哈马斯发生严重冲突，哈马斯实际控制了加沙。2009年12月，巴解组织中央委员会决定延长阿巴斯的任期。1988年11月15日巴勒斯坦国宣告成立。至2007年已得到137个国家的正式承认。1988年11月20日，中国宣布承认巴勒斯坦国，两国建交。

巴勒斯坦人 Palestinese 西亚阿拉伯民族之一。1948年前为巴勒斯坦地区的基本居民。930万人(2002)。属欧罗巴人种地中海类型。通用阿拉伯语。多信伊斯兰教，属逊尼派。公元前30世纪左右，巴勒斯坦地区是迦南人的故乡。前13世纪，腓力斯人自海上侵入，并在沿海地区建立国家。尔后，迦南人和腓力斯人逐渐发生混合，并不断吸收后来的其他民族成分。前12世纪，希伯来12个游牧部落进入迦南地区，吸收迦南文化，于前11世纪建立希伯来王国，后分裂为北部的以色列王国和南部的犹太王国。以后相继受亚述、巴比伦、波斯、马其顿等帝国统治。前1世纪罗马帝国侵入，犹太人绝大部分流往世界各地。自公元7世纪起，阿拉伯人陆续移入，巴勒斯坦地区的居民被阿拉伯化，逐渐形成巴勒斯坦人。大多从事农业，种植小麦、大麦、豆类、烟草，饲养牛、驴、马、骆驼；部分人从事半游牧业，放牧羊只和少量骆驼。民族服装为长衫、粗呢斗篷、黑色灯笼裤，戴白布盖头或缠头。早在19世纪末，犹太资产阶级就鼓吹“犹太复国主义”。1917年英国政府发布支持犹太人在巴勒斯坦建国的《贝尔福宣言》。后来陆续有大批犹太人移居巴勒斯坦。1947年联合国大会通过在巴勒斯坦建立阿拉伯人国家和犹太人国家进行分治的决议。由此，巴勒斯坦问题一直是中东问题的核心，长期以来悬而未决。

巴勒斯坦老人

巴勒斯坦人民起义 Palestine People's Uprising 1936～1939年巴勒斯坦人民进行的反对英国委任统治和犹太复国主义的武装斗争。

1936年4月15日、16日，先后有2个犹太人和2个阿拉伯人被杀。这场凶杀导致阿拉伯人和犹太人之间大规模流血冲突，进而发展为巴勒斯坦人民的大起义。4月25日，包括各党派的阿拉伯最高委员会成立，宣布总罢工，全国立即响应。阿拉伯人掀起大罢工，破坏交通，袭击犹太人。经伊拉克、沙特阿拉伯和外约旦国王出面，阿拉伯最高委员会接受了政治解决的建议，于10月停止罢工。

1937年7月，英国皇家调查团公布关于巴勒斯坦的调查报告，主张把巴勒斯坦划成三部分：沿海地带和加利利区为犹太国所有；耶路撒冷以及由此通往地中海的走廊仍由英国托管，巴勒斯坦的其他地区并入外约旦。10月14～15日，巴勒斯坦人民第二次起义爆发。1938年夏，武装斗争达到高潮，游击队控制了巴勒斯坦的大部分地区，并在山区建立了根据地，在广大农村建立了自己的政权。英国残酷镇压起义。1939年7月，巴勒斯坦人民起义失败。

巴勒斯坦问题 question of Palestine 巴勒斯坦问题是中东问题的核心，也是当代国际关系史中的一个热点问题。其根源是由巴勒斯坦主权之争引起的。其实质是维护和恢复巴勒斯坦人民的合法民族权益、收复被占领的土地、反对外来侵略的问题。

巴勒斯坦历史悠久，犹太人的经典《旧约》称该地为“迦南地”。前12世纪，希伯来人进入，并于前11世纪建立了希伯来王国。前10世纪，希伯来王国分裂为北部的以色列王国和南部的犹太王国。前722年以色列王国亡于亚述，前586年犹太王国亡于新巴比伦王国。此后，波斯帝国、马其顿的亚历山大大帝创建的帝国、罗马帝国等都曾长期统治巴勒斯坦。前1世纪起，由于罗马帝国多次残酷镇压犹太人的起义，犹太人逐渐从巴勒斯坦流散到世界各地，从而结束了犹太民族全体在巴勒斯坦定居的历史。

许多世纪以来，散居世界各地的犹太人遭到其他民族的排挤和迫害。从19世纪后期起，欧美等地的犹太人资产阶级极力鼓吹犹太复国主义。1897年在瑞士的巴塞尔举行的第一次犹太复国主义者大会，决定在巴勒斯坦建立“犹太人之家”，鼓动犹太人到巴勒斯坦定居。1917年11月2日，英国政府发表《贝尔福宣言》。美国政府对《贝尔福宣言》也表示赞同，并在巴黎和会(1919)上提出“巴勒斯坦应成为一个犹太国”的建议。1933年以后A.希特勒的反犹暴行，更促使大量犹太人移居巴勒斯坦。这引起阿拉伯人的强烈不满，两个民族之间遂出现敌对情绪，形成巴勒斯坦问题。

1947年11月29日，联合国大会通过关于巴勒斯坦分治的决议（181号决议），决定于1948年8月1日结束英国的委任统治，在巴勒斯坦建立两个国家：一个为犹太国，另一个为阿拉伯国，耶路撒冷市作为一个独立实体，由联合国管理。巴勒斯坦阿拉伯人和阿拉伯国家拒绝接受这一决议。犹太人接受了决议，并于1948年5月14日宣告成立以色列国。

在美英等国支持下，以色列在1948、1956、1967、1973年对巴勒斯坦阿拉伯人和阿拉伯国家进行了4次大规模的侵略战争（见中东战争）。1967年11月，联合国安理会通过242号决议，要求以色列撤出在1967年战争中占领的土地，但以色列拒绝执行。由于决议中仅仅提到难民问题，而不提巴勒斯坦阿拉伯人的民族权利，阿拉伯国家和巴勒斯坦人民拒绝接受这一决议。第4次中东战争后，出于多种原因，以色列撤出了西奈半岛（塔巴地区于1989年3月撤出）和戈兰高地部分地区，但还占据着约旦河西岸、加沙地带及耶路撒冷等地，使巴勒斯坦问题无法得到合理解决。

为反对以色列的侵略扩张，恢复民族权利，巴勒斯坦阿拉伯人组织了许多游击队和政治团体，团结在巴勒斯坦解放组织周围，展开了以武装斗争为主要形式的长期斗争。

解决巴勒斯坦问题的关键是恢复巴勒斯坦人民的合法权利，包括返回家园、民族自决和建立国家。为此，许多国家和组织作出了努力，提出过各种设想和方案。在美国斡旋下，埃及和以色列于1978年9月在戴维营签署了《关于实现中东和平纲要》和《关于签订一项埃及同以色列之间的和平条约的纲要》两项协议，就解决巴勒斯坦问题提出了比较具体的设想。1982年9月，在摩洛哥非斯举行的第12届阿拉伯国家首脑会议上，通过了解决巴勒斯坦问题的八项原则，即“非斯方案”。这一方案为全面公正解决巴勒斯坦问题提供了合理的基础。

1988年11月15日在阿尔及尔举行的巴勒斯坦全国委员会第19次特别会议上，宣布成立独立的巴勒斯坦国，接受联合国安理会第242号和第338号决议，并把决议作为召开中东问题国际会议、实现和平的基础。

1991年10月马德里中东和平会议召开后，巴以双方经过长时间的秘密会谈，于1993年8月达成《奥斯陆协议》，即《临时自治安排原则宣言》。1994年5月签署《关于实施加沙－杰里科自治原则宣言的最后协议》(又称《塔巴协议》)。当年年底，以色列军队撤离西岸6座城市。1996年1月20日，巴勒斯坦举行首次大选，阿拉法特当选为巴勒斯坦民族权力机构主席。同时组成拥有88名委员的巴勒斯坦立法委员会。2000年8月底A.沙龙访问阿克萨清真寺后，特别是2001年3月他出任以色列总理以后，其强硬政策造成巴以冲突迅速升级，双方之间的暴力事件频频发生。巴以和平进程实际上已陷入停滞乃至倒退的困境。影响巴以和平进程的主要障碍包括以下几个方面：①以色列在被占领土上的定居点问题。②巴勒斯坦难民问题。③耶路撒冷的最终地位问题。④未来巴勒斯坦国的边界划分及领土问题。⑤水资源分配问题。2002年6月起，以色列开始沿着1967年战争前以巴边界线修建高8米、长约700千米的安全隔离围墙。其目的是将约旦河西岸巴勒斯坦地区与以色列隔离开来，阻止巴激进组织成员渗透到以境实施袭击。2008年2月19日，巴勒斯坦民族权力机构主席**阿巴斯**在耶路撒冷与以色列总理E.奥尔默特举行会谈，双方决定加快巴以和谈进程。2008年12月27日，为报复**哈马斯**，以色列大规模空袭哈马斯目标。2009年1月4日，以色列发动地面进攻。17日，以色列宣布单方面停火。

中国政府一贯支持巴勒斯坦人民反侵略扩张的正义斗争，支持巴勒斯坦人民在巴勒斯坦解放组织领导下恢复民族权利，包括民族自决、返回家园和建立国家的权利；主张巴勒斯坦解放组织有权作为平等一方参加巴勒斯坦问题的全面解决。

巴雷斯 Barrès, Maurice (1862-08-19～1923-12-04) 法国小说家、散文家。生于沙尔姆，卒于巴黎。曾到巴黎学习法律。1884年独自创办了四期《墨迹》杂志。最初出版的小说是总题为“自我崇拜”的三部曲：《在野人眼前》(1888)、《自由人》(1889)、《贝丽妮丝的花园》(1891)，宣扬自我中心主义，反对异己的一切，鼓吹遗世独立的精神。1897～1903年发表了以“民族精力的小说”为总题的三部曲：《离乡背井的人》(1897)、《向军人发出号召》(1900)和《他们的嘴脸》(1903)。20世纪初写了名为“东方堡垒”的三部曲：《在德国军队中服役》(1905)、《柯莱特·博多什，梅斯一少女的故事》(1909)和《莱茵之神》(1921)。

巴雷斯的足迹遍及意大利、西班牙等地。他从艺术珍品、名山大川中感受到精神的奋发、在危险中的美和死亡，这类作品有《血、肉体的快感和死亡》(1894)、《神圣的爱和痛苦》(1903)等。

巴雷托 Lima Barreto, Afonso Henriques de (1881-05-13～1922-11-01) 巴西小说家。生于里约热内卢，卒于里约热内卢。身为混血种人的后裔，深受种族歧视之害，饱尝贫困之苦，这种经历对他的小说创作有深刻的影响。他的作品均以里约热内卢市为背景，笔下人物多为中产阶级和普通平民百姓。他坚持文学作品要反映社会现实，被认为是巴西文学史上最杰出和最具巴西特色的作家之一。长篇小说《波里卡尔布·夸莱斯马的悲惨结局》(1915) 抨击了形形色色的官僚，表达了作家对现实社会的不满与反抗。其他作品还有《书记员伊萨亚斯·卡米尼亚的回忆》(1909)、《努马与宁发》(1915) 以及死后才出版的《克拉拉·多斯·安若斯》(1948) 等长篇小说。

巴厘岛 Bali, Pulau 印度尼西亚岛屿，位于小巽他群岛西端。面积5 561平方千米。联合附近小岛组成巴厘省，面积5 633平方千米，人口约315.12万，主要是巴厘人。省府登巴萨。构造上为爪哇岛与马都拉岛的延续，亚洲巽他大陆架止于岛的东岸。岛屿大致呈菱形，主轴为东西走向，构成略偏于北岸的火山带。有10余座火山锥，东面的阿贡火山海拔3 142米，是全岛最高峰。大部分地区年降水量近1 500毫米，日照充足。出产稻米、玉米、木薯、椰子、咖啡、烟叶、花生、甘蓝、洋葱、水果与棕油。牛、咖啡与椰干为主要出口产品。居民95%信奉印度教，以庙宇建筑、祭祀、音乐、诗歌、舞蹈、绘画、雕刻和风景闻名于世，成为世界旅游地之一。岛的东侧龙目海峡是亚澳两大陆一部分典型动物的分界线，因此生物学家华莱士称巴厘岛为“亚洲的末梢”。

巴厘岛风光

巴厘人 Balinese 东南亚印度尼西亚共和国的民族之一。曾译峇厘人。约350万人 (2001)。主要分布在巴厘岛和龙目岛。属蒙古人种马来类型，为新马来人的后裔。使用巴厘语，属南岛语系印度尼西亚语族。有用古印度字母书写的巴厘文，现通用印度尼西亚语文。信奉印度教。保存祖先崇拜和巫术信仰。巴厘人受印度文化影响，社会分为婆罗门、刹帝利、吠舍和首陀罗4个种姓。每村为一互助合作的自给自足单位，多属同一父系氏族。实行种姓内婚。主要从事农业，种植水稻、玉米、薯类、咖啡、烟草、椰子和茶，饲养牛、猪等家畜。制陶、纺织、木雕、金属制作、编织等手工艺精美。擅长舞蹈、音乐、绘画、诗歌以及宫室寺庙建筑，在各种仪式中表演富于印度教色彩的音乐与歌舞。

巴厘岛上列队向寺庙供奉牲品的教徒

巴黎 Paris 法国首都。欧洲最大城市，也是世界特大城市之一。有小巴黎和大巴黎之分。前者指大环城公路以内的巴黎市区，从**卢浮宫**所在的第一区开始，依顺时针方向分为20个区，面积105平方千米，人口约220万 (2009)；后者即法兰西岛大区，包括市区及周围7省，面积达12 011平方千米，人口约1 167.25万 (2008)。

地理 位于法国北部巴黎盆地的中央，跨**塞纳河**两岸，距河口375千米。属温和的海洋性气候。

历史 巴黎在2 000多年以前为塞纳河西岱 (斯德) 岛上的渔村，由高卢人巴黎西部族居住。原名琉提喜阿，意为“河心低地”。公元前52年被罗马人占领。以后城镇向塞纳河两岸扩展。4世纪初根据部落名称以“巴黎”作为城名。5世纪，西罗马帝国灭亡后，巴黎成为法兰克人的领地。6世纪初成为法兰西王国的首都。以后历代法兰西的封建王朝均以巴黎为国都，塞纳河右岸逐渐成为商业中心，左岸形成宗教、文化区。随着城市行政、宗教职能的加强和经济的不断发展，人口迅速增长。14世纪初为25万人，17世纪末达50万，1836年巴黎和近郊的人口逾100万。19世纪中期市区面积达

图1 巴黎城市鸟瞰

90平方千米。1921年市区人口达290万。此后，城市向郊区分散扩展，市区人口开始下降。自20世纪中期起，郊区人口迅速增加，卫星城镇不断兴起，形成以巴黎为核心的大巴黎都市区。

作为法国的政治中心，从资产阶级革命至今的200多年间，巴黎历经封建王朝两度复辟、两次帝制和五次共和，先后颁布过12种宪法。1789年7月14日，以此为中心爆发了资产阶级革命。1871年世界上第一个无产阶级政权巴黎公社在此诞生。现为国家行政机关、党派团体和省级行政机构的所在地，也是国际活动的重要场所。常设的国际组织也很多，如联合国教科文组织总部、经济合作与发展组织总部等。

经济　全国最大的经济中心和工商业城市，占全国工业生产能力的1/5，服务业的1/4，拥有的财富约占全国的1/2。工业企业集中，部门结构齐全。市中心为行政区，也是名胜古迹密集区。塞纳河右岸（东岸）为工业、商业、住宅区；左岸（西岸）为文化区和高级住宅区。其中北部诸郊区为制造工业区，主要是汽车、电器、化工、医药、食品等；市区11、18、19、20等外围城区是中小企业、工厂、仓库的聚集地，生产家具、精密工具、光学仪器、鞋类等；奢华品生产主要分布在市中心各区，产品为金银饰品、皮革制品、服装等。印刷出版业集中在拉丁区和雷米街。巴黎时装和香水闻名世界。塞纳河右岸地区是购物、商业中心。全市有64 000多家商店。香榭丽舍大街是最繁华的商业街。蒙塔特区是夜生活中心。市区西部集中了法国多数大型集团公司、银行和保险公司的总部，特别是拉·德芳斯区是巴黎最重要的商务中心，世界上100家最大公司中有1/5在此设立办事处。

全国最大的交通枢纽，也是西欧交通中心之一。铁路线以巴黎环状铁路为中心，向四周呈辐射状联系全国各地。市内与近郊的交通以地铁和公路为主。高速公路连接国内外主要城市。巴黎为欧洲最大的内河港。主要承担建材、燃料、油制品和农产品的运输。重要的国际航空枢纽。全市有3个机场（戴高乐国际机场、奥利机场和博韦机场）。

文化　巴黎是法国的文教中心，也是世界文化名城。全市有80多家博物馆、300多个画廊、市属图书馆80多个、200家影院、70个剧场、15个音乐厅。全市有2 000多家时装店，是世界著名的时装之都。巴黎还有许多学术研究机构，如法国科学院、国家科学研究中心等。全市有70多所高等专科学院，13所综合大学。巴黎的建筑艺术和名胜古迹举世闻名，其中以塞纳河畔的古城区分布最集中。西岱岛上有**巴黎圣母院**，塞纳河左岸有**埃菲尔铁塔**，右

图2　埃菲尔铁塔

岸自西往东有戴高乐广场、**爱丽舍宫**、协和广场、**卢浮宫**、巴士底广场和国家广场。卢浮宫北侧的巴黎歌剧院建筑恢弘豪华。稍北还有共和国广场、巴黎公社社员墙及《国际歌》的作者欧仁·鲍狄埃的墓碑等。市西南有**凡尔赛宫**，市东南有枫丹白露宫。市内还有雨果、巴尔扎克等名人故居。新建的文化设施有**蓬皮杜国家艺术文化中心**、卢浮宫中的金字塔、奥塞美术馆、新凯旋门及巴士底歌剧院等。市郊有欧洲唯一的迪斯尼乐园。

巴黎大凯旋门　Etoile, Triomphe de l'　法国19世纪的大型纪念碑式建筑。是拿破仑时期法国帝国式建筑的代表作，也是巴黎市标志性建筑物之一。位于巴黎市中轴线香榭丽舍大街的西北端。是拿破仑一世为纪念1805年12月战败奥地利而下令建造的，初名雄师凯旋门。由建筑师J.F.T.夏尔格兰设计，1806年动工，1836年建成。采用石材建造，高50米，宽45米，厚22米，是世界凯旋门中最大的。它的形式模仿罗马的凯旋门而有所简化，只有正中一个券洞。中央券洞两侧、前后共有4组大型浮

雕，其中最杰出的是F.吕德所创作的《马赛曲》，其余3组是《胜利》、《抵抗》与《和平》。女儿墙上有一周圈盾牌浮雕，镌刻着法国资产阶级革命时期和拿破仑帝政时期重要的胜利战役的名称。次要战役的名称刻在门洞内的墙上。门洞中的地上有一块简洁的石板，是无名英雄碑。19世纪中叶，环大凯旋门一周修建了圆形广场及12条放射状道路。广场得名为星形广场，现改名为戴高乐广场。因此，这座凯旋门先后被称为星形广场凯旋门及戴高乐广场凯旋门。

巴黎大学　Université de Paris　法国的公立高等教育机构。欧洲古老的高等学校。校址在巴黎。前身为12世纪由巴黎的教师和学生共同组成的行会性团体，1211年得到罗马教皇承认正式建立，1215年通过学校章程，并实行自治。最初设神学、法学、医学、文学4个学院。其中神学、法学、医学3个学院为高级学院，有权授予学士和博士学位；文学院为初级学院，有权授予业士学位。

由于神学是中世纪大学的主要学科，神学院又最早有固定校舍，所以它的所在地索邦成了巴黎大学的代名词。法国大革命时期曾被撤销。1808年由拿破仑一世建立的神学、法学、医学、科学、文学5所独立的学院所取代。1896年，上述独立的学院重新组合为巴黎大学，开始实行财政自主、教学与研究自由的原则。随着学校规模的不断扩大和教学设备的改善，巴黎大学再次成为欧洲科学、文化和教育的中心。第二次世界大战后，由于法国经济的振兴和社会民主运动的发展，到60年代学校已拥有十几万学生，但仍无法满足青年学生接受高等教育的需求。在1968年的学生运动中，巴黎大学学生要求改革教育制度。此后，法国政府取消了一个学区只能设1所大学的限制，将旧大学以大化小，并新建了一批大学。巴黎大区有13所独立的综合性大学，在专业设置方面各有侧重。如第一、四大学侧重文学、艺术专业；第三大学侧重外国语言文学专业；第二、九大学侧重经济法律专业；第六、第七、第十一大学侧重自然科学专业等。招生采取证书制，持有中学毕业会考证书者可免试入学。

根据1968年《高等教育方向指导法》提出的“自治”、“民主参与”和“多科性结构”的原则，巴黎大区13所大学都在行政、财政、教学方面实行自治，师生员工代表参与学校管理。

巴黎地下铁道　Paris subway　法国巴黎第一条地铁建成于1900年。1957年建成世界上第一条胶轮地铁线。1969年快线地铁正

巴黎地铁站内

式通车，把巴黎市区与郊区新建市、镇连成一体。巴黎地铁分成两个系统：①运行范围在二环之内的称Metro，共有14条线，总长度211千米，平均地下深度10米，平均旅行速度25千米/时，列车最小间隔95秒，单向最大客流量30 000人次/时。②运行范围超出二环的称RER，共有5条线，地区快车线最高车速100千米/时。

巴黎高等师范学校 École Normale Supérieure de Paris 法国高等专科学校。因校址在巴黎市区的于尔姆街，原名于尔姆高等师范学校。创建于1794年。其后由于政府更迭而历经改组、封闭和重建。1845年改现名。旨在培养中学高级教师和高级研究人员。1985年与成立于1881年的赛佛尔女子高等师范学校合并。

巴黎高等师范学校学制4年。实行寄宿制。分文、理两科。现设有生物学、物理学、化学、纯粹数学与应用数学、信息学、地理、历史、文学与语言学、哲学等十几个系科。除开设各种基础课程外，学生还要学习教育专业课程。前两年学生应同时在一所综合性大学注册学习，以获取大学三年级学习文凭和大学四年级学习文凭。后两年须在本校教师指导下准备中学教师证书全国会考和中学高级教师学衔全国会考。通过会考者可获上述教师资格。学生在获得大学四年级学习文凭后亦可直接进入博士学位的学习。

学校入学条件相当严格，中学毕业获中学会考证书的学生经考试合格进入预备班，学习2～3年后才能报考。该校建校二百多年来，不仅为法国培养了一大批优秀的教师，同时也造就出大批卓越的科学家、文学家和政治家，如化学与微生物学家L.巴斯德、文学家J.-P.萨特、法国前总统G.-J.-R.蓬皮杜等。

巴黎公社(1792～1794) Commune de Paris (1792～1794) 1792～1794年法国大革命时期的巴黎市政自治机构。1792年8月10日巴黎人民起义前夕，28个区的代表夺取市府权力，当时称革命公社。实际领导人是检察长马尼埃尔。公社在国民公会选举、处决在押犯、审判路易十六、抗击外国干涉军等方面起过重大作用。公社在1793年6月2日最后推翻吉伦特派的起义中起了重大作用。1794年3月埃贝尔派因发动反对罗伯斯比尔政府起义而被镇压，公社成员被清洗，此后公社完全处于救国委员会控制之下。热月政变后公社被解散。

巴黎公社(1871) Commune de Paris (1871) 巴黎工人和其他劳动人民1871年3月18日革命后建立的无产阶级政权。世界历史上推翻资产阶级统治、实行无产阶级专政的第一次尝试。

1870年9月2日，在色当战败的路易·波拿巴率军向普鲁士投降。巴黎人民掀起9月4日革命，推翻法兰西第二帝国。胜利果实却落入资产阶级共和派右翼和帝制派奥尔良党人之手。9月4日革命当天，巴黎就有群众依据历史传统提出建立公社要求。1871年3月18日晨，巴黎人民举行起义。当晚国民自卫军控制巴黎所有政府机关和塞纳河上桥梁。梯也尔政府成员及其军队、警察和官吏仓皇出逃凡尔赛。巴黎武装起义胜利消息传至外省，里昂、马赛、圣太田、勒克勒佐、图卢兹、纳尔榜、里摩日等城市和工业中心迅起响应，从3月23日起相继举行武装起义，成立公社。

巴黎公社成立大会（1871-03-28）

1871年3月26日举行了公社选举。这是一次无产阶级主持的、真正民主自由的、其结果充分体现人民意志的创举。1871年3月28日，20万巴黎人隆重集会，欢庆巴黎公社成立（见图）。它所展现的是无产阶级领导的新型民主国家的雏形。主要措施有，①实行无产阶级民主制的核心是保障工人阶级发挥社会首创作用，人民行使权力，人民管理国家；②公社在所有制、分配、管理和劳动立法方面开始进行某些具有社会主义性质或倾向的改革试验；③维护人民切身利益是公社重要的社会经济措施；④公社在财政极端困难条件下基本保证军需民用；⑤公社教育改革主要是排除教会对学校的控制，以世俗教育代替宗教教育，提高教师地位和待遇，积极兴办职业教育；⑥还努力保护文物和艺术遗产，推动文学艺术为公社事业服务。

公社把自己的斗争看作国际性的事业，宣告“公社的旗帜是世界共和国的旗帜”。

巴黎公社从起义胜利之日算起共存在72天，终被资产阶级反动派淹没在血泊中。凡尔赛军占领巴黎前后实行血腥大屠杀，据统计共有29 804人遭残杀，72 941人在作战中牺牲，60 971人被投入监狱或流放。

巴黎公社是人类历史上第一次无产阶级革命，是无产阶级创建新社会的先驱。公社革命的发生和失败，是世界近代史和无产阶级解放运动史上发生的一个重大历史转折。

巴黎国立高等音乐学院 Conservatoire National Supérieur de Musique 法国培养音乐人才的高等学府。它是在“国民自卫军音乐学校”的基础上发展起来的，由B.萨莱特创建于1795年。学制1～5年不等。该校曾几度易名。历任校长中大部分为著名音乐家。F.-J.戈塞克、A.-E.-M.格雷特里、J.F.勒絮尔都曾是该校的督学。É.-N.梅于尔、H.柏辽兹、R.克鲁采、J.马斯内、P.杜卡、M.迪普雷、M.穆瓦兹、G.福列、O.梅西安、Y.梅纽因、M.罗斯托罗波维奇等著名音乐家曾在该校任教，200多年来培养出C.德彪西等一批著名的音乐家。

巴黎和会(1919) Paris Peace Conference (1919) 1919年1月18日至6月28日，第一次世界大战的战胜国（协约国）和战败国（同盟国）在巴黎召开的和平会议。共27国参加，苏俄未被邀请。会议标榜通过媾和建立世界永久和平，实际上是英、法、美、日、意帝国主义战胜国分配战争赃物，重新瓜分世界，策划反对无产阶级革命和民族解放运动的会议。1919年1月13～17日，英、法、美、日、意五国举行巴黎和会准备会议，背着多数国家制定了和会的议事规则。规定英、法、美、日、意五大国为有“普遍利益的交战国”，可参加和会的一切会议；比利时、中国、塞尔维亚等国为有“个别利益的交战国”，只能出席与其本国有关的会议；玻利维亚等与德国断交的国家，只在五大国认为有必要时，才可以用口头或书面陈述意见。议事规则还限定各国出席会议的全权代表的名额，五大国各5名，比

T.W.威尔逊、G.克列蒙梭、D.劳合·乔治、V.E.奥兰多（从右至左）在巴黎和会上

利时、塞尔维亚、巴西各3名，中国、波兰等国各2名，共计70名。1919年1月18日在巴黎召开第1次全体会议。1月25日第2次全体会议通过筹组国际联盟的决议。4月24日第5次全体会议通过《国联盟约》。6月28日在巴黎近郊凡尔赛宫镜厅举行《协约和参战各国对德和约》即《凡尔赛和约》的签字仪式。对德国同盟国的和约在巴黎和会结束后另行签署。

在中国人民的强烈要求下，中国代表团向和会提出收回战前德国侵占中国胶州湾、胶济铁路和山东的一切权利，但没有得到支持。在五四运动浪潮冲击下，中国代表团拒绝在《凡尔赛和约》上签字。帝国主义列强还秘密拟定了对苏维埃俄国的武装干涉和经济封锁计划。

《凡尔赛和约》凡15部分，440条。主要内容是对战败国德国的军事限制、战争赔偿和殖民地拥有等作了具体规定。巴黎和会签订对德和约之后，协约国又同德国的盟国分别签订了和约，即对奥《圣日耳曼条约》、对保《讷依条约》、对匈《特里亚农条约》和对土《色佛尔条约》。

巴黎和会(1946) Paris Peace Conference (1946) 第二次世界大战结束后，反法西斯联盟国家于1946年7月29日至10月15日在巴黎卢森堡宫，为签署同德国的欧洲盟国意大利、罗马尼亚、匈牙利、保加利亚、芬兰五国的和约而召开的国际会议。正式参加会议的有苏、美、中、英、法等21个国家，阿尔巴尼亚、墨西哥、古巴等七国以协商资格（无表决权）参加会议。五个战败国亦被准许各自派出代表到会申诉意见。和会伊始，代表对和会表决方式为2/3多数票通过还是1/2普通多数票通过，发生争执。后通过一项折中方案，凡经和会以2/3多数通过和以简单多数通过的议案，都可以作为和会建议提交外长会议审议。和会中关于实质性问题的讨论，苏联、南斯拉夫、波兰、捷克斯洛伐克为一方，美、英等一些西方国家为另一方，双方存在激烈争执。在战后意、南边界的划分，希、保边界的划分，赔款的数额与分配方面，双方意见尤为对立。经过紧张谈判，双方均有所妥协。会议期间由苏、美、英、法四国副外长整理出五国和约草案的修正案。此修正案虽为和会同意，但仍存在一些分歧。直到1947年2月10日才在巴黎分别签订了对五国的和约。

《巴黎和约》(1856) *Peace Treaty of Paris* (1856) 结束克里木战争的和约。1856年2月25日起，克里木战争交战国英、法、撒丁、土耳其与俄国以及和议发起者奥地利举行会议。3月30日签订。和约规定：欧洲列强正式承认土耳其为“欧洲协调”的一国，并保证奥斯曼帝国的“独立与完整”；俄国把多瑙河口及南比萨拉比亚归还给摩尔达维亚，放弃对奥斯曼帝国境内东正教教徒的保护权，由列强共同保障其利益；摩尔达维亚和瓦拉几亚仍处于土耳其宗主权之下，塞尔维亚自治，但土耳其苏丹对塞尔维亚的最高权力仍保留；俄国将卡尔斯归还给土耳其，收复被英、法联军占领的塞瓦斯托波尔及克里木的其他城市；黑海中立化，黑海海峡禁止各国军舰通行；俄、土不得在黑海沿岸设立海军兵工厂和海军要塞；多瑙河上贸易航行完全自由，对一切国家开放，并由英、俄、法、奥、普、撒丁和土耳其组成“欧洲多瑙河委员会”来保证这一规定的执行。

和约的签订对俄国打开黑海海峡向南扩张的企图是一个沉重打击，使英、法两国在奥斯曼帝国境内建立了自己的优势地位。土耳其则沦入由欧洲列强支配和摆布的境地。

巴黎交响乐团 Orchestre de Paris 法国专业音乐表演团体。前身是巴黎国立高等音乐学院管弦乐团，是法国最早、最出色的乐团。1967年改组为巴黎交响乐团后，由C.明希任音乐指导，乐队成员经过严格挑选。1968年明希去世后，由H.von卡拉扬继任。1971年由G.索尔蒂任常任指挥。1975年以后，D.巴伦博伊姆、S.贝奇科夫、B.艾森巴赫等相继任该乐团的艺术总监和常任指挥。乐团的管乐水平很高，尤其是木管声部。

巴黎圣母院 Notre-Dame de Paris 法国天主教大教堂。位于巴黎塞纳河城岛东端。始建于1163年。1320年落成。教堂占地面积为6 240平方米。中部堂顶离地35米，两座钟楼高69米。该教堂的哥特式风格和其规模，在考古和建筑方面颇具价值；同时也以其祭坛、回廊、门窗等处的雕刻和绘

画艺术，以及堂内所藏的13～17世纪的大量艺术珍品而闻名于世。

《巴黎圣母院》 *Notre-Dame de Paris* 法国作家V.雨果的长篇小说。1831年出版。小说叙述了15世纪时发生在巴黎的故事。巴黎圣母院的副主教克洛德·弗罗洛对街头卖艺的吉普赛女郎爱斯梅拉达心存邪念，指使圣母院里奇丑的撞钟人卡西莫多劫持了她，结果被费比斯救出并且成了情人。弗罗洛乘他们幽会时刺伤了费比斯，并且嫁祸于爱斯梅拉达，使她被判处死刑。卡西莫多怀着爱慕之情把她藏在钟楼上。乞丐和流浪汉们赶来营救爱斯梅拉达，弗罗洛乘机再次威逼她满足自己的兽欲，遭到拒绝后就把她交给官兵去行刑。卡西莫多出于义愤，把弗罗洛从钟楼顶上推下来摔死，自己抱着爱斯梅拉达的尸体遁入了墓地。

小说揭露了天主教会的虚伪和黑暗，抨击了残酷的封建司法制度，体现了雨果反封建反教会的人道主义思想。小说以“美丑对照”的原则，使人物外形和性格形成鲜明对比，情节夸张、怪诞，充满了浪漫主义色彩。曾多次被搬上银幕。

《巴黎条约》(1783) *Treaty of Paris* (1783) 美国与英国在巴黎签署的结束战争的和平条约。北美独立战争爆发后，北美殖民地在坚持武装斗争的同时，巧妙地利用了欧洲一些强国与英国的矛盾，同法国、西班牙和荷兰等国先后结成联盟，争取俄国等国实行武装中立，增强了自己的力量。英国在军事和外交上的失败，使国内反对派加强了对政府的攻击，处于内外交困的境地。在约克镇惨败以后，英国不得不与美国谈判。英国托利党内阁倒台，辉格党执政，促成了巴黎和谈。美、英共同拟定了草约，并于1782年11月30日签字。1783年9月3日正式签署，北美独立战争结束。根据条约，英国承认美国独立，但只承认美国占领密西西比河以东的土地；划定了美国与英、西在北美属地的边界；美国保有原来享有的在北美领海内捕鱼的权利；停止敌对行动，英国撤出全部海、陆军。这是美国以平等原则与英国缔结的和约，为争取国际上的承认创造了条件。

《巴黎条约》(1814,1815) *Treaties of Paris* (1814, 1815) 法国与反法联盟成员国签订的和平条约。第一次《巴黎条约》是第六次反法联盟成员国与法国于1814年5月30日在巴黎签订的。条约规定：法国保留1792年的疆界，恢复荷兰、瑞士、德意志诸公国和意大利各国（奥地利统治地区除外）的独立；拿破仑战争时期各国占领的法国在海外的殖民地（英国控制的多巴哥等岛屿除外）归还给法国，马耳他岛归英国所有；宣布莱茵河和希尔德河自由航行。对于法国放弃的领土归属问题以及涉及除法国以外的欧洲其他国家的问题，条约规定另外召开国际会议解决。条约签订

不久，拿破仑一世于1815年3月1日从流放地厄尔巴岛潜回法国，建百日王朝。英、俄、奥、普等国把相互之间的矛盾暂时搁置，组织了第七次反法联盟，并在6月18日滑铁卢之战中打败法军。拿破仑一世第二次退位。

1815年11月20日，第七次反法联盟成员国（英、俄、普、奥）与法国签订第二次《巴黎条约》。不同于第一次条约的是，这次条约对法国提出了苛刻的要求。它规定法国只能保留1790年的疆界，致使法国又丧失菲利普维尔、萨尔路易、萨尔布吕肯和兰道等许多有重要战略意义的地区，并要偿付7亿法郎的赔款，以发行公债的办法分15次在5年内付清；赔款付清以前，联盟各国派兵15万人驻扎在法国东北的要塞，驻军费用由法国负担；法国归还拿破仑战争时期从战败国掠走的珍贵艺术品。

《巴黎协定》(1954) *Paris Agreement* (1954) 1954年10月23日，美、英、法等北大西洋公约组织成员国同德意志联邦共和国在巴黎签订的恢复联邦德国主权的一系列文件的总称。朝鲜战争爆发后，美国加紧推动西欧各国增强军事力量，加快重新武装联邦德国的步伐。1954年，欧洲防务共同体计划由于法国国民议会的否决而告夭折。同年9月英国外交大臣R.A.艾登提出替代方案：修改《布鲁塞尔条约》，邀请联邦德国、意大利参加，让联邦德国参加北约组织，以此解决联邦德国重新武装问题。1954年9月28日至10月3日，在美、英、法、联邦德国、荷、比、卢、加、意参加的九国伦敦会议上，联邦德国声明愿意接受军备限制与监督，保证不以武力改变欧洲目前的疆界。法国遂接受英国替代方案。10月20～23日，9国和丹、希、冰、挪、葡、土等国在巴黎举行会议，签署了《巴黎协定》。协定规定：美、英、法三国终止对联邦德国的占领，而以“防卫自由世界”的名义继续驻军联邦德国；联邦德国恢复主权，作为主权国家参加《布鲁塞尔条约》和《北大西洋公约》，并开始重建军队。1955年5月5日和6日，《巴黎协定》全部生效。5月14日，苏、阿、匈、保、民主德国、罗、波、捷8国缔结《华沙条约》，与之相抗衡。

巴利语 Pali 印欧语系印度－伊朗语族印度（又称印度－雅利安）语支的一种古代语言，现在仍是斯里兰卡、缅甸、泰国等国小乘佛教的经堂语言。巴利语中保留了一些比梵语更古老而与吠陀语接近的形态变化。巴利语属哪一个地区的语言或方言，语言学家尚无一致意见。

巴利语没有专用的字母。在印度，有时使用天城体，在斯里兰卡、缅甸、泰国等地，则使用当地流行的字母；现在国际上一般使用加符号的拉丁字母。元音分简单元音和二合元音，辅音分喉音、腭音、顶音等。名词有性、数、格的变化。动词变位包括数、人称和时间；语态有主动、中间（消失中）、被动；语气分陈述式、虚拟式、命令式、祈使式；语尾分原始和派生。

巴利文献主要有小乘佛教上座部的经典，通常称为巴利文三藏。藏外还有一些经典，如《那先比丘经》等。历史著作有《大史》、《岛史》等。

巴列霍 Vallejo, César (1892－03－16～1938－04－15) 秘鲁诗人、小说家。生于圣地亚哥－德丘科，卒于法国巴黎。中学未卒业即独立谋生。曾当过乡村教师、厂矿职员。1913年入自由大学学习。1918年定居利马，任新闻记者，并从事文学创作。同年，发表诗集《黑色的使者》，有象征主义和现代主义的痕迹，也有表现印第安土著民族疾苦的诗句。1920年因思想激进被捕入狱。狱中写成短篇小说集《音阶》和诗集《特里尔塞》(1922) 中的许多诗篇。1923年后一直流亡欧洲。1937年发表的诗集《西班牙，我饮不下这杯苦酒》以及1939年他身后出版的诗集《人类的诗篇》，风格清新明快，感情真挚奔放。中篇小说《钨矿》(1931) 谴责美国垄断资本及其在秘鲁的走狗对印第安人的剥削和压迫，号召进行革命斗争。

巴列维 Pahlavi, Mohammad Reza (1919－10－26～1980－07－27) 伊朗国王（1941～1979）。生于德黑兰，卒于埃及开罗。初在瑞士就学，1935年回国。1941年9月16日继父位。成功地解决了同苏联的危机(1945～1946)。50年代初，为控制伊朗政府而同摩萨台展开斗争。1951年4月底，被迫任命摩萨台为首相。1953年8月试图解除摩萨台的职务，结果却被摩萨台分子强迫出国。几天后，又重登王位。他改变摩萨台的国有化政策，将石油公司归还外商，并推行一项全国发展计划，即所谓的白色革命。60～70年代，他力图实行独立的外交政策，同苏联和东欧国家建立外交关系。由于各大城市发生暴动和混乱，他于1979年1月16日出走。霍梅尼取得了政权。巴列维出走后曾去埃及、摩洛哥、巴哈马和墨西哥等国，1979年10月22日到美国治病。两周后伊朗民兵在德黑兰占领美国大使馆，把50多名美国人扣作人质，要求引渡国王。巴列维从美国去巴拿马，再往开罗，埃及总统萨达特给予他政治避难权。

巴列维王朝 Pahlavi Dynasty 伊朗的最后一个王朝。1925年礼萨汗取代卡扎尔王朝后建立。

礼萨汗（1925～1941年在位）即位后，以武力消灭了半独立的地方封建割据势力。对外，他反对长期压迫伊朗的英国，怀疑苏联，亲近德国。英、苏于1941年8月派军队分别从南北两面开入伊朗。9月16日礼萨汗被迫退位，出走南非。其子巴列维继承王位。

礼萨·巴列维（1941～1979年在位）当政之初，国内局势动荡。1951～1953年首相摩萨台领导石油国有化斗争，反对英国对石油的垄断地位。1953年3月国王企图将摩萨台免职未成，流亡国外。几天后，军人在美国支持下发动政变，摩萨台被捕入狱。国王重新掌权后，实行亲美政策。1955年伊朗参加巴格达条约组织。

20世纪60年代初，国王决心进行自上而下的改革，推行社会经济发展计划，即所谓白色革命。白色革命的重点之一是土地改革；还在工业中实行利润分配和工人入股；在城乡推行现代教育，以减少宗教对教育的传统控制。1974年8月国王下令将投资总额从322亿美元增加到686亿美元，经济发展年平均增长率也从11.4%增加到25.9%。修改过的计划片面追求高速度，加上军费开支过大，造成经济计划比例严重失调，各种社会矛盾激化。

1977年起，伊朗爆发大规模反对独裁统治的群众运动。在这种情况下，各阶层人民及左翼激进分子、伊朗共产党等暂时联合起来，而宗教势力则利用人民的不满情绪成为反国王运动的一面旗帜（见伊朗伊斯兰革命）。霍梅尼取得了运动的领袖地位。他在60年代初曾因反对白色革命而获得声誉，1964年被驱逐出境。1979年1月16日，国王被迫出走，委任沙普尔·巴赫蒂亚尔组织内阁。霍梅尼于2月1日回到伊朗，2月11日巴赫蒂亚尔把政权交给霍梅尼任命的马赫迪·巴扎尔甘政府，巴列维王朝覆亡。4月1日霍梅尼宣布成立伊朗伊斯兰共和国。

巴列－因克兰 Valle-Inclán, Ramón María del (1869－10－28～1936－01－04) 西班牙小说家、剧作家、诗人。生于阿罗萨新，卒于圣地亚哥－德孔波斯特拉。学过法律，因家境困难辍学。第一次世界大战期间为国际反战委员会成员。由于反对独裁而入狱。共和国成立后任西班牙美术学校校长。1895年出版第一部小说《女性》。1902～1905年发表长篇小说《秋季奏鸣曲》、《夏季奏鸣曲》、《春季奏鸣曲》、《冬季奏鸣曲》，即著名的《四季奏鸣曲》，写布拉多明侯爵的恋爱故事，充满浪

漫主义的异国情调。后以卡洛斯战争(1870)为题材写了三部曲:《为事业的十字军》、《篝火的光辉》、《往昔的巨鹰》(1908～1909),其中有许多野蛮而残酷的凶杀场景的描写。晚年所写小说《暴君班德拉斯》(1926),反映人民对独裁者的愤恨和反抗。还有以伊萨贝尔二世宫廷生活为题材的历史小说《神奇的宫廷》(1927)和《吾主万岁》(1928)。剧作有《粗野的喜剧》(1907～1908)、《流浪诗人的光彩》(1920),诗作有《基夫的烟斗》(1919)、《神奇的芳香》(1907)等。

巴林 Bahrain 亚洲西部岛国。位于波斯湾中段西侧的巴林湾内,西与沙特阿拉伯有跨海大桥相连,东南与卡塔尔隔海相望。由巴林群岛组成,包括巴林岛及其附近的穆哈拉格岛、锡特拉岛等40个大小岛屿。面积711.85平方千米。人口104.7万(2007)。居民主要为巴林籍阿拉伯人,余为外籍阿拉伯人和少量欧洲人。人口城市化达88.4%以上。伊斯兰教为国教(什叶派占70%,逊尼派占30%)。阿拉伯语为国语,通用英语。首都麦纳麦。

地理 各岛地势低平,沙漠广布。主岛巴林岛,海拔从30米到60米不等,最高点杜汉山海拔137米。其余诸岛地势平坦。植物稀少,多属沙漠型。沿海有棕榈林和椰枣林。地下水丰富,多自流井和泉,海中也有淡水源泉,近海泉可在落潮后涌现时提汲;远海泉可用水泵或潜入海底抽取。西南海岸低地有盐沼。沿海产珍珠,渔产丰富。热带沙漠气候,年平均气温26℃左右。炎热潮湿。年降水量100～125毫米,以阵雨、暴雨为主。地下资源以石油和天然气为主,已探明石油储量2 200万吨,天然气储量1 182亿立方米。

历史 石器时代已有人居住。公元前3000年已出现城市型居民点。前1000年腓

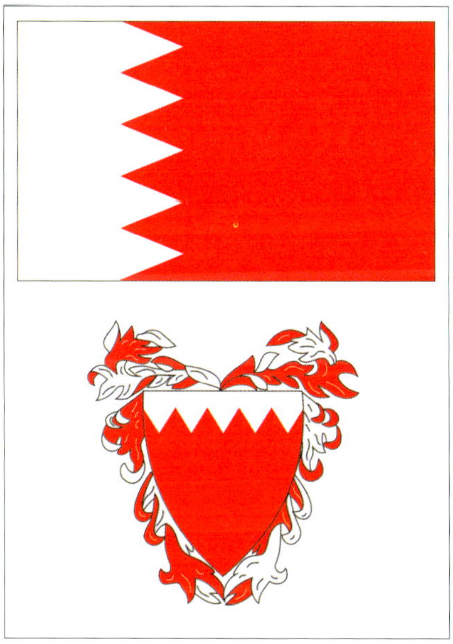

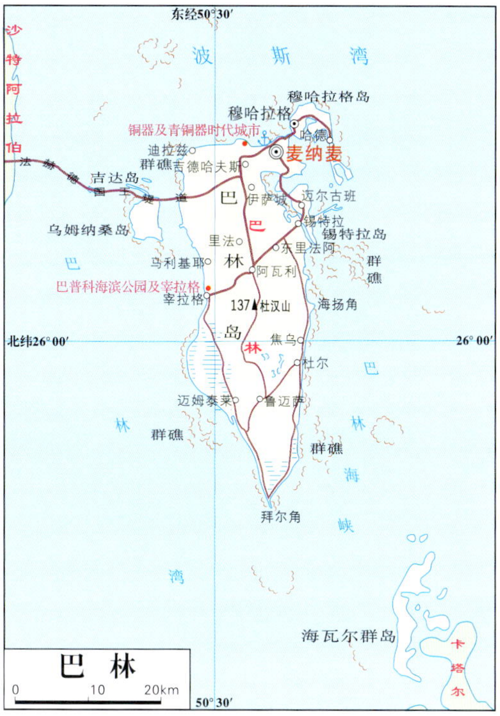

尼基人来临。前6世纪起先后被伊朗的波斯帝国和萨珊王朝占据。7世纪成为阿拉伯帝国的一部分。1507～1602年遭葡萄牙人占领。1602年受波斯帝国的统治。1783年脱离其羁绊独立。1820年英国侵入,强迫签订所谓的《波斯湾和平条约》,1880年沦为英保护国。1971年3月英被迫声明昔日同波斯湾诸酋长国签订的所有条约,在当年年底终止。同年8月15日,巴林宣布独立,9月21日加入联合国。

政治 实行君主立宪制,国家元首原称埃米尔,2002年7月14日,改称国王,国名相应改为巴林王国。独立后第一部宪法于1973年6月2日颁布。2001年2月举行全国公投,通过了新的民族宪章。2002年2月14日新宪法颁布、施行。规定更改国名,采用两院制议会。2002年10月,两院制国民议会成立,议员各40名。众议院选举产生,参议院由国王任命;实行三权分立,加强司法独立。

经济 发现石油之前,经济以海上贸易和采集珍珠为主。1932年发现石油,1933年开采。石油开采权控制在美国石油公司手中。1976年成立巴林国家石油公司,1979年接管外国资本在巴林石油公司中的全部股份。从此,石油和天然气工业逐渐取代了传统的采珠、捕鱼业,成为巴林的主要经济支柱。2008年,石油产量912万吨(其中本土产油180万吨,与沙特共享的艾卜·沙法油田获油730万吨),天然气产量4.7亿立方米。锡特拉岛的炼油厂,年炼油能力1 500万吨,为中东最大炼油厂之一,可生产200多个石油加工品种,向50多个国家出口。锡特拉岛和巴林岛间有输油管相连。除加工本国原油外,还通过海底输油管从沙特阿拉伯输入原油加工。石油经过数十年的开采,储量已经有限,因此,政府特别重视减少对石油的过分依赖,努力推行经济多样化政策,大力发展炼铝、造船等工业。巴林有中东地区最大的炼铝工业,年产铝锭50万吨。还有天然气液化、海水淡化、造船、建筑材料、编织芦席等工业。其中炼铝和造船是国民经济第二大支柱。主要农作物有蔬菜和紫苜蓿以及少量小麦、大麦和小米。粮食主要依靠进口。果品除椰枣外,还有柑橘、香蕉、石榴、柠檬、香橼、梨、杏等。畜牧业有乳牛、骆驼、家禽。渔场大多位于浅水地带和海岸附近,产有金枪鱼、鲥鱼、沙丁鱼等。传统采珠业已衰退,但仍是海湾地区的采珠中心之一。

20世纪70年代以后,中东地区原有的贝鲁特金融中心由于遭受黎巴嫩内战烽火的严重破坏而趋于衰落,巴林金融业应运而生,迅速发展成海湾地区银行和金融中心,也是国际金融中心之一。2009年国内生产总值206亿美元,人均国内生产总值约19 430美元。货币名称巴林第纳尔。

对外贸易占国民经济重要地位。转口贸易约占进出口值40%。主要进口机器设备、钢铁、化工设备、汽车、轻工产品、粮食、食品等(合占进口值59%),还进口原油(供提炼,占41%)。主要出口石油及其制品(占出口值的65%)、铝(占出口值的7%)、珍珠和渔品等。主要贸易对象国为印度、沙特阿拉伯、美国、日本、英国、澳大利亚、韩国和德国。对进口实行低关税、无限额、不定向的自由贸易政策;除以色列外,各

图1 巴林清真寺

图2 法赫德国王跨海大桥

国货物均可免费从巴林转口。

境内无铁路。公路总长3 200多千米，77%敷有沥青路面。首都和主要城镇有公路相连，主要岛屿间以越海堤道相通。巴林和沙特阿拉伯间，由长达25千米的法赫德国王跨海大桥（1986年1月建成）贯通。麦纳麦南侧的苏勒曼港是具有现代化设备的深水海港。有足够泊位供10万吨级油轮和集装箱轮停靠。巴林是海湾地区的空运中心，连接东西方空中交通的枢纽，有5个机场。海湾地区的通信服务中心，同阿联酋、卡塔尔之间铺设了海底通信电缆。

文化 实行完全免费教育和普及9年一贯制的中等教育制度。有巴林大学和阿拉伯海湾大学（由海湾合作委员会资助）。主要报纸是《海湾日报》(英、阿文)、《光明日报》(阿文)、《巴林湾日报》(阿文)、《海湾每周镜报》(英文）等。巴林广播电台1955年开始播音，用阿拉伯语和英语广播。巴林电视台分别用阿拉伯语和英语播放。

对外关系 巴林是联合国及其许多组织（教科文组织、世界贸易组织等）、阿拉伯国家联盟、伊斯兰会议组织和海湾合作委员会等国际组织的成员国。已同156个国家建立了外交关系。1989年4月18日与中国建交。

巴林塘海峡 Balintang Channel 西太平洋边缘的海峡。位于菲律宾吕宋岛以北海域中，巴坦群岛与巴布延群岛之间，北纬20°从海峡中穿过。此海峡与其北面的巴士海峡（中国台湾岛与菲律宾巴坦群岛之间）皆为沟通南海和菲律宾海的海峡，也是沟通南海与太平洋的重要通道。南北间宽约70余千米，水深一般在1 000米上下，最大水深为近3 000米。

巴鲁迪 Bārūdi, Maḥamūd Sāmī al-（1838～1904） 埃及作家。生于开罗。军校毕业后在土耳其外交部工作，暇余潜心研读阿拉伯古典诗歌。1863年回埃及。曾参加对克里特岛起义的镇压和俄土战争。先后被委任为东方省省长、开罗市长、内阁大臣。后因支持阿拉比革命、主张议会制而遭流放。17年后被赦回国，不久去世。死后出版有《巴鲁迪诗集》(2卷)。他生前编辑出版过《阿拔斯时代诗歌选》(4卷)。他前期诗歌多描写生活恬适、大自然风光，讴歌埃及古老的光荣，抒发自己建功立业的抱负。后期将个人忧患与祖国、民族命运联系在一起，留下许多感人肺腑的诗篇。他的诗歌抒发内心感情真实细腻，给阿拉伯诗歌注入了生气和活力。在阿拉伯诗歌从古代到现代的发展中，起到承先启后的作用。

巴伦博伊姆 Barenboim, Daniel（1942-11-15～ ） 以色列钢琴家、指挥家。生于阿根廷布宜诺斯艾利斯。7岁登台演出。1956年，毕业于罗马的圣塞西利亚学院。1957年1月，在L.斯托科夫斯基指挥下，于卡内基大厅演出S.S.普罗科菲耶夫的《第一钢琴协奏曲》。此后，曾与纽约爱乐乐团、柏林爱乐乐团、英国室内乐团等世界著名乐团合作演出，获得世界声誉。1964年担任英国室内乐团指挥，1975年担任巴黎交响乐团指挥，1991年任芝加哥交响乐团首席指挥，1992年任柏林国家歌剧院音乐指导。2007年率领柏林国家乐团参加北京国际音乐节。

巴伦西亚 Valencia, Guillermo（1873-10-29～1943-07-08） 哥伦比亚诗人。生于博帕扬，卒于博帕扬。曾任保守党领袖、议员，两次作共和国总统候选人。1899年发表成名作《仪典集》。他曾将中国8世纪起的古典诗歌从法文译本选译，题名《震旦》(1929)。后期的诗作脱离现实，追求逃避主义和高蹈主义的意境。形式上力求韵律工整，节奏鲜明。《阿纳尔科斯》一诗对青年一代影响颇深。《骆驼》曾风行拉丁美洲各国，被认为是现代主义诗歌的佳作。诗人在诗中描写两匹志同道合的骆驼，出于对“纯粹美”的追求，清高自持，离群索居，宁愿在沙漠阔步而行，表达了现代主义诗人逃避现实的意趣。此外，他确立了六音步的格律，为哥伦比亚诗歌的发展作出了贡献。

巴伦支海 Barents Sea 北冰洋边缘海。位于欧洲大陆以北，东至新地岛，西迄熊岛一线，北界斯瓦尔巴群岛和法兰士约瑟夫地群岛。其南部深入大陆（俄罗斯）的海湾称白海。因1594～1596年荷兰航海家W.巴伦支曾3次航行到此而得名。面积140.5万平方千米。平均水深229米，最深在西南部，达600米。海水总体积32.2万立方千米。海域南部大陆一侧是大陆架，占海域面积的一半以上。北部局部海底有高地，中西部横亘着几条深切的海槽，东南多浅滩。巴伦支海处北纬67°～80°，北部全年气温在0℃以下，冬季达-25℃，海水结冰期很长；南部因北角暖流注入，冬夏平均气温-4～10℃，全年不冻。白海因处于陆地包围，暖流不能到达，冬季结冰。石油和天然气蕴藏丰富。渔产丰富，以鳕、鲱、鲽、鲑、鲇等著名。主要海洋哺乳动物有海豹、鲸、北极熊、北极狐等。摩尔曼斯克和瓦尔德等均为不冻港。

巴罗哈-内西 Baroja y Nessi, Pío（1872-12-28～1956-10-30） 西班牙作家。生于圣塞瓦斯蒂安，卒于马德里。1893年医科大学毕业后在乡村行医。巴罗哈是“九八年一代”中著名的小说家，所写小说约100部，题材广泛。风格上兼有自然主义和浪漫主义色彩。不注意雕琢文字，手法明快利落。主题思想倾向于悲观主义、无政府主义和怀疑主义。主要作品有四个三部曲：《巴斯克土地》，包括《阿伊斯戈里之家》(1900)、《拉布拉斯的长子继承权》(1903)和《冒险家萨拉卡因》(1909)；《幻想的生活》，包括《完美之路》(1902)、《西尔维斯特雷·帕拉多克斯的冒险、发明和假造》(1901)和《帕拉多克斯，国王》(1906)；《为生活而斗争》，包括《寻觅》(1904)、《莠草》(1904)和《红色曙光》(1904)；《种族》，包括《闺秀出逃》(1908)、《雾都》(1909)和《知善恶树》(1911)。

巴罗克 Baroque 西方艺术史上的一种艺术风格。16世纪末期产生于意大利，17世纪盛行整个欧洲，18世纪初期在德、奥等国仍有较大的影响。巴罗克风格表现在各个艺术领域，内涵也极为复杂。但最基本的特点是打破文艺复兴时期的严肃、含蓄和均衡，崇尚豪华和气派，注重强烈情感的表现，气氛热烈紧张，具有刺人耳目、动人心魄的艺术效果。

巴罗克建筑 巴罗克建筑的特点是运用矫揉的手法（如断檐、波浪形墙面、重叠柱等）以及透视深远的壁画、姿势夸张的雕像，使建筑在透视和光影的作用下产生强烈的艺术效果；追求豪华的内部装饰和动势与起伏的形态；将建筑、雕塑、绘画融为一体。

早在文艺复兴时期，米开朗琪罗设计的圣彼得大教堂的圆顶，就已显示出巴罗克风格的萌芽。随后他的两位学生G.B.da维尼奥拉和G.della波尔塔又完成了被认为是从样式主义转向巴罗克代表作的罗马耶稣教堂。17世纪初，C.马代尔诺建造了罗马圣苏珊娜教堂，该教堂建筑的立体塑形复杂多变，动态强烈。此外马代尔诺还担任了对圣彼得大教堂的内部改建和门面建筑设计，使其更符合巴罗克风格。巴罗克建筑的代表人物是G.L.贝尼尼和F.博罗米尼。前者的代表作是为圣彼得大教堂祭坛设计的圣彼得法座以及杰出的教堂入口广场，作者巧妙地将圣徒、天使和圣灵之光与建筑相结合，使其更富有热烈奔放的巴罗克特征。后者的代表作有四泉的圣卡洛教堂、圣伊沃教堂等，在这些建筑中，他运用凹凸多变的曲线和多种几何形体的复杂交错，使建筑从整体布局到细部安排都能独出心裁。

在意大利北部，B.隆盖纳设计了威尼斯的圣玛丽亚教堂，G.瓜里尼则设计了都灵的圣洛伦佐教堂和圣辛多内礼拜堂。传播于欧洲各地的巴罗克建筑，又与当地的建筑特点相结合，从而形成各自的风格。西班牙及其统治下的拉丁美洲也是巴罗克建筑的沃土之一。

巴罗克绘画　巴罗克绘画是通过克服16世纪后期样式主义发展而来的。最初以卡拉瓦乔和A.卡拉奇最有影响，但他俩的作品同时又具有现实主义和古典主义的因素。稍后名家又有G.雷尼、圭尔奇诺、B.斯特罗齐、S.罗萨等，而兼工建筑的彼得罗·达·科尔托纳更能充分发挥巴罗克艺术的特色，将建筑、雕塑、壁画结为一体，画中人物动感强烈，气势磅礴。佛兰德斯的P.P.鲁本斯被认为是最伟大的巴罗克画家，他的作品富有激情，强烈的运动感和戏剧性，以及热情奔放、绚丽多彩的风格，对当时及后世都有极大的影响。

图1　罗马耶稣会堂

巴罗克雕刻　巴罗克雕刻与绘画一样，都强调激情和动感。G.L.贝尼尼是最著名的巴罗克雕刻大师，他以其精湛的技艺，雕凿了许多栩栩如生的人物形象。光洁细腻的躯体、柔滑的绸缎、轻盈的薄纱、强烈的激情、奔放的姿态，构成了他的雕刻风格。另外，法国的P.皮热、A.柯塞沃克，西班牙的J.M.蒙塔涅斯、A.卡诺等，亦是颇有影响的巴罗克雕刻家。

巴罗克音乐　西方音乐史上，1600～1750年称为巴罗克时期。音乐特征是：歌剧的诞生和器乐音乐的发展。在音乐方面，第一个伟大的巴罗克作曲家是C.蒙特威尔第。A.斯卡拉蒂和G.B.佩戈莱西是意大利巴罗克歌剧大师。A.科雷利和A.维瓦尔第则是意大利的巴罗克器乐作曲家。法国J.-B.吕利和J.-P.拉莫、英国G.F.亨德尔、德国J.S.巴赫和H.许茨都是具有巴罗克风格的音乐大师。他们在数次低音方法的运用、二部结构原则的发展、流动而富于对比旋律的普及以及体裁的不断丰富和系统推进等方面作出了贡献。

图2　鲁本斯绘画作品《三美神》（1636～1638）

巴罗克文学　巴罗克文学最早出现在意大利和西班牙。在意大利把具有巴罗克风格的作家称为马里诺派，以诗人G.马里诺为代表，作品表现出浮华怪异的特点。在西班牙有夸饰主义和警句主义两个流派。前者以诗人L.de贡戈拉-阿尔戈特为代表（又称贡戈拉主义），重形式轻内容，多用夸张、比喻、冷僻字眼和典故；后者追求奇特别致的联想和强烈的对照，常把思想凝练为简短精致的警句。P.卡尔德隆·德·拉·巴尔卡是西班牙巴罗克文字的杰出大师。英国以J.多恩为代表的玄学诗派、法国以H.d' 于尔菲为代表的沙龙文学、德国M.奥皮茨、H.J.C.von格里美豪森、A.格吕菲乌斯等的作品都属于巴罗克文字具有平民倾向和贵族倾向之别。前者在一定程度上表现了生活本身的矛盾；后者更显得内容贫乏、故弄玄虚。从整体上看巴罗克文学缺少人文主义文学的乐观精神和对人的信心，更多怀疑主义和悲观主义情绪，将神秘的隐喻与自然主义描写结合起来，大量运用复杂奇特的比喻、对偶、俏皮、拟声等人为的修饰手段，堆砌形容词，矫揉造作。

图3　贝尼尼雕塑作品《圣塞勒萨的沉迷》

巴马科　Bamako　马里首都和最大城市。城名来自班巴拉语，意为“鳄鱼之河”。人口134.2万(2005)。城市北倚库鲁巴山，跨尼日尔河，海拔320～340米，地势平坦。地处苏丹草原，气候酷热，年平均气温28℃，绝对最高气温46℃；平均年降水量1 099毫米，6～9月为雨季，多暴雨。原为小村落。1908年为法属苏丹首府。1923年铁路通至塞内加尔达喀尔港后，迅速发展，

巴马科大桥远眺

国家独立后为全国主要工商业中心，最大交通枢纽，尼日尔河流域农畜产品集散地之一。工业主要有食品加工（屠宰、罐头）和机械、机车、车辆修配、纺织、卷烟、火柴、家具等。金银饰品、象牙雕刻、彩饰和皮革等手工业闻名西非。公路通国内主要城镇及邻国，铁路及两条国际公路通大西洋口岸。尼日尔河航运每年6月至12月较大船只向上可达几内亚库鲁萨（360千米），向下绕过索图巴急流可达加奥（869千米）、昂松戈。有国际机场。文教、卫生设施有师范、艺术等4所高等院校，眼病等几所研究机构和全国最大医院。城市范围已由尼日尔河左岸向右岸扩展，1960年建成跨河大桥。市中心为繁荣的商业区和西式住宅区；北部为总统府和政府机构所在地；东郊为工业区。

巴马瑶族自治县 Bama Yao Autonomous County 中国广西壮族自治区河池市辖自治县。位于自治区西北部。面积1 966平方千米。人口26万（2008），有瑶、汉、壮、毛南、回、水、仫佬等民族。西汉置广郁县。1934年置万冈县。1956年设巴马瑶族自治县。矿产有金、大理石、辉绿岩、钛和锑等。农业主产水稻、玉米、甘蔗、豆类等。特产油茶、南瓜、竹笋、香猪、油鱼、蝴蝶果等。工业有机械、电力、采矿、建材、食品等。风景名胜有盘阳河及百鸟岩、百魔洞和红军21师师部旧址等。

巴门尼德 Parmenides（约 前515～？） 古希腊哲学家，爱利亚学派创始人。活动于公元前6世纪末至前5世纪中叶以后，鼎盛年约在公元前504年。他受克塞诺芬尼关于神是不动的“一”的理论影响，依靠抽象形象，从感性世界概括出最一般的范畴“存在”。认为存在是永恒的，是一，连续不可分；存在是不动的，是真实的，可以被思想；感性世界的具体事物是非存在，是假相，不能被思想。他认为，没有存在之外的思想，被思想的东西和思想的目标是同一的。他第一次提出了“思想与存在是同一的”命题。著有哲学诗《论自然》。

巴米累克人 Bamileke 西非喀麦隆共和国的主要民族之一。约305万人（2002）。

巴米累克人酋长

主要分布在西方省的班布图州、梅努阿州、恩德州、米菲州、上恩康姆州，以及滨海省的蒙戈州和恩康姆州，约有90个独立的小酋长国。属尼格罗人种班图类型。使用巴米累克语，属尼日尔-科尔多凡语系贝努埃-刚果语族。信仰天主教。发源于现蒂卡尔人居住的上姆班河地区。按父系继承，实行一夫多妻制。居民按年龄、性别、职业分属不同社团，如长老会、行伍会、妇女会等。土地属酋长所有，酋长将属地分配给居民，居民可以将所得土地传给子孙，但无权转让。死者若无继承人，土地仍须归还酋长。现在允许同一集团居民之间买卖土地，但绝不许出售给外人。多定居务农，主要种植玉米、芋头、花生及香蕉、油棕等。手工艺人擅长在凳、椅、柱、门框和面具上雕刻人像和动物像，用象牙雕刻喇叭、手镯等物品。有许多人经营运输业、工业或出国经商，成为民族资本家。

巴米扬 Bāmīān 阿富汗中部城市，巴米扬省首府。位于巴米扬河（昆都士河上游的支流）河畔，海拔2 590米，东南距首都喀布尔130千米。人口约5万。扼兴都库什山的重要隘口，千百年来是南下北上的商旅所必经、中亚与南亚往来大道上的要站。又是佛教中心，从5世纪，中国文献已有记载，中国古代高僧法显和玄奘先后于4世纪末和7世纪中西行过此。《大唐西域记》译称为梵衍那。1840年曾是第一次英阿战争的战场。巴米扬石窟中两尊大佛像尤为著名（已毁于“塔利班”炮火）。巴米扬周围群山峰巅常年白雪皑皑，冬季严寒，春季雨量较大，但夏秋凉爽宜人，是良好的避暑胜地和旅游中心。

巴米扬石窟 Bāmīān Caves 阿富汗佛教石窟群。位于巴米扬城北兴都库什山脉西段，开凿在巴米扬山谷北侧崖壁上。现存编号窟龛750座，从东向西延续1 300米，年代为7～8世纪。除主区窟群外，西南有弗拉底石窟，东南有卡克拉克石窟。

石窟开凿在崖壁下部，以东西两立佛体量最大也最著名。两大佛均着通肩袈裟。东大佛窟外立面呈倒U字形，佛高38米，通体比例匀称。窟顶绘有太阳神驾驭战车图，侧壁绘礼佛图。西大佛窟外立面作三叶形，佛高55米，脸型方正，身躯壮硕。窟顶绘制千佛、形体较大的菩萨像以及飞天、供养人和礼佛图，侧壁画大型坐佛。两大佛年代应为7世纪。但2001年3月，两大佛被阿富汗武装派别塔利班炸毁，仅余残迹。除两大佛外，还有50余个洞窟中绘有壁画。

在佛教传播的地域内，巴米扬石窟是现存最西部的文化遗迹，壁画和雕像风格均受波斯萨珊王朝的影响，同时也接受

巴米扬东大佛

了印度艺术以及西方艺术的影响。随着佛教东渐，巴米扬石窟艺术的特点也传向东方，对中国克孜尔千佛洞的影响尤为明显。2003年，巴米扬山谷文化景观和考古遗址作为文化遗产被列入《世界遗产名录》中的《濒危世界遗产名录》。

巴拿赫空间 Banach space 一种完备的线性赋范空间，泛函分析研究的基本对象之一。

1922年S.巴拿赫与N.维纳各自独立地提出了线性赋范空间（又称赋范线性空间）的概念。所谓线性赋范空间就是对于一个线性空间中的每一个元素都规定一个“范数”（它相当于向量的长度）。确切地说，若X是实数域（或复数域）K上的一个线性空间，对每一个$x\in X$都有一个实数$\|x\|$与之对应并满足下列条件：①$\|x\|\geqslant 0$，当且仅当$x=0$时，$\|x\|=0$；②对任意$\alpha\in K$，有$\|\alpha x\|=|\alpha|\|x\|$；③$\|x+y\|\leqslant\|x\|+\|y\|$，这时便称$X$是一个线性赋范空间，其中$\|x\|$称为$x$的范数。

若X是一个线性赋范空间，则由范数诱导了X两个元素之间的距离$d(x, y)=\|x-y\|$。在这个度量下，X是一个度量空间。因此，可以在线性赋范空间中讨论极限。若线性赋范空间X中的每一个柯西序列都有极限，则X称作是完备的。完备的线性赋范空间称作巴拿赫空间。

巴拿赫空间的几个典型例子：①$C[a,b]$代表$[a,b]$上全体连续函数f组成的线性空间，其范数为$\|f\|=\max\limits_{a\leqslant x\leqslant b}|f(x)|$，则$C[a,b]$是一个巴拿赫空间。②$L^p[a,b]$代表$[a,b]$中$p$次可积的全体函数$f$组成的线性空间，其范数定义为$\|f\|=\left(\int_a^b|f(x)|^p\mathrm{d}x\right)^{1/p}$，则$L^p[a,b]$是一个巴拿赫空间。

巴拿赫空间X到一个数域K上的线性

映射$T:X\to K$是人们首先要关注和研究的。若存在M使得$|Tx|\leqslant M\|x\|$对一切$x\in X$成立，则称T为有界线性泛函（算子）。一个线性泛函$T:X\to K$是连续的，当且仅当T是有界的。

设$T:X\to K$是巴拿赫空间X到数域K的线性泛函。若存在一个数$\lambda\in K$使得$Tx=\lambda x$有解，则称λ为T的一个特征值。全体特征值集合称为T的点谱。点谱是T的谱集的一个子集。对谱的结构的研究是泛函分析中的一个课题。

巴拿赫空间X到数域K的有界线性泛函$T:X\to K$的全体组成一个线性空间，记作X^*。若定义T的范数为$\|T\|=\max\limits_{\|x\|\leqslant 1}|Tx|$，则$X^*$也是一个巴拿赫空间。这个巴拿赫空间称为$X$的对偶空间。哈恩－巴拿赫扩张定理是反映$X$与$X^*$之间关系的一个基本定理：设$E$是巴拿赫空间$X$中的一个闭线性子空间，则对$E$上任意一个连续线性泛函$S:E\to K$，存在一个连续线性泛函$T:X\to K$使得$T$在$E$上的限制等于$S$，且$\|T\|=\|S\|$。

对偶空间的概念又导致弱收敛的概念：设$\{x_n\}$是巴拿赫空间X中的一个序列。若对于一切$T\in X^*$，$\{Tx_n\}$都收敛，则称$\{x_n\}$弱收敛。弱收敛的概念有广泛的应用。

对巴拿赫空间上各种算子的研究构成泛函分析重要的组成部分，并在偏微分方程、积分方程和计算方法等领域内有广泛应用。

巴拿马 Panama 拉丁美洲国家。位于中美地峡南部，南濒太平洋，北临加勒比海，东连哥伦比亚，西接哥斯达黎加。海岸线长2 988千米。面积75 517平方千米。人口332.3万（2010），其中印欧混血种人占65%，黑人占13%，白人占11%，印第安人占10%。居民中85%信奉天主教，少数信奉基督教新教和伊斯兰教。官方语言为西班牙语。首都巴拿马城。

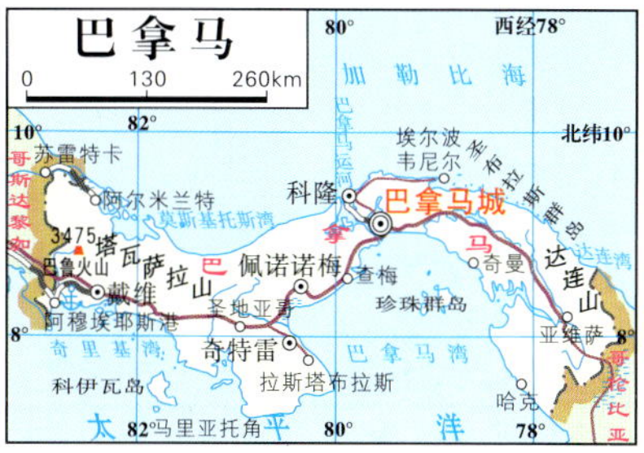

全境地势起伏，沟谷纵横，除南北沿海为平原外，多为山地。有400余条河流，较大的有图伊拉河、切波河和查格雷斯河。属热带海洋性气候，年平均气温23～27℃。

原为奇布查、加勒比等印第安人部落聚居地。1502年C.哥伦布第4次航行美洲后在此建立殖民据点。1821年独立并加入大哥伦比亚联邦。1830年大哥伦比亚解体后，成为新格拉纳达共和国（今哥伦比亚）的一部分。1903年11月3日在美国的支持下脱离哥伦比亚独立。同年11月18日，美国与巴拿马政府签订由美修建和租借运河的不平等条约，规定巴拿马将面积1 432平方千米的运河区交美国永久控制。巴拿马人民为收回运河区主权进行了长期斗争。1964年爆发反美风暴，要求收回运河和运河区主权。美国被迫同意与巴拿马重新谈判运河条约。1977年，美国被迫同巴拿马签订新的《巴拿马运河条约》和《关于巴拿马运河永久中立和运河运营条约》，废除1903年的不平等条约。1999年12月14日巴、美两国举行运河回归交接仪式，自此，巴拿马收回了对运河的一切权力。

国家三权分治，总统为国家元首，通过直接选举产生，任期5年，不得连任。国民议会为一院制，行使立法权。由78名议员组成，通过直接选举产生，任期5年。1994年取消军队，建立一支警察部队。主要政党有民主革命党、人民党、民族主义共和自由运动党等。

运河区、国际金融中心、科隆自由贸易区和注册商船队是巴拿马经济的四大支柱。商业和劳务收入在国民经济中占有重要地位。20世纪90年代后巴拿马经济恢复、发展较快。2009年国内生产总值193.74亿美元。货币名称巴波亚。境内流通美元，该国货币巴波亚与美元等值，只作为辅币流通。工业基础薄弱，无重工业。主要工业部门是农产品加工业和轻工制造业，主要农作物有香蕉、水稻、玉米、豆类、甘蔗、咖啡等。巴拿马城国际金融中心是拉美地区最重要的金融中心之一，有来自30多个国家的97家银行在此注册开业。主要出口香蕉、蔗糖、海虾、咖啡、石油产品等，进口工业制成品、石油、中间产品、机械及食品等。主要贸易伙伴为美国、瑞典、日本、德国、意大利等。林业资源丰富，全国70%以上的土地为热带森林所覆盖，主要有红木、雪松、棕榈树、橡胶树等。矿产有金、银、铁、铜、钼、铝矾土、盐、汞、硫磺、煤等。除盐和铝矾土外，其余矿藏尚未开采。旅游资源丰富。主要旅游区有巴拿马城、科隆、运河的阶梯式大闸门、孔塔多拉旅游胜地、圣布拉斯群岛和雷岛等。

海运大国。运河担负着全世界5%的贸易货运。全世界共有6 654艘船舶在巴拿马注册，总载重量1.3亿吨，居世界第一。港口15个，克里斯托瓦尔港和巴尔博亚港是两个最大港。拉美空运中心之一，有两家国际航空公司。最大的托库门国际机场，每天可起降飞机100多架次。国内交通以公路为主。

教育发达，居民教育水平较高。从学前教育到初中实行11年义务教育。高等院校有巴拿马大学、技术大学、圣玛丽亚大学和地峡大学。主要报刊有《新闻报》、《巴拿马美洲报》、《自由论坛报》、《世纪报》和《巴拿马明星报》。有273家电台，大部分为商业台；有无线电视频道10个。

通过巴拿马运河的船只

至2007年已同128个国家有外交关系。因巴拿马承认台湾当局，中国至今未与其建交。1973年新华社在巴拿马设分社。1984年7月中国拉美贸易中心在科隆自由贸易区建立。1987年中国银行在巴拿马城开办分理处，1994年升格为中国银行巴拿马分行。

巴拿马城 Panama City 巴拿马首都和巴拿马省首府。位于巴拿马中部、巴拿马运河的太平洋入口处。面积106.5平方千米。人口138.83万（2006）。原是印第安人渔村。始建于1519年。1671年英国海盗将古城夷为平地。1674年在城西8千米处重建。1903

巴拿马城街景

年巴拿马独立后成为首都。1914年巴拿马运河建成，城市迅速发展，成为全国政治、经济、文化中心。经济主要依靠运河的运输业、商业和服务业。国际金融中心。仅大银行就有120多家，多数是外国银行分行。工业有炼油、轧钢、制鞋、服装、食品、烟草、水泥和木材加工等。建有停泊远洋巨轮的深水码头和国际机场。铁路、公路可达运河北口的科隆港，并有泛美公路、美洲大桥连接南、北美洲。建于1935年的巴拿马大学使其成为教育中心。著名建筑物有圣何塞大教堂、总统府、国民剧院、圣弗朗西斯教堂、运河博物馆等。阿特拉帕新会议中心是拉美最大的会议中心。

巴拿马大会 Congress of Panama 1826年6月22日～7月15日在巴拿马召开的西属美洲新独立国家的首次联合会议。又称美洲大陆会议。会议由哥伦比亚共和国发起，参加会议的国家有哥伦比亚、秘鲁、**中美洲联邦**和墨西哥。

1826年6月22日，西属美洲新独立国家的会议在巴拿马城正式召开。会议通过了三项协议，即关于西班牙美洲共和国《团结、联合和永久同盟条约》的协议、关于建立常设联络机构及联络地点的协议和关于共同防御的军事协定。

大会之后，拉丁美洲新独立国家内部政治派别斗争和地方分裂割据倾向加剧，各国之间也发生矛盾和争端，大会提出的建立联盟和军事同盟等问题并未受到重视，除哥伦比亚外，其他国家都没有正式批准这些协定。巴拿马大会是世界近代史上摆脱殖民压迫，获得独立的新型国家为实现联合、共同防御大国侵略而举行的第一次会议。

巴拿马运河 Panama Canal 凿通巴拿马地峡，沟通太平洋和大西洋的国际运河。位于巴拿马共和国中部。运河通航后大西洋和太平洋沿岸之间航程缩短5 000～10 000千米。

巴拿马运河鸟瞰

开凿经过 1513年巴尔博亚发现巴拿马地峡。1524年西班牙国王查理五世下令勘测通过巴拿马地峡的运河路线。1881年在法国工程师F.de莱塞帕斯主持下，按海平面运河（运河水位与两端海平面齐平不设船闸）方案施工。至1900年耗资3亿多美元，仅完成计划的1/3，工程因公司破产而中断。1903年11月美国强迫巴拿马签订了**《美国-巴拿马条约》**，取得运河开凿权和运河区的永久租借权。1904年美国改用以**船闸**提高中段水位，使船舶跨越地峡分水岭的运河方案。同年5月重新动工，历时10年，于1914年8月15日竣工。

运河状况 巴拿马运河全长81.3千米，沿程建有3座船闸。运河起自加勒比海，经一段人工开挖的航道，至加通三级船闸水位升高25.9米，然后进入加通湖区，通过开挖地峡分水岭形成的加利亚德航道，再经佩德罗·米格尔单级船闸，水位下降9.45米，又过米拉弗洛雷斯双级船闸，水位再降16.45米，达到太平洋海平面，最后经弗拉门科岛进入太平洋。

巴拿马运河基本上是双向航道，三座船闸都是双线船闸。运河上长13千米的加利亚德航道，岸高坡陡、河道弯曲、视距短，1930～1940年和1957～1971年曾两次拓宽，底宽从94米增至152米，改善了这段航道的航行条件。

巴拿马运河与运河区平面图

通过运河的船舶一般为45 000吨级，最大的为65 000吨级。通过运河的船舶长度不得超过297米，宽度不得超过32.58米，最大吃水12.04米。枯水季节只许吃水小于11.58米的船舶通过。船舶在运河上的航速在不同航段上控制在每小时8～18海里。船舶通过运河平均需17小时，其中航行时间为10小时。每年通过运河的船舶数量有14 000～15 000艘，通过的货物量超过1亿吨，年收入超过1亿美元。

根据美国和巴拿马两国签订的《巴拿马运河条约》，巴拿马运河自1979年10月1日，改由两国共管；2000年1月1日巴拿马共和国全部收回运河的管辖权。由于巴拿马运河货物通过量逐年剧增，以及运河水源紧张等原因，正在筹划开凿第二条巴拿马运河。

巴纳德 Barnard, Christiaan (Neethling)(1922-11-08～2001-09-02) 南非外科医师，进行世界上第一例心脏移植手术。生于西博福特，卒于塞浦路斯。1946年获

开普敦大学医学学士学位，1953年获该校医学博士学位。1953～1956年在开普敦格罗特·舒尔医院任外科医师。1956～1958年在美国明尼苏达大学学习心胸外科，获哲学博士学位。后回格罗特·舒尔医院，设计了沿用至今的人工三尖瓣及主动脉瓣。始创大血管完全转位和三尖瓣畸形的手术。1974年12月3日进行世界上首例并位心脏移植术。著有《常见先天性心脏畸形的外科治疗》、《冠心病须知》、《人体机器》、《南非剖析》等。

巴奈 Pane, Armyin (1908-08-18～1970-02-16) 印度尼西亚作家。生于北苏门答腊打巴奴里。初学医，后攻语言文学。曾任新闻记者、编辑和教师。1933年和S.T.阿里夏巴纳等共同创办《新作家》杂志。作品有小说、诗歌、剧本和文艺理论。他最先采用新的写作技巧，注重人物的心理刻画，语言简洁明快。代表作长篇小说《枷锁》(1940)，描写一对夫妇间貌合神离和尔虞我诈的关系，揭露了上流社会的污浊和虚伪。其他重要作品有诗集《生命中之生命》(1939)、短篇小说集《人世间》(1953)、

剧作选《貌柔质刚》(1953) 等。

巴涅尔 Parnell, Charles Stewart (1846-06-27～1891-10-06) 19世纪后期爱尔兰民族主义领袖，自治运动领导人。生于爱尔兰，卒于英格兰苏塞克斯郡布赖顿。1875年当

选议员，同情主张暴力的芬尼运动。1877年当选为大不列颠自治联盟主席。1879年支持由芬尼亚党人M.达维特成立的“土地同盟”，并担任该盟主席。把要求土地改革、反对英国土地殖民政策的农民运动，与爱尔兰民族主义自治运动结合在一起，使自治运动有了广泛的群众基础。1880年大选后，他领导自治党议会党团。不久，上院否决自由党政府的土地改革计划，他即在爱尔兰发动大规模的“抵制”运动，强制实行土地同盟的租佃条件。

1885年大选后，W.E.格莱斯顿表示支持爱尔兰自治。巴涅尔遂与自由党结盟，使自治党为自由党所控制。此后，巴涅尔的政治影响转弱。

巴人 Baren (1901-09-08～1972-07-25) 中国作家、文艺理论家。本名王任叔，常用笔名巴人。浙江奉化人。文学研究会成员。1930年参加中国左翼作家联盟。抗战爆发

后，先在“孤岛”上海从事抗日文化宣传活动，编辑《译报》、《民族公论》等报刊，参与编辑《鲁迅全集》。1941年去印度尼西亚，从事抗日活动和华侨爱国民主运动。1948年回国进入解放区。中华人民共和国建立后历任中国驻印尼大使，人民文学出版社副社长、社长。1960年，因写《论人情》一文受到错误批判。“文化大革命”期间被迫害致死。

巴人创作数量最多的是小说，大多取材于劳动人民的苦难生活，短篇集有《破屋》、《殉》、《影子》、《监狱》、《在没落中》等；中篇小说有《阿贵流浪记》、《证章》、《死线上》、《冲突》。他的杂文犀利泼辣，体式丰富，格调多样，与他人合出的有《边鼓集》、《横眉集》，专集有《扪蚤谈》、《边风录》等。他20世纪30年代末写的《文学读本》为当时有影响的文学理论读物，中华人民共和国建立后两次修订，分别易名为《文学初步》和《文学论稿》；他还出版了《窄门集》、《读〈青年近卫军〉》、《从苏联作品中看苏联人》等理论评论著作，此外，还写有剧本《黄娜小姐》、《杨达这个人》。

《巴塞尔公约》 *Basel Convention* 全称《控制危险废物越境转移及其处置巴塞尔公约》。为控制危险废物转移的发展趋势，1989年3月在瑞士举行100多个国家参加的专门会议，于22日制定《巴塞尔公约》。1995年9月22日在日内瓦对公约进行修正，通过《巴塞尔公约》修正案。1990年3月22日中国政府代表签署《巴塞尔公约》。1992年5月5日公约生效，同年8月20日对中国生效。中国政府也签署了公约修正案，但迄今尚未被批准。

公约要点包括：各缔约国有权禁止有害废物的进境和进口，建立预先通知制度和批准制度，有害废物的非法越境转移视为犯罪行为。“废物”的定义是指处置的或打算予以处置的或按照国家法律规定必须加以处置的物质或物品；“管理”是指对危险废物或其他废物的收集、运输和处置，包括对处置场所的事后处理；“越境转移”是指危险废物或其他废物从一国的国家管辖地区移至或通过另一国的国家管辖地区的任何转移，或移至或通过不是任何国家的管辖地区的任何转移，但该转移须涉及至少两个国家。要求各缔约国，根据各国社会、技术和经济方面的能力，保证将本国内产生的危险废物和其他废物减至最低限度；保证提供充分的处置设施用以从事危险废物和其他废物的环境无害管理，不论处置场所位于何处，在可能范围内，这些设施应设在本国内；保证在管理过程中不产生危险废物和其他废物的污染，并在产生这类污染时尽量减少其对人体健康和环境的影响；保证在符合危险废物和其他废物的环境无害和有效管理下，把这类废物的越境转移减至最低限度，进行此类转移时，应保护环境和人类健康免受此类转移可能产生的不利影响。

《巴塞尔宣言》 *Declaration of Basel* 1912年11月第二国际巴塞尔非常代表大会通过的《国际局势和反对战争的统一行动宣言》。第一次世界大战前夕，社会党国际局在1912年10月28日举行紧急会议，决定召开第二国际非常代表大会。大会于1912年11月24～25日在瑞士巴塞尔举行。出席大会的有来自22个国家的55名代表。大会一致通过巴塞尔反战宣言。宣言揭露了帝国主义发动大规模战争的严重危险，指出正在酝酿的战争具有帝国主义掠夺性质，阐述了社会党人对待战争的观点和应采取的策略，确定了国际无产阶级和各国社会党防止战争、保卫和平方面的具体方针和任务。宣言号召各国无产者和社会党人利用一切手段，开展保卫世界和平的斗争。第二国际各国党的多数领导人口头上赞成宣言，但在1914年第一次世界大战爆发之后，却公开背叛宣言指明的路线。巴塞尔非常代表大会是第二国际的最后一次大会。

巴塞罗那 Barcelona 西班牙第二大城市。加泰罗尼亚自治区首府和巴塞罗那省首府。位于加泰罗尼亚地区，蒂比达博丘陵和蒙特胡伊克丘陵之间的平原上，是地中海沿岸著名港口。人口162.15万 (2009)。属地中海型气候。夏季炎热干旱，冬季温和多雨。

巴塞罗那神圣家族教堂

11世纪起，逐渐兴建为西班牙海岸最早的通商口岸。1503年建市。12～18世纪，成为西班牙民族反对异族统治的“光复运动”的主要基地。中世纪时城市手工业以雕刻圣像为主。工业原以机械、纺织、印刷、食品等著称，全国最大的造船业中心。第二次世界大战后，汽车、化工、精密仪器、塑料等工业发展很快，为全国最大的工业中心。盛产葡萄酒，还有驰名全欧的加泰罗尼亚蛋奶甜食和面食等名贵食品。

全国最大的海港和重要铁路、航空枢纽。进出口贸易占据全国总额的40%以上。出口商品有纺织品、船舶、化工原料和水果罐头等，进口商品以机械、石油、棉花、谷物等为主。为古老的加泰罗尼亚文学和

艺术的发祥地，有巴塞罗那大学和加泰罗尼亚医学院等高等学校。市内多博物馆，有加泰罗尼亚艺术博物馆、毕加索艺术博物馆、历史博物馆、自然博物馆等20多所。还有著名建筑师A.高迪－科尔内所建的神圣家族教堂、古埃尔公园、古埃尔宫和米拉公寓，后三座建筑1984年列入《世界遗产名录》。加泰罗尼亚音乐厅和主楼像哥特式教堂的圣保罗医院也于1997年作为文化遗产列入《世界遗产名录》。每年10月举办巴塞罗那国际音乐节。1992年成功举办了第25届奥林匹克运动会。

巴色 Pakse 老挝下寮地区最大商业城市，水路交通枢纽，占巴塞省首府。面积10平方千米，人口约7万（2005）。位于巴色低地北端，色敦河与湄公河合流处。近郊地势低平，海拔96米。年平均气温26.4℃，年降水量1 900毫米以上。1713～1778年为占巴塞王国的都城。城市分布于色敦河的东西两岸，行政机构和主要商业区位于河东，河西有军营及锯木、碾米和砖瓦等手工业作坊。郊区多森林，有水稻种植和水产养殖业。市区以东为波罗芬高原，所产咖啡、茶叶、砂仁、热带水果、木材与畜产品在此集散。巴色是老挝南部的关口，是周围地区和邻国边境地区之间的交通要道，湄公河上的重要口岸。与万象、曼谷、金边与胡志明市有公路相通。城西的机场与国内及邻国城市联系。1970年色敦河下游建成水坝，蓄水发电。城东8千米的瓦普庙，坐落在海拔1 200米的甫告山腰，规模宏大，为佛教著名古刹，曾与柬埔寨吴哥寺齐名。

巴师夏 Bastiat, Claude Frédéric（1801-06-29～1850-12-24） 法国经济学家。生于法国巴约讷附近的一个大商人家庭，卒于意大利罗马。1825年继承祖父遗产成为酒业资本家。1830年法国革命后，当选为本地法官，又任区的总顾问。“七月王朝”后期迁居巴黎。1846年建立“法国争取自由贸易协会”。1848年法国革命期间当选为制宪会议和立法会议的代表。

巴师夏是自由贸易思想的热情宣传者，同时也是社会主义思潮的反对者。他赞美资本主义社会是一种和谐的社会，认为社会组织是建立在人类本性的普遍规律之上的。社会就是交换，交换是相互提供服务，两种互相交换的服务决定价值。价值，即服务的尺度就是服务提供者所作的努力的紧张程度和服务接受者所节省的努力的紧张程度。在自由放任下，二者趋于一致。交换以等价为基础，等价交换是公道的交换，这样的社会当然是和谐的。他还认为，随社会进步，社会总产品中分配给资本的部分会减少，分配给劳动的部分会增加，人们的状况会不断改善，社会会更加和谐。著有《经济诡辩》、《经济和谐》等。

巴什基尔人 Bashkirs 俄罗斯联邦的民族之一。自称巴什科尔特人。约93.6万人（2001）。主要分布在巴什科尔托斯坦共和国，部分分布在车里雅宾斯克、奥伦堡、库尔干、彼尔姆、叶卡捷琳堡、萨马拉夫和萨拉托夫等地。属欧罗巴人种与蒙古人种混合类型。使用巴什基尔语，属阿尔泰语系突厥语族。1929年前用阿拉伯字母文字，后改用拉丁字母，1939年又改用斯拉夫字母。信伊斯兰教，多为逊尼派。为南乌拉尔山区古老居民的后裔。在民族形成过程中，吸收了乌拉尔森林地区从事狩猎和农业的芬兰－乌戈尔部落、中亚草原地区从事游牧的突厥和蒙古部落的成分。10世纪前后又与乌古斯－佩切涅格部落、伏尔加－卡马地区的保加尔人以及后来的奇普恰克人等相融合。东部和东南部地区的居民主要从事畜牧业，饲养羊和马；西部地区的居民从事农业，种植小麦、黑麦、燕麦、马铃薯、甜菜等。手工业有织布、织毯、皮革加工等。居民住屋多用土坯或掺草泥土垒成，有的住毡包；森林地区居民多住壁桁式木结构房屋。男女都穿用熟羊皮和家织布缝制的长袍。主食有酸味面包及无盐面制品，副食有马肉、羊肉等，爱喝酸马奶及酸羊奶。

巴士海峡 Bashi Channel 位于中国台湾岛和菲律宾吕宋岛之间。宽度约370千米，其间被巴坦群岛和巴布延群岛分隔成巴士海峡、巴林塘海峡和巴布延海峡三条水道，通常把这三条海峡统称为巴士海峡。其中巴士海峡最宽（100多千米）、最深（2 000～5 000米），在国际航运中最重要。巴士海峡处于太平洋西部岛弧－海沟交汇带，成为南海和太平洋的天然分界线。属热带季风气候，季节交替比较明显，1月平均气温18～24℃，7月平均气温28℃。年降水量2 000毫米，集中在6～9月。巴士海峡是黑潮暖流流入南海和台湾海峡的重要通道，而暖流的流速和温度受季风影响而有季节变化。春、夏、秋三季，不同深层都出现与表层流相反的海流。海峡经常有热带风暴通过，给海峡和周围地区的航道、渔业以及农业、建筑物等造成巨大影响。

巴士拉 Al Başrah 伊拉克港口城市，巴士拉省首府。人口约40万。位于阿拉伯河右岸，哈马尔湖汇入处，海拔3米。隔河与伊朗的霍拉姆沙赫尔相对。公元635年兴建，作为通向海洋的外港和贸易中心，后又发展为阿拉伯文化和伊斯兰教东传的活动基地。伊拉克南部的石油化工中心，有聚乙烯、炼油、天然气液化、化肥、苛性钠、钢铁、纺织、造纸、船舶和机车修理等工业企业。附近是伊拉克椰枣的重要产区，产量占全国2/3。因此成为世界上最大的椰枣出口港，享有“椰枣港”之誉。市区由阿沙尔、巴士拉和迈阿吉勒三部分组成。市内水道交错，河渠纵横，有“东方威尼斯”别称。有铁路和油管通达巴格达，以及大型航空港。长期是海空军基地和大部队戍守中心。20世纪初直迄当前，在国内外政治事件中多次担当重要角色，也一再经受惨烈的战火之灾。

巴士拉附近的椰枣林

巴蜀文化 Ba-Shu culture 主要流行于中国四川、重庆地区的地域文化。包括分布于重庆地区的巴文化和以成都为中心分布于四川盆地西部及陕南、滇北一带的蜀文化。

上古时期这里居住着濮人、巴人、賨人、南蛮等众多民族。殷周时期，四川盆地东部以巴人为主的部落和西部以蜀人为主的部落以涪江为界先后建立巴国和蜀国两个国家，至公元前316年同为秦所灭。三

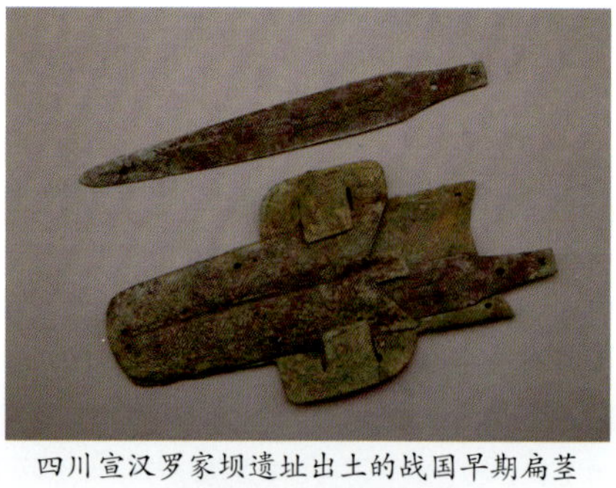

四川宣汉罗家坝遗址出土的战国早期扁茎无格柳叶形双剑及剑鞘

星堆遗址（从新石器末期至商代）、金沙遗址（由商晚期至春秋时期）、商业街船棺葬遗址（战国早期）渐次组成古蜀国文化的几个发展阶段。考古发现，商至西周时，蜀人与黄河流域民族即有文化交流。出土商代后期陶器如深腹豆形器、高柄豆、小平底钵等，虽具地方特色，但铜镞、铜戈、铜矛却为黄河流域常见器形。出土的西周至春秋的玉石礼器与中原所出者一致。巴文化最早源于湖北西南的清江流域，后活动于盆地东部及附近地区。代表巴文化特征的有出土战国时的圆刃折腰钺，短骹式弓耳矛及甑、釜、鍪配套的铜容器。

巴蜀两地相距较近，交流方便，两地出现的船棺葬、扁茎无格柳叶形剑、铜器纹饰中出现的虎纹则代表巴蜀文化的共同特征。铜兵器和铜印上的各种符号可能是一种地方文字。巴蜀文化除接受中原与楚文化影响外，它还影响西南边疆的少数民族。

在秦以后，巴蜀文化与中原文化加速融合获得新的发展。川西平原自李冰父子修建了都江堰后，得灌溉之利，沃野千里，田肥美，民殷富，成为天府之国，巴蜀从此成为中国历史上举足轻重的地区和中央政府强有力的后方基地。三国时，刘备在此建立蜀汉政权；安史之乱时，唐玄宗撤往四川，力图东山再起；五代十国时，四川境内先后出现前蜀、后蜀政权。以后巴蜀地区行政建置多有变化，但由于四川盆地的特殊地理性质，巴蜀文化一直紧密联系在一起。

四川盆地自古盛产蚕桑，汉时成都即成织锦中心。由于蜀锦驰名，锦城成为成都的代称。巴蜀很早就发明凿盐井取卤，打气井取气，燃煮卤制盐，其钻井技术为世界首创。蜀道难久为人知，但巴蜀创造的栈道却是一种奇迹。它不仅沟通与中原的往来，也是西南丝绸之路的一部分。巴蜀地区是道教的重要源地。

巴蜀艺术风格独特。川剧是其特有的表演艺术，语言生活气息浓厚，幽默风趣，尤以帮、打、唱紧密结合，川剧高腔最具代表性。四川人（包括重庆人）很讲究吃的艺术，川菜特点注重调味，有辣椒、花椒、胡椒、豆瓣、姜、葱、蒜，味醇厚，人称“一菜一格，百菜百味”。川酒芳香浓郁、绵醇爽甜。名酒有五粮液、泸州老窖特曲等。

巴斯德 Pasteur, Louis（1822－12－27～1895－09－28） 法国科学家。生于多尔，卒于巴黎附近的圣克卢。1843～1846年就读于巴黎高等师范学校。1847年以化学及物理学论文取得博士学位。1848年发现不显旋光性的酒石酸包含两种等量混合但旋光性相反的分子，故旋光性相互抵消。1854年证明发酵系微生物活动的结果。提出用加热法（50～60℃）来消灭酒、醋等成品中的杂菌，即巴斯德氏消毒法。1860年他证明营养液仅在接触不净空气后才会变质；微生物来自空气，并非自然发生。1865年研究当时流行的蚕病，建议用去除病卵的方法抑制微生物感染的流行。1879年发现在一定条件下生长的鸡霍乱菌不复致病，但可诱发免疫力。1881年制备出减毒炭疽疫苗。1885年研制出减毒狂犬病疫苗，并以此治疗一例受狂犬咬伤的9岁儿童。他在世时备受赞誉，人们认为他拯救了法国的酒业和蚕丝业。全世界捐款于1888年建立了以他的姓氏命名的研究所（见巴斯德研究所）。

巴斯德氏菌病 pasteurellosis 由巴斯德氏菌引起的疾病。发病主要与带菌动物如狗、猫、猪、牛、羊等咬伤、抓伤和密切接触有关。巴斯德氏菌属包括出血败血性巴斯德氏菌、溶血性巴斯德氏菌、亲肺性巴斯德氏菌及尿素酶巴斯德氏菌，主要是动物的致病菌，但也可通过动物咬伤、与动物密切接触等途径引起人类疾病。在这类疾病中，以出血败血性巴斯德氏菌所致者较多见，可引起软组织感染、呼吸道感染及败血症等临床特征。诊断主要依据流行学史（与动物接触史）、临床特征及细菌学检验。从伤口部位、痰液、脓液及血液中分离出病原体，可确立诊断。用青霉素等抗生素治疗有较好效果。

巴斯德研究所 Institut Pasteur 法国以研究微生物学、病毒学和免疫学为主的机构。位于巴黎。建于1887年。许多国家为感谢法国化学家和微生物学家L.巴斯德研制成功狂犬病疫苗而捐款建成。巴斯德担任所长直至1895年逝世。该所的组织机构分基金部和生产部。有70余个研究单位，在世界各地建有24个分所，2004年建立中科院上海巴斯德研究所。每年出版《巴斯德研究所年鉴》、《免疫学年鉴》和《病毒学年鉴》，以及《巴斯德研究所通报》等。

巴斯海峡 Bass Strait 澳大利亚维多利亚州和南面塔斯马尼亚岛之间的海峡。1798年英国航海家G.巴斯首先到此，故名。西连金岛和印度洋，东接弗诺群岛通太平洋的塔斯曼海，是沟通南太平洋和印度洋间的重要航道。东西长298千米，南北宽128～240千米，深50～70米。巴斯海峡海底蕴藏着丰富的油气资源，维多利亚州吉普斯兰地区有澳大利亚最大近海油田（始于1970年）。巴斯海峡地区是澳大利亚最主要的石油、天然气产区。

巴斯克民族问题 Basque problem 西班牙境内巴斯克民族争取自治的问题。15世纪以来，西班牙的巴斯克人曾长期享有民族自治。1876年，国王阿方索十二世取消其自治权。此后，巴斯克人一直为争取民族自治坚持不懈地斗争，并于1894年成立巴斯克民族主义党。1931年，王朝被推翻，西班牙成立第二共和国，巴斯克地区重又享有自治。1936年7月，F.佛朗哥发动武装叛乱，西班牙内战开始。巴斯克人站在共和国一边，同佛朗哥进行坚决斗争。1959年，党内一些年轻成员脱党自行组织“埃塔”。“埃塔”系巴斯克语Euskadi ta Askatasana缩写ETA的中文音译，意思是“巴斯克祖国与自由”。埃塔是一个地方性激进民族主义组织，以实现民族独立为目标，其政党是巴斯克公民党。曾以暴力反对佛朗哥政权，获得社会上广泛支持。1975年，佛朗哥统治结束，胡安·卡洛斯一世继承王位，次年任命苏亚雷斯·冈萨雷斯为首相。1978年底国家颁布新宪法，巴斯克重新获得自治，并于1979年底成立巴斯克自治区，占地7 000余平方千米，人口210万。自治区政府享有极大自治权。但是埃塔中部分激进分子的暴力活动仍在继续，且不断升级。政府多次与埃塔谈判，1998年埃塔曾宣布无限期停火，但是政府不能满足埃塔更激进的要求，一年后停火结束，暴力活动变本加厉。2003年政府宣布巴斯克公民党非法。

巴斯克人 Basques 西南欧民族之一。约150万人（2001）。有75%分布在西班牙，为该国少数民族之一，主要分布在比利牛斯山脉西段和比斯开湾南岸巴斯克自治区及纳瓦拉自治区；约有15%分布在法国；其余流散于拉丁美洲各国。属欧罗巴人种地中海类型。使用巴斯克语，系属未定。文字用拉丁字母拼写。通用西班牙语或法语。信奉天主教。系古代伊比利亚部落巴斯孔人的直系后裔，其民族形成的历史与伊比利亚半岛其他民族显著不同。他们在半岛遭受凯尔特人、罗马人、日耳曼人和阿拉伯人入侵及统治期间，除间接受其文

巴斯克矿工

化影响外，在血统和语言方面一直保持自己的特点。西班牙的巴斯克人在13世纪与卡斯蒂利亚王国联合后，长期拥有自己的特殊权利。1876年后，特权被取消。1978年，根据新宪法始获自治权。自古从事农、牧、渔业。进入20世纪以来，巴斯克地区工业发展迅速，成为西班牙主要工业区之一。

巴斯克语 Basque language 一种古老的语言，也是现存欧洲语言中唯一系属不明的语言。又称尤斯卡拉语。分布于西班牙北部的吉普斯夸省、比斯开省、纳瓦拉省和阿拉瓦省的部分地区，以及法国西南部与西班牙接壤的比利牛斯-大西洋省的部分地区。巴斯克语有6个元音，几个二合元音；有腭化辅音。新词的构成主要用词根合成法和加后缀的派生法。语法变化主要靠后缀。名词性词类没有语法上的性，自然性别用不同的词表示。名词和形容词有非限定、限定单数和限定复数。数词使用20进位法。动词变化很复杂，在动词的人称形式上添加后缀或前缀表示从属关系。巴斯克语属于主动格类型，及物动词要求主语用主动格，宾语不必变格。语序十分自由。采用拉丁字母。

巴斯特尔 Basseterre 圣基茨和尼维斯首都。位于圣基茨岛东南岸。人口约1.3万(2005)。始建于1627年。1867年大火烧毁后重建。1983年成为圣基茨和尼维斯联邦首都。圣基茨岛的主要港口，向邻近各岛分流的商品在此集散，是蔗糖、糖蜜、棉花、海盐和热带水果的贸易中心。蔗糖业是主要工业，另有轧棉、酿酒等。游览胜地有圣乔治教堂、政府大楼和一所植物园。北郊金岩国际机场有来往加勒比诸岛及其他地区的航班。

巴苏 Basu, Budhadeva (1908～1974) 印度孟加拉语作家、文学评论家。生于现属孟加拉国的戈米拉。获达卡大学英语硕士学位。1934年到加尔各答的利普恩学院任教。1953～1954年在美国讲学，回国后到贾多武布尔大学任教。1935年创办、主编刊物《诗》。他是一位多产的作家和文学评论家，一生的创作和论著多达140余种，其中主要有诗集《伤心话》(1925)、《黑公主的纱丽》(1949)，短篇小说集《艾拉和奥拉》，长篇小说《当荷花开放的那一天》(1933)、《一串日子》(1949)，戏剧《苦行僧与少妇》(1966)，论著《泰戈尔的交际与孤独》(1963)，评论集《现代与泰戈尔》等。巴苏较早接受西方现代派的影响，在作品中描写两性关系，是一位复杂而有争议的作家。

巴索夫 Basov, Nikolay Gennadiyevich (1922-12-14～2001-07-01) 俄罗斯实验物理学家。生于苏联乌斯曼（今属俄罗斯），卒于

莫斯科。1946年进莫斯科机械学院学习，1948年起在苏联科学院列别捷夫物理研究所任实习研究员，同时在莫斯科工程物理研究所学习，1950年毕业。1956年获物理数学博士学位。历任列别捷夫物理研究所副所长、量子电子学实验室主任、所长。1962年为苏联科学院通讯院士，1966年为院士。德国柏林科学院、瑞典皇家工程科学院院士。1952年和A.M.普罗霍罗夫预言量子放大与振荡的可能性。1954年提出微波激射器原理，1956年制成氨分子束微波激射器。60年代初，组织青年物理学家开展激光器研究，并制出第一批半导体激光器。为此，他和普罗霍罗夫及美国C.H.汤斯同获1964年诺贝尔物理学奖。60年代中期，他提出用激光实现受控热核聚变的设想，并于1968年在用强激光照射氘化锂(LiD)靶中，首次发现靶中产生出中子。他还在化学激光器方面进行了研究。在信息的光学处理方法、激光稳频、激光频标、激光诱发化学反应、金属表面的激光涂层与固化等方面都有重要贡献。

巴塔哥尼亚高原 Patagonia 阿根廷南部的高原。北起科罗拉多河，南迄麦哲伦海峡，东临大西洋，西界安第斯山脉。面积78.7万平方千米，绝大部分在阿根廷境内。在地质上属抬升的断裂带。平均海拔900米左右。气候凉冷干燥，多强风。年平均气温介于北部的14℃和南部的6℃之间，平均年降水量不足300毫米。流经河流主要有科罗拉多河、内格罗河、丘布特河、奇科河、圣克鲁兹河等。植被以干草原为主。动物有栉鼠、骆马、美洲豹等。石油和煤炭资源丰富，西部有铁、锰、煤、铝土、金、银等矿藏。人口稀少。经济以采矿和粗放养羊业为主，北部灌溉谷地盛产水果和谷物。西部湖区正发展为旅游地。东部沿海地区出产各类海产品。

巴塔哥尼亚人 Patagonians 特指南美洲阿根廷南端巴塔哥尼亚地区印第安人。主要包括特维尔切人、亨纳肯人和阿劳坎人。属蒙古人种美洲支。特维尔切人、亨纳肯人使用特维尔切语，属安第斯语系琼语族。主要从事狩猎和采集，社会发展处于原始公社阶段。阿劳坎人（又译阿劳干人、阿劳加人，自称马普切人）使用阿劳干语，属安第斯语系阿劳干语族。巴塔哥尼亚人信萨满教，迷信万物有灵，主要是河神。以肉食为主。因气候严寒，男女均穿兽皮制成的斗篷。住用兽皮制作的名为“托尔多”的帐篷。以皮毛加工著称。

有时泛指阿根廷巴塔哥尼亚地区的居民为巴塔哥尼亚人。该地地广人稀，有居民80余万人，主要经营畜牧业。

巴塔克人 Bataks 东南亚印度尼西亚共和国的民族之一。约500万人(2001)。主要分布在苏门答腊岛中部和北部山地，大多聚居在多巴湖周围地区。属蒙古人种马来类型，系原始马来人的后裔。使用巴塔克语，属南岛语系印度尼西亚语族。原有本民族文字，现改用拉丁字母拼写。根据方言和文化，分六大支系：代里人、帕克帕克人、托巴人、卡罗人、曼代林人和昂科拉人。约1/3的人信伊斯兰教，属逊尼派；1/3信仰基督教；1/3保持万物有灵和巫术信仰。仍保留父系氏族残余。由六七户人家形成一个村落，有村落会议和首领。主要从事农业，种植水稻、旱稻、玉米、薯类、椰子、咖啡、烟草和橡胶等；饲养牛、马。善纺织、制陶和冶炼，建筑艺术和木刻较发达。20世纪以来，商品经济得到发展。

村落中的巴塔克人

巴塔洛夫 Batalov, Aleksei Vladimirovich (1928～) 俄罗斯电影演员、导演，电影学院教授。1950年毕业于莫斯科艺术剧院表演班。1954年因主演《大家庭》(又译《茹尔宾一家》)获戛纳电影节最佳男演员奖。后来饰演主要角色的影片有《鲁勉采夫案件》(1956)、《雁南飞》(1957，获戛纳电影节金棕榈奖)、《我敬爱的人》(1958)、《一年中的九天》(1962，获卡罗维发利国际电影节大奖)。1980年在《莫斯科不相信眼泪》中塑造了20世纪70年代工人果沙形象，该片获1981年奥斯卡金像奖最佳外语片奖。他还在《母亲》中扮演巴维尔，在《带叭儿狗的女人》中扮演古罗夫，在自己导演的《外套》中扮演主人公。主演的影片还有《星期六到星期一的休息时间》(1984)、

《新婚人的伞》(1986)、《铁幕》(1994)、《初恋》(1995)等。

巴塔尼 Battānī, al-(约858～929) 阿拉伯天文学家和数学家。生于美索不达米亚西北的哈兰城(今属土耳其)附近，卒于伊拉克萨迈拉附近。他大约从公元877年起从事天文观测，直到918年。他发现了太阳远地点的进动和太阳轨道偏心率的变化，改进了回归年长度，定值为365日5时46分24秒；测量了黄赤交角，定值为23°35′41″；编制过星表，与托勒玫的星表相比，他使用的岁差(见**岁差和章动**)约为每66年5个月差1°，或每年差54.5″。他还编制过比托勒玫更为精确的日、月运行表《萨比历数书》。此书在阿拉伯世界享有盛誉，12至13世纪先后被翻译成拉丁文、西班牙文。巴塔尼还创造过新型的浑仪。在数学上，他完善了正切和余切函数的引进，推出了一些重要的边角关系式，发现球面三角余弦定律，并运用代数方法处理三角学问题。

巴特 Barth, Karl (1886-05-10～1968-12-09或10) 瑞士基督教神学家，**新正统神学**主要代表。生于巴塞尔，卒于巴塞尔。曾在冈斯特大学、波恩大学、巴塞尔大学任教授。

认为神学的任务在于采纳并传扬上帝之道，而上帝之道只能从神到人，道以基督为核心，而《圣经》又为基督作了见证。他坚决否认哲学或其他宗教拥有对上帝的真正认识，反对神学的世俗化和人文化，批判**自由主义神学**和自然神学，被誉为上帝之道神学的鼻祖。曾积极参加德国教会反对纳粹控制的活动。著有《罗马书注释》、《教会教义学》、《神之道与人之道》等。

巴特克人 Bateke 赤道西非地区跨界民族。又称特克人。约有202万人(2002)。主要分布在刚果(金)、刚果(布)和加蓬境内。属尼格罗人种班图类型。包括阿蒂奥人、富穆人、拉利人、恩甘古卢人等七八个支系。通用特克语，属尼日尔-科尔多凡语系尼日尔-刚果语族。多信万物有灵，部分人信奉天主教。在班图人大迁徙时是西班图人的一支，曾在刚果河中下游一带建立安济科国。从事锄耕农业，主要农作物有木薯、豆类、花生和烟草等，兼营渔猎。已有部分人进入城市和油棕种植园工作。行一夫多妻制。保留着母系制和酋长制残余。

巴特克男子

巴托克 Bartók Béla (1881-03-25～1945-09-26) 匈牙利作曲家、音乐民俗学家、钢琴家。生于大圣米克洛什(匈牙利托龙塔尔州境内，今属罗马尼亚)，卒于纽约。

6岁随母学习钢琴。1899～1903年在布达佩斯的匈牙利皇家音乐学院学钢琴、作曲。1905年与**科达伊**和农民直接交往，采集民歌，这为他以后的音乐民俗学研究奠定了基础。1907年被任命为布达佩斯匈牙利皇家音乐学院钢琴教授，任职近30年。1919年匈牙利爆发无产阶级革命，巴托克参与了匈牙利苏维埃共和国的音乐建设和改革工作。革命失败后，巴托克遭到诽谤和攻击。1935年在科学院专门从事民间音乐的研究工作。1940年当纳粹势力肆虐欧洲时，在美国哥伦比亚大学研究民间音乐。晚年，他表现了反法西斯的高尚气节和对祖国终生不渝的热爱。

学生时代写过不少以德、奥作曲家作品为范例的钢琴曲和室内乐。第一部具有重要意义的交响诗《科苏特》音乐风格受到R.**施特劳斯**、F.**李斯特**和J.**勃拉姆斯**等人的影响。1906年与科达伊把他们采集民间音乐的工作成果第一次公之于世，出版了《24首匈牙利民歌改编曲》。1908～1917年，写了大量以民歌曲调为基础的钢琴曲，其中包括钢琴曲集《献给孩子们》、《匈牙利地区的罗马尼亚舞曲》、《十五首匈牙利农民歌曲》。《14首钢琴小品曲》和《粗野的快板》有不少现代技巧的实验性因素。歌剧《蓝胡子公爵的城堡》与两部舞剧《木雕王子》、《奇异的满大人》更体现了作曲家在进行当代各种风格的尝试的同时，寻找一种新的、较为均衡的、听众易于接受的创作风格。

1927～1940年，巴托克的创作呈现出繁荣茂盛的景象。著名的小提琴与钢琴第一、第二狂想曲，富有高度独创性的独唱与钢琴伴奏的《20首匈牙利民歌》、《世俗康塔塔》，以及通俗易懂并具有教学意义的《44首小提琴二重奏》和钢琴作品《小宇宙》，都是这一时期的作品。尤其应该着重提到的是下列4部作品：《为弦乐器、打击乐器和钢片琴所写的音乐》、《两架钢琴与打击乐器的奏鸣曲》、《小提琴协奏曲》和《嬉游曲》。另外，巴托克的6部弦乐四重奏在曲式结构上富于创新精神，在弦乐四重奏的发展史上也是一个不可忽略的环节。到美国以后所写的作品中最重要的是1943年的《管弦乐协奏曲》和1945年的《第三钢琴协奏曲》。

音乐成就可分为三个方面：①在音乐民俗学的领域中，作为比较音乐学这门年轻学科的奠基人，对民间音乐做了大量的记录、整理、研究工作，一生收集了近8 000首民歌曲调，主要是匈牙利与罗马尼亚的民歌。其中还包括他在中欧、土耳其和北非所采集的民歌。他还写了几部有关民歌研究的著作。通过他的辛勤劳动，为比较音乐学开拓了道路。②在钢琴演奏和教学方面也有突出的贡献。他的钢琴曲集《小宇宙》是一部优秀的、按照循序渐进原则所写的钢琴教材。③继承了J.S.**巴赫**作品中织体的丰满性，吸取了L.van **贝多芬**的作品中主题发展的手法，吸取了德彪西等作曲家的作品中那种富于色彩的音响结合的技巧。在此基础上，极大地扩展了表达思想感情的幅度和刻画音乐形象的范围。他从民间音乐中发现了五声音阶和古老的调式音阶，并将这些调式音阶综合在一起，构成他的“调式半音体系”。巴托克的最大功绩，是把西方作曲技术上的最高成就与东欧民间音乐的精神实质巧妙而自然地融合在一起，并取得了巨大的成就。

巴蜗牛 Bradybaenidae; land snail 腹足纲巴蜗牛科动物的统称。又称**蜗牛**。

巴乌 free-reed flute 自由簧管气鸣乐器。流行于中国彝、哈尼、苗、傣、佤、布朗等民族中。各族巴乌无一定规格，音高、音律、奏法皆有差异。有的巴乌分高音、中音、低音三种，形制构造基本相同。巴乌用毛竹制作，上端留竹节，近节内侧挖一长方形孔，嵌入尖三角形铜制簧片(自由簧)，管身设4～8指孔。

巴乌有横吹、竖吹两种。管粗者横吹，管细者竖吹。将簧片置于唇间(横吹)或将簧片含在口中(竖吹)。其音色优雅圆润，适于演奏歌唱性曲调，多用于歌舞伴奏和男女表达爱情。

1949年以后，音乐工作者改革的两种巴乌已用于舞台演奏：①18孔F调加键巴乌。采用塑料管，在7个指孔的基础上，加设11个键孔，音域从原来九度扩展到近3个八度G～f^2。②17孔F调加键巴乌。形制与前者相同，音域从原来的九度扩展为两个八度又纯四度c～f^2。

巴西 Brasil 拉丁美洲国家。英语惯用名Brazil。位于南美洲东部，东濒大西洋，除智利和厄瓜多尔以外同所有南美洲国家有共同边界。海岸线长7 400千米，面积851.49万平方千米。人口约18 961万(2008)。其中白种人占53.8%，黑白混血种人占39.1%，黑种人占6.2%，黄种人占0.5%，印第安人占0.4%。71%的居民信仰天主教。官方语言为葡萄牙语。首都**巴西利亚**。

地理 地形以高原和平原为主，全境绝大部分地区在海拔900米以下。分布着圭亚那高原、亚马孙平原、巴西高原、沿海平原、巴拉圭盆地。亚马孙平原是世界上最大的冲积平原。内布利纳峰海拔3 014.1米，是全国最高峰。境内河流众多，有三大水系。有**亚马孙河**、**巴拉那河**、**圣弗朗西斯科河**等。

资源丰富。已探明铁矿砂储量250亿吨，产量和出口量均居世界首位。铀矿、铝矾土和锰矿储量均居世界第三位。还有丰富的铌矿、铬矿、镍矿、黄金矿和石棉矿。已探明石油储量118亿桶，天然气储量3 100亿立方米。水力资源丰富。

国土的80%位于热带地区，最南端属亚热带气候。北部属热带雨林气候，中部属热带草原气候，南部属亚热带湿润气候。

历史 原为印第安族图皮人和阿拉瓦克人居住地。1500年被葡萄牙航海家P.Á.卡布拉尔发现。随后葡萄牙派远征军建立殖民地。1807年拿破仑入侵葡萄牙，葡王室逃往巴西，使巴西一度成为葡萄牙王国中心。1822年，葡萄牙派往巴西的摄政王佩德罗不满王室对巴西事务的干预，宣布巴西独立，建立巴西帝国。1889年军人发动政变，推翻帝制建立共和国。1891年制定宪法，定名为巴西合众国。1969年10月30日改国名为巴西联邦共和国。

政治 实行总统制，行政、立法和司法三权分立。总统是联邦政府首脑、国家元首、武装部队最高司令。总统任期5年，由直接选举产生。联邦议会由参、众两院组成。

主要政党有劳工党、自由阵线党、巴西民主运动党、民主工党、巴西进步党。

经济 经济实力居拉美首位。服务业、工业、农牧业为国民经济的支柱产业。2009年国内生产总值1.53万亿美元。货币名称雷亚尔。

有部门齐全、具有相当科技水平的工业体系。实力和工艺均居拉美首位。主要工业部门为汽车制造、钢铁、水泥、采矿、石油、天然气、酒精、电力等，核电、通信、电子、飞机制造、信息、军工等跨入世界先进行列。

农业是巴西经济发展的基础，也是巴西20世纪90年代以来发展最快的经济部门。咖啡、甘蔗、柑橘产量居世界第一，大豆、玉米的产量分别居世界第二、三位。除小麦部分需进口外，粮食基本自给。巴西是世界畜牧业大国之一，也是世界肉类出口的重要国家。

交通运输业发达。以公路运输为主，公路运输占旅客运输的96%，占货运的62.6%。公路总长172.49万千米，铁路总长29 798千米。水路运输以海上运输为主。有国际机场的城市主要有**圣保罗**、**里约热内卢**、巴西利亚、**累西腓**、**马瑙斯**。

巴西的旅游和自然资源十分丰富，特别是动植物资源（世界最大的生物物种所在地之一）和历史文化古迹。至今已有16处世界遗产。主要旅游点有里约热内卢、圣保罗、萨尔瓦多的教堂和古建筑，伊瓜苏瀑布，伊泰普水电站，巴拉那石林等。

主要进口机械设备、电子设备、药品、小麦等。主要出口钢材、飞机、大豆、咖啡、铁矿砂等。主要贸易伙伴是美国和欧盟，占巴西外贸进出口的50%～60%。

文化 施行8年义务教育制。大学有巴西利亚大学（联邦）、圣保罗大学、坎皮纳斯大学、里约热内卢联邦大学、里约热内卢州立大学、贝洛奥里藏特大学等。发行量最大的5种报刊是《圣保罗页报》、《圣保罗州报》、《环球报》、《角色》和《巴西日报》。大型电视台有7家，最大的电视台是环球电

图1 巴西议会大厦

视台。有4 305家广播电台，巴西广播公司为官方电台。

对外关系 主张世界向多极化和民主化发展。积极参与国际事务，重视国际合作和发展中国家之间的合作。倡导拉美一体化，积极促进拉美国家团结合作，共同维护地区安全和政治、经济权益。巴西同美国和欧盟国家有传统的密切关系。已同158个国家建交。1974年8月15日同中国

图2 狂欢节盛况

建立外交关系。中国为巴西主要的贸易伙伴之一。

巴西高原 Brasil, Planalto do 世界上面积最大的高原。位于南美洲中东部，巴西东南部，介于亚马孙平原和拉普拉塔平原之间，面积500多万平方千米。海拔300～1 500米，地面起伏平缓，从东南向西北倾斜。发育于巴西陆台，花岗岩、片麻岩、片岩、千枚岩、石英岩等古老基底岩系出露地表。东部为岩性坚硬的石英岩、片岩，高原呈波状起伏，表现为脊状山岭或断块山，凸出于高原之上；西部即戈亚斯高原和马托格罗索高原，具有桌状高地特征，无明显山岭；中部为陆台的凹陷地带，分布着巴拉那伊巴谷地和巴拉那谷地。高原边缘部分普遍形成缓急不等的崖坡，河流湍急，多陡落成为瀑布或急流，切成峡谷；东南边缘近大西洋岸有著名的大崖壁。

巴西经济奇迹 Brazilian economic miracle 1968～1973年间巴西经济的高速增长。1964年4月H.de A.布朗库军政府执政后，特别是在A.da席尔瓦（1967～1969）和E.G.梅迪西（1969～1974）两届军政府执政期间，巴西积极推进经济改革，任命被称为“巴西经济奇迹总设计师”的著名经济学家A.德尔芬·内托为联邦财政部长（1967～1974），提出了要在“一代人的时间内使巴西进入发达国家的行列”的宏伟目标。主要改革措施是：①增加公共投资，扩大基础设施建设，带动私人投资的增长。②进一步对外开放，大力引进外资。③改革金融管理体制，完善税收政策，加强对货币和金融的管理。④实施全国一体化计划，加强对落后地区的开发。⑤大力改革与发展教育，为经济建设培养人才。

巴颜喀拉山风光

经过上述改革，巴西经济出现了跃进式发展，1968～1973年的6年中，国内生产总值年平均增长10%，超过了同一时期世界所有其他国家的发展速度。工业的发展尤其迅速，年均增长率达到12.2%。巴西的经济从1968年居西方世界的第15位跃居到第8位，跻身于“新兴工业国”之列。其发展速度前所未有，被誉为“巴西经济奇迹”。但军政府的发展战略也带来严重的社会经济问题。

巴西利亚 Brasília 巴西首都，现代化的新兴城市。位于中部戈亚斯州境内海拔1 100多米的高原上。气候温和宜人。年平均气温21.2℃。平均年降水量1 600毫米。附近为托坎廷斯河、圣弗朗西斯科河、巴拉那河3条大河支流源头的分水岭，水源充足。连同周围8个卫星城镇组成的联邦区，面积5 814平方千米。人口245.59万（2010）。

首都原为里约热内卢。1891年巴西第一部宪法规定在内地建新都。1960年4月建成，巴西首都迁至新城。城市坐落在人工湖帕拉诺阿湖半岛上，形如一架朝向东方的飞机。城市建筑颇具特色。市区有现代化的高层建筑，有传统的西班牙式古城堡和欧洲巴洛克式建筑，有世界建筑博览会之称。电力、建筑材料、印刷、服装、食品、汽车修理和装配、电子等工业发展较快。全国重要交通中心。有铁路通里约热内卢和圣保罗，公路呈放射状通各州首府。南郊有机场。

巴西木 *Dracaena fragrans*; fragrant dracaena 龙舌兰科龙血树属的一种。常绿小乔木或灌木。又称巴西铁树、香龙血树。巴西木并不是产自巴西，而是产于非洲西部的加那利群岛。株高五六米，茎干直立。叶长披针形，向下弧形弯曲，淡绿色。顶生圆锥花序，花小，黄绿色，有芳香。常见同属种类有黄纹香龙血树、黄边香龙血树。喜高温湿润和阳光充足环境，不耐寒，耐阴，喜湿怕涝，生长适温18～24℃。以肥沃、疏松、含钙量高和排水良好的砂质壤土为宜。常用扦插繁殖。栽培时注意施肥、修剪。大型盆栽可用来布置会场、客厅和大堂，很有气派；小型盆栽或水养植株适于点缀居室的窗台、书房和卧室，显高雅美观。

巴颜喀拉山 Bayan Har Mountain 中国昆仑山脉南支的一部分，长江与黄河之分水岭。蒙古语“富饶的黑（青）山”之意。位于青海省东南部，呈北西—南东走向；西接可可西里山，东止于青、川界上。除黄河上游约古宗列盆地以西的雅拉达泽山高5 202米与巴颜喀拉山口西北之巴颜喀拉山主峰（藏名勒那冬则）高5 267米外，山地海拔多在5 000米以下。山口有青藏公路经过。山口与通天河支流德曲之间，山势低平，沼泽遍布。由于地下永久冻土存在，排水不畅，多湿生植物占优势的沼泽草甸，适于放牧牛马。排水良好的谷地与低缓坡地，则是中生草本植物占优势的草甸，牧草营养成分高，为各类牲畜的重要牧场。

巴彦淖尔市 Bayannur City 中国内蒙古自治区辖地级市。位于自治区境西部。北与蒙古国交界，辖临河区、五原县、磴口县、乌拉特前旗、乌拉特中旗、乌拉特后旗、杭锦后旗。面积65 788平方千米。人口167万（2010），有蒙古、汉、回、满、达斡尔等民族。“巴彦淖尔”，蒙古语意为“富饶的湖泊”。秦属九原郡。汉属五原郡。元属大同路。清属乌兰察布盟、伊克昭盟。

乌梁素海湿地保护区

1956年成立巴彦淖尔盟。2003年撤销巴彦淖尔盟和县级临河市，设立地级巴彦淖尔市和巴彦淖尔市临河区。土地肥沃，农田遍布，是自治区粮、糖、油生产基地。黄河流经境内345千米，还有大小湖泊300多个，地表水、地下水资源都很丰富。属中温带大陆性季风气候。春冬多大风。矿产有铜、铅、锌、硫铁矿等。储量最多的是玛瑙矿。农业是经济的主体产业，主要农作物有小麦、玉米、高粱、谷子等。主要畜种有牛、羊、驼等。有制糖、粮油加工、化工、机械、建材、矿山采掘等工业。名胜古迹有阴山岩画、鸡鹿塞遗址、清文字石刻遗存以及乌拉特草原、乌兰布和沙漠、大桦背和乌梁素海等。

巴音郭楞蒙古自治州 Bayingolin Mongol Autonomous Prefecture 中国新疆维吾尔自治区辖自治州。“巴音郭楞”系蒙古语译音，意为“富饶的河流”。位于自治区东南部。东面与甘肃省、青海省交界，南倚昆仑山与西藏自治区接壤。辖库尔勒市和轮台、尉犁、若羌、且末、和静、和硕、博湖7县及焉耆回族自治县。面积472 472平方千米，人口128万(2010)，有蒙古、维吾尔、汉、回等36个民族。自治州人民政府驻库尔勒市。汉代为西域36国之若羌、楼兰、鄯善、且末、小宛、山国、乌垒、仑头、渠犁、尉犁、焉耆、危须等城邦国。1771年土尔扈特部回归祖国，被安置在巴音郭楞地区，自此这里成为蒙古族聚居区之一。1954年成立巴音郭楞蒙古自治州。属温带和暖温带大陆性干旱气候。矿产有石油、煤、石灰岩、石棉、玉石、蛭石等。野生药用植物有贝母、紫草、甘草、党参、雪莲、麻黄、枸杞等。工业有机械加工、电力、煤炭、石油、纺织、造纸、制药、制糖、机制番茄酱等。农产以小麦、稻谷、玉米、棉花、啤酒花、甜菜、大白菜、油菜子、油葵、番茄为主。瓜果繁多，库尔勒香梨驰名中外。畜牧业主要牧养焉耆马、和硕滩黄牛、骆驼、马鹿、羊等。218、314国道和南疆铁路贯通州境，有贯穿塔克拉玛干大沙漠的“沙漠公路”。民航有库尔勒往返于北京、济南、乌鲁木齐、且末的航班。输油管道已从轮南铺至库尔勒。名胜古迹有大沙漠风光、楼兰古城、天鹅湖和博斯腾湖、巴音布鲁克草原、铁门关、莲花湖、轮台胡杨林公园、黄庙等。

巴音布鲁克草原

巴赞 Bazin, Andre (1918-04-18～1958-11-11) 法国电影理论家、影评家。生于昂热，卒于马恩河畔诺让。1943年开始影评工作。20世纪50年代初创办《电影手册》，担任主编。他创立了电影写实主义的完整体系。电影影像的本体论、电影起源的心理学和电影语言的进化观是这个体系的哲学、心理学和美学依据。他认为电影的基础是摄影，提倡按照镜头段落和景深镜头的风格拍摄影片，认为蒙太奇手法破坏了镜头的时空统一性。他倡导“透明”电影，即任何技巧不显痕迹的电影。他也推崇意大利新现实主义，敏锐地觉察到这个电影流派的重大美学意义。他的主要论著收入论文集《电影是什么？》(4卷本)。巴赞是法国新一代电影导演的精神领袖，新浪潮影片正是他的理论的实践。20世纪70年代，西欧兴起的电影符号学对巴赞的电影观提出全面挑战，批评他的理论是纯粹的“理想主义”。

巴赞 Bazin, Hervé (1911-04-17～1996-02-17) 法国小说家。生于昂热，卒于昂热附近。1947年发表诗集《白昼》，后放弃诗歌投身于小说创作。巴赞创作的《毒蛇在握》(1948)、《头撞墙》(1949)，以及《毒蛇在握》的续集《枭啼》(1972)等小说，内容主要写家庭生活。从《小马之死》(1950)开始，关注被压迫者和不幸者的命运。作品有《站起来向前走》(1952)、《我敢爱谁》(1956)、《以儿子的名义》(1961)等。其中最有代表性的是《我敢爱谁》，叙述一家几代女人的情感矛盾和痛苦的经历。

巴赞作品风格多样，还出版了哲理小说《荒凉岛的幸运者》(1970)，《绿色的教堂》(1981)、短篇小说《婚姻介绍所》(1951)、《脱帽致敬》(1963)等。

巴泽雷克冢 Pazyryk Barrows 南西伯利亚早期铁器时代墓地。位于俄罗斯丘雷什曼河及其支流巴什考斯河之间的巴泽雷克谷地。年代为公元前500年左右。1927、1947～1949年间发掘的5座大墓南北连成一线，均有坟丘，坟丘东面通常有一排立石。墓穴多为长方形，穴内南部建两重原木椁室，北部葬马。靠近椁室南壁放置1～2口木棺，墓主人多为一男一女，少数为一男子。尸体多被涂以防腐香料制成木乃伊，有的男性尸体上有以怪兽图为主题的文身。由于当地高山酷寒，墓葬中形成永久结冻层，出土大量珍贵的保存完好的随葬品，以各种丝织品、毛织品、毛皮和皮革制品为大宗。毛织毡毯多挂于椁壁，用彩色毡块、毛发、金叶、锡片和矿物颜料等加以装饰，非常精美。5座墓共葬马54匹，都配备整套马具，有些马还饰以带有野兽搏斗图像的面具和表现鹿角之类的头饰。巴泽雷克墓群所反映的氏族或部落首领占有大量财富的现象，表明当时氏族制度已处在解体阶段。墓葬中出土的来自西亚和中亚的毛织品及来自中国的丝绸和铜镜反映出同其他民族的广泛联系。

壁挂

巴中摩崖造像 Bazhong Cliffside Sculptures 中国佛教石刻造像。位于四川巴中市四周。环城四处（四龛）各有一石刻造像群，城东南45千米处还有水宁寺（始宁寺）造像群。开凿年代从隋至宋，以唐代造像为主。其中南龛石刻保存最好，在城南的化成山上，现存窟龛133个，造像2 100余尊。1988年国务院公布南龛摩崖造像为全国重点文物保护单位。

南龛造像以大佛洞分布最为密集。此处唐代造像最多，有开元二十三年(735)、天宝十载(751)、乾元二年(759)的造像和碑刻。巴中唐代龛像以装饰意味较浓的重口龛居多。流行西方净土变题材，除主尊阿弥陀佛和观世音、大势至菩萨外，有的在后部浮雕五十二菩萨。观世音菩萨多见，肌肤细腻丰满，体态婀娜多姿，具有女性特征。窟龛中还雕刻佛塔等建筑。构成佛坛背屏的镂雕双树、人形化的天龙八部、

南龛116号龛西方净土变（天王足穿草鞋，为巴地风俗）

穿草鞋的天王像等具有地方色彩。身着袒右式袈裟的释迦双头瑞像、小儿簇拥的世俗女装鬼子母像（诃梨帝母像），亦为中原北方佛教造像中所少见。巴中造像中也有受两京地区石窟影响的雕刻，如密宗题材的毗卢遮那、十一面观音、地藏菩萨等。

2001年，国务院将水宁寺摩崖造像，西龛、北龛摩崖造像作为已有全国重点文物保护单位的合并项目，并入南龛摩崖造像，同时加以保护。

巴中市 Bazhong City 中国四川省辖地级市。位于省境东北部，大巴山脉米仓山南麓。北邻陕西省。辖巴州区和南江、平昌、通江3县。面积12 301平方千米。人口328万（2010），有汉、回等民族。古为巴国地，秦代设郡，东汉建州。1913年改巴州为巴中县。第二次国内革命战争时期为川陕革命根据地。1993年7月析置巴中地区，2000年撤销巴中地区和县级巴中市，设立地级巴中市。矿产有煤、石油等。工业以能源、冶金、机械、建材、纺织、农副产品加工等为主。农业主产高粱、玉米、油菜子、芦笋、豆类、蔬菜、蚕桑、水果、茶叶、中药材等。名胜古迹有光雾山景区、诺水河景区、阴灵山名胜、南龛摩崖造像、米仓古道、恩阳古镇，纪念地有川陕苏区将帅碑林、川陕革命根据地博物馆。

芭堤雅 Pattaya 泰国特区。又称帕塔亚。市区面积208平方千米，人口10万余。居民多信小乘佛教。旅游业发达，有东方夏威夷之称。芭堤雅海滩位于曼谷湾，西距首都曼谷154千米。海滩长达10千米，是优良的海滨浴场。海滩附近到处是椰林等热带树木，表现出浓郁的东方热带风光。其上建有许多造型别致的旅馆和游乐设施。此外，还建有天后圣母庙和三保公庙。从海滩乘大型游艇可越曼谷湾到珊瑚岛，此岛呈半月形，海水十分洁净。游人乘上透明船底的摩托艇进入深海，可欣赏海底色彩缤纷的珊瑚和各种热带鱼。

芭铎 Bardot, Brigitte（1934-09-28～ ）法国电影演员。生于巴黎。曾在巴黎音乐戏剧学院学习舞蹈，1952年涉足电影界，在J.布瓦耶导演的《诺曼底洞穴》中显露才华。1956～1961年，先后参加了由R.瓦迪姆导演的《上帝创造女人》（1956）、C.奥当－拉哈导演的《痛苦的时候》（1958）、L.马勒导演的《私生活》（1961）等影片的拍摄。20世纪60年代，这些影片风靡一时，称为“碧姬·芭铎电影”。她主演的影片还有《轻蔑》（1963）、《玛利亚万岁》（1965）、《神奇的故事》（1968）、《罗姆大道》（1971）、《唐璜》（1973）等。1973年后，退出影坛，投入到动物保护事业中。1986年创立了“碧姬·芭铎基金会”。她在歌坛上也颇有成就，演唱的80多首歌一直流传至今。2003年出版《沉默中的尖叫》一书，引起极大争议。

芭蕉科 Musaceae; banana family 单子叶植物纲姜亚纲的一科。有3属60余种，主要分布于亚洲及非洲热带地区。中国有3属12种，除1种（芭蕉）可北达秦岭、淮河露地栽培外，其余各种均产于西南至东南及台湾的热带及亚热带地区。多年生高大草本，单生不分枝，结一次果或多次果。叶螺旋状排列，有厚的中肋和多数羽状平行脉。花通常为单性，偶有两性，成1或2列簇生于着色的大苞片内。花序直立，下垂或半下垂。雄花着生于上部的苞片内，雌花（偶为两性花）着生于下部的苞片内。合生花被片位于外轮，先端具5（3+2）齿或为3深裂成条形，中裂片两侧各有1小裂片或无小裂片，外侧的齿或齿裂具附属物或无。离生花被片位于内轮，长圆形至近圆形，全缘或具尾尖或具3尖头。雄蕊5，第6个雄蕊不存在或为较小的退化雄蕊。下位子房，3室。浆果肉质。

芭蕉科植物中经济价值最大的是栽培的香蕉及芭蕉，果实可作为果品，或制成芭蕉干、芭蕉粉作为食物，或提制酒精。芭蕉假茎及果皮可喂猪，雄花可作蔬菜，芭蕉干心可酿酒或制粉，茎皮纤维可制麻并可织布（称蕉葛）。

芭蕾 ballet 诞生于意大利、成型于法国宫廷的欧洲古典舞蹈及欧洲舞剧。芭蕾是国际舞坛迄今传播最广的舞蹈种类。

芭蕾起源于15世纪文艺复兴时期的意大利，成型并兴盛于16世纪上半叶至19世纪上半叶的法兰西，鼎盛于19世纪下半叶的俄罗斯和丹麦，并于20世纪初从俄罗斯走向世界各地，先后形成意大利学派、法兰西学派、俄罗斯学派、丹麦学派四大学派，或包括英国学派、美国学派在内的六大学派。500年来的芭蕾史可分为早期芭蕾、浪漫芭蕾、古典芭蕾、现代芭蕾和当代芭蕾共5个时期。作品可根据不同的历史时期、作品结构、本体特征、美学追求，以及同姊妹艺术的关系，分为席间芭蕾、幕间芭蕾、喜剧芭蕾、歌剧芭蕾、戏剧芭蕾、芭蕾歌剧、交响芭蕾、爵士芭蕾、摇滚芭蕾等不同形式。

芭蕾发展史上出现过三位重要的改革家和众多优秀演员，以及大批优秀作品。18世纪的M.卡玛戈不仅将当时男性专属的一些高难动作引入女子舞蹈，而且把当时贵族女性跳舞时穿的曳地长裙剪短了两寸，为脚尖舞技术的出现创造了物质条件。M.萨莱开创了穿符合角色身份的戏装登台之新风，并极大地提高了芭蕾的戏剧表现力。J.-G.诺韦尔则因在《舞蹈与舞剧书信集》（1760）中抨击卖弄技巧等时弊，倡导舞剧要有情节（戏剧结构）、舞蹈要表现情感等理论贡献，被誉为“情节芭蕾之父”。

早期芭蕾作品中由J.多贝瓦尔编剧和编导的《关不住的女儿》（1789）至今仍被呈现在舞台上，其历史意义在于这部作品第一次用芭蕾舞剧的形式表现平常百姓生活的现实题材。

18世纪末和19世纪初的芭蕾舞剧大多是超自然的、充满理想的题材的作品，如意大利编导大师F.塔利奥尼编导的《仙女》（1832），法国编导大师J.科拉利和J.佩罗联袂编导的《吉赛尔》（1841）等。同时期的作品传承至今的经典芭蕾舞剧还有《海盗》（1856）、《葛蓓莉娅》（1870）和《希尔

图1 芭蕾舞姿的基本训练

图2 中国芭蕾舞剧《红色娘子军》剧照（1964）

维娅》(1876) 等。

法国学派为芭蕾率先推出了轻盈飘逸的脚尖舞技术；而意大利芭蕾演员M.塔利奥尼因在巴黎歌剧院舞台上主演“浪漫主义芭蕾处女作”《仙女》，开创了一个“白纱裙芭蕾”的崭新时代，充分体现了法国芭蕾雍容华贵、潇洒奔放的典型浪漫主义艺术特征。

俄国学派的芭蕾集意大利和法国两大学派之大成，同时融合了自身的民族特点。其总体特征可概括为气势恢弘、动作凝重、感情质朴、技术过硬。其中，贡献最大者首推被誉为俄国“古典芭蕾之父”的俄籍法裔编导大师M.佩蒂帕。他不仅为俄国培养了本土的编导大师L.I.伊万诺夫，而且创造了芭蕾舞剧中的双人舞和性格舞模式，独自编导了《堂吉诃德》(1869)、《舞姬》(1877)、《睡美人》(1890)、《天鹅湖》(一、三幕，1895) 和《雷蒙达》(1898)；伊万诺夫则编导了《天鹅湖》的二、四幕和《胡桃夹子》全剧。正是这些百年不衰的经典剧目，将芭蕾推向了鼎盛时期，因此这一时期被舞蹈史家称为“古典芭蕾”时期。

20世纪初，继鼎盛期之后芭蕾出现了停滞不前的状况。在强大的保守势力面前，俄国新一代改革者们不得不出国发展，由芭蕾经纪人S.P.佳吉列夫策划的俄罗斯演出季和以后成立的俄罗斯芭蕾舞团在巴黎、蒙特卡洛、伦敦、纽约等地开拓出现代芭蕾的新纪元。其间，脱颖而出的有M.M.福金、V.尼金斯基、L.马辛、B.尼金斯卡、G.巴兰钦、S.里法尔等一大批锐意革新的编导。这些现代芭蕾早期代表人物的作品熔俄国民族气质与欧洲艺术新潮于一炉，具有强烈的试验性与前卫性，成为那个时代的写照。

美籍俄裔的巴兰钦是现代芭蕾早、中期承上启下的重要的编导大师。他在将交响芭蕾推向极致的同时，创建了色彩鲜明的美国学派。另外，这一时期还有英国学派编导大师F.阿什顿和开创了“心理芭蕾”的编导大师A.图德。

20世纪的芭蕾大师中，L.佩蒂是战后最多产的法国芭蕾编导之一，他善于用精巧别致的形式包装性爱刺激与剧场观念的内容；M.贝雅的作品充满阳刚之气，并曾将比利时的20世纪芭蕾舞团变成享誉世界的现代芭蕾舞团。美国的J.罗宾斯作为“最有美国味道”的编导大师，在芭蕾和百老汇两个领域中都取得了极大成功。英国编导J.克兰科使德国戏剧芭蕾首次登上世界芭蕾之巅；另一位英国编导K.麦克米伦则被认为“发展了学院派芭蕾”。

在苏联，与欧美现代芭蕾同时的代表人物有戏剧芭蕾的代表人物R.V.扎哈罗夫、L.M.拉夫罗夫斯基和交响－戏剧芭蕾的编导大师Yu.N.格里戈罗维奇。他们在不同的政治背景和美学追求下，为世界芭蕾史的发展作出了卓越的贡献。如20世纪20～30年代的《红罂粟花》、《泪泉》，40年代的《灰姑娘》，50年代的《宝石花》，以及60～70年代的《斯巴达克》、《安娜·卡列尼娜》等都是颇有影响的作品。

与传统的“浪漫”和“古典”芭蕾相比，现代芭蕾显现出5个基本特征：在肢体美学方面打破古典的唯美主义和形式主义，创造出崭新的动作语言；在创作思想上提倡自由开放，敢于从古今文化中汲取灵感；在创作手法方面主张多元选择，摒弃任何固有模式的束缚；在内容与形式的关系方面深受现代舞影响，主张融合的统一；在作品的规模和长度方面出现短小多样的作品，创造出多部作品一个晚会的所谓“三合一”晚会模式，打破了大型芭蕾舞剧一统天下的局面。

当代芭蕾将古典芭蕾的特点同现代舞的时代性、个性、开放性和原创性融为一体；舞蹈动作更多的是从日常生活中提炼出的和舞者即兴创作的崭新动作；训练方法则是在古典芭蕾的基础上，融合了M.格莱姆和M.坎宁汉这两大美国现代舞体系。

这一时期的芭蕾发展迅猛，且呈现出多元的风格。如有唯美流畅的古典芭蕾与现代舞相结合，强调形式感的，有对人类命运深切关注的，有极富幽默和洞察力的，也有致力于超极限地开发肢体语言的，当然更有针砭时弊，使用民歌民乐的民俗芭蕾以及吸收多种舞蹈及文学作品成分将情感诉诸理性具有高度的哲理的作品。

鲃 Barbinae; barbels 鲤形目鲤科鲃亚科动物的统称。主要分布于中国、东南亚、非洲、外高加索、菲律宾。中国约有14属61种，主要分布于长江中下游，向西达川西、滇南及雅鲁藏布江下游，黄河、海河也有少数种类。体近纺锤形，腹圆无棱。臀鳍无硬刺，分枝鳍条5（长臀鲃属有8～10）；口端位或亚下位；须大多2对，极少1对，甚至阙如；吻皮止于上唇基部，下向腹部扩张。唇后沟中断或连续；下咽齿3行。侧线完全。属于暖水性鱼类，一般栖息于底层多乱石而水流较湍急的江河中、下层，尤喜在清澈的水域中生活。以水生昆虫和其幼虫为食，也食小型鱼类、虾、高等植物碎片和少量丝状藻类。属常见食用鱼，体型大小各异，最大的重可达25千克。多数种类肉可食，如中华倒刺鲃；有的种类的卵有毒，如虹彩光唇鱼和光唇鱼。

拔都 Batu (1209～1256) 钦察汗国的创建者，成吉思汗长子术赤的次子。1227年术赤去世，拔都受诸兄弟推戴，继承父位，统领术赤兀鲁思。1229年，率术赤系诸王赴怯绿连河（今蒙古克鲁伦河）大斡耳朵参加忽里台，推举窝阔台为大汗。1235年，窝阔台召集忽里台大会，决定由各系宗王居长者统兵远征钦察（今俄罗斯乌拉尔河以西伏尔加河流域）、斡罗思、孛烈儿（波兰）、马札儿（匈牙利）等国。拔都为诸王之长，统率全军。1237～1251年，拔都率军征战以上诸国。1251年，蒙哥即位，拔都因拥立有功，取得更大权力。又将斡罗思、塔剌思及河中地区置于自己的控制之下。蒙哥又将谷儿只（格鲁吉亚）授与拔都弟别儿哥为分地。术赤兀鲁思遂成为大蒙古国中领土最大的宗藩之国，其境域东起也儿的石河（今额尔齐斯河），西包斡罗思诸公国。斡罗思人称拔都大营为“金帐”，穆斯林史家因拔都家族立国于钦察草原，称之为钦察兀鲁思，金帐汗国、钦察汗国之名即出于此。拔都对部下将卒颇宽厚，不吝赏赐，蒙古人称他为赛因汗（意为好汗）。

拔罐 cupping therapy 中医临床运用杯、筒或罐，排除内部空气，产生负压，使其吸附体表以治疗疾病的方法。古代有以兽角或竹筒为拔罐工具的，所以又称为“角法”或“火罐气”。也称为吸筒疗法和拔筒疗法。拔罐是通过局部的温热和负压作用，引起局部组织充血和皮内轻微的瘀血，促使该部位的经络通畅、气血旺盛，同时驱邪外出，具有活血行气、止痛消肿、拔毒散结、退热散寒、祛风除湿等作用。适用于治疗感冒、咳嗽、哮喘、头痛、胸胁痛、风寒湿痹、扭伤、腰腿痛、胃脘痛、消化不良、疮疖痈肿、毒蛇咬伤等疾患。常用的拔罐方法有火罐法、水罐法、抽气罐法、闪罐法、走罐法、留罐法、刺络拔罐法等。

急性传染病、癌症及有出血倾向的病症和孕妇均不宜使用。在大血管部位慎用。

拔汗那 Ferghana 中亚古国。在锡尔河中游谷地，今吉尔吉斯斯坦费尔干纳地区。汉代称大宛。中国古籍又作破洛那或钹汗。首都在西鞬城（今纳曼干）。627～649年期间，其王契苾为西突厥瞰莫贺咄所杀。中国唐王朝破西突厥，658年（唐显庆三年）以渴塞城（今长散）为休循州都督府。715年大食异密（现称埃米尔）屈底波（?～715）侵入拔汗那，拔汗那王奔安西求救。张孝嵩率兵万余人，长驱数千里，攻克连城。744年（天宝三载），唐把其国号改为宁远，嫁义和公主于此。754年，王忠节派自己的儿子薛裕入唐。755年授薛裕左武卫将军称号，放还拔汗那。拔汗那复派兵助唐镇压安史之乱。820～821年拔汗那置于萨曼家族统治之下，逐渐伊斯兰化，当地王朝才告消亡。

拔汗那盛产葡萄、香枣、桃、李，亦出驼、骡、羊、马之类，产朱砂、金、铁、银、铜、铅等。语言不同于其他国家，为东伊朗语之一支。

拔河 tug-of-war 人数相等的双方对拉一根粗绳以比较力量的对抗性体育娱乐活动。在中国，拔河来源于古时水乡拉纤和水军操练活动。唐宋以后，拔河作为一项民间体育娱乐活动，渐在民间盛行。现代一般的拔河方法是：在地上划两条平行的直线为河界，由人数相等的两队在河界两侧各执绳索的一端，闻令后，用力拉绳，以将对方拉出河界为胜。1999年的第6届全国少数民族传统体育运动会上始列为正式比赛项目。在西方，拔河原为英格兰乡村的一种游戏，1900～1920年的奥运会上曾被列为比赛项目。

拔河比赛

拔牙 extraction of tooth 将病牙拔除的手术。口腔颌面外科最基本的手术。治疗某些牙病和由其引起的局部或全身疾病的手段，也是口腔医师应用最广泛的手术。

适应证 ①龋病，严重广泛的龋齿而不能修复者。②根尖周病，根尖周围病变已不能用根管治疗、根尖切除或牙再植术等方法保留者。③牙周病，晚期牙周炎，牙周骨组织已大部分破坏，牙根已松动无法保存治疗者。④隐裂牙、牙根纵裂、创伤性磨牙根横断，牙外伤根折断无法保存治疗者。⑤牙髓内吸收，牙髓腔壁吸收过多，甚至穿通，牙根及根周情况不良，无法保存治疗者。⑥埋伏牙，引起病痛和压迫致邻牙吸收，无法利用者。⑦阻生牙，常发生冠周炎或引起邻牙吸收，无法利用者。⑧额外牙，使邻牙迟萌、牙根吸收或错位萌出者。⑨融合牙、双生牙和滞留乳牙影响恒牙萌出者。⑩错位牙，致软组织创伤而又不能用正畸方法矫正者。⑪骨折累及的牙，而无法保存者。

禁忌证 ①心脏病。近期频繁发生心绞痛或急性心肌梗死；心功能衰竭，心功能Ⅲ～Ⅳ级或有端坐呼吸、紫绀、颈静脉怒张、下肢浮肿等；心脏病合并高血压，血压在24/14.7千帕（180/110毫米汞柱）以上；有Ⅲ或Ⅱ型房室传导阻滞，双束支阻滞；病态窦房结综合征；应激综合征出现房扑、房颤者。②高血压。高血压有自觉症状如头痛、头昏、头胀等，或第三期高血压（已有脑血管意外、高血压脑病、左心衰竭、肾功能衰竭、眼底出血等）。③造血系统疾病。各种病因造成的严重贫血；血细胞减少症和粒细胞缺乏症；白血病；恶性淋巴瘤；出血性疾病。

此外，以下亦为禁忌证：①甲状腺功能亢进，甲状腺功能亢进未得到控制，静息脉搏在100次/分以上，基础代谢在+20%者。②急性炎症期，如未控制的急性冠周炎、根尖周炎、急性颌骨骨髓炎、急性蜂窝组织炎、腐败坏死性口底蜂窝组织炎等。③未控制而严重的糖尿病，血糖高于9毫摩/升（160毫克/分升）。④出凝血时间不正常者的肝病急性期或慢性肝炎活动期。⑤重症肾炎或急性肾炎。⑥累及牙齿时，恶性肿瘤放射治疗后3～5周内。⑦尚未控制的癫痫、震颤麻痹（帕金森氏病），抗凝药物、肾上腺皮质激素、免疫抑制剂等药物长期的治疗期间。⑧妊娠期的前3个月和后3个月及月经期间。

跋娑 Bhāsa（约2或3世纪） 印度古代梵语戏剧家。作品长期失传，1909年发现13部戏剧抄本，被称为跋娑十三剧。这些作品分别取材于史诗《摩诃婆罗多》、《罗摩衍那》和黑天传说、优填王传说及其他民间传说。其中《惊梦记》是一部6幕剧，写犊子国遭到敌国入侵，负轭氏施展计谋，取得摩揭陀国援助，击败敌国，收复国土。剧作语言简洁有力，情节富于冲突，场景描写生动，人物个性鲜明，心理描写细致入微，代表了古典梵语戏剧的早期成就。

跋文 postscript 写在书后、文后的说明文字或议论文字。又称题跋或跋尾。跋文在中国汉晋时代还没有，唐代称“题某后”或“读某”，如李翱有《题燕太子丹传后》，韩愈有《读荀子》等；称“跋”，最早见于宋代欧阳修，欧阳修有《集古录》“跋尾”若干篇，是附在他所珍藏的碑文真迹之后，考订和说明每篇碑文情况的。一般说来，跋文要比序文简括，主要是附于书、文后的说明性文字。但有的跋文也带有记叙性，如宋代陆游的《跋李庄简公家书》，就是一篇简洁、生动的记叙文。跋文大致可分为两类：一类是学术性的，其中包括读后感和考订书、文、画、金石碑文的源流、真伪等的短文；一类是文学性的，实际是优秀的散文、小品。今人则多将书后、文后的说明文字署为后记，性质同于跋文。

把戏 jugglery 中国元代以后，民间称杂技、魔术为把戏。

把斋 al-Sawm 伊斯兰教宗教义务之一。阿拉伯语“索姆”的意译。波斯语为“肉孜”。旧译为“斋功”，俗称“封斋”、“闭斋”。意即戒止食色、嗜欲。穆罕默德在麦加传教时，斋戒尚未成为定制。624年，定伊斯兰教历每年9月（莱麦丹月）为斋月，凡身体健康的成年男女（男11岁、女9岁以上）穆斯林，于每日黎明前至日落时，严禁饮食、房事或任何嬉戏等非礼行为，亦须禁止吸烟、滴剂、放血、拔罐或输液。凡患有疾病者，长途旅行者，老弱体虚者，孕妇、乳妇、经期妇女和产妇，神志不正常者，暂可不行斋戒，但需补斋或以施舍代替。斋戒分为天命斋、圣行斋、副功斋。中国新疆地区突厥语系的各族穆斯林亦称斋戒为“肉孜”。

钯 palladium 化学元素，元素符号Pd，原子序数46，原子量106.42，属周期系Ⅷ族，铂系元素。1803年W.H.沃拉斯顿从粗铂中分离出钯，为纪念1802年新发现的小行星武女星（Pallas）而命名。钯在地壳中的含量为（0.1～1.0）$\times 10^{-9}$%，是铂系元素中含量最低的。在自然界中与其他铂系元素共生，尤其常与铂伴生于各种镍和铜的矿石中，还以自然钯、六方钯矿、钯铂矿、一铅四钯矿、锑钯矿、钯华等存在于自然界中。

钯是银白色金属，质地柔软；熔点1 554.9℃，沸点2 970℃，密度12.02克/厘米^3（20℃）；具有良好的延展性和可塑性，能锻造、压延和拉丝。钯能吸收大量的氢气，生成钯的氢化物。1体积的钯可吸收

900体积的氢气。吸收了氢的钯体积显著胀大、变脆以至破裂成碎片。氢气透过钯片的能力也极强。在400℃时氢气通过钯片扩散的速度很快，可以利用钯片得到高纯氢。钯的氧化态+2、+3、+4，+3态少见。钯与铂化学性质相似。钯能耐氢氟酸、磷酸、高氯酸、盐酸和硫酸蒸气的腐蚀，但在100℃有空气存在的条件下就会被其中某些酸气所腐蚀。钯有形成配位化合物的强烈倾向，还有良好的催化性能。800～840℃时，在氧气流中加热金属钯或者熔融钯粉、KOH和KNO_3的混合物，都能生成黑绿色的PdO。PdO是唯一稳定的钯氧化物，在820℃开始分解为钯与氧。化合物以二氯化钯较为重要。利用二氯化钯易被氢还原为金属的特性，可以将钯与其他铂系元素分离。

用**王水**处理精选的砂铂矿或富铂矿，使钯和铂等一起溶解，再经处理得二氯二氨合钯，灼烧后磨细，在氢气流中加热还原，制得海绵钯。钯主要用作催化剂，例如在石油裂解的过程中催化制得高质量汽油和其他一些化工产品，也用于催化生产一些化学必需品。铂和银等的合金用于低电流接触点、印刷电路、牙医治疗、首饰等。

坝 dam 拦截江河、渠道水流以抬高水位或调节流量的挡水建筑物。调整河势、保护岸床的河道整治建筑物也称坝，如丁坝、顺坝和潜坝等。

沿革 各种坝型中土坝和堆石坝历史最为悠久，远在公元前2900年埃及已开始修建。中国前256～前251年在**都江堰**开始用卵石修建砌石坝。19世纪后期世界上开始大量修建以水泥为胶凝材料的浆砌石坝和混凝土坝，用砌石、混凝土或钢筋混凝土建成的重力坝、**拱坝**及支墩坝相继出现。

按照中国大坝委员会的统计，2003年世界大坝总数为49 697座，分布在140多个国家中，其中中国30米以上大坝4 694座，居世界第一（见表）。

世界及中国建坝情况对照表

坝总数	15米以上	30米以上	100米以上	150米以上	2002年在建60米以上
世界	49 697	12 600	670	155	349
中国	25 800	4 694	108	24	88

在坝型上，世界各国修建的大坝，土坝占主要地位，但在高坝中混凝土坝却占多数，并且拱坝坝型在增加。据统计，拱坝占100米及200米以上混凝土坝总数的比例相应为33%及45%。美国修建重力拱坝较多，意大利、法国、瑞士等国20世纪50年代以后拱坝建设发展较快。日本以往因地震问题，建土石坝较多。到20世纪90年代，中国与世界发展同步，采用和发展较快的有碾压混凝土坝、面板堆石坝和定向爆破坝三种坝型。据1998年统计，中国已建成坝高超过30米的定向爆破坝有24座，最高的是1998年建成的广西清水河塘仙坝，坝高100米。已建在建碾压混凝土坝最多的国家分别是中国、日本、美国和西班牙。

随着世界筑坝技术水平的提高，坝的高度逐渐提高，坝的规模亦随之加大。世界最高的土石坝是塔吉克斯坦高300米的**努列克坝**；最高的混凝土重力坝是瑞士高285米的**大迪克桑斯坝**；最高的混凝土拱坝为格鲁吉亚高272米的**英古里坝**，在建的是中国高305米的锦屏一级水电站大坝；最高的混凝土重力拱坝是俄罗斯高245米的萨彦－舒申斯克坝；最高的混凝土支墩坝是加拿大高214米的丹尼尔·约翰逊坝；最高的面板堆石坝是中国高233米的水布垭水电站大坝；最高的碾压混凝土拱坝是中国高132米的沙牌水电站大坝；最高的碾压混凝土重力坝是中国高216米的龙滩水电站大坝。体积最大的坝，土石坝中是巴基斯坦塔贝拉水电站的土石坝，达1.2亿立方米；混凝土坝中是1 600万立方米的中国长江三峡水利枢纽大坝；若计入尾矿坝则为美国新科尼利亚尾矿坝，其体积为2.1亿立方米。

类型 主要按筑坝材料、结构性质、施工方法、防渗体形式进行划分，也有按工作状况和使用目的划分的（见图）。

适用条件 坝型宜从坝址地质地形、筑坝材料、枢纽布置以及施工导流等因素经综合比较选定。混凝土坝对地基要求较高，一般较高的坝均需建在岩石地基上。而在混凝土坝枢纽中设置泄水、引水和厂房建筑物较为方便，在坝体中可布置临时导流孔洞，且有时可允许未完成的坝体临

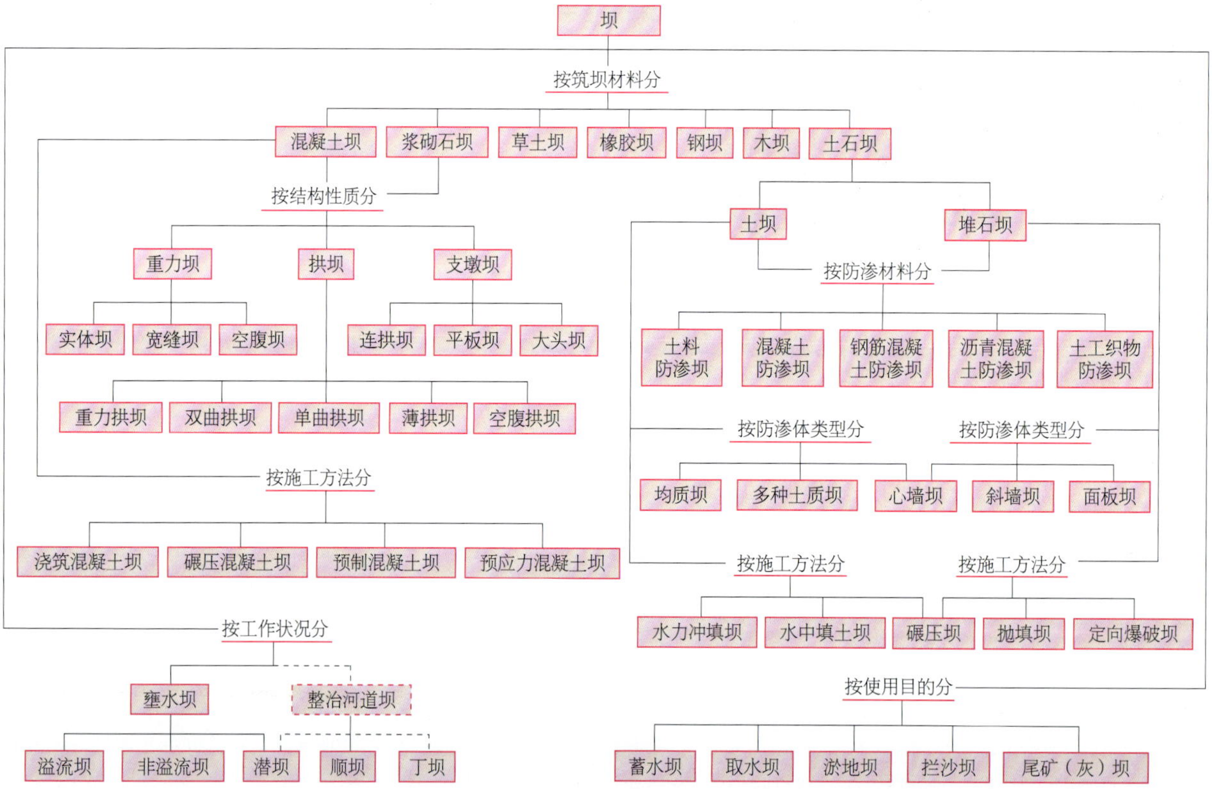

坝的分类

时漫溢以供施工导流。土石坝的主要优点是对坝基条件要求较低，可允许在软基（即土或砂砾地基）上修建，可利用当地材料建坝。一般在适宜修建土石坝的地方，坝本身造价往往较混凝土坝为低。其他材料建成的坝，如橡胶坝、钢坝、木坝及草土坝（堰）等不常采用，一般只适用于低水头。橡胶坝坝高一般在7米以下，最大达15米，建于河道及渠道上便于调节水位。钢坝有钢板桩构成的格体坝，最大坝高约30米，常用于海港码头以及施工期的纵向围堰中。木坝及草土坝系古老的传统水工建筑物，近代常用于临时建筑物中。

坝工设计 坝是主要的挡水建筑物之一。它的主要荷载有坝面水压力、坝体自重、坝基扬压力、泥沙压力、冰压力、温度荷载以及地震荷载等。在选定坝型后参照类似工程初选坝的剖面，在优化的基础上进行坝体及坝基的稳定及应力分析计算。对一些重要的坝还要辅以结构力学、水力学及地质力学等模型试验。随着计算机技术及有限元法的广泛应用，各种坝的稳定、应力、变形、沉陷、渗透、抗震及坝体优化等都逐渐编制了计算机程序，由于试验及计算技术的发展，其速度及精度都大幅度提高，可通过数学及物理模型的分析对坝体的体形、应力稳定等状况有进一步的认识。高度在150米以上的面板堆石坝及300米以上的土石坝的建成，标志着土石坝在技术上前进了一大步。

耙 harrow 在犁耕后松碎表土、平整地面的耕作机具。主要有各种齿耙、圆盘耙、水田耙等。

齿耙是将各种类型的耙齿前后交错地固定在耙架上。具有松土、碎土、平整地面的功能，并有一定的除草作用。有的还可用来覆盖撒播的种子或将肥料混入土中。齿耙的类型主要有：具有刚性耙架的钉齿耙、刀齿耙、弹齿耙等，以及具有柔性耙架的网状钉齿耙。

圆盘耙以凹面圆盘为工作部件，主要用于犁耕后松碎土壤，也用于除草或在收获后的茬地上进行浅耕灭茬。按耙组的排列方式有单列式和双列式、对称式和偏置式等类型。圆盘的形状则有球面和锥面、全缘刃和缺口刃等类型。

水田耙用于耕后水田碎土、覆盖植被、起浆及平整田面作业。通常根据不同类型土壤特性和耕作要求选用两三种不同的工作部件配置而成。常用的工作部件有星形耙组、缺口圆盘耙组、轧滚等。

罢黜百家 Paying Supreme Tribute to Confucianism While Banning All Other Schools of Thought 中国汉代武帝时董仲舒提出的以儒家学说为正统哲学的“大一统”主张。后为汉武帝刘彻采纳，作为维护中央集权和皇权的统治政策。秦汉之际，遭秦始皇的焚书坑儒政策摧残的儒家逐渐抬头。惠帝四年（前191）废除《挟书律》，进一步促使诸子学说复苏，其中儒、道两家影响较大。武帝即位时，社会经济已得到很大的恢复和发展，需要从政治上和经济上进一步强化专制主义中央集权制度。儒家的春秋大一统思想、仁义思想和君臣伦理观念符合统治者的需要，而主张清静无为的黄老思想与汉武帝的好大喜功相抵触。因此在思想领域，儒家终于取得了统治地位。元光元年（前134）武帝召集各地贤良方正文学之士到长安，亲自策问。董仲舒在对策中指出，春秋大一统是天地之常经，古今之通谊，建议诸不在六艺之科孔子之术者，皆绝其道，勿使并进。很受武帝赏识。此后，公卿、大夫、士吏都为文学之士，通晓儒家经典成为做官食禄的主要条件。儒术完全成为封建王朝的统治思想，而道家等诸子学说则在政治上遭到贬黜。汉武帝“罢黜百家，独尊儒术”，已吸收了法家、道家、阴阳家等各种不同学派的一些思想，与孔孟为代表的先秦儒家思想有所不同。汉武帝把儒术与刑名法术相糅合，形成了“霸王道杂之”的统治手段，对后世影响颇为深远。

罢工自由 strike, freedom of 在资本主义国家通常指无产阶级为反抗资产阶级的剥削和压迫，争取经济利益和政治权利而采取停工、停产等斗争的自由。当代各国宪

日本的长途电话接线员举行罢工

法中明确规定罢工自由的只有法国、意大利和非洲一些国家，并且作了严格限制。如法国罢工法和工资合同法规定，罢工只许以维护和改善劳动条件及经济地位为目的，不得为政治目的而罢工；罢工须由工会领导，由工会会员投票决定；在工资合同规定的“和平期内”不得罢工；某些部门的职工（如公务人员）无权罢工。中国1975、1978年宪法曾规定过罢工自由，1982年宪法取消了这一规定。

霸道 rule by force 统治者崇尚武力，重刑轻德，注意用利益调节群下关系的一种统治方式。与王道相对。

中国先秦诸家对霸道的看法不一。孟子认为霸道就是“以力服人”。荀子认为，霸道在于同他国结好，讲信用，而不是凭借武力去征服他国。那种强占他人土地的不是霸道，而是“强道”。韩非子同意孟子对霸道的解释，认为霸道是以力服人，并认为作为君主就应该“不务德而务法”。在先秦，除荀子以外，人们对霸道的解释基本一致，即崇尚武力、注重刑法。但在霸道的价值判断上却存在着严重分歧。

进入汉代以后，尽管儒家取得了独尊的地位，统治者提倡王道，但霸道也并没有失去自己的地位。如汉武帝就是德刑兼用，内重刑暴、外饰德化。汉宣帝时的盐铁会议上，代表政府的桑弘羊与贤良、文学之士就王道与霸道问题展开了激烈的辩论。前者继承汉武帝的杂霸思想，力主加强中央集权、严行法治，表现出当权者的政治实用主义；后者则代表着理想政治和统治阶级一般成员的利益，坚持德政礼制、先德后刑、抨击霸政。

汉代以后，统治者基本遵循汉代的统治策略——阳儒阴法、行王道的同时，也在用霸道。儒学家基本贬低霸道，尤其是宋代理学兴起之后。北宋的邵雍把霸道视为历史倒退的结果，他认为三皇时“以道化民”，五帝时“以德教民”，三王时“以功劝民”，而春秋五霸则“以力率民”。程颐认为偏离仁义、怀有私心的就是霸道。南宋的朱熹也把霸道视为三代之后“人欲横流”的结果。到近代，孙中山把霸道视为西方文化的特征。

霸王鞭 rattle stick dance 中国民间舞蹈。广泛流传于全国各地。除汉族外，白、苗、壮、黎、土家、布依、蒙古、哈尼、彝、水等少数民族中也有风格迥异、各具特色的此种舞蹈。其名称很多，如莲厢、花棍、花枪、响棍、钱棍、钱鞭、打钱套、金钱棍、竹棍舞、打花鞭、铜钱棍舞等。霸王鞭的道具是一根直径约3厘米的竹竿，长的1米余，短的80厘米左右。竿上缀铜钱或金属片，涂彩漆或裹鲜艳的绸布，有的在竹竿两端装饰纸花或彩绸。表演时，舞者或单手握竹竿中部，或双

白族霸王鞭

手各持一竿，合着音乐节奏，以竿连续碰、弹、擦击身体的肩、背、肘、手、腰、腿、膝、脚，或敲打地面，或相互对击，发出清脆悦耳的响声。各地霸王鞭不尽相同，风格多样，有的激烈奔放，有的潇洒舒展。

《霸王别姬》 *Farewell My Concubine* 中国故事片。香港汤臣电影有限公司、北京电影制片厂1993年摄制。编剧李碧华、芦苇，导演陈凯歌，主演张国荣、张丰毅、巩俐。1928年冬，9岁的小豆子被当妓女的母亲带到京剧科班，只有大师兄小石头不嫌弃他的出身。小豆子相貌清秀，被选中扮演旦角，小石头扮生角，他俩排练的戏是《霸王别姬》。久之，在小豆子眼里自己就是虞姬，小石头便是霸王。成年后的小石头（段小楼）和小豆子（程蝶衣）同台演出，红极一时。小楼娶妓女菊仙为妻，蝶衣内心深受刺伤，从此不与小楼同台。但在生活中他们还是互相帮助。中华人民共和国建立后，他们又携手同登舞台。“文化大革命”爆发后，小楼在无法忍受的压力下，揭发了蝶衣的“罪行”，绝望的蝶衣也说出了菊仙的身世。10年后，两位老人在空荡的舞台上再演《霸王别姬》，突然，蝶衣拔剑自刎，微笑着躺在小楼身边。该片是具有中国气派的史诗性巨作。获1993年戛纳电影节金棕榈奖及国际影评人费比西奖。

霸王龙 *Tyrannosaurus* 一种凶猛的食肉类恐龙。生存在距今1亿年至6 500万年的白垩世。是已知最大的陆生食肉类。体长15米，头部长1.5米，身高达6米。头骨特别笨重，且高而侧扁，具有两个很大的眼前孔，眼眶呈椭圆形。牙齿极为发达。在齿骨、隅骨和前关节骨之间有粗大的活动韧带固着痕迹，颈骨较短，有9或10个颈椎，其构造特点是短宽型。背椎13或14个，荐椎5个，其神经棘等紧密愈合。肩带退化，肩胛骨细长，而肱骨短小，长仅有肩胛骨的一半。前足退化细弱，仅有二指，亦可能残存第三指。腰带非常发育，结构极为紧凑，粗壮的腰带结构表明，其后肢活动强烈。后足发达，3个指上有大爪。所有这些头骨、牙齿和四肢的特点都和这类恐龙的食性有关。霸王龙主要生活在丘陵地区。以植食性的爬行动物为主要的捕食对象。

霸州市 Bazhou City 中国河北省辖县级市。位于省境中部，邻接天津市。面积784平方千米。人口59万（2008）。五代周置永清县，属霸州治。金改益津县。明入霸州。1913年改霸县。1990年撤霸县设霸州市。由廊坊市代管。地处海河平原。农产以小麦、棉花、玉米为主。果品有苹果、鸭梨、桃、杏、葡萄等。矿产有石油、天然气、地热等资源。有塑料、化工、机械、建材、电子、服装、家具等工业。有京九铁路、津霸铁路过境。

白矮星 white dwarf 中等质量恒星的终点星。银河系中到处都能见到。1844年，德国的F.W.贝塞尔根据天狼星移动轨迹的波浪形，推测存在一个看不见的伴星。后来的观测证实，天狼星确是一个双星系统，伴星天狼B比主星暗一万倍，呈白色，质量1.05太阳质量，半径0.0073太阳半径，密度3.8×10^6克/厘米^3。这类星表面温度高、体积小、密度大，内部已停止核反应，仅靠残留的热发光。因个小且发白光而名为白矮星。估计占恒星总数的10%(约100亿颗)。已列入白矮星星表的有2 250多颗。白矮星的绝对目视星等在8～16等范围内；有效温度大都介于5500～40000K之间，大多数呈白色，少数呈黄色甚至红色；质量跟太阳差不多，而其大小跟地球相仿；平均密度10^5～10^8克/厘米^3。白矮星可按光谱分为DA（富氢）、DB（富氦）、DC（富碳）、DF（富钙）、DP（磁白矮星）等次型。

白矮星是核反应停止以后恒星的一种稳定结构。在白矮星内部，高温使原子失去电子，裸原子核挤在一起造成了高密度。主要靠电子简并压的梯度跟引力相平衡，质量越大，半径越小。当质量超过一个极限值时，电子简并压不再能跟引力相抗衡。S.钱德拉塞卡推算出白矮星的质量上限为1.44太阳质量，这叫钱德拉塞卡极限。质量超过1.44太阳质量的恒星只有在演化中损失了多余的质量才能形成白矮星。白矮星表面有很强的引力场，谱线红移较显著，广义相对论的三大天文验证之一的引力红移正是首先对白矮星测得的。

白澳政策 White Australia Policy 英国殖民者限制有色人种移居澳大利亚的种族歧视政策。19世纪50年代澳大利亚发现金矿，许多非英国移民包括中国人涌入澳大利亚淘金。1860年初，新南威尔士的伯兰贡发现金矿，在淘金中发生暴力排华事件。1881年新南威尔士总理H.帕克斯召开澳大利亚各殖民地联合会议，讨论中国移民问题，除西澳大利亚外均同意实行限制政策。1888年各殖民地再次举行会议，通过限制中国人法案。90年代，限制的范围扩及包括太平洋岛屿的其他有色人种。1901年澳大利亚联邦成立后，联邦政府制定《限制移民入境法案》，规定凡入境者必须通过欧洲语言测验，以此作为限制有色人种入境的一种手段，从法律上确认“白人澳大利亚”政策。自1945年起澳官方文件中已不再使用“白澳政策”一词。1958年颁布新移民法，废除“语言测验”。1975年10月公布法律，保证全体澳大利亚人不分种族、肤色与信仰，一律平等。

白板说 tabula rasa 主张认识来源于经验的一种哲学思想。西方哲学家用它来比喻人类心灵的本来状态像白纸一样没有任何印迹。17世纪英国唯物主义哲学家J.洛克继承和发展了亚里士多德的蜡块说，认为人出生时心灵像白纸或白板一样，人的一切观念和知识都是外界事物在白纸或白板上留下的痕迹，最终都源于经验。

白贝罗 Buys Ballot, Christophorus Henricus Didericus (1817-10-10～1890-02-03) 荷兰气象学家、物理学家。生于克卢廷厄，卒于乌得勒支。1844年获乌得勒支大学博士

学位，1845年起在该校任教。1854年创建荷兰皇家气象研究所，任所长。1873～1879年任国际气象组织第一任主席。

于1857年发现风向和气压分布的关系，称白贝罗定律：在北半球，观测者背风而立，高压在右，低压在左；在南半球则相反。1866年首创风暴警报器和危险天气信号系统，发布风暴警报。任国际气象组织主席期间，致力于国际气象观测规范的统一工作。著有《温度的周期变化》、《风暴警报器说明》、《关于统一国际气象观测体系的建议》等文。

白菜 *Brassica*; Chinese cabbage 十字花科芸薹属植物的统称。一二年生草本植物。包括结球及不结球两大类群。原产地中海沿岸和中国。由芸薹演变而来。以柔嫩的叶球、莲座叶或花茎供食用。

形态和类型 根为浅根系，主根粗大，侧根发达，水平分布。叶片有毛或无毛，着生于短缩茎上成莲座状。除薹用和分蘖类型外，腋芽不发达。花茎从短缩茎的顶端发生，分枝一至三次。花茎上发生“茎生叶”，叶基部抱茎或不抱茎，表面有蜡粉。总状花序，花淡黄至黄色。长角果，含种

图1 常州“乌塌菜”

子多粒。栽培的白菜分别属于芸薹的两个亚种。

结球白菜又称大白菜、黄芽菜。为中国北方各省普遍栽培的主要蔬菜。叶无明显叶柄，具叶翼，叶球白色或淡黄色。根

图2　各种类型白菜

据叶球抱合程度，主要分为四个变种：散叶变种、半结球变种、花心变种、结球变种。

不结球白菜又称小白菜或青菜。为中国南方各省普遍栽培的主要蔬菜。叶有明显叶柄，无叶翼。不形成叶球。有五个变种：①普通白菜。如杭州“早油冬”、上海“四月慢”等。②塌菜。如常州“乌塌菜”(图1)、上海“小八叶”等。③菜薹，以肥嫩花茎供食用。包括菜心和紫菜薹两个变种。④薹菜。⑤分蘖白菜。

栽培　各种类型的白菜（图2）都要求温和气候。但结球白菜和不结球白菜所需的适温和栽培条件有所不同。结球白菜适宜于保肥保水力强的砂壤土、壤土和黏壤土，土壤以pH6.2～7为宜。生长适温为10～22℃。生长期80～120天。直播或育苗移栽均可。结球期需充足水肥。不结球白菜常分为3大栽培季节：秋冬白菜一般秋季播种，育苗后移栽，冬季收获；春白菜晚秋播种，次春收获；夏白菜直播为主，整个夏季均可分批播种，以幼小植株供食用。

利用　结球白菜产量高且适于长期贮藏，是中国北方冬季和早春的主要蔬菜之一。不结球白菜因类型和品种繁多，适应性广，生长期短，高产而省工易种，且可周年生产供应，鲜食、腌渍皆宜。

白城市　Baicheng City　中国吉林省辖地级市。位于省境西北部，邻接黑龙江省和内蒙古自治区。辖洮北区、镇赉县、通榆县，代管大安市、洮南市。面积25 683平方千米。人口203万（2010），有汉、蒙古、回、满、朝鲜等27个民族。春秋战国属东胡地，三国两晋属扶余、鲜卑相间之地，清光绪三十年（1904）置靖安县。1914年改洮安县，1938年改白城县，1958年改为白城市。矿产主要有河光石、中砂、细砂、白黏土等。农业以生产玉米、大豆、甜菜、蓖麻、葵花子、蔬菜等为主。建有国家级白城生态示范区。经济以工业为主，拥有汽车、机械、纺织、服装、酿酒、医药、食品、造纸等工业部门。有向海自然保护区和莫莫格自然保护区等。

白炽灯　incandescent lamp　将灯丝通电加热到白炽状态，利用热辐射发出可见光的电光源。自1879年美国的T.A.爱迪生制成了碳化纤维（即碳丝）白炽灯以来，经人们对灯丝材料、灯丝结构、充填气体的不断改进，白炽灯的发光效率也相应提高。1959年，美国在白炽灯的基础上发展了体积和衰光极小的卤钨灯。白炽灯的光效虽低，但光色和集光性能好，是产量最大、应用最广泛的电光源。白炽灯的发展趋势主要是研制节能型灯泡。

白崇禧　Bai Chongxi(1893-03-18～1966-12-02)　中华民国时期军事家，国民党军高级将领。回族。字健生。广西临桂（今桂林）人。卒于台北。1916年毕业于保定陆军军官学校。1923年被孙中山任命为广西讨贼军参谋长。1925年结束旧桂系军阀对广西的统治，成为新桂系首领之一。1926年3月两广统一，桂军改编为国民革命军第7军，任参谋长。北伐战争开始后，任国民革命军总司令部参谋次长，代理参谋长之职。1927年3月兼任上海警备司令，积极参与策划和发动四一二政变。1928年5月任第4集团军前敌总指挥，率部参加第二期北伐，扩张了桂系势力。1937年七七卢沟桥抗战爆发后，任军事委员会副总参谋长，参与制订对日作战计划。太原失守后，鉴于武器装备敌强我弱，以正规战与敌硬拼难以持久，提出以游击战配合正规战、积小胜为大胜、以空间换时间的作战指导思想，为蒋介石所采纳，故有“小诸葛”之称。1938年7月代理第五战区司令长官，参与指挥武汉保卫战。12月任桂林行营主任，负责指挥第三、第四、第九战区对日军作战。1939年底至翌年初指挥桂南会战，在昆仑关战役中取得了抗战以来首次攻坚战的胜利。此后主持编写《游击战纲要》一书，认为游击战是长期抗战、消耗敌人、争取主动地位之战法。1945年10月晋陆军一级上将。抗日战争胜利后，编著了《现代陆军军事教育之趋势》，认为科技日新，战术日异，军事训练内容由战场需要而决定，应融讲堂、操场、战场三者于一体。1946年5月任国防部部长，

积极执行蒋介石反人民的内战政策。在国民党大势已去情况下，1949年初仍主张与共产党划江而治。4月任华中军政长官，指挥20余万兵力企图阻止人民解放军解放华中华南，所部在解放军发动的衡宝战役、广西战役中被歼。12月由海南岛去台湾。

白唇鹿　*Cervus albirostris*; white-lipped deer / Thorold' s deer　哺乳纲鹿科鹿属的一种。产于中国青藏高原和甘肃中部、东南部及四川西北部海拔3 000～5 000米的山地灌丛及高山草甸处。白唇鹿具暗褐色（冬季）到棕黄色（夏季）毛，带暗色小斑。下唇白色，并延至吻两侧及喉的上部。臀部具淡黄色块斑。体长约2米，肩高约1.3米，耳长而尖。雄鹿具角，角大，4或5个分叉，眉枝与次枝相距远，次枝长，主枝略侧扁。其茸、角、皮、肉均可利用，动物园亦有饲养。国家一级保护动物。

白瓷　white porcelain　以中国为代表的传统瓷器品种。将胎、釉中氧化铁含量控制在1%以下，即可得到白瓷。白瓷首创于北朝后期，唐初已在北方发展成熟，辽金元时成为瓷器的主流。其出现与早期发展应与北方民族有很大关系。北朝与辽金元的统治民族都来自北方，而隋唐统治集团又与北方民族有很深的血缘、政治、文化关系。中国的北方民族都曾信奉萨满教，在萨满教中，白是吉祥善良的象征，因而白瓷的创造意义重大，不仅增加了重要的釉色品种，还推动了装饰方法的改变。宋以后的中国彩绘瓷基本施加于白瓷。白瓷的造型和装饰极其丰富，烧造白瓷的著名

白瓷罐（明，陕西历史博物馆藏）

窑场有以素面著称的隋唐邢窑、以刻划花和印花著称的宋代定窑、以彩绘著称的元明清景德镇窑、以瓷塑著称的明清德化窑等。

白带　leukorrhea　正常妇女阴道排出的一种少量白色稀糊状分泌物。一般无气味。由阴道黏膜渗出物、宫颈腺体分泌物和部分子宫内膜分泌物混合而成，内含阴道脱落细胞、白细胞、乳酸杆菌等。其量随雌

激素水平变化而有变异。一般月经中期白带增多，稀薄透明；排卵后白带又变黏稠，混浊而量少。经前及孕期白带均有所增多。

白带异常表现为色、质和量的改变：①透明黏性白带，外观与正常白带相似，只是量多，常见于应用雌激素药物之后。②脓性白带，色黄或黄绿，有臭味，大多为阴道炎症所致，其中以滴虫性阴道炎最常见，多伴有外阴瘙痒，亦可见于慢性宫颈炎、子宫内膜炎、宫腔积脓或阴道异物等。③豆渣样白带，或呈干酪样，多见于霉菌性阴道炎，并伴有外阴瘙痒。④血性白带，白带中有血，应警惕宫颈癌、子宫内膜癌，但宫颈息肉、黏膜下肌瘤、老年性阴道炎等也可出现此症状。⑤水性白带，白带多，水性，有时黄色，往往由于组织坏死或变性所致，首先应考虑子宫内膜癌或输卵管癌。宫颈癌或黏膜下肌瘤继发感染时也可有此种白带。

见到异常白带应详细询问病史，注意检查白带内有无滴虫或霉菌，检查宫颈及子宫，必要时取活体组织检查或作诊断性刮宫。在明确病因后给予适当治疗。

白蛋白 albumin 一类可以在纯水中溶解的简单**蛋白质**的总称。又称清蛋白。用硫酸铵分离时，白蛋白可溶解在50%饱和度的硫酸铵溶液中。动物和植物中都存在白蛋白。最重要的白蛋白是血液中白蛋白，被称为血清白蛋白（又称血浆白蛋白），它约占血浆总蛋白的50%。是由肝脏合成的、不含有其他组分的简单蛋白质。因其分子量较大，血清白蛋白不被肾脏排泄，因此，对维持血液的渗透压起到重要作用。此外，血清白蛋白还是机体营养的重要来源之一。血清白蛋白在受到外界刺激时，生物合成有所增加。另一种常见的白蛋白是鸡蛋清中的卵白蛋白，其含量也约占鸡蛋清中蛋白质总量的50%。但它和动物血清白蛋白不同，是一种糖蛋白。此外还有乳白蛋白、豆白蛋白等。

白帝城 Baidi City 中国古地名。在今重庆奉节县东白帝山上。东汉初公孙述割据西蜀时所筑，因公孙述自号白帝，故名。东汉为鱼复县治。东汉末刘璋置固陵郡，后改巴东郡。城居高山，形势险要，三国时蜀汉以为防吴重镇。刘备夷陵之战为吴将陆逊所败，退居此城，后死于城西之永安宫。三国至唐历为巴东郡、信州、夔州治。

白癜风 vitiligo 一种常见的色素减退性皮肤病变。易诊断，难治疗。与自身免疫、黑素细胞自身破坏、神经化学因子、遗传、外伤及精神等因素有关。损害为大小不等，形态不一，数目不定的色素减退性白斑，白斑区毳毛及毛发发白。可发生在任何部

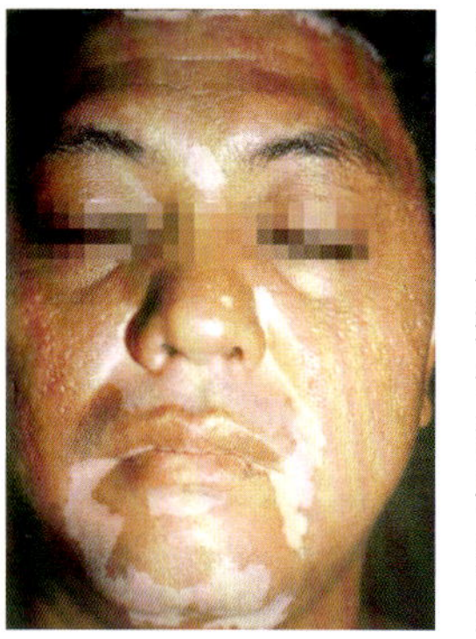
面部白癜风患者

位，较常见于面部、颈部、手背。可见于各年龄组，多无自觉症状。病损广泛者可试用光化学疗法，即口服补骨脂素加长波紫外线照射。局部可用各种皮质类固醇激素制剂。

白洞 white hole 广义相对论所预言的一种与**黑洞**相反的特殊天体。和黑洞类似，它也有一个封闭的边界。聚集在白洞内部的物质，只可以经边界向外运动，而不能反向运动。因此，白洞可以向外部区域提供物质和能量，但不能吸收外部区域的任何物质和辐射。球状白洞的几何边界也是以史瓦西半径为半径的球面。其外部时空由史瓦西度规描述。白洞可以把它周围的物质吸积到边界上形成物质层。白洞学说主要用来解释一些高能天体现象。白洞目前还只是一种理论模型，尚未被观测所证实。

白俄罗斯 Belarus 东欧平原西部的内陆国。东邻俄罗斯，北、西北与拉脱维亚、立陶宛交界，西与波兰毗连，南与乌克兰接壤。面积20.76万平方千米。人口948万(2009)。有100多个民族，其中白俄罗斯人占人口总数的81.2%，俄罗斯人占11.4%，波兰人占3.9%，乌克兰人占2.4%，其他民族占1.1%。官方语言为白俄罗斯语和俄罗斯语。居民主要信奉东正教，西北部一些地区信奉天主教及东正教与天主教的合并教派。首都**明斯克**。

地理 境内地势低平，平均海拔160米。北部低缓的冰碛丘陵和平原相间分布。往南变为白俄罗斯垄冈，最高点捷尔任斯克山，海拔345米。南部由冰碛平原过渡到波列西耶低地、沼泽地带。河网稠密，主要河流有第聂伯河、普里皮亚季河、别列津纳河、西德维纳河、涅曼河等。湖泊众多，其中较大湖泊有纳罗奇湖（面积80平方千米）、奥斯韦亚湖（面积58平方千米）和切尔翁诺耶湖（面积40平方千米）。属温带大陆性气候。土壤以生草灰化土为主，约占60%。森林资源丰

富，森林蓄积量11亿立方米，森林覆盖率为36%。矿产资源约30种，主要矿藏有钾盐、岩盐、泥炭和石油。

历史 白俄罗斯人是东斯拉夫人的一支。9～11世纪，大部分领土属于基辅罗斯。12世纪建立了封建公国，如波洛茨克公国、图罗夫－平斯克公国等。14世纪属立陶宛大公国。从1569年起隶属波兰－立陶宛王国。18世纪末被俄罗斯兼并。19世纪末20世纪初，资本主义开始发展。1919年成立白俄罗斯苏维埃社会主义共和国。1922年加入苏联。第二次世界大战期间被德国占领。1990年7月白俄罗斯最高苏维埃通过《国家主权宣言》。1991年8月25日宣布独立。同年9月更名为白俄罗斯共和国。12月21日加入独立国家联合体。

政治 实行总统制和三权分立。议会称国民会议，由共和国院和代表院组成，政府称部长会议。司法机构设宪法法院、最高法院、最高经济法院和检察院。至2005年1月，全国共有17个合法政党，其中较大的有白俄罗斯共产党、白俄罗斯共产党人党、白俄罗斯人民阵线党、白俄罗斯联合公民党、白俄罗斯自由民主党等。

经济 1991年独立以来，白俄罗斯基

图1 明斯克胜利广场

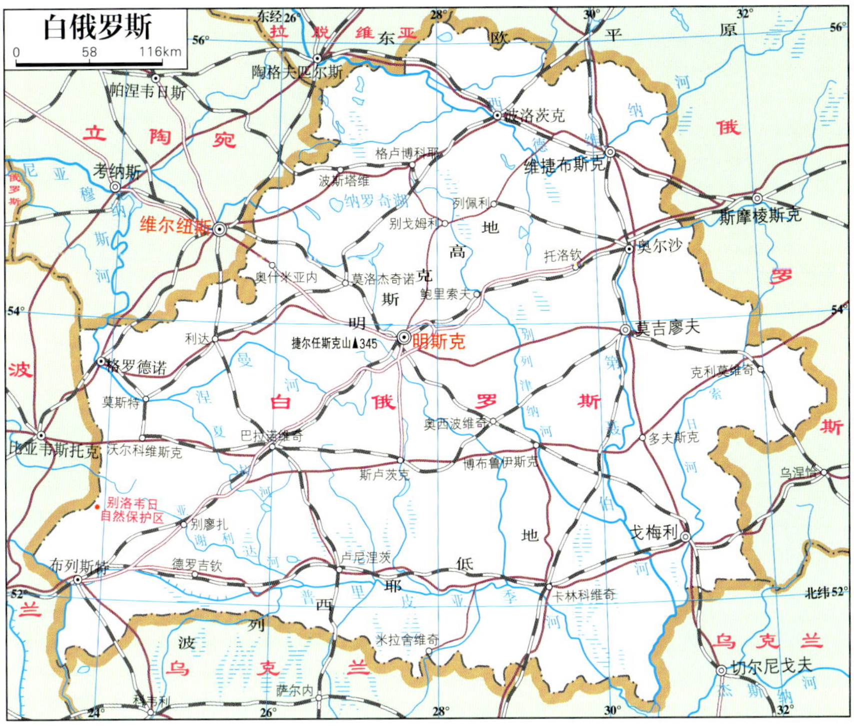

本沿袭了原有的计划经济管理体制。1996年起，经济呈现恢复性增长。但1998年金融危机爆发后，形势渐趋恶化。2009年国内生产总值481.99亿美元，人均GDP4986美元。在独联体国家中，白俄罗斯的经济实力仅次于俄罗斯、乌克兰、哈萨克斯坦，居第四位。

工 业　2009年工业产值为434.21亿美元。主要工业部门有机械制造、化工、石油加工、木材加工、轻工、食品等行业，仪表制造和电子工业也较发达。机械制造是白俄罗斯工业的主导部门，以载重汽车、拖拉机和机床制造最为突出，生产各种类型的载重汽车，最大装载能力为220吨，拖拉机年产量居独联体国家首位。机床制造业生产精密机床、专用及组合机床、自动半自动机床及自动生产线。白俄罗斯燃料动力资源匮乏，能源主要靠境外输入和国内的泥炭资源。全国有多个大热电站和火电站。石油工业不发达，产不敷需。建有新波洛茨克和莫济里两座炼油厂和石油化工企业，并在此基础上发展了化纤和塑料工业、氮肥工业、钾肥工业、磷肥工业。2006年化肥产量546.9万吨。木材加工业包括胶合板、火柴、造纸、家具制造等门类。轻工和食品工业主要建立在国内农畜产品原料加工的基础上，主要部门有亚麻初加工和麻纺织、毛纺织、肉类加工、乳品加工、粮油加工及制糖工业等。

农 业　2009年农业产值为93.51亿美元。全国农业用地面积1 000余万公顷。农业中种植业与畜牧业并重。种植业占农业总产值的53.4%。种植业的部门结构以谷类作物为主，饲料作物次之。谷物以春大麦和冬黑麦为主，其次为燕麦、冬小麦和豆类作物。经济作物以长纤维亚麻为主，其播种面积为7.5万公顷。畜牧业以饲养乳肉两用牛和养猪业为主。养牛业遍布全国各州，养猪业提供全国肉类总产量的48.7%。

交通运输　白俄罗斯有较发达的铁路、公路交通网。铁路总长5 600千米。公路总长66 000千米，其中硬面公路62 600千米。石油运输管道2 936千米，天然气运输管道6 301千米，油品运输管道1 265千米。多条内河可通航。

图2　米尔城堡

对外贸易　2009年已同176个国家和地区有贸易关系。2009年进出口总额498.46亿美元。其中出口额712.82亿美元。主要贸易伙伴有俄罗斯、英国、波兰、德国、荷兰、爱沙尼亚、拉脱维亚、乌克兰等。

文化　实行11年制义务教育。有白俄罗斯大学等55所高等院校。主要报刊有《苏维埃白俄罗斯报》、《共和国报》、《人民报》等。有白俄罗斯通讯社（白通社），白俄罗斯广播电台、电视台。

对外关系　白俄罗斯奉行以与俄罗斯关系为重点、以经济外交为主要内涵的务实外交政策，强调其外交重点依次为俄罗斯、独联体、周边邻国、欧盟，在亚洲突出同中国、印度、越南三国关系。1992年1月20日白俄罗斯与中国建交。

白俄罗斯人　Belorussians　东欧民族之一。自称别拉罗斯人，曾译别洛露西亚人。有995.1万人（2001）。主要分布在白俄罗斯共和国，部分分布在俄罗斯、立陶宛、拉脱维亚、乌克兰、哈萨克斯坦等国。属欧罗巴人种东欧类型。使用白俄罗斯语，属印欧语系斯拉夫语族。有以斯拉夫字母为基础的文字。信东正教，西北地区居民多为天主教徒。其远祖可追溯为9世纪就已居住在第聂伯河中游的维亚季奇人，以及6～7世纪时来自西部的拉季米奇人和德列戈维奇人。9世纪，他们同俄罗斯人、乌克兰人一起被并入基辅罗斯版图，共同结合形成古罗斯部族。14世纪起被并入立陶宛公国，1569年又与波兰合并。在此过程中，吸收了部分立陶宛人的民族成分，逐渐形成单独的白俄罗斯部族。18世纪末，白俄罗斯地区被沙俄兼并。随着资本主义的发展，各地居民之间经济和文化联系日益频繁和巩固，终于在19世纪中形成白俄罗斯现代民族。农业以种植黑麦、马铃薯、荞麦、小麦为主。重要工业部门有燃料采掘（泥炭、石油）、机器制造、食品工业等。农舍“哈塔”是用松树圆木架成的壁桁式四方形平房。主要食物是用黑麦面粉制成的黑面包，喜食各种馅饼和白菜汤。农村妇女爱穿白色服装，爱裹白布绑腿。姑娘们喜戴各种做工精致的彩色头巾，已婚妇女则戴素色花冠。男子多戴毡帽，穿齐膝绣花衬衫。

白俄罗斯语　Belorussian language　白俄罗斯的官方语言。属印欧语系斯拉夫语族东支。主要分布于白俄罗斯及立陶宛部分地区，波兰等地也有少数使用者。使用人口近1 000万。白俄罗斯语有两种主要方言：东北方言和西南方言。标准语在明斯克方言的基础上形成。白俄罗斯语介于乌克兰语与俄语之间，尤与俄语相近，可以互通，因此有人把它视为俄语的一种方言。名词、形容词的性、数、格和动词的体、时、人称等与俄语大体相同，部分名词除6个格外尚有呼格。词汇的基础是原始斯拉夫语词，还有不少白俄罗斯语成为独立语言后产生的词，以及从波兰语等其他斯拉夫语言中借用的词。文字以俄语字母为基础，共32个，有少量修改。语序很自由。

白垩纪 Cretaceous Period 中生代最后一个纪（第三个纪）。约开始于1.37亿年前（国际上普遍采用1.45亿年前，中国也逐渐趋向于该数值），结束于0.65亿年前。白垩纪形成的地层称白垩系。白垩纪这一名称来源于英吉利海峡两岸的白垩层，由比利时学者J.-B.-J.奥马利达鲁瓦1822年创立。白垩层是一种极细而纯的粉状灰岩，是生物成因的海洋沉积，主要由一种称作颗石藻的钙质超微化石和浮游有孔虫化石构成，在英、法海峡两岸形成美丽的白色悬崖。白垩层不仅发育于欧洲，北美和澳大利亚西部也有分布。

白垩纪是地球上海陆分布和生物界急剧变化、大西洋迅速开裂和火山活动频繁的时代，后期发生了广泛的海侵。晚白垩世被子植物代替裸子植物在陆上占优势，是植物界的一大变革。动物界在白垩纪末才发生重大变化，恐龙、菊石和其他许多生物类群大量灭绝，预示着新生代即将开始。中国白垩系主要以陆相为主，仅西藏、新疆、黑龙江、台湾有海相白垩系的存在。

白垩纪早期陆地上的裸子植物和蕨类植物仍占统治地位，松柏、苏铁、银杏、真蕨及有节类组成主要植物群。被子植物开始出现于白垩纪早期，辽宁北票义县组内的辽宁古果是迄今在全世界发现的最古老的被子植物化石。中期大量增加，到晚期在陆生植物中居统治地位，山毛榉、榕树、木兰、枫、栎、杨、樟、胡桃、悬铃木等都已出现，接近新生代植物群的面貌。从侏罗纪开始出现的超微化石，具有重要的地层学意义。脊椎动物中爬行类从极盛走向衰落，主要代表有霸王龙、暴龙、翼龙、青岛龙等（见图），特别是在辽西一带出现带羽毛的恐龙。早期鸟类孔子鸟、朝阳鸟、华夏鸟、吉祥鸟等大量繁盛。白垩纪早期还出现原始哺乳动物。侏罗纪以前的硬鳞鱼被真骨鱼所代替。海洋无脊椎动物中浮游有孔虫、菊石和箭石演化迅速而明显，分布广泛，是传统的划分阶和带的标准化石。淡水无脊椎动物也很丰富，如甲壳类的介形虫和叶肢介演化迅速，软体动物中的螺和蚌分布广泛，还有昆虫与淡水轮藻化石，它们中的许多属种都可以成为划分对比陆相地层的标准化石。

白垩系主要矿产为石油、天然气、煤和膏盐矿床。美国得克萨斯州、墨西哥、波斯湾、北非、俄罗斯均有许多大油田，中国有松辽平原的大庆油田。东北和内蒙古有下白垩统的大煤田。中国南部有巨厚的膏盐矿。云南白垩纪红层有著名的铜矿。而中国东南沿海的火山活动，形成了明矾、萤石、沸石等非金属矿床和铅锌银等金属矿床。

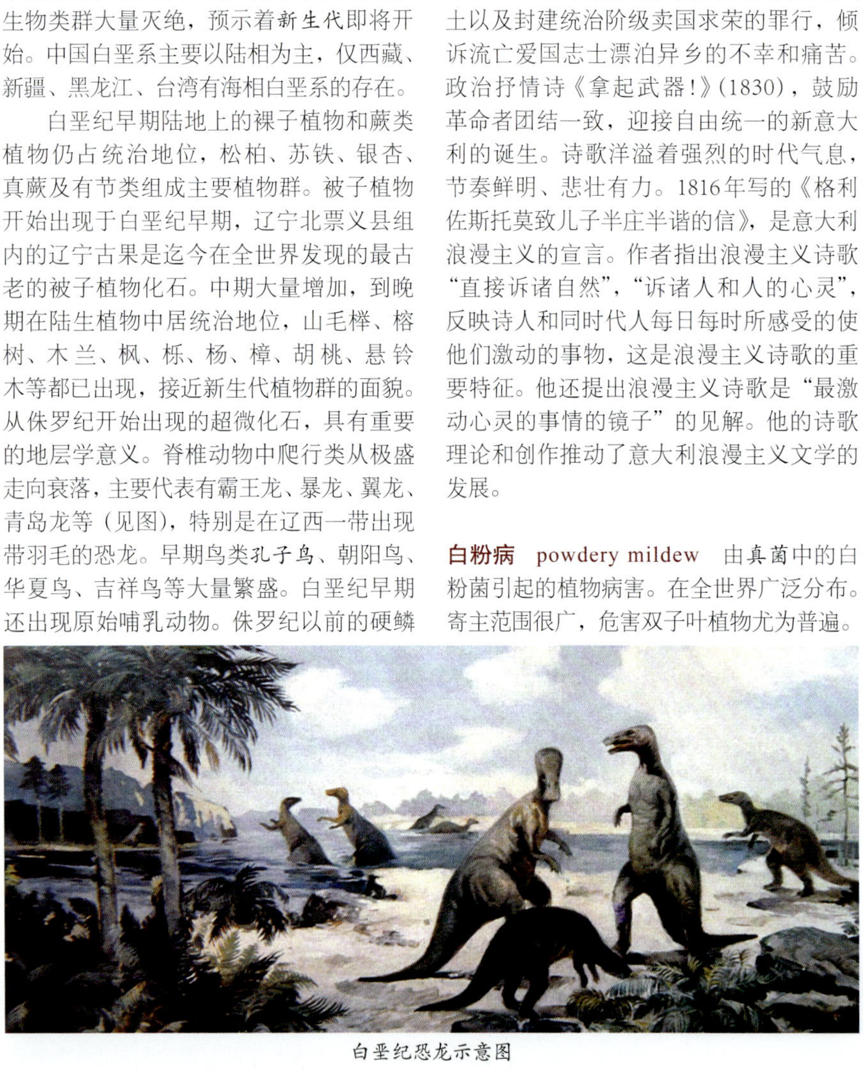

白垩纪恐龙示意图

白尔谢 Berchet, Giovanni（1783-12-23～1851-12-23） 意大利诗人、文艺理论家。生于米兰，卒于都灵。长诗《帕尔加的逃亡者》（1819～1820）是一首英雄史诗，描写帕尔加共和国人民抗击土耳其侵略者的英勇斗争，影射意大利被西班牙、奥地利、法国轮番奴役的屈辱经历。《谣曲集》（1822～1826）控诉侵略者蹂躏意大利国土以及封建统治阶级卖国求荣的罪行，倾诉流亡爱国志士漂泊异乡的不幸和痛苦。政治抒情诗《拿起武器！》（1830），鼓励革命者团结一致，迎接自由统一的新意大利的诞生。诗歌洋溢着强烈的时代气息，节奏鲜明、悲壮有力。1816年写的《格利佐斯托莫致儿子半庄半谐的信》，是意大利浪漫主义的宣言。作者指出浪漫主义诗歌“直接诉诸自然”，“诉诸人和人的心灵”，反映诗人和同时代人每日每时所感受的使他们激动的事物，这是浪漫主义诗歌的重要特征。他还提出浪漫主义诗歌是“最激动心灵的事情的镜子”的见解。他的诗歌理论和创作推动了意大利浪漫主义文学的发展。

白粉病 powdery mildew 由真菌中的白粉菌引起的植物病害。在全世界广泛分布。寄主范围很广，危害双子叶植物尤为普遍。

白粉菌是专性寄生菌，有些分为许多不同专化型。多为外寄生性，少数为内寄生或半内寄生。菌丝体全部或大部分暴露在寄主植物的叶、茎、嫩梢、芽、花和果实的表面，并产生大量由菌丝体、分生孢子梗和分生孢子构成的肉眼可见的白色粉状物。白粉菌生长后期菌丝层间散生褐色至黑色颗粒状小点，为有性繁殖器官闭囊壳，随病株残体在地面越冬，或以菌丝体潜伏在芽中越冬。越冬后闭囊壳放射出子囊孢子进行初侵染，在寄主的表面以吸器伸入寄主组织内吸取养分和水分，并不断在寄主表面扩展，生长季产生大量的分生孢子靠气流传播。温暖地区可周年侵染危害。由于病程短，再侵染发生频繁，流行性特强。分生孢子对湿度的适应范围宽，少数白粉病在旱季仍可流行。

种植抗病品种、清除越冬菌源、加强肥水管理、合理密植、通风降湿，用杀菌剂（硫磺粉、石灰硫磺合剂等）控制发病中心等措施，均有防治效果。

白粉虱 *Trialeurodes vaporariorum*; greenhouse whitefly 同翅目粉虱科昆虫的一种。中国北起大庆，南到石家庄，西起兰州、西宁，东到济南均有分布。体小型，体色淡黄白到白色，体表被白色蜡粉。雌成虫有选择嫩叶集居和产卵的习性，随着寄主植物的生长，成虫逐渐向上部叶片移动，造成各虫态在植株上的垂直分布。新产的卵绿色，多集中在上部叶片，老熟的卵则位于稍下的叶片上，再往下则分别是初龄幼虫、老龄幼虫，最下层叶片则主要是伪蛹和新羽化的成虫。白粉虱蛹壳卵形或长椭圆形，覆盖白色棉状蜡丝。环境适合时1年可发生十代以上。

白粉虱作为温室害虫，吸食寄主植物的汁液，引起叶片枯黄、萎蔫、生长衰弱以致枯死。此外，由于成虫和幼虫分泌大量蜜露，导致植物煤污病的发生而严重污染果实和叶片，影响植物的正常呼吸和光合作用，久之造成减产和降低蔬菜、果实的质量，影响观赏植物的观赏价值。天敌丽蚜小蜂对之寄生率较高。用溴氰菊酯防治，常有良效。

白公馆 Bai Residence 中华民国时期国民党特务机关设于重庆的秘密监狱。原是四川军阀白驹的别墅，故名。1939年国民党军统局以此地作为本部直属看守所，1943年中美合作所成立后曾改为来华美军人员招待所，1945年改为特别看守所。监狱背靠歌乐山，四周高墙、电网密布，墙外制高点上有岗亭和碉堡。大门终年紧闭，只有侧面开一小门与外界相通。狱内有牢房20间。抗战将领黄显声、共产党员宋绮云、许晓轩、陈然等烈士都被囚于此。革命者在狱中进行了艰苦斗争。1949年11月，国民党对囚禁于此的100多名革命者进行集体屠杀，仅19人越狱脱险。

白宫 White House 美国总统官邸。坐落在美国首都华盛顿市中心区的宾夕法尼亚大街1600号。北接拉斐特广场，南邻爱丽普斯公园，与高耸的华盛顿纪念碑相望，是一座白色墙壁的两层楼房。白宫的基址是第一任总统G.华盛顿选定的，始建于1792年，1800年基本完工。后经多次改建和扩充。从1800年起，历届总统均以此为官邸。美国第26任总统T.罗斯福在他的通信中首先使用"白宫"这一名词，后成为美国政府的代称。

白宫外景

白沟 White Canal 中国东汉末年曹操开凿的运河。原为先秦时期黄河在宿胥口改道后在河北平原上残留下的河道，在今河南浚县西，上源接近淇水。东汉建安九年(204)曹操为征乌桓和袁绍，因运输军粮需要，在淇水入黄河口下大枋木成堰，遏淇水入白沟，下通清河，以通漕粮。此后上起枋堰，下合今河北威县以南的清河，成为河北地区的水运干道。建安十一年(206)曹操又开凿了沟通滹沱河和泒河的平虏渠（今河北青县至独流镇之间的南运河）；沟通潞河（今天津市区一带海河）和鲍丘水的泉州渠（因起自今天津武清境内古泉州县而得名）；沟通洵河和濡水（今滦河）的新河，将白沟水运航路延伸到了河北平原的北端的滦河下游。建安十八年(213)曹操封魏公都邺，又在今河北曲周县东南开渠引漳水，东流至大名县西北注入白沟，名利漕渠。邺城北临漳水，于是漕船可以通过利漕渠、漳水直抵邺城下。自后，白沟成为河北平原上贯通南北的主要航道。后堙。隋炀帝开永济渠时，曾利用一部分白沟故道。

白古王朝 Pegu Dynasty 缅甸分裂时期，孟族建立的封建割据王朝，统治缅甸南部地区。一译勃固王朝，又称汉沙瓦底王朝。1281年由孟族封建主瓦里鲁（旧译伐丽流）创建，先建都莫塔马（旧译马都八），后迁都白古（今勃固），故名。瓦里鲁（1281～1296年在位）在摆脱缅族的统治后，统一下缅甸的孟族，制定了著名的《瓦里鲁法典》，政绩卓著。第六代王彬尼亚乌（旧译频耶宇）于1369年将国都从莫塔马迁至汉沙瓦底。彬尼亚乌之子亚扎底律（旧译罗娑陀利）执政时为抵抗阿瓦王朝的进攻，开始进行四十年战争。其女信绍布（旧译信修浮）由其兄彬尼亚兰（旧译频耶兰）作主，嫁阿瓦王辛漂信底哈都后，四十年战争始告结束。1430年信绍布从阿瓦逃回白古后，被拥戴为孟族女王。1539年白古王朝为东吁王朝所灭。

白古同中国元、明两代关系密切。元朝称它为"登笼国"，曾遣管竹思加出使其国。明朝称"得冷国"（"得楞族"的对音，即孟族国家），亦称大古剌（即白古），1406年明朝遣使周让至其国，立大古剌和底马撒为"宣慰使司"。从1406～1425年，大古剌和底马撒不断遣使来中国。

白鹳 *Ciconia*; white stork 鹳形目鹳科鹳属鸟类的统称。分布于古北界和东洋界。世界有两种，均见于中国。体形修长，约1 200毫米。嘴长而直；颈与腿亦长。纯白色，但肩羽、两翅的大覆羽、初级覆羽及

飞羽等均呈光辉黑色，大部分飞羽的外翈为银灰色。雌雄羽色相同。眼周、颊部裸区及腿脚均呈红色。飞行缓慢，常在高空中翱翔。觅食小鱼、蛙、蜥蜴和昆虫等，有时也吞食田鼠。休息时常以一足站立。受惊时常弹嘴，发出"哒哒"声。夏季繁殖，在大树高处或屋顶以枝桠、茅草等营巢，每窝产卵3～5枚，呈白色。属世界濒危物种，在中国属国家重点保护鸟类。

白圭 Baigui (约前370～前300) 中国先秦商业经营思想家。名丹。周人，梁（魏）惠王时在魏国为官，后在秦为官。他和范蠡都提出了农业经济循环说。根据古代岁星纪年法和五行思想，认为天时的好坏与农业的丰歉，是具有周而复始的循环周期，每一周期为十二年，周期开始的第一年总是大丰收，其后两年"衰恶"，第四年旱，再后两年小丰收，第七年又是大丰收，而后两年又"衰恶"，第十年大旱，继而又是两年小丰收，如此反复，以至无穷。在此基础上，白圭提出经商贸易致富的"治生之术"。基本原则是"乐观时变"，依据对年岁丰歉的预测，实行"人弃我取，人取我与"。看准时机后要当机立断，"趋时若猛兽挚鸟之发"。强调善于经商的人要有丰富的学识，要像"伊尹、吕尚之谋，孙吴用兵，商鞅行法"那样，精于运筹和制断。如"智不足与权变，勇不足以决断，仁不能以取予，强不能有所守"，则掌握不了"治生之术"。对白圭本人有两说，一说他擅长经商，"天下言治生祖白圭"。另一说他做官时主张轻税，迄无定论。

白海 White Sea 北冰洋的内海，深入俄罗斯西北部内陆。位于科拉半岛与卡宁半岛之间，北同巴伦支海相通。面积9万平方千米。平均深67米，最深处350米。西北岸为岩岸，东岸为沙岸。主要海湾有：梅津湾、德维纳湾、奥涅加湾和坎达拉克沙湾。较大的岛屿有索洛韦茨群岛、莫尔若韦茨群岛、穆杰尤格岛。有北德维纳河、奥涅加河、梅津河等注入。夏季海水温度6～15℃，冬季低于1℃。海水盐度24～34.5。结冰期11月至翌年5月初。半日型潮。捕捞鲱、鳕、鲑及格陵兰海豹。经白海－波罗的海运河、伏尔加河－波罗的海运河、伏尔加河、伏尔加河－顿河运河及顿河，可沟通白海同波罗的海、伏尔加河水系、里海、亚速海及黑海的运输联系。主要港口有：阿尔汉格尔斯克、北德文斯克、奥涅加、别洛莫尔斯克及坎达拉克沙。

白喉 diphtheria 白喉棒状杆菌引起的急性呼吸道传染病。白喉杆菌所产生的外毒素为致病的主要因素。发病以冬春季节为多见，人群对本病普遍易感，而儿童易感性最高。传染源是患者和健康带菌者，主要通过呼吸道飞沫传染，亦可经玩具、衣服、用具等间接传播。临床特征为咽痛，咽、喉、鼻等处假膜形成及发热、乏力、恶心、呕吐等中毒症状；假膜范围大时，颌下淋巴结及颈部软组织肿胀致颈部呈牛颈状；严重者可引起心肌炎和周围神经麻痹等。主要用抗毒素治疗，应早期、足量应用。抗菌药物首选青霉素。青霉素过敏者，可用红霉素。急性期患者应卧床休息及呼吸道隔离。有严重合并症者应予以相应的治疗。接种白喉类毒素、百日咳菌苗、破伤风类毒素三联疫苗，有良好的预防效果。

白虎观会议 Discussions at White Tiger Temple 中国东汉章帝时召开的一次讨论儒家经典的学术会议。东汉初年，经今古文学的门户之见日益加深，各派内部因师承不同，对儒家经典的解说不一、章句歧异。汉光武帝刘秀于中元元年（公元56）把谶纬之学正式确立为官方的统治思想。为了巩固儒家思想的统治地位，使儒学与谶纬之学进一步结合起来，章帝建初四年（公元79），依议郎杨终奏议，仿西汉石渠阁会议的办法，召集各地著名儒生于洛阳白虎观，讨论五经异同，是为白虎观会议。会议由章帝亲自主持，参加者有魏应、淳于恭、贾逵、班固、杨终等。会议由五官中郎将魏应秉承皇帝旨意发问，侍中淳于恭代表诸儒作答，章帝亲自裁决。这样考详同异，连月始罢。此后，班固将讨论结果纂辑成《白虎通德论》，又称《白虎通义》，作为官方钦定的经典刊布于世。这次会议肯定了"三纲六纪"，并将"君为臣纲"列为三纲之首，使封建纲常伦理系统化、绝对化，同时还把当时流行的谶纬迷信与儒家经典糅合为一，使儒家思想进一步神学化。

《白虎通义》 *Comprehensive and Interpretative Discussions on Classics at the White Tiger Temple* 中国汉代讲论五经同异，统一今文经义（见经学）的一部重要著作。又称《白虎通》、《白虎通德论》。班固等人根据东汉章帝建初四年（公元79）白虎观会议上进行经学辩论的结果纂辑而成，计4卷。该书以神秘化了的阴阳、五行为基础，解释自然、社会、伦理、人生和日常生活的种种现象；其所列门目，对社会生活、国家制度和伦理原则等作了基本规定，实际是一部以今文经义为依据的国家法规。主要注本有清陈立撰《白虎通疏证》等。

白花丹科 Plumbaginaceae; leadwort family 双子叶植物纲石竹亚纲的一科。又称蓝雪科、矶松科。共21属580种，分布于全球，多在北半球热带以外的半干旱地，以地中海沿岸及中亚地区为主。中国有7属约40种，分布于南北各省。直立或攀援的灌木、亚灌木或一年生草本。单叶互生，无托叶。花两性，辐射对称，花序为穗状、头状或蝎尾状聚伞花序；花萼宿存、合生，萼齿5，齿间常膜质；花瓣分离或合生，裂片5；雄

蕊5，与花瓣或花冠裂片对生，子房上位，无柄，1室。蒴果为宿存萼所包，果皮干膜质或多少革质，不开裂或盖裂，稀从基部向上瓣裂。大都为耐盐碱植物。

该科植物有许多种类入药，补血草属植物的根，常用作强壮剂和收敛剂；许多种类是闻名的鞣料植物和染料植物；白花丹属、小蓝花丹属等多含矶松素，为刺激和强腐蚀剂，入药可治某些寄生虫病。蓝雪花属和白花丹属常作观赏植物栽培于庭园，也供药用。

白话诗 vernacular free verse 中国五四新文化运动以后，用接近口语的白话体所创作的诗歌。又称新诗、语体诗。

白话文学 vernacular literature 中国五四文学革命中提倡和创立的新文学。在五四文学革命之前，虽出现过以白话创作的文学作品，却未能与文言作品相抗衡并被视为文学发展的正宗。"主张以白话代文言，而高揭文学革命的旗帜，这是从《新青年》时代开始的"（蔡元培《〈中国新文学大系〉总序》）。1917年胡适发表《文学改良刍议》，提出建立"言文合一"的国语所写的"活文学"，即白话文学的主张。接着，陈独秀在《文学革命论》中提出了"三大主义"，在对封建文学批判的基础上明确了白话文学内容变革的方向。1918年，胡适的《历史的文学观念论》、《建设的文学革命论》进一步论证了白话文学产生的必然性，并提出要建设"国语的文学，文学的国语"。李大钊在《什么是新文学》中指出，"光是用白话所作的文章，算不得新文学"，强调思想革新在建设新文学当中的重要作用。当时，《新青年》上发表的白话诗，鲁迅的《狂人日记》、《孔乙己》等，均显示了白话文学创作的实绩。经过这些倡导者的理论阐述和创作实践，现代白话文学遂成为中国文学的主体。

白话小说 vernacular novel 小说的一种类型。中国古代小说多数用文言写成，白话小说从唐代开始出现，到宋代话本兴起，或称为平话。鲁迅说"即今所谓'白话小说'者是也"（《中国小说史略》第十二篇）。五四时文学界提倡白话文，也推崇古代的白话小说。白话小说理应包括古今作品，所以近人多以通俗小说来指称古代的白话小说，与文言小说相区别，如《中国通俗小说书目》。

白桦派 white birch school 日本现代文学流派。因同名杂志《白桦》而得名。《白桦》1910年创刊，1923年停刊，历时13年，共出版160期。创刊时具有浓厚的反自然主义色彩，同时致力于介绍欧洲美术，尤其是后期印象派画家。既是文学杂志，又是美术杂志。《白桦》强调尊重个性，成员倾向各不相同。但就整体而言，起初利己主义色彩较浓，其后则理想主义和人道主义倾向较强。白桦派的主要作家及其作品有志贺直哉的《到网走去》、《在城崎》，武者小路实笃的《他的妹妹》，有岛武郎的《一个女人》，里见弴的《你与我》，长与善郎的《盲目川》等。白桦派还组织了白桦演剧社、白桦美术馆和白桦音乐会，出版《白桦之森》等同人合著集。思想观念与艺术追求的多元分化及其他文学流派兴起等多种因素，导致白桦派文学衰微。

白及 *Bletilla striata*; bletilla 兰科白及属的一种。原产中国，分布于长江流域及以南地区。多年生草本，高20～50厘米，叶4～5枚，基部互相套叠成茎状，中央抽出花梃。

总状花序具数朵花；花紫色或淡红色，直径约5厘米，由3枚萼片、2枚花瓣和1枚特化的唇瓣组成；唇瓣3裂，上面有纵褶片；雄蕊与花柱合生而成合蕊柱，合蕊柱顶端有1花药，前上方有一个柱头凹穴。地下有粗厚的根状茎，如鸡头状，富黏性，含白及胶质，即白及甘露聚糖，可供药用，有止血补肺、生肌止痛之效，也可作糊料。著名花卉，各地公园多栽培。

白鱀豚 *Lipotes vexillifer*; Yangtze River dolphin 鲸目白鱀豚科白鱀豚属的唯一现生种。又称白鳍豚、白旗。分布于长江中、下游。中国特产的淡水齿鲸类动物。雌性成体最大体长2.53米，雄性成体2.29米。喙狭长而稍微上翘，额隆圆，眼很小，呼吸孔纵位，呈椭圆形。低三角形的背鳍位于从吻端向后约2/3体长处。鳍肢宽而梢端钝圆。体上面主要呈蓝灰色或灰色，体下面呈白色。在头和颈的侧面从眼至鳍肢形成灰色和白色间的波状分界。白色部分在鳍肢前向上伸入灰色部分，形成两个显著

的白色斑。每侧上下颌各有31～36枚圆锥形的齿。

多在有沙洲分布的江段发现。它们常在洲头、洲尾的岔流汇合处活动。在长江中迁移的范围至少可达200千米。食物包括鲢、鲤、草鱼等多种多样的鱼。雌性约在6龄时达性成熟，雄性在4龄时性成熟。出生时体长约91厘米。长江中白鳖豚的数量，在20世纪80年代初估计为400头左右，90年代初下降到约100头，到90年代末只有几十头残存。2006年的考察没有发现白鳖豚，表明可能已经灭绝。

白金汉宫 Buckingham Palace 英国王宫。位于伦敦中心区，东接詹姆斯公园，西临海德公园。1703年白金汉公爵始建，故名。1761年，英王乔治三世为王后买下此宫，称女王宫。1825年乔治四世改作王宫，并改建。从1837年维多利亚女王登基起，英国历代君主均在此居住。白金汉宫为规模宏大的四方形3层建筑物。宫内有宴会厅、典礼厅、音乐厅、画廊、图书室等厅堂600多间，周围还有一些附属建筑。东正殿面

白金汉宫远眺

向正门，长110米，为宫廷的办公室和国宾馆。殿前有宽阔的方形广场，广场中心有维多利亚女王纪念碑，雕有女王坐像。北侧殿是王室成员居住地，南侧殿有女王美术馆。美术馆陈列王室收藏的艺术珍品，1962年对外开放。

白晋 Bouvet, Joachim (1656-07-18～1730-06-28) 耶稣会传教士。又作白进，字明远。法国人。生于勒芒，卒于中国北京。1678年入耶稣会，为法王路易十四选派第一批来华耶稣会士之一。在出发前，他们被授法国科学院院士，并负有测量所经各地区的地理位置和收集科学资料之任务。这批传教士以洪若翰神甫为首于1685年3月3日从法国布雷斯特东渡，经暹罗（今泰国），于清康熙二十六年（1687）夏，抵浙江宁波。次年初由**南怀仁**推荐来京，与**张诚**同在宫廷供职，教习天文历法、数学、医学、化学等西洋科学知识，同时学习满文。三十二年，康熙帝感于国内科技人才不足，派他携带赠送法王的珍贵书籍49册，回国延聘传教士来华讲授科学。三十八年，白晋率领数学教师和传教士巴多明等十人返北京，并携来法王回赠的一批名贵雕刻。四十五年，康熙帝派他出使罗马教廷，至广州，因故未能成行，返回北京。四十七年，奉命与费隐、雷孝思、杜德美等教士赴各省测量绘制《**皇舆全览图**》，历时九年而成。又曾奉康熙帝命研究《易经》，著有《易经总旨》。他的著作还有《中国现状》(*Etat présent de la Chine*，1697年巴黎出版)、《古今敬天鉴》(1707年自序，仅有抄本)。以《康熙帝传》(*Portrait historique de l'Empereur de la Chine*，1697年巴黎出版）最著名。

白酒 Chinese liquor 中国特有的一种蒸馏酒。以高粱等粮谷为主要原料，以大曲、小曲或麸曲及酵母等为糖化发酵剂，经蒸煮、糖化、发酵、蒸馏、陈酿、勾兑而制成。又称烧酒、白干、烧刀子等。酒质无色（或微黄）透明，气味芳香纯正，入口绵甜爽净，酒精含量较高，经储存老熟后，具有以酯类为主体的复合香味。

中国白酒产品种类繁多。1979年第三届全国评酒会确定，将白酒划分为五种香型，又称五种风格。①酱香型。以贵州**茅台酒**为代表。又称茅型。主体香味成分比较复杂，其主体香至今尚未确定。口感风味具有酱香、细腻、醇厚、回味长久等特点。②清香型。以山西汾酒为代表。又称汾型。主体香成分为乙酸乙酯和乳酸乙酯。具有清香、醇甜、柔和等特点，是中国北方的传统产品。③浓香型。以四川泸州老窖大曲酒为代表。又称泸型。主体香成分为己酸乙酯和适量的丁酸乙酯。口感风味具有芳香、绵甜、香味谐调等特点。④米香型。以广西桂林三花酒为代表。主体香成分为乙酸乙酯和乳酸乙酯及适量的β-苯乙醇。口感风味具有蜜香、清雅、绵柔等特点。⑤其他香型。具有各自独特的生产工艺和口感风味。如贵州董酒、陕西西凤酒、江西四特酒、广东豉香型酒、山东景芝酒等。

优质白酒必须有适当的储存期。泸型酒至少储存3～6个月，多在1年以上；汾型酒储存期为1年左右；茅型酒要求储存3年以上。

白居易 Bai Juyi (772～846) 中国唐代诗人。字乐天，号香山居士、醉吟先生。原籍山西太原，祖上迁下邽（今陕西渭南）。晚年官太子少傅，谥号文，世称白傅，白文公。

生平 白居易生于郑州新郑（今河南新郑）。11岁起，因战乱颠沛流离五六年。少年时读书刻苦。贞元十六年（800）中进士，十八年，与**元稹**同举书判拔萃科。二人订交以后诗坛元白齐名。十九年春，授秘书省校书郎。元和元年（806），罢校书郎，撰《策林》75篇，登"才识兼茂明于体用科"，授盩厔县尉。作《观刈麦》、《长恨歌》。元和二年回朝任职，十一月授翰林学士，次年任左拾遗。四年，与元稹、李绅等倡导新乐府运动。五年，改京兆府户曹参军。他此时仍充翰林学士，草拟诏书，参与国政。元和六年，他因母丧居家，服满，应诏回京任职。十年，因率先上疏请急捕刺杀武元衡凶手，被贬江州（今江西九江）司马。次年写下《琵琶行》。开始"吏隐"，在庐山建草堂，思想从"兼济天下"转向"独善其身"，闲适、感伤的诗渐多。元和十三年，改忠州刺史，十五年还京，累迁中书舍人。因朝中朋党倾轧，于长庆二年（822）请求外放，先后为杭州、苏州刺史，颇得民心。文宗大和元年（827），拜秘书监，明年转刑部侍郎，四年，定居洛阳。后历太子宾客、河南尹、太子少傅等职。会昌二年（842）以刑部尚书致仕。在洛阳以诗、酒、禅、琴及山水自娱，常与**刘禹锡**唱和，时称刘白。会昌四年，出资开凿龙门八节石滩以利舟民。75岁病逝，葬于洛阳龙门香山琵琶峰，**李商隐**为其撰写墓志。

诗歌理论 白居易的思想，综合儒、释、道三家。立身行事，以儒家"达则兼济天下，穷则独善其身"为指导思想。二者大致以白氏被贬江州司马为界。白居易提出一整套诗歌理论。他把诗比作果树，提出"根情、苗言、华声、实义"(《与元九书》)的观点，他认为"情"是诗歌的根本条件，"感人心者莫先乎情"(同上)，而情感的产生又是有感于事而系于时政。因此，诗歌创作不能离开现实，必须取材于现实生活中的各种事件，反映一个时代的社会政治状况。他继承了《诗经》以来的比兴美刺传统，重视诗歌的现实内容和社会作用。强调诗歌揭露、批评政治弊端的功能。他在诗歌表现方法上提出一系列原则：①辞质而径，词句质朴，表达直率；②言直而切，直书其事，切近事理；③事核而实，内容真实，有案可稽；④体顺而肆，文字流畅，易于吟唱（《新乐府序》）。他的这种诗歌理论对于促使诗人正视现实，关心民生疾苦，

白居易墓（河南洛阳）

是有进步意义的。对大历以来逐渐偏重形式的诗风，亦有针砭作用。但过分强调诗歌创作服从于现实政治的需要，则势必束缚诗歌的艺术创造和风格的多样化。

文学创作　白居易留下诗歌约3 000首，他将自己的诗分成讽喻、闲适、感伤和杂律四大类。大体上，前三类为古体，后一类为近体。前三类大致以内容区分，但有相交。四类诗中，白氏自己比较重视前两类，认为讽喻诗反映了兼济之志；闲适诗显示出独善之义；都是他人生目标的直接体现。讽喻诗是白诗中的精华。代表作有《新乐府》50首，《秦中吟》10首。它们广泛反映了中唐社会生活各方面的重大问题，着重描写了现实的黑暗和人民的痛苦。这些诗措辞激烈，毫无顾忌，突破了“温柔敦厚”的诗教传统，在古代批评时政的诗歌中十分突出。讽喻诗在形式上多直赋其事。叙事完整，情节生动，人物情节细致传神。另一部分讽喻诗则采用寓言托物的手法，借自然物象寄托政治感慨。这两类作品都概括深广，主题集中，形象鲜明，语言晓畅明白。部分《新乐府》还采用“三、三、七”言句式，有民间通俗文艺的痕迹。闲适诗多抒写对归隐田园的宁静生活的向往和洁身自好的志趣。不少诗也宣扬了知足保和、乐天安命的思想。但也有些诗从侧面表现对现实的不满，说明他追求闲适只是无可奈何的解脱。感伤诗以叙事长诗《长恨歌》、《琵琶行》最有名。《长恨歌》歌咏唐玄宗和杨贵妃的婚姻爱情故事，既有“汉皇重色思倾国”的寄讽，更有“此恨绵绵无绝期”的感伤和同情。《琵琶行》则有天涯沦落人的遭际之感，且语言成就突出。此二诗叙事曲折，写情入微，善于铺排烘托，声韵流畅和谐，流传甚广。白氏还有不少赠酬亲朋篇什，情真意切，挚朴动人。但这类诗中较多叹老嗟病，伤往悼亡的伤感色彩及度脱尘嚣的佛家思想。杂律诗在白诗中最多，以一些耐人寻味的抒情山水小诗较有名，采用白描手法，寥寥几笔，生意盎然。另有一些铺陈故实、排比声律的长篇排律和杯光酒影、艳情风月的小诗，也颇为时人效仿。白诗在当时已流传广泛，声名远播，对后世文学影响更大，晚唐皮日休、陆龟蒙、聂夷中、罗隐、杜荀鹤，宋代王禹偁、梅尧臣、苏轼、张耒、陆游及清代吴伟业、黄遵宪等，都受到白诗的启示。后代剧作家也多有据白诗故事进行再创作，如白朴、洪昇据《长恨歌》分别作《梧桐雨》、《长生殿》；马致远、蒋士铨据《琵琶行》分别作《青衫泪》、《四弦秋》。白诗词句，也多为宋、元、明话本所采用。白居易不属韩柳文学团体，但也是新体古文的倡导者和创作者。其《策林》75篇，识见卓著，议论风发，词畅意深，是追踪贾谊《治安策》的政论文；《与元九书》洋洋洒洒，夹叙夹议，是唐代文学批评的重要文献。《草堂记》、《冷泉亭记》、《三游洞序》、《荔枝图序》等文，均文笔简洁，旨趣隽永。为唐代散文中的优秀之作。白居易还是词创作的有力推动者，《忆江南》、《浪淘沙》、《花非花》、《长相思》诸小令，为文人词的发展开拓了道路。

白居易生前曾自编其集《白氏文集》(初名《白氏长庆集》)，收诗文3800多篇，后散乱。今存最早的《白氏文集》是南宋绍兴刻本，收诗文3600多篇（羼入几十篇他人作品）。近人陈寅恪有《元白诗笺证稿》，中华书局1962年出版陈友琴编《古典文学研究资料汇编·白居易卷》。

白驹荣　Bai Jurong (1892～1974-02-13)　中国粤剧演员。工小生。原名陈荣，号少波。广东顺德人。卒于广州。19岁在天演台班学戏，师事郑君可、吴有山。初搭民寿年、汉天乐、华天乐等班演出，后为省港名班国丰年台柱，与小生聪、千里驹齐名。1925年曾应美国三藩市（旧金山）大中华戏院之邀赴美演出。擅唱功，把粤剧小生唱法从假嗓改为真嗓（平喉），创造了〔四门头二王〕、〔八字二王〕板式。嗓音清越明亮，行腔婉转圆润、吞吐跌宕、自然流畅，特别是尾音拖腔一气呵成、回荡悦耳。刻画人物准确细腻，洒脱飘逸，生动传神。代表剧目有《风流天子》、《再生缘》、《泣荆花》、《二堂放子》、《龟山起祸》等。1946年因双目失明辍演。经刻苦锻炼，加以幼功扎实，熟悉锣鼓经，并对舞台部位了如指掌，依靠听觉以及与同台演员的密切配合，终于重登舞台，继续演出达十年之久。1958年后任广东粤剧院艺术总指导，兼任广东粤剧学校校长。

白驹荣双目失明后，在粤剧《二堂放子》中饰刘彦昌

白蜡树　*Fraxinus*; Chinese ash　木犀科白蜡树属植物的统称。落叶乔木，稀灌木。树可放养白蜡虫，故名。又称梣。此属约70种，主要分布于温带，少数产热带。中国产20余种，引进6种，分布最广的是白蜡树。

白蜡树形态

奇数羽状复叶，对生，稀单叶。花两性，单性或杂性；圆锥花序，顶生或腋生，稀簇生。翅果，先端具长翅。种子单生，扁平，长圆形。为喜光树种。宜深厚湿润肥沃土壤，不耐干旱瘠薄。多数种类能耐轻盐碱性土。可用种子、插条、萌芽等法繁殖。

为中国重要经济树种。放养白蜡虫可生产中国传统出口商品虫白蜡。萌条可编筐篮。树皮作中药称作秦皮，有消炎、清热之效。白蜡属其他种材质优良，坚实致密，力学强度大，有弹性，耐水湿，为重要用材树种。

白兰 *Michelia alba*; bailan 木兰科含笑属的一种。又称白兰花。原产印度尼西亚爪哇岛。中国长江流域有栽培。常绿乔木，树皮灰色。单叶，互生，薄革质，长椭圆

形或披针状椭圆形，全缘；叶柄长约2厘米。花单生叶腋，白色，芳香；两性花，辐射对称；花被片10枚以上，披针形，长3～4厘米；雄蕊多数，螺旋排列于柱状花托下部；心皮多数，离生，螺旋排列在柱状花托上部，子房上位，1室；花期4～9月。聚合果疏生蓇葖呈穗状。白兰花洁白清香，叶大浓绿，为著名庭园绿化观赏树种。花可提制浸膏和药用，叶可提取芳香油。

白兰地 brandy 以水果或果汁为原料，经发酵、蒸馏、储存、调配而成的、酒精度为38%～44%（体积分数）的蒸馏酒。白兰地是英文brandy的音译。由于葡萄白兰地的优异品质以及其在世界范围内的产业发展，现在所说的白兰地已特指葡萄白兰地；而使用其他水果制成的，多在名称前冠以制造用水果名，如樱桃白兰地、杏子白兰地、枣子白兰地等，消费量均不大。白兰地适于饭后饮用，也可作为开胃酒，加冰、淡水或矿泉水皆可，还可用于制作多种鸡尾酒。

按生产工艺和原料可分成三类。第一类是以不加任何其他成分的干白葡萄酒为原料，经壶式蒸馏锅两次蒸馏，均取中馏最佳部分放入橡木桶中储存。根据桶的新旧，储存三个月到五年或更长时间。然后用不同桶的酒经感官鉴定进行勾兑，再以水冲淡到38°～43°。根据不同储存年限，酒可分成：☆☆☆（三星）、V.O、V.S.O.P、XO和Extra。在XO和Extra中有使用“拿破仑”或“路易十三”等名称以示其尊贵。这种工艺起自法国科涅克地区。第二类的工艺基本与前类相同，但使用塔式蒸馏，有时使用皮渣或葡萄酒酒脚的蒸馏物。这种工艺的酒多产自法国阿尔马涅克地区，其他国家白兰地也多用这种工艺，酒质逊于上法。第三类用其他水果酒蒸馏而得，或用葡萄白兰地经调配而成，一般酒度为30°～43°，有的含糖量很高（30%～40%）。

《白狼王歌》 *Song of the King White Wolf* 用古代藏缅语族语言写作的最古老的诗歌。又称《白狼歌诗》、《白狼歌》等。据中国《后汉书·西南夷列传》记载，东汉明帝永平年间（公元58～75），益州刺史朱辅大力宣传汉朝政策，对附近的少数民族影响很大。当时，“白狼王唐菆等慕化归义，作诗三章”，歌颂中央政权的统一领导。诗歌由一个叫田恭的官员“译其辞语”，并护送到都城洛阳。全诗共3章44句，每句4字，共176字，每句有相对的汉字译音，句数字数与原文相同。通篇诗歌都有汉文和白狼语的汉字译音。关于《白狼王歌》具体的民族语言归属，曾有藏语、嘉戎语、彝语、纳西语、普米语和西夏语等说法。对它的产生，有人认为先有汉语诗歌，然后再用汉字译注成白狼语，但也有相反看法。这首诗歌对研究藏缅语族的语言和文学有较高的历史价值。

白里安 Briand, Aristide (1862-03-28～1932-03-07) 法国政治家、外交家。生于南特，卒于巴黎。以律师和新闻记者为业。1901年与J.盖德、J.饶勒斯等共建法国社会

党。1905年议会通过《政教分离法》时，白里安为该法案报告人。1906年任国民教育、宗教部部长，并与A.米勒兰等人另组独立社会党。1909年继G.克列蒙梭后出任内阁总理。1910年严厉镇压铁路工人罢工。他先后组阁11次，出任部长15次，支持法国参加第一次世界大战，曾主持战时内阁。战后长期主管外交部，多次代表法国出席重要国际会议。主张对德和解，支持国际联盟，赞成裁军。1925年签订《洛迦诺公约》，采取对德友好方针。1926年获诺贝尔和平奖。1929年起，数次发表备忘录，倡导欧洲联合，呼吁成立“欧洲合众国”。1931年竞选总统失败。1932年初，因病辞去外长职务。

白立忱 Bai Lichen (1941-01～) 中国人民政治协商会议全国委员会副主席。回族。辽宁凌源人。1971年4月加入中国共产党。1960～1964年在沈阳农学院农机系农业机械化专业学习。1964年后任辽宁省营口市农业机械化研究所技术员。1968～1972年下放“五七”干校和农村劳动。1972年后任中共辽宁省营口市委组织部

干事，市人事局副科长，郊区区委副书记、书记，市委副书记、市长。1984年任中共辽宁省盘锦市委书记、辽宁省省长助理。1985年任中共辽宁省委常委、辽宁省副省长。1986年后任中共宁夏回族自治区委员会副书记，自治区人民政府副主席、代主席、主席。1997年任中华全国供销合作总社党组书记。是中共十三至十七届中央委员。1998、2003、2008年当选为全国政协九届、十届、十一届副主席。

白莲教 White Lotus Society 中国民间宗教教派。流行于元明清三代。南宋绍兴三年（1133），江苏吴郡沙门茅子元创立白莲宗，初为佛教一支，教义源于净土宗，崇奉阿弥陀佛（无量寿佛）。该教信徒因“谨葱乳，不杀不饮酒”，被称为白莲菜。到了元代，该教渗入了其他宗教观念，主要是弥勒下生说，逐渐转为崇奉弥勒佛，改称白莲教。

在南宋，由于白莲教在总体上还未脱离正统佛教窠臼，因此还为统治者所容纳。元代，由于教内各阶层人群所处的地位不同，追求目标也就发生了明显的分歧。一派以茅子元正宗流裔自居，在宗教学说及其实践上，继承茅子元的衣钵，政治上和元朝统治者合作；另一派则完全背叛茅子元倡教宗旨，与下层民众运动相契合，走上了反抗元朝政权的道路。元顺帝至正十一年（1351），元朝政府强征民夫堵塞黄河失口，引发了全国规模的白莲教大起义。起义军以“弥勒下生，明王出世”相号召，受到不堪元朝统治的广大民众的积极响应，迅速席卷全国。至正二十八年八月，明军攻入大都（今北京）推翻了元王朝。朱元璋深知白莲教造反的意义，在自诩“大明王”登基称帝后，立即颁布取缔白莲教的禁令。但是，白莲教却并未因此而全然敛迹，经过明前期的南北融合之后，反而出现了暗地流传的盛况。明建国后，白莲教徒起事造反几乎接连不断。清进关入主中原后，白莲教徒往往多以民族利益为重，倡言“日月复来”，举起反清复明的旗帜，从而遭到清廷严刑峻法的禁止。但是，在顺治、康熙、雍正三朝及乾隆初期的一个世纪内，白莲教的反清复明活动，始终没有间断过。

白莲教的经卷繁多，主要有《金锁洪阳大策》、《玄娘圣母经》、《镇国定世三阳历》、《弥勒颂》和《应劫经》等。

白领 white-collar worker 西方社会对企业中以脑力劳动为主、不需做大量体力劳动的工作人员的通称。又称白领阶层。蓝领的对称。源于这些工作人员一般工作条件比较整洁，穿着整齐，衣领洁白。对白领没有公认的划分标准，大致有3种意见：①以从事脑力劳动或体力劳动作为划分标

准，把从事脑力劳动的教师、医生、律师和企业的高级职员等称为白领工人。②按照职业划分，把专业技术人员、经理、销售员、办事员等称为白领工人。③以直接生产或间接生产作为划分标准，把打字员、速记员、文书等称为白领工人。这些人的经济收入和工作条件比较好。在发达的资本主义国家中，白领总数已超过蓝领总数，大约占职工总数的60%～70%。

白领犯罪 white-collar crimes 白领人员所实施的犯罪。又称绅士犯罪、斯文犯罪。与蓝领犯罪相对。美国犯罪学家E.H.萨瑟兰在其1949年出版的《白领犯罪》一书中首先提出的概念。白领犯罪者大多拥有较高的社会和经济地位，通常利用职务进行犯罪，如买空卖空、假报资产负债表、操纵股票市场、贪污、诈骗、诈取、受贿、偷漏个人所得税、出卖经济情报等。美国的白领犯罪非常严重，所造成的经济损失远远超过蓝领犯罪中抢劫、盗窃等侵犯财产罪所造成的经济损失。

白令海 Bering Sea 太平洋最北部边缘海。介于亚洲与北美洲之间，西为俄罗斯西伯利亚东北部，东为美国阿拉斯加，南临阿留申群岛和科曼多尔群岛，北与北冰洋楚科奇海相通。亚洲、北美洲和俄、美两国的分界线以及国际日期变更线通过该海域。1724年7～8月和1741年6月丹麦航海家V.J.白令曾率队两次到此探险，并穿过白令海海峡进入北冰洋，故名。海域轮廓略呈三角形，东西最宽处2 380千米，最窄处宽85千米。南北长1 580多千米，面积231.5万平方千米。平均深度1 640米。东北部较浅，大陆架宽广，水深不足200米；西南部为水深3 700～4 000米的深水海盆，最深可达5 500米。主要海湾，西有阿纳德尔湾，东有诺顿湾和布里斯托尔湾。有阿纳德尔河及育空河注入。夏季北部海域水温5～6℃，南部海域9～10℃。海水盐度30～33。气候严寒，全年少晴朗天气，多风暴和雾，结冰期长达6～7个月。西北部沿岸为半日型潮，其他海域多为非正规半日型潮。布里斯托尔湾最大潮差可达8.3米。由于风急浪高，多雾和有浮冰，航行困难，全年通航期不足3个月（7～9月）。海洋资源丰富，有浮游植物160余种，以硅藻类海藻为主。鱼类300余种，主要有鲑、鲱、鳕、鲽、大比目鱼等。海兽有海豹、海獭、海象、海狮等。北部大陆蕴藏丰富的石油和天然气，海底有金、锡矿。两岸重要港口有普罗维杰尼亚（俄）和诺姆（美）。

冬夜中的白令海海湾

白榴石 leucite 化学组成为$K[AlSi_2O_6]$，晶体属四方晶系的硅酸盐类似长石矿物。成分中的钾可部分被钠和钙所代替。假等轴状晶体，呈完好四角三八面体晶形，实为依高温等轴晶系β-白榴石形成的副像。有时呈立方体和菱形十二面体的聚形晶。白色、带浅黄或淡红的炉灰色。玻璃光泽或暗淡光泽，贝壳状断口显弱油脂光泽。莫氏硬度5.5～6。密度2.40～2.50克/厘米^3。解理极不完全。一般呈自形的斑晶出现于富钾贫硅的喷出岩及浅成岩中。著名产地有意大利的维苏威火山、美国的留沙特希尔。大量聚集时可提炼钾、铝氧化物。白榴石经后期溶液作用，常转变为霞石和钾长石，但仍然保留其外形；受风化，在转变成高岭石等黏土矿物过程中，部分钾会转入溶液，使土壤肥沃。

白龙江 Bailongjiang River 中国长江水系嘉陵江上游支流。甘肃陇南山地第一大河，与秦岭、淮河同为中国地理上重要分界线。古名桓水或垫江。源出甘南高原碌曲县的郎木寺附近，曲折东南流，至文县罐子沟出甘肃境，于四川昭化旧城注入嘉陵江。全长576千米，流域面积3.18万平方千米。平均年径流量93.9亿立方米，5～10月占75%左右。水能资源丰富，利于发展水电，已建成30万千瓦碧口水电站。流域内山岭高耸，河谷深陷，水流湍急，不利航行。山区林草茂密，盛产木材。水土流失轻微。

白龙江（四川省境内）

白鹿洞书院 White Deer Grotto College 中国古代书院。在江西庐山五老峰南麓后屏山之南。唐贞元年间（785～805），李勃与兄李涉在庐山读书，曾养白鹿以自娱，因而得名。北宋初年扩建为白鹿洞书院。宋太宗将国子监印本“九经”颁发给书院，从而名扬海内，成为宋代四大书院之首。至和元年（1054），书院毁于兵火。南宋淳熙六年（1179），朱熹知南康军（今江西星子），重建院宇，并奏请赐额及御书。朱熹在白鹿洞书院办学过程中，自拟《白鹿洞书院教规》、《训学斋规》等，这个学规成为元明清诸朝书院的范本。陆九渊、王守仁等都曾先后在此讲学。朱熹离任后，后人又先后多次扩建书院。自宋至清的七百年间，一直是中国宋、明理学的中心学府。白鹿洞书院于光绪二十九年（1903）停办，洞田归南康府中学堂管理。宣统二年（1910），白鹿洞书院改为江西高等林业学堂。

白吕纳 Brunhes, Jean（1869-10-25～1930-04-25） 法国人文地理学家。生于图卢兹，卒于塞纳河畔布洛涅。曾在巴黎高等师范学校学习。历任瑞士弗里堡大学、巴黎法兰西学院教授。1907年在瑞士洛桑大学开办欧美第一个人文地理学讲座。继承和发展维达尔-白兰士的人文地理学思想，认为人文地理学涉及人类对环境的利用和占有，着重研究人在地表所做的事业，主张人地关系的可能论，认为人对人地关系的形成具有选择的可能和自由。主要著作有《人地学原理》、《历史地理学》、《法国人文地理学》等。

白马非马 a white horse is not a horse 中国先秦辩者提出的一个关于哲学、逻辑的命题。见公孙龙。

白马寺 White Horse Temple 中国最早的佛教寺院。在河南洛阳东面10千米处。相传东汉明帝永平七年（64），遣郎中蔡愔、博士弟子秦景等赴天竺求法。十年，与天竺僧摄摩腾、竺法兰归来后在洛阳建此寺。白马寺一名，或谓因明帝遣使以白马负经

还；或谓有天竺国王毁破佛寺，夜有白马绕塔悲鸣，王即以未坏的招提寺改为白马寺。摄摩腾与竺法兰曾在此译《四十二章经》，为最早之汉译佛典。为中国全国重点文物保护单位。

白马雪山自然保护区 Baimaxueshan Nature Reserve 中国滇金丝猴和高山针叶林自然保护区。1988年列为国家级自然保护区。位于云南省德钦县境内，横断山脉中段、云岭北段主峰白马雪山（又称白芒雪山）和人支雪山的金沙江坡面。面积187 977.1公顷。整个保护区山峰线皆在海拔4 000米以上，超过海拔5 000米的山峰有20座，最高峰白马雪山海拔5 430米，终年白雪皑皑。从峰顶到奔子栏洪积扇缘线相对高差3 480米。具有干湿季明显的特征，降水少而集中，气候随海拔的升高而变化，形成河谷温暖干燥、山地严寒的特点，自然景观垂直带谱十分明显。主要保护对象是高山针叶林和滇金丝猴。金丝猴是中国特有（全世界有4种，中国有3种）的珍稀动物。滇金丝猴终年生活在海拔2 500～4 700米的高山森林里，是典型的树栖动物，肉红色的嘴唇是它们区别于其他金丝猴的显著标志。大致分为13群，总数约1 000～1 500只，是中国一级保护动物。

《白毛女》 *The White-Haired Girl* 根据民间传说改编的歌剧、电影故事片、京剧、舞剧。故事情节起源于晋察冀边区白毛仙姑的民间传说。1945年，延安鲁迅艺术学院据此集体创作出歌剧《白毛女》。中华人民共和国建立后，根据歌剧题材，改写成电影故事片、京剧、舞剧。①歌剧。延安鲁迅艺术学院集体创作。贺敬之、丁毅执笔，马可、张鲁、瞿维、焕之、向隅、陈紫、刘炽等作曲。1945年初作于延安，同年4月为中国共产党第七次全国代表大会演出，受到热烈欢迎，后在解放区各地陆续上演，深受广大人民和八路军官兵的喜爱。剧本情节是地主恶霸黄世仁逼死佃户杨白劳，污辱其女喜儿，喜儿被迫逃入深山成了“白毛女”。八路军来到了该地区，喜儿重见天日。其主题是“旧社会把人变成鬼，新社会把鬼变成人”。采用中国北方民间音乐的曲调，吸收了戏曲音乐及其表现手法，并借鉴西洋歌剧的创作经验，成为中国新歌剧创作中具有里程碑意义的作品。②电影故事片。东北电影制片厂（长春电影制片厂前身）于1950年摄制。由水华、王滨、杨润身根据同名歌剧改编。主要演员有田华、李百万、陈强等。③京剧。马少波、范钧宏于1958年根据歌剧《白毛女》改编。中国京剧院演出。李少春饰杨白劳，杜近芳饰喜儿，叶盛兰饰王大春，袁世海饰黄世仁。为“文化大革命”中八个样板戏之一。④舞剧。1964年上海舞蹈学校根据同名歌剧改编。艺术指导黄佐临，编导胡蓉蓉等。主要演员有顾峡美、蔡国英和凌桂明。后逐渐发展成大型舞剧。1965年首演。为芭蕾舞和民族舞结合的典范。

白茅 *Imperata cylindrica* var. *major*; cogon grass 禾本科白茅属的一个变种。多年生草本植物。俗称茅草。是常见的杂草。广泛分布于热带至温带地区，中国普遍发生。株高25～80厘米。须根。茎节上有长柔毛，叶片主脉明显，叶鞘边缘与鞘口有纤毛。圆锥花序分枝紧密，小穗基部密生银丝状长柔毛。适应性强，耐阴、耐瘠薄、耐干旱，喜湿润疏松土壤。全草可作牧草和造纸原料，还可用以固沙；嫩穗俗称茅针，可生食；根状茎名茅根，可制糖或酿酒，亦可入药。对茶园、桑园、果园、橡胶园和苗圃等有害，在这些地方要加以防除。

白茅形态

白描 pai-miao painting 中国画表现技法的一种。完全用线条表现物象的画法。有单勾和复勾两种。以线一次勾成为单勾，有用一色墨，亦有根据不同对象用浓淡两种墨勾成。复勾则先以淡墨勾成，再根据情况复勾部分或全部，线条并非依原路刻板复迭一次，目的是为加重质感和浓淡变化，使物象更具神采。复勾线必须流畅自然，否则易呆板。物象之形、神、光、色、体积、质感等均以线条表现，难度很大。因取舍力求单纯，对虚实、疏密关系刻意对比，故而白描有朴素简洁、概括明确的特点。中国古代有许多白描大师，如顾恺之、李公麟等。

李公麟作《五马图》(局部，台北“故宫博物院”藏)

白内障 cataract 眼晶状体的部分或全部混浊的病理现象。因晶状体混浊的部位和混浊的程度不同，对视力的影响亦异。分先天性和后天性。先天性白内障多在出生前后即已存在，小部分在出生后逐渐形成，多为遗传性疾病，有内生性与外生性两类，内生性者与胎儿发育障碍有关，外生性者是母体或胎儿的全身病变对晶状体造成损害所致。先天性白内障分为前极白内障、后极白内障、绕核性白内障及全白内障。前两者无需治疗，后两者需行手术治疗。后天性白内障是出生后因全身疾病或局部眼病、营养代谢异常、中毒、变性及外伤等原因所致的晶状体混浊。又分为6种：①老年性白内障。最常见。多见于40岁以上者，且发病率随年龄增长而增高，病因与老年人代谢缓慢发生退行性病变有关，或认为与日光长期照射、内分泌紊乱、代谢障碍等因素有关。根据初发混浊的位置可分为核性与皮质性两大类，视力障碍与混浊所在的部位及密度有关，后皮质及核混浊较早地影响视力，治疗以手术为主，术后可配戴接触眼镜，也可手术同时行人工晶状体植入术。②并发性白内障（并发于其他眼病）。③外伤性白内障。④代谢性白内障（因内分泌功能不全所致，如糖尿病性白内障）。⑤放射性白内障（与X射线、β射线、γ射线等有关）。⑥药物及中毒性白内障。

白皮书 white book 一国政府或议会公开发表的以白色封皮装订成册的正式官方文件或报告书。其内容为阐述某一重要事件的实际情况、历史渊源、背景资料，或就某一事件表明立场、观点和主张。各国根据习惯而使用不同颜色的封皮，如果封面是白色，就称白皮书。使用白皮书的国家主要有美国、英国、法国、葡萄牙、日本、巴基斯坦、越南、埃及、匈牙利、德国、波兰、捷克、斯洛伐克等。白皮书往往成为这些国家官方文件的代号。

白皮松 *Pinus bungeana*; lacebark pine 裸子植物门松科松属的一种。又称白松。常绿乔木。中国特有种，分布于山西、河北等广大地区。树高可达30米。树皮片状脱落，露出白色内皮。叶三针一束。球果圆锥状卵形，种子有短翅。喜光、喜湿润山坡。木材纹理直，轻软，加工后有光泽和花纹，供细木工用。树姿优美，树皮奇特，可供观赏。

白朴 Bai Pu（1226～1306后） 中国元代戏曲作家，词人。字太素，号兰谷。初名恒，字仁甫。隩州（今山西河曲）人，客居真定（今河北正定）。父白华为金枢密院判官。白朴幼年蒙古军攻占南京（今开封），父母离散，曾由元好问照料。蒙古灭金后，白朴终生不仕。后移居金陵（今江苏南京），与诸遗老诗酒往还。作杂剧16种，今存《唐明皇秋夜梧桐雨》、《裴少俊墙头马上》、《董月英花月东墙记》3种，而以《梧桐雨》为代表作。《梧桐雨》取材于唐代陈鸿《长恨歌传》，以李隆基、杨玉环二人爱情为主线，反映了安史之乱这一重大历史事件。对李、杨二人既有同情又有批判，主题思想较复杂，艺术表现亦较成功，对清代洪昇的传奇戏曲《长生殿》有重大影响。白朴也是元代有成就的散曲作家之一，他的散曲大多是叹世、咏景和闺怨之作，曲词秀丽清新，有些小令颇有民歌特点。白朴的词流传至今100余首，大多为怀古、闲适、咏物与应酬之作，豪放婉约兼而有之，不少怀古之作，寄托了故国之思。今存《天籁集》词2卷。散曲存小令37首，套曲4首，今人隋树森《全元散曲》收录。

白沙宋墓 Baisha Song Dynasty Tombs 中国北宋末赵大翁及其家属的三座墓。位于河南禹州白沙镇北。1951年发掘。均为夫妻合葬墓。赵大翁墓为砖筑仿木建筑结构双室墓，前室扁方形，后室六角形，中间有过道，全长7.26米。墓门正面是仿木建筑门楼，上砌斗栱、檐椽和瓦脊。墓内各壁亦砌出柱和斗栱。仿木建筑上有彩画，墓室四壁绘彩色壁画。甬道两壁画侍者。前室墓门两侧画护卫，东壁画女乐11人，

夫妻对坐宴饮图

西壁雕画墓主人夫妇对坐宴饮。后室墓壁砌妇女启门状、破子棂窗，画对镜着冠的妇人和男女婢仆，表现墓主人内宅生活情景。此墓内随葬品很少，有元符二年（1099）朱书砖买地券。另两墓并列于赵大翁墓北，墓室结构、壁画题材、随葬品状况似赵大翁墓。年代约在徽宗时期，较赵大翁墓稍晚。这种仿木建筑的雕砖壁画墓流行于北宋末年中原和北方地区，白沙宋墓是其中保存较好、结构最复杂、内容最丰富的一组。

白沙瓦 Peshāwar 巴基斯坦西北边境省首府。人口约80万。位于喀布尔河支流巴拉河畔，西距开伯尔山口16千米，素为南亚次大陆进出西亚、中亚的陆上交通要冲。公元前2世纪遭巴克特利亚（大夏）人占领。公元1世纪，为犍陀罗王国都城和文化发祥地。988年，被穆斯林占领。城市几经兴衰变迁。1849年为英国侵占。1867年设市。中国古代高僧法显、宋云、玄奘等，均曾远履此间。市区由老城和旧日兵营逐渐扩展而成，居民多帕坦（普什图）人，城市布局与建筑有浓厚的普什图文化特征。工商业称盛，主要工业有纺织、制糖、水果罐头、制鞋和地毯等；陶瓷、刺绣、铜器、象牙制品等手工业亦著名。与全国主要城市均有铁路、公路和空中交通联系，并以国际公路西经开伯尔山口，通连阿富汗首都喀布尔。有白沙瓦大学（1950）、农学院和农业研究所、中央森林研究所、兽医研究所等。历史古迹以锡克城堡、默罕伯特汗清真寺、卡特里佛庙、白沙瓦博物馆以及位于城东的南亚次大陆最大的佛塔（建于前2世纪）遗址等最为著名。

默罕伯特汗清真寺

白山市 Baishan City 中国吉林省辖地级市。位于省境东南部长白山西侧。辖江源区、八道江区、临江市以及靖宇县、抚松县和长白朝鲜族自治县。面积17 485平方千米。人口130万（2010），有汉、朝鲜、回、满等20个民族。清光绪二十八年（1902）析通化县置临江县。1960年撤销临江县，设置浑江市。1994年浑江市更名为白山市，以长白山得名。河流有鸭绿江、松花江、浑江等。有矿泉、温泉200多处。水资源丰富，人均占有量为全国人均的2.7倍。是吉林省最寒冷地区，年平均气温4.6℃。有煤、铁、石英砂、硅石、滑石、硅藻土、膨润土、石膏、铅、锌、铜、镁等矿藏100多种。其中硅藻土产品远销亚太地区。农产品主要有玉米、水稻、大豆等。有林地11 761平方千米，森林覆盖率78%，有“立体资源宝库”、“长白林海”、“人参之乡”之美称。有人参、灵芝等药用植物900多种，绿色食用植物黑木耳、山芹菜等200多种，经济植物以野山参、园参最为著名，是全国人参种植、加工、销售集散地。工业有采矿、机械、建材、造纸、塑料、制药、纺织、木器家具、绿色食品。名胜古迹有长白山天池、三道沟云峰水库、珍珠门游览区、六道江溶洞、抚松仙人洞、绵江大峡谷、长白灵光塔等，纪念地有抗日将领杨靖宇殉国地和纪念馆。

白蛇传说 White Snake, the legend of 中国民间传说。主要述说蛇仙白娘子与人间青年许仙的爱情悲剧，是一则带有神话色彩的传说。修炼成仙的白蛇羡慕人间生活，变作美女白娘子，通过游杭州西湖、使雨、借伞等有意安排的事件，与自己爱慕的男子许仙相见、相爱、成婚。婚后夫妻在镇江开药店为生，生活美满。与白蛇有仇的蛤蟆精变作法海和尚，唆使许仙让白娘子在端午饮下雄黄酒，现出原形。许仙吓死。白娘子与青蛇所变的侍女小青盗得仙草救活许仙。法海又将许仙骗至金山寺，使夫妻分离。白娘子与小青水漫金山大战法海，但白娘子终因有孕在身未能取胜，回到杭州。在西湖断桥白娘子与从金山寺逃出的许仙相遇，夫妻团圆，并获贵子。法

海再度破坏，将白娘子镇于杭州西山的雷峰塔下。一说修炼后的小青毁塔救出白娘子，并一起打败法海，将他定在螃蟹的肚脐里，永远不能逃出；一说是白娘子的儿子中了状元救出母亲。传说最初可能起源于民间发现巨蟒的传闻，并在一定程度上受到唐传奇《白蛇记》的影响。传说雏形可追溯到宋代，随着传说自身的发展变化及与说唱、话本、小说、宝卷、戏曲不断相互影响，有多种异文和表演形式。

《白蛇传》 *The White Snake* 中国戏曲作品。故事源于在民间广为流传的白蛇传说。

《白石道人诗说》 中国宋代诗歌理论著作。见姜夔。

白寿彝 Bai Shouyi (1909-02-19～2000-03-21) 中国历史学家。河南开封人。回族。生于开封，卒于北京。1929年考入北平燕京大学国学研究所，攻读中国哲学史。

1949年7月，同郭沫若、范文澜等创办了新中国史学会，并于同年受聘于北京师范大学，任历史系教授。中华人民共和国建立后，被聘为中国科学院专门委员，与侯外庐等筹建中国科学院历史研究二所并兼任研究员。同时创办了《光明日报》的《历史教学》半月刊，与刘大年等发起创办了《历史研究》杂志。1971年起，主持"二十四史"的点校工作。改革开放后，先后担任北京师范大学学术委员会主任、校务委员会顾问、历史系教授、《北京师范大学学报》主编、《史学史研究》主编等职，创建了北京师范大学史学研究所和古籍研究所。一生著述颇丰，学术研究涉及中国交通史、中国伊斯兰教史、中国民族史、中国思想史、中国史学史、中国通史和史学理论，尤其重视中国通史和中国史学史的研究。他编著的《中国通史纲要》、《史学概论》、《中国史学史》、《中国交通史》、《回族人物志》等在学术界产生很大影响。1999年，由他总主编的《中国通史》12卷22册全部出版，对中国通史的研究作出了重大贡献。

白淑湘 Bai Shuxiang (1939-11-28～　) 中国芭蕾舞表演艺术家。辽宁新宾人。曾成功首演《天鹅湖》中的白天鹅奥杰塔与《红色娘子军》中琼花的角色。主演过《海侠》、《吉赛尔》、《巴黎圣母院》、《泪泉》和《希尔维娅》等多部古典舞剧，在《沂蒙颂》、《草原儿女》、《杜鹃山》、《骄阳》等现代芭蕾中塑造过众多艺术形象。她的表演技术规范，情感真挚，风格明快，富有感染力。曾任中央芭蕾舞团副团长、中国文学艺术界联合会副主席、中国舞蹈家协会主席、中俄友好协会副会长等职。

白苏 *Perilla frutescens*; common perilla 唇形科紫苏属的一种。一年生草本植物。又称荏。原产中国，分布东北各省，以及河北、山西、江苏等地。株高约1米。茎方形有沟，多分枝。叶卵圆形，先端尖，背面有腺点。茎叶绿色。其变种紫苏茎叶紫色，总状花序顶生或侧生，9～10月开白花，小坚果圆形，俗称苏子，黄褐色，有网纹（见图）。

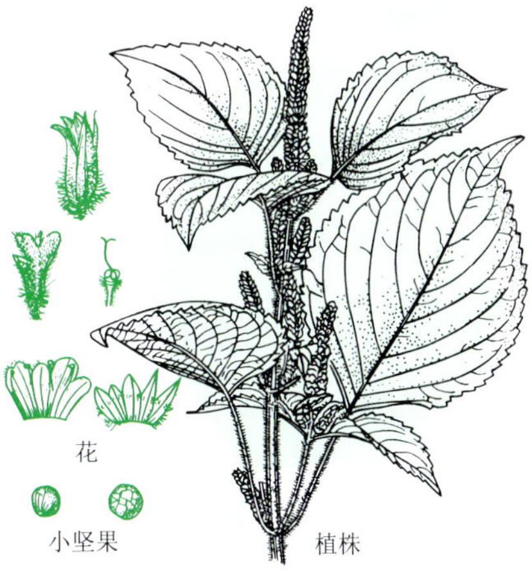

白苏形态

性喜温暖向阳，适栽于疏松肥沃土壤。4月下旬播种，8～9月收获茎叶，10月后采种。种子可榨油，含油率30%～51%，油含饱和脂肪酸、油酸和亚麻酸等，属快干性油，工业上用作涂料。叶可提取芳香油。嫩叶、幼花也可供食用。中医学上称紫苏和白苏茎为苏梗，用于治疗感冒风寒，食积气滞；紫苏种子可治咳逆、痰喘等症。白苏种子还可作鸟类的饲料。

白陶 white pottery 中国古代陶器品种。以白色黏土为胎烧成，器表呈色白中泛黄的陶器。新石器时代晚期已经出现，在大溪文化汤家岗遗址中，出土了已知最早的白陶。在以后的大汶口文化和山东龙山文化中数量增多。商代中晚期较流行，西周以后绝迹。商代白陶分粗细两种：前者器形欠周正，制作较粗糙，基本出土在小型墓中；后者则精致考究，多出土于河南安阳殷墟大中型墓葬中。以卣、壶、罍、觯、盉等器形较常见。精美的商代白陶造型规整周正、装饰繁缛清晰，风格往往与同时期的青铜礼器相同。

白陶云雷纹豆（商）

白铜 cupronickel 以镍为主要合金元素的铜合金。因多数为银白色而得名。典型的简单白铜是含镍分别为10%和30%的镍铜合金，中国牌号为B10和B30。上述两种合金具有优良的耐蚀性，尤其抗海洋环境腐蚀，常用于制造船舶构件、阀门和泵体各种配件、冷凝器管道，石油化工中非常耐腐蚀的各种容器、管道和构件。其耐海水腐蚀性、强度、可焊性等综合性能均优于不锈钢。

除镍外，添加少量其他元素的目的是起精炼合金的作用，以保证白铜品质。在铜镍合金基础上添加锌而构成锌白铜，其色泽更接近白银，俗称镍银，又称德银。锌白铜具有优美的银白色外观，良好的抗变色性、成型性和焊接性，多用于具有装饰效果的生活与建筑用品，如餐具、眼镜框架、服饰、乐器、门牌、手机及小型通信设备的簧片。弹簧元件、耐蚀构件和精密机械零件等用的锌白铜量较大。

锰白铜是在铜镍基础上添加适量的锰组成的合金。有两种牌号已成为广泛应用的精密电阻合金：①康铜。标定成分为镍40%、锰1.5%，其余为铜。用于交流精密电阻、滑动电阻、电阻应变片、调节变压器、热电偶和热电偶补偿导线等。②锰白铜。标定成分为锰12%、镍3%，其余为铜。用于精密标准电阻、电阻元件、分流器电阻、电表附加电阻等。

白头蝰 *Azemiops feae* 蛇亚目蝰科白头蝰亚科唯一种。分布于中国、缅甸和越南

北部。管牙类毒蛇。一般长500毫米左右，最长可达770毫米。管牙短小，无颊窝。头部与颈背白色，有淡褐色斑纹。躯干圆柱形，背面呈黑褐色，有朱红色横斑，成对横斑交错排列，或在背中线相遇联合成一完整的横纹横跨于背部。背两侧横斑数相等或略有出入，腹鳞橄榄色，散以小白点。头背有典型的9枚大鳞，是蝰科背鳞行数最少的一种。栖息于海拔100～160米的丘陵山地，常发现于路边、稻田、草堆，也在住宅附近活动。3月上旬至11月下旬在外活动。晨昏活动类型。以小型啮齿动物或食虫目动物为食。人被咬伤后，除周部剧痛、肿胀、少量出血外，还会出现头昏、眼花、视力模糊、眼睑下垂、吞咽困难等神经中毒症状。在研究管牙类毒蛇的起源与演化上占有重要地位。

白头山 Baitou Mountain 长白山主峰。山顶多白色浮石和积雪，因此得名。

白头山天池 Baitou Mountain Tianchi Lake 长白山主峰白头山顶的火山口湖泊。见**长白山天池**。

白尾鹿 *Odocoileus virginianus*; white-tail deer/Virginian deer 鹿科美洲鹿亚科的一种。主要分布于加拿大南部、美国大部和南美洲北部，共有38个亚种。因奔跑时尾翘起，尾底显露白色得名。体长1.83～1.98米，肩高0.92米，尾长约10～28厘米；耳小；角的背枝简单；蹠腺小，长仅约3厘米，腺周围有白毛。每年11～12月交配，一雄多雌，妊娠期196～210天，每窝产仔1、2只（多时3、4只）。幼鹿随母鹿生活1～2年，8个月性成熟。善游泳，能游过6～14千米的水域。有季节性迁徙习性。不喜结群。当大雪或食物缺乏时，在适宜栖息和食物丰富处聚集4、5只。以草、灌木、嫩枝、菌类、坚果、苔藓为食。

白钨矿 scheelite 化学成分为$CaWO_4$，晶体属四方晶系的钨酸盐矿物。又称钨酸钙矿，旧名钙钨矿。成分中的钨可被钼所置换，部分钙可被铜、铅、锌、铌、钽、铁、稀土元素代替。含$WO_3$80.6%，是提取钨的最主要矿物原料。晶体为假八面体形的四方双锥状。集合体多呈块状或粒状。颜色较浅，常呈乳白、灰白、灰黄或浅褐色。含铜白钨矿呈绿色，含钼白钨矿呈褐黄色。条痕白色。晶面为玻璃光泽至金刚光泽，断口呈油脂光泽或脂肪光泽。三组中等解理。莫氏硬度4.5～5.0。密度高达6.1克/厘米^3。在紫外线照射下发浅蓝色荧光；随着钼含量的增高，由蓝色荧光变成黄色。白钨矿化学稳定性比黑钨矿差些，可用盐酸和硝酸直接分解。在酸性地表水作用下，易被溶解、淋失或形成钨华、水钨华等次生矿物。是自然界分布最广的一种钨矿物。主要产于花岗岩与石灰岩接触带的**夕卡岩**中，其次是石英脉型和斑岩型。中国湖南郴州瑶岗仙和柿竹园、江西阳储岭和西华山都是中外闻名的白钨矿产地。

白钨矿与水晶（下）共生

白细胞 leucocyte 人体和动物**血液**及组织中的无色细胞。又称白血球。有细胞核，能做变形运动。白细胞一般有活跃的移动能力。因此，白细胞除存在于血液和淋巴中外，也广泛存在于血管、淋巴管以外的组织中。白细胞能吞噬异物产生抗体，在机体损伤治愈、抗御病原的入侵和对疾病的免疫方面起着重要的作用。

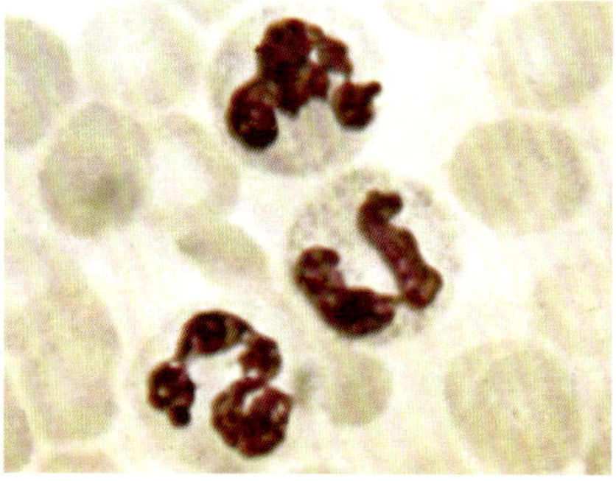

白细胞形态

白细胞依细胞质内有无颗粒，分为粒细胞与无粒细胞两大类。粒细胞依其颗粒染色特征不同又分为中性粒细胞、嗜酸性粒细胞和嗜碱性粒细胞。无粒细胞又分为单核细胞和淋巴细胞。淋巴细胞依其功能又分为若干种。成年人白细胞数为每立方毫米5 000～9 000，其中中性粒细胞占50%～70%，嗜酸性粒细胞占1%～4%，嗜碱性粒细胞占0.5%～1%，单核细胞占3%～8%，淋巴细胞占20%～30%。幼儿血液中白细胞数高于成年人。不同生理状态（如妊娠期）会引起白细胞数量的变化。有炎症时，血中的白细胞数明显增加。

白先勇 Bai Xianyong (1937-07-11～) 中国台湾小说家。广西桂林人。1949年赴香港。1952年去台湾，1956年考入成功大学水利系，翌年改入台湾大学外文系。1958年在《文学杂志》第一次发表小说《金大奶奶》。1960年与同学创办《现代文学》，其经典作品《台北人》、《纽约客》等小说就发表于该刊。1963～1965年在美国艾奥瓦大学作家工作室留学，获硕士学位，随即前往美国加州大学圣巴巴拉分校任教，1973年获终身教职。1977年开始在复刊的《现代文学》上连载长篇小说《孽子》。此后，《金大班的最后一夜》、《玉卿嫂》、《孤恋花》、《孽子》等作品陆续被改编为影视剧等。

白先勇醉心于研究中国传统文学艺术，也以开放的心态接纳西方现代思潮。他的小说融传统叙事艺术与西方现代技巧为一体，善于将人物命运的沉浮兴衰和感时伤世的情怀交织在一起，技巧纯熟，笔法细腻，敏锐的艺术感觉和深厚的历史感是其小说的重要特色。主要小说集有《谪仙记》、《游园惊梦》、《台北人》、《寂寞的十七岁》、《孽子》和散文集《蓦然回首》、《明星咖啡馆》、《第六只手指》、《树犹如此》、《昔我往矣》等。

白行简 Bai Xingjian (776～826) 中国唐代文学家。字知退。华州下邽（今陕西渭南东北）人，**白居易**之弟。元和二年（807）进士，授秘书省校书郎，累迁司门员外郎，主客郎中，又曾任度支郎中，膳部郎中等职。著有文集10卷，文辞简易，有其兄风格。辞赋尤称精密，文士皆师法之。白行简以传奇著称。代表作《李娃传》(又名《汧国夫人传》)。写荥阳大族郑生热恋长安娼女李娃，屡经波折，几经丧生，终获美好结局（见**太平广记**）。《李娃传》故事情节波澜起伏，引人入胜。对李娃、郑生的描写恰如其分，人物形象较有个性；对某些具体场景的描绘也颇为细致逼真，表现了唐代传奇创作中写实手法的高度成就。白行简还撰有《三梦记》，三事皆篇幅短小，文辞简质，而情节颇为离奇。《聊斋志异》中《凤阳士人》一篇，即受其影响。

白血病 leukemia 一类常见的造血系统恶性疾病。特点为白细胞及其幼稚细胞在骨髓或其他造血组织中弥漫性地异常增生，进而浸润人体组织器官，产生各种症状。白细胞有量和质的变化。

类型 按病程缓急分为急性和慢性两类。急性者多见于儿童和青少年，起病急，进展快，病程短，若不及时治疗，患者可在数月至半年内死亡。慢性者多见于中老年，进展慢，病程在3～4年。按白血病细胞形态分类，有急、慢性髓细胞白血病，急、慢性淋巴细胞白血病，急、慢性粒单细胞白血病，急、慢性单核细胞白血病，浆细胞、嗜酸细胞、嗜碱细胞及毛细胞白血病等。还有一些不典型的白血病，如逍遥型白血病和骨髓异常增生综合征转化成的白血病。

诊断与分型 1976年法国、美国、英国协作组从形态学出发，提出急性白血病的诊断与分型法：急性淋巴细胞白血病(ALL)分为L_1、L_2、L_3三型。L_1以小细胞为主；L_2以大细胞为主；L_3以大细胞为主且胞浆蓝染，空泡明显呈蜂窝状。急性髓细胞白血病(AML)分为M_1至M_7七个亚型。此外还有细胞化学、免疫学、细胞遗传学相结合的分型(MIC分型)；从生物化学以及免疫球蛋白基因重组等出发的分型方法等。

临床表现 各型有所不同。

急性白血病 最常见的症状为贫血、出血和感染。发病后血红蛋白迅速下降，同时出现苍白、心悸、嗜睡、气短等症状。自发性的牙龈出血或鼻衄、皮肤紫绀斑和出血点、脑出血，以及妇女月经过多；M_3型患者还可有多脏器的广泛出血；发病早期，有发热，口腔、咽、呼吸道软组织和肛周的感染。感染源常是自身内源性肠道的细菌或环境中的细菌，还可能有病毒和霉菌感染；白血病细胞在脏器浸润，表现轻至中度的肝、脾、淋巴结肿大，胸骨压痛，骨骼痛，在ALL多见；眼眶或其他骨骼软组织部分可出现包块（绿色瘤），多见于M_1和M_5型。牙龈肿胀和增生，多见于M_4、M_5型。脑膜浸润或脑实质浸润的中枢神经系统白血病，多见于ALL，表现为头痛、喷射样呕吐、视力模糊及复视，眼底检查有视乳头水肿。男孩患ALL易发现纵隔肿块及睾丸浸润。成人患T细胞白血病(ATLL)可有周身淋巴结肿大。

慢性粒细胞白血病 血红蛋白可减少到80～100克/升，白细胞可增高达数万，血小板增多。血涂片可见各个阶段的粒系统细胞，嗜酸、嗜碱细胞增多。骨髓中90%以上可发现ph^1染色体，可见9号和22号染色体长臂的易位。中性分叶核粒细胞碱性磷酸酶染色阳性率降低到近于零。

常见的慢粒急变有原淋变和原粒变；原始细胞危象和骨髓纤维化。患者先出现无原因的高热、骨痛、贫血加重，血小板减少或增多，脾迅速增大，血液及骨髓中原始细胞增多。当骨髓中原始细胞超过30%时即可诊断。

慢性淋巴细胞白血病 为B细胞恶性疾病，T细胞只占1%～5%，淋巴结及肝、脾肿大突出，有时可见泪腺、颌下腺、唾液腺及多种腺体的肿大（米库利奇氏综合征）。按淋巴结、肝、脾侵犯区域多少将本病分期。头颈部包括鼻咽部、两腋、脾、肝各为一个区域。按病变侵犯区域和血象变化分为A、B、C三期。实验室检查，白细胞可高达数万，淋巴细胞的绝对值大于5×10^9个/升，骨髓中成熟淋巴细胞占40%以上。

毛细胞白血病 属B细胞白血病，少见，占成人白血病的2%。有巨脾，肝可以轻度或中度肿大，而周身淋巴结并不大。实验室检查可见全血细胞减少。血涂片可见到细胞边缘不规整；相差显微镜下可见活细胞边缘有长毛状突起。在电镜下观察，其特征更明显。

治疗 化学治疗和骨髓移植。

化学治疗 多用3种或3种以上的药物组合应用于急性白血病。分3个阶段进行，第一阶段是诱导缓解，即开始用药至完全缓解，以后为巩固阶段，用原方案巩固1～2个疗程；然后进入维持治疗阶段，此时可采用几种化疗药物单一序贯治疗，然后再用联合化疗定期强化，逐渐延长强化期。如期循环持续2～3年。

骨髓移植 急性白血病的年轻患者，若有人类白细胞抗原(HLA)相匹配的兄弟姐妹供髓者，年龄小于45岁，经联合治疗第一次完全缓解后，可做异基因骨髓移植；若无HLA匹配的供髓者，可行自体骨髓移植，此时年龄可放宽至60岁。

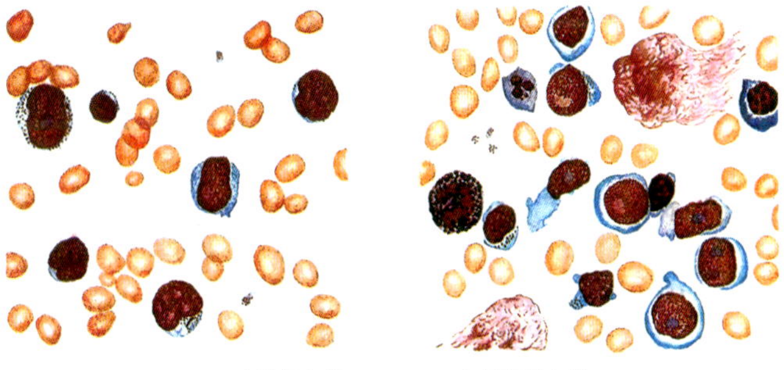

急性粒细胞　　急性淋巴细胞

白血病细胞形态

白鲟

白鲟 *Psephurus gladius*; Chinese paddle-fish 鲟形目匙吻鲟科白鲟属的一种。因体色较浅而得名。又称象鼻鱼、琴鱼、朝剑鱼，古名鲔。分布于长江干流，黄海、东海沿岸亦有发现，古时达汾渭盆地。体长梭形。吻长剑状，前端狭而平扁，基部肥厚。体无骨板状大硬鳞；仅在尾鳍上缘有一列棘状鳞，背部浅紫灰色、腹部及各鳍略呈白粉色。为半洄河洄游性鱼类。栖息于长江干流，偶进入沿江大型湖泊。怀卵量可达20万，产卵场在长江上游的宜宾一带。最重可达500千克以上，但一般在100千克以上。以鱼类为食。白鲟是中国特有的大型经济鱼类，被列为珍贵保护动物。与分布于北美密西西比河流域的匙吻鲟为本科仅存的2种。该科鱼类在鱼类起源、演化与地理分布上，有重要学术价值。

白亚帖

白亚帖 Bayātī, ʻAbdu al-Wahāb al-（1926～1999-08-03） 伊拉克诗人。生于巴格达。1950年毕业于高等师范学院。曾当过教师、驻外文化参赞，并在新闻部门、宣传部任过职。因参加反帝斗争几次流亡国外。他的诗歌经历了从浪漫主义到现实主义的过渡，具有进步的思想内容，简洁明快，富于联想。有诗集《天使和魔鬼》、《流亡诗集》、《东方诗稿》，文论《我的诗歌实践》，散文集《男人、城市和迷途》等。

白羊村遗址

白羊村遗址 Baiyangcun 中国新石器时代遗址。位于云南宾川白羊村。1973～1974年发掘。年代约为公元前2190～前1930年。遗址中出土房址11座，均为长方形木柱泥墙地面小型建筑。出土石刀、石镰等收割工具，以及残存灰白色粮食粉末和稻壳稻秆痕迹的窖穴，反映出聚落先民以从事稻作农业为主。出土狗、猪、牛、羊的骨骼，可能属于家畜。陶器以夹砂圜底釜居多，纹饰以点线纹、篦齿纹为特色。墓葬34座，有竖穴土坑墓和瓮棺葬，均无随葬品。其中近半数死者无头，可能与猎头习俗或战争有关。此遗址是云贵高原较早的稻作农业聚落遗存，代表了滇西洱海地区的一种新石器文化类型。

白羊王朝

白羊王朝 White Sheep Dynasty; Ak Koyunlu Dynasty 土库曼游牧部落在伊朗建立的封建王朝。1378～1502年统治阿塞拜疆、亚美尼亚和伊拉克北部一带。因以白羊为标志，故名。建立者是卡拉·奥斯曼(1378～1435年在位)。1402年，卡拉·奥斯曼参加帖木儿的安卡拉战役，帖木儿将迪亚贝克尔整个地区赐给他作为封土，但因黑羊王朝强大，使他不能进一步扩张。其孙乌尊·哈桑统治时期(1466～1478)，国势大盛。1467年打败黑羊王朝的统治者杰汗沙。1468年大败帖木儿朝阿布·赛义德，占领巴格达，扩张领土南至波斯湾，东抵赫拉特。1473年乌尊·哈桑在泰尔詹为奥斯曼土耳其人所败。乌尊·哈桑及其子雅古布(1478～1490年在位)统治时，白羊王朝在国际事务中起相当作用。雅古布死后，子侄辈争权分裂。1502年，萨非王朝的伊斯梅尔大败白羊王朝的艾勒旺德于纳希切万附近之沙路尔。翌年，白羊王朝的最后一个苏丹雅古布之子穆拉德又被伊斯梅尔击败，于1508年逃往迪亚贝克尔和土耳其，王朝遂亡。

白杨 Bai Yang（1920-04-22～1996-09-18） 中国电影、话剧演员。原名杨成芳。原籍湖南湘阴，生于北京，卒于上海。1931年考入联华影业公司北平分厂的演员养成所，曾参加影片《故宫新怨》的演出。1935年，演出《回春之曲》、《黎明之前》等话剧。1936年加入明星影片公司，主演《十字街头》等影片。1937年与陈白尘等人组成影人剧团，演出抗日话剧。抗日战争时期，主演《中华儿女》、《长空万里》、《青年中国》三部影片和《日出》、《天国春秋》、《复活》等话剧。抗日战争胜利后，主演了《八千里路云和月》、《一江春水向东流》等影片。1949年后，在上海电影制片厂先后主演了《为了和平》、《祝福》、《春满人间》、《金玉姬》等影片，其中《祝福》获第10届卡罗维发利国际电影节特别奖。出版有《电影表演探索》和诗文集《落入满天霞》。

白洋淀 Baiyangdian Lake 中国大清河重要缓洪滞沥的天然洼淀。旧称白阳淀，又称西淀。大部分在河北省安新县，余在高阳县、任丘市、雄县等境内。由白洋淀、藻苲淀、马棚淀等143个淀泊组成。总面积366平方千米，水面面积近300平方千米，为海河平原上最大湖泊。汇集大清河南支中游，由枣林庄枢纽控制下泄，穿北大港入海。盛产鲤鱼、鲫鱼及青虾、河蟹等。水生植物以苇、菱、莲、藕著称。抗日战争时期水上游击队——雁翎队的故事脍炙人口。20世纪80年代初期曾一度干枯。1988年重新蓄水。90年代以来，已发展成为集旅游、度假、疗养、康乐、商贸和科技于一体的旅游胜地。

白洋淀风光

白蚁 termite 等翅目昆虫的统称。中国古代称螱、飞蚁等。包括木白蚁、草白蚁、鼻白蚁、白蚁、澳白蚁、齿白蚁等科。全世界均有分布，而以非洲分布密度最大，种类最多。中国有前4科。白蚁的为害是多方面的，涉及农、林、水利、交通、电信、化工、商品及房屋建筑、生态环境等诸多方面，其严重性和破坏性一直是世界各国关注和试图解决的问题。在热带和亚热带地区为害尤为严重。

形态特征 体躯分头、胸、腹三部分，头部有口器和触角、复眼、单眼各一对，额部有一开口的构造——囟；胸部有足三对和翅两对；腹部由10节组成，大部分腹节的附肢已消失，仅末端数节已转化成外生殖器和尾须。工蚁和兵蚁长几毫米到十多毫米，长翅蚁长10～30毫米。卵、幼蚁和大多数工蚁体呈白色或淡黄色，工蚁、兵蚁为雌雄两性个体。蚁后生殖腺发达，腹部特别肥大，长度达60～70毫米以上。蚁王体形少变化。幼蚁的外形和工蚁相似。有翅蚁的头部两侧有复眼一对，在复眼的背前方大多有单眼一对，有的种类则复眼很小或不发达。触角一对生于头部的两侧。

种类 截至2000年，全世界有141属3 000种左右，中国已发现45属400余种。在中国为害最严重的是鼻白蚁科的乳白蚁属和散白蚁属，木白蚁科的堆砂白蚁属，白蚁科的土白蚁属、大白蚁属和象白蚁属等。前三个属危害建筑物，后三个属是江河、水库堤坝和农林作物的大敌。主要种类有台湾乳白蚁、黄胸散白蚁、黑胸散白蚁、黑翅土白蚁、黄翅大白蚁、土垅大白蚁、铲头堆砂白蚁、截头堆砂白蚁、山林原白蚁、小象白蚁。

生活习性 白蚁经过繁殖、发育、分化，形成具有众多个体和一定分工，并共同生活在一个蚁巢中的家族，通称蚁群。一般每一蚁群仅有生殖蚁一对，在其死后，该蚁群的生殖任务常被补充生殖蚁所代替。成年蚁群在一定时期进行分殖，通称分群，由此创建新的蚁群。一个家族中可分为生殖和非生殖类型。生殖类型中又分为有翅型、短翅型和无翅型；非生殖类型中有工蚁、兵蚁等品级。其中，有翅型原始蚁王、蚁后是有翅生殖蚁经分飞、脱翅配对后逐步发育而成，是蚁群的创始者。工蚁无生殖能力，占全巢总数的80%～90%，负责调护卵和幼蚁、采集食料、筑巢、筑路和对其他品级的哺喂。兵蚁主要职能是警卫和战斗，不能直接取食，要靠工蚁饲喂。

蚂蚁是常见的天敌，在林区也常见穿山甲捕食白蚁，蝙蝠、蜥蜴、蟾蜍、蜘蛛等可捕食白蚁。还发现有菌螨、粉螨、嗜木螨等寄生于白蚁身上。

防治方法 预防白蚁措施包括建筑物设计时注意透光、通风和防潮，兴建前调查有无白蚁的孳生地，木构件要进行防护处理，堤坝及时清除坝基及附近的蚁巢，以及进行毒土处理等。白蚁防治方法包括挖巢法、诱杀法、毒杀法、熏杀法及加强检疫，以防扩散。

白银市 Baiyin City 中国甘肃省辖地级市。位于省境中部，北与内蒙古自治区接壤，东与宁夏回族自治区相邻。辖白银区、平川区和靖远、会宁、景泰3县。面积21 209平方千米。人口171万（2010），有汉、回、满、蒙古、藏、土等民族。1958年置白银市，1963年撤销，1985年复置。地域北部属中温带干旱气候，南部属中温带半干旱气候。矿藏有铜、铅、锌、金、银、铁、锰、煤、黏土、石灰岩、石膏等。工业以有色金属开采、冶炼、煤炭、电力、轻纺、建材、陶瓷等为主。农业主产小麦、稻谷、玉米、糜子、谷子、豆类。土特产有滩羊裘皮、黑瓜子、发菜等。纪念地有会宁红军长征会师楼和邓小平题写塔名的红军会师纪念塔。古迹有新石器时代牛门洞马家窑遗址、齐家文化遗址、唐寺儿湾石窟等。

红军会师纪念塔

《白雨斋词话》 中国近代词论著作。著者陈廷焯，字亦峰。江苏丹徒人。清光绪十四年（1888）举人。少好为诗，30岁左右始专心治词。初服膺浙派，循朱彝尊《词综》编《云韶集》26卷。1876年结识庄棫后，转宗常州词派，重选唐至清词2 360首，编为《词则》24卷。他的词作传世不广，但感情深厚，不背风骚之旨。著有《白雨斋词话》、《白雨斋词存》、《白雨斋诗抄》等。

《白雨斋词话》是在《词则》选词评词的基础上发挥引申而成，作者自称撰述宗旨是“本诸风骚，正其情性，温厚以为体，沉郁以为用”(《词话自序》)，是有意识地针对词坛风尚提出和阐述自成体系的论词主张。基本持常州词派主张，但具体论断并不拘泥。突出特点是把温柔敦厚的“诗教”原则引入词论，强调词的审美标准应“以沉郁顿挫为正”(卷八)；而根本在于词人性情忠厚，“诚能本诸忠厚，而出以沉郁，豪放亦可，婉约亦可”(卷一)。他还强调“感兴”、“寄托”。书中虽然对苏轼、辛弃疾等豪放派词亦有推崇，但以为激昂慷慨“原非正声”(卷七)，所以仍以温庭筠、韦庄为宗，尤其推崇王沂孙。

白语 Bai language 中国白族使用的语言。属汉藏语系藏缅语族彝语支，也有人认为语支未定。主要分布于云南省大理白族自治州。分南、中、北3个方言，说南部方言的人较多。南部方言和中部方言比较接近，与北部方言差别较大。白语有22～29个辅音。北部方言的塞音、塞擦音有清浊对立，南部方言的浊塞音、浊塞擦音只出现在两个声调上。北部方言有翘舌音和小舌塞音；韵母以单元音为主，各分松紧。中部和北部方言有一套鼻化元音。一般有四个声调。词序和虚词是表达语法意义的主要手段。句子的语序是主语-谓语-宾语。名词、形容词修饰名词时，位于中心词之前。白语是藏缅语族中汉语借词较多的一种语言。白族曾有一种参照汉字创造的记录白语的文字。始于唐代，流传于民间。白文由音读、训读、借用汉字和自造新字等字符构成。

白玉蟾 Bai Yuchan (1194～1229) 中国南宋道士。原籍福州闽清，从祖父起落籍琼州琼山(今海口市琼山区)，少时至雷州(今广东海康)为白氏继子，故姓白。后改名葛长庚，字紫清，又字如晦、白叟。号海琼子、琼山道人、海南翁、武夷散人、神霄散吏。幼时举童子科，及长，仗义杀人，遂出家为道士，隐于武夷山，师事陈楠九年。嘉定中诏命馆太乙宫。十一年宁宗令其主国醮于洪州玉隆宫、九宫山瑞庆宫。十五年至临安，伏阙上言天下事，因醉酒，执逮京尹，臣僚上言其以左道惑众，遂愤然俗事。此后，即致力于丹道研究。道法特点以宇宙生成论，人体精、气、神为内丹学说的基本理论，吸收儒家、易学、佛教禅宗的“知止”学说，创建了与张伯端、石泰不同风格的内丹派南宗体系。白玉蟾兼通大洞法录、斋醮科仪，尤以雷法著称。卒后诏封“紫清明道真人”，世称紫清先生。著有《海琼集》、《海琼集词》、《海琼问道集》、《海琼白真人语录》、《海琼玉蟾先生文集》、《上清集》、《武夷集》、《道德宝章》、《玉隆集》、《金华冲碧丹经秘旨》等。

白玉霜 Bai Yushuang (1907～1942) 中国评剧演员。工旦。原名李桂珍，又名李慧敏。河北滦县人。卒于天津。著名莲花落艺人李景春(艺名粉莲花)之女。11岁学唱京韵大鼓，14岁拜孙凤鸣(艺名东发亮)改习蹦蹦戏(评剧原名)。曾与张丽云(筱桂花)、雪玉茹在孙家班轮流担任主角，演出于济南、青岛、大连一带。1934年应邀赴上海，与早在上海的钰灵芝、爱莲君合作演出《花为媒》、《空谷兰》、《桃花庵》等剧。后又同京剧演员赵如泉合演京、评两腔的《潘金莲》，从此声誉日重，受到上海文化界人士的重视。又主演电影《海棠红》，影片反映评剧艺人生活，有许多评剧演出场面，扩大了评剧的影响。1937年回到北方，在北平开明戏院长期演出。30年代，她同刘翠霞、爱莲君、喜彩莲各自创造了独具风格的演唱艺术，人称评剧“四大名旦”。她的表演细腻真切，尤精于唱功，艺术上勇于革新，是评剧白派艺术的创始人。她根据自己嗓音宽亮、低腔共鸣音浑厚的条件，创造了一种低回婉转的独特唱法，加强了评剧唱腔的抒情性。她还在伴奏乐器中加进南胡；在化装、表演技巧上，也有许多创新。养女李再雯(小白玉霜)继承了她的艺术风格并有所发展。

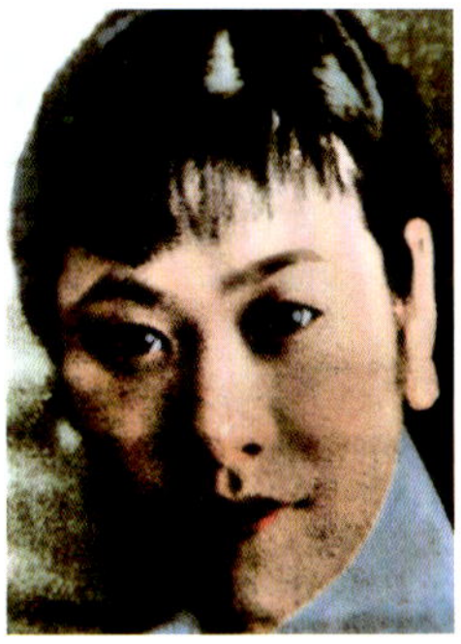

白云观 Baiyun Taoist Temple 中国道教全真道宫观。位于北京市西城区西便门外。始建于唐，名天长观，金正隆五年(1160)毁于火。金世宗时，重修扩建，更名为十方大天长观，是当时北方道教全真派的最大丛林，金章宗泰和二年(1202)再次被焚，次年，在原址上重建太极宫。正大元年(1224)，邱处机自雪山回京后居太极宫，元太祖因其道号长春子，诏改太极宫为长春宫。自此，长春宫成为道教全真龙门派的祖庭。元太祖二十二年(1227)邱处机羽化，安葬于观内处顺堂下。元末长春宫焚毁，明永乐年间以处顺堂为中心，重建山门、延庆殿、玉皇阁、三清殿。英宗正统八年(1443)赐名白云观。清康熙四十五年(1706)又修彩绘牌楼、灵官殿、玉皇殿、老律堂、邱祖殿和三清四御殿等。1957年，中国道教协会成立后，即为协会会址。1990年，又创办中国道教学院于此。现观内收藏许多珍贵文物，其中有唐代天长观遗物汉白玉刻老子坐像一尊，元代大书法家赵孟頫手书《道德》、《阴符》二经刻石及“万古长青”四个大字。另外，上海有海上白云观。

白云鹏 Bai Yunpeng (1874～1952) 中国京韵大鼓艺人。字翼青，河北霸县(今霸州市)人。早年在家乡表演竹板书，19世纪末期到北京和天津行艺，其间曾向王一魁学说北京评书，向全月如学习单弦牌子曲，又拜史振林为师学习木板大鼓，后转向表演在木板大鼓基础上改造形成的京韵大鼓。他嗓音宽厚，京韵大鼓演唱行腔低沉，所唱曲词文雅抒情，人称“白派”。尤以擅唱“红楼”段子著称。1919年后，自觉将京韵大鼓的编演视作启迪民智的手段，积极演唱“文明新词”。中华人民共和国建立之初，他在天津参加了红枫曲艺社，1951年调中国戏曲研究院工作。所演唱的节目被灌制成唱片发行的有《黛玉焚稿》、《探晴雯》、《哭祖庙》、《孟姜女》、《霸王别姬》等十余个。弟子有富少舫、程树棠、方红宝、阎秋霞等。

白云石 dolomite 化学组成为$CaMg[CO_3]_2$，晶体属三方晶系的碳酸盐矿物。常有铁、锰等类质同象代替镁。当铁或锰原子数超过镁时，称为铁白云石或锰白云石。晶体呈菱面体，晶面常弯曲成马鞍状，聚片双晶常见。集合体常呈粒状。纯者白色，含铁时呈灰色，风化后呈褐色。玻璃光泽。三组解理完全。莫氏硬度3.5～4。密度2.85～3.2克/厘米^3。遇冷稀盐酸缓慢起泡。组成白云岩的主要矿物。海相沉积成因的白云岩常与菱铁矿层、石灰岩层成互层产出。

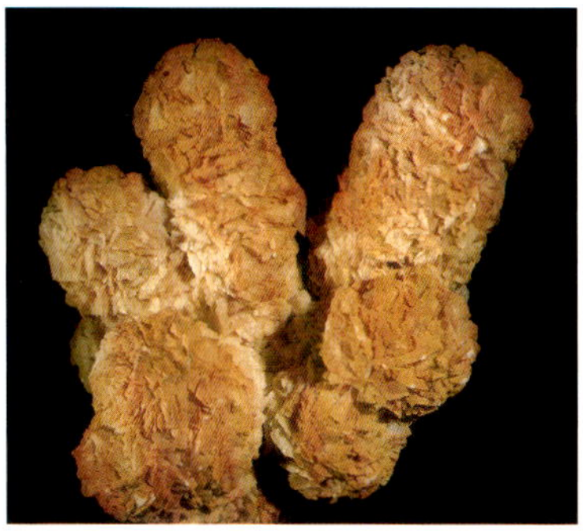

在湖相沉积中，白云石与石膏、硬石膏、石盐、钾石盐等共生。热液中可直接结晶形成白云石，也可由含镁的热水溶液交代石灰岩或白云质灰岩而形成。主要用作碱性耐火材料和高炉炼铁的熔剂，用于生产钙镁磷肥和制取硫酸镁，还是生产玻璃和陶瓷的配料。

白云岩 dolomite 一种主要由**白云石**组成的**碳酸盐岩**。常混入方解石和黏土矿物等杂质。呈灰白色，性脆，硬度小，用铁器易划出擦痕。遇稀盐酸缓慢起泡或不起泡，外貌与**石灰岩**很相似。按成因可分为原生白云岩、成岩白云岩和后生白云岩，按结构可分为结晶白云岩、残余异化粒子白云岩、碎屑白云岩、微晶白云岩等。白云岩含镁较高，风化后形成白色石粉。较石灰岩坚韧。在冶金工业中可作熔剂和耐火材料，在化学工业中可制造钙镁磷肥、粒状化肥等。此外，也用作陶瓷、玻璃配料和建筑石材。

白芝霍特 Bagehot, Walter (1826～1877-03-24) 英国经济学家、社会学家，**社会达尔文主义**的主要代表人物之一。生于萨默塞特郡兰波特，卒于兰波特。1848年在伦敦大学取得硕士学位。曾担任《经济学家》杂志主编。著有《英国宪法》、《物理学和政治学》、《隆巴特街》等。在《物理学和政治学》一书中，他用物理学借喻自然科学、政治学借喻社会科学，试图将达尔文主义理论原则运用于社会科学，强调自然选择在人类历史初期的巨大作用，声称弱肉强食是一种普遍现象。这部著作还涉及社会心理学领域，揭示了诸如因袭与变革、发明与模仿、冲突与调和等对人类社会的历史意义。这些思想对后来的G.塔尔德的“模仿论”，以及现代社会心理学的形成和发展产生了重要影响。

白芷 *Angelica dahurica*; Chinese angelica **伞形科**当归属的一种。多年生草本植物。即兴安白芷。根供药用。作中药用的是其变种杭白芷，浙江、四川、福建、台湾等省均有野生或栽培。

杭白芷根粗大，圆锥形，上部具4棱。茎圆柱形，近花序处密生柔毛。叶互生，二三回羽状分裂。复伞状花序，花黄绿色。双悬果椭圆形，有疏毛。喜温暖湿润气候和充足的阳光，以砂质壤土为宜。须用当年的种子繁殖。夏秋叶片发黄枯萎时为收获适期，将根挖出除去泥土后及时晒干。

杭白芷

杭白芷的根含六种呋喃香豆素：欧前胡素、异欧前胡素、珊瑚菜素、水合氧化前胡素、氧化前胡素和佛手橘内酯。有祛风燥湿，排脓止痛功能，主治感冒头痛、眉棱骨痛、鼻窦炎、牙痛、白带等症。

白种人 white race 世界四大人种之一。见**高加索人种**。

白术 *Atractylodes macrocephala*; largehead atractylodes **菊科**苍术属的一种。多年生草本植物。根状茎供药用。中国各地多有栽培，以浙江嵊州、新昌地区产量最多。

根状茎肥大呈块状。茎直立。叶互生。头状花序顶生，全为管状花，花冠紫红色。瘦果椭圆形。性喜凉爽，怕高温、高湿，较能耐寒。适宜排水良好、土层深厚的砂质壤土。忌连作。定植当年10月下旬至11月上旬采挖，除去地上部分及须根，晒干或烘干后即可供药用。根状茎含挥发油，主要成分为苍术醇、苍术酮等。有补脾益气、燥湿和中功能，可治脾胃虚弱、饮食减退、泄泻、痰饮、水肿、湿痹、小便不利等症。

白术形态

白纻舞 dance of white ramie 中国古代舞蹈。因舞者穿着白色纻麻舞衣而得名。原为三国吴地的民间歌舞，后入宫廷在贵族筵宴中表演。此舞以舞袖为特征，舞姿轻盈、柔婉、流畅。从三国到隋唐，五六百年间白纻舞盛行不衰。南朝诗人沈约有《四时白纻歌》，包括春、夏、秋、冬和夜白纻5篇，可见当时风行程度。晋宋间，白纻舞不仅是表演性舞蹈，还用作娱神祭祀。南朝梁以前多为独舞，梁时出现群舞。此舞原属杂舞类，唐代列入清商乐。在从民间到宫廷的流传过程中，舞蹈逐渐演变为艳美缠绵、带有浓厚贵族文化色彩的**宫廷舞蹈**。

白族 Bai 中国少数民族。主要分布在云南省，部分在贵州、四川等省。人口1 858 063(2000)。使用白语，属汉藏语系藏缅语族；通用汉语文。是秦汉以来主要分布在云南腹地平坝地区，在不同历史时期有“滇僰”、“叟”、“白蛮”、“民家”等名称的族体，后又同化了宋代以前外来**汉族**而形成的民族。其先民曾于937年建立大理国。主要经济为农业。善种水稻。大理雪梨、宾州橘柑、下关沱茶都是驰名中外的特产。文化艺术丰富多彩，南宋张胜温的《大理画卷》被称为“南天瑰宝”。白剧“吹吹腔”是从早期“大本曲”发展起来的综合艺术。男子头缠白色或蓝色包头，身着白对襟衣和黑领褂，下穿白色或蓝色长裤。妇女多穿白色上衣，外套黑色或紫色丝绒领褂，下着蓝色宽裤，腰系缀绣花飘带的短围腰，足穿绣花百节鞋；已婚者挽髻，未婚者梳辫，都缠绣花、印花或彩色毛巾的包头。平坝地区主食稻米、小麦，山区则以玉米、荞麦为主。喜饮烤茶。住屋形式，平坝地区多为长三间，或为“一正两耳”、“三房一照壁”、“四合五天井”的瓦房。山区多为上楼下厩的草房、闪片房、篾巴房和木垛房。婚姻实行一夫一妻制。同宗同姓不通婚，但例行姑舅表婚（见**交错从表婚**）。人死后行土葬。“三月街”是白族盛大的节日和街期，已有上千年历史，每年夏历三月十五至二十日在大理城西点苍山下举行。1991年，

白族女子

大理州政府定为“大理三月街民族节”。火把节是另一个盛大节日，于夏历六月二十五举行。崇拜相当于村庄神的本主，信仰佛教和道教。1956年11月在云南成立了大理白族自治州。

百部科 Stemonaceae 单子叶植物纲百合亚纲的一科。有3属约30种，主要分布于亚洲东部、南部，澳大利亚以及北美洲的亚热带地区。中国产2属6种。主要分布于长江流域以南各省。多年生草本或亚灌木，攀缘或直立，全体无毛，常具丛生的纺锤形或圆柱形的肉质块根。叶对生、互生或轮生。花两性，整齐，单生或簇生于叶腋，有时花梗贴生于叶片中脉上；花被片4，淡绿色或紫红色；雄蕊4，雌蕊由2心皮组成，子房上位或稀为半下位，1室。蒴果卵圆形，成熟时裂为2爿。

百部

百部科植物主要供药用，百部、直立百部和大百部等植物的块根，通常外用，可杀虫、止痒、灭虱；也可内服，有润肺止咳、抗痨之效。黄精叶钩吻的根有祛风解毒作用。

百工 中国魏晋南北朝时期被严格控制在官府手工业作坊中劳动的专业匠户。他们具有专门技能，主要从事金、石、竹、漆、土、木和纺织等行业。西汉官府手工业作坊中的劳动者主要是奴婢和刑徒。汉末军阀混战，城市手工业被破坏，手工业者流移，劳动力缺乏。政府积极恢复官府作坊，努力加强对工匠的控制，使之固着在其专业上。魏晋南朝时期的官府作坊中，除继续保留部分奴婢和刑徒外，更多的是强迫征发或俘虏来的匠户，被称为“百工”。他们有自己的家庭，有独立的户籍。但是，身份低于一般平民而与士卒相等，不能自由被人雇用，不能自由出售自己的产品，而且这种卑贱身份和所承担的义务世袭。北朝时，百工以伎作户的名称继续为官府作坊所控制。其来源除部分是原百工家庭的后代外，部分是由农民中搜寻漏户充当的。南北朝中期开始，百工长期服役的制度逐步为番役制度所代替。工匠除每年上番时在官府作坊劳动外，还保留了为自己劳动的部分时间。隋末唐初，又逐渐允许工匠纳资代役。随着服役制度的改变，百工、伎作户也逐渐成为“番役工匠”以及后来的“和雇匠”。

百合 *Lilium*; lily 百合科一属。多年生草本植物。为著名球根花卉。其地下鳞茎由许多肉质鳞瓣相互抱合而成，可供食用。地下鳞茎外无皮膜，鳞瓣肉质。地上茎不分枝。叶披针形或线形。花漏斗状，单生或总状花序。花被6裂，颜色白（见图）、粉红、橙、橘红、洋红或紫色，有的具赤褐色斑点。常有芳香。中国的主要栽培种类有：百合、兰州百合、卷丹、麝香百合、王百合、山丹。百合性耐寒而不耐热。宜富含腐殖质、排水良好的微酸性土。其中王百合略能耐碱性土。卷丹较耐阳光照射。以分球繁殖为主。可用经2～3年培养、已达花龄的子球作种球。有些种类能形成种子的，可播种繁殖，一般需5～6年才达花龄，少数种类1～2年即可开花。

白花百合

百合可作园林观赏植物。因其梗长花大，还适作切花；但需剪除花药，以免污染衣服。鳞茎富含营养，其干、鲜品及加工制品可供食用或入药，可润肺止咳、清心安神。

百花奖 Hundred Flowers Awards 中国《大众电影》编辑部主办，由群众评选的电影奖。创办于1962年。举办第二届后中断了17年。1980年开始每年举办一次。百花奖的选票随《大众电影》发送。评奖章程原来规定全国各制片厂上年度摄制的影片均有参评资格。后来规定参选影片须在影院上映。奖项原有13项。从1981年起评奖项目减少，只保留最佳故事片（三部，含戏曲片）、最佳合拍片、最佳男女主角、最佳男女配角。评奖办法是，各电影制片单位按照“百花奖”的各项规则和要求，提出本单位报名参选影片及创作人员的候选名单，报送中国电影家协会候选，再由《大众电影》确定提名名单，经广大读者投票选出各项优胜者。百花奖原颁奖杯，1981年起改成证书和少女雕像，1984年后改为花神雕像。颁奖时间原在5～6月，1992年后改在中国金鸡百花电影节颁奖，时间在11月前后。2005年开始，金鸡奖与百花奖隔年轮流评选，百花奖为逢双年评选。

百花齐放、百家争鸣 Free Contention Among Different Schools of Thought and Different Forms of Art 1956年中共中央确定的发展和繁荣社会主义科学文化的基本指导方针，即艺术问题上百花齐放，学术问题上百家争鸣，简称“双百”方针。“双百”方针的提出，由来已久。早在1951年，毛泽东为中国戏曲研究院成立题词，就提出了“百花齐放，推陈出新”的口号。1953年，又在学术研究中提倡“百家争鸣”。1956年4月28日，毛泽东根据中共中央政治局扩大会议讨论的意见提出：“艺术问题上的百花齐放，学术问题上的百家争鸣，我看应该成为我们的方针。”5月2日，他在最高国务会议上正式宣布了“双百”方针，指出：在艺术方面的百花齐放的方针，在学术方面的百家争鸣的方针，是必要的。5月26日，中共中央宣传部部长陆定一作题为《百花齐放、百家争鸣》的报告。

“双百”方针提出后，广大知识分子反响强烈，建设社会主义的积极性空前提高，学术界自由讨论的风气开始浓厚起来。在遗传学、经济学、历史学、哲学、美学、文艺学等领域，都展开了不同意见的争论；文艺创作题材范围扩大，体裁风格多样，出现了一批优秀作品。但是，1957年反右斗争扩大化以后，“双百”方针没有得到很好地贯彻，“文化大革命”中更是名存实亡。1975年毛泽东批评说：百花齐放没有了。1978年中共十一届三中全会以后，在认真总结经验教训、彻底纠正“左”的错误的基础上，“双百”方针得到重新提倡和认真贯彻。“双百”方针同坚持为人民服务、为社会主义服务的方针一起，成为推动社会主义科学、文化大发展大繁荣的重要保证。

百货商店 department store 以经营日用百货、文化用品、纺织品、服装、化妆品等为主的大型综合性零售店。百货商店的经营特征为：①主要设在城市繁华地段或郊区的购物中心内。②拥有宽敞的营业空间和舒适、优雅的购物环境。③经营范围广，商品种类繁多，花色品种齐全。④一般由若干个独立的商品部构成，每一个商品部都是独立的专业店。⑤一般采用封闭式柜台销货、部分开架的售货方式。⑥功能多样化。除提供优质商品外，还在店内设立多种服务性设施，满足顾客多层次需求。

百济 Paekche 朝鲜三国时期国家。公元前1世纪由马韩百济部所建，660年被唐与新罗联军灭亡。统治范围在朝鲜半岛西南部。北境先与汉乐浪郡接壤，后与高句丽接壤；东与新罗为邻。都城先在慰礼城（今首尔附近），后相继迁都广州、熊津、泗沘城。

660年，唐朝在新罗的配合下，派兵灭百济，再于668年灭高句丽。百济灭亡后，领土并入新罗。

百济农业较发达，养蚕、纺织等手工业也有发展。土地国有，使用牛耕。对外贸易也较发达，不仅同高句丽和新罗进行贸易，还跨海同中国的南朝及日本进行商业交往。百济存在罪奴，但是否有其他奴隶不详。使用汉字。4世纪时建立儒学教育制度，一些儒学家获博士称号。百济学者王仁曾给日本皇太子讲授《论语》，成为中、朝、日文化交流的使者。384年，佛教自南朝传入百济。同南朝有密切文化联系。

《百家姓》 *Book of Chinese Family Names* 中国集汉族姓氏为四言韵语的蒙学课本。北宋时编，作者佚名。见**蒙学读物**。

百家争鸣 hundred schools of thought contend 中国战国时期思想解放、自由争辩的学术局面。随着春秋时期旧思想体系的崩溃，社会各阶层开始从不同角度阐述自己的宇宙观和政治主张。到战国时期进入高潮，形成了许多学术思想流派。人们把这些学术思想流派泛称为“百家”，把这些学派之间的学术论争称为“百家争鸣”。西汉司马谈《论六家要旨》论述了阴阳、儒、法、道、墨、名六家的政治主张。**阴阳家**认为，春生、夏长、秋收、冬藏乃天道之大经。邹衍提出了“五德终始”说，认为人类社会的演变也像物质世界的变化一样，遵循着木、火、土、金、水之间的相生相克关系，从而为朝代的更替作出了解释。**儒家**的旨趣在于序君臣父子之礼，列夫妇长幼之别。儒家政治思想关注的是人，追求的政治目标是社会和谐与政治稳定。**法家**的旨趣是正君臣上下之分，宣扬君主集权和富国强兵。为维护君主集权，法家提出了法、术、势的政治主张；为富国强兵，法家主张实施耕战政策，重本抑末。法家认为历史是进化的，主张因时施治，贬斥儒家祖述尧舜、宪章文武的政治保守主义。**道家**以虚无为本，因循为用。反映在政治层面，主张无为，主张“绝圣弃智”、“绝仁弃义”，希望回到“小国寡民”、“与禽兽居”的原荒状态中去。**墨家**宣扬兼爱，主张**尚贤**、尚同、非攻、非乐、节用、节葬等，反对儒家的礼治主义。**名家**讨论了名实关系，惠施主张“合同异”，公孙龙主张“离坚白”。反映在政治层面，名家强调“控名责实，参伍不失”。百家争鸣使中国古代思想和学术达到了空前繁荣。秦统一中国后，“废先王之道，焚百家之言”，百家争鸣的学术局面受到沉重打击。汉武帝“罢黜百家，独尊儒术”，标志着百家争鸣历史局面的终结。

百科全书 encyclopedia; encyclopaedia 概要记述人类一切知识门类或某一知识门类的工具书。百科全书在规模和内容上均超过其他类型的工具书。百科全书的主要作用是供人们查检必要的知识和事实资料，其完备性在于它几乎包容了各种工具书的成分，囊括了各方面的知识。常被誉为“没有围墙的大学”。高质量的百科全书的编纂成为衡量一个国家科学文化发展水平的标志之一。古希腊学者**亚里士多德**曾编写过全面讲述当时学问的讲义，被西方奉为“百科全书之父”。中国汉初的《**尔雅**》，是中国百科全书性质著作的渊源。中文“百科全书”一词是19世纪末才出现的。近现代百科全书的奠基者是法国学者D.**狄德罗**，以他为首的法国百科全书派于1751～1772年编纂出版了《百科全书，或科学、艺术与手工艺大词典》。18～20世纪，英、德、法、意、苏、日等国相继编纂出版了一批权威性的百科全书，如《不列颠百科全书》、《美国百科全书》、《苏联大百科全书》、《世界大百科事典》等。西方现代百科全书大多按条头字顺编排，突出工具书的检索功能，并采用小条目主义的编纂思想。注重百科全书教育功能的则采用大条目主义。修订的方式有再版制、补卷制、出版年鉴和连续修订制4种。中国古代的类书是一种百科全书式的资料汇编，偏重古文史。中国自1978～1993年出版了74卷《中国大百科全书》。2009年出版了32卷《中国大百科全书》(第二版)。

《中国大百科全书》书影

百科全书派 encyclopedistes 18世纪法国启蒙思想家在编纂《百科全书，或科学、艺术与手工艺大词典》的过程中形成的派别。核心是以主编D.**狄德罗**为首的一批唯物论者、无神论者、民主主义者。他们反对封建特权制度与天主教会的教权统治和宗教迷信，向往合理的社会，主张一切制度和观念要在理性的审判庭上衡量并受到批判。他们推崇机械工艺、崇尚资产阶级谋利务实精神。

1751～1772年，《百科全书》共出版28卷。1776～1780年又增加补遗及索引7卷，计35卷。它是世界上第一部影响巨大的大型工具书，总结了当时各门科学知识的成就，有力地促进了科学、**唯物主义**、**无神论**和进步的**社会历史观**的发展和传播。

法国百科全书派群像

百老汇 Broadway 美国纽约曼哈顿区一条大街的名称。其中段即41街与时代广场周边一直是美国商业性戏剧娱乐中心，因而“百老汇”一词已成为美国戏剧活动的同义语。20世纪初，百老汇剧院有20多家，1925年增至80家，由于其他娱乐形式的竞争至1980年只剩下40家。

百老汇上演各种样式的戏剧，主要以豪华壮观、有歌有舞、场面宏大的音乐剧招徕观众。这种音乐歌舞剧已成为美国特有的剧种和百老汇的命脉。

外百老汇是指纽约商业性戏剧中心之外的戏剧活动。20世纪初它曾以先锋派姿态出现，以较低成本进行戏剧实验，并为百老汇不加赏识的戏剧工作者提供演出机会。第二次世界大战后，外百老汇不仅上演新剧目，也复演百老汇演出失败的剧目，而且勇于在导演、表演和演出风格上进行大胆探索，从而形成一个声势浩大的外百老汇运动。

20世纪60年代后，一些年轻剧作家在格林尼治村的一些咖啡馆、酒吧、顶楼或教堂，以极低成本演出更加新颖的实验剧。这种趋势发展迅速，到1972年已有30多个剧组成立了一个外百老汇联合会，从而又出现了一个外外百老汇运动。主要创建人是J.西诺和E.斯图尔特，他们被分别誉为“外外百老汇之父”和“外外百老汇之母”。到70年代中期，外外百老汇已有78个主要剧组。21世纪初每天有50余台作品演出。

百炼钢 hundred-forging steel 中国古代的钢种，也指一种炼钢、锻造工艺。西汉时，出现了炒钢法，即将生铁加热成半液体、半固体状态，再进行搅拌，利用空气或铁矿粉中的氧脱去部分碳，以获得钢。大约公元前120年的《淮南子》已有记载。北宋沈括《梦溪笔谈》中也有记载。百炼钢方法是使生铁在半液体状态下吹入一定的氧，除去部分碳，然后一遍又一遍地锻打精炼，“锻之百余火”。反复锻打可排除杂物，减少残留夹杂物，均匀成分，致密组织，也可细化晶粒。除去“百炼”外，古代还有“七十二炼”、“五十炼”、“三十炼”、“九炼”之说。百炼钢是中国东汉时期钢铁技术得到重大发展的重要标志。中国古代许多宝刀、宝剑就是利用百炼钢和淬火技术制成的。

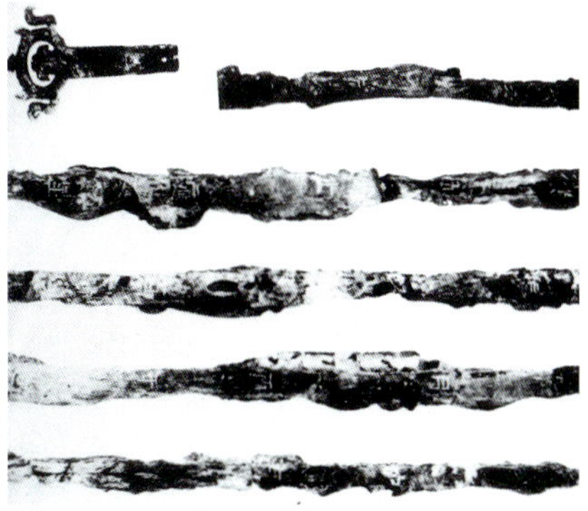

汉中平纪年百炼钢刀

百灵 *Melanocorypha mongolica*; Mongolian lark 雀形目百灵属的一种。又称蒙古百灵。广泛分布于蒙古、俄罗斯东部至朝鲜半岛，及中国的内蒙古、黑龙江、吉林、宁夏、青海和河北北部的草原地带。为夏候鸟及留鸟。

全长约200毫米。头顶中央呈棕黄色，四周呈栗红色；有棕白色眉纹延至后枕部左右相连，眼圈呈棕白色，耳羽呈棕黄色。上体呈栗褐色，各羽缘呈淡黄色，形成鳞状斑；中央尾羽呈栗褐色，外侧尾羽呈黑褐色具白端；翅羽与背羽同色，具一大白斑；下体呈白色，在上胸部两侧各具一黑色斑块。雌雄羽色相似。嘴呈铅色，脚呈肉色，后趾爪长、直而尖。

栖息于草原至荒漠草原，也常出没于沼泽草地。在非繁殖期常成群活动。以杂草种子及昆虫、小型无脊椎动物为食。在草丛凹窝内以干草编巢，巢缘与地表平齐；每窝产卵3～5枚，卵呈白色或淡黄色，杂有细斑。孵化期15天。雏鸟晚成性。在中国属国家保护鸟类。

百慕大 Bermuda 北美洲的英国自治殖民地。位于北大西洋西部，西距美国东海岸哈特勒斯角900多千米。由150多个小岛和许多岩礁组成，又称百慕大群岛。陆地总面积53.3平方千米，其中主岛百慕大岛约占总面积的2/3。总人口6.62万（2007），其中非洲黑人后裔占58%，欧美白人后裔占36%。英语为官方语言和通用语。居民多信奉基督教。首府哈密尔顿。

百慕大群岛是世界最北面的珊瑚岛群之一。基岩为火山熔岩。地势低平，最高点海拔仅76米。气候终年温和湿润，年平均气温21℃，平均年降水量1 440毫米。6～11月多飓风。海岸曲折，多深水良港和白沙海滩。附近海域盛产鱼虾。常有船舶在百慕大群岛以南略呈三角形的海域内失踪，被称为神秘的百慕大三角区。

1503年西班牙航海家J.百慕大最先发现该群岛，故名。1612年起英国殖民者在岛上建定居点，并贩来黑奴。1684年正式成为英国殖民地。1940年英美签约，美国租借3个小岛作为海、空军基地，为期99年。1957年英国驻军撤出。1968年实行内部自治，并制定宪法，规定总督代表英国女王，通过总督委员会掌管百慕大外交、防务等权力。议会两院制，任期均为5年。议会多数党领袖担任总理，并经总督任命；政府内阁由总理任命。主要政党有进步工党、百慕大联合党、民族自由党等。百慕大作为英国代表团的成员参加国际组织活动。美国在百慕大派有总领事，军事基地已于1995年撤销。

国民经济以第三产业为主。2009年地区生产总值59亿美元。旅游业为首要经济部门，约3/5的劳动力从事旅游业，游客主要来自美国。国际金融服务业为第二大经济部门。百慕大政局稳定，无所得税和外汇管制，金融保密法严格，为世界著名的“避税地”和金融中心之一，吸引大批外国公司在此注册。其中大部分为保险公司，约占世界意外险种再投保量的1/3；其次为商贸公司、航运集团、个人投资公司。百慕大是世界第五大船舶注册地。工业多为小规模经营，主要有船舶修理、小船制造、制药、手工艺品等。农业薄弱，种植蔬菜、水果和饲养少量牛、猪、家禽，食品主要依靠进口。对外贸易巨额逆差，进口额相当于出口额的14～20倍。主要贸易伙伴是美国，其次是英国、意大利、加拿大等国。货币名称百慕大元。政府财政收支历年保持盈余。岛上公路总长446千米，主要岛屿间有桥梁或堤道相连。有哈密尔顿、圣乔治和爱尔兰岛自由港3个主要港口。设在圣戴维岛上的金德利费尔德机场是唯一的国际机场，有通往英国、美国的航线。

实行5～16岁儿童免费义务教育制。有一所大专性质的百慕大学院。政府为出国上大学者提供奖学金。发行《皇家日报》以及《百慕大太阳》、《中洋新闻》两份周刊，还有《百慕大人》月刊和《工人之声》双月刊。百慕大广播公司经营2家商业电视台和4家广播电台。

百慕大风光

《百年孤独》 *Cien Años de Soledad* 哥伦比亚作家G.加西亚·马尔克斯的代表作，也是拉丁美洲魔幻现实主义文学的集大成之作。1967年出版。写布恩蒂亚一家六代的奇特经历，同时表现热带小镇马孔多的兴衰。小说通过马孔多的诞生、发展到盛极而衰，形象地描绘了哥伦比亚乃至整个拉丁美洲的百年沧桑，并明显含有重构人类社会从原始时期到现代文明等各个重要历史阶段的意图。作品关于马孔多和布恩蒂亚家族的众多神奇的描写，既反映了拉丁美洲的文化混杂，也暴露了拉丁美洲的愚昧和落后，具有神话的象征性和洞察力。小说不分章节，依次排列的20部分在无数个轮回和循环中创造了周而复始的天启式结构。《百年孤独》的第一个中译本于1984年出版，从而在中国文坛刮起一股魔幻现实主义的旋风，影响了一代年轻作家。

百年战争 Hundred Years' War 英法两国于1337～1453年间断续进行的百余年战争。战争的导火线主要是王位继承问题。1328年，查理四世去世，法国卡佩王朝无嗣，支裔瓦卢瓦家族的腓力六世继位，英王爱德华三世以法王查理四世外甥的资格，与腓力六世争夺王位，触发战争。

1337年11月英王爱德华三世率军进攻法国，战争开始。1340年，英法两国发生海战，法军战败。英国控制了英吉利海峡。1346年8月，双方在克雷西会战，英军大捷，乘胜进入诺曼底。1347年攻占法国的加来。1356年9月，普瓦提埃之战，法军大败，法王约翰二世（1350～1364年在位）及众臣被俘，英借此向法国索取巨额赎金。1360年法国王子查理被迫签订屈辱的《布勒丁尼和约》，把加来及法国西南部大片领土割让给英国。

1364年，王子查理继位，称查理五世（1364～1380年在位），为了夺回失地，改编军队，整顿税制，紧张备战。1369年起连续发动攻势，几乎收复全部失地，1396年双方缔结20年停战协定。

1415年8月，英王亨利五世（1413～1422年在位）趁查理六世（1380～1422年在位）即位后法国统治阶级发生内讧之机，领兵进攻法国，10月占领法国北部。1420年，双方签订《特鲁瓦条约》。这项条约实际上将法国分为由亨利五世、勃艮第公爵和法国王太子查理分别统辖的三个部分。1422年法王查理六世与英王亨利五世先后去世，英方宣布由未满周岁的亨利六世（1422～1461，1470～1471年在位）兼领法国国王。1429年，法国女民族英雄贞德率军击退英军，解奥尔良城之围。1435年勃艮第公爵臣服于法王。1453年10月，驻波尔多英军投降，除加来外，法国领土全部收复。至此，百年战争以法国的胜利而结束。

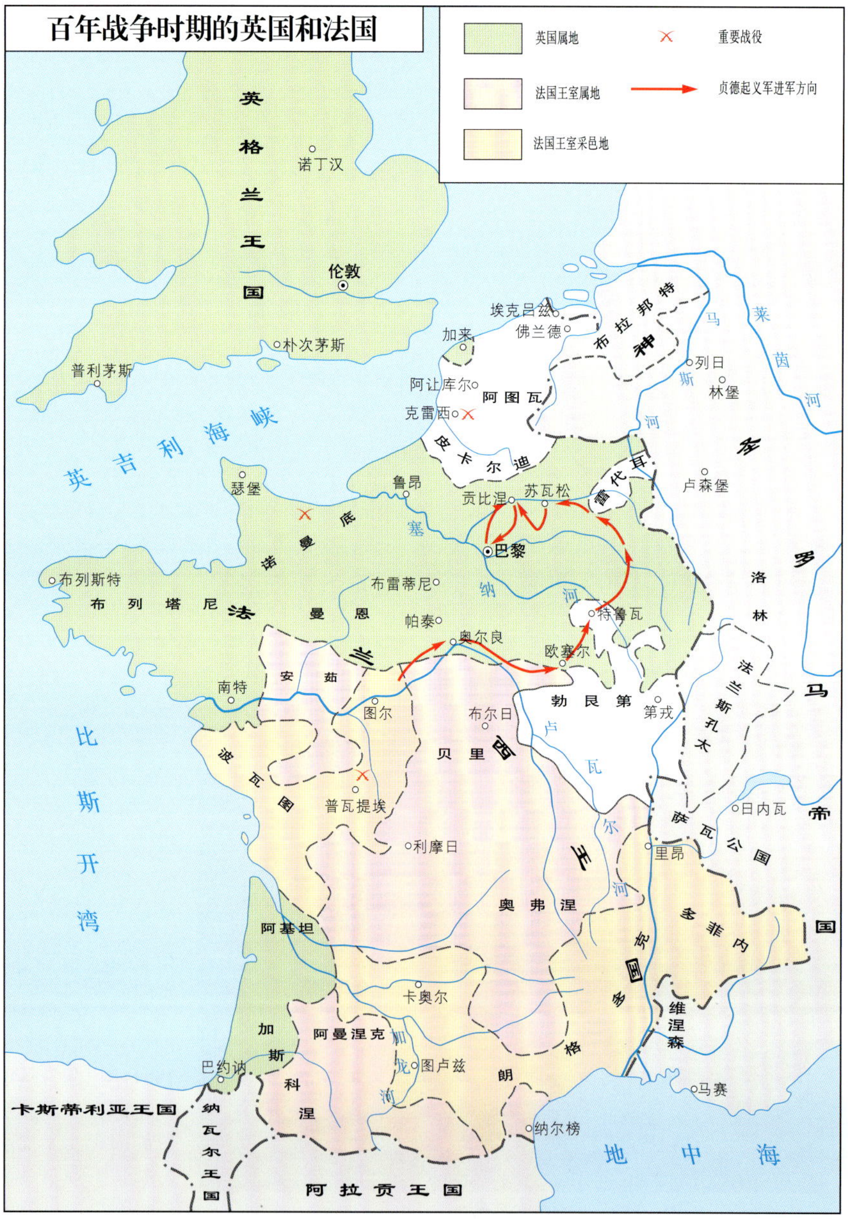

百日咳 pertussis; whooping cough 百日咳博尔代氏菌（百日咳杆菌）所致急性呼吸道传染病。多发生于7岁以下小儿（尤其是1～5岁的婴幼儿）。病程长达2～3个月，故得名。

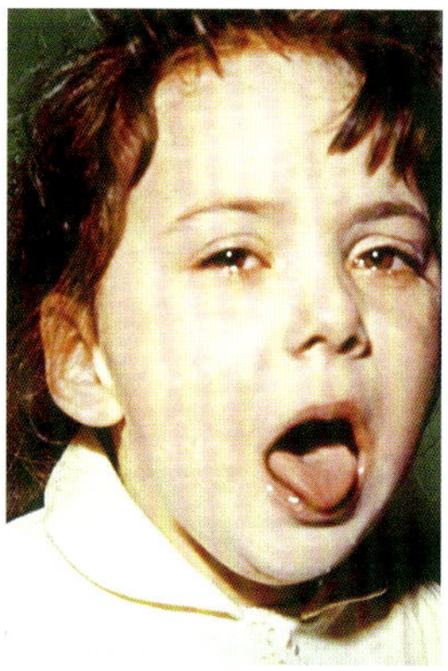
患百日咳的儿童

临床表现 潜伏期2～21天，一般7～10天。病程分3期：①卡他期。一般为1～2周，开始有轻咳、流涕、低热。3～4天后发热等症状减轻，但咳嗽加重，渐转变成特征性的阵发性痉挛性咳嗽。②痉咳期。痉咳的表现为：先是连续短促的咳嗽，患者处于呼气状态，随之是一次深长吸气，但此时喉部仍为痉挛状态，气流通过紧张狭窄的声门发出一种高调的吸气性吼声，如鸡鸣样。反复上述咳嗽过程，直至把呼吸道积聚的黏痰咳出为止。剧咳可致呕吐、大小便失禁、面红耳赤、口唇发绀、张口伸舌。剧咳可致上腔静脉回流受阻，出现颜面、眼睑浮肿，重者鼻衄、眼结膜出血，甚至颅内出血。痉咳期短者2～6周，长者2～3个月。③恢复期。痉咳减轻而停止。若无并发症，经2～3周即愈。并发症有支气管肺炎、百日咳脑病。

诊断 根据接触史及典型症状可作出临床诊断。细菌培养及特异性血清学检查有助于确诊。

治疗 保持环境安静、空气新鲜，以减少诱发痉咳。对婴幼儿要注意吸痰、吸氧、加强护理，以防窒息。及早应用抗生素，如红霉素、氯霉素、氨苄西林等治疗。重症患者应短期应用皮质激素。

预防 应及时发现和隔离患者。痰、口鼻分泌物要进行消毒处理。白喉类毒素、百日咳菌苗、破伤风类毒素三联疫苗已列入计划免疫。对于婴幼儿及体弱的接触者，可给予百日咳高价免疫球蛋白被动免疫。婴儿接触百日咳患者后，还可用红霉素作药物预防。

百色市 Baise City 中国广西壮族自治区辖地级市。位于自治区西部，与云南、贵州毗邻，邻接越南。辖右江区和田阳、田东、平果、德保、靖西、那坡、凌云、乐业、田林、西林10县和隆林各族自治县。面积36 252平方千米。人口347万（2010），有壮、汉、瑶、苗、彝、仫佬、回等民族，其中壮族约占80%。秦属象郡，汉属桂林郡，唐属邕州，元置天州。清雍正七年（1729）设百色厅，光绪元年（1875）为百色直隶厅。1912年改为百色府，1950年为百色专区，

百色起义纪念馆

1971年改为百色地区。2002年设立地级百色市。铝土、铜、水晶、褐煤等储量居广西首位，黄金储量为全国第二。森林覆盖率53.48%，主要有杉、松、栎、油桐、油茶等。农作物有水稻、花生、甘蔗、玉米、大豆等。特产有杧果、白毫茶、八渡笋、八角、云耳、香菇等。工业有采矿、煤炭、电力、制糖、化工、造纸、冶金、纺织、食品、酿酒、农副产品加工等。旅游景点有澄碧湖和福禄河风景名胜区等，纪念地有百色起义纪念馆、红7军军部旧址清风楼。

百色遗址 Baise 中国旧石器时代早期遗址群。分布于广西西部百色盆地。1973年发现，1986年后调查、发掘石器地点近百处。出土石制品2 000余件。在百谷遗址发现多处制作石器时剥落的碎片分布面。石器多采用粗大砾石打制，也有用从粗砾石上打下的大石片加工的。类型有手镐、

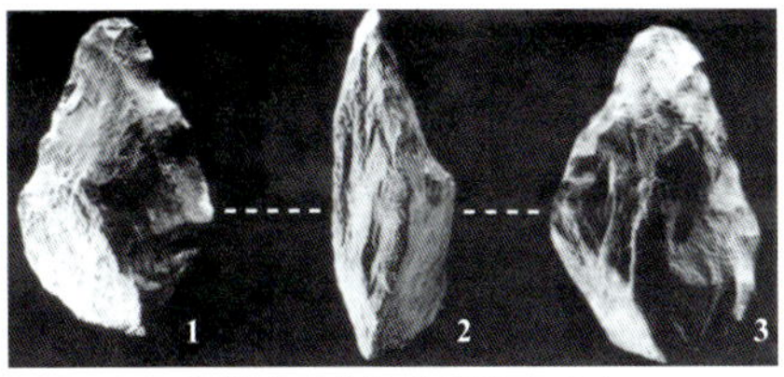

手斧（百色杨屋遗址出土）

手斧、砍砸器和粗大刮削器等。其中手镐是主要类型，适宜用来挖掘。手斧器形较规范，数量较多，在中国其他旧石器时代遗址极为少见，引起了国际学术界的关注。对与石器共生的玻璃陨石用裂变径迹法和钾－氩法测定同位素年龄分别为距今73.3万年和80.3万年。2001年国务院公布百谷和高岭坡遗址为全国重点文物保护单位。

百事公司 Pepsi Co., Inc. 全球第三大食品和饮料公司。总部设在美国纽约。2006年在世界200多个国家和地区拥有18.5万名雇员。1902年百事可乐公司注册成立。1965年百事可乐与菲多利公司合并，成立百事公司。1977年并购必胜客公司。1998年，与在世界鲜榨果汁行业排行第一的纯品康纳饮料有限公司合并。2001年，百事公司以154亿美元完成与桂格公司的合并，形成250亿美元资产的食品与饮料公司。2004年，在百事公司强大的品牌阵营中，年销售额超过10亿美元的国际知名品牌有：百事可乐、激浪、百事轻怡、乐事薯片、佳得乐、纯品康纳鲜榨果汁系列、立体脆、桂格、七喜、奇多、美年达和立顿红茶（合作关系）等15个。百事公司在美国本土以外的业务由百事可乐国际公司、百事食品国际公司和纯品都乐饮料集团3个部门实施运作。在中国各地建立了20多家合资或合作企业，总投资近5亿美元。在中国市场的旗舰品牌是百事可乐、七喜、美年达和激浪，此外，还包括亚洲北冰洋和天府等著名地方品牌。

《百岁挂帅》 *The 100-Years-Old Lady to be Commander* 中国扬剧作品。作者吴白匋、银洲、江风、仲飞。剧情取材于民间流传的十二寡妇征西故事。明万历刊本《杨家府世代忠勇演义志传》第55回，即描述穆桂英死后，杨文广被困白虎关，十二寡妇往救，战胜西夏事。扬剧传统剧目《十二寡妇征西》原只存一简单幕表，故事情节与小说有所不同。据此创作的新本描写三关主帅杨宗保被西夏王文射死，焦廷贵、孟定国二将回京报丧。佘太君毅然百岁挂帅，率十二寡妇及曾孙杨文广出征，用诱敌深入之计，一举击败西夏，班师回朝。1959年，由江苏省扬剧团排演，参加庆祝中华人民共和国建立10周年献礼演出，并被摄制成舞台艺术纪录片。剧本收入《中国地方戏曲集成·江苏省卷》（1959）。1960年，中国京剧院移植扬剧《百岁挂帅》，后又改编为京剧《杨门女将》。

百岁叶 *Welwitschia mirabilis*; longlived leaf 裸子植物门百岁叶科百岁叶属的唯一种。又称百岁兰、千岁兰。寿命可达百年以上而得名。分布于安哥拉及非洲热带东南部。树干非常短矮而粗壮，呈倒圆锥状，高很少超过50厘米，而直径可达1.2米；具有极长而粗壮、深达地下水位的主根；树干上端或多或少成二浅裂，沿裂边各具一枚巨大的革质叶片。叶片长带状，长达2～3.5厘米，宽约60厘米，叶的基部可继续生长，叶的顶部则逐渐枯萎，常破裂至基部而形成多条窄长带状。球花形成复杂分枝的总序，单性，异株；雄球花有两对假花被，具6枚基部合生的雄蕊；雌球花有两枚假花被成管状。种子萌发后可保存2～3年。生于气候炎热和极为干旱的多石沙漠、枯竭的河床和沿海岸的沙漠上。

百岁叶的叶具明显的旱生结构，气孔为复唇形，其次生木质部除管胞外，还有导管。为沙漠中矮壮的木本植物，能固沙保土。

百团大战 Great Campaign by One Hundred Regiments 中国抗日战争时期八路军在华北地区向日伪军发动的大规模破袭战役。为打击日军的“囚笼政策”，争取华北战局向有利的方向发展，并影响全国的抗战局势，八路军总部决定破袭华北日军交通线。由于先后出动兵力达105个团，故名百团大战。战役于1940年8月20日开始，八路军和地方游击队在人民群众的配合下，以正太铁路为重点，同时向同蒲、平汉、津浦、北宁、德石等铁路线和一些主要公路，以及日军占领的许多据点进行广阔的破击和袭击。至12月5日战役基本结束。战役分为三个阶段。

①第一阶段（8月20日至9月10日）。以正太铁路为重点，进行交通总破击战。晋察冀军区以19个团、5个游击支队和2个独立营的兵力，向正太铁路东段的日军独立混成第8旅团大部和独立混成第4旅团一部展开攻击。第129师以8个团、8个独立营的兵力，对正太铁路西段日军独立混成第4旅团大部和独立混成第9旅团一部展开攻击；第120师以20个团的兵力破击同蒲铁路北段和铁路以西一些主要公路。第一阶段作战，由于八路军突然而猛烈的破击日军占领的交通命脉，使日军联络中断，陷入一片惊慌混乱之中。汉奸、伪军更是惶恐不安。沦陷区人民自发地支援八路军作战。

②第二阶段（9月20日至10月上旬）。继续破击日军交通线，重点攻占交通线两侧和深入根据地内的日军据点。主要进行了榆（社）辽（县）和涞（源）灵（丘）等战役。八路军不仅攻克了日伪军的一些据点，平毁了大部分封锁沟、墙，而且打击了伪政权组织，使被分割的根据地重新连成一片。

③第三阶段（10月6日至12月5日）。反击日军的报复“扫荡”。日军遭到八路军的连续两个阶段的打击后，为稳定局势、巩固占领区，调集重兵对各抗日根据地进行残酷的报复“扫荡”。10月19日八路军

八路军和民兵破击正太铁路

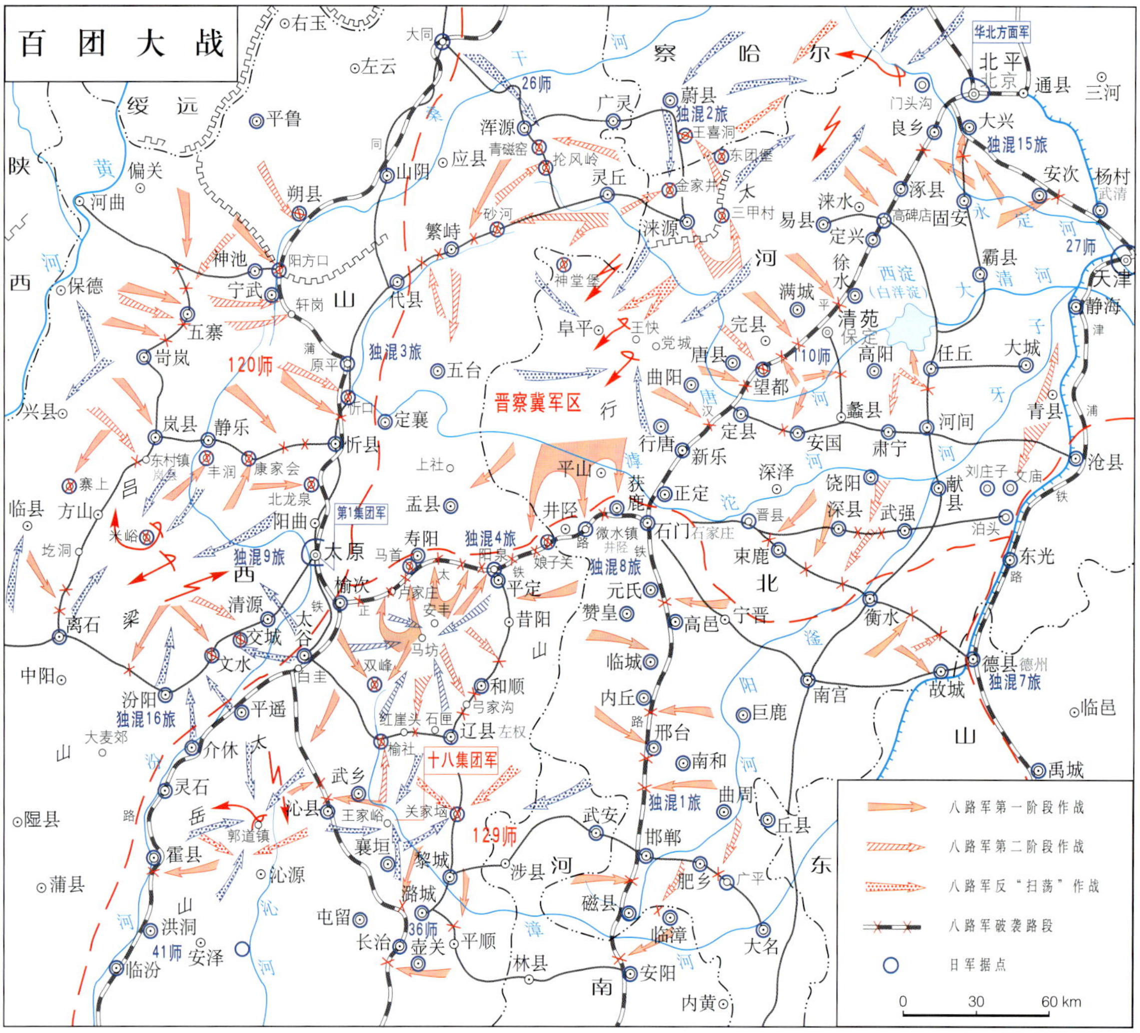

总部下达作战命令，要求各抗日根据地军民密切配合，广泛开展游击战争，先后粉碎了日军对武乡、黎城地区、太岳区、平西区、北岳区及晋西北的扫荡。

历时3个半月的百团大战，共作战1 800余次，毙伤日军2万余人、伪军5 000余人，俘日军280余人、伪军1.8万余人，拔除据点2 900多个，破坏铁路470余千米、公路1 500余千米，缴获各种炮50余门、各种枪5 800余支（挺）。八路军伤亡1.7万余人。百团大战沉重地打击了日军的侵略气焰，有力地配合了正面战场作战，提高了共产党和八路军的声望。

百戏 中国古代乐舞、杂技、幻术、曲艺表演等的总称。汉代又称角抵戏。南北朝也称“散乐”。“百戏”一词较早见于《后汉书·安帝纪》。起源久远。传说夏桀时已有倡优侏儒为奇伟之戏、烂漫之乐，史载周代有“扶卢”（攀缘矛柄）、“弄丸”（两手耍掷数弹丸）。从汉时起由西方和印度经由丝绸之路流入中国的诸艺，为百戏增添了世界性因素，如称为胡旋舞的西域快旋律舞蹈和羯鼓、由天竺传来的幻术等。中国古代每遇重大喜事，总有“百戏”演出，以示歌舞升平。

汉代百戏上承周代，是多种民间艺术的汇合。西汉中叶以后的百戏规模庞杂、丰富多彩、妙趣横生。主要包括各种杂技、幻术和武术（如扛鼎、转石、较武、骑术、冲狭、燕濯、履索、叠案、弄丸剑、舞轮、寻橦、吞刀、吐火等），装扮人物的乐舞，装扮动物的“鱼龙曼延”及带有简单故事的《东海黄公》等。百戏的演出也很兴盛。较之西汉，东汉杂技百戏的规模、技巧、节目品种都大为发展，演出形式也日臻完善，形成百戏艺术的系统。秦汉六朝百戏是初级戏剧雏形的显现，后逐渐形成歌舞和优戏的职业分工，即女乐与优人的出现。

东汉歌舞杂技画像砖（四川成都出土）

二者结合为一类表演型人物，称“倡优”，从事百戏演出，其中逐渐产生出初级的戏剧形态。百戏在汉代宫廷和达官贵戚之家颇为流行。长安与洛阳两地的平乐观是表演百戏的重要场所。不少贵戚家中还蓄有专门表演百戏的倡优。

隋代百戏，装备豪侈，加工细腻，技艺丰富而有所创新。隋代独有的“水饰”技艺，利用水力发动的机关木偶，有神龟负八卦出河授伏羲、黄龙负图等72种表演技法。唐代乐舞杂技艺术空前繁荣，特别是宫廷杂技在盛唐达到极盛，显示唐帝国的博大气魄和多彩风貌。长安定期举办的庙会，有说书、杂技、歌舞表演等。

宋元明清时期的百戏活动，从宫廷到宴乐，从城镇到乡间，流行更为广泛。尤其城镇的演艺场所和乡村走会表演，都有多种形式的身体技巧内容。宋代百戏的活动中心由宫廷移向民间。北宋时汴梁（今河南开封）逢元宵节等节日有大规模歌舞百戏表演。水百戏是两宋百戏发展的一个特色，如水傀儡、水秋千、水上烟火、龙舟竞渡、弄潮等，宋代之后逐渐消失。元代以后，百戏内容更加丰富，一般均习用各种乐舞杂技的专名，百戏一词逐渐少用。元代始称百戏为“杂把戏”，沿用至近代。明清小说中提到的“百戏”，大多为杂技和幻术。清末民初以后，战乱频仍，百戏日衰。中华人民共和国建立以后，各类表演分门别类，百戏之称不复使用。

百叶箱 instrument shelter 气象台站上用以安装测定空气温度和湿度仪器的防辐射装置。由于受太阳直接辐射、地面反射辐射，以及其他各种类型的天空和地面辐射的影响，测温元件的指示温度与实际气温存在差别。在白天强日射的情况下，将使元件

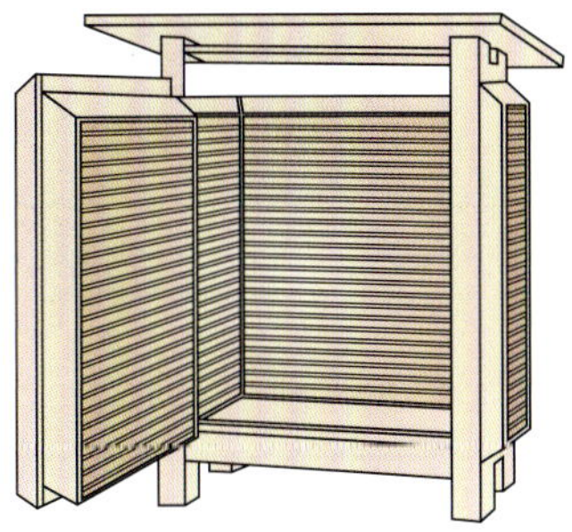

百叶箱构造示意

温度高于气温，导致较大的辐射误差；夜间温度表的有效发射大于空气，将使元件温度低于气温。减小辐射误差是气温观测中的关键问题。

中国气象业务上使用的百叶箱构造如图所示。箱的四周由双层百叶窗组成，叶板与水平面成45°倾角。箱顶和箱底都由三块宽110毫米的木板组成，中间一块与边上两块在高度上错开，使空气能通过错缝流通。箱顶上方还有一块向后倾斜的屋顶。整个箱子涂上白漆，以使箱内仪器免受太阳光直接照射和降水、强风的影响。百叶箱安装在高度为1.25米的架子上，箱门朝正北，箱底保持水平。中国还设计出使用玻璃钢材料制作的百叶箱，它有更好的防辐射功能，在自动气象站中采用。

《百喻经》 *One Hundred Parables* 印度古代佛教寓言故事集的汉文译本。原文尚未发现。天竺僧伽斯那撰，南朝齐时（5世纪）中天竺求那毗地译。译本名《百句譬喻经》，简称《百喻经》，列入佛教藏经。全书两卷，包括寓言故事98则，说明佛教基本义理如因果报应之类，极富文学特色。

柏科 Cupressaceae; cypress family 裸子植物门属最多的一科。常绿乔木或灌木。约22属近150种，分布几遍全球。中国产8属约30种，分布几遍全国，其中福建柏为特有的单属种植物。叶交叉对生或3～4片轮生，鳞形，或刺形叶，或同一树上兼有两型叶。鳞叶扁平、圆或四棱形。球花单性，雌雄同株或异株，单生枝顶或叶腋；雄球花由交叉对生或轮生的雄蕊组成，雌球花有3～16枚交叉对生或轮生（每轮3～4枚）的珠鳞，苞鳞与珠鳞完全合生，仅顶端多少分离。球果圆球形、卵圆形或圆柱形，当年或翌年成熟；种鳞扁平或盾形，木质、近革质或肉质；发育种鳞有1至多粒种子，种子具2或3窄翅或无翅。

柏科植物的木材有香气，结构细致均匀，纹理直，质地较重而坚韧，加工容易，刨面光滑，耐腐性较强，心边材区别明显，心材色深，为建筑、家具、门窗、舟车、柱材、桩木、桥梁、细木工及美术工艺等用材。其中扁柏、圆柏、侧柏、柏木、崖柏等属的木材为世界上高级商用材。有些种类为造林、固沙及水土保持的优良树种。不少种类的树形优美，叶色翠绿或浓绿，常被栽培作园林绿化或庭园观赏树。

柏梁体 七言诗体的一种。由两人或多人共作，每人一句或多句，联结成篇的诗。见联句诗。

柏木 *Cupressus funebris*; Chinese cypress 柏科柏木属的一种。常绿乔木。柏木属共约20种，分布北美南部、亚洲东部、地中海等温带及亚热带地区。

中国有6种（其中一个为变种），除柏木外，尚有干香柏、岷江柏木、西藏柏木、巨柏、剑阁柏木，主要分布在长江以南地区，而以湖北南部、湖南西部、贵州东部、四川东部、重庆、广西北部为主产区。

树高达30米，胸径可达2米以上。树冠圆锥形。幼树皮红褐色，老树皮灰褐色。小枝细长下垂，鳞状枝扁平。雌雄同株，球果翌年成熟，果柄细长而常屈曲。种子微扁，两侧具窄翅（见图）。喜光，要求温暖湿润

柏木的叶、花和果实

的气候环境。对土壤适应性广，在中性、微酸性及钙质土均能生长。耐干旱瘠薄。柏木根系发达，能沿岩层缝隙生长。主要以种子育苗繁殖。

柏木为有脂材，材质优良，纹理直，结构细，坚韧，耐腐，除观赏外可供建筑、车船、器具等用材。

摆 pendulum 能够产生摆动的机械装置。摆的发展和研究同钟表有密切关系。伽利略首先研究了单摆，后来C.惠更斯研究了复摆，他们的研究为摆的力学理论奠定了理论基础。

单摆 质量可忽略的细杆或细绳，上端悬于一固定点，下端系一质量较大的质点。质点受重力作用，平衡位置附近一竖直平面内作摆动（见图）。若忽略空气的阻力，当摆角较小时（如小于5°），摆作简谐运动，周期是$2\pi\sqrt{l/g}$，l和g分别是摆长和重力加速度，与质点质量无关。

复摆 在重力作用下绕固定转轴摆动的刚体。摆动周期为$2\pi\sqrt{\frac{I}{mgd}}$，I是绕固定轴的转动惯量，m是质量，d是质心到固定轴的距离。

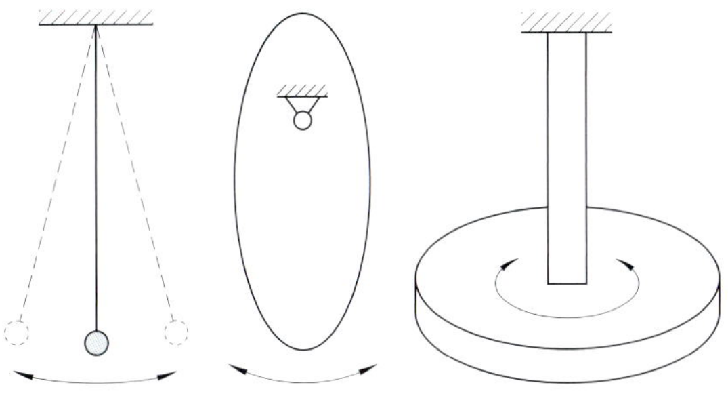

单摆　　复摆　　扭摆

扭摆 由细弹性杆支撑能绕杆轴扭转的装置。

摆线 cycloid 一类特殊的平面曲线。当平面上的一个圆沿一条直线作无滑动的滚动时，圆上一点P的轨迹称为摆线。该圆称为摆线的母圆，该直线称为摆线的准线。把准线取作x轴，起始位置的母圆与准线的切点为原点，则摆线的参数方程为

$$\begin{cases} x=r(t-\sin t) \\ y=r(1-\cos t) \end{cases}$$

其中r是母圆的半径，参数t是母圆沿准线滚动时转过的角度（弧度制，见图）。

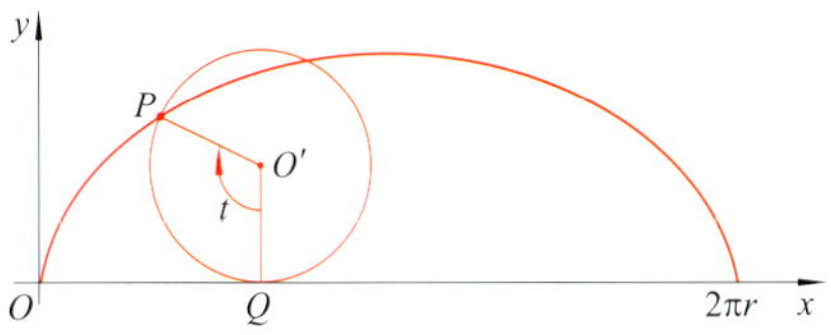

摆线的形成

摆线有许多特别的性质，且在机械工程中有广泛的应用。例如，摆线有等时性，即小球沿摆线形槽轨运动的周期完全决定于摆线母圆的半径和重力加速度，与小球在摆线上的起始位置无关。这种等时性是由C.惠更斯发现的，为理想钟摆的设计提供了理论依据。

与摆线同类的曲线还有短摆线（圆内一点的轨迹）、长摆线（圆外一点的轨迹）；还能够把另一圆作为准线，让母圆沿准线作无滑动的滚动，得到内摆线（母圆在准线圆内）和外摆线（母圆在准线圆外），它们在齿轮设计中有应用。

败血症 septicemia 由病原菌侵入血液，在血液中繁殖并产生毒素所致的全身性感

染和毒血症。表现为发病急骤，有寒战、高热（39～40℃）、全身不适、头痛、心率加快、呼吸急促、恶心、呕吐等，严重者可出现烦躁、惊厥、抽搐、昏迷、面色及皮肤苍白或发花、口唇和甲床紫绀、四肢湿冷、脉细速、血压下降、尿量减少或无尿，有的还发生皮肤黏膜或内脏广泛出血、多个脏器功能衰竭等。凡有骤起寒战、高热、白细胞及中性粒细胞明显增加，而无局限于某一系统感染的倾向时；或有局部病灶、导管及医疗器械操作史等均应考虑有败血症的可能；血液或骨髓培养阳性为确诊的依据。治疗关键在于及时选用有效的抗菌药物。预防以保持皮肤和黏膜的清洁和完整，避免创伤，切忌挤压或用针挑刺疮疖；做好医院内感染的监测和控制；合理使用免疫抑制剂和抗菌药；对导管及医疗器械的操作，应严格掌握适应证、注意无菌操作、减少创伤和及时拔除导管。做好对免疫功能低下患者的防护等。

拜耳 Baeyer, Adolph von（1835-10-31～1917-08-20） 德国化学家。生于柏林，卒于施塔恩贝格。曾在海德堡大学学习化学，是R.W.本生和F.A.凯库勒的学生。1858年获柏林大学博士学位，1860年任该校化学讲师。数年后任柏林工业研究所化学研究室主任。1872年任斯特拉斯堡大学化学教授。1875年任慕尼黑大学教授。1863年发现了巴比妥酸——巴比妥类安眠药的母体。1865年开始靛蓝染料的研究工作，1880年合成了靛蓝，1883年确定其结构。1885年根据碳原子正四面体的模型建立了张力学说。1881年英国皇家学会授予他戴维奖章，表彰他在靛蓝方面的成就。1905年他因研究有机染料和氢化芳香族化合物的贡献而获诺贝尔化学奖。同年，他的科学论文集出版。

拜科努尔航天中心 Baikonur Space Center 俄罗斯最大的航天器和导弹发射试验基地。建于1955年。位于哈萨克斯坦共和国的丘拉坦沙漠地带，占地广阔，装备齐全。苏联解体后，拜科努尔发射场划归哈萨克斯坦。1994年，俄哈两国签署拜科努尔发射场的租赁协议，期限20年，租金为每年1.15亿美元。2004年1月又签署协议，租期至2050年，每年租金1.15亿美元。发射场中心区坐标是东经63° 20′、北纬46°。发射场由发射区、保障区和测控站等组成。为跟踪观测航天器和导弹飞行情况，在发射场和沿西伯利亚、远东地区及太平洋的长达1万多千米的航线上，设有许多固定测控站，有时还使用海上测量船。世界上第一颗人造卫星和第一艘载人飞船都从这里飞向太空。后来，“联盟”号系列载人飞船、“礼炮”号和“和平”号空间站，还有部分人造卫星和“月球”号、“金星”号、“火星”号空间探测器也是从这里发射。

拜科努尔发射场一角

拜拉特夜 Laylat al-Barā' ah 伊斯兰教节日。意为赦免之夜。在伊斯兰教历8月15日夜。相传该夜真主大开宽恕、怜悯之门，凡悔过自新者必获赦免。又传该夜决定人们来年的生死祸福，故又称换文卷夜。穆斯林于该夜诵经、礼拜、长祷、施舍，白日封斋，以求护祐和恩赐。在14日夜为死者诵经，施舍，并放烟火庆祝。在伊朗和南亚称白拉台夜。

拜伦 Byron, George Gordon（1788-01-22～1824-04-19） 英国诗人。生于伦敦，卒于希腊米索隆吉。10岁承继男爵爵位，求学于哈罗公学和剑桥大学。成年后为上议院议员。在学生时代开始写诗。第二部诗集《闲暇的时刻》（1807）受到《爱丁堡评论》的攻击。他以《英国诗人和苏格兰评论家》（1809）一诗进行回击，初次显露讽刺才能的锋芒。1812年发表叙事长诗《恰尔德·哈罗尔德游记》的前两章。长诗塑造了一个漂泊四方的流浪者恰尔德·哈罗尔德的形象，他想投入到大自然的怀抱里，却始终摆脱不掉忧郁的情绪和孤独厌世的人生观，在很多方面都是诗人自己的化身。这首长诗轰动了当时的英国文坛。1812～1816年，他又相继写出叙事诗《异教徒》（1813）、《海盗》（1814）、《莱拉》（1814）等，并创作了《恰尔德·哈罗尔德游记》的第三章。完成于1817年初的哲理诗剧《曼弗雷德》以更深刻的内容和更高的境界体现了拜伦式英雄的内涵。1818年在写完《恰尔德·哈罗尔德游记》第四章后，开始创作叙事长诗《唐璜》。诗人利用早在欧洲流行的关于唐璜的传说，通过主人公奇特、复杂的经历，广泛描述欧洲社会生活。无论在内容和艺术上都十分丰富精彩，代表了19世纪英国诗歌的最高成就。1820～1824年，拜伦还创作了一系列戏剧作品，如《该隐》（1821）、《马林诺·法里埃罗》（1821）、《撒丹纳巴勒斯》（1821）、《福斯卡里父子》（1821）、《维纳》（1823）等。它们与他的诗歌一样，以忧郁的感情和神秘的基调受到读者的欢迎。

因遭到英国上层社会的毁谤，1816年诗人移居意大利。1823年7月，为支援希腊的民族独立战争，拜伦率领自己组织的远征军亲赴战场，于翌年在希腊病逝。

拜塞涅伊 Bessenyei György（1747～1811） 匈牙利小说家、戏剧家、思想家。长篇讽刺小说《泰里梅什旅行记》（1804）描写了一个理想的社会，揭露和嘲笑贵族的专横跋扈，对农民的悲惨境况表示同情。历史悲剧《阿吉什》（1772）描写了古代斯巴达克反抗统治者的英雄故事。《阿蒂拉和布达》（1773）歌颂匈牙利民族英雄的光荣事迹。喜剧《哲学家》（1777）宣扬自由、平等思想，主张人人都要有高尚的道德。他的作品结构严谨，形象鲜明，语言简练，善于运用讽刺手法。

拜上帝会 God Worshippers' Society 中国清代太平天国领袖洪秀全吸收基督教教义而成立的特殊基督教组织。19世纪中期，洪秀全受基督教布道书《劝世良言》的影响，在家乡广东花县（今花都区）组织拜上帝会，

拜上帝会礼拜堂

并模拟《劝世良言》写成《原道救世歌》、《原道醒世训》、《原道觉世训》等书，作为该会教义，同时又制定了宗教仪式与会规。洪秀全曾专程到广州学习基督教教义，但因其“信仰不纯”而未能受洗。其后他便自称上帝次子，称耶稣为天兄，并将此作为组织管理农民起义队伍的手段。拜上帝会虽曾得益于基督教，但在许多方面与基督教大相径庭。洪秀全以拜上帝会为组织形式，以会员为基本力量，发动反清武装起义，建立了太平天国。

拜堂 traditional ceremonial obeisance 中国传统婚姻礼仪。是婚礼过程中最重要的大礼。指新郎新娘参拜天地后，复拜祖先及男方父母、尊长的仪式。也有将拜天地、拜祖先及父母和夫妻对拜都统称为拜堂者。

拜堂中的夫妻对拜

拜堂之后，即正式结为夫妻。因多在堂室举行，故称。又称拜天地、拜花堂、拜堂成亲。广泛流行于全国许多地区。南北朝时，夫妻对拜固定为婚姻礼仪。唐以前北方地区民间称“交拜礼”，在特设的青庐举行。唐时“拜堂”一词正式出现。北宋时，新婚日先拜家庙，行合卺礼，次日行新妇拜堂礼。至南宋，则改在新婚当天举行。一般在男方家堂前设供案，置香烛，陈祖先牌位等，新人就位后，随礼生诵唱，如仪依序跪拜天地、高堂（父母）以及夫妻对拜。现代婚礼中多不跪拜，改行鞠躬礼，不拘成规。

拜物教 fetishism 原始人把某些特定物体当作具有意志和影响力的活物而加以崇拜的宗教，与拜神教相对。由于对自然现象缺乏理解，原始人以为许多物体（包括自然物和人造物）如石块、木片、树枝、弓箭等具有活力和灵性，从而加以崇拜，视其具有神秘的、超自然的性质，能够支配人的命运。这种崇拜通常是直接对某个具体之物或某类物体加以膜拜，有时亦可塑造出某一物件作为膜拜对象。拜物教的提法及其研究可以追溯到18世纪法国思想家C.de布罗塞1760年发表的《物神崇拜》。所谓“拜物”即指一种对载有神力的物体的崇拜，如果这一物体为石头、木料、骨架或土块等实物，或是由之构成的偶像，其中“附有神秘的魂灵”，就被视为一种“鬼魂拜物教”；若物体被认为载有某种捉摸不透的“神力”，则被称为“神力拜物教”。这些具有特别作用的“神力”一般指它对人类有利和带来好处的方面，而对人类不利和有着危害的方面则被称为“禁忌”。拜物教的影响在文明社会仍然存在，如对“圣物”、“圣人”遗骨或遗物、护身符的崇奉和运用等。此外，在现代社会中对商品、货币、资本等的崇拜亦被视为商品拜物教、货币拜物教和资本拜物教。

拜占廷帝国 Byzantine Empire 罗马帝国的后继者东罗马帝国的别称。中国史书称大秦或拂菻。330年罗马皇帝君士坦丁一世在古希腊移民城市拜占廷旧址定都，并改名为君士坦丁堡。395年，罗马帝国分裂为东西两部分。东罗马帝国建都君士坦丁堡，因此又称拜占廷帝国。帝国版图横跨欧、亚、非三洲交界处，领土以巴尔干半岛和小亚细亚为中心，包括亚美尼亚、叙利亚、巴勒斯坦、美索不达米亚和埃及。帝国初期，手工业和商业发达，城市繁荣，农业上隶农制占优势。5世纪时拜占廷在经受“蛮族”入侵之后度过了奴隶制的危机，逐渐演变为封建制国家。拜占廷帝国存在千余年。

帝国历史可分为3个时期：初期止于希拉克略一世（610～641年在位）即位前，中期止于马其顿王朝巴西尔二世（976～1025年在位）时期，后期至1453年帝国灭亡。

帝国实行君主专制。395～1453年共有107个皇帝。著名的皇帝有**君士坦丁一世**（306～337年在位）、**查士丁尼一世**（527～565年在位）等。皇帝位居至尊，进行集权统治。除设置训练有素的常备军外，并拥有庞大的雇佣军。

14世纪初奥斯曼帝国兴起，不断侵犯拜占廷领土，最后迫使其退缩于君士坦丁堡一隅之地。1453年5月29日奥斯曼苏丹穆罕默德二世攻陷君士坦丁堡，拜占廷帝国灭亡。

拜占廷帝国融合罗马帝国的政治传统、希腊文化和希腊正教，创造了具有独特风

查士丁尼一世晚期的拜占廷帝国版图（565）

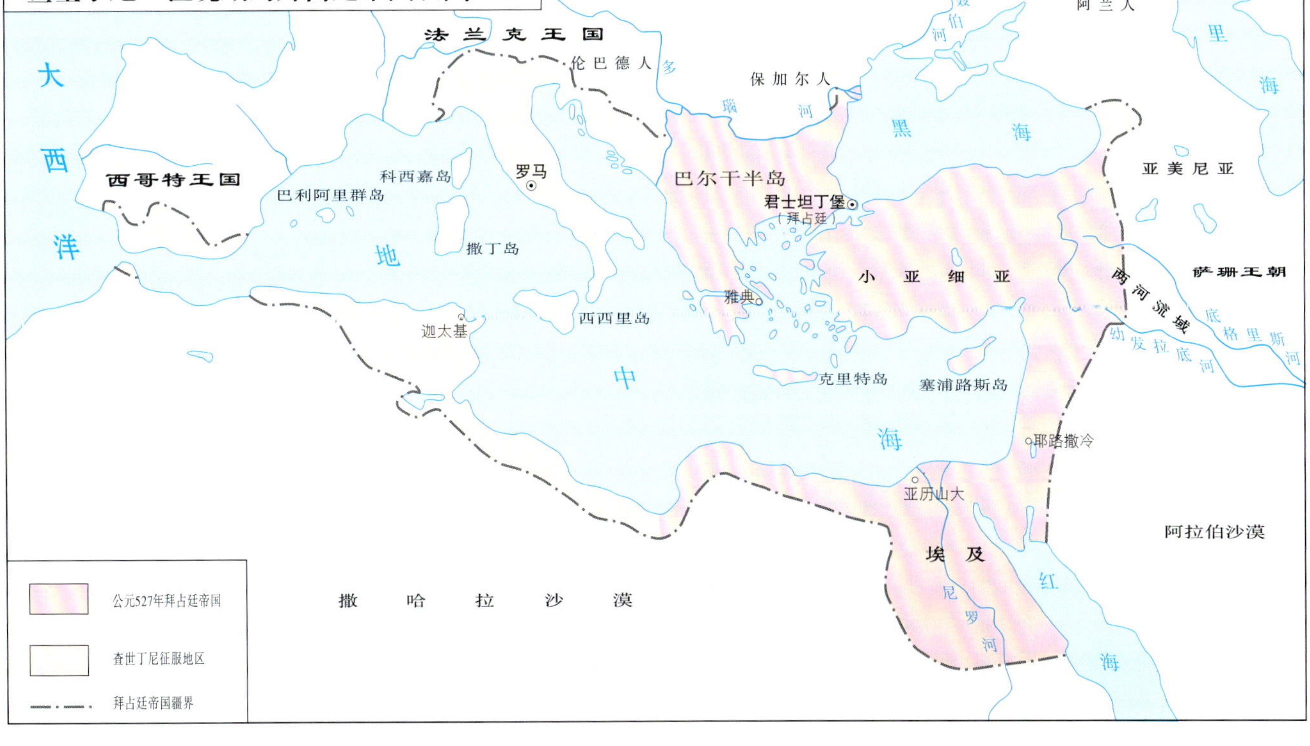

格的拜占廷文化。建筑艺术方面，如圣索菲亚大教堂，尤以雄伟庄严著称；还有皇帝圣宫和竞马场驰名于当时。拜占廷帝国将文字和东正教传给斯拉夫人。它所保存的希腊、罗马古典文化，对意大利的文艺复兴运动起了一定的作用。拜占廷帝国在国际经济和文化交流方面还起过东西方的“金桥”作用。

拜占廷美术 Byzantine art 君士坦丁堡时期（330～395）的罗马帝国和东罗马帝国（395～1453）的美术。拜占廷原为希腊的殖民城市，330年，罗马皇帝君士坦丁一世迁都于此，改名为君士坦丁堡。拜占廷美术源自罗马，确立于5～6世纪的君士坦丁堡，繁荣期延续到1453年奥斯曼土耳其人占领君士坦丁堡。

性质 拜占廷美术首先是宗教美术。拜占廷建筑是基督教教会的建筑，绘画作品多取材于《圣经》，其形式和人物表情处理都须遵循具有神学意义的传统模式。拜占廷美术也是封建帝国的艺术，它炫耀帝国的强大和帝王的威严，把帝王表现为基督在尘世的代理人。拜占廷美术还被看作东西方融合的艺术，它注重色彩的灿烂，装饰的华丽，强调人物精神的表现。

分期 拜占廷美术在1 000多年的发展中经历了几次大的风格变化。早期拜占廷美术在一定程度上仍保持了西方古典传统。6世纪，拜占廷美术发展进入了第一盛期，它的独特风格在建筑、绘画和其他造型艺术中建立起来，其艺术观念和形式都发生了变化。艺术家不再考虑人物形象的物质存在及其在空间中的体积和运动处理，而是更多地强调表现更内在的精神体验，并赋予某种超自然的、神秘的象征意义。这一时期的绘画中，程式化了的人物形象有着圣者的超然、宫廷的优雅，其衣饰细节处理反映了半东方式的奢华。843年圣像争论平息下来后，拜占廷美术发展进入第二盛期，即所谓马其顿文艺复兴时期。这一时期的美术创作被纳入固定的图像模式，创作主题和表现手法都向程式化发展。艺术形象原有的美有所丧失，开始表现出一定的人间情感。人们对世俗艺术和古典晚期艺术产生了新的兴趣。13世纪后半叶至15世纪中叶，被称为拜占廷文艺复兴时期，即帕里奥洛加斯时期，也被看作拜占廷美术的第三盛期。在这个政治混乱、经济极度衰落的时期，拜占廷美术却再度繁荣，影响到意大利及南欧、巴尔干半岛，并对俄国产生很大影响。

图2 《查士丁尼皇帝及其侍从》

建筑 拜占廷建筑的中心结构是主穹窿，它支配整个建筑，并以不同形式与辅助拱结合，创造出丰富的内部空间组合。第一盛期的建筑仍沿用早期基督教时期的巴西利卡设计，这种采用木梁平顶长方形结构的教堂在4～6世纪大量修建。从6世纪开始，以砖石拱顶和穹窿为特征的建筑发展起来。拉韦纳的圣维塔莱教堂（525～547）是典型的建筑，它采用八角形集中式设计。在它的内部，彩色大理石、镶嵌画、柱头雕刻等造成特殊的装饰效果。

6世纪，穹隅支撑穹窿的圆屋顶的巴西利卡式建筑得到发展，这种类型的建筑杰作是君士坦丁堡的圣索菲亚大教堂（532～537，图1）。

晚期拜占廷建筑的典型设计是希腊十字式。在这种设计中，主穹窿在4个基本方向由4个互成直角的支架拱顶提供支撑，支架拱相交处的4个角上坐落着另外4个穹窿。希腊十字式教堂一般规模较小，它的特点是以清晰的逻辑、合理的比例与均衡悦人心目。

图1 圣索菲亚大教堂内部

雕塑、镶嵌画、壁画 早期拜占廷雕塑和壁画在风格上仍是古典的，人物造型有着古典式的自然与优雅。然而，新风格很快就在这种艺术中发展起来，5世纪的一些雕塑在非写实的构图与造型及其强调精神性的表现上，已经是拜占廷风格了。石棺浮雕是拜占廷雕塑的重要组成部分，有许多这类作品保留下来。在教堂内部装饰中，雕塑几乎仅限于柱头、上楣和石制祭坛屏饰，其形式多为浅浮雕和透雕。镶嵌画和壁画取代雕塑，成为占主导地位的教堂装饰艺术。

拜占廷镶嵌画继罗马时代之后又一次获得繁荣发展，取得了很高的艺术成就。镶嵌画由小块彩色大理石或彩色玻璃拼嵌而成，色彩鲜明璀璨是它的基本特点之一。圣维塔莱教堂祭坛两侧的镶嵌画《查士丁尼皇帝及其侍从》（图2）和《西奥多拉皇后及其侍女》是拜占廷美术的著名作品。画中正面站立的人物形象表现一种美的理想，他们有着纤长的形体，端正的面孔，专注的大眼睛，庄严的神态和华丽的衣饰。这些人物被赋予神圣的特质：带有圣光环的皇帝和皇后被表现为基督和圣母的尘世代理人。

后期拜占廷镶嵌画和壁画强调严格的秩序，以及画像几何关系的完美与和谐。教堂装饰统一化，作品的主题处理及其在教堂里的布局都须遵循一定的模式。在绘画形式上，风格化的线条描绘成为造型的主要手段，空间观念更加抽象，色彩更加单纯，人物形象失去了肉体的存在，成为精神的象征。作于10世纪末的圣索菲亚大教堂镶嵌画就是这种风格的作品。

帕里奥洛加斯时期，镶嵌画和壁画的纪念性减弱，宏大的构图让位于纤巧而精微的细节描绘。绘画题材增多，题材处理更加自由；但是，整个装饰体系却失去了原有的统一性和整体感。镶嵌画减少，壁画大量出现。这一时期的重要作品有君士坦丁堡乔拉教堂的壁画和镶嵌画，其中的镶嵌画《马利亚的生涯》以优雅细腻的色调著称。

插图 拜占廷插图以东方式的装饰色彩、风格化的形象处理和灿烂的金色背景为特征。现存第一盛期插图代表作有《维也纳创世记》、《罗森诺福音书》和《西诺普福音书》中的作品。《维也纳创世记》的每页手稿下方都绘有生动而富有表现力的画面，其中很多画面表现了连续的情节。《西诺普福音书》中的插图有着更多的东方色彩，画中的透视、空间和背景处理较之圣维塔莱教堂的镶嵌画更为出色。

圣像争论时期出现了两种插图抄本：一种遵照官方的禁令不表现宗教图像；另一种则在抄本边页上绘满圣经故事或者讽刺圣像破坏者的图画。圣像争论时期之后的大多数抄本书籍中都出现了具有独立艺术价值的插图。

拜占廷插图在10～11世纪达到高潮，随后盛极而衰。1204年君士坦丁堡被占领后，插图创作衰落下来。

工艺美术　象牙雕刻、宝石镶嵌、金属雕刻和织锦等工艺美术在豪华的拜占廷文化中占有重要地位。象牙雕刻，如饰板、执政官折合板、首饰盒和圣物盒等曾被大量制作。拉韦纳的《马克西米连宝座》是第一盛期的重要饰板雕刻作品，它的正面和侧面雕刻分别表现了圣约瑟、圣约翰和福音传道者的形象。执政官折合板常被用来歌颂执政官的业绩，它的一叶饰板通常雕有执政官的肖像，另一叶雕刻着人物、场景或装饰母题。第二盛期的牙雕杰作之一是10世纪的饰板雕刻《基督为罗曼努斯四世和皇后加冕》。作品采用对称构图，其中两个人物的姿态几乎互为镜中的映像；雕刻人物的珠宝镶嵌衣饰与当时的镶嵌画和插图中的同类题材有着共同的特征。

拜住　Bai Zhu (1298～1323)　中国元英宗硕德八剌朝丞相。蒙古札剌儿氏。木华黎五世孙，安童之孙。至大二年（1309），袭为怯薛长。延祐二年（1315），任太常礼仪院使。好儒学，常延请儒士咨访古今礼乐刑政、治乱得失。七年三月，英宗即位，任中书平章政事。五月，升中书左丞相，助英宗对抗受太皇太后答己支持的右丞相铁木迭儿一党势力。至治二年（1322），铁木迭儿、答己相继去世，拜住升中书右丞相，助英宗改革朝政，起用汉人儒臣，裁减冗官，穷治铁木迭儿余党，减轻徭役，颁行《大元通制》。次年，与英宗同被铁木迭儿余党铁失等杀害。

稗　*Echinochloa crus-galli*; barnyardgrass　禾本科稗属的一种。一年生草本植物。又称稗草、稗子。广布全球温暖地区，中国各地都有。此属约15种，中国有3种（内含1个变种）。株高50～130厘米。须根庞大；茎丛生，光滑无毛；叶片主脉明显，叶鞘光滑柔软，无叶舌及叶耳，是与水稻的主要区别；圆锥花序；小穗密集于穗轴一侧，颖果椭圆形，有光泽。

晚春型杂草，适应性强。喜温暖湿润环境，既能生长在浅水中又较耐旱，并耐酸碱。最适发芽温度为20～25℃，在土壤湿润条件下，种子在深达4～5厘米的土中仍可萌发。果实可作饲料，也可酿酒。适应性和繁殖力强，是危害水稻的难以除尽的杂草。药剂防治可在种子萌发前用除草

稗形态

醚、杀草丹、丁草胺施于表土，种子萌发后可用禾大壮，稗苗二叶期用敌稗喷雾。

扳指　thumb ring　中国古代射箭拉弓时的用具。又作“搬指”或“班指”。圆管状，套于右手大拇指上。本名“抉”或“韘”。最初多以兽骨制成，后常用玉、翡翠等为质料。

殷墟妇好墓曾出土1枚深绿色玉扳指，下端平齐，上端作前高后低的斜面形，可套入成人拇指。正面雕兽纹，有二圆孔，背面下端有凹槽，可用来系绳固定。扳指在商周以后的墓葬中时有出土，传世实物多为清代制品。高度多为2～3厘米，内径可容右手拇指，但似乎更重在作为佩饰的功用。清朝皇室崇尚武功，提倡骑射，扳指因而大行于世，甚至不操弓矢的文士亦有戴用者。

班本杜人　Bambundu　西南非洲安哥拉共和国的主要民族之一。又称姆本杜人、安本杜人、金本杜人。约435万人（2008）。另有部分人分布在刚果（金）（14.5万）、赞比亚（11万）。属尼格罗人种班图类型。使用班本杜语，属尼日尔-科尔多凡语系刚果班图语群。多保持万物有灵原始信仰，部分人信奉基督教。约在13世纪，南迁的班图人的一支进入安哥拉北部和中部，其中定居在宽扎河地区的就是班本杜人。除班本杜人本支外，还包括姆巴卡人和恩东戈人等支系。16～17世纪先后建立过两个强盛的封建

班本杜人成人礼仪式

王国：恩东戈和马坦巴。1560年葡萄牙殖民者侵入恩东戈王国。1884年以后，安哥拉沦为葡萄牙的殖民地。1975年，班本杜人与国内其他民族一起获得独立。主要从事锄耕农业，也事狩猎和渔业，地区贸易较发达。由于处在萃萃蝇分布区，只饲养鸡、狗和山羊。传统社会行一夫多妻制，有寡嫂弟娶习俗。男子行割礼。婚后妇方居，并服役一年或数年。甥舅同居。按母系续谱和继承财产。

班彪　Ban Biao（公元3～54）　中国东汉史学家。字叔皮。扶风安陵（今陕西咸阳东北）人。新莽末为河西大将军窦融从事。后随窦融归东汉，任徐令。因病免官后专心著史。以《史记》叙事止于汉武帝太初年，作《后传》为《史记》续篇。后起用为司徒玉况府和望都县长。死后其《后传》由子班固、女班昭增补成《汉书》。

班禅额尔德尼　Pan chen er te ni　中国藏传佛教格鲁派两大活佛转世系统之一的称号。“班”为梵文“班智达”的略称，意为“学者”；“禅”为藏语“禅保”的略称，意为“大”。“班禅”即大学者之意。“额尔德尼”，满语，意为“珍宝”。班禅的名称，始自罗桑确吉坚赞。1645年，罗桑确吉坚赞因帮助青海蒙古和硕特部顾实汗征服西藏有功，获“班禅博克多”称号，此为班禅名义之始，清顺治帝亦封之为金刚上师，令主持后藏扎什伦布寺，并划后藏部分地区归其统辖。罗桑确吉坚赞圆寂

国务院颁授班禅十一世的金印

后，其徒众采用转世制度，追认克主杰、索南乔朗、罗桑顿珠为前三世班禅，罗桑确吉坚赞为第四世班禅，遂形成班禅活佛转世系统。清康熙五十二年（1713），清廷加封班禅五世罗桑意希“额尔德尼”称号，颁赐金册金印，正式确认其在藏传佛教中的重要地位。班禅额尔德尼被认为是无量光佛的化身。已传十一世，历代班禅以四世、五世、六世、九世最为著名。第十世班禅额尔德尼·确吉坚赞于1989年1月圆寂，生前坚决拥护国家的统一和民族团结，支持西藏的民主改革，曾任全国人大副委员长，中国佛教协会名誉会长。班禅额尔德尼·确吉杰布是通过金瓶掣签仪式认定的班禅十世的转世灵童，1995年经国务院批准成为第十一世班禅，并于同年12月于扎什伦布寺举行了隆重的坐床典礼，被授予汉藏两体文金印金册。

班禅额尔德尼·班丹益希　Pan chen sku phreng drug pa dpal ldan ye shes（1738～1780）　中国藏传佛教格鲁派第六世班禅额尔德尼。藏族。西藏南木林人。母为拉达克土王之女。

清乾隆六年（1741）入日喀则扎什伦布寺出家。三十年受清朝颁赐金册，四十二年为达赖八世授比丘戒。四十五年七月至热河（今河北承德）避暑山庄，庆贺乾隆帝（清高宗弘历）70寿辰，是第一个到内地来的班禅。乾隆帝在承德仿照扎什伦布寺的形式，为他修建须弥福寿庙居住诵经。八月随乾隆帝回到北京，驻锡西黄寺，十一月因出痘圆寂。四十六年春，其肉身金龛返藏，乾隆帝亲至西黄寺礼送。四十七年乾隆帝敕建清净化城塔院于西黄寺之西，藏其经咒衣履。

班禅额尔德尼·罗桑确吉坚赞　Pan chen sku phreng bzhi pa blo bzang chos kyi rgyal mtshan（1570～1662）　中国藏传佛教格鲁派第四世班禅额尔德尼。藏族。西藏后藏兰珠甲（lhan-drug-brgya，今日喀则）地方人，圆寂于同地扎什伦布寺。出身差巴（平民）。13岁入恩贡寺出家，受沙弥戒，法名善慧法幢。22岁在扎什伦布寺受比丘戒。后被恩贡寺僧众公推为该寺活佛。明万历二十四年（1596）赴扎什伦布寺、甘丹寺深造，赢得盛名。二十六年返回恩贡寺。3年后就任扎什伦布寺第十六任赤巴，大力整饬寺规僧纪，阐扬格鲁派教法，创建扎什伦布寺祈愿大法会。四十四年（1616）达赖四世云丹嘉措圆寂，就任前藏哲蚌、色拉两大寺主持，挑起了格鲁派寺院集团领袖重任。明末，与达赖五世阿旺罗桑嘉措共商邀请顾实汗出兵消灭了格鲁派敌对势力，后又与达赖五世一起遣使盛京（沈阳），谒见清太宗皇太极，主动表示归顺。谕旨其两人间互以年长者为师，学习经典。这是达赖喇嘛与班禅额尔德尼互为师徒的开始。清定都北京，敬献多种贡品。顾实汗赠给其“班禅博克多”（意译为睿智英武的大学者）称号。毕生著书立说4函105种，多为阐述佛教经义。

班禅额尔德尼·确吉坚赞　Pan chen sku phreng bcu pa chos kyi rgyal mtshan（1938-02-16～1989-01-28）　中国藏传佛教格鲁派第十世班禅额尔德尼。曾任中国佛教协会

名誉会长，全国人民代表大会常务委员会副委员长、全国政协副主席。幼名官保慈丹。藏族。青海省循化人。圆寂于日喀则扎什伦布寺。远祖出于西藏萨迦昆氏家族。1937年九世班禅圆寂，1941年班禅堪布会议厅指认他可能为班禅转世灵童之一。1944年拉卜楞寺活佛计美赤来嘉措主持辨认仪式，确认其为转世灵童，授法名确吉坚赞，迎请至塔尔寺内供养，接受严格的经学教育，潜心研习佛教经典。1949年经中华民国中央政府批准于8月10日在塔尔寺举行坐床典礼。1949年10月1日，致电毛泽东主席和朱德总司令，表示拥护中央人民政府，愿为解放西藏、完成祖国统一贡献力量。1951年4月27日率堪布会议厅官员45人抵达北京，参与中央人民政府与西藏地方政府关于和平解放西藏的谈判。5月29日发表声明，拥护谈判达成的协议。次日致电达赖喇嘛·丹增嘉措，表示愿与之精诚团结，共商国是。1952年4月28日在拉萨布达拉宫与达赖喇嘛·丹增嘉措举行了初次会见。1956年4月西藏自治区筹备委员会成立，相继担任第一副主任委员、代主任委员。是第二届、五届、六届、七届全国人大常委会副委员长，全国政协第二届、五届副主席。

班禅额尔德尼·确吉杰布　Pan chen sku phreng bcu gcig pa chos kyi rgyal po（1990-02-13～　）　中国藏传佛教格鲁派第十一世班禅额尔德尼，中国佛教协会副会长。西藏那曲地区嘉黎县人，幼名坚赞诺布。藏族。1989年第十世班禅额尔德尼·确吉

坚赞于日喀则圆寂，班禅转世灵童寻访领导小组和顾问小组，与由扎什伦布寺的主要活佛、堪布、高僧等组成寻访班子，遴选出三位转世灵童候选人，坚赞诺布就是其中之一。1995年11月29日，拉萨大昭寺举行金瓶掣签仪式，认定坚赞诺布为十世班禅的转世灵童。后经国务院批准成为十一世班禅额尔德尼，法名确吉杰布。同年12月8日，在国务院代表和特派专员的主持下，于扎什伦布寺举行了隆重的坐床典礼，并被授予汉藏两体文金印金册。2002年、2007年列席了中国共产党第十六次、第十七次全国代表大会的开幕式和闭幕式，并表示一定要按照爱国爱教、护国利民的要求，为维护祖国统一和民族团结，为西藏的发展进步作出自己的贡献。2010年2月增补为全国政协第十一届委员。

班超　Ban Chao（公元32～102）　中国东汉外交家、军事家。字仲升。扶风安陵（今陕西咸阳东北）人。父班彪、兄班固、妹班昭、子班勇。明帝永平十六年（公元73），奉车都尉窦固伐北匈奴，以班超为假司马，将兵别击伊吾，战于蒲类海（今新疆巴里坤湖），有功。随后，固又遣超率吏士36人出使西域南道，在鄯善（今新疆若羌一带）定计消灭了匈奴使者，使鄯善专心臣服于汉。窦固奏报朝廷，升超为军司马。班超复受命出使，使于阗（今新疆和田一带）也臣服于汉。十七年，班超到疏勒（今新疆喀什一带）。疏勒王兜题为龟兹（今新疆库车一带）所立，非本国人，班超废除兜题，另立疏勒前王兄子忠为王，深得疏勒国人拥护。章和元年（公元87），班超率于阗诸国兵大破莎车，莎车降，威震西域。贵霜王遣使奉献，并求娶汉公主，被超拒绝，因此怀怨。和帝永元二年（公元90），贵霜遣其副王谢率兵七万越过葱岭攻超，为超所败，此后不敢再侵犯。三年，龟兹、姑墨皆降，汉廷以超为西域都护，驻龟兹境。六年，超率龟兹、鄯善诸国兵讨焉耆，大破之，斩其王，西域遂平，50余国都遣质子臣属于汉。七年，封超为定远侯。九年，班超遣甘英出使大秦，抵达安息西境，未到大秦而还。十二年，班超年老，上疏请归，诏还。十四年，到洛阳，拜射声校尉，不久去世。班超在西域31年，主要依靠当地兵力，平定了城郭诸国的内乱，对外抵御了强敌，人心向附。自汉置西域都护以来，班超功绩最为卓著。

班达海 Banda Sea 印度尼西亚东部岛间海，由努沙登加拉群岛往东延伸的环状岛弧围绕，介于苏拉威西、布鲁、塞兰、塔宁巴尔与帝汶诸岛之间，与马鲁古、塞兰、阿拉弗拉、帝汶、萨武、弗洛勒斯诸海相通，属太平洋。面积69.5万平方千米，平均水深3 000米，有相当面积深4 000～5 000米，东头韦伯海盆最深7 293米。盐度33～34。边缘岛弧多火山与珊瑚礁，海域西南的亚比火山孤悬海中，从水下4 500米处升起，高出海面670多米，成为深海中难得的净高5 170多米的俊秀孤峰。1820、1852年的猛烈喷发，给孤峰造成很大破坏；东北的班达群岛则以珊瑚礁围成的“海底花园”吸引旅游者。

班达拉奈克家族 Bandaranaike, clan of 斯里兰卡的政治家家族。班达拉奈克家族可追溯至中世纪，曾世代担任锡兰的穆达利亚尔（大首领）。这一家族中所罗门·班达拉奈克居于突出地位。所罗门·班达拉奈克早年就读于英国牛津大学，回国后投身政界，1931年进入国会。1952年当选为众议院反对党领袖。1956年组成人民联合阵线，同年4月12日就任斯里兰卡政府总理。所罗门·班达拉奈克奉行和平、中立和不结盟的对外政策；对内大力发展民族经济，同时努力发扬民族传统文化。1959年9月25日遇刺，次日身亡。其妻西丽玛沃·班达拉奈克（1916～2000）继任自由党主席，并于1960年和1970年出任政府总理，长达7年，成为世界上首位女总理。所罗门·班达拉奈克的女儿钱德里卡·班达拉奈克·库马拉通加1992年担任其母领导的自由党主席。1993年自由党联合其他党派组成人民联盟，库马拉通加任副主席。1994年出任政府总理，随后在11月举行的全国大选中当选为斯里兰卡总统。1999年连任。所罗门·班达拉奈克的儿子阿努拉·班达拉奈克1977年当选国会议员，1993年加入统一国民党，2000年当选斯里兰卡国会议长。

班达人 Banda 中部非洲跨界民族。主要聚居于中非共和国，约162万人（2002）。部分分布在刚果（金）北部（82万）、苏丹东南部（1.5万）和刚果（布）北部边境地区（1万）。属苏丹尼格罗人种。分林达人、莫诺人、雅克拉人、比里人、本戈人等支系。使用桑戈语的班达方言，属尼日尔-科尔多凡语系尼日尔-刚果语族东阿达马瓦语支。多保持传统宗教，崇拜自然力和祖灵，部分人信天主教。原居达尔富尔地区，19世纪上半叶南迁至科托河、格里宾吉河和法法河上游地区，与格巴雅人血缘相近。行一夫多妻制，流行姐妹共夫。按父系组织社会。主要从事农业，种植高粱、玉米、

木薯和芋头，大量生产棉花和花生，兼事畜牧业或渔业。

班达亚齐 Banda Aceh 印度尼西亚亚齐特别自治区首府。人口17.79万（2005）。位于苏门答腊岛西北端。历史悠久，亚齐王国（1205～1939）故地。13世纪末伊斯兰教首先传入亚齐。第二次世界大战时被日本侵占，战后随同印度尼西亚独立并统一。亚齐特区人口410万（2003），其中超过340万人笃信伊斯兰教。1959年印尼中央政府给予亚齐“特别领土”地位，2001年7月国会批准给予亚齐“特别自治权”，使其在宗教、文化、教育等方面享有部分独立性。特区居民大部分是马来人种亚齐人，70%讲亚齐语。以农业为主。木材、石油和天然气资源丰富，占印尼出口总量的15%。城市商业发达，生产黄金珠宝饰物、丝棉织品、灯、雕花铜碗、织锦和短剑等手工艺品，有造船业和渔港，附近开采石油，有规模不小的液化天然气厂。西郊有外港乌累胡威，南郊有机场。有公路和铁路通东部沿海城市。特区名胜有巴图拉赫曼清真寺、亚齐博物馆、苏丹行宫、S.巴扎皇家遗址、卢比雅海洋公园、里库塞国家公园、林吉·伊萨克狩猎区等。有国立西伊阿库拉大学。

班公错 Bangong Co 中国西藏自治区西部边境界湖，内陆断陷湖。藏语意为“明媚而狭长的湖”。曾名错木昂拉仁波。位于喀喇昆仑山和阿龙干累山之间，西藏自治区日土县境内，西端伸入克什米尔境内。湖面海拔4 241米。湖区气候干燥，原为外流湖，后演化为内流湖。全湖面积604平方千米，其中中国境内412平方千米。在中国境内湖体东西长110千米，南北平均宽约4 000米，实测最大水深41.3米，周长约285千米。湖水东淡西咸，明显地分为3部分：东部湖水为淡水，矿化度为0.747克/升；中部和西部为咸水，矿化度分别为19.61克/升和27.62克/升。班公错地处干旱草原地带，湖周可放养藏绵羊、山羊。湖中产班公错条鳅、裸裂尻鱼、横口裂腹鱼等。

班公错风光

班固 Ban Gu（公元32～92） 中国东汉史学家。字孟坚。扶风安陵（今陕西咸阳东北）人。班彪之子。建武三十年（公元54），其父卒，班固自太学返回乡里。居忧时，在班彪续补《史记》之作《后传》基础上开始编写《汉书》，至章帝建初中基本完成。明帝时，曾任兰台令史，与陈宗、尹敏、孟异共同撰成《世祖本纪》，升迁为郎，负责校定秘书。章帝时，班固先任郎官。建初三年（公元78）升为玄武司马，章帝多次召他入宫廷侍读。章帝出巡，常随侍左右。还曾参加论议对西域和匈奴的政策。四年，章帝在白虎观召集当代名儒讨论五经同异，并亲自裁决（见白虎观会议）。班固以史官兼任记录，奉命把讨论结果整理成《白虎通义》，又称《白虎通德论》。和帝永元元年（公元89），大将军窦宪奉旨远征匈奴，班固被任为中护军随行，参与谋议。四年，窦宪在政争中失败自杀，洛阳令对班固积有宿怨，借机罗织罪名，捕班固入狱。同年死于狱中。班固还擅长作赋，所撰《两都赋》、《幽通赋》均为汉赋名篇。

班吉 Bangui 中非共和国首都和最大城市。旧称乌班吉沙里。人口56万（2009）。在西南边境乌班吉河北岸，西以乌班吉河支流姆波科河为界，东南沿河岸延伸，面积67平方千米。原为小聚落。1889年法国侵入，修城堡，建殖民据点，1891年后成为殖民首府。国家独立后定为首都。工业主要有纺织、食品、酿造、木材加工、水泥、制革、日用化工、屠宰与肉类加工以及面粉、榨油、轧花等；纺织厂和屠宰场规模颇大。全国最大的农畜产品及木材交易中心、水陆联运中心和

货物集散地。全国6条公路干线的起点，通全国主要城市和乍得、喀麦隆、苏丹等邻国。全国最大河港，年吞吐量约30万吨，输出棉花、木材、咖啡、剑麻等。班吉以上乌班吉河及其支流季节性通航，以下接刚果河至布拉柴维尔可全年通航，为全国对外贸易主要通道，乍得大部分进出口货物由此转运。姆波科建有现代化国际机场，航线通国内主要城市及法国、刚果（金）、喀麦隆、乍得等国。有班吉大学、师范学院、国立艺术学校及数所科学技术研究机构，还有大教堂、博物馆等文化设施。

班加罗尔 Bangalore 印度南部城市，卡纳塔克邦首府。人口约568.68万。位于卡纳塔克高原东南的丘陵上，海拔1 000米。气候终年凉爽宜人，最热月（5月）平均气温27℃，最冷月（12月）21℃。平均年降水量924毫米。原为迈索尔土邦主的城堡，始建于1537年。1831年英国侵占后迅速发展为颇具规模的城市和交通枢纽。第二次世界大战期间为英国重要军事基地。1941年建立印度第一个飞机装配厂，为英国和美国装配作战飞机，生产教练机。印度独立后，政府兴办飞机、铁路车辆、机床、电机、电话、陶瓷等，均为印度新兴工业的骨干。私营工厂种类繁多，有药品、纺织、无线电元件、玻璃制品、皮革与制鞋、农具、造纸和钟表等。飞机制造、电话器材和机床制造等多种工业部门，均居全国重要甚至领先地位。机械工业比重之大更居国内首位。农副产品加工也很发达。20世纪80年代以来，印度基于全盘政治和军事战略考虑，愈益看重南部的经济发展速度，投入巨资大力加强班加罗尔的各项建设，特别是信息产业。信息技术公司多达1 300家，近600家为外国公司。被誉为印度的“硅谷”和“印度电子－电脑之都”。市中心在老城区，建筑密集，街道狭窄，为商业区和行政机构所在地；城北和城南的新市区，多现代化的住宅建筑，分布着众多公园、植有大量黄檀和肉桂树的绿地。主要工业区在东郊以及城市西北和西南边缘的交通沿线；铁路与航空线中心，西郊是铁路枢纽，是多条铁路的交会点，城东印度斯坦机场有班机通孟买、金奈和斯里兰卡首都科伦坡等城市，公路遍通各地。坎纳达、德卢固与泰米尔文化的交会处。重要的科学技术文化中心，设有班加罗尔大学、农业科学大学、印度科学研究所、拉曼研究所、国家宇航研究实验室和国家动力研究所和迈索尔博物馆等大批科学文教机构。

班加罗尔的清真寺

班加西 Benghāzī 利比亚第二大城市和重要海港，班加西州首府，冬季游览、疗养胜地。濒地中海苏尔特湾东侧，西与的黎波里遥对。人口约100万（2002）。地中海型气候。向为通往非洲内陆的商队贸易要站，现为全国经济、交通中心之一。最初是希腊人于公元前7世纪建立的赫斯佩里德斯城（金苹果园之意）。前3世纪埃及托勒密王朝统治期间，改名贝雷尼斯。前1世纪中期，被罗马人征服。7世纪阿拉伯人来此定居。16世纪起土耳其人统治达300余年（1578～1911）。17世纪改称现名，仍是一个小镇。1911年沦为意大利殖民地，其统治期间（1912～1942）有一定发展。始于20世纪50年代石油工业的发展，使其成为石油工业设备进口中心，港口迅速扩建；并发展了制盐、食品、水泥、钢管、化工、纺织、鞣革、酿酒、鱼类加工等工业；还有巨大的海水淡化厂。为国内重要海运和商业中心。港口分内港和外港，各有4个码头泊位，岸线总长1 501米。出口以绵羊、山羊、羊毛、皮革、毛制品为主，进口包括食品、烟草、纺织品、服装和化工产品。全国进口货物30%经此运输。平行海岸的干线公路经此通全国主要城市。铁路通迈尔季和苏卢格。有大型国际机场。有建于1955年的加尔尤尼斯大学。

班纳吉 Banerjee, Manik（1908～1956－12－03） 印度孟加拉语小说家。生于西孟加拉邦杜姆卡。1928年在加尔各答上大学时开始文学创作。1943年参加文化活动家反法西斯协会。1944年加入印度共产党。印度独立后，任印度和平理事会理事。

班纳吉的小说多以被人忽视的农民、渔民、船夫、小贩、失业者以及乞丐、小偷等为主要人物，描写他们的悲惨生活，揭示他们潜藏在内心深处的反抗精神。《傀儡戏的故事》（又译《木偶戏的传说》，1936）以现实主义的笔触描绘出富有现代寓言色彩的乡村故事。《博达河上的船夫》（又译《帕德玛河上的船夫》，1936）描写博达河上善良而穷困的船夫和渔民的生活。其他主要作品还有长篇小说《母亲》（1935）、《近郊区》（1940～1941），短篇小说集《蛇》（1939）、《海水的滋味》（1946）等。

班纳吉 Banerjee, Tarashankar（1898～1971） 印度孟加拉语小说家。生于西孟加拉邦比尔布姆。在加尔各答上大学时因参加独立斗争而被终止学业。1930年又因参加不合作运动被捕入狱。6个月后出狱，从此便将主要精力用于文学创作。

班纳吉是一位多产作家，一生共创作了57部中长篇小说、128篇短篇小说，还写了大量论文、诗歌和剧本等。《民神》（又译《群神》，1942）与后来出版的《五村》（1943）合为两部曲，以孟加拉农村为背景，描绘了孟加拉的民风民俗。小说以人们在神庙里闲聊的方式展开叙述，构思新颖别致。其他重要作品还有《诗人》（1942）、《项链湾的传说》（1947）、《医疗所》（1953）等。他的文笔凝练，语言朴实；作品地方色彩浓郁，人物刻画细腻。

班清墓地 Ban-Chiang Cemetery 东南亚青铜时代至早期铁器时代的墓地。在泰国东北部乌隆府安芬县班清村。分早、中、晚三期，早期年代为公元前3600～前1000年，中期为前1000～前300年，晚期为前300～公元200年。1974年起发掘。班清墓地的死者行仰身直肢葬，早期有屈肢葬。儿童为瓮棺葬。班清墓地所代表的古代文化，从早期就已有原始农业、陶器和青铜器。早期陶器为黑陶，以稻糠为羼和料，多刻划纹，少数有彩绘；至晚期发展为彩陶，工艺高超，图案多为复杂的圆涡纹和弧线纹。早期发现青铜矛、手镯、脚镯，中期出现铁器。因班清墓地出土的青铜器和铁器的年代较早，有人推测东南亚可能是世界早期冶金中心之一，也有人对此持保留态度。

班廷 Banting, Frederick Grant（1891－11－14～1941－02－21） 加拿大生理学家、外科医师。生于加拿大安大略省阿利斯顿，卒于纽芬兰。1916年毕业于多伦多大学医学院后即应征入伍。复员后在伦敦西方大学医学院工作。1921年回加拿大，在多伦多大学医学院任职，1923年升教授。

第二次世界大战期间，从事航天医学研究。班廷1921年和助手C.H.贝斯特等结扎狗的胰导管6～8周后，摘出胰腺，将提取物给实验性糖尿病的狗注射，证明其有降低血糖、治疗糖尿病的作用，他们称此物为岛素。继之，J.B.科利普提得较纯的岛素，并改称其为胰岛素。1922年利用胰岛素进行第一例临床试验，获得成功。1923年与麦克劳德共获诺贝尔生理学或医学奖。代表作有《胰腺提取物用于糖尿病的治疗》、《胰岛素、内分泌与临床》。

班图尼格罗人 Bantu-Negroes 非洲民族集团。又称班图人。约有26 880万人(2002)，约占非洲总人口的35%。主要分布在北纬4°以南，包括刚果盆地、大湖地区、赞比西河和林波波河流域。北界西起比夫拉湾，东至朱巴河下游(号称班图线)，南达好望角。人口在100万以上的民族有50多个；人口在1 000万以上的民族有6个：尼亚卢旺达人(1 404万)、马夸人(1 159万)、巴刚果人(1 243万)、马拉维人(1 049万)、绍纳人(1 193万)、隆迪人(1 032万)。语言均属尼日尔-科尔多凡语系尼日尔-刚果语族贝努埃-刚果语支，自成一大语群。多保持传统的自然崇拜和祖先崇拜，分布在赤道东非沿海地区的信奉伊斯兰教，其他地区部分人信奉基督教。体质特征一般可分为刚果型和开普型两种。前者似与西苏丹沿海各族相似，后者则含有库希特人、科伊桑人和尼罗特人的某些特征。

考古资料证明，班图文化的发祥地在东非大湖及刚果河下游地区。公元1世纪东非班图人掌握了制陶术，3世纪已知冶铁技术。7世纪中央班图人掌握了炼铜技术。10～12世纪出现基塔拉、布霜果、莫诺莫塔帕一系列国家，稍晚出现刚果、隆达、布干达、巴卢巴、卢旺达、斯瓦希里等国。

到18世纪末，班图人由北而南的迁徙结束，各族分布状况基本定形。之后由于姆菲坎之乱(1820～1834)和布尔人(见阿非利坎人)的“大迁徙”(1836)，东南班图恩古尼人中的一支又由南向北迁移，抵达大湖地区南部，引起复杂变化。殖民统治时期，班图各族分别受英、葡、比等国控制和奴役。第二次世界大战以后，特别是1960年以来，班图各族已纷纷取得国家独立。

原始班图人为农耕部落，在迁移扩散中，吸取了尼罗特人和库希特人的畜牧文化，以及俾格米人和科伊桑人的渔猎文化，发展了农牧混合经济。大致以赞比西河为界，以北(舌蝇分布区)以锄耕农业为主，多种植玉米、高粱、粟、薯芋、香蕉和豆类；以南(无舌蝇区)以畜牧业为主，饲养牛、羊，兼事农耕。部分地区手工业水平较高，沿海地区贸易发达。行一夫多妻制。部分地区男子行割礼，部分地区存在年龄结群制度。东非与南非的一些畜牧民族喜饮鲜牛血，不吃鱼。刚果班图、中央班图和东北班图多按母系续谱、居住和继承财产，其余则按父系。

班图诸语言 Bantu languages 非洲赤道以南广大地域内约150种语言的统称。属尼日尔-科尔多凡语系尼日尔-刚果语族贝努埃-刚果语支。使用者称为班图尼格罗人。班图语言最初可能起源于贝努埃河中游峡谷地带，后来扩展到东非的大湖区，再向南扩展到好望角。可以粗略地分为中部班图语言、东南班图语言和西南班图语言。其中比较重要的语言：第一支包括刚果语〔使用于刚果(布)、刚果(金)和安哥拉〕、卢巴语〔刚果(金)〕、卢旺达语〔卢旺达、刚果(金)〕、隆迪语(布隆迪)、巴干达语(乌干达)、吉库犹语(肯尼亚)、斯瓦希里语(肯尼亚、坦桑尼亚)、奇尼扬贾语〔赞比亚、莫桑比克、马拉维(称奇切瓦语)〕；第二支包括绍纳语(津巴布韦)、聪加语(莫桑比克、南非德兰士瓦)、茨瓦纳语或称西索托语(博茨瓦纳、南非)、索托语(莱索托、南非)、祖鲁语、柯萨语(均在南非)；第三支包括奥旺博语、赫拉罗语(纳米比亚)。斯瓦希里语一直通用到刚果(布)东部。另外还有几种混合型交际语或皮钦语，即林加拉语〔刚果(布)、刚果(金)〕、山戈语(中非)、凡那加罗语(南非)。班图语言也可以按照声调和词头的标准，分为高调语言和低调语言，或单音节词头语言和双音节词头语言。

班图诸语言在语音上的特点之一是音节结构比较简单，大体上只使用5个基本元音和8～9个单辅音。由这些音构成的基本(单)音节只有几十个(通例没有复辅音音节)，它们以各种方式配列成一两千个词根；由于一个音节通常是辅音加元音，故开音节十分丰富。班图诸语言都有声调，只有斯瓦希里语例外。语法上最大的特点是名词有“类”的范畴。名词按概念分成16～20个类，每类有特殊的词头作形态标记。这些词头通常是单数/复数配套使用的。

班图诸语言属于典型的黏着型语言，语法关系主要靠在词根上加词头(有时也加词尾)来表示。词根的形态一般比较稳定，但词头的异形较多。班图语言句子成分的基本次序为主语-动词-宾语。由于动词里必须有与主语类相协调的语素和与宾语类相协调的语素，故施受关系凭着类的协调而表达。

班扬 Bunyan, John (1628-11-28～1688-08-31) 英国散文作家。生于伦敦埃尔斯托。因家境贫寒，未受过正规学校教育。1644～1646年参加议会军队，接触清教徒运动。后加入浸礼会，并成为传教士。1660～1676年，因不信奉英国国教两次入狱，出狱后继续传教并写作。代表作《天路历程》(1678)在狱中完成。这是一部讽喻小说，叙述一个基督徒在前往“天国的城市”的路途中经历的重重艰险。其他重要作品还有《天路历程》的第二部(1684)、自传《罪人受恩记》(1666)、对话体小说《恶人先生的生平和死亡》(1680)、宗教讽喻小说《神圣战争》(1682)等。

班勇 Ban Yong 中国东汉将领。字宜僚。扶风安陵(今陕西咸阳东北)人。班超之子，生长于西域。和帝永元十三年(101)，班超遣班勇随安息使者入朝。安帝永初元年(107)，西域叛乱，以班勇为军司马，出敦煌，迎都护及西域甲卒而还。延光二年(123)，邓皇后以班勇为西域长史，率兵出屯柳中(今新疆鄯善鲁克沁附近)。三年，班勇说服龟兹(今新疆库车一带)、姑墨(今新疆阿克苏一带)等国降附。随后班勇又发兵到车师前部(今新疆吐鲁番一带)，击走北匈奴，并屯田柳中。四年，班勇大破车师后部，斩其王军就，顺帝永建元年(126)，班勇发诸国兵出击北匈奴呼衍王，呼衍王远逃，车师前后部由此得到安定。二年，班勇与敦煌太守张朗共讨焉耆，约定同时到达的日期，张朗想独自邀功，先期赶到焉耆，焉耆降。班勇反以后期获罪，被征下狱，免官，后卒于家。东汉时，西域三通三绝，至班勇以长史重平西域，自此遂不复绝。勇在安帝末撰述西域事甚详，《后汉书·西域传》凡延光四年以前事皆勇所记。

班昭 Ban Zhao (约49～约120) 中国东汉史学家。一名姬，字惠班。扶风安陵(今陕西咸阳东北)人。史学家班彪之女、班固之妹。博学有才识。班固撰《汉书》，其中八表及《天文志》未成而死。班昭奉和帝命与马续利用东观藏书续成。昭曾入宫为皇后及诸贵人教师，世称“大家(即‘大姑’，古代对女子的尊称)”。有赋颂多篇。所撰《女诫》后成为中国古代社会的妇道规范。

班珠尔 Banjul 冈比亚首都和港口城市。原称巴瑟斯特。位于冈比亚河圣玛丽岛东岸，面积12平方千米，人口3.6万(2003)，都市区包括卡芬尼区（76平方千米）及西部区的一部分，人口52.36万(2003)。市区平均海拔2米多，有些地方甚至低于海平面，雨季易受洪害。热带草原气候，年平均气温25.5℃，平均年降水量1 150毫米，6～10月为雨季。1816年英国殖民者建为军事要塞，随后发展为殖民据点和掠夺农产品的中转站。1947年设镇，1965年冈比亚独立后设市，1973年改称今名。工业有花生剥壳、榨油、鱼类加工、纺织等小型企业，手工业以木刻和金银丝首饰著称。交通运输便捷。与国内主要城镇和邻国塞内加尔有高速公路连通，市西南有云杜姆国际机

班珠尔鸟瞰

场。主要码头4个，可泊海轮，备有集装箱和散货堆场。城市具有陆、海、河联运优势。港口年吞吐量25万吨，输出货物主要有花生和花生油、棕仁、皮革、干熏鱼等；输入主要有棉花、纺织品、粮食、烟叶和机械。市区东部为港区和商业区，有市场和公用事业部门。市区和滨海风光优美，为欧洲游客经常来往的旅游、度假胜地。附近主要名胜古迹有市东的圆形石场地和市东南32千米的詹姆斯岛。有冈比亚大学和中等学校。

斑蛾 Zygaenidae; burnet moth 鳞翅目斑蛾科昆虫的统称。约800种，广泛分布，但亚洲热带地区尤为丰富。中国有140多种。颜色常鲜艳夺目。口器发达，喙及下唇须伸出。触角简单，丝状或棍棒状，雄蛾多为栉齿状。翅多数有金属光泽，少数暗淡，身体狭长，有些种在后翅上具有燕尾形突出，形如蝴蝶。飞翔力弱，成虫白天飞翔在花丛间。幼虫身体上有毛疣，危害果树和林木，梨叶斑蛾（又称梨星毛虫）的幼虫是中国常见的梨树害虫，幼虫白色有黑星，把梨叶用丝包裹成饺子状，在其中咬食叶片。

斑鸠 *Streptopelia*; doves 鸽形目鸠鸽科斑鸠属鸟类的统称。有16种，分布于非洲、

欧斑鸠

欧洲和亚洲。中国有5种，包括山斑鸠、珠颈斑鸠、欧斑鸠等种，几乎遍及各省区。体中型，全长270～350毫米；两翅无金属羽色；脚短而强壮，跗跖较中趾为长。

山斑鸠，又名金背斑鸠、棕背斑鸠，在中国为常见种。上体羽以褐色为主，下体呈红褐色。雌雄羽色相似。栖息在山地、山麓或平原的林区，主要在林缘、耕地及其附近集数只小群活动。秋冬季节迁至平原，常与珠颈斑鸠结群栖息。飞行似鸽，常滑翔。觅食高粱、麦种、稻谷以及果实等，有时也吃昆虫的幼虫。巢筑在树上，用树枝搭成，巢形为平盘状。每窝产卵两枚，卵呈白色。孵化期约18天，雏期约18天。

斑马 zebra 奇蹄目马科斑马属4种兽类的统称。因身上被毛有起保护作用的斑纹得名。非洲特产。南非洲产山斑马，除腹部外，全身密布较宽的黑条纹，雄体喉部有垂肉。非洲东部、中部和南部产普通斑马，腿至蹄具斑纹或无斑纹。非洲南部奥兰治和开普敦平原地区产拟斑马，又称白氏斑马，体长约2.7米，鸣声似雁叫，仅头部、肩部和颈背有条纹，腿和尾呈白色，具深色背脊线。东非产格氏斑马，即格雷

维斑马，曾译哥氏斑马，是体型最大的斑马，耳长（约20厘米）且宽，全身条纹窄而密，因此又称细纹斑马。山斑马喜在多山和起伏不平的山岳地带活动；普通斑马栖于平原草原；细纹斑马栖于炎热、干燥的半荒漠地区，偶见于野草焦枯的平原。斑马性谨慎，通常结成小群游荡，常遭狮子捕食。斑马是珍奇的观赏动物。因人类大量捕杀，拟斑马已于1872年绝迹，山斑马、格雷维斑马也濒临灭绝，为世界濒危动物。

斑铜矿 bornite 化学成分为Cu_5FeS_4，晶体属四方晶系的硫化物矿物。含铜量63.3%，常含少量铅、金、银等元素。是提炼铜的重要矿物原料。Cu_5FeS_4的高温（228℃以上）等轴晶系变体称为等轴斑铜矿。当温度高于475℃时，斑铜矿和黄铜矿形成固溶体；温度降低，二者分离，黄铜矿呈叶片状于斑铜矿晶体中。斑铜矿的晶体极少见，常呈致密块状或粒状集合体。新鲜断面呈暗铜红色，表面易氧化而呈紫蓝斑杂的锖色，中文取名与此有关。金属光泽。莫氏硬度3。密度5～5.5克/厘米^3。解理不完全。具导电性。斑铜矿主要产于热液矿床中，常与黄铜矿、辉铜矿、磁黄铁矿、黄铁矿、石英等共生。也产于岩浆型铜镍矿床和夕卡岩型多金属矿床中。在铜矿床次生富集带产出的斑铜矿，易被辉铜矿、铜蓝所交代。在氧化带或地表条件下斑铜矿易转变成孔雀石、蓝铜矿、赤铜矿等。中国云南东川盛产斑铜矿。世界其他主要产地有美国蒙大拿州比尤特、智利丘基卡马塔、墨西哥卡纳内阿、秘鲁莫罗科查等。

斑秃 alopecia areata 突发的局限性斑状脱发现象。俗称“鬼剃头”。与精神因素（过度紧张、受惊吓）和自身免疫有关。多为突发，因无其他症状，不易察觉。头部出现一处（或几处）圆形（或椭圆形）脱发区，如钱币大小。脱发区头皮正常，平滑光亮，

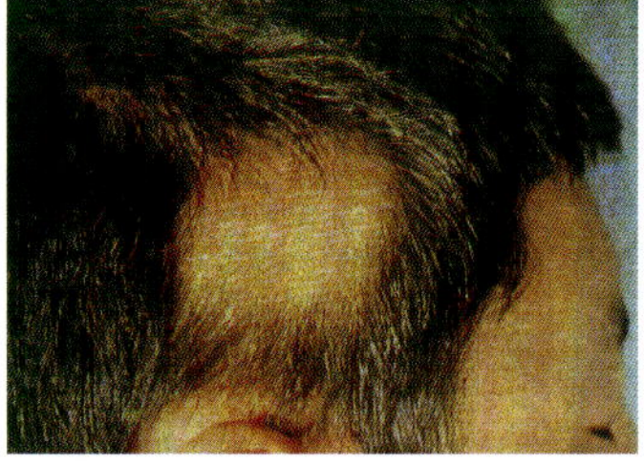

毛囊口清楚，若病情发展，脱发区边缘头发松动，易于拔出。常见于头皮，也可见于眉毛、腋毛及阴毛部。治疗首先应解除思想负担。以刺激皮肤充血，改善血液循环为目的。可外搽米诺地尔溶液、辣椒酊和含皮质类固醇的制剂。

斑岩 porphyry 具斑状结构特征的火成岩。在各类火山岩和浅成岩中均可形成。

特点是组成岩石的矿物颗粒大小分为截然不同的两部分，中间基本无过渡粒级。大的称斑晶，小的和玻璃质称为基质。斑晶和基质形成在不同的结晶阶段，先晶出的矿物结晶时间较长，自形（结晶）程度较好，晶形较大，随后的形成微晶、雏晶，来不及结晶的形成玻璃质，即为基质，结果形成了大小不同、结晶世代不同的两个矿物群体。具显微斑状结构和似斑状结构。在地下深处先形成的斑晶随岩浆上升到地壳浅处或溢出地表，由于温度、压力的变化，斑晶常常会被熔融成不规则的边缘或熔蚀洞。有些暗色矿物斑晶如角闪石、黑云母还常形成暗化边。现在习惯上把钾长石、石英为斑晶的岩石称为斑岩，如花岗斑岩、正长斑岩。把斜长石和暗色矿物为斑晶的岩石称为玢岩，如辉绿玢岩、闪长玢岩。

辉绿玢岩

有些既有碱性长石又有斜长石和暗色矿物作斑晶的岩石，习惯上也称为斑岩，如二长斑岩、花岗闪长斑岩。斑岩和玢岩是常见的火成岩，多成小岩体、小岩流、岩床、岩脉产出。与斑岩、玢岩有关的矿产主要有斑岩铜矿、斑岩钼矿、斑岩钨矿、玢岩铁矿等。有些半风化的粗面质或粗安质斑岩，因含人体所需要的多种微量元素并被溶出而称为药石——麦饭石。

斑疹伤寒 typhus, endemic 由立克次氏体引起的急性**传染病**。可分流行性斑疹伤寒和地方性斑疹伤寒。前者又称虱型斑疹伤寒，由普氏立克次氏体引起，经人虱传播的急性传染病；后者又称蚤型斑疹伤寒或鼠型斑疹伤寒，由莫氏立克次氏体引起，经鼠蚤传播的急性传染病。两种斑疹伤寒的临床表现相似，但地方性斑疹伤寒的心血管病变较轻。潜伏期为5～21天，多为10～12天。表现有起病急，寒战、高热、剧烈头痛、肌肉疼痛及压痛，尤以腓肠肌明显，颜面潮红、眼球结膜充血，精神神经症状如失眠、耳鸣、谵妄、狂躁，甚至昏迷。可有脉搏增快或中毒性心肌炎。多于病期第5天出现充血性斑疹或斑丘疹，先见于胸、背、腋窝、上臂，一天后遍布全身。以后可变为出血性。并有脾肿大。地方性斑疹伤寒上述表现较轻。诊断依据流行学史（当地有本病流行、有虱寄生及叮咬史等）和典型临床表现。确诊可作血清学检查如魏尔－费利克斯二氏（旧译外斐氏）反应等及立克次氏体分离。四环素或氯霉素治疗有特效。预防采取以灭虱、灭鼠为中心的综合性预防措施。

搬运作用 transportation 地表和近地表的岩屑和溶解质等风化物被外营力搬运离开原来位置的过程。外营力包括水流、冰川、波浪、潮汐、海流、风和生物作用等。搬运方式有推移（滑动和滚动）、跃移、悬移和溶移等。不同营力有不同的搬运方式。

水流搬运具有上述4种搬运方式，一般情况下搬运能力的大小主要取决于流速。流速大的水流能挟带砂砾等较粗的物质，这些物质在河床底部以被推移或跃移的方式前进。风力搬运具有推移、跃移、悬移3种搬运方式，当近地面风速大于4米/秒时，粒径0.1～0.25毫米的砂砾就被搬动形成风沙流。波浪搬运只在近岸浅水带内发生，具有上述4种搬运方式。波浪扰动海底所挟带的碎屑物质发生移动，其中粗粒物质多以推移和跃移方式向岸搬运，细粒物质多以悬移方式向海搬运，最后在水深小于临界水深的地方，波浪发生破碎，所挟带来的物质堆积下来。潮汐和其他各种海流与波浪不一样，在较长时间内做定向运动，流速也较慢，故搬运的物质多为较细的粉砂和淤泥，呈悬浮状态运移。冰川搬运的特点是能力大，随冰川的运动，大至万吨巨石，小至土块砂砾，或被冻结在一起进行悬移，或在冰底受到推移。冰川泥石流可使一些风化物产生跃移。地下水搬运主要以溶移方式进行。生物搬运指生物对土层的扰动，也起着搬运的作用。

瘢痕疙瘩 keloid 皮肤的纤维结缔组织在创伤后增生形成的良性肿瘤。又称瘢痕瘤。可发生在身体的任何部位，尤以上胸部的胸骨柄处为多见。皮损为隆起皮肤表面的不规则形斑块，两端如蟹足状向外伸展，故又称蟹足肿。皮损表面平滑光亮，自觉有痒痛感，损害常缓慢发展，逐渐增大。其发生与体质因素有关，这类体质的人应特别注意避免外伤。瘢痕疙瘩不宜作手术切除，若要切除，则应在术后配合局部放射治疗。对不断扩大的皮损，在活动边缘用皮质类固醇激素封闭注射，可阻止其发展，并有促进消退的作用，但需防止因过度治疗造成局部萎缩。

坂本龙马 Sakamoto Ryōma（1835－01－03～1867－12－10） 日本倒幕维新运动活动家、思想家。生于土佐藩（今高知县）高知城在乡武士家庭，卒于京都。1861年加入土佐勤王党，参加尊王攘夷运动。1862年入幕府军舰奉行胜海舟门下，受其开明思想影响。1866年奔走游说于萨摩藩（今鹿儿岛县）、长州藩（今山口县）倒幕派之间，促致两藩于同年3月缔结“萨长倒幕联盟”密约。1867年回土佐藩，改组“社中”，成立附属于藩的“海援队”，自任队长。同年7月10～13日，在从长崎到兵库（今神户）的航行中，提出“船中八策”，强调政权归还天皇朝廷，并设想建立以天皇为中心的新的国家政权体制。经过他的努力，7月23日和7月27日，又先后缔结萨摩、土佐两藩盟约（“萨土盟约”）和“萨土艺三藩约定”（艺即安艺，在今广岛县），进一步扩大了倒幕统一战线。12月10日夜，被幕府“见迴组”刺客暗杀。

板顿 pantun 一种四行体的诗歌。广泛流行于印度尼西亚和马来西亚，历史悠久。又名马来民歌。板顿多为四言一句，隔句押韵；每句由8～12个音节组成，格式齐整，韵律严谨，重顿挫，富有音乐节奏感，可合乐歌唱。板顿的前两句是兴句，先言他物，以引起所咏之辞；后两句才是意之所在。但二者之间并无意义上的必然关联，有时只是为了从韵脚上引出下文。板顿取材广泛，以抒发恋情者居多，由青年男女求爱时唱和而成。此外，感于哀乐、谏事而发的也不少，表现出浓厚的乡土气息。马来民族还喜用板顿进行讽谏，不少具有讽喻意义的板顿诗句后来成为历代相传的格言和谚语。板顿诗对后世文学有深远影响，在现代诗歌里，仍可以看到板顿的旋律和节奏。

板胡 banhu 中国擦奏弦鸣乐器。因琴筒上蒙木板而得名。又称梆胡、秦胡、胡呼、大弦、瓢等。明末清初，伴随梆子腔戏曲的出现，在胡琴的基础上形成，为多种梆子腔及北方其他一些地方**戏曲**、**曲艺**的主要伴奏乐器。陕西、山西、甘肃流行最为广泛。

板胡形制大部分与**二胡**相同，主要区别在琴筒和千斤。琴筒又叫瓢，圆筒形，用椰子壳制作，也有用木质、铜质或竹筒的。琴筒前口蒙桐木板。弓杆比二胡弓子长而粗，弓毛多而坚硬。千斤又称腰马，用牛角或红木制作。琴弦为丝弦或钢丝弦。板胡有多个品种。除用于独奏、合奏的板胡外，还有高音板胡（又称河北梆子板胡或评剧板胡）、中音板胡（又称河南梆子板胡）、秦腔板胡（又称胡呼）、山西板胡（又称晋中板胡）。它们在琴筒大小、琴杆粗细、弦轴长短、琴弦的使用及音色等方面，各有差异。另外还有用于绍兴高调中的板胡和用于**广东音乐**、戏曲、曲艺中的椰胡。

板胡传统的定弦法，有五度和四度两

种。定弦高度多依据伴奏的戏曲和演唱者的嗓音而定。在民族乐队中定弦为d^2、a^2，音域d^2～g^4。

板块缝合带 plates, suture zone of 岩石圈板块碰撞并沿之拼接的交接带，是造山带中的关键分界线。它代表古板块的会聚边界，是重建古板块的重要依据。板块构造说认为：大洋板块消减使原先位于大洋两侧的大陆碰撞、拼合而产生的强烈变形带，常保留有洋壳残余物质（如蛇绿岩），两侧大陆边缘也有依序排列的各种沉积。由于相向运动的两侧大陆边缘轮廓不规则，碰撞从大陆突出端的点接触开始逐渐向两端延伸，所以碰撞缝合带的演化也是高度穿时的。沿造山带的走向，变化可以很大。

由于碰撞期间的强烈变形、深部重熔和叠加的区域变质作用，多数缝合带已被严重错位、被掩盖甚至破坏。这时分隔两个具有不同性质和演化历史（包括古地磁轨迹）陆块的高应变带就成为最可能的缝合带。有的造山带在其演化历史中出现过不止一个洋盆。

板块构造说 plate tectonics 当代地球科学中最有影响的全球构造学说。该学说认为，地球的岩石圈分解为若干巨大的刚性板块即岩石圈板块，重力均衡地位于塑性软流圈之上，并在地球表面发生大规模水平转动；相邻板块之间或相互离散，或相互会聚，或相互平移，引起地震、火山和构造运动。板块构造说囊括了大陆漂移说、海底扩张说、转换断层、大陆碰撞等概念和学说，为解释地球地质作用和现象提供了极有成效的模式。

简史 1912年德国A.L.魏格纳提出了大陆漂移说。50年代，古地磁的研究测得各地在地质时代中的磁极位置变化多端，用大陆固定论无法解释，采用大陆漂移说则可得到圆满解释，大陆漂移说随之受到重视。60年代，美国H.H.赫斯和R.S.迪茨提出了得到海底磁异常研究支持的海底扩张说，论述了地壳的产生和消亡，并获得深海钻探的验证。1965年加拿大J.T.威尔逊建立转换断层概念，并指出连绵不绝的活动带网络将地球表层划分为若干刚性板块。1967～1968年法国X.勒皮雄、美国D.P.麦肯齐将转换断层概念外延到球面上，定量地论述了板块运动，确立了板块构造说的基本原理。

基本内容 根据物理性质可将地球上层自上而下分为刚性的岩石圈和塑性的软流圈两个圈层。岩石圈在侧向上被地震带所分割，形成若干大小不一的板块，称为岩石圈板块，简称板块。各板块的厚度不同，约在几十千米至200千米左右。全球共可分为欧亚板块、太平洋板块、印度－澳大利亚板块、南极洲板块、美洲板块、非洲板块六大板块，六大板块中还可进一步划分为若干小板块。两个板块之间的接触带称为板块边界。可分三类：①离散型边界。两个相互分离的板块之间的边界。又称生长边界。见于洋中脊或洋隆，以浅源地震、火山活动、高热流和引张作用为特征。洋中脊轴部是海底扩张的中心，也是地幔物质上涌、冷凝、生长出新的洋底岩石圈并添加到两侧分离的板块后缘所在。②会聚型边界。两个相互会聚、消亡的板块之间的边界。又称消亡边界。可分两个亚类：俯冲边界和碰撞边界。现代俯冲边界位于太平洋周缘的海沟，大洋板块在此俯冲、潜没于另一板块之下；大洋板块俯冲殆尽，两侧大陆相遇汇合并相互碰撞，形成碰撞边界，欧亚板块南缘的阿尔卑斯－喜马拉雅带是典型的板块碰撞带的实例。③守恒型边界。相当于转换断层。两个相互剪切滑动的板块之间的边界。地震、岩浆活动、变质作用、构造活动等主要发生在板块边界。

板块运动是一板块对于另一板块的相对运动，其运动方式是绕一个极点发生转动，其运动轨迹为小圆。软流圈地球物理属性是地震横波波速降低、导电率显著升高的上地幔中的低速层，其物质可能较热、较软、较轻，具有一定的塑性，是上覆岩石圈板块发生水平方向上大规模运动的前提。板块运动的驱动力一般认为来自地球内部，最可能是地幔中的物质对流。

板块碰撞 plates collision 陆壳因密度小不能下潜，两板块会聚时当居间的洋壳消减完毕以后就会发生碰撞。依两侧陆壳的构造性质，可分为弧－弧、弧－陆和陆－陆即大陆碰撞。日本是弧－弧碰撞最发育的一个地区。小笠原－马里亚纳弧和日本弧新近纪时沿伊豆半岛的碰撞导致大地沟(Fossa Magna)变形活化。千岛弧和日本弧在北海道碰撞使得前者的下地壳沿日高山南端出露。南太平洋的帝汶岛也是澳大利亚和巽他群岛正进行弧－陆碰撞的地方。大陆碰撞的规模最大，世界上最高和最年轻的喜马拉雅山脉以及整个青藏高原都是印度板块与欧亚板块新生代初碰撞以来的相互作用产物，其影响所及向北可达西伯利亚腹地，向东南可达印度尼西亚群岛，并极大地改写了所在地区的历史。所有板块碰撞的共同结果是沿碰撞边界形成造山带，但是造山带的类型和具体演化则视两侧板块的性质、历史和会聚过程而有很大差别。

板栗 *Castanea mollissima*; hairy chestnut 壳斗科栗属的一种。落叶乔木。本属植物分布于北半球的亚洲、欧洲、美洲和非洲，

结果的板栗树

其中主要栽培种还有欧洲栗和日本栗。

板栗是中国栽培最早的果树之一。约有2 000～3 000年的栽培历史。叶披针形或长圆形，叶缘有锯齿。花单性，雌雄同株；花期可持续一个月，风媒传粉；雌花生长在结果枝顶端雄花序的基部。通常三个子房生于一个总苞内，总苞密生针刺。成熟后总苞裂开，栗果脱落。坚果紫褐色，被黄褐色茸毛，或近光滑，果肉淡黄。

中国的板栗品种大体可分北方栗和南方栗两大类：北方栗坚果较小，果肉糯性，适于炒食，著名的品种有明栗、尖顶油栗、明拣栗等。南方栗坚果较大，果肉偏粳性，适宜于菜用，品种有九家种、魁栗、浅刺大板栗等。树性强健。根系发达，有菌根共生。较抗旱，耐瘠薄，宜于山地栽培。适合偏酸性土壤。多行实生播种，也可嫁接繁殖。木材致密坚硬、耐湿。枝、树皮和总苞含单宁，可提取栲胶。

板门店 Panmunjom 朝鲜半岛军事分界线上的人文游览城镇。位于三八线以南5千米，西距开城8千米。原为临津江（汉江支流）的支流砂川河左岸的一个村寨，仅有几栋草房。因旧时此处客栈以门板代床，久之称为“板门店”。1906年京义铁路〔汉城（今首尔）—新义州〕修通后有所发展。1951年10月25日朝鲜军事停战谈判地点从开城移此。1953年7月27日朝鲜人民军和中国人民志愿军的代表同以美国为首的“联合国军”代表，在此签订停战协定书。当时签订停战协定的地点已改成历史展览馆。以砂川河为界，河西是原来进行谈判和签署停战协定书的旧会场。河东是停战以后新建的5座板房，现作为半岛双方经常接触和会谈（包括红十字会）的场所，是双方联络特别委员会会址所在地。在分界线两侧各建一座瞭望塔，塔顶升着各自国家的国旗。设朝鲜军事停战委员会总部和中立国监察委员会总部。现在的板门店已成为一座小城镇，每年游客达数百万人次。

板式 modes in Chinese operatic music 中国戏曲音乐中的节拍和节奏形式。板式一词原有两种含义：①指板眼形式，即节拍形式。中国古代音乐及民间音乐通常以板、鼓击拍，板用以表示强拍，鼓则用以点击弱拍或次强拍。强拍称为板，弱拍或次强拍统称为眼，合称板眼。一个小节即为一板。依板眼形式的不同，分别称为一板三眼（四拍子）、一板一眼（二拍子）、有板无眼（一拍子，或称流水板）、无板无眼（散板）等。②指下板形式，即节奏形式。这是昆曲中通用的音乐术语。例如，唱腔中字随板出的称“迎头板”，后半拍出字的称为“腰板”（又称“板”）或“腰眼”；散板曲调不点板眼，只是在一句唱腔终了时方下一板，称为“截板”或“底板”。在现代戏曲中，板式通常是指节拍形式。特别是在板式变化体结构的各剧种中，常以各种不同板式的曲调多样变化，作为构成大型的戏剧性音乐结构的手段。这些剧种所用的板式，大体上可分为三眼板、一眼板、流水板、散板4类，但实际上却复杂得多。以京剧为例。如同为一板三眼，就有慢三眼（慢板）和快三眼。同为一板一眼，有原板和二六。同为有板无眼，有快板和流水板。同为无板无眼，则有散板、摇板之类。

板式变化体 中国戏曲音乐的一种结构形式。它以一对上、下乐句为基础，在变奏中突出节拍、节奏变化的作用，以各种不同的板式（如三眼板、一眼板、流水板、散板等）的联结和变化，作为构成整场戏或整出戏音乐陈述的基本手段，以表现各种不同的戏剧情绪。板式变化体的结构形式，兴起于梆子系统，而为皮黄系统所丰富和发展，并为近代新兴的众多戏曲剧种所广泛采用。它与曲牌联套体结构形式并列，构成了中国戏曲音乐的两大结构体系。

板式变化体结构形式的形成，乃是基于民间音乐的变奏方法。它是在一对上、下句的旋律基础上，运用速度的变化（转慢或加快），节拍、节奏的变化（展宽或紧缩），旋律的变化（加花或减音）等方法，衍变、派生出一系列各不相同的板式。在各类板式中，一切板式都是从原板变化发展而来。原板为中速、句幅中等、拖腔不多的一板一眼的板式。但如将乐句的速度减慢，句幅扩充，增加旋律的华彩，并大幅度运用拖腔，这就产生了一板三眼的慢板类板式。倘在原板基础上将速度加快，句幅缩短，旋律就简去繁，使节奏紧促，这就形成有板无眼的流水板或快板类板式。如在上述基础上，再运用将固定的节拍形式打散的方法，使速度快慢、节奏缓急、句幅长短、行腔伸缩均能自由发挥，则又形成散板类的板式。各种板式的曲调由于节奏缓急、速度快慢、旋律繁简等差异，在性能上具有各自不同的表现力，或长于抒情，或善于叙事，或宜于表现强烈激动的戏剧情绪。由此，戏剧音乐就能利用各种板式的不同性能，表现各种不同的戏剧情绪；并能利用各种板式之间的变化对比，表现戏剧矛盾的发展变化。

表现某一特定的戏剧场面，或剧中人物某一特定情绪，选择板式或运用板式变化是最基本的手段。但为表现人物性格的发展与戏剧矛盾的展开，却又并非某种单一板式所能胜任，因此又需各种板式的更替转换。如京剧《玉堂春》的《三堂会审》一场，整个唱腔经历了〔散板〕、〔慢板〕、〔原板〕、〔流水〕、〔二六〕、〔流水〕、〔散板〕等多次板式变化，这种变化表现了主人公苏三内心情绪与戏剧矛盾的各个侧面与几个发展层次。《空城计·城楼》一场，司马懿兵临城下时，诸葛亮唱〔慢板〕与〔二六〕，以表现其镇定自若、故布疑阵；司马懿接唱则为〔流水〕，以表现其急令撤军时的疑惧不安心情。多种板式连接成套，构成一场戏音乐的主体。但这种组合形式也可以按实际需要灵活增减，规模可大可小。通常，各种板式的变化组合大体上是按下列顺序进行的，即散、慢、中、快、散，在具体运用时可以略有变化。它是基于音乐的逻辑性要求，也符合戏剧矛盾起伏的一般规律。

板岩 slate 具薄板状构造的低级变质岩。组成板岩的矿物颗粒很细，难以用肉眼鉴别。在显微镜下可见一些细小的不均匀分布的石英、绢云母、绿泥石等矿物。但大部分仍为隐晶质的黏土矿物及碳质和铁质粉末。原岩为黏土岩、粉砂岩或中酸性凝灰岩。板岩裂开的方向与它们受应力作用的方向有关。根据颜色或成分进一步划分为碳质板岩、钙质板岩、黑色板岩、空晶石板岩等。在经受区域低温动力变质作用的地区板岩分布广泛，如中国北方古元古界的滹沱群、南方新元古界的板溪群和昆阳群都有大量的板岩。板岩常用作房瓦及石砚等的原料。

板垣退助 Itagaki Taisuke（1837-04-17～1919-07-16） 日本第一个政党自由党的创立者。生于高知，卒于东京。土佐藩出身。1860年参加藩政，主管军事，后率兵勤王倒幕。1868～1873年在明治政府中任职。1875年创立爱国公党，并建议成立民选议院。1878年创办教授民权学说的学校，从而以日本的卢梭闻名。1881年成为自由党领袖。善演说。1887年封伯爵。在政治上与伊藤博文合作。1900年退休。他常发表时论，主张社会改革。

板垣征四郎 Itagaki Seishirō（1885-01-21～1948-12-23） 日本陆军上将，甲级战犯。岩手县人，卒于东京。陆军大学毕业。参加过日俄战争。1929～1934年任关东军高级参谋、伪满洲国执政顾问，与石原莞尔等人积极策划九一八事变。1934年任关东军副参谋长，制造内蒙“独立”和绥远事件。1936年任关东军参谋长，晋中将。1937年任第5师团师团长，在太原会战及徐州会战中遭惨败。1938年6月任陆军大臣。1939年9月任日本侵华派遣军参谋长。1941年晋上将，任驻朝日军司令。1945年4月任第7方面军司令，在马来亚指挥日军作战。1948年被远东国际军事法庭判处绞刑。

板足鲎类 eurypterids 一类绝灭的水生节肢动物。因其最后一对附肢宽扁似桨得名。属于有螯肢亚门的腿口纲。已发现4个亚目8个超科和18个科，67属300余种。头胸甲（又称前体节）近方形，在其中央部有一圆形突起，其中部有一对或一个单眼，头胸甲之两侧有一对复眼。头胸甲腹面有6对附肢。第一对为螯。最后一对附肢常呈宽扁状司游泳。其余几对为步足，司移动。口位于头胸甲腹面。腹部由12节腹节及尾节构成，其前部6节构成前腹部，腹面有生殖器官，具双形现象。尾节形态多样。体表多具鳞片、皱褶等，而且各部分体色亦常有不同。身体大小悬殊。板足鲎类最早出现于早奥陶世。晚奥陶世到早泥盆世达到极盛，二叠纪末绝灭。板足鲎类生活于近岸浅海和河口三角洲附近，营移动底栖生活为主，可能是当时最凶猛的肉食性无脊椎动物。化石发现于欧、亚、北美等地，中国也有发现。板足鲎类作为标准化石的意义不大，但作为古生物研究得较详细。

版本 edition 一种书籍经过多次传抄、刻印或因出版时间、地点不同等其他因素而形成的各种不同本子。

“版”是简牍时代以木片制作的书籍的一种形制，印刷术发明后，用以印刷书籍的木版也称版。书称“本”，以手写传抄统称写本。雕版印刷术发明后，“版”与“本”合为一词，指书籍的雕版印本，亦指刻本。后版本含义扩大，不仅包括刻印本和非刻印本，凡影印本、石印本、拓印本、线装本、毛边本等都包括在内。

一部书籍，无论是经抄写、刻印或其他方法制成，由于时代、地区、条件、写刻人等不同，各种本子之间必然产生差异，而具有不同的特征，这种特征即构成一书的不同版本。此外，凡由不同译者翻译的同一外文作品（或古书今译），也产生不同的版本。

版本学 book edition, science of 研究图书在制作过程中的形态特征和流传过程中的递变演化，考辨其真伪优劣的专门科学。在古籍研究中尤显突出。研究的内容主要包括：图书的物质形态及特点风格，版本的源流系统，不同历史时期、地域的版刻特点，版本的识别与鉴定等。

在中国，最初的版本研究与校雠工作合二为一。西汉刘向、刘歆父子在整理皇家藏书的过程中便搜集不同传本进行校勘。雕版印刷发明以后，图书刊刻的讹误、差异、作伪及图书在流传中的亡佚现象日见增多，促进了版本研究、辨识与源流考辨的发展。至南宋出现了以记载图书不同版本为主的专门目录《遂初堂书目》。清代的版本研究成就突出。出现了大量的版本目录，题跋记与研究专著。清初钱曾据其藏书所写成的《读书敏求记》(4卷)，被后世称为版本学的奠基之作。一般认为，版本学至此已形成了较为完整的内容和独立的学科体系，但在清人看来，目录、版本、校勘统属于校雠学。近代以来，以研究古籍版本为主的版本学与传统目录学、校勘学既相辅相成，又各有侧重，分别发展为不同的相对独立的专门科学。20世纪中叶开始，私人藏书通过各种渠道聚藏于各种类型图书馆。1978年开始编制的《中国古籍善本书目》;使得群书汇聚、版本咸集，推动了古书版本学的发展。

版画 graphic 用刀子或化学药品等在木版、石版、麻胶版、铜版等版面上雕刻或蚀刻后印刷出来的图画。在西方，版画广义指架上油画和壁画等大幅绘画以外的一切绘画，如水彩画、水粉画、粉笔画、素描、速写、插图、宣传画、连环画等；狭义专指经过刻版和印刷而成的图画。在中国，属狭义概念。

沿革 版画经历了由复制到创作两个发展阶段。早期的版画是为印刷与出版而制作，画者、刻者、印者分工，刻者只照画者的画稿刻版，称作复制版画。后来版画在艺术上赢得独立地位，画者、刻者、印者都由版画家一人自任，得以充分发挥自己的艺术创造性，这种版画称作创作版画。

图1 雕版印制的《金刚经》

中国复制木刻版画约有1 000年以上的历史，大约产生于隋唐之际。晚唐咸通九年(868)《金刚经》木刻卷首画，表明在9世纪中叶，中国的木刻复制版画已经达到相当熟练的水平。

创作版画作为独立的艺术创作，在西方早已存在。在欧洲，16世纪的A.丢勒以铜版画和木刻版画复制钢笔画。到17世纪的伦勃朗，铜版画已从镂刻发展到腐蚀，进入创作版画阶段。木刻版画则由19世纪的比维克创造以白线为主的阴刻法，摆脱了复制的羁绊，进入创作版画的领域。中国的创作版画自20世纪30年代经鲁迅提倡，在60多年间取得了巨大发展。

种类 从类型上分，版画有凸版、凹版、平版和孔版版画4种。从材料上分，凸版版画中有木刻、麻胶刻、石刻、砖刻等。在凹版版画中有金属(主要是铜和锌)版画、赛璐珞版画、纸版画等。在平版版画中有石版画、独幅版画等。在孔版版画中有丝网版画、纸孔版画等。由于所用材料不同，刻版工具和方法也各异，遂产生各种类型版画的特色；更由于各个版画家发挥其创造性及刻制、印刷(主要是手印)的技巧，版画艺术的形式更是丰富多彩。

图2 铜版画《忧郁》(丢勒)

凸版版画 在版平面上，用刀刻去画稿的空白部分，留下有形象的部分；版面留下(即未被刻去)的部分凸起，故称凸版。凸版版画主要为木刻，用其他材料刻的，亦称凸版版画。

凹版版画 凹版与凸版相反，是在版平面上刻出凹线，滚上油墨时，即可印出黑底白线的图像。现代凹版版画的板材，主要是铜和锌，有时亦用铁或钢。

平版版画 主要是石版画。石印术在19世纪中叶传入中国，只用以代替木刻，供印书之用。所用石版是一种质纯而细的石灰岩，有无数毛细孔，故有吸水性。利用油与水互相排斥的道理，用油质蜡笔在石版面上作画，画固定后，用抹布水湿版面，画上有蜡笔痕迹的地方拒水而能吸油墨，用油墨滚上，使有画处饱含墨色，便能在纸上印出画来。

图3 水印木刻《山巅风云》(罗剑钊)

独幅版画 亦属平版版画。在玻璃(或石)版面上用稀油彩或水粉色作画，未干时即覆上纸，用手掌在纸背压印即成。只能印出一张，故称独幅版画。

孔版版画 在纸版或铁皮上将一个号码刻透，压在货箱面上，再在背面刷颜色，号码即能被印上去。这便是孔版。现在通用的誊写版印刷机也是孔版。版画上的孔版主要是丝网版画。丝网技术在轻工业部门应用甚广，纺织品、玻璃器、皮革、陶瓷、塑料等用品上的花纹，许多都是用丝网印的。

现代的版画家为了探索多种多样的表现形式，有时在一幅版画内，按内容需要，同时混用各种类型的版画方法，称作综合版画。

版权 copyright 作者对其创作的文学、艺术和科学作品依法享有的某些专有权利。在著作权法上，版权与著作权是同义语。2001年修订的《中华人民共和国著作权法》第56条规定："本法所称的著作权即版权。"见著作权、著作权法。

版权法 copyright law 调整著作权关系的法律规范的总称。又称著作权法。在中国，版权与著作权是同义语。

版税 royalty 版权使用费。广义上的版税指版权所有者从版权权利被他人使用所得收入中得到的分成；狭义上的版税指作者或其他图书版权所有者允许他人出版其图书而得到的报酬。版税是其他人从作者或其他版权所有者取得其作品使用权的主要付酬形式。版税率的确定，一般要考虑作者的知名度，作品的种类、质量和印数，潜在的市场需求以及所授权利的专有程度等因素。由作者、版权所有者或其代理人与作品的使用者通过谈判达成协议。有些国家上演音乐或戏剧作品也以版税的形式向音乐或戏剧作品的作者支付报酬。这种版税又称演出税。

办公自动化 office automation 利用现代化的办公设备、计算机技术和通信技术，代替手工作业，提高办公效率的一种管理手段。随着电子商务、电子政务的发展，办公自动化在政府部门、企事业单位以及其他机构得到普遍应用，并向无纸化、数字化方向发展。

办公自动化主要包括公文处理、电子邮件、签报管理、会务管理、资料管理、案卷管理、领导办公、公共信息服务、专题电子论坛、系统管理等多项内容。办公自动化系统由6个要素组成，即办公人员、组织机构、办公制度、技术工具、办公信息和办公环境。办公自动化系统实质上是一个信息系统，可辅助办公人员进行办公信息处理和决策。

办公自动化运行环境的特点是：地理位置分散；资源共享，功能分布；有时需要移动办公；需要工作流管理机制支持，协同工作；具有异构集成性。因此，一个实用高效的办公自动化系统，应是一个具有多结点的人机交互的网络系统，各部门能承担相对独立的任务，并可相互配合，具有协同工作的能力；又是一个分布多用户的数据库系统，不同用户既可共享办公资源，又有不同的数据视图与不同的资料访问权限。

半翅目 Hemiptera 昆虫纲的一目。有翅昆虫。通称蝽类。刺吸式口器，前翅前半部多成骨化成半鞘翅。世界性分布，已知约25 000种。中国已知3 100多种。小至大型，体形、体色均多样。刺吸式口器头部骨片愈合紧密；触角4～5节；下颚与下唇形成细硬的针状构造。前胸背板及中胸小盾片发达。前翅在多数情况下基部一半骨化，端部一半膜质，称半鞘翅。后翅膜质。静止时前后翅平覆身体背面，前翅遮盖后翅。具臭腺，成虫的臭腺开口于后胸侧板内侧，若虫的臭腺开口于腹部背面。臭腺分泌物常有臭味，并具刺激性，有驱避敌害的作用。不完全变态。卵产于物体表面或插入植物组织中。大部分种类为植食性，吸食植物的各个部分。可对多种作物造成各种危害，已知一些种类为传播植物病毒病的媒介。部分类群取食动物性食物，食料以小型软体的昆虫及其他无脊椎动物为主，亦有吸食高等动物（包括人类）血液者。这些类群中，不少为害虫的天敌，少数种类因携带人畜病原，在医学上有重要意义。半翅目常见的大科有蝽科、缘蝽科、长蝽科、网蝽科、猎蝽科、盲蝽科等。

半导体 semiconductor 电阻率介于金属和绝缘体之间并有负的电阻温度系数的物质。半导体室温时电阻率约在10^{-5}～10^{7}欧·米之间，温度升高时电阻率按指数律减小。

本征半导体 不含杂质且无晶格缺陷的半导体称为本征半导体。在极低温度下，半导体的价带是满带，受到热激发后，价带中的部分电子会越过禁带进入能量较高的空带，空带中存在电子后成为导带，价带中缺少一个电子后形成一个带正电的空位，称为空穴。导带中的电子和价带中的空穴合称电子－空穴对，均能自由移动，即载流子，它们在外电场作用下产生定向运动而形成宏观电流，分别称为电子导电和空穴导电。这种由于电子－空穴对的产生而形成的混合型导电称为本征导电。导带中的电子会落入空穴，电子－空穴对消失，称为复合。复合时释放出的能量变成电磁辐射（发光）或晶格的热振动能量（发热）。在一定温度下，电子－空穴对的产生和复合同时存在并达到动态平衡，此时半导体具有一定的载流子密度，从而具有一定的电阻率。温度升高时，会产生更多的电子－空穴对，载流子密度增加，电阻率减小。无晶格缺陷的纯净半导体的电阻率较大，实际应用不多。

半导体中杂质 半导体中的杂质对电阻率的影响非常大。半导体中掺入微量杂质时，杂质原子附近的周期势场受到干扰并形成附加的束缚状态，在禁带中产生附加的杂质能级。例如四价元素锗或硅晶体中掺入五价元素磷、砷、锑等杂质原子时，杂质原子作为晶格的一分子，其五个价电子中有四个与周围的锗（或硅）原子形成共价结合，多余的一个电子被束缚于杂质原子附近，产生类氢能级。杂质能级位于禁带上方靠近导带底附近。杂质能级上的电子很易激发到导带成为电子载流子。这种能提供电子载流子的杂质称为施主，相应能级称为施主能级。施主能级上的电子跃迁到导带所需能量比从价带激发到导带所需能量小得多。在锗或硅晶体中掺入微量三价元素硼、铝、镓等杂质原子时，杂质原子与周围四个锗（或硅）原子形成共价结合时尚缺少一个电子，因而存在一个空位，与此空位相应的能量状态就是杂质能级，通常位于禁带下方靠近价带处。价带中的电子很易激发到杂质能级上填补这个空位，使杂质原子成为负离子。价带中由于缺少一个电子而形成一个空穴载流子。这种能提供空穴的杂质称为受主。存在受主杂质时，在价带中形成一个空穴载流子所需能量比本征半导体情形要小得多。半导体掺杂后其电阻率大大下降。加热或光照产生的热激发或光激发都会使自由载流子数增加而导致电阻率减小，半导体热敏电阻和光敏电阻就是根据此原理制成的。对掺入施主杂质的半导体，导电载流子主要是导带中的电子，属电子型导电，称N型半导体。掺入受主杂质的半导体属空穴型导电，称P型半导体。半导体在任何温度下都能产生电子－空穴对，故N型半导体中可存在少量导电空穴，P型半导体中可存在少量导电电子，它们均称为少数载流子。在半导体器件的各种效应中，少数载流子常扮演重要角色。

PN结 P型半导体与N型半导体相互接触时，其交界区域称为PN结。

半导体材料 semiconductor material 室温下导电性介于导电材料和绝缘材料之间的一类功能材料。靠电子和空穴两种载流子实现导电，室温时电阻率为10^{-5}～10^{7}欧·米。通常电阻率随温度升高而增大；若掺入活性杂质或用光、射线辐照，其电阻率有几个数量级的变化。1906年制成了碳化硅检波器。1947年发明晶体管以后，半导体材料作为一个独立的材料领域取得很大的发展，成为电子工业和高技术领域中不可缺少的材料。

特性和参数 半导体材料的导电性对某些微量杂质极敏感。纯度很高的半导体材料称为本征半导体，常温下其电阻率很高，是电的不良导体。在高纯半导体材料中掺入适当杂质后，由于杂质原子提供导电载流子，使材料的电阻率大为降低。这种掺杂半导体常称为杂质半导体。杂质半导体靠导带电子导电的称N型半导体，靠价带空穴导电的称P型半导体。不同类型半导体间接触（构成PN结）或半导体与金属接触时，因电子（或空穴）浓度差而产生扩散，在接触处形成位垒，因而这类接触具有单向导电性。利用PN结的单向导电性，可以制成具有不同功能的半导体器件，如二极管、三极管、晶闸管等。此外，半导体材料的导电性对外界条件（如热、光、电、磁等因素）的变化非常敏感，据此可以制造各种敏感元件，用于信息转换。

半导体材料的特性参数有禁带宽度、电阻率、载流子迁移率、非平衡载流子寿命和位错密度。禁带宽度由半导体的电子态、原子组态决定，反映组成这种材料的原子中价电子从束缚状态激发到自由状态所需的能量。电阻率、载流子迁移率反映材料的导电能力。非平衡载流子寿命反映半导体材料在外界作用（如光或电场）下内部载流子由非平衡状态向平衡状态过渡的弛豫特性。位错是晶体中最常见的一类缺陷。位错密度用来衡量半导体单晶材料晶格完整性的程度。半导体材料的特性参数能反映各种半导体材料之间甚至同一种材料在不同情况下，其特性的量值差别。

种类 常用的半导体材料分为元素半导体和化合物半导体。元素半导体是由单一元素制成的半导体材料，主要有硅、锗、硒等。化合物半导体分为二元系、三元系、多元系和有机化合物半导体。二元系化合物半导体有Ⅲ－Ⅴ族（如砷化镓、磷化镓、磷化铟等）、Ⅱ－Ⅵ族（如硫化镉、硒化镉、碲化锌、硫化锌等）、Ⅳ－Ⅵ族（如硫化铅、硒化铅等）、Ⅳ－Ⅳ族（如碳化硅）化合物。三元系和多元系化合物半导体主要为三元和多元固溶体，如镓铝砷固溶体、镓锗砷磷固溶体等。有机化合物半导体有萘、蒽、聚丙烯腈等。此外，还有非晶态和液态半导体材料，它们与晶态半导体的最大区别是不具有严格周期性排列的晶体结构。

制备　不同的半导体器件对半导体材料有不同的形态要求，包括单晶的切片、磨片、抛光片、薄膜等。半导体材料的不同形态要求对应不同的加工工艺。常用的半导体材料制备工艺有提纯、单晶的制备和薄膜外延生长。

所有的半导体材料都需要对原料进行提纯，要求的纯度在6个“9”以上，最高达11个“9”以上。提纯的方法分两大类，一类是不改变材料的化学组成进行提纯，称为物理提纯（真空蒸发、区域精制、拉晶提纯等）；另一类是把元素先变成化合物进行提纯，再将提纯后的化合物还原成元素，称为化学提纯（电解、络合、萃取、精馏等）。

绝大多数半导体器件是在单晶片或以单晶片为衬底的外延片上作出的。成批量的半导体单晶都是用熔体生长法制成的。直拉法应用最广，80%的硅单晶、大部分锗单晶和锑化铟单晶是用此法生产的，其中硅单晶的最大直径已达300毫米。在熔体中通入磁场的直拉法称为磁控拉晶法，用此法已生产出高均匀性硅单晶。在坩埚熔体表面加入液体覆盖剂称液封直拉法，用此法拉制砷化镓、磷化镓、磷化铟等分解压较大的单晶。悬浮区熔法的熔体不与容器接触，用此法生长高纯硅单晶。水平区熔法用以生产锗单晶。水平定向结晶法主要用于制备砷化镓单晶，而垂直定向结晶法用于制备碲化镉、砷化镓。用各种方法生产的体单晶再经过晶体定向、滚磨、作参考面、切片、磨片、倒角、抛光、腐蚀、清洗、检测、封装等全部或部分工序后，提供相应的晶片。

在单晶衬底上生长单晶薄膜称为外延。外延的方法有气相、液相、固相、分子束外延等。工业生产使用的主要是化学气相外延，其次是液相外延。金属有机化合物气相外延和分子束外延则用于制备量子阱及超晶格等微结构。非晶、微晶、多晶薄膜多在玻璃、陶瓷、金属等衬底上，用不同类型的化学气相沉积、磁控溅射等方法制成。

半导体光电子器件　semiconductor optoelectronic device　利用半导体光－电子（或电－光子）转换效应制成的各种功能器件。又称半导体光电器件。在一个PN结两端加一个正向电压，则电子和空穴将分别由N区和P区流向PN结。在结区电子和空穴复合，也就是由导带跃迁到价带中的空位（空穴），同时发射一个光子。这就是电转换成光的过程。相反的过程就是光转换成电的过程。

半导体光电子器件分为三大类：①发光二极管（LED）和激光二极管（LD）。将电能转换成光辐射的电致发光器件。LED的发散角大、光谱范围宽、寿命长、可靠性高、调制电路简单、成本低，广泛用于速率不太高、传输距离不太远的通信系统，以及显示屏和自动控制等。LD的光谱较窄、发散角小、方向性强、色散小，广泛用于大容量、长距离的光纤通信系统以及光电集成电路。缺点是温度特性差，寿命比LED短。②光电探测器或光电接收器。通过电子过程探测光信号的器件。将射到它表面上的光信号转换为电信号，如PIN光电二极管和雪崩光电二极管（APD）等，广泛用于光纤通信系统。③太阳电池。将光辐射能转换成电能的器件。1954年应用硅PN结首先研制成功，它能把阳光以高效率直接转换成电能，以低运行成本提供永久性的电力，并且没有污染，是最清洁的能源。

半导体化学　semiconductor chemistry　研究半导体材料的制备、分析以及半导体器件和集成电路生产工艺中特殊化学问题的化学分支学科。半导体化学的研究工作主要包括：①半导体材料的提纯、制备、晶体生长中所涉及的化学原理，如高纯物质的制备、完善单晶体的制取、完善单晶体的生长等。②半导体材料中的杂质和缺陷化学以及微量杂质有控制地掺入。③半导体表面和界面化学。④半导体电化学和光化学。⑤半导体杂质和缺陷的物理化学分析方法和超纯物质的分析。⑥半导体物质的化学组成、化学键、晶体结构和半导体性质的内在联系。⑦半导体器件工艺中所涉及的化学问题等等。

半导体射线探测器　semiconductor ray-detector　用半导体材料制成的将射线能量转换成电信号的探测器。又称半导体计数器。实质上是一个半导体材料高掺杂的较大体积的晶体二极管。入射粒子进入半导体探测器后，产生空穴－电子对，这些空穴－电子对被探测器两电极的电场分开，并分别被阴极和阳极收集，产生同射线粒子交出的能量成正比的输出脉冲信号，从而可探测射线的强度。由于产生一个空穴－电子对所需的能量约3电子伏特，半导体探测器的能量分辨率比闪烁计数器和气体电离探测器的要高得多。

半导体物理学　semiconductor physics　研究半导体原子状态和电子状态以及各种半导体器件内部电子过程的学科。是固体物理学的一个分支。研究半导体中的原子状态是以晶体结构学和点阵动力学为基础，主要研究半导体的晶体结构、晶体生长，以及晶体中的杂质和各种类型的缺陷。研究半导体中的电子状态是以固体电子论和能带理论为基础，主要研究半导体的电子状态，即能带结构、杂质和缺陷的影响、电子在外电场和外磁场作用下的输运过程、半导体的光电和热电效应、半导体的表面结构和性质、半导体与金属或不同类型半导体接触时界面的性质和所发生的过程、各种半导体器件的作用机理和制造工艺等。新器件和新效应列举如下。

量子限制效应　1970年江崎玲於奈和朱兆祥提出了半导体超晶格的概念。两种材料的禁带宽度不同，禁带小的材料称为量子阱，禁带大的材料称为势垒层。根据量子力学原理，量子阱中的电子在垂直方向的运动将量子化，也就是它的连续能带将分裂成分立的能级。这个效应称为量子限制效应。由于量子限制效应，使得量子阱激光器比半导体激光器性能更为优越，如高增益、低阈值电流、温度稳定性好、高微分增益和调制频率以及谱线特性改善等。此外，量子点的激光器也已经研制成功。

光电集成器件　1990年英国L.T.卡恩哈姆发现了多孔硅发光现象，为在硅片上实现光电集成开辟了新的领域。多孔硅实际上是一种纳米尺寸的硅晶体，由于量子限制效应和表面态效应，使得它能发光。自从发现了多孔硅发光现象以后，在其他硅纳米材料和结构上也相继发现了转换效率较高的发光。将硅发光器件和大规模集成电路做在同一个硅片上，就是光电集成技术。利用光电集成，用光互连代替电互连，就能克服实现超大规模集成电路的导线互连的瓶颈，大大提高集成度。

单电子晶体管　单电子晶体管的物理基础是库仑阻塞效应。当一个量子点的尺寸足够小，以至于它与周围的电容达到了10^{-18}法范围，单电荷效应就显现出来。通过量子点的电流受到量子点中电子电荷的库仑排斥力而被阻止，因而一个量子点中所保存的电子数将受到限制。所使用的动态随机存储器存储一个比特信息将进出20万个电子，而单电子晶体管只需几十个电子，功耗大大降低，存储量将大大提高。

半导体微腔　就像量子阱对其中的电子有限制效应一样，尺寸为光波长量级的微腔对腔内物质自发辐射的光学模式也有限制作用，使得受激原子只可能与某些特定的光学模式相耦合，改变了自发辐射的性质。

自旋电子晶体管　其中利用了传输电

子的自旋性质。如果在初始时刻器件中所有电子的自旋状态是一致的，随着时间的变化电子的自旋状态将保持一致地变化，这时的电子态称为相干态。利用半导体中的自旋相干态是制造量子计算机的最好选择。

半岛 peninsula 伸入海洋或湖泊中的陆地，三面邻水，一面与陆地相连。大的半岛主要受地质构造断陷作用形成，如世界最大的半岛——阿拉伯半岛（322万平方千米）。中国主要有山东半岛（4万平方千米）、辽东半岛（3万平方千米）、雷州半岛（0.78万平方千米）。世界其他主要的半岛有印度半岛、中南半岛、斯堪的纳维亚半岛、伊比利亚半岛、小亚细亚半岛、巴尔干半岛、堪察加半岛、亚平宁半岛、马来半岛、朝鲜半岛等。

半金属 semimetal 性质介于金属和非金属之间的元素。半金属元素在元素周期表中处于金属向非金属过渡位置，通常包括硼、硅、砷、碲、硒、钋和砹，锗、锑也可归入半金属。若沿元素周期表ⅢA族的硼和铝之间到VA族的碲和钋之间画一锯齿形斜线，则贴近这条斜线的元素（除铝外）都是半金属。半金属性脆，呈金属光泽，负电性在1.8～2.4之间，大于金属，小于非金属。半金属与非金属作用时常作为电子给予体，而与金属作用时常作为电子接受体。其氧化物与水作用生成弱酸性或弱碱性的溶液。半金属大多是半导体，具有导电性，电阻率介于金属（10^{-5}欧姆·厘米以下）和非金属（10^{10}欧姆·厘米以上）之间，导电性对温度的依从关系通常与金属相反，如果加热半金属，其电导率随温度的升高而上升。这类材料的禁带宽度很小，因此被用来制作红外探测器件。红外线的波长为10微米左右，对应的光子能量为0.1电子伏。半金属材料被红外线照射以后，电子能迅速从价带激发到导带，引起电导率变化，从而探测到红外线。

半两钱 banliang coin 中国秦至西汉前期通行的圆形方孔铸币。多为铜质。面文“半两”，为计重币名，二字横列于方孔两侧。秦制二十四铢（一铢约合今0.65克）为一两，半两为十二铢。半两钱始铸于战国晚期的秦国，秦统一后，以半两钱为通行全国的法定货币。此前钱币文字种类繁多，大体以纪地为主，秦半两钱开启了钱币文字的纪重时期。西汉前期先后行用各种减重半两。如榆荚半两（体小轻薄形如榆荚）、八铢半两、五分钱等，面文都是半两。至武帝元狩五年（公元前118）罢半两行五铢钱，半两钱遂废。从秦半两开始，大小轻重适中、携带使用方便的圆形方孔钱在中国沿用达两千多年，奠定了古代中国乃至世界东方钱币体系的基础。

西汉半两铜钱

《半农谈影》 中国第一本摄影艺术理论专著。刘半农著。1927年10月由北京摄影社出版，1928年上海开明书店再版发行。2000年中国摄影出版社出版特印本。刘半农在书中对自己和他人的创作经验进行了总结和阐发，既对当时种种摄影思想观点作了评论，又着重探讨了摄影艺术造型技巧的方法和规律。全书七章，为摄影正名，批驳了各种否定、贬低摄影艺术的论调，积极确立摄影艺术的独立性；提出“摄影分类说”，认为照相可以分为写真、写意和照相馆3类，不同类型的摄影须用不同的法则，廓清了当时摄影创作中急需解决的一些认识问题；此外，就“美术照相”（即艺术摄影）这一类别，提出“意境说”（即有所立意）、“同情说”（即以情感人）和“造美说”（即营造美），并对用光、构图、影调等等艺术形式和技术手法详细介绍，初步探讨了摄影美学的基本问题。《半农谈影》和《北京光社年鉴》第一、二集的两篇序言是20世纪20年代中国摄影艺术理论的代表著作，具有开拓性的历史意义。

半坡遗址 Banpo 中国新石器时代仰韶文化遗址。位于陕西西安半坡村。1954～1957年发掘。发现早、晚两期遗存。早期为半坡类型的代表性遗存，晚期属西王村类型遗存。年代为公元前4800～前4100年。

早期的半坡类型聚落为不规则圆形。居住区在中央，分南北两片，可能分属氏族内的两个群体。每片有一座供公共活动用的大房屋，及若干小房子，其间分布着窖穴和牲畜圈栏。居住区有壕沟环绕，沟北是公共墓地，沟东有陶窑场。经济生活为农业和渔猎并重。出土石斧、锄、铲、刀、磨盘、磨棒等农具，石镞、矛、网坠骨鱼钩等渔猎工具。还发现粟和蔬菜子粒，家畜和野生动物骨骸，以及骨针和骨锥等生活用具。常见陶器有小口尖底瓶、罐、钵、瓮等。彩陶较发达，以黑彩绘人面、鱼、鹿、植物枝叶等象生花纹及几何形纹样。陶器上发现22种刻划符号。成人死后埋入公共墓地，常随葬陶器及骨珠等装饰品。发现两座同性合葬墓，一般认为是母系氏族社会的葬俗。死亡儿童用瓮棺葬，埋在居住区。一座女孩土坑墓中随葬品精致丰富，有木板葬具，表明当时对女孩的厚爱。现遗址上建有中国首座遗址博物馆——半坡博物馆。1961年国务院公布为全国重点文物保护单位。

半坡遗址第3号圆形房基

半乳糖 galactose 动物界较为常见的六碳单糖，分子式$HOCH_2(CHOH)_4CHO$。哺乳动物的乳汁中乳糖的组成成分，从蜗牛、蛙卵和牛肺中已发现由D-半乳糖组成的多糖，它常以D-半乳糖苷即脑苷和神经节苷脂的形式存在于大脑和神经组织中，它也是某些糖蛋白的重要成分。半乳糖在植物界常以多糖形式存在于多种植物胶中。游离的半乳糖存在于常春藤的浆果中，两异构体的结构式如下：

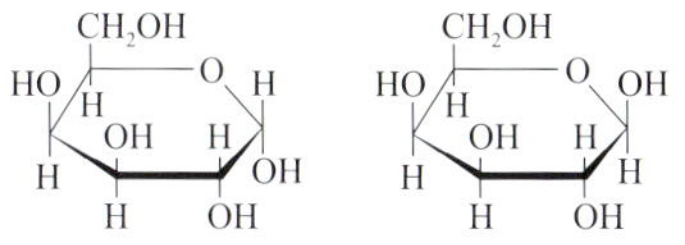

α-D-半乳吡喃糖　　β-D-半乳吡喃糖

α型和β型半乳吡喃糖的熔点均为167℃，比旋光度分别为：$[\alpha]_D$ +150.7 → +80.2（水），$[\alpha]_D$ +52.8 → +80.2（水）。制备半乳糖的最简便的方法是乳糖的水解；也可从D-来苏糖通过化学合成增长碳链制备。它可用于有机合成。医药上用于测定肝功能等。

半索动物门 Hemichordata 动物界一门。又称口索动物门。过去曾作为亚门。一类与脊索动物相近的蠕虫状小型无脊椎动物。是具肠体腔的无脊椎动物，体分吻、领、躯干三部分。单体或群体。海生，营底栖生活。因具有内胚层形成的口索（又称吻盲管）相当于脊索构造，称为半索，而得名。曾包括肠鳃纲（如柱头虫）、羽鳃纲（如头盘虫和杆壁虫）、浮球虫纲。现前两纲已分别独立为肠鳃动物门、羽鳃动物门。最重要特征是：①具有口索；②虽不具有中枢神经系统，但已在领部形成领神经索；③咽部具有用于呼吸的多对鳃裂。这些特征表明，它是最接近于脊索动物的无脊椎动物门类。在动物进化史上，它是从无脊索动物向脊索动物进化的重要环节。

半知菌 Deuteromycotina; fungi imperfecti 真菌门的一个亚门。是尚未发现有性繁殖或本身已经丧失了性繁殖能力、以无性分生孢子或菌丝片段进行繁殖的一类真菌。已知有2 600属15 000种，其有性型为子囊菌，一部分是担子菌，但与有性型相联系的仅3 000种。半知菌有腐生、寄生和兼性寄生性。

半知菌种类多、繁殖快、数量大、分布广，与人类的关系密切。有些菌的菌丝可与植物根结合形成菌根，帮助植物吸收水分、养料；有的能制成生长素和抗菌素，促进植物生长或防治植物病害；有的可消灭或抑制危害植物的昆虫、线虫、杂草及其他真菌等。许多菌具有形成酶、有机酸和氨基酸的功能。从甘油发酵、有机酸生产、纺织、制革、造纸，到食品、副食品加工诸方面均有重要用途。许多菌的代谢产物用作现代药物，如青霉菌产生的青霉素和灰黄霉素、头孢菌产生的头孢霉素、弯颈霉产生的环孢霉素、镰孢霉和青霉等菌产生的β-胡萝卜素等。同时，某些半知菌可引起严重的植物病害，并致人、畜疾病，如表皮癣菌属、小孢霉属、癣菌属可引起头癣、体癣、甲癣、脚癣和发癣。

半殖民地 semi-colony 形式上独立自主，实际上在政治、经济、军事等各方面受帝国主义控制的国家和地区。它是独立国家沦为殖民地的过渡形式。其主要特征是政府实质上成为帝国主义侵略者的代理人，经济命脉控制在外国列强的手中，地主阶级、官僚资产阶级同帝国主义相勾结，对人民群众实行专政。帝国主义采用半殖民地的形式侵略、掠夺这些国家和人民，只是一种权宜之计，他们利用在半殖民地攫取的特权来彻底改变这些国家的政治地位，使之完全变成他们的附庸国。列宁1915年在《社会主义与战争》中，首次使用了“半殖民地”概念，中国也被首次列为“半殖民地”国家。帝国主义列强强迫被侵略国签订不平等条约，从而划分势力范围，取得领事裁判权等特权，控制被侵略国的财政、金融等经济命脉，倾销商品，输出资本，对这些国家和地区的文化进行侵略和摧残。

伴性遗传 sex-linked inheritance 相关基因位于性染色体上的性状的遗传方式。又称性连锁遗传。不同种类的有性生殖生物具有不同的伴性遗传模式，人类的伴性遗传是哺乳动物伴性遗传的典型代表。

人类的性染色体有X染色体和Y染色体两种，女性个体的性染色体组成为两条X染色体，而男性个体则为一条X染色体和一条Y染色体。这两条染色体是不同源的，其X染色体或Y染色体上的基因座位都没有对应的等位座位，对于男性个体来说，其性染色体上的基因座位都是半合子，由此，便导致了其座位上基因的显隐性与常染色体上显隐性的表现形式的差异。①X伴性显性遗传。指X染色体上显性基因的遗传。因为其染色体既可传给女儿，也可传给儿子，再加上其基因是显性的，所以，由这些基因所决定的性状或疾病在下一代的女儿和儿子中均能表现出来，而且频率是均等的。如人类的抗维生素D佝偻病、甲状旁腺功能减退、口面指综合征Ⅰ型及色素失调症等。②X伴性隐性遗传。现假设有一对夫妇，其女方的两条X染色体中仅一条上连锁有一个隐性基因的存在，而男方的X染色体上则无这种隐性基因。在这样一种婚配中，女儿和儿子都有可能从他们的母亲那里得到带有那个隐性基因的染色体，而且得到的可能性是相等的。但女儿不会表达出这个基因所相关的性状或疾病，儿子却会表现出来。如人类的色盲、血友病A和B、眼白化症及鱼鳞病等。③Y伴性遗传。Y染色体上的基因无所谓显隐性，通常都能表现出来，且一定是传给男性后代。如果是一个致病基因，就可表现为连续传代和男性后代的发病率为100%的遗传特征。

邦达尔丘克 Bondarchuk, Sergei Fiodorovich (1920-09-25～1994-10-20) 苏联电影演员、导演。生于别洛焦尔卡，卒于莫斯科。曾在苏斯托夫的戏剧学校学习，后来参加

卫国战争。1946年复员后进入苏联国立电影学院表演系。他导演并主演的第一部影片是《一个人的遭遇》(1959)，获1959年第一届莫斯科国际电影节大奖。他成功地塑造了一系列不同时代、经历、职业、身份、性格的人物形象，如迪莫夫（《跳来跳去的女人》，1955）、彼埃尔（《战争与和平》，兼导演，1965～1967，1969年获奥斯卡金像奖最佳外语片奖）、阿斯特洛夫（《万尼亚舅舅》，1971）、兹维亚根采夫（《他们为祖国而战》，兼导演，1975）、叶梅里扬（《草原》，兼导演，1979）等。1982年与墨西哥、意大利等国导演共同制作了影片《红钟》。1986年，完成《鲍里斯·戈都诺夫》。其后又出演影片《机场事件》(1988)、《三个国王的斗争》(1990)、《露西的灾难》(1992)等。在导演《静静的顿河》时去世。

邦达列夫 Bondarev, Yuri Vasilyevich (1924-03-15～) 俄罗斯作家。生于奥尔斯克。做过炮兵指挥官，曾任作协书记等职。

1949年发表处女作《在途中》。中篇小说《两个营请求火力支援》(1957)和《最后的炮轰》(1959)，都着重写小规模的战斗和战场上的日常生活，为“战壕真实派”作品。长篇小说《寂静》(1962)及其续集《两个人》(1964)主要写个人崇拜在人与人的关系上造成的恶果。《热的雪》(1969)描写1942年底苏军阻击德国坦克部队的浴血奋战。《岸》(1975)、《抉择》(1980)和《演戏》(1985)表明作者思考的已不是战争中的某些具体问题，而是整个世界的前途和人类的命运。《诱惑》(1991)和《不抵抗》(1995)提出了许多值得读者思考的问题。还有散文集《瞬间》、电影剧本《解放》等。

邦德 Bond, Edward (1934-07-18～) 英国剧作家。生于伦敦。22岁开始写剧本，1965年他的《被拯救》在皇家宫廷剧院演出后成为专业剧作家。邦德的戏剧轰动了20世纪60年代的伦敦舞台，不仅是因为《被拯救》和《清晨》(1968)的内容引起争论，还因为邦德在他的戏剧中运用了多种多样的表现手法：既有社会现实主义〔《被拯救》、《主教的婚礼》(1962)〕，又有意象反映（《进入北方腹地的狭窄道路》）；既有史诗般的雄浑〔《李尔》(1971)〕，又有家庭喜剧式的细腻（《大海》）等。80年代邦德的剧作主要有《谋杀之后》(1983)和描写原子弹大屠杀后人类生活的《战争》三部曲(1984)。

帮会 中国封建社会中的民间秘密团体。可分为两类：①缘于一些业缘性或地缘性组织，目的在于独占某一地方的某种劳动职业，不使外帮侵入。②属于秘密结社式的帮会，没有地方色彩的同乡观念，只是以帮会首领为中心，凡拥护其首领，赞成其宗旨者皆可加入，受帮会保护，并听从帮会制裁。如红枪会、哥老会、洪帮、青帮、天地会、大刀会等。采用首领负责制，具体组织结构和组织制度颇为复杂，且带有一定的宗教色彩。帮会为了保持自身的隐蔽和安全，多以秘密方式进行联络，有自己独特的语言和形体沟通方式。帮会首领从心理和观念上强化帮会成员对帮会的认同感，从而加强了帮会的封闭性和稳定性。帮会所信奉的行为准则多与社会主流的行为准则相异。帮会还会通过各种手段向社会上层渗透乃至与国外势力勾结，扩大自己的生存能力和势力范围，甚至沦为反对政府和国外势力的工具。中华人民共和国

建立后，帮会组织被全面取缔。

梆子 wooden clappers 碰奏体鸣乐器。用于中国各类民族乐队的色彩性打击乐器。梆子多用枣木或红木制作，两根为一副，长约20厘米，一粗一细。细的一根为圆柱形，两端梢有粗细之分，一端直径为2.8厘米，另一端直径为2.5厘米。粗的一根横截

面呈无棱角长方形或椭圆形。演奏时，左手持粗的一根，右手持细的一根，两棒相交成十字形互击。梆子发音脆而坚实，穿透力强。发音高低随梆子粗细而别。梆子常用于梆子腔一类戏曲音乐的伴奏，用以击拍——控制音乐节奏和渲染气氛。中国南方还流行一种“南梆子”，系在一块长方形的木头上挖两条槽，一上一下，一内一外成反向，集两个共鸣体于一块木头上。演奏时用绳子平挂于鼓架旁，用鼓键敲击槽的上方。也可一手持南梆子，另一手敲击。

棒球 baseball 以棒击球为主要特点的一项集体性球类运动。现代棒球运动的起源说法不一，焦点是起源于美国还是英国。据体育史学家探寻，棒球由英国移民传至美国，后逐渐成为美国的“国球”。美国人A.J.卡特赖特是现代棒球运动的奠基人。1871年美国成立“全国职业棒球运动员组织”，1876年该组织改名为“全国棒球联合会”。1881年成立另一个全国性的职业棒球组织，即后来的“全美职业棒球联合会”。1884年首次举行这两个组织间的冠军赛，即“世界棒球冠军赛”，此后每年一次，延续至今。1910年美国总统W.H.塔夫脱正式批准棒球运动为美国的“国球”。最初的国际棒球组织成立于1937年，后来经历改组更名。1976年正式成立国际业余棒球联合会，1985年又更名为国际棒球联合会。

棒球比赛场面

1992年在巴塞罗那第25届奥林匹克运动会上，棒球被正式列入比赛项目。2005年7月国际奥林匹克委员会决定，从2012年奥运会起不设棒球比赛。国际棒联举办的主要比赛有世界棒球锦标赛和洲际杯比赛。1907年中国首次举行棒球比赛。1959年第一届全国运动会上，棒球被列为正式比赛项目。1981年中国正式加入国际棒球联合会，1985年加入亚洲棒球联合会。

棒球比赛的球场呈直角扇形，有4个垒位，分两队比赛，每队9人，两队轮流攻守。两队各攻守1次为1局，正式比赛为9局，以每局累计得分多者获胜。正式比赛须4名裁判员，1人为主裁判，其余3人为司垒裁判。一般国际比赛场地要求内场整个场地呈龟背形，最高点为投手区，投手板应高出地面38厘米，向4个垒位成平缓坡滑下与地面平。投手板用木或橡胶制成，应固定在地上。本垒板用橡胶、软塑料或木板制成，要求固定在地上与地面平。球棒用木或铝合金等制成。棒球为皮制品，内为软木心及毛线等缠绕用明线缝制而成。防守队员均戴手套，接手及一垒手可戴连指手套，其他位置戴分指手套。接手要有接手头盔、面罩、护喉、护腿等护具。击球员要戴击球护盔。棒球鞋用皮或皮革制成，前后掌各有三枚扁形钉。

磅 pound 英制质量单位。符号为lb。分常衡磅（国际磅）、金衡磅与药衡磅。在常衡磅中，1磅＝16盎司＝7 000格令＝0.453 6千克。在金衡磅与药衡磅中，1磅＝12盎司＝5 760格令＝0.37千克。1常衡磅＝1.215金、药衡磅；或1金、药衡磅＝0.822 9常衡磅。罗马祖先用libra表示磅，这也是磅缩写为lb的原因。罗马的磅等于1.59千克（0.722常衡磅）。

磅湛 Kompong Cham 柬埔寨中南部城镇。磅湛省首府。位于湄公河西岸，西南距金边72千米。人口约4.54万。高棉古城。10世纪时，周围曾建有婆罗门教庙宇。橡胶种植中心。在湄公河东岸有全国最大的朱普橡胶园，面积约2.6万公顷，并建有橡胶板厂。生产稻米、玉米、烟草、香蕉、黄麻等。城郊发展养蚕业。主要农产品集散地。附近高地盛产珍贵林木，如锡兰硕木、黄檀木、豆荚树和柚木等。工业有橡胶加工、织布、酿酒、碾米、农机及汽车修理等。水陆交通重镇。建有机场。

包办婚姻 arranged marriage 第三者（包括父、母）违反婚姻自主的原则，包办他人婚姻的行为。又称不自主婚。这种行为是对婚姻自由的严重干涉与破坏，在中国，为宪法和婚姻法所禁止。

包办婚姻随着私有制和“一夫一妻制”的确立而产生，长期盛行于奴隶制和封建制社会，并往往和买卖婚姻相联系。

在现代西方国家，婚姻的成立一般不再具有包办强迫性质，法律以双方当事人的合意为订婚、结婚的条件。但许多国家的亲属法规定，未达一定年龄的人结婚，必须取得法定代理人同意。

从中国新民主主义革命时期各革命根据地的婚姻立法，到中华人民共和国建立后颁行的婚姻法，一贯保护婚姻自由。2001年修订的《中华人民共和国婚姻法》规定：“禁止包办、买卖婚姻和其他干涉婚姻自由的行为”，“结婚必须男女双方完全自愿，不许任何一方对他方加以强迫或任何第三者加以干涉”。中国的法定婚龄高于成年年龄（18周岁），当事人已有能力行使婚姻自由的权利。包办婚姻的各种形式，包括娶童养媳、包办寡妇婚姻、转亲、换亲等，都是违法的，不具有法律效力。对包办他人婚姻和其他干涉婚姻自由的行为人，应进行严肃的批评教育，必要时视其情节，予以行政处分或法律制裁。对以暴力干涉他人婚姻自由的人，还须追究其刑事责任。

包茨 Bouts, Dirck（1415～1475-05-06） 尼德兰画家。生于哈勒姆，卒于卢万。可能在哈勒姆受过艺术训练，又在布鲁塞尔学习过。他的早期作品，如《哀悼耶稣》（巴黎，卢浮宫博物馆藏）受到R.van der韦登

《最后晚餐》

的影响。成熟期作品注意构图形式的推敲，趋于冷静地写实，同时还显示其描绘风景特定气氛的能力。为卢万圣餐兄弟会绘制的《圣餐三叶祭坛画》（主画为《最后晚餐》，1464～1468，卢万，圣彼得教堂藏）和为卢万市政府绘制的《奥托皇帝的公审案》（1468～1475，布鲁塞尔，皇家美术馆藏）是他的代表作品。

包尔汉 Burhan Šähidi（1894-10-03～1989-08-27） 中国爱国主义者，社会活动家，全国政协副主席。维吾尔族，新疆阿克苏人。生于俄国喀山省特铁什县，卒于北京。1914年回迪化（今乌鲁木齐）定居，恢复

中国国籍。1929年进入柏林大学攻读政治经济学并自学突厥学，1933年转赴苏联学习，后回新疆从事革命工作。1944年任新疆联合政府副主席。1949年9月以新疆省政府主席的身份，与陶峙岳将军通电全国，实现了新疆的和平解放，同年加入中国共产党。中华人民共和国建立后，历任新疆省人民政协主席、中共中央新疆分局常务委员、西北军政委员会委员、西北民族事务委员会委员、省政协主席、新疆大学校长等职。1955年起先后担任中国人民保卫世界和平委员会副主席、中国亚非团结委员会副主席、中国科学院哲学社会科学学部委员和民族研究所所长、中国突厥语研究会会长。曾当选全国政协第二、三、五、六届副主席，第一、二、三届全国人民代表大会代表，第一、二届全国人民代表大会民族委员会副主任委员。他是中国伊斯兰教协会发起人之一，连续当选第一、二、三届主任。主要著作有《维汉俄辞典》、《新疆五十年》、《包尔汉选集》、《火焰山的怒吼》等。

《包法利夫人》 *Madame Bovary* 法国小说家G.福楼拜的代表作。1857年出版。女主人公爱玛是一个富裕农民的女儿，在修道院度过青年时代，受浪漫主义小说的影响，对爱情和婚姻想入非非。成年后嫁给平庸的市镇医生包法利。爱玛婚后对生活深感失望，和丈夫迁居到永镇后她接触到形形色色的人物，对赖昂心生好感，但两人不敢越轨。赖昂到了巴黎，爱玛非常苦闷。庄园地主罗道耳弗勾引她做情妇。爱玛从此注重享受，不惜向高利贷者借钱购买时装，并盼望私奔。知道罗道耳弗逢场作戏后，大病一场。她跟丈夫在鲁昂遇到了分别三年的赖昂，旧情复发，借口学钢琴每星期到鲁昂去一次，为此不惜债台高筑、典卖房产。最后走投无路向罗道耳弗借钱，遭到拒绝后绝望自杀。

作品通过爱玛的堕落过程，反映了法国19世纪上半叶社会环境的庸俗丑恶和现实生活的狭隘闭塞，揭露了资产阶级人物的卑鄙行径，以及修道院的禁欲主义教育对人性的压抑和毒害。小说人物典型生动，细节真实可信，语言准确贴切。

包裹体 inclusion 矿物结晶过程中圈闭在生长表面缺陷和窝穴内的结晶介质或早期形成的矿物。矿物包裹体储存了大量有关矿物结晶介质和环境以及形成历史的信息，是研究地质成矿作用的珍贵样品。包裹体与主矿物有明显的相界线，它们与主矿物同时形成者属原生包裹体，而晚于主矿物形成者为次生包裹体。包裹体内含物包括液体、气体、晶体（子矿物）和玻璃（熔体），多种物态可以共存。矿物中常见流体包裹体，形状不一，直径一般小于100微米，流体相的主要成分为水、盐（碱金属和碱土金属的氯化物和硫酸盐等）、二氧化碳、甲烷、硫化氢等，有时还有有机化合物。

包豪斯 Bauhaus 德国魏玛市的国立包豪斯学校的简称，后改称“造型设计学院”，习惯上仍沿称包豪斯。包豪斯是德语Bauhaus的译音，由德语Hausbau（房屋建筑）一词倒置而成。以包豪斯为基地，20世纪20年代形成了现代建筑中的一个重要派别——现代主义建筑，主张适应现代大工业生产和生活需要，以讲求建筑功能、技术和经济效益为特征的学派。包豪斯一词又指这个学派。

W.格罗皮乌斯于1919年任魏玛实用美术学校校长时，该校同魏玛美术学院合并成为专门研究建筑设计和工业日用品设计的国立包豪斯学校，格罗皮乌斯担任校长。包豪斯教师阵容整齐，人才辈出。1925年，包豪斯由于在学术见解上同当地名流发生分歧，迁至德绍，改名为“造型设计学院”。1928～1930年瑞士建筑师H.迈耶任院长，1930～1932年L.密斯·范·德·罗任院长。包豪斯于1932年迁柏林，不久停办。教师大多流往国外，包豪斯的学术观点和教育观点随之传播至世界各国大学。

包豪斯校舍

包豪斯在十多年中设计和试制了不少宜于机器生产的家具、灯具、陶器、纺织品、金属餐具、厨房器皿等工业日用品。在建筑方面，师生协作设计了多处讲求功能、采用新技术和形式简洁的建筑。如德绍的包豪斯校舍、格罗皮乌斯住宅和学校教师住宅等。包豪斯的设计和研究工作对建筑的现代化影响很大。

包合物 clathrate; inclusion compound 在一种化合物的晶格间隙中包裹着另一种化合物分子所形成的一类晶体。前者称为主体分子或包合剂，后者称为客体分子。在包合物中，主体分子与客体分子之间通常不形成强的化学键，而是以范德瓦耳斯力或氢键相结合，主体和客体分子一般保持各自的化学性质不变。主体分子晶格孔隙的形状和大小以及客体分子的几何外形决定了包合物中主、客体分子的数量之比及其稳定性。

常见的包合物有氢醌和惰性气体的化合物、尿素和烷烃的加合物、硫脲和烃的加合物、冠醚类复合物以及聚α-氨基酸、聚磷酸、聚葡萄糖类的化合物等。利用包合物中主、客体分子之间的选择性，包合物在分子识别、分离技术和保存挥发性物质等方面都有很好的应用前景。对以酶、核酸、抗体作为主体分子，以底物、抑制剂、辅助因子、抗原作为客体分子所形成的包合物的研究，是深入探索生物活性物质作用机理的途径。

包惠僧 Bao Huiseng (1895-01-15～1979-07-02) 中国共产党第一次全国代表大会参加者。曾用名包晦生，别名鲍一德，笔名栖梧老人。湖北黄冈人，卒于北京。早年参加五四运动。1920年秋参加创建武汉共产主义小组。1921年出席中共第一次全国代表大会。曾主编《劳动周刊》。1922年后任中国劳动组合书记部长江支部主任、中国共产党北方区委委员、武汉区委委员长。第一次国共合作时期，以中共党员身份加入国民党，在广州参加国民党工作，在黄埔军校等处担任过多种职务。1927年1月任国民革命军独立第14师党代表。南昌起义后脱党。此后曾任国民政府陆海空军总司令部参议，1936～1948年在国民政府内政部任职。后举家迁往澳门。中华人民共和国建立后，1949年11月从澳门回北京，先后任中央人民政府内务部研究室研究员、参事、国务院参事室参事。撰写了许多回忆中国共产党建党初期和早期工人运动的史料。1983年5月人民出版社出版《包惠僧回忆录》。

包茎 phimosis 阴茎包皮口小、不能上翻显露龟头的现象。包皮虽覆盖阴茎头和尿道外口，但能上翻显露龟头则为包皮过长。男性新生儿绝大多数有包茎，随年龄增长至青春期包茎率仅为10%以下。包茎容易引起包皮阴茎头炎，可能也是引起阴茎癌的原因。凡5岁以上仍有包茎者应进行包皮环切术。若包皮口狭窄和包皮阴茎头炎引起尿道狭窄，则更应及早手术。

包买商 merchant employer 向小手工业者贷给或供给原材料以至工具，给予一定酬金或工钱，然后收取成品转向市场销售的商人。又称包买主。欧洲封建社会后期，商业资本不断积累扩大，同时，行会手工业逐渐解体。随着商品货币经济的发展，商业资本开始采取直接控制小手工业者的方式以赚取更高利润，形成包买商。包买商制度也曾称散工制或委托制，包买商的店铺称发货店。包买商向分散的小手工业者发放原材料，给予一定酬金，小手工业者把制成品交给包买商，由包买商进行销售。小手工业者的生产活动同自己产品的销售活动分离开来，丧失了独立性，处于依附地位，实际上转变为出卖劳动力的雇佣工人，而包买商也从生产者和消费者之间的单纯中介人成为购买劳动力并获取商业利润以外剩余价值的占有者。商业资本开始向工业资本转化。包买商最早出现于14世纪欧洲的佛兰德和意大利，15世纪扩及欧洲各地，16世纪盛行于英国，17世纪上半期在法国和德国发展迅速。包买商是资本主义借以发展的一种形式，在历史上起过一定的过渡作用，但它并未引起旧生产方式的巨大变更。随着工场手工业的兴起和工厂制度的建立，包买商在欧洲消失。

包气带 aeration zone 地面以下潜水面以上的地带。又称非饱和带。大气水、地表水同地下水进行水分交换的地带。地下水面以下称为饱水带。包气带自上而下分为三部分（见图）：①土壤水带，降雨下渗、土壤蒸发和植物散发直接影响土壤水带水分的消长，植物通过根系吸收土壤水分生长；②中间带（或渗流水过渡带），分布于土壤水带与毛细管水带之间，当地下水埋藏较浅时，此带消失，土壤水带直接和毛细管水带相接；③毛细管水带，水从地下水面沿着岩土的毛细管孔隙上升到一定高度构成，位置随地下水位的升降而变化。

包气带中水分的运移伴随着盐分的运移。雨季，入渗水流溶解并带走岩土中一些盐分，淋洗到饱水带，使包气带脱盐。旱季，在土壤水势的作用下，上行水流携带盐分到浅部，水分蒸发，盐分积聚于地表，在干旱地区则导致土壤盐渍化。包气带中富含有机质与生物成因的孔隙介质，能够过滤、吸附并降解某些污染物质，使地下水净化。但它也可能成为地下水污染的通道。

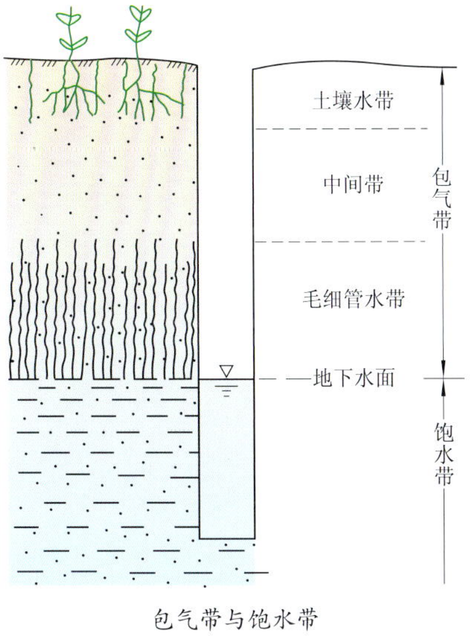

包气带与饱水带

包世臣 Bao Shichen (1775～1855) 中国清代经世学者、作家、书法家。字慎伯，晚年自号倦翁。安徽泾县人。学者称安吴先生。自幼家贫，勤苦学习，工词章，有经济大略，喜谈兵。长期任幕僚，潜心考究农政、河工、漕运、盐政、货币、民俗、刑法、军事等。反对空谈性理，讲求实学。注重实地调查与经世致用，对实际社会问题有较深的了解，为世人器重。重视理财，自称“好言利”，目的在于反对“奸人之中饱”。重注农业，认为“天下之富在农”，把“劝农”看作是富国的前提，强调士人必须懂得农业生产知识和技术。他重农而不抑末，认为工商业和货币财富的发展，可与农业互相补充，达到“家给人足”，因而提出“本末皆富”的观点。主张借助商人的经营活动来改革漕运和盐政。他学书30年，为书家大宗，论书法尤精，所著《艺舟双楫》为中国书学理论重要著作。包世臣一反清代书坛对赵孟頫、董其昌的偏爱，评价较中肯。提倡北碑，对改变清代的书风起了重要作用。包世臣最先察觉到书法内容、精神与形式、技法之间的联系，认为书道妙在性情，能在形质，然性情得于心而难名，形质当于目而有据。著作还有《中衢一勺》、《齐民四术》和《管情三义》，合刻为《安吴四种》36卷，又有《小倦游阁文稿》2卷。

包头市 Baotou City 中国内蒙古自治区辖地级市。有“草原钢城”之称。位于自治区西部，黄河之滨，乌拉山与大青山前昆都仑河冲积扇上。辖东河区、昆都仑区、青山区、石拐区、白云鄂博矿区、九原区，以及固阳县、土默特右旗、达尔罕茂明安联合旗。面积27 768平方千米。人口265万(2010)，居住着蒙古、汉、回、满等29个民族。春秋战国属赵，秦、汉、唐、辽、元、明均于此筑堡设防。直至17世纪中叶，清

五当召远眺

康熙时实行移民戍边政策，农业渐盛，村落棋布。乾隆三年(1738)置镇，名包头村。嘉庆十四年(1809)改为包头镇。同治八年(1869)旅营商业日盛，遂兴筑包头城。1926年设包头县，1938年设市。地势中间高南北低。阴山山脉横贯全市中部。属典型大陆季风气候。年平均气温6.5℃。平均年降水量355毫米。白云鄂博铁矿闻名中外，铁矿储量达8亿吨以上；稀土储量1.35亿吨，占全国储量的97%，居世界首位。大青山煤田储量10多亿吨。此外，锰、云母、石棉、水晶、珍珠岩、石灰岩、石英石、大理石、金矿等也都具有极高的工业开采价值。20世纪50年代以来，随着白云鄂博矿区的开发和包头钢铁公司的建设，包头市已成为内蒙古自治区最大的工业城市、中国主要钢铁基地和稀土科研生产基地，形成了以冶金、机械、化工、能源、建材等重工业为主，门类较为齐全的工业体系。农业以种植粮食、油料、蔬菜，以及饲养牛、羊、猪等为主。京包、包兰、包神铁路和包（包西）白（云鄂博）、包（头）石（拐）、包环线（包头东—昆都仑召）等铁路支线，以及呼包高速公路、包头环城公路等交会于此。名胜古迹有转龙藏遗址和韩庆坝新石器时代遗址，召梁汉魏古城堡，麻池汉代古城遗址和古墓，秦长城、汉长城、哈达门沟、黄河南口昭君坟、五当召等。

包销 exclusive sales 供货商通过与销售商签订协议，给予销售商在一定地区和一定期限内承包销售其商品的独家专营权的营销方式。在国际贸易中，包销是指出口商在特定地区和一定期限内，给予国外客户（包销人）独家销售指定商品的经营权利的贸易方式。双方的关系属售定性质。供货商（或出口商）与包销人之间的关系是本人对本人的买卖关系，即各自承担交易的风险和盈亏。它与一般合同的主要区别是买方在特定地区享有专营权。为防止发生

销售商（或包销人）垄断市场或“包而不销”、“包而少销”等现象，卖方还可在协议中作出具体规定，如销售商（或包销人）在一定期限内推销数量不能达到规定数量的一定比例时，卖方有权撤销协议。

包衣 中国历史上满族社会的最下等阶级。包衣为满族语，即包衣阿哈的简称，又作阿哈。包衣即“家的”，阿哈即“奴隶”。汉语译为家奴、奴隶、奴仆或奴才。为满族上层统治阶级贵族所占有，被迫从事各种家务劳动及繁重的生产劳动，没有人身自由。来源主要是战争俘虏、罪犯、负债破产者以及包衣自己所生的子女等。清朝在全国范围内建立统治后，包衣有因战功等而置身于显贵的，但对其主子仍然保留其奴才身份。

包玉刚 Bao Yugang（1918-11-16～1991-09-23） 中国香港实业家。生于浙江宁波，卒于香港。1940年起先后在中央信托局衡阳办事处、中国工矿银行衡阳分行和重庆分行任职。抗日战争胜利后任上海市银行业务经理、副总经理。1949年移居香港。1955年创办环球有限公司。1960年购入亚洲航业公司股份。1967年成立香港环球航运集团，1970年与汇丰合作成立环球航运投资公司，1971年成立新的环球航运租船有限公司。到1980年拥有运输轮船200余艘，总排水量超过2 000万吨，被誉为“世界船王”。1981年任国际联合船舶投资公司董事长。1985年收购香港四大英资洋行之一的会德丰股权及港龙航空公司部分股权，任港龙航空公司主席、香港环球航运集团主席兼总裁。先后在北京、上海、宁波和杭州等地兴建旅游饭店、学校、医院和其他公共福利设施，捐资兴办宁波大学，设立包兆龙、包玉刚中国留学生奖学金。1985年任香港基本法起草委员会副主任委员。是第七届全国人大常委。

包拯 Bao Zheng（999～1062） 中国宋代大臣。字希仁。庐州合肥（今属安徽）人。北宋仁宗时进士。曾任州、县官，后升任天章阁待制、龙图阁直学士、开封知府、御史中丞、枢密副使。他为官刚直不阿。他主张对外严修武备，精选将才，招募义勇，广储粮食，以抵御外侮；对内抑制宦戚特权，选用贤俊，广开言路，整饬吏治，轻徭薄赋，与民休息。强调立法必须既要对国家有利，又要对百姓无害；反对随意变更法令，主张务德慎利，明正赏罚。他严格执法，铁面无私，敢于摧折权贵，为民申冤。包拯在后世被广为称颂，民间誉为包青天，并编有许多颂扬其事迹的文艺作品。

包装 packaging 在流通过程中为保护产品、方便运输、促进销售，按一定技术方法采用的容器、材料及辅助物等的总称。如箱、盒、袋、罐、杯、管、盘、膜、封盖、内衬物、标签、捆扎用品等。也指为达到上述目的而采用容器、材料和辅助物的过程中施加一定技术方法的操作。按在流通领域中的作用可分为内包装（又称小包装、销售包装）、中包装、外包装（又称大包装、运输包装），按制造材料可分为纸包装、塑料包装、金属包装、玻璃包装及陶瓷、木、棉麻包装等。包装必须具有四个方面的基本功能：①能包容产品。②能保存和保护产品。③能识别内容物的名称、成分、规格、数量、质量、制作方法，以及生产商和产品条码。④便于使用。包装过程包括：成型、充填、封口、裹包等主要包装工序，清洗、干燥、杀菌、贴标、捆扎、集装、拆卸等包装前后工序，转送、选别等包装辅助工序。

孢子（植物） spore(plant) 脱离亲本后能直接或间接发育成新个体的生殖细胞。是有丝分裂或减数分裂的产物。多数为单倍体，少数为二倍体。孢子一般为单细胞的，也可能是多细胞的繁殖体。由于它的性状不同、发生过程和结构的差异，形成了孢子的多样性。植物通过无性生殖产生的孢子称无性孢子，如分生孢子、孢囊孢子、游动孢子等；通过有性生殖产生的孢子称有性孢子，如接合孢子、卵孢子、子囊孢子、担孢子等；直接由营养细胞通过细胞壁加厚和积储养料而能抵抗不良环境条件的孢子称厚垣孢子、休眠孢子等。

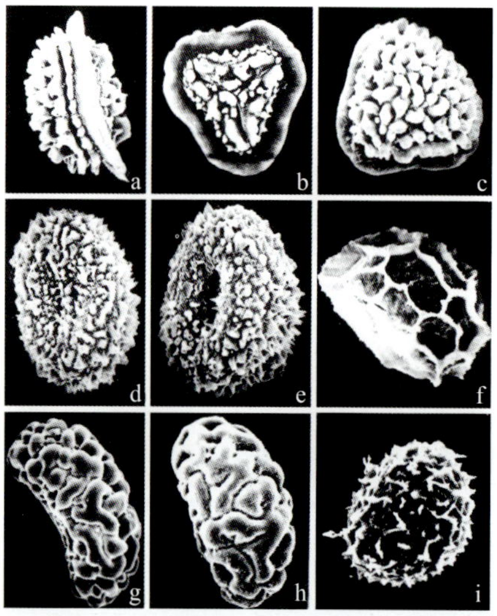

部分孢子形态

a、b 湖北石松（×2 800） c 武夷瘤足蕨（×2 000）
d、e 地刷子石松（×1 800） f 大脚观间座莲（×2 500）
g、h 水蕨（×700） i 毛叶密穗蕨（×850）

根据孢子的形态、大小和遗传特点，孢子可分为同形孢子与异形孢子两种类型。同形孢子只有一种类型，它们的孢子体（原叶体）是雌雄同株的。异形孢子则有大小不同和雌雄分化的二形孢子，它们的孢子体（原叶体）可是雌雄同株，也可是雌雄异株的。从孢子结构来看，孢子可分游动孢子和不动孢子两种类型。孢子的形成有两个途径：①有丝分裂后形成的孢子，称有丝孢子；②减数分裂产生的孢子，称减数孢子。

孢子丝菌病 sporotrichosis 由申克孢子丝菌所致皮肤、皮下组织及其附近淋巴系统的慢性感染病变。本病在中国散在发病，但多见于东北及长江以南沿海地区。孢子丝菌寄生于植物、土壤中，皮肤外伤后可感染此病。真菌镜检不易找到病原体，需作真菌培养。取脓液、组织块作真菌培养，鉴定菌种即可确诊。常见的孢子丝菌病有皮肤淋巴管型，沿局部淋巴管有许多皮下结节，可穿破皮肤，出现肉芽肿及化脓损害。还有固定型，只局限于一处，多发于面、颈、躯干等处，常是浸润性肉芽肿红色斑块样。还可侵犯黏膜、骨、关节，也可有系统性损害。治疗首选碘化钾治疗，也可内服伊曲康唑、特比萘芬、氟康唑。对局部损害如溃疡或已破的脓肿，可外用碘化钾溶液湿敷局部，碘化钾软膏、两性霉素B、二甲基亚砜溶液或软膏外涂。局部温热疗可起辅助作用。

胞族 moiety; phratry 原始社会同一部落中两个或两个以上的氏族结合成的介于氏族和部落之间的社会组织。美国民族学家L.H.摩尔根最先使用此词，用来表示一群有血亲关系的、单系继承的集团，或者非直系血缘以及血缘较远但有着共同遵循的礼仪和亲属惯例（如内部禁止通婚）的氏族群。前者由一个基本氏族派生出来的若干血缘氏族组成，后者可能是血缘较远或不同血缘氏族合并而成的。

胞族的形成与婚姻制度密切相关。一个原始集团分裂为两个半边（最初的氏族），同一半边的人们彼此禁止通婚，只能和另一半边的成员通婚。这种族外婚制排除了兄弟姊妹间通婚的可能性。随着部落内部人口的增殖，每个氏族又分裂成两个或两个以上的氏族，即女儿氏族。以母亲氏族为主体，包括一切女儿氏族在内，就构成胞族。胞族最初一般都由2个、4个等偶数氏族组成。但随着氏族的发展，以及个别氏族的消亡或合并，某些胞族就不像形成初期那样整齐。有时作为胞族主体的母亲氏族在发展过程中逐渐消亡，使胞族不再存在，部落仅能由数目不等的若干氏族直接组成。胞族的职能，部分是社会性的，部分是宗教性的。随着部落组织的发展，胞族的职能逐渐局限于宗教方面。

褒斜道 Baoxie Road 中国古道路。从汉唐首都长安（今西安）南越秦岭通向汉中、成都的重要驿道之一。因沿渭河支流斜水（今石头河）和汉江支流褒水河谷而行得名。又称斜谷道或斜谷。史载此道长安与汉中间全长750里。其中谷道470里。北口斜谷关，在眉县西南30里。南口褒谷，在旧褒城县北（今陕西勉县红庙）。沿线多峡谷险段，因而被曹操称为五百里石穴，必须在河谷崖壁水侧凿石立柱架梁铺板，修护栏，盖顶棚，建造栈道（又称阁道、桥道）以通行人车马。但因多数河谷稍宽平，且无高耸难攀的分水岭，所以此路开辟较早，据说周幽王曾由此路攻褒国而得褒姒，秦惠王猎褒谷进而图灭蜀。西汉高祖、武帝，东汉明帝、安帝时均曾进行大规模的开凿修建。褒谷中保存大量栈道遗迹和世界开凿最早的通车隧道石门以及《石门颂》、《石门铭》等众多摩崖石刻都是历史见证。

褒斜道的重要作用，秦汉隋唐时期最为显著。唐代褒斜道的驿道地位逐渐被从故道北段凤州（今陕西凤县凤州故城）与褒斜道南段留坝姜窝子联结而成的被称为连云栈道的新线所取代。经五代及北宋，褒斜道、斜谷道、斜谷等名也被新线所袭用。为了便于区别以免误会，学者遂称前者为秦汉褒斜道，新线为唐宋褒斜道。

现在秦汉褒斜道南段汉中与姜窝子间为316国道所经，姜窝子与太白县间为省道，而太白县与眉县间为县级公路。

褒斜道石刻 Cliffside Inscriptions and Carvings of the Baoxie Road 中国东汉至明清刻于褒斜道石门内外的摩崖石刻。在陕西汉中市境内。以宋代以前的为主。部分石刻存于汉中市博物馆。1961年国务院将其列为全国重点文物保护单位。

石刻现有45种，按内容大体可分为三类：①与修凿褒斜道、石门有关的石刻及有关题刻。②与修筑山河堰有关的石刻及相关碑刻。③题诗、题名和题额等。石刻中著名的是以汉魏石刻为主体的“石门十三品”。其中东汉石刻主要记颂东汉时期开通褒斜道的事迹，北魏石刻主要记载北魏时期重开褒斜道的情况，南宋石刻主要记述修筑山河堰水利工程的历史，称颂重修山河堰的事迹。汉魏时期的石刻在宋代就开始收集、传拓。清代对这批石刻曾进行调查。1960、1963年两次对栈道结构做调查，并绘制了石刻分布图。这些石刻为研究古代交通史、水利工程史和古代书法艺术提供了珍贵的资料。

雹 hail 坚硬的球状、锥状或形状不规则的固态降水。见冰雹。

饱和溶液 saturated solution 在给定温度下，溶质在溶剂中溶解的量达到最大时的溶液。这时，溶质的溶解速率与溶质从溶液中析出的速率相等，溶液达到了动态平衡。例如，在20℃时将过量乙酸钠晶体放入水中，剧烈搅拌直到不再有乙酸钠晶体溶解，所得溶液的浓度是每100克水含46.5克乙酸钠；进一步加入乙酸钠晶体，也不再溶解，即为乙酸钠的饱和溶液。溶液中溶质的浓度低于饱和溶液的浓度，该溶液为不饱和溶液。过饱和溶液为介稳状态的溶液，它的浓度超过该温度下饱和溶液的浓度。如果加入一小颗晶种，或者剧烈搅拌，就会破坏这种介稳状态，立即析出晶体，直到形成稳定的饱和溶液为止。

饱和蒸气压 saturated vapour pressure 饱和蒸气产生的压强。饱和蒸气是指在给定温度下，液面上蒸气分子数密度的数值达到一定限度而不再增加时的蒸气。此时，单位时间里离开液面的蒸气分子数与返回液体的分子数相等。饱和蒸气压因物质性质不同而异，如醚的饱和蒸气压比酒精的大，而水的饱和蒸气压比酒精小。饱和蒸气压还与温度的变化有关：温度愈高，饱和蒸气压愈大。饱和蒸气压在同一温度下具有确定的数值，与体积无关。

宝贝 Cypraeidae; cowry 中腹足目宝贝科动物的统称。约有200种。分布限于海洋中的热带和亚热带的浅水区，特别是珊瑚礁区种类较多，在水深550米处也有分布。在中国已知76种，隶属于16个属。成体的贝壳多为梨形、球形或半球形；壳型由小到中等，最大个体可达150毫米或者更长些。壳表面具高度的光泽，颜色多变化；壳口狭长，两边向内卷，具前、后水管沟；壳轴和外唇缘均有齿列；成体无厣。头部有较长而细的触角，眼位于触角外侧基部；外套膜翻出时，能包被整个贝壳，外套膜的外表面平或具各种突起和褶襞，有的个体能产生进攻性的酸性分泌液；外套腔内有一本鳃和嗅检器，鳃下腺大。吻粗壮，无颚片，齿舌为纽舌型，有200余列。雌雄异体，春夏产卵，杂食性，经常摄食海绵和其他无脊椎动物以及藻类。此科动物具有光泽绚丽的贝壳，极富观赏性，历史上曾作为货币，一些种为贝类爱好者收藏。中国汉字中由贝字组成的字多与财物和钱有关。贝壳亦可作药用。肉可食用。

a 山猫眼宝贝 b 肉色宝贝 c 虎斑宝贝 d 卵黄宝贝

《宝贝念珠》 *Erdeni Erike*; *Jewelled Prayer Beads* 蒙古族历史文学作品。写于1841年。作者噶尔丹根据《蒙古源流》、《理藩院则例》、《钦定外藩蒙古回部王公表传》、《元史》等多种蒙古、满、藏和汉文史料写成此书。作品以编年史的体例，按着佛教理论公式，以叙述天地开辟、印度和西藏王臣起源为开头，接着写蒙古史，直至1841年。其中对喀尔喀史的记述极为详细，为17～18世纪喀尔喀蒙古史的研究提供了丰富史料。作品以散文叙述为主，兼用韵文。在记述历史的过程中加叙很多传说故事，如文成公主的传说、关于满族祖先的传说、李儿帖夫人的传说、关于四卫拉特祖先的传说等，有些传说为此书所独有。阿尔达扎布注释本《宝贝念珠》由内蒙古人民出版社1999年出版。

宝成铁路 Baoji-Chengdu Railway 中国陕西省宝鸡至四川省成都的中国第一条电气化铁路。途经陕西省凤州、略阳、阳平关和四川省的广元、中坝、绵阳、德阳、广汉，

穿越秦岭的宝成铁路

全长668.2千米。北连陇海、宝中线，中接阳安线，南连成昆、成渝、成达线，是沟通中国西北、西南的第一条铁路干线。1952年7月和1954年1月于成都、宝鸡两端分别动工，1958年元旦正式运营。宝鸡至广元段地势险峻，地质构造复杂，为克服直线距离25千米升高817米的越岭高程，以3个马蹄形、1个螺旋形展线迂回；跨越秦岭地段采用30‰的多机牵引坡度和2 363.6米的隧道，为避开不良地质地段，跨嘉陵江16次。1961年宝鸡至凤州段实现电气化，1975年6月全线实现电气化。2000年阳平关至成都段建成复线。

宝带桥 bao dai Bridge 中国古代多孔薄墩联拱石桥。位于苏州市南，距葑门3千米，跨运河与澹台湖之间的玳玳河上。始建于唐元和十四年（819），据传为唐苏州刺史王仲舒捐宝带助资所建，又有说因桥似宝带浮于水上而得名。后经历代多次重修，明代建成53孔石拱桥，现存桥为清同治十一年（1872）重建，1956年修葺恢复旧观。桥全长317米，其中三孔联拱特别高，以通大船，两旁各拱路面逐渐下降，形成弓形弧线。全桥构造复杂而又结构轻盈，风格壮丽，奇巧多姿，成为江南名胜。

宝坻区 Baodi District 中国天津市辖区。位于天津市北部。面积1 523平方千米。人口80万（2010），有汉、回、满等民族。10世纪，后唐在今宝坻城区置"榷盐院"，用来储盐。938年，辽在此置新仓镇。金大定十二年（1172）析置宝坻县。古代把盐、铁视为国宝，又因新仓镇地势较高，镇外四面环水，乃水中高地，故命名为宝坻。1973年由河北省划归天津市。2001年撤销宝坻县，设立宝坻区。农业基础好，是国家商品粮基地之一。主要农作物有水稻、小麦、玉米、棉花、花生等。特产红皮蒜和五叶齐葱。地下水、地热资源丰富。名胜古迹有秦城遗址、金顶石幢、大觉寺等。

宝鸡市 Baoji City 中国陕西省辖地级市。位于省境西部，邻甘肃省。辖渭滨、金台、陈仓3区和凤翔、岐山、扶风、眉县、陇县、千阳、麟游、凤县、太白9县。面积18 143平方千米。人口372万（2010）。周在此建都，秦统一中国后，属内史地，西汉时隶右扶风，三国、晋时为扶风郡。后历朝分属凤翔州、府及关中西地。1949年设陕甘宁边区宝鸡分区，1950年改宝鸡专区，1971年改设宝鸡市。工业有机械、电子、食品、冶金、纺织、建材、化工、有色金属等门类，是西北地区重要的工业基地。矿产主要有铅、锌、钨、金、银、铜、煤等。植物有2 000多种，其中珍稀植物28种，名贵中药材有党参、当归、黄芩、杜仲、天麻等。有珍稀动物47种，其中一级保护动物有大熊猫、金丝猴、羚牛、豹等8种。农作物以小麦、玉米、油菜、烤烟、豆类为主。苹果、辣椒、核桃、板栗、花椒、生漆为名土特产品。陇海铁路、宝中铁路及全国第一条电气化铁路宝成铁路在市境内交会，是中原通往西南、西北的交通枢纽，有国道、省道公路12条，西宝高速公路直达市区。宝鸡科技力量比较雄厚，拥有大中专院校24所，各类专业技校52所，专业研究所（院）30多个。超导研究等在国内外居领先地位。宝鸡古称陈仓，是华夏始祖炎帝的故乡，周、秦王朝的发祥地，文物以青铜器称誉海内外，享有"青铜器之乡"美称。有省级文物保护景点65处。古迹有天台山、西周宫室、周原遗址、雍城遗址、法门寺、钓鱼台、周公庙、五丈原诸葛亮庙等，名胜有太白山国家森林公园、天台山风景名胜区、龙门洞省级森林公园、陇县关山草原等。革命纪念地有扶郿战役英烈纪念馆和宝天铁路英烈纪念馆。

宝卷 中国民间宣讲宗教教义的说唱脚本。采用说唱结合的通俗文学体裁宣传宗教教义法规，在唐代的俗讲、变文中已出现，后又受宋代说经、诸宫调、鼓子词的影响，至明代始有宝卷之名。宝卷分为讲唱经文和演唱佛经故事两大类。由于通俗浅易且为百姓喜闻乐见，遂成为民间宗教（如白莲教、红阳教）经典。明正德四年（1509），罗梦鸿的五部六册宝卷印刷出版，各教派纷纷效仿，至万历、崇祯年间，形成宝卷刊行高峰。民间宗教的信徒视宝卷为珍宝，奉为神圣。宝卷大多印制装潢精美，与正统宗教经典无异。残留下来的宝卷，是了解认识研究民间宗教信仰的珍贵资料。清道光年间后，宝卷内容出现两种走向：一种仍为宗教性的坛训和教义，即扶乩通神降坛垂训式宝卷；另一种则逐渐摆脱宗教气氛，以讲唱神话传说和民间故事为主，成为一种曲艺形式，如《五祖黄梅宝卷》、《韩湘宝卷》、《白蛇传宝卷》、《孟姜女宝卷》等。

《宝莲灯》 *The Treasure Lotus Lamp* 中国民族舞剧。3幕6场。李仲林、黄伯寿编导，张肖虎作曲，主要演员有赵青、傅兆先等。中央实验歌剧院舞剧团1957年首演于北京。该剧根据中国古代神话改编，以三圣母与刘彦昌的神人相爱以及儿子沉香救母的故事，表现了善恶之争，歌颂了美好纯洁的爱情。舞剧在继承中国戏曲舞蹈传统的基础上，吸收了民间舞蹈素材，并给以创造性的发挥，成为中华人民共和国建立后较早获得成功的舞剧。它对建立中国舞剧的民族风格产生了很大的影响，在国际上亦有相当影响，1959年上海天马电影制片厂将舞剧摄制成彩色艺术片。

《宝莲灯》剧照（中央歌剧舞剧院演出）

宝山区 Baoshan District 中国上海市辖区。重要钢铁工业基地。位于市境东北部，黄浦江和长江交汇处的入海口，扼上海的门户。面积300平方千米。人口190万（2010）。明永乐十年（1412）在川沙县（今浦东新区）高桥东北筑有海船入港标志的土山，称宝山，清雍正三年（1725）建县时遂以为名。原隶江苏省。1958年划归上海市。1988年宝山县与吴淞区合并，称宝山区。工业有钢铁、化工、机械、造船、集装箱制造等。区内有全国最大的现代化钢铁联合企业宝钢集团有限公司、华能上海石洞口第一和第二电厂等企业。农业以生产柑橘、优质大米、无公害蔬菜、大棚草莓、特种水产、禽蛋等为主。铁路、高速公路和轨道交通形成四通八达的陆路交通网络，贯穿区境腹地。宝山海运可连接160多个国家和地区的400多个港口。境内已列为市、区级革命纪念地（点）的历史文化遗址有16处，如陈化成纪念馆、罗泾镇大烧杀遇难同胞纪念碑、吴淞炮台抗日遗址、罗店抗日殉难烈士纪念碑、宝山烈士陵园、宝山净寺（前称玉皇宫）、陶行知纪念馆等。

宝石 gemstone 可以制成工艺品或首饰的珠宝玉石的简称。其分类如下：

- 珠宝玉石（宝石）
  - 天然珠宝玉石
    - 天然宝石
    - 天然玉石
    - 天然有机宝石
  - 人工宝石
    - 合成宝石
    - 人造宝石
    - 拼合宝石
    - 再造宝石

天然珠宝玉石 天然产出的矿物、岩石。它们作为珠宝玉石的必备条件是：①美丽，如色泽美丽、晶莹剔透。②耐久，如有一定的硬度、耐腐蚀、可久藏。③稀少，物以稀为贵。可分为三类。①天然宝石。为矿物单晶体（如钻石、红宝石、蓝宝石等)。晶体内的原子，在三维空间做周期性重复排列，形成有序的格子构造，从而使晶体具有不同程度的各向异性(在不同方向上性能有所差异)和对称性(在对称的方向上性能等同)。晶体根据其对称性由高到低划分为7个晶系，即属于高级晶族的等轴晶系，属于中级晶族的四方、三方、六方晶系，属于低级晶族的斜方、单斜、三斜晶系。晶体的化学成分可以用化学式表达。一定的化学成分和一定的晶体结构决定了一个宝石的品种和它的物理化学性能。②天然玉石。为矿物集合体、岩石(如翡翠、软玉等)，少数为非晶质体(如欧泊、天然玻璃等)。③天然有机宝石。由自然界生物生成，部分或全部由有机物质组成(如珍珠、琥珀等)。

人工宝石 完全或部分由人工制成。可分为四类。①合成宝石。自然界有其对应的天然产物(如合成红宝石)。②人造宝石。自然界没有其对应的天然产物(如人造钛酸锶)。③拼合宝石。由两块或两块以上的材料经人工拼合而成，且给人以整体印象的宝石，简称拼合石(如蓝宝石拼合石、拼合珍珠、拼合欧泊等)。④再造宝石。通过人工手段将天然宝石碎块或碎屑熔接或压结成具整体外观的宝玉石(如再造琥珀、再造绿松石等)。

评价 已知的天然矿物3 000余种，可作为宝石的矿物200余种，而常见的宝石不过20～30种。钻石、红宝石、蓝宝石和祖母绿被誉为四大名宝石；金绿宝石(包括猫眼石、变石)以其具有特殊光学效应而著称；软玉(和田玉)是中国最著名的传统名玉，翡翠作为后起之秀，被誉为玉石之王。水晶、石榴子石、玛瑙、珍珠等多种宝石更为广大人民群众所熟悉。宝石品种不同或同一品种质量不同，价格有很大差异，珍品价值连城。宝石及其相应的矿物名称、化学式、所属晶系、颜色、光泽、透明度和特殊光学效应，不仅显示了宝石的美，也是评价和鉴定宝石的依据；折射率则更是鉴定宝石的重要科学数据；密度、硬度、解理等，也都是研究和鉴定宝石需要测定的重要的宝石物性。就同一品种而言，一般的评价依据是：①大小(重量)，对单晶宝石尤为重要；②色泽；③纯净度与有否瑕疵；④切磨雕琢工艺。

宝音德力格尔 Buyandelger (1934-08-15～) 中国蒙古族女高音歌唱家。生于内蒙古新巴尔虎左旗的一个牧民家庭。1953年加入内蒙古东部区文工团，同年参加第一届全国民间音乐舞蹈会演，获优秀演员奖。后调入内蒙古自治区歌舞团。1955年获第五届世界青年学生和平与友谊联欢节民歌演唱金质奖章；同年，又出访东欧五国和蒙古人民共和国。1956年出席了“布拉格之春”音乐节的演出后，又随同内蒙古青年代表团、中央民族歌舞团，两次赴苏联访问演出，均获得好评。1963年宝音德力格尔入内蒙古艺术学校声乐研究班学习，1975年起在该校任教。她整理了许多蒙古族长调民歌，为教学编写出民歌演唱教材。1979年，被选为中国音乐家协会理事、音协内蒙古分会副主席。1980年起任内蒙古艺术学校副校长。宝音德力格尔的演唱声音明亮，气息充沛，能充分体现出蒙古族长调民歌嘹亮、悠长、开阔的特色。

宝音尼木和 Buyannemekh, Sonombaljiriin (1902～1937) 蒙古诗人、小说家。生于土谢图汗盟戈壁土谢图公旗(今中戈壁省德勒格尔杭爱县)。幼年学习蒙古文、汉文、满文和俄文。他是苏赫巴托尔创立的最初期的革命小组成员。曾任蒙古驻苏联伊尔库茨克的共产国际远东支部代表，参加创办蒙古《真理报》的工作。1921年创作《青年的任务》，成为蒙古青年的进行曲。1922年当选为革命青年团中央书记。同年赴苏联，曾会见列宁。回国后写了歌词《蒙古英特纳雄耐尔》(蒙古国际歌)、报告文学《列宁》和特写《奇遇》。1929年积极参加筹建蒙古作家小组活动，并编选了蒙古现代作家第一部作品集《艺术语汇集》。他的作品大多歌颂自然景物，描写社会上的压迫和剥削以及人民的贫困生活。诗歌寓意深刻，但有些作品较为费解。1937年肃反运动中被处死刑，后恢复名誉。

保安语 Bonan language 属阿尔泰语系蒙古语族。主要分布于中国甘肃省积石山保安族东乡族撒拉族自治县和临夏县。青海省同仁县保安城附近的下庄、嘎斯尔等地部分土族使用的语言同保安语基本一致。大多数青壮年兼通汉语。分大河家和同仁两个方言。保安语(以大河家方言为代表)语音有11个元音、26个辅音，还有一批比较稳定的复辅音和5个不很稳定的复辅音。名词、代词、数词和句中名物化的形容词以及形动词有格的形态。动词有态、式、时、体等语法范畴。语序是主语-宾语-谓语。借词比较多，以来自汉语和藏语的词语所占比例最大。

保安族 Bonan 中国少数民族。主要分布在甘肃省西南部。人口16 505(2000)。使用保安语，属阿尔泰语系蒙古语族。大多数人兼通汉语。一般认为，保安族是元朝以来一批信仰伊斯兰教的中亚色目人，在青海同仁地区戍边屯垦，同当地蒙古、藏等民族长期交往，自然融合，逐步形成的一个民族。清同治初年东迁至甘肃积石山。经济以农业为主，部分人兼营手工业和副业。种植青稞、小麦、大麦、豆类、马铃薯等。手工业以打刀为主，保安刀制作技艺高超。保安族能歌善舞，绝大多数人能唱民歌花儿。民间还流传有许多叙述历史及爱情的故事、诗歌、谚语等。男子喜奏丝竹乐器，妇女擅长剪纸。喜爱摔跤，善骑射。妇女喜穿紫红色或墨绿色大襟上衣，蓝色或黑色裤子，衣袖和裤脚都绣有花边。男子穿白布衫，青布坎肩，戴白色小帽。饮食以小麦、玉米、豆类为主。食用牛羊肉及家禽必须由阿訇屠宰。婚礼一般选择在伊斯兰教历的“主麻日”(星期五)举行。人死行土葬，早亡午葬，晚亡晨葬。1981年成立积石山保安族东乡族撒拉族自治县。

保安族女子

保定陆军军官学校 Baoding Military Academy 中华民国初年北洋政府在保定创办的培训陆军初级军官的军事学校。习称保定军校。1912年6月，北洋政府决定在保定开办军校，9月颁布《陆军军官学校条例》，10月正式开课。历任校长有赵理泰、蒋百里、曲同丰、王汝贤、杨祖德、贾德耀、张鸿绪、孙树林。军校设步、骑、炮、工和辎重兵科，科以下设学生连。学生最初来自各陆军中学(陆军预备学校)，入校后先到部队入伍半年，学习一般军事知识，期满合格者升为军校正式学生，修学期2年。毕业后到部队实习半年，再正式任命。从1917年起，开始招收普通中学学生，入伍期延长至9个月。军校课程设置分教授、训育两大类。前者主要讲授军事学、外国语学、典令勤务书等，后者主要教练马术、劈刺术等。教学分内场(课堂教学)、外场(实际操练)及野外演习等，同时各科还重点学习本兵种专业知识。该校至1923年9月停办时共办学9期，毕业生6 574人，培养了一批著名将领。

保定市 Baoding City 中国河北省辖地级市。位于省境西部。辖新市、北市、南市3区和满城、清苑、易县、徐水、涞源、定兴、顺平、唐县、望都、涞水、高阳、安新、雄县、容城、曲阳、阜平、博野、蠡县18县，代管定州、涿州、安国、高碑店4市。面积22 159平方千米。人口1 119万(2010)。北魏为清苑县治，元设保定路，明改称保定府，清为直隶省首府。1948年析清苑县设市，曾为河北省省会。暖温带半干旱大

古莲花池木牌坊

陆性季风气候。境内有拒马河、清水河、大沙河等河流和白洋淀。矿产资源有煤、铁、铜、大理石、石油、天然气等。农作物有小麦、玉米、棉花、花生等。以纺织、食品、造纸、服装为主的轻工业城市。中国第一座现代化化学纤维联合企业和第一座感光材料企业均建于此。境内有中山靖王墓、直隶总督府、冉庄地道、古莲花池、大慈阁、古钟楼等文物古迹、革命遗址。保定是国家历史文化名城。

保国会 Society to Protect the Nation 中国近代戊戌变法时期的政治团体。清光绪二十三年十月（1897年11月），德国强占胶州湾事起，瓜分危机严重，**康有为**"既上书求变法于上，复思开会振士气于下"，结合各省旅京人士立会，粤学会、蜀学会、闽学会、关学会先后成立。遂决再"成一大会，以伸国愤"。1898年4月7日，保国会在北京成立，拟定《保国会章程》30条，主要内容是：以"保国"、"保种"、"保教"为宗旨，即"保国家之政权、土地"，"保人民种类之自立"，"保圣教之不失"；讲求变法、外交、经济，以协助政府治理国家。规定在北京、上海设总会，各省、府、县设分会，已略具政党规模。共集会三次，意在集群策、群智、群力，发愤救亡，推动维新运动。接着，保滇会、保浙会、保川会相继组织。吏部主事洪嘉与怂恿浙江人孙灏出面攻击，诬为"辩言乱政"、"形同叛逆"。御史潘庆澜也上疏劾奏，谴责康有为"聚众不道"。御史黄桂鋆又参劾保滇会、保浙会、保川会，要求严禁。这样，保国会虽未被封闭，然已形存实散。

《保护工业产权巴黎公约》 *Paris Convention for the Protection of Industrial Property* 1883年3月20日在法国巴黎签订的保护**工业产权**的国际公约。曾经8次修订，最后一次于1967年在瑞典斯德哥尔摩修订，通过的文本通称为斯德哥尔摩文本，是当今有效的文本。中国于1984年加入，1985年3月19日对中国生效。根据中国政府的声明，公约自1997年7月1日起适用于中华人民共和国香港特别行政区。该公约所称的工业产权保护的对象有专利（指发明专利）、实用新型、工业品外观设计、商标、服务商标、厂商名称、货源标记或原产地名称和制止不正当竞争。

巴黎公约的实质性条款主要有：

国民待遇 指在工业产权保护方面，每一缔约国必须将其现在或今后给予本国国民的保护同样地给予其他缔约国的国民，并且不得损害公约对后者特别规定的权利（第2条）。非缔约国的国民，如果在缔约国境内有住所或者有真实和发挥作用的工商业营业所的，也享有与国民同样的待遇（第3条）。

优先权 指对于在一个缔约国正式提出发明专利、实用新型、商标或者工业品外观设计申请的人，为了在其他缔约国提出同样的申请，在规定期间内应享有优先权（第4条）。

共同规则 专利方面的规则有：各缔约国就同一发明授予的专利是互相独立的；发明人有要求在专利证书上记载自己是发明人的权利；各缔约国为防止滥用专利，有权规定强制许可。商标方面的规则有：商标申请和注册条件，由各缔约国自行决定；各缔约国就同一商标所作的注册是互相独立的；在原属国正式注册的商标，除有公约规定的情形外，其他缔约国应按照原样接受申请并给予保护；缔约国对于虽未在该国注册但已经驰名的其他缔约国商标，应当加以保护，等等。

在工业产权的保护方面，巴黎公约规定的基本原则和共同规则至今仍然是世界各国应当遵守的准则。因此，《与贸易有关的知识产权协定》特别规定，世界贸易组织所有成员，不论是否为巴黎公约缔约国，均应遵守巴黎公约（1967）第1～12条和第19条的规定；各成员应将其他成员的国民理解为符合巴黎公约规定有资格享受保护的自然人和法人，如同各成员都是巴黎公约的成员一样。

保护关税 protective tariff 以保护本国工农业生产为主要目的而征课的关税。一般说来，其税率较高。因为税率越高，越能起到保护作用。在进口方面，对进口商品征收高关税，可提高进口商品的成本和价格，从而削弱其竞争能力，保护本国同类产品的生产和销售；在出口方面，为了鼓励商品出口，一般免征出口税，但对本国生产所需的重要原料等，则征收关税以限制输出。

保护贸易政策 protective trade policy 国家采取各种措施干预**对外贸易**，并对本国出口商给予优惠或津贴，奖励出口，限制进口，以保护本国市场免受外国商品的竞争的政策。与**自由贸易政策**构成两种基本的对外贸易政策。

保护贸易是各国经济发展不平衡、国际市场竞争加剧以及国家干预经济的必然结果。保护贸易政策措施包括关税政策和非关税政策。关税政策是**国际贸易**诸政策中最重要的一项政策。非关税政策的主要措施有进口配额制、自动出口配额制、进口许可证制、外汇管制、进口和出口的国家垄断、政府采购政策、最低限价、进口押金制度、技术标准、卫生检疫规定以及商品包装和标签规定等。20世纪70年代以来，非关税壁垒成为许多国家限制进口、实施保护贸易措施的主要手段。

保护贸易政策约开始于15世纪初至18世纪的**重商主义**时期。18世纪末19世纪初，随着产业革命的完成和资本主义自由竞争的发展，保护贸易政策逐渐为自由贸易政策所替代。19世纪末20世纪初，美国、德国等国为了保护新兴的民族工业，曾大力推行保护贸易政策主张。第二次世界大战后，为适应美国优势经济力量对外扩张的要求，美国在实行保护贸易政策的同时，积极推行贸易自由化。70年代以来，保护贸易政策重新抬头，各国将保护贸易政策与贸易自由化相结合，作为争夺市场、转嫁危机的重要手段。

保皇会 Save the Emperor Association 中国清末资产阶级改良派的政治团体。**康有为**在**戊戌变法**失败后，于光绪二十五年六月十三日（1899年7月20日）与李福基等在加拿大创设。又名中国维新会。《保救大清皇帝会例》提出"专以救皇上，以变法救中国、救黄种为主"，准备在美洲、南洋、中国港澳、日本各埠设会，以澳门《知新报》和横滨《清议报》为宣传机关，以保救光绪帝，排除**慈禧太后**、**荣禄**、刚毅等顽固势力为宗旨。**义和团运动**发生，**八国联军**侵入，保皇会认为这是反击后党、"扶救皇上"的时机，主张"讨贼勤王"，同在国内的**唐才常**联系，准备起事。自立军失败后，其斗争锋芒渐由针对慈禧太后为首的清政府顽固派转向革命派，由保光绪帝转为保清朝封建政府。光绪三十二年（1906），清政府颁布预备立宪，康有为发出文告，"以为中国只可君主立宪，不能行共和革命，若行革命，则内讧分争，而促外之瓜分"。宣布于光绪三十三年元旦（1907年2月13日）

改为“国民宪政会”。3月23日，在美国纽约召开大会，康有为自欧洲赶赴，“议行君主立宪”。国民宪政会正式定名为“帝国宪政会”，对外则称“中华帝国宪政会”，“以尊帝室为旨”，成为继续抵制革命、鼓吹“宪政”的政治团体。

保加利亚 Bulgaria 欧洲东南部国家。位于巴尔干半岛东部。东濒黑海，西同塞尔维亚、马其顿接壤，北与罗马尼亚以多瑙河为界，南邻希腊和土耳其。面积111 001.9平方千米（包括河界水域）。人口756.37万（2009）。以保加利亚人为主，占人口总数的84%。余为土耳其人、茨冈人、马其顿人、俄罗斯人等。官方语言为保加利亚语。主要宗教是东正教。土耳其人多信奉伊斯兰教。还有少数人信仰天主教和新教。首都索非亚。

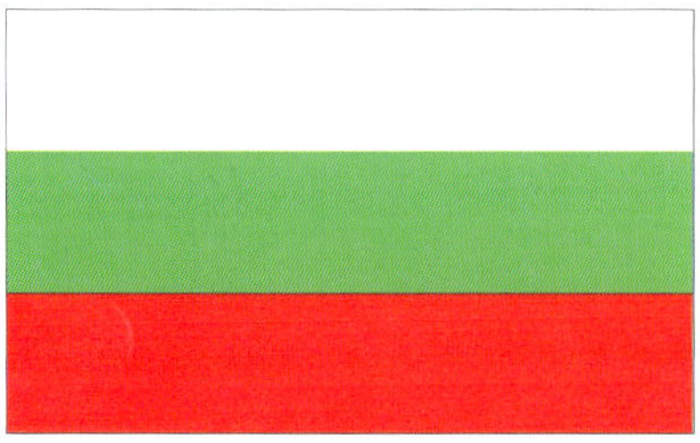

地理 地形复杂多样，山地和丘陵占总面积的70%，平原占30%。山地与平原东西延伸，地势大致自西向东降低，平均海拔470米。自北向南分为4个地形区：①多瑙河丘陵平原。②斯塔拉山脉。③中央低地。④里拉－罗多彼山地。穆萨拉峰海拔2 925米，是巴尔干半岛最高峰。森林密布，多云杉、冷杉等针叶林。

境内水网稠密，大部分河流流程短，水流急，水位变化大。主要河流有流经北部的多瑙河。境内湖泊较多，较大湖泊是瓦尔纳湖、拉比沙湖、斯卡伦湖和斯姆拉德利沃湖。全国500多个矿泉中一半以上是温泉和热泉，水温最高达102℃。全国大部分地区属温带大陆性气候，金属矿资源有铅、锌、铜、铁、锰、钡和黄金，非金属矿产有岩盐、石膏、陶土、重晶石、萤石、蓝晶石等。动力资源中，煤炭储量较大，石油和天然气储量较少。

历史 色雷斯人是保加利亚最古老的居民，2世纪从中亚迁到欧洲。395年并入拜占廷帝国。681年，自多瑙河北岸南下的斯拉夫人和自高加索北部西迁的古保加利亚人在多瑙河流域建立了斯拉夫－保加利亚王国，史称保加利亚第一王国。1018年再次被拜占廷侵占。1186年建立保加利亚第二王国。1396年起受土耳其奥斯曼帝国统治长达近500年。1878年获得独立。1946年成立人民共和国。1989年政局发生剧变。1990年11月15日改国名为保加利亚共和国。

政治 保加利亚为议会制国家，议会称国民议会，行使立法和监督权。议会选举实行比例代表制。国务委员会是国民议会的最高常设机关。政府称部长会议。注册的政党有200多个，主要有民主力量联盟、保加利亚社会党、争取权利与自由运动、欧洲左翼等。

经济 第二次世界大战以前是欧洲最落后的农业国之一。1939年社会总产值中，农业占59%，工业占19%。共和国成立后，国民经济迅速发展，现已成为欧洲具有中等发达水平的国家。2009年国内生产总值339亿欧元。

工业是国民经济的主要部门。重工业

图1 保加利亚玫瑰节盛况

在工业中占优势，主要有化学、冶金、机械制造、电气电子等部门。化学工业在保加利亚工业领域占主导地位，2004年产值占工业总产值的24.3%。冶金工业产值占工业总产值的13%左右。机械制造业产值占工业总产值的9%。轻工业以食品加工、纺织、服装、卷烟最重要。纺织工业具有悠久的历史，1834年建立了第一家纺织厂。

农业在国民经济中较重要，2008年农业产值占GDP的6.02%。全国可耕地面积463.6万公顷，大部分耕地种植粮食作物，以生产小麦和玉米为主，其次为大麦、黑麦、燕麦以及水稻等。经济作物主要有烟草、棉花、芝麻。烟草产量居欧洲前列。玫瑰油产量和出口量均居世界首位。蔬菜、水果种植业历来占重要地位，西红柿、葡萄等大量销往国外。

保加利亚自古即为中欧到西亚、多瑙河通爱琴海的交通要冲，2008年铁路总长5 923千米，公路总长35.41万千米。海运和空运发达。

2008年外贸进出口总额393.14亿欧元。其中出口额152.78亿欧元，主要出口机床、电机、有色金属、化肥、水果、蔬菜及其罐头制品、烟草、服装等；进口额240.36亿欧元，主要进口石油、天然气、机械、工业设备、硬煤、铁矿石、棉花、木材、轻工业品等。贸易伙伴为欧盟、俄罗斯、中东欧国家、中近东和亚洲。2008年年底外国在保加利亚投资额为61.63亿欧元，主要投资国为德国、比利时、意大利、希腊、美国。

文化 全国普及12年制义务教育。有高等学校53所。主要报刊有：《言论报》、《现在报》、《劳动报》、《24小时报》等。有保加利亚通讯社、私人经营的巴尔干通讯社、保加利亚国家广播电台、保加利亚电视台。

主要城市有索非亚、普罗夫迪夫、瓦尔纳、大特尔诺沃等。有许多名胜古迹和古都：圣乔治教堂、圣索非亚教堂、博亚纳教堂、大特尔诺沃、四十殉教者教堂、里拉修道院、马达拉骑士浮雕。此外还有玫瑰谷、巴奇科伏修道院和伊凡诺沃岩洞教堂等。

对外关系 外交的重点和目标是维护民族利益、国家安全和领土完整，优先发展同欧美等西方发达国家的关系，重点是重返欧

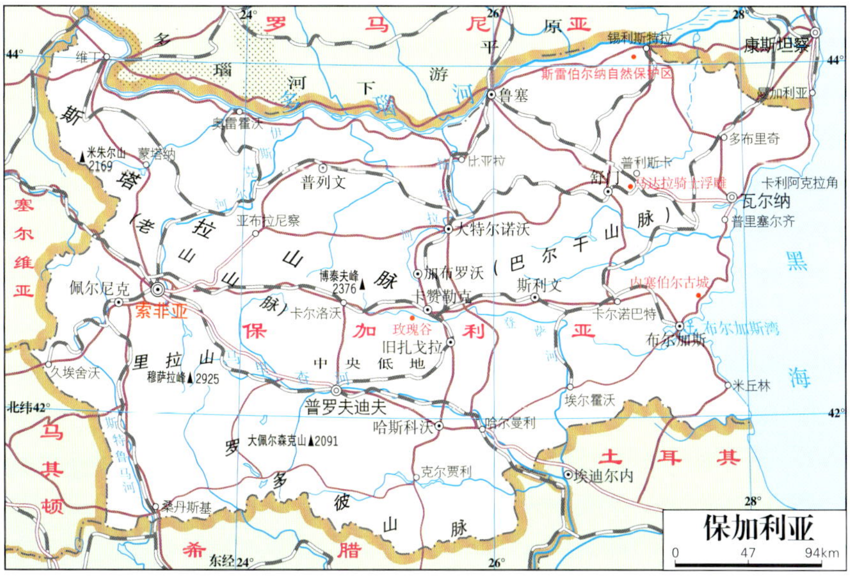

图2　里拉修道院

洲、加入欧盟和北约。重视发展同巴尔干国家的睦邻关系和同俄罗斯等与保有传统合作关系的国家的关系，特别是经贸关系。1949年10月4日与中国建交。2004年3月29日加入北约，2007年1月1日加入欧盟。

保加利亚人　Bulgarians　东南欧保加利亚共和国主体民族。约635万人（2009）。另有部分人分布在西欧、俄罗斯、北美等地。属欧罗巴人种巴尔干类型，含有蒙古人种成分。使用保加利亚语，属印欧语系斯拉夫语族。有以斯拉夫字母为基础的拼音文字。信教者多为东正教徒，少数人信仰伊斯兰教和天主教。现代保加利亚人的祖先系古保加尔人和斯拉夫人的混血后裔。681年建立斯拉夫－保加利亚王国，同化当地色雷斯人。自11世纪初开始，在一个多世纪内保加利亚人被拜占廷人征服，部分居民被同化。1186年建立第二保加利亚王国后不久，又受奥斯曼土耳其人长达500年的统治，部分保加利亚人被强迫土耳其化。18～19世纪，随着资本主义生产关系的确立和民族复兴运动的发展，现代保加利亚民族形成。传统上从事农牧业。近年来，工业成为国民经济的主要部门。机械、化工、电子、食品、纺织、金属制造、造船等行业占重要地位。

穿着传统民族服装的保加利亚妇女

保加利亚语　Bulgarian language　保加利亚的官方语言。属印欧语系斯拉夫语族南支。主要分布于保加利亚。其发展可分为三个阶段：①古保加利亚语（9～11世纪）；②中古保加利亚语（12～16世纪）；③近、现代保加利亚语（16世纪以后）。古保加利亚语又称“古教堂斯拉夫语”，长期作为所有斯拉夫语言的书面媒介语使用，是中世纪欧洲三种主要书面语之一。保加利亚语主要有以下特点：有辅音丛щ（即шт）和жд，如свещ（蜡烛），между（田界）；有元音ъ，如България（保加利亚）；使用分析型结构，名词无变格形式，形容词和副词的比较级和最高级用语气词по－和най－表示，词与词之间的关系靠前置词或直接搭配表示；动词无专用的不定式形式，有9个时态，有表示非亲自观察的动作“转述式”形式；有后置定冠词。文字采用西里尔字母。语序为主－动－宾型。

保甲制度　bao-jia system　中国维护社会治安的地方基层组织的旧制。战国时商鞅相秦，有“令民为伍”（十家为一伍）的编制。北魏有三长制（五家立一邻长、五邻立一里长、五里立乡长），隋唐有乡、里的组织。宋代王安石变法，推行“保甲法”，“变募兵而行保甲”，即民户编制以十家为一保，五保为一大保，十大保为一都保。凡家有两丁以上者出一人作保丁，是维护社会治安并施行征兵制的组织形式。明代保甲制和里甲制混合实行，清朝保甲制更臻完善。中华民国时期，1932年8月1日，蒋介石在河南、湖北、安徽三省红军革命根据地周围地区颁行《剿匪区内各县编查保甲户口条例》，以十户设一甲长，十甲设一保长。后逐步扩大施行范围。1937年2月由国民政府行政院公布修正《保甲条例》，在全国推行。1949年随着南京国民政府在大陆的统治结束而被废止。

保健食品　health food　有保健功能的食品。又称功能食品或功能性食品。具有一般食品的共性，能调节人体功能，适于特定人群食用，但不以治疗疾病为目的。

保健食品中的功效成分能通过激活酶的活性或其他途径调节人体机能。主要的功效成分包括：多糖类，如膳食纤维、香菇多糖等；功能性甜味料（剂）类，如单糖、低聚糖、多元糖醇等；功能性油脂（脂肪酸）类，如多不饱和脂肪酸、磷脂、胆碱等；自由基清除剂类，如超氧化物歧化酶（SOD）、谷胱甘肽过氧化酶等；维生素类，如维生素A、维生素E、维生素C等；肽与蛋白质类，如谷胱甘肽、免疫球蛋白等；活性菌类，如乳酸菌、双歧杆菌等；微量元素类，如硒、锌等；其他还有二十八烷醇、植物甾醇、皂苷等。

按调节人体机能的作用分为调节免疫功能、延缓衰老、改善记忆、促进生长发育、抗疲劳、减肥、耐缺氧、抗辐射、抗突变、调节血脂、调节血糖、调节血压、改善视力、促进排铅、清咽润喉、改善睡眠、促进泌乳、改善骨质疏松、改善营养性贫血、辅助保肝（对化学性肝损伤）作用、美容、改善胃肠道功能22类。

保健推拿　Chinese medical massage　中医运用推拿或自我推拿方法以调整人体生理功能、病理状态的方法。目的是消除疲劳、防病强身、保健养生、健美容颜、抗衰延年。其特点是在中医辨证的基础上，以穴位和特定部位推拿为主，配合气功和肢体活动。具有疏通经络、调和气血和脏腑功能等作用。

常用保健推拿的部位及手法有：

头部保健推拿　可促进脑部血液循环，具有醒脑明目、止眩生发、镇静安神、增强记忆及防止脑老化的作用，并防治高血压等症。方法依次为：揉印堂、神门穴，推前额，按揉太阳穴，摩揉头侧，揉百会穴，摩头，揉枕骨，疏五经（梳头），揉风池穴，叩头（用两手十指尖）。

眼保健推拿　具有消除两眼疲劳、提高视力等作用。可防治近视、老年白内障、青光眼等眼疾。方法依次为：揉攒竹穴，揉鱼腰穴，揉丝竹空穴，揉太阳穴，揉承泣穴，揉四白穴，揉阳白穴，熨目（两手摩热后轻压双目），按睛明穴，刮眼眶，按揉风池穴，按揉合谷穴，摩头顶。

鼻保健推拿　具有促进鼻腔生理功能、防止鼻黏膜老化及调整全身气血、增强抗病能力的作用，并防治感冒、鼻炎等症。方法依次为：捏山根（目内眦之间），揉迎香穴，推鼻梁，浴鼻，揉巨髎穴，摩上星穴，掐揉合谷穴，推列缺穴。

耳保健推拿　具有聪耳明目、调整全身功能状态的作用，并防治耳鸣、耳聋等耳疾。方法依次为：揉耳周耳门、听宫、听会、翳风、角孙等穴，揉耳后高骨，扯耳、揉耳轮，按耳窍，摩腰部。

口腔保健推拿　具有通荣卫、润五脏、固齿、健肾的功能，防治齿松龈痿、舌乳头萎缩，并促进唾液腺的分泌功能，促进消化。方法依次为：叩齿，咽津，摩齿龈，刮舌（用上牙），揉地仓穴，按揉颊车穴。

心保健推拿　具有养血安神、疏调血脉、镇静除烦、调汗驻颜的作用，使人神清气爽、朝气蓬勃，改善心脏血液供应、增强心脏功能、防治冠心病等。方法依次为：揉膻中、巨阙穴，推胸骨，推肋，摩乳，擦胸，揉臂，点神门、太渊穴并提臂，拿肩井，擦揉厥阴俞、心俞、膈俞穴。

肝保健推拿　具有疏肝理气、镇静安神、舒筋通络、和胃降逆、养血明目的作用，防治肝、胃病及精神抑郁等症。方法依次为：

推胸腹，按揉幽门、期门、章门穴，摩三腹（指腹的上、中、下三部），搓胁肋，揉推肝俞、脾俞穴，推揉下肢（沿胆、肝经），点筋缩、曲泉穴，拿肩井。

脾保健推拿　具有助脾强肾、消积化滞、增进食欲、生血养颜、充肌健身的作用，防治胃病，补气血，抗衰老。方法依次为：摩腹揉脐，拿腹（沿胃经），捏脊，推揉下肢（沿胃经），揉小腿，揉公孙、三阴交穴。

肺保健推拿　具有固卫抗邪、宣肺利窍的作用，防感冒等呼吸系统疾病，并调整全身功能状态。方法依次为：按揉中府穴，揉膻中穴，压胸，推胸肋，擦揉背部（沿膀胱经），捏揉上肢，拉提上肢，按揉曲池、外关穴，叩胸背。

肾保健推拿　具有补肾壮阳、充脑增智、壮骨强身、促进生长发育的作用。方法依次为：摩下丹田，摩腰眼，推脊柱，擦腰骶，揉下肢（沿肾经），按揉足三里穴，按揉百会穴，擦涌泉穴。

四肢保健推拿　具有疏经通络、强筋健骨、滑利关节、防老健身等作用，防治肩周炎、腱鞘炎、肢体软弱无力等病症，每日一次。①上肢保健推拿。方法依次为：揉颈肩，按揉肩井部，拿揉三角肌，按揉肩髎、肩髃、肩贞穴，摇肩，搓揉上肢，点按曲池、少海穴，揉腕和点揉外关，摇腕，揉指掌关节，捋指，叩指。②下肢保健推拿。方法依次为：拿揉大腿，拿血海、梁丘穴，揉髌骨，按揉委中穴，推揉足三里穴，拿小腿，拿三阴交至太溪穴，摇踝，屈足，屈趾，擦涌泉穴，叩腰臀部，抻下肢。

美容保健推拿　主要指面部美容。颜面是人体脏腑经气的外在表现，面部美容亦需中医辨证来实施，由内治外，通过全身保健推拿，使脏腑经气得到调整，达到容颜、消斑、祛皱及延缓自然衰老的作用。方法依次为：摩腹，摩膻中，摩印堂穴，按揉合谷穴，推前额并揉太阳穴，按揉头维穴，揉眼周，浴鼻，揉口周，摩颊，点揉颧髎、下关、颊车穴，揉耳前三穴（耳门、听会、听宫），梳头（用手指），叩头顶（用双手十指），推背部俞穴，拿三阴交穴，拿血海穴，按揉足三里穴，擦涌泉穴。

保龄球　bowling　室内体育运动之一。运动员手持用特别材料制成的一种硬质球，通过抛掷使球体在球道上滚动，最终以地滚的方式击倒木瓶。又称地滚球。在距今7 200年前的埃及古墓里，曾发现9块成型的石头和1个石球，与现代保龄球相似。现代保龄球运动起源于3～4世纪的德国“九柱戏”。至14世纪，9瓶制保龄球游戏逐渐发展成为欧洲民间的体育运动。18世纪末到19世纪初，美国人创立了10瓶制保龄球。1895年，在美国成立了美国保龄球总会，1952年，国际保龄球联合会在芬兰成立。

保龄球现场

19世纪下半叶，保龄球运动传入中国。20世纪80年代以后发展较快，1984年，国家体委将10瓶制保龄球列为中国正式开展的体育项目。1985年5月26日中国保龄球协会成立，随后加入了亚洲和国际保龄球组织。

保龄球项目是根据运动员投球所击倒的球瓶数量来计算得分，并按运动员在规定局数中所得分数的多少决定胜负。运动员投球时必须站在起点线后，不得超越或触及起点线，否则即失掉1次投球机会。投球时用下手前送方式，用其他方式投球均为违例。比赛设裁判员1人，负责检查运动员是否违例并登记双方分数。保龄球球道为合成材质或木质，要求平滑，宽1.15米，两侧有挡板。在球道与起点线相对的另一端为置瓶区，10个球瓶在此成三角形排列。球瓶高38.1厘米，重1.419～1.645千克。保龄球直径21.6厘米，重量不超过7.264千克。球有3个小孔，便于手指插入握球。

保龄球是世界运动会和**亚洲运动会**的正式比赛项目。根据国际保龄球联合会的规定，在标准的世界锦标赛制中，设有男子组和女子组，共进行单人赛、双人赛、三人赛、五人队际赛、全能赛、精英赛等共12个项目的比赛。

保罗　Paul（?～约62）　基督教**《新约圣经》**中的人物。原名扫罗。据《使徒行传》和《保罗书信》记载，曾参与迫害基督徒，后得**耶稣**启示转而信奉基督，后改名保罗，由于坚信福音不仅是为犹太人，也是为外邦人的，因而曾三次远途传教，足迹遍及小亚细亚、马其顿、希腊及地中海东部各岛。曾被关押两年，出狱后再次往各地传教。后被罗马皇帝尼禄处死。保罗是基督教初期教会的主要创始人，也是第一个去外邦传播福音的基督徒。基督教在希腊罗马的迅速传播，与保罗的多次远行传道密切相关。有13封署名保罗的书信被列入《新约圣经》正典，是阐释基督教教义的重要文献，保罗可称为基督教的第一个神学家。

保密通信　secure communication　借助加密手段实现的一种安全通信方式。目的是使非法的截收者不能理解通信内容。另一方面，为了从保密通信中获得军事、政治、经济、技术等机密信息，密码破译技术也在发展。电话保密开始是采用模拟保密或置乱的方法，即把话音的频谱或时间分段打乱。20世纪70年代以来，由于采用集成电路，电话保密通信得到进一步完善。但置乱器仍是有线载波和短波单边带电话保密通信的主要手段。数字保密是当前最先进的保密通信方式。在发送端，数字信号经过各种数字加密算法变换成加密的数字信号；在接收端，在密钥的控制下，这些加密信号被相应的脱密算法恢复成原来的数字信号。随着集成电路的发展，数字保密通信已成为保密通信的主要发展方向。

保民官　tribuni　古罗马时代管理民政或军事的官员。公元前5世纪开始出现平民保民官。约公元前494年罗马与外族发生战争，罗马平民与贵族的矛盾也日益激化，平民第一次全体撤离罗马，贵族被迫同意在平民中选出2名保民官（后增至5人、10人），以维护平民利益。前471年起，平民保民官由特里布大会（平民大会）选出，任期1年，其人身不受侵犯，对元老院或高级官员（独裁官除外）作出的损害平民利益的决定和法令可行使否决权，但仅限于罗马城区及近郊。他们主持平民大会，并任大会主席。由于他们能代表和反映平民的要求，逐渐成为罗马最有权势的职位之一。平民保民官在共和时代政治生活中起过积极作用，至帝国时代已名存实亡。军事保民官原指步兵司令，多数从选举中产生，个别由执政官任命，帝国时代则由皇帝指派，职权是指挥近卫军和辅助部队。财务保民官最初大概是指在各部落中征收贡赋和发放军饷的官员，日后亦属高级官员之列。

保山市　Baoshan City　中国云南省辖地级市。位于省境西部，与缅甸接壤。辖隆阳区和施甸、腾冲、龙陵、昌宁4县。面积19 637平方千米。人口251万（2010），有汉、彝、白、傣、傈僳等民族。西汉属益州郡，后依次属永昌郡、永昌府。“永昌丝绸”在古代即远销缅甸、新加坡等地。明设保山县，属永昌府。1913年改为永昌县，后改为保山县。1983年设县级保山市。2000年撤销保山地区和县级保山市成立地级保山市。地处横断山地北段。万亩以上的坝子有20多个。坝区属北亚热带季风气候。农作物主要有水稻、玉米、小麦、甘蔗、棉花、茶叶、烟草、油菜等。森林覆盖率28.4%，主要树种有云南松、华山松、栎类。矿产主要有煤、铅、铁、铜、锌等。工业主要有电力、冶金、建材、煤炭、制糖、化工、

易罗池

皮革、纺织等，产品以丝绸、茶叶著称。交通以公路为主。有保山至昆明的民航班机。名胜古迹有易罗池、清平洞、腾冲火山群、腾冲温泉、叠水河瀑布、永昌古城、太保公园等。

保释 bail 司法机关对已羁押的被告人进行取保释放。有他人担保和财产担保两种形式，以财产担保为主。联邦德国《刑事诉讼法》第116a条规定：①担保可以用储存的现金或证券，可以用财产作为抵押物或者可以请出适当的人为保证人。②审判官可以斟酌决定担保的金额和担保的种类。日本《刑事诉讼法》除规定保释外，还规定裁判所认为适当时，可以将羁押中的被告人委托于其亲属、保护团体及其他人（第95条）。《中华人民共和国刑事诉讼法》有取保候审的规定。

保守主义 conservatism 近代以来重要的政治思潮或意识形态。其首要特征是反对"全面的"与"激进的"变革，致力于维护"现存的制度"。保守主义作为一种意识形态最早出现于法国大革命时期。

为了反驳激进变革的理念，保守主义努力说明：①人类理解以及改变世界的能力是有限的；②罪恶、痛苦是人类生存中永恒的、不可消除的现象。正是在这个意义上，在传统上，所有保守主义学说都有两个基本内涵：①不完美主义。保守主义认为人类社会的不完美是内在的、永久的，而不是暂时的。在这一点上，保守主义既不同于激进主义，也不同于反动派。②政治的有限性。保守主义并非一概反对变化，它有时也会接受某些必要的变化。但它偏爱渐进的变化，反对剧烈的变化。更为重要的是，它反对以政治的方式——政府的或群众运动的方式寻求社会的根本变革。

在1790～1810年期间，西方保守主义有三种主要形式，即法国式、德国式、英国式。这三种类型反映了不同的文化特征，它们之间既有作为保守主义的某些共同特征，又有由于不同文化与历史造成的独特性质。在许多方面，其独特性甚至超过作为保守主义的共同特征。

就保守主义在现实政治的影响而言，法国与德国的保守主义都是不成功的。法国的保守主义力图逃避现实，幻想一个神秘主义的革命前的黄金时代；德国浪漫主义的保守主义描绘了一个独特的"国家"概念。英国保守主义在19世纪一方面试图适应新的时代，另一方面又保持了一种保守主义独特的方式。英国保守主义的主要代表人物是E.伯克。

第二次世界大战后，保守主义强劲复兴。从1950年开始，美国思想界出现了一场持续的保守主义革命。主要有两股势力：其一是所谓经济上的新自由主义。在美国经济学界，从F.von哈耶克到J.M.布坎南都是这样的新自由主义者。他们接受了古典自由主义的基本经济信条，主张私有制、市场经济、最低限度政府，反对社会正义，批评社会福利政策。其二是形形色色的文化保守主义。既有传统意义上的保守主义，主张尊重传统的文化、社群及其价值观，又有以新保守主义者命名的意识形态，批评自由主义的价值多元主义，从古代哲学中寻求自然正当。新保守主义的政治理论对美国国内政策以及美国外交政策中的强权主义都具有重大影响。

保税区 bonded zone 经主权国家政府批准，在其海港、机场、车站等地设立的允许外国货物未办理进口纳税手续而可长时间储存，由海关监管的特殊的经济性区域。保税区发展过程分3个阶段：①在古欧洲，对适用特殊海关监管制度、实施特别关税优惠法律规章的地区，称第一代保税区。②随着欧洲工业化形成，一种最大限度吸引外国资金和技术、促进国家某一地区发展工业化和扩大对外贸易的保税区经济概念得到推广，称第二代保税区。③20世纪末叶，保税区在发展中国家盛极一时。中国保税区是借鉴国际通行做法，结合本国国情，由海关实施特殊监管的经济开放区域。货物可在保税区与境外之间流通，由海关实行保税监管。货物所有人或其代理人在货物从境外运入保税区或从保税区运往境外时，向海关交验有效商业单证和依规定作为海关管理需要的有关单证。货物由保税区运入非保税区（指中国境内其他地区）视同进口，由非保税区运入保税区视同出口，在海关监管下按规定办理进出口手续。

上海浦东外高桥保税区码头停车场

保亭黎族苗族自治县 Baoting Li-Miao Autonomous County 中国海南省直辖自治县。位于海南岛南部，五指山南麓。面积1 161平方千米。人口15万（2010），其中，黎族和苗族占总人口的一半以上。清康熙二十八年（1689）置陵水宝停营，雍正八年（1730）改设宝停司，属万州。1935年置保亭县。1987年改置保亭黎族苗族自治县。易受台风

仙安石林

袭击。矿藏有金、铁、铜、铅、锌、大理石、水晶等。多热带雨林，有橡胶、咖啡、椰子、菠萝、香蕉、剑麻等热带作物。特产有槟榔、益智、巴戟天、砂仁、沉香等。工业有橡胶、纺织、酿酒、采矿、机械等。旅游景点有七仙岭、七峰温泉、千龙洞、仙安石林等。

保外就医 release on bail for medical treatment 被判处有期徒刑或拘役的罪犯因患有严重疾病，经有关机关批准取保在监外医治。《中华人民共和国刑事诉讼法》规定，对于罪犯确有严重疾病，必须保外就医的，由省级人民政府指定的医院开具证明文件，依照法律规定的程序审批。发现被保外就医的罪犯不符合保外就医条件的，或者严重违反有关保外就医规定的，应及时收监。对适用保外就医可能有社会危险性的罪犯，或者自伤自残的罪犯，不得保外就医。保外就医的情形消失后，罪犯刑期未满

的，应及时收监。保外就医由居住地公安机关执行并进行监督，基层组织或罪犯原所在单位协助监督。

保险 insurance 为应付特定的自然灾害或意外事故所造成的财产损失或人身伤亡，通过订立合同实现补偿或给付的一种社会互助性质的经济形式。

沿革 古埃及的石匠互助基金组织采取集体扶助办法，解决石匠及其家属的生活困难。古希腊的工匠团体则是每月交付一定的会费，当参加者遭遇某项不幸时给予救济。古罗马的丧葬互助会以会费支付丧葬费及遗属救济金。这类为个体和群体利益而采用的救灾及损失补偿方法，是人寿保险和意外保险的原始形态。中世纪欧洲城市各种行会对涉及死亡、贫困、疾病、衰老、伤残、盲哑、丧失家属、房屋损坏、火灾、船舶沉没、人身事故及财产事故进行的互助、互济活动，则是人身保险、火灾保险、海上保险和船舶损害保险的萌芽。随着航海贸易的发展，产生了具有保险性质的船货共同分担风险的“共同海损”原则及船舶抵押贷款、货物抵押贷款。

14世纪前后，由于海运和贸易的迅速发展，贷款和损失保证逐渐分成两个独立的行业，开始建立正式的保险经营业。17世纪中期，开始出现经营保险的独立组织。随着资本主义工业革命的完成和新兴工业的发展，工业风险不断增加，保险业务范围的不断扩大，保险责任的加重和风险的相对集中，于是又出现了分散保险风险的再保险机构。从20世纪50年代起，保险业为适应大企业的加强经营管理、分散危险的需要，从传统的保险业中派生出一种将现代保险业与科学技术以及数理科学、企业科学管理密切结合的现代危险管理行业。

种类 多数国家均按保险的保障范围将保险分为4大类：①财产保险。指以各种的物质财产及与其有关的利益作为保险标的的保险。承担保险标的因自然灾害、意外事故所导致的物质或与其利益有关的损失。主要有海上运输保险、货物运输保险、运输工具险、火灾险、工程险、盗窃险、利润损失险和农业保险等。②人身保险。指以人的生命和身体机能作为保险标的，以被保险人的伤害、疾病、死亡作为保险事件的保险。主要有人身意外伤害险、人寿险、疾病医疗险等。③责任保险。以被保险人的民事损害赔偿责任作为保险标的物的保险。主要有公众责任保险、雇主责任保险、产品责任保险、职业责任保险和保赔保险等。④信用保险。主要有出口信用保险、履约保险、忠诚保险等。

职能 在市场经济中，保险的作用愈来愈明显：①通过对遭受自然灾害或发生意外事故的投保人的经济补偿，保证社会再生产的正常运行。②有助于防灾防损，减少灾害、事故，在灾害、事故发生后，又尽可能缩小其造成的后果。③可以为经济建设积累资金。保险公司聚集的保险费，除用于经济补偿和日常开支外，还可保持相当数额的保险基金，既可转存于银行作信贷资金，也可以由保险公司直接投资于某些经济事业，以促进国民经济的发展。

保险公司 insurance company 依法成立的经营保险业务的法人企业。是向投保人收取保费，在保险事故发生时，对被保险人（受益人）承担保险责任的一种非银行金融机构。其实质是，保险公司把面临相同风险的自然人和法人组织起来，依法收取保险费，建立保险基金，在被保险人遭受风险的损失时，保险公司按保单约定的责任，对被保险人提供一定数额的经济赔偿和给付。保险公司的主要资金来源是按一定标准收取的保险费，只有当保单上约定的事件发生时，保险金的支付才会出现；保险公司的资金运用一般是长期性的，主要投资公债、公司债等，其利润来自于资金运用与资金来源之间的价差收益，以及保险费收入与保险金实际支付之间的差额所产生的费用差收益。

保险监管法 insurance regulation law 调整国家在监督管理保险事业的组织和运营中发生的社会经济关系的法律规范的总称。

传统上，保险法分为保险公法和保险私法。保险私法通常指保险合同法，保险公法包括保险业法（保险公司法）和社会保险法。保险监管法既包括保险私法中有关对保险内容监管的法律规定，也包括保险公法中对商业保险业和社会保险资金的商业化运营进行监管的法律规定。内容包括：①授权政府及其保险监管机构制定、修改具体的保险监管法规、规章方面的规定。②对保险公司及其他保险产品提供者的资格和经营状况，保险产品的内容和设计，保险合同的条款和格式，保险市场行为进行审批、监督、核查和指导方面的规定。③对保险费率和偿付能力的监管规定。④对保险资金的运营进行监管的规定。⑤对保险机构内部风险控制的规定。现代意义的保险监管制度的形成，以政府成立保险监管机构、依据保险法规进行监管活动为重要标志。

在中国，《中华人民共和国保险法》（1995年制定，2002年修改）及其相关配套法规、规章，是保险监管法的渊源。中国的保险监管机关为中国保险监督管理委员会（简称中国保监会）。

报春花科 Primulaceae; primula family 双子叶植物纲五桠果亚纲的一科。约22属800种，广布全球，但主产北半球温带。中国产12属约500种，全国各地都有分布，以西南山区为多，西北、华北平原及沿海地区较少。四川、云南西部、西藏东部是报春花属、点地梅属和独花报春属的现代分布中心。单种属羽叶点地梅属为中国的特有属。多年生或一年生草本，很少呈亚灌木状。茎直立或匍匐，具互生、对生或轮生叶，或无地上茎而叶全部基生，并常形成密集的莲座丛。花两性，整齐；花萼(3～)5(～9)裂，宿存；花冠合瓣，(3～)5(～9)裂；雄蕊5，与花冠裂片对生；花丝分离或下部合生，多少贴生于花冠筒上；雌蕊心皮5，合生，子房上位，1室。果实为蒴果。在两型花中，短柱花的花粉粒常较长柱花的花粉粒大，而长柱花柱头上的乳头状突起又较短柱花的长，这也是适应异花授粉的一种构造。

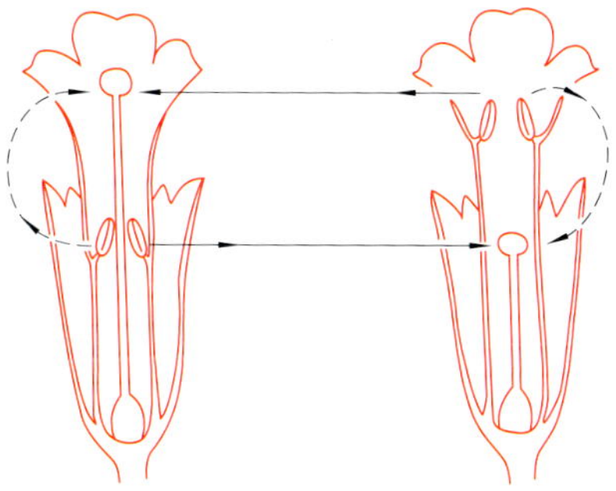

报春花属植物异花授粉示意图
实线箭头示正规传粉 虚线箭头示不正规传粉

报春花科以盛产观赏植物而著称。报春花属、仙客来属的大多数种类为美丽的庭园和盆栽花卉，并有许多园艺品种。灵香草全草含芳香油，可提炼香精，用作加工烟草及化妆品的香料。部分种类亦供药用，细梗香草、过路黄、临时救、矮桃（又称珍珠菜）、点地梅等均为民间常用草药。

报复关税 retaliatory tariff 一国当自己的商品、船舶、投资或企业等受到另一国的歧视待遇时，对从该国进口的商品所征课的一种带有报复性的进口附加税。当对方取消歧视待遇时，这种报复关税一般也就相应取消。一些国家通常在下列情况下征收报复关税：①他国对其商品征收歧视性的高关税或实行其他限制进口的措施。②他国对第三国给予较本国更为优惠的待遇。③他国实行出口津贴或商品倾销。④他国在原订的贸易条约或协定届满时，对该国提出不适当要求或实施不合理措施。

报告文学 reportage 从新闻报道和纪实散文中生成并独立出来的一种新闻与文学结合的散文体裁。包括速写、特写、文艺通讯等。它以叙事纪实为主体，以报告真相为己任，既要求作品中占主体的人与事必须真实，具有新闻性；又经过艺术加工，以形象反映生活，并饱含作家的思想倾向和情感态度，具备文学性。这种文体是近代新闻事业发达的产物，曾盛行于20世纪初期的苏联和欧美。在五四运动以后的中国，某些通讯、旅行记和叙事散文已具有报告文学的部分特性。但正式倡导和自觉创作报告文学，是从30年代初开始的，这与左翼文艺运动的兴起和外国报告文学的传入有关。第一部以报告文学名义出版的作品集是《上海事变与报告文学》(1932)。稍后有《活的记录》、《中国的一日》等专集和《包身工》(夏衍)、《1936年春在太原》(宋之的)等名篇。30年代末期以后，中国报告文学获得很大发展，已成为一个独立的重要的文学品种。

报关 declaration 进出境运输工具负责人、进出口货物和物品收发货人和所有人或其代表人向海关办理进出境手续的行为和过程。可以分为进出境货物报关、进出境物品报关和进出境运输工具报关。报关人即申报人，泛指向海关报关的自然人和法人，即进出境活动当事人。报关人包括报关单位、报关员、运输工具负责人和物品的所有人或其代理人。进出境运输工具、货物、物品报关人按海关规定，办理申报手续。申报方式主要有口头申报、书面申报、行为申报三种方式。

报警器 alarm 采用人工或仪器进行自防的设施。根据功能可分为火灾报警器、防盗报警器、燃气泄漏报警自闭器等。

火灾报警器 由感烟或感温探测器与控制器组成。感烟探测器用于火灾初期的探测，巡检时闪烁发光。感温探测器灵敏度根据设定温度一般分58℃、68℃、78℃等，超过该温度便报警，适用于厨房、车库、地下室等场所。此外，还有手动报警功能，发生火警时，按钮便完成报警。

防盗报警器 采用控制主机、红外线或气体探测器布防。当遭到破坏时即发出声光报警，通过电话网接通预先存储的电话号码告知值班人员，使值班人员能迅速到达现场，将损失控制在最小范围。

燃气泄漏报警自闭器 采用电子线路和特制气敏元件。具有自动检测功能，能安全可靠地监测空气中的可燃气体（包括人工煤气、天然气、液化石油气等）。当可燃性气体泄漏时，立即声光报警，并及时自动关闭管道气源，防止可燃气体进一步泄漏。

报业集团 newspaper chain 按市场运作规律和机制组成的，具有很强经济实力的多家报刊及经济实体的有机结合的大型新闻出版企业集群。又称报系或报团。它以具有广泛社会影响力的一个或几个大报社为核心，以一批受这个核心不同程度控制的其他媒体企业、非媒体企业为外围，以资产关系为主要联系纽带，是具有多层次结构的法人联合体。

报业集团在西方已有上百年历史。组织形式大致分为4类：①传统的报团、跨媒介经营的传播集团。②联合或混合企业所属的媒介子公司。③与大银行大企业连通的连锁董事。④跨国媒介集团。

组建报业集团能更集约地利用劳动力和资本设备，有效降低成本，实现资源的优化配置和共享。中国的报业集团是在市场推动下，按照政府主管部门制定的原则组建。

报纸 newspapers 以刊载新闻和新闻评论为主，通常散页印刷，不装订、没有封面的纸质出版物。有固定名称，面向公众，定期、连续发行。现在多数报纸每日出版一次或数次，也有每周出版几次或每周出版一次的。

现代报纸的直接起源是德国15世纪开始出现的印刷新闻纸（单张单条的新闻传单)。一般把1815年创刊的《法兰克福新闻》视为第一张真正的报纸。1650年在德国莱比锡出现最早的日报《新到新闻》，不过日报成为报纸的主角，是在18世纪以后。

初期的报纸和杂志是混同的，有新闻，也有各种杂文和文学作品，简单地装订成册。对于这个时期的报纸和杂志，通常笼统地称为“报刊”，英国、法国、中国早期的“报刊”概念，便是在这个意义上使用的。英国和法国从18世纪起，报纸与杂志开始明显分离；中国在本土出现现代“报刊”后约20年，报纸和杂志的分野日趋明确。

报纸可以作为商品，也可以作为政治斗争的宣传品。为了最大限度地扩大发行量，报纸除了刊登新闻和强化新闻的平民化外，越来越多地增加了娱乐方面的内容。大众化报纸逐渐在报纸总体中占据了很大份额，但是，以中上层公众为读者对象的所谓“高级报纸”也逐渐稳定下来，于是形成大众化报纸、“高级报纸”各自的生存空间。前者发行量巨大，获利较多；后者发行量有限，但在影响舆论和赢得声誉方面占据主导地位。

关于报纸的职能，在长期发展过程中形成的基本职能是：传播新闻，沟通情况；宣传思想，影响受众；反映舆论，引导舆论；传授知识，提供娱乐等。此外，报纸还具有广告职能。

现代报纸有多种分类。如日报，为白天出版的报纸，主要刊登国内外各个领域的新闻；晚报，刊登文化娱乐、体育方面的信息，设置较多的知识性、可读性强的专刊、副刊；机关报，为国家机关、政党、社会团体等主办并出版宣传其路线、方针、政策，以影响社会舆论，并有教育其成员、指导实际工作的作用；地方报，新闻报道内容侧重于一个省、一个市、一个地区，主要在当地发行；其他还有专业报、行业报、周末报和电子报纸等。

中国新闻学者经研究认为，世界上最早用纸抄写的报纸约出现在9世纪80年代，最早用印刷方式复制的报纸约出现在10世纪，且均产生在中国。最初仅限于官报。中国第一份官报问世，不迟于唐玄宗开元年间（713～741)。中国近代报纸多为19世纪20～90年代来华的外国传教士、商人办的中文报纸，如《申报》、《万国公报》等，以及外文报纸如《字林西报》、《大美晚报》等。中国人自己办报约始于19世纪70年代以后，诸如《民报》、《大公报》等，直至近现代的《民权报》、《新华日报》、《人民日报》等。

刨床 planing and shaping machine 用刨刀对工件进行刨削加工的机床。可以加工平面、沟槽或成形表面。主要有牛头刨床、龙门刨床、单臂刨床及专门化刨床。常用的专门化刨床有刨边机和刨模机等。牛头刨床用于加工较小的工件。龙门刨床用于加工较长较大的工件。单臂刨床适用于宽度较大而又不需在整个宽度上加工的工件。刨边机利用床身侧面溜板上的刀架作直线往复运动，刨削大钢板的边缘部分。刨模机主要用于刨削冲头和复杂形状的工件。用刨床刨削窄长表面具有较高的效率，适用于中小批量生产和维修车间。

抱朴守一 中国道教教义。抱朴，最早见于《老子》“见素抱朴，少私寡欲”。朴，指本真、自然、朴素无伪饰的原始面目。抱，持守勿失，坚定不移。抱朴作为道教的人生观，要求修道者保真全性，不萦于物欲，不受自然和社会因素干扰，返璞归真。

守一，源出于《老子》：“载营魄抱一，能无离乎？”故亦称为“抱一”。“一”，道教经典中有多种解释，主要有：①大道。②体内纯阳之气。③人体部位。④精神意志。⑤人体上、中、下三丹田。

《抱朴子》 *Master Embracing Simplicity* 中国道教经典。晋代葛洪撰。分《内篇》和《外篇》，各自成书。《外篇》著述在先，《内篇》在后。今存《外篇》50卷，《内篇》20卷。《外篇》言人间得失，世事臧否，以复兴儒教为宗旨，积极救世，基本上属于儒家学说。《内篇》强调“道”是根本，“儒”是末节，消极遁世，寻求长生不死，提倡神仙道教。《内篇》认为“玄”或“玄道”是天地万物的总根源，还阐述了神仙道教的基本特征，主要讲炼丹术、祈求成仙，与以符水疗病消灾为主的民间道教有一定区别。并载有炼制金丹的方法和实验结果，具有一定的科学价值。《抱朴子》现存有宋绍兴二十二年(1152)临安刊本、明《正统道藏》刊本、敦煌石窟写本残卷等，以清孙星衍《平津馆丛书》本较为通行。明清以来学者在文字上有不少校勘，但注释则缺。近有王明集前人所校并加注释编成的《抱朴子内篇校释》出版。

豹 *Panthera pardus*; leopard 食肉目猫科豹属的一种。又称金钱豹。世界有20多亚种，中国华南豹、华北豹和东北豹有3亚种。广布于亚洲和非洲各地，在中国几乎各省都有分布。体形似虎，但比虎小，体长1～1.5米，体重约50千克，最重可达100千克；尾长近1米；全身橙黄或黄色，其上布满黑点和黑色斑纹。雌雄毛色一致。栖息于山地、丘陵、荒漠和草原，尤喜茂密的树林或大森林。无固定巢穴。单独活动。白日伏在树上，或卧在草丛中，或在悬崖的石洞中休息，夜晚出来游荡。动作灵活，善于攀树和跳跃，胆量也大，敢于和虎同栖于一

个领域，能攻击体形较大的雄鹿或凶猛的野猪等。主要猎食中、小型有蹄类动物，也吃小型肉食动物。冬春发情，妊娠期3个月，春夏季产仔，每胎2～4仔，幼仔1年后即离开亲兽。寿命10～20年。各国都列为保护动物。

豹鲂鮄 Dactylopteridae; flying gurnards 鲉形目豹鲂鮄科鱼类的统称。有4属6种。

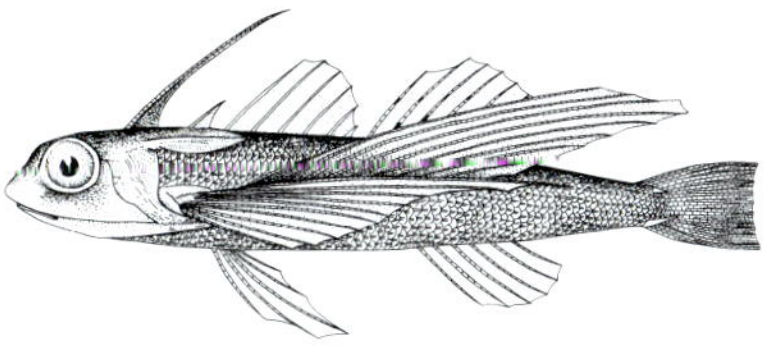

吉氏豹鲂鮄

广布于太平洋和东大西洋热带和亚热带海域。中国产3属4种。为暖水性海洋鱼类。体长约300～450毫米。体延长，粗壮，略平扁，向后渐尖细。头大，方形，全被骨板。眼大，上侧位，眼间隔宽凹。口小，下颌较短。上下颌具颗粒状牙，犁骨和腭骨无牙。鳃孔小，垂直；假鳃发达。前鳃盖骨具长棘。鳞片中央有1纵嵴，尾基具2～3强嵴。第1和第2背鳍间有一不活动鳍棘，第一背鳍前方有1～2游离鳍棘。臀鳍短于第二背鳍；胸鳍长大，分两部，前部鳍条短，后部鳍条伸达或伸越尾鳍基底；腹鳍尖长；尾鳍凹入。胸鳍翼状，略能飞翔。胸鳍前部的短鳍条可在海底爬行。鳔能发声。

“豹”Ⅱ主战坦克 Leopard Ⅱ Main Battle Tank 联邦德国研制的第二代主战坦克。1979年装备部队，有豹ⅡA1～A6等型号。战斗全重55.15吨，乘员4人。主要武器为1门120毫米滑膛炮，火炮配有半自动装填装置，使用尾翼稳定脱壳穿甲弹和多用途弹等弹种，弹药基数42发。辅助武器为2挺7.62毫米机枪。火控系统为指挥仪式，具有行进间对运动目标射击的能力。最大速度72千米/时，最大行程550千米。车体

德国“豹”Ⅱ主战坦克

和炮塔采用间隔式复合装甲。车内配有集体式三防装置和自动灭火抑爆装置。

鲍 *Haliotis*; abalone 原始腹足目鲍科鲍属动物的统称。俗称鲍鱼，中国古称“鳆”。珍贵海产贝类。肉质细嫩，味鲜美，为“海八珍”之一，可鲜食、制罐，也可加工成鲍干。某些种能产珍珠，称“鲍珠”。壳称“石决明”，有平肝明目之功效，也是贝雕工艺的原料。全世界现有90余种。生产鲍鱼的国家主要有中国、澳大利亚、日本、美国、墨西哥和南非等。中国已发现7种，经济价值较高的有皱纹盘鲍（见图）、杂色鲍、格鲍、耳鲍、平鲍等。

鲍壳为单片，近似卵圆形或耳状，背腹扁、坚硬，覆盖头部、足部、外套膜和内脏囊。壳口与体螺层等大，壳面粗糙，一般为紫褐色或绿褐色，壳内面有珍珠光泽。足部发达，上足周围有触手。栖息在水清流畅、盐度较高而稳定、藻类生长繁茂、岩石缝隙较多的近岸区。大部分种类

皱纹盘鲍

分布于低潮带至潮下带20～30米外。以藻类为主食。潜伏于暗处，昼伏夜出，移动范围不大。一般雌雄异体，二三年性成熟。鲍鱼生长缓慢，人工养殖周期长，成本高，一般多采取人工育苗、海区放流和封海育鲍的方法增殖。

鲍德温 Baldwin, Stanley (1867-08-03～1947-12-14) 英国保守党政治家。曾三任首相。生于伍斯特郡比尤德利钢铁世家，卒于该郡阿斯特利霍尔。1908年当选为保守党下院议员。1923年5月22日首次任首相。由于推行保护关税政策遭到反对，1924年1月22日因大选失利下台。同年11月4日第2次组阁，提出“安全第一”的口号。1926年5月4日工人总罢工开始。鲍德温宣布进入紧急状态，使用种种手段破坏罢工。保守党在1929年大选中失利，鲍德温于6月4日辞职。1935年6月7日至1937年5月28日鲍德温第3次任首相。当时德、意法西斯侵略扩张日益严重，他开始加强英国的军备。1936年12月10日，鲍德温圆满地促使爱德华八世退位。5个月后让位给N.张伯伦，退出政界并接受伯爵称号。

鲍恩 Bowen, Elizabeth (1899-06-07～1973-02-22) 英国小说家。生于都柏林，卒于伦敦。长篇小说《巴黎的房子》(1935)和《心死》(1938)是她的名著。她善于以细腻精练的文笔和新颖的手法，描绘青年女子在庸俗冷酷的社会中遭受的感情上的创伤，从一个侧面反映英国社会的精神危机。其他作品有长篇小说《旅店》(1927)、《日中》(1949)、《爱情的世界》(1955)，短篇小说集《邂逅集》(1923)、《猫跳》(1934)、《魔鬼情人》(1945)等。

鲍恩氏病 Bowen's disease 发生在人体表皮上的一种鳞状细胞癌。发病与接触某些化学致癌物、放射线和某些病毒感染等因素有关。皮疹常发生在躯干和四肢。起病隐匿，初发时为红色扁平丘疹，表面有鳞屑，一般无自觉症状。皮疹缓慢扩大，经过数年，发展成数厘米大小的暗红斑块，表面有鳞屑，边界清楚，但不规则。组织病理主要为表皮增厚，表皮全层细胞排列紊乱，有明显异形性。治疗首选手术切除。对不宜进行手术者，可采用二氧化碳激光、

液氮冷冻、光动力学治疗或放射线治疗。部分多发性皮疹可外用5-氟胞嘧啶软膏，连续数月。

鲍林 Pauling, Linus (Carl) (1901-02-28～1994-08-19) 美国化学家。又译泡林、泡令。生于俄勒冈州波特兰，卒于加利福尼亚州大瑟尔。1922年俄勒冈州立大学化学

工程系毕业。1925年获加利福尼亚州理工学院博士学位。历任加利福尼亚州理工学院、加利福尼亚大学、斯坦福大学化学教授。

鲍林1919年秋在就读的大学就作了“分子结构和化学键本质”的报告。1928年鲍林提出以电价规则为核心的离子晶体结构的配位理论。1931年他利用X射线衍射法测出分子中原子间距，并进一步用它研究晶体和蛋白质结构，画出分子结构图形。同年，应用量子力学理论研究原子和分子的电子结构及化学键的本质，创立了杂化轨道理论。1931～1933年提出分子在若干价键之间共振的学说，认为共振使分子特别稳定，并由此引出共振能概念。共振论的提出引起科学界的争论。鲍林1939年出版的《化学键本质》在很大程度上使化学整个领域有了一个理性的基础。鲍林在化合物结构方面进行过大量的研究。1950年他认为在蛋白质的肽链上要满足最大限度的氢键。因此蛋白质可能形成螺旋体，提出了蛋白质的α螺旋体结构。以后陆续发现多种蛋白质的原发分子的结构，为进一步研究脱氧核糖核酸的形状和功能创造了条件。晚年在维生素C服用效果方面做了大量的研究。

鲍林还极为关注核试验可能产生的放射性危险，1958年1月他向联合国提交了有全世界11 021位科学家签名的请愿书，强烈要求终止核武器试验。

鲍林曾于1973年9月和1981年6月两次来中国访问和讲学。因“在化学键本质及其用于阐明复杂物质结构方面所作的研究”获1954年诺贝尔化学奖。1962年获诺贝尔和平奖。还获得1974年度美国国家科学奖章和苏联1977年度罗蒙诺索夫金质奖章等多种奖章。还著有《量子力学导论》、《不要再有战争》等书。

《鲍林条约》 *Bowring Treaty* 1855年英国驻中国香港总督J.鲍林代表英国政府与暹罗(今泰国)签订的不平等条约。即《英暹条约》。条约在英国强大压力下被迫于1855年4月18日签订。条约共12款，主要内容是：①英国设领事馆于曼谷。此后，在泰国境内犯罪的英国公民只能由英国领事根据英国法律加以审判。②英国公民可以在泰国任何港口从事自由贸易，可以在泰国各地自由旅行、自由勘探与开采矿藏等。③英国输入泰国的商品只缴纳商品价格3%的进口税；允许英国商人免税输入鸦片与金银块。④英国军舰可以自由进入湄南河口，停泊于北榄要塞。条约有关领事裁判权等条款，破坏了泰国的司法独立。条约为西方资本主义的入侵打开了大门。此后，美国、法国、葡萄牙、荷兰、德国、意大利等西方列强以这个条约为蓝本，相继与泰国签订了不平等条约，破坏了泰国的领土完整与主权。

鲍罗丁 Borodin, Aleksander Porfiryevich (1833-11-12～1887-02-27) 俄国作曲家、化学家。生于圣彼得堡，卒于圣彼得堡。1856年毕业于圣彼得堡医学院。1858年获

医学博士学位，1864年任教授。1872～1887年，鲍罗丁创办圣彼得堡女子医科大学，并在该校任教。

鲍罗丁的音乐创作活动始于19世纪50年代。1862年结识M.A.巴拉基列夫，成为“新俄罗斯乐派”(强力集团)的重要成员。鲍罗丁作品数量不多，但在歌剧、交响乐和室内乐方面均留下了典范性的作品。其代表作有歌剧《伊戈尔王》(1887，死后由N.A.里姆斯基-科萨科夫和A.K.格拉祖诺夫续完，1890年上演)，奠定俄国史诗性交响乐体裁的《第二交响曲》(《勇士》，1876)，富于俄罗斯风格和东方色彩的交响音画《在中亚细亚》(1880)，两部弦乐四重奏及声乐浪漫曲《为了遥远祖国的海岸》(普希金诗)、《睡公主》、《幽暗森林之歌》、《海王的公主》、《海》、《我的歌声中充满了恶意》(海涅诗)等。

鲍罗廷 Borodin, Mikhail Markovich (1884-07-09～1951-05-29) 共产国际、苏联驻中国代表，孙中山的政治顾问。原名马尔克维奇·格鲁申贝格。俄罗斯人。生于亚诺维奇，卒于西伯利亚。1903年参加俄国社会民主工党。1907年侨居美国。加入过美国社会党。1918年7月回国。次年3月出席共产国际一大，随后被派往美、德、英等国从事联络工作。1923年秋来华，任共产国际、苏联驻中国代表，被孙中山聘为国民党组织教练员、中央政治委员会高等顾问。1924年1月，协助国民党一大起草

大会宣言等文件，促成第一次国共合作。1925年7月，任广州国民政府高等顾问，对蒋介石一系列排斥共产党人的举措采取迁就态度。武汉国民政府时期，支持国民党二届三中全会对蒋介石采取限制措施。1927年四一二政变后被蒋介石通缉。同年10月返回莫斯科。曾任塔斯社代理负责人、英文《莫斯科新闻》主编等职。1949年因美国记者斯特朗“间谍案”受株连被捕，死后才恢复名誉。

鲍曼 Bowman, Isaiah (1878-12-26～1950-01-06) 美国地理学家、社会活动家。生于加拿大安大略省滑铁卢，卒于美国马里兰州巴尔的摩。早年主修自然地理学，1905

年毕业于哈佛大学。1909年获耶鲁大学博士学位，1905～1915年在该校任教。所著《森林自然地理学》(1911)是全面论述美国自然区划的第一部著作。1915～1935年任美国地理学会(AGS)会长，1931～1934年任国际地理联合会(IGU)主席，1935～1948年任约翰·霍普金斯大学校长。致力于研究政治地理学，多次参与重大的涉及政治地理的活动。在第一次世界大战后的巴黎和会(1918～1919)中，任美国代表团的领土问题首席顾问，参与战后欧洲领土分割和疆界划分工作。20世纪30年代初，任美国总统国家研究委员会主席，经常参与全国重要科学决策的咨询。第二次世界大战后期，再度任美国代表团的领土顾问，出席讨论战后组建联合国问题为主的敦巴顿橡树园会议(1944)和旧金山会议(1945)。曾获许多金质奖章和荣誉学位。主要著作有《南美洲》、《新世界：政治地理学问题》和《地理学与社会科学的关系》等。

鲍蒙特 Beaumont, Francis (1584～1616-03-06) 英国诗人、剧作家。与J.弗莱彻同是英国文学史上著名的文艺创作合作者。生于格雷斯迪约，卒于伦敦。曾入牛津大学求学，因丧父而辍学。弗莱彻生于诗人、学者家庭，父亲死后只留下债务和书籍。1607年，弗莱彻和鲍蒙特开始合作编写剧本。五六年之内，合写了10多部剧本，包

括英雄传奇剧《菲拉斯特》(1609)、《少女的悲剧》(1611)、《是国王，又不是国王》(1611)，喜剧《冷笑的夫人》(1614)等。他们不满足于旧的戏剧类型，主要写悲喜剧。他们擅长编造有趣的故事情节，无韵诗体的对话非常优美，因而剧作有较高的艺术性，受到读者的欢迎。

鲍桑葵 Bosanquet, Bernard (1848-06-14～1923-02-08) 英国哲学家，新黑格尔主义的主要代表之一。生于阿尼克附近的罗克霍尔，卒于伦敦。就学于哈罗公学和牛津大学贝利奥尔学院，后任教于牛津大学和圣安德鲁斯大学，担任过1894～1898年度亚里士多德学会主席。鲍桑葵的思想较之英国其他新黑格尔主义的代表，与黑格尔更为接近。他一方面也把理性的、精神的绝对当作最高的实在，同时又认为绝对是一种具体的普遍，它包含了一切特殊的、具体的事物及其过程，并存在于它们之中，是它们的完成。以此出发，他把个人和社会的关系当作个体和整体的关系，强调社会、国家对个人的超越性。著作有《知识和实在》等。

鲍叔牙 Bao Shuya 中国春秋时期齐国大夫。生卒年不详。为姒姓之后，以知人著称。少时与管仲交友，知管仲贤能而多谦避逊让。后鲍叔牙辅佐齐公子小白，管仲辅佐公子纠。及公子纠与小白争君位而死，小白立，即齐桓公，鲍叔牙遂进荐管仲，使管仲任政于齐，自己位居其下，齐国由此大治。后世以"管鲍之交"称誉友谊深笃。

鲍斯 Bose, Subhas Chandra (1897-01-23～1945-08-19) 印度政治活动家。生于奥里萨邦卡亚斯塔种姓的律师家庭，卒于日本。1913年进入加尔各答大学学习法律。1916年因领导学生罢课被开除。1919年入剑桥大学。1920年参加印度文官考试，获第4名。1921年放弃仕途回到印度。不久投身C.R.达斯领导的民族自治运动。同年12月，第一次被捕入狱。1925年达斯去世后，鲍斯成为公认的孟加拉领袖。1927年与J.尼赫鲁同时被选为印度国民大会党总书记。翌年与尼赫鲁共同发起成立"印度独立同盟"。1929年，在拉合尔创建国大民主党。1932年初再次被捕，后因病获释。1938年和1939年，连任国大党主席，成为党内激进派的重要领袖。1939年在党内成立"前进集团"。为此，国大党给予鲍斯停止3年党籍的处分，该集团成员被逐出国大党各级领导机构。

第二次世界大战爆发后，他错误地分析国际形势，企图借助反英轴心国的力量争取印度独立。1941年4月抵柏林。但纳粹政府并不热心支持他建立印度流亡政府。1943年2月离开德国，6月抵新加坡，后到东南亚，被推举为印度独立同盟主席，并领导印度国民军。该军主要由印度战俘和侨居东南亚的印度人组成。同年10月，在仰光成立"自由印度临时政府"，自己兼任国家元首、总理、外长和作战部长，同时对美、英宣战，因而得到轴心国承认。1945年8月日本投降后，鲍斯仓促飞往东京。据说8月16日在中国台湾附近的大和口因飞机失事受伤，19日死在日本。

虽然鲍斯走上与法西斯合作抗英的歧途，但他为了印度的解放而表现出的不屈不挠的斗争精神，一直为印度人民所敬仰，因而被尊称为"尼塔吉"(领袖)。

鲍威尔 Powell, Colin (1937-04-05～) 美国参谋长联席会议主席(1989～1993)，国务卿(2001～2005)。生于美国纽约。高中毕业后入纽约市立学院攻读地质学，获学士学位。1958年被任命为陆军少尉。曾赴越南任军事顾问、营指挥官、参谋长副助理等职。在越战中共获5枚勋章，包括1枚军功章。1971年获工商管理硕士学位。1973年升上校。1976年从国家军事学院毕业后晋升准将。1979年晋升少将。1986年赴德国任美第5军军长。1987年任总统国家安全事务助理，晋升中将。1989年晋升上将，任陆军总司令。同年10月，被G.布什总统任命为参谋长联席会议主席。任内经历了1989年美军对巴拿马的入侵、1991年海湾战争、1992～1993年对索马里和波黑的军事干预，主张只有在力量占压倒优势、为获取定义明确而适当的国家战略利益的情况下才能使用武力的"鲍威尔主义"，对美国的国防和外交政策产生一定影响，并因海湾战争的胜利获得国会金质奖章。1993年9月退役。2001年1月在第43任总统G.W.布什政府中出任国务卿，主张在反恐战争中建立国际联盟。2004年11月16日宣布辞职。著有回忆录《我的美国之旅》。

鲍威尔 Powell, Cecil Frank (1903-12-05～1969-08-09) 英国物理学家。生于英格兰的汤布里奇，卒于意大利米兰附近。1925年毕业于剑桥的西尼·塞索克斯学院。曾在卡文迪什实验室做研究工作。1927年获博士学位。历任布里斯托尔大学教授、威尔斯物理实验室主任、副校长，欧洲核子研究中心科学政策委员会委员。1949年当选为英国皇家学会会员。他还是苏联科学院院士。

20世纪30年代，开创了用核乳胶探测高能粒子的方法。1947年获得高灵敏度的乳胶片并和G.P.S.奥恰利尼用这种方法进行宇宙线的研究。在海拔2 800米的山顶上，直接记录宇宙线的辐射，并通过对底板乳胶中射线径迹的分析，证实了$\pi^{\pm}$介子的存在，以及π介子衰变成μ子和中微子的过程，为此获得1950年诺贝尔物理学奖。1949年又用这种方法发现了K介子的衰变方式。

鲍威尔 Powell, Michael (1905-09-30～1990-02-19) 英国电影导演、剧作家、制片人。出生于英格兰肯特郡的坎特伯雷，卒于埃夫宁。1925年进入电影界。1931年在英国导演第一部影片《两个忙乱的小时》。20世纪30年代末作为导演之一，参加制片人A.柯达拍摄的两部影片《雄狮添翼》(1939)和《巴格达窃贼》(1940)。又与制片人兼剧作家的E.普里斯伯格合作拍摄了《走私》(1940)、《侵略者》(1941)、《我们一架飞机失踪了》(1942)等片。1943年两人组建了人马座电影制片公司。在以后的14年里，他们合作拍摄了14部高质量的英国故事片，如《壮士春梦》(1943)、《坎特伯雷故事》(1944)、《太虚幻境》(1946)、《红菱艳》(1948)、《霍夫曼故事》(1951)等，均可载入英国电影史册。1958～1974年间，他单独制片或导演，在英国、西班牙、奥地利、德国拍摄影片；60年代还参加美国电视连续剧的制作。

鲍威尔 Bauer, Wolfgang (1941-03-18～) 奥地利剧作家。生于格拉茨。曾先后在格拉茨、维也纳学习戏剧学等。他的戏剧创作受荒诞派戏剧影响较大，作品多以展示现实生活中的种种丑恶为主，以激起观众的"反社会本能"。初期作品有《魔幻的下

午》、《变换》、《六人舞会》等。写于70年代的剧作有《除夕或在札赫饭店的大屠杀》、《群鬼》。进入80年代，他除了创作小说、电影剧本，还发表了剧作《雪云的短暂生涯》、《浮士德先生玩轮盘赌》等。

鲍温 Bowen, Norman Levi (1887-06-21～1956-09-11) 美国岩石学家。生于加拿大安大略省金斯顿，卒于美国华盛顿（哥伦比亚特区）。1907年获加拿大金斯顿女王大学文学硕士学位，1909年获矿业学院学士学位，同年进入美国麻省理工学院，1912年获博士学位。曾任金斯顿女王大学、芝加哥大学教授，北美地质学会、美国矿物学会主席等职。终生研究火成岩的一系列关键性相图。1927年首次阐明岩浆的结晶分异作用是火成岩多样性的主要原因，从而提出著名的科学理论——钙碱性岩浆矿物析出的反应原理（习称鲍温反应原理）。1929年总结出离子晶体结构的5条规则——鲍温法则。在芝加哥大学任教期间，成为实验岩石学岩浆学派的著名代表。曾从事光学玻璃研究，考察过南非布什维尔德基性杂岩、东非的碱性熔岩、挪威的许埃和费恩地区的橄榄岩。主要著作有《火成岩的演化》和《据$NaAlSi_3O_8$-$KAlSi_3O_8$-SiO_2-H_2O体系的实验研究论花岗岩成因》（合著）等。

鲍文 Bovin, Aleksander Yevgenyevich (1930-08-09～2004-04-29) 俄罗斯记者、国际问题评论家。生于列宁格勒（今圣彼得堡），卒于莫斯科。1953年罗斯托夫大学法律系毕业。1959年莫斯科大学哲学系研究生毕业，曾获哲学候补博士学位。1954年起从事苏联共产党的工作和新闻工作。1959～1963年任《共产党》杂志学术顾问。1963～1972年在苏共中央机关工作。1972年4月起任《消息报》政治评论员，经常在苏联中央电视台和广播电台就国际问题发表评论。1981年起任苏共中央检查委员会委员。1991年11月被任命为俄罗斯驻以色列大使。著有《70年代的世界》、《中国的政治危机》等书。

鲍照 Bao Zhao（？～466） 中国南朝文学家。字明远。祖籍东海（治所在今山东郯城）。久居建康（今南京）。元嘉十六年（439），以诗谒见临川王刘义庆，任为临川国侍郎，宋孝武帝时官中书舍人、秣陵令等职。孝武帝大明五年（461）为临海王刘子顼的幕僚，后转刑狱参军，故世称鲍参军。孝武帝死后，刘彧杀前废帝子业自立，子顼起兵反对刘彧，鲍照死于乱军之中。鲍照的文学成就是多方面的，诗、赋、骈文都不乏名篇，但主要是诗歌。鲍照的诗多为乐府诗。《拟行路难》18首是其代表作。其中有些诗抒发了他在南北分裂、世族当权、篡乱不已的黑暗时代有志难伸、怀才不遇的悲愤之情；有些诗表现了他在门阀制度压抑下耿直、孤傲和倔强的性格，反映了他与黑暗现实的尖锐对立；有些诗直接反映了人民在战乱中的痛苦生活。除此之外，鲍照的《代东武吟》、《代苦热行》、《代出自蓟北门行》等还反映了军旅生活的艰辛，抒发了他的报国壮志。这类诗对唐代的边塞诗颇有影响。鲍照的诗多为五言和七言。其中七言诗变句句押韵为隔句押韵，奠定了后世七言古诗的基本形式。鲍照的文、赋也很有影响，其中《芜城赋》是六朝抒情小赋的代表作之一，最为传诵。这篇赋的内容是借广陵昔盛今衰的对比映衬，抒发了作者的怀古之情和人生无常的感慨，思想内容和艺术技巧都算得上是一篇杰作。《登大雷岸与妹书》也很有文学价值，融情入景，骈散相间，最为后世所称道。明代张溥辑有《鲍参军集》，收入《汉魏六朝百三家集》中。另外还有《四部丛刊》影印明毛扆校本《鲍氏集》等。近人黄节有《鲍参军诗注》。

暴雨 rainstorm 降雨的强度和数量均很大的降水。中国气象部门规定：日（24小时）降雨量≥50毫米为暴雨。其中，日降雨量大于100毫米、小于或等于199毫米为大暴雨，日降雨量≥200毫米为特大暴雨。暴雨的标准在各地也有差异。如华南地区的标准是日降雨量≥80毫米，新疆的标准是日降雨量≥30毫米。大暴雨和特大暴雨是一种重要的灾害性天气，往往造成洪涝灾害、水土流失、堤防溃决、农作物被淹和房毁人亡等重大经济损失。

产生暴雨的主要物理条件是丰沛而源源不断的水汽供给、持续的上升气流和大气层结的不稳定。中国是受季风控制的国家。当西南季风暴发之后，它把孟加拉湾、南海甚至东海的水汽输送到大陆，为暴雨发生提供了水资源；西南季风的消退和东北季风的暴发，截断了水源，标志着雨季的结束。此外，台风和其他热带天气系统也会引发暴雨。

曝光表 exposure meter 摄影器材测量被摄物表面入射光的照度或反射光的亮度，以显示照相机曝光参数的仪器。

1890年瑞士科学家F.胡尔特与英国科学家V.C.德赖费尔德共同创立了被称为“H&D制”的胶片感光度测定系统，为曝光表的研制提供了计测标准。1932年美国研制出第一支韦士顿光电曝光表，此后测光元件从硒光电池、硫化镉光敏电阻（CdS），直到现在广泛采用蓝光灵敏硅光电二极管（SPD），运算与显示系统也从电流表与指针指示发展成微电脑与液晶显示。常用的摄影曝光表按测光对象主要分为两大类：①入射式曝光表，其特征是测光元件前多数都有一个半圆形的乳白球，将曝光表置于被摄物位置，将乳白球指向相机位置，测定景物（乳白球）所接受的环境光的照度，因此又称照度计（图a），但照度计无法测试发光体的表面亮度。②反射式曝光表，都有一个测光窗，内置测光元件。测光时在照相机的机位将测光窗指向景物，测量景物表面的亮度，故又称亮度计。使用亮度计测光时，所测数值将使被测物在照片上呈现中间灰的影调，因此测试浅色与深色物体时需要对测试结果进行修正，以便使照片能还原景物自身的影调。反射式曝光表测光范围可以大幅度变化，其中的点测光表可以测量景物上视角仅为1°的微小范围的亮度值（图d），从而精微地控制画面各部位的影调与层次。

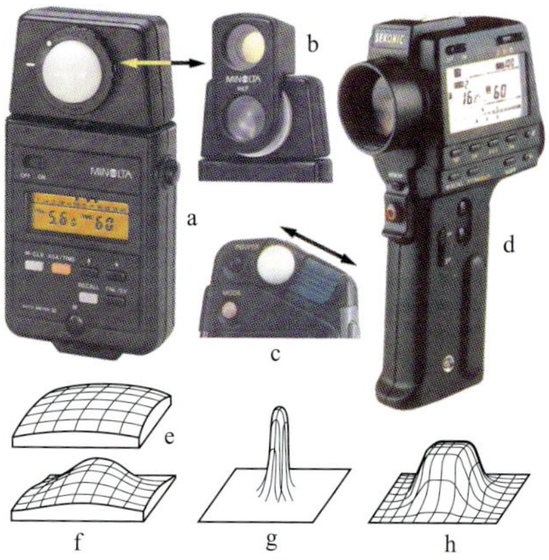

测光器材及各种测光模式示意图

手持式测光表在测光窗上推入与移出乳白球（图c）或将乳白球更换为反射光接收附件（图b），可以实现测入射光与测反射光两用。

相机上的内藏曝光表都是反射式曝光表。相机的测光系统根据测光范围又可分为平均测光（图e）、中央重点测光（图f）、局部测光（图h）、点测光（图g）等测光模式。在这些模式的测光灵敏度分布图中，图形越高的位置，测光灵敏度也越高。现代许多相机使用评价测光模式：将画面分为多个测光区，相机对每个区域分别测光后，计算机将所得到的数据与存储的典型数据相比较，选择最佳的数据用以控制曝光。高档相机的分区数达到上千个，存储的典型数据高达3千多条。最新的测光系统还能与测距系统共享数据，实现优先按主体测光并考虑背景的干扰。

爆破技术 blasting technique　采用不同的药包布置和起爆方法，利用炸药爆炸的能量破坏某种物体原结构的一种工程技术。广泛应用于土木工程中，如开挖地下或边坡的岩石、冻土，拆除旧建筑物或构筑物，清理地下障碍等。

炸药　常用的爆破炸药有岩石硝铵炸药、露天硝铵炸药、铵萘炸药、铵油炸药、胶质炸药、梯恩梯（TNT）炸药、黑火药、起爆炸药等。为了安全，常用的炸药敏感性都较低，必须用雷管才能引爆。起爆方法分有电和非电两种方式，两种起爆方式都能做到由毫秒级到秒级的时间间隔。

爆破方法　①炮孔法。在介质内部钻出各种孔径的炮孔，经装药、放入起爆雷管、堵塞孔口、联线等工序起爆。孔径在50毫米、孔深在4米以下为浅孔爆破，孔径和孔深大于上述数值的为深孔爆破，在孔底或其他部位事先用少量炸药扩出一个或多个药壶形的为药壶法爆破。②药室法。在山体内开挖坑道、药室，装入大量炸药的爆破方法，每个药室里装入的炸药有多达千吨以上的。③裸露药包法。不需钻孔，直接将炸药包贴放在被爆物体表面进行爆破的方法，常用于清扫地基的破碎大孤石和爆下的大块石作二次爆破等。

现代爆破技术　①微差爆破。通过雷管内装入的缓燃剂，或连接在起爆网路上的延期装置，实现爆破延期的时间间隔。其间隔时间一般以13～25毫秒为一级，可按设计要求顺序使各炮孔内的药包依次起爆，获得所需的爆破效果。②光面爆破和预裂爆破。利用密钻孔、小药量的爆破技术，在露天堑壕、基坑和地下工程的开挖中，使边坡形成比较陡峻的表面或使开挖的坑道面形成预计的断面轮廓，避免超挖或欠挖，并保持围岩的稳定。③定向爆破。利用最小抵抗线在爆破中方向性的特点，利用天然地形或人工改造后的地形，使最小抵抗线指向需要填筑的目标。④控制爆破。多用于城市中人口与建筑物稠密地区的拆除工程，因此，也称拆除爆破或城市爆破。此外还有水下爆破、地下爆破、压缩爆破等特殊爆破方法。

中国四川渡口市（今攀枝花市）狮子山大爆破（1971，总装药量10 162.2吨，爆破1 140万立方米）

爆炸 explosion　通常以梯恩梯（TNT）炸药的当量来衡量爆炸的威力。每千克TNT的能量约为1 000千卡，功率约为5.6×10^8千瓦，功率密度约为9.3×10^5千瓦/厘米^3。

爆炸的类型可按照初始能量的形式分类（见表）。

爆炸类型分类

类型	反应方式	爆炸效应	应用或自然现象
核爆炸	原子核的聚变或裂变	中子辐射、光辐射、热辐射、冲击波、火球	核武器
化学爆炸	爆轰（炸药）爆燃（火药）	冲击波、火球	爆破工程、瓦斯和粉尘爆炸、爆炸加工、常规武器发射、矿山、水利和交通建设
电爆炸	电能转化为机械能	冲击波、火球	水下放电、雷电
物理爆炸	一种机械能转化为另一种机械能	冲击波、飞散	高压容器爆炸、火山爆发、瓦斯突出
高速碰撞	一种机械能转化为另一种机械能	冲击波、成坑、击穿、崩落	弹丸穿甲、破甲、陨石碰撞
激光、X射线或其他高能粒子束的辐照爆炸	粒子束能量转化为机械能	熔化、气化、成坑、击穿、崩落	激光、粒子束加工或武器

爆炸所产生的高温、高压、高速、强磁场等为科学实验提供非寻常的条件。研究爆炸有利于发现新现象，促进新的工程技术的形成和发展。研究与爆炸有关的力学现象的学科称为爆炸力学。

爆炸力学 mechanics of explosion　研究爆炸的发生和发展规律及其力学效应的利用和防护的力学分支学科。它从力学角度研究化学爆炸、核爆炸、电爆炸、粒子束爆炸（又称辐射爆炸）、高速碰撞等能量突然释放或急剧转化的过程和由此产生的激波（又称冲击波）、高速流动、大变形和破坏、抛掷等效应是流体力学、固体力学和物理学、化学的交叉学科，在武器研制、交通运输、水利建设、矿藏开发、机械加工等方面有广泛的应用。

简史　在8世纪中国中唐时期已有火药的原始配方，10世纪宋代初期开始以火药制作火箭火炮。17世纪明代的宋应星描述了爆炸在空气中形成冲击波的现象。大约在14世纪，火药传入欧洲。1846年硝化甘油发明后，A.B.诺贝尔制成几种安全混合炸药，并在1865年发明雷管引爆猛炸药，实现了威力巨大的高速爆轰（又称爆震，是一个伴有大量能量释放的化学反应传输过程。反应区前沿为一以超声速运动的激波，称爆轰波），促进了冲击波和爆轰波的理论研究。W.J.M.兰金和P.H.许贡纽研究了冲击波的性质，后者又完整地解决了冲击载荷下杆中弹性波的传播问题。D.L.查普曼和E.儒盖各自独立地创立了平稳自持爆轰理论，后者还写出第一本爆炸力学著作《炸药的力学》。二次世界大战期间，对爆炸的力学效应问题引起许多科学家的重视。G.I.泰勒研究了弹壳的变形和飞散；锥形罩空心药柱形成的金属射流及其对装甲的侵彻作用。以R.G.麦奎因为代表的美国科学家对固体材料在高压下的物理力学性能作了系统研究。至此，爆炸力学基本形成。战后，核武器和常规武器的效应及其防护措施的研究继续有所发展；出现了多种新型的控制爆破技术、爆炸加工技术。爆炸力学也发展成为包括有爆轰学、冲击波理论、应力波理论、材料动力学、空中爆炸和水中爆炸力学、高速碰撞动力学（包含穿甲力学、终点弹道学）、粒子束高能量密度动力学、爆破工程力学、爆炸工艺力学、爆炸结构动力学、瞬态力学测量技术等诸多分支学科和研究领域的体系。

特点　爆炸力学是研究高功率密度的能量转化过程，大量能量通过高速的波动来传递，历时极短而强度极大。其次，研究中常需考虑力学因素和化学物理因素的耦合、流体特性与固体特性的耦合、载荷和介质的耦合等，因此，多学科的渗透和结合成为爆炸力学发展的必要条件。抓住主要矛盾进行实验和建立简化模型，特别是运用和发展各种相似律或模型律，是爆炸力学的重要研究方法。

基本内容 爆炸波在介质中的传播以及波所引起的介质流动、变形、破坏和抛掷现象是爆炸力学研究的中心内容。爆炸包括空中爆炸、水下爆炸、地下爆炸和高速碰撞等。对空中核爆炸，须考虑高温、高压条件下包括辐射在内的空气热力学平衡性质和非平衡性质。对水下爆炸，应考虑水的高速空化及其消失。对地下爆炸和高速碰撞，则须考虑高温、高压、高应变率条件下介质的本构关系和破坏准则。爆轰的流体力学理论是波在可反应介质中当化学反应和力学因素强烈耦合时的流体力学理论。气相、液相、固相、混合相物质的稳态和非稳态爆轰、爆燃和爆轰间的转化、起爆机理和爆轰波结构等都是爆轰学研究的对象。此外，工程爆破理论和技术，爆炸加工的理论和工艺，抗核爆炸防护工程中结构动力学和岩土动力学问题，常规武器设计中的内弹道学和终点弹道学等也是爆炸力学的研究内容。

爆竹 firework 中国传统民俗生活中使用的燃爆物。又称爆仗、鞭炮、炮仗。多用于春节等重大节日或庆典仪式等场合，是有民族特色的娱乐活动和民间表达喜庆的方式。普遍流行于全国各地及海外华人聚居地。已有两千多年历史。最初指燃烧竹子发出爆破声，唐朝诗文中称为爆竿。后以卷纸代替，称爆仗。火药发明后，把火药装进竹筒，点燃发出巨响。宋代始有卷纸裹火药的爆竹，民间普遍用纸筒和麻茎裹火药编成串做成"编炮"(鞭炮，此称另一原因是声音清脆如炸响鞭)，响声如炮，称炮仗。清代北方民间称爆竹为炮张，大爆竹名曰"震天雷"。现今，爆竹的品种、色彩、样式越来越多，除传统的单响、双响和"百子炮仗"外，新创电光雷、母子雷、射天雷等品种。普通爆竹常用多层纸紧裹火药，接上药线，燃放时点燃药线引爆。

杯芳烃 calixarene 酚与醛缩合反应而生成的一类合成环状低聚物。常由n个苯酚单元在酚羟基邻位以亚甲基相连而成，称之为杯[n]芳烃。杯芳烃可以有多种构象异构体，其中所有羟基同一指向的环状四聚体，结构似一种名为calix crater的希腊圣杯，杯芳烃因此而得名。

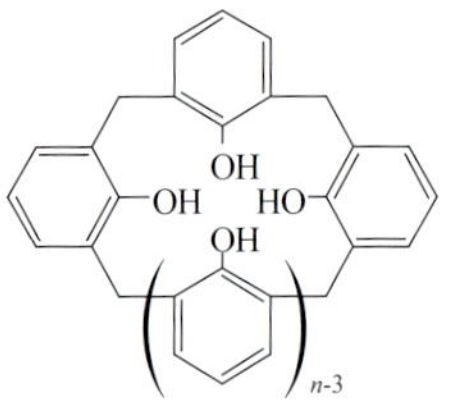

杯[n]芳烃

未衍生化的杯芳烃具有较高的熔点(高于300℃)，不溶于水，也难溶于大部分有机溶剂。其苯环所包围的疏水性空腔可包合甲苯、苯甲醚、富勒烯等有机分子，酚羟基可与金属离子形成络合物。是合成各种功能化衍生物的理想平台，在较多的化学反应点上可进行醚化、酯化、亲电取代和氧化等多种反应，通过控制反应条件或引入特定基团可获得各类杯芳烃的衍生物。

杯芳烃可通过酸催化或碱催化的酚醛缩合反应制得，特别是对位叔丁基取代的杯[4]、杯[6]、杯[8]芳烃可方便地在严格控制反应温度、溶剂等条件下采用不同的碱催化一步缩合环化，大量合成。另外也可通过酚与醛逐步缩合的方法来制备其他类型的杯芳烃。

分子识别是杯芳烃化学研究最多的内容，通过调整杯环大小、控制其构象以及引入合适的功能取代基，杯芳烃衍生物可高选择性地识别中性分子、有机阳离子、金属离子、阴离子。如杯芳烃上引入冠醚环结构而制得的杯冠醚，对碱金属离子有很好的选择识别能力，在萃取回收核废料、液膜传输、离子选择性电极、化学传感器等方面具有重要的应用价值。以杯芳烃为构筑模块进行分子自组装，合成具有多空穴、多识别点的超分子主体化合物是杯芳烃研究的另一重要内容。

与环糊精相似，杯芳烃也被应用于模拟酶催化，在模拟转酰化酶、水解酶等方面具有较好的性能。此外，在配位化学、分离科学、高分子材料、自组装膜、液晶、非线性光学材料、导电聚合物等领域，杯芳烃均被广泛研究，并与冠醚、环糊精一同构成了超分子化学中最重要的三类主体化合物。

卑尔根 Bergen 挪威第二大城市，霍达兰郡首府和港口城市。位于挪威西南海岸中段，面向北海，市区面积465平方千米，人口25.66万(2010)。城市散布于7座山丘之上，而外侧有岛链与外海隔开，避风条件良好。港口和商业中心建在一个半岛上，北为瓦根峡湾，南为普迪峡湾。属典型海洋性气候，城市建于1070年，时称比约格文，后迅速成为全国主要政治和商业中心。12～13世纪曾为挪威首都，14～18世纪是汉萨同盟在北欧的主要贸易据点，直到19世纪中期仍为全国最大城市、出口港和商业中心。20世纪为主要渔港和工商业中心。第二次世界大战后发展起为航运和渔业服务的船舶制造、航海仪表等工业，食品、纺织、冶金、化工等产业也有一定规模。挪威西部的文化中心，文化氛围浓厚，市内有王宫、教堂等古迹，包括全城最古老的圣玛丽亚大教堂(建于12世纪)。市内的布吕根在挪威语中意为码头，曾是北欧中世纪的重要贸易中心，也是城市发展初级阶段和北欧木建筑的宝贵遗迹。

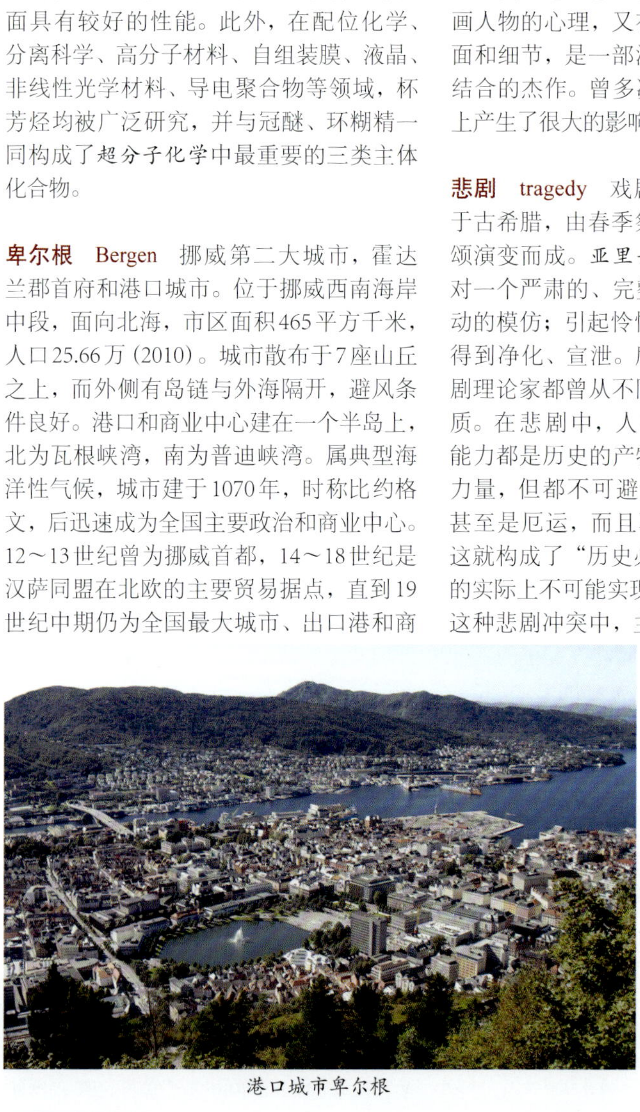
港口城市卑尔根

《悲惨世界》 *Les Misérables* 法国作家V.雨果的长篇小说。1862年出版。小说分《芳汀》、《珂赛特》、《马吕斯》、《普吕梅街牧歌和圣德尼街史诗》、《冉阿让》五部分，是雨果根据真实事件历时30余年进行构思和创作的巨著。作者通过冉阿让、芳汀、珂赛特的不同经历真实地表现了劳动人民的苦难生活。作者在小说序言中说，他的目的就是描写"本世纪的三大问题：男人因穷困而道德败坏，女人因饥饿而生活堕落，儿童因黑暗而身体孱弱"，揭露社会上存在的"愚昧和穷困"。这部巨著是一幅波澜壮阔的历史画卷，它既注重歌颂理想主义和刻画人物的心理，又有着许多现实主义的场面和细节，是一部浪漫主义和现实主义相结合的杰作。曾多次被搬上银幕，在世界上产生了很大的影响。

悲剧 tragedy 戏剧主要体裁之一。发源于古希腊，由春季祭祀酒神仪式上的酒神颂演变而成。亚里士多德把它定义为：是对一个严肃的、完整的、有一定长度的行动的模仿；引起怜悯与恐惧来使这种情感得到净化、宣泄。后世，很多美学家、戏剧理论家都曾从不同的角度确立悲剧的本质。在悲剧中，人的欲望、情感、意志、能力都是历史的产物，体现着人类的本质力量，但都不可避免地遭受挫折、磨难，甚至是厄运，而且不可能在现实中实现。这就构成了"历史必然的要求与这个要求的实际上不可能实现之间的悲剧冲突"。在这种悲剧冲突中，主人公不仅要同为其造成挫折、磨难的强大外在力量搏斗，往往还要同主体的内在本质力量进行搏斗。尽管突然降临的悲剧性情境似乎是偶然的，但是，这种情境只是为主体行动安排的必要契机，而行动都是源于主体的自我意识，是主体为了极限发挥自身的潜能而做出的。因而，由行动构成的命运的曲线，

黏土烧制成的古希腊悲剧面具

连同最终的结局——无论是失败或是丧失生命，便是他（或她）完整生活的凝聚，亦即完整的人格在行动中自满自足。悲剧的力量正在于主人公有限的生命运动所体现的人类精神的永恒价值。

悲剧的类型可以从不同的角度进行区分。在戏剧史上，悲剧题材的演变要比其他体裁更为明显。人们把古希腊悲剧区分为命运悲剧和英雄悲剧，两者的主人公都是超凡的神衹和王公贵族，在悲剧冲突中表现激烈的情感、超人的意志和不朽的精神。19世纪以后，悲剧的题材转向普通人的日常生活，在现实主义悲剧作品中，通过小人物永不满足的、不能实现的追求表现现代人的生态与心态，从而获得一种崇高感。荒诞派剧作家则善于从人类尴尬的生存状态中寻找悲剧题材，着力表现当代人对失去了人的本质力量的渴求。

中国古典戏曲也不乏悲剧作品。与西方悲剧相比较，中国戏曲往往由忠与奸、善与恶、压迫与被压迫的鲜明对立构成悲剧冲突，其中有《赵氏孤儿》、《清忠谱》这样的英雄悲剧，有《窦娥冤》这样表现被压迫者反抗精神的悲剧，也有《牡丹亭》、《梁山伯与祝英台》这样的爱情悲剧。在不少作品中，大团圆的结局往往削弱了原有的悲剧力量。

碑 stele 刻有文字并作为纪念标志而竖立的巨大石板。世界各国均有不同形制、用途的碑存在。中国最早的碑并无文字，而是指竖立于宫殿前、宗庙前和墓穴前的巨石，立于宫殿前的用来观测日影；立于宗庙前的用来拴系牲畜；立于墓穴前的中间凿有圆孔，用来牵扣引棺下葬的绳索。从汉代开始，逐渐在庙前墓前的碑石上书刻歌颂先贤或纪念死者的文字，并逐渐将碑的形制固定下来。

陕西西安碑林博物馆展厅

汉碑的形制尚不统一，汉以后通常由三部分组成：顶上部分称为碑首，大多为半圆形，上面刻有碑文标题全称，称题额。汉碑的碑首形状不一，题额或有或无。中间部分称碑身，碑身正面称碑阳，背面称碑阴，两边称碑侧，均可书刻碑文。底下部分称碑座，用以承载固定碑身。碑座常常雕成龟形动物，名为赑屃。有些汉碑还保留着最初的痕迹，碑身凿有圆孔，称为碑穿，为后世所无。根据碑文的内容，碑刻可分为墓碑、庙碑、记事碑、颂功碑及刻经碑等类别。

碑刻是中国古代记录史料和保存书法的重要形式之一。留存至今的许多古代碑刻（特别是唐代以前的碑刻）在历史、文学、书法等方面都具有珍贵的资料价值、艺术价值和文物价值。

北爱尔兰贝尔法斯特城一角

鹎 Pycnonotidae; bulbuls 雀形目鹎科鸟类的统称。有15属130种，分布于亚洲南部、东南亚、非洲等热带地区。中国有4属20种。体长约200毫米，跗跖短弱，体羽柔长而疏松，颈项具纤羽如发。多数营群栖生活，活动于灌丛或树枝间。在灌丛枝间营巢。巢呈杯状，以细枝、苔藓、枯草茎根等构成。每窝产卵2～5枚。夏季育雏期间捕食大量昆虫。平时以种子、浆果等为食，兼吃昆虫。多数善鸣，可作笼鸟观赏。

白头鹎

北爱尔兰 Northern Ireland 英国领土的一部分。位于爱尔兰岛东北部。北临大西洋，东濒爱尔兰海。面积1.36万平方千米，约占全岛的1/6。人口178.89万（2009），首府贝尔法斯特。地形多为海拔500米以下的低山和低高原。高原中部为地势低平的内伊湖盆地。主要河流为班恩河，上游的内伊湖，面积396平方千米，是英国最大的湖泊。温带海洋性气候，冬暖夏凉。1169年，英国开始入侵爱尔兰。1801年划归英国。1921年南部26郡组成自由邦（1937年成立共和国），北部6郡归英国，称北爱尔兰，成为大不列颠及北爱尔兰联合王国的一部分。1949年4月18日英国承认爱尔兰独立，但拒绝归还北方6郡，由此便产生了北爱尔兰问题。现代服务业和化工、橡胶、人造纤维、机械等行业发展较快。造船、亚麻纺织等传统工业尚有一定地位。农业以畜牧业为主，约有85%的农业收入来自家畜和畜产品。主要农产品有小麦、燕麦、马铃薯、亚麻等。出口农牧产品有牛肉、奶制品、马铃薯、腊肉等。主要城市有贝尔法斯特和伦敦德里等。

北安市 Bei' an City 中国黑龙江省辖县级市。位于省境北部，松嫩平原边缘。面积6 313平方千米。人口44万（2010），有汉、满、朝鲜、回、蒙古、达斡尔、锡伯、鄂伦春、鄂温克等23个民族。古属肃慎属地。1912年置龙门镇设治局，1916年改为龙门县，1917年改为龙镇县，1938年改为北安县。1960年撤县设市。由黑河市代管。工业以电力、冶金、机械、电器、制药、纺织、建材、森工等为主。盛产小麦、大豆、玉米、水稻、马铃薯、甜菜、亚麻、烤烟、蔬菜等。滨北、齐北、北黑铁路交会于此，公路纵横交错，是黑龙江省北部重要的交通枢纽。风景名胜有黑龙山风景区等。

北碚区 Beibei District 中国重庆市辖区。位于市区北部，嘉陵江两岸。面积755平方千米，人口68万（2010）。抗日战争时期为"陪都"重庆迁建区，人称"陪都的陪都"。1951年为川东行署首府北碚市，1952年行署撤销改北碚市为重庆市第6区，1955年改为北碚区。地形以丘陵居多，间有低山和平坝。农业以发展粮食、油料、蔬菜、柑橘和水产养殖等为重点。工业以仪器仪表制造为主体，以机械、医药、玻璃、汽车、家用电器、建材等为支柱，为国家仪表工业基地。区内有西南师范大学、西南农业大学等高等院校。名胜古迹有缙云山国家重点风景名胜区、北温泉、龙车寺、北碚公园及梅花山张自忠烈士园等。

北冰洋 Arctic Ocean 世界最小最浅和最冷的大洋。位于地球的最北端，以北极为中心、北极圈为范围，为亚洲、欧洲和北美洲北部沿岸所环抱。面积1 475万平方千米，是太平洋的1/12，占世界海洋面积的4.1%。平均水深1 225米，最大水深5 527米。

北冰洋海岸线十分曲折，形成了许多浅而宽的边缘海及海湾。海岸类型中有侵蚀海岸、峡湾式海岸、三角洲型海岸及泻湖式海岸。在亚洲大陆沿岸的边缘海有巴伦支海、喀拉海、拉普捷夫海、东西伯利亚海以及楚科奇海。北美洲沿岸有波弗特海、格陵兰海。北冰洋岛屿众多，岛屿总面积约为380万平方千米，均属大陆岛，多分布在大陆架上。流入北冰洋的主要河流有鄂毕河、叶尼塞河、勒拿河及马更些河。

海底地形 北冰洋在亚欧大陆沿岸有宽广的大陆架；在北极海域、挪威海、格陵兰海的海底，有一系列海岭和海底隆起，它们同海盆、海谷（海槽）交错分布。洋底有沉积层。

大陆架 北冰洋海底大陆架非常广阔，面积约为440万平方千米，占整个北冰洋面积的1/3（其他三大洋大陆架面积，都不到本大洋的1/10）。其中靠近俄罗斯岸边的大陆架发育最为充分，宽度为1 300～1 500千米，是世界大洋中最大的大陆架区。大陆架露出水面部分，形成大陆岛，主要有北极群岛、新地岛、斯匹次卑尔根群岛、北地群岛、新西伯利亚群岛及法兰士约瑟夫地群岛等。

海岭 北冰洋底有三条海岭。①罗蒙诺索夫海岭。位于北冰洋底的中央部分。大致自俄罗斯的新西伯利亚群岛沿东经140°线穿过北极，绵延至加拿大北极群岛的埃尔斯米尔岛的东北端。长约1800千米，宽60～200千米，高出洋底3 300～3 700米，山脊一般距洋面900～1 650米。虽有火山活动，但并非大洋中脊，而可能是一条沿经线方向被构造断裂复杂化了的褶皱山脉。由于此海岭的阻隔，北冰洋东、西两部分的洋流、水温及盐度等方面都有明显差异。②门捷列夫海岭。又称阿尔法海岭。同罗蒙诺索夫海岭近于平行。从弗兰格尔岛起，延至埃尔斯米尔岛附近。山势相对高度较小，切割较轻，坡度平缓。③南森海岭。即北冰洋中脊。起自勒拿河口附近，向西北延伸到格陵兰海的北部，再折向南，到冰岛附近同北大西洋海岭相接。宽度不超过200千米，最高点距洋面约1 000米。

海盆 上述三条海岭分别将北冰洋的北欧海域分隔成挪威海盆和格陵兰海盆，将北极海域分隔为南森海盆、阿蒙森海盆（又称弗拉姆海盆）、马卡罗夫海盆和加拿大海盆。各海盆底部较平坦，水深3 000～4 000米，大多是由于地震和地壳断裂下陷而成。其中加拿大海盆宽1 100千米，为北冰洋面积最大的海盆，深度达3 850米，海盆底部大部分为平坦的加拿大深海平原，海盆的南部有马更些河冲刷形成的冲积锥。南森海盆深度最大，北部大多超过4 000米，最大深度为5 449米，海盆底部为平坦的深海平原，北面围绕着南森海岭。

洋底沉积 在北冰洋，沉积物是非常好的陆源沉积，整个沉积层比其他大洋厚（1 000～3 500米）。大陆架上分布的主要是砂质和粉砂质陆源沉积。深水区可分为两种沉积型——深水沉积和极深水沉积。铺垫海盆底部的沉积层，称极深水沉积，主要是分选好的软泥。深海盆大部分面积上发现有锰，所以这些沉积物可称为低锰沉积。在深水沉积中，不曾见到铁锰结核。而在大陆架上，这种结核的存在是很显著的。

气候 北冰洋基本位于北极圈内，冬季极夜漫长，散失大量热能，夏季极昼虽长而太阳高度角小，且需消耗大量的热能

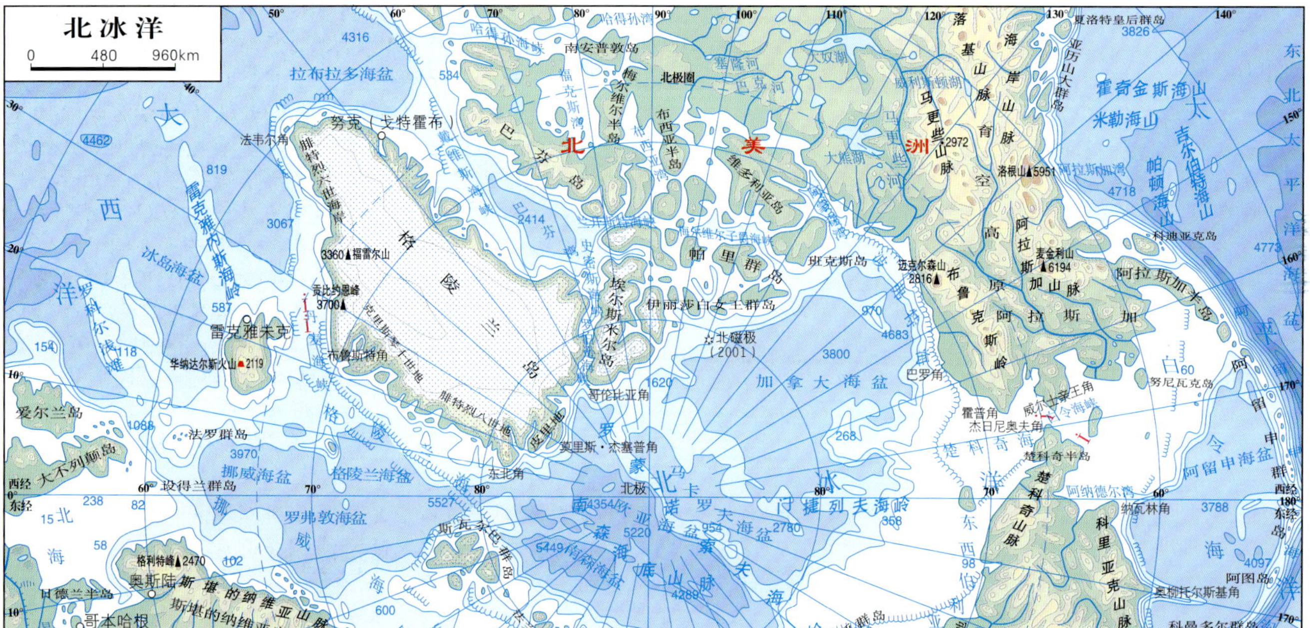

北冰洋

用于融化积雪和海冰；再加遍地冰雪形成对太阳能强烈的反射辐射，致使全年气温非常低。11月至翌年4月绝大部分地区的平均气温为-20～-40℃，只挪威海及巴伦支海因受到北大西洋暖流及由冰岛低压附近东进的温带气旋的影响，气温达到0℃左右。北冰洋海域没有真正的夏季，即使在最高温的月份，气温也只有0～6℃。

北冰洋主要受极地高压控制，气流下沉，风暴天气不多；但在其边缘，由于气压梯度增大，常有明显的随季节而变的风向，且风速相当大。在冬季，由于冰岛低压和阿留申低压的影响，常在亚欧大陆北部沿岸海域和阿拉斯加北部沿岸海域形成气旋而产生暴风雪天气。

北冰洋的年降水量一般只有100～200毫米，且主要是降雪。即使在最温暖的7～8月，雨水中也常挟带雪花。年降水量虽少，但由于蒸发微弱，在岛屿上的低平部分，水分仍过多。此外，受冰盖下垫面的影响，在北冰洋上空，每当7～8月，常形成漫天低云，且雾气弥漫，能见度很低。

水文 北冰洋表层广覆着海冰。按地理位置，可分为岸冰、当年浮冰及北极冰丛三类。岸冰及当年浮冰主要分布在亚欧大陆北岸各边缘海，冰厚分别为0.5～1.5米和0.8～1.8米，夏季大部融化。北极冰丛位于岸冰带以外，与当年浮冰交错分布，冰厚2.5～4米。北极冰丛由巨大的冰块组成，冰块中常被裂缝或冰穴所分隔。一般冰块表面平坦或呈波状起伏，有时又由于冰块与冰块相互拥挤而成为凌乱的冰群。

浮冰漂流常受盛行风及洋流支配。在巴伦支海及其附近海域，常年受北大西洋暖流的影响，浮冰随洋流而呈反时针方向环流，但并不是封闭的环流，浮冰漂流先向东北，然后返向西南方向，并入东格陵兰寒流。东格陵兰寒流把北冰洋的水和浮冰带入北大西洋。在太平洋和北美洲以北海域，经常受反气旋环流的支配，因而浮冰多呈顺时针方向流动。在漂流的浮冰当中，常见高突的冰山掺杂其间。这些冰山是从格陵兰、加拿大北部各岛、俄罗斯北部的一些岛屿以及斯匹次卑尔根等岛屿上的冰川滑落入海而形成的。冰山露出海面常高达10～12米，沉入海水50～60米。

北冰洋是北半球海洋中寒流的主要发源地。其中以东格陵兰寒流和拉布拉多寒流势力最强。东格陵兰寒流沿格陵兰岛东岸由北向西南流，宽175～200千米，出口处流量200万立方米/秒，全年水温都低于0℃。拉布拉多寒流源自巴芬湾，沿拉布拉多半岛东岸向南流，冬季水温为-1℃，夏季2℃，流量340～540万立方米/秒，是北大西洋冰山和浮冰的主要来源。

海洋资源 生物 因大部分地区为冰块覆盖，尤其大部分海域上层水温常年在0℃以下，阻碍了浮游生物的大量繁殖，以浮游生物为饵料的鱼类的种类和数量都远比其他大洋少。只有受北大西洋暖流影响的巴伦支海鱼类和海兽比较丰富。鱼类有鲱鱼、鳕鱼、黑线鳕、海鲈、毛鳞鱼、竹荚鱼、鲽等，海兽有鳁鲸和格陵兰鲸。在北冰洋被大量河水淡化的一些边缘海，常有一些鲑鱼、白鲑鱼和胡瓜鱼等，但数量并不很多。这里还栖息着北极特有的动物，如海象、海豹和北极熊、北极狐等。

矿产 巴伦支海、喀拉海、波弗特海和加拿大北部岛屿及海峡有石油和天然气。在北冰洋海底也发现有锰结核，主要在巴伦支海、白海和喀拉海的海底。巴伦支海是北冰洋的重要渔场。美国已在阿拉斯加北部海湾进行石油开采。

交通运输 北冰洋有联系欧、亚、北美三大洲的最短大弧航线，但地理位置偏僻，气候严寒，沿岸地区人烟稀少，航运困难。航运较发达的是北欧海域的挪威海及巴伦支海。从20世纪30年代开辟的西起俄罗斯的摩尔曼斯克到符拉迪沃斯托克（海参崴）的航海线，全长1万多千米，具有重要意义。固定的航空线有从摩尔曼斯克直达挪威斯瓦尔巴群岛、冰岛雷克雅未克和英国伦敦的航线。

北布拉沃河 Bravo del Norte, Rio 北美洲第四长河。格兰德河在墨西哥境内部分的称呼。

北部湾海滨景色

北部湾 Beibu Gulf 位于中国南海海域北部，故名。东起雷州半岛、琼州海峡，东南为海南岛，北至广西壮族自治区，西迄越南。面积约4.423 8万平方千米。水深一般20～50米，最深不超过90米。主要港湾有中国的安铺港、铁山港、钦州湾、珍珠港、洋浦港及越南的下龙湾等。岛屿众多，主要为中国的涠洲岛、斜阳岛及越南的拜子龙群岛等。海水盐度夏季为29.8～34.29，冬季31～33.9。海水酸碱度约为8.3，透明度4.5～12米，湾内波浪小，风力一般不超过6级。台风多出现在6～10月。北部湾是中国重要热带渔场，可供捕捞的海区有40多处，鱼类达500多种，主要有红鱼、石斑、马鲛、鲨鱼、黄鱼、鲚鱼、鲳鱼、带鱼、银米、青鳞、鱿鱼、墨鱼等。虾类主要有对虾。北部湾海涂辽阔，工业污染少，底平沙细，水质优良，浮游和底栖生物丰富，适宜发展海产养殖，可供养殖品种有日本对虾、墨吉对虾、长毛对虾、短沟对虾、宽沟对虾、斑节对虾、珍珠贝、大蚝、海参、青蟹、文蛤、蛏、江蓠、鱼类等。北部湾海域蕴藏有丰富的石油。北部湾畔重要城市有北海、防城港、钦州、东方等。

北朝 Northern Dynasty 中国5～6世纪与南朝相峙并存的北方政权。一般以魏太武帝拓跋焘统一北方（439）算起，至杨坚建隋代周（581）为止，包括北魏、东魏、西魏、北齐、北周5个王朝，历时142年。另一说，起于拓跋珪建国称魏（386），止于589年隋文帝杨坚灭陈、统一全国。

北方5个王朝的统治者出自塞北的鲜卑族或与鲜卑族有着密切的关系。北魏统治者是鲜卑拓跋部的贵族。东、西魏的实际掌权者高欢、宇文泰，是北齐、北周政权的真正创建人。高欢是生长在北镇的鲜卑化汉人，宇文泰是徙居代北的鲜卑宇文部酋豪的后裔（一说为役属于鲜卑的南匈奴后裔）。北朝时期除了编户、田客、牧子、隶户、

北朝陶风帽俑
（河北景县出土）

奴隶与官府、大族豪强、牧主、奴隶主之间的阶级矛盾，士与客、士与庶、地方势力与中央政权之间的矛盾外，还始终存在着程度不同的鲜卑文化与汉文化之间的矛盾与融合问题。鲜卑族的文化传统对北朝的政治、军事、经济等典章制度都有深刻影响，从而出现了均田制、府兵制和朴素粗犷的民间文学。

北朝时期，统治时间最长的是北魏，其全盛时（太和二十一年，497）西至焉耆，东到海，北界六镇与柔然接壤，南临淮、沔与南齐为邻。东、西魏时期，其南、北疆界稍有内缩，除西魏之建、泰、义、南汾四州在河东外，大抵以黄河为界划分东、西魏。齐、周时期，北朝的疆界有扩展：北齐南并淮水流域，濒长江与陈对峙；北周占有梁、益，控制江陵，长江上游、汉水流域全归其所有。周武帝建德六年（577）灭北齐，疆域之大，超过北魏。武帝去世，宣、静相继，大权旁落，杨坚专政，后建隋代周，开皇九年（589）灭陈，统一了全国。

北辰区 Beichen District 中国天津市辖区。位于市境中西部。面积478平方千米。人口67万（2010），有汉、回、满、朝鲜等民族。1953年置津北郊区。1955年改名北郊区。1959年撤销，1969年复置。1992年更名北辰区，寓意北极星辰而得名。东部为东牧水产区，产水稻、淡水鱼等。西部为经济作物区。中南部为工业区，有化工、机械、制药等企业。北仓和天穆为商贸中心。名胜古迹有天穆南清真寺和天穆北清真寺。

北川羌族自治县 Beichuan Qiang Autonomous County 中国四川省绵阳市辖自治县。位于省境北部，四川盆地西北边缘。面积3 084平方千米。人口20万（2010），有汉、羌、回、苗、壮、土家、彝、藏等民族。汉武帝时属汶山郡广柔县。南北朝北周天和元年（566）在汶山郡内置北川县。唐贞观八年（634）置石泉县，并北川入石泉县。1914年因与陕西省石泉县同名而复称北川县。2003年撤销北川县，设立北川羌族自治县。矿产有砂金、重晶石、石灰岩、石墨、大理石、煤、高岭土等。农业主产粮食、茶叶、蚕桑、水果、生漆和中药材等。特产针眉绿茶、花椒、棕片等。工业有电力、食品、建材、机械、煤炭、制茶、粮油加工和漆木器加工等。旅游景点有小寨子沟自然保护区、治城风景区、片口自然保护区、甘溪溶洞群、禹穴、千佛山等。在2008年5月12日汶川地震中受灾严重。

北传佛教 Northern Buddhism 经西北印度和西域诸古国而沿丝绸之路往东传入中国、朝鲜、日本等地的佛教。

中亚佛教 中亚包括印度西北、里海以东直至中国新疆的几十个古代国家，通常称西域三十六国。公元前3世纪阿育王时，曾有摩诃勒弃多及末阐提前往这一带传法。公元前2世纪时大夏的希腊后裔即接受了佛教。大夏被北方的月氏征服后又将佛教传给了大月氏。公元前1世纪安息也接受了佛教。佛教由安息往北又流入了康居。公元2世纪，安息和康居的僧人来到中国内地。公元2～4世纪是中亚佛教的鼎盛期，当时的佛教中心在犍陀罗（今阿富汗和巴基斯坦北部）及罽宾。由此两地，佛教在3世纪往东进入了中国。西域的丝绸之路北道上的龟兹和南道上的于阗都是重要的佛教国家。出现了安世高、康僧会、鸠摩罗什等高僧。中亚佛教在11世纪之后逐渐消灭，留下了大量的佛塔、石窟、雕刻、壁画艺术。中亚佛教经典在佛经翻译史和中印文化思想交流史上占有重要地位。

图2 藏传佛教的著名寺院拉卜楞寺

汉传佛教 佛教初传进入汉地，据史料载，通常在东汉初年，即汉明帝永平八年（公元65年）。公元1世纪后半期西域来华僧人渐多，首先在社会上层中赢得信徒，逐步在民间扩散开来。此期佛教观念与传统中国社会的伦理宗教思想不断冲突协调。魏晋时代，佛教思想被比附于老庄。南北朝时围绕译经、讲经集团形成了诸多义学派别。到唐代，佛教大盛，形成了几大佛教宗派，如天台宗、华严宗、法相宗、禅宗、律宗、净土宗、密宗等。佛教势力的扩张影响到了世俗国家的经济政治利益，因而北魏太武帝、北周武帝和唐武宗都发动过灭佛事件。佛教在中国的发展也影响到周边的国家。朝鲜4世纪末接受了佛教，6

图1 画中所绘为净土宗中的净土

世纪上半叶佛教传入日本。10世纪以后，佛教进一步与中国传统思想调和，在理论和实践上都尽量迎合社会需要。南宋之后，佛教各宗衰落，出现了禅净会合的趋势。元明两朝，佛教受统治者重视。明代袾宏等四大家在教内外的融通活动使佛教更具世俗色彩。清代崇尚藏传佛教是民族统治的手段之一。清末的佛教复兴运动具有居士佛教和重视义学研究的新风气。中国汉传佛教在民族思想文化发展上作出了不可估量的巨大贡献。宋明理学因其刺激而产生；浩瀚的汉文佛教文献是研究东方文化历史的宝贵资料；佛教哲学陶冶了汉民族的理想和情趣；佛教直接推动了汉地诸艺术形式的发展。

藏传佛教 中国西藏的佛教上承印度晚期佛教的密宗形式。佛教在吐蕃松赞干布时代传入西藏。9世纪初叶因朗达玛禁佛而中断百余年，前弘期结束。后弘期始于10世纪晚期，佛教由多康地区重新传入西藏。13世纪时又流行于蒙古地区。藏传佛教综合了印度的大乘与密教思想并吸收了西藏原来的本教内容。前弘期赤松德赞（755～796／797年在位）敕建了桑耶寺并从印度迎请了密教大师莲花生和寂护与莲花戒师徒。后弘期佛教成就在于显密两宗经典的译出。著名译师有仁钦桑布。阿底峡在1042年入藏意味着纯正佛教戒律和教法的确立。至14世纪藏语佛典基本译出完备。以寺庙和经师为中心形成了不同派别。17世纪格鲁派的领导集团借助蒙古固始汗势力确立了在西藏的统治地位。清朝廷也确认了固始汗对西藏的控制权。后弘期形成了宁玛、噶当、萨迦等佛教派别。藏传佛教依从说一切有部律并奉行大乘菩萨戒与密宗根本戒。格鲁派寺院严格遵依僧伽戒律，有严格的学阶制度和修行次第，显密并重，由显而密。藏传佛教各派皆有活佛转世制度。格鲁派中的达赖活佛及班禅活佛地位最高。民主改革之前，西藏地方实行政教合一的神权统治。

日本佛教 佛教正式传入日本始于538年朝鲜百济王向钦明天皇献佛像经论。最初得到圣德太子（574～622）的倡导的佛教后因大化革新赢得国教地位。著名的东大寺和国分寺皆建于此时。9世纪之前中国佛教中的三论宗、法相宗、华严宗、律宗等传入日本，称奈良六宗。平安时代（794～1192）之初，日僧最澄入唐求法，归国后建立天台宗；空海从中国归来后建立了真言宗。平安后期，净土信仰流行开来。从镰仓时代（1192～1333）开始，日本民族化的佛教逐步形成，出现了日本净土宗、净土真宗、时宗、日莲宗等宗派。日本禅宗对于传播儒学思想和中国文化艺术影响极大。江户时代日本佛教陷于停滞。16世纪后半期的战乱削弱了佛教各宗集团的势力，迫使佛教世俗化。明治维新以后，佛教一度受到打击。1945年之后，日本佛教在宪法保护下得以发展并向海外传教。目前势力最强大的是净土宗、禅宗、日莲宗，其他的尚有天台宗、真言宗等。佛教中也有新宗派，如日莲正宗创价学会、立正佼成会等。

朝鲜佛教　佛教在朝鲜三国时代传入。372年前秦使臣向高句丽送佛教经像；384年东晋胡僧到百济。至6世纪，中国三论、成实之学已传到朝鲜。佛教继而由百济传入日本。新罗统一朝鲜半岛时正值中国盛唐，佛教随文物制度输入新罗并获得长足发展。8世纪中，密宗与净土宗也发展开来。13世纪之后，高丽王朝的佛教进入成熟期，史有“五教二宗”之说，即戒律宗、法相宗、法性宗（三论宗）、华严宗、天台宗、寂宗（禅宗）和曹溪宗。曹溪宗是民族化了的朝鲜佛教派别，为知讷所创。佛教至李朝（1392～1910）而渐入式微，但曹溪宗仍为势力最大的宗派并延续至今。

北村透谷　Kitamura Tōkoku（1868-11-16～1894-05-16）　日本诗人、评论家。原名门太郎。生于神奈川。1883年入东京专门学校（今早稻田大学）政治系，后改入英文系，中途辍学。1889年自费出版处女作《楚囚之歌》，突破了传统诗歌形式的限制。1891年发表诗剧《蓬莱曲》，描写主人公柳田素雄在蓬莱山麓修行，追慕神的理想境界，又以怀疑虚无的眼光看待现世，企盼死亡。诗剧的形式和浪漫的幻想色彩，在日本诗歌史上别具一格。后期致力于文学评论。1893年同岛崎藤村等创办《文学界》，形成日本最早的浪漫主义文学流派且为该派的领袖。1894年，因追求民主自由、个性解放的理想失败而自杀。著有文集3卷。《蓬莱曲》、随笔《山庵杂记》已有中译本。

北大西洋公约组织　North Atlantic Treaty Organization; NATO　西方国家根据《北大西洋公约》建立的以美国为首的军事联盟。简称北约组织。《北大西洋公约》由美国、加拿大、英国、法国、荷兰、比利时、卢森堡、意大利、葡萄牙、丹麦、挪威和冰岛于1949年4月4日在华盛顿缔结，同年8月24日生效。希腊、土耳其、联邦德国和西班牙不久相继加入该组织。北约组织是在第二次世界大战后，德、意战败，英、法衰落，美国崛起，以及苏联对外影响扩大和欧洲群众运动不断发展的背景下产生的。美国把北约组织作为加强自身的实力地位、控制西欧、与苏联争夺世界霸权的主要工具。北约组织总部设在布鲁塞尔，其主要机构有：①北大西洋理事会和防务计划委员会，为北约组织最高决策机构。②常设理事会，为部长理事会和防务计划委员会休会期间的最高执行机构，负责处理日常事务。③国际秘书部，负责各级会议的准备、组织和联络工作，设秘书长一人。④军事委员会，为北约组织最高军事机关，负责拟订军事政策、战略方针和向各战区司令部发布指示。冷战结束后，北约组织根据国际形势的变化，调整它在欧洲的战略，提出北约东扩主张，意在将西方在欧洲的势力范围东移，确立北约组织在未来欧洲安全格局中的主导地位。自1992年起，波兰等东欧国家相继提出加入北约的请求。1999年，波兰、捷克和匈牙利正式加入北约组织，北约组织成员国发展到19个。2004年，北约组织布拉格首脑会议决定邀请爱沙尼亚、拉脱维亚、立陶宛、斯洛伐克、斯洛文尼亚、罗马尼亚和保加利亚7国加入北约组织，北约组织成员国增至26个。2009年4月，克罗地亚和阿尔巴尼亚加入北约组织，从而使该组织增至28个。

北戴河　Beidaihe　中国避暑胜地，国家级风景名胜区。位于河北省秦皇岛市西南端，背依燕山，濒临渤海。北戴河东自鸽子窝、金山嘴起，西至戴河口，南临渤海，北靠联峰山、赤土山，为一沿海的狭长地带，因有戴河流经而得名。汉为舟楫聚泊、物资集散之地，相传汉武帝和楼船将军杨仆曾到过这里，并建有“望海台”。唐贞观十九年（645），太宗李世民自辽东班师回朝，曾“次汉武台，刻石纪功”。明在金山嘴设金山卫驻兵把守。清光绪二十四年（1898）正式辟为避暑区。气候温和，冬无严寒，夏无酷暑。海滨海岸漫长曲折，为沙质海岸，滩面平缓，沙软潮平，海水清澈，是优良的海水浴场。有骆驼石、对语石、鸽子窝、老虎石、观音寺、韦驮像等胜景。20世纪50年代后，修建了环海公路和一系列疗养院、别墅。并建有占地1.5平方千米的北戴河鸟类自然保护区。

北岛　Beidao（1949-08-02～　）　中国诗人。原名赵振开，笔名北岛、石默、艾珊等。祖籍浙江湖州，生于北京。1968年高中毕业，当过混凝土工、铁匠。20世纪70年代初开始写诗。1978年与诗人芒克等创办非公开文学刊物《今天》。1980年后曾任《新观察》和《中国报道》（英文版）编辑。80年代末移居国外。北岛是“文化大革命”结束后新时期文坛“朦胧诗”创作的代表诗人之一，诗歌主题往往表达自我与世界的冲突、理想与现实的抵牾，在反思历史、审视时代的同时呼唤人性的价值和尊严，在理性思辨和现实批判精神中交织着人道主义、英雄主义与忧患意识，反映了一代青年从单纯、迷惘到怀疑、觉醒的变化。初期风格清新，后来转向冷峻、沉郁，艺术上多运用象征、隐喻、蒙太奇、通感、意象叠加、大跨度跳跃等现代主义手法，文字简约而寓意朦胧。除诗歌外，他还创作小说、散文，发表过小说《波动》等。出版的诗集有：《北岛诗选》（1986）、《五人诗选》（1986，与人合作）、《午夜歌手》（1995，台湾）、《零度以上的风景》（1996，台湾）。在国外出版的诗集有：《太阳城札记》、《北岛顾城诗选》等。另有小说集《归来的陌生人》，散文集《蓝房子》，译诗集《北欧现代诗选》等。《北岛诗选》曾获全国第三届（1985～1986）优秀新诗（诗集）奖。

北斗　Big Dipper　大熊座中排列成斗形的7颗亮星。这7颗星是大熊座α、β、γ、δ、ε、ζ和η。中国名称分别称天枢（北斗一）、天璇（北斗二）、天玑（北斗三）、天权（北斗四）、玉衡（北斗五）、开阳（北斗六）和摇光（北斗七）。前4颗星组成斗形，故名斗魁，或称魁星，又名璇玑。后3颗星组成斗柄（即斗杓），或称玉衡。除天权是三等星以外，其余6颗都是二等星。北斗七星离北天极不远，它们常被用来作为指示方

北戴河海滨

北斗七星

向和认识北天其他星座的标志。天枢和天璇两星相距约5°。如果把连接这两颗星的线段沿天璇至天枢方向延长约5倍，可找到一颗视亮度与它们不相上下的恒星，那就是小熊座α星，即北极星。所以天枢和天璇又称指极星。由于恒星自行的缘故，北斗七星的形状随时间发生缓慢的变化。北斗七星离地球远近不等，大致在60～200多光年之间。

"北斗"卫星导航系统 Beidou(COMPASS) navigation satellite system 中国全球卫星导航系统。用于向全球用户提供高质量的定位、导航和授时服务，包括开放服务和授权服务两种方式。开放服务是向全球免费提供定位、测速和授时服务，定位精度10米，测速精度0.2米/秒，授时精度10纳秒。授权服务是为有高精度、高可靠卫星导航需求的用户，提供定位、测速、授时和通信服务以及系统完好性信息。

"北斗"卫星导航系统由空间段、地面段和用户段三部分组成，空间段包括5颗静止轨道卫星和30颗非静止轨道卫星，地面段包括主控站、注入站和监测站等若干个地面站，用户段包括"北斗"用户终端以及与其他卫星导航系统兼容的终端。

1994年1月，"北斗"卫星导航试验系统立项研制。2000年10月31日、12月21日、2003年5月25日和2007年2月3日，在西昌卫星发射中心用"长征"3号甲运载火箭先后成功发射4颗"北斗"导航试验卫星，建成"北斗"导航试验系统。该系统已成功应用于测绘、电信、水利、渔业、交通运输、森林防火、减灾救灾和公共安全等诸多领域，特别是在2008年北京奥运会、四川汶川抗震救灾中发挥了重要作用。2006年，中国政府发表《中国的航天》白皮书，宣布启动"北斗"卫星导航全球系统建设。分别于2007年4月14日、2009年4月15日、2010年1月17日、2010年6月2日、2010年8月1日、2010年11月1日和2010年12月18日在西昌卫星发射中心成功发射7颗"北斗"导航卫星。"北斗"卫星组网频率进入国际电联频率总表，使中国成为第三个拥有自主卫星导航定位技术的国家。根据系统建设总体规划，2020年左右，建成覆盖全球的"北斗"卫星导航系统。

北伐战争 Northern Expedition War 中国国民党与中国共产党合作，为推翻帝国主义支持的北洋军阀的统治，领导国民革命军于1926～1927年间进行的革命战争。

辛亥革命后，各地军阀间连年混战，为结束封建军阀的黑暗统治，孙中山先后数次在广州成立护法军政府组织北伐，均未能如愿。在苏联援助下，孙中山于1924年1月改组国民党，联合共产党人，在广州创建黄埔军校，编组国民革命军。1925年孙中山逝世后，广州国民政府继续北伐准备。1926年2月，中共中央特别会议确定从各方面准备北伐。6月5日，国民党中央执行委员会临时全体会议通过迅速出师北伐案。

北伐战争的主要对象是消灭直系军阀吴佩孚、孙传芳，奉系军阀张作霖势力。这些军阀部队的总兵力75万余人。国民革命军有8个军10余万人，以蒋介石为总司令，其中许多高中级军官是共产党人。在苏联军事顾问的帮助下，国民革命军总司令部制定了集中兵力、各个击破的战略方针，以主力进军湘、鄂，首先消灭吴佩孚部，然后消灭孙传芳部，最后消灭张作霖部。1926年7月1日，国民政府军事委员会颁布北伐动员令。9日，国民革命军在广州誓师，标志着北伐战争正式开始。9月17日，冯玉祥率部在绥远五原（今属内蒙古）誓师，组织国民军联军约5万人响应北伐。

进军湘鄂　广州国民政府委任唐生智为第8军军长，并派第4军及叶挺独立团等部入湘增援。国民革命军连战皆捷，于7月11日进占长沙。8月中下旬，国民革命军北渡汨罗江，攻占平江城，进入湖北境内作战。26～30日，先后攻占汀泗桥、贺胜桥。9月6日、7日，国民革命军第8军攻占汉阳、汉口，吴佩孚率残部北逃。10月10日，国民革命军攻占武昌城。

攻取江西　8月下旬，孙传芳调兵10万入赣，威胁国民革命军后方。国民革命军遂对江西转取攻势，分别出兵赣西、赣南和赣西北，在南浔铁路消灭了孙军大量兵力，孙传芳见大势已去，逃往南京。11月4日，国民革命军攻占九江。8日，克复南昌。

进占福建　10月中旬，留守广东的第1军趁湘、鄂、赣战场的大好形势，转守为攻，进占福建上杭、长汀。国民革命军又派第14军第2师由赣入闽，配合第1军连占漳州、同安、泉州、莆田等地。不久，第2军第6师也由赣入闽。12月，驻闽海军起义。9日，国民革命军占领福州。

会攻南京　孙传芳在鄂、赣战场失败后，与奉军组成安国军，张作霖为总司令，部署以奉军一部入河南，张宗昌部入苏、皖，孙传芳自率残部8万余人部署于沪宁、沪杭铁路沿线及皖南地区。国民革命军总司令部为了肃清长江中下游之敌，于1927年1月上旬组织三路大军：中央军由蒋介石指挥进攻皖、苏，主攻南京；东路军由何应钦指挥，由赣、闽入浙，夺取杭州、上海；西路军由唐生智指挥，由鄂入豫，牵制北面之敌。2月中旬，东路军占领杭州，接着开始进攻淞、沪。3月21日，中共领导上海工人举行第三次武装起义，经过30多个小时激战占领上海。第1军一部乘机进入上海市区。与此同时，中路军先后占领安庆、庐州、芜湖等地，于3月20日开始总攻南京，与孙军激战3日后，控制全城。

挥师河南　在北伐战争节节胜利的形势下，4月12日，蒋介石在上海发动反革命政变，18日在南京另立国民政府，与武汉国民政府相对立。19日，武汉国民政府誓师继续北伐，进军河南。6月1日，唐生智部与冯玉祥部在郑州会师，次日占领开封。7月15日，汪精卫等控制的武汉国民党中央召开"分共"会议，决定同共产党决裂，彻底背叛孙中山制定的国共合作政策，随即与蒋介石合流，使国共合作进行的北伐战争中途夭折。

北伐战争基本消灭了吴佩孚、孙传芳的军队，重创了张作霖的军队，沉重打击了北洋军阀的统治，推动了中国革命的历史进程。国民革命军作战中发挥长驱直入、运动歼敌、穷追猛打、速战速决、英勇顽强、连续作战的作风，能审时度势，灵活用兵，保持战争主动权；分化瓦解敌军，补充扩大自己。这次战争中途夭折的教训，使共产党人和中国人民深刻认识到建立无产阶级军队，开展武装斗争的极端重要性，从而开始走上创建中国工农红军，进行土地革命战争，以农村包围城市，武装夺取政权的道路。

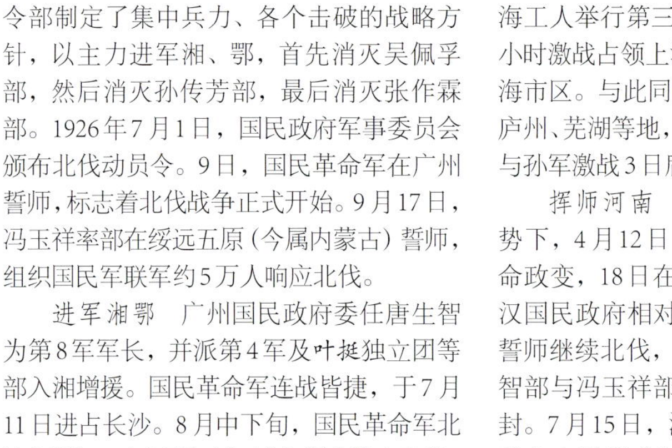

1926年10月，武汉各界欢迎国民革命军大会会场一角

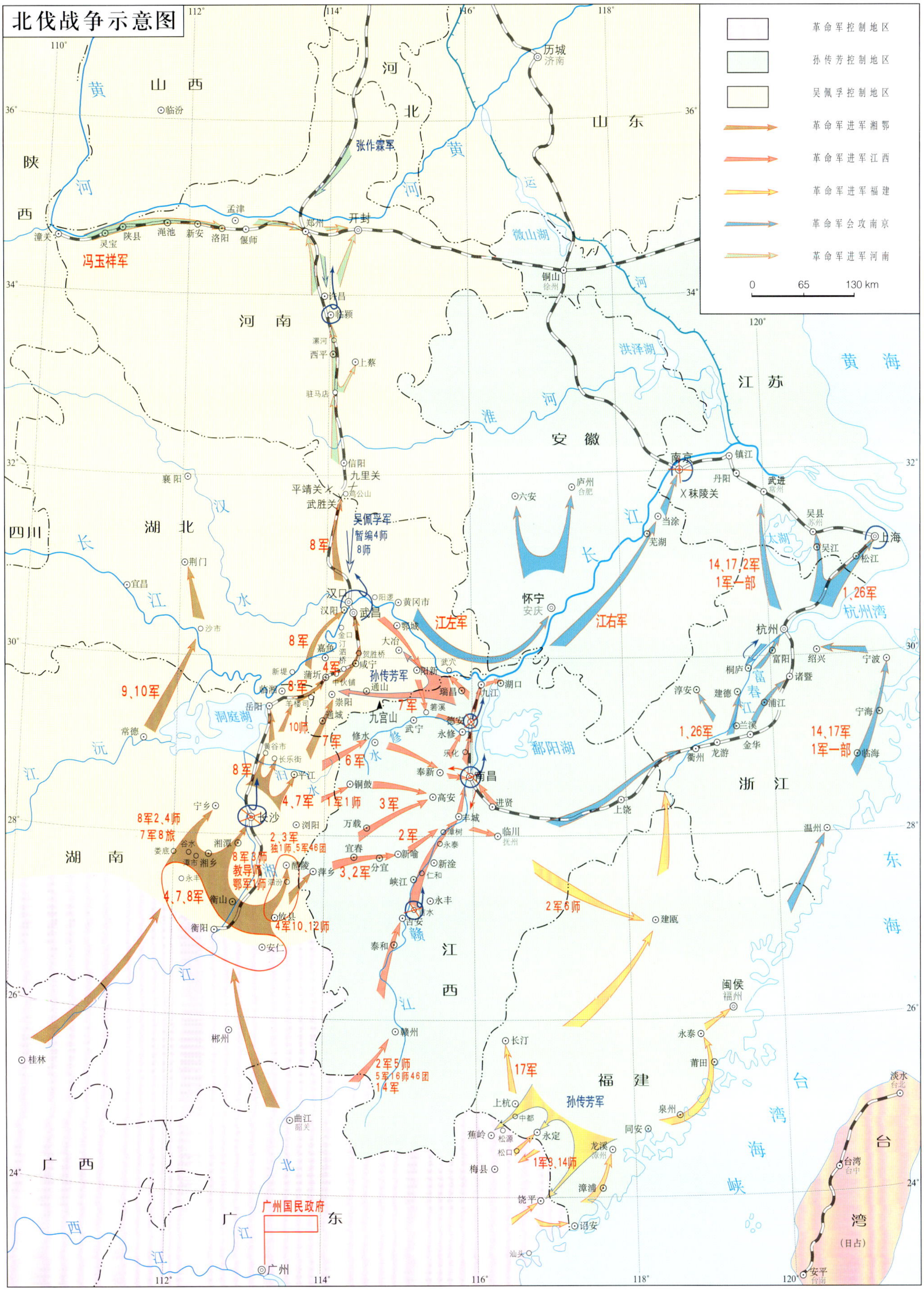

革命军控制地区
孙传芳控制地区
吴佩孚控制地区
革命军进军湘鄂
革命军进军江西
革命军进军福建
革命军会攻南京
革命军进军河南
0 65 130 km
冯玉祥军
张作霖军
吴佩孚军
暂编4师
8师
孙传芳军
江左军
江右军
广州国民政府
8军
9、10军
4军
7军
10师
6军
1军1师
3军
2军
4、7军
4、7、8军
8军2、4师
7军8旅
8军3师
教导师
鄂军1师
2、3军
独1师、5军46团
3、2军
4军10、12师
2军6师
2军5师
5军16师46团
14军
17军
1军3、14师
1、26军
14、17、2军
1军一部
14、17军
1军一部
1、26军
山西
河北
山东
河南
陕西
江苏
安徽
湖北
四川
湖南
江西
浙江
福建
广西
广东
台湾
(日占)
黄海
东海
台湾海峡
黄河
长江
汉水
湘江
赣江
北江
西江
沅江
淮河
运河
洞庭湖
鄱阳湖
太湖
洪泽湖
微山湖
杭州湾
富春江
历城
济南
临汾
潼关
灵宝
陕县
渑池
新安
洛阳
偃师
孟津
郑州
开封
许昌
临颍
漯河
西平
上蔡
驻马店
信阳
九里关
平靖关
武胜关
鸡公山
铜山
徐州
南京
秣陵关
镇江
丹阳
武进
常州
吴县
苏州
吴江
松江
上海
当涂
芜湖
六安
庐州
合肥
怀宁
安庆
襄阳
荆门
宜昌
沙市
汉口
汉阳
武昌
阳逻
黄冈市
鄂城
大冶
嘉鱼
金口
汀泗桥
贺胜桥
咸宁
新堤
蒲圻
中伙铺
通山
临湘
羊楼司
岳阳
崇阳
通城
九宫山
阳新
武穴
瑞昌
箬溪
九江
湖口
德安
永修
乐化
武宁
修水
南昌
奉新
高安
进贤
丰城
樟树
永泰
临川
抚州
新喻
新淦
仁和
峡江
分宜
宜春
萍乡
万载
铜鼓
浏阳
平江
长乐街
黄谷市
长沙
宁乡
湘潭
谷水
娄底
潭市
湘乡
醴陵
攸县
衡山
衡阳
永丰
安仁
常德
吉安
吉水
泰和
赣州
郴州
桂林
曲江
韶关
广州
长汀
上杭
中都
永定
蕉岭
松源
松口
梅县
饶平
诏安
汕头
漳浦
龙溪
漳州
同安
泉州
莆田
永泰
闽侯
福州
建瓯
上饶
衢州
龙游
金华
兰溪
浦江
建德
桐庐
淳安
富阳
诸暨
杭州
绍兴
宁波
宁海
临海
温州
淡水
台北
台湾
台中
安平
台南
110°
112°
114°
116°
118°
120°
36°
34°
32°
30°
28°
26°
24°

北伐战争示意图

北方方言 northern dialect 汉语官话方言的通称，即广义的北方话。

北方交通大学 Northern Jiaotong University 中国以工科、管理科类为主的高等学校。见北京交通大学。

北方七年战争 Northern Seven Years' War 1563～1570年丹麦为争夺波罗的海霸权同瑞典进行的战争。

1563年，丹麦联合了在这一地区有重大贸易利益的汉萨同盟盟主吕贝克和与瑞典有领土争执的波兰向瑞典发动进攻。

北方七年战争海战图

战争初始，丹麦及其盟国就对瑞典进行海上封锁，并于1563年攻克瑞典要塞埃耳夫斯堡，切断了瑞典通往北海的出路。1565年，瑞典新建的舰队打破了丹麦的封锁，夺得了制海权；陆战方面，丹麦虽曾向斯德哥尔摩进军，但未能利用1568年瑞典发生争夺王位内战的有利时机取得决定性胜利。经过两年多谈判，双方缔结了《什切青和约》。瑞典向丹麦支付出巨额赔偿赎回埃耳夫斯堡，向北海扩展和争夺波罗的海霸权的企图受到遏制。战争虽以丹麦取得优势而结束，但它已没有能力恢复其在波罗的海霸权。

北方气田 North Gas Field 世界天然气储量第一的大气田。位于卡塔尔北部，绝大部分位于波斯湾海域，面积5 000平方千米，水深15～16米。1971年发现。2007年储量增至25.63万亿立方米，超过俄罗斯的乌连戈伊气田而居世界第一位，占全世界剩余可采天然气储量的14.6%，使卡塔尔天然气储量跃居世界第三位。

在地质构造上，卡塔尔半岛属于阿拉伯地台东缘部分，是一个南北走向的平缓隆起。北方气田与伊朗在波斯湾的南帕斯气田同处于一个构造带上。气田的储集层为二叠系库弗石灰岩，埋深2 700～2 900米。储层具有良好的孔隙度与渗透率，平均孔隙度9.5%，平均渗透率0.3微米^2。

北方气田于1976年投入开发，1987年投入大规模开采，2007年产气516.8亿立方米。

北方四岛问题 Northern Territory problem 日本和俄罗斯之间关于齿舞（群岛）、色丹、国后和择捉四岛归属问题的争端。这4个岛屿在日本北海道根室半岛东北部海域，千岛群岛南部，总面积4 996平方千米，日本称之为“北方四岛”，俄罗斯称之为南千岛。

1945年8月，苏联对日宣战，占领了日据库页岛（原为中国领土）南部和千岛群岛全部（千岛群岛分为北、中、南三部分）。1945年《雅尔塔协定》规定，千岛群岛须交与苏联，于是四岛在战后划归苏联。第二次世界大战结束后，日本一直要求苏联和现在的俄罗斯归还北方四岛，酿成领土争端。

日本政府认为，根据1951年签署的《旧金山对日和约》有关规定，日本虽然放弃了南库页岛和千岛群岛，但是在四岛的最后归属问题上，条约并未作任何规定。日本政府主张，根据历史情况，战前日俄有关条约及战后有关国际条约，北方四岛为日本固有领土，不属于千岛群岛范围，苏联应交还日本；而苏联认为，根据国际协定，领土问题已经解决。

战后日本历届政府及在野党均要求苏联归还北方领土。日本把每年的2月7日定为“北方领土日”。苏联解体后，日苏领土问题又延伸为日俄领土问题。

北方四岛问题一直是影响两国关系走向的主要问题。迄今为止，两国已通过多种途径就此问题进行磋商，但双方都坚持自己的立场，仍没有最终结果。

2010年11月1日，俄罗斯总统D.A.梅德韦杰夫视察国后岛，成为第二次世界大战后第一位登岛的俄最高领导人。日本朝野表示强烈抗议，俄各界一致支持总统登岛。12月14日，俄罗斯第一副总理I.I.舒瓦洛夫视察了择捉岛和国后岛。

北方战争 Great Northern War 1700～1721年俄国为夺取波罗的海出海口而发动的对瑞典的战争。16世纪至17世纪中期，波罗的海及其南岸地区为瑞典占据。彼得一世为从北方打开通向西欧的道路，争夺波罗的海霸权，于1699年与萨克森、丹麦缔结了“北方同盟”，为发动反瑞典战争作了准备。1700年2～3月，萨克森和丹麦军队分别在里加和荷尔斯泰因被瑞典军队击败。8月，彼得一世亲率3.5万俄军进攻纳尔瓦，几至全军覆灭。瑞典国王卡尔十二世率主力侵入波兰，相继占领华沙、克拉科夫等城。1702～1704年，彼得一世乘瑞军主力入侵波兰之机，派兵占领了波罗的海沿岸一些要塞，开始建造新都圣彼得堡。1704年俄国同波兰签订《纳尔瓦条约》，允诺战后将利夫兰、埃斯特兰给波兰。波兰参战。瑞军于1708年初，进至格罗德诺。1709年7月8日，俄军在波尔塔瓦击溃瑞军。1710年俄土战争爆发，俄军对瑞典的进攻暂停。1713年，彼得一世被迫对土耳其妥协，转而进入芬兰作战。1714年，俄国把瑞军赶出芬兰，迫使卡尔十二世向俄国求和。1718年两国开始和谈。1719年战端重启。俄国舰队在厄塞尔海战和克琅加姆岛附近的交战中相继获胜。1720年俄军进入瑞典，瑞典被迫同俄国恢复和谈。1721年8月30日，缔结了《尼什塔特和约》。战争以俄国获得波罗的海沿岸广大地区和海口而告结束。

北非 North Africa 非洲北部地区。东起红海，西迄大西洋，南至撒哈拉沙漠中部。通常包括埃及、苏丹、利比亚、突尼斯、阿尔及利亚、摩洛哥6国（有时兼及西撒哈拉和加那利群岛）。面积827.2万平方千米，占非洲总面积的27.3%。人口约1.79亿（2002），占非洲总人口的21.8%，绝大多数为阿拉伯人，主要信奉伊斯兰教。

北非登陆战役 North Africa, Landing Operation in 第二次世界大战中，美英联军于1942年11月在维希政府控制的法属阿尔及利亚和摩洛哥实施的登陆作战。1942年夏，美、英为夺取北非要地，控制当地的战争资源，进而击溃非洲的德意联军，决定在同年秋进行代号“火炬”的登陆战役。此役由美陆军中将D.D.艾森豪威尔任盟军最高司令，英海军上将A.B.坎宁安任盟军海军总司令。登陆部队共10.7万人，有16艘航空母舰等大批战舰，分编为3个特混舰队：东部特混舰队由英海军少将H.M.巴勒指挥，输送C.W.赖德少将指挥的美、英混编部队前往阿尔及尔地区登陆；中部特混舰队由英海军准将T.H.特鲁布里奇指挥，输送L.R.弗雷登德尔少将指挥的美军前往奥兰地区登陆；西部特混舰队由美海军少将H.K.休伊特指挥，输送G.S.巴顿少将指挥的美军前往法属摩洛哥西海岸登陆。英军航空兵担任战役掩护。10月22、26日，东部、中部特混舰队分别自英国起航，于8日凌晨在各登陆点突击上陆，达成战役突然性。西部特混舰队自10月23日起分批自美国本土起航，11月7日夜抵达登陆地域，次日凌晨突击上陆。由于维希政府法军中部分军官接应盟军突击上陆，因而除个别登陆点战斗较激烈外，其余大部分登陆点上的法军很快停止抵抗。盟军迅速巩固登陆场并立即东进，插向陆军元帅E.隆美尔指挥的德军背后。德军虽紧急部署反击，但未能奏效。

北非登陆战役是战争史上第一次使用大批登陆舰艇实施“由舰到岸”的渡海登陆战役，为尔后西西里岛、诺曼底等登陆战役提供了有益经验。

北府兵 Beifu Imperial Troops 中国东晋孝武帝初年谢玄组建训练的军队。因前秦强大，太元二年（377）朝廷诏求文武良将镇御北方，拜谢玄建武将军、兖州刺史，领广陵相、监江北诸军事，镇广陵，招募劲勇，徐（治京口）、兖（治广陵）人民纷纷应募入伍。谢玄以刘牢之为参军，常领精锐为前锋，战无不捷。太元四年，谢玄加领徐州刺史，镇京口。东晋称京口为“北府”，所以称这支军队为北府兵。这支军队建立不久，抗御前秦屡立战功。八年，在淝水之战中，谢玄、刘牢之率领的北府兵发挥主力军的作用。此后，北府兵乘胜北伐，先后收复今河南、山东境内黄河以南大片土地，还一度打到黄河以北的邺城。十二年，朝廷征谢玄为会稽（今浙江绍兴）内史，以朱序为青、兖二州刺史，代玄镇广陵。谢玄从此失去对北府兵的领导权。此后，谯王司马恬、外戚王恭相继任青、兖二州刺史，统领北府兵。安帝隆安元年（397），王恭自京口起兵反晋，北府兵从此成为东晋统治集团内部火并的工具。

元兴元年（402）后，北府兵为荆州军阀桓玄并吞。三年二月，刘牢之原参军刘裕与刘毅、何无忌（牢之外甥）等联络一部分北府兵中下级将领分别在京口与广陵举兵击灭桓玄。刘裕等人虽都是北府兵将领出身，但此后他们的军队已不是原来意义上的北府兵了。

北海 North Sea　大西洋东北部边缘海。位于大不列颠岛、斯堪的纳维亚半岛、日德兰半岛和荷比低地之间。西以大不列颠岛和奥克尼群岛为界，东邻挪威和丹麦，并经斯卡格拉克海峡、卡特加特海峡与波罗的海相通。北为设得兰群岛，南接德国、荷兰、比利时、法国，西南经多佛尔海峡和英吉利海峡通大西洋。海区南北长965.4千米，东西宽643.6千米，面积57.5万平方千米。平均水深94米，最大水深725米。

整个北海都位于西欧大陆架上，除靠近斯堪的纳维亚半岛西南端有一平行于岸线的宽约28～37千米、水深200～800米的海槽外，大部分海区水深不超过100米，是世界著名的浅海之一。南部浅于40米。英格兰北面外海有很多冰碛物构成的沙洲、浅滩，其中面积达650平方千米的多格浅滩水深仅15～30米。

北海位居高纬，常年盛行西风，又有北大西洋暖流调节，冬季不结冰，夏季气温不高。2月平均气温为0～5℃，8月平均气温为15～17℃。年降水量比较多，北部达1 000毫米，南部为600～700毫米，季节分配均匀。属温带海洋性气候。同时北海又处于极锋南北徘徊位置，气旋活动频繁，尤其冬季（11月至翌年3月）经常发生风暴，并可形成高达数米甚至10米多的风浪，往往使海区南部的荷兰、丹麦、比利时和英国等沿岸地区遭受风暴潮袭击。

北海近表层海流是气旋型环流，底层则不很规则。在设得兰群岛附近流速较强，中部减弱，一般不超过35厘米/秒。潮流较强，开阔海区流速为1～1.5米/秒，多佛尔海峡为2.5米/秒，设得兰群岛附近可达5米/秒。北海表层水温2月最低，8月最高。受海流特别是北大西洋暖流影响，冬季西北海区水温为7.5℃，东南海区为2℃；夏季则相反，西北海区为13℃，东南海区为18℃。

北海是浅海，又经常受气旋风暴侵袭，翻滚的波浪把海底的无机盐类卷至上层，为浮游生物繁殖创造了有利条件。同时北海周边有许多河流汇聚，带来丰富的有机、无机养料和鱼饵，因而渔产丰富，成为北大西洋重要渔场。年捕获量达330万吨。北海海底蕴藏着丰富的石油和天然气。自1959年在北海发现油气资源以来，在苏格兰、挪威、荷兰、丹麦和联邦德国近海都发现了油田。至20世纪90年代，在北海共找到400多个油气田，累计找到可采石油储量47亿吨。

北海–波罗的海运河 Nord-Ostsee Kanal　在德国的北部。北海和波罗的海之间的船运路线。见基尔运河。

北海道岛 Hokkaidō　日本第二大岛。位于日本群岛最北部。西北隔宗谷海峡（俄称拉彼鲁兹海峡）同俄罗斯的萨哈林岛（中国称库页岛）相望，南以津轻海峡同本州

北海道雪景

岛相对，西濒日本海，北为鄂霍次克海，东南面向太平洋。面积78 073平方千米。地势高峻，以山地丘陵为主。其中火山地形占全境41%。以石狩平原和勇拂平原为界，将全岛分为渡岛半岛和主岛两个部分。半岛部分属那须火山带。主岛部分有两列山系大体南北纵贯，西侧为天盐山地与夕张山地，东侧为北见山地、石狩山地和日高山脉，构成本岛的骨架。岛上最高峰旭岳2 290米。山脉间分布有天盐平原、名寄盆地、上川盆地等。中部及东北部属千岛火山带，多座壮观火山与火口湖、峡谷、原始森林、温泉等配合，形成重要旅游胜地。河流多发源于中部山地，其中石狩川（干流长268千米）、天盐川（256千米）较长。气候冬寒夏凉，冬季长达半年，1月平均气温为-4～-10℃，有-41℃的极端最低温记录（旭川，1902年）；8月18～20℃。年降水量800～1 200毫米，积雪期长达4个月，雪深达4米。渡岛半岛是山毛榉、绿柏的北界，全岛大部分地区以冷杉、针枞等为代表性植物。古称虾夷岛，1869年改称现名。行政上属于国家一级行政区北海道所辖。属日本经济上开发较晚、发展水平较低但却独具特点的新兴经济地域。主要城市有札幌、函馆等。有青函海底隧道连接本州岛。

北海市 Beihai City　中国广西壮族自治区辖地级市，国家对外开放港口城市。位于自治区境南端，濒临北部湾。辖海城、银海、

北海银滩

铁山港3区及合浦县。面积3 337平方千米，人口154万（2010），有汉、壮、瑶、京等民族。20世纪50年代前为北海镇建制，隶属广东省合浦县。1950年划归广西省，并析合浦县南部置北海市，后建制、归属有变化。1965年又划归广西壮族自治区，1983年10月恢复为地级市。1984年定为对外开放城市。属南亚热带季风气候。夏秋时有台风暴雨。矿产有石油、天然气、石英砂、钛铁矿、陶土等。农作物有水稻、薯类、甘蔗、玉米、蔬菜等。水产养殖业发达。建有文蛤养殖场和珍珠养殖场，产有世界著名的“南珠”。盛产鲳鱼、鲨鱼、石斑、珍珠、海参、文蛤、沙虫、鱿鱼、红鱼等。北部湾渔场是广西最重要的渔业生产基地，亦为中国南方新兴渔港。工业有电力、化工、机械、陶瓷、建材、水产加工、造船等。手工业有北海贝雕。有北海港、南沥港、高德港和南湾港四大港口。北海港为广西和大西南各地物资出口重要港口。名胜古迹有中山公园、东坡亭、冠头岭、北海银滩、草花岭、高鳌古迹、因罗港红树林保护区等。

北汉 Northern Han　中国五代时十国之一，十国中唯一在北方之国。刘崇所建。在今山西省中部和北部，都晋阳（今山西太原西南）。历4主，共29年。

刘崇（895～954），后汉高祖刘知远弟，

北汉世系表

①世祖刘崇（951～954）—②睿宗刘承钧（954～968）—③少主刘继恩（968）
　　　　　　　　　　　　　　　　　　　　　　　└④英武帝刘继元（968～979）

官至河东节度使、太原尹。隐帝年少，大臣专权，刘崇见后汉政权不巩固，便在军事和财政上作了准备。乾祐三年（950）十一月，枢密使郭威于邺都（今河北大名东北）起兵。广顺元年（951）正月，郭威称帝，建立后周。刘崇即据河东十二州称帝，仍用后汉乾祐年号，国号汉，史称北汉或东汉。北汉地瘠民贫，国力微弱。刘崇结辽为援，奉辽帝为叔皇帝。北汉曾联合辽兵，两度进攻后周，但都战败。刘崇子承钧（后改名刘钧）继立后，奉辽帝为父皇帝。此后，后周、北宋频频向北汉进攻。北汉势蹙，屡靠辽兵增援才得以幸存。

北汉镇国寺山门（山西平遥）

太平兴国四年（979），宋太宗亲征北汉，先击溃辽援军，而后猛攻太原。北汉主刘继元被迫出降，北汉亡。

北极 North Pole 地球自转轴与地球北半球表面的相交点。地理北极位于格陵兰以北大约725千米的北冰洋中，海深4 087米，覆盖浮冰，每年有6个月全为白昼，6个月全为黑夜。而罗盘磁针所指的北磁极1993年位于加拿大极北端伊丽莎白女王群岛之中埃勒夫·灵内斯岛以西，大约在西经104° 24′、北纬78° 27′。地磁北极即地球磁场的北端，约在西经71° 16′、北纬79° 13′。

北极地区 Arctic Regions 北半球北极圈（66° 33′ N）以北的地区，包括北冰洋的绝大部分、海冰区、岛屿和欧洲、亚洲、北美洲及格陵兰岛在北极圈以内的陆地，总面积约2 100万平方千米。其中陆地和岛屿面积约800万平方千米。

北极地区绝大部分面积是北冰洋。**北冰洋**是世界最小，四周由大陆环绕，近于封闭的海洋，面积约1 475万平方千米，平均水深约1 225米，有8个附属海：格陵兰海、挪威海、巴伦支海、喀拉海、拉普捷夫海、东西伯利亚海、楚科奇海和波弗特海。1845年，伦敦地理学会正式命名为北冰洋。

北极地区地处高纬地区，环境恶劣，气候严寒，日照稀少，多暴风雪，夏季潮湿多雾，全年雨量较少。年平均气温为-10℃左右，最低气温达-70℃。绝大部分陆地属于冰雪覆盖、极地荒漠和苔原带。

自然资源中，石油、天然气、煤炭和金属矿物资源的蕴藏量十分丰富，其中尤

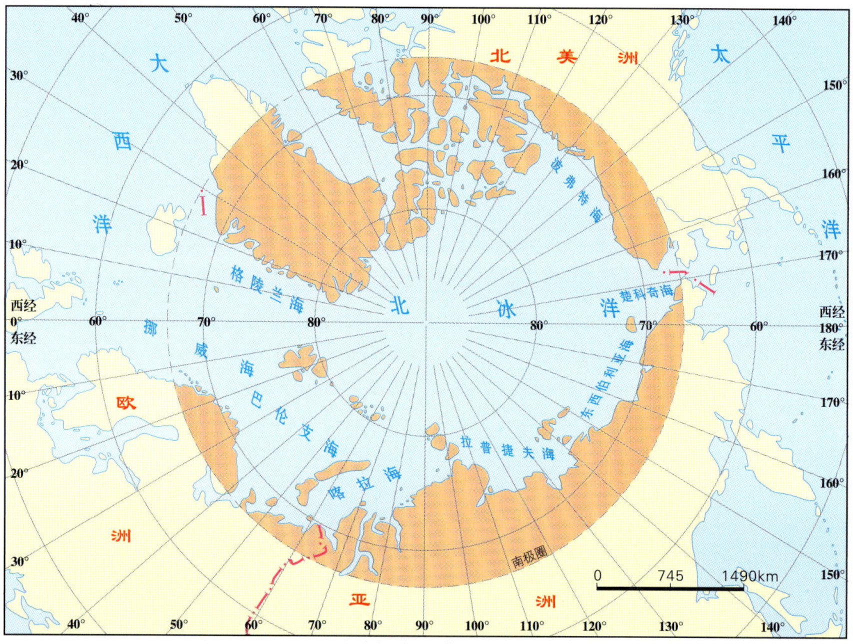

北极地区范围图

以石油、天然气蕴藏量最丰富和最重要，主要的油气富集区为北美洲阿拉斯加北岸海域、巴伦支海、挪威海、喀拉海和加拿大北极群岛沿岸的陆架区。

海洋生物资源也十分丰富。主要有鲸、**北极熊**和海豹等。鱼种主要有北极鲑和北极鳕。巴伦支海、挪威海和格陵兰海是世界著名的渔场之一。

有8个国家的领土自然延伸到北极圈以内，称为环绕北极国家，即加拿大、丹麦、芬兰、冰岛、挪威、瑞典、俄罗斯和美国。

北极地区有人口约900万，主要分布在8个环北极国家的北纬60°以北地区。其中土著居民200多万，主要居住在北美洲北部北冰洋沿岸和格陵兰岛的北部。由20多个民族组成。具代表性的土著民族是**因纽特人**。这些土著民族世代生活在气候环境恶劣的北极地区，主要靠渔猎海豹、鲸、海象和鱼类为生。至今，他们仍保留着北极地区土著民族传统的渔猎和生吃鱼肉的习惯。

北极考察 Arctic investigation 人类对**北极地区**进行的实地观察、调查和科学研究活动。1882～1883年和1932～1933年两次国际极年的重点在北极地区，考察和观测气象、气候、地球物理、北极光、海洋生物、海冰等。以后进行的国际合作研究有白令海大陆架过程和资源研究计划（PROBES）、南森漂流站计划（NDS）等。第二次世界大战以后，随着北极地区石油、天然气、煤、铁、金、金刚石、磷灰石等丰富矿产资源的开发，冻土和极地工程、生态与环境成为研究重点。北极考察主要内容：①北极冰盖在世界热量平衡和水、气循环中的作用；②北极光、无线电传播异常和高层大气中的能量粒子与磁力线的关系；③生态环境与生物资源保护。1988年北冰洋沿岸国家的科学家会聚列宁格勒（今圣彼得堡），共商北极科学研究计划。1990年国际北极科学委员会（IASC）成立，成员由8个北冰洋沿岸国家（美国、加拿大、苏联、挪威、瑞典、丹麦、芬兰和冰岛）增加到16个。1991～1995年，国际北极科学委员会开展北极地区全球变化研究计划，确定6个研究重点。①紫外辐射（UVB）对北极地区的影响。②巴伦支海区域的累积影响。③白令海区域的累积影响。④北极冰川和冰盖的物质平衡。⑤陆地生态系统及其对气候变化的反馈。⑥北极海洋、海岸、河流系统。

中国科学考察队在北极考察

中国于1996年参加IASC。为在全人类共同应对全球气候与环境快速变化的大背景下，更科学地认识与了解北极对全球变化的影响和反馈及其对中国气候环境的影响和经济可持续发展的制约，中国逐步开展北极考察与研究。见**中国北极考察**。

北极星 Polaris 即小熊座α。中国星名是勾陈一或北辰。北极星距离地球431光年，自行为每年0.046″。它是如今一段时期内距北天极最近的亮星。对于地球上的观测者来说，它好像不参与周日运动，总是位于北天极处，因而被称为北极星。

北极星是由三颗星组成的三合星。主星A为离地球最近的**造父变星**，光电目视星等

V的变幅为0.09个星等（+1.95～+2.04），周期为3.97日，是光谱分类为F8Ib的黄超巨星。主星A又是轨道周期约30年的单谱分光双星。伴星B目视星等+8.6，距离主星18″。

由于岁差，天极以约26 000年的周期围绕黄极运动。在这期间，一些离北天极较近的亮星顺次被授以北极星的称号。公元前2750年前后，天龙座α（中名右枢）曾是北极星。小熊座α成为北极星只是近1 000年来的事。1000年时，它距北天极达6°。1940年以来，小熊座α距北天极已不足1°，而且正以每年约15″的速度向北天极靠拢。大约在2100年前后，二者的角距离将缩到最小，只有28′左右。此后，小熊座α将逐渐远离北天极。4000年时，仙王座γ将成为北极星，7000年、10000年、14000年时的北极星将依次为仙王座α（中名天钩五）、天鹅座α（中名天津四）、天琴座α（中名织女星）。

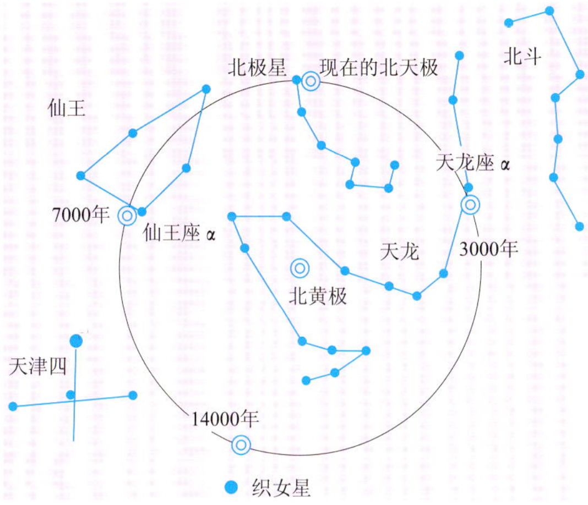

26 000年内天球北极在恒星间的移动

北极熊 *Ursus maritimus*; polar bear　食肉目熊科棕熊属的一种。因被毛呈乳白色，又称白熊。分布整个北极地区。体型较其他熊类大，雄性长约2.2～2.5米，体重平均约有410千克。颈部也较其他熊类长，头部长且尖，耳朵小且圆。体毛长而厚密。脚掌宽大多毛，有利于在冰面上行走，且有防寒的作用。前掌桨状，适于游泳。善游泳、潜水。单独生活，性情凶猛。捕食海豹和小海象，也食鱼、鸟、海藻、驯鹿等。4～6月间交配，11月至翌年1月间产仔，每胎1～4仔，通常2仔。5～6岁性成熟。寿命最长可达34年。由于野生数量很少，加拿大、俄罗斯、美国、挪威和丹麦5国已达成协议禁止捕杀。

北江 Beijiang River　中国珠江支流。

北角 Nordkapp　世界著名海角。位于挪威北部马格尔岛北端，地处北纬71°10′、东经25°40′。人口3 185（2010）。曾长期被误认为欧洲极北点。位于北角东南80千米处的诺尔辰角则是欧洲大陆的极北点（北纬71°08′）。北角除方位上的特征外，还有地理上的意义。它与斯匹次卑尔根群岛之间的连线，是挪威海和巴伦支海的分界；北大西洋暖流绕经北角奔向巴伦支海以后，改称北角洋流；北角扼摩尔曼斯克通大西洋的航道，具有重要的交通战略地位；北角向西南至斯塔万格的连线是北欧地质构造上的一条重要界线，其西侧属加里东褶皱带，东侧为古老的波罗的海地盾，斯堪的纳维亚山脉即以北角为终点。北角地区在地形上是一片横切前寒武纪砂岩层的高原，临海一面呈峭筚的悬崖，海拔307米，从海上遥望，气势雄伟。北角还以夏季（5月中至7月底）的极昼现象著称，有不少旅游船专程前来观赏极昼奇观。

北角悬崖及北角标志

北京城 Beijing City　中国明清两代都城。建于明初（1421年起），在元大都的基础上改建和扩建而成，清代沿用并有所增修。

明永乐元年（1403）改北平为北京。永乐十五年兴建宫殿，永乐十九年由南京迁都北京。明亡后，清王朝仍建都北京。清初由于火灾和地震，宫殿很多被毁坏，北京现存宫殿大多是清代重修的，但其布局尚存明代旧制。明清北京城在规划思想、布局结构和建筑艺术上继承和发展了中国历代都城规划的传统，在中国城市建设历史上占有重要地位。

城郭　明北京城包括内城和外城。内城的东西墙仍是元大都的城垣；洪武四年将元大都城内比较空旷的北部放弃，在原北城垣以南5千米处另筑新垣（即今德胜门、安定门一线）；永乐十七年又将南垣南移一里（即今正阳门、崇文门、宣武门一线），形成的内城东西长6 635米，南北长5 350米。到嘉靖年间（1522～1566），在内城南垣以外发展出大片居民区和市肆。为加强城防，修筑了外城墙，形成外城。外城东西长7 950米，南北长3 100米。这样就使明清北京城的平面轮廓呈凸字形（图1）。北京城人口在明末已近百万，清代超过百万。

布局　明北京城的规划贯穿礼制思想，继承了中国历代都城规划的传统。主要体现在：

功能分区　宫城（即紫禁城，今故宫）居全城中心位置，宫城外套筑皇城，皇城外套筑内城，构成三重城圈。宫城内采取传统的“前朝后寝”制度，布置皇帝听政、居住的宫室和御花园。宫城南门前方两侧布置太庙和社稷坛，再往南为五府六部等官署。宫城北门外设内市，还布置一些为宫廷服务的手工业作坊。这种布置方式完全承袭了“左祖右社，面朝后市”的传统王城形制。

居住区分布在皇城四周，以胡同划分为长条形的住宅地段。内城多住官僚、贵族、地主和商人，外城多住一般平民。清初满族住内城，汉族及其他民族多居外城。

商业区分布稠密。明代在东四牌楼和内城南正阳门外形成繁荣的商业区。同行业者相对集中，如米市大街、菜市口等。城内有些地区形成集中交易或定期交易的市，还有庙会形式的集市。清代商品运输主要靠大运河，由城东通往通州的运河码头较便捷，因而仓库大多在东城。

建筑布局　运用中轴线的手法。这条轴线南端自永定门起，北端至鼓楼、钟楼止，全长8千米，是布局结构的骨干。皇帝所居的宫殿

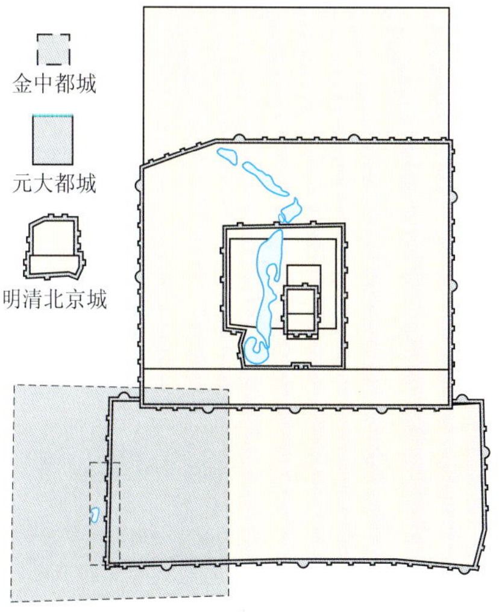

图1　北京城址变迁示意

及其他重要建筑都沿着这条轴线布置。中轴线南段自永定门起，向北到正阳门，是一条笔直的大道，大道两侧布置了天坛和先农坛两组建筑群。从正阳门北向经过大清门（明朝称大明门），即入宫前广场。广场北面屹立着庄严宏伟的天安门，门前点缀着汉白玉的金水桥和华表。进天安门，经过端门、午门和太和门为六座大殿（即太和殿、中和殿、保和殿前三殿和乾清宫、交泰殿、坤宁宫后三宫），这六座形式不同的宫殿建筑和格局各异的庭院结合在一起，占据中轴线上最重要部位（见故宫）。在紫禁城正北，矗立着近50米高的景山，是全城的制高点。在景山北，经过皇城的北门——地安门，抵达中轴线的终点——鼓楼和钟楼。北京城的整个建筑布局在中轴线上重点突出，主次分明，整齐严谨，端庄宏伟（图2）。

道路系统　明清北京城在元大都的基础上扩建，形成方格式（棋盘式）道路网，街道走向大都为正南北、正东西。城内主要干道是宫城前至永定门的大街和宫城通往内城各城门的大街。外城有崇文门外大街、宣武门外大街以及联结这两条大街的横街。由于皇城居中，所以内城分成东西两部分，东西向交通受到一些阻隔，方格式路网中出现不少丁字街。

园林配置　明代主要宫苑如紫禁城以西的西苑，是利用金元时期以太液池（今北海和中海）和琼华岛为中心的离宫旧址扩建而成。明初还在太液池南端开凿了南海。清代继续扩建以三海（北海、中海、南海）为中心的宫苑。清代还在西北郊兴建大批宫苑，包括圆明园、长春园、万春园、静明园、静宜园、清漪园（后称颐和园）等。

给水排水　城市一般居民饮水主要靠人工凿井。元代开辟了西北郊白浮泉新水源，又把玉泉山的泉水引入大都城内，为宫廷和园林（以及大运河）供水。至明代，白浮泉断流，只靠玉泉山泉水流经瓮山泊注入城内积水潭，其中一支流入太液池。到清代开拓瓮山泊成为昆明湖，增加了济漕和园林的水源。

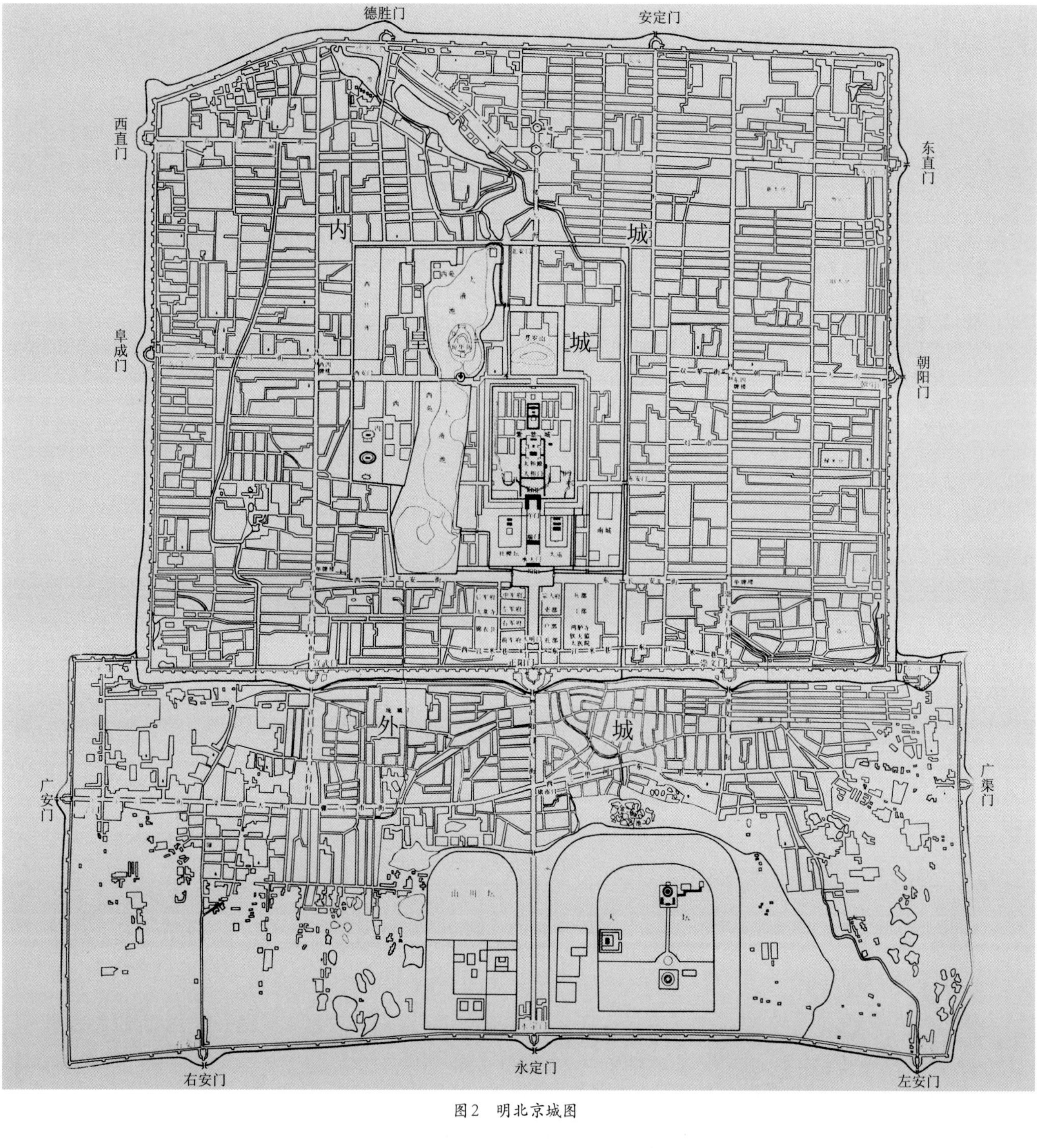

图2　明北京城图

明清北京城的排水系统也是在元大都的基础上发展起来的。紫禁城内的排水沟渠自成独立系统，除地下暗沟外，还有明渠——内金水河。护城壕既有防御作用，也是城内供水和排洪泄污的明渠。德胜门外西水关是从护城壕引水入关的上游，前三门外的护城壕则是城内主要沟渠排水泄污的下游。

北京大观园 Beijing Grand View Garden 中国根据《红楼梦》的描述而建造的古典式文化园林。始建于1984年，1986年部分对外开放，1989年全部开放。位于北京西城区南菜园护城河畔。全园面积12.5公顷，建筑面积8 000多平方米，新拓水系2.4万平方米，草坪500平方米，种植各种树木3万余株，堆山叠石6万立方米。园内的建筑、山形水系、植物造景、室内陈设、小品点缀等都尽力忠实于曹雪芹的具体描绘，再现文学大师笔下《红楼梦》中的官府园林风采。全园包括庭园景区7处、自然景区3处、佛寺景区1处、殿宇景区1处，总计景点40多个，主要景点有：大观园正门、曲径通幽处、沁芳亭桥、怡红院、潇湘馆、秋爽斋、稻香村、滴翠亭、西街门、栊翠庵、凹晶溪馆、凸碧山庄、大观楼、暖香坞、缀锦楼、红香圃、花溆、蘅芜苑、顾恩思义殿等。

北京大学 Peking University 中国综合大学。属教育部。校址在北京。1898年创办，始名京师大学堂，是“戊戌变法”运动中建立的中国第一所国立大学。1912年5月改现名。严复任首任校长。1917年蔡元培任校长，着力推行改革，提出“大学者，研究高深学问者也”。设立校评议会、教授会，开创大学民主管理体制；建立研究所，实行选科制，倡导学术研究之风；以“思想自由”，“兼容并包”为办学理念，广延诸家，励兴学术，形成勤奋严谨的学风和学术民主的传统。1919年前后，学校成为中国新文化运动的中心，率先发起五四爱国运动。1920年10月李大钊在校创建中国共产党在中国北方的第一个支部——中国共产党北方支部。在反抗帝国主义侵略，争取民族解放，反对军阀和独裁统治的长期群众斗争中，学校师生高举民主、科学的大旗，始终站在斗争的前列，形成了爱国、进步的光荣传统。1937年抗日战争全面爆发后迁长沙，与同时南迁的清华大学、南开大学组成长沙临时大学。1938年再迁昆明，改国立西南联合大学。抗战胜利后，1946年迁回北京复校，设文、理、法、农、工、医6个学院33个系。1952年全国院系调整，农、工、医、教育等院、系调出单独建校或并入他校；清华大学、浙江大学、燕京大学、辅仁大学、中法大学的文、理、法系科并入，成为文、理基础学科大师云集的中国一流综合性大学。20世纪中国最著名的学者，如李大钊、陈独秀、鲁迅、钱玄同、刘半农、胡适、马寅初、马叙伦、汤用彤、陈垣、翁文灏、李四光、叶企孙、冯友兰、朱光潜、陈岱孙等均曾在校任职任教。1978年以后，随着国家改革开放和经济、文化建设的发展，学校的学科、专业结构不断调整与发展。2000年4月，北京医科大学并入。学校已成为包含人文、社会、自然、技术、管理、教育、艺术等多种学科门类的综合大学。在国学研究方面，古籍整理、中国先秦断代史、考古等都取得了重大的成果和发现；在科学技术领域，高能物理、高温超导、纳米技术、转基因工程、信息科技、基础数学等已进入世界先进行列。在教育教学方面，确定了“加强基础，淡化专业，因材施教，分流培养”的教改方针，提高选课比例，鼓励跨学科选修，实行弹性学制。学校把教育国际化作为重要发展方向，与世界上几十个国家和地区的二百多所著名高等学校及研究机构建立了双边和多边合作交流关系。设有医学部，马克思主义、政府管理、国际关系、外国语、经济、法学、数学科学、生命科学、化学与分子工程、物理、地球与空间科学、环境科学与工程、考古文博、信息科学技术、软件与微电子、新闻与传播、教育等学院，以及中国语言文学、历史、哲学、社会学、心理学、力学与工程科学、信息管理等二级系和体育部，有培养学士、硕士和博士的教学体系。

北京大学未名湖

北京大学红楼 Red Building of Peking University 中国近代革命历史建筑物。位于北京市五四大街。1918年建成。因整座建筑用红砖砌筑、红瓦铺顶而得名。是中国近代史上最早传播马克思主义和民主科学思想的重要场所，1919年五四运动中，红楼和它北面的操场是反帝爱国运动的策源地。1961年国务院公布红楼为全国重点文物保护单位。

红楼

楼为砖木结构，平面呈工字形。东西长100米，楼高4层，有半地下室。建成后为北京大学校部所在地，并作图书馆和文科教室使用。1918年后，陈独秀、李大钊、鲁迅、胡适等先后在此任教任职。李大钊任北京大学图书馆主任期间，在此组织马克思学说研究会，在《新青年》、《每周评论》上发表许多宣传马克思主义的文章。五四运动后不久，李大钊等在红楼建立北方第一个共产主义小组。一楼东南隅有两间当年李大钊办公的房间。1918年毛泽东首次来北京时，曾在红楼任北京大学图书馆助理员。鲁迅自1920年应聘到北京大学任教，在红楼授课6年。邓中夏等共产党人也在此从事过革命活动。2004年4月，北京新文化运动纪念馆在此开馆。

北京地下铁道 Beijing subway 中国最早建成的地下铁道。首段开通于1969年。2009年9月底北京地铁营业里程约226千米，设147座运营车站（换乘站重复），分8条线路。1号线从苹果园到四惠东站，30.44千米，23座运营车站。2号线为环线，长23.1千米，18座运营车站，在复兴门站和建国门站（见图）与1号地铁相连。13号线从西直门经回龙观环绕到东直门，长40.5千米，16座运营车站，2003年1月开通运营。2003年12月建成的从四惠站至通州区土桥站的八通线，是1号线的东段延长线，长18.96千米，13座运营车站。2007年10月通车的5号线，南起宋家庄，北至天通苑北，全长27.6千米，设车站23座。2008年7月建成的机场线、8号线、10号线一期，机场线全长28千米，设4座车站；8号线又称奥运支线，全长4.4千米，4座运营车站；10号线一期工程起点巴沟站，终点劲松站，全长25千米，22座车站。4号线，南自公益西桥站，北至安河桥北站，全长28.2千米，24座车站，2009年9月开通运营。北京地铁采用50千克/米焊接长钢轨，轨距1 435

北京地铁1号线建国门站站台

毫米，最大坡道30‰，最小曲线半径250米，隧道宽4.1米、高4.35米，第3轨供750伏直流电压。行车采用色灯信号自动闭塞和调度集中。部分线路建成地面线或高架线。

北京电影学院 Beijing Film Academy 目前中国高等艺术教育中唯一的电影专业院校，前身是陈波儿创办于1950年7月的电影表演艺术研究所，隶属文化部电影局。1951年5月，改建为中央电影局电影学校。1952年全国院系调整，南京金陵大学、苏南文教学院和苏州美专等校的有关电影专业并入电影学校，建立了大专体制的北京电影学校。1956年6月1日国务院正式批准成立北京电影学院。1966～1977年，电影教育停顿。1978年恢复招生。经过60年的建设和发展，学院建立了科学、完整的电影学学科体系；形成了以本科为主体，涵盖专科、本科、硕士、博士和继续教育的多层次电影高级专业人才培养的体系。截至2009年，学院有14个院（系、部）；开设19个本科专业，覆盖1个学科门类；具有一级学科1个，有博士学位授权点1个，硕士学位授权点8个，本科专业学位授权点1个。建有动画艺术、录音技术、美术特技和数字电影4个具有重要影响力的重点电影专业实验室。学院是国家动画教育研究基地、北京影视艺术研究基地和中国儿童电影研究中心的挂牌单位。配合教学，学院建有电影研究所、电影技术研究所、电影表演艺术研究所、电影动画艺术研究所、影视文化产业研究所、中日动画漫画研究中心和《北京电影学院学报》、《中国动画产业年报》以及《中国电影产业年报》编辑部等研究机构。1984年被接纳为“国际电影电视院校联合会”正式会员。

北京动物园 Beijing Zoo 中国历史最悠久、饲养动物最多的动物园。位于北京西直门外。明代为皇家庄园，清初为皇族私人花园，东部名乐善园，西部名继园（俗称三贝子花园）。清光绪三十二年（1906），继园和乐善园合并，收集了一些动物，称万牲园。中华人民共和国建立后，该园经全面整修扩充，辟为西郊公园。1955年改今名。占地面积近90公顷。各种动物都有专门的馆舍，如犀牛河马馆、狮虎山、熊山、猴山、鹿苑、象房、羚羊馆、长颈鹿馆、熊猫馆、海兽馆、猩猩馆、两栖爬虫馆、鸣禽馆、海洋馆、小动物园等。园中有中国特产的珍贵动物大熊猫、金丝猴、东北虎、白唇鹿、麋鹿（四不像）、矮种马、丹顶鹤，还有来自世界各地有代表性的动物，如非洲的黑猩猩、澳大利亚的袋鼠、美洲豹、墨西哥海牛、欧洲野牛、法国狮虎（即父为狮、母为虎的杂交后代）等，共有动物500多种、5 000余只。两栖爬虫馆分上下两层楼，展出世界各地的爬行动物。园内有小溪湖沼、假山曲径、绿林繁花以及儿童游乐园、动物活动场等。

北京工业大学 Beijing University of Technology 中国工科高等学校。属北京市。校址在北京。1960年建校。1961年北京市土木建筑工程学院、北京工业学院、北京师范大学部分专业并入。1972年，北京工商管理专科学校并入。1990年，北京联合大学经济管理学院并入。1993年北京计算机学院并入。2000年，国家建材局管理干部学院（武汉工业大学北京研究生部）、华北水利水电学院北京研究生部和北京水利电力函授学院并入。设有机械工程与应用电子技术、电子信息与控制工程、建筑工程、计算机、材料科学与工程、经济与管理、人文社会科学、软件、生命科学与生物工程、建筑与城市规划、外国语和艺术设计等学院。有培养学士、硕士和博士的教学体系；有光学、材料学等国家级重点学科及北京市重点学科。有教职工3 314人，在校生30 342人。图书馆藏书近100万册。学校占地面积80余万平方米。

北京古观象台 Beijing Ancient Observatory 中国古代天文观测台。位于北京建国门立交桥西南角。初名司天台，后称观星台，清改名观象台。20世纪30年代，中国建立现代天文台后，称此为北京古观象台。

观象台建于明正统年间，正统十一年（1446）形成以紫微殿为主的建筑群，大体有了现在所看到的规模和布局。明代在观象台陈设的天文仪器有浑仪和浑象、简仪、圭表、漏壶等7件。清代采用欧洲天文学度量制和仪器结构，制造并安装了天体仪、赤道经纬仪、黄道经纬仪、地平经仪、象限仪（地平纬仪）、纪限仪、地平经纬仪、玑衡抚辰仪8件仪器。1900年，八国联军入侵北京，观象台的天文仪器被洗劫一空，后又归还。1931年，其中明制的7件仪器迁往南京，陈列于紫金山天文台和南京博物院。8件清制仪器留在北京古观象台。从明正统初年起，到1929年止，连续从事观测近500年，在世界现存的古观象台中，保持着连续观测最久的历史纪录。观象台今为北京天文馆的一部分，并发展为古代天文博物馆。是全国重点文物保护单位。

北京广播学院 Beijing Broadcasting Institute 中国信息传播教育高等学校。2004年更名为中国传媒大学。

北京国际图书博览会 Beijing International Book Fair; BIBF 中国举办的规模最大的综合性国际图书博览会。1986年9月，首届北京国际图书博览会在北京举办。其宗旨是：向中国广大读者介绍世界各国的最新出版物，传播世界政治、经济、教育、文化和科学技术发展的最新信息，促进出版界与国际同业之间的图书贸易与合作出版业务；推动中国与各国各地区间的科技与文化交流。2002年5月，第九届北京国际图书博览会举行。此后每年举办一届。

北京航空航天大学 Beijing University of Aeronautics and Astronautics; BUAA 中国具有航空航天特色和工程技术优势的多科性高等学校。简称北航（Beihang University）。校址在北京。1952年建校，初名北京

北京航空航天大学新主楼

航空学院，由清华大学、北洋大学等8所院校的航空系科组建而成。1988年改现名。学校曾研制成功探空火箭、无人驾驶飞机、轻型客机等飞行器，推动中国航空器自行设计的发展。设有材料科学与工程、电子信息工程、自动化科学与电气工程、能源与动力工程、计算机、经济管理、理学与系统科学、人文社会科学（公共管理）、宇航、飞行、法学、软件、高等工程、中法工程师、新媒体艺术与设计等院系。有培养学士、硕士和博士的教学体系。有国家重点学科和国家级重点实验室等。

北京交通大学 Beijing Jiaotong University 中国以工科、管理科类为主的高等学校。属教育部。校址在北京。前身是1909年由清政府邮传部创办的铁路管理传习所。1917年改为铁路管理学院。1921年为交通大学北京学校。1923年改称北京交通大

学。1938年曾相继迁湖南贵州四川等地办学。1946年迁回北京复校。1950年称北方交通大学北京铁道管理学院。1952年改名北京铁道学院。1970年复名北方交通大学。2000年北京电力高等专科学院并入。2003年复名北京交通大学。设有电子信息工程、计算机与信息技术、经济管理、交通运输、土木建筑工程、电气工程、理学、人文社会科学、软件、远程与继续教育等学院及建筑与艺术系和物流研究所。有培养学士、硕士和博士的教学体系，有国家重点学科和研究所等。

北京烤鸭 Beijing roast duck 中国北京传统名菜。以北京填鸭（见**北京鸭**）为主料烤制而成。特色是色泽红润，皮脆肉嫩，腴美醇香。有多种吃法，通常是将烤熟的鸭子，趁热片成片，蘸甜面酱，加葱白、黄瓜条，用特制的荷叶饼卷着吃；也可将酱油和蒜泥拌匀，同烤鸭肉一起用饼卷着吃，喜食甜的，可以蘸白糖吃；用空心芝麻烧饼夹烤鸭肉吃，味道也极佳。片净肉的鸭骨架还可以加白菜、冬瓜熬汤，别有风味。

北京烤鸭已有约300年的历史，而烤鸭的历史则更为悠久。从宋朝到元朝的古籍中，都有关于炙鸭、烧鸭（均为烤鸭）的文字记载；到了明朝，烤鸭成为宫廷美味之一。不过那时的烤鸭是用黑色羽毛、体型瘦小的南京湖鸭烤成，称为金陵片皮烤鸭。北京烤鸭的产生，同北京填鸭的养

殖成功分不开。用北京填鸭烤出的鸭子，其鲜美程度远远超过以往的各种烤鸭，被称为北京烤鸭。到了清朝，在北京专门经营烤鸭的饭馆已有几十家，比较著名的有便宜坊、全聚德、六合坊、金华馆等，并有焖炉烤、叉烧烤和挂炉烤等不同的烤制方法。

北京理工大学 Beijing Institute of Technology 中国多科性工科大学。属国防科学技术工业委员会。校址在北京。其前身是1940年创办的延安自然科学院。1946年1月更名为晋察冀边区工业专门学校。1948年10月，与北方大学工学院合并，成立华北大学工学院。1950年9月，中法大学本部数、理、化3个系并入。1952年1月更名为北京工业学院。1988年定名为北京理工大学。

设有十多个学院及西山分校、秦皇岛分校和良乡校区（占地200万平方米）、珠海校区（占地333万平方米）。有培养学士、硕士和博士的教学体系。有国家重点实验室、国家重点学科点专业实验室和对外开放实验室等。

北京料器 Beijing glassware 中国北京传统手工艺品。料器指以玻璃料条制成的工艺品，先在北京行业内通行，后普及全国，沿袭至今，为中国玻璃艺术品的同义词。玻璃料从山东博山（原颜神镇）购买，低温熔软后，制成生肖、瓜果等陈设玩物。

鱼藻烟壶（清）

其历史可能始于元，至清大发展，重要贡献是套料的发明。套料是在白玻璃地上套贴彩色玻璃图案，以套一彩者为主，套二彩以上的称“兼套”，还有彩色玻璃地套彩玻璃者，图案均经碾琢而成。据赵之谦《勇卢闲诘》，套料始于清康熙，乾隆年间盛行，国外称为“乾隆玻璃”。晚清，创制在透明料鼻烟壶内壁绘画各种图案的内画壶。2008年被列为国家级非物质文化遗产。

北京评书 中国曲艺曲种。流行于以北京为中心包括东北的北方广大地区，采用以北京语音为标准音的普通话徒口讲说表演。约形成于清代初年。相传第一代艺人为王鸿兴。后来逐渐流传到天津、河北、辽宁、吉林、黑龙江等地。自清末以来，出现了**双厚坪**、潘诚立、王杰魁、陈士和、**连阔如**、袁阔成、单田芳、刘兰芳、田连元、连丽如等影响较大的艺人和演员。

北京评书的节目形态主要体现为长篇连说的形式，脚本的文学性要求比较高。一部长篇评书常常包括几个大段落，俗称“柁子”，每个柁子围绕一个中心事件讲述；一个柁子又分为几个“梁子”，每个梁子都有一个故事高潮。一个梁子之中又分为若干个“扣子”，扣子是指扣人心弦的悬念性内容。评书艺术的基本要素是结扣子和解扣子，即经营扣子。所进行的讲说叙述技巧，又叫“笔法”，有所谓的正笔、倒笔、插笔、伏笔、暗笔、补笔、惊人笔等。

北京评书讲说表演的语言运用灵活多

袁阔成表演评书

样，以说书人的语气和口吻进行叙述叫“表”；摹拟书中人物的言谈叫“白”；评骘书中人物的行为与思想叫“评”。常用的具体说表技巧，主要有四种：①“开脸儿”。描绘人物形象。②“摆砌末”。交代书中人物活动场所背景。③“赋赞”。以爱憎分明的态度和饱含情感的语言描绘人物或景物。④“垛句”，也叫“串口”。采用排比性的叠句式叙述，对所述内容进行浓墨重彩的渲染和夸张。

北京评书的传统书目约有40余部。题材内容包括历史袍带书、侠义短打书，以及神怪书等。中华人民共和国建立后，出现了根据长篇小说编演的新书。

北京谱仪 Beijing Spectrometer; BES 工作在中国**北京正负电子对撞机**（BEPC）上的大型磁谱仪。1988年建成，能量覆盖范围为2～5吉电子伏，运行在粲夸克偶素、粲夸克和τ轻子能区。谱仪性能先进，对撞机亮度较高，运行后取得了一批重要成果，

北京谱仪外观

如τ轻子质量的精确测量和R(e^+、e^-产生强子截面与e^+、e^-产生μ子对截面的比值）值扫描分别对国际高能物理界关注的轻子普适性是否成立，黑格斯粒子质量上限是多少等重大问题，给予了及时的回答。此外，在J/ψ、ψ(2s)、D_s介子及τ子的研究方面也做出了具国际前沿水平的工作。北京谱仪小组是一个国际性的合作组，由中国、美国、英国、日本、韩国等国的20多个研究所、高等院校的200多位物理学家组成。

北京琴书 中国曲艺曲种。流行于北京、天津和河北省邻近北京东南的部分地区。由清代道光年间（1821～1850）流行于河北安次（今廊坊）一带及北京南郊农村中的鼓书说唱形式五音大鼓发展演变而来。20世

纪初期传入北京和天津，原为一人用大三弦自行伴奏说唱表演，30年代翟青山在天津的电台演播时，约请魏德祥用扬琴伴奏，称为“单琴大鼓”，又称“单琴调”或“琴书”。40年代关学曾在北京改用北京语音表演。表演形式逐渐固定为一人左手持铁片敲击，右手执鼓槌击书鼓演唱，间有说白，称为“过口白”，另有人以扬琴和四胡等乐器伴奏。1951年定名为北京琴书。定型后的北京琴书名为“琴书”实为唱曲。唱腔曲调为板腔体，常用板式有慢板和垛板。从业人员不多，至20世纪末期，比较有成就的年青一代演员有肖四北等。

《北京人》 *Peking Man* 中国话剧作品。作者曹禺，写于1940年秋。1941年10月由中央青年剧社首演于重庆。导演张骏祥。

全剧3幕。写旧北京一个典型的没落封建世家的家庭生活。以一群“耗子”式的灰色小人物的悲剧，透露出千疮百孔的封建大家庭行将崩溃的场景。充分展示了新旧交替时代中一系列性格鲜明生动的人物。虽然是一个描写“家庭琐事”的剧本，却寓意深沉，富于哲理，在戏剧结构和场面描写上体现了一种“浓入而淡出”的韵味。

北京人民艺术剧院 Beijing People’s Art Theatre 中国话剧团体。建立于1952年6月12日。曹禺为首任院长，焦菊隐任第一副院长、总导演及艺术委员会主任。于是之曾任院长。

剧院长期以来拥有一批享誉全国的优秀话剧艺术家，如焦菊隐、欧阳山尊、舒绣文、刁光覃等。他们以艺术上的精深造诣赢得了广大观众的喜爱，为剧院的成长及艺术风格的形成奠定了基础。50多年来，剧院先后上演了近200个中外不同风格的剧目，主要有老舍的《龙须沟》、《茶馆》，曹禺的《雷雨》、《日出》，田汉的《关汉卿》，苏叔阳的《丹心谱》等剧目，以及《推销员之死》等外国优秀作品。

剧院坚持现实主义创作道路，重视从中外各种戏剧流派，特别是中国戏曲传统中吸收有益的营养。经过半个世纪的实践，形成了中外观众公认的真实、深刻、质朴、含蓄以及形象生动鲜明、生活气息浓郁、舞台形象和谐统一、具有民族特色的艺术风格。

1962年，周恩来、郭沫若与《武则天》一剧的演员合影

北京师范大学 Beijing Normal University 中国以教师教育为主的综合性大学。属教育部。校址在北京。前身是1902年10月创立的京师大学堂师范馆，开中国现代高等师范教育之先河。1908年改称京师优级师范学堂，独立设校。1912年改名北京高等师范学校，1923年更名为北京师范大学，为中国第一所师范大学。1931、1952年北京女子师范大学、辅仁大学先后并入。师范学堂及其后的师大师生在五四运动、一二·九运动等爱国运动中，发挥了重要的作用。以李大钊、鲁迅、梁启超、钱玄同等为代表的一大批名师先后在这里弘文励教。形成了“爱国进步、诚信质朴、求真创新、为人师表”的优良传统和“学为人师，行为世范”的校训。

有培养学士、硕士和博士的教学体系。有国家重点学科，国家文科、理科基础科学研究和教学人才培养基地，教育部人文社会科学重点研究基地和国家级重点实验室等。

北京时间 Beijing time 中国使用的标准时间。按世界时区的划分，北京位于东八时区内，其区时为东经120°的平太阳时，而不是北京的地方太阳时（北京的经度为东经116°）。北京时间比世界时（格林尼治时间）早8个小时。当世界上的法定时间改为协调世界时（UTC）后，北京时间就变为比UTC早8个小时，与利用天文观测得到的世界时无直接关系。由于中国从西到东共跨5个时区，如各地都采用区时，国内将有5种时间，使工作和交通运输很不方便，为此国家规定全国都使用北京时间。

北京市 Beijing City 中华人民共和国首都。中央直辖市。简称京。位于中国北部偏东，华北平原北端。南北长约180千米，东西宽约170千米。周围与河北省和天津市毗邻。城区位于平原和山地交接地带。西部和北部为太行山、燕山山地，北连内蒙古高原，西邻黄土高原；东南部平畴弥望，与华北平原连成一体，东南距渤海直线距离150千米。市辖东城、西城等14区和延庆、密云2县（见表）。全市面积约1.7万平方千米。人口1 961万（2010）。在全市总人口中，汉族占96.5%；少数民族占3.5%，以回、满、蒙古族人数较多。此外有少数外国人加入中国籍后定居北京。市人民政府驻东城区。

北京市行政区划表(2010)

东城区	石景山区	通州区	怀柔区
西城区	海淀区	顺义区	平谷区
朝阳区	门头沟区	昌平区	延庆县
丰台区	房山区	大兴区	密云县

建制沿革　历史悠久，是七大古都之一。在70万年前，北京西南部房山区周口店已有猿人生息（见周口店遗址）。约六七千年前，原始农业出现，人类开始定居。商周属燕、蓟两国。燕都在今房山区境。蓟都蓟城位于今广安门附近。后蓟城成为这一地区的中心城市，亦即北京城的最早前身。秦代蓟城为广阳郡治，为秦联络东北地区之门户和边地重镇。在唐代，蓟城改称幽州，商业、手工业兴盛。五代以后，东北契丹族渐盛，建立辽政权。938年于幽州（蓟城）设陪都，名南京。10世纪初，女真族政权金先灭辽，后灭北宋，1153年正式迁都于此，改南京为中都，并置大兴府。1267年，元世祖忽必烈决定在旧中都城东北郊修建新城，名大都，又称汗八里。明初，为加强北方防御，将首都从南京迁来此地。1403年称都城为北京，这是北京城定名的由来。明朝对北京建筑精心设计规划，共分内城和外城，成现在的凸字形，基本形成现今北京城的轮廓。内城中央为皇城，即紫禁城。内城中轴线明显，街道整齐地沿中轴线平行或垂直排列，井然有序。外城街巷则为自然形成，多为曲折小巷和斜街。

1644年清朝自盛京（今沈阳）迁都北京。清代沿用明北京城，仅于紫禁城内外及西苑一带有所修建，并于城外西北郊开辟了规模空前的园林风景区，建造了号称“三

图1　元大都城墙遗址上的“蓟门烟树”碑（清乾隆年间立）

山五园”（万寿山、玉泉山、香山和畅春园、圆明园、清漪园、静明园、静宜园）的离宫建筑群。

辛亥革命后，北京一度为北洋军阀统治中心，1928年归国民党中央政府统治，改北京为北平。1949年10月1日，中华人民共和国建立，改北平为北京，作为首都。

自然条件　北京西北部山地在地质构造上属燕山台褶带，它是中朝准地台的震旦纪沉降区，燕山运动褶皱成山。经过漫长的地质时期，产生了山地和平原两种地貌形态。西部山地又称西山，属太行山脉，北部、东部山地统称军都山，属燕山山脉。东南部平原主要由永定河、潮白河、温榆河等冲积而成。山区矿产资源丰富，西山的京西煤田为全国著名煤田，东北山区的密云铁矿是重要铁矿产地，西部、北部山区的铜、金、钼、铅、锌等有色金属和萤石、滑石、石棉、耐火黏土、石灰岩等非金属矿及花岗岩、大理石等建筑材料，都有一定开采价值。平原东南部的大兴一带还有石油、天然气。

冬季寒冷干燥、夏季高温多雨，属典型的温带大陆性气候。春秋短、冬夏长，大部地区无霜期在6个月以上。年平均气温11～12℃。平均年降水量609毫米。各地气候有差异，长城以北的延庆和怀柔北部山区气温低，平原和山前地带气温较高。降水自东南向西北渐减。属海河水系。年径流总量26亿立方米。较大河流有永定河、潮白河、北运河、泃错河、拒马河等，均自西北部山地流出，经东部平原，最后汇入渤海。永定河是境内最大河流，干流长650千米，流经市境174千米，为重要水源。

经济概况　北京不仅是全国政治中心、文化中心，而且经济地位也很重要。

电子及机械制造、化学及石油化工、纺织曾作为北京工业三大支柱，三者产值占全市工业总产值的半数以上。21世纪以来的经济结构调整比较适合首都特点的发展方向，轻重工业比例逐步调整，食品、电子、轻纺工业获长足发展，轻工业比重有较大提高。对于重污染、高耗能行业作了政策性限制。高新技术产业稳步上升，中关村科技园区保持快速发展的势头。北京工业主要产业门类有：①建材。以石膏板、轻钢为主。②食品。以食品、饮料为主。③机械。主要生产机床、锅炉等。④汽车。生产各类民用及军用汽车。汽车产量在全国名列前茅。⑤石油化工。以乙烯、油品为主。⑥电子、通信。是新兴工业门类，已发展为中国大规模集成电路和计算机生产的北方中心。以生产手机、电脑为主。

北京已成为全国交通中心，铁路、公路和航空运输的总枢纽。①北京通往全国各地的主要铁路干线有京沈、京广、京沪、京包、京承、京通、京原、京九等线。有直通蒙古、俄罗斯、朝鲜等国的国际铁路线。②公路建设发展迅速。1949年公路通车里程仅389千米，2006年公路里程已达20 503千米。有京津塘（北京—天津—塘沽）和京珠（北京—珠海）等高速公路。③全国航空中心。通往国内各地的民用航空线连接80多个城市。首都机场已成为重要国际航空港，有国际及地区航线可直航亚、非、欧、美。④现已初步形成四通八达的市内交通网。

图2　北京城中轴线——天安门、故宫、景山、鼓楼一线鸟瞰

北京郊区农业逐步适应了符合城市需要、服务城市发展的生产特点。农业状况：①粮食作物。夏粮作物以冬小麦为主，秋粮作物以玉米、水稻为主。其他杂粮有谷子、高粱、大豆、薯类等。油料是京郊的主要经济作物，以花生为主。②蔬菜生产占显著地位。主要生产不耐运输和贮藏的细菜。③林业是京郊农业重要组成部分。森林资源以天然次生林为主，分布在西北部山区。人工林除经济林外，以防护林和用材林为主。有大面积果树林，干、鲜果以苹果、梨、杏、板栗、核桃为主。④郊区畜牧业以养猪占比重最大，其次是奶牛和家禽。北京鸭是世界驰名的优良品种。

北京市郊区可划为10大农业区：①中山林果区。方向是发展林业和干鲜果品。②中低山林粮牧区。以林为主，粮牧为辅，兼营果业。③延庆盆地粮果牧区。以粮为主，油、果、牧多业综合经营。④门头沟矿区低山果林区。以林为主，以果为辅，兼营畜牧和农业。⑤低山果林区。以林为主，以果为辅，兼营农牧，发展旅游。⑥山地平原过渡带粮果区。以种植业为主，果林为辅，兼营畜牧。⑦平原粮牧区。以粮为主，畜牧为辅。⑧平原粮经牧区。以粮为主，粮油并重，兼营畜牧和其他。⑨平原稻菜牧区。粮、奶、菜、肉、蛋、果综合发展。⑩近郊平原菜牧区。蔬菜为主，农牧为辅。

文教科技　北京文化教育事业历史悠久，基础较厚。清光绪二十四年（1898）创办的京师大学堂（民国改北京大学）是中国最早的近代型高等学府之一。1902年创办的京师大学堂师范馆（今北京师范大学）、1911年创办的清华学堂（后改清华大学）及燕京大学、辅仁大学等，均为全国及世界著名高等学府。20世纪50年代以来，北京教育事业获全面、迅速发展。西北部的海淀区是高校集中地区，自中关村、清华园至学院路一带，已具大学城的轮廓。

北京又是全国科技中心。有各类科研机构540所。科学工作者50多万人。由于中国科学院、中国社会科学院所属科研机构大多设在北京，同时国务院各部委在京亦建有研究机构，共同构成中国科研事业的中坚，在多数领域保持领先地位，代表国家科研水平。在学术方面承担全国性组织与协调工作，是不少学科的信息中心、测试中心和研究中心。

北京文化事业繁荣发展。有各类公共图书馆24个。北京图书馆，1998年更名为中国国家图书馆，该馆藏书量居全国之首，也是亚洲第一大图书馆。北京有博物馆33座，影院62座，文化馆和群众艺术馆21座。建有奥运村。

名胜古迹　北京历史悠久，名胜古迹众多，主要有皇家建筑、宗教庙宇、革命遗址等。现有全国重点文物保护单位24处，市级重点文物保护单位165处。其中故宫、天坛、北海、天安门、中山公园、景山、颐和园、香山、明十三陵、八达岭长城、新华门、周口店北京人遗址及展览馆等名胜古迹，均为举世闻名的游览胜地。北京旧城是世界上现存规模宏大保存完整的古城之一。其南北中轴线上的主要建筑、高大城楼、典型街区、四合院群仍保存较完好，为珍贵历史文化遗产。

北京是富于革命传统的城市。近代以来，许多伟大的革命家在此从事革命活动，许多震撼中外的革命运动爆发于此，至今保留有革命遗址多处。天安门广场是大规模革命运动的中心广场，五四运动、开国大典均在这里举行。沙滩红楼是北京大学旧址，李大钊、毛泽东等曾在此留下光辉史迹。阜成门内鲁迅故居是鲁迅1924～1926年的住所。铁狮子胡同为北洋总统府所在地，1926年三一八惨案发生于此。卢沟桥为震惊中外的1937年七七事件爆发地。

北京首都国际机场 Beijing Capital International Airport 中国最大的航空枢纽。中国民航1950年开辟国内、国际航线时，使用北京西郊机场。1954年择址顺义县天竺乡建北京首都国际机场，1958年3月1日正式使用。此后经过若干次改、扩建，规模不断扩大。机场距市中心25千米，占地23平方千米。有候机楼3座，面积分别为33.6万平方米、7.8万平方米和98.6万平方米，设计年旅客吞吐量7 600万人次。3条跑道，2条长3 800米、1条长3 200米。有70多家国内外航空公司的飞机起降，国际、国内航班通达200多个城市，有市内至机场的轻轨铁路和高速公路。

北京首都国际机场停机坪

北京太庙 Beijing Imperial Ancestral Shrine 中国明清两朝的皇家祖庙。位于北京天安门至午门间大道的东侧，是明清两朝祭祀本朝已故皇帝的地方。始建于明永乐十八年(1420)，明嘉靖二十四年(1545)重建成现在的面貌。它是历史上唯一保存下来的太庙建筑。1950年改为北京市劳动人民文化宫。

太庙有二重围墙，平面呈南北长矩形。南面并列三座琉璃门，门内有金水河通过，跨河有七座单孔石桥。金水河北为太庙主体建筑，有内围墙环绕。它的南门称戟门，戟门内在中轴线上布置前殿、中殿、后殿三座大殿，殿宇均为黄琉璃瓦顶。前殿和中殿建在一个三层的土字形汉白玉石台基座上。前殿是皇帝祭祀时行礼的地方，殿前有月台和宽广的庭院，东西两侧各建配殿十五间，分别配飨有功的皇族和功臣。中殿供奉历代帝后神位，中殿东西两侧各建配殿五间，用以储存祭器。后殿供奉世代久远而从中殿迁出的帝后神位。

现为北京市劳动人民文化宫的太庙

在太庙总体设计中，以大面积林木包围主建筑群，并在较短的距离安排多重门、殿、桥、河来增加入口部分的深度感，以造成肃穆、深邃的气氛。大殿体积巨大，坐于三层台基之上，庭院广阔，周围用廊庑环绕，以取得雄伟气氛。

北京体育大学 Beijing Sport University 中国体育高等学校。属国家体育总局。校址在北京。1953年建校，原名中央体育学院。1956年更名为北京体育学院，1993年改现名。设有研究生院、竞技体育学院、武术学院、管理学院、运动人体科学学院、足球学院、外语系、体育艺术系；竞技体育运动学校和中等体育运动学校等。有培养学士、硕士和博士的教学体系；有国家重点学科和市、部级重点实验室等。

建校以来，学校培养了一大批为国家作出突出贡献的教师、教练员、科研人员、运动员和高级管理干部等体育人才。

北京天文馆 Beijing Planetarium 中国第一座天文馆。位于北京西直门外。总建筑面积2.35万平方米，包括旧馆和新馆两部分。旧馆1957年9月建立。主体建筑是直径23.5米象征天穹的天象厅，内有大型天象仪，并辅以多个光学投影器，可进行各种天象模拟表演。旧馆还包括天文展厅、学术报告厅和大众天文台等附属建筑设施。新馆2004年12月建成开放。总建筑面积2万平方米，包括数字宇宙剧场、4D科普剧场、3D动感剧场、太阳科学厅、太阳观测台、大众天文台及多媒体天文教室、天文书店等公共参观和服务设施。通过人造星空模拟表演，举办天文知识展览、组织大众进行天文观测等形式向公众宣传普及天文学知识。

北京天文馆除常年对公众开放外，经常或不定期举办天文知识讲座、教学、竞赛等，以培养青少年天文科技人才。该馆还编辑出版《天文爱好者》和《天文普及年历》等刊物。

在北京建国门立交桥西南的**北京古观象台**是北京天文馆的一部分。原是明清两代的皇家天文台，现辟为天文遗址陈列馆。

天文馆光学天象厅全景

北京天文台 Beijing Astronomical Observatory 全名中国科学院北京天文台。建立于1958年。2001年4月并入中国科学院国家天文台，为国家天文台总部所在地。位于北京市朝阳区。拥有兴隆、怀柔和密云三个观测基地，装备有2.16米光学望远镜、多通道太阳磁场望远镜、米波综合孔径射电望远镜、1.26米红外望远镜以及一些中小望远镜，并配备有先进的探测器。主要研究方向是天体物理，包括恒星、太阳、星系和宇宙学、天文地球动力学等。

《北京条约》 *Treaty of Beijing* 中国清政府与英、法、俄在北京签订的结束**第二次鸦片战争**的条约。1860年10月24日、25日，恭亲王奕訢分别与英国政府全权代表J.B.额尔金、法国政府全权代表J.B.L.葛罗签订中英、中法《北京条约》。

北京条约的主要内容有：①开天津为商埠。②准许英、法招募华工出国。③割让九龙司给英国。④退还以前没收的天主教资产。法方还擅自在中文约本上增加："并任法国传教士在各省租买田地，建造自便"。⑤赔偿英、法军费各增至800万两，恤金英国50万两，法国20万两。俄国自以调停有功，逼迫奕訢于11月14日订立了中俄《北京条约》，割占乌苏里江以东约40万平方千米的中国领土，并为进一步掠夺中国西部领土制造条约根据。北京条约的签订，不仅使外国资本主义的侵略势力由东南沿海进入中国内地，而且中国社会进一步半殖民地化。

北京图书馆 National Library of China 中国国家级综合性研究图书馆。1998年12月12日经国务院批准，更名为国家图书馆，对外称**中国国家图书馆**。

北京外国语大学 Beijing Foreign Studies University 中国培养外语专门人才的高等学校。属教育部。校址在北京。前身是成立于1941年的抗日军政大学第三分校俄文大队。1949年后，命名为北京外国语学校，由外交部领导，1954年更名为北京外国语学院，1959年北京俄语学院并入。1980年学校改由教育部领导，1994年改现名。著名学者如王佐良、许国璋、周钰良等曾在这里弘文励教。

设有英语、俄语、高级翻译、国际商学、中国语言文学、法学、亚非、欧洲语言文化、哲学社会科学、国际关系、继续教育、网络教育、培训等学院，德语、法语、日语、阿拉伯语、西班牙语、大学英语等系部，外国语言文化研究院、中国外语教育研究中心、日本学研究中心等研究机构。在本科生中开设英、俄、法、德、日等40多种外国语。有培养学士、硕士和博士的教学体系；有国家级重点学科和人文社会科学重点研究基地等。学校占地面积31万平方米。有教职工1 477人。在校学生近7 000人。图书馆藏书100余万册，中外文报刊1 200余种。学术刊物有《外语教学与研究》、《外国文学》等多种。

北京舞蹈学院 Beijing Dancing Academy 中国艺术类高等院校。前身为北京舞蹈学校。1954年9月6日成立。首任校长戴爱莲。1964年分为北京芭蕾舞学校和中国舞蹈学校。戴爱莲与陈锦清分别任两校校长。1959年在该校建立了北京舞蹈学校实验芭蕾舞团，后来成为中央芭蕾舞团的前身。1978年10月改建为北京舞蹈学院，首任院长陈锦清。1980年后，舞蹈院校先后设置表演、教育、编导、史论、表演、舞蹈编导和舞蹈学等专业。1999年起招收舞蹈学硕士研究生。

教学机构设有中国民族舞剧系、中国民族民间舞系、芭蕾舞系、编导系、舞蹈学系、社会音乐舞蹈系、社会科学部、音乐部、成人教育部等。2001年，增设了艺术设计系、音乐剧系、艺术传播系；社会音乐舞蹈系改为社会舞蹈系，成人教育部改为继续教育学院。著名舞蹈家戴爱莲、盛捷、贾作光、彭松、李正一、唐满城、许淑英、李承祥等先后在校执教。

多年来，北京舞蹈学院不仅完成教学任务，而且上演了诸多世界芭蕾舞剧名作，创作、演出了一大批优秀的舞蹈作品，其中有舞剧《宝莲灯》、《鱼美人》；舞蹈《春江花月夜》、《鄂尔多斯》、《新婚别》、《黄河》、《木兰归》、《残春》、《黄土坡》、《踏歌》、《秦俑魂》、《扇舞丹青》、《风吟》和《也许要飞翔》等。

北京西什库教堂 Beijing Xishiku Catholic Church 中国天主教教堂。又称北堂。原位于北京中海西畔蚕池口，后迁至西安门内西什库，故名。始建于康熙三十八年（1699），四十二年落成。教堂匾额“万有真源”为康熙亲撰。教堂长25米，宽11米，高11米，原名为“救世主堂”。道光十七年（1827）清政府下令拆除，咸丰十年（1860）教堂原址又归还教会，重新修堂。光绪十三年（1887）教堂迁今址后规模扩大，大堂长83米，宽20米，高22米。

北京协和医学院 Peking Union Medical College 中国医科高等学校。校址在北京。前身是私立北京协和医学院，由美国洛克菲勒基金会于1917年创办。1920年协和医学院开设了以培养高级护理人才为主的护士学校。1951年1月中国政府接管了私立协和医学院，同时更名为中国协和医学院。1957年与中国医学科学院合并，名称仍为中国医学科学院，其附属医院为北京协和医院。1959年重建协和医学院，由中国医学科学院筹备，恢复长学制办学特色，更名为中国医科大学。1978年改为由卫生部和教育部双重领导的八年制全国重点医科大学，更名为中国首都医科大学。1985年改名为中国协和医科大学。2006年9月又改名北京协和医学院。

设有研究所、学院和临床医院（北京协和医院、阜外心血管病医院、肿瘤医院、整形外科医院、血液病医院、皮肤病医院）等。其八年制临床医学专业始终实行招生人数少、分段教学、导师制等独特的培养模式。有培养学士、硕士和博士的教学体系；有十余个全国高等学校医学重点学科点和若干个国家级重点实验室，多个部委级重点实验室及国家级研究基地和中心。图书馆藏书50余万册。出版物主要有《中国医学科学院学报》、《中国医学科学杂志》（英文版）等。

《北京宪章》 *UIA Beijing Charter* 1999年国际现代建筑协会成立50周年，在中国北京召开世界建筑师第20次代表大会上通过的大会会议文件。

现代科学技术和生产力的大发展，经济、技术的全球融合，促使了城市化和建设规模的快速发展，但也造成了生态环境、土地资源和历史文化遗产保护与地方文化发展的巨大压力。新世纪建筑发展迫切需要回答发展方向问题。《北京宪章》认为，现代建筑学与城市规划应该回归到建筑的本原，从功能、形式范畴研究建筑转向面对社会，关怀人文，正视环境，以多学科的知识内涵，多专业、综合地研究建筑、人居环境的社会性和可持续发展问题。

《北京宪章》主张走“广义建筑学”的道路，从发展中寻求适合各地条件的途径；以人与自然的协调，人文与技术的结合，以及建筑、地景、城市规划的综合，塑造可持续发展和优美的人居环境，并以此来发展一种涵盖建筑环境全部内容的知识体系。中国是世界上最大的发展中国家，也是城市化规模最大的国家。《北京宪章》总结了中国城市规划和建设的经验，将对新世纪世界建筑的发展产生重大影响。

北京鸭 Beijing Duck 肉用型鸭品种。原产中国北京郊区，已有近300年饲养历史。今已传至欧美许多国家。具有生长快、繁殖率高、适应性强和肉质好等优点。体型

较大，挺拔美观。头大颈粗，体宽、胸腹深、腿短，体躯呈长方形，前躯高昂，尾羽稍上翘。公鸭有钩状性羽，两翼紧附于体躯。羽毛丰满，纯白色。性情温驯，易肥育，对各种饲养条件均表现较强的适应性。成年公鸭体重3～4千克，母鸭2.37～3.5千克，5～6月龄开始产蛋，年产蛋210～220个，蛋壳白色，受精率约90%以上，受精蛋孵化率80%～90%。饲料消耗比1∶2.4左右。为适应烤制加工北京烤鸭的需要，仔鸭肥育长期以来采用填肥方式，故又称北京填鸭。

北京医科大学 Beijing Medical University 中国自己创办的第一所专门培养医学人才的高等学校。校址在北京。前身是1912年创建的北京医学专门学校。创办初期只设医学专业。1914年成立了人体解剖室。1915年设立诊察所，开始设立门诊。同年8月附设产婆养成所，1916年设立女病房和产室。1924年1月学校改名为北京医科大学校。1927年改名为国立京师大学堂医科。1928年又改名为国立北平大学医学院。1937年抗日战争全面爆发后，学校一度停办，后复校，分在两地办学：一为设在西安的西北联合大学医学院，一为设在原址的北平大学医学院。1945年抗日战争胜利，两部分合并，改名为北京大学医学院。1950年独立建院，1952年院系调整，北京大学医学院脱离北京大学，独立建院名为北京医学院。1985年更名为北京医科大学。2000年并入北京大学，为北京大学医学部。

北京邮电大学 Beijing University of Posts and Telecommunications 中国工科高等学校。属教育部。校址在北京。1955年由天津大学电信工程系、电话电报通信和无线电通信广播两个专业及重庆大学电话电报通信专业为基础组建成立。初名北京邮电学院。1993年改为现名，成为一所以信息

科技为特色，工学门类为主体，工管文理相结合的多科性大学。

设有信息与通信工程、计算机自动化、电子工程、理学、经济管理、人文、国际、民族教育、软件、网络教育等学院。有培养学士、硕士和博士的教学体系。有通信与信息系统、电磁场与微波技术、信号与信息处理、电路与系统等国家级重点学科，以及程控交换技术与通信网国家级重点实验室。有全国最大的邮电通信专业性图书馆。

北京语言大学 Beijing Language and Culture University 中国语言文化类高等学校。属教育部。校址在北京。前身是1962年建立的外国留学生高等预备学校。1964年定名北京语言学院。1996年改北京语言文化大学。2002年改为现名。以对来华留学生

北京语言大学的外国留学生

进行汉语教学和中华文化教育为主要任务，同时承担对中国学生进行外语教学和对外汉语教学的师资培训任务。设有汉语、外国语、汉语速成、汉语进修、人文、信息科学等学院及金融系，对外汉语研究中心，语言研究所，比较文学研究所，汉语水平考试中心。有培养学士、硕士和博士的教学体系；有教育部人文社会科学重点研究基地和国家重点学科等。学校有专任教师800余名，有50余名外国专家在校任教。在校学习的外国留学生5 000余人，中国学生6 000余人。图书馆藏书80万册。出版物有《语言教学与研究》、《世界汉语教学》、《中国文化研究》等。

北京猿人 *Homo erectus pekinensis* 直立人化石。最早命名为北京中国猿人，后称北京直立人，俗称北京人。出自中国北京市周口店龙骨山的一个山洞。1921年发现此洞穴堆积，1927年起进行发掘。1929年12月，在这里发掘出第一个完整的北京人头骨，此后又发现石制品、骨角制品和用火遗迹。

北京猿人复原像

1937年七七事变爆发，周口店发掘中止。50年代后又出土若干人类化石。至今已出土属于40多个个体的人类化石，10万多件石制品和骨角制品，近百种哺乳动物化石，上百种鸟类化石，以及用火留下的大量灰层。这些发现使这里成为世界上材料最系统、最丰富的直立人遗址。北京人的发现意义重大，证明了直立人的存在，明确了人类发展的序列，为“从猿到人”的学说提供了有力的证据。周口店遗址于1961年被列为全国第一批重点文物保护单位，1987年又作为文化遗产被列入《世界遗产名录》。

北京猿人在人类进化历程中已走过很长的路，但其外貌仍保留了不少原始性状。如头骨低平、眉脊突出、面部短而吻部前伸；成年人脑子平均重1 088克，比现代人1 400克的平均值小；身材粗短，男性高约156厘米；腿短臂长，头部前倾，给人以似乎站立不稳的印象。实际上，其四肢骨已与现代人接近，能够步履稳健地直立行走。北京猿人颜面上部比较扁平，颧骨凸出，以及上门牙的后表面像煤球铲子（即铲形门齿）等特征与黄种人比较相似，与其他人种差别较大。

北京猿人主要靠采集果子、嫩芽和用石器或木棍挖植物的地下根茎为食物，有时也捕捉小动物和鹿类等大些的动物。他们从居住地附近的河滩、山坡上挑选石英、燧石、砂岩石块，采取以石击石的方法打制出刮削器、钻具、尖状器、雕刻器和砍斫器等工具，用来满足肢解猎物、削制木矛、砍柴取暖、挖掘块根等种种需要。有些学者认为，当时已会制造骨角器。北京猿人会用火，成堆的灰烬说明当时已能很好地管理火。根据伴生的动物和植物化石得知，昔日周口店一带森林茂密、水草丰盛，气候一度比今日华北温暖。北京猿人大约在50多万年前就在此洞生活，断断续续住了近40万年，大约20多万年前离开。

北京正负电子对撞机 Beijing electron positron collider; BEPC 利用正负电子对撞产生大量供高能物理研究的大型**粒子加速器**。自20世纪80年代末运行以来，亮度一直居同类**对撞机**中的领先地位（在1.55吉电子伏束流能量下的亮度为5×10^{30}厘米$^{-1}$·秒$^{-1}$）。束流能量为1～2.5吉电子伏，运行在粲夸克偶素、粲夸克和τ轻子能区。它由200米长的电子**直线加速器**（注入器）、110米长的输运线和周长240米的储存环组成。**北京谱仪**（BES）安置在储存环的一个对撞点上，探测正负电子对撞后产生的各种粒子，进行高能物理研究。

正负电子分别在直线加速器上加速到

升级改造后的北京正负电子对撞机（BEPC Ⅱ）局部

1.3～1.55吉电子伏，经过输运线分别进入储存环。在静电分离器的作用下，正、负电子束团的轨道是分离的，在储存环逐步积累和加速（高频腔提供功率）。当正、负电子束达到一定的流强和能量时静电分离器关闭，强迫正、负电子束团走同一轨道，使正、负电子发生对撞，产生大量供BES研究的物理事例。

20世纪90年代中期，BEPC Ⅱ和BES Ⅲ进行了第一次升级改造，2008年起完成了更先进的BEPC/BES升级改造。改进后的BEPC Ⅱ，对撞的亮度可提高100倍，质心系能量为2～4.2吉电子伏。

除了进行高能物理研究外，BEPC还提供了同步辐射应用研究的机会。在其储存环上引出多条同步辐射光束线，以兼容或专用方式提供束流，多年来在同步辐射的应用研究上（如材料科学、生物、凝聚态物理、微电子学等）获得许多重要成果。

北京政变 Beijing Coup 1861年中国清朝咸丰帝病死后，慈禧太后联合恭亲王**奕䜣**发动的宫廷政变。见**辛酉政变**。

北京政府 Peking Government during Warlord Period 1912～1928年由北洋军阀控制的北京中华民国政府的通称。又称北洋政府。1912年3月10日，**袁世凯**在北京就任中华民国临时大总统，**南京临时政府**迁往北京，开始了民国史上的北京政府统治时期。北京政府以北洋军队为统治支柱，与**北洋军阀**各个派系的兴衰关系密切，以时间划分，大致可分为袁世凯统治时期、皖系军阀统治时期、直系军阀统治时期和奉系军阀统治时期。

袁世凯统治时期（1912～1916） 袁世凯上台之初，政局具有明显的过渡色彩，全国政治格局表现为资产阶级革命派和北洋派的对峙。1913年初，国民党在大选中获胜，袁世凯立即指使暴徒暗杀国民党领导人**宋教仁**，挑起战争。革命党人意见纷纭，仓促中在7月发动**二次革命**，终因不敌北洋军而失败。袁世凯以及北洋集团独占了全国政权。1913年10月，袁世凯当选正式大总统，随即解散国会及省议会，先后组织政治会议、约法会议、参政院等机构，为

袁世凯在北京就任临时大总统后，与北洋将领合影

其统治服务。1914年5月1日，袁世凯废除《临时约法》，公布《中华民国约法》，实行总统制，独揽一切大权，建立个人独裁统治。

袁世凯统治时期，镇压了革命派的活动，北洋派也保持着大体一致，因而政局相对稳定，北洋政府的行政、立法、司法体制的基础多在此时奠定，公布的一些法规、条例对工商业的发展也起了一定作用。自1915年春开始，袁世凯积极筹备改行帝制。同年12月12日，宣布实行帝制，旋下令废除民国纪元，改1916年为洪宪元年。但辛亥革命之后，共和国的观念已深入人心，袁实行帝制的作为遭到全国各界的反对；同时，袁在北洋派内部排挤手握兵权、对帝制不甚积极的段祺瑞、冯国璋等人，造成北洋派内部的分裂；忙于世界大战的列强也不可能给袁以有力支持。袁世凯称帝动摇了他的统治基础。

以孙中山为代表的革命党人坚持反袁，组织了中华革命党与中华革命军，在沪、鲁、陕等地发动起义，但因内部分歧并缺乏实力，故影响不大。而进步党在全国反袁浪潮的推动下，联合西南地方势力，打出反袁旗帜，占据了主动地位。1915年12月25日，蔡锷在云南首义，发动反袁护国战争，得到全国响应，其势发展迅速。1916年3月22日，袁世凯被迫宣布取消帝制，并于6月6日病死。

袁世凯之死，结束了北洋军阀集团的大体统一局面。中心既失，兵为将有，权力分散到各路军阀手中，由此开始了群雄纷起、兵连祸结的军阀割据年代。北洋派内部分裂为皖、直、奉系，先后控制着北京中央政权。北洋派之外的各地大小军阀，如晋系、川系、滇系、桂系、黔系等，凭实力割据一方。此后，不仅中央不能控制各省，甚至省亦不能控制下属各县，军阀横行无忌，立法、行政、司法机构大多徒具形式，中央政府只能在对外关系上勉强代表国家。

皖系军阀统治时期（1916～1920） 自1916年袁世凯死至1920年直皖战争爆发，北京政府基本上为皖系军阀把持。袁世凯死后，黎元洪继任大总统，《临时约法》、国会等民主形式得以恢复，但北洋军阀实际控制着北京政局。皖系首领段祺瑞数度出任国务总理，把持着政府实权。但他不能缓和北洋派与其他派别以及北洋派内部的矛盾。部分国会议员及对段不满的派别支持黎元洪与段祺瑞对抗，引发总统府与国务院之间的“府院之争”。1917年5月，黎元洪免去段祺瑞的职务，6月又解散国会，结果为“辫帅”张勋所乘。7月间，张勋拥清废帝溥仪复辟，被段祺瑞率兵打败。其后，冯国璋出任代理大总统，段祺瑞以“再造共和”的英雄自居，继续把持北京中央政权。皖系对外出卖国家主权，依赖日本支持，对内实行武力统一，排除异己。为了独占政权，皖系废除《临时约法》，包办选举，于1918年8月成立新的国会（又称安福国会），选徐世昌为大总统。

皖系虽然控制了北京政府，但不能控制北洋各派，对非北洋系的西南军阀更是鞭长莫及。在北洋派内部，由于直、奉两系实力的扩张，与皖系发生矛盾。直系兵精械足，不甘久居人下，首先提出停止对南方军政府的战争，迎合了民众渴望和平的心理；同时，直系极力攻击皖系卖国，一时又赢得了人心。皖系控制的北京政府在1919年巴黎和会的表现，导致五四运动的爆发，使其陷于孤立境地，直系从而在政治和军事上都占据了优势。1920年7月，直皖战争爆发，直系在奉系的支持下打败了皖系。

直系军阀统治时期（1920～1924） 直皖战争后，直系先是和奉系共同控制了北京政府，但因对胜利果实分配不均，在组阁等问题上双方互相指责，矛盾愈演愈烈。1922年4月，爆发了第一次直奉战争，结果直系击败奉系，独占了中央政权。

直系首领曹锟、吴佩孚控制北京政府后，先是打着“恢复法统”的旗号，取消安福国会，恢复旧国会，逼迫徐世昌下台，于1922年6月迎黎元洪复任大总统。继之又对黎元洪“逼宫夺印”，于1923年6月赶走了黎元洪。然后高价收买国会议员“贿选”，于1923年10月让曹锟当上了大总统，使得举国哗然，丧尽民心。同时，直系继续以中央政权的名义，实行武力统一政策，激化了与各地方军阀的矛盾；并且镇压工人运动，造成1923年2月7日京汉路工人罢工被镇压的流血惨案，引发社会各界的反对。反直方面，奉系败退出关后，宣布“闭关自治”，锐意整军经武，实力大增；皖系不甘寂寞，企图卷土重来；南方的孙中山准备北伐，也在寻找盟友；由此形成了孙、皖、奉反直“三角同盟”。直系内部则因争权夺利而四分五裂，冯玉祥部自成一派，且与反直一方暗通款曲。1924年9月，以江浙战争为前奏，第二次直奉战争爆发，奉军大举进攻，直军作战不利。10月，冯玉祥发动北京政变，囚禁曹锟，直系军阀统治时期告终。

奉系军阀统治时期（1924～1928） 第二次直奉战争后，奉系抬出皖系首领段祺瑞为临时执政，实则凭实力在背后操纵、控制北京政权。此后，奉系与冯玉祥国民军系以及奉系内部均发生矛盾。郭松龄于1925年底联合冯玉祥倒奉，由于日本的干涉而失败；奉系又与吴佩孚重新携手，将冯部挤出京津地区。1926年4月，段祺瑞在内外交困中下台，北京政府由“摄政”内阁维持。

这时，南方的国民革命运动兴起，形成全国性的革命高潮。1926年7月，广东国民政府决定出师北伐。北伐军首先攻克吴佩孚部队据守的湖南和湖北，其后攻克孙传芳部队据守的福建、江西和浙江，1927年3月，进据安徽和江苏南部以及中国最大的城市上海。其后，因蒋介石和汪精卫先后进行“清党”、“分共”，使北伐中途停顿，给了北洋军阀以短暂的喘息之机。1927年6月，张作霖在北京组织安国军政府，自任大元帅，企图联合北洋各派军队继续抵抗北伐。1928年春，国民党各派达成妥协，进行二次北伐。张作霖见大势已去，遂下令退出京津，向东北收缩。他本人在回沈阳途中，被日本关东军预埋的炸弹炸死。1928年6月8日，国民革命军进入北京，北洋政府垮台，北洋军阀统治至此结束。

北京植物园 Beijing Botanical Garden 位于中国北京香山东侧，包括卧佛寺在内。1956年由中国科学院和北京市人民政府联合筹建，俞德浚任建园主任，规划面积400公顷。60～70年代由于种种原因，建园中断。80年代以后，恢复建园。1987年开放。90年代以后，建园工作加速。已建成园区200公顷，其中包括树木园、牡丹园、丁香园、碧桃园、竹园、木兰园、宿根花卉园、海

北京植物园远景

棠栂子园、绚秋苑、月季园、芍药园、梅园、盆景园、低温温室和热带展览温室，以及樱桃沟自然保护区、黄叶村景区和科普馆。2000年建成的大型展览温室，面积9 800平方米，内有四季花园、兰花凤梨与食虫植物、沙漠植物、热带雨林4个展室，展示植物4 000多种。2002年建成面积10公顷的湖区，增添了水生植物景观。北京植物园累计收集栽培各类植物约7 000种（含变种），承担着科学普及、科学研究、生物多样性迁地保护和植物资源利用推广等任务，并不断举办一些专项游园赏花活动。

北京自然博物馆 Beijing Museum of Natural History 中国自然科学类综合性博物馆。馆址在北京市天桥南大街126号。1959年10月建成开放。占地面积1.2万平方米，建筑面积2.4万平方米，展厅面积8 000平方米。该馆共有古生物、动物、植物、人类

北京自然博物馆展厅

等方面的藏品20多万件。珍贵标本有距今1.4亿年、22米长的合川马门溪龙和生活在1.8亿年前长6米、高2米的许氏禄丰龙骨架，中国唯一的恐龙木乃伊化石、已灭绝的恐鸟化石、古黄河象头骨化石、恐龙足迹和世界上迄今发现的最完整的整窝恐龙蛋等。还有包括宽尾凤蝶、中华虎凤蝶、三尾凤蝶等在内的珍贵蝶类标本，及其他各种动植物标本。还以“人之由来”为题，分别展示人类的演化进程。

北九州 Kitakyūshū 日本九州岛北端的工业城市。属福冈县。东濒濑户内海周防滩，东北隔关门海峡与本州岛下关市相望。面积485.09平方千米。人口99.74万（2003）。境内多山丘，沿海平原狭小，气候温暖湿润。1887年开发筑丰煤矿，1889年修筑门司和若松港口，1898年兴建九州和筑丰铁路，1901年建成八幡钢铁厂（新日本制铁所前身）。第一次世界大战期间，已开始形成以钢铁、煤炭、化学、矿山机械等为主的北九州工业区的轮廓，并逐步成为日本四大工业地带之一。第二次世界大战后，太平洋沿海工业地带的迅速发展，北九州在全国工业的地位有所下降。20世纪60年代以后逐渐转向以机械和电子工业为中心，并在临海地区填海造陆，开发新临海工业区。新日本制铁联合企业从八幡移至沿海的户畑一带。日本西南部水陆交通要冲，有关门铁路隧道、公路隧道、新关门铁路隧道和跨海公路大桥等7条交通线同对岸本州岛的下关市相通，与全国相连。还是同中国、朝鲜、韩国贸易的门户。设有国立九州工业大学等14所大学。周围地区分别属于濑户内海（1934）、玄海（1956）和北九州（1972）等国家公园的组成部分。

北开普省 Northern Cape 南非最大的省。首府金伯利。位于南非西北部，北界纳米比亚和博茨瓦纳，东为西北省、自由州和东开普省，南和西南接西开普省，西濒大西洋。面积361 830平方千米。人口110.4万（2010）。为南非人口最稀少的省。人口中大约一半是混血种人，黑人占30%，多操茨瓦纳语；白人占15%，多讲阿非利坎语（南非荷兰语）。大部地区地势平坦，植被稀疏，有岩石出露。奥兰治河及其支流法尔河横贯境内。气候炎热干燥。年平均气温夏季17～32℃，冬季3～18℃。年降水量大多100～300毫米，是南非降水最少的地区。主要农作物有小麦、苜蓿、棉花、花生、柑橘和葡萄。饲养羊、牛、猪、马等。主要工业有铜和金刚石开采，钨、锌、铅、石膏、石棉、铁矿石和锰提炼、机械、车辆装配、食品等。国家铁路干线交会于金伯利，连通国内主要城市，公路网连国内各地。有机场。主要旅游景点有金伯利金刚石矿废穴遗迹、麦克格瑞格博物馆、克罗宁戏院、奥赫拉比斯瀑布和大羚羊保护区卡拉哈迪跨国公园。

北榄鳄鱼湖动物园 Pak Nam Crocodile Farm and Zoo 世界最大的鳄鱼动物园。北榄，现在称沙没巴干（Samut Prakan），位于泰国首都曼谷东南28千米的北榄府境内。建于1966年。占地面积0.32平方千米。创办人是国际鳄鱼协会主席泰籍华人杨海泉。北榄地处热带，又是湄公河的出海口，是海水和河水的交汇处，适宜鳄鱼生长。在养殖场内分池饲养着泰国及世界各地的20多种、5万多条鳄鱼，其中包括南美黑种鳄、扁鼻鳄、尖嘴鳄、中国扬子鳄等。鳄鱼池

驯鳄表演

是砖砌长方形露天建筑，中间是椭圆形的水泥平台，平台与池墙中间有30多厘米深的水。在遍植椰树的养殖场内，游客可在天桥上或池边的石阶上观看驯鳄人捕鳄、驯鳄、斗鳄等表演。园内有饲养鳄鱼的湖泊，游客可观赏到各种鳄鱼的生活习性。

北凉 Northern Liang 中国古代十六国之一。卢水胡（或作匈奴族）酋长沮渠蒙逊所建。都张掖（今属甘肃）。盛时有今甘肃西部及青海、宁夏、新疆各一部。历2主，共39年。

北凉世系表

①太祖武宣王沮渠蒙逊（401～433）	——②哀王沮渠牧犍（433～439）

397年后凉进攻西秦战败，吕光杀死从征的部下沮渠罗仇兄弟，罗仇侄蒙逊以会葬为名，与诸部结盟起兵反抗吕光，并与从兄男成推后凉建康（今甘肃高台西北）太守段业为凉州牧、建康公。399年段业入据张掖，自称凉王。401年段业杀男成，蒙逊以此起兵，攻破张掖，杀段业，自称大都督、大将军、凉州牧、张掖公，建国北凉。412年十月蒙逊迁都姑臧，称河西王。421年蒙逊灭西凉。433年四月，蒙逊死，子牧犍（亦作茂虔）继位。439年北魏大军围攻姑臧，牧犍出降，北凉亡。蒙逊弟无讳等率残余势力西走，后立国于高昌，460年为柔然所灭。北凉沮渠氏联合境内汉族大姓势力，以郡县方式管理人民，征发赋役。又大兴佛教，译经造像。还不时与刘宋互通使节，使河西与江南的文化交流得以继续保持。见十六国“后秦、魏、南凉、北凉、南燕、西凉、夏、西秦、北燕图”。

北流市 Beiliu City 中国广西壮族自治区辖县级市。位于自治区东南部，与广东省毗邻。面积2 457平方千米。人口136万（2010），有汉、壮、瑶、苗、回、布依、仫佬等民族。秦属象郡地，汉属合浦县地。

勾漏洞入口“勾漏洞天”巨幅壁题为唐末所刻

南朝齐永明六年（488）置北流郡，以境内北流江得名，梁废郡为县。1994年撤县设市。由玉林市代管。矿藏有铁矿、黄金、白银、铅、锌、石灰岩、高岭土、花岗岩等。盛产水稻、大豆、黄红麻、甘蔗、木薯、八角、水果、鸭塘鱼等。工业有化肥、机械、食品、罐头、陶瓷等。古迹有勾漏石刻、天门关、景苏楼、

岭垌窑址、铜石岭冶铜遗址、孔庙等。

北仑港 Beilun Port 中国浙江省宁波港港区之一，中国天然深水良港。位于甬江口外金塘水道南岸，属海岸港。因附近有北仑山得名。港口水域面积在80平方千米以上，深水岸线达121千米，外有大榭岛、梅山岛和穿山岛环抱，内依滨海平原。航道条件优越，平均水深20米，10万吨级海轮可自由进出。港区已建成万吨级以上泊位24座，其中包括中国最大的10万吨、20万吨级进口铁矿石装卸码头和25万吨级原油码头，第五代、第六代国际集装箱专用码头，以及一个能储存50万吨矿石的堆场。港区深水泊位群吞吐能力已超过1亿吨。年货物吞吐量6 000万吨。

北马里亚纳群岛 Northern Mariana Islands 北太平洋西部美国的自由联邦。全称北马里亚纳群岛自由联邦。地处北纬12°～21°、东经144°～146°之间。面积477平方千米。人口8.87万（2009年7月估计），当地居民主要为查莫罗人和加罗林人，另有少数西班牙人、德国人和日本人。20世纪80～90年代，随着外籍劳工的大量涌入，菲律宾人成为当地最大的族群，华人华裔则成为当地第三大族群。居民主要信奉天主教。官方语言为英语。首府塞班。

全境由南北纵列的14个火山岛和珊瑚礁组成，其中塞班岛、提尼安岛、罗塔岛等8个岛礁有常住居民。阿格里汉岛的阿格里汉火山为群岛最高点，海拔965米，最近一次喷发为1917年。属热带气候。7～10月为雨季，2～4月为旱季，8～9月多飓风。年平均气温27℃，平均年降水量约1 800毫米。最北端的岛屿雨量较少。北部各火山岛地势陡峻、土壤贫瘠、植被稀疏。南部岛屿的石灰岩台地上分布有热带雨林或灌木丛。

北马里亚纳群岛很早就已经成为密克罗尼西亚人的家园。1521年葡萄牙航海家F.de麦哲伦发现后，1668年被西班牙占领。1899年西班牙将其卖给德国。第一次世界大战后被日本占领。第二次世界大战期间被美军攻占。联合国于1947年将其交给美国托管，与帕劳、密克罗尼西亚、马绍尔群岛一起构成美国太平洋岛屿托管地的4个政治实体。1975年同美国签署了《自由联邦条约》，根据该条约在政治上同美国合并，享有一定内政自主权，外交、国防由美国负责。1986年11月美国宣布北马里亚纳为美国的自由联邦。1990年12月联合国安理会通过终止部分太平洋托管领土托管协定的决议，结束北马里亚纳托管地位，正式成为美国的一个自由联邦。

1978年1月起实施自由联邦宪法，地方政府实行行政、立法和司法三权分立。国家元首是美国总统，由总督和副总督主

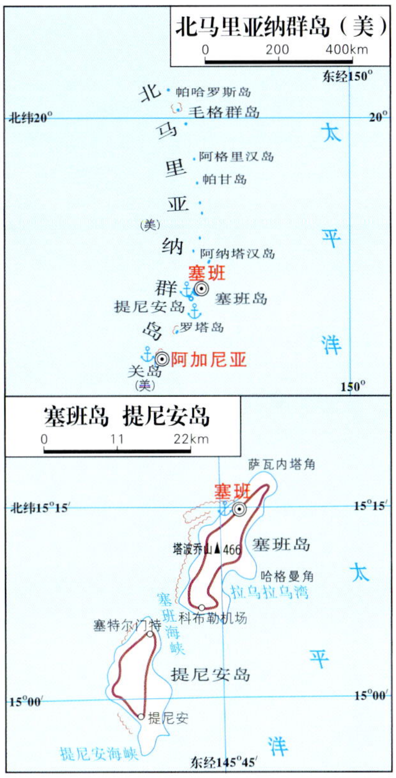

持政府。议会分参、众两院。在华盛顿设有代表处。主要党派为民主党和共和党。

经济原以农业为主，主要生产咖啡、可可豆、水果和烟草等。石灰岩台地上适合放牧肉牛。渔业资源丰富，主要由日本、韩国等国的渔船按有关协定捕捞。成为美国的自由联邦后，利用零关税的地位，从菲律宾和中国引进大量外籍劳工，建立了面向美国市场的服装加工等劳动密集型部门。主岛塞班岛是西太平洋地区主要的海岛风光游览地，旅游业已经成为当地最重要的经济部门、现金收入的主要来源。塞班岛上约有一半人口从事旅游业。海上交通方便，塞班、罗塔和提尼安3个岛上都有港口。有机场。出口以热带经济作物和肉牛为主，大部分工业品和食品需要进口。财政依赖于美国政府援助。通用美元。2008年国内生产总值9亿美元。

有中小学28所，其中14所私立学校。大学1所。出版《马里亚纳观察家》等周刊及《马里亚纳面面观》等4种报纸。有4家广播电台和2家电视台，1家互联网服务供应商。

北美独立战争 War of Independence in North America 1775～1783年英属北美13个殖民地反对英国殖民统治、争取民族独立的革命战争。七年战争结束后，英国加强对北美殖民地的统治和掠夺，限制殖民地工商业的发展，宗主国与殖民地之间的矛盾日益尖锐。1774年9月5日，除佐治亚外，12个殖民地的代表会议选派56名代表在费城召开第一届大陆会议。会议通过宣言，并建立大陆协会。新英格兰的人民组织了民兵。列克星敦和康科德的战斗揭开了独立战争的序幕。在北美殖民地爆发武装起义的形势下，第二届大陆会议于1775年5月在费城召开，决定组成大陆军，任命G.华盛顿为总司令。北美独立战争全面展开。列克星敦和康科德战斗后，大陆军远征加拿大。1775年11月12日占领蒙特利尔。1776年初进攻魁北克失利，最后退出加拿大。在波士顿，英军被围困达11个月之久，并于1776年3月被迫撤出。6月，大陆军在南方击退英军对南卡罗来纳的查尔斯顿的进攻，粉碎英军在南方建立基地的企图。大陆会议于1776年7月4日通过了《独立宣言》，正式宣布13个殖民地独立。1776年8月，W.豪接替T.盖奇任英军统帅，以3.2万兵力进攻纽约，并于9月15日占领纽约城。1777年9月26日，英军占领费城。华盛顿被迫率军退守费城附近的瓦利福奇过冬。在战争第二阶段，大陆军以攻击孤立的敌军支队的战术来摆脱所处的被动境地。1776年圣诞之夜偷袭特伦顿的黑森雇佣军，1777年1月3日击溃在普林斯顿的英军3个团。B.圣莱杰部在莫霍克谷遭民兵袭击，退回加拿大。J.伯戈因部沿尚普兰湖北上，到达哈得孙河上游。在1777年9月19日和10月7日弗里曼农庄的两次战斗中惨败，10月17日伯戈因率6 000英军携大量辎重投降。1778年接替豪任英军统帅的H.克林顿在南方发动攻势。1780年5月攻陷查尔斯顿。但在金山地区考彭斯和吉尔福特两地受到重创。

1781年4月大陆军开始战略反攻。N.格林率领大陆军南下转战南卡罗来纳，迫使英军退守海岸线一带。华盛顿制定了从陆上和海上协同围歼英军的计划。华盛顿说服法国海军司令F.J.P.德格拉斯伯爵将法国28艘战舰由西印度群岛调来，进入切萨皮克湾。华盛顿部大陆军和J.-B.-D.de罗尚博部法军在弗吉尼亚与拉法耶特部大陆军会合，包围约克镇。1781年10月19日，8 000名英军投降。约克镇战役之后，英国议会被迫赞成议和，战争事实上停止。1783年9月美英签订了《巴黎条约》，英国正式承认美国独立。

独立战争的胜利，为美国资本主义的发展扫清了道路，也推动了18世纪后期的欧洲各国的资产阶级革命。

北美红杉 *Sequoia sempervirens*; redwood 裸子植物门杉科红杉属的一种。又称长叶世界爷、红杉。原产美国加利福尼亚海岸。中国上海、杭州和南京有引种栽培。常绿大乔木，在原产地可高达110米，胸径达8米。树皮红褐色，纵裂，厚达15～25厘米。枝条水平开展，树冠圆锥形。主枝的叶卵状矩圆形，侧枝的叶条形，基部扭转成二列。雌雄同株。雄球花卵形，单生枝顶或叶腋；

雌球花生于短枝顶端。球果卵状椭圆形或卵圆形。种鳞盾状，顶端有凹槽，中央有一小尖头。种子椭圆状矩圆形，两侧有翅。

北美洲 North America 全称北亚美利加洲。位于西半球北部，东、西分别濒临大西洋和太平洋，北濒北冰洋，西北隔白令海峡与亚洲相望，南隔加勒比海、巴拿马运河同南美洲为邻。除西南侧外，大陆岸外岛屿众多，特别是北侧和东北岸外有不少大岛。格陵兰岛为世界第一大岛，巴芬岛面积居世界第五位，其他大岛有维多利亚岛、埃尔斯米尔岛、纽芬兰岛等。大陆东南的西印度群岛由巴哈马群岛和大、小安的列斯群岛组成。大陆西侧岛屿主要偏于西北岸外，有阿留申群岛、亚历山大群岛、温哥华岛等。全洲面积2 422.8万平方千米，约占世界陆地面积的16.2%，仅次于亚洲和非洲。岛屿面积410万平方千米，占全洲总面积16.9%。

北美洲共有37个国家和地区，其中独立国家23个。总人口5.18亿（2006），约占世界人口的8%。全洲人口密度为每平方千米21.4人。人口分布极不平衡。84.8%人口集中在美国、墨西哥、加拿大3个国家，其中美国占57.6%。

北美洲23个独立国家都是1890年成立的美洲国家组织（OEA）成员国。墨西哥和中美地峡、西印度群岛共21个独立国家是1994年成立的加勒比国家联盟（ACS）成员国，其中东加勒比6个岛国加上英国属地蒙特塞拉特已于1981年成立东加勒比国家组织（OECS）。

地理 北美大陆轮廓北宽南窄，略似三角形。大陆海岸线长约6万千米。东北部海岸比较曲折，岛屿众多，且有不少深入内陆的大海湾，如哈得孙湾、圣劳伦斯湾和芬迪湾等；岸外大陆架宽阔。东岸有比较深入宽阔的河口湾，如切萨皮克湾。墨西哥湾沿岸和中美地峡的加勒比海沿岸，海岸平直，在很多地段沙坝绵延，内侧封闭成潟湖。西部太平洋岸山脉与海岸平行，且逼近岸边，海岸比较平直，大陆架狭窄；但北段有陡峭曲折的峡湾型海岸，岸外还散布一些群岛，阿留申群岛之北的白令海是世界上大陆架最宽广的海区之一。

图2 美国密西西比河流域的秋天景色

地形 北美大陆经过长期内外营力的相互作用，形成以三大纵列带为特征的地形结构格局。其中：①东带——阿巴拉契亚高地。呈东北—西南走向，延伸于大陆东部。久经侵蚀，高度不大，以波状起伏的高地为主。②中带——劳伦琴低高原和中部平原。劳伦琴低高原偏于大陆东北部，发育于加拿大地盾，经长期侵夷，起伏和缓，大部分介于200～450米。中部平原发育于中部地台，按海拔和地形特征，可分东、西两部分：东部为内陆低原，西部为大平原。内陆低原海拔一般在500米以下，起伏和缓。③西带——科迪勒拉山系。位于大陆西部，南北延伸，由一系列山脉、山间高原和盆地组成，海拔一般介于2 000～3 000米。东部山地以**落基山脉**为主体，山间高原和盆地介于落基山脉与西部山地之间，自北往南计有育空高原、不列颠哥伦比亚高原、哥伦比亚高原、盆地与山脉区（其北部称大盆地）、科罗拉多高原和墨西哥高原等。西部山地分为内、外两带。内带自北向南包括阿留申山脉、阿拉斯加山脉、加拿大海岸山脉、喀斯喀特－内华达山和西马德雷山脉等，外带北自阿拉斯加南岸的科迪亚克岛起，南至加利福尼亚半岛，主要为沿海岛山带及美国境内的海岸山脉。内、外两山带间为一沉降带，形成一系列不相连续的海湾或谷地，如库克湾、皮吉特湾、威拉米特谷地、加利福尼亚谷地等。

图1 亚利桑那峡谷

矿藏 北美洲矿产资源种类繁多，煤、石油、铁、铜、铅、锌、镍、钼、钒、银、铂、铀、石棉、钾盐、磷酸盐、硫磺等的储量和产量均居世界前列。

加拿大地盾在前寒武纪曾经历多次造山运动并伴以火成活动，金属矿丰富，主要有铁、镍、铜、锌、金、铀，次为银、钴、铂、钛等。拉布拉多和苏必利尔高地（苏必利尔湖西北和南面）是重要铁矿产区。魁北克省西南部至安大略省东部为以镍、铜、铅、锌、铀、银等为主的多金属矿区，其中萨德伯里的镍、铜矿具有世界意义。

中部地台富燃料矿，为本洲煤、石油和天然气的主要储、产区，分布广泛，向北远及马更些河三角洲以及北极群岛。墨西哥湾沿海一带储油层多在盐丘中，北岸的油田主要分布于密西西比河三角洲以西一带，坎佩切湾东南一带是墨西哥主要产油区。海湾一带的盐丘中有的还产硫磺。

阿巴拉契亚褶皱带既有同岩浆活动有关的金属矿藏，也有分布广泛的含煤盆地和一些储油构造。加拿大魁北克省东南以产石棉著称，东北部其他地区则多铅、锌、银、铜等金属矿。西南部的矿藏首推煤矿，烟煤品位较高，宾夕法尼亚州东北部还有美国最大的无烟煤区。

科迪勒拉山系中、新生代褶皱带，矿藏种类很多，金属矿特别是有色金属矿占有突出地位，如铜、铅、锌、银、铝土、金等，铁、钼、钒、钨、锑、汞等也有一定储藏；燃料矿以石油为主，还有硫磺、磷酸盐等非金属矿。墨西哥高原和西马德雷山也是重要的多金属矿区，贵金属中的银矿久负盛名。西印度群岛中古巴红土型镍矿的储量和牙买加红土型铝土矿的储、产量均居世界前列。加利福尼亚谷地南部、落基山怀俄明盆地、阿拉斯加北海岸普拉德霍湾有大油田。

气候 北美洲的气候以大陆性显著和气候类型多样为特征，与亚洲类似，但在很多方面又具有自己的特点，气候类型的结构也自成一格。

冬季沿海气温显著高于内陆，太平洋沿岸气温又高于同纬度大西洋沿岸。占全洲面积3/4的北部，1月平均气温均在0℃以下。冬季气温梯度较陡，南北最大温差达70℃。夏季气温梯度减缓，南北温差降为

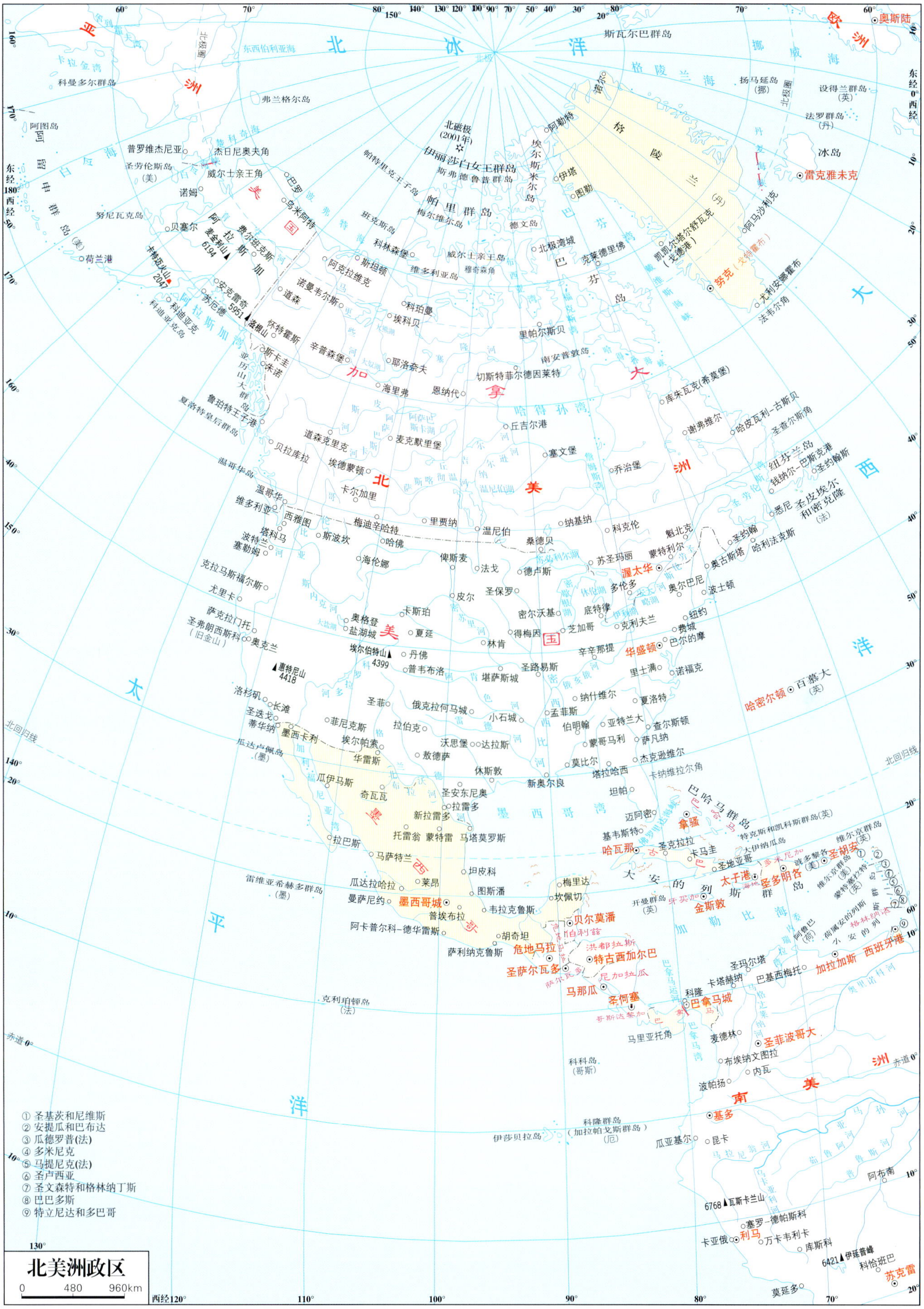
北冰洋
斯瓦尔巴群岛
格陵兰海
挪威海
欧洲
奥斯陆
亚洲
东西伯利亚海
卡拉金湾
科曼多尔群岛
弗兰格尔岛
北极
北磁极
(2001年)
伊丽莎白女王群岛
斯弗德鲁普群岛
帕特里克王子岛
帕里群岛
梅尔维尔岛
德文岛
埃尔斯米尔岛
阿勒特
格陵兰
(丹)
伊塔
图勒
扬马延岛
(挪)
设得兰群岛
(英)
法罗群岛
(丹)
冰岛
雷克雅未克
阿马沙利克
凯凯尔塔尔舒瓦克
(戈德港)
努克
(戈特霍布)
尤利安娜霍布
法韦尔角
阿图岛
阿留申群岛
(美)
白令海
普罗维杰尼亚
杰日尼奥夫角
圣劳伦斯岛
(美)
威尔士亲王角
诺姆
努尼瓦克岛
贝塞尔
荷兰港
巴罗
乌米阿特
美国
阿拉斯加
麦金利山
6194
费尔班克斯
卡特迈火山
2047
安克雷奇
苏厄德
5951
洛根山
科迪亚克
科迪亚克岛
阿拉斯加湾
怀特霍斯
斯卡圭
朱诺
亚历山大群岛
鲁珀特王子港
夏洛特皇后群岛
班克斯岛
科林森堡
维多利亚岛
威尔士亲王岛
穆奇森角
北极湾城
巴芬湾
克莱德里佛
巴芬岛
斯坦顿
阿克拉维克
诺曼韦尔斯
道森
科珀曼
埃科贝
里帕尔斯贝
南安普敦岛
辛普森堡
耶洛奈夫
切斯特菲尔德因莱特
恩纳代
海里弗
加拿大
哈得孙湾
丘吉尔港
大奴湖
大熊湖
阿萨巴斯卡湖
麦克默里堡
道森克里克
贝拉库拉
埃德蒙顿
卡尔加里
温尼伯湖
塞文堡
乔治堡
库朱瓦克(希莫堡)
谢弗维尔
哈皮瓦利-古斯贝
圣查尔斯角
纽芬兰岛
钱纳尔-巴斯克港
圣约翰斯
悉尼
圣皮埃尔和密克隆
(法)
温哥华岛
温哥华
维多利亚
西雅图
梅迪辛哈特
里贾纳
温尼伯
纳基纳
魁北克
圣约翰
哈利法克斯
塔科马
斯波坎
哈佛
桑德贝
苏圣玛丽
蒙特利尔
奥古斯塔
渥太华
波特兰
塞勒姆
海伦娜
俾斯麦
法戈
德卢斯
多伦多
奥尔巴尼
波士顿
克拉马斯福尔斯
尤里卡
皮尔
圣保罗
密尔沃基
底特律
芝加哥
克利夫兰
纽约
费城
巴尔的摩
萨克拉门托
圣弗朗西斯科
(旧金山)
奥克兰
奥格登
盐湖城
卡斯珀
夏延
得梅因
林肯
华盛顿
埃尔伯特山
4399
丹佛
辛辛那提
惠特尼山
4418
普韦布洛
堪萨斯城
圣路易斯
里士满
诺福克
洛杉矶
长滩
圣迭戈
蒂华纳
圣菲
俄克拉何马城
纳什维尔
夏洛特
小石城
孟菲斯
亚特兰大
查尔斯顿
伯明翰
菲尼克斯
拉伯克
墨西卡利
埃尔帕索
沃思堡
达拉斯
蒙哥马利
萨凡纳
华雷斯
敖德萨
杰克逊维尔
瓜达卢佩岛
(墨)
莫比尔
塔拉哈西
瓜伊马斯
休斯敦
新奥尔良
卡纳维拉尔角
奇瓦瓦
圣安东尼奥
坦帕
拉雷多
新拉雷多
迈阿密
巴哈马群岛
拿骚
特克斯和凯科斯群岛(英)
托雷翁
蒙特雷
马塔莫罗斯
墨西哥湾
基韦斯特
哈瓦那
圣克拉拉
卡马圭
拉巴斯
马萨特兰
墨西哥
坦皮科
圣地亚哥
大伊纳瓜岛
太子港
圣多明各
圣胡安
雷维亚希赫多群岛
(墨)
瓜达拉哈拉
莱昂
图斯潘
梅里达
大安的列斯群岛
曼萨尼约
墨西哥城
韦拉克鲁斯
坎佩切
开曼群岛
(英)
金斯敦
普埃布拉
贝尔莫潘
阿卡普尔科-德华雷斯
胡奇坦
伯利兹
洪都拉斯
萨利纳克鲁斯
危地马拉
特古西加尔巴
圣萨尔瓦多
萨尔瓦多
尼加拉瓜
马那瓜
哥斯达黎加
圣何塞
巴拿马
巴拿马城
科隆
马里亚托角
加勒比海
圣玛尔塔
卡塔赫纳
巴基西梅托
加拉加斯
委内瑞拉
西班牙港
荷属安的列斯
阿鲁巴
(荷)
麦德林
哥伦比亚
圣菲波哥大
克利珀顿岛
(法)
科科岛
(哥斯)
布埃纳文图拉
内瓦
波帕扬
基多
厄瓜多尔
科隆群岛
(加拉帕戈斯群岛)
(厄)
伊莎贝拉岛
瓜亚基尔
昆卡
南美洲
马拉尼翁河
6768
瓦斯卡兰山
塞罗-德帕斯科
卡亚俄
利马
万卡韦利卡
库斯科
6421
伊雅普峰
科恰班巴
苏克雷
阿布南
莫延多
太平洋
大西洋
北回归线
赤道
① 圣基茨和尼维斯
② 安提瓜和巴布达
③ 瓜德罗普(法)
④ 多米尼克
⑤ 马提尼克(法)
⑥ 圣卢西亚
⑦ 圣文森特和格林纳丁斯
⑧ 巴巴多斯
⑨ 特立尼达和多巴哥
百慕大
(英)
哈密尔顿
0 480 960km
西经120°
110°
100°
90°
80°
70°
北美洲政区

图3 墨西哥的仙人掌

44℃左右，中南部7月平均气温均在20℃以上。北美洲大部分地区气温年较差大，大陆性强。内陆气温年较差最大，大陆的中北部尤甚，加拿大西北部高达40℃以上，东岸次之，西岸最小。气温年较差和大陆性程度逊于亚洲。

北美洲年降水量的分布，以西北太平洋沿岸山地和中美地峡的加勒比海沿岸最多，一般均在1 600毫米以上，部分迎风坡地带高达3 000毫米以上。北部远离水汽来源，西部广大山间区又处于雨影地带，年降水量不足500毫米，西南部甚至少于100毫米。落基山脉以东的大平原也因处于雨影地带，年降水量多不足500毫米；由此向东南，逐渐受到来自墨西哥湾暖湿气团的影响，降水量渐次增加，阿巴拉契亚高地南部和东南沿海可达1 500毫米左右。在季节分配方面，太平洋沿岸冬季受北太平洋气流影响，降水量最多；广大山间区的雨型，有以冬季较多的，也有以夏季为主的。落基山脉以东除局部地区冬季降水较多外，广大地区均为夏季多雨。墨西哥高原降水量不多，属夏雨型。中美地峡的东岸，夏秋多雨；地峡西岸及墨西哥西南岸，夏季降水丰沛，冬季则成为干季。

拥有从热带到寒带和从大陆东岸到西岸的各种气候类型。①极地冰原气候。分布于格陵兰岛（沿海地带除外）。气温终年在冰点以下，1月平均气温在－36℃以下，多风暴和雪暴。②极地苔原气候。发育于大陆北岸、北极群岛和格陵兰岛沿海地带，全年只有4个月月平均气温超过0℃，7月可达4～10℃，年降水量200～300毫米，以雪为主。③亚寒带大陆性（针叶林）气候。是北美洲分布范围最广的气候类型，横贯大陆东西，其特点是冬季长而严寒，夏季短而温凉，1月平均气温在－20℃以下，7月16～18℃，沿海降水稍多，夏雨为主，湿度很大。④东岸型温带大陆性湿润气候。分布在西经100°以东、北纬40°以北，1月平均气温0～－20℃，7月16～24℃，年降水量500～1 000毫米，以夏雨为主。⑤内陆型温带大陆性干旱与半干旱气候。分布在落基山以东、西经100°以西的大平原中部地带以及科迪勒拉山间区的哥伦比亚高原、大盆地北部等地，大部分属半干旱气候，冬寒夏热，年降水量250～500毫米；大盆地属干旱气候，年降水量不足250毫米。⑥西岸型温带海洋性气候。限于北纬40°以北的太平洋沿岸，2月平均气温0～8℃，8月10～12℃，年降水量2 000毫米以上，季节分配均匀，秋冬较多。⑦东岸型亚热带湿润气候。分布在西经100°以东、北纬40°以南的大陆东南部，1月平均气温在0℃以上，7月为24～28℃，年降水量1 000～2 000毫米，以夏雨为主。⑧内陆型亚热带干旱与半干旱气候。分布在大平原南部、大盆地南部和科罗拉多高原，气候特征与温带大陆性干旱与半干旱气候类似，只是因纬度较低，气温升高。⑨西岸型亚热带夏干气候（地中海型气候）。限于北纬30°～40°太平洋沿岸，7月平均气温16～20℃，1月8～12℃，年降水量500～1 000毫米，以冬雨为主。⑩热带海洋性气候。处于信风带东岸位置的西印度群岛和中美，终年高温多雨，气候特征接近赤道多雨气候。⑪热带干旱气候。处于信风带西岸位置的墨西哥西北部和加利福尼亚半岛，受沿海寒流影响，夏温不高，气温年较差小，相对湿度较高。⑫热带干湿季气候。限于墨西哥南部和中美地峡西南沿海，冬干夏湿，终年高温。

水系 全洲平均年径流总量约8 200立方千米，仅次于亚洲和南美洲。北美洲河流总流量20万米^3/秒，流量超过1 000米^3/秒的河流有21条，约占总流量的45%。

密西西比河长6 262千米，为北美洲第一大水系。河口附近平均流量达1.88万米^3/秒，约占全洲河流总流量的9%。**马更些河**长4 241千米，为全洲第二大水系。河口流量为9 700米^3/秒，春有凌汛，洪水期在夏季，枯水期见于冬季。**圣劳伦斯河**注入大西洋，为五大湖的出口通道，湖口以下流程1 287千米。因大湖调节，所以水量丰富，河口一带流量达10 100米^3/秒。**科罗拉多河**全长2 333千米，上游主要依靠高山冰雪融水补给，中下游流经干旱与半干旱的山间区，为该地区的主要灌溉水源。由于蒸发强盛和灌溉损耗，所以愈向下游水量愈少。洪水一般出现于初夏，有“美洲尼罗河”的称号。

北美洲素以多湖著称，尤多大淡水湖，数量为各洲之冠。面积在1 000平方千米以上的湖泊有22个，除大盐湖外，都是淡水湖。北从大熊湖起，经大奴湖、温尼伯湖，向东转为**苏必利尔湖**、**密歇根湖**、**休伦湖**、**伊利湖**和**安大略湖**等五大湖，形成一串巨大的湖带，其中五大湖为世界最大淡水湖群。苏必利尔湖面积8.21万平方千米，为世界第一大淡水湖。

土壤、植被和动物界 北美洲几乎具备地球上寒、温、热带各种植被－土壤类型。从全洲来看，以亚寒带针叶林－灰化土分布面积最广，按其所占全洲面积的比率，高于世界各洲。①冰原。通称寒漠，没有植被和土壤，主要分布在格陵兰岛。②苔原－冰沼土。分布于大陆北岸、北极群岛以及格陵兰岛的西南和东南岸。以苔藓、地衣类植物为主，地下存在永冻层。主要哺乳动物有北极熊、北极狐、野鹿、驯鹿、旅鼠、北极兔、麝牛等。③亚寒带针叶林－灰化土。从阿拉斯加西南岸向东横贯大陆至拉布拉多和纽芬兰岛，并通过太平洋岸边缘山脉、落基山脉、阿巴拉契亚高地的蓝岭向南延伸。以云杉、冷杉、铁杉和落叶松占优势，还有西特卡云杉、金钟柏、花旗松、黄松等；西部太平洋岸向风山坡一带发育了世界上最密闭的高大针叶林，如道格拉斯黄杉、红杉等。典型的针叶林土壤－灰化土淋溶作用旺盛，土壤剖面出现灰化层、淋溶层和淀积层等层次，呈酸性反应，肥力较低。主要动物有驼鹿、臭鼬、水獭、黑貂、狼獾、猞猁、棕熊、黑熊、加拿大海狸、麝鼩等。鸟类繁多。④温带针阔混交林－灰棕壤。分布于五大湖和圣劳伦斯河流流域，属过渡带。白松、球果松、美洲铁杉、落叶松等针叶树种与黄桦、糖槭、美洲椤、美洲榆等阔叶树种并存，灰棕壤中同时进行着灰化过程和生草化过程。⑤温带落叶阔叶林－棕壤。分布于五大湖以南，阿巴拉契亚高地的东西两侧。主要树种有栎、桦、槭、榆、椴、椤、栗、山核桃、山毛榉等。棕壤富盐基，自然肥力较高。⑥亚热带常绿林－红壤、黄壤。分布于美国东南部地区，沿海和佛罗里达半岛广布松林，以沼松、落羽松、坚松等为主；内地有木兰、栎等常绿阔叶树种。土壤有机质分介和淋溶作用较强，向红壤化发展。上述两林区的主要动物有黑熊、水貂、浣熊、赤狐、树豪猪、土拨鼠、负鼠、犰狳、臭鼬等。鸟类种属丰富，如鸱鸺、大燕雀、鸫、鹈鹕、军舰鸟和各种鹰等。⑦温带草原－黑钙土、栗钙土。主要分布在落基山脉以东的大平原和以西的山间高原、盆地区。东部降水较多，以高草为主，如羽茅、针茅、须芒草等禾本科草类，在大平原形成北美普列利亚群落；黑钙土富腐殖质和盐基，自然肥力高。西部降水减少，以短草为主，草被稀疏，除禾本科杂草外，多蒿属植物，局部地区出现带刺灌木；栗钙土的钙积层增厚，腐殖质含量减少。草原动物主要有美洲野牛、叉角羚羊、郊狼、地松鼠、场拨鼠、灰熊、猞猁等。⑧半荒漠、荒漠－灰钙土、漠钙土。主要分布在西部山间区，包括大盆地、科罗拉多高原、加利福尼亚半岛和墨西哥高原西北部。这是北美洲气候最干旱、植被最稀疏的地区。北部属亚热带荒漠，以蒿属灌木为主；南部属热带荒漠，以蒺藜科灌木、仙人掌、龙舌兰等占优势。灰钙土和漠钙土缺乏完整的土壤剖面，腐殖质很少，土色浅。有与草原区共同的动物，如叉角羚羊、郊狼等，也有本区特有的长耳狐、黑尾兔、更格卢鼠等。

分布热带植被-土壤的中美地峡和西印度群岛，在动物区系上分属新热带区的两个副区。中美地峡副区动物种类丰富，兼具负鼠、树懒、犰狳、阔鼻猴等从南美洲移入的新热带成分和美洲狮、美洲豹、浣熊等北美洲全北区的成分，表现一定的过渡性。西印度群岛副区则体现动物区系在岛屿上孤立发展的独特性，种类成分相对贫乏，尤其是陆生哺乳动物很少，以食虫目、啮齿目和翼手目动物为主，且多数是特有种属。

图4 印第安人的节日盛况

历史 早在欧洲殖民者到达之前，印第安人已在北美洲繁衍生息。他们主要分布于从圣劳伦斯河畔到佛罗里达的大西洋沿岸、中部平原、墨西哥高原和中美地峡等地，依山傍水而居，以农业和渔猎为生，并先后创造了奥尔梅克文化、玛雅文化、托尔特克文化和阿兹特克文化。

C.哥伦布于1492～1504年4次率领西班牙船队到西印度群岛探险，分别到达巴哈马群岛、安的列斯群岛和中美地峡沿海地带。1497年，卡博特父子到达纽芬兰岛并进至圣劳伦斯河口沿岸。约40年后，卡提埃率法国军队沿圣劳伦斯河上溯达蒙特利尔。欧洲人发现新大陆后，相继占领和殖民，对印第安人残酷掠夺、屠杀，并把他们从世居的土地上赶往西部干旱地区。

从16世纪开始，西班牙人首先在北美大陆开拓殖民地。17世纪初，法国人在现加拿大东海岸的新斯科舍建立第一个居留地，随后建立了魁北克殖民地，并以此为基地，上溯圣劳伦斯河，越五大湖，顺密西西比河南下，扩张至墨西哥湾沿岸地区。1607年英国建立第一个殖民定居地——詹姆斯敦，以后发展为弗吉尼亚殖民地。此后，荷兰、芬兰和瑞典在大西洋沿岸地区相继殖民。至18世纪早期，北美大陆的殖民势力基本上是三分天下。英国占领了从新斯科舍到佛罗里达的大西洋沿岸狭长地带；法国占领了从圣劳伦斯河、五大湖到密西西比河流域的中部平原；西班牙占领了佛罗里达、得克萨斯、新墨西哥以及西至太平洋沿岸的远西地区。

英国移民及其后裔举行武装起义，并于1776年脱离英国，建立美利坚合众国。与此同时，一些亲英皇室的反独立者纷纷北迁加拿大安大略和魁北克两省定居。是为北美大陆两个大国美国和加拿大的雏形。19世纪中叶，美国领土扩张至太平洋岸。1867年加拿大成为自治领，其版图也于19世纪70年代推进到太平洋沿岸。横贯大陆的铁路干线建成后，掀起了开发中西部的热潮。在北美大陆主体部分，美国和加拿大两国的版图基本成形。法国只剩下纽芬兰岛南面的圣皮埃尔岛和密克隆岛两组小岛屿。

格陵兰是欧洲人较早到达的北美岛屿。1261年成为挪威殖民地。1380年丹麦征服挪威，格陵兰转由丹麦管辖。1953年划为丹麦一个行政区。1979年5月1日起正式实行内部自治。

北美大陆南部、中美地峡和西印度群岛地区，早期西班牙势力占绝对优势。16世纪初，已在海地岛的圣多明各建立正式殖民统治机构；16世纪中叶，西班牙已将今墨西哥、中美和加勒比海沿岸国家划为其殖民地，并将其殖民统治的重点从大安的列斯群岛转移到墨西哥。英、法、荷等西欧国家从16世纪末开始在西班牙尚未殖民的小安的列斯群岛建立殖民地。随着拉美独立运动的发展，到1821年，墨西哥和中美诸国以及部分加勒比海岛国已脱离西班牙独立。美国在其领土扩展到墨西哥湾沿岸后，开始向中美地峡和西印度群岛扩张，占领波多黎各、控制巴拿马运河区、购买维尔京群岛的3个小岛，第二次世界大战期间又接管了几个英属殖民地。

至此，北美洲的政治地图基本形成。由于民族、语言、文化等的不同，美洲的北部和中部常被称为盎格鲁-萨克逊美洲，南部则是为拉丁美洲的组成部分。

经济 北美洲各国经济发展水平差异显著。美国和加拿大是发达资本主义国家，拥有部门齐全、技术先进、生产能力巨大的工业体系和发达的现代化农业，在国民经济中又以第三产业占绝对优势。美国的国内生产总值（GDP）高居世界首位，加拿大居第八位。北美洲其他国家均属发展中国家，其中除墨西哥拥有一定工业基础、经济综合发展外，多数国家经济单一，分别以热带经济作物种植业、矿业或旅游业为主。1992年12月美国、加拿大、墨西哥三国签署《北美自由贸易协定》(NAFTA)，1994年1月生效，成为世界最大的自由贸易区。1973年8月成立加勒比共同体和共同市场（CARICOM），西印度群岛极大部分国家均为其成员。2003年已就建立美国-中美洲自由贸易区达成协议。

美国是世界首要工业大国，加拿大也是世界主要工业国之一。制造业是两国工业的主体，许多部门如钢铁、有色冶金、炼油、化工、机械制造、汽车、宇航、电子、造纸、木材加工以及食品加工等轻工业，均居世界领先地位。采矿业中，高居世界首位的有镍、锌、铂、石棉、磷酸盐、硫磺等矿，居第二位的有铁、金、银、铜、铝、铀、天然气、煤、钾盐、石膏等矿，其他如石油、金刚石等矿也居世界前列。

墨西哥在第二次世界大战后工业发展较快，逐步建立了以石油、电力等能源工业为主，包括钢铁、化工、机械制造等基础部门和纺织、食品等轻工业以及电子、石油化工等新兴部门的工业体系。北美洲其他国家工业基础薄弱，多数以农产品加工工业为主，部分国家和地区有比较突出的工矿业部门，如特立尼达和多巴哥的石油、天然气和沥青开采，牙买加的铝土矿开采，古巴的制糖和采矿业，荷属安的列斯和美属维尔京群岛的炼油等。

北美洲可耕地占全洲土地面积的1/8，牧草地占全洲土地面积的1/6，是世界最重

图5 美国怀俄明州特顿山前的野牛

要的农牧业产地，主要集中在美国和加拿大。农业在两国国民经济和劳动力构成中所占比重很小，但农业生产高度发达，机械化、商品化、区域专门化程度和劳动生产率很高。种植业和畜牧业并重发展。玉米、小麦、高粱、燕麦、大麦、稻米等谷物总产量，大豆、棉花、油菜子、甜菜、烟草、水果、蔬菜等经济作物产量，均在世界上占有突出地位。畜牧业以养牛业为主，其次是养禽业和养猪业，肉类、乳品和禽蛋类产品也居世界前列。墨西哥是北美洲另一个农业较发达的国家，主要生产玉米、高粱、小麦、稻米、豆类、棉花、甘蔗、咖啡、剑麻等，畜牧业以养牛和养猪业为主，该国南部的自给性传统小农经济与中央高原、北部的资本主义商品性大农业并存。北美洲其他国家的农业经济比较单一，多数以生产一两种经济作物为主，比较突出的如中美地峡各国的香蕉和咖啡，古巴、多米尼加等国的甘蔗和烟草，圣文森特和格林纳丁斯是世界最大的葛薯生产国，格林纳达的肉豆蔻产量仅次于印度尼西亚。

渔业以海洋捕捞为主。东部大西洋沿海和墨西哥湾有比较宽广的大陆架，尤其是纽芬兰岛东南海域为世界著名大渔场之一，盛产鳕、鲱、鲽、大比目鱼及龙虾等。西部太平洋沿海也是重要渔场，其中北段沿海以捕捞鲑、比目鱼为主，南段沿海以金枪鱼为主。

北美洲林地广阔，森林资源丰富，以针叶林为主，其中大部分在加拿大和美国境内。加拿大是世界上最大的木材生产国和出口国之一；美国木材产量也居世界前列，但因消费量巨大，又是世界最大的木材进口国。中美地峡各国分布热带森林，林业也较重要。

北美洲多数国家第三产业已在国民经济中占重要地位。美国和加拿大第三产业部门齐全，运输、公用事业、金融保险、房地产、商贸、信息服务、旅游业等全面发展；墨西哥自20世纪90年代以来，第三产业也发展很快；北美洲其他国家，第三产业多数以旅游业为主。

北美自由贸易区 North American Free Trade Area; NAFTA 区域性政府间经济贸易集团。1994年1月1日根据《北美自由贸易协定》成立。成员国为美国、加拿大和墨西哥。

《北美自由贸易协定》规定：①在10年内取消所有关税和非关税贸易壁垒，个别商品的关税和非关税壁垒可延至15年；取消在边境实施的违禁品和数量限制。②对敏感部门实行特别规则。③对关键部门制定规则。④对国内措施制定规则和程序。⑤就审查和处理反倾销和补贴关税的纠纷问题，制定国家管理规则。⑥通过出版物、发布信息和行政法规等手段，为提高管理

2004年7月16日，北美自由贸易区在美国得克萨斯州圣安东尼奥举行会议

的透明度创造条件。⑦取消重大投资障碍，确保投资者利益；为投资者和东道国之间解决纠纷提供机制。⑧除个别部门外，所有成员国有义务给其他成员国投资者提供国民待遇。⑨协定的执行必须符合保护环境和促进可持续发展的宗旨。

组织机构包括：①自由贸易协定委员会。谈判和协商的决策机构。每年举行年会。②自由贸易委员会。负责监督协定的执行。③环境合作委员会理事会。负责协调三国的环境政策。④北美开发银行。由美国和墨西哥两国政府出资组建，支持、资助地区开发和环境保护。⑤秘书处。

北欧 North Europe 欧洲北部日德兰半岛、斯堪的纳维亚半岛和附近岛屿。包括丹麦、挪威、瑞典、芬兰、冰岛和法罗群岛（丹），共6个国家和地区。面积132.26万平方千米，占欧洲总面积的13%；人口2 436.5万（2002），占欧洲总人口的3.5%。

北欧传说 Nordic sagas 13世纪前后冰岛人和挪威人用文字记载的古代口头创作。包括神话和英雄传奇，称为萨迦。“萨迦”一词源出德语，本义为“短故事”。萨迦具有浓厚的浪漫色彩，主要叙述斯堪的纳维亚英雄人物的战斗生活经历，涉及的历史事件大多发生在9世纪中叶至11世纪中叶之间。萨迦反映了当时氏族社会的生活习俗、宗教信仰和精神面貌，兼有人物传记、族谱和地方志的特点。流传至今的萨迦约150种，大致可分为史传萨迦和神话萨迦两大类。史传萨迦又称家族萨迦，主要作品有《定居记》和《冰岛人萨迦》。前者列有930年以前去冰岛定居的名人年表和许多关于宗教、法律、习俗的有价值的资料；后者记述自950～1130年冰岛有名望的人物的生平、成就和他们的家世。家族萨迦多为短篇，其中的杰作首推《贡劳格传》。家族萨迦还包括王室萨迦，如冰岛著名的学者、诗人斯诺里·斯图鲁松的巨著《挪威列王传》，此外还有所谓宗教萨迦。11世纪中叶，基督教传入冰岛后，教徒们利用萨迦的形式宣扬基督教教义，如《劳伦蒂斯传》，但其文学价值不大。神话萨迦包括古代英雄传说，根据原有神话传说改编而成。萨迦的语言朴实无华，擅用讽刺；不堆砌辞藻，以对话取胜。通过人物语言表现性格特征。作者常用欲张故弛的手法，在听众中造成悬念，以加强讲述的效果。缺点是内容几乎全以氏族之间的仇杀为主，题材单调，而又头绪纷繁，结构松散。

北欧海盗时代 Viking Age 8世纪末至11世纪中，斯堪的纳维亚海盗对欧洲各国进行海上贸易与抢劫商船活动的时期。北欧海盗活动分东西两路。西路的丹麦和挪威的海盗主要向不列颠诸岛扩张。东路的瑞典海盗主要向罗斯发展。在西欧称北欧海盗为诺曼人，在罗斯称之为瓦朗几亚人。

793年6月8日丹麦海盗袭击英格兰东北部沿海的林第斯法恩岛，震惊了西欧和基督教会。一般认为这是北欧海盗时代的开始。自866年始，丹麦人进行大规模远征，逐渐在英格兰东北部建立了移民区，并经常进犯英格兰西南部。878年，西撒克斯王阿尔弗雷德大王在伊盛尼战役打败丹麦人，次年签订《威德摩尔和约》。根据和约，丹麦人占据英格兰东北部，历史上称之为丹麦区。1013年丹麦国王斯万一世征服英格兰全境，成为丹麦和英格兰国王。1028年其子克努特大帝创建疆土包括丹麦、挪威、英格兰、瑞典南部和苏格兰大部在内的北海大帝国。此为北欧海盗时代的鼎盛期。1035年克努特死后帝国于1042年崩溃。

550～800年瑞典海盗沿“琥珀之路”向东扩展，在芬兰和波罗的海沿岸地区建有据点，并到达巴格达和里海地区。9世纪又沿波罗的海到达德国维纳河、涅曼河、涅瓦河、沃尔霍夫河沿岸地区，然后沿斯维里河进入伏尔加河，一直到达里海，进而深入中亚；有的沿洛瓦河进入第聂伯河，然后到达黑海和拜占廷帝国。

8世纪末，挪威海盗占领赫布里底群岛、法罗群岛、设得兰群岛和奥克尼群岛，以此为基地侵扰爱尔兰。812年挪威人攻占都柏林，在爱尔兰建立移民区，引起当地居民的长期反抗。在航海冒险中，挪威人发现冰岛，并移民至此。982年挪威人发现格陵兰。992年挪威人L.艾立克从冰岛起航，曾到达北美大陆，命名该地为“汶兰”（意为酒地），过冬后返回冰岛。1014年爱尔兰

北欧海盗古船

民族英雄B.波鲁率军在克朗塔夫战役中打败挪威人，迫使其从爱尔兰撤出。后挪威海盗转向英格兰和苏格兰，并与丹麦人争夺英格兰，为丹麦人所败。1066年，挪威海盗首领哈拉尔德远征英格兰失败。北欧海盗时代结束。

北欧两项 Nordic combined 滑雪大项中的分项。起源于北欧。因1883年挪威主办的霍尔门科伦滑雪大奖赛而闻名于世，并于20世纪在世界各地得到广泛开展。北欧两项由越野滑雪和跳台滑雪组成，故又有北欧两项全能之称。现仅限男子参加。分个人赛和团体赛。个人赛，1924年第1届冬季奥运会标准台被列入比赛，按跳台滑雪和越野滑雪先后顺序进行。当时跳台为K70米，1992年第16届冬奥会改为K90米，经组委会同意，亦可在K120米台进行。越野滑雪距离原为18千米，1956年第8届冬奥会减为15千米。2002年第19届冬奥会增加了1项大台，跳台为K120米，距离一般为7.5千米。团体赛，1988年第15届冬奥会始列4×5公里接力。比赛顺序也是先跳台滑雪后越野滑雪。越野滑雪赛时，按各队在跳台赛中的成绩优劣依序出发。各队的第二、第三和第四名运动员则在交棒处等候。北欧两项世界锦标赛和重大国际赛项目设置与冬季奥运会完全一致。

北欧神话 Nordic myths 北欧居民根据他们信奉的多神异教创造出来的神话故事。最初是流传在民间的口头文学，用埃达形式演唱或用萨迦形式讲述。大约在9～13世纪之间，经冰岛学者整理成文字，其故事情节为：女神盖芙恩将4个儿子点化为金牛，从瑞典犁走一块土地，成为丹麦。瑞典国王尤尔弗来到天宫阿斯哥特找神族评理，天神告诉国王世界是由主神奥丁和他的两个弟弟维莱和威创造的。他们杀死巨人尹米尔后，把他的头做天，脑做云，骨成山峰、岩石，血成湖泊、大海，毛发变为树木和草丛。他们又用两根树干做成一对男女，让他俩住在米德加尔德，这个新世界的擎天柱是盘踞在天界、地界和下界的秦皮树，它有三条大根，一条通向天宫，一条通向巨人住地，第三条通向黑暗深渊。天宫里住着众神，众神之王奥丁是个头戴金盔、肩上栖息着两只象征“思想”和“记忆”神鸦的独眼神，他发明了北欧古代罗纳文字。除奥丁外，还有爱神弗丽嘉、雷神托尔、土地和收获女神西芙、战神提尔、火神洛基和黑暗神霍尔德尔等。

北欧神话反映了原始氏族社会的风俗、制度以及北欧人同大自然，尤其是冰霜严寒作斗争的壮丽场面。仇杀械斗是其重要主题，众神同邪恶势力厮杀失败后，天宫被毁，众神被诛，反映出民族之间械斗的规模和残酷性。北欧神话对欧洲文化、宗教和生活习俗产生很大影响，如圣诞节是由纪念太阳神弗蕾的庆祝活动演变而来，复活节一词的发音“伊斯特”源于春天女神的名字约斯特雷，英语中星期的名字也是以北欧诸神命名的（周一月神、周二战神、周三主神、周四雷神、周五春神、周六火神、周日太阳神）。

北票市 Beipiao City 中国辽宁省辖县级市。位于省境西北部，大凌河中游，邻接内蒙古自治区。面积4 469平方千米。人口60万（2008），有汉、满、回、蒙古等民族。辽设白川州（金改川州）。清为土默特右翼旗。1940年置土默特中旗，1946年建北票县，1985年撤县建市。由朝阳市代管。全境多为低山丘陵区。属温带半湿润大陆性季风气候。主要矿产有金、铁、铝、钼、煤、油母页岩、萤石、重晶石、硅石、麦饭石等，素有“乌金之埠”、“黄金之郡”、“铁矿之地”、“玛瑙之乡”的美称。农业主产高粱、玉米、小麦、谷子、大豆、棉花、向日葵、花生、甜菜等。工业以采矿、纺织、煤炭、建材为主。名胜古迹有北票温泉、平顶山、南山公园、龙潭水库、大黑山、惠宁寺、半下原始社会遗址和尹湛纳希纪念馆等。

北七真 Northern Seven Perfected Beings 中国道教全真道创始人王重阳的七位嫡传弟子。即马钰、谭处端、刘处玄、邱处机、王处一、郝大通、孙不二，因其对全真道的传播和发展作过贡献，被尊为真人，并得到元世祖的诏封。全真道有南宗、北宗之分，他们属于北宗，故称北七真。他们多出身世家大族，有一定的社会地位和文化，师承王重阳三教合一思想，虽各创一派，但宗教思想和修炼方式大致相似。

北齐 Northern Qi Dynasty 中国北朝王朝之一。高洋所建。东魏武定五年（547），实际掌握东魏政权的高欢死后，长子高澄继续掌政。不久高澄遇刺身亡，弟高洋继承。八年，高洋代东魏称帝，国号齐，建元天保，建都于邺，史称北齐。历6帝，共28年。

北齐帝系表

神武帝高欢
- ①文宣帝洋（550～559）—②废帝殷（559～560）
- ③孝昭帝演（560～561）
- ④武成帝湛（561～564）—⑤后主纬（565～576）—⑥幼主恒（577）

北齐继承了东魏所控制的地盘，占有今黄河下游流域的河北、河南、山东、山西以及苏北、皖北的广阔地区。天保三年（552）以后，北击库莫奚、东北逐契丹、西北破柔然，西平山胡（属匈奴族），南取淮南，势力一直伸展到长江边，北齐国力达到鼎盛。当时，农业、盐铁业、瓷器制造业都相当发达，是同陈、北周鼎立的三个国家中最富庶者。北齐继续推行均田制，大体与北魏相同而略有变化。北齐取消了受倍田的规定，但一夫一妇的实际受田数，仍相当于倍田；北魏奴婢受田没有限制，北齐则按官品限制在300人至60人之间。另外还规定了赋税。

北齐特别是其后期的统治者，自皇帝至各级官吏，多昏庸残暴，狗马鹰亦得加封官号，赋敛日重，徭役日繁，造成人力竭尽，府库空虚。阶级矛盾日趋尖锐，统治阶级内部矛盾更加表面化。承光元年（577），北齐为北周所灭。

《北齐书》 *Book of Northern Qi Dynasty* 中国记述北齐历史的纪传体史书。唐李百药撰。李百药（565～648），字重规，定州安平（今属河北）人。其父李德林在北齐和隋朝曾修齐史，有38卷。唐贞观中李百药为中书舍人，受诏撰齐书，据其父旧稿，杂采他书，于贞观十年（636）成书。含本纪8卷，列传42卷，共50卷。不少记述用当时口语，较能传神。原名《齐书》，宋代始加北字，以与《南齐书》相别。

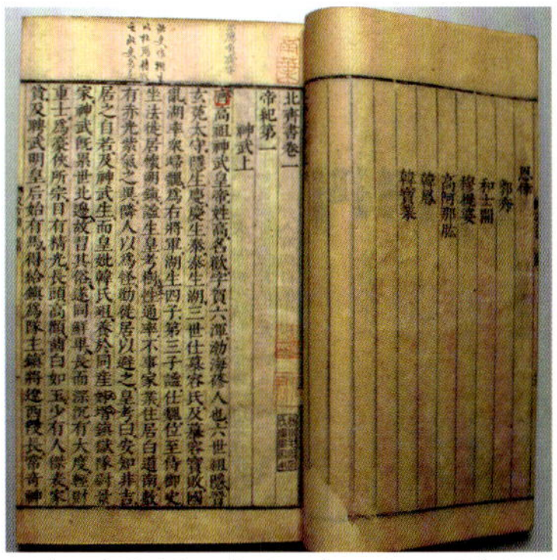

《北齐书》（明崇祯十年汲古阁刻本）

北宋时已残缺不全，大致第4、第13、第16～25、第41～45，共17卷是李氏原书，其余是后人用《北史》、高峻《小史》所补。

北曲 northern tunes 中国最早的戏曲声腔之一，为金、元时期流行于北方的杂剧与散曲所用的音乐。北曲在形成过程中，吸收汇集了诸如唐宋大曲、诸宫调、宋词、鼓子词、唱赚、转踏等。北曲有335支曲牌，其中相当大的部分来自上述各种传统音乐。金、元时期流行的民间音乐亦对北曲有重大影响。对北曲影响最为直接与最为深刻的，当推宋、金时期的诸宫调。北曲的曲牌联套形式，早在诸宫调里已初具规模，其结构形式十分严谨。北曲又分为戏曲（又称剧曲）与散曲两种。散曲只是清唱，内容多为作家个人的感怀。它可以只是一首小令，也可以组成多乐章的套曲，即散套。戏曲的一本戏，通常由四折一楔子构成。一折戏，在音乐上就是一组套曲。每套曲子只限用一种宫调。全剧四折，即四组套曲，分属四个不同的宫调。北曲的演出形式，全剧只能由一人主唱，其他人物一般不唱。主唱者倘是男角色，称为正末；如系女角色，称为正旦。因此，北曲杂剧的剧本又因主唱者的不同而分为"末本"与"旦本"。北曲在演唱艺术上所达到的成就，对后世戏曲演唱艺术的发展影响十分深远。

《北史》 *History of Northern Dynasties* 汇合并删节记载中国北朝历史的《魏书》、《北齐书》、《周书》而编成的纪传体史书。唐李延寿撰。共100卷。记述从北魏登国元年（386）到隋义宁二年（618）的历史。今本《北史》于贞观十七年（643）成书。其中有残缺。《北史》的撰著始于李延寿父李太师（编纂经过见《南史》）。李氏世居北方，

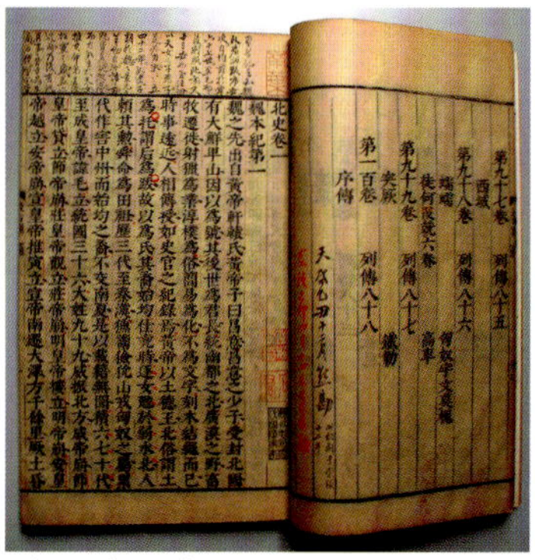
《北史》（明崇祯十二年汲古阁刻本）

见闻较近，所以《北史》中不见于正史的材料较《南史》稍多。所增北齐史事中有很多有意义的轶事，且多口语。在编纂体制方面，以西魏为正统，与魏收所撰《魏书》不同。南朝宗室流入北方者，汇为一卷，详记其事迹，而在《南史》各帝诸子传中，只附见其名，或略叙数语，两史配合较好。

北四行 Four Banks of North China 中国近代北京盐业，天津金城、大陆和上海中南四家银行的合称，为中华民国时期北方金融集团之一。盐业银行由河南省都督张镇芳于1915年创办。金城银行由周作民与军阀倪嗣冲等于1917年创办。大陆银行由谈丹崖、许汉卿等于1919年创办。中南银行由华侨商人黄奕柱和上海报业资本家史量才等于1921年创办。前面三行投资人主要是北洋军阀，其主要业务为承购北洋政府公债、库券和对政府机关放款，并在一定程度上支配了华北的金融业务。为巩固和扩张实力，四家银行共组四行联合营业事务所，合办四行储蓄会和"四行准备库"，并联合发行中南银行钞票。1927年南京国民政府建立后，它们又依附于国民党政权。1935年币制改革后，四行准备库也告结束。1937年1月，另设"四行信托部"。抗日战争时期，一度依附于日伪势力，互相利用，投机牟利。1948年，四行储蓄会和四行信托部改组为联合银行。中华人民共和国建立后，北四行及联合银行于1952年底与其他行庄合并，组成公私合营银行。

北宋皇陵 Northern Song Dynasty Mausoleums 中国北宋皇陵位于河南巩义境内的嵩山、洛河间丘陵上。有陵墓8座，依次为：宣祖（赵匡胤之父赵弘殷）永安陵、太祖永昌陵、太宗永熙陵、真宗永定陵、仁宗永昭陵、英宗永厚陵、神宗永裕陵和哲宗永泰陵。靖康、建炎年间遭金兵破坏，至元代地面建筑全毁。宋陵遗迹尚存，陵前列石大致齐备，为研究北宋陵墓制度和石刻艺术提供了资料。1982年国务院公布为全国重点文物保护单位。1992～1995年进行全面测绘和勘察，并做部分发掘。

与历代帝陵倚山面河相反，北宋皇陵面嵩山而背洛水，诸帝后陵中轴线的方向约为北偏西6°，正朝嵩山少室主峰，且各陵地形南高北低，置陵台于地势最低处，一反中国古代建筑置中心建筑于最高处的常例。这些应是受当时风水堪舆学说的影响。诸陵布局基本一致，每陵皆有兆域、上宫和下宫。兆域或称茔域，四周植棘枳等为标记，内有皇陵、祔葬的后陵，及宗室子孙和当朝重臣的陪葬墓。上宫即陵台四面所筑陵垣以内部分，中心是以夯土筑成的覆斗形陵台，南面置石雕宫人1对。陵垣亦夯土筑成，总体作方形，四面各设1门，四隅有角阙，东、北、西3门外各置石狮1对。南门为正门，门内、外共置石雕3对。南面夹神道建鹊台、乳台各1对。乳台以北为列石，共60件。下宫是日常奉飨之所，建于皇陵西北。此外，诸陵区附近还设有四个禅院，供养僧尼为陵墓主人祈福诵经。

宋陵石刻数量甚多，列于帝后陵前的望柱和动物、人物有550多件，加上陪葬墓的石刻，总数达千件以上。它们形象多样，线刻、浮雕和圆雕齐备，集中反映了北宋的石刻艺术风貌和陵墓石刻发展脉络。与唐陵相比，宋陵石刻造型浑厚，但力感差，不如唐陵石刻神态生动，气势雄伟；表现手法细腻，细部刻画精细繁缛。永熙、永定、永裕3陵的奔狮是最成功的作品，它们披鬃卷尾，昂首举步，神态豪迈庄严。人物造像中的上品当属驯象人和客使，均以面貌和服饰特征表现人物的身份和所属国度、民族。望柱是集各种装饰花纹于一身的雕刻品，线条流畅，结构谨严，是北宋雕刻艺术精品。

宋陵神路旁的石像生

北宋诗文革新运动 Culture Revolution of Poem and Prose of Northern Song Dynasty, the Movement of 中国北宋继唐代古文运动而起的文学革新运动，主要反对以西昆体为代表的浮靡文风和以"太学体"为代表的诗文革新运动内部的不良倾向。这场文学运动与政治斗争关系密切，其影响深远。发展过程大体有3个阶段。

第一阶段从宋太祖立国至真宗朝，约为10世纪70年代至11世纪初，是初发阶段。先驱者有柳开、王禹偁、穆修、石介以及姚铉、孙复等。柳开首举"尊韩"的旗帜，提出重道致用、尚朴崇散、宣扬教化等主张，反对当时的华靡文风。王禹偁也提倡宗经复古、"传道明心"的古文，强调韩愈文论"文从字顺"的一面，反对晚唐以来淫放颓靡诗风。但是，他们对文学改革的倡导，在当时影响不大，在王死后不久，以杨亿、刘筠和钱惟演为首的西昆派的华靡文风开始泛滥。于是继起的穆修不顾流俗的诋毁，刻印韩柳集数百部在京师出售，以提倡韩柳文自任。稍后的石介在《怪说》中对西昆体进行了猛烈的攻击。但他们重道轻文，忽视文章的语言形式，有辞涩言苦之病，除王禹偁外，创作成就多不高。

第二阶段在宋仁宗朝，从11世纪20年代至50年代左右，是运动形成高潮的阶段。主要代表作家先后有范仲淹、李觏、尹洙、石延年、苏舜钦、梅尧臣、宋祁、欧阳修。欧阳修是这一阶段乃至整个诗文革新运动的领袖。他提出"道胜者，文不难而自至"；又认为道可充实文，而不能代替文，主张作文须简而有法，流畅自然，反对模拟与古奥。他论诗重视美刺劝诫，触事感物，提出"诗穷而后工"的著名论点。他首创"诗话"这一评论诗文的新体式，其《六一诗话》发表了不少精辟的文论、诗论见解。他改革科场积弊，嘉祐二年（1057）权知礼部贡举，坚决打击"太学体"，贬斥险怪奇涩和空洞浮华的文风。他大力提举后进，曾巩、王安石、三苏皆他所奖拔，使他们成为诗文革新的中坚力量。他创作了许多优秀的文学作品，内容充实，形式新颖，平易自然，流畅婉转，使诗文革新立于不败之地。

第三阶段从宋英宗朝至哲宗朝，约11世纪50年代至11世纪末，是运动的完成阶段。主要代表作家是王安石、曾巩、苏轼、苏辙以及黄庭坚、秦观等人。王安石把诗文革新作为推行"新法"的一个重要组成部分，提出文章的内容应"以适用为本"，有助"礼教治政"，"务为有补于世"（《上人书》等）。苏轼是继欧阳修之后的文坛领袖。他主张诗文应"有为而作"，"言必中当世之过"（《凫绎先生诗集叙》）。他很重视文

学的艺术性，认为文章有如精金美玉，自有定价。他又提出了“随物赋形”、“辞达”、“胸有成竹”、“传神写意”、“诗中有画”等著名论点，指导当时的创作。他的诗文辞赋，都体现了北宋文学的最高成就。苏轼也重视人才培养，所谓“苏门四学士”或“苏门六君子”都成了北宋后期文坛的中坚力量，对北宋文学的繁荣作出了很大的贡献。

北宋诗文革新运动之后，以唐宋八大家为代表的古文传统，一直为元明清散文家奉为正宗。诗歌方面，欧阳修、王安石、苏轼也给予南宋金元诗以及明代唐宋派、公安派、竟陵派，清代宋诗派以深刻的影响。北宋诗文革新运动也助长了“以议论为诗”的诗歌散文化倾向，表现出这一革新运动的历史局限。

北魏 Northern Wei Dynasty 中国北朝之一，继十六国分裂局面之后在中国北部重建的统一封建王朝。鲜卑族拓跋珪所建。都平城（今山西大同）。历12帝、2王，共149年。

盛时疆域约为今河北、山东、山西、宁夏、甘肃等省区，河南、陕西、内蒙古的大部，辽宁、安徽、江苏、青海、新疆各一部分以及蒙古国南端一部分。珪祖拓跋什翼犍十六国时曾建代国，后为前秦苻坚所灭。淝水之战后，前秦国衰，拓跋珪遂于太初元年（386）称王，重建代国，同年改国号为魏，建元登国，史称北魏、拓跋魏、元魏、后魏。天兴元年（398）称帝（道武帝），都平城。魏道武帝在位时解散部落，使部民分土定居，变游牧为农耕。皇始元年（396），他始建台省，置百官。针对汉族地区宗族强盛的局面，以宗主督护制统掌地方基层。拓跋珪推行劝课农耕、发展生产的措施，又大规模实行屯田，还强迁后燕境数十万汉族和其他各族民于平城附近，计口授田，分予耕牛农具，促进民族融合，增强军国财用。拓跋珪死后，子拓跋嗣继位。他对南朝刘宋发动进攻，夺取黄河以南的大部分地区。魏太武帝拓跋焘在位时，国力进一步强盛。先后灭夏国、北燕，太延五年（439）灭北凉，统一了北方，结束一百多年北方十六国分裂割据局面，北朝从此开始。太平真君十年（449），又击败北方的柔然，使其北徙，解决了后顾之忧。接着又南下至瓜步（今江苏六合东南），与南朝对峙。

北魏前期的统治仍带浓厚的奴隶制色彩，民族压迫严重，社会矛盾尖锐，激起各族反抗。为缓和民族矛盾，进一步促使鲜卑贵族封建化，以维护统治，冯太后及孝文帝时进行一系列改革（见魏孝文帝改革）。首先是吏治整顿，其次是颁行三长制、均田制以及新的租调制。太和十八年（494）孝文帝排除太子及鲜卑权贵们的反对，迁都洛阳，以加速鲜卑汉化及加强对中原地区的统治。随后，又规定鲜卑人着汉服，用汉语，改汉姓；规定迁洛鲜卑人死后不得归葬平城，并以洛阳为籍贯。还提倡鲜卑权贵门阀化、与汉族高门联姻。十九年，又按家世、官爵，将鲜卑贵族班定姓族，使鲜卑贵族与汉士族进一步结合。又议定百官秩品，分九品，并首创从品。孝文帝改革加速了北魏的封建化进程，促进了北魏农业、手工业（尤其是炼钢术）、商业的长足发展，洛阳从而成为商业大城市。

图1 北魏“传祚无穷”瓦当（山西大同出土）

随着生产的发展和鲜卑贵族汉化的加深，明帝末年，政治腐化，权贵奢侈，守宰暴敛；赋役、兵役繁重，百姓纷纷逃亡或依附豪强。而长期戍守北边的沃野等六镇的将卒（多为拓跋部贵族及其成员或中原强宗子弟）因待遇骤降而不满，遂于正光四年（523）爆发六镇起义，关陇、河北各族纷纷起兵响应，北魏统治濒临崩溃。边镇军事豪强乘机扩充实力，其中尔朱荣实力最盛。武泰元年（528）胡太后毒杀孝明帝，自摄朝政。尔朱荣借为孝明帝报仇之名进军洛阳，诛胡太后及大臣2 000余人。此后，内乱不已。永熙三年（534），北魏分裂成由高欢控制的东魏和宇文泰掌握的西魏。

图2 北魏石棺线刻画（局部，洛阳出土）

北魏时期，科学文化取得了新的成就。北魏末年贾思勰所著《齐民要术》，是中国现存最古、最完整的农书。魏末郦道元以《水经》为纲，写成地理名著《水经注》。文学方面，北朝民歌充分体现了北方民族大融合的特征，风格刚健，语言质朴，感情真挚。《敕勒歌》、《折杨柳歌》、《木兰诗》就是当时民歌的代表。杨衒之的《洛阳伽蓝记》，既是一部地理名著，又是一部文学作品，同时又是一部佛教著述，提供了北魏迁都洛阳40年间的佛教史料。《水经注》从文学角度看，也不愧为一本文字优美的游记。北魏雕塑艺术，集中表现在当时的石窟寺中。它继承了秦汉以来中国的艺术传统，也受到国外特别是古代印度艺术的影响。摩崖石窟分布很广，西起今甘肃，东至今辽宁，保存至今的著名的有大同云冈石窟，河南洛阳龙门石窟，甘肃敦煌石窟，以及甘肃天水的麦积山石窟、永靖的炳灵寺石窟，山西太原的天龙山万佛洞，河南巩义的石窟寺等。在这些石窟寺中有古代艺术工匠所塑造出来的数以万计的佛像，代表了当时中国雕塑艺术的最高水平，是驰名世界的艺术宝库。

北魏世系表

①道武帝拓跋珪（386～409）——②明元帝嗣（409～423）——③太武帝焘（423～452）
- ④南安王余（452）
- ⑤文成帝濬（452～465）——⑥献文帝弘（465～471）——⑦孝文帝元宏（471～499）——⑧宣武帝恪（499～515）——⑨孝明帝诩（515～528）
  - ⑭孝武帝修（532～534）
  - ⑫节闵帝恭（531）
  - ⑩孝庄帝子攸（528～530）
  - ⑬废帝朗（531～532）
  - ⑪长广王晔（530～531）

北燕 Northern Yan 中国古代十六国之一。汉人冯跋所建。都龙城（今辽宁朝阳）。盛时有今辽宁西南部和河北东北部。历2主，共28年。

北燕世系表

①太祖文成帝冯跋（409～430）
②昭成帝冯弘（430～436）

冯跋（？～430），字文起，长乐信都（今河北冀州）人。父冯安，慕容永时仕西燕为将军。西燕亡，冯跋东徙龙城，为后燕禁卫军将领。慕容熙荒淫无道，407年，冯跋等杀慕容熙，拥立后燕主慕容宝养子慕

北燕金帽饰（辽宁北票冯素弗墓出土）

容云（即高云）为主。云称天王，以跋为使持节，都督中外诸军事、录尚书事，掌军国大权。409年，云被其宠臣离班等所杀，冯跋又杀离班等，自称燕天王，仍以燕为国号，都龙城，史称北燕。430年，跋病死，其弟冯弘杀跋诸子自立。冯弘之世，北魏连年进攻，掠徙北燕民户。435年，弘遣使请高句丽出兵迎弘。436年，北魏大军又攻龙城。冯弘在高句丽军保护下率龙城百姓东渡辽水，奔高句丽。北魏军入占龙城，北燕亡。

冯跋统治时，能留心政事，革除后燕苛政，简省赋役，奖励农桑，惩治贪污，社会较为安定。除以州郡治民之外，还以太子冯永领大单于，置前后左右四辅，推行胡、汉分治政策。当时南朝称北燕为黄龙国。

北洋大臣 Minister of Beiyang 中国清末总理各国事务衙门下管理直隶、山东、奉天三省对外通商、交涉事务，兼办海防和其他洋务的钦差大臣。又称北洋通商大臣。

北洋大学堂 Beiyang University 中国最早创办的一所大学。1895年10月2日成立于天津，始名天津中西学堂，旋改称北洋大学堂。设采矿冶金、土木工程、机械工程、法律四学门（系）。1913年改称国立北洋大学。1928年改为北平大学第二工学院。1929年改称北洋工学院。1937年抗日战争全面爆发后，迁西安，与北平大学、北平师范大学合组西北临时大学，后改名西北联合大学。1938年7月，北洋、北平、东北、焦作四校工学院合并，在陕西城固组成西北工学院。1943年春，在浙江泰顺重新成立北洋工学院。1944年秋，在西安成立北洋西京分院。抗日战争胜利后，1946年迁回天津，称北洋大学北平部（1946～1947），设理、工两学院，有采矿、冶金等12个系。1951年改名天津大学。1952年采矿系、冶金系和其他院校的矿冶系，组成北京钢铁学院。

北洋军阀 Northern Warlords 中国近代以袁世凯为首领，段祺瑞、冯国璋等人为主将的政治军事集团。初起于清末“新建陆军”。1895年12月，袁世凯奉谕接管胡燏棻定武军，在天津小站仿照德国陆军建制编练新军，开始形成无形而实存的小站集团。其核心成员主要有徐世昌、段祺瑞、王士珍、冯国璋、曹锟、卢永祥、段芝贵、张勋、倪嗣冲等。当时，袁世凯“新建陆军”与董福祥“甘军”、聂士成“武毅军”，同隶属于直隶总督兼北洋大臣荣禄，统称“北洋三军”。“北洋军阀”称谓，由此演变而来。1901年11月，袁世凯接任直隶总督兼北洋大臣。随后，奉谕在保定设立军政司，网罗旧属段祺瑞、冯国璋等人分任参谋、教练等处总办，仿照所部武卫右军编制，创建5个镇的北洋常备军和1支镇京旗常备军。1905年，清廷计划全国编练新军36镇，袁趁机将其改编为6个镇，由七千多人发展至八九万人。同年10月及次年10月，分别在河间、彰德举行大规模军事演习，公开向应邀而至的英、美、俄、法、德等国军事观察家、新闻记者及各省新军观摩官员展示军威。北洋军阀作为军事集团至此告成。

1911年武昌起义爆发后，袁世凯凭借北洋军实力，窃取中华民国临时大总统职位，任命唐绍仪为国务总理、段祺瑞为陆军总长，组成第一届内阁。北洋军阀由此成为全面控制北京中央政权和部分地方政权的政治军事集团。1913年，孙中山反袁起义失败，袁世凯当选为正式大总统，北洋军阀进入鼎盛时期。

不久，袁世凯称帝败亡，北洋军阀一分为三，形成以段祺瑞为首的皖系军阀、以冯国璋和曹锟为首的直系军阀、以张作霖为首的奉系军阀三大派系，为争夺北京中央政权和各省地盘展开激烈角逐。经过1920年7月的直皖战争和1922～1924年的两次直奉战争，北洋军阀开始走向衰落。

1926年7月，在国共两党合作倡导下，国民革命军进行了北伐战争，消灭了直系军阀吴佩孚、孙传芳的军队，打击了奉系势力。1928年国民党各军事实力派联合再次北伐，进驻北京。奉系军阀张作霖因战败退回东北，在皇姑屯被日本关东军炸死（见皇姑屯事件）。至此，北洋军阀的统治结束。

北洋水师 Beiyang Navy 中国清末建立的新式海军。同治六年（1867）创议，十三年（1874）筹划。清政府每年拨出400万两白银建设。中国海军分为三洋建设：北洋水师负责山东及以北之黄海，南洋负责山东以南及长江以外之东海，两广负责福建、南海。北洋舰队负责守卫京师，奏准优先集全力建造。光绪元年（1875）命北洋大臣李鸿章创设北洋水师，李通过总税务司R.赫德在英国订造4舰炮船，此为清朝海军向国外购军舰之始。1879年，向英国订造巡洋舰扬威号、超勇号。1880年，向德国船厂订造铁甲舰定远号、镇远号。1881年，先后选定在旅顺和威海两地修建海军基地。1880年在天津设立负责海军事务的机构——海军营务处。次年，派丁汝昌统领北洋海军。英人琅威、德人式百龄先后担任海军训练。又设立北洋水师学堂，修筑旅顺和威海卫军港。北洋舰队各主要战舰舰长及高级军官几乎全为福州船政学堂毕业，并多曾到英国海军学院留学实习。中法战争后李鸿章加速购置舰船，扩充北洋海军。1885年总理海军事务衙门设立，李鸿章遣驻外公使分别向英国、德国订造巡洋舰致远号、靖远号与经远号、来远号。1888年12月17日，北洋水师正式成军，同日颁布施行《北洋水师章程》。共有军舰25艘，官兵4 000余人。

从此，近代中国正式拥有了一支堪称当时亚洲第一的海军舰队。1888年以后，舰队经费大幅减少，多被政府挪往他处，如修建颐和园工程等。当时正为海军技术突飞猛进之时，但北洋水师至1894年中日甲午战争爆发时已多年未置新舰，部分应进行的更新工程亦未能进行。原有的战舰已开始落伍，无论航速、射速皆落后于日本。因而在中日甲午战争中，北洋海军全军覆没。后逐渐购置舰船，略有恢复。宣统元年（1909年）南、北洋海军被改编为巡洋舰队与长江舰队，北洋水师之名不复存在。

北野武 Kitano Takeshi (1947-01-18～) 日本电影导演、演员。生于东京。1965年入明治大学工学系，1967年退学。1973年与兼子二郎组成“漫才”（即相声）搭档，

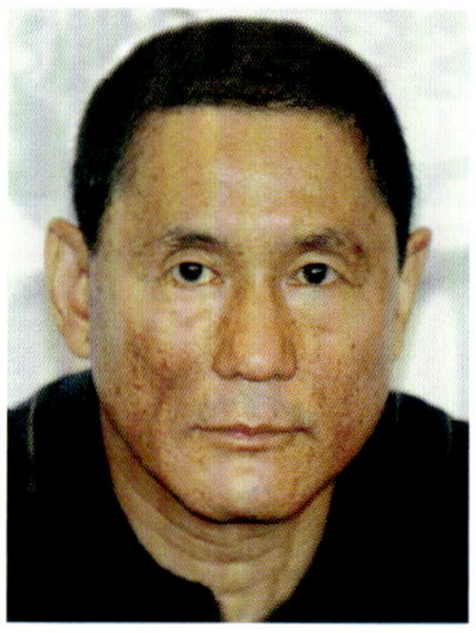

人称“天才俩”。1981年开始涉足电影界，在影片《流浪货车司机》中扮演角色。1989年任导演，执导并主演《一个极其凶暴的男人》，当年获《电影旬报》评选的10大佳片的第8名。从1990年开始，导演了《3-4×10月》(1990)、《那年夏天，最宁静的海》(1991)、《小奏鸣曲》(1993)等影片。1995年完成影片《大家怎么样？》。随后又导演了《坏孩子的天空》(1996)、《花火》(1997)、《菊次郎的夏天》(1998)、《兄弟》(2000)、《玩偶》(2002)等。《花火》获1997年第54届威尼斯电影节金狮奖。北野武的电影风格在世界上广受注目。著有小说《少年》、《浅草小子》、《教祖诞生》和一系列散文。

北阴阳营文化 Beiyinyangying Culture 中国新石器时代晚期文化。以江苏南京北

阴阳营遗址而命名。主要分布在宁（南京）镇（镇江）丘陵区。年代约为公元前4000～前3300年。经济生活以农业为主，在陶器上发现稻壳印痕。饲养猪、狗、牛等家畜。制陶处于手制慢轮修整阶段，以烧制红陶为主，有少量精美的彩陶。石器的磨光、穿孔技术较高。在一座墓中发现石器半成品、小磨石和石芯等，表明已有专业化程度较高的制石工匠。琢玉工艺较发达，流行璜、玦、管、坠等小件玉饰物。墓葬中的随葬品无大悬殊，反映出当时处于平等

彩陶鼎（北阴阳营出土）

的氏族社会。一些墓特意在死者口中或陶罐里放置玛瑙石子（雨花石），当具某种原始信仰含意。

北运河 Northern Grand Canal 中国京杭运河的重要河段。由天津注入海河。长约180千米。除屈家店至天津段15千米可供小船作季节性通航外，其余河道均不能通航。

北镇市 Beizhen City 中国辽宁省辖县级市。位于省境中部。面积1 782平方千米。人口53万（2008），有汉、满、蒙古、回、朝鲜等13个民族。唐设医巫闾守捉城，金设广宁府，清光绪三十三年（1907）置广宁县。1914年改名北镇县。1989年改为北镇满族自治县。1995年撤自治县改设北宁市，2006年更名为北镇市。由锦州市代管。属温带大陆性季风气候。矿产有花岗岩、石灰岩、铁、锰、石墨、硅石等。经济以种植业为主，盛产葡萄、鸭梨等。西部丘陵和中部平原盛产小麦、大豆、花生，东部低洼区盛产水稻。养殖业以鱼、蜂、兔、貂等为主。工业有化工、机械、建材、食品、纺织、造纸、印刷等。京哈、庄林等公路与京沈、沟海铁路纵横交错成网。名胜古迹有医巫闾山、大朝阳、辽代双塔和李成梁石坊等。

北周 Northern Zhou Dynasty 中国北朝之一。宇文觉创建。都长安（今西安）。历5帝，共25年（557～581）。

西魏恭帝三年（556），实际掌握西魏政权的宇文泰死，遗命宇文护掌管国家大政。因宇文护想早日夺取政权，即迫使西魏恭帝禅位。次年，宇文泰之子宇文觉（孝闵帝）

北周世系表

文帝宇文泰
- ①孝闵帝觉（557）
- ②明帝毓（557～560）
- ③武帝邕（560～578）——④宣帝赟（578～579）——⑤静帝阐（579～581）

建立北周，都长安（今西安）。不久，宇文护杀孝闵帝，立宇文毓为帝（明帝）。武成二年（560），宇文护又毒死明帝，立宇文邕为帝，是为北周武帝。建德元年（572），周武帝杀宇文护，亲掌朝政，进行了多方面的改革。在兵制方面，松弛了军士对主将的从属关系，削弱了过去府兵部落化的倾向。同时，进一步将府兵征募范围扩大到汉人，打破胡汉分治界限。此举符合民族融合、国家统一的趋势，也为吞灭北齐，统一北中国提供了军事力量。在经济方面，周武帝修改均田和租调等制度，并注意兴修水利，增辟农田。自己也比较注意节俭，停修华丽的宫殿，以省民力。周武帝下令禁断佛、道二教，销毁佛经、佛像，勒令僧道还俗。建德三年五月，下诏废佛，把僧侣地主的寺庙、土地、铜像、资产全部没收，使近百万僧侣和寺院管辖下的人户编入国家户籍，以增加国家直接控制的劳动力，从而相应减轻了一般劳动人民的赋役负担。四年，周武帝亲率六军，向北齐发起大规模的进攻，六年，齐后主被俘。周军消灭了北齐政权，统一了中国北方。

灭北齐后，周武帝继续进行改革。多次下诏将被北齐、东魏掠为奴婢的免为平民，并继续禁断佛、道。他还颁布《刑书要制》，严惩贪污，规定全国实行统一的度量衡。宣政元年（578）武帝死，子宇文赟（宣帝）即位，在位二年，荒淫而死。宇文阐（静帝）即位，外戚杨坚辅政，宣布恢复奉行佛、道。大定元年（581）二月，杨坚迫周静帝禅位，自立为帝，北周灭亡。

《贝奥武甫》 *Beowulf* 英国英雄史诗。它用古英语写成，是继希腊、罗马史诗之后欧

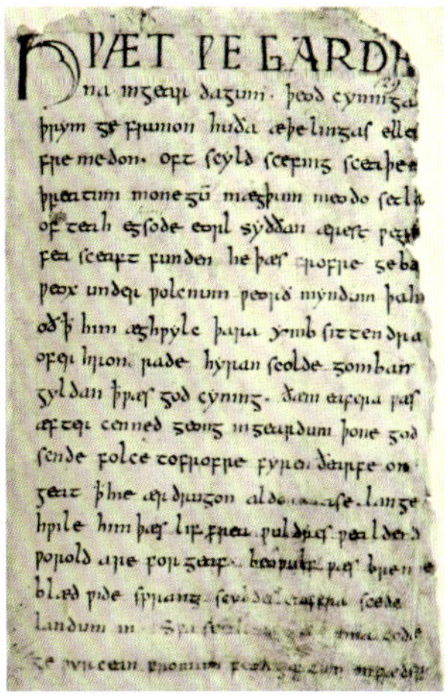

《贝奥武甫》手稿

洲最早的一部用本民族语言写成的史诗。现存手抄本约成书于10世纪末。史诗全长3 182行。作品由两个故事组成，第一个故事讲述的是贝奥武甫帮助丹麦王赫罗斯加战胜半人半兽怪物格伦德尔及其母亲的故事。这个故事以贝奥武甫大获全胜告终。第二个故事讲的是老年贝奥武甫在统治耶阿特族50年后，遇到一条怪龙骚扰民间。他决定为民除害，便带领了11名武士前去与怪龙厮杀。在厮杀的过程中，他的剑断了，还受了伤，最后在一个名叫威耶拉夫的武士的帮助下将怪龙杀死，而贝奥武甫自己也因伤势过重而死。他的陵墓成为航海者的灯塔。史诗内容丰富，结构严谨，节奏徐缓而庄严，歌颂了高贵的品格和勇敢的精神。

贝币 seashell money 中国古代以海贝充当的原始货币。“贝者，水虫，古人取其甲以为货，如今之用钱然。”（《尚书·盘庚中》孔颖达疏）中国商周时期的墓葬时有出土（见图）。商代的卜辞和铜器铭文中，也有“锡

贝币——大贝（商代，河南安阳殷墟出土），小贝（商代后期，河南安阳妇好墓出土）

贝”、“囚贝”、“赏贝”等字样。贝币以“朋”为计算单位，五贝为一串，两串为一朋。朋字金文写作“𣠭”。贝产于海，不敷流通，就用仿制品来代替，遂有珧贝、蚌制贝、骨贝、石贝、陶贝等，乃至出现向金属货币形态过渡的铜贝。秦始皇统一全国后，行铸钱，贝、刀、布等原始货币乃废。

贝采利乌斯 Berzelius, Jöns Jacob（1779-08-20～1848-08-07） 瑞典化学家。生于东约特兰省林雪平，卒于斯德哥尔摩。

1802年获乌普萨拉大学医学博士学位。后任斯德哥尔摩医学院医学、植物学和药物学助理教授，1807年任教授。1815～1832年，任斯德哥尔摩的卡罗琳外科医学院的化学教授。1808年选入斯德哥尔摩皇家科学院，1818年任终身秘书。他的研究成果有：①1814年他发表了包含41种化学元素的原子量表，1818年增加到

45种，1826年增加到50种。后一张表基本上同现在的数值一样。②1814年提出了电化二元论，认为化合物都是由两种电性质不同（即带正电荷和负电荷）的组分构成的。③1806年最早提出有机化学这个名称。认识到同分异构现象，并命名。1835年发现了催化作用，并命名。④他创始了重量分析。著有《化学教程》和《电的化学作用和化学比例理论》。

贝当 Pétain, Henri Philippe (1856-04-24～1951-07-23) 法国维希政府元首（1940～1944年在任），法国元帅，民族叛徒。生于海峡省一农民家庭，卒于约岛。1878年毕业于圣西尔军校。

第一次世界大战期间先后指挥步兵旅、军团和法国第2军。因领导1916年凡尔登保卫战而出名，成为当时的英雄。1917年4月任法军总参谋长，1917年5月任法军总司令，1918年获元帅衔。1920年出任最高军事委员会副主席，1922年起为法国陆军总监。1925～1926年指挥法军镇压摩洛哥人民起义。1934年2～11月任陆军部长。贝当同情并支持国内外法西斯分子。1939～1940年任驻西班牙大使期间，与F.佛朗哥交往密切。德军进攻法国后，6月14日出任维希政府总理。1940年6月22日与法西斯德国签订《贡比涅停战协定》。同年7月10日胁迫国民议会授以全权，取消法兰西第三共和国。1940年7月至1944年8月任维希政府元首，成为希特勒德国的傀儡。1945年4月被捕。同年8月因叛国罪被最高法院判处死刑，后改判终身监禁。

贝蒂 Beti, Mongo (1932-06-30～2001-10-08) 喀麦隆作家。原名亚历山大·比伊迪，曾用笔名埃扎·博托。生于姆巴尔马约，卒于杜阿拉。获巴黎大学文学士学位后在

法国中学任教。曾长期主办政治、文化期刊《黑色民族、非洲民族》。一生作品很多，主要有小说《无恨与无爱》（1953）、《残酷的城市》（1954）、《完成的使命》（1957）、《死里逃生的国王》（1958）、《牢记路本》（1974）、《贝尔彼杜》（1974）、《一个傀儡近乎戏剧性的垮台》（1979）等。小说《可怜的蓬巴基督》（1956）写一个所谓“虔诚的”白人传教士为殖民主义效劳，受到非洲人民的抵制。引起了广泛重视。

贝蒂 Betti, Ugo (1892-02-04～1953-06-09) 意大利剧作家。生于卡梅里诺，卒于罗马。第一次世界大战后在帕尔马、罗马等地司法机构任职。写过小说、诗歌，但主要成就在戏剧。他认为，世界意味着忧伤、失望，邪恶无法惩治，幸福难以企及，而仅仅存在于来世。他的这种带有宗教色彩的、悲观的人生观在他的戏剧中得到了体现，反映了他所生活时代的精神危机。他的许多剧本以对凶案或错误行为的调查作为情节，揭露社会的弊病、人的痛苦与罪恶，如《女主人》（1926）、《北方港的塌方》（1932）、《夜风》（1941）等。《司法大楼里的堕落》（1949）通过描写一群司法官员的犯法行径，揭露整个社会是他们的同谋。他的剧本注重文学性，追求诗意，广泛采用隐喻、象征手法。

贝都因人 Bedouin 阿拉伯人的一支。又译贝督因人。分布在西亚和北非广阔的沙漠和荒原地带。估计有1 500万人左右（2001）。分别处于由游牧转向定居的不同

贝都因女子

阶段。其中生活在沙特阿拉伯的人数最多。属欧罗巴人种地中海类型。使用当地的阿拉伯方言及阿拉伯文。信仰伊斯兰教，属逊尼派。原住阿拉伯半岛，后来随着游牧业的发展逐渐扩散到西亚、北非许多国家。一般生活在沙漠、荒原、丘陵和农区边缘地带，靠饲养骆驼为生。按季节和固定路线进行有规律的移动。每次游牧距离常在1 000千米以上。在农区边缘地带度过最炎热、干旱的季节，参加集市，出售畜产品或采集的香料，买回椰枣、食粮、手工业品等必需品。每当雨季到来、沙漠水草生长之际，便向沙漠深处进发。住毛毡帐篷。南阿拉伯哈达拉毛等地的牧民为躲避强劲的风暴，大多住在岩洞里或悬崖下。主要食品是鲜奶、酸奶、奶酪等奶制品，副食是椰枣、粮食制品。男子穿长到脚踝的灯笼裤、肥大的长衫，冬季外加斗篷。妇女的长衫、外衣、斗篷都绣花，喜欢佩戴各种首饰。普遍保留部落制度和嫡堂婚姻。许多阿拉伯国家政府鼓励和安置贝都因人定居。

贝多芬 Beethoven, Ludwig van (1770-12-16～1827-03-26) 德国作曲家。生于波恩，卒于维也纳。

生平 出生于贫寒的音乐家庭。父系家族是佛兰德裔，祖父移民至波恩，是科隆选侯的宫廷歌手和乐长，在波恩颇负盛名。父亲也是选侯的宫廷歌手，常酗酒滋事，后被解雇，给半俸以维持一家生活。母亲是宫廷大厨师的女儿，在贝多芬17岁时去世。贝多芬不得不从小就参加工作赚钱养家。贝多芬4岁开始从父亲学习音乐。

14岁以前，贝多芬受过普通学校教育。19岁时获准进波恩大学听课。贝多芬边求学边工作，1783年担任歌剧院羽管键琴琴手。1784～1792年担任宫廷副管风琴师，1788年起兼任宫廷乐队的第二中提琴手。1787年4月，贝多芬赴当时欧洲的音乐中心维也纳观光，拜见了W.A.莫扎特并为莫扎特作即兴演奏。1787年冬，到波恩有名望的F.von布罗伊宁夫人家庭任音乐教师，其间接触到许多思想进步、学识渊博的文艺家及政府中较开明的人物。1792年奥地利音乐大师J.海顿路过波恩，接见了贝多芬，看了他的作品，建议他去维也纳深造，并表示愿意收他为学生。波恩时期，为他日后的创作积累了丰富的素材。

1792年，22岁的贝多芬第二次到达维也纳，跟海顿学作曲。由于他与海顿的性格不同，不很相投。1793年冬海顿赴英国，便把贝多芬交给音乐理论家J.G.阿尔布雷希茨贝格尔，贝多芬向他学习对位法，受到严格的训练，也跟意大利歌剧作曲家A.萨列里学歌曲写作。1795年，贝多芬出版了他的第一号作品：3首为钢琴、小提琴和大提琴演奏的三重奏。此后5年他陆续出版了不少作品。《第八钢琴奏鸣曲》（即《悲怆》，1799年出版）是他这段时期的代表性作品。这些作品的出版使他的声誉日渐遍及欧洲。贝多芬终身未婚，婚姻和恋爱问题经常使他烦恼。贝多芬的少数作品题赠给了他的女弟子，例如奏鸣曲《热情》是为他的学生特蕾泽写的，出版时题赠与她的兄弟弗朗兹；奏鸣曲《月光》则直接赠与他的表妹朱丽叶塔。

28岁时，他发现自己的听觉有了障碍，且日益严重，他十分担忧。加上恋爱的挫折，

使他的消极情绪在1802年达到一个高点。曾打算自杀，写下了遗嘱，然而他心中的音乐烈火终于烧掉这一次精神危机，并以惊人的意志和毅力坚持创作和工作，为欧洲音乐史增添了最光辉的篇章。

1814年后，贝多芬的经济和健康状况日益下降。他的创作生涯停顿了好几年，1817年以后，他才又拿起笔来完成了最后的几部作品，包括著名的《第九交响曲》和《庄严弥撒曲》，晚期的弦乐四重奏以及钢琴奏鸣曲和《迪亚贝利主题变奏曲》等。1826年12月，他从外地回维也纳，路上受了风寒，从此一病不起，次年便与世长辞。贝多芬的死讯震动了维也纳，出殡时有2万人为他送葬，包括F.舒伯特在内。遗体葬于维也纳市内韦灵公墓。

创作　贝多芬的创作生涯大略可分为3个时期：1800年以前为早期；1801～1814年为中期；1814年以后为晚期。

1801～1814年是贝多芬的创作最具有独创性的盛期。作于1801年的《第十四钢琴奏鸣曲》（即《月光》）就是富于独创性，并完全以形式服务于内容的一个范例。1802年贝多芬对朋友说："对于我到目前为止的作品，我都不满意。从现在起我要走一条新的道路。"当时他正在写《第三交响曲》（即《英雄》交响曲）。这是应法国驻维也纳大使的邀请为拿破仑写的。当时贝多芬认为拿破仑是法国革命的英雄和人民的救星，所以乐于写作。1804年交响曲写成，拿破仑也于此时称帝，贝多芬极为气愤，他撕毁了已写好赠款的封面，换上一张新的，并写上"为纪念一位伟人而作的英雄交响曲"。这首交响曲从内容到形式都富于革新精神，感情奔放，篇幅巨大，和声与节奏都新颖自由，说明作曲者所走的确是一条"新的道路"。在这时期他还写了赠给

波恩贝多芬故居

华尔斯坦的《第二十一钢琴奏鸣曲》（又称《华尔斯坦》、《黎明》）和《第二十三钢琴奏鸣曲》（即《热情》）。贝多芬共作有钢琴奏鸣曲32首，其中《悲怆》、《月光》、《华尔斯坦》和《热情》最为著名，成为钢琴音乐的不朽之作。

1808年，贝多芬完成了充满斗争精神和胜利信念的《第五交响曲》（即《命运》）和纯真质朴、歌颂大自然的《第六交响曲》（即《田园》）。《第五交响曲》第一乐章充满矛盾，是人和险恶世道的搏斗，乐章不长，手法简洁，主题思想明确，大部分是由"命运"主题的4个音符发展而成。第二乐章是一个描写作者内心境界，优美而富于深思的慢板。第三乐章战斗再起，进一步表现了世道诡谲、风云变幻的情景。第四乐章胜利的爆发（第三、第四乐章是连接不断的），它有如阴霾已被扫尽，阳光突然出现，人们终于战胜了命运，凯歌响彻云霄。1812年他完成第七和第八交响曲。

贝多芬写过6首钢琴协奏曲（第6首未完成），《第五钢琴协奏曲》由于内容威严而堂皇，后人称为《皇帝》。他的《D大调小提琴协奏曲》，非常抒情而气魄浩大，不像一般小提琴协奏曲多在演奏技巧上做文章。此外，还有1首《由钢琴、小提琴、大提琴和交响乐队演奏的三重协奏曲》。

贝多芬所作的唯一歌剧是《菲德里奥》（原称《莱奥诺拉》）。他对这部歌剧进行过长达数年的修改，并为它写过4首序曲。在戏剧音乐方面，他写过两幕舞剧《普罗米修斯的创造物》，为歌德的剧本《埃格蒙特》写了10段配乐；他还为历史剧《科利奥兰》写了序曲，为历史剧《雅典的废墟》写了配乐。

在室内乐方面，最重要的是16首弦乐四重奏。它们反映了贝多芬一生的艺术生涯。10首小提琴与钢琴合奏的奏鸣曲中，最著名的是作于1801年的《F大调小提琴奏鸣曲》。由于它富于青春气息，被后人称为《春天》奏鸣曲。另一首作于1802年的《克鲁采奏鸣曲》，气魄奇伟，别具风格，好像两件乐器在斗争，有时又汇合在一起。因是赠给法国小提琴家R.克鲁采而得此名。贝多芬还写过各种乐器组合的室内乐曲多首，其中作于1811年、赠给鲁道夫大公的《降B大调三重奏》（又称《大公》三重奏）最为著名。

他创作晚期的10年，已经减少了火一般勇往直前的气势，在曲式上也减缩了，但所表达的思想感情更深刻、更内在，有些音乐语言好像是自己的内心独白，不求别人的了解，这便是他晚期作品的特点。《第九交响曲》（即《合唱交响曲》），是贝多芬用席勒的诗《欢乐颂》谱成的作品。前3乐章是器乐曲，第四乐章加入人声，用了4位独唱者和一个大合唱队。这个作品在当时引起了各种评论，最后才被肯定。H.柏辽兹认为它是贝多芬毕生的杰作。

综观贝多芬一生的创作，他在作曲技术上有许多新发展。例如，他扩充了奏鸣曲式结构，加强了它的表现力。他的主题、过渡、副主题都连接得很紧凑，一气呵成。转调也更自由，打破了过去各乐章之间以及主题与副主题之间的调性关系的陈规，使调性色彩更丰富，适于表现更绚丽壮观的内容。他首先在交响曲中使用谐谑曲，在奏鸣－交响套曲中以它代替小步舞曲。

贝多芬集古典主义之大成，开浪漫主义之先河，其创作反映了资产阶级上升时期的进步思想。他通过精湛的艺术手法，大大加强了作品的感染力，把欧洲古典主义音乐推向新的高峰，并开辟了浪漫主义音乐个性解放的新方向。

贝恩　Benn, Gottfried (1886-05-02～1956-07-07)　德国诗人。生于曼斯费尔德，卒于柏林。1912年获医学博士学位。常年行医。第一次世界大战时入伍为军医。他世界观中有浓厚的虚无主义和悲观主义成分。表现在《停尸房》(1902)、《儿子》(1903)、《肉》(1907)和《瓦砾》(1909)等诗中，用医学术语描述死亡的恐怖和人的自我分裂，充满了对人世的厌恶与绝望情绪。表现现代社会中知识分子的孤独、恐惧、迷惘和愤世嫉俗心情的作品有小说选集《大脑》(1916)，诗集《蒸馏》(1953)、《尾声》(1955)，散文《现代自我》(1919)、《尼采之后》(1932)、《双重人生》(1950)等。

贝恩哈特　Bernhardt, Sarah (1844-10-22～1923-03-26)　法国演员。生于巴黎，卒于巴黎。曾在巴黎国立戏剧学院学习。1862年进入法兰西喜剧院。后进入巴黎奥德翁剧院。1872年，贝恩哈特在奥德翁连演103场V.雨果的名剧《吕伊·布拉斯》。她独特的发声和嗓音风靡了一代观众。她和穆内－絮利于1880年重演的《艾那尼》，可以视为19世纪下半叶法国表演艺术的代表作。此后，她先后去美国和欧洲不少国家演出。她以诗情洋溢的表演，饰演了一系列优秀古典剧目。1899年，她买下国际剧院，改建成萨拉·贝恩哈特剧院。暮年仍坚持演出，在《雏鹰》、《哈姆雷特》和《坏小子洛朗梭》3部诗剧里，都反串小生，成为不朽的表演杰作。1914年重演《茶花女》后，告别舞台。

贝恩哈特 Bernhard, Thomas (1931-02-10～1989-02-12) 奥地利小说家、剧作家。生于荷兰海尔伦，卒于格蒙登。因患肺结核住院疗养数年，历尽痛苦。1957年毕业于莫扎特学院。1965年后隐居乡村，潜心创作。长篇小说《寒冻》(1963)、《阿母拉斯》(1964)、《校正》(1975) 等，否定了奥地利文坛上以美化自然为主题的传统乡村文学。自传体长篇小说《根源》(1975)、《地窖》(1976)、《呼吸》(1978) 等，以孤独、疾病和死亡为表现主题。作者在最后一部长篇小说《忘却》(1986) 中，以戏谑和夸张的手法描写了早年定居罗马的主人公回乡奔丧前后的心理活动，对奥地利的各种社会弊端展开了尖锐的抨击。这部小说将贝恩哈特的现实与文化批判精神推向极致。一生写有20多部戏剧作品，重要的有《博里斯的节日》(1970)、《总统》(1975)、《退休之前》(1979)、《英雄广场》(1988) 等。多以人物的突然死亡为结局，从而使作品带有喜剧和悲剧的特征。贝恩哈特的作品格调阴郁，力求以阴暗面来衬托人生，被称为"阴暗的作家"。

贝尔 Bell, Alexander Graham (1847-03-03～1922-08-02) 电话发明人。生于英国苏格兰爱丁堡，卒于加拿大布雷顿。先后在爱丁堡大学和伦敦大学求学。1873年被聘为美国波士顿大学发声生理学教授。当时，电报已很发达，贝尔研究利用一条线路进行多路电报通信的实验。在实验过程中，他萌发在电报线路上通话的设想。

在J.亨利的鼓励和T.A.沃森的协助下，终于在1876年3月10日试验电话通话成功。沃森通过液体发射机和调谐舌簧接收机第一次听到贝尔传来的声音。1878年，贝尔和沃森在相距300多千米的波士顿和纽约之间作了长途电话通话的公开实验，获得成功。3个月后他成立了贝尔电话公司，从此电话得到了迅速发展。

除了终身从事的聋人事业外，贝尔从不停留在一个科研项目上。授予他个人的18项专利和他与合作者共享的12项专利，只能代表他全部天才的一部分。这些专利包括电话和电报、光电话机、留声机、飞行器、水上飞机和硒电池。

贝尔 Bell, Daniel (1919-05-10～2011-01-25) 美国社会学家、未来学家。生于纽约，卒于马萨诸塞州剑桥。1935年起在纽约市立学院攻读古代史和社会学。

1940年在哥伦比亚大学修完社会学研究生课程。40～50年代主要从事新闻工作。50年代后，先后在哥伦比亚大学和哈佛大学任社会学教授。其间还兼任《公众利益》主编，美国总统技术、自动化和经济进展委员会委员，美国政府社会指标专家委员会主席，美国艺术与科学学院2000年委员会主席等职。著有《美国马克思派社会主义》、《意识形态的终结》、《后工业社会的来临》、《资本主义的文化矛盾》、《蜿蜒之路》等。

贝尔反对社会系统论，把现代社会看成由社会结构（技术-经济部门）、政治和文化3个独立甚至相互对立的领域组成。在经济上倾向社会主义，政治上坚持自由主义，文化上钟情保守主义。他是"后工业社会理论"的创立者。

贝尔 Baer, Karl Ernst von(1792-02-17～1876-11-28) 德裔俄国生物学家、人类学家和地理学家，比较胚胎学的创始人。又译冯·贝尔。生于爱沙尼亚皮普，卒于爱沙尼亚多尔帕特。1814年在多尔帕特大学医学院获医学博士学位。1817～1834年在柯尼斯堡大学先后任解剖学副教授、动物学教授、医学院院长和校长等职。1826年当选为俄国彼得堡科学院通讯院士。1846年当选为俄国彼得堡科学院（比较解剖学和生理学）院士。

贝尔对脊椎动物的胚胎发育有深入的研究，对胚胎学的贡献，大多是1817～1834年在柯尼斯堡期间完成的。最早发现了脊索，提出神经褶是中枢神经系统的原基，并阐明了胚膜（羊膜、绒毛膜、尿囊膜）的发育和功能，而最大的贡献则是1827年发现了哺乳类的卵。发现了脊椎动物的胚胎在早期极其相似。1828、1837年先后发表《动物发生史——观察与思考》第1卷和第2卷，系统总结了有关脊椎动物胚胎发育的知识。通过精细的比较研究，指出所有脊椎动物的胚胎都有一定程度的相似，在分类上亲缘关系愈近，胚胎的相似程度愈大；在发育过程中，门的特征最先出现，纲、目、科、属、种的特征随后依次出现。这就是胚胎学上的贝尔法则。他强调胚胎发育是渐成的而不是预成的。1834年后主要致力于人类学和地理学的研究。

贝尔德 Baird, John Logie (1888-08-13～1946-06-14) 英国工程师，机械式扫描电视发明者。生于苏格兰邓巴顿，卒于英格兰贝克斯希尔。曾就学于格拉斯哥大学，因第一次世界大战爆发而辍学。1922年贝尔德用饼干桶、透镜、钾光电管、玩具马达以及尼普科夫圆盘等组成电视发射设备和接收设备进行实验。1924年贝尔德在数米的短距离内实现图像传输。1925年1月27日，他在伦敦英国科学研究所展示了这套设备并进行了发射和接收的公开试验。1927年通过电话线在相距数百千米的伦敦与格拉斯哥之间进行了图像传输，1928年在伦敦与纽约间成功地进行了电视收发试验，1929年英国广播公司开始机械电视试播。此后，贝尔德还对彩色电视、日光电视、立体电视、大屏幕电视进行了研究。

贝尔法斯特 Belfast 英国北爱尔兰首府。位于爱尔兰岛东北部，拉根河注入贝尔法斯特湾处，临北海峡。面积65平方千米。人口26.84万 (2009)。17世纪时曾为世界最大的亚麻纺织业中心。1888年建市，1920年起为北爱尔兰首府。现为北爱尔兰最大城市和港口，铁路枢纽和文化中心；英国最重要的造船和修船中心，哈兰德-沃尔夫船厂是世界上最大的造船厂之一，建有著名的"泰坦尼克"号等豪华游轮。重要工业部门有造船、飞机制造、机械、烟草、炼油、化工、食品等。有大学、博物馆、美术馆及古城堡。国际机场在西郊。

《贝尔福宣言》 *Balfour Declaration* 英国政府表示赞同犹太人在巴勒斯坦建立国家的公开保证。1917年11月2日，英国外交大臣A.J.贝尔福致函英国犹太复国主义者联盟副主席L.W.罗思柴尔德。信中说："英王陛下政府赞成在巴勒斯坦建立一个犹太人的民族之家，并愿尽最大努力促其实现；但应明确理解，不得做任何事情去损害目前巴勒斯坦非犹太人的公民权利和宗教权利，或者损害其他国家犹太人所享有的权利和政治地位。"这封信后来被称为贝尔福宣言。宣言中的"犹太人的民族之家"，实即犹太国。

贝尔福宣言对犹太复国主义的发展和中东局势产生了深远的影响。宣言得到包括美国在内的协约国主要国家的赞成。

贝尔格莱德 Belgrade 塞尔维亚首都，全国最大的城市。位于国土中北部多瑙河与萨瓦河的交汇处，是扼多瑙河与巴尔干半岛水陆交通要冲，战略地位重要，有"巴尔干之钥"之称。萨瓦河从市区穿过，河东、南是老城区，河西、北为新城区。面积200平方千米，人口约163.06万 (2009)。

公元前4世纪，凯尔特人在此建城堡；前1世纪被罗马人占领，称其为"欣吉杜奴姆"，意为"水上堡垒"。公元5世纪毁于

卡莱梅格丹古城堡

匈奴人入侵。8世纪南下的斯拉夫人重建，878年改称现名。进入中世纪后，先后易主拜占廷、保加利亚、塞尔维亚、匈牙利人、土耳其人等。1867年成为塞尔维亚公国首都。1918年成为塞尔维亚－克罗地亚－斯洛文尼亚王国（1929年改称南斯拉夫王国）首都。第二次世界大战中受到严重破坏。战后重建，为南斯拉夫联邦人民共和国（1963年改称南斯拉夫社会主义联邦共和国）首都。20世纪90年代初，南斯拉夫社会主义联邦共和国解体。1992年4月27日成为南斯拉夫联盟共和国（2003年改国名为塞尔维亚和黑山）首都。2006年6月3日，黑山独立，贝尔格莱德为塞尔维亚首都。

全国经济中心。工业中以机械制造最为突出，生产农业机械、汽车、电力设备、机床、仪表等；其他工业部门包括化工、纺织、皮革、食品、木材加工等。城市附近有煤和锌矿。商贸和旅游业较盛。城郊农业发达。全国交通运输的总枢纽，也是东南欧国际联运的中心，有多条铁路、公路干线与国内多个城市相连，拥有全国最大的内河航运港和国际机场。

全国文化中心。市内设有30多所高等院校。有科学院、图书馆、博物馆、影剧院等文化设施，还有遗迹卡莱梅格丹古城堡等。人均绿地面积居欧洲城市前列。老城区保留许多风貌古朴的街道，如斯卡达利亚街。

贝尔湖 Buir Lake 中国与蒙古国的界湖。位于呼伦贝尔草原西南，在中国内蒙古自治区新巴尔虎左旗西南，湖的大部分属蒙古国。湖形椭圆，长约33千米，宽20千米，面积600多平方千米，平均水深8米左右。东南有源于中国大兴安岭特尔莫山的哈拉哈河注入，西北角有乌尔逊河与呼伦湖相通。水质良好，湖内盛产鲤鱼。

贝尔–兰卡斯特制 Bell-Lancaster system 英国A.贝尔和J.兰卡斯特分别创造的一种教学组织形式。又称导生制、相互教学法。贝尔是国教会牧师，1787年前往印度，任英国卫戍部队牧师和马德拉斯的兵士孤儿学校的监督。他选择年长且成绩较好的学生帮助教其他的学生。1796年回国后出版《一个教育实验》一书，介绍其思想和方法。兰卡斯特是公谊会教徒，1798年，在伦敦的巴勒路自办一所学校，教授贫困儿童。因一个人不能兼顾，又为经济所限无力多聘教员，便设想先教一些年长而成绩好的学生（导生），再由他们去教其他学生。他吸取了贝尔一些观点，于1803年出版《教育的改良》，宣传其导生制。导生制最初只用于阅读与教义问答，后扩展到书写和算术，以后又在高一级的学科教学中运用。1808年英国成立皇家兰卡斯特协会，宣传兰卡斯特的教育活动。导生制在英国风行了30余年，并传播到法、意、比、俄和瑞士等国。1840年后为正规的初等学校教学制度所取代。

贝尔曼 Bellman, Richard (1920-08-26～1984-03-19) 美国应用数学家，控制理论中动态规划创始人。美国艺术与科学学院、美国工程院和美国国家科学院院士。生于纽约，卒于洛杉矶。1943年在威斯康星大学获数学硕士学位。1946年在普林斯顿大学获博士学位。先后担任过普林斯顿大学助理教授，斯坦福大学副教授，美国兰德公司研究员，南加利福尼亚大学数学教授、电气工程教授和医学教授。1953年在研究多级决策过程中提出的动态规划成为复杂系统优化问题的经典方法之一。1957年出版的专著《动态规划》相继被翻译成俄文、日文、德文和法文。其他重要贡献包括微分方程稳定性理论，基于不变嵌入原理把两点边值问题化为初值问题，基于拟线性化方法的非线性系统辨识，把数学应用于医学和生物科学的研究等。出版著作近40部，发表论文600多篇。获美国数学会和美国工业与应用数学会第一届维纳奖金（1970），美国管理科学研究会和美国运筹学会诺伊曼理论奖金（1976），美国电气和电子工程师学会荣誉奖章（1979）。

贝尔蒙多 Belmondo, Jean-Paul (1933-04-09～) 法国电影演员。出生于塞纳河畔讷伊。1951年考入巴黎音乐戏剧学院。1957年步入影坛。1960年因成功主演J.-L.戈达尔《筋疲力尽》中的反英雄角色而一举成名。他对表演艺术始终持以严肃认真、精益求精的态度。他从不为好莱坞的重金聘请所诱惑，一直踏踏实实地献身于法国电影事业。主要作品有《一个女人就是一个女人》(1961)、《里约人》(1964)、《小偷》(1967)、《密西西比河的美人鱼》(1969)、《恐怖笼罩城市》(1975)、《王中王》(1982)、《悲惨世界》(1995)、《二分之一的运气》(1998)、《梦想家》(2003)等。著有自传《三十年和二十五部影片》。

贝尔莫潘 Belmopan 伯利兹首都。全国政治、经济和文化中心。位于伯利兹河中游平原，东北距伯利兹城80千米。海拔70米。人口1.23万（2006）。1961年原首都伯利兹城遭飓风和洪水严重破坏，1966年建贝尔莫潘新都，1970年迁都，1972年正式定为首都。市区中央是行政区，西部为工业区，东部是住宅区。城郊有大学和机场。公路通伯利兹城。

贝尔纳 Bernal, John Desmond (1901-05-10～1971-09-15) 英国物理学家、分子生物学家，科学社会学奠基人。生于爱尔兰蒂珀雷里的尼纳，卒于伦敦。1919年入剑桥大学，历任剑桥大学晶体学系负责人、伦敦大学伯克贝克学院物理学教授。1937年当选英国皇家学会会员。在第二次世界大战中先后任国家安全部、空军部顾问和盟军总司令的科学顾问，1945年获英国皇室颁布的皇家奖章。战后当选为世界和平理事会主席。是世界科学工作者协会的创始人之一，1948年提出《科学家宪章》草案，并为该协会所通过。

主要研究X射线晶体学和化合物的原子结构。由于用数学推导出晶体结构的230个空间群，受到伦敦皇家研究所布拉格父子的重视。1926年前后，完成了用于标定以旋晶法拍摄的单晶X射线照片的图表，后来被称为贝尔纳图表；还确定出石墨的晶体结构。拍摄到固醇、氨基酸、蛋白质等生物大分子的X射线衍射图，开拓了分子生物学的研究领域。1939年著有《科学的社会功能》，1954年著有《历史上的科学》，一般认为这些著作是科学社会学的开创性文献。

贝尔特拉米 Beltrami, Eugenio (1835-11-16～1900-02-18) 意大利数学家。生于克雷莫纳，卒于罗马。1853～1856年在帕维亚大学学数学。1862年在博洛尼亚大学任教，1864年任比萨大学测地学教授。1866年回到博洛尼亚任理论力学教授。1873～1876年在罗马大学任教授，其后回帕维亚任数学物理学教授。1891年又返回罗马大学至去世。1898年他被选为林琴科学院院长。

贝尔特拉米的数学研究大体分为两部分：1872年前研究曲线和曲面的微分几何学，特别著名的是1868年发表的《论非欧几何学的解释》，其中给出第一个罗巴切夫斯基几何学的模型——伪球面模型。其后又推广常曲率曲面到高维空间，并得出高维的非欧几里得几何学。他第一次在微分几何学中引进微分不变式理论。这极大推动非欧几何学和微分几何学的发展。1872年后，转向应用数学的研究，诸如流体动力学、位势理论、波动理论、热力学、光学、弹性理论及电动力学。其中突出的是他在分析问题中引进几何方法，对后来的数学物理学有一定影响。他的著作收于《数学文集》(4卷，1902～1920)中。

贝尔托卢奇 Bertolucci, Bernardo (1941-03-16～) 意大利电影导演。生于帕尔马。1961年给P.P.帕索里尼当副导演拍摄影片《乞丐》。1962年独立拍摄了《瘦弱的教母》。1972年导演的《巴黎最后的探戈》是表现弗洛伊德主义的影片，由于美国明星M.白兰度的参加和大胆的色情场面而轰动西方影坛。1976年导演的《二十世纪》在意大利电影史上具有较高地位。1987年与中国、英国合拍的《末代皇帝》获包括最佳导演奖在内的9项奥斯卡金像奖。之后拍摄的重要作品有《遮蔽的天空》(1990)、《小活佛》(1993)、《偷香》(1996)、《梦想家》(2003)等。2007年在威尼斯电影节获终身成就奖。

贝格拉姆古城 Begram 中亚大夏、贵霜时期古城。遗址位于阿富汗喀布尔以北80千米处。“贝格拉姆”意为王城，地当连接中亚、西亚和印度的交通要冲，是古代的商业重镇和战略要地。20世纪20年代开始发掘。古城分为三期。第一期为大夏时代，年代约当公元前2世纪至公元2世纪中，未见城墙；第二期属贵霜时期，自2世纪中至3世纪中，为贵霜王朝夏季都城，城市布局经过系统规划，城墙厚10米，城内发现宫殿和寺院基址，商人有专门居住区；第三期为贵霜、萨珊和小贵霜(寄多罗王朝)时期，城市显著扩大，城址附近还发现几处佛塔遗迹。5世纪时因嚈哒人的入侵而废弃。出土遗物主要属于第二期。在两个房间中(可能是王宫的一部分)发现许多来自中亚其他地区以及印度、希腊、罗马、腓尼基、埃及、中国等地的器物。可看出希腊-罗马风尚在当地十分流行，也有许多制品显示了未见于古典希腊-罗马艺术和印度艺术中的风格与技术。

贝汉 Behan, Brendan (1923-02-09～1964-03-20) 爱尔兰剧作家、小说家。生于都柏林，卒于都柏林。从小参加反英斗争，宣传建立爱尔兰共和国(包括北爱尔兰)的理想。剧作《死因》(1954)以令人战栗的幽默抨击有组织及制度化的暴力，歌颂人们为对付压迫和死亡所作出的努力。《人质》(1958)以悲喜剧的形式表露了剧作家对政治暴力和处于困境之中的人物的同情。贝汉的剧作语言生动活泼，演员时而表演，时而与观众交谈，并杂以爱尔兰粗俗的歌曲和戏谑玩笑。其他剧作还有短剧《搬家》(1952)、《贝汉的海岛》(1962)、《逃跑者》(1964)等。

贝加尔湖 Baikal, Lake 世界最深和蓄水量最大的淡水湖。位于俄罗斯东西伯利亚南部。中国古称北海，曾为中国北方部族主要活动地区。由地层断裂陷落而成。湖面海拔456米。东北—西南走向，呈月牙形，长636千米，平均宽48千米，最宽79.4千米，面积3.15万平方千米。平均水深730米，中部最深达1 620米，蓄水量达2.3万立方千米，约占世界地表淡水总量的1/5。湖岸线长2 200千米。有巴尔古津湾和普罗瓦尔湾等湖湾。湖中有27个小岛，以奥尔洪岛为最大，面积约730平方千米。有色楞格河、巴尔古津河、上安加拉河等336条大小河流注入，集水面积55.7万平方千米，叶尼塞河支流安加拉河由此流出。

湖盆地区为大陆性气候，巨大水体对周围湖岸地区气候有调节作用，冬季相对较温暖，夏季较凉爽。1～2月平均气温-19℃，8月11℃。湖水涨落现象明显，浪高可达5米。1～5月初结冰。

湖中有植物600种，水生动物1 200种，其中3/4为特有种，如贝加尔海豹、鰕虎鱼、胎生贝湖鱼等鱼类资源丰富，有凹目白鲑、茴鱼、秋白鲑等。

湖岸主要城镇有斯柳江卡、贝加尔斯克、巴布什金、乌斯季巴尔古津、下安加尔斯克等。主要港口有贝加尔、坦霍伊、维特里诺、乌斯季巴尔古津、下安加尔斯克及胡希尔等。

贝京 Begin, Menachem (1913-08-16～1992-03-09) 以色列总理(1977～1983)。生于布列斯特-立陶夫斯克，卒于特拉维夫。1941年加入自由波兰军，翌年随军开赴巴勒斯坦。1943年组织领导犹太秘密军事组织伊尔贡，主张以武力解放巴勒斯坦，并开展一系列恐怖活动。1948年联合修正联盟成员组成自由运动党，任主席。1949年当选议员。1965年联合以色列自由党组成加哈尔集团，任主席。1973年加哈尔集团与自由中心、国家党联合组成利库德集团，贝京当选为主席。1977年利库德集团在大选中获胜，他出任总理。随后，与埃及总统萨达特共同推动埃以和解，为埃以和平作出重大贡献。1978年同萨达特签署“戴维营协议”，为此获当年的诺贝尔和平奖。1979年3月在华盛顿签署《埃以和平条约》，1980年埃以正式建交。1982年6月发动入侵黎巴嫩的战争，引起国内外的强烈反对，致使以色列内外交困，被迫于次年9月辞职。贝京知识渊博，擅长演讲，主要著作有《起义》、《白夜》和《在地下》等。

贝卡里亚 Beccaria, Cesare (1738-03-15～1794-11-28) 意大利法学家，刑事古典学派创始人。生于米兰，卒于米兰。1764年因写《论犯罪与刑罚》一书而闻名全欧，此书出版后即被译成多种文字。其刑法思想从古典自然法学派和功利主义学说出发，认为人类通过社会契约建立了国家，但他们离开自然状

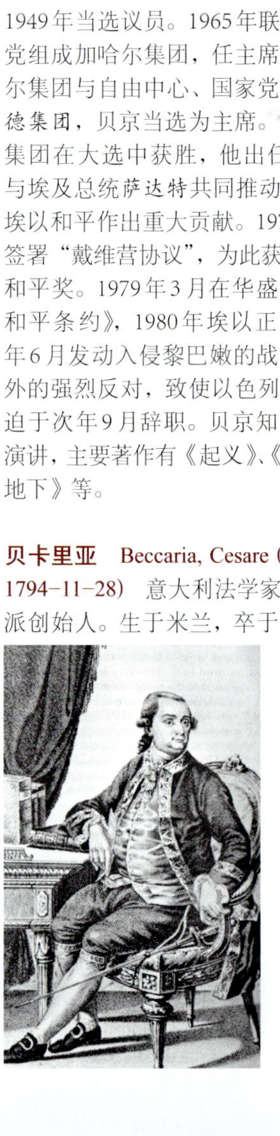

态进入国家时只是放弃了最小限度的自由；法律应代表人民的公意，即各个人意志的总和，其目的在于谋求最大多数人的最大幸福。他谴责封建社会的酷刑、拷问等制度，倡议对刑事制度进行理性主义和人道主义改革；主张犯罪应由法律明文规定，法官不能任意解释，不容许类推；任何人在其罪行没有得到证明时，根据法律应被认为是无罪的人。对社会上的犯罪应从整体来考虑，而不应仅考虑个别案件。刑罚的目的只是阻止有罪的人再使社会遭受危害并制止其他人有同样的行为，对于犯罪应当是预防而不是报复；残酷的刑罚不是预防性的，准确的、及时的刑罚才是预防性的，所以他主张刑罚应确定，其轻重应与对社会的损害程度相适应；刑罚越接近必要限度，就越正义；处刑应迅速，刑罚应尽可能温和；死刑是不必要的、不正义的。

贝科夫 Bykov, Vasily Vladimirovich (1924-06-19～2003-06-23) 白俄罗斯作家。曾入州立艺术学校学习。卫国战争时在部队当记者。早期作品主要有短篇小说

《一个人的死》(1957)、《第十二个》(1958)，中篇小说《鹤鸣》(1960)、《死者不痛苦》(1966)等。创作成熟期的重要作品有《活到黎明》(1973)、《劫难的标志》(1983)、《在迷雾中》(1987)等。内容多表现卫国战争时期的战壕实况和敌后游击队的战斗，从普通人物的行为和心理中发现高尚的道德。他是苏联“战壕真实派”的代表作家。后期作品中篇小说《严寒》(1993)反映了作者在苏联解体后的思想变化。

贝壳雕刻 shell carving 在贝壳上雕刻加工的技艺或雕塑工艺品。简称贝雕。中国贝壳雕刻主要产于山东青岛、辽宁大连、广西北海、江苏连云港等地。品种有酒具、烟灰缸、首饰、伞柄、灯具、座钟架、挂屏、屏风等。天然贝壳独特的螺旋形状，外表和内层的纹理、色彩和光泽，为贝壳雕刻提供丰富的艺术表现力。贝壳雕刻的艺术特色是因材施艺，在充分发挥材料自然美的基础上，运用浮雕、浅刻、平贴、镶嵌等技法，使作品生动自然。如黑色螺旋状小贝壳可制成仕女的发髻，红色的鸡心螺可制成枫叶、花瓣，透明的珍珠贝可制成仕女的罗裙和昆虫的翅翼等。贝壳雕刻在设计时必须充分考虑不同种类的贝壳在形状、大小、厚薄、质地以及表面和内层的

贝壳雕刻作品

光泽、色彩、纹理等方面的差异，使贝壳材料的特点和制作工艺、题材内容以及形式等巧妙地结合起来。

贝可勒尔 becquerel 国际单位制中表示放射性活度的导出单位。简称贝可。符号为Bq。为纪念法国物理学家H.贝可勒尔而命名。定义为每秒时间间隔内发生一次衰变的放射性活度，即1贝可＝$1秒^{-1}$。1975年第15届国际计量大会通过。过去采用的放射性活度单位为居里(Ci)，1居里＝3.7×10^{10}贝可。

贝可勒尔家族 Becquerel family 法国的贝可勒尔祖孙三代都从事物理学、化学研究工作，尤以H.贝可勒尔发现放射性，贡献为大。

A.-C.贝可勒尔(Antoine-César Becquerel 1788-03-07～1878-01-18) 电化学家，H.贝可勒尔的祖父。生于卢瓦雷的卢万河畔沙蒂永，卒于巴黎。毕业于巴黎综合工科学校。他发现了压电效应，进而研究对矿物的热电效应。1829年被选为法国科学院院士，1838年为法国自然史博物馆第一任物理学教授。他的突出贡献是对伏打电池的理论和应用研究。他用自制电池从矿物中成功地提取到各种物质晶体，这种方法在工业上得到应用。由于此项成果，获得1835年英国皇家学会的科普利奖章。他还对温差、摩擦及化学反应的生电效应进行了研究。他最主要的著作是《电和磁及其与自然现象关系的实验研究》。

A.-E.贝可勒尔(Alexandre-Edmond Becquerel 1820-03-24～1891-05-11) 实验物理学家，H.贝可勒尔的父亲。生于巴黎，卒于巴黎。1840年获巴黎大学博士学位。后在凡尔赛农艺学院任物理学教授。1852年任国立工艺博物馆物理学教授。1863年被选为法国科学院院士，1878年任自然史博物馆物理学教授。他最突出的成就是对发光现象的研究。1839年，发表了对温度影响磷光持续时间的研究成果。1843年证明了磷光均由一些特定频率之光的激励而引起，并随激发光的消失而消失。1857～1859年，他进行了三项开拓性的发光现象的研究，出版了重要著作《物体在光作用下所产生的各种发光效应的研究》。他发明了一种磷光计，并用之鉴定新的磷光物质，认为荧光只是一种持续时间很短的磷光现象。

H.贝可勒尔(Henri Becquerel 1852-12-15～1908-08-25) 物理学家，放射性的发现者。生于巴黎。卒于布列塔尼。1877年毕业于巴黎桥梁公路学校。1892年继其父A.-E.贝可勒尔为自然史博物馆物理学教授。1908年任法国科学院院长。早年致力于光学研究。1875年起主要研究M.法拉第发现的磁光效应。1883年开始对红外线的

H.贝可勒尔

研究。1886年转向晶体对光的吸收的研究，由此于1888年获博士学位。他发现荧光晶体(如钾铀酰硫酸盐)能使黑纸包封的照相底片感光，认为荧光和当时W.K.伦琴所发现的X射线的本性相同，并在1896年向法国科学院送交了有关的报告。进一步实验，他又发现不发荧光的铀化合物也会使密封的照相底片感光，这显然是与荧光无关的；由此断定含铀晶体会发出一种强穿透性的射线。最后，他从纯铀得到强得多的这种射线，得出这类晶体所以发出这种射线是来源于金属铀的结论。因此，他是首先发现天然放射性的物理学家。后来又由实验发现这种射线中有些在电磁场作用下不偏转，这点与X射线性质相似，但有些却产生偏转，因此这是不同于X射线的新射线，当时称之为贝可勒尔射线。在居里夫妇发现钍、钋之后的1900年，H.贝可勒尔又从镭放射线在电磁场中的偏转测出了这种射线中含有带负电的粒子，他断定即J.J.汤姆孙所发现的电子，并取名为β射线。1904年他又发现了放射性衰变。由此他和居里夫妇共获1903年诺贝尔物理学奖。

贝克尔 Bécquer, Gustavo Adolfo (1836-02-17～1870-12-22) 西班牙诗人、散文作家。生于塞维利亚，卒于马德里。1870年被聘为《马德里画报》文学编辑。诗集《诗

韵集》和《传说集》受到文学评论界的重视。《诗韵集》共有4组相互联系的76首短诗，以半韵体写成，使用简单明了的比喻，日常通用的语言，以精巧的构思，美好的感情，亲切而缠绵的情调，表现内心的忧郁、凄凉和痛苦。《传说集》共收22篇短文，以现实与梦幻结合的笔法，描写神奇的传说、大自然的景色、清澈月光下清静冷落的古老街道和寒风细雨中寂寞凄凉的断壁残垣。其他作品有《斗室书简》(1864)、《给一个妇女的文学书简》(约1863)等。其作品脱离社会传统和民族的感情，局限于对自己内心的分析和体验，为后来现代主义的诗歌开辟了道路。

贝克尔 Becker, Gary Stanley (1930-12-02～) 美国经济学家，人力资本理论的先驱者。生于宾夕法尼亚州的波茨维尔。1955年获芝加哥大学哲学博士学位。1954年任芝加哥大学助理教授。1957～1960年，转至哥伦比亚大学任经济学助理教授、副教授，1960～1968年任经济学教授，1968～1969年任阿瑟·莱曼讲座经济学教授，1969～1970年任芝加哥大学福特基金会经济学客座教授，1970～1983年任经济学教授，1983年起任芝加哥大学经济学和社会学教授。自1990年以来，一直担任斯坦福大学胡佛研究所高级研究员。曾担任芝加哥大学经济系主任、美国经济学联合会会长。1992年获得诺贝尔经济学奖。

贝克尔将微观经济理论分析人类合理行为的假定，即人的行为总是试图最大化其某个特殊的目标函数，运用于社会学、人口学、教育学、政治学、犯罪学甚至生物学领域，主要研究人力资本、家庭或住户的行为、犯罪学、市场上对劳动力和商品的歧视等四大问题。其中最令人注目的是他关于人力资本的研究。

贝克尔对经济学的主要贡献在于：第一个为劳动力市场的差别待遇提供新古典式分析，并在人力资本理论和实证分析方面都作出先驱性的研究。著有《歧视经济学》、《人力资本》、《在生命周期中时间与商品的配置问题》(合著)、《人类行为的经济分析》和《家庭论》等。

贝克莱 Berkeley, George (1685-03-12～1753-01-14) 18世纪英国哲学家，主教，西方近代主观唯心主义哲学的主要代表。生于爱尔兰基尔肯尼郡，卒于牛津。1700年入都柏林三一学院读书，获文学硕士学位，在学院里担任过辅导员、希腊语和希伯来语讲师等职。曾多次游历巴黎和意大利的许多城市。1721年被授予神学博士，并就任高级研究员。1724年被任命为德利教区的教长。1734年被任命为爱尔兰克罗因教区的主教。贝克莱力图建立一种既能维护宗教神学，又能修正科学实质的思想体系。他从J.洛克的经验论出发，承认知识起源于感觉。但他认为知识的对象就是观念。他把观念划分为三种：感觉观念、反省观念和想象观念。这三种观念虽有差别，但最后都归于感觉。在这个意义上，观念就是感觉。在贝克莱看来，不是由物派生感觉观念，而是由感觉观念派生物，物是“一些观念的集合”。这就是贝克莱修正洛克的经验论而提出的主观唯心主义的基本观点。

贝克莱还认为，知识对象即观念是在心灵或自我中存在并为它所感知的。这就是贝克莱所提出的“存在即是被感知”的著名命题。贝克莱还以夸大感觉的相对性来否定物质属性的客观性。他说，所谓广延、形状、运动完全是相对的，是随着感觉器官的结构或位置的变化而相应改变的，因此它们完全依赖于人心，无需“假设”那种独立于人心之外的物质实体来作为它们存在的“支撑物”。所以，哲学上的所谓物质实体，只不过是一个根本不存在的抽象概念。物质就是“虚无”。

贝克莱认为观念不能来自物质，只能来自某种精神，但个人精神是有限的，不能产生那种稳定的、以有规则的系列出现在人心中的观念。因此这种观念只能是一个全知、全能、全善的无限精神即上帝所产生的。

贝克莱为了给宗教神学建立新的理论基础，企图调和科学和宗教的尖锐矛盾。他还把科学放在唯心主义认识论的基础上。在他看来，一切自然事物和现象都只是各种观念的集合，观念之间的关系并不表示客观存在的因果联系，而只表示一个符号同用符号所标志的事物的关系。他把自然规律说成是上帝的意旨，是上帝把观念印入人心时所依据的最一般规则。因此，自然科学家的任务在于了解上帝所造的那些标记，而不是认识事物本身的客观规律。

贝克莱的主要著作有《视觉新论》、《人类知识原理》、《论消极服从》等。他的主观唯心主义哲学，标志着英国经验论历史发展中的一个转折点，对后来英国和西方的唯心主义流派发生了很大影响。D.休谟的不可知论和现代西方哲学中的实证主义、马赫主义、逻辑实证主义等流派，都与贝克莱哲学一脉相承。

贝克兰 Baekeland, Leo Hendrik (1863-11-14～1944-02-23) 美籍比利时裔化学家，酚醛树脂发明者。生于比利时根特，卒于美国纽约。1882年毕业于根特大学。1884年获夏洛滕堡工业大学博士学位。1887年任布鲁日大学物理和化学教授。1888年回根特大学任化学副教授。1905年研究苯酚与甲醛的反应及其产物，在近五年的工作中，完成了以催化剂类型和用量控制缩聚反应，树脂的三阶段固化机理，树脂中加入木粉以克服其脆性，以高温热压法缩短固化时间和消除释放挥发物在模塑制品中产生空隙等研究，使酚醛树脂成为工业生产的第一个合成高聚物。1909年获得酚醛高温热压成型专利权。1924年被选为美国化学会会长。

贝克曼 Beckmann, Max (1884-02-12～1950-12-27) 德国画家，表现主义社团新客观派的代表人物。生于莱比锡，卒于美国纽约。曾在魏玛、巴黎等地受过艺术教育，1903年移居巴黎。青年时期对德国、尼德兰早期文艺复兴和17世纪的艺术品感兴趣，在近代画家中，E.德拉克洛瓦对他最有吸

三联画《启程》

引力。他的一些宗教题材画，如《下十字架》(1917)、《基督与奸妇》(1917)借题发挥，表现人类的灾祸苦难和沉疴恶疾。第一次世界大战期间曾当守护兵。战后的作品有不少触及社会现实，表现对强权和暴力的愤慨，如油画《夜》(1918～1919)，描绘和控诉工人受到捆绑、吊打和残害的情景。20世纪20年代，他参加了G.F.哈特劳布组织的"新客观"展览。后期的作品以三联画《启程》(1932～1935)最具代表性。他从1925年起在法兰克福任教。1933年纳粹上台后被迫辞职，回到柏林，被宣布为颓废画家。1937年到阿姆斯特丹。1947年移居美国。晚年有代表作三联画《捉迷藏》(1945)。

贝克特 Beckett, Samuel (1906-04-13～1989-12-22) 爱尔兰戏剧家、小说家。生于都柏林，卒于法国巴黎。长期居住在法国，用英、法两种文字写作。曾先后在澳大利亚波尔托拉皇家学校和都柏林的三一学院学习。1931～1937年旅居英国、法国等，其间用英文写了长篇小说《莫菲》(1938)等。1938年定居巴黎。第二次世界大战时，参加法国抵抗运动。1942年写成长篇小说《瓦特》。1945年以后主要用法文写作，作品有长篇小说三部曲《马洛伊》(1951)、《马洛纳之死》(1951)和《无名的人》(1953)。剧作有《等待戈多》(1952)、《结局》(1957)、《那些倒下的人》(1957)、《最后一盘录音带》(1960)、《啊，美好的日子》(1963)、《喜剧与小戏数种》(1972)。

贝克特作品的主题主要是"揭示人类在一个荒谬的宇宙中的尴尬处境"。他最突出的题材是社会中人对无望的寻求和期待所进行的思考和描绘。他竭力排除现实主义的写照、故事性的情节、真切的心理描写、具体的环境描写、含义实在的对话和一切戏剧程式，使其作品显现出全面反传统的特点。所以有人称他的小说为"反小说"或"新小说"，称他的戏剧为"反戏剧"或"荒诞派戏剧"。他被公认为法国荒诞派戏剧的主要代表人物，《等待戈多》则被视为荒诞派戏剧的"经典"作品。1969年获诺贝尔文学奖。

贝克韦尔 Bakewell, Robert (1725～1795-10-01) 英国早期的家畜改良和育种学家。生于莱斯特，卒于迪斯利。主要从事培育肉用牛和羊。1760年开始系统、科学地进行家畜改良和育种工作，为这方面研究的开拓者之一。在家畜的改良中，首先应用科学育种方法，选择良种母畜，进行同质选配。又采用杂交和近亲繁育，尤其是多代的近亲交配。这些方法促进了当时的英国畜牧生产，也为以后的家畜育种奠定了基础。

贝肯鲍尔 Beckenbauer, Franz (1945-09-11～) 德国足球运动员。生于慕尼黑。儿时练习足球，少年即成为一名优秀球员。13岁入慕尼黑巴伐利亚队，20岁入国家队。作为国家队队员踢了103场比赛，射进14个球，50次任场上队长，连续参加了3届世界杯足球赛，3次入选最佳阵容，1974年作为队长率领联邦德国队捧得大力神杯。1990年作为教练员率队在世界杯足球赛中再次夺冠，成为世界上第一个以队长和教练两种身份赢得世界杯冠军的人。他4次获得联邦德国足球先生称号，两次被评选为欧洲最佳运动员。1983年联邦德国总理授予他国家十字勋章，1984年国际足球联合会授予他荣誉勋章，1990年荣获"超级金球奖"，1997年入选20世纪世界足球名人堂，在世界足坛享有"足球皇帝"的美誉。先后任德国足球协会副主席、拜仁慕尼黑俱乐部主席等职。

贝拉 Beira 莫桑比克第二大港口城市，索法拉省首府。位于国家中部蓬圭河口北岸，滨莫桑比克海峡。海拔8米。人口约43.2万(2007)。原为穆斯林居民点。16世纪起，成为欧洲殖民者的侵略据点和商埠。1942年起由葡萄牙政府管理。19世纪末随着与津巴布韦间铁路以及与太特间铁路的修通，城市迅速发展。是非洲东海岸现代化商港，有泊位11个，岸线总长1 813米。年吞吐量近400万吨。地处本国与津巴布韦、南非、赞比亚、刚果(金)和马拉维等邻近国家间铁路在印度洋岸上的终点，是赞比亚、津巴布韦和马拉维等邻国出海通道。出口矿产品、烟草、食品、棉花、皮革和毛皮等。进口石油、化肥、小麦、重型设备、纺织品等。市郊有现代化的国际机场。港口腹地宽广，市区东北邻近赞比西河三角洲是富庶的农业区，主要种植甘蔗和稻米，西北铁路沿线希莫尤一带是重要玉米、烟叶和木材产区。市内工业有制糖、金属加工、造纸、食品、卷烟和木材加工等。有输油管通津巴布韦。市北150千米的戈龙戈萨国家公园，为野生动物保护区。

贝拉尔德 Velarde, Ramón López (1888-06-15～1921-06-19) 墨西哥诗人、散文家。生于赫雷斯，卒于墨西哥城。曾当过记者、律师，后在墨西哥高等师范学校任文学教授，同时进行文学创作。其作品基本包括外省的宁静生活和爱情两方面主题。诗歌具有散文风格，用词准确，比喻大胆、新奇。诗歌集《赤诚的血》(1916)、《忧伤》(1919)、《心声》(1932)和散文集《分针》(1923)都与心灵有关。他的爱情诗往往通过令人惊奇的形象来抒发自己内心的感情。《温柔的祖国》是诗人为祖国独立100周年写的颂歌。他的诗歌批判地继承了现代主义诗风，对墨西哥文学的发展有重要影响。

贝勒 Bayle, Pierre (1647-11-18～1706-12-28) 法国哲学家、历史评论家，17世纪下半叶最有影响的怀疑论者。生于邻近法国的一个西班牙村庄卡拉，卒于荷兰鹿特丹。早年就读于加尔文教和耶稣会学校，信奉过天主教，1670年皈依新教，后被迫离开法国，去日内瓦进行哲学和神学研究。1674年返回法国，在巴黎和鲁昂做家庭教师，次年任鹿特丹新教学院哲学教师。1684～1687年间他担任过《共和国信箱》杂志的编辑。他的主要著作有《对耶稣基督"强使众人入教"之说的哲学评论》和《历史批判辞典》等。

贝勒的批判成果主要体现在《历史批判辞典》中。他的思想以启示与理性的关系问题为中心。他指出，启示和理性是绝对不能相容的。表面看来哲学是神学的奴仆，实际上神学才是哲学的奴仆。他认为在宗教、哲学、历史和伦理学领域，没有一种说法配得上真理的美名。他由此得出了理性是虚弱而孤立无助的怀疑论结论，用以表明宗教信条是理性所不能理解的。

贝勒通过对宗教的历史批判，认为道德与宗教信仰无关。人的道德行为取决于教育、习俗、激情等多种因素，良知是道德的源泉。贝勒还批判宗教信仰的理论支柱——17世纪的形而上学。他驳斥了G.W.莱布尼茨的神正论与前定和谐，同时也反对B.斯宾诺莎的神即自然的学说和"实体"、"样式"学说。

贝勒继R.笛卡尔之后高举理性批判的旗帜，以对宗教神学和17世纪"形而上学"的历史批判，宣告了18世纪"理性时代"的到来，成为法国唯物主义和无神论思想的先导。

贝利 Pelé (1940-10-23～) 巴西足球运动员。此为绰号。原名埃德逊·阿兰特斯·多·纳西门托。生于特雷斯科拉索内斯。自幼受父亲熏陶，少年时就已出类拔萃。

13岁时代表当地一少年队踢球，连续三年获冠军。1956年，应邀入桑托斯队队，参赛第一年，即攻入32个球，成为这支球队最年轻的射手。1957年入选国家队。1958年首次参加世界杯足球赛，帮巴西第一次捧回了世界杯。此后，在贝利统领下，巴西队又夺得1962年第7届和1970年第9届世界杯赛冠军，贝利本人也成为至今世界上唯一一位夺得过三届世界杯冠军的球员。在其长达22年的职业足球生涯中，共参赛1 364场，射入1 282球。被人们誉为“一代球王”。获国际足联20世纪最伟大球员、国际奥委会20世纪最伟大运动员等称号。1977年告别绿茵生涯。后任巴西体育部长。

贝利 Bailey, Liberty Hyde (1858-03-15～1954-12-25) 美国植物学家。生于密歇根州南黑文附近，卒于纽约州伊萨卡。1882年毕业于密歇根农学院，曾任哈佛大学植物学家格雷的助教，密歇根州立农学院、

康奈尔大学教授，纽约州立农学院院长。退休后仍致力于研究所收集的20多万份植物标本。贝利主要从事栽培植物的系统研究，对遗传学、植物病理学和农学的发展产生了直接的影响。撰写科学论文700篇和著述66册，包括论述苔属（*Carex*）、悬钩子属（*Rubus*）和热带美洲棕榈等专著，还编纂了《美国园艺百科全书》（4卷，1900～1902）、《美国农业百科全书》（4卷，1907～1909）等。

贝利干 Beligan, Radu (1918-12-14～) 罗马尼亚演员、导演、教授。生于巴格乌。毕业于布加勒斯特戏剧艺术学院。1938年在光明与劳动剧团首次演出，1943年开始在电影中担任角色。历任布加勒斯特喜剧院、卡拉迦列民族剧院的经理，布加勒斯特国家剧院导演。贝利干擅长演喜剧，曾在N.V.果戈理的《钦差大臣》和E.尤内斯库的《犀牛》等名剧中扮演重要角色。他扮演的人物自然、丰满，语言含蓄，融会了幽默和抒情的表演手法，深受观众喜爱。

贝利尼 Bellini, Vincenzo (1801-11-03～1835-09-23) 意大利作曲家。生于西西里岛卡塔尼亚，卒于法国巴黎附近的皮托。早年在那不勒斯音乐学院受教育，毕业后即从事创作活动。

贝利尼的主要创作领域是歌剧。早年写了《阿代尔松与萨尔维娜》及《比安卡与费尔南多》等歌剧，初露头角。1827年写的《海盗》曾在米兰斯卡拉歌剧院上演，演出取得很大成功。1833年访问伦敦、巴黎，为巴黎的意大利歌剧院写了《清教徒》。演出后获得巨大成功，贝利尼也因此获得世界声誉。贝利尼一生共写了11部歌剧。较重要的歌剧还有《凯普莱特与蒙太古》（根据W.莎士比亚的戏剧《罗密欧与朱丽叶》写成）、《梦游女》、《诺尔玛》、《滕达的贝亚特里切》等。

贝利尼歌剧的创作手法丰富多样，有较强的艺术感染力。贝利尼歌剧的音乐风格有两种明显的特征：一是激昂振奋，这往往体现在英雄性场景中；另一特征是优美抒情，带有浪漫主义的梦幻意境。与同时代的G.罗西尼和G.多尼采蒂的歌唱性旋律相比，贝利尼的旋律则更富于浪漫情趣。

贝利尼的歌剧创作与19世纪声乐演唱的黄金时代分不开。他为具有美声唱法高度技巧的歌手写了许多音乐作品。除歌剧之外，贝利尼还写有6部交响曲、双簧管协奏曲、弥撒曲等器乐与宗教音乐及一些声乐曲。

贝利斯 Bayliss, William Maddock (1860-05-02～1924-08-27) 英国生理学家，内分泌学的奠基人之一。生于英格兰斯塔福德郡温斯伯里，卒于伦敦。1888年在牛津大学获生理学博士学位。此后一直在伦敦大学学院任职，1912年升为普通生理学教授。

贝利斯和E.H.斯塔林长期合作，对生理学有多方面开拓性贡献。其中影响最大的是1902年发现促胰液素。他们的著名论文《胰分泌的机制》，认为十二指肠酸化后能产生一种促胰液分泌的物质，称之为促胰液素。这是第一个被认识的化学信息——激素，他们由此提出了机体功能受体液调节的新概念，开辟了内分泌学研究的新领域。

此外，在1890年，他们阐明了哺乳动物心脏电活动的规律；1894年，阐明了小肠蠕动波规律；1903年，阐明了轴索反射，同年还发现了胰蛋白酶原在小肠内被肠激酶激活的现象。这些发现对消化生理学的发展有重要影响。1909年，他独自阐明了胶体渗透压的作用；第一次世界大战期间，提出用6%胶体生理盐水治疗创伤性休克获得成功，至今仍有重要的临床价值。他在1914年出版的《普通生理学原理》一书，被视为生理学经典著作。1890年被选为英国生理学会会员并任过秘书和司库。1903年被选为英国皇家学会会员、常任理事。还被选为丹麦与比利时皇家科学院院士。自1911年以来，先后荣获过英国皇家勋章、巴利勋章、科普利勋章。1922年被英国政府封为爵士。

贝林 Behring, Emil von (1854-03-15～1917-03-31) 德国细菌学家、免疫学家。生于汉斯道夫，卒于马尔堡。1878年获柏林腓特烈-威廉学院医学博士学位。1887年被派至波恩药理研究所深造。1889年在

柏林大学卫生研究所工作。1895年任马尔堡大学卫生学教授，组建贝林研究所。1901年获首次诺贝尔生理学或医学奖。

发现给动物注射白喉毒素，逐渐加大剂量后，血清中产生一种能抵抗白喉的特异物质，具有中和毒素的作用，他称之为抗毒素。1891年用白喉抗毒素血清治疗白喉，很快得到推广，白喉病死率大为降低。代表作为《白喉的历史》。

贝鲁特 Beirut 黎巴嫩首都，地中海东岸最大港口。位于略呈钝角三角形的小半岛上，背依黎巴嫩山，东有贝鲁特河南北流贯，海拔24米。人口约200万（2010）。市区历史性建筑多呈白色，附近山峰高处又常白雪皑皑，故又获“乳白色港城”之称。地中海型气候，7月平均最高气温32℃，冬季平均最低气温11℃。降雨集中于冬季。早期已为一海港和贸易中心。罗马帝国时代，经济、文化地位日益重要，是丝绸贸易的

贝鲁特城鸟瞰

主要中转港。后屡经兴衰。第一次世界大战后，沦为法国“黎巴嫩委任统治地”首府。1943年黎巴嫩独立，成为首都。贝鲁特港1894年建成，港池宽敞，后不断扩建，逐渐成为世界闻名的自由港。中东商业、金融和旅游中心之一。经济居国内主导地位，工业以纺织、服装、食品加工、印刷为主。黎巴嫩沿海铁路的枢纽，海上交通发达，南郊的贝鲁特国际机场，是中东最繁忙的空港之一。腓尼基、罗马、拜占廷、阿拉伯和奥斯曼时代的名胜古迹众多。作为传统与现代的文化学术中心，设有圣·约瑟大学（1881）、贝鲁特美国大学（1866）、黎巴嫩大学（1953）、贝鲁特阿拉伯大学（1960）等8所大学以及多座博物馆、十多所研究机构和各种文化中心等。1948年以后，有大批巴勒斯坦难民涌入。20世纪70年代内战期间城市受损严重。

贝鲁特 Bierut, Bolesław (1892-04-18～1956-03-12) 波兰统一工人党主席和第一书记（1948～1956），波兰人民共和国总统（1947～1952）、部长会议主席（1952～1954）。

生于卢布林一个工人家庭，卒于苏联莫斯科。1918年参加共产主义工人党（后改名波兰共产党），在波兰、保加利亚、捷克斯洛伐克、奥地利宣传共产主义思想。20世纪20～30年代多次入狱。1938年获释后去苏联，1943年底返回波兰，竭力使波兰苏维埃化。他忠实执行苏共的指示。在第二次世界大战后波共接管政府时起过重要作用，人称波兰的斯大林。

贝略 Bello, Andrés (1781-11-29～1865-10-15) 委内瑞拉作家、学者。生于加拉加斯，卒于智利圣地亚哥。曾在圣罗莎神学院学习。历任参议员、智利大学校长、财政部和外交部高级职务。他的创作大多属于新古典主义，但诗作又具有浪漫主义的特点。创作了《安纳乌科之歌》、《献给一位女艺术家》、《疫苗颂歌》、《我的愿望》等诗歌和《得到安慰的委内瑞拉》、《复兴的西班牙》等剧本。《与诗论谈》（1823）共27节800多行，被视为美洲文化独立的宣言。诗人在诗中邀请诗神离开欧洲，飞往美洲大陆，并借此展现出一幅壮丽的热带景象以及独立战争的壮烈场面。《致热带地区农艺的颂歌》（1826）分7节，374行，描写美洲的地理、气候、农作物和田园生活，阐明农业是拉丁美洲社会经济的基础，希望年轻的拉丁美洲各国能够休养生息，重视农业生产。因在文学上的新古典主义观点和语言学方面的保守观点，与D.F.萨米恩托的学生进行辩论，激起一场论争。这次论争被称为1842年文学运动，对智利以及拉丁美洲文学起到积极的推动作用。重要著述有《人权原则》（1832）、《西班牙语的正音和韵律原则》（1835）、《国际法原则》（1844）、《西班牙语语法》（1847）、《文学史大纲》（1850）等。1852年完成《智利民法典》的起草工作。去世后出版有《贝略全集》26卷。

贝伦 Belém 巴西北部最大港口城市，帕拉州首府。位于亚马孙河三角洲瓜雅拉湾与帕拉河汇流处，距大西洋145千米，为进入亚马孙盆地的门户。面积736平方千米。人口139.98万（2007）。大贝伦面积1 221平方千米。气候湿热，年平均气温26℃，平均年降水量2 770毫米。海拔24米。始建于1616年，原为葡萄牙殖民要塞。第二次世界大战后，由于国际机场的修建、亚马孙河下游土地资源的开发和公路的通车，成为巴西南部与北部物资交流的中心。亚马孙河最大港口，码头总长2 297米，能停泊万吨海轮。输出橡胶、巴西坚果、胡椒、黄麻、木材、皮革、干鱼和药材等。工业有食品、棉纺织、黄麻、建筑材料、机械、造船、木材加工、制革、冶金等。有大学、研究所、博物馆、植物园、动物园、大剧院和教堂等，是巴西北部重要的文化中心。

贝洛 Bellow, Saul (1915-06-10～2005-04-06) 美国作家。生于加拿大拉欣，卒于马萨诸塞。毕业于芝加哥大学和西北大学，长期在大学任教，同时从事写作。他的成名作是长篇小说《奥吉·玛琪历险记》（1953），是当代美国文学中描写自我意识和个人自由的典型作品。《雨王亨德森》（1959）表现了贝洛作品中最积极的思想，即人生必须有益于社会。

《赫索格》（1964）表现了中产阶级知识分子在20世纪60年代动乱中的苦闷与迷惘。《洪堡的礼物》（1975）描写了两代作家的成功与失败，反映了当代美国社会中物质生活富足之中精神生活的空虚。还著有剧本《最后的分析》（1964）、短篇小说集《莫斯比的回忆》（1968）、长篇小说《赛姆勒先生的行星》（1970）、游记《耶路撒冷去来》（1976）等。

贝洛是具有现实主义倾向的现代派作家，在艺术上具有独特的风格，擅长表现人物内心的活动，想象丰富，感染力强。1976年获诺贝尔文学奖。

贝洛奥里藏特 Belo Horizonte 巴西第三大城市，米纳斯吉拉斯州首府。位于巴西高原东部埃斯皮尼亚苏山脉西南缘。海拔830～930米。气候温和，年平均气温19.8℃，平均年降水量1 450毫米。面积335平方千米。人口241.29万（2007）。大贝洛奥里藏特包括14个郊区市，面积3 670平方千米。为巴西第一规划市。1897年落成，为周围地区农牧产品集散地和矿业中心。主要工业部门有采矿、钢铁、汽车、石油加工、金属加工、电气、水泥、纺织、金刚石和宝石加工等。铁路和公路干线通往内地和大西洋沿岸各城市，北郊建有国内机场。有米纳斯吉拉斯联邦大学（1927）等3所高等学府。

贝母 *Fritillaria*; fritillary 百合科贝母属植物的统称。多年生草本植物。有60余种，分布中亚、地中海沿岸、北美洲等地。中国有30多种。以鳞茎入药。主要有暗紫贝母、卷叶贝母、甘肃贝母、梭砂贝母和浙贝母。前四个种的药材均称川贝母，中国四川、青海、云南、西藏、甘肃等地有分布，多为野生；浙贝母主产于中国的浙江、江苏等地。鳞茎扁球形，叶下部对生，上部轮生或互生，茎顶的叶片呈线状被针形，先端卷曲如卷须。春季开花，呈钟状，淡黄绿色，下垂。川贝母味苦、甘，性微寒；浙贝母味苦，性寒。贝母功效化痰止咳、清热散结，主治热痰咳嗽、外感咳嗽、阴虚咳嗽、痰少咽燥、咯痰黄稠、肺痈、乳痈、痈疮肿毒、瘰疬等症。现代药理实验证明，贝母有镇咳、降压、升高血糖等作用。

贝母甲素 peimine; verticine 异甾型生物碱，分子式$C_{27}H_{45}NO_3$。又称贝母素甲、浙贝甲素或浙贝母碱。存在于百合科贝母属植物浙贝母中，与6位为酮基的浙贝乙素同为浙贝母中的主要生物碱。白色针状晶体；熔点223～224℃，比旋光度$[\alpha]_D^{27}-21.2$（乙醇），$[\alpha]_D^{17}-20$（氯仿）；溶于多种有机溶剂。与多种无机酸如盐酸、硝酸、氢溴酸、氢碘酸、高氯酸等生成结晶盐。中医用浙贝母止咳化痰、清热散结。浙贝甲素对小鼠的最低致死量为9毫克/千克；10毫克/千克使麻醉猫短时间血压下降，呼吸轻度抑制。

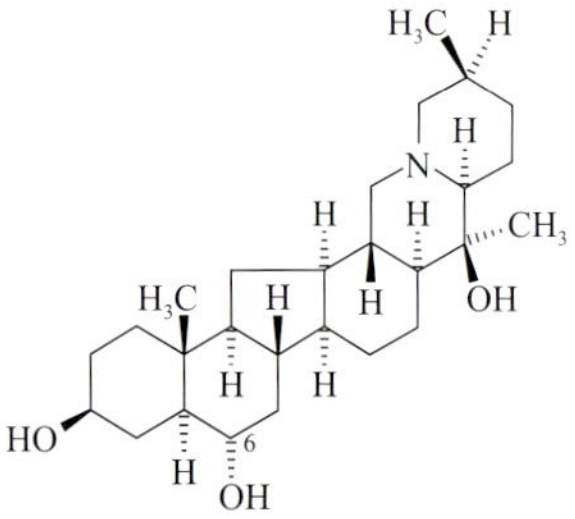

贝纳文特－马丁内斯 Benavente y Martínez, Jacinto (1866-08-12～1954-07-14) 西班牙戏剧家。生于马德里，卒于马德里。剧作《别人的窝》于1894年上演，获得成功，从此投身戏剧创作。主编过《文学生活》杂志，创办过儿童剧院。1922年获诺贝尔文学奖。一生共创作剧本100余种。比较出色的是社会讽刺喜剧。《利害关系》(1907) 通过两个骗子在某城行骗的故事，揭露资产阶级社会的金钱利害关系。其他剧本有《熟人》(1896)、《星期六晚上》(1903)、《貂的田野》(1916) 等。此外，还有描写与传统社会道德准则发生冲突的爱情悲剧《热情之花》(1913) 和充满幻想情趣的儿童剧《本本主义的王子》(1909) 等。戏剧轻快流畅，饶有趣味，人物的对话尤为出色。剧本结构简单，戏剧冲突不多，常借助人物富有哲理的对话表达剧本的含义。

贝奈斯 Beneš, Edvard (1884-05-28～1948-09-03) 捷克斯洛伐克资产阶级政治家、总统（1935～1938, 1946～1948）。生于摩拉维亚科日拉尼的一个农民家庭，卒于塞济莫沃乌斯季。第一次世界大战爆发后，同T.马萨里克一起积极开展反对奥匈帝国统治、争取捷克斯洛伐克民族独立的活动。捷克斯洛伐克共和国成立后，出任外交部长（1918～1935），奉行亲法政策，曾多次担任国联安全委员会委员、主席。支持法国《东方公约》的主张和苏联争取集体安全的努力。1935年任总统，先后同法、苏签订了互助条约。1938年在英法压力下，接受了《慕尼黑协定》。10月5日辞去总统职务，赴美国讲学。第二次世界大战爆发后，在伦敦建立流亡政府。1946年再次当选为总统。捷克斯洛伐克1948年二月事件后，于6月辞去总统职务。

贝尼奥夫带 Benioff zone 岩石圈板块相向运动时一侧板块沿之下潜返回地幔的倾斜地震活动带。曾译为毕乌夫带。又称俯冲消减带。20世纪30年代日本地球物理学家和达清夫首先发现这一震源带，1954年美国地震学家H.贝尼奥夫根据地震序列的弹性回跳，推导出环太平洋带活动大陆边缘从海沟向大陆方向普遍存在倾斜地震带，其震源深度随远离海沟而有规律地增加，可分为两段型和三段型。两段型地震带由从地表到60千米深度的浅震带和延伸到大约300千米深度的中深地震带组成，平均倾角33°；三段型地震带深度约650千米，平均倾角60°。从而证实毗邻洋、陆板块之间存在相互运动。在横切日本列岛的剖面方向，海沟和岛弧为浅源地震（震源深度0～70千米），弧后盆地逐渐变为中源地震（震源深度70～300千米），到中国吉林一带已以深源地震（震源深度300～700千米）为主。贝尼奥夫带是板块沿之俯冲消减的场所，在大洋向大陆板块消减的情况下，大洋板块脱水熔融会产生火山弧等沟－弧－盆体系；而在大陆消减的情况下，由于陆壳老、干和冷，一般没有脱水反应而不伴生同时的岩浆活动。这两种情况可以分别在台湾纵谷和沿走向向南的海域中见到。

贝尼尼 Bernini, Gian Lorenzo (1598-12-07～1680-11-28) 意大利雕塑家、建筑师。生于那不勒斯，卒于罗马。他是佛罗伦萨雕塑家P.贝尼尼之子，自幼从父学艺，1605年随家迁居罗马。25岁奉诏入教廷供职。1665年，应法国国王路易十四的邀请帮助筹划卢浮宫的建造。

《阿波罗和达芙妮》

贝尼尼是17世纪巴罗克美术最出色的代表。他的雕塑强调情绪表现，喜爱动感强烈的姿势，和文艺复兴的雕塑相比，有一种外向的动势，使雕塑发展出新的空间关系。他的雕塑技巧娴熟流畅，造型光洁精致。他可以用石头表现出温热的肉体、柔滑的绸缎、轻盈的薄纱。他长于把雕塑和装饰性的背景结合起来，配以特定的光线，与建筑融为一体。他的代表作有《大卫像》、《阿波罗和达芙妮》、《圣安德烈亚祭坛》等。贝尼尼为罗马制作了许多喷泉雕塑，代表作为纳沃那广场的四河喷泉。他的城市雕塑对17～18世纪法国、德国等西欧国家的艺术家影响很大。但是学院派批评家也一度批评贝尼尼风格中的自然主义倾向，不符合理想化的古典主义要求。

贝尼尼还是有成就的建筑师。他的建筑风格也是巴罗克式的。最有名的作品是罗马圣彼得广场，广场呈椭圆形，由柱廊包围。

贝宁 Benin 非洲西部国家。旧称达荷美，南濒几内亚湾的贝宁湾，西北与东北邻布基纳法索、尼日尔，西与多哥接壤，东与尼日利亚相连。国土狭长，南北长670千米，南部海岸线长125千米，面积112 622平方千米。人口890万(2009)。首都波多诺伏，主要城市科托努。共有60多个民族，以丰族人数最多，余为松巴族、约鲁巴族、巴尔巴族、富拉尼族和阿雷族等。丰语、约鲁巴语和巴里巴语使用范围较广，官方语言为法语。

地理 地势北高南低。南部为宽2～12千米的沙丘带和与之平行的潟湖带，以

北为沿海平原和红黏土高台地，平均海拔约100米，土质肥沃，是主要农业区，韦梅河下游多沼泽、潟湖。中北部为海拔200～500米的波状的结晶岩高原，约占国土面积的2/3。东北一角为尼日尔河平原。西北为阿塔科拉山，最高点海拔641米。全境处于热带，终年高温，大部地区月平均气温25～30℃，年降水量900～1 400毫米。北纬8°以南宽约200千米的沿海地带为热带雨林气候，其余为热带草原气候，5～9月为雨季。韦梅河为最长河流（450千米）。

历史　16世纪前后，境内出现若干王国和酋长国。16世纪末开始葡、法殖民者先后入侵，在沿海维达设立据点，贩运奴隶。

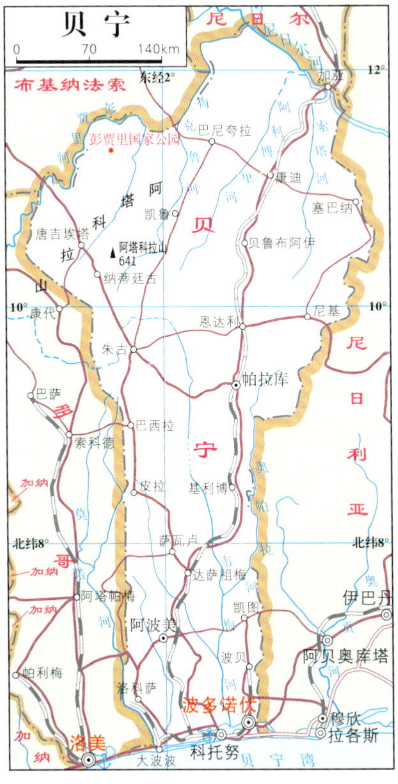

18世纪达荷美王国处鼎盛时期，统一南部和中部，曾屡次抗击法国殖民者。19世纪末全境逐步沦为法国殖民地，1904年被并入法属西非。1960年8月1日独立，成立达荷美共和国。1975年11月30日国名改为贝宁人民共和国。1990年3月1日改为贝宁共和国。

贝宁民居

按1990年12月通过的现行宪法（贝宁第七部宪法），实行行政、立法、司法三权分立和总统内阁制。总统为国家元首，任期5年，可连选连任一次。议会称国民议会，为最高立法机构，实行一院制。议员由直接普选产生，任期4年。最高司法机构为宪法法院、最高法院。合法政党约68个，主要有贝宁复兴党、民主复兴党、复兴与发展行动阵线、社会民主党等。

经济　国内生产总值66.7亿美元(2009)。20世纪80年代后期在国际组织援助下，调整经济结构，向自由经济转轨。农业和转口贸易为国民经济主要支柱。大部分人从事农林牧渔业。耕地集中于中、南部，主要种植玉米、薯类、高粱和稻谷等，粮产不足自给。经济作物主要有油棕、棉花、花生和烟草，产品大部供出口。沿海和内河捕鱼业较盛，科托努为主要渔港，干熏渔产品销国内及邻国。

多森林，面积313万公顷，占国土面积27%。矿产资源贫乏，主要有石油（储量54.5亿桶）、天然气（储量910亿立方米）、铁、磷酸盐、大理石、石灰岩、黄金等。工业基础薄弱，以榨油（棕油、花生油）、纺织、食品加工、电力、汽车装配、日用化工和建材为主。部分电力由加纳阿科松博水电站经多哥输入。与多哥合建有莫诺河南贝托水坝。

交通运输是重要经济部门之一。铁路总长685千米，其中科托努—帕拉库440千米干线与尼日尔共有。公路总长3.1万千米，连接国内主要城镇和邻国。科托努港为地区性重要转运港，水深11～14米，2008年货物吞吐量约700万吨。国际机场设于科托努。出口物资主要为棕油、棕仁、棉花等农产品。进口燃料、水泥、机械、粮食等。与邻国间转口运输和贸易在国民经济中占重要地位。

文化　西非教育较发达国家。有大学2所。主要报纸有《民族报》（官方）、《晨报》、《公民报》、《每日回声报》等。贝宁通讯社是国家通讯社。贝宁广播电视局拥有电视台和广播电台各1家。主要名胜古迹有阿波美古皇宫建筑群、王陵、博物馆和科托努北部冈维埃水上村庄（水上人家和水上市场）。1985年阿波美皇宫作为文化遗产被列入《世界遗产名录》。当地民俗中以蛇城维达每年兴办的蛇节庆典较为独特。

对外关系　对外奉行“实用、灵活和不排外”的外交政策。重点在法国等西方国家；重视睦邻友好和南南合作，积极参加地区事务，推动经济一体化。已与100多个国家建立外交关系。1964年11月12日与中国建交。1966年贝宁宣布中止两国关系，并与台湾当局“复交”。1972年12月29日与中国恢复外交关系。

贝宁王国　Benin, Kingdom of　非洲西部古国。位于今尼日利亚境内尼日尔河三角洲以西的森林地带。14世纪前由来自伊费城的约鲁巴人建立。首都贝宁城。16～17世纪全盛时期势力范围西起拉各斯，东抵尼日尔河三角洲。最著名的国王是埃瓦雷王（约1440～1480年在位）和他的儿子奥佐卢阿（约1480～1504年在位）。葡萄牙人于15世纪末来到贝宁城，此后贝宁城曾是欧洲商人同非洲内地之间的重要贸易中

贵族武士像

心，17世纪末叶以后，随着大西洋奴隶贸易的发展，贸易中心移到几内亚海岸，贝宁王国遂趋没落。1897年被英国占领，后被并入英属尼日利亚。

贝宁王国以制作精美的牙雕、木刻以及铜和赤陶的雕塑等艺术品闻名，世称贝宁文化。1897年英国军队攻占贝宁城后，奥巴王宫珍藏的艺术品被劫掠一空，大量的贝宁艺术品流落海外。

贝丘 shell mound 古代居住遗址。以包含大量古代人类食余抛弃的贝壳为特征。广泛分布于世界各地。大都属于新石器时代，有的延续到青铜时代或稍晚。主要位于海边，也有的分布在湖泊和河流沿岸，并以此分为海湾型、河口型和淡水型贝丘。在贝丘遗址的文化层中还夹杂着动物骨骼以及石器、陶器等文化遗物，往往还会发现房址、窖穴和墓葬等遗迹。根据贝丘的地理位置和贝壳种类、尺寸的变化，可以了解古代的海岸线和海水温差的变迁及人类获取食物资源的行为特征，对于复原当时的自然条件和生活环境，认识当时人类与自然环境的相互关系有很大帮助。中国沿海地区的辽东半岛、山东半岛、福建、台湾、广东和广西发现的贝丘遗址较多。有代表性的遗址有福建闽侯昙石山、台湾台北大坌坑贝丘遗址，内陆河旁具有代表性的遗址有广西南宁邕江流域的诸贝丘遗址。国外的贝丘遗址中著名的有日本的乌浜贝丘遗址等。

贝若特节日剧院 Bayreuth Festspielhaus 德国剧院。1876年建于贝若特，因上演作曲家R.瓦格纳的歌剧而出名。剧院可容观众1 745人，观众席取消了鸡笼式的贵族包厢，改以一层的扇形平面观众席（贵族包厢被放在平民观众后面，因而被称为人民剧场）。观众席取消了中间的纵向通道，加多了两侧的太平门，加大了座位排与排之间的间距，被称为德国式观众席而产生广泛影响。舞台有两道台口，两台口之间有道暗光区造成隔离感。大面积的乐池，深潜于台口之下，以免分散注意力。传统的舞台后面设有附台。最先使用蒸汽在舞台上制造烟雾（特技）效果。剧院1945年停止使用，1951年瓦格纳的孙子W.瓦格纳重理剧院，创造了许多新风格，再度成为世界著名的剧院。

贝萨·路易斯 Bessa Luís, Maria Agustina (1922-10-15～) 葡萄牙小说家。生于阿马兰特梅昂。从1948年发表第一部长篇小说《封闭的世界》起，共出版长篇小说近20部，成为葡萄牙当代最重要的小说家之一。《女先知》(1954)、《复仇三女神》(1977)、《修道院》(1980)、《金色少年》(1983) 等作品先后获奖。《范依·欧文》(1977)、《阿布拉昂峡谷》(1991) 和《修道院》3部作品分别被搬上银幕。她的作品无贯穿始终的主线，以时空交错来反映人物，语言以自然朴实感染读者。

贝塞尔 Bessel, Friedrich Wilhelm (1784-07-22～1846-03-17) 德国天文学家和数学家。生于普鲁士西伐里亚，卒于柯尼斯堡。1798～1806年，在不来梅的一家进出口商行当学徒和记账员，学习航海术的同时，学习天文、数学知识。1806年成为天文学家施勒特尔的助手。1809年获格丁根大学博士学位。同年奉普鲁士国王之命，在柯尼斯堡组建天文台，并被任命为台长，直到逝世。他还是柏林科学院院士(1812)、法国科学院院士(1816)。1818年，贝塞尔发表了他重新订正的布拉得雷的星表，对岁差和章动及光行差进行了改正，并把位置归算到1755年的春分点，表中还列有他求得的较精确的岁差常数、章动常数和光行差常数等数值。还编出了相当精确的大气折射表，建立计算大气折射的对数公式，在19世纪得到广泛应用。在1821～1833年间测定了赤纬$-15°$～$+45°$之间的亮于9等的75 000多颗恒星的位置。这项工作以后由他的助手和继承人阿格兰德尔加以补充，成为《波恩巡天星表》。贝塞尔1837年测量天鹅座61的视差，1838年底得数0.31″。这是世界最早的恒星视差测定之一。1844年，他根据天狼和南河三自行的波浪式起伏，预言它们都有暗伴星存在，后来分别在1862年和1896年为观测所证实。他提出贝塞尔岁首和贝塞尔假年的概念，建立了恒星的贝塞尔岁首平位置和任意时刻的视位置之间的变换关系式。还创立观测恒星过卯酉圈定纬度的方法；导出修正子午环安装误差的贝塞尔公式；导出用于天文计算的内插法贝塞尔公式，式中的系数被称为贝塞尔系数。他在日食理论方面，引进贝塞尔要素等基本量；在彗星理论方面，提出彗尾动力学理论；在地球形状理论方面，提出贝塞尔地球椭球体；在数学研究方面，提出贝塞尔函数。

贝塞麦 Bessemer, Henry (1813-01-19～1898-03-15) 英国工程师和发明家，转炉炼钢的发明人之一。生于哈福德郡查尔顿，卒于伦敦。自幼在其父开办的铸造作坊中工作，熟悉金属加工与制造。后在伦敦学习机械设计。贝塞麦最初的发明是铸造金属工艺品的技术等。19世纪50年代，他注意到在没有鼓风设备的炉中熔化铁时，空气可除去铁水中的碳，炼出熟铁或低碳钢。于是他采用风管吹炼坩埚中的铁水，后发展成为贝塞麦转炉炼钢，1856年获得专利。开始应用时，发现用含硫、磷多的生铁作原料，炼出的钢有冷脆和热脆现象，致推广受到限制。后采纳R.F.马希特提出在钢水中加镜铁（含锰量较低的锰铁）脱硫，才进一步完善。贝塞麦法的诞生标志着早期工业革命的“铁时代”向“钢时代”的演变，在冶金史上具有划时代的意义。贝塞麦曾任英国钢铁学会主席(1871～1873)，1879年当选英国皇家学会会员。1896年发表《贝塞麦炼钢法的起源》。

贝时璋 Bei Shizhang (1903-10-10～2009-10-29) 中国生物学家，中国生物物理学奠基人之一。生于浙江镇海（今属宁波），卒于北京。早年留学德国，先后在德国福莱堡、慕尼黑和蒂宾根3所大学学习。1928年获德国蒂宾根大学自然科学博士学位并留校任教。1929年回国。历任浙江大学理学院教授、院长，中国科学院实验生物研究所和生物物理研究所研究员、所长，中国动物学会理事长，中国生物物理学会理事长，中国科技大学研究生院生物教学部主任，《中国科学》、《科学通报》副主编，《中国大百科全书》第一版和第二版总编辑委员会副主任等职。1955年当选为中国科学院学部委员（院士）。

贝时璋从20世纪20年代起一直从事实验生物学的研究，对动物个体中细胞的常数、分裂，动物的再生以及性转变等生命活动规律，均作过多方面的研究。他认为：在生物体内除了细胞分裂外，当原料和条件具备时，也可能在一定部位（细胞内或细胞间）逐步形成完整的细胞。他的这一“细胞重建”的见解受到国内外生物学界的关注，并引起了有益的讨论。

贝斯特 Best, Charles Herbert (1899-02-27～1978-03-31) 加拿大生理学家。生于

美国缅因州彭布鲁克，卒于加拿大多伦多。1921年进多伦多大学，1925年获医学博士学位。与F.G.班廷最早提取胰岛素。他又发现胆碱和组胺酶，最早将抗凝药用于血栓治疗。1923年多伦多大学成立班廷医学研究室，他继续在此工作并继班廷任研究室主任（1941～1967）。与班廷合著《胰腺的内分泌》，与N.B.泰勒合著《医疗实践的生理学基础》。

贝塔朗菲 Bertalanffy, Ludwig von（1901-09-19～1972-06-12） 加拿大理论生物学家，一般系统论的创始人。出生于奥地利维也纳附近的阿茨格斯多夫，卒于美国纽约州布法罗。1926年获维也纳大学哲学博士学位，在该校任教。1937年起，先后在美国芝加哥大学，加拿大渥太华大学、阿尔贝塔大学，纽约州立大学等处任教。1954年，与A.拉波包特等人一起创建一般系统论研究会，出版《行为科学》杂志和《一般系统年鉴》。贝塔朗菲的重要贡献之一是建立关于生命组织的机体论，并由此发展成一般系统论。1937年，提出了一般系统论的初步框架，1945年在《德国哲学周刊》上发表《关于一般系统论》的文章。1947年在美国讲学时再次提出系统论思想。1950年发表《物理学和生物学中的开放系统理论》。1955年出版专著《一般系统论》。1972年发表《一般系统论的历史和现状》，把一般系统论扩展到系统科学范畴。

贝塔斯曼出版集团 Bertelsmann Verlag 德国最大的传媒企业集团。1835年由K.贝塔斯曼在德国居特斯洛创立，拥有300多家下属公司。集团是世界上最大的图书出版商，主要包括图书俱乐部、大众读物、字典及百科全书类出版物。集团不仅在德国拥有各种大众出版公司，出版文娱、教育、文学、历史及史学研究类图书，还拥有矮脚鸡-双日-德尔公司、美国兰登书屋集团和英国环球出版公司；贝塔斯曼图书俱乐部遍布全球20多个国家，拥有2 500多万会员。集团下属的专业报纸期刊出版公司——古纳亚尔拥有80份期刊和17份报纸，著名的包括《明星》、《国家地理》杂志等。

贝特 Bethe, Hans Albrecht（1906-07-02～2005-03-06） 美籍德国物理学家。生于德国的斯特拉斯堡（今属法国），卒于美国纽约州伊萨卡。1928年在慕尼黑大学获博士学位。1930年在慕尼黑大学和蒂宾根大学任教。1933年去英国曼彻斯特大学和布里斯托尔大学工作。1935年赴美国康奈尔大学任教，1941年加入美国籍。曾任美国物理学会会长。1957年当选美国国家科学院院士。1938年提出太阳的能源来自于它内部4个氢原子通过4步碳循环聚变为一个氦原子的热核反应。因这一贡献获1967年诺贝尔物理学奖。第二次世界大战期间，曾参与曼哈顿原子弹的计划并领导理论小组。20世纪70年代与他人合作计算了中子星内部的物质分布，提出中子星的最大可能质量约接近太阳质量的2倍。

贝希尔 Becher, Johannes Robert（1891-05-22～1958-10-11） 德国诗人。生于慕尼黑，卒于柏林。曾在慕尼黑、柏林和耶拿的大学学习。1925年被控犯“叛国罪”，后因国内外声援才免于受审。1933年流亡国外。1945年回国任文化部长。早期的诗集《搏斗者》（1911）、《崩溃和胜利》（1914）用怪诞、神奇的幻想，叠句式结构和象征的形象表现大城市的混乱、颓废。《王位上的尸体》（1925）、《莱维西特或唯一的正义战争》（1926）等揭露帝国主义战争。《追求幸福的人和七大重负》（1938）、《德国在呼唤》（1942）等以对祖国的怀念和对玷污祖国的人的憎恨为主题。《返乡》（1946）、《世纪中叶的步伐》（1958）流露出对德国前途和人生的哲学思考。还写有传记体小说《告别》（1940）和剧本《冬战》（1952）等。

贝希斯顿铭文 Behistun Inscription 古代波斯的记功石刻。位于伊朗巴赫塔兰城东30千米的贝希斯顿村附近的古驿道旁，故名。公元前519年阿契美尼德王朝大流士一世（前522～前486年在位）所刻。铭文雕刻在高出湖面约60米的悬崖上，用三种不同语言的楔形文字写成。最先勒刻的是埃兰语部分，次为阿卡德语部分，最后是古波斯语部分。铭文记述大流士镇压高墨达政变及由此引起的全国规模的暴动，俘获9个叛王，恢复波斯帝国统一，建立政府行政体系等情况，还最早记述了塞人（斯基泰人）历史的一些片段。铭文左上部有浮雕，面积约为3米×5.5米，表现大流士头戴王冠，左手持弓，左脚踩在仰卧于地的高墨达身上。其身后站着2名侍从，面前是9名被俘的国王。浮雕部分的上方为拟人形象琐罗亚斯德教主神阿胡拉·玛兹达，长有翅膀，带着太阳圆盘飞翔，眼睛正俯视大流士，象征君权神授。贝希斯顿铭文对研究两河流域和波斯古代文字具有重要意义，也是研究大流士时代波斯历史的重要史料。1835年，英国亚述学家H.C.罗林森首次成功拓摹铭文，之后完成了古波斯语和阿卡德语铭文的解读。

刻有贝希斯顿铭文的悬崖

贝雅 Bejart, Maurice（1927-02-01～2007-11-22） 法国芭蕾表演家、编导和舞团团长。生于法国马赛，卒于瑞士洛桑。先后创办明星芭蕾舞团、20世纪芭蕾舞团（易名为贝雅洛桑芭蕾舞团）。贝雅热衷于东方和非洲的舞蹈文化，认为舞蹈中的伦理因素应当压倒审美因素，主张恢复舞蹈的礼仪性，表现时代的复杂性。他的现代芭蕾作品，充分体现出自己的理论主张。舞蹈中常使用具体音乐、电子音乐、嬉皮士、摇滚乐等，带有东方和非洲舞蹈文化的印记，表现精神生活的丰富和多变性。他勇开芭蕾风气之先，因而常惹争议。代表作有《孤独者交响曲》、《春之祭》、《波莱罗》、《贝多芬第九交响曲》、《现代弥撒》、《虔信》、《尼金斯基——上帝的小丑》、《生命之舞》等。

贝叶斯统计 Bayesian statistics 数理统计学中的一个重要学派。18世纪60年代，英国数学家T.贝叶斯在论文《论有关机遇问题的求解》中，提出了一种关于统计推断的基本思想，以后的统计学者将其发展为一种系统性的统计方法，称为贝叶斯方法。信奉这种方法的统计学家，构成数理统计学中的贝叶斯统计学派，简称贝叶斯学派。

贝叶斯学派基本思想的一个实例如下：设有100个盒子，其中75个含白球90，红球10。另25个含白球10，红球90。这一点事先已知。从这100个盒子中随机抽出一个（使每一个有同等机会被抽出），然后从这盒中一个一个地抽5个球，每次抽取后放回，结果是4红1白。要由此去估计抽出的盒中红球所占比率。

如果不抽球，则因为事先知道：抽出的盒中红球比率为0.1的机会有75%，而红球比率占0.9的机会只有25%，所以自然倾向于估计“抽出的盒中红球比率为0.1”。

现有了抽球的结果（即样本），情况则大不相同。直观上也可以想象：红4白1的结果可能修改原先的估计。根据贝叶斯定理可作定量的计算：在无样本（不抽球）的情况下，先天知识以0.75:0.25的优势有利于“红球比率为0.1”的估计。有了上述样本后，结果改为：后天（有样本后）知识以234:1的优势有利于“红球比率为0.9”的估计。

上述推理值得注意之点在于：它除了利用样本信息（红4白1）之外，还用了先天知识（75盒白90红10，25盒白10红90，这称为先验信息）。这二者结合完成了由先验信息到后验信息（后天知识，即以243:1的优势有利于“红球比率为0.9”）的转换。这两点是贝叶斯统计的核心思想：利用先验信息；由先验信息通过样本信息转换到后验信息。在实际应用中存在这样一个问题：有时并不掌握足够的先验信息。如在上例中，若只知道100个盒子分两类：白90红10和白10红90，而不知各类有多少个。贝叶斯学派主张，在这种情况下，要作一个人为的，可以是主观的规定。在本例中，贝叶斯学派会主观地认定两类盒子各占一半，称为“无信息”先验知识或“同等无知”先验知识，意即这种规定不偏向任何一方。这一点为不认同贝叶斯学派的统计学家所诟病，因为这可能与实际情况不符，贝叶斯学派的学者也提出一些辩护的论据。这种争论构成了百余年来数理统计学发展中一道独有的风景线。

贝叶斯统计在其能用的范围内，有两个乐于为实用者接受的优点，一是它的操作有固定的程式可循，即：由先验知识结合样本信息形成后验知识，这一转换可由贝叶斯定理去计算以得到定量刻画。而对频率学派来说，每个统计问题需要想出各自的方法去处理，有时很不容易。二是它的思想方法——用新的资料（样本）修正原有认识（先验知识），以达到新的认识（后验知识），与一般的认识过程符合，故其结果在解释上常更为自然而不牵强。由于这些原因，若干年来这一学派有日渐壮大之势，已接近与长期占据主流地位的学派——频率学派平分秋色的地步。当然，贝叶斯学派也有其一些弱点，包括前面提到的先验信息的获得，无信息先验分布的含义及其合理性问题。另外，贝叶斯统计基本上只适用于包含少数未知参数的情况，应用范围有其局限性。

贝聿铭 Pei, Ieoh Ming (1917-04-26～) 美籍华裔建筑师。生于中国广东。1935年赴美国，1940年获麻省理工学院学士学位。1946年获哈佛大学硕士学位。1948年起，

任泽肯多夫的地产公司建筑部负责人，1955年在纽约开业。他的作品在处理几何形体及利用不同材料、空间与界面等方面，以构思独特和手法巧妙而见长。在建筑创作上，他反对因袭过去的形式，主张表达中国建筑传统的本质。贝聿铭是美国建筑师协会会员，英国皇家建筑师协会会员，美国室内设计协会荣誉会员，美国设计科学院和国家艺术委员会成员。他曾多次获奖，其中包括1979年美国建筑师协会金奖和1983年普里茨克建筑奖等。代表作有科罗拉多州美国大气研究中心、华盛顿国立美术馆东馆、波士顿肯尼迪图书馆、北京香山饭店、香港中国银行大楼、巴黎卢浮宫改建（见图）、北京中国银行大楼、苏州博物馆新馆等。

巴黎卢浮宫的金字塔入口

贝扎人 Beja 东北非跨界民族。约有225万人（2002）。主要分布在苏丹东北部地区（212万），少数分布在埃及东南部（2万）和厄立特里亚西北部（11万）。属黑白混血的埃塞俄比亚人种。使用贝扎语，属阿非罗－亚细亚语系库希特语族。由于受阿拉伯人影响，多数人兼会阿拉伯语。信奉伊斯兰教，属逊尼派。据记载，贝扎人的祖先至少在公元前4000年就已在尼罗河、阿特巴拉河与红海之间的多山地区生息繁衍。公元初年，曾联合努比亚人抵御了占领埃及的罗马兵团的骚扰。英国侵占苏丹后，贝扎人不断掀起反抗斗争，于1956年与其他民族一起摆脱英国殖民统治而获得国家独立。贝扎人分成若干强大部落。主要从事畜牧业，饲养骆驼和牛羊，逐水草而居。在适合农耕的地方，也种植少量农作物，有的地方还发展棉花种植业。家庭婚姻和风俗习惯深受阿拉伯人的影响，实行一夫多妻制，流行嫡堂婚。男孩举行成年仪式要行割礼。按父系计算世系和继承财产。

贝子 beise prince 中国清代贵族爵位名。满语，初为贝勒的复数。在早期满族社会中，贝子意为“天生”贵族。努尔哈赤确立八旗制度，以子侄为各旗旗主，称和硕贝勒。贝勒下设贝子，全称为固山贝子，属高级贵族。自皇太极后逐渐实行12级封爵制。贝子在亲王、郡王、贝勒之下。受封贝子者皆为宗室、觉罗及其他八旗贵族。获取途径有世袭、恩封、功封和考封数途。归附于清朝的蒙古贵族亦实行这种封爵制，在王、贝勒下设贝子爵。

备忘录 memorandum 外交往来文书的一种。用于外交代表和接受国外交部间通报某个事项，阐明本国政府的行动和观点，或对某个事实作详细陈述并提出建议。在外交会谈后，为使对方对其口头陈述易于回忆和不致误解，也常用备忘录形式将口头陈述的书面摘要交给对方。开端标以“备忘录”字样，除开始和结尾不用套语且不需签名和盖章外，与照会无实质区别，因此也有人将其归入照会一类。通常在会晤后面交。此外，备忘录也常被用于许多非外交往来场合。例如，两个或两个以上民间团体用备忘录形式阐明对某一问题的立

场和要求，或订立冠以备忘录名称的协议。第二次世界大战后，驻日盟军最高统帅部发布占领管制命令，也常采用备忘录形式。

背风群岛 Leeward Islands 加勒比海小安的列斯群岛东北部岛群。地处东北信风带内，比南部向风群岛受信风影响稍小，故名。位于加勒比海东北部，包括维尔京群岛、瓜德罗普岛等6个大岛及众多小岛，延伸至多米尼克海峡。面积3 249平方千米。群岛分内外两列：内列主要由上新世至更新世喷发的火山锥构成，地势高峻；外列主要由石灰岩构成，地势低平，多珊瑚礁。热带海洋性气候特征明显。天然植被为热带常绿雨林。原为西班牙、英国、法国、荷兰等国殖民地，几经易手，多数岛屿为英国所拥有。到1983年，除蒙特塞拉特和英属维尔京群岛外，背风群岛的英属岛屿都获得了独立。经济以农业和旅游业为主，土壤肥沃，盛产甘蔗、棉花、烟草、香蕉等。20世纪60年代以后有制糖、酿酒、水果加工等小型加工业。

背书 endorsement 票据的收款人或持有人在转让票据时，在票据背面签名或书写文句的手续。背书时写明受票人姓名或受票单位名称的，称记名背书；未写明受票人姓名或受票单位名称的，称不记名背书。经过背书转让的票据，背书人负有担保票据签发者到期付款的责任，如果出票人到期不付款，则背书人必须承担偿付责任。经过背书，票据的所有权由背书人转给被背书人。一张票据可以多次背书、多次转让。背书有限定性背书、空白背书、特别背书、有限度的背书和有条件背书5种方式。

背俞穴 back-shu point 中医学五脏六腑之气输注于背部的腧穴，属足太阳膀胱经的经穴。背俞穴全部分布于背部足太阳经第一侧线上，即后正中线（督脉）旁开1.5寸处。其上、下排列与相应脏腑位置的高低基本一致。脏腑居上者，其相应背俞穴在上；居下者，其相应背俞穴在下。如心俞、肺俞居于胸背，肾俞、膀胱俞居于腰背。背俞穴的命名和主治作用与相应脏腑相一致，如心俞治心病、肺俞治肺病等。在临床上，背俞穴还可用于诊断。如胃俞、脾俞有压痛，则可拟诊为脾胃病等。背俞穴除治疗相应脏腑病外，还可治疗与该脏腑有相关联系的五官病、肢体病。如肝俞可治眼病（肝开窍于目）、筋脉拘挛（肝主筋），肺俞可治鼻病（肺开窍于鼻）、皮肤瘙痒（肺主皮毛）等。在针灸配穴处方上，背俞穴常和募穴配伍，治疗脏腑病，称为俞募配穴法。

背斜 anticline 褶皱构造的基本形式之一。弯曲的岩层向上突起，从中间向两侧相背而斜，核部由老地层组成，从核部向两翼地层时代逐渐变新。见褶皱。

钡 barium 化学元素，元素符号Ba，原子序数56，原子量137.327，属周期系IIA族，碱土金属。早在17世纪人们就发现了含钡矿物重晶石，但直到1774～1779年才由C.W.舍勒和J.G.甘恩确定其成分为硫酸钡。1808年H.戴维电解氧化钡和氧化汞混合物，得钡汞齐，蒸除汞后首次得到金属钡。barium源于重晶石的希腊文名barys，原意为“重的”。钡在地壳中的含量为0.042 5%，主要矿石为重晶石（$BaSO_4$）和毒重石（$BaCO_3$）。钡是银白色金属，密度3.62克/厘米^3，熔点727℃，沸点1 897℃。氧化态+2。常温下钡接触空气即激烈反应，与冷水反应放出氢气，生成氢氧化钡。因此钡应保存在煤油中。常温与氧反应生成氧化钡BaO，与高压状态氧反应可生成过氧化钡BaO_2。室温下与氯气反应，加热下与氢、氮、碳、硫反应，分别生成氯化钡$BaCl_2$、氢化钡BaH_2、氮化钡Ba_3N_2、碳化钡BaC_2、硫化钡BaS。主要化合物有硫酸钡、氯化钡、硝酸钡、氢氧化钡等。

工业上从重晶石提取氧化钡。用铝或硅在1 000～1 200℃还原氧化钡，可制得金属钡。金属钡可用作除去真空管和显像管中痕量气体的消气剂、精炼金属的脱气剂。钡镍合金是电子发射体，硝酸钡和氯化钡可用于绿色焰火和信号弹药，钛酸钡为功能陶瓷的重要成分。硫酸钡用于钡餐造影，并可与硫化锌、氧化锌制成白色颜料。重晶石用于石油钻探泥浆。

钡是有毒元素，食入可溶性钡化合物会引起钡中毒，征兆是流涎、呕吐、腹绞痛、腹泻、痉挛性颤抖、高血压及肾、肠和胃出血。

倍倍尔 Bebel, August（1840-02-22～1913-08-13） 德国和国际工人运动活动家，德国社会民主党领袖和创始人之一。生于普鲁士，卒于瑞士格尔桑斯。1865年8月结识W.李卜克内西，在其帮助下成长为社会主义者。1866年同李卜克内西创建萨克森人民党，加入第一国际。次年当选为德国工人协会联合会主席，并促使该会于1868年参加第一国际。1867年当选北德意志联邦议会议员，成为议会中第一个工人代表，坚决反对O.von俾斯麦的“铁血政策”，主张通过自下而上的革命统一德意志。他和李卜克内西于1869年8月共同创建德国社会民主工党（爱森纳赫派），并制定了党纲。

1870年12月被捕入狱。1871年3月被选入全德国会后，政府当局妄加以“叛国罪”剥夺其议员资格，1872年3月被判两年徒刑，又以“侮辱皇帝罪”加处9个月监禁，直到1875年4月获释。1879年在瑞士苏黎世创办党的机关报《社会民主党人报》。1884、1887、1889年倍倍尔都当选为帝国国会议员，在国会中捍卫工人阶级的利益。

80年代末，倍倍尔投入创建第二国际的工作。1907年，他在第二国际斯图加特代表大会上提出反对军国主义问题决议草案。晚年在战争、民族和殖民地问题上犯有中派主义错误。主要著作有《妇女和社会主义》、《我的一生》等。

倍频器 frequency multiplier 使输出信号频率等于输入信号频率整数倍的电路。输入频率为f_1，则输出频率$f_0=nf_1$。系数n为任意正整数，称倍频次数。倍频器用途广泛，如发射机采用倍频器后，可使主振器振荡在较低频率，以提高频率稳定度；调频设备用倍频器来增大频率偏移；相位键控通信机中，倍频器是载波恢复电路的一个重要组成单元。

利用非线性电路产生高次谐波或者利用频率控制回路都可构成倍频器。常用的倍频器有晶体管倍频器、变容二极管倍频器、阶跃恢复二极管倍频器等。用其他非线性的R、L、C元件也能构成倍频器，如铁氧体倍频器等。由非线性电阻构成的倍频器的倍频噪声较大。微波振荡器的频率稳定度不太高，在几十兆赫至上百兆赫的晶体振荡器后面加一级高次倍频器，可获得具有晶振频率稳定度的微波振荡。当m级N倍的倍频器级联，总倍频次数为N^m。但倍频级数增加，倍频噪声也加大，故倍频上限仍受到限制。

倍赏千惠子 Baisho Chieko（1941-06-29～ ） 日本电影演员。1961年被松竹公司导演中村登选中步入影坛，第一部作品是《远山的呼唤》。不久，又在影片《浮云破碎时》中以朴实、自然、清新的表演获得好评。1964年主演了《21岁的父亲》和《雾之旗》。20世纪60年代末，开始在系列影片《男人难当》中扮演主人公寅次郎的妹妹。这部每年拍摄两集的系列片已拍至40多集，上座率经久不衰。70年代，获日本《电影旬报》最佳女演员奖、《每日电影》女主角奖，并继山本五十铃、高峰秀子和三船敏郎之后，成为第4位荣获文部大臣奖的演员。主演的重要作品还有《故乡》（1972）、《幸福的黄手绢》（1977）、《远山的呼唤》（1980）、《车站》（1981）、《旅途》（1986）等。20世纪的最后十年及进入21世纪以来，又主演或参与演出了近20部影片。

悖论 paradox 由肯定它真，就推出它假，由肯定它假，就推出它真的一类命题。一类特殊的自相矛盾的命题。也可表达为：一个命题A，A蕴涵“并非A”，“并非A”蕴涵A；即A与“并非A”等值。历史上最早发现的悖论是古希腊麦加拉学派的说谎者悖论。用现代方式表述是：“这句话是谎话。”如果它真，即“这句话是谎话”真，它就是谎话，即它是假的；如果它假，即“这句话是谎话”假，它就不是谎话，即它是真的。“这句话是谎话”是自相矛盾的命题，称为悖论。

19世纪末20世纪初在G.康托尔的集合论中发现了几个著名的悖论：①布拉里-福蒂悖论，即“最大的序数”或“包括一切序数的良序集”悖论。②康托尔悖论，即“最大基数”或“一切集合的集合”悖论。③罗素悖论，即“一切不是自身分子的集合所构成的集合”悖论。如把集合S定义为：S由一切不是自身分子的集合所组成，即任一集合A，A属于S当且仅当A不属于S。如果S属于S，则据S的定义，S就不属于S；反之，如果S不属于S，同样据S的定义，S属于S。“S属于S当且仅当S不属于S”，这是自相矛盾的。

悖论研究对逻辑的发展具有深远影响，它导致类型论的建立和集合论的公理化。1926年英国数学家F.P.拉姆齐把悖论分成逻辑悖论（语法悖论）和语义悖论（认识论悖论）。前者包括布拉里-福蒂悖论、康托尔悖论和罗素悖论等；后者包括说谎者悖论和理查德悖论（“一切可以用有穷个字定义的实数”）等。

被唇纲 Phylactolaemata 苔藓动物门一纲。因其虫体口之上方被盖一呈褶状的口上突起得名。仅分布于淡水水域。全世界已报道的被唇类计有100多种，中国估计有25种左右。被唇类苔藓虫群体基本上可分为两类：匍匐或直立的羽苔虫型群体和管足苔虫型群体。羽苔虫型群体是单列双分枝。管足苔虫型群体呈团块状或蠕虫状，均有一定的移动能力。个体基本呈圆柱形，体腔在个虫间相互连通，触手冠多呈马蹄形，口位于其凹部内。雌雄同体，均能产生特殊的休眠芽。多分布在水深不到1米的淡水中，但也可生活在200米深处的湖底。多营固着生活。可堵塞水管系统，污染水质，有的可作饵料。

《被缚的普罗米修斯》 *Prometheus Bound* 古希腊悲剧家埃斯库罗斯的剧作。取材于古希腊神话。剧情描写天神普罗米修斯出于对人类的怜悯，不惜触犯众神之首宙斯的天条，盗出天庭的火种送给人类，同时还教会人类各种生存本领，赋予人类智慧，使得人类摆脱了愚昧与悲惨的境地。宙斯对这些大逆不道的行为深恶痛绝，为了惩一儆百，派遣威力神和暴力神将普罗米修斯强行拖至荒凉的高加索山上，让匠神用锁链将他牢牢地钉住，欲使其就范，服从自己的统治。但普罗米修斯并不屈服。全剧在雷电大作、地动山摇之中结束。剧本歌颂了普罗米修斯不畏权势的反抗精神，表现出剧作家对民主制度的珍视与热爱，并在一定程度上反映了当时雅典民主力量与贵族寡头势力的斗争。剧情简单紧凑，但场面过于静止，风格庄严崇高，合唱诗占据重要比例，因而抒情性强。

《被缚的普罗米修斯》剧照

被告 defendant 在刑事案件中，指被检察机关提起公诉或者被自诉人提起自诉涉嫌犯罪的人；在民事案件中，指被指明侵犯原告利益，需要追究民事责任，并经法院通知其应诉的人；在行政诉讼中，指公民、法人或其他组织认为某具体行政行为侵犯其合法权益而依法向人民法院提起的诉讼中，作出该具体行政行为的行政机关及人员。原告的对称。

刑事被告人享有辩护、最后陈述、拒绝回答与本案无关问题的权利，申请通知新证人到庭、调取新物证、重新鉴定或勘验的权利，使用本民族语言文字的权利，申请回避、提起上诉、要求再审的权利，对于审判人员、检察人员、侦查人员侵犯其诉讼权利和侮辱其人身的行为提出控告的权利等。公安司法机关应充分保障被告人行使其法定诉讼权利，同时有权依法对被告人采取强制措施和搜查、扣押等。

民事案件中的被告可以承认或者反驳诉讼请求，有权提起反诉。

在行政诉讼中，被告与原告法律地位平等。

被害人 victim 人身权利、财产权利或其他合法权益受到犯罪行为直接侵害的人。在公诉案件中，被害人不是当事人，在一定程序上起证人的作用；如果他提起附带民事诉讼，就成为附带民事诉讼的原告人，享有当事人的诉讼权利。在自诉案件中，被害人为自诉人，享有当事人的地位。被害人就案件事实向司法机关所作的陈述称为被害人陈述，是中国刑事诉讼证据种类之一。被害人享有的诉讼权利包括：有权指控犯罪；有权参加法庭调查和辩论；遭受物质损失时，有权提起附带民事诉讼；对第一审法院的判决不服，可要求检察院提起抗诉。同时，被害人有义务遵守法庭秩序，如实向司法机关反映案件情况，不得夸大犯罪行为或捏造事实、诬陷他人等。

被中香炉 ancient Chinese censer to perfume the quilt 中国古代用于点燃香料熏被褥的球形小炉。最初称为锺。炉体、内环、外环和外壳内壁的支撑轴线依次互相垂直，几环互套，最内部是小香炉。由于重力作用，不论球壳如何滚转，炉口始终保持水平状态。被中香炉最早记载见于西汉司马相如所作《美人赋》：“金锺熏香，黼帐低垂。”据晋代葛洪著《西京杂记》记载，“长安巧工丁缓者……又作卧褥香炉，一名被中香炉，本出房风，其法后绝，至缓始更为之。为机环运转四周，而炉体常平。可置之被褥，故以为名”。西安沙坡村出土的唐代银质被中香炉，球体外径约50毫米，制作精细，镂刻雅致。古代中国人利用平衡环结构原

理还制造过香球、灯球、银袋、滚灯等。如乾隆年间杭州《西湖志》中曾提到装上“连锁轴”的灯笼。被中香炉不仅是一种艺术珍品，也是中国古代机械史上的重要发明之一。其平衡环结构，是现代陀螺仪中万向支架的前身。

被子植物门 Angiospermae 植物界最大和最高级的一门。共有300～450个科（各分类系统科的概念不同）约25万种，约2/3的种分布于热带及其邻近地区。中国约有291科3 050属2.5万种。有独特的双受精现象；在形态上有不同于裸子植物孢子叶球的花；胚珠生在子房内，子房发育成果实；种子有子叶1～2枚（很少3～4枚）；维管束主要由导管构成；生理上有比裸子植物和蕨类植物大得多的对光能利用的适应性；生态上适应多种生存条件。

花是被子植物独具的主要特征，故被子植物又称有花植物。一朵完全的花由花萼、花冠、雄蕊群和雌蕊群着生于花托上

组成。雌蕊由子房、花柱、柱头组成，柱头和花柱接受花粉粒；花粉萌发后，其雄配子体有1个粉管细胞和2个精子（雄核），而胚珠中，雌配子体（胚囊）有8个细胞（1个卵，2个助细胞，3个反足细胞，2个极核）；2个精子进入胚囊，其中1个与卵结合，成受精卵，可以发育成胚，另1精子与极核结合发育成胚乳，这就是双受精作用。

被子植物植物体的形成极多样，有高达150米的桉树，有长不足1毫米的无根萍；有巨大的藤本植物如榼藤子，有附生植物、腐生植物、寄生植物、食虫植物；沙漠中植物千姿百态，热带海岸有海滩植物红树。

由于被子植物有高水平生理效率和广泛的营养体可塑性，适应能力强等，使它们能生活在几乎所有的极端环境下，如森林、草原、沙漠和盐碱化土壤及水生生境，并占据优势。

被子植物与人类生活有密切的关系。人类的大部分食物和营养来源于被子植物，不是直接地通过农作物或园艺作物如谷类、豆类、薯类、瓜果和蔬菜等，就是间接地为牧场提供牲畜所需的饲料。被子植物还提供油料、纤维、食糖、香料、虫蜡、医药、树脂、鞣酸、麻醉剂、饮料及建筑、造纸、纺织等的原材料。据估计，被子植物在农业、林业、果树和蔬菜栽培、中草药等方面有用的种最少在6 000种以上。

被子植物在发展人类的文化意识方面起着重要的作用，在宗教和礼仪上占有重要的地位，而且为全世界各族人民的文化提供了大量的象征。茎、叶和花的形状、样式、色彩等被广泛地用作世界上各地的艺术、建筑和图案设计的原型。被子植物的花给予人类最美的精神享受。

本巴人 Bemba 非洲中南部跨界民族。约440万人（2002）。主要分布在赞比亚北部，其次分布在刚果（金）和坦桑尼亚。属尼格罗人种班图类型。使用本巴语，属尼日尔－科尔多凡语系中央班图语群，部分人通用英语。多保持原始宗教信仰，部分人信奉基督教。1～10世纪期间，班图人南迁途中，有一支在下刚果定居，并建立隆达－卢巴王国。约在17世纪，隆达－卢巴王国的班图人又有一支向东南越过卢瓦普拉河，分布于今赞比亚北方省和铜带省一带，成为最早的本巴人。后他们征服并同化了隆古人、贝巴人和门布韦人等，于18世纪末建立本巴王国。至今本巴人仍保留某些母系残余，按母系或双系确定亲属和继承财产。男子结婚后需到女方家居住、劳动几年，待生几个孩子以后方回本家居住。经济以农业为主。不少人在铜带省和沙巴矿区做工。

本巴人成人礼

本·贝拉 Ben Bella, Ahmed（1918－12－25～ ） 阿尔及利亚民主人民共和国首任总统（1963～1965）。生于奥兰（今瓦赫兰）省马尔尼亚城。1937年被征入法国军队服役。1947年在党内建立秘密团体“特别组织”，开展反法武装斗争。1950年被法军逮捕，判处长期监禁。1952年越狱逃往开罗。1954年退出争取民主自由胜利党，并以“特别组织”为核心，组织团结与行动委员会（后改名为阿尔及利亚民族解放阵线），积极参与组织发动同年11月开始的全国反法武装起义。1956年10月被法国绑架，拘押在法国监狱，但始终坚持斗争。1958年阿尔及利亚临时政府成立时，被缺席推选为第一副总理。1962年3月，《埃维昂协议》签订后获释回国。同年9月阿尔及利亚民主人民共和国成立，任政府总理。1963年9月当选总统，兼任武装部队最高统帅。1964年4月，民族解放阵线举行第一次代表大会，当选为总书记。次年6月，国防部长布迈丁发动军事政变，他遭长期软禁。1979年7月沙德利总统发布命令，被释放恢复自由。1981年起侨居国外。1984年5月在法国建立争取阿尔及利亚民主运动。1990年3月在阿尔及利亚取得合法地位，主张实行多党制，在政治、经济、社会和文化部门实行自管制度。

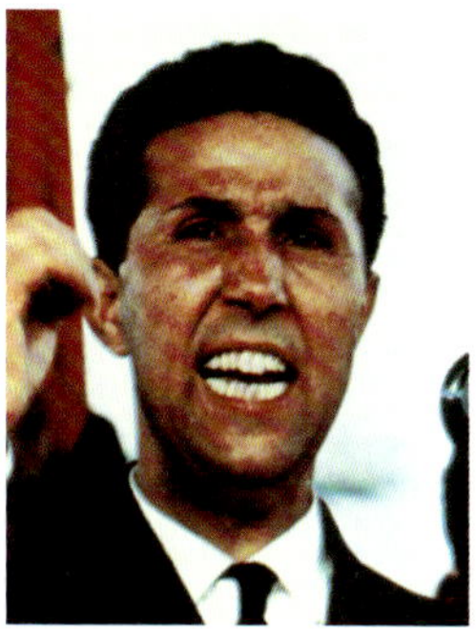

《本草纲目》 *Bencao Gangmu; Compendium of Materia Medica* 中国古代药学史上篇幅最大、内容最丰富的药学巨著。明代李时珍撰成于万历六年（1578）。52卷。全书收药达1 892种，方剂万余首，约190万字，以宋代《证类本草》为资料主体增删考订而成。

《本草纲目》充分汲取历代本草的编纂经验，在保留标注引文出处的优良传统基础上，对古本草的旧分类法进行变革，即采用了“不分三品，惟逐各部；物以类聚，目随纲举”的多级分类法。全书药物以十六部为纲，六十类为目。各部又按“从微至巨”、“从贱至贵”为序排列。每一药物以正名为纲，附品为目；“标名为纲，列事为目”，形成了该书独特的纲目体系。这一富有创造性的体例不仅方便检索，更重要的是建立了较先进的药物分类系统。

《本草纲目》从800余家文献中广泛搜集药物资料，补充药品374种，极大地丰富了中药学的内容。与《证类本草》不同的是，《本草纲目》并不局限于汇集资料，而是特别注重反映作者个人的新见解。尤其是在药物品种考订方面硕果累累。受儒家格物穷理及金元时张元素、李东垣医学思想的影响，《本草纲目》在药学理论的系统归纳和探讨方面也颇多建树。

该书收药众多，取材广博，因此其中也包含了相当丰富的自然科学（动、植、矿物、化学等）知识。据考英国生物学家达尔文在讨论鸡的变异、金鱼的育种家化时均引用了《本草纲目》的资料，并称它为“古代中国的百科全书”。

《本草纲目》约初刊于万历二十一年（1593，金陵胡承龙刻本），成为明末以后许多药学著作的资料源泉，产生了近百种后续性本草学著作，如《本草纲目拾遗》、《本草原始》等。

本初子午线 prime meridian 地球上计量经度的起始经线。又称零子午线。从本初子午线起，分别向东和向西计量地理经度，从0°到180°。1884年在华盛顿举行的国际子午线会议决定，采用通过英国伦敦格林尼治皇家天文台（旧址）埃里中星仪的子午线作为时间和经度计量的标准参考子午线，称为本初子午线。1957年后格林尼治天文台迁移台址，国际时间局利用若干天文台在赤道上定义了平均天文台经度原点，它由这些天文台的经度采用值和测时资料归算而得。1968年起把通过国际习用原点和平均天文台经度原点的子午线作为本初子午线。

本茨 Benz, Carl (Friedrich)(1844－11－25～1929－04－04) 德国机械工程师，汽油机的发明者和改进者之一。生于卡尔斯鲁厄，卒于曼海姆附近拉登堡。本茨初在家乡学习机械工程。离开学校后在一家锁厂工作。他钻研N.A.奥托发明的发动机工作原理，1879年研制成功火花塞点火内燃机。1883年成立本茨公司，生产当时急需的固定式本茨发动机。1885年设计并制造了世界上第一辆实用的内燃机汽车，为单气缸二冲程三轮汽车。它启动方便，时速约15千米，装有电点火装置和水冷式冷却器，发动机与车架为一个整体。这部汽车现保存在斯

图加特，本茨因此被称为“汽车之父”。1886年1月29日，德国曼海姆专利局批准本茨的三轮汽车专利申请，这一天被大多数人称为现代汽车诞生日。

本茨1890年制造出四轮汽车，发动机功率为3.5马力，采用差动传动装置。1899年生产出第一辆赛车。1893年，本茨公司首次成批生产四轮汽油内燃机汽车，20世纪初成为欧洲最大的汽车制造公司。1926年本茨公司与戴姆勒汽车公司合并（见戴姆勒－克莱斯勒公司）。

本笃会 Benedictine Order 天主教隐修会。又译本尼狄克会。意大利人本笃（一译本尼狄克）于529年创立，并建其第一座修道院于意大利中部之卡西诺山。本笃手订会规，规定修士须发“安贫、守贞、服从”三愿，每日必须按时诵经、祈祷、咏唱“日课”，并且从事各种生产劳动。这种把个人灵修与社会活动结合在一起的制度，成为后世天主教隐修制度的典范。本笃会注重宗教教育和文化、艺术、学术活动。会士们抄写和保存了不少圣经古本和希腊、罗马古籍。十分重视教会音乐，尤善咏唱格列高利颂调。9世纪时会规松弛，10世纪时法国克吕尼修院发起改革，严加整饬。后来又出现加都西会和西多会，都力求重返本笃初衷。20世纪初到中国传教，曾在北京创办辅仁大学。

本笃十六世 Pope Benedict XVI (1927-04-16～) 天主教第265任教皇。本名J.A.拉青格。生于德国巴伐利亚马克特尔的一个农民家庭。1939年参加神父培训班，被迫加入希特勒的青年团。第二次世界大战后期在防空兵部队服役。1951年6月29日晋铎，并开始教授神学。1953年获神学博士学位。1957年荣获信理神学和信理神学历史教授的资格。在多所大学任教。1962年成为德国科隆总主教福林格斯枢机的神学顾问，并出席梵蒂冈第二届大公会议。1977年5月为慕尼黑及弗赖辛总教区总主教，同年6月升为枢机。1981年任教廷信理部部长、宗座圣经委员会及国际神学委员会主席。1986～1992年担任天主教教理筹备委员会主席。1999年11月获罗马圣母蒙召升天大学颁授的荣誉法学博士名衔。2000年11月成为宗座科学院院士。2005年4月19日获选为新教皇。

本顿 Benton, Thomas Hart (1889-04-15～1975-01-19) 美国画家。生于密苏里州的尼奥肖，卒于堪萨斯城。1906～1907年，就学于西点军校，并为当地报纸画速写与漫画。1907年在芝加哥美术学院学画。1908年去巴黎，在朱利安学院学习3年。欧洲之行，特别是意大利文艺复兴壁画与

《割麦》(1938)

西班牙画家E.格列柯的人物变形画给他留下深刻的印象。回国后定居纽约，参加了1916年现代美国绘画展览会。1918年在诺福克海军基地当绘图员时，他把注意力转向描绘城镇生活中的现实题材。翌年着手创作后来被称为《美国史诗》的组画，历时十年完成，创造了描绘历史题材、民间传说、普通美国人日常生活的美国艺术。1924年，他在短期回密苏里时，改变了对艺术的态度，开始画速写，20年代末形成自己的独立风格。本顿为纽约社会研究新学院(1930～1931)、惠特尼美术馆(1932)、印第安纳大学(1933)和密苏里州会议厅(1936)绘制了一批壁画。第二次世界大战时期画有《战争的危险》组画。

本多静六 Honda Shiziroku (1866-07-02～1952-01-29) 日本林学家和造林学奠基人。生于东京都涩谷区。1890年7月毕业于东京农林学校林学部，1892年3月在德国慕尼黑大学获博士学位。曾任东京帝国大学农学部（后为东京大学农学部）副教授、教授。在大学任教同时，曾先后任日本庭园协会理事长、会长，国立公园协会副会长，帝国森林会副会长、会长等职。在造林学、造园学理论与实践方面建树颇多。著有造林学著作多部，除造林学前论（5册）、造林学本论（5册）、造林学后论（3册）、造林学各论（5册）等外，尚有《森林家必携》、《大日本老树名木志》、《南洋植物要览》等。

本工 中国戏曲术语。演员饰演本人所属行当的戏剧人物。中国传统戏曲表演体制中，根据人物的性别、性格、年龄、职业、社会地位等方面的区别，划分为几种不同类型，称为脚色行当（见脚色行当）。每个戏曲演员归属不同的表演行当。行当的划分，各剧种虽不尽相同，但大体可分为生、旦、净、丑四大类。每个大类中又可具体分为若干门类，如生行的老生、小生、武生，旦行的青衣、花旦等。每个行当的表演技巧、演唱方法都有各自不同的规范和特点。每个传统剧目的某一人物形象应由哪个行当饰演，都已形成相应的规定。以京剧为例，《空城计》中的诸葛亮、《四郎探母》中的杨延辉是主要老生演员的本工；而剧中的王平、杨延昭则属二路老生。诸如此类，各有定位。此外，传统剧目中的某些角色，向例须由跨行演员兼饰，称为应工。如清末汉口出版的《楚曲十种·祭风台》中，标明剧中周瑜由“正旦”饰演，蔡中、蔡和由小旦、占饰演。三个男性角色，都由旦行演员应工。这是由于《祭风台》全剧无一女性角色，当时小生行当的演员尚难扮演《群英会》中的主角周瑜，而戏班中台柱之一的正旦担负重任，出演周瑜，旦行配角小旦、占饰演蔡中、蔡和，便顺理成章。

本构关系 constitutive relations 反映物质宏观特性的模型，其数学表达形式就是本构方程。因为物质的运动形态多种多样，表现出来的特性也就有方方面面。针对一定物质在特定条件下的某类运动，可提出该物质的相应的简化模型，反映此类运动中某些主要物理量之间所存在的联系。

常见的本构关系有：反映物质的纯力学性质的本构关系，如胡克定律（应力与应变之间的线性关系）、牛顿黏性定律（剪切应力与速度梯度之间的线性关系）等；反映物质的热力学状态变化的理想气体状态方程（压力、密度、温度、内能之间的关系）；反映物质中组分扩散的斐克定律（扩散速率与浓度梯度之间的关系）；反映物质中热传导的傅里叶传热定律（热流率与温度梯度之间的关系）等。上述本构关系中所出现的比例系数均是代表物质特性的物理常数。

本－古里安 Ben-Gurion, David (1886-10-16～1973-12-01) 以色列第一任总理，被誉为“以色列国之父”。原名戴维·格伦。生于波兰的波洛茨克（今属白俄罗斯），卒于以色列特拉维夫。自幼深受犹太复国主义思想的熏陶。1903年加入锡安工人党。1906年移居巴勒斯坦。1910年任《联合》刊物编辑，以笔名

“本－古里安”发表文章。1919年创建劳工联合党。1933年当选为世界犹太复国主义组织执委会主席。1935～1948年任巴勒斯坦犹太代办处主任。1942年5月，在纽约召集美国犹太人大会，通过了战后在巴勒斯坦建立犹太国家的“比尔莫特纲领”。1948年5月14日以色列国成立，任临时政府总理兼国防部长。此后又连任总理至1963年，历时14年，是以色列任职最长的总理。对早期

以色列国作出巨大贡献。1965年工党分裂，他另组以色列工人党（拉菲党）。1968年他又反对以色列3个工人党合并而建立国家党。1970年退出议会，回到斯德博克基布兹（集体农庄）定居。他睿智博学，著述颇丰，著有《以色列：个人的经历》等26部书，多为演讲集和文选。

本教 Bon 流传于中国藏族地区的古老宗教。一译钵教。产生于藏族原始社会时期。其发展一般可分为笃本、伽本、觉本三个时期，笃本和伽本称黑本。觉本称白本，为本教的主流派。该教早期主要崇拜天、地、水、火、雪山等自然物，其后守护神崇拜和祖先崇拜逐渐成为主要信仰。该教还崇尚念咒、驱鬼、禳祓等仪式，由巫师（又称本师）主持。该教经典为基础宝库、高山宝库、纯洁宝库、总宝库、行宝库等五宝库。8世纪后本教受到藏传佛教的影响，将一部分佛经改为本教经，并据以繁衍教义；而藏传佛教各派也吸收了本教的若干内容与仪式。今西藏东部和北部的部分地区仍有本教流行。

本·杰隆 Ben Jallūn, ‘Abd al-Majīd（1919～1981） 摩洛哥作家。生于达尔贝达。1945年开罗大学毕业后留在埃及继续深造，获编辑、翻译、新闻学院研究生文凭。1950～1956年，在开罗参加创建解放阿拉伯马格里布办事处。1956年返回摩洛哥，任《旗帜报》主编。1958年入外交部任外交官。自传体长篇小说《童年》（1957），描述一个在两种互相冲突的文化背景下生活的儿童的经历，从一个侧面表现了殖民统治下摩洛哥人民的悲惨生活和他们的觉醒。其他主要作品还有短篇小说集《血谷》（1958）、《如果不是人……》（1972），长篇小说《牢狱后面》（1950）、《阿特拉斯神像下的斗争》（1954），诗歌集《蓓蕾》以及《马格里布史》（4卷）等。

本·拉登 Bin Laden, Osama（1957～2011-05-01） 国际恐怖分子，“国际伊斯兰圣战阵线”组织首脑。全名乌萨马·本·穆罕默德·本·拉登。生于沙特阿拉伯的吉达，卒于巴基斯坦阿巴塔巴德。曾继承父亲数亿美元家产。1979年前往阿富汗参加反对苏联侵略的斗争。1990年海湾战争爆发，因不满于美军驻扎沙特，而移居也门。因资助国际恐怖活动，于1994年被剥夺沙特国籍。随后定居阿富汗，建立“基地组织”，训练国际恐怖分子，通过传真、移动电话、因特网或信使，遥控指挥“基地”分子，坚决支持“塔利班”运动。1998年5月27日，在霍斯特发起成立“国际伊斯兰圣战阵线”。声称不将美国驻军和以色列赶出阿拉伯领土，绝不停止战斗。美国一直认为，拉登是1995、1996、1998和2000年一系列爆炸案的主谋或幕后黑手。2001年9月11日，恐怖分子劫持客机袭击纽约和华盛顿，共造成近3 000人死亡，美国最后锁定拉登为头号嫌疑犯。2006年5月一段据称是拉登的录音指出：“我是领导19名弟兄（指9·11事件劫机分子）的人……”，承认策划、指挥了这一骇人听闻的恐怖事件。塔利班拒绝引渡拉登的要求，美国遂以此为借口发动阿富汗战争。2011年5月1日美国总统奥巴马宣布本·拉登被美国海豹突击队打死。

本末 中国古代哲学的一对范畴，特别是魏晋玄学的基本范畴。先秦以来已广泛使用本末概念来说明事物的各种关系。魏晋时期，本末成为玄学中的一对重要范畴，它们除了把本根和末节、本始和末终的意义包括在自身之中以外，还增加了内在本质（根据）和外在表现（作用）的新含义，同体用范畴含义相近。王弼首先提出了“以无为本”、“崇本统末”的思想。他认为一切有形、有名的事物，作用都是有限的，因此都是“末”而不是“本”；只有“无形”、“无名”的“无”才是“本”，是使一切有形、有名的事物的特性和作用得以保全和发挥的共同原则和根据。他还把《老子》的哲学概括为一句话：“崇本息末而已矣。”佛教般若学中的本无派继承了这种“崇本息末”的观点。魏晋以后，本末概念仍在各种意义上使用。

本末论 theory of fundamental and incidental 中国历史上思想家关于如何看待农工商各业之间相互关系的经济理论。先秦思想家以农为“本”，以奢侈品的生产流通为“末”，主张“重本抑末”。韩非把“末”扩大到整个工商业，形成“农本工商末”的完整概念。战国时期，各国都把发展农业放在首位，称为本业，把工商业称为末业，采取抑制民间工商业和商业人口的政策。秦统一中国后，以“上农除末”为国策。西汉初期，奉行“驱民而归之农，皆著于本”的“抑末”政策，重农思想得到加强。汉武帝时桑弘羊认为官营工商业是富国的重要途径，提出“开本末之途”。魏晋时傅玄认为商人“可甚贱而其业不可废”，提出“贵本而贱末”的主张。唐代后期，不断出现为民间工商业辩护的观点。宋代为私商自由经营的呼声更高。李觏主张“一切通商”、“听其自为”。欧阳修提出国家应与“商贾共利”，反对抑商。叶適公开宣称“抑末厚本，非正论也”。元代许衡主张士君子也可以经商。明代李贽认为工商致富是符合天道的。明清之际黄宗羲抨击世儒“以工商为末，妄议抑之”，提出工商“皆本”。清初颜李学派强调“本宜重，末亦不可轻”。鸦片战争后，重本抑末思想愈来愈不适应社会发展的形势，出现“恃商为国本”、“定为工国”、“以商立国”等发展资本主义工商业的要求。进入20世纪以来，本末论已难以表达现代经济活动的内涵，随着西方经济学理论概念的传入，“本末”观念逐渐退出了思想界。

本能 instinct 某一动物种群各成员都具有的典型的、刻板的、受到一组特殊刺激便会按一种固定模式行动的行为模式。它是由遗传固定下来的，是在个体发育过程中随着成熟和适当的刺激经验而逐一出现的。像鸟筑巢、蜂酿蜜、鸡孵蛋等觅食、自卫和生殖行动，都是特定物种所具有的先天的本能行为。

本尼迪克特 Benedict, Ruth Fulton（1887-06-05～1948-09-17） 美国人类学家，文化心理学派代表人物之一。生于纽约，卒于纽约。1909年毕业于瓦萨尔学院，获文学学士学位。1919年入哥伦比亚大学，师从F.博厄斯学习人类学；1923年获博士学位并留校任教，历任讲师、副教授、教授，1936～1939年任人类学系代理主任。本尼迪克特长期在北美印第安人部落中从事实地调查，对原始宗教、神话和民间传说等都进行过专题研究。她把心理分析的观点引入人类学的文化研究中，与M.米德等人创立了博厄斯学派中的一个支派，即文化心理学派（又称民族心理学派或文化与人格学派）。她反对种族主义，但认为不同民族存在文化模式差异并有优劣之分；人类学家进行文化比较研究，有助于增进有文化差异的民族间的彼此了解。成名作《文化模式》和《种族：科学与政治》反映了上述思想。著作《菊花与刀——日本文化的诸模式》，则创造性地把文化人类学的研究领域拓展到对现代社会的民族性（国民性）研究。著作还有《科契提印第安人的故事》、《祖尼印第安人的神话学》等。

本涅特 Bennett, Arnold（1867-05-27～1931-03-27） 英国作家。生于斯塔福德，卒于伦敦。童年时生活穷苦。曾做过律师事

务所书记员和杂志编辑。后专事写作。第一部小说《北方来的人》(1898)带有自传性质。1902～1913年侨居巴黎,开始发表一系列以家乡五座工业城镇里中产阶级的日常生活为题材的小说。“五镇”小说的第一部是《五镇的安娜》(1902)。《老妇人的故事》(1908)描写伯斯里镇布店老板的两个女儿从朝气蓬勃的姑娘变成平庸的老妪,反映了19世纪后半叶英国工业城镇里中产阶级的生活。《克莱汉格》三部曲描写“五镇”印刷厂老板埃德温·克莱汉格的一生。其他主要作品还有《怪人》(1911)及其续篇《摄政者》(1913)、《赖斯曼阶梯》(1923),以“五镇”生活为题材的短篇小说集《五镇的故事》(1905)、《五镇的斗牛士》(1912)及不少剧本。本涅特善于在平淡无奇中揭示生活中的诗意。

本票 promissory note 出票人签发的,承诺自己在见票时无条件支付确定金额给收款人或持票人的**票据**。本票是由出票人约定自己付款的一种自付证券,在其完成出票行为之后即承担了到期无条件支付票据金额的责任,不需要在到期前进行承兑,故不存在独立的付款人。其基本当事人有两个:出票人和收款人。在中国,本票仅限于**银行本票**,且为记名式本票和即期本票。银行本票是银行签发的,承诺自己在见票时无条件支付确定金额给收款人或持票人的票据。出票人在票据上必须记载的内容有:①表明“本票”字样。②无条件支付的承诺。③确定的金额。④收款人名称。⑤出票日期。⑥出票人签章。⑦付款地。⑧出票地。银行本票也可背书转让。

本生 Bunsen, Robert Wilhelm (1811-03-31～1899-08-16) 德国化学家。生于格丁根,卒于海德堡。1830年获格丁根大学哲学博士学位。随后到德、法、奥地利、瑞士等国作科学研究旅行3年。后在格丁根、

马尔堡和布雷斯劳等地的大学任教。1852年任海德堡大学教授,直到1899年退休。1842年当选为伦敦化学会会员。1853年当选为法国科学院院士。1858年当选为英国皇家学会会员。本生的重大科研成就有:1841年发明锌-碳电池,后称本生电池。1853年发明本生灯,一直沿用至今。1855年发明吸收比色计。1859年他与G.R.基尔霍夫一起发明分光镜,创立光谱分析法。本生提出每一种化学元素都具有其特征光谱线;证实了太阳上有许多地球上常见的元素,由此说明其他天体和地球在化学组成上的同一性。他和基尔霍夫借助于光谱分析,发现两个新元素铯(1860)和铷(1861)。他1860年获科普利奖章,1877年获戴维奖章,1898年获英国工艺协会的艾伯特奖章。著有《气体测量方法》、《光谱化学分析》(与基尔霍夫合著)等。

本体论 ontology 西方哲学术语,指关于存在及其本质和规律的学说。德国经院学者R.郭克兰纽在其著作中第一次使用了“本体论”一词,将其解释为**形而上学**的同义语。

在古希腊罗马哲学中,本体论的研究主要是探究世界的本原或基质。各派哲学家力图把世界的存在归结为某种物质的、精神的实体或某个抽象原则。在西方近代哲学中,R.**笛卡尔**、G.W.**莱布尼茨**、C.沃尔夫等试图通过纯粹抽象的途径建立一套完整的、关于一般存在和世界本质的形而上学,即独立的本体论体系。I.**康德**主张经过理性批判建立科学的本体论。G.W.F.**黑格尔**从纯存在的概念出发构造了存在自身辩证发展的逻辑体系。在现代西方哲学中,一些流派,如**实证主义**、**分析哲学**等,反对任何“形而上学”和本体论,提出“拒斥形而上学”口号。但也有些人试图重新建立关于存在学说的本体论,如E.**胡塞尔**的“先验的本体论”,M.**海德格尔**的“基本本体论”,N.**哈特曼**的“批判本体论”等。

在中国古代哲学中,本体论叫作“本根论”。指探究天地万物产生、存在、发展变化的根本原因和根本依据的学说。中国古代哲学家认为天地万物的本根可分为3类:①没有固定形体的物质,如“气”;②抽象的概念或原则,如“道”、“无”、“理”;③主观精神,如“心”。

马克思主义经典作家没有使用过这一术语,而是用**世界观**一词来指称对宇宙的整体研究。当代中国哲学家在世界观意义下使用本体论一词,并于20世纪80～90年代开展过关于本体论的讨论。

本土方法论 ethnomethodology 由美国社会学家H.加芬克尔所创建的、20世纪60年代发展起来的微观社会学学派。又译日常生活方法论、民族学方法论、民俗学方法论等。加芬克尔的理论借鉴了美国社会学家G.H.**米德**的角色理论和德国哲学家E.胡塞尔的现象学,并大量吸收了A.**舒茨**的**现象学社会学**和英国日常语言哲学的思想观点。加芬克尔的基本假定是:社会是具体的而不是抽象的,社会仅仅在它的成员觉察到它存在时才存在,因此必须对社会成员在建构和解释他们所处的社会时所使用的方法进行详细考察。在现实生活中,社会成员依据一定的规则和程序来组织社会活动,并使活动具有共同的意义。这套规则和程序就称为本土方法,又称民俗方法或民族方法。本土方法论常被视为一种现象学研究。本土方法论的研究对象是个人,它运用极为精细的实证方法,着重分析人们行为的微观方面,力图发现和描述人们在日常生活中做出行为、响应行为和改变行为的规则。

本土方法论的基本概念有:①考虑。又称计算或算计。人们对外部世界作出解释的过程,是每一个人依其行为情景所赋予意义的能力。本土方法论者极为注重分析个人的考虑以及这些考虑的提出和被接受的方式,专注于对人们之间的会话的研究。②指示性。又称索引性。指一切考虑都对应于特定行为情境,如地点、时间、当事人、行为意图、相互了解等。③省略原则。人们在交往中允许不清楚的信息存在,待以后弄清,而不会力图问清一切情况,使交往无法继续。④文件方式。人们在交往中往往寻找不明言的、潜在的含意以理解相互的行为,决不是孤立地去对待每一件事。⑤自然语言。人们在交谈中往往轮流对话而不使会话中断的基本结构。

本土方法论的最大特点是反对社会学的主流思想,特别是实证主义学派。它对É.涂尔干的“社会事实的客观实体论”和功能学派的“社会事实既存论”进行了批判。

本土方法论强调个人间的微观互动过程,强调对行为者主观意图的理解,并把这种原则应用于经验研究,从而在方法论上发展和充实了M.**韦伯**的理解的社会学。20世纪70年代以来,本土方法论作为一种新的学派已逐渐被社会学界所接受。由于否定客观社会事实和普遍规律,在以研究社会结构和社会变迁为宗旨的大多数主流派社会学家看来,它不仅是不足取的,甚至是难以置信的。

本我 id S.**弗洛伊德**的精神分析理论中的概念。又称伊底。本我指**无意识**中最难接近而又极原始的、与生俱来的部分,又是人格的最原始系统和一切精神能量的源泉,并给自我和超我以能量。本我遵循的是快乐原则,要求毫无掩饰与约束地寻求基本生物需要的直接满足。如果受到阻抑或迟误,就会出现烦扰和**焦虑**,而本我并没有减弱或消失,相反,获得快感和满足欲望的要求变得更为迫切和强烈了。因此在本

我的推动下，对于一切困难、痛苦和挫折都会不惜一切代价地去克服。由于婴儿缺乏延迟、控制或改变内驱力的能力，也不能区别**本能**的刺激是现实的还是幻想的，只求直接与立即满足，故婴儿的人格完全属于本我部分。梦境和精神病患者的思维也有本我的特点。

本溪市 Benxi City 中国辽宁省辖地级市。位于省境东部，太子河谷地。辖平山、溪湖、明山、南芬4区和本溪满族自治县、

关门山

桓仁满族自治县。面积8 435平方千米。人口171万（2010），有汉、满、回、朝鲜、蒙古等26个民族。汉以后属辽东郡、玄都管辖，唐属安东都护府，辽金属辽阳县。清光绪三十二年（1906）设本溪县，因境内有本溪湖而得名。1945年设本溪市。属温带湿润大陆性季风气候。矿产有煤、铁、铜、铅、石灰岩、石膏、滑石、硅石、耐火黏土、花岗岩、大理石等，盛产镁矿石、无烟煤和炼焦煤。农作物盛产水稻、玉米、高粱等。森林覆盖率56.9%，为辽宁省主要林区。盛产人参、猕猴桃、刺嫩芽等。工业以钢铁、煤炭、水泥、机械、化工、纺织、医药、电子等为主，是中国著名煤铁之城。名胜古迹有本溪湖、本溪水洞、九顶铁刹山、关门山，以及庙后山遗址。

本星系群 local group of galaxies 距离**银河系**中心大约100万**秒差距**范围内由引力束缚在一起的**星系**的总称。1936年E.P.**哈勃**首先在《星云世界》一书中把**银河系**及其邻近的大麦哲伦云、小麦哲伦云、仙女星系、M32、NGC-205、M33、NGC-6822和IC-1613八个星系称为本星系群。到1997年为止，已发现（包括待证实）的本星系群成员达35个。按哈勃形态分类，银河系、M31和M33为旋涡星系，M32为椭圆星系，其余为矮椭圆星系、矮椭球星系和不规则星系。银河系和**仙女星系**是本星系群中两个最大的成员。各率一批星系形成两个次群结构。本星系群的V波段总光度为$4.2\times10^{10}L_{\odot}$。总质量为$2.3\times10^{12}M_{\odot}$。质光比为44倍太阳单位。

本原 arche 世界的来源和存在的根据。希腊文原意是开始，又译为始基。古希腊**米利都学派**首先提出并探讨了世界的本原问题，开创了哲学**本体论**的研究。古希腊唯物主义者分别提出水、火、无限者、气、原子等是世界的本原，唯心主义者则把数、存在、理念等作为世界的本原。古希腊哲学由这一范畴出发，提出了世界统一性问题，并演变出本体、本质等范畴。本原一词为后世西方哲学家沿用，和哲学的基本问题相联系。主张世界只有一种本原的被称为**一元论**，主张世界有物质和意识两种互不依赖、彼此独立的本原的称为**二元论**。在一元论中，认为世界的本原是物质的是唯物主义一元论；认为世界的本原是精神的是唯心主义一元论。

本泽 Benzer, Seymour（1921-10-15～2007-11-30） 美国遗传学家。分子遗传学和行为遗传学两个分支学科的创始人之一。生于纽约，卒于加利福尼亚帕萨迪纳。长期任

加州理工学院教授。20世纪50年代，他在大肠杆菌噬菌体T4中进行基因精细结构分析，提出顺反子一词，用来指遗传物质的功能单位。这一名词以后被普遍采用作为**基因**的同义词。他在无义突变和无义突变的抑制基因方面也做过不少研究。60年代后期，本泽用果蝇进行行为遗传学研究，首先通过诱变剂的处理在果蝇中得到视觉、飞翔、日周期节律等发生缺陷或异常的单基因突变型，并利用这些突变型来进行行为遗传学和神经生物学研究。

本质与现象 essence and phenomenon 揭示客观事物的外部表现和内部联系及其相互关系的一对范畴。本质是事物的根本性质，是组成事物各基本要素的内在联系。现象是事物的表面特征以及这些特征的外部联系。现象有真象和**假象**之分。真象是正面地直接地表现本质的现象，假象则是从反面歪曲地、颠倒地表现本质的现象。

唯物辩证法认为，一切事物都是本质和现象的辩证统一体。与此相反，唯心主义和形而上学或否认本质和现象的客观性，或否认其对立统一关系。主观唯心主义者G.**贝克莱**认为，世界上的一切事物都是“感觉的复合”或“观念的集合”，本质只是一种“虚无”，从根本上否定了现象和本质的客观性。I.**康德**承认事物本质的存在，但他把本质看作是处于“彼岸”的“自在之物”，否认人类认识事物本质的可能性。现代西方哲学的**实用主义**把世界上的一切都归结为经验，否认反映事物本质的客观真理的存在，把真理仅仅看作是某种作业假设，用观念的价值性代替观念的真理性。**新实在论**把本质和共相看作同个别事物一样是独立存在的东西。他们把世界的本质主观化，认为宇宙的基本要素是最简单的逻辑项。存在主义者J.-P.**萨特**把存在分为两类，认为自然界的存在是一个巨大的虚无，只有人的主观意识才是真实的。

本质和现象是辩证统一的关系。本质和现象是对立的。主要区别是：本质深藏于事物的内部，只有通过人的抽象思维才能把握；现象是外露于事物的表面，它可以为人们的感官所感知。本质则是同类事物中一般的、共同的东西；现象是事物的个别的、片面的东西。本质是相对稳定的；现象是多变易逝的。本质比现象单纯、深刻；现象则比本质生动、丰富。同时，本质与现象又是统一的。任何本质都通过现象表现出来，任何现象都从一定的方面表现本质。现象和本质的对立说明科学研究的必要性，现象和本质的统一决定了科学研究的可能性，科学的任务就是通过现象去认识本质。

本州岛 Honshu 日本第一大岛。其名意为日本原本之上地。西邻日本海，东濒太平洋，东北隔津轻海峡与北海道岛相对，西南隔关门海峡、周防滩同九州岛为邻，南濒濑户内海与四国岛相望。呈东北—西南向长弧形。面积227 414平方千米，连同附近1 540多个属岛在内面积共231 123平方千米，约占全国面积的68%；人口10 996万，约占全国人口的80%。全国3/4的县分布于此，被视为日本的“大陆”。境内大部分为山地，多火山、地震。全国近30座海拔2 500米以上的山峰分布于中部，为本州屋脊。全国第一高峰**富士山**（3 776米）即位于此。中部丝鱼川-静冈构造带将日本分为东北、西南两部分。出羽山地、**奥羽山脉**和北上高地纵贯东北部，间有盆地与平原。中国山脉和纪伊山脉横亘西南，为本州岛太平洋斜面与日本海的分水岭。平原狭小，以关东、浓尾、大阪平原较大，主要分布在太平洋沿岸。大部分为温带海洋性季风气候，北部属寒温带气候。年平均

富士山远眺

气温10～18℃，1月0～8℃，8月23～28℃。初夏有梅雨，秋多热带风暴和台风。河网稠密，河流短小，较大者有利根川、信浓川等。森林约占全岛3/4。仅有少量的铜、硫磺和石油等矿藏。为日本产业、人口和城市最为密集和重要的地区。占全国GDP的90%左右。(东)京(横)滨、(大)阪神(户)和濑户内海三大工业带聚集于本岛的太平洋沿岸地带。其中关东和近畿为日本重要经济地区。农业中稻米产量约占全国80%。城市近郊的乳酪、花卉、蔬菜等产业发达，茶、桑蚕与果树栽培均居全国前列。近海水产养殖和远洋渔业发达。人口百万以上的城市有**东京**、**横滨**、**大阪**、**名古屋**、**神户**、**京都**、**川崎**、**广岛**等，邻近城市间已形成连绵的城市群和城市带。

苯 benzene 最简单的**芳烃**，分子式C_6H_6。

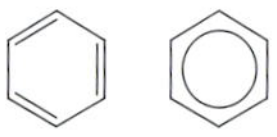

a　　b

为有机化学工业的基本原料之一。1865年，F.A.**凯库勒**提出了苯的环状结构式a，沿用至今。根据量子化学的描述，苯分子中的6个π电子作为一个整体，分布在环平面的上方和下方，因此后来亦用b式表示苯的结构。

苯为无色、易燃、有特殊气味的液体。熔点5.5℃，沸点80.1℃，相对密度0.876 5(20/4℃)。在水中的溶解度很小，能与乙醇、乙醚、二硫化碳等有机溶剂混溶。能与水生成恒沸混合物，沸点为69.25℃，含苯91.2%。因此，在有水生成的反应中常加苯蒸馏，以将水带出。苯在燃烧时产生浓烟。

苯能够起**取代反应**、**加成反应**和氧化反应，生成一系列非常有用的化工产品。苯用硝酸和硫酸的混合物硝化，生成**硝基苯**，硝基苯还原生成重要的染料中间体**苯胺**；苯用硫酸磺化，生成苯磺酸，可用来合成**苯酚**；苯在三氯化铁存在下与氯作用，生成氯苯C_6H_5Cl，它是重要的中间体；苯在无水三氯化铝等催化剂存在下与乙烯、丙烯或长链烯烃作用生成乙苯、**异丙苯**或烷基苯，乙苯是合成苯乙烯的原料，异丙苯是合成苯酚和丙酮的原料，烷基苯是合成去污剂的原料。苯催化加氢生成**环己烷**，它是合成耐纶的原料；苯在光照下加三分子氯，可得杀虫剂六六六。苯在工业上由炼制石油所产生的石脑油馏分经催化重整制得，或从炼焦所得焦炉气中回收。苯蒸气有毒，急性中毒在严重情况下能引起抽筋，甚至失去知觉；慢性中毒能损害造血功能。因此，各国对于苯作为溶剂使用都已有严格控制。

苯胺 aniline 苯分子中的一个氢原子为氨

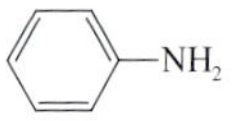

基取代而生成的**胺**，分子式$C_6H_5NH_2$。是最简单的一级芳香胺。无色油状液体；熔点-6.3℃，沸点184℃，相对密度1.021 73(20/4℃)，加热至370℃分解。稍溶于水，易溶于乙醇、乙醚等有机溶剂。暴露于空气中或日光下变为棕色。可用水蒸气蒸馏，蒸馏时加入少量锌粉以防氧化。提纯后的苯胺可加入0.001 0%～0.001 5%的$NaBH_4$，以防氧化变质。苯胺呈碱性，与酸易生成盐。其氨基上的氢原子可被烃基或酰基取代，生成二级或三级苯胺及酰基苯胺。当苯胺进行**取代反应**时，主要生成邻、对位取代产物。苯胺与亚硝酸反应生成重氮盐，由此盐可制成一系列苯的衍生物和**偶氮化合物**。工业上主要采用两种方法生产苯胺：①由硝基苯经活性铜催化氢化制备。②氯苯和氨在高温和氧化铜催化剂存在下反应得到。苯胺是重要的化工原料，主要用于医药和橡胶硫化促进剂，也是制造树脂和涂料的原料。苯胺对血液和神经的毒性非常强烈，可经皮肤吸收或经呼吸道引起中毒。

苯丙酮酸尿症 phenylketonuria; PKU 苯丙氨酸羟化酶基因缺陷引起的遗传性氨基酸代谢障碍性疾病。常染色体隐性遗传。临床特征是严重的智力发育障碍(白痴)及尿中有过量苯丙酮酸排出。对多数病例单纯控制饮食中苯丙氨酸的摄入，即可成功地防止脑损害。

发病机理　升高的苯丙氨酸(PA)与其他氨基酸在进入神经细胞时竞争转运系统，致神经细胞内氨基酸不平衡，从而抑制蛋白质合成及神经突触的形成，影响微管(纺锤丝的基本成分)的形成，造成大脑的不可逆损害。

分型及临床表现　苯丙酮酸尿症患者的血液中苯丙氨酸增高。高苯丙氨酸血症分5型。经典PKU是Ⅰ型，此型病人出生时很少有症状，生后第一年的早期患儿身上可有类似鼠尿的霉臭味。患儿毛发、虹膜及皮肤色素很淡。以上症状多不为双亲注意。一年以后出现明显的智力障碍、痴呆、不会走路及说话、多动、癫痫样发作、易激惹或有攻击行为。此外，还可出现多汗、流涎、震颤、小头畸形、牙釉质发育不良、生长速度减慢等。此型病人苯丙氨酸羟化酶几乎全无活性。Ⅱ、Ⅲ型病人尿中无苯丙酮酸，轻者无症状而重者似Ⅰ型。此二型的特点是苯丙氨酸食物耐量正常，并以此区别于典型的PKU。Ⅳ、Ⅴ型病例出生不久，即有吞咽困难，因而很难喂养，半年内生长明显迟钝、肌肉痉挛、多涎，一年内发生癫痫。其病因为苯丙氨酸羟化酶的天然辅因子再生系统有缺陷，二氢蝶啶还原酶缺乏，不仅苯丙氨酸羟化障碍，脑内5-羟色胺及左旋多巴形成也受严重影响，故神经系统合并症严重。

诊断　出现典型症状后诊断不难，但已为时过晚。为及时作出诊断，应对所有新生儿做高苯丙氨酸血症的筛选，且应在婴儿能摄入蛋白质(哺乳)后进行。PKU与其他类型高苯丙氨酸血症的鉴别靠苯丙氨酸食物耐量试验。辅因子缺陷型病例的诊断需更特异的方法。基因诊断技术的进步使本病在胎儿期的诊断成为可能。

治疗　主要是饮食疗法，限制饮食中苯丙氨酸的摄入，给予特制的低PA食品。

苯并芘 benzopyrene 含5个环的稠环**芳**

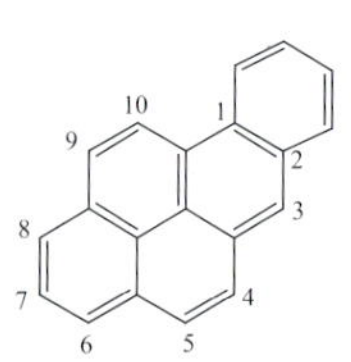

1,2-苯并芘

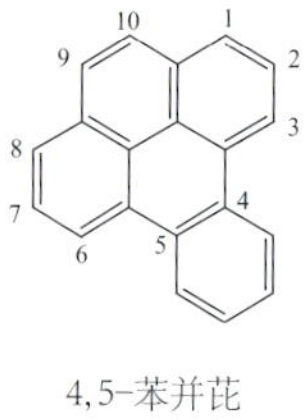

4,5-苯并芘

烃，分子式$C_{20}H_{12}$。1,2-苯并芘〔苯并(a)芘〕最初由煤焦油中分离出来，为深黄色晶体，熔点179～179.3℃。煤、石油、褐煤、页岩等燃烧或蒸馏时，都能产生1,2-苯并芘，被煤烟污染的空气和吸烟产生的烟雾中都可以检查出1,2-苯并芘。1,2-苯并芘有强烈的致癌作用。4,5-苯并芘〔苯并(c)芘〕是1,2-苯并芘的同分异构体，它没有致癌作用。

苯酚 phenol 苯分子中的一个氢原子被羟基

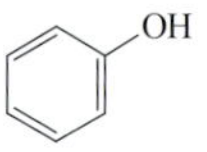

取代的一元**酚**，分子式C_6H_5OH。简称酚。因从煤焦油中发现，故又称石炭酸。无色固体，有刺鼻性气味；熔点43℃，沸点181.7℃，相对密度1.057 6(20/4℃)；含少量水时室温即为液体，经光照容易变为粉红直至深棕色。易溶于乙醇、乙醚、氯仿、甘油、二硫化碳等。有弱酸性，电离常数pK_a约为

9.94。苯酚与氢氧化钠水溶液作用生成酚盐。水溶液与三氯化铁作用呈紫色。与**醛类**缩合生成**酚醛树脂**，硝化生成苦味酸，用二氧化碳羧基化生成**水杨酸**。工业上主要由异丙苯制得，将异丙苯氧化成过氧化氢异丙苯，然后在酸性介质中分解成苯酚和丙酮。苯酚主要用于制造酚醛树脂、**双酚A**及**己内酰胺**。由苯酚生产的卤代酚（从一氯苯酚到五氯苯酚）可用于生产除草剂；五氯苯酚是木材防腐剂；其他卤代酚衍生物可作为杀螨剂、皮革防腐剂和杀菌剂。由苯酚制得的烷基苯酚是制备烷基酚－甲醛类聚合物的单体，并可作为抗氧剂、非离子表面活性剂、增塑剂、石油产品添加剂。苯酚也是很多医药（如阿司匹林及磺胺药等）、合成香料、染料的原料。苯酚的稀水溶液可直接用作防腐剂和消毒剂。苯酚有毒，要防止触及皮肤。

苯甲醇 benzyl alcohol 最简单的芳香醇，

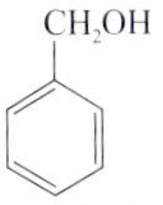

分子式$C_6H_5CH_2OH$。可看作是苯基取代的**甲醇**。又称苄醇。在自然界中多数以酯的形式存在于香精油中，例如茉莉花油、风信子油和妥鲁香脂中都含有此成分。无色黏稠液体；熔点－15.3℃，沸点205.3℃，相对密度1.041 9（24/4℃）。有微弱很香的气味，在香料工业中常用作稀释剂。易溶于乙醇、乙醚等有机溶剂，能溶于水。25毫升水中约可溶1克苯甲醇。苯甲醇是很活泼的醇，与氢卤酸、卤化磷反应生成卤化苄，该产物和苯甲醇都是苯甲基化试剂，能与苯反应生成二苯甲烷。此外，苯甲醇也容易被多种氧化剂氧化成苯甲酸，如果用硝酸氧化，随浓度和温度不同，可生成醛或酸。工业上用多种方法生产苯甲醇。布兰法是将干燥的氯化氢气通入苯、三聚甲醛和氯化锌的混合液中，也可用甲苯蒸气与氯气在光照下反应，先生成氯化苄，然后水解制得苯甲醇。苯甲醇可用于制作香料和调味剂（多数为脂肪酸酯），还可用作明胶、虫胶、酪蛋白及醋酸纤维等的溶剂。

苯甲醚 anisole 最简单的芳香醚，分子

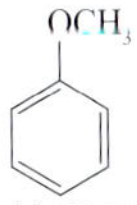

式$C_6H_5OCH_3$。俗称茴香醚。无色液体，具有香味；熔点－37.5℃，沸点155℃，相对密度0.996 1（20/4℃）。溶于乙醇、乙醚，不溶于水。苯甲醚容易发生芳核上的亲电取代反应，与氯化磷反应主要得对氯苯甲醚及少量邻氯产物；与硫酰氯反应得2,4,6－三氯苯甲醚。此外，苯甲醚与氢溴酸或氢碘酸一起加热，发生碳－氧键断裂，生成**苯酚**和卤代甲烷，这是测定苯环上甲氧基的重要方法。苯甲醚最初是从蒸馏水杨酸甲酯或甲氧基苯甲酸得到，后主要用甲基化试剂硫酸二甲酯在碱性水溶液中与苯酚反应制得。可用作有机合成原料，如合成树脂、香料等。

苯甲醛 benzaldehyde 醛基直接与苯基相

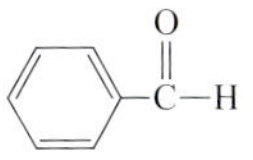

连接而生成的**醛**，分子式C_6H_5CHO。广泛存在于植物界，特别是在蔷薇科植物中，主要以苷的形式存在于植物的茎皮、叶或种子中，例如苦杏仁中的苦杏仁苷。在多种植物的精油中含有少量游离的苯甲醛。无色液体，具有类似苦杏仁的香味，曾称苦杏仁油。熔点－26℃，沸点178℃，相对密度1.041 5（10/4℃）。能与乙醇、乙醚、氯仿等混溶，微溶于水。苯甲醛的化学性质与脂肪醛类似，但也有不同。苯甲醛不能还原费林试剂。在氰化钾存在下，2分子苯甲醛通过授受氢原子生成安息香（2－羟基－2－苯基苯乙酮）。该反应及类似的反应称为安息香缩合反应。苯甲醛还可进行芳核上的亲电**取代反应**，主要生成间位取代产物。苯甲醛在工业中主要由甲苯在催化剂（五氧化二钒、三氧化钨或三氧化钼）作用下以空气或氧进行气相氧化；或者在光照下将甲苯氯化成氯化苄，然后再水解、氧化；也可氯化成二氯甲基苯再水解。工业中也有以苯为原料，在加压和三氯化铝作用下与一氧化碳和氯化氢反应制取。苯甲醛是医药、染料、香料和树脂工业的重要原料，还可用作溶剂、增塑剂和低温润滑剂等。

苯甲酸 benzoic acid 羧基直接与苯环碳

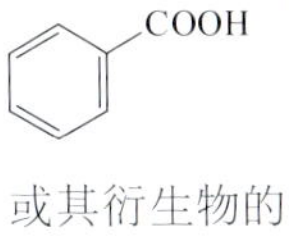

原子相连的最简单的芳香**羧酸**，分子式C_6H_5COOH。又称安息香酸。以游离酸、酯或其衍生物的形式广泛存在于自然界。例如，在安息香胶内以游离酸和苄酯的形式存在；在一些植物的叶和茎皮中以游离的形式存在；在香精油中以甲酯或苄酯的形式存在；在马尿中以其衍生物马尿酸的形式存在。苯甲酸为无色、无味片状晶体；熔点122.13℃，沸点249℃，相对密度1.265 9（15/4℃）；在100℃时迅速升华，它的蒸气有很强的刺激性，吸入后易引起咳嗽；微溶于水，易溶于乙醇、乙醚等有机溶剂。苯甲酸是酸性比**脂肪酸**强的弱酸。它们的化学性质相似，都能形成盐、酯、酰卤、酰胺、酸酐等，都不易被氧化。苯甲酸的苯环上可发生亲电**取代反应**，主要得到间位取代产物。工业上苯甲酸是在钴、锰等催化剂存在下用空气氧化甲苯制得；或由邻苯二甲酸酐水解脱羧制得。苯甲酸及其钠盐可用作乳胶、牙膏、果酱或其他食品的抑菌剂，也可作染色和印色的媒染剂，苯甲酸与α－二醇形成的酯是聚氯乙烯、聚乙酸乙烯酯的增塑剂。

苯甲酰氯 benzoyl chloride **苯甲酸**中的羟基被氯原子取代而生成的**酰卤**，分子式

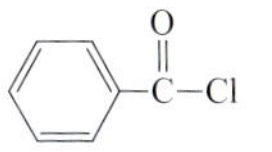

C_6H_5COCl。无色液体，有刺激性气味；沸点197.2℃，相对密度1.212 0（20/4℃）。蒸气具有催泪性。溶于乙醚、氯仿和苯。遇水或乙醇逐渐分解，生成苯甲酸或苯甲酸乙酯和氯化氢。苯甲酰氯可由α,α,α－三氯甲苯部分水解制得，也可由苯甲醛直接氯化制得。实验室中可由苯甲酸与五氯化磷反应制得。主要用于制造过氧化苯甲酰（重要的自由基引发剂），也用于制造苯甲酸酐。苯甲酰氯是苯甲酰化试剂，广泛用于有机合成。

苯醌 benzoquinone 最简单的**醌**，分子式

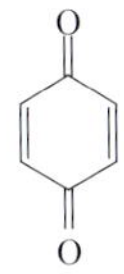

对苯醌

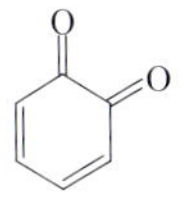

邻苯醌

$C_6H_4O_2$。有邻苯醌和对苯醌两种，间苯醌不存在。对苯醌较重要，苯醌通常指对苯醌。对苯醌为金黄色棱晶；熔点115～117℃，密度1.318克/厘米^3（20℃）；能升华并能随水汽蒸馏；溶于热水、乙醇和乙醚中。邻苯醌为红色片状或棱晶；在60～70℃分解；溶于乙醚、丙酮和苯。苯醌因其具有回复成苯环结构的强烈趋势，具氧化作用，甚至能从碘化钾的酸性溶液中夺取碘，而本身被还原成**对苯二酚**。对苯醌可由氯酸钠和硫酸氧化对苯二酚制备，工业上可由**苯胺**或**苯酚**氧化制得，苯直接电解氧化也可制得苯醌。邻苯醌可由氧化银来氧化**邻苯二酚**制得。苯醌是有机合成工业的原料，其还原产物对苯二酚是还原剂，常用作底片的显影剂和**聚合**反应的阻聚剂。苯醌的蒸气对眼角膜和黏膜有刺激作用，长期接触高浓度的苯醌蒸气可对眼有伤害。

苯乙酮 acetophenone 最简单的芳香酮，

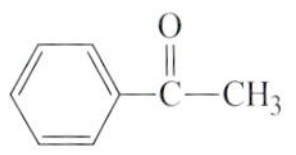

分子式$C_6H_5COCH_3$。以游离状态存在于一些植物的香精油中。无色低熔点晶体；熔点20.5℃，沸点202.6℃，相对密度1.028 1（20/4℃）。苯乙酮能发生**羰基**的**加成反应**、α活泼氢的反应，还可发生苯环上的亲电**取代反应**，主要生成间位产物。苯乙酮可在三氯化铝催化下由苯与乙酰氯、乙酸酐或乙酸反应制取。另外，由乙苯催化氧化为苯乙烯时，苯乙酮为副产物。苯乙酮主要用作制药及其他有机合成的原料，也用于配制香料。

苯乙烯 styrene 分子式$C_6H_5CH{=}CH_2$，**芳**

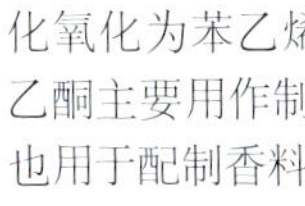

烃。存在于苏合香脂（一种天然香料）中。无色、有特殊香气的液体。熔点－30.6℃，沸点145.2℃，相对密度0.906 0（20/4℃）。不溶于水，能与乙醇、乙醚等有机溶剂混溶。苯乙烯在室温下即能缓慢聚合，要加阻聚

剂（如邻苯二酚）才能贮存。苯乙烯自聚生成**聚苯乙烯**树脂，它还能与其他的不饱和化合物共聚，生成合成橡胶和树脂等多种产物。例如，丁苯橡胶是丁二烯和苯乙烯的共聚物；ABS树脂是丙烯腈（A）、丁二烯（B）和苯乙烯（S）的共聚物；离子交换树脂的原料是苯乙烯和少量1,4-二（乙烯基）苯的共聚物。苯乙烯还可以发生烯烃所特有的**加成反应**。在工业上，苯乙烯可由乙苯催化去氢制得。

崩塌 collapse 陡峻山坡上岩块、土体在重力作用下，发生突然急剧的倾落运动。多发生在大于60°～70°的斜坡上。崩塌的物质称为崩塌体。崩塌体为土质者，称为土崩；崩塌体为岩质者，称为岩崩；大规模的岩崩，称为山崩。崩塌可以发生在任何地带。崩塌体与坡体的分离界面称为崩塌面，崩塌面往往就是倾角很大的界面，如节理、片理、劈理、层面、破碎带等。崩塌体的运动方式为倾倒、崩落。崩塌体碎块在运动过程中滚动或跳跃，最后在坡脚处形成堆积地貌——崩塌倒石锥。崩塌倒石锥结构松散、杂乱、无层理、多孔隙；由于崩塌所产生的气浪作用，使细小颗粒的运动距离更远一些，因而在水平方向上有一定的分选性。

泵 pump 将原动机的机械能传递给被输送的液体，使液体能量（动能、势能或压力能）增加的机械。主要用来输送各类液体，包括水、油、酸碱液、乳化液、悬乳液等。还可输送气液混合物、固液两相流体以及气液固三相流体，如输送灰浆、矿浆、含天然气及沙的稠油。有些泵可以用来产生高压或超高压，用于水力除锈、除垢、除焦、清洗和切割。

简史 古埃及的链泵、中国的桔槔、**辘轳**和水车、阿基米德的提水螺旋杆，古希腊工匠克特西比乌斯的灭火泵都是最原始的泵。1840～1850年，美国H.R.沃辛顿发明泵缸和蒸汽缸对置的蒸汽直接作用的活塞泵，标志着现代活塞泵的形成。1851～1875年，相继发明带有导叶的多级离心泵，使发展高扬程离心泵成为可能。20世纪20年代，出现了转速较高的离心泵和回转泵。高速化和无泄漏是泵未来发展的方向。

引滦入津工程的大型泵站

分类 通常按工作原理分有容积式泵、动力式泵和其他类型泵（见表）。按驱动方式分有电动泵和气动泵，按结构分有单级泵和多级泵，按用途分有清洗泵、给水泵和计量泵，按输送液体的性质分有水泵、油泵和泥浆泵等。

泵的分类

容积式泵	往复泵	活塞泵、柱塞泵、隔膜泵
	回转泵	齿轮泵、滑片泵、螺杆泵、液环泵、挠性叶轮泵、旋转活塞泵、径向回转柱塞泵、轴向回转柱塞泵
动力式泵	离心泵、轴流泵、旋涡泵	
其他类型泵	射流泵、水锤泵、电磁泵、气体升液泵	

①容积式泵。通常泵的吸入侧与排出侧严密隔开。工作元件（柱、活塞与转子）在泵缸内作往复或回转运动。工作元件作往复运动的容积式泵称为往复泵，作回转运动的称为回转泵。

②动力式泵。靠快速旋转的叶轮对液体的动力作用将机械能传递给液体使其动能（速度能为主）和压力能增加，再通过压出室将大部分动能转换为压力能而实现输送。离心泵是最常见的动力式泵。

③其他类型泵。以另外的方式传递能量的一类泵。如射流泵、电磁泵和气体升液泵。

性能参数 主要有流量、扬程、轴功率、转速和必需气蚀余量。流量是单位时间内通过泵出口输出的液体量，一般采用体积流量。**扬程**是单位重量输送液体从泵入口至出口所获得的能量增量。

蚌埠市 Bengbu City 中国安徽省辖地级市。位于省境东北部，东邻江苏省，地处淮河流域。辖蚌山、龙子湖、禹会、淮上4区和**怀远县**、固镇县、五河县。面积5 945平方千米，人口316万（2010），有汉、回、蒙古、苗、白、壮、满、朝鲜、彝、藏、维吾尔、布依、瑶等民族。明清称蚌步集。1947年设市，1952年定为省辖市。地势南高北低。属暖温带半湿润季风气候。河流有**淮河**、天河等。主要农作物有水稻、小麦、大豆、山芋、玉米、油菜、花生等。工业以纺织为主，并拥有机械、化工、医药、电子、建材等工业。平板玻璃、滤清器、灯芯绒、啤酒、玻璃制品、卷烟等产品产量、质量在国内名列前茅。京沪铁路与淮河在此交会。蚌埠港是淮河第一大港，可四季通航。民航已开通了蚌埠至北京的航班。名胜古迹有钓鱼台、龙子湖风景区、汤和墓、龙兴寺、白石山森林公园、禹王宫、白乳泉、卞和洞等。

蹦床 trampolining 体育运动项目之一。在四周连接有框架的网或坚固的帆布上进行空翻、转体等技巧动作。原是体操项目之一，现已成为独立的体育运动项目。由国际蹦床联合会组织比赛。蹦床由美国人G.尼森设计，后逐步发展起来。竞技蹦床在欧洲开展较早，1988年蹦床运动获得**国际奥林匹克委员会**承认。2000年悉尼第27届**奥林匹克运动会**列为正式比赛项目。蹦床运动中的竞技蹦床由8个项目组成：男子网上单人、女子网上单人、男子双人同步、女子双人同步、小蹦床男子单人、小蹦床女子单人、单跳男子单人、单跳女子单人。蹦床在中国早有开展，是作为杂技团的表演项目。但作为竞技运动项目，开展得比较晚。1999年9月中国派出蹦床队参加在南非举行的世界蹦床锦标赛，成绩优异。在2006年9月蹦床世界杯瑞士和德国站比赛上，黄珊汕夺得冠军，这是中国第一个蹦床世界冠军。2005年9月在荷兰举行的第24届世界蹦床锦标赛中，中国运动员一举夺得男子团体、女子团体和男子单跳团

体三项世界冠军。打破了欧洲运动员垄断世界蹦床40余年的历史。在2008年北京第29届奥运会上，中国选手陆春龙获得男子蹦床金牌，何雯娜获得女子蹦床金牌。

《逼上梁山》 *Driven to Join the Liangshan Rebels* 中国京剧剧目。取材于古典小说《水浒传》中林冲的故事，并参照有关宋代宣

和年间的历史资料，以及明传奇《宝剑记》、《灵宝刀》和民国初年杨小楼的《英雄血泪图》（亦名《野猪林》）等戏曲作品编写而成。1943年作于延安，初稿作者杨绍萱，正式演出本又经延安中共中央党校的刘芝明、齐燕铭等集体加工修改。1943年由延安中共中央党校教职学员的业余文艺组织“大众艺术研究社”作首次演出。全剧26场（1944年又改为27场）。嗣后曾被昆曲、秦腔、汉剧、河北梆子、豫剧、评剧、晋剧、婺剧等剧种移植演出。该剧主要描写林冲故事，但并不单纯表现林冲的个人遭遇，而是以林冲故事作线索，广泛联系北宋末年的社会斗争，突出表现了当时广大劳苦群众不堪封建统治者的压迫，纷纷起来聚义造反的现实。《逼上梁山》的演出得到了毛泽东的高度评价。

荸荠 *Eleocharis tuberosa*; water chestnut 莎草科荸荠属的一种。浅水性宿根草本植物。又称马蹄、地栗。中国长江以南各省栽培普遍。广西桂林、浙江余杭、江苏高邮和福建福州为主产地。

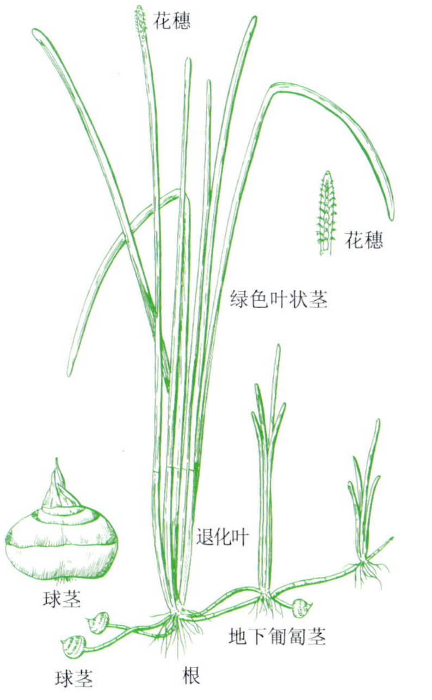

荸荠形态

荸荠用球茎繁殖。萌芽后，先形成短缩茎。叶片退化成膜片状，着生于叶状茎基部及球茎上部。自母株短缩茎向四周抽生匍匐茎，尖端膨大为新的球茎（见图）。

种荠于15℃萌芽，25℃开始分蘖，30℃植株旺盛生长，气温降至20℃以下时球茎形成。分蘖和分株期间保持一定水层并追施氮肥。球茎形成前追施磷肥和钾肥，对提高产量和改进品质有显著效果。

荸荠球茎约含碳水化合物21%，蛋白质1.5%，可生食或熟食。也能加工罐藏或作提取淀粉的原料。中医药学认为有止渴、消食、解热功能。

鼻 nose 呼吸道与外界环境连接的部分。鼻包括外鼻、鼻腔和鼻窦等三部分。外鼻为外部可见的部分，由骨和软骨构成支架，外面为肌肉和皮肤，内部大部覆以黏膜。外鼻下方的两个前鼻孔通入鼻前庭，可发

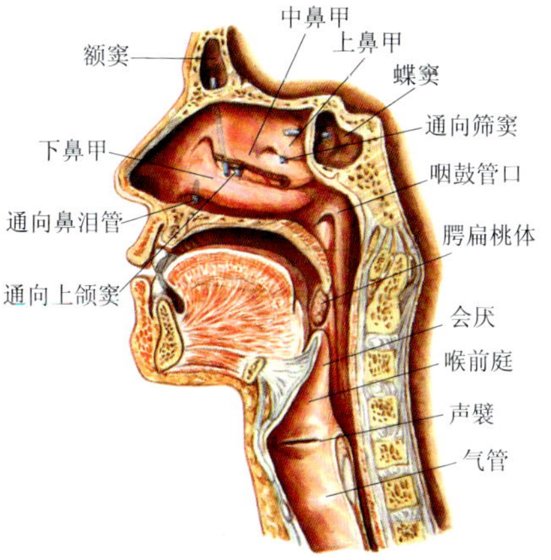

鼻腔结构

生疖肿。这里还长有粗短的鼻毛，具保护作用，可阻挡吸入空气中较大的颗粒物质。鼻腔位于外鼻后方，由鼻中隔分为左右两腔。每侧鼻腔的侧壁上有三个纵长的突起，分别称为上、中、下鼻甲。由横剖面来看，整个鼻腔通道被鼻甲大致区分为几个部分，称为鼻道。鼻窦是鼻周几块颅骨骨质内的空腔，其特点是内覆黏膜并与鼻腔相连，因而经常保持充气状态。在发声共鸣中，鼻窦可能起一定作用。与鼻腔黏膜不同，正常情况下，鼻窦黏膜很少有细菌。人共有4组鼻窦，即上颌窦、额窦、筛窦、蝶窦。鼻具有嗅觉、呼吸和辅助发声等功能。鼻部是致病因子侵入机体的重要入口之一，其保护功能的缺陷常是一些下呼吸道疾病的诱发因素。平时生活在鼻黏膜上的常驻菌，当机体抵抗力下降时，也可能向内侵袭致病。鼻腔感染还可经鼻咽及咽鼓管传至中耳，或循神经组织进入颅腔；鼻窦感染也可波及颅内或眼眶。鼻部疾患常伴有嗅觉和发声的异常。

鼻病毒感染 rhinovirus infection 由鼻病毒引起的急性上呼吸道感染。鼻病毒是普通感冒最常见的病原。多在家庭内传播。潜伏期1～5日。临床表现与普通感冒相同。主要并发症为继发性细菌感染，如鼻窦炎、中耳炎和支气管炎等。诊断主要依据典型临床表现，有条件可分离病毒或测定血清的中和抗体。治疗同普通感冒，有低热头痛者可用解热镇痛药；鼻塞者可用1%麻黄素滴鼻；也可用中医中药治疗；继发细菌感染者可用抗菌药治疗。预防同普通感冒。使用多价鼻病毒疫苗能有效地预防本病。

鼻出血 nasal bleeding 各种原因引起的鼻部出血现象。较为常见。又称鼻衄。病因可归纳为局部原因和全身原因。局部原因：①鼻部受到外伤撞击或挖鼻过深或挖鼻过重。②鼻中隔弯曲或有嵴、距状突，因局部黏膜菲薄，受空气刺激后易于出血。③患急性鼻炎、萎缩性鼻炎者易出血。④少数病例是由鼻腔、鼻窦或鼻咽部肿瘤，如血管瘤、恶性肿瘤等引起出血。全身原因：①动脉压过高，如高血压、动脉硬化。②静脉压升高，如二尖瓣狭窄、肺水肿等。③患急性发热性传染病，如上呼吸道感染、流感等。④血液疾患，如白血病、血友病、各种紫癜等。⑤肝、脾疾患及风湿病。⑥磷、砷、苯等中毒可破坏造血系统功能引起出血。⑦代偿性月经。

鼻出血多数发生于鼻中隔前下部位，该处有扩张的血管形成血管丛，称为鼻中隔易出血区，少数病例出血部位在鼻腔后方或其他部位。鼻出血大多数为一侧性，出血量可以很少，亦可为动脉性大量出血，甚至引起休克。

对鼻中隔前方的少量出血可作鼻部冷敷或鼻内充填消毒棉球或浸有1%麻黄素的棉球止血，亦可用各种止血海绵、凝血质、凝血酶等。出血量较多者应由医生检查，寻找出血部位。常用的止血法有药物烧灼法、冷冻止血法及用凡士林纱条作前鼻充填或后鼻充填法。对极少数严重出血需结扎或栓塞有关血管止血 。除以上局部处置外，全身使用止血药治疗，必要时输血输液，并寻找病因，针对病因进行治疗。

鼻窦炎 nasal sinusitis 发生于鼻窦黏膜部位的炎症。鼻窦炎经常继发于鼻炎，鼻窦和鼻腔经自然开口相通连，因此常常同时罹患疾病，不伴有鼻炎的鼻窦炎非常罕见。

分为4类，即筛窦炎、额窦炎、上颌窦炎和蝶窦炎。炎症的中心是筛窦炎，炎症常从筛窦扩展到其他鼻窦。又可分为急性（病程在4周以内）、亚急性（病程在4～12周）、慢性（病程超过12周）和慢性鼻窦炎急性发作。

鼻窦炎是常见病，特别是筛窦炎。感染、变态反应和窦口鼻道复合体阻塞是鼻窦炎的病因。

症状与鼻炎相似，但急性期鼻窦局部有压痛，如筛窦炎在内背部，额窦炎在眶内上角，上颌窦炎在面颊部有压痛。严重者局部有红肿，慢性期常合并鼻息肉。CT扫描是诊断鼻窦炎的主要方法。

多数患者可通过药物治疗达到改善症状或治愈的目的，常用药物为增效联磺、抗生素，鼻腔喷雾局部应用类固醇药物，有些患者需要行内镜鼻窦手术治疗窦口鼻道复合体阻塞。

鼻饲 nasal feeding 用导管通过鼻腔、咽和食管向胃内输送流质或匀浆饮食或口服药，以维持必需的营养或达到治疗目的的

措施。

适应证 ①长期昏迷或意识障碍者（超过24或48小时以上），如颅脑损伤或手术、脑血管意外、中毒或其他疾病导致昏迷者。②经口进食有困难者，如面部烧伤、口腔咽喉部外伤或手术、喉头麻痹或假性球麻痹者。③神经性呕吐、拒食或其他原因进食困难，导致水、电解质紊乱，酸碱平衡失调和严重营养缺乏者。

禁忌证 ①门静脉高压合并食管静脉曲张或有出血史者；②食管经强酸或强碱烧伤未愈者；③严重心脏病、心功能不全者。

方法 插好胃管并用胶布固定后，先用注射器抽取胃液，再注入少量温开水，观察胃管是否通畅，再缓缓注入已加温至40℃左右的鼻饲流食。鼻饲完应向胃管注入少量温开水，清洁胃管，再将其末端反折、用纱布包好扎紧。胃管保留时间为7～10天，应按时进行更换，以免鼻咽部受压磨损，或胃管受胃酸浸泡变质以及污染等。

鼻涕虫 slug 腹足纲柄眼目蛞蝓科、嗜黏液蛞蝓科及足襞蛞蝓科三科动物的统称。蛞蝓的俗称。

鼻咽癌 nasopharyngeal carcinoma 发生于鼻咽黏膜上的恶性肿瘤。中国属鼻咽癌高发区。南方沿海地区发病率高于北方地区。发病年龄可由幼儿至90岁，但以30～50岁年龄组多见；男性多于女性。病因与种族易感性（黄种人较白种人患病多）、遗传因素、爱泼斯坦－巴尔二氏病毒（EB病毒）感染、环境因素等有关。

临床表现 由于原发部位及侵犯范围不同，临床表现可有很大差异，常见症状与体征如下：①鼻部症状。常见症状为鼻涕带血（回缩涕带血）、鼻出血和鼻塞。②耳部症状。一侧耳闷、耳鸣、听力减退，或出现中耳积液。③颅神经侵犯症状。头痛，常为单侧颞顶部或枕部持续性头痛；或出现复视、眼球活动受限；甚至出现面神经麻痹、吞咽呛咳、声音嘶哑等多个颅神经受侵犯的症状。④颈淋巴结转移。确诊时70%～80%的患者已有颈部淋巴结转移，颈部淋巴肿大。早期患者的初发症状依发生频率，依次排列为回缩涕中带血和一侧鼻出血、一侧耳鸣、耳闷、头痛、鼻塞、一侧听力减退、颈淋巴结肿大。

诊断 凡有前述症状者经检查可发现：①EB病毒血清学检查阳性；②CT检查显示鼻咽部肿物影像；③磁共振成像检查可显示有无颅内侵犯。确诊必须依赖活组织检查。间接鼻咽镜及纤维鼻咽镜可以直接观察鼻咽部的肿物，并可钳取样品送病理组织学检查。

治疗及预后 以放射治疗为主，平均5年生存率达60%左右。晚期病例可以配合顺铂、5-氟尿嘧啶等化学治疗。全量放疗后，少数鼻咽部限局性残留病灶也可采用手术切除。X射线立体定向放射治疗技术可以提高治疗效果。

鼻烟 snuff 用烟草加工成的粉末状烟制品。分干鼻烟和湿鼻烟两种。前者以手指粘上烟末送至鼻孔轻轻吸入；后者可嗅吸，也可放在嘴里品用。中国产鼻烟属干鼻烟。

中国鼻烟原料以晾晒烟叶为主。先拍除烟叶上的砂土，磨成粉末，经筛分装入密封容器，封储陈化，并窖以玫瑰花或茉莉花增香。现在鼻烟的消费者主要是内蒙古、西藏等地的牧民。

欧洲鼻烟原料以不同地区明火烤烟及晒烟为主。先将烟叶用糖浆或盐水浸润发酵或醇化，而后碾为烟末，配以料液湿润或加香储存。

美国鼻烟以明火烤烟为主要原料，分干鼻烟、湿鼻烟和细切鼻烟丝。湿鼻烟颗粒较粗，多放在腮与牙龈间品用。细切鼻烟丝在1980年前被美国农业部分类在嚼烟项下，现归湿鼻烟类，其添加剂为冬青、薄荷和覆盆子。

鼻烟壶 snuff bottle 以琉璃、金属、陶瓷、玉石等材料制成的储存鼻烟的工艺品。

在欧洲盛行鼻烟和鼻烟壶的影响下，中国清朝康熙三十五年（1696）在宫廷手工艺工场——造办处下设玻璃厂，聘请外国传教士指导生产琉璃鼻烟壶。乾隆年间，以玉石、犀牛角、玛瑙等材料制成的鼻烟壶，风格各异，更为精巧。乾隆至嘉庆年间，在鼻烟壶的基础上出现具有中国民族艺术传统的内画壶。后期的鼻烟壶和内画壶不再用于储存鼻烟，而是作为艺术欣赏品。

绘有花鸟图案的鼻烟壶（清，故宫博物院藏）

中国鼻烟壶按材质和工艺分为：①琉璃鼻烟壶。生产以山东博山为主，色彩有玻璃（白而透明）、珍珠（乳白而有光泽）、藕粉、红、绿、金星等多种。在此基础上，又有套料（或称套彩）鼻烟壶，即在藕粉底色上装饰不同色彩，随类傅彩，逐层琢磨出红花、绿叶、紫葡萄图案。②瓷器鼻烟壶。产于江西景德镇，或在壶上彩绘，或饰以浮雕。③漆器鼻烟壶。分雕漆鼻烟壶和螺钿镶嵌鼻烟壶。北京产的朱红色雕漆鼻烟壶，风格华贵；山西稷山产的螺钿镶嵌鼻烟壶以极细小的贝壳碎片在黑漆底上镶嵌成各种图案，光泽如同彩虹。④玉器鼻烟壶。主要产于北京，有白玉鼻烟壶、玛瑙鼻烟壶以及水晶鼻烟壶等。⑤雕刻类鼻烟壶。有象牙雕刻鼻烟壶、竹雕鼻烟壶、犀牛角雕刻鼻烟壶和玳瑁雕刻鼻烟壶等。⑥金属类鼻烟壶。有景泰蓝鼻烟壶、银蓝鼻烟壶以及黄铜、银等制成的鼻烟壶等。⑦内画壶。在琉璃鼻烟壶基础上发展起来的独特品种。制作时，用一根长约20厘米的弯曲的竹签，尖端捆上狼毫，蘸上颜色，从壶口伸进白色透明的壶内，于磨砂的内壁上反画人物、山水、花鸟等，并题词作诗于其上。

鼻炎 rhinitis 各种原因所致的鼻黏膜炎性病变。临床上分为急性鼻炎、慢性鼻炎、萎缩性鼻炎、变态反应性鼻炎、血管运动性鼻炎、结构性鼻炎、药物性鼻炎等类型。

急性鼻炎 常见的鼻腔黏膜急性传染性炎性疾病即感冒。病程一般为7～10天，系在病毒（主要为流感病毒、腺病毒）感染的基础上继发细菌感染。症状为鼻堵塞和分泌物增多，早期为清水样，近愈时为黏液脓性。检查时见鼻黏膜明显充血、红肿。以预防为主，适当隔离患者，服用清热解毒的药物。

慢性鼻炎 为鼻腔黏膜慢性炎症，是鼻部最常见的一类疾病，主要症状是不同程度的鼻堵塞，鼻分泌物增多，常为黏液性。此外，尚有嗅觉减退等。可分为慢性单纯性鼻炎和肥厚性鼻炎。急性鼻炎反复发作或治疗不彻底，以及某些职业因素是此病的主要病因。此外，也与身体衰弱、贫血、长期嗜烟有关。治疗在于改善鼻腔的通气和引流，以鼻黏膜减充血药喷鼻或滴鼻可收到良好效果。

萎缩性鼻炎 一种缓慢进展的特殊慢性鼻炎。典型病例已少见。症状为鼻黏膜萎缩、干燥，下鼻甲体积缩小，鼻腔宽大，充满灰绿色污秽痂皮，由于痂皮阻塞鼻腔，故鼻堵塞仍是主要症状之一。治疗此症尚无特效疗法，用生理盐水冲洗鼻腔以除去痂皮，滴入液体石蜡、复方薄荷油、复方鱼肝油合剂等可减轻症状，儿童患者口服或肌肉注射维生素A。

变应性鼻炎 又称过敏性鼻炎。特应性个体接触致敏变应原后，由IgE介导产生的鼻黏膜炎症。表现为鼻痒、喷嚏、流涕和鼻堵塞。根据症状是否持续分为季节性和常年性两大类。季节性变应性鼻炎每年发病时间固定，一般持续2～3个月，主要致敏原为花粉。常年性变应性鼻炎一年内任何时期都可发病，但症状轻重不同，可有数日基本无症状，主要致敏原为屋尘、螨、宠物皮毛、昆虫、真菌等。除上述四大症状外还有眼部痒感（变应性结膜炎），约1/3患者合并哮喘，此外还可能合并鼻窦炎、鼻息肉、中耳炎等。变态反应性鼻炎可行脱敏治疗及抗过敏药物治疗，如扑尔敏、息斯敏等；鼻内滴用血管收缩药物以改善鼻塞及流涕；亦可考虑手术治疗。

血管运动性鼻炎　又称非感染性非免疫性鼻炎。由鼻腔黏膜血管反应性增强所致，其症状是鼻黏膜充血而致鼻堵塞，鼻分泌物较黏稠，常自后鼻孔流下，喷嚏和鼻痒较轻，鼻分泌物涂片查不到嗜酸性粒细胞。治疗以减充血剂滴鼻为主。

药物性鼻炎　长期鼻部应用鼻黏膜减充血药物引起。由于减充血药都有不同程度的血管扩张的后作用，故长期应用可致鼻腔黏膜充血、水肿，从而致病。主要症状是鼻堵塞。停止用减充血药滴鼻和鼻腔局部应用类固醇药物是最好的治疗方法。

结构性鼻炎　指鼻中隔偏曲者鼻腔宽大的一侧黏膜充血、增厚等改变。症状为鼻阻塞。治疗方法是行鼻中隔矫正术。

比昂松　Bjørnson, Bjørnstjerne (Martinius) (1832-12-08～1910-04-26)　挪威戏剧家、小说家、诗人、社会活动家。生于克维克讷，卒于法国巴黎。1852年就读于皇家弗里德里克大学。1855年后在《每日晨报》和《晚报》任文学戏剧评论员和编辑。1857年接替H.易卜生任卑尔根国家剧院编导。1865～1867年主持克里斯蒂安尼亚剧院。1870～1872年另行创办剧院。1903年获诺贝尔文学奖。

比昂松的作品有小说、诗歌和戏剧。《渔家女》(1868)等中篇小说以民族形式表现民间题材。抒情诗《是的，我们永远爱此乡土》成为挪威国歌的歌词。主要文学成就是戏剧，共写了21部剧本。《破产》(1875)写商人钱尔德破产后在危机中苦苦挣扎，最后终于依靠自己劳动重振家业，揭露了资产阶级尔虞我诈的贪婪本性。《人力难及》(1883)及其续篇(1895)，描写劳资冲突。其他主要作品还有历史剧如《战役之间》(1857)、《国王斯凡勒》(1861)、《西格尔特恶王》(1862)；社会问题剧如《新婚夫妇》(1865)、《编辑》(1875)、《国王》(1877)、《新制度》(1879)、《黎昂娜达》(1879)和《挑战的手套》(1883)等。

比昂松的剧作触及时弊，揭露和批判了资本主义社会自私、虚伪、贪婪等丑恶现象，不过其结局往往都是矛盾得到和解，具有改良主义色彩。

比奥科岛　Bioko Island　非洲几内亚湾最大岛屿。旧称费尔南多波岛，1973年改称马西埃岛，1980年后改用今名。属赤道几内亚共和国。隔海与喀麦隆相望，距赤道几内亚大陆160千米。面积2 017平方千米。人口约12万多，以布比人为主，还有费尔南迪诺人被释放奴隶的后裔。地处非洲大陆喀麦隆火山带的延长线上，属火山岛，除沿海狭窄平原外均系山地，地势崎岖，多火山、火口湖，南北两座火山卡尔代拉山和斯蒂贝尔峰，海拔分别为2 260米和3 007米。热带雨林气候，年降水量2 000～3 000毫米，西南迎风坡超过5 000毫米，岛南端卡尔代拉山南麓的乌雷卡，有年降水10 450毫米的纪录，是世界最多雨的地区之一。多森林，蕴藏名贵热带木材。该岛1471年由葡萄牙探险家发现，后被葡萄牙占领。1778年后曾受西班牙殖民统治近2个世纪。1968年国家独立后成为省；现分为北比奥科省和南比奥科省。非洲最早引种可可的地区之一。现为赤道几内亚主要可可产区。还产咖啡、香蕉、油棕、烟草、木材、薯类等。工业有食品、榨油、酿酒、鱼类加工、木材加工，以及面粉、可可与咖啡粗加工等。主要城市，马拉博为国家首都和最大港口城市；卢巴是南比奥科省首府和港口。海岛风光秀丽，被誉为“几内亚湾珍珠”。

比奥伊·卡萨雷斯　Bioy Casares, Adolfo (1914-09-15～1999-03-08)　阿根廷小说家、编辑。生于布宜诺斯艾利斯，卒于布宜诺斯艾利斯。阿根廷作家J.L.博尔赫斯的契友和长期合作者，与他一起编辑文学刊物、文集，合著过多部作品。《莫雷尔的发明》(1941)是一部构思缜密的幻想小说。小说的叙述者（即主人公）逃到一个孤岛，爱上一个女人，后来发现那女人是莫雷尔发明的机器投射到时间中的影像。小说曾风行世界，被改编成多部电影、电视剧。他常用发明这个主题，有些作品几近科幻小说，如《出逃计划》(1945)等。其他重要作品有《英雄梦》(1954)、《肮脏战争日记》(1969)、《怪诞故事集》(1972)等。还著有散文、长短篇小说20多部。

比布鲁斯古城　Byblos　西亚腓尼基古城。遗址位于今黎巴嫩首都贝鲁特北部32千米的朱拜勒村。比布鲁斯为希腊语，意即“书”，因埃及纸草途经此地传入爱琴海地区而得名。英文“圣经”(Bible)一词也源于此。1921年起发掘。可能是世界上最古老的、且有连续居址的城市之一。新石器时代已有人居住。青铜时代初期（约公元前3000年）开始向城市发展，出现护城的堡垒、街道、稠密而整齐的房屋、神庙。是埃及在黎凡特北部开采运输雪松等木材的主要港口。大量墓地及随葬品反映出埃及对比布鲁斯的政治、商业、宗教和艺术的重大影响。但城市本身保持独立，是地中海东部的商业和航海业中心。青铜时代晚期，腓尼基人创造了自己的文字，著名的埃赫伦石棺刻有现知最早的腓尼基铭文。发达的贸易促成了比布鲁斯线形文字的形成，并进一步发展成为对世界文字有巨大贡献的腓尼基字母系统。直至罗马时代，它仍维持着繁荣的局面。1103年，城市曾被十字军骑士占领。1189年，又为埃及阿尤布王朝萨拉丁王夺占。

比布鲁斯古城遗留下的特夫耶石柱

比布鲁斯字母　Byblos alphabet　在比布鲁斯（今黎巴嫩朱拜勒）发现的古代字母。是公元前11世纪刻在国王阿希拉姆墓碑上的文字。1923年发现，有22个字母，表示辅音，带有不写出和不固定的元音，自右而左书写。这是迄今为止已经解读的最古字母。

比布鲁斯是古代腓尼基的海口商埠。以黎巴嫩为中心，包括叙利亚和以色列等周边地区，古称迦南，后称腓尼基，大致在公元前15世纪就应用字母。比布鲁斯字母是现存最古的腓尼基字母，后来腓尼基人将它们传播到地中海沿岸各地，再传而成为近代西方各种字母。

比才　Bizet, Georges (1838-10-25～1875-06-03)　法国作曲家。生于巴黎，卒于巴黎。9岁学钢琴，同年考入巴黎国立高等音乐学院。12岁开始创作，16岁发表的两首歌曲，受C.古诺的影响。第一部独幕喜歌剧《医生之家》

受C.M.von韦伯和意大利歌剧影响较深。17岁时写的《C大调交响曲》,具有形式严谨、旋律清新、色彩明快的风格。1857年所作康塔塔《克洛维和克洛提尔》获罗马大奖。同年赴意大利留学。他的第一部重要歌剧作品《采珠人》于1863年首演。这是一部以锡兰为背景的爱情悲剧，音乐富于生活气息，旋律丰富优美。1867年歌剧《班斯城的美女》初演并获报刊好评。1872年上演的独幕歌剧《扎米雷》以埃及为背景，采用阿拉伯旋律，对剧中人物形象刻画入微，和声新颖大胆，由此奠定自己新的风格。同年为话剧《阿莱城姑娘》配乐，成为流传各国的名曲。歌剧《卡门》是比才的顶峰之作。在音乐上强调剧情发展的对比和力度，生动、灵活而富于光彩。他的歌剧艺术代表了19世纪法国歌剧的最高成就。

比德尔 Beadle, George Wells (1903-10-22～1989-07-09) 美国生化遗传学家。生于内布拉斯加的瓦胡，卒于加利福尼亚的亚波莫纳。1931年获博士学位。1946～1960年任加利福尼亚理工学院生物系主任，1960～1968年任芝加哥大学校长，1968年任美国医学协会生物医学研究所所长。

比德尔等通过果蝇复眼色素的研究和脉孢菌的营养缺陷型的研究，于1941年提出了“一个基因一种酶”假说。这一假说揭示了基因的基本功能。他所使用的营养缺陷型研究方法，以后被广泛应用于各种代谢途径和发育途径的研究。J.莱德伯格采用大肠杆菌的营养缺陷型发现了细菌的遗传重组，从而开辟了微生物遗传学研究的广阔领域。因此，无论在概念上还是在方法上，“一个基因一种酶”的假说及工作，是分子生物学的重要基础之一。为此，比德尔与E.L.塔特姆以及莱德伯格共同获得了1958年的诺贝尔生理学或医学奖。主要著作有:《遗传学引论》、《遗传学和现代生物学》、《生命的语言》等。

比恩 Bean, William Jackson (1863～1947) 英国园林树木学家。生于英格兰约克郡，卒于伦敦。自1883年被英国邱园接纳为实习园丁后，一直在此园工作。后被提升为该园园长，任职达46年之久。在建设和充实邱园的长期过程中，注意引进新的品种，通过不懈的努力，终于把该园建成为一座举世闻名的植物园。著有《英国耐寒乔灌木》一书。

比尔曼 Bearman, David (1950～) 美国电子文件研究专家。毕业于宾夕法尼亚大学。曾任史密森研究院信息资源管理研究室主任、美国博物馆计算机网络董事会主席等职。1987年后创办咨询公司，专为博物馆提供世界性咨询。他的研究领域包括电子文件、档案、文化信息的合成、博物馆信息系统等。主持科研基金项目——“界定文件证据价值的必要条件”。首创博物馆信息计算机联合会、美术馆形象联盟，创办了档案与博物馆信息学院、季刊《档案馆和博物馆信息学》。出版了博物馆和档案领域有关电子文件、档案馆信息管理、博物馆信息管理的专著和论文125部(篇)。代表作主要有1985年与美国档案学者理查德·莱特合作发表的论文《来源原则的力量》、《电子证据——当代机构文件管理战略》(1994)等。是国际公认的文化遗产信息服务和电子文件管理资深专家。

比哈尔人 Bihars 南亚印度共和国的民族之一。约9 500万人(2001)。主要分布在比哈尔邦境内，孟加拉邦和北方邦亦有分布。属欧罗巴人种，混有达罗毗荼人血统。所用比哈尔语，被称为孟加拉语的姐妹语，属印欧语系印度-伊朗语族。有以梵文天城体字母为基础的文字。比哈尔人的居住地曾是佛教中心，故一度多信佛教，后改信印度教；12世纪末开始，部分比哈尔人皈依伊斯兰教。分婆罗门、巴明、拉吉普特、吠舍、迦耶斯特、首陀罗6个种姓，种姓制度森严。实行种姓内婚，普遍早婚。人死后行火葬。平时只穿围裤和无领单衫，特殊情况才穿长夹衣和紧腿长裤。主要从事农业和畜牧业。农作物以水稻、豆类杂粮为主。多食大米，山区有的靠白薯、高粱或豆类度日。不少人在孟加拉、奥里萨、阿萨姆邦谋生，充当骑警、交通警、茶园工人等。

比较法学 comparative jurisprudence 对不同国家的法律进行比较研究，包括本国法与外国法之间或不同外国法之间的比较研究的法学分支学科。在有些法学著作中，将联邦国家中联邦法与联邦组成部分的法律以及这些组成部分法律之间的比较研究，也列入比较法学的范围。

分类 比较法学包括以下4种比较研究:①不同社会制度法律之间的比较研究。②同一社会制度法律之间的比较研究。③同一社会制度但属于不同法律传统或法系的法律(如属于英美法系的美国法律同属于大陆法系的德国法律)的比较研究。④属于同一法律传统或法系的法律(如同属于大陆法系的德国的法律和日本法律)的比较研究。

除从法律的不同性质，即不同社会制度和不同法律传统(法系)这一角度外，比较法学还可以从法律内容的角度加以分类:①对相同或不同社会制度或法律传统(法系)的法律进行总的比较研究。如通常称为“比较法导论”的书就属于这一类型。其中往往将世界各国法律分为以下几类加以比较研究，即英美法(或称英国法、普通法)、大陆法(或称民法法、罗马法、罗马-德意志法)、印度教法、伊斯兰法和社会主义法，等等。②对以上各类法的各部门法的比较研究(如比较宪法、比较刑法等)或各部门法中具体制度、原则以至概念的比较研究(如陪审制度、夫妻财产制的比较研究等)。

作用 大体上可归纳为以下几个方面:①有助于各国外交和贸易等关系的发展。一个合格的外交官或从事外贸工作的人员的条件之一，是熟知有关国家的有关法律。②促进对本国法的了解和改进。自古至今的立法都表明，开展比较法的研究有利于立法工作。③促进对国际公法和国际私法的了解和发展。1945年《国际法院规约》第38条规定，法院所运用的国际法包括“一般法律原则为文明各国所承认者”。这种一般法律原则的确定，显然需要借助于比较法的研究；它也有助于国际协议(条约、公约等)的达成。④推动法律思想、法制史的研究。

比较心理学 comparative psychology 系统地研究动物行为和能力的心理学分支。又称动物心理学。主要目的是探究不同进化阶梯上动物的行为，并通过对这些行为的分析比较，更好地了解人类本身及其在自然界的地位。

比较心理学的具体研究内容主要有:①对动物的行为进行描述、分类和分析，并详细比较不同种动物的行为的生物学特征，确定和阐明它们之间的关系。②阐明行为在种内和种间的根源并追踪其发展。行为在种内的发展是指行为的个体发生和发展，以及个体经验对行为发展的影响；行为在种间的发展是指行为的系统发展，即行为从一个发展水平到另一个发展水平的演化。围绕这两个主要研究内容，比较心理学的研究课题一般涉及4个方面:行为的起源和发展，遗传和环境因素如何影响有机体的行为；行为的机制，即行为与神经系统、内分泌系统等有关生理系统活动的相互作用和关系；行为的功能，功能研究探索的是动物行为和心理特点及对其适应环境，以及对生存和延续种族的作用；行为演化，必须从比较性的分析开始研究。许多种动物在漫长的历史中已经灭绝，而它们的行为无法形成化石，因此人们只能研究现存的生物，通过对分类上处于不同水平的各种动物及其历史关系进行研究，提出关于一种行为模式演化历史的合理假说。比较心理学受习性学、认知神经科学等学科影响，将野外研究和实验室研究结合起来，关注动物在自然环境中的适应行为和动物的意识与语言。

比较优势投资论 comparative advantage investment theory 以日本跨国公司投资为背景，从企业比较优势动态变迁的角度来分析日本对外直接投资的理论。又称日本式对外直接投资模式。由日本经济学家小岛清1977年提出，故又称小岛清模型。

小岛清的比较优势投资论建立在比较优势论的基础上。他认为，对外直接投资的基本内容是投资国特定产业部门的特定企业将其一揽子经营资源（包括资本、技术、经营管理知识、市场营销技能等）转移到东道国同一产业部门的特定企业。所以，对外直接投资的实质是先进生产的跨国转移，直接投资本身就是以两国存在着不同的比较成本为前提。这种类型的对外直接投资与国际贸易之间不是替代关系，而是互补关系，会推动和促进两国之间贸易的发展。这样可以使被投资国由于缺少资本、技术和技能没有表现出来的潜在比较优势得以表现或者增强。日本企业对外直接投资便是按照这一选择标准进行的。

小岛清把对外直接投资分为4种类型：①自然资源导向型，即跨国公司在东道国建立资源开发型企业，开发油田、矿业、林业、水产等自然资源，其产品可以出口到投资国，也可以在东道国当地市场销售或者向其他国家出口。②市场导向型，即当一国出口商品市场的开辟进行到一定程度时，接着在东道国当地建立企业，进行生产和销售活动对生产者更为有利。这种类型的对外直接投资可以划分为两类：一是由于进口国贸易壁垒等因素的作用，使得继续扩大对该国的出口受到限制或者成本增加而导致的对外直接投资，称为贸易导向型；另一类是寡头垄断性质的对外直接投资，称为反贸易导向型。③生产要素导向型，即把利用东道国廉价的生产要素，如原材料、零部件、机器设备、技术、劳动力等，作为跨国公司对外直接投资的重要目标。④生产和销售国际化型，即跨国公司在全球范围内通过横向一体化和纵向一体化所从事的生产、销售活动。

根据小岛清的理论，日本跨国公司从事对外直接投资的部门是日本已经失去比较优势的产品，而东道国或者地区的这些部门则正在形成或者扩大这方面的优势。所以对外直接投资的流出国和流入国相辅相成，产业结构将趋于合理，并促进国际贸易的发展。

小岛清的比较优势投资论侧重说明日本企业对外直接投资的特殊模式，反映了日本跨国公司跻身于国际生产格局和国际投资市场、寻求最佳发展途径的要求。

比较政治学 comparative politics 通过对不同国家、不同政治体系的描述、分类和比较，探求政治现象的特征和规律的政治学分支学科。

比较政治学的内容和范围包括：①对各种政治体系的比较研究，即在宏观上对各种各样的政治制度进行横向比较和纵向比较。②对各国政府机构的比较研究，即在微观上对各种各样的立法、行政、司法机构，以及影响政府机构行为的政党、利益集团等组织进行比较。③对其他组织形式的比较研究，分析这些组织形式对于政治的影响。

当代比较政治学重视搜集、整理来自世界各个不同文化区域的有关政治体制的研究资料，以及不同层次的政治结构与世俗化方面的研究资料。研究者致力于打破各种特定政治制度和政治过程理论的狭隘观念，把对特定政治体制的研究列入比较政府和比较政治学的范围。在研究中，人们愈来愈对政治体制的适应和转变问题发生兴趣，把研究的重点放在整个政治体制与其国内国际环境的交互作用上，力图通过这些研究对各种政治变动作出解释，探求政治体制与周围环境的相互关系的特征。

比科尔人 Vicols 东南亚菲律宾共和国的民族之一。约530万人（2001），约占全国人口的6.4%，是菲律宾人数第四多的民族。分布在吕宋岛东南部，以及附近的卡坦端内斯岛、布里亚斯岛和马斯巴特岛等地。属蒙古人种马来类型。使用比科尔语，属南岛语系印度尼西亚语族。无文字。多信天主教。系1 000多年前迁入菲律宾群岛的新马来人的后裔。1565年后受西班牙殖民统治。1901年又遭美国统治。1946年与菲律宾其他各族人民一起获得国家独立。在文化上与他加禄人、比萨扬人相近；近代以来深受西班牙和美国文化影响。经济以农业为主，种植水稻、玉米、薯类、可可和马尼拉麻。渔业和手工业发达。近年来，不少人到种植园和采矿场做工。

比莱 Pillai, Thakazhi Sivasankara (1912-04-17～1999-04-10) 印度马拉雅拉姆语小说家。生于喀拉拉邦阿雷派耶，卒于库塔纳德。上中学时曾发表短篇小说。1935年从法学院毕业。长篇小说《掏粪工之子》(1944)描写阿雷派耶城三代掏粪工的悲惨生活，展示了处于社会底层的贱民的悲惨命运，《虾》(1956)讲述格露达玛与帕利古帝的爱情故事，体现了作家对人类心理和本性的深刻洞察。其他主要作品有长篇小说《两斗大米》(1948)、《格耶尔》(1978)，短篇小说《塔什德尔的父亲》(1945)、《农业学家》(1965)等。

比兰德拉 Birendra Bir Bikram Shah Dev (1945-12-28～2001-06-01) 尼泊尔国王。生于加德满都，卒于加德满都。早年曾赴英国伊顿公学学习。1967年到日本东京大学进修，研究日本经济，后赴美国哈佛大学学习和研究美国政治体制、社会及经济与政府结构等问题。

1955年被立为王位继承人。1964年被封为王家军队名誉领袖。1964年任尼泊尔摄政会议主席和王室代表委员会主席，代行国王职务。1972年1月31日继承王位，同年9月任全国发展委员会主席，并任尼泊尔王家军队总司令。1975年2月正式加冕。他还是尼泊尔王家科学院院长、特里布万大学名誉校长、尼泊尔艺术协会会长和尼泊尔童子军总监。在任期间，进行一系列内部政务改革，加强议会制度，确定5年改选一次议会，部分议员由国王任命等。外交上，积极推进南亚国家间合作，加强同中国、印度的友好关系。1975年宣布尼泊尔为和平区。1987年当选为南亚区域合作联盟主席。1990年尼泊尔全国爆发大规模"人民运动"，被迫实行君主立宪的多党议会制。2001年6月1日因家族内部争端，与王后艾什瓦尔雅以及十多名王室成员在纳拉扬希蒂王宫被杀身亡。曾先后10次访问中国。

比勒陀利亚 Pretoria 南非共和国行政首都，中央政府机关所在地。位于东北部高原的马加利山麓，海拔1 378米。市区跨林波波河支流阿皮斯河两岸，由12座桥梁连接，面积（连近郊区）592平方千米。人口234.6万（2007），多就业于服务部门，白人居多。气候凉爽，年平均最高气温24.2℃，极端最高气温35.8℃；平均年降水量746毫米，集中于夏季（11月至翌年4月）。1855年由来自南非西南部荷兰血统的阿非利坎人（旧称布尔人）始建，作为向内陆扩张的据点。1860年成为德兰士瓦共和国首府。1899～1902年英布战争中为英国所占。1910年后曾是白人种族主义政权行政机关所在地。1961年南非独立后成为首都。2000年地方选举后与周边12个地方政府合并为茨瓦内市，其行政机构称市政委员会。2005年委员会建议取消“比勒陀利亚”作为行政首都称谓，但南政府尚未批准该提案。

市中心位于阿皮斯河西岸，街道呈方格状，高楼林立。商业区和政府机构集中于中心区东部。工厂多分布于西郊和北郊。

南非最大的文化、教育和科研中心。有比勒陀利亚大学、南非大学、工学院、师范学院等多所高等院校。市内多博物馆、纪念馆和纪念碑、塑像等；设有天文台、动物园和5处市立自然保护区。旅游娱乐设施齐全。有世界一流的体育场馆、国家歌剧院等。威特沃特斯兰德工矿区周围，煤、铁、金刚石等矿产资源丰富。全国黑色冶金工业中心。工业主要有钢铁、机械、采矿、纺织、金属加工、水泥、化肥、食品等部门。市东30千米有著名的普雷米尔金刚石矿，金刚石开采量约占南非一半。南非的重要铁路中心，市南43千米的斯穆次有南半球重要国际航空港。

比里·帕侬荣 Pridi Phanomyong(1900-05-11～1983-05-02) 泰国现代民主主义政治活动家。又称銮巴立。生于大成（阿育他亚），卒于巴黎。1920年到法国留学，获得巴黎大学法学博士学位。其间，接受了西方民主主义革命思想的影响。1927年2月，他与6位志同道合的朋友在巴黎创建暹罗人民党（又称民党），1932年6月24日，以民党成员披耶帕凤为首的少壮派军人发动政变（即泰国1932年政变），推翻了泰国的君主专制政体。1933年6月20日，披耶帕凤领导少壮派军人再次发动政变，任新政府总理，比里·帕侬荣出任内务部长。后曾任外交部长、财政部长等职。

1942年1月，泰国对同盟国宣战。比里·帕侬荣在国内组织抵抗日本运动，与国外的自由泰运动联合。日本投降后，曾三次出任泰国总理（1946年3月24日～6月3日，1946年6月8～9日，1946年6月10～20日）。任职期间，力图实行较为民主的统治，但未能实现。1947年11月，銮披汶军人集团发动政变，比里·帕侬荣经新加坡到中国政治避难。1949年2月26日，他回国领导的政变失败后，离开泰国再度来到中国，侨居21年，1970年移居英国，后迁至巴黎。

比利牛斯山脉 Pyrenees 欧洲西南部山脉，西班牙与法国的界山。为阿尔卑斯山脉主干向西南延伸部分，东起地中海海岸，西止大西洋比斯开湾畔，全长435千米，一般宽80～140千米，东段宽仅10千米，中部宽达160千米。海拔一般在2 000米以上。按其自然特征可分为3段：西段降水丰沛，河流侵蚀切割形成山口，成为法国和西班牙之间的通道；中段群峰耸立，海拔在3 000米以上的山峰有5座，最高点阿内托峰海拔3 404米；东段为块状山地。比利牛斯山脉是加龙河、阿杜尔河、埃布罗河的发源地。山区多森林，并蕴藏铁、锰、铝土、褐煤、硫磺等矿产。多温泉。山脉东西两端沿海岸建有铁路和公路，沟通南北交通。另有2条铁路隧道和6条山道穿越山脉。

比利时 Belgium 欧洲西部国家。全称比利时王国。西北濒北海，与荷兰、德国、卢森堡和法国为邻，西北隔北海与英国相望。面积30 528平方千米，领海及专属经济区2 000平方千米。人口1 066.7万(2008)。90%为比利时人，其次为意大利人、摩洛哥人、法国人、荷兰人、土耳其人等。主要有佛拉芒族和瓦隆族两大民族，分别占全国人口的58%和32%。官方语言为佛拉芒语、法语和德语。约80%的居民信奉天主教，少数人信仰伊斯兰教和其他宗教。首都布鲁塞尔。

地理 地形以平原、丘陵为主，约占国土面积的3/4。全境地势东南高西北低，大致分为3个地理区域。①北海沿岸和北部低地。②中部平原、丘陵区。③东南部高原。邻近德国边境的博特朗日山，海拔694米，为全国最高点。

属温带海洋性气候，温和湿润。河网稠密，斯海尔德河和默兹河是境内重要河流。前者流经国境西北部，境内流程193千米，流域面积占国土一半；后者流经阿登高原，至那慕尔接纳桑布尔河，境内流程138千米，流域面积约占国土42%。森林覆盖率约20%，以松、云杉为主，主要森林动物有赤鹿、麅、野猪、貂、欧兔等。

历史 公元前凯尔特人即在此居住。前57年起先后被罗马人、日耳曼人统治。9～14世纪出现诸侯割据局面。14～15世纪为勃艮第王朝的一部分。尔后，又先后被西班牙、奥地利和法国统治。1815年维也纳会议将比利时并入荷兰，组成尼德兰王国。1830年11月18日获得独立，为君主立宪国。1831年伦敦会议确定为永久中立国。1839

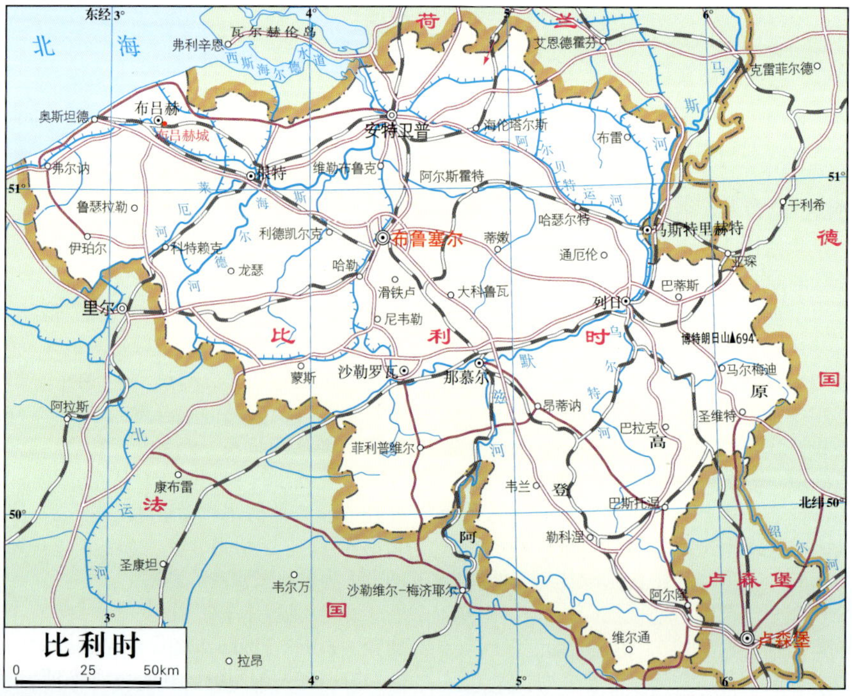

年与荷兰签订和约，荷兰承认比利时为独立国家。

19世纪末，开始向海外掠夺。1876年占领非洲刚果（今刚果民主共和国），1885年将其变为殖民地。1920年与法国结成同盟。1922年与卢森堡缔结经济同盟。1925年加入《洛迦诺公约》，1936年声明“绝对中立”后退出。两次世界大战中均被德国占领。1944年同荷兰、卢森堡结成关税同盟（1958年发展为比利时、荷兰、卢森堡经济联盟，同年加入欧共体），并同法国、英国、荷兰、卢森堡缔结区域性的防御组织。1949年加入北大西洋公约组织。

政治 因国内民族语言矛盾激烈，长期政局不稳。20世纪60年代后期，政府推动联邦化进程，使得两个语言区域的关系有所改善。1970年在佛兰德和瓦隆两区的文化自治得到确立。1993年比利时成为由3个自治区组成的联邦国家。

1993年完成国家体制改革，国会投票修改了1831年的宪法，将比利时建成联邦制国家，赋予地方政府更多的管理权限。

图1 根特古城风貌

新宪法规定比利时实行世袭君主立宪制，并首次承认女性王室成员的王位继承权。国王为国家元首、三军最高统帅。国王和议会共同行使立法权，与政府共同行使行政权。但实权在政府，政府对议会负责。立法机构由两院议会制改为众议院一院立法制，参议院继续保留，但只起咨询作用。联邦议会由150名众议员和71名参议员组成，任期4年。宪法还规定在全国建立3个具有更多自治权限的地区，即使用法语为主的瓦隆区、使用荷兰佛拉芒语为主的佛兰德区和同时使用这两种语言为主的布鲁塞尔区。主要政党有荷兰语自由民主党、荷兰语社会党和社会自由党联盟、荷兰语基督教民主党佛拉芒利益党、法语革新运动党、法语社会党、法语人道主义民主中心党、佛拉芒绿党和法语生态党等。

经济 为发达的资本主义工业国家。第二次世界大战后经济发展较快。经济高度依靠国际环境，80%的原料依靠进口，50%以上的工业品需出口。随着国际贸易的发展，政府自20世纪80年代以来经济保持低速增长，但高失业率（2009年为7.9%）和高公共债务仍是经济发展中存在的主要问题。2009年国内生产总值3 377.58亿美元，人均4.3万美元。工业生产和资本都很集中，大部分为垄断集团所控制，约有1/3控制在外国资本手中。创立于1822年的比利时通用公司控制着比利时大部分煤、钢、有色金属和电力的生产。

自然资源不丰。煤蕴藏量约37亿吨，其中有开采价值的18亿吨，瓦隆地区的煤层已开采殆尽。此外有少量铁、锌、铅、铜等。工业产值约占GDP的16.6%（2008）。主要工业部门有钢铁、机械、有色金属、化工、纺织、玻璃、煤炭等。建有7座核电站，生产全国57.7%的电力。2008年农牧渔业附加值为23.6亿欧元。农业劳动力占总劳力的2%。农业以畜牧业为主，畜牧业约占农业总收入的80%，以饲养牛和猪为主。肉类产品和乳酪制品自给有余。2005年耕地面积为138.5万公顷，主要农作物有谷物、玉米、甜菜、马铃薯等。

第三产业发展迅速，2008年附加值为2 337亿欧元，就业人数约占总劳动人口的78.2%。主要有银行、商业、保险、交通运输、公共服务等。旅游业发达。

早在1835年建成欧洲大陆第一条铁路（布鲁塞尔—梅赫伦）。1843年成为世界第一个建成完整国有铁路网的国家。交通以布鲁塞尔为中心，铁路和公路呈辐射状遍通全国和欧洲其他国家和地区。航空运输网络联系49个国家74个城市。布鲁塞尔国际机场可停63家外航班机。

对外贸易在全国经济中具有重要意义。主要贸易伙伴是德国、荷兰、法国等欧盟成员国，其次为其他欧洲国家及北美、亚洲和非洲国家。2008年进出口总额为6 425亿欧元（进口3 192亿欧元、出口3 233亿欧元），其中欧盟成员国合占比利时进出口货物的70%以上。

对外投资2007年为909亿欧元。主要投资国为英国、法国、德国、荷兰、美国、西班牙、奥地利和日本。对外援助对象主要是非洲的卢旺达、布隆迪和刚果（金）等。

文化 实行6～18岁免费义务教育制。教育由地区政府管理。主要大学有鲁汶天主教大学、鲁汶天主教大学、根特大学等。主要报刊有《标准报》、《自由比利时报》、《最新消息报》、《晚报》等。比利时通讯社创建于1936年。有地区政府领导的2个广播电视台。

图2 比利时王宫

对外关系 欧共体创始国之一，与邻国关系密切，同荷兰、卢森堡两国关系尤为特殊，并与荷兰、卢森堡、法国、德国在1999年签署五国商品、资本、人员自由流通协定。主张加快欧洲一体化建设；支持和参与联合国维和行动和人道主义援助；重视与美国的关系；主张与独联体和东欧国家交往；在积极推动发展中国家民主化进程的同时，注意缓和与它们的关系。与约160个国家有外交关系，在90多个国家设有使领馆。1971年10月25日同中国建交。

比利时1830年革命 Belgian Revolution of 1830 比利时争取民族独立的资产阶级革命。1815年维也纳会议决定，比利时同荷兰联合组成尼德兰王国，此举激起了比利时人民的反抗。

1830年8月布鲁塞尔民众发动了反对荷兰统治者的起义。9月25日，自由资产阶级和自由贵族组成了临时政府。11月18日，国民大会宣布比利时独立。在此期间，起义扩展到全国，荷兰军队被迫撤离比利时。1831年2月7日，国民会议颁布比利时宪法，规定比利时为世袭的君主立宪国。

1831年7月21日，萨克森-科堡的利奥波德亲王在布鲁塞尔宣誓就职，称利奥波德一世（1831～1865年在位）。1839年比利时与荷兰签订和约。荷兰承认比利时为独立国家，并由英、法、普、俄等国保证其永久中立的地位。

比林古乔 Biringuccio, Vannoccio (1480-10-20～约1539) 意大利冶金学家。生于锡耶纳。青年时期曾周游意大利和德国，考察冶金作业，后在铁矿、锻造厂和兵工厂工作。1513年主管造币厂。1538年任教皇的铸造厂和兵工厂主管人。他死后，1540年出版他的名著《火法技艺》，共10卷：①金属矿；②半矿产品；③试金术和矿石熔炼的准备工作；④金、银分离；⑤金、银、铜、铅、锡的合金；⑥巨型塑像和大炮的铸造；⑦熔炉和熔炼金属法；⑧小型铸件的制造；⑨其他火法技术；⑩硝石、火药和烟火的制造。书中附有83幅木刻画，描绘蒸馏用炉、鼓风设备、钻炮膛和拉丝装置。《火法技艺》保存了早期的冶金和无机化学的许多实用资料。

比鲁尼 Bīrūnī, al- (973-09-04～约1050) 伊斯兰学者。波斯血统。全名阿布·阿莱汗·穆罕默德·伊本·艾哈迈德·比鲁尼。又译阿尔比鲁尼。生于中亚花剌子模的基

发（今乌兹别克斯坦境内），曾长期旅居印度，卒于阿富汗的甘孜那。他对于哲学、历史和自然科学的许多方面都有贡献，而以数学和天文学的成就最大。主要著作有：①《古代诸国年代学》，叙述各民族的历法、纪元和节日制度。②《马苏蒂天文典》，天文学百科全书，内容包括球面三角、球面天文、计时学和数理地理学。③《星占学基础》。④《印度》。比鲁尼在沟通印度文化和阿拉伯文化方面起过重要作用，曾把印度学者伐罗诃密希罗的两卷天文学著作译成阿拉伯文，又把阿拉伯的科学知识介绍到印度。比鲁尼对亚里士多德的物理学和哲学理论提出许多批评性意见。他曾利用月全食测量两地的经度差，还发明从海边山顶观察地平圈的大小和山的高度来确定地球半径的方法。他制造的固定在墙壁上的象限仪，半径7.5米，在此后400年内是同类仪器中最大的一个，观测精度可达2′。

比目鱼 flatfishes 硬骨鱼纲中双眼均位于头的同一侧鱼类的统称。见蝶形目。

比内-西蒙智力量表 Binet-Simon Scale of Intelligence 由法国心理学家A.比内首创的一种测量人类智力的标准工具。由比内和T.西蒙合作制定。1905年出版了第一个比内-西蒙量表。它是一种个别测验式的量表，包括30个测量一般智力的项目，其中既有对较低级的感知觉方面的测量，也有对较高级的判断、推理、理解等方面的测量。

第二版比内-西蒙量表发表于1908年，它在前一个量表的基础上增加并修改了测验项目，更重要的是将全部项目按年龄水平分组，因而成为第一个年龄量表。智力测量由于引进了智龄（MA）这个数量化的标尺而很快得到推广。1911年，比内-西蒙量表再次被修订，并将量表延伸到成人阶段。比内-西蒙量表引起了全世界心理学家的广泛注意，很快被译成多种文字，并由不少人进行了修订。其中以美国斯坦福大学L.M.特曼主持修订的斯坦福-比内智力量表（简称S-B量表）最为著名。它的第一个修订本1916年问世，第一次将智商（IQ）概念运用到智力测验中，使智力分数能在不同年龄间比较，从而进一步发展和完善了比内以智龄评定智力的方法。此后，斯坦福-比内智力量表经过多次修订。

中国心理学家陆志韦曾两次主持修订比内-西蒙量表。1924年公布的《订正比内-西蒙智力测验说明书》仅适用于江浙一带儿童。1936年又进行了第二次修订，使之也可适用于北方儿童。陆志韦的修订本的测验内容是以特曼的1916年修订本为蓝本，共包括54个项目。中国的比内-西蒙量表第3次修订本1982年由吴天敏主持，称《中国比内测验》。它可用于2～18岁的被试。评定成绩的方法采取离差智商。另有一个由8个试题组成的《中国比内测验简编》，用起来较为方便省时。

比热 specific heat 单位质量物质温度升高（或降低）1℃所需吸收（或放出）的热量。又称比热容，见热容。

以能量均分定理为基础的经典比热理论不能解释固体的比热随温度 $T\to 0$ 而趋向零的事实，以及氢气从低温（几十K）到常温再到高温（几千K）时，其比热随温度的变化呈现“阶梯”的现象。直到1906年后，能量子概念的引入和爱因斯坦固体点阵比热量子理论，才对这些实验数据做出成功解释。

比萨饼 pizza 西餐的一种快餐食品。又称意大利肉饼。起源于意大利的那不勒斯，是意大利十分流行的快餐食品。比萨饼的典型制法，是在煎盘底部铺上一层发面皮，再涂上油和奶酪，撒上肉、鱼、蔬菜、香肠等配料，然后快速煎烤，做好后趁热食用。比萨饼的直径一般为20厘米，但也可大可小，一个大的比萨饼可供一桌人食用一顿。居家制作的比萨饼则可根据各自的生活水平和兴趣爱好而定，配料可多可少，可粗可精，甚至可以无配料，只加咸味将饼煎熟即可。比萨饼随着意大利移民传到美国，1905年在纽约出现了第一家比萨饼专卖店，不久便风靡全美国。第二次世界大战后，比萨饼工业生产流水线遍及全美各地。

比萨斜塔 Pisa Campanile 意大利罗曼建筑的实例，为比萨主教堂建筑群的组成部分，也是建筑群中最引人注目的作品。斜塔在主教堂圣坛东南20多米处，平面圆形

的直径约16米，共8层。

塔于1174年动工，顶部钟亭约建于1350年，设计人热拉尔多。塔楼工程虽到1271年仍在进行，但风格上和教堂及洗礼堂完全一致；所用的构图手法基本同教堂，只是将连拱券廊立面用于圆柱形塔身。2～7层为空廊，第8层钟亭向内缩进。外墙全用白色大理石贴面，底层墙面上隐出连续拱券。厚墙中设螺旋楼梯，可通顶层。

在建造过程中由于地基不均匀沉降，基础不够坚实，塔身向南倾斜，斜塔因此得名。1590年伽利略曾在塔上进行过自由落体实验。多年来，对塔的高度和倾斜度众说纷纭。一般认为斜塔的高度约55米，塔顶偏离垂线约5米。为防止塔的进一步倾斜，意大利政府曾在1972年向全世界征求保护方案，已按其中的一个付诸实施并取得初步成效。1987年，比萨大教堂广场作为文化遗产被列入《世界遗产名录》，比萨斜塔是其中的一部分。

比萨扬人 Visayans 东南亚菲律宾共和国人数最多的民族。又译米沙鄢人。约3 727.8万人（2001），约占全国人口的45%。主要分布在中部比萨扬群岛（通译米沙鄢群岛）和民都洛岛，部分居住在棉兰老岛。属蒙古人种马来类型。使用比萨扬语，属南岛语系印度尼西亚语族。有拉丁字母的文字。多信天主教，部分人保留万物有灵信仰。相传其祖先于古代从中国带着新石器和青铜器文化经吕宋岛迁入，至今在班乃、内格罗斯、莱特等岛上仍留有这些文化的遗迹。7世纪中叶至13世纪末，又有数批新马来人自加里曼丹陆续迁入，互相混合，逐渐形成比萨扬人。16世纪以后，先后受西班牙、美国殖民统治。1946年与菲律宾各族人民一起获得国家独立。早期曾受印度文化影响，以后又受西班牙、美国文化影响。过去盛行文身。主要从事农业，栽培水稻、薯类和香蕉，部分人种植椰子、

甘蔗、可可和马尼拉麻。沿海渔业发达。工业有食品、采矿、纺织、冶炼、汽车装配等，还有刺绣等手工业。商业也很发达。

比塞大 Bizerte 突尼斯北部港口城市，比塞大省首府。位于地中海南岸，比塞大湖通海水道入海口，东南距首都突尼斯城96千米。人口11.4万（2004）。古为腓尼基人商站，后为罗马属地，称希波-达利图斯。公元7世纪被阿拉伯人占领，称宾泽特，法国殖民统治后称今名。为天然良港，由外港和内港（比塞大湖）组成。为国内重要区域工商业中心，主要海运、外贸中心之一和旅游度假胜地。仍为海、空军基地。工业有炼油、钢铁联合企业以及水泥、榨油、船舶修理等。商港区（外港）有石油、水泥、钢铁、谷物等专用泊位12个，港内最大水深10.6米。年吞吐量约460万吨。港口设施完善，输出磷酸盐、铁矿石、谷物、酒、皮革、橄榄油、鱼等。铁路和公路通突尼斯城和泰拜尔盖。有航空港。多历史遗迹，有安达卢西亚文化遗迹、19世纪的老港、西班牙式古城堡及众多的清真寺，还有金色海滩，景色迷人。

比绍 Bissau 几内亚比绍首都，最大城市和港口。位于国土西部大西洋沿岸，热巴河河口比绍岛上，有堤道连接大陆。人口38万（2009）。1446年起沦为葡萄牙殖民据点和奴隶贸易市场，建有碉堡。1869年辟为自由港。1941年取代博拉马成为殖民地首府。现为全国政治、经济、文化和交通中心。有榨油、碾米、锯木等小型工业以及水产加工业。渔业及水产市场颇盛。全国最大海港，年吞吐量约50万吨，输出花生、棕油、腰果、木材、椰干等，进口以纺织品、机器、石油产品等为主。公路通内陆主要城市，并与塞内加尔南部重要城市济金绍尔相连。奥斯瓦尔多·维埃拉机场为国际航空港。

比什凯克 Bishkek 吉尔吉斯斯坦首都。1926年前名皮什佩克，1926年后改称伏龙芝。1991年改今名。位于吉尔吉斯山北麓

比什凯克胜利广场

楚河谷地，海拔750～900米。面积130平方千米。人口81.99万（2008）。原为浩罕汗国要塞。1878年建市。主要部门为机械制造（生产农机、机床、电机、汽车装配、仪器仪表）、轻工业（精梳毛纺、棉纺织、制革、制鞋）、食品加工、建材工业等。有铁路西通哈萨克斯坦的卢戈沃耶，东连伊塞克湖西岸的巴雷克切。公路分别通塔什干、阿拉木图、奥什、霍罗格等地。建有玛纳斯国际机场，与莫斯科、圣彼得堡、新西伯利亚、乌法等城市有定期航班。与独联体以外许多国家的大城市有不定期航班。市内设有吉尔吉斯斯坦科学院（建于1954年）、吉尔吉斯国立大学和理工大学、农学院、师范学院等8所高等学校。有著名的吉尔吉斯话剧院、歌剧和芭蕾舞剧院。有车尔尼雪夫斯基国立图书馆（1934）、历史博物馆、伏龙芝故居和造型艺术博物馆等。

比斯开湾 Biscay, Bay of 北大西洋东北部的大海湾。在伊比利亚半岛和布列塔尼半岛之间，东岸和南岸分别为法国和西班牙。面积22.3万平方千米。东北浅，西南深，

比斯开湾海岸风光

平均深度1 715米，最深处5 120米。盐度35。以多风暴著称，对航行不利。南岸和东北岸为陡峭的岩岸，东南岸为低平的沙岸，多潟湖。卢瓦尔河、加龙河、阿杜尔河等从东岸注入海湾。渔业资源丰富，盛产沙丁鱼、鳕鱼等，沿法国海岸多牡蛎养殖场。沿岸主要港口有法国的布雷斯特、南特、拉罗谢尔、波尔多和西班牙的圣塞瓦斯蒂安、毕尔巴鄂、桑坦德等。

比重 specific gravity 物质的密度与标准物质的密度之比。又称相对密度。液体或固体的比重是样品的密度与标准水（4℃的纯水）的密度之比，或者说是样品的重量除以同体积标准水的重量。气体则是将样品气体的分子量与空气的分子量（28.964 4）的比值称作样品气体的比重。比重是物质的属性，同种纯物质的不同样品其比重都一样。通过比重可鉴别不同的物质。浮力与比重密切相关。如果某物质的比重小于流体的比重，该物质组成的实心物体将浮在流体表面。比重是无量纲量，简写为s.g.。

吡啶 pyridine 含有一个氮杂原子的六元杂环化合物，分子式C_5H_5N。

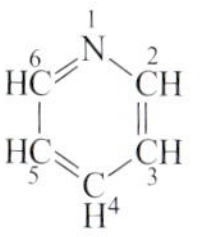

吡啶及其同系物存在于骨焦油、煤焦油、煤气、页岩油、石油中。无色可燃液体，具有特殊臭味；熔点-42℃，沸点115.5℃，密度0.981 9克/厘米³（20℃）；溶于水、乙醇、乙醚、丙酮和苯等。与水形成共沸物，沸点92～93℃。工业上利用这个性质来纯化吡啶。吡啶及其衍生物比苯稳定，其反应性与硝基苯类似。典型的芳香族亲电取代反应发生在3,5位上，但反应性比苯低，一般不易发生硝化、卤化、磺化等反应。吡啶是一个弱的三级胺，在乙醇溶液内能与多种酸（如苦味酸或高氯酸等）形成不溶于水的盐。吡啶还能与多种金属离子形成结晶形的络合物。吡啶比苯容易还原，如在金属钠和乙醇的作用下还原成六氢吡啶（或称哌啶）。吡啶与过氧化氢反应，易被氧化成N-氧化吡啶。吡啶可以从炼焦气和焦油内提炼，也可用乙炔、氨和甲醇在500℃通过催化剂制备。吡啶及其衍生物可通过多种方法合成。吡啶的许多衍生物是重要的药物，有些是维生素或酶的重要组成部分。吡啶的衍生物异烟肼是一种抗结核病药，2-甲基-5-乙烯基吡啶是合成橡胶的原料。

吡咯 pyrrole 含有一个氮杂原子的五元杂环化合物，分子式C_4H_5N。

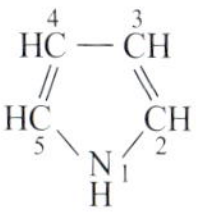

吡咯及其甲基取代的同系物存在于骨焦油内。无色液体；沸点130～131℃，相对密度0.969 1（20/4℃）；微溶于水，易溶于乙醇、乙醚等有机溶剂。吡咯在微量氧的作用下就可变黑。松片反应给出红色。在盐酸作用下聚合成为吡咯红。对氧化剂一般不稳定。也可发生取代反应。吡咯形式上是一个二级胺，但在稀酸中溶解得很慢；环上的氢被烷基取代后碱性增强。吡咯可与苦味酸形成盐，还可还原成二氢和四氢吡咯。吡咯可用1,4-二羰基化合物与氨反应制取，工业上吡咯由丁炔二醇与氨通过催化作用制备。有些吡咯的衍生物具有重要的生理作用。例如，叶绿素、血红素都是由4个吡咯环形成的卟啉环系的衍生物，人的胆色素是四个吡咯环的链状衍生物，蛋白质中的脯氨酸和羟基脯氨酸具有四氢吡咯的分子结构。四氢吡咯是一重要的试剂，与酮（如环己酮）反应失水形成烯胺，即氨基旁有一个碳-碳双键，在有机合成中有多种用途。

吡喃 pyran 含有一个氧杂原子的六元杂环化合物，分子式C_5H_6O。有两种同分异构体，分别称为α-吡喃（1,2-吡喃）和γ-吡喃（1,4-吡喃）：

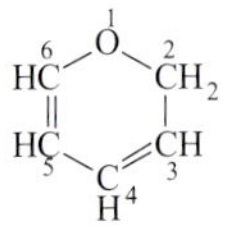
α-吡喃

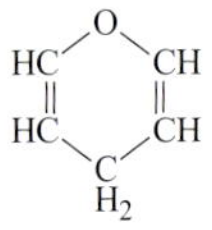
γ-吡喃

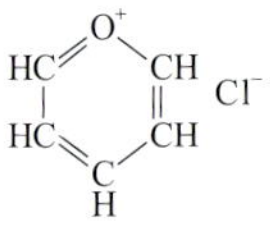
吡喃盐

α-和γ-吡喃未分别分离出来过，吡喃盐是一类很重要的化合物。吡喃环中的氧原子具有极强的碱性，成盐后即被稳定下来。许多重要的天然物如色素、糖、抗生素、生物碱，均含有吡喃或吡喃锌盐的环系，如五碳糖或六碳糖形式的六元环的半缩醛结构，就称为吡喃糖。α-或γ-吡喃与苯并合的二环体系色烯、色烯酮是许多重要天然物质的母体，具有这种结构的化合物的中文命名都冠以"色"字。许多植物的叶茎中含有一大类由黄酮衍生的色素，它是色烯酮的2-位被苯基取代的衍生物。许多花的颜色物质称为花色素，是苯并吡喃锌盐的衍生物，其基本结构与黄酮类似。

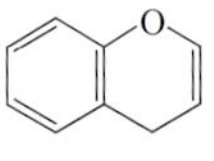
色烯

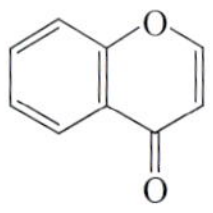
色烯酮

吡嗪 pyrazine 1,4位含两个氮杂原子的六元杂环化合物，分子式$C_4H_4N_2$。两个氮原子占1,2两位的称为哒嗪；占1,3两位的称为嘧啶，它们都是吡嗪的同分异构体。吡嗪为无色晶体，具有与吡啶类似的气味；熔点54℃，沸点115～116℃（768毫米汞柱），液态的相对密度1.031 1（61/4℃）；溶于水、乙醇、乙醚等。吡嗪是一个很弱的碱。它的芳香性与吡啶类似，很不容易发生亲电取代反应，而对亲核试剂比较活泼。碳原子上的氢被甲基或卤素取代后，卤素或甲基上的氢具有活性。吡嗪及其衍生物可用多种方法合成。工业上由乙醇胺在气相催化作用下，失水脱氢合成。六氢吡嗪（或称哌嗪）的柠檬酸盐是一个常用的牲畜驱虫剂，对蛔虫特别有效。2,5-二酮哌嗪是制备肽类化合物的试剂。二苯并吡嗪是一种重要染料。

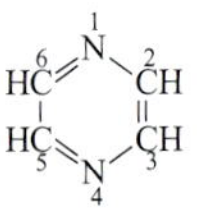

彼得拉日茨基 Petrażycki, Lew Josifowicz（1867-04-13～1931-05-15） 波兰法学家，心理学法学派主要代表。1899～1918年任彼得堡大学法学教授。十月革命后加入波兰国籍，并长期任华沙大学法学教授。主要著作有《法哲学论文集》（1900）、《法和道德研究导论》（1905）和《与道德学说相联系的法和国家的学说》（1907）等。

他的学说的中心思想是：法律现象是由独特的心理活动构成的。他认为法可分实在法和直觉法，或官方法和非官方法。实在法指国家制定的法规和法院判例等，它们是影响人们独特心理过程的规范性事实。直觉法则是不依规范性事实为转移的法。实在法为多数社会成员提供统一的行为格式，适用时由于有一定格式，往往落后于现实生活，适用范围也有限。直觉法的内容则根据不同情况而定，有不同集团、不同阶级的直觉法，也有个人的直觉法。这种法适用比较自由，对社会生活的适应性较强，适用范围也较广。"法律秩序"的基础实际上是直觉法而不是实在法。对正常的社会生活来说，实在法是必不可少的。实在法与直觉法愈趋于一致，法的作用也就愈大。在法与道德的关系上，他认为法具有命令和归属两种性质，即既有权利又有义务。道德则是单方面的，只有命令性，或只有义务而无权利。

彼得一世 Peter Ⅰ the Great（1672-06-09～1725-02-08） 俄国沙皇（1682～1721）和皇帝（1721～1725）。又称彼得大帝。生于莫斯科，卒于圣彼得堡。1682年彼得和其兄伊凡五世并立为沙皇，异母姐姐索菲娅·阿列克谢耶夫娜公主摄政。1689年8月推翻索菲娅摄政之权。1696年伊凡病逝，彼得成为唯一君主。彼得自幼习军，熟悉船舶营造、炮兵和制图等知识。为夺取黑海出海口，1695～1696年，两次进攻土耳其，占领亚速。1697年，彼得化名米哈依洛夫下士参加"彼得大使团"，赴荷兰、英国和奥地利等西欧国家考察。这次考察对其以后的改革有重大影响。1700年8月，彼得向瑞典宣战，进攻纳尔瓦，开始了长达21年之久的北方战争。1721年10月，参政院封彼得为"皇帝"和"祖国之父"。从此，俄国改称俄罗斯帝国。1722～1723年，出征波斯，夺取里海西岸和南岸广大地区。

彼得在位期间仿效西欧国家，进行了以军事改革为中心的多方面改革。彼得一世改革是在靠残酷剥削压榨农民和保存农奴制的情况下进行的。由于穷兵黩武，征兵苛税，人民负担加重，先后爆发了1689年的射击军兵变、1705～1706年的阿斯特拉罕起义和1707～1709年布拉文起义。但彼得一世的改革在一定程度上改变了俄国在政治、军事、经济和文化教育方面的落后状态，使俄国进入了欧洲强国之列。

《彼尔·金特》 *Peer Gynt* 挪威剧作家H.易卜生的5幕诗剧。写于1867年。描写彼尔·金特的冒险经历与堕落过程。彼尔是一个游手好闲的浪荡青年，整天胡作非为，对母亲的劝告置若罔闻。在邻村举行的一场婚礼上，他公然抢走新娘，不久又将其抛弃。为了娶上妖女并继承妖王国土，他装上尾巴，做了妖怪。妖宫震塌之后，他回到了现实，却不敢接受纯洁的索尔微格的爱情，开始了四海为家的浪子生涯。他去美洲贩黑奴，在疯人院当皇帝。在返国的海路上，船被风暴掀翻，为了自己活命，强行将另一名乘客推下。不过，在遇上了铸纽扣人之后，他最终还是醒悟了过来，认识到自己的真实面目：既无信仰又无原则，一生都只是个失败者而已。所幸的是，索尔微格依然手捧着祈告书在盼望着浪子的归家。通过这个人物形象，易卜生对当时挪威社会的市侩主义现象进行了批判。戏剧虽然充满浪漫主义色彩，但在主题上已与日后的社会问题剧接近。

《彼尔·金特》剧照（挪威国家剧院演出）

彼尔姆 Perm' 俄罗斯伏尔加河流域城市，彼尔姆州首府。1940～1957年称莫洛托夫。在卡马河中游卡马水库南端。人口98.6万（2010）。1723年建炼铜厂，1781年建城。工业以机械制造、石油加工与石油化工为主。发动机制造、内河船舶、电气设备、矿山机械、林业机械、磷肥、硫酸、染料及有机合成工业为主要行业。建有大型炼油厂，木材加工、印刷、食品工业也较发达。市区沿卡马河东岸延伸50千米。莫斯科—基洛夫—叶卡捷琳堡铁路干线与卡马河水运的水陆交通枢纽。建有俄罗斯科学中心、7所高等学校。

彼特拉克 Petrarca, Francesco（1304-07-20～1374-07-19） 意大利诗人。生于阿雷佐，卒于阿尔夸。他自幼随父亲流亡法国。曾学习法律，入教廷当神甫，跟随红衣主教乔万尼·科隆纳游历欧洲。1541年罗马元老院授予他诗人桂冠。

彼特拉克是一位知识渊博的学者。他最早运用人文主义观点研究古典文化，通过注释、阐述古籍，提出与"神学"对立的"人学"观念。他深入钻研古罗马经典，在所到之处广泛传播新思想，促进了欧洲文艺复兴运动的产生，因而被称为"文艺复兴之父"。彼特拉克多才多艺，在文、史、哲诸方面著述甚多。拉丁文作品中最重要的是散文《秘密》（1342～1343），借圣奥古斯丁与诗人的三天对话，对死亡与永恒、宗教信仰与世俗幸福、禁欲主义与性爱的矛盾等问题展开讨论。诗人向圣人敞开心扉，暴露内心的隐私，因而将对话录题名为“秘密”。未完成的叙事长诗《阿非利加》(1338～1341)，讴歌第二次布匿战争中古罗马统帅西皮奥战胜迦太基将领汉尼拔的英雄事迹，赞颂罗马帝国的伟大，表达爱国主义激情。

代表作《歌集》是用意大利语创作，共收366首诗，317首是十四行诗，主要是歌咏恋人劳拉的诗篇。诗人大胆歌颂爱情，反映人文主义者蔑视中世纪封建道德，热爱生活的新世界观。《歌集》中夹杂的政治抒情诗数量不多，最著名的政治长诗《我的意大利》洋溢着爱国主义热情，诗人倾诉对祖国“浮沉的悲愤”和他的“希望”，呼吁同胞们为争取独立和统一而斗争。反映出文艺复兴初期人文主义者的思想矛盾。彼特拉克使十四行诗的形式达到艺术上的完美，成为欧洲诗歌中一个重要的诗体而流传下来。

笔 pen 供书写或绘画用的工具。传统的品种有毛笔、自来水笔、铅笔、圆珠笔、绘图笔。还有微孔墨水笔、滚珠笔、中性墨水笔、记号笔、彩色水笔、软笔及其他特殊用笔。

微孔墨水笔 又称签字笔、细字笔、微孔记号笔。笔头用聚酯挤出成型。在笔头体内有无数微孔，作为导水通道。吸水、储水、供水结构为聚乙烯薄膜卷包涤纶纤维束的储水体(通过卷包芯)，也有采用储水囊的。有一次性使用及可换芯式两种。

滚珠笔 又称宝珠笔、墨水圆珠笔。采用特定的水性墨水(耐水、耐光、不渗化、不腐蚀)为书写介质。储水结构和微孔墨水笔相仿。在常压下，墨水能自动流入球座体的细长槽孔，控制墨水适量流出，不溢水，不断水，并在任何角度均可书写。字迹可长久保存。有一次性使用及可换芯式两种。

中性墨水笔 又称冻胶墨水圆珠笔。在主溶剂中加水和增稠剂、分散剂、防沉剂、吸湿剂等特殊材料配制成胶状墨水后，制作笔芯而成的圆珠笔。具有耐水、耐光、耐热、耐冷、不易分层和沉淀等特点，书写润滑、流利，不断线，不冒油，不渗水，不褪色，字迹坚牢，色泽稳定。用于记账、制图表、文件存档等。

记号笔 又称唛头笔。书写介质有油性和水性墨水两种。主要用于在各种包装表面书写或作标记之用。

彩色水笔 又称彩色墨水笔、艺术水彩笔。使用专用彩色墨水，要求色彩鲜艳、在笔内不干涸、书写后快干。笔头用聚酯烧结或黏结成型。专供着色和绘画用。

软笔 又称书法笔。笔头为聚酯制成，不如毛笔挥洒自如，但是有储水、供水结构，可不用墨、砚，携带方便。

其他特殊用笔 ①荧光记号笔。又称醒目笔。书写介质为鲜艳透明的荧光彩色墨水。这种笔的墨水覆盖在文字上仍能清晰辨读。②白板笔。一种可代替传统粉笔的教学用笔。采用特种墨水，快干，易擦。可在搪瓷教学板上书写。③魔色笔。又称变色笔、彩色魔笔。每套墨水有多种，一般为八种或九种不同颜色，外加一支白色笔。用一种颜色写字或绘图，再用白色笔覆盖涂写，覆涂部位的原色能立刻转变为另一种颜色。④消色笔。主要用于服装剪裁时画线或作标记。在布匹、锦缎、呢绒或刺绣工艺品上打样、画线或作标记，不用洗涤，经一日或数日后便自行消失，不留任何痕迹。若用清水洗涤，可立刻消失。⑤保密记号笔。又称隐色笔。书写后不露任何书写痕迹，但在紫外光线照射下，能将原先写上的字迹或记号清晰地显现出来，主要用于有特殊要求的保密文件和在文物上作保密记号。

笔触 brush stroke 泛指绘画中之笔法。通常多指油画和水彩画、水粉画中运笔的痕迹。画家运笔时，借助颜料的厚薄对比、调和剂的浓淡变化、落笔的轻重力度、运笔的快慢节奏，体现对象质感、量感、体积感和光影虚实的描绘能力。如用稀薄的颜料，轻匀柔润的笔法渲染出缥缈的云天和明净的水面，而用浓重的颜料，重叠堆砌的笔触塑造出坚硬的岩石和厚实的土地；如用枯涩的笔法刻画苍颜老者的形貌，而以细腻的用笔描绘年轻少女的肌肤等。笔触与物象表面贴切吻合，形成很强的真实感。另一方面，笔触亦和线条有某种相同的含义，不同的笔触感觉有不同的表情特征。跳荡轻松的笔触，给人以洒脱和愉快的感觉；凝重沉实的笔触，给人以朴厚或坚定的感觉；迅疾有力的运笔，表现出奔放奋发的情绪；颤动狂暴的运笔，宣泄出热烈或激愤的心情。笔触成为画家性格、情趣、艺术禀赋的自然流露，表现为画家的艺术风格和个性特征。

凡高作《树与男人》(1889)

笔会 ar-Rābitah al-Qalamī Yah 阿拉伯旅美作家在北美形成的一个文学团体。1920年4月，在黎巴嫩作家纪伯伦和努埃曼的倡议下在纽约成立。由侨居美国的10名作家、诗人组成。阿拉伯旅美派文学正式形成。笔会的宗旨是使阿拉伯文学从僵滞、保守的传统中解放出来，加强文学与生活的联系，使文学成为民族生活中的一个有效因素。海外作家和阿拉伯本土作家遥相呼应，对封建礼教、宗教迷信、暴虐不公、愚昧落后等各种社会弊端予以无情谴责和揭露。他们的作品通过《旅行者》及《艺术》等杂志传到阿拉伯本土，产生了重大影响。1931年纪伯伦去世，翌年笔会宣告解体。

笔记文 notes 一种随笔而录，杂谈琐语性质的散文。它的特点是内容广泛，遇有可写，随笔而书，可长可短，不拘形式。在中国，笔记之体肇始于魏晋，而宋明以后最为丰富。“笔记”的名称，始见于刘勰《文心雕龙》中的《才略》篇：“路粹、杨修，颇怀笔记之工，丁仪、邯郸，亦含论述之美。”但这里所说的“笔记”，并非指杂录、随笔之文，而是指公牍奏记类文字。至于把随笔而录、杂谈琐语性质的文字称为“笔记”，大约始于宋人。北宋宋祁有《笔记》3卷，南宋龚颐正有《芥隐笔记》、陆游有《老学庵笔记》，从而后世有了“笔记文”之称。对笔记文，后世又习惯称为“随笔”。“随笔”之称始于南宋洪迈，他有《容斋随笔》10卷，清代梁绍壬承其名有《两般秋雨庵随笔》8卷，俞樾有《春在堂随笔》15卷，而随笔之称遂沿用至今。长久以来，古代笔记论著又被称为“笔记小说”。这是因为关于“小说”的概念古今不同。“小说”一词始见于《庄子·外物篇》：“饰小说以干县令，其于大达亦远矣。”这里所谓的“小说”，是指远离道术的浮泛言论。后有班固在《汉书·艺文志》中列有“小说家”，称其为“街谈巷语，道听途说者之所造”。把不合于经典，有异于正史的论说记叙，比之于小道，称之为“小说”。后世文人，往往承袭班固的观点，把搜神志怪、野史旧闻、考据辨证、丛谈杂录等不好归类的零星文字，统称为“小说”。中国古代的所谓笔记文名称既不划一，内容也相当庞杂。但统观全貌，大致可以归纳为四大类：小说故事类、野史旧闻类、丛考杂辨类和杂录丛谈类。中国古代笔记文的数量相当宏富，自魏晋以至于明清，产生了许多好的作品。笔记文无论记人、记物、记事，虽不免零星枝节，但作者不刻意为文，只是信手拈来，记叙随意，了无拘束，反而有性情，有意象，亦庄亦谐，别有情趣，令人喜读不倦。

笔名 pen name 作者在发表作品、著书立说时隐去真实姓名所署的别名或假名。这种现象与当时作者所处时代的社会环境，作品反映的内容以及作者的审美情趣等因素密不可分。笔名一般由作者自拟，也有编辑代拟的情况。国外使用笔名的作者很多，如斯丹达尔（本名亨利·贝尔）、欧·亨利（本名威廉·西德尼·波特）、M.高尔基（本名阿列克塞·马克西莫维奇·彼什科夫）。中国明清两代，小说为人轻视，故有些作者顾及名誉，也使用笔名。如明代长篇小说《金瓶梅》作者兰陵笑笑生即是笔名，其真实姓名至今尚未考实。五四运动以后，文章署笔名以回避风险者日渐增多。有的作者用多个笔名发表文章。周树人曾使用过鲁迅、且介、何家干、仲度、白道等100多个不同的笔名。其他使用过几十、十几个笔名的作家也不少。有的作家经常使用某一笔名，笔名随着作品而产生广泛的社会影响，其真实姓名反而鲜为人知。现今，笔名在理论界、新闻界、文艺界仍习见。

笔墨 中国画术语。含画法与品评两个义项。画法，包含笔法和墨法。笔法指用笔的法式。中国画的笔法经过历代画家创作经验的积累，已总结出很多典型法式，如描法、点法、勾法、斫法、皴法、擦法等，各种法式中又包含很多具体样式，如描法中有明人总结的“十八描”，皴法中有披麻皴、斧劈皴、折带皴、云头皴等。就方法而言，笔法又包含藏露、提按、顿挫、转折、疾徐、正侧、刚柔、尖圆、简繁等对偶范畴。墨法指用墨的法式。中国画墨法经前人总结，形成运墨（渲染）法、破墨法、泼墨法、惜墨法、积墨法等法式，并总结出用墨的干、湿、浓、淡、枯、润等样式类型。用笔和用墨常常连接在一起，难以分割，前人论笔法和墨法时也常将其联系在一起。

随着中国画的演变，尤其文人画的兴起，笔与墨在绘画中的作用愈益凸显，笔与墨逐渐超越画法的层次，而具有一定的美学含意。“笔墨”作为一个概念而连用，最早出现在五代荆浩《笔法记》中。他评张璪树石曰：“气韵俱盛，笔墨积微”，评王维画曰：“笔墨婉丽，气韵清高”。此处的“笔墨”是指在画面中由笔和墨构成的笔墨形象整体以及这种整体的美学特征。至明代，在传为王绂所著《书画传习录》中所说“从有笔墨处求法度，从无笔墨处求神理；更从无笔无墨处参法度，从有笔有墨处参神理”，更道出笔墨已由技法的评价对象逐步上升为美学的品评对象。清代以后，人们已将“有无笔墨”作为绘画品评的首要准则，将“无笔墨”认同于“庖丁目无全牛”（汪之元）。恽南田更认为“气韵藏于笔墨，笔墨都成气韵”，“笔墨”作为一个品评术语也进一步得以确立。

笔墨之所以由技术层面逐步升华，主要缘于宋元以后文人画对于书法用笔和水墨样式的愈加重视。书法用笔不仅丰富了笔法样式，更提高了用笔过程中对画家内心修养的要求，而水墨样式则直接体现画家于平淡中见深厚的精神品格。笔墨逐渐成为中国画品格的灵魂。

20世纪以后，一方面对笔墨的认识逐渐深化；另一方面随着西学观念的介入，中国画笔墨的价值开始受到质疑，关于笔墨的论争也在90年代后期达到高峰，而争论的焦点便是笔墨对于中国画的价值和意义。

笔石 Graptolites 一类现已绝灭的古生代海洋群体动物。因形似铅笔书写在岩石表面的痕迹而得名。通常呈炭质薄膜状保存在黑色页岩中，在灰岩、砂岩和泥岩中也有发现。有时被黄铁矿化，三度立体笔石标本较罕见。

笔石是群体动物，被广泛认为是无脊椎动物和脊椎动物之间的过渡类型。笔石纲通常被划分为八个目：即树形笔石目、管树笔石目、腔笔石目、甲壳笔石目、茎笔石目、正笔石目、双胞笔石目和古树笔石目。

笔石是已绝灭的动物。它始现于中寒武世（约5亿年前）；繁盛于奥陶纪和志留纪（距今4.95亿年与4.1亿年之间）；绝迹于早石炭世（约3.2亿年前）。笔石化石遍布全球（除南极洲外）。中国境内除台湾省至今尚未发现外，其他省均有笔石。

寒武纪笔石完全营底栖生活。它们延续的时间很长，可达石炭纪。石炭纪笔石非常罕见，所有记录均为底栖类型，在北美洲、欧洲和中国有所发现。奥陶纪和志留纪是笔石的鼎盛时期。浮游类型的笔石开始出现于寒武纪与奥陶纪交替时期。此后浮游笔石经历了多样化和特化。通常笔石枝由多到少，枝的生长方向从下垂到上攀，最后仅为单列上攀。它们随波逐流遍及全球，不仅会出现在浅海和陆架沉积物中，同时也会沉降到远岸泥质沉积物中，构成特征的黑色笔石岩相。

世界各国都先后利用笔石作为地质年代标尺。因此对于世界上下古生代地层细分和对比，笔石提供了标准和可靠的化石依据。

俾路支人 Baluchi 南亚民族之一。主要分布在巴基斯坦的俾路支省、信德省和旁遮普省西南部。在印度、伊朗、阿富汗和土库曼斯坦亦有分布。属欧罗巴人种地中海类型。使用俾路支语，属印欧语系印度－

伊朗语族。部分通用信德语或旁遮普语。信奉伊斯兰教，属逊尼派。文化受伊朗影响较深。原住克尔曼和锡斯坦，后受哌哒人、塞尔柱人、蒙古人排挤，逐渐向南迁移，再向东占据广大地区，称“俾路支斯坦”。13世纪进入信德地区，1783年征服信德人。至今仍处于游牧部落阶段。除从事畜牧外，还赶骆驼经商。主要财产为牛、羊和骆驼。妇女操持家务和编织地毯。

俾路支省 Baluchistān 巴基斯坦最大省份，因俾路支地区得名。位于国境西南部，面积34.7万平方千米，人口约500万。平均每平方千米14.4人，在全国各省中，人口最为稀疏。西与伊朗交界，北与阿富汗为邻，南濒阿拉伯海。首府奎达。全省地势较高，地形复杂，矿藏丰富，有煤、铬、镁、铝、锑、铁、大理石、硫磺、石灰石、石膏、重晶石、刚玉和萤石等。1952年发现大储量天然气。养羊业占突出地位，90%以上人口从事牧羊业。羊毛质量高，主要供出口。有小规模灌溉农业。主要农作物有小麦、稻米、大麦、粟、水果和蔬菜。沿海渔业发达。工业以棉纺、毛纺织、酿酒、水果和蔬菜加工、谷物加工、药品、轻型机械和手工刺绣等称著。铁路以首府奎达为枢纽，西通扎黑丹（伊朗），西北至杰曼（靠近阿富汗），东北达兹霍布，东南入信德省苏库尔。公路可通伊朗和阿富汗及国内主要城市。沿海港口主要为中国援建的瓜德尔港。奎达航空港每天有飞往卡拉奇、拉合尔和拉瓦尔品第的班机。

俾斯麦 Bismarck, Otto von（1815-04-01～1898-07-30） 普鲁士王国首相（1862～1890），德意志帝国宰相（1871～1890）。执政期间采取“铁血政策”，故又有铁血宰相之称。生于施滕达尔附近的申豪森庄园，

卒于汉堡附近的弗里德里希斯鲁庄园。17岁后在格丁根和柏林大学攻读法学。1839年后经营农业。他采取资本主义农场的经营方式，逐渐成

为资产阶级化的容克。1845年任萨克森省议会议员，1847年任普鲁士联合邦议会议员，以维护贵族地产主的利益而闻名，政治上属于顽固的保守派。1862年9月，被普王威廉一世任命为首相，10月8日又被任为外交大臣。俾斯麦执政后，进行大规模军事改革。宣称“德意志的未来不在于普鲁士的自由主义，而在于强权”，“只有通过铁和血才能达到目的”。主张通过王朝战争，“自上”实现德意志统一。在1864年普丹战争、1866年的普奥战争、1870～1871年的普法战争中，建立起统一的德意志帝国。1865年晋封为伯爵，1871年兼任帝国宰相，并晋封为亲王，获著名的弗里德里希斯鲁庄园，成为德国最大的地产主之一。

1871～1890年，俾斯麦是德意志帝国的实际领导人，集帝国内政、外交大权于一身，只对皇帝负责。其内政的主要目标是维护现存制度，确保国家（首先是普鲁士）的权威。一方面加强普鲁士和帝国政府的权力，促进容克和资产阶级的联盟；另一方面大肆镇压工人运动。外交方面推行大陆政策，以争夺欧洲霸权。俾斯麦在外交上纵横捭阖，成为19世纪下半叶欧洲政治舞台上的风云人物。1890年3月被威廉二世解职。俾斯麦下台时被封为劳恩堡公爵。著有回忆录《思考与回忆》。

俾斯麦群岛 Bismarck Archipelago 南太平洋西部岛群。与新几内亚岛一起环抱俾斯麦海。由新不列颠岛、新爱尔兰岛等200多个大小岛屿组成。面积约4.8万平方千米。人口61.4万（2000）。多属火山岛或珊瑚岛。其中面积较大的岛屿地形崎岖，分布有许多活火山。气候常年高温多雨，土壤肥沃，植被茂密。1616年被荷兰人斯考滕和勒梅尔发现。1884年成为德属新几内亚的一部分，并以当时德国宰相O.von俾斯麦姓氏命名。第一次世界大战期间被澳大利亚占领。1946年以后成为澳大利亚托管地新几内亚的一部分。1975年起归巴布亚新几内亚。主要居民为巴布亚人和美拉尼西亚人。通用美拉尼西亚语。大部分居民从事农业和渔业，出产甘薯、玉米、椰子、木材、珍珠。输出椰干和可可。主要港口有新不列颠岛的拉包尔、新爱尔兰岛卡维恩、马努斯岛的洛伦高等。

必然性与偶然性 necessity and contingency 从本质因素和非本质因素方面来反映事物间不同类型联系的一对哲学范畴。必然性是指现实中由本质因素决定的一定如此的联系和唯一可能的趋势；偶然性是指现实中由非本质的互相交错的因素决定的以多种可能状态存在的联系。

唯物主义哲学家肯定客观必然性的存在，但其中一些人如德谟克利特、B.斯宾诺莎等却完全否定偶然性，认为偶然性只是由于人们的无知而产生的主观观念。某些唯心主义哲学家如D.休谟、I.康德认为必然性是由感觉造成的，或只是先验的范畴。G.W.F.黑格尔则把必然性和偶然性看作客观精神的产物，阐述了二者之间的辩证关系。

辩证唯物主义认为，任何事物、过程都具有必然性和偶然性这双重属性。必然性总是通过偶然性表现出来，偶然性是必然性的表现形式和补充，所以没有纯粹的必然性，也没有纯粹的偶然性。必然性与偶然性的区别是相对的，在某一层次、关系上看是必然的，在另一层次、关系上则可能是偶然的，另外由于事物自身的演化和条件的改变，必然的联系也可能转化为偶然的联系，反之也如此。正确把握必然性与偶然性的辩证关系在认识和实践中有着重要的意义。只承认必然性否认偶然性会导致机械决定论和宿命论，只承认偶然性否认必然性会导致非决定论和唯意志论。

必然与自由 necessity and freedom 揭示自然和社会的客观规律与人们自觉活动之间相互关系的一对哲学范畴。必然指不依赖于人的意识而存在的自然和社会所固有的客观规律。自由指在必然性基础上人所进行的积极的自觉活动，即对客观规律的认识和对客观世界的改造。

在哲学史上，B.斯宾诺莎明确提出了自由和必然的问题，他认为人类合理的行为才是自由的。自由的程度决定于行为合理的程度。G.W.F.黑格尔认为自由是人们认识了的必然，但他把自由仅仅归结为对必然的认识活动。宿命论只承认必然，否认自由，认为人在客观规律面前只能受必然的支配，受命运的摆布。唯意志论无限夸大自由在人类活动中的作用，认为意志决定一切，根本否认客观规律。人类从必然中获得自由的程度是同社会关系、社会制度、社会生产力的发展水平、科学技术的进步以及人类思维的能力密切联系在一起的。客观世界及其发展是无限的，人们对必然性的认识也不会停留在一个水平上，而是一个不断深化的过程。人类发展史就是从必然王国不断地向自由王国飞跃的历史。

必要劳动 necessary labor 劳动者为生产自己必需的生活资料、维持劳动力再生产所耗费的劳动，它不以劳动的社会形式为转移。

在一切社会生产中，劳动者的劳动，至少在理论上可以区分为两个部分：①为生产自己必需的生活资料、维持劳动力再生产所耗费的劳动，称为必要劳动。②为社会需要所提供的劳动，称为剩余劳动。与此相应，劳动时间和劳动产品也区分为必要劳动时间和剩余劳动时间、必要产品和剩余产品。

必要劳动和剩余劳动一般地说是一对历史范畴，在不同的经济制度和生产方式中，具有完全不同的性质，所体现的是完全不同的关系。在人类的史前时代，由于生产力十分低下，几乎不存在剩余劳动。自从人类生产力的发展除了维持人口的繁衍和劳动力简单再生产以外还有一定剩余以后，剩余劳动随之产生并不断增加。必要劳动的必要性是双重的：①对劳动者是必要的，这是使他们成为劳动者并不断地把劳动力再生产出来的前提。②对生产资料的所有者、剩余劳动的剥削者、社会的统治者是必要的，这是为他们提供一定剩余劳动的基础。

在以商品生产为基础的资本主义生产方式中，劳动采取了价值的形式，必要劳动和剩余劳动也分别表现为必要劳动价值和剩余价值。必要劳动价值也就是劳动力价值，它的转化形式——劳动力价格就是所谓的工资，而剩余价值则转化为资本家的利润。

毕奥 Biot, Jean-Baptiste（1774-04-21～1862-02-03） 法国物理学家、天文学家。生于巴黎，卒于巴黎。1791年毕业于巴黎综合工科学校，历任博韦大学数学教授，法兰西专科学校数学物理学教授，巴黎大学理学院天文学教授、理学院院长。1803年当选为法兰西科学院院士，后出任副院长、院长。1856年当选为法兰西语文学院院长。1816年发现电气石的双折射，并以此研究偏振光现象。1820年，他和F.萨伐尔合作研究电磁现象，发现流经导线的电流所产生的磁场强度与其离导线的距离平方成反比，即毕奥－萨伐尔定律，它是现代电磁学理论的基石之一。1835年研究偏振光现象，发现当偏振光穿过糖溶液时其偏振面会发生旋转，即发现了旋光现象，而偏振面的旋转角度可作为糖溶液浓度的度量，从而提供了一种无破坏性的测定糖浓度的方法。在他的多种著作中，以《物理天文学初阶》（1805）闻名。

毕奥-萨伐尔定律 Biot-Savart law 恒定电流元激发磁场的基本规律。真空中恒定电流元矢量$I\mathrm{d}\boldsymbol{l}$在空间一点$P$所激发的磁感应强度$\mathrm{d}\boldsymbol{B}$为：

$$\mathrm{d}\boldsymbol{B}=\frac{\mu_0}{4\pi}I\mathrm{d}\boldsymbol{l}\times\frac{\boldsymbol{r}}{r^3}$$

式中$\mathrm{d}\boldsymbol{l}$为载流导线上的线元，方向为电流方向；$\boldsymbol{r}$为电流元到P点的径矢；$\mu_0=4\pi\times10^{-7}$亨/米是真空磁导率。磁感应强度的大小为：

$$\mathrm{d}B=\frac{\mu_0}{4\pi}\frac{I\mathrm{d}l\sin\theta}{r^2}$$

式中θ为电流元$I\mathrm{d}\boldsymbol{l}$与径矢$\boldsymbol{r}$之间的夹角。国际单位制中电流$I$的单位为安培（A），$\mathrm{d}l$和

r的单位为米，则d$\boldsymbol{B}$的单位为特斯拉；d$\boldsymbol{B}$的方向垂直于电流元$Id\boldsymbol{l}$和径矢$\boldsymbol{r}$所决定的平面，指向由**右手螺旋定则**确定。恒定电流元的磁场遵从线性叠加原理。整个恒定电流回路在空间一点的磁感应强度$\boldsymbol{B}$等于各电流元所引起的磁感应强度的矢量叠加，表示为：

$$\boldsymbol{B}=\frac{\mu_0}{4\pi}\oint_L Id\boldsymbol{l}\times\frac{\boldsymbol{r}}{r^3}$$

毕奥–萨伐尔定律是讨论恒定电流的磁场性质和计算其磁场分布的基础，根据这一定律可导出恒定磁场的两个基本定理：磁高斯定理和安培环路定理。1820年H.C.**奥斯特**发现电流的磁效应后不久，毕奥和萨伐尔即着手研究电流产生磁效应的规律。他们发现：一长直导线电流对磁极的作用力同电流成正比，同磁极到电流导线的距离成反比；一弯折成一定角度的电流导线对其顶点外处的磁极作用力不仅与电流和距离有关，还与弯折的角度有关。在数学家P.-S.**拉普拉斯**的帮助下，倒推回去，导出上述定律。这种由个别特殊实验导出的普遍规律的正确性，是靠由此得出的一切推论都与实验相符而得到确认的。

毕达哥拉斯 Pythagoras（约前580～约前500） 古希腊哲学家、数学家、天文学家。生于萨摩斯（今希腊东部小岛），卒于他林敦（今意大利南部塔兰托）。早年曾游历埃及、巴比伦（一说到过印度）等地。为了摆脱暴政，他移居意大利半岛南部的克罗托内，在那里组织了一个政治、宗教、数学合一的秘密团体。这个团体后来在政治斗争中遭到破坏，他逃到他林敦，后终于被杀害。

毕达哥拉斯学派有一种习惯，就是将一切发明都归之于学派的领袖，而且秘而不宣，以致后人不知是何人在何时所发明的。他们很重视数学，企图用数来解释一切。宣称数是宇宙万物的本源，研究数学的目的并不在于实用而是为了探索自然的奥秘。毕达哥拉斯本人以发现**勾股定理**（西方称毕达哥拉斯定理）著称于世。这定理早已为巴比伦人和中国人所知，不过最早的证明大概可归功于**毕达哥拉斯学派**。这个学派还有一个特点，就是将算术和几何紧密联系起来，如把算术中的单位看作

毕达哥拉斯在写作

“没有位置的点”，而把几何的点看作“有位置的单位”。他们发现用三个整数表示直角三角形边长的一种公式：$2n+1$，$2n^2+2n$分别是二直角边，则斜边是$2n^2+2n+1$。这公式属于算术，又属于几何。他们将自然数分为若干类：奇数，偶数，完全数，亲和数；三角数（1,3,6,10,…），平方数（1,4,9,16,…），五角数（1,5,12,22,…）等；又注意到从1起连续的奇数和必为平方数。后面这几类数都和几何有关。

通过勾股定理，导致不可通约量的发现，是这个学派的重大贡献。他们还发现五种正多面体。最初用正四面体、正六面体、正八面体和正二十面体来表示火、土、气、水四大元素，后来又发现正十二面体，由于没有相应的第五种元素，于是就用来代表宇宙全体。毕达哥拉斯还是音乐理论的鼻祖，他阐明了单弦的乐音与弦长的关系。在天文方面，首创地圆说，认为日、月、五星都是球体，浮悬在太空中。毕达哥拉斯死后，这个学派还继续存在两个世纪之久。他的思想和学说，对希腊文化有巨大的影响。

毕达哥拉斯学派 Pythagorean 古希腊的哲学派别。产生于公元前6世纪末。创始人**毕达哥拉斯**，主要代表人物有阿尔克迈翁、费罗劳等。早期主张灵魂轮回说与数的和

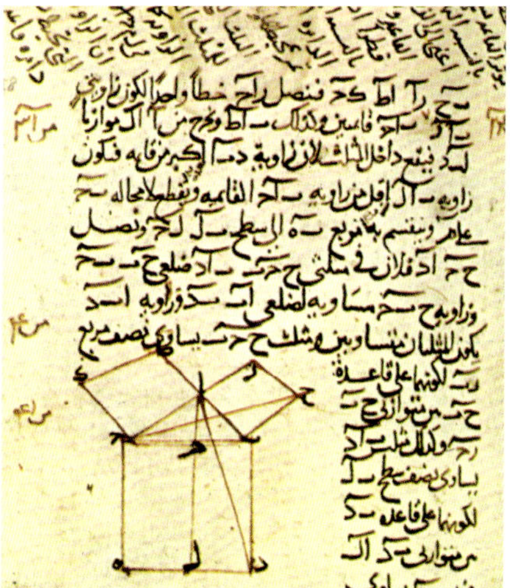

毕达哥拉斯定理手抄本

谐说。认为灵魂不灭，可以从一物移至另一物。又将“数”作为万物本原，试图以数量关系解释一切自然与社会现象。对自然现象作过一些有益的研究，流传下来了著名的毕达哥拉斯定理（见**勾股定理**）。后期分裂为两派，一些人恪守清规戒律，另一些人则致力于数学、天文学的研究。该学派对柏拉图产生过深刻影响。

“毕德麦耶尔”文学 Biedermeier literature 1815～1848年30余年间德国文学的总称。“毕德麦耶尔”原为庸人、小市民之意。20世纪初，被用来概括在国家专制统治下，民众脱离政治、追求个人安逸的社会现状。毕德麦耶尔时期是一个相对稳定的社会时期，保守复古势力占上风。广大民众思想受到压抑，以顺天意、求安逸的生活态度求得内心平和。文学作品多以家庭和历史为题材，表现了人们对世外桃源的向往和对大自然的眷恋。著名小说家有施蒂弗特、W.豪夫、维利巴尔特·阿莱克斯、耶里米亚斯·戈特黑尔夫等。剧作家有F.格里尔帕策、F.莱蒙德和J.**内斯特罗伊**等。

毕德显 Bi Dexian（1908–12–21～1992–01–12） 中国无线电和电子学家、教育家。生于山东平阴，卒于北京。1932年毕业于燕京大学物理系。1940年赴美国深造，1941年获斯坦福大学电机系硕士学位，1944年获加州理工学院物理系博士学位，留任该学院火箭理论研究组，后在美国无线电公司参加研制工作。1947年回国，历任南京中央大学物理系教授，大连大学电机电讯系主任，中国人民解放军通信兵技术学院教授、副院长，解放军雷达工程学院和通信兵工程学院副院长，1978年始任解放军通信工程学院副院长。1980年当选中国科学院学部委员（院士）。

毕德显对雷达理论、**信息论**、**电磁场**和天线理论做过许多研究，对坑道天线和信号设计有独特贡献。编著《电波传播》、《脉冲技术》、《信息论基础》、《无线馈电设备》、《电磁场理论》和《电视原理》等教材。曾任中国电子学会理事，及其下属雷达专业委员会主任。

毕尔巴鄂 Bilbao 西班牙北部港口城市，比斯开省首府。位于内尔维翁河口。人口35.49万（2009）。初为航海居民点，当地制作的剑被莎士比亚称为“毕尔巴鄂剑”。1300年成为自治市。14世纪后成为羊毛出口中心。18世纪随着殖民地贸易而繁荣。1874年后逐步工业化。1890年将内尔维翁河左岸的几座城镇并入。现为北部最大钢铁和化工中心之一，汽车、水泥、造船、电器、纺织、造纸、食品等工业也很发达。重要金融中心，全国第二大港，海洋捕鱼业发达。名胜古迹有教堂和市政厅等。拥有多座博物馆。

毕加索 Picasso, Pablo（1881–10–25～1973–04–08） 西班牙画家。生于西班牙南部小

图1 自画像

镇马拉加，卒于法国穆然城。他自幼爱好艺术，15岁随父母迁居巴塞罗那，入美术学校学习。巴塞罗那对当时西欧的各种新文化思潮反应很敏感，著名的四猫咖啡店是文化界人士聚会的沙龙，毕加索是这个沙龙中年龄最小的常客。当时流行的各种艺术思潮如象征主义、批判现实主义、**印象主义**、自然主义、唯美主义，对他都有吸引力。他接触到社会的底层，在失意、潦倒而又极富思考的同行中，呼吸到笼罩着整个西班牙的社会气息。

蓝色时期至粉红色时期 1900～1903年，是毕加索创作中的蓝色时期，他采用低沉、不明朗的蓝色调表现充满孤寂、荒凉和悲怆的情绪，画中的人物多半是贫困者、残疾人、病人、老人和孤独者。作品有《熨衣服的妇女》、《喝苦艾酒者》、《老犹太人与男孩》、《塞莱斯蒂内》和《人生》等。1903～1905年，毕加索的画里出现了柔和的淡黄褐色或粉红色，描绘的大都是演员、江湖艺人、丑角等。这一创作阶段，通常被称作粉红色时期，作品有《杂技演员之家》、《演奏吉他的老人》等。毕加索的早期作品属于批判现实主义的范畴，但含有西班牙民族艺术的特征和20世纪初的时代气息，具有较浓的悲剧成分和神秘色彩。

立体主义时期至新古典主义 1907年是毕加索创作的转折期。这一年，他完成了《亚威农少女》。他抛弃了西方传统绘画的造型法则，大胆地向文艺复兴以来确立的审美法则挑战，画中没有任何情节，没有具体的环境描写，在一个画面上（主要在右边两个妇女的造型上）表现正面、侧面和斜切面，追求一种结构的美。《亚威农少女》被视为**立体主义**的开端。毕加索和G.**布拉**

图2 《亚威农少女》(1906～1907)

克被认为是立体主义的主将。1908～1909年，是分解的立体主义阶段；1911～1914年，则是综合的立体主义阶段。分解的立体主义排斥装饰性的阿拉伯图案和明亮的色彩，如《少女和曼多林》(1910)、《卡恩韦勒像》(1910)。在综合的立体主义阶段，色彩重新被重视，出现灰色、黄绿色和淡黄色之间的色调，实物被引进画面，并采用拼贴法，如《静物与藤椅》(1911～1912)等。

1915年，毕加索开始对J.-A.-D.**安格尔**精确而细致的素描感兴趣，画风也由立体主义转向新古典主义，在严谨的造型中，用夸张的手法表现宏伟磅礴的气势。如油画《竞跑》(1922)，素描《伊戈尔·斯特拉文斯基肖像》等。到20年代中期，毕加索迷恋于**超现实主义**，与这一运动的领导人A.布雷东交往密切，并参加过超现实主义展览。1925年的油画《三个舞蹈的人》，出现痉挛似的变形。在此后的数年间，他笔下的人物往往是极端扭曲和不安的，可能受到超现实主义者J.**米罗**和Y.唐居伊的影响。

西班牙内战至纳粹占领时期 西班牙内战中，毕加索坚定地站在共和国一边，反对独裁的佛朗哥政权。1937年，他画了连续性的版画《佛朗哥的梦幻与宣言》，并附以诗作，表示对佛朗哥的痛恨与谴责。此后不久，毕加索以纳粹德国空军轰炸西班牙北部重镇格尔尼卡为题材，创作了壁画《格尔尼卡》，表现战争带给人类的灾难。

在德国纳粹占领法国期间，毕加索保持了爱国者的气节，拒绝法西斯的利诱。1944年，他参加了法国共产党。战后，毕加索创作大幅油画《尸骨存放所》，描绘法西斯集中营内的饿殍，表示对法西斯兽行和黑暗势力的愤怒谴责。50年代初，毕加索积极参加了保卫世界和平的运动。他描绘鸽子的一幅版画，作为在巴黎召开的保卫世界和平大会会标，人们称它为和平鸽。这期间，在毕加索创作中具有特殊意义的是油画《朝鲜的屠杀》及《战争》与《和平》。

1946年以后，毕加索长期住在法国南部。在这期间，他根据N.**普桑**、J.-L.**大卫**和E.德拉克洛瓦等人的作品，重新加以发挥，画了一些随意的、富于想象的油画；创作了不少精美的版画和书籍插图；还为联合国教科文组织的巴黎总部大厦创作了装饰性绘画。

毕加索给人类遗留下来大量的各类美术品。他的私人收藏，包括他自己及朋友的作品，已捐赠给法国政府。巴黎建有毕加索博物馆。

毕节地区 Bijie Region 中国贵州省人民政府设立行政公署所管理的地区。位于贵州省西北部，乌江上游。邻云南省和四川省。辖毕节市、大方县、黔西县、金沙县、织金县、纳雍县、赫章县和威宁彝族回族苗族自治县。面积26 852平方千米。人口654万(2010)，有汉、彝、苗、白、回、布依、仡佬、蒙古、满、水等民族。地区行政公署驻毕节市。汉初属夜郎国地，元鼎六年(前111)置牂柯郡，东境属牂柯郡，西境属犍为属国。后多经更迭。1949年置毕节专区，1970年改为毕节地区。区境垂直气温差异大。农作物有水稻、小麦、玉米、油菜、荞麦、甜菜等。产天麻、杜仲等中药材。矿产有煤、铁、硫、磷等。工业有冶金、电力、煤炭、化工、烟草等。

毕节市 Bijie City 中国贵州省毕节地区辖市。地区行署驻地。位于省境西北部，川、黔、滇3省交界处。面积3 412平方千米。人口114万(2010)，有汉、苗、布依等23个民族。元建毕节驿。明置毕节卫。清康熙二十六年(1687)置毕节县。1993年撤县设市。属中亚热带湿润性季风型气候。年平

毕节市集市上的苗族妇女

均气温13.3℃。平均年降水量919.8毫米。矿产资源有煤、铁、铅锌矿、铜、硫铁矿、大理石等。农业以水稻、玉米、小麦和油菜子、花生、烤烟、蔬菜、蚕桑、水果等为主。工业有采矿、电力、冶金、化工、机械、建材、卷烟、食品、制革等。名胜古迹有响水滩瀑布、七星关、灵峰寺、观音寺、文峰阁、老鹰洞，有“中华苏维埃人民共和国川滇黔革命委员会”、“贵州省抗日救国军司令部”等革命遗址。

毕沙罗 Pissarro, Camille (1830-07-10～1903-11-13) 法国画家。生于西印度群岛中的圣托马斯岛一个犹太人家庭，卒于巴黎。12岁到巴黎，17岁回到西印度群岛，不久又回到巴黎入丹麦画家F.梅尔比画室学习。在毕沙罗绘画风格形成的过程中，受G.**库尔贝**和C.**柯罗**的影响较大。他的早期作品如《蓬图瓦兹的河岸景色》(1867)，可以看出柯罗和**巴比松画派**对他的影响。1859年，他的作品第一次被官方沙龙接受。他参加过印象主义的历届展览会。从1869年起，他开始注重外光的表现。1870年和莫奈在英国逗留，英国画家J.**康斯特布尔**、J.M.W.**泰纳**对户外空气、光线

《瓦桑村的道路》(巴黎奥塞美术馆藏)

和瞬间效果的探索给予他启示。这期间，他的绘画进展很快，技巧更自由，色彩更明亮。1872年回法国后所画的《瓦桑村的道路》，反映了这种风格的变化。70年代末期，毕沙罗画中原有的建筑性、实体性逐渐消失，描绘更多的是树枝、树叶和水流。80年代，毕沙罗的题材有些变化，他取材于农村生活，表现农民劳动、休息的场景，画面带有J.-F.**米勒**的感伤味。这类作品有《农妇与手推车》(1880)、《马铃薯的收成》(1886)、《手拿树枝的农家女》、《折树枝的农妇》等。晚年体弱多病，常常从窗中眺望巴黎的市景，画下了不少巴黎街头的景色。

毕生发展 life-span development 人类个体整个生命过程随年龄增长的发展变化。毕生发展是20世纪60年代末兴起的发展心理学中的一种新的研究取向。依据毕生发展观，人类个体生命历程具有多种方向发展的可能性，并且必然是多维度的；在生命每一个阶段的连续变化过程中，既有获得也有丧失，既有生长也有衰退，不过两者的比率不同而已；引起变化的原因既有内部的生物学方面的因素，也有外部环境的因素，即个体生活于其中的不同生态环境水平的影响。毕生发展观对人的生命变化持乐观态度，认为人类个体是高度可塑的。

毕昇 Bi Sheng (990～1052) 中国古代活字版印刷术发明者。淮南路蕲州蕲水县直河乡（今属湖北英山）人。据北宋科学家**沈括**在所著《梦溪笔谈》中记述，庆历年间(1041～1048)毕昇发明**活字版印刷**。毕昇用胶泥刻字，每字一印，用火烧后使其为坚硬的活字。排版时先设一有框铁板，上面敷一层松脂蜡和纸灰的混合物，于铁板四周置一铁范，依铁范密排活字，当一版排满，将铁板在火上烘烤，使药稍熔后用一平板压字面，使活字牢固，全版字面平整，即可印刷。毕昇的发明是印刷术由费工费时的**雕版印刷**进入高效率的活字版印刷时代的标志，他是举世公认的用活字印书的第一人。《梦溪笔谈》作为记载这一发明传世的唯一文献，使得活字版技术广为传播。1450年，德国人J.**谷登堡**在吸收中国活字技术的基础上，首创铅、锡、锑三元合金活字。以后，这种技术又传遍世界。

毕苏语 Bisu language 毕苏人使用的语言。在中国主要分布于云南省澜沧、孟连和勐海等县。此外，泰国、缅甸、老挝等国均有分布。属**汉藏语系**藏缅语族**彝语支**。分澜勐、淮帕、达考3个方言。中国境内的毕苏语属澜勐方言。毕苏语的特点：浊塞音和塞擦音常带有同部位的鼻冠音；韵母数量较多；有3个鼻音韵尾和塞音韵尾。有4个声调。词汇与同语支的**哈尼语**、**拉祜语**、**傈僳语**有较多的同源词。构词的主要方式为复合。有较多傣语和汉语借词。助词分结构、情态、表数和语气助词4类，是表达语法意义的主要手段。句子的基本语序为主语－宾语－谓语。

毕希纳 Büchner, Georg (1813－10－17～1837－02－19) 德国戏剧家。生于戈德劳，卒于苏黎世。1831～1833年在斯特拉斯堡学医。1835年因建立革命组织“人权协会”并秘密发行政治小册子《黑森信使》被迫流亡。后在苏黎世大学任讲师。主要创作了表现雅各宾党人和吉伦特党人之间的争斗的剧本《丹东之死》(1835)，揭露统治阶级内心的空虚和行尸走肉生活的讽刺喜剧《莱翁采和莱娜》(1836)，揭示犯罪社会原因的悲剧《沃伊采克》(1835～1836)，分析剧作家精神失常的心理原因的中篇小说《伦茨》(1839)等。

毕宿五 Aldebaran 金牛座α(αTau)。中国古代名为毕宿五，位于星座金牛头部眼睛的位置，俗称金牛眼。古代阿拉伯称为“追随者”，它随着昴星团升起，总是跟随着昴星团。全天第十四颗亮星，视星等为0.87v（v表示变星），绝对星等M_v=－0.63，距离太阳为65.1光年。是晚型巨星，呈橘红色，有效温度为3 800K。冬夜亮星中最红、最早出现在东方地平的恒星。毕宿五因位于月球白道附近，常有被月球掩盖的掩星现象，称为月掩毕宿五。

毕业论文 graduation thesis 高等学校（或某些专业）本科应届毕业生的总结性独立作业。它既是学生在校期间所学专业学习成果的综合体现，也是学校考核和评定学生毕业成绩的重要方式之一，是高等学校教学工作的一个基本环节。毕业论文的撰写，在于培养学生综合运用所学知识和技能创造性地分析和解决较为复杂问题的能力，并使他们受到科学研究的初步训练。本科专业毕业生要在教师指导下，根据所学专业的要求，选定毕业论文题目，论文的基本科学论点、结论和建议，要求具有一定的理论意义和实践价值。论文完成后，经评定成绩及格者，才能毕业。可授予学士学位。

毕业设计 graduation project 高等学校工程技术科学专业及其他需要培养设计能力的专业或学科应届毕业生的总结性独立作业。要求学生针对某一课题，综合运用本专业所学的理论和技术，有一定创见地作出解决实际问题的设计。相当于一般高等学校的**毕业论文**。毕业设计的目的在于使学生通过对某一课题做专门深入系统的研究，巩固、扩大、加深已有知识，培养其综合运用已有知识独立地、创造性地解决问题的能力。一些国家根据学生的毕业设计，授予一定的职称，如建筑师、农艺师、摄影师等。中国把毕业设计和毕业考试结合起来，作为授予学士学位的依据。

闭关政策 closed-door policy 中国清政府在对外关系中所执行的控制贸易及隔绝与外国交往的政策。清建立全国政权之后，厉行闭关政策。以乾隆二十二年（1757）为界，大体可分为前后两个不同时期。前期禁海的目的主要在于隔绝大陆人民与台湾郑氏抗清力量交通，防范人民集聚海上；后期则着重防禁“民夷交错”，针对外国商人，以条规立法形式，严加限制对外贸易。乾隆二十二年，清廷针对外国资本主义势力而厉行闭关政策，只准在广州一口贸易。在对外贸易中，清政府又实行商行制度，即设广州十三行以进行垄断。清政府只允许少数殷实富商设立“公行”，负责与外商从事进出口贸易，并代表清政府与洋商交涉。清朝对外实行闭关政策，是封建经济的产物。自给自足的小农经济，使人们彼此隔绝，在政治上自然产生闭关自守。此外，满族统治者对汉族人民防范甚严，他们惧怕外国人支持汉人反抗清廷的活动。同时，清政府对出洋贸易的中国人也有种种严格限制。清政府实行闭关政策，对中国社会的前进起了阻碍作用，严重影响了经济的发展。同时，也使中国人民与世界潮流隔绝，不明世界大势，而清统治者更是闭目塞听。1840年，英国终于用大炮轰开了中国的大门。

闭经 amenorrhea 从未有过月经或月经周期已建立后又停止的现象。常见的妇科症状之一，可由全身或局部疾病引起。女性年过18岁尚未来经者称原发性闭经；月经初潮后，正常绝经以前的任何时间内又停经6个月（或3个周期）者称继发性闭经。妊娠期和哺乳期闭经属生理现象。原因有功能性与器质性两种，下丘脑－垂体－卵巢轴的功能失调与原发性闭经关系密切。

分类 根据发生部位，可分为四大类：

下生殖道或子宫病变 ①阴道性闭经。又称隐经。经血能正常产生，但不能从阴道流出。如处女膜闭锁和先天性无阴道或阴道横隔。②子宫性闭经。子宫内膜阙如或发育不良、损坏，则难以产生正常的周期性变化，而致闭经。

卵巢性闭经 卵巢因疾病、损伤、早衰、切除，致性激素不足或不能产生，导致子宫内膜不能生长，亦无周期性变化及脱落。

垂体性闭经 垂体疾病影响促性腺激素的分泌，并通过卵巢影响月经。如：①垂体损坏（常发生于产后大出血后）；②垂体促性腺激素分泌功能低下。

下丘脑性闭经 下丘脑分泌促性腺激素释放激素，通过垂体门脉系统进入垂体，使垂体前叶分泌促性腺激素。下丘脑疾病可影响垂体，进而影响卵巢引起闭经。下丘脑性闭经较为多见。精神神经因素、药物等也可以影响下丘脑，引起闭经。

其他原因 生殖器结核或其他部位的严重结核、重度贫血，都可以通过下丘脑影响脑垂体功能。疾病好转后月经自然恢复。其他内分泌腺如肾上腺皮质（功能不全或亢进、肿瘤或增生），甲状腺功能严重亢进或减退，以及糖尿病或营养不良等也均可通过下丘脑引起闭经。

病史与体检 首先要排除妊娠，然后区分是原发性或继发性闭经。生育年龄妇女闭经要注意妊娠、哺乳、应用避孕药物及刮宫史、产后大出血等病史。

内分泌测定 基础体温与阴道涂片是不可缺少的检查。①基础体温测定，可反映卵巢是否有排卵及黄体功能。②阴道涂片，可以间接反映出卵巢功能和雌激素水平的变化。③从子宫颈管取黏液看结晶的情况，可以了解雌激素水平及有无排卵。④月经来潮12小时内取子宫内膜病理检查，可用以排除内膜结核，了解宫颈管、宫腔有无粘连、卵巢有无排卵与雌、孕激素的水平。⑤取血测定催乳素、黄体生成素及促卵泡成熟激素可了解垂体功能，判断是否为卵巢性闭经。

治疗性试验 黄体酮撤退试验及人工周期试验可了解闭经的原因（是否为子宫性闭经）。垂体兴奋试验可以区分垂体性闭经或下丘脑性闭经。

影像学检查蝶鞍断层摄片、头颅X射线摄片或CT检查，可了解有无垂体瘤。

遗传学检查 原发性闭经者要作染色质和染色体核型检查。

宫腔镜和腹腔镜检查 可了解卵巢内卵泡的发育、宫腔内情况及其他内生殖器等情况。

治疗原则 应针对病因进行治疗。如结核感染给抗痨治疗；卵巢或垂体肿瘤应手术切除；功能性闭经者亦应按不同情况进行治疗，及早治疗效果较好。患者必须消除精神负担，劳逸结合，加强体质锻炼，中药、针灸、西药促排卵或内分泌替代治疗均可选用。

庇古 Pigou, Arthur Cecil（1877-11-18～1959-03-07） 英国经济学家。又译A.C.皮古。生于怀特岛的赖德，卒于剑桥。毕业于剑桥大学，1908年继A.马歇尔担任剑桥大学经济学教授至1943年。1918年任英国通货与外汇管理委员会委员。1919年任皇家所得税委员会委员。1927年被选为英国科学院院士。

庇古的福利经济学包含两个基本命题：一是国民收入量愈大，社会经济福利就愈大；二是国民收入分配愈是均等化，社会经济福利就愈大。他用边际效用理论来论证这两个命题。庇古从生产方面论证国民收入总量最大，亦即社会经济福利最大的命题，从而提出了社会资源适度配置的理论。他用“边际私人纯产值”和“边际社会纯产值”的概念来说明“最适度”生产的问题。他指出在制造业中，厂商往往由于扩大经营，充分利用设备，使平均成本递减，收益递增。国家对于这种企业应给予奖励。而对成本递增，收益递减的企业，如废旧的煤矿，则实行征税，使其缩减生产。关于从收入分配上使社会经济福利极大化的问题，庇古认为，任何能增加穷人的实际收入而不减少国民收入的措施，就会增加社会经济福利。因此他主张采取征收累进所得税、遗产税和举办失业补助与社会福利事业等办法，把富人的一部分收入转移给穷人。著有《财富与福利》、《福利经济学》、《工业波动》、《财政研究》、《社会主义与资本主义》、《就业与均衡：理论探讨》等。

庇护 asylum 国家对于因政治或科学研究原因被追诉或受迫害而请求避难的外国人，准其入境、居留，给予保护的行为。

在国际实践中，各国庇护的对象主要是被外国追诉的政治犯或因从事政治活动而遭到迫害的人，故一般称为**政治避难**。从国际习惯法的角度而言，除非受到有关国际条约和具体的国际习惯规则的明确禁止，任何个人为逃避本国的迫害，都可以成为他国领土庇护的对象。享受领土庇护的人可在庇护国取得合法的居留权，且原则上不得被**引渡**到其可能受到迫害的任何国家。受庇护人除非取得了庇护国的国籍，通常会与一般外国人享受同等的权利待遇（见**外国人待遇**）。国家只应根据属地优越权在本国领土内行使庇护的权利，驻外使馆和在外国港口停泊的军舰与商船不得用来作为任何罪犯的庇护所。国际法不承认国家在其领域外庇护外国人的权利（即不承认外交庇护），如在驻外使领馆行使庇护权，则是对驻在国属地管辖权的公然侵犯。

中国一向根据国际习惯法原则对因政治原因遭到外国追诉或迫害的外国人给予庇护。中国严格遵守根据国家领土主权的属地管辖原则，仅在中国领域范围内接受政治避难者，不承认所谓外交庇护。对于犯有严重国际罪行的罪犯也不给予庇护。根据国际法和中国有关法律规定，允许在中国避难的外国人与外国人地位大致相同，他们须遵守中国法律，服从中国管辖，享有应有权利，不得从事违反联合国宗旨和原则的活动，也不得从事反对其本国的活动。

2005年6月10日，巴西利亚第四届全球反腐败论坛呼吁各国拒绝庇护腐败分子

庇隆 Perón, Juan Domingo（1895-10-08～1974-07-01） 阿根廷政治家，总统（1946～1955，1973～1974），正义党领袖。生于布宜诺斯艾利斯省洛沃斯城一个中等庄园主家庭，卒于布宜诺斯艾利斯。1943年6月，“联合军官团”发动政变，推翻R.S.卡斯蒂略政府，庇隆出任劳工和社会保

障国务秘书。他擅长演说，广泛进行改善劳工政治、经济地位的宣传，取得工人群众的支持。1944年任陆军部长和副总统。1945年10月发生军事政变，庇隆被捕，不久获释。1946年2月庇隆当选总统并晋升将军。1949年主持修改宪法，1951年获连选连任。

庇隆把自己的基本政治主张概括为正义主义，即庇隆主义。其主要内容是：政治主权，经济独立，社会正义；对内实行劳资合作，和平革命；对外奉行与帝国主义和共产主义保持等距离的所谓“第三立场”。但是，他的经济政策损害了大农牧业主和大资产阶级的利益，他的政府颁布的允许离婚、堕胎和在学校中禁止宗教教育的法令也引起教会不满，对反对派的严厉镇压又加剧了国内矛盾。1955年9月被军人推翻。此后长期侨居西班牙。1973年3月，正义党和其他12个党组成联合阵线参加大选，庇隆在国内的私人代表H.J.坎波拉当选总统。同年6月，庇隆从西班牙回国。在9月举行的大选中，庇隆及其夫人M.E.M.de庇隆分别当选为总统和副总统。庇隆重新执政后，继续推行发展民族经济、加强与第三世界关系的政策，但受到党内派系斗争加剧、经济形势恶化等问题的困扰。

哔叽 serge 用精梳毛纱织制的一种素色斜纹毛织物。名称来源于英文词beige，意为“天然羊毛的颜色”。呢面光洁平整，纹路清晰，紧密适中，悬垂性好。以匹染为主，色泽以藏青色和黑色为多。宜用作学生服、军服和男女套装的面料。可用各种品质羊毛为原料，纱支范围较广，以$\frac{2}{2}$斜纹组织织制，经密稍大于纬密，斜纹角度右斜约45°。品种较多。按原料分为全毛哔叽和毛混纺哔叽。按羊毛品质高低分为粗毛哔叽和细毛哔叽。粗毛哔叽手感稍粗硬厚实，呢面有时多戗毛；细毛哔叽手感丰满柔糯，富有弹性。按呢身重量和纱线支数又分厚哔叽、中厚哔叽和薄哔叽。厚哔叽和中厚哔叽统称哔叽，薄哔叽又称细哔叽。厚哔叽重量约310～390克/米²，选用支数较高的细羊毛纺成较粗纱线织制，可用于风衣和春秋大衣。中厚哔叽重量约240～290克/米²，薄哔叽约190～210克/米²。薄哔叽采用的纱线越细，织物表面越细洁，有丝型感，用作夏季女式服装面料或裙料。哔叽风格移植到棉织物中则称为棉哔叽。采用$\frac{2}{2}$斜纹组织，织纹较宽而不凸出，倾斜约45°或135°，质地松而手感柔软。

铋 bismuth 化学元素，元素符号Bi，原子序数83，原子量208.980 40，属元素周期表中ⅤA族。1450年B.瓦伦丁发现铋。1753年，C.若弗鲁瓦和T.伯格曼确定铋是一种元素。元素英文名来源于拉丁文名bismuthum，意为“白色物质”。铋在地壳中的含量为2.5×10^{-5}%。常见矿物有辉铋矿(Bi_2S_3)、铜铋矿($3Cu_2S\cdot4Bi_2S_3$)、方铅铋矿($2PbS\cdot Bi_2S_3$)等。主要工业资源为辉铋矿。

铋是银白色金属，熔点271.4℃，沸点1 564℃，密度9.79克/厘米³；金属铋从液态变为固态时体积增大3.3%；铋是抗磁性最强的金属，在磁场作用下电阻率增大而热导率降低。铋及其合金具有热电效应。铋的硒、碲化合物具有半导体性质。铋的主要氧化数+3、-3。铋可直接与硫、卤素化合。铋溶于硝酸、热浓硫酸。铋还可与大多数电正性金属形成金属间化合物。在碱性介质中，用强氧化剂作用于三价铋化合物才能得到铋（Ⅴ）酸钠。

将铋精矿和煤粉、木炭粉、焦炭粉在高温炉中熔炼，同时加入助熔剂，使矿中脉石造渣除去，可得粗铋。粗铋经过火法精炼，纯度可达99.99%。金属铋用于配制易熔合金，如和铅、锡、锑、铟等金属组成的合金，用于消防装置、锅炉和压缩空气缸的安全塞、焊料，熔浴介质等。铋合金也曾用于铸造印刷铅字。铋可制作磁力测定仪，可用作核反应堆的传热介质。碲化铋Bi_2Te_3广泛用于制造温差电致冷元件和低温温差电源。铋银铯合金用于制造光电放大器。铋镉温差元件用于报警装置。铋化合物用于医药。

秘鲁 Peru; Perú 拉丁美洲国家。位于南美洲西部，北与厄瓜多尔和哥伦比亚交界，东与巴西和玻利维亚接壤，南与智利为邻，西濒太平洋，海岸线长2 254千米。面积1 285 216平方千米。人口2 913万（2009）。在总人口中，印第安人占41%，印欧混血种人（梅斯蒂索人）占36%，白种人占19%，其他人种占4%。西班牙语为官方语言，克丘亚语、艾马拉语和其他土著语言也是当地一些地区的官方语言。96%的居民信奉天主教。首都利马。

地理 自西向东分为3个地区：①西部沿海平原。占国土面积的10.6%。地形狭长，干旱少雨。②中部安第斯山区。占国土面积的30.5%。平均海拔约4 300米，最高峰瓦斯卡兰山，海拔6 768米。③东部亚马孙低地。占国土面积的58.9%。主要河流有乌卡亚利河和马拉尼翁河，为亚马孙河（在秘鲁境内长713千米）两大源流。与玻利维亚共有的的的喀喀湖，海拔3 810米，是世界最高的淡水湖。资源丰富，主要有铜、铅、锌、银、铁、金、石油等。铋、钒储量居世界首位。水力资源丰富。渔业资源种类繁多。西部属热带沙漠、草原气候，东部属热带雨林气候。

历史 秘鲁的原始居民是奇楚亚、艾马拉、莫奇卡等印第安人。1533年沦为西班牙殖民地。1542年西班牙设立秘鲁总督辖区。1821年7月28日宣布独立，建立秘鲁共和国。1836年与玻利维亚组成联邦，1839年联邦瓦解。1879～1883年，秘鲁与玻利维亚联合，同智利爆发南美太平洋战争。

利马城市一角

政治 行政、立法和司法三权分立。国会为一院制，由120名议员组成，任期5年。总统是国家元首，武装部队和国民警察最高统帅，由全民直接选举产生，任期5年，不得连任。主要政党有秘鲁阿普拉党（又称人民党）、基督教人民党、人民行动党、秘鲁团结党等。

经济 传统上为农业和矿业国，制造业以轻工业为主。2009年国内生产总值1 303.55亿美元，在拉美国家属中等水平。2006年，农业产值92.34亿新索尔，农业人口占全国人口的3.1%，农业种植面积273.9万公顷，可分为3个区。沿海地区实行集约化经营，主要生产出口的经济作物棉花、甘蔗、水稻、玉米、水果和蔬菜；山区沿用原始方式，农业主要种植马铃薯、大麦、玉米、小麦等粮食作物，不能自给；林区

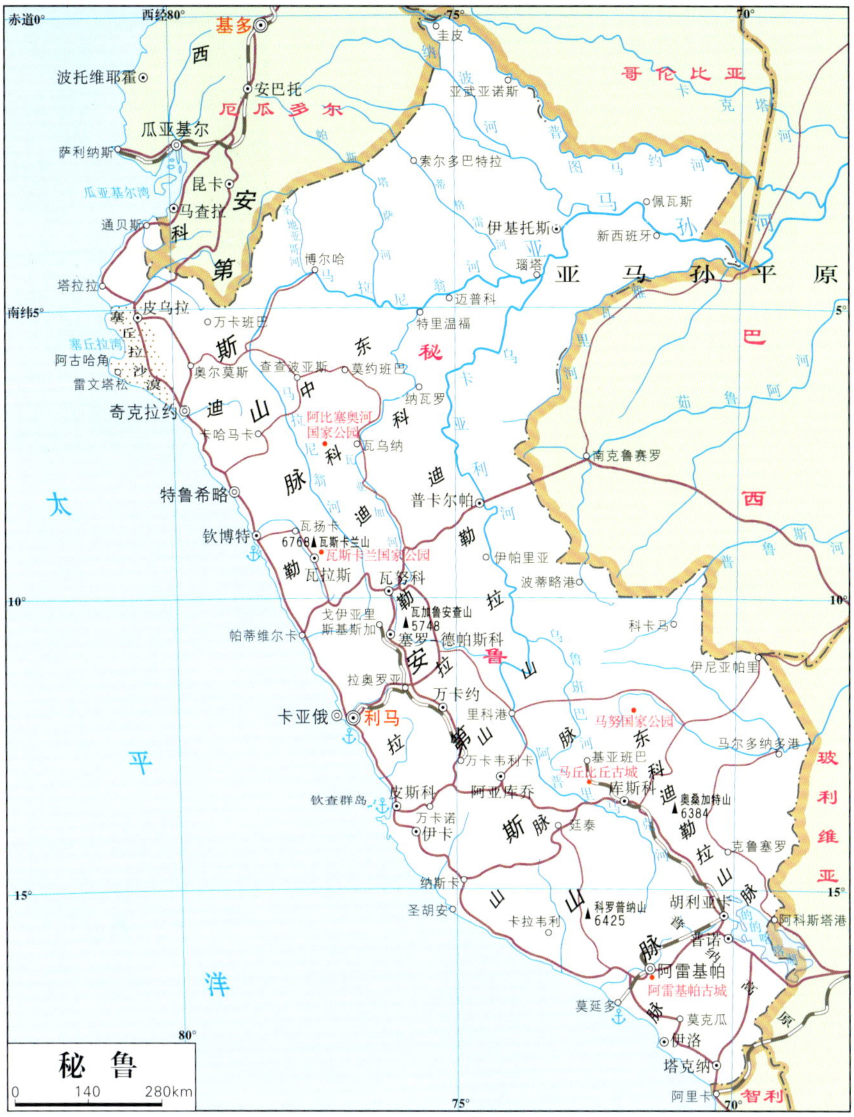

土地辽阔，森林覆盖率为58%；面积7 710万公顷。

工业不发达。矿业是国民经济的支柱产业。制造业以加工业和装配业为主。门类有食品、饮料、烟草、皮革、化工、造纸、纺织、橡胶、塑料、机械制造等。其中食品加工和纺织业产品在非传统出口商品中占重要地位。是主要鱼粉、鱼油生产国。主要出口矿产品、纺织品、农业经济作物和渔产品，主要进口制成品、食品、原料和中间产品。主要贸易伙伴有美国、德国、日本、拉美国家。与中国贸易发展较快。

全国公路总长78 318千米（2004）。铁路总长2 021千米（2007）。空中运输较发达。有5个国际机场。水运较发达，2006年全国有10个港口，内河港口3个。**卡亚俄**是最重要的海港，承担95%的对外贸易。亚马孙、马拉尼翁、瓦利亚加、乌卡亚利等河流均可通航。

文化 政府重视发展教育事业。有圣马科斯大学等。报纸主要有《商报》、《快报》、《秘鲁人报》等。政论周刊有《假面具》等。秘鲁新闻社和安第斯通讯社为官方通讯社。全国共有广播电台1 107家，电视台7家，多为私人经营，电视七台为国家台。

对外关系 奉行独立、自主的外交政策，赞成和平共处五项原则。主张在联合国范围内加强国际合作，反对用武力解决国际争端，强调自决和不干涉内政原则。1971年11月2日与中国建交。至2007年秘鲁已与130个国家有外交关系。

秘鲁香 *Myroxylon pereirae*; perubalsam balmtree 豆科南美槐属的一种。常绿乔木。又称百露拔尔撒谟树。原产中美洲。现分布于墨西哥南部、危地马拉等地。20世纪60年代引入中国华南地区。植株高约30米。奇数羽状复叶，小叶椭圆形，全缘。总状花序，顶生，花白色。荚果黄色，内含种子1枚。属阳性树种，耐旱。要求年平均气温20～21℃，绝对最低温不低于0℃，年降水量1 100～2 000毫米。适宜深厚肥沃的砂壤土。用种子繁殖。少病虫害。10年开花、结果。

植株含树脂，其主要成分为安息香酸甲酯，供药用，内服作杀菌祛痰剂，外敷

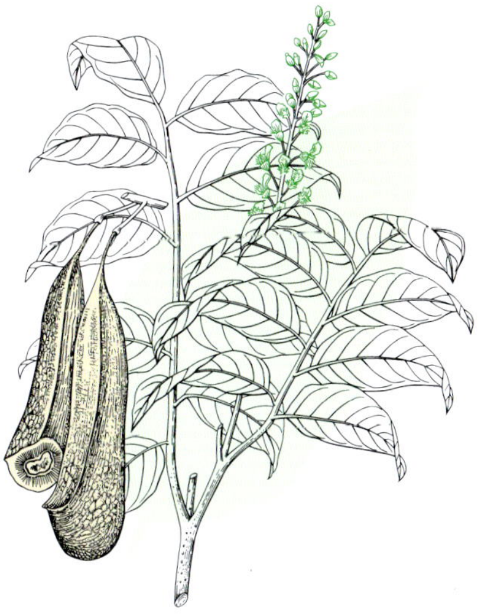

秘鲁香形态

有止血、杀菌等功效。也是名贵的香料。

皕宋楼 Bisonglou Library 中国清末藏书家陆心源的藏书楼之一。以“皕宋”为楼名，意为内藏宋本书有200种之多，以与清代藏书家黄丕烈之“百宋一廛”相争胜，但实际不及此数。楼主陆心源（1834～1894），字刚甫，号存斋，晚号潜园老人。浙江归安（今湖州）人。清咸丰九年（1859）举人。曾任广东南韶兵道台和福建盐运使等职，晚年归里。其家资富足，偶见异书，倾囊必购，聚书至15万卷，被誉为清代末年四大藏书家之一。其藏书多来源于上海郁松年宜稼堂、河南祥符周星诒等。陆氏藏书楼主要有三处，其中宋元本及名人手抄手校本多储之皕宋楼中，明清秘刻与精抄精校本多储之十万卷楼中，明以后的刊本和寻常抄本多储之守先阁中。守先阁藏书曾由陆心源上书归安太守，将私藏归公，允许人们借阅。陆心源去世后，家道中落。1907年6月，其子陆纯伯（字树藩）将皕宋楼等所藏珍籍以10余万元的价格悉数售与了日本岩崎氏的静嘉堂文库。

蓖麻 *Ricinus communis*; castor bean 大戟科蓖麻属的一种。一年生或多年生草本植物。重要的工业用油料作物。现世界产量：印度第一，中国第二，巴西第三。

栽培种有油用和油、药兼用两种类型。根系发达，茎柔而韧、中空，节节生枝。多年生蓖麻茎秆粗壮，枝叶繁茂，可高达5米以上。茎、叶绿或紫红色，被有白色蜡粉，光滑无毛。叶掌形，或鸡爪形。花单性，总状圆锥花序（见图），偶有两性花混合排列或只有单生雌花的植株。蒴果有刺，皮壳光滑硬脆。种子含油量50%左右。生长最适温度20～28℃。

中国大面积种植地区多在冬前深耕，风化土壤，以蓄水保墒。南方利用隙地播种。喜温，但种子发芽不需很高的温度。种壳较坚硬，吸水较慢，春播宜早，当气温稳

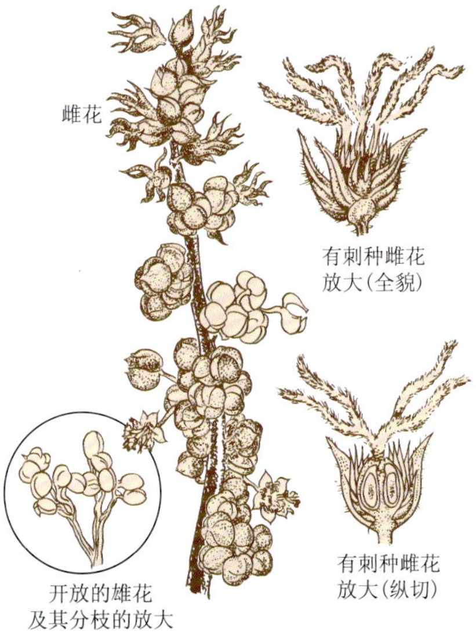

蓖麻的花序

定在10℃时即可播种。也可育苗移栽。幼苗可耐0℃左右低温。北方早播可延长生育期并提高产量。

蓖麻子油是高级润滑油的重要原料。美国利用蓖麻油生产的化学衍生物达270余种。其用途广泛且重要。如蓖麻油脂肪酸可制润滑剂、油墨、涂料、塑料、化妆品、洗涤用品等；蓖麻油与无机材料混合后，再与多异氰酯合成的复合板，能耐1 650℃高温，可做火箭发射架上电缆和测量仪表的保护层。还发现蓖麻子内含抗癌物质，对癌细胞具有很强的杀伤力，能阻止癌细胞侵袭健康细胞。蓖麻叶可养蓖麻蚕。茎皮富含纤维，为造纸和人造棉原料。榨油后的饼粕经高温去毒后可作饲料。

蓖麻酸 ricinoleic acid 含一个羟基的不饱

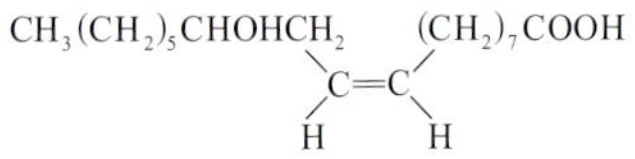

和脂肪酸，学名顺式-12-羟基-9-十八烯酸。又称顺蓖麻酸。蓖麻酸是蓖麻油的三羧酸甘油酯中的主要脂肪酸成分，在总脂肪酸含量中高达87%。无色黏稠液体，工业品呈黄色；熔点5.5℃，沸点226.8℃（10毫米汞柱），相对密度0.945 0（21/4℃）；不溶于水，溶于乙醚和氯仿。蓖麻酸用氮氧化物处理，则异构化为反蓖麻酸，熔点52～53℃。蓖麻酸在工业上从蓖麻油中大规模制取，是重要的工业原料。蓖麻酸经破坏蒸馏，分解成庚醛和10-十一烯酸。后者对脚气的治疗有特效，是脚气灵的主要成分。蓖麻酸与苛性钠和空气共热，则得2-辛醇和癸二酸。2-辛醇是制备增塑剂的原料。癸二酸可转化成癸二胺，二者缩合聚合，则得重要的工程塑料尼龙1010。

痹证 arthralgia; bi disease 因风、寒、湿等邪气闭塞经络，气血运行不畅而引起筋骨、关节、肌肉等处以疼痛、麻木、酸楚以及关节肿胀、屈伸不利为主要表现的中医学病证。凡劳倦过度、触冒风雨或寝室潮湿皆可致表虚不固，感受风寒湿邪，流注经络关节，气血运行不畅而为痹。临床常根据风、寒、湿三气的偏胜分为痛痹、行痹、着痹三科。感受寒邪为主者称痛痹，以关节剧烈疼痛为主证，治宜散寒止痛，祛风除湿，方用乌头汤加减；感受风邪为主者称行痹，以关节痛处游走不定为特点，治宜祛风通络，散寒除湿，方用防风汤加减；感受湿邪为主者为着痹，以关节局部疼痛重着或肿胀，痛有定处为特征，治宜除湿通络，祛风散寒，方用薏苡仁汤为主。此外，如素体阳盛，感邪后缠绵难愈，日久化热者则为热痹，以关节局部红肿热痛为主证，治宜清热祛风、通络止痛，方用白虎加桂枝汤加减。痹证的病位是经络，肌肤，血脉，筋骨以至脏腑。最初病变在皮肉、经络，久之不愈，则深入筋骨，甚至内侵脏腑。从病情上看，初起以邪实为主，久病则虚实夹杂，痰瘀交阻。临证时应明辨虚实。痹证除药物治疗外，还有许多辅助疗法，如推拿、针灸、蜡疗、水疗、熏蒸疗法等。

辟雍 imperial academy 中国古代最高等级的皇家礼制建筑之一。是明堂外面环绕的圆形水沟。环水为雍（意为圆满无缺），圆形像辟（辟即璧，皇帝专用的玉制礼器），象征王道教化圆满不绝。与“明堂”是一座建筑两种含义的名称。

《碧鸡漫志》 中国南宋王灼词曲评论笔记。王灼，生卒年未详。字晦叔，号颐堂。遂宁（今属四川）人。博学多闻，娴于音律。绍兴十五年（1145）冬，寄居成都碧鸡坊妙胜院，常至友人家饮宴听歌，归则“缘是日歌曲，出所闻见，仍考历世习俗，追思平时论说，信笔以记”。积累既多，于十九年编次成书，分为5卷，题为《碧鸡漫志》。内容首述古初至唐宋声歌递变之由，次列凉州、伊州等28曲，追述其得名之由来，与渐变宋词之沿革过程。有《四库全书》著录一卷本，并收入《唐宋丛书》等。

碧玺 tourmaline 电气石的宝石学名称。成分、结构极为复杂的硼硅酸盐矿物。三方晶系。颜色丰富多彩。根据颜色及特殊光学效应一般可划分为：红碧玺，红、紫红、玫瑰红、粉红色（见图）；绿碧玺，绿、蓝绿、黄绿、棕绿色；蓝碧玺，浅蓝、深蓝、紫蓝色；多色碧玺，色带发育，在一个单晶体上出现二色或三色色带；碧玺猫眼，当含有大量平行排列的纤维状、管状包体时，在定向磨制的弧面宝石上显示猫眼效应。人工合成的碧玺颜色均一、纯净，其密度为2.9～3.0克/厘米^3，较天然者（3.06～3.1克/厘米^3）为低。碧玺主要产于与气成作用有关的地质作用中。最著名产地为巴西，其产量约占世界总产量的50%～70%。此外，斯里兰卡、缅甸、俄罗斯、意大利、肯尼亚、纳米比亚、莫桑比克、美国等也有产出。中国的主要产地是新疆阿尔泰山和云南哀牢山。

粉红色碧玺

碧瑶 Baguio 菲律宾吕宋岛西部本格特省境内山城。原是山区部落伊戈洛特人的聚居地。人口约25.2万。地势高耸（海拔1 524米），气候凉爽，周围松林茂密，有“松城”之称。著名避暑胜地。曾作为菲律宾夏都、休养地。1909年8月辟为特别市。因产金闻名。附近还有铜矿。城北的拉特立尼达德谷地为水果和蔬菜种植基地。零售业发达，主要为矿区和本地居民服务。公路南距马尼拉220千米，有飞机通航。市内有军事学院和大学。1990年7月16日吕宋中部地震，曾波及该市，破坏较重。

碧云寺 Biyun Temple 中国古代寺庙。位于北京市海淀区香山东麓。为元代耶律楚材后裔耶律阿勒弥舍宅修建。原称碧云庵，明正德十一年（1516）太监于经重修寺院后始称今名。清乾隆十三年（1748）增建罗汉堂和金刚宝座塔。寺坐西朝东，依山势从山门至寺顶共六进。中轴线上有两重山门和天王殿、释迦牟尼殿、菩萨殿、金刚宝座殿等。层层殿堂依山叠起，松柏参天，浓荫蔽日。南跨院罗汉堂内有木质漆金罗汉500尊，神态各异，栩栩如生。罗汉堂北为普明妙觉殿，1925年孙中山逝世后曾停灵

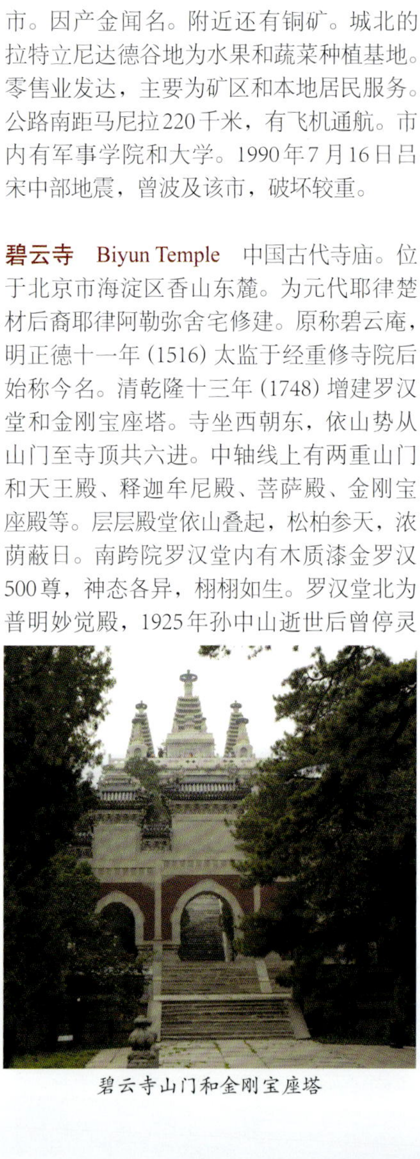

碧云寺山门和金刚宝座塔

于此，后辟为孙中山纪念堂。寺后有金刚宝座塔，高34.7米，塔座上有圆形喇嘛塔2座和十三层密檐方塔5座。整个金刚宝座塔满布精致的浮雕，依西藏传统形式雕刻。

壁虎 Gekkonidae; gecko 爬行纲有鳞目壁虎科动物的统称。又称守宫。约665种，中国已知9属33种。主要分布于热带和亚热带地区。体大多扁平，背面常被覆镶嵌有粒鳞或杂有大鳞，腹面鳞片多呈圆形或六角形。眼大，无活动眼睑。尾通常扁平，受到强烈干扰时自行截断，断后能再生。指、趾端大多显著扩大，其下方具皮肤褶襞，密布腺毛，有黏附能力，可在墙壁、天花板或光滑平面上爬行。栖息于建筑物内或石、山、岩、壁缝穴中。以蚊、蝇、蛾等昆虫及其幼虫、蜘蛛等为食。大壁虎还吃软体动物、幼蛇、小鸟、乳鼠和其他小型

壁虎。5～7月产卵2枚，孵化期2个月左右。在中国传统医学中，壁虎经干燥后可入药，称天龙；大壁虎干制入药，称蛤蚧。

壁画 mural painting 装饰壁面的画。包括用绘制、雕塑及其他造型或工艺手段，在天然或人工壁面（主要是建筑物内外表面）上制作的画。壁画作为建筑物的附饰部分，通过建筑与绘画的相互适应，达到建筑的实用性与绘画的感染力的和谐统一，构成环境艺术的一个重要方面。

沿革 壁画是最早的独立绘画形式。现存史前遗迹分为洞窟壁画与摩崖壁画，欧洲、非洲、大洋洲、亚洲都有发现。最早的距今约2万年。中国境内发现的摩崖壁画已有数十处，有的被断定为新石器时代作品（如内蒙古阴山岩画）。

随着建筑技术的发展，壁画从洞窟摩崖壁画转向建筑壁画。古代壁画多分布在神庙、宫殿、寺院、庭苑、石窟、陵墓等建筑物中。文艺复兴是西方壁画史上的辉煌时代。现代西方绘画和建筑风格以及科学技术的发展，也影响了壁画形式的变化。20世纪以来，墨西哥的壁画运动与苏联的壁画创作，面向社会，在内容和形式上都具有新的意义。

陕西咸阳秦宫壁画残片，是距今2 300年前的手绘真迹。魏晋以前，壁画多表现神话与世俗生活。佛教传入以后，宗教壁画迅速发展，如莫高窟、克孜尔石窟和陕

图1 《东极青华太乙救苦天尊及诸仙尊》（局部，山西永乐宫三清殿壁画）

西许多唐墓，都显示出唐代壁画的艺术高度。宋以后，壁画逐渐衰落。中华人民共和国建立后，壁画得到恢复与发展，如北京首都机场壁画群体及一些新建筑中的壁画，在艺术表现、制作方法以及继承传统、借鉴外国经验方面，都有所创新。

制作和技法 壁画主要分为绘画型壁画与绘画工艺型壁画两大类。

绘画型壁画以绘画手段为主，作者用手绘方式直接在壁面上完成，所使用的基底包括石壁、泥壁、木板、金属板、编织物或其他材料的表层，可采用干壁画、湿壁画、蛋彩画、油画、蜡画和丙烯画等方法。

绘画工艺型壁画的最后效果必须通过工艺制作手段才能体现。由于发挥手工工艺或现代工艺制作，加上各种材料的质感、肌理性能，从而出现其他绘画手段所不能

图2 12世纪西班牙加泰罗尼亚的圣马利亚教堂中的湿壁画（局部）

产生的特殊艺术效果。有些材料的坚固性能，可以保持壁画的耐久性，防止自然损坏；还便于制作室外超大型壁画。因此，现代日益发展包括壁雕、雕刻、镶嵌画、彩色玻璃画、陶瓷等类型的壁画。

壁画家们还利用各种工艺制作壁画，如磨漆、漆画、珐琅、编织、印染、人造树脂、合成纤维、印刷、搪瓷、金属等各种材料制作壁画。并随着现代科学与工艺技术的发展突破绘画的界限，使绘画、雕塑、工艺、建筑和现代工业技术相互结合，从而成为边缘艺术。

壁钱 Urocteidae 节肢动物门蜘蛛目壁钱科动物的统称。又称壁茧。因巢呈圆形，形如古钱得名。有10余种，中国已知3种。体扁平，背面呈黑色，但有明显的黄白色椭圆形斑或前后互相连续的斑。螯肢不发达。后纺器长于前纺器，末节内侧有许多纺管。肛突长，分为两节，节间有许多长毛环绕。生活在石头下、岩缝中或住屋的墙上，常织一白色圆形茧膜作住所兼产卵室。在中国传统医学中壁钱经干燥后可入中药。

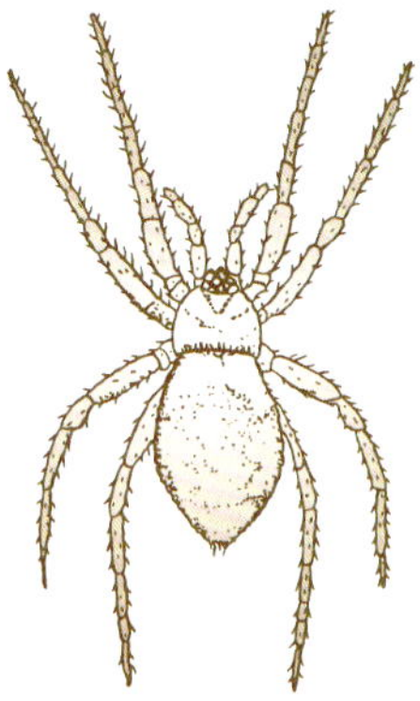

壁钱外形

壁球 squash 竞技体育运动之一。在四周封闭的场地内，按照一定规则，用球拍互相击打对手从不同方向击在前墙有效区域内的反弹球。起源于1820年英国一所贵族学校的一种在教室里用球拍对着墙壁击球的游戏。1900年开始有了壁球的男子和女子比赛。1967年国际壁球联合会成立。1992年正式更名为世界壁球联合会。1999年中国壁球协会成立，2002年加入世界壁球联合会和亚洲壁球联合会。世界男子和女子壁球锦标赛每年举办一次，世界团体壁球锦标赛逢双年举办一次，世界男女青年壁球锦标赛逢单年举办一次。

壁球比赛方式较简单。开始发球时，发球者可以任选左发球区或右发球区发球，以后必须轮换发球区。对打开始后，发球线和地面上的线不再起作用，双方轮换击球，不得连击。计分方法分为“球权得分制”和“每球得分制”两种。在球权得分制中，任何一方须取得发球权后方可得分。每局为9分，即先得9分者为胜。壁球场地长9.75米，宽6.4米，前墙高4.75米，后墙高2.13米，两侧墙成斜线与前后墙连接。壁球拍类似网球拍，最大长度为686毫米，最大宽度为215毫米。球拍的重量不超过

255克。壁球直径为39.5～41.5毫米，重量为23～25克。

避讳 taboo 尊亲贤者死后，后人讳言其生平事迹，连他们的名字也不得直接说出或写出，而以其他字替代的做法。《春秋经》主张为尊者讳、为亲者讳、为贤者讳。避讳之事始于中国周代，盛于唐宋而迄于清末。古代各种典籍都记载或反映出历代避讳的史实。古史、古文献学家也多有著述，渐成专门学问，称之避讳学、史讳学。概言之，避讳有公讳、家讳两种。公讳范围包括当朝皇帝、皇亲、先代圣贤等人的名字；家讳只是一家一姓之内子孙对七世以下先祖名字的回避，七世以上则“亲尽不讳”。

常用的避讳方法有：①改字。将要避的字改为同义或近义的字，称作“同训不讳”。如汉高祖姓刘名邦，则改邦为“国”。②空字。又有三种做法：一是将要避的字处空出一格，二是在要避的字处画一方框，三是将要避的字改为“讳”或“某”字。③缺笔。将要避之字的最后一或二笔省去，这种做法自唐代始。

避讳之事涉及较广，因避讳而改姓、改名、改官名、改地名的例子很多，甚至改前代人姓、名、谥号、年号、官名、书名。但是，各个朝代也不尽相同，宽严不一，内容各异。秦始皇名嬴政，一名正，所以秦代称“正月”为“端月”。唐太宗的父亲名李渊，史书遇到“渊”字就改为“泉”，或改为“深”。宋太祖的祖父名赵敬，宋代人书中“敬”字改为“恭”，或改为“严”，这称作避嫌名。

避雷器 surge arrester 能释放雷电或兼能释放电力系统操作过电压能量，保护电工设备免受瞬时过电压危害的电器装置。避雷器通常接于带电导线与地之间，与被保护设备并联。当过电压值达到规定的动作电压时，避雷器立即动作，流过电荷，限制过电压幅值，保护设备绝缘；电压值正常后，避雷器又迅速恢复原状，以保证系统正常供电。

避雷器有管式和阀式两大类。管式避雷器主要用于变电所、发电厂的进线保护和线路绝缘弱点的保护。阀式避雷器广泛应用于交、直流系统，保护发电、变电设备的绝缘。阀式避雷器分为碳化硅避雷器和金属氧化物避雷器（又称氧化锌避雷器），但氧化锌避雷器保护性能优于碳化硅避雷器。

避雷针 lightning rod 截留闪电并将其电流导入地下以保护建筑物不受闪电击毁的金属棒（通常是铜）。由于闪电往往击打相邻地区最高物体，金属棒应放置在建筑物最高点并用低电阻电缆与地连接。建筑物可以土壤为地，船只可以水为地。因为避雷针能将电流从建筑物不导电部分转移开，使之沿最小电阻途径流动，且无伤害地通过金属棒和电缆流入地中，所以能提供安全保护作用。避雷针提供锥形保护区，其地面半径约相当于避雷针距地面的高度。

避日目 Solifugae 节肢动物门蛛形纲一目。已知约800种，常见于干热的沙漠地区。中国分布在新疆、内蒙古和西藏。大型，体

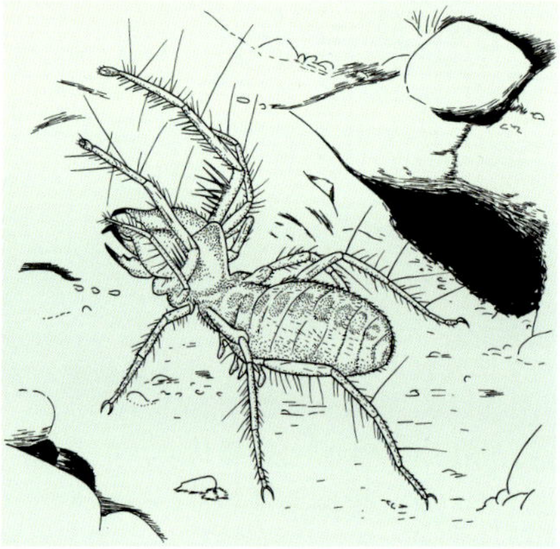

北非的避日蛛

长达7厘米。前体的背甲分两部分：一片大的前背甲，其前缘中部有一对眼；一个短的后背甲。仅第一胸节与头部愈合而成头胸部，后三个胸节游离。腹部大而分节。螯肢特别大，长度超过前体，分两节，组成钳。触肢似步足，末端有一特殊的黏附器官用于捕食。第1对步足较小，具触觉功能；其余3对行走用。第4对步足下方有独特的球拍状器官可能有感觉功能。

避日目昆虫捕食各类小动物，包括小蜥蜴等小型脊椎动物。雌蛛在土洞中产50～200粒卵。避日蛛平时钻在穴中或石下隐蔽，大多数夜行性，白天罕见。

避世运动 Beat Movement 美国的社会和文学运动。又译垮掉的一代。20世纪50年代，一批对社会现状强烈不满的艺术家，聚集在旧金山湾区和纽约格林尼治村一带，以推崇放浪形骸的生活方式，追求个性解放，与他们眼中一切古板的社会传统彻底决裂。这一运动的追随者们自称“避世”（同时包含“厌倦”和“赐福”两层含义），相信与社会的彻底决裂最终可获得某种幸福的神启。在文学创作方面，他们试图寻求一种“嬉皮”文体和语汇，要把文学从传统学院派的束缚中解放出来。他们往往和着爵士乐的伴奏朗诵自己即兴写成的诗歌，这些诗大多句式混乱，其中还不时夹杂着淫词秽语。但其中的力作却也有一种异样的感染力，对60年代以后的美国文学确有不小的影响。这一运动的主要代表作有诗人A.金斯堡的《嚎叫》（1956），小说家J.凯鲁亚克的《在路上》（1957）。与此运动有一定联系的作家有N.梅勒，H.米勒和诗人K.雷克斯罗思，更为激烈的则有W.巴勒斯。

避暑山庄 Imperial Summer Resort 中国现存占地最大的古代离宫别苑。建于清代。又称热河行宫、承德离宫，位于河北承德。

承德地处长城内外交通要冲，位于群山环抱之中，有滦河、武烈河流过，峰峦重叠，林木葱郁，盛夏凉爽宜人。清朝开国后，皇帝每年都到木兰围场（在今河北省围场满族蒙古族自治县）行围狩猎。避暑山庄始建于康熙四十二年（1703），康熙四十七年初具规模。扩建从乾隆十六年（1751）一直持续到乾隆五十五年。清朝历代皇帝每逢夏季到此避暑和处理政务，这里便成为第二政治中心。清末国势式微，山庄日益衰废。中华人民共和国建立后，设立管理机构，进行整顿修葺。

避暑山庄占地564公顷。山庄内有康熙用四字题名的36景和乾隆用三字题名的36景。这些风景博采中国各地风景园林艺术风格，使山庄成为各地胜迹的缩影。山庄的布局运用了“前宫后苑”的传统手法，可分为宫殿区、湖区、平原区和山区。其中山岳约占全园面积4/5，平原占1/5。平原中湖泊占面积的一半，主要由热河泉汇聚而成。山庄创造了山、水、建筑浑然一

避暑山庄正门

体而又富于变化的园林，其布局立意、造园手法在中国古代宫苑中占有重要地位。宫殿区位于山庄南端，包括正宫、松鹤斋、东宫和万壑松风四组建筑群。正宫在宫殿区西侧，是清代皇帝处理政务和居住所在。按“前朝后寝”的形制，由九进院落组成。湖区是山庄风景的重点。位于宫殿区之北，为大小洲屿分隔成形式各异、意趣不同的湖面，用长堤、小桥、曲径纵横相连。建筑采用分散布局手法，园中有园，每组建筑都形成独立的小天地。山庄72景，有31

景在湖区。许多景点都具有江南园林特征，但建筑本身又是北方形式，与浑厚的自然景色和谐统一，形成独特的园林风格。湖区北岸分布“莺啭乔木”等四座亭，是湖区与平原区的过渡，又是欣赏湖光山色的佳处。其北为辽阔的平原区，平原西侧山脚下坐落着的文津阁，按照宁波**天一阁**布局修建，曾珍藏《**古今图书集成**》和《**四库全书**》各一部。山庄西北部，自南向北山峦起伏，松云峡、梨树峪、松林峪、榛子峪等通往山区。随地势增高，视野不断扩大，不仅可俯瞰湖区景色，且与园外远山呼应，构成情趣各异的壮丽画图。避暑山庄及周围寺庙于1994年被列入《世界遗产名录》。

避税港 tax haven 能为跨国纳税人提供国际避税利益的国家或地区。又称逃税港、离岸中心。多是资源匮乏的发展中微型岛国，主要依靠低税收政策大力发展离岸金融业来大量吸引逃避本国**税收**的外国资本，以增加收入。主要集中在加勒比和南太平洋地区。**经济合作与发展组织**对避税港国家的定义为：①缺乏有效的信息交换措施，对公司和个人的纳税情况严格保密；②在执行法律、法规方面缺乏透明度；③不要求商务活动具有实质内容，同时没有或只收很低的所得税。按此界定，在经合组织内部有47项潜在的有害税收政策，有35个（后调整为33个）**发展中国家**是避税港。

避险过当 excessive necessity 紧急避险超过必要限度，造成不应有损害的行为。避险行为损害的合法权益必须小于所保全的合法权益。即紧急避险超过了法律规定的限度，造成了不应有的损害，从而使本来是正当的、对社会有利的行为转化为非正当的、对社会有害的行为，因而构成了犯罪。同**防卫过当**一样，避险过当不是一个独立的罪名。中国刑法规定，避险过当应负刑事责任，应根据其触犯的具体罪名以及所造成的损害的大小，依法减轻或者免除处罚。

避役 Chamaeleonidae; chameleon 爬行纲蜥蜴目避役科动物的统称。身体侧扁，尾可扭曲成螺旋状，缠绕树枝。因能根据不同的光度、温度、湿度等因素而变换体色，又称变色龙。已知90余种，主要分布于非洲大陆和马达加斯加岛，向东至印度。指、趾对握，以前足内侧2指为一组，其余3指为一组，以后足外侧2趾为一组，其余3趾为一组，能将树枝抓握得更加牢固。头上常生有角、嵴或结节。两眼突出，可分别转动，眼球上只留下一条窄缝看东西，这样的结构能使一只眼睛盯住所发现的猎物，转动头部，然后射出舌头，准确地将猎物捕获。舌很长，舌尖宽，具腺体，分泌物可粘住昆虫取食。大多适应树栖生活，也有时生活于草本植物上。只有少数种类营陆地生活。有的种类卵生，有的种类卵胎生。

避孕 contraception 阻止精子与卵子相遇或阻止受精卵着床，使女方不能受孕的措施。

原理　受孕必须具备的4个条件：①男方能产生健全和活动良好的精子，并能排入女方阴道；②精子进入阴道后，能保持活动能力，并能通过子宫颈和子宫腔，到达输卵管与卵子结合；③女方能排出健全的卵子，卵子能进入输卵管，得到与精子会合的机会；④受精卵必须及时到达子宫腔，而子宫腔的环境又适合受精卵的生长。人为地抑制排精或排卵、阻止卵子与精子的结合，剥夺受精卵在子宫着床的机会，就能达到避孕的目的。

方法　常用避孕药物（如各种长、短效口服或注射**避孕药**，探亲避孕药，均以女用避孕药为主）、工具（如男用避孕套、女用阴道隔膜或宫内节育器、阴道避孕环等，见**避孕器**）及其他避孕方法。其他方法如安全期避孕、体外排精避孕法、压迫后尿道避孕法，避孕效果均不理想，不宜推广；免疫避孕、超声避孕、微波避孕及温热避孕法尚不成熟。各种避孕方法有不同的优、缺点，要根据男女双方的年龄、健康情况、子女多少、生活习惯等不同，因人而异，选择不同避孕方法。

避孕器 contraceptive devices 人工制造的用以避孕的工具。用于男方或女方。避孕器放置位置不同，形状不同，名称不同，避孕原理也不同。常用的有避孕套、阴道隔膜和宫内节育器、硅橡胶阴道避孕环、子宫颈帽等。

避孕套　又称阴茎套，用优质乳胶薄膜制成。其大小符合勃起的阴茎，前有小囊，用以储存射出的精液。精液不进入女方阴道既能避孕又能预防性传播疾病。避孕效果可达95%。失败原因是破裂、脱落或不坚持使用。有人认为影响性交快感，且因怕麻烦不能坚持。禁忌证是皮肤过敏。

阴道隔膜　又称子宫帽。用优质乳胶薄膜制成，四周边缘的橡皮膜里镶有弹簧圈，既软又有弹性。因妇女不易自己掌握使用，产后需要重新检查改用型号，故目前使用者较少。禁忌证为橡皮过敏、阴道炎及反复发作性膀胱炎。

宫颈套　顶端较高的小隔膜，套在子宫颈上防止精子进入宫颈。可以放置3～4周，待月经来潮前取出。中国市面上很少出售。在英国、美国仍有出售，但仅用于人工授精时套在宫颈上。

宫内节育器（IUD）　又称避孕环。用塑料、不锈钢丝、铜丝、硅橡胶等材料制成的不同式样的节育器（见图），放入子宫腔内达到避孕目的。因异物放入宫腔，使子宫内膜产生异物反应，受精卵着床环境改变，因而不能着床。

宫内节育器有几个特点：①放置后短期内即能起到避孕作用，可以较长期使用。②取出后，避孕作用很快消失。③放置后可以按期来月经。④各种材料制成，形状不同，都有避孕效果。

放置后也可能有避孕失败（带器妊娠）、节育器脱落，可致不规则子宫出血、月经过多、腰腹坠痛等副作用。有的节育器有尾丝露出在子宫颈外，可以借此观察节育器有无脱落。X射线可用于透视金属环是否脱落，而B超除能观察各种环是否脱落，还能准确观察环的位置及带器妊娠情况。

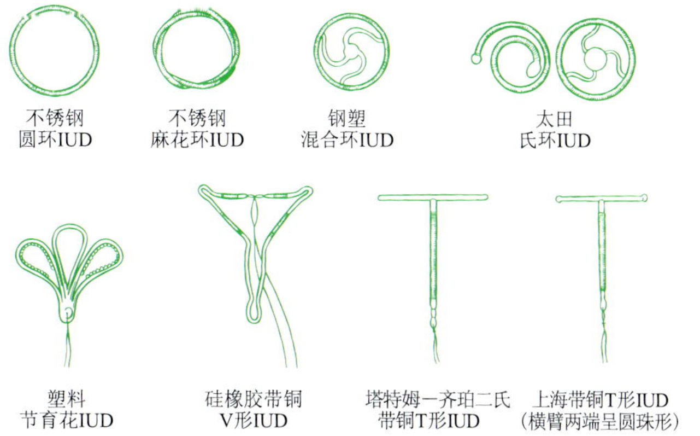

各种形状的宫内节育器

避孕药 contraceptive 能干扰生殖过程，阻断受孕，从而达到抗生育目的的药物。分为女用避孕药和男用避孕药。男用避孕药抗生育作用的主要机理是抑制精子发生，正在进行临床研究的有棉酚类和孕激素类等，尚未成为正式药物。临床上主要应用女用避孕药。

女用避孕药按给药途径可分为口服、注射和外用三类。外用避孕药多具有较强的杀精子作用。一般制成胶冻、片剂或栓剂，放入阴道后，发挥杀精子作用。单独应用时，避孕效果不够满意。与避孕工具同时应用，可提高避孕效果。口服或注射甾体类激素，利用性激素水平的变化，干扰受孕环节，达到避孕效果。甾体激素按生理作用可分为雌激素和孕激素两大类，按化学结构可分为四大类。各有长、短效之分。

避孕药作用机理　因所含成分、制剂、剂量和用法不同而各异。相对而言，雌激素和孕激素的复方制剂以抑制排卵为主，小剂量孕激素以阻碍受精为主，大剂量孕激素以抗着床为主。

各类女性避孕药效果虽好，但副作用较多，不宜长期应用。主要副作用有类早孕反应、白带增多、乳房胀痛、月经失调、体重增加、色素沉着等。凡患有急、慢性肝炎，肾炎，恶性肿瘤，糖尿病，动、静脉栓塞，高血压，心脏病患者，不宜使用。患有乳腺增生及哺乳期妇女也不宜使用避孕药。

璧 bi 中国古代圆形扁平中间有孔的礼仪用器。用于祭祀、朝聘、随葬、赏玩等，有时还以绦带系挂于身。质料以玉为主，也有少量用玻璃或石制作，专门用于随葬的明器中还有陶璧。新石器时代浙江余杭良渚文化的祭祀遗址和墓葬中出土过大量玉璧。商周以后更为多见，战国时期出现带附加装饰的"出廓玉璧"，制作工艺日渐考究。此时至汉代是玉璧制作的鼎盛时期，流行的纹饰主要是谷纹，此外有龙纹、螭纹、夔纹、朱雀纹、乳钉纹等。玉璧是中国古代重要的礼器，以苍璧礼天、黄琮礼地的礼俗一直沿用到明清时期。清代还分别以赤璧、白璧祭祀日神和月神。从实物来看，汉代可能已有只供玩赏的玉璧。魏晋以后玉璧较为少见，除祭祀外，更多是用于观赏。明清两代传世玉璧较多，以玩赏为主，清代还有不少加工改制的古璧和仿古璧。

玉镂空螭虎纹合璧（先秦，故宫博物院藏）

边际报酬递减规律 law of diminishing marginal return 在技术和其他生产要素投入量保持不变的情况下，当某一种生产要素的投入量连续增加并超过一定数量之后，每增加一单位该生产要素所带来的产量增量（边际产量或边际生产力）是递减的现象。又称边际产量递减规律、边际收益递减规律。

以劳动的边际产量为例说明该规律。假设生产函数为$Q=f(L,K)$，式中L、K分别为劳动投入量和资本投入量，Q表示产量。假定K固定不变，则劳动的边际产量为$MP_L=\Delta Q/\Delta L$，式中ΔL为劳动投入量的增量，ΔQ为相应的产量增量；或者$MP_L=\partial Q/\partial L$。边际报酬递减规律指出：短期生产中，在技术水平保持不变的条件下，在连续等量地把可变要素劳动投入量增加到数量保持不变的资本投入量的过程中，存在一个劳动投入量的临界水平。当劳动投入量小于这一临界水平时，劳动的边际产量MP_L是递增的；当劳动投入量等于这一临界水平时，劳动的边际产量MP_L达到最大值；当劳动投入量超过这一临界水平时，劳动的边际产量MP_L是递减的。

边际报酬递减规律对于现实生产的经营管理具有重要的意义。这一规律也为现代经济学研究生产理论和成本理论奠定了基础。

边际储蓄倾向 marginal propensity to save 随着收入增加而导致的储蓄增量在收入增量中所占的比例，即新增一单位收入所导致的储蓄增量。是英国经济学家J.M.凯恩斯的国民收入决定理论中用来说明储蓄与收入关系的一个概念。若以S代表储蓄，ΔS代表储蓄的变化量，Y代表可支配收入，ΔY代表可支配收入的变化量，MP_S代表边际储蓄倾向，则边际储蓄倾向的计算公式为：MP_S=储蓄变化量/收入变化量$=\Delta S/\Delta Y$；或者，在收入和储蓄连续变化的条件下，有$MP_S=dS/dY$。在二部门经济中，居民可支配收入用于消费C和储蓄S两部分，即$Y=C+S$，于是有：$MP_C+MP_S=1$，即边际消费倾向MP_C和边际储蓄倾向MP_S之和等于1。根据凯恩斯消费理论，边际消费倾向是递减的，所以，边际储蓄倾向是相应递增的。

边际生产力 marginal productivity 在技术和其他生产要素投入量保持不变时，一种生产要素投入量每增加一个单位所引起的产量的增加量。

以生产函数说明此概念。假设生产函数为$Q=f(L,K)$，式中L、K分别为劳动投入量和资本投入量，Q为产量。如果K固定不变，则劳动的边际产量为$MP_L=\Delta Q/\Delta L$，式中ΔL为劳动投入量的增量，ΔQ为相应的产量增量；或者$MP_L=\partial Q/\partial L$。类似的，如果$L$固定不变，则资本的边际产量为$MP_K=\Delta Q/\Delta K$，式中$\Delta K$为资本投入量的增量，$\Delta Q$为相应的产量增量；或者$MP_K=\partial Q/\partial K$。见边际报酬递减规律。

边际效用 marginal utility 西方经济学中边际效用价值论（主观价值论）的价值尺度。满足人的最后的也即最小欲望的那一单位的商品的效用。由F.von维塞尔首创。

效用价值论在17世纪至18世纪上半期资产阶级经济学著作中已有明确表述。英国经济学家N.巴本曾用物品的效用来说明物品的价值。意大利经济学家F.加利亚尼明确指出，价值是物品同人的需求的比率，价值取决于交换当事人对商品效用的估价，或者说，由效用和物品的稀少性决定。18世纪下半期和19世纪初，劳动价值理论得到发展，效用价值论处于踏步不前的状况。19世纪30年代以后，边际效用价值论逐渐发展。英国经济学家W.F.劳埃德在1833年提出，商品价值只表示人对商品的心理享受，取决于人的欲望和人对物品的估价，人的欲望和估价会随物品数量的变动而变动，并在被满足和不被满足的欲望之间的边际上表现出来，从而实际上区分了总效用和边际效用。1854年德国经济学家H.H.戈森提出人类满足需求的三条定理：①欲望或效用递减定理，即随着物品占有量的增加，人的欲望或物品的效用递减。②边际效用相等定理，即在物品有限条件下，为使人的欲望得到最大限度的满足，务必将这些物品在各种欲望间作适当分配，使人的各种欲望被满足的程度相等。③在原有欲望已被满足的条件下，要取得更多享乐量，只有发现新享乐或扩充旧享乐。这三条定理后来被称为戈森定理。19世纪70年代，英国经济学家W.S.杰文斯、奥地利经济学家C.门格尔和法国经济学家L.瓦尔拉斯各自独立提出比较完整的边际效用价值论，成为边际效用价值论的创始人。19世纪80～90年代，边际效用价值论发展为两个支流，一支是以奥地利的门格尔及其学生维塞尔和E.von庞巴维克为代表的心理学派（又称奥地利学派），另一支为瓦尔拉斯及其继承者V.帕雷托为代表的数理学派（又称瑞士洛桑学派）。在帕雷托等人用无差异曲线分析效用后，边际效用价值论又分为基数效用论和序数效用论。

根据边际效用价值论，价值是一种主观心理现象，起源于效用，又以物品稀缺性为条件。人对物品的欲望会随欲望的不断满足而递减。如果物品数量无限，欲望可以得到完全的满足，欲望强度就会递减到零。但数量无限的物品只限于空气、阳光等少数几种，其他绝大部分物品的数量是有限的。在供给有限条件下，人们不得不在欲望达到饱和以前某一点放弃他的满足。为取得最大限度满足，应把数量有限的物品在各种欲望间做适当分配，使各种欲望被满足的程度相等，这样，各种欲望都要在达到完全满足之前某一点停止下来。这个停止点上的欲望必然是一系列递减的欲望中最后被满足的最不重要的欲望，处于被满足与不被满足的边沿上，这就是边际欲望；物品满足边际欲望的能力就是物品的边际效用。由于这个边际效用最能显示物品价值量的变动，即随物品数量增减而发生相反方向的价值变动，所以，边际效用可以作为价值尺度。

边际效用学派 marginal utility school 19世纪70年代到20世纪初，以边际效用价值论为基础的资产阶级经济学学派。简称边际学派。

边际学派是在19世纪70年代，作为资产阶级传统经济学的对立面出现的。它的奠基者是英国的W.S.杰文斯、奥地利的C.门格尔和法国的L.瓦尔拉斯。他们以不同的术语论证了同一思想：商品价值是人对商品效用的主观心理评价，价值量取决于物品满足人的最后的、也是最小欲望的那一单位的效用。1884年，F.von维塞尔把这个效用称为边际效用，以后人们沿用了这一术语。19世纪80、90年代，逐渐形成以心理分析为主的奥地利学派和以运用数学方法为特点的瑞士洛桑学派，前者以维塞尔、E.von庞巴维克为代表，后者以V.帕雷托为代表。在美国，边际学派的代表是J.B.克拉克。

边际学派反对德国历史学派的历史方法，主张抽象演绎法。他们把人的欲望和欲望的满足作为研究的对象和出发点，把单独的个体经济看作复杂社会经济的缩影，认为经济活动中个人行为的最高原则是以最小代价追求最大限度的效用。他们所分析的是孤立个体为追求个人欲望满足而适当处理有限资源的关系时的主观心理活动，以及这种心理活动所支配的行为。由此，他们在自由竞争和私有制前提下，引申出被认为适用于各种经济发展条件的普遍经济规律。

边际学派的理论基础是边际效用价值论。他们认为，商品的价值取决于效用，并以稀少性为条件；价值尺度是边际效用；不能直接满足人的欲望的生产资料的价值，由最终消费品的边际效用决定；市场价格是买卖双方物品效用主观评价彼此均衡的结果。边际效用价值论被用来反对古典政治经济学和马克思主义的劳动价值论。

边际学派以主观价值为基础，曾提出多种分配理论，主要有庞巴维克的“时差利息论”、维塞尔的“归属论”和克拉克的“边际生产力论”。边际生产力论是边际学派最具代表性的分配论。按这种理论，商品的价值是由劳动和资本共同创造的，同商品的价值由边际效用决定类似，劳动的收入——工资、资本的收入——利息是由劳动和资本的最后生产力，即边际生产力决定的。利润是动态经济范畴，是由于新技术发明等原因，产品价格在支付工资和利息之后的余额。这种理论掩盖了资本主义剥削。

边际学派的边际效用论和边际生产力论是现代资产阶级微观经济学的重要组成部分，也是现代宏观经济学的重要分析工具之一。边际学派的数学分析方法在经济计量学中大大发展。边际学派的理论原理、分析方法和政策主张在新古典学派和新古典综合派中都受到重视和宣扬。

边界 boundary 一国领土（包括领陆、领水和领空）的外部界限。又称国界。国际法上确定一国边界的法律制度。国家边界不容侵犯。边界和领土不可分，维护国家边界与维护国家主权和领土完整是一致的。侵犯国家边界就是侵犯国家领土主权和领土完整。

边界的划分 国家边界多依条约划定，可以分为陆地边界、水域边界、海上边界、空中边界和地下边界。国界是一条线，国境是一个区域。边境指国家领土的边缘地带。边界线有真实的边界线、几何边界线和假设边界线。真实的边界线有天然边界

中国边防战士在中老边境上巡逻

和人工边界。前者为利用天然地形形成的分界线，如河流中心线、主航道、分水岭、山脉、森林等；后者如设立界石、界碑、栅栏、壕沟等。几何边界线，即沿国界上一个固定点到另一个固定点之间的直线。在非洲最为常见，是西方殖民帝国在19世纪对非洲实施瓜分的产物。假设边界线是无形的，没有物质标志，如经纬度线、海上或空中边界等。此外，领海、领湾、领峡的边界依1982年《联合国海洋法公约》和习惯法确定。两国间的空中边界与水、陆边界相同。至于外层空间和空气空间的界限尚无定论。

边界层 boundary layer 小黏性流体（大雷诺数流动）绕物体运动时沿壁面的流体薄层。L.普朗特在实验中发现并于1904年提出：对于小黏性流体，绕物体的流动可分成两个区域：①物体附近摩擦起主要作用的很薄的边界层；②该层以外的黏性可忽略的其余区域。边界层中流动的特点是：在边界层厚度距离内，流向速度迅速从壁面的零增加到外流的速度；法向速度与流向速度比是小量；沿法向压力保持不变；由于速度梯度大，即使流体黏性很小，边界层内黏性不可忽略；边界层的相对厚度反比于雷诺数的平方根。边界层的存在，滞止了外部流动，减少了沿流向的质量通量。物理上相当于将流体往外排移一段距离，称这段距离为排移厚度。边界层通过小的排移厚度，对外流施加次级的影响。基于边界层理论，绕物体的流动可分成两部分分别求解，即无黏性的外流场和黏性起重要作用的边界层。而且，根据边界层的特点，可略去纳维-斯托克斯方程中沿流向的二阶导数项，简化了分析计算。计算机时代以前，设计飞机时应用边界层理论就能获得运输器的阻力，推动了航空工业的发展。边界层理论为以后出现的渐近匹配方法提供了物理依据。所以，边界层理论不仅对流体力学，也对应用数学作出了重大贡献。

边界层中可发生从层流到湍流的转变，通常在前部为层流边界层，通过转捩变为湍流边界层。湍流边界层与层流边界层的区别是速度廓线更加丰满，边界层厚度增加更快。在有传热和传质现象时，也会有温度和浓度边界层存在。这类边界层的厚度，相对于动量边界层的厚度，取决于热扩散率、质量扩散率同动量扩散率之比。因为流体与物体的相互作用都要通过边界层进行，所以通过控制边界层使流动保持层流，防止分离或改变相干结构，以达到改善飞行器的气动性能的目的。

边景昭 Bian Jingzhao 中国明代画家。字文进。福建沙县人，一作陇西（今甘肃）人。永乐年间（1403～1424）召至京，以绘事供奉内廷，授武英殿待诏。宣德年间（1426～1435）召入文思院，直谨身殿待诏，后因受贿被革职为民。他性格夷旷洒落，渊博能诗，精画花果翎毛，继承宋代院体传统，以工整妍丽取胜。所画花鸟，注重刻画花鸟的各种情态。《竹鹤图》是他的存世代表作，双鹤造型准确、勾勒精微，悠然自得的姿态生动地表现出仙鹤轩昂的气质。他的花鸟画优美而不流于柔媚，具有新的格调，为明代前期重要的花鸟画

《竹鹤图》（故宫博物院藏）

家。其子边楚芳、边楚善亦善画花果翎毛，得其家传。

边境贸易 frontier trade 为照顾两国边境居民在经济生活上的便利和当地贸易传统习惯而特设的一种贸易方式。包括：①边民互市贸易。边境地区居民在边境线一定距离（一般为20千米）以内、经政府批准的开放点或指定的集市上，在不超过规定的金额或数量范围内进行的商品交换活动。这是相邻国家为照顾双方边境居民交换生产资料和生活必需品的传统习惯所采取的一种贸易方式。②边境小额贸易。经国家批准沿陆地边境线对外开放的地区，经批准有边境小额贸易经营权的企业，通过国家指定的陆地边境口岸，与毗邻国家边境地区的企业或其他贸易机构之间进行的规定货物范围内的贸易活动。这是相邻国家为照顾双方边境地区的建设事业和人民生活需要所采取的一种贸易方式。进行边境贸易的双方，一般都相互给予减免关税和简化海关过境手续等优惠待遇。

边沁 Bentham, Jeremy (1748-02-15～1832-06-06) 英国哲学家、经济学家、法学家，功利主义者。生于伦敦，卒于伦敦。出身律师家庭。1763年在牛津大学女王学院毕业。边沁既是哲学家，更是法律、司法和政治制度的批评家。其学说的中心是功利主义。包括两个原理：一是功利原理或最大幸福原理，二是自利选择原理。他力图把所想到的基本概念说成是伦理学的基本概念。对这些概念下的定义过于简单或含糊不清。其狂热信徒也承认他用以计算快乐数量的所谓“快乐计算”不仅不能实用，而且在逻辑上也是荒谬的；甚至无所不知的上帝也不能作边沁所想象的运算。他既相信人完全是自私的，又说人应该促进最大多数人的最大幸福。1776年发表《政府论断片》。1811年用法文发表《赏罚原理》，后分为《奖赏原理》和《惩罚原理》，用英文出版。在俄国时用书信体裁写成《为利息辩护》一书。1789年在英国发表其杰作《道德和立法原理导论》，因而闻名于世。1792年被法国大革命政府选为法国荣誉公民，其建议在一些欧洲国家和美国受到尊重。1823年，大力支持宣传哲学激进主义的《威斯敏斯特评论报》出版。晚年著作《宪法典》，生前未及完成，仅第一卷于1830年出版。由友人和学生整理出版的著作有：《谬误集》、《审判证据原理》、《新逻辑体系》、《义务学》和《行为的动力》等。

边寿民 Bian Shoumin (1684～1752) 中国清代画家。原名维祺，字寿民，后以字行，更字颐公，号苇间居士等。山阳（今江苏淮安楚州区）人。早年家贫，以授徒为业。中年云游各地，以卖画为生。被列为扬州八怪之一。善画花鸟、蔬果和山水，尤以画芦雁驰名江淮，有“边芦雁”之称。画芦雁时，多用泼墨写意，潇洒生动，能得雁之飞鸣食宿等种种形态。描写对象为蔬果花卉时，多用淡墨勾勒，干笔皴擦，富有立体感，空白处题以诗或短文，剪裁与布局仍保持文人画情趣。此类作品多系册页。有《芦雁图》等传世。曾著有《墨说》一书，今不存。

《芦雁图》

边缘海 marginal sea 位于大陆边缘，以岛屿、群岛或半岛与大洋分隔，仅以海峡或水道与大洋相连的海域。又称陆缘海。主要潮波和海流系统直接来自邻近的大洋，水文特征受大陆影响明显，且其变化比大洋大。边缘海可按其主轴方向分为纵边缘海和横边缘海。主轴方向平行于附近陆地的主断层线，如白令海、鄂霍次克海、日本海等，为纵边缘海。主轴线与断层线大体上呈直交，如北海等，为横边缘海。

边缘系统 limbic system 高等脊椎动物中枢神经系统中由古皮层、旧皮层演化成的大脑组织以及和这些组织有密切联系的神经结构的总称。边缘系统的主要部分环绕大脑两半球两侧形成一个闭合的环，系统各部分之间互相连接并和神经系统其他部分也有广泛的联系。边缘系统参与感觉、内脏活动的调节并与情绪、行为、学习和记忆等心理活动密切相关。

组成 边缘系统所包括的大脑部位相当广泛，如梨状皮层、内嗅区、眶回、扣带回、胼胝体下回、海马、脑岛、颞极、杏仁核群、隔区、视前区、下丘脑以及乳头体等。此外，中脑被盖部分的一些神经核团以及中央灰质也因和边缘系统的联系密切而被称为边缘中脑区。

功能 边缘系统具有多种重要的生理功能，因此在神经生理学、神经病理学、精神病学、心理学等学科研究中受到广泛重视。

边缘系统与内脏活动 刺激哺乳动物边缘系统环路的后眶回、扣带回、岛叶、颞极、梨状皮层、后海马皮层等部位都可使动物出现呼吸、心血管和其他内脏活动的变化。

边缘系统的许多部位，还接受内脏神经传入的冲动。在正常情况下，这种传入冲动对于边缘系统调节内脏活动具有重要意义。边缘系统内的一些神经元，本身就是敏感的感受器。如有感受温度变化的神经元和感受血液葡萄糖浓度变化的神经元都位于下丘脑内。这些感受装置对于调节动物的体温、消化液的分泌以及进食活动都有作用。

边缘系统与感觉功能 电刺激外周神经，可以引起边缘系统相应部位电活动变化。如刺激实验动物的迷走神经可引起眶回皮层区的同步化电活动，并使前嗅裂以及杏仁核出现慢波。味觉刺激和损伤刺激能引起梨状区皮层的节律性电活动。

在高等哺乳动物躯体感觉、听觉以及视觉的传入冲动，主要经大脑皮层，再经下行纤维传入海马。边缘系统许多部位都接受外周及内脏的传入冲动。这些传入冲动对杏仁核群、海马等边缘系统部分的神经元产生调制性影响，从而影响感觉、情绪和学习与记忆功能。

边缘系统与情绪行为 在整个边缘系统中，下丘脑有些部位的活动与情绪反应关系较为密切。在情绪发生的过程中，下丘脑的活动具有重要意义，但必须有大脑皮层参与。

边缘系统与睡眠 边缘系统中的后眶回、副嗅皮层、视前区以及下丘脑前部统称基底前脑区。电流刺激这一区域可引起动物睡眠反应。如果损毁基底前脑区，会导致睡眠失调。

边缘学科 marginal science 两个或两个以上不同学科的边缘交叉处生成的新学科的统称。一般有两种情况：①某些重大的科研课题涉及两个或两个以上学科领域，研究过程中在这些相关领域的接合部产生新兴学科，如物理化学、生物力学、生态伦理学等。②运用某一学科的理论和方法去研究另一学科领域的问题，形成一些边缘学科，如射电天文学、天体物理学、数量经济学等。这类学科的共同特点是运用一门或几门学科的概念和方法研究另一门学科的对象或交叉领域的对象，使不同学科的研究方法和对象有机地结合起来，有力地促进科学的发展。现代科学的发展表明，不仅在学科的相互邻接部分，甚至在自然科学和社会科学两大门类之间，以及在相互关系并不密切、彼此相距颇远的学科领域，也不断产生交叉和渗透的边缘学科。它反映了当代科学发展的整体化趋势。

萹蓄 *Polygonum aviculare*; knotgrass 蓼科蓼属的一种。广布中国各省区。欧、亚、美三洲温带地区也有分布。一年生草本植物，为习见杂草。高10～30厘米；茎平卧或上升。单叶，互生，叶片椭圆形或披针形，全缘，近无柄；托叶鞘膜质，2裂。花小，两性，腋生，1～5朵簇生叶腋；花被裂片5，椭圆形，绿色，边缘白色或淡红色；无花瓣；雄蕊8；心皮3，合生，子房上位，1室。瘦果卵形。花果期5～10月。生长在田野、荒地或水边湿地。全草可药用，能清热、利尿、解毒。

编辑 editor 使用物质文明设施和手段，组织、采录、收集、整理、纂修、审定各式精神产品，使之传播展示于社会公众的工作和从事这项工作的人员。编辑的古义，是顺其次第，编列简策而成书。编辑二字，即从收集编连简策而来，以后书写材料变化，沿用未改。

中国的编辑工作出现很早。商代已有文字记录的典册，说明已经有人从事编辑整理简策的工作。司马迁的《史记》中的十表八书，是编辑工作的结晶。司马光精研历史，编成《资治通鉴》，他领导一个小而精的编辑部，是可谓专职的编辑。南宋而后及至明代，雕版印刷盛行，出现了受聘于书铺的编辑。真正的近代职业编辑，在清末戊戌维新运动时及其后，才活跃于学术文化界，成为一种自由职业者。

随着文化活动和科学技术的发展，除书籍、报纸、期刊、图画等出版物外，还利用声频、视频、符号、图像等载体，编辑工作的内涵随之扩大。通常编辑又可分为图书编辑、期刊编辑、报纸编辑、广播编辑、电视编辑、电子出版物编辑、网络媒体编辑等。

编辑一词在现代已发展为多义词。一般又指专业性的工作，如出版社的选题、组稿、审读、加工整理等；非出版机构中，文献资料的整理，编撰工作通报、专业刊物等，也是编辑的工作。有些编辑工作工程浩大，是一项复杂的系统工程，如许多国家编纂的大型百科全书、辞书和著作总集等。

编辑学 editology 研究编辑基础理论、编辑活动规律及编辑实践管理的综合性学科。

以自然科学和社会科学两大门类出版物（包括电子出版物）的编辑工作为研究对象，把出版物由书稿的规划、征求、选择、鉴定、校核、加工、整理，直至印刷生产之前的一系列工序中投入于作品本身的精神活动，作为编辑学的研究对象。

关于编辑学的基本内容，有7种主张：①以一般图书编辑工作程序为中心内容，加上编辑工作的基本原则、社会地位和编辑人员的修养等。②应包括编辑学概论（或称普通编辑学）、部门编辑学（文字作品、口头作品、艺术作品、图表、视听资料等的编辑学）和编辑史3部分内容。③应包含编辑史研究、编辑基本理论研究、编辑队伍研究、编辑战略思想研究、出书质量研究等5个方面内容的研究。④应包括图书编辑学基本理论原理、图书编辑史、编辑美学、编辑工艺学、编辑部的组织和编辑工作的管理、编辑人才学等6个部分。⑤应包括理论研究（阐明编辑工作在人类文化发展中的地位、作用及编辑工作基本规律）、历史经验的总结与借鉴、编辑人才学的研究、编辑管理学的研究、编辑社会学的研究、编辑心理学的研究、有关编辑过程的研究等7个互有联系的方面。⑥应包含编辑史、编辑战略学（编辑工作的性质和任务、社会作用、在出版工作中的地位）、编辑社会学（编辑与读者、编辑与作者、编辑工作与印刷发行、编辑工作与学术研究诸关系）、编辑人才学（编辑人才的培养方法、人才的思想修养和业务修养标准）、编辑工艺学（编辑工作的具体工艺操作过程及方法）等5部分内容。⑦应包括7个方面的内容：编辑史；编辑工作的性质、方针、任务和意义；编辑工程及其规律，包括编辑设计与编辑工艺的理论原则和方法；编辑队伍建设与编辑人才培养；编辑工作面向社会，广泛团结和组织著作力量，建立一支可靠的作者队伍；编辑工作的组织管理；编辑比较、编辑未来、编辑工作现代化等。

编结工艺 knitting craft 以天然和化学纤维纺线为原料，使用棒针或钩针等工具进行的手工编结。编结工艺由远古时代的结网技术发展而来。中国汉代已有五彩丝线编结成的穗子，称为流苏。19世纪中叶，欧洲的绒线编结工艺流传至上海。20世纪30年代后，上海成为中国绒线编结的中心。

编结工艺主要有三种：棒针编结是以棒形或环形针为工具进行编结，针法近30种，编结的服装具有质地厚实、弹性较强的特点；钩针编结是以前端呈倒钩形的钩针为主要工具进行编结，针法有30多种，多为花边编结，如帽子、服装的装饰、茶盘垫、沙发扶手、枕套等；民间编结是不用工具，经手工编结为花色线结，以流苏为主，用于妇女服装、台布和窗帘、旗帜等的边缘装饰。

编年体 annalistic style 中国古代史书体裁名称之一。采用以事系日，以日系月，以月系时，以时系年的编撰方法，按照年月日的顺序记载历史事件。起源于西周末年，春秋时期发展成型，到唐宋时期臻于完善。春秋时期的《春秋》是较早的编年体史书，纪事内容简略；战国时期的《左传》开始注意叙述事件的首尾过程；汉晋时期荀悦的《汉纪》和袁宏的《后汉纪》创立记载历史事件与人物事迹以类相从的方法，在一定程度上克服了早期编年体无法完整记载典章制度与历史人物生平的不足；北宋司马光撰《资治通鉴》，创立总叙法，把纪传体史书中分散在纪、表、志、传的同一历史事件集中叙述，大势贯通，分散在各处的同一历史人物的事迹集中系于此人卒年之下，首尾完整。编年体的优点是纪事以时间为经，以事件为纬，比较容易看出同一时期各种事件之间的联系，并且可以避免叙事重复；缺点是纪事前后割裂，首尾不能连贯，历史人物和典章制度难于考见原委，尤其是不便于记载无法按照具体年月编次的经济和文化方面的内容。

编译程序 compiler 将高级语言书写的程序翻译成等价的机器语言或汇编语言程序的处理系统。编译程序以高级语言书写的程序作为输入，称为源程序；以机器语言或汇编语言表示的程序作为输出，称为目标程序。源程序中的每个语句与目标程序中的指令通常是一多对应关系，所以编译程序的实现算法较为复杂，但它可以产生高效运行的目标程序，因此更适合翻译规模较大、结构较复杂、运行时间较长的大型应用程序。编译程序首先分析源程序，然后综合成目标程序。源程序的分析经过词法分析、语法分析和语义分析3个步骤完成，目标程序的综合包括存储分配、代码优化、代码生成等步骤。

编织工艺品 weaving handicraft 将植物的枝条、叶、茎、皮等加工后，用手工编织而成的工艺品。编织是中国最古老的手工艺之一。据《易经》记载，旧石器时代，先民们就以植物韧皮编织成网罟（网状兜物）。浙江余姚河姆渡遗址出土的苇席，距今约7 000年。周代，以蒲草编织莞席已很普遍。汉代，蔺草席主要产于陕西、山西等地。唐代，海南藤编有编织成五色的帘幕。宋代，浙江东阳竹编闻名于世。至明清，浙江、江苏、湖南、四川、广东、福建等地的编织工艺品生产有所发展。

中国编织工艺品按原料分，主要有竹

编、藤编、草编、棕编、柳编、麻编等六大类。品种主要有日用品、玩具、鞋帽、家具和欣赏品等五大类，其中以日用品为主。

编织工艺品具有天然、朴素、清新、简练的艺术特色。在原料上，充分发挥玉米皮、麦秸、柳条、棕叶等材料天然的色泽和纹理美，风格淳朴。在工艺上，运用平编、缠扣、钉串等多种技法形成凹凸、隐现等艺术效果，增添层次感。在装饰方法上，配合以布贴、刺绣、蓝印花布、绒绣等工艺，使造型和色彩更加丰富。

编钟 bell chime 击奏体鸣乐器。见钟。

蝙蝠 Microchiroptera; insect eating bats 翼手目小蝙蝠亚目动物的统称。现存17科。除极地及一些大洋岛屿外，分布遍及全世界。中国有6科20属68种。第2指末端无

爪，耳壳外缘不联成圆圈。通常具耳屏或对耳屏。腭部后缘不超过臼齿。颊齿多数均具尖锐齿尖，为典型的食虫性结构。

蝙蝠科分布最广，包括6亚科38属约275种，其中鼠耳蝠、棕蝠几乎遍及全世界。伏翼蝠、暮蝠、大耳蝠、狭翼蝠等分布亦广。这些种类的大小、毛色及其他形态差异很大，但一般鼻耳无特殊变异，以昆虫为食，少数种类食鱼。多数栖岩穴，亦栖于房舍、洞道、石缝、树洞中。

蝙蝠蛾 Hepialidae; swift moth / ghost moth 鳞翅目蝙蝠蛾科昆虫的统称。有580余种，属于较原始的蛾类类群。中国已知30多种。体小至极大，翅展20～200毫米。触角很短，线状至栉齿状。喙不发达。前后翅翅脉相同，具翅轭；后翅狭小。腹部长大，雌蛾第9腹节有2生殖孔。成虫懒惰，只在黄昏时活动，但飞翔迅速，飞翔时左右摇摆。幼虫大都是害虫，蛀食植物的根、茎、枝、干。幼虫体上无斑纹、毛簇和次生刚毛。蛹腹部具刺或齿脊，是从地下活动到地面的工具。常见种有一点蝙蛾、柳蝙蛾、虫草蝠蛾和角纹蝠蛾。其中虫草蝠蛾是名贵药材冬虫夏草的一种主要寄主昆虫。

蝙蝠鱼 Oncocephalida; batfish 鮟鱇目蝙蝠鱼科种类的统称。为热带暖水性近岸或外海小型底层鱼类。太平洋、印度洋、大西洋温暖海区均产；印度－西太平洋沿岸最多，西大西洋的加勒比海等次之。在中国分布于东海南部、南海诸岛及台湾沿海。有9属62种，中国产4属10种。体长60～150毫米，大者可达300余毫米。体平扁，尾部粗短。头平扁，宽大，三角形、圆盘状或平扁形。吻短或突出，吻棘或有或无。眼或大或小。口较小，前位或亚前位，水平状。上、下颌具绒毛状牙带，犁骨和腭骨牙有或无。鳃孔小，位于胸鳍基部内侧的背方。鳃2个或2.5个。第一鳃弓无鳃丝。无假鳃。体一般无鳞，密被大小不等的颗粒状骨质突起或尖刺。背鳍第一鳍棘形成不发达的吻触手，常隐于吻凹窝中；第二背鳍大或微小，具3～5不分枝鳍条，距鳃孔有一定距离，位于尾部背方，或第二背鳍消失；臀鳍位于背鳍后端下方；胸鳍具3鳍条基骨，形成假臂；腹鳍喉位；尾鳍后缘圆形或截形。游泳力差，常以臂状的胸鳍和腹鳍

爬行于海底。多生活于深海，有些生活于浅水。产量少，无食用价值，多作肥料。

鞭 whip 中国古代兵器、武术器械之一。有硬鞭、软鞭之分。硬鞭属短器械，有形如竹节的竹节钢鞭，有十三节水磨钢鞭等种类。《宋史》卷二七九中有对北宋名将呼延赞善于用鞭的记述。硬鞭的主要使用方法有劈、砍、戳、扫、削、架、点、拨等。软鞭，属软器械，由镖头、握把和中间若干铁节组成，铁节之间由圆环相连。软鞭在晋代即已出现，为猛烈的暗器，不易抵御，将鞭打出，可击、答、勾、缚，善用者常能胜刀剑。软鞭有九节鞭、七节鞭、十三节鞭等。一般多用九节鞭，是一种可长可短，软硬兼施的兵器，携带方便，或收握手中，或围于腰间，发时用力一抖，便可挥动。它可单手演练，

杆子鞭

也可双手各执一鞭进行演练。主要使用方法有缠、扫、抡、挂、劈、抛、舞花及地趟鞭等。

鞭虫病 trichuriasis 由鞭虫寄生于人体盲肠等器官引起的寄生虫病。鞭虫病轻者无症状，稍重者可有消瘦、食欲不振、腹泻、便秘或两者交替、黏液血便、里急后重、直肠脱垂、腹痛等症状，并可出现缺铁性

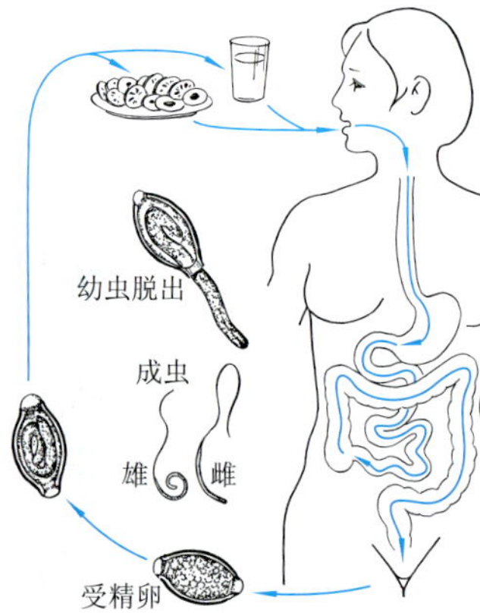

鞭虫生活史

贫血，末梢血嗜酸性粒细胞增高，此外也可有头痛、头晕等症状。患者粪便中找到鞭虫卵即可确诊。美洲无花果树鲜汁为特效药。甲苯咪唑治疗有效。盐酸吐根碱亦可用。此病不易根治，处理以预防为主。宜加强个人与环境卫生，加强水源保护和粪便管理。

扁担戏 中国木偶戏中单人表演的一个流派。因其全部家当只用一副担子（见图）即可担负得名。演出时，用扁担支起小舞台，下垂幔帐，艺人钻到帐子里鸣锣击鼓，吹打演唱，同时手举木偶表演。扁担戏适宜于

扁担戏道具

走街串巷乃至深入到偏僻山村进行表演。由于流传地区很广，表演形式大同小异，各地有各地的叫法。扁担戏是河北、上海等地的叫法。艺人借助用两片铜片制成的口琴子来说台词，声音很符合小木偶的特点。其唱腔融合多种戏曲如河北梆子、山东梆子、京剧等。按老规矩，一台扁担戏由12个木偶组成，有丑、红、净、花、八戒、猴、丑婆、三花脸、旦（两个）、文武白脸（两个），有时为演出需要也可增至16～18个。传统剧目有简单的小戏《王小卖豆腐》、《耍盘子》等，

也有删减过的大戏《铡美案》、《辕门斩子》等。苟利子是清代北京对扁担戏的俗称。据《燕京岁时记》记载："苟利子即傀儡子，乃一人在布帷之中，头顶小台，演唱打虎、跑马诸杂剧。"四川人称扁担戏为被单戏，清时在成都很流行，传统剧目为《打老虎》。其他如安徽称肩担戏，江西称被窝戏，广东称单人帮，湖南则称千担戏。

扁卷螺 Planorbidae; trumpet snail 腹足纲扁卷螺科动物的统称。世界性分布。多为小型，大部分贝壳外形呈圆盘状，螺层在一个平面上旋转，少数种类螺旋部升高。

凸旋螺

贝壳左旋或右旋。壳面光滑或具有龙骨，有的种类壳内有隔板。无厣。触角细长，呈线状，眼位于触角基部。雌雄同体，雌性生殖孔位于颈部附近伪鳃基部的外套腔内，雄性生殖孔在触角的后方。血液含血红素。卵生，卵产于透明胶质的卵袋内，卵袋多为椭圆形。栖息于静水和缓流的水域。许多种类为人类和动物寄生吸虫的中间宿主。

扁平苔藓 lichen planus 与精神、神经、内分泌、药物、病毒感染等因素有关的一种炎症性皮肤病。好发于青年人及成人。典型损害表现为多角形或圆形、紫红色、

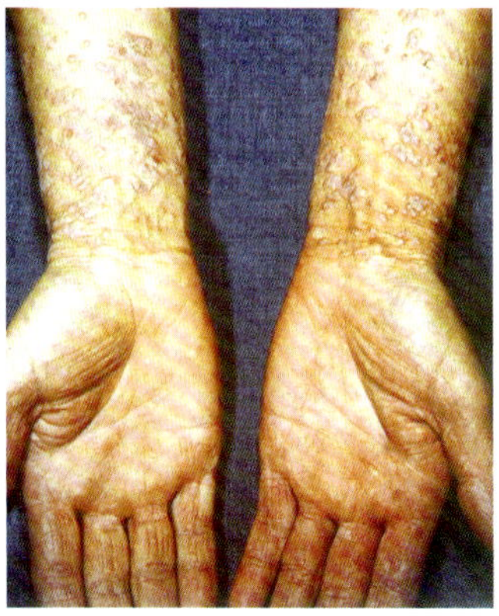
手腕及前臂上的扁平苔藓

扁平丘疹或斑丘疹，表面可见灰白色斑点或网状条纹。皮损可泛发全身，但以腕部屈侧、前臂、股内侧、胫前及腰臀部为多见，常对称分布。除皮肤外，还可累及黏膜、毛发或指（趾）甲。一般多选择对症治疗。

扁鹊 Bian Que（前5世纪） 中国战国时期医学家。即秦越人。渤海郡鄚（今河北任丘）人。年轻时曾向长桑君学医。作为一名民间医生，他经常往来于齐（山东）、赵（河北）、秦（陕西）、周（河南）等地行医。在秦国为秦武王诊病期间，为秦太医令李醯所杀。扁鹊的医术高超，精通内、外、妇、儿、五官各科，常根据行医所在地的病种需要"随俗为变"，如在赵国治妇科，在周国治五官科，在秦国治小儿科等。扁鹊尤为擅长诊法，在望诊、脉诊方面尤其突出。《汉书·艺文志》中虽载有《扁鹊内经》9卷、《扁鹊外经》12卷等，但是大多为托名上古时扁鹊的著作，另有《黄帝八十一难经》一书托名秦越人所撰。

扁鲨目 Squatiniformes; angelsharks 软骨鱼纲一目。仅1科（扁鲨科）1属（扁鲨属）约13种，广泛分布于热带及温带的大西洋、地中海和太平洋，非洲南部东岸也有分布。中国有星云扁鲨和日本扁鲨。体平扁；吻

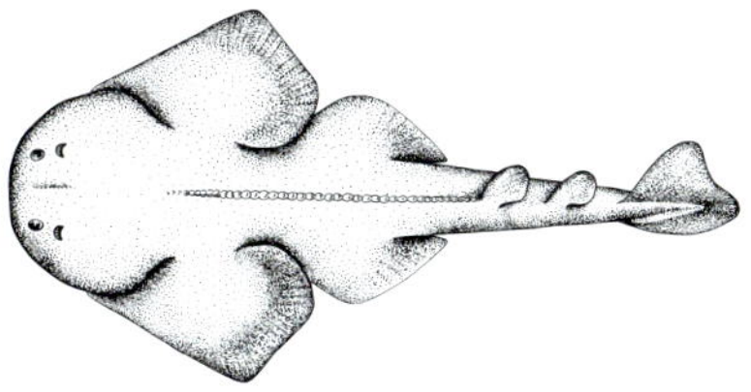
日本扁鲨

很短而宽；胸鳍宽大并向头侧延伸游离如袍袖，因而旧称袖鲛，西方俗称天使鱼或僧鱼；眼上位；口宽大，亚前位；牙上、下颌同型，细长单齿头型；鼻孔前位；鳃孔5个，宽大，延伸至腹面；背鳍2个，无硬棘。

扁桃体炎 tonsillitis 发生于扁桃体的炎症。分为急性和慢性两种。主要症状是咽痛、发热及咽部不适感等。可引起耳、鼻以及心、肾、关节等局部或全身的并发症。

病因 致病原以溶血性链球菌为主，其他如葡萄球菌、肺炎球菌、流感杆菌以及病毒等也可引起。

临床表现 分两种：①急性扁桃体炎。起病较急，有恶寒及高热，吞咽时咽痛尤重，并可引起放射性耳痛，四肢酸痛乏力。检查见扁桃体充血肿大，多数在陷窝口处有黄白色脓性分泌物，滤泡化脓者症状更重，黏膜下有黄白色小脓肿。下颌角淋巴结肿大压痛，血中白细胞升高。②慢性扁桃体炎。可有咽干、异物感等，常有反复急性扁桃体炎发作史，小儿扁桃体过度肥大者可影响呼吸和吞咽。检查见舌腭弓慢性充血，扁桃体慢性充血或有瘢痕，陷窝口可有干酪样脓栓，下颌角淋巴结肿大。

诊断 急性扁桃体炎多具有典型临床表现，不难诊断，但应与咽白喉、樊尚氏咽峡炎、白血病及猩红热等鉴别。慢性扁桃体炎主要根据反复急性发作的病史，再结合检查可见扁桃体及舌腭弓慢性充血，扁桃体小窝口有黄白色栓塞物，压挤舌腭弓有脓性物自小窝口排出，扁桃体肥大或缩小表面有瘢痕及粘连等，即可诊断。

治疗 急性扁桃体炎可使用抗生素或磺胺药。此外，应注意休息、通大便、多饮水、冷流食，并给适量退热止痛药、漱口药水等，多数患者可在1周左右恢复。

扁形动物门 Platyhelminthes 动物界的一门。按其形态结构及生活习性分为3纲：涡虫纲、吸虫纲和绦虫纲。全世界已发现近2万种，中国约有1 800种。为无体腔最原始的三胚层动物，是动物界进化中的一个新阶段。身体背腹扁平，两侧对称，动物体有了明显的前后、左右和背腹之分，背面司保护，腹面司运动和摄食；神经系统和感觉器官向前集中，逐渐出现了头部。运动有了定向，不但可以在水中游泳，而且可以在水底爬行，为登陆创造了条件。

扁形动物开始有发达的中胚层。出现肌肉系统，感受器亦趋完善，摄食、消化、排泄等机能也随之加强。由外胚层形成的表皮与中胚层形成的肌肉相互紧贴而组成的体壁，即皮肌囊，包裹虫体整个体表，起保护作用。由中胚层形成的实质组织充满体内各器官之间，能输送营养和排泄废物。组织细胞还有极强的再生能力。这在动物进化上都具有重要意义。

多数雌雄同体，异体受精，少数种类雌雄异体。自由生活种类广泛分布在海水和淡水水域中，少数在陆地潮湿土中生活。大部分种类为寄生生活。

扁蚜 Hormaphididae; hormaphids 同翅目扁蚜科昆虫的统称。含171种，主要分布于东洋界，波及全世界。中国已知53种，主要分布于华东、华南、西南、华中等热带、亚热带地界，波及华北、东北，其中22个为中国特有种。体长1.4～2.0毫米，体扁或稍隆起，有蜡孔或蜡片分布于体背、体缘甚至周缘，可分泌蜡粉或蜡丝。部分种类有外形与粉虱或蚧相似的不活动型，称为粉虱型或蚧型。触角5节，少数3或4节，甚至2节，个别为钉状不分节。头部与前胸相愈合，有些种类头、胸及第1～7腹节相愈合为前节，仅第8腹节独立。腹管环状。表皮光滑至粗糙有网纹或颗瘤。前翅中脉分为2支或不分岔，后翅常有2斜脉，静止时翅平叠于背面。中胸前盾片狭窄，后端圆，中部不分开。雄性蚜体小型，无翅，有喙，可取食。雌性蚜可产卵数粒。孤雌蚜卵胎生。大都营同寄主全周期或不全周期生活。寄主植物为禾本科（尤其是竹类）、山毛榉科、安息香科、樟科、金缕梅科、菊科、杨柳科、棕榈科、姜科、槲寄生科及桦科。大都裸露生活，部分种类在虫瘿或畸形卷叶中生活。甘蔗粉角蚜是甘蔗的重要害虫。许多种类是竹类、林木和庭园观赏植物的重要害虫。

卞之琳 Bian Zhilin（1910-12-08～2000-12-02） 中国诗人、翻译家、文学研究家。

生于江苏海门，卒于北京。1929年入北京大学英文系，其间受英国浪漫派、法国象征派诗歌影响，开始写诗。早期诗集有《三秋草》(1933)、《鱼目集》(1935)等，为人熟悉的是他与**李广田**、**何其芳**的三人合集《汉园集》(1936)。卞之琳是推动中国新诗由提倡格律的新月派向现代主义诗歌过渡的重要人物之一。他的诗作既讲究音节的整饬、文字的洗练，更注重感觉的新鲜、想象的独特，富于象征意味。名篇有《断章》、《投》、《鱼化石》等。抗日战争时期，他先后在四川大学、西南联合大学任教。1938～1939年，到延安和太行山抗日民主根据地访问并担任临时教职。此后出版有诗集《慰劳信集》(1940)等，热情讴歌抗战军民，基调明朗。1946年到南开大学任教，1947年应邀赴英国牛津从事研究。1949年任北京大学西语系教授。1953年起，任中国社会科学院文学研究所研究员和外国文学研究所研究员，并担任中国莎士比亚研究会副会长、中国作家协会理事等。自选集《雕虫纪历》(1979)是其重要的诗歌结集。另有诗论《人与诗：忆旧说新》(1984)、译著《西窗集》(1936)、《莎士比亚悲剧四种》(1988)、专著《莎士比亚悲剧论痕》(1989)等。2000年1月20日，卞之琳被中国诗歌学会授予中国诗人终身成就奖。

汴渠 Bianqu Canal 中国古代沟通黄河和淮河的骨干运河。又称汴河、通济渠。古汴河是战国以来鸿沟运河系统的一支，从今郑州西北引黄河水，经今开封、商丘、虞城、砀山、萧县，至徐州入泗水，再入淮水。在汉代和南北朝时都是重要水上运道。东汉**王景**曾大修过。隋大业元年(605)，开通济渠，自洛阳西苑引谷、洛二水入黄河，又自黄河板渚（今荥阳北）引水与古汴河合，至开封以东改道向东南，经今杞县、商丘、夏邑、永城、宿州、灵璧、泗县、泗洪，至泗州（清初已被洪泽湖淹没，在今江苏盱眙县城旁）入淮河（见图）。唐宋时改称汴渠或汴河，但与古汴河线路不同。唐和北宋都依靠这条运河运输江南的粮食和各种贡品，是南北交通的大动脉。南宋与金对峙时，南北交通断绝，汴渠堙废。

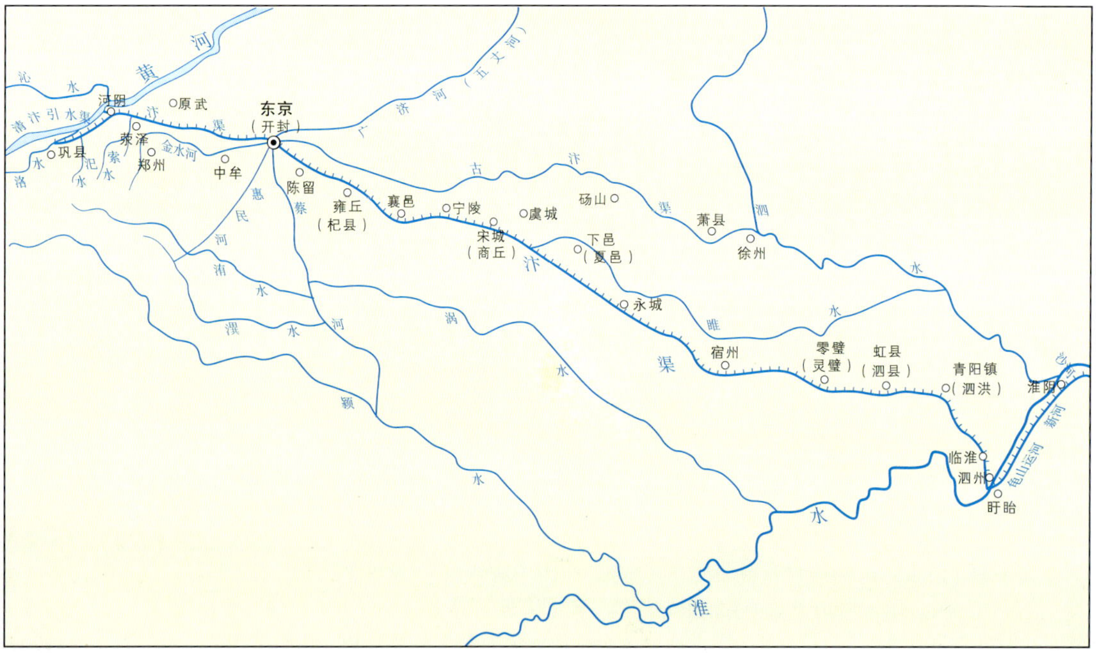

北宋汴渠及清汴引水渠

变电 power transformation **电力系统**中通过一定设备将电压由低等级转变为高等级（升压）或由高等级转变为低等级（降压）的过程。电力系统中发电机的额定电压一般为15～20千伏以下。常用的输电电压等级有765千伏、500千伏、220～110千伏、35～60千伏等；配电电压等级有35～60千伏、3～10千伏等；用电部门的用电器具有额定电压为3～15千伏的高压用电设备和110伏、220伏、380伏等低压用电设备。电力系统就是通过变电把各不同电压等级部分联接起来形成一个整体。实现变电的场所为**变电所**。

变电所 substation **电力系统**中对电压和电流进行变换、集中和分配的场所。为了保证电能的质量以及设备的安全，在变电所中还进行电压调整、电流控制以及输配电线路和主要电力设备的保护。

变电所主要由主接线、主变压器、高低压配电装置、继电保护和控制系统、所用电和直流系统、远动和通信系统、必要的无功功率补偿装置和主控制室等组成。主接线、主变压器、高低压配电装置属于一次系统，继电保护和控制系统、直流系统、远动和通信系统等属于二次系统。

主接线一般分为单母线、双母线、一个半断路器接线和环形接线几种基本形式。主变压器采用所需电压等级和容量的双绕组或三绕组变压器。配电装置包括断路器、隔离开关、互感器、避雷器等。继电保护分为系统保护和元件保护。前者指输电线路保护和母线保护，后者指变压器保护、电抗器保护及无功功率补偿装置保护。所用电系统给变电所的用电设备、机械设备供电。无功功率补偿装置和可调分头的变压器用来调整系统的无功功率和母线电压。通信和远动装置实现变电所与调度所之间的通信联系和执行遥控功能。

变分法 calculus of variations 研究泛函的极值的方法。设给定一个函数集合Y，并假定Y具有拓扑结构（见**拓扑学**）。若对Y中

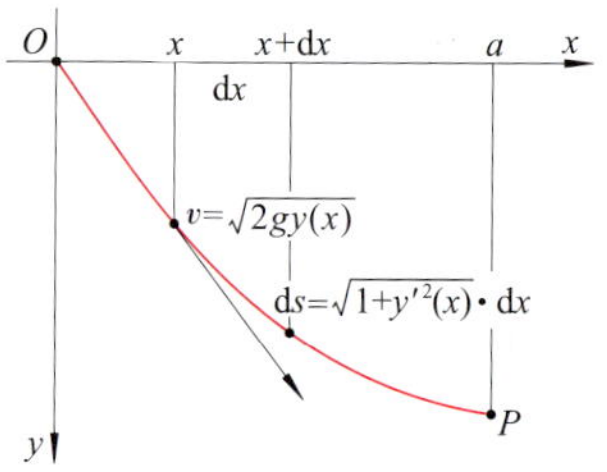

最速降曲线问题

的每一函数y按某一确定的规则J有一确定的实数$J[y]$与之对应，就说在集合Y上给定了一个泛函J。对于一点$y_0 \in Y$，若存在y_0的一个邻域U，使得$J(y_0)$是$J(y)$在U中的最大（小）值，则称$J(y_0)$是极大（小）值。y_0称为极值函数。变分法的核心问题就是求泛函的极值函数和相应的极值。

变分法的第一个著名例子是最速降曲线问题，它是由约翰第一·伯努利在1696年提出的。如图，设O和P是铅直平面xOy内高度不同的两点，一质点在重力作用下从O点沿一曲线滑落到P点，假定无摩擦和其他阻力，问曲线呈何形状时其滑落的时间最短？设滑落曲线方程为$y=y(x)$，由能量守恒定律和弧

长公式可知所需时间为

$$T=T[y]=\int_0^a\left[\left(1+(y')^2\right)/2gy\right]^{1/2}\mathrm{d}x$$

y的变化范围Y可取为在区间$[0,a]$上有一阶连续导数的函数y的全体。这一问题第二年就由I.牛顿、G.W.莱布尼茨、G.-F.-A.de洛必达、约翰第一·伯努利和雅各布第一·伯努利解决了。

许多物理问题与几何问题都化成一个泛函极值问题。下面以固定端点问题为例，介绍变分方法的基本步骤。

固定端点问题最常见，最简单的泛函由积分$J[y]=\int_{a_0}^{a_1}F(x,y(x),y'(x))\mathrm{d}x$给出，式中$F=F(x,y,p)$是一个足够光滑的函数，$y$的变化范围是区间$[a_0,a_1]$上所有有一阶连续导数且在两端点分别取定值的函数的集合。现在给出极值的必要条件。设$J[y]$在y_0取极小值，任取一个在a_0和a_1取零值的函数$\eta=\eta(x)$，考虑在函数$y=y_0+t\eta$上J取的值

$$f(t)=J[y_0+t\eta]=\int_{a_0}^{a_1}F(x,y_0+t\eta,y_0'+t\eta')\mathrm{d}x$$

得到一个一元函数，它在$t=0$取极小值，于是

$$f'(0)=\int_{a_0}^{a_1}(F_y\eta+F_{y'}\eta')\mathrm{d}x=0$$

此式对于一切光滑函数η成立。

对上式进行分部积分，得

$$\int_{a_0}^{a_1}\left(F_y^0-\frac{\mathrm{d}}{\mathrm{d}x}F_{y'}^0\right)\eta\mathrm{d}x=0$$

由此可得极值函数y_0应满足方程

$$F_y-\frac{\mathrm{d}}{\mathrm{d}x}F_{y'}=F_y(x,y(x),y'(x))-\frac{\mathrm{d}}{\mathrm{d}x}F_{y'}(x,y(x),y'(x))=0$$

这一方程称为欧拉方程或欧拉-拉格朗日方程。除固定端点问题之外，尚有自由端点问题，条件极值问题等。变分法理论除了给出泛函极值的必要条件之外，也还研究泛函极值的充分条件。但这要涉及泛函的二阶变分。

变脸 changing faces in Chinese opera 中国戏曲的情绪化装。用于表现剧中人物情绪的突然变化。最先用于神怪角色，明代已有这种化装。明杂剧《灌口二郎斩健蛟》中就有“变化青脸”的记载。但当时的变脸，是演员进入后台改扮的。后世出现了各种当场变脸的手法，成为一项表演特技。许多剧种都有，以川剧最为著名。变脸的手法主要有“抹暴眼”、“吹粉”、“扯脸”3种（前两种属于涂面化装中的变脸，后一种则加用了面具）：①抹暴眼。演员用手指抹上预存于眉头或鬓角的墨青，再往眉心、眼眶或鼻翼处一抹，使剧中人物的神色为之一变。《红梅记·放裴》中，当裴生听说贾似道要派人来刺杀他时，吓得跌倒在地，站起时眼睛下多了一道黑眶，用的就是这种手法。②吹粉。演员用吹起来的某种色粉改变脸色。事先，需在脸上要变的部分抹以香油。色粉的藏法有多种。《白蛇传·断桥》中小青的几次变脸，色粉都藏在演员的手心。《伐子都》中子都“见鬼”时的变脸，色粉藏于酒杯之中，借举杯饮酒，用力一吹，脸色顿变。③扯脸。演员把事先画好的薄质面具装于头顶，变时一个一个扯下来。早先扯脸时，还要靠撒火彩，或借折扇、衣袖作遮掩，现在技巧纯熟者可以不用任何遮掩。《白蛇传·金山寺》中紫金铙钵神与白娘子大战时的几次变脸，用的都是扯脸手法。除以上3种常用手法外，还有撕脸和贴脸。撕脸是把几个薄质面具叠粘在脸上，变时一层一层撕掉，这种手法后来已不用。贴脸是把画好的面具在变时贴到脸上去，现在也很少用，个别戏中偶一为之，如《金山寺》的韦驮“开眼”，但不是贴整个面具，只贴了一只“法眼”，是在踢腿时用靴尖贴在额上的。

变频 frequency conversion 把某一频率的交流信号变换成另一频率的电路。将两个交流信号加到有非线性的元器件上就能够进行频率变换，再用选频电路（或调谐电路）取出所需变换的频率成分。变频电路的典型应用是收音机。从天线进入收音机的无线电波，在混合电路中与本机振荡电路的信号进行混合。在调幅收音机里将频率变换成455千赫，在调频收音机里将频率变换成10.7兆赫。然后经过放大、检波后，得到原来的声音。变频电路的应用很多。如：①用频率完全相同的放大器或多级放大器时，容易产生后级反馈引发振荡，可通过频率变换的办法予以防止。②调谐频率较低时，调谐电路的带宽变窄，会同时听到两个以上的广播，采用频率变换的办法可防止这种现象。③无线中继站中采用改变接收波和发射波的频率来防止收发间的干扰。

变色龙 Chamaeleonidae; chameleon 爬行纲蜥蜴目避役科动物的统称。见避役。

变石 alexandrite 具变色效应的金绿宝石。

变送器 transmitter 输出为标准信号的传感器。这个术语有时与传感器通用。

变态 metamorphosis 在有些动物个体发育中，其形态和构造上经历阶段性剧烈变化的现象。有些器官退化消失，有些得到改造，有些新发生出来，从而结束幼体期，建成成体结构。动物的变态受激素的控制，但在不同动物类群中涉及的内分泌腺体和激素各不相同。大多数无脊椎动物都有进行变态的种类，在脊椎动物中变态仅见于鱼类和两栖类。通过变态，不仅动物成体形态建立，同时其生理特性、行为、活动方式和生态表现都与幼体期有显著差别。变态的类型有以下几种。

简单类型　如节肢动物中对虾类的变态。各幼体期都经过多次蜕皮。它们之间的形态差别主要表现在体区分化程度的不同，体节自前而后出现的数目不同，以及附肢对数多少的不同等。

昆虫类的变态　其多样化在动物界突出。可分为：①不完全变态为外生翅类所有。又分为渐变态和半变态。渐变态的幼虫形态、习性和生活环境与成虫相同，只是翅和生殖腺未发育，如蝗虫。半变态的幼虫形态、习性和生活环境与成虫不同，如蜻蜓。二者均无蛹期。幼虫称为若虫，水生的称为稚虫。②完全变态为内生翅类等所有。包括卵期、幼虫期、蛹期和成虫期。如家蚕由卵中孵出的幼虫，通常称蚕儿，一般经4次蜕皮后进入末龄期，吐丝结茧之后再经蜕皮而化为蛹。蛹羽化后为蚕蛾。蚕儿、蛹、蚕蛾三者不但形态极不相同，在行为、生理和生态方面也颇不相同。蚕儿是营养阶段，蛹是体内组织重建和器官新生的阶段，蚕蛾是进行生殖活动的阶段。

脊椎动物变态　八目鳗（又称七鳃鳗）较典型，其幼体沙隐虫与成体形态不同处：中鳍是连续的，上唇半环形、未形成口漏斗以及眼和脑都很小等，这些都属于变态的主要内容。

无尾两栖类（蟾蜍、青蛙）的幼体期称蝌蚪。由此期进入成体期要经过尾部退化、四肢出现、角质齿退化、口变宽、外鳃消失和肺的生成等。

有尾两栖类中蝾螈的变态，主要表现在鳃的消失和肺的生成。不过有些种类如墨西哥钝口螈和斑泥螈的鳃仍可保留到成体，这种现象称为幼态持续。此外，在某些有尾两栖类中，随着发育的进展还需要变换生境，这种改变生境下的发育阶段称为外出幼体。鉴于此种幼体必然在生理上出现适合新生境的变化，所以其经历的变态称为次级变态。

变态反应 allergy 异常的免疫反应。又称超敏反应。

变态心理学 abnormal psychology 研究异常心理或病态行为的医学心理学分支。又称病理心理学，它用心理学原理和方法研究异常心理或病态行为的表现形式、发生原因和机制及其发展规律，探讨鉴别评定的方法及矫治与预防的措施。变态心理有多种表现形式。按心理过程或症状，可分为感觉障碍、知觉障碍、注意障碍、记忆障碍、思维障碍、情感障碍、意志障

质作用形成的特征变质矿物如**红柱石**、**蓝晶石**、**十字石**、**堇青石**、**蓝闪石**、硬柱石等。

化学成分　变质岩的化学成分变化较大，它与原岩的化学成分有密切关系，同时与变质作用的特点有关。如在岩浆岩（超基性岩-酸性岩）形成的变质岩中，SiO_2含量多为35%～78%；在沉积岩（石英砂岩、硅质岩）形成的变质岩中，SiO_2含量可大于80%；而原岩为纯石灰岩时，则可降低至零。

矿物成分　变质岩的矿物成分，决定于原岩成分和变质条件（温度、压力等）。在有交代作用的情况下，变质岩的矿物成分还与交代作用的性质和强度有关。变质岩除含有主要造岩矿物外，还常出现铝的硅酸盐矿物（红柱石、蓝晶石、夕线石）、复杂的钙镁铁锰铝的硅酸盐矿物（**石榴子石**类）、铁镁铝的铝硅酸盐矿物（堇青石、十字石等）、纯钙的硅酸盐矿物（**硅灰石**等）及主要造岩矿物中的某些特殊矿物（蓝闪石、绿辉石、文石、硬玉、硬柱石等）。

结构构造　变质岩结构按成因可分为：①变余结构。由于变质结晶和重结晶作用不彻底而保留下来的原岩结构的残余。如变余砂状结构、变余辉绿结构等。根据变余结构，可查明原岩的成因类型。②变晶结构。岩石在变质结晶和重结晶作用过程中形成的结构。如粒状变晶结构、鳞片变晶结构等。变晶结构是变质岩的主要特征，是成因和分类研究的基础。③交代结构。由交代作用形成的结构。如交代假像结构，表示新矿物置换原来矿物，但仍保持原矿物的晶形甚至解理等内部特点；交代残留结构，表示原有矿物被分割成岛屿状残留体，包在新生矿物之中。交代结构对判别交代作用特征具有重要意义。④碎裂结构。岩石在应力作用下，发生碎裂、变形而形成的结构。如碎斑结构、糜棱结构等。原岩的性质、应力的强度、作用的方式和持续的时间等因素，决定着碎裂结构的特点。

变质岩构造按成因分为：①变余构造。变质岩中保留的原岩构造。如变余层理构造、变余气孔构造等。②变成构造。变质结晶和重结晶作用形成的构造。如板状、千枚状、片状、片麻状、条带状、块状等构造。

分类　变质岩按变质作用类型和成因分为：①区域变质岩。由区域变质作用形成。如**板岩**、千枚岩、**片岩**、**片麻岩**、**绿片岩**、角闪岩、麻粒岩、**榴辉岩**、**蓝闪石片岩**等。②热接触变质岩。由热-接触变质作用形成。如斑点**板岩**、**角岩**等。③接触交代变质岩。由接触交代变质作用形成。如各种**夕卡岩**。④动力变质岩。由动力变质作用形成。如压碎角砾岩、碎裂岩、碎斑岩、**糜棱岩**等。⑤气液变质岩。由气液变质作用形成。如**云英岩**、次生石英岩、**蛇纹岩**等。⑥冲击变质岩。由冲击变质作用形成。如冲击岩。在每一大类变质岩中可再作进一步划分。

分布　变质岩在地壳内分布很广，大陆和洋底都有，在时间上从**太古宙**至现代均有产出。在各种成因类型的变质岩中，区域变质岩分布最广，其他成因类型的变质岩分布有限。区域变质岩主要出露于各大陆的前寒武纪**地盾**和地块及显生宙各时代的变质活动带（通常与造山带紧密伴生），出露面积很大，常为几万至几十万平方千米，有时可达百万平方千米以上，约占大陆面积的18%。前寒武纪地盾和地块通常组成各大陆的稳定核心，而古生代及以后的变质活动带，常常围绕前寒武纪地盾或地块，呈线形分布，如加拿大地盾东面的阿巴拉契亚造山带、俄罗斯地块南面的华力西造山带和阿尔卑斯造山带等。有些年轻的变质活动带往往沿大陆边缘或**岛弧**分布，这在太平洋东岸和日本岛屿表现明显，它们的分布表明大陆是通过变质活动带的向外推移而不断增长的。由**岩浆**侵入引起的各种接触变质岩石，仅局限于侵入体周围，分布面积有限，但分布的地区却十分广泛，在不同地质时期和构造单元内均有产出。由碎裂变质作用形成的各种碎裂变质岩，分布更有限，它们严格受各种断裂构造的控制。变质岩在中国的分布也很广，华北地块和塔里木地块主要由前寒武纪早期的区域变质岩和混合岩组成，并构成了中国大陆的古老核心。震旦纪以后的变质活动带则围绕或斜切地块呈线形分布。

矿产　变质岩分布区矿产丰富，世界上发现的各种矿产，变质岩系中几乎都有。许多特大型矿床，如金、铁、铬、镍、铜、铅、锌、滑石、菱镁矿等，主要分布于前寒武纪变质岩中，其成因大多与变质岩的形成有关。其他如与夕卡岩有关的铁矿床、铜铅锌等多金属矿床，与云英岩有关的钨锡钼铋铍钽矿床等，也与变质岩的形成有关。

变质作用　metamorphism　地壳中原有的岩石在基本保持固态的条件下，受物理、化学条件的影响，改变其矿物成分、结构构造，形成新的岩石的整个转变过程。**地质作用**的一种。绝大多数的变质作用都与地壳演化过程中的地球内部热流活动、构造应力或负荷压力有关，少数由**陨石**撞击地球表面岩石产生。地表的风化作用和其他外生作用引起的岩石变化，不属于变质作用。

方式　主要有：①重结晶作用。原岩矿物颗粒变粗或变细，但无新矿物形成，如**石灰岩**变成**大理岩**等。②变质结晶作用。形成新矿物相的同时，原有矿物部分分解，或全部消失。③变质分异作用。成分均匀的原岩变质为矿物、结构构造不均匀的岩石。④热液交代作用。岩石中有一定量的物质组分被带入或带出。⑤变形和碎裂作用。在较高的定向压力下，岩石碎裂或塑性变形。

因素　主要是温度、压力和具化学活动性的流体等。①温度。多数变质作用都是在温度升高情况下发生的。一般温度范围为200～900℃。②压力。一般为$(0～2.5)\times10^9$帕以上。根据物理性质，压力分为岩石静压力、流体压力和偏应力。③在变质作用中，岩石常存在少量流体相，可起溶剂作用，促进重结晶和变质反应。上述作用因素不是孤立的，可同时出现或互相配合。

类型　类型很多，主要有：①区域变质作用。包括埋深变质作用、区域动力热流变质作用和区域中高温变质作用。特点是变质区域范围大，温度可从低温至高温。②接触变质作用。多发生在侵入体与围岩的接触带，是由岩浆活动引起的一种变质作用。一般发生在近地壳浅部的低压高温条件下。③动力变质作用。与断裂构造活动有关的变质作用的总称。可分为碎裂变质作用、韧性剪切带变质作用和逆掩断层变质作用。④洋底变质作用。与**大洋中脊**下的高热流有关的变质作用。⑤冲击变质作用。陨石冲击地球表面产生高温高压所形成的瞬间变质作用。⑥高热变质作用。多指**火山岩**和潜火山岩与围岩或捕虏体接触发生的变质作用。⑦气液变质作用。具有一定化学活动性的气体和热液与固体岩石进行交代反应，使岩石改变矿物成分和化学成分的作用。

变阻器　rheostat　由电阻材料制成的、阻值可根据需要而改变的电器元件。变阻器能在不断开电路的条件下，有级或无级地改变电阻值，以调节电路的电压或电流。变阻器的主要技术参数与电阻器相同。变阻器在工业上用于配合电机工作，分为起动变阻器、调速变阻器、励磁变阻器等。此外，还有实验室常用的滑线式变阻器。

滑线式变阻器滑动接触点，以改变电阻值，实现对电压、电流的调节。起动变阻器用来限制电动机起动电流，又称**起动器**。调速变阻器专供调节电动机转速用。励磁变阻器用于调节电机励磁电流。当接于发电机的励磁电路中，可改变发电机的输出电压；当接于电动机的励磁电路中，可改变电动机的转速。液体变阻器以苏打溶液或盐水作为导电媒质，改变浸入液体内的电极表面积，用作发电机的耗能负载，或者作为电动机的起动和制动电阻。

便利店　convenience store　以经营即时性**商品**为主，提供方便为宗旨，采取自选式购物方式的小型零售店。店址选在居民住宅区内、主要干道或公路旁。店铺面积在100～300平方米或更小；大多为24小时全天营业制，且一年中没有休息，顾客可以在任何时候购物；经营商品以最常用的生活必需品为主，兼卖报章杂志、药品，兼营录像带、影碟的租赁业务等；提供各种便利性服务。

便秘 constipation 因粪便在结肠存留时间过久，水分含量降低所致粪便干燥、坚硬、量少且不易排出的消化系统症状。正常的排便习惯因人而异，可每天排便三四次，也可每三四天排便一次，但正常情况下大便成形，不干燥，不坚硬。便秘可区分为急性与慢性两类。急性便秘由肠梗阻、肠麻痹、急性腹膜炎、脑血管意外等急性疾病引起；慢性便秘病因较复杂，一般可无明显症状。按发病部位分类，可分为两种：①结肠性便秘。由结肠内、外的机械性梗阻引起的便秘称为机械性便秘。由结肠蠕动功能减弱或丧失引起的便秘称为无力性便秘。由肠平滑肌痉挛引起的便秘称为痉挛性便秘。②直肠性便秘。直肠黏膜感受器敏感性减弱，导致粪块在直肠堆积。见于直肠癌、肛周疾病等。习惯性便秘多见于中老年和经产妇女。习惯性便秘者要多吃蔬菜和水果，特别是富含纤维的食物，多饮水。建立每天定时排便的习惯，增强体育锻炼。对顽固性便秘者可选用适当的泻药治疗。

辨病论治 treatment based on disease differentiation 运用中医学理论，综合分析患者的各种病情资料，作出中医的病名诊断，并实施针对性或特异性治疗的临床诊疗过程。每种疾病都有特定的病因病机和发展演变规律。辨病论治可以把握疾病的基本矛盾变化，总揽疾病全局，确定其针对性或特异性治疗方法。

与辨证的关系　各种疾病发展过程的不同阶段可以形成不同的证；由于患者的年龄、体质、饮食习惯等个体差异，以及地理、气候、环境等因素的影响，使某种疾病即便在同一阶段，也可形成不同的证。因此“病”和“证”既有区别，又密切相关。在辨病的基础上进一步辨证，既有全局观念和整体认识，又有灵活机动性和阶段性认识。辨病有助于提高辨证的准确性，重点在全过程；辨证又有助于辨病的个体化，重点在现阶段。对病的治疗有专方专药，针对性强；对证的治疗为辨证论治，其灵活性强。因此，辨病论治和辨证论治相结合可以取长补短，是中医临床最常用的诊治疾病的方法。

基本形式　专方专药辨病论治及辨病与辨证结合论治是辨病论治的两种基本形式。专方专药辨病论治注重疾病的基本特征，抓住病变本质，采用特异性方药进行针对性治疗，《内经》“十三方”中鸡矢醴治鼓胀、泽泻饮治酒风等均属这种方式。历代许多医书所载单方、验方及其主治病证，也大多属于这种方式的辨病论治。如黄连、白头翁治痢疾，青蒿、常山治疟疾，麻黄治喘，茵陈治黄疸，海藻治瘿瘤等。

在把握疾病基本特征的基础上，医家还注意到由于体质、病情、病程、年龄、性别的不同，治疗亦有所区别。如哮病，根据发作与否可分为发作期和缓解期。由于季节、体质的不同，发作期又有冷哮证、热哮证、寒包热哮证、风痰哮证、虚哮证之分；缓解期又有肺脾气虚证和肺肾两虚证等差异。采取辨病与辨证论治相结合，既注意到疾病的共性，又考虑到患者的个性，唯有如此，才能较准确地诊治疾病。

辨喜 Vivekananda (1863-01-12～1902-07-04) 印度近代哲学家，社会活动家，印度教改革家。又译斯哇密·维韦卡南达。原名纳兰德拉那特·达泰，法号辨喜。生于加尔各答，属刹帝利种姓。1883年毕业于加尔各答省立学院，翌年进入加尔各答市立学院攻读法律。大学毕业后，事奉印度教改革家罗摩克里希那。曾到美国和欧洲各地旅行，宣讲印度吠檀多哲学，颇受西方学术界重视。1897年回国，同年在加尔各答建立以他老师命名的“罗摩克里希那传教会”。1899年又在喜马拉雅山麓创立旨在宣传和研究印度吠檀多哲学的“不二论书院”。辨喜一生致力于印度古典哲学吠檀多派理论的研究与革新，因而被称为“新吠檀多派”的首倡者。他认为世界的最高本体是“梵”，或称“宇宙理性”。世界上任何现象，无论自然界、人类社会和人的思维活动都是它的表现，都是它派生出来的。梵显现为世界，是以时间、空间和因果关系为媒介的。辨喜认为，世界是由精神与物质两个方面组成的。他经常把精神方面称为“精神世界”，把物质方面称为“物质世界”，但他所谓的“精神世界”和“物质世界”并不是反映与被反映的关系，而是平行的关系，两者都起源于最高本体——梵。辨喜的哲学充满矛盾，他在继承印度吠檀多不二论的同时，又从西方哲学中吸收了不少唯物主义和科学的内容。他承认物质世界是真实的，承认对立和矛盾的存在。但是，又认为事物的对立与转化只是相对的，暂时的，而它们的和谐和统一才是绝对的，永恒的，从而又陷入形而上学。

辨喜追随老师罗摩克里希那，主张以印度教为基础建立一个新的宗教——“人类宗教”。在社会改革方面，他号召印度各个民族、宗教和种姓在印度精神的基础上联合起来，打破宗教对立和种姓隔离，改善劳动群众的物质环境，普及教育和文化，发展民族工商业，提高妇女权利，清除印度与世界的隔绝，希望在印度教的精神基础上建立一个民主社会。辨喜的哲学著作有《业瑜伽》、《王瑜伽》、《信瑜伽》、《智瑜伽》、《吠檀多哲学》、《理性与宗教》等。

辨证论治 treatment based on syndrome differentiation 以中医学理论对疾病现阶段的诊断、治疗过程。又称辨证施治。包括辨证和论治两个互相关联的阶段。所谓辨证，就是以脏腑、经络、病因、病机等基本理论为依据，对四诊（望、闻、问、切）所收集的临床资料进行综合分析，以辨清疾病现阶段的原因、性质、部位以及邪正之间的关系，进而概括为完整证名的诊断过程；论治，是根据辨证的结论，确立相应的治疗方法并选方用药的治疗实施过程。辨证和论治是诊治疾病过程中相互联系、不可分割的两个方面，是理法方药在临床上的具体运用。辨证论治作为中医诊疗疾病的一大特色，无论在理论上还是临床上，都具有十分重要的意义。

辨证方法分类　在中医学发展过程中，历代医家针对各类疾病的不同特点，创立了多种辨证方法。主要有八纲辨证、脏腑辨证、病因辨证、气血辨证、六经辨证、卫气营血辨证、三焦辨证，以及根据十二经脉、奇经八脉循行部位及其相关脏腑的功能特点，对临床资料进行辨别、分析，以判定病变所属经脉的经络辩证。

辨证方法的应用　六经辨证、卫气营血辨证、三焦辨证主要用于外感病，脏腑辨证、气血辨证主要用于内伤杂病，病因辨证侧重于探求疾病的原因。但其他各种辨证方法常兼有病因辨证以审明病因。脏腑、经络、气血津液为人体生命活动的物质基础，其他各种辨证方法在辨明病机和病位时常须结合脏腑辨证、经络辨证和气血辨证。八纲辨证可从病位、病性、病势等方面反映证候的基本构成。临床实际应用中，既要了解各种辨证方法的各自特点，更要相互参合，如此方可明了辨证的各个要素，为针对性治疗提供依据。

论治　在辨证之后，即可根据辨证的结论，确立治疗原则和相应治法，进而选方用药。通过辨证，分清疾病的现象和本质，即可求本治疗；辨清邪正斗争的虚实变化，则可扶正祛邪；根据脏腑、阴阳、气血失调的病机变化调整脏腑功能，调整阴阳，调整气血关系；按发病的不同时间、地点和病人的不同个体特点，治疗时力求做到因时、因地、因人制宜。在上述治疗原则的指导下，根据不同的病因、病机就可确立具体的治疗方法，进而选择有效的方药。

辩才天女 Sarasvati 印度神话中大神梵天之妻（一说是女儿），从他的左手大拇指上出生。《梨俱吠陀》中，她是一条河及河川之神的名字，能除人之秽，给人财富、后代、勇气。《梵书》和《摩诃婆罗多》中，她变为语言女神。后传说她是语言、知识女神，是梵语及天城体字母的创造者，掌管诗歌、音乐，是艺术和科学的保护者，因其多智善辩，成为智慧与雄辩女神。有时也作毗湿奴之妻。她皮肤白皙，生有四臂，分执琴、经书、念珠和莲花，象征艺术、智慧、写作及虔诚。

辩护人 counsel 在刑事诉讼中，根据犯罪嫌疑人、被告人及其法定代理人委托或法院指定，从事实和法律方面在法庭上为犯罪嫌疑人、被告人进行辩护的人。在中国，担任辩护人的有：①律师。②人民团体或者犯罪嫌疑人、被告人所在单位推荐的人。③犯罪嫌疑人、被告人的监护人、亲友。正在被执行刑罚或者依法被剥夺、限制人身自由的人，不得担任辩护人。

辩护人的责任是根据事实和法律，提出证明犯罪嫌疑人、被告人无罪、罪轻或者减轻、免除其刑事责任的材料和意见，维护犯罪嫌疑人、被告人的合法权益。辩护律师可以查阅本案材料，了解案情，可以同在押的犯罪嫌疑人、被告人会见和通信。其他的辩护人经人民检察院、人民法院许可，也可以了解案情，同在押的犯罪嫌疑人、被告人会见和通信。除委托辩护外，公诉人出庭公诉的案件，被告人因经济困难或者其他原因没有委托辩护人的，人民法院可以指定承担法律援助义务的律师为其提供辩护。被告人是盲、聋、哑或者未成年人、可能被判处死刑而没有委托辩护人的，人民法院应当指定承担法律援助义务的律师为其提供辩护。在审判过程中，被告人对于自己委托的辩护人或者人民法院为他指定的辩护人，如认为不能维护他的合法权益时，可以拒绝该辩护人继续为他辩护，也可以另外委托辩护人继续辩护。

辩护制度 system of advocacy 刑事诉讼中犯罪嫌疑人、被告人及其辩护人在事实和法律上为论证对犯罪嫌疑人、被告人有利的理由而进行的诉讼活动。

历史沿革 在古代弹劾式诉讼中，被告人与原告人处于平等地位，被告人享有辩护权，可针对指控提出反驳理由和根据。在封建专制时期的纠问式诉讼中，被告人的辩护权被剥夺，审判以秘密形式进行，广泛适用刑讯。资产阶级在反封建斗争中，明确提出了被告人有辩护权的要求。资本主义各国的刑事诉讼法，对犯罪嫌疑人、被告人的辩护权都有具体规定。

中国的辩护制度 中国1954年宪法规定“被告人有权获得辩护”，把保障被告人的辩护权列为宪法原则。1979年公布的《中华人民共和国刑事诉讼法》对辩护作了专章规定。1996年修改后的刑事诉讼法将律师参加刑事诉讼的时间从审判阶段提前到侦查阶段，并扩大了指定辩护的范围。

中国《刑事诉讼法》规定，犯罪嫌疑人、被告人辩护权从侦查开始的诉讼全过程都可以行使，任何机关、团体和个人都不得以任何借口加以剥夺。被告人在法庭审理阶段有权自行辩护，即有权进行辩解，有权申请调取证据，有权做最后陈述，有权对裁判提出上诉或申诉等。犯罪嫌疑人在被侦查机关第一次讯问后或者采取强制措施之日起，可以聘请律师为其提供法律咨询、代为申诉控告。犯罪嫌疑人被逮捕的，聘请的律师可以为其申请取保候审。涉及国家秘密的案件，犯罪嫌疑人聘请律师，应当经侦查机关批准。受委托的律师有权向侦查机关了解犯罪嫌疑人涉嫌的罪名，可以会见在押的犯罪嫌疑人，向犯罪嫌疑人了解案情。公诉案件自案件移送审查起诉之日起，犯罪嫌疑人有权委托辩护人。自诉案件的被告人有权随时委托辩护人。见辩护人。

辩证法 dialectics 关于自然、社会和思维发展的最一般规律的科学。

约公元前5世纪，古希腊哲学各派论争之风盛行，哲学家们都比较注重争论的技巧和方法。人们把论证或分析命题中的矛盾，以及在谈话中揭露对方论断中的矛盾并克服这些矛盾以驳倒对方的方法，叫作辩证法。苏格拉底把辩证法看作是通过对立意见的争论而发现真理的艺术。柏拉图还把辩证法看作是认识“理念”过程中由个别到一般、又由一般到个别的方法。亚里士多德除了把辩证法看作是“研究实体的属性”、“揭露对象自身中的矛盾”等的方法外，还把辩证法作为形成概念、下定义和检查定义是否正确的方法。

18世纪末和19世纪初，辩证法的含义日益丰富起来。在康德哲学中，辩证法专指理性自身包含的矛盾，即“纯粹理性之自然的不可避免的辩证法”。德国古典哲学家G.W.F.黑格尔，不只是把辩证法看作一种思维方法，同时认为它也是适用于一切现象的普遍原则，是一种宇宙观。他在哲学史上第一个明确地在宇宙观意义上使用“辩证法”概念。

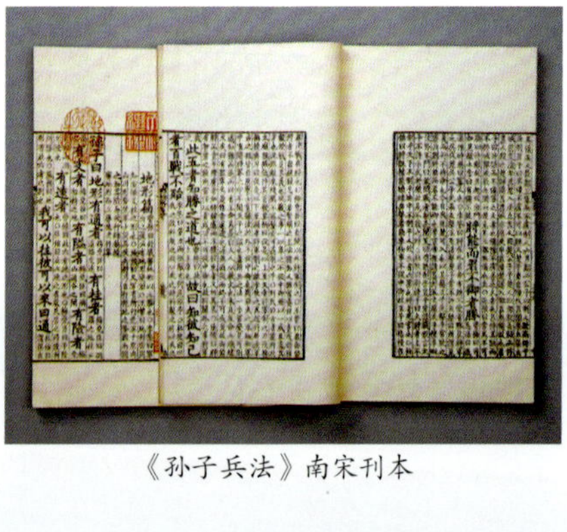
《孙子兵法》南宋刊本

在中国古代哲学中，有丰富的辩证法思想。早在前11世纪，人们在同自然作斗争的丰富经验的基础上，便提出了早期的阴阳学说，用相互对立的阴阳二气的交互作用来说明天地万物的产生和变化。《易经》中讲的“八卦”以及以两卦相叠演变为六十四卦的学说，就是从正反两面的矛盾对立来说明事物的变化和发展的。《老子》、《孙子兵法》等书也都集中反映了中国古代哲人的辩证法思想。在关于对立面相互关系的探讨中，古代哲人留下了诸如“柔弱胜刚强”、“祸兮福所倚，福兮祸所伏”这样一些传诵千古的辩证箴言。北宋的张载和明末清初的王夫之的著作中有很丰富的辩证法思想。张载提出了“一物两体”的辩证法命题。王夫之认为，“气”是世界的本原，物质性的“阴阳二气”充满“太虚”，普遍存在。他认为“气”本身固有运动的特性，说“气则动者也”；天地万物经常处于不断的变化之中，“天之生物，其化不息”。

19世纪中叶，自然科学的发展愈益揭露出自然界的辩证性质，革命运动的兴起也使社会历史运动的辩证法更加显露出来。K.马克思和F.恩格斯在概括革命实践经验和自然科学新成果的基础上，批判地继承了黑格尔的唯心主义辩证法，创立了唯物辩证法。他们把辩证法看作客观世界本身所固有的规律，把思维中的辩证法视为客观规律在人脑中的自觉反映，指明主观辩证法是客观辩证法的反映，论证了辩证法的规律是来源于客观现实，而不是来自主观精神或绝对观念，从而使“辩证法”概念在唯物主义基础上获得了真正科学的内容，使“辩证法”在历史发展中第一次取得了真正科学的形态。

唯物辩证法的基本规律是对立统一规律、质量互变规律、否定之否定规律。对立统一规律揭示事物内部对立双方的统一和斗争是事物普遍联系的根本内容，是事物变化发展的源泉和动力。质量互变规律揭示一切事物的两种基本状态，即量变和质变以及它们之间的内在联系和规律性。否定之否定规律揭示事物由矛盾引起的发展，即肯定—否定—否定之否定的螺旋式的前进运动。唯物辩证法还包含诸多范畴，例如本质与现象、内容与形式、原因与结果、必然性与偶然性、可能性与现实性等，这些范畴都是客观事物自身的本质关系的反映，它们从不同的侧面揭示事物的本质联系。

辩证逻辑 dialectical logic 研究辩证思维的科学，即关于辩证思维的形式、规律和方法的科学。它研究的重点是概念的辩证运动以及思维如何通过概念反映现实矛盾。“辩证逻辑”一词是F.恩格斯首先提出的，并把它与形式逻辑对立起来。

性质 辩证逻辑研究思维对客观辩证法的反映，这是它的哲学性质。它研究思维的形式和规律，并为思维提供规则和方法，这是它的逻辑（广义）性质。辩证逻辑的基本特性是辩证法、认识论与逻辑三者统一。唯物辩证法以自然界、社会和思维的最一般规律为研究对象，所以唯物辩证法与辩证逻辑是一般与特殊的关系。辩证逻辑与认识论既统一又相区别，它只研究理性思维的辩证运动。辩证逻辑也不同于研究纯形式的逻辑学，因为它从形式与内容相结合并联系思维运动来考察概念、判断、推理等的相互联系及它们运动和发展的规律性。形式逻辑则撇开内容而仅考察推理或理论的形式结构。

历史发展 在辩证思维发展的自发阶段，中国、印度和希腊古代哲学家对辩证思维都作出了重要贡献。古希腊哲学家对辩证思维的研究对辩证逻辑的产生具有重要意义。15世纪下半叶以后，特别是18世纪以后，欧洲科学开始蓬勃发展，人们的思维方式也随之而发生变化，从分门别类的研究方式进展到综合的考察，即辩证思维。

德国古典哲学家I.康德对辩证思维的研究开始进入自觉阶段。他认为传统逻辑是分析的，而他提出的先验逻辑是综合的。先验逻辑由分析论和辩证论两部分组成，前者是关于知性的学说，后者是关于理性的学说。康德认为，当理性把世界作为整体进行考察时，就会出现无法解决的“二律背反”。由于他站在二元论的不可知论立场上，就不可能对上述问题给予正确的解决。

德国古典哲学家G.W.F.黑格尔不满足于把逻辑限制在知性阶段上所作的抽象同一的了解，而要求逻辑必须进到理性阶段去把握内在矛盾和多样性的具体同一的整体。他批评康德把范畴看作与内容相脱离的纯粹的主观形式的观点，认为思维形式、逻辑的概念和范畴是有内容的，理性是能够认识真理的。他从逻辑的一般概念、范畴的发展与运动出发总结了思想史。

K.马克思和恩格斯在批判改造黑格尔哲学的过程中，在创立辩证唯物主义和历史唯物主义的过程中，奠定了科学的辩证逻辑的基础。马克思的《资本论》是一部实际运用辩证逻辑的著作。

V.I.列宁深入论述了辩证法、认识论和逻辑三者统一的思想，强调辩证逻辑必须建立在对思维的总结上面，并指出辩证逻辑的主要内容在于研究概念的辩证关系。

基本内容 辩证逻辑的基本内容包括规律、形式、方法以及范畴等。

辩证逻辑的基本规律是唯物辩证法基本规律在思维中的特殊表现，也是对客观世界中存在的对立统一关系的反映。

辩证逻辑的思维形式与其所反映的内容有着密切联系。概念是辩证思维的最基本形式，而辩证思维的其他形式都是概念的进一步展开。概念从抽象上升到具体的过程，同时也是判断、推理形成和运动的过程。原先以不显露的形式包含在概念中的矛盾，在判断中获得了外露和进一步展开。推理是判断内含的矛盾的进一步展开和具体化。

辩证逻辑的方法是它的基本规律的体现和运用，是再现对象多样性的方法。①归纳与演绎统一的方法。任何认识过程都是由个别到一般、又由一般到个别的过程，因此归纳与演绎必定相互联系、渗透和转化。这个方法要求人们从一般和个别、普遍和特殊的相互联结上来考察对象的内部矛盾及其运动。②分析与综合统一的方法。从揭示对象的内在矛盾，到采取相应措施解决矛盾的过程，就是分析与综合统一方法的运用过程。③从抽象上升到具体的方法。抽象指对象某方面的本质规定在思维中的反映。具体指思维对对象各方面本质规定的完整的反映。从抽象上升到具体是思维通过把握对象各方面的本质规定及其相互间的内在联系，从理论上完整地再现对象多样性统一的方法。④逻辑与历史统一的方法。逻辑的过程是历史（包括客观事物的历史及人类认识的历史）发展过程在思维中的概括反映。在安排理论体系的各个概念、范畴的顺序时，应考察到对象的历史发展的基本线索，反映其内在联系。

辩证逻辑的范畴，如归纳、演绎、分析、综合、抽象、具体等，是辩证思维的基本环节，也是构成辩证逻辑体系的纽带。

研究的现状和意义 自从马克思主义创始人创立科学辩证逻辑以来，各国学者不断地对它进行探讨。苏联从20世纪20年代开始就有学者进行了研究。对它颇具规模的研究，开始于50年代，其中尤以M.M.罗森塔尔的研究最为重要。这时期苏联学者主要依据黑格尔和马克思、恩格斯、列宁著作的论述，探讨辩证逻辑与形式逻辑的关系，辩证逻辑的性质、基本原理。自60年代以后，随着苏联学术界对自然科学新成果和科学方法论的重视，有些学者如D.P.高尔斯基等开始结合科学方法论来研究辩证逻辑。此外，美国、日本、东欧一些国家也有学者研究辩证逻辑。

中国在20世纪30年代就有人著文介绍辩证逻辑。50年代至60年代初，中国开展了关于形式逻辑与辩证逻辑的大讨论。80年代以后，改革开放给辩证逻辑研究带来了新的机遇与挑战，出版了不少系统论述辩证逻辑的专著和教材。许多高校哲学系开设了辩证逻辑的专门课程。目前存在着以下不同的研究方向：①结合科学方法论的研究。②建立范畴体系。③辩证逻辑形式化。④对黑格尔和马克思列宁主义创始人著作中的辩证逻辑的研究。中国学者在以下各点存在不同看法：①辩证逻辑是不是逻辑（主要与从事形式逻辑研究的学者的争论）；②辩证逻辑研究辩证思维，是否还包括思维辩证法；③如何表述辩证思维的基本规律；④有无必要把概念判断等区分为辩证的和非辩证的；⑤辩证逻辑能否形式化；⑥如何区分逻辑矛盾和辩证矛盾。

辩证逻辑是一门理论思维“艺术”的科学。它能够提供一种认识纷繁复杂、变动不居的客观世界规律的工具，其方法是各门科学普遍适用的。

辩证唯物主义 dialectical materialism K.马克思和F.恩格斯创立的关于自然、社会和人类思维发展的最一般规律的科学。这种哲学坚持唯物主义和辩证法的有机统一，认为物质是自然界和人类社会一切现象的基础，意识是物质世界长期发展的产物，是人脑这一高度组织的物质的机能，是人脑对客观世界的能动的反映。它是最完备深刻而无片面性弊病的关于发展的学说。

辩证唯物主义是人类认识发展史的科学总结，它建立在现代科学和先进社会实践的基础上，并随着科学和实践的发展而不断丰富发展。它的产生是人类认识史和哲学史上的伟大革命，它是人类认识世界和改造世界的锐利武器。

形成和发展 古代的唯物主义承认世界的物质性。但是，它把世界的物质性归结为一种或某一些具体的原初物质，带有朴素、直观的性质，缺乏科学的论证。一般说来，古代的朴素唯物主义同时具有朴素辩证法的性质，是唯物主义和辩证法的自发结合。从15世纪后半叶开始，自然科学获得日益迅速的发展，科学家们把自然界分解成各个部分进行分门别类的研究，对有机体进行解剖学的研究。这使人类后来在认识自然方面获得了巨大的进展。但这种撇开广泛的总的联系孤立地、静止地考察事物的方法，被F.培根和J.洛克移到哲学领域后，形成了形而上学的长期统治。

自然科学的进一步发展，尤其是细胞学说、能量守恒和能量转化定律、C.R.达尔文的进化论的发现，使人们逐渐认识到自然界的一切归根结底是辩证的而不是形而上学地发生的。与此同时，I.康德以他的天体演化学说第一个打破了形而上学的缺口，开始了辩证法在近代德国哲学中的发展。而G.W.F.黑格尔则进一步把整个自然的、历史的和精神的世界描写为一个过程，一个处在不断运动、变化、发展中的过程，

图1 恩格斯著《自然辩证法》中译本书影

并指出这种运动发展的根本原因是由于其固有的内在矛盾。但黑格尔是客观唯心主义者，他的辩证法是不彻底的。L.费尔巴哈在批判黑格尔唯心主义的过程中，恢复了唯物主义应有的权威。他们共同为辩证唯物主义的产生提供了直接的思想来源。尤其值得提出的是，当时资本主义社会内部各种矛盾已开始激化，工人阶级作为一种独立的政治力量已登上历史舞台。他们迫切要求有一种科学的认识工具以揭示社会发展的规律，增强自身解放斗争的自觉性。正是在这样的历史条件下，马克思、恩格斯通过参加工人运动和实践，概括自然科学的新成就和社会实践的新经验，批判地改造和吸收以往的哲学特别是德国古典哲学的思想成果，在发现唯物史观的基础上创立了科学的辩证唯物主义哲学。

辩证唯物主义是马克思主义理论体系的哲学基础。它和整个马克思主义学说一起产生于19世纪40年代。当时资本主义社会内部的社会化大工业生产和生产资料的资本主义私有制的矛盾、无产阶级和资产阶级的矛盾已经开始激化，出现了周期性的经济危机，爆发了法国里昂工人起义、英国的宪章运动和德国西里西亚织布工人起义。工人阶级已经迫切要求有一个科学的认识工具，以揭示社会发展的规律，增强自身解放斗争的自觉性。当时的社会实践和科学的发展也日益暴露了客观世界唯物辩证的本性。无产阶级和资产阶级斗争的尖锐化使阶级关系明朗化、简单化，并清楚地暴露了阶级矛盾和物质经济利益的直接联系。同时，自然科学的巨大进步，也提供了关于自然界中各个领域及其过程之间联系的清晰的图画。这一切为辩证唯物主义的建立和发展提供了客观可能。

辩证唯物主义的直接思想来源是18世纪末19世纪初的德国古典哲学。马克思和恩格斯打破了黑格尔唯心主义的保守哲学体系，吸取了黑格尔辩证法中革命的因素，即联系和发展的思想，以及矛盾是发展的内在动力的思想，批判地继承了费尔巴哈哲学的唯物主义的基本内核，摒弃了它的社会历史观、宗教、伦理的唯心主义杂质，创立了辩证唯物主义的哲学。同时，马克思和恩格斯批判地继承了英国的政治经济学和法国的空想社会主义，成功地运用辩证唯物主义原理科学地分析了人类社会发展的历史，特别是详尽地分析了资本主义政治经济的发展，揭示了资本主义生产方式的秘密，发现了社会主义是资本主义发展的必然趋势，指出了无产阶级革命和无产阶级专政是通向社会主义的唯一正确道路，由此创立了科学的政治经济学和科学的社会主义学说。辩证唯物主义哲学、政治经济学和科学的社会主义学说是马克思主义的三个不可分割的组成部分。它们的形成是一个相互促进、相互论证的统一过程。

马克思写于1845年春的《关于费尔巴哈的提纲》，是作为辩证唯物主义世界观萌芽的第一个文件。它对实践作出了科学的解释，既批判了否认实践能动性的直观的唯物主义，也批判了抽象地发展能动性的唯心主义。1847年《哲学的贫困》的出版和1848年《共产党宣言》的出版则标志着马克思主义科学世界观的正式问世。马克思和恩格斯是马克思主义哲学的创始人，但当时他们没有写作过系统表述辩证唯物主义原理的专著，马克思的《资本论》和其他著作是成功地运用唯物辩证法，即辩证唯物主义的范例。恩格斯后来在《反杜林论》和《自然辩证法》中系统地论述了辩证唯物主义的基本内容，提出了辩证唯物主义的思想体系。《路德维希·费尔巴哈和德国古典哲学的终结》则论述了辩证唯物主义与德国古典哲学的关系，对马克思主义哲学产生40年所经历的斗争作了科学总结。

19世纪末，德国工人哲学家J.狄慈根在总结实践经验的基础上，曾独立发现了唯物辩证法。尽管有些用语还不很确切，但他第一次提出了“辩证唯物主义”这一术语。他与F.梅林、K.J.考茨基、P.拉法格、A.拉布里奥拉、G.V.普列汉诺夫等人积极地参与了19世纪末20世纪初批判庸俗唯物主义、新康德主义等各种修正主义、机会主义哲学的行动，宣传、捍卫、发展了马克思主义哲学。尽管他们有些人在某些著作中存在这样那样的错误，有人甚至在政治上后来堕落为机会主义者，但都对马克思主义哲学的早期传播和发展作出了不同程度的贡献。

V.I.列宁在新的历史条件下把马克思、恩格斯所创立的辩证唯物主义推进到了一个新的发展水平。在20世纪初国际共产主义运动关于什么是马克思主义世界观和认识论的问题存在着严重的思想混乱，列宁的杰出哲学贡献之一就是恢复和明确树立了辩证唯物主义在马克思主义思想体系中的指导地位。这些贡献主要体现在他的《唯物主义和经验批判主义》、《哲学笔记》等一系列著作中。他通过总结自然科学的新成就，揭示了物理学危机产生的原因，批判了与物理学唯心主义紧密相关联的马赫主义，明确指出克服危机的途径就是以辩证唯物主义去代替形而上学唯物主义。他指出，原子是无限可分的，人类对物质的认识无论从广度上或深度上都是一个不断发展永无穷尽的过程。他还给出了本体论和认识论的物质定义。他在批判第二国际机会主义唯心主义和形而上学、分析帝国主义时代各种错综复杂的矛盾的过程中坚持、捍卫和发展了辩证唯物主义，提出了两种发展观的原理，提出对立统一规律是唯物辩证法的实质和核心，矛盾是客观世界和认识发展的源泉，发展是一个充满丰富内容的事物自己运动的过程；他反对把辩证法当作实例的总和，反对把辩证法和认识论相割裂。斯大林于1938年写的《论辩证

图2 艾思奇主编《辩证唯物主义 历史唯物主义》书影

唯物主义与历史唯物主义》作为十月革命后苏联研究马克思主义哲学的结晶，虽然对宣传马克思主义哲学的一些基本原理起到了促进作用，但其中也有理解不够正确、表述不够确切的地方。这也为他本人和后来社会主义国家一些领导人搞主观主义、唯意志论和形而上学埋下了伏笔，为社会主义遭受挫折种下了祸根。

中国共产党及其领导人毛泽东、邓小平等在中国长期的革命和建设实践中自觉坚持以马克思主义为指导思想，同时又注意概括实践的新经验，丰富发展马克思主义，形成了独具特色的毛泽东思想和邓小平理论。长期以来，特别是中国共产党十一届三中全会以来，中国广大马克思主义哲学专业工作者，对辩证唯物主义从其对象、体系直至具体原理、范畴作了广泛深入的研究。

基本内容 辩证唯物主义作为一个开放的科学体系内容十分丰富。其内容主要包括以下四个方面。

世界的物质统一性原理 它坚持唯物

主义和辩证法的有机结合，引入了科学的实践观，彻底唯物主义地解决了哲学基本问题。辩证唯物主义认为：物质存在具有无限复杂的多样性和丰富多彩的运动形式；物质世界处在永恒的运动、变化、发展之中；时间与空间是运动着的物质的存在形式；物质运动有着自身的客观规律；意识是物质高度发展的产物，是高度组织起来的物质——人脑的反映特性。

思维的内容是对客观世界的反映。物质与意识是对立的统一。它们统一于物质，在实践过程中实现这种统一。马克思主义承认社会意识在社会存在发展中的巨大作用，但又明确指出，社会意识归根结底决定于社会存在，人类社会的发展是由物质力量即生产力的发展决定的。社会历史也是统一物质世界中的具有自身客观规律的运动形式，是物质运动的最高形式。

关于物质世界普遍联系和永恒运动的原理 辩证唯物主义认为，统一的物质世界中的万事万物都处在相互作用的普遍联系之中，都处在不断产生、消亡的运动、变化和发展的永恒的过程之中。统一物分裂为两个互相排斥的对立面，对立面之间的相互制约和相互作用是普遍联系的最本质的内容，同时又是事物自我发展的根本原因。对立面的统一和斗争是辩证法的实质和核心。质与量是事物的两个相互联系的属性。质变和量变是事物运动发展的两种基本形式。量变引起质变，质变又引起新的量变。事物在肯定自身存在的同时又包含着促使自身消亡的否定的方面，辩证的否定构成从旧事物向新事物的转化。辩证的否定是对旧事物的既克服又保留，是包含着肯定因素的否定。肯定与否定的统一和斗争构成事物的否定之否定的螺旋式上升的发展过程。对立统一规律、质量互变规律、否定之否定规律是辩证法的三个基本规律。

此外，唯物辩证法还有对范畴的阐述。范畴是认识客观世界普遍联系之网的网上纽结，它以概念的形式反映了事物自身所包含的种种矛盾关系的各个侧面，是人对自然界认识的各个环节。如原因与结果、必然性与偶然性、可能性与现实性、内容与形式、本质与现象、运动与静止、时间与空间等。

关于认识是辩证过程的原理 辩证唯物主义认为认识是人类在社会实践中对客观世界的能动反映。认识的对象是普遍联系的、充满矛盾的、永恒运动变化和发展着的客观世界。认识的主体是物质世界自身发展的最高产物——人类。人类在自己的思维和意识中能够正确地认识世界，这种认识是在实践过程中曲折前进、不断深化、逐步逼近的过程。实践的观点是辩证唯物主义认识论的首要的基本的观点。劳动实践使猿脑变成了人脑，从而创造了认识的物质器官。认识产生于实践的需要，实践又是认识的最终目的和最后归宿。实践扩大了人们的视野，使人们接触和感知越来越多的现象，为认识提供了可能。实践又是检验认识是否具有真理性的标准。

关于辩证法、逻辑与认识论的一致的原理 辩证唯物主义认为客观世界发展的规律、认识的规律与思维的规律三者本质上是一致的，只有表现形式上的不同。客观事物的辩证法是客观辩证法，而认识规律、思维规律的辩证法则不过是对前者的反映。三者统一的基础是物质世界自身的运动、发展。自觉地把它们统一起来的基础是社会实践。

指导意义 辩证唯物主义是自然科学和社会科学的概括和总结，它所揭示的规律与原理具有最普遍的意义，所以它能成为指导人类和社会的唯一正确方法。但辩证唯物主义不能代替对自然与社会的具体研究，不能为各门具体学科提供现成的答案，它只是提供这类研究的指导思想和方法。它不承认有什么永恒不变的僵化的抽象公式，它反对死搬硬套教条。它可以帮助研究者提高理论思维能力。辩证唯物主义与各门具体科学是互相依赖、互相促进的。各门具体科学研究的是客观世界中某一特殊领域的规律，而辩证唯物主义要揭示的却是统一的客观世界的最一般的规律。各门具体科学的新发现为辩证唯物主义进一步揭示统一世界的共同本质提供素材，而辩证唯物主义是推动各门具体科学发展的普遍有效的认识工具。

图3 《列宁全集》书影

科学的辩证唯物主义也是在同形形色色的唯心主义和形而上学的斗争中成长起来的。辩证唯物主义实事求是地看待唯心主义和形而上学，认为一切错误思想都有其认识论根源和社会根源。人类认识过程自身的复杂性和曲折性，在客观上为把其中某个方面、片段孤立地加以夸大、绝对化的唯心主义提供了产生的可能。形而上学世界观也是由于自然科学分门别类收集资料加以研究的方法被移到哲学上而造成的。

标的 subject matter 招投标中合同当事人双方权利和义务所共同指向的对象。不同项目的招投标所设定的标的会有不同的具体内容，通常指物、行为或知识财富。例如，购销合同中的出卖物、建筑工程承包合同中的建筑物、借款合同中的货币等标的都是实物；货物运输合同、仓储保管合同等标的物是行为；标的物也可以是知识产权，如技术合同的标的为技术成果、设计、咨询、专有技术等或利用技术为社会提供服务的具体规定和要求。

标的物 object 当事人争议的权利义务所指向的对象。它与诉讼标的不同。诉讼标的是民事诉讼当事人之间发生争议，而要求法院裁判的那个法律关系；标的物是当事人争议的权利义务所指向的对象。凡民事诉讼都有诉讼标的，但并不是都有标的物。例如，因身份关系发生争议的诉讼，就只有诉讼标的而没有标的物。法院审判民事案件，对有争议的法律关系进行审理，是查明事实，依法对所争议的法律关系作出判决。而审理中对标的物是查明当事人对其有无权利，判决中只是确认标的物的归属，而不是确定标的物是否存在。

标点符号 punctuation marks 书面语中用来表示停顿、语气以及词语性质和作用的标记。

句读 中国的古籍，没有类似今天使用的标点。古代有些文字（例如甲骨卜辞）有时用分行或隔离来表示停顿，所以历来认为学会断句是读书的基本要求。汉代表示断句的符号是“、”和“乚”。“、”用来表示较小的停顿，“乚”表示较大的停顿。“乚”和“、”汉朝人称之为句读。古代的“句”，读音如同“钩”，许慎讲的“钩识”也就是句号的意思。“读”音逗，含有停顿的意思，用来表示句中的停顿。这两种符号到了宋代才逐渐推广使用，但形态有些改变。一种是句号用“。”，读号用“、”；另一种是句号、读号都用同样的点，句号的点用在字旁，读号的点用在两字之间。宋元时代出版的书籍，特别是经书，一般不加句读。句读符号多用于教学或校勘方面。

元明刻本小说多在句子的末了加圈，也有一律用“、”或用“。”的。有些戏曲和启蒙读物也采取这种方法。明刻本小说还增添了人名号和地名号，前者是在人名右边加一条直线，后者是在地名右边加两条直线。

标点一词，始见于宋代。《宋史·何基传》："凡所读，无不加标点，义显意明，有不待论说而自见者。"这里的标点指的是阅读古书时添加的句读符号，即所谓旧式标点。

新式标点　新式标点是模仿西方的书写习惯而借用的，在清代末年才开始使用。翻译家**严复**的《英文汉诂》(1904)是最早应用外国标点于汉语的著述。五四运动(1919)前些年，不少作家已经开始使用新式标点。《新青年》杂志第4卷(1918)也开始部分地使用。由于汉语文有自己的特点，特别是当时的出版物多半采取直排方式，照搬西方的标点有时会遇到困难，于是使用者都作了不同程度的修改。这样就出现标准不一的现象。1919年马裕藻、朱希祖、钱玄同、刘复、**周作人**、**胡适**等人联名提出《请颁行新式标点符号议案》，并在国语统一筹备会第一次大会上议决，1920年由当时的教育部正式颁行。这个议案先说明了使用标点符号的必要性，再列出各种符号，包括句号、点号、分号、冒号、问号、惊叹号、引号、破折号、删节号、夹注号、私名号、书名号共12种。

五四运动以后，公布的标点符号逐渐普遍推广应用。比较西方使用的标点，有几处明显的不同：①句号用"。"，不用"."，这是为了醒目。②引号用﹃和﹁，不用""和''，这是为了适应直排文字的特点，是依照日本的用例而加以变通的。③西方文字的人名和地名等专有名词的开头用大写字母表示，汉字没有这种标记，所以要有私名号和书名号。

1951年中央人民政府出版总署重新公布《标点符号使用法》，包括14种符号：

①句号（。）表示一句话完了之后的停顿。

②逗号（，）表示一句话中间的停顿。

③顿号（、）表示一句话中间并列的语词（包括其作用同并列的词相仿的并列的短语、并列的分句）之间的停顿，又表示"次序语"之后的停顿。

④分号（；）表示一句话并列的分句之间的停顿。

⑤冒号（：）表示提示语之后的停顿。

⑥问号（？）表示一句问话完了之后的停顿。

⑦感叹号（！）表示一句感叹话完了之后的停顿。

⑧引号（﹃﹄﹁﹂）表示文中引用的部分。

⑨括号（()）表示文中注释的部分。

⑩破折号（——）在文中表示底下有个注释的部分，又表示意思的跃进。

⑪省略号（……）表示文中省略的部分。

⑫着重号（·用在文字的右边）表示文中特别重要的语句。

⑬专名号（＿＿用在文字的左边）表示文中的人名、地名、团体名之类。

⑭书名号（《》）表示文中的书名、篇名之类。

以上的符号，有专门表示语言中的停顿的点号（如逗号、句号等），有专门给书面语作标记的标号（如引号、括号等），也有兼有点号和标号性质的符号（如问号、感叹号）。同1919年公布的方案相比，增加了顿号和着重号，同时把"点号"、"惊叹号"、"删节号"、"夹注号"、"私名号"改称"逗号"、"感叹号"、"省略号"、"括号"、"专名号"。

1990年国家语言文字工作委员会和新闻出版署发布了《标点符号用法》，对1951年的《标点符号使用法》有所修订：①感叹号改称叹号。②把""和''作为引号的规范形式。③书名号改为《》和〈〉。④增加了连接号（用短横表示）和间隔号（用·表示）。此外，在定义和用法方面也更明确。这实际上是把已经公认的用法加以肯定。1995年中华人民共和国国家标准《标点符号用法》颁布，1996年6月1日实施，原《标点符号用法》即行废止。

标记化合物　labelled compound　分子中的一种或几种元素含有标记的**同位素**而使之能被识别并用作示踪的化合物。又称示踪化合物。通常利用其便于探测的特点，用适当的测量装置可以跟踪研究该种化合物在过程中的行为。用同位素置换后的化合物，其化学性质通常没有明显变化，可参与同类的化学反应。但它易于测定，故可用来研究该化合物的运动和变化的规律。标记化合物可分为同位素标记化合物（稳定的、放射性的）和非同位素标记化合物；后者以与被示踪元素不同的某种元素的一种或多种同位素作标记，多为放射性的。

稳定同位素标记化合物　用稳定同位素取代化合物分子中的一种或几种原子。它与未标记的相应化合物具有相同的化学及生物学的性质，但具有不同的**同位素效应**，可利用质谱、密度测量或中子活化分析技术来测定、追踪。稳定同位素标记化合物作为一种无损伤性的示踪技术，在生命科学方面得到了广泛的应用。较常使用的稳定同位素有氢-2（氘）和氧-18等。

放射性同位素标记化合物　简称放射性标记化合物。用放射性同位素取代化合物分子中的一种或几种原子。它与未标记的相应化合物具有相同的化学及生物学性质，不同的只是它带有**放射性**，因而可利用放射性探测技术来追踪。

已经有氢-3（氚）、碳-11、氮-13、氧-15、氟-18、磷-32、硫-35、镓-67、锝-99m、碘-123、碘-125和碘-131等放射性同位素商品问世，相应的标记化合物的研制、生产和应用也迅速发展。以商品形式出售的标记化合物，包括氨基酸、多肽、蛋白质、糖类、核苷酸、核苷、嘌呤、嘧啶、甾族和类脂等化合物，以及医学研究用的肿瘤抗原、激素、受体、单克隆抗体、维生素和药物等，品种已达数千种。其中尤以锝-99m为最佳单光子显像同位素，它的用量约占整个放射性显像药物的80%～85%，几乎能对人体所有重要脏器进行显像，重点是脑、心肌和肿瘤。

常用的标记方法有化学合成法、同位素交换法和生物化学法。

放射性标记化合物的用途很多，在医学上广泛用于体内、体外诊断和治疗以及病理研究。

由于竞争放射性分析体外诊断的特异性强、灵敏度高、准确性和精密度好，可以测到纳克甚至皮克量级，许多疾病就可能在早期发现，为有效防治提供了条件。

体内治疗用放射性药物可分为两类：①利用放射性药物在脏器中的选择性浓集与放射性同位素的辐射效应来抑制和破坏病变组织（如肿瘤）以达到治疗目的。治疗的疾病有肝癌、结肠癌、甲状腺癌、骨肿瘤和膀胱癌等。②内介入法放射性治疗药物，将放射性药物埋入或局部注射到肿瘤组织内，以达到杀伤癌细胞的目的。

放射性标记化合物在医学病理研究和临床诊断中具有非常重要的作用，在农业、工业、生物学、遗传工程、药物学等领域也都得到广泛应用。

标枪　javelin throw　**田径运动**中投掷项目之一。运动员一手握持标枪，经直线助跑后，利用全身的力量，以最快的出手速度和最适宜的出手角度，将标枪从体后经肩上方向前掷出并获得尽可能的远度。掷标枪是从古人类投掷绑在树枝上的狩猎用的尖石逐渐演变而来。现代掷标枪起源于19世纪斯堪的纳维亚国家。1908年第4届**奥林匹克运动会**将掷标枪列为男子比赛项目，1932年第10届奥运会被列为女子比赛项目。早期的掷标枪比赛在标枪的规格和投掷方法上均不统一。现在规定掷标枪比赛时，需在4米宽的跑道上助跑，标枪出手后，枪尖必须早于枪身落在约29°角的扇形区内。完整的掷标枪技术由握枪与持枪、助跑、最后用力掷出和掷出后平衡等紧密相连的动作环节组成。

标题音乐　program music　创作时按照标题进行构思，并给听众提供文字提示去欣赏的器乐作品。标题是说明作品具体内容的一段文字，也可仅仅是一个题目，如P.I.**柴科夫斯基**的幻想序曲《罗密欧与朱丽叶》，标题来源是W.**莎士比亚**的同名悲剧。标题音乐可以根据作曲家自己的构思进行创作，如H.**柏辽兹**的《幻想交响曲》；也可以取材于文学、戏剧和美术等作品，如柴科夫斯基依据但丁《神曲》中的《地狱篇》创作的交响诗《里米尼的弗兰契斯卡》。标题音乐具有和不依赖文字说明具体内容的纯音乐相对的含义。

标引 indexing 通过对文献的分析，选用确切的检索标识（类号、标题词、叙词、关键词、人名、地名等），用以反映该文献的内容的过程。主要指选用检索语言词或自然语言词反映文献主题内容，并以之作为检索标识的过程。Indexing一词，音译为引得法或意译为索引法，系指索引的编制技术与方法。现代外语辞典中则说明此词有二解，一指索引法，一指标引。

标引是文献加工中的重要环节。通过标引，文献工作者赋予文献以检索标识，指明其内容特征的主题类属，而后用以配合书目信息编制出各种目录和索引，或存储于计算机内，以实现文献的检索。标引可按使用检索语言的类型区分：使用分类检索语言时，称为分类标引；使用主题检索语言时，称为主题标引。主题标引又分为受控标引与非控标引。受控标引指须由事先指定的叙词表（主题词表）中选用相应规范词，对文献进行标引。非控标引又称自由词标引，指不设规范词表而由标引人员直接选用文献内自然语言词，对文献进行标引。标引的实质，是按文献的内容特征对其进行主题类属的划分与区分。F.W.兰开斯特认为，主题标引包括两个很不相同的智力工作步骤，即主题分析与用词的转换。所谓用词的转换，指选用相应的检索语言规范词标明文献的主题类属。因此，标引是主题分析与用词表达两个步骤的结合。标引的质量，对文献的检索效果有直接的决定性影响。衡量标引的质量，一般采用两个客观上可比的指标：穷举度与一致性。标引穷举度，指标引时是否将文献所讨论的全部主题反映出来；标引一致性，是指不同标引人员或同一标引人员在不同时期，对同一主题文献标引时，对其主题归属的一致程度。从文献检索的角度看，穷举度高，有利于提高查全率，一致性强，则有利于提高查准率。由于计算机化检索系统的建立和文献数据库的应用，出现了自动标引。自动标引是指利用计算机对文献自动进行标引，以代替人的脑力劳动。自动标引有两种形式：抽词标引与赋词标引。无论抽词标引或赋词标引，首先都需要将文献转化为机读形式。抽词标引以文献内词的出现频率作为是否取为标引词（用作检索标识的检索词，亦称索引词）的判据。设立频率阈时，一般以相对频率代替绝对频率效果较好。赋词标引则须将词表存入机内，作为计算机对比选用标引词的依据。为了解决汉语文献的自动标引，须解决汉语中词的自动切分问题。

标准 standard 为在一定范围内获得最佳秩序，对活动或其结果规定共同的和重复使用的规则、导则或特性的文件。该文件经协商一致制定并经一个公认机构的批准。它以科学、技术和经验的综合成果为基础，并以促进最佳社会效益为目的。标准按使用范围划分有**国际标准**、区域标准、**国家标准**、专业标准、企业标准；按内容划分有**基础标准**、产品标准、技术标准、服务标准、安全标准、卫生标准、环境保护标准等；按成熟程度划分有**强制性标准**、**推荐性标准**、试行标准、标准草案。

标准大气 standard atmosphere 铅直方向温度、气压和密度按一种假定的规律分布的模式大气。广泛应用在航空航天设计、飞行器技术、军事和大气探测中。在一个时期内，只能规定一个标准大气。这个标准大气，除相隔多年进行修正外，不允许经常变动。

1919年A.图森提出第一个国际标准大气提案，模式采用海平面温度为15℃；在11千米以下高度每增加100米，温度降低0.65℃；在11～20千米范围内，温度保持－56.6℃。此提案在1920年作为制定早期航空标准大气的基础，1922年为欧洲很多国家所采用。此模式给定的对流层中温度的分布，至今仍为现代各标准大气所采用。多年来国际上曾出现过多种大气模式，包括美国标准大气（USSA-1976），国际标准化组织（ISO）、世界气象组织（WMO）、国际民用航空组织（ICAO）和空间研究委员会（COSPAR）等采用的标准大气或参考大气。

1976年美国标准大气的基本假设包括：空气干洁，在86千米以下呈均匀混合，平均摩尔质量为28.964 4千克/千摩尔，视作理想气体，处于静力平衡状态和水平成层分布。在给定温度-高度廓线及边界条件后，通过对静力学方程和气体状态方程求积分，即得相应位势高度的气压和密度值。平均海平面处的大气特征参数为：标准重力加速度$g_{0.45°}=9.806\ 55$米/秒^2，气压$p_0=1\ 013.25$百帕，温度$T_0=288.15$K，密度$\rho_0=1.225\ 0$千克/米^3。

1976年美国标准大气是一较为成熟的大气模式，其50千米以下已为ISO选用，且同ICAO和WMO标准大气的相应部分一致。1980年中国国家标准总局首次等效采用1976年美国标准大气30千米以下为中国国家标准（GB-1920-80），1987年等效采用ISO发布的5878-1982参考大气（0～80千米）等系列作为中国国家军用标准（GJB366，1～3-87）。

标准电池 standard cell 国际上规定的作为电势测量标准的电池。1892年由美国电气工程师E.韦斯顿发明，故又称韦斯顿电池。根据电池中所用硫酸镉水溶液的浓度不同，标准电池分为饱和式和不饱和式两类。饱和式标准电池的结构如图所示，其表示式为：Cd（镉汞齐，含2.5%Cd）|$CdSO_4 \cdot \frac{8}{3}H_2O$（固）|$CdSO_4$（饱和水溶液）|$Hg_2SO_4$（固）|Hg（液），电池反应为：

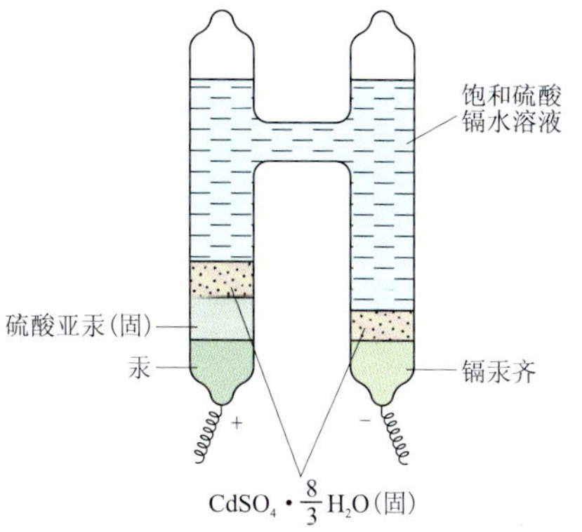

标准电池示意图

$$3Cd+3Hg_2SO_4+8H_2O \rightleftharpoons 6Hg+3CdSO_4 \cdot \frac{8}{3}H_2O$$

标准电池具有高度可逆性，所以电动势具有很好的重现性和稳定性。

标准电池在实际工作中用作电压测量的标准量具或工作量具，在直流电位差计电路中提供一个标准的参考电压。

标准化 standardization 为在一定范围内获得最佳秩序，对实际的或潜在的问题制定共同的和重复使用的规则的活动。主要包括制定标准和实施标准的过程。标准化是一项管理技术，也是一门学科，其应用范围几乎覆盖人类活动的一切领域。标准化是人类实践活动的产物，又是规范人类实践活动的有效工具。标准化的作用和社会经济效益从有序化程度的提高中体现出来。

起源和发展 标准化是随着人类生产和生活的进步、经济和社会的发展而逐步发展的。远古时代，人们出于同大自然搏斗和群居生活的需要，形成了相互理解的语言，创造了记录各种信息的符号和象形文字，不断改进使用的工具、器物的形状、规格和使用方法。这便是人类最初的朴素的标准化成就。古代，随着社会分工，出现了农业、畜牧业、手工业和商业，促进了产品生产和交换，逐步产生了计量器具和计量单位标准化。秦统一中国后，用政令对计量器具、文字、货币、道路、兵器等进行了全国统一化；同时用律令对器物的规格、尺寸等作出统一规定。近代，由于18世纪爆发的工业革命，使机器大生产逐步取代了手工劳动，生产和科学技术迅速发展，使标准化进入了用理论指导实践，以严格的实验数据作依据的定量化阶段。

标准化得到了有组织有计划大规模地开展，由最初的企业规模、行业规模，迅速发展到区域规模、国际规模。现代，随着经济的全球化，科学技术的迅速发展，人类社会的进步，标准化的领域不断扩大。标准化已进入了以高新技术为先导，适应市场各种需求的国际化的新时代。

内容 随着经济的发展和社会的进步，标准化原理和方法的广泛应用，标准化的领域在不断扩大。在人类社会活动的各个产业领域，都把标准化作为科学管理的技术基础，作为提高质量和效益的重要手段。

标准化的一项重要内容是制定**标准**。标准的主要内容一般包括：术语、符号、代码，图表、文件，管理规程和方法等。在确定标准内容时，应充分考虑以下原则：有利于保障安全、保障人体健康、保护环境、保护消费者利益；合理利用资源，推广科技成果，技术先进，经济合理；促进贸易发展，推进与国际规则接轨，维护国家经济安全；有利于检验和判定。

标准化的另一项重要内容是实施标准。实施标准一般采取法律的行政的强制性措施和通过市场机制的自愿性措施相结合的方式。

标准化有多种形式，主要有简化、统一化、系列化、通用化、组合化和模块化。

重要作用 标准化由于其先进性、协调性、统一性、规范性和广泛的参与性，在经济建设和社会发展中发挥着重要作用。特别是随着经济的全球化，市场经济的发展，科学技术的进步，标准化的作用更为突出。主要作用有：①生产社会化和管理现代化的重要技术保证。②市场经济有序化发展的技术基础。③国际贸易中重要的技术性贸易措施。④保障人体健康，人身、财产安全，保护环境的重要技术依据。⑤科技成果转化为现实生产力的桥梁和纽带。

学科理论与研究 鉴于标准化的原理和方法的广泛适用性，标准化活动已经扩展到人类社会的各个方面，标准的内容也由技术性要求，扩展到管理性要求。标准化学科是向着横断学科发展的一门新兴学科。

标准化理论是标准化学科的基石。第一次论述标准化理论问题的书籍是J.盖拉德于1934年出版的《工业标准化——原理与应用》。1972年T.R.B.桑德斯出版的《标准化的目的与原理》，同年，日本松浦四郎出版的《工业标准化原理》，印度L.C.魏尔曼出版的《标准化是一门新学科》。这3部标准化专著，为标准化学科建设奠定了初步的理论基础，有力地推动了世界范围的标准化理论研究和学术交流。

标准化学科研究的内容：①研究标准化的发展战略，确定战略目标、战略重点和实现措施。②研究标准体系的构成要素和相互关系，体系的结构和功能，体系的管理和运行。③研究标准化活动的过程和其中每个环节的内容，建立健全标准化活动公开、透明、规范、高效的运行机制。④研究标准系统的环境与外部联系。特别是与市场、企业、科研、贸易、国际、人民生活的联系，形成标准化发展的外部动力。⑤研究标准化活动的科学管理。包括方针政策、法律法规、管理体制、信息系统、人才培养等，实现标准化活动的科学化。⑥研究和探索标准化的深层原理、形式和方法。

标准·普尔股价指数 Standard and Poor's Stock Price Index 由美国最大的证券评估机构标准·普尔公司于1923年选择233家**上市公司**开始编制的股价指数。1957年扩大至500种上市公司，其中包括工业股400种，公用事业股40种，金融机构股40种，交通运输业股20种，其总市值占纽约证券交易所总市值的80%。1976年7月1日后，又改为400种。

标准·普尔股价指数以1941～1943年间的平均市价总额为基期，采用10为基期值，用加权平均法算出，每小时公布一次，每期都在美国《商业周刊》上刊载，美国商务部出版的《商情摘要》将其作为预期经济周期变化的12个先行指标之一，具有广泛的代表性。

标准物质 reference material 确定一种或几种特性量值，用于校准测量仪器、评价测量方法或确定材料特性量值的物质。又称参考物质。广泛用于测量的质量保证、产品的质量管理、技术法规的制定与贯彻，支持测量技术的发展，是提高产品质量、促进科学技术发展的重要技术基础。标准物质可以是气态、液态或固态的纯品或混合物。按其技术特性可分为化学成分标准物质、物理化学特性标准物质和工程技术特性标准物质三大类。其等级根据定值的方法、量值的准确度等确定，在中国分为国家一级和二级标准物质。按应用归纳为校准标准、评价标准、工作标准、仲裁标准、质量保证标准五种主要类型。1989年，中国建立国家标准物质研究中心。1986年，《中华人民共和国计量法实施细则》将标准物质纳入依法管理的计量器具范围。

标准音高 standard pitch 为解决合唱与合奏的定音、作曲的定调和乐器制造的音高校正等而制定的统一音高标准。现行的国际标准音高为1939年5月国际标准协会在伦敦通过的a^1=440赫，又称"第一国际音高"或"音乐会音高"。

历史上音高标准没有统一规定。1834年，德国斯图加特物理学家会议定a^1=440赫。西欧的音高标准自19世纪晚期趋向统一，1885年维也纳国际会议把法国于1859年实施的a^1=435定为"国际音高"。1939年伦敦会议决定恢复斯图加特会议结果。今称a^1=440赫为"第一国际音高"，称a^1=435赫为"第二国际音高"。

中国古代以黄钟律的音高为标准音高。因历代律尺标准不同，故黄钟律的音高也没有得到固定，约在c^1～a^1音之间。西周晚期至春秋间（约前8世纪）周王室的黄钟律，大体相当a^1音。曾侯乙编钟（前433）上标有不同国别、不同律名的若干个相当于a^1的音。据曾侯乙编钟铭推算，周代黄钟律的标准音为864.07赫（低八度为432.05赫），比今日国际通用标准音高（a^1音=440赫）约低30音分。曾侯乙编钟则以姑洗律为标准音高，据测音，得知这个标准音高约512赫（低八度为256赫），恰与物理学音高（c^1音=256赫）相同，比今日国际通用标准音高（c^1音=261.63赫）低36音分。中国于1956年6月在北京召开的全国第一次乐器专业会议上，规定采用a^1音=440赫作为中国乐器制造的标准音高。符合了"第一国际音高"的标准。

飑线 squall line 一条突然发生、持续时间不长的强狂风线。一种宽几千米至几十千米、长几十千米至几百千米、生命史几小时至十几小时的中尺度强对流天气系统。在气象要素场上表现为气压场和风场的不连续线，由许多强对流单体排列成为线状或狭窄的带状云带。飑线过境处，风向急转，风力猛增，气压陡升，气温骤降，并伴有雷暴、大风和强降水，有时甚至伴有冰雹和龙卷等天气现象。

飑线是一种强对流风暴，在中纬度地区多发生于春夏之交的地面冷锋前气旋波的暖区以及高空槽后西北气流中的气旋性切变区的强烈位势不稳定区中。飑线上强雷暴单体中的水凝物在下落过程中由于相变和拖曳而形成一支向前推进的下沉冷辐散气流，它在低层与西南暖湿气流汇合，促使原飑线前方形成排列为线状的新飑线。在飑线的生命过程中，这种原飑线减弱、新飑线发展加强的新陈代谢方式就构成了飑线的传播或"跳跃"现象。

表 watch 计量和指示时间的仪器。机芯直径一般小于50毫米，厚度一般小于12毫米。

按佩戴方式分，有手表、怀表、项链表、别针表、手镯表、戒指表、笔表、打火机表等；按使用对象分，有运动场和实验室用的秒表、航海用的天文表、飞行员用的航空表、潜水员用的潜水表、盲人用的盲人表等；按功能分，有普通表、三防表（防水、防震、防磁）、日历表和双历表、闹表等。国际标准对表的圆形机芯规定了系列尺寸，即12～50毫米，共有29个尺寸。女表机芯直径小于20毫米或机芯面积小于314平方毫米，男表直径20～36毫米，怀表直径38～50毫米。

按照使用的能源和结构特点，可分为机械表和电子表两大类。机械表（见**机械钟表**）出现于16世纪。它一直采用摆轮游丝振动系统作为时间基准，原动系为发条。电子表出现于20世纪50年代，结构已变换几代，原动系均为电池。①第一代，摆轮游丝式电子表。1955年由瑞士发明。走时精度比机械表有所提高。②第二代，音叉式电子表。1960年由美国发明。走时精度比摆轮游丝式电子表高，日差一般不超过5秒。③第三代，指针式石英电子表（见**石英电子钟表**）。1967年由瑞士和日本相继发明。走时精度高，日差仅0.5秒。④第四代，数字式石英电子表。1970年由美国发明。计时功能可以有年、月、日、星期、时、分、秒，有12小时和24小时两种时制，可作为秒表使用，可有闹时功能等。⑤更新一代的电波表（见**电波钟表**）。1990年德国制成第一只电波表。2007年西铁城光动能电波手表问世。

表面分析技术 surface analysis technique 测定和分析固体表面成分、表面结构、表面电子态及表面物理化学过程的各种实验技术的总称。表面分析技术多种多样，目的不一，大都是以外来能量（带电粒子束、射线束、强电场或加热等）作用于固体表面，然后收集、测量和分析作用后的产物（光子、电子、离子、原子或分子），从而获得有关表面的各方面的信息。各种分析手段的目的和灵敏度不同，常把几种分析手段配合使用。常见的表面分析技术有以下几种。

低能电子衍射（LEED） 将能量在10～500电子伏范围内的低能电子束入射到待研究表面，这种低能电子的德布罗意波长（见**波粒二象性**）与表面原子的间距有相同的数量级，表面的点阵结构对入射电子束能产生衍射作用。由于入射电子能量低，只有表面层内的原子才对入射电子起散射作用，而且散射截面很大。用荧光屏观察背向衍射束斑的分布，可得有关表面原胞的几何信息。另一方面，对任一衍射束，其束斑强度随电子束的能量（或电子波长）而变，这种变化关系可用I–V曲线表示出来（I为表征衍射束强度的电流，V为入射电子束的加速电压），该曲线称为低能电子衍射谱。LEED谱与表面原子的种类及其空间结构有关。LEED一直是最为有效的表面结构分析手段。

反射高能电子衍射（RHEED） 用高能电子束（10千电子伏量级）向待研究表面掠入射，在其反射方向探测和分析衍射束，从而得到关于表面结构的几何信息。

俄歇电子谱（AES） 以能量约为数千电子伏的电子束入射到晶体表面，把处于原子K壳层上的电子电离并留下一个空位。L壳层上的电子向下跃迁填补这个空位，同时释放出多余能量。这个跃迁过程可能是无辐射跃迁，所释放出的能量使壳层$L_{2,3}$上的电子激发成自由态，这种二次电子称为俄歇电子。上述过程称为俄歇过程，由法国物理学家P.-V.俄歇于1925年发现。俄歇电子数按能量的统计分布称俄歇电子谱，每种元素有各自的特征俄歇电子谱，故可用来决定化学成分。俄歇电子谱常被用来分析和鉴定固体表面的吸附层、杂质偏析及催化机制研究等。

光电子能谱（XPS或UPS） 用X射线或紫外线入射到固体表面，表面原子的内层电子吸收入射光子的能量后逸出表面成为自由电子，这实际上是一种光电效应。光电子可来源于原子的不同壳层，其动能包含了原子内层电子所处能量状态的信息。光电子数按其动能的统计分布称光电子能谱，它携带了原子内有关电子状态的丰富信息。利用光电子能谱可判别表面原子的种类和决定表面电子态。根据入射光子的波长可分为X射线光电子能谱（XPS）和紫外线光电子能谱（UPS）两类。自同步辐射源出现后，光电子能谱分析法更得到了迅速发展。

出现电势谱（APS） 以一定能量的电子束入射到固体表面，入射电子使原子的内层电子激发而出现空位，测量产生空位所需的最低能量（对应入射电子的最低加速电势）。空位的产生可通过填补这个空位所涉及的俄歇过程或发射软X射线过程来探测，前者称俄歇出现电势谱，后者称软X射线出现电势谱。俄歇电子或软X光子的能量与原子的壳层结构有关，并因元素而异，故利用出现电势谱可鉴别原子种类。

能量损失谱（ELS） 以数百电子伏的电子束入射到表面，由于入射电子与表层内各种元激发（见**固体物理学**）的相互作用而引起能量损失，这种能量损失携带了各类元激发的有关信息。利用能量损失谱可获得关于表面原子振动模式、等离子振荡、能带间跃迁等多方面的信息。

离子中和谱（INS） 当正离子接近固体表面时，固体内的电子可借助于隧道效应穿越表面势垒跃入正离子的空电子态而使正离子中和。此过程所释放的能量可将固体中其他电子激发到自由空间。分析这些发射出来的电子的能量分布可了解表面电子态的分布，以及确定由于吸附外来原子而引起的表面电子态的变化等。隧道效应只发生在表面的单原子层，故INS是各种谱代中取样深度最浅的一种。

二次离子谱（SINS） 以能量为10^3电子伏的惰性气体离子轰击表面，再用质谱仪分析从表面溅射出来的二次离子，就可确定表面成分，SINS具有极高的分析灵敏度。

扫描隧道显微镜（STM） 以很细的金属探针接近固体表面时，固体中的电子借助于隧道效应克服表面势垒到达探针，从而形成隧道电流。隧道电流的大小取决于针尖至表面原子的距离，距离近时电流大，距离远时电流小。令探针在固体表面上扫描，扫描时针尖与表面间保持一极小的距离，根据隧道电流的变化就可显示出表面层中的原子排列情况。STM的最大优点是不需任何外来粒子束或射线束，因而不会破坏样品表面，也不存在由于入射线的波动性而造成的对分辨率的限制。STM是新发展起来的能直接观察表面结构的新技术。

表面化学 surface chemistry 研究非均相系统中存在于不同相表（界）面上的物理和化学现象的**物理化学**分支学科。又称界面化学。表面泛指各种界面，涉及的界面有气–液、气–固、液–液、液–固和固–固界面。习惯上把有气相参与组成的界面称作表面，即液体表面和固体表面。界面是两相区的过渡区域，它通常有一个到几个分子的厚度。由于界面上的分子特殊的处境及界面上存在着一些特殊的作用力，会在界面上产生各种特有的现象。在多相系统中，对相与相间有着大的表面积或界面积的系统，界面上的物理化学过程往往起着决定作用，表面或界面上发生变化必然影响整个系统的性质。表面化学的应用非常广泛，涉及化学、化工、石油、生物、材料、环境、地质、土壤、食品等科学技术领域。20世纪80年代以来，以光电技术与科学、材料科学和生物技术与科学为支柱的现代高新技术领域迅速发展，而表（界）面化学与这三大支柱也有着极密切的关系。

表面活性剂 surfactant 具有表面活性的物质。

基本性质 表面活性剂的分子结构中具有亲水（疏油）的和亲油（疏水）的两种基团。溶解于水时，亲水基团受水的吸引而伸向水溶液，亲油基团则受水的排斥整齐地排列在溶液表面成为单分子膜和胶束（见图）。单分子膜在界面处起隔离作用，使空气和溶液的接触面减少，溶液的表面

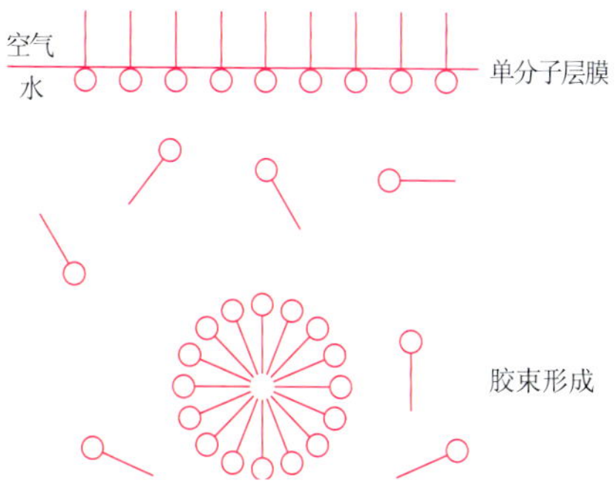

表面活性剂在水中的行为

张力逐渐下降，达到某一最低浓度后便不再下降，这时的溶液浓度称为临界胶束浓度（CMC）。达到临界胶束浓度后，溶液中的表面活性剂离子或分子便自行缔合而成为球状（有时也成为层状或棒状）的聚集体，即所谓胶束。胶束的外表由方向朝外的亲水基组成，能稳定地溶解于水；胶束的内部由亲油基组成，与水几乎脱离接触，一些原先不易溶于水的物质如油类、污垢等，能进入胶束而变得可以溶于水。此外，溶液的许多性能如渗透、吸附、润湿、分散、乳化、胶溶、起泡等也都会在临界胶束浓度附近发生显著的变化。

分类　通常按离子类型分类：在水中能电离而生成离子的称离子表面活性剂，不能电离的称非离子表面活性剂。在离子表面活性剂中，亲油和亲水基团都在阴离子上的称阴离子表面活性剂；都在阳离子上的称阳离子表面活性剂；视溶液酸碱度不同而离解成阴离子或阳离子的则称为两性表面活性剂。

应用　表面活性剂主要用作洗涤剂，是洗涤剂的主要活性成分。还可作为工业助剂使用，用作乳化剂、分散剂、浮选剂、柔软剂、抗静电剂、防水剂等，广泛应用于纺织、食品、医药、农药、化妆品、建筑、采矿、石油、化工等工业领域。

表面结构　surface structure　固体表面几个原子层中原子的排列情况。包括表面区各层中原子的种类、彼此间的相对位置（键长和键角等）、各层间的间距、单元网格相对体内网格的取向等。晶体中原子排列的周期性在垂直于表面的方向上于表面处突然中断，使表面几层的原子所受内外两侧的力失去平衡，通过自给作用达到新的平衡后，表层原子的键长和键角均与体内不同，一般表现为表层原子沿垂直于表面的方向产生一定位移。位移可向外（膨胀），也可向内（收缩），此称为表面弛豫，表面区中不同原子层的弛豫程度不同。表层内原子新的平衡位置也可表现为沿表面产生了横向移动，而且其二维周期性也与体内不同，此称为表面重构（或表面再构）。表面区内还可能存在各种缺陷，例如空位、填隙原子、阶梯、畴界等各种偏离二维周期性的结构。来自环境的外来原子或分子由于物理作用和化学作用黏附于固体表面的过程称为吸附。吸附物可在固体表面形成无序的或有序的覆盖层。有序覆盖层一般形成重构结构，其二维周期不同于衬底的周期。

研究表面结构的最有效的实验手段是低能电子衍射，此外还有多种其他实验方法（见**表面分析技术**）。

表面热处理　surface heat treatment　对工件表面进行加热、冷却改变其组织从而将其强化的金属热处理工艺。不改变零件心部的组织和性能。广泛用于既要求表层具有高的耐磨性、疲劳强度和较大的冲击载荷，又要求整体具有良好的塑性和韧性的零件，如曲轴、凸轮轴、传动齿轮等。为了达到只加热工件表层的目的，要求所用热源具有较高的能量密度。根据加热方法不同，热处理工艺可分为感应加热（高频、中频、工频）表面淬火、火焰加热表面淬火、电接触加热表面淬火、电解液加热表面淬火、激光加热表面淬火、电子束表面淬火等。工业上应用最多的为感应加热和火焰加热表面淬火。激光束加热可以实现淬火、非晶强化、合金化、涂覆等。电子束加热可以实现表面淬火和合金化等处理。

表面物理学　surface physics　研究固体表面的微观结构及其物理、化学性质的学科。是**固体物理学**中自20世纪60年代后发展起来的新分支。表面是指固体表层一个或数个原子层的区域。由于表面层所处的特殊位置，使其各方面的性质与固体内部有明显差别，例如：由于偏析造成化学成分与体内不同，原子排列情形不同，表明能吸附外来原子或分子形成有序或无序的覆盖层等。

研究内容　表面物理学的主要研究课题为：①**表面结构**，即表面层的原子排列情况，包括原子种类、彼此间的相对位置（键长和键角等）、偏离二维周期性结构的各种缺陷（如空位、填隙原子、畴界等）。②表面化学成分的分析。③外来原子或分子在表面的吸附和脱附过程，以及由此而引起的化学成分和结构的变化。④表面原子的横向输运过程。⑤表面电子态和声子态。

表面物理学的研究包括实验和理论两方面。实验上主要是以粒子束或射线束入射到固体表面，收集并分析入射束与表面相互作用后的产物，以得到关于表面区的各方面的信息。理论研究是把传统的固体量子理论和量子化学理论应用到表面区，对定域于表面区的微观粒子的运动状态及相互作用进行理论计算，并与实验结果作比较。在表面物理学的研究方面，实验和理论两种方法是相辅相成的。

研究意义　对固体表面的研究具有重大实际意义，例如金属和合金材料的腐蚀、磨损和断裂等问题直接与表面的化学成分有关；半导体器件的性能受到表面状况的重大影响；多相催化机理、材料的老化和中毒等都与表面状况有关；受控热核反应装置中等离子体与器壁表面的相互作用机理必须考虑表面特性等。表面物理学已同**冶金学**、**材料科学技术**、**半导体物理学**、催化、真空物理等领域紧密地结合在一起，而在表面物理学的实验研究中所涉及的方法和设备更与广泛的理论和技术成果相联系，故表面物理学是一门综合性很强、重要性日益显著的学科。

表面张力　surface tension　液体表面相邻两部分间的相互牵引力。是表面层内分子力作用的结果，它使液体表面总具有收缩的趋势。表面张力的方向总是与液面相切，与两部分的分界线垂直，其大小f与分界线长度l成正比，即

$$f=\sigma l$$

式中比例系数σ称为表面张力系数，等于液面单位长度线段上的表面张力，单位是牛顿/米（N/m）。在等温条件下使液体表面面积增加时，外力必须克服表面张力做功，转变为表面层的内能，称为表面自由能。σ是表面自由能密度，等于增加单位表面面积时表面自由能的增量。σ与液体性质有关，一般密度小、易蒸发液体的σ较小。σ与温度有关，对同种液体，温度升高，σ减小，近似为线性关系。σ还与相邻物质的种类有关。液体中掺入杂质能使σ明显变化，使σ减小的物质称为表面活性物质，如肥皂水、酸以及醇、醛、酮等有机物质。

表面张力使弯曲液面内外产生附加的压强差，毛细现象、润湿现象以及气体中液滴或液体中气泡的形成、消失等发生在液体表面的现象都与表面张力直接相关。

表情　emotional expression　情绪主观体验的外部表现模式。人类的基本情绪，如喜、怒、哀、惧等的表现具有全人类的性质。表情的全人类性就是其生物适应性的体现。但是，人类的表情也明显地受社会文化条件的影响，具有后天习得的性质，成为人类社会交际的重要手段。

人类表情主要包括面部表情、言语表情和身段表情。面部表情是情绪在面部的表现，是情绪表达的主要通道。言语表情是情绪在语言的音调和节奏速度等方面的表现。身段表情是情绪在身体动作上的表现。

每一种表情都与特定的身体反应相联系：羞愧时因血管舒张而脸红；恐怖时因血管收缩而面色苍白；愤怒及惧怕时心率加快，但愤怒时皮温上升，惧怕时皮温则下降。

表现派　schools of expression　戏剧表演艺术学派之一。18世纪法国启蒙主义哲学家D.狄德罗主张演员在表演时，刻苦钻研人物性格，创造“理想典范”。在每次公演时，演员应准确地像一面镜子那样把典范形象真实地重现在舞台上。19世纪法国演员C.哥格兰继承并发展了狄德罗的观点，认为第一自我是扮演者，是灵魂；第二自我是工具，是声音和肉体。第一自我的演员始终

冷静地随心所欲地控制着自己的创造物第二自我，不论角色如何激动，演员都应该在竭尽全力、异常逼真地表现情感的同时，始终保持冷静，清楚地理解角色并“看到它的应有形状”，然后依据这个形象构思去进行塑造，不仅外形相似，还要能像角色那样“走路、谈话、倾听”，用属于角色的“那种脑筋来思想”。表现派并不完全排斥体验，为了寻找准确鲜明的表现形式，也主张演员在排练过程中一次或若干次地体验角色，但在演出时则只需要精确地呈现外部的表现形式。

表现主义美术 expressionism　20世纪初欧洲（主要在德国）的文艺运动和思潮，在美术中有鲜明的反映。德国《狂飙》杂志的编辑H.瓦尔登1911年首次使用表现主义来称呼柏林的前卫派作家，不久被广泛采用。

表现主义是个复杂的文艺流派，它的成员包括不同政治倾向和思想倾向的青年知识分子。他们对资本主义社会的都市文明不满，对机械文明压制人性和个性反感，同情工人阶级，反抗保守的传统艺术，要求艺术革新。表现派的美术家们强调艺术的表现力和形式的重要性，主张不机械地模仿客观现实，要表现“精神的美”和“传达内在的信息”。其中有些人在社会的不平等和人类的灾难面前有强烈的改变现实的紧迫感，刻画社会生活的黑暗面；也有人回避生活中的矛盾，在艺术中寻求宁静和仁慈。不少表现主义艺术家在激烈和残酷的社会对抗前，表现出悲观和动摇。

表现主义是从后印象主义演变、发展而来，是对印象主义忠实地描绘现实的悖逆。同时，它和德国历史上的民族传统有内在的联系，它承继中古以来德国艺术中重个性、重主观表现的特点。在造型上追求强烈的对比、扭曲和变化的美。19世纪末，德国的一些哲学家、美学家的理论，对表现主义运动起了推动作用。K.菲德勒提出了在文艺中创造个性的课题，认为形式产生于内容和主题，并且和内容与主题难以区分开。他还把艺术品的产生看作是作者的内在需要。T.利普斯把前人提出的移情说加以新的解释和发展，认为审美快感的特征在于对象受到主体的“生命灌注”，从而为表现主义奠定了美学基础。被称为表现主义先驱的是C.罗尔夫斯、L.科林特和E.诺尔德。接近表现主义画风，且十分狂热的还有法国画家M.de弗拉曼克。他们是从写实主义、印象主义和后印象主义的影响走向表现主义的艺术家，在作品中注意表现主观的内心感受，追求强烈的形式感。

第一个社团是桥社，1905年成立于德累斯顿。它的发起者和主要成员是E.L.基希纳、E.黑克尔等。桥社的画家们早期主要画风景和裸体，用写生直接抒发感情。桥社1913年因内部意见不一而解体，但对德国表现主义运动起到重要的推动作用。

第二个社团是青骑士社。组织者是从慕尼黑分离派中分裂出来的、来自俄国的W.康定斯基。他于1909年成立了慕尼黑新美术家协会，不久又脱离该会，以与F.马尔克共同主办的刊物《青骑士》为据点，团结一批激进的青年艺术家，参加的有A.马克、H.坎彭东克、G.明特尔、P.克利和著名作曲家A.勋伯格。在青骑士社举办的展览会上陈列作品的，还有桥社的成员和法国野兽主义、立体主义的画家。青骑士社中最杰出的画家是康定斯基、克利和马尔克。他们都宣传非理性的、超脱现实生活的纯艺术。

德国表现主义美术活动的另一个重要据点是柏林的《狂飙》杂志社和同名画廊。参加《狂飙》活动的，除基希纳外，还有奥地利的O.科柯施卡。此画派在形式上以富有强烈的动感、旋转的笔触和歪曲客体的变形著称；在内容上，以善于剖析对象的心理状态、性格和情绪而引人注意。

图1　基希纳作《德累斯顿街道》(1908)

第三个社团是新客观社，出现于1923年。参与活动的艺术家受桥社和青骑士社的影响，提倡反映客观现实，他们不要求极端地分解和歪曲客体，而要求细节的真实性。代表人物是G.格罗斯、O.迪克斯和M.贝克曼。新客观社是表现主义的最后阶段，也是它的左翼。

表现主义艺术家试图不重复、不反映现实的表面，力求反映现实的本质和精神，但他们没有深入到生活的内里和本质，除少数人外，他们只能够画出体现抽象观念的形式感很强的图画。

图2　马尔克作《蓝色的马》(1911)

表象 image　过去感知过的物体在脑中重现的形象。又称心象。根据感知觉通道划分，表象有视觉、听觉、嗅觉、味觉和触觉表象等。非常鲜明的、有强烈知觉性质的表象称为遗觉象，多见于儿童。表象的个体差异较大。心理旋转实验和表象扫描实验表明，表象的工作方式是类比的，旋转和扫描表象的时间函数类似于旋转和扫描图片的时间函数。利用表象有助于提高学习和记忆的精确性。例如，表象使词语的理解和记忆更容易，物体之间互相作用的表象使物体的名称更容易记住，操作表象有助于高级认知加工能力的提高，利用表象进行计算教学，儿童能较快地从实物运算过渡到心算。有影响的表象理论主要有双重编码假说、内部表征的生物约束论和表征计算理论。

表型 phenotype　由基因型产生的可以观察或鉴定的特征。又称表现型。表型虽由基因型决定，但在不同的遗传背景和环境条件下，表型会发生变化。基因型相同的个体间表型的变化程度称为表现度，例如在一些和色素相关的表型上经常出现不同深浅的变化。另一种情况是，在某些性状上，有部分个体表现出和基因型不相符合的表型，表型和基因型吻合程度称为外显率，如：果蝇中，基因型为隐性间断翅脉基因纯合的ii个体只有90%表现为间断翅脉，有10%表现为野生型，但是测定表明这10%个体的基因型确为隐性纯合ii。另外，环境因素也会影响表型，例如在无光照条件下，无论一个植株的色素合成基因是否缺陷，都无法表现出绿色来。因此，一个个体的表型是基因型和环境因素共同作用的结果。

表演程式 stylized forms of performance in Chinese opera　中国戏曲中运用歌舞手段表现生活的一种独特的表演技术格式。戏曲表现手段的四个组成部分——唱、念、做、打皆有程式，是戏曲塑造舞台形象的艺术语汇。

程式的本意是法式、规程。立一定之准式以为法，谓之程式。20世纪20～30年代，一些研究戏剧的学者如赵太侔、余上沅等用“程式化”来概括戏曲演剧方法的特点，同写实派话剧的演剧方法相对照，其后为戏曲界沿用并不断给予新的解释，遂成为戏曲的常用术语。戏曲表演艺术的程式主要包含两层意思：其一，指它的格律性。在戏曲表演中，一切生活的自然形态，都要按照美的原则予以提炼概括，使之成为节奏鲜明、格律严整的技术格式，如唱腔中的曲牌、**板式**，念白中的散白、韵白，做派中的身段、工架，武打中的各种套子，喜怒哀乐等感情的表现形式等，无一不是生活中的语言声调和心理、形体表现的格律化。其二，指它的规范性。每一种表演技术格式都是在创造具体形象的过程中形成的，当它形成以后，又可作为旁人效法和进行形象再创造的出发点，并逐渐成为可以泛用于同类剧目或同类人物的规范。如“**起霸**”这套舞蹈，原是为表现楚霸王项羽披挂出征时的英雄气概而创造的，后来成为表现武将在临战前夕整装待发的通用格式，就是一例。程式不单是戏曲塑造舞台形象的手段，同时又是演员的基本功。戏曲演员必须坚持刻苦的锻炼，掌握和积累大量的表演程式，才有可能结合自己的生活体验，进行舞台形象的创造。表演程式虽然是从生活中提炼并成为一种规范，但在创造具体的舞台形象时，又必须从生活出发，根据人物性格和规定情境对之有所发展和变化，以求得程式的规范性和人物性格的统一，这里体现出表演程式的双重品格：它既是演员体验生活、塑造形象的结果，又是进行形象再创造的手段；既是相对定型的，又是可以变化的。这是表演程式得以继承和发展的依据。

表征 representation 信息在头脑中存储和组织的方式。根据信息加工的观点，当有机体对外界信息进行加工时，这些信息是以表征的形式在头脑中出现的。所以表征是客观事物的反映，又是认知加工的对象。信息的编码和存储有视觉形象形式和言语听觉形式、抽象概念或命题形式。那些具有形象性特征的表征也称**表象**，它只是表征的一种形式。

鳖 *Trionyx sinensis*; soft shelled turtle 龟鳖目鳖科鳖属的一种。学名中华鳖。俗称甲鱼、团鱼、水鱼。广布于中国、越南、日本。

外形扁平，椭圆形，眼小，颈长，头与颈完全可缩入甲内，吻长，前端有鼻孔。上下颌为角质状喙。背面呈暗绿或黄褐色，腹面白里透黄。为变温动物。用肺呼吸，常浮到水面换气。性胆怯，栖于安静环境中。夜间活动，白天常出水晒太阳。杂食性。卵生，每年春季于水中交配，5～8月产卵。卵产于泥沙松软、背风向阳、有遮蔽的穴中。每次产卵2～30枚不等。每年产卵2～5次。卵白色，球形，约2个月孵化。幼体甲长3厘米，腹红，有黑斑。冬眠期10～11月至翌年3月，群栖于沙泥底。

鳖经济价值高，肉味鲜美，自古以来被视为滋补食品。甲入药称鳖甲，有滋阴除热、破结软坚的功效。

别府 Beppu 日本九州岛东北部温泉旅游城市。属大分县。东濒濑户内海别府湾，西临阿苏山系高原。面积125.13平方千米。人口约12.4万(2003)。市内有3 900多处温泉，素有“泉都”之称。其中大多为疗养型温泉，还有各具特色的观赏型温泉(血池、白池、热海、龙卷、沸堂、僧头等)。别府温泉历史最早起自奈良时代，到19世纪末一直为温泉疗养地。1924年设市。1950年制定《别府国际观光温泉文化都市建设法》，大力发展旅游事业。建有国际观光会馆等旅游设施，每年接待游客达1 100万人次。园艺业发达，利用温泉发展温室、温床培育稻米、蔬菜和花卉等。传统工艺竹制品独具特色。交通便利。市区西北部建有亚洲最大的北九州自然动物园。南部有高崎山自然动物园，以驯养日本野猿驰名。设有九州大学、国家温泉医疗设施和火山温泉与温泉热能等教育研究机构。

别府温泉

别捷赫京 Betekhtin, Anatoly Georgievich (1897-03-08～1962-04-20) 苏联地质学家。生于俄罗斯沃洛格达州斯特里吉诺，卒于莫斯科。1924年毕业于列宁格勒矿业学院。曾任列宁格勒矿业学院教授。1953年当选为苏联科学院院士。1962年获苏联科学院卡尔宾斯基金质奖章，并两次获劳动红旗勋章。别捷赫京在物理化学和晶体化学的基础上，发展了从矿石结构和矿物共生组合方面去研究矿石的方向。首先揭示了含锰沉积物相变的规律性，提出锰矿石的形成理论。研究热液性质和成矿作用，并提出热液成矿理论。主要著作有《铂和其他铂族矿物》、《矿物学》、《岩浆矿床研究中的主要问题》(合著)等。

别雷 Bely, Andrey (1880-10-26～1934-01-07) 苏联作家。生于莫斯科，卒于莫斯科。1903年毕业于莫斯科大学。早年曾迷恋神智学和通灵术。第一部诗集《蓝色天空中的金子》(1904)反映了理想化的宗法制古风。其早期诗作充满神秘、悲观色彩。1905年革命后，作品明显流露出一种忧国忧民的情愫，特别表现在诗集《灰烬》(1909)等作品上。长篇小说《银鸽》(1910)表现了知识分子和人民的关系；《彼得堡》(1913～1914)描写京城保安机关策划的一起破坏革命者名誉的阴谋案件，针砭沙皇官僚的腐朽没落。作品运用意识流和假定性等象征主义手法。其他主要作品还有韵律散文《交响曲》(4部，1902～1908)、美学著作《象征主义》(1910)、《两次革命之间》(1934)等。

别雷的写作技巧对后来的俄国诗歌和散文的风格形成影响很大。

别林斯基 Belinsky, Vissarion Grigoryevich (1811-06-11～1848-06-07) 俄国文学批评家、哲学家、政论家。生于斯韦阿博尔格，卒于圣彼得堡。1829年入莫斯科大学学习。1833年起开始文学评论活动。1834年发表第一篇长篇论文《文学的幻想》。1838～1847年，先后在《莫斯科观察家》、《祖国纪事》、《现代人》等杂志任编辑、专栏主持人等。

别林斯基是俄国现实主义美学和文艺批评的奠基人，毕生以文艺批评活动反对沙皇农奴制度。19世纪30年代受G.W.F.**黑格尔**唯心主义的影响，片面强调艺术的客观性和无目的性。40年代中期开始用唯物主义观点论述艺术与现实的关系，强调艺术的社会教育作用。提出艺术是“寓于形象的思维”的著名论断，认为“典型化是创作的一条基本法则”，要求思想性与艺术性的统一。他还系统论述了俄国文学中现实主义的形成过程。

别林斯基的文学批评把政治激情与哲理思考、科学分析与富于诗意的想象力融为一体，在俄国和世界文学批评史上占有重要地位。美学和文学论著被编成13卷本的《别林斯基全集》出版（1953～1959）。

别史 privately compiled history 中国古代史书分类名目之一。南宋陈振孙《直斋书录解题》始设别史类，“以处上不至于正史，下不至于杂史者”；《宋史·艺文志》援引其例，亦设别史类；清黄虞稷《千顷堂书目》以“非编年、非纪传，杂记历代，成一代之事实者曰别史”；《四库全书总目》以“梁武帝实录列诸杂史，义未安也”，而陈氏建创别史“义例独善”，特援据立类，称别史于史部“犹大宗之有别子云尔”。综而言之，凡不能列于正史而又关系一朝大事的纪传体通史如苏辙《古史》、断代史如郝经《续后汉书》、区域史如崔鸿《十六国春秋》等都可谓之别史。从史籍分类看，别史和正史及杂史的界限都不甚明确，在《四库全书总目》以前的目录书中，“别史”在正史类、通史类、杂史类及史部之古史、故事、传记、杂传之类，甚至在经、子、集部中都曾出现过。

别墅 villa 在家宅以外另建的独户住宅。多建在城市郊区和风景区，中国古代的别墅又称别业、别馆，其中多有宅园。中国在西晋时出现别墅，著名的有晋代洛阳石崇的金谷别墅、唐代蓝田王维的辋川别业、明代苏州的拙政园和清代北京的勺园等。3世纪意大利山坡地带出现台阶式住宅别墅。西方古代著名别墅有文艺复兴时期意大利建筑师A.帕拉第奥设计的爱默别墅等。

近代和现代建造的别墅设备日趋完善，最具特色的有美国建筑师F.L.赖特设计的流水别墅，法国建筑师勒·柯布西耶设计的萨伏伊别墅，德国建筑师L.密斯·范·德·罗设计的范斯沃思“玻璃别墅”等。中国青岛、庐山、北戴河等地建造的别墅均属此类。而20世纪90年代以来中国别墅建设中的大部分应该称为联排住宅、双拼住宅、亚别墅或独立式住宅，不属于别墅范畴。

美国伊利诺伊州普莱诺的范斯沃思别墅

现代别墅的发展方向：一是因景制宜，选址与自然景色紧密结合，与周边环境协调。二是在满足居住和游憩功能要求的前提下，传承地域文化。三是应用先进技术，智能化程度越来越高。

别役实 Betsuyaku Minoru (1937-04-06～) 日本剧作家。生于中国长春。1957年入早稻田大学学习，参加早稻田学生剧团（自由舞台）。1961年开始剧本写作。次年与同学铃木忠志等共同创建自由舞台剧团（即后来的早稻田小剧场）。1968年成为专职剧作家。1974年后，他的作品多由文学座排演。别役实是20世纪60年代兴起的“不条理戏剧”的代表者，先后创作了50余部剧本，揭示出日本社会“幽默背后的哀伤，笑声里的恐怖”真相，是“对日本无条理社会的冲击”。主要作品有《有红色小鸟的风景》(1967)、《有死尸的风景》(1974)、《会议》(1981)、《星星的时间》(1983)等。

别字 misused characters 没有按照当时人的用字习惯或规范，把该用的字换写成另外一个音同或音近的字，这个字称为别字，就是另外一个字的意思。例如把“寒暄”写成“寒喧”，把“渲染”写成“喧染”。

宾客 中国古代投靠在贵族、官僚、豪强门下的一种非同宗的依附者。又称客。战国时，宾客系指依托权门的游士、食客。他们一般不参加生产劳动，由主人供养，为其服务，在法律上还保有平民的身份，虽有主从关系，但人身是自由的。孟尝君、信陵君、平原君等所养的客便是如此。其中不少客就像贵宾或幕僚。汉代养客之风仍盛。宾客为主人营治产业，出谋划策，奔走效命，乃至在主人指使下侵凌小民，鱼肉乡里，甚至盗掠财物，杀人越货。遇有战乱，宾客常被主人征发作战。过去曾是自由身份甚至是贵宾的宾客，汉代逐渐降为附从，至此实际上已变成为贵族、豪强的家兵、部曲。随着宾客身份的变化，除士人外，更多的破产自耕农以充当宾客为其出路。西汉中期以后，宾客参加农业生产的情况日益多见。东汉时期，宾客更越来越多地参加了农业生产。由于宾客荫庇于主家，而且在军事上的统属关系和经济上的租佃关系日益发展，他们对主人的依附性也就越来越强，客的身份地位也越来越低落，其称谓从原来的“宾客”、“人客”逐渐与奴婢并称为“奴客”、“僮客”。三国以后，更径称为“佃客”，明白地显示了其封建依附农民的身份。

宾夕法尼亚州 Pennsylvania State 美国大西洋沿岸中部区一州。州域略呈矩形。北接纽约州，南连西弗吉尼亚州、马里兰州和特拉华州，西邻俄亥俄州，东界新泽西州。西北一隅临伊利湖。因地处美国独立时13州的中央位置，故有“拱顶石州”之称。面积119 282平方千米，其中陆地面积116 084平方千米。人口1 244.83万（2008），居全国第六位；其中白人占85.4%，黑人占10%。州府哈里斯堡。其他主要城市有费城、匹兹堡等。

境内除东南部属大西洋沿岸平原和西北部为伊利湖低地外，地形的主体是阿巴拉契亚高地，呈东北—西南向斜贯全州。它的4个地形组成单元由东南向西北依次为山麓台地（皮德蒙特高原）、兰岭、岭谷区和阿巴拉契亚高原。后者在该州称阿勒格尼高原，约占全州一半以上面积，海拔370～600米。境内有3条大河，即特拉华河、萨斯奎汉纳河和阿勒格尼河，流域面积合计占全州90%以上。温带大陆性湿润气候。自西北向东南，1月平均气温-2～1℃，7月19～25℃；年降水量910～1 270毫米。森林覆盖率59%。

1643年瑞典人在此建立第一个白人定居点。1655年成为荷兰殖民地“新尼德兰”的一部分。1664年被英国占领。独立战争时期为政治、军事、经济的中心。第一、二届大陆会议在费城召开，并于1776年7月4日正式签署《独立宣言》，宣告美国诞生。1787年在费城通过《美利坚合众国宪法》，加入联邦，成为美国第2州。1790～1800年费城曾为美国首都。

进入20世纪后，各类工业均发展很快，尤以美国最大的钢铁工业基地著称。自60年代中期起，州经济结构有所调整，重化工业比重下降，高科技产业和服务业比重上升。属美国乳酪带农区。农业收入2/3以上来自畜牧业，以饲养乳牛为主，盛产牛奶和乳制品；还有肉牛业和养禽业，鸡蛋产量名列全国前茅。主要种植玉米、燕麦、大麦、干草等饲料作物，以及小麦、烟草、水果、蔬菜等，蘑菇生产闻名全国。矿业生产以煤、石油、天然气等燃料矿为主，煤矿产量曾长期领先全国，现名列第四位。制造业产值仍居各州前列，但部门结构已有较大调整，如钢铁工业等的规模显著缩小。电子设备制造成为首要工业部门，包括通信设备、计算机及元件等；其次是制药和医疗设备制造、食品加工业，以及工业机械、运输设备、科学仪表、金属加工、纺织、服装、造纸、印刷出版等。电力工业中，火电占63%，核电占36%。公路、铁路交通发达。特拉华河、俄亥俄河和伊利湖提供便利水运，有费城、匹兹堡和伊利三大港口。费城国际机场属全国最繁忙航空港之列。

州内自然环境优美，有独立厅、自由钟、葛底斯堡国家军事公园等众多历史遗迹，其中独立厅被列入联合国《世界遗产名录》。文化教育事业发达。宾夕法尼亚大学(1740)是美国最早的高等院校之一，还有宾夕法尼亚州立大学、坦普尔大学、匹兹堡大学、卡内基－梅隆大学等著名学府。费城艺术博物馆等文化设施，费城交响乐团等文化团体，在世界上享有盛誉。

《宾虚》 *Ben-Hur* 美国故事片。又译《宾虚传》。1959年**米高梅公司**出品。编剧K.邓伯格，导演W.惠勒，摄影R.瑟蒂斯，主演C.赫斯登、S.鲍依特、H.格里菲斯。古罗马军队侵占了以色列，军团司令梅瑟拉凯旋故里。梅瑟拉遇到旧时好友、以色列名门之子宾虚。由于民族仇恨，二人成为冤家。宾虚的妹妹无意中碰落瓦片，刚巧砸在新总督头上。于是宾虚的妹妹和母亲被投进监狱，宾虚沦为船上的奴隶。一次兵舰遭遇海盗，宾虚救了舰队司令的性命，司令将他收为义子。在罗马的竞技场上，宾虚成为著名的角斗士。当宾虚回到耶路撒冷，梅瑟拉提出赛车。宾虚获胜，梅瑟拉车翻人亡。宾虚去"麻风谷"找母亲和妹妹。耶稣降临，麻风病人痊愈，宾虚全家团圆。自1907年以来，小说《宾虚》被10次搬上银幕，以惠勒导演的这一部最为豪华壮观。此片获1959年第32届**奥斯卡金像奖**最佳影片等11项奖。

傧相 attendant of bride or bridegroom at a wedding 婚礼中陪伴新娘的伴娘或陪伴新郎的伴郎。又作摈相。中国宋朝以前，傧和相是礼仪中协助主人接待宾客和赞礼的人；宋朝开始，婚礼中主持各种礼仪的人称傧相。后来逐渐演化为今义。男傧通常由新郎的好友担任。女傧一般为新娘未出嫁的堂妹、表妹或知心女友，也有雇请有经验、颇通礼节的年轻女子充任的。旧时新娘初至夫家，常有诸多不便，加之闹洞房时又常被戏谑，因而需要有伴娘帮助维护酬对；新郎迎娶新娘时，会遇到同样的难题，也需要有伴郎提供帮助，顺利地迎娶新娘。基督教婚礼和现代中式婚礼中仍然有男傧和女傧陪伴帮助新郎新娘。

中式婚礼中女傧相辅助新娘完成婚礼

滨海新区 Offshore New District 中国天津市辖区。位于天津市东南部，东临渤海，南、北与河北省相接。面积2 270平方千米。人口248万(2010)，有汉、回、蒙古、满、朝鲜等民族。2009年10月撤销塘沽区、汉沽区、大港区，设立天津滨海新区。渤海海域蕴藏着丰富的石油、天然气资源，渤海油田是中国第一个海上油气田。沿海多盐田，盐堆洁白晶莹，构成一种独特景观。工业发达，以制盐业、海洋化工业、造船业等占重要地位。主要农作物有水稻、小麦、玉米等。渤海渔业资源丰富，水产品有对虾、螃蟹、梭鱼、黄花鱼等。境内天津港是中国北方最大的国际贸易港口，与世界上170多个国家和地区300多个港口通航。新区地处水陆交通要冲，交通十分方便。名胜古迹有大沽口炮台遗址、汉沽烈士陵园、北大港水库游乐园等。

滨田耕作 Hamada Kosaku (1881-02-22～1938-07-25) 日本考古学家。号青陵。生于大阪府，卒于京都。1905年毕业于东京帝国大学文科大学史学科。1909～1917年留校任教，1918年获该校文学博士学位。1931年任日本学士院会员，1937年任京都帝国大学校长。曾两次赴欧美各国访问、考察。除在日本国内进行考古以外，曾任朝鲜总督府古迹调查员，在朝鲜境内从事考古工作。亦曾参与东亚考古学会的活动，在中国东北一带进行调查和发掘。滨田耕作是日本现代考古学的创导人。他在京都大学创立考古研究室，开设考古学讲座，日本大学中自此始设置正规的考古学课程，日本学院式的考古学从此开端。他在日本考古学上的功绩在于，将欧洲各国，特别是英国考古学的理论和方法引进日本，讲求田野调查发掘工作方法，重视器物类型学等。主要著作有《通论考古学》、《东亚文明的黎明》、《东亚考古学研究》等。

滨州市 Binzhou City 中国山东省辖地级市。位于省境北部，邻接河北省，北临渤海。辖滨城区及无棣、阳信、沾化、惠民、博兴、邹平6县。面积9 454平方千米。人口约375万(2010)，有汉、蒙古、回、苗、壮、满、侗、瑶、白、朝鲜等民族。五代后周显德三年(956)析棣州置滨州，以其濒临渤海而得名。1950年隶惠民专区，1982年析滨县、博兴县置滨州市(县级)。1992年惠民地区改名为滨州地区，2000年撤销滨州地区和县级滨州市，设立地级滨州市。属暖温带半湿润大陆性季风气候，年平均气温12.5℃，平均年降水量589毫米。海岸线长239千米。矿产有铜、麦饭石、石油、天然气等。农业主产小麦、玉米、谷子、大豆、高粱、水稻、花生、棉花、甘薯、水果等。是山东省第二大海盐生产基地和中国四大渔场之一。工业有纺织、化工、电子、机械、造纸、印刷、建筑、食品等。名胜古迹有宴贺台、醴泉寺、魏集地主庄园、范公祠、兰家遗址、蒲台(秦始皇台)等。

濒危动物 threatened animals 由于物种自身原因或受人类活动和自然灾害的影响而濒临灭绝的野生动物物种。是自然保护的重点对象。

中国1950年发布《关于稀有生物保护办法》。1983年颁布《严格保护珍贵稀有动物的通令》。1988年颁布《中华人民共和国野生动物保护法》(2004年修订)，接着颁布《国家重点保护野生动物名录》。重点保护的动物有27类229种，其中一级保护7类89种，二级保护20类140种；包括哺乳纲、鸟纲、爬行纲、两栖纲、鱼纲、珊瑚类、腹足类、瓣鳃类、头足类、昆虫类、肠鳃类动物。1992、1993年又颁布《中华人民共和国陆生野生动物保护实施条例》和《中华人民共和国水生野生动物保护实施条例》。1998年发布《中国濒危动物红皮书》，收集中国濒危动物592种，包括濒危的哺乳类、鸟类、爬行类、两栖类、鱼类动物和无脊椎动物，其中不少是**珍稀动物**，并按世界自然保护同盟要求进行分级。

世界自然保护同盟(IUCN，1948年成立，总部设在瑞士格兰德)，是世界上最大的自然保护组织。同盟1994年把濒危生物分为6个类3个亚类：绝灭种、野外绝灭种、极危种、濒危种、渐危种、低危种6类；低危种分为依赖保护种、近受威胁种、需关注种3个亚类。2001年修订为7类：绝灭种，指最后一个生物个体已死亡的物种，即地球上已不存在的物种；野外绝灭种，在野生状态下已不存在，但还有饲养或栽培个体的物种；极危种，野生种群面临极高灭绝危险的物种；濒危种，野生种群面临很高灭绝危险的物种；渐危种，又称受威胁种，野生种群面临较高灭绝危险的物种；近受威胁种，指没有得到很好保护，接近于渐危种的物种；需关注种，目前没有受到灭绝威胁，但存在危险、需要关注的物种。

物种的绝灭与新物种的产生一样，在生物进化史上是正常的现象。然而由于人类的出现，人类的盲目开发已成为物种灭绝的主要原因，使物种灭绝的速度比以往的纪录高出数百倍，甚至上千倍。全世界有超过5 000种动物正濒临灭绝的危险，例如中国的大熊猫、华南虎、显冠长臂猿、金丝猴、朱鹮等。

濒危植物 threatened plants 由于生存条件恶化而处于濒临灭绝危险境地的植物。这些植物的种群不多，数量稀少，地理分布有很大的局限性，仅生存于特殊的生境或有限的地方。它们濒危的原因可能是由于生殖能力很弱，或它们要求的特殊生境被破坏或退化为不适宜生长，或毁灭性的开发和自然灾害等。物种的灭绝在自然界也会发生，如生物之间的竞争、病虫害的发生和地质灾变等都能造成一些植物灭绝。但人类的活动大大加快了物种的灭绝速度。中国1992年发布《中国植物红皮书——稀有濒危植物》（第一册），共列植物388种，其中定为濒危的种类121种、稀有种类110种、渐危种类157种。

殡仪馆 funeral parlor 设置于城镇中承包丧葬事宜的机构。殡仪馆下设殡葬咨询室、殡葬业务接洽处和火葬场等部门。中国推行火葬，为火葬提供服务。在不具备火葬条件的地方，提倡土葬改革。殡仪馆为殡葬提供接运尸体、火化、骨灰寄存以及悼念活动会场等项服务。中国大中城市都已设置殡仪馆。在偏远地区，则由民众邻里相互帮助解决殡葬问题。

髌骨软骨软化症 chondromalacia patellae 髌骨软骨面的纤维化、碎裂及脱落等退行性变化引起的一种膝前疼痛症。此病多从青年开始，女性多于男性，运动员更常见，与髌骨长期反复受到挤压摩擦有关。有的可发展为髌骨关节病。髌骨轴位（切线位）X射线片及CT可见关节面狭窄、硬化、髌骨倾斜及半脱位等变化。关节镜有助于早期诊断及手术。此病一般采用非手术疗法，改善膝部活动以减少髌骨软骨的压力及摩擦力，理疗及药物可缓解症状，有的可进行软骨面刨削、整修或软化病灶剔除、软骨下骨皮质钻孔术。重度髌骨软骨软化症病变范围广泛者可采用髌骨截骨术、髌骨成形术或髌骨切除术。

冰雹 hail 强对流云中的一种固态降水物。又称雹或雹块。直径一般为5～50毫米，

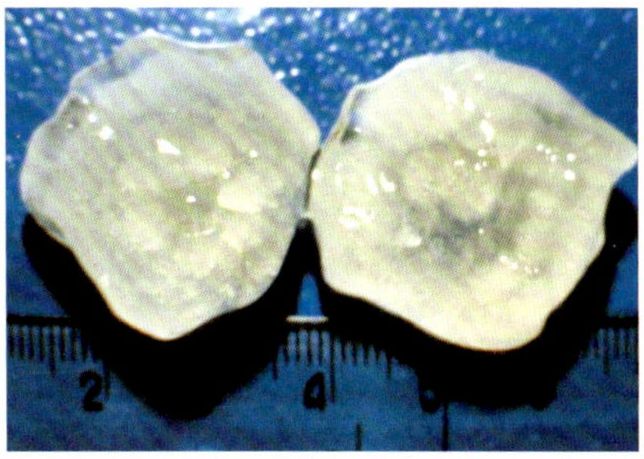

冰雹切片

大的可达10厘米以上。常砸坏庄稼，损坏房屋，威胁人畜安全，是一种严重的自然灾害。

冰雹降自对流特别旺盛的积雨云中，云中的上升气流比一般雷雨云强。小冰雹是在对流云内由雹胚上下数次和过冷水滴碰并而增长起来的，当云中的上升气流支托不住时就降落到地面。大冰雹是在具有一支很强的斜升气流、液态水的含量很充沛的雷暴云中产生的。每次降雹的范围都很小，一般宽度为几米到几千米，长度为20～30千米。每次降雹的时间较短，一般都在10分钟以内，也有长达30分钟以上的。

在冷锋、低涡和切变线等**天气系统**上，如果叠加有**飑线**、**雷暴**等中小尺度天气系统，最容易形成冰雹。冰雹主要发生在中纬度大陆地区，通常山区多于平原，内陆多于沿海。

冰川 glacier 极地或高山地区沿地面运动的巨大冰体。由大气固体降水经多年积累而成，是地表重要的淡水资源。以平衡线（又称**雪线**）为界把冰川分为两部分，上部为粒雪盆（又称冰川积累区），下部为冰舌区（又称冰川消融区），它们构成一个完整的冰川系统。冰川自两极到赤道带的高山都有分布，总面积近1 623万平方千米，覆盖了地球陆地面积的11%，约占地球上淡水总量的69%。现代冰川面积的97%、冰量的99%为南极大陆和格陵兰两大冰盖所占有，特别是南极大陆冰盖面积达到1 400万平方千米（包括冰架），最大冰厚度超过4 000米。极地以外不同纬度的山地，其高度在当地雪线以上者，发育山岳冰川。其中，世界中、低纬山岳冰川以亚洲中部山地最发达，特别是喀喇昆仑山系有37%的山地面积为冰川覆盖，长度超过50千米的有6条。中国境内的冰川主要集中于喜马拉雅山、昆仑山、喀喇昆仑山、念青唐古拉山、横断山、祁连山、天山和阿尔泰山等山区，据1987年统计，冰川面积约为58 700平方千米，占亚洲冰川面积一半以上。欧洲阿尔卑斯山的冰川面积不算大，但在山岳冰川研究发展史中占重要地位。

冰川是由多年积累起来的大气固体降水在重力作用下，经过一系列变质成冰过程而形成，主要经历粒雪化和冰川冰两个阶段。经过一个消融季节未融化的雪称粒雪，使晶体变圆的过程称粒雪化。晶粒间失去透气性和透水性，便成为冰川冰。粒雪转化成冰川冰的时间从数年至数千年。按照冰川的规模和形态，冰川分为大陆冰盖（简称冰盖）和山岳冰川（又称山地冰川或高山冰川）。大陆冰盖全球只有两个，即南极冰盖和格陵兰冰盖。山岳冰川主要分布在地球的高纬和中纬山地区，低纬高山区数量较少。按照冰川的物理性质（如温度状况等）分为：①极地冰川，整个冰层全年温度均低于融点。②亚极地冰川，表面可以在夏季融化外，冰层大部分低于融点。③温冰川，除表层冬季冻结外，整个冰层处于压力融点。极地冰川和亚极地冰川又合称冷冰川，多分布南极大陆和格陵兰岛。温冰川主要发育在欧洲的阿尔卑斯山、斯堪的纳维亚半岛、冰岛，阿拉斯加和新西兰等降水丰富的海洋性气候地区。在中国，通常按冰川发育区的气候条件分为：①海洋性（型）冰川，主要分布在降水丰富、气温较暖的山区，性质属温冰川，冰温处于压力融点，西藏东南部山地是中国最主要的海洋性（型）冰川区。②大陆性（型）冰川，发育在降水少的大陆性气候条件下，夏季凉爽而有强烈的辐射，冰川上层温度恒为负温，而下层可能是负温，也可能达到压力融点。分布较广泛，从喜马拉雅山（东段除外）北坡至阿尔泰山广大地区。③复合性（型）冰川，兼有多种温度类型，如上段冰层是处于负温的冷冰川，而下段可能转为处于压力融点的温冰川。喀喇昆仑山、天山的冰川多属于复合性冰川。

冰川通过侵蚀、搬运与堆积作用对地表进行塑造。作为地球水圈的一部分，冰川参与全球水分循环，对全球气候有影响。两极冰盖的存在使极地成为地球上两个主要的冷源，在其上空形成了极地气团，冰盖的扩展或退缩都影响着极地气团的强弱和大气环流的形势。降落到山岳冰川区的降水补给了冰川，一部分被蒸发，另一部分汇集冰雪融水形成径流注入江河。冰川的存在又使高山区成为一个局部的湿冷源，在气流交换过程中形成云和局部降水，促进了地方性水分小循环作用。冰川是重要的淡水资源。在中、低纬度干旱区，冰川为高山淡水固体水库。冰雪融水不仅对山区河川径流起多年调节作用，而且更是戈壁荒漠绿洲农田灌溉的重要水源。高山冰川区还以其风景秀丽吸引旅游者，成为高山旅游区。山岳冰川也往往给人类带来危害，如冰川泥石流。

冰川国家公园 Glacier National Park 阿根廷国家公园。位于南部圣克鲁斯省西南部的安第斯山区，占地面积4 459平方千米。建于1945年，以保护陆地冰原以及亚寒带森林和草原。1981年作为自然遗产被列入

《世界遗产名录》。气候寒冷，年平均气温7.5℃，年降水量809毫米。公园内分为两个截然不同的风景区。西部是冰雪覆盖的山脉、冰川、湖泊和森林，东部是巴塔哥尼亚干草原。冰原和冰川的面积几乎占到公园总面积的一半。园内共散布着47条大型冰川和200多条小冰川。著名的莫雷诺冰川位于公园南部，长约35千米，其冰舌约宽4 000米，高60米。公园内的动植物资源丰富，西部的植被是典型的安第斯－巴塔哥尼亚森林和灌木，向东则过渡到干草原。主要动物有美洲狮、鹿、狐狸、原驼、黑颈天鹅等。

冰川学 glaciology 研究地球表面各种自然冰体的学科。自然冰体包括山岳冰川、大陆冰盖、海冰、河冰、湖冰、地下冰、季节性结冰以及积雪和运动中的雪等。早期只研究冰川，现已扩展到研究地表一切形态的自然冰体。中国冰川的研究始于1958年。初步查明中国冰川的分布及其规律和对河流的作用；提出中国山岳冰川的分类；进行冰川变化、雪崩、风吹雪、冰川泥石流等研究；解决了高山区公路建设中若干困难问题。有些成果，如珠穆朗玛峰冰川地图、喀喇昆仑山巴托拉冰川进退预报等达到世界先进水平。

冰川学按其研究内容，分为物理冰川学、水文气候冰川学和地质地貌冰川学3个分支。物理冰川学研究冰的内部结构，力学、热学、电学性质和化学成分，又称冰川物理学。水文气候冰川学主要研究冰雪与大气圈、水圈的相互作用。地质地貌冰川学研究冰川与地表的相互作用及其地貌过程、冰缘现象、冰川沉积、第四纪及其他地质时代的冰川问题。冰雪是地球表面上的宝贵淡水资源，也是寒区自然地理环境的重要组成部分。研究冰雪的开发利用和预测、防治冰雪灾害，有十分重要的意义。

冰岛 Iceland 欧洲西北部岛国。介于大西洋和北冰洋的格陵兰海之间。北端靠近北极圈。西隔丹麦海峡与北美洲的格陵兰岛相望，相距322千米；东南端距苏格兰805千米。领土绝大部分位于同名岛上，总面积10.3万平方千米。人口约31.9万(2009)。是世界上人口密度最低的国家之一。人口种族结构单一。冰岛人占98.6%，讲冰岛语。85.4%的居民信奉定为国教的基督教新教路德宗。首都雷克雅未克。

地理 冰岛靠近北极圈。岩浆活动活跃，活火山多达30座，海克拉、阿斯恰等均为世界著名的活火山。境内地震频繁，温泉众多，为世界之最。

全境大部为高地。最高峰华纳达尔斯火山海拔2 119米。南部海岸较平直，西、北、东三面海岸曲折破碎，有许多峡湾深

入内陆。海岸线总长4 970千米。全岛面积的11.5%为冰川覆盖，其中瓦特纳冰原即达8 450平方千米，相当于欧洲大陆全部冰川面积的总和。由于冰川和火山大范围地并存，因此被称为“冰与火之国”。

冰岛纬度虽高，但北大西洋暖流流经西、南、东三面，属温带海洋性气候。沿海气候温和湿润，仅北部和西北部受寒流影响，较寒冷干燥。冬季多大风。土地面积中，可耕地不足1%，林地占1.2%(以灌木为主)，草地约占20%，其余均为荒原和冰原。矿产贫乏，已开采的主要是硅藻土。冰岛最长的河流是肖尔索河，全长230千米，流域面积7 530平方千米。水能和地热能资源丰富。河流湖泊中盛产鲑鱼和鳟鱼。附近海域是北大西洋渔场的重要组成部分，鱼种主要是鳕鱼和毛鳞鱼。

历史 8世纪末，有爱尔兰修道士移居冰岛，9世纪后半叶挪威人开始移入。930年设议会并成立冰岛联邦。1262年隶属挪威。1380年归丹麦统治。1918年丹麦承认冰岛为主权国家，但仍维持丹冰联盟。第二次世界大战期间丹麦被德军占领，而美英占领冰岛。1944年议会宣布实行共和制，全国公民投票批准断绝与丹麦一切官方联系，解散丹冰联盟而完全独立，同年6月17日成立冰岛共和国。独立后主要政党多联合执政。

政治 1944年6月冰岛颁布宪法，后有5次修订。宪法规定冰岛实行共和制。议会和总统共同执掌立法权，总统和政府共同拥有行政权，法院执掌司法权。总统通过直接选举产生，任期4年。总统作为政府名义上的首脑，任命一位行使该国实际行政权的总理。总理对议会负责。冰岛议会是世界上最古老的立法院之一。议会原分上下两院，1991年10月并为一院。议员以按比例代表制的一种混合方式选出，任期4年。共有议员63名，由独立党、进步党、左翼联盟、左翼运动、自由党等主要政党组成。冰岛不设军队。最高司法权赋予最高法院。1949年加入北大西洋公约组织，1951年同美国签订防务协定，由美负责其防务。冰岛有一支海洋巡逻队，约100人，装备3艘巡逻艇和一些小型飞机，负责渔区保护和海上救护工作。全国有警察700余名。

经济 渔业是冰岛经济的主要支柱，渔产品出口占贸易出口的一半以上。经济上对外贸依赖性极大，经济随国际市场之兴衰而起伏。2009年国内生产总值118亿美元，人均国内生产总值约37 000美元，达到世界最富国家水平。渔产品主要是毛鳞鱼、鳕鱼和青鱼。渔业之外的两项重要资源是水利和地热。85%的冰岛居民已利用地

热温泉取暖。其他自然资源匮乏。

冰岛工业基础薄弱。主要有渔产品加工、食品、炼铝、化肥、水泥、造船业、建筑业和采矿业。农业以畜牧业为主。肉、奶、蛋自给有余；粮食、蔬菜、水果基本靠进口。可耕地面积1 000平方千米。冰岛自1980年起致力于发展旅游业，主要旅游点为火山地貌和地热喷泉等。境内无铁路，海运和空运较发达。雷克雅未克为主要港口。凯夫拉维克机场为主要航空港。

文化 全民文化程度较高，实行10年义务教育制，识字率已达100%。

《晨报》为全国性最大报纸，其次是《新闻报》和《每日导报》。有国家广播电台和电视台各1家，私人电视台10家和私人广播电台数家。全国平均每千人有3.6名医生，8.7名护士。

对外关系 美国代表北约负责冰岛防务。欧盟是冰岛最大的贸易伙伴，但由于与欧盟在渔业政策上有分歧而未加入欧盟。冷战结束后，为顺应国际形势的变化，冰岛除继续重点保持与美等西方国家的伙伴关系外，注意加强与亚洲等其他地区国家的关系，并通过联合国积极参与国际事务。至2008年已同139个国家建立外交关系，在16个国家设有大使馆。1971年12月8日与中国建交。

雷克雅未克市中心

冰岛人 Icelanders 北欧冰岛共和国主体民族。约30万人（2006）。基本为单一的日耳曼人后裔。属欧罗巴人种北欧类型。使用冰岛语，属印欧语系日耳曼语族。文字用拉丁字母拼写。多信基督教新教路德宗。约800年，爱尔兰僧侣首先发现并移居该岛。约在874年，挪威人命名该岛为“冰岛”。自此不断有北欧人迁入，以挪威移民为主，还有不少移民来自北欧人在爱尔兰和苏格兰建立的殖民地。930年成立冰岛联邦。而后不断吸收新来移民，于11～13世纪形成统一的冰岛民族。1262年，冰岛沦为挪威属地，1380年后归丹麦统治。1944年获得独立，建立冰岛共和国。耕地面积小，主要用以种植牧草、饲料及少量土豆。畜牧业和渔业发达，渔业为国民经济的主要支柱。工业多为渔业产品加工业、毛纺业和肉食加工业。

身着民族服装的冰岛少女

冰岛语 Icelandic language 冰岛的官方语言。属印欧语系日耳曼语族北支（又称斯堪的纳维亚语支）。主要分布于本土。冰岛人的祖先是9～10世纪来自挪威西部的移民。由于冰岛远离欧洲大陆，冰岛语始终保持古代挪威语西部方言的特点，词汇很少受外来语的影响。即使是科学和工程术语也用冰岛语成分构成。现代冰岛人仍能阅读1 000年前写的古冰岛语史诗。

冰岛语保持着完整的屈折变化系统。动词有人称、时态变化；名词有4个格（主格、生格、与格、受格）；名词、形容词、代词等分阳、阴、中性（其他斯堪的纳维亚语言只分通性和中性），有单、复数之分；定冠词通常作为后缀附着于名词之后；语法和词汇稳定，但发音和古代有很大差别。采用拉丁字母书写，但仍然使用古代北欧文字中的字母Þ和ð分别表示清、浊齿擦音。为主-动-宾型语言。

冰壶 curling 在冰上进行的一种以队为单位的投掷砥石的体育竞赛项目。又名冰上溜石。起源于14世纪苏格兰。1795年，第一个冰壶俱乐部在苏格兰成立。1927年，加拿大举行了首次全国性的冰壶比赛。1955年冰壶运动传入亚洲。1959年举行首届苏格兰杯赛，1986年正式定名为世界冰壶锦标赛。1966年国际冰壶联合会（ICF）成立，1991年改名为世界冰壶联合会（WCF），同时获得了国际奥林匹克委员会承认。在1998年第18届冬季奥林匹克运动会上，被列为正式比赛项目。冰壶比赛场地长44.5米、宽4.80米，四周有木框。场内有6条与端线平行的横贯全场的蓝线分别称前卫线、后卫线、丁字线，丁字线与中线的交叉点为营垒的中心点，以中心点为圆心，向外分别各画一个半径为0.15米、0.61米、1.22米、1.83米的同心圆。冰壶直径为29厘米，厚11.5厘米，重19千克。比赛由两队各4人参加，分别向对方交替掷壶石，以壶石距对方营垒圆心远近计分，近者得分，积分多者为胜。冰壶运动的基本技术包括投掷壶石技术、刷冰技术和刷冰滑行技术。

冰片 borneol 双环单萜，分子式$C_{10}H_{18}O$。

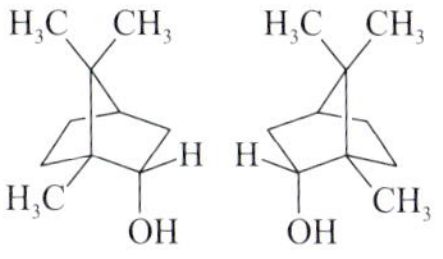

右旋冰片 左旋冰片

又称龙脑或2-莰醇。白色半透明晶体，有像樟脑的气味。右旋冰片熔点208℃，沸点212℃，相对密度1.011（20/4℃），比旋光度$[\alpha]_D^{20}$ +37.7（乙醇）；溶于乙醇、乙醚和苯。左旋冰片熔点208.6℃，沸点210℃（779毫米汞柱），相对密度1.101 1（20/4℃），$[\alpha]_D^{20}$ −37.74（乙醇）；溶于乙醇、乙醚、丙酮和苯。消旋冰片熔点210.5℃，易升华，相对密度1.011（20/4℃）；溶于乙醇、乙醚和苯。氧化时生成樟脑。冰片可由樟脑在乙醇溶液中用金属钠还原；或由蒎烯在催化剂存在下用草酸酯化，再经水解制得。冰片广泛用于配制迷迭香、薰衣草型香精，并用于中药和中国墨中。

冰期 ice age 气候寒冷具有强烈冰川作用的地史时期。又称冰川期。广义冰期称大冰期，狭义冰期是指比大冰期低一层次的冰期。大冰期是指地球上气候寒冷，极地冰盖增厚、广布，中、低纬度地区有时也有强烈冰川作用的地质时期。大冰期中气候较寒冷的时期称冰期，较温暖的时期称间冰期。大冰期、冰期和间冰期都是依据气候划分的地质时间单位。大冰期的持续时间相当于地质年代单位的世或大于世，两个大冰期之间的时间间隔可以是几个纪。有人根据统计资料认为，大冰期的出现有1.5亿年的周期。冰期、间冰期的持续时间相当于地质年代单位的期。

在地质史的几十亿年中，全球至少出现过3次大冰期，公认的有前寒武纪晚期大冰期、石炭纪-二叠纪大冰期（晚古生代大冰期）和第四纪大冰期。冰川活动过的地区，所遗留下来的冰碛物是冰川研究的主要对象。第四纪大冰期冰碛层保存最完整，研究最详细，分布也最广。在第四纪，依冰川覆盖面积的变化，可划分为几个冰期

北半球第四纪冰期对比表(上新，下老)

阿尔卑斯	北欧	美国	中国
玉木冰期	维塞尔冰期	威斯康星冰期	大理冰期
里斯－玉木间冰期	埃姆间冰期	桑加蒙间冰期	庐山－大理间冰期
里斯冰期	瓦什冰期	伊利诺伊冰期	庐山冰期
民德－里斯间冰期	荷尔斯泰因间冰期	雅茅斯间冰期	大姑－庐山间冰期
民德冰期	萨勒冰期	堪萨斯冰期	大姑冰期
恭兹－民德间冰期	克罗默间冰期	阿夫顿间冰期	鄱阳－大姑间冰期
恭兹冰期	埃尔斯特冰期	内布拉斯加冰期	鄱阳冰期

和间冰期，其冰盖地区面积约分别占陆地表面积的30%和10%。但各大陆冰期的冰川发育程度有很大差别，如欧洲大陆冰盖曾达北纬48°，而亚洲只达到北纬60°。由于气候变化随地区的差异和研究方法的不同，各地冰期的划分有所不同。1909年，德国的A.彭克和E.布吕克纳研究阿尔卑斯山区第四纪冰川沉积，划分和命名了4个冰期和3个间冰期。随后，世界各地也都划分出相应的冰期和间冰期，北半球第四纪冰期几个地区冰期的划分与对比见表。

大冰期及冰期的形成，与地球表面气温下降有直接关系。气温升降受大气成分和太阳辐射能量变化等因素的影响，也受到地球和太阳的运行轨道上各种因素的制约。许多研究者认为，大冰期的形成与太阳在银河系中的运行周期有关。有的认为太阳运行到近银心点区段时的光度最小，使行星变冷而形成地球上的大冰期；有的认为银河系中物质分布不均，太阳通过星际物质密度大的地段时，降低了太阳的辐射能量而形成地球上的大冰期。

冰淇淋 ice cream 以牛乳或乳制品及砂糖为主要原料，加入稳定剂、乳化剂、香精和色素等，经一定工艺制成的体积膨胀、呈冻结状的乳制甜食品。又称冰激凌。属冷冻饮品。冰淇淋的品种繁多，其基本工艺流程相似。冰淇淋的主要原辅料有6种。①油脂。来源于奶油、牛奶、炼乳、全脂奶粉、植物油等。②非脂乳固体。来源于牛奶、奶粉、乳清粉等。③糖。来源除常用的蔗糖外，还有液体葡萄糖浆、果糖、乳糖等。④乳化剂。有单甘酯、丙二醇脂肪酸酯、山梨糖醇酐酯、卵磷脂等。⑤稳定剂。有明胶、刺槐豆胶、琼脂、海藻酸钠、果胶、羧甲基纤维素等。⑥香精、香料和色素。冰淇淋的组成根据地区和品种不同而异。较好的冰淇淋含量组成为：乳脂肪6%～10%，非脂乳固体10%～15%，蔗糖12%～15%，固形物32%以上。

冰碛岩 tillite 一类由冰川作用形成的沉积岩。主要由砾、砂、泥等冰碛物堆积固结而成。碎屑组分复杂、分选性差。常见新鲜的不稳定岩块，砂、粉砂和黏土含量经常较多。通常是深灰色至灰黑色，多呈块状构造，冰碛碎屑常呈棱角状，冰川砾石上可有“丁”字形擦痕及刻蚀面等冰川作用标志。冰川相沉积岩的分布特征是：①冰下环境，主要为块状冰碛岩，有时有条带状冰碛岩；②冰上环境至冰缘的冰前环境，为冰碛流、冰水流砾岩和砂岩；③水下环境，包括冰海纹层岩、块状冰碛岩及冰湖纹泥岩。

冰球 ice hockey 集体性竞技体育运动。以冰刀、冰球杆和冰球为工具，在冰上进行相互对抗。冰球运动起源于加拿大，距今已有百余年历史。1908年，国际冰球联合会在法国巴黎成立。1920年，冰球被列为第7届奥林匹克运动会的比赛项目，1924年在第1届冬季奥林匹克运动会中被列为正式比赛项目，并于1930年开始举行世界冰球锦标赛。冰球运动已在世界五大洲的60多个国家和地区开展，有50多个国家和地区的冰球协会加入了国际冰球联合会。中国开展冰球运动始于20世纪30年代，1949年中华人民共和国建立后此项运动发展迅速，1956年以后中国冰球队开始参加国际比赛。

冰球比赛场地最大为61米×30.5米，最小为56米×26米，四角为半径7～8.5米的圆弧形。球门高1.22米，门柱内侧相距1.83米，内深0.6～1米。冰球比赛时每队20人，双方上场各为6人，分守门员1人、后卫2人、前锋3人。比赛分3局进行，每局20分钟，中间休息15分钟。每射进对方球门1球得1分，以得分多者为胜。运动员穿冰鞋，戴手套，持冰杆，身着国际冰

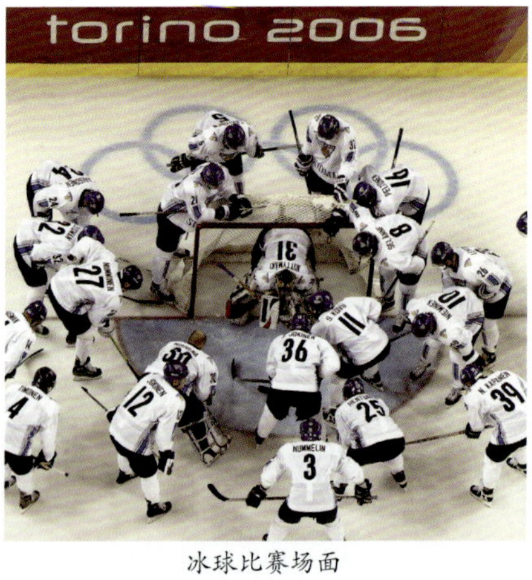

冰球比赛场面

联规定的护胸、护肘、护肩、护裆、护腿、裤衩、头盔等护具。比赛时，防守运动员对控球的进攻运动员可以进行全场合法冲撞、近身贴挤和阻挡。运动员不得用球杆打、刺、杵、钩、推人等。

冰山 iceberg 大块海上浮冰。北半球的冰山主要来自冰川，外形千姿百态，尖顶或圆顶者居多。南半球的冰山为南极冰盖排出的冰体，一般为平顶或板块状。冰山又称陆冰，以区别于海水冻结而成的海冰。露出水面的冰体仅为冰山的1/8左右。北极地区每年约排出20 000座冰山，向南漂流。冰山漂流给海上运输和石油开采造成威胁，如1912年“泰坦尼克”号在格兰德班克附近与冰山相撞沉没，有1 515人丧生。冰山是一种淡水资源。

冰心 Bingxin (1900-10-05～1999-02-28) 中国作家。原名谢婉莹。祖籍福建长乐，生于福州。童年在山东烟台度过。1918年考入协和女子大学预科。1923年毕业于燕京大学国文系，并获奖学金，同年8月赴美国威尔斯利女子大学研究院学习英国文学，1926年获文学硕士学位。回国后在燕京大学、清华大学、北京女子文理学院任教。抗日战争期间，迁居昆明和重庆，曾任国民参政会参政员、中华全国文艺界抗敌协会理事。1946年底去日本，在京都大学、东京大学讲授中国文学。1951年秋回国后，主要从事散文和儿童文学创作，并致力于国际文化交流活动，曾先后当选为全国人民代表大会代表、全国政协常务委员、中国作家协会理事和中国文学艺术界联合会副主席等。

冰心是五四新文化运动中最早涌现的女作家。她在大学时代积极参加爱国学生运动，开始文学创作，并加入文学研究会。先以一系列触及社会、家庭、妇女等人生现实的问题小说引人瞩目，继以清新隽永的哲理小诗《繁星》和《春水》饮誉诗坛，又以婉约清丽的抒情散文《往事》、《寄小读者》和《山中杂记》等系列性作品轰动文坛，成为新文学开创时期实绩显著、风格鲜明的重要作家。这一时期的各类创作，以人道主义的博爱心怀关注人生，探寻改良人生的方剂，讴歌母爱、童真和自然美。尤其是她的散文，满蕴着温柔，微带着忧愁，又出以亲昵流丽、婉约雅洁的抒情笔调，形成了独特的风格，吸引和感动了几代青年读者。20世纪30年代以后，她的创

作以小说《分》和游记《平绥沿线旅行记》为标志，显示了视野的拓展，特别是40年代初以笔名“男士”发表的一组《关于女人》的散文特写，表明她的文风从柔细清丽转向苍劲朴茂。50年代后，著有散文集《归来以后》、《樱花赞》、《晚晴集》、《我的故乡》和儿童文学集《小橘灯》、《三寄小读者》等，文风变得朗阔劲健，晚年所作日趋凝练老辣。绝大部分作品收入《冰心文集》。1995年8月出版的8卷本的《冰心全集》，按编年排序，收入冰心创作的全部作品。

冰洲石 iceland spar 无色透明、结晶良好的**方解石**晶体。在透明矿物中具有最高的双折射率，即透过晶体可以明显地看到一个物体有两个像（见图）。是良好的光学

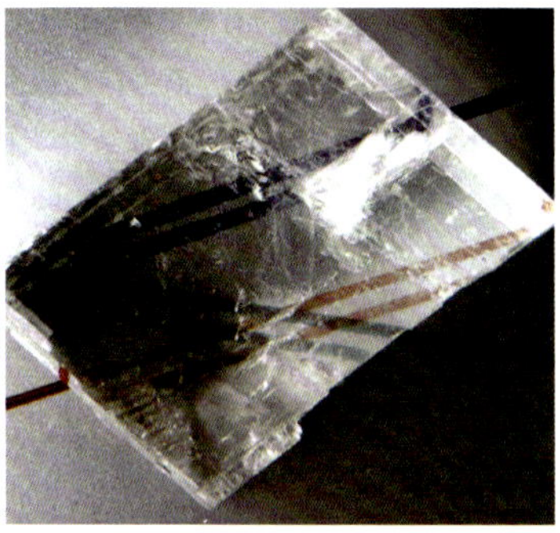

冰洲石的双折射现象

材料，可用于制作激光开关、大屏幕显示器、滤光度高的天文望远镜、激光测距仪等光学元件。光学冰洲石的质量应是无色透明、无包裹、无裂隙、无双晶、无节瘤等缺陷；应是纯净的，使其在紫外线、阴极射线照射时不发荧光；晶体菱面体解理块的无缺陷部分应大于或等于20毫米×20毫米×20毫米，无缺陷的晶体越大越好。优质冰洲石晶体产于玄武岩和沸石的方解石脉中，其形成与热液作用有关。冰岛是世界最主要的冰洲石产地，南非、墨西哥、美国、俄罗斯、挪威、英国也是重要供应地。

兵力投送 projection of force 对世界任何地区发生的危机和冲突所采取的快速反应行动。美军用语。包括动员、部署前活动、部署、进入行动、作战行动、冲突或危机后行动、变更部署和重组、复员等在内的全过程。美军在战争和**非战争军事行动**中都可能实施兵力投送。

兵力投送通常是在前沿存在部队不足以解决其责任区域内的危机或冲突时，以陆军（含驻在美国本土内外、包括现役与预备役部队并得到文职人员支援的整个陆军）为主体，在海军、空军的支援下实施。作为对危机或冲突的快速反应行动，兵力投送本身具有联合性质，并以“前沿存在”和“海外预置”为基础。兵力投送受财力、战略运输能力、前沿地区基础设施、可机动的兵力等因素制约。

兵役制度 system of military service 国家关于公民参加武装组织或在武装组织之外承担军事义务的制度。主要包括公民服现役、服预备役、接受军事训练、执行军事任务以及军人优待抚恤等制度，各级兵役机构的设置、任务区分和相互关系的制度等。是国家的一项重要军事制度，通常由国家最高权力机关或国家元首以法律、法令的形式颁布实施。其基本功能是保障现役部队人员的补充和更替，后备兵员的训练和储备，以满足平时武装力量建设的需要，建立战时武装力量动员的基础。

外国的兵役制度 至21世纪初，各国的兵役制度主要有征兵制（又称义务兵役制）、募兵制（有的称志愿兵役制）和征募混合制（又称义务兵与志愿兵结合制）。以色列、德国、越南、古巴等国实行义务兵役制，以使现役部队兵员得到定期轮换和更新，保持兵员年轻化，并储备大量训练有素的后备兵员。美国、英国平时实行募兵制，战时实行征募混合制。法国、日本、印度等国实行志愿兵役制，以使士兵服役时间延长，有利于熟练掌握和使用现代化武器装备，提高部队战斗力。俄罗斯、意大利等国实行义务兵与志愿兵结合的制度，既可保持兵员年轻化和储备大量后备兵员，又可保留一部分技术骨干较长期地在部队服现役，熟练掌握和使用先进的武器装备，不断提高部队战斗力。

中国的兵役制度 **中国共产党**领导的人民军队曾长期实行志愿兵役制。1955年7月，第一届全国人民代表大会第二次会议通过《中华人民共和国兵役法》，规定实行义务兵役制。1978年3月第五届全国人民代表大会常务委员会第一次会议通过《关于兵役制问题的决定》，改行义务兵与志愿兵相结合的兵役制度。1984年5月第六届全国人民代表大会第二次会议通过新的《中华人民共和国兵役法》，规定实行以义务兵役制为主体的义务兵与志愿兵相结合、民兵与预备役相结合的兵役制度。1998年12月第九届全国人民代表大会常务委员会第六次会议通过修正的《中华人民共和国兵役法》，对兵役制度作了重大修改，规定实行义务兵与志愿兵相结合、民兵与预备役相结合的兵役制度；义务兵服现役期限统一为两年；志愿兵实行分期服役制，并可根据军队需要，直接从非军事部门具有专业技能的公民中招收。

中国适龄青年应征入伍

兵种 arms 军种内按主要武器装备和作战任务划分的类别。一般编有部队、分队及院校、科研机构，有的设有领导机关，采用不同的编制，有各自的战术和独特的战斗能力。现代军队的兵种，陆军主要有步兵（摩托化步兵、机械化步兵、山地步兵）、装甲兵（坦克兵）、炮兵（炮兵–火箭兵）、陆军航空兵、陆军防空兵、工程兵、防化兵（化学兵）、电子对抗兵、通信兵等。海军主要有水面舰艇部队、潜艇部队、海军航空兵、海军岸防兵、海军陆战队（海军步兵）等。空军主要有航空兵及高射炮兵、地空导弹兵、雷达兵等，航空兵又可分为歼击航空兵、轰炸航空兵、强击航空兵、侦察航空兵、运输航空兵等。空降兵，有的为陆军兵种，有的为空军兵种，有的为独立兵种。有的国家将高射炮兵、地空导弹兵列为防空军的兵种。

槟城 Pinang 马来西亚槟榔屿州首府。又称乔治市。全国第二大海港和五大工业中心之一，西马来西亚北部地区经济中心。位于花岗岩岛槟榔屿东北角沙嘴上，当马六甲海峡北口，扼槟榔屿海峡西岸。距大陆3.2千米，依山傍水，港阔水深，可同时停泊万吨级轮船15艘。面积23平方千米，人口约18.06万。年平均气温26.9℃，平均年降水量2 434毫米。1786年被英国东印度公司占领，辟为自由港，后发展为海峡殖民地首府和工商业中心。工业居西马北部地区首位。第二次世界大战后，槟城自由港被取消，加工业及转口贸易衰退。20世纪70年代开始着手城市改造，建造商厦、住宅与工厂，65层高的光大大厦是槟城的标志；建立班丹巴扬巴鲁新镇工业区和自由贸易区，发展电子、纺织与农机工业。槟城已成为全国最大电子工业基地并拥有东南亚最大的纺织工业系统。与此同时，港区不断扩大，已包括对岸的北海与北赖（新路头）；80年代，横贯西马北部的东西大道（北海—哥打巴鲁）通车，连接槟城与大陆的槟威大桥建成，密切了槟城与半岛西海岸带的联系，扩大了腹地。槟城港占全国各港总吞吐量的25%。出口电子、电器、纺织品、橡胶、棕油、锡与木材，进口燃料、糖与肥料等。

2008年马六甲和槟城作为文化遗产列入《世界遗产名录》。

槟榔 *Areca catechu*; betelnutpalm 棕榈科槟榔属的一种。常绿乔木。重要药用植物。原产马来西亚，现已广泛栽培于世界热带地区。印度是最大的生产国，其次是孟加拉国、泰国、菲律宾等。中国主产区为海南、台湾，云南南部也有少量栽培。植株高17～20米，羽状全裂，叶裂片狭长披针形。单性花，肉穗花序，上部着生雄花，下部着生雌花。果长椭圆形或卵圆形，内含种子1枚。花、果均具芳香。种仁含槟榔碱

槟榔形态

等多种生物碱，供药用，有健脾、驱虫、利尿等功效；果皮（大腹皮）亦可药用。未成熟的果实称枣儿槟榔，有的地方人们习惯上作为咀嚼料，用以固齿、防痢和助消化。

槟榔屿 Pinang, Pulau 马来西亚岛屿，槟榔屿州的组成部分。位于马六甲海峡北口东侧，位置重要。南北长24千米，东西宽15千米，面积285平方千米，人口约80万。中部丘陵纵贯，最高点西山海拔830米。内地有椰林、香料园和稻田。东北角的沙嘴为槟榔屿州首府、重要海港槟城的所在地。东南部的巴六拜和木蔻山为出口加工区，有国际机场及深水码头。巴六拜还有园艺综合站。西南部是典型的马来村庄、橡胶园、稻田和榴梿园区。有渔业生产与科研基地。全岛植被苍翠，山间多溪流与瀑布，有许多大小花园、教堂、别墅和庙宇，素有"东方之珠"盛誉。环岛四周海滨风光秀丽，特别是北部海岸从海珠屿到直落巴巷一带，海滩长达11千米，石岬错综其间，为全国居首、东南亚久负盛名的国际度假胜地。西山气候凉爽，从山麓有缆车直达山顶。岛上名胜颇多，有植物园、水族馆以及马来西亚最宏伟的华人庙宇极乐寺、州立清真寺（可容纳5 000名穆斯林）、卧佛寺（卧佛长33米，居世界第三位）、圣乔治教堂等。

丙醇 propanol 丙烷分子中的一个氢原子被羟基取代的醇，分子式C_3H_7OH。存在两种

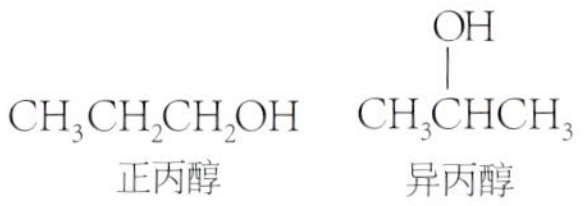

异构体。正丙醇为无色液体；熔点－126.5℃，沸点97.4℃，相对密度0.803 5（20/4℃）；溶于水、乙醇和乙醚；可与水形成共沸物，沸点87℃，含水量28.3%。异丙醇为无色可燃液体；熔点－89.5℃，沸点82.4℃，相对密度0.785 5（20/4℃）；溶于水、乙醇、乙醚、丙酮等；与水形成共沸物，沸点80.37℃，含水量13%。丙醇的化学性质与**乙醇**相似。正丙醇在工业上是由乙烯、一氧化碳和氢气在高压和钴催化下制备。异丙醇是由丙烯在硫酸作用下水合或由丙酮通过催化氢化反应制得。一般用作溶剂和化工原料。丙醇的两种异构体对眼睛、黏膜都有刺激性，吸入丙醇蒸气能发生头晕、头痛、呕吐等症状。

丙二酸二乙酯 diethyl malonate 丙二酸的两个羧基中的羟基全被乙氧基取代而生成的**酯**，分子式$CH_2(COOC_2H_5)_2$。无色芳香液体；熔点－48.9℃，沸点7 199.3℃，相对密度1.055 1（20/4℃）；易溶于乙醇、乙醚和其他有机溶剂。丙二酸二乙酯的亚甲基受两个羰基的影响，活性较高。与乙醇钠作用生成钠盐，继而与卤代烃反应，生成一元或二元烃基取代的丙二酸二乙酯。可进行硝化反应，进一步还原则生成氨基丙二酸二乙酯，它是合成氨基酸的重要中间体。烃基取代的丙二酸二乙酯与尿素缩合，生成常用的安眠药巴比妥。丙二酸二乙酯可以氯乙酸钠为原料，先与氰化钠作用生成氰乙酸钠，再用乙醇酯化制得。是重要的化工原料和有机合成试剂，广泛用于药物和染料的合成。

丙纶 isotactic polypropylene fiber 等规聚丙烯纤维的中国商品名。以**丙烯**的等规聚合物（PP）为原料，通过纺丝制成的合成纤维。20世纪50年代发明的**齐格勒－纳塔催化剂**，用于丙烯的聚合，可得到排列规整的线性大分子**聚丙烯**，称为等规聚丙烯。用这种聚合物制成的纤维称为等规聚丙烯纤维。1957年开始工业化生产。由于纤维的原料来源充足，生产成本较低，加之纤维有许多优良性能，因而发展很快。

丙纶质轻，密度只有0.91克/厘米^3，是现有纤维中最轻的一种；强度高，接近**锦纶**和**涤纶**；不吸湿，不缩水；耐化学腐蚀性好，常温下对浓硫酸、盐酸、烧碱稳定。主要缺点是耐热性差，不能熨烫；染色性和耐日晒性能较差。

细旦丙纶导湿性好，穿着出汗后能将汗液导至纺织品外层，无湿冷感，常用于制作内衣裤、双层运动服的里层、运动袜等。用丙纶中空纤维制成的絮棉质轻，保暖，弹性好。丙纶应用更多的是产业用途，如高强绳缆（可漂浮在水面上）、土工布、香烟过滤嘴、地毯、吸油毡、包装材料、过滤材料、建筑用混凝土抗裂纤维、医疗保健用布和一次性**非织造布**制品等。

丙酸 propionic acid 分子中含有三个碳原子的饱和**羧酸**，分子式CH_3CH_2COOH。可看作是甲基乙酸。干馏木材制

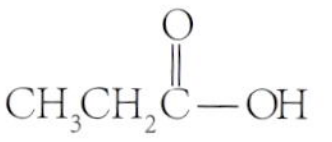

得的木醋酸（或称焦木酸）中和各种发酵产物中均含少量丙酸。具有刺激性气味的无色液体；熔点－20.8℃，沸点141℃，密度0.993 0克/厘米^3（20℃）；易溶于水、乙醇、乙醚和氯仿中。丙酸的化学性质与**乙酸**相似。利用乙烯、一氧化碳和氢气进行氢合羰基化反应，首先生成丙醛，再进一步氧化生成丙酸。由丙烷、丁烷经液相氧化也能制取丙酸。由戊糖、己糖经发酵也可制得。丙酸主要用于制造纤维素三丙酸酯、纤维素乙酸丙酸酯，也可用于制造改性环氧树脂和用作合成聚酯树脂的催化剂。丙酸无毒，可用作谷物保藏剂和食物的霉菌抑制剂。丙酸与低级醇形成的酯可用于香精和油漆工业。丙酸还用于制造除草剂。

丙酮 acetone 饱和脂肪酮系列中最简单的**酮**，分子式CH_3COCH_3。以游离状态存在于自然界中，在植物界主要存在于精油中，如茶油、松脂精油、柑橘精油等；人尿和血液及动物尿、海洋动物的组织和体液中都含有少量的丙酮。糖尿病患者的尿中丙酮的含量异常地增多。无色易燃液体，有特殊气味；熔点－95.35℃，沸点56.2℃，相对密度0.789 9（20/4℃）；能溶于水、乙醇、乙醚及其他有机溶剂中。蒸气与空气混合可形成爆炸性混合物，爆炸极限2.55%～12.8%（体积）。丙酮的羰基能与多种**亲核试剂**发生**加成反应**，例如催化氢化生成异丙醇，还原生成频哪醇；能与氨衍生物、氢氰酸、炔化物、有机金属化合物反应等。丙酮还能进行α－氢的反应，例如与卤素发生**取代反应**，自身或与其他化合物发生类似羟醛缩合反应等。采用氯化钯－氯化铜－盐酸催化剂，在110～120℃和约1兆帕下在液相中用空气（氧气）将丙烯直接氧化成丙酮。也可用淀粉发酵制取丙酮。丙酮可用作人造纤维、有机玻璃、油漆、化妆品等的原料；也是很好的溶剂，可溶解许多有机产物如树脂、醋酸纤维、乙炔等，也是

制造硝化棉的溶剂。高锰酸钾、碘化钾等无机物在丙酮中也有一定的溶解度。

丙烷 propane 分子式$CH_3CH_2CH_3$，气体烷烃。无色无臭的易燃气体。熔点-189.7 ℃，沸点-42.1℃，相对密度0.585 3(-45/4℃)。不溶于水，但在低温下容易与水生成固态水合物，引起天然气管道的堵塞。丙烷在较高温度下与过量氯气作用，生成四氯化碳和四氯乙烯；在气相与硝酸作用，生成各种硝基烷烃的混合物。丙烷可从油田气和裂化气中分离得到。可作生产乙烯和丙烯的原料或炼油工业中的溶剂；丙烷、丁烷和少量乙烷的混合物液化后可用作民用燃料，即液化石油气。

丙烯 propylene 烯烃同系列中第二个成员，分子式$CH_3CH{=}CH_2$。无色易燃气体。熔点-185.2℃，沸点-47.4℃，液态时相对密度为0.519 3(20/4℃)。丙烯是重要的有机

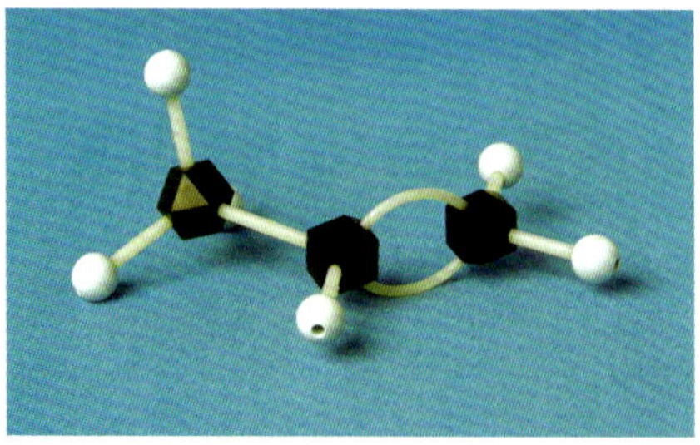

化工原料。除了在烯键上能发生反应外，还可在甲基上起反应。在齐格勒催化剂存在下丙烯聚合生成聚丙烯。丙烯与乙烯共聚生成乙丙橡胶。丙烯与硫酸起加成反应，生成异丙基硫酸，后者水解生成异丙醇。丙烯与氯和水起加成反应，生成1-氯-2-丙醇，后者与碱反应生成环氧丙烷，加水生成1,2-丙二醇。丙烯在酸性催化剂存在下与苯反应，生成异丙苯，它是合成苯酚和丙酮的原料。丙烯在酸性催化剂存在下，可与异丁烷发生烃基化反应，生成的支链烷烃可用作高辛烷值燃料。丙烯在催化剂存在下与氨和空气中的氧起氨氧化反应，生成丙烯腈，它是合成塑料、橡胶、纤维等高聚物的原料。丙烯在高温下氯化，生成烯丙基氯，它是合成甘油的原料。丙烯的工业生产主要来自烃类裂解的裂解气，其余来自炼厂气。高浓度的丙烯对人有麻醉作用。与空气能形成爆炸性混合物。

丙烯画 acrylic painting 用丙烯颜料绘制的画。丙烯颜料是用一种化学合成胶乳剂（含丙烯酸酯、甲基丙烯酸酯、丙烯酸、甲基丙烯酸及增稠剂、填充剂等）与颜色微粒混合而成的新型绘画颜料。丙烯颜料出现于20世纪60年代，它有很多优于其他颜料的特征：干燥后为柔韧薄膜，坚固耐磨，耐水，抗腐蚀，抗自然老化，不褪色，不变质脱落，画面不反光，画好后易于冲洗，适于作架上绘画、室内外壁画等。它可以一层层反复堆砌，画出厚重的感觉；也可加入粉料及适量的水，用类似水粉的画法覆盖重叠，画面层次丰富而明朗；如在颜料中加入大量的水分，可以出水彩、工笔画的效果，一层层烘染、推晕、透叠，效果纯净透明。由于丙烯颜料的主要调剂含水量很大，因此适宜在易吸水的粗糙底面上作画，如纸板、棉布、木板、纤维板、水泥墙面、麻毛质地的金属面、石壁等。作丙烯画可用一般的油画笔、画刀、中国画笔、水彩画笔、板刷、海绵、丝瓜络等。调色盘和笔洗多用不吸水的陶瓷、玻璃、珐琅质地的容器，以防清洗不净。

丙烯腈 acrylonitrile 丙烯分子中甲基的三个氢原子被一个氮原子取代生成的腈，分子式$CH_2{=}CHCN$。又称氰（基）乙烯。无色液体；熔点-83.5℃，沸点77.5～79℃，相对密度0.806 0（20/4℃）。稍溶于水，溶于乙醇、乙醚等有机溶剂。其蒸气可与空气形成爆炸性混合物，爆炸极限为3.05%～17.0%（体积）。丙烯腈容易聚合成聚丙烯腈。丙烯腈的早期工业制法是由氰乙醇脱水或乙炔与氢氰酸加成制得；现采用氨氧化法，即在硅胶作载体的含有磷、钼、铋等元素的催化剂作用下，在氨存在下用空气氧化丙烯。丙烯腈是多种聚合物的原料。由聚丙烯腈制成的纤维商品名为腈纶。丙烯腈与丁二烯共聚可制得耐油的丁腈橡胶；与丁二烯、苯乙烯的三元共聚物则是一种很好的工程塑料，简称ABS树脂。此外，丙烯腈也是有机合成的重要原料，它水解可制得丙烯酸或丙烯酰胺；醇解可制得丙烯酸酯。丙烯腈还是一种非质子型极性溶剂。丙烯腈的毒性约为氢氰酸的1/30，其蒸气有毒，也可经皮肤吸收引起中毒。

丙烯醛 acrolein 最简单的不饱和脂肪醛，分子式$CH_2{=}CHCHO$。第一次世界大战时曾被用作毒气。无色、有呛人气味的催泪性有毒液体；熔点-86.9℃，沸点52.5～53.5℃，相对密度0.841 0(20/4℃)。遇氧或在光照下，易发生自动氧化和聚合反应，存放时应加入少量对苯二酚，以防止上述反应进行。丙烯醛在不同的催化剂和反应温度下氢化，可生成丙醛、丙醇或对称双乙烯基乙二醇等不同产物。工业上用催化氧化丙烯的方法生产丙烯醛。实验室中可用硫酸镁或硫酸钾作脱水剂，与甘油一起加热制备。丙烯醛在双烯合成中可作为亲双烯试剂。丙烯醛是重要的有机合成中间体，可用于制备蛋氨酸，作为畜禽的饲料添加剂。丙烯醛经还原生成的烯丙醇可用作生产甘油的原料。烯丙醇，经氧化成丙烯酸，可进一步制丙烯酸酯，后者用作丙烯酸酯涂料。此外，丙烯醛的二聚体可用于制二醛类化合物，广泛用作造纸、鞣革和纺织助剂。

秉志 Bing Zhi (1886-04-09～1965-02-21) 中国动物学家。满族。生于河南开封，卒于北京。清末举人。1908年毕业于京师大学堂预科，翌年赴美国留学。1918年获美

国康奈尔大学哲学博士学位。1915年参加创办中国第一个群众学术团体中国科学社和中国第一本科学期刊《科学》。1920年归国。1921年创办了中国第一个生物系。1922年创建中国第一个生物研究所——中国科学社生物研究所，任首任所长兼动物学部主任。1928年参加创办北京静生生物调查所并任主任。1934年创建中国动物学会并任首任理事长。历任南京高等师范、东南大学、厦门大学、中央大学、复旦大学等校教授。1952～1965年任中国科学院水生生物研究所、动物研究所研究员。1955年当选中国科学院学部委员（院士）。

秉志在动物分类学和动物解剖学等方面做了大量研究工作。他对脊椎动物（小白鼠）交感神经的发育和性别（动物）的关系的研究颇有创见。回国后开展了对江豚、虎、家兔等解剖生理的研究，对中国腹足类软体动物的调查，对中国白垩纪昆虫化石的研究，在国内和国际上占有重要学术地位。1949年后主要进行鱼类形态学的研究，著有《鲤鱼的解剖》和在他逝世后由他的助手整理出版的《鲤鱼的组织学》两部专著。此外，他还一贯潜心于进化理论研究，热心于中国科学教育事业的发展。

饼干 biscuit 以小麦粉（或糯米粉）为主要原料，加入（或不加入）糖、油脂及其他辅料，经调粉、成形、烘烤制成的水分低于7%的松脆糕点。能较长时间保存，食用和销售方便。常见的饼干的生产工艺流程依次为：原材料的处理、面团调制、成形（辊切或辊印）、烘烤、冷却、包装。

饼干类产品按加工工艺的不同可分为12种。①酥性饼干。经冷粉工艺调粉后成形。制品的造型多为凸花，断面结构呈多孔组织，口感酥松。②韧性饼干。经热粉工艺调粉后成形。制品的造型多为凹花，外观光滑、平整，一般有针眼，断面结构层次分明，口感松脆。③发酵饼干。以酵母为疏松剂经热粉工艺调粉，发酵后成形。制品酥松或松脆，有发酵制品特有的香味。

④压缩饼干。经冷粉工艺调粉、辊印、烘烤后，粉碎、外拌、压缩成形。制品结构硬实，以特殊的包装形式包装，多以军需品形式出现。⑤曲奇饼干。糖、油脂丰富，经调粉，采用挤注成形，或可采用挤条、钢丝切割或辊印形式成形。制品花纹具有立体感，口感酥松。⑥夹心饼干。在两个饼干单片之间添加各种夹心料。制品属各类饼干花色。⑦威化饼干。经调浆、浇注、焙烤制成断面结构呈多孔状的饼片，在饼片之间添加各种夹心料。制品呈两层或多层夹心饼干，口感酥松，口味纯正。⑧蛋圆饼干。经调浆，挤注成圆形。制品呈蛋黄色，口感酥松。⑨蛋卷。经调浆（发酵或不发酵）浇注或挂浆焙烤后卷制。制品蛋黄色，松脆，蛋香味浓郁。⑩装饰饼干。在饼干表面裱粘糖花或涂布巧克力酱等。制品属饼干花色品种。⑪水泡饼干。经调粉、成形后，沸水烫漂及冷水浸泡制成。制品有浓郁的蛋香味。⑫其他饼干。如米饼等。

炳灵寺石窟 Bingling Temple Grottoes 中国佛教*石窟*。位于甘肃永靖县西南35千米处黄河北岸小积石山的大寺沟内。炳灵之名为藏语音译，意为“十万弥勒佛洲”，与汉语千佛洞含义相近。石窟始凿于西秦，北魏、北周、隋、唐续有建造，宋、西夏、元、明除雕凿外，还进行妆銮和重绘。共有窟龛196个，现存彩塑和石造像776躯，壁画912平方米。清初，石窟多次遭到人为破坏，以后逐渐湮没无闻，1951年被重新发现。1961年国务院公布为全国重点文物保护单位。

西秦时期的第1龛和第169窟是炳灵寺石窟精华所在。第1龛为摩崖大龛，内塑一佛二菩萨。第169窟第6龛内塑无量寿佛、观世音和大势至菩萨三尊像。造像风格古朴浑厚，是十六国时期的典型作品。龛左上方崖面上有西秦建弘元年（420）发愿文，是中国石窟现存最早的纪年题记。

第169窟北壁无量寿佛龛

第7龛大型立佛着通肩袈裟，衣纹单薄贴体，衣褶稠叠，下垂感很强，明显受到中印度秣菟罗佛像样式的影响。窟内壁画兼用中原绘画技法和西域流行的晕染法，表明炳灵寺石窟曾同时受中原和西域文化的影响。第169窟还保存了大量高僧、世俗供养人像及榜题，对研究西秦佛教有重要价值。北魏时期的第126、128、132窟是形制相近的一组毗邻洞窟。正壁主尊均为释迦多宝二佛并坐像，左右壁各雕一佛二菩萨或一交脚弥勒、二菩萨。造像风格特征鲜明，面部长而瘦削、形体修长，服饰多为褒衣博带式，袈裟下摆衣褶密集下垂。北周至隋代洞窟数量较少。北周洞窟造像题材为三佛，佛两侧各有一身胁侍菩萨。佛、菩萨的面相渐趋方圆，服饰衣纹也趋于写实。隋代的第8窟内雕一佛二菩萨二弟子，手法较北周更为熟练、细腻，且富于变化。壁画有菩萨、弟子、供养人等，形象生动，色彩富丽。唐代窟龛现存134处，多为摩崖小龛。造像题材有阿弥陀佛、药师佛、弥勒佛、观世音菩萨、弟子、天王等。佛、菩萨等均丰满健美，雕刻手法概括洗练，表现了唐代造像高超的艺术水平。第3窟窟内正中地面凿出一四角攒尖式顶的方形石塔，为重要的建筑史资料。第171窟内有高达27米的倚坐弥勒佛像。窟前依山建有七重大阁。

禀 中国古代官府往来文书上行文种名称之一。禀字原义是承受，宋代转用于向上级官府有所请示或报告情况。明代下级官员向上级祝贺的书信称为禀启；向上级陈述情况的书信称为禀帖，简称为禀。清初沿明制，地方下级官员遇有不大容易处理的问题，先用禀帖向上级疏通，了解上级意向之后再动用正式公文，工作会顺利得多，所以禀帖的使用日益普遍。乾隆初年，有些地方高级官员为了简化手续，对一些不需要下级再写详文请示的禀帖，批示以后把原禀直接归入案卷备查，这样，禀帖遂具有公文的性质。禀帖程式比较简单，少用公文套语，也不受规定的公文运转程序限制，所以很快得到推广，成为上行文种之一，与详文、验文并行使用到清末。

并病 disease of one channel involving another channel 中医对伤寒六经病中某一经病证未愈又出现另一经病证时的称谓。并病是对六经病传变的补充，反映了疾病传变过程中的复杂情况。常见有太阳阳明并病、太阳少阳并病等。

太阳阳明并病 太阳经证未愈，病邪传入阳明经，兼见阳明病证候。多因太阳病发汗不彻以致表邪不得外泄，反内传于阳明。若邪热尚怫郁在表，不恶寒，微汗出，四肢或腹中疼痛、按之无固定之处，面色红赤，烦躁短气，为太阳表证未解，又见阳明里热。治宜小发其汗，兼以清里，可用桂枝二越婢一汤散寒疏卫、和营清里。若太阳病已罢，邪热全入阳明，里热蒸腾、大便燥结形成腑实，甚至热邪上扰神明，证见潮热、手足汗出、大便难、谵语等，则宜以大承气汤通下阳明实热。

太阳少阳并病 由太阳之邪未罢传并少阳经所致，既有头项强痛的太阳表证，又有目眩、心下痞硬等少阳半表半里之证。治疗可用针刺法，取穴大椎、肺俞，以泄太阳之邪；并刺肝俞，以泻少阳之邪。

并联 parallel 若干二端电路元件共同跨接在一对节点之间的一种连接方式（见图）。这样连成的总体称为并联组合。特点是组合中的元件具有相同的电压U，流入组合端点的电流等于流过各个元件的电流之和，即：

$$i=\sum_{k=1}^{n} i_k$$

式中n代表并联的元件数。

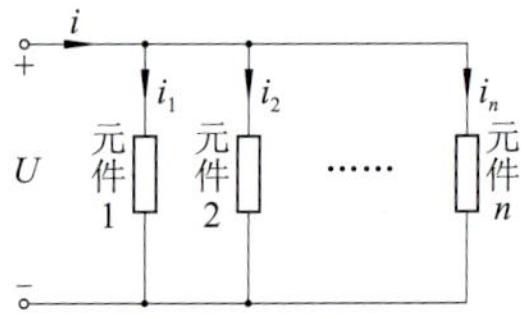

电路元件的并联组合

当并联的电路元件是线性不变电阻元件时，整个并联组合等效于一个电阻元件，其电导G等于各并联电阻的电导之和，即

$$G=\sum_{k=1}^{n} G_k$$

称为并联组合的等效电导，其倒数称为等效电阻，即$R=1/G$。

在正弦稳态下，电压电流可改用相量表示；所有的无源二端元件皆可统一地用复数阻抗或复数导纳来表征。n个复数导纳的并联组合的等效导纳为：

$$Y=\sum_{k=1}^{n} Y_k$$

式中Y_k是并联组合中第k个导纳。

并行工程 concurrent engineering 制造自动化中对产品及相关过程（包括制造过程和支持过程）进行并行、一体化设计的一种系统化的工作模式。这种工作模式使产品开发者从一开始就考虑到产品全生命周期中的所有因素，包括质量、成本、进度和用户需求等。并行工程的核心要素是：①过程重组。从传统的串行产品开发过程重组为集成的、并行的产品开发过程。②组织重组。将传统的设计、工艺、制造等部门重组为以产品为主线的多功能集成产品开发团队。③数字化产品定义。包括数字化产品模型和全生命周期产品数据管理。④协同工作环境。指能够支持开发团队协同工作的网络和计算机平台。

并殖吸虫病 paragonimiasis 由并殖吸虫引起的人兽共患性**寄生虫病**。又称肺吸虫病。并殖吸虫需两个中间宿主即川卷螺或拟钉螺及石蟹或喇蛄。虫卵在水中孵出毛

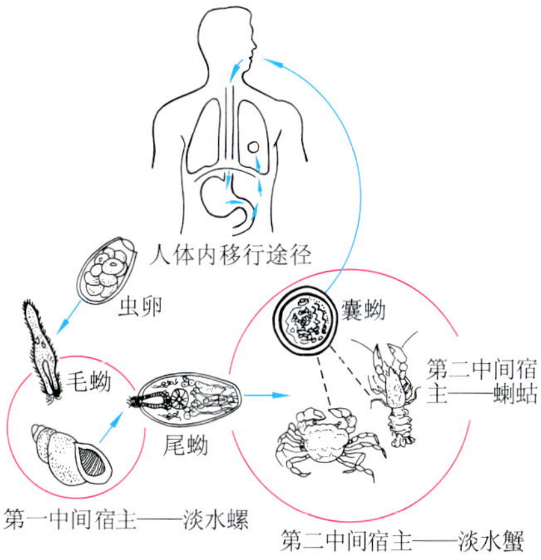

并殖吸虫生活史示意图

蚴，钻入螺体内发育为许多尾蚴，当螺为石蟹或喇蛄吞食后，尾蚴即在其体内发育为囊蚴。当人吃进这些带囊蚴的蟹肉或喇蛄肉后，即可感染本病。猫、犬等动物是重要的贮存宿主。本病有两种主要临床类型：①卫氏型并殖吸虫病。由卫氏并殖吸虫等引起。以咳嗽、胸痛、咳果酱样痰等呼吸系统症状为特征，痰中常可找到虫卵。②四川型并殖吸虫病。由四川并殖吸虫等引起。以皮下游走性包块、胸腔积液、心包积液、蛛网膜下腔出血及末梢血液酸性粒细胞明显增多为特征。由于虫体在人体内不能成熟，故痰中无虫卵。诊断依据在痰中找到虫卵或在皮下结节中找到童虫。免疫学检查对诊断有重要价值。吡喹酮、硫氯酚或三氯苯唑治疗有良效。

病带 disease belt 疾病因地理环境因素影响，呈现出连续或不连续带状分布的地域。主要包括一些地方病和自然疫源性疾病（见**自然疫源地**），如克山病带、大骨节病带，因与环境低硒带和棕褐土系景观有关而呈带状分布；水型地方性氟中毒因水氟与干旱半干旱地带地理因素综合影响有关，亦呈带状分布现象。鼠疫、疟疾、血吸虫病等因其病原体及传播媒介有 定的生长地带，有明显的分布带。

病毒 virus 具有生命最基本特征的非细胞形态结构的寄生性微小生命体。

特征 主要有：①借助电子显微镜才能看到它，可通过细菌所不能通过的滤器。②含有单一种核酸（DNA或RNA）的基因组，有的有外膜和蛋白质外壳，没有细胞结构。③在感染细胞的同时和稍后释放其核酸，然后以核酸复制的方式增殖，而不是以二分裂方式增殖。④严格的细胞内寄生，没有完成代谢过程的酶系，只有依赖活寄主。

大小、形态与结构 病毒的大小介于20～450纳米。最大的为**痘病毒**，为(170～260)纳米×(300～450)纳米，最小的为双联病毒科，直径18～20纳米。病毒的形态多样，有球状（包括20面体）、杆状（包括棒状）、丝状、弹簧状及其他复杂构型。最简单的病毒中心是核酸，外面包被着一层有规律排列的蛋白亚单位，称为衣壳。构成衣壳的形态亚单位称为壳粒，由核酸和衣壳蛋白所构成的粒子称为核壳。较复杂的病毒外边还有由脂质和糖蛋白构成的包膜。

分类与组成 病毒依所含核酸种类不同可分为DNA病毒和RNA病毒。动物病毒或含DNA病毒，或含RNA病毒；植物病毒除少数组外，大多为RNA病毒；**噬菌体**除少数科外，大多为DNA病毒。DNA或RNA可以是线型的或环状的，可以是单链的或双链的。

蛋白质是病毒的主要组分，依其功能可分为衣壳蛋白、膜蛋白、糖蛋白和内在酶4类。病毒虽无完整的酶系统，但常含有一些特殊的酶，如噬菌体的溶菌酶、整合酶。此外，脂质存在于包膜中。至于多糖，除核酸中的戊糖外，病毒包膜还含有与蛋白或脂质结合的多糖。

病毒复制 病毒粒入侵宿主细胞到最后细胞释放子代毒粒的全过程，包括吸附、进入与脱壳、病毒早期基因表达、核酸复制、晚期基因表达、装配和释放等步骤，各步的细节因病毒的不同而异。

病毒性出血热 viral hemorrhagic fever 由多种核糖核酸病毒引起的急性**传染病**。主要通过蚊、蜱和啮齿类动物传播。临床表现为发热、肌肉疼痛、面部潮红、结膜充血和出血，可有神经系统、肝、肾等器官损害。严重的可引起休克。20世纪60年代以来，世界各地发现了十几种由病毒引起的出血热。由黄热病毒科病毒引起的，有**黄热病**、**登革热**和登革出血热、基萨那森林热、鄂木斯克出血热。由布尼亚病毒科病毒引起的，有肾综合征出血热、克里米亚-刚果出血热、裂谷热。沙粒病毒科病毒引起的，有拉沙热、阿根廷出血热、玻利维亚出血热、委内瑞拉出血热。丝状病毒科病毒引起的，有埃博拉出血热、马尔堡病。披膜病毒科病毒引起的，有基孔肯亚热。其中发生在中国的有肾综合征出血热、登革热和登革出血热及克里米亚-刚果出血热。各种出血热的确诊需要依靠病原学和血清学检查。多采用对症和支持疗法。防止蚊、蜱叮咬及灭鼠是重要的预防措施。亦可用疫苗预防。

病毒性肝炎 viral hepatitis 肝炎病毒引起的全身性**传染病**。主要引起肝脏炎症，也可侵犯其他器官。主要临床表现为食欲减退、恶心、乏力、肝区疼痛、肝脏肿大和肝功能异常等，部分患者出现黄疸。多数可自愈，少数发展成慢性。

病原 肝炎病毒分别有甲、乙、丙、丁、戊5型。相应能引起这5型肝炎。

甲型肝炎病毒（HAV） 属小RNA病毒科。只有一种血清型，故制备的疫苗和诊断试剂可以世界通用。本病毒的抵抗力较强，100℃煮沸5分钟、紫外线、福尔马林及漂白粉等含氯消毒剂，可将其杀灭。

乙型肝炎病毒（HBV） 属嗜肝DNA病毒科。其结构分外壳及核心两个部分。外壳中含有表面抗原（HBsAg）、前S1蛋白及前S2蛋白。核心部分含有核心抗原（HBcAg）、e抗原（HBeAg）、脱氧核糖核酸（HBV DNA）和DNA聚合酶（DNAP）等。这种病毒的抵抗力很强，一般消毒剂不能将其杀灭。100℃煮沸10分钟、121℃高压消毒20分钟、0.5%过氧乙酸、3%漂白粉液等消毒效果较好。

丙型肝炎病毒（HCV） 属黄病毒科，为一种RNA病毒。用1∶1 000甲醛（福尔马林）液和100℃煮沸5分钟可使病毒灭活。

丁型肝炎病毒（HDV） 一种有缺陷的RNA病毒。其外壳、装配和传播需乙肝病毒协助。外壳是乙肝表面抗原（核心是特异性RNA），故乙肝表面抗原阳性的人才能感染丁型肝炎病毒。

戊型肝炎病毒（HEV） 一种RNA病毒。高盐、氯化铯、氯仿可将其灭活。在患者的大便中可以查到。可感染猴及黑猩猩。

临床表现 潜伏期：①甲型肝炎30(15～45)天。②乙型肝炎70～80(28～160)天。③丙型肝炎52(30～83)天。④丁型肝炎30～140天。⑤戊型肝炎36(15～75)天。

急性肝炎 各型肝炎病毒均能引起。按临床表现不同可分以下两类：①急性黄疸型肝炎。主要表现为乏力、食欲不振、厌油、恶心、呕吐。病初可有发热。并有丙氨酸转氨酶（ALT）明显升高。一周左右开始出现黄疸，尿发黄呈浓茶样，继之巩膜和皮肤发黄，肝脏轻度肿大，有压痛，可有脾肿大，血清胆红素升高。黄疸持续

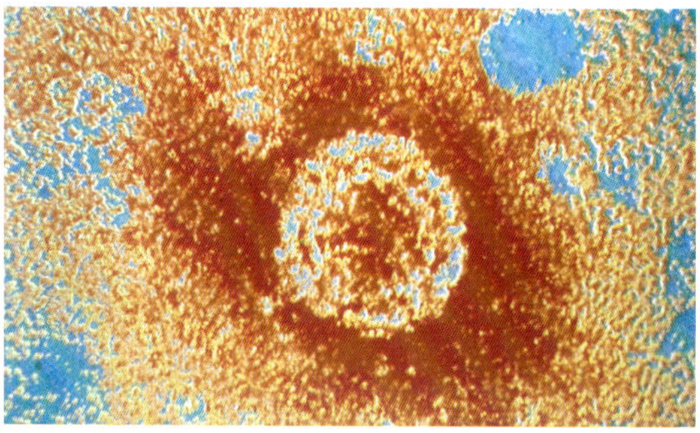

乙型肝炎病毒

约2～6周后逐渐消退，肝功能也逐渐恢复正常。②急性无黄疸型肝炎。临床表现基本同急性黄疸型肝炎，但不出现黄疸。急性肝炎病程3个月左右。

慢性肝炎 由乙型、丙型和丁型肝炎病毒引起。病情迁延不愈超过半年，主要表现为乏力、食欲不振、肝区痛、腹胀、便溏等，有肝病面容、肝掌、蜘蛛痣、脾大和血清升高、血清白蛋白降低、球蛋白升高等肝功能异常。

重型肝炎 各型肝炎病毒均可引起。病情重、进展快、病死率高。可分为3类：①急性重型肝炎。又称暴发性肝炎或急性黄色肝萎缩。②亚急性重型肝炎。又称亚急性肝坏死。③慢性重型肝炎。在慢性肝炎或肝硬化基础上发生重型肝炎。

淤胆型肝炎 各型肝炎病毒均能引起，但以戊型肝炎病毒引起较多。又称胆汁淤积性肝炎或胆小管性肝炎。症状较轻。

诊断 主要依据流行学资料、临床表现及实验室检查进行综合诊断。必要时作肝组织学检查。

治疗 急性肝炎多能自愈。治疗主要为卧床休息，清淡饮食，不能饮食或呕吐者可静脉点滴葡萄糖液。食欲恢复后注意限制饮食，避免体重过重，而致脂肪肝。急性丙肝应采用干扰素治疗，避免导致慢性丙肝。同时可采用中西药物治疗。此外，应避免一切有损肝脏的因素，如饮酒、过累、应用损害肝脏的药物等。慢性肝炎可采用抗病毒、调节免疫、改善肝功能及防止肝纤维化的综合治疗。以抗病毒为主要治疗措施，可用干扰素、核苷类药物如拉米夫定等。重症肝炎的治疗相当困难，尤其是慢性重型肝炎，病死率高。多主张采用综合疗法，同时应加强护理，防治并发症。并可用人工肝治疗。对内科治疗无效者，可进行肝移植。淤胆型肝炎可采用中医中药、甘草酸制剂、肾上腺皮质激素或茵栀黄注射液等。

病毒性感染 viral infection 由人体内寄生、繁殖、致病的病毒引起的传染病。主要表现有发热、头痛、全身不适等全身中毒症状及病毒宿主和侵袭组织器官导致炎症损伤而引起的局部症状。人类的病毒性感染十分普遍。病毒性感染可以通过呼吸道、消化道、皮肤黏膜、眼及泌尿生殖器和胎盘传播。在病毒性感染患者中，儿童多于成人。病毒性感染多数均能自愈。严重的病毒性感染可导致死亡及后遗症。病毒性感染的诊断，须依靠流行学史（当地有无病毒性疾病流行、接触史及预防接种史等）、典型临床表现（发热、全身中毒症状、受侵组织感染的症状及一些有诊断意义的特殊体征，如麻疹的黏膜斑、狂犬病的恐水症等）和实验室检查。确诊须依靠病毒分离和血清学检查。病毒分离可用组织培养、鸡胚和动物接种。应用电镜、免疫电镜和免疫学检测法，可直接检查标本中的病毒颗粒和病毒抗原，据以作出快速和早期诊断。血清学检查可用免疫学检测法检查血清中的抗原和抗体（包括IgM和IgG抗体）。检测病毒的抗原和IgM抗体，可作出早期和现症的诊断。也可用分子杂交和聚丙烯胺凝胶电泳诊断病毒性疾病。多数病毒性疾病目前尚无特效治疗，以全身支持疗法和对症治疗为主，少数病毒病可用抗病毒药物如干扰素、阿糖腺苷、无环鸟苷等治疗。预防除隔离传染源、切断传播途径外，接种疫苗和注射免疫血清及球蛋白常有良效。

病毒性呼吸道感染 viral respiratory infection 病毒引起的急性呼吸道感染。分病毒性上呼吸道感染和病毒性下呼吸道感染，前者表现为急性鼻炎、咽炎和喉炎，又称普通感冒，俗称伤风；后者表现为急性气管炎、支气管炎和肺炎。发病率高，人群普遍易染，小儿、老人、营养不良及患有慢性病者更易患病。以冬春季发病较多。不少呼吸道传染病如麻疹、风疹等，病初可表现为上呼吸道感染症状，应注意鉴别。常见的病原有鼻病毒、流感病毒、副流感病毒、呼吸道合胞病毒、冠状病毒、腺病毒、呼肠病毒、库克萨基病毒和埃可病毒等。病毒性呼吸道感染主要表现有：①急性病毒性上呼吸道感染，即普通感冒。②急性喉气管炎，有声音嘶哑、咳嗽等。③支气管炎和细支气管炎，有发热、咳嗽、咯痰、哮喘及紫绀等。④肺炎。治疗以对症和支持疗法为主。有继发细菌感染者应用抗菌药。也可用中医中药治疗。预防：对患者进行呼吸道隔离，居室通风，戴口罩，加强身体锻炼、增强体质。

病毒性脑炎 viral encephalitis 病毒引起的脑组织炎症。因为儿童免疫系统和血脑屏障发育尚未成熟，故本病好发于儿童。表现有畏寒、发热、头痛、呕吐、意识障碍、惊厥，并可出现颅神经麻痹、肢体瘫痪和精神症状如幻视、幻听、精神异常、言语障碍、兴奋躁动、抑郁等。体征可有脑膜刺激征，如颈强、克氏征和布氏征阳性、锥体束病理反射如巴彬斯基氏征阳性等。末梢血白细胞数可降低、正常或增高。脑脊液检查压力升高，外观呈无色透明，蛋白质轻度升高，糖及氯化物量正常，白细胞数一般在（100～200）$\times 10^6$个/升以内，一般不超过500×10^6个/升，病程早期以多核细胞为主，以后单核细胞占多数。根据临床表现可怀疑为病毒性脑炎，确诊须靠病毒分离及血清学检查。尤其是检测血清和脑脊液中特异性IgM抗体，有助早期和现症患者的诊断。应用聚合酶链式反应（PCR）等检测病毒核酸，具有敏感性高及特异性强的优点。此外，检查脑电图和CT常有助于确定病变的性质和部位。除疱疹性脑炎可用无环鸟苷治疗外，均无特效治疗。综合性预防措施以切断传播途径、杀灭虫媒（如灭蚊、灭蜱等）和注射疫苗为主。

病毒性胃肠炎 viral gastroenteritis 病毒引起的腹泻综合征。主要致病病毒为轮状病毒和诺沃克组病毒，其余如肠道腺病毒、星状病毒、冠状病毒、杯状病毒、微小呼吸道孤儿病毒、微小轮状病毒、小球形病毒和某些型别的肠道病毒等亦可引起。轮状病毒中又可分为婴幼儿轮状病毒（属A组轮状病毒）及成人轮状病毒（属B组轮状病毒）两种。前者引起的病毒性胃肠炎主要在婴幼儿中流行，是儿童中发病率和病死率最高的疾病之一，分布广泛，遍及温带和热带各国，尤以发展中国家为甚，以秋冬季为多。后者引起的病毒性胃肠类主要在21～40岁人群中流行，季节性不太严格，北方常见于冬季，南方常见于初夏。诺沃克组病毒感染广泛分布于世界各地。不同病原所致病毒性胃肠炎的临床表现相似，以腹泻为主，伴呕吐和发热，重者可脱水、酸中毒和电解质紊乱，甚至死亡。主要通过粪口传播，因此预防的重点是搞好水、粪管理、饮食卫生和个人卫生。疫苗正在研究中。治疗主要是对症治疗。脱水者予以补充液体。如果呕吐明显、腹泻严重有明显脱水和酸中毒时，需用静脉补液。也可采用中西医结合治疗。

病毒学 virology 以病毒基因组学和结构基因组学为基础，研究病毒与宿主的相互关系、在基因水平上的作用机制，以及病毒在人类健康、农林病害、动物疾病、环境保护、发酵控制等领域的作用的学科。病毒学是生命科学基础理论发展的重要基础之一。

病机 pathogenesis; pathological mechanism 中医学中疾病发生、发展和变化的机理。即致病因素作用于人体，破坏了人体阴阳的相对平衡后所出现的各种病理变化。病机是医者透过错综复杂的临床表现，经过仔细分析，根据阴阳的消长、病邪的进退、病变所在的脏腑经络以及气、血、津液失调的具体情况而归纳出来的，反映了病证变化的关键，是决定治疗法则、处方用药的前提。故中医治病以审察病机为先，辨证论治以谨守病机为至真要之理。

病理检查 pathological examination 对机体组织病理形态改变的检查。病理学包括研究异常结构的病理形态学和研究异常功能的病理生理学，但一般所谓的病理检查主要指形态方面的检查。包括尸体解剖检查和活体组织检查，其基本目的都是为了明确诊断。

活体组织检查包括对一般手术标本、通过操作专门采取的标本、从病变部位抽吸的标本以及病变脱落细胞的检查等。因此，骨髓检查也属病理检查范围，只不过此时抽吸的标本和脱落细胞因已丧失原有组织结构，只能做细胞层次的病理判断。

一般的病理检查主要是对标本进行微观检查，标本要经过固定、石蜡包埋、切片和染色等步骤，才能进行观察，这需要一定时间。为了紧急取得结果，也可在手术中对手术标本进行冰冻固定、切片和染色，在短时间内作出判断，据以决定手术的下一步进程。观察内容包括：正常结构受伤的性质和程度，机体反应（如炎性细胞浸润或结缔组织代偿性增生）的性质和程度，新生物的性质和同周围组织的关系（是否已穿透正常组织界限），病理沉积物的性质、数量和对周围的影响等。有时甚至可直接观察到致病因子，包括异物、病毒包含体、细菌、虫卵，以及机体对之产生的特异性免疫产物。

病理检查在肿瘤治疗中应用较广，已成为肿瘤的确诊、决定治疗方案、判断疗效及预后的不可或缺的手段。

病态窦房结综合征 sick sinus syndrome; SSS 窦房结及窦房连接处功能障碍引起的一组临床症状及心律失常。轻者常无症状，重者常因心、脑血流灌注不足，出现乏力、记忆力减退、头晕、晕厥、心悸、胸闷、心绞痛、心功能减退等症状。心电图主要表现：①持久而明显的窦性心动过缓；②窦房传导阻滞；③窦性静止；④心房颤动复律后不能恢复窦性心律；⑤慢性心房纤颤（少数情况下为心房扑动）伴缓慢心室率；⑥阵发性房性快速心律失常与窦性心动过缓交替出现，即所谓慢-快综合征。心脏电生理检查可观察到一些反映“窦房结功能障碍”的数据。本症常见于传导系统退行性变、冠状动脉硬化性心脏病、心肌疾病、心肌炎等。病情多进展缓慢，病程可长达5～10年。治疗除针对病因外，对病情严重者需安装人工心脏起搏器。

病因 cause of disease 导致人体发生疾病的原因。中医学认为，疾病的发生是致病因素作用于人体后使正常的生理活动遭到破坏，导致脏腑经络、阴阳气血功能的失调所造成。病因可分为六淫（风、寒、暑、湿、燥、火）、七情（喜、怒、忧、思、悲、恐、惊），以及饮食不当、劳逸过度、性生活不节（房劳）、跌仆金刃外伤、虫兽所伤、疠气等。此外，由于脏腑和气血津液运行失常而产生和形成的某些病理性产物，也可成为新的病因，引致另一些疾病的发生，如痰饮和瘀血。临床对病因的辨识，一般是通过对患者的症状、体征分析推求而来，为治疗用药提供依据，这种方法被称为审证求因或辨证求因。

六淫　原指自然界风、寒、暑、湿、燥、火六种自然界气候状况。正常时称为六气，反常时则称为六淫，是外感性疾病病因的总称。淫有过甚、浸淫之意。其致病特点是：①多与季节气候、居处环境有关。如春季多风温病，冬季多寒病，久居潮湿环境多湿病。②有一定的致病途径，自表入里，由浅而深，多先侵袭人体肌表或从口鼻而入，逐渐传入经络脏腑。③可单独致病，亦可相兼致病，即几种病邪同时作用于人体而引致发病。如风寒感冒、风寒湿痹、湿热泄泻等。④在发病过程中不仅可以互相影响，而且在一定的条件下病邪的性质可以发生变化。如寒邪入里可以化热等。

七情　人的喜、怒、忧、思、悲、恐、惊等七种情志变化。突然、强烈或长期持久的情志刺激可使人体气机紊乱、脏腑气血失调，导致种种疾病的发生。其致病特点是：①直接伤及脏腑，影响脏腑气机，出现精血津液的一系列变化。如怒伤肝，喜伤心，忧伤肺，恐伤肾，思伤脾等，其中又以心、肝、脾三脏的气血失调较多见。②疾病内发于脏腑，可因部位、病情不同而表现出不同的症状。如郁怒伤肝、肝气犯胃、肝胃不和，可见胁痛脘胀、嗳气不爽、泛酸食少等症。③可作为诱因，使原有疾病加重或恶化。如原有高血压的患者，若遇事恼怒，肝阳上亢，可发生中风病（见七情）。

饮食、劳逸、外伤　①饮食不当。包括饥饱失常、饮食偏嗜、饮酒过度、生冷不洁等，主要损伤脾胃（主消化），导致脾胃功能失调而百病丛生。还可聚湿生痰变生其他疾病。②劳逸过度。包括形体和神志的过度劳累或过度安逸。可致筋骨劳伤，损耗气血或津液气血运行失调，内伤脏腑。其中神志过劳的致病，与七情中某些因素致病相同，如过忧伤肺、过思伤脾等。③性生活不节（房劳）。也属劳伤，与肾关系密切，耗伤肾精而产生诸多虚衰病证。④外伤。包括烧、冻伤，溺水，虫兽所伤，金刃枪弹伤，坠堕跌仆伤等，病因易于察知。致病后可直接损害筋脉肌骨和脏腑组织，也可使气血运行受阻而变生多病。

疠气　指一类具有强烈传染性的病邪，多从口鼻侵入人体。具有发病急，病情重，症状相似，传染性强，易于流行等特点。疠气致病可散在发生，也可形成瘟疫流行，对人群造成严重危害。其流行情况与气候正常与否，环境和饮食是否污染，预防隔离工作好坏等密切相关。

痰饮　凡六淫或七情等病因致病，使人体脏腑气机不畅、津液不能正常输化、停留或渗注于体内某一部位，均可形成痰饮。痰饮形成后又可成为新的致病因素，致使许多新的病证发生。又以其所在人体的部位不同，病证也各异。如在肺可引起咳嗽、哮喘等，在肝可以引致胁痛、眩晕、痉厥等。

瘀血　凡血液滞于体内称为瘀血。跌仆损伤，六淫所感，七情内伤等均可引起经脉中血行不畅或溢出脉外，积滞于脏腑和组织之间形成瘀血。瘀血所致病证遍及临床各科。其症状以疼痛最为常见，舌象表现对诊断有重要意义。

病因辨证 syndrome differentiation of etiology 中医临床根据各种病因的致病特点，分析患者的疾病表现（症状、体征等），判断致病原因，为治疗提供依据的一种辨证方法。主要内容包括：①六淫、疫疠辨证。六淫辨证用于外感风、寒、暑、湿、燥、火引起的病证，证候包括风证、寒证、暑证、湿证、燥证、火证等。疫疠辨证用于由感染瘟疫毒邪而引起的传染性疾病，证候包括瘟疫病证、疫疹病证和瘟黄病证等。②七情辨证。用于七情损伤所引起的证候，均见于内伤杂病，包括喜伤、怒伤、忧伤、思伤、悲伤、恐伤、惊伤等引起的病证。③饮食劳倦辨证。用于饮食不节或饮食不洁、劳累过度及房劳损伤所引起的病证。④外伤辨证。用于外受创伤，如金刃、跌打、虫兽咬伤及毒虫螫伤所引起的局部症状及整体反映的证候。

病原体 pathogen 能引起疾病的微生物和寄生虫的统称。微生物占绝大多数，包括病毒、衣原体、立克次氏体、支原体、细菌、螺旋体和真菌；寄生虫主要有原虫和蠕虫。病原体属于寄生性生物，所寄生的自然宿主为动植物和人。能感染人的微生物超过400种，它们广泛存在于人的口、鼻、咽、消化道、泌尿生殖道以及皮肤中。每个人一生中可能受到150种以上的病原体感染，在人体免疫功能正常的条件下并不引起疾病，有些甚至对人体有益，如肠道菌群（大肠杆菌等）可以合成多种维生素。这些菌群的存在还可抑制某些致病性较强的细菌的繁殖，因此这些微生物被称为正常微生物群（正常菌群）。但当机体免疫力降低，人与微生物之间的平衡关系被破坏时，正常菌群也可引起疾病，故又称它们为条件致病微生物（条件致病病原体）。

传染病由各种病原体引起，在患者体内及其排泄物中找到病原体，对传染病的诊断及治疗具有重要意义。检测病原体的方法包括：①直接病理检查。简单易行、快速、准确。可将标本制成涂片，染色（或不染色）后，直接在显微镜下检查病原体。

但只有在病原体较大时才能用普通光学显微镜查到。病毒太小，普通显微镜看不到，不能用这种检查方法。②培养和分离。虽较直接检查法为慢，且较为复杂，但更准确，应用范围也更广，几乎可用于所有的病原体。一般除病毒、衣原体和立克次氏体外，都可用无生命的培养基培养和分离。培养基的种类很多，可根据不同的病原体加以选用。分离的方法有：组织培养，最简单常用；动物胚胎（如鸡胚、鸭胚）接种；动物接种，如接种小白鼠、豚鼠等。不同的病毒、衣原体或立克次氏体常需要不同的分离方法，分离阳性后也常需进行各种试验（如血清学试验等）才能最后判定其种类。病原体的直接检查常与病原体的培养分离同时进行。

除上述两种方法外，还有一些特殊的检查方法。例如对怀疑为狂犬病的人或动物可取其脑组织检查特异性包涵体（内格里氏小体）确诊；检查乙型肝炎表面抗原可用反向被动血凝法（RPHA）、酶联免疫吸附试验（ELISA）及放射免疫试验（RIA）等方法；检查粪便中的甲型肝炎病毒可用免疫电镜检查等。还可应用分子杂交或核酸分析的方法来检验患者血液、组织或排泄物中的病原体核酸以协助诊断。

波 wave 某一物理量的扰动或振动在空间逐点传递时形成的运动。不同形式的波虽然在产生机制、传播方式和与物质的相互作用等方面存在很大差别，但在传播时却表现出多方面的共性，可用相同的数学方法描述和处理。

波的产生及其类别 波动是物质运动的重要形式，广泛存在于自然界。被传递的物理量扰动或振动有多种形式，机械振动的传递构成机械波，电磁场振动的传递构成电磁波（包括光波），自旋磁矩的扰动在铁磁体内传播时形成自旋波，实际上任何一个宏观的或微观的物理量所受扰动在空间传递时都可形成波。最常见的机械波是构成介质的质点的机械运动（引起位移、密度、压强等物理量的变化）在空间的传播过程，例如弦线中的波、水面波、空气或固体中的声波等。产生这些波的前提是介质的相邻质点间存在弹性力或准弹性力的相互作用，正是借助于这种相互作用力才使某一点的振动传递给邻近质点，故这些波亦称弹性波。电磁场的振动在空间传递时依靠的是电磁场本身的规律，无须任何介质的存在，故电磁波（包括光波）可在真空中传播。振动物理量可以是标量，相应的波称为标量波（如空气中的声波），也可以是矢量，相应的波称为矢量波（如电磁波）。振动方向与波的传播方向一致的称纵波，相垂直的称横波。

波的共同特性 各种形式的波的共同特征是具有周期性。受扰动物理量变化时具有时间周期性，即同一点的物理量在经过一个周期后完全恢复为原来的值；在空间传递时又具有空间周期性，即沿波的传播方向经过某一空间距离后会出现同一振动状态（例如质点的位移和速度）。因此，受扰动物理量u既是时间t，又是空间位置r的周期函数，函数$u(t, r)$称为波函数或波动表示式，是定量描述波动过程的数学表达式。广义地说，凡是描述运动状态的函数具有时间周期性和空间周期性特征的都可称为波，如引力波，微观粒子的概率波（见波粒二象性）等。

各种波的共同特性还有：①在不同介质的界面上能产生反射和折射，对各向同性介质的界面，遵守反射定律和折射定律；②通常的线性波叠加时遵守波的叠加原理；③两束或两束以上的波在一定条件下叠加时能产生干涉现象（见光的干涉）；④波在传播路径上遇到障碍物时能产生衍射现象（见光的衍射）；⑤横波能产生偏振现象（见光的偏振）。

简谐波 简谐运动在空间传递时形成的波动称为简谐波，其波函数为正弦或余弦函数形式。各点的振动具有相同的频率f，称为波的频率，频率的倒数为周期，即$T=1/f$。在波的传播方向上振动状态完全相同的相邻两个点间的距离称为波长，用λ表示，波长的倒数称波数。单位时间内扰动所传播的距离v称为波速。波速、频率和波长三者间的关系为$v=f\lambda$。波速与波的种类和传播介质的性质有关。例如空气中的声波波速为

$$v=\sqrt{\frac{\gamma RT}{\mu}}$$

γ为绝热指数（见绝热过程），R为气体常数，μ为摩尔质量，T为热力学温度；细杆中纵波波速为$v=\sqrt{\frac{Y}{\rho}}$，ρ为杆的质量密度，Y为杆的弹性模量；杆中的横波波速为$v=\sqrt{\frac{N}{\rho}}$，N为杆的切变模量。电磁波的波速为$v=\frac{1}{\sqrt{\varepsilon_0\mu_0\varepsilon_r\mu_r}}$，$\varepsilon_0$和$\mu_0$为真空介电常数和磁导率，$\varepsilon_r$和$\mu_r$为介质的相对介电常数和相对磁导率。在同一介质中，不同频率的波有不同的波速，此称为频散，在光学中叫色散（见光的色散）。为写出简谐波的波函数，设坐标原点的振动表示式为$u(t)=A\cos\omega t$，A为原点的振幅，ω为圆频率，它与频率的关系为$\omega=2\pi f$，则空间任一点的振动可表示为

$$u(t, r)=A(r)\cos[\omega t-\varphi(r)]$$

此即简谐波的波函数。式中r为各点到原点的距离，表示各点的位置。$A(r)$是空间各点的振幅，与位置有关。方括号中的量能决定空间各点在每一时刻的振动状态（如位移和速度），称为波的相位，$\varphi(r)$是$t=0$时各点的相位，称为初相位。波的振幅和相位一般是空间位置r的函数。空间等相位各点连结成的曲面称波面，波所到达的前沿各点连结成的曲面必定是等相面，称波前或波阵面。常根据波面的形状把波动分为平面波、球面波和柱面波等，它们的波面依次为平面、球面和圆柱面。实际的波所传递的振动不一定是简谐振动，而是较复杂的周期运动，称为非简谐波。任何非简谐波都可看成是由许多频率各异的简谐波叠加而成。

波与能量 波的传播总伴随着能量的传输，机械波传输机械能，电磁波传输电磁能。单位时间内通过垂直于传播方向的单位面积的能量称为波的能流密度，常用来描述波的强度，能流密度与振幅的平方成正比。一般情况下必须区分波的相位传播方向和能量传播方向。相同相位（即波面）的传播方向与波面垂直，称为波的法线方向，相位（或波面）的传播速度称为相速度或法线速度。对各向同性介质，波的法线方向与能量传递方向合二为一，相速度和能量传播速度也相同。对各向异性介质，波的法线方向与能量传播方向一般不重合，相速度与能量传播速度也不相等。

《波波尔·乌》 *Popol Vuh* 有关玛雅-基切人的神话和历史的珍贵文献。被称为《圣书》。又名《会议之书》或《公社之书》。成书年代难以查考，相传创作于西班牙殖民者入侵之前。1554～1558年，由一名或多名玛雅学者根据有关叙述，用拉丁拼音记录下来。全书分4部分，共45章，分别叙述了世界和人类的起源、天神的活动、玛雅-基切人的由来和历史，最后还有一个世系表。其中的创始记和有关天神几次造人失败、最后用玉米创造人类的传说具有很高的艺术欣赏价值，有关基切人的由来和世系则具有很高的历史价值。18世纪初，危地马拉的弗朗西斯科·希梅内斯发现、抄录并翻译了《圣书》。原拉丁拼音本已散佚。

波波夫 Popov, Alexey Dmitriyevich（1892-03-12～1961-08-18） 苏联导演、戏剧理论家和教育家。生于尼古拉夫斯克，卒于莫斯科。1912～1918年在莫斯科艺术剧院第一实验所学习。后在瓦赫坦戈夫剧院当导演。1930年起任革命剧院艺术指导。1935～1960年在中央红军

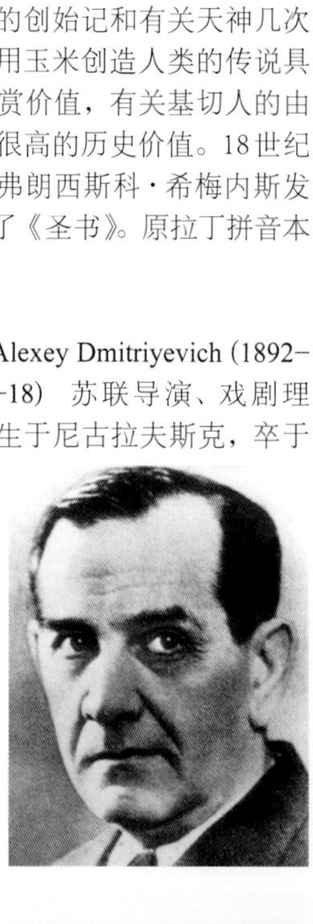

剧院任艺术指导，对这个剧院艺术风格的形成起了重大作用。先后导演了现代剧、历史剧和古典剧。主要有《苏沃洛夫统帅》、《海军上将的旗帜》等历史军事题材戏剧，《罗密欧与朱丽叶》、《钦差大臣》等古典名剧。坚持戏剧的体验艺术原则，同时强调鲜明的形象再体现。长期从事戏剧教育工作，自1940年起任莫斯科国立卢纳察尔斯基戏剧学院教授。

波波夫 Popov, Aleksandr Stepanovich (1859-03-16～1906-01-13) 俄国物理学家和电气工程师，无线电通信的创始人之一。生于乌拉尔，卒于圣彼得堡。1882年毕业于彼得堡大学，随后受聘到喀琅施塔得水雷学校任教。1888年受H.R.赫兹的实验、法国E.E.布冉利和英国O.J.洛奇关于金属粉末检波器的研究报告的启发，于1894年制成了一台无线电接收机。接收机使用了经他改进的金属粉末检波器，并首次在接收机上使用天线，提高了机器的灵敏度。1895年5月7日发表论文《金属粉末与电振荡的关系》。1896年3月24日，波波夫及其助手在相隔250米的建筑物之间传送了一份简短电报。1897年在喀琅施塔得建立无线电台，同年夏在相隔5千米的两艘军舰“非洲”号和“欧洲”号之间实现了通信。1900年初，波波夫使电台的通信距离增加到45千米。1945年苏联政府为纪念他在无线电方面的卓越贡献，将5月7日定为苏联无线电节。

波波维奇 Popovic, Jovan Steria (1806-01-01～1856-03-10) 塞尔维亚喜剧作家。生于弗尔沙茨，卒于弗尔沙茨。1830年大学毕业。1835年在弗尔沙茨当律师。1842～1848年任塞尔维亚教育部长。波波维奇最初用塞尔维亚语，后来使用民间语言写作抒情诗和历史题材小说。以后转向戏剧创作，写有《斯韦迪斯拉夫和米莱瓦》(1827)、《斯戴凡·戴强斯基之死》(1849)、《骗子和大骗子》(1830)、《娶亲和出嫁》(1841)、《从前和现在的贝尔格莱德》(1853)等剧本。在这些作品中，波波维奇面向现实，干预生活，揭露和痛斥丑恶现象。人物对话生动，心理描写鲜明。

波波维奇 Popovici, Titus (1930-05-16～1994-11-30) 罗马尼亚小说家、剧作家。生于奥拉迪亚，卒于图尔恰。1953年毕业于布加勒斯特大学。当过国家艺术部的督察。1950年开始发表短篇小说，1955年出版了《小说集》。长篇小说《陌生人》(1955)以第二次世界大战末和罗马尼亚解放后的特兰西瓦尼亚地区农村为背景，揭示了各社会阶层为自身利益而进行的斗争，反映了他们在社会大变动时期的心态。小说《渴望》(1958)是《陌生人》的续篇。作者在这两部书中成功塑造了共产党人的形象、人物个性和心理活动，结构严谨，脉络清楚，引人入胜。20世纪60年代以后，主要创作电影剧本。他喜欢写历史剧，借历史警戒世人，如《达吉亚人》(1966)等。《权力和真理》(1973)则是批评罗马尼亚共产党工作中的缺点的作品。

波茨坦 Potsdam 德国勃兰登堡州首府，历史名城。位于易北河支流哈弗尔河畔，柏林市西南25千米。市内和附近湖泊、运河众多。人口15.46万(2009)。993年首见记载。1317年设市。17世纪中叶，成为勃兰登堡选帝侯的陪都。18世纪为王家卫戍部队的驻地。1945年在此举行*波茨坦会议*，从此名闻世界。主要工业有计量及自动控制技术、化学药品、纺织、仪器、食品、木材加工等。市内有许多专科学校、图书馆、档案馆、博物馆、电影摄影棚，泰尔托夫膜片研究所、地球科学中心、气候研究所。旅游业发达，主要名胜有建于1745～1747年的无忧宫和无忧公园，被称为“波茨坦的洛可可”。内有新王宫、夏洛滕霍夫宫、中国茶馆、柑橘园等。还有塞西莉亚宫、波茨坦电影博物馆、市政厅、尼古拉教堂等。

波茨坦会议 Potsdam Conference 1945年7月17日至8月2日，苏、美、英三国政府首脑在柏林西郊的波茨坦举行的国际会议。又称柏林会议。1945年5月8日，德国政府无条件投降，欧洲战争结束。在远东，日本法西斯仍在负隅顽抗。在这种情况下，为了研究处置德国，商讨对日本作战和解决欧洲其他问题，苏、美、英三国举行了波茨坦会议。8月2日签署了《苏美英三国柏林(波茨坦)会议议定书》和《柏林(波茨坦)会议公报》两个内容基本相同的文件，通称《波茨坦协定》。协定决定为进行关于缔结和约所必需的准备工作，设立由英、苏、中、法、美五国外长组成的外长会议。协定确定了占领德国的基本原则。其中政治原则是：非军国主义化、民主化和肃清纳粹主义。为此规定，德国境内的最高权力由美、英、苏、法四国占领军总司令遵照本国政府的指令，分别在其各自的占领区内实行。另对解除德国全部武装、审判战争罪犯、处理德国经济、关于德国赔偿问题、波兰边界问题、奥地利问题等，作了具体规定。在波茨坦会议期间，7月26日，苏、美、英三国首脑讨论了结束对日本作战的条件和战后处置日本的方针，并通过一项决议，即《中美英三国促令日本投降之波茨坦公告》(通称《波茨坦公告》又称《波茨坦宣言》)。共13条。公告宣称：《开罗宣言》之条件必须实施，日本主权只限于本州、北海道、九州、四国及由盟国所决定的其他岛屿范围之内。日本军队必须完全解除武装，永久消除日本军国主义，战犯交付审判。盟国对日本实行占领。阻止日本人民民主的所有障碍必须消除。不准日本保有可供重新武装之工业。在上述目的达到并成立倾向和平及负责的日本政府后，盟国占领军当即撤退。

艾德礼、杜鲁门、斯大林(前排从左至右)出席波茨坦会议

波茨坦会议是战时苏、美、英三国首脑的最后一次会议，对迫使日本早日投降、巩固反法西斯战争的胜利成果、维护战后世界和平起了积极作用。

波导 wave guide 用来约束或引导电磁波的结构。通常专指各种形状的空心金属波导管和表面波波导，前者将被传输的电磁波完全限制在金属管内，又称封闭波导；后者将引导的电磁波约束在波导结构的周围，又称开波导。当无线电波频率提高到3 000兆赫至300吉赫的厘米波波段和毫米波波段时，同轴线的使用受到限制而采用金属波导管或其他导波装置。波导管的优点是导体损耗和介质损耗小；功率容量大；没有辐射损耗；结构简单，易于制造。波导管内的电磁场可由麦克斯韦方程组结合波导的边界条件求解，与普通传输线不同，波导管里不能传输横电磁(TEM)模，电磁波在传播中存在严重的色散现象，色散现象说明电磁波的传播速度与频率有关。表面波波导的特征是在边界外有电磁场存在，其传播模式为表面波。在*毫米波与亚毫米波*波段，因金属波导管的尺寸太小而使损耗加大和制造困难。这时使用表面波波导，除具有良好传输性外，主要优点是结构简单，制作容易，可具有集成电路需要的平面结构。表面波波导的主要形式有介质线、介质镜像线、H-波导和镜像凹波导。

波德戈里察 Podgoritsa 黑山首都。位于莫拉查河与里布尼察河汇流处。人口约17.4万(2007)。2世纪古罗马人在此建居民点，称杜克里亚。后斯拉夫人移居此地，11世纪曾是封建邦国首府，称为里布尼察。1326年始称波德戈里察。1474年起被奥斯曼帝国统治。1878年归属**塞尔维亚－克罗地亚－斯洛文尼亚王国**（1929年改称南斯拉夫王国）。1946年改名为“铁托格勒”。第二次世界大战中大部被毁，战后重建。1992年复称今名。附近铝土矿丰富，炼铝业发达；其他工业部门还有金属加工、纺织、烟草加工、食品等。为铁路和公路枢纽，设有机场。市内有大学、博物馆、剧院和公园。附近有杜克里亚古城遗址和中世纪教堂、钟塔等古建筑。

波德莱尔 Baudelaire, Charles (1821-04-09～1867-08-31) 法国诗人。生于巴黎，卒于巴黎。幼年丧父，母亲改嫁。继父为人专横。1848年参加巴黎工人武装起义。

1857年出版的诗集《恶之花》奠定了他在法国文学史上的重要地位。诗人称自己的诗篇为“病态之花”，是一种“病态”的艺术。对于使他遭受“病”的折磨的现实世界怀有深刻的仇恨。这种仇恨情绪反映着作者对于健康光明甚至“神圣”事物的强烈向往。

波德莱尔不但是法国象征派诗歌的先驱，而且是现代主义的创始人之一。除诗集《恶之花》外，还发表了独具一格的散文诗集《人为的天堂》(1860)和《巴黎的忧郁》(1869)。文学与美术评论集《美学管窥》(1868)和《浪漫主义艺术》在法国文艺评论史上也有一定的地位。

波德斯塔 Podestá, José (1858-10-06～1937-03-05) 阿根廷演员、戏剧家。生于乌拉圭蒙得维的亚，卒于布宜诺斯艾利斯。

在《胡安·莫雷拉》中饰胡安·莫雷拉

少年时期参加马戏团，后自组班子，巡演于阿根廷、乌拉圭两国，自编自演哑剧。1886年将当时流行的小说《胡安·莫雷拉》改编成哑剧，在各地演出，塑造出这个传说中的邦巴斯草原上著名的加乌乔英雄的形象。由于深受观众欢迎，逐渐加上对白，丰富情节，最后发展成为两幕戏剧，为拉普拉塔河两岸的民族戏剧运动开了先河。此后，以加乌乔故事为题材的戏剧在阿根廷和乌拉圭两国竞相编演，波德斯塔一家也在这个戏剧运动中受到广大观众的尊敬。

波丁顿 Buddington, Arthur Francis (1890-11-29～1980-12-25) 美国地质学家。生于特拉华州威尔明顿，卒于马萨诸塞州奎赛。先后就读于布朗大学和普林斯顿大学，

1916年获普林斯顿大学哲学博士学位，1942年获布朗大学理学博士学位，1958年获富兰克林和马歇尔学院法学博士学位。曾任普林斯顿大学地质系主任，美国国家防卫研究委员会首席地质学家，美国地质调查所、纽约州地质调查所、印度地质调查所研究员。着重研究阿拉斯加、纽约州、新泽西、纽芬兰、宾夕法尼亚和俄勒冈等地区的地质构造、铁矿床，以及斜长岩和沉积岩向变质岩转变的过程。发现了阿拉斯加钨矿床和铁钛氧化物在古地磁中的作用。提出了利用铁钛氧化物的固溶体组成计算和确定地质温度及氧逸度的原理和方法。发现了一种含铵的新的长石矿物种，被命名为波丁顿石（水铵长石）。第一个成功地应用航磁法勘测隐伏的铁矿床。1970年鉴定了由“阿波罗”15号登月舱从月球采回来的、地球上罕见的斜长岩。主要论著有《东南阿拉斯加的沿岸侵入体》、《埃迪隆达克火成岩及其变质作用》、《再论斜长岩成因》和《铁钛氧化物及其相应化合物》。

波多黎各 Puerto Rico 加勒比海的美国属地。位于加勒比海大安的列斯群岛东部，北临大西洋，南濒加勒比海，东与美属、英属维尔京群岛隔水相望，西隔莫纳海峡同多米尼加为邻。面积13 790平方千米，其中陆地面积8 870平方千米，水域面积4 920平方千米。人口397.1万(2010)。居民中白人（以西班牙人后裔为主）占80.5%，黑人占8%，余为混血种人、印第安人和亚洲人后裔。居民多信奉基督教。官方语言为西班牙语和英语。首府**圣胡安**。

全境包括波多黎各岛及别克斯岛、库莱布拉岛等小岛。山地和丘陵占全岛面积的3/4。中央山脉横贯东西，地势由中部向南、北降低。沿海为平原。最高峰蓬塔山海拔1 338米。主要河流有阿尼亚斯科大河、阿雷西沃大河、拉普拉塔河和格伊萨大河等。属热带海洋性气候，年平均气温27℃左右。平均年降水量为910毫米。

原为印第安人居住地。1493年**C.哥伦布**航行至此，命名圣胡安岛。1509年沦为西班牙殖民地。1521年，改名为波多黎各岛。1869年爆发拉雷斯起义，宣布成立共和国，遭西班牙殖民军镇压。1897年西班牙被迫同意波多黎各建立自治政府。1898年**美西战争**后，沦为美国殖民地。1917年美国给予波多黎各人“美国公民籍”待遇。1952年美国给予波多黎各“美联邦领土”地位，波多黎各在内部事务方面实行自治。1972年以后，联合国非殖民化特别委员会、不结盟运动会议等一再重申波多黎各人民“自决和独立的不可剥夺的权利”。1976年后，美国几任总统相继提出在波多黎各建州和由波全民公决的主张。在1976、1993、1998年3次波多黎各全民公决中，主张成为美国一个州的和维持现状的，占绝大多数。

总督为最高行政长官，由选举产生，任期4年，下设部长会议。美国国会有权废除波多黎各议会通过的法律。议会分参、众两院。波选举并派代表常驻美国国会，但只能在众院各委员会参加表决。主要政党有人民民主党、新进步党、波多黎各独立党。

第二次世界大战前，经济是以蔗糖生产为主的单一经济。战后，美国资本大量

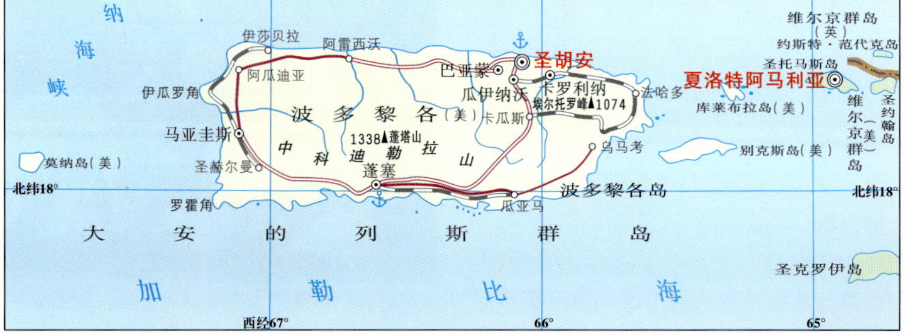

注入，经济发展重点转向以橡胶、塑料和造纸等资本密集型产业。20世纪70年代后，高科技产业发展迅速，如电子、制药、化工和石化等，此外还有电力设备、机械制造、食品加工和服装等行业。农业仅占国内生产总值的极小部分，主要农产品有棉花、咖啡、甘薯、烟草、水果等。交通运输业较为发达，是加勒比地区空运中心，圣胡安、蓬塞、马亚圭斯都是海、空良港。旅游资源丰富，旅游业十分发达。主要名胜有蓬塞艺术博物馆、圣胡安老城、圣胡安大教堂、云盖雨林和波多黎各16～17世纪家庭博物馆等。2009年国内生产总值为880亿美元。流通货币为美元。

对6～16岁儿童少年实行免费义务教育。用西班牙语授课，但英语是必修课。有圣胡安大学等高等学校。主要报纸有《世界报》、《新日报》、《圣胡安明星报》等。

波多黎各议会大厦

有89个广播电台，18个电视台，其中3个属美国驻军。

波多诺伏 Porto-Novo 贝宁首都和第二大城市。国民议会所在地。葡语意为“新港”。位于国境东南端贝宁湾沿岸韦梅湖之滨高地。经诺奎湖与西南35千米的全国最大港口城市科托努相通。人口约25.4万(2009)。地处沿海潟湖沼泽带，附近蕴藏石油。热带雨林气候。建于16世纪末，曾为波多诺伏王国首邑。17世纪葡萄牙殖民者到此贩运奴隶。1752年建为商港。现与科托努同为国家政治、经济中心。设有国民议会，以及总统府和外交部等政府机构。工业以木材加工、榨油、食品、日用化工等小型企业为主。铁路西南通科托努，北达油棕产区波贝。公路西南通科托努，东通尼日利亚拉各斯。港口输出棕仁、棕油、咖啡、棉花等农产品。市内保存有古老非洲宫殿、殖民初期欧式建筑和葡萄牙大教堂，设有国家档案馆和图书馆，旅游业较盛。

波恩 Bonn 德国北莱茵－威斯特法伦州南部城市。原联邦德国首都。位于莱茵河畔，北距科隆约24千米，河东有7座圆锥形山称七峰山，是德国葡萄种植的北限和葡萄名酒龙之血产地，也是著名叙事诗《尼伯龙根之歌》的故事发生地。面积141平方千米。人口31.98万(2009)。两千年前开始有人在此聚居。公元50年成为渔村。1254年参加莱茵城市联盟。1314、1346年德意志皇帝在此加冕。1525年至18世纪是科隆选帝侯国首府和科隆大主教驻地。1949年9月起曾为德意志联邦共和国首都。两德统一后，2000年首都迁往柏林，但留有6个联邦部在此。第三产业人员占就业职工的2/3，工业以电信、机械、乐器、印刷出版、实验设备、食品等为主，2/3的工厂企业分布在郊区和卫星城镇。郊区盛产蔬菜、水果。森林和公园占全市面积的1/3。有铁路和高速公路经过。市东北有科隆－波恩国际机场。为历史文化名城。有德国最大的大学。主要名胜古迹有哥德斯堡大教堂、贝多芬故居纪念馆等。

波恩旧市政厅前的步行街

波尔多 Bordeaux 法国西南部港口城市，阿基坦大区首府，吉伦特省首府，西南地区经济、文化中心。位于加龙河下游，距大西洋96千米。人口23.89万(2007)。罗马时期为阿基塔尼亚省首府。476年西罗马帝国灭亡后，先后受西哥特王国和法兰克王国统治。10世纪初成为阿基坦公爵领地。1137年归属法兰西王国，1154年又成为英国领地。1453年英法百年战争结束时回归法国。法国大革命中吉伦特党在此成立。普法战争和第一、第二次世界大战中，法国政府迁都于此。第二次世界大战中被德国作为空军和潜艇基地，城市遭严重破坏，战后重建。

波尔多市区街景

地势低平，海拔47米。受大西洋影响，气候冬温夏凉，降水丰富。法国著名酒乡，酿酒历史悠久，8世纪已成为葡萄产区中心和葡萄酒出口港。工业还有航空、炼油、石油化工、造船、汽车、制药、制糖、木材加工、食品和家具制造等部门。是交通枢纽，全国重要港口。波尔多港由河港、海港和外港组成。外港为专用港，承担木材、矿石、石油等货物运输，其中滨海勒韦尔东可接纳25万吨级的油轮。进口以原油、矿石为主，还有热带农产品等；出口葡萄酒、白兰地酒、小麦、玉米等。高速公路枢纽。有国际机场。市内主要古迹有圣安德烈大教堂和圣米歇尔塔、坎孔塞广场。文化教育发达，有高校和众多博物馆。

波尔多液 Bordeaux mixture 无机铜素杀菌剂。其有效成分的化学组成是：$CuSO_4 \cdot xCu(OH)_2 \cdot yCa(OH)_2 \cdot zH_2O$。1882年法国人P.-M.-A.米亚尔代于波尔多城发现其杀菌作用，故而得名。

波尔多液系由硫酸铜溶液和石灰乳按不同比例配制而成的天蓝色胶状悬浮液。一般呈碱性，有良好的黏附性能。放置时间久则胶粒凝聚而逐渐沉淀，影响药效，故宜现配现用。

波尔多液为保护性杀菌剂。在相对湿度较高、叶面有露水或水膜的情况下，药效较好，但对耐铜力差的植物易产生药害。持效期长，广泛用于防治果树、棉、马铃薯、甜菜、麻类等作物的多种病害，对霜霉病和炭疽病、马铃薯晚疫病等叶部病害效果尤佳。

波尔加姐妹 Polgar sisters 匈牙利国际象棋手。她们的父亲波尔加·拉斯洛是一位心理学博士和教育学家，对大姐苏珊(Polgar Suzan, 1969-04-19～)进行早期智力开发，发现了她的国际象棋天赋，4岁启蒙学棋。10岁即获匈牙利女子冠军。此后他让索菲娅(Polgar Sofia, 1974-11-02～)和尤迪特(Polgar Judit, 1976-07-23～)都学会了

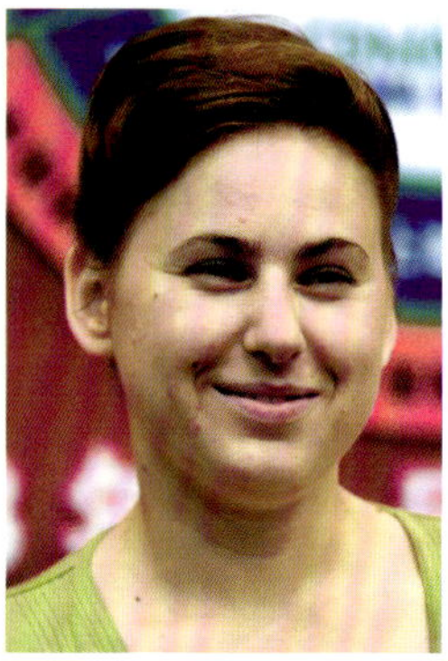

波尔加·尤迪特

下棋。1988年，三姐妹组成匈牙利女队在第29届国际象棋奥林匹克赛上战胜苏联队，获得了女子团体冠军，并于1990年成功卫冕。三姐妹此后各有发展。大姐在1996年击败中国的谢军，成为女子世界冠军。二姐在1994年获得了“男子”世界青年赛亚军。小妹尤迪特的成就最高，两次获得“男子”少年世界冠军，15岁时成为世界上最年轻的国际特级大师；苏珊、索菲娅也为国际特级大师。尤迪特是现在等级分世界排名前十的唯一女子棋手，曾战胜G.卡斯帕罗夫和A.Ye.卡尔波夫等男子世界冠军，有“外星少女”的雅号。

波尔卡 polka 19世纪欧洲流行的一种2/4拍子的对舞。流布于捷克波希米亚农村的一种民间舞蹈的舞步为波尔卡提供了基础。跳舞时，舞者面对面站立，男伴的右手搂着女伴的腰部，左手向旁伸开握住女伴的右手，按这种姿势，舞者沿着舞厅逆时针方向旋转行进。主要的舞步有两种：一种是单足弹跳步，可以前进、后退或旋转，称为“波尔卡步”；另一种是脚跟、脚尖轮流击地的动作。巴黎的舞蹈大师们又把它改编成一种有5个花样的舞蹈，深受公众喜爱，随后在欧美掀起了一股“波尔卡热”。巴黎和伦敦的剧院中还陆续出现了一些表

刊登在1844年5月《伦敦新闻画报》上的波尔卡图片

演性的变体，F.切里托和A.圣-莱昂所创作的一种3/4拍子的变体雷多瓦舞很著名。一些歌剧中也都运用了波尔卡舞。

波尔塔 Porta, Carlo (1775-06-15～1821-01-05) 意大利诗人。生于米兰，卒于米兰。1793年用米兰方言翻译但丁《神曲》的片段，并用米兰方言写了许多诗歌和小说。《浪漫主义》(1819)一诗批判古典主义，肯定浪漫主义诗歌有权力打破传统诗歌的框框，确立自己的规范。大多作品采用叙事体，或嘲讽贵族阶级和教会僧侣的骄矜、腐败，斥责像幽灵一样出入贵族宫廷的神甫、贵妇人袒胸露肩的淫态(《司铎的任命》、《祈祷》，1819～1820)，或歌颂市民和商人，塑造了憨厚的残废的穷人、沦为强权者牺牲品的平民、被践踏的妓女等下层人民的形象(《乔万尼·朋杰埃的不幸》，1812；《马乔尼的哀歌》，1816)。他的方言诗充满浓郁的生活气息和幽默感，人物形象生动有趣，采用民间口语，机智犀利，明快清新。作品有力地表达了民族复兴运动初期意大利人民的愿望和情感。

波尔图 Porto 葡萄牙第二大城市，波尔图区首府。位于西北部杜罗河畔，西距大西洋5千米。城市主体在河北岸，老城区在东面山丘坡地上，郊区在北部和东南部，

杜罗河畔的波尔图

河南岸为加亚新城。市区人口21.06万(2010)。受大西洋影响，气候温和，年降水量800～1 000毫米。城市始建于5世纪。以后历经西哥特人、摩尔人统治。12世纪起逐渐发展成为葡萄牙重要商埠。20世纪以来，城市经济发展较快，成为葡萄牙北部经济中心。有纺织、食品、服装、炼油、化学、电子等工业部门。软木制品和波尔图葡萄酒闻名于世。近海渔业发达。北部铁路、公路枢纽。建有国际机场。旅游业兴旺。市内有教堂、僧侣塔、水晶宫等著名建筑。克莱里科钟楼被誉为城市的象征。设有大学、博物馆、地区档案馆、歌剧院、艺术学校和科学研究机构。

波尔约 Bolyai János (1802-12-15～1860-01-27) 匈牙利数学家，非欧几里得几何学的创始人之一。全名波尔约·亚诺什。生于科洛斯堡(今罗马尼亚克卢日)，卒于毛罗什瓦萨尔海伊(今为罗马尼亚的特尔古穆列什)。他的父亲、数学家波尔约·福卡什是C.F.高斯的好友。在父亲的指导下，他少

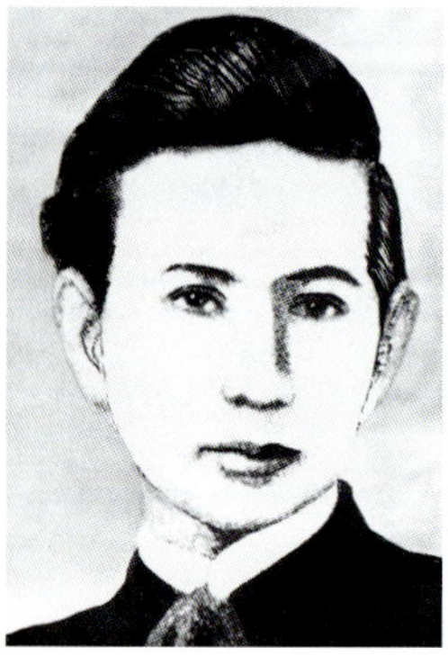

年时就学习了微积分和分析力学等高深课程。1818年入维也纳皇家工程学院接受军事教育，1822年毕业后在军队服役10年，其间坚持数学研究，创立了非欧几里得几何。1833年因病退役。

波尔约·亚诺什受父亲的影响，曾试图用欧几里得的《几何原本》中的其他公理证明平行公理。1820年左右转而潜心研究新几何学的构造。1823年在给父亲的信中称：他不用平行公理而构造了一种几何，“从无到有，我创造出另一个全新的世界”。1825年，他给父亲看了他关于绝对空间理论的手稿，其中定义的绝对空间具有如下结构：在空间的平面上，过直线外一点有一束直线不与原直线相交。当这束直线减少为一条时，该空间就是欧几里得空间。1831年，波尔约·福卡什将手稿寄给高斯，高斯称道波尔约的工作，但表示不能公开赞扬，因为他自己早已得到相同的结果(未发表)。波尔约·亚诺什深憾失去了优先权。1832年，他的论文作为他父亲的一本讨论数学基础的初等著作的附录发表，题为《解释绝对真实的空间科学的附录》。这是他生前唯一发表的著作，但未引起其他数学家的关注。之后，他继续研究绝对空间中的三角形和球面三角形的关系、绝对空间中四面体的体积等问题。波尔约·亚诺什的工作后经E.贝尔特拉米(1868)和F.克莱因(1871)的工作才得到数学界的普遍承认，从而载入史册。

独立地得到非欧几何的还有高斯和N.I.罗巴切夫斯基。

波弗特海 Beaufort Sea 北冰洋边缘海。位于加拿大北极群岛中的班克斯岛以西，美国阿拉斯加州和加拿大育空地区、马更些三角洲以北。面积47.6万平方千米。平均水深1 004米，最大水深4 682米。岛屿稀少，有“无岛海”之称。沿岸大陆架宽约100～150千米，为北冰洋边缘海域大陆架最狭窄的地段。地处北纬70°以北，气候严寒，海域几乎终年封冻。仅8～9月沿岸出现狭窄的无冰海面，可以通航。流向与北冰洋总的环流一致，由东向西，呈顺时

针方向。1789年，英国探险家A.马更些沿马更些河到达河口，为第一个发现波弗特海的欧洲人。1806年，英国海军水文地理学家F.波弗特在此估测船只在海上航行时所遇到的不同风速，设计了著名的蒲福风级。20世纪60年代在近海大陆架发现了丰富的石油、天然气资源，集中分布在阿拉斯加北岸普拉德霍湾和马更些三角洲附近海底。前者已开发，现为美国最大油田。沿岸居民以渔猎为生。

波伏瓦 Beauvoir, Simone de (1908-01-09～1986-04-14) 法国作家、女权主义者。又译波伏娃。生于巴黎，卒于巴黎。1945年开始职业作家生涯。作品主要是小说，塑造的人物大多是女性，主要表现两次大战之间及战后青年知识分子的精神状态。小说主人公的孤独感、厌倦、焦虑以及对死亡的恐怖等，也都是作者思想的反映。如小说《女宾》(1943)和《人总是要死的》(1947)，表达了作者的存在主义观点。小说《一代名流》(1954)描写战后一代知识分子的思想状况，表现出主人公厌倦、孤独、空虚的小资产阶级情调。其他作品还有小说《他人的血》(1944)以及论文集、剧本、游记等。论文集《第二性》从生理、经济状况和历史偏见方面分析和阐明了男性主体、女性客体的思想，发出了妇女要求解放和男女平等的呼声。晚年主要著作是5部自传体回忆录，如《一个良家少女的回忆》(1958)等。

波戈廷 Pogodin, Nikolai Fyodorovich (1900-11-16～1962-09-19) 苏联剧作家。生于顿河地区。曾任《真理报》记者。30年代创作的《速度》(1930)、《斧头之歌》(1931)、《我的朋友》(1932)和《贵族们》(1934)等剧作均取材于苏联社会主义建设最初阶段的现实斗争，具有浓烈的生活气息和革命浪漫主义的激情。1937年问世的《带枪的人》，与后来陆续完成的《克里姆林宫的钟声》(1941)、《悲壮的颂歌》(1958)组成著名的"列宁题材三部曲"，比较成功地处理了艺术虚构和历史真实的结合，突出了列宁平凡而伟大的无产阶级领袖的性格特征。1951～1960年任《戏剧》杂志主编，其戏剧创作题材也逐渐多样化。《当辩论激烈的时候》(1953)、《我们三人去垦荒》(1955)、《年轻的女大学生》(1959)等剧本，都不同程度地触及棘手的社会道德问题。

波哥大黄金博物馆 Museo del Oro, Bogota 世界上最大的金器博物馆。位于哥伦比亚波哥大市圣坦德公园内。1939年设立，1968年迁至现址。由哥伦比亚国家银行负责管理。收藏约5万件公元前20世纪～公元16世纪的印第安人制作的金制器物。展品按历史时期和地区展出，有耳环、鼻环、项链、别针、

金巴亚式抽象人物金饰

手镯、脚镯等装饰品，也有碗、杯、香炉等礼仪用具等。其中，如金巴亚人之盆、铁拉登特罗人脸谱、金巴亚人猿像、穆伊斯卡人小船等均是无价之宝。

波河 Po River 意大利最大河流。源出维佐峰。东流经都灵、皮亚琴察、费拉拉等城市，注入亚得里亚海，全长652千米。流域面积7万余平方千米。多支流，都灵以下，从北面接纳的支流主要有塞西亚河、提契诺河、阿达河、奥廖河与明乔河等；从南面入注的主要支流有塔纳罗河、塞基亚河和帕纳罗河等。上游落差大、水流急；中、下游河道迂回曲折，多牛轭湖。三角洲河道复杂多变。河流流量季节变化大，河水含沙量高，秋季易发生洪涝灾害。大量泥沙堆积，使河口三角洲向亚得里亚海每年延伸约60米。为控制洪水泛滥，两岸已被运河、大堤和排水道防护。波河流域是意大利经济最发达地区。

波黑战争 Bosnia-Herzegovina War 1992年4月至1995年12月，发生在波斯尼亚-黑塞哥维那的一场内战及北约干涉的战争。20世纪80年代末90年代初，东欧剧变，苏联解体，南斯拉夫也陷入了民族分裂和国家解体的内乱。继斯洛文尼亚、克罗地亚、马其顿先后宣布独立之后，1992年3月3日，波黑宣布独立。波黑塞族反对独立，称将自行归并南斯拉夫的塞尔维亚共和国；克罗地亚人希望建立一个独立的联邦国家；占多数的穆斯林则想成为一个中央集权制的国家。波黑的民族矛盾愈来愈甚，加上某些西方国家的干预，终于爆发了波黑塞族与波黑穆斯林、克罗地亚人之间的战争。1993年初，在联合国调停下，波黑和谈开始，因塞族议会否决《万斯-欧文方案》，内战重新启动。1994年7月5日，美、英、法、德、俄提出了《五国和平方案》，限令各方到期答复，不得讨价还价，拒绝者将受严惩。波黑塞族否决了五国方案。1995年8月，在北约空中力量的配合下，克罗地亚和穆斯林武装向塞族发动进攻，迫使塞族同意谈判，听任西方对波黑的和平安排。北约这次空中打击出动飞机3 500架次，投弹约万吨，大大削弱了波黑塞族的实力。1995年11月1日，在美国代顿小城举行波黑和平协议的谈判。协议草案规定波黑仍为一个主权国家，将波黑分为穆克联邦和塞族共和国两个实体，分别占国土的51%和49%，规定三方都可保留军队。12月14日，《代顿协议》在巴黎正式签字生效。

波莱尔 Borel, (Félix-Édouard-Justin-) Émile (1871-01-07～1956-02-03) 法国数学家。生于阿韦龙省圣阿弗里克，卒于巴黎。1889年考入巴黎高等师范学校，1893年毕业后在里尔大学任教。1894年获博士学位。1896年回巴黎高等师范学校任教。1909年任巴黎大学理学院函数论教授。战后改任概率及数学物理学教授。1920年随班勒卫来中国进行学术交流。1921年当选为法国科学院院士，此后他积极从事政治、社会活动，当过市长、地方议员、海军部长，还参加筹建国家科学研究中心，1928年协助建立庞加莱研究所，并任所长直至去世。

波莱尔把G.康托尔的点集论同自己经严格化的古典分析及几何的训练而形成的知识相结合，建立起一套自己的实变函数论。最著名的工作是提出有限覆盖定理（海涅-波莱尔定理）以及把测度从有限区间推广到更大一类点集（即波莱尔可测集）上，建立起测度论基础。同时他还研究整函数以及发散级数。其中《发散级数论》(1899)获得法国科学院大奖。20世纪初，他把概率论同测度论结合起来，1909年引进可数事件集的概率，填补了古典有限概率和几何概率之间的空白。同时证明了强大数律的一个特殊情形。

波莱尔主编了一套函数论丛书(1898-1952)，对函数论的普及有很大影响。他于1921～1927年的一系列论文，成为对策论的先驱工作，其中证明了极小极大定理的特殊情形。

波兰 Poland 欧洲中北部国家。北濒波罗的海，西邻德国，南接捷克、斯洛伐克，东北和东部与俄罗斯、立陶宛、白俄罗斯、乌克兰相连。面积312 679平方千米。人口3 817万(2009)，波兰人占98%，余为乌克兰、白俄罗斯、立陶宛、俄罗斯、日耳曼等少数民族。波兰语为官方语言。全国人

口的90%信仰罗马天主教。此外，还有东正教、路德教派、奥格斯堡派教会等。首都华沙。

地理 地形以平原为主，北部、中部平原为波德平原的一部分。平原约占国土面积的4/5。全国平均海拔17米。70%地区海拔在200米以下，仅有3%地区海拔超过500米。南部边境沿线为苏台德山和喀尔巴阡山构成的山地，海拔多为500～1 500米，其中塔特拉山的雷瑟峰海拔2 499米，为波兰最高峰。

全国河网稠密，水量充足，中下游便于航行。受地形影响，河流多自南向北注入波罗的海。主要河流有维斯瓦河和奥得河，在波兰境内的流域面积分别占国土面积55.9%和34%。全境面积1公顷以上的湖泊有9 300个，多冰碛湖。主要分布在北部地区。最大的湖泊是希尼亚尔德维湖，面积113.8平方千米。

气候属温和大陆性气候，并具有从西欧海洋性向东欧大陆性气候过渡的特点。

矿产资源比较丰富。主要矿藏有煤、铅、锌、硫磺、铜、天然气、钾盐和食盐。2007年硬煤储量为430.88亿吨，褐煤储量135.88亿吨，其中铜矿储量15.44亿吨，居欧洲首位。2008年森林面积906.6万公顷，覆盖率29.0%。水能资源估计为600万千瓦。

历史 波兰民族3世纪就在维斯瓦河和奥得河流域居住。965年建立了波兰大公国。992～1025年博莱斯瓦夫一世执政时，统一全境。16世纪末至18世纪初，国内外矛盾加深，波兰开始衰落。1772、1793、1795年曾三次被俄国、普鲁士、奥地利瓜分。1918年11月成立共和国。1939年9月被德国法西斯侵占，国家遭受严重破坏。1944年7月成立波兰人民共和国。波兰统一工人党（共产党）执政40余年。1980年，团结工会组织全国大罢工，波兰当局于1981年12月至1983年7月宣布团结工会为非法组织。1989年4月，议会通过了团结工会合法化、实行总统制和议会民主等决议。团结工会成立了以其为主体的右派政府。同年12月29日，议会通过宪法修正案，改国名为波兰共和国，定5月3日为国庆日。

政治 实行议会－内阁制。议会由众议院和参议院组成，是国家最高立法机构，任期4年。政府为部长会议，国家最高行政和管理机关。总统由全民直接普选产生，任期5年。

已注册登记的政党有200多个，主要政党有法律与公正党、公民纲领党、民主左派联盟党等。

经济 中等发达水平国家。1992年起经济开始回升，是中东欧地区经济增长速度最快的国家之一。2008年国内生产总值5 257亿美元，人均GDP 13 750美元。

工业在国民经济中居主要地位，2008年工业总产值占GDP的21.4%。主要工业部门有能源、机械制造、冶金、化学、纺织、食品加工等。能源工业中采煤业占重要地位，2005年煤炭开采量15.95亿吨，居世界前列。硬煤主要产于上西里西亚，以烟煤为主，是欧洲最大的煤田之一。褐煤远不能满足需要。2002年天然气仅能满足国内需求量的1/3。最大的石油加工中心是普沃茨克。电力工业以火电为主，多为热电站。上西里西亚是电站最集中的地区。钢铁工业是在本国焦煤和进口铁矿砂的基础上建立的。有色金属工业主要是铜、锌矿的开采和冶炼，集中在西里西亚地区。机械制造业中运输机械制造是重点发展部门。造船工业以生产远洋货轮和渔轮为主。最大的造船中心是格但斯克，其次是什切青。机车、车厢生产驰名国际市场，其生产中心是波兹南、弗罗茨瓦夫。化学工业发展较快，纺织工业主要分布在以罗兹为中心的纺织工业区和苏台德地区。食品工业是波兰经济中的一个重要行业。

图1 华沙街景

波兰平原面积广大，土地资源较丰富，

图2 华沙民众庆祝圣体节

2008年全国农用地面积1 615.4万公顷，农业生产以个体经营占绝对优势，私有农用土地占83.5%。耕作业在农业中占主要地位，全国一半以上的耕地种植谷物，主要有黑麦、小麦、大麦、燕麦。其中黑麦是重要的粮食作物，产量居欧洲第二位，马铃薯产量居欧洲第三位。甜菜是重要的经济作物。畜牧业以养牛、猪为主。

国内交通以铁路、公路为主。2008年铁路总长20 196千米。公路总长26.1万千米。内河航运线总长3 660千米。海运发达，有海运商港6个，货物吞吐量6 004.9万吨，主要海港为格但斯克、格丁尼亚、什切青。主要国际机场是华沙奥肯切机场。

2008年进口额2 104.79亿美元，出口额1 718.6亿美元，外贸逆差386.19亿美元。出口商品以机电产品为主，另外还有木材、家具、钢材、电线电缆、铜和铜制品、煤和焦炭、农产品。进口商品主要有汽车及组装件、机械设备、家用电器、机电产品、石油、天然气、铁矿砂、农产品和轻工产品。主要贸易伙伴有德国、意大利、法国、爱尔兰、英国、捷克、美国、比利时、瑞典和俄罗斯。

主要投资国是美国、德国、意大利、荷兰、法国、英国、韩国、俄罗斯等。主要投资领域为食品、饮料和烟草业、运输设备、非金属材料生产、金融中介、零售和修理业、建筑业等。

文化 教育体制分为小学6年，初中3年，高中3年。高等教育一般为4年或5年。著名高校有华沙大学、克拉科夫雅盖隆大学、波兹南密茨凯维奇大学、华沙工业大学等。

全国出版发行的报刊6 948种（2007），其中主要有《选举报》、《共和国报》、《论坛报》、《政治》周刊、《直言》周刊、《新闻》周刊等。国家主要通讯社有波兰通讯社、波兰国际新闻社。国家主要电台和电视台是波兰广播电台和波兰电视台。还有200多家私营电台和10多家私营电视台。

比亚沃韦扎国家公园，位于波兰东部，毗邻白俄罗斯，两国在此共设自然保护区，1979年被联合国教科文组织列入《世界遗产名录》。

对外关系 波兰对外政策的重点在欧洲。1999年3月，波兰成为北约正式成员国。2004年5月加入欧盟。注意改善和加强同邻国特别是俄罗斯、乌克兰及立陶宛等国的关系。积极推动和参与中欧自由贸易区的合作。此外，波兰还重视发展同世界其他地区特别是亚太地区国家的关系，并积极参与联合国等国际组织的事务。1949年10月7日与中国建交。至2010年已与182个国家有外交关系。

波兰的三次瓜分 Poland, three times partition of 1772～1795年俄、普、奥三国对波兰的三次瓜分。18世纪中叶，波兰的封建农奴制危机和无政府状态发展到顶点。中央政权瘫痪，边防空虚，国力衰弱。1763年10月，奥古斯都三世病故，俄国女皇**叶卡捷琳娜二世**迫使波兰议会选举亲俄贵族S.A.波尼亚托夫斯基为新国王，加紧控制波兰。面对严重的民族危机，部分波兰贵族掀起爱国革新运动，以便加强中央政权，维护国家独立，结果引起外国的干涉。

1772年8月，俄、普、奥三国在彼得堡签订第一次瓜分波兰的条约。波兰失去西德维纳河、德鲁奇河、瓦尔米亚、马尔博克省、克拉科夫省和加里西亚大部等地。

1793年1月23日，俄、普两国在彼得堡签订第二次瓜分波兰的协议。波兰失去白俄罗斯（包括明斯克）、第聂伯河西岸乌克兰大部、格但斯克和托伦两市等地。

1795年10月，俄、普、奥三国签订第三次瓜分波兰的协议。波兰失去立陶宛、西白俄罗斯、库尔兰、沃伦西部、西乌克兰大部和华沙等地。至此，波兰被瓜分完毕。国家灭亡，人民被异族长期奴役。直至第一次世界大战后始复国。

波兰人 Poles 中欧波兰共和国主体民族。约3 737.7万人（2008）。属欧罗巴人种波罗的海类型和中欧类型。使用波兰语，属印欧语系斯拉夫语族。有用拉丁字母拼写的文字。95%的人信奉天主教。波兰人为**斯拉夫人**的一支。4～6世纪形成部落联盟。10世纪建立波兰公国和维斯瓦国。后波兰公国统一波兰人各部落，于11世纪建立波兰王国。此后，波兰人开始作为一个独立的民族实体而存

波兰女子

在。波兰人具有悠久的民族文化传统，在历史上与法国、意大利均有密切的文化交流。曾涌现著名的科学家N.哥白尼、居里夫人，文学家A.密茨凯维奇和音乐家F.F.肖邦，对世界文化宝库作出了杰出的贡献。历史上，波兰人以农业为生，近几十年来，工业得到发展。

波兰王国 Kingdom of Poland 根据1815年维也纳会议在波兰境内建立的俄国附属国。又称会议王国。由俄国沙皇任国王，面积12.85万平方千米，人口230万。1815年11月27日，沙皇亚历山大一世签署波兰王国宪法。王国初期，经济和文化教育有很大发展。1816年，创建华沙大学。尼古拉一世继位后，实行政治高压和迫害，激起波兰人民反抗，爆发波兰1830年起义。沙皇政府镇压了起义，废除宪法，取消自治。在波兰1863年起义后，沙俄将波兰王国改为俄国的一个省，进一步加强殖民统治，强制推行俄罗斯化政策。第一次世界大战期间，王国被德、奥军队占领。俄国十月社会主义革命胜利后，1918年8月苏俄废除瓜分波兰的各项条约；波兰恢复独立，11月建立共和国。

波兰语 Polish language 波兰的官方语言。属印欧语系斯拉夫语族西支。使用人口约4 600万，其中近4 000万在波兰。

波兰语有8个元音，35个辅音；名词、形容词、代词、数词都有性、数、格的变化；名词有7个格，形容词有长、短尾之分，动词有人称、时、式、体、态、形动词和副动词等形式。同其他斯拉夫语比较，波兰语语音有以下特点：有两个鼻元音，有典型的元音交替现象，重音固定在倒数第二个音节上；在变格变位时，复数有阳性人称和阴性物称两种形式。波兰语有五种方言：小波兰方言、大波兰方言、西里西亚方言、马佐夫舍方言和卡舒布方言。方言和全民语言的区别在不断缩小。波兰语采用拉丁字母，外加一些二合字母变音符号。语序为主－动－宾型。

波立特 Pollitt, Harry (1890-11-22～1960-06-27) 英国和国际工人运动活动家，英国共产党主要领导人之一。生于曼彻斯特，卒于澳大利亚返英途中。1909年参加英国独立工党，1911年加入不列颠社会党。1918～1920年，组织泰晤士河地区车间代表运动，积极参加"不许干涉俄国"的运动，在1920年伦敦码头工人拒绝为"快乐乔治"号军需船装货的斗争中起了显著作用。

1920年参与创建英国共产党。1921年参加第三国际第三次代表大会。20年代在工会领域进行卓有成效的工作。1924～1929年担任工会"少数派运动"总书记，领导工人对右翼工会领袖推行的政策进行有力的斗争。1924～1943年任第三国际执行委员会委员，1929～1956年任英共总书记。1956年率英共代表团参加中国共产党第八次全国代表大会。1956～1960年任英共执行委员会主席。实际主持英共领导工作30余年，对英国共产党的发展起很大作用。

波利比奥斯 Polybius (约前200～约前120) 罗马共和国时期的希腊历史学家。生于迈加洛波利斯。很早就参加政治活动，第三次马其顿战争期间，曾任阿凯亚联盟的骑兵指挥官（前168）。皮德纳战役之后，他作为人质在罗马生活了16年，最后因高龄坠马负伤而死。主要著作《通史》共40卷，第1～2卷回忆第一次布匿战争；第3～15卷记述第二次布匿战争，包括当时罗马和迦太基的状况；第16～29卷记述第二、第三次马其顿战争和叙利亚战争；以后各卷记述罗马征服西班牙、非洲和希腊的几次战役。此书完整保存下来的只有前5卷。作者认为历史著作不仅要记述事件，同时还要对事件作出解释。他承认命运在历史中的作用，但认为事件的起因主要是心理因素，如某些个人的动机。他行文严谨准确，对史料能严加取舍，其作品是研究早期罗马史的第一手材料。他的政治学说和历史观点对后世的学者均有过相当大的影响。

波利克里托斯 Polyclitus (活动于前5世纪末期) 希腊雕塑家。生于伯罗奔尼撒阿尔戈斯。主要制作青铜雕像，著有论述人体比例的《法则》一书，提出身长与头部的标准比例是7:1，其著名作品《荷矛者》雕像即按此比例做成。《荷矛者》强调了人体重心落在一足上的平衡形态，人体各部位的动态都与此相适应，达到了整体的优美和谐。以后希腊雕塑中的很多站立形象都大致遵循这一法则。另一件作品是《受伤的亚马孙人》。以上作品的青铜原作均已失传，现存的都是罗马时代的大理石仿制品。

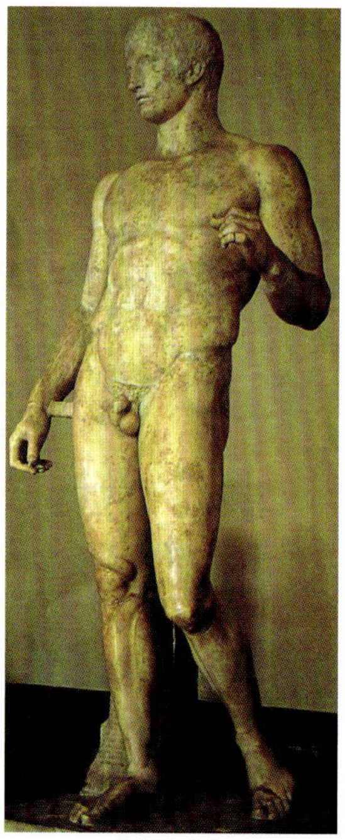

《荷矛者》

波利尼 Pollini, Maurizio (1942-01-05～) 意大利钢琴家。生于米兰。9岁首次登台演奏。1959年毕业于米兰音乐学院。1957年获日内瓦国际钢琴比赛二等奖，1960年获肖邦国际钢琴比赛第一名。后又师从A.B.米凯兰杰利深造。自1960年起定期在欧美演奏。1974年在纪念A.勋伯格诞生100周年的音乐会上，他演奏了勋伯格的全部钢琴作品，获得极高的评价。他还以演奏S.S.普罗科菲耶夫、巴托克、P.布列兹和L.诺诺的作品著名。他的演奏特点是爽朗，有气魄，逻辑性和整体性强，音色明亮，富有戏剧性。

2000年意大利总统C.A.钱皮为波利尼（左）颁发证书

波利尼西亚 Polynesia 太平洋三大岛群之一。意为多岛群岛。主要分布在180°经线以东，南、北纬30°之间。由夏威夷群岛、中途岛、约翰斯顿岛、莱恩群岛、菲尼克斯群岛、图瓦卢群岛、托克劳群岛、库克群岛、萨摩亚群岛、纽埃岛、汤加群岛、社会群岛、土布艾群岛、土阿莫土群岛、马克萨斯群岛、甘比尔群岛、皮特凯恩群岛等组成。陆地面积2.6万平方千米。除有萨摩亚、汤加、图瓦卢3个独立国家，库克群岛与纽埃2个实行内部自治的新西兰领地，以及美国的夏威夷州之外，还有一些群岛和岛屿为美、法、英等国领地。人口约210万。主要为波利尼西亚人和欧洲移民后裔。多信奉基督教。通用波利尼西亚语。官方语言分别为英语和法语。岛群由火山岛和珊瑚环礁组成。主要为热带海洋性气候。年平均气温中部为26℃以上，其他地区约为24～25℃。年降水量赤道两侧附近岛屿较少，菲尼克斯群岛为1 000～1 500毫米，圣诞岛只有700毫米，而其他岛屿为2 000～3 000毫米。为国际海、空航线和许多海底电缆的必经之地，具有重要战略地位。经济以农业为主。盛产并出口椰子、热带水果，还产可可、甘蔗和香草等。有磷酸盐等矿产。旅游业发展迅速。沿海产珍珠和鱼类。

波利尼西亚人 Polynesians 大洋洲东部波利尼西亚群岛的民族集团。约120万人(2001)。包括毛利人、萨摩亚人、汤加人、图瓦卢人、夏威夷人、塔希提人、托克劳人、库克岛人、瓦利斯人、纽埃人、复活节岛人等10多个支系。属南方蒙古人种和澳大利亚人种的混合类型。使用多种语言和方言，同属南岛语系波利尼西亚语族。原崇拜多神，迷信巫术，现多改信基督教和天主教。其祖先约在2 500年前从东南亚陆续迁来。18世纪末欧洲殖民者侵入时，社会处在原始公社制解体的不同阶段，在夏威夷、塔希提和汤加等地已开始出现严格的等级制度和早期阶级国家。农业已知施肥和人工灌溉，有的地方已有梯田。饲养猪、狗、鸡。服装有围胸、围腰、短裙和披肩；饰物有羽毛头盔、项圈、发梳和手镯等。喜戴鲜花，盛行文身。食物以薯芋为主，还有面包树果、椰子和香蕉。住房多用树枝和草叶搭盖，屋顶为人字形。善于造船和航海。复活节岛有巨石雕像，并发现象形文字木牌。波利尼西亚人长期受美、英、法殖民统治，传统经济文化遭到破坏，人口一度锐减。

波利尼西亚语族 Polynesian group 南岛语系的一个语族。

波利齐亚诺 Poliziano (1454-07-14～1494-09-29) 意大利诗人。原名安杰洛·安布罗吉尼。以别名波利齐亚诺闻名。生于蒙泰波利齐亚诺，卒于佛罗伦萨。16岁时把荷马史诗《伊利昂纪》译为拉丁文(译完第2～5卷)。曾在大学任古典语文学教授。他是最早采用校勘方法进行研究的古典语文学家，欧洲一些知名的人文主义者都听过他讲课。主要作品是意大利文诗《比武篇》，为庆祝洛伦佐的弟弟朱利亚诺1475年比武获胜而作。诗人用声调优美的八韵句和鲜明的笔触，描绘明媚的春光、打猎的场面和神话中的维纳斯王国和宫殿，展现出一个充满了自然和艺术之美的世界。作品反映了人文主义者对远离现实生活的田园诗世界的向往，是15世纪意大利诗中最有代表性的作品。

诗剧《奥尔甫斯》(1480)是意大利最早的世俗剧。故事情节来源于希腊、罗马古典作家，是一篇音乐性很强的田园诗。

波粒二象性 wave-particle duality 微观客体的普遍性质。宏观物理学中形成了粒子(以能量、动量表征)和波(以频率、波长表征)的概念。它们描述不同的客体。M.普朗克的黑体辐射、A.爱因斯坦的光电效应理论以及在康普顿效应中，光在吸收、发射和散射过程中都表现出粒子性，即能量和动量都是量子化(不连续)的，它们由被称为光子的辐射场量子携带。这确立了光既有波动性又有粒子性，各在不同的条件下呈现。早期的原子理论(N.玻尔和A.J.W.索末菲用经典力学加量子化条件所创建)和实验现象有矛盾。物理学家设法寻找适用于原子的新力学。1924年L.V.德布罗意从几何光学(基本原理是光程最短的费马原理)和经典力学(基本原理是最小作用量原理)的相似性出发，考虑到从几何光学到波动光学代表了物理学的进步，经典力学也应该提升为波动力学。他假定粒子由物质波伴随，波的频率ν与波长λ和粒子的能量E与动量p的关系为

$$E = h\nu,\ p = h/\lambda$$

这种关系被称为德布罗意关系。将这个关系用于氢原子的定态轨道上的电子，根据玻尔理论给出的动量算出物质波的波长，发现轨道周长正好是波长的整数倍。这样波就会前后同相，保证了稳定传播。1927年C.J.戴维森和L.H.革末以及G.P.汤姆孙分别进行了电子束在晶体上的衍射实验，证实了电子的波动性和德布罗意关系。A.采林格于1982年实现了中子的干涉实验。1989年殿村用电子双棱镜实现了电子的“双缝干涉”实验。电子波动性最广泛的应用之一就是E.鲁斯卡发明的电子显微镜。

光和电子二重性中涉及的粒子与波已不再是经典物理中的粒子与波。电子的运动轨道概念只有在不确定度关系的限定下才有意义。描述电子的波函数并不代表伴随电子的实体波，代表的是电子的概率振幅，波的演化(传播)代表概率振幅的演化。波的本质表现是它的相位，相位的相干体现在干涉实验中。电子通过双缝的干涉代表的是单个电子的波的干涉，也就是一个电子自身的干涉。实验中同时只有一个电子位于设备中保证了这一点。同样光子也是自身的干涉。

电磁波是光子的概率波，宏观量的光子将概率波实现为随时间变化的能量(动量)分布。这一点是电子做不到的。因为光子是玻色子，在一个电磁波模式上可有宏观量光子存在；而电子是费米子，要服从泡利不相容原理，在一个量子态上只能有一个电子。电子的干涉条纹是许多位于相同状态上的电子体系的多次积累效应。波和粒子的完全平行性在气体原子的玻色-爱因斯坦凝聚上得到完全体现，这些玻色子凝聚在同一个量子状态上，就和大量光子位于同一个模式上一样。当处于玻色-爱因斯坦凝聚状态上的原子束被引出时，它的相干性质和光波完全一样。

采林格研究组于1999年实现了C_{60}分子的干涉实验，证实了波粒二象性在这样的大分子上仍然成立。实验的意义在于C_{60}分子不仅质量大，而且有丰富的内部结构，因而和环境会有耦合。它质心运动的物质波相位相干性易于受到干扰，造成退相干，这正是量子力学前沿研究的一个重要课题。

波罗的海 Baltic Sea 欧洲北部内海，世界海水含盐度最低的海。四面几乎均为陆地环抱，仅西部通过厄勒海峡、卡特加特海峡和斯卡格拉克海峡等与北海相通。面积42.2万平方千米(包括卡特加特海峡)。海域中主要有博恩霍尔姆岛、哥得兰岛、厄兰岛、萨雷马岛、奥兰群岛等，以及深入陆地的波的尼亚湾、芬兰湾。周围国家有芬兰、瑞典、丹麦、德国、波兰、俄罗斯、立陶宛、拉脱维亚和爱沙尼亚。波罗的海是最后一次冰期结束，冰川大量融化后形成的。平均深度仅86米；最深处459米。总储水量2.3万立方千米。波罗的海与外海海水交换不大，有维斯瓦河、奥得河等大小250条河流注入，加之气候寒冷，蒸发微弱，因而平均含盐量仅为大西洋的1/3。海水含盐度自出口处向海内逐渐减少，深层海水盐度较高。波罗的海海水一般由厄勒海峡流出。外海海水从大贝尔特海峡流入。波罗的海位于北纬54°～65.5°之间，水温自

北向南升高。8月表层水温介于9～20℃，2月0～2℃。由于海水浅而淡，冬季易结冰，缺少潮流，潮波也很小。但水面却深受风暴影响。即使在通航期，船只航行仍较危险。波罗的海是北欧重要的航道，除有多条天然海峡与外海相通外，还有数条人工水路与附近地区相连。

波罗的语族 Baltic group 印欧语系的一个语族。现仅存两种活的语言：立陶宛语和拉脱维亚语（又称莱蒂语），是波罗的海东岸居民使用的语言。主要分布在立陶宛和拉脱维亚。波罗的语族分东支和西支。东支包括立陶宛语、拉脱维亚语，以及已消亡的库罗尼亚语、塞米加里亚语和塞罗尼亚语；西支仅有一种已消亡的语言——古普鲁士语。波罗的语言均属屈折型。波罗的语族中，立陶宛语和拉脱维亚语最接近。语法上都有阳性和阴性，单数和复数，有主格、属格、与格、宾格、工具格、方位格和呼格，有三种变位法和三个人称；有三种共同的时态：现在时、过去时和将来时，立陶宛语多一个反复过去时。在构词、借词等方面，二者也很相似。

在印欧语系中，与其他语族相比，波罗的语族与斯拉夫语族的关系更接近。因此有的语言学家主张把波罗的语族和斯拉夫语族合为一个波罗的-斯拉夫语族。

波罗蜜 *Artocarpus heterophyllus*; jackfruit 桑科波罗蜜属的一种。常绿乔木。又称木波罗、树波罗。热带果树。原产印度至马来西亚一带。引入中国已有900多年历史，分布于台湾、广东、广西和云南等地。树高8～15米。叶革质而厚，倒卵形或椭圆形。花单性，雌雄同株，花小而多。聚花果长30～50厘米，重可达20千克，外皮有六角形瘤状突起。果肉层叠，淡黄色，蜜味有异香。种子椭圆形。多用种子繁殖。但用片芽嫁接可保持优良种性和提早结

果。园地要求肥沃湿润。剪顶可抑制生长，促进多开花结果。栽种后四五年结果。盛产期一株可产果150～250千克以至500千克以上。果实采收后经日晒一二天催熟始可食用。果味甜，除鲜食外，可制罐头和果脯。种子煮熟后味如芋、栗。木材黄色，纹理细致，轻而坚韧，是制高级家具和乐器用材。

波洛克 Pollock, Jackson (1912-01-28～1956-08-11) 美国画家，行动绘画（又称抽象表现主义）的主要代表人物。生于怀俄明州的科迪城，在纽约州驾车失事丧生。他最初对雕塑感兴趣，之后又迷恋H.霍夫曼的画。1943年举办个人画展。1945年开始行动绘画的创作。《整整五寻》(1947) 是用油彩和铅在画布上创作的，顿时名声大噪，毁誉不一。1946～1950年的作品或用优雅的线，如《蓝色无意识》(1946)；或在画面厚涂繁复的色彩，如《灼眼》(1946)。1951年画风变得平静、柔和，出现暗示具体物象的模糊轮廓。这期间，他的部分作品是黑白的；部分是色彩布满整个画面的滴流画，如《集中》(1952)；还有厚彩作品，如《气味》(1955)。

《气味》

波洛克行动绘画的作画过程一般是：把画布钉在地板上，围着画布像踏着舞步似的走动，用棍棒蘸上油漆，任其在画布上滴流。他声称，预先不知道画什么，而是经过认知的阶段后，才看到自己到底画了什么。波洛克的行动绘画，是为了摆脱手腕、手肘和肩膀的限制，便于画家表现无法自控的内在意识和行动。

波洛奈兹 polonaise 波兰民间舞蹈。初为农民的自娱舞蹈，16世纪末进入宫廷，但仍在民间流行。

舞蹈时，以男女两人肩并肩为一组，排成队列，随着中板的3/4拍乐曲纵队行进。行进中男女舞伴做相互行礼等礼仪动作，表现出民族自豪和开朗的性格特点。无论在生活中的宫廷舞会上，还是在芭蕾舞剧中的舞会上，波洛奈兹常常被用作开场舞。走在队伍最前面的一对男女舞伴或是当晚最尊贵的嘉宾或是领舞。他们带领随后的舞者完成一连串舞蹈动作，并引领舞蹈队列组成“蜗牛”、“螺旋”、“贝壳”、“折扇”、

波洛奈兹舞姿

“星星”等一系列象形的图形。波洛奈兹具有高雅的气派，并体现出与日常生活的密切联系。

波密县 Bomi County 中国西藏自治区林芝地区辖县。位于自治区东南部，喜马拉雅山、念青唐古拉山和横断山交会处，帕隆藏布中游。面积14 972平方千米。人口3万(2008)，以藏族为主，还有汉族等10多个民族。历史上为波密王辖地。1960年建立波密县。平均海拔约4 200米。属高原温带半湿润性季风气候。平均年降水量849.7毫米。矿产有石膏、绿柱石、铁、钨、铜、钼、铅、锌、水晶、砂金等。县域经济以农业为主，产青稞、春小麦、冬小麦、荞麦、豌豆、油菜子等。山区多云杉、冷杉、乔杉、高山松、华山松、落叶松、楠木和巨柏等原始森林。产核桃、梨、苹果、花椒、食用菌及天麻、冬虫夏草、贝母、三七、党参、灵芝等中药材。畜牧业以牛、羊等为主。工业有电力、农具修造、粮油加工等小型工业和酥油桶、木碗、易贡藏刀等传统民族手工业。川藏公路通过县境。有卡钦冰川、若果冰川、则普冰川和岗乡自然保护区等风景区。

波你尼 Pāṇini 印度古代语法学家。生活年代一般认为在公元前4世纪。诞生地在今巴基斯坦的白沙瓦附近。波你尼是印度语法学的集大成者。他著有《波你尼经》，因为内容有八章，又称《八章书》。

《波你尼经》包含着一个完整的、科学的语法体系。字母排列非常合乎科学。先元音，后辅音，依照发音部位和发音方法排列。

波你尼从语音分析开始，只分析词，完全以语形为分析对象。他分析词根、词干、词尾、前缀、后缀、派生词、复合词等；分析到最后就是词根，即所谓“界”；加到“界”上成为词，或者再表现出名词、动词等所有的关系的都称为“缘”，即直接后缀。因此，构词的基本公式是界+缘=词。这种分析到最后的词根全是动词，名词都出于动词。按波你尼的说法，词类共有4种，即名词（包括名词、代词、形容词）、动词、介词、不变词（包括叹词等）。

在印度，《波你尼经》是学习梵语的圭臬。在欧洲，它促成了**印欧语系**比较语言学的产生。

波旁王朝 Bourbon, House of 波旁家族在法国建立的王朝（1589～1792，1814～1830）。波旁家族的支系在西班牙、那不勒斯、西西里和帕尔马也曾建立王朝。波旁家族的世系可上溯至10世纪，远祖系加洛林家族的近亲，因最初的封地为波旁拉尔尚博和波旁而得名。

1589年由安托万之子、纳瓦尔国王亨利继位，称亨利四世，波旁王朝在法国的统治自此开始。1610年亨利四世去世，路易十三继位。

从17世纪起，波旁王朝的君主们致力于强化中央集权，大规模兴办王家手工工场，推行重商主义经济政策，专制君主制臻于鼎盛。波旁王朝对外进行殖民扩张，使法国成为欧洲头号强国。

亨利四世率领军队攻入巴黎

17和18世纪之交，波旁封建专制王权逐渐由盛而衰。在国外，波旁王朝进行了几场旷日持久的欧洲战争。法国**七年战争**中败于英国，独霸欧洲和争雄海外的图谋受挫。在国内，各种社会矛盾日趋激化，终于导致1789年**法国大革命**的爆发。1792年9月21日，波旁王朝灭亡。1814年**波旁王朝复辟**。1815年3～6月**拿破仑一世**建立“百日”政权，失败后波旁王朝再度复辟，直至末代君主查理十世在1830年**七月革命**中被推翻，波旁王朝在法国的统治最终结束。

波旁王朝复辟 Bourbon Restoration 拿破仑帝国崩溃后，1814～1815年和1815～1830年**波旁王朝**两次恢复统治权时期。

1814年3月，反法联军第6次攻陷巴黎，**拿破仑一世**被迫退位。5月，路易十八回国。6月签署《1814年宪章》，坚持君权神授，规定实行两院制，国王有权任命大臣，召集、解散议会，批准立法。是为第1次复辟。

1815年拿破仑一世“百日”统治期间，路易十八逃亡国外。“百日”统治结束后，路易十八再度回国，重登王位。是为第2次复辟。1815年的第2次《巴黎条约》强迫法国退回到1790年的疆界，缴付7亿法郎赔款，东部诸省暂由联军占领。国内极右保王派乘机对波拿巴分子、**雅各宾派**进行清洗报复，在南方实行白色恐怖，甚至扬言要收回大革命时期被没收的财产。1815年8月选举议会，极右分子占绝大多数，路易十八誉之为“无双议会”。

1818年法国恢复了与英国、俄国、奥地利、**普鲁士**并列的大国地位。1820年2月，可能继承王位的王侄贝里公爵遇刺身亡。极右派利用局势，迫使路易十八向右转，对内打击烧炭党和自由派人士；对外支持神圣同盟，出兵镇压西班牙革命。

1824年阿图瓦伯爵查理－腓力即位，称查理十世。他授权天主教会掌管教育，向大革命时失去土地的逃亡贵族发放约10亿法郎赔偿金，对亵渎圣物者处以监禁以至死刑，解散巴黎国民自卫军。

1830年7月，国王拒不召开议会，悍然颁布反动的《七月敕令》，从而激起**七月革命**。查理十世逃亡英国，波旁王朝被推翻。

波片 wave plate 使互相垂直的两光振动间产生附加光程差（或相位差）的光学元件。通常由光轴平行于表面的双折射晶片做成。以线偏振光垂直入射，入射振动的方向与晶片光轴夹θ角，晶片中分解成互相垂直的o振动和e振动，相应主折射率为n_o和n_e。o光和e光穿过厚度为d的晶片后产生的附加相位差为：

$$\Delta\varphi=\frac{2\pi}{\lambda}(n_o-n_e)d$$

合成后一般变为椭圆偏振光，特殊情形下$(\theta=0,\pi)$仍为线偏振光。

凡能使o光和e光间产生$\lambda/4$光程差的波片称四分之一波片。线偏振光垂直入射，且$\theta=45°$，出射光为圆偏振光；反之，以圆偏振光入射时，经波片后变成线偏振光。凡能使o光和e光间产生$\lambda/2$光程差的波片称二分之一波片，它能使线偏振光的振动方向转过2θ角。凡附加光程差可任意选择或可连续调节的波片称补偿器，常见的有巴俾涅补偿器和索累补偿器等。

各类波片可使入射光的偏振状态发生改变，常作为偏光显微镜的附件用来检测岩矿晶体的双折射性质。

波普尔 Popper, Karl Raimund（1902-07-28～1994-09-17） 英国哲学家。批判理性主义的创始人。生于奥地利维也纳一个犹太血统的知识分子家庭，卒于英国大伦敦克罗伊登。1928年获哲学博士学位，曾任教于新西兰坎特伯雷大学，1945年在英国伦敦经济学院任教，并从此定居英国，后加入英国籍。1949年起任伦敦大学教授，1964年受封为爵士。

他自称其哲学为批判理性主义，认为经验观察必须以一定理论为指导，但理论本身又是可证伪的，因此应对之采取批判的态度。在他看来，可证伪性是科学的不可缺少的特征，科学的增长是通过猜想和反驳发展的，理论不能被证实，只能被证伪，因而其理论又被称为证伪主义。50年代以后，他的研究重点转向本体论，提出了“三个世界”理论。著有《开放社会及其敌人》、《科学发现的逻辑》等。

波普艺术 Pop art 西方现代美术思潮。20世纪50年代初萌发于英国，50年代中期鼎盛于美国。波普为Popular的缩写，意即流行艺术、通俗艺术。波普艺术一词最早出现于1952～1955年，由伦敦当代艺术研究所一批青年艺术家举办的独立者社团讨论会上首创，批评家L.阿洛维酌定。他们认为公众创造的都市文化是现代艺术创作的绝好材料，面对消费社会商业文明的冲击，艺术家不仅要正视它，而且应该成为通俗文化的歌手。在实践中有力地推动这一思潮发展的艺术家是R.汉密尔顿。1956年，他在首届“这是明天”的个人展览会（惠特彻派尔画廊）上陈列出握有“POP”字母的网球运动员的拼集作品《是什么使得今天的家庭如此不同往常、如此丰富多彩？》，这幅作品成为波普艺术的一面旗帜。英国波普艺术的代表人物还有E.保罗齐、J.蒂尔

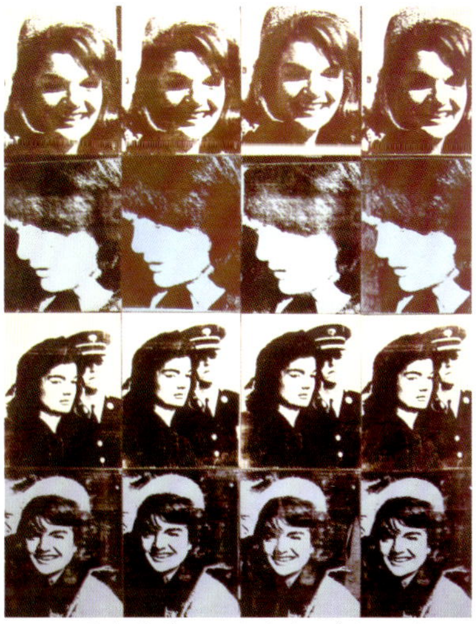

沃霍尔作《十六个杰奎琳》（1965）

森、D.霍克尼等。美国波普艺术的出现略晚于英国，在艺术追求上继承了达达主义精神，作品中大量运用废弃物、商品招贴、电影广告、各种报刊图片作拼贴组合，故又称新达达主义。

美国波普艺术家声称他们所从事的大众化艺术与美洲的原始艺术和印第安人的艺术类似，是美国文化传统的延续和发展，1965年在密尔沃基艺术中心举办的波普艺术展览即以“波普艺术与美国传统”为题。美国波普艺术的开创者是J.约翰斯和R.劳申伯格，影响最大的艺术家是A.沃霍尔、J.戴恩、R.利希滕斯坦等。集合艺术和偶发艺术一般被认为是波普艺术的两个支系。

波塞冬 Poseidon 希腊神话中的海神。为克罗诺斯和瑞亚所生，宙斯之兄。他能用三股叉劈开海水，掀起波浪。传说他同赫拉、雅典娜一起，阴谋推翻宙斯，失败后被罚与阿波罗一起修筑特洛伊城墙，当地的王拉奥墨冬拒付酬金，他便派一个海怪去那里为害。为占有阿提卡，他与女神雅典娜发生争执，他用三股叉猛击山岩，立即有一股泉水涌出（一说是把马匹赠给雅典人），雅典娜女神却让山岩上长出一棵橄榄树。雅典娜获胜。他和墨杜萨（戈尔贡）结合，生了神马佩伽索斯。他长期迫害奥德修斯，因为奥德修斯弄瞎了他儿子独眼巨人波吕斐摩斯的眼睛。公元前2 000多年的铭刻中已提到波塞冬的名字。他最初可能是地震之神和水神。他用来震动大地的三股叉也成了海神的表征。在奥林波斯宗教中，波塞冬是大海的主宰，其他古老的地方性海神都被排挤到次要的地位。小亚细亚的伊奥尼亚人和某些岛屿上的居民将他尊为部落神。在希腊本土，波塞冬的庙宇多建于海角和地峡。在罗马，对他的崇拜与对意大利的水神尼普顿的崇拜混合，每年6月有纪念尼普顿的节日。

波士顿 Boston 美国东北部新英格兰地区最大港口城市，马萨诸塞州首府。位于该州东部，东滨大西洋马萨诸塞湾，查尔斯河和米斯蒂克河流经市区入海。市区面积125.3平方千米，人口60.9万（2008）；波士顿－伍斯特－劳伦斯大都市区人口570.87万（2008）。城市滨海临河，地势低平，平均海拔仅6.4米。气候温和湿润，1月气温－6～2℃，7月18～28℃，平均年降水量1 100毫米。

美国最古老的城市之一。1630年由英国清教徒始建。18世纪中叶以前一直是英属北美最大城市和殖民统治中心。1770年发生英军枪杀当地平民的波士顿惨案。1773年出现反英抗税的倾茶事件。1775年4月在这里打响了美国独立战争的第一枪。1822年设市。19世纪30年代，铁路通达，移民迅速增加，工商业和文教事业均有较大发展。

城市经济以银行、保险、投资管理和其他金融业服务业为主，是美国五大金融中心之一，设有新英格兰区联邦储备银行等。以计算机、电子和宇航工业为中心的高科技产业发展很快，成为美国第3个电子工业中心。在传统的工业部门中，印刷出版、食品加工等尚占一定地位。新英格兰地区批发和零售业中心。旅游业发达。波士顿港是天然深水良港，拥有现代化装卸、仓储设施，也是美国主要渔港之一。2条铁路干线与港口衔接，高速公路网从北、西、南进入市区，还有一系列环形公路围绕城市。洛根国际机场位于城东。市内有地铁系统，是美国第一个建成地铁的城市（1897）。

波士顿号称“美国的雅典”。查尔斯河南岸的老城区，辟有一条名为“自由之路”的红砖街道，起自美国最早建立的旧波士顿公园（1634），止于全市最古老的北教堂（1723），全长约3千米，一路都是历史遗址。著名的文化城。美国第一所中学、大学、公共图书馆以及第一家报纸均出自该城。市内现有30所高等院校，大都市区内达65所。查尔斯河北岸的剑桥有“大学城”之称，世界著名的哈佛大学（1636）、麻省理工学院（1861）坐落于此。其他著名高等院校还有波士顿大学（1869）、东北大学（1898）、萨福克大学（1906）等。医学卫生保健事业发达，市内医院众多。波士顿也以馆藏文化著称于世，拥有历史、自然、科学、艺术等各类博物馆，其中收展东方艺术品的美术博物馆（1876）和计算机博物馆最负盛名。波士顿交响乐团、歌剧团、芭蕾舞团具世界水平。为纪念诞生于该市的美国前总统J.F.肯尼迪，在市南郊设立肯尼迪图书馆和纪念馆。

波士顿惨案 Boston Massacre 1770年3月英国殖民当局屠杀北美殖民地波士顿人的流血事件。1765年，驻营条例颁布后，英国政府派遣军队驻扎北美。驻扎在波士顿的第14团和第29团胡作非为，引起当地人的强烈反抗。军队和当地人的冲突不断，1770年3月达到高潮。3月5日英军侮辱学徒，冲突再起。晚8时，钟声大作，人们手持棍棒走上街头，高呼赶走可恶的“红虾兵”（蔑称身着红色军服的英国军队）。聚集在英王街税关周围的人情绪更为激昂。英军前来镇压。当场打死3人，第一个被打死的是种植园奴隶出身的黑人群众领袖C.阿塔克斯。此次事件史称波士顿惨案。波士顿惨案的消息很快传到其他城市，人们纷纷起来抗议英军驻扎。英国军队被迫撤出波士顿。

波士顿交响乐团 Boston Symphony Orchestra 美国专业音乐表演团体。1881年由H.L希金森在美国的波士顿创建。第一任指挥是德国指挥家G.亨舍尔。此后担任指挥的有奥地利指挥家W.格里克、尼基什，奥地利指挥家E.保尔，美国指挥家A.菲德勒，法国作曲家、指挥家H.B.拉博，法国指挥家P.蒙特、C.明希，俄国指挥家S.库谢维茨基，以及出生于维也纳的美国作曲家E.莱因斯道夫等。

波士顿交响乐团音乐指导J.莱文指挥乐团排练

波士顿美术博物馆 Museum of Fine Arts, Boston 美国艺术博物馆。在波士顿亨廷顿大街465号。1870年哈佛大学波士顿图书馆和麻省理工学院为展出自己收藏的艺术品而倡议建立。1876年7月4日正式开放。1909年迁至现址。1981年由建筑师贝聿铭设计的主楼西翼落成开放。此馆文物藏品约35万件，设有美国装饰艺术和雕塑、亚洲艺术、古典艺术、古代埃及和古代近东艺术、欧洲装饰艺术和雕塑、绘画艺术、印刷、素描和照片、纺织、20世纪艺术等部门，其中亚洲艺术品的收藏最为丰富。展品有中国、日本、朝鲜等国的青铜器、陶瓷、绘画、书法、纺织品、雕塑等各类艺术瑰宝，如中国唐阎立本《历代帝王图》卷，宋徽宗《写生珍禽图》、摹唐张萱《捣练图》等；日本的浮世绘版画作品有7万余件。还有亚洲各地的伊斯兰教、印度教和佛教艺术的珍品。古典艺术品是该馆的重要藏品，包括古希腊、古罗马、伊特鲁里亚的青铜器、陶瓷、雕塑、钱币、宝石、金银器、玻璃等。还拥有世界上除法国外最大的C.莫奈绘画馆和世界第一流的19世纪美国艺术馆。此馆的埃及古王国实物收藏在世界上占有重要地位，如穆瑟瑞纳斯及其王后双人像、彩绘的第4王朝王子安可哈夫石灰石胸像、歇普塞斯卡夫王子雪花石胸像等都是其中的精品。1979年在波士顿市中心法纳尔大厦商场设立了分馆。

波斯波利斯古城 Persepolis 古代波斯阿契美尼德王朝（公元前550～前330）首都。又名伯尔萨。今名塔赫特贾姆希德（意即“贾姆希德的宝座”）。遗址位于伊朗设拉

阿契美尼德王朝王宫建筑遗址局部

子城东北约42千米处，东临拉赫马特山的峭壁，其余三面为城墙所围。大流士一世于前518年开始兴建城墙和王宫，阿尔塔薛西斯一世建成。全部建筑于前330年为马其顿国王亚历山大所毁。1979年作为文化遗产被列入《世界遗产名录》。王宫建于石头台基上，包括大会厅、觐见厅、宫殿、宝库、储藏室等。全用暗灰色大石块建成，外表常饰以大理石。王宫西城墙北端有两处庞大的石头阶梯，其东边是国王薛西斯所建的四方之门。大会厅在城市中部西侧，边长83米，中央大厅和门厅用72根高20余米的大石柱支撑。觐见厅在城市中部偏东，是有名的“百柱厅”。城西南角为阿尔塔薛西斯一世和薛西斯一世的王宫，东南角是宝库和营房。城中出土文物有浮雕、圆雕、印章和泥板文书等。

《波斯古经》 *Avestā* 琐罗亚斯德教的根本经典。音译《阿维斯陀》或《阿维斯塔》，原意为知识、根基或颂扬。最早汇编于公元前4世纪波斯阿契美尼德王朝末期，亚历山大大帝征伐波斯时遭到焚毁，仅存1卷。前3世纪初，安息王朝的沃拉赫什曾派人收集和整理。萨珊王朝建立后，琐罗亚斯德教定为国教，阿尔达希尔一世下令收集和重新审定《阿维斯陀》，共辑成21卷。但在萨珊王朝灭亡二三百年后，逐渐亡佚，保留至今的残卷，仅为萨珊王朝审定本的1/4，其内容包含6个部分：①伽萨，意为“配乐吟唱的颂诗”。据说是琐罗亚斯德本人说教的记录，是全经最古老部分。②耶斯那，祭司献祭时唱的赞歌和对天神地祇的祈祷，即祭祀书，是《波斯古经》的主体部分。③维斯帕拉德，意为“出类拔萃者”，也称小祭祀书，即扩大的祭祀书。④耶什特，即赞颂书，是对各种神祇和天使的赞颂。⑤万迪达德，即驱魔书，讲日常生活要遵循的仪规戒律。⑥胡尔达，即小波斯古经，是供教徒日常宗教生活中祈祷和守礼用的精简本。现有的《波斯古经注释》是9世纪以后用帕拉维语翻译和写作的，由若干分散的经典汇集而成。

《波斯古经》是伊朗古代宗教神话、历史传说、礼仪规范、社会习俗等的汇集，有些内容在琐罗亚斯德以前就已出现。教义体系的基本内容是善恶二元论，认为在原始之初就存在光明与黑暗，善与恶对立的神灵，分别代表不同的宇宙本原，各自具有不同的德性，双方的矛盾和斗争无所不在，无时不有，持续若干千年的殊死斗争，最终是善神战胜恶神。这些教义思想对摩尼教、基督教的异端教派及希腊、罗马哲学都有影响。《波斯古经》在13世纪初被译成梵文，近代以后又被译成欧洲多种文字。

波斯猫 Persian cat 玩赏用长毛型猫种。饲养历史悠久。被毛浓密松散有弹性，肩颈部被毛致密，形似狮子鬃毛。两耳廓内外都长满了长毛。趾间也有较长的毛。尾上附生浓密长毛，尾端有颇长的羽状毛，散落拖地。毛色可分为单色、双色、多色和呈深浅相间的虎斑或龟壳斑。体型健壮，身躯宽长，四肢发达，腿略短爪大。鼻短宽呈鞍形，眼睛圆大且颜色丰富，多数为黄色。因其整体雍容华贵且富于灵性，被看作猫中贵族。

波斯尼亚和黑塞哥维那 Bosnia and Herzegovina 欧洲中南部国家。简称波黑。位于巴尔干半岛中西部，东与塞尔维亚为邻，东南与黑山毗连，北、西、西南部与克罗地亚接壤，南部一隅濒亚得里亚海。面积51 209平方千米。人口445万（2006）。波黑联邦占全国人口62.5%，波黑塞族共和国占37.5%。三大民族波什尼亚克族、塞尔维亚族、克罗地亚族分别占全国人口的43.5%、31.2%和17.4%，分别信奉伊斯兰教、东正教和天主教。官方语言为波斯尼亚语、塞尔维亚语和克罗地亚语。首都萨拉热窝。

境内大部分地区为山地，其中迪纳拉山脉纵贯西部。马格利奇山海拔2 387米，为全国最高峰。西南部石灰岩高原，岩溶地貌发育。平原仅占国土10%，主要分布在北部。主要河流有萨瓦河、弗尔巴斯河、波斯尼亚河、德里纳河等。北部广大地区属温带大陆性气候，西南部属地中海式气候。森林覆盖率47%。水力资源丰富。主要矿产资源有褐煤、铝土矿、石棉、岩盐、铁、铅、锌等。

6世纪末7世纪初，部分斯拉夫人南迁到巴尔干半岛。12世纪末斯拉夫人建立起独立的波斯尼亚公国；14世纪末，曾是南部斯拉夫人最强盛的国家。1463年后成为奥斯曼帝国属地，直到1908年被奥匈帝国兼并。1918年第一次世界大战结束后，波黑加入塞尔维亚－克罗地亚－斯洛文尼亚王国（1929年改称南斯拉夫王国）。1945年成立南斯拉夫联邦人民共和国（1963年改称南斯拉夫社会主义联邦共和国），波黑成为其共和国成员之一。1992年3月后，波黑三族间因独立问题爆发了历时三年半的波黑战争。1995年11月21日，草签了《代顿协议》，规定波黑在其国际承认的边界内继续作为主权国家存在，内部划分为享有高度自治的两个平等政治实体，一个是以波什尼亚克族和克罗地亚族为主的波黑联邦，其领土占全国面积的51%；另一个是以塞尔维亚族为主的波黑塞族共和国，占全国面积的49%；两个实体各自保留独立的政府、军队、司法和经济机制。1995～1996年，以北约为首的国际维和部队进驻波黑，实施维和和监督行动。在国际社会的推动下，三族温和派政党组成的“变革联盟”在2001年2月联合组阁，主张民族和解，建立一个多民族、多宗教、多元文化的波黑社会，民族间关系有所改善。

1995年通过的新宪法确定波什尼亚克、塞尔维亚、克罗地亚三族为国家主体民族，设三人主席团（国家集体元首），由三个主体民族直接选举的代表担任，三人轮流主持主席团工作。实行代表院、民族院两院议会制。两院各设主席1人、副主席2人，

莫斯塔尔老桥

分属波黑三族；主席一职由三族轮流担任，主席、副主席每8个月轮换一次。国家政府为部长会议，其主席由三人主席团任命，代表院批准，部长由部长会议主席任命。2000年8月修改宪法规定，由来自三个民族的6名部长轮流担任部长会议主席职务。设宪法法院，裁决两个实体之间的纠纷；两实体内分设最高法院。国家外交活动的重点是落实代顿协议和努力加入欧洲一体化。1992年5月22日，波黑加入联合国。至2008年底已与世界上137个国家建立外交关系。1995年4月3日与中国建交。

工业原有一定基础，主要工业部门有煤炭、电力、冶金、汽车装配、金属加工、纺织、食品等，军火工业在全国占重要地位。农业用地约占国土面积14%，以种植业为主，生产小麦、玉米、烟草、甜菜、马铃薯、水果等。旅游业也是国民经济主要产业之一。波黑战争中，经济遭到严重破坏，生产停顿。战后重建，经济逐年增长，但主要来自建筑业、商贸和服务业，许多生产设备尚未运转。2008年国内生产总值（GDP）188亿美元。许多工农业产品依赖进口，外贸巨额逆差，2008年进口额为121.81亿美元，出口额50.19亿美元，主要贸易伙伴为克罗地亚、意大利、德国、斯洛文尼亚、匈牙利、奥地利。外援主要来自欧盟、世界银行、美国、日本、荷兰，对重建波黑经济起重要作用。旅游业重新启动。2007年公路客运量3 131.5万人次，铁路客运量111.3万人次。有4个国际机场。货币名称可兑换马克，或称波黑马克。

原教育体制包括8年义务教育制已逐步恢复。2006～2007年全国共有小学1 086所，中学208所。主要高等院校有萨拉热窝大学以及巴尼亚卢卡大学、莫斯塔尔大学、图兹拉大学等。每年发行《塞族之声》、《每日之声》、《解放报》、《自由波斯尼亚周刊》等报刊。主要有波黑联邦电视台、塞族共和国电视台、HAYAT电视台、99独立电视台等。全国有电台117个。

波斯尼亚危机 Bosnian Crisis 奥匈帝国1908年吞并波斯尼亚和黑塞哥维那而引起的一次国际冲突。反映了第一次世界大战前夕，德、奥、俄等帝国主义争夺巴尔干地区的尖锐矛盾。1878年《柏林条约》规定：这两省由奥匈帝国代管，但名义上仍属土耳其。1908年，土耳其爆发资产阶级革命，国内局势动荡。奥匈帝国乘机拉拢俄国共同瓜分土耳其的属地。俄国也想乘机修改黑海海峡制度，以便推行它的南下政策。同年9月15日，奥国和俄国在布赫劳城堡达成秘密协定：俄国同意奥匈帝国兼并波、黑两省；奥匈帝国则支持俄召开国际会议修改《柏林条约》，同意黑海海峡向俄军舰开放。10月7日，奥匈帝国正式宣布兼并波、黑两省。俄国因目的还未达到，便向奥匈帝国提出抗议，并要求召开国际会议解决争端。奥匈依仗德国的支持，拒绝召开国际会议。1909年2月，亲德的土耳其政府在德国影响下，与奥匈签订协定，以250万英镑的代价放弃对波、黑两省名义上的主权。这使德、奥态度更趋强硬。3月，德国向俄发出威胁性照会：要求俄促使塞尔维亚承认奥匈帝国兼并两省的既成事实；如俄继续支持塞尔维亚，德、奥将对俄作战。俄被迫让步，并对塞施加压力，强迫其放弃反奥战争的动员和停止一切反奥行动。3月31日，塞政府被迫声明取消抗议，一场几乎导致战争的危机趋于平息。

波斯尼亚危机使沙俄与德、奥以及塞、奥的矛盾进一步加深，加剧了协约国和同盟国在巴尔干的争夺，使巴尔干成为引发第一次世界大战的火药库。

波斯人 Persians 西亚伊朗伊斯兰共和国人口占多数的民族。又称伊朗人。有3 372.5万人（2001），占伊朗总人口的51%。主要分布在中部和西部。另有部分人分布在阿富汗、伊拉克等国。属欧罗巴人种南支。

波斯妇女及儿童

使用波斯语（又称法尔斯语），属印欧语系印度－伊朗语族。古波斯人曾用楔形文字，7世纪后改用阿拉伯字母。信伊斯兰教，多属什叶派。古伊朗部落于公元前2000年自中亚进入现居住地（一说来自高加索）。尔后逐渐吸收阿拉伯人、突厥人、蒙古人成分。于前550～前330建立波斯帝国。大流士一世当政时，帝国达到极盛时期，创造了灿烂的波斯文化。7世纪中叶受阿拉伯人侵略，18世纪起遭到葡、英、法、俄等国侵略。1925年建立巴列维王朝。1979年推翻王朝，建立伊斯兰共和国。绝大多数波斯人从事农业，主要种植小麦、大麦、水稻、烟草和棉花，兼营畜牧业；城市居民从事棉毛纺织、制毯等手工业，少数人从事商业和石油工业。擅长建筑、绘画、制毯和烧瓷。传统住宅为泥土房，平房顶兼作晾台。男人穿长衫、肥大长裤，缠头巾。妇女外出时穿灯笼裤和黑长袍。城市妇女戴白面纱。盛行早婚，多由父母包办。最大节日是源自古代的诺鲁孜节，即波斯阳历新年。口头文学、戏剧、诗歌极为丰富。

《波斯人信札》 *Les Lettres Persanes* 法国作家C.-L.de S.孟德斯鸠的书信体小说。1721年首版。主人公郁斯贝克和里加是波斯贵族，为了逃避宫廷倾轧，以求学为名来到巴黎。小说由161封书信组成，分为两部分。一部分是郁斯贝克和里加与友人们的通信，他们讨论政治、经济、宗教、婚姻等各种社会问题，抨击路易十四和教皇，揭露贵族阶级的腐朽、宗教生活的黑暗和学术空气的浮夸，并论述了对正义、自由、荣誉等概念的看法，由此反映了法国18世纪初叶的社会现实。另一部分是郁斯贝克与他的后房妇女及看守她们的阉奴的通信，反映了后房制度的残酷，妇女们的苦闷和对监视她们的阉奴的反抗。这两部分看起来没有统一的故事情节，却有着一致的批判精神，表明法国贵族社会和波斯贵族后房两种专制都在逐渐崩溃。小说提出了与封建意识形态相对立的思想，是启蒙时代的先声。

波斯托伊纳溶洞 Postojnska Jama 世界最大的石灰岩溶洞之一。位于斯洛文尼亚南部喀斯特高原。全长27千米。溶洞由皮夫卡河潜入地下，对石灰岩地层长期溶蚀而成。洞内套洞，曲折幽深，有隧道相连，形成一条奇伟的山洞长廊。有4处大溶洞经改建，被冠以音乐厅、辉煌厅、帷幔厅和水晶厅的名称。音乐厅高40米，面积3 000平方米，可同时容纳万人。从1929年起，每年举办一次音乐会。洞内有世界最大的钟乳石，体积达1 400立方米。流经洞内的地下河忽隐忽现，水中栖息着蟒螈。溶洞1861年被发现，1884年对外开放。

波斯湾 Persian Gulf 印度洋西北部边缘海。通称海湾。介于伊朗高原和阿拉伯半岛之间。西北起阿拉伯河河口，东南至霍尔木兹海峡。长990千米，宽56～338千米，面积24万平方千米。水深一般不超过90米，平均深度约40米，湾口最深达110米。沿岸国家有伊朗、伊拉克、科威特、沙特阿拉伯、卡塔尔、阿拉伯联合酋长国、阿曼和湾内岛国巴林。海湾地区为世界最大石油产地。在世界上八大储油国中海湾地区占五个。沙特阿拉伯的盖瓦尔油田是世界上最大的油田。在波斯湾内有世界最大的海底油田塞法尼耶等。海湾地区石油储量为910亿吨，占世界探明总储量的64.5%；出口量占世界石油贸易的40%以上。天然气储量为48万亿立方米，占世界总储量的33.4%。

海湾是世界石油贸易的重要通道。沿岸港口有阿巴丹、布什尔、哈尔克岛、乌姆盖斯尔、法奥、科威特、达曼、拉斯坦努拉、麦纳麦、多哈、阿布扎比、迪拜等。霍尔木兹海峡是海湾东出阿曼湾通印度洋的咽喉要道。属亚热带沙漠气候，终年盛行西北风。夏季炎热少雨，秋季多暴风和龙卷风。5～8月多沙尘暴。平均气温：7月32～33℃，1月14～20℃。年降水量：伊朗一侧275毫米，阿拉伯半岛一侧不足125毫米。表层水温：东南部24～32℃，西北部16～32℃。盐度：一般37～41，西南近岸海域高达60～70。海流为逆时针方向环流，流速：湾口每小时6～7千米，湾底每小时1.8千米。潮流流向大体与海湾轴线平行，潮差1.2～3.4米。

波斯湾历来是兵家必争之地。7～8世纪为阿拉伯帝国的内海。15～16世纪为土耳其人控制。17世纪上半叶，英国、荷兰之间和英国、法国之间在此角逐。第一次世界大战后，美国石油公司侵入海湾，与英国争夺石油。第二次世界大战期间，海湾成为同盟国向苏联提供军用物资的补给线。1987年美国与伊朗在海湾接连发生军事冲突。1990年8月2日伊拉克出兵占领科威特，7日美国出兵海湾，引发海湾危机。1991年1月17日爆发海湾战争。海湾战争后，美国与伊拉克的军事对抗局面依然存在。1995年7月美军组建第5舰队，以波斯湾及其附近海域为作战辖区。2003年3月20日美英联军发动伊拉克战争。沿岸8个国家共建有十几个海、空军基地。

波斯细密画 Persian miniatures 13～17世纪在波斯文化圈内流行的抄本插图。

塞尔柱画派 13世纪的波斯细密画来自不同的艺术中心，如巴格达、摩苏尔等地。因这些城市都在塞尔柱王朝境内，所以这些城市的细密画通称塞尔柱画派。13世纪上半叶绘制的《加林抄本》是已知最早的波斯细密画之一，属于巴格达风格。13世纪下半叶，蒙古人的入侵带来中国艺术的强烈影响。塞尔柱画派转向一种新的东方风格。

大不里士画派 1220～1258年，蒙古人入侵中亚地区，中国绘画技法在伊朗地区普遍传播，波斯细密画和小亚细亚以西的伊斯兰国家的绘画在风格上逐渐分道扬镳。1258年统治伊朗的伊儿汗王国将大不里士作为首都，它成为波斯细密画新风格的摇篮。代表大不里士画派最高峰的作品是1330～1340年绘制的菲尔多西《王书》，今仅存30页细密画。画中人物服饰带有蒙古人样式，背景衬托着中国式山水，笔法苍劲瘦削。

设拉子画派 设拉子是波斯南方的一个重镇，它更多地继承了伊朗的民族传统。统治者穆扎法尔是著名的诗歌和绘画保护人。4部带有插图的《王书》，1330年～1393年绘制，它们保持着浓厚的古波斯风格，人物排成一线，互不重叠。底色衬托着红色或黄色。云彩、山川、树木均几何图案化，是画面空间的填充物。设拉子画派的主要特征是追求平面装饰效果，讲究色彩的协调关系，不追求空间深度。

帖木儿的孙子伊斯坎达尔于1409年成为设拉子的统治者。这时期的细密画把大不里士与设拉子两种风格结合起来。

赫拉特画派 赫拉特城在帖木儿王朝后期已是重要的书籍艺术中心。1485年左右，赫拉特画派达到繁盛阶段。杰出代表人物毕扎德在15世纪末创立了一种独特的艺术风格，把波斯细密画提高到新的水平，将中国绘画和拜占廷艺术的某些因素巧妙地同化于本民族艺术土壤中。构图上重视各种几何图形之间的平衡和协调关系，通过方形、半圆形、菱形等图案的配合，形成节奏感。色彩上讲究统一色调，既丰富又典雅，颇有韵律。他善于选用伊斯兰艺术中的书法和植物纹样，增强画面精微的装饰效果。他采用散点透视，利用平面的剖视角度，既表现室内场面，同时又表现室外景色，人物比例相应缩小，但是面部表情、服饰、动态刻画得十分精微、细腻、生动。如作于1488年的《在清真寺中讨论问题的神学家们》、《清真寺内景》都属于毕扎德盛期作品。

毕扎德作《大流士和他的养马人》
(1488～1489)

萨法维王朝细密画 萨法维时期是波斯绘画史上的黄金时代。萨法维时期的艺术繁荣与当时统治者的保护和支持密不可分。最有代表性的画家是毕扎德的学生阿卡·米拉克和苏丹·穆罕默德。萨法维王朝前期艺术，也被称作大不里士画派，具有宫廷绘画的华贵豪奢的特点。

沙·阿拔斯即位后迁都伊斯法罕，他建造了很多宏伟的建筑物，绘画上也出现了兴旺景象。伊斯法罕画派追求优雅秀丽，注重柔美的线条表现力，给人以甜润纤秀的艺术感觉。里扎·阿·阿拔斯是该画派的首领，他的影响甚大，代表了当时的风尚。

波斯语 Persian language 伊朗的官方语言，也是阿富汗的两种官方语言之一（在阿富汗称达里语，另一种是普什图语）。波斯语又称法尔斯语，是波斯语更加阿拉伯语化的一种形式。波斯语与塔吉克斯坦的塔吉克语也十分相似，不少语言学家认为它们是同一种语言，只是使用的文字不同。属印欧语系印度－伊朗语族伊朗语支。波斯语还分布于中国新疆的个别地区。

波斯楔形文字（公元前6世纪）

波斯语是世界上的古老语言之一。公元前3～公元8世纪，古波斯语演变为中古波斯语（又称巴列维语）。现代波斯语主要在中古波斯语的基础上，由8世纪左右通行于伊朗南方法尔斯部族中的一种方言发展而成。在长期的发展中，波斯语积累了丰富的文学、哲学、历史和其他科学著作的文献。它至今仍然是近东地区重要的语言。波斯语为拼音文字，共有32个字母，其中28个是阿拉伯字母，4个是波斯字母。波斯语有8个元音，长元音和短元音各为3个，双元音2个；有辅音22个。单词的重音基本上落在最后一个音节上。基本语序为主－宾－动型。修饰语在中心语之后。动词有人称、数、时态、语态和语气等语法范畴，时态共有9个，通过动词的词尾，或者加助动词来体现。名词和代词没有明显的格和性的范畴。

波速 wave velocity 单位时间内周期运动沿任一方向所穿越的距离。等于波长与频率的乘积而与波的强度无关。如果一个质点在刚体内振动，则同时发射相同频率的横波和纵波，并且，由于纵波因波长较长而移动得更快一些。这样，由纵波（P波）和横波（S波）组成的地震波，就以两种速度穿过地球。至于像声波那样的纵波，在介质中传播的速度取决于介质的密度和弹性，与波的频率无关。在真空中光速也与其频率无关；然而在透明介质中，光速取决于材料中的色散效应，从蓝光到红光，光速的变化略大于1%。

波特兰 Portland 美国俄勒冈州最大城市。位于该州西北部，威拉米特河与哥伦比亚河汇合处，西距太平洋160千米。市区面积348平方千米，人口55.77万（2008）；包括南部塞勒姆在内的大都市区人口220.75万（2008）。1829年始建定居点。1851年设市。受加利福尼亚州“淘金热”吸引和横贯大陆铁路线的通达，移民涌入，城市迅速发展。新、老城区之间有8座桥梁相连。州工业中心，化工、造船、炼铝工业较发达，还有电子、木材、纺织、食品等。全州农林产品的集散中心。每年秋季举办太平洋国际牲畜博览会。美国太平洋岸主要港口之一，出口小麦、木材、电子元件、羊毛等，多运往亚洲各国。有刘易斯和克拉克学院（1867）、波特兰大学（1901）等25所高等院校。花园城市，大小公园多达160座。以栽培玫瑰花闻名，自1909年以来每年6月举办玫瑰节盛会。

波音 Boeing, William Edward (1881-10-01～1956-09-28) 美国飞机设计师和企业家。生于底特律，卒于西雅图。1902年毕业于耶鲁大学。1915年与人合作设计制造教练机和水上飞机。1916年创办太平洋航空制品公司，不久改称波音公司。第一次世界大战期间波音公司迅速扩大。20世纪20年代波音除主持设计制造军用飞机外，还积极发展民用机和航空运输业务。第二次世界大战前和大战中波音公司以设计生产重型轰炸机著称，最著名的有“空中堡垒”B-17和“超级空中堡垒”B-29。战后波音公司除继续研制和生产B-47、B-52、KC-135等著名军用飞机外，主要设计生产民用大型喷气运输机（见波音系列飞机）。波音是美国飞机和运输联合公司第一任董事长。

波音公司 Boeing Company 世界最大的航空航天公司，最大的卫星、商用飞机、军事飞机制造商，导弹防御、人类空间飞行器等产品领域重要的市场领导者。总部设在芝加哥。2007年拥有员工159 300名。业务部门分布于美国的26个州和全球60多个国家，主要业务基地集中在华盛顿州的西雅图、南加州、堪萨斯州的威奇托、密苏里州的圣路易斯等地。客户遍及世界145个国家和地区。

波音公司的历史映出一部美国航空航天发展史。波音公司前身是W.E.波音于1916年创办的太平洋航空制品公司，1917年改为波音公司，专门制造军用飞机。两次世界大战期间，公司制造了各种用途的军用飞机。20世纪50年代以后，转向宇航方向发展。60年代下半期以后，开始大规模研制民用喷气客机，成为世界最大的喷气式民航飞机制造公司。1981年，民用飞机的收益额占公司收益总额的70.8%。

波音公司芝加哥总部办公大楼

1996年，波音收购了罗克韦尔公司的防务及空间系统分部。1997年，波音与麦道公司合并。2000年，波音收购了休斯公司航天和通信业务分部，业务进一步扩大。

波音公司一直是世界民用飞机市场的领导者。有14 000架飞机正在商用，占有75%的航空市场。在军用飞机和防御产品的研制生产方面，波音公司也仍处于全球领先地位。在商业航天方面，波音公司制造了首批40颗全球定位系统（GPS）卫星。

波音公司由7个主要业务集团组成：民机集团、航天与通信集团、军机与导弹集团、空中交通管理公司、计算机服务公司、波音联接公司和波音金融公司，以及一个共用服务集团。

波音系列飞机 Boeing series aircraft 美国波音公司生产的喷气民用运输机系列。1958年，波音公司生产了波音707飞机，并投入航线飞行。它是第一代喷气民用运输机，采用涡轮喷气发动机，提高了飞机的飞行速度和飞行高度，增大了载客量和航程。改进喷气发动机技术，出现了高流量比涡轮风扇发动机。1963年波音公司将它用作动力装置，生产了波音727飞机，是第二代喷气民用运输机。其耗油率低，发动机噪声小，具有较好的起飞着陆性能和中短程使用的经济性。早期生产的型号有727-100、727-100C、727-100QC等，现已停产。仍在生产的有727-200，是加长型，最多可载乘客189人，此外还有改进的727-200和727-100C。1967年，波音公司生产了波音737短程运输机。1968年，首架波音747出厂，它是装4台涡轮风扇发动机的宽机身远程客机，最多可载乘客550人。是第三代喷气民用运输机。70年代初，波音公司相继研制波音757、波音767、波音777三种系列的中等运载能力和中等航程的民用运输机，并于80年代生产和投入航线飞行。它们装有2台涡轮风扇发动机，可载乘客200～300人。2007年，首架波音787客机下线。

波音757飞机

波兹奈尔 Posner, Ernst (1892-08-09～1980-04-18) 美国档案学家。生于德国柏林，卒于威士巴登。1910年毕业于柏林大学。1920年获博士学位。希特勒上台后，一度被关进集中营。1938年流亡美国，入美国籍。毕生从事档案管理、教学、研究工作。曾任美国档案工作者协会主席。是现代档案管理学派的代表人物之一。主要著作有：《美国州档案馆》（1964）和《古代世界的档案馆》（1972）。1967年出版论文集《E.波兹奈尔文选——档案和公共利益》。去世后，美国档案工作者协会为纪念他而设置了“波兹奈尔奖”，授予每年优秀档案学论文的作者。

波兹南 Poznań 波兰中西部城市，大波兰省首府，直辖市。临瓦尔塔河，位于大波兰平原的中心。人口55.42万（2009）。初建于9世纪，曾是皮亚斯特王朝宫廷所在地。1253年建市。1793年被普鲁士吞并。1919年归还波兰。重要工业中心，以机械制造业为主，并有冶金、化学、橡胶、纺织等部门。8条铁路和6条公路汇集点，大河港，空运发达。有1518年创建的卢布兰斯基文学院、1919年创办的亚当·密茨凯维奇大学。设有科研机构、自然博物馆、考古博物馆和歌剧、音乐及舞蹈中心。波兹南之南有维尔斯波尔斯卡公园，为著名旅游胜地。1921年起定期在此举行国际博览会。

波兹南事件 Poznan Riots 1956年在波兰波兹南发生的流血事件。1956年2月N.S.赫鲁晓夫在苏共“二十大”上所作的秘密报告在波兰引起强烈反应。6月28日，波兹南斯大林机车车辆厂的1.6万多名工人举行罢工和游行示威，后矛盾激化。一些游行者冲击专政机关和市委大楼，夺取武器，枪击公安人员。当局出动警察进行镇压。事件中有74人死亡，500多人受伤，几百人被捕。6月30日，当局采取一些缓和矛盾的措施，事件逐渐平息。

玻恩 Born, Max (1882-12-11～1970-01-05) 德国理论物理学家，量子力学的奠基人之一。生于普鲁士的布雷斯劳，卒于格丁根。1907年获格丁根大学博士学位。早年对固体理论感兴趣，1912年与T.von卡门合作发表了《关于空间点阵的振动》的论文。1923年开始致力于发展量子理论，W.K.海森伯是他的助手。当时N.玻尔和A.J.W.索末菲的旧量子理论有许多难点，玻恩、海森伯和E.P.约旦创立矩阵力学，足以解释旧量子论所不能解决的有关原子理论问题。1926年E.薛定谔以波函数为基础，提出与矩阵力学等价的波动力学。1954年以《对波函数的统计诠释》获诺贝尔物理学奖。1933年希特勒掌权后，玻恩离开德国，赴英国剑桥大学，1936年任爱丁堡大学教授。1953年退休后，返回德国居住。

玻尔 Bohr, Aage Niels (1922-06-19～2009-09-08) 丹麦物理学家，N.玻尔的第四子。生于哥本哈根。卒于哥本哈根。曾就读于哥本哈根大学，1954年取得博士学位。1943～1945年随父在美国参加曼哈顿计划，1946年回丹麦。1963～1970年继其父任哥本哈根大学理论物理研究所(1964年改名为尼耳斯·玻尔研究所)所长，1975年任北欧理论原子物理研究所所长。20世纪50年代初，他根据同B.R.莫特森一起进行研究的实验，发现亚原子粒子运动能使原子核变形，从而认识到原子核可以并不具备球对称性，这样可以解释实验上观测到的核多极矩之类的性质。由于确定一些原子核的非对称性状并作出相应的说明，他与莫特森、J.雷恩沃特一起发展了核集团模型（即综合模型）共获1975年诺贝尔物理学奖。

玻尔 Bohr, Niels (Henrik David) (1885-10-07～1962-11-18) 丹麦物理学家，最先将量子论用于原子结构理论研究的先驱者之一。量子力学发展的主导人物，哥本哈根学派的创始人。生于哥本哈根，卒于哥本哈根。1903年入哥本哈根大学攻读物理学，1909年获得硕士学位，两年后以金属电子论的论文获得博士学位。不久到英国曼彻斯特大学随E.卢瑟福研究。当时卢瑟福的有核原子模型刚刚建立，该模型根据实验发现原子是由带负电的电子绕带正电的核转动而构成的，但根据经典电磁学，这种模型的原子外围的电子因有向心加速度，会不断放出电磁波，最后失去全部能量，与带正电的核合在一起，即原子将都是不稳定的。1913年玻尔把A.爱因斯坦和M.普朗克的量子论与核式原子的概念结合起来，不但说明氢原子的稳定性，而且理论计算与实验所得的氢原子光谱线的波长完全一致。1921年创立哥本哈根大学理论物理学研究所，并任所长，培养了大量的杰出物理学家。他因对原子结构的研究获得1922年诺贝尔物理学奖。当量子力学的数学表达式在1924～1926年间基本确定以后，M.玻恩很快提出了波函数的概率诠释，W.K.海森伯也阐述了他的不确定性原理。而玻尔则在这种基础上提出互补原理：从各种实验取得证据不能纳入单一图景，只能是相互补充构成现象的总体。玻尔认为，微观客体的粒子性和波动性，就是既互斥又互补的两个方面。这个原理为科学家普遍接受，但爱因斯坦一直反对。20世纪30年代玻尔继续探讨量子力学所带来认识论方面的问题，同时在原子核物理方面也作出了贡献。他提出了原子核的液滴模型，认为核中的粒子有点像液滴中的分子，它们的能量服从某种统计分布规律。这个模型对理解核裂变起了决定性作用。1943年他从德军占领下的丹麦逃往瑞典，不久到美国参加原子弹的研制。战后，他竭力主张和平利用原子能和控制原子武器的政策。他领导1955年日内瓦的原子能和平利用第一次国际会议，还倡议并领导了欧洲核子研究中心和北欧原子物理学研究所，1957年获得首届美国和平利用原子能奖。著有《原子结构和光谱理论》(1922)、《原子理论和对自然的描述》(1934)、《原子物理和人类知识》(1958)以及《1958～1962年原子物理和人类知识论文集》等。

玻尔磁子 Bohr magneton 微观粒子磁偶极矩（简称磁矩）的自然单位。SI单位制中磁偶极矩的单位是焦/特。玻尔磁子μ_B的定义是：

$$\mu_B = eh/4\pi m_e$$

式中e是电子电荷的绝对值，h是普朗克常数，m_e是电子质量。2006年μ_B的推荐值是927.400 915(23)×10^{-26}焦/特。

玻尔氢原子理论 Bohr's hydrogen atom theory 阐述氢原子结构的半经典理论。N.玻尔结合M.普朗克的量子概念、里德伯-里兹组合原则和E.卢瑟福关于原子的核式结构模型，于1913年提出。见原子结构。

玻耳兹曼 Boltzmann, Ludwig (1844-02-20～1906-09-05) 奥地利物理学家。统计物理学的奠基人之一。生于维也纳，卒于意大利杜伊诺。1866年获维也纳大学博士学位，后在维也纳的物理研究所任助理教授。此后历任拉茨、维也纳、慕尼黑和莱比锡等大学的教授。玻耳兹曼推广了J.C.麦克斯韦的分子运动理论而得到有分子势能的麦克斯韦-玻耳兹曼分布定律。进而在1872年从更广和更深的非平衡态的分子动力学出发引进了分子分布的H函数，得到H定理，这是经典分子动力论的基础（见气体动理论）。从此，宏观的不可逆性、熵S及热力学第二定律就得以用微观概率W来说明其统计意义了，特别是他引进玻耳兹曼常数k而得出$S = \ln W$的关系式。他又从热力学原理导得了J.斯忒藩直接从实验得出的辐射公式，称为斯忒藩-玻耳兹曼定律。他大力支持与宣传了麦克斯韦的电磁理论，并测定介质的折射率和相对介电常量与磁导率的关系，证实麦克斯韦的预言。作为一位坚决的唯物论者，玻耳兹曼深信分子与原子的存在而反对以W.奥斯特瓦尔德为首否认原子存在的唯能论者。因孤独感与疾病缠身，他自杀而卒。

玻璃 glass 一类非晶态固体材料，一般具有透明、性脆等性状。广义的玻璃包括单质（元素）玻璃、有机玻璃和无机玻璃。狭义的玻璃仅指无机玻璃。是无机非金属材料的重要组成部分。

简史 约4 000多年前，在美索不达米亚和古埃及等地，出现了人工制造的钠钙硅酸盐玻璃。中国古代人工制造的玻璃以铅钡硅酸盐为主要成分，见于西周早期墓葬，距今3 000多年。15世纪意大利威尼斯已成为玻璃制造中心。18世纪末路布兰制碱法及19世纪中叶氨碱法制纯碱的发明，促进了玻璃的大规模工业化生产。1867年德国西门子兄弟发明了玻璃池窑，于1873年在比利时制造出高质量、大块平板玻璃。这种连续式玻璃池窑已发展成为当今各类玻璃制品的基本生产方式。

种类 玻璃通常按成分分为硅酸盐玻璃、硼酸盐玻璃、磷酸盐玻璃、锗酸盐玻璃、硼硅酸盐玻璃、铝硅酸盐玻璃、硫系玻璃、卤化物玻璃、金属玻璃等；按应用分为建筑玻璃（见图）、日用玻璃、**光学玻璃**、电

建筑玻璃

真空玻璃、安瓿玻璃、特种玻璃等；按形状分为平板玻璃、瓶罐玻璃、多孔玻璃、**玻璃纤维**、玻璃微珠等。实际应用中的玻璃品种有石英玻璃、光学玻璃、幕墙玻璃、仪器玻璃、微晶玻璃、彩色玻璃、乳浊玻璃、显像玻璃、安全玻璃、玻璃超导体、生物玻璃、智能玻璃等。

特性 玻璃的基本性能表现为各向同性和介稳性。以普通玻璃为例，当它从液态转变成固态，或依反方向转变时，有许多物理性能如黏度、比容等都表现为渐变的，同时还可以作可逆的变化。当它受热或冷却时，以黏度为10^{13}分帕·秒作为各种玻璃的转变温度T_g。高于此温度时，玻璃内部质点开始流动；低于此温度时，玻璃便接近于固态，且不可能再转变为晶体。因此，要使玻璃中形成晶核并生长出晶体，温度必须超过T_g。但当温度升得较高，玻璃中质点可自由流动和扩散时，晶体也不能生成，即使生成了也会立刻熔化。凡能从玻璃中析出晶体的最高极限温度以T_c表示，称为析晶上限温度。

固态玻璃的物理性能包括力、热、声、光、电、磁和其他各种耦合性能，与单晶和多晶陶瓷材料类同。玻璃本身的显著特点是其透明性和各向同性。但有些性能如电磁性能，则不及晶态材料，甚至降低很多。玻璃有些性能，如内耗、电导、介电损耗、磁性等，随着外场的施加，其响应常有弛豫现象。

固态玻璃的化学性能取决于玻璃结构的特征。通常，玻璃的网架愈坚固，离子键或共价键的强度愈大，化学稳定性愈好。玻璃的电化学性能与它的结构特点和离子的迁移特性有关，作为无机固体电解质，其确切机理还有待进一步研究。

制备工艺 玻璃制备常采用传统的熔制工艺。新发展的还有化学气相沉积、等离子焰、真空蒸发、磁控溅射、激光熔化、轧辊淬冷等工艺。普通和特种玻璃制品的成型，除采用吹、压、拉、浇铸、槽沉等方法制成空心和实心形式的制品外，还可以针对特殊情况和要求，采用先进的工艺技术，使玻璃成为薄膜、纤维、微粉、微珠等特殊形式的制品。此外，还可以通过灯工、吹制、焊接和粉末烧结或与其他材料封接、复合等技术制成形状复杂、尺寸不同的制品、器件和设备。微晶玻璃又称玻璃陶瓷，是用玻璃工艺方法制成的陶瓷，工艺过程中，要比普通玻璃增加一道晶化热处理工序。

《玻璃动物园》 *The Glass Menagerie* 美国剧作家T.**威廉斯**的成名作。作于1944年。剧本在很大程度上取材于作者的亲身经历。剧中人阿曼达是个被丈夫遗弃的南方妇女，善良勇敢。瘸腿女儿劳拉是她的心病，她执意要求儿子汤姆给姐姐物色婚姻对象。汤姆带同事吉姆回家吃饭，吉姆唤醒了劳拉压抑在自卑情绪下的热情，但他早已有了未婚妻。劳拉在绝望中送给吉姆一只摔断了角的玻璃独角兽作为纪念。作者借此点明劳拉的脆弱易碎。威廉斯用家庭题材写出的这部悲剧，是美国大萧条时期下层中产阶级的生活缩影。剧中运

《玻璃动物园》剧照

用了许多象征手法，还运用电影手法将客厅的后墙设计成不断展示图像与文字的屏幕，在照明与音乐方面也都有独到的设计。全剧的台词诗意浓郁。

玻璃钢 glass fiber reinforced plastic 以聚合物（树脂）为基体、**玻璃纤维**为增强体的**复合材料**的俗称。又称玻璃纤维增强塑料。基体可为酚醛树脂、环氧树脂、不饱和聚酯树脂、烯丙基树脂等热固性树脂和聚丙烯、聚苯乙烯、尼龙、热塑性聚酯等热塑性树脂；玻璃纤维主要有无碱玻璃纤维、中碱玻璃纤维、高强玻璃纤维和耐碱玻璃纤维。除具有一般复合材料的特点外，还具有良好的力学性能和突出的绝缘性能、透波性能和耐腐蚀性能等，可以整体成型大型构件，是成本较低的一类复合材料。20世纪30年代以来，随着玻璃纤维实现工业化生产与不饱和聚酯树脂的出现，广泛用于航空航天、汽车、船舶、建筑、机电、体育器械、市政设施等领域。可用作容器、管道、桨叶、船体、车身、雷达罩、座椅、卫生洁具等。

玻璃画 glass painting 以胶水或油调和颜料画在透明玻璃内表面而从外表来观察的绘画。因为它从反面进行描绘而在正面得到画面，所以运笔方向和色彩重叠的顺序、层次正好与普通绘画相反，需要一定的技术才能

康定斯基作《最后的审判》

掌握。玻璃画始于欧洲，以后流传至中国、日本等东方国家。17世纪末至19世纪初，玻璃画流行于德国、捷克斯洛伐克及罗马尼亚。中国清朝乾隆年间（1736～1795），意大利画家**郎世宁**将玻璃画技法传入中国，以后玻璃画流行于北京、天津、上海、广州等地。至今，中国玻璃画主要在一些个体画店里作为民间艺术而存在。

玻璃器(古代) ancient glasses 人类早在旧石器时代晚期和新石器时代早期就已使用天然玻璃（如火山喷出的酸性岩凝固而成的黑曜岩）制作细石器。到公元前25世纪，两河流域发明了人工玻璃；不久，埃及也开始制造**玻璃**。新王朝时期的埃及人不仅生产彩色玻璃珠饰，还用缠心法制作香料瓶等器皿。罗马帝国时期玻璃制造业发达，玻璃器数量大，品种多，质量精，在世界玻璃史上占有重要的地位。特别是玻璃吹

制法的发明，降低了玻璃器的制造成本，使原来昂贵的玻璃器皿变成寻常的日用品。罗马玻璃衰落后，伊朗高原的萨珊玻璃继承了罗马玻璃传统。随后，伊斯兰玻璃业又继承和发展了玻璃制造工艺。文艺复兴时期，威尼斯成为玻璃制造的中心。现代玻璃则是直接从威尼斯玻璃发展而来。

根据考古发现，中国最早出现玻璃是在春秋末年，均为当时西亚流行的钠钙玻璃，有可能是通过中亚游牧民族输入到中国的贸易品。战国早期以后玻璃器数量增加，不仅有与西亚相似的蜻蜓眼珠饰，还增添了玻璃璧、玻璃剑饰、玻璃印章等典型的中国玻璃器。经检测，战国至两汉绝大多数玻璃器属于铅钡玻璃，成分与西亚产品有明显的差异，为中国本土制造。铅钡玻璃的出现，可能与中国缺乏自然纯碱却有丰富的铅矿资源有关。西亚玻璃器的传入，战国以来以氧化铅为主要原料的炼丹术的兴起，可能都与中国玻璃的起源有直接关系。

西汉玻璃继承战国玻璃传统，生产仿玉制品。另外，较大型的玻璃容器也开始出现。河北满城刘胜墓出土的玻璃盘和耳杯为翠绿色，微有光泽，呈半透明状，晶莹如玉。北魏是中国玻璃制造的一个重要时期，北魏匠人已掌握玻璃吹制技术，可以吹制器形较大的薄壁玻璃容器。隋唐时期的玻璃器出土数量较多，本土玻璃以陕西西安隋李静训墓的8件玻璃器（图1）和陕西扶风**法门寺地宫**的黄色玻璃托盏为精品代表。宋代以后，随着玻璃制品神秘性的消失，上层社会不再珍爱本土玻璃器，民间则继续生产玻璃珠饰和玩具等。到了清朝，因康熙皇帝喜爱玻璃器，宫廷设玻璃厂，集中优秀工匠，在西方传教士和技术人员的指导下制作高级艺术玻璃，创造出一批中西合璧的新品种，在世界玻璃史上占有一席之地。

图1　玻璃瓶（西安隋李静训墓出土）

在中国还发现有来自古罗马、伊朗高原、伊拉克的玻璃。罗马玻璃器输入中国的年代可早到西汉。东汉时期输入中国的罗马玻璃器数量增加。江苏邗江甘泉2号汉墓出土的带竖凸棱条饰的玻璃钵、洛阳东汉墓的缠丝玻璃瓶均为地中海沿岸常见器型。魏晋南北朝时期玻璃容器被视为宝物，这一时期罗马玻璃器输入中国的品种和数量都有增加。在中国北方也发现罗马玻璃器，最集中的是辽宁北票北燕冯素弗墓，共出土5件玻璃器，其中最为精美的是玻璃鸭形器（图2）。河北景县北魏封氏墓群祖氏墓出土的网纹玻璃碗，可能来自罗马时期的黑海北岸。这一时期进口到中国的玻璃器，除地中海东岸的罗马玻璃器外，还有相当一部分是来自伊朗高原的萨珊玻璃器，造型浑朴，喜欢以连续的圆形为装饰，与萨珊时期流行的联珠纹相似。萨珊玻璃工艺发展了冷加工的磨琢工艺，在玻璃碗上磨琢出凹球面或突起的凹球面，形成一个个小凹透镜。这种磨琢出凹球面的玻璃碗在江苏句容春城刘宋时期墓和山西大同南郊北魏时期墓中都有出土。萨珊玻璃器精品中还有一种高浮雕玻璃。宁夏固原北周李贤夫妇墓中的碗就属此类。隋唐时期，新兴的伊斯兰玻璃器从陆路和海路输入中国。陕西扶风法门寺地宫的20件玻璃器中，19件是早期伊斯兰玻璃器的精品。唐宋时期的贵族社会酷爱西方香料，玻璃瓶作为盛香料的容器大量输入中原地区。辽墓中也发现有伊斯兰玻璃器，内蒙古自治区奈曼旗**陈国公主墓**曾出土一批高级玻璃器皿。宋代以后，进口的玻璃器数量减少。到清代，随着欧洲传教士和商人来华，欧洲的玻璃器大量进入中国市场。

图2　玻璃鸭形器（辽宁北票北燕冯素弗墓出土）

玻璃体病　diseases of vitreous body　眼玻璃体受周围组织病变的影响而发生的变性、出血、渗出等的病理变化。表现为玻璃体混浊、液化及纤维膜的形成和收缩。出血后的血细胞及其分解产物、色素颗粒、异物是常见的玻璃体混浊的原因。炎症、出血、外伤、球内异物、高度近视及老年因素都可使玻璃体液化。反复多次的出血最后可转化为致密的膜，这些膜的收缩牵引可引起视网膜的裂口及视网膜脱离（见**玻璃体积血**）。玻璃体病的常见症状为眼前有飘浮物，明显的玻璃体混浊可致视力下降。治疗原则包括保守疗法、病因疗法和手术疗法（玻璃体切除术）。

玻璃体积血　vitreous hemorrhage　玻璃体周围组织（如视网膜、葡萄膜）血管破裂，血液流入玻璃体内产生的病理现象。出血量少时表现为**飞蚊症**，出血易被吸收，玻璃体可恢复透明；大量出血则较难吸收表现为红视症。反复多次出血最后可形成致密的膜，此膜收缩牵引可继发视网膜脱离。故对玻璃体出血应尽快查明原因及早治疗。主要是针对病因治疗原发病。有新鲜出血时，应卧床休息，口服止血药，防止再出血。出血量多、眼压高时，需控制继发性青光眼。可用多种方法促使玻璃体内出血早日吸收，常用药物有透明质酸酶、α–糜蛋白酶、尿激酶等。3～6个月后，出血吸收不良者，应考虑玻璃体切除术。

玻璃纤维　glass fiber　以硅酸盐为主要成分的玻璃原料经坩埚或池窑熔融和拉丝工艺制得的一种无机纤维。工业生产的连续玻璃纤维的直径为2.6～28微米。直径较细的玻璃纤维可以纺织加工，故又称纺织玻璃纤维。玻璃纤维的基本成分为氧化硅、氧化铝、氧化钙、氧化镁、氧化钠、氧化硼及其他氧化物。不同种类的玻璃纤维成分各异。含碱金属氧化物低于2%的纤维称无碱玻璃纤维或E玻璃纤维，具有较高的抗拉强度和优异的电绝缘性能，产量占全世界连续玻璃纤维的90%以上。碱金属氧化物含量在10%～12%的称为中碱玻璃纤维或C玻璃纤维，通常含6%左右的B_2O_3。中国研制开发的中碱玻璃纤维不含B_2O_3，成本低廉，已得到广泛应用。含14%以上碱金属氧化物的称高碱玻璃纤维，其强度远低于E玻璃纤维，通常用作建筑保温材料。玻璃纤维具有轻质、高强、低伸长、不燃、耐腐、耐高温、电绝缘及化学稳定性好等优点。作为增强体，它与热固性塑料、热塑性塑料、橡胶、水泥、沥青等组成**复合材料**，广泛用于汽车、造船、建筑、化工、航空航天，以及各种工业电器设备、文体用品等领域。

玻璃陨石　tektite　一种天然的玻璃物质。早在旧石器时代，欧洲的克罗马农人就以它制作石器。中国古代称雷公墨。唐刘恂著的《岭表录异记》中就有记载。

玻璃陨石是一种含二氧化硅量很高的（平均含SiO_2达75%）、没有结晶的天然玻璃物质。一般只有几厘米大小，形状各异，多数呈纽扣状、椭圆状、泪滴状与哑铃状，也有长条状、棒槌状或圆形的。颜色从深褐色到黑色，不透明，有少数地区的玻璃陨石是绿色和透明的。大多数表面上有成组的皱纹、麻点与沟槽。密度2.3～2.52克/厘米^3。折光率为1.48～1.62。单个颗粒一般几厘米大小，重几克到几十克，最大的一块发现于老挝，重达3吨。同一区域的玻璃陨石组成十分均一，但不同区域差别很大。从化学成分看，所含的SiO_2与Al_2O_3与一般陨石的成分差异很大，而与地球上的一些砂岩比较接近，但缺少一些挥发成分，如水与二氧化碳等。在一些玻璃陨石中还发现气泡空腔、焦石英、柯石英、斜锆石和陨石中常见的铁镍金属（固相包裹体）。

陨石在全球的分布基本上是均匀随机的，玻璃陨石则不然，不仅有特定的区域性，还有一定的时间性，即在同一地区的玻璃陨石的年龄彼此也很接近。已找到的65万颗玻璃陨石有规律地分布于以下4个地区（见图）：①亚澳区。包括中国的雷州

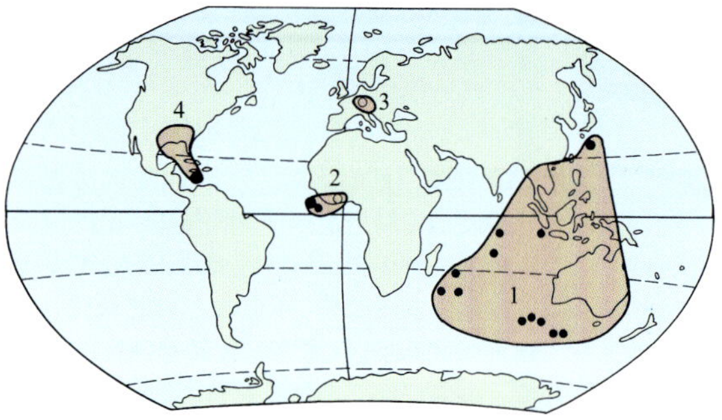

○ 陨石坑　● 玻璃陨石发现点

玻璃陨石分布图

半岛、海南岛、广东、广西和云南，以及印度、菲律宾、澳大利亚、印度尼西亚等地。该地区玻璃陨石年龄大多数为70万年左右。②西非区。包括科特迪瓦、加纳及其附近海域，其年龄为110多万年。③摩尔达瓦区。在捷克西部伏尔塔瓦河流域，这一地区玻璃陨石的年龄为1 500万年左右。④北美区。包括美国得克萨斯州、佐治亚州、马萨诸塞州和华盛顿等地，这一地区玻璃陨石的年龄最大，为3 200万～3 400万年。

关于玻璃陨石的成因尚无定论。多数人认为它是受撞击后地球物质的“变种”。有些人认为是与地球有相似地质发展史的行星分裂后，部分熔融物质陨落到地面所致，或者是月球上的火山物质抑或陨石撞击月球产生的熔融物散落而成。愈来愈多的证据表明，玻璃陨石是由巨大的地外物体撞击地面，撞击抛射的熔融物在高空迅速冷凝、固化散落而成。

此外，还有一种大小不足1毫米的微玻璃陨石，或称为显微熔融石，其形态多样，有球状、椭圆状、哑铃状与水滴状等，颜色为深褐色或浅灰色，清澈透明，酷似玻璃。发现于太平洋、大西洋和印度洋等地的钻井岩心中。中国黄土高原的黄土剖面和北京顺义地区的第四纪地层中也有发现。

玻利瓦尔　Bolívar, Simón（1783-07-24～1830-12-17）　19世纪初西班牙美洲独立运动领导人、军事家。生于加拉加斯城一土生白人贵族家庭，卒于哥伦比亚圣玛尔塔。1810年4月，加拉加斯人民起义，建立执政委员会，玻利瓦尔被委派出使英国争取援助。1811年7月5日，国民议会通过《独立宣言》，宣布委内瑞拉共和国成立。他参加爱国军队，任卡贝略港要塞司令。1812年7月，流亡到新格拉纳达，发表《卡塔赫纳宣言》，号召各地爱国者联合起来，解放委内瑞拉和南美洲。1813年，率领1 000多人的远征军打回委内瑞拉，8月，解放加拉加斯，重建共和国，任最高执政者，被授予“解放者”称号。1815年流亡牙买加，发表《牙买加来信》，号召爱国者再接再厉，战胜殖民势力。1816年，率领远征军在委内瑞拉东部登陆，对殖民军展开进攻。1818年，在安戈斯图拉召开国民会议，再次成立共和国，被选为总统。1819年8月解放波哥大。同年12月，委内瑞拉同新格拉纳达联合为大哥伦比亚共和国，当选为总统。1821年，解放加拉加斯。次年解放基多，厄瓜多尔加入大哥伦比亚共和国。1822年7月，同J.de圣马丁在瓜亚基尔会晤，承担打败西班牙殖民军和解放秘鲁的重任。1824年解放秘鲁。

1826年在巴拿马召开了美洲国家国际会议。1829～1830年，委内瑞拉和厄瓜多尔先后脱离大哥伦比亚共和国。1830年春，玻利瓦尔辞去总统职务。

玻利瓦尔峰　Bolívar, Pico　委内瑞拉最高峰。地处委内瑞拉西部梅里达山脉。海拔5 007米。为纪念独立战争英雄S.玻利瓦尔取此峰名。

玻利维亚　Bolivia　拉丁美洲国家。位于南美洲中部。东、北与巴西交界，南临巴拉圭和阿根廷，西同智利、秘鲁接壤。面积1 098 581平方千米。人口1 002.8万（2008）。其中印第安人占54%，混血种人占31%，白人占15%。官方语言为西班牙语，印第安人通用的克丘亚语和艾马拉语，为国家正式语言。95%以上的居民信奉天主教。法定首都苏克雷，政府、议会所在地拉巴斯。

地理　地势西高东低，分为3个地形区。①西部安第斯山区。约占国土面积的16.6%。平均海拔3 700米，最高峰萨哈马峰海拔6 542米。多火山。与秘鲁交界处有世界海拔最高、南美洲最大、终年可以通航的淡水湖的的喀喀湖。②中部山间谷地。约占国土面积的17.3%。平均海拔600～3 000米。③东部低地平原。约占全国面积的2/3。地势低平，海拔150～600米。主要河流有贝尼河、马莫雷河和圣米格尔河等。地处热带，受地形影响，从西到东气候多样：西部为寒冷干燥的内陆山地气候，年平均温度10℃；中部山间谷地为亚热带气候，年平均气温20℃左右；东部低地平原为热带草原气候，年平均温度27～30℃。降水量差别极大，西部西科迪勒拉山脉年降水量150～600毫米，中部山间谷地年降水量400～1 200毫米，东部热带雨林地带年降水量1 800～2 500毫米。一半以上的国土为温带森林（中部地区）和热带雨林（东部地区）所覆盖，1/4的土地为草地，只有3%的土地是耕地。草地上生长着原驼、羊驼、大羊驼、小羊驼等各种安第斯反刍动物，雨林地区有蟒蛇、大鳄鱼、树懒、美洲豹、美洲鸵、美洲狮、沼泽鹿等各种珍稀动物。全国有萨哈马国家公园等30多个自然保护区。矿产资源丰富，锡的储量居世界前列，其他还有锑、钨、银、锌、铅、铁等。探明石油储量9.29亿桶，天然气52.3亿立方英尺。森林资源丰富，占国土面积的48%。

历史　印第安人的发源地之一。11～16世纪，属于印加帝国的一部分。1538年沦为西班牙殖民地，称为上秘鲁。1825年8月6日宣布独立，为纪念解放者S.玻利瓦尔，定国名为玻利维亚共和国。1836年同秘鲁组成邦联，1839年联邦瓦解。1879～1883年联合秘鲁同智利爆发南美太平洋战争。1932年发生同巴拉圭争夺北查科地区控制权的边界战争。战败后，丧失大片领土。

政治　实行共和制。国会由参、众两院的157名议员组成。政府实行总统内阁制，总统为国家元首、政府首脑兼武装部队总司令。总统由直接选举产生，任期5年，不得连任。主要政党有争取社会主义运动、社会民主力量党、国家统一党、民族主义革命运动、民族主义民主行动党。

经济　南美洲最贫困国家之一。2009年国内生产总值176.3亿美元。主要经济支柱是矿业和农牧业，是著名的矿产出口国。工业不发达，仅占国内生产总值的1/5强，主要是食品加工、酿酒、卷烟、纺织等轻工业。农业生产落后，粮产不能满足国内需要。主要粮食作物为玉米、水稻、小麦、大麦、马铃薯和木薯；主要经济作物有大豆、甘蔗、咖啡、棉花、可可和烟草。畜

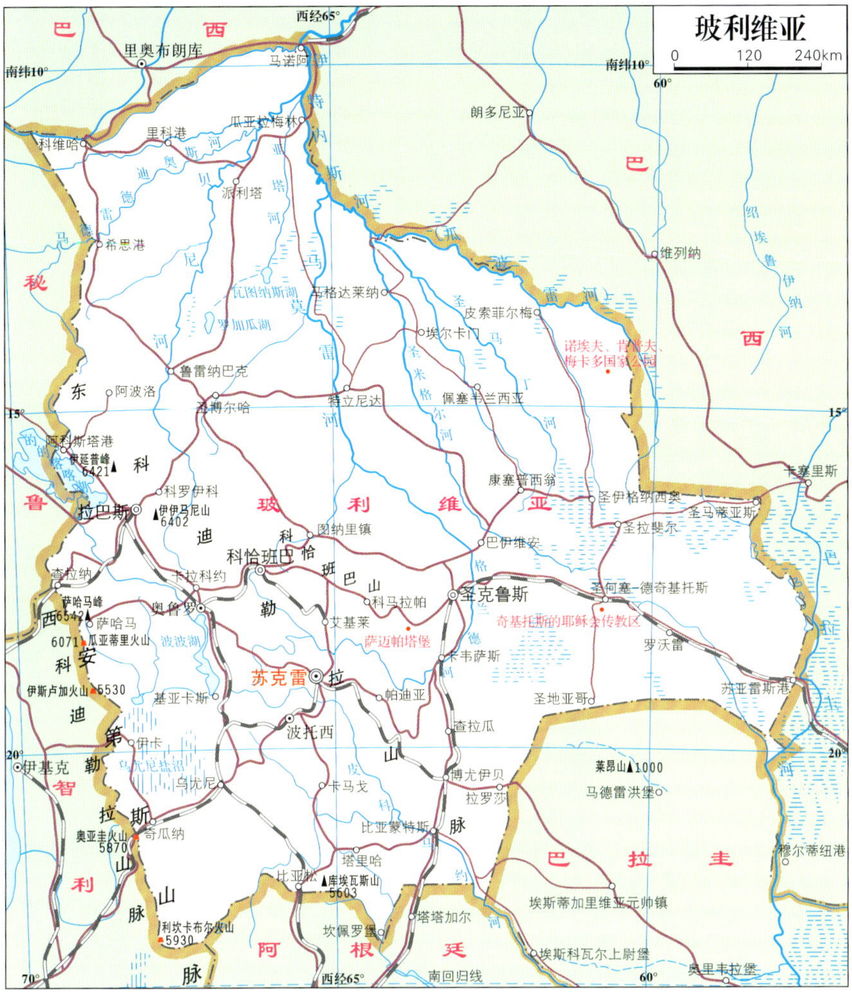

牧业主要集中在亚马孙热带雨林和草原地区，主要畜产品有牛、羊、猪、鸡、大羊驼、羊驼和豚鼠。拥有玻利维亚劳埃德航空公司等3家民用航空公司和8家航空运输公司。主要铁路和公路网集中在西部，边远地区主要依靠空运和水运。由于交通不便，基础设施缺乏，旅游业较为落后，但20世纪90年代以来发展较快。主要景点有历史名城苏克雷、历史上的矿业中心波托西、蒂瓦纳科文化中心、萨迈帕塔考古遗址、奇基托斯耶稣会传教区、肯普夫国家公园等。主要贸易伙伴为阿根廷、美国、巴西、德国、英国和日本，主要出口天然气、锡、锌、银、钨、咖啡，主要进口工业原料、中间产品、工业设备、消费品、运输设备及食品。货币名称为玻利维亚诺。

玻利维亚的锡矿

文化 教育比较落后，是文盲较多的国家。国家对6～12岁儿童实行义务教育。著名大学有圣弗朗西斯科·哈维尔大学和圣安德烈斯大学。主要报纸有《责任报》、《日报》、《理性报》等，主要杂志有《玻利维亚分析》、《新经济》、《科学与文化》等。全国有广播电台639家(2006)，多为商业电台。国家电视台创建于1964年，在拉巴斯等7个省都有转播台。

对外关系 奉行独立的不结盟对外政策，维护民族独立和主权，坚持各国人民自决、各国平等、不干涉别国内政、和平解决国际争端和维护国际法等原则。到2008年已同86个国家保持外交关系。1985年7月9日与中国建交。

玻色 Bose, Satyendranath (1894-01-01～1974-02-04) 印度物理学家。生于加尔各答，卒于加尔各答。1915年毕业于加尔各答大学。1924～1925年于巴黎在P.朗之万指导下进行工作。1926～1950年历任达卡大学教授和物理系主任，加尔各答大学教授，印度国家科学院主席。1958年当选为英国皇家学会会员。

玻色最主要的贡献是建立了一种量子统计——玻色统计。玻色于1924年7月将论文《普朗克准则和光量子假设》寄给A.爱因斯坦征求意见。爱因斯坦立即将它译成德文并加注，予以高度评价。这篇论文采用计数光子系统所有可能的各种微观状态的统计方法，导出了黑体辐射的普朗克公式。证明了普朗克公式可以从爱因斯坦量子气模型导出。同年，爱因斯坦把玻色统计方法推广到静止质量不为零、粒子数不变的系统上，建立了量子统计学中两种统计方法之一的**玻色－爱因斯坦统计**。此外，他对电离层的电磁性质、X射线晶体学和热致发光理论，以及**统一场论**均有贡献。

玻色－爱因斯坦统计 Bose-Einstein statistics 近独立粒子玻色系统的每一个量子态上占据的粒子数不限，这种粒子遵循的统计规律。又称玻色统计，是由S.玻色和A.爱因斯坦在1924年先后提出来的(见**量子统计**)。

设近独立全同粒子组成的系统具有确定的粒子数N，能量E和体积V，以ε_i和g_i分别表示单粒子的第i个($i=1,2,3,\cdots$)能级和对应该能级的量子态数(简并度)。对于玻色系统，由于粒子的不可分辨和每个态上占据的粒子数不限，则给定的N_i个粒子分布在g_i个量子态的方式数，等于从N_i+g_i-1个元素中选取g_i-1个元素的组合数：

$$\frac{(N_i+g_i-1)!}{N_i!(g_i-1)!}$$

考虑各能级的结果，就得到对应粒子数分布$\{N_i\}$的系统微观状态数：

$$W_{\mathrm{B.E}}=\prod_i \frac{(N_i+g_i-1)!}{N_i!(g_i-1)!}$$

玻色子 boson 遵从**玻色－爱因斯坦统计**的微观粒子。玻色子的自旋为0或整数，例如光子、π介子等。由玻色子或偶数个费米子组成的复合粒子的自旋也是0或整数，因而它们也是玻色子，如α粒子及一切具有偶数核子的原子核、氢原子及氦原子等。由相同玻色子组成的系统的波函数，对于其中任意两个粒子坐标置换是对称的。大量玻色子组成的系统，在低温下出现超流状态。

玻意耳 Boyle, Robert (1627-01-25～1691-12-30) 英国化学家、物理学家和自然哲学家。生于爱尔兰沃特福德郡利斯莫尔，卒于伦敦。1635年入伊顿公学学习。1639年

赴欧洲游学，1644年回国。1654年在牛津开始系统地研究化学、医学和物理学，在家里建立了化学实验室，制备各种药物，逐渐成了一位实验化学家和物理学家。同时他认识到化学是一种重要的理性科学，不仅只是一种实用工艺。1663年当选英国皇家学会会员，1680年当选为会长。

近代化学的奠基人之一。他是第一位阐述化学元素本性的科学家。玻意耳提出最重要的理论是化学元素概念。他认为元素是具有确定性质的、实在的、可察觉到的实物，它们应该是用一般化学方法不能再分为某些简单实体的实物。玻意耳第一次为化学元素下了明确的定义。

玻意耳是第一位把各种天然植物的汁液用作指示剂的化学家。他也是第一位给酸和碱下定义的化学家，他指出能将蓝色果汁变成紫红色的物质都是酸；颜色变化与此相反者则是碱。与此同时，他还研究很多检验方法，例如利用铜盐溶液是蓝色的来检验铜盐，利用能形成氯化银沉淀且沉淀在放置过程中逐渐变黑的现象来鉴定银。

玻意耳在物理学方面的成就以发现气体的弹性（可压缩性）最为有名。1659年观察到稀薄空气下水的沸腾、真空中虹吸失效及毛细管效应等现象。1662年他在一支一端封死的U形玻璃管中充满水银，封闭的一端留有一部分空气。当加在空气上面的重量越大时，空气的体积就越小，从而证明了空气的体积与加在它上面的压力成反比，这就是著名的**玻意耳定律**。玻意耳主张热是分子的运动，首先提出色光是白光的变种，观察到静电感应现象，指出化学发光现象是冷光，观察到大气压对沸腾的影响、空气对声波传播的作用，研究了空气的比重和折射率等。

著有《怀疑派化学家》、《颜色的实验和观察》、《矿泉水的实验研究史的简单回顾》、《空气发光》等多种书籍。

玻意耳定律 Boyle's law 气体等温变化所遵循的规律。可表述为：一定质量的气体，当温度保持不变时，它的压强p和体积V成反比，即$pV=$常数。常数的数值决定于气体的温度和摩尔数。理想气体严格遵循这个规律，其他气体在压强不太高、温度不太低时也遵循这个规律。由R.玻意耳和E.马略特在1662、1676年通过实验发现，故又称玻－马定律。

钵水母纲 Scyphozoa 刺胞动物门的一纲。分为十字水母目、方水母目、冠水母目、旗口水母目和根口水母目5目约200种。中国沿海常见种有海蜇、霞水母、海月水母等。广布于各大洋，尤以热带海区为多。钵水母的外形与水螅虫纲的水母外形极相似，其特点是：多数体大，伞径最大达2米以上；有胃膜和胃丝，体呈四辐对称；生殖腺多位于生殖下穴的底部；水管系统复杂，辐管4条或4的倍数，常彼此构成网状。

水母内伞有发达肌纤维，借此收缩以排出胃腔内的水使水母向上或向侧方运动。刺细胞分布在外伞表面、口腕、缘触手和胃丝上。

除十字水母营附着生活外，都是浮游生活。此纲水螅型不显或阙如，多数为大型水母，无缘膜或仅有假缘膜，生殖细胞由内胚层形成。全为单体，完全海产。除金黄水母为雌雄同体外，多为雌雄异体。受精卵经多次卵裂，发育为浮浪幼虫，幼虫浮游一段时间以后，附着变态为螅状幼体或钵口幼体，能以无性出芽或横裂的方式进行生殖。这种世代交替的生活史较为普遍。但有少数种类，如游水母属，并没有世代交替，自浮浪幼虫直接发育为碟状幼体，无性世代的螅状幼体和横裂体完全消失。

般若 Prajñā 佛教名词。梵文音译，意译为“智慧”、“明”。在汉译佛经中，智慧与智或慧经常可以互用。般若经类中，般若通常指的是特殊的对佛教教义的领悟或颖悟能力。在大乘的六种解脱法门中，有“般若波罗蜜”，其中的“波罗蜜”意即“到彼岸”、“度过”、“度彼岸”等。“般若波罗蜜”的意思就是运用智慧，勘破对现实的迷惘，达到诸法实相，从而度越生死海，达到清净涅槃彼岸。佛教认为，世间一切事物现象，无非因缘而生，并无自性自相，人们的迷惑在于将虚幻不实的假象当成真实的依靠。般若智能够让人们了解“诸法性空”的本相，能够克服世俗知见认识，从而证得真如实相。佛教重智，三学（戒、定、慧）是实现解脱之路。尤其是大乘，经典中说智慧，若未明指，只要与法数（佛法）相关，都不是世俗智，都具有般若性质。

般若经 Prajñā-pāramitā Sūtra 佛教大乘经典中最早出现的一类。严格地讲它并不是独立的单一的经典。在汉传佛教典籍中它指的是大小篇幅各异而思想内容相同的经典。其思想主旨涉及的是导向解脱的**般若**智慧。东汉时代的**支娄迦谶**最先译出《道行般若经》。后秦时，翻译家**鸠摩罗什**译出《小品般若》。鸠摩罗什还译出了同类的经典《金刚经》，以及发挥般若思想的《大智度论》与《中论》等。般若经类的翻译集大成者是唐代的大译经家**玄奘**。他于660～663年（显庆五年至龙朔三年）间整理并译出《大般若波罗蜜多经》600卷，成为般若经类的汇编。此经有大小十六部，称十六会。

般若经中的“般若”，意即智慧；“波罗蜜多”意为“到达彼岸”；两者合起来就是凭智慧到达解脱彼岸的意思。佛教有六种解脱方法，称为**六度**，智慧解脱为六度

《大般若经》

之首。“般若智”并非一般的智慧，而是对于宇宙实相的根本认识，是一种正知正见。它要求观察到“诸法性空”的道理。它认为世俗认识及其对象都属因缘而有，假而不实。如实观察，悟入空性真谛才是至高（波罗蜜多）的智慧（般若），才能到达彼岸。大乘佛教特别强调般若智慧，认为它是“诸佛之母”。汉传佛教与藏传佛教，都认为般若性空的理论是极重要的必修内容。按般若学，“性空”只是一切存在的真相的一方面，另一面则是“缘有”。修行者只有获得对空有二者的如实认识，才能达到**中道**，这一观察体证的方法就是“中观”。

般若经的思想在印度佛教中影响强大，它可见于稍后出现的《**华严经**》、《**法华经**》、《涅槃经》中。在中国，般若经思想与传统哲学思想相互举扬。例如，魏晋时期的玄学与般若相互渗透，形成般若学的“六家七宗”，也一直影响到后来的**禅宗**认识论和解脱论。

剥夺政治权利 deprivation of political rights 剥夺犯罪人参加国家管理和政治活动权利的刑罚。

根据《**中华人民共和国刑法**》第54条规定，剥夺政治权利指剥夺下列权利：①选举权和被选举权。②言论、出版、集会、结社、游行、示威自由的权利。③担任国家机关职务的权利。④担任国有公司、企业、事业单位和人民团体领导职务的权

利。剥夺政治权利作为一种附加刑，既可以附加适用，也可以独立适用。剥夺政治权利的附加适用有三种情况：①对于危害国家安全的犯罪分子应当附加剥夺政治权利。②对于故意杀人、强奸、放火、爆炸、投毒、抢劫等严重破坏社会秩序的犯罪分子，可以附加剥夺政治权利。③对于被判处死刑、无期徒刑的犯罪分子，应当附加剥夺政治权利终身。剥夺政治权利的独立适用见于《刑法》第103条第2款：煽动分裂国家、破坏国家统一的，处5年以下有期徒刑、拘役、管制或者剥夺政治权利。如一旦选择适用剥夺政治权利，就不能再适用主刑。

剥夺政治权利的期限分为4种情况：①独立适用剥夺政治权利或者主刑是有期徒刑、拘役附加剥夺政治权利的，期限为1年以上5年以下。②判处管制附加剥夺政治权利的，后者的期限与前者相等。③判处死刑、无期徒刑的，应当剥夺政治权利终身。④在死刑缓期执行减为有期徒刑或者无期徒刑减为有期徒刑时，应当将附加剥夺政治权利的期限改为3年以上10年以下。

剥削 exploitation 一些人或集团凭借他们对生产资料的占有或垄断，无偿地占有那些没有或者缺少生产资料的人或集团的剩余劳动和剩余产品。剥削是人类社会发展到一定阶段的产物。社会上剩余产品的出现是剥削产生的物质前提条件，社会分工的发展和生产资料私有制的产生以及社会分裂为阶级是剥削产生的现实基础。

原始社会时期，生产力低下，不可能产生剥削。原始社会末期，随着生产的发展，出现了剩余产品，产生了第一次社会大分工，逐步形成了生产资料私有制和阶级剥削。当社会分裂出两大对立的阶级即奴隶主和奴隶时，人类进入了奴隶社会。奴隶制是人类历史上第一个剥削制度。继奴隶制之后，人类历史上依次出现过封建制和资本主义的剥削制度。在这三种剥削制度下，剥削阶级榨取剩余劳动和产品的形式有所不同。在奴隶制度下，奴隶主不仅占有生产资料，而且占有奴隶，奴隶主的剥削采取了直接占有奴隶的全部劳动及其产品的形式。在封建制度下，封建主占有土地，不完全占有封建农奴，封建主的剥削采取了地租形式。在资本主义制度下，生产资料和劳动力的结合是通过劳动力的买卖进行的，劳动力成为商品，资本家按劳动力的价值支付给劳动者；劳动力价值与劳动力发挥作用所创造的价值是不等的，后者大于前者，这个差额就是剩余价值。因此，资本家的剥削采取了占有剩余价值的形式。

从奴隶制到封建制再到资本主义的剥削制度的依次更替，表明生产力的发展和生产关系的变革是由生产关系一定要适应生产力状况的客观规律所决定的，反映了剥削形式从超经济强制到经济强制、劳动者从完全没有人身自由到获得人身自由的演进过程，表现为历史上的一种进步，这种进步是通过激烈的阶级斗争来实现的。但是，资本主义剥削制度的进一步发展，必然会成为生产力发展的桎梏，无产阶级作为先进生产力的代表，必然要推翻资本主义剥削制度，建立没有阶级、没有剥削的共产主义社会。

菠菜 *Spinacia oleracea*; spinach 藜科菠菜属的一种。一年生或二年生草本植物。又称菠薐、赤根菜、波斯草。原产伊朗，2 000年前已有栽培。中国在唐代已有菠菜的栽培。

主根发达，肉质根红色，味甜可食。叶簇生，呈莲座状，深绿色。单性花，雌雄异株，偶有雌雄同株的。胞果，每果含一粒种子，果壳坚硬、革质。按果实外苞片的构造可分为有刺种和无刺种两个类型（见图）。

尖叶菠菜（有刺种）

圆叶菠菜（无刺种）

耐寒性蔬菜，为长日照植物。对土壤要求不严格，酸碱度以pH7～8为宜。对氮肥需求较多，磷肥、钾肥次之。春秋两季均可播种。而以秋播为主，生长期约60天。留种菠菜也多在秋季播种，次年6月采种。

菠菜茎叶柔软滑嫩、味美色鲜，含有丰富的维生素C、胡萝卜素、蛋白质，以及铁、钙、磷等矿物质。除以鲜菜食用外，还可脱水制干和速冻。

菠萝 *Ananas comosus*; pineapple 凤梨科凤梨属的一种。多年生常绿草本。又称凤梨、黄梨。全属约6种，作为果树广泛栽培的仅菠萝1种。原产南美洲的巴西和巴拉圭。现中国广东、广西、福建、海南、云南等地均有种植。株高0.7～1.5米，茎短粗，呈褐色，基部有吸芽抽出。根着生茎的周围。叶自茎的上部丛生，叶片革质，剑状，背面有茸毛。穗状花序自叶丛中抽生。果实肉质，似松果状复果，多呈圆筒形；果肉黄色。栽培品种约有70个，可分为卡因菠萝、皇后菠萝、西班牙菠萝三大类。

菠萝果

菠萝冬季生长适温15℃左右。对土壤适应性较广。耐旱，不耐寒。一年开花3次，开花至果实成熟需120～180天。一般用芽苗繁殖，以冠芽（着生在果实顶端的一种芽状体）繁殖的植株最优。20世纪70年代后，主要生产国有的已采用组织培养法进行工厂化育苗，或带芽叶扦插。栽种时间长的植株产量下降，故一般须每隔三四年翻种一次。

菠萝果实除鲜食外，多用以制罐，因其能保持原来风味而受到广泛喜爱，与香蕉、椰子、杧果并列为四大热带水果。叶纤维可作绳、渔网等原料。

播种机 seeder 将作物种子播入土中的种植机械。按播种方式有撒播机、条播机、穴播机、精密播种机、免耕播种机、铺膜播种机等类型。按所播作物种类则有谷物播种机、中耕作物播种机、棉花播种机、蔬菜播种机、牧草播种机、水稻直播机等。还有在垄作地区使用的垄作播种机。播种机与其他各种作业部件相结合，组成各种播种联合作业机，如耕播机、施肥播种机、平畦筑埂施肥播种机等。

撒播机是在地面上均匀撒播种子。有重力式和离心式两种类型。撒播机作业粗放，播种均匀度差，且种子露于地表，易遭鸟兽吃食。

条播机是按一定的行距将种子成条地均匀播入种沟。应用最广的是以播种谷物为主的谷物条播机。常用的条播排种器有外槽轮式、内槽轮式、离心式、绞盘式等。除谷物条播机以外，还有用于棉花、蔬菜、牧草等作物的专用条播机。

穴播机是按一定的行距和穴距，将种子成穴播入种沟或种穴内。每穴可播1粒或多粒种子。主要用于播种玉米、棉花、甜菜、向日葵、豆类等中耕作物，通常又称中耕作物播种机。

精密播种机是以精确的播种量、株行距和深度将种子播入土中。具有节省种子、增产并免除间苗作业的作用。一般是在穴播机各类排种器的基础上改进而成。此外，还使用机电式或光电式播种监视器。当排种器发生故障时，通过传感器可及时自动报警。

免耕播种机是在未耕的茬地上播种。是在条播机的开沟器前方加装能切断残茬的波纹圆盘刀或凿形刀，并在播种的同时加施肥料、除草剂和杀虫剂。

铺膜播种机是在种床上一次完成铺放塑料薄膜和播种作业。主要用于蔬菜、花生、棉花、水稻、玉米、瓜类等的种植。按其作业过程的不同有先播种后铺膜和先铺膜后播种两类。

播种 sowing 将播种材料按一定数量和方式，适时播入一定深度土层中的作业。播种适当与否直接影响作物的生长发育和产量。适时播种是使作物从种子发芽、出苗到成熟的各个生育期获得有利气候条件、全苗壮苗、植株正常生长、适时成熟的重要措施。不同作物的播种适期主要决定于品种特性、温度、水分、栽培制度、土质和地势。播入单位面积土地的种子重量，以千克/公顷为单位。适宜的播种量是合理密植的前提。一般按每公顷密度（株数）、种子千粒重、发芽率和田间出苗率等指标计算。播种深度关系到种子的发芽、出苗的好坏和幼苗的生长。应根据作物、土壤、气候条件确定适宜深度。播种方式应根据作物种类，生育特性，耕作制度、种植密度和播种机具等因素确定。一般分为撒播、条播、点播3类。

播州之役 Bozhou Campaign 中国明万历二十八年（1600）平定播州土司杨应龙之役。见万历三大征。

伯班克 Burbank, Luther (1849-03-07～1926-04-11) 美国植物育种学家。生于马萨诸塞州兰开斯特，卒于加利福尼亚州圣罗萨。伯班克于21岁时开始从事植物育种的实验，坚持不懈达50多年，曾培育出800个新的品系和品种。他的育种实践方法主要是选择和远缘杂交，即以当地品系和引进的品系在适当的环境条件下进行杂交，随后进行嫁接。著有《L.伯班克——他的方法、发现和实际应用》（12卷，1914～1915）、《如何培育植物供人类使用》（8卷，1921）以及丛书《新的创造物》（1893～1901）等。

伯朝拉河 Pechora River 俄罗斯欧洲部分东北部河流。位于科米共和国及涅涅茨自治区境内。源出北乌拉尔山脉，曲折北流后折向西北，中下游流经伯朝拉低地，在距河口130千米处分成大、小伯朝拉河，以下为河口三角洲，注入巴伦支海伯朝拉湾。河长1 809千米，流域面积32.2万平方千米。河口处年平均流量4 100米^3/秒，多年平均径流量1 290亿立方米。多春汛，夏季有暴雨洪水。结冰期从10月末到翌年5月。特罗伊茨科－伯朝拉斯克以下可通航。流域内有大型油气田和煤田。渔业主要捕捞鲑鱼及白鲑等。主要河港有伯朝拉及纳里扬马尔等。

伯恩施坦 Bernstein, Eduard (1850-01-06～1932-12-18) 德国社会民主党人、第二国际修正主义主要代表。生于柏林，卒于柏林。1872年加入德国社会民主工党（爱森纳赫派）。1896年10月至1898年6月，以“社会主义问题”为总标题发表了一系列文章，指责马克思主义有空想成分，认为马克思主义关于资本主义必然崩溃的理论已经过时。1899年发表《社会主义的前提和社会民主党的任务》一书，全面阐述了修正主义观点。

伯恩施坦认为K.马克思关于用暴力推翻资产阶级统治的观点是马克思用G.W.F.黑格尔的辩证方法研究政治学得出的与法国空想社会主义者L.-A.布朗基相同的结论。他认为黑格尔的辩证法是陷阱，是妨碍对事物合理观察的圈套。他否定科学社会主义实现的可能性，认为社会主义不过是一种伦理的思想。他认为近代工业劳动者是由不同职业、要求和收入的人们构成的混合体，他们和资产阶级没有不可调和的矛盾，没有根本的利益冲突。因此工业劳动者渴望社会主义的说法与其说是确定的事实，不如说是假定的事实。他认为，民主是妥协的大学，资本主义可以通过民主的道路转变为社会主义。无产阶级革命是一种粗野的行动，是无谓的生存牺牲，无产阶级专政属于较低文化，是一种“倒退或政治的隔世遗传”。主张阶级斗争应采取文明的形式。

伯恩施坦的修正主义思想是当代民主社会主义的重要思想来源。

伯恩斯坦 Bernstein, Leonard (1918-08-25～1990-10-14) 美国指挥家、作曲家及钢琴家。生于马萨诸塞州劳伦斯，卒于纽约。1935年入哈佛大学学习作曲，1939年毕业。后又入费城柯蒂斯音乐学院学指挥，并随S.库谢维茨基深造。1941年出任波士顿交响乐团助理指挥。1943年受A.罗津斯基之聘，任纽约爱乐乐团助理指挥，翌年11月，临时代替指挥演出了R.舒曼与R.瓦格纳的作品，获得成功，从而确立了他在美国一流团队中的指挥地位。1945～1948年，伯恩斯坦接替L.斯托科夫斯基任纽约市管弦乐团指挥。还指挥过伦敦、维也纳、巴黎、米兰等欧洲最著名的交响乐团。1951年，伯恩斯坦任布兰代斯大学教授，并在电视台主办名为“公共汽车”的音乐讲座节目，对儿童和音乐爱好者进行音乐普及教育。他自弹钢琴，分析曲式结构与风格等，最后指挥乐队演出。他将历次讲稿，编写成《音乐的乐趣》一书，极受欢迎。

伯恩斯坦指挥风格细腻、热情，富于时代气息，对作品有深刻的理解，并使音乐内容与演奏融为一体，尤其对现代作品更有独特的处理。伯恩斯坦是一位多产的作曲家。交响音乐作品有《第一交响曲“耶利米”》、《第三交响曲“卡迪什”》。其他作品如音乐剧《在城里》、《西区故事》，舞剧《自由梦》等。他还创作了6首反法西斯歌曲。

伯尔 Böll, Heinrich (1917-12-27～1985-07-14) 德国小说家。生于科隆，卒于朗根布罗伊希。1939年入科隆大学学习。不久应征入伍并被俘，获释后继续学业。1951年开始专事写作。1972年获诺贝尔文学奖。曾任联邦德国笔会和国际笔会主席。长篇小说《……一声没吭》（1953）、《无主之家》（1954）、《九点半钟的台球》（1959）主要描写“小人物”在战后经济复苏过程中的痛苦挣扎与悲惨遭遇。《一个小丑的看法》（1963）以内

心独白的手法，描写一个处于社会底层的滑稽演员被教会迫害，抨击了天主教会的蛮横。《以一个妇女为中心的群像》(1971)描绘1936～1966年德国社会的风俗画面，从经济、政治、道德观念等方面对社会现状进行全面批判。其他主要作品还有《火车正点》(1949)、《丧失了名誉的卡塔琳娜·勃罗姆》(1974)、《监护》(1979)、《河边女士的风光》(1986)等。

伯尔尼 Bern 瑞士首都，伯尔尼州首府。市区人口13.03万(2009)，居民主要讲德语。位于瑞士高原中西部莱茵河支流阿勒河畔。海拔540米。气候温和湿润。

古代为熊出没之地，伯尔尼德语意为“熊”。11世纪扎灵根公爵在由阿勒河左岸(西岸)的“半岛”山丘上建城，并作为扼守阿勒河通道的军事要塞，1218年成为独立城市。1353年加入瑞士联邦。1848年成为瑞士首都。

工业以钟表制造著称于世，故有“表都”之称。另有电机、精密机械、纺织、化学制药、出版印刷等工业。有铁路和高速公路与全国及欧洲主要大城市联系。为农产品集散中心和交通枢纽。万国邮政联盟、国际电讯联盟、国际铁路联盟和国际版权同盟的总部所在地。

伯尔尼老城鸟瞰

全国文化中心。以熊图案为城徽。伯尔尼大学成立于1834年。市内多博物馆，新城建于河右岸(东岸)，为行政机关、工厂和居住区，同河对岸的古城之间有7座桥梁相连。城市保留着中世纪面貌。每年11月的第4个星期一举办著名的洋葱节。

《伯尔尼公约》 *Berne Convention* 关于保护文学、科学和艺术作品版权的国际公约。全称《保护文学艺术作品伯尔尼公约》。1886年9月9日在瑞士伯尔尼签订，1887年生效。

《伯尔尼公约》是最早产生的国际版权公约。它的产生标志着版权国际保护体系的初步形成。公约正文共38条，宗旨是“尽可能有效和尽可能一致地保护作者对其文学艺术作品所享有的权利”。主要内容包括：以作品的创作者为第一保护主体；文学作品的保护期为作者有生之年加50年；享有和行使版权权利不需要履行任何手续。公约附件为关于发展中国家的特别条款，允许发展中国家出于教育和科学研究的需要，发放翻译或复制有版权作品的强制许可证。《伯尔尼公约》的实施管理从1967年起由世界知识产权组织负责。

伯尔尼国际 Berne International 第一次世界大战结束后建立的社会党国际联合组织，即重建的第二国际，又被称作“黄色国际”。第一次世界大战爆发后，第二国际破产。为了取得对战后工人运动的领导权，推行社会改良主义，1919年2月3～10日，原第二国际一些社会党的右翼和中派领导人在瑞士首都伯尔尼召开战后第一次社会党代表会议，决定采取一切必要步骤在最短时间内恢复国际。1920年7月31日至8月4日召开日内瓦代表大会，正式从组织上恢复第二国际，共有40多个社会党和社会民主党参加这个组织。由于倡议重建第二国际的会议在伯尔尼召开，故称伯尔尼国际。

伯尔尼国际坚持社会改良主义的立场。在国际事务中，支持帝国主义分赃的巴黎和会以及由帝国主义战胜国操纵的国际联盟，维护新的殖民体系。V.I.列宁曾称伯尔尼国际是黄色的、背叛的、变节的国际。第二次世界大战爆发后，伯尔尼国际停止活动。

伯夫-梅里 Beuve-Mery, Hubert (1902-01-05～1989-08-06) 法国新闻记者。法国《世界报》创始人。生于巴黎，卒于巴黎。巴黎文学院和法学院毕业。1928～1939年在布拉格的法兰西学院任法律和经济室主任。1934年起兼任法国《时报》驻布拉格记者，因反对该报的亲纳粹立场于1938年辞职。1944年法国解放后创办《世界报》并任社长。1970～1978年任法新社董事会董事。1973年创办记者培训中心并任主席。1974年参与创办欧洲记者中心，培训各国青年记者。曾获欧洲及非洲一些国家颁授的勋位。著有《第四共和国的自我毁灭》(1958)、《十一年的统治(1958～1969)》(1974)等。

伯格 Berger, Peter Ludwig (1929-03-17～) 美国社会学家。生于奥地利维也纳。1954

年在纽约新社会研究学院获博士学位。此后曾在不同的大学执教。1981年起在波士顿大学任教授，并于1985年开始担任该校经济文化研究所所长。

伯格的主要研究领域是宗教社会学和关于经济发展的社会学理论。像当时许多社会学家一样，他相信人类社会将随着现代性的发展而日趋世俗化。但他的观点后来发生了很大的改变，认为人的真正的自我是超验的，当代世界在很大程度上仍有很强的宗教性，并进而从全球范围来研究经济发展、社会变迁和文化传统的关系。著有《现实的社会建构》(合著)、《神圣的帷幕：宗教社会学理论的诸要素》、《异端的律令》、《资本主义革命：关于繁荣、平等和自由的五十个命题》、《天使们的传言：现代社会与超自然的重新发现》和《赎回笑声：人类经验的喜剧性》。

伯格曼 Bergman, Ingmar (1918-07-14～2007-07-30) 瑞典电影和话剧导演。生于乌普萨拉，卒于福勒。曾就读于斯德哥尔摩大学。1944年写了第一个电影剧本《折磨》。1945年执导了第一部影片《危机》。

20世纪50年代中期到60年代初创作的影片主要有《夏夜的微笑》(1955，获戛纳电影节大奖)、《第七封印》(1957，获奖同上)、《野草莓》(1957，获西柏林国际电影节最佳影片奖)、《生命的门槛》(1958，获戛纳电影节大奖)、《魔术师》(1958，获威尼斯电影节特别奖)、《处女泉》(1960，获奥斯卡金像奖最佳外语片奖)、《犹在镜中》(1961，获奥斯卡金像奖最佳外语片奖)。此后又有《冬日之光》与《芳妮和亚历山大》分别于1963年、1983年获奥斯卡金像奖最佳外语片奖。其中《芳尼和亚历山大》是自传体影片，也是其告别影坛之作。伯格曼是哲理电影的先驱，他把镜头转向人的内心世界，探索人的心理和灵魂，表现现代社会中人们的生存境遇，追问生与死、恐惧与孤独、精神与宗教等终极主题。

伯吉斯 Burgess, Ernest Watson (1886～1966) 美国社会学家，芝加哥学派的主要

代表人物之一。生于加拿大安大略省。毕业于俄克拉何马州的津费舍尔学院。1913年获芝加哥大学博士学位。曾先后执教于托莱多大学、堪萨斯州立大学和俄亥俄州立大学。1916年后任教于芝加哥大学。1934年任美国社会学会主席。1945～1946年任美国社会科学研究会主席。曾任老年医学协会主席等职。中华人民共和国建立前，曾来中国在燕京大学任教。伯吉斯是社会生态学的创始人之一，与R.E.帕克合著的《社会学导论》一书对社会生态学的发展起到了重要的推动作用。他与帕克将人类地理学、动植物生态学、人口统计学运用于社会生活各个领域的研究，用与观察植物群落生态过程相同的方法研究城市社会结构的动态发展，即同心圈原则，美国许多城市就是根据这一原则发展起来的。伯吉斯对社会学的贡献还包括对家庭和老龄问题的研究，著有《家庭——相互影响的个性之统一体》，还与人合著了《婚姻关系成败预报》、《订婚与结婚》等。

伯杰龙 Bergeron, Tor Harold Percival (1891-08-15～1977-06-13) 瑞典气象学家。生于英国伦敦附近的戈德斯通，卒于乌普萨拉。1916年毕业于斯德哥尔摩大学。1928年获奥斯陆大学博士学位。1919～1947年分别在挪威、瑞典气象局工作。1947～1961年任乌普萨拉大学天气学教授兼系主任。英、美两国气象学会及瑞典和挪威卑尔根两个地球物理学会名誉会员，瑞典、挪威科学院院士，乌普萨拉大学名誉博士。曾获英国皇家气象学会西蒙斯纪念金质奖章，1966年获国际气象组织奖。

在1919年提出气旋锢囚阶段的理论，充实了挪威学派气旋生命史模式。在他的博士论文《论三维天气分析》中提出的气团分类、锋区、锋生等概念，在气象学界有较大的影响。1933年发表论文《云和降水物理学》，提出冷云降水的机制，为人工降水和消冷云提供了理论基础。他还积极参与国际气象组织的工作，主持天气现象的分类和有关学术名词的国际统一命名等工作。参加编写《物理流体力学及其在动力气象学上的应用》一书。其他重要著作有《动力气候学方向》、《人工控制全球雨量问题》、《论暴雨的机制》、《云物理学领域概观》、《天气分析和预报的科学方法：简要的历史的回顾和展望》等。

伯矩鬲 Bojuli 中国西周早期青铜器。1975年出土于北京房山琉璃河黄土坡村251号燕国墓。首都博物馆藏。有铭文15字，

记贵族伯矩受燕侯赏赐贝，为纪念而作器。鬲高33厘米，口径22.9厘米，重8.25千克。以牛首为主要装饰，有立体的和浮雕的牛首共7个。造型端庄厚重，纹饰大方，不加地纹，而由立体的牛首和翘起的牛角、耳等细部所强化的造型轮廓线加强装饰性。

伯克 Burke, Edmund (1729-01-12～1797-07-09) 英国政治家，西方保守主义的理论奠基人。生于爱尔兰都柏林一个律师家庭，卒于比肯斯菲尔德。1765年任英国议会中辉格党领袖罗金厄姆侯爵的秘书。1774年当选国会议员。其政治思想围绕对法国大革命的批评与思考而形成，代表作是《法国革命论》(1790)。伯克反对逻辑推理式的社会契约论，认为社会起源于过去人、现代人与未来人之间一种神圣的约定，国家是一个在时间和空间方面连续延伸的政治有机体，由特定的环境、条件、性格、气质、人民的道德、风俗和社会习惯所决定。在社会与国家的构成支柱中，他特别肯定贵族阶级、等级制度、私有财产和宗教等因素的作用。伯克价值观的核心是反对革命时期流行的平等原则，认为社会与政治体内必然存在等级差别，

同时坚决维护政治自由、分权、代议制与法制等要素构成的英国政治制度。他反对革命与革新，主张改良。

伯克霍夫 Birkhoff, George David (1884-03-21～1944-11-12) 美国数学家。生于密歇根州上艾瑟，卒于马萨诸塞州剑桥。1905年在哈佛大学毕业，后去芝加哥大学，1907年获博士学位后去威斯康星、普林斯顿等大学任教。1912年去哈佛大学任助理教授，1919年任教授，1932年成为珀金斯讲座教授。伯克霍夫作为第二次世界大战期间美国数学界公认的领袖人物，为美国数学的发展做了许多组织工作，在国内外享有威望。

伯克霍夫最重要的工作是在动力系统方面。1912年H.庞加莱去世前把限制性三体问题归结为一个几何问题，但除特殊情形外未能证明。伯克霍夫证明了这个庞加莱最后定理(1913)。他还引进动力系统的运动极小集、回归集等概念，证明其存在性，开辟了动力系统研究的新时代。他的《动力系统》(1927)成为这方面的重要著作。

1922年他与O.D.凯洛格合写的《函数空间的不动点》一文启发了J.P.绍德尔和J.勒雷关于不动点理论的工作。1928年提出的极小极大原理推动了H.M.莫尔斯的大范围变分法的产生。1931年他证明了逐点遍历性定理，导致遍历理论的产生。他在边值问题、奇异微分方程、奇异差分方程等方面做了许多工作。他的论文于1950年收集在《G.D.伯克霍夫数学论文集》中。

伯克兰 Bokelan, Kristian (1867-12-13～1917) 挪威地球物理学家，磁层物理的奠基人。生于克里斯蒂安尼亚(今奥斯陆)，卒于日本。1890年在克里斯蒂安尼亚大学获得相当于硕士的学位，1898年任该大学物理学教授。为筹集进行极光研究的经费，他花几年时间进行技术和应用物理方面的研究。他与S.埃德共同获得利用电磁固氮肥的专利，成为挪威工

业的主要创业者。1895年做实验时，他注意到电子导向磁极的现象，1896年提出来自太阳的电子可直接产生极光的理论。为了验证这一理论，他在真空室中做了模拟日地系统的实验，首次在实验室内产生了人工极光。他多次组织北极探险队，并在极区建立了4个高山观测台。根据观测资料，他把全球的地磁扰动分为赤道扰动（即磁暴）、极区元磁暴（即磁层亚暴）和环中磁暴。为了说明磁扰动的产生，他提出一种沿地磁场的垂直电流体系模式，这种电流体系后来被称作伯克兰电流。

伯克利 Berkeley 美国加利福尼亚州大学城。位于该州中西部，圣弗朗西斯科湾东北岸，南邻奥克兰城区。人口10.14万(2008)。属圣弗朗西斯科－奥克兰－圣何塞大都市区。1853年始建。1878年设市。为纪念著名哲学家G.伯克利而得名。1906年圣弗朗西斯科大地震后难民涌入，人口激增。20世纪30年代湾内建桥后，交通改善，促进城市发展。市内的加利福尼亚大学伯克利分校是美国最优秀的高等学府之一。海滨有伯克利水上公园。乘坐湾区捷运系统与周围城镇联系方便。

伯劳 *Lanius*; shrike 雀形目伯劳科伯劳属鸟类的统称。世界有27种，广布于非洲、欧洲、亚洲及美洲。中国有13种。喙强壮，喙的前端具缺刻和钩；鼻孔部分被羽毛掩盖；跗跖强健有力。雌雄相似。

红尾伯劳

红尾伯劳是伯劳属鸟类的典型代表。全长160～220毫米。头侧具黑纹，背面大部呈灰褐色，腹面呈棕白色，尾羽呈棕红色。栖息于树梢，常张望四周，一旦发现饵物，便急飞直下捕捉。性凶猛，喜食小鸟、小型哺乳动物和各种昆虫。雌雄共同营巢。巢距地面6～8米，以干草搭成。每窝产卵4～8枚。由雌鸟孵卵，孵化期14～16天。育雏早期，由雄鸟外出寻虫，归巢后吐入雌鸟口中，再由雌鸟喂雏。一周后，雌雄轮流寻虫喂雏。

伯勒萨德 Prasad, Jayashankar (1889～1937-11-15) 印度印地语诗人、剧作家、小说家。生于北方邦贝拿勒斯（现瓦腊纳西）。青年时代协助兄长经商。1909年开始发表诗歌。他的作品有8部诗集和长诗，12部剧本，3部长篇小说（包括1部未完稿），5部短篇小说集。长诗《迦马耶尼》(1935)是一部深含哲理的隐喻诗。全诗5 000多行，叙述人类始祖由于贪图享乐而使世界被洪水淹没，极少数幸存者摩奴和夏塔历经波折，最后得到真正的“欢乐”。夏塔和伊拉分别代表人类的良知和理智。当良知在人的内心占主导地位时，就能获得人生的真谛。主要作品还有抒情诗集《眼泪》(1925)、历史剧《健日王塞健陀笈多》(1928)、长篇小说《骨骼》(1929)等。

伯里克利 Pericles（约前495～前429） 古代雅典政治家。公元前5世纪60年代，成为民主派的领袖。贵族派首领西门死后，伯里克利努力确保雅典在希腊文化和希腊政治中的领导地位。他竭力扩大雅典的殖民体系，为日益增长的雅典人提供新的土地。公元前443年起当选将军，历15年，在雅典内政、外交等方面起了决定性作用。当政期间，废除选举官职的财产资格限制，使雅典民主政治达到极盛，他执行发展工商业和奖励文化的政策，雅典经济、文化高度繁荣。

伯罗奔尼撒战争爆发前后，拟定和执行了反斯巴达战略。因战事不利，公元前430年一度落选。公元前429年再度当选将军。不久，因染瘟疫病逝。他学识渊博，具有卓越演说才能。

伯利恒 Bethlehem 巴勒斯坦国的中部城市，世界闻名的基督教和犹太教圣地。阿拉伯语名贝特拉姆。位于耶路撒冷西南8千米的犹太山地顶端，海拔680米。人口2.81万(2003)。始建于公元前2000多年。按基督教的传说是“救世主”耶稣的降生地，犹太教传说是古以色列国王大卫王的故乡。历史上政治归属几变。1949年被以色列占领，1994年圣诞前一周，以色列撤出。经济收入主要来自朝圣和旅游业。物产有橄榄木、珍珠贝等宗教纪念品以及刺绣工艺品等。设有伯利恒大学。最著名的宗教古迹是耶稣诞生教堂。326年，君士坦丁大帝的母亲海伦娜太后下令兴建该教堂，333年落成，是仅次于耶路撒冷的圣墓教堂，后多次整饰和修茸。其他名胜古迹还有所罗门池（古耶路撒冷城的水源）、拉结（先知亚伯拉罕之孙雅各之妻）墓、莱卜洞等。

伯利恒圣诞游行

伯利兹 Belize 拉丁美洲国家。英联邦成员国。地处尤卡坦半岛。北部和西北部与墨西哥毗邻，西部和南部与危地马拉接壤，东濒加勒比海。面积22 966平方千米。人口约32.2万(2008)。印欧混血种人占总人口的44.1%，克里奥尔人占31%。英语为官方语言，全国近50%的人口通用西班牙语或克里奥尔语。居民中62%信奉天主教，28%信奉基督教。首都贝尔莫潘。

海岸线长322千米。沿海有3个珊瑚岛和400多个珊瑚礁。多山地、沼泽和热带丛林。地形大致可分为南、北两部分：南半部以高地、山脉为主，海拔600～900米。维多利亚峰海拔1 122米，为全国最高峰。北半部为海拔不到61米的石灰岩低地，其中大部分是沼泽。主要河流有伯利兹河、纽河和翁多河等。属热带海洋性气候。年平均气温25～27℃，平均年降水量北部1 200毫米，南部高达4 000毫米以上。5～10月为雨季，2～4月为旱季。常有飓风袭击。森林资源丰富，覆盖面积占国土面积的70%以上。主要产红木（称为国木）、

苏木和染料木等贵重木材。沿海渔业资源丰富，盛产龙虾、旗鱼、海牛和珊瑚等。矿藏有石油、重晶石、锡石、黄金等。

原为印第安玛雅人居住地。16世纪初沦为西班牙殖民地。1638年前后英国殖民者开始侵入。1786年英国取得实际管辖权。1821年危地马拉独立后，以伯利兹领土大部分曾隶属于危地马拉都督区为由，宣布危地马拉继承西班牙对伯利兹的主权。1859年危地马拉承认英国对伯利兹的宗主权。1862年英国正式宣布伯利兹为英国殖民地，并改名为英属洪都拉斯。1940年危地马拉宣布将伯利兹划入危地马拉版图。1964年英国被迫同意其实行内部自治。1973年6月改名为伯利兹。1981年9月21日，伯利兹正式独立，为英联邦成员国。

英国女王为伯利兹国家元首，由女王任命总督，总督必须是伯利兹公民。总督任命众议院多数党领袖为政府总理，并根据总理提名任命副总理及各部部长。伯利兹议会分参、众两院。政党主要有人民统一党和统一民主党。

国民经济以农业为主，工业不发达。2009年国内生产总值约为14.04亿美元。货币名称伯利兹元。传统农产品以蔗糖、香蕉为主。甘蔗种植占全国耕地一半，就业人口中香蕉业居首位。旅游业是第二优先发展部门。其世界第二大堤礁以及玛雅遗迹吸引众多的游客。还有八大野生动物保护区，其中美洲虎和红脚鲣鸟保护区为世界仅有。交通较方便，伯利兹城为主要港口。日常生活用品绝大部分依靠进口。进出口贸易连年逆差。

主要贸易对象为美国、英国、墨西哥、加拿大等国以及欧盟和加勒比共同体。2009年进口额6.68亿伯利兹元，出口额2.50亿伯利兹元。

实行5～14岁儿童免费义务教育。报纸多为周报，主要有《伯利兹时报》、《卫报》、《报道者》、《阿曼达拉报》、《人民的脉搏》等，另有月刊《今日伯利兹》。有3家广播电台，用英语和西班牙语广播。有2家电视台。伯利兹电视台每天主要转播美国卫星电视节目。

1974年加入加勒比共同体。曾于1987年2月6日与中国建交。1989年10月，普赖斯政府同台湾当局建立"外交关系"，中国遂中止同伯利兹的外交关系。同美、英两国的关系密切，同墨西哥的关系一直良好，同危地马拉的关系长期紧张。1991年8月危地马拉宣布承认伯利兹人民的自决，并与伯利兹建立了外交关系，但两国一直存在领土争端。

伯罗奔尼撒同盟 Peloponnesian League 古代希腊以斯巴达为首的伯罗奔尼撒半岛大部分城邦组成的军事同盟。公元前6世纪中叶起，斯巴达陆续与埃利斯、西居昂、科林斯、迈加拉等城邦订立双边军事同盟条约，约公元前530年伯罗奔尼撒的大多数城邦参加了同盟。在同盟内部，斯巴达享有召集全体成员国会议的特权，并在战时任盟军统帅。结盟各邦内政独立。在公元前5世纪上半叶的希波战争中，同盟各邦曾与雅典联合抗击波斯入侵（前480、前479）。公元前5世纪70年代以后，伯罗奔尼撒同盟和提洛同盟对抗，对整个希腊历史的发展产生了重大影响。公元前431～前404年，伯罗奔尼撒同盟与雅典及其同盟者之间爆发伯罗奔尼撒战争。失败的雅典一度被迫入盟。公元前394年，忒拜联合雅典、科林斯等城邦共同反对斯巴达。公元前371年，斯巴达在留克特拉战役中大败于忒拜，同盟于公元前366年解散。斯巴达霸权亦告终止。

伯罗奔尼撒战争 Peloponnesian War 公元前431～前404年雅典及其同盟者与以斯巴达为首的伯罗奔尼撒同盟之间的战争。由于雅典势力的扩张引起斯巴达人的恐惧，而斯巴达的同盟者科林斯与雅典的矛盾，也对战争爆发起了一定的推动作用。公元前431年3月，斯巴达盟邦忒拜进攻雅典盟邦普拉蒂亚。5月，伯罗奔尼撒同盟对雅典宣战。

战争的头10年史称阿希达穆斯战争。斯巴达人六度从陆上入侵阿提卡。雅典人凭借坚固的城墙和强大的海军，把农村居民移到城墙之内，频频从海上出击，屡屡获胜。后来双方各有胜负。公元前421年，双方签订为期50年的《尼西亚斯和约》。其基本内容是大体维持战前状况。

战争的第二阶段史称西西里战役。公元前415年，雅典人介入西西里岛希腊城邦之间的争端。公元前413年秋，雅典远征军全军覆没，损失战舰200余艘，海军3.5万人。

在西西里的惨败使雅典元气大伤。接着，雅典在爱琴海的盟邦纷纷背离。公元前411年发生政变，民主政体被推翻，建立了以四百人会议为首的寡头政治。公元前405年斯巴达将雅典180艘舰船诱入赫勒斯滂海峡，突然袭击，雅典舰队全军覆没，雅典海上霸权丧失殆尽。公元前404年4月在斯巴达军队海陆两面围困下，雅典宣告投降。战争使参战双方的多数城邦蒙受人力和财力的巨大损失，国力下降。波斯帝国又得以插手希腊各邦的事务。胜利者斯巴达成为希腊的霸主。修昔底德在《伯罗奔尼撒战争史》一书中，对这次战争作了翔实的记载。

伯明翰 Birmingham 美国亚拉巴马州最大城市。位于该州中北部，阿巴拉契亚高地南端的琼斯谷地。海拔183米。市区面积388平方千米，人口22.88万(2008)，其中黑人约占3/4；大市区由周围4县组成，人口111.76万(2008)。1813年设定居点。1870年东西向和南北向两条铁路干线在此交会，翌年设市。附近蕴藏煤、铁和石灰岩。1880年建立第一座高炉，钢铁工业兴起，有"南方匹兹堡"之称。第二次世界大战后，城市经济趋于多样化。现钢铁工业的地位和从业人数相对下降。其他工业如机器制造、化学、电器、飞机、汽车零部件、纺织等以及第三产业发展较快。美国东南部的运输枢纽，有4条铁路干线和多条高速公路向四方辐射；城西55千米建有水运码头，经汤比格比河入墨西哥湾；城北有国际机场。马丁·路德·金

美国伯明翰城市建筑

曾在此领导黑人运动。设有桑福德大学(1841)、伯明翰-南方学院(1856)、亚拉巴马大学伯明翰分校(1969)等30所高等院校。伯明翰医疗中心规模巨大。市内雷德山顶耸立高17米的伏尔甘(罗马神话中的火神)铸铁像，为城市的标志。

伯明翰 Birmingham 英国第二大城市，英格兰西米德兰郡首府。地处英格兰中部平原，东南距伦敦约160千米。邻近奔宁山脉煤、铁富集区。面积208.8平方千米。人口102.87万(2009)。城市最初建在雷阿小河渡口附近。12世纪成为重要商业城镇。16世纪起，为当时世界上最大和种类最多的金属加工区。17世纪后期，鼠疫流行，大批人口死亡，仅剩幸存者约1.5万人。18世纪成为英国工业革命的摇篮。18世纪末，人口又增至7万人。1838年设市。1911年城市面积扩大到现在规模。

英国主要工业中心，约占全国工业总产值的1/5。工业以汽车、电子、电器设备、机床、仪表、钢铁及有色冶金(铜、锌、铝、镍等)为主。以手工业为主的五金制品和珠宝首饰在经济中也占有一定地位。为全国主要铁路、公路干线和运河网的交会点和交通枢纽。城东南有国际机场。市中心建有詹姆斯·瓦特纪念碑及博物馆、美术馆、图书馆等文化设施。有14世纪的圣玛丁教堂、圣菲利浦教堂和圣彼得罗马天主教堂等宗教建筑。有伯明翰大学、阿斯顿大学伯明翰分校和中英格兰大学伯明翰分校等高等院校。每年在该城举办不列颠工业展览会。1990年伯明翰被命名为“欧洲体育之城”。

英国伯明翰城市一角

伯姆 Böhm, Karl (1894-08-28～1981-08-14) 奥地利指挥家。生于格拉茨，卒于萨尔茨堡。1913～1914年曾在维也纳随曼迪采夫斯基和G.阿德勒学习作曲。1919年入格拉茨大学学习法律，同时学习音乐。1917年在格拉茨首次登台指挥。1921年由B.瓦尔特推荐到慕尼黑国家歌剧院任指挥等职。此后的60多年里，在许多歌剧院任指挥，在欧洲歌剧界有广泛的影响。1943年及1954年，两次受聘为维也纳国家歌剧院总指挥。1964年，奥地利政府授予他奥地利音乐总指导的称号。1970年任**维也纳爱乐乐团**常任名誉指挥。他录制的莫扎特交响曲全集、舒伯特交响曲等唱片，数量惊人。伯姆的指挥风格朴实、严谨，着重于音乐的造型与内在美。他继承了19世纪维也纳及欧洲音乐的传统，着重于作品思想的表现，是享有盛誉的指挥大师。他的著作有《与理查·施特劳斯的会见》、回忆录《我的一生》等。

伯内特 Burnet, Frank Macfarlane (1899-09-03～1985-08-31) 澳大利亚病毒学家和免疫学家。生于澳大利亚维多利亚州的特拉拉尔根，卒于墨尔本。1923年获墨尔本大学医学博士学位。1927年在英国利斯特研究所获哲学博士学位。1944～1965年任墨尔本皇家医院沃尔特-伊莱扎·霍尔医学研究所所长。1942年被选为英国皇家学会会员，1965年被选为澳大利亚科学院院长。1960年因发现了免疫耐受现象与梅达沃共同获得诺贝尔生理学或医学奖。

伯内特自30年代起即从事病毒学方面的研究，是首先研究噬菌体繁殖的学者之一。在病毒的研究方法上，先后发表了《鸡胚在病毒研究中的应用》和《应用鸡胚培养病毒和立克次氏体》等专著，成为病毒学工作者的重要参考书。1937年他分离出Q热病原体和伯内特立克次氏体。1940年他利用鸡胚羊膜腔成功地分离出流感病毒并对流感病毒的生长及其遗传学特性进行了深入的研究。

他对免疫学的第一个重要贡献是关于获得性免疫耐受的理论。第二个重要贡献是关于抗体生成的理论。60年代后他又转入自身免疫问题的研究，发表了《自身免疫与自身免疫病》等专著，为自身免疫的研究奠定了理论基础。他自1924～1979年共发表论文300余篇，专著30余部，其中《抗体的产生》、《获得性免疫的克隆选择学说》、《自己与非己——细胞免疫学》、《免疫监视》等专著在免疫学上有重要意义。

伯努利定理 Bernoullis theorem 表述密度均匀的无黏性流体作定常流动时，沿流线总能量守恒的定理。**流体力学**的基本定律之一。丹尼尔第一·伯努利在1738年提出。定常流动指流场中任一点的物理量如速度、压强、温度、密度等均不变的流动。流线指流体内任一点的运动轨迹。该定理建立起质点速度同压力、密度和其他量之间的关系。

对于密度均匀的水沿着高程表变化的管道中的定常流，伯努利定理写成方程的形式是：

$$\frac{p}{\rho}+\frac{v^2}{2}+gh=C$$

式中p为压强，v为水流质点速度，g为重力加速度，ρ为密度，h为高度，C为常数。方程左边是单位质量水流的动能、压力能和势能之和。整个式子表示单位水流的总能量沿流线守恒。气体可忽略重力，方程简化为

$$p+\frac{1}{2}\rho v^2=p_0\text{（常量）}$$

各项分别称为静压、动压和总压。

根据伯努利定理推出，当气流吹过机翼时，机翼下表面的压力高于上表面的压力，由此产生了向上的举力。伯努利定理在**水力学**和应用流体力学诸如无黏性流体的管道输运中有着广泛的应用。在黏性流动中，黏性摩擦力消耗机械能而产生热，机械能不守恒，推广使用伯努利方程时，应加进机械能损失项。

伯努利家族 Bernoulli family 17～18世纪瑞士的一个出过数理科学家多人的家族。又译贝努利家族。最著名的有雅各布第一·伯努利、约翰第一·伯努利和丹尼尔第一·伯努利。

雅各布第一·伯努利(Jakob Bernoulli，或Jacques Bernoulli，或James Bernoulli 1654-12-27～1705-08-16) 生于瑞士巴塞尔，卒于巴塞尔。在概率

论、微分方程、无穷级数求和、变分方法等方面有贡献。数学分析中的伯努利数，概率论中的大数定律等都以他的名字命名。1690年他提出悬链线问题，后解决了更复杂的悬链问题。1694年的论文讨论了伯努利双纽线。同年他首次给出直角坐标和极坐标下的曲率半径公式，这也是系统地使用极坐标的开始。1705年研究过细杆在轴向力作用下的弹性曲线问题。1695年提出著名的伯努利方程。他的巨著《猜度术》(1713)的出版是组合数学及概率论史的一件大事，书中给出的伯努利数有很多应用。伯努利定理是大数定律的最早形式。

约翰第一·伯努利(Johann Bernoulli，或Jean Bernoulli 1667-07-27～1748-01-01) 生于巴塞尔，卒于巴塞尔。约翰对微分方程、变分方法等有贡献。曾对其兄雅各布第一关于悬链线(即柔链在自重作用下的平衡曲线)的问题作过解释。1696年提出寻求能使质点从一已知点最快到达另一已知点的曲线问题，并给出这个问题的解，称为“最速降线”。1728年他已知道弦的振动的基本振型是正弦型的。1742年研究过双重摆(摆下挂一摆)大幅度摆动的微分方程。著有《水力学》(1734)一书。

丹尼尔第一·伯努利(Daniel Bernoulli 1700-01-29～1782-03-17) 生于荷兰格罗宁根，卒于格罗宁根。1726～1733年在俄国彼得堡科学院主持数学部。后任植物学、解剖学、自然哲学教授。最早的论著是解决黎卡提方程(1724)。丹尼尔在概率论、偏微分方程、物理学等方面均有贡献。他以《水动力学，关于流体中力和运动的说明》(1738)一书著称于世，书中提出流体力学反映了理想流体中能量守恒定律的一个重要定理，后称为伯努利定理和伯努利公式。丹尼尔第一的固体力学论著很多。L.欧拉据他提出建议，解出弹性压杆弹性曲线的精确结果。1735年获得悬臂梁振动方程。1742年提出弹性振动理论中的叠加原理，并用具体的振动实验进行验证，他还考虑过不对称浮体在液面上的晃动方程。

伯希和 Pelliot, Paul (1878-05-28～1945-10-26) 法国汉学家。生于巴黎，卒于巴黎。毕业于政治学院和国立东方语言学院。1900年到北京。曾参与使馆区镇压义和团起义的活动。1906年8月底至1908年5月，广泛考察新疆的喀什、库车及甘肃的敦煌石窟，发掘库车附近的杜勒杜尔和苏巴什佛寺遗址，运走大量珍贵文物，包括死文字文献，攫取敦煌写卷的精华部分数千卷以及幡幢、绘画等。这些文物和文献资料以《伯希和考察队丛刊》和《伯希和考察队考古学丛刊》之名陆续出版。1911年起出任法兰西学院历史学与考古学教授。1925年起，主编欧洲主要汉学杂志《通报》。1935年出任法国亚细亚学会主席。有关考古学的著作主要有《敦煌洞窟》、《敦煌洞窟——伯希和笔记》。

伯牙 Boya 中国春秋时期琴师。生卒年不详。有高超的琴艺，《荀子·劝学》赞其“伯牙鼓琴而六马仰秣”。《吕氏春秋·本味》也记载了伯牙善弹、钟子期善听的故事。伯牙弹琴志在泰山，钟子期说：“善哉乎鼓琴！巍巍乎若泰山。”伯牙弹琴志在流水，钟子期说：“善哉乎鼓琴！汤汤乎若流水。”两人遂成知己。后子期不幸病故，伯牙伤心至极，“破琴绝弦，终身不复鼓琴，以为世无足复为鼓琴者”。演绎出中国古代音乐史中一段千年佳话。“知音”的典故由此而生。

伯颜 Bayan (?～1340) 中国元朝大臣。蔑里乞氏。武宗时历任吏部尚书、御史中丞、尚书平章政事。延祐三年(1316)，为周王(武宗子和世㻋)府常侍。其后历任行台御史大夫、河南行省平章政事等职。致和元年(1328)秋，泰定帝卒于上都，伯颜与知枢密院事燕铁木儿协力拥立元文宗图帖睦尔。伯颜以拥立功大，历任御史大夫、中书左丞相、知枢密院事等要职，进封浚宁王。元统元年(1333)元顺帝妥欢帖睦尔即位，伯颜又以拥戴之功，历任中书右丞相，总领蒙古、钦察、斡罗思诸卫亲军都指挥使，进封太师、秦王。三年，中书左丞相唐其势与其弟塔剌海等阴谋废立，被伯颜一网打尽。其后伯颜任大丞相，专权自恣，无所忌惮，将诸卫精兵收为己用，任意出纳府库钱帛。为了打击异己，他罗织罪名，置郯王彻彻都、高昌王帖木儿不花于死地。他的官衔多达246字。伯颜还力主加强对汉人的压迫，曾提出要尽杀张、王、刘、李、赵五姓汉人。至元六年(1340)二月，顺帝与伯颜之养子、御史大夫脱脱等合谋，黜伯颜为河南行省左丞相。三月，诏徙伯颜于南恩州阳春县(今属广东)安置，途中病死于龙兴路(今江西南昌)驿舍。

《伯远帖》 中国东晋书法家王珣书信墨迹。纸本，高25.1厘米，宽17.2厘米，行书5行，计47字。故宫博物院藏。

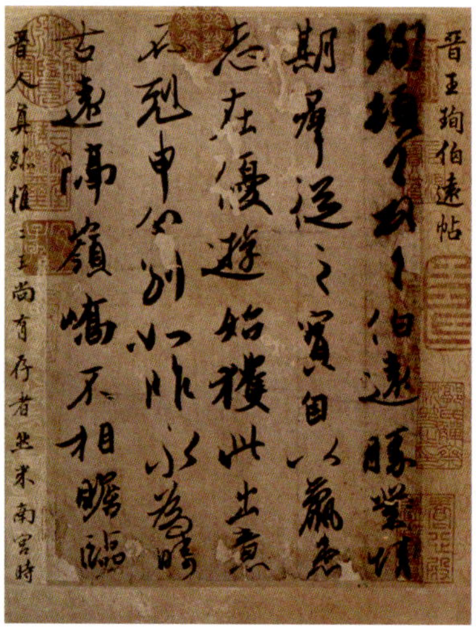

此帖书法用笔爽健沉劲，俏丽自然；结体疏朗开张，风格飘逸流动，意态翩翩。作者为王导之孙，王羲之族侄，此帖明显是从二王的行书一脉相承而来。清乾隆帝将其与王羲之《快雪时晴帖》、王献之《中秋帖》合称“三希”，但其他两帖皆出于唐人勾摹和宋人临写，“三希”中唯此帖系晋人真迹。

帛画 silk painting 中国古代用于随葬的旌幡性质绘画。流行于战国至汉代。

长沙楚墓帛画 战国中晚期楚墓帛画，保存比较完整的有两件：《人物龙凤》，1949年出土于湖南长沙陈家大山楚墓。纵31厘米，横22.5厘米。画面中部偏右下方绘一侧身伫立的妇女，身着缀绣卷云纹的宽袖长袍。人物头部前方，有一大凤鸟引颈张喙，动态似飞。画面左边自下而上绘一条体态扭曲向上升腾的龙。《人物御龙》，1973年长沙子弹库楚墓出土。纵37.5厘米，横28厘米。画面正中绘一侧身执缰的男子，头戴高冠，身穿长袍，腰佩长剑，驾驭一条状似舟形的长龙。龙首高昂，龙尾上翘，龙尾上部站着一只鹤，龙首下部有一向左游动的鲤鱼，人物上方正中画一华盖。

两幅帛画的功用、主题、造型观念和方式都较接近，在中国美术史上是迄今所见最早、最完整的绘画作品。一般认为两幅帛画中的人物都是墓主肖像，意在表示死者灵魂不朽，升归天国。造型手法主要是单线勾描，仅在局部渲染或施色。

马王堆汉墓帛画 1972～1974年先后

出土于长沙马王堆1、3号汉墓。1号墓主为西汉初长沙相利苍之妻，3号墓主为利苍之子。帛画共5幅，其中1号墓1幅，3号墓4幅，创作时间为西汉文帝时期，是迄今发现的汉代最早的独幅绘画作品。

1号墓帛画，上宽92厘米，下宽47.7厘米，全长205厘米，呈T字形，自上而下分段描绘天上、人间和地下的景象。上段，顶端正中有一人首蛇身像，鹤立其左右；画的左上部有内立金乌的太阳，下方是翼龙、扶桑和8个较小的红圆点；相对的右上部描绘一女子飞翔仰身擎托一弯新月，应是墓主人升天景象；人首蛇身像下方有骑兽怪物与悬铎，铎下并立对称的门状物，两豹攀腾其上，两人拱手对坐，为天门之景。中段，华盖与翼鸟之下，是一位拄杖缓行的老妇人侧面像，前有两人跪迎，后有3个侍女随从，应是墓主人形象。下段，两条穿璧相环的长龙，玉璧上下有对称的豹与人首鸟身像，玉璧系着帷幔和大块玉璜；玉璜之下为摆列鼎、壶和成叠耳杯的场景，两侧共有7人伫立，是为祭祀墓主而设的供筵。

3号墓出土的帛画与此幅尺寸、形制、内容相近。二者均以有序的层次展示汉初观念中的宇宙图景。绘制着色方法主要是勾线后平涂，部分使用渲染，少量形象直接用色彩画成。帛画分别置放在两墓内棺的板上。据墓中“遣册”竹简，可知正式名称是“非衣”。

发现于3号墓棺室西壁的帛画长212厘米，宽94厘米。描绘了盛大的车马仪仗场面。左上方有两行人物，文武属吏簇拥着戴冠、着袍、佩剑的墓主向前行进；左下方有100多人组成的方阵，右上方有4列驷

马王堆1号汉墓出土帛画

马车骑；右下方有14纵列共100余个骑从，画中所有的人物、车马都面向墓主人方向。同一棺室东壁也有大小与西壁相同的一幅帛画，因破损严重难辨全貌。3号墓出土的另一幅帛画长约100厘米，高约50厘米，描绘4排共44人。人物有男女老幼之别，衣饰简朴，有的裸上身，姿态各异，十分生动。根据人物动作与旁边的题字，可知是古代称为“导引”的健身图画，遂定名为《导引图》。

金雀山汉墓帛画　中国西汉绘画作品。1976年发现于山东临沂金雀山，帛画长200厘米，宽42厘米。全画自上而下分层描绘8组景物，顶部是日月并升，日中有金乌，月中有蟾蜍、玉兔，日月周围衬以云朵，其下是象征仙境中的琼阁和蓬莱、方丈、瀛洲3座仙山。第二部分从楼阁前的帷幕以下开始，展示墓主等24人活动的场面，分为5层，分别为侍从向墓主拜揖、管弦演奏与歌舞、官吏相迎、纺绩与问医、角抵表演。第三部分是帛画下段，描绘对称奔腾的两条龙，漫漶不清之处似有怪兽。画中的线与色互渗互压，局部的底层色彩透露于表层，使暖褐色主调的画面有较丰富的效果。

这些帛画显示出两千多年前中国绘画艺术的水平。

帛书　documents written on silk　以丝织品作为文字载体而写成的书。帛又有缣、素等名称，故古人也称为缣书、素书。在帛上面写字，历史悠久。早在中国春秋战国时期，帛书即与简策同时并用。三国以后纸书盛行，帛书逐渐减少。前后行用近千年。帛书发展到汉代，形式越来越考究。有专门为写书的缣帛，上面织有或绘有红色或墨色的边栏界行，红色的称为朱丝栏，墨色的称为乌丝栏，从右至左竖行书写。

最早出土的帛书是1942年湖南长沙子弹库发现的战国楚帛书。1973年长沙马王堆汉墓中出土了《老子》、《战国策》、《易经》等10多种帛书。

泊头市　Botou City　中国河北省辖县级市。位于河北省东南部。面积977平方千米。人口58万（2010）。明洪武二十二年（1389）置新桥水驿，二十五年（1392）更名泊头驿。1946年设市，1948年改为泊镇，又称泊头镇。1982年复置泊头市。1993年由沧州市代管。农产品有小麦、高粱、玉米等。盛产鸭梨、金丝小枣。泊头有“铸造之乡”之誉。有机械、轻工、化工、纺织、电子、服装、食品等工业。古迹有泊头清真寺等。

柏柏尔人　Berbers　非洲北部的民族集团之一。共1 481万人（2002）。主要分布在摩洛哥、阿尔及利亚、马里、布基纳法索、尼日尔、利比亚、突尼斯以及毛里塔尼亚和埃及。属欧罗巴人种地中海类型。使用柏柏尔语，属阿非罗－亚细亚语系柏柏尔语族。多数人信伊斯兰教。一般认为，其祖先一支来自欧洲，一支来自撒哈拉。历史上曾先后被称为“利布人”、“利比亚人”、“努米底亚人”和“毛里塔尼亚人”、“阿非利加人”等。今天，在不同的地区又有不同的名称，例如：摩洛哥的里夫人、塔马齐格特人和施卢赫人，阿尔及利亚的卡比尔人和沙维亚人，利比亚的乔夫拉人，马里、布基纳法索和尼日尔的图阿雷格人等。

身着民族服装的柏柏尔妇女

639年阿拉伯人侵入埃及后，在北非大力传播伊斯兰教和阿拉伯文化。11～15世纪，柏柏尔人曾建立阿尔摩拉维德王朝、阿尔摩哈德王朝，以及突尼斯的哈夫斯王朝、阿尔及利亚的齐亚尼德王朝、摩洛哥的马宁王朝。在这些王朝统治时期，阿拉伯人大批迁入，多数柏柏尔人被同化。部分未被同化者逃到山区和沙漠地带，至今仍保留着自己的语言和风俗习惯。

在历史发展过程中，柏柏尔人形成了以农业为主的定居民和以畜牧业为主的游牧民及半游牧民。定居民主要种植小麦、大麦、黑麦、葡萄、豆类、蔬菜和油橄榄，游牧民主要饲养牛、羊、驴、马、骡和骆驼。传统手工业有制陶和编织等。定居的柏柏尔人以村庄为居住单位。每个村庄选举德高望重的长者组成长老会，管理日常事务。所有柏柏尔人都实行父系大家族制。婚姻实行一夫一妻制。妇女主持家务，外出不戴面纱，行动比较自由。

柏柏尔语族　Berber group　阿非罗－亚细亚语系的一个语族。分布于北非。

柏格森　Bergson, Henri（1859－10－18～1941－01－04）　法国哲学家、美学家。生于巴黎，卒于巴黎。1889年获巴黎高等师范学校文学博士学位。1897年任巴黎高等师范学校哲学教授。1927年获诺贝尔文学奖。他的哲学思想被称为“生命哲学”，强调直觉主义。认为进化是创造性的而非机械的复制，直觉通过主体的内在生命体验来把握绝对的实在，获得绝对的真理。柏格森的学说在绘画、音乐、文学和宗教领域产生了广泛影响，成为现代主义文学艺术的思想来

源之一。代表著作有《创造进化论》(1907)、《笑——论滑稽的意义》(1900) 等。

柏吉斯 Bergius, Friedrich (1884-10-11～1949-03-30) 德国燃料化学家。生于德国戈尔德施米登，卒于阿根廷布宜诺斯艾利斯。1907年就读于布雷斯劳工学院和莱比锡大学，获博士学位。后在卡尔斯鲁厄工学院F.哈伯指导下从事高压下氨合成的研究。1909年任汉诺威工学院副教授，研究煤的生成、结构和高压化学反应。1913年发明了煤直接液化的方法即柏吉斯法。该法是将煤用氢气在高压高温下转化为液相产物，再制成汽油等轻质油品，于1913年获得德国专利。他继续研究、试验，历经十数载，使该法得到工业应用。因此柏吉斯与C.博施共获1931年诺贝尔化学奖。1933年以后他进行了合成食物的研究，包括用木材转化为糖和制取人造肉的方法。著有《高压化学反应》。

柏拉图 Plato (公元前427～前347) 古希腊唯心主义哲学家。

生平和著作 柏拉图出身于雅典的名门贵族，卒于雅典。幼年受过良好教育，最初对诗艺感兴趣，后来从事哲学研究，并想在政治上有所建树。据亚里士多德记载，柏拉图最初和克拉底鲁熟识，了解到赫拉克利特的“一切流动”的学说。同时他还接受爱利亚学派和阿那克萨戈拉的学说，并受到智者们的影响。20岁时，柏拉图从学于苏格拉底。苏格拉底被处死后，他先躲避到麦加拉，后来可能游历过埃及和居勒尼，结识了一些自然科学家和数学家。40岁时，第一次访问意大利的西西里，结识了毕达哥拉斯学派的学者，并在叙拉古结交了王族第翁。他企图在叙拉古实现自己的政治理想，但因第翁和叙拉古王狄奥尼西奥斯有矛盾，他被迫返回雅典。他在雅典城外的阿加德米创办学园，免费收徒，吸引了希腊各地很多学者。此后，他曾两度重游叙拉古，但他的政治理想始终未能实现。

以柏拉图的名义流传下来的有30多篇对话和13封信。经过学者们多年的研究，大体上分辨了真伪，确定了著作的先后分期。多数学者把柏拉图的对话分为3个时期：①早期有《申辩篇》、《克里多篇》、《卡尔米德篇》、《拉凯篇》、《吕锡篇》、《克拉底鲁篇》、《欧谛德谟篇》、《欧谛弗罗篇》、《梅内克塞诺篇》、《伊安篇》、《高尔吉亚篇》、《小希比阿篇》、《普罗泰戈拉篇》；②中期有《美诺篇》、《斐多篇》、《会饮篇》、《费德罗篇》、《理想国》、《巴门尼德篇》、《泰阿泰德篇》；③晚期有《费雷波篇》、《智者篇》、《政治家篇》、《法律篇》、《克里底亚篇》、《蒂迈欧篇》。

柏拉图是古希腊哲学家中第一个留有大量著作的人，他把古希腊哲学发展到了一个新的高峰，建立了一个庞大的哲学体系，对以后的各种哲学和宗教产生了重大影响。

理念论 柏拉图在物质世界以外寻求事物的本原，建立了以理念论为核心的客观唯心主义哲学体系。理念论的基本内容是将理性世界和感觉世界对立起来，认为感性的具体事物不是真实的存在，在感觉世界之外还有一个永恒不变的、独立的、真实存在的理念世界。

理念的希腊文的本义是“被视之物”，当时常在“种”、“属”的意义上使用。理念论认为，具体事物常变，而“种”、“属”的性质本身不变。柏拉图在《斐多篇》里指出：“大”、“小”等概念是不变的，事物发生大小的变化，是由于“大”、“小”理念的进入或退出。在贯彻理念论哲学中，柏拉图为解决“理念世界”和“感觉世界”的关系问题，提出了“模仿”、“分有”、“相似”、“影子”等概念来说明这两种不同实体之间的关系。

柏拉图的理念论具有明显的目的论性质。在他看来，事物的本质属性，不仅在于它们的自然属性，而且还在于它们的功用，即合目的性。一般认为，柏拉图的理念论本身也有一个发展过程。早期的对话以讨论伦理问题为主；中期着重从本体论和认识论方面建立他的理念论的哲学体系；后期主要讨论哲学范畴的相互关系。

认识论 柏拉图在理念论的基础上，区别了真知和意见，建立起唯心主义先验论的认识论体系。意见属于感觉的范围，感觉不能提供可靠的知识，只给人以变化的、矛盾的、混乱的印象。而真理是客观的、普遍有效的。在柏拉图看来，真理应以理念世界为对象。只有理念才是真实存在的，才是真理；感觉世界只不过是和理念相似的东西，是理念的影子。

柏拉图认为理念世界与感觉世界是对立的，因而它是超越经验、超越时空的永恒存在；关于理念世界的知识也同样是先验的。他认为，人在出生前已经具有知识，只是在出生以后忘记了，通过某种具体事物就可以回忆起来。这就是柏拉图的“回忆说”。

在柏拉图看来，人只能凭借灵魂来认识真理。灵魂是精神实体，它不生不灭，是永恒的。按照古代希腊“相似者相近”的观念，只有不朽的灵魂才能认知和掌握同样不朽的理念。

辩证法 在古希腊文献中，柏拉图的对话第一次运用“辩证法”这一概念，并将它提到哲学的高度。在《理想国》中，柏拉图将人的认识比喻为一条有高低等级的线。线的上半段是知识，下半段是意见，他称之为信念。知识又分为两截：最高的一级叫作“辩证法”，它所认识的对象就是永恒不变的理念；次一级的是理智，它所认识的对象是数学，必须通过假设才能认识。

柏拉图一方面将爱利亚学派的逻辑推理方法与苏格拉底的揭露矛盾的问答式方法结合起来，在论证理念时，涉及概念、判断、推理的逻辑问题，并在回答的过程中，运用了归纳、演绎和反证等逻辑技巧，丰富了辩证法的内容；另一方面他把不变的、永恒的“理念”作为哲学的出发点和最终目标，使他的辩证法带有很大的局限性。

宇宙论 柏拉图从理念论哲学出发，对宇宙的产生和各种自然现象作出了自己的解释。为了沟通理念世界和感觉世界，他提出了“创造者”。创造者，以理念为模式，创造出世间万物。在这个前提下，他吸收了阿那克萨戈拉的“奴斯”作为万物的动因，同时也吸收了恩培多克勒的“四根”作为质料，以构成变化着的现实世界。

柏拉图建立的学园，哲学家们可以在此讨论和思考（古希腊镶嵌画）

政治思想　社会政治思想在柏拉图的哲学体系中占有重要地位，与他的伦理思想有密切联系。在他看来，整个城邦有三个部分，从而可分为三个等级，即统治的等级、守卫的等级（武士）和劳役的等级（一般从事工、商、农业的自由民）。统治者是最高的、决定性的等级。在柏拉图看来，他们应该是智慧的化身，因而他们应该是“哲学王”。武士必须是由体格和智力都健全的公民经过严格训练组成的职业军人队伍。在这个队伍内部，施行一种近似原始共产主义的生活方式，过集体生活，没有家庭，没有私有财产，这个等级的美德就是勇敢。一般自由民，只能以服从为美德，他们只能节制自己，各守本分，以满足城邦的物质需要为目的。

柏拉图的政治思想是他那个时代的历史产物。他指出：迄今存在过的政治制度有权力政治、寡头政治、民主政治和僭主政治等，它们都不够理想，尤以僭主政治为最坏。

法律思想　柏拉图从单纯主张“贤人政治”，发展到同时重视法律。早期的著作中，他极为轻视法律的作用，认为治理国家只需依靠统治者的智慧，“贤人政治”即由哲学家充任国王，是最优良的政治制度。后来由于在叙拉古推行“贤人政治”方案失败，他在晚期著作《法律篇》中改变了观点，认为人类一定要有法律并遵守法律，否则将如野兽一般生活；人的本性无法了解社会利益，统治者掌握权力后也会谋取私人利益，所以法是“第二位最佳”的选择，仅次于贤人政治。

经济思想　柏拉图从国家组织原理考察了社会分工问题。他认为，每一个人都有多方面的需求，但是人们生来却只具有某种才能，因此一个人不能无求于他人而自足自立。于是人们便自愿联合起来成立国家。柏拉图以他的分工学说为基础论述了理想国家的组织。他设想国家由三个阶级组成，即统治的等级、守卫的等级和劳役的等级。奴隶被视为会说话的工具，没有列入国家组成的阶层之内。

柏拉图认为，农业应该成为理想国的经济基础。国家应该从农业取得收入。商业是必要的，但雅典人不应该从事这种不体面的行业。柏拉图主张理想国家的国土不应过大，也不要过小，应保持一定的土地面积。一国的人口应与土地保持比例，人口不应过多，也不要过少。

伦理思想　柏拉图直接继承和发展了苏格拉底的知识论伦理思想，建立起“善的理念”的道德理论体系。他把苏格拉底的“知识即道德”的思想推向极端，认为善的理念是一切善行的目的和唯一真实的、永恒的价值基础，是道德的唯一根源。道德就是理念在人们灵魂中的体现和追求。柏拉图把人的灵魂分为理性、意志和情欲3个方面，其中理性是最高的，人只有通过理性才能认识理念世界，达到至善。

美学思想　在柏拉图看来，个别事物的美是相对的、变幻无常的，只有美的理念或“美本身”才是绝对的、永恒不变的。“美本身”可以独立存在，而美的事物却不能离开“美本身”而存在，一个事物之所以是美的，乃是因为“美本身”出现于它之中或者为它所“分有”。对美的理念的认识只能凭借思想，而不能凭借感觉。这种认识是一个循序渐进的过程。照柏拉图的说法，这一认识的过程是“回忆”的过程，因为关于美的理念的知识，是灵魂所固有的，问题在于灵魂下降尘世后忘记了这种知识，通过具体事物的美才能唤起“回忆”，重新见到“美本身”。柏拉图的艺术理论也十分重要。他把模仿看作艺术的本质，认为艺术模仿自然，但因为自然本身不是真实体，只是理念世界的“影子”，所以模仿自然的艺术就沦为“影子的影子”了。

教育思想　在西方教育史上，柏拉图第一个提出完整的学前教育思想并建立了完整的教育体系。他要求3～6岁的儿童都要受到保姆的监护，汇集在村庄的神庙里，进行游戏、听故事和童话。7岁以后，儿童就要开始学习军人所需的各种知识和技能，包括读、写、算、骑马、投枪、射箭等。从20～30岁，那些对抽象思维表现特殊兴趣的学生就要继续深造，学习算术、几何、天文学和声学等学科，以锻炼他的思考能力，使他开始探索宇宙的奥妙。他主张未来的统治者在30岁以后，要进一步学习辩证法，以洞察理念世界。经过5年后，他就可以成为统治国家的哲学王了。

文学思想　柏拉图把对话从史诗和戏剧里提出来，作为一种独立的文学形式，运用于学术讨论。它的特点是运用“苏格拉底式的论辩法”，把各方论点都摆出来，把其中矛盾剥茧抽丝逐层揭露出来，从而引向比较有说服力的结论。柏拉图对荷马和悲剧诗人提出控诉，最大的罪状是模仿艺术显不出真理；其次是文艺滋长人类低劣情欲，例如悲剧中的感伤癖和哀怜癖以及喜剧中的“诙谐的欲念”和“小丑习气”。文艺把神和英雄写得和平常人一样，奸盗邪淫，无恶不作，这只能伤风败俗，培养不出正直、真诚、勇敢、镇静等为“城邦保卫者”所必备的优良品质。此外，柏拉图认为艺术创造要凭灵感。灵感是来自诗神的一块有强大吸引力的磁石。灵感不但不凭知识和理智，而且还要“失去平常理智而陷入迷狂状态”。现代弗洛伊德派的文艺心理学说明了柏拉图的灵感说至今还在发生影响。

柏辽兹　Berlioz, (Louis-)Hector (1803-12-11～1869-03-08)　法国作曲家、指挥家、音乐评论家。

生于拉科特-圣安德烈，卒于巴黎。1821年遵照父亲意愿入巴黎医科学校。1822年从J.-F.勒絮尔学作曲。1824年创作《庄严弥撒曲》，1825年在巴黎上演。1826年入**巴黎国立高等音乐学院**。19世纪20年代，受圣西门思想影响，强烈倾向资产阶级民主革命，音乐创作上反映于《希腊革命》、《九首爱尔兰歌曲》等作品中。以康塔塔《萨丹纳帕路斯之死》获罗马大奖，赴罗马进修。1832年返回巴黎，此后的10年是他创作的丰收期，创作了交响曲《哈罗尔德在意大利》、《罗密欧与朱丽叶》；管弦乐序曲《李尔王》、《海盗》、《罗布·罗伊》；歌剧《本韦努托·切利尼》以及安魂曲《纪念亡灵大弥撒》、声乐套曲《夏夜》等作品。1835年因不满他人对他作品演出时的处理，开始亲自指挥，逐渐转向指挥活动。1842开始先后到德国、俄国、英国各地旅行演出。1844年出版《管弦乐法》一书。1852年在魏玛演出了他的歌剧《切利尼》。1864年完成酝酿10年之久的大型传奇剧《浮士德的惩罚》，演出失败。晚年写了几部大型作品：清唱剧《基督的童年》、歌剧《特洛伊人》和《比阿特丽斯和本尼迪克特》。1867～1868年柏辽兹第二次到俄国演出，回国不久病逝。

柏辽兹手迹

柏辽兹是法国**标题音乐**的倡导者，他为《幻想交响曲》加上副标题“一个艺术家的生涯”，5个乐章基本上按照古典交响曲的格局，每个乐章均有文字说明。《哈罗尔德在意大利》原系受**N.帕格尼尼**委托写的一首中提琴协奏曲，后改成交响曲。戏剧交响曲《罗密欧与朱丽叶》不仅有文字说明，还加进独唱及合唱。它们离古典交响曲的范例已很远，更接近他的传奇剧《浮士德的惩罚》。柏辽兹的歌剧《特洛伊人》所显示出的抒情、诗意和创新，都得到很高的评价。柏辽兹著文大都辑入文集及《管弦乐晚会》、《音乐中的怪诞风格》、《纵论歌唱》、《音乐家与音乐》等评论文章。他的《回忆录》生动地叙述了自己的思想、生活和创作活动。

柏林 Berlin 德国首都和最大的城市州。位于德国的东中部，扼东西欧交通要冲，东距波兰约60千米，北距波罗的海180千米，南距捷克190千米。面积892平方千米。人口342.9万(2008)。地处北德平原，海拔35～50米。市区在施普雷河汇入哈弗尔河口处，施普雷河穿过市区中央，哈弗尔河流贯城市西部，形成哈弗尔湖泊群，市区东部有米格尔等湖群，大湖作为城市水源，森林分布其间，被誉为“森林与湖泊之都”。气候属西欧温带海洋性与东欧大陆性之间的过渡型，年平均气温10℃，冬稍冷，夏凉爽。1月、2月平均气温0℃，7月、8月19℃，平均年降水量556毫米，各月分配较均匀。冬季常有降雪，降雪量占年降水量的20%～25%，年平均积雪期50天。

图1 柏林大教堂

1244年成为集镇。1307年建立市政府、立法机构和法院，1359年加入汉萨同盟，成为商业城镇。1488年为勃兰登堡侯国首府。1618～1648年“欧洲三十年战争”中遭受破坏。1709年被普鲁士国王腓特烈一世定为京城。1838年柏林至波茨坦铁路通车后成为交通枢纽。1871年被定为统一的德意志帝国首都。1877年人口超过百万，1939年人口达430万，成为德国和欧洲大陆最大城市。第二次世界大战中城市破坏严重，战后重建。1945年德国投降后，美、英、法、苏四国对德国和柏林实行分区占领。1948年11月苏占区成立东柏林临时民主政府，12月美、英、法占领区合并组成西柏林市政府，柏林遂分成东、西两部分。1961年8月民主德国修建了高约4米、长156千米的柏林墙。1989年11月10日柏林墙被迫开放，后拆除，只保留了小段作为露天博物馆。1990年10月3日两德统一，柏林也结束了一个城市、两种制度的局面，重新成为德国的首都。

柏林是德国重要的工业城市，电机、电子电器、仪器仪表制造最为发达，其次是机械、冶金、化工、服装、食品加工、出版印刷等部门。重要工业企业多分布于市区边缘地带。

柏林是德国科教文化窗口，世界重要的文化学术交流中心，建有现代化的国际会议中心，并有多所大学和约250个研究机构及一大批企业科技开发中心。柏林也是文化艺术中心，媒体传播和信息网络发达，有210家出版公司，3座驰名世界的歌剧院和久负盛名的**柏林爱乐乐团**。2000年6月落成的波茨坦广场上的索尼中心内有德国最大的三维立体电影院和装有最先进音响设备的复合电影馆，每年举办国际电影节和演出周。

城市建筑宏伟，是古典与现代风格兼备的花园城市。勃兰登堡门位于柏林市中心，建于1791年，全部用乳白石花岗岩建造，门楼顶部装有青铜铸造的赶着两轮四马战车疾驶的胜利女神像。夏洛滕堡宫是柏林最美丽雄伟的巴罗克式建筑(1695～1745)，作为普鲁士王室夏宫，宫殿正中是高48米的圆形钟楼，两侧为东、西配楼。德国联邦议会大厦是首都柏林的象征，第二次世界大战中破坏严重，1955年后重建。市区东部是亚历山大广场，广场中央的塔高368米，是柏林最高建筑物。马恩广场位于施普雷河畔，南侧有共和国宫民主德国议会所在地，东侧有柏林大教堂，西北面是古代博物馆。蒂尔加滕公园是欧洲著名园林建筑，面积240公顷。公园西侧的柏林动物园是德国历史最久、种类最多的动物园。市西南部的哈弗尔湖是重要度假区，湖东岸有面积32平方千米的森林带，是柏林的“绿肺”。菩提树下大街是欧洲最著名的林荫大道，两侧现代化建筑和古老宫殿交相辉映，以历史博物馆、国家图书馆、国家歌剧院最为著名。洪堡大学、共和国宫、柏林大教堂坐落在沿街。市内名胜还有柏林环(两环互扣的金属艺术品，象征柏林分裂后仍互相紧扣)、普法战争纪念塔、柏林大会堂、圣赫德维希教堂等。

图2 现代雕塑——柏林环

柏林爱乐乐团 Berlin Philharmonic Orchestra 德国专业音乐表演团体。创建于1882年。首任指挥是F.维尔纳。此后，担任过该团指挥的有**约阿希姆**、K.克林德沃特、H.G.比洛、**尼基什**、W.**富特文格勒**及H.von**卡拉扬**等。

柏林爱乐乐团在排练

柏林大学 Frederick William University of Berlin 德国一所综合性高等学校。原名弗里德里希·威廉大学。设于柏林。见**洪堡大学**。

柏林国际电影节 Berlin International Film Festival 欧洲重要的电影节之一。1951年创办，原称“西柏林国际电影节”，1991年正式改现名。电影节每年2月底到3月初举行，为期两周。电影节的主要目的是通过放映世界各地的影片促进世界各地电影工作者的交往。主要活动项目有：①举行影片比赛评奖，以“主题的创意、银幕表现的流畅和观众的反映”作为评奖的标准；②举行会外映出，主要是青年论坛，属非比赛性质的观摩；③举办回顾展；④设立电影市场；⑤举办宣传品展览会。主要奖项有金熊奖、银熊奖、评委会特别奖。分别授予最佳影片、导演、男女演员、编剧、摄影、音乐、美工等。中国从1975年开始参加。

柏林会议(1878) Congress of Berlin (1878) 1878年，欧洲大国为修改俄国和土耳其签订的《**圣斯特凡诺条约**》在柏林召开的一次国际会议。1878年的《圣斯特凡诺条约》，引起英、奥的强烈不满。英、奥反对俄国在巴尔干扩大势力，反对在巴尔干半岛建立大斯拉夫国家保加利亚。**奥匈帝国**外交大臣G.安德拉希提议召开国际会议，重新审议和修改《圣斯特凡诺条约》。英国欣然赞同，并以武力胁迫俄国让步。俄国因刚结束战争，内外交困，无力再战，被迫同意参加会议。1878年6月13日柏林会议开幕。出席会议的有俄、德、英和奥匈帝国的代表。会上争论最多的是对保加利亚的处置、波斯尼亚和黑塞哥维那的归属以及俄在南高加索获得领土等问题。7月18日与会各国签订了全文共64条的《柏林条约》，以代替《圣斯特凡诺条约》。

条约内容主要是：①保加利亚划为3部分：马其顿地区仍属土管辖；巴尔干山脉以南建立一个土耳其的自治省，称东鲁米利亚，省总督应为基督教徒；保加利亚公国的领土只限于巴尔干山脉以北地区。②波斯尼亚和黑塞哥维那仍属土耳其，但奥匈帝国有驻军权和行政管理权。③承认塞尔维亚、门的内哥罗、罗马尼亚独立，但须分担土耳其的债务；罗马尼亚的比萨拉比亚南部割让给俄国，以收回北多布鲁查作为“补偿”。④俄国兼并巴统、阿达罕、卡尔斯；巴统宣布为自由港，作为商业港口。⑤关于海峡问题，重申1856年和1871年各条约规定的原则。

柏林会议的结果，使巴尔干问题更为复杂化，为欧洲各大国日后的新冲突埋下了祸根。

柏林会议(1884～1885) Berlin Conference (1884～1885) 帝国主义列强在柏林召开的瓜分非洲的会议。1884年11月15日召开，1885年2月26日结束。英国、法国、德国和美国等共15个国家的代表参加了会议，召集者为德国首相O.von 俾斯麦。会上，英、法、德、比等国在刚果问题上展开了激烈的争夺。柏林会议制定了列强分割非洲领土应共同遵守的原则，签订了包括38条内容的《总决议书》。规定《总决议书》签字国占领非洲沿岸土地或建立“保护国”时，必须分别通知“本决议书上的签字各国，以便它们必要时提出自己的要求”，同时必须“保证建立足以保护现有各种权利的统治权力，并在必要时，保证遵守规定条件的贸易自由与过境自由”，才能被看作是“有效占领”，才会被其他签字国确认。柏林会议后，列强掀起瓜分非洲领土的狂潮。到1912年，列强已占领非洲96%的土地。非洲被各帝国主义国家基本上瓜分完毕。

柏林墙 Berlin Wall 1961年，民主德国在苏联支持下修筑的隔绝东、西柏林的高墙。从1949年到1961年，大约有250万民主德国人从东部流向联邦德国。为了阻止居民外流，1961年8月12～13日，民主德国在苏联的支持下，一夜之间沿东、西柏林分界线修筑起一座高墙，封锁东、西柏林边界，只留若干严加控制的过境站。柏林墙是冷战时期民主德国、联邦德国和东、西欧分裂的标志。20世纪80年代末，苏联谋求与美国缓和关系，放松了对东欧各国的控制。民主德国公民长期被柏林墙压抑的出走浪潮又一次掀起。1989年11月10日，民主德国迫于国内压力开放柏林墙，民主德国公民可以通过两德之间包括柏林在内的所有边境关卡出国。柏林墙从此失去民主德国与联邦德国之间政治屏障的功能，后拆除，只留下一段作为历史见证供后人参观。柏林墙的拆除促进了德国的统一。

柏林危机 Berlin Crises 第二次世界大战后，苏、美、英、法4国因对西柏林法律地位的争执而引起的两次国际危机。

1948年柏林危机 1947年美国推行杜鲁门主义和马歇尔计划，加紧对西欧的控制，合并英、美占领区，阻挠就德国统一问题和缔结对德和约问题达成协议。1948年2月，美、英、法、荷、比、卢六国外长会议，筹划在西方占领区成立德意志国家，6月21日宣布实行币制改革，加深德国的分裂。苏联对上述活动一再提出抗议和反对，于1948年退出盟国对德管制委员会，在苏占区和整个柏林发行新货币，并拒绝美国提出的西方三国参加管理柏林货币的要求。对此，美国在英、法两国同意下将其货币改革扩大到西柏林。同年6月24日苏联对西柏林实行封锁，切断西柏林与西方占领区之间的水陆交通。美、英则对苏占区实施交通和贸易限制，向西柏林空运物资。柏林局势一时十分紧张。由于双方都不愿诉诸武力，经过谈判，终于达成妥协，1949年5月12日解除对柏林的封锁。但柏林在1948年底正式分裂为两个城市。

1958～1961年柏林危机 1958年11月27日，苏联照会美、英、法政府，建议取消对柏林的占领制度，使西柏林成为“独立的政治单位”，一个非军事化的“自由城市”。照会要求西方在6个月内达成协议，否则苏联就把西方在西柏林驻军人员通过民主德国的过境控制权移交给民主德国。西方予以拒绝。1961年6月3日，美苏两国首脑在维也纳会晤，N.S.赫鲁晓夫重提苏联1958年11月27日建议，声称“必须在今年使欧洲的这个问题得到和平解决”。J.F.肯尼迪也持强硬态度，扬言要武力“保卫西柏林”。会谈仍无任何结果。8月华沙条约各国声明：如西方不愿签订对德和约，华约各国决定单方面与民主德国签订和约。8月13日，在华约的建议下，民主德国在沿东西柏林分界线修筑柏林墙，封锁东、西柏林边界。18日，美国派遣1 500名士兵通过民主德国检查站增援西柏林。接着，双方互相以核武器试验进行威胁。当危机达到高峰时，赫鲁晓夫态度软化。10月28日宣称如果西方国家准备解决德国问题，苏联将不再坚持要在12月31日前缔结和约，撤销了6个月的期限，从而结束了这次持续3年多的柏林危机。

《西柏林协定》 70年代初苏联推行缓和政策，争取西方国家承认欧洲现状，在与联邦德国改善关系的同时建议就柏林问题举行谈判，为西方国家所接受。1970年3月6日，苏、美、英、法四国开始谈判。1971年9月3日签署了《西柏林协定》，并于1972年6月3日生效。主要内容有：①重申美、英、法在西柏林的“权利和责任”。②西方国家的平民和货物沿西柏林通道的过境交通，将“畅通无阻”。③“维持和发展”西柏林与联邦德国之间的“联系”，但西柏林仍然不是联邦德国的组成部分，今后也不属于它管辖。④西柏林人民可因人道、家庭、宗教和商业等理由或以旅行者身份到民主德国进行访问。⑤联邦德国可在国际组织中和国际会议上代表西柏林利益等。《西柏林协定》签订后，柏林局势趋于稳定，两个德国之间的关系有很大发展。

柏林战役 Berlin, Battle of 第二次世界大战末期，苏军攻占法西斯德国首都柏林的战略性进攻战役。1945年春，苏军已进入德境，A.希特勒为拖延战争，等待反法西斯同盟内部分裂，调集军队约100万人死守柏林，集中力量对付苏军。苏军最高统帅部为彻底消灭德军于其巢穴、结束欧洲战争，以3个方面军250万人的兵力进攻柏

红军战士将苏联国旗插上德国国会大厦

林。战役于1945年4月16日发起，先后突破奥得河、尼斯河防线。25日又对柏林形成包围。苏军在对柏林的强攻中采取多路向中心突击的方式，经激烈巷战，于4月27日突入柏林中心区，29日开始强攻国会大厦。30日希特勒在总理府地下室自杀。5月2日柏林卫戍司令H.魏德林将军率部投降。8日德军统帅部代表W.凯特尔元帅在柏林签署向苏军和盟国远征军无条件投降书。整个战役，苏军共消灭德军93个师，俘获官兵约48万人，缴获火炮8 600门、坦克和自行火炮1 500余辆、飞机4 500架。苏军损失30.4万人、坦克和自行火炮2 156辆、火炮1 220门和飞机527架。柏林战役的结局，标志着法西斯德国的灭亡、苏德战争和欧洲战争的终结。

柏孜克里克石窟 Bezeklik Caves 中国佛教石窟。在新疆维吾尔自治区吐鲁番市区东北约50千米处。又称柏孜克里克千佛洞。始凿于麴氏高昌时期（499～640），9世纪末以后成为回鹘高昌的王家寺院；主要洞窟属回鹘高昌时期（10～14世纪）。共有编号洞窟83个。19世纪末和20世纪初曾遭外国探险队盗劫，石窟遭到严重破坏。1982年国务院公布为全国重点文物保护单位。

洞窟的构筑方式比较特殊，有的窟前有土坯前室，有的直接用土坯砌窟。洞窟形制有中心柱窟、方形窟和长方形窟。窟内塑像已毁，仅存部分壁画。壁画内容丰富，有因缘佛传、焚棺、降魔、初转法轮等内容，也有千佛和毗沙门天王，及涅槃、净土、法华等经变画。壁画以线描为主，轮廓线多用墨线勾画，面部和肢体再加渲染。色调以红为主，配以浅红、绿、蓝、黑、黄等色，画面艳丽而热烈。柏孜克里克石窟地处古代佛教向东传播的路线上，兼受龟兹、于阗和中原佛教文化的影响，是回鹘佛教艺术的代表，在新疆佛教艺术中有独特地位。

柏孜克里克石窟外景

勃艮第 Burgundy; Bourgogne 欧洲古国名。现为法国中东部大区，包括科多尔、索恩-卢瓦尔、涅夫勒和约讷4省。面积31 582平方千米。人口163.6万（2008）。首府第戎。5世纪，日耳曼部落的一支勃艮第人在罗讷河一带定居并建立勃艮第王国，定都里昂。532年被法兰克王国征服。9世纪查理曼帝国分裂后，勃艮第分为上、下勃艮第两个王国。933年又合并建立阿尔勒王国（又名勃艮第王国）。此外，在勃艮第地区还曾建立过勃艮第伯国和勃艮第公国。1477年并入法国。气候温和，日照充足。北部为巴黎盆地。科多尔省、约讷省以及卢瓦尔河河谷平原广种葡萄，是法国著名酒乡之一。南部中央高原饲养肉牛。林业为重要行业。工业主要集中在科多尔省和索恩-卢瓦尔省。第戎、马孔和沙隆是主要工业中心。区内有莫尔旺天然公园。

勃拉姆斯 Brahms, Johannes(1833-05-07～1897-04-03) 德国作曲家、钢琴家。生于汉堡，卒于奥地利维也纳。幼年从汉堡当地音乐教师学习钢琴、作曲。由于家贫，

15岁就在小酒店演奏，还编写一些娱乐性小曲。1850年曾与匈牙利小提琴家E.赖门伊一同旅行演奏。1953年认识R.舒曼夫妇，舒曼在自己主编的《新音乐杂志》撰文，对他的创作和演奏活动给予热情的鼓励和推荐。1858～1859年在代特莫尔德担任合唱指挥，对他后来的合唱曲写作甚为有益。他的早期创作主要受舒曼作品风格和手法的影响。19世纪60～70年代，定居维也纳从事演奏、指挥和创作。1871年写作了《凯旋之歌》，献给通过王朝战争统一德国的O.von俾斯麦，在c小调《第一交响曲》中对此也有表现。后因对德国统一后的严酷现实感到失望，在1885年完成的《第四交响曲》等作品中流露明显的消极因素。晚年创作力衰退，以《b小调单簧管五重奏》和两首单簧管奏鸣曲为代表性作品。

勃拉姆斯在创作中积极、自觉地维护德奥传统。他反对浮华的表面效果，风格质朴、严峻、富有哲理性。他的创作以交响乐为主。他的四首交响乐中，c小调《第一交响曲》反映了对德国统一前后十余年的现实生活感受。《第四交响曲》虽然气势宏大，但在局部流露出命运主宰一切的悲观情绪。他写的两首钢琴协奏曲和《D大调小提琴协奏曲》都为代表性作品。他的代表性钢琴作品有《降E大调间奏曲》、《匈牙利民歌主题变奏曲》、《帕格尼尼主题变奏曲》等。从中可以看出浪漫主义思潮的影响和作者自己的艺术风格。在21首匈牙利舞曲中则真实地体现了匈牙利民族民间音乐的特点。此外还创作了许多合唱、抒情歌曲和民歌改编曲，感情真挚朴实，声乐和钢琴部分结合完美。代表作如《我的爱情多青春》、《徒然的小夜曲》、《摇篮曲》等。晚年最后完成的7册《德意志民歌集》是他对德奥民间音乐文化研究的重大贡献。

勃兰特 Brandt, Willy (1913-12-18～1992-10-08/09) 德国社会民主党主席，社会党国际主席，联邦德国总理（1969～1974）。生于吕贝克，卒于波恩附近温克尔。原名卡尔·赫伯特·弗拉姆。1933年A.希特勒执政后，流亡北欧，使用现名，领导柏林“梅特罗”反纳粹地下组织。1947年加入社会民主党。1949年当选联邦议会议员。1950～1963年先后为社会民主党（西柏林）执委会委员、副主席、主席。

1957年当选西柏林执行市长。因处理柏林危机，受到西方政界重视。1969年社会民主党同自由民主党联合执政，出任联邦总理。对内推行改良主义，主张对资本主义实行“不断改革”和“逐步改良”，并提出一系列改革措施，宣称创立了“德国模式”。对外政策以北大西洋公约组织和欧洲经济共同体为支柱。以此为前提制定同苏联、东欧“和解”的“新东方政策”。1974年5月，因其政治助理G.纪尧姆间谍案，被迫辞去总理职务。1976年11月当选社会党国际主席。1985年4月25日第三世界基金会授予他1984年度第三世界奖。任总理期间联邦德国与中国建交（1972）。1984年5月访问中国。1986年6月社会党国际在利马召开第17次代表大会，勃兰特再次当选主席。著有《勃兰特在流亡中：随笔、感想与信件，1933～1947》。

勃朗峰 Blanc, Mont 阿尔卑斯山脉最高峰。位于法国和意大利边界。海拔4 810米，为欧洲第二高峰。法语意为“银白色山峰”。包括顶峰在内大部分在法国境内。整个山

体自小圣伯纳德山口向北延伸约48千米，最宽处16千米，包括塔古尔勃朗、莫迪、艾吉耶、多伦、米迪、韦尔特等9座海拔超过4 000米的山峰。山体主要由结晶岩组成。连接法、意两国的阿尔卑斯山主要公路隧道位于勃朗峰下，长11.6千米。低坡森林茂密，2 400米以上有现代冰川。西北坡法国一侧有著名的梅德冰川。设有空中缆车和冬季运动设施，为阿尔卑斯山最大的旅游中心。沙莫尼是通往勃朗峰的登山基地。

勃朗特 Brontë, Charlotte (1816–04–21～1855–03–31) 英国小说家。“勃朗特三姐妹”中的大姐。生于桑顿，卒于霍沃思。

勃朗特三姐妹

上过教规严厉、生活条件恶劣的寄宿学校，后来当过教师和家庭教师。第一部小说《简·爱》(1847) 以抒情的笔法描写人物之间的深挚爱情，感情色彩丰富而强烈。其他小说还有《教师》(1857)、《雪莉》(1849)、《维莱特》(1853)、《艾玛》(片断，1860) 等。

勃朗特 Brontë, Emily (Jane)(1818–07–30～1848–12–19) 英国作家。“勃朗特三姐妹”之一。C.勃朗特之妹。生于桑顿，卒于霍沃思。曾为开办学校到比利时布鲁塞尔学习法语和德语，但未能如愿。她是卓越的诗人，但其优秀小说《呼啸山庄》(1847) 在读者中影响更大。小说用倒叙和山庄老家人及借宿者讲故事的方法使一个几乎令人难以置信的离奇故事变得十分真实、可信。

勃勒东 Breton, André (1896–02–18～1966–09–28) 法国作家。生于坦什布赖，卒于巴黎。1919年发表诗集《当铺》，并与L.阿拉贡、P.苏波合作创办《文学》杂志，从此毕生致力于超现实主义的事业。

1921年与苏波合作，以“自动写作法”写出了超现实主义的著名作品《磁场》。此后陆续发表《超现实主义宣言》(1924)、《超现实主义第二宣言》(1930)、《超现实主义的第三次宣言》(1942)。第二次世界大战期间入伍参战，法国溃败后出走美国，主

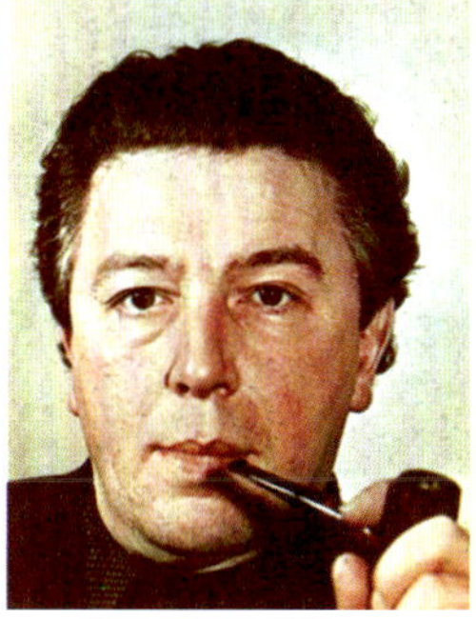

编《VVV》月刊(1942～1944)，举办国际展览。其他主要作品还有评论文集《黑色幽默文选》(1940)、《论超现实主义绘画》(1946)，诗集《白发左轮枪》(1932)、《傅立叶颂诗》(1948)，叙事体散文《娜佳》(1928)、《连通器》(1932)、《狂爱》(1937) 和《秘方17》(1945) 等。诗作或叙述文都贯穿了超现实主义艺术主张。作品着重表现个人或小组集体在超现实主义运动中的经验，用形象表达各种清醒意识与朦胧的欲念或梦幻交织的状态。

勃列日涅夫 Brezhnev, Leonid Ilich (1906–12–19～1982–11–10) 苏联共产党中央委员会总书记(1966～1982)，苏联最高苏维埃主席团主席 (1960～1964, 1977～1982)。生于乌克兰卡缅斯科耶(今第聂伯罗捷尔任斯克)一个冶金工人家庭，卒于莫斯科。

1931年加入联共(布)。1939年任联共(布)第聂伯罗彼得罗夫斯克州委书记。苏联卫国战争期间，历任第18集团军政治部主任和乌克兰第四方面军政治部副主任等职，获少将军衔。1950年任摩尔达维亚共产党中央第一书记。1952年当选为党中央委员、党中央主席团候补委员和中央书记。1953年3月J.斯大林逝世后调任苏军总政治部副主任。1955年任哈萨克党中央第一书记。1957年起为党中央主席团委员。1960～1964年任最高苏维埃主席团主席。1964年10月起任苏共中央第一书记(1966年改称总书记)。1976年获苏联元帅军衔。1977年起兼任最高苏维埃主席团主席和国防会议主席。担任最高领导人初期，依靠A.N.柯西金实行新经济体制，国家经济实力有所增长；后期，改革停滞，发展减缓，内部危机加深。对外推行霸权主义政策，日陷孤立。著有《遵循列宁主义方针》等。

勃留索夫 Bryusov, Valery Yakovlevich (1873–12–13～1924–10–09) 俄罗斯诗人。生于莫斯科，卒于莫斯科。8岁学习写诗，11岁发表作品。1893年考入莫斯科大学文史系。3

卷诗文集《俄国象征派》(1894～1895) 和诗集《杰作》(1895)、《这是我》(1897) 确立了诗人在文坛上的地位。诗集《第三卫队》(1900)、《致城市和世界》(1903)、《花环》(1906)，表明诗人的创作从早期的颓废、空虚、孤傲，转而重视思想内容，进入一个新阶段，形象完整、象征深远，雄辩、热情的艺术风格初步形成。其他主要作品还有诗集《千腔百调集》(1909)、《瞬间》(1922)，长篇历史小说《火焰的天使》(1908)、《胜利的祭坛》(1913)，小说集《地轴》(1907)、《夜之昼》(1913)，中篇小说《达莎的订婚礼》(1915)，文艺批评著作《俄罗斯诗歌的昨天、今天和明天》(1924) 等。

勃鲁盖尔 Bruegel, Pieter (约1525～1569–09–05/09) 尼德兰画家。生于荷兰北布拉班特，卒于比利时布鲁塞尔。最初师从P.库克·凡·阿尔斯特学画。1551年，加入安特卫普画家行会。1551～1552年和1554～1555年两次到意大利旅行，曾与罗马的细密画家G.克洛维奥同游。在穿越阿尔卑斯山的途中，他绘制了极其精细的风景素描，回到安特卫普设计了一系列风景画，由画店刻版印行。1556年，他的版画开始从风景画转向带有教诲性和讽刺性的人物画。

1562年以后勃鲁盖尔主要致力于油画。他重视对生活的观察和研究，常和友人到农村参加农民的活动。1563年，他和老师阿尔斯特的女儿结婚，移居布鲁塞尔。艺

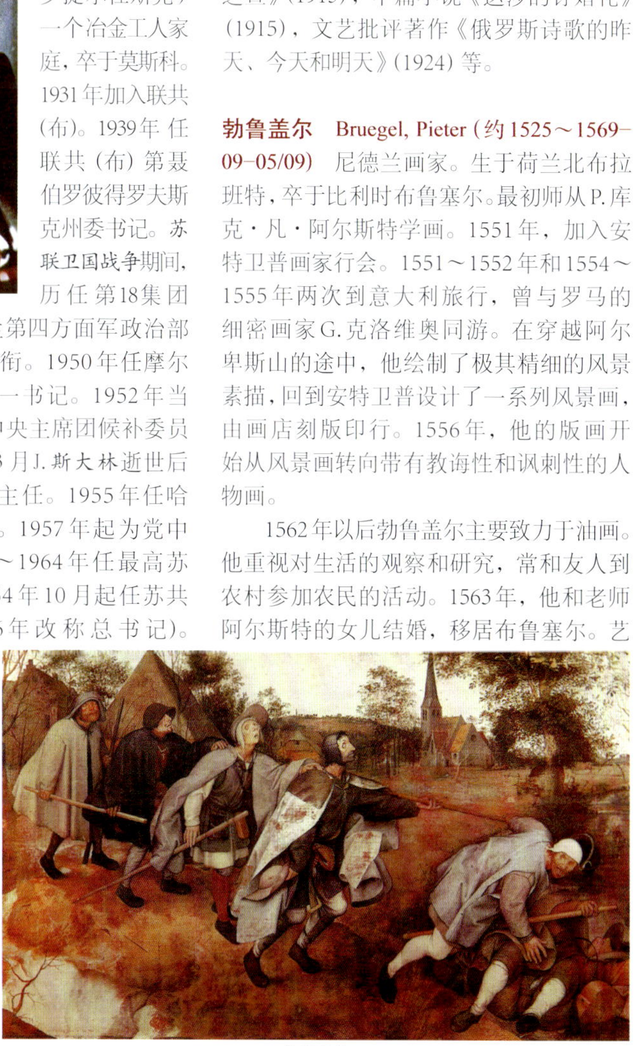

《盲人》

术日臻成熟，以农民形象为中心，对自然和社会生活的描绘融为一体。他在作品中采取多种形式揭露西班牙军队和宗教法庭对尼德兰人民的残酷迫害并鼓舞人民进行斗争，在描绘农民的生活中找到表达他的思想感情的最好手段，有“农民勃鲁盖尔”之称。这时期主要作品有《洗礼者约翰布道》(1566)、《暗日》、《牧归》(1565)、《盲人》(1568)和《绞刑架下的舞蹈》(1568)等，画风诙谐幽默，寓意深刻。

勃律 Bruzha 克什米尔北境印度河流域的中世纪国名。在吐蕃兴起之前，勃律以巴勒提斯坦为根据地，该地联结吐蕃、印度和唐西域地区，故当吐蕃在7世纪向中亚推进时成为吐蕃首先侵袭的对象。勃律王被迫迁往西北方的娑夷水（今克什米尔吉尔吉特河）流域，遂分为大、小勃律。在原巴勒提斯坦者称大勃律；西迁者称小勃律，地在今克什米尔的吉尔吉特和肥沃的雅辛谷地。大勃律位于小勃律的东南，相距150千米。

从中国唐代武则天神功元年（697）到玄宗开元（713～741）初年，大勃律三次遣使入唐。同时，小勃律王没谨忙于唐开元初亲自来朝，唐以其地为绥远军。然小勃律数为吐蕃所困，吐蕃声明意在假道其国进攻唐之安西四镇。因此，当时的勃律被认为是唐帝国的西门。后吐蕃夺小勃律九城，没谨忙求救于北庭，节度使张孝嵩遣张思礼救之。没谨忙因出兵大破吐蕃，开元十年（722）唐封没谨忙为小勃律王。其后，吐蕃西击勃律，卒残其国。小勃律王苏失利之在位期间，迎吐蕃公主墀马类为妃，西北20余国遂皆为吐蕃臣属。唐天宝六载(747)，唐廷诏高仙芝以马步万人进讨，俘虏小勃律王夫妇。唐改其国号为归仁，设归仁军镇守。此役提高了唐在中亚的声威，许多国家转而归附唐朝。但至天宝十载高仙芝所率唐军在怛逻斯（今哈萨克斯坦江布尔城附近）败于大食，小勃律与箇失蜜（今克什米尔）地区终于脱离唐朝而听命于吐蕃。

唐代另有大、小勃弄（律），地在今云南。

勃洛克 Blok, Aleksandr Aleksandrovich (1880-11-28～1921-08-07) 俄罗斯诗人。生于圣彼得堡，卒于彼得格勒。少年时开始写诗。1898年入圣彼得堡大学学习。1904年出版第一本象征派诗集《美妇人诗集》。作品以神秘、浪漫的爱情为主旋律，表现了以“美”改造世界的乌托邦理想。1905年发表《集会》、《大火》等诗篇，内容接近现实。诗集《意外的喜悦》(1907)和《雪中大地》(1908)充分反映了作者在第一次革命时期紧张而又不安的探索激情。长诗《十二个》(1918)以鲜明的形象、壮阔的画面描绘了新旧两个世界的搏斗。作者明确地站在革命人民的一边，昭示旧制度的灭亡，宣告新世界的诞生。其他主要作品还有组诗《报复》(1908～1913)、剧本《玫瑰花与十字架》(1913)、论文《论现实主义》(1907)等。

勃洛克是俄国象征派诗歌的积极代表，是俄国诗歌史上革命时期新旧交替中承前启后的大诗人。

钹 cymbals 碰奏体鸣乐器。广泛用于中外各类乐队中的打击乐器。中国古代把铜钹、铜铙或铜盘、镲等统称铙钹。铙与钹为两种乐器，形制相似而稍有区别。皆为铜制，圆形，直径30～50厘米，中部呈锅形凸起，中心有穿孔，系以绸布条，两片为一副，相碰发声。一般钹的锅径较大，其声高亢、浑厚，余音较短；铙的锅径较小，其声洪亮、厚实，余音较长。

双龙戏宝焰铜钹（中国明宣德年间）

铙钹流传久远，原为西亚北非地区的乐器，4世纪中叶随天竺乐由印度传入中国。北魏时，钹已在民间广泛流行，唐十部乐中的燕乐、西凉乐、龟兹乐、安国乐、康国乐、天竺乐、扶南乐中都用钹。宋以后，随着戏曲、歌舞及民间器乐发展，钹已发展成大小不一、音响各异的多种形制。铙与钹在民间亦常配合使用。现代民间流行的钹有：钹面大而薄的双光钹，钹面小而薄的光钹（俗称铙子）、七钹（俗称小铙），钹面小而厚的高钹（俗称小镲）、小京钹（俗称小水镲），锅形较大的大乳钹，钹面厚大而锅小的大铙等多种。现代管弦乐队、军乐队、轻音乐乐队中通用的钹，直径为30～65厘米，常双手各握一片碰击发声。

铂 platinum 化学元素，元素符号Pt，原子序数78，原子量195.084，属周期系Ⅷ族，铂系元素。18世纪初C.伍德在新格拉纳达的卡塔赫纳曾采集到嵌有铂粒的砂石。1735年A.de乌略亚－德拉·托雷·希拉尔在平托附近的金矿中发现一块难以加工的金属，因为它很像银，又不溶于硝酸，便取名为platinum，来自于西班牙文platina，原意是“银”。1748年由W.沃森确认为一种新元素。铂在地壳中的含量约为1×10^{-7}%。铂几乎都以游离状态分散于冲积矿床和砂积矿床中，铂还与其他铂系元素形成合金，如自然铂、钯铂矿、锇铱矿等。主要铂矿有砷铂矿、硫铂矿、锑铂矿、硫铂钯矿、硫镍钯铂矿等。

铂是银白色金属，质软，有金属光泽，延展性好。熔点1 768.4℃，沸点3 825℃，密度21.45克/厘米^3(20℃)。铂对热和电的传导率仅为银的1/10，且膨胀系数非常小，与玻璃相近。海绵铂有很大的比表面积，对气体，尤其是氢、氧、一氧化碳有较强的吸收能力。粉末状的铂黑在0℃能吸收大量的氢气。铂的氧化态0、+1、+2、+3、+4、+5、+6。化学性质稳定，常温下不易被酸、碱、盐和有机物等腐蚀。铂溶于热的王水和熔融碱。高温下铂能与硫、磷、卤素等发生作用。铂易形成配位化合物。铂的重要化合物有二氧化铂、二氯化铂、四氯化铂和氯铂酸等。

铂精矿用王水溶解，铂、钯、金进入溶液，用硫酸亚铁从所得的溶液中还原金，再向溶液中加入氯化铵，使铂以氯铂酸铵沉淀出来，经煅烧得粗铂。传统的溶解、沉淀法处理工序长而复杂，很难得到高纯度的产品。萃取工艺以Cl_2/HCl混合物作介质，实现贵重金属的完全浸出，提高了分离效率，缩短了处理时间，保证获得高纯度产品。铂在氢化、脱氢、异构化、环化、脱水、脱卤、氧化、裂解等化学反应中可作催化剂。接触法生产硫酸，氨氧化法制取硝酸，由氨和甲烷制取氢氰酸，汽油的催化重整，以及制备环己烷等均用铂作催化剂。铂及其合金可用于制作各种器皿、零件和设备，如坩埚、蒸发皿、电极等。铂与其他铂系元素，如铑、铱、钌或其他基材金属的合金可制作电器元件。铂和铂铑合金适于在冶金、玻璃、陶瓷工业中制作高温电炉的炉丝和热电偶。铂合金对熔融玻璃可在玻璃纤维工业中制作高温容器、传送管道和拉丝喷嘴。铂合金在医疗方面有重要用途，常用于制作神经修复装置，如心脏起搏器；铂的配位化合物是一类新的抗癌药，如顺式－二氯二氨合铂对一些癌症有较高治愈率。金属铂无毒，但是吸入、吞入或接触铂的可溶性盐类或络合物对人体有危害。

亳 Bo 中国商代早期都城。又作薄。先秦古籍多认为是汤的都城。但亳都所在，自汉以来说法分歧，主要有以下几说：①南亳说。梁国穀熟（今河南商丘东南）；宋州穀熟（今河南虞城穀熟镇）。因缺先秦文献为据，又无考古学上的明证，后世从此说者少。②北亳说或景亳说。山阳郡薄县（今山东曹县东南）；蒙（今河南商丘东北）。

③西亳说。不少学者认为考古发现的偃师商城，即是西亳故城。④郑亳说。郑州商城（今河南郑州）。此说史料丰富，又有考古学上的明证，是较可信的一说。但其使用的文献，有学者作出不同解释。

亳州市 Bozhou City 中国安徽省辖地级市。位于安徽西北部，邻接河南省。辖谯城区和涡阳、蒙城、利辛3县。面积8 110平方千米。人口485万（2010）。有汉、回、满、壮、蒙古、维吾尔、朝鲜等民族。秦置谯县。北魏置南兖州，为州治。北周改亳州。后几经变迁，1912年设亳县。2000年设地级亳州市。属北亚热带湿润季风气候。是中国优质农副产品生产基地，优质桐木、杨木的产地，木材大量出口日本、韩国、东南亚等地。亳州是著名的“药都”，中国最大的中药材交易中心。农作物有小麦、玉米、豆类、高粱、谷子等，辣椒、大蒜驰名全国。土特产有古井贡酒、核桃、泡桐、白芍等。烟、酒、药、桐是亳州的四大经济支柱。历史名人有道家鼻祖老子、圣哲庄子、魏武帝曹操、神医华佗等。名胜古迹有花戏楼、汤王墓、华祖庵、曹操地下运兵道、东太清宫、庄子祠、三国揽胜宫等。亳州是国家历史文化名城。

博阿兹柯伊古城 Bogazköy 赫梯王国首都。遗址位于土耳其安卡拉市东约200千米的哈利斯河谷。原称哈吐斯，公元前第2千纪前半叶称为哈吐沙，现名为博阿兹卡莱。1834年发现，1906年开始多次发掘。最早的居址出现在前第3千纪，属青铜时代早期。前第2千纪初叶，亚述商人到此。约前1650年，赫梯国王哈图希利斯一世在此建都。此后，城市不断扩大。城墙用大石砌成，上有塔楼，城外有壕沟，西南的狮子门、正南的斯芬克斯门和东南的国王门最为著名。城区主要分为下城和上城两部分，大

赫梯首都哈吐沙城门

部为庙宇和行政建筑。城内共出土1.5万多块泥板文书，内容包括政治、外交、经济和宗教等。其所记语种主要是赫梯语，也有阿卡德语及西亚其他上古语言。前1190年，随着赫梯帝国的灭亡，城市也遭破坏，逐渐荒废。前7世纪弗里吉亚时期，古城重新被使用，被称为皮特里亚。

博爱 fraternity 关于全人类普遍地爱的思想和主张。它提倡人们互相和普遍地爱，爱每一个人和爱一切人。中国儒家主张的博爱，是有差等的。战国时期的墨翟提出“兼相爱，交相利”，主张人们不分亲疏远近，毫无差别地爱一切人。在西方，明确举起博爱旗帜是在资产阶级革命时期。法国1830年7月革命中，资产阶级为推翻复辟的封建王朝，提出自由、平等口号的同时，提出了博爱的口号，并打出了蓝、白、红三色旗帜，分别代表自由、平等和博爱。实际上，自从人类分化为阶级以后，就没有一种统一的爱。在消灭了私有制的社会历史条件下，在人们普遍同私有制彻底决裂，同时同私有观念彻底决裂的共产主义社会条件下，才可能实现全人类的博爱。

博鳌亚洲论坛 Boao Forum for Asia 非官方、非营利性、定期、定址的国际会议组织。亚洲以及其他各大洲有关国家政府、工商界和学术界领袖就亚洲以及全球重要事务

博鳌亚洲论坛第六届年会开幕式

进行对话的高层次平台。2001年2月27日成立。共有26个发起国。其永久会址设在中国海南省琼海市博鳌金海岸大道1号。从2002年开始，论坛每年定期在博鳌召开年会。至2008年4月，共有131名会员。

其宗旨是立足亚洲，促进和深化本地区内和本地区与世界其他地区间的经济交流、协调与合作；为政府、企业、专家学者等提供一个共商经济、社会、环境及其他相关问题的高层对话平台；通过论坛与政界、商界及学术界建立的工作网络，为会员与会员之间、会员与非会员之间日益扩大的经济合作提供服务。

博彩税 gamble tax 部分国家和地区对合法的赌博业征收的一种税。通常以赌博活动的经营者为纳税人，以赌场和赌博活动的收益（如彩票销售和赛马投注收入）为计税依据，采用较高的比例税率。

博彩业 gaming industry 赌博与彩票行业的统称，包括赌场、牌局、慈善性赌博、抽奖以及各种形式的赌博活动。赌博活动历史悠久，但大多数国家和地区将其置于严格的法律控制之下。由于赌博需求的增多和经济利益的驱使，20世纪70年代以后，一些国家和地区开始逐渐允许一些形式的赌博合法化，出现了像美国拉斯维加斯、大西洋城，摩纳哥的蒙特卡洛以及中国的澳门等世界著名的赌城。在世界范围内博彩业的一个突出变化是，在原始赌博活动的基础上又增加了更多娱乐消遣的内容，使原来专业性的赌博变成了大众性的博彩娱乐，赌场和博彩活动成为旅游吸引物，很多世界著名的赌城发展成旅游目的地。因此，赌博业和住宿业、娱乐业、餐饮业等紧密地联系在一起，构成目的地的旅游业。

博茨瓦纳 Botswana 非洲南部内陆国家。东北连津巴布韦，东南和南部与南非接壤，西和北邻纳米比亚，东北一隅隔赞比西河与赞比亚相望。面积581 730平方千米。人口192万（2008）。首都哈博罗内。主要城市除首都外，还有弗朗西斯敦、塞罗韦、马哈拉佩、塞莱比－皮奎等。班图语系的茨瓦纳黑人占总人口的95%。全国主要有恩瓦托、昆纳、恩瓦凯策、塔瓦纳、卡特拉、莱特、罗龙和特罗夸8个部族，其中恩瓦托族占总人口的40%。另有少数布须曼人、欧洲人和亚洲人。多数居民信奉基督教新教和天主教，农村部分居民信奉传统宗教。官方语言为英语，通用茨瓦纳语和英语。

自然地理 地处南非高原中部卡拉哈迪盆地，地质上是非洲古陆南部洼陷部分。地势东高西低，平均海拔1 000米左右。东部和东南部是盆地边缘丘陵区，平均海拔

1 220米，受长期风化和流水侵蚀，地形破碎。中部和西南部处于盆地底部，海拔600～900米，为卡拉哈迪沙漠所覆盖，多浅洼地。西北部为奥卡万戈河内陆三角洲沼泽地。

境内河网稀疏，水源缺乏，多间歇性内流河和盐沼，仅界河林波波河和乔贝河是常流河。从安哥拉流入的奥卡万戈河是全国最大河流，年平均流量74亿立方米，沿途蒸发和渗漏量大。西部和南部或为无流区，或只有间歇性河流。

南回归线穿过境内。全境处于副热带高压带控制下，高温少雨。大部分地区属热带草原气候，西部为荒漠和半荒漠气候。年平均气温21℃左右，丘陵地区略低。平均年降水量从东北部600毫米递减至西南部200毫米以下。降水季节变化明显。10月至翌年3月为雨季，其余为旱季，并有霜冻。植被由西南部的半荒漠过渡为东北部的稀树草原。北部低洼地沼泽植物广布，大河沿岸有走廊林。东部和东南部是良好牧场。

矿产资源丰富。主要矿藏为金刚石，储量居世界前列。其次为铜、镍、煤、苏打灰、铂、金、锰等。已探明铜镍矿储量4 600万吨。东部和东南部是非洲重要矿区之一。

历史 独立前称贝专纳。13～14世纪，茨瓦纳人由北方迁入。19世纪初，英国殖民者侵入。1885年英国将北部划为“保护地”，南部划为殖民地，称英属贝专纳。1895年英属贝专纳并入开普殖民地，1910年并入南非联邦。北部“贝专纳保护地”仍受英国统治。1965年3月3日，“保护地”实行内部自治。1966年9月30日宣布独立，定名博茨瓦纳共和国，仍是英联邦成员。独立后实行多党议会制。民主党连续执政。按宪法规定，立法、行政、司法三权分立；总统为国家元首、政府首脑兼武装部队总司令，由国民议会选举产生，任期5年，最多连任两次。政府实行总统内阁制，总统和国民议会组成国会。国民议会每届任期5年。议会的主要职权是：选举总统，制定法律，修改宪法，审议国家发展计划和政府财政预算。在议会中拥有席位的3个政党为：博茨瓦纳民主党；博茨瓦纳民族阵线；博茨瓦纳大会党。武装力量由正规军和准军事部队组成。实行志愿兵役制。

经济 2009年国内生产总值122亿美元，人均国内生产总值7 258美元，被誉为非洲的“小康之国”。货币名称普拉。采矿、养牛和新兴的制造业是国民经济三大支柱。为非洲第二大矿产品生产国。金刚石产量居世界第一，且以首饰金刚石为主，故价值亦居世界之首。它提供国民经济收入的50%。铜镍是继金刚石后重要的出口矿产品。加工工业以畜产品加工为主，是非洲最大畜产品加工中心之一，有现代化屠宰场。其次是饮料、金属加工、纺织等工业。新兴制造业中，汽车装配业发展很快，已成为重要创汇行业之一。

可耕地占全国面积的15%，种植面积为可耕地的5%。每年粮食需求的90%左右依靠进口。主要农作物为高粱、玉米、小米和谷类。畜牧业较发达，畜牧业约占农业总产值的80%，人均牛头数居非洲前列，以肉用牛饲养为主。

旅游资源丰富，是非洲主要旅游国。38%的国土划为3个国家公园，5个野生动物保护区。20世纪90年代以来，旅游业持续增长。2004年，旅游业收入约28亿普拉。主要旅游景区有西北部的奥卡万戈三角洲，以规模大、生态景观独特著称，是非洲著名旅游区。北部的乔贝国家公园是著名天然动物园，原始森林茂密，栖息动物种类多、数量大。西南部的卡拉哈迪大羚羊国家公园，位于卡拉哈迪沙漠中，以南非大羚羊和小羚羊种群多、数量大著名，现与南非组成卡拉哈迪跨国公园。

运输以公路为主，总长1.94万千米，其中30%为柏油路面，连接国内主要城镇及邻国。铁路长900千米。主要铁路线跨越弗朗西斯敦、哈博罗内和洛巴策，连接南非和津巴布韦。全国有6个国际机场。包括首都的卡马国际机场，以及弗朗西斯敦、马翁、卡萨尼、塞莱比－皮奎和杭济机场。

实行自由贸易政策，常年保持贸易顺差。主要出口金刚石、汽车及零配件、铜镍矿产品、牛肉、纺织品、苏打灰制品等；进口汽车及交通设备、机械及电子产品、食品及饮料、金属、化工和橡胶制品、燃料、烟草等。主要贸易伙伴有：南部非洲关税同盟（南非、纳米比亚、莱索托、斯威士兰）、欧盟、津巴布韦、韩国等。

博茨瓦纳传统舞蹈

文化 教育体系完备，小学和高等教育免学费，中学教育自2006年起实行学费分担制度，大部分由政府分担。2009年，全国有小学721所，中学212所，1所综合性大学（博茨瓦纳大学）。

新闻机构和组织有博茨瓦纳通讯社、博茨瓦纳广播电台、哈博罗内电视台和博茨瓦纳国家电视台。主要报刊有《每日新闻》、《卫报》、《报道者》、《太阳报》和《公报》。

奉行不结盟对外政策。支持建立国际经济新秩序。实行睦邻友好政策。为南部非洲关税同盟成员。2001年3月签署了《非洲联盟宪章》，成为第44个签署宪章的非盟成员国。1975年1月6日与中国建交。与欧盟及美国关系密切，签署有援助合作协议。

博丹 Bodin, Jean（1530～1596-06） 法国政治思想家、法学家，近代资产阶级主权学说的创始人。生于昂热，卒于拉昂。曾就读于图卢兹大学，毕业后当过律师、检察官及法国三级会议代表，曾任阿朗松公爵的侍从秘书，受到法国国王恩宠。博丹一生致力于政治学和法学的研究。政治思想方面的主要著作有《国家论》六卷。博丹的主权理论认为家庭是国家的基础，国家是拥有最高主权由若干家庭及其财产组成的合法政府。国家如家庭一样，所有的立法、行政权力只应归属一个中心。这个中心或者是一个君主，或者是一个集团，他们握有至高无上的权力，这便是国家的“主权”。主权是对公民和臣民的不受法律限制的最高权力。主权包含立法、宣战、媾和、任命官吏及要求臣民效忠服从等多种权力。博丹第一次区分了国家类型和国家管理形式。他将政体分为民主制、贵族制和君主制三种类型，并把每种政体划分为合法、僭主和叛乱三种管理形式。博丹称赞合法的君主政体是各种政体中最稳定合理的形式。

博蒂切利 Botticelli, Sandro（1445～1510-05-17） 意大利画家，佛罗伦萨画派的代表。又译波提切利。生于佛罗伦萨，卒于佛罗伦萨。博蒂切利是他的绰号，意为“小桶”，原名亚历山德罗·迪·马里亚诺·菲力佩皮。少年时入画家F.F.利皮门下为徒，曾一度在A.波拉尤奥洛和A.del韦罗基奥的工作室中当助手。1470年开设了自己的绘

《春》

画工作室。博蒂切利的作品以宗教题材在数量上居首位，但他的宗教画充满世俗精神。70～80年代间，先后创作了几幅以《三王来拜》为题的祭坛画。乌菲齐美术馆藏的《三王来拜》人物尤为精彩，画中多用时人肖像，其中还有他的自画像。博蒂切利除注重写实外，还很注意发展自己特有的秀逸风格。如《圣塞巴斯蒂安》，画家不强调圣徒殉难的壮烈，而着意于人物的清秀与诗意。博蒂切利秀逸风格的最杰出代表，是以古典神话为题材的《春》和《维纳斯的诞生》。《春》在世界艺术史上占据崇高地位的是画家塑造的各个人物形象，特别是身披薄纱的三位优美女神，极尽轻盈秀逸之致。《维纳斯的诞生》则表现女神从爱琴海中浮水而出，强调了女神的秀美与清纯，神情却略带忧郁，富于含蓄之美。博蒂切利用单线画成的但丁《神曲》插图，显示了他在素描方面的精深造诣。他以秀逸的风格、明丽绚烂的色彩和流畅轻灵的线条，在文艺复兴诸大家中独树一帜。但直到19世纪他才被人们推崇为意大利文艺复兴前期的大师。

博杜恩·德·库尔德内 Baudouin de Courtenay, Jan Niecisław (1845-03-13～1929-11-03) 波兰语言学家。生于拉杰明。1870年获德国莱比锡大学哲学博士学位，1875年获俄国彼得堡大学比较语言学博士学位。自1897年起任彼得堡科学院通讯院士。曾任喀山大学、彼得堡大学、华沙大学等校教授。在喀山执教期间，创立了喀山学派。库尔德内的主要贡献在于建立了音位学说，是现代音位学的先驱者之一。他主张除从发音和音响的角度外，还要“从形态学和构词法的角度分析语音”。他指出语音的生理、物理属性和功能属性彼此不一致，从而区分音素和音位。他提出语音交替理论，这使语音学和形态学建立了联系，为形态音位学的建立打下了基础。

库尔德内提出了一些为现代语言学所关心的问题，如语言的系统性，“音位”和“语素”这些语言基本单位的描写和分析方法，语言的静态（共时）研究和动态（历时）研究的区别等，都极其重要。他学术视野广阔，用波兰语、俄语、德语、法语、意大利语写作，一生写了600多篇（本）论文和专著。主要著作收入《普通语言学文选》第1、2卷（1963）。

博厄斯 Boas, Franz (1858-07-09～1942-12-22) 美国民族学家、人类学家，历史学派的创始人。又译鲍亚士。生于德国北莱茵-威斯特伐利亚州明登市，卒于美国纽约。1877～1881年在德国的海德堡、波恩和基尔读书。1883～1884年参加加拿大巴芬岛实地考察。后移居美国。1886～1888年任《科学》杂志编辑，1888～1892年任克拉克大学人类学讲师，1899年被聘为哥伦比亚大学人类学教授，1901～1905年任美国自然历史博物馆民族学馆馆长，1907～1908年任美国人类学协会主席，1910年任纽约科学院主席。主要著作有《原始人的心理》、《文化和种族》、《原始艺术》、《人类学和现代生活》、《普通人类学》、《种族、语言和文化》等。博厄斯是美国人类学、民族学的奠基人，美国许多著名的民族学家，如A.L.克鲁伯、R.H.罗维等都是他的门生，所以历史学派也被称为博厄斯学派。其理论的哲学基础是实证论，既批评播化论，也反对进化论和L.H.摩尔根，认为历史只能对各个事实和现象进行经验描述，不应有任何抽象推理，因而也被称为历史批评学派。

博尔代 Bordet, Jules (-Jean-Baptiste-Vincent) (1870-06-13～1961-04-06) 比利时细菌学家、免疫学家。生于苏瓦尼，卒于布鲁塞尔。1892年获布鲁塞尔大学医学博士学位。1894年赴巴黎巴斯德研究所，在梅契尼科夫实验室工作。1901年回布鲁塞尔，任狂犬病防治和细菌学研究所所长，直至1940年他的儿子保罗接任。其间，1907～1935年在布鲁塞尔大学任细菌学教授。1895年他发现动物血清中存在着与溶菌作用有关的两种物质：一种是特异性抗体；一种是补体。1898年他发现血清也能溶解异体的红细胞。1901年他发现抗体能结合特异性抗原，使血清中补体固定。他与O.让古一起建立补体结合试验，为许多传染病的血清诊断方法奠定基础。1906年他和让古发现百日咳杆菌，从此菌中提得一种内毒素，并用此制备成功百日咳菌苗。1919年获诺贝尔生理学或医学奖。主要著作有《传染病的免疫疗法》。

博尔赫斯 Borges, Jorge Luis (1899-08-24～1986-06-14) 阿根廷作家。生于布宜诺斯艾利斯，卒于瑞士日内瓦。1923年发表第一部诗集《布宜诺斯艾利斯的热情》，随后发表《面前的月亮》(1925)、《阿根廷人的语言》(1928)、《圣马丁的手册》(1929)、《肯宁加尔人》(1933)等多部诗集和散文集。1935年发表第一部短篇小说集《世界恶行史》。在随后发表的《交叉小径的花园》(1941)、《死亡与罗盘》(1951)等几部小说集中，他以新奇的构思、幽默的语言和深沉的哲理，创造了一个崭新的文学世界，奠定了他在世界文坛的地位。1955年任阿根廷国家图书馆馆长。其他主要作品还有短篇小说集《布罗迪埃的报告》(1969)、《沙之书》(1974)，诗集《阴影赞》(1968)、《数字》(1980)和散文集《密谋者》(1984)等。

博尔塔拉蒙古自治州 Bortala Mongol Autonomous Prefecture 中国新疆维吾尔自治区辖自治州。位于自治区西北部，北与哈萨克斯坦接壤。辖博乐市和精河县、温泉县。面积24 896平方千米，人口44万(2010)。有蒙古、汉、维吾尔、哈萨克等民族。自治州人民政府驻博乐市。历史上曾为多民族游牧地。汉宣帝五凤三年(前55)归入汉朝版图。清乾隆二十二年(1757)，察哈尔官兵驻防博尔塔拉，二十五年隶伊犁将军管辖。中华人民共和国建立后归伊犁专区管辖。1954年成立博尔塔拉蒙古自治州。属北温带大陆性干旱、半干旱气候。工业拥有制糖、棉纺、粮油加工、建材、酿酒等企业。探明湖盐、芒硝、花岗岩、石灰岩、钨、锡、铂、钼等近40种矿产资源，已开采8种。石灰岩、大理石、花岗岩等储量丰富。农作物有小麦、玉米、水稻、油菜、油葵、甜菜、棉花。畜牧业以牧养牛、马、羊、骆驼为主。为自治区牧业基地和优质长绒棉、细毛羊生产基地。精河枸杞为著名特产。境内的阿拉山口口岸是国家一类口岸，是中国向西开放的第一门户。旅游资源丰富独特，有赛里木湖、怪石沟、哈日图热格森林公园、博格达尔温泉、新疆北鲵（娃娃鱼）。古迹有乌孙土墩墓、突厥石人墓、古代岩画、博乐古城遗址等。

博尔特 Bolt, Usain (1986-08-21～) 牙买加田径短跑运动员。生于特里洛尼。从2001年到2003年三年间，先后在加勒比共同体运动会、中美洲和加勒比青年锦标赛和世界青年锦标赛中多次获得200米、400米冠军。2004年参加第28届奥运会，仅获200米第5名，而4年后在2008年北京第29届奥运会上获得100米、200米、4×100米接力冠军，均打破世界纪录，成为历史上在一届奥运会上获得如此佳绩的第一人。同年11月当选国际田联年度最佳男运动员。2009年第12届世界田径锦标赛获100米、200米冠军，国际田联年终总决赛获200米冠军，成为今日世界田坛巨星。

博格 Borg, Björn (1956-06-06～) 瑞典网球运动员。生于索德塔尔热。自幼喜爱网球，右手握拍。未满18岁时就获得了法国网球公开赛和意大利网球公开赛冠军，成为这两项赛事史上最年轻的冠军。1975年代表瑞典参加戴维斯杯网球赛，为瑞典队获得冠军起了重要作用。在其职业网球生涯中，共获得过51个单打冠军，1个双打冠军。在参加的609场比赛中获胜509场。1976～1980年，5次蝉联温布尔登网球公开赛冠军，是温网赛史上获此成绩的第一人。1974～1981年，6次获法国网球公开赛冠军，创该项赛事史上获冠军次数最高纪录。1978～1980年3次获世界最佳网球运动员称号。1983年退役。2000年获瑞典20世纪最佳运动员称号。

博格达峰 Bogda Peak 中国境内天山山脉东段近东西走向的博格达山主峰。东距乌鲁木齐100多千米。为东天山最高峰，海拔5 445米。峰体由古生代辉长岩、辉绿岩构成，同土耳帕拉提峰（5 287米）和朱万铁列克峰（5 213米）在2.5千米的距离内形成笔架形，高耸于群峰之上。峰区地表多冰雪覆盖，为东天山最大的现代冰川作用中心，分布有113条冰川，总面积101.42平方千米。峰北坡发育有三工河、四工河、甘河子、白杨河；南坡有古班博格达河、白杨河等，滋润着阜康、达坂城和托克逊等绿洲。博格达峰的植被和土壤垂直分带明显，由上至下为冰雪带—高山草甸草原—森林带—山地草原—荒漠带。1990年建立的新疆博格达峰自然保护区位于阜康市境内，占地21.7万公顷，主要保护对象是南、北坡的垂直植被带谱、冰川和天池。1990年纳入联合国“人与生物圈计划”自然保护区网。

博古 Bogu (1907～1946-04-08) 中国无产阶级革命家，中国共产党早期领导人之一，马克思主义著作翻译家。原名秦邦宪。江苏无锡人。1925年加入中国共产党。1926年赴苏联中山大学学习。1930年回国。1931年4月任中国共产主义青年团中央书记。1931年9月至1935年1月任中国共产党临时中央总负责人。1935年遵义会议后任中国工农红军野战政治部主任。1937年任中国共产党中央组织部部长。1938年以后历任中国共产党中央长江局、南方局委员兼组织部长。1941年起在延安任《解放日报》社社长兼新华通讯社社长。1945年在中国共产党第七次全国代表大会上被选为中央委员。1946年4月8日在参加国共谈判后从重庆返回延安途中，飞机失事遇难。

博古翻译的马克思主义著作主要有：《苏联共产党（布）历史简明教程》、《辩证唯物论与历史唯物论的基本问题》、《卡尔·马克思》、《共产党宣言》、《社会主义从空想到科学的发展》以及G.V.普列汉诺夫的《论一元论历史观之发展》等。这些著作，特别是《辩证唯物论与历史唯物论的基本问题》一书，在中国传播马克思主义哲学思想的过程中起了重要的作用。

博湖县 Bohu County 中国新疆维吾尔自治区巴音郭楞蒙古自治州辖县。位于焉耆盆地东部，开都河下游。面积3 597平方千米，人口6万（2008），有汉、维吾尔、蒙古、回等民族，其中汉族占63%。县人民政府驻博湖镇。汉代周西域都护府管辖，为焉耆国地。1971年析和硕县部分地置博湖县，因境内有博斯腾湖而得名。属中温带大陆性干旱荒漠气候。矿藏有石油、天然气、湖盐、芒硝、泥炭、煤炭等。314国道、南北疆铁路过境。农业以种植小麦、棉花、玉米、甜菜为主，辣椒、大白菜驰名南北疆。是“焉耆马”、“和硕滩黄牛”的重要产地。古迹有建于1866年的巴格希恩随木喇嘛庙。

博卡热 Bocage, Manuel Maria Barbosa du (1765-09-15～1805-12-21) 葡萄牙诗人。生于里斯本，卒于里斯本。曾服兵役，办过诗社。主要作品有《纯粹的真理》（又名《理性的呼声》）、《铁的真理》（又名《可怖的永生梦》）、《伊内斯·德·卡斯特罗之死》，合成《诗集》于1849～1850年出版。他把诗歌从“沙龙”中解放出来，回到人民手中，成为葡萄牙浪漫主义文学的先驱。作品富有强烈的个性。常使用演说体，用节奏简单、遣词随意的村俗俚语和神话典故反映时代的动荡。在19世纪初期的浪漫主义作家中享有很高声望。

博克拉 Pokhara 尼泊尔中西部城市，西部发展区和甘达基行政区首府，旅游胜地。城名意为“湖城”，因附近多湖沼而得名。位于博克拉谷地东部南端，塞蒂河上游右岸，海拔888米。东南距首都加德满都200千米。人口约15.63万。副热带气候，温暖湿润，植物繁多。四周群山环抱，安纳布尔纳峰、马查普查雷峰以及谷地中的众多湖泊，共同提供了丰富的风景旅游资源。其中的费瓦湖和贝格纳斯湖等清澈见底，雪山倒影，尤为游览胜地。沿湖分布着许多独具民族特色的茅屋旅社以及豪华旅馆、水上俱乐部等。河谷中还有马亨德拉溶洞，为岩溶地貌一大奇景。商业较发达，是大麦、稻米、粟和蔬菜的集散地。附近有铜、盐等矿产。有公路和以定期航线与外界联系。博克拉及其河谷地区，终年吸引国外大量游客。

博客 blog 英文blog的中译名。blog是Web Log的缩写，始于1999年，又称网络日志。由简短且经常更新的文章构成，按照日期排列。博客的内容既有反映个人情感的日记、照片、诗歌、散文等，也有基于某个特定主题或共同利益的集体创作。有些网络发布免费软件，提供更新网页更简单的接口，有的还提供免费的服务器空间。这种使用特定的软件，在网络上出版、发表和张贴个人文章的人叫blogger，中文译名亦为博客。近年兴起的微博，即微型博客（Micro Blog），是一种可以即时发布、传播、获取消息的平台，用户可以通过Web、Wap以及各种客户端建立个人社区，以140字左右的文字更新信息，实现即时分享。博客是继E-mail、BBS、ICQ（I seek you）之后出现的第四种网络交流方式。

博乐市 Bole City 中国新疆维吾尔自治区博尔塔拉蒙古自治州辖市。自治州人民政府驻地。位于自治区西北部，北以阿拉套山分水岭与哈萨克斯坦交界。面积7 802平方千米。人口26万（2008），有汉、蒙古、维吾尔、哈萨克、回等民族。1920年设博尔塔拉县。1950年改博乐县。1985年撤县建市。属中温带干旱、半干旱气候。已开发的矿产有石灰岩、珍珠岩、花岗岩、大理石等。新亚欧大陆桥铁路穿境而过，著名的阿拉山口火车站距市区70千米。工业以粮、油、棉、毛加工和制糖、皮革、水泥、建材、电力为主。农产以棉花、小麦、玉米、稻谷、瓜果、蔬菜为主。是自治区粮棉生产基地之一。主要旅游景点有赛里木湖、怪石沟、哈日图热格森林公园及古迹破城子。

博洛格 Borlaug, Norman Ernest（1914-03-25～2009-09-12） 美国农业科学家、植物育种家、植物病理学家。生于艾奥瓦州，卒于得克萨斯州达拉斯。1937年毕业于明尼苏达大学林学院，1941年获植物病理学博士学位。

1964年起为国际玉米小麦改良中心小麦育种计划负责人，1981年任该中心代理主任，1982年任顾问。1994年被聘为中国农业科学院名誉研究教授。早期主要研究农产品和各种化学药剂。20世纪40年代初期起从事小麦育种研究，利用一年两季、异地选育和矮化小麦基因的方法，培育出大量矮秆、抗病、高产、适应性强的春小麦品种，在墨西哥等国家推广后起到了明显增产作用。1970年获诺贝尔和平奖。撰有科研报告和论文200余篇。

博洛尼亚大学 University of Bologna 欧洲最古老的大学。又译波隆那大学。主校区位于意大利的博洛尼亚市。11世纪由教会建立。建校初期，学生是大学的组织者和领导者，有权决定校长和教师的聘用以及学校其他事务。被称为中世纪大学的“学生模式”。最初只有法学院和艺术学院，没有固定校舍，教师在自己的住所或修道院授课。12～13世纪成为罗马法和宗教法规的研究中心。1200年左右设立医学系和哲学系。17世纪成立了科学学院。18世纪开始招收女生和聘任女教师。1802年获得现在作为一个接受国家和其他团体资助的自治大学的地位。设有法律、政治科学、经济学、统计、人口和保险精算、文哲、师资培训、内外科、数学、物理和自然科学、工业化学、药物学、工程学、农林生物、兽医学等20多个学部，还有音乐戏剧研究所、语言中心和中世纪文献研究中心等。以法律学科著称。此外，还有历史、航海、动物学、地质学和古生物学、天文学等5个博物馆。

博马舍 Beaumarchais, Pierre-Augustin Caron de（1732-01-24～1799-05-18） 法国喜剧作家。生于巴黎，卒于巴黎。因经商致富，成为贵族。1767年写出第一部剧本《欧也妮》，

揭露贵族阶级的荒淫无耻。1770年《两个朋友》在巴黎公演。1773年相继发表4部《备忘录》，向巴黎公众揭露法庭的黑幕。1775年《费加罗三部曲》的第一部5幕喜剧《塞维利亚的理发师》冲破官方阻挠，在巴黎公演。1778年，博马舍完成三部曲的第三部5幕喜剧《费加罗的婚姻》，于1784年在法兰西喜剧院首次公演。70年代末至80年代初，博马舍多次把大批武器装备秘密运往美国，支援美国独立战争。为保障剧作家的合法权益，他发起成立法国剧作家协会，一直存在至今。他无视政府禁令，出版了法国第一部《伏尔泰全集》。1787年，博马舍的歌剧《达拉尔》上演，作者继续宣传启蒙思想。1792年共和国成立后，他的政治立场开始转变，同年写出的《有罪的母亲》，完全失去了革命前的民主倾向。博马舍的作品不仅表达了启蒙运动思想，富于时代气息，而且在艺术形式上取得了较高的成就。

博南帕克壁画 Bonampak Murals 中美洲玛雅文明壁画遗迹。发现于墨西哥南部恰帕斯州的博南帕克。年代约在6～8世纪。壁画存留在一间称之为“画厅”的古建筑里，1946年被发现。画厅有3间，主题分别为贵族礼仪、战争与凯旋、庆祝游行场景。壁画采用成熟的湿笔画法，先用刀刻出轮廓，然后施色，最后用墨线勾勒体形或细部。壁画线条流畅，人物表情生动。如第2间表现胜利归来的贵族和被俘奴隶的壁画，将获胜者的盛气凌人和被俘者的痛苦绝望刻画得非常贴切。

画厅一角

博尼法西奥 Bonifacio, Andres（1863-11-30～1897-05-10） 菲律宾革命家。生于马尼拉，卒于吕宋岛北郊。初以制造手杖和纸扇为生，后在外国商行充当守门人、送货员和店员。他虽然未受过正规教育，但喜爱读书。此外，深受J.P.黎萨尔反抗西班牙统治的思想影响。1892年参加菲律宾同盟。他和黎萨尔在政治见解上有着重大分歧，认为如不依靠人民群众的斗争，就不能实现独立。

菲律宾同盟解散后，博尼法西奥创立旨在推翻西班牙殖民统治的革命组织——卡蒂普南。会员很快发展到10万人。1895年任卡蒂普南的最高领导人。1896年8月26日在巴林塔华克召开群众大会，号召立即起义。群众随之纷纷响应，举行武装起义，被西班牙军击败，撤至蒙塔尔万。次年3月22日，在特黑罗斯会议上，资产阶级保守派代表E.阿奎纳多被推选为新成立的共和国总统。博尼法西奥宣布不承认这次会议的任何决议，要继续领导卡蒂普南进行斗争，坚持认为卡蒂普南是唯一合法政府。双方互不退让，进行火并。在一次战斗中，阿奎纳多的军队将他逮捕。4月28日，军事法庭以煽动叛国罪判处其死刑。5月10日被杀害。

博乔尼 Boccioni, Umberto（1882-10-19～1916-08-16） 意大利画家、雕塑家，未来主义美术的核心人物。生于雷焦卡拉布里亚，卒于维罗纳。1900年到罗马。1901年在G.巴拉的画室学画，接触新印象主义理论和技法。1906年到法国和俄国访问。1907年迁居米兰后，画商业广告，加入以F.T.马里内蒂为中心的文艺社团，并成为《艺术之家》

画会的一员。他是两次未来主义绘画宣言的起草人和签署者，还于1912年4月发表了未来主义的雕塑宣言。1910年秋，与马里内蒂、C.卡拉和L.鲁索洛到巴黎访问，结识G.阿波利纳尔等法国现代派文艺界人士。1914年志愿参加意大利国民军，后在北部前线丧生。他的一系列宣言、文章和演说，收在文集《未来主义的绘画和雕塑》中。博乔尼的早期油画《走廊中的动乱》(1909)，用新印象主义和立体主义的手法表现运动。油画《城市的兴起》(1910～1911)，则用典

《弹性》

型的未来主义手法——把物体分解成许多运动着的线，来表现运动过程中的各个阶段。油画《弹性》(1912)表现马的运动。雕塑《在细颈瓶的空间里展开》(1912)、《空间中连续的形》(1913)，表现运动中错综复杂的印象以及连续产生的动感。

博若耶 Beaujoyeulx, Balthasar de (约1535之前～约1587) 法籍意大利芭蕾编导、小提琴演奏家和作曲家。1581年编导了史称“第一部芭蕾”的《王后喜剧芭蕾》。博若耶对芭蕾舞剧作出三大贡献：①第一次成功地将多个不同的故事情节放在一个完整的戏剧架构之下，为一个统一的主题思想服务；②第一次有意识地使舞蹈动作与音乐同步发展；③第一次体现出古希腊哲学家毕达格拉斯“几何图案体现着思想”的学说。他因此被舞蹈史家誉为“法国宫廷芭蕾编导第一人”。

博山炉 boshan censer 炉盖为山峦形的熏香炉。又称熏炉、香炉。质地有陶、瓷、铜等，以铜质的最为精美。炉体呈豆形，上有圆锥形盖，饰成重叠起伏的山形，常在山峦云气间雕饰飞禽走兽。象征传说中的海上仙山——博山，故名。山间有穿孔，当香料在炉内燃烧时，烟气可从孔中散出。主要流行于中国汉、晋时期，而又以汉代为盛。其出现应与当时关于神山仙境的传说有关。据文献记载，汉代制作博山炉的高手有丁缓等人。丁缓制作的九层博山香炉，镂以奇禽怪兽，自然能动。著名的博山炉有河北满城汉墓出土的铜错金博山炉和陕西兴平茂陵无名冢陪葬坑出土的鎏金银竹节高柄博山炉。魏晋南北朝时期博山炉的制作趋于简率，但炉身、炉盖大体上还分别保持着圆底圆锥形的轮廓。

铜错金博山炉（满城汉墓出土）

博施 Bosch, Carl (1874-08-27～1940-04-26) 德国工业化学家。生于科隆，卒于海德堡。20岁进夏洛滕堡大学学习冶金工程，两年后转入莱比锡大学学习化学，1898年获哲学博士学位。翌年到路德维希港的巴登苯胺纯碱公司工作，1919年任总经理。博施的重大成就是使F.哈伯发明的合成氨法实现工业化。他组织力量找到了合适的合成氨催化剂，完善了高压反应器的结构设计，并解决了氮、氢原料气的工业生产方法等问题。因此，该公司于1913年在奥堡建立了世界第一座合成氨工厂，并命名这种合成氨法为哈伯-博施法。此后，博施还参加了从氨制造硝酸和合成甲醇的开发工作，发明了水煤气变换反应制氢的博施法。因在高压化学合成技术上作出重大贡献，与F.柏吉斯共获1931年诺贝尔化学奖。1937年被推选为威廉皇家学会主席。

博士 erudite 中国古代学官名。始于春秋战国。秦始皇时有博士70人，六艺、诸子、诗赋、术数、方伎、占梦皆立博士。汉承秦制，诸子百家都有博士。文帝时始置《书》、《诗》的一经博士，并立诸子传记博士，有博士70余人。景帝时置《春秋》博士。汉武帝时置《易》、《礼》、《书》、《诗》、《春秋》五经博士。又置弟子50人。汉宣帝时增置博士12人：《易》为施、孟、梁丘；《书》为欧阳，大、小夏侯；《诗》为齐、鲁、韩；《礼》为后氏；《春秋》为公羊、穀梁（一说穀梁未立）。东汉光武帝取消古文经博士，复立今文五经博士14人：《易》四，施、孟、梁丘、京氏；《尚书》三，欧阳，大、小夏侯；《诗》三，鲁、齐、韩；《礼》二，大、小戴氏；《春秋》二，《公羊》严、颜氏。后立《春秋》左氏、穀梁为博士，不久废除。博士的职务，原为通古今，备皇帝顾问，教授弟子，兼议典礼政事、奉使巡视等。汉武帝时性质遂由顾问转为教学。东汉以后，专授经学和议典礼。秦、西汉时博士之长称仆射，东汉改称祭酒，两汉博士对经学的建立和发展起了重要作用，产生了很大影响。

魏晋南北朝时崇尚玄学，经学颇受冷落，学校时兴时废，故博士选举不精，口语中博士也往往与师长同义，不再专指学官，北魏道武帝推行汉化，力倡儒学，在平城立太学，置五经博士。献文帝时又立州郡学，各设博士、助教。孝文帝迁都洛阳后，立国子学、太学、四门小学，皆设博士。隋唐学校制度继北魏之后又有进一步发展。自秦以来，博士皆隶太常；隋初乃令国子寺不隶太常；唐代学校较完备。中央有弘文馆、崇文馆、国子监的国子学、太学、四门学、律学、书学、算学。二馆设学士，其余各学皆设博士、助教。地方诸州府亦设博士及助教。此外中央和地方皆有医学，亦设博士、助教。学校是科举的基础，隋唐的博士在科举制的建立和发展中起了重要作用。此后至清代，学校制度大体沿唐之旧，博士之名亦沿用至清。乃至近代，学官改称教习、教员等，遂无博士之职。

博士 doctor's degree 学位制度中最高的一级学位。在中国，通常是在获取硕士学位后，再经过3～4年的研究学习，方可获得。见学位。

博斯 Bosch, Hiëronymus (约1450～1516-08-09) 尼德兰荷兰画家。生于北布拉班特的斯海尔托亨博斯，卒于斯海尔托亨博斯。博斯主要从祖父和父亲学画，也受到民间艺术传统的培育。1506年完成《最后审判》。其绘画除写实的形象外，还有许多带有象征性、隐喻性的虚构形象，造型怪诞，

《干草车》

幻想奇特。他的艺术作品具有民间艺术的讽刺与诙谐，对社会的恶德、教会的伪善和统治者的暴虐进行了辛辣的讽刺。代表作品有《干草车》、《世上欢乐之园》和《圣安东尼的诱惑》等。

博斯普鲁斯海峡 Strait of Bosporus 欧洲巴尔干半岛和亚洲小亚细亚半岛间的海峡。又称伊斯坦布尔海峡。位于土耳其境内。全长30.4千米，最宽4.4千米，最窄708米，最深80米，最浅27.5米。海峡表层海水由黑海流向马尔马拉海，其下逆流则把盐度高的海水从马尔马拉海带入黑海。海峡最狭处有两座著名的城堡：亚洲一侧为阿纳多卢城堡（1390），欧洲一侧为鲁梅利亚城堡（1452）。第一次世界大战后，海峡控制权由国际委员会接管，直至1936年归还土耳其。各国船舰通过海峡，需按照1936年在瑞士蒙特罗签订的《关于海峡制度公约》的规定行驶。1973年建成首座横跨海峡的公路大吊桥。1988年又落成第二座飞架海峡的大桥，土耳其最长的高速公路越桥而过，加强了欧亚大陆的联系，推动了海峡地区经济发展；大伊斯坦布尔的市区也已扩及两岸。

博斯普鲁斯海峡夜景

博斯腾湖 Bosten Lake 中国内流咸水湖，断陷湖。维吾尔语意为“绿洲”。又称巴格拉什湖。位于新疆维吾尔自治区天山南坡焉耆盆地东南部最低洼处，为开都河尾闾，又为孔雀河源。湖体东西长60.5千米，南北平均宽15.9千米，呈扁平碟形，水面面积1 030平方千米，湖面平均水位海拔1 048米，湖盆最低处海拔1 031米，最大湖深17米，平均深8米，储水量约77.3亿立方米。湖水矿化度在1.5克/升以上。湖体可分两部分：大湖面积约980平方千米，小湖面积约百余平方千米，小湖附近还有苇湖沼泽约300平方千米。湖水补给主要来自开都河。焉耆盆地汇集的年平均径流量约41.5亿立方米，开都河占35.3亿立方米。芦苇资源丰富。湖西有铁门关水库，景色秀丽。

博物馆 museum 向大众开放、为社会及社会发展服务的非营利性永久机构。它为研究、教育、欣赏的目的征集、保存、研究、传播并展示人类及人类环境的见证物。博物馆必须有一定数量和质量的藏品，以实物直观地呈现给观众。

博物馆的历史 博物馆是社会一定政治、经济和文化的产物，它作为一种文化现象可以追溯到古希腊、古罗马时期。博物馆起源于珍品的收藏，最早的具有原始意义的博物馆出现于公元前3世纪的亚历山大城的博学园内，那里拥有大量艺术珍品、图书、文献以至稀有的动植物，还有陈列并供学者整理和研究；既有专门收藏珍品的缪斯神庙，还设有图书馆、动植物园、研究院、实验室及讲演堂。其中专门收藏珍品的缪斯神庙，被称为亚历山大博物馆。博物馆的英文museum即源于希腊语缪斯庙mouseion一词。到了罗马共和时代，这种原始博物馆开始成批出现。不仅皇室收藏日盛，贵族、私人收藏的风气也日趋普遍。此风一直持续到后世，但当时的博物馆陈列，都只供少数人士观赏，不向社会公众开放。18世纪下半期，英国伦敦、法国巴黎等地出现了对公众开放，出售门票的公共博物馆，标志着现代意义博物馆的诞生。18世纪末到20世纪中期，世界博物馆大发展，许多著名博物馆开放于这个阶段，如英国**不列颠博物馆**、法国卢浮宫博物馆、加拿大国立人类学博物馆、**美国自然历史博物馆**、美国**大都会艺术博物馆**、**俄罗斯艾尔米塔什国家博物馆**等。第二次世界大战之后直到今天，世界博物馆事业的发展始终处于黄金时期。21世纪初，全世界博物馆总数有5万多个。

中国古代没有博物馆这一概念，博物馆源自源远流长的文物收藏。1905年，中国博物馆建设的先驱者**张謇**自费创建了中国第一座现代博物馆——南通博物苑，开创了中国现代博物馆的新纪元。到21世纪初，中国博物馆数量已达2 000多个。

博物馆的类型 依据博物馆藏品、展出、教育活动的性质和特点，以及它的经费来源和服务对象，一般把博物馆划分为：①艺术博物馆，包括绘画、雕刻、装饰艺术、实用艺术和工业艺术博物馆，也有把古物、民俗和原始艺术的博物馆包括进去的。有些艺术馆，还专门展示现代艺术。②历史博物馆，包括国家历史、文化历史的博物馆，以及在考古遗址、历史名胜或古战场修建起来的博物馆。③科学博物馆，包括自然历史博物馆。④综合博物馆，主要是地志博物馆。⑤特殊博物馆，包括露天博物馆、生态博物馆、儿童博物馆、乡土博物馆，还有利用计算机和网络技术，模拟产生三维空间的虚拟博物馆等。

按照1999年联合国教科文组织统计局对世界博物馆的最新分类法，博物馆及其相关机构分为三大类：①博物馆；②纪念馆和遗址；③园林、水族馆和自然保护区。

博物馆学 museology 研究博物馆的性质、特征、社会功能、实现方法、组织管理和博物馆事业发展规律的科学。研究对象是保存、研究和利用自然标本与人类文化遗存，以进行社会教育，为社会和社会发展服务的理论和实践，包括博物馆事业的历史及其与社会的关系，也包括博物馆社会功能的演进、内部机制的运营和相互作用的规律。是应用性和跨学科性很强的学科，属于社会科学。近年来，随着博物馆信息化的发展，也有学者认为博物馆学应属于信息科学。

分支学科 一般包括研究博物馆学基本原理的理论博物馆学，研究博物馆发展规律的历史博物馆学，研究博物馆业务工作的博物馆技术学，研究博物馆微观管理的博物馆管理学，综合研究多种分支学科的普通博物馆学，研究特定类型博物馆的专门博物馆学。此外，信息博物馆学作为一个新的分支学科将逐渐形成。

博物馆学的发展 17世纪在英国出版过一些博物馆藏品目录，18世纪开始在德国等国出版有博物馆藏品分类和管理以及陈列、教育功能的专著，19世纪上半叶德国出现研究博物馆史的论著，下半叶又在美国、英国等国家出现全面阐述博物馆功能的著作。到20世纪30年代，博物馆学研究范围愈见扩大，国际联盟学术合作委员会举行万国博物馆专家会议，并由国际博物馆事务局出版了两卷本《博物馆学》，促进了各国博物馆学的研究。第二次世界大战结束后，博物馆学研究呈现新的繁荣，西欧、北美、日本有一大批研究成果问世。苏联及东欧社会主义国家也都建立了社会主义博物馆学体系，出版了《苏联博物馆学基础》等有影响的专著。70年代后，博物馆学各分支学科的建设方兴未艾，博物馆的藏品收藏和科学保护、陈列、教育、管理、建筑、安全等诸多方面均出现了重要的突破性的研究成果。英国肯尼斯·赫德森著《八十年代的博物馆——世界趋势综览》，对当代世界博物馆及未来博物馆可能呈现的情景进行了评论式的透视，在世界博物馆界具有影响。1946年创建的国际博物馆协会对博物馆学的提高和发展也作出了巨大贡献。

中国的博物馆学研究　中国古代文物收藏与研究形成的金石学是中国博物馆学的历史渊源。19世纪中叶，西方的博物馆和科学文化一起被介绍到中国。1849年刊行由徐继畬所著的《瀛环志略》一书，即记载有西欧诸国博物馆的状况。1905年著名实业家张謇在筹建中国第一个博物馆的过程中，提出博物馆是政治和学术参考的重要部门、学校教育的有力助手，对博物馆的社会功能、性质、征集、保管、陈列、行政管理、人员选配及馆舍规划等都作了探讨。著名教育学家蔡元培认为：教育并不专在学校，学校以外，还有图书馆、博物馆。20世纪30年代，中国博物馆学研究获得较快的发展。1935年中国博物馆协会成立后，推动了博物馆学的研究。1936年出版了费畊雨、费鸿年编著的《博物馆学概论》，以及陈端志的《博物馆学通论》。1943年出版了曾昭燏、李济的《博物馆》。这是博物馆收藏、研究和教育三重性质或三大职能的最早论述，代表了当时博物馆学研究的水平。

中华人民共和国建立后，借鉴苏联博物馆学理论，确定中国博物馆基本性质和任务，探讨博物馆学理论与实践问题是这一时期的特点。80年代初，中国博物馆学会成立后，推动了博物馆学研究的开展，学术活动空前繁荣。

《博物志》　中国志怪小说集。西晋张华编撰。分类记载异境奇物、古代琐闻杂事及神仙方术等。内容多取材于古籍，包罗万象。今本10卷，前三卷记地理风俗和动、植物之异，卷四记药物，卷五记方士，卷六为名物典章杂考，卷七“异闻”，卷八“史补”，卷九至卷十“杂说”，记奇闻轶事，为此书列为志怪小说的主要依据所在。其中关于古代神话材料，如所记八月有人浮槎至天河见织女的传闻，是有关牛郎织女传说的原始资料；而关于中国西北部地区蕴藏天然气、石油的记载也颇具价值。据东晋王嘉《拾遗记》称，此书原400卷，晋武帝令张华删订为10卷，但此说无旁证。《隋书·经籍志》杂家类著录本书即为10卷。其他著作所引有今本所不载者，当是原书已佚，传本系由后人搜辑而成。今人范宁有《博物志校证》(1980，中华书局)，附辑录佚文200余条。

博亚尔　Boal, Augusto (1931-03-16～2009-05-02)　巴西剧作家、导演、当代戏剧改革家。生于里约热内卢，卒于里约热内卢。1953～1955年在美国哥伦比亚大学学习戏剧。1956年加入圣保罗的“沙场剧团”，以撰写巴西黑人生活的剧本开始戏剧创作。他注重具有社会意义、反映当前现实问题的戏剧(称“新闻戏剧”)，主要有《南美洲的革命》(1960)。后来放弃社会题材，开始描写历史、传说和神话。合作创作的《尊比》(1971)和《拔牙者》(1972)，以神话般的风格，塑造了巴西历史上两位农民革命家的形象。他所创立的“被压迫者剧场”以“雕塑剧场”、“欲望彩虹”等模式，成为一项社会改革行动。由于思想激进，他曾被捕入狱，在狱中写成《托克马达》一剧，揭露巴西监狱对政治犯的暴力行为。

博亚尔多　Boiardo, Matteo Maria (1441-05～1494-12-19)　意大利诗人。生于斯坎迪亚诺，卒于雷焦艾米利亚。1460年承袭伯爵封号，成为封地领主。1476年去费拉拉公爵宫廷服务，深受公爵埃尔科莱一世的敬重。1487年起任雷焦行政长官，后兼任城防司令。博亚尔多具有人文主义文化教养，写过拉丁文诗，翻译过古代文学作品。抒情诗集《歌集》抒写自己的恋爱故事，感情热烈真挚。传奇叙事诗《热恋的罗兰》，前2卷共60章，1483年出版。第3卷只写到第9章第26节。作品主要叙述罗兰等英雄和绝代美人安杰丽嘉的爱情，以及其他爱情和冒险故事，把英雄史诗中的忠君爱国、誓死保卫基督教的英雄罗兰等塑造成多情的骑士。他善于以速写方式勾画粗犷有力的人物形象，不进行细致的心理描写。诗中表达了对女性美、对骑士式的爱情的赞美，对骑士制度的衰落流露出惋惜之情。作品风格质朴无华，但略嫌粗糙。

博亚纳教堂　Boyana Church　保加利亚东正教教堂。始建于10世纪。因位于索非亚南郊的博亚纳村而得名。中世纪时曾是皇宫的一部分。现在的教堂由3座平面均呈正十字形，上罩圆屋顶的教堂组成。其中东教堂建于10世纪，从一个侧面反映了保加利亚民族的诞生及其与亚得里亚海各商业城市的密切联系。中教堂初建于11世纪，1259年由S.卡洛扬大总督下令扩建，故名卡洛扬教堂。西教堂及其钟塔建于1845年，表明经过长期外国统治后保加利亚艺术的复兴。博亚纳教堂的壁画十分著名。其中，《阿森夫妇肖像》是中世纪最重要的绘画作品之一。《最后的晚餐》中耶稣的面部表情及众圣徒的形象也极为传神。这些壁画是拜占廷艺术同当地民间风俗画相结合的杰出作品。博亚纳教堂是保加利亚现存和已消失的几种宗教文化的特殊见证。在长达9个世纪中，它对欧洲东正教教堂建筑设计的发展产生过重大影响。1979年作为文化遗产被列入《世界遗产名录》。

博伊德　Boyd, Martin (1893-06-10～1972-06-03)　澳大利亚小说家。笔名马丁·米尔斯。生于瑞士卢塞恩，卒于意大利罗马。他在澳大利亚生活了26年，其余时间在英国、法国和意大利度过。共写过十余部小说，著名的是《露辛达·布雷福德》(1946)和在罗马时期写的四部曲《硬纸皇冠》(1952)、《难办的年青人》(1955)、《奔放的爱情》(1957)和《画眉唱的时候》(1962)。他的小说表现了墨尔本上层社会19世纪末20世纪初的生活和贵族的没落，在描写一个家族的兴衰时对社会现象进行批评。他以叙述见长，文字流畅，在主题开掘和人物刻画方面都超过了澳大利亚早期的小说家。

博弈论　game theory　研究由一些带有相互竞争性质的主体所构成的体系的理论。又称对策论。它以人在对策中的行为为研究对象，研究对抗局势中最优的对抗策略和稳定局势，以及如何追求各方的最优策略和决定对策的结果，协助人们在一定规则范围内寻求最合理的行为方式。它曾被广泛运用于政治学、经济学、军事学、心理学等社会科学领域，特别是在国际政治学中被当作一种特殊的决策方法，成为对于国际冲突和对冲突结局作出估价的一种特殊手段。

渤海　Bohai State　中国古代东北地区以靺鞨族为主体的边疆民族政权。王室姓大，初称震国，也叫靺鞨。713年，唐册封其创立者大祚荣为渤海郡王。自此去靺鞨之号，专称渤海。762年，第三世王大钦茂被晋封为“国王”后，历世诸王的继袭都经唐廷册立。唐亡后，渤海继续向后梁、后唐朝贡，保持着臣属于中原王朝的关系。

渤海的疆域，初限于靺鞨的部分故地，至第10代宣王大仁秀时大体上在今东北大部、朝鲜半岛北部及俄国沿日本海的部分地区等广大地域。居民以靺鞨人最多，高丽遗民占有一定的比例，还有汉人以及少量的突厥、契丹、室韦人，靺鞨中又以粟末靺鞨为主。

渤海世系表

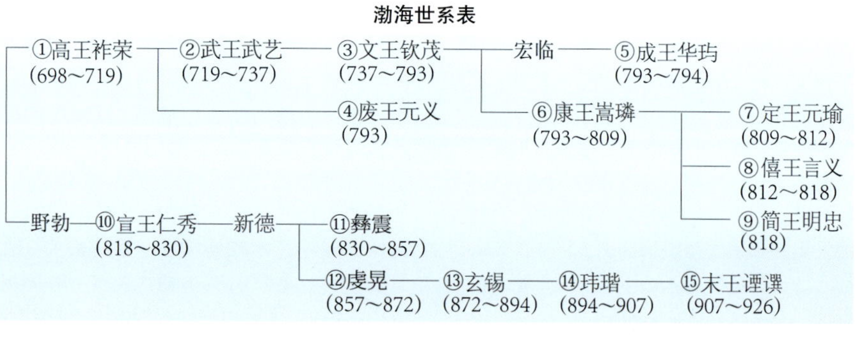

在中原文明的强有力影响下，渤海政权迅速完成了封建化的进程，各项制度仿效唐朝。社会经济有了显著的发展和进步，农业已成为最主要的生产部门，各项手工业的生产也达到了较高的水平，涌现出一批新兴城市，其中上京城，形制模仿长安，为当时东北最大城市。交通相当发达，同内地的“就市交易”及互市岁岁不绝，与日本的海上贸易也相当活跃。文化教育也有很大发展。渤海不断派遣诸生到长安太学“习识古今制度”，使用汉字，在五京周围等发达区域，以中原教育为模式，自上而下地建立了较为系统的教育体制。儒学、宗教、文学、音乐、歌舞、绘画、雕塑以及科学技术等，都取得了一定的成就，涌现出一批著名学者、文学家、艺术家、航海家。

926年初，契丹攻占扶余城，乘胜进军至上京忽汗城下。渤海末王大諲譔被迫出降，国亡。

渤海 Bohai Sea 深入中国大陆的近封闭型浅海。地处北纬37°07′～41°00′，东经117°35′～122°15′的区域。基本上为陆地所环抱，北、西、南三面分别与辽宁、河北、天津和山东三省一市毗邻，仅东部以渤海海峡与黄海相通，辽东半岛的老铁山与山东半岛北岸的蓬莱角间的连线即为渤海与黄海的分界线。其底部两侧即为莱州湾和渤海湾，顶部为辽东湾。

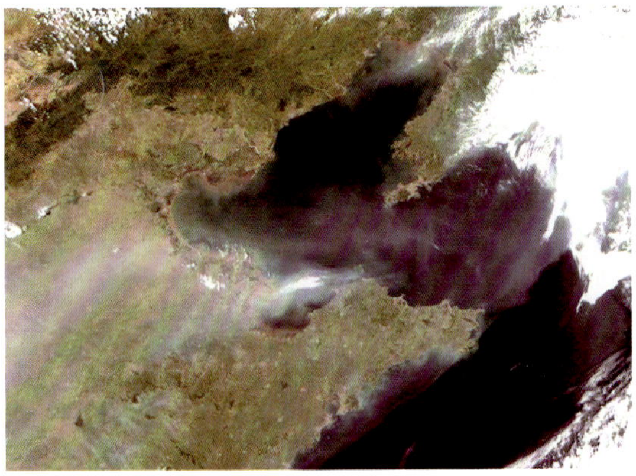

渤海与黄海卫星照片

渤海海域面积7.7万平方千米，大陆海岸线长2 670千米，平均水深18米，最深处仅70米（位于老铁山水道西侧）。主要岛屿有庙岛群岛、长兴岛、凤鸣岛和菊花岛等。渤海海底平坦，多为泥沙和软泥质，地势呈由三湾向渤海海峡倾斜态势。海岸分为粉沙淤泥质海岸、沙砾质海岸和基岩海岸三种类型。渤海湾、黄河三角洲和辽东湾北岸等沿岸为粉沙淤泥质海岸，滦河口以北的渤海西岸属沙砾质海岸，山东半岛北岸和辽东半岛西岸主要为基岩海岸。注入渤海的河流主要有黄河、海河、滦河和辽河等，年径流总量达888亿米^3，其中黄河约占1/2。沿岸河流每年携带大量泥沙堆积于三个海湾，在湾顶处形成宽广的辽河口三角洲湿地、黄河口三角洲湿地、海河口三角洲湿地，年造陆达20平方千米。

渤海地处北温带，受季风影响，冬季干旱而无严寒，夏季湿暖而无酷暑。多年平均气温10.7℃，1月平均气温-2℃，7月平均气温25℃。年降水量500～600毫米。冬季多偏北风，平均风速6～7米/秒；夏季，大风多随台风和大陆出海气旋而产生，风力可达10级以上，是夏季的主要灾害性天气。

渤海环流和水系大体上是由高盐的黄海暖流余脉和低盐的渤海沿岸流组成。渤海环流的变化受制于气候条件，冬季强而夏季弱。通常流速只有10厘米/秒，冬季稍强，有时可达20厘米/秒。渤海的水温1月最低，三大海湾的水温均低于-1℃，且于每年冬季出现不同情况的结冰现象。夏季，表层水温分布较均匀，最高可达28℃。夏半年，出现明显的海水分层现象，特别在渤海海峡附近的深层水区，上层充满高温低盐的水，下层为低温高盐水所占据，二者之间出现强跃层现象。渤海盐度较低，年平均值仅30.0。

渤海冬季由于强寒潮的频繁袭击，每年自11月中、下旬至12月上旬，自北向南开始结冰；翌年1～2月达到最盛，自3月上、中旬，自南向北渐次消融。渤海近70年来曾发生数次冰封和严重冰情，分别在1936、1947、1957、1969、1977和2010年。最严重的一次大冰封在1969年。

渤海的海浪以风浪为主，随季风的交替具有明显的季节性。渤海是温带风暴潮和台风风暴潮灾害都相当严重的海区。莱州湾小清河口的羊角沟水文站，1969年4月23日曾记录到有验潮记录以来最大风暴潮值3.55米，居全球温带风暴潮的首位。

渤海是多种鱼、虾、蟹、贝类繁殖、栖息、生长的良好场所。对虾、毛虾、小黄鱼、带鱼是最重要的经济种类。渤海港口是中国北方对外贸易的重要海上通道。已建和宜建港口100多处。渤海石油和天然气资源十分丰富，整个渤海地区就是一个巨大的含油构造，滨海的胜利、大港、辽河油田和海上油田连成一片。渤海是中国最大的盐业生产基地。莱州湾沿岸地下卤水储量达76亿立方米，折合含盐8亿多吨，是罕见的储量大、埋藏浅、浓度高的“液体盐场”。

渤海上京龙泉府城 Upper Capital-Longquanfu of Bohai State 中国唐代渤海国都城。位于今黑龙江宁安渤海镇。为渤海国五京之一，称上京。西濒忽汗河（今牡丹江），故又称忽汗城。唐天宝末年，文王大钦茂迁都于此，渤海国以此为都约160年。20世纪初日本人曾在此发掘。1949年后，中国学者又进行考古勘探发掘。1961年国务院公布遗址为全国重点文物保护单位。

石灯幢

此城由外城、内城和宫城组成，形制和布局仿唐长安城。城平面呈长方形，东西约4.6千米、南北约3.4千米。城墙用石块砌筑，外有壕沟，有10个城门。城内东西向和南北向大街纵横交叉，将全城划分为许多里坊。居中的一条南北向大街自正南城门通至宫城南门，是全城的中轴线。宫城在城北部中央，平面呈长方形，南北约720米，东西约620米。周围筑石墙，四面各设1门。王宫东面为禁苑。宫城和禁苑以南是内城，相当于唐长安城的皇城，应是官署和宗庙的集中地。城内外已发现佛寺9处。其中一处遗留石灯幢1座，雕刻精致，造型优美，是珍贵的渤海文物。在遗址上多次发现舍利函。

渤海湾 Bohai Bay 中国渤海西部的浅水海湾。京津的海上门户，华北海运枢纽。三面环陆，与河北、天津、山东的陆岸相邻，东以滦河口至黄河口的连线为界与渤海相通。面积1.59万平方千米，约占渤海1/5。渤海湾湾口亦有从大清河口至黄河口的划法。海底地势由岸向湾中缓慢加深，平均水深12.5米。

沿岸河流含沙量大，滩涂广阔，淤积严重。流入海湾的主要河流有黄河、海河、蓟运河和滦河。大陆性季风气候显著，水文状况变化复杂。冬寒夏热，气温年变差大；雨季很短，集中在夏季。冬季常结冰，冰期始于12月，终于翌年3月。渤海湾的潮汐属正规和不正规半日潮，平均潮差2～3米，大潮潮差为4米左右。落潮的延时大于涨潮的延时，分别为7小时和5小时。海浪以风浪为主，平均波高约为0.6米，最大波高可达4.0～5.0米。

渤海湾有丰富的油气资源，地下热水、煤成气藏资源也丰富。滩涂广阔，潮间带宽达3～7.3千米，淤泥滩蓄水条件好，利于盐业开发。长芦盐区是中国最大盐场，盐产量占全国的1/3弱。浮游生物和底栖生物多，出产多种鱼、虾、蟹、贝。

鲌 white knifebelly carps 鲤形目鲤科鲌亚科中十余种鱼的统称。俗称白鱼。分布于黑龙江到珠江及海南省诸水系，朝鲜半岛西部也有数种，图们江与鸭绿江无。体长而侧扁，腹部自胸鳍或自腹鳍至肛门具腹棱；无须；口中等大，口裂斜或近垂直，下颌多少突出；鳞中等大，侧线完全；背鳍具硬刺；臀鳍长，分枝鳍条17～30根；下咽齿3行；鳔2或3室；体银灰色，有些种类的鳍呈红色。一般栖息于水体的中上层，冬季在深水处越冬。为肉食性鱼类，食物种类因个体大小而异。幼鱼以枝角类、桡足类和水生昆虫为食；大鱼以鱼、虾为食。繁殖期一般在5～7月，在静水或有流水处产卵。卵黏性，黏附于水草的茎叶上，个别种类产浮性卵。属中大型鱼类，有一定经济价值。

薄层色谱法 thin-layer chromatography; TLC 将固定相（吸附剂、载体或其他活性物质）均匀涂铺在平面板（如玻璃板、塑料片、金属片等）上形成薄层（厚度为0.25毫米左右），而在此薄层上进行分离的一类**色谱法**。又称薄层层析法。广泛应用于医药、生化、石油和化工等领域。根据分离机理薄层色谱法可分为吸附薄层色谱法、分配薄层色谱法、离子交换薄层色谱法和凝胶薄层色谱法。吸附薄层色谱法使用最为普遍，常用的吸附剂为硅胶、氧化铝等。

分离程序 将样品溶液用毛细管点在薄层板一端距底边1～1.5厘米处（称原点），薄层板点样端朝下置于密闭的容器（展开槽）中，加入适宜溶剂作流动相（展开剂）。由于毛细管作用，展开剂沿薄层板向上移动，并带动样品中各组分向前移动（此过程称为展开）。由于各组分性质不同，在向上移动的过程中与固定相的相互作用强弱不同，因此移动距离也不同。展开一定距离后，即得到互相分离的组分斑点。可用适当方法使各组分在板上显示其位置。通常用比移值（R_f）表示组分移动的特性，其定义为：

$$R_f = \frac{\text{原点中心至组分斑点中心的距离}}{\text{原点中心至展开剂前沿的距离}}$$

定性和定量方法 在流动相、固定相和展开条件固定时，R_f值是组分的特性参数，可用来进行组分的定性鉴别。实际工作中常将样品与已知纯物质同时展开，比较二者的R_f值进行定性分析。定量分析方法有洗脱测定法和原位扫描法。洗脱测定法是将展开后的组分斑点连吸附剂一起刮下，用适宜溶剂将组分洗脱溶出，并用适当的方法（比色法和紫外-可见分光光度法、电化学分析法等）进行定量测定；原位扫描法是将展开后的薄层板放在薄层扫描仪（又称光密度计）内，以一定波长的光照射，同时使斑点移过光路，由于斑点对光的吸收，可绘出峰形曲线，由峰面积与标准样品的吸收相比较而求出含量。

《薄伽梵歌》 *Bhagavadgītā* 印度最流行和影响最深远的宗教哲学经典，**印度教**最重要的经典之一。意译为《世尊歌》。原属古代印度史诗《**摩诃婆罗多**》的一部分。史诗成书于公元前4世纪至公元4世纪之间，描写婆罗多族后裔俱卢族和般度族争夺王位继承权的斗争，《薄伽梵歌》为该书“毗湿摩篇”中的一个宗教哲学插话，后独立成经典。全书共计18章，700颂，为阐述宗教哲理的诗篇，体裁为对话形式。对话发生在大战第一天，双方军队在俱卢之野摆开阵容，般度族王子阿周那对这场同族自相残杀的战争产生疑虑，化身为阿周那御手的大神**克里希那**（黑天）便严肃认真地开导他。其中心内容是黑天向阿周那阐明达到人生最高理想——解脱的三条道路：业（行为）瑜伽、智（知识）瑜伽和爱（虔爱）瑜伽。阿周那不愿杀死自己的亲属，处于是否投身大战的心理危机时刻，因而黑天着重向他解释业瑜伽。鼓励阿周那依照“神圣大法”与俱卢族作战。经典的根本宗旨是宣传印度的人生哲学和伦理道德观，主张每个教徒按自己的“达摩”即职责行事，通过行动使自己的灵魂与宇宙的本体“梵”相结合，达到摆脱生死轮回的解脱。该书是一部卓越的文献，被西方哲学家称为“永恒哲学的最清晰、最全面的总结之一”，“也许也是永恒哲学最系统的精神表述”。《薄伽梵歌》所宣扬的对大神黑天的崇拜，开创了印度中古时期的虔信派运动。书中蕴涵有许多超越宗教信仰的宇宙和人生哲理，在近代和现代依然对印度社会思想产生深刻影响。印度民族主义运动领导人圣雄甘地和B.G.**蒂拉克**都把该经典作为指导人民进行反英斗争的圣典。从1785年始，《薄伽梵歌》被译成各种语言在世界各国出版，中国有张保胜译《薄伽梵歌》（中国社会科学出版社，1989）和黄宝生译《摩诃婆罗多·毗湿摩篇》（译林出版社，1999）。

薄伽丘 Boccaccio, Giovanni（1313～1375-12-21） 意大利作家。一说生于巴黎，一说生于佛罗伦萨，卒于切塔尔多。少年时曾在那不勒斯学习经商，也学过法律。后来出入宫廷，同王公贵族和人文主义者接触，并研读古代文化典籍。

薄伽丘是人文主义者和意大利文艺复兴运动的先驱。作品有传奇、史诗、叙事诗、十四行诗、短篇故事集、文论等。第

一部传奇《菲洛柯洛》以中世纪传说为依据，描写一对宗教信仰不同的青年男女，冲破种种阻挠，终于获得相爱的权利。长诗《忒修斯记》（1339）、《菲洛斯特拉托》（1340）展示现实生活的美和爱情的欢乐。牧歌式传奇《亚梅托的女神们》（1341）、长诗《爱情的幻影》（1342）具有隐喻诗的特点，把歌颂德行同赞颂纯洁的爱情结合起来。长诗《菲埃索勒的女神》（1344～1345）、传奇《菲娅美达的哀歌》（1345）均描写爱情。这些作品显示了中世纪传统观念和骑士文学的痕迹，但充满对人世生活的热爱和对幸福的追求，谴责禁欲主义，对人物充满激情的心理状态的刻画比较成功。

最出色的作品是故事集《十日谈》（1348～1353），是欧洲文学史上第一部现实主义巨著。作者描绘出意大利广阔的社会生活画面，塑造了不同阶级、不同职业、具有鲜明性格特征的人物典型。开创了欧洲短篇小说这一独特的艺术形式。

薄伽丘晚年潜心钻研古典文学，提出“诗学即神学”的观点；阐述诗歌应当模仿自然，反映生活，强调文学的启迪和教育的巨大作用；要求诗人从古希腊、古罗马文化中汲取营养，并讲求虚构、想象。虽然还没有完全摆脱中世纪神学的观念，但他的文艺理论为文艺复兴时期诗学的发展奠定了基础。

薄婆菩提 Bhavabhūti（约7、8世纪） 印度古代梵语戏剧家。生于波德摩普尔。学问渊博，精通婆罗门教经典和戏剧理论。曲女城国王的宫廷诗人。留传于世的剧本有3部。《茉莉和青春》（10幕剧）描写两对青年争取自由婚姻的故事。《大雄传》（7幕剧）取材于史诗《**罗摩衍那**》，基本情节与《罗摩衍那》相同。《后罗摩传》（7幕剧）取材于《罗摩衍那》的最后一篇，描写罗摩休妻的故事。剧作语言优美，风格雄健，有很高的艺术成就。

薄税敛论 light taxes and levies, theory of 中国古代思想家反对重税的一种赋税思想。又作薄敛或薄赋敛。春秋时代，战事频繁和统治阶级的日益奢靡，各国的财政支出普遍急剧膨胀，对人民的征敛不断加重，

因而思想界产生了要求薄税敛的呼声。公元前7世纪，晋文公提出“薄敛”的施政方针。此后，晏婴也主张“薄敛”。（《左传·昭公二十年》）孔子更积极主张“敛从其薄”，“征什一之税”。但孔子并不认为赋税愈轻愈好，而是主张轻重适度，即“度于礼”。战国时孟子主张薄税敛，认为是“仁政”和“王政”的重要内容。荀子主张“轻田野之税，平关市之征……罕兴力役，无夺农时”。先秦墨家批评统治者“厚作敛于百姓，暴夺民衣食之财”。先秦以后的薄税敛主张，基本上沿袭了儒家的传统思想，主要在于减轻中小地主的负担，因此轻税的对象一般限于田税而很少有减轻工商税的主张。唐李翱认为“人皆知重敛之为可以得财，而不知轻敛之得财愈多也”。这个论述基本上是荀子理论的发展。

薄熙来 Bo Xilai (1949-07～) 中国共产党中央政治局委员，中国共产党重庆市委员会书记。山西定襄人。1980年10月加入中国共产党，1968年1月参加工作，中国社会科学院研究生院国际新闻专业毕业。1968～1972年“文化大革命”中进“学习班”，参加劳动。1972～1978年在北京市二轻局五金机修厂当工人。1978～1979年考入北京大学历史系世界史专业本科学习。1979～1982年在中国社会科学院研究生院国际新闻专业攻读硕士研究生。1982～1984年在中央书记处研究室、中央办公厅工作。1984～1988年任中共辽宁省金县县委副书记、书记，大连市金州区委书记（其间：1985～1988年兼任大连经济技术开发区党委书记、副书记）。1988～1989年中共任辽宁省大连市委常委、宣传部部长。1989～1992年任中共辽宁省大连市委常委、大连市副市长。1992～1993年任中共辽宁省大连市委副书记、大连市代市长。1993～1999年任中共辽宁省大连市委副书记、大连市市长。1999～2000年任中共辽宁省委常委、大连市委书记、市长。2000～2001年任中共辽宁省委副书记、辽宁省代省长。2001～2004年任中共辽宁省委副书记，辽宁省省长。2004～2007年任商务部部长、党组副书记、书记。2007年10月任中共中央政治局委员。2007年11月30日任中共重庆市委书记。中共十六届、十七届中央委员，十七届中央政治局委员。

薄一波 Bo Yibo (1908-02-06～2007-01-15) 中国无产阶级革命家，中国共产党经济工作领导人，国务院副总理，中央顾问委员会副主任。山西定襄人。卒于北京。1922年入山西国民师范学校读书。1925年在太原参加五卅运动，加入中国共产党。毕业后任中共太原北部地区委员会书记、中共太原地委委员，参加领导工人、学生运动。1927年后转入晋北农村从事党的秘密工作。1929年调中共顺直省委军委，协助领导发动唐山等地军事斗争和兵运工作。后被捕入狱，任狱中党支部书记，坚持对敌斗争。1936年经中共组织营救出狱后，到山西开展特殊形式的统一战线工作，任中共山西公开工作委员会书记，接手改组山西省牺牲救国同盟会，使其成为中共领导的抗日民族统一战线组织，为抗日培养了大批军政干部。抗日战争时期，组建山西青年抗敌决死队，建立山西新军，率部开创太岳抗日根据地，配合八路军开展抗日游击战争，粉碎了阎锡山发动的晋西事变。1940年后所部编入八路军129师，任太岳军区政委、晋冀鲁豫边区政府副主席、中共中央太行分局副书记。1943年赴延安，入中央党校学习。1945年出席中共七大，当选为中央委员。解放战争时期，任中共晋冀鲁豫中央局副书记，参与组织了上党战役、邯郸战役。

1948年后薄一波任中共中央华北局第一书记、华北军区政委、华北人民政府第一副主席、华北财政经济委员会副主任、平津卫戍司令部政委、中央财经委员会副主任。参与领导了北平、天津等城市的接管工作。出席了全国政协第一届全体会议。中华人民共和国建立后，历任中央人民政府委员、财经委员会副主任、财政部部长、全国增产节约委员会主任，在陈云主持下制定实施国家克服财政经济困难的政策。1951年主持了全国“三反”、“五反”运动。1954年任国务院第三办公室主任，主持重工业口的工作。1955年任国家建委主任。1956年当选为中共第八届中央政治局候补委员，任国务院副总理、国家经委主任，兼任国家计委副主任。长期主持全国财经、工业、交通系统工作。“文化大革命”中受到严重迫害。1978年底中共十一届三中全会宣布为他平反。1979年任国务院副总理，增补为中共十一届中央委员。1982年任国务委员兼国家经济体制改革委员会副主任，当选为中共中央顾问委员会常委、副主任，主持中顾委日常工作。1983年后，兼任中央整党工作指导委员会常委副主任、中央党史工作领导小组副组长。1987年继续当选为中顾委副主任。主要论著有：《薄一波文选》、《若干重大决策与事件的回顾》、《七十年奋斗与思考》等。

薄荷 *Mentha haplocalyx*; mint 唇形科薄荷属的一种。多年生草本植物。芳香作物。中国大部分地区以及朝鲜、韩国、日本、俄罗斯均有分布，巴西、北美洲也有栽培。

单叶对生，长圆状披针形，边缘有锯齿，表面有微柔毛及腺点，揉之有辛凉香气。轮伞花序，腋生，花紫、淡红或白色。小坚果卵形。适宜温暖、湿润、阳光充足的环境和肥沃、排水良好的砂质壤土。忌连作。实生苗变异很大，多用优良品种的无性系分株或扦插繁殖。

薄荷形态

薄荷的新鲜茎叶中含薄荷油0.8%～1.0%，干燥茎叶含1.3%～2.0%，又称薄荷原油，可用蒸馏法提取。用以配制清凉油、薄荷锭等夏令药品，也是食品、化妆品的赋香料。薄荷茎、叶入药有祛风散热、止痛、健胃和祛痰的作用，主治感冒、头痛、咳嗽、咽喉肿痛等症。

薄荷醇 menthol 单环单萜，分子式$C_{10}H_{20}O$。薄荷和欧薄荷精油中的主要成分，以游离和酯的状态存在。有8种光学活性异构体，它们的呈香性质各不相同。左旋薄荷醇具有特征的薄荷香气，有清凉的作用，结构式如上。消旋薄荷醇也有清凉作用，其他的异构体无。薄荷醇的对映体除比旋光度外均具有相同的物理性质；纯光学对映体与其消旋体的熔点不同；立体异构体的沸点相差很小，但可用蒸馏分开（新薄荷醇的沸点为211.7℃，新异薄荷醇214.6℃；薄荷醇216.5℃，异薄荷醇218.6℃）。商品左旋和消旋薄荷醇的熔点和比旋光度如下：

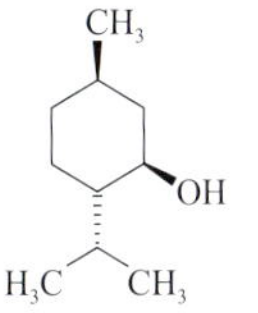

	熔点（℃）	$[\alpha]_D^{20}$
左旋薄荷醇	44	－48（乙醇）
消旋薄荷醇	38	0

薄荷醇氢化生成对孟烷；用铬酸氧化或催化脱氢可得薄荷酮。薄荷醇有多种生产方法：①从薄荷油制造。②从香茅醛制造。③从百里酚制造。百里酚经氢化可得所有四对薄荷醇立体异构体。左旋薄荷醇由于其清凉效果，大量用于香烟、化妆品、牙膏、口香糖、甜食和药物涂搽剂中，其酯也用于香料和药物。

卜千秋墓壁画 Murals in Tomb of Bu Qianqiu 中国西汉墓室壁画。1976年6月发现于河南省洛阳市。1986年后存洛阳市古墓博物馆。墓葬年代约当西汉中期稍后的昭帝、宣帝时期（前86～前49）。壁画描绘男女墓主人在各种神兽簇拥下飘然升仙的情景。天界神灵有伏羲和女娲，以金乌为标志的太阳和以桂树蟾蜍为标志的月亮，代表天地四方的青龙、白虎、朱雀（见图）和

朱雀

玄武四神等。墓壁画的绘制与其他汉墓壁画也有所不同。它不是画工在砌就的墓室内所画，而是在地面上把砖排列编号，粉刷绘制之后依次砌筑到墓室里去的。该墓壁画绘制精彩，设色、用笔都代表着汉代绘画较高的艺术水平。

卟啉 porphyrin 大环共轭化合物，分子式$C_{20}H_{14}N_4$。由四个吡咯通过单原子桥在α位相连构成。高温不熔化但变黑分解（360℃），易溶于吡啶、二氧六环，微溶于氯仿、冰醋酸，

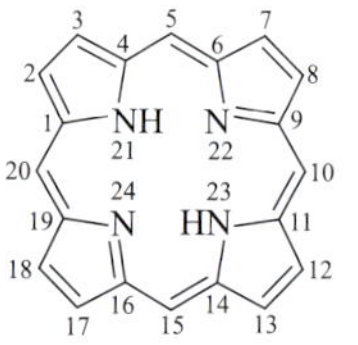

不溶于丙酮、醇和醚。合成方法主要有：①室温下将吡咯、苯甲醛的二氯甲烷溶液在三氟乙酸或三氟化硼乙醚催化的条件下搅拌，再加入二氯二氰基对苯二醌（DDQ）脱氢即得。②以二吡咯甲烷为基础的[2+2]合成法，用酸催化缩合形成大环，再经空气氧化脱氢生成。卟啉化合物的4个氮原子很容易和过渡金属络合，形成金属卟啉。自然界存在大量卟啉类化合物，如血红素、叶绿素、维生素B_{12}等，它们都以金属络合物的形式存在，金属分别为铁、镁和钴。酞菁类是卟啉类的重要衍生物，在工业上有广泛应用，特别是金属酞菁作为颜料或染料用于印刷油墨、涂料、皮革、食品和高分子工业等领域。卟啉类化合物在高科技领域的应用，可以涉及场－响应材料和化学－响应材料，特别是光电材料如液晶。它的非线性光学性质可以用于分子控制的能量转移、光学通信、数据存储和光电信号处理。固体卟啉可以开发为分子筛或固体催化剂。在医学上可用于光动力治疗癌症和血液病的光敏剂。

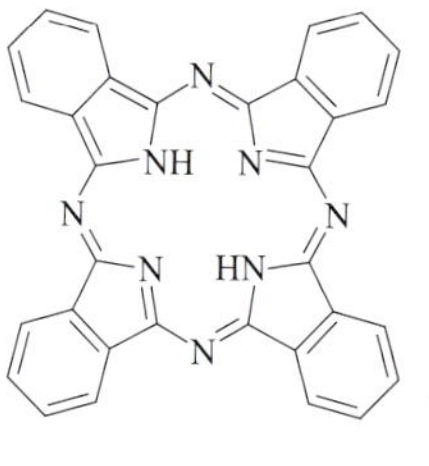

酞菁

补偿贷款 compensatory financing loan 国际货币基金组织于1963年设立的向因出口收入波动不稳定而引起国际收支平衡问题的成员国提供的专项资金援助。虽然所有货币基金组织成员国都可使用这项贷款，但它主要是向初级产品出口国提供的，其中大部分是发展中国家。虽然使用补偿贷款的基本标准大体上保持不变，但其业务范围和方法曾有过重大变动，影响到贷款的范围，即计算国际收支平衡时所包括的款目；计算短缺额的方法；用份额限额表示的最高提款水平。

补偿贸易 compensation trade 用返销产品或劳务的价款分期支付进口货款的贸易方式，也是一种进出口密切结合的信贷交易。一方以供应成套机器设备、生产技术、专利权或提供购买机器设备资金的方式，提供中长期信贷。同时承诺按期回购另一方的一定数量或金额的用其直接生产的产品或有关联的产品或劳务，以便另一方得以用返销产品或劳务的价款，分期支付先期进口的机器设备的价款和利息。返销义务一般由设备进口方承担，在取得对方同意的前提下，也可以由第三方来承担。根据获得信贷的利率、费用、货价等具体条件的不同，补偿贸易所使用的信贷方式有卖方信贷、买方信贷和一般的商业信贷。

补法 tonifying method 中医临床补益气、血、阴、阳以治疗各种虚证的治法。为中医治疗八法之一。补法具有提高机体抗御外邪、预防疾病的发生，以及祛病延年的作用。虚证是指人体气、血、阴、阳不足而产生的病证，常发生在各种疾病的过程中，也可因先天禀赋不足而致。气血阴阳是脏腑功能活动的物质基础。气血阴阳不足，脏腑的生理功能减退。补法通过补益气血阴阳，增强脏腑的生理功能，使之恢复正常。气血阴阳不足所产生的虚证常以脏腑虚弱的证候表现出来，根据各脏腑不同的虚证，采用不同的补法。因此补法一般可分为补气、补血、补阴、补阳、补心、补肝、补脾、补肺、补肾等方法。其中补脾与补肾在补法中占有重要地位。

人体的脏腑、气血、阴阳在生理上有着密切的联系，它们之间相互依赖、相互制约，在病理上也往往相互影响。如气虚可导致血虚，血虚也可引起气虚；脾虚可以导致肺虚；肾阴虚可导致肝阴虚或肾阳虚；肾阳虚也可引起肾阴虚等。各种补法在临床上可根据具体证候配合使用，如气血双补、补气生血、补益心脾、补脾益肺、滋补肝肾等。根据五行相生的原理，当某脏虚弱时，除用补法治疗外，也可间接补益它的母脏，如脾与肺是母子相生的关系，肺气虚可用补脾的方法治疗，这种方法称“虚则补其母”。根据阴阳互根的基本规律，阳虚补阳，宜辅以补阴之品；阴虚补阴，宜辅以补阳的药物。

由于引起虚证的原因不同，不同疾病出现虚证时有不同的证候特征，所以各种虚证的临床表现也极不一致。常见的有面色苍白或萎黄、精神萎靡、身疲乏力、心悸短气、形寒肢冷或五心烦热、自汗盗汗、大便滑脱、小便失禁、舌上少苔或无苔及脉虚无力等。

临床上各种疾病出现虚证时都可使用补法。使用时应注意：①若属实证，邪气有余而正气不虚者，不可妄用补法。②虚实夹杂的病证，若单用补法扶正则不利除邪，若单用祛邪法则易伤正。此时治疗往往采用补法与祛邪法配合，使补虚有利除邪，祛邪不致伤正。故补法常与八法中的其他治法配合使用，此谓“攻补兼施”。

补肺 tonifying lung 中医临床治疗肺虚证的方法。又称养肺。补法之一。肺虚证常表现为呼吸、鼻、咽以及皮毛方面的异常，常见咳而短气、倦怠懒言、声音低怯、常自汗出，或咳呛气逆、痰少而黏、鼻咽干燥、痰中带血等症。补肺能使肺气充盛、肺体滋润，增强肺的主气，司呼吸、主宣发肃降等功能，治疗由肺虚所致的各种病证。常用的补肺药物有人参、党参、黄芪、沙参、麦冬、百合等。常用方剂有补肺汤、百合固金汤等。肺虚证主要有肺气虚和肺阴虚，补肺法包括补肺气与养肺阴。寒邪外侵、邪热或痰浊壅肺所致的咳嗽、气喘、汗出等症，不宜用补肺法治疗。

补肝 tonifying liver 中医临床治疗肝虚证的方法。补法之一。肝虚证主要有肝血虚和肝阴虚两种。补肝能使肝阴和肝血得到补充，使肝脏的疏泄与藏血等功能恢复正常。治疗肝虚所导致的各种病证，常用的补肝药物有当归、熟地、白芍、山萸肉、酸枣仁等。肝血虚或肝阴虚时可表现出情志、肢体活动、眼睛、妇女月经以及肝经

经脉所通过的部位等方面的病变。补肝法常用于治疗头痛、头晕目眩、视物昏花、两目干涩、肢体拘挛或震颤、肌肉蕖动、胁痛等病证。因肝脏实热所致的头痛、目赤、烦躁、肢体抽搐，瘀血所致的月经不调、经闭，肝经气滞所致的胁痛等实证，不宜用补肝法。

补脾 tonifying spleen 中医临床治疗脾虚证的方法。补法之一。脾虚可导致其他脏器的不足，其他脏腑的疾病也常影响脾，形成脾虚证。脾虚时，临床上可表现出纳呆化迟，脘腹胀满，腹泻便溏，倦怠乏力，水肿，形体消瘦，以及便血、衄血、妇女月经过多等出血症状。补脾能使脾气健旺，使脾的运化、升清、统血、荣养肌肉和四肢的功能恢复正常。常用的补脾药有人参、党参、白术、山药、云苓、莲肉等。脾虚证主要有脾气虚和脾阳虚。补脾法的具体运用可分为补脾益气、温补脾阳、益气升阳、益气摄血等治法。因风寒外袭、痰浊中阻、水湿内盛、饮食积滞等实邪所致的胃脘痛、腹泻、水肿，以及因血热或瘀血所致的出血证等，不宜用补脾法。

补气 benefiting qi 中医临床治疗气虚证的方法。又称益气。补法之一。气虚导致脏腑功能衰退，补气能增强脏腑功能，治疗由气虚所致的脏腑功能减退的证候。气虚证常因饮食失调、老年体弱、久病所致。临床表现出脏腑功能衰退的证候，常见头晕目眩，少气懒言，疲倦乏力，自汗纳少，舌淡，脉虚无力等。根据不同脏腑的气虚证临床表现的特点，可采用不同的补气法，如补肺气、补脾气、补心气、补肾气等。补气常用人参、党参、黄芪、白术、山药等药。常用方剂有补肺汤、四君子汤、补中益气汤、肾气丸。临床注意肝火、肝阳上亢、痰阻引起的头晕目眩，食饮积滞或湿浊中阻引起的胃脘胀满等实邪致病，不宜使用补气法。

补肾 tonifying kidney 中医临床治疗肾虚证的方法。补法之一。肾的主要功能有藏精、主发育与生殖、主骨生髓、主水、纳气等。肾开窍于耳及二阴。肾虚证一般分为肾阴虚与肾阳虚，多表现出生长发育、生殖机能、水液代谢、脑、髓、骨以及呼吸、听觉、大小便等方面的病变。补肾主要是通过补阴壮阳、填精、增强肾的功能，恢复肾阴与肾阳之间的相对平衡，治疗由肾阴或肾阳不足所导致的各种病证。常用的补肾药物有熟地黄、山萸肉、山药、女贞子、旱莲草、鹿茸、肉桂、菟丝子、巴戟天等。

温补肾阳　适用于治疗肾阳虚证的治法。证见面色㿠白，形寒肢冷，精神不振，腰膝酸软，阳痿早泄，妇女宫寒不孕，舌淡、苔白，脉细无力而两尺尤甚。常用肾气丸或右归饮治疗。

温阳行水　适用于治疗肾阳虚而见水肿证候的治法。证见胃寒肢冷，尿少水肿、腰以下肿甚、按之没指，腹胀满，腰膝酸软，或见心悸气短，喘咳痰鸣，舌质淡、胖嫩、有齿痕，苔白滑，脉沉弦等。常用真武汤或济生肾气丸治疗。

补肾固涩　适用于治疗肾气不足，失于固摄之证的治法。证见神疲，腰膝酸软，小便频数而清、尿后余沥不尽或遗尿失禁、夜尿频多，男子滑精早泄，女子白带清稀，胎动易滑等。常用大补元煎治疗。滑精可用秘精丸。遗尿、夜尿频可用缩泉丸。

补肾纳气　适用于治疗肾气不足，失于纳气之证的治法。证见短气喘逆、动则尤甚，咳逆汗出，小便常因咳而失禁，面色浮白，舌淡、苔薄白，脉虚弱等。常用人参胡桃汤或都气丸治疗。

滋补肾阴　适用于治疗肾阴不足或阴虚火旺证的治法。证见形体消瘦，眩晕耳鸣，健忘少寐，腰酸膝软，咽干舌燥等。宜滋补肾阴，常用六味地黄丸治疗。阴虚火旺，兼见午后潮热，盗汗颧红，五心烦热，口咽干痛，男子遗精，女子崩漏，舌红、少苔，脉细数等症，宜滋阴降火，方用知柏地黄丸。

补肾填精　适用于治疗肾精不足证的治法。证见小儿发育迟缓，身材矮小，智力和动作迟钝，骨骼痿弱，囟门闭迟；成人则见早衰，发脱齿摇，健忘神呆，足痿无力，动作迟缓等。治宜补肾填精，临床上多用动物类药如鹿茸、紫河车等同其他补肾、补益气血的药物配合使用。常用河车大造丸治疗。

补心 tonifying heart 中医临床治疗心虚证的方法。补法之一。心虚证常表现出神志和血脉方面的异常，如心悸、失眠、健忘、多梦、胸痛、脉细弱或结代等。补心能使心有所养，心主血脉、藏神的功能恢复正常，心虚证得以消除。常用的补心药物有人参、党参、黄芪、当归、酸枣仁、柏子仁、麦冬等。根据心虚证有心气虚、心阳虚、心阴虚、心血虚等不同表现，补心法的具体运用可分为补心气、补心阳、补心血、补心阴。由于疾病的发展变化可出现心的气血双虚或心的阴阳俱不足等病证。临床上常根据具体证候将几种补心法结合起来使用。凡因痰浊、瘀血、热邪所引起的心悸失眠、多梦、胸痛等病证，不宜使用补心法。

补血 replenishing blood 中医临床治疗血虚证的方法。又称养血。补法之一。血对人体脏腑组织起着营养和濡润的作用。血虚证是由于血不足而使脏腑组织失于濡养所表现出的证候。补血能使脏腑组织得到血液的充分濡养，使脏腑组织的功能恢复正常，治疗由血虚所致的各种病证。补血法常用于治疗面色苍白或萎黄，唇舌淡白，头晕眼花，心悸失眠，四肢或手足麻木，妇女月经量少、愆期或经闭，舌质淡，脉细无力等病证。血虚证分为心血虚证和肝血虚证，补血法有补心血和补肝血两种。此外，气虚、精亏、血瘀等也可导致血虚证的发生，所以补血还有补气生血、填精补血、祛瘀生新等方法。常用的补血药物有熟地黄、当归、何首乌、阿胶等。临床注意：①凡因痰浊、火热邪气所致的心悸、失眠、眩晕，热盛所致的肢体抽搐及瘀血所致的经闭，不宜使用补血法。②血虚证患者忌用温燥伤阴的药物。

补血草 *Limonium sinense*; Chinese sea-lavender 白花丹科补血草属的一种。又称中华补血草、盐云草、华矶松。分布于中国辽宁、河北、山东、江苏、福建、广东等省。多年生草本植物，无毛。叶基生，矩圆状披针形至倒卵状披针形。花常2～3朵成聚伞花序，再集成圆锥花序；两性花，辐射对称；花萼合生成漏斗状，裂片5，白色或稍黄色，膜质，宿存；花冠合瓣，黄色；雄蕊5，与花瓣对生；心皮5，合生，子房上位，1室；花期5～7月。果包藏于宿存花萼内，不开裂；果期8～9月。生长在海滨

盐地及沙碱地。全草可药用，有收敛、止血、祛湿、清热功能。

补牙 filling 用可塑性修复材料，修补牙体上因龋病所形成的洞状组织缺损的技术。旨在恢复牙齿的外形和功能。在口腔医学中称之为充填，是牙体修复性治疗的最后一步。

充填性修复的过程和步骤　①应用牙科手机和相应的钻针，去除龋病造成的腐质；②在去除腐质过程中要保护牙髓；③在尽可能保存健康牙本质和釉质的前提下制备具有固位形和抗力形的窝洞；④应用棉卷、吸唾器或橡皮障将手术操作区隔离去湿；⑤为保护牙髓、形成理想的充填洞形，使用封闭剂、衬洞和垫底；⑥选择适合的材料进行充填；⑦为恢复牙体外形和行施咀嚼功能，将充填物进行雕刻、调𬌗、打磨和抛光。整个治疗一般就诊一两次即可完成。

常用的充填材料 ①银汞合金。使用历史最悠久，具有很好的抗压强度、硬度和耐磨性，性能稳定，对牙髓无刺激，可塑性大，操作方便，价格便宜。②复合树脂。主要由树脂基质和无机填料组成的新型修复材料，是较为理想的牙齿修复材料。③玻璃离子粘固剂。它与牙体硬组织有化学黏接性，对牙髓刺激性小，且能释放氟，有一定的防龋作用，如果在充填修复深龋时，用玻璃离子黏固剂与复合树脂联合使用，优缺点可以互补。

补阳 tonifying yang 中医临床通过温煦脏腑组织以治疗阳虚证的方法。又称助阳。补法之一。补阳能补益阳气，温煦脏腑组织，增强脏腑的功能，恢复阴阳之间的动态平衡，治疗由阳虚所导致的各种病证。阳虚则生内寒，补阳法常用于治疗畏寒肢冷、神疲嗜睡、面色㿠白、呕吐清水、下利清谷、筋脉拘挛、肢体关节冷痛、舌质淡、脉沉弱或迟等虚寒病证。在用药方面多选用温热的药物如附子、肉桂、干姜、鹿茸等，常用的方剂有参附汤、理中丸、肾气丸等。肾阳不足常可导致其他脏腑阳气的不足，如引起脾阳虚等，故补肾阳在补阳法中占有重要地位。不同脏腑的阳虚证临床表现各有特点，其治法和用药也有差异，故补阳法又有补心阳、补脾阳、补肾阳之分。临床注意：①凡病属实热、阴虚火旺所致的发汗、口渴、汗出、便秘等病证不宜使用补阳法。②阳虚证忌用寒凉药物，以免寒凉药物损伤人体阳气。

补益剂 supplementing (and boosting) formula 中医治疗各种虚证的方剂。以补养人体气、血、阴、阳等为主要作用。体现中医治法中的补法。①补气剂。适用于气虚证。症见倦怠乏力，少气懒言，语音低微，动则气促，面色萎白，食少便溏，舌淡苔白，脉虚弱等。代表方如四君子汤、参苓白术散、补中益气汤、生脉散、玉屏风散、完带汤等。②补血剂。适用于血虚证。症见面色无华，头晕眼花，心悸失眠，唇甲色淡，舌淡，脉细等。代表方如四物汤、归脾汤、当归补血汤。③气血双补剂。适用于气血两虚证。症见面色无华，头晕目眩，心悸怔忡，食少体倦，气短懒言，舌淡，脉虚细无力等。代表方如八珍汤、炙甘草汤等。④补阴剂。适用于阴虚证。症见形体消瘦，头晕耳鸣，潮热颧红，五心烦热，盗汗失眠，腰酸遗精，咳嗽咯血，口燥咽干，舌红少苔，脉细数等。代表方如六味地黄丸、大补阴丸、一贯煎、百合固金汤等。⑤补阳剂。适用于以肾阳不足为主的阳虚证。症见面色㿠白，形寒肢冷，腰膝酸痛，下肢软弱无力，小便不利或小便频数、尿后余沥，少腹拘急，男子阳痿早泄，女子宫寒不孕，舌淡苔白，脉沉细、尺部尤甚等。代表方如肾气丸、右归丸等。⑥阴阳双补剂。适用于阴阳两虚证。症见头晕目眩，腰膝酸软，阳痿遗精，畏寒肢冷，午后潮热等。代表方如地黄饮子、龟鹿二仙胶等。

使用时注意脾胃功能，如脾胃功能较差，可适当加入理气醒脾之品，以资运化，使之补而不滞。注意煎服方法。补益药宜慢火久煎，务使药力尽出。服药时间以空腹或饭前为佳，若急证则不受此限。

补阴 tonifying yin 中医临床通过滋润濡养脏腑组织以治疗阴虚证的方法。又称滋阴、育阴、养阴、益阴。补法之一。人体的阴液对脏腑组织有滋润濡养的作用，当阴液不足，脏腑组织失去滋润濡养而发生的病证称阴虚证。阴虚，阳即失去制约，并会出现火旺的证候，故补阴常与降火配合使用。补阴能补充人体的阴液，濡润脏腑组织，增强脏腑功能，恢复机体阴阳之间的动态平衡，治疗由阴虚所导致的各种病证。补阴法常用于治疗形体消瘦，口咽干燥，两目干涩，眩晕，耳鸣，干咳少痰、痰中带血，胃中灼热等。若兼见五心烦热、潮热盗汗、舌质红绛、脉细数等阴虚火旺证，可用滋阴降火法。在用药方面多选用甘寒滋润以及清虚热的药物，如生地、麦冬、百合、熟地、山萸肉、知母、黄柏等。常用方剂有沙参麦门冬汤、天王补心丹、六味地黄丸、知柏地黄丸等。临床注意：①因实热或感受外邪所致的发热、口渴、自汗出等病证，不宜用补阴法治疗。②因温燥药易伤阴液，故阴虚证忌用温燥药物。

捕虫堇 *Pinguicula alpina*; alpine butterwort 狸藻科捕虫堇属的一种。食虫植物。分布北美、俄罗斯和北欧瑞典等国，中国不产。草本类。叶基生丛生，莲座状，叶片长椭圆形，淡黄绿色，上部外卷，边缘内卷，肉质肥厚，叶面上生有两种腺体：一种腺体有柄，能分泌黏液；一种腺体无柄，能分泌消化液。当昆虫落到叶面上时，即被有柄腺体粘住，昆虫极力挣扎，欲脱身时叶片受到震动感应，边缘进一步内卷，包围虫体，此时无柄腺体分泌出消化液，大约1～2小时内消化液开始消化昆虫。

捕捞 fishing 使用捕捞工具捕获经济水生动物的生产活动。水产业最主要的组成部分。世界海洋捕捞产量一般占总渔获量的90%左右，内陆水域捕捞量占10%左右。海洋捕捞可分为沿岸、近海和远洋（包括外海）作业。沿岸、近海水域水生动物资源丰富，单位渔获量较高；远洋捕捞离基地远，捕捞设备和技术要求较高，资源密度较小，生产成本较高。世界各国的捕捞量主要来自沿岸和近海。内陆水域捕捞以江河、湖泊、水库等水域中自然生长和人工放养的水生动物为对象，水域和捕捞规模较小。

渔船和渔具是主要的捕捞工具。渔船既有5吨以下的小船，也有2万吨左右的大型船；按作业种类分有捕捞作业船、加工母船和运输船等。使用的渔具有拖网、围网、刺网、张网、地拉网、敷网、抄网、掩罩、陷阱、钓具、耙刺、笼壶等12大类。钓渔具的种类繁多，主要有延绳钓、竿钓、手钓、曳绳钓等，适用于捕捞较分散的鱼类。其他都是技术和构造较简单的传统渔具，生产规模一般较小，适合个体渔民使用。

渔法一般可分为探鱼、集鱼和捕鱼3个主要环节。探鱼靠肉眼观察、使用垂直探鱼仪、渔用声呐、遥感设备等发现鱼群。集鱼是利用鱼类的某种习性，采用声、光、电或气幕等加以诱集或驱赶，使鱼集群。捕鱼一般使用单一渔具进行。但在某些情况下则采用多种渔具联合作业。在大型水库等内陆水域，由于底形复杂、鱼群分散，采用声驱或脉冲电流赶集鱼群，再用张网、刺网、大拉网或围网联合进行捕捞作业。

捕鸟蛛 Theraphosidae; tarantula 蜘蛛目捕鸟蛛科动物的统称。又称塔兰图拉蛛。个体大，传说是一类毒蛛，其实对人体并无危害。腹部有防御性的能刺痛对方的刚毛。这些刚毛有倒钩，在掠食者（如小型哺乳动物）进入其洞穴时能刺穿来犯者的皮肤。人被刺则引起皮疹。

捕食 predation 生物交互作用之一。通常指一种动物（称捕食者）以另一种动物（称猎物）为食的现象。广义捕食还包括动物以植物为食的现象（植食），以及茅膏菜、捕蝇草、瓶子草、猪笼草和狸藻等少数食肉植物。捕食专指种间交互作用，同种动物间相食称同种相残。在植食中，动物可仅食植物的非致命部分，食后植物仍存活。但动物食动物时通常必置对方于死地，这也是捕食与寄生现象的重要区别，因为寄生物通常不伤害寄主的生命。捕食是动物取食行为的一种，捕食的成功依赖于捕食者的特化结构，如尖锐的口器、雄壮的体格及迅速的游水奔跑和飞翔能力，这是长期生态适应的结果。

哺乳动物 mammal 脊椎动物亚门哺乳纲动物的统称。又称兽类。动物界进化地位最高的自然类群。除南、北极中心和个别岛屿外，几乎遍布全球，现存26目134科1 125属4 607种。中国有14目，都是有胎盘类。哺乳动物的共同特征是：身体被毛；体温恒定；胎生（单孔类例外）和哺乳；心脏左、右室完全分开，左心室将鲜血通过左动脉弓泵至身体各部；脑颅扩大，脑容量增加；中耳具3块听骨；下颌由1块齿骨构成，与头骨为齿－鳞骨关节式；牙齿分化为门齿、犬齿和颊齿；7个颈椎，第1、2颈椎分化为环椎和枢椎。哺乳动物的先进性表现在：脑高度发展，恒温和胎生哺乳。

原始哺乳动物适于在地面行走的五趾型四肢，随着适应不同的生活方式而衍生出许多特化类型，如营水生生活的鲸类和海牛类的后肢退化，前肢演变为鳍状；适应飞翔生活的翼手类的指骨延长，指和四肢间发展了翼膜；营地下生活的鼹鼠类的前肢呈铲形。原始兽类主要是以昆虫为食的杂食动物。但为适应不同的生活方式而演变为：杂食者以动物和植物为食；草食者以植物为食；肉食者以动物为食。每一类又可细分为许多类型。现存哺乳动物分属两个亚纲：①原兽亚纲。卵生兽类，包括针鼹和鸭嘴兽，产于澳大利亚、塔斯马尼亚和新几内亚，现存只有1目2科3属3种。②兽亚纲。胎生兽类，又分为2个次亚纲：后兽次亚纲，包括各种有袋类，产于南、北美洲，澳大利亚及其邻近岛屿，共7目19科81属270余种；真兽次亚纲，包括各种有胎盘类，广布世界各地，共18目113科1 041属4 340余种 。

不饱和聚酯 unsaturated polyester; UP 由二元酸（或酸酐）与二元醇经缩合聚合而制得的不饱和线型热固性合成树脂。由于所用原料不同，品种很多。工业上常用的不饱和二元酸或酸酐有顺丁烯二酸酐、反丁烯二酸和四氢化邻苯二甲酸酐等，常用的饱和二元酸或酸酐有邻苯二甲酸酐、间苯二甲酸和己二酸。用得最多的二元醇是丙二醇、一缩二乙二醇和一缩二丙二醇。固化时作为交联剂用的乙烯基单体有苯乙烯、甲基丙烯酸甲酯和邻苯二甲酸二烯丙酯。各种不饱和聚酯未固化时是不同黏度的液体，加入各种添加剂后加热固化，即成刚性或弹性塑料，可以是透明的或不透明的。主要用途是用玻璃纤维增强制成玻璃钢，还可用于涂料和高级油漆等。

不变资本 constant capital 生产资本中用于购买生产资料的那部分资本。可变资本的对称。在生产过程中，生产资料的价值只是通过工人的具体劳动把它转移到新产品上去，价值量没有改变，马克思称它为不变资本。

生产资料中的原料、辅助材料、燃料等，会在一次生产过程中被完全消耗掉，它们的价值也是一次全部地转移到新产品中去。机器、厂房、设备等生产资料的使用价值不是在一次生产过程中全部消耗掉，而是在不断反复的多次劳动过程中逐渐被磨损，它们的价值也就被逐渐转移到新产品中去。无论哪一种生产资料，只能随着旧的使用价值形态的丧失，把它的价值转移到新产品上去，而不能增加价值。不变资本的性质表明，它不是剩余价值的来源，而只是劳动者创造剩余价值并使资本家占有剩余价值的物质手段。

不成文法 unwritten law 虽未经国家制定，但经国家认可和保障的调整人与人之间关系的行为规则，如习惯、判例、法理等。与成文法相对。这些法源本身不具有法律效力，经国家认可后才具有法律效力。但英美法系国家的判例则属于直接法源，具有法律效力。成文法和不成文法的区别不在于有无文字表达，而在于是否经过国家机关按法定程序予以制定。

不丹 Bhutan; Druk 亚洲南部的内陆山国。位于喜马拉雅山脉东段南坡，南邻印度，东、西、北三面与中国接壤。国土东西长305千米，南北宽145千米，面积3.8万平方千米。人口约67.11万（2008）。50%人口为不丹族，系藏族后裔；余为尼泊尔族等。宗卡语（即不丹语）为官方语言。藏传佛教为国教，余为印度教、伊斯兰教和基督教。首都廷布，但行政机构多驻在其西南的帕罗。

地理 国土一半海拔超过3 000米，有“山顶之国”之称。地势自北而南递降。大喜马拉雅山脉横亘北部。平均海拔7 000米上下，多积雪山峰、冰川、湖泊。中部为小喜马拉雅山脉区。由大喜马拉雅山脉向南延展的一系列相对较低的山体形成，海拔1 000～3 500米。中央的黑山山脉，最高峰5 385米。受布拉马普特拉河右岸各支流切割，形成众多南北纵贯的陡峻岭脊和深邃河谷，风化层深厚。南部山势低下，为山前的杜阿尔斯平原区。由小喜马拉雅山麓南侧直迄不、印边界，自海拔1 000米迅速下降，宽10～15千米不等。

矿藏丰富，有白云石、石灰岩、大理石、石墨、石膏、煤、铅、铜、锌等。

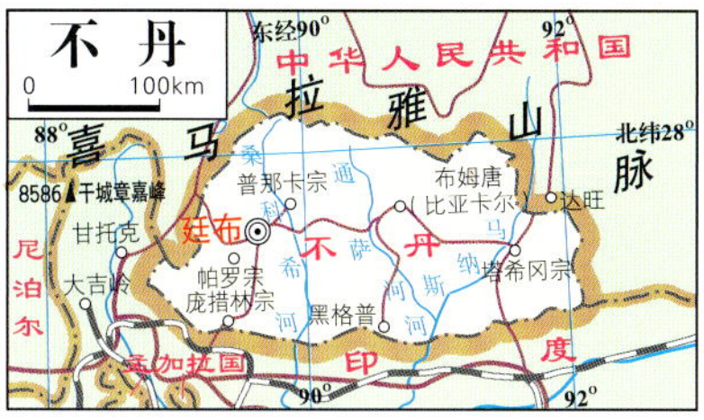

气候垂直地带性明显，北部常有降雪，积聚难化，形成冰川。中部河谷区地势低洼，向阳面气候温和湿润。北受高山屏障，1月平均气温可高于4℃，夏季西南季风沿谷地深入，降水量可达1 000～1 500毫米。南部山麓丘陵平原区，属湿润的亚热带气候，终年湿热多雨，平均年降水量超过2 000毫米，某些迎风坡地，甚至高达5 000毫米。全境属于布拉马普特拉河流域，有的支流源自中国西藏。主要河流，西有桑科希河，东有马纳斯河，概为布拉马普特拉河右岸支流。水力资源丰富。森林覆盖率74%。野生动物多种多样。麝香鹿、雪豹、象、虎、野牛、犀牛和不丹特有的小金猴，已列为保护动物。国境东北部建立有吉格梅·多吉野生动物保护区，东南部建有马纳斯野生动物保护区。

历史 5～6世纪，本教从西藏传入，7世纪起为吐蕃王朝的属地，9世纪成为独立部落。藏传佛教宁玛派和噶举派随后相继传入。13世纪，藏传佛教竺巴噶举派成为唯一执掌世俗权力的教派。1616～1907年，由“转世”的宗教领袖沙布隆和由贵族产生的世俗领袖德布同掌政权。1907年，旺楚克王朝建立，取消沙布隆职衔、废除德布，成为世袭的不丹王国。1865年，英国同不丹签订不平等的《辛楚拉条约》，强迫不丹割让西部包括噶伦堡在内约2 000平方千米的土地。1910年，英国又逼迫不丹签订《普拉卡条约》，规定不丹对外关系接受英国的“指导”。1949年，印度与不丹签订《永久和平与友好条约》，继承英国特权，规定不丹在外交上接受印度“指导”。

政治 不丹实行世袭君主制，1953年不丹建立立法机构国民议会，负责制定法律，对重大问题进行讨论和决策。2005年3月经国民议会批准第一部宪法生效。宪法规定不丹建立议会上院和国民议会（下院）两院议会制，国王是国家元首。大臣委员会为最高行政机构，由国民议会选举产生，等于内阁，其主席为不丹首相。

经济 发展中国家，21世纪以来积极调整产业结构，2006年第一产业占国内生产总值的比重已降至23%，而第二、第三产业的比重稳步上升，已达到35%和42%。2008年国内生产总值约合9.17亿美元。耕地面积占国土总面积的16%。主要农作物有玉米、水稻、小麦、大麦、荞麦、马铃薯和小豆蔻。粮食基本自给。畜养黄牛、牦牛、水牛50万头，猪、羊16万只。森林年采伐木材约160万立方米。工业有少量中小采矿、水泥、化工、电力、小商品（生产蜡烛、火柴、肥皂、铅笔等）和食品加工企业。唯传统手工业仍占主导地位。水电资源已开发利用1.5%。旅游业是外汇的重要来源之一。一般只接受团体旅游，且所有寺院、宗教圣地均不对外开放。每年接待外国游客约1.5万人次。没有铁路，公路总长4 392.5千米（2005）。民间运输仍以役使马、牛、骡居多。国际机场设在帕罗（距首都廷布65千米）。已辟通加尔各答、达卡、仰光、加德满都、曼谷和新德里的航线。1999年建成不丹电信公司和全国计算机互联网络。2002年，印度国家银行把对不丹银行的管理权归还不丹。1996年不丹政府允许金融部门公开发行股票。货币名称努扎姆，简称努，与印度卢比等值；后者也可在不丹流通。

对外贸易主要在南盟成员间进行。印度是不丹最大贸易伙伴。出口主要包括农产品、酒类、木材、水泥、电力、小豆蔻、松香和手工艺品；进口主要为电脑、工业设备、石油、汽车以及纺织品、日用品等。与中国也有少量双边贸易。每年均接受大量的外国和国际组织援助。印度是主要援助国，一些西方国家和联合国组织也给予优惠贷款和赠款。

文化 实行免费教育，全国各类学校均实行双语制。宗卡语为必修课，英语为授课语言。还教授宗教、传统手工艺及农业知识。2003年不丹第一所大学不丹皇家大学正式成立。主要定期刊物有《昆色尔》周刊，《德鲁克·洛塞尔》季刊。均用英文、不丹文和尼泊尔文出版。不丹广播公司用不丹语、英语、尼泊尔语广播。1999年建成全国电视网。射箭是全国普及的体育活动。

图1 不丹山地风光

全国实行免费医疗。与中国藏医药学有传承关系的传统医术仍广泛使用。

1971年加入联合国。1973年成为不结盟运动成员国，从而缓慢打开了同印度以外国家的交往。南亚区域合作联盟（简称南盟）成员国。已同印度等24个国家

图2 廷布扎什曲宗（宗教中心和政府驻地）

及欧盟建立了外交关系，在联合国有常驻代表团。尚未同中国建交，但关系友好，边境地区总体安谧。

不当得利 unjustified benefits 没有合法根据或事后丧失了合法根据而被确认为是因致他人遭受损失而获得的利益。如售货时多收货款、拾得遗失物据为己有等。《中华人民共和国民法通则》第92条规定：“没有合法根据，取得不当利益，造成他人损失的，应当将取得的不当利益返还受损失的人。”取得利益的人称受益人，遭受损害的人称受害人。不当利益的取得，不是由于受益人针对受害人而为的违法行为，而是由于受害人或第三人的疏忽、误解或过错造成的。受益人与受害人之间因此形成债的关系，受益人为债务人，受害人为债权人。自古罗马法至当代各国民法对此均有规定。

受益人在得知自己的受益没有合法根据或得知合法根据已经丧失后，有义务将已取得的不当利益返还受害人。有原物返还和作价偿还两种。返还不当得利，除返还原来所取得的利益外，由此利益所取得的孳息也应一并返还。不当得利的受益人如果是第三人时，该不当得利则应由此第三人返还。如果受益人在取得利益时是善意的，并且所取得的利益已不存在时，则受益人可以不负返还责任。如果受益人取得利益时是恶意的或取得利益时是善意的后来又变为恶意的（即当时或事后知道没有合法根据），则受益人应将所得不当利益连同孳息一并返还。如有损害，应当赔偿。

不等价交换论 unequal exchange, theory of 一种从生产价格出发分析发展中国家经济落后原因的理论。其核心思想是认为发达国家和发展中国家之间的贸易交换不平等。希腊经济学家A.伊曼纽尔于1969年在《不等价交换：贸易帝国主义研究》一文中提出。伊曼纽尔以劳动价值论为基础，指出由于劳动力不能在国际间自由流动，因而国际间存在的工资差异是持久的。发达国家出口的商品含有较高的工资成本，发展中国家出口的商品含有较低的工资成本，这就使得在两个标价相同的商品中，发展中国家出口的商品含有更多的劳动价值。因此，尽管发达国家和发展中国家按等价交换的市场原则进行贸易，但实际上交换的价值是不相等的，发展中国家的剩余价值被发达国家所榨取。

按照不等价交换论，发展中国家即使出口制成品，由于大量廉价劳动力的存在，一样会成为国际贸易不利方，而发达国家则一样可以从国际贸易之中获利。

不等式 inequality 用不等号将两个解析式连接起来所组成的式子。例如$x^2+y^2\geqslant 2xy$, $\sin x\leqslant 1$, $e^x>0$, $2x<3$等。根据解析式的分类也可对不等式分类，不等号两边的解析式都是代数式的不等式，称为代数不等式；只要有一边是超越式，就称为超越不等式。例如$\sqrt{x+1}>7$, $x+\frac{1}{x}>2$，是代数不等式，$\lg(1+x)>x$是超越不等式。

通常不等式中的数是实数，字母也代表实数，不等式的一般形式为$F(x,y,\cdots,z)\leqslant G(x,y,\cdots z)$（其中不等号也可以为<、⩾、>中某一个），两边的解析式的公共定义域称为不等式的定义域，不等式既可以表达一个命题，也可以表示一个问题。

不等式的最基本性质有：①如果$x>y$，那么$y<x$；如果$y<x$，那么$x>y$。②如果$x>y, y>z$；那么$x>z$。③如果$x>y$，而z为任意实数，那么$x+z>y+z$。④如果$x>y, z>0$，那么$xy>yz$。⑤如果$x>y, z<0$，那么$xz<yz$。

由不等式的基本性质出发，通过逻辑推理，可以论证大量的初等不等式，其中比较有名的有：

平均值不等式：对于任意n个正数$x_1, x_2, \cdots, x_n$，恒有$\sqrt[n]{x_1x_2\cdots x_n}\leqslant\frac{1}{n}(x_1+x_2+\cdots+x_n)$。

柯西不等式：对于$2n$个任意实数$x_1, x_2, \cdots, x_n$和$y_1, y_2, \cdots, y_n$，恒有$(x_1y_1+x_2y_2+\cdots+x_ny_n)^2\leqslant(x_1^2+\cdots+x_2^2+\cdots+x_n^2)(y_1^2+y_2^2+\cdots+y_n^2)$。

排序不等式：对于两组有序的实数$x_1 \leqslant x_2 \leqslant \cdots \leqslant x_n$，$y_1 \leqslant y_2 \leqslant \cdots \leqslant y_n$，设$y_{i_1}, y_{i_2}, \cdots, y_{i_n}$是后一组的任意一个排列，记$S = x_1 y_n + x_2 y_{n-1} + \cdots + x_n y_1$，$M = x_1 y_{i_1} + x_2 y_{i_2} + \cdots + x_n y_{i_n}$，$L = x_1 y_1 + x_2 y_2 + \cdots + x_n y_n$，那么恒有$S \leqslant M \leqslant L$。

根据不等式的基本性质，也可以推出解不等式可遵循的一些同解原理。主要的有：①不等式$F(x) < G(x)$与不等式$G(x) > F(x)$同解。②如果不等式$F(x) < G(x)$的定义域被解析式$H(x)$的定义域所包含，那么不等式$F(x) < G(x)$与不等式$F(x) + H(x) < G(x) + H(x)$同解。③如果不等式$F(x) < G(x)$的定义域被解析式$H(x)$的定义域所包含，并且$H(x) > 0$，那么不等式$F(x) < G(x)$与不等式$H(x)F(x) < H(x)G(x)$同解；如果$H(x) < 0$，那么不等式$F(x) < G(x)$与不等式$H(x)F(x) > H(x)G(x)$同解。④不等式$F(x)G(x) > 0$与不等式$\dfrac{F(x)}{G(x)} > 0$同解；不等式$F(x)G(x) < 0$与不等式$\dfrac{F(x)}{G(x)} < 0$同解。

不定方程 indeterminate equation 解的范围为整数、正整数、有理数或代数整数，甚至某些p进数的方程或方程组。通常其未知数的个数多于方程的个数，又称丢番图方程。3世纪古希腊数学家**丢番图**在其著作《算术》中研究了许多不定方程。它是**数论**的一个历史悠久而内容丰富的重要分支。

最简单的不定方程是$s\,(s \geqslant 2)$元一次不定方程$a_1 x_1 + a_2 x_2 + \cdots + a_s x_s = n$，其中诸系数$a_i$是非零整数，$n$是给定的整数。它有（整数）解的充分必要条件是诸系数的**最大公因数**整除n。当$s = 2$时其全部解可表示为$x = x_0 + a_2 t, y = y_0 - a_1 t$。其中$x_0, y_0$是方程的一组解，$t$为任意整数。

最重要也是最基本的二次不定方程是佩尔方程$x^2 - Dy^2 = N$，$N = \pm 1, \pm 4$。它们可以用数论中经典的初等方法求解，一般的二元二次方程如果有解，常可归结为上面的方程。

存在着大量可用经典初等方法求解的具体的不定方程，其中另一个重要的例子是方程$x^2 + y^2 = z^2$。它的正整数解表示边长为整数的直角三角形的直角边x、y和斜边z的长度。中国古代数书《周髀算经》中记载了商高（约前1100）的一段话："折矩以为勾广三，股修四，径隅五。"即方程有正整数解$x = 3, y = 4, z = 5$。古希腊的**毕达哥拉斯**（约前6世纪）学派也对这方程作了研究。故满足方程的正整数组称为勾股数、商高数或毕达哥拉斯数。所有互素的勾股数由$x = m^2 - n^2$、$y = 2mn$、$z = m^2 + n^2$给出，其中m、n是互素整数，$m > n > 0$，这是印度数学家婆罗摩笈多（约6世纪）得到的。这个方程的自然推广是$x^n + y^n = z^n$。1637年P.de**费马**声称他证明了这个方程当$n \geqslant 3$时没有非零整数解，但其证明始终未被发现。这就是著名的**费马大定理**。

不发达国家 underdeveloped countries 经济上落后和比较落后的国家。又称**发展中国家**。

不干涉内政原则 non-intervention in domestic affairs, principle of 国家在其相互关系中，不得以任何借口、任何方式直接或间接地干涉在本质上属于任何国家国内管辖的事务，也不得以任何手段强迫他国接受自己的意志、社会制度和意识形态。国际关系和国际法中的一项基本原则。按照1970年联合国大会通过的《关于各国内政不容干涉及其独立与主权之保护宣言》，不干涉内政原则的内容包括：禁止以任何理由直接或间接以武装或其他形式干涉任何国家的内政和外交；禁止使用政治、经济等措施强迫他国，以使该国在行使主权方面屈服于自己，或从该国取得其他任何利益；禁止组织、协助、制造、煽动、资助或纵容目的在于以暴力推翻他国政权之颠覆、恐怖和武装活动；禁止干预他国的内乱；禁止干涉任何国家选择其政治、经济、社会及文化制度的权利；禁止干涉各国民族的自决权、独立权及保持民族特性的方式。

不告不理 no trial without complaint 对未经**起诉**的事情法院不予受理的诉讼原则。刑事诉讼必须有公诉人或自诉人起诉，民事诉讼必须有原告人提出诉讼请求，法院才得受理；并且不审理诉讼请求范围以外的问题。

不告不理早在奴隶制的古罗马诉讼中就已出现。近代资产阶级在反封建专制诉讼的过程中，继承了古代罗马的不告不理原则并加以发展。在刑事方面，提出了对任何人未经法定程序起诉，不得判刑。在民事方面，须当事人向司法机关提出诉讼要求时，才予受理。资产阶级革命胜利后，各国相继确认了这个原则。

中国从清代末年到民国时期的诉讼立法中，也都采用了不告不理原则。中华人民共和国的刑事诉讼和民事诉讼，也以起诉为审判的前提。刑事案件必须由检察机关提起**公诉**或自诉人进行**自诉**，民事案件必须有原告人提出诉讼请求，法院才能开始进行审判活动。

不公开审理 hearing in private session 法院根据法律规定，对某些案件的审判不公开进行。根据中国法律，涉及不公开审判的案件主要有：①涉及国家秘密、个人隐私案件，一律不公开。②未成年人的犯罪案件，14岁以上不满16岁的一律不公开；16岁以上不满18岁的，一般也不公开。③涉及重大商业秘密的刑事案件，法庭可以决定不公开。④离婚案件、涉及商业秘密的民事案件，当事人申请不公开的，可以不公开。但上述案件，不论是否公开审理，宣告判决一律公开进行。见**审判公开**。

不管部长 minister without portfolio 政府中不专管某一部事务的部长级官员。又称不管部大臣、无任所相等。通常为办理特殊要务和不可预期的事务而设。作为内阁成员，出席内阁会议，参与政府决策，承办内阁会议或政府首脑交办的重要事务。英国是最早实行内阁制的国家，设不管部长也较早，一般由参加内阁而不专管某一方面政务的枢密院院长和掌玺大臣担任。他们常常受首相委托，处理某些特殊政务。法国、德国、日本、印度、比利时等国家的政府，以及1972年以前朝鲜民主主义人民共和国在实行内阁制时，都设有不管部长。

不结盟国家会议 Conference of Non-Aligned Countries 20世纪60年代以来，奉行独立自主、和平、中立和非集团原则的不结盟国家所举行的首脑会议。正式名称为不结盟国家和政府首脑会议。**第二次世界大战**以后，民族解放运动蓬勃发展，许多国家从殖民统治下相继获得独立。1955年**亚非会议**的召开，促进了民族解放运动的新高涨，为亚非国家联合反对帝国主义和殖民主义的斗争树立了典范。在J.B.**铁托**、**苏加诺**、J.**尼赫鲁**和K.**恩克鲁玛**等的积极倡导下，由南斯拉夫、埃及、印度、印度尼西亚和阿富汗5国发起，于1961年6月在开罗召开了不结盟国家会议筹备会。1961年9月1～6日，在贝尔格莱德举行了第1次不结盟国家会议，标志着不结盟运动正式形成。出席会议的有25个不结盟国家和3个观察员国的代表。至2009年，不结盟国家会议共举行了15次首脑会议，通过了一系列涉及国际政治、经济等重大问题的宣言或行动纲领。目前，不结盟国家有118个成员国、17个观察员国和10个观察员组织。

不结盟运动不设总部，无常设机构，无成文的章程，它定期召开首脑会议、全体外长会议、协调局外长会议等。首脑会议是最重要的会议，自1970年起，首脑会议每3年举行一次。不结盟会议采取协商一致的原则，遇有不同意见或相反意见，各成员国可以采取书面形式向主席国正式提出保留意见，以示不受有关决议或文件的约束。不结盟国家坚持独立自主、和平、中立和非集团的原则，坚持反对帝国主义、新老殖民主义、种族主义，反对一切形式的外国侵略、占领、控制、干涉和霸权的立场，捍卫国家政治和经济独立、主权和领土完整，发展民族经济和民族文化以及争取建立国际经济新秩序的斗争。1992年9月，中国正式以观察员身份参加不结盟国家会议。

不结盟运动 non-aligned movement 20世纪60年代初形成的由奉行和平、中立、不结盟政策的国家组成的一支维护世界和平和促进发展的重要政治力量及其所进行的活动。参加不结盟运动的成员国被称为不结盟国家。1956年，J.B.铁托、纳赛尔、J.尼赫鲁进行会谈后提出的不结盟主张，得到国际上较为广泛的响应。1961年9月，由25国和3个观察员国参加的第一次不结盟国家和政府首脑会议在贝尔格莱德举行，标志不结盟运动正式形成。不结盟运动奉行独立自主和非集团的宗旨和原则，支持各国人民维护民族独立、捍卫国家主权以及发展民族经济和文化的斗争，反对帝国主义、种族主义和一切形式的外来统治以及霸权主义、新老殖民主义，呼吁发展中国家加强团结，主张建立新的国际政治经济新秩序。冷战结束后，不结盟运动更多地侧重于经济和发展问题，但仍保持着松散的组织形式。

不结盟运动促进妇女权益事业部长级会议在马来西亚吉隆坡附近的普特拉贾亚召开（2005-05）

不可更新资源 non-renewable resource 人类开发利用后，在现阶段不可能再生的自然资源。又称不可再生资源。主要包括经过地质年代形成的金属矿产、非金属矿产、化石燃料等和经过漫长周期形成的土壤。人类开发矿产资源的速度远大于其以百万年计的形成周期，因而矿产资源储量逐渐减少或枯竭。解决矿产资源短缺的一个途径是开展综合利用。随着采矿、选矿和冶炼技术的发展，某些在今天看来是没有开采和利用价值的废石、废渣，将来可能会变成有用原料。另一途径是开发海洋。人类大量开发和利用矿产资源，不仅造成资源短缺，而且影响环境，甚至改变地表环境的基本结构和区域的自然环境条件。

不可抗力 force majeure 当事人自身能力不能抗拒也无法预防的客观情况或事故。可以是自然原因酿成的，也可以是人为的、社会因素引起的。前者如地震、水灾、旱灾等，后者如战争、政府禁令、罢工等。不可抗力所造成的是一种法律事实。当不可抗力事故发生后，可能会导致原有经济法律关系的变更、消灭，如必须变更或解除经济合同；也可能导致新的经济法律关系的产生，如财产投保人在遇到因不可抗力所受到的在保险范围内的财产损失时，与保险公司之间产生赔偿关系。当不可抗力事故发生后，遭遇事故一方应采取一切措施，使损失减少到最低限度。在订立买卖合同时，一般都订有不可抗力条款，即买卖合同中关于当事人在某些不可抗力事故影响下可以免除违约责任的约定。又称人力不可抗拒条款。主要内容包括：①不可抗力事故的认定。在买卖合同中，人们对自然界和人类社会的若干危及合同履行的天灾、人祸等因素承认其具备免责条件外，对于其他某些尚未得到公认或有争议的因素是否构成不可抗力而可以免责，在不违背法规的前提下，须由当事人双方认定，并在合同中加以说明。②不可抗力事故的处理。有两种处理方式：一是解除合同，免负赔偿责任；二是变更合同义务，根据所发生的不可抗力事故对履约的影响程度而定。③通知对方。④提供证明。

不可逆过程热力学 thermodynamics of irreversible process 研究在不可逆过程中处于非平衡态的物理系统的热力学现象的宏观理论。宏观物理学的分支；又称非平衡态热力学。

以平衡态和可逆过程为基础的平衡态热力学理论已经相当完善，广泛应用于各种物理、化学过程的宏观描述。但在自然界，在物理、化学、气象、天体物理、生命科学、环境生态等领域，还存在着大量非平衡态的热力学系统和不可逆过程。例如活细胞中的核酸与其环境不断地交换着物质，又如太阳发出的能量稳流使地球大气层无法达到热动平衡等。因此，热力学方法被推广到不可逆过程，并逐步形成了新的研究领域——不可逆过程热力学，相应的微观理论是非平衡态统计物理。

非平衡态的物理系统往往十分复杂，有的接近平衡，有的远离平衡。不可逆过程热力学通常只讨论满足局域平衡条件的非平衡系统，即各个局域体积元处于平衡态，仍可用状态参量及热力学函数描述。由于这些热力学函数又是时间和空间的函数，故可设法建立它们的运动方程，这些方程可规定系统局域平衡而整体非平衡的性质。但这些方程往往是非线性的，难于求解。近年来发展了一些近似计算方法，已得到了一些有价值的结果。

近平衡区是指在平衡态附近的区域。在这里称为作用力的量（如温度梯度、浓度梯度等）较弱，与由此引起的称为流的量（如热流、扩散流等）之间近似地呈线性关系，故又称线性非平衡区；其基本特征是非平衡系统最终要趋于平衡。对线性区，非平衡系统中存在的一些交叉效应（如热传导和扩散的交叉效应），已由不可逆过程热力学作出了很好的解释。

远离平衡区的非平衡热力学系统中，力与流为非线性关系，亦称非线性区。处于非线性区中的系统并不总是趋于稳定，相反有可能实现从稳定到不稳定的突变，这就是有序结构的其他复杂图形以及非平衡相变出现的条件。其中人们对自组织和混沌等现象最感兴趣。

不可逆过程热力学是一种宏观理论，它对非平衡现象的解释是有限度的，特别是无法阐明各种复杂结构的形成机制以及系统的涨落特性，从而需要借助非平衡态统计物理来完成（见耗散结构）。

不可知论 agnosticism 对物质世界、物理对象及其普遍性抱怀疑态度，既不加以肯定也不加以否定的观点。最著名的代表人物是D.休谟和I.康德。休谟坚持，知识的对象是人的知觉观念，以及与这种知觉、观念相联系的经验事实，由于人的认识不能超出知觉的范围，人们不能说在知觉之外有所谓物理事物或精神实体存在。在历史上被称为彻底的不可知论。康德则认为，认识的对象是现象，现象由于与人的知觉相联系，所以它能够为人所认识，至于现象后面的“自在之物”，是现象的依托，其存在不能否定，但其性状我们无法运用，只能通过现象的知觉手段去认识，所以，自在之物即物质世界是不可知的。在历史上被称为温和的不可知论。

不空 Amoghavajra（705～774） 中国唐代佛教密宗创始人之一。见开元三大士。

《不扩散核武器条约》 *Treaty on the Non-proliferation of Nuclear Weapons*; NPT 联合国关于核武器控制的法律文件。又称《防止核武器扩散条约》，简称《核不扩散条约》。1968年6月12日联合国大会通过，7月1日在莫斯科、伦敦和华盛顿开放签署。1970年3月5日生效。

条约由序言和11条正文组成。主要内容有：①1967年1月1日前制造并爆炸核武器或其他核爆炸装置的国家为核武器国家。②核武器缔约国不得向任何国家转让核武器或其他核爆炸装置及其控制权，也不以任何方式协助、鼓励或引导无核武器国家

1995年5月，《不扩散核武器条约》审议与延期大会在纽约举行

制造或取得核武器或其他核爆炸装置及控制权。③无核武器缔约国不得从任何让与国接受核武器或其他核爆炸装置及控制权，不制造也不要求任何人提供这方面的帮助。④缔约国承诺通过谈判，制定关于早日停止核武器竞赛与核裁军的有效措施，以及在国际监督下普遍彻底裁军的条约。⑤缔约国在进行一切和平核活动中，均应遵守国际原子能机构的规约和安全保障制度，以防止核能由和平用途移作核武器或其他核爆炸装置。

作为最具普遍性的国际军控条约之一，此条约为防止核武器扩散、实现核裁军和促进和平利用核能的国际合作奠定了法律基础。

不来梅 Bremen 德国不来梅州（德国最小城市州）首府，全国第二大港。位于威悉河下游，距北海约70千米。面积327平方千米。人口54.74万（2008）。787年为主教驻地。1186年设为自由城市。1358年加入汉萨同盟。1815年隶属普鲁士。19世纪疏浚威悉河带动城市发展。工业主要有船舶修造、钢铁、食品、电子等，航空航天中心制造卫星和空中客车的重要部件，应用辐射技术和海上运输在国内领先。著名研究所和高等学校。主要名胜有市政厅、圣贝特利大教堂、罗兰骑士雕像、城市动物乐师铜雕、自由市场、海洋动物园等。

不来梅市政厅及其前方的罗兰骑士雕像

《不列颠百科全书》 *Encyclopædia Britannica* 世界重要的大型综合性百科全书。又译《大英百科全书》。第1版于1771年在英国爱丁堡出版，共3卷。1902年，不列颠百科全书公司迁至美国芝加哥。1974年第15版问世，它打破了传统的标准型百科全书模式，将全书分为《详编》、《简编》和《类目》三个部分，共30卷。1985年的印本增加2卷《索引》。20世纪90年代初，《不列颠百科全书》出版电子版。**中国大百科全书出版社**编译了《不列颠百科全书·简编》，于1986年出版发行，书名为《简明不列颠百科全书》，共10卷。1999年、2005年又先后翻译出版发行了20卷本的《不列颠百科全书》（国际中文版）和2卷本的《不列颠简明百科全书》。

《不列颠北美法案》 *British North America Act* 1867年，由英国议会通过的同意加拿大获得自治领地位的法案。同年7月1日生效，1982年前一直是加拿大的宪法。19世纪60年代，英属北美殖民地各省实行联合，建立统一联邦的条件已经成熟。1864年各省经两次协商后拟定出魁北克决议。1866年，经修改后的魁北克决议作为不列颠北美法案草案提交英国议会。1867年，英国议会通过该法案。加拿大省、新斯科舍省、新不伦瑞克省联合成立联邦政府，定名为加拿大自治领。法案规定了联邦政府与地方政府、联邦议会与省议会的机构组成，以及中央与地方立法权和行政权的划分等。1981年底，加拿大联邦议会通过加拿大宪法决议案。《不列颠北美法案》在1982年4月被重新命名为《1867年宪法法案》。同时，加拿大议会通过《加拿大人权与自由宪章》，成为宪法的组成部分。从此，加拿大获得完全修宪权。

不列颠博物馆 British Museum 世界最大的综合性博物馆。又称大英博物馆。在英国伦敦布卢姆斯伯里区。1753年建立，1759年开放。馆舍是一座17世纪的建筑蒙塔古宫。藏品最初来源于医生、博物学家H.斯隆爵士收藏的8万余件文物和标本。1823年，英王乔治四世将其父的图书馆捐给博物馆。开馆以后的200多年间，陆续收集了英国本国及埃及、巴比伦、希腊、罗马、印度、中国等古老国家的文物。1880年，自然部分分出，建成英国自然历史博物馆。1973年，图书馆分出，建成**不列颠图书馆**。

大英博物馆收藏有世界各国的精美艺术品700多万件。设100余间陈列室，分为古代近东、货币与纪念章、古代埃及与苏丹、民族学、古代希腊罗马、亚洲、史前与欧洲、版画与素描8个部门展出。其中以古代埃及与苏丹、古代希腊罗马和亚洲部门最引人注目。博物馆最著名的藏品有古埃及罗塞塔碑石、法老木乃伊以及大型人物雕像、壁画、器皿、金玉首饰，古希腊帕提农神庙上的建筑雕刻、雅典卫城出土的雕塑、泥板文书，乌尔王墓出土的金制品、竖琴，亚述时期的各种浮雕、尼姆鲁王宫城门、人面兽身有翼像等。亚洲部门的陈列以中国文物陈列最多、最精。有新石器时代的石器、玉器，仰韶文化时期的彩陶，商周青铜器，秦汉铜镜，南北朝以来的瓷器，唐代经卷、绘画以及漆器、丝绸、雕刻、书画、工艺品等。其中，东晋画家顾恺之的《女史箴图》、唐代吐鲁番阿斯塔那墓群出土文物、敦煌经卷和绘画等都是举世无双的珍贵文物。

不列颠博物馆正门

不列颠哥伦比亚省 British Columbia, Province of 加拿大最西部一省。西濒太平洋，

北接育空地区和西北地区，东连艾伯塔省，西北与美国阿拉斯加州的南延狭长地带相邻，南与美国西北部接界。面积947 800平方千米。人口411.35万（2006）。约3/4的人口为欧洲各国移民后裔，来自亚洲、非洲、拉丁美洲各国移民后裔约占1/5以上，土著居民占4.4%。主要信奉新教，其次是罗马天主教、基督教等。首府维多利亚。

境内山峦起伏，大部分属科迪勒拉山系，包括东部以落基山脉为主体的山带、西部海岸山脉和中部崎岖的山间高原，海拔多在1 000米以上，西北端的费尔韦瑟山海拔4 663米，为全省最高峰。弗雷泽河下游谷地和河口三角洲以及东北角皮斯河流域，是全省仅有的平原地区。哥伦比亚河流经东南部，水力资源丰富。西海岸属温和湿润的温带海洋性气候，由西向东气候的大陆性显著增强，雨量减少。森林覆盖率66%，以针叶林为主。富藏金属和能源矿。近海为重要渔场。

原为土著印第安人居地。1774年和1778年，西班牙、英国的航海家、探险家先后到此。两国对这一地区的归属一度争执不休。到19世纪初，英国哈得孙湾公司已取得当地毛皮贸易控制权。1849年温哥华岛成为英国殖民地。1858年弗雷泽河中、下游地区发现黄金，大批淘金者涌入，大陆本土另一块英国殖民地相继建立。1866年两殖民地合并，正式定名为不列颠哥伦比亚。1871年加入加拿大自治领，成为第6个省。1886年加拿大太平洋铁路通达。1915年巴拿马运河通航后，促进了进出口贸易的发展。城市人口比重85%。现代经济已趋多样化，服务业成为经济主体，但传统的资源型产业仍占重要地位。木材加工和纸浆、造纸业为最突出的工业部门，生产全国一半以上的锯材、大部分胶合板和30%的纸浆；其次是食品加工、炼油、金属冶炼、运输设备制造等。水电占总发电量的90%以上。采矿业以煤、铜、锌、钼、铅、金、银等为主。近海渔业以捕捞鲑鱼著称。农业用地有限，仅占全省陆地面积3%，主要种植水果、蔬菜、花卉等，放牧牛羊。旅游业发达，为省经济支柱之一。生物技术、有机农业、电子商务等高科技产业正在发展中。温哥华港是加拿大通往亚太地区的主要门户，全国第一大港；鲁珀特王子港也是重要小麦出口港。这两港分别是加拿大国家铁路和太平洋铁路的西部终点，另有南北向铁路干线不列颠哥伦比亚铁路。公路交通发达，通连省内主要城镇，其中横贯大陆公路干线以维多利亚为西部终点。大陆本土与温哥华岛间辟有多条客运和汽车轮渡线。主要城市均设有机场，温哥华国际机场是全国第二繁忙的航空港。主要高等学校有不列颠哥伦比亚大学、维多利亚大学、西蒙·弗雷泽大学、不列颠哥伦比亚理工学院等。辟有7个国家公园以及数以百计的省立公园和历史文化遗址。近海夏洛特皇后群岛南部的安东尼岛以保留古代印第安人居地遗址和图腾柱著名于世，1981年被联合国教科文组织列入《世界遗产名录》。

不列颠群岛 British Isles 欧洲最大群岛。位于欧洲的西部沿海，与大陆之间隔有北海、英吉利海峡和多佛尔海峡。包括大不列颠岛和爱尔兰岛两个面积最大的岛屿，以及周围5 000多个小岛，其中有设得兰群岛、奥克尼群岛、赫布里底群岛、马恩岛、安格尔西岛、怀特岛等。总面积31.44万平方千米，分属英国（占77.6%）和爱尔兰（占22.4%）。

不列颠图书馆 British Library 英国国家图书馆。1973年建立于伦敦，由不列颠博物馆图书馆、国立科学与发明参考图书馆、国立科技外借图书馆、专利局图书馆、国立中央图书馆和英国国家书目有限公司合并而成。设有学术与馆藏、运行与服务、财务与法人资源、战略营销与通讯、电子战略计划与信息系统部、人力资源6个部门。该馆藏书1 300万册，有期刊、报纸9.2万种，300万份录音资料。以收藏英国文学，古版书、珍本书为特色，如古代埃及的纸草文献、巴比伦楔形文字的泥板文献、印度梵文手稿、中国敦煌手稿和古代地图、

不列颠图书馆阅览大厅

法国革命和俄国革命文献等。另外还设有报纸图书馆手稿部、东方手稿和印本书部、图书馆协会图书馆等。出版物有《英国国家书目》、《英国印本书总目录》、《不列颠图书馆连续出版物目录》等。

不落夫家 (bride) not living in husband's house 中国壮、苗、瑶、黎、侗、水、彝、布依、哈尼、普米、仫佬、毛南和汉等民族部分地区在中华人民共和国建立前流行的一种婚姻习俗。又称坐家或长住娘家。新娘在举行结婚仪式后，当天或过两三天即返回娘家。每逢农忙、节日或夫家办婚丧等事，由夫家派人携带礼物接妻子到夫家居住数日或半月，再由夫家送回娘家。妻子留住夫家时，只让她参加一般劳动或象征性劳动。妻子在娘家居住的时间，通常是一两年至七八年，也有十余年的。住娘家期间，可以继续参加男女社交活动。居住期满后，即到夫家定居。定居的条件各地不同：有的以女子怀孕为标志；有的是因为女子婚后多年不孕，而年龄已大，不能不到夫家居住；有的实行早婚，女子移居夫家的时间，以达到当地规定的同居年龄为准。此习俗多与婚前社交自由和盛行早婚等习俗并存，长期保留在已实行一夫一妻制的某些少数民族中。多数研究者认为，这种习俗是从妻居婚向从夫居婚转变的残余。

不明飞行物 unidentified flying object; UFO 未经查明来历的空中飞行物。俗称飞碟。20世纪40年代以来，有关的国际组织汇集的关于UFO的举报总数超过50万例，经排查和证认，其中45万例或为已知飞行物，或为误报和谎报，迄今尚遗有10%的事件仍属UFO，有待继续证认。

不起诉 non-prosecution 公诉机关对于侦查终结移送起诉的案件或自行侦查终结的案件进行审查后，依法作出的不将犯罪嫌疑人交付法院审判，从而终止诉讼的处理决定。1996年以前，中国曾有“免予起诉”的规定，1996年修正刑事诉讼法时取消了这种制度。中国检察机关审查起诉后作出的四种不起诉决定有：①对于不应当追究刑事责任的案件作出的不起诉决定。②对于经过补充侦查仍然证据不足而不符合起诉条件的案件作出的不起诉决定。③对于犯罪情节轻微，依照刑法规定不需要判处刑罚的案件酌情作出的不起诉决定。④对于犯罪情节轻微，依照刑法规定可以免除刑罚的案件酌情作出的不起诉决定。被害人对于不起诉的决定如果不服，有申诉权，也可以不经申诉，直接向法院提起自诉。

不确定度关系 uncertainty relation 微观粒子运动特征的基本关系。又称测不准关系。1927年W.K.海森伯首先提出。它可表述为：描述微观粒子的坐标和相应动量不可能同时具有确定值，坐标和相应动量的不确定度的乘积不小于普朗克常量h的一

半，即

$\Delta x\Delta p_x \geqslant h/2$，$\Delta y\Delta p_y \geqslant h/2$，$\Delta z\Delta p_z \geqslant h/2$

不确定度关系给出同时确定微观粒子坐标和相应动量准确度的下限。不确定度关系表明无论采用什么方法试图精确测定坐标和相应动量中的一个，必然引起另一个较大的不确定性。微观粒子的不确定度关系是由其波粒二象性确定的。每个粒子都有一个与之相联系的波而显示其波动性。粒子最可能在波起伏最大或最密集的地方找到，可是波越密集就越难以确定其波长，也就越难以确定其动量；反之，动量一定的粒子对应于具有确定波长的波，在空间却是无限广延的，则可在任意位置找到粒子（见波粒二象性）。不确定度关系表明微观粒子的运动不存在坐标和相应动量同时确定的状态，因而微观粒子的运动不存在轨道，经典力学描述粒子运动的方法没有意义。对于宏观物体，不确定度关系所加的限制并未在实验测量的精度上超过经典描述的限度，因而实际上仍表现为具有一定的轨道。不确定度关系提供一种可以采用经典描述和必须采用量子描述的分界判据。不确定度关系并不仅限于坐标和动量，能量和时间的不确定度关系为$\Delta E\Delta t \geqslant h/2$，式中$\Delta E$是粒子处于某一能态的能量不确定度，$\Delta t$是粒子处于该能态寿命的不确定度。

不完全竞争市场 imperfectly competitive markets 经济学中指除了完全竞争市场之外的其他市场结构。包括垄断市场、寡头市场和垄断竞争市场。垄断市场中只有唯一的一个厂商生产和销售某种产品；寡头市场中是由少数几家厂商控制产品的全部或者大部分生产和销售；垄断竞争市场中厂商数目虽然很多，但单个厂商生产的产品都是有差异的同种产品，从而使得市场上既有垄断因素，又有竞争因素。

相对于完全竞争市场而言，不完全竞争市场或多或少地带有一定的垄断因素。其中，垄断市场的垄断程度最高，寡头市场次之，垄断竞争市场最低。在这些不完全竞争市场结构中，厂商所面临的需求曲线是向右下方倾斜的，它表示厂商能够在某种程度上影响市场价格，或者说，厂商或多或少地拥有市场力量，这恰恰与完全竞争市场形成鲜明对比。现实中的市场都是一定程度的不完全竞争市场。

不完全性定理 incompleteness theorem 证明论中的一条定理。又称不完备性定理。由K.哥德尔于1931年证明。是数理逻辑发展史上的一个极为重要的定理。

设有一个以皮亚诺自然数论为其子系统的、自身协调的（即不自相矛盾的）形式系统U。在形式系统中凡不含自由变元的公式叫作语句。如果语句A和$\neg A$在此形式系统内均不可证，则A就叫作该形式系统的不可判定语句。不完全性定理说，任何一个上述的系统U都必有一个不可判定语句A。

在证明不完全性定理时，主要是使用算术化方法，即先把形式系统中所使用的各符号都逐一给以一个自然数编号，然后依次对各公式、各公式序列都给予编号。凡属编号必须满足下列条件，即给出符号或公式或公式序列后，可以唯一地决定其编号。反之，当给出一个自然数后，则可以决定其是否用作编号，如果是，就可以唯一地决定其是符号的或者是公式的，还是公式序列的编号。满足这种条件的编号，叫作哥德尔编号。利用编号可以把有关形式系统的各性质用算术函数算术公式来表示。例如，可以作出一个算术公式prov(a,b)，使得prov(a,b)成立，当且仅当编号为a的公式序列是对编号为b的公式的证明，这也表明证明关系是可以算术化的。有了这些（以及别的）算术函数算术公式后，就容易作出不可判定语句。

根据不完全性定理的证明过程，还可以推得下列结论：如果包含皮亚诺自然数论为子系统的形式系统U是协调的，则表示“U是协调的”这个事实的算术公式不可能在系统U内证明，这个结果叫作第二不完全性定理。它也是证明论中很重要的结果。

虽然证明关系、可证性、协调性等是可以算术化的，但由不完全性定理却可推得：真假性是不能算术化的，亦即不可能找到一个算术公式tr(a)使得tr(a)成立，当且仅当以a为编号的公式A为真，也就是说，在系统U内下列公式tr$(a)\leftrightarrow A$（这里a为A的编号）是不可证的。这是由不完全性定理得出的又一结果，它是由A.塔尔斯基首先给出的。

哥德尔不完全性定理是数学形式化公理化的重要成就，不完全性定理同时给出了形式化数学的一个局限性，即不能用有限方法证明数学系统的无矛盾性。哥德尔不完全性定理宣告了希尔伯特计划的失败。不完全性定理的证明方法，开创了不可判定性问题的证明论研究。

不信任提案权 no confidence right of making motions 实行议会内阁制国家的议会不赞成政府（内阁）的施政方针，或者要求政府首脑或其他成员去职而提出不信任案并进行表决，或拒绝通过政府所提交的议案的权力。议会监督政府权力的重要表现形式。如果议会所提出的不信任案表决通过，政府（内阁）就应总辞职，或者由政府（内阁）提请国家元首解散议会，再由新产生的议会决定政府（内阁）的去留。如果新产生的议会继续通过不信任案，政府（内阁）就必须总辞职。不信任提案权最早起源于英国，后为实行议会内阁制的国家所采用。议会内阁制国家的政府（内阁）一般是由控制着议会多数席位的政党组成；一旦解散议会，议员也会面临能否再度当选的威胁；再加上宪法对这一权力的种种限制，所以，议会成功行使这项权力的情况并不多见。

不锈钢 stainless steel 耐大气、蒸汽和水等弱腐蚀性介质腐蚀的合金钢。不锈耐酸钢的简称。耐酸、碱、盐等化学侵蚀性介质腐蚀的钢称耐酸钢。不锈钢不一定耐化学介质腐蚀，而耐酸钢一般均具有不锈性。

不锈钢通常按组织可分为四大类：①铁素体不锈钢。一般含碳量小于或等于0.15%，含铬量为12%～30%，有的还含钼、钛等。②奥氏体不锈钢。包括Cr18Ni8及在此基础上发展起来的高铬、镍含量并添加适量钼、铜、硅、铌、钛、氮的钢类。③奥氏体－铁素体双相不锈钢。含铬量为18%～30%，含镍量为3%～10%，有些钢还含有钼、铜、硅、钛、铌、氮等。组织为约50%奥氏体和约50%铁素体。④马氏体不锈钢。按成分可分为马氏体铬不锈钢和马氏体铬镍不锈钢；按组织和强化机理可分为马氏体不锈钢、马氏体和半奥氏体沉淀硬化不锈钢、马氏体时效不锈钢等。

铬是使不锈钢获得耐蚀性的基本合金元素。当钢中铬含量达到12%左右时，由于钢的表面形成一层极薄且致密的氧化铬膜，阻止了钢基体继续被侵蚀，从而使钢的耐蚀性发生突变性上升。钢中的镍、钼、铜、钛、铝等元素的不同组合，可以满足高耐蚀性、高强度、高耐磨蚀性等不同的要求。

不孕 infertility 育龄妇女未避孕情况下有正常性生活两年未受孕的现象。不育指有过妊娠，但未得活婴者，包括流产、早产或死产。不孕与不育两词常混淆不清，一般认为不育更严重一些。不孕在临床又可分为原发性不孕（婚后从未有过妊娠）、继发性不孕（指婚后曾有过妊娠者）。

病因 受孕条件中男女双方只要有一个因素不正常，便能阻碍受孕。

男方原因 不孕的原因在男方者约占40%。①影响精子生成。如先天性睾丸发育不良或隐睾症，不产生精子。②影响精子输送。附睾疾患或先天性输精管阻塞，影响精子排出。③影响精液进入颈管。如阴茎过短、阳痿等，可影响性交，不能将精液射入阴道，到达宫颈。④精液不正常。如死精症，精子无能、精液过稠等。

女方原因 不孕症的原因在女方者约

占45%。①影响卵子发育。下丘脑垂体卵巢轴功能紊乱或外界环境改变和精神情绪影响等，都可以影响排卵。②影响卵子、精子或受精卵的输送。一些患生殖道炎症妇女的阴道、宫颈分泌物及子宫内膜中存在一种菌质体，可依附于精子尾部，影响精子活动。③影响精子上行。如阴道横隔、阴道宫颈炎症等。

男女双方因素　约占15%，主要为免疫性不孕。可分为两类：①同种免疫。男子的精子、精浆、生殖道分泌的蛋白质或脱落细胞，或者受精卵造成女方免疫反应，产生相应的抗体物质与之对抗。②自身免疫。男方的精子、精浆等或女方的卵子、生殖道分泌物等进入周围组织，产生抗体，影响精子或卵子活力。

其他因素　如营养不良、代谢障碍性疾病、染色体异常或物理因素、精神因素等都可造成不孕。

诊断和检查　除了详细询问男女双方的病史和全身体格检查外，尚要做以下特殊检查。

男方　在泌尿科进行生殖器的检查和精液检查，包括精液分析，并作性交试验以了解精子在宫颈黏液中的活动度。

女方　着重了解妇女生殖功能是否正常。除做阴道滴虫和细菌检查、宫颈刮片外，还需做卵巢功能检查、输卵管通畅试验、经期子宫内膜检查、甲状腺功能测定、内窥镜检查、染色质与染色体检查。

治疗　针对病因治疗，如抗感染、内分泌激素治疗。原因不明及治疗后不能自然受孕者可用人工授精、胚胎移植等方法。

不正当竞争　unfair competition　经营者违反法律规定，破坏竞争，损害其他经营者合法权益，扰乱社会经济秩序的行为。不正当竞争的具体行为，各国法律的规定不尽相同。根据《中华人民共和国反不正当竞争法》的规定，主要有11种：①欺骗性市场交易行为。②公用企业强制交易行为。③滥用行政权力限制竞争行为。④商业贿赂行为。⑤引人误解的虚假宣传行为。⑥侵犯商业秘密。⑦压价排挤竞争对手行为。⑧搭售和附加其他不合理交易条件的行为。⑨不正当有奖销售。⑩损害竞争对手商业信誉或商品信誉的行为。⑪串通投标。不正当竞争行为的法律责任有3种：一是行政责任，二是民事责任，三是刑事责任。

不自主运动　involuntary movement　肌肉的某一部分、整块肌肉或某些肌群出现的不受意志支配的运动现象。可由大脑皮质运动区、基底节、小脑、脊髓、周围神经或肌肉各部分的病变引起。病因多样。常见以下几种：①震颤。全身或身体一部分表现不随意的但相对有节律的振动性运动。②舞蹈样运动。突然发生、无目的、无节律、不对称、粗大快速的肌肉收缩。发生于面部和肢体，表现为“鬼脸”动作及上肢近端不自主多动，跨步过大，舞蹈步态等。③手足徐动。表现为肌僵硬和手足持续、缓慢、不规则的扭曲运动。频率较慢，一般低于2次/秒，以四肢远端为著，也可累及面部和舌。④肌阵挛。肌肉收缩和抑制引起的肌肉电击样或闪电样运动。可累及单个肌肉或一组肌肉。⑤肌束震颤。小肌束自发的细小、快速或蠕动样收缩。肉眼可看到蠕动样颤动，但不足以引起关节运动。⑥抽搐。突然出现一块肌肉或一组肌肉短暂复杂的协调运动。如头部摇动、眨眼、面肌抽搐、咽喉肌抽搐。⑦扭转痉挛。表现为肌张力障碍和四肢近端、躯干甚至全身剧烈而不随意的扭转。

布阿吉尔贝尔　Boisguillebert, Pierre Le Pesant, Sieur de (1646～1714)　法国古典政治经济学的创始人，重农学派的先驱者。生于鲁昂，卒于鲁昂。主要经济著作有《法国详情》(1697)、《谷物论》(1697～1707)、《论财富、货币和赋税的性质》(1705)、《法兰西辩护书》(1707)等。布阿吉尔贝尔是J.-B.柯尔贝尔重商主义的坚决反对者。他反对重商主义的财富观，认为货币并不是财富，货币是为便利交换而产生的流通手段，真正的财富是土地的产物。与重商主义的对外贸易是财富源泉的观点相对立，布阿吉尔贝尔强调只有农业才是创造财富的源泉。他认为商业是社会经济发展所必需的，并且意识到各种商品价格必须保持一定比例。但他又把货币看作是交换的扰乱因素，实际上是颂扬没有货币的商品生产和交换，这反映了小生产者的观点。布阿吉尔贝尔还是自由竞争的早期热烈拥护者。他的经济自由思想和对财富的看法都为后来的重农学派所继承和发展。

布埃纳文图拉　Buenaventura, Enrique (1925～　)　哥伦比亚剧作家、导演、演员。生于卡利。早年在波哥大大学学习。1955年创建卡利实验剧团。第一部剧本《上帝的右手》(1960)是根据民间传说写成的讽刺剧。其后又写成取材于殖民时期历史的历史剧《献给拉斯·卡萨斯神父的安魂曲》(1963)和《克里斯托夫王的悲剧》(1963)。1968年发表《地狱里的角色》(7出独幕剧)，倾向于“残酷戏剧”的风格。他在卡利实验剧团培养出拉丁美洲各国的许多戏剧工作者。他在戏剧实验方面的探索及所倡导的集体创作的编剧、排练、演出的方法，在拉丁美洲各国的实验戏剧中有广泛影响，为拉丁美洲民族戏剧的创新和发展作出了贡献。

布币　spade-shaped coin　中国春秋战国时期的铜质铲形货币。主要铸行于中原周王畿及邻近地区，三晋、燕和南方楚国。源于青铜农具铲（古称钱），故又名铲币（今多不用）。或说古代布帛曾为交易媒介，铜铲币出现后，仍从习惯称其为布；或说钱、镈用途、形制近同，布是镈的同音假借字，故名。分空首布和平首布两大类。空首布有中空的銎首，为布币早期形态。后变为平首布，无銎，币身完全成为片状，便于铸造和携带。平首布上面常铸有文字，内容包括数字、地名、重量、币名、事物等。这些文字是研究先秦历史地理和古文字的重要资料，但有些文字至今不能确切释读。

楚国旆钱当釿布

布勃卡　Bubka, Sergej (1963-12-04～　)　乌克兰田径运动员。受其兄影响，10岁开始训练撑竿跳高。曾代表苏联参赛，1982年获世界少年田径赛撑竿跳高冠军。1983年获首届世界田径锦标赛撑竿跳高金牌，而后在1987～1997年连续5届夺冠。在世界室内田径锦标赛中，1985、1987、1991和1995年连续4届获冠军。1988年第24届奥林匹克运动会获金牌。1984～1994年，室外撑竿跳高成绩从5.85米提高到6.14米，是世界上第一个在撑竿跳中越过6.00米横杆的运动员。1987～1993年，室内撑竿跳高成绩从5.97米提高到6.15米。布勃卡先后27次刷新撑竿跳高室内、室外世界纪录，是这一项目成绩持续提高的典范。先后当选国际奥林匹克委员会运动委员会委员和执委会委员，2005年出任乌克兰奥林匹克委员会主席。

布达城堡　Buda Castle　匈牙利古城堡。位于布达佩斯市布达区城堡山。国王贝拉四世于13世纪后期始建，马加什国王时扩建为新巴罗克式建筑群，有哥特式大殿、伊斯特万塔、王宫小教堂等，成为15世纪欧洲最辉煌的王宫之一。后几经破坏，经重

布达城堡景色

建后恢复原貌。古城堡内的道路用石块砌成，街道两旁的房屋和路灯仍保持中世纪时的样式，堡内还有不少奥斯曼帝国统治时的遗迹。著名的圣母马利亚教堂是贝拉四世时建造的哥特式建筑，14世纪扩建时部分采用了罗马风格，1470年马加什国王增建了巴罗克式建筑而又称马加什教堂。由于匈牙利历代国王在此加冕，又有加冕典礼教堂之称。教堂西大门两侧有一高一低不对称的锥形尖塔，一为高80米的哥特式塔，另一为较低而有4个角楼的贝拉塔。教堂内有精美壁画，并收藏有贝拉三世和王后的石棺、王冠、权杖等遗物。附近有为纪念渔民们抗击奥斯曼帝国侵略军的英雄事迹，于1901～1903年建造的造型别致的新罗马式和新哥特式混合建筑物——渔人堡。1987年，包括布达城堡在内的布达佩斯作为文化遗产被列入《世界遗产名录》。

布达拉宫 Potala Palace 中国佛教寺院。“布达拉”梵语意为“佛教圣地”。位于西藏拉萨市西北红山。7世纪吐蕃松赞干布与唐文成公主联姻，乃建此宫而居。以后两次毁于灾害兵火。1645年五世达赖喇嘛进行扩建，历时半个世纪始具规模。白宫横贯两翼，为达赖喇嘛生活起居地，有各种殿堂长廊，摆设精美，布置华丽，墙上绘有与佛教有关的绘画，多出名家之手。红宫居中，供奉佛像、松赞干布像、文成公主和尼泊尔天尊公主像等数千尊，以及历代达赖喇嘛灵塔，黄金珍宝镶嵌其间，配以彩色壁画，金碧辉煌。布达拉宫占地13万平方米，房屋数千间，主楼共13层，高117米，东西长约360米。建筑群布局严谨，错落有致，体现了西藏建筑工匠的高超技艺。布达拉宫是西藏政教合一政权的中心。每逢节日活动，宫门前广场上聚集着信仰藏传佛教的各民族佛教徒。1990年8月后重修。是中国全国重点文物保护单位。已被联合国教科文组织列入《世界遗产名录》。

布达拉宫远眺

布达佩斯 Budapest 匈牙利首都，全国最大城市和经济、文化中心。欧洲名城。跨多瑙河中游两岸，西岸是布达，东岸是佩斯。面积525平方千米。人口170.9万(2009)。

布达建于外多瑙山地的边缘坡地上，前临多瑙河，佩斯地处多瑙河阶地面上，地势平坦。属温带大陆性气候，平均气温1月−1.1℃，7月22.2℃。平均年降水量630毫米。

古代原为布达、老布达和佩斯3个市镇。早在公元前，凯尔特人即在布达建城。公元1世纪时，为罗马人在边界设防的居民点。佩斯始建于3世纪。896年马扎尔人来此定居，两城结合在一起。12世纪蒙古人侵入后，布达成为首都，佩斯成为东西方贸易中心。1541～1686年被奥斯曼帝国占领，一度衰落。18世纪初又趋繁荣。1873年，布达、老布达（农业市镇）和佩斯合并为一个城市，遂称布达佩斯。奥匈帝国解体后，定为匈牙利首都。第二次世界大战期间，城市3/4的建筑物遭破坏，战后重建。

匈牙利重要的工业城市和最大的交通枢纽。工业以机械制造业为主，还有冶金、电子、化学、纺织、食品等工业。主要分布在多瑙河沿岸地区和切佩尔岛上，有全国最大的冶金联合企业和切佩尔汽车工厂。交通便利，多瑙河水运通联南北，并东通黑海，有铁路和公路通往国内各地，并通邻国。还辟有许多航空线，通国内外大城市。市内公路遍布，并有地铁。

多瑙河畔的布达佩斯

全国最大的文化中心，有匈牙利科学院及其所属研究所；并有多所高等院校、国家剧院、影剧院、博物馆、音乐厅、美术馆和体育场等。

名胜古迹众多。城堡山是布达佩斯的发祥地，山顶上有**布达城堡**，市中心英雄广场上以千年纪念碑为主体的群雕，是1896年为庆祝匈牙利民族在这里定居1 000周年而建造。

布代尔 Bourdelle, Antoine (1861-10-30～1929-10-01) 法国雕塑家。生于蒙托邦，卒于巴黎。最初在巴黎随雕塑家J.达卢和A.法尔吉埃学艺，后转入**A.罗丹**工作室，拜罗丹为师，并成为他的助手。在布代尔的艺术生涯中，罗丹对他的影响很大，但当他的艺术思考逐渐成熟时，便决定走不同于罗丹的路。他从公元前5世纪初的希腊雕塑和中世纪哥特式雕塑中吸收养料，寻求更为单纯、质朴和粗拙的艺术风格。因此，他的作品具有更强烈的动感，有更大的内在力量，富于浪漫主义气息。他一生创作了许多以音乐家L.van贝多芬为题材的作品。贝多芬的富于创造力和浪漫精神以及充满矛盾的性格，是他理想的表现主题。从《阿波罗头像》(1900)中，可看到希腊雕塑对他的影响。而他最成功、最有影响的作品《弓箭手赫拉克勒斯》(1910)，则以激烈的动感和独特的构图处理而为人们所惊叹。他常把写实和象征两种艺术语言巧妙地融合在一起，创造出震撼人心的艺术效果。他还尝试用中世纪罗马式的手

《弓箭手赫拉克勒斯》

法创作雕像，造型夸张，略为华丽而又有节制。他还创作了大量的胸像。他的绘画和陶瓷作品也颇精彩。他在巴黎的工作室，现已成为布代尔博物馆。

布袋戏 puppet show 中国木偶戏种类。又称掌中戏或掌中木偶戏。表演者用手指直接操纵，因而动作节奏明快，迅捷有力。传统布袋木偶约高一尺，制作精美，以福建漳州、泉州最为著名。木偶头一般用樟木雕制，内设机关，可以控制五官及面部肌肉的活动。身躯形似布袋，上边接木偶头，左右上角接木偶双手，布袋前片下端接双腿。表演者食指插在木偶颈里，中指、拇指伸到木偶左右袖管中直接操纵双手，可以做出许多敏捷灵活的动作，如脱衣穿衣、挥刀舞剑等。很多地方都有具有本地特色的布袋戏，如福建漳州龙溪布袋戏以演武戏见长，特技众多。演员能运用偶人不同的姿态特别是用反套（制造出偶人背手的视觉）、飞套（偶人从演员的一只手飞脱套到另一只手上）等操纵技术表演人物的笑态、媚态、羞态、病态等以及其他生活动作。代表剧目有《雷万春打虎》、《蒋干盗书》、《抢亲》等。

《布登勃洛克一家》 *Buddenbrooks* 德国长篇小说。托马斯·曼著。发表于1901年。副标题为“一个家庭的没落”。描写德国北部吕贝克城一个名门望族布登勃洛克一家四代人的兴衰史。故事发生在19世纪30～70年代。第一代约翰精明强悍，对生活和事业充满信心，在几十年内办起了经济实力雄厚的大商号。第二代小约翰只能勉强维持祖业，同时把一半心思分给了宗教和自然。第三代托马斯曾努力振兴家业，但内心深处对经商产生怀疑，英年早逝。其弟克里斯蒂安则把精力耗费在演戏和妓院。第四代单传小汉诺体弱、内向，丧失生活意志，仅18岁就离开了人世。小汉诺的母亲带着仅剩的一点财产回了娘家。至此显赫一时的大家庭彻底崩溃。托马斯·曼以编年史的方式，通过一个家族的兴衰，客观地表现了19世纪末市民阶层传统价值观念淡化、生命意志和务实能力衰落的同时，思想、精神上日益趋向复杂、敏感的过程。

布尔巴基学派 Bourbaki school 20世纪最有影响的数学学派。1935年由法国一些年轻的数学家组成，借用尼古拉·布尔巴基为集体著作的笔名，故名。布尔巴基成员大多为法国数学家，前后有4代人：第一代是奠基者，主要有A.韦伊、H.嘉当、C.谢瓦莱、J.德尔萨特、J.迪厄多内。第二代在第二次世界大战中及结束后被选入，其中包括L.施瓦尔茨、J.-P.塞尔等。20世纪50年代加入的为第三代，有A.格罗森迪克、A.博雷尔等。第四代大都是格罗森迪克的学生，他们都是20世纪极具影响的数学家，主要著作是《数学原理》，1939年起出版，多次再版，至今出版41万册，并译成美、日、俄等多种文字，产生巨大影响。

布尔巴基学派在其著作中继承和发展德国数学家D.希尔伯特、E.诺特、E.阿廷等人的观点，吸收法国数学家É.嘉当的数学成就，对现代数学进行全面系统地整理和分析，得出自己的体系。布尔巴基学派的主要思想是主张数学的统一性，认为数学结构是数学统一性的基础。数学的基本结构可分为代数结构（群、环、域）、序结构（格）、拓扑结构三大类型，两种或多种结构可以复合成更为复杂的结构，如拓扑群、拓扑向量空间乃至微分流形和李群等。通过结构的分析，数学的各个分支也就在统一的数学框架之内，形成一个严整的体系。而《数学原理》的前6卷构成了数学基础：Ⅰ集合论，Ⅱ代数学，Ⅲ一般拓扑学，Ⅳ单实变函数论，Ⅴ拓扑向量空间，Ⅵ积分论，另外两卷“李群与李代数”和“交换代数学”也十分杰出。《数学原理》的另外一个突出特点是其中的历史分析。

第二次世界大战后的30年（1945～1975）是布尔巴基学派思想得到广泛传播并在数学界产生决定性影响的时期，它使纯粹数学的发展登上新高峰。

布尔代数 Boolean algebra 英国数学家G.布尔为了研究思维规律（逻辑学、数理逻辑）于1847和1854年提出的数学模型。此后J.W.R.戴德金把它作为一种特殊的格。所谓一个布尔代数，是指一个有序的四元组(B, ∨, ∧, *)，其中B是一个非空的集合，∨与∧是定义在B上的两个二元运算，*是定义在B上的一个一元运算，并且它们满足一定的条件。

布尔代数到了20世纪30～40年代才又有了新的进展，大约在1935年，M.H.斯通首先指出布尔代数与环之间有明确的联系，他还得到了现在所谓的斯通表示定理：任意一个布尔代数一定同构于某个集上的一个集域；任意一个布尔代数也一定同构于某个拓扑空间的闭开代数等，这使布尔代数在理论上有了一定的发展。布尔代数在代数学（代数结构）、逻辑演算、集合论、拓扑空间理论、测度论、概率论、泛函分析等数学分支中均有应用；1967年后，在数理逻辑的分支之一的公理化集合论以及模型论的理论研究中也起着一定的作用。近几十年来，布尔代数在自动化技术、电子计算机的逻辑设计等工程技术领域中有重要的应用。

布尔加科夫 Bulgakov, Mikhail Afanasyevich (1891-05-14～1940-03-10) 苏联作家。生于基辅，卒于莫斯科。1916年毕业于基辅大学医学系。曾从医。主要创作小说和戏剧，题材大致有三类：一是写内战时期白卫军的作品，如长篇小说《白卫军》(1923～1925)、《逃亡》(1928)等；二是表现现实生活的故事，如《不祥之蛋》(1925)、《狗心》(1925)及剧本《卓尔卡的住宅》(1936)等；三是自传体作品，如《一个医生的奇遇》(1923)、《袖口札记》(1924)等。魔幻怪异小说《大师与玛格丽特》是作家的巅峰之作，前后六易其稿，直至生命的最后时刻也未能完成。布尔加科夫的作品内容怪诞、乖戾，手法离奇，颇具特色。

布尔诺 Brno 捷克第二大城市，南摩拉维亚州首府。在捷克-摩拉瓦高地东南，斯夫拉特卡河与斯维塔瓦河汇流处。人口37.15万(2009)。9～10世纪建城堡后兴起，1243年建市。1526～1918年是摩拉维亚的经济、文化中心。19世纪末是工人运动的中心之一。重要铁路交通枢纽。机械制造业发达，以生产拖拉机、电机、机床、机车车辆和化工设备著称。每年2月、4月和9月在此举办布尔诺国际机械工业博览会。还有精密仪器制造、纺织、食品、木材加工、家具、印刷、水泥等工业。设有科学院分院、高等院校、美术馆、博物馆等。有圣雅各布教堂、圣彼得和圣保罗教堂和施皮勒贝

布尔诺城市一景（中为圣彼得和圣保罗教堂）

格城堡遗址等古建筑。

布尔热 Bourget, Paul（1852－09－02～1935－12－25） 法国小说家、文学评论家。生于亚眠，卒于巴黎。最初写作诗歌，受象征派的影响颇深，发表了《不安宁的生活》（1875）、《承认》（1882）等诗集。评论《现代心理学论集》（1883）、《现代心理学论集续编》（1885）、《研究和画像》（1888）和《现代爱情心理学》（1890）等4部论著，奠定了他在文学界的地位。1885年开始创作小说。重要作品有《残酷的谜》（1885）、《爱之罪》（1886）和《谎言》（1887）。随后转向道德小说的创作，其中《门徒》（1890）为代表作，1901年皈依天主教，创作了《阶段》（1903）、《离婚》（1904）、《中年魔障》（1914）等。剧本有《街垒》（1910）和《法官》（1911）。他的作品对资本主义的社会环境和人的内心世界的精细描绘，至今仍有一定的认识价值。

布尔热拉 Bourgelat, Claude（1712～1779－01－03） 法国兽医学家。生于里昂，卒于里昂。布尔热拉在兽医教育和公共卫生领域作出贡献，1761年在里昂创建为现代兽医科学奠基的世界第一所兽医学院，5年后又在阿尔福维尔创办了另一所兽医学院。18世纪中叶，他曾提出选择对疫病有天然抵抗力的动物进行抗病育种的新概念。1774年他与另一医师共同促成制定了法国国家卫生标准法规。他的大量论著为当时兽医教育提供了一整套理论与实践的素材。

布尔人大迁徙 Boers, Great Trek of 19世纪30～40年代英国夺取开普殖民地后，荷裔布尔人向南非内陆的大规模迁徙。1652年布尔人侵占好望角后，不断向东扩张，侵占非洲人土地，企图进抵印度洋西岸，18世纪70年代在大菲什河畔遇到科萨人的顽强抗击，东侵受阻。此后部分布尔人逐渐转而北上，蚕食奥兰治河以南土地。英国占领开普殖民地后，实施资本主义性质的经济政策，妨碍了布尔农场主对土地的无限制占领，并使布尔农场主丧失了无偿劳动力的来源。为此布尔人决定离开开普殖民地迁往内陆，维持原有经济结构，建立自己的国家，以摆脱英国的限制。

1835～1836年，开普殖民地的布尔人陆续从开普东部地区出发向北迁徙。迁徙的牛车队渡过奥兰治河以后，分三路进发。参加大迁徙的布尔人先后有1.5万人。

1835～1848年，布尔人侵占奥兰治河和林波波河之间数十万平方千米土地。马塔贝勒人为保卫乡土进行了顽强的抵抗，但被拥有优势武器的布尔人击败，被迫退往林波波河以北。布尔人在用武力占领的土地上建立了纳塔尔共和国、德兰士瓦共和国和奥兰治自由邦。

布尔萨 Bursa 土耳其第四大城，布尔萨省首府。位于小亚细亚半岛西北端，海拔100米。北距马尔马拉海盖姆利克湾21千米。人口120万（2002）。建于公元前3世纪。罗马时代和拜占廷时代均十分繁华。1326～1426年曾为奥斯曼帝国首都。古代丝绸之路的西端，传入中国养蚕技术，发展蚕丝工业，有“丝绸之城”美誉。高产农业和纺织工业共同促成了布尔萨的繁荣。公路枢纽，安卡拉—恰纳卡莱公路东西横贯；有高速公路北达马尔马拉海岸港口亚洛瓦，并与伊斯坦布尔—安卡拉高速公路衔接；还有民用机场。市内房屋色彩鲜艳，奥斯曼风貌至今犹存。有乌卢山大学（1975）和考古博物馆等。1964年以来，每年举行博览会和传统的剑盾节。多名胜古迹，有奥斯曼帝国的创立者奥斯曼及子孙的陵墓。另有绿色清真寺（1421）、布尔萨城堡、阿塔图尔克（凯末尔）雕像、切基尔盖温泉、考古博物馆以及18世纪的国王离宫等。

布尔什维克 Bolshevik 俄国社会民主工党的一个派别、**苏联共产党**的前身。俄文Большевик的音译，意为多数派。在1903年俄国社会民主工党第2次代表大会期间，在选举中央委员会和党的机关报《火星报》编辑部成员时，拥护**V.I.列宁**的人得多数票，称布尔什维克；拥护L.马尔托夫的人得少数票，称**孟什维克**（俄文意为少数派）。这以后，两派的分歧不断加深。1905年革命失败后，大部分孟什维克主张取消秘密政党，建立合法工人政党，被称为取消派。1912年1月，俄国社会民主工党在布拉格召开第6次代表会议，把取消派开除出党。孟什维克不服从会议的决议，因而同布尔什维克脱离关系。但两派仍都用社会民主工党的名称。只是到1917年俄国社会民主工党四月代表会议之后，布尔什维克才在社会民主工党后面加括号标明“布尔什维克”，以示区别。1918年3月，俄国社会民主工党第7次全国代表大会决定改名为俄国共产党（布尔什维克），简称俄共（布）。1925年12月，俄共（布）十四大决定改名为全联盟共产党（布尔什维克），简称联共（布）。1952年10月，联共（布）十九大决定取消双重名称，改称苏联共产党。十月革命胜利后，各国共产党都以俄共为榜样，布尔什维克遂成为马克思列宁主义者的同义语。

布尔特曼 Bultmann, Rudolf（1884－08－20～1976－07－30） 德国基督教新教神学家，存在主义神学代表之一。生于德国韦费尔施特德，卒于马尔堡。19岁开始研究神学，后在大学任神学教授。主要建树在《新约圣经》领域，认为在原始基督教中，历史人物**耶稣**已变成了一个神话，而我们这个时代，神话式的理解已经不为人们接受，因而提出了新约非神话化的主张。认为可以根据哲学家**M.海德格尔**的生存分析和生存概念来理解《新约圣经》。布尔特曼的观点在学术界引起了热烈争论，其追随者形成布尔特曼派。著有《耶稣基督与神话》、《同观福音传统史》、《新约神学》等。

布法罗 Buffalo 美国纽约州城市和湖港。位于伊利湖东端，尼亚加拉河南口。市区面积105平方千米，人口27.09万（2008）；布法罗－尼亚加拉瀑布城大都市区人口112.43万（2008）。地处湖滨平原。平均海拔178米。冬寒夏热，1月平均气温0℃以下，7月20℃；年降水量980毫米，冬季多雪。1780年为塞尼卡族印第安人的小村。1803年设镇。1825年伊利运河通航后，成为大湖区和内河航运的交接点，农矿产品集散地。1832年设市。1959年圣劳伦斯深水航道开通后，港口的地位更加突出。拥有钢铁、化工、汽车和飞机零部件、电器、电子、铁路设备、金属加工等多种工业部门，为全国最大的面粉工业中心。美国大湖区和东北部两大经济发达地带之间以及美、加两国之间的水陆交通中心，货运繁忙。市东有布法罗－尼亚加拉国际机场。旅游业发达，著名旅游胜地**尼亚加拉瀑布**在城西北30千米处。市中心尼亚加拉广场在城西南湖滨地带，周围为商业区。市内有核子、航天和医学等科研机构，以及纽约州立大学布法罗分校（1846）等10余所高等院校。有奥尔布赖特－诺克斯艺术馆、历史博物馆、科学博物馆、克莱因汉斯音乐厅、里奇体育场等文化设施。

布丰 Buffon, Georges-Louis Leclerc, Comte de（1707-09-07～1788-04-16） 法国博物学家。生于勃艮第省蒙巴尔城，卒于巴黎。1726年毕业于法国第戎的耶稣会学院。

1739年被选为法国科学院候补院士并被任命为国家皇家植物园园长。1753年成为法国科学院院士，1739年被选为英国皇家学会会员。

布丰是现代进化论的先驱者之一，发表了不少的进化论论文。他估计地球的历史至少是7万年；在未发表的著作中，他估计地球的年龄是50万年。他研究过许多植物和动物，也观察了一些化石，注意到不同地史时期的生物有所不同。他接受了牛顿关于作用于地球上的力学规律也适用于其他星球的论点。他认为大自然应包括生物在内，自然界是一个整体，各部分相互联系、相互制约。指出C.von林奈只注意到物种之间的细微差异，而没有把生物看作自然秩序的一部分。

他认为物种是可变的。相信构造简单的生物是自然发生的，认为精子和卵巢里的相应部分是组成生物体的基本成分，不赞成先成论而支持渐成论。认为有些物种是退化出来的。

他的主要著作是《自然史》，共44卷，前后历时55年（1749～1804），由助手帮助完成。

布干达王国 Buganda, Kingdom of 东非王国。存在于今乌干达共和国境内，维多利亚湖北岸。布干达意即干达人的地区，居民为干达人（或称巴干达人）。

相传布干达的开国君主（当地语称“卡巴卡”）是金图。16世纪初，北方卢奥人在建立布尼奥罗王国后继续南下，在布干达建立巴比托王朝。此后约300年，布干达与北方强邻布尼奥罗王国争雄。自17世纪中叶起，布干达开始扩展领土；到18世纪末，控制了从卡盖拉河口到布索加边境的维多利亚湖沿岸，势力达到今坦桑尼亚西北部的卡拉圭和依汉吉罗。在国王穆特萨一世统治时期（1856～1884），布干达建立了一支由国王统辖的常备军；此时，国势鼎盛。

1890年英军入侵布干达。1894年6月，英国正式宣布布干达为保护国。1962年乌干达独立后实行联邦制，布干达王国为联邦成员。1966年5月，中央政府部队攻占布干达王宫，穆特萨二世逃亡英国。1967年9月乌干达颁布新宪法，取消了王国制，布干达王国至此灭亡。

布干维尔岛 Bougainville Island 所罗门群岛中的最大岛屿。位于南太平洋西部所罗门海东北边缘。呈西北—东南走向，长120千米，宽64～96千米，面积约1万平方千米。包括属岛布卡岛在内，人口19.0万（2000）。以山地为主，多火山、地震。最高峰为巴尔比峰。南部有狭窄的沿海平原，土壤肥沃。常年高温多雨，山地雨林茂密。海滨多珊瑚礁。东南部山区在20世纪60年代发现有丰富的铜矿资源，蕴藏量估计达8亿吨。主要为美拉尼西亚人。1768年为法国航海家L.-A.de布干维尔发现。1898年该岛由德国管理，1920年为澳大利亚委任统治地。1975年归属新独立的巴布亚新几内亚。居民大多从事农业，出产甘薯、香蕉、椰子、可可、咖啡等。潘古纳铜矿为世界最大的露天铜矿之一，1972年投产后铜矿石出口成为巴布亚新几内亚主要的外汇来源。主要城镇有阿拉瓦、基埃塔、布因等。

布谷鸟 *Cuculus conorus*; cuckoo 鹃形目杜鹃科杜鹃属的一种。又称大杜鹃、郭公。分布于非洲、欧亚大陆到东南亚。中国除台湾省外，各地均有分布。

全长约320毫米。雄鸟上体呈暗灰色；两翅呈暗褐，翅缘呈白色且杂以褐斑；尾呈黑色，先端缀白；中央尾羽沿着羽干的两侧有白色细点；颏、喉、上胸及头和颈等的两侧呈浅灰色，下体余部呈白色且杂以黑褐色横斑。雌雄外形相似，但雌鸟上体灰色沾褐，胸呈棕色。

栖息于开阔林地，特别在近水的地方。常晨间鸣叫，每分钟24～26次，连续鸣叫半小时方稍停息。性怯懦，常隐伏在树叶间。平时仅听到鸣声，很少见到。飞行急速，循直线前进。嗜食其他鸟所不喜啄食的毛虫，如松尺蠖、松毛虫等。以鳞翅目幼虫、甲虫、蜘蛛、螺类等为食。食量大，对控制虫害有作用。不自营巢，而把卵置于东方大苇莺等鸟类的巢内，由后者孵化及育雏。孵化期为12～14天。

布哈拉汗国 Bukhara Khanates 中亚河中地区的封建国家。又称布哈拉埃米尔国。19世纪初，其疆域除泽拉夫尚和卡什卡河流域的基本领土外，还包括今土库曼斯坦、塔吉克斯坦和阿富汗部分地区，以及锡尔河北岸土耳其斯坦城及其附近一带。首都原在撒马尔罕（今乌兹别克斯坦境内），16世纪中叶迁至布哈拉，故名布哈拉汗国。主要居民为乌兹别克人，次为塔吉克人。19世纪时，人口250万～300万。居民从事农业、牧业，灌溉工程较为发达。

1500年乌兹别克人首领昔班尼推翻帖木儿王朝的统治，建立昔班尼王朝。昔班尼汗死后，国家濒于崩溃。1599年，赞尼王朝（阿斯特拉罕王朝）开始统治布哈拉汗国。该朝伊玛目库里汗在位时，政治经济相对稳定和繁荣。其后乌兹别克氏族势力日渐强大，王族内讧加剧，印度莫卧儿王朝和希瓦汗国也频繁入侵。曼格特王朝的第三个统治者沙穆立德（1785～1800年在位）采用埃米尔称号，他兴建的灌溉工程和在财政、行政等方面的改革，加强了布哈拉的中央政权。1868年汗国沦为俄国附庸。1920年9月，当地人民和苏俄红军推翻曼格特王朝，建立布哈拉苏维埃人民共和国。布哈拉汗国灭亡。

16～17世纪时，布哈拉汗国工商业发达，纺织品、陶器、纸张等远销国外。文化传统得到保存和发展。这时新建的许多清真寺和穆斯林神学院（如撒马尔罕的希尔达尔伊斯兰经学院）可与帖木儿王朝的建筑物媲美。文学、史学等盛极一时，绘画、书法等也达到很高艺术水平。

布哈里 Bukhārī, Abū ‘Abd Allah Muhammad ibn Isma ‘il al-（810～870） 伊斯兰教圣训学家。生于中亚布哈拉。16岁随家人朝觐麦加，而后跋涉于辽阔的伊斯兰世界，寻访圣训传述、收录和背记人，全面搜集圣训正文和传述世系，探讨圣训学的疑难问题。据传，他曾访问1 080名长老，记录60万条圣训，用16年时间进行综合分析，筛选出7 397条他认为真实可靠的圣训，再经评论和比较，按教法题材分类，编为《布哈里圣训实录》，被推崇为仅次于《古兰经》的经典，成为宗教学者演绎教法和教义的重要依据。晚年因与布哈拉统治者不和，迁居撒马尔罕。

布哈林 Bukharin, Nikolay Ivanovich（1888-10-09～1938-03-14） 苏联共产党和第三国际领导人，马克思主义理论家。生于莫斯科

一个小学教师家庭，卒于莫斯科。1906年参加俄国社会民主工党。1917年俄国二月革命后，当选全俄苏维埃中央执行委员会委员、莫斯科苏维埃执行委员会委员、俄国社会民主工党（布）莫斯科委员会委员。十月革命时，是领导莫斯科起义的核心成员。同年底任《真理报》主编（1917～1929）。1918年，领导“左派共产主义者”反对签订《布列斯特－立陶夫斯克和约》。1928～1930年间，联共（布）党内关于社会主义建设的路线、方针、政策发生尖锐的分歧和斗争。布哈林认为工农联盟有破裂的危险，反对要农民为工业化“纳贡”，主张国民经济综合平衡，放慢工业发展速度，推迟农业集体化。1929年4月，联共（布）中央全会全面批判他的观点，谴责布哈林等人为“右倾机会主义集团”。4月被解除《真理报》主编职务，7月被解除共产国际执委会主席团成员职务，11月被开除出联共（布）中央政治局。1938年2月被指控组织所谓“右派与托派联盟”阴谋集团，遭到逮捕并被开除党籍。1938年3月14日与A.I.李可夫等16人被苏联政府以叛国罪处决。1988年2月4日，苏联最高法院决定撤销1938年对布哈林一案的判决，为布哈林恢复名誉。5月10日，苏联科学院主席团决定恢复布哈林的科学院院士称号。6月21日，党中央监察委员会决定恢复布哈林的党籍。

布赫 Böke（1926-03～ ） 中华人民共和国全国人民代表大会常务委员会副委员长。蒙古族。内蒙古土默特左旗人。1939年参加革命工作，1942年7月加入中国共产党。

1939～1946年在延安陕北公学、延安民族学院学习。1946～1954年任内蒙古自治运动联合会组织干事，内蒙古自治学院中学部副主任兼政治教员，内蒙古文工团副团长、团长兼党支部书记。1957～1981年任内蒙古自治区文化局副局长、党组书记兼自治区文联主任，自治区文委党委代书记、主任，中共包头市委书记、革委会副主任，自治区党委宣传部副部长、部长，中共内蒙古自治区委常委，国家民委副主任，中共呼和浩特市委第一书记、市长。1981～1993年任中共内蒙古自治区区委副书记，自治区主席。是中共第十二、十三届中央委员。1993年、1998年当选为第八、九届全国人大常委会副委员长。出版有《布赫文集》、《布赫诗集》等。

布基纳法索 Burkina Faso 非洲西部内陆国。原称上沃尔特。位于撒哈拉沙漠南部，邻尼日尔、贝宁、多哥、加纳、科特迪瓦和马里，西距大西洋500千米。面积27.42万平方千米。人口1 580万（2009）。首都瓦加杜古。居民主要属于沃尔特和曼德两个族系。沃尔特族系占人口的70%，包括莫西、格鲁西、古尔马、博博、洛比等族，以莫西人最多。曼德族系占人口的28%，包括萨莫、马尔卡、布桑塞、塞努福和迪乌拉

等族。其余还有少数在北部地区从事游牧业的富拉尼（颇尔）人和经商的豪萨人。莫西语、洛比语和博博语通用范围较广，官方语言为法语。

地理 地势平坦，大部为海拔300～400米的低高原，地表向南微微倾斜，最高点纳库鲁峰海拔仅749米。沃尔特河上游支流穆洪河、纳济农河与纳康贝河自北向南流贯境内。处于热带荒漠向热带草原气候过渡地带。年平均气温27～28℃，年降水量自北向南为500～1 000毫米。年内雨、旱季分明，雨季始于5月，终于9～10月。按照降水和植被类型，自北向南可分为热带半荒漠草原（萨赫勒带）、苏丹草原和南热带草原等几个地带。其中苏丹草原适宜旱作农业，自然

植物保留有高大的猴面包树（波巴布）和具有经济价值的牛油果树。

历史 非洲古老国家之一。莫西族建立王国的历史可追溯到9世纪。12～14世纪先后共建立4个莫西族王国，14～15世纪莫西帝国进入兴盛时期。1904年沦为法国殖民地。其后领土几经分割，1932年曾被一分为三，北、中西和东部分别划归马里、尼日尔和科特迪瓦。1958年12月成为法兰西共同体内的自治共和国，1960年8月5日宣告独立，定名上沃尔特共和国。1984年8月4日国名改称布基纳法索。按照1991年6月通过的第4部宪法规定，布基纳法索是一个民主、统一、非宗教的国家，实行行政、立法、司法三权分立制度。2002年1月，国民议会修改宪法，撤销代表院，将议会两院制改为一院制。合法政党有争取民主和进步大会（执政党）、争取民主和进步党—社会党、争取民主和联合同盟—非洲民主联盟等。政府奉行和平、发展和全面开放的外交政策，强调务实的经济外交。1973年9月15日与中国建交。1994年2月2日布政府决定与台湾当局恢复外交关系，同年2月4日中国宣布与布基纳法索中止外交关系。

经济 2009年国内生产总值约91亿美元，人均国内生产总值约576美元。经济以农牧业为主，全国84%的人口从事农牧业。土地资源丰富，国土1/5可以耕垦，50%可作牧场。主要种植玉米、粟、高粱、薯类、水稻、豆类等作物，粟和高粱产量居西非国家前列。主要经济作物有棉花、花生、芝麻、牛油果和剑麻，棉花是主要出口农产品。北部和东部是重要牧区，牛、羊等活畜和生皮等畜产品在西非占重要地位，出口值仅次于棉花。矿产资源主要有黄金、锰、铝土、磷酸盐等，除黄金、岩盐、锑外，多未开发。

布基纳法索北部传统村落

工业基础薄弱，以纺织、榨油、食品等农产品加工和机械修配为主，集中于博博迪乌拉索、瓦加杜古、库杜古等地。旅游业2007年收入超过4 000万美元，对外交通运输依靠阿比让—瓦加杜古铁路（境内长517千米）。公路约1.4万千米，其中国家级公路约3 300千米。瓦加杜古和博博迪乌拉索有国际机场，与西非各国有定期航班。

文化 有中学293所，高等学府有瓦加杜古大学、博博工科综合大学和库杜古高等师范学校3所。实行新闻自由。全国共有报刊40多种，其中官方报刊主要有《希德瓦亚报》、《非洲十字路口》、《希德瓦亚画报》。布基纳新闻社为官方通讯社，每周出版两期《每日新闻》。布基纳国家广播电台用法语和民族语言播音。布基纳国家电视台建于1963年，1978年起开播彩色电视节目。1995年3月宗教等团体创办的电视台和电台开播。主要景区有东南部边境的阿尔利国家公园、尼日尔河W河段国家公园和辛古动物保护区，区内地域辽阔，热带草原自然风光和动植物特色突出。

布吉人 Buginese 东南亚印度尼西亚共和国的民族。又称布吉斯人。约450万人（2001）。主要分布在苏拉威西岛西南部、加里曼丹岛东南部和小巽他群岛部分地区。属蒙古人种马来类型，系新马来人的后裔。使用布吉语，属南岛语系印度尼西亚语族。通用马来语和印度尼西亚语。14世纪即有本民族文字，以及用本族文字创作的文学作品。信奉伊斯兰教，属逊尼派，但仍保留印度教和原始信仰残余。由20～40户组成一个村落，由若干村落组成一个地缘集团。有共同的神器，共同举行宗教活动，由称为“比苏”的祭司主持。主要从事农业，种植水稻，能提供大批商品粮；部分人从事畜牧业，饲养马、牛、羊；渔业和手工业亦很发达；擅长航海，精于经商。

布加勒斯特 Bucharest; București 罗马尼亚首都，全国最大城市。位于瓦拉几亚平原中部、多瑙河支流登博维察河畔。面积226平方千米。人口193万（2008）。地处南喀尔巴阡山麓与多瑙河之间，登博维察河穿城而过，把城市分成几乎相等的两半。大部地区海拔50～100米。年平均气温11℃，1月平均气温-3℃，7月23℃。

14世纪始建村镇，1459年建要塞，始用今名。1659年成为瓦拉几亚公国首都。18世纪曾为东南欧仅次于君士坦丁堡的第二大城。1862年瓦拉几亚和摩尔多瓦两个公国合并，定国名为罗马尼亚，定布加勒斯特为首都。第二次世界大战中遭严重破坏，战后重建。1977年3月发生强烈地震，致使城市建筑严重毁坏，后重建。

全国最重要的工业基地。有机械制造、化工、冶金、建材、木材加工、玻璃、纺织、服装、印刷和食品等部门。工业设备、汽车、机车、农业机械、精密机床、电子产品、塑料、药品、纺织品和服装等产品在全国占有重要地位。

布加勒斯特市中心街景

全国交通枢纽，8条铁路和多条公路由此通向全国各地。设国际和国内两个机场。油、气管道自普洛耶什蒂和特兰西瓦尼亚通此。

全国科研和文教中心，10余所高等院校、几十个科研机构、多个演出场所、各类博物馆近40个。大小公园和街心花园遍布全市，素有花园城之称。

布坎南 Buchanan, James McGill (1919-10-02～) 美国经济学家，公共选择学派的主要代表人物。生于田纳西州的默弗里斯伯勒。1948年获芝加哥大学哲学博士学位。1948～1950年任田纳西大学副教授，1950～1951年任教授。1951～1955年任佛罗里达州立大学经济学系教授。1956年任弗吉尼亚大学经济学教授，托马斯·杰斐逊政治经济学和社会哲学中心主任。1962～1968年任弗吉尼亚大学保罗·麦克泰尔经济学教授。1968～1969年任加利福尼亚大学洛杉矶分校经济学教授。1969年任弗吉尼亚工学院经济学教授，并任该学院公共选择研究中心主任。1983年将该中心迁至弗吉尼亚州费尔法克斯市的乔治·梅森大学，任乔治·梅森大学公共选择研究中心总顾问。曾任美国南部经济学会会长，美国经济学联合会副会长和西部经济学会副会长等职。1986年获得诺贝尔经济学奖。

作为公共选择理论的创始人，布坎南对经济学的主要贡献在于：最早把经济分析工具应用到政治决策领域，提出制度和宪法选择的基本原则，从而奠定了现代公共选择理论的基础。他把政治行为理解为市场行为并据此来研究政治决策。布坎南以其独特的视角开辟了经济研究的新领域，极大地丰富了现代西方经济学的理论内容。著有《国债的公共原理；辩护与重申》、《公共选择理论》（合著）、《自由的界限：无政府与利维坦之间》、《宪法合约的自由：政治经济学家的观点》、《宪法经济学探索》等。

布拉柴维尔 Brazzaville 刚果（布）首都、最大城市和港口。位于国土南部边境、刚果河下游右岸，隔河与刚果（金）首都金沙萨相望。人口118万（2008）。城市坐落在刚果河边。热带草原气候，终年高温多雨。年平均最高气温29.8℃，极端最高气温36.7℃；平均年降水量1 392毫米。原为河边村落。1880年法国殖民者入侵，随后建市，并成为法属赤道非洲殖民首府。1934年刚果—大西洋铁路建成，打通直抵大西洋港口黑角的陆路通道。1960年8月15日国家独立后定为首都，成为全国政治、经济、文化中心和交通枢纽。工业主要有纺织、食品、啤酒、制糖、榨油、卷烟、木材加工、电力、金属加工、化工、水泥等。中非地区重要的水陆交通枢纽。水运通达刚果河及其支流中上游，成为刚果（布）最大河港，年吞吐量50万～60万吨。铁路直通大西洋岸黑角港。公路连接加蓬、中非共和国和喀麦隆。与河对岸刚果（金）首都金沙萨有轮渡相通。中非、乍得、加蓬的部分进出口货物均在此中转。布拉柴维尔机场为国际航空港。有多所高等学校及中等专业学校，恩古瓦比大学是全国最高学府。著名的波托波托非洲艺术学校，是黑非洲传统手工艺人的摇篮。城市从朱埃河汇入口沿刚果河向上游延伸，东部为商业区和住宅区，西部高地为行政、文教和高级住宅区，工业沿河分布。重要建筑有被称为刚果“巴黎圣母院”的大教堂、人民宫、政府大楼、高等教育中心、共和国体育场等。

布拉得雷 Bradley,James (1693-03～1762-07-13) 英国天文学家。生于格洛斯特郡的舍伯恩，卒于该郡的查尔福德。1711年在牛津大学波里奥学院求学，1717年获硕士学位。英国皇家学会会员。先后任牛津大学天文学教授，格林尼治天文台第三任台长。布拉得雷1725年研究地球绕太阳运行时恒星的视差位移，发现天龙座ρ（天厨

四)在天球上的移动与视差位移不相符合，而是朝向黄道上在太阳西面90°的那个方向。1728年他得出结论，认为这是星光速度与地球轨道速度合成的结果，并名之为光行差。1727年，他发现恒星的赤纬除了光行差效应之外，还有一种微小的变化。1732年他提出，这是由于月球对地球赤道隆起部分的吸引而使地球自转轴产生摆动引起的。1750～1762年，他测量了6万多颗恒星的位置，达到很高的精度。其星表先后于1798年和1805年分两卷出版。

布拉德福 Bradford, Samuel Clement (1878-01-10～1948-11-14) 英国文献学家、化学家。生于伦敦。年轻时学化学，后在英国科学博物馆图书馆从事研究工作并取得了博士学位。他是英国改进科技情报管理的热心支持者，并为文献工作的发展作出了贡献。1947年当选为国际文献工作联合会副主席、国际分类法委员会主席。他在1934年提出了**布拉德福定律**，这一定律受到了广泛的重视，并引起了热烈的讨论。布拉德福著述颇多，仅关于文献工作的论著就有35种。

布拉德福定律 Bradford' s law 描述某一学科论文在相关期刊中的分布规律的一种经验性定律。由英国文献学家S.C.布拉德福于1934年首先提出。又称布拉德福分布定律或布氏定律。该定律指出：如果将科学期刊按某一给定学科的论文刊载量多少，以递减顺序排列起来，就可以将这些期刊分成专门论述该学科的“核心”区和另外几个组或区，令其中每区期刊的载文量与核心区期刊载文量相等，这时各区的期刊数成$1:n:n^2:\cdots$。n为布拉德福常数，$n>1$。该定律还可以用图像表示。如果取等级排列的期刊序号（级数）的对数$\lg n$为横坐标，以相应的论文累积数$R(n)$为纵坐标绘制成图，便得到一条曲线，称为布拉德福分布曲线（见图）。

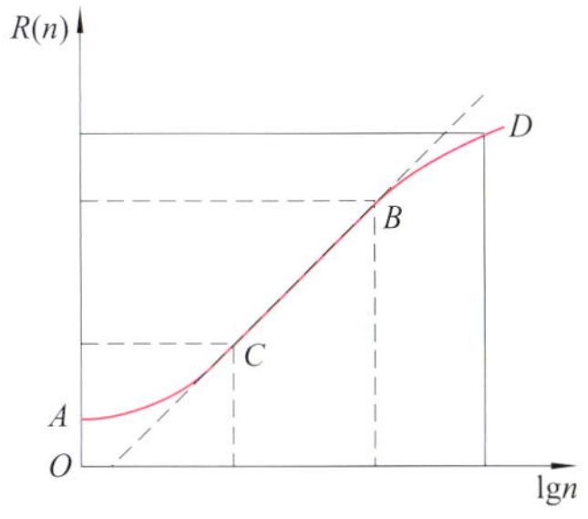

布拉德福分布曲线

布拉德福分布曲线明显分为三部分：曲率渐增的曲线、直线、曲率渐减的曲线。曲率渐增部分与核心区期刊对应，后两部分与后继各区期刊对应。布拉德福分布曲线在进入直接部分后要偏离下垂，数学上解释为格鲁斯F垂。

布拉迪斯拉发 Bratislava 斯洛伐克首都、直辖市。全国最大城市和经济、文化中心。位于多瑙河畔，喀尔巴阡山脉西麓。面积367平方千米。人口43.1万（2009）。古罗马帝国时建为要塞。8世纪西斯拉夫人在此定居。1526～1784年为匈牙利王国首都。1918年正式回归捷克斯洛伐克。1992年定为斯洛伐克首都。属温带大陆性气候。1月平均气温-1.6℃，7月20.1℃，年均降水量657毫米。有大型石油化工联合企业，还有电机、机床、造船、纺织、食品、玻璃、建材等工业。水陆交通枢纽。有铁路和公路通国内各主要城市和奥地利、匈牙利等邻国。有伊万卡国际机场。市内有大学、科学院、博物馆、美术馆、国家剧院等。有布拉迪斯拉发城堡、圣马丁教堂、圣约翰教堂、米哈伊门、罗兰喷泉，横跨多瑙河的悬索大桥等古迹。

布拉迪斯拉发市景

布拉干萨王朝 Bragança, House of (1640～1910) 统治葡萄牙的王朝。1822～1889年王朝的支系还曾统治巴西帝国。其名称来自葡萄牙东北部的城市布拉干萨。第一代布拉干萨公爵是阿丰索（1442～1461年在位）。1580年西班牙费利佩王朝统治葡萄牙，葡萄牙人迫切要求独立。于1640年12月1日葡萄牙军事首领第8代布拉干萨公爵若昂二世[即若昂四世（1640～1650年在位）]建立了布拉干萨王朝。经过近28年的战争，西班牙在1668年承认葡萄牙独立。

1750～1777年，蓬巴尔侯爵在葡萄牙和葡属巴西殖民地推行改革（见**蓬巴尔改革**）。1807年法国拿破仑军队入侵，布拉干萨王室流亡巴西达14年之久。1822年布拉干萨王朝的佩德罗父子先后在巴西称帝，直至1889年巴西共和国成立为止。1820年葡萄牙爆发第一次资产阶级革命。1823年王朝复辟。王室家族的互相倾轧使葡萄牙陷入无休止的内战和混乱的境地。布拉干萨王朝末期葡萄牙人首次横穿非洲大陆的成功，确立了它在莫桑比克及安哥拉的殖民统治地位。1910年，葡萄牙发生共和主义运动，推翻封建王朝，建立共和国。布拉干萨王朝告终。

布拉格 Prague; Praha 捷克首都，全国最大城市和经济、文化中心。地处波希米亚高地中心，跨伏尔塔瓦河两岸。海拔200～300米。面积496平方千米。人口124.2万（2009）。

属温带大陆性气候。1月平均气温-0.5℃，7月17.9℃。平均年降水量508毫米。原为伏尔塔瓦河上的渡口。9世纪下半叶普热美斯王朝在此建费塞拉德城堡。10世纪成为波希米亚王国都城和商业、贸易中心。1346～1378年，神圣罗马帝国皇帝兼波希米亚国王查理四世在此建都，并一度成为欧洲最大的政治、经济和文化中心之一。1918年为捷克斯洛伐克共和国首都。第二次世界大战期间被德国法西斯占领。1945年5月获解放，并重建。1970年市区扩大到现有规模。全市分为10个区。

全国最大工业中心。汽车、飞机、机床、内燃机车、矿山设备和车厢等机械制造最为突出，还有化工、纺织、皮革、印刷、食品加工等。交通枢纽。10条铁路8条公路交会于此。西郊有鲁济涅国际机场。有国家科学

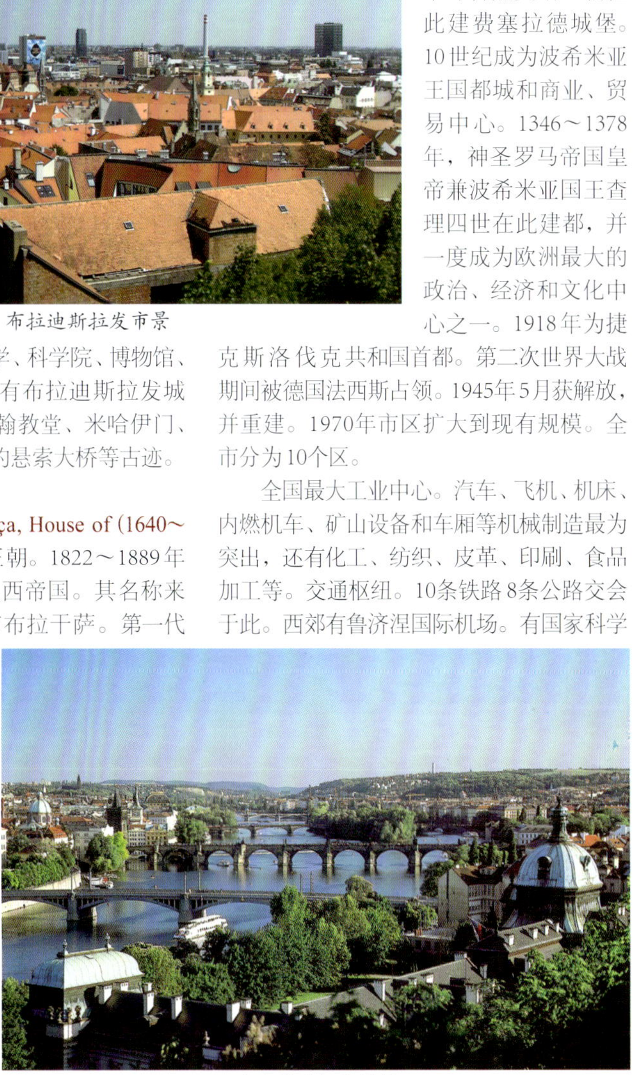
伏尔塔瓦河上的桥

院等科研部门及布拉格大学等高等院校。市内多公园和文化体育场所。深秋时金黄色的树叶覆盖全城，素称金色布拉格。每年在此举办布拉格之春音乐节。伏尔塔瓦河蜿蜒而过，两岸有10座大桥相连(见图)。其中查理大桥建于14世纪，是捷克古代桥梁建筑的精华。著名古建筑有旧市政厅、蒂恩教堂、圣尼古拉斯教堂等，**布拉格城堡**是历代国王的宫殿所在地，由圣维特大教堂及星罗棋布的宫殿、教堂、古堡、画廊等组成，现为总统府。其南的小城区保存了中世纪的城市风貌，多弯曲狭窄的街道和以巴罗克风格为主的宫殿式建筑。

布拉格城堡 Prague Castle 捷克王宫。也是历届总统的办公室，故又称总统府。位于首都布拉格伏尔塔瓦河西岸拜特申山上，由圣维特教堂和大小宫殿组成（见图）。城堡建于7世纪，最初为波希米亚的王宫，远远望去，可见乳黄色的楼房、铁灰色的教堂、淡绿色的钟楼、白色的尖顶。这里有罗马式、哥特式、巴罗克式、文艺复兴式等各个历史时代风格的建筑，包括教堂、王宫、画廊、大厅、塑像、喷泉等。其中以文艺复兴时期建的晚期哥特式加冕大厅、安娜女王娱乐厅和西班牙大厅最有名。其核心建筑有圣维特教堂，高97米，长60米，宽12米，建筑宏伟，陈设独特。教堂内收藏着捷克国王从14世纪以来沿用的王冠和权杖，有国王的画像和塑像，有以宗教故事为题材

的名贵的油画和木刻画等珍贵文物。圣维特教堂东面是圣乔治教堂，建于10世纪，是布拉格古老的罗马式教堂。其内陈列着中世纪至18世纪捷克民族画家的作品。城堡南面还有座纳瓦列赫花园。城堡建筑除总统府外，有些宫殿已辟为博物馆。

布拉格父子 Bragg and his son 英国物理学家。因用X射线研究晶体内原子和分子结构的贡献，两人同获1915年诺贝尔物理学奖。他们的贡献导致后来晶体物理学的发展。

W.H.布拉格（William Henry Bragg 1862-07-02～1942-03-12） 生于威格顿，卒于伦敦。1881年获得剑桥大学的奖学金而入学，1885年以优异的成绩通过数学毕业考试，同年就任澳大利亚阿德莱德大学教授。1907年被选为英国皇家学会会员，1909年在利兹大学任教，1915年任伦敦大学教授，1923年任皇家研究所教授和所长。

W.L.布拉格（William Lawrence Bragg 1890-03-31～1971-07-01） 生于澳大利亚阿德莱德，卒于英格兰的伊普斯威奇。原在阿德莱德求学，1909年转入剑桥大学攻读物理学，1911年毕业。1921年被选为英国皇家学会会员，1919年任曼彻斯特大学物理学教授，

1938年任卡文迪什实验室教授和主任。1954年任皇家研究所教授和所长。1912年，W.L.布拉格在德国物理学家M.von劳厄发现X射线通过晶体产生衍射的基础上，进行了一系列实验，1913年提出布拉格公式。这个公式反映了射线的波长和晶面间距之间的定量关系，既可测定X射线波长，又可作为探索晶体结构特征的有力工具。他还用他父亲设计的X射线摄谱仪精确测出X射线的波长。他们父子二人研究出晶体结构分析的方法，从理论及实验上证明了晶体结构的周期性和几何对称性，奠定了X射线谱学及X射线结构分析的基础。

布拉灰人 Brahuis 南亚和西亚的跨界民族。约82万人(2001)。大多分布在巴基斯坦俾路支省，少数分布在信德省。在阿富汗、伊朗以及土库曼斯坦亦有分布。一般认为，他们是古代自古印度西北进入印度南部的原始**达罗毗荼人**的滞留部分。由于长期处在邻近各族的包围之中，同化他族或被他族同化的过程较快，现已难以辨出原来的人种特征。使用**布拉灰语**。无文字。信仰伊斯兰教，多属逊尼派。至今保留着氏族部落和部落联盟组织。实行部落内婚，喜结堂、表亲。因居住地区自然条件不同，有的以务农为业，种植小麦、大麦、玉米等谷物；有的以畜牧为业；少部分人当农业工人或从事运输。

布拉灰语 Brahui Language 巴基斯坦西部的主要语言。属**达罗毗荼语系**北部语族，处于该语系的最西北部。又译布拉会语。在阿富汗和伊朗，也有一些讲布拉灰语的游牧部族。使用者中，大多数人会讲俾路支语。布拉灰语长期处于伊朗诸语言的包围之中，却奇迹般地幸存下来。布拉灰语受俾路支语和信德语影响很大，词汇中吸收了伊朗诸语言，特别是俾路支语的许多成分；语音模式却与印度-雅利安诸语言(如**信德语**)极为相似。语言没有文字，一直借用阿拉伯文字来记录布拉灰语的民间文学。语序为主-宾-动型。

布拉克 Braque, Georges (1882-05-13～1963-08-31) 法国画家，**立体主义**代表。生于塞纳河畔的阿让特伊，卒于巴黎。1902～1904年，在安贝特学院和巴黎美术学校的L.博纳画室学习。1905～1906年是他的**野兽主义**时期。1907年末，脱离野兽主义，为新的立体主义画风所迷恋。在立体主义运动中，布拉克和P.**毕加索**共同进行分析的和综合的立体主义试验，并采用拼贴的方法，但布拉克的风格一生变化不大。布拉克在野兽主义时期的代表作有油画《埃斯塔克码头》(1906)。反映布拉克立体主义画风的油画有《埃斯塔克之屋》(1908)、《有小提琴和水壶的静物》(1910)、《葡萄牙人》(1911)、《吉他》(1913)等。他采用拓印文字、人造木材、贴纸来强调画面的现实感，但仍能保持画面的平面效果。布拉克也从事雕塑、插图和舞台设计。他的绘画有装饰趣味。1952～1953年曾为卢浮宫伊特洛里亚厅设计天顶画。布拉克对20世纪西方现代派艺

《埃斯塔克之屋》

术的影响力很大。

布拉马普特拉河 Brahmaputra River 亚洲南部河流。河名源于梵文，意为“布拉马神之子”。中上游在中国境内，称雅鲁藏布江。进入印度后折转而西，从左侧接纳丹巴曲，再下即改称布拉马普特拉河，河床坡降急减。沿途从右岸接纳了源自喜马拉雅山的西巴霞曲、卡门河、马纳斯河、桑科西河等支流；左岸接纳了卢希特等支流。水量随之递增。在图布里以下进入孟加拉国，流向陡转而南，改称贾木纳河。至与恒河汇流处长约700千米。见恒河－布拉马普特拉河三角洲。

布拉斯科·伊巴涅斯 Blasco Ibáñez, Vicente (1867－01－29～1928－01－28) 西班牙小说家、政治家。生于巴伦西亚，卒于法国芒通。曾创办具有共和主义思想的《人民报》。多次当选巴伦西亚议会代表。1903年后主要从事文学创作。晚年因组织反对君主政体活动被迫流亡法国。小说创作分为三个时期。第一时期(1894～1902)的作品主要描写巴伦西亚地区人民的生活和风俗习惯，地方色彩浓厚。如《稻米与单桅渔船》(1894)、《五月花》(1895)和短篇集《巴伦西亚故事》(1896)等。第二时期(1903～1909)的作品题材比较广阔，采用自然主义或印象主义的手法，描写社会黑暗，反映劳动人民的痛苦，有《大教堂》(1903)、《闯入者》(1904)、《酿酒厂》(1905)、《游民》(1905)。第三时期(1910年以后)的作品题材更为广泛，其中以第一次世界大战为背景的《启示录的四骑士》(1916)曾风行欧美各国。

布拉坦 Brattain, Walter Houser (1902－02－10～1987－10－13) 美国物理学家。生于中国厦门，卒于美国西雅图。1928年获明尼苏达大学哲学博士学位，1929年成为贝尔

实验室研究物理学家，1967年任华盛顿的惠特曼学院教授。1959年当选美国国家科学院院士。布拉坦发现半导体硅表面的光生电动势，对半导体锗的性质作过详细研究。1947年底，他与J.巴丁和W.B.肖克莱合作，发明了点接触晶体三极管，做成了第一个放大倍数达100量级的固体放大器。这一发明导致无线电电路的小型化和微型化，引起电子器件的革命性变革。因此，他和巴丁、肖克莱同获1956年诺贝尔物理学奖。布拉坦研究过压电现象、频率标准、磁强计和红外侦察等。

布拉瓦约 Bulawayo 津巴布韦第二大城市。位于南部高原上，濒马特舍姆洛河，海拔1 350米。人口67.1万(2002)。周围地区为稀树草原，商品性养畜业较盛，黄金、铬、石棉、煤等矿藏丰富。原址在今城北5千米处，1893年为英国殖民者占领，成为向中非、南非内陆进行扩张的重要据点。1943年设市，现为西部地区经济重镇。国内最大制造业中心。主要工业企业有汽车、轮胎、建筑材料、收音机、电视机、纺织、家具和食品等。畜产品贸易甚盛。地处南部非洲中心地带，历来为重要陆空交通枢纽。文教事业较发达，拥有工学院、师范学院以及国立博物馆、天文台等。工业区位于郊外。旅游名胜包括城南的罗得斯墓和城西的卡米遗址，后者1986年被联合国教科文组织列入《世界遗产名录》。

布拉维 Bravais, Auguste (1811－08－23～1863－03－30) 法国结晶学家。生于阿诺奈，卒于勒谢奈。1833年毕业于巴黎综合工科学校。1837年获里昂大学博士学位。1844年被选为法兰西皇家科学院院士。1845年任里昂大学理学院、巴黎工科大学教授。1854年进入法国科学院地理航海部工作。1848年他修正了德国学者M.L.弗兰肯海姆关于晶体内部空间格子排列型式有15种的说法，提出一切可能的不同空间格子型式仅有14种。以后这14种空间格子型式被称为布拉维晶格。1851年进一步指出实际晶体的晶型与内部结构之间的关系，并被后来的研究基本证实。还首创对六方晶系晶体和三方晶系晶体选用4个结晶轴进行定向的方法，即布拉维定向，相应的晶面指数则称为布拉维－米勒指数。主要著作有《结晶学研究》等。

布莱尔 Blair, Tony (1953－05－06～) 英国首相(1997～2007)，工党领袖。生于苏格兰爱丁堡律师家庭。1983年当选议员。1988年进入工党影子内阁。1994年7月继

任工党领袖。经过大刀阔斧的改革，工党赢得了广大中间阶层的支持。在1997年5月的大选中，工党取得压倒性胜利，布莱尔成为1812年以来英国最年轻的首相。在2001年6月和2005年5月的大选中，工党连续获胜，布莱尔三次蝉联首相。2007年5月10日宣布辞去工党领袖职务，并于6月27日卸任首相。布莱尔政府在银行、议会等方面实行了多项改革。在2001年大选中，工党再获胜利，布莱尔蝉联首相。在对外政策方面，坚持英美特殊关系，2003年同美国一起发动对伊拉克战争；主张英国加入欧洲货币联盟。1998年10月和2003年7月以首相身份访问中国。

布莱克 Blake, William (1757－11－28～1827－08－12) 英国诗人、版画家。生于伦敦，卒于伦敦。一生靠刻制版画度日。著有诗集《天真之歌》(1789)《经验之歌》(1794)、

《耶路撒冷》(1820)等。诗作充满幻想和哲理，具有浪漫主义和神秘主义的特点。绘画以线描淡彩著称，全部作品都是书籍插图。除为自己的诗作画插图外，为E.扬格的《夜思》(1742～1745)所作的537幅素描是他的代表作。以后为但丁的《神曲》和W.莎士比亚部分作品所作的插图更为他赢得了声誉。

布莱克特 Blackett, Patrick Maynard Stuart (1897－11－18～1974－07－13) 英国物理学家。生于伦敦，卒于伦敦。1921年剑桥大学毕业，后在卡文迪什实验室做了10年研究工

作。历任伦敦大学物理学教授，曼彻斯特大学兰沃西讲座物理学教授，伦敦大学帝国理工学院教授和物理系主任。1965～1970年任英国皇家学会主席。布莱克特主要研究宇宙辐射并发展能自动照相记录的云室技术。他首次拍摄到核嬗变(1925)和独立于C.D.安德森于1932年发现正电子。由于改进威耳孙云室并在核子物理和宇宙线领域的发现而获得1948年诺贝尔物理学奖。

布莱里奥 Blériot, Louis (1872－07－01～1936－08－01) 法国早期飞行家和飞机设计师。生于康布雷市，卒于巴黎。毕业于工科大学，早期从事汽车工业，1896年起从事航空。1900年开始制造滑翔机和扑翼机。1906年开始制造飞机。1907年驾驶自制的

单翼机首次完成40千米的越野飞行。1909年7月25日驾驶重227千克、装有18.4千瓦(25马力)发动机的“布莱里奥”11号单翼机从法国加来飞达英国多佛尔，成为世界上第一个乘飞机飞越英吉利海峡的人。第一次世界大战期间他设计了多种飞机。

布莱斯特·加纳 Blest Gana, Alberto (1830-05-04～1920-11-09) 智利小说家。生于圣地亚哥，卒于法国巴黎。上过军事学院。从事过行政与外交工作，曾长期出任驻英国和法国大使。1887年退休后长期侨居法国。创作可分为三个时期。第一时期为1853～1859年，除剧作《家长》(1858)外，都是小说，有以巴黎生活为背景的

《新婚夫妇》(1855)、《迷醉》(1858)；有表现国内城市生活的《社会一幕》(1853)、《欺骗与醒悟》(1855)、《初恋》(1858)和《胡安·德·阿利亚》(1858)；以及反映农村生活的《乡间一幕》(1859)。强调感情与现实、心灵与社会、爱情与金钱之间的矛盾。第二时期是19世纪60年代，作品有《还债》(1861)、《复仇》(1864)、《马利卢安》(1864)等。代表作有《爱情算术》(1860)、《马丁·里瓦斯》(1862)和《一个傻瓜的理想》(1863)。《马丁·里瓦斯》以1851年自由党和保守党的斗争为背景。第三时期的小说有《光复时期》(1897)、《移居者》(1904)、《疯狂的小溪》(1909)等。

布莱希特 Brecht, Bertolt (1898-02-10～1956-08-14) 德国剧作家、戏剧理论家、导演、诗人。生于奥格斯堡，卒于柏林。1917年入慕尼黑大学学习。1922年他的剧本《夜半鼓声》在慕尼黑上演成功，被聘为慕尼黑话剧院导演兼艺术顾问。1924年应M.莱因哈特之邀去柏林德意志剧院任艺术顾问。1926年进柏林马克思主义工人学校，结合创作实践系统研究科学社会主义学说。1933年以后流亡法国、丹麦、美国等国。1947年离美赴欧。1948年10月返回柏林定居。晚年同夫人H.魏格尔领导柏林

剧团，实践他的叙述剧演剧方法。

布莱希特的艺术生涯始于诗歌创作，初期在形式上多采用可以吟唱的歌词和歌谣体，内容多描写局外人、冒险家、海盗等非政治性题材，诗中透着一种叛逆的痛苦。第一部诗集是《家庭格言》(1926)。早期剧作《巴尔》(1918)、《夜半鼓声》(1920)同样表达了作者对现实的幻灭感和玩世不恭的态度。20年代末30年代初，开始尝试创作叙述剧，以激发观众思维兴趣。在艺术上他创造了一种“离间方法”，让观众用批判的眼光观察事物。歌剧《马哈哥尼城的兴衰》(1927)和《三分钱歌剧》(1928)等就是这种想法的最初尝试。

随着第一次世界大战后资本主义相对稳定阶段的结束，工人运动的发展，布莱希特决心用艺术直接为革命斗争服务，他把叙述剧的教诲成分推向极端，创作了一系列教育剧，如《例外与常规》、《措施》等，而根据M.高尔基同名小说改编的《母亲》(1931)是向成熟的叙述剧转变的里程碑。

流亡期间布莱希特写了两部诗集《歌曲集》(1934)和《斯文堡诗集》(1939)，倡导无韵抒情诗，还写了《三分钱小说》(1934)和独幕剧《卡拉尔大娘的枪》(1937)、短剧集《第三帝国的恐怖与灾难》(1935～1938)等。他的成熟的叙述剧都是在流亡时期创作的，从体裁上可分为历史剧如《大胆妈妈和她的孩子们》(1939)、《伽利略传》(1938)；寓意剧如《四川一好人》(1939～1941)和《高加索灰阑记》；大众戏剧如《潘蒂拉老爷和他的男仆马狄》等。在这些叙述剧的创作基础上，布莱希特于1948年撰写了《戏剧小工具篇》，对叙述剧实践进行了理论总结。

“间离方法”(又译陌生化方法)是布莱希特提出的新的美学概念，又是一种新的演剧理论和方法。它要求演员与角色保持一定的距离，演员要高于角色、驾驭角色、表演角色，要用理智支配感情，用训练有素的优美动作去表演人物。布莱希特戏剧是20世纪德国戏剧的一个重要学派，它一方面继承和革新了欧洲尤其是德国的现实主义传统，另一方面又借鉴了东方文化，尤其是日本古典戏剧和中国戏曲，对世界戏剧产生了很大影响。

布莱希特演剧理论 Brecht's theory of acting B.布莱希特提出和实践的一种新的演剧理论和方法。即间离方法，又译陌生化方法。

布赖恩 Bryan, William Jennings (1860-03-19～1925-07-26) 美国政治家、民主党和人民党领袖。生于伊利诺伊州塞勒姆，卒于田纳西州戴顿。1881年毕业于伊利诺伊学院。1883～1887年当律师。1890～1895年当选为民主党参议员。曾任《世界先驱报》主编。1896年7月8日发表著名的《黄金十字架》演说，被民主党及共和党银币自由铸造派提名为总统候选人。他提出以金银复本位制为美国的财政政策的政纲，在大选中被W.麦金利击败。1900年布赖恩以反帝国主义、反托拉斯为政纲，被民主党和人民党同时提名，第二次参加总统竞选，再度为麦金利所败。1908年竞选中又败于W.H.塔夫脱。1912年他积极帮助T.W.威尔逊竞选成功。威尔逊于1913年任命布赖恩为国务卿。任内使美国与拉丁美洲国家之间的关系有所改善。1915年6月8日威尔逊向德国发出抗议击沉“卢西坦尼亚”号客轮的照会，布赖恩在对德和、战问题上与威尔逊政见不合，辞去国务卿职务。但在美国参战后，他仍然支持政府的对外政策。晚年著作有《与上帝同在》、《争论中的七个问题》、《回忆录》。

布赖特 Bright, Richard (1789-09-28～1858-12-16) 英国医生。生于英格兰布里斯托尔，卒于伦敦。1812年获爱丁堡大学医学学位。1820年任盖伊医院助理医师、1824年任医师。

与T.艾迪生合著的《临床医学基础》一书中对阑尾炎作了最早的精确论述。最早描述肾炎，1827年报告了24例慢性肾炎患者的发病过程、临床表现及尸体检查的病理解剖学特点，注意到肾脏病患者常出现水肿、蛋白尿和肾脏病理变化。具有三联征的肾脏疾病以他的名字称为布赖特氏病。

布兰代斯 Brandes, Georg (1842-02-04～1927-02-19) 丹麦文艺评论家、文学史家。生于哥本哈根，卒于哥本哈根。1864年毕业于哥本哈根大学，获美学硕士学位。1872～1875年在哥本哈根大学任教期间发表了一系列讲演，以后汇编成《十九世纪文学主流》(1872～1890)一书。布兰代斯曾猛烈抨击19世纪丹麦作品中的唯心主义，提倡现实主义创作方法。他的文学观在北欧乃至欧洲其他国家广为传播，却被保守派指责为

激进主义和无神论的代表，受到打击和迫害，不得不离开祖国，侨居柏林。1883年回丹麦，继续在哥本哈根发表文艺讲演。1884年加入"丹麦自由党"。1887年应邀赴俄国讲学，次年发表《俄罗斯印象记》。第一次世界大战前后，发表了《歌德传》(1915)、《米开朗琪罗传》(1921)等，还著有政论《世界大战》(1916～1917)、《悲剧的第二部》(1919)，抨击帝国主义的侵略战争。

代表作《十九世纪文学主流》共6卷，论述法、德、英诸国的浪漫主义和民主主义运动，探索这些国家文学重要的动向和源泉，研究内容涉及文学艺术、宗教和政治等方面，同时把丹麦文学置于欧洲文学的背景之下，以凸显其不足之处。

布兰太尔 Blantyre 马拉维最大城市，南部省首府。位于国境南部的希雷高原上，海拔1 039米。人口50.3万(2001)。热带气候，全年分为三季：热季9～11月，雨季12至翌年3月，凉季4～8月。始建于1876年，当时为英格兰传教士的据点。1883年英国在此设立领事馆。1895年设市。现为全国工商业中心，工业主要有烟草、食品、制鞋、印刷、水泥、建材、车辆修配等。东郊8千米处的卫星城林贝，有全国最大的烟草贸易中心。铁路向东通往莫桑比克的贝拉港，向南连接津巴布韦的首都哈拉雷，是对外联系的主要通道；向北通达马拉维湖畔的水陆联运港萨利马，是联系广大中部和北部地区的要道。公路通首都利隆圭和国内其他城镇。有国际航空站。市内有马拉维大学的工艺校区和两所大教堂。

布朗 Brown, Ernest William (1866–11–29～1938–07–22) 美国数学家和天文学家。生于英国约克郡赫尔城，卒于美国康涅狄格州纽黑文。1887年在剑桥大学毕业，1891年和1897年先后获该校硕士、博士学位。1907年任耶鲁大学数学教授，1914年为美国国家科学院院士，1928～1931年任美国天文学会主席。1888年，在剑桥大学G.H.达尔文教授的指导下，开始研究希尔提出的月球运动理论。1896年发表《月理初编》，综述前人所提出的各种月球运动理论。以后，发表了五篇《月球运动理论》；1919年又发表《月球运动表》，简化了计算月球位置的步骤。从1923年开始，全世界的天文年历都采用布朗的月球运动表计算月球的位置。后来，发现他的月球运动表不够精确，从1960年开始，改为按照布朗的理论直接计算月球的位置。

布朗 Brown, Herbert Charles (1912–05–22～2004–12–19) 美国有机化学家。生于英国伦敦，卒于美国印第安纳拉斐特。1936年获芝加哥大学理学士学位，1938年获哲学博士学位。次年任讲师。1943年任韦恩州立大学副教授。1947年任普渡大学无机化学教授。1959年任威斯康星大学特级教授。他最主要的发现是硼氢化反应。1941年用简单方法合成了乙硼烷(B_2H_6)，由此合成了硼氢化钠。1953年发现了用乙硼烷同不饱和的有机物反应，可定量地转变成有机硼化合物。因在有机合成中引入硼和磷，和E.G.维蒂希共获1979年诺贝尔化学奖。著有《硼氢化作用》、《有机化学中的硼烷》和《有机合成与硼烷》。

布朗基 Blanqui, Louis-Auguste (1805–02–01～1881–01–01) 法国早期工人运动活动家、革命家、空想社会主义者。生于尼斯附近的一个城镇，卒于巴黎。1825年入巴黎大学攻读法律和医学。1827年辍学从事革命活动，参加反对国王查理十世的街垒战，失败后出国。1829年8月回到巴黎，开始接受F.-N.巴贝夫、C.-H.de圣西门和C.傅立叶的思想影响。积极参加1830年七月革命。其后加入共和派组织"人民之友社"，开展推翻七月王朝的活动，成为该社左翼领导人之一。

1830～1879年组织工人起义，曾多次被捕。1871年3月18日巴黎无产阶级和劳动群众举行起义前一天，又在外省被捕，巴黎公社选举时在缺席情况下当选委员。布朗基派是公社的多数派，起了重要的领导作用。1879年4月在狱中的布朗基当选法国议会议员。6月出狱，这时已74岁。前后在狱中度过30多年，有"革命囚徒"之称。出狱后仍保持旺盛斗志，继续积极参加工人运动。

布朗基的社会政治思想是在实际斗争中、在空想社会主义特别是巴贝夫学说影响下形成和发展的。他的实际革命活动和关于武装夺取政权、实行革命专政的思想远优于一般空想社会主义者。但他强调由少数革命者通过起义推翻剥削制度，主张的专政仍然是少数革命家的专政，而不是整个阶级即无产阶级的专政。K.马克思和F.恩格斯对布朗基的革命活动和英勇献身精神给予很高评价，同时对布朗基主义的错误观点给予原则性的批评。

布朗库西 Brancusi, Constantin (1876–02–21～1957–03–16) 法籍罗马尼亚裔雕塑家。生于罗马尼亚霍比塔，卒于法国巴黎。从小受民间木雕工艺的熏陶。最初在工艺学校就读，后来在布加勒斯特美术学校学习。1904年到巴黎，不久跻身于巴黎艺坛。早期作品受写实主义和印象主义的影响，也可以看到A.罗丹和M.罗索的痕迹。还受到过A.马约尔的新古典主义美术的启发。从1907年的《祈祷者》到1908年的《吻》、《沉睡的缪斯》，标志着他雕塑风格的成熟。他从原始和民间雕刻中汲取营养，塑造古朴、稚拙的美，注意发挥材料的特性，造成朦胧的意境。1931年的云石雕《波嘉尼小姐》用夸张而概括的手法，出色地表现了人物的神态。成熟期的代表作钢铁雕《无尽之柱》(1937)、石雕《吻之门》(1937，见图)把单一的元素作无穷尽的重复，有令人心醉神迷的效果。在西方现代雕塑中，布朗库西占有独特的位置。他把充满生命力的民间艺术传统输送到巴黎的艺术世界。在许多雕塑家越来越倾向于表现理性的时候，他充满诗的感情的创造起到调节作用。

《吻之门》

布朗宁 Browning, Robert (1812–05–07～1889–12–12) 英国诗人。生于伦敦，卒于意大利威尼斯。1833年发表第一部诗作《波琳》。此后他放弃主观抒情方式而采用客观

描写和心理分析方法。他是位多产诗人，有《戏剧抒情诗》、《戏剧罗曼斯》、《男人和女人》(1855)、《剧中人》(1864)等诗集。还创作了《斯特拉福德》(1837)等8部剧作，由于只注重描写人物内心世界，不大顾及舞台效果，大部分剧本未曾上演。但在剧作中，他运用和发展了戏剧独白的手法。2.1万行的长诗《指环和书》是思想倾向与艺术手法的集中体现。

布朗热事件 Boulanger Incident 19世纪80年代在法国以G.布朗热将军为首掀起的民族沙文主义运动。布朗热于1886年1月至1887年5月任陆军部长时，要求收复阿尔萨斯、洛林，燃起对德国复仇的沙文主义狂热。6月，政府改任他为驻克莱蒙费朗13军团司令，布朗热利用群众对共和派政府的不满，离开军队，投身政界，以谋取政权。1888年2月，布朗热派的《军帽徽》报积极宣传他提出的修改宪法及解散议会的主张，得到反政府各派的支持，全国掀起崇拜布朗热浪潮。在1889年1月27日巴黎的补缺选举中，布朗热以绝对多数票取胜，一些省也提他为候选人。此时，布朗热企图通过合法选举夺取政权。2月，新成立的共和国政府决定以阴谋颠覆国家罪逮捕他。4月1日，布朗热逃亡比利时。8月14日，最高法院缺席判处他终身监禁。1891年9月30日，布朗热在布鲁塞尔附近自杀。

布朗语 Blang language 属南亚语系孟-高棉语族佤-德昂（原称佤-崩龙）语支。主要分布于中国云南省西双版纳傣族自治州和普洱市、临沧市等地区。分布朗和阿佤两个方言。语言特点（以勐海县新曼俄话为例）：声母有43个，韵母有单元音9个、复元音16个，辅音韵尾10个。有4个声调。词序和虚词是表达语法意义的主要手段。句子的基本语序是主语-谓语-宾语。名词的修饰语在中心词之后，动词、形容词的修饰语一般在中心词之前。用辅音屈折来区别词性。词汇以单音节词和双音节词为主。借词主要来自汉语和傣语。

布朗运动 Brownian movement 悬浮在液体或气体中的微小粒子所作的不停顿的无规则运动。例如，在显微镜下观察悬浮在水中的藤黄粉、花粉微粒，或在无风情形观察空气中的烟粒、尘埃时都会看到这种运动。温度越高，运动越激烈。它是1827年植物学家R.布朗首先发现的。作布朗运动的粒子非常微小，直径约10^{-7}～10^{-5}米，在周围液体或气体分子的碰撞下，产生一种涨落不定的净作用力，导致微粒的布朗运动。如果布朗粒子相互碰撞的机会很少，可以看成是巨大分子组成的理想气体，在重力场中达到热平衡后，其数密度按高度的分布遵循玻耳兹曼分布。J.B.佩兰的实验证实了这一点，并由此相当精确地测定了阿伏伽德罗常数及一系列与微粒有关的数据。1905年A.爱因斯坦根据扩散方程建立了布朗运动的统计理论。布朗运动的发现、实验研究和理论分析间接地证实了分子的无规则热运动，对于气体动理论的建立以及确认物质结构的原子性具有重要意义，并且推动统计物理学特别是涨落理论的发展。

布朗族 Blang 中国少数民族。主要分布在云南省西部。人口91 882(2000)。使用布朗语，属南亚语系孟-高棉语族佤-德昂语支。部分人会讲傣语、佤语或汉语。无文字，部分人会汉文、傣文。汉文史籍中对云南孟-高棉语族诸民族在汉晋时统称为“濮”，唐、宋时称“朴子蛮”，元、明、清时称“蒲蛮”。后来居住在云南南部的部分蒲人发展成为布朗族。

布朗族男子

主要从事农业，种植旱稻、玉米、豆类、茶和棉等。舞蹈丰富多彩，歌、舞、武术三者融为一体，有鼓舞、蜡条舞、猴舞、拍手舞、圆圈舞等。男子着圆领长袖对襟短衣和黑色宽大长裤，以黑布或白布包头；妇女上穿紧身无领短衣，下着红、绿纹或黑色筒裙，头挽发髻并缠大包头。以大米为主食，辅以玉米、荞麦、豆类，喜食酸辣。老年人有嚼槟榔的习惯。住干栏式竹楼。婚姻行一夫一妻制。人死一般实行土葬。主要信仰原始宗教，崇拜祖先，也有信仰小乘佛教的。1985年建立了双江拉祜族佤族布朗族傣族自治县。

布劳 Blau, Peter Michael (1918-02-07～2002-03-12) 美国社会学家，社会交换论的代表人物之一。生于奥地利维也纳，后移居美国。毕业于美国伊利诺伊州的埃尔姆赫斯特学院，获学士学位。1952年获哥伦比亚大学博士学位。先后任教康奈尔大学、芝加哥大学、哥伦比亚大学。1973～1974年度，任美国社会学协会主席，后任美国国家科学院院士和哥伦比亚大学社会学系主任。主要从事社会学经验研究和理论建设工作，探讨社会结构、社会组织问题。著有《官僚制组织动力学》、《社会生活中的交换与权力》、《美国职业结构》（合著）、《不平等和异质性——社会结构的原始理论》等。布劳的著作大部分是对官僚制组织各种情况的分析。早期受G.C.霍曼斯的影响，从社会结构出发研究人与人的交往过程，是结构主义交换论的代表人物。70年代以后提出了“宏观结构理论”，试图用宏观结构主义代替早期的交换理论，创立和发展了一个更加严密的理论体系。其理论构造比早期的交换理论更为清晰，在西方社会学界有很大影响。

布劳恩 Braun, Karl (Ferdinand) (1850-06-06～1918-04-20) 德国实验物理学家。生于德国富尔达，卒于美国纽约州布鲁克林。就读于马尔堡大学和柏林大学，1872年获柏林大学博士学位。历任蒂宾根大学教授，斯特拉斯堡大学教授兼物理研究所所长。1897年研制出采用布劳恩管的示波器。布劳恩管利用气体放电现象产生自由电子，借助离子聚焦作用形成细长电子束。1899年发明新型的无线电发射机和接收机，采用谐振电路，提供可调谐的工作方式，从根本上改进了G.马可尼于1897年发明的无线电系统。1874年他发现金属硫化物单向导电性，导致1904年在无线电接收机中采用晶体检波器。布劳恩与马可尼共同获得1909年度诺贝尔物理学奖。

布劳恩 Braun, Wernher von (1912-03-23～1977-06-16) 德裔美国火箭专家。生于德国维尔西茨（今波兰维日斯克），卒于美国弗吉尼亚州亚历山大。1932年毕业于柏林工业大学，1934年获柏林大学物理学博士学位。1932年受聘于德国陆军军械部，从事火箭研究。1934年研制A-2火箭并试射成功。1937年转到佩内明德研究中心，领导设计A-4（即V-2）火箭。1945年后到美

国陆军装备设计研究局工作。1950年转到红石兵工厂研制弹道导弹。1956年任陆军弹道导弹局发展处处长。在他的领导下，先后研制成功“红石”、“朱庇特”和“潘兴”导弹以及“朱庇特”C火箭。1958年1月31日，用他设计的“朱庇特”C火箭（改名为“朱诺”1号火箭）成功发射了美国第一颗人造地球卫星“探险者”1号。1958年10月，布劳恩成为美国国家航空航天局的领导成员。1960～1970年任马歇尔航天中心主任。1961年任J.F.肯尼迪总统的空间事务科学顾问，分管“阿波罗”工程，领导“土星”号运载火箭的研制工作。1969年7月，用他领导设计的世界上最大的火箭（“土星”5号）第一次把人送上了月球。布劳恩业余爱好写作，本人或与别人合作撰写的著作有多部。

布劳威尔 Brouwer, Luitzen Egbertus Jan (1881-02-27～1966-12-02) 荷兰数学家。生于奥弗希，卒于布拉里克姆。1897年入阿姆斯特丹大学，1904年毕业，同年发表关于四维空间连续运动的论文。在G.曼诺利的影响下，开始接触拓扑学和数学基础，同时又热衷于研究哲学和神秘主义。对当时B.A.W.罗素与H.庞加莱关于数学的逻辑基础的论战极为关注，这反映在他的博士论文《论数学基础》(1907)之中。他反对罗素和D.希尔伯特的观点，但又不同意庞加莱关于数学存在性的看法。1912年任阿姆斯特丹大学教授，同年被选为荷兰皇家科学院院士。从此他完全转向数学基础的研究。强调数学直觉，反对G.康托尔关于实无穷的讨论，坚持数学对象必须可以构造，并否定排中律的绝对正确性，被视为直觉主义的创始人和代表人物。

在拓扑学的突出贡献是建立布劳威尔不动点定理及证明维数的拓扑不变性(1910)。在证明过程中，曾引进了连续映射的单纯逼近和映射的拓扑度的概念，并进而证明n维区域的拓扑不变性。他还发现平面上不可分解的连续统是可数多个单连通区域的公共边界(1910)；把若尔当曲线定理推广到n维空间(1912)；给维数以严格的拓扑定义(1913)。他对希尔伯特第5问题也作出了一些贡献。1912年起，他再度关注数学的基础问题，特别研究集合的原始地位及排中律的作用，建立构造主义的数学体系。20世纪30年代以后，由于K.哥德尔等人的工作，直觉主义数学有了一定的进展。第二次世界大战后，由于计算机的广泛使用，构造主义观点为更多的数学家所接受。他的论文收集在两卷《全集》(1975)中。

布雷拉画廊 Brera Gallery 意大利的绘画展览馆。位于米兰，1809年由侵意的拿破仑一世创办。最初展出的是米兰美术学院收藏的名画，以后展品陆续有所增加，以文艺复兴时代的绘画作品为主，还有荷兰和佛兰德斯画家的一些作品。其中最著名的有G.贝利尼的《圣母子像》、A.曼泰尼亚的《哀悼基督》、皮耶罗·德拉弗兰切斯卡的《布雷拉祭坛画》、拉斐尔的《圣母的婚礼》和丁托列托的《圣马可的奇迹》等。馆址是17世纪所建的宫殿，由F.M.里基诺作平面设计。1882年画廊完全从米兰美术学院中独立出来，现有38个展室。

布里顿 Britten, (Edward) Benjamin (1913-11-22～1976-12-04) 英国作曲家。生于萨福克郡洛斯托夫特，卒于奥尔德堡。自幼学习钢琴，并从F.布里奇学习作曲。1930年入英国皇家音乐学院，学钢琴、作曲。早期作品有《小交响曲》、合唱《一个孩子的诞生》等。1935～1939年，主要为电台广播、戏剧、电影作曲。1939～1942年在美国度过。回国后，作为钢琴家在英国各地演出并继续作曲。其歌剧《彼得·格莱姆斯》的上演，使他获得国际声誉，并被认为是20世纪最有影响的歌剧作曲家之一。随后他又写了一系列歌剧，如《卢克莱修受辱记》、《比利·巴德》、《旋螺丝》、《命归威尼斯》等以及三部教堂寓言剧。布里顿的音乐风格多样，常采用各种现代音乐手法，但总是以传统音乐为基础进行创作。布里顿为独唱、合唱、童声合唱和乐队而写的大型作品《战争安魂曲》，给人以深刻的印象。其重要作品还有：合唱《圣诞颂歌的典礼》、《春天交响曲》，器乐曲《弗兰克·布里奇主题变奏曲》、《青少年管弦乐队指南》等。他还写了《为中国古诗谱写的6首歌曲》。1976年，英国女王封他为勋爵。

布里奇敦 Bridgetown 巴巴多斯首都。位于巴巴多斯岛西南卡莱尔湾畔。人口约9.91万(2004)。常年有海风调节，气候凉爽。1628年由英国人始建。有制糖、酿酒、陶瓷等工业。旅游业发达。古老和新式的建筑参差错落，街景美丽。有萨凡纳营地、王后公园、海底公园、乔治·华盛顿纪念馆、特拉法尔加广场、创办于1710年的科德灵顿学院、巴巴多斯博物馆等。是全国唯一的深水良港。有国际机场，可起降大型喷气式客机。

布里奇曼 Bridgman, Percy Williams (1882-04-21～1961-08-20) 美国物理学家。生于马萨诸塞州剑桥，卒于新罕布什尔州兰道夫。1908年获哈佛大学哲学博士学位，1919年任物理学教授。1942年担任美国物理学会主席。致力于高压物理实验，发展高压技术。1952年发明压缸型高压容器——布里奇曼容器。他利用高压装置研究不同物质在高压下的物理性质。发现了物质在高压下的多形性（如冰至少有六种新的形态等)、黑磷和铯在某一转变压力下的电子重新排列。他所测定的数据，多数至今还用作为标准。由于超高压装置的发明和在高压物理学领域内的发现，获得1946年诺贝尔物理学奖。他还从事哲学研究，著有《现代物理学的逻辑》(1927)等书。他把一切基本的物理概念都归结为操作。这种观点在当时美国哲学界引起强烈反响，以后发展成为操作主义，形成实证论的一个流派。

布里斯班 Brisbane 澳大利亚第三大城市，昆士兰州首府，主要工商业中心和港口。位于布里斯班河下游两岸，市中心距河口25千米。人口176.31万(2006年8月)。气候温暖，降水适中。年平均气温20.5℃，平均年降水量1 153毫米。1824年始建居民点，最初是英国放逐罪犯的殖民地。1859年昆士兰州建立后发展迅速。1902年设市，1925年扩大为大布里斯班。随着周边农牧业生产的发展，首先建立了食品加工、毛纺织工业。第二次世界大战后又发展了石油炼制、化肥、轻重型机械、电器、铁路设备、造船、橡胶、木材加工等工业。工业大多分布在南北郊市镇。布里斯班河是重要的通航河流，自市中心至河口段尤为繁忙，为全国最大河港，港口可停泊3.4万吨级船只。市中心位于布里斯班河北岸，是主要商业区。沿河两岸为港口仓库码头区。进口货物以原油、化肥、化学品、钢铁等为大宗。出口铜、锡等矿物及石油制品、谷物、水果、肉类、奶品、羊毛、糖等。市内公园、绿地甚多，很多公园仍保留维多利亚时代的风格。市周围小山环绕，景色优美。设有昆士兰大学、博物馆、美术馆等。城市以北约70千米的桑夏恩区和以南约70千米的戈尔德科斯特均为海滨旅游地，有“黄金海岸”之称。

布里亚特人 Buriats 西伯利亚南部的居民。又称布里亚特蒙古人。约42万人(2001)。主要分布在俄罗斯联邦布里亚特共和国，部分分布在赤塔、伊尔库茨克等地。蒙古国也有少量分布。属蒙古人种西伯利亚类型。使用布里亚特语，属阿尔泰语系蒙古语族。18世纪起使用老蒙古文，1931年创制以拉丁字母为基础的新拼音文字，1938年改用斯拉夫字母。原信萨满教，东贝加尔湖地区的居民多信藏传佛教，现名义上信仰东正教，实际仍保留萨满教残余。其远祖可追溯为新石器时代就已分布在贝加尔湖沿岸的居民。13～14世纪时，又吸收了一些北方蒙古部落的成分。17世纪，由贝加尔湖西岸的布拉加特人、埃希里特人、杭戈多尔人与东岸的霍林人等相结合，形成布里亚特部族。19世纪后期，东部地区的居民主要从事游牧业，饲养绵羊、马和骆驼；西部的多为半游牧民，兼种少量大麦和黍子，并从事狩猎和捕鱼。20世纪20年代以来，多由游牧转为定居。传统的住屋是圆锥形的毡制蒙古包，西部地区已转入定居的农民则住壁桁式的木架帐篷。穿着与蒙古人类似。文化和生活深受俄罗斯人影响。

布利克森–芬纳克 Blixen-Finecke, Karen (1885-04-17～1962-09-07) 丹麦作家。生于龙斯泰兹，卒于龙斯泰兹。1903～1906年就读于丹麦的艺术科学院，后来到巴黎和罗马学习绘画。

1914～1931年旅居肯尼亚，经营咖啡农场。破产后，返回丹麦。作品《七个神奇的故事》(1934)以伊萨克·迪内森的笔名出版，在国际上有一定影响。《走出非洲》(1937)和《草坪上的影子》(1960)描绘了她旅居非洲的生活。短篇小说集《冬天的故事》(1942)、《最后的故事》(1957)及恐怖小说《报复的道路》(1944)，以皮勒·安德勒塞尔的笔名发表。这些作品大多取材于作者过去的贵族家庭生活和非洲经历，笔触细腻，描写生动。

《布连斯奇条约》 中俄两国于清雍正五年(1727)订立的划分中俄在蒙古地区北部边界（即中俄中段边界）的条约。中国方面从康熙二十八年(1689)《尼布楚条约》签订后，曾多次建议俄国举行划定中俄中段边界的谈判，但俄国利用边界未划定的状况，蚕食蒙古的大片土地，一直拒绝中国的建议。后因担心边境问题长期拖延不决，将严重影响对华贸易，叶卡捷琳娜一世才于雍正三年任命萨瓦·务拉的思拉维赤为特命全权大使来华，雍正五年五月十五日，萨瓦与中国代表在边境举行谈判。为了侵占中国的更多领土，萨瓦在谈判期间使用种种侵略手段向中方施加压力。由于中国方面的让步，七月十五日（8月31日），中俄代表签订界约，因订约地点在布尔河畔，故称《布连斯奇条约》。条约规定的中俄中段边界，以恰克图和鄂尔怀图之间的第一个鄂博为起点，由此向东至额尔古纳河，向西至沙毕纳依岭（即沙宾达巴哈），北部归俄国，南部归中国。《布连斯奇条约》签订后，中俄双方即派出界务官，分组前往恰克图迤东和迤西，划定地段，勘分国界。在勘界过程中，俄方进一步将一些原属中国的土地划入沙俄版图。勘界结果，双方分别订立了《阿巴哈依图界约》和《色楞格界约》，在东面设置了63个界标，在西面设置了24个界标。中俄中段划界工作至此全部结束。

《布列斯特–立陶夫斯克和约》 *Treaties of Brest-Litovsk* 1918年3月3日苏维埃俄国与德国及其盟国奥匈帝国、保加利亚和土耳其缔结的屈辱性和约。1917年11月8日，苏俄在《和平法令》中要求第一次世界大战交战国缔结正义、民主的和约，遭到拒绝。12月3日，苏俄不得不单独与同盟国集团在白俄罗斯的布列斯特–立陶夫斯克（今布列斯特）开始停战谈判。5日签订停战协定，22日开始和平谈判。1918年1月9日，德方借口协约国拒绝，表示不接受苏俄的谈判原则，谈判休会。30日重开谈判。V.I.列宁曾与L.D.托洛茨基约定要尽量拖延谈判，等德方提出最后通牒，然后签订和约。2月9日，德方以强硬态度提出苛刻条件，但尚未提出正式最后通牒。10日，托洛茨基违抗列宁指示，宣称苏俄停止战争，复员军队，拒绝签订和约，随即离开布列斯特。18日，德、奥军借机破坏和谈，大举进逼彼得格勒。23日，苏俄收到限48小时答复、条件更为苛刻的最后通牒。3月3日，以列宁为首的俄共（布）党和政府，为使初建的苏维埃国家退出帝国主义战争，保障国家的安全和独立，在《布列斯特–立陶夫斯克和约》上签字。依照和约，苏俄失地100万平方千米。苏俄因利用帝国主义国家之间的矛盾签订和约而赢得了和平喘息时机，整顿经济、建立红军、巩固政权。1918年11月13日，苏俄政府利用德国在大战中的失败宣布废除此和约。

布列塔尼人 Bretons 法国西北部布列塔尼半岛上的民族。约有120万人(2001)。属欧罗巴人种。使用布列塔尼语，与古代高卢语相近，同属印欧语系凯尔特语族不列颠语支。长期以来，在法兰西人的影响下，大多数人使用法语，只有一些农村居民仍

布列塔尼人的舞蹈

以布列塔尼语为口语。信奉天主教。祖先为不列颠人。于公元前5～前1世纪由今法国沿海一带前往不列颠岛。5～6世纪日耳曼部落群的盎格鲁人、撒克逊人进入不列颠后，他们又返回欧洲大陆现居住地。主要从事畜牧业、渔业和航海业，种植小麦、饲料作物及亚麻等。

布列塔尼语 Breton language 法国布列塔尼半岛的一种少数民族语言。属印欧语系凯尔特语族。这是欧洲大陆上唯一残存的凯尔特语言，属于海岛凯尔特语南支（据语言学家推测它可能是科尼什语的一个方言）。

布列兹 Boulez, Pierre (1925-03-26～) 法国作曲家、指挥家。生于蒙布里松。1942年入巴黎国立高等音乐学院，从R.莱波维茨学习十二音写作技法，从O.梅西安学作曲。1946年任巴黎马里尼剧院巴罗–雷诺歌剧院指挥和音乐指导。1953年在马里尼剧场举办系列音乐会，专门介绍当代音乐作品。1959年音乐会场地移至翁代剧院，改名“音乐天地”，由他主持音乐会至1967年。早期作品有实验的因素，康塔塔《婚颜》的声乐部分含有朗诵、滑音念白、叫喊、窃窃私语等；双钢琴《结构I》、《无主之槌》，运用了整体序列的技法。1958年创作的《为力而作的诗》，把具体音乐加以电声调制，使具体音乐与电子音乐相结合。从《第三钢琴奏鸣曲》开始运用不确定因素，其5个乐章除了第三乐章必须置于中间，演奏者对其余乐章顺序的选择，时值、力度和演奏法的处理均可自由发挥。为马拉美诗谱曲的大型合唱《重重褶皱》，其Ⅰ、Ⅲ、Ⅴ段都有不确定手法，可以用各种方式演唱。

20世纪60年代以后，布列兹将主要时间用于指挥和教学。1976年起任巴黎蓬皮杜国家艺术文化中心音乐声学协调研究

所（IRCAM）所长。以序列主义的方法探索电子计算机音乐的发展，并与传统乐器相协调。在创作方面集中对以往的创作观念进行思考以及构想电子计算机音乐领域新的形式和结构。作品有《断片/复合》、《纪念布鲁诺·马代尔纳的仪式》、《应答圣歌》等。

布龙菲尔德 Bloomfield, Leonard（1887-04-01～1949-04-18） 美国语言学家。生于芝加哥，卒于纽黑文。1909年在芝加哥大学取得博士学位。随后的30年在美国多所大学任教。1913～1914年在德国莱比锡、格丁根大学深造时受历史比较语言学家A.拉斯基安和K.布鲁格曼的影响。

布龙菲尔德研究过菲律宾的他加禄语，设计了一套符号来标音。后来又转而研究马来-波利尼西亚诸语言，1917年后研究北美印第安人的阿尔贡金诸语言。通过研究，他相信阿尔贡金语言的语音变化也是有规律的。1921～1927年，在俄亥俄州立大学教书，和G.M.博林、E.H.斯特蒂文特两人联名倡议设立美国语言学会。1924年这个学会成立，次年出了会刊《语言》，从此语言学在美国的地位蒸蒸日上，成为一门独立的学科。布龙菲尔德承认语言是有意义的，但是觉得对它不能用客观方法来观察测量，因此暂时不必去研究。由于他有这种倾向，他的后继者中有些人竟认为分析语言不必讲意义。

1933年他写出了名著《语言论》，因为材料充实，方法严密，以后20年间成为美国语言学家的必读书。书中所代表的观点被称为美国结构主义。在语法方面，布龙菲尔德对词法有较多的贡献。因布龙菲尔德开创了一个语言学流派——结构主义语言学，培养了一代语言学家，在当时的美国语言学界占有主导地位，故有"布龙菲尔德"时代之称。

布隆迪 Burundi 东非内陆国家。曾称乌隆迪。位于赤道南侧，北、南、西邻接卢旺达、坦桑尼亚和刚果（金），西南濒坦噶尼喀湖。面积26 338平方千米。人口830万（2009）。首都布琼布拉。主要有胡图、图西和特瓦三大部族。其中胡图人占85%，图西人占14%，特瓦人占1%。主要城市除首都外，还有基特加、穆拉姆维亚。75%居民信奉天主教，15%信奉基督教新教，2%信奉伊斯兰教，其余信奉原始宗教。官方

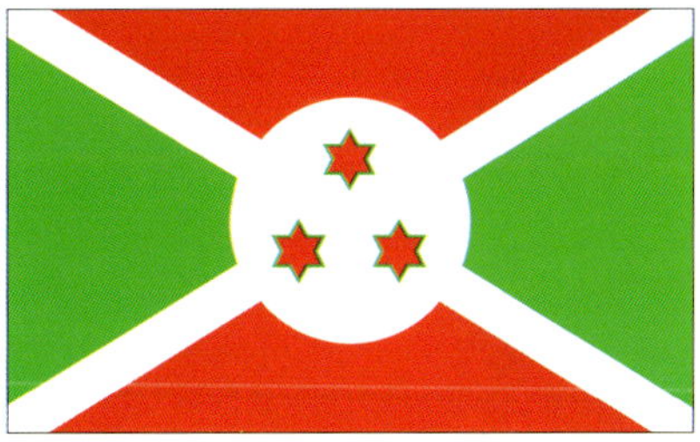

语言为基隆迪语和法语，民族语言为基隆迪语，部分居民讲斯瓦希里语。

地理 地处东非高原，全境大部属高原和山地。地势西高东低，平均海拔1 600米，有山国、鼓国和非洲心脏之称。西部属东非大裂谷带西支，山地贯穿南北，海拔2 000～2 500米。其中穆基凯山海拔2 602米，为全国最高峰。裂谷底部鲁济济河和坦噶尼喀湖沿岸为地势低平、土壤肥沃的冲积平原。中部为高原，海拔大多在1 000～1 500米。东南部系浅平的马拉加拉西盆地的一部分，海拔在1 000米以下。属热带草原和热带山地气候，年平均气温20～24℃，最高可达33℃。年降水量1 200～1 600毫米。3～5月为大雨季，10～12月为小雨季。地处尼罗河与刚果河分水区域。东北部为尼罗河上源卡盖拉河支流鲁武武河和阿卡尼亚鲁河。注入坦噶尼喀湖的鲁济济河为布隆迪与刚果（金）、卢旺达界河，马拉加拉西河为布隆迪与坦桑尼亚界河。矿藏资源主要有镍、泥炭、铈、钒、锡、金、高岭土等。镍矿蕴藏量约3亿吨，泥炭储量约5亿吨，磷酸盐储量3 050万吨，钒储量1 200万吨，石灰石储量200万吨。

历史 最早定居的是特瓦族的祖先俾格米人。10世纪始，胡图族和图西族先后迁入。16世纪，图西人建立了封建王国。1890年，沦为"德属东非"的一部分。第一次世界大战中为比利时接管。1922年成为比利时委任统治地。1946年联合国通过决议，交由比利时"托管"。1962年6月27日，联大通过布隆迪独立的决议。同年7月1日宣布独立，成立布隆迪王国。1966年11月28日废黜国王，成立布隆迪共和国。独立后，图西族一直当权。1992年3月9日实行多党制。1993年6月举行历史上首次多党总统选举，布隆迪民主阵线（简称民阵）主席梅尔希奥·恩达达耶获胜，成为布隆迪历史上第一位胡图族总统。10月，军队中的图西族军人发动军事政变，恩达达耶总统被害身亡，引发新的大规模部族流血冲突。1994年1月，国民议会重新选举胡图人西普里安·恩塔里亚米拉为总统；4月6日，恩塔里亚米拉遇空难身亡。9月"民阵"与反对党达成权力分配"契约"；胡图族人西尔维斯特·恩蒂班通加尼亚被选为总统，图西族人在联合政府中任总理并占有45%的部长席位。1996年7月，由图西族控制的军队发动政变，废黜恩蒂班通加尼亚总统，推举前总统皮埃尔·布约亚为临时总统。1996年军事政变后，经过多次艰苦谈判，国内各派于2000年8月在阿鲁沙达成和平协议，2001年过渡政府成立，2005年8月成立新政府。颁布的《后过渡时期宪法》规定：布隆迪是一个统一、独立和主权的、世俗和民主的共和国。总统是国家元首、军队统帅，任期5年，可连任1次；第一副总统和第二副总统由总统任命；两院制由国民议会和参议院组成。1992年4月颁布《政党法》，实行多党制。合法政党有28个。主要有争取民族进步统一党（简称乌普罗

图1 布隆迪民间歌舞表演

纳党)、布隆迪民主阵线(简称民阵)、保卫民主全国委员会、胡图人民解放党(简称解放党)等。1967年3月7日建立国民军,由陆军、空军、湖军和宪兵(包括警察)四部分组成。

经济 是农牧业国家。1991年,布政府同国际货币基金组织签署第三阶段(1991～1994)结构调整计划协议,强调优先发展农业,扶持多种经营。1996年发生军事政变后,经济形势严重恶化,连年负增长。2000年后情况好转,2009年人均国民生产总值138美元。全国约90%的人口从事农牧业。耕地面积8 224平方千米,占国土面积的31.2%;天然牧场7 277平方千米,占全国面积的27.6%。粮食作物占耕地的90%,主要种植玉米、大米、高粱、薯类、食用芭蕉等。粮食基本自给。经济作物主要有咖啡、茶叶、棉花、烟草等。工业基础薄弱,主要是农产品加工、化工、纺织、卷烟、啤酒、电力等中小企业。境内无铁路,交通运输靠公路、水路和空运。公路总长5 162千米。首都布琼布拉为交通枢纽。水运主要靠坦噶尼喀湖,航线总长175千米,主要港口布琼布拉港。首都布琼布拉有国际机场,可起降大型客机。外贸连年逆差,2008年进口额3.42亿美元,出口额仅0.56亿美元。财政连年出现赤字。

文化 实行小学6年义务教育制。中学教育分普通中学、中等师范学校和中等技术专业学校三种类型。布隆迪大学是全国最高学府。主要报刊有《新生报》、《团结》周刊、《布隆迪杂志》等。此外还有30多家私营报纸。布隆迪新闻社为官方通讯社。布隆迪电台是国家广播电台。布隆迪电视台为国家电视台。

图2 布隆迪农村景色

对外关系 奉行不结盟和国际合作政策,主张国际关系特别是国际经济和贸易关系民主化、公正化。实行全方位发展外交,重视睦邻友好。21世纪初,已与116个国家建立了外交关系。1963年12月21日与中国建交。1965年1月29日,布隆迪单方面宣布中断两国外交关系,1971年10月13日复交。此后,两国友好合作关系发展顺利。

布隆方丹 Bloemfontein 南非司法首都。全国最高上诉法院所在地,自由州首府。位于南非内陆中部高原,地处全国地理中心。海拔1 392米。亚热带气候。面积466平方千米。人口32.83万(2005)。城市优美,风景秀丽,空气清新,素有"花泉城"之称。1846年建成,1900年被英国军队占领。1948年后原奥兰治自由邦金矿开发和1962年后奥兰治河综合水利工程兴建后,城市迅速发展。主要工业有大型铁路车辆、金属加工、皮革、肉类罐头、家具、玻璃等。是重要交通枢纽。铁路、高速公路网络发达,通往约翰内斯堡、德班和纳尔逊曼德拉、开普敦等各主要城市。有国内机场,可供起降中型客机。建于1848年的古堡是市内最古老建筑。有占地120公顷的国王公园、古老的荷兰基督教堂、上诉法院、市政厅、旧省议会厅(1849)原址(现为国家纪念馆)、国家博物馆等。设有奥兰治自由邦大学(1855)等多所大专院校。附近有富兰克林野生动物保护地。

布鲁克 Brook, Peter (1925-03-21～) 英国导演。生于伦敦。1943年导演C.马洛的《浮士德博士的悲剧》和J.科克托的《俄狄浦斯》。1951年导演W.莎士比亚戏剧《一报还一报》,从此进入他舞台事业的高潮。1962年被任命为皇家莎士比亚剧院导演。他导演的成功之作,除F.迪伦马特、J.阿努伊等的现代戏剧外,还有莎士比亚的《李尔王》(1962)等。《仲夏夜之梦》(1970),A.P.契诃夫的《樱桃园》(1981),《摩诃婆罗多》(1985)、《暴风雨》(1990)和《那个人……》(1994)。布鲁克富有创造精神,除从事导演、表演的革新实验工作以外,还撰有《空的空间》(1969)、《变动美》(1985)、《打开的门》(1993)等戏剧理论著作。1970年,他在巴黎建立了一所国际戏剧研究中心,致力于促进观众和演员之间的感情沟通。他导演的《仲夏夜之梦》,还使用了高跷、空中飞人等杂技技巧。

布鲁克林桥 Brooklyn Bridge 美国大跨度悬索桥。位于纽约,跨越东河。1867年4月成立纽约桥梁公司,总工程师为J.A.罗布林(1806～1869),当年完成该桥设计报告,1869年动工。同年6月,罗布林因测桥位伤足染病去世,其子W.A.罗布林(1837～1927)继任。1872年小罗布林因潜入深水桥墩过久得潜水病致半身不遂,仍继续坐控工程直至完工。1883年5月通车。

布鲁克林桥主跨为486.16米,4根悬索,每索直径400毫米。在悬索之外,后桥塔左右各设12根放射形斜拉索。桥塔用石砌圬工,木制沉箱基础。该桥的成就不仅在于刷新了当时的跨度纪录,而且是世界上首次以钢材建造大桥,构造上采用了钢加劲桁架梁和很多根斜拉索,为悬索桥在美国的发展奠定了基础。

布鲁克纳 Bruckner, Anton (1824-09-04～1896-10-11) 奥地利作曲家、管风琴家。生于林茨附近的安斯费尔登,卒于维也纳。13岁参加圣弗洛里安修道院唱诗班,并学管风琴。1856年任林茨大教堂管风琴师,1868年在维也纳音乐学院执教,翌年起先后到法国、英国、瑞士旅行演出。1875年任维也纳大学和声、对位讲师,1891年获名誉哲学博士学位。他是虔诚的天主教徒,作品多具有深邃的哲理性和沉思气氛。他的宗教音乐作品被誉为奥地利教会音乐的典范,3部弥撒曲继承了L.van贝多芬《庄严弥撒曲》的传统,《感恩赞》以十分简洁的手法取得极佳的效果。他的世俗音乐除一部序曲和一部弦乐五重奏外均为交响曲,共10部。这些交响曲气势巍峨,色彩明朗,兼用古典派贝多芬和浪漫派F.舒伯特的传统技巧,以及古代众赞歌的手法和后期浪漫派的音调,内容多数描写精神世界。他对R.瓦格纳敬仰备至,3部弥撒曲和《第一交响曲》在和声、配器方面深受瓦格纳影响,《第三交响曲》以瓦格纳为标题,《第七交响曲》结尾的哀乐是悼念瓦格纳之作。他的作品在生前多遭冷遇,卒后多年才渐受重视。

布鲁克纳 Bruckner, Ferdinand (1891-08-26～1958-12-05) 奥地利剧作家。原名特

奥多尔·塔格尔。曾在维也纳和巴黎攻读哲学等。1920年开始创作剧本。1923～1927年创立并领导柏林文艺复兴剧院。1933年返回奥地利，后流亡国外。1951年到德国。布鲁克纳剧作对话热烈，情节生动。其社会批判剧《青春病》(1924)通过对大学生性变态的描写，表现了社会的堕落；《罪犯》(1928)表现了走入歧途的青年人的各种问题。以上两剧连同反映法西斯排犹罪行的《种族》(1933)和描写战后联邦德国青年生活的《一无所有的果实》(1952)，构成《两次大战之间的青年》四部组剧。布鲁克纳另一部取得世界声誉的作品是历史剧《英格兰的伊丽莎白》(1930)。此外，《被解放者》(1946)、《与天使的搏斗》(1957)等都有一定影响。

布鲁克斯 Brooks, Van Wyck (1886-02-16～1963-05-02) 美国文学史家、传记作家。生于普兰菲尔德，卒于布里奇沃特。1907年哈佛大学毕业后成为自由撰稿人。成名作为《美国的成年》(1915)和《文学与领导》(1918)，认为将精神和物质割裂对峙这一清教主义的二元论，使现代美国文化分裂为“高雅”与“低俗”，对美国作家也造成负面影响。此后发表了《马克·吐温的磨难》(1920)和《亨利·詹姆斯的旅程》(1925)这两部为当时批评界所瞩目的批评论著，进一步阐发自己的观点。1931～1952年，完成耗时近20年、篇幅达五大卷的美国文学家史《创造者和发现者》。此外，还写有关于美国文化史的散论，如《论美国作家》(1953)、《摘自一位作家的笔记》(1958)、《费诺罗萨和他的小圈子》(1962)等；个人自传和回忆录，如《场景与肖像：青少年时代的回忆》(1954)、《凤凰岁月》(1957)以及《来自山的背阴面：我的暮年》(1961)等。

布鲁诺 Bruno, Giordano (1548～1600-02-17) 意大利思想家、唯物主义者。他为宣传哥白尼太阳中心说而被宗教裁判所烧死。

布鲁诺出生于意大利那不勒斯附近的诺拉镇，卒于罗马。17岁时进圣多米尼加修道院。当时，哥白尼的《天体运行论》已传入意大利，他读后立刻表示拥护。1576年，布鲁诺因反对罗马教会的腐朽制度而离开修道院，流亡西欧，曾在许多著名的大学任教。1592年，布鲁诺被骗回威尼斯，不久即遭逮捕，押送到罗马宗教裁判所。布鲁诺被囚禁八年，始终坚持自己的学说，终被宗教裁判所判为“异端”，烧死在鲜花广场。

1584年，布鲁诺在伦敦出版《论无限宇宙和世界》一书，捍卫哥白尼的理论，并阐明宇宙无限的思想。他还指出恒星并不是镶嵌在天球内壳，而是有近有远地分布在无限宇宙之中。他的著作富有强烈的反宗教的唯物主义思想。但是，这些思想披上了泛神论的外衣，认为大自然就是万物之神。这个观点系统地贯穿在《论原因、本原和同一》一书中。

布鲁塞尔 Brussels 比利时王国首都和最大的城市。位于国境中部斯海尔德河支流塞纳河畔。面积162平方千米。人口连郊区109.92万(2009)。温带海洋性气候。地处北部佛拉芒语区和南部法语区交接地带，市区街道名称和公共文告均使用这两种文字，社交以法语为主。始建于公元6世纪。979年，查理公爵选择塞纳河上圣热里岛的

图1 布鲁塞尔市政厅

沼泽地带定居，并筑要塞和码头，称布鲁奥克塞拉，意即“沼泽中的居民点”。由于河运便捷，商品在此集散，港口贸易兴起，至13世纪逐渐发展成为有相当规模的手工业城市，所产呢绒、挂毯和花边驰名全欧。1430～1477年为勃艮第公国行政中心之一。15世纪初人口已达2.5万。16世纪后的近3个世纪，先后被西班牙、奥地利、法国和荷兰占领。18世纪进行了大规模城市建设。1815～1830年与海牙同为荷兰首都。1830年10月4日比利时独立，定为首都。著名的国际城市，700多个国际机构设此。每年在此举行一二百个专门国际会议，被誉为“欧洲首都”。

是商业和金融中心。金融业与服务业雇员占雇员总数的2/3以上。地处安特卫普－布鲁塞尔－沙勒罗瓦工业地带的轴心部分，主要工业部门有纺织、电子、机械、化工、酿酒、制糖等。是比利时铁路和公

图2 “布鲁塞尔第一公民”小于连铜像

路枢纽，欧洲大陆重要的交通中心。有多条铁路干线和高速公路交会于此，组成辐射状交通网，通往国内外主要城市。200多条空中航线联系欧洲和世界各地。市内地铁线路延伸到全境。有运河连接内陆，并与北海沟通。

城市的中心区为五边形的古城。在原城墙位置上修建的环城大道，将中央区与外围地区分开。是欧洲旅游胜地和文化古城。市中心有闻名于世的中世纪大广场，四周为古老建筑物。建于1619年的“撒尿小孩”小于连铜像，被称为“布鲁塞尔第一公民”，成为城市的象征。另外还有原子型博物馆、滑铁卢战役纪念馆、雨果旧居。设有多所高等院校。有艺术宫为文学、音乐、戏剧、艺术爱好者的文化中心。一年一度的比利时伊丽莎白王后国际音乐竞赛享有国际声誉。

布鲁塞尔条约组织 Brussels Treaty Organization 第二次世界大战后成立的西欧第一个军事联盟组织。由英国发起，法国、荷兰、比利时和卢森堡等国参加。1947年12月，苏、美、英、法四国外长在伦敦会议未能就德国问题达成协议之后，英国主张西欧联合加强防务，以对付苏联。在美国支持下，1948年3月5日开始，英国同法、比、荷、卢等国举行谈判。3月17日，五国外长在布鲁塞尔签订为期50年的《布鲁塞尔条约》。1948年8月25日生效。条约的主要内容有：组织并协调相互间的经济活动，磋商有关社会问题，促进文化交流；承诺当任何一个缔约国在欧洲成为武装进攻的目标时，其他缔约国应提供能力所及的一切军事的或其他的援助；建立一个咨询理事会，以便共同磋商本条约实施的一些问题等。缔约五国成立了外长协商理事会。此后又成立了防务委员会，设最高司令部，任命英国元帅B.L.蒙哥马利为总司令。1955年5月6日，根据1954年10月23日签订的《巴黎协定》，布鲁塞尔条约

组织改组为西欧联盟，吸收联邦德国和意大利参加，总部设在伦敦。同时修改《布鲁塞尔条约》，删去关于防止德国侵略政策复活的字句，增加了与北约组织密切合作的条款。其任务是协调成员国的国防政策、武装部队和军火生产，并在政治、社会、法律等方面进行合作。

布鲁沙斯克语 Burushaski language 至今系属不明的语言之一。分布于查谟和克什米尔地区西部喀喇昆仑山脉及巴基斯坦一些交通不便的山村。语言与印度诸语言相似，语法则与达罗毗荼诸语言相似，但并无同源关系。其重音很有特色，如双音节有长元音时重音落在长元音上，但不明显，基本上不表示任何意义。语序通常为主-宾-动型。无文字。

布鲁斯 blues 美国黑人音乐。以吉他或其他乐器伴奏，源自黑奴的劳动歌曲，内容多表现黑人的不幸生活和哀怨、渴望幸福的情绪。又称“蓝调”。早期也称为乡村布鲁斯。歌词和音乐都有比较规整的形式。典型的布鲁斯为两行押韵的诗句，第一行重复一次，构成AAB的结构形式；音乐结构与此相适应，共12小节，每4小节为一句；和声简单，只有三个基本和弦，其进行如下：

小节：1 2 3 4　5 6 7 8　9　10 11 12

和弦：Ⅰ——　Ⅳ—Ⅰ—　Ⅴ—Ⅰ—

最显著的特点是使用所谓“布鲁斯音阶”，即在自然大调音阶中，加上两个布鲁斯音，即降3级和降7级音。这种特殊的布鲁斯音阶，也正是布鲁斯音乐的最大特点。布鲁斯在黑人音乐中占有重要地位，也是爵士乐和摇滚乐的重要来源之一。最著名的布鲁斯歌手是B.史密斯，她富有特色的演唱（包括各种滑音和颤音的运用），对早期爵士音乐风格的形成有很大影响。她演唱的《圣路易斯布鲁斯》是广为流传的经典性的布鲁斯之一。

布鲁斯氏菌病 brucellosis 布鲁斯氏菌（布氏杆菌）所致的人畜共患传染病。又称马耳他热或波状热。牛、羊和猪是主要传染源，母畜感染后可引起流产，人因接触病畜或食用受染牛奶或奶制品而感染。潜伏期1～3周，临床特点是缓慢起病，长期发热、多汗、虚弱、全身痛和关节痛，急性期症状多在3～6月内消退。慢性布氏杆菌病尤为牛型病例，常因众多含糊主诉误诊为神经衰弱。血和骨髓培养分离到布氏杆菌可确诊，血清凝集试验若效价在1:100以上亦有辅助诊断意义，布氏杆菌素皮内试验常用于回顾性诊断。治疗首选四环素或联合应用链霉素，疗程3周，复发病例可重复疗程。预防和控制家畜布氏杆菌病是预防人患此病的关键。

布律内尔 Brunel, Sir Marc Isambard (1769-04-25～1849-12-12) 隧道盾构的发明人。生于法国鲁昂市附近的哈克维尔，卒于英国伦敦。1793年流亡美国纽约，1798年侨居英国。在美国期间，先从事土地测量工作和尚普兰运河的测量，后成为工程师和建筑师，曾修建“公园戏院”，主持海港工程。1818年获得发明盾构的专利权，这种盾构被命名为布律内尔盾构。1825年，布律内尔在修建伦敦泰晤士河第一条水底隧道时，首次使用盾构掘进，1834年底改用改良的盾构施工，于1843年建成泰晤士河水底隧道。布律内尔的盾构掘进是隧道施工中的一大技术突破，其原理为设计现代盾构奠定了基础。

布伦塔诺 Brentano, Clemens (1778-09-08～1842-07-28) 德国诗人。生于埃伦布赖特施泰因，卒于阿沙芬堡。曾在哈勒和耶拿大学求学。1803年迁居海德堡。后与L.A.von阿尔尼姆共同出版《隐士报》。反拿破仑战争期间写了一系列歌颂自由和士兵的诗歌。晚年深居简出，几乎与世隔绝。他的诗歌充满忧郁和孤独感。童话故事有《哥克尔和亨克尔的童话》(1815～1816)等。最有影响和生命力的作品，是和阿尔尼姆共同编纂的德国民歌集《男童的神奇号角》(1806～1808)，对文学史作出重要贡献。

布伦塔诺 Brentano, Lujo (1844-12-18～1931-09-09) 德国新历史学派的主要代表人物之一。生于阿沙芬堡，卒于慕尼黑。见德国历史学派。

布罗茨基 Brodsky, Joseph (1940-05-24～1996-01-28) 美籍俄裔诗人。生于苏联列宁格勒（今圣彼得堡），卒于纽约。15岁时辍学谋生，在工厂、锅炉房、医院的太平间打零工，但一直坚持阅读文学书籍。他早期的诗以“地下出版物”的形式流传。美国纽约一家出版社在布罗茨基不知道的情况下出版了他的第一部俄文诗集《短诗和长诗》(1965)，后又陆续出版了他的多部俄文诗集、英译本诗集、英语散文集。《悼约翰·多恩》一诗颇为诗坛瞩目。1964年因被宣布为“社会寄生虫”而判5年的强迫劳动，18个月后获释。1972年被驱逐出境，先到维也纳，后在美国定居，1977年加入美国籍。他的诗歌全部围绕着“流亡”的主题。他往往用阴暗的背景、飘忽的意象、准确的象征描写人与环境的冲突；用一种看似平淡的口吻来表达对于无限和永恒的诉求，更衬托出人与环境的不协调。1987年获诺贝尔文学奖。

布罗代尔 Braudel, Fernand (1902-08-24～1985-11-27) 法国历史学家，年鉴学派第二代领袖。生于法国默兹省一小学教师家庭，卒于克吕斯。先后就读于伏尔泰公立中学、巴黎大学。1923年取得中学历史和地理教师资格后，前往阿尔及利亚任教至1932年。第二次世界大战期间应征入伍，被德军俘获关入集中营。在集中营，他凭借惊人的记忆力和毅力，完成了近百万字的《地中海和腓力二世时期的地中海世界》初稿，1949年正式出版。书中三个部分，分别是地中海的自然地理环境；地中海世界的政治、社会和文化；政治史和军事史等，集中反映了年鉴学派的史学理论和方法。在西方史学界被认为具有划时代的意义，有广泛影响，从而使其获得了世界声誉的著作。布罗代尔的另一部巨著是《15～18世纪的物质文明、经济和资本主义》(1979)，他强调这一时期历史发展的动力除了欧洲经济的全球扩展外，还包括世界经济中心的转移。其主要著作还有《法国经济社会史》(1954)、《法兰西的特性》(1986)等。

布罗赫 Broch, Hermann (1886-11-01～1951-05-30) 奥地利小说家。生于维也纳，卒于美国新港。1928～1931年在维也纳大学学习，后专事写作。1938年被法西斯秘密逮捕，获释后流亡美国。1950年在美国耶鲁大学教授德国文学。长篇小说《维吉尔之死》(1945)运用“内心独白”手法写罗马诗人维吉尔临终前18小时的内心活动，提出艺术作品在现代社会中是否还有存在

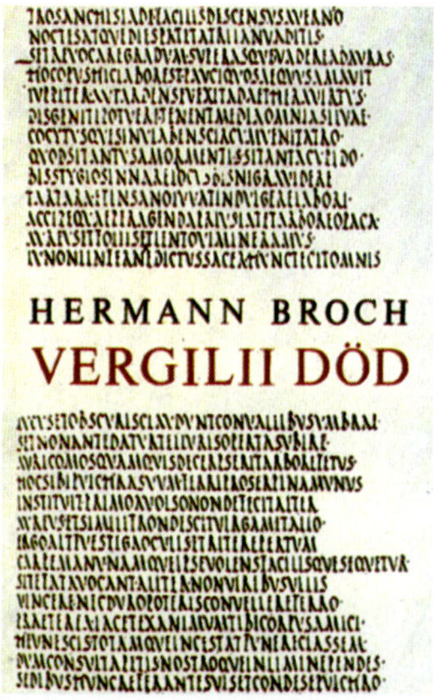

《维吉尔之死》瑞典语版（1960）护封

权利和价值的问题。表现了作者对现实的绝望心情。还著有长篇小说三部曲《梦游者》(1931～1932)，长篇小说《无罪的人们》(1951)及根据作者生前未完成的手稿整理出版的《诱惑者》(1953)等。

布罗克豪斯 Brockhaus, Friedrich Arnold (1772-05-04～1823-08-20) 德国出版商、编辑，《布罗克豪斯百科全书》创办者。生于多特蒙德，卒于莱比锡。1808年，购得已破产的R.G.勒贝尔《百科全书》版权后，在威斯巴登重新编辑。他主张百科全书选录最新资料，并首次在世界上采用小条目编法，力图使被简化的条目内容能为在校学生和非专业读者所理解并为他们服务。1811年，第1版《布罗克豪斯百科全书》出版。至1981年，该书出至第17版，计有21卷和4卷附录，修订重排的第18版自1986年开始出版。1818年，他移居莱比锡自办印刷所，同时编辑出版期刊，以及历史学、目录学和多卷集工具书。

布迈丁 Boumedienne, Houari (1927-08-23～1978-12-27) 阿尔及利亚总统(1965～1978)。生于君士坦丁省盖勒马村，卒于阿尔及尔。原名穆罕默德·布哈鲁巴。1955年参加起义军，改名胡阿里·布迈丁。1960年任起义军总参谋长，集中全力在摩洛哥和突尼斯建立一支阿尔及利亚军队。1962年9月占领阿尔及尔，支持本·贝拉掌握政权。本·贝拉成为独立的阿尔及利亚的总统后，他任国防部长和副总统。1965年6月他发动政变，出任总统。最初实行集体领导。1967年反对他的军事政变失败后，他确立了对阿尔及利亚的直接领导权。1971年实行石油工业国有化。1976年布迈丁政府颁布新宪法。他与西方国家谈判，订立重要工业的合同，又与苏联集团保持密切而又独立的关系。是不结盟运动的领袖。

布匿战争 Punic Wars 公元前264～前146年古代罗马与迦太基之间的3次战争。罗马人称迦太基人为布匿，故名。第一、二次布匿战争是作战双方为争夺西部地中海霸权而进行的扩张战争，第三次布匿战争则是罗马以强凌弱的侵略战争。

第一次布匿战争(前264～前241) 导火线是墨西拿事件。迦太基抢先控制了墨西拿。公元前264年罗马军队开进西西里，揭开战幕。罗马在陆战中略占上风。公元前241年，罗马海军以新建的200艘战船组成的舰队大败迦太基舰队于埃加迪群岛附近。迦太基被迫求和，割地赔款，将西西里及其附近利帕里群岛让给罗马。

第二次布匿战争(前218～前201) 公元前218年，汉尼拔率领庞大雇佣军，翻越陡峭难行的阿尔卑斯山，出奇兵突入意大利。公元前216年，罗马两执政官率军与迦太基军会战于坎尼。汉尼拔采用两翼包抄战术，重创罗马军队。此后，南部意大利许多城市归顺汉尼拔。公元前204年汉尼拔奉召回国，双方于公元前202年在扎马决战，汉尼拔失败。公元前201年订立和约。规定非经罗马允许不能与其他国家交战。迦太基丧失了军事和外交的自主权。

第三次布匿战争(前149～前146) 公元前149年罗马借口迦太基破坏和约，向迦太基宣战，第三次布匿战争开始。罗马军队在北非登陆后，围攻迦太基城两年未下。公元前146年春，迦太基发生饥荒，疾病流行，罗马军才得破城而入。迦太基陷落后，城市被夷为平地，25万居民经过战争幸存的约5万人，均沦为奴隶。罗马在迦太基设置了阿非利加行省，取得了西地中海的霸权。

布宁 Bunin, Ivan Alekseyevich (1870-10-10～1953-11-08) 俄国作家。生于沃罗涅日，卒于法国巴黎。曾做过校对员、采访员、图书管理员等。1920年定居法国。1933年获诺贝尔文学奖。1887年发表第一首小诗《在纳德松的墓前》。中篇小说《乡村》(1910)，真实地反映了俄罗斯农村贫困落后的面貌和农民的悲惨生活。《从旧金山来的先生》(1915)通过描写一个美国亿万富翁到欧洲寻欢作乐突然死亡的故事，揶揄并否定了金钱就是幸福的人生观与价值观。其他主要作品还有诗集《落叶》(1901)、中篇小说《旱峪》、自传性质的长篇小说《阿尔谢尼耶夫的一生》(1930)等。

布努艾尔 Buñuel, Luis (1900-02-22～1983-07-29) 西班牙电影导演。生于西班牙特鲁埃尔省卡兰达，卒于墨西哥。1917年入马德里大学，获文学和哲学硕士学位。1920年创办了西班牙第一个电影俱乐部。1928年拍摄了《一条安达鲁狗》，一举成名。影片用隐喻手法抨击了资产阶级和教会，被认为是超现实主义在电影艺术上的代表作。两年后拍摄同样风格的《黄金时代》。1932年导演的《无粮的土地》是西班牙历史上最重要的影片之一。1949年加入墨西哥国籍，在那里拍摄了12部影片。《被遗忘的人们》(1950)获戛纳电影节最佳导演奖。还拍摄了3部以宗教为题材的影片：《纳萨林》(1959)、《比里迪亚娜》(1961)和《沙漠中的西蒙》(1965)。以后，在法国导演了《女仆日记》(1964)、《白日美人》(1967)和《特丽丝丹娜》(1970)。1972年导演的《资产阶级审慎的魅力》获奥斯卡金像奖最佳外语片奖。

布努语 Bunu language 自称"布努"、"瑙格劳"、"努茂"等的中国瑶族使用的语言。属汉藏语系苗瑶语族苗语支。主要分布于广西都安、巴马、凌云、南丹、田东、平果、东兰、凤山等32个县的部分山区，云南富宁县也有几百人使用。布努语除单辅音声母外，还有一套带鼻冠音的复辅音声母。有8个声调，连读变调复杂。虚词和词序是表达语法意义的主要手段。名词、形容词、状词和指示词作修饰语时一般在中心词后。句子的语序是主语-谓语-宾语。布努语分为布努、瑙格劳和努茂3个方言。方言之间的差别主要表现在词汇上，相互间不能通话。3个方言都有不少汉语借词。

布票 cloth coupon; clothing coupon 中国在传统计划经济条件下实行的供城乡居民购买布匹或布制品的一种票证。中国对布匹购销实行统一管理及保证布匹按计划供应所采取的一项措施。1953年开始实行。由各省、自治区、直辖市商业部门印发。跨地购买时，到指定地点兑换异地通行票证。特供军用的布票由国家统一发放，可在全国通用。布票的单位一般有：1寸、2寸、半尺、1尺、2尺、5尺、10尺等。布票是购物的凭证，本身不含价值，不许买卖流通。布票是商品短缺形势下的产物。20世纪80年代初期，随着农业和轻纺工业的发展，布匹供应日趋丰富，布票随之取消。

布琼布拉 Bujumbura 布隆迪首都和最大城市。曾称乌松布拉。位于国境西部，坦噶尼喀湖北岸。海拔756米。人口40万(2000)。年平均气温22～26℃。1899年设立为德军驻地，后成为德国和比利时侵略非洲中部的殖民据点。1962年布隆迪独立后成为首都。工业有纺织、制革、农产品加工、造纸、水泥等。城郊是锡、金开采中心。出产棉花、小麦、玉米、香蕉、木薯和豆类。是畜产品、咖啡和棉花的重要集散地。也是淡水渔业基地。公路通国内主要城镇以及卢旺达、刚果(金)和坦桑尼亚的部分城市。布琼布拉港码头长500米。湖运通坦桑尼亚的基戈马，转铁路出印度洋，是全国对外联系的交通要道。市区西北部有国际航空站。有布隆迪大学、布隆迪文化中心、工业研究所和社会教育中心。是非洲著名的观光胜地。登上城市背后的山丘可纵览城市风光和坦噶尼喀湖美景。

布饶尔 Brauer, Richard Dagobert (1901-02-10～1977-04-17) 美国数学家。生于德国柏林，卒于波士顿。1919年入柏林大学学习，在I.舒尔指导下于1926年3月完成博士论文。毕业后在柯尼斯堡大学任教。1933年因纳粹排犹移居北美，先后在肯塔基大学（1933～1934）、普林斯顿高级研究院（任H.外尔的助手，1934～1935）、多伦多大学（1935～1948）、密歇根大学（1948～1952）、哈佛大学（1952～1971）任教。1971年退休。1955年当选为美国国家科学院院士，1971年获美国科学功绩奖章。布饶尔在典型群表示论、单代数和分裂域、有限群模表示论、有限单群、代数数论等方面都作出了重要贡献。他的博士论文从代数的角度对正交群的表示进行研究。曾与外尔合写有关旋量的论文，1935年用代数的方法算出典型群的贝蒂数（嘉当猜想），对外尔的名著《典型群》的成书有重要作用。1929年他引进了域上单代数类的布饶尔群这个重要的概念。1931年与H.哈塞、E.诺特一起证明了代数结构论的主定理。从1935年起，通过长期工作建立起系统的深入的有限群（在特征p的域上的）模表示理论。他得到了有限群特征标的重要刻画。证明了马施克猜想：n次分圆域是n阶群的分裂域。1954年提出利用有限群的二阶元素即对合的中心化子来研究有限单群的布饶尔纲领，在有限单群分类工作中起到了极为重要的作用。他自己也与别人合作证明了一系列的重要分类定理。1947年证明了阿廷L级数为半纯函数。1950年证明了布饶尔-西格尔定理，给出代数数域类数的渐近估计。他的科学论文汇编为《布饶尔论文集》共3卷。

布施 dana 佛教名词。简称施。音译为檀、檀那。原为佛陀劝导在家信徒之行法，本义是以衣食等物施与大德及穷人。至大乘时代，则成为六波罗蜜之一，即檀波罗蜜，意为施度。指施予他人财物、体力、智慧等，为他人造福成智而求得积累功德以至解脱的一种修行方法。《大乘义章》卷十二："以己财事分布与他，名之为布，惙己惠人目之为施。"小乘布施的目的，在于破除个人的吝啬和贪心，以求免除未来世的贫困。大乘则与大慈大悲的教义联系起来，以布施作为超度众生的手段。施财之人，称为檀越。另外，布施又根据其内容、态度、目的等的不同而分为多种。大乘将布施分为三种：财施、法施、无畏施，称为三种施。根据佛教教义，施者、受者和施物三者本质上皆是空，不存在任何执著，称为三轮体空、三轮清净。

布施 Busch, Wilhelm (1832-04-15～1908-01-09) 德国诗人、画家。生于维登萨尔，卒于梅希茨豪森。曾在杜塞尔多夫、慕尼黑、比利时安特卫普学习绘画。连环画《麦克斯和莫里茨》（1865）、《汉斯·胡克拜因》（1867）、《一个独身汉的冒险》（1876）、《画家克勒克塞尔》（1883）等，因每幅画都配他自己撰写的幽默短诗，讽刺和嘲弄了自私、伪善、心胸狭隘等小市民习气而大受欢迎。晚年转向文学创作，先后发表诗集《心灵的批评》（1874）和《尔后》（1904），散文《蝴蝶》和《爱德华的梦》等。

布什 Bush, George (1924-06-12～) 美国第41任总统（1989～1993）。生于马萨诸塞州米尔顿。中学毕业后参加海军，成为美国海军最年轻的飞行员。第二次世界大战中在太平洋战场作战，获"优异飞行十字勋章"。战后进入耶鲁大学攻读经济学，1948年毕业。1962年进入政界，任哈里斯县共和党主席。1964年竞选国会参议员失败。1966～1970年任国会众议员。1970年再次竞选国会参议员失败。1971～1973年被R.M.尼克松总统任命为美国驻联合国大使。1973～1974年任共和党全国委员会主席，在水门事件的最后关头，敦促尼克松为本党利益自行辞职。1974～1975年任美国驻华联络处主任，积极推动中美关系正常化进程。1976～1977年任中央情报局局长。1980年大选中，作为R.W.里根的竞选伙伴当选为副总统。1981年3月里根遇刺受伤后一度代行总统职务。1988年大选中当选为总统。上台时美国经济已陷入预算和贸易双赤字的困境，他被迫背弃竞选承诺，同意国会增税的建议，并发行500亿美元债券以挽救储贷机构。在对外关系中，支持苏联及东欧国家的改革和"民主化"；坚持无条件给中国以最惠国待遇，维护了中美经贸关系的正常发展。1989年12月派兵侵入巴拿马，逮捕了巴军事领导人M.诺列加。1990年8月伊拉克入侵科威特后，他要求并获得联合国授权，于1991年1月调集近50万美军与英、法等北大西洋公约组织国家及一些阿拉伯国家组成"多国部队"，在海湾战争中击败伊拉克，恢复了科威特主权。由于经济衰退等原因，在1992年大选中败给W.J.克林顿。曾访问中国。

布什 Bush, George Walker (1946-07-06～) 美国第43任总统（2001～2009）。生于康涅狄格州纽黑文市。前总统G.布什的长子。习称小布什。1961年入耶鲁大学攻读历史。毕业后于1968年入得克萨斯空军国民警卫队服役，学习了2年飞行。1973年入哈佛商学院。1975年获工商管理硕士学位。1994年当选得克萨斯州州长，1998年连任。2000年大选中当选总统。上任之初，中止了联邦政府对寻求堕胎的妇女的一切资助；同时宣布资助以信仰为基础的各类服务组织。2001年5月，国会批准他为期10年、总额为1.35万亿美元的减税计划。在国家安全政策上，坚持部署国家导弹防御系统，为此不顾国际社会强烈反对，于2001年12月宣布退出1972年与苏联签订的《美苏关于限制反弹道导弹系统条约》。在环境政策上，反对管制电厂的二氧化碳排放，拒绝批准防止全球变暖的《京都议定书》。9·11事件后，对外政策的单边主义色彩更加浓厚，并将"先发制人"的战争手段作为其反恐战争的主要战略。2001年10月发动打击"基地"组织和塔利班政权的阿富汗战争，2003年3月借口伊拉克境内存有大规模杀伤性武器，发动了伊拉克战争。2004年在大选中连任总统。

布思 Booth, Charles (1840-03-30～1916-11-23) 英国改革家、社会调查家、统计学家。生于利物浦，卒于莱斯特郡惠特维克。1892～1894年任皇家统计学会主席。1905～1909年为皇家济贫法委员会委员。最初研究职业统计，之后试图用统计方法说明伦敦的贫困问题。

在17卷巨著《伦敦居民的生活和劳动》中，布思按照收入将伦敦400万居民划分为8个社会阶层，并指出30%以上的伦敦人生活低于贫困线。布思绘制的"伦敦地图索引"是一套描绘社会组织各空间形式和城市功能的地图，成为"19世纪末在教育、宗教和行政影响之下"的伦敦生活的重要纪实。

布思还对老年人的痛苦表示深切关怀，极力主张国家普遍发给养老金。他对人民生活和劳动的研究促进了后来芝加哥学派的经验主义社会学和都市社会学的形成。这种开拓性的经验研究极大地鼓舞了英、美等国的社会改革家和社会调查运动，也对20世纪初中国早期的社会调查产生了影响。还著有《贫穷的写照和有关养老金的论据》、《贫苦老人之状况》、《工业的动荡不安和工会政策》等。

布特列洛夫 Butlerov, Aleksandr Mikhaylovich (1828-09-06～1886-08-17) 俄国化学家。生于奇斯托波尔，卒于布特列洛夫卡。1844～1849年，在喀山大学学习，毕业后留校任教，并任校长。1857～1858年，去西欧各国，认识了许多化学家，并在C.-A.孚兹的实验室进行过研究工作。1868～1885年任圣彼得堡大学化学教授。1874年当选圣彼得堡科学院院士。

化学结构理论的创始人之一。1851年最先从结构观点解释同分异构现象。1861年正式提出化学结构理论，认为分子的化学性质取决于其组成单元的性质、数量和化学结构，化合物中的原子能相互影响。预见到并证实了位置异构体和骨架异构体的存在。在这个理论基础上合成了叔丁醇，并证明它有异构体。他对聚合作用的系统研究，为合成橡胶工业奠定了基础，1873年发现异丁烯的聚合反应。著有《有机化学综合研究导论》和《化学结构与取代理论》等。

布托 Bhutto, Benazir (1953-06-21～2007-12-27) 巴基斯坦总理（1988～1990；1993～1996）。全称贝娜齐尔·布托，佐勒菲卡尔·布托之女。生于卡拉奇，卒于拉瓦尔品第。曾就读于美国哈佛大学，学习政治经济学，后赴英国牛津大学攻读政治、哲学和经济学。1976年获学士学位后进外交部研究室工作。1978年9月当选为人民党中央执行委员会委员。1979年4月4日佐勒菲卡尔·布托以谋杀政敌罪被处死后，其夫人努斯拉特·布托出任人民党的终身主席，贝娜齐尔·布托担任并列主席。1982年底，布托夫人出国就医，贝娜齐尔·布托正式就任人民党代主席。1977～1983年期间曾8次被软禁或入狱，前后约达4年半之久。1984年流亡欧洲。1985年12月齐亚·哈克宣布取消军管后回国。1988年出任总理，成为穆斯林国家中第一位女总理。1990年8月被总统伊沙克·汗解除职务。11月大选中人民党成为在野党。1993年10月巴基斯坦举行国民议会选举，人民党再次获胜，贝娜齐尔·布托重任总理。她主张和平地实现民主，反对在政治中使用暴力；提出消灭贫困、消灭饥饿，并宣布不再对私有企业实行国有化。1999年4月，流亡海外。2007年12月18日回国。同月27日在卡拉奇遭遇炸弹袭击身亡。

曾来中国访问，在外交方面继续把与中国的友好关系作为对外政策的基石。著有《东方的女儿》（自传）一书。

布托 Bhutto, Zulfikar Ali (1928-01-05～1979-04-04) 巴基斯坦总统（1971～1973）。生于信德省的一个贵族家庭，卒于拉瓦尔品第。1962年成为巴基斯坦穆林联盟议会党团领袖。1963～1966年任外交部长，为使巴摆脱对西方强国的依赖和密切同中国的关系作了一定努力。1967年12月创立巴基斯坦人民党。1968年11月被捕，次年初获释。

1969年领导民主运动推翻阿尤布·汗政权。1970年当选为人民党主席。1971年再次出任外交部长并率团访华。同年12月20日就任总统兼军事管制首席执行官，宣布将以“松散的联邦”办法解决东巴问题。1972年1月3日无条件释放东巴领导人穆吉布·拉赫曼。

主张实行有限的民主政体和“类似斯堪的纳维亚半岛所实行的社会主义”以及英国工党所推行的社会主义。任内实行的经济政策措施伤害了大工业家、金融家和中、小资本家利益，导致工业资本纷纷转往国外或在国内转向其他行业，从而给巴工业生产带来严重影响。主张巴中友好，任内曾5次访华。

1973年8月实施新宪法后改任总理，兼任外交、国防和内政部长。1977年3月再次出任总理。同年7月在政变中被捕，不久获释。后又被捕，以“1974年杀害政敌罪”受审。1979年被处绞刑。

布瓦凯 Bouaké 科特迪瓦第二大城市，布瓦凯省首府。地处中部高原，几乎是全国地理中心。人口64.27万（2009）。出产咖啡、可可、粮食。1969年成为自治市。是工商业重镇和交通枢纽。有轧棉、纺织、烟草、食品、木材加工、稻米加工、服装等现代工业，有全国最大的纺织厂。传统手工业也颇有名，包括面具、铜器、首饰、皮包、编织、乐器等。是全国最重要的农产品集散中心，咖啡、棉花、剑麻、粮食和牲畜贸易最盛。有铬、铌、钽等矿藏。交通运输发达，铁路南抵阿比让港，北达布基纳法索首都瓦加杜古；公路网四通八达，连接全国主要城市；布瓦凯机场可起降大型客机。

布瓦洛 Boileau, Nicolas (1636-11-01～1711-03-13) 法国诗人、文学理论家。生于巴黎，卒于巴黎。曾任路易十四的史官。《诗的艺术》(1674) 是一首用亚历山大诗体写成的长诗，对若干古典主义作家的创作经验进行了总结，在文学史上被认为是古典主义文学理论的经典。布瓦洛认为，文学的基本任务是模仿“自然”，而模仿必须服从“理性”。强调文学创作必须取悦“读者”，“要避免鄙俗卑污”。诗人必须以古希腊、古罗马的作家为效法的典范。

布韦希王朝 Buwayhid Dynasty 945～1055年统治伊朗西南部和伊拉克的伊朗封建王朝。又译白益王朝、布耶王朝。王朝建立者阿里以其父名布韦希为王朝名。布韦希是里海西南岸山地德莱木人酋长，有三子：阿里、哈桑和艾哈迈德。约934年，阿里占领法尔斯，以设拉子为都城。此后数年间，该家族先后占领伊斯法罕、胡齐斯坦和克尔曼。945年艾哈迈德进入巴格达，哈里发于是成为布韦希家族傀儡。阿里死于949年，遗命以哈桑之子继位，即阿杜德·道莱（‘Adudal-Daula，“国家的膀臂”）。阿杜德·道莱采用萨珊王朝的“诸王之王”称号。他统治期间（949～983），布韦希王朝达于极盛，领土广阔，几乎与萨珊时期相当。阿杜德·道莱死后，布韦希朝急剧衰落。突厥族和德莱木军人之间的矛盾，布韦希家族的内讧，使国土陷于分裂。1055年塞尔柱人进入巴格达，布韦希朝灭亡。

布歇 Boucher, François (1703-09-29～1770-05-30) 法国画家。洛可可美术的典型代表。生于巴黎，卒于巴黎。早年曾学画于F.勒穆瓦纳，后入版画家J.F.卡尔的工作室。1723年获皇家学院罗马大奖。1727～1731年在罗马留学。1734年以《里纳尔多与阿尔米达》一画被接纳为皇家学院院士。1765年被任命为皇家学院院长，

《狄安娜出浴》

并获得国王首席画师的称号。布歇的艺术活动包括绘制壁画，设计舞台布景、家具、服装、织毯画稿等。早期也画过连续版画《巴黎的叫卖》(1737)、《午餐》(1739)等反映市民生活的风俗画，但另外一些牧歌式的风景画和描绘少年男女爱情生活的故事画，却表现出明显的贵族趣味。最能代表其风格的是为装饰宫廷和贵族府邸而创作的神话题材的故事画，如《维纳斯的胜利》(1740，斯德哥尔摩国立博物馆藏)、《狄安娜出浴》(1742，卢浮宫博物馆藏)等。这些作品色彩华美柔丽，充溢着宫廷脂粉气。

布须曼人 Bushmen 南部非洲的种族集团。自称桑人，意为"人"。约17万人(2002)，分布在纳米比亚(3.5万)、博茨瓦纳(5.2万)、坦桑尼亚(7万)、安哥拉(1.2万)、津巴布韦(1 000)和南非(1 000)。属尼格罗人种科伊桑类型，是非洲东部和南部地区的古老居民。使用布须曼语，属科伊桑语系布须曼语族。现有以拉丁字母为基础的拼写文字。原住赤道东部非洲和南部非洲广大地区，因受库希特人和班图人排挤，逐步南迁。南迁后长期游猎于赞比西河以南非洲地区，以狩猎采集为生，不知农耕和畜牧，基本上没有社会分工和产品交换。氏族公社规模较小，通常由数十人组成。通行一夫一妻制，家庭带有母系制特点，成员包括父母、女儿和女婿、外甥和外甥女及未婚儿子。保存在南非德拉肯斯山和博茨瓦纳境内特索里多等地峭壁上和山洞岩壁上的雕刻和赭石绘画，反映了他们的狩猎活动和社会生活。至今在用以储水的鸵鸟蛋壳上雕刻的图案，反映出固有的艺术特色。18世纪后期起，先后受荷兰、英国、德国、葡萄牙殖民者和南非白人政权的排斥、屠杀，人口锐减。幸存者被迫退居到卡拉哈里沙漠，社会发展受到阻碍。现仅有少数人放弃传统的狩猎采集生活，受雇于白人农场主或班图黑人，为他们放牧牲畜。

布须曼人儿童用鸵鸟蛋壳饮水

布须曼岩画 Bushman rock-paintings 非洲南部岩画的统称。既包括布须曼人的作品，也包括更古老的原始居民和约公元前300年以后从西非迁徙而来的畜牧部落班图人的作品。主要分布在非洲南部南非共和国的奥兰治、德兰士瓦和开普敦，纳米比亚、津巴布韦、赞比亚和坦桑尼亚等地。年代多属于非洲考古学专用的"后期石器时代"，从约公元前4000年延续至19世纪。岩刻亦可归入广义的岩画，年代一般比岩画较早。早期布须曼岩刻多刻画狩猎巫术或图腾崇拜的单独的动物，包括犀牛、长颈鹿、象、河马、斑马、角马、水牛、大羚羊、食蚁兽、野猪、狒狒、鸵鸟、飞禽等。岩刻上的人物大多为布须曼人，可能是后来刻画在早期岩刻的动物周围。

布须曼人捕鱼岩画

布须曼岩画对动物的表现从图腾崇拜物逐渐发展到只把动物作为整个构图的一部分来描绘。岩画的动物形象基本写实，有时略加夸张；人物形象都采用夸张手法，强调图案化，富于节奏感。

布央语 Buyang language 属汉藏语系壮侗语族仡央语支。分布于中国云南省富宁县谷拉乡、广南县底圩乡，广西壮族自治区那坡县龙合乡、坡荷乡。分东部和西部两个方言。元音分长短，有鼻音、塞音韵尾，声母普遍有小舌音。声调有4～7个。借词主要来自壮语和汉语。布央语为主－谓－宾型语言，名词的修饰成分后置。

布依语 Buyei language 中国布依族使用的语言。属汉藏语系壮侗语族壮傣语支。布依族人主要分布于贵州南部。分3个土语区。广西壮族自治区和云南省境内也居住着自称"布依"的人，他们说的话属于壮语北部方言。布依语声母分单纯、腭化、唇化三类。塞擦音声母较少。韵母元音有长短对立，韵尾一般有8个。有6个舒声调和2～4个促声调。词序和虚词是表达语法意义的主要手段。语序是主语–动词–宾语，名词的修饰语一般在名词之后，只有"2"以上数词和量词组成的修饰语在被修饰语之前。基本词汇以单音词居多。有相当多的汉语借词。布依族曾使用一种以汉字记布依语的布依字，通称布依土俗字，但使用面不广。民间通用汉字。1956年制订了以拉丁字母为基础的布依文方案（草案），1981年又有修改。

布依族 Buyei 中国少数民族。主要分布在贵州省。人口2 971 460(2000)。使用布依语，属汉藏语系壮侗语族壮傣语支。以前无文字，用汉文。1956年创造了以拉丁字母为基础的拼音文字。布依族源于古代百越的一支，秦汉以前称"濮越"，汉代以后称"僚"，唐宋称"蕃蛮"，元以后称"仲家"、"夷家"等。农业以种植水稻为主，林业也较发达，是中国重要林区之一。口头文学有民歌、故事、神话、寓言、谚语、歇后语和谜语等。戏曲以布依戏著称。工艺美术蜡染素负盛名。编织品如荔波竹席和平塘斗笠也很有特色。男子穿对襟短褂、长裤，包头巾；多数妇女穿右大襟衣，个别地方青年妇女穿对襟、镶花边短褂，包头巾，下身穿长裤或褶子裙，戴各种银制首饰。婚姻行一夫一妻制。流行姑舅表婚（见交错从表婚）。青年男女交往较自由，盛行"赶表"习俗。死后实行土葬。民族节日有

布依族女子

“四月八”、“六月六”等。信仰多种神灵和“摩教”，崇拜祖先。也有信仰佛教、道教和天主教的。1956年和1982年分别建立了黔南布依族苗族自治州和黔西南布依族苗族自治州，并与其他民族先后建立3个自治县。

布宜诺斯艾利斯 Buenos Aires 阿根廷首都，全国最大城市。位于国土的中东部，市区东濒拉普拉塔河。面积202.9平方千米。人口278万（2001）。大布宜诺斯艾利斯还包括周边的22座卫星城镇，面积约3 600平方千米。人口1 491.79万（2007），约占全国人口的1/3。居民98%为欧洲移民后裔。

城市坐落于潘帕斯平原上，地势平坦，平均海拔25米。气候温和湿润，年平均气温16.6℃，平均年降水量970毫米。

1536年始建，后被印第安人所毁。1580年重建，归西班牙秘鲁总督辖区管辖。1880年成为阿根廷联邦首都。1910年成为铁路中心枢纽，城市建设向四周扩展；50年代随着工业的发展，城市工业布局和人口向郊区迅速发展。

七月九日大道（中为建城400周年纪念塔）

城市经济发展条件优越。邻近全国最富庶的潘帕斯农牧区，东临直通大西洋的拉普拉塔河，拥有发达的交通运输网络。经济部门齐全，为全国最大的经济中心，国内生产总值约占全国的一半。制造业发达，工业部门主要有肉类加工、面粉等食品工业和纺织、制革、机械、汽车、化学、造船、印刷、出版等。其中食品工业和制革工业发展历史悠久，在全国占重要地位。全国最大的国际贸易港。布宜诺斯艾利斯港为人工港，是南美洲最大的港口之一。主要输出牛肉、谷物、羊毛、皮革、亚麻等，输入机器、钢铁、燃料和工业品。全国最大的陆、空交通枢纽。铁路、公路呈放射状通向全国各地。有2个国际机场。市区内有5条高速公路和5条地下铁道。

全国最大的文化中心。有40多所大学，其中最著名的是布宜诺斯艾利斯大学（1821）。市内多图书馆、博物馆、科研机构以及体育场、剧院、影院、公园等文化设施和娱乐场所。科隆歌剧院是世界第三大歌剧院。是全国出版中心和南美洲西班牙文书刊的出版中心之一。

布佐 Buzo, Alexander (1944-07-23～) 澳大利亚剧作家。生于悉尼。1965年毕业于南威尔士大学后，做过饭店招待、仓库包装工等。1967年开始戏剧创作。早期的独幕剧《诺姆和阿赫默德》(1968) 舍弃了故事情节，只以人物对话刻画人物性格、心理，推出后受到剧坛和评论界的重视。以后创作了近10部作品，如讽刺剧《败下阵来》(1969)、《小职员》(1969) 等，历史题材剧《麦夸里》(1971) 及《汤姆》(1972) 等。布佐在创作中不拘一格地借鉴象征主义、超现实主义、荒诞主义等手法，成为澳大利亚“新潮”戏剧派的代表人物之一。

步兵战车 infantry fighting vehicle 供步兵机动和作战用的装甲战斗车辆。主要用于协同坦克作战，也可用于独立遂行任务。在装甲机械化部队中，装备到步兵班。步兵战车按结构可分为履带式和轮式两种。两者除底盘不同外，其他结构基本相同。

步兵战车由推进系统、武器系统、防护系统、通信系统和电气系统组成。推进系统的动力和传动装置通常位于车体前部，炮塔安装在车体中部，步兵战斗室设在车体后部。后车门较宽大，多采用跳板式，便于步兵迅速、隐蔽地上下车。步兵战斗室两侧和后车门通常开有射击孔，配有球形枪座及观察镜，便于步兵乘车战斗。

现代步兵战车的战斗全重为12～28吨，乘员2～3人，载员6～10人。车载武器有1门20～45毫米的高平两用机关炮，1～2挺机枪及反坦克导弹发射器，并配有综合瞄准仪器和先进的火控系统等设备。其火力通常能毁伤轻型装甲目标、火力点、有生力量和低空飞行目标，装有反坦克导弹的步兵战车还具有与敌坦克作战的能力。车载机关炮可发射穿甲弹和杀伤爆破弹等，射速为550～1 000发/分，

美国M2步兵战车

最大射程4 000米。反坦克导弹最大射程4 000米，破甲厚度400～800毫米。步兵战车的机动性能一般高于或相当于协同作战的坦克。步兵战车装甲较薄，最大装甲厚度为14～30毫米，通常由高强度合金钢或轻金属材料制成。车体和炮塔正面可防20毫米穿甲弹，侧面可防普通枪弹和炮弹破片。车上通常装有抛射式烟幕装置、三防装置、自动灭火抑爆装置，车体表面涂有伪装涂料，有的车上还装有反应装甲或主动防护系统。

步达生 Black, Davidson (1884-07-25～1934-03-15) 加拿大解剖学家。生于多伦多，卒于北平（今北京）。1906年毕业于多伦多大学，1909年到西部保留地大学任教，

1919年来华任北京协和医学院解剖科教授，1921年任该科主任直至逝世。1929年任中国地质调查所新生代研究室名誉主任。1927年，根据北京人遗址中发现的一枚下臼齿，给北京猿人定学名为中国猿人北京种。1927～1934年，他是周口店考古工作的负责人之一，曾研究北京人化石。发表过多种有关北京人和中国新石器时代人骨的论著。

步甲 Carabidae; ground beetle 鞘翅目步甲科昆虫的统称。世界已知约3万种，中国约1 750种以上。成虫体小至大型，一般中等大小，色泽幽暗，多为黑色、褐色，常带金属光泽；少数色彩鲜艳，有黄色花斑；体表光洁或被疏毛，有不同形状的微细刻纹。前口式，头部一般比前胸背板稍狭，上颚基部外侧有凹槽，复眼突出，洞居类群复眼常退化或消失。前胸背板接近方形，宽过于长，少数类群狭长呈筒形。前、中胸之间活动自如，中、后胸各有肢1对，同一种后翅常有长翅和短翅2型。鞘翅长度一般盖过腹末端。卵一般单产在土中。幼虫有3龄，老熟幼虫在土室中化蛹。生活史较长，一般1～2年完成一代，以成虫或幼虫过冬。

成虫不善飞翔，地栖性，多在地表活动，行动敏捷，或在土中挖掘隧道，喜潮湿土壤或靠近水源的地方。白天一般隐藏于木下、落叶层、树皮下、苔藓下或洞穴中。有趋光性和假死现象。在热带和亚热带地区，于植

株上活动的种类较多。成虫、幼虫多以蚯蚓、钉螺、蜘蛛等小昆虫以及软体动物为食，有些种类只取食动物的排泄物和腐殖质。

步甲分布极广，各类群间的分化比较明显，是研究动物地理的理想对象。此外，步甲大多为捕食性，在自然界生物平衡及消灭害虫方面起着一定作用。中国的金星步甲大量捕食鳞翅目幼虫，是黏虫等害虫的重要天敌。但另一方面，步甲也有可能成为危险的害虫，例如，在饲养柞蚕的地区，它们大量捕食柞蚕幼虫和蛹。

《步辇图》 *The Imperial Carriage* 中国唐代绘画作品，阎立本代表作之一。

步枪 rifle 单兵使用的抵肩发射的长管线膛枪。步兵的基本武器，也广泛装备其他军种、兵种。主要以火力杀伤暴露的有生目标，亦可用刺刀、枪托进行格斗。有的可发射枪榴弹或小型榴弹，具有面杀伤和打击薄壁装甲目标的能力。

结构 一般口径小于8毫米，枪长1米左右，枪重4千克左右，弹匣容弹量10～30发，弹头初速700～1 000米/秒，有效射程400米左右。通常由枪管、机匣、枪机、击发及发射机构、弹匣、护木、枪托、瞄准具、枪口装置（消焰器和制退器等）以及刺刀等部件组成，有的步枪配置光学和夜视瞄准镜，有的可在枪管下方加挂榴弹发射器。

分类特点 按自动化程度，可分为非自动、半自动和（全）自动步枪。按其性能可分为：①传统步枪。泛指发射大威力步枪弹的单发步枪、半自动步枪和自动步枪。②突击步枪。一种发射小口径枪弹或中间威力型枪弹的自动步枪（如苏联的卡拉什尼科夫AK47式7.62毫米突击步枪和美国的M16式5.56毫米突击步枪）。现代步枪多属突击步枪，多可在枪管下方加挂榴弹发射器。③卡宾枪（见图）。一种较短、较轻的步枪。早期多用于骑兵（因此又称骑枪、马枪）；现代卡宾枪多指突击步枪的轻小型号，常配用于炮兵、空降兵及特种作战部队等。④狙击步枪。一般指装有较长枪管并使用光学瞄准镜或夜视瞄准装置、发射大威力步枪弹或特制高精度枪弹的非自动或半自动步枪。射击精度较高，主要用于杀伤较远距离的有生目标。口径较大（如12.7毫米或更大）的狙击步枪（又称反器材步枪），除用于杀伤有生目标外，还用于毁坏观测装置、雷达天线等。

世界一些技术发达国家正在努力发展的“士兵系统”，将步枪和士兵的观测、瞄准、通信、防护等装置与可穿戴计算机组成有机整体。

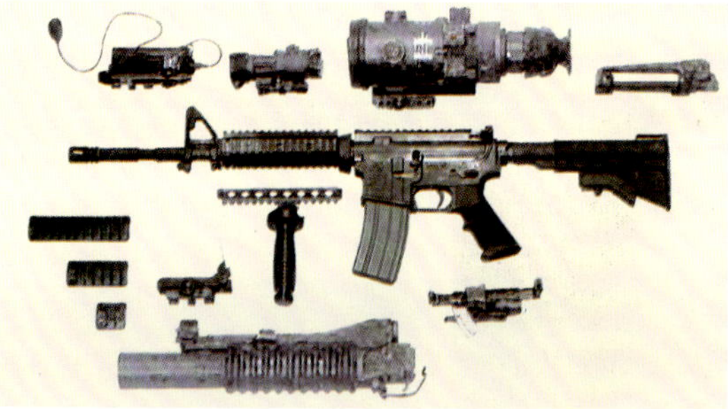
美国M4A1式5.56毫米卡宾枪及其附件

步日耶 Breuil, Henri (-Édouard-Prosper)(1877-02-28～1961-08-14) 法国考古学家。史前考古尤其是研究欧洲和非洲洞穴绘画的专家。生于芒什省莫尔坦，卒于巴黎。1905年起在瑞士弗里堡大学担任教授，后又在巴黎人类古生物学研究所和法兰西学院担任史前学教授，讲学达40年之久。1938年成为法兰西研究院院士，并多次担任法国史前学会会长及名誉会长。1931、1935年两次来华，曾进行过北京人文化遗物的研究工作，推动了周口店的考古工作。

步日耶对旧石器时代考古学贡献卓著。他提出的在莫斯特文化期和梭鲁特文化期之间增添奥瑞纳文化期的观点得到学术界的公认，从而完备了成为世界旧石器时代分期标准的法国旧石器时代年表。他最大的贡献是对旧石器时代洞穴艺术的描绘和研究，他的许多见解成为人们研究史前艺术的基础。主要著作有《阿尔塔米拉洞窟》、《周口店的用火遗迹及石、骨器物》、《中国之旧石器》（合著）等。

步行街 pedestrian street 城市道路系统中专供步行者使用，禁止或限制通行机动车辆的道路。一般设置在市中心人流集中的文化商业区，服务于购物、休闲、文化等活动，保证步行者的交通安全，达到便利和舒适，起到繁荣商业、美化环境等作用。步行街可以缓解商业和交通功能之间的矛盾，使中心商业地区富有个性特色和吸引力。若干条相邻步行街构成步行区。

步行街一般都有铺砌路面、花坛绿化、雕塑、休息设施、电话亭等，两侧为商业和文化设施。步行街两端及周边地区，建有不同类型的停车设施，供到达步行街的各类车辆停放；同时布设公共交通站点，方便人们到达。

北京王府井步行街街景

钚 plutonium 人工放射性元素，元素符号Pu，原子序数94，属锕系元素。半衰期最长的同位素是^{244}Pu。仿照铀、镎的命名，以冥王星（Pluto）命名钚。

1940年，G.T.西博格等用60英寸回旋加速器加速的16兆电子伏氘核轰击铀时发现了^{238}Pu。第二年，J.W.肯尼迪又发现了钚的最重要的同位素^{239}Pu。已发现质量数为229～247的全部钚同位素。

钚为银白色金属，熔点640℃，沸点3 228℃。在干燥的空气中由于氧化膜的保护，氧化十分缓慢；但在水汽存在下，由于它能破坏氧化膜，使氧化趋于严重。金属钚在空气中有自燃的危险。金属钚易溶于盐酸、氢溴酸、氢碘酸、氨基磺酸、磷酸、较浓的过氯酸和浓的三氯乙酸。由于钝化作用，金属钚不溶于硝酸和浓硫酸。钚在水溶液中有+3～+7五种氧化态，存在的形式为Pu^{3+}、Pu^{4+}、PuO_2^{+}、PuO_2^{2+}、PuO_5^{3-}，其中以四价态最稳定。

钚最重要的同位素^{239}Pu的大规模生产是通过核反应堆中铀-238的核反应来实现的。并采用以磷酸三丁酯为萃取剂的普雷克斯流程，从核反应堆辐照铀燃料中分离钚。^{239}Pu是易核裂变核素，能用作核燃料，也用于制造核武器。钚用作快中子增殖反应堆的燃料时，由于与钚同时被放置于核反应堆中的^{238}U吸收中子形成新的钚，且新形成的钚比消耗掉的钚还要多（增殖），可将天然铀中的^{238}U（占99.274 5%）转变为钚而加以利用。^{238}Pu可用于制作核电池，用作宇宙飞船、人造卫星、航标灯、极地气象站等的能源。钚属于极毒性元素，操作时应严密保护。

部刺史 regional inspector 中国汉代中央派到地方的监察官。秦代曾设监郡御史，又称郡监。西汉初不再设置，文帝时复置监察御史司察诸郡；前元十三年（前167），遣丞相史出刺诸郡并督监察御史，故称“刺史”。汉武帝刘彻于元封五年（前106）又创部刺史制，即除三辅、三河、弘农七郡外，全国被分为13部，每部设刺史一人分管几个郡国，称部刺史或州刺史。

主要职责是督察诸侯王、郡守和地方豪强，成为皇帝监视诸侯王动静的耳目。刺史于每年秋冬到所属郡国巡察，当时人称为“行部”，刺史通过行部以了解下情，岁终则赴京师奏事。西汉时刺史不能插手地方具体行政事务。刺史之秩仅六百石，而被督察的守、相为二千石，起到了以卑临尊的制约作用。刺史最初无正式官属，而且居无常所，后来才有固定的治所。后刺史权力日益增大，乃至侵越守、相职权。故成帝时改刺史为州牧，秩二千石。

“徐州刺史”封泥拓本

新莽废刺史而置州牧。光武帝建武十八年（公元42）复改刺史，秩仍为六百石。和西汉一样，全国分为13部，所不同者是除去朔方而添入司隶校尉部。刺史总数降为12人。东汉刺史权力增大，可对守、相等躬行赏罚。中期以后，常率郡县兵出征。东汉晚期，成为凌驾于守、相之上的地方行政长官。灵帝中平五年（188）下令改刺史为州牧。不少地方的州牧变成拥兵自重的地方军阀。

《部分禁止核试验条约》 *Partial Nuclear Test Ban Treaty* 1963年8月美、英、苏为巩固其核垄断地位而签订的国际条约。全称《禁止在大气层、外层空间和水下进行核武器试验条约》。从1958年10月起，苏、美、英三国在日内瓦举行关于停止核试验的谈判，久久未能达成协议。直至1963年8月5日才在莫斯科正式签字，10月10日生效。中、法等国当时没有参加。条约由序言和5项条文组成。主要内容是：缔约各国保证在其管辖或控制下的大气层、外层空间或水下（包括领海或公海）禁止进行任何核武器试验爆炸或任何其他核爆炸，但不禁止地下核试验；条约无限期有效，但缔约国如断定条约危及本国利益时可以退出条约。条约签订时，美苏已不再需要进行大气层试验，而其他国家如不进行此类试验，则因无法改进技术而不能直接进行地下核试验，进而发展自己有限的战略防御力量。美苏企图以此来巩固核大国垄断地位，限制其他国家发展核武器。

部件 assembly unit 机械的一部分。由若干装配在一起的零件组成。在机械装配过程中，零件先被装配成部件（部件装配），然后作为整体进入总装配。某些部件称为分部件，在进入总装配之前与另外的部件和零件装配成更大的部件。由若干分部件组装而成的并具有独立功能的更大部件，在汽车和某些机械行业中称为总成。

部落 tribe 原始时代的一种社会组织，由两个或两个以上血缘相近的胞族组成。有些部落由几个氏族组成，中间缺胞族这一环节。随着氏族的自然发展，人口不断增加，一部分人向外开拓新的领域，于是从一个老的氏族分化出新的氏族，几个新老氏族结合在一起，就形成一个部落。有的部落由若干具有通婚关系的邻近氏族结合而成。部落已不像氏族那样是严格意义上的亲属群体，在血缘亲属关系上已比氏族有所扩大。

部落都有自己的名称、一片相连接的地域、共同的语言或方言、共同的经济、共同的文化和生活方式、共同的宗教观念及祭祀仪式，有讨论公共事务的部落议事会，有一个最高首领，他是酋长之一。部落的疆域不可侵犯，越界则要引起战斗，保卫部落边界是最神圣的义务。由母系氏族组成的部落为母系部落，由父系氏族组成的部落为父系部落。部落一般由低级阶段发展到高级阶段，即从血缘部落向地缘部落发展。原始社会后期，由于私有制的发展，出现了贫富分化，产生了部落显贵。显贵们为了掠夺别的部落的财富和扩张领土，频繁发动掠夺性战争。为了对付强大的敌对部落，若干近亲部落或利益相同的若干部落结成联盟。部落及其联盟组织随着原始社会的解体而解体。

部派佛教 sectarian Buddhism 从原始佛教分裂出来的各个教团派别。如大众部、上座部、说一切有部等。见印度佛教。

部曲 private retainer 中国魏晋南北朝时指家兵、私兵，隋唐时期指介于奴婢与良人之间属于贱口的社会阶层。部曲在汉代本是军队编制的名称，大将军营有五部，部下有曲。联称泛指某人统率下的军队。东汉末黄巾起义和其后的军阀混战时，许多苦于战乱的农民都去请求武装的世族大姓保护，而世族大姓为聚众自保或出师作战，也需要充实武装力量，部曲就再次大量地形成，成了世族大姓私人武装的常用代称。这种为豪门私属的私部曲在有的场合亦称为家兵，作战时是部曲，平时是佃客。与此同时，原由政府军将统率的官部曲，也在不作战时进行屯垦。部曲绝对服从所属军官的命令，作为私人的部曲对主人效忠，主人对他也负有“保护”的责任。部曲必须完成主人所交给的任务，其中也包括从事农业劳动和其他劳役，但并非必须从事农业生产，他们的主要职责还是作战。魏晋以后，部曲地位卑微化。在南北朝前期，主人视部曲为贱口，但并未得到法律上的认可。北周武帝建德六年（577）下令释放西魏平江陵（即灭梁元帝）及周齐对立期间掠得的战俘奴婢，这条命令是迄今所见的第一件明确规定部曲为贱口身份的文件，即部曲是已释放而未离本主的奴婢，身份高于奴婢低于良人。他们有自己的私财，但没有独立户籍。如伤害主人，罪加一等。即使经过放免，对旧主人仍有主从名分。这种作为贱口的部曲，已经与军事组织无关，而与土地却有了较为密切的联系。唐代法律规定，部曲、客女当色为婚，身份世袭。放免部曲、客女为良，要由家长给手书，长子以下连署，牒报官府，才能有效。

簿记 bookkeeping 对企业和行政、事业单位的经济业务和事项，进行分析、分类并记录于账簿的程序和方法。由早期的单式记账法逐步发展形成的。单式记账法对各单位发生的经济业务，平时只记载银钱出纳和人欠、欠人等往来账项，不记载其他财产的增减变化和损益的发生，期末结账时，对财产进行实地盘点和估价，以确定损益。复式记账法是对每一项经济业务和事项，都以相同金额，在相互联系的两个或两个以上的账户中进行记录，是一种比较完善的记账方法。在20世纪以前，中国的簿记大都采用单式收付记账法。20世纪初，西方借贷记账法传入中国，通称为西式簿记，并把中国的单式和复式收付记账法称为中式簿记。

C

才旦卓玛 Tshe bstan sgrel ma（1937-08-01～ ） 中国藏族女高音歌唱家。生于西藏日喀则的一个农奴家庭。她自幼受到民间音乐的熏陶。1956年作为日喀则地区文工团演员登台演唱。1958年入上海音乐学院民族班，从王品素教授学习声乐。1963年毕业后，回西藏自治区歌舞团任独唱演员、副团长等职。20世纪60年代以后，她先后任中国音乐家协会西藏分会主席、中国音乐家协会理事和副主席、西藏自治区文化局副局长等职。她先后到亚洲、欧洲、非洲的20多个国家访问演出，赢得了各国听众的喜爱。才旦卓玛的歌声甜润优美、清脆嘹亮，富于激情和表现力。

《才调集》 中国唐诗选集。五代后蜀韦縠编选。韦縠，生卒年、字号及籍贯均不详，据清吴任臣《十国春秋》所记，他“少有文藻”，在后蜀时曾任监察御史、尚书。《才调集》即编于仕后蜀时。

《才调集》共10卷，每卷100首诗，共1 000首，是今存唐人选唐诗中选诗最多、涉及面最广的选本。所选诗初唐有沈佺期，盛唐有孟浩然、王维、高適、李白、岑参、王昌龄等，大部分则为中晚唐，卷九后半部分为僧人，卷十全为女诗人。唐代大诗人如杜甫、韩愈都未入选。自序提及选录标准为“韵高”、“词丽”，即所谓“才调”，有意针对五代时粗疏浅陋的诗风。此书因此颇受清初诗论家的重视，著名诗评家冯舒、冯班专有评点本，王士禛肯定其“以风调为主”。但此书在编排中有不少缺点。所选诗人多有重复，所选诗在作者归属方面也有明显错误。但书中所录之诗，仍有一定文献价值。有《四部丛刊》影印述古堂宋抄本。今人整理本见傅璇琮编撰的《唐人选唐诗新编》(1996)。

才仁旺阶 Tshering Wanggyal; Tshe ring dbang rgyal（1697～1764） 中国清代藏族作家。又名策凌旺扎勒、仓吉杰贝洛旦。拉萨北部达垅人。因家族纷争，改名多喀，故又名多喀夏仲·才仁旺阶。自幼聪慧，善习书法、历算。15岁入敏珠林寺深造，精通显密二教，深谙大小五明之学。自康熙五十五年（1716）至雍正十三年（1735），他执政30年，多次被派往黑河，随清军迎接准噶尔首领入藏朝佛。曾随颇罗鼐赴当雄迎接七世达赖喇嘛返藏。调解达赖喇嘛与颇罗鼐之间的误解。亦曾随达赖喇嘛赴各地朝佛，被达赖誉为通晓政教二法，善理政务，为诸噶伦之榜样。

才仁旺阶学识渊博，在历史、文学、语言诸方面皆具较深造诣。著有《勋努达美传》、《藏梵字典》及自传体《噶伦传》和《颇罗鼐传》等不朽的文史著作，其中《勋努达美传》和《颇罗鼐传》最负盛誉。《颇罗鼐传》所记事实多以亲身经历或档案资料为依据，既是一部史料翔实的历史著作，又是一部富有文采的文学作品。《勋努达美传》系藏族历史上第一部长篇文学著作。作品描绘益翁玛和勋努达美为反抗包办婚姻，争取自由美满的爱情生活的斗争。在写作技巧上体现了散韵结合，故事情节婉转生动等藏族文学的传统特点。在刻画人物思想活动，摹写战争场面等方面，运用了丰富多样的表现手法，开藏族长篇小说之先河。1980年青海人民出版社出版藏文版《勋努达美传》。1984年青海人民出版社和西藏人民出版社分别出版汉译本。

才谈 朝鲜族曲艺曲种。见漫谈。

才性之学 talent and character, theory of 中国汉魏之际评论人物标准和原则的学说。其代表人物有刘劭、钟会、傅嘏、王广、李丰等。汉魏之际讨论人才标准问题的著作很多，现仅存刘劭的《人物志》一种。所谓“才”一般是指人的才能，而“性”大体是指决定人的才能的内在品质。汉朝察举、征辟依据的标准是“德性”，不把“才”与“性”看成是矛盾的；而曹操提出“唯才是举”，认为“才”和“性”可以不相符。所以当时在才性关系问题上就出现了四种不同的学说，即“四本才性”问题。《魏志》说：“四本者，言才性同，才性异，才性合，才性离也。”“四本才性”的讨论反映了当时政治上的分野。这四家讨论才性问题已进入了抽象的名理，涉及“才”和“性”的涵义以及二者的关系。持不同意见的各方，一般对“才”没有不同看法，对“性”的看法则有很大分歧，因此对“性”的认识也成了玄学家探讨的问题，并直接影响了魏晋玄学。在一定意义上讲，也可看作玄学的一部分。

材料 material 人类用于制造生活和生产用的物品、器件、构件、机器和其他产品的物质的统称。材料是物质，但不是所有的物质都可以称为材料。习惯上认为，燃料和化学原料、工业化学品、食物和药物等都不算是材料。

材料是人类赖以生存和发展的物质基础，是人类进步的里程碑。人类进步历程中的石器时代、青铜器时代、铁器时代等，都是以当时使用的主要材料作为特征划分的。材料是国民经济建设、国防建设与人民生活中不可缺少的重要组成部分。材料技术已经成为工业、农业、国防建设和高新技术发展的共性关键技术。

材料多种多样，分类方法也没有一个统一的标准。按物理化学属性分，可分为金属材料、无机非金属材料、高分子材料和复合材料。按用途可分为电子材料、航空航天材料、核材料、建筑材料、能源材料、生物材料等。更常见的分类方法有两种：①分为结构材料和功能材料。结构材料是以力学性能为基础，用以制造以受力为主的构件。功能材料则主要是利用物质独特的物理性质、化学性质或生物功能等而形成的一类材料。功能材料是高新技术进步发展的重要基础和先导，是研究发展的重点。②分为传统材料和新型材料（又称新材料、先进材料）。传统材料是指在工业中已批量生产并得到广泛应用的材料，新型材料则是指刚刚投产或正在发展而且有优异性能和应用前景的一类材料。新型材料与传统材料之间并没有截然的界限。传统材料可以发展成为新型材料，新型材料在经过长期生产与应用之后也就成为传统材料。传统材料是国民经济的基础，也与人民的基本生活息息相关，所以又称为基础材料。

材料科学技术 material science and technology 涉及材料基础性质及材料的实际应用的科学技术领域。在多学科交叉基础上形成的学科。主要是研究材料组成、结构、性能、生产流程和使用效能以及它们之间的关系。材料科学技术包括的内容，从材料的基础科学一直到材料的实际工程应用，既包括材料的共性问题，也包括不同种类材料自身特有的个性问题。

材料的发展 材料的发展促进了人类物质与精神文明的进步。18世纪以来，材料在新品种开发和规模生产等方面发生了飞跃。转炉和平炉炼钢技术的发明，使人类进入了钢铁时代。铜、铅、锌的大量应用，铝、镁、钛和稀有金属产品的相继问世，使金属材料在20世纪中占据了材料的主导地位。20世纪初，人工合成高分子材料问世，并发展十分迅速。20世纪50年代，通过合成化工原料或特殊制备方法，制造出一系列先进陶瓷。复合材料由于具有每种单质材料所不具备的性能，而且可以节约资源，成为今后材料发展的主要方向。

随着科学技术的发展，功能材料愈来愈重要，特别是**半导体材料**出现以后，促进了现代文明的加速发展。1948年发明了第一支具有放大作用的晶体管，10年后又研制成功集成电路，使计算机的功能不断提高，体积不断缩小，价格不断下降；加之高性能的磁性材料不断涌现，激光材料与光导纤维（见**光学纤维**）问世，使人类社会进入了信息时代。

形成与内涵 人类对材料早已熟悉，"材料"是早已存在的名词，但"材料科学技术"的提出只是20世纪60年代初的事。1957年苏联人造卫星上天，这对美国震动很大，美国认识到自己落后的主要原因之一是先进材料落后，于是在一些大学相继成立了10多个材料科学研究中心。从此，材料科学与工程这个名词在美国便广泛地被引用。但有些国家，特别在欧洲，把材料科学与工程称为材料科学与技术，为了简化，这里称之为材料科学技术。

"材料科学技术"的形成是与材料相关的科学和技术发展的结果。①固体物理、无机化学、有机化学、物理化学等学科的发展，对物质结构和物性的深入研究，推动了对材料本质的了解。同时对材料的制备、结构与性能，以及它们之间的相互关系的研究也愈来愈深入。②在材料科学这个名词出现以前，金属材料、高分子材料与陶瓷材料都已自成体系，复合材料也正在形成学科体系。但它们之间存在着颇多相似之处，不同类型的材料可以相互借鉴，从而促进学科的发展。③各类材料的研究设备与生产手段颇多共同之处。虽然不同类型的材料各有其专用测试设备与生产装置，但许多方面是相同或相近的，如显微镜、电子显微镜、表面测试及物性与力学性能测试设备等。在材料生产中，许多加工装置也是通用的。④许多不同类型的材料可以相互代替和补充，能更充分发挥各种材料的优越性，达到物尽其用的目的。⑤复合材料在多数情况下是不同类型材料的组合，如果对不同类型材料没有一个全面的了解，复合材料的发展必然受到影响。

材料科学技术所包含的内容是研究材料的组织、结构与性质的关系，这属于材料的基础研究。材料是面向实际、为经济建设服务的，是一门应用科学，研究与发展材料的目的在于应用，必须通过合理的工艺流程才能制备出具有实用价值的材料来。材料通过批量生产才能成为工程材料。所以，"材料科学与工程"的概念逐步被大多数人所接受，它包含了"材料科学"和"材料工程"两个相对独立而又紧密联系的方面。材料工程指的是研究材料在制备过程中的工艺和工程问题。

发展的重点 根据国际动向并结合国家具体情况，中国材料科学技术发展的重点包括以下几方面。

材料制备工艺与技术 传统材料需要不断改进生产工艺和流程以提高产品质量、劳动生产率及降低成本。新材料的发展与工艺技术的关系则更为密切。例如，由于分子束外延生长技术的出现，可以精确地控制薄膜生长到几个原子的厚度，从而为实现"原子工程"及"能带工程"，并为材料的原子、分子设计提供了有效手段。许多性能优异、有发展前途的材料，如工程陶瓷、高温超导体等，由于脆性及稳定性问题以及成本太高而不能大量推广。这些都需要工艺的革新来解决。现代化的制备工艺与技术往往与极端条件密切联系着。如利用空间失重条件进行晶体生长，强磁场、强冲击波、超高压、微重力、超高真空以及强制冷却等都可能成为材料制备工艺的有效手段。

科学仪器与检测装置 科学技术的发展在很大程度上依赖于科学仪器性能的提高。以物理学诺贝尔奖获得者为例，大约有半数得益于新仪器或新测试手段的发明创造。工业产品质量的改进往往决定于检测装置精度的提高。所以世界各工业发达国家对科学仪器与检测装置的发展都给以足够的重视。检测是控制工艺流程及产品质量的主要手段。无损检测是检测中重要的一类，不但可用以检查宏观缺陷，而且可以监控裂纹的萌生和发展。检测装置的关键构件是**传感器**，它是利用材料的物理、化学和生物特性来传递生产过程中所产生的微弱信号变化，从而达到控制目的的器件。当前检测装置除了扩大品种、提高灵敏度与稳定性以外，主要是发展在线、动态以及适应各种恶劣环境的检测装置。

计算机技术的应用 计算机技术的应用开辟了材料设计新领域。材料设计及材料技术从以经验为主过渡到可以通过计算来实现，主要归功于材料科学及计算机的发展。

材料设计大体可以分为3个层次：①微观层次，即运用量子力学与统计力学来研究原子、分子及其中电子的行为；②细观层次，其大小在微米以上，考虑的是许多原子或分子在一定范围内的平均性质，如形变、磁性，一般用连续统方程如扩散方程来描述；③宏观层次，如宏观性能、生产流程与使用性能间的关系，材料的断裂以及微观结构的形成等。微观层次的"原子工程"与"能带工程"是功能材料的发展动向。细观层次是当前材料科学工作者研究的重点，而且在某些方面已做到了按需要进行设计和优化设计。宏观层次是生产材料的工程技术人员与细观层次的科学工作者的结合点。设计出合理成分，制定生产流程，而后生产出符合要求的材料。今后的长远发展方向是3个层次的统一。

材料的应用研究 材料的广泛应用是材料科学技术发展的主要动力。实验室制出的具有优越性能的材料不等于在实际工作条件下能得到应用，还须通过应用研究做出判断，而后采取有效措施进行改进。材料在制成零部件以后的使用寿命的确定是材料应用研究的另一个方面，它关系到安全设计及经济性设计。

材料的应用研究又是机械部件、电子元件失效分析的基础。通过材料的应用研究也可以发现材料中的规律性的东西，从而指导材料的改进和发展。

开发新材料，发展高技术 高技术和高技术产业已经成为综合国力竞争的热点。新材料是发展高技术的基础和先导，新材料研制与开发本身又是高技术的一部分。因此，发展高技术，必须重视开发新材料。新材料的发展重点主要有以下几方面：

功能材料 功能材料与器件相组合，并趋向于小型化与多功能化。特别是分子束外延技术与超晶格理论的发展，使材料与器件的制备可以控制在原子尺度，将成为今后发展的重点。其他信息功能材料发展也很快，品种日益增加，性能不断提高。这里主要指的是半导体材料、超导激光材料、红外材料、光电子材料、液晶材料、敏感材料及磁性材料等。它们是发展信息产业的基础。

低维材料 低维材料具有体材料所不具备的性质。如作为零维的纳米级金属颗粒是电的绝缘体及吸光的黑体，以纳米微粒制成的陶瓷具有较高的韧性和超塑性，纳米级金属铝的硬度为块体铝的8倍等。这些都是待开发的领域。作为一维材料的高强度有机纤维、光导纤维，作为二维材料的金刚石薄膜、超导薄膜都已显示出广阔的前景。

生物材料 这类材料包括：①**生物医学材料**，用以代替或修复人的各种器官、血液及组织等。②生物模拟材料，即模拟生物机能的材料，如反渗透膜。生物医学材料有些已达到实用化或产业化的程度，生物模拟材料大部分处于探索阶段。

金属材料 以其高性能价格比、成熟的工艺、现有装备的优势，以及新金属材料的不断涌现等原因，在今后若干年内仍将占有重要位置。

高性能陶瓷 正处于发展阶段。随着热机的发展，对工程陶瓷的需求愈来愈迫切；信息功能材料的品种不断增加，性能不断提高，对功能陶瓷的研究愈来愈深入。

高分子材料 以高分子化合物为基础制得的一类新型材料。包括橡胶、塑料、纤维、涂料、胶黏剂和高分子复合材料。高分子是由成千上万个小分子单体通过加聚或缩聚反应以共价键结合起来的长链分子。独特的结构使高分子材料具有易改性、易于加工及许多其他材料所不可比拟和取代的优异性能。

复合材料 是结构材料发展的重点。其中主要包括树脂基与高强度、高模量纤维的复合，以及金属基复合材料、陶瓷基复合材料和碳基复合材料等。表面涂层或改性是另一类复合材料，量大面广，经济实用，将有更大发展前景。由于复合材料的设计自由度大，特别有利于发展新型功能复合材料和多功能复合材料。

智能材料 20世纪末提出来的一类新型材料。它可以具有类似于生物体反应的机能，既有感知，又有驱动的功能。有的本身就可以构成一个智能系统，有的需要加入反馈才能构成一个完整的智能系统。智能材料是今后新材料发展的热点之一。但在其初级阶段，一般称为机敏材料。

材料力学 mechanics of material 研究结构与机械零件中杆件与类似杆件的构件，在外力作用下的变形、应力分布与破坏的规律的学科。力学的分支。

发展简史 伽利略为解决船舶和水闸所需梁的尺寸问题，通过一系列实验于1638年首次提出梁的强度计算公式（尽管不完全正确）。R.胡克于1678年发表了根据弹簧实验观测得出的“力与变形成正比”的重要物理定理。随着近代高强度金属（如钢和铝合金）在工程中应用，构件的刚度与稳定性理论获得了发展动力。现代复合材料技术的发展使材料力学开始重视各向异性问题。

研究内容 包括两个部分：一部分是材料力学性能（又称机械性能）研究；另一部分是对杆件进行力学分析。杆件按受力和变形的特征分为三类：①拉杆和压杆。内力（合力）为轴力，变形为轴向伸长和缩短，压杆还可能丧失原有平衡形式，弯曲失稳。②梁。承受横向载荷和轴线平面内的外力偶，内力为剪力和弯矩，变形为挠曲。③轴。外力偶位于垂直于轴线平面，内力为扭矩，变形为扭转。同时存在上述两种或三种基本变形的称为组合变形。需要进行应力应变状态分析，判断材料强度。按材料性质和变形情况，具体杆件问题也可分为三类：①线弹性、小变形问题。②几何非线性问题。③物理非线性问题。材料力学主要研究第一类问题。针对杆件在复杂载荷或复杂环境影响下的破坏，如在交变载荷下的疲劳破坏，高温恒载条件下的蠕变破坏，受高速动载作用的冲击破坏。材料力学还对材料的疲劳性能、蠕变性能和冲击性能作初步研究。

研究方法 先对构件作合理简化假设，再进行力学分析。简化假设是将材料抽象为可变形固体，并引入连续性假设、均匀性假设和各向同性假设。通常还引入两个变形条件，认为变形很小，材料服从胡克定律，叠加原理成立；对于杆件的变形，材料力学还引入平截面假设，即认为变形前后杆状构件的横截面始终保持平面，并与轴线垂直。平截面假设对于理想的拉压杆、纯弯梁和受扭圆轴是严格成立的，对横向弯曲通常有足够工程精度，对非圆截面杆扭转失效。力学分析是在上述简化假设下，由截面法取出构件适当部分为研究对象。根据几何关系、物理关系和平衡关系确定构件的应力、应变和位移。

材料力学性能 mechanical properties of material 材料在常温、静载作用下的宏观力学性能。确定各种工程设计参数的主要依据。这些力学性能均需用标准试样在材料试验机上按照规定的试验方法和程序测定，并可同时测定材料的应力－应变曲线。

对于韧性材料，有弹性和塑性两个阶段。弹性阶段的力学性能有：①比例极限。应力与应变保持正比关系的应力最高限。当应力小于或等于比例极限时，应力与应变满足胡克定律，即应力与应变成正比。②弹性极限。弹性阶段的应力最高限。这一阶段内的变形称为弹性变形。绝大多数工程材料的比例极限与弹性极限极为接近，因而可近似认为在全部弹性阶段内应力和应变均满足胡克定律。③弹性模量。弹性阶段内，法应力与线应变的比例常数（E）。④剪切弹性模量。弹性阶段内，剪应力与剪应变的比例常数（G）。⑤泊松比。垂直于载荷方向的应变与沿载荷方向应变之比（ν）的绝对值。上述3种弹性常数之间满足$G=E/2\ (1+\nu)$。塑性阶段的力学性能有：①屈服强度。材料发生屈服时的应力值。又称屈服极限。屈服时应力不增加但应变会继续增加。②条件屈服强度。某些无明显屈服阶段的材料，规定产生一定塑性应变量（如0.2%）时的应力值，作为条件屈服强度。应力超过屈服强度后再卸载，弹性变形将全部消失，但仍残留部分不可消失的变形，称为永久变形或塑性变形。③强化与强度极限。应力超过屈服强度后，材料由于塑性变形而产生应变强化，即增加应变需继续增加应力。这一阶段称为应变强化阶段。强化阶段的应力最高限，即为强度极限。应力达到强度极限后，试样会产生局部收缩变形，称为颈缩。④延伸率（δ）与截面收缩率（ψ）。试样拉断后长度与横截面积的改变量与加载前比值的百分数，即$\delta=[(l_b-l_0)\ /l_0]\times100\%$，$\psi=[(A_0-A_b)\ /A_0]\times100\%$。式中$l_0$、$A_0$分别为试样的标距和标距内的横截面积；$l_b$、$A_b$分别为拉断后的标距长度和断口处的最小横截面积。

对于脆性材料（$\delta\leqslant5\%$），没有明显的屈服与塑性变形阶段，试样在变形很小时即被拉断，这时的应力值称为强度极限。某些脆性材料的应力－应变曲线上也无明显的直线阶段，这时，胡克定律是近似的。弹性模量由应力－应变曲线的割线的斜率确定。

压缩时，大多数工程韧性材料具有与拉伸时相同的屈服强度与弹性模量，但不存在强度极限。大多数脆性材料，压缩时的力学性能与拉伸时有较大差异。例如铸铁压缩时会表现出明显的韧性，试样破坏时有明显的塑性变形，断口沿约45°斜面剪断，而不是沿横截面断裂；强度极限比拉伸时高4～5倍。

财产保全 attachment; property preservation 法院在利害关系人起诉前或者当事人起诉后申请执行前，为保证判决的执行或避免财产遭受损失，根据利害关系人或当事人的申请或依照职权，对当事人的财产或者争议的标的物，采取限制其处分的保护措施。其意义在于防止义务人隐匿、转移、挥霍其财产，逃避依法应当履行的民事义务，从而保证法院生效裁判的顺利执行。财产保全立法最早出现于法国1806年的《民事诉讼法》和德国1877年的《民事诉讼法》。

财产保全的种类 依据《中华人民共和国民事诉讼法》的规定，财产保全可分为诉前财产保全和诉讼财产保全。前者指法院根据利害关系人的申请，在起诉前因情况紧急，不立即采取保全措施将会使其合法权益受到难以弥补的损害，对被申请人的财产采取的强制性措施。后者指在诉讼过程中，为了保证法院的判决能顺利实施，法院根据当事人的申请，或在必要时依职权决定对被申请人的财产或双方争议的标的物采取限制其处分的强制性措施。

财产保全的范围和措施 财产保全范围限于当事人争执的财产或者被告的财产，对案外人善意取得的与案件有关的财产，一般不得采取保全措施。财产保全措施一般包括查封、扣押、冻结或者法律规定的其他方法。

财产保全的程序和解除 财产保全应由当事人或利害关系人向有管辖权的法院提出申请，并依法提供担保；或由法院在必要时依职权作出裁定采取保全措施。当事人对财产保全的裁定不服的，可以申请复议一次。复议期间不停止裁定的执行。

司法实践中，财产保全措施常因下列原因解除：①诉前财产保全措施采取后，利害关系人在15日内未起诉的。②被申请人向法院提供担保的。③申请人在财产保全期间撤回申请，法院同意其撤回申请的。④法院确认被申请人申请复议意见有理而作出新裁定，撤销原财产保全裁定的。⑤被申请人依法履行了法院判决的义务，财产保全已没有存在意义的。

财产保险 property insurance 以各种物质财富及其相关利益为承保标的物的保险种类。财产保险承保标的对象有三类：①有形物质财产的直接损失。如家庭财产或企业的固定资产、流动资产以及一切生长过程(种植业)、养殖过程（养殖业）中的财产等。②财产派生的权益或相关利益。如预期利润、财产租金收入、预期承运费等。③民事损害赔偿责任。财产保险是由财产损失险、责任保险和信用保证保险三大类构成。

财产保险一般具有下列特点：①其风险受自然力量的制约程度很大；②它一般是以货币形式衡量和确定承保物质及其派生利益的价值数量，在此基础上核定保险金额以及应缴的保险费；③财产保险合同经过背书后具有可转让性。

财产课税 properties, taxation on 以法人和自然人所拥有或者使用的财产为对象课征的税类。在现代各国税制中，财产税一般作为辅助税种归入地方税。它包括一般财产税、财产增值税和财产转移税三种。一般财产税以财产的价值为计税依据，定期课征。财产增值税以财产的增值额为计税依据，即对财产的现值超过原值部分按一定的税率课征。财产转移税以转移时的财产价值为计税依据向财产承受人征税，这种转移可以通过买卖、赠与或继承实现(见遗产税)。财产税具有调节财产拥有（使用）人的收入、限制财产拥有（使用）人的奢侈性消费、增加财政收入等作用。

中国的财产税包括：房产税、城市房地产税、城镇土地使用税、耕地占用税、契税、资源税、车船使用税、车船使用牌照税和船舶吨税等9种。

财产清查 property verification 通过对货币资金、实物资产和往来款项的实地盘点或核对，确定当期实存数，查明账存数与实存数是否相符的一项会计工作。

财产清查，按清查的对象和范围，分为全部清查和局部清查；按清查的时间，分为定期清查和不定期清查。在中国，通常在年终决算前和单位撤销、合并或改变隶属关系以及在清产核资时，对全部财产进行清查。此外，对一部分流动性较大和贵重的财产，还要进行定期或不定期的局部清查。清查工作结束以后，应编制财产清查盘点报告，列出财产物资盘盈、盘亏的数量和金额，若账实不符，应查明原因，分清责任，根据有关规定进行处理，并调整账簿记录，使其符合实际情况。

财产权 property, right of 民事权利主体所享有的具有经济利益的权利。人身权的对称。它具有物质财富的内容，一般可以用金钱计算其价值。除个别权利（如中国的土地、水流、矿产等资源的所有权）不能由权利人自由转让外，一般均无人身属性，可以自由转让。财产权包括所有权、他物权、准物权、债权、继承权以及知识产权等。在婚姻和劳动等法律关系中，也有与财产相联系的权利，如家庭成员间要求抚养费、扶养费、赡养费的权利，夫妻间的财产权和基于劳动关系领取劳动报酬、退休金、抚恤金的权利等。某些权利兼具财产权和人身权的属性，包括股权、继承权等。

财产权是一定社会的物质资料的占有、支配、流通和分配关系的法律表现，由刑法、民法、行政法等多个法律部门共同保护。在刑法上规定有抢劫、盗窃、诈骗等多个侵犯财产的罪名，行政法也对财产权保护作出大量的规定，而民法对侵犯财产权的制裁方法主要采取财产责任的形式。《中华人民共和国民法通则》中“民事责任”一章，规定侵犯他人财产权应承担停止侵害、排除妨碍、消除危险、返还财产、恢复原状、修理、重做、更换、支付违约金、赔偿损失等民事责任。

财产申报制度 declaring personal property system 国家公职人员在任职之初、任职期间和任职届满后向有关部门申报自己以及一定范围的家庭成员的财产及财产变化状况的制度。它是现代许多国家和地区廉政立法的重要内容。财产申报制度一般涉及以下内容：①有关财产申报对象的规定。申报对象一般包括立法、行政、司法、军事等机关和国营企事业组织的公职人员。②有关财产申报种类和时间的规定。③有关财产申报内容的规定。一般要求详细写明自己的动产和不动产情况，并注明日期、价值和获取方式。年度申报中还要写明上一年度财产变化情况。④有关申报形式的规定。⑤有关申报书接受、公布和审查的规定。⑥有关对违法行为处罚的规定。包括不提交申报书、伪造申报书或不按照规定申报等情况。1995年，中共中央办公厅、国务院办公厅发布实施《关于党政机关县(处）级以上领导干部收入申报的规定》，明确提出申报的目的、申报的主体、申报的内容、申报的时间、受理申报的机关、监督惩戒、解释权限等内容。2000年12月25日，中共中央纪律检查委员会第五次会议决定实行领导干部家庭财产报告制度，首先在省（部）级现职领导干部中实行，申报对象扩展到配偶以及由其抚养的子女的家庭财产，包括大额现金、存款、有价证券、房产、汽车、债券、债务等主要家庭财产。

财阀 financial magnate 日本战前的金融资本集团的通称。在日本，由于金融资本集团是和浓厚的封建家族关系联系在一起的，因而人们习惯于把日本的金融资本集团称为财阀。20世纪初，随着生产和资本集中的进一步加强，日本形成了以家族为中心的三井、三菱、住友、安田四大财阀。它们以家族资本控制的总公司为核心，通过家族总公司—直系公司—准直系公司的持股关系，控制着各经济部门的直系企业和旁系企业，组成庞大的康采恩。第二次世界大战期间，在原有四大财阀的基础上增加了鲇川、浅野、古河、大仓、中岛、野村等六家新财阀，总称为日本十大财阀。但是，第二次世界大战以后，日本的金融资本集团的垄断核心和统治形式都发生了重大变化。例如，三菱、住友、三井、富士、三和、第一劝业等六大金融资本集团，以各自的银行为核心，囊括了金融业、工业、交通运输业、商业和国际贸易等主要经济部门，控制了日本的经济命脉和国家机器。因此，一般人们不再将第二次世界大战后日本的金融资本集团称为财阀，而是像其他资本主义国家一样称为财团。

财富 wealth 一个社会或国家在一定时期所拥有的经过劳动创造和积累起来的物质产品，以及以物的形式存在的精神产品。又称社会财富或国民财富。

分类 财富包括物质财富和精神财富两个部分：①物质财富，是能够满足人们某种需要的物质产品，那些既不满足生产需要又不满足生活需要的东西，不能成为财富。物质财富还必须是由劳动创造的，包括过去劳动创造的积累起来的劳动产品，其中既有生产资料又有消费资料。未经劳动加工的物质资料，如空气、日光等，不能成为财富。经过劳动开发而用于生产过程的自然资源，如土地、矿藏、森林、水力、风力等，也是财富的内容。②精神财富，是能够满足人们精神生活需要的财富。包括一个社会或国家所拥有的经过劳动创造和积累起来的以物的形式存在的精神产品，如生产经验、劳动技术、科学成就、文艺作品、文化遗产等。

源泉 一切财富归根结底都是劳动创造的。但是，劳动并不是财富的唯一源泉。要创造财富，还需要有财富的自然源泉，即自然界。因此，劳动和自然界一起，才是财富的源泉。人们在创造物质财富的劳动中，必须具备劳动资料和劳动对象等物质生产条件。这些物质生产条件最初是由自然界提供的。精神财富的生产也离不开物质财富的生产。因为，精神财富是人们生产斗争和科学实验的经验总结和概括，没有创造物质财富的生产活动，创造精神财富的精神生产也就不可能进行。

表现形式 在任何社会，财富的物质内容都是由适合个人消费或生产消费的使用价值构成的。但是，在不同社会中，物质财富有不同的表现形式。在奴隶社会，物质财富主要表现为土地和奴隶；在封建社会，物质财富主要表现为土地和土地上的产品；在资本主义社会，财富最基本的表现形式是**商品**，不仅物质财富，甚至精神财富也都表现为商品。从而，作为商品的一般等价物的**货币**就成为财富的一般形式。在社会主义社会，财富仍然主要表现为商品和货币。

财神 God of Wealth 中国民间供奉的招财进宝之神。相传姓赵名公明，又称赵公元帅、赵玄坛。在《真诰》中赵公明为五方诸神之一，即阴间之神。后在道教神话

中国民间供奉的财神爷（清代年画）

中成为**张陵**修炼仙丹的守护神，玉皇授以正一玄坛元帅之称，并成为掌赏罚诉讼、保病禳灾之神，买卖求财，使之宜利。故被民间视为财神。其像黑面浓须，头戴铁冠，手执铁鞭，身跨黑虎，故又称黑虎玄坛。民间亦有分文、武财神的，武财神即赵公明，文财神传为春秋战国之**范蠡**。另有以关帝为财神的，多为合伙经商者所祀。

财团 financial group 由极少数金融寡头控制的巨大银行和巨大企业结合而成的垄断集团。又称金融资本集团。财团一般包括少数大银行、保险公司以及为数较多的工矿企业、商业企业和交通运输企业。它通过**参与制**活动于各个经济部门，并且扩展到文化、教育、科学、卫生、出版各个领域和政府机关等上层建筑部门。

19世纪末20世纪初，美国形成了第一批财团。按这些财团的组成形式来划分，可分为两类：一类是以家族为中心形成的财团，如**摩根财团**、**洛克菲勒财团**等；一类是以地方为中心形成的财团，如克利夫兰财团、芝加哥财团等。第二次世界大战以后，各主要资本主义国家的财团都有了较为迅速的发展，并且都具有了新的特点。这些特点主要有：①财团的实力和稳定性增强，行业色彩日益淡薄。一方面，财团所控制的资本十分巨大；另一方面，财团所控制的部门也日益增多，遍及重工业、轻工业、传统工业、新兴工业、生产部门、流通部门等。②财团对国家的控制和利用增强。各大财团的巨头亲自出马担任国家首脑和政府部门要职，出面组织各种民间机构，对政府施加影响和压力，以控制国家机器。③财团的家族色彩淡化。各财团之间相互渗透和融合，使一些财团由战前的单个家族控制变为多家族控制，很多财团虽保持原来的家族名称，但实际已由几个甚至更多的家族所支配，财团的资本进一步社会化了。

财务公司 finance company 由大型企业或企业集团内部成员单位出资组建并为各成员单位提供金融服务的一类非银行金融机构。企业集团财务公司的简称。它能够最大限度地把企业集团内各成员单位的闲置资金集中起来，调剂成员单位的资金余缺，从而最大限度地提高**资金**的使用效率。主要业务包括：吸收成员单位的存款；对成员单位发放**贷款**、办理委托贷款及票据承兑和贴现；对成员单位产品的购买提供**买方信贷**；办理成员单位产品的融资租赁业务；为成员单位办理担保、信用鉴证、资信调查和经济咨询等。随着经济的发展和时间的推移，西方国家财务公司的业务扩大到几乎与**投资银行**没有什么区别，有的业务量非常接近银行，在提供消费信贷、财务投资咨询等方面发挥着极为重要的作用。

财务会计 financial accounting 现代企业会计的一个分支。通过反映企业财务状况、经营成果和现金流量，满足企业筹资、投资和处理各方面利益分配关系等需要的一项管理活动。又称理财会计、筹资会计。是在企业会计准则和企业会计制度指导下，对企业已发生和已完成的经济业务（会计事项）中能用货币计量的数据，按照一定的会计程序和方法，加工转换成借助于财务报表所表达的财务信息，向投资者、债权人、有关的政府机关和企业的管理层提供企业经营状况和财务状况的一种会计工作。

财务会计的发展主要是由股份有限公司的产生和发展所推动的，尤其是在**证券市场**建立、公司股票上市之后财务会计的内容更加丰富，会计处理更加复杂，信息披露要求不断提高。1929年爆发的经济危机促使美国会计界对财务会计信息产生的机制进行反思，对财务会计所依恃的基本概念、准则（原则）程序和方法进行研究，产生了财务会计概念框架体系。1978～1984年，美国财务会计准则委员会分别对企业财务报告的目标、会计信息质量的特征、财务报表的要素、非营利组织财务报告目标和企业财务报表的确认与计量等问题，阐述了具有权威性的见解。

财务会计的特点是：①服务对象主要是企业外部各有关方面。②主要反映已实际发生的经济业务。③以经济法规和会计准则、会计核算制度为依据。④反映单位经济活动的总括信息。⑤以货币为主要计量单位。

财政 public finance 国家为了行使职能而参与社会产品的分配以及由此而发生的国家与各有关方面的分配关系。财政是随着国家产生而产生的。当国家从社会产品中分得一定的份额用于满足国家行使职能的需要时，才从一般经济分配中分离出独立的财政分配，于是产生了财政。但决定财政产生的不是国家，而是一定的经济条件，即**生产力**和**生产关系**的发展。

财政分配关系是生产关系的组成部分，它同生产力相互联系、相互影响。当财政分配关系适应生产力性质的时候，就能促进生产力发展；当财政分配关系不适应生产力性质的时候，就会阻碍生产力发展。

在以生产资料私有制为基础的国家，财政包括：①奴隶制国家财政。②封建制国家财政。③资本主义国家财政。它是资产阶级专政的国家在生产领域之外占有工人阶级及其他劳动者的劳动产品的分配关系。社会主义国家财政是直接为发展社会生产和满足社会物质文化需要服务的重要经济手段。其特征为人民性、生产性和计划性。

财政补贴 fiscal subsidies 国家对某些发生政策性亏损的**企业**、生产经营活动或劳动者个人所给予的资金补贴。在特定的条件下，为发展**国民经济**和保障某些市场进入者的利益而采取的一种财政措施。

中国的财政补贴有以下几种情况：①在现行的价格制度下，对从社会的角度看有利而从企业的角度看不利，甚至发生亏损的某些生产，给予政策性亏损补贴，使企业按照社会的需要组织生产。②当国家提高农产品收购价格或工业品出厂价格以后，并未相应提高消费品的销售价格，形成购销价格倒挂，由此对经营单位给予的政策性补贴。③当国家降低某些产品的价格，或市场上的某些必要产品价格大跌，需要扶持这些产品的生产时可由财政给予生产者一定的补贴。④对进出口商品的某些必要的价格补贴。

财政赤字 financial deficit 年度国家财政支出大于收入的差额。这种差额在簿记处理上习惯用红字表示，故名赤字。

财政赤字可能出现在预算安排上，也可能出现在预算执行结果上。通常对预算上安排的赤字称为赤字财政或赤字预算，预算执行结果上出现的赤字称为财政赤字或预算赤字。各国财政赤字的口径有所不同。主要有两种：一种是不包括**国债**的财政收支差额；一种是将国债收入和还本付息支出列入正常收支相抵后出现的赤字，有人把它称为“硬赤字”。中国采用后一种。

不同社会产生财政赤字的原因不尽相同，归纳起来有5种：战争、严重的自然灾害、经济危机、推行“赤字财政”政策和计划失误。

人们把可以看到的财政收支账面赤字称为公开赤字，把表面上财政收支平衡，而实际上收支不实、支大于收的称为隐蔽赤字。由于隐蔽赤字给人以假象，造成人们判断上的失误，因此比公开赤字危害更大。在实践中，为了弥补赤字，国家要采取各种信用形式取得临时收入。在没有可靠的弥补来源的情况下，就会影响银行信贷收支平衡，导致银行用增发货币来弥补信贷资金的不足，引起通货膨胀，物价上涨，妨碍生产建设的正常进行，影响人民的实际生活水平。因此，在财政出现赤字的情况下，需要协调财政政策和货币政策，如发行国债、紧缩信贷等。

财政分配 finance distribution 国家为了行使职能，通过财政收支而占有或支配一部分社会产品的分配活动。是以国家为主体的、社会范围的集中性分配，处理的是国家、各社会集团以及个人在社会产品分配中各占多少份额的问题。

资本主义财政分配体现的是资产阶级专政的国家对劳动人民进行额外剥削的经济关系，社会主义财政分配体现的是国家、集体、个人之间在根本利益一致基础上的经济关系。在中国，财政分配在社会产品和国民收入的分配中起主导作用；社会主义的积累基金和社会消费基金的一部分通过财政分配形成，而补偿基金和个人消费基金的形成也要受财政分配政策的影响。财政分配合理与否，对发展生产和满足社会物质文化需要产生重要影响。

财政结余 fiscal surplus 年度国家财政收入大于支出的余额。在价值形态上表现为银行的财政性存款，在物质形态上表现为国家财政未动用的与这些存款相应的社会物资。财政结余可以反映在预算上，也可以出现在预算执行结果上，编制预算时出现的结余称预算结余，预算执行结果出现的结余称决算结余。从预算执行结果来看又有：当年结余、滚存结余和净结余。

中国先秦时期已有财政不能满收满支，应当留有后备以防不测的思想。自由资本主义时期，以亚当·斯密和大卫·李嘉图为代表的古典经济学家提出建立“廉价政府”。现代西方经济学家提出的财政周期平衡理论主张，用经济繁荣时期的财政结余弥补经济萧条时期的财政赤字，以保证财政收支的周期性平衡。

财政审计 public finance audit 国家财政预算及其执行情况，财政管理业务和财政决算审计的总称。在中国，财政审计是国家审计的重点。目的在于严肃财经法纪，优化经济环境，完善财政资金管理，提高财政资金的效益，促进财政、信贷、物资、外汇综合平衡。财政审计的任务是：①审查预算编制的政策性、科学性和落实情况。②审查预算执行的真实性、合法性和预算执行的管理与平衡情况。③审查各级财政的分配关系与收支结果。④审查税收计划执行情况和减免情况以及财政预算外收支等。

财政预算审计主要审查：①预算编制管理情况。②预算收入计划的衔接性、一致性、合理性、合规性和指标落实情况。③预算支出计划的原则、结构、效果和基建投资等情况。④预算收支平衡情况。

财政预算收入执行情况审计主要审查：①预算收入的完成情况。②各项收入政策的贯彻执行情况。③收入退库情况。④收入库款的划分与报解情况。

财政预算支出执行情况审计主要审查：财政预算支出完成情况；政策、法规遵循情况；各项专项资金的使用情况；预备费动用情况。

财政决算审计主要审查：①总预算年度收支内容及调整情况的合规、合法性和决算完整性、准确性以及收支平衡的真实性。②预算内和预算外界限的划分是否正确，上、下级财政结算资金和上解补助资金的计算是否正确。③决算的编制是否遵照国家统一规定的计算口径、编制程序和方法进行。

财政决算收入审计主要审查：①决算收入是否按国家预算规定的项目筹集，有无应收不收、多收乱收问题。②各项收入是否及时足额缴入金库，收入是否真实、合规，有无以虚代实、弄虚作假。

财政决算支出审计主要审查：①对财政支出预算完成情况的审计。②财政支出预算调整的合法、有效性和财政分配政策执行是否良好。③各项财政决算支出的真实、合法性。

财政决算收支平衡审计主要审查：①年度财政收支计划是否贯彻了尽力而为、量力而行、收支平衡、略有节余的方针。②在预算执行过程中是否树立了不断平衡的思想，是否及时采取了压缩支出的措施。③财政决算年终清理工作中，是否把应作当年决算收入的项目全部清理入库；有无把预算内收入隐匿于预算外收入之中；有无将预算外支出挤入预算内列报支出等。④财政决算收支出现赤字时，是否努力减少赤字的额度。

预算外资金审计主要审查：①预算外资金收入是否合法、合规。②收费标准是否正确。③收入的留成比例是否正确。④有无把预算内资金收入转作预算外收入和设“小金库”。⑤支出的合规性。⑥有无用预算外资金搞计划外基本建设的情况。

财政透支 fiscal overdraft 财政部门在银行的支款超过其存款余额的行为。财政向银行借款的一种形式，实质是借用一部分银行信贷资金补充财政资金的不足，它对银行信贷收支平衡有直接的影响。在银行信贷出现逆差的情况下透支，或银行信贷虽有顺差但透支超过其顺差额时，银行无力垫付，其结果必然出现银行信贷失衡，导致货币的财政性发行，不利于通货的稳定。财政透支的现象在世界各国普遍存在。有些国家以法律形式规定财政向银行取得贷款的限额即透支额。《中华人民共和国预算法》规定不允许财政透支。

财政学 fiscal science 研究国家政权为执行自身各种社会管理职能而参与社会总产品生产和分配等活动的经济学分支学科。它专门研究以国家各级政权为主体的各种经济活动，是现代体现公众利益要求、涉及公共产业领域的关于财政各项工作研究的科学认识体系。

形成和发展 财政学的研究在其学科独立之前是包含在政治经济学的理论认识之中的。古典政治经济学的奠基人威廉·配第在其主要著作《赋税论》和《政治算术》中，从经济生活的内部联系分析了财政租税等基本问题。古典政治经济学的集大成者亚当·斯密在他的代表作《国民财富的性质和原因的研究》中，深入地探讨了财政与国民经济的内在联系，系统地阐述了财政理论问题。而在其后，大卫·李嘉图的研究更是对当时的财政租税理论的研究作出了突出的贡献。

进入19世纪以后，以K.马克思的批判思想为主线，通过研究租税、国家预算、公债等一系列的财政范畴，形成了马克思主义财政学。在20世纪早期和中期，经济学的基础理论更加注重财政问题的研究。以凯恩斯主义为代表的财政理论逐渐在这一领域取得了新的统治地位。到了20世纪后期，财政学已成为经济学中一个重要的独立的分支学科。

研究内容 公共财政问题是财政学学科的主要研究内容。公共财政主要涉及政府对公共产品的提供问题，即如何提供、提供哪些产品、提供多少产品等问题。公共产品分为纯公共产品和准公共产品。纯公共产品包括：国防、外交、社会安全防治、改造罪犯、法律法规、宏观经济政策、宏观经济信息、基本生活用品的社会供求信息、资本市场信息、货币发行、生态环境的治理与保护、传染病防治、消防服务、基础科学研究、意识形态传播、空间技术等。准公共产品包括：基本农产品、能源、交通、通信、城市公共服务、教育、广播、电视、社会保障、产品质量认证、企业信誉评价、地质勘探等。财政学还要进行财政收入的研究，税收是规范的财政收入形式，是财政收入的主要来源。对于财政收支研究的基础是财政预算研究，成果是以立法形式作保障的。而为了贯彻政府调节经济的职能，财政学还要研究政府如何制定财政政策的问题。

在现代财政学中，比较突出地强调财政信用理论的研究，这涉及公债的发行、调配与使用。财政信用除具有重要的控制国民经济运行的金融微调作用，还起到为一些准公共产品设施建设提供资金的作用。财政信用的作用发挥程度已经成为现代市场经济条件下财政职能表现是否到位的一种标志。

财政预算 financial budget 经法定程序审核批准的国家年度集中性财政收支计划。它规定国家财政收入的来源和数量、财政支出的各项用途和数量，反映国家财政政策及政府活动的范围和方向。

世界上最早形成完整的现代国家预算制度的是英国。中国的国家预算制度产生于清代末年。1950年3月，中央人民政府政务院先后发布了《关于统一国家财政经济工作的决定》、《关于统一管理1950年年度财政收支的决定》以及其他有关规定，形成了统一的国家预算。

不同性质的国家，其预算的性质不同。资本主义国家预算以生产资料私有制为基础，是为资产阶级利益服务的。社会主义国家预算以生产资料公有制为基础，是为全体劳动者服务的。各国的国家预算亦有共性：①时效性。任何一国某一年度国家预算仅在一定时期内具有实施效力。②阶段性。每一国家预算具体工作过程都包括编制、执行、决算三个工作阶段。③法令性。国家预算的制定过程就是立法过程，因此国家预算具有法律效力。④公开性。国家预算的收支情况必须向全体公民公布。中国的国家预算采用日历年制，包括中央预算和地方预算。

中央人民政府财政部部长薄一波（右站者）在中央人民政府委员会举行的第二十三次会议上作《关于1953年国家财政预算》的报告

财政政策 fiscal policy 国家根据一定时期政治、经济、社会发展的任务而规定的财政工作的指导原则。其内容包括社会总产品和国民收入分配政策、预算收支政策、税收政策、财政投资政策、财政补贴政策、国债政策、预算外资金收支政策等。

财政政策是随着社会生产方式的变革而不断发展的。奴隶社会和封建社会，受自给自足的自然经济制约，国家不可能大规模组织社会经济生活。在资本积累阶段和资本主义形成时期，统治者一般都推行掠夺性财政政策，以加速资本积累的过程。国家垄断资本主义时期，政府的经济职能逐渐增强，财政政策不仅为实现国家政治职能服务，而且成为政府干预和调节社会经济生活的重要工具。特别是20世纪30年代凯恩斯主义产生，财政政策成为调节经济、避免经济危机的重要手段。社会主义国家建立的是以生产资料公有制为主体的经济制度，一方面促进人民民主政权的巩固，一方面组织和协调社会经济生活，为发展社会主义市场经济，满足人民日益提高的物质文化生活需要服务。

财政政策是国家基本经济政策的组成部分，同其他经济政策有着密切的联系。财政政策的制定和执行，要与金融政策、产业政策、收入分配政策等其他经济政策协调配合。

财政转移支付 fiscal transfer payment 国家财政除购买性支出外，为了实现某种特定目的而使其一部分资金发生的单方面转移。主要包括两部分内容：一部分发生在不同的政府层次之间，主要是上级政府对下级政府通过财政进行的资金转移，目的是平衡下级财政的收支预算，以实现地区平衡。这部分内容属于财政（预算）管理体制问题。另一部分发生在政府与企事业单位和居民个人之间，特别是政府对居民个人的财政补贴和贫困救济等社会保障支出。财政转移支付是现代国家的一项经常性财政分配活动，其目的是调整国民收入分配结构，实现社会公平，稳定人民生活，促进社会经济的协调发展。

裁定 verdict 法院在审理或判决执行过程中，对诉讼程序问题和某些实体问题所作的一种处理决定。主要包括民事裁定、刑事裁定和行政诉讼裁定三种形式。

在中国，民事裁定适用于下列范围：不予受理；对管辖权有异议的；驳回起诉；财产保全和先予执行；准许或者不准许撤诉；中止或者终结诉讼；补正判决书中的笔误；中止或者终结执行；不予执行仲裁裁决；不予执行公证机关赋予强制执行效力的债权文书；其他需要裁定解决的事项。其中不予受理、对管辖权有异议和驳回起诉的裁定，可以上诉。诉讼保全和先行给付的裁定，当事人如果不服，可以申请复议一次，复议期间，不停止裁定的执行。刑事裁定主要用于解决诉讼过程中的程序问题，也用于减刑、假释、驳回自诉等实体问题。行政诉讼裁定主要用于解决程序问题，如驳回起诉、准许或不准许撤诉以及其他由裁定解决的事项。

裁定书一般以书面形式作出，由审判人员、书记员署名，加盖人民法院印章。口头裁定的，需记入笔录。第二审人民法院及最高人民法院作出的裁定，第一审依法不准上诉或者超过上诉期没有上诉的裁定，是发生法律效力的裁定。

裁军 disarmament 对国家军备的裁减。既包括对某种特殊武器的裁减，也包括对某一地区或其特定国家的军备裁减。

历史发展 裁军活动始于第一次世界大战后。大国间举行了一系列裁军谈判并缔结了条约，其主要内容是限制海军军备。1922年，在九国华盛顿会议上签订了《限制海军军备条约》，确定美、英、日、意、法五国按5∶5∶3∶1.75∶1.75的比例来配备各国主力舰和航空母舰的总吨位。至第二次世界大战前，国际上签订的限制军备条约还有：《限制和裁减海军军备条约》、《关于限制海军军备的换文》、《中美洲国家限制军备条约》。

联合国时期的裁军活动 主要有以下内容。

专门机构 由于核武器的出现，裁军已不仅涉及常规武器，而且涉及核武器及其他大规模毁灭性武器，如化学武器和生物武器等。因此，联合国从一开始就设立了负责限制军备和裁军的专门机构：原子能委员会、常规军备委员会和单一的裁军委员会。1978年第一届联合国大会裁军特别会议（简称裁军特别联大）通过决议，设立由联合国所有会员国组成的联合国裁军审议委员会，以取代1952年设立的委员会。自1979年此委员会的首届会议起，中国参加了它的工作。

主要议题 自1946年第一届联大起，联合国便开始讨论裁军问题。1959年联合国大会将“全面彻底裁军”项目列入议程，裁军遂成为历届大会的辩论项目之一。20

世纪70年代的十年为“裁军十年”。1979年联大宣布20世纪80年代为第二个“裁军十年”。1990年联大宣布90年代为第三个“裁军十年”。1991年12月，第四十六届联大通过决议，决定自1992年1月1日起建立常规性武器登记制度。同年10月安理会五个常任理事国还通过一项《武器出口准则》。这表明联合国除关注大规模杀伤性武器外，也关注常规军备的削减。

日内瓦裁军谈判会议　它是1959年美、苏、英、法四国外长会议决定设立的十国裁军委员会，是在联合国之外但又与联合国有联系的一个重要的多边国际裁军谈判机构。此委员会1969年改名为裁军委员会会议。1978年讨论裁军问题的特别联大决定成立新的裁军谈判委员会。1984年起改名为裁军谈判会议。自1980年起，中国参加了它的工作。

有关限制军备的国际条约　第二次世界大战后，国际上缔结了一些同限制军备有关的多边条约：《南极条约》(1959)、《禁止在大气层、外层空间和水下进行核武器试验条约》(《部分禁止核试验条约》，1963)、《关于各国探索和利用包括月球和其他天体在内外层空间活动的原则条约》(1967)、《拉丁美洲禁止核武器条约》(1967)、《不扩散核武器条约》(1968)、《禁止在海床、洋底及其底土安置核武器和其他大规模毁灭性武器条约》(1971)、《关于禁止发展、生产和储存细菌（生物）及毒素武器和销毁此种武器的公约》(1972)、《禁止为军事或任何其他敌对目的使用改变环境的技术的公约》(1977)、《禁止或限制使用某些可被认为具有过分伤害力或滥杀滥伤作用的常规武器公约》(1980)等。此外，苏、美两国也签署了关于防止核战争、限制反导弹防御系统及战略进攻武器、限制地下核试验等协议。

“二十一世纪裁军议程”国际研讨会在北京举行(2002-04-02)

中华人民共和国的裁军问题　自中华人民共和国建立以来，中国一共进行了10次大规模裁军，目的是重点提升部队的科技水平，追赶世界军事发展的步伐，缩小与发达国家之间的差距。

裁判员　referee　在体育竞赛中依据竞赛规则担负裁决任务的执法官。执业过程中必须遵循严肃认真、公正准确、严格执法、不徇私情的职业道德。中华人民共和国体育运动委员会（今国家体育总局）于1982年正式执行《裁判员技术等级制度》，其中规定裁判员分4个技术等级：国家级裁判员、一级裁判员、二级裁判员、三级裁判员。国家级裁判员由国家体育总局批准授予，一级裁判员由省（自治区、直辖市）体育局批准授予，二级、三级裁判员由地（市）、县体育局批准授予。国际级裁判员分别由各单项国际体育组织进行考试、考核通过后批准授予。国际级裁判员多数项目不分等级，但亦有例外。

摔跤比赛中执法的裁判员
（前6世纪的酒罐绘画）

采光　daylighting　将天然光引入室内进行照明。在采光设计中通常只考虑天空光的贡献，而不考虑直射日光。

光气候　地区性的天然光资源，主要包括地平面照度、天空亮度分布、天顶亮度等，它们随地理位置、季节和天气变化不定。为了便于对建筑采光进行设计和评估，中国与世界大多数国家以标准全阴天空作为采光设计的天空亮度分布模型。中国地域广大，光气候按实际状况分为5个区，室外临界照度4 000～6 000勒，北京为5 000勒。

采光标准　以采光系数为定量指标，采光系数系指室内给定平面的照度与同一时刻室外无遮挡的水平面照度之比。中国2001年发布并实施的《建筑采光设计标准》(GB/T 50033—2001)对各类建筑分别规定了侧面采光的采光系数最低值和顶部采光的采光系数平均值。

采光方式　建筑物引进天然光的方式通常有侧面采光、顶部采光和混合采光三类。侧面采光利用建筑物外墙设采光窗口，构造简单，但室内光照不均匀，有效采光进深通常只有窗高的两倍左右。顶部采光利用屋顶设采光口，采光效率高。混合采光是在同一空间同时应用侧面采光和顶部采光的方式，兼有二者的优点。

采矿　ore mining　从地表和地下开采矿产资源的科学和技术。一般指金属、非金属矿床的开采，广义的采矿还包括采煤和石油开采。采矿工业是一种重要的原料采掘工业，如金属矿石是冶金工业的主要原料，非金属矿石是化工原料和建筑材料，煤和石油是重要的能源和化工原料。多数矿石需经选矿富集方能作为工业原料。

简史　原始人类已能采集石料，打磨成生产工具，挖掘陶土供制陶器，这是最早采矿的萌芽。中国古代采矿历史悠久。春秋时期已经使用立井、斜井、平硐进行开拓，初步形成了地下开采系统。至西汉时期，开采系统已相当完善。此时在河北、山东、湖北等地的铁、铜、煤、砂金等矿都已开始开采。战国末期秦国蜀太守李冰在今四川省双流县境内开凿盐井，汲卤煮盐。明代以前主要有铁、铜、锡、铅、银、金、汞、锌的生产。17世纪初，欧洲人将中国传入的黑火药用于采矿，用凿岩爆破落矿代替人工挖掘，这是采矿技术发展的一个里程碑。19世纪末20世纪初，相继发明了矿用炸药、雷管、导爆索和凿岩设备，形成了近代爆破技术；电动机械铲、电机车和电力提升、通信、排水等设备的使用，形成了近代装运技术。20世纪上半叶开始，出现了硝酸铵炸药，使用了地下深孔爆破技术，各种矿山设备不断完善和大型化，逐步形成了适用于不同矿床条件的机械化采矿工艺；提出了矿山设计、矿床评价和矿山计划管理的科学方法，使采矿从技艺向工程科学发展。50年代后，由于使用了潜孔钻机、牙轮钻机、自行凿岩台车等新型设备，采掘设备实现大型化，运输提升设备自动化，出现了无人驾驶机车。电子计算机技术用于矿山生产管理、规划设计和科学计算，开始用系统科学研究采矿问题，诞生了系统采矿工程学。矿山生产开始建立自动控制系统，利用现代试验设备、测试技术和电子计算机，预测和解算某些实际问题。

特点　采矿的生产环境和生产过程与其他工业相比较，具有以下特点：①采掘加工的主要对象是自然赋存的矿体。矿址不能自由选择，矿床的工业储量不能再生。矿山的生产能力、服务年限与经济效益密切相关。每个矿山都要经历建矿、投产、正常生产、减产和闭矿的历程。②采矿设备和人员经常随采矿进程和开采对象转移，工作场所也不固定。被开采的矿体必须掘进一系列巷道，进行采矿准备工作（采准），才能开始回采。开拓、采准和回采工作互相协调，才能保证矿山正常生产，否则就会造成采剥失调或采掘失调，迫使矿山减产。③开采工作总的趋势是采掘条件愈来愈差，采出矿石的品位逐渐降低，随之成本可能增高。由于岩石的混入会使矿石贫化，降低质量，还有部分矿石不能采出，而损失于地下。因此要不断改进采矿和选矿技术，开展综合利用，以降低成本。降低贫化率和损失率是采矿生产中重要的质量管理工作，具有很大的经济潜力。④矿体赋存条件和形状复杂，品位分布不均，工业储量在开采过程中会有较大变化，使采矿设计难于标准化，加之建矿周期长，基建投资大，故投资风险也大。⑤采矿工作在露天或地下采场。劳动量大，工作条件差，安全性差，不易实现综合机械化和自动化，故需特别重视改善劳动保护和环境条件。⑥一个矿山的经营效果，在很大程度上决定于所开采矿产的市场供求和价值高低。因此对矿山管理水平的评价，不能像其他工业一样，单纯地以绝对经济效益为准。

方法　有三种基本采矿方法。①**露天开采**。在露天条件下，将埋藏较浅且厚矿产的上覆岩土进行剥离，再对矿体进行开采。②地下开采。通过开掘井巷，到达矿体，将埋藏较深的矿石开采出来（见**采煤**）。③特殊采矿法。从天然卤水里、湖里、海洋里或地下水中提取有用物质；将有用矿物加以溶解（或热水融化），再将溶液抽至地面后进行提取的水溶采矿法；用酸、碱等溶剂溶浸金属矿的浸取采矿法。

采矿中根据资源状况、地质条件和地理情况选择合理的采矿方法，并经技术经济论证，遵循安全、经济、高效、可持续发展观进行生产。采后需从事复垦、恢复且改善原有生态环境。

采煤　coal mining　煤炭生产的全部过程和工作。煤矿床呈层状赋存，分布范围广，储量大，煤质脆、易切割破碎，开采时常伴有水、火、瓦斯等灾害威胁。

开采方式分地下与露天开采两类。①地下采煤。通过开掘井巷采出煤炭。从20世纪60年代初开始，世界采煤工艺进入综合机械化采煤（综采）阶段，即在长壁采煤工作面用机械方法破煤和装煤、输送机运煤和液压支架支护顶板（见图）。矿井生产的日趋集中，生产规模的日益扩大，推动了矿井运输、矿井提升等环节的技术改造。一些装备正朝着大型、强力、高速的方向发展。已出现2 000吨/时的钢芯强力带式输送机、35吨的提升罐笼、有效载重达50吨的箕斗，以及每秒供风量为300立方米的通风机等。②露天采煤。直接从地表揭露并采出煤炭。要求煤层厚、埋藏浅。与地下采煤相比，适于使用大型设备，生产效率高，建设周期短，吨煤投资低20%～30%，开采成本低30%～50%，煤炭资源采出率一般在95%以上，作业环境好，工伤事故少。但露天采煤占地多，作业效率受气候影响大，环境治理和采后复垦作业耗费大。20世纪50年代后，露天采煤朝大型化、集中化、开采工艺多样化等方向发展。计算机技术广泛应用于露天开采设计、单机或全系统的自动控制、生产及技术管理等。重视采煤中生态环境保护。

综合机械化采煤

彩绘泥塑　painted clay sculpture　以黏土为主要材料进行造型，干燥后施以彩绘的传统民间技艺或雕塑工艺品。简称彩塑。

沿革　新石器时代，中国已有彩塑。辽宁省牛河梁红山文化遗址出土的“女神”彩塑，距今已5 500多年。魏晋南北朝后，佛教盛行，促进了彩塑佛像的发展。明、清两代，民间彩塑以江苏、天津等地为主，并成为民俗中的重要内容。江苏无锡惠山和苏州虎丘的彩塑更是闻名于世。清末，中国彩塑艺术家最著名的是天津的“泥人张”**张明山**，他善捏作戏曲人物肖像，各班角色神态生动。

品种和产地　彩塑可分为大型彩塑和小型彩塑两类。大型彩塑多以神佛造像为主。小型彩塑又分挂片、粗货、细货、捏相等。挂片为浮雕形式的彩塑，多表现老虎、花卉等的正面形象，作为墙上装饰。粗货又称耍货，是模制的彩塑，可批量生产，大多为脸谱、儿童玩具、神佛像等，可作几案供赏。细货是手工捏塑的精细彩塑，题材多为戏曲人物，是观赏艺术品。捏相是手工捏塑的人物肖像。

中国彩塑现主要分布在江苏无锡、北京、天津、河南浚县、陕西凤翔以及浙江嵊州等地。无锡惠山彩塑现大量生产粗货，其中“大阿福”为最具特色的作品。河南浚县的彩塑以玩具为主，题材有战马、公鸡（可吹出鸡叫声，俗称泥咕咕）、猴等。陕西凤翔彩塑约始于明初，传统作品有“麒麟送子”、“坐虎”等。

彩票　lottery ticket　以抽签给奖方式进行筹款所发行的票证。又称奖券。15世纪已经在欧洲流行。此种票证编有号码，以平均价格发售，将售得之款提出一部分充作奖金。奖金分为若干等级分配于全数号码中，以抽签方式决定获奖号码。凡与抽中号码相合者，可按数领奖。各国发行的彩票种类很多，有福利彩票、体育彩票、赛马彩票等。

彩色棉　colour cotton　纤维中含有天然花青素类物质的棉花（见图）。其色彩度自然、

柔和、持久，在纺织加工过程中无须印染，因而降低了生产成本，大幅度提高了经济效益，而且避免了印染产生的污染。

世界彩色棉的遗传育种研究始于20世纪60年代末。由于各主产国对彩色棉的重视及市场需求，加之彩色棉的突出特点，其市场潜力非常大。据业内专家预测，彩色棉制品将成为21世纪国际市场上具有活力的产品。

彩陶　painted pottery　烧前绘彩的古代陶器。花纹附于器表不易脱落。产生于**新石器时代**，延续至**青铜时代**和**早期铁器时代**。广泛分布于亚洲、欧洲、非洲和美洲各地，是具有世界性的人类文化遗物。器类主要是钵、盆、碗、杯、罐、瓶等日用器皿，彩绘纹饰有美观装饰、寓有象征等意义。随年代和地区的不同而器形和纹饰有别。

仰韶文化白衣彩陶钵（郑州大河村遗址出土）

中国彩陶　产生于公元前6000年左右，主要流行于前5000～前2000年的新石器时代中、晚期。在全国各地均有发现。以黄河中游的大地湾文化彩陶的年代为最早，**仰韶文化**的彩陶最著名。后者为磨光红陶，早期绘黑彩，流行简单的几何形图案和人面、鱼、蛙等象生性纹饰，中、晚期先涂白色陶衣，再绘黑彩、红彩或黑红两色彩，流行花卉和几何形图案。烧成温度在1 000℃左右。姜寨遗址发现了绘彩的颜料和研制颜料的磨砚、磨棒。可能用类似于毛笔的工具绘制。黄河上游的**马家窑文化**是中国史前彩陶最繁荣的文化，它的彩陶是在红色陶器上以黑色或黑红两色绘出复杂的几何形图案。黄河下游**大汶口文化**的彩陶是在器表先涂白、红、黄色的陶衣，再以黑、红、白、黄等色绘出几何形图案。长江中游的**大溪文化**以薄胎彩陶最富特色。而同一地区的**屈家岭文化**则以晕染风格的

薄胎彩陶而著称。除上述新石器时代的彩陶外，在西北地区，彩陶长期存在于青铜时代和早期铁器时代文化中。

外国彩陶　西亚地区的彩陶产生于前6000年左右，前5300～前4800年为全盛期，以萨迈拉文化和哈拉夫文化的彩陶最为著名。萨迈拉文化早期彩陶有黄色陶衣，上绘赭褐、黑灰等色的水波、动植物写实花纹；后期代之以几何形装饰风格。哈拉夫文化的彩陶是在奶油色或浅黄色的陶衣上，以黑、白和橘红色绘几何形图案或人物、动物写实花纹，彩陶器壁薄，烧制的火候较高，器表有光泽。

欧洲彩陶最早出现在前第6千纪中叶，延续至青铜时代，有的地方延续至公元500年左右的早期铁器时代。其中，新石器时代晚期迪米尼文化的彩陶是在淡赭色器壁上用黑、白两色绘螺旋纹、回纹和粗细平行线相间的带纹组成的图案，以奔放富丽著称，被认为是希腊史前彩陶的杰作。米诺斯文明的彩陶专供王室使用，也称为卡马雷斯彩陶，被认为是古代世界最精美的彩陶之一。

埃及彩陶产生和繁荣于铜石并用时代的前王朝时期（前5000～前3100年），在当时许多文化的遗址中都有发现，尤以阿姆拉、阿拜多斯、格尔塞和涅伽达等遗址的彩陶最为著名。

美洲彩陶发现于北美史前文化、墨西哥史前文化、玛雅文明和安第斯山古印第安人文化中，但普遍年代较晚，约从公元前500年延续到欧洲人进入美洲大陆之时。

菜豆　*Phaseolus vulgaris*; kidney bean　豆科菜豆属的一种。一年生草本植物。又称四季豆、芸豆等。广泛分布于世界各地。原产南美洲，至今该地仍有野生种。

根系较发达。茎蔓生、半蔓生或矮生。初生真叶为单叶，对生；以后的真叶为三出复叶，近心脏形。总状花序腋生，蝶形花。荚果长10～20厘米，形状直或稍弯曲；嫩荚呈深浅不一的绿、黄、紫红（或有斑纹）等颜色，成熟时黄白至黄褐色。种子肾形，红、白、黄、黑色及斑纹彩色。按茎的生长习性可分为三种类型：蔓生种、矮生种

菜豆形态

和半蔓生种。按荚果结构分为硬荚菜豆（荚果内果皮革质发达）和软荚菜豆（嫩荚果肥厚少纤维）。按用途分为荚用种和粒用种。

为喜温植物。中国的西北和东北地区在春夏栽培，华北、长江流域和华南为春播和秋播。直播或育苗移栽均可。一般在花后10天左右即可采收嫩豆荚。

菜豆嫩荚约含蛋白质6%，纤维10%，糖1%～3%。干豆粒约含蛋白质22.5%，淀粉59.6%。鲜嫩荚可作蔬菜食用，也可制脱水菜或罐头。

菜蛾　Plutellidae; plutellid moth　鳞翅目菜蛾科昆虫的统称。小型蛾类。分布全世界。已知200多种。头部鳞片紧贴或有丛毛。单眼有或无。触角是翅长的2/3～4/5，栖息时向前伸。下唇须第2节下面有向前伸的长毛束，使整节呈三角形；第3节尖而光滑，向上举。前翅宽或窄，有时有浅色斑，顶角常呈镰刀状或凸出，有翅痣和副室，后缘毛有时发达并向后伸，栖息时突出如鸡尾。后翅长卵圆形或披针形，缘毛长。

小菜蛾

幼虫多在叶片上拉丝取食叶肉或潜叶、蛀食嫩梢，结网状茧化蛹其中。成虫有趋光性。最常见的种类小菜蛾是蔬菜的重要害虫。

菜瓜　*Cucumis melo* var. *flexuosus*; snake melon　葫芦科甜瓜的一个变种。一年生草本植物。又称蛇甜瓜、酱瓜。以嫩果供食用。原产中国，中近东、南亚也有分布。

根系强壮。茎复生，子蔓结瓜。叶五角心脏形，被短刺毛。果实棒状或短圆筒形，嫩果绿色。种子长卵圆形，浅黄白色。喜温暖，耐热。耐阴、耐旱。较耐肥。按果色深浅可分为花皮和铁皮（黑绿色）两类。用种子繁殖。多进行春夏季栽培。菜瓜含蛋白质、多种维生素及矿物质。多用于腌渍加工，制成各种酱菜，也可炒食。

菜花　*Brassica oleracea* var. *botrytis*; cauliflower　十字花科芸薹属甘蓝种中以花球为产品的一个变种。又称花椰菜、花菜。中国的福建、浙江、台湾、广东、广西等省（区）及全国各大城市郊区种植较普遍。

主根基部粗大，根系发达。叶披针形或长卵形，光端稍尖，叶柄较长。花球呈半球形，白色肥大，表面呈颗粒状。按生育期长短可分为早熟品种、中熟品种、晚熟品种。宜选择疏松肥沃、保肥保水的壤土或砂壤土种植。一般采用育苗移栽。定植前结合整地作畦施足基肥。生长期间应适当追肥，还要经常保持土壤湿润，及时灌溉排水，中耕除草。

菜花每100克约含蛋白质2.4克，碳水化合物3克，维生素C88毫克，以及其他维生素和矿物质，是颇受欢迎的蔬菜之一。叶可作饲料。

菜篮子工程　Food Basket Project　由中国政府规划并实施，旨在增加和改善包括菜、肉、禽、蛋、奶、鱼等在内的副食品生产和供应的系统工程。1989年1月全面部署实施。主要目标是：增加农副产品产量，调整结构，提高效益，改善供应。主要措施是：强化基础设施，建立产区和销区紧密联系的经济协作，全方位开发和利用饲料资源，优先推广10个方面的科技成果，改善副食品生产的社会化服务，建设一批以大中城市为中心、跨省区的一体化经济综合组织，改善流通渠道和管理体制等。

2002年8月，国务院对“菜篮子”工作的任务、措施，作了进一步的规定，提出加快实现由比较注重数量向更加注重质量、保证卫生和安全转变，逐步实现由阶段性供求平衡向建立长期稳定供给机制转变。

蔡　Cai State　中国先秦时期诸侯国。姬姓。公元前11世纪由周代分封。开国君主是周武王弟叔度，因封于蔡（今河南上蔡、新蔡一带），人称蔡叔。他因与管叔、武庚叛乱，周公旦出兵东征，削平叛乱后将其放逐。周成王复封其子胡于蔡。公元前531年楚灵王杀蔡灵侯，立楚公子弃疾为蔡公，蔡亡。后弃疾又杀楚灵王，自立为王，立庐为蔡侯，蔡复国。后多次迁移。公元前447年，楚惠王灭蔡，蔡侯齐被诛，国亡。

蔡昌年　Cai Changnian (1905-08-05～1991-05-08)　中国电工专家。建立和改进中国大电力系统调度管理体制的主要奠基人之一。字奎生。浙江德清人。生于江苏南京，

卒于北京。1924年浙江省公立工业专门学校（浙江大学前身）毕业，获电机工程学士学位。1929年入国民政府建设委员会电气处任职。抗日战争期间，任岷江电厂工务长（总工程师职）。1945年赴美实习进修，并成为美国电机工程师学会会员。1947年回国后，任冀北电力公司北平分公司工程副经理（总工程师职）兼石景山发电厂厂长。1950年后历任东北电管局调度处副处长、

处长兼总工程师，东北技改局总工程师，东北电管局副总工程师。1958年起主持东北电力系统远动和自动化工作，研制、生产了成套远动和自动化装置。1980年当选中国科学院学部委员（院士）。

蔡畅 Cai Chang (1900-05-14～1990-09-11) 中国妇女运动的先驱和领导者、国际进步妇女运动活动家，全国人大常委会副委员长。湖南湘乡（今双峰县）人。卒于北京。1916年毕业于长沙周南女子师范学校。1919年12月赴法勤工俭学。1922年加入中国社会主义青年团（旅欧支部）。1923年加入中国共产党。同年与李富春结婚。1925年到苏联学习。同年回国，历任中共两广区委妇委书记，国民党中央妇女运动讲习所教务主任，中共湖北省委妇女部长，上海总工会女工部长，中共江西省委妇女部部长。参加了长征。抗日战争时期任中共陕甘宁边区政府妇女部长，中共中央妇委书记。解放战争时期，任国际民主妇联理事、执委、副主席，中共东北局妇委书记，中华全国总工会女工部长。中华人民共和国建立后，历任全国妇联第一至三届主席、第四届名誉主席，第四、五届全国人大常委会副委员长。中共第六届中央候补委员、第七至十一届中央委员。

蔡楚生 Cai Chusheng (1906-01-12～1968-07-15) 中国电影编剧、导演。广东潮阳人。生于上海。读过4年私塾。1931年正式担任编剧、导演，为联华影业公司导演《南国之春》和《粉红色的梦》。1934年编导《渔光曲》，以深刻的思想内容和强烈的艺术感染力轰动影坛，并获得1935年莫斯科国际电影节的荣誉奖，成为中国第一部在国际上获奖的影片。之后导演《新女性》、《迷途的羔羊》、《王老五》等影片，创作《飞花村》等三个剧本。1938年写《血溅宝山城》和《游击进行曲》两部粤语电影剧本。后又编导《孤岛天堂》和《前程万里》。1947年与郑君里合作编导《一江春水向东流》，被誉为“中国电影发展途程上的一支指路标”。蔡楚生的电影创作吸取中国古典章回小说的结构特点，影片故事内容丰富，情节曲折，善于运用对比、呼应的艺术手法，镜头具有强烈的感染性、浓郁的生活气息和地方色彩。

蔡锷 Cai E (1882-12-18～1916-11-08) 中华民国初年军事家，1915年云南护国运动的主要组织者和领导者。原名艮寅，字松坡。湖南邵阳人。卒于日本福冈。1898年考入长沙时务学堂，受到梁启超等人维新思想的影响。1899年赴日本，就读于东京大同高等学校。1900年随唐才常回国参加自立军起义。失败后复返日本，入陆军士官学校学习军事。1904年毕业回国。先后在湖南、广西、云南等省教练新军。1911年任云南新军协统。同年10月30日，在昆明领导新军响应武昌起义，任云南都督。为矫正军人干政时弊，不久自请解职。1913年被袁世凯调至北京。1915年袁世凯称帝，由北京潜回云南。同年12月25日，与唐继尧等人宣布云南独立，组织护国军，任第1军总司令，发动护国战争。1916年3月，率护国军第1军在四川纳溪、泸州一带击败优势袁军，迫袁取消帝制。袁死后任四川督军兼省长。遗著编为《蔡松坡集》。

蔡方荫 Cai Fangyin (1901-04-27～1963-12-13) 中国结构力学专家、教育家。生于江西南昌，卒于北京。1925年毕业于北京清华学校后留学美国，1929年获麻省理工学院土木工程硕士学位并在纽约珀迪－亨德森事务所任顾问工程师。1930年归国，任东北大学、清华大学等校土木工程系教授、主任和工学院院长。1949年后，曾任中央重工业部顾问工程师，1956～1963年任建筑工程部建筑科学研究院副院长兼总工程师，1955年当选中国科学院学部委员（院士）。

专业造诣精深，特别是对工程结构力学上的“变截面刚构分析”和“桁架刚构分析”，提出了简便实用的方法和准则，大大节省工作量。主要著作有：中国第一部结构力学教科书《普通结构学》、《变截面刚构分析》、《变截面刚构分析续编》以及关于工程结构研究方面的学术论文40多篇，还曾担任《土木工程学报》主编。

蔡侯墓 Marquis Cai, Tomb of 中国春秋晚期蔡昭侯之墓。位于安徽寿县。1955年发掘。此墓为近方形土坑竖穴墓，南北长8.45米。墓底有棺椁痕迹，东南角有一殉人。墓坑北端放礼器和乐器，其他三面为车马器和兵器，西侧有一大型长方形漆器，墓主人周围有玉饰和金叶等。共出土随葬品584件，其中青铜器486件。青铜礼器包括完整的鼎、簋组合，乐器有甬钟、编钟、编镈各一套。有铭铜器近70件，铭文中多有“蔡侯□”字样，可确定此墓为蔡侯之墓。礼器多有自名，可据以确定器物的名称。铜器中有少量吴国器，如两件吴王光鉴是吴王嫁女于蔡的媵器。墓中所出青铜器是春秋晚期标准器，可作为断代标尺。铜器铭文记述了蔡与吴、楚的关系，是研究蔡国历史的重要资料。对于墓主为何代蔡侯，尚存争议，其中以昭侯申之说比较可信。

蔡侯墓铜鼎（此式鼎共出9件，其中6件两两成对）

蔡金涛 Cai Jintao (1908-07-01～1996-11-28) 中国无线电和电子学家、教育家。生于江苏南通，卒于北京。1930年毕业于上海交通大学电机系。1933年赴美留学，1935年获哈佛大学硕士学位。1937年回国，先后任中央研究院物理研究所研究员，资源委员会中央无线电器材厂研究室主任、研究所所长、总工程师等职。1944年起任浙江大学教授。1949年后，历任上海电工研究所所长，北京电信技术研究所研究员、总工程师，国防部第五研究院、第七机械工业部、航天工业部第二研究院总工程师、副院长，航天工业部技术顾问等职。1980年当选中国科学院学部委员（院士）。

早年研究电网络行列式，提出了相关的简捷展开法；研究无线电调谐理论和脉

冲频谱；曾设计电磁饱和式交流稳压器等。1949年后，筹建中国电子管厂，建立中国计量标准事业，领导并参与研究中国微波接力系统，制成脉冲相位调制的多路通信机及其通信设备，为航天工程解决了诸多技术问题。曾任中国电子学会、中国计量测试学会和中国航空学会名誉理事长或理事。

蔡京 Cai Jing (1047～1126) 中国北宋末权奸。字元长。兴化军仙游（今属福建）人。熙宁三年（1070）进士及第，先为地方官，后任中书舍人，改龙图阁待制、知开封府。绍圣元年（1094），哲宗亲政，蔡京任权户部尚书，力助宰相章惇重行新法。宋徽宗即位，蔡京被弹劾夺职，闲居杭州。宋徽宗派宦官童贯到杭州访求书画奇巧，蔡京勾结童贯，得以重新起用。崇宁元年（1102），他乘机排挤掉宰相韩忠彦、曾布，后又官至太师。蔡京善于奉迎，先后4次任相，共达17年之久。他与宦官童贯、杨戬、梁师成、李彦，权臣王黼、高俅、朱勔等，把持朝政，竭全国之财，供其挥霍。靖康元年（1126），宋钦宗即位后，蔡京被贬岭南，途中死于潭州（今湖南长沙）。

蔡镏生 Cai Liusheng (1902-08-16～1983-10-24) 中国物理化学家。生于福建泉州，卒于长春。1924年毕业于燕京大学化学系，留校任助教。1929年赴美国芝加哥大学化学系攻读光化学和化学动力学，1932年获博士学位。回国后在燕京大学和中国大学任教授。1948年再度赴美，作访问学者。1949年回国，任燕京大学化学系教授。1952年到吉林大学创建化学系，并任该系教授多年。

1957年当选中国科学院学部委员（院士）。主要从事吸附、胶体化学和化学动力学的研究。他领导的催化动力学研究中心，在甲烷氧化方面的研究成果达到了国际先进水平。发表的论文主要有《溶液吸附的研究》、《氰的光化聚合》等。

蔡伦 Cai Lun (?～121) 中国古代造纸术的重大改革者。字敬仲，东汉桂阳（今湖南郴州）人。章帝建初年间入宫为小黄门，和帝时为中常侍，后加位尚方令。元兴元年（105），他吸纳前人的经验，用树皮、麻头、破布、旧渔网为原料，造出了达到书写实用水平的植物纤维纸。安帝元初元年（114）封为龙亭侯。后因宫廷斗争被迫服毒自尽。

蔡伦去世后，刘珍等编的《东观汉记》和南朝宋范晔编撰的《后汉书·蔡伦传》，对蔡伦造纸的原料和工艺均有记载。汉末董巴《舆服志》、西晋张华《博物志》也对蔡伦造纸的方法有所记载。这些古代文献对蔡伦造纸的记载，使造纸技术得以流传和发展，并传播到世界各地，成为人类历史上的重大发明。

蔡美彪 Cai Meibiao (1928-03-26～) 中国历史学家。浙江杭州人。生于天津。1949年毕业于南开大学历史系。1949～1952年为北京大学史学研究部研究生。1950年起兼任北京大学文科研究所助教。1952年到中国科学院语言研究所工作。次年，转到近代史研究所。为中国社会科学院近代史研究所研究员、学术委员会委员。1981年兼任北京大学等校教授。1985年受聘为国务院学位委员会历史学科评议组成员。曾任中国蒙古史学会理事长、中国元史研究会会长、中国地震史研究会顾问、《中国大百科全书·中国历史》编辑委员会委员。1987年当选为国际蒙古学家协会荣誉会员。

蔡美彪1953年起协助范文澜编著《中国通史》远古至隋唐时期4卷。1969年范文澜逝世后，主持编写宋、元、明、清时期6卷，1995年合成10卷本出版。他长期从事辽金元史研究，20世纪90年代后兼治明清史。他与语言学家罗常培研治八思巴蒙古字译写的汉语资料，又译释八思巴字蒙古文碑刻文物，证补史事。主编《中国历史大词典·辽夏金元史卷》。他与地震学家共同主编《中国地震历史资料汇编》7册，为研究中国历史上的地震提供了较完备的基础资料。其学术著作还有《元代白话碑集录》、《八思巴字与元代汉语》（合编），论文《契丹的部落组织与国家的产生》、《乣与乣军之演变》、《女真字构制初探》、《大清国建号前的国号、族名与纪年》、《脱列哥那后史事考辨》等。

蔡翘 Cai Qiao (1897-10-11～1990-07-29) 中国航空航天生理学家、医学教育家。生于广东揭阳，卒于北京。1919年留学美国，先后在加利福尼亚大学和印第安纳大学攻读心理学，毕业后转入哥伦比亚大学和芝加哥大学，1925年在芝加哥大学获哲学博士学位。学习期间因成绩优秀曾被导师推荐为美国西格玛克赛科学学会会员。

1925年蔡翘发现中脑被盖中的一个神经核区，被命名为“蔡氏区”，被吸收为美国解剖学会会员。1925年回国后历任复旦大学、上海吴淞中央大学医学院教授。1930年后到英国伦敦大学、剑桥大学，德国法兰克福大学进修和从事研究工作，被推荐为英国生理学会会员。回国后历任上海雷士德医学研究所副研究员，南京中央大学医学院教授、代理院长。中华人民共和国建立后历任第五军医大学校长，军事医学科学院副院长、研究员。1955年当选中国科学院学部委员（院士）。他领导中国航空航天生理学研究以及各种特殊环境和工程保障设施的设计与建造工作，创建了中国自己的航空航天生理科学体系，组织开展航空救生、航空航天医学等方面的科学研究工作。

蔡松年 Cai Songnian (1107～1159) 中国金代文学家。字伯坚，自号萧闲老人。真定（今河北正定）人。宋宣和末从父守燕山，宋军败绩时随父降金，天会年间授真定府判官。仕至右丞相，封卫国公，卒谥文简。金初重要作家之一，虽然一生官运亨通，但其作品却流露了颇为矛盾的思想感情。由于晚年受到荣宠，不能不思报知遇之恩；而内心深处潜伏着的民族意识则又使他感到“身宠神已辱”、“低眉受机械”（《庚申闰月从师还自颍上，对新月独酌》）。这种思想感情的抒写成为他诗词中的一个重要主题。作品风格隽爽清丽，词作尤负盛名。其〔念奴娇〕最为时人所称：“离骚痛饮，问人生佳处，能消何物？江左诸人成底事，空想岩岩青壁。五亩苍烟，一丘寒玉，岁晚忧风雪。西州扶病，至今悲感前杰。”元好问指出：“百年以来乐府推伯坚与吴彦高（激），号吴、蔡体。”《中州集》卷一选其诗59首；词作《萧闲老人明秀集》原为六卷，有魏道明注本，今存三卷，补遗一卷，有《九金人集》本。

蔡特金 Zetkin, Clara (1857-07-05～1933-06-20) 德国和国际工人运动活动家，国际妇女运动领袖。原姓艾斯纳。生于德国萨克森，卒于莫斯科。1874～1878年在莱比锡女子师范学院读书，在流亡德国的俄国革命者O.蔡特金（1882年成为她的丈夫，1889年病逝）的影响下投身革命运动。1881年加入德国社会民主党。1882年因受《社会党人法》迫害被迫侨居巴黎，同K.马克思的女儿劳拉一起创办《社会主义者》报。1889年参加第二国际成立大会，发表《为了妇女的解放》的著名演说。1890年回国。1907年，当选为国际妇女联合会书记处书记。1910年在哥本哈根召开的第二次国际社会主义妇女代表大会上根据她的建议决定每年3月8日为国际妇女节。1914年8月第一次世界大战爆发后，她同R.卢森堡、K.李卜克内西、F.梅林一起发表声明谴责社会沙文主义者。她是1916年建立的左派社会民主党人的革命组织斯巴达克派的创始人和领导人之一。1917年德国独立社会民主党成立，斯巴达克派参加该党，蔡特金当选为中央委员。1919年3月，她宣布脱离独立社会民主党加入德国共产党，并被选为中央委员和议会议员（直到逝世）。1921年起担任第三国际执行委员兼妇女局书记。后长住莫斯科。

蔡廷锴 Cai Tingkai (1892-04-01～1968-04-25) 中国人民政治协商会议全国委员会副主席，爱国将领，中国国民党革命委员会领导人之一。字贤初。生于广东罗定，卒于北京。1920年入广州陆军讲武堂受训。

1924年加入中国国民党。1926年出征北伐，先后任团长、师长。1927年参加南昌起义，南进途中率部转入福建，并接受蒋介石的改编。1930年升任第19路军军长，奉命赴江西参加对中央革命根据地的军事“围剿”。1932年1月，率部在上海奋勇抗击日军。后被蒋介石调往福建“剿共”。1933年10月与红军达成抗日反蒋初步协定，11月联合李济深等在福州成立中华共和国人民革命政府，但不久即告失败。1935年在香港参加中华民族解放大同盟，为最高负责人之一。抗日战争时期，一度任国民党第6集团军总司令，在两广指挥作战。1946年4月，与李济深等在广州组织中国国民党民主促进会，后并入中国国民党革命委员会。中华人民共和国建立后，历任中央人民政府委员、全国政协第四届副主席、国防委员会副主席、中国国民党革命委员会中央副主席等职。是第一、二届全国人民代表大会代表。

蔡襄 Cai Xiang (1012～1067) 中国北宋书法家。字君谟。兴化仙游（今属福建）人。宋仁宗天圣八年（1030）进士，历任西京留守推官、翰林学士、拜端明殿学士出知杭州等。蔡襄和苏轼、黄庭坚、米芾并称宋四家。他的楷书端庄谨严，体格恢弘，点画无丝毫苟且。行书潇洒简逸，信手拈来，触处成妙。在中国书法史上是一个承先启后的

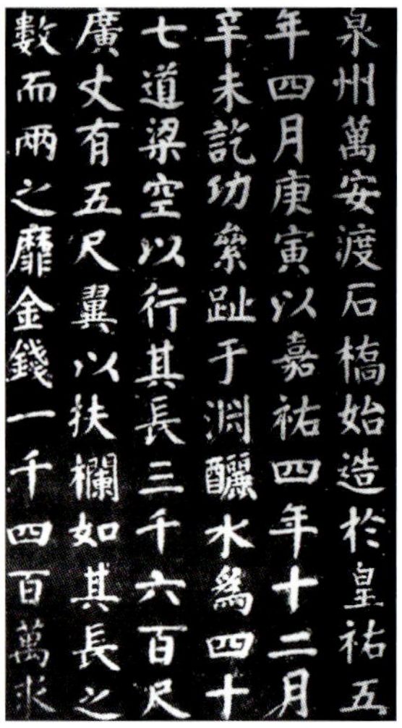

《万安桥记》拓片局部

人物，唐末尚法，宋代尚意。他的书法连接唐、宋两朝书风嬗递，身兼尚法和尚意两种艺术追求。其书法理论重神、气、韵，尚古法而不炫奇斗巧，对宋代书坛的志趣有一定的影响。传世书法作品，小楷有《茶录》、《牡丹谱》等，行草书有《与杜长官帖》等。石刻有《万安桥记》、《昼锦堂记》等。

蔡旭 Cai Xu (1911-04-14～1985-12-15) 中国遗传育种学家。中国科学院学部委员（院士）。生于江苏武进（今属常州），卒于北京。1934年毕业于中央大学农学院农艺

系，1939年任四川省农业改进所技正。1945年赴美进修。1946年回国后，历任北京大学农学院副教授，北京农业大学教授、农学系系主任、副校长兼研究院副院长和中国农业科学院作物研究所副所长。曾任中国作物学会理事长，北京市第七、八届人大常委会副主任，《中国大百科全书·农业》卷分编委会副主任。长期从事农业教育和小麦育种工作。主编有《中国小麦栽培学》（1961）、《作物育种及良种繁育学》（1961）、《植物遗传育种学》（1976）等。

蔡琰 Cai Yan 中国汉魏间诗人。字文姬，又作昭姬。陈留圉（今河南杞县）人。蔡邕之女。生卒年不详。她博学多才，好文辞，精通音律。初嫁河东卫仲道，丧夫。董卓作乱时被其部将虏至长安，后于兴平二年（195）又为南匈奴虏归左贤王，居南匈奴12年，生二子。建安十二年（207），曹操念蔡邕无后，遂遣使者以金璧赎归，再嫁屯田都尉董祀。蔡琰作品今存五言和骚体《悲愤诗》各一篇，以及《胡笳十八拍》。在五言《悲愤诗》里，她备述了自己亲身经历的悲惨遭遇，字里行间贯穿着强烈的悲愤之情，是对汉末社会动乱的真实写照。其余二篇，后人多以为托名之作。

蔡仪 Cai Yi (1906-06-02～1992-02-28) 中国美学家。生于湖南攸县渌田乡。原名“寿生”，自号“南冠”，1932年在《东方杂志》发表小说《先知》时用“蔡仪”为笔名，后遂以蔡仪为名。1925年夏开始读北京大学预科，1929年赴日本留学。1930年起在日本东京高等师范学校读书，毕业后到九州帝国大学读研究生，在《沉钟》上发表小说多篇。1937年回国，参加抗日战争。1942年完成《新艺术论》，阐述现实主义理论，特别是典型理论的观点。1947年出版《新美学》。1953年起在北京大学文学研究所（今中国社会科学院文学研究所）工作。在20世纪50年代的美学大讨论中，发表了许多美学论文，后来集为《美学批判论文集》出版。蔡仪的主要美学观点包括：美是客观存在的，审美是认识，美是典型，形象思维是一种特殊的美的认识。60年代初，蔡仪开始主编《文学概论》，1979年出版。80年代后期，蔡仪修改出版了三卷本《新美学》（改写本）一书。

蔡邕 Cai Yong (132～192) 中国东汉辞赋家、散文家、书法家。字伯喈。陈留圉（今河南杞县）人。博学多才，通晓音律，擅长辞赋。灵帝时召拜郎中，校书于东观，迁议郎。曾因弹劾宦官流放朔方。献帝时董卓强迫他出仕为侍御史，官左中郎将。董卓被诛后，为王允所捕，死于狱中。蔡邕著诗、赋、碑、诔、铭等共104篇。他的辞赋以《述行赋》最知名。延熹二年（159），宦官徐璜、左悺等弄权，忠臣李云等被杀，朝政昏暗。徐璜知蔡邕善弹琴，遂奏请天子强征蔡邕入京。蔡邕行至偃师称疾而归。《述行赋》就是借途中所遇古迹，托古讽今，借以抒发自己满腔郁愤的一篇抒情文字。文中采用对比手法写出了贫富不同的两极生活，从居住到饮食，深刻地揭示了豪门的奢华和民间疾苦，使这篇赋远远超出了述行的范围，而具有深刻的现实性。在历来用于歌功颂德的汉赋中，这样的思想内容是十分可贵的。蔡邕书法精妙，尤以隶书见长。熹平四年（175），曾上书奏请正定《六经》文字，并自写经文，刻碑立于太学门外，世称《熹平石经》。另有《郭林宗碑》也颇负盛名。碑文典雅，音律和谐，标志着汉末文风的转变。明代张溥辑有《蔡中郎集》，收入《汉魏六朝百三家集》中。

蔡尤本 Cai Youben (1889～1974) 中国梨园戏演员、教师。福建晋江人。9岁卖身小梨园戏班学戏。17岁契约期满，在戏班里以打杂、挑戏箱糊口。由于勤奋好学，记忆力强，每逢戏班演出和教戏时，他也偷着模仿学习，默念唱词、道白和锣鼓经，并利用空余时间复习戏文、练习身段动作，逐渐学会小梨园班的大部分剧目。26岁时

正式拜周南为师，28岁正式受聘为小梨园启蒙师傅，此后长期从事戏曲教学。蔡尤本能戏很多，为诸小梨园师傅之冠。他所口述记录的小梨园剧目达60万余言，其中包括《陈三五娘》(《荔镜记》)、《刘知远》(《白兔记》)、《蒋世隆》(《拜月记》)、《董永》、《吕蒙正》、《朱弁》、《高文举》、《郭华》(《胭脂记》) 等南戏剧本，及其“科步”(身段) 和音乐。

蔡元定 Cai Yuanding (1135～1198) 中国宋代乐律学家。字季通。建阳(今属福建)人。律家多称其为蔡西山。从学于理学家朱熹，而实为师友关系。韩侂胄禁“伪学”，打击理学党徒，元定被谪道州，死于舂陵。著有《律吕新书》两卷。卷一为《律吕本原》，13篇；卷二为《律吕辨正》，10篇。朱熹作序，甚称许。蔡元定独具己见的乐律学著作是研究宋代燕乐二十八调的《燕乐书》(或称《燕乐原辨》)。已佚，仅《宋史·乐志》存其大要，录存数百字。此书宗旨在“证俗失以存古义”，一如蔡氏基本思想之误；逻辑严密，简明扼要，亦如蔡氏著作之所长。

蔡元培 Cai Yuanpei (1868-01-11～1940-03-05) 中国民主革命家、教育家、科学家。字鹤卿，号孑民。浙江绍兴人。卒于香港。17岁考取秀才，18岁设馆教书。青年时期，连续中举人、取进士、点翰林、授编修。1898年，弃官，从教，初任绍兴中西学堂监督、嵊县(今浙江嵊州) 剡山书院院长、南洋公学特班总教习。1902年，组织中国教育会任会长，创立爱国学社、爱国女学，曾被推为总理。1903年创办《俄事警闻》(后改名《警钟日报》)，1904年组织光复会，1905年参加同盟会。1907年赴德国留学，次年进莱比锡大学攻读哲学、心理学等。武昌起义后即回国，1912年1月就任南京临时政府教育总长，主持全国临时教育会议，宣布废除忠君、尊孔、读经，改革学制，修订课程；实行小学男女同校，推行社会教育。不久，因不满袁世凯的专制而辞职，再赴德、法等国学习和考察。1915年与李石曾等在法国组织勤工俭学会，翌年与吴玉章等发起组织华法教育会，提倡勤工俭学。1916年回国，次年任北京大学校长，引进西方国家的教育制度、方法，整顿校风，改革教学，网罗人才，使北京大学面目焕然一新。1921年，法国里昂大学、美国纽约大学分别授予他文学、法学博士荣誉学位。在1924年、1926年中国国民党第一、二次全国代表大会上，分别被选为候补中央监察委员和中央监察委员。1927年，任国民党中央政治会议委员、中央特别委员会常务委员、国民政府常务委员、监察院长、代理司法部长等职，并创议成立大学院作为全国最高学术教育行政机关，被任命为大学院院长。1928年辞去各行政职务，专任国立中央研究院院长。在此时期，兼任交通大学、中法大学、国立西湖艺术院（后改为杭州艺专）等多所高等学校校长、院长以及故宫博物院理事长、北平图书馆馆长等职。1932年，同宋庆龄、杨杏佛等在上海组织中国民权保障同盟，被推为副主席，积极营救被捕的共产党员和爱国人士。晚年，为抗日救亡事业奔波，努力促成国共合作。1938年，被推为国际反侵略运动大会名誉主席。

蔡元培在近代中国所起的作用，不仅在他的政治活动方面，更重要的是他的思想影响方面，尤其是他的教育思想和改革中国高等教育的主张与措施。蔡元培的教育思想体系，是以军国民教育、实利主义教育为急务，以道德教育为中心，以世界观教育为终极目的，以美育为桥梁。他的教育实践多在高等教育方面。任北京大学校长时，提出大学的性质在于研究高深学问。为使学术昌盛，必须提倡学术自由，科学民主。聘请教师，要“以造诣为主”，“兼容并包”。他主张学与术分校，文与理通科。在这一思想指导下，他把北京大学的工科并入北洋大学，取消文理各科界限，并且改“学年制”为“选科制”。还在校内实行学生自治，教授治校。他认为劳动教育可使全国人民养成劳动习惯，解决劳心劳力的对立。平民教育可使全国平民都有受教育的机会，达到人人平等、幸福。女子教育，可以造成完全人格，使男女平等，国家隆盛。对于世界各国各种教育学说和教育制度、方法，他能根据中国的实际，兼采所长。著有《中学修身教科书》、《中国伦理学史》、《欧洲美学小史》等。

蔡祖泉 Cai Zuquan (1924-11-24～2009-07-17) 中国电光源专家。浙江余杭（今属杭州）人。卒于上海。历任中国照明学会副理事长、复旦大学电光源研究所所长、复旦大学副校长。

1951年在上海交通大学物理系参加X射线管科学研究工作。1952年底调入复旦大学，并研制成功X射线管。60年代，在中国首先研制成功高压汞灯、长弧氙灯（见氙灯)、球形氙灯、碘钨灯等十几种新型电光源。1978年，在复旦大学组建电光源研究所，此后组织开发一批新光源，主要有钠铊铟灯、镝钬灯、卤化锡灯、钪钠灯等金属卤化物灯系列，球形氙灯系列。获奖研究成果有直流镝钬电影外景灯、25千瓦水冷电极短弧氙灯、大功率短弧氙灯水冷钨-铜阳极的制造等。1980年后，在组织和领导开发中国的紧凑型荧光灯方面作出贡献，开发的H型节能荧光灯获国家科技进步奖三等奖。

参比电极 reference electrode 测量电极电势时作参照比较的电极。又称参考电极。参比电极的电势是精确已知的。通过测量由待测电极与参比电极组成的电池的电动势，即可得知待测电极的电势。参比电极必须具有高度的可逆性，从而保证其电极电势具有好的重现性和稳定性。

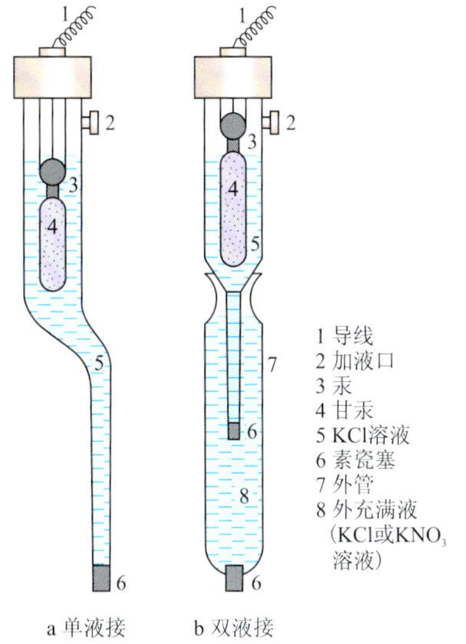

甘汞电极

常用的参比电极有五种：①氢电极。表示为$H^+|H_2|Pt$(镀铂黑)。②甘汞电极。表示为KCl(溶液)|Hg_2Cl_2(固)|Hg(液)，根据氯化钾溶液的浓度不同，甘汞电极分为0.1摩/升甘汞电极、1摩/升甘汞电极和饱和甘汞电极三种。③银|氯化银电极。表示为$Cl^-|AgCl|Ag$。④汞|氧化汞电极。表示为$OH^-|HgO|Hg$，其结构同甘汞电极，是碱性溶液中常用的参比电极。⑤汞|硫酸亚汞电极。表示为$SO_4^{2-}|Hg_2SO_4|Hg$，结构同甘汞电极。在以上几种参比电极中，饱和甘汞电极应用最广。

参军戏 中国隋唐时期的戏曲形式。见元杂剧。

参卡尔 Cankar, Ivan (1876-05-10～1918-12-11) 斯洛文尼亚作家。生于弗尔赫尼

卡，卒于卢布尔雅那。中学读书时开始发表诗歌，建立秘密文学社。不久出版抒情诗集《情诗》(1899)，成为“斯洛文尼亚现代派”文学的先驱。曾赴维也纳深造，但中途弃学，1907年回国。他投身新闻和文学事业，加入社会党，参加工人运动。这个时期创作有剧本《雅科布·鲁达》(1900)、《为了人民的利益》(1901)和《贝塔伊诺瓦太上皇》(1902)。后者描写了资产阶级巧取豪夺和被剥削者的反抗。主要小说有为纪念母亲而作的《在小街上》(1902)和《老长工耶尔奈和他的权利》(1907)。后者描写老长工苦难的40年以及他的觉醒和宁死不屈抗争到底的倔强性格。另有短篇小说集《为妖佻者写的书》(1901)，随笔和小说集《梦景》(1917)，中篇小说《圣母马利亚之家》(1904)，长篇小说《马尔丁·卡丘尔》(1906)和剧本《仆人们》(1910)等。参卡尔的作品均具有批判和战斗精神，被认为是斯洛文尼亚无产阶级文学的奠基人。

参考系 frame of reference 与参考体固连的整个延伸空间。参考体是用来确定物体的位置和描述它的机械运动而选作标准的另一个物体。讨论物体的机械运动，必须首先选定一个参考体。选择不同的参考体，所观察到的物体运动也不相同，这就是运动的相对性。如在等速前进的车厢中垂直上抛并下落的小球，在地面上看来就不作直线运动，而作抛物线运动。为了能用数值表示物体的位置，还需在参考体上设置坐标系，称为参考坐标系。同一参考体上可设置不同的参考坐标系，同一物体的位置坐标在不同参考坐标系中虽然不同，但有确定的变换关系。通常按照问题的实际情况，选取便于进行研究的参考体，如在讨论跳水运动员的翻腾动作时，常取质心参考系。运动学的研究中各种参考系都是等价的，即在不同参考系中运动学的各种理论表述都相同。但在动力学的研究中，应区分惯性参考系与非惯性参考系。

《参考消息》 *Reference News* 中国政治时事性参考报纸。新华通讯社主办。刊载外国通讯社的报道和外国及中国台湾、港澳地区报刊的消息、文章和评论。1931年11月在江西瑞金创刊。早期曾用《无线电材料》、《每日电讯》等名称。1941年3月31日停刊。1942年12月1日改名《参考消息》恢复出版，由新华社、解放日报社合编，直至1947年3月。解放战争时期，新华社辗转陕北和太行、平山等地，仍坚持编印《参考消息》，为中央领导机关提供重要参考材料。同年4月9日在陕西横山青阳岔出油印版，后改为铅印。至1948年3月20日停刊；8月在河北平山西柏坡复刊；次年3月随新华社总社迁至北平（今北京）出版。

中华人民共和国建立后，《参考消息》选材范围扩大，除刊登中国台湾“中央通讯社”和世界各大通讯社的电讯外，还选登外国和中国台湾、港澳地区报刊的材料。

1957年3月1日起，《参考消息》日出4开1张。1958年和1971年，中共中央两次决定扩大其发行范围。1985年1月1日起，改“内部发行”为“限国内发行”。该报除发行汉文版外，还用维吾尔、蒙古、哈萨克、朝鲜4种少数民族文字出版。在全国有38个印点。21世纪初日发行量300万份。

参数估计 parameter estimation 对给定系统模型结构中的未知参数，用系统的输入和输出数据进行估算。18世纪末德国数学家C.F.高斯首先涉及参数估计，他用最小二乘法计算天体运行的轨道。参数估计和数理统计密切相关，有最小二乘法、预报误差法、辅助变量法、极大似然法、极大验后法、最小风险法和极小化极大熵法等。在一定条件下，后面三个方法都与极大似然法类似。最基本的方法是最小二乘法和极大似然法。

最小二乘法　为了选出使得模型输出y_i与系统输出y_i尽可能接近的参数估计值，可用模型与系统输出的误差的平方和来度量接近程度。使误差平方和最小的参数值即为所求的估计值。

极大似然法　选择参数θ，使已知数据Y在参数为θ的条件下最可能出现，也就是指似然函数$P(Y|\theta)$最大，这里$P(Y|\theta)$是数据Y的概率分布函数。与最小二乘法不同的是，极大似然法需要已知概率分布函数$P(Y|\theta)$，但在实践中这是困难的。若设$P(Y|\theta)$是正态分布函数，这时极大似然估计与最小二乘估计相同。

参数估计的性质　当估计值的数学期望等于参数真值时，参数估计就是无偏估计。当估计值是数据的线性函数时，是线性估计。当估计值的均方差最小时，为最小方差估计。若线性无偏估计又是最小方差估计，称为最优线性无偏估计。如果无偏估计值的方差达到劳－克拉默不等式的下界，则称为有效估计值。若$\lim_{t\to\infty}\hat{\theta}_t=\theta$（以概率1），则称$\hat{\theta}_t$为一致估计。在一定条件下，最小二乘估计是最优线性无偏估计，它的估计值是有效估计，而且是一致估计。极大似然估计在一定条件下渐近有效，而且是一致估计。

寻求最小二乘估计和极大似然估计的常用方法是将准则函数对参数θ求导数，计算梯度，因而要使用梯度法、变尺度法、单纯形搜索法、牛顿－拉夫森法等最优化的方法。

参验 中国先秦哲学术语，韩非用以检验认识正确性的一种方法。“参”是比较，“验”是验证。“参验”是通过考察比较，对认识进行验证。韩非主张“循名实而定是非，因参验而审言辞”，“偶参伍之验，以责陈言之实”。他认为“无参验而必之者，愚也，弗能必而据之者，诬也”（《显学》）。为了判明是非真假，最可靠的方法还是要通过实际的检验。韩非的“参验”之说重视认识和事实的一致性，但还没有明确提出以社会实践去检验人们的认识。

参议院 senate 实行三权分立制国家两院制议会的上议院的一种名称。见议会。

参与制 system of holdings 垄断资本家通过收买和持有一定数量的股票对企业进行控制的一种方式。

垄断资本家首先以垄断组织中的核心企业为“母公司”，“母公司”通过购买其他企业的股票，并通过股票控制额把这一企业置于自己的统治之下，成为其属下的“子公司”。“子公司”又可如法炮制，去控制“孙公司”。这样，就形成了金融资本进行控制的多层宝塔，居于宝塔顶端的是极少数金融寡头。金融寡头通过这种层层参与，控制了大量的企业和比自己原有资本大十倍、百倍的他人资本。

参与制大大增加了金融资本的实力，扩大了它进行剥削的基础，还有利于金融资本进行投机活动。从名义上说，“子公司”和“孙公司”都是独立的公司，“母公司”对这些公司的业务活动不负法律上的责任。因此，金融资本可以利用“母公司”对“子公司”、“孙公司”的参与活动为自己牟取暴利；而一旦“子公司”、“孙公司”发生亏损或即将倒闭时，“母公司”又可以及时把股票抛出，避免损失。

参赞 counsellor 使馆中职位仅次于馆长的高级外交人员，协助使馆馆长进行工作。当使馆馆长因故不能执行职务时，通常委派参赞代理馆长职务，担任临时代办。根据具体负责事务的不同，参赞分为政务参赞、商务参赞、经济参赞、教育参赞和文化参赞等。一般称谓的参赞，多指政务参赞。有的国家的使馆设有公使衔参赞，其职位高于一般的参赞。参赞享有外交特权与豁免。

参政权 right to participate in government and political affairs 一国公民参与国家政治活动的权利。包括公民所享有的选举权、被选举权、罢免权、复决权、控告权、检举权等。在中国，公民享有广泛的参与国家管理的权利。如公民有选举权和被选举权，依法选举代表组成各级人民代表大会行使管理国家的权利；对于国家机关和国家工作人员，有提出批评和建议的权利；对于国家机关和国家工作人员的违法失职行为，有提出申诉、控告或者检举的权利；有权对国家机关和国家工作人员进行监督。国家还提供物质条件，保障公民参与管理国家事务权利的实现。

参知政事 vice grand councilor 中国唐初宰相衔之一，宋至明初副相及元至明初行省副职。唐初以三省长官为宰相，但不轻易授人，常用其他官员另加官衔为宰相，贞观十三年（639）开始以参知政事作为宰相加衔之一，地位高于其后的同中书门下平章事加衔，龙朔元年（661）后罢设。宋初沿袭唐、五代旧制，以侍中、同中书门下平章事为宰相。乾德二年（964）设参知政事（简称参政）为副相，最初只是奉行制书，不预奏事，不知印，也不升政事堂（中书门下）与宰相议事，实际上只是宰相助理。开宝六年（973），参知政事得与宰相于政事堂同议政事，轮班知印，职权、礼遇接近于宰相。通常设一或二员，偶设三员，宰相出缺时，代行宰相职务。元丰改制，废参知政事，另设门下侍郎、中书侍郎和尚书左、右丞以代。建炎三年（1129）又改门下侍郎、中书侍郎为参知政事，废尚书左、右丞，直至南宋亡。南宋参知政事常兼同知（或签书）枢密院事等，或由知枢密院事等兼（权）参知政事。参知政事和门下、中书侍郎，尚书左、右丞，以及枢密使、副使、知枢密院事、签书枢密院事等，通称“执政”，与宰相合称“宰执”。辽南面官设中书省管理汉人的一般行政事务，以参知政事为副长官。金设三省，后只设尚书省，以参知政事为副相；设“行台尚书省”（大区级）时，以行台参知政事为副长官。元设中书省，以参知政事为副相；设“行中书省”（行省、省），以参知政事为副长官。明初均沿设，洪武九年（1376）废省级参知政事；洪武十二年又废中书省，副相参知政事亦废。

残疾 disability; handicap 因躯体功能或精神心理的障碍，不能（或难以）适应正常社会生活和工作的一种身心状态。因病致残称为病残，因伤致残称为伤残。构成残疾的要素主要有3个：①存在着疾病或外伤导致的现代医学条件下尚无法完全“复原”的器官或组织的“终局状态”。这种终局状态的存在，是残疾的病理要素，又称病理损害。这是残疾的必备要素。②存在着病理损害导致的躯体生理功能或精神心理功能的低下或丧失。这是残疾的生理功能障碍要素。③存在着生理功能障碍或病理损害造成的在完成与其年龄、性别、文化相适应的社会角色方面的困难，这是残疾的社会角色障碍。又称社会功能障碍、社会环境障碍。狭义的残疾人主要指同时具备三要素的或以社会角色障碍为主的残疾者，他们是政府和社会关注的残疾对象。广义的残疾人实际上指生理功能残疾人；广义的残疾也泛指生理功能残疾。

评定残疾状态要从心理、生理功能和社会适应性三个层次进行全面的、标准化的、定量的判断和分析，评定要贯穿于康复的全过程中，前期评定的目的是确定为让该残疾人回归社会应当采取什么样的医学的、工程学的及社会的康复措施，预测或评价其康复效果。后期评定的目的则是为了作终局鉴定，为其选择最佳的职业种类或生活方式，并给予政策性照顾和扶持。残疾的康复狭义上指生理功能的补偿、训练、增强及替代。主要采用医学的和工程技术的手段。广义上则含为重返社会而实施的教育的、职业训练的、家庭的、社区的以至社会的救助手段。除了应当重视社区康复的方式，还应当重视康复“心理优先”原则，促使残疾人自重、自强、自立的原则，康复工作网络化的原则，以及开发残疾人高级智力劳动优于体力劳动的原则等。社会的偏见和社会物质文化实体的人为障碍，是残疾人不能享有平等机会的基本原因。中国残疾人事业的宗旨和目标是：创造良好的物质条件和精神条件，使残疾人在事实上成为社会平等的一员，享有全面参与社会生活的权利，履行公民义务，共享由于劳动和社会经济发展所带来的物质文化成果。

残疾人奥林匹克运动会 Paralympic Games 仅限残疾人参加的世界综合性运动会。简称残奥会。由国际残疾人奥林匹克委员会（IPC）主办，每4年1届，自1960～2008年共举行了13届。自1960年奥林匹克运动会始，同时举办残疾人奥运会。参赛者伤残标准的划分，初期多为脊髓损伤者，1984年第7届时已分为盲人、截肢、脑瘫三类，后逐渐细分和完善，现在大致分为截肢、脑瘫、视残、智残、脊髓损伤和其他6个类别，并按各类伤残程度分级。比赛项目也逐渐增多和扩大，到2000年悉尼第11届已达18大项。伤残级别划分和项目设置均由国际残疾人奥委会审定。20世纪80年代初，国际奥委会决定，自1988年始奥运会与残奥会必须在同年、同一城市举办。1984年

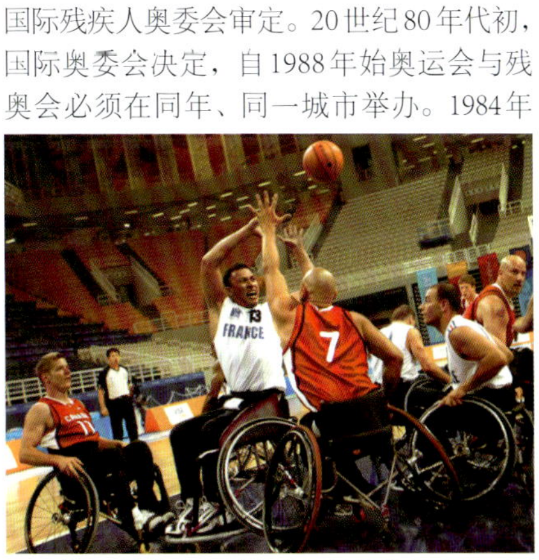
第12届残奥会（雅典）轮椅篮球比赛

中国首次参加在纽约举行的第7届残奥会的田径、游泳、乒乓球赛，获2枚金牌。随后，1988年在汉城（今首尔）、1992年在巴塞罗那和1996年在亚特兰大第8、9、10届中，中国分别取得17、11、16枚金牌。2000年在悉尼举行的第11届残奥会中，取得了历史性的突破，共获34枚金牌。名列第6，首次进入前6名。2004年9月在雅典第12届残奥会上，中国代表团获63枚金牌、46枚银牌、32枚铜牌，计141枚奖牌，金牌数与奖牌总数均列各国代表团之首。2008年在北京第13届残奥会上，中国代表团以89枚金牌、70枚银牌、52枚铜牌，计211枚奖牌，再次列金牌数与奖牌总数之首，创造了中国参加残奥会历史上最辉煌的成绩。

残疾人保障 benefits for the disabled 国家和社会对残疾人在康复、教育、就业、福利等方面给予的各种保障制度。

中国宪法规定，国家保障残疾人同健康人一样享有公民权利。1990年12月28日第七届全国人大常委会第十七次会议通过了《中华人民共和国残疾人保障法》，对残疾人保障作了全面规定。此外，《中华人民共和国劳动法》等法律也有残疾人保障的规定。

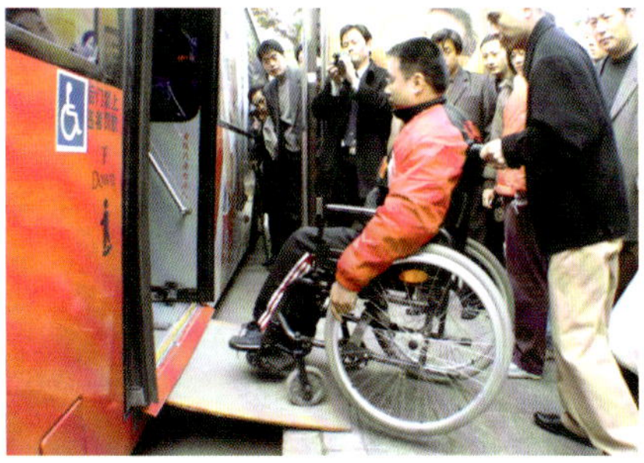
残疾人乘坐无障碍公交车

残疾人保障的内容包括：①康复措施。国家建立社会化康复服务体系，实施重点康复工程，帮助残疾人恢复或者改善功能，提高生活自理和社会适应能力。②受教育权保障。国家对接受义务教育的残疾学生免收学费，举办残疾人教育机构。③劳动权保障。对残疾人就业采取鼓励自谋职业的方针，举办各种形式的残疾人福利企业，对残疾人就业采取优惠政策。④文化生活保障。⑤社会福利保障。国家和社会采取扶助、救济和其他福利措施，保障和改善残疾人的生活；举办各种福利机构安置收养残疾人，为残疾人提供最低生活保障；公共服务机构为残疾人提供各种优先服务和便利、辅助性服务。

蚕 silkworm 昆虫纲鳞翅目蚕蛾科和大蚕蛾科幼虫的统称。能吐丝结茧，茧丝可作织造原料。见桑蚕、蚕茧。

蚕豆 *Vicia faba*; broad bean 豆科巢菜属的一种。一年生或越年生草本植物。又称

胡豆、佛豆、川豆、倭豆、罗汉豆。一般认为蚕豆起源于亚洲西南和非洲北部。中国栽培范围广泛，而以四川省最多，其次为云南、湖南、湖北、重庆、江苏、浙江、青海等省（市）。

株高30～180厘米。主根系发达。茎四棱、中空。羽状复叶，顶端小叶退化呈刺状，无卷须。总状花序，花蝶形，淡紫红色、紫白色或白色。自下而上开花。每荚2～8粒种子。种子扁平，略呈矩圆形，亦有近于球形；有大粒、中粒、小粒三个变种。为长日照作物，适应性广。喜温暖湿润气候和pH6.2～8的黏壤土。可行单作或间、套作，忌连作。也常与大麦、小麦等非豆科作物进行**轮作**。根瘤菌能与蚕豆共生并固氮。

蚕豆子粒蛋白质含量一般为25%～28%，具有人体必需的8种氨基酸。碳水化合物含量为47%～60%。可供食用，也可制酱和酱油等。蚕豆粉是制粉丝和粉皮的原料。青嫩子粒则作蔬菜用。小粒蚕豆及豆秸是家畜的蛋白质饲料。蚕豆可专门种植作绿肥，也是良好的蜜源植物。

蚕蛾 Bombycidae; silkworm moth **鳞翅目**蚕蛾科昆虫的统称。世界已知约60种，主要分布在埃塞俄比亚区和东洋区。中国已知28种。

成虫中型。体粗壮。无喙，不取食。触角大多为双栉齿状，外侧分枝羽长于内侧，雄蛾分枝羽明显长于雌蛾；有些种类雄蛾触角基半部为双栉齿形，端半部为栉齿形，雌蛾为线形。翅宽大，一般前翅顶角稍外突呈钝圆形，也有些种类外突较长并向下稍弯呈钩状；后翅后缘中部一般稍内陷呈圆弧形，近臀角处有半月形双色斑。

幼虫身体光滑，第8腹节背面有一短角突，化蛹前幼虫吐丝结茧。家蚕是世界著名的丝蚕，原产中国，丝色有白有黄。寄主为桑。

蚕茧 silkworm cocoon 桑蚕蛹期的囊形保护层（内含蛹体）。保护层包括茧衣、茧层和蛹衬等部分。茧层可以缫丝，茧衣及缫制后的废丝可作丝绵和绢纺原料。蚕蛹含丰富的**蛋白质**和**维生素B**，可用于制药及提取蛹油，并可作鱼和家畜的饲料。蚕茧有椭圆形、椭圆束腰（花生）形、球形和纺锤形等不同形状。有白、黄、淡红、淡绿和肉红等色。茧层结构主要决定于结茧时的环境：多湿时茧层紧硬，茧表皱纹粗大；过干时茧层松软，茧表皱纹少。前者缫丝时茧丝易切断，后者易使丝状成畸形，影响丝质。

《蚕书》 *Book on Sericulture* 中国宋代养蚕制丝技术专著。作者秦观。主要内容是宋代兖州地区养蚕、缫丝的工艺技术，以及脚踏式缫车的结构和传动。全书含种变、时食、制居、化治、钱眼、锁星、添梯、缫车、祷神、戎治等10个部分，分别叙述蚕卵经浴种发蚁成蚕，蚕食桑叶长大作茧，煮茧时温度的控制，缫车的结构、传动及缫丝的操作。全文共802字，叙述简略。因此书之前的蚕桑专著均失传，故《蚕书》很有史料价值。清代的《四库全书》、《古今图书集成》都全文收录。

蚕丝 silk 熟蚕结茧时所分泌丝液凝固而成的连续长纤维。主要组成是**蛋白质**。又称天然丝。蚕有桑蚕、柞蚕、蓖麻蚕、木薯蚕、樟蚕、柳蚕和天蚕等。由单个蚕茧抽得的丝条称为茧丝，它由两根单纤维（丝素）借丝胶黏合包覆而成（见图）。缫丝时，把几个蚕茧的茧丝抽出，借丝胶黏合而成的丝条，分别称为桑蚕丝（又称生丝）、柞蚕丝，通称蚕丝（见**制丝工艺**）。用得最多的是桑蚕丝，其次是柞蚕丝，其他蚕丝有的数量很少，有的不能缫丝，只用作绢纺原料。

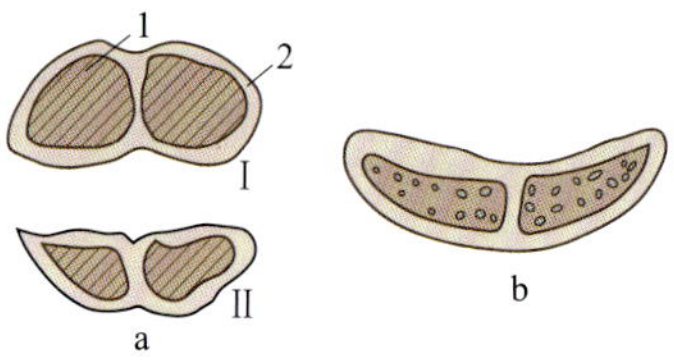

蚕丝纤维的截面形态

蚕丝质轻而细长，织物光泽好，吸湿透气，手感滑爽丰满，保暖性强，但耐光性较差，易起皱，洗涤后的免烫性差。中国是蚕丝的主要生产国，自古闻名。

蚕业 sericulture 为取得丝织原料而从事**养蚕**、**蚕茧**加工和产品销售的农业分支。主要包括蚕的饲料栽培、蚕的饲养和蚕茧处理三大部分，一般以桑蚕和柞蚕为主要饲养对象，以桑叶、柞树为饲料，经过对蚕的饲育，收获蚕茧，从而为丝织工业提供天然丝纤维原料。除桑蚕和柞蚕外，其他具有一定经济价值的吐丝昆虫还有蓖麻蚕、天蚕、**樟蚕**、樗蚕等。

特点 蚕业作为昆虫饲养业，既不同于种植业，也有别于其他养殖业。主要特点是：①生产周期短，投资回收快。②生产季节性强。桑树生长、桑叶采摘和蚕的饲育管理，都有严格的时间和技术要求，三者必须环环相扣，这是蚕业生产的关键。③养蚕属劳动密集型产业。蚕的生命体小，单位面积群居数量大，一些饲养环节无法用机械替代，离不开手工操作。

生产经营概况 中国蚕茧产量长期居世界首位，20世纪末商品茧平均年产量50余万吨。蚕业生产分布极广，遍及除青藏高原以外的各省（市、自治区）。桑蚕产区主要分布在长江、珠江、黄河三大流域：①长江流域产区。气候温和，雨量充沛，桑树生长较快，全年可养蚕四五次，蚕茧产量占全国的83%左右。主要集中在浙、皖、苏、川、渝、鄂、湘，尤以杭嘉湖平原、川中腹地和太湖沿岸最为发达。②珠江流域。高温多湿，桑树发芽早落叶迟，全年可养蚕七八次，蚕茧产量约占全国的7%。主要集中在顺德、中山等地，粤西、桂西发展较快。③黄河流域。夏季多雨，适宜桑树生长，全年可养蚕三四次，产茧量约占全国的6%。主要集中于鲁、陕、豫、晋、冀。另外，新疆和田，云南楚雄、曲靖，台湾屏东、苗栗等地也有蚕桑生产。**柞蚕**主产区在辽、鲁、贵等省，柞蚕茧产量约占世界产量（8万～9万吨）的90%。蓖麻蚕仅在桂、湘、皖等地有少量生产。

世界主要养蚕国除中国外，还有日本、印度、俄罗斯、朝鲜、韩国、巴西和泰国，另有一些国家生产少量蚕茧。蚕茧、丝出口国主要有中国、朝鲜、韩国、巴西和印度等。其中，中国是茧丝和丝织品出口大国，分别占世界贸易量的80%和40%左右。

仓库 warehouse 供储存物品之用的建筑。现代仓库更多地考虑经营上的收益而不仅为了储存，这是同旧式仓库的区别所在。因此，现代仓库从运输周转、储存方式和建筑设施上都重视通道的合理布置，货物的分布方式和堆积的最大高度，并配置经济有效的机械化、自动化存取设施，以提高储存能力和工作效率。

仓库由储存物品的库房、运输传送设施（如吊车、电梯、滑梯等）、出入库房的输送管道和设备以及消防设施、管理用房等组成。仓库按所储存物品的形态可分为储存固体物品的、液体物品的、气体物品的和粉状物品的仓库；按储存物品的性质可分为储存原材料的、半成品的和成品的仓库；按建筑形式可分为单层仓库、多层仓库、圆筒形仓库。①单层仓库。适于储存金属材料、建筑材料、矿石、机械产品、车辆、油类、化工原料、木材及其制品等。②多层仓库。一般储存百货、电子器材、食品、橡胶产品、药品、医疗器械、化学制品、文化用品、仪器仪表等。底层应有卸货装货场地，装卸车辆可直接进入。多层仓库中的“立体仓库”的存储和提货应用电子计算机，实现机械化。这种仓库占地面积小，节省人力，但储存货物类别有一定范围。③圆筒形仓库。一般储存散装水泥、干矿渣、粉煤灰、散装粮食、石油、煤气等气体。圆筒形仓库的建筑设计根据储存物品的种类和进卸料方式确定。库顶、库壁和库底必须防水、防潮，库顶应设吸尘装置。

仓鼠 Cricetidae; hamster 啮齿目仓鼠科动物的统称。分布于欧亚大陆，中国主要分布于长江以北各省。仓鼠臼齿齿冠具两纵行排列的齿尖，两颊有颊囊，可将食物暂存口内，搬运到洞内储藏，故又称肥鼠、搬仓。多属中、小型鼠类，体型短粗，体长5～28厘米，体重30～1 000克；眼小，耳壳显露毛外，除分布于中亚地区的小仓鼠外，其余种类均具颊囊；毛色一般为灰色、灰褐或沙褐色。仓鼠广泛栖息于草原、农田、荒漠、山麓及河谷的灌丛。夜间活动。主要以植物种子为食，兼吃植物嫩茎和叶，偶尔也吃昆虫。不冬眠。冬季靠吃储存的食物生活。春末开始繁殖，年产2～3胎，每胎5～12仔。寿命约2年。

中国常见的有大仓鼠、花背仓鼠、长尾仓鼠、灰仓鼠等。仓鼠多是农田害鼠。每一洞穴储粮可达几十千克，常使粮食作物受到很大损失。仓鼠又是许多疾病的传播者，给人畜带来危害。灭仓鼠的方法有：物理灭鼠（利用捕鼠器械）、化学灭鼠（利用胃毒剂、熏蒸剂、绝育剂等化学药剂）、生态控制（防鼠建筑等）。

《仓央嘉措情歌》 *Tsangbyangs Rgyatsoi Mgurglu* 中国17世纪藏族情歌集。第六世达赖喇嘛仓央嘉措著。作者始终未能忘情于世俗生活，以亲身感受创作了大量诗歌，写出了人的内心矛盾和对现实生活的理想，突破了宗教对人性的束缚。这些作品不但思想内容积极进步，而且具有很高的艺术技巧。格律结构上，采取了谐体民歌的形式，基本上每首四句，每句六个音节，分为三拍。即四句六言三顿，节奏响亮，朗朗上口。情歌多取比兴，直抒胸怀，自然流畅，通俗易懂，为藏族诗歌创作开拓了新的诗风。

苍山 Cangshan Mountain 中国西南地区名山。见点苍山。

苍鹰 *Accipiter gentilis*; northern goshawk 隼形目鹰科鹰属的一种。又称鸡鹰、兔鹰、黄鹰、牙鹰、鹞鹰。广泛分布于北美洲、欧亚大陆和非洲北部。有10个亚种，中国有4个。体型中等，全长470～590毫米。嘴钩曲，上嘴切缘具弧状垂突；成鸟上体羽呈深苍灰色，头颈部呈暗灰黑色，后颈羽基部呈白色，常展露于外；下体羽接近白色，喉部满布纤细的褐色纵纹；胸腹部密布暗灰褐色细横斑；尾羽呈灰褐色，具5条黑褐色横斑，尾羽先端呈灰白色。雌雄鸟羽色相似，雌鸟体型稍大。虹膜呈金黄色，嘴呈铅灰蓝色，嘴端呈黑色；蜡膜呈黄绿色；脚呈橙黄色；跗跖前后缘均被盾状鳞片。

通常在丘陵地带活动，性凶猛而狡猾，经常藏于枝叶茂密的丛林间，视力敏锐，双翅强健，动作敏捷，钩嘴与钩爪配合，极适于撕裂猎物。主要吃雉鸡类、野兔、野鼠和幼鹿。繁殖期在高树顶端营巢，巢

皿状，用枯树构成。5～6月间产卵，每窝产卵2～4枚。卵呈淡青色，略缀淡青灰斑纹，或不甚明显的赤褐色斑。孵化期35～38天。主要由雌鸟孵卵，雄鸟捕食哺喂雏鸟。约经45天幼鸟飞出独立觅食。

苍鹰捕食大量啮齿类动物，对农、林、牧业极有益处。中国很早就驯养苍鹰，用于狩猎，现已禁止。

《沧浪诗话》 *Comments on Canglang Peotries* 中国诗歌理论著作。南宋严羽著。约写成于南宋理宗绍定、淳祐间。它的系统性、理论性较强，是宋代最负盛名、对后世影响最大的一部诗话。全书分为五门：诗辨、诗体、诗法、诗评、考证，末附《答吴景仙书》。论诗推崇盛唐，谓诗之众体至唐始备。以禅喻诗，提倡妙悟，反对宋诗的议论化、散文化倾向，对苏、黄和江湖派都深表不满，认为："诗有别材，非关书也，诗有别趣，非关理也"。此书现存最早的版本为明正德间赵郡尹嗣忠校刊本，从书本很多，有《四库全书》、《历代诗话》、《丛书集成初编》等。注本旧有长汀胡鉴的《沧浪诗话注》、胡才甫的《沧浪诗话笺注》，1962年人民文学出版社出版有郭绍虞《沧浪诗话校释》。

沧州市 Cangzhou City 中国河北省辖地级市。汉称浮阳。又称"狮城"。位于省境东部，东临渤海，北靠天津，南接山东。辖新华区、运河区，沧县、青县、东光县、海兴县、盐山县、肃宁县、南皮县、吴桥县、献县和孟村回族自治县，代管泊头、任丘、黄骅、河间4市。面积13 419平方千米。人口713万（2010）。市人民政府驻运河区。北魏熙平二年（517）置沧州。1912年改为沧县。后多有变更。1983年改为省辖地级市。属暖温带大陆性季风气候。矿产资源有石油、天然气等。工业有石油炼制、化肥、塑料加工、橡胶和医药等。沧州是中国的四大海盐产地之一。境内南运河和京沪铁路纵贯市区，沧港铁路东连渤海大口河港，京福公路纵贯南北，歧太公路（歧口—太原）横跨东西。特产沧州冬菜、金丝小枣驰名全国。沧州武术历史悠久，是"武术之乡"。有铁狮子、杜林桥、清真北大寺等名胜古迹。

沧州铁狮子 Cangzhou Iron Lion 中国五代后周广顺三年（953）生铁铸像。位于河北沧州旧州城内的东关村西。身高5.35米、身长6.3米，重约40吨。狮身用数百块约30厘米见方的铁块以泥范明注式浇铸法整体铸成。头顶及项下各铸"狮子王"三字，腹内铸隶书铭文。狮昂首怒目张口，面朝南，背负仰莲圆铁盆，卷发披于颈部，前胸及臀部饰束带，作奔走状。是中国传世大型铸铁艺术品中年代较早的一件。铁狮的用途，一说为文殊菩萨像底座，据民国《沧县志》记载，铁狮原在开元寺前；另一说

为当地百姓捐资铸造以镇海啸，故又称"镇海吼"。1961年国务院公布沧州铁狮子为全国重点文物保护单位。

藏书楼 library 中国古代供收藏和阅览图书用的建筑。中国最早的藏书建筑见于宫廷中，如汉代著名的天禄阁、石渠阁，隋代的观文殿，北宋初的崇文院，宋代宫廷中的龙图阁、天章阁、宝文阁等。宋代以后，由于造纸术的普及和印本书的推广，书籍增多，民间收藏家也开始建造藏书楼。

建于明嘉靖四十年（1561）的浙江天一阁是中国保存至今最古老的藏书楼。建于乾隆四十年（1775）的北京紫禁城文渊阁则是清代最为著名的藏书楼，专为收藏《四库全书》而设。为了分藏《四库全书》副本，清朝政府陆续在全国建造了六座藏书楼，即北京圆明园文源阁（已毁）、承德避暑山庄文津阁、沈阳故宫文溯阁、杭州孤山文澜阁、镇江金山寺行宫文宗阁（已毁）、扬州大观堂文汇阁（已毁）。上述建筑都按照文渊阁制式，合称清代七阁。

自宋代以来，府、州、县学内也多建有藏书阁，宋代称稽古阁，明清称尊经阁。清代私人藏书家也建造了不少藏书楼，如常熟钱谦益的绛云楼、瞿镛的铁琴铜剑楼，湖州刘承幹的嘉业堂等。

操作系统 operating system 提高计算机系统使用方便性和效率的系统软件。操作系统直接影响到系统的性能。

20世纪60年代初期出现了管理程序，这种操作系统只有控制输入输出和执行操

作员命令等简单功能。60年代中期出现的多道程序操作系统和分时操作系统功能较强，规模也较大，同时开始进行操作系统结构和理论的研究。60年代末到70年代初期操作系统功能比较丰富，可靠性也比较高，开始使用高级程序设计语言书写操作系统。70年代中期之后又发展了网络操作系统和分布式操作系统。

分类 按功能分为五种类型：①单用户操作系统。支持计算机串行地执行用户程序，即执行完一个用户程序后才接受另一个用户程序。一些微型计算机配置的常常是这一类。②分时操作系统，又称多用户操作系统。多个用户可以通过各自的终端同时使用一台计算机。③实时操作系统。为实时系统配置的操作系统，要求首先考虑系统的实时性和可靠性，然后才考虑系统的效率。④网络操作系统。为计算机网络配置的操作系统。⑤分布式操作系统。为分布式计算机系统配置的操作系统。

功能 操作系统主要提供存储管理、处理器管理、设备管理和信息管理等功能。①存储管理。分配和回收存储单元。②处理器管理。根据一定的调度算法分配处理器。③设备管理。控制外围设备的操作，分配或回收外围设备的使用。④信息管理。从指定文件读取信息，修改指定的文件，建立或废除文件等。

操作主义 operationism 主张以操作定义科学概念的一种学说。20世纪20年代产生于美国，50年代流行于西方其他国家。创始人为美国实验物理学家P.W.布里奇曼，代表人物有D.胡格、A.腊波波特等，B.F.斯金纳则把操作主义引入心理学。操作主义所说的操作，起初主要指实验室的操作，后来也包括纸和笔的操作及言语操作。操作主义试图把所有科学概念与实验操作联系起来，以消除操作上不可确定的科学概念和术语。它认为，科学概念与相应的操作同义，凡是不能与操作相联系，不能由操作定义的概念，都是没意义的。操作主义具有浓厚的实用主义和约定论色彩，其理论在现代西方哲学、自然科学乃至社会科学、人文科学方面均有一定影响。

曹 Cao State 公元前11世纪中国春秋时期周分封的诸侯国。姬姓。开国君主为周武王弟叔振铎，建都陶丘（今山东定陶西南），占据今山东西部（菏泽、定陶、曹县一带）。公元前487年为宋国所灭，国亡。

曹霸 Cao Ba 中国唐代画家。传为魏武帝曹操后裔，故史家断定其籍贯为谯郡（今安徽亳州）。主要活动于玄宗开元天宝（713～756）年间。官至左武卫大将军。善画人物、鞍马。他曾奉诏画玄宗御马玉花骢、照夜白等名马，命意高古，不求形似，艺术水平超出众工之上。他曾奉诏修补阎立本所画凌烟阁功臣图，重开生面，使人物形象神采飞扬。安史之乱后他历经坎坷穷苦，但对艺术创作仍孜孜不倦。其弟子韩幹画马尤为著名，后人论及画马必称"曹韩"。据《宣和画谱》所载，北宋末宫廷中犹存曹霸画《逸骥图》、《玉花骢图》等14件。今皆已不存。

曹本熹 Cao Benxi（1915－02－22～1983－12－25） 中国核化工专家、教育家。生于上海，卒于北京。1938年毕业于西南联合大学化学系，1946年在英国伦敦帝国学院化工系研究院获博士学位后，回国到清华大学执教。1948年筹建清华大学化工系。1949年后历任清华大学教授、系主任。1952～1962年任北京石油学院教授、副校长，1963年任第二工业机械部二局副局长兼总工程师。1980年当选中国科学院学部委员（院士）。

主要从事化工教育、核化工的研究和领导工作。50年代初，在清华大学化工系负责军用油料的全部化验工作，并把化工系培养重心转向石油，为创建中国第一所石油学院（北京石油学院）奠定了基础。参与了铀化工转化过程、热核材料生产、核燃料后处理和放射性废物处理等许多重大试验和工程项目的领导工作，为中国核燃料化工生产作出重大贡献。

曹彬 Cao Bin（931～999） 中国北宋将领。字国华。真定灵寿（今属河北）人。后周时为晋州兵马都监，累官至引进使。北宋建立后，迁客省使兼枢密都承旨。乾德二年（964）以归州行营都监参加灭蜀之役，以不滥杀掠而得到赵匡胤的褒奖，授宣徽南院使、义成军节度使。开宝七年（974），受命率军灭南唐，约束宋兵不得肆意杀掠，使南唐都城江宁府（今江苏南京）免遭破坏。回师不久即被任命为枢密使。宋太宗即位，加同平章事，封鲁国公，益得信任。雍熙三年（986），宋太宗分兵三路攻辽，曹彬率宋兵主力自雄州（今河北雄县）向涿州（今河北涿州）进发。因指挥无能，造成岐沟关（今河北涞水东）之战的惨败，致使其他两路军也被迫退兵。因此，被责授右骁卫上将军。宋真宗即位后，召拜枢密使。咸平二年（999），病死。

曹操 Cao Cao（155～220） 中国汉魏间政治家、军事家、诗人。见魏武帝曹操。

《曹操与杨修》 *Cao Cao and Yang Xiu* 中国京剧作品。上海京剧院1988年首演。陈亚先编剧。马科导演。尚长荣（饰曹操）、言兴朋、何澍（饰杨修）主演。据《三国演义》杨修之死故事敷衍编写。写曹操兵败，下令求贤。名士杨修自荐，深受赏识。杨修举荐孔闻岱为助手，曹操却因误信谗言而杀孔。面对杨修的质问，曹操诈称有夜梦杀人之疾，并设灵祭奠，夜间亲自守灵。杨修请曹夫人为其添衣御寒。为圆曹操的谎言，曹夫人自刎灵前。曹操将女儿许配杨修为妻，又在军前为其牵马坠镫，以示求贤诚意，而内心却深感屈辱。曹操传出口令"鸡肋"，杨修知他有意退兵，嘱将士早作班师准备。曹操乃以擅传将令、扰乱军心的罪名，将杨修处斩。曹操与杨修的周旋、觊觎、对峙贯串全剧。作品以现代意识审视历史人物，不是简单地借古喻今，而是着力于剖露人物的心灵，发掘其内在的悲剧因素，达到贯通历史与现实的共鸣。在新时期的历史剧创作中，是一部具有代表性的作品，曾获1988年文化部优秀京剧新剧目奖、1989年中国戏曲学会奖和1995年中国京剧艺术节金奖。

曹刚川 Cao Gangchuan（1935－12～ ） 中华人民共和国中央军事委员会副主席，国务委员兼国防部部长。上将军衔。河南舞阳人。1954年7月参加中国人民解放军。1956年7月加入中国共产党。1954年起先后入解放军第3炮兵技术学校、军械技术学校、俄语专科学校学习。1957年9月赴苏联，入炮兵军事工程学院学习。1963年毕业后回国，先后任人民解放军总后勤部军械部弹药处助理员、装备部兵工处助理员。1975年起任人民解放军总参谋部装备部综合计划处参谋、副处长，装备部副部长、军务部部长，中央军委军品贸易办公室主任。1992年11月任人民解放军副总参谋长。1996年11月至1998年4月任国防科学技术工业委员会主任，解放军总装备部部长。1998～2002年任中共中央军事委员会委员，中华人民共和国中央军事委员会委员，解放军总装备部部长、党委书记。2002年至2003年3月任中央政治局委员、中央军事委员会副主席，中华人民共和国中央军事委员会委员。2003年3月任中央政治局委员、中央军事委员会副主席，中华人民共和国中央军事委员会副主席，国务委员兼国防部部长。1988年9月被授予少将军衔，1993年7月晋升为中将军衔，

1998年3月晋升为上将军衔。是中共十五、十六届中央委员，十六届政治局委员。

曹建明 Cao Jianming (1955-09～) 中华人民共和国最高人民检察院检察长。江苏南通人。1973年加入中国共产党。研究生学历，获法学硕士学位，教授。1972～1975年为上海市静安区饮食公司前进饮食店职工，向阳中心店党支部副书记、公司团委副书记。1975～1979年任上海市卫生局后方卫生处政工组负责人。1979～1983年在华东政法学院法律专业学习。1983～1986年为华东政法学院国际法系国际法专业研究生。1986年为华东政法学院国际法系教师、系负责人。1986～1995年任华东政法学院国际法系副主任、主任（其间：1988～1989年为比利时国立根特大学法学院访问学者；1990年7～12月在美国旧金山大学讲学）。1995～1997年任华东政法学院党委副书记、常务副院长。1997～1999年任华东政法学院院长、党委副书记（1998年10月主持党委工作）。1999～2002年任最高人民法院党组成员。1999～2003年任国家法官学院院长（其间：2001年3～5月在中央党校省部级干部进修班学习）。1999～2008年任最高人民法院副院长、审判委员会委员。2002～2008年任最高人民法院党组副书记。2008年任最高人民检察院检察长。是中共第十六届中央候补委员、十七届中央委员。

曹靖华 Cao Jinghua (1897-08-11～1987-09-08) 中国作家，翻译家。原名曹联亚。生于河南卢氏，卒于北京。中学时代参加爱国学生运动，1924年赴苏联莫斯科东方大学学习。翌年回国，参加鲁迅组织的未名社。后与鲁迅一直保持深厚友谊。1927年大革命失败后再赴苏联，先后在莫斯科中山大学、列宁格勒东方语言学院任教。1933年秋回国，先后在北平大学女子文理学院、东北大学、中国大学任教。抗日战争时期在重庆主编苏联文学丛书。1949年后，担任北京大学教授、系主任，中国苏联文学研究会名誉会长，中苏友好协会理事，《世界文学》杂志副主编、主编等。自20世纪20年代起，热心从事俄苏文学介绍翻译，所译名著达数百万字。其中有长篇小说《铁流》、《城与年》、《我是劳动人民的儿子》等，剧本《侵略》、《契诃夫戏剧集》、儿童文学《盖达尔选集》等。60年代起开始散文创作，出版有《花》和《曹靖华散文选》等4部散文集。

曹聚仁 Cao Juren (1900-06-26～1972-07-23) 中国新闻记者、作家。字挺岫，号听涛。浙江兰溪人。卒于澳门。1921年于浙江省第一师范毕业。早年从事教育，创办《涛声》周刊，并为《申报》、《太白》等报刊的主要撰稿人。1935年与徐懋庸合作创办《芒种》半月刊。抗日战争爆发后，为上海《申报》、《立报》等撰写战地新闻。上海沦陷后，任中央通讯社记者，进行战地采访，宣传包括新四军在内的广大军民的抗战事迹。后主编《正气日报》、《前线周报》。抗战胜利后在上海和香港两地，历任《前线周报》主编、《星岛日报》驻沪特约记者、《星岛日报》编辑、《南洋商报》(新加坡）驻港特派记者等。1956年起和林霭民联合创办《循环日报》、《循环午报》、《循环晚报》，担任日报主笔。后三报合并为《正午报》，仍任主笔。一生著述甚丰，以散文、杂文为主，散文集有《笔端》(1935)、《鱼龙集》(1954)等。其他著作有《中国文学》、《中国近百年史话》等70种。

曹俊臣 Cao Junchen (1883～1947) 中国川剧演员。工武生，兼演武丑。又名曹黑娃。四川自贡人。自幼跟班学戏，在富春班、天乐班演娃娃生。后入成字科班，业师蔡三品、吴子云、宋玉贵、宋宣廷等。曾从著名旦脚演员谢海潮学艺，又从名鼓师彭华廷学场面和川昆。武功根底深厚，身手敏捷，长于表演，讲究武戏文唱，尤重传神，为当时川剧武生之首，人称“曹大王”。在《江东桥》中饰花云，穿高底靴打“骗马”，能纵步飞腾一人多高；《放裴》中可连打数十个“地旋子”。擅演剧目有《盗银瓶》、《盗冠袍》、《打红台》、《双旗门》、《八阵图》等。兼能司鼓，熟谙高腔曲牌，讲究唱功。中年以后，兼演文小生，演《红梅阁》、《琵琶记》、《偷诗》、《逼侄赴科》、《酒楼晒衣》等，刻画人物都有独到之处，在川东、资阳河一带极负盛名。韩成之、曾荣华、李侠林均能得其艺传。

曹锟 Cao Kun (1862-12-12～1938-05-17) 中华民国时期直系军阀首领。字仲珊。生于天津，卒于天津。1885年入天津武备学堂。中日甲午战争时随军赴朝鲜，战后升任管带。1907年由北洋陆军协统升任第三镇统制。1912年2月，纵兵焚掠北京内外城，为袁世凯拒绝南下就职南京临时政府大总统制造借口。1915年12月，率部入川镇压反袁称帝的云南护国军。1917年7月，任段祺瑞讨逆军西路司令，讨伐张勋复辟。孙中山南下广州护法后，附和段祺瑞反对护法军政府，并任南征军第一路司令兼两湖宣慰使。1918年2月，以吴佩孚为前敌指挥，督师占领湖南长沙、衡阳。后因不满段祺瑞委任张敬尧为湖南督军，又暗中支持吴佩孚与南方停战议和。冯国璋死后，被奉为直系首领。1920年7月，取得直皖战争的胜利，与奉系共掌北京中央政权。1922年4～5月，打败奉系张作霖，独力控制了北京政府。1923年10月，以贿选当上大总统。1924年10月，再次爆发直奉战争，被反戈发动北京政变的冯玉祥软禁。获释后长期寓居天津英租界。

曹丕 Cao Pi (187～226) 中国三国魏政治人物、文学家。见魏文帝曹丕。

曹日昌 Cao Richang (1911-01-11～1969-03-14) 中国心理学家。生于河北束鹿（今辛集），卒于北京。早年就学于清华大学心理学系，1948年获英国剑桥大学博士学位。曾在西南联大、香港大学任教。20世纪50年代中期起任中国科学院心理研究所副所长、《中国心理学报》主编、中国心理学会副理事长等职。主要实验研究内容有知觉、学习、识记，以及有关劳动心理和工程心理等问题。他善于组织和指导心理学研究工作，并对有关的学术争论作出适时的概括。主要论著有《新心理学方法的建立》(1939)、《间隔学习与集中学习的研究Ⅰ、Ⅱ、Ⅲ》(英文，1948、1950)、《关于心理学的基本观点》(1965)、《对弱电集中控制电站信号显示的工程心理学的意见》(合著，1966)等，并主编《普通心理学》教科书(1963)。

曹汝霖 Cao Rulin (1877-01-23～1966-08-04) 中华民国时期新交通系首领。字润田。生于上海，卒于美国底特律。1900年赴日本留学。回国后经留学生特科考试中进士。1905年11月，以袁世凯随员身份参与同日本交涉东

三省事宜。后任清廷“皇族内阁”外务部副大臣。1913年被袁世凯政府任命为外交部次长。1915年1月，与陆征祥等同日本公使谈判日本“二十一条”要求，5月签订丧权辱国的《民四条约》。袁世凯称帝败亡后，先后任交通银行总理和交通、财政部总长等职，成为新交通系首领。其间，按照段祺瑞的旨意，以国家权益为交换条件，多次通过西原龟三与日本签订总计一亿多日元的借款合同。五四运动爆发后，被爱国学生指控为亲日“国贼”，要求惩办，北京政府不得不将其免职。此后转而专营金融、实业，任中国通商银行总经理、井陉正丰煤矿公司董事长等职。抗日战争时期出任日伪华北临时政府顾问及华北政务委员会咨询委员。1949年逃往台湾，数年后由日本定居美国。

曹参 Cao Shen (?～前190) 中国西汉开国功臣。沛（今江苏沛县）人，早年为秦沛县狱掾。秦二世元年（前209）随刘邦起兵反秦，为中涓。后在推翻秦王朝、楚汉战争以及汉初平定异姓王侯的战役中屡建战功。汉高祖刘邦即皇帝位后，迁齐相国；次年赐爵平阳侯。惠帝即位后，为齐丞相。他召集当地长老询问安定民生的办法，采纳胶西盖公的黄老术，在齐国推行清静无为、与民休息的政策。相齐九年，政治安定，大受百姓称赞。惠帝二年（前193），继萧何为相国后，按照萧何制定的成法行事，诸事无所变更；委任属官，总是选择郡国官吏中不善辞令的忠厚长者，任相三年，收到了很大的成效，汉初的安定局面得到了巩固和发展。经曹参的提倡和实行，道家“无为而治”的思想成为汉初封建统治者的指导思想。其后出现的文景之治与此不无关系。

曹爽 Cao Shuang (?～249) 中国三国时期魏国大臣。字昭伯。沛国谯县（今安徽亳州）人。曹操侄孙。魏明帝时任武卫将军。齐王芳即位，以大将军、都督中外诸军、录尚书事与司马懿并受遗诏辅政。进用何晏、邓飏等为心腹，改易朝典，排斥司马懿。正始十年（249），他奉齐王芳出洛阳城谒拜高平陵，司马懿乘机发动政变。爽及同党皆被懿拘执，以谋反罪被杀，夷三族。

曹天钦 Cao Tianqin (1920-12-05～1995-01-08) 中国生物化学家。河北束鹿（今辛集）人。生于北京，卒于上海。1944年毕业于燕京大学化学系。1946年赴英国剑桥大学留学，相继获学士及博士学位，并于1951年被选为英国剑桥大学荣誉院士。1952年回国。历任中国科学院上海生物化学研究所副研究员、研究员、室主任、副所长、中科院上海分院院长。1980年当选中国科学院学部委员（院士），并先后任生命科学和医学部副主任、主任。

1983年被瑞典皇家工程科学院选聘为外籍院士，1984～1988年当选为国际科学联合会（ICSU）理事会理事，执行局委员。

他长期从事肌肉结构蛋白的研究，是肌球蛋白轻链的发现者。他还应用多种物理化学技术研究了原肌球蛋白和副肌球蛋白的性质以及各种肌肉蛋白在肌原纤维上的定位问题，并在原索动物文昌鱼中发现了副肌球蛋白。1973年他对长沙马王堆一号汉墓古尸的保存状态和条件的研究，对生化考古学有一定贡献。他是中国最早在分子水平开展植物病毒的研究者之一。在蛋白质方面，他曾研究过胶原蛋白、神经系统蛋白、胰岛素、蛋白酶抑制剂等。共发表论文101篇。他与李国豪等合编了《中国科技史探索》，并主编了《中国科学评论·生物卷》。曾是中国科学技术协会副主席，中国生化学会第一、二、三届副理事长。

曹文轩 Cao Wenxuan (1954-01-09～) 中国儿童文学作家、学者。江苏盐城人。曾在盐城农村生活20年。1974年入北京大学中文系读书，毕业后留校任教。现为北京大学中文系教授、中国作家协会全国委员会委员、北京市作家协会副主席。

1978年开始发表作品，主要出版有长篇小说《草房子》、《红瓦》等，中短篇集《忧郁的田园》、《埋在雪下的小屋》等。另著有学术著作《小说门》、《二十世纪末中国文学现象研究》等。2003年由作家出版社出版9卷本《曹文轩文集》。

曹文轩的小说创作大多以江南水乡农家少年生活为题材，坚持“追随永恒”的创作理念，力倡“成长小说”，注重艺术的情感力量和审美力量。代表作《草房子》以20世纪60年代初江南油麻地男孩桑桑为叙述视角，描写了桑桑六年的小学生活。整部作品格调高雅，文字优美，充满忧郁悲悯，闪耀着生命的动人火焰。

曹雪芹 Cao Xueqin (1715～1763-02-12) 中国清代小说家。名霑，字梦阮，号雪芹，又号芹圃、芹溪。祖籍辽阳，先世原是汉族，后为满洲正白旗“包衣”。

曹雪芹的曾祖曹玺任江宁织造。曾祖母孙氏做过康熙帝玄烨的保姆。祖父曹寅做过玄烨的伴读和御前侍卫，后任江宁织造，兼任两淮巡盐监察御史，极受玄烨宠信。玄烨六下江南，其中四次由曹寅负责接驾，并住在曹家。曹寅病故，其子曹颙、曹頫先后继任江宁织造。他们祖孙三代四人担任此职达60年之久。曹雪芹自幼在“秦淮风月”之地的“繁华”生活中长大。雍正初年，由于统治阶级内部政治斗争的牵连，曹家遭受一系列打击。曹頫以“行为不端”、“骚扰驿站”和“亏空”罪名革职，下狱治罪，家产抄没。这时，曹雪芹随着全家迁回北京居住。曹家从此一蹶不振，日渐衰微。

经历了生活中的重大转折，曹雪芹深感世态炎凉，对当时社会有了更清醒、更深刻的认识。他蔑视权贵，远离官场，过着贫困如洗的艰难日子。晚年，曹雪芹移居北京西郊，生活更加穷苦。他以坚忍不拔的毅力，专心致志地从事《红楼梦》的写作和修订。乾隆二十七年（1762），幼子夭亡，他陷于过度的忧伤和悲痛，卧床不起。到了这一年的除夕，终于因贫病无医而逝（关于曹雪芹逝世的年份，另有乾隆二十八年和二十九年两种说法）。

曹雪芹是一位诗人。他的诗立意新奇，风格近于唐代诗人李贺。曹雪芹又是一位画家，喜绘突兀奇峭的石头，其中寄托了他胸中郁积的不平之气。

曹雪芹的最大的贡献在于小说的创作。他的小说《红楼梦》内容丰富，思想深刻，艺术精湛，把中国古典小说创作推向最高峰，在文学发展史上占有十分重要的地位。《红楼梦》在他生前没有完稿。今传《红楼梦》120回本，其中前80回的绝大部分出于他的手笔，后40回为高鹗所续。

曹薰铉 Cho Hoon Hyun (1953-03-10～) 韩国围棋手。生于全罗南道。幼时学弈，9岁入段。1963年到日本，师从日本棋手濑越宪作。1972年成为韩国棋院的职业棋手。1974～1982年8年间即从六段晋升至九段。在韩国国内的围棋比赛中，曾先后获得160多项冠军头衔。在世界大赛中也战绩辉煌，1989年获第1届“应氏杯”世界职业围棋锦标赛冠军。1994年、1997年获第5届和第8届“东洋证券杯”世界职业围棋赛冠军。1997年获第7届“富士通杯”世界职业围

棋锦标赛冠军。1999年获第1届“春兰杯”世界职业围棋锦标赛冠军。2000～2001年又连获第13、14届“富士通杯”世界职业围棋锦标赛冠军。2001～2003年获第6届和第7届“三星杯”世界围棋公开赛冠军。在韩国围棋霸王战中保持16连胜的最高纪录。有“快枪手”之称，是韩国现代棋坛的领军人物。

曹禺 Cao Yu (1910-09-24～1996-12-13) 中国剧作家、戏剧教育家。原名万家宝，字小石。生于天津，卒于北京。1922年入南开中学，不久加入南开新剧团，在演出《悭吝人》等外国名剧的同时，也编演时事新剧。1928年升入南开大学政治学系，1930年转入清华大学。

早期“三部曲”的创作 1933～1937年，曹禺最初创作的三部话剧作品《雷雨》、《日出》和《原野》，被称为抗战前的“三部曲”。《雷雨》把民族的内容和外来的艺术形式结合得十分熨帖，奠定了他在中国话剧史上现实主义剧作家的地位。《日出》以20世纪30年代初中国大都市生活为背景，展示了半殖民地、半封建社会的黑暗现实。《原野》采用了表现主义的手法刻画人物的内心世界，集中表现了仇虎复仇前后的心理活动，把历史与现实、幻觉与真实、人间与鬼蜮结合在一起。以上三部作品题材不同，却都表现了重大的主题，贯穿着揭露与批判社会黑暗腐朽的现实主义精神。

《家》剧照（北京人民艺术剧院演出）

抗日战争至胜利以后的创作 1938年，他随南京国立戏剧专科学校西迁，经长沙到达重庆。为了宣传全民抗战，与宋之的合写了《全民总动员》(又名《黑字二十八》)。1940年，他连续创作了《正在想》、《蜕变》和《北京人》。《蜕变》寄托了曹禺希望中华民族在抗战中“蜕旧变新”的理想。《北京人》不刻意追求情节的曲折和人为的冲突，只在平凡、真实的生活场面中展示主题，刻画人物性格及其内心世界。其风格也由浓烈转为淡远和隽永，由传统悲剧转为悲喜交融互衬的现代悲喜剧。

1942年春曹禺到重庆，先后担任戏剧刊物的编辑和电影厂的编剧等职务。最重要的收获是1942年根据巴金同名小说改编的《家》。剧本着重描写了旧礼教对青春和爱情的摧残，大量台词和场面的处理都诗化了。抗战胜利后，曹禺于1946年回到上海，开始发表以揭露官僚资本扼杀民族工业为内容的多幕剧《桥》。1947年春到上海市立实验戏剧学校任教，不久担任上海文华影业公司编导，写了电影剧本《艳阳天》，并自任导演于翌年摄成影片。

中华人民共和国建立后的创作和活动 1949年初，曹禺经香港转道进入北平，参与筹备中华全国文学艺术工作者代表大会和中国人民政治协商会议。1950、1952年先后被任命为中央戏剧学院副院长和北京人民艺术剧院院长，1956年起任中国作协书记处书记。1954年发表剧本《明朗的天》。1958年出版《迎春集》，收入1949年以来所写的散文、随笔、游记、杂文等，记录了他思想生活的新历程。

60年代初期，与梅阡、于是之合作写了历史剧《胆剑篇》，以越王勾践卧薪尝胆的故事，引申出具有现实意义的有益教训。“文化大革命”中，曹禺遭到迫害，被迫搁笔。“文化大革命”结束后，于1979年任中国戏剧家协会主席，1988年起又任中国文联执行主席。1978年发表的《王昭君》是他的最后一部作品。

曹禺在中国话剧史上是继往开来的重要人物。他继承了先驱者们反帝反封建的民主精神和为人生的艺术主张，同时广泛借鉴和吸收了中国古典戏曲和欧洲现代戏剧的表现技巧，把中国话剧艺术提到一个新的高度。鉴于他在中国现代戏剧史上的成就与影响，1982年设立了以他的姓名命名的优秀剧本奖项——“曹禺戏剧文学奖”以促进戏剧创作的提高与繁荣。

曹植 Cao Zhi (192～232) 中国三国时魏国诗人。字子建。沛国谯县（今安徽亳州）人。曹操第三子。少聪慧，“善属文”，始深得曹操宠爱，几立为太子。后因行为放任，其兄曹丕被立为太子。延康元年（220）曹丕称帝后，植名为王侯，实为囚徒，两度被贬爵移封。黄初七年（226）曹丕病逝，曹叡继位后，继续遭受猜忌和打击，最后移封陈郡，卒谥思，故世称陈王或陈思王。

思想和创作 曹植的思想和创作，以曹丕即位为界，明显地分为前后两期。前期作品主要表现了“戮力上国，流惠下民，建永世之业，流金石之功”的政治抱负。如《白马篇》、《薤露篇》。后期作品则主要反映了曹魏统治集团内部的矛盾，控诉了曹丕父子对他的迫害，抒发了自己备受压抑，有志不得伸的满腔悲愤情绪，表现了自己不甘阶下囚的生活，希冀用世的强烈愿望。如《赠白马王彪》就是诗人“愤而成篇”之作，深刻地反映了统治集团内部的残酷斗争。另如《野田黄雀行》、《七哀诗》、《怨歌行》、《杂诗》等，也都是诗人后期的“忧生之嗟”。除此之外，曹植也有一些直接反映当时社会现实的诗篇，如《泰山梁甫行》、《送应氏》等，反映了军阀混战、社会乱离给人民带来的苦难，表现了诗人对劳动人民的深切同情。

成就 曹植是建安时期成就最高的一位诗人。他的诗现存约80首，大部分是乐府诗。曹植一生重视从乐府民歌中汲取创作养料，他的《美女篇》就直接脱胎于汉乐府民歌《陌上桑》。他的《怨歌行》、《泰山梁甫行》、《名都篇》、《白马篇》、《野田黄雀行》等都是沿用乐府旧题或创造的乐府新题。所不同的是，他在学习民歌的基础上进行了加工和提高，因此他的诗歌呈现出文人所特有的风格与情调，具有明朗、和谐、清新等特色。

曹植一生创作了大量的五言诗，把五言诗推向了前所未有的高峰，并使之达于成熟。他的五言诗，叙事与抒情相结合，格调雄浑而不卑弱，文辞华美而不雕琢，尤其是注重语言的提炼和修辞，特别留意于文句的整饬和韵律的和谐。在中国诗歌发展史上，他被视为五言诗的一代宗匠。

除诗歌之外，他的章表、辞赋也十分出色。赋今存40余篇，数量在汉魏作者中为第一。代表作《洛神赋》以传说中关于宓妃的故事为题材，刻画了洛神的美丽形象，表现了人神恋爱而终因人神殊隔、不能结合的惆怅之情，描写细腻而生动。散文今存近百篇，以前期《与杨德祖书》和后期《求自试表》、《求通亲亲表》为代表。今存南宋嘉定年间刻本《曹子建集》10卷；明代郭云鹏、汪士贤、张溥各自所刻的《陈思王集》；清代丁晏《曹集铨评》、朱绪曾《曹集考异》等。今人赵幼文有《曹植集校注》。

曹志 Cao Zhi (1928-05～) 中华人民共和国全国人民代表大会常务委员会副委员长。山东安丘人。1947年加入中国共产党。1946年后历任松江省政府教育厅干事，阿

城县委土改工作队队长，中共阿城县红旗区委书记、红石区委书记，阿城县委宣传部部长，松江省委宣传部副科长、处长，黑龙江省委宣传部处长。1960年后任中共黑龙江省委办公厅副主任、合江地委副书记。1968年后任黑龙江省合江地区革委会副主任、生产指挥部副主任，黑龙江省革委会副主任兼生产指挥部副主任，国家计委负责人，中共中央组织部研究室主任、中央组织部副部长、中央书记处研究室副主任。1988年当选为第七届全国人大常委会委员，任全国人大常委会秘书长兼机关党组书记。1998年当选为第九届全国人大常委会副委员长。

曹仲达 Cao Zhongda 中国北齐画家。生卒年不详。来自西域曹国（今乌兹别克斯坦撒马尔罕一带）。北齐时官至朝散大夫，以画梵像著称。所画人物运用一系列稠密的细线，以表现薄质贴身的衣服上的褶纹，仿佛是从水中出来，故有“曹衣出水”之说，与唐代吴道子的“吴带当风”并称。他对佛教绘画及雕塑都有重大影响。他画过卢思道、斛律明月等人的肖像，又画过《齐神武临轩对武骑图》、《弋猎图》及《名马图》等，这些作品皆早已不存。他的艺术风格在现存的北朝佛教造像中依然可见。

漕运 canal transport 中国历代封建王朝将征自田赋的部分粮食运往京师或其他指定地点的运输方式。运送粮食的目的是供宫廷消费、百官俸禄、军饷支付和民食调剂。这种粮食称漕粮，漕粮的运输称漕运，方式有河运、水陆递运和海运三种。狭义的漕运仅指通过运河并沟通天然河道转运漕粮的河运而言。漕运起源很早，秦始皇北征匈奴，曾自山东沿海一带运军粮抵于北河（今内蒙古乌加河一带）。汉建都长安（今陕西西安），每年都将黄河流域所征粮食运往关中。隋初除自东向西调运外，还从长江流域转漕北上。隋炀帝动员大量人力开凿通济渠，联结河、淮、江三大水系，形成沟通南北的新的漕运通道，奠定了后世大运河的基础。唐、宋、元、明、清历代均重视漕运，为此，疏通了南粮北调所需的网道，建立了漕运仓储制度。咸丰五年（1855）黄河改道，运河浅梗，河运日益困难，随商品经济发展，漕运已非必需，光绪二十七年（1901）清政府遂令停止漕运。历代漕运保证了京师和北方军民所需粮食，有利于国家统一，并因运粮兼带商货，有利于沟通南北经济和商品流通；但它又是人民的一项沉重负担，运费代价过高，尤以漕运徭役，征发既众，服役又长，以至失误农时，故亦有众多弊端。

漕运四渠 Four Major Canals 中国北宋东京开封府有汴、蔡（惠民）、金水、广济（五丈）四河，流贯城内，以通各地漕运，合称漕运四渠。

汴河即隋通济渠，唐时改称广济渠，唐宋时俗称汴河。自孟州河阴县（今河南荥阳东北，故址已坍入河中）西汴口引黄河水东流，经郑州、中牟之北，至东京外城西分为两股，由宣泽、利泽两水门入城，合为一股，经里城御街州桥，相国寺前，东南又分为两股，由通津、上善两水门出城，合为一股，经陈留（今开封陈留镇）、雍丘（今河南杞县）之北，又经襄邑（今河南睢县）、宁陵（今河南宁陵东南）、宋城（今河南商丘南）、下邑（今河南夏邑）、永城、宿州、灵璧、虹县（今安徽泗县）、青阳镇（今江苏泗洪）之南，又东南至泗州盱眙县（今已沦入洪泽湖中，宋时与今江苏盱眙县隔淮相对）汇入淮河。全长约600里。晚唐以后，河道堙塞，漕运不通。五代后周显德年间，曾几次疏浚，修筑堤防，自汴口至淮，舟楫始通。北宋时，东南已成为全国最富庶的地区。汴河则是北宋政府攫取江淮财富的主要运输线。

蔡河的前身是战国时的鸿沟、西汉时的狼汤渠，魏晋时通称蔡水，为南北水运要道。唐末堙废。五代后周显德年间导汴水入蔡，重加疏浚，又称闵河。宋太祖建隆元年（960）开浚蔡河自都城开封至通许镇（今通许县），并设斗门以节水流。次年，又自新郑引洧水（今双洎河）凿渠东北流，经尉氏县西、中牟县东，至东京外城南垣广利水门入城，入城后东接蔡河，折而南流，由普济水门出城，南经通许、扶沟、太康、宛丘（今河南淮阳）等地，至项城（今河南沈丘）西注入颍河。宋太宗淳化二年（991）又在长葛县境内洧水与溵水（今溵水河）之间开渠二十里，引溵水亦作为闵河水源的一部分。在此以前不久，又曾将洧、溵二水的下游引渠疏经鄢陵、扶沟等县汇入蔡河。于是蔡河水量大增，“舟楫相继，商贾毕至，都下利之”。宋初开封城西南称闵河，东南称蔡河。开宝六年（973）赐名闵河为惠民河。后因惠民河和蔡河实为一条河流的两个河段，故有时称惠民河也包括蔡河河段。

五丈河是五代后周显德年间在原济水故道基础上开凿而成的。河道自开封城西分汴水东北流，经东明（今河南兰考东北）、定陶（今山东定陶西北），至巨野西北六十里的济州合蔡镇注入梁山泊，出梁山泊沿着北清河（又称大清河，即古济水），“以通青、郓之漕”。宋建隆二年（961）二月疏浚五丈河，因引汴河水为源，泥沙淤淀，不利行舟，遂于同年三月，自荥阳县境内凿渠引京、索、金水河（今郑州、荥阳间诸水）等水为源，东流过中牟县，凡百余里，名金水河，至开封城西夹汴河上架槽，并设斗门，引入城濠，由外城西垣的咸丰水门东汇入五丈河。五丈河自东京外城北面的永顺水门入城，至东城善利水门出城。东流注入五丈河。开宝六年（973）五丈河赐名广济河。

上述4条渠道经宋初疏浚和开凿后，形

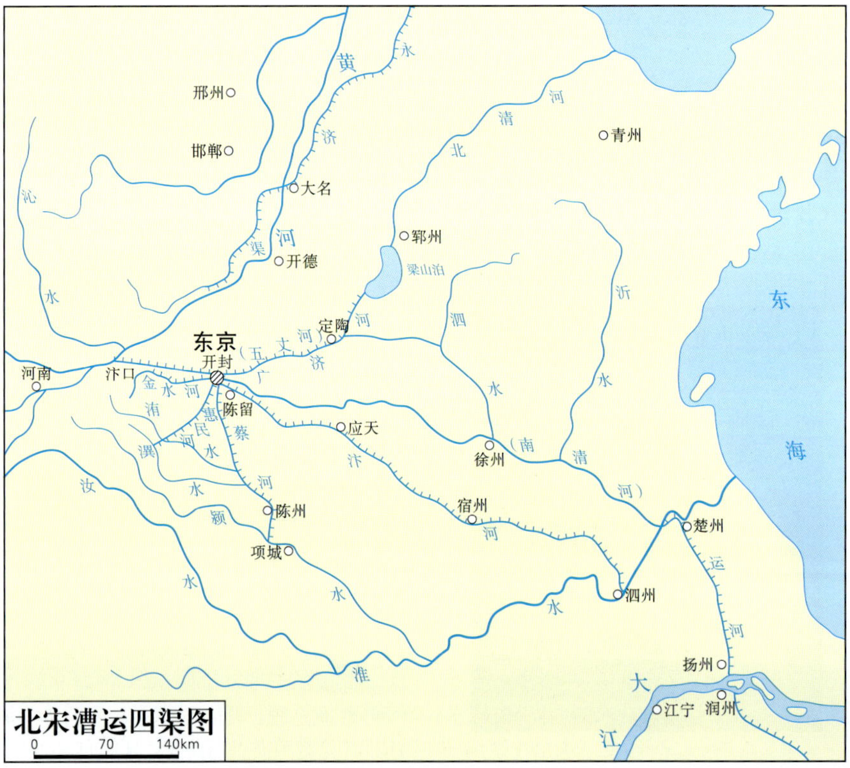

北宋漕运四渠图

成了以东京开封城为中心的水运交通网。史称漕运四渠。《宋史·河渠志》载：汴都“有惠民、金水、五丈、汴水等四渠，派引脉分，咸会天邑，舳舻相接，赡给公私，所以无匮乏。”但金水河主要作用是供给五丈河水源，兼及运输京西木材入都城，并无正式漕运之利。其他三渠则为东京命脉所系，连同漕引陕西诸州物资的黄河，又合称为漕运四河。

北宋末年，由于宋金战争影响，河政废弛，加之黄河改道，漕运四渠先后堙废，开封的水运交通也随之衰落。

草本植物 herbaceous plant 地上茎中木质部不发达，木质化细胞比较少的植物。一般草本植物的茎比木本植物的茎相对柔软和相对矮小，不发育为永久性的木质化的组织。根据其生活周期的不同，草本植物又可以分为一年生草本植物、二年生草本植物和多年生草本植物。一年生草本植物的特点是在当年的生长季内完成生活史。即当年播种，当年萌发，当年开花结子，植株随之枯萎死亡。二年生草本植物是第一年播种，萌发产生幼苗并长大，到第二年再开花和产生种子，然后植株枯萎死亡，如大白菜、冬小麦等。多年生草本植物是地上部分在冬季枯萎死亡，地下的部分则保持活性，并处于休眠状态，至第二年又重新长出地上的茎和叶，如此可以生活多年，如鸢尾、朱顶红等。

《草地上的午餐》 *The Luncheon on the Grass* 19世纪法国印象主义先驱画家É.马奈的代表作品。起初取名为《沐浴》。这幅画的主

《草地上的午餐》（1863，卢浮宫博物馆藏）

题是乔尔乔涅《田园的合奏》的翻版，马奈只是根据自己的艺术需要将前人已画过的这类题材加以自由组合。画家之所以这样精心安排“野餐”，是为了寻找色彩对比，为了表现林中湿润的空气，以及在日光下男人身上深色衣服与裸女白皙皮肤的对比，他利用大片平涂的颜色突出画中的对象。画面上，纯蓝、灰色和深黄之间的对比效果明显，裸女的身体在阳光照射下没有施加阴影，塑造得很成功。《草地上的午餐》在一些细部上开始运用印象主义的分离笔触，并显示出印象主义者追求描绘室外光影色彩的迹象。

草甸 meadow 在适中的水分条件下发育起来的以多年生中生草本为主体的植被类型。草甸与草原的区别在于草原以旱生草本植物占优势，是半湿润和半干旱气候条件下的地带性植被；而一般的草甸属于非地带性植被，可出现在不同植被带内。北自欧亚大陆和北美洲冻原带，南至南极附近的岛屿上均有草甸出现。不过，典型的草甸在北半球的寒温带和温带分布特别广泛。在中国，草甸主要散布于东北、内蒙古、新疆和青藏高原。

按优势植物的生态特性，草甸分为：①典型草甸。又称真草甸。主要由典型中生植物组成，适生于中等湿度的生境。土壤为黑土，富含有机质，排水良好。②草原化草甸。以旱中生植物为主，土壤为草甸黑土，集中分布在森林带向草原带的过渡地带，也出现在草原带内土壤水分条件较好的阴坡或宽谷低地上。③沼泽化草甸。在草群中混生有相当多的湿生草本植物，是草甸向沼泽过渡的类型，发育于地势低洼、排水不畅、通气不良的生境。多由喜湿的莎草科植物占据优势地位。④盐生草甸。由盐中生草本植物组成，分布在具有不同程度盐碱化土壤的低地及海滨。表土含盐分偏高，生境条件严酷，植物具备抗盐的生态特性。⑤高寒草甸。在高山和高原的湿润而寒冷的生境中，分布着湿冷中生草本植物，组成高寒草甸，它们也经受着生理性干旱。土层薄，在一定的深度下存在着永冻层，因此植物的根系盘结，形成坚实的“地毯式”草皮层，耐践踏。此外，还可根据草甸分布的地形部位，分为平地草甸和山地草甸；根据起源，分为天然草甸、半人工草甸和栽培草甸。

草甸是重要的可更新自然资源。天然草甸的初级生产力高于草原，多数草甸植物适于作为牧草，其中有些是家畜的上等饲草。因此，草甸成为许多国家发展畜牧业的重要基地。

草甸土 meadow soil 受地下水浸润并在草甸植被下发育的土壤。世界各地地下潜水水位较高的低地均有分布，尤以冷湿地区为多。中国以黑龙江、内蒙古、新疆等省（自治区）分布较多。

草甸土具有腐殖质累积和氧化还原交替特征，因而土壤表层为发育良好的腐殖质层，有机质含量也较高。腐殖质层下为受地下潜水水位升降引起氧化还原交替而形成的锈色斑纹层。草甸土的成土母质多为近代沉积物，受沉积层次影响，具有多种多样的质地剖面构型，从而也影响到水分运行、剖面发育与肥力特性。适合农用，同时因地表草甸植被覆盖率和产草量均高，很适于发展畜牧业。由于草甸土肥力水平较高，生产潜力较大，已广为利用。但在水分过多时易出现湿害或受洪水威胁，有时还受盐碱影响。

改良措施有：①用地养地，合理培肥。②对存在生产障碍的土壤进行改良。③对于牧业利用的草甸土，主要问题是过牧现象严重，要抓紧实行围栏轮牧，以草定畜，避免草场退化。

草海 Caohai Lake 中国贵州西部的喀斯特湖。又称八仙海，古称松波湖。位于威宁彝族回族苗族自治县县城西南。水面高程2 167米，一般水深2米，最大湖面曾达45平方千米，1970年曾因围垦放干，1982年后逐渐恢复。以湖面广、水草丰茂、盛产鱼虾、多珍奇鸟类而闻名。出产的“威宁细色”长1～2厘米，质嫩味鲜，驰名全国。湖畔常栖息着珍禽黑颈鹤、白头鹤、淤隼、白琵鹭等十多种鸟类。湖水碧绿，气候温凉，盛夏不热，为避暑游览胜地。1992年批准为国家级自然保护区。

草履虫 *Paramecium* 原生动物门寡膜纲膜口目草履虫科草履虫属动物的统称。全世界已发现有20多种形态不同的草履虫。因体形呈鞋状得名。体伸长呈圆筒形，前端较圆，后端变尖，全身披有均匀的体纤毛。

在腹面有一发达、微扭曲、表膜内凹的口沟，自前端一直延伸到身体中部，微膨大为口前庭，然后伸入细胞质内，并扩大为漏斗状的口腔。口沟内的纤毛较体纤毛长。口腔内的左壁上有两片由纤毛融合成的腹咽膜和背咽膜；背壁上有四分膜；在与前庭交界处的右侧边缘上有一片口侧膜；共同组成口腔纤毛系统。由于口沟内的长纤毛和口腔纤毛系统各片膜的摆动，食物随水流而进入细胞体内，形成食物泡。

草履虫以细菌和有机碎屑为食，对不同种类的细菌有选食性。靠体纤毛的摆动在水中游动，身体按纵轴的反时针方向旋转前进。遇障碍物或微弱刺激时，纤毛会朝相反方向击打，于是虫体改变游动路线以避开不利境地。身体中部有大、小核。无性生殖是简单的横分裂，有性生殖为接合生殖。

草莓 *Fragaria*; strawberry 蔷薇科草莓属植物的统称。多年生常绿草本植物。主要

种类有东方草莓、森林草莓、绿色草莓、智利草莓和威州草莓等。14世纪始于英国和法国栽培，但限于森林草莓。现广泛分布于北半球和南美洲。草莓属有50余种，中国原产7种，除凤梨草莓一种供栽培外，其余为野生种。植株矮小（见图），株高不超过30厘米，茎分新茎、根状茎和匍匐茎三种。三出复叶，椭圆形，聚伞花序顶生，花白色或淡红色。用分株、播种繁殖；用茎尖和花药培养无病毒苗和新品种效果尤佳。性喜温暖湿润，要求较好的光照条件。不耐严寒、干旱，也不耐高温。

果实由花谢后花托肥大而成，肉质多汁，属浆果，称聚合果。果实富含维生素C、铁和多种其他矿物质，除鲜食外可制果酱、果汁、果酒等。用鲜果速冻加工，可保持固有品质，并便于储运。

草木犀 *Melilotus*; sweet clover 豆科草木犀属植物的统称。一年生或二年生草本植物。一种优良的绿肥作物和牧草。草木犀属约有20～25种，在世界上广泛分布，见于中国的主要有6种：白花草木犀、黄花草木犀、香草木犀、细齿草木犀、印度草木犀、伏尔加草木犀。世界各地栽培面积最多的是二年生白花草木犀。其根系发达，吸收磷酸盐能力强，有富集养分的作用。茎高1～3米，圆柱形中空，易分枝。

草木犀种子中硬子占50%左右，播种前要进行碾磨处理。草木犀根深，覆盖度大，防风和保持水土效果极好，是改良草地、建立山地草场的良好资源。因花蜜多，还是很好的蜜源植物。秸秆可作燃料。

草裙 grass skirt 用草的茎叶、树叶、植物纤维等穿挂或编织而成的裙子。多为系于腰间、长至膝上的短裙，是人类最早的服装形态，也是现今很多热带地区、尤其是南太平洋岛屿居民的传统服装，多为女子穿用，有时男子也穿。波利尼西亚群岛的夏威夷、萨摩亚、斐济、汤加、塔西堤、马克萨斯诸岛的土著妇女通常上身裸露，腰束草裙；新西兰土著毛利族妇女穿亚麻和芦苇编成的草裙；瓦努阿图人、图瓦卢人、基里巴斯人用芭蕉树、香蕉树、椰子树上的纤维加工成裙子。中国台湾岛上的雅美人也有用椰皮编织的草裙。草裙制作简单、实用性和装饰性都很强，适合热带海岛的环境。波利尼西亚群岛以草裙舞闻名，最著名的是夏威夷草裙舞。

草裙舞 hula 美国夏威夷民间舞蹈。又称呼啦舞。草裙舞按跳舞的方式分徒手与击棍两类，按年代的迟早分传统和当代两类。舞蹈胯部摆动和扭动较多，腿脚始终运动，

夏威夷妇女跳草裙舞

手臂也不停摆动。舞者善于将灵活的身段和优美的吟唱融为一体，或站或坐，通过模仿和象征的身段与手势描绘一种情景，模仿一种自然现象，或叙述一个历史传说或神话故事。草裙舞不刻意追求固定模式，而是以生机勃勃和自然健康为美，体现出崇尚自然的审美观。当代的草裙舞者出于保护自然的需要不再穿着草裙，而是穿着玻璃纸裙，佩戴少量鲜花和绿叶编成的花环。伴奏的乐器除夏威夷四弦琴尤克利利和夏威夷吉他外，还有葫芦瓢、有籽的葫芦、剖开的竹棍、石片和巴胡鼓等。

草珊瑚 *Sarcandra glabra*; glabrous herb-coral 金粟兰科草珊瑚属的一种。又称九节花、接骨莲。分布于中国长江以南。越南、朝鲜半岛、日本、马来半岛、印度也有分布。常绿半灌木，茎节膨大，木质部无导管，仅具管胞。单叶，对生，椭圆形至卵状披针形，边缘有锐锯齿，托叶钻形。穗状圆锥花序顶生，花两性；雄蕊1，肉质，棒状；雌蕊心皮1，子房下位，1室；花期6～7月。

核果球形，径3～4毫米，熟时红色；种子胚小，胚乳丰富；果期8～11月。生长在海拔420～1 500米的山、沟谷林下阴湿处。全草可入药，称肿节风、九节茶，能清热解毒、祛风活血、消肿止痛、抗菌消炎；还可提取芳香油。

草书 cursive hand 中国古代汉字的一种书体。形成于汉代，从汉至唐，有章草、今草、狂草之分。章草如三国吴皇象《急就章》的松江本，今草如晋代王羲之《初月》、《得示》等帖和唐代孙过庭《书谱》，狂草如唐代张旭《肚痛》等帖和怀素《自叙帖》，均为现存珍品。

历代对章草的名称有不同的说解。近人多信章法之章与章程书、章楷的章同义，符合早期草书略存八分笔意，字与字不相牵连，笔画省变有章法可循的事实之说。今草起于何时，有汉末张芝和东晋王羲之、王洽两种说法。根据传世的表、帖和出土的汉简、汉砖，在汉末以八分书为正体字的同时，已经出现近似真书的写法，草书也随之变异。略晚于张芝的草书家崔瑗作《草书势》，从其对草书的描述，可知汉末的草书笔势流畅，已不拘于章法。草书在唐代出现了以张旭、怀素为代表的狂草，

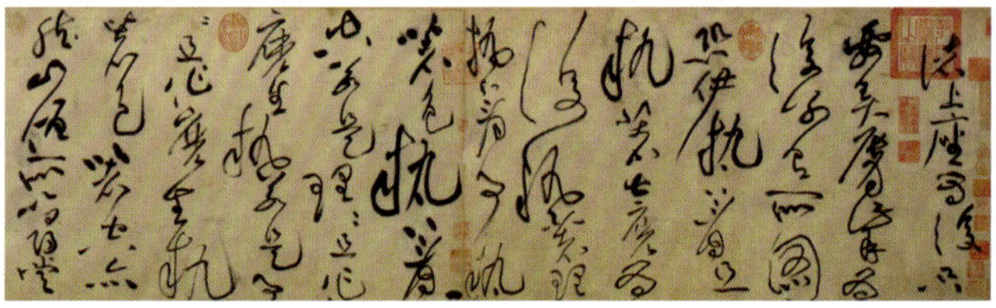

北宋黄庭坚的狂草横卷墨迹《诸上座帖》（局部）

成为完全脱离实用的艺术创作，从此草书只是书法家临摹章草、今草、狂草而进行艺术创作的书法作品。

草酸 oxalic acid 最简单的二元羧酸，分子式HOOCCOOH。又称乙二酸。广泛存在于自然界，特别是植物中，并常以钾盐的形式存在。在人或肉食动物的尿中，草酸以钙盐或草尿酸的形式存在。此外，肾和膀胱结石中也含有草酸钙。无水草酸为无色晶体，有吸湿性；熔点189.5℃；在约157℃时升华；易溶于水，能溶于乙醚。商品草酸是含两分子结晶水的无色晶体；熔点101.5℃，加热至100℃可失去结晶水；微溶于乙醚。草酸分子中两个羧基直接相连，具有一些特殊性质。例如，草酸具有还原性，可使高锰酸钾还原成二价锰，这一反应在定量分析中被用作测定高锰酸钾浓度的方法；草酸还可用作纤维、油脂和制革工业的漂白剂，也是利用它的还原性。草酸受热发生脱羧脱水，生成二氧化碳、一氧化碳和水。草酸能与许多金属形成溶于水的络合物。工业上是由一氧化碳与氢氧化钠作用，先生成甲酸钠，再经迅速加热

至300℃，即转变成草酸。将木屑等碳水化合物与浓氢氧化钠水溶液于240～285℃共热，也可生成草酸钠。在钒催化下碳水化合物经浓硝酸氧化，最终产物也是草酸。草酸可作铁锈、墨水迹的清洗剂和金属抛光剂。草酸锑可作媒染剂，草酸铁铵是印制蓝图的药剂。草酸还可作稀土元素的沉淀剂，以提取和纯化稀土元素。

草鸮科 Tytonidae; barn owls 鸟纲鸮形目一科。有草鸮属和栗鸮属2属，共16种，广布全球。中国有仓鸮、草鸮和栗鸮3种，见于云南、贵州、广东、广西、福建及安徽南部。代表种为草鸮，数量最多，分布最广，见于非洲、印度、东南亚、菲律宾和澳大利亚；中国见于云南、贵州、广东、广西、福建、安徽和台湾。

全长300～535毫米。头骨狭长，宽不及长的2/3；面盘完整，下方变狭，呈心形；中爪具栉缘；脸盘呈辉棕色。眼的前上方有一黑褐色斑。上体两翅的覆羽和三级飞羽均为鲜亮的黑褐色，各羽近端处大都具一呈棕色或白色细点；后颈的羽缘亦呈棕色，且特别显著。尾羽和两翅的飞羽呈棕色且具若干黑褐色狭形横斑，羽端更杂以褐色斑驳。下体呈鲜丽的淡棕色，尾下覆羽接近白色。胸和两胁均满布小褐点。

栖息于山麓草地，以小型鼠类、鸟类、蛇、蛙和昆虫等为食。产卵在平地长草地带。因嗜食小型鼠类和昆虫而对农业有益，但也捕食一些有益动物。

《草叶集》 *Leaves of Grass* 美国诗人W.惠特曼的诗集。1855年第1版问世，收诗12首。其中最长的一首《自己之歌》共1 336行，内容几乎包括作者毕生的主要思想，是作者最重要的诗歌之一。第1版《草叶集》中有一篇重要的序言。

1856年，第2版《草叶集》出版，收诗32首，第1版的序言为《在蓝色的安大略湖畔》所代替。诗集包括佳作《给一个遭到挫败的欧洲革命者》、《一路摆过布鲁克林渡口》、《阔斧之歌》、《大路之歌》等。

1860年，印行《草叶集》第3版。集中了124首新诗，包括《从永不休止地摆动着的摇篮里》和三组分别名为《民主之歌》、《亚当的子孙》、《芦笛》的诗歌。1865年，惠特曼在纽约自费印行诗集《桴鼓集》，收入新诗53首。

中译本《草叶集选》封面

1867年出版《草叶集》第4版，只有8首新诗，并收入了《桴鼓集》及其续集。

《草叶集》第5版在1871年和1872年各印刷一次。第一次增收13首新诗，第二次收入评论家公认的诗人最后一首重要的长诗《通向印度之路》等名篇。

1876年出版了《草叶集》第6版，以纪念《独立宣言》发布100周年，是一部包括散文作品在内的两卷集。

《草叶集》第7版（1881～1882）的文字、每首诗的题目和排列的先后次序，都已最后审定。后来创作的诗作被列为“附诗一”（1888～1889）、“附诗二”（1892）。第7版的《草叶集》是唯一由知名的出版商正式出版的版本，共收20首新诗。

《草叶集》的第8版（1889）将1888年出版的《十一月枝桠》作为“附诗一”。1891年出版的惠特曼的新作《再见吧，我的幻想》，其中的诗篇成为《草叶集》的“附诗二”。

《草叶集》的第9版（1892）包括“附诗一”《七十之年》和“附诗二”《再见吧，我的幻想》。现在通用的全集即所谓“临终版”，是1892年出版的第9版。

诗人去世后，他的遗嘱执行人把诗人生前未发表的13首诗题名为《老年的回声》，作为“附诗三”，成为今天所见到的《草叶集》的全部。

草婴 Cao Ying（1923-03-24～ ） 中国翻译家。原名盛峻峰。浙江镇海人（今属宁波）。

15岁开始学习俄语。1941年起开始其翻译生涯。1945～1951年任时代出版社编译。后任上海译文出版社编译。

从20世纪50年代起，他翻译了大量俄苏文学作品，有P.A.巴甫连科的《幸福》、G.E.尼古拉耶娃的《拖拉机站站长和总农艺师》、B.L.戈尔巴托夫的《顿巴斯》、M.A.肖洛霍夫的《被开垦的处女地》、《一个人的遭遇》、V.P.卡达耶夫的《团的儿子》、M.Yu.莱蒙托夫的《当代英雄》等。尤其是在1977～1997年的20年间，他译出了L.N.托尔斯泰的全部文学作品，包括《安娜·卡列尼娜》、《复活》和《战争与和平》三部长篇巨著，以及60余部中短篇小说。1987年获苏联高尔基文学奖，是唯一获此殊荣的中国作家。

草鱼 *Ctenopharyngodon idellus*; grass carp 鲤形目鲤科草鱼属的一种。又称鲩、白鲩、草根子、鲟。体略呈圆筒形，头部稍平扁，尾部侧扁；口呈弧形，无须；上颌略长于下颌；体呈浅茶黄色，背部青灰，腹部灰白，胸、腹鳍略带灰黄，其他各鳍浅灰色。为中国东部广西至黑龙江等平原地区的特有鱼类。

栖息于平原地区的江河湖泊，一般喜居于水的中下层和近岸多水草区域。性活泼，游泳迅速，常成群觅食。为典型的草食性鱼类。在干流或湖泊的深水处越冬。生殖季节亲鱼有溯游习性。已移殖到亚、欧、美、非各洲的许多国家。因其生长迅速，饲料来源广，是中国淡水养殖的四大家鱼之一。

草原 grassland 生长草本植物或兼有灌丛和稀疏树木，可为家畜和野生动物提供生存场所的地区。草原有多种衍生词，如草地，是草原的组成单位，也可视为草原的同义语；草场，原为中国内蒙古割草地的俗称，也常作为草原的同义语；中国多山地区常称非农田和林地及以生长草本植物为主的山地为草山；中国东北地区称天然草地为草甸子。

草原类型 草原由大气、土壤、生物等因子共同作用形成。现多以水热组合模式来说明草原分布。水、热二者的不同组合形成不同的草原类型。

热带草原 大致分布于赤道两侧南北纬30°以内地带。又分为：①萨旺那。干草原和热带雨林间过渡地带，绵延于拉丁美洲、中部非洲、印度、东南亚、中国海南岛及澳大利亚北部的热带和少数亚热带地区。②热带次生草原。热带森林被清除后所形成的草原。③查帕拉。泛指一切炎热、干燥地区的硬叶常绿灌丛。分布于墨西哥及美国得克萨斯和加利福尼亚南部、地中海沿岸、澳大利亚、南非和智利部分亚热带地区。

温带草原 处于热带草原与冻原之间，

是世界草原面积的最大组成部分，也是地球上主要的农业生态系统之一。分布于南、北纬20°～55°之间，绵延数千千米。其中主要有：①斯太普。源自斯洛伐克语，指地势平坦开阔、排水良好、春季无水漫现象、以禾草草本植被为主的地区。又称欧亚大草原。从欧洲的乌克兰西南部，沿里海、亚速海，东经哈萨克斯坦，直到西伯利亚西部的阿尔泰山、中国的内蒙古及东北地区西部。②潘帕斯。又称南美大草原。意指平坦、广阔，以草本植物为主地区。现泛指从大西洋海岸到安第斯山脉的广大地区。③普列利。又称北美大草原。是世界上面积最大的禾草草原。从加拿大南部直达墨西哥中部；东起美国伊利诺伊州西部，西至洛基山脉。④维尔德。又称南非草原。源自荷兰语，指各种类型的南非开阔地带。

冻原　泛指北纬65°以北与北极相毗连的地带和海拔在森林线以上、有永久冻土层的地带。包括：①极地冻原。全年二三个月为零上气温，仅夏季有短暂日照。②高山冻原。日照强烈，昼夜温差可达20℃，年平均气温在0℃以下，降水频繁而量小，且多为雪。

荒漠灌丛草原　因地带性差异，可分为：①冷荒漠灌丛草原。分布在北纬35°附近，包括中国的塔克拉玛干大沙漠、柴达木荒漠直到内蒙古西部的荒漠。②热荒漠灌丛草原。大多分布于赤道两侧的地带、亚热带，最大的分布于非洲西海岸东经撒哈拉沙漠、阿拉伯沙漠到印度次大陆的塔尔沙漠一带。在南半球有澳大利亚的中部沙漠。

林间草原　森林内部及其周围零星旷地上的草原。其中温带林间草原可作为某一放牧系统的补充。热带林间草原因热带雨林密度大，树种混杂，只能在林缘地带和树林较稀疏处放牧。

中国草原及其分布　2004年中国草原面积为40 000万公顷，约占国土面积的41.7%，居世界第二位，但人均面积仅为0.31公顷，为世界人均面积的一半。主要分布在西北部。

中国草原类型复杂。荒漠与半荒漠草原主要分布于西北内陆，多属冷荒漠类型。斯太普类主要分布于东北地区西部、内蒙古、宁夏南部、甘肃中部、陕西北部。温带森林草原多为森林退出后的次生草原，其中包括林间草原，分布于从东北到长江以北的放牧地区。热带与亚热带森林草原分布于东南沿海及云贵高原的南部低地。萨旺那分布于海南岛及云南少数地区。冻原主要分布于青藏高原及森林线高度以上的山地，为世界上最大的高山冻原生态系统。

草原是由草原生态系统及其相应的经济活动构成的生态经济区域。中国草原可划分为七个生态经济区：蒙宁干旱、西北荒漠灌丛、青藏高寒、东北森林、黄土高原－黄淮海灌丛、西南岩溶山地灌丛、东南常绿阔叶林－丘陵灌丛草地生态经济区。

草原利用　①在牧草生长季节放牧。是最经济、最适应家畜生理学和生物学特性的一种草原利用方式。②割草，其目的是取得饲养家畜的新鲜牧草，或将牧草刈割后加工调制成可以久贮的青储草、半干储草或干草饲养家畜。③从草原上采集工业原料（木材等）和药材等。④草原旅游。观赏草原地貌、风光、珍稀动物和植物以及少数民族风情。

草原生态　steppe ecology　草原上的生物之间及生物与环境之间的关系。草原是内陆半干旱到半湿润气候条件下所特有的一种自然生态系统类型。一般辽阔无林，旱生多年生禾草占绝对优势，多年生杂草及半灌木也起着显著作用；通常栖居着各种善于奔驰或营穴居生活的哺乳动物，以及其他动物。世界草原总面积约2 400万平方千米，为陆地总面积的1/6，大部分用作天然牧场。

草原是一种地带性的生态系统类型。水分与热量的组合状况是影响草原分布的决定因素。在地理分布上，草原处于湿润的森林区与干旱的荒漠区之间。靠近森林一侧，气候半湿润，草木繁茂，种类丰富，并常出现岛状森林或灌丛，如北美的高草草原、欧亚大陆的草甸草原以及非洲的高稀树草原。靠近荒漠一侧，雨量减少，气候变干，草群低矮稀疏，种类组成简单，并常混生一些旱生小半灌木或肉质植物，如北美的矮草草原、中国及蒙古的荒漠草原以及俄罗斯欧洲部分的荒漠草原等。

作为生产者的绿色植物是草原生态系统组成的基础，草原植物或多或少具旱生特征。其基本生活型为地面芽植物，尤其是丛生禾草，是草原群落的主要建造者。草原动物主要是大型植食动物，如非洲的斑马、瞪羚、长颈鹿，美洲的野牛，大洋洲的有袋类，欧亚大陆草原的野驴、黄羊等以及牛羊等家畜。此外，还有数量众多的其他类群，它们大部分为植食性。由于受到水分条件的限制，草原的初级生产力在所有陆地生态系统中是中等或中等偏下的。

物质循环是草原生态系统的另一重要机能，包括氮循环和磷循环等。

以单位面积动物量计算，草原在所有陆地生态系统中名列前茅。早在旧石器时代，人们就大量捕杀非洲稀树草原和欧亚大陆草原的野生动物。当人类学会使用武器之后，摧毁草原野生动物的速度加快。人类大量捕杀草原野生动物的同时，又把一些对自己有用的动物驯养起来。逐渐地，家养动物代替大型野生动物成为草原上主要的消费者，草原生态系统变得比较脆弱。随着世界人口压力日渐增加，不少地区无限制地利用草原，不考虑草原的生产力而盲目增加载畜量，结果使草原生态系统入不敷出，生态平衡遭到人为破坏，导致草原生产力的持续降低。除放牧利用外，当今世界草原的很大一部分已被农田所代替，消除了天然禾草与多种杂类草，土壤肥力很快降低。对草原的利用、改造须考虑到资源的持续利用。在开垦时，就要设计出保持生态平衡的有效措施。

册封　confirmation of honours and ranks　中国皇帝以封爵授给属国君主、少数民族首领、异姓王、宗族、妃嫔等的制度。均当面宣读给授封号的册文，将印玺、册文一并给予被封人。

《册府元龟》　*Prime Tortoise of the Record Bureau*　中国北宋四大部书之一，史学类书。景德二年（1005），宋真宗赵恒命王钦若、杨亿、孙奭等18人一同编修历代君臣事迹。采摭经、史、《国语》、《管子》、《孟子》、《韩非子》、《淮南子》、《晏子春秋》、《吕氏春秋》、《韩诗外传》和历代类书《修文殿御览》等，分类编纂。用编年体和列传体相结合，共勒成1 104门。门有小序，述其指归。分为帝王、闰位、僭伪、列国君、储宫、宗室、外戚、宰辅、将帅、台省等31部。部有总序，言其经制。历8年成书，总计有1 000卷，诏题名《册府元龟》。“册府”是帝王藏书的地方，“元龟”是大龟，古代用以占卜国家大事，意即作为后世帝王治国理政的借鉴。由于此书征引繁博，也成为后世文人学士运用典故、引据考证的一部重要参考资料。其中唐、五代史事部分，是《册府元龟》的精华所在，不少史料为此书所仅见，即使与正史重复者，亦有校勘价值。

《册府元龟》书影（宋刻本）

《册府元龟》北宋本已无全帙，南宋本仅存八卷，明抄本舛错颇多，至不能句读。陆心源藏有北宋残本483卷，与崇祯本校勘，将宋本多出页数、条数撰成《〈册府元龟〉题跋》，后其书流入日本静嘉堂。张元济东渡访书，向静嘉堂借照444卷，又向国内藏书家借照106卷，共550卷。傅增湘据照相毛样校于崇祯本上，该书藏于中国国家图书馆。1960年中华书局影印崇祯本，据陆心源跋所载，将宋本多出的页数、条数，校于每卷之后，即今通行本。

侧柏 *Platycladus orientalis*; Chinese arborvitae 柏科侧柏属的一种。常绿乔木。有许多栽培品种，如千头柏、黄金球柏、金塔柏等。在中国分布极广，人工栽培范围几乎遍及全国。

树高可达20米，胸径可达2米以上。树皮红褐色，纵裂。着叶的小枝扁平。叶鳞状，小形，交互对生。雌雄同株，球花单生枝顶。球果近卵形。种子长椭圆体形，褐色。

喜光，幼苗及幼树有一定耐阴能力。耐干旱，喜湿润，但不耐水淹。在pH5～9的土壤上生长，且适应含钙比较丰富的土壤。抗有害气体的能力中等。生长缓慢，寿命极长。种子发芽率高，宜于播种育苗。

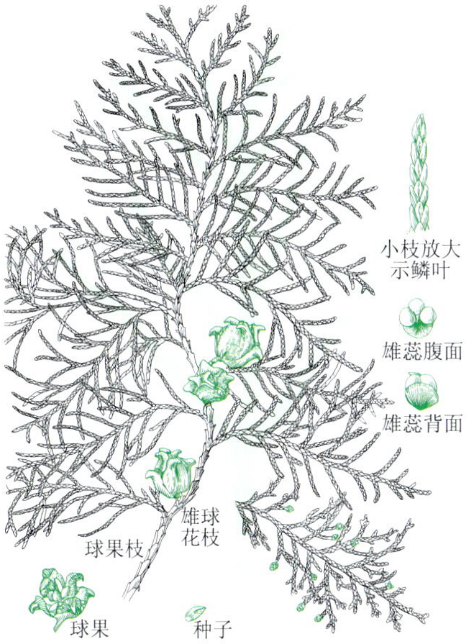

侧柏形态

木材多用于建筑、造船、家具等。种子、根及叶、树皮均可入药。种子可榨油，供制皂、食用或药用。侧柏树形美观，冠幅开阔，耐修剪，是重要的园林绿化树种，尤其适于种植绿篱，也可以作为繁殖龙柏的砧木。

侧扫声呐 side scan sonar 利用回声测深原理探测海底地貌和水下物体的设备。又称海底地貌仪。其换能器装在海洋测量船的船壳内或拖曳体中，走航时向两侧方向发射扇形波束的声波，侧扫海底地貌。换能器收到的回声信号，经放大、处理和记录后，在纸条上显示出海底图像。回波信号较强的目标，图像较黑；声波照射不到的影区，图像色调很淡。根据这个原理，可估算出目标的高度。1960年首次使用这种仪器进行海底地质调查。后来广泛应用于海底地形调查，并用来探测水下的目标，如礁石、沉船、管道、电缆等。工作频率常选取几十至几百千赫，声脉冲持续时间短于1毫秒；拖曳航速常用3～6节，也有达到16节的；侧扫的距离常为300～600米。从记录图像上，能判断泥、沙、岩石等不同的底质。利用数字信号处理技术获得的小视野放大图像，可分辨目标的细节。

侧线器官 lateral line organ 鱼和水生的两栖动物接受外界水流压力、低频振动、温度变化等刺激的感受器官。鱼类侧线器官最发达，一般位于身体两侧，从头部开始

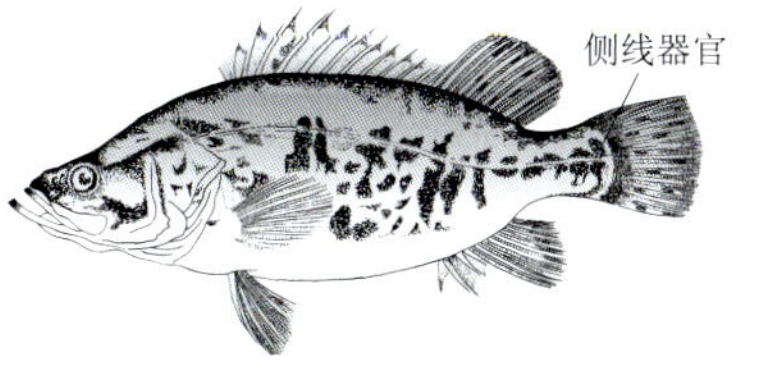

鳜的侧线器官示意图

沿着整个身体长轴随着水平肌隔的走向分布，直达尾部呈线状排列，因此又称侧线感觉器官，或侧线系统。侧线器官的分布并不局限在鱼的躯干，在鱼的头部也有，头部以下是这个系统的次级分支。不同鱼类的侧线器官在体表的分布情况不同。这是鱼类分类的标志之一。侧线器官有利于动物适应水生环境，能够感受水流的刺激以及干扰水中平静的信息。此外，侧线器官还是鱼类的一种辅助性本体感受器。而且，侧线感受器官还可以感受低频的声刺激，有人认为，侧线器官是听觉的辅助器官。侧线器官同时有感受水温的功能。

测不准关系 uncertainty relation 微观粒子运动特征的基本关系。即不确定度关系。

测地卫星 geodetic satellite 用于大地测量的人造地球卫星。用于测量地面点位坐标、地球形体和地球引力场参数或绘制地图，是卫星测地系统的空间部分，可作为地面观测设备的观测目标或定位基准。

1962年10月美国发射的“安娜”1B号是第一颗专用测地卫星。到1997年，美国共发射了22颗测地卫星。俄罗斯（含苏联）发射了32颗测地卫星，它们混编在“宇宙”号卫星系列中。法国发射了“调音”号、“王冠”号、“佩奥利”号、“激光测地卫星”等测地卫星。中国发射了返回型测地卫星，用于绘制地图。2001年8月29日日本发射的激光测距试验卫星载126个激光反射器，进行大地测量工作。测地卫星的主要贡献是：①提供了在全球范围内进行大地联测的全球统一地心坐标系。②人造卫星轨道运动反映了地球引力场的各种摄动，通过长期观测可精确测定地球引力场参数。③用卫星进行大地联测，基线可以长达数千千米，两点间不受视距限制，定位精度比常规大地测量网高。④可用来测量平均海平面高度的变化，研究地壳运动和大陆漂移，预测地震和海啸等。

测谎仪 lie detector 为侦查犯罪嫌疑人提供资料的一种仪器。又称测谎器。现代测谎仪由传感器、主机和计算机三部分组成。传感器有三种：皮肤电传感器，呼吸传感器，脉搏和血压传感器。主机是电子部件，将传感器所采集的模拟信号经过处理转换成数字信号，输入计算机进行存储、分析等。

用测谎仪测试时，要求被试佩戴好传感器后认真听问题，回答“是”或“否”。测谎所涉及的问题主要有三类：中性问题，与所调查事件无关，对被试不会产生多大刺激；相关或主题问题，与所调查事件有关，对被试会产生较大刺激；准绳或对照问题，与所调查事件没有直接关系、被试肯定会说谎的问题。

测谎方法主要有“怀疑－知情－是你”测试法（SKY）、准绳问题测试法（CQT）、犯罪情节测试法（GKT）、紧张峰测试法（POT）。每种方法都是将上述三类问题有逻辑地编在一起，然后逐一向被试提问。对于相关或主题问题，如果被试是罪犯、企图避免作出有罪反应而说谎时，必然引起各种情绪表现，使其生理变化加剧。这样，主试综合分析所测试的各项记录，就可以作出被试是否犯罪的判断。一个人特别是犯罪嫌疑人在说谎时的心理生理反应是植物神经系统的自主活动，无法掩饰和控制，用科学仪器可以客观地测量出来。

同一生理反应可由不同的情绪引起，被试也可能知道一些案情而并非罪犯，因而测谎仪的作用只是为侦查犯罪嫌疑人提供资料，而不能将测试结果当作法庭审讯的证据。

测绘学 geodesy and cartography 研究与地球有关的基础空间信息的采集、处理、显示、管理、利用的学科。又称测量学。基础空间信息指与地理位置有关的几何、物理、人文等及其随时间变化的信息，主要包括地球的形状、大小和重力场以及空间定位和属性。

发展简史 古埃及尼罗河每年洪水退后需重新划界，即开始了测量工作。约公元前21世纪初，禹受命治理洪水时，已会使用简单的测量工具。

对地球形状的认识和测量 公元前6世纪古希腊的毕达哥拉斯最早提出地球是球形的。两世纪后，亚里士多德进一步论证此地圆说。又一世纪后，亚历山大的埃拉托色尼采用在两地观测日影的办法，首次推算出地球子午圈的周长，以此证实了地圆说。这是测量地球大小的弧度测量方法的初始形式。世界上有记载的实测弧度测量，最早是中国唐代开元十二年（724）南宫说在张遂（一行）的指导下在今河南省境内进行的，根据测量结果推算出纬度1°的子午弧长。17世纪末，英国I.牛顿和荷兰的C.惠更斯首次提出地球是两极略扁的椭球体，称为地扁说。清康熙四十七年

至五十七年1708～1718年间，在测量和编制《皇舆全览图》过程中，首次发现不同纬度上经线1°的长度随纬度的增长而加长；1735～1741年间，法国科学院派遣测量队在南美洲的秘鲁和北欧的拉普兰进行弧度测量，都证明地扁说是正确的。19世纪初，随着测量精度的提高，发现测量所依据的垂线方向同地球椭球面的法线方向之间的差异不能忽略。因此法国的P.-S.拉普拉斯和德国的C.F.高斯相继指出，地球形状不能用旋转椭球来代表。1849年G.G.斯托克斯提出利用地面重力观测资料确定地球形状的理论。1873年，J.B.利斯廷创用大地水准面一词，以该面代表地球形状。1945年，苏联的M.S.莫洛坚斯基创立了直接研究地球自然表面形状的理论，并提出似大地水准面的概念。在现代测绘技术的支撑下，地球形状已可用一个地球重力场模型来逐次逼近。

地图制图的演变　考古工作者曾经挖掘到公元前25世纪至前9世纪画在或刻在陶片、泥板或其他材料上的地图。据文字记载，中国春秋战国时期地图已用于地政、军事和墓葬等方面。前3世纪，埃拉托色尼最先在地图上绘制经纬线，并创造等距圆柱投影。中国湖南长沙马王堆汉墓中发现绘制在帛上的地图，是前168年之前制作的，其中的地形图，有相当精度的比例尺，是现知世界上最早的实测地图。2世纪，托勒玫著《地理学指南》，附有27幅世界地图，在西方影响1 000年之久。3世纪，中国西晋的裴秀总结出制图六体的制图原则。16世纪，中国明代的罗洪先和德国的G.墨卡托都以编制地图集的形式，总结了16世纪之前中国和西方在地图制图方面的成就。从16世纪起，西方一些国家根据实地测量结果绘制国家规模的地形图，不仅有准确的方位和比例尺，而且还可按不同的用途将实测地形图缩制成各种比例尺的地图。《皇舆全览图》即是中国历史上首次使用这样的方法在广大国土上测绘的地形图。20世纪60年代以来，地图制图的精度和速度都有很大提高，地图学已进入数字（电子）制图和动态制图的阶段，成为地理信息系统的支撑技术。

测绘技术和仪器工具的变革　17世纪前，人们使用简单的工具，如中国的绳尺、步弓、矩尺和圭表等。1617年荷兰W.斯涅耳为了进行弧度测量而首创三角测量法，以代替在地面上直接测量弧长，从此测绘工作不仅量测距离，而且开始角度测量。约1730年，英国西森制成测角用的第一架经纬仪，同时，欧洲又陆续出现小平板仪、大平板仪以及水准仪，地形测量和以实测资料为基础的地图制图工作得到发展。18世纪发明时钟，经纬度测定尤其是经度测定得到圆满解决。1806年和1809年法国A.-M.勒让德和德国高斯分别发表最小二乘准则，为测量平差计算奠定科学基础。19世纪50年代初，法国A.洛斯达首创摄影测量方法。20世纪初，形成比较完备的地面立体摄影测量法。1915年出现自动连续航空摄影机，发展了航空摄影测量方法。1948年后，陆续发展起来的各种电磁波测距仪可用来直接精密测量远达几十千米的距离，使大地测量定位方法除采用三角测量外，还可采用精密导线测量和三边测量。同时，电子计算机使测绘仪器和方法，更为简便、快速和精确，继而实现地图制图自动化。1957年第一颗人造地球卫星发射成功后，测绘学开辟了卫星大地测量学新领域。随着脉冲星和类星体的发现，又利用这些射电源进行无线电干涉测量，以测定相距很远的地面点的相对位置。20世纪60年代以来，以空间技术、计算机技术、通信技术和信息技术为支柱的现代测绘新技术迅猛发展，使测绘学向着数字化、信息化、网络化和自动化的方向发展。

研究内容　包括：①研究和测定地球的形状、大小及其重力场。在测绘学中常用一个同地球外形极为接近的旋转椭球来代表地球，称为地球椭球。地面上任一点的几何位置即用这点在地球椭球面上的经纬度和高程表示。测绘学不仅测出地面点的位置，而且还要测出其位置的变化，以此研究地球整体与局部的运动。②以大量地面点的平面坐标和高程为基础进行地表形态的测绘工作。包括地表的各种自然形态，如水系、地貌、土壤和植被分布的测量；也包括人类社会活动所产生的各种人工形态，如境界线、居民地、交通线和各种建筑物位置的测量，最终转变为各种比例尺的地形原图或地理、土地等空间信息系统。③工程测量。各项经济建设和国防建设工程都需要测绘资料，并利用测绘手段来指导工程的进行、监视建筑物的变形。④海洋测绘。精确测量难度较大，需用声学或电子学技术等方法和特殊仪器设备。⑤建立地理信息系统。⑥研究测绘学在社会发展的各个相关领域中的应用问题。

分支学科　测绘学有下列分支：大地测量学、摄影测量学、遥感学、地图制图学、地理信息工程、工程测量学、海洋测绘学等。

意义　测绘学在经济规划、土地调查和利用、海洋开发、疆界划定、农林牧渔业发展、环境保护，以及各种工程、矿山和城镇建设等方面都有广泛的应用。在国防建设和现代战争中，可为作战指挥和武器定位与制导提供精确的地心坐标、地球重力场参数和影像地图等。在科学研究方面，是研究地壳运动及其机制的重要手段。各种测绘资料又可用于探索某些自然规律，研究地球内部构造、环境变迁、资源勘探、灾害预测和防治等。

测量标准　measurement standard　为定义、实现、保存或复现某物理量的单位或该量的一个或多个值，在校准、检定其他测量仪器时用作参照依据的测量仪器。有时又称测量基准。例如，定义质量单位千克用的、由国际计量局保存的千克原器，实现时间单位秒用的铯原子频率标准，保存电阻单位欧姆用的成组1欧姆标准电阻，复现多个长度值的标准线纹尺等。按国际流行的分类法可分为：国际测量标准，即经国际协议承认、在国际上作为对测量同一物理量的其他测量标准定值依据的测量标准；国家测量标准，即经国家主管部门依法批准承认、在本国国内作为对测量同一物理量的其他测量标准定值依据的测量标准；原级标准，即具有最高计量学性能的、不必依据测量同一物理量的其他测量标准定值的测量标准；次级标准，即依据与测量同一物理量的其他测量标准比对而定值的测量标准；参考标准，即在给定的地区或机构内使用的、计量学性能最高的测量标准；工作标准，即日常用来校准、检定测量仪器的测量标准；传递标准，即在测量标准相互比较中用作媒介的测量标准；搬运式标准，即可搬运到不同地点使用而仍保持其原有计量学性能的测量标准。中国按照1986年7月1日生效的《中华人民共和国计量法》及其配套的法规，对测量标准的分类和命名与上述分类和命名方法有较大差异。

测量船　instrumentation ship　水上机动测控站。用于航天测控。分为多功能的综合测量船和单一功能的遥测船。优点是可在水域任意配置，扩大对航天器的测控范围。测量船的设备与陆地测控站基本相同（见航天测控站）。为保证各种测控设备在船上正常工作，须采取一些必要的技术措施：①船位船姿的测量。为了提供精确的船只位置和姿态数据，船上装有船位船姿测量系统，能连续、准确地测量出船的经度、纬度、速度、船体姿态和航向数据，供修正引导数据和稳定船载天线。还配有星体跟踪、卫星导航和水底声呐等设备。②跟踪波束的稳定。为克服船体摇摆的影响，使跟踪波束相对稳定在惯性坐标系中，可在甲板上加装稳定平台，或在跟踪目标过程中将船体姿态信息送入计算机处理，然后输给跟踪设备的伺服系统进行实时修正，实现稳定跟踪。③克服电磁干扰。大量的电气和电子设备会产生环境噪声和设备间的严重电磁干扰，须对设备和天线的布局、电缆的选型和铺设严格要求，并对设备的工作频率和频谱精心设计或采取限制和滤波等技术措施。

测量平差　adjustment of observations　依据最小二乘准则，由一系列带有观测误差的测量数据，求定未知量最佳估值及其精度的理论和方法。

观测误差 在测量工作中，被观测量的真值同观测值之差称为观测误差。观测误差按其性质分为系统误差和偶然（随机）误差两类。大小和正负号按一定规律出现的误差，属于系统误差。这种误差对于测量结果的影响通常具有系统性，因此必须在测量过程中消除。大小和正负号呈现随机性变化的误差，属于偶然误差。这种误差无规律出现，是不可避免的。但从整体来看存在着统计的规律性，即偶然误差服从正态分布。正态分布总结出偶然误差的下列特性：绝对值很大的误差不大可能出现；绝对值小的误差比绝对值大的误差出现的可能性大；绝对值相等的正误差与负误差出现的可能性相同。

最小二乘准则 18世纪末，在测量学、天文测量学等实践中提出了如何从带有误差的观测值中找出未知量的最佳估值问题。1794年C.F.高斯首先提出解决这个问题的方法——最小二乘法。当时高斯的这一理论没有正式发表。1801年意大利天文学家对刚发现的谷神星运行轨道的一段弧长作一系列的观测，需要根据这些带有误差的观测结果求出该星运行的实际轨道。高斯用最小二乘法对谷神星运行轨道进行预报，使天文学家又找到这颗小行星。1809年高斯在《天体运动的理论》一文中正式发表他的方法。在此之前，1806年A.-M.勒让德从代数观点独立地提出了最小二乘法。所以后人称最小二乘法为高斯-勒让德方法。在测量工作中，确定某些量或某个图形所需要的最少观测个数，称为必要观测数。

测量学 surveying 研究与地球有关的基础空间信息的采集、处理、显示、管理、利用的学科。见测绘学。

策伯格米德 Tsebesmid, Dondogijn (1915～1991) 蒙古小说家、诗人、社会活动家。生于东方省。15岁起当教师。20世纪40年代进入蒙古国立大学学习。毕业后在莫斯科大学研究生班继续研究生物学，获副博士学位。回国后曾任乔巴山大学校长、科学高等教育委员会主席、外交部副部长、驻中国大使等职，后任部长会议副主席。30年代初期开始创作，主要作品有中篇小说《牧童乃当》(1935)、《宝力德和桑布》(1935)和长诗《在墓旁》等。《在墓旁》、《牧童乃当》等有中译本。

策兰 Celan, Paul (1920-11-23～1970-05-01) 奥地利诗人。原名保尔·安切尔。生于切尔诺夫策（今乌克兰境内），卒于法国巴黎。第二次世界大战时被送进劳动营。战后完成大学学业。曾任编辑、师范学院讲师。1970年在巴黎自杀。他的诗歌大多描写战争时期的悲惨经历、人的自我异化，表达对现实的失望、对真理的追求。诗歌《死神赋格曲》(1952)模拟音乐中的对位法，使用比喻，控诉法西斯屠杀犹太人的罪行。主要诗集有《骨灰罐里倒出来的沙》(1948)、《语言的栅栏》(1959)、《无主的玫瑰》(1963)、《一丝丝的阳光》(1968)等。

策棱 Čereng; Čering (1672～1750-03-12) 中国清代前期蒙古族重要将领。又作“策凌”。喀尔喀蒙古赛音诺颜部人，姓博尔济吉特，成吉思汗嫡裔。策棱少长于塔密尔河流域。康熙二十七年(1688)准噶尔部台吉噶尔丹举兵侵入喀尔喀，策棱偕祖母格楚勒哈屯、弟恭格喇布坦投奔清朝。清廷以其为成吉思汗18世孙图蒙肯嫡嗣，赐居京师，教养于内廷。四十四年，娶康熙帝第十女和硕纯悫公主，为和硕额驸，授贝子品级，令归牧塔密尔。五十四年，策妄阿拉布坦派兵侵袭哈密，策棱应召赴推河从军。五十九年随振武将军傅尔丹进击准噶尔，擒其宰桑贝坤等百余人。雍正元年(1723)，诏封多罗郡王。五年，参与签订中俄《布连斯奇条约》。九年八月，大、小策零敦多布率兵3万侵袭喀尔喀，策棱与亲王丹津多尔济率兵往击，败准军于鄂登楚勒。十年六月，进封和硕亲王，于额尔德尼召（即光显寺）大败准军，准军被迫遣使求和，使漠北地区的局势从此得以安定。策棱因战功卓著，清廷赐号“超勇”，佩定边左副将军印。从雍正十一年至乾隆十五年(1750)，一直驻防漠北，对北方边境的安宁起过重要作用。

策妄阿拉布坦 Čewangrabdan (1665～1727) 中国清代厄鲁特蒙古准噶尔部首领。号额尔德尼卓里克图珲台吉。僧格长子。早年曾附牧于噶尔丹。康熙二十七年(1688)，噶尔丹为巩固其在准噶尔部的统治地位，杀其弟索诺木阿拉布坦，又暗中派人对策妄阿拉布坦进行迫害。策妄阿拉布坦被迫率领僧格旧部徙牧博罗塔拉，与噶尔丹分立，并积极配合清朝政府打击噶尔丹。三十六年，噶尔丹死，准噶尔故地尽为其所有。随着统治权力的扩大，策妄阿拉布坦与清朝政府的矛盾日渐加剧。五十四年，他派兵袭击哈密北境五寨；五十六年令大策零敦多布率兵六千多人侵袭西藏；企图挟达赖喇嘛号令“众蒙古”，与清朝政府分庭抗礼。由于大策零敦多布等在西藏受到藏族人民的强烈反对及清军打击，准噶尔军被迫撤离西藏。

策妄阿拉布坦统治时期，准噶尔的社会经济较噶尔丹和巴图尔珲台吉时期有所发展。康熙五十四年、五十八年他又数次派兵抗击沙俄的侵略，为捍卫中国西北地区的安全作出了贡献。

岑参 Cen Shen (717?～769) 中国唐代诗人。原籍南阳（今属河南），迁居江陵（今属湖北）。出身仕宦家庭。早岁孤贫，遍读经史。20岁至长安，求仕不成，奔走京洛，漫游河朔。天宝三载(744)中进士。八载、十三载两次出塞任职。回朝后，任右补阙、起居舍人等职。大历间官至嘉州刺史，世称岑嘉州。后罢官，客死成都旅舍。岑参早期诗歌多为写景、述怀及赠答之作。山水诗风格清丽俊逸，颇近谢朓、何逊。但语奇体峻，意境新奇；感伤不遇、嗟叹贫贱的忧愤情绪也较浓。如《感遇》、《精卫》、《暮秋山行》、《至大梁却寄匡城主人》等。6年边塞生活，使岑参的诗歌境界空前开阔，造意新奇的特色进一步发展，雄奇瑰丽的浪漫色彩成为他边塞诗的基调。他既热情歌颂了唐军的勇武和战功，也委婉揭示了战争的残酷和悲惨。火山云，天山雪，热海蒸腾，瀚海奇寒，狂风卷石，黄沙入天等异域风光均融入其诗。代表作有《白雪歌送武判官归京》、《轮台歌》等。此外，他还写了边塞风俗和各民族的友好相处以及将士的思乡之情和苦乐不均，大大开拓了边塞诗的创作题材和艺术境界。与高適共为当时享誉的边塞诗人。晚年诗歌感时伤乱，渐趋消沉。入蜀后，山水诗中添奇壮特色，但隐逸思想在诗中也有发展。岑诗的主要思想倾向是慷慨报国的英雄气概和不畏艰难的乐观精神；艺术上气势雄伟，想象丰富，夸张大胆，色彩绚丽，造意新奇，风格峭拔。他擅长以七言歌行描绘壮丽多姿的边塞风光，抒发豪放奔腾的感情。唐人杜确编有《岑嘉州诗集》，后人集据此演变。今人陈铁民、侯忠义有《岑参集校注》。

岑溪市 Cenxi City 中国广西壮族自治区辖县级市。位于自治区境东部，与广东省接壤。面积2 783平方千米。人口86万(2008)。唐武德四年(621)置龙城县，至德二载(757)改为岑溪县，1995年撤县设市。由梧州市代管。花岗岩储量为全国之最。矿产还有金、银、铅、锌、钛铁、萤石、稀土等。森林覆盖率70.9%，盛产松脂。农作物有水稻、花生、大豆、木薯等，是广西三大粮食产地之一。特产有桂圆、三黄鸡、竹芒编等。工业有电力、水泥、采矿、建材、农副产品加工等。名胜古迹有炳蔚塔、龙母庙、盘古庙、葛岩瀑布等。

岑仲勉 Cen Zhongmian (1886-09～1961-10-07) 中国历史学家。名铭恕，字仲勉，别名汝懋。广东顺德人。卒于广州。1912年毕业于北京高等专门税务学校。其后，业余从事植物名实考订及中外史地考证。

1933年起发表论著，引起一些史学名家的注目。1937～1948年任中央研究院历史语言研究所研究员。1948～1961年任中山大学历史系教授。岑仲勉治学最重要的成就是以碑刻考证历史，客观地论证碑志之价值。代表作《金石论丛》于1981年由上海古籍出版社出版。在辨伪方面、追寻史源方面及地理考证和职官典制考证方面多有建树。岑著《隋唐史》，反映了作者在隋唐史通论中的创见。他的全部史学著作约1 000万字。

层理 bedding 沉积岩的原生成层构造。为沉积岩的最明显和最典型的构造，包括层面以及由岩层内部的组成成分、颜色、结构和粒度等特征在垂向上的变化所表现出来的一种成层性。层理的特征可以反映出其沉积介质的特征和沉积环境。层面把相同或不同岩性的沉积岩层分成互相区别的层，它是沉积过程间断的反映。层的厚度可以从几毫米到几米不等，其横向稳定性也不一致。层理构造既可反映其沉积时的环境，又可用来确定沉积岩层的面向（上下层面的方向）。

层理按形态可分：①水平层理。层内的细层界面平直，互相平行，并且与层面一致，反映静水或微弱水流中缓慢沉积的标志。②波状层理。细层界面呈波状，但总方向平行层面，一般是由水介质的波浪运动而形成，常发育于波浪和水流可以波及水底沉积的浅水区，如海滨、湖滨以及河漫滩等环境中。③斜层理。由一系列斜交层面的细层组成（见图），又可细分为单斜层理和交错层理，分别反映单向水流（或风）和交替流向的沉积环境，常见于沙漠、河槽或三角洲沉积的砂岩中。④递变层理或粒级层理。层内物质的粒度从底到顶由粗到细逐渐变化的层理，是浊流沉积的典型。

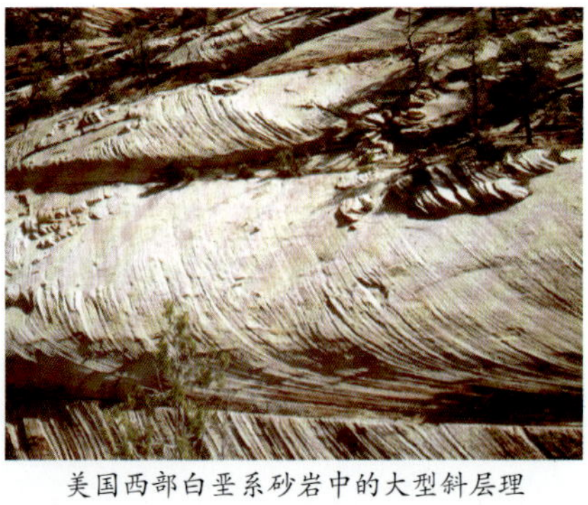

美国西部白垩系砂岩中的大型斜层理

层面构造有泥裂、盐晶、波痕、雨痕或雹痕等，常发育于泥质岩石中，是干旱条件下沉积层表面暴露地面干裂或受短暂的雹、雨冲击而成；波痕常发育于砂岩中，是沉积物表面受风波或浪波影响形成的；冲刷面代表沉积的短暂中断或水动力的增强而造成的水下冲刷所留下的痕迹。

层流 laminar flow 黏性流体的层状运动。在这种流动中，流体微团的轨迹没有明显的不规则脉动。相邻流体层间只有分子热运动造成的动量交换。常见的层流有毛细管或多孔介质中的流动、轴承润滑膜中的流动、绕流物体表面边界层中的流动等。层流只出现在雷诺数Re（$Re=\rho UL/\mu$）较小的情况中，即流体密度ρ、特征速度U和物体特征长度L都很小，或流体黏度μ很大的情况中。当Re超过某一临界值时，层流因受扰动开始向不规则的湍流过渡，同时运动阻力急剧增大。临界雷诺数主要取决于流动形式。层流远比湍流简单，对层流流动的研究也较为成熟，对简单的几何构形，其流动方程大多有精确解、近似解和数值解。层流一般比湍流的摩擦阻力小，因而在飞行器或船舶设计中，应尽量使边界层流动保持层流状态。

叉 fork 中国古代兵器、武术长器械的一种。由马叉、飞叉等古代兵器演化而来。

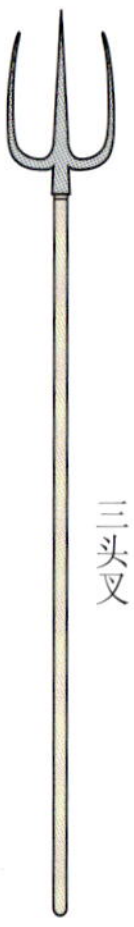

三头叉　马叉

早在远古时代就有捕鱼的“飞叉”。在陕西西安半坡遗址出土的原始“鱼叉”，尾端带有结节，便于系缚绳索，使用时将叉掷出，然后抓住绳索将叉收回。顶端有二股叉的为“牛角叉”，顶端有三股叉的为“三头叉”，又称“三角叉”。柄长7～8尺，重约5斤。三头叉中锋挺出3～4寸，叉的尾端有瓜锤。叉的击法有转、滚、捣、搓、捌、捱、拦、横、扦、捂、挑、掏、贯、拍等，套路有“飞虎叉”、“天蓬叉”、“解宝叉”、“太保叉”等。

叉车 forklift truck 用货叉或其他工作装置自行装卸货物的起升车辆。属于物料搬运机械。广泛应用于车站、港口、机场、工厂、仓库等，完成机械化装卸、堆垛和短距离运输。自行式叉车出现于1917年。第二次世界大战期间，叉车得到发展。中国从20世纪50年代初开始制造叉车。叉车按结构分类有：平衡重叉车、前移叉车、侧面叉车、插腿叉车、跨车和特种叉车6类。其中平衡重叉车应用最广，常简称为叉车。叉车搬运的对象大多是成件物品。将货叉换装各种器具（叉车属具）后，又可搬运多种货物。叉车主要由以下几种装置组成：①动力装置。如内燃机和蓄电池－电动机等。②传动装置。分为机械、液力和液压传动装置。③转向装置。如转向器、转向轮、转向拉杆等。④工作装置。又称门架，由内门架、外门架、货叉架、货叉、链轮、链条、起升油缸和倾斜油缸等组成。⑤液压系统和制动装置。

叉角羚 *Antilocapra americana*; pronghorn 偶蹄目叉角羚科的单属种。在角的中部角鞘有向前伸的分枝，故名。分布于加拿大西南部、美国西部和墨西哥北部的草原和

荒漠地区。在起源上介于牛科与鹿科之间。雌雄均具永久性的角，角为骨质，不具空腔，亦不分叉。角鞘每年更换。角直立、侧扁，尖端向后弯曲。角长约25厘米。体型中等，体长1～1.5米，尾长7.5～10厘米，肩高81～104厘米，成体重36～60千克，雌体比雄体小；背面为红褐色，颈部有黑色鬃毛，腹部和臀部为白色，颊面部和颈部两侧有黑色块斑；毛被下面为绒毛，上覆以粗糙、质脆的长毛，由于某些皮肤肌的作用，能使其毛被呈不同角度，以利于保暖或散热。叉角羚奔跑速度快，最高时速达80千米。一次跳跃可达3.5～6米。善游泳。夏季组成小群活动，冬季则集结成上百只的大群。为寻找食物和水源，一年中常进行几次迁移。性机警，视觉敏锐。遇险时，臀部的白色毛能立起。以草、灌木、芦苇等为食，能用前脚挖掘被雪所掩埋的植物。如能获得足够的青草，可以不饮水。夏季交配。妊娠期约8个月，第一胎通常产1仔，以后则每胎2仔。曾由于人类的大量捕杀，数量锐减。由于大力保护，现数量大有增长。

差序格局 differential mode of association 分析中国传统社会中社会关系结构的基本概念。分析从传统社会到现代社会社会关系类型演变的重要基础。

费孝通用“差序格局”描写依伦理感情确定人的亲疏远近所形成的中国传统乡

村的社会结构。他在《乡土中国》中指出，乡土中国的社会结构，像是石子扔进水中形成的一圈圈外推的波纹。每个人是圈子的中心，每一圈都是远近亲疏不同的社会关系。每个人都有以自己为中心的社会关系圈层，并且一人形成的社会关系圈层不同于另一人。这种一圈圈外推的社会关系是有差序的。

与乡土社会结构“差序格局”相对应的是西方社会结构的“团体格局”，具有以下特征：①团体是有一定界限的，且界限分明。②在社会里讲权利和义务而不是攀关系、讲交情。③个人主义。一方面是平等观念，一方面是宪法观念。④国家这个团体是一个明显的也是唯一突出的群己界线。差序格局的乡土社会与团体格局的西方社会，是两种理想类型的**社会结构**。

差序格局的基础是血缘关系。差序格局社会关系的特点是：①自我主义。一切价值都是以“己”作为中心。②公私、群己的相对性。在这种格局中，站在任何一圈里，向内看可以说是公，是群；向外看可以说是私，是己。两者之间没有清楚的界限。③特殊主义伦理。道德和法律都要视所施加的对象与自己的关系而加以程度上的伸缩，一切普遍的标准并不发生作用。④人治社会。用于维持秩序时所使用的力量，不是法律，而是人际关系的历史传统。⑤长老统治。这是一种包含着不民主的横暴权力、民主的同意权力以及教化权力等复杂内容的权力结构。中国传统社会中的制度安排和权力运作，都以这样的社会关系模式为基础。

插花 arranging flower, art of 利用植物（包括人造植物）及其他有观赏价值的材料进行艺术创作的造型艺术。插花艺术由花材、花器和艺术造型等要素构成。花材是插花中要用到的各种植物和其他材料，又分为鲜花花材、干燥花材和人造花材。花器是供插花用的器皿，包括瓶、盘、钵、篮、盒等。

世界各地的插花艺术按照地域和插花作品的形式风格特点，可分为东方式插花和西方式插花两大类。

东方插花起源于中国，后传到日本和其他周边国家。现以中国插花和日本花道为代表。东方插花的艺术特点是：造型上没有固定的模式，提倡发挥作者的创意和悟性；所用花材的数量和品种都不多，喜用代表季节感的花枝、叶枝；作品造型自然舒展，模仿植物的天然生长状态；讲究线条的优美，注重意境和理念，追求作品的整体效果和诗情画意。

西方插花艺术起源于古埃及。经古希腊古罗马逐步发展，到文艺复兴之后，形成现代西方插花艺术。以欧洲、美国的插

由康乃馨制成的小狗造型插花

花为代表。西方插花的总体特点是：作品外形轮廓常呈规则的几何形，讲究构图的对称、均衡；作品造型简洁，结构紧密繁盛；多采用色彩艳丽明快的花材，品种、数量多，少用或不用花枝、叶枝；色彩或华丽或素雅，追求雍容华贵、富丽堂皇或浪漫、典雅的效果。

插值 interpolation 从某函数一些给定的离散点上的已知值出发近似地补插出该函数的一类数值方法。利用它可通过函数在有限个点处的取值状况估算出该函数在别处的值，它是观测数据处理和函数制表所常用的工具。6世纪，中国的刘焯就将等距二次插值法用于天文计算。17世纪，I.**牛顿**和J.格雷果里建立了等距结点上的一般插值公式。18世纪，J.-L.**拉格朗日**给出了一般非等距结点上的插值公式。

给定函数在$n+1$个互异点的值$f(x_i)$（有时还给定某些点上的某些导数值），$i=0,1,\cdots,n$，在某指定函数类Φ中寻求函数$\varphi(x)$，使之满足插值条件$\varphi(x_i)=f(x_i)$（有时还要求在某些点处某些导数值相等），则称之为插值问题。x_i称为插值结点，$\varphi(x)$称为函数$f(x)$的插值函数。函数类Φ可以是不同的函数类，如可取代数多项式、有理函数、三角多项式等，于是相应有代数多项式插值、有理插值、三角插值等不同类型的插值方法。根据插值条件确定的插值函数$\varphi(x)$是函数$f(x)$的近似表达式，可用它代替$f(x)$进行数值计算、图形显示等。插值不但是函数逼近的重要方法，而且也是导出许多其他数值方法的出发点，例如数值微分、数值积分等。

茶 tea 以茶树新梢芽叶为原料加工制成的产品。又称“茗”。可直接沏作饮料或作为加工其他食品（或药品）的原料。

茶叶加工简史 茶树原产中国西南部。中国最先发现茶的效用，最早发明茶叶的加工技术和把茶树培育成为一种重要的作物。在公元前1000年以前的西周初期，出现人工栽培茶树。西汉时期栽培茶树渐多，有了简单的茶叶加工技术，并逐渐发展成为宫廷饮料和商品。晋代后期出现蒸青绿茶制法。茶叶除作贡品外，还发展为普通饮料。至唐代茶业兴盛，已有易茶、茶法等。宋末发明烘青制法，元代改为炒青制法。清代形成黄、黑、白、青、红五大类茶。中国种茶业于805年传到日本，1684年经日本传到印度尼西亚，1788年传到印度，1869年传到斯里兰卡，1883年传到俄国。现在世界产茶国家已有50多个。

茶树在一年当中一般可萌芽生长3～4个轮次。因此，中国大部分地区有春茶、夏茶、秋茶之分，海南、台湾气候较热的地区还有冬茶。

茶树栽培过程中发生病虫害时，可实施农业措施防治、生物防治，必要时也可采用高效低毒的农药防治。按国家有关规定和标准采收加工并达到国家茶叶卫生标准的茶叶，称为无公害茶；严于国家卫生标准、农药残留量极微并达到绿色食品标准的茶叶，称为绿色食品茶；实施有机栽培加工、没有任何农药残留的茶叶，称为有机茶。

中国现代生产的基本茶类有绿茶、白茶、黄茶、青茶（乌龙茶）、红茶和黑茶。用这些基本茶类的茶叶进行再加工生产的再加工茶类有花茶、紧压茶、后发酵普洱茶、萃取茶、香料果味茶和药用保健茶等。

①绿茶。又称不发酵茶。中国是一个主产绿茶的国家，绿茶的品类名目最多。依干燥、杀青方法的不同有炒青绿茶、烘青绿茶、晒青绿茶和蒸青绿茶。依茶叶外观形态分有芽形（矛形）绿茶、扁平形绿茶、直条形绿茶、曲条形绿茶、曲螺形绿茶、珠粒形绿茶、兰花形绿茶和束花形绿茶等。加工的基本工序是：杀青、揉捻或造型、干燥。品质特征是外观绿色，冲泡后是清汤绿叶。中国的名优绿茶有数百种，西湖龙井、洞庭碧螺春、黄山毛峰、信阳毛尖、安吉白茶、婺源茗眉等都是品质优异的绿茶。

②白茶。又称微发酵茶。主产于福建，有白毫银针、白牡丹等。加工的基本工序是：萎凋、干燥。品质特征是外观白毫披露呈银白色，汤色微黄，味鲜醇。

③黄茶。又称轻发酵茶。中国著名的黄茶有君山银针、蒙顶黄芽、平阳黄汤等。加工的基本工序是：杀青、揉捻、闷黄、干燥。品质特征是外形微黄褐，滋味浓醇，不苦涩。

④青茶（乌龙茶）。又称半发酵茶。主产于福建、广东和台湾。著名的乌龙茶有福建的安溪铁观音、武夷大红袍，广东的凤凰单丛，台湾的冻顶乌龙、白毫乌龙等。加工的基本工序是：晒青、晾青、摇青、炒青、揉捻（或包揉）、干燥。外形有条状和颗粒状两种。品质特征主要是香气浓郁，有花香。

⑤红茶。又称全发酵茶。著名的红茶有安徽祁门红茶、云南的滇红、海南红碎茶、福建武夷小种红茶等。加工基本工序是：萎凋、揉捻（或揉切）、发酵、干燥。品质

特征是红汤、红叶，滋味浓醇。

⑥黑茶。又称后发酵茶。著名的黑茶有湖南黑茶、湖北老青茶、四川边茶、广西六堡茶等。加工基本工序是：杀青、揉捻、渥堆、干燥。品质特征是叶色黑褐，味醇和。

花茶由茶叶加香花窨制而成，有大白毫茉莉花茶、珠兰花茶、桂花茶等。紧压茶是将绿茶、黑茶等蒸软在模中压制而成，有砖茶、饼茶、沱茶等。后发酵普洱茶是以晒青茶为原料进行渥堆后发酵而制成。萃取茶是将茶叶中的可溶物萃取出来，经过滤、浓缩、干燥或不干燥，制成固态或液态萃取茶，有速溶茶、茶饮料等。香料果味茶是将食用香料或果汁加于茶中而制成，有香兰茶、荔枝红茶等。药用保健茶是将某些中草药加于茶中而制成，有减肥茶、降压茶等。

茶叶的成分和作用　茶叶中含有500多种化学成分。茶叶中的蛋白质、氨基酸、碳水化合物、维生素、类脂、钾、钠、钙、铁、锌、硒等是对人体健康有营养的物质；而茶叶中的茶多酚、茶碱、茶多糖、茶氨酸等并非人体必需，但有防病治病的保健功效。茶多酚具有抗氧化、降脂、杀菌抗病毒、防治辐射损伤、防癌抗癌等多种功效，茶碱具有兴奋、利尿、消解脂肪的作用，茶氨酸具有镇静、调节神经输导等功效，茶多糖具有增强免疫、降血糖的作用。茶叶尤其是优质绿茶中含有丰富的维生素，特别是维生素C、维生素B族和维生素E较多。

茶道　tea ceremony　以一定形式和礼仪进行点茶和饮茶的传统生活文化艺术。流行于世界很多国家和地区，如中国、日本、泰国、印度、摩洛哥等，以日本茶道最为著名。茶道源于品茗，讲究高雅简朴、和静清寂。

中国茶道酝酿于隋朝之前，形成于唐代，由茶圣陆羽（733～804）创立，鼎盛于宋明。魏晋南北朝时期，饮茶之风流行于

中国传统茶道

上流社会。唐代，此风更盛。陆羽总结了历代制茶和饮茶的经验，著《茶经》，后经常伯熊的补充润色，茶道大为流行，当时盛行煮茶之法。宋代，名茶竞起，点茶法盛行，还出现了蔡襄的品茶专著《茶录》、黄儒的《品茶要录》等。元明清以来，茶在中国人生活中越来越占据重要位置，并因文化背景不同，形成贵族茶道、雅士茶道、禅宗茶道、世俗茶道等四大茶道流派。中国茶道的主要内容讲究五境之美，即茶叶、茶水、火候、茶具、环境，同时配以情绪等条件，以求"味"和"心"的最高享受。茶道的每道工序要求极为严格，如《茶经》中谈到，煮茶之水的来源有山水、江水、井水三种，但均须用活水；煮水也有沸腾三次的标准。

中国茶叶传入日本之后，逐渐形成日本茶道。日本的茶道非常讲究，一般要在专门的茶室中进行，仪式复杂。基本精神是将饮茶视为生活规范，借以修身养性，学习礼仪，以环境幽雅为主体，以高尚享受为目的。日本茶道极富参禅意味，反映一个人的文化素养，已超越品茶的范围，是一种培养情操的方式。

饮茶之风发展至今，茶不仅是一种饮料，还代表了一种生活风格；茶道，同时也被赋予丰富的文化内涵和生活理想。

《茶馆》　*Teahouse*　中国话剧作品。作者老舍。1958年3月由北京人民艺术剧院首演。导演焦菊隐、夏淳，主要演员于是之、郑榕等。全剧三幕。以北京一家名为"裕泰"的大茶馆为背景，描写了清末、民初、抗战胜利以后三个历史时期的北京社会风貌。《茶馆》没有贯穿始终的故事情节，但深刻地写出了王利发等人的真实命运。采用史诗式和社会横断面式相结合的结构方法，以一群小人物的命运折射时代变迁的大背景，点化出"只有社会主义才能救中国"的真理。作者善于用三言两语勾画人物性格，剧作生活气息浓郁，语言精彩、简洁、生动、传神，充分展示了老舍作品独有的"京味"风格。

茶花　*Camellia* spp.; camellia　山茶科山茶属观赏种类的统称。常绿乔木或灌木。又称山茶花。种类和品种繁多，为世界传统名花。山茶属约200余种，中国有185种左右，其中用于观赏的，主要有4种。

山茶　常绿灌木或小乔木，枝叶茂密。花红色或白色，直径6～10厘米，花柱3～5，基部连合（图1）。原产中国东南地区和朝鲜半岛、日本，现已遍布世界许多国家。

云南山茶　常绿小乔木或乔木（图2）。枝条稀疏，叶大，厚而硬。花红色至粉红，径6～20厘米。子房被褐色毛。原产中国，分布于云南省海拔1 800～2 500米的中、西、

图1　山茶

图2　云南山茶

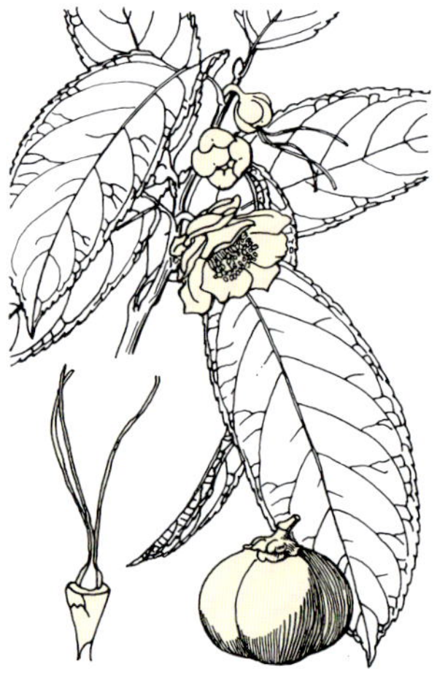

图3　金花茶

北部地区。

金花茶　常绿灌木或小乔木（图3）。花侧生，金黄色，花径7～8厘米。原产中国广西和越南北部。

茶梅　常绿灌木或小乔木（图4）。嫩枝被毛。叶较小。花深红、粉红或白色，径5～8厘米，单瓣、复瓣至重瓣。9月见花，盛花期在翌年1～2月。原产日本和中国东南部，现已遍布欧、美和大洋洲。

山茶、茶梅、金花茶多用扦插繁殖。

图4　茶梅

嫁接繁殖一年四季均可进行，而以芽萌动前最好。茶花喜温暖湿润的气候条件，对干旱、炎热、低温敏感。要求土层深厚、排水良好的酸性土。山茶的生长最适温度为15～25℃，最适土壤pH值为5.0～6.5。

茶花植株强健，开花正值冬末春初的缺花季节，花朵绚丽，观花期甚长，是冬季美化环境的主要花木之一。山茶和茶梅树形矮小，尤适室内盆栽。云南山茶树势高大健壮，最适布置庭园。金花茶是培育黄、橙系品种育种的新材料。茶花还有抗烟尘、净化大气与吸收有毒气体等功能。种子可榨油，供食用、工业用或作化妆品。花可入药。木材结构细致坚硬，可供雕刻等用。

《茶花女》 *The Lady of the Camellias*　法国剧作家小仲马的剧本。法文*La Dame aux Camélias*。1852年首演于巴黎。不久，意大利作家F.M.皮阿威将其改编成歌剧，由G.威尔第谱曲，并于1853年首演于威尼斯。

剧本与小说均为小仲马根据本人早年的一段亲身经历写成，表现男主人公阿芒与女主人公玛格丽特之间的恋爱悲剧。巴黎交际花玛格丽特生活放荡，靠追求她的男人们维持着豪华奢侈的生活。但只有青年阿芒真诚痴情地爱她。玛格丽特感受到了爱情的甜蜜，兴奋地将自己最喜欢的茶花送给了阿芒。阿芒的父亲杜瓦尔迫使玛格丽特离开了阿芒。两人历经波折，最后病笃的玛格丽特握着阿芒的手离开了人世。

剧本写成后，遭到法国当局的刁难，经过三年的斗争才获准在巴黎综艺剧院演出。剧本情节动人，冲突激烈，具有巨大的艺术感染力。歌剧《茶花女》更是各国舞台上历演不衰的名剧之一。

茶碱 theophylline　嘌呤型生物碱，分子式$C_7H_8N_4O_2$。存在于茶叶中，为可可碱的异构体。含一分子结晶水的茶碱熔点272～

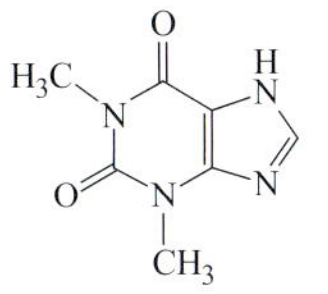

274℃；溶于水、乙醇、氯仿、碱类、氨水和稀酸，难溶于乙醚。茶碱经甲基化生成咖啡碱。氨茶碱由2摩尔茶碱和1摩尔乙二胺组成，分子式$(C_7H_8N_4O_2)_2\cdot C_2H_4(NH_2)_2\cdot 2H_2O$，为白色或亮黄色颗粒或粉末，味苦；易溶于水，难溶于乙醇和乙醚；暴露在空气中能吸收二氧化碳而析出茶碱。茶碱具有利尿、兴奋心肌、松弛平滑肌等作用。其半数致死量为350毫克/千克（兔口服）。氨茶碱有舒张支气管、胆管平滑肌和冠状动脉的作用，可用于治疗支气管哮喘、胆绞痛和心绞痛等症。其半数致死量为540毫克/千克。

《茶经》 *Classic of Tea*　中国第一部茶学专著。唐代陆羽撰。书中论述茶的性状、品质、产地、采制和烹饮方法及用具等。全书分上、中、下3卷，计以下10篇：①茶之源。阐述茶的发源地，茶树的特征、生长、种植及所处环境对茶叶品质的影响，以及茶的药理性味和饮茶的生理功效。②茶之具。记述茶民采茶、选茶中常用的15种工具的式样、规格、材料及使用方法，并对制茶过程中的采、蒸、捣、拍、焙、穿、封7道工序作介绍。③茶之造。介绍采茶宜在二、三、四月晴天早晨露水未干时，选择嫩茎芽叶采摘。书中将造茶后的成品茶分为8种外形、等级，并论述不同等级的评鉴要点及原理。④茶之器。叙述当时饮茶所用的25种茶具的形状、规格、作用、使用方法，指出煮茶、饮茶的正确方法及原则。⑤茶之煮。介绍炙茶、煮茶时如何选择水和薪，酌茶、饮茶的要领和原则，并提出品评茶的色香味的标准。⑥茶之饮。论述成品茶有粗茶、散茶、末茶、饼茶4大类以及饮茶的习惯。认为从采茶到饮茶共有9个环节：采造、鉴别、器具、用火、选水、炙烤、碾末、烹煮和饮法。⑦茶之事。叙述从神农到唐代各嗜好饮茶名人的故事，从而具体描述中国饮茶的历史。⑧根据作者亲身调查，列绘出唐代全国产茶区域分布图表，并对各地所产茶叶的品质作了比较。⑨认为在深山野寺等特殊环境下，茶具和煮茶可以从简。⑩提出以上9篇应写成大幅，张挂墙上，供随时参考。

茶卡盐湖 Caka Salt Lake　中国青海省开发最早的盐湖。又称茶卡盐池，藏语意为“盐滩”。位于乌兰县茶卡镇南侧，东濒茶塘盆地，属共和盆地最西部分。湖面海拔3 059米，长17.1千米，平均宽6.9千米，面积118平方千米。其外围山地海拔均超过4 000米。地处温带内陆荒漠气候。湖水属钠盐型，渐趋干涸，盐层厚，距地面近，蕴藏量大，每平方千米达370万吨以上。茶卡盐湖已有300多年的开采历史。茶卡盐厂全部为机械化采盐，年产30万吨。盐厂靠近青藏公路，又有铁路专用线连接青藏铁路，运输便利。

茶课 tea tax　中国古代自唐朝以后历代对茶实行的征税或专卖。唐德宗建中三年（782）为筹措军费，对竹木茶漆课征什一税，作为常平本钱；兴元元年（784）停止。贞元九年（793）恢复茶税的征收，每年征得钱四十万贯；文宗大和年初，实行茶榷（专卖），至大和九年（835），令民移茶树于官茶场，由国家垄断产销，百姓忿怨，不久即恢复征税制。宋初，对茶实行专卖，种茶园户从官府领取本钱种植，采制的茶除输租还本外，其余皆全数交售官府批发给商人运销；仁宗嘉祐时（1056～1063），改专卖为通商。徽宗崇宁元年（1102），蔡京改行茶引法，商人向官府交钱领“茶引”（茶券），凭茶引赴茶场取茶运销。元朝初期，沿袭此法未改。到世祖忽必烈至元三十年（1293）改江南茶法，于茶引外又增茶由，征收零售茶税：每由3～30斤，分十等课税。明初至孝宗弘治年间（1488～1505），分官茶、商茶，官茶储边易马，商茶专卖。清初沿袭明制。世宗雍正八年（1730）边事渐平，官茶需要量减少。清后期渐废引制，除陕、甘、藏仍用引法外，其他各省改为收茶税或过卡抽收厘金，茶税税率西北重于东南。

茶陵诗派 Chaling Poetry School　中国明代成化、正德年间的诗歌流派。因流派首领李东阳为茶陵人，故称。明代自成化以后，社会弊病已日见严重，台阁体阿谀粉饰的文风已不容不变，于是以李东阳为首的茶陵派诗人起而振兴诗坛。李东阳立朝数十年，官居相位，喜奖掖后进，推举才士，所以门生满朝。茶陵诗派认为学诗应以唐为师，而效法唐诗则又在于音节、格调和用字。尽管他们作品的思想内容还是比较贫弱并颇多应酬题赠之类，但比台阁体诗要深厚雄浑得多。如李东阳的《寄彭民望》就寄寓着真情实感，非一般应酬之作。他的《拟古乐府》道学气味较为浓厚，不过其中仍有倔奇劲健的篇章。茶陵派其他诗人皆有一些可读的作品。由于茶陵诗派自身仍较萎弱，未能开创诗坛新局面，但它的宗法唐诗的主张，以及师古的创作倾向，却成为前、后七子复古运动的先声。

茶陵县 Chaling County 中国湖南省株洲市辖县。位于省境东部，东与江西省毗邻。面积2 507平方千米。人口58万(2010)。汉置茶陵县。南宋时升为军。元初改为州，1913年改州为县。矿藏有铁、煤、钨、锑、萤石等。农作物有水稻、甘薯、油菜、苎麻、棉花等。传统土产有生姜、白芷、大蒜，可谓“茶陵三宝”。工业有纺织、机械、采掘、化肥等。名胜古迹有茶陵县工农政府旧址、南浦铁犀（俗称茶陵铁牛）和灵岩夜月风景区等。

茶马 tea-horse 中国古代以官茶换取青海、甘肃、四川、西藏等地少数民族马匹的政策和贸易制度。宋神宗熙宁七年(1074)行茶马法，于成都置都大提举茶马司主其政。明洪武四年(1371)，户部确定以陕西、四川茶叶易番马，于是在各产茶地设置茶课司，定有课额。又特设茶马司于秦州(今甘肃天水)、洮州(今甘肃临潭)、河州(今甘肃临夏)、雅州(今四川雅安)等地，专门管理茶马贸易事宜。明代的茶马政策有着明显的政治目的。由于茶是边疆少数民族生活的必需品，因此明统治者严格控制茶叶的生产和运销，并严禁私贩。以茶易马，在满足国家军事需求的同时，也以此作为加强控制少数民族的重要手段和巩固边防、安定少数民族地区的统治策略。后来随着内地与边疆少数民族地区经济交流的发展，民间往往突破明朝政府的禁令进行贸易。后茶马贸易制度崩坏日甚，虽时下禁私茶之令，但民间茶马贸易愈益兴盛。这种贸易往来，不仅促进了内地与青海、甘肃、四川、西藏等少数民族地区经济、文化的交流，对少数民族地区社会经济的发展也起了积极作用。

茶树 *Camellia sinensis*; tea plant 山茶科山茶属的一种。多年生常绿木本植物。其叶加工成茶叶，是重要饮料之一。原产中国，起源中心在云贵高原。福建、浙江茶叶产量名列前茅。

自然生长的茶树，树型分为乔木、小乔木和灌木三种。乔木型树高可达10～20米，但在栽培条件下，一般控制在80～90厘米。主根可深入地下1～2米，侧根分布在5～45厘米的耕作层。单叶，互生，常绿，草质。叶形多为椭圆或长椭圆形，芽和嫩叶着生茸毛。两性花，一般为白色，少数带粉红色。种子棕褐色，球形或半球形。

茶树性喜温暖湿润气候，平均气温10℃以上时芽始萌动，生长最适温度为20～25℃。要求年降水量1 000毫米以上。喜光耐阴，适于在漫射光下生育。一生分为幼苗期、幼年期、成年期和衰老期。在采摘条件下，新梢生长可增至五轮，在热带可至六至八轮。新梢的发育有一定的顺序。新梢伸展是否良好，直接关系到茶叶的产量和质量。

茶树花、果、枝叶和种子形态

有性繁殖时要人工控制授粉并不断选择，以提高品种纯度。无性繁殖时用短穗扦插法为主。种植密度依品种、气候、土壤而定。一般每亩1 200～1 400丛，每丛二三株（大叶种用单株）。鲜叶采摘应按不同茶类的不同标准进行，一般制红茶和绿茶以采一芽二三叶为主；各种高级名茶如中国的西湖龙井和洞庭碧螺春等，只采一芽一叶或一芽二叶。要保留一定量的新叶，使茶树有必要的光合面积。采摘宜分批进行，一个茶园全年可分20～30批采摘。采摘方法有手采、剪采和机采。

茶叶兼有药理和营养两方面的功效。茶子约含蛋白质11%，脂肪32%，淀粉24%，糖4%。榨油可供食用，并可提炼茶皂素作工业原料。

茶政 中国历代朝政对茶叶的行政管理措施或课税政策。主要包括贡茶、茶税、榷茶等内容。

贡茶 一种无偿征用或定额的实物税。起源于周武王时期。唐代贡茶分为两类：①专设官焙（官办的制茶工场）所制造的御用珍品。②规定特定的地区所进贡的茶。是一种实物纳税制度。贡茶自唐代起成为定制。宋代茶园多为民间经营，仅福建、江西设有官茶园和官焙制造贡茶。元朝的贡茶始于武夷置场官工员。待至明洪武二十四年（1391）诏天下产茶之地，岁有定额，仍以建宁为上。清代在杭州西湖龙井设有御茶园。

茶税 又称茶课。是一种以实物或货币纳税的制度。唐代后期，财政困难，因此在德宗建中元年（780）实行茶税。长庆元年（821），茶税率增为15%，武宗会昌年间正税之外，又加一种“塌地钱”，实为过境税。唐宣宗大中初年立茶法，取消横税，保护纳正税商人。自唐代起，历朝相因，茶税成为国库的主要收入之一。宋代，茶叶实行官买官卖，既榷茶又征税。而自元世祖至元十三年（1276）后的近40年内，茶税增加了360倍。明代茶政以榷茶易马为主，收税为辅。清朝亦征重税。

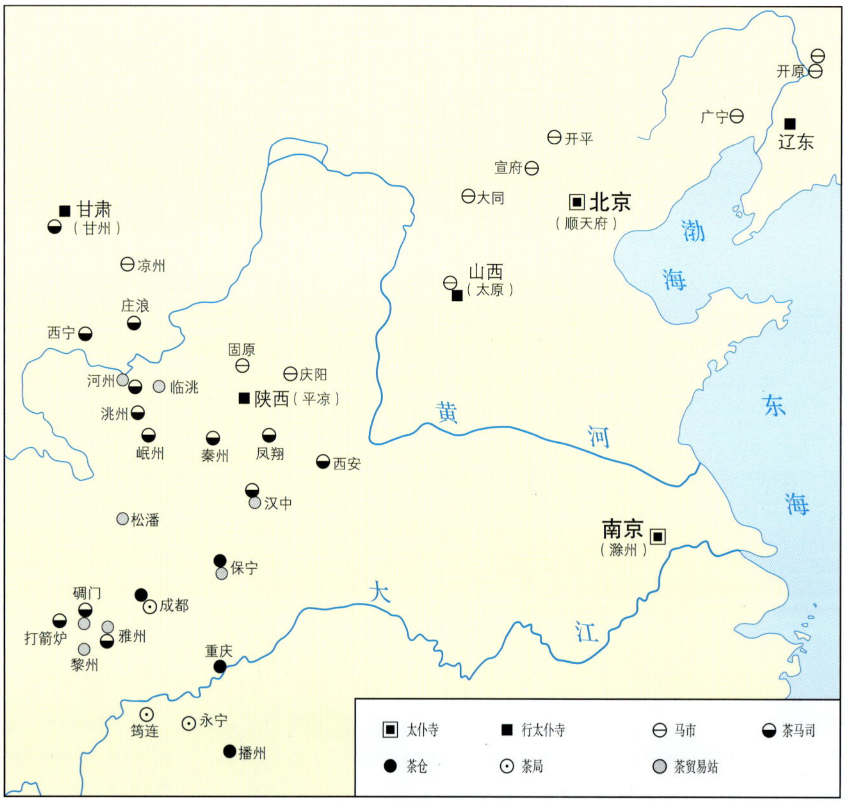

明代的茶马互市

榷茶　一种官营专卖制。唐文宗大和九年（835），改茶税为榷茶，并设榷茶史，规定茶的种植、制造、销售全部归官府掌握，旋即夭折。宋代在绝大部分产茶区实行唐代始创而未行的榷茶法。京师（开封）设有总管全国茶盐贸易的机构——榷货务。自宋太宗雍熙年间至仁宗至和二年（984～1055），茶法屡变。宋徽宗崇宁元年（1102），罢通商法，恢复荆湖、江淮、两浙、福建七路的榷茶制度。四年，行卖引法，即商人高价买茶引，凭引向园户购茶（自付茶价）。严密的卖引制度由此开始，元明清三代皆行卖引制。自咸丰（1851～1861）以后，普遍改为厘金税，这样榷茶之制就改为民间自由经营。

边茶　对边疆地区的茶政。历代王朝对于好饮茶而又不产茶的边疆地区的控制，主要通过两种办法：①对茶叶供给采取限量、直接分配的办法，以求达到以茶治边的目的。②实行茶马互市，即以少量的茶交换多数战马。最早见于唐朝，但未成定制。自宋神宗熙宁七年（1074）在蜀置买马司，设官茶场（后二者合为茶马司），规定以四川的茶叶交换“西番”各族的马匹，这才确定为一种政策。宋代以后，除元朝外，明清两代都沿用宋制，在四川、陕西等地设立专门管理茶马互市的机构——茶马司。清康熙四十四年（1705）废茶马司，茶马互市也随之淘汰。茶马互市在中国历史上对繁荣农牧业经济，促进民族团结，曾起过积极作用。

查比尔·伊本·赫扬　Jābir ibn Hayyān（约721～约815）　阿拉伯炼金术士和医生。又称格伯。生于图斯（今在伊朗），卒于库费（今在伊拉克）。他的学术思想源于亚里士

多德的元素学说，但后者未能使他满意。他特别重视对硫和汞的研究，提出了凡金属皆能由硫和汞按不同比例组成的炼金学说。一生从事炼金术和医学研究，做了大量实验，企图将普通金属转变为贵金属。他注意实验技术，改进了古代的煅烧、蒸馏、升华、熔化和结晶等方法。著有《物性大典》、《七十书》、《炉火术》、《东方水银》等，内容涉及面广，包含丰富的化学知识和实践。例如，其中记载了硝酸、王水、硝酸银、氯化铵、升汞等的制法，并首先引用了碱、锑等化学术语。他的大量著作（包括许多冒名的拉丁文著作）传入欧洲，对中世纪欧洲炼金术有着较大影响，一直流传到18世纪近代化学开始时。

查德威克　Chadwick, Sir James（1891-10-20～1974-07-24）　英国实验物理学家。生于曼彻斯特，卒于剑桥。1911年毕业于曼彻斯特大学。历任利物浦大学教授，剑桥大学戈维尔和凯尔斯学院院长。1927年当选为英国皇家学会会员。1945年被封为爵士。

主要从事原子核物理学的实验研究。1914年他首先发现放射性物质的β射线能谱。1920年他通过铂、银和铜核研究α粒子的散射，第一次直接测出了原子核的电荷，证实了卢瑟福的原子理论和关于元素的核结构以及核电荷数与元素的原子序数相等的结论。他对科学的最大贡献是发现了中子。1930年德国的W.博特和约里奥-居里夫妇用氦核轰击铍观察到一种穿透性很强的辐射，认为它是一种γ辐射。而查德威克根据约里奥-居里夫妇的实验，敏锐地觉察到铍辐射绝不是γ辐射，很可能是卢瑟福在1920年所预言的、也是他多年寻找的——中子辐射。查德威克通过一系列实验研究，最后终于证实了中子的存在。由于这一重要发现，他获得了1935年诺贝尔物理学奖。

《查拉图斯特拉如是说》　*Thus Spoke Zarathustra*　F.尼采后期思想的重要代表作。第一部和第二部发表于1883年，第三部1884年，第四部1885年。此书在欧洲现代学术思想史上产生过重大影响。在20世纪20～30年代的中国也产生了不容忽视的影响。此书与一般的哲学著作不同，它用散文诗的语言来描写一位哲学家的流浪及教导，其哲学含义不易把握。查拉图斯特拉是古代波斯祆教的先知、创始人的名字，其为人所知的名字是琐罗亚斯德。大体上，第一部的主要内容是论述孤独的个人要自己掌握自己的命运，即在查拉图斯特拉的教诲下，使自己成为超人。第二部分的主要内容是张扬权力意志，批判基督教的宽恕、自我牺牲的处世原则，主张要建立新型的超人人格，使自己成为真理和道德的准绳，成为伟大完全的人。第三部主要论述“永远循环”论，尼采认为，“万物方来，万物方去，存在之轮，永远循环。万物方生，万物方死，存在之时间，永远运行”。“万物分离而相合，存在之循环对于自己永久真实。”第四部分考察部分接受教诲者，发现查拉图斯特拉以外，再没有人按本来面貌看待尘世。不过超人即将来临，于是，查拉图斯特拉再次转向世界，寻找超人并使他尽善尽美。

查理大帝　Charles the Great（约742～814-01-28）　法兰克王国加洛林王朝国王（768～814），查理曼帝国皇帝（800～814）。又译查理曼大帝。西欧中世纪初期最强大的统治者。生地不详，卒于奥斯特拉西亚的亚琛（今德国）查理是加洛林王朝开创者丕平（矮子）之子。查理统治期间对外进行了50多次战争，使法兰克王国成为控制西欧大部分地区的大帝国，疆域西临大西洋，东至易北河及波希米亚，北达北海，南抵埃布罗河及意大利中部。查理于800年圣诞节被罗马教皇加冕为罗马人的皇帝，史称查理大帝。法兰克王国遂称为查理曼帝国，以亚琛为统治中心。

查理大帝铜雕像

为了巩固统治，查理设立马克（边区），并分全国为若干伯爵辖区，委任藩侯及伯爵全权治理。他还封赐贵族和教会许多有特权的领地，查理和封建主都以领地内的庄园作为主要收入来源。查理利用罗马天主教会作为巩固统治的工具。查理重视文化教育，设立学校，罗致欧洲知名学者前往讲学，派人搜集和抄写大量古典文献，督促贵族和教会人士致力学习，这些成就被西方史家称为加洛林王朝文艺复兴。

查理曼帝国虽强盛一时，但境内各地区和各部族之间缺乏经济和文化上的联系，并缺少共同的经济基础。查理大帝死后不久，帝国即告分裂。

查理定律　Charles's law　气体等容变化所遵循的规律。可表述为：一定质量气体，当体积保持不变时，它的压强p和绝对温度T成正比，即p/T=常数。此定律只对理想

气体才严格成立，其他气体在压强不太高、温度不太低时也遵循这个规律。由J.-A.-C.查理1787年通过实验发现。

查理五世 Karl Ⅴ (1500-02-24～1558-09-21) 神圣罗马帝国皇帝(1519～1556)。见查理一世。

查理一世 Carlos Ⅰ (1500-02-24～1558-09-21) 西班牙国王(1516～1556)，神圣罗马帝国皇帝(1519～1556)。生于比利时根特，卒于西班牙圣赫罗尼莫-德尤斯特。1516年其外祖父斐迪南二世死后，继承王位。其祖父马克西米利安一世是神圣罗马帝国皇帝，1519年去世，查理一世又继承祖父的帝位，称查理五世。在位期间任意加税和征兵，对外发动战争，激起国内各阶层强烈不满。1521～1544年连续发动4次对意大利的战争获胜，控制意大利。与此同时，1535年出兵北非，从土耳其人手中夺取突尼斯（不久复失）。1539～1540年镇压尼德兰根特起义。在位时继续对美洲进行征服和殖民化战争。到16世纪中叶，中南美洲广大地区（除葡属巴西外）均被划入查理一世帝国版图。

作为德意志国王和神圣罗马帝国皇帝，查理一世反对德意志的宗教改革和农民战争。1551年法国出兵占领洛林。查理一世被迫于1555年与新教诸侯缔结《奥格斯堡宗教和约》，承认在德意志新教享有同天主教平等的权利。1556年，查理一世将西班牙的王位让与其子腓力二世，将神圣罗马帝国的帝位让与其弟斐迪南一世，自己隐居到西班牙卡塞雷斯的尤斯特隐修院，直至去世。

查理一世 Charles Ⅰ (1600-11-19～1649-01-30) 英国斯图亚特王朝国王(1625～1649年在位)。詹姆斯一世之子。生于苏格兰法夫郡，卒于伦敦。1625年6月18日召开第一届议会，查理一世在征收吨税和镑税等问题上同议会发生冲突。1637年6月23日苏格兰人民起义，反对在苏格兰强制推行国教会的祈祷仪式。查理一世为筹集镇压起义经费而于1640年召开议会，议会拒绝其要求。此届议会仅存在三个星期，称“短期议会”。同年11月为筹资再次召开议会。这次议会称长期议会，反对以国王为首的封建王党。1642年8月22日查理一世发动内战，失败。根据议会设立的高等法庭的判决，查理一世以暴君、叛徒、杀人犯和人民公敌的罪名在伦敦白厅前被斩首（见英国资产阶级革命）。

查莫罗人 Chamorros 大洋洲西北部的民族之一。人口约10多万(2000)。主要分布在马里亚纳群岛（包括关岛），为密克罗尼西亚人的一支。体质特征与马来人相近，文化亦受马来人的影响。使用查莫罗语，属南岛语系印度尼西亚语族。有以拉丁字母为基础的新创文字。行死者崇拜和祖先崇拜，并相信巫术，巫师多为女性。相传其祖先于4 000年前从东南亚陆续迁入。16世纪中叶西班牙入侵时，有10多万人，社会处在原始公社制解体阶段。经济以农业为主，种植水稻，兼营渔猎和采集。喜用龟甲和贝壳作装饰品，有将牙齿染成黑色的习俗。住房多为茅屋。民间传说和音乐丰富。1565年西班牙殖民者入侵，查莫罗人惨遭屠杀，仅幸存数千人。幸存者后与西班牙人及从菲律宾、墨西哥和邻岛等地迁来的移民逐渐混合，形成现代查莫罗人。固有文化已受各种外来因素的排挤，居民多已改信天主教。

查尼 Charney, Jule Gregory (1917-01-01～1981-06-16) 美国气象学家。生于旧金山，卒于波士顿。20世纪40年代初期毕业于美国洛杉矶加利福尼亚大学数学系，获博士学位。40年代后期在普林斯顿高等研究院工作，1956年任麻省理工学院气象系教授。曾当选为美国国家科学院院士、瑞典科学院和挪威科学院外籍院士。曾获美国气象学会罗斯比奖(1964)、国际气象组织奖(1971)、史密森学会霍奇金斯奖和英国皇家气象学会西蒙斯纪念金质奖章等。美国气象学会还将原后半世纪奖从1982年起改名为查尼奖。

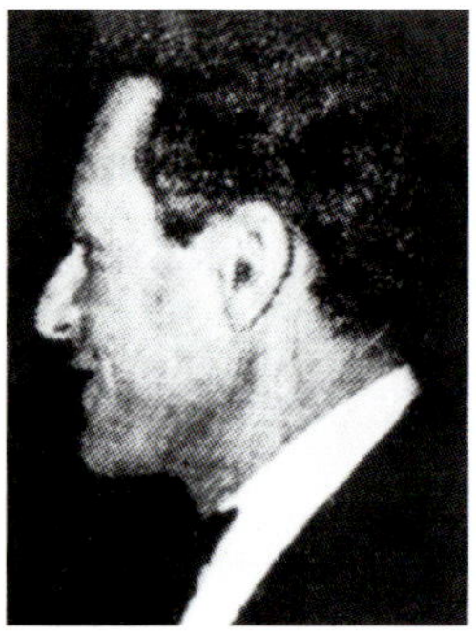

于40年代提出滤波理论，1947年发表《斜压西风气流的长波动力学》一文，提出斜压大气西风带长波不稳定性理论。以后发表《大气运动的尺度》和《大尺度大气运动数值预报的物理基础》等论文，为数值天气预报奠定了理论基础。1950年参加数值天气预报试验，成功地作出第一张数值天气预报图。60年代提出第二类条件不稳定性理论，70年代提出大气大尺度运动的分岔理论。主要论著还有《论大气运动的尺度》、《原始运动方程在数值预报中的应用》、《沙漠动力学与撒哈拉的干旱》等。

查普曼 Chapman, Sydney (1888-01-29～1970-06-16) 英国应用数学家和地球物理学家。生于英国兰开夏郡的埃克尔斯，卒于美国科罗拉多博尔德。毕业于曼彻斯特大学和剑桥大学。1919年后，历任曼彻斯特大学、伦敦帝国理工学院和牛津大学教授。1919年被选为英国皇家学会会员。1953年赴美国，在阿拉斯加大学地球物理研究所任顾问科学所长，并兼全国大气研究中心高山天文台高级研究员。早期在气体分子运动论方面有著名的查普曼-恩斯库格气体理论。他长期从事磁暴理论和极光的研究，预言磁层的存在。他用光化反应的原理解释高空臭氧层的存在；提出电离层的形成理论和夜光云的激发机制。先后获英国皇家学会等多个学会及美国地球物理学联合会的金质奖章；被选为美国、印度、挪威、芬兰和德国格丁根等科学院的外籍院士。曾任国际大地测量学和地球物理学联合会、国际气象学和大气物理学协会、国际地磁学和高空大气学协会等学会的主席。

查士丁尼一世 Justinian Ⅰ (483～565) 拜占廷帝国皇帝(527～565年在位)。518年，身为禁卫军首领的叔父查士丁即皇帝位，他被指定为继位人。527年被授予奥古斯都尊号，与叔父共同执政。同年8月，查士丁去世，他成为唯一的君主。532年查士丁尼一世镇压尼卡起义，重建圣索菲亚大教堂。为了征服周边国家，恢复对西罗马故土的统治，查士丁尼一世在东方与波斯萨珊王朝进行长期战争(527～532，540～561)。533年起，查士丁尼一世集中兵力向西发动战争。长期的对外战争，耗尽了国家的军事和经济实力，同时也未能制止斯拉夫人、保加尔人、匈奴残部和阿瓦尔人的不断入侵。565年查士丁尼一世去世后不久，征服地区大都丧失。

查士丁尼一世非常重视法律文献的整理和汇编。528年下令编纂法典，组成以法学家特里波尼安为首的法典编纂委员会。先后于529年编成《查士丁尼法典》(12卷)，533年辑成《法学汇纂》(50卷)以及《法学阶梯》，565年汇编《新律》。这4部法典统称《查士丁尼民法大全》，对后世西方各国的法律有重大影响。

查斯丁 Justin Martyr（约100～约165） 基督教早期教父。生于巴勒斯坦，先后师从斯多阿哲学家、亚里士多德主义者、毕达哥拉斯派学者及柏拉图主义者，直到成为基督徒后，才认为找到了真正完美的哲学。后半生在罗马任教。160年因递交护教书被捕，后被处死。他认为希腊哲学中的逻各斯即基督，基督乃是最完美的哲学家。被后世教会称作护教士。著有《护教论》两篇及《与犹太人特里风谈话录》。

查特吉 Chatterjee, Bankim Chandra（1838-06-26～1894-04-08） 印度孟加拉语小说家。生于西孟加拉胡格利，卒于加尔各答。自幼受到良好的教育和熏陶。1858年毕业于加尔各答大学并在政府部门任财务检查员。1869年就任法官。1872年创办、主编杂志《孟加拉之镜》。第一部长篇小说《拉贾莫汉之妻》（1864）用英文写成，后改用孟加拉语写作。一生共创作了12部长篇小说。历史小说如《将军的女儿》写17世纪印度人民反抗阿富汗人入侵的故事；《阿难陀寺院》描写18世纪中期印度北部人民反对英国殖民者的斗争。社会题材的长篇小说有《毒树》（1872）、《拉塔拉尼》（1875）等。在印度用小说的形式表现现实生活，他是首倡者之一。被誉为孟加拉语现代文学的先驱，对R.泰戈尔、普列姆昌德等人都有影响。

查特吉 Chatterjee, Sarat Chandra（1876-09-15～1938-01-16） 印度孟加拉语小说家。生于西孟加拉胡格利，卒于加尔各答。家境贫寒，中学毕业后无力上大学。父亲是一位酷爱文学的学者，对他影响很大。1901年与几位文学爱好者一起创办手抄本刊物《阴影》。1903年到缅甸仰光政府机关当职员。1916年回到加尔各答，专事写作，成为第一个孟加拉语职业作家。1934年达卡大学授予他荣誉博士学位。一生写了30部中长篇小说和许多短篇小说。早期的短篇小说大多描写家庭生活和母爱，后期作品着重揭露不合理的社会现象。《摩赫什》描写受宗教歧视的穆斯林佃农贫困的生活和无权的地位。《奥帕吉的天堂》叙述了贱民奥帕吉悲惨的一生。中长篇小说中，《斯里甘特》（4卷，1917～1933）描写斯里甘特和歌女相爱，但在传统道德观念的束缚下，最后被迫分手。小说展示了一幅从乡村到城市、从王公贵族到贱民各阶层社会生活的广阔画面。其他主要作品还有《道德败坏的人》（1917）、《秘密组织——道路社》（1929）等。

查文文化 Chavin Culture 南美洲古代印第安文明形成时期的重要文化。得名于秘鲁高原北部的查文·德万塔尔遗址。年代约为公元前900～前200年。主要分布在秘鲁北部和中部。此文化以猫科动物为主要的崇拜对象，其中尤以抽象化的美洲虎形象最为常见。查文·德万塔尔遗址由一组庭院和多座神庙组成，其中包括著名的卡斯蒂约神庙。神庙用方形石块砌成，规模宏大、结构复杂。供奉的主要是笑神和杖神，前者刻在一个花岗岩石柱上，高4米余，形象为一状似微笑的美洲虎；后者脸形像猫，两手各执一杖。陶器以马镫壶和敞口碗最具特色，纹饰则以神话图案多见。金属加工具有一定水平，出土的金属制品有耳坠、镯子、腰带、镊子等。有学者认为当时出现了统一政权。从陶器和绣花织物来看，查文文化对纳斯卡文化具有一定影响。1985年，查文考古区作为文化遗产被列入《世界遗产名录》。

察布查尔锡伯自治县 Qapqal Xibe Autonomous County 中国新疆维吾尔自治区伊犁哈萨克自治州辖县。位于自治区西部，西面与哈萨克斯坦毗邻。面积4 489平方千米。人口19万（2008），有锡伯、汉、维吾尔、哈萨克、蒙古、东乡等18个民族。清代为锡伯营放牧之地。1937年置河南设治局，1938年设河南县。1944年改称宁西县，1954年更名为察布查尔锡伯自治县。“察布查尔”原为清嘉庆年间锡伯人凿修之渠名，锡伯语有“粮仓”之意。境内森林遍布。野生动物有麝鼠、马鹿、旱獭、黄羊、野猪、雪鸡等。药用植物有贝母、紫草、甘草、大黄、党参、当归等。矿产有煤、铀、石油、铜、铁、水晶、玛瑙、云母、石英砂。主要种植小麦、玉米、水稻、高粱、大麦、糜子、豆类作物。经济作物有西瓜、亚麻、油菜、烟叶、啤酒花、甜菜等。主要牧养马、牛、羊、驴、骆驼、鹿。畜产品有各种毛皮、肠衣、鲜奶、肉类和酥油。工业有采煤、水泥、电力、建筑、制鞋、织毯、制烟、酿酒、农具修造、食品加工。名胜古迹有蒙古汗城海努克、准噶尔汗行宫殿遗迹、靖远寺（俗称“喇嘛苏木”）。旅游景点有何仁木旦桥（俗称二道桥）风景区、伊犁河漫滩次生林天然风景区和乌孙山自然风景区。

察尔汗盐湖 Qarhan Salt Lake 中国最大盐湖。又称察尔汗盐池。位于青海省柴达木盆地南部格尔木市与都兰县境内，包括达布逊湖、南霍鲁逊湖和北霍鲁逊湖，最低点海拔2 200多米。东西长168千米，南北宽20～40千米。面积约5 800平方千米。有格尔木河、素楼果勒河等10多条内流河注入，降水量极少。盐湖大部上覆坚硬盐壳，盐壳以下为盐层与晶间卤水，盐层最厚60米，储量530亿吨。晶间卤水属氯化物型，有丰富的钾镁光卤石伴生，为中国最大钾镁盐液体矿床。钾盐的储量仅次于死海，居世界第二位。青海钾肥厂年产氯化钾达100万吨。敦（煌）格（尔木）公路横跨盐湖长约32千米，系用盐铺造。青藏铁路也有32千米长的路基筑在盐湖上。

察尔汗盐湖景观

察哈尔民众抗日同盟军 Qahar Anti-Japanese Allied Forces 中国国民党爱国将领冯玉祥等人建立的抗日武装。1933年4～5月，日军侵入长城的同时，侵占察哈尔省（今分属内蒙古自治区和河北省）多伦、沽源等地。蒋介石坚持不抵抗政策，准备与日军签订停战协定。冯玉祥等接受中国共产党的建议和帮助，以国民军旧部为基础，于5月26日在张家口成立民众抗日同盟军，自任总司令，先后响应加入者七八万人。同盟军接受中共河北省前线工作委员

察哈尔民众抗日同盟军的骑兵队

会的指导，以方振武为北路前敌总司令，吉鸿昌为北路前敌总指挥，接连收复康保、宝昌、沽源及多伦等全部失地。蒋介石先后调遣16个师逼近张家口，并断绝平绥路交通。日军也同时向察省调动。8月上旬，冯玉祥在蒋军及日军的双重压迫下被迫下野，取消同盟军总部。吉鸿昌、方振武率部分队伍转入河北，继续斗争至10月中旬失败。

察罕帖木儿 Čaɣantemür (? ～1362) 中国元末将领。字廷瑞。畏兀儿人。曾祖阔阔台随蒙古军入河南，遂为颍州沈丘（今安徽临泉西北）人。至正十一年（1351），刘福通率红巾军攻占江淮诸州郡。十二年，察罕帖木儿结集地主武装数百人，与另一地主武装首领李思齐合兵攻破已为农民军占领的罗山（今属河南），元廷授为汝宁府达鲁花赤，渐拥兵至万人，屯驻沈丘。十六年，升兵部尚书，出兵陕州（在今河南三门峡西），败李武、崔德红巾军于淆陵（今河南渑池西）、灵宝，追击至晋南。十八年春，升为陕西行省平章政事，负责守御关、陕、晋、冀。十九年五月，发兵围红巾军宋政权都城汴梁（今河南开封）；八月，破城，韩林儿、刘福通逃奔安丰（今安徽寿县）。二十一年，率军攻山东红巾军，招降红巾军将领田丰、王士诚，破济南，围益都。升任中书平章政事、知河南山东行枢密院事。二十二年六月，被王士诚、田丰刺杀。

察合台 Chagatai; Čaɣadai (? ～1241-05) 成吉思汗正妻孛儿台所生第二子。成吉思汗建国后，以蒙古军民分授子弟，察合台得4 000户。1211年，随成吉思汗伐金。1213年，再次大举分道伐金，与术赤、窝阔台率领大军破太行山东西两侧诸州郡，大掠而还。1219年，随成吉思汗西征，与术赤、窝阔台同攻讹答剌，城破后，进取别纳客忒等地。随后与术赤、窝阔台奉命进攻花剌子模，陷其首都玉龙杰赤城。1222年夏，与成吉思汗合军，追击花剌子模算端札阑丁至申河。分封畏兀儿以西直至阿姆河之间的草原地区，驻帐于阿力麻里附近之虎牙思。成吉思汗逝世后，察合台遵照遗命拥戴窝阔台即大汗位，亲执臣属之礼；平时亦守臣下礼节，维护大汗尊严。他熟悉札散（法令），执法严峻。窝阔台对察合台极尊重，汗国大事，必先遣使咨商而后行。察合台先窝阔台7个月病逝。以次子抹土干（死于西征中）之子合剌旭烈为继承人。

察合台汗国 Chagatai Khanate; Čaɣadai Ulus 元朝西北宗藩国，统治中亚地区的蒙古汗国。成吉思汗次子察合台所建。最盛时，疆域东至吐鲁番、罗布泊，西越阿姆河，北到塔尔巴哈台山，南越兴都库什山。

成吉思汗建国后，分蒙古民4 000户属察合台；后分授诸子封地，察合台得到从畏兀儿境一直延伸至阿姆河以北的草原地区，这一带的城郭地区则由大汗直接派官管辖。察合台的大帐设在阿力麻里附近的虎牙思。1241年，察合台卒，次子抹土干之子合剌旭烈继立。1246年，贵由即大汗位后，废合剌旭烈，改立也速蒙哥为察合台汗国之主。蒙哥即位后，命拥护他的合剌旭烈归国复位。合剌旭烈在途中病逝，其妻兀鲁忽乃自监国政。1260年，元世祖忽必烈即位后，阿里不哥派察合台孙阿鲁忽去阿力麻里统治汗国。阿鲁忽从兀鲁忽乃手里夺取了汗国的权力，并不再听命于阿里不哥，转而承认忽必烈为大汗。忽必烈将按台山（阿尔泰山）至阿姆河间之地划归阿鲁忽统辖。阿里不哥亲率大军往攻阿鲁忽，阿鲁忽避居斡端（又译忽炭，今新疆和田）。其后双方约和，阿鲁忽娶兀鲁忽乃为妃，稳定了统治地位。1265年阿鲁忽卒，兀鲁忽乃未得大汗忽必烈允许，立己子木八剌沙为汗。忽必烈遣抹土干之孙八剌持诏回国继承汗位。八剌回国后，夺取汗国的兵权，后废黜木八剌沙，自立为汗。不久，与海都发生战争，遭到失败。1269年，八剌与海都在答剌速河畔举行大聚会，划分了各自在中亚的势力范围。1271年八剌卒。其子笃哇在海都的支持下即位，从此察合台汗国即被海都所控制。1301年，随同海都与元朝军队大战于帖坚古山（阿尔泰山与扎卜哈河之间），笃哇中矢受伤，海都亦受伤致死。笃哇从海都诸子中择立察八儿为汗，控制了窝阔台汗国，并率先向元成宗铁穆耳请和，重新承认元朝皇帝的宗主地位。不久，笃哇与元朝联兵击败察八儿，吞并了大部分窝阔台汗国领地。1306年笃哇卒，其子宽阇继立，继续实行与元朝友好的政策。宽阇死后，汗位为抹土干之孙答里忽所得，笃哇诸子举兵反对，国内大乱，察八儿趁机谋图复国，笃哇子怯别杀答里忽，并击败察八儿等，召集忽里台，立其兄也先不花为汗。也先不花为扩大牧场，率军入寇元朝，被元军击败。1320年，也先不花死，怯别立，1323年，与元朝恢复友好，此后双方经常遣使往来。怯别统治时期，察合台汗国统治中心逐渐西移。怯别在那黑沙不附近筑一城，名合儿昔（qarši，意为宫殿），为可汗居地。1326年，怯别死，其子燕只吉台继立。1330年怯别弟笃来帖木儿继承汗位。同年，元政府颁布《经世大典》，其中附图称察合台汗国为笃来帖木儿位下，与钦察汗国、伊利汗国相并列。

1331年，怯别之弟答儿麻失里继汗位，在位期间，他下令摒弃佛教，皈依伊斯兰教。1334年，笃来帖木儿之子不赞起兵争位，答儿麻失里战败，被擒杀。不赞改变了答儿麻失里推崇伊斯兰教的政策，优容基督教、犹太教。不赞在位仅数月，同年即为笃哇之孙敞失取代。敞失常驻阿力麻里，使此城恢复了其昔日的重要地位。不久，敞失被谋杀，其弟也孙帖木儿继立。从也先不花到也孙帖木儿，察合台汗国东西部一直维持着统一。后来窝阔台后王阿里算端篡夺了也孙帖木儿的汗位。阿里算端之后，宽阇之孙麻哈没的统治了察合台汗国。不久，察合台后王牙撒兀儿之子合赞又取代了麻哈没的汗，称合赞算端汗。1346年，合赞算端在与大臣合扎罕的战争中被杀，此后继立的察合台汗成为诸侯的附庸，各部也竞相选立傀儡汗，使察合台汗国陷于分裂。合扎罕控制了汗国西部，立窝阔台后王答失蛮为汗；1349年，又废杀答失蛮汗，立笃哇之孙拜延忽里为汗。合扎罕死后，其子乌巴都剌杀死拜延忽里汗，立也孙帖木儿之子铁穆耳沙。控制今南疆地区的秃忽剌氏贵族卜剌只宣布秃忽鲁帖木儿（又译吐虎鲁克帖木儿）是也先不花之子，并于1348年立为汗。1360年以后，他两度率领大军入侵阿姆河以北地区，并留其子亦剌思火者驻兵其地，使东、西察合台汗国得到短暂的统一。1362年，秃忽鲁帖木儿死，立麻哈没的汗之子阿的勒算端为可汗。此后，帖木儿的势力迅速发展起来，他击败自己的同盟者迷里忽辛，废杀阿的勒算端汗，另立燕只吉台之子合不勒为汗，并陆续兼并各部诸侯，自称算端，不断向外扩张，西察合台汗国于是演变为帖木儿帝国。

察合台文 Chagatai script 从中世纪到20世纪20年代书写东突厥古典文学语言的一种阿拉伯字母系统的拼音文字。除通行于中国新疆和中亚外，莫卧儿王国和埃及也曾使用过。察合台一词源于以成吉思汗次子的名字取名的察合台汗国。始用于重建其汗国的察合台后裔笃哇汗时期（1274～

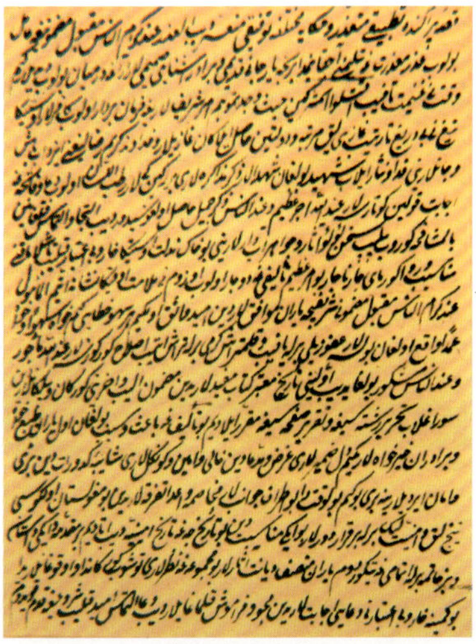

察合台文文书

1306)。语文学上指察合台汗国的突厥人及突厥化的蒙古人使用的书面语言。

对察合台语的定义和分期，突厥语言学家尚无一致看法。一般认为，8～9世纪的回鹘语延续到喀喇汗王朝（10世纪下半叶至13世纪初）时，称作哈喀尼耶语（喀什噶尔语）。13世纪以后，分化为三支，其中一支是在回鹘-葛逻禄语基础上吸收西突厥语某些成分发展起来的东支（维吾尔、乌兹别克等语言），在帖木儿时期被称作察合台语。直到19世纪末，是维吾尔、乌孜别克、哈萨克、柯尔克孜、塔塔尔等民族的共同书面语。

察合台文有28～32个字母。有的字母专用于拼写阿拉伯-波斯语源的词。词中的元音往往省略。字母分词首、词中、词末、单独等形式。除字母外，还有辅助符号。从右至左横书。阿拉伯-波斯语源的词，依阿拉伯-波斯文正字法拼写；一部分维吾尔语固有词受阿拉伯-波斯文正字法及回鹘文书写传统影响，其音节仅由辅音构成。词干与某些后缀不连写。察合台文具有超方言的性质。察合台文献除较晚的铅印本外，多用阿拉伯字母的“纳斯塔里克体”（正体字）传抄。现代**维吾尔文**是察合台文的延续。

察举 assessing system 中国古代主要行于汉代到隋代的一种选官制度。王朝设立各种科目，指定有关官员贡上相应人才，经朝廷检验后录用或升迁。定期的岁举，有孝廉、秀才等科；即时的诏举，有贤良、文学、明经、有道等科。察举对象既有平民，也有现任吏员。

汉代察举，始于汉文帝诏举贤良方正能直言极谏者；元光元年（前134）汉武帝下诏郡国每年察举孝廉，正式确立了岁举制度。特科贤良、方正、有道、敦朴、明阴阳灾异，要进行对策，按指定的策题发表政见；明经科则要射策，即考试经术。

秀才初为特举，在西汉后期成为岁举，举主为刺史。遂形成了州举秀才、郡举孝廉的体制。东汉因避**汉光武帝刘秀**名讳，秀才改称茂才。茂才来自现任官吏，举后任以更高官职。孝廉则进入郎署做郎官，承担宫廷宿卫，然后选拔为官。东汉和帝规定，郡国每20万人岁举孝廉一人。顺帝阳嘉元年（132），制定了孝廉科儒生考试经术、文吏考试笺奏之制。西晋初年又确定了秀才对策之制，五策皆通拜为郎中。南北朝时，考试日益变成察举制的中心环节。唐初参加科目考试者可以“投牒自进”，即自由报名。这样，察举制也就演变为中央设科招考、士人自由投考的科举制了。

察隅县 Zayü County 中国西藏自治区林芝地区辖县。位于自治区东南部边境，邻云南省，横断山脉、伯舒拉岭山脉地带，察隅河支流桑曲左岸。南邻缅甸。面积31 659平方千米。人口3万（2008），是西藏僜人主要聚居区，有藏、汉、蒙古、白、傈僳、纳西、土家等民族。明代属桑昂曲宗管辖，1960年改设桑昂曲宗县，1966年改为察隅县。平均海拔约2 300米。属喜马拉雅山南翼亚热带湿润气候，年平均气温11.8℃，平均年降水量约1 000毫米。农业发达，农作物一年两熟，除主产水稻外，尚有玉米、小麦、黄豆、花生及各种蔬菜等。经济果木有桃、梨、香蕉和茶叶等。亚热带山区分布着云南松、华山松、云杉、冷杉、檀木、樟木、楠木等丰富的森林资源。产食用菌和天麻、杜仲、贝母、三七等中药材。畜牧业以牦牛、犏牛、绵羊、山羊等为主。工业有电力、粮油加工等小型工业和木碗、木盒、竹编盒、马鞍等民族手工业。

察隅原始林

檫树 *Sassafras tsumu*; sassafras 樟科檫木属的一种。落叶乔木。又称桐梓树、黄楸树。檫木属除此种外，还有美洲檫木和台湾檫木两种。中国主要分布在浙江、江西、湖南、湖北、安徽、江苏、四川、贵州、广东和广西。

树高可达35米，胸径2.5米左右。顶芽大，具鳞片。叶互生，全缘或2～3裂，羽状脉，叶柄细长。花两性，黄色，有香气。核果呈紫黑色或蓝黑色。喜光，不耐蔽阴。喜温暖湿润气候。在土层深厚、疏松、排水良好的酸性红壤或酸性黄壤上生长良好。檫木可采用栽植造林，也可采取萌芽更新或分根繁殖。木材坚硬致密，是良好的造船、建筑、家具用材。枝、叶、根含芳香油，可作药用。种子含梓油，用于制造油漆。根皮、树皮含有鞣质，可提炼鞣酸。

拆借 call loan 一种按天计算的借款。又称拆放、拆款、拆票。拆借通常以1～2天为限，多则1～2周，或事先约定期限，但最多一般不超过1个月。借款人可随时归还，放款人也可随时通知借款人归还。拆借按日计息，称为拆息。拆息率每天不同，甚至一天之内也有变化。拆息率的高低，灵敏地反映着资金市场供求状况。拆借有两种情况：一种是商业银行之间的相互拆借；另一种是**商业银行**对**证券市场**经纪人的拆借（通知放款）。商业银行之间的拆借，主要是互相买卖它们在**中央银行**的超额准备金存款余额：各金融机构在一天营业结束后，可能形成资金的多余或不足，不足者不能保证第二天正常营业，多余者资金闲置，因此有必要进行临时性资金调剂，即拆借。

拆迁安置补偿费 demolition settlement compensation 中国在城市规划区内国有土地上实施房屋拆迁，需要对被拆迁房屋的所有人补偿、安置的费用。补偿标准按国家的《城市建设房屋拆迁管理条例》及各省、市、自治区制定的实施细则有关规定计算。拆迁补偿的方式可以实行货币补偿，也可以实行房屋产权调换。货币补偿的金额，根据被拆迁房屋的区位、用途、建筑面积等因素，以房地产市场评估价格确定。实行房屋产权调换的，拆迁人与被拆迁人应当结清产权调换的差价。拆迁非公益事业房屋的附属物，不作产权调换，由拆迁人给予货币补偿。拆迁公益事业用房的，拆迁人应当依照有关法律、法规的规定和城市规划的要求予以重建，或者给予货币补偿。拆迁人应当对被拆迁人或者房屋承租人支付搬迁补助费。

柴达木盆地 Qaidam Basin 中国三大内陆盆地之一。属封闭性的巨大山间断陷盆地。位于青海省西北部。四周被**昆仑山脉**、**祁连**

柴达木盆地西部的风蚀丘陵

山与阿尔金山所环抱，面积约25万平方千米。“柴达木”是蒙古语“盐泽”的意思。

地势由西北向东南微倾，海拔自3 000米渐降至2 600米左右。地貌呈同心环状分布，自边缘至中心依次为洪积砾石扇形地（戈壁）、冲积-洪积粉砂质平原、湖积-冲积粉砂黏土质平原、湖积淤泥盐土平原。地势低洼处盐湖与沼泽广布。盆地西北部戈壁带内缘，绵延分布百米以下的垅岗丘陵群。盆地东南沉降剧烈，冲积与湖积平原广阔，主要湖泊如南霍鲁逊湖、北霍鲁逊湖和达布逊湖等。盆地东北部有若干小型山间盆地。河流大部为间歇性，主要分布于盆地东部，西部水网极为稀疏。

属高原大陆性气候，以干旱为主要特点。年降水量自东南部的200毫米递减到西北部的15毫米，年平均相对湿度为30%～40%，最小可低于5%。盆地年平均气温在5℃以下，气温变化剧烈，绝对年温差可达60℃以上，日温差也常在30℃左右，夏季夜间可降至0℃以下。

柴达木盆地自然景观为干旱荒漠，主要土类为盐化荒漠土和石膏荒漠土。植被稀疏，种类单纯，总共不足200种，以具有高度抗旱能力的灌木、半灌木和草本为主，盐生植物较多。野生动物主要有野骆驼、野驴、野牦牛、黄羊、青羊、旱獭、狼、马熊、獐、狐、獾等。由于垦殖和捕猎，野生动物大为减少，有的濒于绝迹。

柴达木盆地已探明矿点200余处，计50余种，其中盐、石油、铅锌和硼砂储量丰富，食盐总储量达600亿吨左右。芒硝、钾盐、硼酸盐具有工业开采价值。出现了格尔木市、冷湖镇、大柴旦镇和茫崖镇等一批新兴城镇。

柴尔德 Childe, Vere Gordon（1892-04-01～1957-10-19） 英籍考古学家。以欧洲和近东史前考古学的综合研究著称。生于澳大利亚悉尼。在悉尼附近的蓝山进行地质考察时失足身亡。早年毕业于悉尼大学和牛津大学，1927～1946年任爱丁堡大学教授。自1940年起，为不列颠学院院士，担任马克思主义杂志《现代季刊》编辑。后被选为德意志民主共和国科学院通讯院士。曾任英中友好协会副主席。柴尔德以领导苏格兰和北爱尔兰各地的发掘、特别是苏格兰奥克尼群岛的斯卡拉布雷的史前（旧石器时代）遗址的发掘而享有声誉。曾受马克思主义唯物史观的影响。主要著作有《史前时代的多瑙河》、《青铜时代》、《欧洲文明的黎明》，以及《人类创造了自己》（中译本名《远古文化史》）、《工具的故事》（中译本名《工具发展小史》）等科普性著作。他还注意考古学理论问题的研究，著有《社会演化》等书。

柴伐蒂尼 Zavattini, Cesare（1902-09-29～1989-10-13） 意大利电影编剧、电影理论家。生于卢扎拉，卒于罗马。曾就学于帕尔马大学。20世纪20年代末从事新闻记者和文学创作工作。1935年开始电影创作，编写《我可付一百万》、《云中四步曲》等剧本。柴伐蒂尼认为电影艺术必须进行创新；主张拒绝“杜撰的故事”情节，使用非专业的演员；认为摄影机应该注视普通人的日常生活。40～60年代，他为导演V.德·西卡编写的剧本有《孩子们在注视着我们》、《天国之门》、《擦鞋童》、《偷自行车的人》、《温别尔托·D》、《屋顶》、《乔恰拉》、《70年的薄伽丘》等。G.德·桑蒂斯导演的新现实主义影片《罗马11时》也是他的编剧。60年代后德·西卡又执导了他编剧的《昨天，今天，明天》、《意大利式的结婚》、《阿尔托那的幽禁者》、《向日葵》、《我们叫他安德列》、《短暂的休息》等。在1979年莫斯科国际电影节、1982年威尼斯电影节先后获荣誉奖。

柴科夫斯基 Tchaikovsky, Peter Ilyich（1840-05-07～1893-11-06） 俄国作曲家。生于维亚特卡省卡姆斯克-沃特金斯克，卒于圣彼得堡。1850～1859年就读于圣彼得堡法律学校，并选修音乐课，毕业后进入司法部任职，同时钻研音乐。1861年入俄罗斯音乐协会的音乐班学习。1862年柴科夫斯基成为圣彼得堡音乐学院第一批学生。1863年辞去司法部职务。1865年毕业，毕业作品康塔塔《欢乐颂》（J.C.F.von 席勒诗），获得银牌奖。同年他应G.R.鲁宾斯坦之邀任教于新成立的莫斯科音乐学院，并开始了紧张的创作活动。由于教学任务繁重，柴科夫斯基为自己不能以全部精力投入创作而苦恼。1877年7月柴科夫斯基和A.N.米柳科娃结婚，不久即离异。创作与教学工作的矛盾和婚姻带来的不幸，使柴科夫斯基精神负担沉重。1876年，柴科夫斯基与富孀梅克夫人建立了通讯友谊。梅克夫人从1877年开始，每年给予柴科夫斯基以优厚的经济资助，使柴科夫斯基辞去音乐学院的教职，把自己的全部精力投入创作。从1877年到他去世的10多年间，是柴科夫斯基在创作上获得辉煌成就的时期。他的第四、第五、第六交响曲以及标题交响曲《曼弗雷德》，歌剧《叶甫盖尼·奥涅金》、《玛捷帕》、《黑桃皇后》、《伊奥兰特》，舞剧《睡美人》、《胡桃夹子》，《小提琴协奏曲》、《意大利随想曲》、《1812序曲》及许多浪漫曲等，都是这一时期的名作。他一生中多次去西欧旅行，并于1891年赴美国指挥演奏自己的作品。1893年5月接受英国剑桥大学授予的名誉博士学位。

柴科夫斯基的作品涉及范围广泛。歌剧是其创作的重要领域，一生共作有歌剧11部。其中最卓越的是《叶甫盖尼·奥涅金》和《黑桃皇后》。这两部歌剧的脚本都是根据A.S.普希金的同名作品改编的。《叶甫盖尼·奥涅金》（1878）的音乐以悠长、抒情的旋律，细致表现人物心理为特征。《黑桃皇后》（1890）的音乐在刻画人物性格、表达戏剧冲突上具有强烈的艺术感染力。他的3部舞剧音乐：《天鹅湖》（1875～1876）、《睡美人》（1889）和《胡桃夹子》（1892），都已成为世界舞剧艺术中影响巨大的作品。

柴科夫斯基共写了6部交响曲和1部标题交响曲。第一、第二、第三交响曲写于19世纪60～70年代，属于生活风俗性和抒情性作品，在主题上往往采用民歌素材；后3部交响曲以及《曼弗雷德》交响曲转向深刻的心理刻画，它们的主题思想都属于表现主人公对幸福的渴望和阻挠幸福的“厄

歌剧《黑桃皇后》在莫斯科大剧院演出（1964）

运”之间的矛盾冲突。f小调《第四交响曲》(1878)和e小调《第五交响曲》(1888)的序奏主题是“厄运”的象征，贯穿整个交响曲的4个乐章，全曲的最后都在凯旋式的尾声中结束。b小调《第六交响曲》(1893)接受其弟莫杰斯特的建议，题名为《悲怆》。此曲是柴科夫斯基悲剧性交响曲创作的高峰。标题交响曲《曼弗雷德》(1885)根据G.G.拜伦的同名诗剧写成，抑郁寡欢的主人公的最后命运是充满悲剧性的。

在器乐协奏曲方面，比较突出的作品是降b小调《第一钢琴协奏曲》(1875)和《D大调小提琴协奏曲》(1878)。前者是一部明朗乐观的作品，后者也是一部充满欢乐情绪的作品。他还写了一些著名的单章性的作品，如幻想序曲《罗密欧与朱丽叶》(1869)、《1812序曲》(1880)、《意大利随想曲》(1880)等。《罗密欧与朱丽叶》是接受M.A.巴拉基列夫的建议而作，取材于W.莎士比亚原著，概括地表现了原著的主题思想。《1812序曲》是应鲁宾斯坦之约，为莫斯科救主大教堂重建落成而作。救主大教堂于1812年毁于拿破仑入侵，故题名为《1812序曲》。这是一部以音乐描绘战争的通俗性乐队作品。《意大利随想曲》反映了柴科夫斯基多次旅居意大利所得到的生活感受，特别是意大利民歌所唤起的鲜明印象。为数不多的室内乐作品以他的D大调《第一弦乐四重奏》(1871)和《a小调钢琴三重奏》(1882)最为著名。这两部作品都显示了柴科夫斯基在室内乐方面所具有的鲜明民族风格的独创性。特别是《第一弦乐四重奏》的第二乐章“如歌的行板”，以乌克兰民歌《瓦尼亚坐在沙发上》为主题，脍炙人口。他的浪漫曲风格多样，内容广泛，情感真挚。

柴科夫斯基的创作深刻地反映了19世纪下半叶处在腐朽的沙皇专制制度下，俄国知识分子对光明的向往，对黑暗现实的苦闷压抑的感受。他继承了M.I.格林卡以来俄国音乐发展的成就；又注意吸取西欧音乐文化发展的经验，重视向民间音乐学习；他把高度的专业创作技巧和俄罗斯民族音乐传统很好地结合起来；他把清晰而感人的旋律、强烈的戏剧性冲突和浓郁的民族风格富于独创性地有机地融合在他的作品中，为俄国音乐文化和世界音乐文化作出了宝贵的贡献。

柴荣 Chai Rong (921～959) 中国五代后周的皇帝。954～959年在位。见后周世宗柴荣。

柴油 diesel oil 轻质石油产品，碳原子数为10～22的烃类混合物。压燃式发动机(柴油机)燃料。主要由原油蒸馏、裂化、石油焦化等过程生产的柴油馏分调配而成。按沸点范围可分轻柴油（沸点范围为180～370℃）和重柴油（沸点范围为350～410℃）。前者用于高速柴油机（如汽车用柴油机），燃烧热效率比汽油机高，可以减少燃料用量约1/3，广泛用于大型车辆。后者多用于铁路机车、舰船。柴油燃烧性能的主要指标为十六烷值，即把自燃性最好的十六碳正构烷的十六烷值定为100，以自燃性差的α-甲基萘的十六烷值定为零，所测标准燃料的十六烷值是表示相当于含十六烷的百分数（重量）的十六烷与α-甲基萘混合物的燃烧性能。为了减少对环境的污染，对柴油的含硫、氮量也有要求。

柴油机 diesel engine 用柴油作燃料的内燃机。属于压缩点火式发动机。因其主要发明者为R.狄塞尔而又被称为狄塞尔引擎。吸入柴油机气缸内的空气因活塞的运动而受到压缩，达到500～700℃的高温。同时借助喷油设备（喷油泵、高压油管、喷油器等），将燃油以雾状喷入燃烧室，与高温高压的空气混合形成可燃混合气并达到自燃温度，随即自动着火燃烧。燃烧中释放的能量作用在活塞顶面上，推动活塞并通过连杆和曲轴转换为旋转运动的机械功。

分类 可按不同特征分类：按转速分为高速、中速和低速柴油机，按燃烧室型式分为直接喷射式、涡流室式和预燃室式柴油机，按气缸进气方式分为增压和非增压柴油机，按冲程可分为二冲程、四冲程柴油机，按气体压力作用方式分为单作用式、双作用式和对置活塞式柴油机，按用途分为汽车、工程机械、拖拉机、船舶、车辆、发电、其他工业用和农业用柴油机等。

2 000马力柴油机

燃烧室 根据气缸压力和温度的变化，柴油机燃烧过程一般分为着火延迟期（滞燃期）、速燃期、缓燃期和后燃期4个阶段。燃烧室按组织燃烧过程的特点和结构不同分为开式、半开式、预燃室式和涡流室式4类。前两类属于直接喷射式燃烧室，后两类属于分隔式燃烧室。

燃油供给系统 按柴油机负荷情况精确计量燃油并适时将其以高的压力喷入燃烧室的装置。喷入的油束与燃烧方式相匹配，使燃油与空气形成有利于燃烧的可燃混合气。按系统的构成形式，可分泵-管-嘴系统、泵喷嘴系统和共轨系统三大类。按系统的控制方式，可分为机械控制和电子控制（电控）两大类。

豺 *Cuon alpinus*; red dog 食肉目犬科豺属的一种。又称豺狗。因全身赤棕色，也称红狼。特产于亚洲东部，从寒带直到东南亚、印度尼西亚均有分布。在中国东北到西南

均有分布。体型比狼小而大于赤狐，下颌每侧具2个臼齿，体长95～105厘米，尾长45～50厘米；尾毛长而密，呈棕黑色，类似狐尾。栖居于从针叶林到热带雨林的丘陵山地的广泛生境。群居，经常组成3～5只的小群，或10～20只的大群一同出没。听觉和嗅觉极发达，行动快速而诡秘。豺以群体围捕的方式猎食。食物主要是鹿、麂、麝、山羊等有蹄类动物，有时亦袭击水牛。性凶猛，胆大，凡与之遭遇的大小动物无不畏惧。繁殖力强，雌豺有6～8对乳头，妊娠期2～3个月，冬季产仔，每胎2～7仔。今中国东北和华北地区已近于绝迹。

禅定 dhyāna; meditation 佛教术语和修持实践。禅与定的合称。禅是梵文音译“禅那”的略称，意译“思惟修”，新译“静虑”。思惟修的意思，是审视思惟对象境界；说静虑者，心体寂静安宁故能够审虑。禅定之“定”，梵文音译为“三昧”。意为：心定止一境而不散乱。禅定是一种专注而宁静的精神境界，是心的一种状态。禅是色界之法，定为无色界之法，其中各有四等之浅深，称作四禅四定。禅定是原始佛教以来就一直强调的三学（戒、定、慧）之第二，佛教认为在持守规戒的前提下，静心专注地思虑佛教的真理，就可以悟入正道，发生智慧。禅定又是大乘佛教六种解脱之道（六度/六波罗蜜）之一，以后又是十种波罗蜜之一。作为重要的修持手段和悟道证道的途径，禅定具有许多功德利益。禅定的内容形式，在中国佛教宗派中有一定侧重含义：天台宗强调止观并重，定慧双修；禅宗则强调无相无念无住，反对静坐凝心、住心看定之类。

禅宗 Zen 中国佛教宗派。以菩提达摩为中国始祖，故又称达摩宗；也因自称得佛

达摩宗始祖达摩立像

心印，又称为佛心宗。达摩于北魏末活动于洛阳，倡二入四行之修禅原则，以《楞伽经》授徒。弟子有慧可，僧璨为再传。璨弟子为道信。信弟子弘忍立东山法门，为禅宗五祖。门下分赴两京弘法，名重一时。其中有**神秀**、**慧能**二人分立为北宗渐门与南宗顿门。神秀住荆州玉泉寺，晚年入京，为三帝国师，弟子有嵩山普寂、终南山义福；慧能居韶州曹溪宝林寺，门下甚众，以慧能为六祖。后为禅宗正宗。相传南北二宗之争，始自五祖弘忍选嗣法弟子。神秀作偈为：“身是菩提树，心如明镜台；时时勤拂拭，勿使惹尘埃。”忍以为未见本性。慧能也作一偈：“菩提本无树，明镜亦非台；本来无一物，何处惹尘埃。”忍以为得其禅之心要，故密授法衣，认可其嗣法地位。以后北宗主张拂尘看净之渐修；南宗主张顿悟而即身成佛，认为舍离文字，直探心源，闻言当下大悟，顿见真如本性才是修禅正途。其禅法可概言为无所住而生其心，即由定发慧。慧能的**《六祖坛经》**为禅宗代表著作，其所依经典有《楞伽经》、《金刚经》、《大乘起信论》等。

慧能弟子中最负盛名的是南岳怀让（677～744）与青原行思（？～740）。另有**神会**居洛阳荷泽寺，创荷泽宗，被尊为七祖。门下有磁州智如、益州南印等。怀让住南岳衡山，创南岳系。青原住江西吉安，创青原系。怀让弟子道一（709～788）尊称马祖。其门下怀海影响最大，称洪州禅。怀海弟子有黄檗希运，沩山灵佑。希运门人义玄（？～867）在河北镇州创临济宗。灵佑与其弟子仰山慧寂（814～890）创沩仰宗。行思门下石头希迁（700～790）一系数传至洞山良价，再传至曹山本寂，师徒共创曹洞宗。希迁另一弟子天皇道悟数传至义存（822～908），其门下师备之再传文益（885～958）创法眼宗，住金陵清凉寺；师备同门文偃（？～949）住韶州云门山，创云门宗。晚唐至五代，禅宗发展极盛。两宋之后，儒道释三教合流，禅宗风格略变，大量“公案”、“诵古”文字著述问世。宋代，临济宗中又分出方会（992～1049）所创之杨歧宗和慧南（1002～1069）所创之黄龙宗。元明之后，禅净合流形势大成，禅宗衰微。禅宗流入朝鲜始于神秀门下之新罗僧信行（704～779），所传为北宗禅。马祖门下之道义则将南宗禅带到朝鲜（820）。越南禅宗最早为天喜禅派，为从僧璨受禅法之毗尼多流支（？～594）所创；南宋时，日僧荣西在天台山受法，禅宗临济黄龙派随传入日本；南宋末中国僧人东渡日本又传去杨岐禅法。13世纪初日僧道元又将曹洞禅法带至日本。

缠足 footbinding 中国古代在汉族中流行的以布帛缠脚使之变形的陋习。又称裹小脚。女孩年幼时，用布将除拇指外的脚趾压向脚掌用力缠裹，使脚趾向脚跟靠拢令脚短小，同时使脚掌由扁平变为尖圆。裹成的小脚尖瘦，形如莲瓣而称金莲，一般能裹至四五寸，最小者三寸，成为“三寸金莲”。缠足女子脚掌无法使力，站立行走皆不自如，有弱柳扶风之态，历代文人雅士常有吟咏小脚的诗句。有说起源于战国。六朝乐府《双行缠》说明当时已有缠足。宋代缠足者渐增，成为富有、权势人家的象征。明清时期发展到极致，汉族妇女不缠足甚至难以嫁出。缠足限制了女性的行动，使她们远离社会经济活动的主流，大多数裹足妇女只能过一般的家居生活。清顺治、康熙帝曾下令严禁缠足，太平天国军队所到之处也废止缠足，康有为成立“不缠足会”，发起天足运动。但直至民国初年，政府发布劝禁缠足文并通告各省，不从者重罚，此陋习才告结束。

蝉 Cicadidae; cicada 同翅目蝉科昆虫的统称。因雄虫发音响亮，俗称“知了”。全世界约3 000种，中国约100余种。体粗壮中大型。头部有3个单眼，呈三角形排列。触角短小，鬃状。前胸短阔，领状；中胸背板特别发达，后方呈“X”形隆起。翅膜质，脉纹粗。前足开掘式。雄虫腹部第1节两侧有发音器，发音响亮。

蚱蝉

半变态。卵产在植物组织内。孵化后若虫钻入土中生活，危害植物根部。若虫的蜕皮可入中药，称“蝉蜕”。成虫生活在植物上，刺吸汁液，危害嫩枝。中国北方常见种类有蚱蝉、蛁蟟、蟪蛄等，南方常见种类有红蝉（红娘子）等。

澶渊 Chanyuan 中国古地名。一指古代中原地区的湿地：①在今河南濮阳市西北。春秋卫地。《春秋》襄公二十年（前553）：“夏六月庚申，公会晋侯、齐侯、宋公、卫侯、郑伯、曹伯、莒子、滕子、薛伯、杞伯、小邾子，盟于澶渊。”杜预注：“澶渊在顿丘县南，今名繁汙。此卫地，又近戚田。”《水经注·河水》：“《春秋·襄公二十年经》书：公与晋侯、齐侯盟于澶渊。杜预曰：在顿丘县南，今名繁渊。”②约在今安徽萧县、砀山间。春秋宋地。《春秋》襄公三十年（前543）：“晋人、齐人、宋人、卫人、郑人、曹人、莒人、邾人、滕人、薛人、杞人、小邾人会于澶渊，宋灾故。”杜注：“澶水在宋。”二指北宋澶州（治今河南濮阳南）。北宋景德元年（1004）辽宋在澶州会盟，因澶州郡号澶渊（当因郡治西北古有澶渊得名），故称**澶渊之盟**。

澶渊之盟 Chanyuan Treaty of Alliance 中国北宋与辽在澶州（今河南濮阳附近）缔结的一次盟约。澶州亦名澶渊郡，故史称澶渊之盟。北宋景德元年（1004），辽萧太后和辽圣宗发兵南下，抵达黄河边的重镇澶州城北，威胁宋朝的都城东京开封。宋朝大臣王钦若等多主张迁都，唯有宰相寇准力请宋真宗亲征。宋真宗被迫北上。宋军在澶州射杀辽将萧挞凛（一作览），辽军士气受挫。宋真宗在寇准一再催促下，登上澶州北城门楼，以示督战。宋、辽两军出现相峙局面。辽军因折将受挫，表示同意与宋议和。宋真宗只希望辽军能尽快北撤，不惜代价，于是遣使向辽求和。十二月，宋、辽商定和议，约定宋朝每年给辽绢20万匹、银10万两，沿边州军各守疆界，两地人户不得交侵，不得收留对方逃亡的“盗贼”，又约定宋、辽为兄弟之国。盟约缔结后，宋、辽形成长期并立的形势，两国之间不再有大的战事，为中原与北部边疆经济文化的交流创造了条件。

蟾蜍 *Bufo*; true toad 两栖纲蟾蜍科蟾蜍属动物的统称。有250多种，中国有15种和3个亚种。除马达加斯加、大洋洲、巴布亚新几内亚、南太平洋岛屿以外，几乎遍布各大洲。体形相差较大，一般50～110毫米。皮肤甚粗糙，满布大小瘰疣，有耳后腺，瞳孔水平椭圆形，上颌无齿，舌后端无缺刻；

肩带弧胸型，无肩胸骨，有毕德氏器。体背面颜色差异很大，一般多为黄褐、绿褐、暗褐、棕褐或红褐等色，其上有斑或无斑；腹面浅黄色，多有灰色斑，或腹后部有一较大深色斑。

蟾蜍生活于海拔4 300米以下的多种生态环境中，以陆栖为主，不善跳跃，多爬行。白天常隐蔽在荒野或田边草丛中、土穴内、石块下，黄昏时出外活动和觅食。南方的

几种蟾蜍

蟾蜍因气温较高可不冬眠或冬眠期很短，夏季因气温过高常有夏眠情况；北方的蟾蜍多在每年10～11月潜伏在水底泥内或岸边潮湿的沙土内冬眠。行体外受精，一般产卵0.3万～1万粒，卵在胶管内交错排成2～4行；卵呈黑色。蝌蚪尾较弱，仅两口角有唇乳突。蟾蜍常有迁徙行为，如美国的大平原蟾蜍曾有百万只集群向北迁徙，持续35～40天。一般寿命十余年。在中国传统医学中，蟾蜍皮肤和耳后腺体的分泌物可入药，称为蟾酥。皮肤分泌物和卵有毒，人食后可引起中毒反应，甚至致死。

蟾蜍素 bufogenins 蟾蜍耳后腺及皮肤腺的分泌物中的毒性成分之一。分泌物中另一毒性成分是蟾蜍素的酯类蟾蜍毒素。它们都具有乙型强心苷元的骨架结构。主要蟾蜍素及其取代基如下：①蟾毒灵，取代基为3β-OH、14β-OH。②华蟾毒精，取代基为3β-OH、14β-OH、16β-OAc。③蟾毒素，取代基为3β-OH、14β,15β-环氧。④华蟾毒素，取代基为3β-OH、5β-OH、14β,15β-环氧、16β-OAc。⑤去乙酰华蟾毒精，取代基为3β-OH、14β,15β-环氧、16β-OH。⑥去乙酰华蟾毒素，取代基为3β-OH、5β-OH、14β,15β-环氧、16β-OH。⑦日蟾毒素，取代基为3β-OH、11α-OH、14β-OH。⑧蟾毒他里定，取代基为3β-OH、5β-OH、14β-OH、10β-CHO。蟾蜍毒素经酶、酸或碱水解可得蟾蜍素，它们都具有解毒、消肿、止血和升高血压的功能。

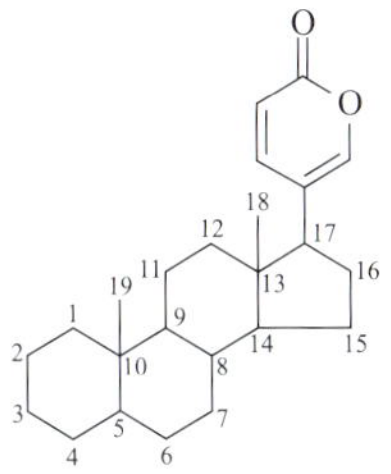

蟾鱼目 Batrachoidiformes; toadfish 硬骨鱼纲一目。仅蟾鱼科1科，分为蟾鱼亚科、孔蟾鱼亚科和毒蟾鱼亚科3亚科，共19属69种。产于大西洋、印度洋及太平洋。中国不产。体长一般为20～40厘米。头大。眼位于背侧。口大，口缘由前颌骨及上颌骨组成。某些种类的胸鳍腋部具1孔。腹鳍喉位，具1鳍棘，2～3鳍条。鳃3对，鳃盖膜与峡部相连。鳃盖条6。体一般无鳞，某些种类具小圆鳞。大多数种类体黄褐色。具鳔。部分种类背鳍棘和鳃盖棘为实心，一般无毒腺；有些种类，其毒器主要是张开的鳃盖上具一空心强棘和竖起的空心背鳍棘，其尖棘均具有管槽状毒腺沟，毒腺位于其内，分泌水溶性毒液。人被刺后受伤部位肿胀、麻木、范围迅速扩大，剧烈疼痛放射至整个上肢。患处局部出现紫绀；重者有时并发恶心、呕吐、下痢、冷汗、呼吸促迫、休克和继发性感染，以及种种全身症状。

蟾鱼类生活于沿岸、咸淡水的沙质或泥质底海域，底栖，少数种类能生活于淡水内。某些种类能用鳔发出响声。也能在水外生活数小时。

产后出血 post-partum hemorrhage 胎儿娩出后24小时内阴道出血量达到或超过500毫升的病理现象。正常分娩时失血150～300毫升，若产程处理恰当还可降低。产后出血是产妇死亡的重要原因之一，也是产科严重并发症之一，发生率约2%。其原因按发生率多少依次为子宫收缩乏力（70%～75%）、胎盘滞留、软产道损伤、凝血功能障碍。大出血可引起失血性休克、贫血或诱发产褥感染。休克未及时抢救，可危及产妇生命；休克时间过长，即使挽救生命，还可产生垂体功能减退等后遗症。

子宫收缩乏力性产后出血 各种因素使子宫肌纤维收缩及缩复不良，不能正常止血而引起的产后出血。子宫收缩乏力可因子宫局部及全身因素造成。特点是胎盘娩出后阵发性子宫出血，有血块，子宫体软。处理原则为迅速加强宫缩，制止出血，并补充血容量。

胎盘滞留性产后出血 胎儿娩出后胎盘滞留或剥离不全均可影响宫缩，造成出血，特点是出血发生在胎盘娩出前，检查胎盘后可确诊。处理原则为协助胎盘剥离或娩出。

软产道损伤性产后出血 胎儿娩出过快、胎儿过大或由阴道手术助产造成，最常见为会阴、阴道裂伤。特点是胎儿娩出后即出现持续性鲜红色阴道出血。检查软产道局部有裂伤。处理原则为立即缝合。

凝血功能障碍性产后出血 诊断根据临床病史及血不凝固现象，辅以化验检查。处理原则为：首先消除病因、杜绝促凝物质的来源，发病早期应在有新鲜血输入的基础上给抗凝药。继发纤溶期则应静脉滴注纤溶抑制药。

有时几种出血原因同时存在，又互相影响。第三产程中子宫翻出，可以造成产后出血，但罕见。

产品标准化 product standardization 对产品（或零件）的质量、品种规格、零部件、元器件通用等方面规定统一的技术标准，并使之贯彻实施的过程。标准化的零件称作标准件。标准化后，就可以根据不同的需要、用途，按照规定的标准组织生产和使用。

标准化是近代大工业生产的产物，1798年，美国首先提出大量生产可互换零部件的概念。1901年，英国成立了世界上第一个国家标准团体。1906年，世界上最早的国际性标准团体——国际电工委员会成立。1947年，成立了至今世界上最大的国际标准化机构——国际标准化组织，中国于1978年9月加入。

实行标准化能简化产品品种，加快产品设计和生产准备过程，保证和提高产品和工程质量，扩大产品零件、部件的协调性和互换性，便于产品的使用和维修，促进科研成果和新技术、新工艺的推广，合理利用能源和资源，降低产品和工程成本，提高劳动生产率。

产品合格认证 product conformity certification 由可以充分信任的第三方认证机构证实，某产品质量符合特定标准或其他技术规范的活动。标准或其他技术规范是产品认证的基础。以标准为基础而实施的产品认证，称之为产品合格认证。通常，产品合格认证是以自愿采用的标准为依据而进行的认证，因此又称自愿性认证，其主要作用是：指导消费者选购性能良好的商品，增强企业的市场竞争能力，全面提高产品的性能和提高企业持续稳定地生产符合标准要求的能力。

产品认证制度 product quality certification system 通过颁发认证证书和认证标志来证明某一产品符合相应标准和技术要求的规程。又称产品质量认证。是商品经济发展的产物。

1903年，英国出现了世界上第一个认证标志——风筝（BS）标志，并于1922年按英国商标法注册。1971年，国际标准

化组织成立了认证委员会(1985年改名为合格评审委员会)。随后，国际电工委员会(IEC)、国际电器设备鉴定规程委员会(CEE)等机构，先后建立了电子元器件认证组织(IECQ)、电工产品安全认证组织(IECEE)，并颁布了各种规程，形成一个以国际标准为基础的国际产品质量认证制度。

在中国，1981年建立了第一个认证委员会——中国电子元器件认证委员会。2001年8月成立了国家认证认可监督管理委员会，同时使用国家认证认可监督管理局的名称。1991年5月7日，国务院发布了《产品质量认证管理条例》。1992年1月30日，国家技术监督局发布了《产品质量认证管理条例实施办法》、《产品质量认证委员会管理办法》、《产品质量认证质量体系检查员和检验机构评审员管理办法》、《产品质量认证证书和认证标志管理办法》。1993年通过、2000年修订的《中华人民共和国产品质量法》也对产品质量认证作了规定。中国对产品质量认证实行自愿原则，内容包括认证对象、认证依据、认证方式、认证种类、认证原则、认证的条件和程序、认证的法律后果等规定。

产品生命周期论 product life cycle theory 美国经济学家R.费农提出的一种从技术进步、发展新产品等动态因素来解释贸易结构变化的理论。

产品生命周期包括三个阶段：产品创新阶段，产品成熟阶段和产品标准化阶段。

①在产品创新阶段，产品创新国的国内市场容量一般比较大(主要表现为人均收入高)、开发和研究资金比较多，在开发新产品、采用新技术等方面占有优势。因而新产品往往在发达国家首先出现，国际投资的流向也是由发达国家到不发达国家。

②在产品生命周期的第二阶段，即产品成熟阶段，新技术日益成熟，产品基本定型。为降低产品成本，阻止国外竞争者的仿制，占据国外更大的市场，产品创新国的生产企业就会开始对国外进行投资，在当地建立子公司进行生产和销售。

③在产品生命周期的第三阶段，即产品标准化阶段，产品和技术均已经标准化，生产厂家所拥有的垄断技术优势已经消失，竞争主要集中在价格上。生产厂家开始在发展中国家进行直接投资，转让其已经标准化的技术。

费农认为在新产品的生命周期中，要素投入量的比例是变动的。在周期的第一阶段，新产品设计尚需改进，工艺流程也未定型，需要科技人员和高度技术熟练工人投入大量劳动，因此产品是技术密集型的。到第一阶段末期和第二阶段，产品大致上业已定型。这时的新产品成为成熟产品。到了周期的第三阶段，相对来说，劳动熟练程度已经不是重要因素，产品和工艺流程都已经标准化。这时的产品称为标准化产品。

产品生命周期理论解释了企业为什么要到国外直接投资，为什么能够到国外直接投资，以及到什么地方投资的问题。一般认为，这个理论符合美国企业初期对外直接投资的特点。

随着时间的推移，费农进一步发展了其产品生命周期论，引入"国际寡占行为"来解释跨国公司的对外直接投资行为。

产品系列化 product serialization 对规格复杂、用途相同的工业产品加以选择、定型、归类和分档，形成有规则的系列，以缩减同类产品的品种规格，发展结构先进的产品品种的一项技术措施。一般是先按产品的用途和结构形式等进行分类，然后从规格复杂的同类型产品中选定一种性能好、用途广的产品为基本型号，再以此为基础，按产品规格的大小合理分档，淘汰多余型号或补充必要型号，使产品成为完整的系列产品。产品系列化可以较少的系列产品来适应最广泛的用途，有利于扩大产量，方便使用和维修，提高专业化程度，缩短产品和工艺装置设计与制造的期限。它是适应市场需要，统筹解决生产和使用之间矛盾的一项重要措施，是工业生产由低级阶段向高级阶段发展的重要标志。

产品质量法 product quality law 调整产品质量监督管理以及生产经营者对其生产经营的缺陷产品所致他人人身伤害或财产损失应承担的赔偿责任所产生的社会关系的法律规范的总称。对缺陷产品造成的损害，各国多以产品责任法予以规范和调整，即只规定生产经营者与消费者之间因缺陷产品损害而产生的损失赔偿责任。尤以美国和德国为代表。中国全国人大常委会于1993年2月22日通过、1993年9月1日起施行的《中华人民共和国产品质量法》，在规定产品质量监督管理等问题的同时，规定了缺陷产品损害赔偿的有关问题。

产品周期 product life cycle 产品从初创到退出市场的整个生命过程。又称产品寿命周期。它一般经过导入、成长、成熟、饱和和衰退等阶段。

产品导入期是产品生命的开始，它直接把科研成果转化为商品，生产上处于试制阶段并进行市场试销。这一时期产品质量不稳，市场处于开拓之中。在产品成长期，市场迅速开拓，销售量大增，转入大批量生产，生产成本迅速下降，单位产品边际利润在成长期末达到最大。这是产品周期中的黄金时期。到了产品成熟期，产品销售量继续上升，利润总额仍在增加，但由于产品售价降低，而单位产品成本反而上升，所以边际利润开始下降。这一时期市场用户趋于稳定，企业着眼新产品的研制开发。在产品饱和期，销售量已很难增加，产品价格降低对产品销量增长也无大意义，边际利润继续下降，企业也不宜扩大生产。而产品衰退期则表明此产品的市场正在逐渐丧失，销售量急剧下降，边际利润几乎降为零，产品将最终退出市场。

产前检查 prenatal examination 从月经停止、出现早期妊娠反应开始，一直到分娩这段期间内，对孕妇及胎儿所作的临床检查。在280天妊娠期中，孕妇体内各系统要发生一系列适应胎儿发育的生理变化，以

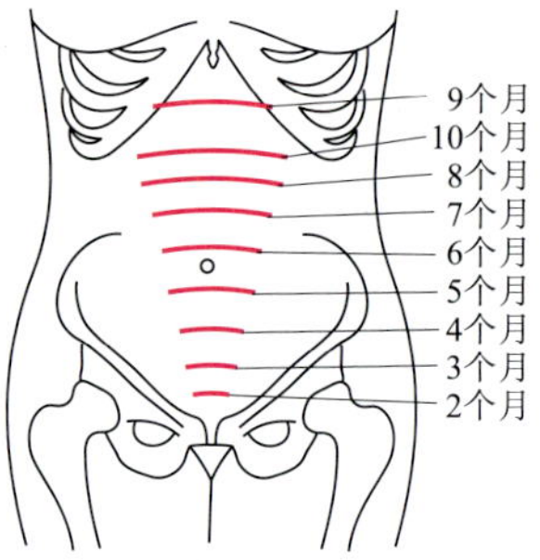

图1 妊娠各月份子宫底的高度

便妊娠末期能顺利娩出胎儿。若这些变化超出生理范围，就会形成病态，严重时可损害孕妇健康，妨碍胎儿发育。若孕妇本身患有某些疾病，妊娠亦受影响。应对母婴进行定期检查，以及早发现并防治并发症，纠正异常胎位及异常产科情况，能较早期确定分娩计划，提高围产儿成活率，顺利完成分娩过程。产前检查时还要对孕妇进行卫生自我监护指导，及时发现妊娠异常表现。

产前检查包括以下几个方面。

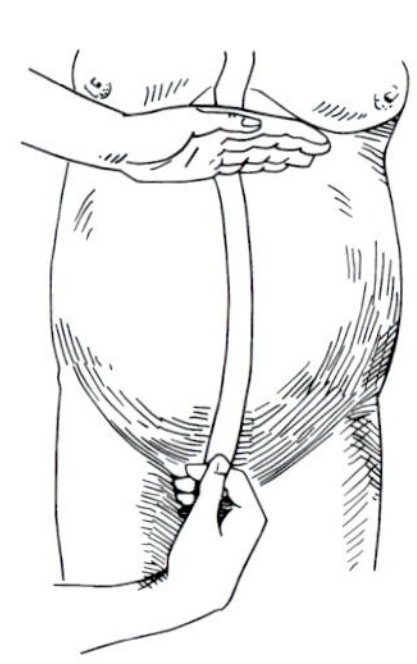

图2 用软尺测量子宫底高度

病史 除询问年龄、结婚年龄、孕产次、职业、住址等外，要推算预产期，算法按末次月经第一日算起，月份减3或加9，日子加7。要注意有无早孕反应、发热、感冒、病毒感染、用药史及其他不适，既往孕产史，末次妊娠或流产/分娩日期，有无难产史，要询问前几胎新生儿出生时体重，有无窒息等情况。询问有无高血压病、心脏病、结核病、血液病、肝肾疾病史，做过何种手术，有无药物过敏史。对35岁

以上的初产妇应予特别重视。了解配偶情况（如有无肝炎、结核等传染病史）。家族中有无双胎、糖尿病、高血压病或遗传病患者。

全身检查　观察发育营养状况、步态、身材，注意有无染色体异常的征象，有无心脏及肾脏异常。测量体重、血压，注意有无全身淋巴结肿大，甲状腺、心、肺、乳房是否正常，腹部有无其他包块，肝脾情况，脊柱四肢有无畸形、水肿等。

腹部检查　排尿后注意腹部形态，测量子宫底高度，四段触诊摸清胎位，听胎心。

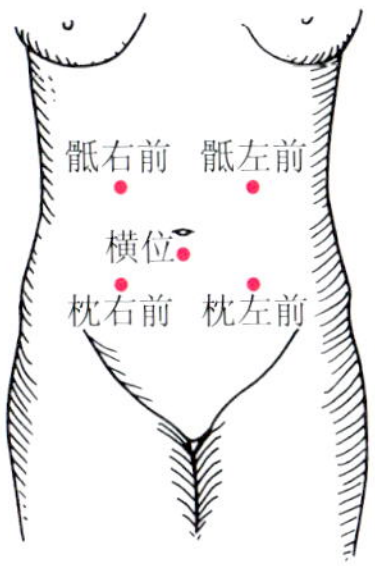

图3　胎心音听诊位置

骨盆测量　骨盆是胎儿从母体阴道娩出的必经通道，妊娠28～34周产前检查时必须仔细测量骨盆大小。可借此初步确定有无骨盆狭窄、畸形等，预测足月时若无其他特殊情况能否自阴道自然分娩。骨盆测量分骨盆外测量与内测量两部分。

化验检查　常规查血常规、血型、尿常规、肝功能、乙型肝炎病毒表面抗原，胸部透视，有条件者则早孕时应查有无风疹病毒、巨细胞病毒、单纯疱疹病毒及弓形虫的特异免疫抗体球蛋白。

B型超声检查　妊娠20周左右作一次B超检查，了解胎儿头径、胎盘、羊水并除外胎儿畸形。妊娠36周后作B超检查可复核胎位，除外前置胎盘，估计胎儿成熟情况。

产科复诊　目的是复核初诊检查的结果，监测妊娠过程的进展；及早发现异常，及时处理以预防严重并发症的出现；指导孕妇认识分娩预兆及产程进展情况。第一次复诊为初诊后两周，妊娠28周前每4周一次，28周以后每2周一次，36周后每周一次。

自我监护　28周后指导孕妇自我监护，每天数胎动，每小时胎动少于3次提示胎儿可能有宫内异常。还可教其丈夫每天监听胎心音，正常胎心率120～160次/分。坚持进行自我监护可及早发现异常迹象，提高围产儿成活率。

高危妊娠门诊　估计分娩有困难的孕妇，应在高危妊娠门诊检查，根据具体情况密切随诊，必要时作一些特殊检查。

遗传咨询门诊　考虑胎儿可能有畸形或先天性疾病者（包括染色体病和先天性代谢病）应到遗传咨询门诊就诊，根据情况作以下特殊检查：①妊娠9周以后取绒毛检查胎儿染色体有无异常，或取绒毛作基因检查以诊断胚胎有无单基因或多基因病，亦可做酶测定诊断有无先天性代谢病。②妊娠14～20周测母血清甲胎蛋白及人绒毛促性腺激素单位值。检查胎儿是否为唐氏综合征，若结果为高危，应进一步行羊水穿刺，查羊水细胞染色体核型以明确诊断。③妊娠16～18周时抽取羊水作细胞培养，检查胎儿染色体。④检查羊水上清液内其他生物化学物质以诊断相应疾病。⑤作B超诊断胎儿有无畸形。⑥必要时于孕15～17周时作胎儿镜检查，可直接窥视胎儿全貌，判断有无先天畸形。也可于孕18～20周时于脐带的胎盘附着端抽取胎儿血检查有无胎儿血液疾患、内分泌、胎儿代谢或胎儿免疫学等疾患。

其他特殊检查　根据具体情况作试验，以了解胎儿肺、肾、皮肤等成熟度、胎盘功能等。

产权　property right　所有者对财产享有的占有、使用、收益、处置和经营权利的总称，即财产所有权。所有权主体有自然人和公司、团体、国家等法人。所有权客体主要是表现为生产或经营要素的资产，也包括用于个人消费的财产。对智力活动成果享有的权利称作知识产权。

产权表现为人与物的关系，体现的是人们之间的财产关系，是生产资料所有制的具体表现。所以，产权既是一个经济范畴，又是经济关系的法律表现。

所有权的特点　①具有绝对性。所有者不需要他人的协助，就可以直接实现自己的权利。②具有排他性。未经所有者同意，其他任何人不能分享所有权。

所有权的内容　占有权，是对财产控制的权利；使用权，是为了满足所有者需要，对财产加以运用，使其发挥作用的权利；收益权，是从财产上取得经济利益的权利；处置权，是对财产加以处置的权利，如转让、出卖、捐赠等。经营权，是使用权的一个方面。通常所说的经营权是对所有权的体现，一般由所有者行使，从而占有财产带来的收益。从这个意义上讲，所有权与经营权是一致的。财产的所有者将资产委托他人经营，如实行股份制、承包、租赁，是所有权和经营权的分离。而对财产实际行使占有、支配和使用权的人，并不拥有对这些财产的所有权，无权最终处置它。

产褥感染　puerpural infection　分娩和产褥期（多在分娩后第2～10天）生殖道细菌性感染造成的局部和全身炎症性病变。产妇四大死亡原因之一。在此期间内凡体温间隔24小时，有2次达到或超过38℃者即可诊断，故又称产褥热。女性生殖器官具有一定的防御功能，分娩降低或破坏了这些功能，增加了细菌入侵产道的机会。若产妇因种种原因体质下降，正常寄居阴道的细菌便从创面侵入。妊娠末期性交及盆浴，分娩过程消毒不严或器械敷料不洁，均可将细菌带入生殖道引起感染。

临床表现　因发病时间、感染部位、致病菌种的量及毒力、病情轻重之不同而异。一般均有不同程度的发热、下腹痛、子宫复旧差、局部压痛，阴道脓血性分泌物，有时出现炎性盆腔包块、精神疲惫、食欲不振，严重者可出现神志烦躁甚至昏迷、感染性休克等。

诊断　诊断依据为感染病史和发热等临床表现及外周血白细胞计数升高。

治疗　一旦感染出现应及时处理。要促进炎性分泌物的引流，并根据病情有针对性地给予抗生素类药物。甲硝唑或替硝唑治疗厌氧性细菌造成的产褥感染效果良好。

产翁　couvade　父系氏族制向母系氏族制过渡时期的一种习俗。男子通过模仿妇女生育，以加强与初生婴儿的血肉联系，从而确定孩子为父亲所生所有，并获得像母亲一样的亲权。其俗是妇女分娩后数天或立即起床，照常参加劳动生产，丈夫代替妻子卧床，模拟产妇生产孩子的情景，并抚育婴儿。亲友前来探望，向他致贺。产翁坐月期间一如产妇，受到特殊的照顾和医疗护理，禁吃某些食物，禁止从事生产劳动，不许触摸某些物件等。

在中国，古代的僚人、越人、金齿人曾盛行此俗，20世纪初仡佬等族仍有保留。法国的巴斯克人、科西嘉人，南非的卡菲尔人，南美洲部分印第安人也有此俗。

产业　industry　社会分工的产物，生产力发展的必然结果，在不同历史时期和不同理论研究领域中有不尽相同的含义：指财富、家产，如土地、房屋、工厂等；指具有某种相同属性的企业经济活动的集合，如工业、农业，一般不包括商业；有时泛指一切生产事业，包括农业、工业、交通运输业、餐饮服务业等；有时专指工业，如产业革命。

性质　产业是具有某种相同属性的企业经济活动的集合。同一产业的经济活动具有相同或相似的性质。它既不是某一企业的某些经济活动或所有活动，也不是部分企业的某些或所有经济活动，而是指具有某种同一属性的企业经济活动的总和。一个产业可以由一二个或多个企业（例如在单独垄断或双头垄断的市场条件下）的同类经济活动所组成；一个企业也往往不只从事某项单一经济活动而可能从事包括多种类型的经济活动，即从事多产业（跨行业）经营。例如，把直接从自然界获取的产品，直接依赖自然的农作物栽培和牲畜饲养等生产活动称为农业；把采取自然资源制造生产资料、生活资料，或对农产品、半成品等初级产品进行加工的生产活动称为工业。这些产业的经济活动各自都有其共同的属性或特征：从需求角度来说，是具有同类或相互密切竞争关系和替代关系的产品或服务；从供给角度来说，是具有类似生产技术、生产过程、生产工艺等特征的物质生产活动或类似经济性质的服务活动。与产业之间的各种技术经济关系、产业之间的联系方式等。

分类方法　产业的分类方法有：关联方式分类法、三次产业分类法、国际标准分类法、两大部类分类法、农轻重产业分类法、生产要素分类法等。第二次世界大战后，西方国家大多采用了三次产业分类法。中国对产业的划分是：第一产业为农业，包括农、林、牧、渔各业。第二产业为工业，包括采掘、制造、自来水、电力、蒸汽、热力、煤气和建筑各业。第三产业分为流通和服务两部分，共4个层次：①流通部门，包括交通运输、邮电通信、商业、饮食、物资供销和仓储等业。②为生产和生活服务的部门，包括金融、保险、地质普查、房地产、公用事业、居民服务、旅游、咨询信息服务和各类技术服务等业。③为提高科学文化水平和居民素质服务的部门，包括教育、文化、广播、电视、科学研究、卫生、体育和社会福利等业。④为社会公共需要服务的部门，包括国家机关、政党机关、社会团体以及军队和警察等。

产业机器人　industrial robot　能够控制、可再编程、多目的和具有三个以上自由度操作或移动功能的自动机械。又称工业机器人。已成为最有效的自动化生产加工设备之一和柔性制造系统的重要支柱。

1954年，美国的G.C.德沃申请具有记忆和重复操作功能的机器人专利。1962年前后生产出产业机器人。60年代中期，日本、英国等相继引进产业机器人并开展相应的研究工作。80年代初，第一代的示教再现型产业机器人开始普及，具有感觉（触觉、视觉等）功能的第二代产业机器人也开始投入使用。80年代中期，中国将产业机器人与智能机器人分别列入国家科技攻关与高新技术发展计划。90年代，第三代产业机器人——智能机器人得到蓬勃发展。

种类和功能　产业机器人可按运动形态、运动轨迹、驱动方式、输入信息方式进行分类。按手臂运动形态可分为直角坐标型（图c）、圆柱坐标型（图a）、极坐标型（图b）和多关节型（图d）。直角坐标型活动范围大；极坐标型能俯仰、回转和伸缩；圆柱坐标型能上下、伸缩和回转；而多关节型动作灵活、可以绕开障碍抓取工件，已成为产业机器人的主流。按驱动方式分类，有液压式、气动式、电动式产业机器人3种。液压式的操作力大、体积小（与气动相比）、动作平稳，但漏油问题不易解决，油路管道多，安装维修不方便。气动式比液压式干净，但出力比液压小，常用于简易机器人，作为机器人的手爪夹紧机构。电动式传动机构体积小、反应灵敏，有利于提高机器人的速度。按输入信息方式可分为可编程序型机器人、数控机器人和智能机器人。可编程序型机器人是根据在线编程（示教）或离线编程的程序按顺序进行各阶段动作的操作器。数控机器人是按照数字键盘所给的顺序、条件、位置和其他信息进行作业的操作器。智能机器人是通过感觉和识别来决定行动的机器人。机器人按照控制方式可分为点位控制和连续轨迹型。前者只严格控制机器人的手从一点到另一点的位置，不控制移动轨迹，例如抓放式机器人。后者不但严格控制起止位置，还严格控制移动轨迹，例如焊缝的长度和形状都是确定的，要求机器人的手严格按照焊缝进行焊接。

工业中应用较多的是示教再现机器人和有感觉的产业机器人。①示教再现机器人。这种机器人的编程由操作员通过示教操作盘或直接把持操作器末端的执行器（手爪）来完成。随着技术的发展，产业机器人的烦琐示教作业已经可以在图形模拟的环境中进行，其生成的程序直接送给机器人或通过互联网对异地机器人进行再现控制。②有感觉的产业机器人。机器人若装上传感器（触觉、视觉），就能判断工作对象的位置是否正确。如果工件在正确位置上就直接抓握，并把工件装到机床或托板上，或者卸下来。如果工件的位置与规定位置不符，则根据传感器的信号进行修正后再抓握。具有视觉的是一种较为完善的机器人系统，它能根据视觉输入信息及时在计算机中形成关节的位置和路径数据，并控制手臂动作，而不必预先用编程方法确定位置和路径数据。

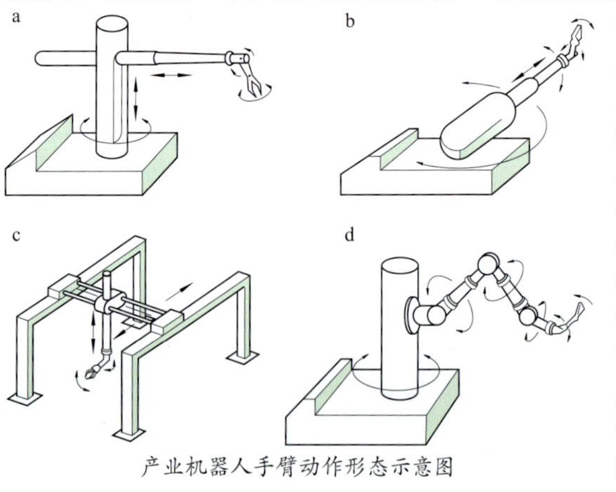

产业机器人手臂动作形态示意图

应用与展望　产业机器人主要用于工业领域，如压力加工、机械加工、焊接、喷涂、装配、电镀、铸造等，并向建筑、采掘、农业、林业、水产、社会福利、核能、航天、海洋等应用领域扩展。

产业结构　industry structure　各产业部门之间以及每个产业部门内部的对比关系和结合状态。产业结构有时也专指物质生产部门之间的对比关系和结合状态，例如轻工业、重工业、农业之间，工业、农业与运输业之间，原材料工业与加工工业之间，农、林、牧、副、渔之间的对比关系和结合状态。

从不同的角度可以将产业结构划分为不同的类型。大体有：①农轻重结构。即按照生产对象的性质和生产方法，把社会物质生产部门划分为农业、轻工业和重工业三大产业部门。每一产业部门内部还可进一步划分为分部门和行业。②劳动密集型和资金密集型产业结构。劳动密集型产业是指那些需要资金少，而需要劳动投入量多的产业；资金密集型产业则是指高资金投入与高技术结合的产业。③四次产业结构。即按照加工的层次把整个国民经济划分为第一产业、第二产业、第三产业（见产业）和第四产业。

影响产业结构的因素主要有：①生产力发展水平。这是最基本因素。生产力发展水平低，首先必须考虑发展农业，其次才是发展基础工业；而当农业和基础工业有了较大发展时，则可以发展加工制造业；在生产力高度发展的情况下，第三、第四产业就成为社会的主导产业。②产业政策。主要是通过促进或限制某些产业的发展，改造产业结构，调整各产业之间以及内部的相互关系，实现社会总供给与社会总需求的基本平衡。③资源构成状况和分布特征。一个国家的自然条件好、矿产资源丰富，农业和采掘业就可能成为整个产业结构的核心；一个国家的劳动力资源丰富，发展劳动密集型产业就会更有利；一个国家技术力量雄厚、加工制造能力强，第二产业就会发达起来。

铲　shovel　中国古代兵器、武术器械之一。由生产工具演化而来。中国商代有青铜铲，战国时期开始用铁铲。铲刃部呈凸弧形，装以长柄，刃与柄呈丁字形，柄尾有刃。明《武备志》卷一〇四载有铲的图形，铲头似弯月，月牙朝上，注明铲柄“长小尺一丈，尾有刃，以便后刺”。在古代，民间或僧侣多用铲，平时可代替扁担负重，或供开路使用。铲的用法与叉近似，击法有推、压、拍、支、滚、铲、截、挑等。单式动作有“童子拜佛”、“乌龙摆尾”、“二郎担山”、“出山门”等招式，在演练中多走身法，风

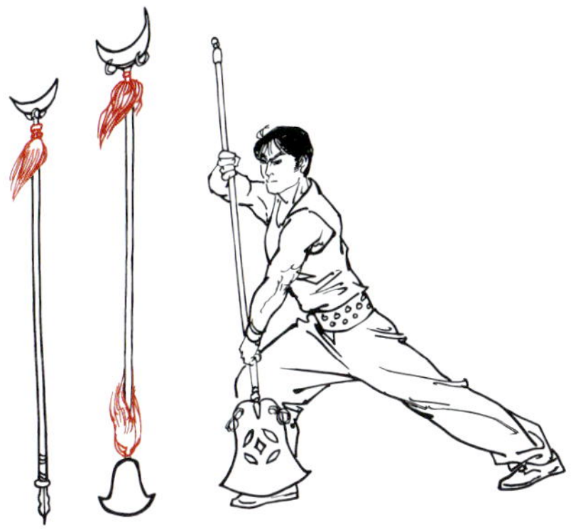

格别致。单练套路有“方便铲”、“月牙铲”，对练套路有“月牙铲对枪”等。

忏法 repentance rituals 佛教徒忏悔罪业的仪则和修习止观的行法。起于东晋的道安，南朝流行，梁、陈之际尤甚。历代僧人撰制了不少忏法的佛书。今流行的有《梁皇忏》、《法华三昧忏仪》、《慈悲水忏》、《千手千眼大悲心咒行法》等。《梁皇忏》即《梁皇忏法》，原名《慈悲道场忏法》，为梁武帝萧衍撰集，共十卷。《法华三昧忏仪》为陈、隋时期的天台大师（即智者大师）智𫖮依《法华经·劝发品》和《普贤观经》撰成，为修习止观的忏法，意为通过忏法来实现法华三昧。《慈悲水忏》为唐代僧人知玄著，三卷。正文述归命诸佛菩萨，忏悔罪业，宣传善恶因果报应。《千手千眼大悲心咒行法》（世称《大悲忏》）为流行最广影响最大的忏法，撰集者为宋天台宗僧知礼，其内容为：严道场、净三业、结界、修供养、请三宝诸天、赞叹伸诚、作礼、发愿持咒、忏悔和修观行十科。忏法的种类繁多，行文各异，但仪则类同。修行者通过修习忏法，达到证悟。忏法也是道士忏悔罪业的方法和仪式。

颤振 flutter 弹性结构在均匀气（或液）流中受到空气（或液体）动力、弹性力和惯性力的耦合作用而发生的大幅度振动。它可使飞行器结构破坏，建筑物和桥梁倒塌。发生颤振的必要条件是：结构上的瞬时流体动力与弹性位移之间有相位差，因而使振动的结构有可能从气（或液）流中吸取能量而扩大振幅。最常见的颤振发生在机翼上。空气动力是激振力，与飞行速度的二次方成正比；空气对机翼的阻尼力，与飞行速度成正比。低速时，阻尼力占优势，扰动后的振动逐渐消失，平衡位置是稳定的。当飞行速度超过颤振临界速度后，激振力占优势，平衡位置失稳，产生大幅度振动，导致机翼在很短时间内破坏。防止机翼颤振的最有效方法是使机翼重心前移以减小惯性力矩。设计飞机时，要在风洞中进行模型试验以确定颤振临界速度。飞机研制成功后，还需进行飞行颤振试验。

昌昌古城 Chan Chan 南美古代奇穆帝国都城。时代约当奇穆帝国的后中期（900～1438）。位于秘鲁北部的莫杰河谷，邻近海港城市特鲁希略。19世纪中叶开始考古工作。城址坐南朝北，面积达36平方千米，主要由格局基本相同的11个长方形城堡组成。城堡一般长约400米，宽约200米，四周有高9～12米的围墙，城堡内有广场、殿堂、庙坛、池沼、房址和储藏室。每个城堡都有南北轴线，布局规整。中轴线的南端是高台式的坟墓，多已被盗，曾发现较多的殉人和丰富的随葬品。昌昌古城内还发现许多小型城堡，系手工业者、农民、奴隶等居住的地方。有人认为，每个城堡属于一个奇穆国王，生前为宫殿，死后作陵园。城址中发现铜器、青铜器及金银制品，陶器以马镫壶多见，也有源于南方的提梁壶。1986年，昌昌古城所在的昌昌考古区作为文化遗产被列入《世界遗产名录》。

昌都地区 Changdu Region 中国西藏自治区人民政府设立行政公署所管理的地区。位于自治区东部，邻接青海、四川、云南省。辖昌都、江达、贡觉、类乌齐、丁青、察雅、八宿、左贡、芒康、洛隆、边坝11县。面积110 154平方千米。人口66万（2010），多为藏族，还有汉、蒙古、回、纳西等民族。地区行政公署驻**昌都县**。1960年置昌都专区，1970年改称昌都地区。平均海拔3 700米。属高原温带季风气候。矿产资源有铁、煤、镁、铜、锡、铅、金等。森林资源丰富，主要有杉、松、柏、桦等。野生动物有獐、鹿、貂、水獭、熊等。盛产虫草、贝母、知母、雪莲花、麝香、大黄等药材。农作物有青稞、小麦、豌豆、油菜、玉米、小米等。牧业主要饲养牦牛、绵羊、山羊、马、驴等。民族手工业主要有金银饰品、木雕、泥塑、地毯、民族服装等。境内有214、317、318国道通过。有仁达丹玛摩崖造像等古迹。

昌都县 Changdu County 中国西藏自治区昌都地区辖县。位于自治区东北部，邻青海省。昌都行署驻地。位于澜沧江源头的扎曲、昂曲、色曲汇合处。面积10 652平方千米。人口9万（2008），以藏族为主，还有汉、回、满、羌等民族。清末置昌都府，设昌都县。1951年成立昌都地区人民解放委员会和昌都宗人民委员会，隶属西康省。1956年划归西藏自治区。1959年合并拉多宗又改为昌都县。属高原温带半干

昌都县强巴林寺经堂

旱季风气候。矿产有煤、铁、铅、锌、铜、萤石、砷、石灰岩、石膏等。为半农半牧县。农业以种植青稞、冬小麦、春小麦、豌豆、油菜、圆根、蔬菜等为主。畜牧业以发展牦牛、黄牛、绵羊、山羊和生猪等为主。产麝香、冬虫夏草、贝母、丹皮、知母、党参、当归等中药材。工业有电力、采矿、煤炭、建材、制革、机械加工、食品、粮油加工等小型工业和民族手工业等。有川藏、滇藏等多条公路。名胜古迹有昌都寺、嘎玛寺、强巴林寺、谷普溶洞和卡若遗址等。

昌吉回族自治州 Changji Hui Autonomous Prefecture 中国新疆维吾尔自治区辖自治州。位于自治区中部，与乌鲁木齐市毗邻。东北部与蒙古国交界。面积73 659平方千米。人口143万（2010），有回、汉、维吾尔、哈萨克等36个民族。自治州人民政府驻昌吉市。辖**昌吉市**、**阜康市**及玛纳斯县、呼图壁县、吉木萨尔县、奇台县、木垒哈萨克自治县。境内驻有新疆生产建设兵团农六师师部及所属19个农牧团场、农八师4个农牧团场、兵直团场，并驻有中央和自治区的大型企业6个。西汉神爵三年（前59）设立西域都护府，唐贞观十四年（640）在可汗浮图城设庭州。宋属高昌国西州地区。元朝以北庭故城为首府建立别失八里行尚书省。明属蒙古瓦剌部落游牧地。清朝统一新疆后，先后设置昌吉县、阜康县、奇台县、绥来县（今玛纳斯县）、孚远县（今吉木萨尔县）、呼图壁县。民国年间先后设置乾德县（今米泉市）、木垒河县（今木垒哈萨克自治县），均属迪化道。1950年改称

昌吉回族自治州五彩湾风光

迪化专员公署，1954年改昌吉回族自治区，1955年改称昌吉回族自治州。主要矿产有煤、油页岩、石油、天然气、天然沥青、铁、铜、金等。国家重点保护动物有野驴、野马、雪豹、马鹿、羚羊、野骆驼、獐子、金雕、雪鸡等。名贵中药材有熊胆、贝母、鹿茸、雪莲、阿魏、甘草、豹骨等300多种。北亚铁路和312国道穿境而过。工业有煤炭、食品、建材、机械、电器制造、化工、纺织、制革、印刷等。经济以农业为主。粮食作物有小麦、玉米、水稻、高粱，经济作物主要有棉花、甜菜、油料作物、红花、啤酒花。土特产品有吉木萨尔的白皮大蒜和奇台的安息茴香。自然景观和文物古迹主要有天山天池、卡拉麦里山自然保护区、唐代北庭都护府及西大寺遗址、呼图壁康家石门子生殖崇拜岩画、恐龙化石发掘地、五彩湾古化石森林及“魔鬼城”、鸣沙山、硅化木群等。

昌吉市 Changji City 中国新疆维吾尔自治区昌吉回族自治州辖市。自治州人民政府驻地。位于天山北麓，准噶尔盆地南缘。面积7 981平方千米。人口36万（2008），有汉、回、哈萨克、维吾尔、蒙古等31个民族。清乾隆二十七年（1762）筑宁边城，三十八年设昌吉县。1983年撤县设昌吉市。林地面积2万公顷，主要树种为雪岭云杉和少量桦树、山杨。沙漠灌木林主要有梭梭、红柳等。药用植物有贝母、雪莲、当归、甘草、阿魏、苍耳。野生动物有黄羊、鹿、狍、熊、狼、雪獭、雪鸡、野猪。主要矿产有煤、铁、砂金、硫磺、白矾、芒硝、石灰岩、陶土。工业以煤炭、机械加工、化工、建材、机电、化肥、食品、饮料、酿酒、制糖、服装、纺织、造纸、印刷为主。农业主要种植小麦、水稻、玉米、甜菜、油料作物、瓜果、蔬菜。牧业主要有羊、马、牛、骆驼等畜种。有国道、高速公路、铁路穿过。名胜古迹有宁边城遗址、芦草沟古堡（破城子）等。自然风景区有庙尔沟风景区和青格达湖。

昌江黎族自治县 Changjiang Li Autonomous County 中国海南省直辖自治县。位于海南岛西部，北临北部湾。面积1 569平方千米。人口22万（2010），有黎、汉等民族。西汉置至来县，隋析置昌化县。1914年改昌江县。1987年改为昌江黎族自治县。年平均气温24.3℃。平均年降水量1 395毫米。多台风。矿产有铁、铜、钴、铅、锌、金等。森林覆盖率22%。农作物有水稻、甘薯、甘蔗、花生等。特产有杧果、柑橘、腰果、木棉等。盛产马鲛鱼、麻鱼等。工业有采矿、冶金、电力、机械、建材等。名胜有皇帝洞、七差温泉、昌化岭等。

昌黎县 Changli County 中国河北省秦皇岛市辖县。位于省境东北部，东临渤海。面积1 184平方千米。人口55万（2008）。辽置广宁县，金大定二十九年（1189）更名昌黎县。属暖温带半湿润大陆性季风气候。盛产对虾、海参、海蜇、螃蟹等海珍品和梭鱼、鲅鱼、铜锣鱼及多种贝类。被誉为“京东鱼米之乡”。农作物以小麦、玉米、水稻、花生为主。盛产玫瑰香葡萄、天津蜜梨、葵花和胜利苹果等优质干鲜果品。畜禽养殖业以貂、鹌鹑养殖为主。有地毯、服装、葡萄酿酒等轻工业。52.1千米的海岸线沙滩滩缓、水清、潮平，百里海岸、百里林带、百里沙丘形成独特的海洋风光，被誉为“黄金海岸”。设有国家海洋自然保护区。城北的碣石山，主峰仙台顶海拔695.1米，历史上曾有七位帝王登山览胜，赋诗遗篇。

昌黎黄金海岸

昌平区 Changping District 中国北京市辖区。位于市境西北部，长城以南。面积1 352平方千米。人口166万（2010），有汉、回、蒙古、朝鲜等24个民族。汉为军都县、昌平县地。明正德元年（1506）置昌平州。1912年改州为县。1956年由河北省划归北京市，为昌平区，1960年复称县。1999年撤县设区。农作物以小麦、水稻、玉米、甘薯为主。林产品以板栗、柿、核桃、苹果、山楂出名。工业有手表、毛纺、农机、水泥、酿酒、玻璃等。是京郊重要的粮食和奶、蛋生产、供应基地。有以回龙观和天通苑经济适用房为主的文化居住区。以沙河高教园区为重点的教育产业区。居庸关在区境西北部，为北京的西北门户。有居庸关、明十三陵、沟崖、银山辽塔群、小汤山温泉、白浮堰水利工程、中国航空博物馆等旅游胜地。

昌图县 Changtu County 中国辽宁省铁岭市辖县。位于省境最北部，松辽平原中部。邻接内蒙古自治区、吉林省。面积4 322平方千米。人口104万（2008），有汉、满、蒙古、回、朝鲜等15个民族。清嘉庆十一年（1806）设昌图厅。1913年改厅为县。属温带半湿润大陆性季风气候。有丰富的石油、天然气、石灰岩、大理石、花岗岩等矿产。农作物除有玉米、大豆、高粱、谷子、花生、芝麻、葵花子、甜菜等外，还大面积种植水稻，是松辽平原玉米主产区，全国商品粮大县、全国瘦肉型猪基地和辽宁省黄牛繁育基地。工业以建材、化工、纺织、机械、食品等为支柱产业。古迹有白沙滩遗址等。

昌邑市 Changyi City 中国山东省辖县级市。位于省境东部，渤海莱州湾南畔。面积1 720平方千米。人口62万（2010），主要为汉族。春秋设部邑，后改称都昌。秦置都昌县，宋建隆三年（962）定名昌邑县。1994年撤县设市，由省直辖。1995年改为由省辖，潍坊市代管。矿产有石油、卤水、天然气、铁、重晶石、石英石、膨润土等。盛产小麦、玉米、棉花、大豆、花生、水果、蔬菜等，是全国棉花、商品粮基地。海岸线长35千米，特产对虾、海蜇和银鱼。工业有纺织、服装、机械、盐及盐化工、石油化工、建材、工艺品、造纸等，“柳绸”早在清初便享誉四海，围子镇是著名的铸造古都。胶济铁路、济青高速公路、潍莱高速公路、309国道、烟潍公路和新沙公路等过境，北部下营港可与20多个港口通航。名胜古迹有峡山水库、石埠西村商周遗址、固王冢墓群等。

鲳 *Pampus*; butterfish 鲈形目鲳科鲳属鱼类的统称。又称车扁鱼、镜鱼。上等海产经济鱼类。广泛分布于印度洋非洲东岸，东至中国、朝鲜半岛和日本。产于中国沿海的有银鲳、灰鲳和中国鲳。

体卵圆形，侧扁。尾柄短，头较小。吻短而钝。眼小。口小，前位。食道有一侧囊，囊内具乳头状突起。鳃耙粒状。体被小圆鳞。侧线与背缘平行。无腹鳍，尾鳍分叉。体背部青灰色，腹部乳白色，具银色光泽。

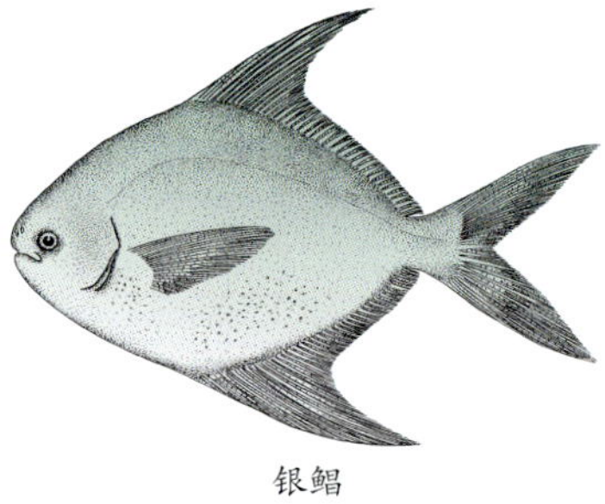

银鲳

鲳为近海洄游性中上层鱼类，平时分散栖息于潮流缓慢的海区，冬季在黄海南部和东海弧形海沟内越冬，栖息水深不超过130米。银鲳喜在阴影中群集。成鱼主食水母、底栖动物和小鱼；幼鱼主食小鱼、箭虫、桡足类等。由于鲳平时栖息比较分散，群体小，不适于拖网集中捕捞，仅作为兼捕对象。鲳一般供鲜销，也可制成罐头。鱼鳞可制发光材料。

长安 Chang'an 中国古都。西汉、新莽、前赵、前秦、后秦、西魏、北周、隋、唐皆建都于此。现存城址有西汉长安和隋唐长安。

西汉长安 长安本秦之乡名，秦时有兴乐宫。汉高祖五年（前202），在兴乐宫基础上修治长乐宫，七年建未央宫，自栎阳迁都长安。惠帝元年（前194）至五年筑城墙。武帝时在城内修北宫，建桂宫、明光宫，在西城外营建章宫，并扩充上林苑，开凿昆明池。新莽改长安为常安，于南郊建九庙。东汉建都雒阳，仍以长安为西京。献帝一度迁都于此，其后西晋愍帝、愍帝以及前赵、前秦、后秦、西魏、北周等相继以长安故城为都。至隋代建大兴城，汉城遂废。城址在陕西省西安市西北约3 000米处，1956年开始勘查发掘。

西汉长安城平面不规则，东垣平直，其余三面墙随地形河渠曲折。经实测，周长25千米余，约合汉代六十二里强。城外挖有护壕。每面城墙有3门，由北至南，东墙为宣平门、清明门、霸城门，西墙为雍门、直城门、章城门，由东至西，北垣为洛城门、厨城门、横门，南垣为覆盎门、安门、西安门。发掘证实每门设3个门道，每道宽6米，可容4个车轨。霸城、覆盎、西安、章城四门内对长乐、未央二宫，其余8门各与城内一条笔直的大街相通。每条街均分成3条并行的道路，中为皇帝专用的驰道，两侧道路供吏民行走。班固《西都赋》"披三条之广路，开十二之通门"，即指长安的道路和城门。

汉长安城内的宫殿分布占全城面积的2/3。城东南部为长乐宫，汉高祖时曾为视朝听政之所，惠帝以后为太后之宫，占全城面积1/6。城西南部的未央宫为朝会之所，占全城面积1/7，其前殿规模宏伟，殿基南北长350米，东西宽200米，现高约15米。未央宫北阙附近有贵族邸宅，即所谓北阙甲第。桂宫位于未央宫北，西隔城墙与建章宫相望。平面长方形，周长5 300米。桂宫之东有北宫，长乐宫北又有明光宫。长乐、未央二宫之间建有武库，平面长方形，内设7座库房，库房以夯墙隔成若干间，放置木质武器架。已发掘出武器架石础及铜铁兵器、铁铠甲等。

城内工商业区集中在西北隅的横门大街两侧，据文献记载共有九市。这一带发现有许多钱范、陶俑，说明当年曾有作坊。

居民区在城东北隅宣平门附近。文献记载，长安有闾里一百六十，"室居栉比，门巷修直"，汉平帝时，人口达24.6万余。实际考古勘查确认的居民区，面积过于狭小，估计有些居民住在城外。

城西的建章宫规模宏伟，已勘查出位置和范围。城西南至东南一带为上林苑，内有离宫别馆数十处。西南有昆明池等皇家宫苑，昆明池是为训练水军而开凿，又可解决长安城水源不足问题。南郊则有明堂、辟雍、灵台和王莽九庙等礼制建筑。

汉长安城主要由皇家宫室及其附属设施构成，突出表现了为帝王、贵族、官僚服务的性质，反映了中国早期都城的特点。新莽以后，宫室、城门、武库先后被毁。其后历代虽有营造修饰，但未能恢复西汉盛况。

隋唐长安 隋开皇二年（582）在汉长安城东南建新都大兴城，入唐后改称长安，仍为都城，仅作了局部修建和扩充。至盛唐，长安为当时规模最大、最为繁华的国际都市。天祐元年（904）朱温挟昭宗迁洛阳，毁长安宫室民居，唐长安城遂为废墟。该城遗址在今西安市区及近郊。20世纪20年代初，日本学者足立喜六曾作考察，1957年起进行正式勘查与发掘。

唐长安城由廓城、宫城、皇城3部分构成。廓城平面长方形，东西长9 721米，南北宽8 651.7米，周长36.7千米。每面有3座城门，除南面正门明德门为5个门道外，其余皆为3个门道。宫城位于廓城北部中央，平面长方形、南北1 492米，东西2 820米。中部为太极宫（隋大兴宫），正殿为太极殿（隋大兴殿）。东为皇太子东宫，西为宫人所居的掖庭宫。皇城接宫城之南，有东西街7条，南北街5条，左宗庙，右社稷，并设有中央衙署及附属机构。

廓城内有南北向大街14条，东西向大街11条。明德门至皇城正门朱雀门的朱雀大街位于全城中轴线上，宽达150余米，是今北京东西长安街宽的两倍。其他通城门的大街也多宽在百米以上。垂直交错的大街将廓城划分为108个封闭式的里坊，坊内有民居、官衙、寺观等。朱雀大街两侧的四列坊面积最小，只设东西两个坊门，坊内有横街。皇城两侧诸坊面积最大，四面开门，内置十字街。当时继承了北魏洛阳城的军事管制制度，坊门有兵把守，早开晚闭。廓城内有东、西二市，东市称都会，西市称利人，各占两坊之地。市内设"井"字形街道，沿街列置店铺。文献记载西市附近集居了许多中亚和西亚的"商胡"、"胡客"，其西南相邻的崇红坊，还设有波斯祆教（拜火教）寺。当时这一带为中西贸易与文化交流的一个中心。

唐贞观后对长安宫室进行增建，贞观八年（634）于太极宫东北的龙首原高地上建永安宫，次年更名大明宫。龙朔三年（663）后这里成为主要朝会之所。玄宗时又于藩邸兴庆坊建兴庆宫。此外，唐长安城的东南隅，还有风景游览区曲江池，将风景区与都城相结合，是中国古代城市规划的一个创举。

唐长安城是中国古代里坊制都城最完善的形态。它采用中轴对称布局，规划严谨，街坊整齐。设置了封闭式皇城以处府衙，封闭式里坊控制居民。其居民区占城内面积7/8，为人口的集中与城市工商业的发展创造了条件。唐长安城的规划布局，对东亚一些国家的都城产生过重大影响。

唐末长安城被毁后，佑国军节度使韩建放弃长安廓城与宫城，重修皇城安置府廨民居。北宋沿袭，为京兆府城。元代为奉元路城。明洪武年间改称西安，置秦王府，并向东、向北扩展面积约1/3。穆宗隆庆年间，又在夯土城垣外侧包砌了青砖。明西安城平面长方形，周长11.9千米，至今保存完好。

长安画派 Chang'an school 中国画流派。20世纪50～60年代，中国美术家协会西安分会国画研究室赵望云、石鲁、何海霞、李梓盛、康师尧、方济众等人，以"一手伸向传统，一手伸向生活"为宗旨，创造了崭新的笔墨、色彩语言，表现出西北黄土高原特有的浑朴热烈的地域风情和新的时代精神。其作品于1961年10月在北京展出，后又巡展上海、南京、杭州等地，产生广泛社会反响，时人誉为"长安画派"。

长安街 Chang'an Avenue 中国北京城东西轴线的街道。从东单到西单段长3.7千米。东抵通州城，西至石景山，全长40千米，与南北轴线相交于天安门广场，形成了以天安门广场为中心的格局。这条主干道宽60～80米，最宽处100米，两旁种植着成排的白杨、国槐、青松、垂柳，构成15米宽的林荫人行道。大街两侧高楼连绵，仅从大北窑到公主坟一段，就有京伦饭店、建国饭店、海关商检大楼、外交公寓、友谊商店、国际大厦、国际俱乐部、中国社会科学院、国际饭店、东单电话局、北京饭店、中国国家博物馆、人民大会堂、国家大剧院、民族文化宫、中央电视台、中国人民革命

长安街鸟瞰

军事博物馆等雄伟建筑。中间一段是劳动人民文化宫、天安门城楼与广场、中山公园、新华门等古典建筑和园林。中国国家博物馆和人民大会堂位于天安门广场东西两侧，广场中央耸立着人民英雄纪念碑和毛主席纪念堂，北有天安门城楼，南有巍峨的正阳门，广场面积44公顷，为世界最大广场。

长安区 Chang' an District 中国陕西省西安市辖区。位于市境中部，渭河平原南缘，秦岭北麓。面积1 583平方千米。人口108万(2010)，有汉、回、满、朝鲜、蒙古、侗、维吾尔、苗、锡伯等民族。西周曾建都于丰（今马王镇附近）、镐（今斗门镇附近）。汉高祖五年（公元前202）置长安县。1928年析县城郊区置西安市，县市分治。1958年长安县划归西安市。2002年撤销长安县，设西安市长安区。林木以松、桦、杨、栎、椴为主。药材有当归、黄芪、天麻、党参、猪苓、杜仲等。矿产有铁、铜、大理石、石墨、云母等。农作物有小麦、玉米、水稻、棉花、油料和蔬菜等。工业有钟表、精密仪器、电子、建材、机械、纺织等。名胜古迹有西周丰镐两京遗址、车马坑遗址、兴教寺、华严寺、牛头寺、杜公祠、南五台、翠华山、高冠瀑布等。

长白山 Changbai Mountain Range 中国东北山地。松花江、图们江和鸭绿江发源地。位于东北地区东部。因主峰白头山顶多白色浮石和积雪，故名。一般有广义长白山和狭义长白山之分。广义长白山为中国东北地区东部山地的总称。北起完达山脉北麓，南延千山山脉老铁山，长1 300余千米，东西宽约400千米。由多列东北—西南向平行褶皱断层山脉和盆地、谷地组成。山地总面积约28万平方千米。狭义指张广才岭、威虎岭、龙岗山脉以东的长白山脉，包括白头山火山锥体和它周围的熔岩高原及东北西南向山地，海拔一般在800米以上。中国一侧最高峰——白云峰，海拔2 691米，为东北地区第一高峰。

山地南部属于中朝准地台，北部属吉黑华力西褶皱带。山地海拔大部500～1 000米，仅部分超过千米。1 000米以上的中山区主要分布于张广才岭、老爷岭、威虎岭和龙岗山脉以东，2 000米以上皆在白头山附近，最高峰将军峰（在朝鲜一侧）2 749.2米，为亚洲大陆东部高山之一。

长白山大峡谷

长白山是中国东北地区年降水量最多之地，山地南麓年降水量超过1 000毫米；一般年降水量500～800毫米。山地南部（千山山脉）属暖温带，以夏绿阔叶林为主；中北部则为典型温带针阔混交林，分布在海拔500～1 200米。其代表植被针叶树种以红松、沙冷杉占优势，阔叶树则以枫桦、糠椴、紫椴、色木、水曲柳、山杨、白桦和蒙古栎为主。红松、枫桦在林中常占支配地位，居林冠最上层，为混交林代表林相。海拔500～800米排水不良，低洼沼泽常形成以黄花松为主针叶林或纯林，俗称“黄花松甸子”；500米以下河谷或盆地主要为草甸植被，称为“五花草塘”。在针阔叶混交林带以上（1 200～1 800米）由红松、云杉、冷杉、鱼鳞松、臭松、红皮臭组成针叶林带。此带仅在白头山附近和张广才岭海拔1 450米以上的山地有明显分布，再高即为山地岳桦林带（1 800～2 000米）；2 000米以上则为山地苔原带。

长白山地垂直自然景观带明显，1960年建立长白山自然保护区，1980年加入联合国“人与生物圈计划”自然保护区网。保护区面积21.5万公顷。长白山脉又是中国重要的林业木材基地，经济林木达80余种，被誉为世界著名的“红松之乡”。药用植物达300余种，盛产人参、党参、贝母、天麻和五味子等名贵药材。其中尤以东北“三宝”人参、鹿茸、貂皮更具盛名。“林海”中有东北虎、梅花鹿、丹顶鹤等国家一级保护动物。

长白山天池 Changbai Mountain Tianchi Lake 中朝两国界湖。大部分在中国境内。又称白头山天池。中国最深天然湖泊，中国东北地区海拔最高湖泊。为松花江发源地，位于长白山脉主峰白头山顶，吉林省东南中朝边境上。以火山口积水成湖。湖面略呈椭圆形，南北长4.8千米，东西宽3.3千米，水面9.82平方千米，周长13.6千米，集水面积21.41平方千米，最大水深373米。总蓄水量20.04亿立方米。湖面海拔2 188米。湖面一般11月末封冻，至翌年6月中旬解冻。冰层厚1.28米左右；仅白云峰下湖面因温泉水注入，冬不结冰。天池水以大气降水补给为主，约占60%；地下水（温泉、裂隙水）补给约占40%。水质洁净，无色、无味，矿化度247毫克/升，pH 7.4，呈弱碱性。湖中无鱼类生长。湖水泄入二道白河，形成著名长白瀑布，高68米，景色动人。天池四周群峰环列，湖面碧波晶莹，湖区多温泉，是吉林省主要游览胜地。

长臂猿 *Hylobates*; gibbons 灵长目长臂猿科长臂猿属动物的统称。因臂特别长（两臂平伸宽达1.8米）而得名。该科唯一属，共14种。主要分布在东南亚，包括中国华南、缅甸直到马来西亚和印度尼西亚大部岛屿的热带雨林。在类人猿中体型最小。体长42～89厘米，体重4～15千克。直立高不超过0.9米；腿短，手掌比脚掌长，手指关节长；身体纤细，肩宽而臀部窄；有较长的犬齿。臀部有胼胝，无尾和颊囊。不同性别、年龄的毛色有很大变异。雄猿一般为黑、棕或褐色；雌猿或幼猿为棕黄、金黄、乳白或银灰色。

栖息于热带雨林和亚热带季雨林，树栖。白天活动。结群生活，每群包括一对雌雄及其子女，一般2～6只，最多13只。食物以水果为主，也吃树叶、花和小鸟、鸟蛋或昆虫等动物性食物。孕期7个月左右，每胎产1仔。在中国数量稀少，为国家一类保护动物。

白颊长臂猿　白眉长臂猿　雌性黑长臂猿　白掌长臂猿

几种长臂猿

长滨文化 Changbin Culture 中国旧石器时代晚期至新石器时代早期的文化。分布在台湾省台东县长滨乡八仙洞，地处台湾东部海岸山脉的北端。1968年发现，同年至1971年发掘。文化遗物出自乾元、海雷和潮音洞中。经碳-14测年，乾元洞长滨文化层距今约1.5万年，属于旧石器时代晚期之末；潮音洞先陶文化层距今约5 340～4 970年，已进入新石器时代。发现石制品、骨

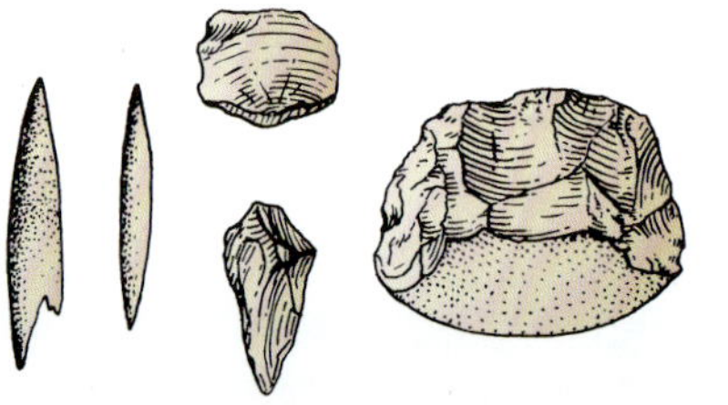

长滨文化的骨器和石器

角制品、兽骨和木炭等。石器以石片石器为主，打片采用锐棱砸击法和锤击法。晚期出现较细小的石器，有砍砸器、刮削器和尖状器等。据研究，长滨文化的先民生活在海边，以洞穴为家，过着狩猎、捕捞和采集生活。与大陆旧石器时代晚期文化比较，证明长滨文化源自中国南方，说明台湾和大陆原始文化的联系，至少可追溯到1.5万年以前。

长城 Great Wall 中国古代的军事防御工程。世界建筑史上的奇迹。又称长垣、长墙、边墙等。东起辽宁丹东鸭绿江边，西达新疆天山之麓，经过辽宁、河北、天津、北京、山西、内蒙古、陕西、宁夏、甘肃、新疆等省、市、自治区，随着不同的地形、山势和地貌而筑，大都建在山岭最高处，长达万余公里，号称万里长城。

图1 鸟瞰长城

沿革 长城是由烽火台和列城等单体建筑发展起来的。初建的是彼此相望的烽火台，或是连续不断的防御城堡，而后用城墙把它们联系起来，便成了长城。春秋战国时期，北方诸侯争霸，相互兼并，秦、楚、齐、燕、韩、赵、魏等国利用原来的大河堤防或附近的山脉，逐段构筑城墙和关塞并将其联系起来，构成长城这一古代军事防御工程体系。公元前221年，秦始皇并灭六国，建立起第一个统一的多民族中央集权制封建国家，为防御匈奴侵扰，大规模修筑长城。以后，西汉、东汉、北魏、北齐、北周、隋、辽、金、明各代，均大规模修筑或增筑长城。明代是长城修筑史上最后一个朝代，明长城东起辽宁丹东虎山，西至甘肃嘉峪关，全长8 851.8千米，其修筑规模之宏大，防御组织之完备，所用建筑材料之坚固，都大大超越以前各个朝代。长城的修筑历经十余个朝代，持续两千余年，是人类历史上修筑时间持续最久的建筑工程。若把历代修筑的长城合计计算，总长应在50 000千米以上。

战国长城 战国时期的长城是诸侯国家互防长城，规模较小，互不连贯。①楚国长城。楚长城筑于楚成王十六年（前656)，当时称作“方城”。据史料推测，其位置当从今河南泌阳北到叶县，经内乡东北而达湖北竹山县境内。地处楚国都城的西北和东北面，用于防御邻国的进攻。②齐国长城。齐长城是利用堤防连接山脉陆续扩建而成的，在齐国南部，西起今山东平阴县东北，至胶州市南的大珠山东入海，结构主要有土筑和石砌两种。③中山国长城。中山长城是为了防御西南赵、晋的侵扰修筑的。筑于赵成侯六年（前369)。其位置在今河北、山西交界的地区。④魏国长城。魏长城有两道：一是西北的防秦和防戎长城（河西长城），二是南长城（河南长城）。河西长城是魏惠王在位时，利用西部边境上洛水的堤防扩大而修筑的，南起今陕西华县华山北麓的相元洞，北达内蒙古的固阳。魏惠王晚年，修筑了保护国都大梁的南长城，经今河南原阳县境转向东南，向西直达新密市。⑤韩国长城。韩长城先为郑国所筑，后韩灭郑，继续修筑使用。⑥秦国长城。秦自商鞅变法以后，在七国中政治和军事上占据优势，但秦北方的游牧民族东胡和楼烦，经常南下骚扰，因而秦在其西北部边界修起长城作为防御。其位置，自临洮（今甘肃岷县）起，沿六盘山北走，止于黄河边。⑦燕国长城。燕为防止北方东胡、林胡、楼烦等部族的侵扰和防备南方齐国的报复，修筑了北长城和易水长城两道长城。燕昭王二十二年（前290)，燕国沿燕山山脉修筑了北长城。约自造阳（今河北宣化北张家口附近)，渡辽河到达襄平（今辽阳)。这是战国时最后出现的一条长城。易水长城是对易水的堤防进行扩建而筑成的，用来防齐、赵，保卫燕国下都——易水城。大致自今河北易县的西南，达于文安之南。⑧赵国长城。赵筑有南、北两道长城。其中南长城又称漳滏长城，在赵国南境，主要为御魏而建。漳、滏两水在今河北临漳、磁县境内，可见这段长城在漳水北岸，临漳、磁县一带。

秦始皇万里长城 秦王政二十六年（前221)，秦始皇统一中国后，一方面拆除内地各国原有的长城，铲除了人为的障碍；另一方面为抵御北方匈奴的侵犯，派大将蒙恬驻守北方边境，并把秦、燕、赵长城连为一体，建成万里长城。长城西起今甘肃岷县，向东到陕西绥德黄河边，与从河套高阙西来的赵国北长城连在一起，渡黄河到山西、河北北境，再利用燕国北长城，抵达辽东。长城的修建从始皇帝三十年（前217）开始，约到三十七年结束。

汉代长城 汉长城的修筑，除军事上的防御之外，西部长城还起着开发西域、保护通往中亚的交通大道丝绸之路的作用。①西汉长城。汉武帝时，北方匈奴经常发兵进犯。为抵御匈奴，首先修缮秦始皇时期的长城并沿河西走廊新筑长城。元狩二年（前121)，开始建筑河西长城，通称“边墙”。前后约历时20年。西汉河西长城东自今甘肃永登，西到新疆罗布泊。在“边墙”沿线，建筑亭障和烽燧。②东汉长城。光武帝刘秀为防御匈奴侵扰，保卫国都洛阳，于建武十四年（公元38）在河西长城以南地区修筑了四条长城：其一位于今山西离石县至陕西咸阳东南之间，其二位于今陕西高陵县东至山西安邑县之间，其三位于今山西太原至河北井陉县之间，其四位于今河北定州市南至临漳县之间。

南北朝长城 ①北魏长城。北魏为防御北部的柔然和契丹南下扰掠，修筑了长城。它东起今山西广灵西面上谷，直达黄河东岸，环绕于首都平城（今山西大同)，有保卫首都之意。②东魏长城。东魏迁于邺后，也修筑了一段长城。西起今山西静乐县，东至今山西原平。③北齐长城。北齐为了巩固北方边防和防御西部北周，先后几次大筑长城，其规模稍次于秦长城。北齐天保三年(552)在西北境修筑长城，南起今山西离石县西北黄栌岭，北至山西朔州西。天保六年，皇帝下诏，征发180万人修筑长城，自今北京居庸关南口，西至今山西大同。天保七年，又大规模修筑长

图2 山海关老龙头

图3 司马台仙女楼远眺望京楼

城，除天保三年、六年所修筑的两处长城外，又向东新筑长城，至今山海关海边止。天保八年，于长城内筑重城，自今山西偏关县以东老营附近起，东经雁门关、平型关，到达灵丘县下关附近。为防御北周，北齐河清二年(563)，齐武成帝修筑了今山西、河北交界处沿太行山走向的南北向长城，即今阜平之间的长城。天统元年(565)，对天保八年所筑内长城进行修葺，并增筑新城，自下关附近起，东北达居庸关与外长城相接合。④北周长城。为防御北方突厥、契丹犯边，周静帝于579年，对原北齐长城进行了一次大规模修筑，西自雁门，东至碣石。

隋代长城 为了防御突厥骚扰，隋王朝7次修筑长城。主要是对原有长城进行修缮，新增筑不多。唐取代隋后，国家强盛，在北方大破突厥，边界远在长城以外，长城已失去了作用，无须修筑或增筑。宋朝虽统一了中原，但北部有辽、金的对峙，所辖范围已在原来秦、汉、北朝长城的南面，长城南北许多地方均被辽、金两国占领。后宋王朝势力又退到淮河以南，更谈不到修筑长城。辽代对长城的修筑，仅清宁四年(1058)在鸭子河与混同江之间修筑了一段，规模不大。

金代长城 1115年金王朝建立后，为防御西北边陲的蒙古人进攻，修筑了明昌旧城和明昌新城两道长城。明昌旧城旧称兀术长城或金源边堡。明昌新城在明昌旧城之南，又称金内长城、金壕堑、边堡等。西起今黄河河套陕西段，东达今黑龙江省松花江。元代，蒙古族统治整个中国，版图地跨欧亚，长城对他们意义不大。但为了防止汉族和其他各族人民起兵反抗，检查过往客商，也对原来长城的许多关隘险要处加以修缮，设兵把守。

明代长城 明灭元朝以后，为防止蒙古族再次南下，270余年里从未中断对长城的修筑。大多是沿着北齐、北魏所筑的旧长城进行修筑。今人看到的长城，绝大部分是明弘治时期所修。明长城自居庸关以西，分南北两道，到山西偏关附近的老营相合，被称为内、外长城或里、外长城。里长城从居庸关西南出，经今河北进入山西至老营。外长城自居庸关西北，进入山西，沿内蒙古、山西交界往南达于偏关、河曲。长城关隘、险口很多，其中居庸关、倒马关、紫荆关靠近当时首都北京，称为内三关；自此往西的雁门关、宁武关、偏头关称外三关。内外三关是保卫京师的重要关口，常派重兵把守。清朝灭明以后，由于政治、军事的发展，改变了统治策略，采取“怀柔”政策，利用宗教信仰拉拢蒙古、藏各族上层王公贵族，用思想统治代替了军事防御，不大修筑长城。

纵观长城的历史，自春秋以来，除汉族各王朝的统治集团修筑长城外，中国其他民族建立的王朝，如北魏、北齐、北周、辽、金等朝代也修过长城。就是蒙古民族统治的元朝也曾对一些长城的关隘、烽火台进行维修利用。长城是中国各族人民共同创造的历史丰碑。

建筑构造 长城作为防御工程，主要由关隘、城墙、烽火台3部分组成。

关隘 关隘是长城沿线的重要驻兵据点，位置多选择在出入长城的咽喉要道上。整个关隘构造，一般由关口的方形或多边形城墙、城门、城门楼、瓮城组成。有的还有罗城和护城河。

城墙 城墙是联系雄关、隘口、敌台等的纽带。平均高约7～8米，在山冈陡峭的地方，城墙比较低。墙身是防御敌人的主体，墙基平均宽约6.5米，顶部宽5.8米，断面上小下大成梯形，使之稳定不易倒塌。墙结构据当地自然条件而定，主要有版筑夯土墙、土坯垒砌墙、砖砌墙、砖石混合砌墙、石块垒砌墙和用木材编制的木栅墙、木板墙等。城墙除主体墙身外，上面还有券门、垛口、城台等构造设施。

烽火台 烽火台也称作烽燧、烽堠、烽台、烟墩、墩台、狼烟台、亭、燧等。是利用烽火、烟气以传递军情的建筑。如遇有敌情，白天燃烟(也可悬挂旗子、敲梆、放炮)，夜间燃火(或点上灯笼)。烽火台通常设置在长城内外最易瞭望到的山顶上。

在长城防御工程系统中，还有一些与长城相联系的城、堡、障、堠等建筑物。这些建筑物大都建筑在长城内外，供兵卒居住和防守用。

防御体系 长城整个布局有主干，有分支，沿线设立许多障、堡、敌台、烽火台等不同等级、不同形式和不同功能的建筑物，构成一个完整的防御体系。这个体系中每一个小据点都通过层层军事与行政机构和中央政权机构相联系。从防御角度，通常把长城沿线分成几个防区。秦始皇时期，在长城沿线上设立了陇西、北地、上郡、九原、云中、雁门、代郡、上谷、渔阳、右北平、辽西、辽东等12个郡，以管辖长城沿线各地方，进行分段防御。明朝为便于对长城沿线的防守，划分成九个防守区段，称之为“九边”，每边设镇守(总兵官)，即辽东、蓟、宣府、大同、太原、延绥、宁夏、固原、甘肃九镇，谓之九边重镇。九边九镇之外，为了加强京师的防务和保护陵寝(今明十三陵)的需要，于嘉靖三十年(1551)又在北京的西北增设了昌镇和真保镇，共为十一镇，构成了九边十一镇的防御布局。

意义 长城为中国封建社会农业经济生存和发展创造了相对和平的生产环境，为内地及西域通讯和交通提供了保障；长城还是边塞文学和民间文学的摇篮。长城修筑距今已有两千多年，虽已失去防御上的作用，但仍巍然屹立，显示中华民族悠久的历史，反映中国古代建筑工程技术的伟大成就，表现中国古代各族劳动人民的坚强毅力与聪明才智，体现中国自古以来形成的积极防御的战略思想。此外，以长城作为历史标尺，可为研究长城沿线地区自然环境的变迁和自然事件提供参考。长城工程浩大，规模宏伟，体现了中华民族的伟大气魄，是中国古代文化的象征。古老的长城经过修整，许多区段成为游览胜地。1961年，山海关、八达岭和嘉峪关3处长城区段被国务院定为第一批全国重点文物保护单位。2001年，长城由国务院公布为第五批全国重点文物保护单位。1987年，联合国教科文组织将长城作为世界文化遗产列入《世界遗产名录》。

长城抗战 Resistance Against Japan around the Great Wall 中国军队在长城沿线抗击日军的局部战争。1933年初，日军侵占山海关、

防守喜峰口附近罗文峪的中国军队

热河（今分属河北、辽宁、内蒙古自治区）后，趁势进犯长城各口。3月9日起，宋哲元第29军在喜峰口以近战肉搏和大刀队包抄敌后等战术，给敌沉重打击，迫使日军于14日后撤。徐庭瑶第17军三个师也在古北口轮番御敌，血战三天，双方成胶着状态。16日起攻喜峰口日军改攻罗文峪，企图包抄喜峰口左侧背，经29军官兵顽强抵抗，敌未得逞。在冷口、界岭口等处中国守军也同样进行了英勇抵抗，粉碎了日军三日内占领长城各口的计划，表现了中国军队高昂的爱国热情和同仇敌忾的英雄气概。由于蒋介石谋求对日妥协，4月中旬后长城各口相继失守。5月31日签订《塘沽协定》，日军撤往长城外。

长翅目 Mecoptera 昆虫纲的一目。中、小型有翅昆虫。已知9科约550种，分布全世界，但地区性很强，甚至在同一山上，也因海拔高度的不同而种类各异。中国已知119种，分为蚊蛉科和蝎蛉科2科。体细长。下口式延长成喙状，口器咀嚼式；复眼大，单眼3个；触角线状。前胸小，能活动。中、后胸发达。前、后翅相似，膜质狭长，脉纹接近标准脉相，静息时放在腹背上，呈屋脊状。足跗节5节。雄虫的生殖节膨大，上弯呈蝎尾状。

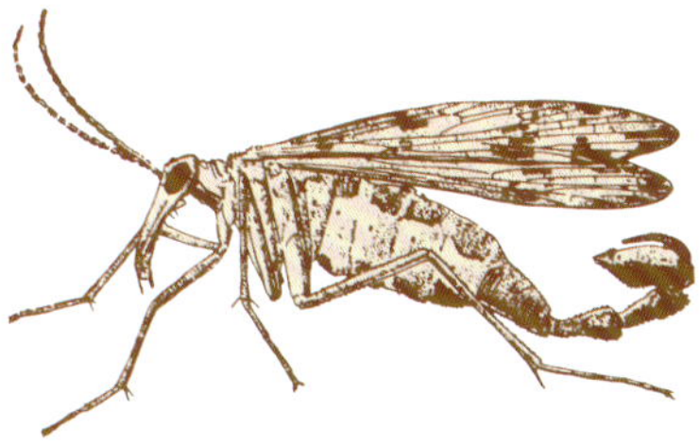

蝎蛉

完全变态。幼虫生活在土壤中，食肉性；成虫活泼，但飞翔不远，专捕食小虫，在林区特别多，对生态平衡有一定作用。

长春电影制片厂 Changchun Film Studio 中国共产党直接领导建立的第一个大型综合性电影制片厂。简称长影。1945年日本投降后，长春地下党组织进入满洲映画株式会社，10月1日成立东北电影公司。1946年5月由长春迁往黑龙江兴山市（鹤岗），并于10月1日改称东北电影制片厂，袁牧之任厂长。解放战争期间组织了数十个战地摄影队深入前线，拍摄了大量新闻纪录片。1947年拍摄了第一部木偶片《皇帝梦》，1948年拍摄了第一部科教片《预防鼠疫》和第一部动画片《瓮中捉鳖》，1949年完成了第一部故事片《桥》和第一部译制片《普通一兵》。1949年4月，迁回长春市，1955年正式改名为长春电影制片厂。1947年5月至1949年5月，先后举办了4期电影训练班，共培训各类专业干部650多人。1960年9月，创办长春电影学院，设有导演、表演、文学、摄影、美术5个系，1962年学院撤销。长影设有总编室、导演室、摄影室、美术室、音乐创作室、制片室、编刊室、洗印厂以及美工、照明、录音、服装化装、道具、剪辑、特技等工作间；直属单位有演员剧团和电影乐团。“文化大革命”前的优秀影片有《上甘岭》、《五朵金花》、《甲午风云》、《英雄儿女》等。“文化大革命”中完成三部“样板戏”影片和故事片《创业》、《车轮滚滚》。1978年以后的较好作品有《吉鸿昌》、《人到中年》、《十六号病房》、

《英雄儿女》剧照

《开国大典》等。

中国电影史上有另外一个长春电影制片厂，简称“长制”。它存在于1946～1948年。由中共秘密党员金山以国民党接收大员身份接管长春原满洲映画株式会社后成立。作品有《松花江上》、《小白龙》、《哈尔滨之夜》等。

长春观 Changchun Taoist Temple 中国道教宫观。位于武昌大东门外双峰山南侧。始建于元代，清咸丰元年（1851）遭兵匪摧毁。同治三年（1864）全真龙门派道士何合春募捐重建。观内建筑由下而上，依山势布局，气势宏伟。现存建筑有：灵官殿（为修筑长江大桥迁建新址）、太清殿、七真殿、功德祠、三皇殿（即玉皇殿）、会仙桥、吕祖殿等，现为全国重点宫观。武汉市旅游胜地。另外，山东济南、泰安和山西汾阳亦有长春观。

长春碱 vinblastine 双吲哚型生物碱，分子式$C_{46}H_{58}N_4O_9$。最初从夹竹桃科植物长春花中提出。熔点211～216℃，比旋光度$[\alpha]_D^{26}$ +42（氯仿）；溶于氯仿、丙酮和乙醇，不溶

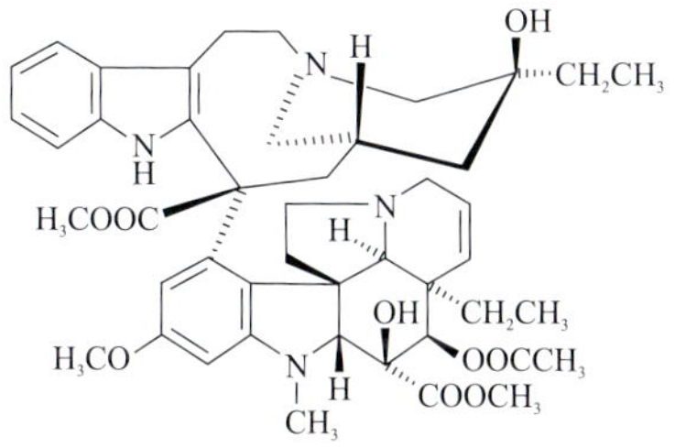

于水和石油醚。其硫酸盐熔点284～285℃，比旋光度$[\alpha]_D^{26}$－28（甲醇）。长春碱硫酸盐用于治疗何杰金氏病和绒毛膜上皮癌，疗效较好；对淋巴肉瘤、网状细胞肉瘤、急性白血病、乳腺癌、圣母细胞瘤、卵巢癌、睾丸癌、神经母细胞瘤和恶性黑色素瘤等也有一定疗效。

长春市 Changchun City 中国吉林省辖市、省会。中国重要工业基地，素有“汽车城”、“电影城”和“科技城”之誉。位于吉林省中北部。辖朝阳、南关、宽城、二道、绿园、双阳6区和农安县，代管德惠市、九台市、榆树市。面积20 565平方千米。人口768万（2010），有汉、满、回、朝鲜、蒙古等27个民族。清顺治年间称“长春堡”，嘉庆五年（1800）设长春厅。1931年日本侵占长春，翌年定长春为伪满洲国国都，改名新京特别市。1947年改置长春市。1954年，省会由吉林市迁此。

市境地势平坦。属温带半湿润气候区。年平均气温4.8℃。平均年降水量622毫米。矿产主要有煤、石灰岩、沸石、萤石、珍珠岩、膨润土、磷矿石、石棉等。工业以交通运输设备制造业为主体，以汽车、摩托车工业为龙头，带动冶金、化工、电子、仪器仪表和高新技术及其他相关产业快速发展。其中汽车工业产值占全市工业总产值的一半左右，是中国最大的汽车生产基地。农业以种植玉米、水稻、大豆、高粱、谷子、小麦为主。野生植物资源中，有五味子、蛇床子、龙胆等150种中药材；盛产胡枝子、芦苇、香蒲，以及蘑菇、蕨菜、黄花菜、榛子、山楂等。野生动物主要有豹猫、红狐、鸿雁、环颈雉、赤链蛇、背角无齿蚌等。

全市科技教育基础较好，有吉林大学、东北师范大学等高等院校。为东北地区重要的交通枢纽和物流中心。长春机场是国际航空港，开辟有国内外航线。名胜有伪满洲国皇宫旧址、旧石器时代“榆树人”化石遗址、辽代古塔、黄龙府，以及电影城、南湖公园群、净月潭森林公园等。

长春新碱 vincristine 双吲哚型生物碱，分子式$C_{46}H_{56}N_4O_{10}$。又称醛基长春碱、新长春碱。存在于夹竹桃科植物长春花中。熔点218～220℃，比旋光度$[\alpha]_D^{25}$+26.2（氯乙烷）；溶解度与长春碱相似；能溶于氯仿、丙酮、乙醇，不溶于水和石油醚。长春新碱能抗癌，疗效比长春碱约高10倍，用于治疗急性淋巴细胞性白血病，疗效较好，对其他急性白血病、何杰金氏病、淋巴肉瘤、

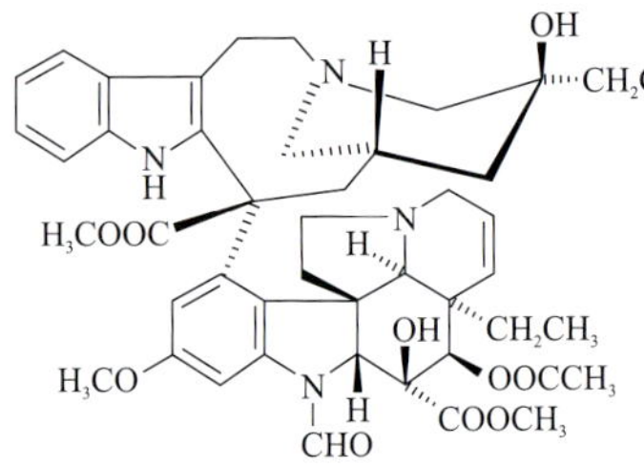

网状细胞肉瘤和乳腺癌也有疗效。

长岛自然保护区 Changdao Natural Reserve 中国野生动物保护区。中国规模最大的海岛型森林公园。1988年建立。位于山东省长岛县，面积5 700公顷。主要保护对象是鹰、隼等猛禽及候鸟栖息地。保护

长岛风光——礁石

区由长山列岛组成，32个岛屿孤峰入海，陡峭险峻。146千米的海岸线形成99处海湾，半月湾、九丈崖、水晶洞、龙爪山等自然景观环布海岛四周。每年途经的候鸟有200余种，百万只之多。

长笛 flute 吹孔气鸣乐器。广泛用于现代管弦乐队的一种木管乐器。笛身呈圆柱形，一端封闭，通常由木料或金属制成。长笛音域通常为从中央C向上三个八度即(c^1～c^4)。现代长笛是由伯姆于1832年在古

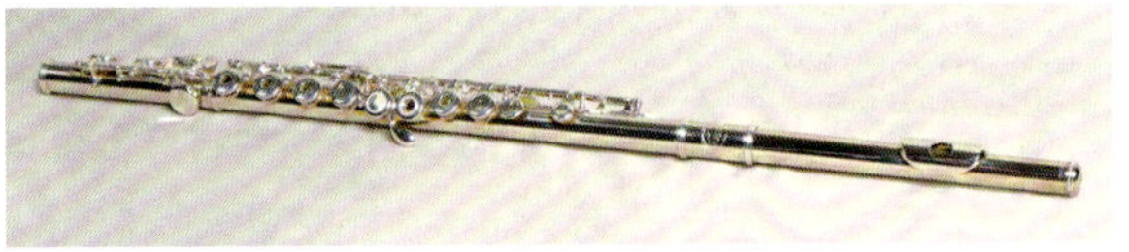

横笛的基础上改进的。长笛在室内乐队和管弦乐中的广泛使用是在18世纪早期。它的音质低音深沉并伴有气息声，高音清晰、明亮，具有穿透力。演奏家可以奏出快速的颤音、跑句和其他装饰音。长笛是现代管弦乐队的基本木管乐器之一，19世纪以后的所有乐队作品都包括长笛。长笛的音色优美、音域宽广，演奏法多种多样，表现力丰富。

长调 long tune 词调中的长曲子。又称慢、慢曲。一般以91字以上为长调。前人或以为从词的演化与发展上来看，最早出现的是令曲，其后才有中调和长调。如清宋翔凤《乐府余论》称："词自南唐以来，但有小令，其慢词起自仁宗朝。"其实是不确的。从近代发现的《敦煌云谣曲子词》中看，唐代民间已有百字以上的长调词，如〔内家娇〕、〔倾杯乐〕等。而从文人创作说，大量创作长调词的作家是宋代的柳永，其后苏轼、秦观、黄庭坚相继有作，长调遂盛。常见的长调作品有〔满庭芳〕、〔戚氏〕、〔念奴娇〕、〔水调歌头〕等。

长蠹 Bostrychidae; false powderpost beetle 鞘翅目长蠹科昆虫的统称。全世界已知700余种。中国已知有30余种。除寒带外，各地都有分布，大多数种类在高温高湿地区。可依靠木材、竹材、贮粮的运输传播他处。体小到大型，长圆筒形，黑色，浅褐至深褐色。触角短，8～10节，末端球杆部3节。前胸背板前半部有小齿和棘状突起。鞘翅末端急剧向下倾斜，周缘具棘状和角状突起。腹板5节，第1节长。足短，跗节5节，第1节很小。幼虫蛴螬型。胸部发达，眼缺，触角4节，足较发达。长蠹一年发生1代至数代，因地区而异。

长蠹为已枯木材、竹材、贮粮的重要害虫，也是建筑和家具用木、竹材的重要害虫，少数危害活树的枝干。

长葛市 Changge City 中国河南省辖县级市。位于省境中部。面积650平方千米。人口69万(2010)，有汉、回等民族。春秋时为郑国长葛邑，相传为远古帝王葛天氏之故址，故名长葛。秦置长社县，隋开皇六年(586)析置长葛县。1993年撤县设市。由许昌市代管。属暖温带大陆性季风气候。农作物有小麦、玉米、大豆、甘薯、烟叶、油菜、花生、棉花等。产白芷、南星等中药材。工业有金刚石合成和机具制造、农用车辆制造、建筑卫生陶瓷、高低压电器电瓷、纺织服装、化工、造纸、电力等产业。是中国最大的金刚石制品基地。人造金刚石、高低压负荷开关和长葛绒等全国有名。名胜古迹有长葛故城、敬史君碑、钟繇洗砚池、石固古文化遗址，以及白居易墓、祠等。

长鼓舞 long drum dance 中国朝鲜族传统民间舞蹈。见朝鲜族舞蹈。

长海县 Changhai County 中国辽宁省大连市辖县。以渔业为主的海岛县，中国重要渔业基地之一。位于省境南部辽东半岛东南黄海北部的长山群岛。面积119平方千米。人口7万(2008)，有汉、蒙古、回、满、壮等民族。战国时期属辽东郡，唐以后属金州。1949年设长山县，1953年改称长海县。岛上多丘陵，山峦重叠，沟谷交错，海岸曲折。属具有海洋性的温带大陆性季风气候。四季分明，冬暖夏凉。渔业生产以贝类养殖为主，主要海产品有各种鱼类、贝类、海藻、海参等。工业中以水产品加工业、修造船业、渔具加工业、塑料工业等为主。海上运输是内外交往的主要手段，以大长山岛四块石港为中心。海岛环境优美，是旅游、避暑、疗养胜地。名胜有海上石林、新石器时代小珠山遗址等。

长号 trombone 唇振动气鸣乐器。普遍用于管弦乐队、军乐队的铜管乐器。它由杯形的号嘴、U形伸缩管和主体管组成。在号嘴和乐器的主体之间的长U形管用来改变管子的总长度，改变音高。长号是靠演奏者的嘴唇振动来发音的。长号有7个把位，每个把位可吹出12个自然泛音。

长号有不同型号，从高音、中音到低音，

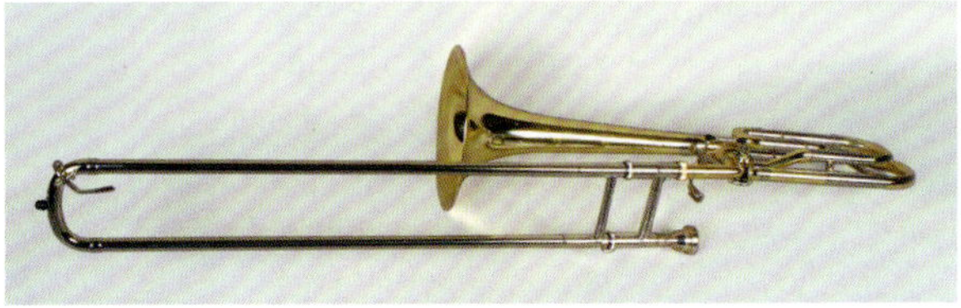

其音域大约两个八度，乐队中常用的有降B次中音长号、F调低音长号、降B-F调双调长号和降B调倍低音长号。长号是15世纪作为自然小号的一种改进而发明的。到1500年时已与现代的长号差不多了。为了解决高音长号演奏较低音的问题，有的长号增加一个用拇指活塞的控制的管子，可使音高从降B降至F。长号音色丰满、富有威力，可奏出刚劲、明快、柔和及长号特有的滑音等效果，从19世纪开始，几乎所有管弦乐作品都包括长号声部。

《长恨歌》 *Song of Unending Sorrow* 中国长篇小说。作者王安忆。1995年11月由作家出版社出版。小说描写女主人公王琦瑶在上海大都市的生活经历和情感波折。作者以细腻的笔触写出了主人公悲剧性的命运和心曲。2000年小说获第五届茅盾文学奖。

长吉体 Changji verse form 中国唐代诗人李贺(字长吉)所开创的诗体。南宋严羽《沧浪诗话·诗体》称："以人而论，则有……韩昌黎体、柳子厚体、韦柳体(苏州与仪曹合言之)、李长吉体、李商隐体(即西昆体也)……"刘辰翁《李长吉歌诗》谓贺所长正在理外，"若眼前语众人意，则不待长吉能之，此长吉所以自成一家欤!"长吉浪漫倜傥出李白；搜奇抉奥、峭刻生新出杜甫；近受韩愈奇崛瑰怪诗风影响，独创一格，自成新体。后世曾以一艳字概之，但长吉体之艳，不是香艳，而是幽艳、冷艳、古艳、怪艳。幽、冷、古、怪、重彩、易

唱构成长吉体的内涵与风格。晚唐李商隐诗体奥诞瑰奇即受长吉体影响。

长江 Yangtze River; Changjiang River 中国第一大河，世界第三大河。年平均入海水量达9 755亿立方米，居世界第三位。发源于青藏高原唐古拉山主峰各拉丹冬雪山的西南侧。干流流经青海省、西藏自治区、四川省、云南省、重庆市、湖北省、湖南省、江西省、安徽省、江苏省、上海市11个省（直辖市、自治区），在上海注入东海。全长约6 300千米，流域面积180多万平方千米（不包括淮河流域）。流域内高原、山地占65.6%，丘陵占24%，平原、低地占10.4%。中国大部分的淡水湖分布在长江中下游地区，面积较大的有鄱阳湖、洞庭湖、太湖和巢湖。

干流概况　长江干流各段名称不一：源头至当曲口（藏语称河为“曲”）称沱沱河，为长江正源，长358千米；当曲口至青海省玉树县境的巴塘河口，称通天河，长813千米；巴塘河口至四川省宜宾岷江口，称金沙江，长2 308千米；宜宾岷江口至长江入海口，约2 800千米，通称长江，其中宜宾至湖北省宜昌间称“川江”（奉节至宜昌间的三峡河段又有“峡江”之称），湖北省枝城至湖南省城陵矶间称荆江，江苏省扬州、镇江以下又称扬子江。

长江支流流域面积超过1万平方千米的有48条；5万平方千米以上的有雅砻江、岷江、岷江支流大渡河、嘉陵江、乌江、沅江、湘江、汉江和赣江等9条。其中雅砻江、岷江、嘉陵江和汉江超过10万平方千米，以嘉陵江流域面积最大，约16万平方千米。

①上游。沱沱河与通天河上段（登艾龙曲口以上）流经青藏高原腹地，河道宽展，多沙洲，水流散乱呈辫状，河流两岸山丘平缓，高原面保存完整。其间较大支流有当曲、莫曲、楚玛尔河等。通天河自登艾龙曲口以下，河道较顺直，河槽渐趋稳定、水流比降增大，两岸山势增高。谷底海拔由通天河上段的4 000余米，下降到3 000余米。玉树巴塘河口以下称金沙江，进入横断山脉区，为典型的高山深谷地貌。金沙江南流至云南省石鼓折向东北，进入虎跳峡，峡长16千米，落差达200米，最窄处河宽仅30米，右岸玉龙雪山，左岸哈巴雪山，峰顶海拔均超出5 000米，谷深达3 000米以上。金沙江段的主要支流有雅砻江、龙川江、普渡河、牛栏江、横江等。左岸雅砻江水系庞大，右岸支流较短小，极不对称。从宜宾至奉节，长江蜿蜒于四川盆地南缘，穿越一系列褶皱山岭，河谷宽窄相间，沿江阶地发育。长江北岸有岷江、沱江、嘉陵江等大支流；南岸除乌江、赤水河外，支流均较短小。形成川江的不对称水系。自奉节白帝城至宜昌南津关，江水横穿背斜山地，形成了举世闻名的长江三峡（瞿塘峡、巫峡、西陵峡）。这一河段滩峡相间，迂回曲折。江水出三峡后进入中游河段。

长江上、中、下游情况

长江分段	起讫点	长度		流域面积	
		千米	占长江总长%	万平方千米	占长江流域%
上游	江源—宜昌	4 512	约72	100	55.5
中游	宜昌—湖口	938	约15	68	37.8
下游	湖口—长江口	835	约13	12	6.7
合计	江源—长江口	约6 300	100	180	100

②中游。长江在宜都纳清江。枝城至城陵矶的荆江河段，两岸原野坦荡，分属江汉平原和洞庭湖平原。藕池口以上的上荆江河段属一般性弯曲河道，水流分歧，汊河发育，河道外形较稳定。藕池口至城陵矶的下荆江河段河道蜿蜒曲折，素有“九曲回肠”之称，河道外形变化尤定。长江在城陵矶接纳洞庭湖水系（主要有湘江、资水、沅江、澧水四水）的来水后，至湖北武汉，有汉江汇入。在湖北省黄石与武穴间，两岸山峦逼近，河谷较窄，形成约束江流的卡口。至江西省湖口汇合鄱阳湖水系（主要有赣江、抚河、信江、鄱江、修水）的来水，进入下游河段。

③下游。湖口以下，长江河谷愈加宽广。江水在皖南丘陵和皖中丘陵、巢湖平原之间奔流，右岸常有基岩逼临江边，形成矶头，使河床变窄，超过矶头，河床又复展宽，心滩出露，水流分汊，形成宽窄相间、时束时放的藕节状河床。大通以下开始受海潮影响，水势和缓。此段主要支流有：青弋江、水阳江、滁河、秦淮河等。淮河水量的80%～90%也经京杭运河汇入长江。镇江至长江口，长约312千米，流经长江三角洲，其中江阴以下称河口段。江阴附近江面束窄，仅宽1 200余米，向东至长江口宽达91千米，呈喇叭状。长江每年挟带入海的约4.68亿吨泥沙，在长江口至杭州湾一带落淤，形成许多暗沙和沙洲。三角洲自全新世以来年平均向海推进约40米，长江在江口附近接纳支流黄浦江。

气候与水文　长江流域大部分地区为亚热带季风气候。长江水量非常丰富，入海总水量9 755亿立方米，水量主要来自上、中游。径流中雨水补给约占全年径流量的

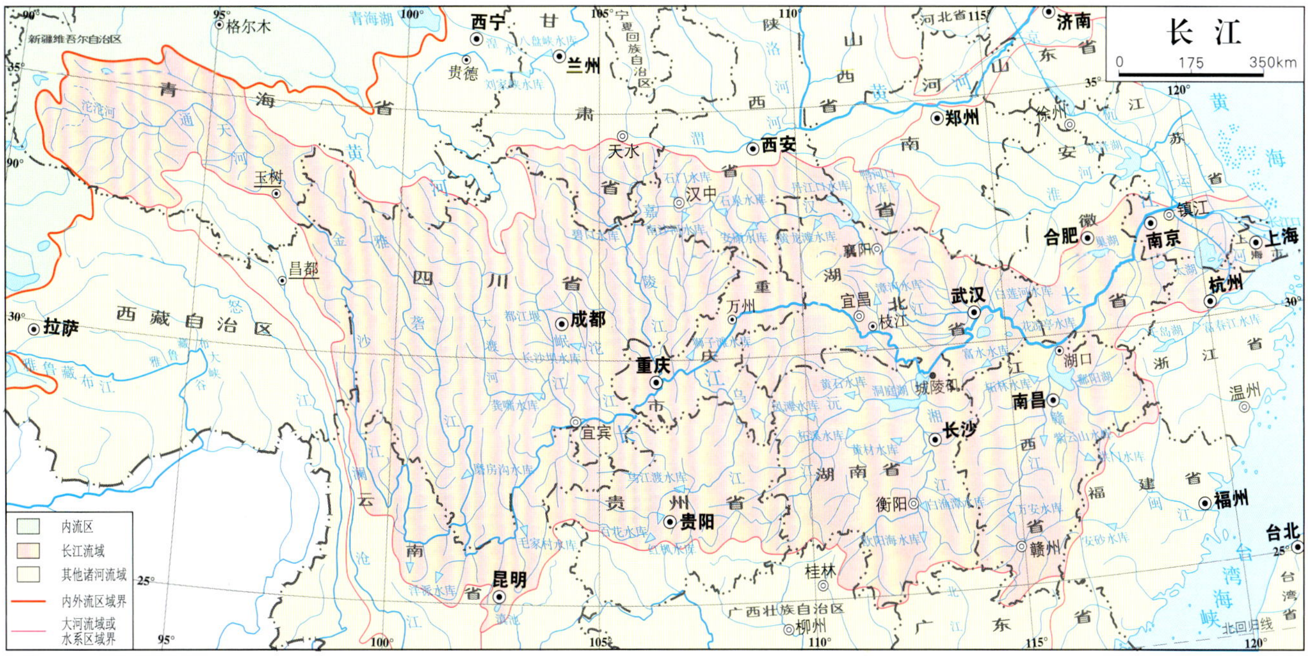

长江源头——各拉丹冬雪山

75%～80%，地下水约占20%～25%，还有少量冰雪融水补给。汛期（4～10月）水量占全年水量80%左右，枯季（11月至翌年3月）仅占20%左右。造成长江成灾的洪水，一类是流域性暴雨形成；另一类是上、中游局部地区或支流发生连续而集中的特大暴雨所形成。

长江含沙量较小，宜昌站多年平均1.18千克/米³，大通站0.51千克/米³；金沙江含沙量较大，屏山站为1.63千克/米³。

经济概况　长江流域水力资源丰富，理论蕴藏量2.68亿千瓦，可能开发利用的水电装机容量约1.97亿千瓦，年发电量1万亿千瓦·时，占全国可开发水能资源的53.4%。长江上游水能资源最为集中，约占全流域的86.3%。已建成葛洲坝水利枢纽、汉江丹江口水利枢纽、三峡水利枢纽、上百个水电站，其中三峡水利枢纽是世界上最大的水利枢纽。经运河引长江水北上的南水北调工程正逐步实施。

长江是中国最重要的内河航运大动脉，干支流通航里程7万多千米（其中通航机动船里程3万千米），占全国内河通航里程的70%。年货运量约2.5亿吨，年货运周转量约600亿吨·千米，分别占全国内河水运总量的78%和85%。长江干流自四川省新市镇以下2 900余千米可全年通航轮船。三峡工程建成后，万吨级船队可从上海直达重庆。

长江流域约有人口4.21亿；耕地2 340万公顷，占全国耕地面积24.5%；粮食产量占全国37%以上，棉花产量占全国1/3以上；全流域有淡水鱼类约280种，淡水鱼产量占全国60%以上。木材蓄积量约占全国1/3，矿产资源丰富。工业总产值约占全国40%。长江干支流沿岸特大城市有上海、武汉、重庆、南京、成都、昆明等。

长江三角洲　Yangtze Delta　中国长江中下游的一部分。三角洲顶点在江苏省仪征附近。面积约5万平方千米。大致沿江阴、沙洲、常熟、松江、金山一线，分为新三角洲和老三角洲两部分。后者位于西部，系以太湖为中心的冲积平原、湖积平原，距今7 500～6 000年前即已成陆；前者系指镇江以东，位于大江两侧的冲积平原和江中沙岛，为距今7 000～6 000年以来形成的三角洲平原。

三角洲主要是由长江带来的泥沙冲淤而成，冲积层的厚度，由西向东从几十米增加到400米，其底部是坚硬的岩层。地形可分为3部分：①里下河平原南缘。主要由一系列河口沙坝为主体的亚三角洲并联而成。②河口沙洲区。由一系列正在发展的河口沙坝组成。最主要者为崇明岛、长兴岛、横沙岛及九段沙等。成陆晚，地势低。③太湖平原。地形上是一巨大碟形洼地，洼地底部即属老三角洲部分的湖沼平原。地面高程一般2.5～3.5米。太湖平原发育了以太湖为“中转站”和调蓄库的较为完整的太湖水系。全流域的径流分别由太湖北部和东部的沙墩口、胥口、瓜泾口等经由望虞河、浏河、吴淞江、黄浦江等泄入长江。太湖平原是中国开发历史较早的地区之一。早在六七千年前的新石器时代，马家浜文化先民已于此从事渔猎耕垦。

三角洲物产丰饶，农业发达，盛产稻米、蚕桑和棉花，是中国著名稻米产区。苏州和杭嘉湖地区是中国重要蚕桑基地之一。滨海地带的棉花亦占国内重要地位。水产资源丰富，阳澄湖、淀山湖以螃蟹著称。长江三角洲人口密度每平方千米大于500人，为中国人口稠密地区之一，也是中国经济最发达地区。重要工商业城市、港口主要有常州、无锡、苏州、南通、张家口、镇江、上海等。上海、苏州、杭州与扬州是中国历史文化名城，太湖沿岸、江南运河沿线及钱塘江两岸多旅游胜地。

长江三角洲经济区　Yangtze Delta Economic Zone　中国东部长江和沿海接合部跨行政区的经济区域。1982年12月，中华人民共和国国务院决定成立上海经济区，这是长江三角洲经济区的最早雏形。1985年2月，长江三角洲被列为中国沿海经济开放区。1997年，上海、无锡等15个城市组织成立了旨在加强长江三角洲地区经济联合与协作的长江三角洲城市经济协调会。20世纪90年代初，长江三角洲经济区被列为中国七大经济区之一（其他为环渤海经济圈、东南沿海地区、西南和华南部分省区、东北地区、中部五省区、西北地区），是整个国家区域经济布局和促进地区协调发展的重要方面。长江三角洲地区主要包括上海市，江苏8市（南京、苏州、无锡、常州、扬州、镇江、南通、泰州），浙江6市（杭州、宁波、湖州、嘉兴、绍兴、舟山）共15个城市。

长江三角洲经济区的主要特点是：①中国经济总量规模最大的经济板块。国内生产总值在全国的比重已突破20%，提供的中央财政收入在25%左右，进出口总额在30%左右。②经济实力雄厚。集中了近半数的全国经济百强县，聚集了近百个年工业产值超过100亿元的产业园区和数千家大型企业。③交通区位优势突出。地处中国沿海、沿江两大发达地带的交汇部，区位条件得天独厚，集“黄金海岸”与“黄金水道”于一身。拥有京沪铁路、京杭运河和沿海航线三条南北干道，与东西向的长江、沪昆铁路相接，构成四通八达的运输网络。④形成中国规模最大、实力最强、密度最高的完整城市群。⑤农业和渔业较为发达。自古有“鱼米之乡”、“丝绸之府”的美誉。

长江三峡　Three Gorges of Yangtze River　中国长江上游瞿塘峡、巫峡和西陵峡的总称。中国著名峡谷和风景名胜区。西起重庆奉节白帝城，东止湖北宜昌市夷陵区南津关，全长208千米，其中属峡谷段的约97千米，是世界较长的峡谷之一。以峡长壁陡、谷窄滩多、水急浪大和峰奇洞多为特征。三峡中瞿塘峡（见图）居于西，又称夔峡，包括风箱峡、错门峡两小峡，从白帝城到巫山黛溪长8千米，是三峡中最短、最窄、最雄伟的峡谷，有“瞿塘天下雄”之称。向东为巫峡，又称大峡，包括金盔银甲峡和铁棺峡两峡谷，西起巫山县大宁河口，东抵巴东县官渡口，东西绵延46千米，是三峡中最长、最整齐的峡谷。再向东为西陵峡，西从秭归的香溪口，东止南津关，全长75千米。其中，西有兵书宝剑峡和牛肝马肺峡，共长18千米；东有崆岭峡（黄猫狭，长24千米）和灯影峡（明月峡）。两岸峭壁巉岩，以牛肝马肺峡最险。20世纪50年代以来，三峡航道经过不断整治，清除了险滩，设置了航标，航运条件显著改善。三峡河段最大流速7～8米/秒，水力资源丰富，葛洲坝水电站即建于此。三峡水利工程在防洪、发电、航运、养殖以及向华北引水等方面发挥综合效益。

瞿塘峡

长江中下游平原　Middle and Lower Reaches Plain of Yangtze River　中国三大平原之一。位于湖北宜昌以东的长江中下游沿岸，由两湖平原（江汉平原和洞庭湖平原的总称）、鄱阳湖平原、苏皖沿江平原、里下河平原和长江三角洲平原组成。东西长约1 100千米，南北宽100～300千米，面积约20万平方千米。

两湖平原以荆江为界，其北称江汉平原，其南为洞庭湖平原。江汉平原主要由长江和汉江冲积而成。洞庭湖平原则主要由通过荆江南岸太平、藕池、松滋、调弦（1958年堵塞）四口南下的长江泥沙冲积而成，面积约1万平方千米，大部海拔50米以下，地势北高南低，水网密布，土壤肥沃。

鄱阳湖平原除边缘红土岗丘外，中部的泛滥平原主要是由赣、抚、信、修等河流冲淤而成，其中又以赣江为主。面积约2万平方千米。地势低平，大部海拔50米以下，水网稠密，地表覆盖为红土及河流冲积物。苏皖沿江平原主要指湖口以下到镇江之间沿长江两岸分布的狭长的冲积平原，其中包括芜湖平原和巢湖平原。长江三角洲以北即为里下河平原，平原为周高中低的碟形洼地。洼地北缘为黄河故道，南缘为三角洲长江北岸部分，西缘是洪泽湖和运西大堤，东缘则是苏北滨海平原。

长江中下游平原是中国重要的粮、油、棉生产基地，亦为中国水资源最丰富地区。中国淡水湖群分布最集中的地区，著名淡水湖有鄱阳湖、洞庭湖、太湖及巢湖等。湖沼地区有丰富的水生生物资源，是中国水生植物分布最广、产量最丰地区；淡水水生动物也属全国之冠，除静水性的鳊、鲴、鲢、鲤、鲫、青、草、鳡鱼外，还有鲚、鲥、香鱼、银鱼（如大银鱼、短吻银鱼、细银鱼、尖头银鱼等）、鳗鲡、花鲈和松花鲈（又称四鳃鲈）等多种河口洄游性鱼类，以及中华鲟、扬子鳄、白鳖豚等世界珍品。

长颈龟 *Chelodina longicollis*；eastern long-necked turtle 爬行纲龟鳖目蛇颈龟科长颈龟属的一种。又称蛇颈龟。分布于澳大利亚东部。体较小，一般甲长15～25厘米。体色变异较大，背部通常为棕色、暗棕色或黑色；腹部黄白色；背甲外缘与腹甲的鳞缝为黑色；眼虹膜鲜黄色。头小，头背平。颈长于脊柱其余部分，上面布满结节。鼻位于吻端。眼侧位。背甲后部宽圆而微尖。腹甲前部宽圆，后缘有深缺刻。喉间盾大，将胸盾局部分隔。四肢具蹼，指、趾具4爪。生活于沼泽、湖泊或缓流江河的淡水中。初夏在岸边挖穴

产卵，每产约12枚。卵长形，壳易碎。以软体动物、甲壳动物、蝌蚪和小鱼等水生动物为食。白昼活动，性温驯。

长颈鹿 *Giraffa camelopardalis*; giraffe 偶蹄目长颈鹿科长颈鹿属唯一种。有8～12个亚种。分布于非洲。属大型有蹄类动物，也是现代世界最高的动物，站立时由脚至头可达6～8米，体重约700千克。刚出生的幼仔就有1.5米高；颜色花纹因产地而异，有斑点型、网纹型、星状型、参差不齐型和污点型；头的额部宽，吻部较尖，耳大竖立，头顶有一对骨质短角，角外包覆皮肤和茸毛；颈特别长（约2米），颈背有一行鬃毛；体较短；四肢高而强健，前肢略长于后肢，蹄阔大；尾短小，尾端为黑色簇毛。栖息于热带草原或靠近草原的

森林边缘。平时结成7～8只的小群，有时也集成数十只的大群活动，经常与斑马、羚羊、鸵鸟等动物混群。白天四处漫游，边取食、边瞭望，行动谨慎，善于奔跑。皮坚厚，可穿行荆棘林中。以树叶为食。平时很少鸣叫。妊娠期约450天，每胎1仔。寿命20～30年。由于体态优雅、花纹美丽，成为人们欢迎的观赏动物。

长乐宫 Changle Palace 中国西汉初年汉高祖刘邦朝会之宫。在秦兴乐宫基础上改建，位于都城长安东南部。汉惠帝移居未央宫后为太后所居。因与未央宫东西并列，此宫居东，又称东宫。东汉以后逐渐废弃。遗址在今陕西省西安市未央区未央宫乡和汉城乡。1956年以来的考古勘察表明，宫城平面形状不甚规则，四周筑墙，面积6平方千米，占长安城总面积的1/6。宫城四面各设一门。宫内有很多宫室，据《三辅黄图》记载，有长信宫、前殿、温室殿、椒房殿、临华殿、长秋殿、永寿殿、神仙殿、永昌殿、中室等。在贯穿宫城东西的大道以南发现3组大型宫殿建筑，其中东组东西116米、南北197米，可能为长乐宫前殿遗址。宫东北部有池苑，名为“酒池”，其北有台榭。宫西北部发掘出一处排水管道遗迹，其中一组由上下两层5个五角形水管组成，构筑方法独特、罕见。

长乐市 Changle City 中国福建省辖县级市。地处省境东南中部闽江口南岸，东与台湾岛隔海相望。面积724平方千米。人口68万（2010）。是福建省主要侨乡和台胞祖籍地。唐武德六年（623）始设县，1994年撤县设市。由福州市代管。素称“鱼米之乡”，是福州农副产品的重要基地，晚熟龙眼、柑橘、水蜜桃、西瓜和葡萄均享有盛名，漳港海蚌（西施舌）是稀世珍品。矿产主要有花岗石、硅砂等。工业以电力、纺织、皮革、塑料、冶金、食品、橡胶、机械等为主。名胜古迹有龙泉寺、朱熹讲学的晦瓮岩、郑和下西洋刊立的《天妃灵应之记》碑、玫瑰圣母堂等。

长陵（汉） Changling Mausoleum (Han Dynasty) 中国汉高祖刘邦和皇后吕雉的陵墓。位于陕西省咸阳市渭水北岸三义村附近。公元前195年高祖死，葬于此；前180年吕后死，合葬于长陵。1956年后曾对长陵多次调查。1988年国务院公布为全国重点文物保护单位。

高祖陵在西，坟丘为截顶方锥形，高32.8米，底部东西153米、南北135米。吕后陵在高祖陵东南280米处，坟丘形状相同，高30.7米，底部东西150米、南北130米。陵园平面为方形，边长780米，墙垣四面中央各辟一门，四角除东北角外均有“角楼”。长陵南、北两面分布着几处礼制建筑遗址。高祖的庙称为“高庙”，建在长安城内；汉惠帝时又在长陵旁修建一庙，史称“原庙”。吕后的庙建在长陵旁。长陵以东有大量陪葬墓，陪葬者有萧何、曹参、周勃、周亚夫、张耳、戚夫人等。20世纪70年代发掘了两座陪葬墓（称杨家湾汉墓），规模巨大、构筑复杂，有人推测为周勃、周亚夫父子墓。长陵邑位于长陵北，有官署、市场和里居等。

长律 古代诗歌体裁。见排律。

长命锁 lock-shaped longevity necklace 中国民间具有护身符含义的一种儿童项饰。一般在新生儿满月、百日或周岁时由亲戚所赠，认为它能避灾去邪，“锁”住生命，保佑孩子健康成长。汉、苗、侗、水、土家、畲等很多民族都有佩戴长命锁的习俗。最早可追溯到汉代。明代演变成儿童专用项饰，外形多为各种锁状，也有圆形、如意头等其他造型。锁身有单片牌状，也有空心匣状。前者单面錾花，后者两面均有纹饰，内可装物。錾刻内容多为“长命富贵”等文字，周围雕镂寿桃、蝙蝠等吉祥图案。

制作长命锁的材料通常为金银美玉，民间以银制的居多。悬挂锁片的绳索繁简不一，普通用红色丝带，讲究的用金银链条，也有用珍珠宝石做成串饰再与锁相连的，或将锁与银项圈连体制作或坠挂在项圈下配套使用。许多长命锁的下方还悬吊有葫芦、

银质长命锁

铃铛和倒绑毛驴（寓意榜上有名）等饰物，表达期盼孩子成才的愿望。

长宁区 Changning District 中国上海市辖区。位于市区西部，北滨吴淞江。面积38平方千米。人口69万（2010）。1945年以法华区东部地置长宁区，因长宁路得名。1948年改法曹区。1949年复名长宁区。区内以住宅为主，东部愚园路、新华路一带多新式里弄和花园住宅。虹桥经济技术开发区是以对外贸易为特征的现代化新区。建有上海世界贸易商城、国际展览中心及多幢高层宾馆、高层公寓。古北新区多欧式建筑，环境幽静，为上海十大新景观之一。内环高架路、延安高架路、地铁二号线与三号线和虹桥路、江苏路、长宁路、天山路等主干道组成了日趋完善的交通网。虹桥国际机场在区境最西端。区内有中科院上海硅酸盐研究所、上海冶金设计院等研究机构；华东政法大学、东华大学等高等院校，以及刘海粟美术馆等。纪念地有宋庆龄陵园、《布尔什维克》编辑部旧址。旅游景点有上海动物园、中山公园等。

长袍 long gown 上衣和下裳连成一体的长衣服。外形一般是宽松的筒状，前身对襟、大襟或不开襟，有袖，有领或无领，腰中可系带，长者至足上，短者至膝下。流行于20世纪中叶前的中国、文艺复兴前的欧洲以及现在的伊斯兰教国家。因时代、民族、地区、季节的不同，各种面料均有采用。长袍蔽体严密，多为庄重场合的固定礼服或表明身份的服装，如中国的深衣（秦汉时流行的衣襟为三角形的长袍，穿时将襟绕于腰后）、龙袍、官袍，西方的法官长袍、学位袍、修道士袍等。中国商周时期已出

黄缎五彩绣十二章龙袍

现形制完整的袍，男女都穿，汉代以后逐渐成为男子的专用服装。长袍有飘逸之形、洒脱之态，很适合中国人的气质，1929年，中华民国政府颁《服饰条例》将男子中式礼服定为长袍马褂。长袍保暖性好，也是中国北方许多民族的传统服装，如蒙古袍、藏袍、旗袍、袷袢等。

长跑 long-distance races 田径运动径赛项目。又称长距离跑。1908年第4届奥运会开始设长跑5英里项目。1912年第5届奥运会改设男子5 000米和10 000米项目。1984年第23届奥运会设女子3 000米项目，1988年第24届奥运会列入女子10 000米，1996年第26届奥运会把女子3 000米改为5 000米项目。长跑的世界纪录，男子5 000米成绩为12′37″35，由埃塞俄比亚运动员A.H.贝克勒于2004年5月31日创造；男子10 000米成绩为26′17″53，由埃塞俄比亚运动员贝克勒于2005年8月26日创造；女子5 000米成绩为14′24″53，由埃塞俄比亚运动员M.德法尔于2006年6月31日创造；女子10 000米成绩为29′31″78，由中国运动员**王军霞**于1993年9月8日创造。

长平之战 Changping, Battle of 中国战国后期，秦军在长平（今山西高平西北）对赵军的一次大规模围歼战。周赧王五十三年（前262），秦军攻占韩地野王（今河南沁阳），隔绝韩上党郡（治今山西长子西南）与韩本土的联系。韩桓惠王欲献上党向秦求和，上党郡守冯亭欲借赵军以抗秦，私献上党于赵。五十五年，秦以王龁为主将，率大军攻上党。赵以老将廉颇率军据守长平，与秦抗衡。廉颇鉴于秦强赵弱，令赵军坚守不出。相持数月，秦军求战不得，遣人入赵离间。赵王中计，以善于纸上谈兵但无实战经验的赵括代廉颇为主将。秦昭王闻赵军易将，即命武安君白起为秦军主将，并严令保密。赵括迎合赵王急于求胜之心，到任后即转守为攻。白起佯败而逃。赵括以为秦军败退，即率大军追至秦垒，秦军从两翼迅速迂回至赵军后方，断其退路。赵括被包围后，被迫就地筑垒待援。赵军被困46日，因断粮人心涣散。赵括率精锐强行突围，被秦军射杀。赵军失其主帅，全军40余万人投降。白起将赵降卒尽数坑杀。

此战，秦以离间计使赵临阵易将。白起在决战中示弱诱敌，迂回包抄，围而不攻，待赵军困惫而歼之的作战指导，反映了战国时期野战指挥艺术发展的新水平。

长期负债 long-term liability 偿还期在一年或者超过一年的一个营业周期以上的**负债**。包括长期借款、应付债券、长期应付款等。长期借款是企业向银行或非银行的金融机构借入的，偿还期在一年或者超过一年的一个营业周期以上的各种款项而形成的债务；应付债券是企业为筹集长期资产而发售**债券**所形成的债务，包括债券本身及应付的**利息**；长期应付款是企业除长期借款和应付债券以外的其他各种长期应付款，包括采用补偿贸易方式下引进国外设备价款、应付融资租赁固定资产的租赁费等。长期负债在实际发生时，按实际发生数额入账。

长崎 Nagasaki 日本九州岛西海岸港口城市，长崎县首府。地处长崎半岛西南濒长崎湾。面积241.21平方千米。人口约41.85万（2003）。周围有长崎火山群环绕，浦上川、中岛川流经市区，注入长崎湾。气候温暖多雨。沉降式海岸，海湾深入陆地长达8千米，水深大部分超过10米。港口外侧岛屿散布，形成自然防波屏障，为天然良港。原名琼浦、深江浦，镰仓时代始称长崎。1571年开港。此后200余年为日本唯一的对外开放港口。1889年设市。1945年8月9日11时，美国继广岛之后在长崎浦上地区上空，投下第二颗原子弹，居民死伤14万多人，市区被毁1/3。1949年在投弹中心地区修建"国际文化馆"和"国际和平公园"以示纪念。工业以机械制造业为主，其中机械、造船、电机工业尤为发达，长崎造船厂为世界最大造船厂之一。渔业基地，近海、远洋渔业集散中心，盛产沙丁、鲷、带鱼等。水产加工品大量出口。海陆交通要冲。市内多名胜古迹，有兴福寺、崇福寺、大浦和浦上天主教堂、出岛荷兰商馆遗址等。1977年定为国际观光文化城市。有国立长崎大学（1949）。

长庆体 Changqing verse form 中国唐代诗人**白居易**、**元稹**所开创的以《长恨歌》、《琵琶行》、《连昌宫词》为代表的七言长篇叙事歌行体。唐穆宗长庆四年（824），元稹为白居易编集，题名《白氏长庆集》；元稹自己的集子，后亦题名《元氏长庆集》。"长庆体"系由此得名。"长庆体"之称，最早见于南宋后期**戴复古**的《望江南》词："诗律变成长庆体，歌词渐有稼轩风"。**刘克庄**《后村诗话》在评论《琵琶行》时也称："白

（居易）未脱长庆体尔。”但“长庆体”之称在宋代尚未普遍流行。

“长庆体”作为一种确定的诗体名称广为流行，是在清初以后，当时诗人吴伟业（号梅村）大量采用这种体制进行创作，写下了《圆圆曲》、《永和宫词》等名篇，后人从而效之，此体遂大行于世。

“长庆体”的特点为：内容上多叙写时事，形式上为七言歌行。虽属古体，却又多用律句，间用对偶，只是不像近体那样有严格的格律要求；同时又数句一转韵，平仄韵间隔使用，以求得音调的协调圆转和抑扬变化。表现手法和语言风格上以铺叙为主，往往敷写淋漓，并注意叙事与抒情相结合；语言则要求丰富多彩、婉丽缠绵。

长拳 changquan; long-range boxing 中国武术拳种的一大类别。一般将查拳、花拳、炮拳、红拳等均列入长拳范畴。现代新编长拳是中华人民共和国建立后发展起来的

一个拳种，在武术运动中影响较大，群众基础广泛。现代长拳吸取了查、花、炮、红诸拳种之长，把长拳类型的手形、手法、步型、步法、腿法、平衡、跳跃等基本动作规格化，特点是姿势舒展大方，动作灵活快速，出手长，跳得高，蹦得远，刚柔相济，节奏分明。长拳在技术上有八点要求：①姿势。头正，颈直，沉肩，挺胸，直腰，敛臀，上肢舒展挺拔，下肢稳定匀称。②动作。做踢、打、摔、拿等技击动作时，起止点、路线、力点都要清晰，体现出套路中的攻防特点。③身法。躯干活动须与吞、吐、闪、展、冲、撞、挤、靠等攻防变化紧密结合，内外协调，得心应手，形成一个整体。④眼法。做到“手眼相随”，“手到眼到”，一招一式的内在意识通过眼神充分表达出来。⑤精神。全神贯注，表现出勇敢、机敏、无所畏惧的气概。⑥劲力。有刚有柔，刚而不僵，柔而不松，刚柔相济；发劲时要有爆发力，以意识支配动作发力，以气息配合发力，做到内外合一。⑦呼吸。讲究“提”、“托”、“聚”、“沉”四法。跳跃时用“提法”，静止性动作用“托法”，刚劲性动作用“聚法”，由高到低的动作用“沉法”。⑧节奏性。在演练中，快与慢、动与静、刚与柔、起与伏等多种矛盾的对比鲜明、突出、节奏性强。

长沙楚墓 Tombs of Chu State in Changsha 中国东周时期楚国墓群。分布在湖南省长沙市内及近郊。年代约从春秋晚期至战国晚期。20世纪50年代以来共发掘2 000多座。多为中小型土坑竖穴墓，少量中型墓的头端有墓道。绝大多数墓有随葬品，放在棺椁之间的边箱内，种类有陶器、铜器、铁器、玉石器、漆木器、玻璃器等，总数达14 000余件。陶器分为仿铜礼器和日用器两大类，绝大多数为明器。大多数墓只出1套陶器，少数出2套或更多，有地方特色。铜器以镜和剑居多，只有6座墓有青铜礼器。漆木器多为耳杯、樽、盒等生活用器，而较少标志一定身份的乐器、车马器和镇墓兽。这些表明墓主生前社会地位一般不高，推测相当于大夫一级的墓仅数座，士的墓较多，庶人（平民）墓最为普遍。春秋晚期墓中的20余件铁器是中国早期铁器中年代较早的一批。杨家山65号墓所出钢剑，把中国出现钢的时间提早到春秋晚期。同出的一件铁鼎是已知中国最早的铸铁容器，它与年代稍晚的其他几件铸铁制品证明，铸铁在中国出现的时间基本与锻铁相同。铜镜的总数近500面，制作精美，装饰花纹多样，表明长沙当时是铸镜工艺相当发达的地区。玻璃璧、珠、管等有200多件，成分属铅钡玻璃，与西方的钠钙玻璃不同，为中国自己制造，长沙可能是产地之一。漆木器精美，除前述外，还有剑椟、矢箙和盾牌等。绢、纱、锦及刺绣是中国已知年代较早的丝织品实物。此外，子弹库楚墓出土的楚帛书和陈家大山楚墓出土的楚帛画，仰天湖、杨家湾楚墓出土的竹简，左家公山楚墓出土的毛笔，以及天平、砝码等，都是重要的考古发现。

长沙大火 中国抗日战争初期，国民党政府为实行焦土抗战而纵火烧毁长沙的事件。由于日军的疯狂进攻，国民党军队一再溃败，便提出焦土抗战的口号。1938年10月，日军攻陷武汉后，继续南下。10月11日攻陷岳阳。10月12日，蒋介石电令湖南省在日军进攻长沙时焚烧市区，实行焦土抗战。11月12日上午9时许，蒋又密令张治中、长沙警备司令酆悌、警备第二团团长徐昆、长沙警察局局长文重孚执行指示，于夜间下令纵火烧城。大火直到14日熄灭。全城基本被焚毁，烧毁房屋5万余间，烧死居民2万余人，财产损失无数。大火之后，日军并未立即进攻长沙。长沙大火激起了民愤，国民党政府遭到全国各界群众的强烈谴责。为平民愤和推卸责任，蒋介石下令将酆悌等3人处死。

长沙会战 Changsha, Battle of 1939年9月至1942年1月，中国军队与侵华日军在湖南长沙地区进行的三次会战。①第一次长沙会战。日军侵占武汉、南昌后，为巩固和扩大其占领区，企图歼灭中国第九战区主力于湘北、赣北地区。1939年9月，日军调集10万人，分路进占湘北岳阳东南地区、鄂南通城地区、赣北奉新、靖安地区。第九战区代理司令长官薛岳指挥16个军约20万人，将进占赣北鄂南之日军阻于献钟、修水地区。进至长沙东北金井、桥头驿一线的日军遭守军抗击、民众袭扰，加之补给困难，被迫北撤，恢复战前态势。②第二次长沙会战。1941年9月初，日军调集约12万人，进占岳阳、临湘一带，企图击溃第九战区主力于湘北地区。第九战区司令长官薛岳指挥17万人利用湘北有利地形，采取逐次阻击，诱敌至长沙附近捞刀河两岸地区予以围歼的方针，将突入长沙市区和进至株洲之敌全部歼灭并乘胜反击。日军被迫北撤，退回新墙河以北地区。③第三次长沙会战。1941年12月中旬，日军调集约10万兵力，分兵两路进攻长沙。薛岳指挥13个军，约17万人组织防御。日军攻击受挫，伤亡严重，撤至新墙河以北地区，由赣北西进的日军也被击退。会战结束。

长沙市 Changsha City 中国湖南省辖市、省会。位于省境东部偏北，位于湘江下游，东与江西省相邻。辖岳麓、芙蓉、天心、开福、雨花5区和长沙、望城、宁乡3县，代管浏阳市。面积11 819平方千米。人口704万（2010），有汉、回、苗、瑶等民族。秦置长沙郡。汉高祖封功臣吴芮为长沙王，建立长沙国。三国时先后属蜀、吴国。西晋属湘州，隋开皇九年（589）改湘州为潭州。明置长沙府，1912年废府设长沙县。1933年析长沙县置长沙市。

属亚热带湿润季风气候。春温多变，夏秋多晴，暑热期长，严冬期短。年平均气温17.5℃。平均年降水量1 378毫米，主要集中于春、夏两季。农作物以水稻、蔬菜为主，生产肉食、禽蛋、水产、西瓜、

坐落于岳麓山清风峡的爱晚亭

柑橘、茶叶、湘粉、蘑菇等。工业以轻纺、机械、电子、食品、家电、化工、制药等为主。开发了银河100亿次电子计算机、远大直燃式中央空调等高科技产品。传统手工艺品湘绣享誉国内外。长沙水、陆、空交通十分便利。高等院校主要有湖南大学、中南大学、湖南师范大学、国防科技大学等。

名胜古迹有长沙天际岭国家级森林公园和新民学会旧址、清水塘革命纪念馆、爱晚亭、橘子洲头、湖南省立第一师范学校、烈士公园、岳麓山、岳麓书院、刘少奇故居、天心阁、开福寺、密印寺、马王堆汉墓，以及黄兴、蔡锷等人的陵墓。长沙为国家历史文化名城。

长沙弹词 中国曲艺曲种。流行于以长沙为中心的益阳、湘潭、湘乡、浏阳、湘阴、桃江和安化、岳阳、华容等地。原称弹词、唱评、讲评、评讲或平讲曲，1953年举办湖南首届民间艺术观摩汇演期间，艺人舒三和、李青云等将其统称为“长沙弹词”并被沿用下来。其源于广泛流行于湖南各地的渔鼓道情。形成年代无考，据艺人口传，至迟在清末民初，表演形式即趋于成熟和稳定。表演采用长沙方音，说唱结合。早期的演出主要是沿街流动说唱，俗称“打街”。通常由两个人分持月琴和渔鼓筒及简板配合演出。后来逐步走向固定的演出场所“坐棚”表演，并出现一人怀抱月琴的说唱表演形式。节目形式有长有短，其中，中长篇节目以说为主，短篇节目以唱为主。唱词以七字句为主，也有十字句和长短句式。传统节目内容丰富，题材广泛。中华人民共和国建立后编演了一批有影响的新节目。

长沙走马楼简牍 Wooden and Bamboo Slips Unearthed at Zoumalou, Changsha 中国湖南长沙走马楼古井窖出土的三国时期吴国简牍。1996年出土，估计总数约14万枚，现仍在整理中。简牍中已发现的年号主要属三国吴前期，集中于黄武和黄龙、

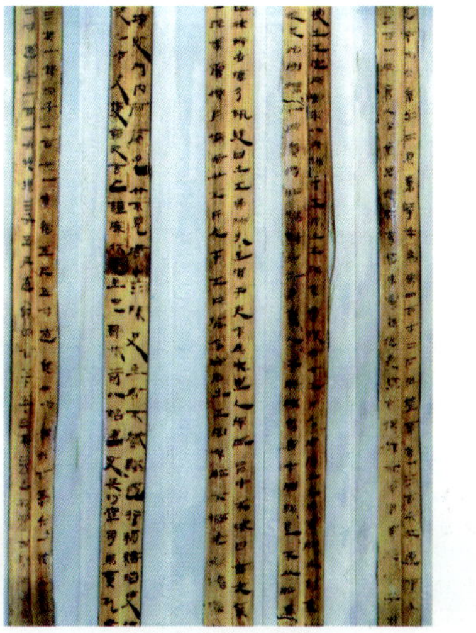

长沙走马楼大木简

嘉禾年间；少数竹简使用东汉献帝建安末年年号。简牍种类有简、牍、签牌、封检等。文字的书体介于隶、楷、行之间，总体风格仍有隶书意味。在一些简牍上，还可见到漂亮的草书。走马楼简牍的内容非常丰富，可暂分为符券类、簿籍类、书檄类、信札类和其他杂类（如名刺、礼单、封检）等。从已释读的部分来看，主要是长沙郡和临湘侯国（县）的地方文书档案，内容涉及赋税、名籍、官府文书等。三国时期的历史文献资料较少，而长沙走马楼出土的简牍数量大，内容涉及社会、经济、政治、法律等方面，对于研究三国时期吴国的历史有重要价值。

长山群岛 Changshan Islands 分布于中国辽东半岛东南黄海北部。又称长山列岛。由100多个岛屿组成，可分为石城列岛、里长山列岛、外长山列岛3个岛群。总面积150多平方千米。大长山岛最大，面积25.4平方千米，为长海县政府驻地。海洋岛最高，山峰白云顶海拔388米。气候受海洋影响很大，年平均气温9.8℃，无霜期216天，是辽宁省无霜期最长地区。平均年降水量634毫米，多大风。位于黄海暖寒流交汇处，水产丰富，盛产多种鱼、贝和海藻、海参、鲍鱼、对虾等，是中国重要的渔场和海珍品产地。

长山山脉 Giai Nui Truong Son 中南半岛的山脉。位于半岛东部，纵贯越南、老挝、柬埔寨边境。老挝称富良山脉。全长1 000多千米，高度由北而南递降。山体呈高原形态，有许多块状台地和东西向山口。西坡平缓，构成老挝、柬埔寨境内的高原；东坡陡峻，山体延伸至越南东部沿海，形成峭壁和岬角。山脉分为南北两部分。北长山北接川圹高原，南至左乌高原，以山地为主，地势高耸；左乌高原以南至潘切海滨为南长山，以丘陵和波状高原为主，越老之间的山口为重要的交通通道，如骄诺山口、穆嘉关、辽保山口等。山地有丰富的矿产和森林资源，多野生动物。

《长生殿》 *Palace of Eternal Life* 中国清代戏曲作家洪昇的传奇作品。现存康熙年间稗畦草堂原刊本。

主题思想 《长生殿》描写唐明皇（李隆基）和杨贵妃（杨玉环）的爱情故事。自唐代白居易的诗《长恨歌》和陈鸿的传奇小说《长恨歌传》开始，经宋、元、明三代，各类文艺作品中都有以这个故事为题材的。戏曲作品有名目可考者，不下10种，其中以元代白朴的杂剧《梧桐雨》最为著名。它们大致表现为三种倾向：或着重赞美同情，或着重讽喻批评，或在讽喻的同时有所同情。洪昇继承《长恨歌》的主题思想，借李、杨故事来表现和歌颂生死不渝的爱情，使它带有一定的理想色彩，并在其中寄寓了以历史教训警戒后世的思想。作者在长达50出的剧本中，从第2出就开始刻意描写“钗盒情缘”。由定情至长生殿七夕盟誓，李、杨爱情达到高潮。安史之乱起，马嵬之变，杨玉环命陨黄沙。其后描写李、杨之间“那论生和死”的深情，结果两人在仙世重圆，金钗再成双，钿盒又重合。宋元以来，反映城市平民生活的小说中曾经出现歌颂“真心”爱情（即排斥了世俗附加物的爱情）的作品。明代汤显祖的《牡丹亭》极力描写爱情，为了追求爱情，杜丽娘可以由生而死、由死而生。洪昇在创作《长生殿》时也受到了汤显祖的影响。

由于李、杨一帝一妃的结合本身就是政治事件。写他们的爱情就不能不涉及“安史之乱”前后的政治，必须把这两者交织起来写，才能有深刻的思想内涵。《长生殿》中写到李、杨爱情还有“逞侈心而穷人欲”的一面。这样的宫廷生活必然产生不幸的后果，给社会政治造成破坏作用，不但导致了“安史之乱”，还给人民带来了种种灾难。围绕着李、杨爱情，作品还写了杨国忠专权祸国，安禄山兴兵作乱，郭子仪坚决抗敌，雷海青大义斥叛等情节。一方面揭露了统治阶级内部的矛盾和腐化，一方面也歌颂了一些忠臣义士的行为。由于《长生殿》思想的复杂性，关于它的主题历来有争论。至20世纪末，主要有爱情主题说、政治主题说、爱情与政治双重主题说、爱情与政治主次有别说等。也有学者认为《长生殿》的主题是多义性的，不能简单、片面地理解或用一两句话来概括。

艺术成就 《长生殿》以抒情的笔调，把动人的故事情节同广泛深刻的社会矛盾有机地结合起来；它以具有典型意义的人物形象、宏伟的场面和优美的曲词，把古典戏曲创作推上了一个新的高峰。《长生殿》之前，剧坛上有两种题材受到人们的喜爱：一是爱情题材，一是揭露社会黑暗、抨击时政的题材。而把两种题材交织在一起加以描写，并在艺术上达到水乳交融的地步，则始于《长生殿》和稍后的《桃花扇》。洪昇擅长描绘人物的心理活动和变化，曲尽情态，使人物形象完整生动。《埋玉》中杨玉环始而惊，继以惧，最后请赐自尽。作者以酣畅的笔墨，把杨玉环死前的心理状态绘写得有声有色。杨玉环死后，李隆基一片痴情，作者借心理描写，写他时而悔恨、时而追思，开掘到这一人物性格的灵魂深处。

《长生殿》曲词优美，曲律精严，尤为人们所称道。有的曲子本身就是一首优美的抒情诗。如《闻铃》中的〔武陵花〕一曲，风声、雨声衬托着李隆基心中缠绵悱恻之情，由景触情，情借景生，情景交融。《骂贼》的语言慷慨激昂，烘托出乐工雷海

青虎虎若生的形象。《弹词》一出文字优美，传唱不息，清代有“家家‘收拾起’，户户‘不提防’”的说法（“收拾起”是李玉《千钟禄·惨睹》〔倾杯玉芙蓉〕的首三字，“不提防”是《长生殿·弹词》〔一枝花〕的首三字）。洪昇借助于徐麟的合作，在曲律上严加推敲。吴仪一《长生殿序》认为，句精字研，无不谐叶。“爱文者喜其词，知音者赏其律。”因此传闻益远，有家乐的争相传抄，转相教习。优伶能唱《长生殿》，则升价什佰。《长生殿》三百年来盛演不衰。至今，《定情》、《惊变》、《骂贼》、《弹词》、《闻铃》等出，南北**昆曲**剧团仍作为保留节目，不时演出。

长石 feldspar 化学组成为$M[T_4O_8]$的架状铝硅酸盐矿物的总称。多数晶体属于单斜晶系或三斜晶系。式中M主要是钾、钠、钙、钡，T是硅和铝，O是氧。晶体基本结构是$[TO_4]$四面体连接成四元环，一系列四元环连接成沿a轴延伸的折曲状的链，这些链再以共用四面体角顶的形式构成三维的硅（铝）氧骨架，大半径的钾、钠、钙、钡等离子位于骨架内的大空穴里。由钾、钠占据空穴者，称碱性长石或钾钠长石；由钠、钙占据空穴者，称斜长石或钠钙长石；由钡占据空穴者，称钡长石。

通常根据晶体化学特征，将长石分为碱性长石（钾钠长石）、斜长石（钠钙长石）和钡长石3个亚族，但钡长石在自然界分布甚少。①碱性长石。成分由$K[AlSi_3O_8]$和$Na[AlSi_3O_8]$构成类质同象系列，晶体属单斜或斜方晶系的长石矿物的总称。包括单斜晶系的透长石、正长石，三斜晶系的微斜长石和歪长石。前三者是$K[AlSi_3O_8]$的同质多象变体，统称为钾长石。钾长石成分中，都含有一定数量的钠长石（Ab）分子和低于5%～10%的钙长石（An）分子，有时也含极少量的钡长石（Cn）分子。正长石和微斜长石中，还常有少量铁替代铝。②斜长石。化学成分为$Na[AlSi_3O_8]-Ca[AlSi_3O_8]$类质同象系列（Ab－An）的长石矿物的总称。绝大多数晶体属三斜晶系。化学组成中，常含有少量的钾长石（Or）和钡长石（Cn）；钾长石的含量是随着组成中钠长石含量的增高而增多；此外还含有少量的铁、钛、锰、镁、钡、锶等。斜长石可分为6个矿物亚种：钠长石、奥长石、中长石、拉长石、培长石、钙长石。

长石晶体常呈板状或板柱状（见图）。双晶十分发育，双晶律多达20余种，最常见的有钠长石律、曼尼巴律、卡斯巴律、肖钠长石律等。长石本是无色透明或白色，常被杂质染成浅黄、粉红、深灰、黄褐等色。有的长石在转动时，呈现变彩效应，如**月光石**；当斜长石中含有金属包裹体，可呈现砂金效应，如日光石。长石莫氏硬度6。

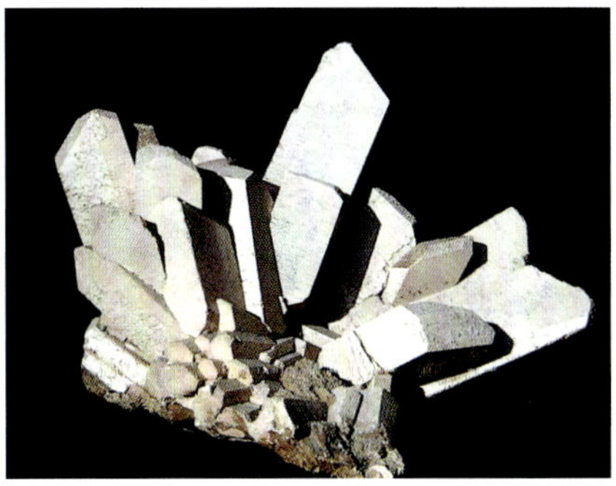

正长石（板状）晶簇（朝鲜）

密度以钡长石最高，达3.39克/厘米^3。碱性长石和斜长石密度在2.56～2.76克/厘米^{3}范围内变化，随成分中钙长石含量的增高而增大，随钾长石含量的增高而减小。有两组完全至中等解理。单斜晶系的长石，两组解理夹角为90°；三斜晶系的长石，夹角接近于90°。

长石是地壳中分布最广的矿物，约占地壳总重量的50%，是火成岩、沉积岩和变质岩重要的造岩矿物。自然界的长石并不稳定，在风化作用和热液作用条件下，易分解为高岭石、绢云母、沸石、葡萄石等。富含钙长石的碱性长石，易转变成绿帘石、黝帘石、方解石等矿物，同时释放出钠长石分子。

长石是重要的工业矿物。主要用作陶瓷坯料和釉料、玻璃熔剂、搪瓷配料和磨料等。**天河石**、日光石、月光石等色泽艳丽的长石，可作为彩石和宝石。中国主要长石产地有陕西临潼，山西闻喜，山东新泰，湖南衡山，四川旺苍、南江，辽宁凤城、海城和北京等。

长寿面 longevity noodles 中国传统食品。寿诞时用以祝寿的面条。流行于全国大部分地区。与寿桃、寿屏、寿幛、寿烛、寿酒等一样，是寿宴上必备之物。中国食品中以面条最为绵长，且“面”与“命”音相谐，故寿日吃面，表示延年益寿。取面条之长，象征寿命之长，反映了人类对生命绵长的心理追求。在古代礼俗中，寿面要求长三尺，每束须百根以上，盘成塔形，放在托盘上，用红绿镂纸拉花罩在上面，备双份敬献寿星，祝寿时置于寿案上。现代祝寿仪式虽已简化，且寿面多用蛋糕代替，但在很多地区的寿宴上，仍以吃寿面为主。

长寿区 longevous area 人口平均预期寿命较长或百岁以上人口率较高的地区。人口平均预期寿命是以人口分布年龄组来表示死亡率的综合性指标，反映一个地区人口平均寿命的高低。它与社会发展水平有密切的关系。经济发达、生活与营养水平高、医疗条件好的地区人口死亡率低，平均寿命也比较高。另外，人口居住区的自然地理环境、居民生活方式、饮食习惯和遗传等因素对平均寿命也有重要影响。据联合国公布的统计数据，2000年世界人口的平均预期寿命为66岁，发达国家和地区为76岁，发展中国家和地区为64岁。世界卫生组织的标准是平均预期寿命大于70岁的为长寿国家。日本、瑞典、中国香港、瑞士、澳大利亚、加拿大、美国、德国、泰国等国家和地区的平均预期寿命均超过70岁。2000年中国第5次全国人口普查资料表明，中国人口平均预期寿命已达71.4岁，进入长寿国家之列。百岁以上人口率较高的地区是指百岁以上老人所占比例超过万分之二的地区。世界上百岁老人相对聚集的著名地区有格鲁吉亚外高加索山区、厄瓜多尔安第斯山区、巴基斯坦东北部山区、中国新疆西南部地区等。这些地区经济较落后，文化卫生水平也较低，但长寿水平却很高，说明自然地理因素和饮食生活习惯对长寿有不可忽视的影响。

长寿区 Changshou District 中国重庆市辖区。位于重庆主城区与三峡库区接合部，南临长江。面积1 415平方千米。人口77万（2010）。唐置乐温县，元改长寿县，因县境东北有长寿山，山下居民多长寿而得名。2001年撤县，设立重庆市长寿区。矿产资源有天然气、煤、石灰岩等。农业以发展水稻、玉米、小麦、油菜、夏橙、长寿沙田柚、生猪、禽蛋、蔬菜和淡水养殖等为重点。工业已形成了化工、能源、建材、轻纺等支柱产业。长寿湖为长江上游大型集装箱深水良港。名胜古迹有东林寺、桓侯宫、文峰塔、长寿湖游览区等。

长台关楚墓 Changtaiguan Chu State Tombs 中国战国中期的楚国贵族墓。共两座，位于河南信阳长台关西北。1957～1958年发掘。两墓都是有斜坡墓道的大型长方形竖穴木椁墓，墓长均为14.5米，宽约12米。椁室中央为主室，置髹漆施彩绘的木棺2重，主室周围有边箱。两墓虽被盗扰，仍出土随葬品1 300余件。两墓都有较多的漆木器，成套的编钟和瑟、鼓等乐器，以及兵器和车马器等。所出木雕髹漆镇墓兽和彩绘俑具有鲜明的楚文化特色。镇墓兽高1.28米，口吐长舌，顶有鹿角，雕

木雕髹漆镇墓兽

法精巧，色彩鲜艳。1号墓还有鼎、敦、壶、盘、匜等青铜礼器及竹简。竹简中有一组119枚，是一部反映儒家思想的佚书；另一组29枚，为记载随葬品的“遣策”。2号墓出土编磬一套。

长滩 Long Beach 美国加利福尼亚州港口城市。位于州南部，临太平洋圣佩德罗湾，北距洛杉矶约40千米。市区面积130.5平方千米，人口46.38万(2008)。隶属洛杉矶大都市区。原为印第安人的贸易营地，1784年成为西班牙人的牧场。1811年被改造为海滨游览地。1888年设市，以有长14千米的海滩而得名。1921年附近的锡格纳尔一带发现石油后，城市工业和港口迅速发展。1933年大地震后重建。工业发达，除石油开采业外，还有飞机、汽车、造船、电子、炼油、食品加工等部门。人工港设备现代化，分为内、中、外三大港区，设80多个码头泊位，平均水深10～18米，在美国对亚太地区的进出口贸易中起重要作用。中港区辟有海军基地。1934年建造的英国豪华邮轮“玛丽皇后”号，自1967年退役后常驻港区，作为水上博物馆、会议中心和旅游宾馆。市内设有长滩市立学院(1927)、加利福尼亚大学分校(1949)，以及长滩艺术博物馆、阶梯剧场、海滨公园、会议和娱乐中心等设施。

长汀县 Changting County 中国福建龙岩市辖县。位于福建西部，闽赣边界，武夷山南段。面积3 090平方千米。人口39万(2010)。西晋为新罗县境，唐开元二十四年(736)置长汀县。为丘陵地貌。属中亚热带季风气候。国家重点保护名贵经济林木有水杉、油杉、三尖杉、红杉、钟萼木、楠木、观光木，还有鹅掌楸、杜仲、水樟、厚朴等。矿产有稀土、钨、铁、锡、金、银、石灰岩、白云岩、大理岩、高岭土、叶蜡石、钾长石等。产河田鸡、汀菇、玉扣纸、竹凉席、皮革制品等特产。工业以纺织、化工、建材、食品等为主。长汀是国家历史文化名城。名胜古迹有三元阁、定珠门、朝天门、双阴塔、宝光坡、朝斗岩等。

长效肥 溶解度低或养分释放缓慢、肥效持久的一类化学肥料。又称**缓释肥料**。

长信宫灯 Changxin Palace Lantern 中国西汉前期青铜器。因灯体有“长信”等铭刻，故名。高48厘米，重15.85千克。1968年河北满城中山靖王刘胜之妻窦绾墓出土，河北省博物馆藏。通体鎏金，造型为跽坐少女执灯，其袖中空，可吸灯烟进入灯体，灯罩的罩板可以开合，以调节光线的强弱和光照的方向，设计巧妙。这类设吸烟管的灯古称釭灯，灯身常可贮水，以使吸入

的烟气溶于水中，降低空气污染。长信宫灯为单管釭灯，且灯底部有孔，不能贮水，故并不十分实用。

长袖舞 long sleeves dance 中国古代以舞袖为特征的舞蹈。又称袖舞。从春秋战国到明清的历代文物中都有袖舞形象，以汉代最丰。汉代画像石上舞者举袖、扬袖、甩袖、缠袖的舞姿各具情趣。从古至今，以“手袖为威仪”的舞蹈在中国盛传不衰。当代戏曲和古典舞中的“水袖”，是对传统袖舞的继承和发展，已成为创造舞蹈意象、刻画人物的有效手段。

长阳人 *Human remains* from Changyang 早期智人化石。1956、1957年发现于中国湖北长阳县下钟家湾龙洞，包括大量哺乳动物化石、一件人类上颌骨和一枚右下第二前臼齿。未找到文化遗物和任何人类居

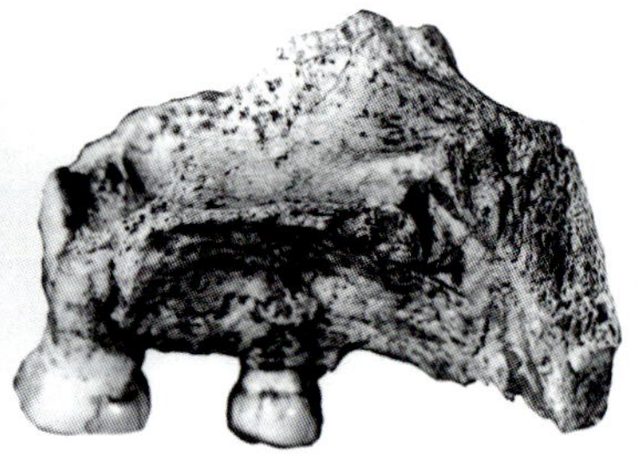

长阳人上颌骨化石

住的痕迹，所有的化石均为被水冲入洞内。上颌骨特征与现代人相近，但也保留一些原始性质。地质时代可能属于更新世晚期的早期，距今约19万年。共生的哺乳动物化石计有大熊猫、东方剑齿象等，表明一种温暖湿润的环境。

“长征”号运载火箭 Changzheng launch vehicle 中国运载火箭系列。有“长征”1～4号，具备发射高、中、低各种轨道卫星的能力。截至2010年12月18日，已经进行了136次发射，发射成功率达到90%以上。自1985年正式投放国际商业卫星发射服务市场、1990年4月实施首次商业发射以来，成功发射了30多颗国外卫星。

“长征”1号是三级火箭，第一、二级为液体火箭，第三级为固体火箭。火箭全长29.45米，最大直径2.25米，起飞质量81.6吨，起飞推力112吨，能把300千克重的卫星送入400多千米高的近地轨道。1970年4月24日，把中国第一颗人造地球卫星“东方红”1号送入轨道。

“长征”2号是两级火箭，使用液体推进剂。火箭直径3.35米，总长31.65米，运载能力为近地轨道2 000千克。“长征”2号C是2号的改进型，发射了多颗返回式遥感卫星。“长征”2号D近地轨道的运载能力达到3 900千克，可发射各种科学卫星和探测卫星。“长征”2号E，在一级外部捆绑4个直径为2.25米，长为15米的助推器，主要提供近地轨道发射服务，运载能力可达9 500千克，1990年7月16日首次试飞，投入国际商业发射服务后，成功发射了“澳星”、“亚洲”2号、“艾科斯达”1号等国外卫星。“长征”2号F运载火箭于1999～2002年成功发射了4艘“神舟”号无人飞船。2003年10月15日发射“神舟”5号载人飞船，把中国首位航天员送入太空。2005年10月12日发射“神舟”6号载人飞船，将2位航天员送入太空。2008年承担发射“神舟”7号飞船的任务。“长征”2号F全长58.343米，起飞总质量480吨，可将8吨重的飞船送入近地轨道。

“长征”3号是三级火箭。使用液体推进剂，第三级装设了具有高空二次启动能力的液氢液氧发动机，地球同步转移轨道运载能力1 600千克。“长征”3号A是改进型，地球同步转移轨道的运载能力2 650千克。“长征”3号B以3号A为芯级，在一级上捆绑了4个助推器，地球同步转移轨道运载能力5 000千克。近地轨道和**太阳同步轨道**能力分别为11 000千克和6 000千克。“长征”3号C是捆绑2个助推器的3号B的改型。

“长征”4号是三级液体火箭，由“风暴”1号两级运载火箭加第三级液体火箭构成。有4号、4号A和4号B3个型号。箭体最大直径均为3.35米，4号和4号A总长41.9米，4号B为45.4米，太阳同步轨道运载能力4号和4号A为1 500千克，4号B为2 200千克。可发射极地、太阳同步、地球同步转移轨道和近地轨道卫星，截至2010年年底“长征”4号共成功发射了20多颗卫星，包括“**风云**”**号卫星**、“资源”号卫星、“**实践**”**号卫星**等。

“长征”5号系列火箭正在研制中，最大直径为5米，全部采用液氢液氧推进剂，将捆绑不同数量的直径为3.35米和2.25米、推进剂为液氧煤油的助推器，形成近地轨道运载能力达到10～25吨，地球同步转移轨

出厂前的“长征”号运载火箭

道运载能力覆盖6～14吨的运载火箭系列，它具有高可靠、低成本、无毒无污染、适应性强、安全性好、数字化设计的众多优势，综合性能指标达到国际主流运载火箭水平。

《长征组歌》 *Song of Long March* 中国大型声乐套曲组歌。全称《长征组歌——红军不怕远征难》。1965年为纪念红军长征胜利30周年，由当时同在北京军区战友文工团的晨耕、生茂、唐诃、遇秋四位作曲家，根据肖华的组诗《红军不怕远征难》择选了10段进行谱曲，并于1965年8月1日由战友文工团在北京首演。这部大型声乐套曲共包括10段：①《告别》(混声合唱)。②《突破封锁线》(二部合唱与轮唱)。③《遵义会议放光辉》(女声二重唱、女声伴唱与混声合唱)。④《四渡赤水出奇兵》(领唱与合唱)。⑤《飞越大渡河》(混声合唱)。⑥《过雪山草地》(男高音领唱与合唱)。⑦《到吴起镇》(齐唱与二部合唱)。⑧《祝捷》(领唱与合唱)。⑨《报喜》(领唱与合唱)。⑩《大会师》(混声合唱)。作者根据红军长征途中十个不同的战斗画面，融汇了长征沿途的各地民族民间音乐及红军歌曲的音调，以史诗性和抒情性为特点，充分地运用合唱、独唱、乐队、朗诵、化装、舞蹈造型、灯光布景和舞台美术，生动地再现了红军长征这一历史事件，构成了一部宏伟壮丽的英雄史诗。

长治市 Changzhi City 中国山西省辖地级市。位于省境东南部，邻河北省和河南省。辖城区、郊区2区和长治、武乡、襄垣、屯留、沁县、平顺、黎城、壶关、长子、沁源10县以及代管潞城市。面积13 864平方千米。人口333万(2010)。西汉置壶关县。隋为上党县。明以后称长治县。1945年析设长治市。属暖温大陆性季风气候。年平均气温5～10℃，平均年降水量600毫米以上。玉米、谷子、小麦、薯类等是当地的主要粮食作物，素有“米粮川”之称，是山西农业经济比较发达的地区之一。有采煤、机械、炼铁等工业。名胜古迹有潞安府城隍庙、上党门、原起寺和长治烈士陵园等。

肠 intestine 从胃幽门至肛门的消化管。肠是消化管中最长，也是功能最重要的一段。哺乳动物的肠包括小肠、大肠和直肠三大段。大量的消化作用和几乎全部消化产物的吸收都是在小肠内进行的，大肠主要浓缩食物残渣，形成粪便，再通过直肠经肛门排出体外。

各种哺乳动物肠的结构和功能基本相似。肠壁结构一般分4层，由外向内依次为：浆膜层(腹腔脏层)、平滑肌层、黏膜下层和黏膜层。平滑肌层的外层为纵行，内层为环形肌纤维，两者都以螺旋式走行，它们以收缩和舒张来完成肠的机械性消化。小肠黏膜有纵行和横行皱襞，并有无数细小的指状突起，称为小肠绒毛。小肠绒毛在回肠中逐渐变少，至大肠即消失。小肠绒毛的基底处黏膜内陷成管状，称为利贝屈恩氏隐窝或小肠腺。隐窝上皮中有分泌黏液的杯状细胞，起润滑作用。隐窝上皮中还有分泌小肠液的腺细胞，在十二指肠黏膜下有十二指肠腺，可分泌黏液。空肠和回肠中则无。大肠内无绒毛，其大部分上皮细胞分泌黏液。直肠的上皮细胞也分泌黏液。

肠的运动有两类：一类是混合运动，主要作用是使食糜与消化液充分混合，并使食糜不断地更新与黏膜的接触面；一类是推进运动，主要是将肠内容物从十二指肠向肛门端推动。混合运动主要由小肠的节律性分节运动、摆动和绒毛舒缩运动来完成。分节运动是肠壁的环行肌节律性收缩的表现，这种运动使一段食糜（约长1～2厘米）得以反复地分开而又混合。摆动是肠壁纵肌的节律收缩，主要作用是使食糜在肠黏膜上移位。绒毛运动是由绒毛内的零星平滑肌纤维不停地进行收缩和舒张，绒毛伸长可进入食糜中；绒毛收缩可使绒毛内淋巴和血液排走而有助于吸收。蠕动起源于十二指肠，也可在小肠的任何部位发生。蠕动的速度约每秒0.5～1.0厘米，移

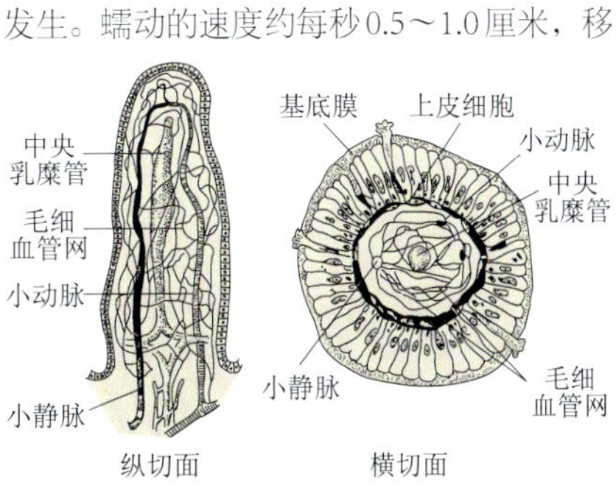

小肠绒毛的结构

动的距离不长，一般约10厘米左右即消失，食糜在新的肠段引起新的蠕动。小肠还可发生移行速度很快（每秒2～25厘米）的蠕动，称为蠕动冲。它起源于十二指肠，可于几分钟之内便将食糜推送至小肠末端。

大肠通过结肠带的紧张性收缩和环行肌的局部收缩，形成结肠的紧缩皱褶和膨出。环行肌的收缩可移动，相当于缓慢的蠕动波。其运动的方向有向肛门的，也有向口腔的（逆蠕动），推动的距离不长，其作用在于对肠内容物进行揉搓和促进水的吸收。大肠还有一种进行很快、移行很远的强烈蠕动，每日可发生2～3次，运动从结肠始端起，经大肠直达直肠，这种运动称为集团运动。直肠被集团运动推进来的内容物所充胀，于是引起便意。

进入肠腔中的消化液有小肠液、大肠液、胰液和胆汁等，这些消化液（除大肠液）含有各种消化酶，它们把营养物质分解为可被吸收和利用的形式。小肠液由小肠腺分泌，小肠液中含有多种酶，如淀粉酶、肽酶、脂肪酶、麦芽糖酶等。这些酶把营养物进一步分解为最终可被吸收的形式。此外，小肠液还含有激活胰蛋白酶原的肠激酶。大肠上皮主要分泌黏液。在大肠中具有消化意义的是大肠中的菌群，尤其是食草动物，肠内菌群可将纤维素分解为简单的、可被吸收的物质。人大肠内的菌群还可利用食物残渣合成一些维生素，如B族维生素和维生素K。

营养物几乎全部在小肠内吸收，大肠只吸收水分和一些无机盐。

肠道菌群失调 enteric dysbacteriosis 肠道菌群数量和比例异常所致的病变。正常人肠道中的菌群，主要为厌氧菌，少数为需氧菌。存在于肠道的正常菌群为类杆菌、乳杆菌、大肠杆菌和肠球菌等，尚有少数过路菌，如金黄色葡萄球菌、绿脓杆菌、副大肠杆菌、产气杆菌、变形杆菌、产气荚膜杆菌、白色念珠菌等。这些微生物互相依存，互相制约，维持平衡。人体抵抗力降低时，长期、大量吃药，尤其是应用广谱抗生素者，肠道正常菌群被抑制而数量减少，耐药的过路菌过量繁殖，造成肠道菌群失调。以金黄色葡萄球菌和白色念珠菌引起者最为常见。其次为难辨梭状芽孢杆菌、绿脓杆菌和变形杆菌所引起。

临床表现　有发热、腹泻（稀水便或黏液便，有时带脓血）、腹胀、腹鸣等。抗生素治疗后，先有症状好转，继而恶化，常为该病的重要临床特征。

诊断　主要靠大便细菌学检查，出现以耐药的过路菌如金黄色葡萄球菌、真菌、难辨梭状芽孢杆菌等为主的异常细菌组合。检测粪便中的细菌毒素，如难辨梭状芽孢杆菌的毒素也有助于诊断。

防治　严格掌握抗生素和肾上腺皮质激素的适应证，切勿滥用。一旦发现异常的细菌组合，及时停用抗生素。根据大便菌群的分析和药物敏感试验结果，选用敏感的抗生素，抑制过度繁殖的细菌，如对白色念珠菌可选制霉菌素口服，对难辨梭状芽孢杆菌可用万古霉素。同时，可用乳酸杆菌制剂如乳酶生（表飞鸣）等或正常人粪便灌肠治疗。也可采用促进乳酸杆菌生长的制剂如半乳糖苷-果糖，可以扶植肠道的正常菌群。此外，加强全身支持疗法，增强人体抵抗力如补充营养及维生素、少量而多次地输血等。

肠道息肉　polyp of intestine　突向肠腔的黏膜隆起样病变。由黏膜慢性炎症所致，亦可为腺瘤或错构瘤。主要见于大肠（结肠和直肠）。大肠息肉可为单发，亦可为多发，

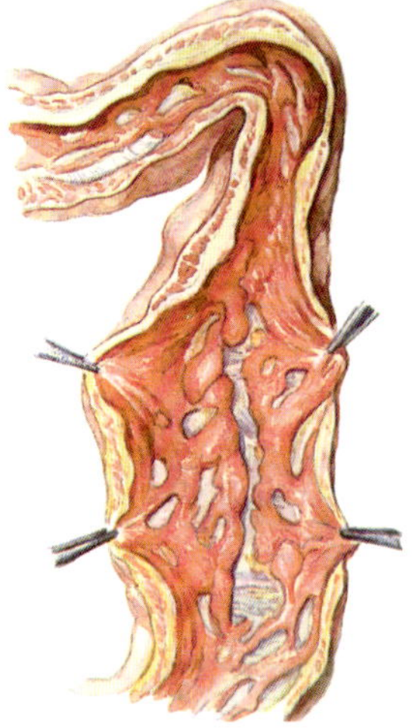

溃疡性结肠炎的假息肉形成

可有蒂或为广基。多无明显症状，仅在因其他疾病做肠道X射线造影检查、内窥镜检查时发现。发生率随年龄的增加而上升，多见于40岁以上的成人，男性稍多于女性。可有便血、腹痛、腹泻等临床表现。多为良性，预后好，部分可以恶变，应及早做局部肠段切除。

肠杆菌科　Enterobacteriaceae　细菌的一科。包括大肠杆菌、沙门氏菌、克雷伯氏菌、痢疾杆菌、沙雷氏菌、鼠疫杆菌、肠结肠炎杆菌等，也包括无芽孢、周身鞭毛或无鞭毛的革兰氏染色阴性直杆菌。特点是：化能有机营养，可通过氧化多种简单有机化合物或发酵糖、有机酸或多元醇获取能量，兼营呼吸代谢和发酵代谢；大部分种能在含有一种碳源的无机氮培养基上生长，有些种生长时需要某种氨基酸或水溶性维生素；除个别血清型外，触酶均为阳性，氧化酶为阴性；除欧文氏菌属中的少数种外，均还原硝酸盐为亚硝酸盐；DNA中的G+C含量为39%～59%。目前分5族、12属，发酵反应和血清反应是该科分类的重要依据。此科细菌分布广，寄主范围大，寄主形式多样，与人类关系密切，如大肠杆菌引起急性腹泻；沙门氏菌则引发沙门氏菌病，病型有伤寒、副伤寒、食物中毒、败血症、慢性肠炎；痢疾杆菌是人类细菌痢疾的病原菌；克雷伯氏菌引发儿童肺炎、脑膜炎、腹膜炎、败血症；鼠疫杆菌是鼠疫的病原菌；肠结肠炎杆菌引起急性胃肠炎等。此科细菌易于培养，繁殖快（在适宜条件下每20～30分钟可增殖一代），有些种如大肠杆菌是研究遗传学和分子生物学的重要材料。

肠梗阻　intestinal obstruction　肠内容物在肠道中通过受阻的病理现象。可发生于从空肠起点到直肠之间任何一段肠管。是常见急腹症的一个类型。可由多种因素引起。

分类　按梗阻的原因可分为：①机械性肠梗阻。最常见。机械因素导致肠腔狭窄或堵塞。原因如肠粘连、肿瘤、肠套叠、肠扭转、绞窄性疝、肠道先天性畸形、蛔虫团堵塞肠腔等。②动力性肠梗阻。肠壁肌肉舒缩紊乱，肠内容物不能通行。又分为麻痹性（见于感染、中毒、血钾过低、脊髓炎、甲状腺功能减退、腹部手术后等）、痉挛性（偶见于肠道炎症时）。③缺血性肠梗阻。见于肠系膜血管血栓形成或栓塞，肠管血液循环障碍导致肠管蠕动力缺失。

按肠壁血供情况可分为：①单纯性肠梗阻。只有肠腔阻塞而肠壁无血供障碍，见于肠腔为外肿物堵塞或压迫。②绞窄性肠梗阻。既有肠腔阻塞，肠壁血管又受压迫致肠管缺血坏死，见于肠扭转、肠套叠、肠粘连。

临床表现　急性完全性机械性小肠梗阻时腹中部有阵发性绞痛，急性机械性结肠梗阻时下腹有较轻的阵发性绞痛和持续性钝痛。麻痹性肠梗阻时有持续性腹部胀痛。肠梗阻患者几均有呕吐。梗阻部位越高，呕吐越烈。腹胀症状出现较迟。梗阻部位越低腹胀更明显。麻痹性肠梗阻时腹胀最著。因肠道内容物通行障碍，表现为排便和排气停止。但绞窄性肠梗阻时可有血便或脓血便。体检可见腹部膨胀。腹壁可见肠型或蠕动波。机械性肠梗阻时肠鸣音可亢进，乃至呈金属音，肠麻痹时肠鸣音减弱乃至消失。触诊可发现压痛、肌紧张、反跳痛。在肿瘤和虫团致肠梗阻的病例可以触及腹块。X射线腹部透视及摄片可见肠腔明显扩张和液平面。

治疗　除解除病因（如切除肿瘤、整复扭转的肠管）外，应行胃肠减压，纠正脱水和电解质失衡，必要时要控制感染和毒血症。

肠瘘　intestinal fistula　肠管在通向体外以前出现的异常漏口。此时肠内容物溢出至肠管外。漏口直接经瘘管开口于腹壁者，称为外瘘；若通向另一段肠管或其他空腔脏器，则称为内瘘。外瘘较内瘘多见。其病因多与外伤和手术有关，少数为病理性腐蚀形成。肠瘘发生后可出现一系列病理生理变化，主要有大量肠液和营养物质丢失，引起脱水、电解质紊乱、酸碱失衡、肝肾功能障碍、低蛋白质血症、败血症等。确定瘘的内口位置除观察外溢物质的性状、数量以外，还可通过稀钡造影、口服染料等方法进行检查。部分简单肠瘘通过吸、洗、粘、堵、补综合治疗可自行愈合，但大部分患者均需手术处理，复杂肠瘘往往需多次分期手术才能成功。20世纪，完全胃肠外营养技术的不断完善，提高了手术的治愈率，肠瘘的病死率已大大降低。

肠扭转　intestinal volvulus　一段肠襻沿其系膜长轴旋转超过半周所致该段肠襻扭结梗阻的现象。小肠扭转多为顺时针方向。各种年龄均可发生，尤多见于青壮年。若扭转超过360°，系膜血管因扭曲而阻塞，则成为绞窄性肠梗阻，应尽快手术。

结肠扭转中95%的病例为乙状结肠扭转（见图）。多见于老年人。顺时针扭转者扭转角度一般不会超过180°，也不致产生症状；若按逆时针方向扭转，常超过180°，形成闭襻型肠梗阻。

乙状结肠扭转

乙状结肠扭转除有一般的急性肠梗阻症状外，因肠管粗大胀气，腹部可看到膨胀凸起的肠型。钡灌肠检查可在直肠与乙状结肠交界处看到钡剂受阻后显示的“鸟嘴”状影像，此为其特点。结肠扭转若已形成闭襻，应急诊手术。

肠膨出　enterocele　子宫直肠陷凹向阴道直肠陷凹呈疝状膨出的现象。女性生殖系统损伤的一种。疝囊内具有肠曲者称肠疝，无肠曲者称子宫直肠窝疝。两者均可伴有直肠膨出。多见于绝经后的妇女。产伤为其主要原因，其次为巨大盆腔肿块、腹水、慢性咳嗽等。可与子宫脱垂并发。子宫切除术后也偶见此症。患者多无不适，偶有

阴道胀满及压迫感，几乎无胃肠道症状，亦很少发生嵌顿现象。阴道检查见后穹隆呈球形膨出，若伴直肠膨出则有两个膨出的球面。肛诊时指尖不能伸入膨出的袋内即为肠膨出。一般采用手术疗法。多经阴道游离及切除疝囊，然后将两侧子宫骶骨韧带相互缝合。但此类患者常并发膀胱、直肠膨出和（或）子宫脱垂，故应同时处理此类并发症。

肠套叠 intussusception 一段肠管套进与其相连的肠管的病变。由于套入部的肠壁形成折叠，血液循环容易受到影响，有坏死的可能，也必然造成套叠以上部位的完全性肠梗阻（见图）。产生急性肠梗阻的症状可发生于胃肠道的任何部位，以回肠套入盲肠（回盲型）最多见。

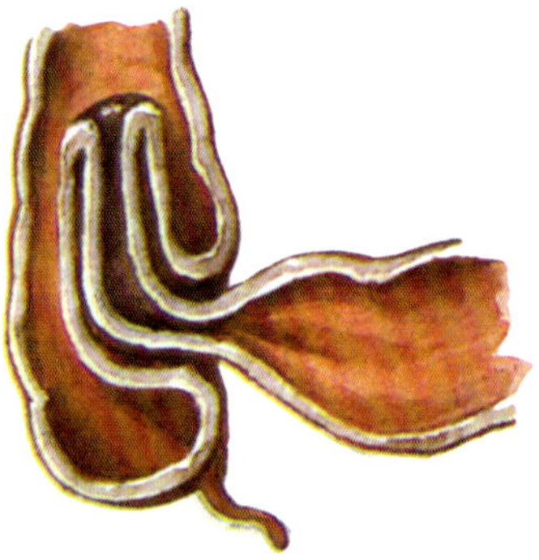

病因 可分原发性和继发性两种，原发性肠套叠发生于无病理变化的肠管，多发生于小儿。小儿肠蠕动活跃，可因肠蠕动紊乱而发生肠套叠。成人的肠套叠多发生在有病变的肠管，如良性或恶性肿瘤、息肉、结核、粘连，可影响肠管的正常蠕动，成为肠套叠的诱发因素。

临床表现 急性肠套叠的表现典型，有腹部绞痛、呕吐及腹胀等症状，这与一般肠梗阻的表现相同，但又有其特点。套入部的肠管因血运受阻而有水肿、充血及血性渗出，故可出现血便。腹部触诊有时可摸到粗大素条状的套叠部。空气或钡剂灌肠造影可看到空气或钡剂至套入部肠管的远侧顶端即受阻，呈“杯口”状影像，此为其特点。

治疗 回盲部套叠早期可试行在透视下用稀钡加压灌肠，使套入部肠管复位，压力不得超过100厘米水柱；更为简便有效的方法是空气加压灌肠，压力保持在80～100毫米汞柱。若加压灌肠无效，或发病已24小时以上，特别是不能排除绞窄时，应及早手术。

肠炎 enteritis 由细菌、病毒、真菌和寄生虫等引起的小肠部和结肠部的炎症。临床表现有恶心、呕吐、腹痛、腹泻、稀水便或黏液脓血便。部分患者可有发热及里急后重感觉。

肠炎的病原分类

病毒类	轮状病毒、诺瓦克病毒、腺病毒、肠道病毒、冠状病毒、微小呼肠病毒、萼状病毒、星芒病毒	
细菌类	产肠毒素性细菌	霍乱弧菌（包括古典生物型和爱尔托型霍乱弧菌）、产肠毒素性大肠杆菌、副溶血性弧菌、金黄色葡萄球菌、变形杆菌、腊肠芽孢杆菌、A型产气荚膜杆菌
	侵袭性细菌	痢疾杆菌、沙门氏菌、侵袭性大肠杆菌、空肠弯曲菌、耶尔森氏小肠结肠炎杆菌、C型产气荚膜杆菌、难辨梭状芽孢杆菌
寄生虫类	溶组织内阿米巴、滴虫、雅尔氏（旧译贾第）虫、血吸虫	
真菌类	白色念珠菌、组织胞浆菌、曲菌、藻菌、放线菌	
病因不明类	出血坏死性肠炎、限局性肠炎（克罗恩氏病）、非特异性溃疡性结肠炎	

病原 以细菌和病毒引起者最为常见。肠炎的病原分类见表。细菌性肠炎的致病菌以痢疾杆菌最常见，其次为空肠弯曲菌和沙门氏菌。轮状病毒是婴幼儿腹泻的主要病因，而诺瓦克病毒是成人和大龄儿童流行性病毒性胃肠炎的主要病因。寄生虫引起的肠炎以溶组织内阿米巴较为常见。真菌性肠炎以白色念珠菌引起的最多。

分类 细菌性肠炎 病原菌可分产肠毒素性和侵袭性两大类。

①肠毒素性细菌性肠炎。如霍乱，发病机理是致病菌黏附而不侵入肠黏膜，在细菌生长繁殖过程中分泌肠毒素，与小肠黏膜的上皮细胞膜受体结合，通过一系列的酶反应，使小肠黏膜大量分泌水和电解质，潴留在肠腔内引起水泻，称为“分泌性腹泻”。病原体主要感染小肠，因此基本临床表现是腹泻次数较多，为大量水样便，无脓血，一般无腹痛，无里急后重感，常伴有呕吐，容易发生脱水、电解质紊乱及酸中毒，全身中毒症状较轻。大便镜检常无红、白细胞或极少。

②侵袭性细菌性肠炎。如细菌性痢疾，致病菌黏附并侵入肠黏膜和黏膜下层，引起明显的炎症。全身毒血症明显，有高热，重症病人可发生感染性休克。大便可呈黏液脓血便，便量少，便次多。腹痛明显，呈阵发性绞痛。若病变侵及下部结肠特别是直肠，可出现里急后重感。乙状结肠镜检查，可见弥漫性炎症及溃疡。若仅侵袭小肠或上部结肠，则大便含水量较多，不伴里急后重。大便镜检有多数白细胞，尤其是下部结肠炎时更为明显。

病毒性胃肠炎 见**病毒性胃肠炎**。

寄生虫性肠炎 由原虫和血吸虫引起较为多见。原虫性肠炎中以阿米巴痢疾较多。雅尔氏虫和滴虫均可引起肠炎。血吸虫病在流行地区较为常见，可以表现急性和慢性腹泻、稀便或黏液脓血便。

真菌性肠炎 见**肠道菌群失调**。

诊断 根据流行学史和临床表现判断，实验室检查进一步确诊。细菌性肠炎可作呕吐物及大便培养，获得病原菌即可确诊。有些病原菌如沙门氏菌感染可作血培养。病毒性胃肠炎可用电子显微镜、免疫电镜、免疫荧光及血清学检查如补体结合试验、酶联免疫吸附法及放射免疫法等检查病毒的抗原和抗体。也可用组织培养法分离病毒。寄生虫性肠炎可直接镜检，寻找病原体及其虫卵。真菌性肠炎可从大便中直接涂片，在显微镜下检查真菌或作大便真菌培养。

治疗 病原治疗 病毒性肠炎、沙门氏菌肠炎轻型者一般不需病原治疗，可自愈。肠毒素性细菌性肠炎一般也不应用抗菌药。侵袭性细菌性肠炎，最好根据细菌药物敏感试验结果选用抗菌药。一般可选用复方磺胺甲基异噁唑（复方新诺明）、吡哌酸、庆大霉素、丁胺卡那霉素、四环素、氯霉素等。阿米巴痢疾、雅尔氏鞭毛虫和滴虫引起的肠炎，可用甲硝唑（灭滴灵）治疗。血吸虫病可用吡喹酮治疗。白色念珠菌肠炎以制霉菌素口服，疗效较好。伴有全身性真菌感染者，则需应用二性霉素B治疗。

补充液体及纠正电解质和酸中毒 轻度脱水而且呕吐不重者，可口服补液。

减少肠道蠕动和分泌性药物 小量应用阿托品、颠茄、普鲁本辛以减轻肠道蠕动，可止痛及止泻。也可应用氯丙嗪，有镇静作用，并可抑制肠毒素引起的肠黏膜过度分泌，使大便次数及便量减少。

肠衣 casing 家畜的新鲜大、小肠经刮制而成的坚韧半透明薄膜。按畜别分为猪肠衣、羊肠衣和牛肠衣3类，并可分为小肠衣和大肠衣。主要用作填制香肠和灌肠的外衣。羊肠衣还可制成肠线，供制作网球拍线、弓弦、乐器弦线和外科缝合线等。肠膜自内向外可分为黏膜、黏膜下层、肌层和浆膜4层。根据畜别和加工成品的不同要求，对上面四层的处理也不一样。

《尝试集》 中国现代诗集。作者**胡适**。1920年3月由北京大学出版部出版。是中国现代文学史上个人出版的第一部新诗集。《尝试集》中《一颗星儿》、《“威权”》、《一颗遭劫的星》等十几首诗歌摆脱了古典诗歌的形式，开始具备了现代汉语抒情诗形式的雏形，在内容上较明显地体现出胡适在五四时期进步的思想倾向和乐观进取的情绪。在形式上体现了他“诗体的大解放”的主张，即写作新诗应该“不拘格律，不拘平仄，不拘长短；有什么题目，做什么诗；

诗该怎么做，就怎么做”；“充分采用白话的字，白话的文法，和白话的音节”，“做长短不一的诗”；把“诗的散文化”和“诗的白话化”统一起来。《尝试集》中的新诗在艺术上虽远非成熟之作，但却有鲜明艺术个性，形成一种明白如话、意境平实的“胡适之体”新诗。它在新诗发展的历程中起了拓荒的重要作用。

常宝堃 Chang Baokun（1922～1951-04-23） 中国相声艺人。艺名“小蘑菇”。祖籍北京，满族。生于张家口，卒于朝鲜。9岁在天津正式拜相声艺人张寿臣为师。15岁与赵佩茹搭档表演对口相声，18岁组织“兄弟剧团”演出相声和笑剧。抗日战争前后，所表演的《卖估衣》、《四省话》、《闹公堂》等20余段相声曾被灌制成唱片。其相声表演以说、逗见长。40年代编演讽刺日本侵略者和汉奸政府的《牙粉袋》、《打桥票》等。

常宝堃演出照

中华人民共和国建立后，编演了《新灯谜》、《新酒令》、《封建婚姻》、《思想改造》等歌颂社会主义新风尚的新相声。1951年赴朝鲜慰问中国人民志愿军，同年在朝鲜前线牺牲。所编演的主要相声作品，收入《常宝堃相声选》和《常氏相声选》。其弟常宝华、常宝霆以及儿子常贵田也是相声演员。

常春藤 *Hedera nepalensis* var. *sinensis*; Chinese ivy 五加科常春藤属尼泊尔常春藤的一变种。又称百脚蜈蚣。分布于中国甘肃、陕西、河南、山东、江西、福建、江苏、浙江、广东及西藏。常绿攀缘灌木，茎长3～20米，有气生根，叶片革质，不育枝上叶三角状卵形或三角状长圆形，边缘全缘或3裂，花枝上叶椭圆状卵形，略歪斜而呈菱形，多变化，全缘或有1～3浅裂；叶柄细长，无托叶。伞形花序单个顶生，或数个排成总状或成圆锥花序；花两性，淡黄白色或淡绿白色，花瓣5，雄蕊5，有花盘。果实球形，红色或黄色。习攀缘树上或林下路边岩石上。

常春藤为优良的垂直绿化植物，可作墙面或篱笆的绿化装饰，也可作地皮绿化用或点缀假山叠石，作盆景亦佳。全株入药，有舒筋散风之效。

常德市 Changde City 中国湖南省辖地级市。位于沅江下游近河口段，北与湖北省交界。辖武陵、鼎城2区和安乡、汉寿、澧县、临澧、桃源、石门6县，代管津市市。面积18 190平方千米。人口572万（2010），有汉、回、土家、维吾尔等民族。秦置临沅县。隋置武陵县。北宋置常德军，明清为常德府治。1913年废府，武陵县改为常德县。1950年置常德市。属亚热带湿润季风气候。矿藏有金、银、铜、铁、金刚石、硫磺等。可开发的水能蕴藏量较丰富，占全省11%。农作物有水稻、棉花、蔬菜、饲料、油菜、苎麻、烟叶等。山地有珍稀树种连香树、领春木、楠木等28种。工业有食品、建材、机电、纺织、电力5大支柱产业。名胜古迹有常德铁幢、杨任墓、常德公墓等。还有石门壶瓶山自然保护区，是中国亚热带华中植物体系中保存最好的“森林基因库”之一。

常建 Chang Jian 中国唐代诗人。生卒年和字号不详。《唐才子传》说为长安（今陕西西安）人。开元十五年（727）进士。天宝中为盱眙尉。后隐居鄂渚的西山。一生沉沦失意，耿介自守，交游无显贵。与王昌龄有文字相酬。其诗意境清迥，语言洗练自然，艺术上有独特造诣。现存诗57首，题材较窄，绝大部分是描写田园风光、山林逸趣的。名作如《题破山寺后禅院》、《吊王将军墓》，尤其前首“曲径通幽处，禅房花木深”一联，广为古今传诵。他还有一些优秀的边塞诗。今存《常建诗集》2卷和《常建集》2卷。

常绿阔叶林 evergreen broad-leaf forest 亚热带湿润地区由常绿阔叶树种组成的地带性森林类型。在日本称照叶树林，欧美称月桂树林，中国称常绿栎类林或常绿樟栲林。这类森林的建群树种叶片都具樟科月桂树叶片的特征，常绿、革质、稍坚硬，叶表面光泽无毛，叶片排列方向与太阳光线垂直。

分布 常绿阔叶林是亚热带海洋性气候条件下的森林，大致分布在南、北纬度22°～34°（40°）之间。主要见于亚洲的中国长江流域南部、朝鲜半岛和日本列岛的南部，非洲的东南沿海和西北部，大西洋的加那利群岛，北美洲的东端和墨西哥，南美洲的智利、阿根廷、玻利维亚和巴西的部分地区，大洋洲东部以及新西兰等地。其中以中国长江流域南部的常绿阔叶林最为典型，面积也最大。

区系组成 常绿阔叶林（见图）树木都是常绿双子叶植物的阔叶树种，而以壳斗科、樟科、山茶科和木兰科中的常绿乔木为典型代表，种类繁多，常有明显的建群种或共建种。①非洲的常绿阔叶林以加

那利群岛的月桂树林较为典型，组成以樟科树种占优势，如加那利月桂树、阿坡隆樟等，林下的硬叶常绿灌木、蕨类及苔藓植物极为繁盛。②北美的常绿阔叶林以佛罗里达半岛较为典型，优势树种有弗吉尼亚栎、黑栎、樟等，在低地有荷花玉兰、鳄梨等，越往南则常绿阔叶树种类越丰富，多达75%。棕榈科、凤梨科，以及附生的兰科植物、蕨类植物也随之增多。南美洲以智利的瓦尔迪维亚以南（约南纬40°）的暖温带常绿雨林为典型，其繁茂程度几乎与热带雨林相似，由常绿的南水青冈所组成，并有大量的针叶树混生，如扁柏、罗汉松和南洋杉等属树木。③大洋洲东南岸的亚热带常绿阔叶林，从昆士兰经南新威尔士、维多尼亚至塔斯马尼亚，已越过南纬40°，均以桉树为主，并有榕树、樟、石栗、假水青冈、金合欢、柑橘、蚌壳蕨等组成。藤本植物有省藤、铁线莲、素馨和菝葜等为代表。新西兰处于南纬40°附近，从北岛到南岛，常绿阔叶林除有6种水青冈之外，并有木犀科、樟科、山龙眼科，以及桉树、金合欢、罗汉松、陆均松、贝壳杉、红豆杉、肖楠等；林下有棕榈、黑桫椤等；藤本植物也较多。④在亚洲，日本西南部（九州、四国等）的亚热带常绿阔叶林，当地称为暖温带常绿阔叶林。典型的森林是以栎属和栲属等常绿阔叶树所组成的群落，海岸山坡上为红楠、尖叶栲林，高地上为赤皮青冈、青冈树、天竺桂、蚊母树及桃叶灰木等所组成的群落，下木为柃木、海桐花、山胡椒、木姜子、山茶、棕榈和苏铁等属。中国中亚热带典型常绿阔叶林主要由壳斗科的常绿树种、樟科、山茶科、木兰科、五味子科、八角科、金缕梅科、番荔枝科、蔷薇科、杜英科、蝶形花科、灰木科、安息香科、冬青科、茜草科、卫矛科、桑科、藤黄科、五加科、山龙眼科、杜鹃花科，以及乌饭树属、枫香属和红苞木属等所组成。

开发利用 常绿阔叶林区的生物资源丰富，许多树种具有高度经济价值。在建筑、枕木、家具、造纸、雕刻细木工等方面广泛利用。马尾松、油茶、油桐、乌桕、山苍子等可用来生产油脂，漆树可生产生漆。柑橘、枇杷、荔枝、龙眼、猕猴桃等

为重要水果。山核桃、香榧、板栗等是重要干果。厚朴、樟树、杜仲、喜树、五味子、栀子树等可用作药材，有些竹笋特别是毛竹的冬笋是中国常绿阔叶林区的特产，列为上等蔬菜。真菌资源更是丰富，可供食用的达30多种，有银耳、木耳、紫红菇等。伞菌科的鸡坳是野生真菌中营养价值很高的食用菌，味道鲜美。药用真菌有30多种，除银耳、香菇、木耳、紫芝、灵芝等已有大量栽培外，其余都属野生，按季节采集，鲜食或制成干品。野生动物资源有熊猫、金丝猴、猕猴、短尾猴、黑叶猴、毛冠鹿、梅花鹿、云豹、金猫等珍稀动物。鸟类中的白鹇、黄腹角雉、白颈长尾雉等，都列为国家保护对象。还有各种爬行动物包括眼镜蛇、眼镜王蛇、蕲蛇以及蟒蛇和大壁虎等。

常宁市 Changning City 中国湖南省辖县级市。位于省境南部，湘江中游。面积2 052平方千米。人口81万（2010），有汉、瑶等民族。唐置常宁县。1996年改为常宁市。由衡阳市代管。矿藏有煤、铅、锌、锰、铜、金、钨等。水口山铅锌矿驰名中外。农作物有水稻、甘薯、小麦、豆类、棉花、苎麻、茶叶等。林产有杉、松、楠竹、油茶、木耳、香菇、山苍子等。山苍子油、竹纸等为当地名产。工业有采矿、建材、化工、造纸、食品等。名胜古迹有水口山工人俱乐部成立会旧址、新平故城遗址、培元塔等。

常平仓 ever-normal granary 中国古代政府为调节粮价、储粮备荒以供应官需民食而设置的粮仓。常平源于战国时李悝在魏所行的平籴，即政府于丰年购进粮食储存，以免谷贱伤农；歉年卖出所储粮食以稳定粮价。汉武帝时，桑弘羊创立平准法，依仗政府掌握的大量钱帛物资，在京师贱收贵卖以平抑物价。宣帝时把平准法着重施之于粮食的收贮，在一些地区设立了粮仓，收购价格过低的粮食入官，以“利百姓”。这种粮仓已有常平仓之名。五凤四年（前54年）常平仓作为一项正式的制度推行于较大范围之内。元帝初元五年（前44年）废。汉以后，常平仓置废不常。隋唐时期常平仓制度有所变化。唐玄宗天宝四载（745）丰收，命义仓亦准常平法收籴，义仓遂兼有常平职能。天宝八载，关内、河北、河东、河西、陇右、剑南、河南、淮南、山南、江南十道常平仓积粮460余万石。宪宗元和元年（806），规定诸州府于每年地亩税内十分取二以充常平仓及义仓，依例籴、粜或赈、贷。自此常平仓与义仓职能合一，并称常平义仓。宋景德三年（1006）后，除沿边州郡外，全国先后普遍设置。各州按人口多少，量留上供钱一二万贯至二三千贯为籴本，每岁夏秋谷贱，增市价三五文收籴，遇谷贵则减价出粜，所减不得低于本钱。若三年以上未经出粜，即回充粮廪，易以新粮。景祐以后，由于常平积有余而三司兵食不足，常平钱谷经常被挪移助充军费，常平仓已经名存实亡。金代章宗明昌五年（1194），全国置仓计519处，积粮3786万余石。元世祖至元八年（1271）复命各路立仓，由本处正官兼管，按户数收贮米粟，增时价十分之二经常收籴，不得摊派百姓。但到元末，常平仓弊端百出，行省所发籴本被各级官吏层层克扣，胥吏与里正主首又从中作弊，贫民反不能受益。明太祖洪武三年，命州县皆于四乡各置预备仓（永乐中移置城内），出官钞籴粮贮之以备赈济，荒年借贷于民，秋成偿还，遂为一代定制，取代了常平仓。明末又在辽东、延绥一些边镇设立常平仓。

清顺治年间，各府、州、县俱置常平及义、社仓，责成道员专管，每年造册报户部；十七年，定仓谷籴粜之法，春夏出粜，秋冬籴还，平价出息，如遇灾荒，即以赈济。康熙年间，又定春借秋还，每石取息一斗；各地常平、义仓储粮永留本境备赈。并规定了大、中、小州县应储粮数。后以籴本不足，命州县官“劝输”常平等仓粮。“永留本境”的规定也往往不能执行。中叶以后，弊端日甚，各地常平仓多数钱、谷两虚，徒有其名，起不到平抑粮价和备荒的作用。

《盛世滋生图》中描绘的清代社仓

常山碱 dichroine 喹唑酮型生物碱，分子式$C_{16}H_{19}N_3O_3$。中医治疟药常山的有效成分。1949年赵承嘏等从常山根中获得。有α、β和γ三种。β-常山碱又称退热碱，为常山根中的主要生物碱；熔点139～140℃，比旋光度$[\alpha]_D^{25}$+6（氯仿）或$[\alpha]_D^{25}$+28（乙醇）；难溶于水、乙醇，易溶于氯仿、甲醇或氯仿和稀乙醇的混合液中。α-常山碱又称异退热碱；熔点129～130℃，$[\alpha]_D$ +31（乙醇）；性质与β-常山碱相似，但在氯仿或丙酮中溶解度较大。γ-常山碱熔点161℃，后证明结构同β-常山碱，仅熔点不同。α-常山碱、β-常山碱的结构如下：

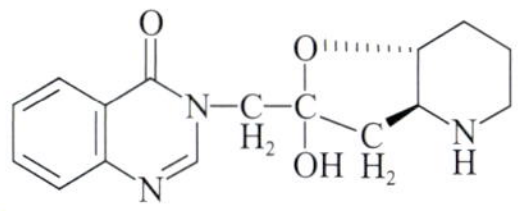

α-常山碱

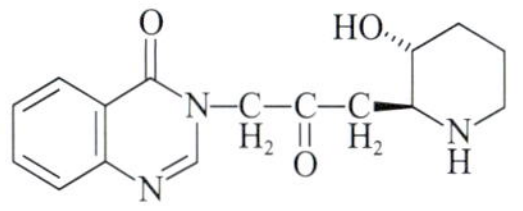

β-常山碱

常山碱对间日疟或恶性疟疾均有疗效，α-常山碱、β-常山碱和γ-常山碱对鸡疟的疗效分别为奎宁的1、100和150倍。常山碱有恶心、呕吐等副作用，临床应用受到限制。中国用常山的复方“常山饮”治疗疟疾，可减低副作用。

常胜军 Ever Victorious Army 中国清政府联合外国势力组成的一支装备近代武器、用以镇压太平天国起义的雇佣军。咸丰十年（1860），美国冒险家F.T.华尔经清苏松太道吴煦赞助，于6月2日成立洋枪队，有百余人，以华尔为统领，美国人E.法尔思德和H.A.白齐文为副统领，总部设在松江。次年8月，洋枪队在松江改组，由欧美人任军官，中国人当兵，扩编为700余人，随后又增至2 000余人。同治元年（1862），洋枪队改名常胜军。3月，清政府授华尔为参将，以吴煦为督带，杨坊会同华尔为管带。常胜军人数虽达5 000，但与太平军作战中屡战屡败，甚至法尔思德亦被俘。次年3月，英国少校C.G.戈登继任管带。他仿照英军建制，实行薪金制。4～7月，与淮军联合西进，陷太仓、昆山、吴江，并将总部迁至昆山，被清政府赏总兵衔。8月，常胜军与淮军攻苏州，数月无功，伤亡惨重。城破后，双方发生争执，几至火并。1864年5月，陷常州后，清军在苏南的胜利已成定局，常胜军即在昆山宣告解散。

常书鸿 Chang Shuhong（1904-04-06～1994-06-23） 中国油画家。满族。生于浙江杭州，卒于北京。1923年毕业于浙江省立甲种工业学校染织科。1927年入法国里昂中法大学及里昂国立美术专科学校学习。1932年以油画《G夫人像》获第一名的成绩毕业。1932年入巴黎国立高等美术学校学习。1935年在巴黎举办个人油画展。1936年回国后任**国立北平艺术专科学校**西画系主任、教授。1942年出任敦煌艺术研究所筹备委员会副主任，1944年任敦煌艺术研究所（今敦煌研究院）所长。研究所对莫高窟进行了清理、调整、临摹和研究。1949年后常书鸿任敦煌文物研究所所长。1950～1966年间，此所完成了洞窟的防护和修建工程。常书鸿先后编撰多种有关敦煌艺术的画册和文章。

《街头幼女》(1936)

1959～1962年兼任兰州艺术学院院长。其后历任甘肃省文联主席、中国美术家协会常务理事。1982年任国家文物局顾问。1983年被日本东京艺术大学聘为客座教授。

常熟市 Changshu City 中国江苏省辖县级市。位于省境东南部，长江南岸。面积1 263平方千米。人口151万(2010)，有汉、回、满、蒙古等民族。汉为吴县、毗陵县地，南朝梁大同六年(540)置常熟县，1983年改县为市。由**苏州市**代管。农作物以水稻、小麦、油菜为主。工业有纺织、食品、冶金、机械、电子、化工、医药、建材等。常熟电厂为华东大型电厂之一。常熟花边为著名传统手工艺品。有电力、纺织、机械、电子、化工等产业。水陆交通便利，河湖均可通航。常熟港居全国内河十大港口之列，是新兴的内河港口工业城市。虞山与尚湖风景区为太湖风景名胜区组成部分，被辟为国家森林公园。名胜古迹有剑门奇石、桃源、言子墓、仲雍墓、辛峰亭、昭明太子读书台等。常熟是国家历史文化名城。

常迥 Chang Tong (1917-02-04～1991-08-08) 中国无线电工程和自动控制专家。生于直隶房山（今北京房山），卒于北京。1940年毕业于西南联合大学，1944年3月在美国麻省理工学院电机系获硕士学位，1947年10月在哈佛大学应用科学系获博士学位。同年12月回国后任清华大学教授，校务委员会委员，自动化科学与技术研究所所长。1980年当选中国科学院学部委员（院士）。

常迥在无线电电子学、数字信号处理和模式识别方面都有贡献。他将栅极接地电路应用于超高频电路，并研制成折叠式天线。发表过关于沃尔什函数和拉德梅支函数的理论和应用方面的论文，对用相谱恢复信号的问题也有研究成果。在把模式识别和信号处理技术用于国民经济建设，特别是石油和天然气的地震勘探方面有重要贡献。编著的《无线电信号与线路原理》一书被高等学校普遍采用为教材。

常微分方程 ordinary differential equation 包含一个自变量、一个一元未知函数及其**导数**的方程。常微分方程论是数学的一个分支，有很久的研究历史和广泛的应用。

一般说来，若$y=y(x)$是自变量x的一个未知函数，则方程式$F(x,y,y',\cdots,y^{(n)})=0$称为一个关于$y$的常微分方程。例如，$y''+g=0$及$x^2y''+xy'+y^2=0$等都是常微分方程。如果常微分方程可表示为：

$$y^{(n)}=f(x,y,y',\cdots,y^{(n-1)})$$

形式，则称之为n阶方程，其中f是一个$n+1$元的函数。若f关于$y,y',\cdots,y^{(n-1)}$都是线性的，则称该常微分方程为线性方程，否则称为非线性方程。若函数$y=y(x)$在(a,b)上有n阶导数，并有：

$$F(x,y(x),y'(x),\cdots,y^{(n)}(x))\equiv 0$$
$$(\forall x\in(a,b))$$

则称$y=y(x)$是常微分方程$F(x,y,y',\cdots,y^{(n)})=0$在$(a,b)$上的一个解。常微分方程的研究主要集中在求解的方法、解的性质（存在性、唯一性）以及解的表达式和解的定性理论等方面。

常微分方程理论的发展历史 常微分方程的理论几乎与**微积分**是同时产生的。在17～18世纪期间，人们的研究主要是求常微分方程的通解，即对n阶常微分方程求含n个独立的常数$c_1,\cdots,c_n$的解$y=y(x,c_1,\cdots,c_n)$。G.W.**莱布尼茨**给出了齐次线性方程的通解，L.**欧拉**得到了常系数的常微分方程的通解，并通过变换将方程

$$a_0x^ny^{(n)}+a_1x^{n-1}y^{(n-1)}+\cdots+a_ny=0$$

化成常系数方程。上述方程被称为欧拉方程。J.雅各布第一·伯努利研究了一种特殊的非线性方程：

$$y'+P(x)y=Q(x)y^n$$

后来人们称之为伯努利方程。但无论如何，求得显式通解的可能性是十分有限的。上述努力经过一段时间便停滞了下来。

19世纪初期和中期，数学的研究内容发生了很大变化，常微分方程也深受影响。19世纪初，A.-L.柯西将常微分方程的研究由实数域扩展到复数域，并证明了解的存在唯一性定理。此外，他还发展了幂级数求解常微分方程的方法。柯西还首次提出了满足初始条件的常微分方程问题。至今人们把这种初值问题称为柯西问题。除了初值问题外，还提出了其他问题，如边值问题与特征值问题。这些问题来源于求解热传导和弦振动方程的需要，而后来这些问题在弹性力学及量子力学中显示了重要性。

19世纪末期及20世纪初期是常微分方程理论发展的一个重要阶段。这个阶段里常微分方程理论标志性发展是关于常微分方程的解析理论、常微分方程实域定性理论、摄动理论（即小参数理论）的创立。

20世纪中期以后，常微分方程理论进入了一个新的发展阶段。在这一阶段中由于工程技术问题的需要而产生了许多新型的问题，如与工程控制论密切联系的时滞常微分方程以及更为广义的泛函微分方程。又比如，有广泛应用背景的带有随机项的常微分方程等。由于电子计算机的广泛使用，常微分方程的数值解、数值模拟及公式的机器推导等逐步兴起，并迅速发展。更重要的是与近代数学的其他分支领域相结合，出现了许多新的研究理论与课题。

常微分方程的初值问题 求常微分方程$\frac{\mathrm{d}x}{\mathrm{d}t}=f(t,x)$的满足初始条件$x(t_0)=x_0$的解的问题称为常微分方程的初值问题，其中$x=x(t)$是未知函数，$t$为自变量。初值问题又称柯西问题，有广泛的应用背景。

柯西问题的解的存在性的基本定理是柯西－皮亚诺定理：若$f(t,x)$在矩形区域$R:=\{(t,x):|t-t_0|\leqslant a,|x-x^0|\leqslant b\}$上连续，则上述初值问题在区间$|t-t_0|<h$上至少有一个解$x=x(t)$，其中

$$h=\min\left\{a,\frac{b}{M}\right\},\ M=\max_{(t,x)\in R}|f(t,x)|$$

从表面看这个定理解的存在是局部的，但反复应用它可以将解延拓到$f(t,x)$的定义区域的边界上。

仅是$f(t,x)$的连续性不足以保证解的唯一性，柯西问题的上述解在$f(t,x)$对x而言满足李普希茨条件时是唯一的。所谓$f(t,x)$在矩形R上对x满足李普希茨条件是指：存在一个常数K使得一切(t,x')及$(t,x'')\in R$都有

$$|f(t,x')-f(t,x'')|\leqslant K|x'-x''|$$

在这样的条件下，上述柯西问题的解是唯一的。

常微分方程的边界值问题 求一个常微分方程$f(x,y,y',\cdots,y^{(n)})=0$的解$y=y(x)$使之在定义区间$[a,b]$的端点$a$与$b$满足某些条件，这种问题称为边界值问题，简

称边值问题，典型的情况是：

$$\begin{cases} y''=f(x,y,y') \\ \alpha y(a)+\beta y'(a)=\gamma_1 \\ \delta y(b)+\eta y'(b)=\gamma_2 \end{cases}$$

其中α,β,δ,η及γ_1,γ_2均为常数。边界条件有多种多样，这要由实际问题的需要而定。边值问题的解的存在性及唯一性是较复杂的。对于线性方程，在理论上是容易解决的。但对非线性方程而言，这是复杂的。

一种特殊的边界值问题，特征值问题，具有特别重要的研究价值，在声学、光学、电磁学、弹性力学、流体力学及核物理等领域有广泛的应用，同时在理论上又是量子力学的重要基础之一。

最典型的特征值问题是常型斯图姆－刘维尔问题（简称SL问题）：

$$\begin{cases} \frac{\mathrm{d}}{\mathrm{d}x}\left[p(x)\frac{\mathrm{d}y}{\mathrm{d}x}\right]+[\lambda r(x)-q(x)]y=0 \\ y'(a)-hy(a)=0 \\ y'(b)+Hy(b)=0 \end{cases}$$

其中$[a,b]$为有限区间，$1/p(x),q(x)$及$1/r(x)$为实的有界连续函数，λ是参数。使得上述问题有非零解$y=y(x)$的参数λ称为特征值。

对于上述常型问题，存在可数个特征值$\lambda_0<\lambda_1<\lambda_2<\cdots$，而对每个特征值$\lambda_n$，有一个非零解$y=y_n(x)$（特征函数）。$\{y_n(x)\}$组成$[a,b]$上完备正交系，可以像三角函数系一样讨论关于$\{y_n\}$的广义傅里叶级数展开等。对于上述基本结果，人们沿着不同的方向进行了各种推广。

常香玉 Chang Xiangyu（1922～2004-06-01） 中国豫剧演员。工旦。原名张妙玲，河南巩县（今巩义市）人。卒于郑州。自幼随父学戏，9岁去密县太乙新班搭班，并拜翟燕身、周海水为师，学豫西调。初习小生、须生，后专工旦脚。10岁即登台演出，13岁以演出新改编的《西厢》而闻名开封。她广泛吸收京剧、评剧、秦腔、河南曲剧以及坠子、大鼓等艺术之长，以丰富自己

常香玉在豫剧《花木兰》中饰花木兰

的唱腔和表演，同时把风格不同的各种豫剧唱腔融会于豫西调中，独创新腔，成为豫剧中的一支主要流派。她的演唱热情奔放，有刚有柔，挥洒自如；做功刚健清新，优美大方。代表剧目有《拷红》、《白蛇传》、《花木兰》、《战洪州》、《大祭桩》等。1948年，在西安创办香玉剧校。中华人民共和国建立后改为香玉剧社。

常遇春 Chang Yuchun（1330～1369） 中国明朝开国功臣，统军元帅。字伯仁。怀远（今属安徽）人。世代务农。元至正十五年（1355）投朱元璋军中，六月，以攻取采石矶（今安徽马鞍山市西南）、太平（今安徽当涂）功，授管军先锋，升总管。次年三月，从大将军徐达克镇江，十一月晋统军大元帅。十八年春，擢江南行中书省都督马步军大元帅、枢密院佥事。其后于鄱阳湖大战中救出朱元璋，大败陈友谅，又拜副将军平张士诚，升中书平章军国重事，封鄂国公。洪武元年（1368）再拜副将军，与徐达率师北伐，克元大都。二年，朱元璋定功臣位次，以徐达为首，次即常遇春。六月，常遇春自北平（今北京）出师，克开平（今内蒙古正蓝旗东北），元帝北走，明军乘胜追击，俘元宗王、将士万人及辎重马牛数万。七月，还师至柳河川，因暴疾卒。追封开平王。

常州词派 changzhou ci-poem school 中国清代词派。康熙、乾隆时期，词坛主要为浙派所左右。浙派标举南宋，推崇姜（夔）、张（炎），追求清空醇雅，词的内容渐趋空虚、狭窄。常州词人张惠言欲挽此颓风，竭力强调词的比兴寄托，反对无病呻吟之作，一时和者颇多，遂有常州词派的兴起。后经周济的推阐、发展，理论更加完善，所倡导的主张更加切合当时社会实际，其影响至清末不衰。张惠言和周济的主张，中心内容是抬高词的历史地位，要求词作能反映现实生活，而不仅仅是个人情思的抒写。常州派词人的创作，态度比较严肃，但思想内涵也并不十分深刻，与其立论尚有距离。常州词派对清词发展影响很大，其后劲有近代谭献、王鹏运、朱孝臧、况周颐四大词家。近人龙榆生著《论常州词派》材料翔实，可资参考。

常州市 Changzhou City 中国江苏省辖地级市。位于省境南部，北倚长江。辖天宁、钟楼、戚墅堰、新北、武进5区，代管金坛市、溧阳市。面积4 180平方千米。人口459万（2010）。秦置延陵县，汉改毗陵县。隋开皇九年（589）于常熟县置常州，为府治，因县为名。1949年置常州市。地处平原和山地间过渡地带。矿产有煤、岩盐、石灰岩、方解石、叶蜡石、高岭土等。山前丘陵岗地茶园、板栗林广布。生长药用

常州红梅公园文笔塔

植物900多种，以茅山苍术最为有名。工业以机械、电子、纺织、服装、化工为主。建有国家级常州高新技术产业开发区。主要农作物有水稻、麦类、大豆、油菜等。渔业、桑蚕和生猪饲养业发达。有万吨级码头和许多内河港口。奔牛机场有通北京、武汉、广州、厦门等航班。名胜古迹有溧阳天目湖旅游度假区、茅山游览区、武进横山景区、天宁寺、清凉寺、文笔塔、红梅阁，以及淹城遗址、张太雷故居、瞿秋白纪念馆、常州革命烈士陵园等。

嫦娥 Chang' e 中国神话中的月中女神。又称姮娥。有些学者认为嫦娥即《山海经》中的常羲。神话说羿向西王母请求不死药，得药物后带回家中。妻子嫦娥趁羿不在，偷吃了不死药，不觉飞离地面，奔向月宫。嫦娥奔月神话始见于《淮南子·览冥训》，最为民间所乐道。

厂商理论 firm theory 研究影响资源配置和分配的厂商行为的理论。微观经济学的组成部分。厂商是市场经济中生产组织的基本单位，它主要指个体工商户、合伙公司、股份公司等。生产相同产品的同类厂商组成一个行业。在微观经济学中，对厂商理论的研究包括4个方面：①成本理论。厂商为进行生产购买生产要素而支付的代价是厂商的成本。成本按投入是否全部可变而分为长期成本和短期成本，也按是否随产量变化分为不变成本和可变成本。这些成本在图上都表现为相应的成本曲线。②市场或厂商的分类。市场是从事某一特定商品买卖的场所或接触点。厂商为市场生产产品，不同种类的市场决定了厂商的性质和类型。市场或厂商一般分为4类：完全竞争、垄断、垄断竞争和寡头。③厂商均衡。通过分析4种厂商均衡的各自特点，并得出结论：完全竞争厂商或市场是经济效率最高的，各种

资源或生产要素的利用达到最优状态。④非利润最大化的厂商理论。研究厂商不以利润最大化为目标时的厂商理论。

厂卫 Eastern Depot, Western Depot and Imperial Bodyguard 中国明朝内廷的特务机构。厂，指东厂、西厂、内行厂；卫，指锦衣卫。合称厂卫。东厂系永乐十八年（1420）设立于北京东安门北；西厂系成化十三年（1477）设于旧灰厂；内行厂系正德初年设于荣府旧仓地；锦衣卫原为内廷亲军，皇帝的卫队，洪武十五年（1382）成立。厂卫是明代特务政治的工具，是皇帝的耳目和爪牙。东、西厂或内行厂的头目，多由司礼监太监充任。初设西厂时，以汪直领之。武宗时以当时八虎之一的马永成掌管东厂，以八虎的另一成员谷大用掌管西厂。当时司礼监太监刘瑾因与他们有矛盾，又另设内行厂，自成系统，权势居东、西厂之上，用刑尤为酷烈。魏忠贤自天启三年（1623）开始，一直兼管东厂事。锦衣卫长官以皇帝亲信心腹担任。除侍卫掌卤簿仪仗而外，专司侦察，名为缇骑。厂与卫的职权基本无差别。但由于锦衣卫属于外官，奏事需用奏疏，还有勋戚

锦衣卫印

及其子弟参加，不如东厂太监亲近，故厂的势力总要大于卫。这样，锦衣卫侦伺一切官民，厂则侦察官民和锦衣卫；西厂有时还监视东厂，内行厂则监视官民和厂卫，而皇帝直接领导与监督所有侦察机关，构成一套侦察特务体系。厂卫都可以不通过司法机构，直接奉诏行事，受理词状，任意逮捕吏民，用刑非常残酷，甚至打死为止。天启年间，东林党六君子都死于厂卫的秘裁。

厂长(经理)负责制 system of director or manager assuming responsibilities 企业生产经营管理工作由厂长（经理）统一领导、负全面责任的一种领导制度。世界上大多数国家普遍实行，但具体内容差异很大。在中国，全民所有制企业都实行这种制度，它同企业中中国共产党基层组织的政治保证监督地位以及职工代表大会制度一起构成中国企业领导制度的完整内容。1986年颁发的《全民所有制工业企业厂长工作条例》规定，厂长是企业的法定代表人，负责代表企业法人行使职权，对企业的生产指挥和经营管理工作统一领导、全面负责。

厂长的权限主要是对企业经营管理工作有决策权和生产指挥权；对副厂级经济技术负责人有提名权，对中层管理人员有决定任免权；对职工有奖惩权；对任何组织和个人的非法抽调、借用、无偿占用企业资源及不合理摊派有拒绝权等。

中国企业由党委领导下的厂长（经理）负责制向厂长（经理）负责制的转变，是企业领导体制的一项重大改革。

场内交易 transaction on exchange 通过证券交易所进行的证券交易方式。场外交易的对称。

特点 ①有集中、固定的交易场所和固定的交易活动时间。证券交易所有固定的建筑物作为集中的交易大厅，大厅中设有专门的柜台和座位，以及现代化的电信设备，可有效地进行各种上市证券的交易。各证券交易所都有固定的开盘时间和收盘时间。纽约、东京和伦敦这三个世界上最大的证券交易所的开市交易时间是互相连接的，从而形成了一个全球性交易圈。②有严密的组织管理制度。在会员制交易所，只有取得交易所会员的资格，才能进入交易所进行证券交易。会员必须遵守交易所的各项规定。在公司制交易所，只有经过证券管理部门批准的证券商，才能进入交易所直接参加证券交易。上市证券必须符合一定条件并经过批准。③采用公开竞价和双向拍卖的方式进行交易。交易所的证券拍卖既有买者之间的竞争，又有卖者之间的竞争。采取这种交易方式，有利于形成公平合理的价格和保持场内交易的稳定。

程序 ①投资者要买卖某种证券，首先应找经纪人公司开设账户。②投资者委托证券商买卖证券，签订开户契约，载明委托人的姓名、住址、年龄、职业、委托人与经纪人之间的权利和义务。③证券商随即通过他们在交易所内的代表人和代理人，按照委托人的要求办理买进和卖出证券的一切事务。④成交后，由证券商于成交当天，通知委托人准备交割款项和证券。营业终了时，证券商按证券类别与交易所记录核对无误后，就委托成交的同种证券买卖双方就成交数额进行轧抵。将抵消后的差额与交易所办理清算交割手续，随后再与委托人按期办理交割。买者付出现金取得证券，卖者交出证券取得现金。有些交割在买卖成交后立即完成，有些交割则是在成交后几天或几十天内完成。

场外交易 transaction outside exchange 在证券交易所以外进行的证券交易的总称。场内交易的对称。场外交易与交易所内交易的不同点主要是：①没有正式的组织，也没有固定、集中的交易场所。②由于市场分散，买卖证券的手续也比较简便，多依赖电信联系成交。③采取议价方式，由交易双方协商确定。④比较灵活，零星碎股也可成交。

对证券发行者来说，它一方面为中小公司的股票和债券提供了交易渠道和新的交易机会，另一方面为那些高质量的证券、政府债券和大公司的股票提供了一个极其巨大而方便的销售网络。但是，场外交易的组织性和稳定性均远不及证券交易所，比较容易发生交易上的偏误行为。因而各国政府都制定有关管理制度，对其进行监督和管理。

场效应晶体管 field effect transistor; FET 利用场效应原理工作的晶体管。场效应就是改变外加垂直于半导体表面上电场的方向或大小，以控制半导体导电层（沟道）中多数载流子的密度或类型。它是由电压调制沟道中的电流，其工作电流是由半导体中的多数载流子输运。这类只有一种极性载流子参加导电的晶体管又称单极型晶体管。与双极型晶体管相比，场效应晶体管具有输入阻抗高、噪声小、极限频率高、功耗小，制造工艺简单、温度特性好等特点，广泛应用于各种放大电路、数字电路和微波电路等。以硅材料为基体的金属-氧化物-半导体场效应管（MOSFET）和以砷化镓材料为基体的肖特基势垒栅场效应管（MESFET）是两种最重要的场效应晶体管，分别为MOS大规模集成电路和MES超高速集成电路的基础器件。

唱和诗 changhe poetry 中国古代文人用诗歌相互赠答、酬唱，称为“唱和”。又称倡和。梁《昭明文选》立赠答诗类，收王粲以下齐、梁赠答诗80余首，可知当时赠答体已很发达。“赠”是先作诗送给别人，“答”是就来诗旨意回答，前者称“唱”，后者称“和”。唱和诗有两类：一类是所酬和的诗，只就来诗的旨意作答，在用韵方面无限制；另一类是限韵，就是“和”诗需要根据所赠诗篇韵脚来用韵，这类诗出现较晚，又称和韵诗。和韵的风习起于中唐。明代徐师曾《文体明辨》称：“中唐以还，元（稹）、白（居易）、皮（日休）、陆（龟蒙）更相唱和，由是此体始盛。”和韵的唱和诗又有次韵、用韵、依韵三类。次韵，又称“步韵”，是指和诗不仅要用原诗的韵字，而且前后次序也需依照原诗韵字的次序，不能改移。用韵，是指用他人诗篇的韵字写诗，而不必顾及次序。依韵，指既不次韵，也不用韵，只是用原诗同一韵部的字协韵即可，比前两种要求为宽。

《唱论》 *On Singing* 中国古典戏曲音乐论著。作者燕南芝庵，真实姓名及生平均不可考。元至正元年(1341)以前人。全书1 800余字，分27条，扼要地论述了唱曲要领。从对声音、唱字的要求，到艺术表现，以及十七宫调的基本情调，乐曲的地方特色，审美要求及对歌者的评论等都有涉及，并有不少精辟之见，对后世戏曲声乐艺术的发展具有深远的影响。由于文字过于简略，并多用当时的方言和术语，不易为后人完全理解。《唱论》有元至正刻本，附刊于元人杨朝英所编《乐府新编阳春白雪》卷首，后元人陶宗仪所著《南村辍耕录》、明人朱权《太和正音谱·词林须知》、明臧懋循所编《元曲选》、近人任中敏(讷)辑《新曲苑》等书，均有收录或节录。1959年收入中国戏曲研究院编辑的《中国古典戏曲论著集成》。

唱念做打 singing, recitation, acting and theatrical fighting 中国戏曲表演的四种艺术手段，也是戏曲表演的四项基本功。唱，指歌唱。念，指具有音乐性的念白，二者互为补充，构成歌舞化的戏曲表演艺术两大要素之一的“歌”。做，指舞蹈化的形体动作。打，指武术和翻跌的技艺，二者相互结合，构成歌舞化的戏曲表演艺术两大要素之一的“舞”。

戏曲的唱，不是穿插在戏里的独立的声乐表演，而是塑造人物的重要手段之一。不同的剧种，对唱的运用也有所不同。有的唱得多，动辄三五十句，甚至超过百句。有的唱得较少，在剧中人动情的时刻才设置大段的唱腔。唱得多的剧种，往往以唱代念，或介乎唱与念之间，润腔较少。唱得少的剧种，大都在声乐艺术上刻意求工，对行腔度曲，进行高度的提炼。唱词是诗词体，句法紧凑精练，文学性较强，便于集中抒发情感。

念白与唱相互配合、补充，是表达人物思想感情的重要艺术手段。戏曲念白大体上可分为两大类：一种是韵律化的“韵白”；另一种是以各自方言为基础，接近于生活语言的“散白”(如黄梅戏的安庆语、苏剧的吴语、京剧的京白等)。无论韵白或散白，都不是普通生活语言，而是经过艺术提炼的语言，近乎朗诵体，具有节奏感和音乐性。

做功泛指表演技巧，一般又特指舞蹈化的形体动作，是戏曲有别于其他表演艺术的主要标志之一。演员在创造角色时，手、眼、身、步各有多种程式，髯口、翎子、甩发、水袖各有多种技法，灵活运用这些程式化的舞蹈语汇，以突出人物性格、年龄、身份特点。

打，是戏曲形体动作的另一重要组成部分。它是传统武术的舞蹈化，是生活中格斗场面的高度艺术提炼。一般分为“把子功”、“毯子功”两大类。凡用古代刀枪剑戟等兵器(习称“刀枪把子”)对打或独舞的，称把子功。在毯子上翻滚跌扑的技艺，称毯子功。毯子功的一些项目，单独地看，近乎杂技；把子功的一些套数，单独地看，类似武术。唱念做打是戏曲表演的特殊艺术手段，四者有机结合，构成了戏曲表现形式的特点，是戏曲有别于其他舞台艺术的重要标志。

超常儿童 supernormal child 智能发展水平明显超过同龄常态儿童或具有某种特殊才能的儿童。一般以智商130或以上作为鉴别智力超常的通行标准，但超常儿童的心理结构不仅仅限于智力、才能方面，还包括创造性和非智力个性特征方面。过去常把超常儿童称为“神童”或“天才”，这是由于人们把才智杰出的早期表现归之于神的力量，或认为是由遗传决定的。实际上，优异的遗传素质虽然为超常智能提供了某种发展的潜在可能性，但还需要合适的教育和环境才能使其成为现实，所以超常智能是遗传和环境因素相互作用的产物。人们关心的问题是如何发现和鉴别超常儿童；与常态儿童相比，超常儿童的心理发展是否有特异性，抑或只存在发展的速度和水平上的差异；超常智能的早期表现是否随年龄的增长而稳定地发展，能否据此预测进入成人社会后事业成就的大小；对超常儿童进行加速教育(如跳级或编入特殊教育班等)的利弊如何等。

超纯材料 ultra-pure material 用于制备半导体材料和半导体掺杂剂的纯净物质。超纯材料技术是伴随原子能工业和半导体工业发展而发展的，但在更广大程度上还是由半导体工业的发展所促进。早期的研究表明，用粗硒作整流器时，所能承受的反向电压只有12～18伏。采用经过提纯净化后的硒可达60伏；而用纯度≥99.999%的硒时，反向电压可达到130伏。可见半导体材料纯度对其性能好坏有很大影响。

材料的提纯方法很多，大体上可以归结为两类。①化学提纯法。利用化学中的化合、分解和还原等反应，减少原始材料中的杂质含量，提高材料纯度的一种工艺技术。②物理提纯法。依据各种杂质在半导体中有不同的物理性质(如分凝系数等)，采用物理手段(如区域熔化技术)，直接对材料本体进行提纯。这种方法较化学提纯法的效率高，材料纯度一般可达99.999 999%～99.999 999 9%(通常表示为8N～9N)。

半导体中应用的超纯材料很多。如：Ⅳ族元素超纯锗(9N)、硅(9N)等，主要用于制备半导体锗和硅的单晶；高纯度的Ⅲ族元素硼(5N)、铝(6N5)、镓(8N)、铟(7N)和Ⅴ族元素磷(7N)、砷(7N5)、锑(7N)等，主要用于制备Ⅲ－Ⅴ族化合物半导体或多元固溶体材料的单晶和薄膜等。

超导材料 superconducting material 在一定条件下，具有直流电阻为零和完全抗磁性的材料。一定条件是指适当的温度、磁场强度和电流密度。

简史 1911年，荷兰物理学家H.开默林·昂内斯发现，汞在4.2K(－269℃)极低温度时，电阻突然消失为零，此即为超导电性。1933年，W.迈斯纳和R.奥克森菲尔德发现，当物质处于超导态时，外磁场不能进入超导体内部，这是超导电性的另一个基本特征，称完全抗磁性(迈斯纳效应)。迄今为止，已发现有28种元素、数千种合金和化合物、许多非金属陶瓷和有机化合物都有超导电性。随着对超导电性的认识和材料制造技术的发展，从20世纪60年代起，实用超导材料已在科学实验、高能物理、医疗诊断、电工工程、交通运输和电子器件等领域得到重要应用。

基本参量和特性 超导材料从正常态(非超导态)到超导态的转变是一种相变，超导态是固体的一种新的状态。评价材料超导电性有3个基本临界参量：①临界温度(T_c)。在电流和磁场为零的条件下，超导材料出现超导电性的最高温度。②临界磁场强度(H_c)。当外加磁场大于H_c值时，材料就失去超导电性。③临界电流(I_c)。流过超导材料而未产生电阻的最大电流。超导材料单位截面积所承载的临界电流称为临界电流密度(J_c)。

超导材料主要特性：①零电阻性。即在超导态时电阻为零，能够无损耗地传输电能。②完全抗磁性。外加磁场不超过一定值时，磁通线不能进入，超导体内的磁场为零。③约瑟夫森效应(超导电子隧道效应)。两超导体间夹一很薄的绝缘体、或正常导体、或超导弱连接时，会有超导电子对穿过薄层而产生的电学、磁学和辐射效应。

低温超导材料 自1911年发现汞的超导电性以后，至1985年已发现有超导电性的材料逾5 000种。但它们的超导临界温度(T_c)都在25K以下，需要在极低温度液态氦(He，4.2K)冷却条件下才产生超导电性，故称它们为低温超导材料。典型和实用的有：①超导元素。铟(In)，T_c=3.42K；铅(Pb)，T_c=7.20K；铌(Nb)，T_c=9.26K。元素周期表中的碱金属Li、Na、K、Rb、Cs和良导体Cu、Ag、Au等一价元素均不是超导体。某些元素在高压或急冷制膜时才出现超导电性。②合金超导体。Nb－25Zr，T_c=11K；Nb－60Ti，T_c=9.3K；Nb－60Ti－4Ta，T_c=9.9K。其中Nb-Ti系是连续固溶体合金，体心立方结构，具有极好的塑性，通过常规的变形加工和热处理，可制成各种复合型实用超导材料，是全世界用得最多的一种超导材料。③化合物超导体。主要是A－15型A_3B结构化合物：ⓐNb_3Sn，T_c＝18.1K；ⓑV_3Ga，T_c＝16.8K；ⓒNb_3Al，T_c＝18.8K；ⓓNb_3Ge，T_c＝23.2K。④非晶超导体。在20世纪70年代，用冷却速率10^6K/秒以上的气相急冷沉积方法得到多种非晶超导材料。⑤有机超导体。1964年提出用激子机制设想做成长链状的一维有机超导体。到80年代，有二维特征的以BEDT-TTF为阳离子基的盐类，得到T_c超过8.0K的有机超导体。

高温超导材料　为了区别于传统低温超导材料，定义超导临界温度高于25K的超导体为高温超导材料。到20世纪末，已经有5个氧化物超导体进入材料工艺研究和应用开发阶段。这5种氧化物超导体，都可以在液态氮（N_2，77K）冷却条件下产生超导电性。无论从冷却气体资源或制冷液化技术比较，液态氮都远比低温超导材料用的液态氦要价廉而且方便。因此，高温超导电技术成为21世纪着重研究和开发的高新技术。实用氧化物高温超导材料有以下3类：①高温超导带材。以$Bi_2Sr_2Ca_2Cu_3O_{10}$（BSCCO/2223）为主，采用银套管法（PIT/Ag）工艺，将超导原料装入银管，经拉丝压延和热处理，做成单芯或多芯超导带材，$J_c \approx 8\times10^4$安/厘米^2（77K，零场），称第一代高温超导带材。新研究的$YBa_2Cu_3O_7$（YBCO/123）涂层导体，是在柔性金属基带上，沉积具有优良取向性的YBCO超导膜，做成实用长带，具有比BSCCO好得多的超导电磁特性，称第二代高温超导带材。②高温超导块材。主要是YBCO/123，以融熔织构生长（MTG）技术为基础，做成单畴准单晶块材或多晶块材，$J_c=1\times10^5$安/厘米^2（77K，1特）。以稀土元素Sm、Nd、Gd等取代Y的RE-Ba-Cu-O新高温超导块材，具有更佳的超导性能。③高温超导薄膜。将YBCO/123通过磁控溅射、脉冲激光沉积和电子束蒸发等技术，在$LaAlO_3$、$SrTiO_3$和Al_2O_3等单晶基片上，外延生长出单面或双面超导薄膜，$J_c=4\times10^6$安/厘米^2（77K，零场），微波表面电阻R_s=0.2毫欧（10吉赫，77K）。已制出最大直径200毫米的YBCO/123薄膜供做微波器件用。其他高温超导材料还有：ⓐM_xC_{60}超导体，T_c为33K。ⓑMgB_2超导材料，T_c=39K。

超导磁体　superconducting magnet　超导线绕制的线圈。利用超导体电阻为零的特性，超导磁体可通以大电流，产生很强的磁场。由于超导体存在临界磁场H_c、临界电流密度J_c、临界温度T_c，超过临界值的超导体从超导态转变成正常态，因此超导磁体产生的磁场不能随意提高，一般在几特到十几特。绕制超导磁体的材料要求有高的临界参数，通常是第Ⅱ类超导体。高温超导体发现后，高温超导材料也在研制中。与常规磁体相比，超导磁体没有焦耳损耗，维持磁体正常工作温度（约4.2K）所需制冷功率约比常规磁体损耗小1～2个量级；超导磁体的电流密度比常规磁体高二个量级，也不用铁芯，因此超导磁体重量轻、体积小；超导磁体可用超导开关进行闭环电路运行，不受电源及外界干扰，达到极高的稳定性（10^{-7}/时）等。超导磁体有广泛的应用价值，已应用在磁共振成像技术、高能加速器、核聚变装置、磁流体发电、磁悬浮列车及其他科学试验中用的强场设备。超导磁体在电力工业中有很诱人的应用前景，超导电机、超导储能、超导变压器和超导限流器的性能已远优于常规器件。

超导电机　superconducting electric machine　含有超导导线绕组的电机。

超导导线在临界温度T_c、临界磁场强度H_c（远超过硅钢片的饱和磁场强度）和临界电流密度J_c值以内时，其电阻为零。该性能在直流应用时稳定，因此只用于电机的直流励磁绕组。超导电机气隙磁通密度及超导线中的电流密度大大超过常规电机中的值，故可用空气作导磁回路而无须硅钢片，使电机体积和重量是常规电机的十分之一以下，且效率更高。直流超导电机为单极机形式，可作为发电机和电动机运行。

超导电性　superconductivity　某些物质在一定温度条件下电阻降为零的性质。1911年，荷兰物理学家H.开默林·昂内斯发现汞在温度降至4.2K附近时突然进入一种新状态，其电阻小到实际上测不出来，他把汞的这一新状态称为超导态。以后又发现许多其他金属也具有超导电性。低于某一温度出现超导电性的物质称为超导体。

对超导体的宏观理论研究开始于W.H.开塞姆、A.J.拉特杰尔和C.J.戈特等人的工作，他们运用热力学理论分析讨论了超导态和正常态之间的相变问题，得出超导态的熵总是低于正常态的熵这一重要结论，这意味着超导态是比正常态更为有序的状态。

主要性质　超导体的主要性质表现为：①超导体进入超导态时，其电阻率实际上等于零。从电阻不为零的正常态转变为超导态的温度称为超导转变温度或超导临界温度，用T_c表示。②外磁场可破坏超导态。只有当外加磁场小于某一量值H_c时才能维持超导电性，否则超导态将转变为正常态，H_c称为临界磁场强度。H_c与温度的关系为$H_c \approx H_0[1-(T/T_c)^2]$，$H_0$是$T$＝0K时的临界磁场强度。③超导体内的电流强度超过某一量值I_c时，超导体转变为正常导体，I_c称为临界电流。④不论开始时有无外磁场，只有$T<T_c$，超导体变为超导态后，体内的磁感应强度恒为零，即超导体能把磁力线全部排斥到体外，具有完全的抗磁性。此现象首先由W.迈斯纳和R.奥克森菲尔德两人于1933年发现，称为迈斯纳效应。一个小的永久磁体降落到超导体表面附近时，由于永久磁体的磁力线不能进入超导体，在永久磁体与超导体间产生排斥力，使永久磁体悬浮于超导体上。

第一类和第二类超导体　超导体分第一类（又称Pippard超导体或软超导体）和第二类（又称London超导体或硬超导体）两种。在已发现的超导元素中只有钒、铌和锝属第二类超导体，其他元素均为第一类超导体，但大多数超导合金则属于第二类超导体。第一类超导体只存在一个临界磁场H_c，当外磁场$H<H_c$时，呈现完全抗磁性，体内磁感应强度为零。第二类超导体具有两个临界磁场，分别用H_{C1}（下临界磁场）和H_{C2}（上临界磁场）表示。当外磁场$H<H_{C1}$时，具有完全抗磁性，体内磁感应强度处处为零。外磁场满足$H_{C1}<H<H_{C2}$时，超导态和正常态同时并存，磁力线通过体内正常态区域，称为混合态或涡旋态。外磁场H增加时，超导态区域缩小，正常态区域扩大，$H \geqslant H_{C2}$时，超导体全部变为正常态。

二流体模型　戈特和H.B.G.卡西米尔根据以上结果于1934年提出了超导态的二流体模型，认为超导态比正常态更为有序是由共有化电子发生某种有序变化所引起，并假定：①超导体处于超导态时，共有化电子可分成正常电子和超导电子两种，分别构成正常流体和超导电子流体，它们占有同一体积，彼此独立地运动，两种流体的电子数密度均随温度而变。②正常流体的性质与普通金属中的自由电子气相同，熵不等于零，处于激发态。正常电子因受晶格振动的散射而会产生电阻。超导电子流体由于其有序性而对熵的贡献为零，处于能量最低的基态。超导电子不会受晶格散射，不产生电阻。③超导态的有序度可用有序参量$\omega(T)=N_s(T)/N$表示，N为总电子数，N_s为超导电子数。$T>T_c$时，无超导电子，ω=0；$T<T_c$时开始出现超导电子，随着温度T的减小，更多的正常电子转变为超导电子；T=0K时，所有电子均成为超导电子，ω=1。根据上述二流体模型可解释许多与超导电性有关的实验现象。

超导体的宏观电磁理论　1935年，F.伦敦和H.伦敦两兄弟在二流体模型的基础上运用麦克斯韦电磁理论提出了超导体的宏观电磁理论，成功地解释了超导体的零电阻现象和迈斯纳效应。根据伦敦的理论，磁场可穿入超导体的表面层内，磁感应强度随着深入体内的深度x呈指数衰减：

$B(x)\propto e^{-x/\lambda}$，衰减常数$\lambda$称为穿透深度。当超导体的线度小于穿透深度时，体内的磁感应强度并不等于零，故只有当超导体的线度比穿透深度大得多时，才能把超导体看成具有完全的抗磁性。实际测量证实了存在穿透深度这一理论预言，但理论数值与实验不符。1953年A.B.皮帕德对伦敦的理论进行了修正。伦敦的理论未考虑到超导电子间的关联作用，皮帕德认为超导电子在一定空间范围内是相互关联的，并引进相干长度的概念来描述超导电子相互关联的距离（即超导电子波函数的空间范围）。皮帕德得到了与实验相符的穿透深度。

京茨堡－朗道理论　1950年，V.L.京茨堡和L.D.朗道在二级相变理论的基础上提出了超导电性的唯象理论，称为京茨堡－朗道理论（简称GL理论）。超导态与正常态间的相互转变是二级相变（相变时无体积变化，也无相变潜热）。1937年朗道曾提出二级相变理论，认为两个相的不同全在于秩序度的不同，并引进序参量η来描述不同秩序度的两个相，$\eta=0$时为完全无序，$\eta=1$时为完全有序。GL理论把二级相变理论应用于正常态与超导态的相变过程，其独到之处是引进一个有效波函数ψ作为复数序参量，$|\psi|^2$则代表超导电子的数密度，应用热力学理论建立了关于ψ的京茨堡－朗道方程。根据GL理论可得到许多与实验相符的结论，例如临界磁场、相干长度及穿透深度与温度的关系等。GL理论还给出了区分第一类超导体和第二类超导体的判据。A.A.阿布里考索夫根据GL理论详细讨论了第二类超导体的基本特性。L.P.戈科夫从超导体的微观理论导出了GL方程。把GL理论与后来阿布里考索夫和戈科夫的工作合起来称为GLAG理论。

BCS理论　J.巴丁、L.-N.库珀和J.R.施里弗三人于1957年建立了关于超导态的微观理论，超导微观理论简称BCS理论，以费米液体为基础，在电子－声子作用很弱的前提下建立起来的理论。它认为超导电性的起因是费米面附近的电子之间存在着通过交换声子而发生的吸引作用，由于这种吸引作用，费米面附近的电子两两结合成对，叫库珀对。BCS理论可以导出与伦敦方程、皮帕德方程以及京茨堡－朗道方程相类似的方程，能解释大量的超导现象和实验事实。对于某些超导体，例如汞和铅，有一些现象不能用它解释，在BCS理论的基础上发展起来的超导强耦合理论可以解释。

高温超导体研究进展　在超导被发现后的75年里，超导转变温度仅被提高到23K左右，而这都是在单元素金属和多元合金中实现超导的。1986年10月，瑞士的科学家K.A.缪勒和德国科学家J.G.贝德诺尔茨在研究氧化物导电陶瓷材料La-BaCuO时发现在30K以上有超导迹象。他们为此而获得1987年的诺贝尔物理学奖。随后，在世界上展开的对高温超导体的追逐中，科学家们已经制备出多系列近百种超导体，其中钇钡铜氧超导体的转变温度高于液氮温度（77.3K）。现在氧化物超导体的转变温度已经高达130K以上（高压下可达160K），在某些方面的应用已经崭露头角。

应用　超导电性具有重要的应用价值，如利用在临界温度附近电阻率随温度快速变化的规律可制成灵敏的超导温度计；利用超导态的无阻效应可传输强大的电流，以制造超导磁体、超导加速器、超导电机等；利用超导体的磁悬浮效应可制造无摩擦轴承、悬浮列车等；利用约瑟夫森效应制造的各种超导器件已广泛用于基本常数、电压和磁场的测定、微波和红外线的探测，及电子学领域。高临界温度超导材料的出现必将大大扩展超导电性的应用前景。

超导输电　superconducting transmission　利用超导体研制和开发的输电技术。超导体在临界温度下处于超导态时失去电阻而损耗趋于零，因此超导输电的输送容量可大为提高。超导输电可用于交流或直流输电，交流超导输电有微量的能量损耗。

超导输电系统的主要包括超导电缆、低温冷却系统以及超导电缆的端头和套管等。临界电流密度高，临界磁场强度大的超导体才适合制作电力电缆。当电流密度、磁场强度或温度超过其临界值时，超导体由超导态转变为正常态，即失超。为此把超导体与起稳定作用的铜或铝构成复合超导体。超导体承载传输电流，铜或铝金属导体承载失超电流。超导体的临界温度在20K以下，因此超导电缆一般采用液氦冷却。超导电缆还需有电绝缘和热绝缘。超导电缆的结构通常采用同轴方式，可屏蔽工作电流产生的磁场，并减小线路的电感而提高交流输电的静态稳定极限。

超导微观理论　microscopic theory of superconductivity　从研究电子运动来阐明超导电性的量子理论。简称BCS理论。

超导有机化合物　superconducting organic compound　具有超导电性的有机化合物。20世纪60年代美国科学家提出室温有机超导体理论和模型。1979年丹麦和法国科学家发现在加压下由四甲基四硒富瓦烯与六氟磷酸根形成的阳离子游离基盐具有超导性质（$T_c\approx1$K），并于1981年得到常压下的有机超导体。20世纪80年代及90年代初期科学家陆续发现了许多基于四硫（硒）富瓦烯衍生物，特别是双（乙烯基二硫）四硫富瓦烯（BEDT-TTF）的阳离子游离基盐具有超导性质，最高超导相转变温度达12.8K。20世纪90年代发现金属掺杂的富勒烯具有超导特性。相比于其他类超导体，有机超导体具有比重轻、相干长度长等特点。

超短波传播　ultrashort wave propagation　波长为10～1米（相应频率为30～300兆赫）的电波经电离层的传播。有散射传播和透射传播两种主要形式。自1950年H.G.布克和W.E.戈登提出超短波对流层散射传播理论以后，P.K.贝利等人使用大功率发射机和高灵敏接收机进行电离层超短波散射传播，建立了超短波、超视距、低电离层散射通信电路，通信频率为30～60兆赫。这种散射机理是利用85～100千米高度的电离层不均匀体的散射作用，通信距离为1 000～2 000千米，特点是不受电离层扰动的影响，尤其适合高纬度地区和跨极光区使用。但通信容量低，一般只能通一路电话或四路移频电报，而且与短波设备相比体积庞大，费用昂贵。1957年人造地球卫星发射成功，它能用超短波电离层透射传播方式作为空间飞行体与地面通信联系的重要通道。超短波导航卫星使用两个相干的频率以消除电离层介质的不均匀性所造成的多普勒频移，从而提高导航精度。

超额利润　extra profit　超出平均利润的利润。又称额外利润。超额剩余价值的转化形式。来源于雇佣工人创造的剩余价值，由不同企业生产条件的差别造成。

就超额利润本身的性质和形成来说，有完全不同的情况：①由流通过程中的交易偶然引起的。②由市场价格的偶然变动引起的。③个别企业通过提高对直接雇佣的工人的剥削程度造成的，例如通过过度劳动，或者把工资降低到平均工资以下。④由普通意义的垄断——人为垄断或自然垄断而产生的。⑤一个部门或单个企业出现了特殊的、额外的劳动生产率，从而在竞争中处于优势地位。⑥由生产者对与土地相联系的自然力的垄断形成的特殊有利地位引起的。在这里，最有意义的是后两种情况，都是同生产者的有利地位相联系的。其中，情况⑤的超额利润不能在个别部门或个别企业长久保持；情况⑥的超额利润可以长期保持。超额利润来源于资本本身。但部门内部资本之间的竞争会使这种差别趋于平衡，从而使超额利润逐渐消失。

超分子　supramolecular　两种或两种以上的化学物质通过分子间非共价键相互作用所形成的复杂有序且具有特定功能的分子集合体系。包括主客体体系和有序分子聚集体。具有分子识别、模拟酶、模拟膜、催化某些反应等功能。例如酶（主体）与底物或抑制剂（客体）、抗体与抗原、受体与激素、离子载体与离子等。已设计并合成了多种主体化合物，如环糊精、穴醚、冠醚、杯芳烃等。

超分子中分子间的弱相互作用对应于分子中的化学键，其实质是永久偶极矩、瞬间偶极矩、诱导偶极矩三者之间相互作用（范德瓦耳斯力）及静电力，相应的能量分别称为取向能、诱导能、色散能和库仑能。这些弱相互作用还包括疏水亲脂作用力、氢键、离子键及π-π堆集力等。其总的结合力不亚于化学键的强度。

超分子化学 supramolecular chemistry 以多种分子间弱相互作用力为基础，研究超分子-分子组装体的化学分支学科。在化学研究中，以往的化学多是以化学键为基础，以分子为研究对象，可称为分子化学。

在分子化学中，分子是由原子或原子团通过化学键连接而成的，在超分子化学中，超分子是由分子通过分子间非共价键的弱相互作用而形成的。分子化学主要研究原子和原子团、化学键，化合物的合成、结构、性能和用途。与此分别相对应，超分子化学主要研究超分子基元结构的设计和合成、超分子体系中的弱相互作用、超分子体系的组装和分子识别、超分子体系的结构和功能、超分子材料与器件等。

在超分子化学中“组装”的重要性就如同分子化学中的“合成”一样，其构筑单元可以是无机分子、有机小分子、高分子以及生物大分子，简单来说有两种组装方法，一是自组装，另一是在一定界面或模板上的组装。与合成化学中反应的选择性相对应的是分子识别，它是超分子体系的一种高度专一性的组装方式。在超分子化学中，只有具备分子识别功能的组装方式才能保证组装体系的有序性。

超分子研究希望模拟自然、最终实现人工合成新颖、稳定、功能和技术上重要的材料。化学家们正尝试利用这种分子组装思想，用简单的方式构筑具有特殊物理和化学性质的功能组装体系，并探求其在新催化剂、药物、具有生物相溶性的组织功能材料方面的应用。超分子研究也是制备纳米材料的一类重要方法。研究分子间通过多种弱相互作用形成的超分子的超分子化学使化学学科的发展走向新的层次。

超感官知觉 extrasensory perception 心理学正在研究的不借助已知的感觉系统所获得的知觉。属于心灵学的一种现象，包括：①思维传递，即人们之间的远距离思想交流。②特异知觉，包括遥视，即能看到正常视力范围以外的事物，以及透视密封或遮挡的物体；用听觉器官看东西；用皮肤感知颜色等。这类现象在中国称为人体特异功能。③预感，即对未来事物的预先感知。

超感官知觉往往经不住严格的科学审查，而且这类结果一般不能重复。而在任何科学领域内，在同等条件下，实验结果不具有可重复性，就不能认为是确立的事实。因此，还不能断定超感官知觉是一种事实。

超高层建筑 skyscraper 意指特别高的高层建筑。又称摩天楼。国际上对于超高层建筑的高度并无统一而明确的界定。1972年在美国宾夕法尼亚州伯克利市召开的国际高层建筑会议上提出，将40层以上的高层建筑（高度在100米以上）视为超高层建筑。随着建筑功能、技术、经济和美学观念等的不断发展，这一高度界定呈上升趋势，有视约70层或80层以上的高层建筑为超高层建筑之提法。

中国台湾台北101大楼

建筑技术的发展使超高层建筑的出现成为可能。早在19世纪80年代建成的巴黎埃菲尔铁塔（1889），高度就已达到321米，预示着超高时代的到来。超高层建筑大的发展始于第一次世界大战以后，以美国的纽约和芝加哥两地最为集中。1931年建成的纽约帝国大厦，高度达381米，是当时世界上最高的超高层建筑。这一最高纪录保持了40多年，到1973年，纽约世界贸易中心大厦建成，纪录方被打破。仅1年以后，1974年芝加哥西尔斯大厦建成，高度达443米，成为世界最高建筑。这一纪录保持到1996年。1996年建成的吉隆坡双塔，高452米，95层。2004年启用的中国台湾台北101大楼，高508米，101层。2008年上海环球金融中心大厦建成启用，高492米，为中国大陆最高建筑。2010年迪拜的哈里发塔建成，高828米，为世界最高建筑。

超高层建筑由一般高层建筑发展而来，它集中并提升了高层建筑的优点：占地面积小而开发量大，土地资源得到充分利用；建筑巍峨挺拔，雄伟壮观，富于表现力，反映出现代建筑技术的成就；外形简洁，内部空间紧凑，交通和管线集中，具有很大的实用性，特别适宜于像现代办公、旅馆等一类建筑的需要。

由于过大的体量和高度，以及布局的过于集中等原因，超高层建筑会产生交通拥挤、日照遮挡、高层风、热岛效应、声光污染以及视觉上的压抑感等环境和心理上的一系列问题，影响到城市的环境质量。由于高度高，空间狭窄，人员高度集中，在安全方面有较大隐患，在防止人为的和自然的灾难方面具有脆弱性。

超荷 hypercharge 描述强子内部性质的一种相加性量子数，记为Y。在粒子物理某些场合，粒子的重子数和奇异数以和的形式出现，反映两者之和具有内在的确定意义，因此定义粒子的重子数和奇异数之和为超荷，有时用它来代替奇异数。与奇异数类似，在强作用和电磁作用过程中超荷守恒，在弱作用过程中超荷可以不守恒，$\Delta Y=0, \pm 1$。强子的超荷通过盖耳-曼-西岛关系同它的电荷Q及同位旋第三分量I_3相联系，$Q=I_3+Y/2$。盖耳-曼-西岛关系在强子分类中曾起重要作用。

超级市场 supermarket 以经营食品、日用品为主，采取自选购物方式，满足人们日常生活需要的零售店。店址多设在住宅区或郊外，店内设施简洁明快。主要特点是：①敞开式售货。②经营范围多以食品为主，生鲜品占一定比重，同时兼营大众化日用消费品。③商品定量包装，明码标价。④在出口处电子计算机一次性结算货款。⑤薄利多销，商品售价低、周转速度快。超级市场按规模可分为大型（2 500平方米以上）、中型（400～2 500平方米）、小型（120～400平方米）超市。中小型超市以经营食品为主，日用品为辅；大型超市食品和日用品各占营业面积的50%左右。

超级写实主义 super realism 20世纪70年代兴起于美国的艺术流派。又称照相写实主义。

超戒寺 Vikramaśīlavihāra 古印度佛教寺院和密教学术中心。又称超行寺、超岩寺。据西藏多罗那他《印度佛教史》等典籍记载，8世纪由波罗王朝著名君主达磨波罗所建，一直受到波罗诸王的保护，为国家寺院之一。位于恒河右岸山坡岩石上，其遗址已不可寻，或为河水所吞没。据传，寺院规模宏大，装饰华丽，藏有巨量财宝、文物。全寺共有100余座僧院。中心为观音殿，供奉男女诸神塑像。阿底峡在入藏前于1034～1038年在寺院任住持。密教大师罗特纳伽罗商底、那罗帕都曾在此学习、撰述。

超经济强制 super-economic power 封建制度下土地所有者施于农民的一种以人身

依附关系为特征的经济之外的强制剥削形式。K.马克思把这种非经济的或经济以外的力量称为“超经济强制”。封建制度下，劳动者有自己的虽然很少却能勉强赖以维持最低生活的生产资料，并独立地经营他的农业和手工业。所以，单纯从经济上看，如果没有超经济强制，农民没有绝对的必要无偿地向领主或地主提供劳动或产品，受他们的剥削。但按照当时的法律、政治制度，农民或农奴人身依附于主人，没有离开土地的自由。这种超经济强制是封建的土地所有制和以此为基础的剥削关系的不可缺少的保障。在封建制向资本主义过渡和资本原始积累时期，政府用暴力和法律强行把离开土地的农民驱赶到资本家工厂去做工，超经济强制起了资本主义剥削关系的助产婆作用。

超精密加工 ultraprecision machining 加工精度和表面质量达到极高程度，即被加工零件的加工精度高于0.1微米、表面粗糙度低于0.025微米的加工技术。超精密加工是为了适应核能、大规模集成电路、激光和航天等尖端技术的需要而发展起来的。主要分：①超精密切削加工。主要有超精密车削、镜面磨削和研磨等。常用于加工有色金属材料的球面、非球面和平面的反射镜等高精度、表面高度光洁的零件。②超精密特种加工（见特种加工）。应用化学能、电化学能、热能或电能等，去除工件表面的部分原子间的附着、结合或晶格变形，达到超精密加工的目的。加工精度以纳米，甚至最终以原子单位（原子晶格距离为0.1～0.2纳米）为目标。

超距作用 action at distance 物理学史上关于作用力及传递媒介的一种观点。认为相隔一定距离的两个物体之间存在着直接、瞬时的相互作用，不需要任何媒质传递，也不需要任何传递时间。与之相对立的观点被称为近距作用或接触作用。19世纪以前，科学家们对是否存在超距作用一直存在争议。整个18世纪和19世纪的大半个世纪，超距作用观点在物理学中居统治地位。超距作用的衰落和近距作用的确认得益于M.法拉第和J.C.麦克斯韦等人的关于电磁现象研究成果。1905年，A.爱因斯坦的狭义相对论指出真空中的光速是一切物理作用传播速度的极限，排除了瞬时超距作用的可能性。现在，人们认识到自然界中四种基本相互作用，即引力相互作用、电磁相互作用、弱相互作用和强相互作用都是通过场而传递的，不存在超距作用。

超临界流体 supercritical fluid 温度、压力高于其临界状态的流体。通常把处于温度超过临界温度而不论其压力和密度是否超过临界值状态的流体，都归之为超临界流体。利用超临界流体进行分离、分析、反应的技术称为超临界流体技术。

性质 物理性质 超临界流体是兼具液体和气体特性的单一相流体，许多物理性质（如扩散性、黏度、密度、热导、热容、介电常数等）都介于液体和气体之间，黏度更接近气体，而密度更接近液体。调节压力可以改变其密度，在类似液体到类似气体的范围内连续变化，从而使与密度相关的物理性质，如黏度、介电常数等也可以连续变化。所以在超临界状态下溶剂的极性和溶剂化能力可以通过调节压力而连续变化，不用改变溶剂的成分。

反应性 当溶剂的极性改变会影响其反应速率和选择性的化学反应在超临界流体中进行时，可以方便地通过改变压力调控反应速率和选择性。那些受物质传输速率控制的液相反应在超临界流体中进行时，反应速率会增加。那些高放热的气相反应在超临界流体中进行时，可以提高选择性和产物的稳定性。超临界流体中进行的反应，如果其反应物和产物因极性不同而溶解性不同时，可以通过改变压力调控它们在超临界流体中的溶解度，方便地分离产物、催化剂和原料。分子量大的有机物在超临界流体中的溶解度比在气体中的大，不容易沉积在非均相催化剂表面，可以延长催化剂的寿命。

常用超临界流体 最常用的超临界流体是二氧化碳和水。其他超临界流体有惰性气体氙、低级烷烃（如甲烷、乙烷、丙烷）、低级烯烃（如乙烯、丙烯）、氟代烷烃、低级醇（如甲醇、乙醇、丙醇、异丙醇），以及氨、低级胺、六氟化硫、氧化二氮等。

二氧化碳 临界压力（72.5大气压）和临界温度（304.2K）低，适用于高沸点、热敏性或易氧化的物质，特别是食品和药用制品的萃取。如从咖啡中提取咖啡因，从天然物质中提取油脂、香精、维生素等。超临界二氧化碳的极性与常态下非极性溶剂的极性相似，特别适用于常态下在非极性溶剂中进行的反应。在超临界二氧化碳中进行反应，没有大量废液污染环境，产物容易分离。

水 临界压力（218大气压）和临界温度（374℃）不很高。水在临界态的体积比在常态膨胀3倍，2/3的氢键被破坏，介电常数从80下降到5。通过调节温度和压力，水可以在很宽的范围内改变极性，从极性溶剂变为非极性溶剂。在超临界态时水可以与大多数有机化合物完全互溶，甚至常态下的气体（如氧）也能与其互溶，大大增加了反应物的浓度，消除了相界面造成的传输障碍，可以显著增加反应速率。在超临界态时水的解离常数比常态时高三个数量级，可提供高得多的质子和氢氧负离子浓度，使一些酸催化的有机反应，无须添加酸催化剂，即可在超临界水中进行。

超流动性 superfluidity 超流相液态氦在低速度下无阻、无损耗地流过极细的毛细管或狭缝的性质。

超敏反应 hypersensitivity 异常的、过高的免疫应答。即机体与抗原性物质在一定条件下相互作用，产生致敏淋巴细胞和（或）特异性抗体，如与再次进入的抗原结合，可导致机体生理功能紊乱和（或）组织损害的免疫病理反应。又称变态反应。引起超敏反应的抗原性物质称为变应原。它可以是完全抗原（异种动物血清、组织细胞、微生物、寄生虫、植物花粉、兽类皮毛等），也可以是半抗原（如青霉素、磺胺、非那西汀等药物，或低分子物质）。可以是外源性的，也可以是内源性的。超敏反应的临床表现多种多样，可因变应原的性质、进入机体的途径、参与因素、发生机制和个体反应性的差异而不同。

机体因自身稳定作用被破坏而出现针对自身组织成分的抗体（或细胞）介导免疫称为自身免疫。又称自身变态反应。

自身免疫除外界影响（如药物半抗原、微生物感染）外，还与机体自身的遗传因素密切相关。特别是可能与主要组织相容性系统中的免疫应答基因和（或）免疫抑制基因的异常有关。

超前卫艺术 trans-avantgardia art 20世纪70年代末开始流行于意大利的美术流派。“超前卫”一词由意大利美术评论家阿基利·博尼托·奥利瓦提出。奥利瓦扶持一批回到绘画、动手画具象的意大利画家们，他们具有新表现主义的特征，在意大利被称为“超前卫派”。超前卫艺术在意大利有两种表现方式，一种是对形而上派画家G.de基里科那种不美的、非理性的、怪异的绘画方式的继承，以意大利“三C”为代表，

C.基亚的作品《蓝色洞穴》(1980)

即姓名以C为第一个字母的画家，他们是C.克莱门特、C.基亚、C.库奇；另一种是恢复意大利诗意的、美的造型传统，以C.马里亚为代表。

超声波 ultrasonic wave 频率超过人耳可听闻频率（即在2万赫以上）的声波，又称超声。为弹性介质中的应力波。主要特征是：①功率大。对相同振幅的波而言，所携带的能量比一般声波大得多。②频率高，波长较短，衍射不严重，有良好的定向性。超声波还可沿固体表面（瑞利波）或在细杆和材料截面中（兰姆波）传播。产生和探测超声振动的方法常用的有磁致伸缩或压电换能器，将高频交变磁场或电流转换为机械振动。根据超声波是否使介质产生畸变，可区分为高功率和低功率两类。高功率超声波的应用有超声焊接、超声钻孔（其中振动和切割方向垂直于被钻孔材料的表面，因此可钻出任何形状的孔）和超声除尘。施加于液体的大振幅超声波可使液体空化并出现激波，从而产生强劲冲流和剪应力，用以生产乳状液，来清洗工件表面和破坏生物组织。低功率超声波用于声呐系统以进行水下探测和导航，以及测绘海底的轮廓。类似的脉冲回声技术用于工业材料和设备的无损检测。在医学上，低功率超声波可以代替X射线用来产生人体内部组织的影像。在实验室中用超声波研究材料的某些性质和分子结构。在甚高频（100兆赫及以上），超声显微术对细微组织的目视分辨率与光学显微术相当。

超声疗法 ultrasonic therapy 利用*超声波*作用于人体以防治疾病的*物理疗法*。所用超声波频率多在800～1 000千赫之间。人体组织结构不同，声阻各异，并在不同组织间构成许多界面。超声波在均匀的人体组织中的传播路径呈直线，但遇上界面则发生折射或反射。传播过程中，超声波对组织产生明显的机械作用和热作用，在体内引起一系列理化变化，故能调整人体功能，改善或消除病理过程，促进病损组织恢复。超声波可用多种方式进入人体，人体对超声波反应的大小取决于超声波的能量大小和人体的功能状态。

超声治疗还可以与其他物理因子治疗同时应用（如超声间动电疗法、超声中频电疗法），或配合应用（如先行超声疗法，随后进行体育疗法），以提高疗效。超声药物透入疗法和超声雾化吸入疗法，临床上应用效果良好。超声加温治癌、超声碎石、超声手术（利用超声的振动能和局部转换的热能切割组织，见*手术*）也属超声治疗范围。

超声的主要治疗作用 ①镇痛、解痉挛。在超声作用下神经传导受抑制，肌肉兴奋性下降，从而收到镇痛与解痉挛的效果。②软化和消除瘢痕组织。超声能软化和消除瘢痕组织，故常用于松解粘连，治疗增生性瘢痕、关节挛缩、外伤或手术后的粘连、肌腱和腱鞘炎性增厚等。③加速局部血流。增加膜的透性，促进物质交换，提高代谢过程。故可促进病损组织的再生和修复，消退炎症引起的水肿，加速外伤或术后血肿的吸收。由于超声能改善局部血运，超声应用于心前区可治疗冠心病，应用于颅部可治疗脑血管意外后遗症。④使局部组织温度升高。恶性肿瘤瘤体内血流量低于周围正常组织，采用超声使肿瘤内热量积蓄，温度升高，达到杀伤恶性肿瘤细胞的目的。⑤超声与间动电同时应用，可以明显提高单一治疗的作用；利用超声可将药物透入完整的黏膜和皮肤，效果良好；超声还能把药液雾化，经呼吸道吸入，治疗呼吸道疾病。

适应证 主要有软组织损伤、血肿、关节挛缩、关节周围炎、滑囊炎、肌腱及腱鞘炎、乳汁淤积、幻肢痛、瘢痕及粘连、脑血管病、周缘神经损伤及炎症、血栓闭塞性脉管炎等。超强剂量的超声波可用于局部加温治疗恶性肿瘤。

禁忌证 主要有重症心力衰竭、恶病质、高热、出血性疾病、急性化脓性炎症、局部严重循环障碍等。

超声速飞行 supersonic flight 飞机以*马赫数*1.2～5.0的速度飞行。人类首次超声速飞行是1947年美国用X－1飞机实现的。现代的军用飞机大多在这个速度区内飞行。这时波阻成为阻力的主要部分，因此把翼面做成薄而短的后掠形或三角形，机身做成尖头细长形。超声速飞行的特点是：气动中心后移，纵向静稳定性增大；飞机阻尼随马赫数增大而减小。二者都导致飞机扰动衰减缓慢，操纵性变坏，高空中尤甚。水平尾翼、垂直尾翼效率降低，铰链力矩剧增，需用全动水平尾翼和不可逆助力器。尾翼效率的降低使飞机的航向稳定性和横向稳定性都随马赫数的增加而下降。特别是高空飞行，航向稳定性更差，故需加大垂直尾翼面积或采用自动化装置。高速飞行导致的气动加热在马赫数小于2.5时，铝合金强度尚可维持。马赫数达3.0后，气动加热加剧，须采用耐热合金材料。为防止*声爆*和噪声危害，许多国家禁止在居民区上空做超声速飞行。

超声心动图 echocardiogram 描记心脏和大血管解剖结构及活动状态的*超声波*图像。

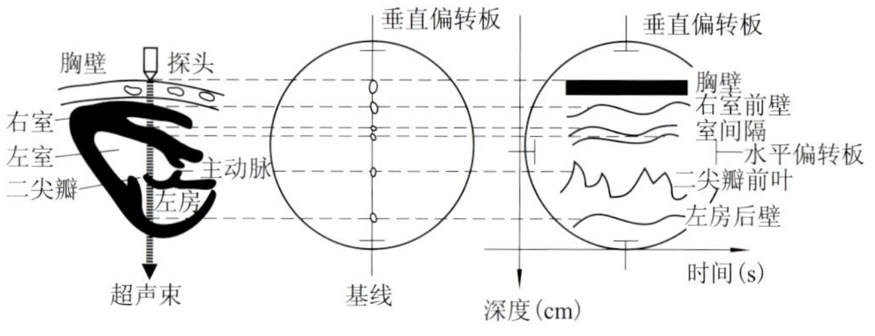

超声心动图原理示意图

1954年首次应用超声诊断心脏病。有四种方法：M型、二维、造影和多普勒超声心动图。四种方法各有优缺点，临床上以二维超声检查为主，根据需要可结合其他三种方法。

M型超声心动图 探头从不同的角度探查，可观察到主动脉根部、流出道、左心房、二尖瓣、室间隔、左心室等运动情况，测量其腔径，反映心脏、大血管的结构和功能（见图）。

二维超声心动图 探头声束作扇形扫描，根据探头的部位和角度不同，可得到不同层次和方位的切面图。此法能显示较大范围的心内各结构的空间方位，图像比较清晰。

造影超声心动图 根据显影的部位、扩散范围、光点密度、运行方向等，可确定心内有无从右向左的分流及其分流水平。对左向右分流患者，右侧心腔可有负性造影区。此法还有助于观察右心室的心腔与心壁和三尖瓣关闭不全。

多普勒超声心动图 可以判断各瓣膜口有无狭窄、返流，了解心内有无分流，并且计算心排血量、射血分数和跨瓣口的压力阶差。以彩色的亮度表示血流速度，即彩色多普勒血流显像，可以观测心脏或大血管内血流的方向、途径、血流性质，有无异常血流束等，可以诊断瓣膜有无狭窄、返流，有无异常的分流等。

应用 超声心动图的临床应用范围很广，已成为心血管病不可缺少的一种检查技术，它对有结构异常的心脏病，包括瓣膜病、心肌疾病、*心包疾病*、先天性心脏病、*高血压*、冠心病、肺心病等，有重要诊断价值。利用超声测定心脏功能，对判断心功能、指导临床治疗、观察药物疗效及判断预后均很重要。

超声诊断 ultrasonic diagnosis 利用*超声波*在人体各种组织内的传播特性不同而形成影像，根据图像的特征对生理、病理情况作出判别的诊断方法。

特点 超声诊断无损伤性，检查方便，图像直观，诊断快速，已成为现代化医院中必不可少的诊断手段。超声在介质中传播时本身携带能量。声强的大小对超声诊断极为重要。超过一定限度时，它对人体组织也会产生损害。小于10毫瓦/厘米^{2}对人体无害。

超声诊断仪分类 A型超声诊断仪 最早的超声诊断仪。用单晶片探头产生一条超声信息线，回声信号的强度通过幅度调制显示，可根据回波幅度、波数以及波的形态等特征对疾病进行诊断。在某些疾病如脑中线探测、浆膜腔积液的穿刺定位、肝脏脓肿的穿刺引流定位等的诊断中仍有实用价值。

B型超声诊断仪 应用最普遍。工作原理与A型有许多相同之处，如采用脉冲回声技术等。不同之处：①幅度调制显示改为辉度调制显示，使显示的亮度随着回声信号的大小而变化。②单晶片或多晶片采用扫描技术，构成二维切面图像。根据切面图像的特征，如图像形态、灰度、组织结构、边界回声、回声总体分布、脏器后方情况及周围组织表现等作出综合判断。

B型扇扫图像用于心脏疾病诊断时，得到一幅实时的运动的心脏切面图像，即二维超声心动图。B型超声诊断仪在临床应用范围广泛，几乎涉及临床所有学科。

M型超声诊断仪 在A型的基础上改造而成。用单晶片探头，回声以辉度调制显示。横轴代表时间，纵轴代表组织活动的幅度。它对各种心脏疾病尤其是瓣膜病具有重要的临床诊断价值。

D型超声诊断仪 各种超声多普勒诊断仪的总称，都利用多普勒效应（运动时声音的“压缩”与“散开”），对运动脏器和血流进行探测。有三种：①连续波多普勒，它发射连续波超声，因此只能接收声束通道上多种血流的混合信号，不能对血流作定点检测。应用于胎心监护和浅表血管测量、狭窄瓣口高速血流的测量。②脉冲波多普勒，使用最普遍的心血管疾病检测手段。发射的是脉冲波，采用距离选通接收器，可获得心血管内部任意一点的回声信息，经过快速傅里叶变换（FFT）处理后，以频谱形式显示（见图）。③彩色多普勒血流显

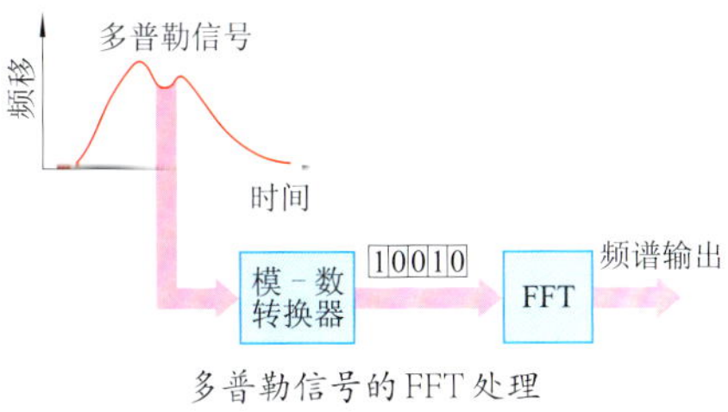

多普勒信号的FFT处理

像仪（CDFI），探头在扫描时，不断从每条声束线的多个水平提取多普勒频移信息，经过彩色编码处理，在显示器上显示二维彩色多普勒血流图像。可实时显示血流信号的空间信息，对于奇异方向和多个部位的血流异常具有独特的诊断能力。

此外，超声电子计算机体层成像、超声显微镜和超声全息照相等新的超声成像设备正在开发之中。

超弦理论 superstring theory 一种粒子物理学理论。1981年由M.B.格林和J.H.许瓦兹提出的。根据超弦理论，引力子、规范玻色子、夸克和轻子等，都是弦在弦空间中振动的不同模式。此外，弦还有无穷多高激发态模式。弦的断裂或连接表示弦之间的相互作用。当弦的张力趋向无穷大时，弦理论过渡到通常的点粒子理论。超弦理论有可能成为一种把引力相互作用、弱相互作用、电磁相互作用、强相互作用统一起来的理论形式。

超现实主义 surrealism 第一次世界大战以后在法国兴起的社会思潮和文艺运动，影响波及欧洲各国。涉及文学、美术、戏剧、音乐等各个领域。它从达达主义中吸收了反传统和自动性创作的观念，但克服了达达主义否定一切的弱点，有比较肯定的信念和纲领。作为美术运动，在20世纪20年代至30年代传播最广。

超现实主义深受S.弗洛伊德潜意识理论的影响，致力于探讨人类经验的先验局面，试图突破符合逻辑与实际的现实观念。把现实观念与本能、潜意识和梦的经验相糅合，以达到绝对的和超现实的情境。这种不受理性和道德观念束缚的美学观念，促使艺术家们用不同手法来表现原始的冲动和自由意象的释放。

超现实主义的文学强调“自动性书写”，美术则强调偶然的结合，无意识的发现，梦境的真实再现，常常运用“拓印”的技巧。在手法上自由地使用写实、象征和抽象。

图1 Y.唐居伊作《弧线的增殖》（1954，纽约现代艺术博物馆藏）

图2 法国一些超现实主义诗人和画家

第一个超现实主义宣言是由医生兼作家A.勃勒东起草的，发表于1924年。第一届超现实主义美术展览于1925年在巴黎皮埃尔画廊举行。参加的美术家有J.阿尔普、G.de基里科、M.恩斯特、P.克利、A.马松等。

勃勒东起草的第二个宣言发表于1929年，他还出版了《超现实主义与绘画》一书（1928）。1926年，超现实主义画廊开办。1937年和1947年先后举办了重要的超现实主义展览。30年代以后，超现实主义运动逐渐冷寂。

超现实主义美术作品的思想倾向性和艺术技巧不在一个水平线上，不能一概而论。在西方美术家沉陷于未来主义、抽象主义等纯形式试验的20年代，强调观念和主题意义的超现实主义的崛起，对西方现代美术运动具有一定的推动意义。

超新星 supernova 某些恒星演化到终期时灾变性的爆发。爆发时光度为接近10^{10}太阳光度（相当于整个星系的光度），释放能量可达10^{46}焦，光变幅超过17个星等，即增亮千万倍至上亿倍。这是恒星世界中已知的最激烈的爆发现象之一。它抛射的质量范围为1～10太阳质量，抛射物质的速度为几千千米/秒至几万千米/秒；爆发时典型的动能为10^{44}焦。爆发结果或是将恒星物质完全抛散，成为超新星遗迹；或是抛射掉大部分质量，核心遗留下的物质坍缩为中子星或黑洞。超新星爆发后形成强的射电源、X射线源和宇宙线源。超新星爆发标示了一颗恒星壮烈的“死亡”，但也触发了新一代的恒星诞生。超新星处于许多不同天文学研究分支的交会处。超新星爆发瞬间及爆发后所观测到的现象中，涉及各种物理机制，如中微子和引力波发射、燃烧传播及爆炸核合成、放射性衰变及激波同星周物质的作用等；而爆发的遗迹（如中子星或黑洞、膨胀气体云）起到加热星际介质的作用。超新星在产生宇宙中的重元素方面扮演着重要角色。宇宙大爆炸只产生了氢、氦以及少量的锂。红巨星阶段的核聚变产生了各种中等质量元素（重于碳但轻于铁）。而重于铁的元素几乎都是在超新星爆发时合成的，它们以很高的速度被抛向星际空间。2 000多年以来银河系有7颗历史超新星（见表）。唯有中国对所有这7颗历史超新星都有详细的记录，它已成为世界的宝贵财富。

20世纪70年代，通过光谱研究，认为将超新星分成Ⅰ型和Ⅱ型两类较为适当。Ⅰ型超新星

银河系中的7颗历史记载超新星

超新星名	所在星座	超新星遗迹
AD185	半人马座	RCW86
AD393	天蝎座	CTB37
AD1006	豺狼座	PKS1459-41
AD1054	金牛座	Crab Nebula
AD1181	仙后座	3C58
AD1572	仙后座	Tycon
AD1604	蛇夫座	Kepler

光变曲线的特点是亮度陡增和初降较陡，随后缓慢地减光，平均每年下降6个星等；平均绝对星等M可达-19.5等。Ⅱ型超新星有类似Ⅰ型的增光达到极大亮度之后约50天，光变曲线上出现驼峰，随后再继续减光。Ⅰ型超新星的光谱中没有宇宙中最丰富的氢的谱线，而Ⅱ型则主要是氢的谱线。

超星系团 super-cluster 若干*星系团*松散束缚在一起构成的更高一级的天体系统。*本星系群*就同附近的50个左右星系群和室女星系团等构成本超星系团。不同的超星系团在*天球*上可能彼此重叠，只有通过红移巡天测定每个星系团的距离之后才能鉴别它们的成员。已经证认的超星系团数目在10个以上。如双鱼-英仙超团、长蛇-半人马超团、沙普利超团等。超星系团的质量可高达*太阳*的一亿亿倍，通常在一个超星系团内只含有2～15个富星系团。拥有几十个成员星系团的超星系团是不多的。超星系团往往具有扁长的外形，长径范围为60～100*兆秒差距*，长短径之比平均约为4∶1。这种扁形结构可能提示超星系团有自转。

超验托马斯主义 transcendental Thomism 现代天主教神学哲学思潮。因受康德超验哲学影响而又发展了托马斯主义，故名。20世纪初出现，20世纪60年代梵蒂冈第二次公会议之后逐渐兴盛。其先驱思想家J.马勒夏尔注重与康德哲学的对话，尤其注意理智的能动作用。Transcendental一词具有“超验的”与“超越的”两重含义：第一层含义指理解和认识活动的条件包括超经验的层面；第二层含义指人的认识活动会不断超越自身，而这种超越的指向就是上帝。这一思潮最著名的代表B.罗纳根认为，“超越”意味着与人的存在的发展相关的人的认识的发展，不息地追求理解的冲动不会终止于形而上学，而只能到上帝之中去寻求安宁。

超氧化物 superoxide 含有超氧基离子(O_2^-)的无机化合物。碱金属钠、钾、铷、铯和碱土金属钙、锶、钡能分别生成M^IO_2型和$M^{II}(O_2)_2$型的超氧化物。超氧化物是带有颜色的粉晶，并具有顺磁性。它受热分解为相应*过氧化物*和氧。超氧化物具有强氧化性和强吸湿性，置于空气中能与其中的二氧化碳和水分反应生成碳酸盐，同时放出氧。因此，它们是氧气再生药剂的主要原料，也用作隔绝式氧气面具的产氧药柱，用于矿山安全防护面罩中。NaO_2和KO_2已经大量地工业化生产。超氧化钠是将过氧化钠在氧压13兆帕、温度350℃的高压釜中氧化生成的。用氧气氧化溶于-50℃以下的液氨中的碱金属，也可得超氧化物。在高压下，碱土金属与氧加热，可得到不纯的超氧化物$M(O_2)_2$。

超铀元素 transuranium element 原子序数在铀（Z为92）以后的所有元素，也称铀后元素。

超铀元素都是通过人工*核反应*发现和制备的，后来才在自然界中找到其中个别同位素。如在氟碳铈镧矿中发现微量^{244}Pu，在铀矿中发现微量^{239}Pu和^{237}Np。自1940年制得第一个超铀元素镎以来，已陆续合成出钚Pu、镅Am、锔Cm、锫Bk、锎Cf、锿Es、镄Fm、钔Md、锘No、铹Lr、𬬻Rf、𬭊Db、𬭳Sg、𬭛Bh、𬭶Hs、鿏Mt、𫟼Ds、𬬭Rg、112和114号元素等。

超铀元素的所有同位素都是放射性的；随着原子序数的增加，超铀元素最长寿命的同位素的半衰期越来越短；一些超铀元素同位素以自发裂变方式衰变，这种现象是超铀元素所独有的。

已制得的超铀元素金属都是有银白色光泽的脆性碱性金属，密度很高，易溶于稀酸。具有多种价态，且高价稳定性随原子序数的增加而下降，+3价最稳定。

超铀元素的合成都是通过人工核反应完成的。合成方法有：①核反应堆辐照。^{239}Pu是该法生产的超铀元素中最重要的核素，它是^{238}U俘获中子后经连续两次β^-衰变形成的。一座轻水堆每1 000兆瓦电功率每年能生产约250千克钚，主要是^{239}Pu。②带电粒子核反应。绝大多数超铀元素都是通过带电粒子核反应发现的，该法也是今后合成更重的超铀元素最有希望的合成方法。③热核爆炸。热核爆炸装置中的铀核在大约10^{-7}～10^{-8}秒的时间内，多次俘获中子，形成极富中子的铀同位素，再经一系列的β^-衰变，即可得到重超铀元素。

超铀元素应用范围已从军事、核动力工业扩大到航天、气象学、生物学和医学等领域。钚可用作核反应堆的核燃料和核武器的装料。利用^{238}Pu、^{242}Cm和^{244}Cm等在衰变过程释放的热或将其转化为电能，核电池用于心脏起搏器、人造器官、航海浮标、海底电缆等。利用^{238}Pu、^{241}Am和^{252}Cf等衰变时放出的α粒子、γ射线和中子作放射源，可用于活化分析、中子照相、中子衍射、烟雾探测器预报火警等。

超越数 transcendental number 复数中除代数数以外的数，亦即不满足任一个整系数代数方程$a_nx^n+a_{n-1}x^{n-1}+\cdots+a_1x+a_0=0(a_n\neq 0，n\geqslant 1)$的数。理论上证明超越数的存在并不难，而且可知超越数是大量的。但要构造一个超越数或论证某个数是超越数就极为困难。现今只有少量的数如π，e，$2^{\sqrt{2}}$等的超越性得到了证明，对其他一些有兴趣的数的超越性的研究是数学家十分关注的事。

超重核 superheavy nucleus 根据核理论预言可能存在的质子数大于110的原子核。处于核素图上端并继续延伸。所谓核素图，即以核素的质子数Z和中子数N为坐标的平面图。已发现的原子核在图上形成一个连续分布的半岛（见图）。研究原子核时，常

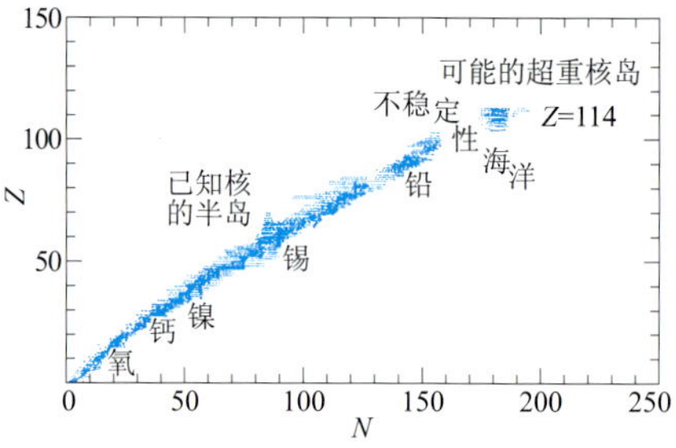

要寻找的超重核岛和已知核半岛的位置图

根据原子核在核素图上所处的位置划分为轻（质量）核区、中等（质量）核区、重（质量）核区以及超重（质量）核区等。通常把锕系元素（Z=89～103）称为重质量核区，将超锕系元素（Z>103）所对应的原子核统称为超重核，但有些化学家只将Z>110的原子核称为超重核。

现已人工合成的超重元素（从Z=104号元素算起）共有12种，包括50余种超重核素，但确信还有未知的超重核有待合成和研究。

晁补之 Chao Buzhi（1053～1110） 中国北宋文学家。字无咎，号归来子。济州巨野（今属山东）人。元丰二年（1079）进士，曾任吏部员外郎，礼部郎中，兼国史编修等职。早年即受到苏轼赞赏，为*苏门四学士*之一。其诗善学*韩愈*、*欧阳修*，骨力遒劲，辞格俊逸。其文成就高于诗，风格温润典缛，流畅俊迈。如《新城游北山记》、《拱翠堂记》等，或即景抒情，描摹真切；或借事寓理，叙议交织。苏轼称其“于文无所不能，博辩俊伟，绝人远甚”（《晁君成诗集引》）今存词160余首，风格与东坡词相近，但缺乏苏词的旷达超妙。著有《鸡肋集》70卷，其中诗赋23卷，杂著散文47卷，有《四部丛刊》本。

晁错 Chao Cuo（前200?～前154） 中国西汉文景时代的政论家。颍川（今河南禹州）

人。早年随张恢学申商刑名之学。以文学任太常掌故，受太常派遣，至伏生处学习《尚书》。旋被任为太子舍人、门大夫，迁博士、太子家令。得幸于太子刘启（即汉景帝），号称“智囊”。针对匈奴侵扰和土地兼并问题，晁错先后上疏言兵事和守边备塞、劝农力本等急务。之后，晁错被举为贤良，因对策高第，迁中大夫。景帝即位后，晁错擢为内史，不久，迁为御史大夫。他受到景帝的信任，更令三十章，力主削夺同姓诸侯王的封地，以巩固中央集权。景帝听从他的建议，先后削赵王遂常山郡、胶西王印六县和楚王戊东海郡，并决定削夺吴王濞的封地。景帝三年（前154）吴楚七国借口请诛晁错以清君侧，发动叛乱（见吴楚七国之乱）。曾任吴相的爰盎（即袁盎）和外戚窦婴，建议景帝斩晁错以谢诸侯。遂被腰斩于长安东市，其父母、妻儿及兄弟皆处以弃市之刑。然而叛乱未因此而平息。《汉书·艺文志》中有《晁错》31篇，今有清代马国翰等人辑本。

巢湖 Chaohu Lake 中国五大淡水湖之一。典型浅水性湖泊。又称焦湖。位于安徽省中部。湖区处于著名郯（城）庐（江）断裂带上，湖盆系由断层陷落而成，因湖形呈鸟巢状，故名。湖东西长59.1千米，南北平均宽21.3千米，当水位为12米时，湖面积753平方千米，容积为48亿立方米，是安徽省境内最大湖泊。湖水较浅，岸线曲折，多湖湾和岬角，有“七大滩湾和十五嘴头”。全湖以忠庙—姥山—齐头嘴一线为界，可分为东、西二湖：西湖较浅，湖中有姥山、孤山等小岛，湖岸多沙滩；东湖较深，湖岸多岩壁。东、西湖水深一般在2.5米以上，枯水期亦在2米左右，洪水期可达6～7米。湖底组成物质以沙土和黏土为主，湖水透明度约0.15～0.25米。巢湖属长江左岸水系，入湖河流呈向心状汇入巢湖后，又从东部出口，经裕溪河注入长江。裕溪河古称濡须水，又名运漕河，全长60.4千米，是巢湖通往长江的主要泄水道，汛期常产生江水倒灌现象。

巢湖以产银鱼、白虾和湖蟹著名，为全国十大商品鱼类的生产基地之一。湖水可灌溉沿湖地区农田，为合肥工业和生活用水水源。航运可通沿湖各重要城镇，北通合肥，南入长江。湖区名胜古迹有中庙、

巢湖渔港

姥山、四顶山、银屏山仙人洞、紫微山王乔洞、半汤温泉等，已辟为安徽省重点旅游区。

巢湖市 Chaohu City 中国安徽省辖地级市。位于省境中东部，江淮丘陵南部，长江北岸。辖居巢区和无为县、庐江县、和县、含山县，面积9319平方千米。人口387万（2010）。古称巢伯国。唐武德七年（624）置巢县。1949年置巢湖专区，1971年改为巢湖地区。1984年撤巢县置县级巢湖市。1999年7月撤销巢湖地区和县级巢湖市，设立地级巢湖市。属北亚热带湿润季风气候，气候温和，年平均气温15.7～16.1℃，平均年降水量1 000～1 158毫米，夏季梅雨特征显著。粮食作物以水稻为主，经济作物以油菜、棉花、瓜菜为主。巢湖银鱼、刀鱼、河豚、螃蟹、秀丽白虾均为水上佳品。药用植物有滁菊、桔梗、夏枯草、金银花、党参、何首乌、百合、丹皮等。有煤、铁、铜、耐火黏土、高岭土、石灰石、白云石等矿产资源。支柱工业有机电、化工、纺织、建材、食品等。名胜古迹有唐代刘禹锡故居、包禅山、米公祠、王乔洞石刻和龙潭猿人遗址、银屏山智人化石遗址等。

巢县人 *Human remains* from Chaoxian 早期智人化石。发现于中国安徽巢县（今巢湖市居巢区）银山的溶洞。以枕骨和上颌骨为代表，分别发现于1982、1983年。枕

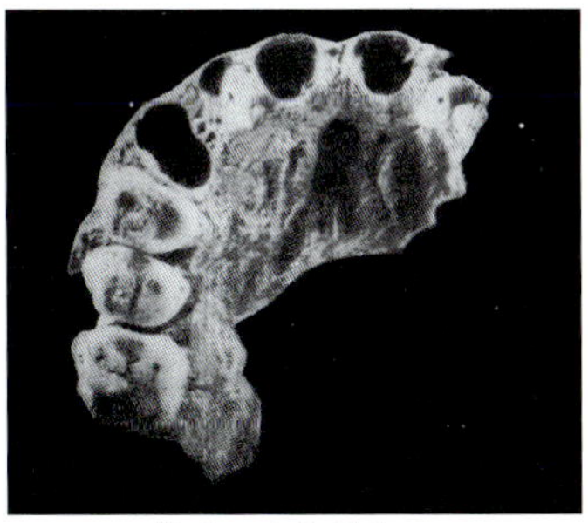

巢县人上颌骨化石

骨可能是一青年女性个体：头骨的人字缝尚未愈合；肌脊不很发育，枕骨项平面较为平滑；枕骨骨壁较薄，枕平面与项平面不呈角状过渡。上颌骨化石不完整，但带有六枚牙齿（见图）。颌稍突，牙齿较粗壮。伴存的有中国鬣狗、肿骨鹿、小猪和剑齿象等化石。根据动物群判断，时代相当于北京猿人地点1～4层的时代或稍晚，当时气候温暖湿润，气温与现在相当或稍高。对动物化石测定为距今20万～16万年。

朝觐 Hājj 伊斯兰教五功之一。音译哈吉。中国穆斯林称为朝功。629年，穆罕默德参照古代阿拉伯的朝觐仪式制定了朝觐制度。规定凡身体健康，备有路费和旅途方便的穆斯林，不分性别，一生中须在希吉拉历十二月（伊斯兰教历12月7～13日）

世界各国的穆斯林前往麦加朝觐

朝觐麦加一次，称为大朝或正朝。朝觐的主要仪式包括受戒，进驻阿拉法特山，巡礼克尔白，奔走于萨法与麦尔卧山之间和宰牲等。除大朝外，任何时候个人都可单独去麦加朝觐，称小朝或副朝。

朝圣 pilgrimage 天主教徒朝拜圣地的行动。认为可借此祈福、感恩或赎罪。天主教内流行许多关于圣地的传说。如耶路撒冷和伯利恒，传为耶稣受死、复活和诞生之地，罗马传为彼得和保罗殉难之地。西班牙、英国、法国、德国等国也有与某些圣徒有关的圣地传说。在这些圣地上，一般建教堂或被传为“遗址”、“遗迹”的建筑，作为朝圣对象。

朝鲜 D.P.R.Korea 亚洲东北部国家。位于朝鲜半岛北部，东濒日本海（朝鲜称东海），西临黄海（朝鲜称西海），北以鸭绿江、图们江与中国为邻，东北一隅隔图们

江与俄罗斯相望，南以军事分界线为界与韩国相接。面积12.3万平方千米，约占整个半岛面积的55%。人口2 405万（2008）。单一民族国家，通用朝鲜语。首都平壤。

地理 山地广布，山地面积占全境的3/4，多低山丘陵，平均海拔440米。北部与东部地势高，向西、南渐次降低。北部最高点将军峰海拔2 749米，是朝鲜第一高峰。盖马高原称为朝鲜的“屋顶”。东西两侧山脉均呈东北—西南走向。中东部太白山脉北端有朝鲜著名的旅游胜地金刚山（1 638米）。西海岸为丘陵低地区，西北沿岸较曲折，有南浦、海州等良港。冰期较长，影响通航。黄海沿岸分布有大小平原，较大者有平壤平原、载宁平原等。东海岸山脉与海岸平行，海岸平直，缺良港，仅东北部有清津、金策、元山等天然港，但冬季结冰，有碍航行。寒暖流交汇，水产资源丰富。典型的温带季风气候。冬季严寒干燥，多晴天；夏季炎热，多阴雨。年平均气温8～12℃，平均年降水量1 000～1 200毫米。雨热同季，有利于农作物生长。河网多源于北、东部山地。鸭绿江（中朝界河）、清川江西流入黄海；图们江（中朝、朝俄界河）东流入日本海。河流一般流程短，上游湍急，多瀑布，水力资源丰富。各河上游建有大中型水电站多座。矿产资源丰富，钨、钼、镁、石墨、金、重晶石、云母和萤石被称为八大矿藏，另有煤、铁、银、铜、铅、锌等，多分布地层较浅部位，便于开采。

历史 朝鲜历史悠久。公元前2世纪前后半岛南部居有3个部落联盟集团，即马韩、辰韩、弁韩，史称三韩。公元3世纪左右，百济统一马韩地区，新罗统一辰韩地区，建立起国家。公元427年中国东北兴起的高句丽迁都平壤，于是半岛上形成三雄争霸的局面，史称三国时期。7世纪中叶，新罗与唐朝结成同盟，灭亡百济和高句丽，于735年统一朝鲜半岛大部。新罗统一后，大力推行唐朝的典章制度，确立封建中央集权的统治。9世纪末叶以后，国力衰弱，国家再次分裂。10世纪初王建建立王朝，统一半岛，国号高丽。1392年李朝取代高丽，改国号朝鲜。1910年沦为日本殖民地。1945年日本投降时，苏联、美国军队以北纬38°线为界分别进驻北半部和南半部。1946年2月北半部成立北朝鲜临时人民委员会；1948年9月9日宣告成立朝鲜民主主义人民共和国。1950年6月25日朝鲜战争爆发，1953年7月27日停战。

政治 1972年颁布并于1992年修订了《朝鲜民主主义人民共和国社会主义宪法》。1998年8月对该宪法进行了较大的修改与补充。新宪法写入拥戴已故国家主席金日成为永久的国家主席，不再设国家主席。

实行议会制。议会称最高人民会议，是国家最高权力机关，行使立法权。闭会期间的常设机构为最高人民会议常任委员会。委员长任期5年。政府称内阁，是国家最高权力的行政执行机关和全面管理国家的机关。总理任期5年。国防委员会为国家主权的最高军事机关和全面管理国防的机关。朝鲜劳动党是执政党，还有社会民主党（原名朝鲜民主党）、天道教青友党。

朝鲜主张自主、和平统一、民族大团结三大原则。即在存在北、南互不相同的两种制度的实际情况下，祖国统一应在一个民族、一个国家、两种制度、两个政府的基础上，以联邦方式加以实现。强调朝鲜民族必须自己解决统一问题，反对外来势力干涉。自1990年9月开始，朝鲜北、南双方总理在汉城（今首尔）和平壤举行了多次高级会议。北南关系明显得到缓和，双方交流与合作有良好进展，就北南统一、和解合作以及朝鲜半岛无核化等方面达成共识。

经济 朝鲜经济经过50多年的努力，医治了战争创伤，经济得到发展，建立了重工业，发展了轻工业和粮食生产，奠定了初步经济基础。已将靠近朝中、朝俄边境的罗先市划为经济贸易区，允许外国人投资建立合资或独资企业。2000年朝鲜经济实现小幅恢复性增长。21世纪以来，朝鲜实行了一系列经济调整措施，努力改善经济管理体制。2002年7月实施《经济管理改善措施》，废除除粮食之外的商品供给制。

在充分利用本国资源的基础上，创建了机械工业，发展了纺织工业，改变了加工工业落后的局面，调整经济结构，形成了采矿、冶金、机械、电力、纺织和化工等工业。先后建立煤炭、铁矿石和有色金属生产基地。机械工业于20世纪60年代开

图1 平壤鸟瞰

图2　阿里郎艺术节上的大型团体操表演

始发展，已成为最大工业部门，约占工业产值的1/3。平（壤）北－慈江地区是新兴的机械工业产地，还有新义州、熙川、龟城等。纺织工业重点发展化学纤维，咸兴是最大中心。

农业用地仅占国土面积20%，耕地只有200多万公顷。除西部狭小平原外，多数地区气候寒冷，土壤贫瘠，粮食不能自给。农业以种植业为主，其产值占农业产值2/3以上。水稻和玉米产量各占粮食产量的1/2。经济作物有烟草、亚麻等，高丽人参是朝鲜传统的出口物资。

交通以铁路为主，总长8 800千米。担负着货运量的90%和客运量的70%。主要干线已实现电气化。有3条铁路经新义州、满浦、南阳分别与中国铁路相接。有北京直达平壤的国际列车。公路全长约77 500千米。建有平壤至南浦、开城、元山等高速公路。主要港口有南浦、清津、兴南、元山、罗津等。国内无定期民航班次。平壤顺安机场开通到北京、莫斯科、曼谷等5条国际航线。

朝鲜已同韩国、中国、俄罗斯和日本等国家建立了贸易关系。主要出口物资有机床、金属制品、水泥、铁矿石、无烟煤、镁矿石、人参、绸缎和水产品等。主要进口物资有炼焦煤、石油、机械设备、棉花和大豆等。朝货币称元。

文化　实行11年义务教育制。大学生享受国家助学金。主要有金日成综合大学（1946）、金策综合工业大学、金亨稷师范大学等。全国实行免费医疗制。主要报刊有《劳动新闻》、《民主朝鲜》、《勤劳者》等。有朝鲜中央通讯社（简称朝中社），中央广播电台，以及朝鲜中央电视台、开城电视台。

朝鲜奉行自主、和平、友谊的外交政策，主张在完全平等、自主和相互尊重、互不干涉内政和互利的原则基础上发展同其他国家的关系。是1975年5月成为“七十七国集团”的正式成员，1975年8月正式加入不结盟运动。1991年9月加入联合国。至2009年已与164个国家（含欧盟）建立外交关系。1949年10月6日与中国建交。

朝鲜半岛　Korean Peninsula　亚洲大陆东缘突向黄海与日本海之间的半岛。介于北纬34°～43°之间，呈西北—东南向，南北长约825千米，东西宽约354千米，面积约22.23万平方千米。以军事分界线（大体北纬38°线）为界，北部为**朝鲜**，南部为**韩国**。在地貌上属东部地形区组合中的第二个隆起带，北东走向的山脉、丘陵和高原纵贯，成为半岛地形的主体，约占3/4。平均海拔480米。山脉主干在北部和东部，向南和向西海岸延伸。半岛海岸线长约8 700千米，东岸较平直，西和南海岸曲折，多在海拔500米以下。在沿海分布有载宁、平壤、湖南等平原，为主要粮食产区。温带季风气候，南部具有海洋性气候特征。河网稠密，河流多数短小湍急。植物种类繁多，北部多松杉，南部有亚热带植物。特产高丽人参。矿藏较丰富，有煤、铁、铜、钨、铅、锌、石墨等。沿海盛产鱼、盐等。

朝鲜菜　Korean cuisine　朝鲜族日常菜肴，包括“八珍菜”和“酱木儿”（系汉语译音，意为大酱菜汤）等。“八珍菜”是用绿豆芽、黄豆芽、水豆腐、干豆腐、粉条、桔梗、蕨菜、蘑菇8种原料，经炖、拌、炒、煎制成的菜肴。“大酱菜汤”的主要原料是小白菜、秋白菜、海菜（带）等，以酱代盐，加水焯熟而食用。

辣椒不仅是菜肴的主要原料之一，也是主要调味品。咸菜是日常不可缺少的菜肴。朝鲜族名菜点很多，主要有神仙炉、补身汤（又称补身炉、狗肉火锅）、冷面、打糕、朝鲜泡菜等。神仙炉以牛肉、牛肝、牛百叶、鱼肉、海参、核桃仁等为主料，用火锅烹制而成。特点是辛辣咸鲜适口，富有营养，最宜秋冬两季食用。打糕是用木棰捶打煮熟糯米制成的。朝鲜泡菜是用上等秋白菜、胡萝卜为主料腌制而成。此外，还有酱牛肉萝卜块、铁锅里脊、生拌鱼等。

朝鲜佛教　Korean Buddhism　4世纪佛教从中国传入朝鲜。见**北传佛教**。

朝鲜蓟　*Cynara scolymus*; artichoke　菊科菜蓟属的一种。多年生草本植物。又称菊蓟、菜蓟、法国百合。原产地中海沿岸。19世纪传入中国，上海、云南等地有栽培。

根系发达。成株高1～1.5米。叶大而肥厚。头状花序，总苞卵形至近球形。瘦果，扁椭圆形，褐色。喜冷凉、湿润，耐轻霜，怕干热。抽薹现蕾期要求充足光照。不耐涝。适于肥沃、疏松、排水好、持水力强的黏壤土或壤土种植。多采用法国、意大利引进品种。用种子或分株繁殖。

朝鲜蓟含有蛋白质、糖类、脂肪、多种维生素及矿物质等，并具有栗香味，可鲜食、制酱、做汤，也可加工制罐等。可提取朝鲜素，治疗肝脏病。

朝鲜劳动党　Workers' Party of Korea　朝鲜的执政党。创始人**金日成**。1945年8月，金日成等在朝鲜北部重建朝鲜共产党。同年10月，成立北朝鲜共产党中央组织委员会，金日成任中央责任书记。1946年7月，原在中国延安、太行山地区活动的朝鲜独立同盟改组成朝鲜新民党。同年8月，北朝鲜共产党与朝鲜新民党合并为北朝鲜劳动党。1946年11月南朝鲜的朝鲜共产党（1945年9月成立）、朝鲜人民党（1946年11月成立）、南朝鲜新民党（1946年7月成立）也合并为南朝鲜劳动党。北朝鲜劳动党成立后，领导北朝鲜人民进行政权建设和民主改革。1948年3月28日召开党的第二次代表大会，通过了金日成提出的争取祖国自主统一的斗争方针。由于南朝鲜李承晚统治集团的不断迫害和镇压，南朝鲜劳动党的大多数领导人转移到朝鲜北部。1949年6月30日，南、北朝鲜劳动党合并成统一的朝鲜劳动党，并选举金日成为委员长。1950年6月至1953年7月，朝鲜劳动党领导朝鲜祖国解放战争，取得胜利。1953年8月召开党的二届六中全会，规定优先发展重工业，同时发展轻工业和农业的战后经济建设的基本路线，提出恢复和发展战后国民经济的任务。1956年4月召开党的第三次代表大会，提出打下社会主义工业化基础、基本解决人民衣食住问题的基本任务。1970年11月召开党的第五次代表大会，宣布朝鲜北半部已实现了社会主义工业化，完成了建立社会主义工业国的历史任务。1980年10月召开党的第六次代表大会，金日成提出建立高丽民主联邦共和国、实现祖国统一的方案，并阐述了十大远景目标。在这次大会上，金正日当选为政治局常委、

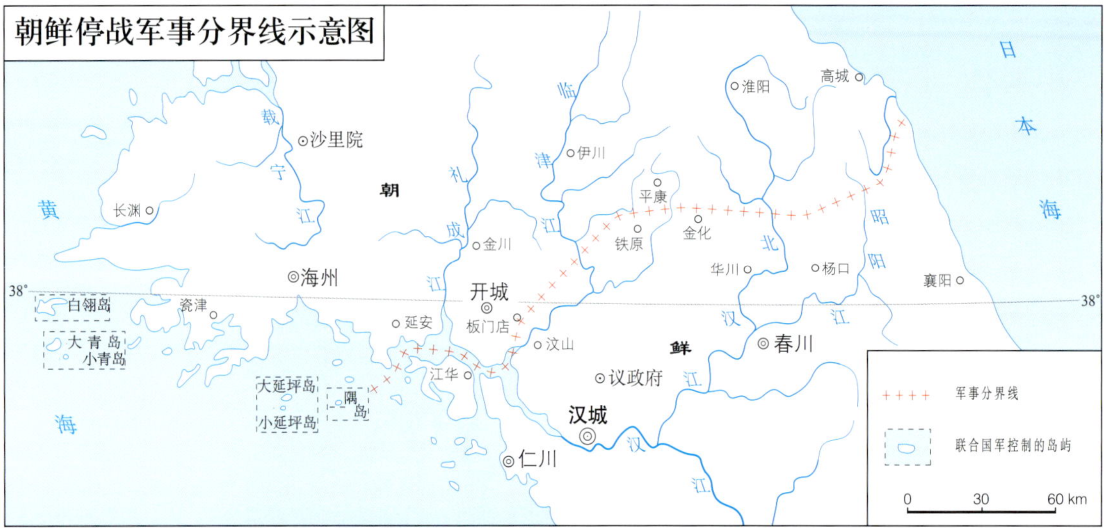

书记处书记和中央军委委员，确立了接班人的地位。六大时有党员约320万。根据内外形势的变化，在1990年提出一个国家、一个民族、两个政府、两种制度，谁也不吞并谁的联邦制统一方案，改变了以往的方针。

朝鲜劳动党中央组织机构有中央委员会、政治局、书记局。地方组织机构是各道（直辖市）、市（区）、郡的党委员会。1989年有党员300余万。党报为《劳动新闻》（日报），党刊为《勤劳者》（月刊）。1966年起，党的领导人称总书记。1994年，金日成总书记逝世后，**金正日**于1997年出任总书记。党报为《劳动新闻》，党刊为《勤劳者》。

朝鲜人 Koreans 东亚朝鲜半岛居民的总称。约7 018.2万人（2005）。属蒙古人种东亚类型。使用朝鲜语，系属至今未定，多数学者主张划归阿尔泰语系。现用拼音文

朝鲜妇女喜爱的民族体育活动——跳板

字，系1444年李朝世宗时所创。历史上曾从中国传入佛教、道教和儒家思想，对朝鲜文化产生重要影响。18世纪传入基督教。崇拜祖先。

早在旧石器时代，朝鲜半岛便有人类居住。尔后不断有人自北方迁入。从青铜时代（公元前5世纪）到新罗统一三国（7世纪），主要由包括夫余、高句丽、沃沮和涉貊等成分的貊族与包括马韩、辰韩、弁韩等成分的韩族，经千余年逐渐混合而成。大约10世纪初，朝鲜单一民族开始形成。1392年出现朝鲜王朝，又称李氏朝鲜。1910年被日本吞并。1945年获得解放。1948年8月南部成立大韩民国。北部于同年9月成立朝鲜民主主义人民共和国。

朝鲜人的民族观念、地区观念和血缘观念比较强烈。同姓不婚，同族之间有互助义务。以大米为主食，喜食酸辣泡菜、酱汤和带有辛辣调料的食品。一般爱穿白色或浅色服装。妇女穿短衣长裙；男子穿短衣肥裤，外罩坎肩。能歌善舞。

“朝鲜人”有时特指朝鲜民主主义人民共和国居民。

《朝鲜停战协定》 *Korean Armistice Agreement* 全称《朝鲜人民军最高司令官及中国人民志愿军司令员一方与联合国军总司令另一方关于朝鲜军事停战的协定》。1953年7月27日在朝鲜板门店签订，同日生效。

协定包括序言和5条63款正文，附有《中立国遣返委员会的职权范围》和《关于停战协定的临时补充协议》。主要内容：①确定一条军事分界线，双方各由此线后退2千米，建立一非军事区作为缓冲区，以防止可能导致敌对行为复发的事件。②双方司令官命令并保证其控制下的一切武装力量，自协定签字后12小时起完全停止一切敌对行动；协定生效后72小时内，自非军事区撤出一切军事力量、供应和装备；协定生效后10日内，双方从对方在朝鲜的后方与沿海岛屿及海面撤出一切军事力量、供应和装备；停止向朝鲜进行军事增援。③双方各指派5名高级军官组成“军事停战委员会”，以监督协定的实施及协商处理任何违反协定的事件；由波兰、捷克斯洛伐克、瑞典和瑞士各派1名高级军官组成“中立国监察委员会”，负责对后方口岸与非军事区实施监督、观察、视察与调查。④协定生效后60日内，各方应将其收容的一切坚持遣返的战俘分批直接遣返，不得加以任何阻难；未予直接遣返的战俘，应交由波兰、捷克斯洛伐克、瑞典、瑞士和印度组成的“中立国遣返委员会”处置；双方成立“战俘遣返委员会”、“联合红十字会小组”和“协助失所平民返乡委员会”，分别负责协调有关遣返战俘的一切事宜及平民返乡的具体计划。⑤建议在协定生效后3个月内召开双方高一级政治会议，协商从朝鲜撤出一切外国军队及和平解决朝鲜问题等事宜。

《朝鲜停战协定》的签订，标志着历时3年多的朝鲜战争以停战形式结束。但1953年10月，美国与韩国签订《美韩共同防御条约》，继续在韩国保留驻军。而中国人民志愿军于1958年底全部撤离朝鲜。

朝鲜文 Korean writing 朝鲜半岛以及散居在世界各地的朝鲜人所使用的拼音文字。中国朝鲜族也使用这种文字。是在朝鲜李朝世宗李祹主持下由郑麟趾等学者于1444年创制的。起初称“训民正音”，简称“正音”，又称“谚文”，后来改称朝鲜文，韩国称韩文。朝鲜文最初有28个字母，其中辅音字

《朝鲜停战协定》签字仪式

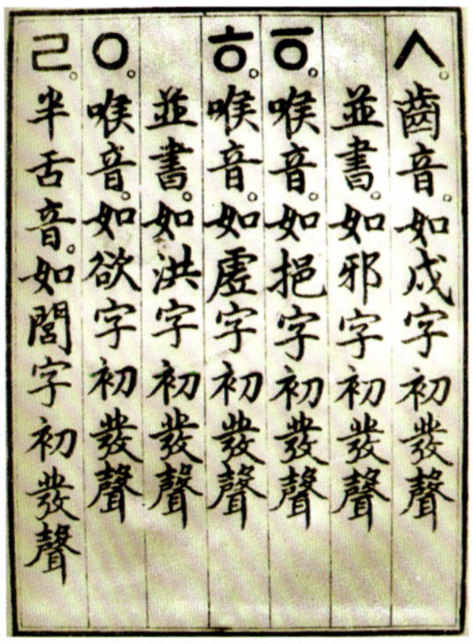
ㅅ齒音如戍字初發聲
並書如邪字初發聲
ㆆ喉音如挹字初發聲
ㅎ喉音如虛字初發聲
並書如洪字初發聲
ㅇ喉音如欲字初發聲
ㄹ半舌音如閭字初發聲

《训民正音（解例本）》中的一页

母17个，元音字母11个。1527年崔世珍在《训蒙字会》里，对朝鲜文作了改进，减少了一个辅音字母，改排了字母顺序，规定了字母的名称。1954年朝鲜民主主义人民共和国重订了字母表，并决定不再夹用汉字，但韩国仍夹用汉字。现行朝鲜文字母有40个，其中辅音字母19个，元音字母21个。书写以音节为单位，由字母组成一个一个方块字。行款横竖均可，朝鲜民主主义人民共和国和中国通用横排。朝鲜文创制以前，曾长期采用汉文。后来，又创造了借用汉字的音和义标记朝鲜语的一种特殊文字形式，称为吏读。

朝鲜语 Korean language 朝鲜民主主义人民共和国和大韩民国的国语，韩国称之为韩国语。系属未定，有人主张属阿尔泰语系。主要分布于朝鲜半岛，其次是中国朝鲜族和美国、日本、俄罗斯等国境内朝鲜人的聚居区。使用人口共7 000余万，其中约192万在中国，主要集中在吉林、黑龙江和辽宁三省。一般认为朝鲜语分六个方言：东北方言、西北方言、中部方言、东南方言、西南方言、济州岛方言。除济州岛方言外，其他方言之间差别不大。朝鲜语有10个单元音、11个复元音、19个辅音。塞音、塞擦音各分松、紧和送气音三套，擦音只分松、紧。有元音和谐现象。朝鲜语属黏着型语言，主要用附加成分表示语法范畴。名词和代词有格和数，动词有态、尊称、时、式和阶称。形容词有尊称、时、式和阶称。尊称和阶称范畴是朝鲜语语法的重要特点。阶称范畴是说话者对听话者表明一定的尊卑礼节关系，分尊敬阶、对等阶和对下阶3种。句子的基本语序为主语-宾语-谓语。词汇中除固有词外，还有大量汉字词和一些外来词。朝鲜语在古代使用汉字。1444年1月创制了文字“训民正音”，后来改称朝鲜文。现代朝鲜语都用朝鲜文拼写。

朝鲜战争 Korean War 1950年6月25日至1953年7月27日，朝鲜民主主义人民共和国反对美国侵略的祖国解放战争。1945年8月日本宣布无条件投降，美国与苏联商定以北纬38°线为两国分别接受日本投降的临时军事分界线。1948年8月15日在朝鲜“三八线”以南成立“大韩民国”。9月9日朝鲜民主主义人民共和国在北部成立。朝鲜形成南北分裂的局面。南北朝鲜双方摩擦不断，战争一触即发。

战争的爆发　1950年6月25日，朝鲜战争爆发。当天，美国操纵联合国安全理事会通过决议，称朝鲜民主主义人民共和国破坏和平。27日正午，美国总统H.S.杜鲁门宣布：他已命令美军直接介入朝鲜战争，并派遣第七舰队封锁台湾海峡。下午，美国操纵安理会对其侵朝行动予以追认。7月7日，美国纠集15个国家的军队组成“联合国军”，任命D.麦克阿瑟为总司令。朝鲜内战迅速变为美国的侵朝战争。朝鲜人民军迅速向南推进。到8月上旬，解放了朝鲜南部90%以上的土地和人口，把韩、美军驱至釜山一隅。朝鲜人民的正义斗争，得到社会主义各国的大力声援。6月28日，中华人民共和国毛泽东主席发表讲话，周恩来外长发表声明，严斥美国侵略朝鲜和中国领土台湾。1950年9月15日，美国调集陆军4万余人、300多艘军舰、500多架飞机，从朝鲜中部仁川登陆，扩大了侵略战争。27日，杜鲁门授权麦克阿瑟向“三八线”以北进犯。美国不顾朝、中方面多次警告，于10月4日越过“三八线”，21日侵占平壤，10月下旬，先头部队逼近鸭绿江边。中国人民在安全受到严重威胁的情况下掀起抗美援朝运动。1950年10月25日以彭德怀为司令员的中国人民志愿军应邀跨过鸭绿江，协同朝鲜人民军共同打击侵略者。到1951年5月21日，朝、中方面连续发动了5次大规模战役，把“联合国军”和南朝鲜军从鸭绿江边赶回到“三八线”附近，共歼敌20余万，迫使美军转入战略防御。见抗美援朝战争。同一时期，朝、中方面在外交斗争上不断取得胜利，美国侵略者日益孤立。1950年11月28日，中国要求安理会采取措施，促使美国武装力量撤出中国台湾，使美国及其他外国军队撤出朝鲜。11月30日美国总统杜鲁门发表《关于朝鲜局势的声明》，表示要继续扩大战争，并准备使用原子弹，引起英、法、联邦德国等国的普遍恐慌。在第五届联大期间，中国则提出召开中、苏、美、英、法、印度、埃及七国会议，谈判和平解决朝鲜问题及美军撤离中国台湾地区等问题。1951年3月24日，麦克阿瑟发表声明，主张把战争扩大到中国，更引起英、法的不满和美国国内的混乱。4月11日，杜鲁门撤销麦克阿瑟职务，代之以M.B.李奇微。

停战谈判　1951年6月由苏联驻联合国代表提出，经美国和朝中双方协商，于7月10日开始在朝鲜开城举行停战谈判。谈判期间，美方不断发动军事攻势，无视国际公约，公然使用细菌武器，甚至扬言要使用原子武器，要把战争扩大到中国、越南和马来亚。1953年5月，朝、中军队发动强大的夏季攻势，取得了胜利。美国统治集团不得不在停战协定上签字。1953年7月27日，朝鲜人民军最高司令官金日成和中国人民志愿军司令员彭德怀为一方，“联合国军”总司令M.克拉克为另一方，在《朝鲜停战协定》和《关于停战协定的临时补充协议》上签字。朝鲜战争结束。

战争的结局　美国在3年多的侵朝期间，共投入1/3的陆军、1/5的空军和1/2以上的海军，支出200亿美元的直接战费，消耗7 300万吨作战物资，使用了除原子弹以外的一切现代化武器，还拼凑了15个国家的兵力，仍以失败而告终。朝中人民军队共歼敌109万人，其中包括美军39万人；击落击伤敌机1.2万多架，击毁和缴获坦克3 000多辆。

朝鲜民主主义人民共和国把每年的6月25日定为“朝鲜祖国解放战争纪念日”和“反美斗争日”，把7月27日定为“朝鲜祖国解放战争胜利日”。

朝鲜之役 Korean Campaign 中国明万历二十年（1592）至二十六年间的援朝抗倭战役。明史中又作“援朝鲜”。见万历三大征。

朝鲜族 Korean 中国少数民族。主要分布在吉林、辽宁、黑龙江三省。部分散居于内蒙古自治区和内地一些城市。吉林省延边朝鲜族自治州是主要聚居区。人口1 923 842（2000）。绝大多数居民使用朝鲜语和朝鲜文。少数杂居地区的朝鲜族人通用汉语文。其先民是从朝鲜半岛迁入的朝鲜人。明末清初已有朝鲜人定居在中国东北境内。19世纪中叶陆续有较多的朝鲜人迁入并定居，后逐步形成为中国的一个少数民族。朝鲜族重视教育。能歌善舞，伽倻琴弹唱、顶水舞、长鼓舞等都是传统歌舞节目。摔跤是传统体育和娱乐活动。男子普遍喜好踢足球，

朝鲜族女子

妇女喜荡秋千和压跷板。喜爱素白服装。外出时多穿斜襟长袍，今改穿制服或西服。主要粮食是大米、小米。喜吃打糕、冷面、大酱汤、辣椒和狗肉。婚姻行一夫一妻制，近亲、同宗、同姓不婚。原行土葬，现改为火葬。节日有元日、上元、燃灯节、重五、秋夕和老人节等。此外还有婴儿周岁、回甲节（六十大寿）、回婚节（结婚60周年纪念日）三个家庭节日。少数人信奉佛教、基督教。1952年成立了延边朝鲜族自治州。

朝鲜族舞蹈 Korean dance 中国朝鲜族传统民间舞蹈。主要流传在以吉林延边自治州为中心的东北三省朝鲜族聚居区。

朝鲜族舞蹈具有农耕文化特色，诸多形态与巫俗水乳交融。舞蹈特点是上肢动作较之下肢动作更加丰富多彩；舞姿多曲线；舞动多绕、划、抻；动作既柔和又有韧劲，呈柔中有刚，刚柔相济；舞动、呼吸、节奏相互配合。据调查，在朝鲜族地区流传的舞蹈有40余种。从继承和新创的角度大体可分为传统舞蹈和新兴舞蹈两大类。传统舞蹈主要有农乐舞、假面舞、长鼓舞、巫堂舞、僧舞、剑舞，新兴舞蹈有纱帽舞等。

农乐舞 多在春节、农作季节跳。旨在驱邪鬼迎福神、祈祝五谷丰登等。表演队伍由称作“持手”和“杂色”的两部分人组成，前者有唢呐等乐器伴奏。

假面舞 戴假面具表演的男性舞蹈。综合唱诵、对话、舞蹈等艺术形式，具有戏剧性。至今尚在民间流传的有初目舞、鹤舞、龟舞、狮子舞等。初目舞由一面戴墨僧假面的舞者表演，主要内容是批判和讽刺僧侣和两班（贵族）的丑恶行径。鹤舞通过模拟鹤的悠闲走动、搭颈、啄鱼和摆臀等动作，表现人们向往蓬莱仙境的美好愿望。

长鼓舞 单人或多人表演的舞蹈。男女均可表演。舞者将长鼓挎于身前，左右手持鼓鞭、鼓槌击鼓面或以掌拍鼓面，边击边舞。长鼓舞节奏复杂，动作多变。女性风格优雅，男性风格潇洒。除独立的长鼓舞外，农乐舞中也有长鼓舞的技巧表演。

长鼓舞

巫堂舞 朝鲜族民俗舞蹈。朝鲜族将巫师称为“巫堂”、“巫党”，将巫堂在行巫术时所跳的舞蹈称为巫堂舞或巫党舞。朝鲜族的巫堂通过神灵附体以行巫术，巫堂舞属于神灵舞。有扇子舞、刀舞、钹锣舞等多种道具舞蹈。其中扇子舞演变成民众自娱性和表演性舞蹈。刀舞是从宫廷流传到民间的。钹锣舞则是受佛教舞蹈影响产生的。巫堂舞现已失传。

僧舞 表演性舞蹈。有观点认为僧舞是由伎房艺人吸收佛教舞蹈和巫堂舞的素材创造而成的。表演时，在表演场地的后区置一法鼓，舞者戴高帽，着长袖红袈裟，双手执鼓槌。舞蹈由舞长袖和击鼓部分构成。舞长袖部分轻柔舒缓，动作细腻；击鼓部分节奏急促，动作激烈。

剑舞 持剑表演的道具舞蹈。原为宫廷舞蹈，后流入民间。舞者身着戎装，手持剑器，剑身与剑柄以铁环相连。舞蹈时，朝鲜族舞蹈的柔美与甩动剑器瞬间的刚劲结合在一起，刚柔相济独具特色。

纱帽舞 朝鲜族新兴民间舞蹈。表演者不受时间、场地的限制，头戴纱帽，身挎圆鼓，击鼓晃帽舞蹈。纱帽是民间演唱“盘索里”以及唱剧表演或器乐合奏时演奏员的一种头饰。在伴奏过程中，因情所致随乐晃动纱帽，后渐渐演变成舞蹈。幽默、自我陶醉是纱帽舞的特点。

朝鲜族文艺工作者根据民族舞蹈素材创作的作品有舞蹈《农乐舞》、《弓舞》、《顶水舞》、《看水员》、《淘米舞》、《喜悦》、《稻子熟了》、《青山绿浪》、《残春》、《娜琳达》，舞剧《春香传》，舞蹈诗《长白情》等。

朝鲜族医学 traditional Korean medicine 中国朝鲜族在民族固有文化基础上，吸收中医药的理论，结合本民族防治疾病的经验而形成发展起来的传统医学体系。简称朝医学或朝医。中国传统医学的重要组成部分。

朝医学的理论基础是四象医学。所谓四象，是朝鲜医学家李济马根据《灵枢》五行人论提出的，他取其太少阴阳，舍其阴阳和平人，将人分为四象人，创立了四象整体观、阴阳论、四行论、脏腑论、病理学、临床学、预防学等，称为四象医学。

四象阴阳论是四象医学的理论基础。《东医寿世保元》指出：“太少阴阳脏局短长，阴阳之变化也。”四象医学就是根据脏局短长的阴阳变化，把人分为太少阴阳人，认为只有正确地辨象阴阳，才能抓住体质的本质。

四象四行论是四象医学的又一大特征。它认为自然界的一切事物都具有相互滋生、相互助长、相互制约的关系，这些关系都按着一定规律进行运动，这个规律就是四行（金、木、水、火）规律。

四象脏腑论以心为中央，其他四脏为四维之四象，又将腑划为四腑，营卫物分为四营卫物，其他组织器官分属四脏，称为党马，把内脏所在部位划分为四焦。

四象病理学将各种内外病因分为四浮（风寒暑湿）、四情（喜怒哀乐）、四心（怯心、惧心、不安定心、急迫之心）、四邪恶（骄奢、懒怠、偏急、贪欲）、四毒（酒色毒虫）、四伤（饮食伤、劳役伤、打扑伤、虫兽伤）和疠气等。四象病理学强调人体不同的体质有不同的发病机制，所患病症也各不相同，归纳起来有五种，即阴阳盛衰说、寒热多寡说、脏器大小说、情志过不及说和六经病症局限说等。

四象诊断学先辨象后辨证，是朝医学在诊断上的独到之处。辨象要先通过四象人辨象纲要，综合分析出病人太少阴阳之象，通过辨象可推断出病人内部状态、心理状态、吉症和重危症等，辨象后再通过望闻问切，参照辨象进行诊断。

四象药物方剂学认为“药乃局限于人”，是四象医学所独有的药性观。四象药物学创立了药物归象、按象要药、辨象施治、随证加减的独特用药规律，阐明了药物的异象反应原理，把药物分为太少阴阳四象要药，不可混用。方剂同药物一样，也有四象人不同的方剂，分为古方、新定方（李氏）和经验方（后世医家）三类。

四象预防学认为：“救病千万，以两言决之曰：莫如预防二字。”四象预防医学要求根据四象人的精神心理状况，分别进行精神调摄；另外还强调生活习惯对健康的影响。

朝阳区 Chaoyang District 中国北京市辖区。位于市区东部。面积465平方千米。人口355万（2010）。汉、唐为蓟县地。辽以后属大兴县。1958年始名朝阳区，因朝阳门得名。朝阳区是北京市对外交往的窗口区。除俄罗斯、卢森堡两国使馆外，各国驻华使馆均在朝阳区。国际贸易中心、国家奥林匹克体育中心、国际展览中心、国际会议中心、中日青年交流中心、北京中央商务区等一大批重要的国际交往活动场所均在区境内。京津塘高速路西端的北京国际货物流通中心朝阳口岸，把天津港口通过高速公路延伸到北京，使北京有了自己的出海口。名胜古迹有东岳庙、西黄寺、元大都土城遗址和日坛公园、朝阳公园等，以及北京工人体育场、全国农业展览馆、炎黄艺术馆等大型文化设施。

朝阳市 Chaoyang City 中国辽宁省辖地级市。位于省境西部，邻接河北省、内蒙

朝阳凤凰山风光

古自治区。辖双塔、龙城2区和朝阳县、建平县、喀喇沁左翼蒙古族自治县，代管**北票市**、凌源市。面积19 736平方千米。人口304万（2010），有汉、蒙古、回、满、朝鲜等民族。唐置营州府。清乾隆三十九年（1774）置三座塔厅，四十三年改为朝阳县。1959年设朝阳市。属温带大陆性季风气候。矿产主要有金、铁、铜、锰、石灰岩、大理石、玄武岩、膨润土、高岭土、硅石、紫砂土、石棉等。为省棉花、小麦、油料、果品生产基地和杏仁、蜂蜜、兔肉出口基地。工业有机械、电子、建材、纺织、电力、制药、造纸、食品、冶金、煤炭、化工等。名胜古迹有凤凰山、佑顺寺、北塔、八棱观塔、云接寺塔等。

朝永振一郎 Tomonaga Shinichirō（1906-03-31～1979-07-08） 日本理论物理学家。生于东京，卒于东京。1929年毕业于京都大学理学部物理学科。1937年留学德国，在W.K.**海森伯**领导下研究原子核理论和量子理论。1939年底，回国接受东京帝国大学的理学博士学位。1941年，任东京文理科大学物理学教授，

1949年赴美国普林斯顿高级研究院从事研究，1951年回国，创建了东京大学原子核研究所。1956年以后，历任东京教育大学校长、日本学术会议会长、东京教育大学光学研究所所长。获日本学士院院士、日本文化勋章及多个国家的科学院荣誉院士称号。

朝永振一郎从事**量子电动力学**和**量子场论**的研究。1941年提出量子场论的超多时理论。找到了一种避开量子电动力学中发散困难的办法，即**重正化方法**。成功地解释**兰姆移位**和电子反常磁矩的实验。因此获得1965年诺贝尔物理学奖。1949年，朝永振一郎提出了高密度极限的多费米子体系的一维模型理论。1953年从事中间结合理论中的散射问题研究。1955年提出量子力学集体运动的理论。

朝珠 court beads 中国清朝皇室成员和高级官员特有的佩饰。挂于颈项间垂于胸前，由绦带串起108颗珠子。质料有玉、翡翠、珍珠、蜜珀、珊瑚等。渊源或与佛家念珠有关，外观也与念珠有些相似。朝珠的使用有严格的等级限定。据《大清会典》记载，乾隆时规定：皇帝的朝珠有五种，大朝及祭天、祀宗庙用东珠（产于东北的一种大珍珠），祭天以青金石为饰；祭地用蜜珀珠，祭日用红珊瑚珠，祭月用绿松石珠，配以杂饰，穿珠之绦带皆为明黄色。除皇帝、皇后外，其他人不得使用以东珠作的朝珠。未分封之皇子、和硕亲王、亲王世子、多罗郡王的朝珠可随意选用东珠以外的珠玉，只能用金黄色绦带。郡王以下人等的朝珠用石青色绦带。自宗室王公以下，文官五品、武官四品以上方得使用朝珠。不及品级的翰林院、詹事府、科道、侍卫等特殊职掌的官员亦可用。五品以下之礼部主事、太常寺博士、国子监监丞等官员在坛庙祭祀中执事、殿廷朝会中侍仪时亦佩戴朝珠，但平时不准使用；女子除后妃外，自公主、福晋以下，五品官以上的命妇可用；质地皆限以杂宝诸香。清朝列帝对朝珠十分珍视，每当有帝后驾崩，便将其未随葬的朝珠恭敬收藏，从乾隆朝起都存放在交泰殿，以便瞻仰纪念。

嘲剧 hat cheo 越南民族传统戏剧剧种。据越南戏剧研究者推测，可能于李陈朝（11～13世纪）时期流行民间，陈朝后期传入宫中，成为宫廷娱乐项目之一。20世纪初，西方文艺思潮传入越南，嘲剧渐趋衰落。50年代后，在挖掘民族艺术遗产的方针下，嘲剧情况改善。1954年后，国家成立了嘲剧研究会，民族歌剧学院也设立了嘲剧系。嘲剧中总有丑角表演，富有滑稽与讽刺特色。

潮白河 Chaobai River 在中国北京市和河北省东部。源由河北省沽源县南部的白河和源于丰宁满族自治县的潮河组成。两河在北京市密云县汇合。干流南流，在天津市北入**渤海湾**。全长467千米，其中白河长176千米，流域面积19 559平方千米（至宁东站防潮闸），多年平均年径流量18.4亿立方米（苏庄站）。流域已建水电站42座，总装机容量37.16万千瓦。其中**密云水库**总库容42亿立方米，是北京市的主要供水水源，水电站装机容量8.8万千瓦。河流含沙量大，苏庄站多年平均年输沙量675万吨。1950年增开潮白新河，分洪洪水入八台港，两岸筑有堤防。

潮白河畔风光

潮剧 Chaozhou opera 中国戏曲剧种。又名潮州戏、潮音戏。用潮州方言演唱，流布于广东东部、福建南部、台湾、香港以及东南亚各国。据现存的明嘉靖四十五年（1566）《重刊五色潮泉插科增入诗词北曲勾栏荔镜记戏文》和稍后刊刻的《摘锦潮调金花女大全》（其中附有潮剧特有剧目《苏六娘》剧本），可知潮剧在明代中叶以前已经形成。又据1975年潮安县出土宣德七年（1432）的《正字刘希必金钗记》和1958年揭阳县出土的嘉靖年间手抄本南戏《蔡伯喈》，不仅体裁结构、曲牌名目、**脚色行当**与潮剧《荔》、《金》、《苏》戏文基本相同，而且其中已有“痴歌”、“乜”等当地土语，可见早期的潮剧与南戏有历史渊源关系，是逐渐地方化了的南戏。明、清两代，潮剧兼收弋、昆、梆、簧和当地民间音乐、说唱、歌舞，唱腔、表演都更加丰富多彩。潮剧唱腔有**曲牌联套体**和**板式变化体**两种体制，以轻柔抒情见长，至今尚保留一唱众和，二三人以上同唱一曲和合唱曲尾的形式。伴奏音乐吸收了民间大锣鼓乐、笛套锣鼓乐、庙堂音乐、民歌小调等。潮剧的行当，分为十类**丑**、七类**旦**、五类**生**、三类**净**。丑、旦表演较有特色。丑细分为项衫丑、官袍丑、踢鞋丑、裘头丑、褛衣丑、长衫丑、武丑、老丑、小丑、女丑等十类，擅长运用扇子等道具和模仿草猴等动物及皮影、木偶的表演。旦细分为乌衫、蓝衫、乌毛、白毛、武旦、衫裙和彩罗衣等七类。服装多用潮绣。1949年后，组成广东潮剧院。

潮流 tidal current 潮波内水体的水平流动。通常把潮位上升过程中发生的海水水平流动称涨潮流，而把潮位下降过程中发生的水平流动称落潮流。海洋中处处都有潮流，但在海峡、水道或湾口等处的潮流，由于沿岸和海底地形等因素的影响，流速较大。以杭州湾乍浦西南为例，可达7～8节（1节等于1海里/时）。潮流和潮位变化，是潮波运动过程的两个方面。在一般情况下，潮流与潮位变化相对应；但在个别地点的潮流与潮位的变化并不对应。如在全日潮的无潮点附近，潮流为全日潮流，而潮位却是半日潮类型。然而，大多数地点，

潮位为半日潮，潮流也是半日潮；潮位为全日潮，潮流也是全日潮，并有类似的各种不等现象。实际的潮流甚为复杂。

潮汕英歌 yingge dance of Chao-Shan area 中国汉族民间舞蹈。又称因歌、秧歌、莺歌。流行于广东潮州、汕头一带，尤盛行于普宁、潮阳两地。英歌的表演形式分为前棚、中棚、后棚三部分。前棚是以表现梁山英雄故事为内容的男子群舞，中棚由演唱小戏或戏曲片段组成，后棚为武术表演。最具代表性的是前棚，表演队人数有36人（俗称三十六天罡）或72人（俗称七十二地煞），多者可达108人。均扮成梁山好汉形象，勾画有鲜明人物特色的脸谱。每人双手各执一小木棒。表演风格有慢、中、快板之分：慢板步伐稳健，动作大，“醉”态突出；中板棒的击法灵活，队形丰富；快板动作快而有序，动中求静，快击快收。舞蹈用打击乐伴奏，情绪高涨时，伴有呼喊和螺号声。英歌主要在春节和重大庆典活动中表演。

潮土 fluvo-aquic soil 在近现代冲积物上受地下水浸润而发育的弱腐殖化土壤。曾称冲积土、浅色草甸土。其主要特征是地势平坦、土层深厚。集中分布于河流冲积平原、三角洲泛滥地和低阶地。中国潮土多分布于黄河中、下游冲积平原及其以南江苏、安徽的平原地区和长江流域中、下游的河、湖平原和三角洲地区。潮土的形成主要受河流沉积物、地下水和耕作的影响。中国潮土的性状良好，适种性广，其分布地区是国家的粮棉基地。通过近几十年的改良，潮土已成为增产幅度最大的土壤类型之一。

潮汐 tide 因月球和太阳对地球各处引力不同所引起的水位、地壳、大气的周期性升降现象。海洋水面发生周期性的涨落现象称为**海洋潮汐**，地壳相应的现象称为陆潮（又称**固体潮**），在大气则称为大气潮汐。上述三种潮汐中海洋潮汐最为明显。中国古代对海潮早就作过细致的观测。汉代哲学家**王充**在他的《论衡》一书中提出“涛之起也，随月盛衰”，指明潮汐与月相变化有关。固体潮和大气潮汐，都是相当小的，一般必须用精密仪器才能测出。

由月球的引力所引起的潮汐称太阴潮。太阳和月球一样，也会引起潮汐，称为太阳潮。被吸引天体某部分受到的引力与该天体中心同样质量的部分受到的引力之差称为引潮力（又称起潮力）。太阳或月球对地球上同一点所产生的引潮力，与太阳或月球的质量成正比，而与它们同地球之间的距离的立方成反比。因此，太阳的质量虽然是月球的质量的2 700万倍，但月球同地球的距离只有太阳同地球距离的1/390，所以月球的引潮力为太阳的引潮力的2.25倍。太阳潮通常难于单独观测到，它只是增强或减弱太阴潮，从而造成大潮和小潮。在朔日和望日发生大潮，因为那时月球、太阳和地球几乎在同一直线上，太阳潮和太阴潮彼此相加，以致涨潮特别高，落潮特别低。上下弦的时候发生小潮，因为那时月球和太阳的黄经相距90°，太阴潮被太阳潮抵消了一部分。

潮汐电站 tidal power station 利用海潮涨落形成的潮汐能发电的**水力发电站**。潮汐电站一般需要有地形和地质优良的海湾，在海湾入口处建堤坝、厂房和**水闸**，与海隔开，形成**水库**，利用涨落潮时内水位和海水之间的水位差（即水头），引水经厂房内的水轮发电机组发电。

概况 潮汐能是一种蕴藏量大、洁净无污染的可再生能源，全世界潮汐能的理论蕴藏量约为30亿千瓦。1967年世界上第一座大型潮汐发电实验站在法国朗斯建成，利用潮差8米，为单水库、双向发电机组，装机24台，共24万千瓦，至今仍为世界上最大的潮汐发电站（图1）。中国潮汐能理论蕴藏量约为1.1亿千瓦，主要集中在浙江、福建沿海，约占全国的80.9%。全国可开发的潮汐发电装机容量2 158万千瓦，年发电量约为619亿千瓦·时。中国已建成潮汐电站8座，总装机容量5 650千瓦。最大的为浙江江厦潮汐电站，装机3 200千瓦。规划与开发程度尚处于初期阶段。

潮汐电站可利用的水头是潮差的一部分，水头较小，但引用海水流量可以很大，是一种低水头大流量间歇式水电站。因此为了在涨潮与落潮时都能发电，要求机组能双向运行。潮汐电站的优点是：①能源可靠，可以经久不息地利用。②虽然有周期性间歇，但具有准确的规律，可用电子计算机预报，有计划纳入电网运行。③一般离用电中心近，不必远距离送电。④无淹没损失、移民等问题。⑤水库内可发展水产养殖、围垦和旅游综合效益。不足之处是装机利用小时数少，造价也较常规水电站高。

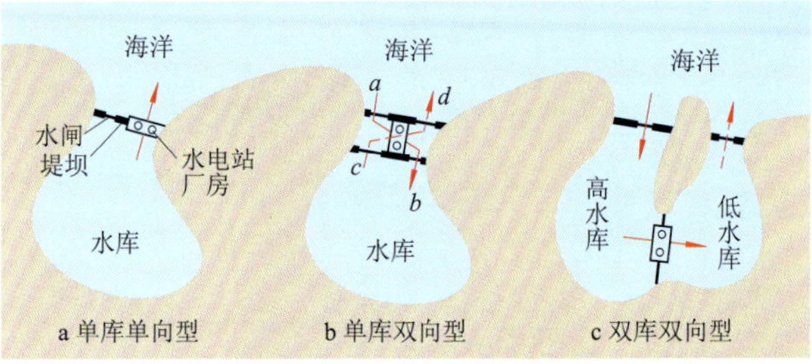

图2 潮汐电站平面布置图

分类 潮汐电站有不同的建筑物布置和发电方式，可分为：

①单库单向潮汐电站（图2a）。只筑一道堤坝和一个水库，涨潮时开闸向水库充水，落潮时启动单向水轮机组发电。这是一种老的形式。

②单库双向潮汐电站（图2b）。在涨潮与落潮时都发电。一种方法是采用双向水轮发电机组全贯流式水轮发电机，由于外观小、重量轻、管道短、效率高，适宜于潮汐电站采用。另一种方法是对水库进行特殊设计，设置两条引水道。

③双库连续发电潮汐电站（图2c）。这种电站有两个相邻的水库，一个水库只在涨潮时进水叫高位水库。一个水库只在落潮时泄水叫低位水库。水轮发电机组放在两个水库之间的隔坝内，因两个水库间始终保持有水位差，因此可以全日发电。

图1 法国朗斯潮汐电站

潮州歌 中国曲艺曲种。流行于广东潮汕地区、福建西南部的东山和香港、澳门等地，以及东南亚等海外潮汕籍华侨之中。又被称作唱歌册、歌册歌、潮州俗曲或弹词。流传到福建西南部东山一带的潮州歌，改用当地方音说唱，称作东山歌。相传潮州歌是由元明以来的北方**词话**和江南弹词流传到潮汕地区演变形成，时间约在明代。也有人认为其形成的时间不会早于清代。

潮州歌的表演形式为说唱结合，以唱为主，间有说白。其中唱为没有乐器伴奏的徒口吟唱。历史上的职业艺人表演，也有采用竹板击节伴奏的情形。潮州歌的脚本俗称潮州歌册，韵文约占全部曲本的九成左右。唱词的句式基本为七字上下句，间或也有“三、三、四”词格的“攒十字句”。唱词的韵辙十分灵活，大体上每四句左右一换韵。歌册基本为长篇，仅有极少数是在说唱正式的“全歌”之前作为“拢神”和“静场”之用的短篇。20世纪50～60年代，一些新文化人创作了许多反映新的现实生活的潮州歌册。2002年，北京图书馆出版社影印出版了《稀见旧版曲艺曲本丛刊·潮州歌册卷》，凡70册约2 000万字，计1 468卷，集中收录了今见于国内外所藏的潮州歌册共130种。

潮州市 Chaozhou City 中国广东省辖地级市。位于省境东部，韩江三角洲平原北部，东邻福建省。辖湘桥区、潮安县、饶平县。面积3 078平方千米。人口267万（2010）。祖籍潮州旅居国外及港澳台的人数逾200

广济楼

万。东晋咸和六年（331）置海阳县，隋开皇十年（590）改称义安县，1914年改称潮安县，1953年设市。1991年潮州市升为地级市。属南亚热带季风气候。夏秋多台风暴雨。矿产有锡、铅、锌、水晶、陶土等。农业主产粮食、甘蔗、黄麻、花生、柑橘、菠萝、荔枝、茶叶、药材等。潮州柑、凤凰茶等闻名。传统手工业有陶瓷、刺绣、抽纱、雕刻、竹器和金属细工等，产品畅销国内外。工业以陶瓷（枫溪电阻陶瓷占全球的1/4）、食品、服装（全球最大的婚纱生产基地）、塑料、电子、电器、机械、医药、建材、化工、工艺等为主。潮州港为对外开放一类口岸，开通至上海、广州、香港及韩国的集装箱货运航线。潮州文化发达，长期以来孕育了以“潮”字号为代表的潮剧、潮州菜、潮州功夫茶等。名胜古迹有广济桥（湘子桥）、广济楼、驸马府、开元寺、韩文公祠、葫芦山摩崖石刻、笔架山宋窑遗址、涵碧楼等。潮州是国家历史文化名城。

潮州陶瓷 Chaozhou ceramics 中国广东省潮州市及附近县所产的陶瓷制品。潮州生产陶瓷始于新石器时代。唐代潮州已生产青瓷。宋代，城东的笔架山窑以生产青白瓷为主，是当时生产外销瓷的重点窑场之一。明清时期，主要产地西移至枫溪，相继有彩瓷出口，至康熙年间更具规模。1915年，潮州彩瓷在太平洋万国博览会上获奖。1950年后，生产规模继续扩大，质量迅速提高。1986年潮州瓷器分别获中国工艺美术品百花奖金杯奖、莱比锡国际博览会金质奖和保加利亚国际博览会金质奖。

潮州瓷器质纯、细腻，釉色有白、青、影青、黄、酱色等。瓷制品包括日用瓷、艺术陈设瓷、建筑及工业陶瓷，其中以艺术陈设瓷著称。瓷塑、通花、瓷花是潮州市枫溪镇独特的高级艺术品。瓷塑人物、动物、盆景构思巧妙，立意新颖，工艺精细，造型大方，线条优美。

炒钢 puddling steel 中国古代将熟铁经渗碳锻打而制成的钢及其工艺。其方法是向熔化的生铁中鼓风，同时进行搅拌，使生铁中的碳氧化而成为熟铁，再经渗碳锻打，也可以有控制地将生铁含碳量炒到需要的程度，再锻打成钢制品。炒钢技术始于西汉（约前2世纪中叶），至东汉已相当普及。徐州出土的五十炼钢剑，山东出土的卅炼钢刀，以及日本出土的中国东汉百炼钢刀等，其原料都属炒钢类型。炒钢技术的发明是炼钢史上的一次革命。

车臣共和国 Chechen Republic 俄罗斯联邦北高加索南部行政区。南以大高加索山分水岭与格鲁吉亚为界，东邻达吉斯坦共和国，西、北分别同印古什和卡尔梅克共和国接壤。面积1.93万平方千米（含印古什面积）。人口62.5万（2002），其中车臣人占66%，俄罗斯人占24.8%，印古什人占2.3%。首府格罗兹尼。车臣和印古什人均为信奉伊斯兰教的穆斯林。民族语言属纳克语支。历史上这一地区民族矛盾十分尖锐。1922年成立车臣自治州。1934年与印古什自治州合并为车臣—印古什自治州，1936年改为自治共和国。第二次世界大战期间，大批车臣居民被苏联当局流放到中亚地区，并于1944年撤销自治共和国。1957年重建自治共和国，流放者获准返回家园。1991年8月车臣民族主义和分裂主义头目D.M.杜达耶夫发动政变，并当选为车臣总统，同年11月在苏联解体前夕又单方面宣布脱离俄罗斯联邦独立。自此陷入长期内战。1994年12月，俄联邦中央出兵车臣平叛。1997年1月，车臣武装力量参谋长A.A.马斯哈多夫当选车臣共和国总统。其后车臣当局加快分裂步伐，与中央对抗。1999年8月车臣极端的伊斯兰分裂势力渗入邻近的达吉斯坦共和国发动武装叛乱，宣布建立独立的达吉斯坦伊斯兰共和国。俄联邦政府果断派军平叛，将这股极端分裂武装赶出了达吉斯坦，并乘势对车臣境内极端分裂武装的重要军事和经济设施发动大规模空中打击，随后又向车臣非法武装发起地面攻势，2000年2月初攻下车臣首府格罗兹尼。同年3月17日，普京总统任命A.马戈马多夫为俄总统驻车臣全权代表，并宣布对车臣进行总统直接治理。6月16日，原马斯哈多夫政府反对派R.A.卡德罗夫被任命为车臣临时政府首脑，2003年当选车臣共和国总统。2004年5月9日，卡德罗夫在恐怖爆炸事件中被炸身亡，其子姆赞·卡德罗夫在2007年4月就职总统。2005年马斯哈多夫在车臣北部被击毙。其间，车臣地区恐怖爆炸和劫持人质事件不断。车臣残匪还在莫斯科等地策划制造了一系列针对平民的恐怖袭击活动。

属干燥的大陆性气候。1月平均气温：平原为－3℃，山地为－12℃；7月为21～25℃。年降水量300～1 200毫米。主要河流有捷列克河及其支流孙扎河。境内按自然条件可分为三部分：南部为大高加索山北坡，海拔1 500～3 000米，最高峰捷布洛斯姆塔山海拔4 493米。海拔2 000米以上分布栎树、山毛榉、鹅耳枥等阔叶林，再往上为针阔叶混交林、亚高山及高山草甸。中部为山前低山丘陵区，捷列克河及其支流穿过，形成宽广河谷，以黑土为主。北部为干草原－栗钙土和半荒漠带。石油、天然气、铜、铅、锌、森林资源丰富。由于连年战乱，经济受到严重破坏。工业以石油、天然气开采、石油加工和石油化工、机械制造（石油机械、化工机械）、食品工业及木材加工为主。灌溉农业发达，以种植水果、葡萄、蔬菜、小麦、玉米为主。畜牧业中养羊业（细毛羊）和养牛业较重要。以铁路及管道运输为主。格罗兹尼为最主要的工业中心及交通枢纽。

车臣人 Chechens 北高加索地区的土著居民。又称切钦人，自称纳赫乔人。约95.7万人（2001）。主要分布在俄罗斯联邦车臣共和国，部分散居达吉斯坦、印古什、卡尔梅克等共和国。属欧罗巴人种高加索类型。使用车臣语，属高加索语系达吉斯坦语族。1927年前有阿拉伯字母的文字，1938年改用斯拉夫字母。信仰伊斯兰教，为逊尼派教徒。与近亲印古什人都是北高加索当地古代居民的后裔。过去，平原地区的车臣人主要从事农业，种植小麦、玉米、向日葵等；山区居民以畜牧为生，饲养细毛绵羊、山羊等。家庭手工业发达，擅长制作毡毛斗篷、皮革制品、陶器等。近几十年来，工农业得到较快发展，主要工业部门有石油和石油加工，农业以生产谷物和水果为主。住屋是用石块砌成的多层平顶楼房。主食有饺子等面食、玉米粥等，喜吃烤羊肉串、羊乳酪。

车臣语 Chechen language 俄罗斯车臣共和国的主要语言。属高加索语系北部语族东北语支。方言至少有5种，主要的有阿卡方言等。阿卡方言是介于车臣语和印古什语之间的一种过渡性方言。车臣语与邻近的印古什语有近亲关系，二者可以互通。20世纪30年代以前，车臣语和印古什语曾使用同一种文学标准语，据此有的语言学家把印古什语视为车臣语的一种方言。文字以西里尔字母为基础。语序很自由，通常主语位于句首，动词在句末。

车臣战争 Chechen War 20世纪俄罗斯联邦政府反对车臣独立的战争。居住在北高加索的车臣人约有80万，信奉伊斯兰教。他们同俄罗斯在历史上有许多恩怨。1991年10月，退役空军少将D.M.杜达耶夫当选为车臣共和国总统，11月2日宣布车臣独立。俄罗斯政府坚决反对。双方多次谈判，都无法达成妥协。1994年12月，B.N.叶利钦总统派俄军进攻车臣，虽占领其大部分领土，却无法赢得这场战争。1996年8月，双方签订哈萨维龙特协议，规定有关车臣政治地位问题留待2001年全民投票公决。俄军留下两个师作为常驻军队，其余全部撤走。战争结束后，车臣继续开展争取独立的活动，并制造了一连串的恐怖事件。1999年9月，俄军聚集更多兵力再次进攻车臣，第二次车臣战争开始。2000年2月4日，俄军攻占车臣首府格罗兹尼；月底，控制了整个车臣。2001年，成立车臣政府，并着手制定车臣共和国宪法。但车臣问题依然有待进一步解决。

车船使用税 vehicle and vessel usage tax 中国对规定的车辆和船舶征收的一种税。1986年9月15日，国务院发布《中华人民共和国车船使用税暂行条例》，自当年10月1日起施行。2006年12月29日，国务院公布《中华人民共和国车船税暂行条例》，自2007年1月1日起施行。车船使用税的纳税人包括在中国境内拥有并使用车辆、船舶的各类企业、单位、个体经营者和其他个人（不包括外商投资企业、外国企业和外国人）。车船使用税的计税标准分为车辆计税标准和船舶计税标准两类，前者为应纳税车辆的数量或者净吨位，乘人汽车的税额标准为每辆每年人民币60～320元，载货汽车的税额标准为每辆每年16～60元；后者为应纳税船舶的净吨位或者载重吨位，机动船的税额标准为每吨（净吨位）每年1.2～5元。

车床 turning machine 主要用车刀对旋转工件进行车削加工的机床。使用车刀和钻头、铰刀、丝锥等其他刀具，可以加工出各种回转表面，如内外圆柱面、内外圆锥面、螺纹、成形面和滚花等。还可以加工端面、沟槽和切断等。图1是几种典型的车削方式。车床主要用于加工轴、盘、套类和其他具有回转表面的工件，是机械制造和修配工厂中使用最广的一类机床。

车床依用途和功能分为：①普通车床。加工对象广，主要为手工操作，用于单件、小批量生产和修配车间（图2）。②转塔车床和回转车床。能在工件一次装夹中依次使用不同刀具完成多种工序，适用于成批量生产。③自动车床。按一定程序自动完成中小型工件的多工序加工，适用于大批量生产。④仿形车床。能仿照样板或样件的形状尺寸，自动完成工件的加工循环，适用于形状较复杂工件的生产。⑤立式车床。主轴垂直于水平面。适用于加工较大、较重和难以在普通车床上安装的工件。⑥数控车床。用数字信息控制的自动车床，适用于单件、小批量生产复杂形状的轴、盘类回转体零件。⑦铲齿车床。在车削的同时，刀架周期地作径向往复运动，用于铲车铣刀、滚刀等成形齿面。⑧专门化车床。加工某类工件的特定表面的车床，如曲轴车床、凸轮轴车床、车轮车床、车轴车床、轧辊车床和钢锭车床等。⑨联合车床。主要用于车削加工，附加一些特殊部件和附件后还可进行镗、铣、钻、插、磨等加工，具有一机多能的特点，适用于修配工作。

车尔尼 Czerny,Carl（1791-02-21～1857-07-15） 奥地利钢琴家，作曲家。生于维也纳，卒于维也纳。先从父亲学钢琴，1800～1803年拜L.van贝多芬为师，同时钻研J.N.胡梅尔和M.克莱门蒂的教学法。15岁就成为钢琴教师，F.李斯特是他的学生之一。他的作品已出版的将近千首，除教学用的钢琴作品外，还有弥撒曲、奉献曲、追思曲、交响曲、协奏曲、序曲、三重奏、四重奏、合唱曲、歌曲等。他是维也纳钢琴学派的创始人，以作有大量教学用曲而闻名于世。他的《快速流畅练习》、《指法技巧预科教材》、《指法技巧艺术》、《左手教材》、《高级技巧教材》等被广泛采用。他还把许多歌剧、清唱剧、交响曲、序曲、室内乐改编成钢琴曲，他的《理论—实用作曲教材汇编》载有其作品1～798的目录。所著《古今钢琴作品演奏术》阐释了他对发展钢琴技巧的看法。

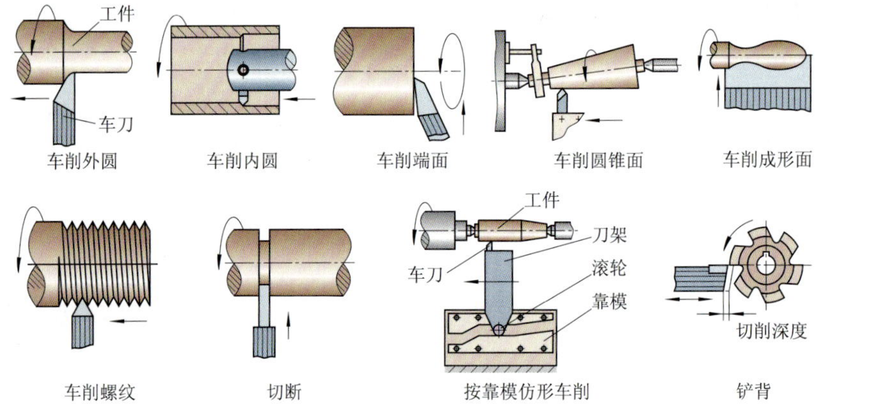

图1 几种典型的车削方式示意图

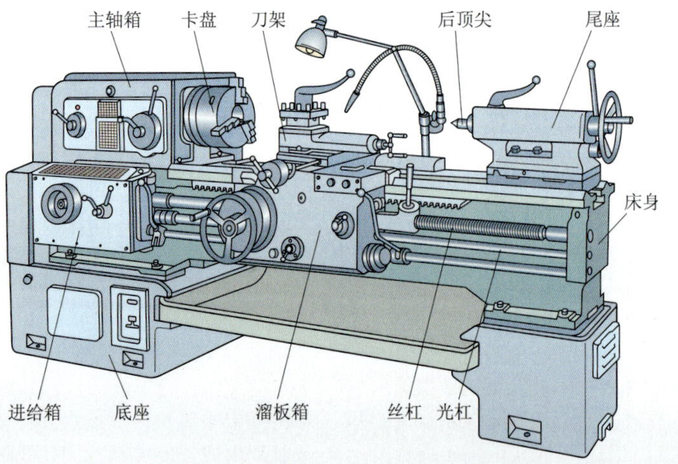

图2 普通车床结构示意图

车尔尼雪夫斯基 Chernyshevsky, Nikolay Gavrilovich（1828-07-24～1889-10-29） 俄国革命家、哲学家、作家、批评家。生于萨拉托夫，卒于萨拉托夫。

车尔尼雪夫斯基雕像

1850年毕业于圣彼得堡大学。次年回家乡中学任教。1853年迁居圣彼得堡。不久开始主持《现代人》杂志专栏。1855年发表论文《俄国文学果戈理时期概观》，系统地探讨了俄国文艺批评思想的发展。《艺术对现实的审美关系》是作者的美学代表作，在俄国美学史上具有里程碑式的意义。1862年《现代人》被查封，车尔尼雪夫斯基遭逮捕并被流放，直到1889年才回到家乡，同年因脑出血逝世。

在监禁和服苦役期间，创作了长篇小说《怎么办？》(1863)，以全新的审美观点刻画了俄国19世纪中叶一批革命者的“新人”形象。长篇小说《序幕》(1867～1869)带有某种自传性质。其他主要作品还有经济学论文《资本与劳动》(1859)、哲学论文《哲学中的人本主义原理》(1860)等。

车技 trick-cycling 力技、平衡类杂技项目。19世纪末自行车从西方传入中国，民间称为“洋马儿”。19世纪末20世纪初，北京出现了专门研习车技的团体“万里云程踏车老会”，他们常常在走会中大出风头。20世纪50年代以来，车技发展成杂技舞台上的一大门类。归纳起来有独轮车技、高车杂耍、花式行车、定车和集体车技五种类型。

车技《孔雀开屏》演出照（山东杂技团）

独轮车技是演员骑在特制的一个轮子的自行车上，表演跑圆场、倒行、旋转、带车跳绳、上下台阶等动作和集体独轮车队列变化。在单轮车的基础上，把车杠升高达2～3米，称为高车，结合其他技艺演变出《单车杂耍》、《高车踢碗》、《高车顶碗》等不同形式的节目。花式行车是在行进着的自行车上表演各种形体技巧。定车是将自行车静止地置于四面无遮挡的、高高的台架上，演员在车上表演平衡技巧。

“孔雀开屏”是把车技与传统的叠罗汉结合起来的一组技巧动作，最初由上海邮电业余飞车队的邮递员创作演出。他们在集体行车的基础上，创造出七人在车尾瞬间组成好似孔雀开屏的扇面造型。至90年代，孔雀开屏从7人发展到24人，把行车技巧提到了新的高度。

车里 Cheli 中国元朝至清朝云南土司名。又作“彻里”、“撒里或“车厘”(《元史》)、“产里”(《明史·土司传》)。原为大理国境内傣族居地。元世祖至元末于其地置军民总管府。一说大德中置。有大车里、小车里之分，澜沧江以东称小车里，以西称大车里。明洪武十五年(1382)改为车里军民府。十七年改为军民宣慰使司。治今云南景洪市。辖境大致相当今云南西双版纳傣族自治州、普洱和老挝北端一部分。嘉靖末至万历初，缅甸洞吾王朝曾屡侵车里，因明王朝固守，边境稳定。天启后曾一度脱离明朝控制，清顺治末复置宣慰使司，移治今景洪市东九龙江、流沙河会口之东南。雍正七年(1729)改土归流，分九龙江内六版纳地为普洱府，隶云南省。江外六版纳仍归宣慰司管辖。乾隆元年(1736)以江外六版纳宣慰司及所属土司分隶府属宁洱县与思茅厅。民国时江外改流，初设八行政区，后改为车里等县。

车里雅宾斯克 Chelyabinsk 俄罗斯乌拉尔最大的重工业城市，车里雅宾斯克州首府。在乌拉尔山南段东坡、米阿斯河上游。面积376平方千米。人口109.6万(2010)。1736年建为要塞。1781年建立居民点，继而成为地区政治中心。19世纪末成为通往西伯利亚的门户及农畜产品集散地。第二次世界大战期间，苏联重要军械生产基地。工业以冶金（钢铁、炼锌）、机械制造为主。主要生产优质钢、合金钢、钢管、电解锌、拖拉机、道路及建筑机械、金属构件、锻压机械及热工仪表等。化工、轻工、食品工业也较发达。俄罗斯欧洲部分同亚洲部分联系的咽喉，陆上交通枢纽。有西伯利亚铁路等5条铁路在此交会，并有多条输油、输气管通过。重要的航空港。建有冶金及机械方面的科研机构、7所高等学校、4座剧院，以及地志博物馆和画廊。

车辆购置税 vehicle acquisition tax 中国对购置的车辆征收的一种税。2000年10月22日，国务院公布《中华人民共和国车辆购置税暂行条例》，自2001年1月1日起施行。车辆购置税的纳税人包括在中国境内购置汽车、摩托车、电车、挂车和农用运输车的各类企业、单位、个体经营者和其他个人，以应税车辆计税价格为计税依据，实行一次征收，税率为10%。

车马坑 chariot and horse pits 中国先秦时期贵族墓葬附近放置车马的祔葬坑。考古发掘中所见，最早的车马坑出土于安阳殷墟，年代为商代晚期。西周和春秋战国时期的贵族墓往往都有车马坑，坑中所埋的车少者1辆，多者数辆甚至数十辆。湖北枣阳九连墩战国时期楚国高级贵族墓的车马坑埋车33辆，是迄今所知最多的一座。有些高级贵族墓的墓道中也放置车马。可根据墓葬规模和随葬品的种类、数量，结合车马坑中埋放的车马，推断墓主生前的身份地位，探讨当时的车马制度。2002年在洛阳发现一座春秋时代大型车马坑，坑中有车数十辆，其中一辆为六马，与古代文献中“天子六乘”的记载相吻合。自秦代始，流行以陶、木或铜质车马代替真车马（见秦始皇陵兵马俑、秦始皇陵铜车马）。汉代高级官吏墓中或墓附近常出土陶或漆木质的车马，应属于先秦时期车马坑的孑遗。

洛阳周王城车马坑（其中一辆车有六马）

车前草 *Plantago major* var. *asiatica*; plantain 车前科车前属的一个变种。多年生宿根性草本植物。又称车轮菜、官司草、车前。原产中国。主要分布于亚洲东部，中国各地均有野生分布。

须根系，根茎肥短。叶簇生于宿根上，叶柄细长。穗状花序，长柱形。蒴果，椭圆形。种子长圆形，黑棕色。喜温和，较耐寒。也较耐旱。适宜于向阳、湿润环境。对土壤要求不严。用种子繁殖。

车前草富含钙、磷以及胡萝卜素、蛋白质、碳水化合物等，并具有清热利湿、利尿通淋等保健功效。可凉拌、炒食、拌面蒸食或制干后做汤、做馅。

车师 Cheshi 中国古西域国名。国都交河城（遗址在今新疆吐鲁番西北）。东南通敦煌，南通楼兰、鄯善，西通焉耆，西北通乌孙，东北通匈奴，扼丝绸之路的要冲。国人属印欧人种。汉武帝初通西域，车师常替匈奴当耳目，并攻劫汉使。征和四年（前89），汉与楼兰等国兵围交河，车师始降。昭帝、宣帝时，车师分为前、后部（或称前、后国）。后部王驻务涂谷（今新疆奇台西南山谷中）。神爵二年（前60）汉始置西域都护。元帝初元元年（前48），又屯田于车师前部国都附近。其后，前部王复还交河。王莽时，车师前、后部叛附匈奴。东汉光武帝建武二十一年（公元45），前、后部与鄯善等18国遣子入侍，请复置都护，汉光武帝未准。后车师兼并邻近小国，仅余东且弥、卑陆、蒲类、移支，与前、后部共称车师六国。明帝永平十七年（公元74），派遣窦固、耿秉等出击车师，前、后部俱降。和帝永元二年（公元90），窦宪大破北匈奴，车师前、后部王各遣子入侍。安帝永初元年（107），西域复附北匈奴。元初六年（119），敦煌太守曹宗遣行长史索班屯驻伊吾，前部王降汉。永宁元年（120），后部王军就引北匈奴攻杀班，击走前部王。延光三年（124），汉遣班勇击走北匈奴于前部境内。至永和二年（137），敦煌太守裴岑出伊吾攻杀呼衍王，后部遂安。桓帝永兴元年（153），后部王阿罗多叛，其部众不从，阿罗多逃奔北匈奴。其后，阿罗多归降，汉赦其罪，使复位为后部王。

车箱渠 Chexiang Canal 中国三国魏在蓟城（今北京城西南隅）附近开凿的灌溉渠道。魏嘉平二年（250）镇北将军刘靖驻守蓟城，在梁山（今石景山）下造戾陵堰（又称戾陵遏），遏㶟水（今永定河前身），开凿车箱渠，障水东流经八宝山、黑山北，至今北京城西北接高梁河，灌溉蓟南北水稻田二千余顷，为北京地区水利史上重大事件。景元三年（262）樊晨重修戾陵遏，在渠首更立水门，扩大引水渠道，"水流乘车箱渠，自蓟西北，径昌平，东尽渔阳潞县，凡所润含，四五百里，所灌田万有余顷"（《水经注·鲍丘水》）。西晋元康五年（295）洪水暴涨，戾陵遏毁，车箱渠溢，宁朔将军刘弘驻蓟，修遏浚渠，重立水门。以后，北魏、北齐都曾修复戾陵堰，利用车箱渠进行蓟城附近的农田灌溉。为金代以前北京地区的最大水利工程。金建中都，为通漕运，曾利用车箱渠故道引卢沟水未获成功。

砗磲科 Tridacnidae; giant clam 双壳纲帘蛤目的一科。分布于印度－西太平洋热带海洋，共6种。中国台湾、南海岛屿均有分布。常见的有大砗磲、鳞砗磲和砗蠔。大砗磲是双壳纲中最大的种类，贝壳长达1米，重250千克。砗磲的贝壳大而厚，两壳同形。壳面粗糙，具有隆起的放射肋和肋间沟，有的种类肋上生有粗大的鳞片。贝壳边缘呈波浪状或锯齿。铰合部每壳生有1个主齿和1～2个侧齿，足丝孔大，紧位于壳顶的前方。生活时壳顶向下，腹面向上，由足丝孔伸出坚硬的足丝固着在珊瑚礁上。外套膜边缘厚，大部分愈合，仅留有足孔，鳃孔和肛门孔。外套膜具有蓝、粉红、翠绿、棕红等鲜艳色彩和各色花纹。外套膜边缘有颗粒状突起，这些突起的内部有水晶体构造，通常成为"眼"，能散射光线，使在砗磲组织深处共生的单细胞藻类（虫黄藻）

鳞砗磲

迅速生长。砗磲可以利用血液中的变形细胞将这些藻类搬运到消化道周围，经吞噬细胞进行细胞内消化。

撤诉 withdrawal of an action 取消已经向法院提起的诉讼。在中国，申请撤诉必须符合下列条件：①申请人必须是原告、上诉人及其法定代理人。②撤诉必须出于原告自愿。③撤诉必须合法。④是否准许撤诉由人民法院裁定。原告经传票传唤，无正当理由拒不到庭，或者未经法庭许可中途退庭的，人民法院可按撤诉处理。在人民法院宣告判决前，人民检察院发现不存在犯罪事实、犯罪事实并非被告人所为或者不应当追究被告人刑事责任的，可以要求撤回起诉。人民法院对于缺乏罪证的自诉案件，应当说服自诉人撤回自诉；对于不需要判处被告刑罚的公诉案件，可以要求人民检察院撤回起诉。撤诉必须在人民法院宣判前提出。

郴州市 Chenzhou City 中国湖南省辖地级市。位于省境东南部，东邻江西省，南邻广东省。辖北湖、苏仙2区和桂阳、永兴、宜章、嘉禾、临武、汝城、桂东、安仁8县，代管资兴市。面积19 317平方千米。人口458万（2010），有汉、苗、瑶等民族。秦

郴州市远眺

为长沙郡地。东汉分属桂阳郡和长沙郡。隋改桂阳郡为郴州。明洪武初改置郴州府和桂阳府，九年（1376）改郴州府为郴州直隶州，降桂阳府为桂阳州。1914年属衡阳道。1994年设立郴州市。属亚热带湿润季风气候。矿藏有煤、铋、钼、铅、锌、钨、铀等。有色金属种类多、储量大，其中钨储量居世界前列。农作物有水稻、小麦、甘薯、茶、苎麻、烟草等。用材林有杉、松、梓、枫、泡桐和楠竹等，经济林有油茶、油桐和棕树等。野生动物有野山羊、野猪、豺、虎、穿山甲、獐子等。工业有采掘、纺织、卷烟、机械、化工、建材等。有色金属畅销全国，部分产品行销欧美和东南亚国家。名胜古迹有苏仙岭、义帝陵、三绝碑等和东江水库，以及地下河溶洞万华岩，主洞长达2 245米。

尘暴 duststorm 大范围空气中充满直径小于70微米细沙尘的天气现象。沙尘暴是沙暴和尘暴的总称。其中直径大于70微米的粗沙及极粗沙粒很少扩展到离地面20米以上的空间，称沙暴。直径小于70微米的细沙粒和沙粉则易于进入边界层和对流层中下部，称尘暴。

尘肺 pneumoconiosises 长期吸入粉尘致使肺内有粉尘潴留而引起肺组织纤维化病变的全身性疾病。肺组织纤维化的严重程度与潴留的粉尘数量有关。

分类 按尘肺发病时间可分为快型、慢型、晚发型；按病理改变分为胶原纤维化型、间质纤维化型、结节型、不规则型、弥散型、团块型；按粉尘来源分为矿物性与非矿物性等。

临床表现 单纯尘肺的临床表现为咳嗽、咯痰、胸痛、气短等症状。随着肺组织纤维化的加重出现通气功能障碍，并发肺气肿者阻塞性通气障碍更为明显；石棉肺则常同时有一定程度的限制性通气障碍。由于弥漫性纤维化，肺泡壁增厚、弥散功能降低、气体分布明显不均，伴有肺大泡时更为显著。三期尘肺患者因有大块纤维

化形成及肺大泡等变化，出现有通气无血液灌注（或反之）区域，导致无效通气或肺内分流等严重气体交换障碍。肺功能检查结果对判断病情进展及机体代偿状况有意义。

诊断　唯一能在生前确诊的手段是依靠X射线影像诊断。由于各种尘肺有共同的X射线影像形态特征，现在已规范出一整套影像形态分类基准，中国已有《尘肺病的诊断》国家标准。该标准将尘肺病按轻重分为三期，各期病例的X射线影像分级与临床表现、肺功能损伤程度及劳动能力的代偿机能状况均相对应。

治疗　尚无满意的特效疗法。尘肺诊断后应及时调离粉尘作业，采取积极的对症及恢复功能的综合治疗，以减轻症状、延缓病情进展、防治并发症，延长寿命。

预防　防治尘肺的根本办法是做好防尘和降尘工作，使作业环境空气中粉尘浓度符合生产环境空气粉尘卫生标准的要求。

尘螨　Dermatophagoidinae; house dust mite　蜱螨亚纲无气门目蚍螨科尘螨亚科动物的统称。有34种。体小，成虫体长170～500微米。体呈椭圆形或卵圆形，足端具钟状吸盘，雌性生殖孔由单一的上殖板覆盖。体具皮纹，乳白色，饱食后为半透明。体表除有细密或粗皱的皮纹外，还有少量刚毛。有4对足，前后各2对。躯体背面有一盾板，雄性后端有后盾板，盾板两侧有1对长毛；尾端有2对更长的毛（欧尘螨无）。外生殖器在腹面中央，雌性为产卵孔，雄性为阳茎。肛门位于腹末。

生活史分卵、幼虫、第1期若虫、第3期若虫和成虫5个时期（无第2期若虫）。

尘螨分布广泛，普遍存在于人们的居室及工作环境中，大多营自生生活。动物皮屑、面粉、霉菌、细菌等均可作为食物。

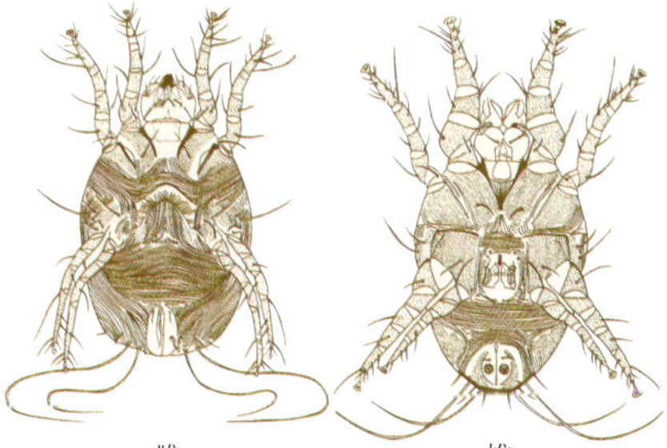

雌　　雄

粉尘螨腹面观

尘螨主要通过携带而散布。尘螨是一种强烈的过敏原，可引起过敏性哮喘、鼻炎、皮炎等变态反应性疾病，危害人类健康，对于儿童尤甚。与人体变态反应性疾病有关的尘螨约有10种，主要是屋尘螨、粉尘螨和埋内欧尘螨。

辰砂　cinnabar　化学成分为HgS，晶体属三方晶系的硫化物矿物。中国古称丹砂、朱砂，是古代炼丹的重要原料。辰砂与等

柱状辰砂

轴晶系的黑辰砂成同质多象。常呈菱面体或短柱状晶形（见图），矛头状贯穿双晶常见；集合体呈粒状、块状或皮膜状。纯者呈朱红色，条痕朱红色，金刚光泽；含杂质者呈褐红色，条痕褐红色，光泽暗淡。柱面解理完全。莫氏硬度2.5。密度8.0～8.2克/厘米^3。不导电。辰砂含汞86.2%，几乎是提炼汞的唯一原料，其晶体是激光技术的重要材料；还是中药材之一，具镇静、安神和杀菌等功效。辰砂是典型的低温热液矿物，常与辉锑矿、黄铁矿、方解石、重晶石等共生。中国是辰砂主要出口国之一，以湖南新晃和贵州铜仁、江西婺源最为著名。世界著名的产地有西班牙的阿尔马登和恩特里迪科、美国内华达州的麦克德米特等。

沉淀　precipitation　从液相中产生可分离的固相的过程，或指从过饱和溶液中析出难溶物质的过程。沉淀作用表示一个新的凝结相的形成。例如，以稀硫酸为沉淀剂滴加到钡盐溶液中，便可得到硫酸钡沉淀。产生沉淀的化学反应称为沉淀反应。

物质的沉淀和溶解是一个平衡过程。通常用溶度积常数K_{sp}（一定温度下，在难溶电解质的饱和溶液中，组成沉淀的各离子浓度的乘积）来判断难溶盐是否沉淀或溶解。只有当溶液中难溶物质离子浓度的乘积大于相应的溶度积常数（即溶液处于过饱和状态）时才可能形成沉淀。

沉淀按颗粒的大小和排列情况，通常分为晶形沉淀和非晶形沉淀两大类。如硫酸钡是典型的晶形沉淀，氢氧化铁是典型的非晶形沉淀。晶形沉淀的直径约0.1～1微米，内部排列较规则，结构紧密，易于沉降和过滤；非晶形沉淀的直径通常小于0.02微米，没有明显的晶格，排列杂乱，结构疏松，体积庞大，易吸附杂质，难以过滤、洗涤，又称为无定形沉淀或胶状沉淀。直径在0.02～0.1微米的沉淀又称为凝乳状沉淀，如氯化银。沉淀颗粒的大小、类型，既取决于沉淀物质的本性，又取决于沉淀的条件。

适宜生成较大、较纯净晶粒的晶形沉淀的条件为：①热的稀溶液。②不断搅拌下缓慢加沉淀剂。③在保证沉淀完全的前提下，适当增大沉淀时溶液的酸度。④陈化，即在沉淀反应完成后，将沉淀与母液一起放置一段时间再过滤，加热和搅拌可以缩短陈化的时间。

对于非晶形沉淀，主要是创造条件加速沉淀微粒凝聚、防止形成胶体溶液，力争获得含水少、结构较紧密的沉淀，使之易于过滤、洗涤，适宜的条件为：①热的浓溶液。②沉淀前加入大量强电解质，促使沉淀凝聚，防止形成胶体。③沉淀完毕立即用过量热水冲稀，以减少杂质对沉淀的玷污。④立即趁热过滤，不必陈化。此外，利用均相沉淀方法（借助于适当的化学反应，有控制地产生为沉淀作用所需的构晶离子），亦可获得密实而较重的非晶形沉淀或大颗粒的晶形沉淀。

沉淀反应应用广泛。例如，化学定性分析中，一半以上的检出反应是沉淀反应；利用沉淀反应进行**重量分析**，沉淀反应还是沉淀滴定的基础；用于分离和富集，利用沉淀反应可将欲测组分分离出来，或将其他共存的干扰组分沉淀下来；利用**共沉淀**现象还可分离和富集许多痕量物质等。

沉积矿床　sedimentary deposit　在地表条件下，成矿物质被流水以及风、冰川、生物等搬运到河、湖、海洋等水体内，经过沉淀聚积而形成的矿床。产在一定地质时期的沉积岩系中，矿体多呈层状，层位稳定，矿层与周围沉积岩层产状一致。矿石成分主要为金属的氧化物和氢氧化物、碳酸盐和硅酸盐，也有硫酸盐、磷酸盐、硫化物及有机物质等。矿石构造多为块状、结核状、鲕状、豆状。沉积矿床的分布范围广，储量规模大，矿石品位均匀，易于勘探开发，有重要的经济价值。主要矿产有煤、石油、天然气、铁、铝、锰、磷、盐类及各种砂矿等。

根据成矿作用的不同，沉积矿床可分为：①机械沉积矿床。成矿物质呈碎屑状被流水搬运，当因地形变化水的运载能力减弱时，它们常按体积和比重大小表现出不同的稳定性而分别沉积。这种地质作用称为机械沉积分异（或分选）作用。由此作用富集形成的矿床称为机械沉积矿床或砂矿床。如砂金矿、金刚石砂矿、钛铁砂矿等。按产出环境可分为河流砂矿和海滨砂矿（见**砂矿**）。②蒸发沉积矿床。成矿物质呈离子状态被搬运到封闭盆地，在蒸发作用下，各种盐类在水体中浓缩结晶沉淀形成的矿床。又称盐类矿床。包括钾盐、岩盐、石膏、芒硝、天然碱等。盐类矿床分为固体矿床和卤水矿床。③胶体化学沉积矿床。成矿物质以胶体溶液的形式在地表水盆地中凝聚和沉积而成的矿床。如铁、锰、铝土矿等。④生物化学沉积矿床。通过生物活动或生物遗骸分解使成矿物质沉积富集而形成的

矿床。包括直接由生物遗体堆积形成或间接由生物化学作用沉积的矿床。主要有煤、石油、天然气等矿床，还有磷块岩、黄（或白）铁矿、硅藻土、自然硫等矿床。是一大类极重要的矿床。

沉积相 sedimentary facies 在一定沉积环境下所形成的并具有一定的岩性特征和古生物标志的沉积地层单元。是沉积环境的物质表现，包含了岩相和古地理两方面的含义。简称“相”。

按照大的自然地理环境，可分为陆相、海相和海陆过渡相三大类。陆相沉积主要有残积相、坡积相、冲积扇相、沙漠相、冰碛相、河流相、湖泊相、沼泽相等。海陆过渡相主要有三角洲相、河口湾相等。海相陆源碎屑沉积主要包括海滩相、障壁岛相、潟湖相、潮坪相、浅海陆棚相、半深海相、深海相、浊流沉积相等。

沉积相的主要识别标志：①沉积岩体的几何形态与接触关系。②沉积岩石类型及其物质组分。③沉积岩的结构和沉积构造。④古生物特征。⑤沉积地球化学。⑥相组合与相序特征。

沉积相的分析研究对寻找石油、煤等能源与沉积矿产资源具有重要意义，如厚度较大的富含有机质的湖相和海相黑色页岩相均是有利的生油岩，湖泊、海洋三角洲前缘相（河口沙坝相、远沙坝相）皆属理想的油气储层，海相生物礁灰岩相往往成为石油、天然气的富集场所。

沉积岩 sedimentary rock 地表和地表下不太深的地方形成的地质体，它是在常温常压条件下由风化作用、生物作用和某种火山作用产生的物质经过改造（如搬运、沉积和成岩作用）而形成的岩石。曾称水成岩。是组成地壳的三大岩类（火成岩、沉积岩和变质岩）之一。沉积物是沉积岩的前身，是陆地或水盆地中的松散碎屑物、沉淀物、生物物质等，如砾石、砂、黏土、内碎屑、鲕粒、生物残骸、灰泥、石膏、岩盐等。主要是母岩风化的陆源与内源物质，其次是火山喷发物、有机物和宇宙物质等。沉积岩的体积只占岩石圈的5%，但其分布面积却占陆地面积的75%，大洋底部几乎全部为沉积岩或沉积物所覆盖。沉积岩种类很多，其中最常见的是泥质岩、砂岩和石灰岩，它们占沉积岩总数的95%。

由于沉积分异作用的原因，不同类型沉积岩石的化学成分差别很大，如碳酸盐岩以钙镁氧化物和CO_2为主，砂岩以SiO_2为主，泥岩则以铝硅酸盐为主。在矿物成分方面，岩浆岩中常见的铁镁矿物在沉积岩中少见，沉积岩中常见的盐类矿物和黏土矿物在岩浆岩中不存在或罕见。在结构构造方面，如水平层理、交错层理等层理构造，波痕、泥裂、雨痕等层面构造，发育的缝合线等溶解构造为岩浆岩所没有。含有生物化石也是沉积岩的特征。

按沉积物的来源把沉积岩分为两大类：①陆源碎屑岩。主要由陆地岩石风化、剥蚀产生的各种碎屑物构成。按颗粒粗细分为砾岩、砂岩、粉砂岩和泥质岩。其中主要为水成陆源碎屑岩，此外风和冰川在特定条件下可形成风成岩、冰碛岩。②内积岩。主要指在盆地内沉积的化学岩、生物-化学岩，也有波浪、潮汐作用堆积形成的颗粒岩（内碎屑岩、骨粒岩、鲕粒岩等）。内积岩按造岩成分分为铝质岩、铁质岩、锰质岩、磷质岩、硅质岩、蒸发岩、可燃有机岩（褐煤、煤、油页岩）和碳酸盐岩（石灰岩、白云岩等）。此外，由不同性质的流体可形成不同沉积岩。如浊流作用形成浊积岩，风暴流作用形成风暴岩，平流作用形成平流岩，滑塌作用可形成滑积岩，造山作用前后常可分别形成复理石和磨拉石。

沉积岩中蕴藏着大量的矿产。据统计，世界资源总量的75%～85%是由沉积或沉积变质形成的。石油、天然气、油页岩和煤几乎全为沉积形成。许多沉积岩本身就是有用的矿产，如建筑石料、水泥及玻璃原料、冶金熔剂及耐火材料等大多是沉积岩。沉积岩与地下水开发利用、工程建设的规划和设计有密切关系。沉积岩是地壳发展历史的重要记录，通过沉积岩的研究可查明地质历史时期自然地理变迁、地壳运动及构造变动情况，通过沉积岩中所含古生物化石的研究还可获得生命起源和生物演化的宝贵资料。

沉积作用 sedimentation 被搬运物质由于搬运介质的物理化学条件发生变化，而有规律地沉积下来的一种地质作用。由于沉积作用往往和风化作用、搬运作用密不可分，因此学者常把它们综合起来进行研究。广义的沉积作用包括沉积物的形成、搬运和堆积的全过程。沉积作用按搬运介质的不同可分为风的、地面流水的、地下水的、冰川的、湖沼的和海洋的沉积作用等六种类型；按沉积作用的方式可分为机械的、化学的和生物的沉积作用三种类型。

机械的搬运和沉积作用 陆源碎屑及火山碎屑物质，均以机械的方式进行搬运和沉积，并受流体力学定律的支配。按搬运介质流体的性质，可分为牵引流和重力流两类。①牵引流（使颗粒呈推移状搬运的水流）的机械搬运和沉积作用。这是最为常见的沉积作用，如河流、沿岸流、洋流、波浪流、潮汐流、等深流的机械搬运和沉积作用等。当牵引流体的动力大于碎屑物质的重力，并克服了黏结力和摩擦力时，物体就被搬运走，相反则将被沉积下来。沉积物通常具有明显的机械沉积分选作用，即随搬运距离的加长，碎屑物依大小、比重、形态、成分不同而分别沉积。由于波浪流、潮汐流和洋流对碎屑物质的改造能比河流大100倍，所以海洋沉积物具有分选好、磨圆度高、结构成熟度和成分成熟度高的特点。冰川的机械搬运沉积作用比较复杂，一般固体搬运属重力流，在雪线以下冰川消融时可产生牵引流。冰川沉积物以分选差、磨圆度低、有擦痕、层理很差为特征。有时重达数千吨的漂砾可与细小的砾石、砂、粉砂混合堆积在一起。②重力流的机械搬运和沉积作用。重力流是一种高密度的碎屑和水或气的混合流体，包括泥石流、颗粒流、液化沉积物流、浊流、岩块崩塌流和热灰云流等。重力流沉积物分选性很差，无大型交错层理，常呈块状及粒序构造。常见于大陆的冲积扇、深湖或深海环境中。

化学的搬运和沉积作用 溶解在水体中的物质通常呈胶体或真溶液两种状态。胶体凝聚可沉积形成黏土矿物、磷酸盐类、铝土矿、铁矿和锰矿等。氯、硫、钙、钠、钾、镁等呈离子状态存在于水溶液中，呈真溶液被搬运并通过化学作用而沉淀，形成各种盐类及石灰岩、白云岩、多水高岭石等。

生物的搬运和沉积作用 生物通过生命活动直接或间接地促使化学元素、有机或无机物质进行分解、化合、迁移和聚集或将遗体直接堆积下来，造成生物沉积岩石。如礁灰岩、硅藻土、石油、油页岩、煤及某些磷矿、锰矿、铁矿等。

地壳中的各种沉积岩层和沉积矿产都是沉积作用的产物，保存在沉积岩层中的各种沉积现象反映着各个地质时期的地质环境，是研究全球变化的重要物证。

沉默权 right to silence 刑事诉讼中，被追诉人在接受讯问时所享有的拒不说话的权利。现代刑事诉讼中犯罪嫌疑人、被告人享有的一项重要权利。一般包含以下两项内容：一是面对警察、检察官、法官的讯问，被追诉人有权自愿选择是沉默还是放弃沉默（包括供述和抗辩），警察、检察官、法官不得对其施以肉体或精神上的强制；二是如果被追诉人在警察、检察官、法官讯问时保持沉默，不得从其保持沉默这一事实作出不利于被追诉人的推论。

18世纪中后期，沉默权制度最先确立于英国。在美国，联邦宪法第五修正案明确规定了任何人都享有不受强迫自证其罪的权利。第二次世界大战以后，大陆法系国家陆续在刑事诉讼法典中规定了沉默权。20世纪70年代以来，开始在立法上对沉默权予以一定的限制，规定法官和陪审团在法定情形下，可以因被追诉人沉默对其作出合理的不利推论。

中国香港地区、澳门地区、台湾地区的刑事诉讼法均明确规定了沉默权制度。

《中华人民共和国刑事诉讼法》中没有沉默权制度的规定。

沉钟社 Chenzhong Society 中国现代文学团体。1925年秋成立于北京。因办《沉钟》周刊而得名。前身为1922年在上海成立的浅草社。主要成员有杨晦、陈翔鹤、陈炜谟、冯至等。《沉钟》周刊1925年10月10日创刊，至第10期停刊。1926年8月10日，改为《沉钟》半月刊，至第12期又停刊。1933年10月15日复刊。1934年2月28日出至第34期停刊。曾出版《沉钟丛书》7种，包括冯至诗集《昨日之歌》，陈翔鹤小说集《不安定的灵魂》，陈炜谟小说集《炉边》，杨晦译法国罗曼·罗兰著《贝多芬传》，冯至诗集《北游及其他》，杨晦戏剧集《除夕及其他》，郝荫潭长篇小说《逸路》等。

沉钟社以翻译与创作并重。翻译了俄国L.N.安德列耶夫、A.P.契诃夫，匈牙利裴多菲，德国G.E.莱辛、J.W.von歌德等的作品。创作方面，他们多以知识青年的生活为题材，直抒对现实生活的不满，带有热烈而悲凉的艺术情调。

沉钟社于1934年解散，此前时断时续，首尾将近10年。鲁迅曾誉之为“中国的最坚韧，最诚实，挣扎得最久的团体”(《〈中国新文学大系·小说二集〉导言》)。

陈 Chen State 中国春秋时期诸侯国。妫姓。开国君主胡公满，相传是舜的后代。周武王灭纣后，将他封于陈。建都宛丘（今河南淮阳），占据今河南东部及安徽一部分。公元前598年徵舒杀陈灵公，自立为陈侯，楚庄王率诸侯消灭徵舒，立成公，使陈复国。公元前534年，楚灵王灭陈，立楚公子弃疾为陈公。5年后，弃疾杀楚灵王，自立为王，立吴为陈侯，陈又复国。公元前479年，楚惠王率兵北伐，杀陈湣公，陈终为楚国所吞并，国亡。

陈爱莲 Chen Ailian (1939-12-24～) 中国舞蹈表演艺术家。广东番禺人。生于上海。长期从事舞蹈表演、编导和教学工作。她表演的《春江花月夜》(独舞)、《蛇舞》(双人舞)、《弓舞》(领舞)、《草笠舞》(领舞) 等作品，在世界青年学生和平友谊联欢会上获4枚金质奖章。她基本功扎实，具有表现多种不同舞蹈风格、塑造不同性格人物形象的才能，形成独具特色的表演风格。

主演的舞剧代表作有《鱼美人》、《文成公主》、《红楼梦》、《牡丹亭》、《繁漪》等。1989年创立陈爱莲艺术团，任艺术总监、团长。90年代后期创建陈爱莲舞蹈学校，任校长。曾任中国舞蹈家协会副主席等职。

陈霸先 Chen Baxian (503～559) 中国南朝陈的创建者。见陈高祖陈霸先。

陈白尘 Chen Baichen (1908-03-02～1994-05-28) 中国剧作家、小说家。原名陈增鸿、征鸿。生于江苏清河（今淮安市淮阴区），卒于南京。1926年考入上海文科专科学校。

后在上海艺术大学学习，追随田汉创办南国艺术学院，成为南国社的重要成员。1937年抗日战争全面爆发后，曾参加上海影人剧团、上海业余剧人协会、中华剧艺社的组织领导工作，并为这些剧团写了大量剧本，还曾在国立戏剧专科学校、中央大学等校任教，担任过《华西日报》、《新民报》等报副刊主编。1946年参与筹建昆仑影业公司，开始电影剧本创作。1949年后历任上海戏剧电影工作者协会主席、中国作家协会书记处书记、《人民文学》副主编等职。1978年任南京大学中国语言文学系教授、系主任。

陈白尘早期主要从事小说创作。自1928年出版第一部长篇小说《旋涡》后，连续创作了长篇《一个狂浪的女子》、中篇《歧路》及短篇集《风雨之夜》等。出版有散文集《五十年集》(1982)，长篇散文《云梦断忆》(1982) 和《寂寞的童年》(1984)。文学成就突出表现在剧本创作上，共写作话剧和电影剧本50多部。《升官图》通过两个强盗的“升官梦”，画出了官场上一幅贪赃枉法、寡廉鲜耻、良心丧尽的群丑图。带有悲剧性的正剧《岁寒图》(1944)，表现了旧中国知识分子的浩然正气和苦斗精神。还有表现太平天国斗争的历史剧《石达开的末路》(1936)，以及描写西汉初年最高统治集团内部长期政治斗争的话剧和电影剧本《大风歌》(1979) 等。

陈半丁 Chen Banding (1876-05-14～1970-01-29) 中国画家。名年，字半丁，后以字行世。生于浙江绍兴，卒于北京。他天性笃爱诗文书画。20岁赴上海拜吴昌硕为师。40岁后为谋生到北京，就职于北京大学图

《紫藤图》

书馆，1931年被国立北平艺术专科学校聘为中国画教授。1956年举办个人作品展览，1959年出版《陈半丁画集》，1986年出版《陈半丁花卉画谱》。

陈半丁擅画花卉、山水、人物、走兽。山水画师法石涛等人，作品于平淡蕴藉中见高雅苍古之致；人物画简练古雅，多表现文人的生活情趣，但以写意花卉画造诣最高。初得任颐、吴昌硕的亲传，又师法赵之谦、徐渭、陈淳诸家，并广泛涉猎宋元花鸟画。至40岁后，作品渐趋成熟，笔墨苍润朴拙，含蓄有力，色彩明丽。代表作有《水仙》、《牡丹》、《紫藤图》等。绘画之外，陈半丁还擅长书法篆刻。先后担任全国政协第二、三、四届委员，第三届中国文联委员，中国美术家协会理事，中国画研究会会长，北京中国画院（今北京画院）副院长等职。

陈抱一 Chen Baoyi (1893～1945-07-27) 中国油画家。生于上海，卒于上海。早年从师张聿光，1911年在刘海粟开办的布景传习所学习绘画。1913年与1916年两度东渡日本，先后在葵桥洋画研究所、川端美术学校及东京美术学校学习西画。1921年回国后致力于油画创作和教学。曾任教于上海美术专科学校、上海艺术专科学校等。曾组织东方画会、默社等美术团体，并多次参加新派画展。陈抱一擅长油画静物花卉，风景、人物也有造诣。前期作品娇丽可人，充满激情，构图稳健，色彩明丽单纯。晚期由于经济窘迫，生活凄冷，画风转向凝重沉郁。陈抱一生平以教学为主，创作为辅，是中国现代早期的油画拓荒者与传播者之一。

陈波儿 Chen Bo' er (1910～1951-11-09) 中国电影演员。广东汕头人。卒于上海。新中国电影事业开拓者之一。1929年在上海艺术大学读书时开始从事左翼戏剧活动。1934年主演影片《青春线》和《桃李劫》。1936年主演了反映第一次国内革命战争的影片《生死同心》。1938年到达武汉，在中国电影制片厂参加拍摄影片《八百壮士》。1940～1946年在延安编导舞台剧、创作剧本，并积极筹划组织了《保卫延安》等文献纪录片的拍摄。1946年到东北兴山，参加东北电影制片厂的创建和领导工作。1947年支持拍摄了新闻纪录片《民主东北》17辑，其中有由她编导的中国第一部木偶片《皇帝梦》。1949年倡议并主持成立中国第一所电影学校——中央电影局所属的表演艺术研究所，后扩大为北京电影学院。

陈伯吹 Chen Bochui (1906-08-13～1997-11-06) 中国儿童文学作家。生于江苏宝山(今属上海市)。早年曾在乡村小学任教，1934年起在上海儿童书局、幼稚师范学校等任职，1942年去重庆国立编译馆工作。1946年在上海发起成立儿童读物工作者联谊会。1949年后历任人民教育出版社编审、北京师范大学兼职教授、上海少年儿童出版社副社长等。1981年捐资倡设上海儿童文学园丁奖（后改为陈伯吹儿童文学奖）。主要作品有小说《火线上的孩子们》(1933)、《中国铁木儿》(1959)、《飞虎队和野猪队》(1979)，童话《阿丽思小姐》(1932)、《一只想飞的猫》(1955)、《骆驼寻宝记》(1982)，以及儿童诗集《礼花》、散文集《摘颗星星下来》等。同时还翻译了《绿野仙踪》、《小夏蒂》、《兽医多立德的冒险故事》等外国儿童文学名著。他坚持现实主义创作方法，塑造了各具个性的少儿形象。他强调儿童文学应从儿童视角出发，研究儿童的特点，在20世纪50年代提出的“童心”观点影响甚大。主要理论著作有《儿童文学研究》(1934)、《作家和儿童文学》(1957)、《儿童文学简论》(1959)，以及热情扶持儿童文学新人、及时批评创作现象的序跋集《他山漫步》、《天涯芳草》、《火树银花》等。

陈伯达 Chen Boda (1904-07-29～1989-09-20) 中国共产党中央政治局原常委。原名陈健相，字尚友。生于福建惠安，卒于北京。早年就读集美师范学校。1924年后入上海大学、广州中山大学学习。1927年初参加北伐军，任秘书、教官，4月加入中国共产党，同年秋赴苏联莫斯科中山大学学习。1930年回国。1931年被国民党政府逮捕，次年出狱。1937年到延安，历任中共中央宣传部出版科科长、中央党校中国问题研究室主任、马列学院编译部主任、中央政策研究室副主任、毛泽东政治秘书。1945年当选为中共七届中央候补委员，1949年递补为中央委员。1949年后，任政务院文教委员会副主任、中共中央宣传部常务副部长、马列学院副院长、中央政治研究室主任、中央农村工作部副部长，中国科学院副院长、国家计划委员会副主任、《红旗》杂志总编辑。1956年当选为中共八届中央政治局候补委员。全国政协第二、三、四届常委。1966年5月任中央文化革命小组组长，8月当选为中共中央政治局常委。1969年当选为中共九届中央政治局常委。1970年8月在中共九届二中全会上积极追随林彪集团，制造分裂活动，被隔离审查。1973年8月被开除党籍，撤销一切职务。1981年被最高人民法院特别法庭确认为林彪、江青反革命集团主犯之一，判处有期徒刑18年，剥夺政治权利5年。1988年刑满释放。著有《中国四大家族》(1946)、《人民公敌蒋介石》(1949)等。

陈伯华 Chen Bohua (1919-03-24～) 中国汉剧演员。工贴旦。又名佩贞。湖北武汉人。1927年入汉剧训幼女学社（又名新化女科班），艺名新化钗，受业于刘本玉。出科后受到董瑶阶（牡丹花）的赞赏，改名筱牡丹花。她大胆地实行跨行演出，成为打破汉剧十大行当限制的第一个青年女演员，与当时已负盛名的张美英、万盏灯并称女“三鼎甲”。后有较长时期离开舞台。

陈伯华在汉剧《二度梅》中饰陈杏元

1951年恢复演出，致力于汉剧革新，使唱腔趋向华美、丰满、高亢、流畅。代表作《宇宙锋》、《二度梅》和《柜中缘》先后摄制成戏曲艺术影片。

陈布雷 Chen Bulei (1890-12-26～1948-11-13) 中国报刊编辑、政论家。名训恩，字彦及，笔名布雷、畏垒。浙江慈溪人。卒

于南京。1911年毕业于浙江省立高等学校。同年秋任上海《天铎报》主笔。1912年年初辞职回乡教书，仍为上海、浙江各报撰稿。1921年《商报》在上海创刊，应邀任编辑主任。1927年2月加入中国国民党。同年10月任上海《时事新报》总主笔。1929年后，历任浙江省教育厅厅长、国民党中央宣传部副部长、国民党中央政治会议秘书长等职，成为蒋介石的高级幕僚。抗日战争胜利后，任国民党“总统府”国策顾问，主持国民党中央宣传小组。曾直接筹划接管《申报》、《新闻报》的活动，并自任两报顾问，使两报成为国民党控制下的宣传工具。1948年11月在南京自杀。著有《陈布雷回忆录》。

陈昌智 Chen Changzhi (1945-07～) 中华人民共和国全国人民代表大会常务委员会副委员长，中国民主建国会中央委员会主席。湖北孝感人。研究生学历，副教授。1963～1968年在四川大学经济系学习。1968～1970年在解放军七八四八部队一五零师农场劳动锻炼。1970～1971年任四川省金阳县洛觉区中学教师。1971～1978年任四川省金阳县文教局干部。1978～1979年任四川省金阳县教师进修学校教师。1979～1981年为四川大学经济系中国经济史专业研究生。1981～1988年任四川大学经济系助教、讲师、副教授。1986～1988年任民建四川省委会副秘书长。1988～1994年任四川财贸委员会副主任、经济委员会副主任。1992～1997年任民建四川省委会副主委兼秘书长。1988～1998年任四川省政协副秘书长。1994～1998年任四川省监察厅副厅长。1997～1998年任民建四川省委会主委。1998年任四川省政协副主席。1998～2002年任民建中央常委。1998～2007年任监察部副部长。2002～2007年任民建中央副主席、常务副主席，中国监察学会会长（2003年12月）。2007～2008年任民建中央主席。

2008年任十一届全国人大常委会副委员长。是八届全国人大代表，十一届全国人大常委会副委员长；全国政协九届、十届常务委员。

陈长蘅 Chen Changheng (1888～1987) 中国人口学家、经济学家。四川荣昌人。卒于上海。1911年赴美留学。1917年获哈佛大学硕士学位。回国后，先后任北京大学经济系讲师、盐务稽核所编译、南京中央大学法学院经济系副教授。1928年任中国经济学社常务理事。30年代参加中国统计学社，曾任重庆朝阳法学院经济系教授兼系主任，浙江英士大学财政学教授。1956年任上海文史馆馆员。1961年任上海市人民政府参事。1980年任上海市人口学会顾问。著有《中国人口论》、《进化之真相》、《三民主义与人口政策》。

陈长蘅认为，人口问题是有关中国生计的根本问题，经济问题迟早都要演变成为人口问题。他提出缓解人口压力的根本途径在于提倡比欧美各国更加健全和彻底的、以节育和优生为内容的“生育革命”。

陈朝 Chen Dynasty 中国南朝最后一个王朝。陈霸先创建。都建康。仅控制江陵以东、长江以南的狭小地区。历五帝，共33年(557～589)。

陈朝帝系表

- ①武帝陈霸先(557～559)
  - ②文帝倩(559～566)——③废帝伯宗(566～568)
  - ④宣帝顼(569～582)——⑤后主叔宝(582～589)

陈霸先，出身寒门。以平侯景之乱功，官至司空。太平二年(557)，代梁称帝，建元永定，国号陈(见陈高祖陈霸先)。在位三年死。其侄陈蒨即位(陈文帝)，清除尚存的萧梁残余势力，削平长江中游的割据势力王琳，击退北齐、北周的军队。宣帝陈顼时，陈朝政权已比较稳固，社会经济也有所恢复，而北齐政局正极度混乱。太建五年(573)，陈宣帝命吴明彻为主帅大举北伐，连战皆捷，尽复淮南失地。九年，北周灭北齐，统一北方。陈宣帝欲夺取徐、兖，再次出兵北伐。十年，吴明彻率水军猛攻彭城(今江苏徐州)，但后路被周军截断。陈军撤退到清口(古泗水入淮之口，今江苏淮安市淮阴区西)，被周军击溃，吴明彻和三万将士被俘。淮南之地复为北周占领。十四年，宣帝病死。即位的陈叔宝是历史上有名的荒淫皇帝(见陈后主陈叔宝)。在他的统治下，政治腐败不堪，人民生活极为穷困。此时，北方的北周已为隋朝所代。祯明二年(588)，强大的隋朝派大军50余万分八路南下。次年，隋军攻下建康，陈叔宝被俘，陈亡。分裂了200多年的中国再次统一。

陈忱 Chen Chen (1613～1670?) 中国明末清初小说家。字遐心，又字敬夫，号雁宕山樵。浙江乌程(今湖州)人。明亡后，与顾炎武、归庄等40余人组织“惊隐诗社”，进行反清秘密活动。一生贫困潦倒，“穷饿以终”。著有《水浒后传》8卷40回，为他晚年的“泄愤之书”。《水浒后传》是铺衍《水浒传》故事的，叙梁山好汉李俊、阮小七等32人因贪官污吏横行，又穷治“梁山余党”，所以在登云山、饮马川重新聚义，他们处死了蔡京、高俅、童贯等奸臣，并奋起抗御南侵金兵，后又渡海至暹罗建立王业，但仍心系南宋朝廷安危，不忘复国之志。此书情节多傍依120回《水浒传》而再加构撰，突出了北宋末年的政治腐败及金兵南侵暴行，明显地寄寓着作者对明亡教训的总结及亡国隐痛。陈忱另有《雁宕杂著》、《雁宕诗集》2卷及《续廿一史弹词》、曲本《痴世界》等，今俱不存。《浔溪诗徵》卷五收陈忱诗作106首。

陈诚 Chen Cheng (1898-01-04～1965-03-05) 中国国民党黄埔系重要将领。字辞修。浙江青田人。卒于台北。1919年入保定陆军军官学校炮科学习。1920年加入中国国民党。保定军校毕业后，先后在浙江陆军、粤军和黄埔军校任下级军官。1926年北伐战争开始后，任国民革命军团长、师长。一向重视培植和扩展黄埔系实力，颇受蒋介石信任和重用。1930年升任第18军军长，在“围剿”工农红军的作战中历任要职。抗日战争初期，任第三战区前敌总指挥及第九战区司令长官，参与指挥淞沪战役和武汉保卫战。后历任军事委员会政治部长、军政部长、中国远征军司令长官、第一战区司令长官兼冀察战区总司令及三青团中央书记长等职。1946年任国防部参谋总长兼海军总司令，协助蒋介石进行全面内战。次年9月兼任东北行辕主任，指挥东北战场作战，但迭遭失败。1948年5月去职。10月退守台湾，先后任台湾省主席兼警备总司令、“行政院长”、“副总统”及国民党副总裁等职。

陈淳 Chen Chun (1158～1223) 中国南宋思想家。字安卿。福建漳州龙溪北溪人，人称北溪先生。曾两次到朱熹门下求学。朱熹死后，避居南缅讲学。认为天是理与气的统一，理不离气，就像火不离烛一样。他发挥朱熹心性学说，认为心之体广大虚明，心之用神妙不测，万化皆从心出，心是源头处。对于知行关系，认为“二者一事，不是两事”。著作有《北溪先生全集》。

陈淳 Chen Chun (1483～1544) 中国明代画家。字道复，后以字行，更字复甫，号白阳山人。长洲(今江苏苏州)人。太学生，善词翰，工篆草，尤精绘画。擅长水墨写意花卉，题材多为常见花木，多作一花半叶，疏斜历乱，用笔洗练，泼墨淋漓，风格疏爽俊逸。画中常作草书题诗，以抒发闲适

《葵石图》(故宫博物院藏)

宁静的意趣。存世作品有《红梨诗画图》、《葵石图》、《花卉》、《山茶水仙图》等。进入中年以后，又间作山水画，所作山水，多写江南风景，阴晴雨雾，种种变化，尽收画面。作品手法简练，淡墨淋漓，极高远之致，抒发了闲适幽淡的文人生活情趣。《罨画图》为其存世精品，图绘江苏宜兴荆溪地区罨画溪风景，运用米家画法，以变化多端的用笔、层次丰富的墨色，塑造出秀丽幽雅的自然名胜境界。其子陈栝亦善花卉，继承父风。

陈达 Chen Da (1892～1975-01-16) 中国社会学家。别号通夫。浙江余杭(今属杭州)人。1916年赴美国留学，1923年获哥伦比亚大学博士学位。同年回国，执教于清华学校。1928年负责创办清华大学社会学系，任教授兼系主任。抗日战争期间，任西南联合大学社会学系主任兼清华大学国情普查研究所所长。1952年后，先后在中央财经学院、中国人民大学、中央劳动部劳动干部学校任教授。

陈达认为社会学是经世之学，所以要深入中国社会实际，开展调查，从而研究社会问题，提出改造社会的对策。他特别注重实际调查，1923～1952年共主持和参加国内外社会调查24次。其中，抗日战争时期对云南昆明地区的人口普查是中国最早的地区性人口普查示范工作。在人口问题和中国劳工问题研究中，他提出生存竞争与成绩竞争的理论。主张必须实行计划生育，控制人口数量，提高人口质量。著有《华侨——关于劳动条件的专门考察》（英文版）、《中国劳工问题》、《人口问题》、《南洋华侨与闽粤社会》、《华南侨乡》（英文版）、《现代中国人口问题》（英文版）等。

陈岱孙 Chen Daisun (1900-10-20～1997-07-27) 中国经济学家，教育家。原名陈总。祖籍福建闽侯（今福州）。1920年毕业于清华学校高等科。1924年和1926年分别获哈佛大学文学硕士和哲学博士学位。历任清华学校大学部经济系教授、法学院院长，西南联合大学经济系教授、系主任。中华人民共和国建立后，历任中央财政经济学院第一副院长，北京大学教授、经济系主任，校务委员会副主任委员，并任中国外国经济学说研究会理事长、《中国大百科全书·经济学》编辑委员会副主任等。著有《政治经济史》（主编）、《从古典经济学派到马克思——若干主要学说发展论略》、《陈岱孙文集》等。

陈得芝 Chen Dezhi (1933-11-03～) 中国历史学家。福建霞浦人。1956年南京大学历史系本科毕业，1960年同校研究生毕业，留校任教。历任南京大学历史系教授、元史研究室主任、南京大学学术委员会委员及江苏省政协文史委员会主任等职。1979年当选为中国中亚文化研究协会理事，中国蒙古史学会理事，1983年当选为中国元史研究会副会长。

陈得芝长期从韩儒林研究蒙古史、元史，开设过中国古代史、元史、北方民族史、中西交通史、蒙元史专题研究、民族史研究中的对音与勘同等课程，先后参加了高校教材《中国通史参考资料》的编选、《中国历史地图集》的编绘等工作。担任《中国历史大辞典》副主编及《中国大百科全书·中国历史》编辑委员会委员。参与撰写《元朝史》，并主持多卷本《中国通史·元史卷》的编撰工作。发表的论文涉及北方游牧部族、元代政治及社会、中西交涉和海外交通、蒙古地区历史地理、吐蕃史等多种研究领域，提出了许多有价值的见解，尤精于北方民族史地之学。主要论文有《辽代的西北路招讨司》、《元岭北行省诸驿道考》、《元察罕淖儿行宫今地考》、《元称海城考》、《十三世纪前的克烈王国》、《元乌思藏宣慰司的建置年代》等。

陈第 Chen Di (1541～1617) 中国明代音韵学家。字季立，号一斋。连江（今属福建连江）人。万历时秀才，曾从俞大猷学兵法。以诸生从军，官至蓟镇游击将军。后致仕归里。善诗，精通小学，尤长于音韵。著有《毛诗古音考》、《屈宋古音义》、《读诗拙言》等。陈第第一个明确指出，今人读上古韵文感到押韵不和谐，是由于古今语音的不同所致。他研究古韵，先从《毛诗》入手，认为《诗经》无所谓叶韵，宋人所谓叶韵的音，恰是古人本有的读音。他最早悟出“时有古今，地有南北，字有更革，音有转移，亦势所必至”的道理，力斥一个字可以任意改读叶音的错误观点。他确定了一条很重要的原则：同一个字在同一个时代、同一个地域，读音是统一的。他的研究成果对清代的古韵研究有很大影响。

陈独秀 Chen Duxiu (1879-10-09～1942-05-27) 中国共产党的创建人和早期领导人之一。安徽怀宁十里铺（今属安庆）人。卒于四川江津（今属重庆市）。早年一度拥护戊戌变法。1901年以后，三次留学日本，接受西方民主主义思想，参加辛亥革命和讨伐袁世凯的斗争，曾任安徽都督府秘书长。失败后继续探求救国救民道路。1915年创办《青年》（后改名为《新青年》）杂志，高举民主与科学两面大旗，猛烈抨击儒家伦理道德等，掀起中国近代思想启蒙运动。1917年1月，到北大任文科学长，推行课程改革，以白话文教学。1918年与李大钊等创办《每周评论》，评点时事，主张公理，反对强权。《新青年》和《每周评论》的宣传和教育，为五四运动准备了思想和干部条件。1919年五四运动后，接受和宣传马克思主义。1920年发起创建中国共产党，1921年7月，在中共一大上，当选为中央局书记。此后，接受共产国际决定，领导共产党加入国民党，与国民党进行党内合作，开展“打倒列强，打倒军阀”的大革命，主持中共中央工作，领导五卅运动和上海工人第三次武装起义。在这个过程中，面对国民党右派猖狂反共，多次提议退出国民党，以保持共产党的独立性，争取革命领导权，均被共产国际否决，致大革命失败。1927年7月辞去总书记职务。

1929年，转向托洛茨基主义，反对中共六大路线，主张以城市为中心的国民会议运动和工人运动，反对农村武装斗争，并同时反对共产国际与中共中央在中东路事件中执行“拥护苏联”的方针。11月被开除出党。后与莫斯科归国留学生托派组织逐渐结合，在1931年初组织中国托派组织——“中国共产党左派反对派”，任书记，旋领导托派进行反日反国民党斗争。1932年10月被国民政府逮捕，1937年8月出狱，拥护国民党领导抗日，拥护国共合作，与坚持打倒国民党、反对国共合作的托派中央决裂，并一度在武汉独立进行政治活动。1938年，被王明、康生诬陷为日本间谍。7月入川，晚年贫病交加，仍不断撰文谴责J.斯大林独裁，彻底否定无产阶级专政，赞扬英美议会民主制度，认为列宁、托洛茨基的理论不适用于中国、俄国和西欧。著作编为《独秀文存》、《陈独秀文章选编》、《陈独秀著作选》等。

陈恩凤 Chen Enfeng (1910-12-20～2008-06-07) 中国土壤学家。生于江苏句容，卒于沈阳。1933年毕业于金陵大学农学院，1938年在德国获博士学位。回国后历任中央地质调查所土壤研究室技师，中国地理研究所副研究员，复旦大学教授、农艺系主任，沈阳农学院（现沈阳农业大学）土壤农业化学系主任、副院长、院长，中国科学院林业土壤研究所研究员，中国土壤学会副理事长。长期从事土壤地理、土壤改良、土壤肥力方面的教学与研究工作。著有《水土保持学概论》(1949)、《中国土壤地理》(1951)、《土壤肥力物质基础及其调整》(1990)，撰有学术论文约90篇。

陈蕃 Chen Fan (?～168) 中国东汉大臣。字仲举。汝南平舆（今属河南）人。桓帝时任太尉，乐安、豫章太守。为官清廉，名重当时。针对当时皇帝巡游无度、封赏逾制、内宠猥盛的情况，多次上书劝诫裁减后宫女宠。对人民起义，主张从统治阶级内部寻找原因，施以德政感化，而不能采取残忍的镇压手段。后因与李膺等联合反对宦官被免职。建宁元年（168），灵帝即位，窦太后临朝，任命为太傅，封高阳乡侯，食邑300户，并委以国政。与外戚大将军窦武合谋剪除宦官曹节、王甫，事败后，窦武被杀，陈蕃率官属太学生80余人攻入承明门，欲解救窦武，被王甫拘收害死。为人方正，厌恶特权，为太学生所敬重，被尊为“不畏强御陈仲举（蕃）”。对汉末士大夫崇尚气节之风影响很大。

陈芳允 Chen Fangyun (1916-03-01～2000-04-19) 中国电子学家。生于浙江黄岩，卒于北京。1938年毕业于清华大学物理系。1945～1948年在英国从事彩色电视和船用雷达的研究。1948年回国。1950年入中国科学院上海分院任研究员。1952年赴北京筹建中科院电子学研究所，1956年再建电子学研究所并任第四研究室主任。1964年开始从事空间技术工作，1965年任洛阳人造卫星地面跟踪与通信技术研究所副所长，1984年任国防科工委科学技术委员会常任委员，1985年兼任国防科技大学教授，后又任总装备部科技委顾问。1980年当选中国科学院学部委员（院士）。

陈芳允早年曾发明无线电导航仪。1957年，他和同事以短波收音机和多普勒频率测量计算出苏联第一颗人造卫星的运行轨道、速度等参数。1963年制成核爆炸测试用多道脉冲检测仪。1964年制成中国第一台机载抗干扰雷达和地面观测系统及相关台站的建设。1970年他开始研制新型卫星测控设备及其系统。1971年为通信卫星设计微波统一测控系统，于1984年完成并安装使用。1980年，解决了“远望”号航天测量船的电磁兼容问题。1983年又提出双星定位通信系统，并于1989年完成。

陈芳允1985年当选国际宇航科学院院士。1990年当选国际宇航联合会副主席。历任中国电子学会、宇航学会和计量测试学会理事。他曾两次获得国家科技进步奖特等奖，一次获国家科技进步奖一等奖，1999年被授予“两弹一星功勋奖章”。

陈凤桐 Chen Fengtong (1897-12-09～1980-10-05) 中国农学家。中国科学院学部委员（院士）。生于河南内乡，卒于北京。1929年求学于东京农业大学，1933年转入北平大学农学院农业经济系，后辍学投身抗日战争。曾任晋察冀边区政府农林局局长，华北农业科学研究所所长，中国农业科学院党组书记兼副院长、顾问，中国科学院生物学部副主任，中国科协副主席。著有《农业推广和普及科学思想》(1942)、《农业科学工作如何结合实际》(1953)等。

陈复礼 Chen Fuli (1916-06-21～) 中国香港摄影家。广东潮安人。20世纪30年代中期，赴泰国谋生，在店铺当伙计，继而在越南经商，生意之暇，潜心苦读诗词，开始学习摄影。1955年，在香港定居，遍访东南亚各地、日本和欧美国家，频繁参加国际摄影沙龙活动并获奖。他重视学习中国画传统，擅长风光摄影，将摄影与中国画意结合，成为著名的画意摄影家。代表作有《幽谷劲松》、《搏斗》、《松涛》、《高路入云端》、《千里共婵娟》等，气韵生动，水墨淋漓，酷似中国水墨画，赢得很高的国际声誉。陈复礼任全国政协五至九届委员、全国文联委员、世界华人摄影学会名誉会长、英国皇家摄影学会高级会士（FRPS）、香港中华摄影学会永久名誉会长等。

陈高祖陈霸先 Emperor Gaozu of Chen Dynasty (503～559) 中国南朝陈创建者。字兴国，小字法生。在位三年（557～559）。自称祖居颍川（今河南许昌东），永嘉之乱始迁吴兴长城（今浙江长兴东）。家世寒微，出身小吏，然喜读兵书，长于军事。初随梁宗室萧暎至广州刺史任，为中直兵参军。因镇压土著民族起义有功，累官西江督护、高要太守、督七郡诸军事。太清二年（548）侯景叛梁，攻陷建康。次年十一月于始兴（今广东韶关）起兵勤王讨景。大宝元年（550）出大庾岭，军至南康（今江西赣州），至湓城（今江西九江）与王僧辩会师，讨灭侯景（见侯景之乱），进位司空，领扬州刺史，镇京口。承圣三年（554）十一月，西魏陷江陵，杀梁元帝萧绎。乃与王僧辩共迎萧方智于建康为帝（梁敬帝）。四年，袭杀王僧辩，击退北齐兵，专擅朝政。太平二年（557）加九锡，晋爵为王，十月代梁即皇帝位，国号陈，改元永定。

陈赓 Chen Geng (1903-02-27～1961-03-16) 中国无产阶级革命家、军事家，中国人民解放军领导人，中国国防科技、教育事业的奠基者之一。原名陈庶康。湖南湘乡人。卒于上海。1916年入湘军当兵。1922年12月加入中国共产党。1924年5月考入黄埔军校1期，毕业后留校任连长、副队长。1926年秋赴苏联学习，1927年初回国。同年8月参加南昌起义，南下途中在贺龙部任营长。从1928年起，在上海主持中共中央特科的情报工作。1931年9月赴鄂豫皖苏区，历任中国工农红军第四方面军的团长、师长。1933年3月被捕后，拒绝蒋介石诱降。后经中共和宋庆龄等营救，到达中央苏区，任彭（湃）杨（殷）步兵学校校长。长征中任干部团团长。到达陕北后任第1军团第1师师长，参加了直罗镇、东征、西征和山城堡诸战役。1937年2月入抗日军政大学学习，兼任第1队队长。抗日战争爆发后，历任八路军第129师第386旅旅长、太岳军区司令员、太岳纵队司令员，参与领导创建晋冀豫抗日根据地。1943年11月赴延安，入中共中央党校学习。抗日战争胜利后，先后率太岳纵队（后改晋冀鲁豫军区第4纵队）参加上党战役；率第4纵队和太岳军区部队转战晋南，六战六捷；率晋冀鲁豫野战军主力一部，强渡黄河，配合刘（伯承）邓（小平）和陈（毅）粟（裕）野战军，在中原地区进行战略进攻；率中原野战军第4纵队，参加淮海战役中围歼黄维兵团。1949年任解放军第4兵团司令员兼政治委员，指挥所部横渡长江，解放南昌，并协同兄弟部队进行桂边战役。继又西进，指挥滇南战役。1950年2月进驻昆明，历任西南军区副司令员，云南省人民政府主席，云南军区司令员。1950年7月，应邀赴越南民主共和国，参加抗法战争，取得边界战役胜利。1951年参加抗美援朝，任中国人民志愿军副司令员兼第3兵团司令员、政治委员。1952年6月回国后，历任解放军军事工程学院院长兼政治委员、解放军副总参谋长、国防科学技术委员会副主任、国防部副部长。1955年被授予大将军衔和一级八一勋章，一级独立自由勋章，一级解放勋章。中共第七届中央候补委员，第八届中央委员。

陈公博 Chen Gongbo (1890-10-12～1946-06-03) 中华民国时期汪伪南京“国民政府”行政院长、代主席。祖籍广东乳源。生于广州。1917年考入北京大学哲学系。1921年7月，以广东代表身份赴上海出席中国共产党一大会议。次年自行宣布脱党，随即被中共除名。1925年毕业于美国哥伦比亚大学，回国后加入中国国民党。1927年3月在武汉国民党二届三中全会上当选为中央常委兼工人部长，从此成为汪精卫政治上的坚定支持者。1928年冬在上海成立拥汪为领袖的秘密组织“中国国民党改组同志会”，先后策动张发奎、阎锡山等起兵反对蒋介石，但均以失败告终。1932年任蒋、汪合作政府实业部长，因受蒋排挤，被迫辞职。抗日战争全面爆发后，于1938年12月追随汪精卫出逃河内，并携汪投敌声明至香港发表。1940年3月，出任南京汪伪“国民政府”立法院长、军事委员会副委员长等职。1944年11月汪病死日本后，继任为行政院长、国民政府代主席。次年8月，日本战败，偕妻等逃往日本。10月，被引渡回国。1946年以叛国罪在苏州被处死刑。

陈光甫 Chen Guangfu (1881-12-17～1976-07-01) 中国银行家。原名辉祖，后易名辉德，以字行世。江苏镇江人。卒于台北。1909年毕业于美国宾夕法尼亚大学，同年回国。1911年辛亥革命后，任江苏省银行监督。1914年转任中国银行顾问。翌年6月创办上海商业储蓄银行。1927年任国民政府财政委员会主任委员，负责为蒋介石筹募军饷。同年创办中国旅行社。1928年出任江苏省政府委员、中央银行理事、中国银行常务董事和交通银行董事等职。1931年与英商太古洋行合资开设宝丰保险公司。1936年3月，任国民党政府财政部高等顾问。1937年，任大本营贸易委员会中将衔主任委员。抗日战争时期，历任国民参政会参政员，国立复兴贸易公司董事长，中、美、英平准基金委员会主席。1947年任国民政府委员，并主管中央银行外汇平衡基金委员会。1948年当选立法委员。1950年陈光甫将上海商业储蓄银行香港分行易名为上海商业银行，在香港注册。1954年定居台湾。1965年上海商业储蓄银行在台北复业，任董事长。

陈光中 Chen Guangzhong (1930-04-21～) 中国法学家。浙江永嘉人。1952年7月北京大学法律系毕业。1983年以后，在中国政法大学从事教学、科研工作，历任研究生院副院长、常务副校长、校长，为中国政法大学终身教授。曾任中国法学会第三、四届副会长，兼任中国法学会学术委员会副主任、中国法学会诉讼法学研究会会长。

他主张在中国刑事诉讼中加强人权保障，确立无罪推定原则，树立程序正当、实体公正与程序公正并重的理念；在证据法上，主张以认识论和价值论为基础理论，把客观真实和法律真实加以结合；还主张结合中国国情，积极借鉴外国刑事司法经验，与国际刑事司法准则相协调。他积极参与国家立法，主持拟定的《中华人民共和国刑事诉讼法修改建议稿》，多数为1996年新修正的《中华人民共和国刑事诉讼法》所采纳。著有《陈光中法学文集》、《中国古代司法制度》等；主编有《刑事诉讼法学》、《外国刑事诉讼程序比较研究》、《中华人民共和国刑事诉讼法修改建议稿与论证》、《〈公民权利和政治权利国际公约〉批准与实施问题研究》、《中华人民共和国刑事证据法专家拟制稿（条文、释义与论证）》等。

陈国公主墓 Tomb of Princess of Chen State 中国辽代中期陈国公主及驸马萧绍矩的合葬墓。位于内蒙古自治区奈曼旗斯布格图村西。1986年发掘。陈国公主是辽景宗第二子秦晋国王耶律隆庆之女，死于圣宗开泰七年（1018），年仅18岁。萧绍矩是圣宗仁德皇后之兄。此墓是中国已发掘的辽墓中唯一未被盗掘过的贵族墓，对研究辽代的政治、经济、文化和当时的中外关系有重要价值。

金面具

该墓为砖筑圆形单室壁画墓，地表原有坟丘。全墓由斜坡阶梯式墓道、天井、甬道、左右侧耳室和主墓室组成，全长16.4米。墓道后部和甬道绘彩色壁画。其中，墓道东、西壁绘侍从牵马，甬道两壁绘男女仆侍和祥云仙鹤。甬道顶部绘仙鹤、日月和星辰。墓门有影作木结构砖雕。墓室穹窿顶。墓室内紧贴砖壁直达墓顶有木护墙。墓室后部有砖砌尸床，尸床上原来应有帷幔式床帐。公主和驸马二人头枕金花银枕，戴金面具和鎏金银冠，身穿银丝网络葬衣，脚着金花银靴，胸佩琥珀、璎珞饰件，为迄今所见保存最好、规格最高的辽代殡葬服饰。随葬品共3 227件，有墓志、金银器、玻璃器、玉器、铜器和琥珀、玛瑙、水晶、珍珠等珠宝。随葬品中有不少是罕见的文物珍品。如外底刻有“官”字款的越窑、定窑瓷器，来自中亚的乳钉纹高颈瓶、刻花高颈瓶等精美玻璃器，及胡人驯狮浮雕佩饰等琥珀器。

陈果夫 Chen Guofu (1892-10-27～1951-08-25) 中国国民党党务主要负责人、CC系首领。浙江吴兴（今湖州）人。卒于台北。1907年入浙江陆军小学堂，受叔父陈其美革命活动影响，加入同盟会。辛亥革命爆发后，赴武汉参加革命军，后随陈其美参加讨袁斗争。1918年起在上海经商，与蒋介石等从事交易所买卖。1926年当选为国民党第二届中央监察委员，后任国民党中央组织部代部长，积极参与蒋介石“清党”反共。长期掌管国民党党务，竭力把国民党变成蒋介石维护独裁统治的工具。与其弟陈立夫组织“中央俱乐部”，形成一个很有权势的CC系，后来发展成中国国民党中央执行委员会调查统计局（简称中统），专事反对中国共产党、迫害进步人士和对付内部反蒋派系的活动。历任监察院副院长、导淮委员会副委员长、江苏省政府主席等职。利用政治特权发展官僚资本，控制中国农民银行。抗日战争期间在川、桂、云等省兴办和投资许多企业。抗战胜利后主持经营“党营生产事业”，接管大批敌伪资产，开办公司、银行等，还将文化、新闻、电影、广播单位改为“党营”。1949年去台湾。

陈翰伯 Chen Hanbo (1914-03-14～1988-08-26) 中国新闻编辑出版家、国际问题评论家。笔名梅碧华、王孝风等。祖籍江苏苏州。生于天津，卒于北京。1936年毕业于北平燕京大学。1945年任《新民报》副总编辑，1946年协助潘梓年筹办《联合晚报》，任总编辑。1949年后历任新华通讯社总社编委、中宣部理论宣传处副处长、商务印书馆总经理兼总编辑、文化部出版局局长、人民出版社领导小组组长、国家出版事业管理局代局长等职。1978年兼任《中国大百科全书》第一版总编委会副主任。中国人民政治协商会议第五至七届全国委员会委员。中国出版工作者协会第一、二两届主席，第三届名誉主席。著有《国会和政府》、《论美苏关系》、《陈翰伯出版文集》等。

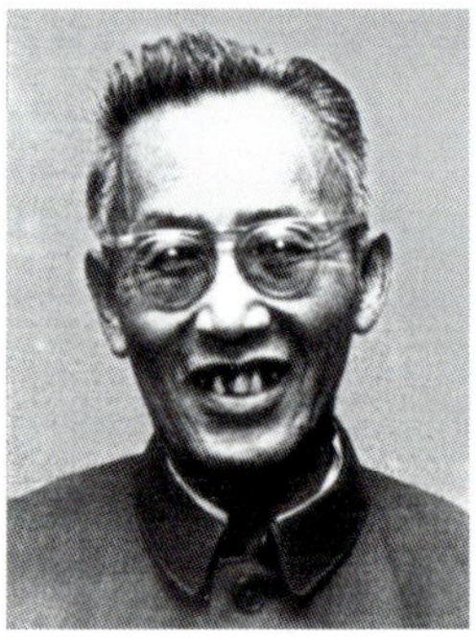

陈翰笙 Chen Hansheng (1897-02-05～2004-03-13) 中国历史学家、经济学家和社会活动家。生于江苏省无锡，卒于北京。1921年获芝加哥大学硕士学位，1924年获柏林大学博士学位。在李大钊的影响下，逐步接受马克思主义，参加共产国际的工作，为共产国际创办的《国际新闻通讯》撰稿，宣传中国革命，1932年参加宋庆龄、蔡元培等组织的“中国民权保障同盟”。1949年前，曾任北京大学史学系教授、中央研究院社会科学研究所副所长、中国农村经济研究会理事长等职。1949年后，历任外交部顾问、中国科学院哲学社会科学部委员、国际关系研究所社会学组主任、中国社会科学院顾问、世界历史研究所名誉所长等职，后任《中国大百科全书》第一版总编委会副主任和外国历史卷编委会主任。

陈翰笙早年除在大学执教外，长期从事中国经济、特别是农村经济问题研究。1949年前后，转向外国历史和外国经济的研究。主要著述有《国际新局面》(1926)、《封建社会的农村生产关系》(1930)、《中国当前的土地问题》(1932)、《帝国主义工业资本与中国农民》(1939)和《美国垄断资本》(1955)等。

陈鹤琴 Chen Heqin (1892-03-05～1982-12-30) 中国教育家、儿童教育家。生于浙江上虞，卒于南京。1914年清华大学毕业后留学美国。1917年毕业于美国**约翰斯·霍普金斯大学**。1919年获**哥伦比亚大学**师范学院硕士学位。回国后任南京高等师范学校教授、**东南大学**教务长。1923年创办鼓楼幼稚园兼任园长。1927年任南京晓庄试验乡村师范第二院院长。1928～1939年任上海工部局华人教育处长。1949～1959年任南京大学师范学院和南京师范学院院长。1955年任中国文字改革委员会委员。1964年被推为九三学社中央委员兼南京市主任委员。连任全国政协委员和江苏省政协副主席。1979年任中国教育学会名誉会长、全国幼儿教育研究会名誉理事长。

陈鹤琴在求学时就立志献身教育事业，回国后尤重视儿童教育。从20世纪20年代到50年代初，他先后创立了幼稚教育研究会、中华儿童教育社、中国幼稚教育社。著有《儿童心理之研究》、《家庭教育》、《语体文应用字汇》等。编有《智力测验法》、《测验概要》等中小学测验用书，先后任《幼稚教育》、《儿童教育》、《小学教师》、《活教育》等刊物主编。

陈洪绶 Chen Hongshou (1597/1598～1652) 中国明代画家。字章侯，号老莲。浙江诸暨人。卒于山阴。明崇祯十五年(1642)捐为国子监生。清顺治三年(1646)于绍兴入云门寺为僧，自号悔迟、又称老迟。曾在绍兴、杭州等地卖画。能诗，工书法，尤善绘画。著有《宝纶堂集》、《避乱草》等。绘画题材广泛，人物、山水、花鸟、竹石、草虫等造诣均深，尤以人物画著称于世。所作人物躯干伟岸，衣纹细劲清圆，晚年人物画造型夸张，以突出表现人物的性格特征。花鸟、草虫、竹石，勾勒精细，色彩清丽，颇富装饰趣味。亦用水墨写意法画花卉，笔墨酣畅淋漓。作品以简洁、洗练的线条和色彩，沉着、含蓄的表现手法，创造了高古奇特的艺术风格，体现出画家孤傲倔强的个性。主要传世绘画作品有《荷花鸳鸯图》、《女仙图》、《升庵簪花图》等，以及《归去来图》等卷轴画和《九歌图》、《西厢记》等木刻版画。

《升庵簪花图》(故宫博物院藏)

子陈字，善画，承家学，尝为其父代笔，几可乱真。

陈鸿 Chen Hong 中国唐代小说家、史学家。字大亮。生卒年不详。顺宗永贞元年(805)进士及第，曾担任太常博士、虞部员外郎，文宗大和三年(829)官尚书主客郎中。撰《大统记》30卷，今佚。创作传奇《长恨歌传》及《开元升平源》。《东城老父传》旧题陈鸿撰，实误，从文本可知，作者为陈鸿祖。《**全唐文**》收其文3篇。

《长恨歌传》创作于宪宗元和初年，《**太平广记**》卷四百八十六引，题作《长恨传》。写天宝时唐玄宗杨贵妃事，与**白居易**《长恨歌》同。小说结尾宣扬女色祸国的思想，体现劝诫主旨。元代**白朴**《梧桐雨》杂剧、清代**洪昇**的《**长生殿**》传奇等皆取材于此。又有《开元升平源》，《新唐书·艺文志》小说家类著录题为陈鸿作，南宋至元代书目俱称吴兢(一作竞)作。写姚崇借骑射邀恩，向玄宗献纳为政先仁义后刑法等10条建议，然后奉诏为宰相之事，文字较为质朴。

陈后主陈叔宝 Emperor Houzhu of Chen Dynasty (553～604) 中国南朝陈最后一个皇帝。字元秀，小字黄奴。吴兴长城(今浙江长兴东)人。在位8年。陈宣帝陈顼嫡长子。太建十四年(582)即帝位。统治期间，政治日趋腐败，国力日渐衰弱。叔宝荒于酒色，不恤国事。以江总为尚书令，不持政务，日与江总、陈暄、孔范等“狎客”十余人游宴后庭，制作艳诗，互相唱酬。又大建宫室，滥施刑罚，对于北方强敌隋朝了无防备。祯明二年(588)隋以晋王杨广为元帅，率80位总管、51万大军南下。叔宝自恃长江天险，不以为意。翌年正月，隋军分道攻入建康，叔宝与张贵妃、孔贵人避入井中被俘，陈亡。隋仁寿四年(604)病卒于洛阳。

陈叔宝在文学方面颇有才华。其所作《玉树后庭花》最为轻艳，然亦新警。

陈化成 Chen Huacheng (1776～1842) 中国清代**鸦片战争**中抗英名将。字莲峰。福建同安人。出身行伍，历任把总、参将、副将、总兵等职。道光十年(1830)，升任福建水师提督，驻守厦门。不久，调任江南水师提督。任上积极筹备吴淞防务。二十二年四月，英国侵略军攻陷乍浦，江苏大震。陈化成率军驻守吴淞西炮台，与东炮台、小沙背形成犄角之势。六月，英舰队进逼吴淞口，两江总督牛鉴以敌众我寡，主张缓师避敌，遭到陈化成坚决反对。六月十六日，英舰向吴淞大举进攻，陈化成麾旗发炮，重创英舰多艘。后因牛鉴逃遁，军心动摇，英军占领小沙背和东炮台，集中兵力进攻西炮台。陈化成率部坚持抵抗，数次拒绝接受牛鉴要他撤兵的命令。由于孤军无援，守台官兵纷纷战死，陈化成亦中弹负伤，但仍亲燃大炮，最后因伤势过重，壮烈殉国。

陈焕镛 Chen Huanyong (1890-07-22～1971-01-18) 中国植物分类学家、树木学家。生于香港，卒于广州。幼年就读于上海。1913年在美国哈佛大学森林学系学习，1919年获硕士学位。1920年回国。历任金陵大学、东南大学、中山大学教授。1928年任中山大学农学院院长，创办了农林植物研究室，后改名为农林植物研究所。1935年他应广西大学聘请，兼任该校森林系教授兼系主任和广西经济植物研究所所长。1938年后在香港创立植物研究所并兼任香港皇家植物园主任。1949年后任中山大学植物研究所所长。1954年该研究所改属中国科学院，更名为华南植物研究所，任该所研究员、所长直至1971年。1955年当选中国科学院学部委员（院士）。

他是中国近代植物学研究，特别是南方植物研究的先驱之一，发现的植物新种在百种以上。不少植物类群以其姓氏命名，如山铜材属、乐东藤属、琼棕属等。曾担任《广州植物志》编辑、《海南植物志》主编、《中国植物志》副主编等职。共发表论文和专著50余篇（册）。

陈荒煤 Chen Huangmei (1913-12-23～1996-10-15) 中国作家，文艺评论家。原名陈光美，笔名荒煤。湖北襄阳人。生于上海，卒于北京。20世纪30年代初，先后在武汉、上海参加左翼戏剧家联盟活动，后转入中国左翼作家联盟。1934年开始小说创作，著有短篇小说集《忧郁的歌》和《长江上》，被视为左翼文学的新人。1938年秋赴延安，在鲁迅艺术学院戏剧系、文学系任教。曾带领该院文艺工作团赴华北抗日前线采访，创作《陈赓将军印象记》、《刘伯承将军印象记》等报告文学作品。延安文艺座谈会后又创作了《模范党员申长林》等作品，后来结集为《新的一代》。抗日战争胜利后，到晋冀鲁豫边区文联、北方大学文艺研究室工作，主编《北方文化》。中华人民共和国建立后，陈荒煤长期担任文化领导工作。先后任中南军区文化部部长、中南军政委员会文化部副部长、文化部电影局局长、文化部副部长等职，主要负责电影工作，同时撰写文艺评论。1952年出版论文集《为创造英雄人物的典型而努力》。"文化大革命"中长期受迫害。后任中国社会科学院文学研究所副所长、顾问，文化部副部长、顾问，中国作家协会副主席和中国电影艺术研究中心主任等职。

陈济棠 Chen Jitang (1890-02-12～1954-11-03) 中国国民党陆军上将。广东防城（今广西防城港）人。字伯南。1908年加入同盟会。广东陆军速成学校毕业。曾任粤军旅长，国民革命军第4军军长，讨逆军第8路军总指挥，第1集团军总司令。1936年曾参与发动两广事变，失败后赴欧洲考察。1937年回国，后任国民政府农林部长、国防最高委员会委员、两广宣慰使、海南行政长官兼警备总司令。1950年去台湾。晚年致力于教育事业。

陈嘉庚 Chen Jiageng (1874-10-21～1961-08-12) 中国人民政治协商会议全国委员会副主席、爱国华侨领袖、南洋华侨实业家。福建同安人，卒于北京。青年时随父去新加坡经商。1906年开始经营橡胶园。1910年加入同盟会。辛亥革命时，被新加坡闽侨举为福建保安会会长，带动南洋华侨资助闽省革命党人和孙中山的革命活动。第一次世界大战期间，企业经营扩大到航运业和房地产业，并且获得巨大成功，至20世纪20年代中期已成为南洋著名实业家。他热心教育事业，在新加坡和厦门先后创办小学、中学、职业学校及大学。其中有名的有集美水产学校、集美航海学校和厦门大学等。抗日战争全面爆发后，当选为"南洋华侨筹赈祖国难民总会"主席，积极推动南洋华侨抗日救国。1940年率"南洋华侨回国慰劳视察团"回国，曾到延安考察，从此断定"中国的希望在延安"。抗战胜利后，积极投身反蒋反美的民主运动。1949年9月，应邀出席第一届中国人民政治协商会议，被选为常委。后历任中央人民政府委员、中华全国归国华侨联合会主席，全国政协第二、三届副主席等职。

陈建功 Chen Jiangong (1893-09-08～1971-04-11) 中国数学家。生于浙江绍兴，卒于杭州。1913年留学日本，1916年同时毕业于东京高等工业学校和东京物理学校（夜校），1918年再次留学日本，1921年毕业于日本东北帝国大学数学系并回国，任教于武昌高等师范学堂，数学家王福春、曾炯之都是他的高才生。1926年冬，他第三次东渡，在东北帝国大学研究院深造。他用日文写成的《三角级数论》于1930年在日本岩波书店出版，至今仍被人们所引用。1929年夏获东北帝国大学理学博士学位。回国后，历任浙江大学数学系主任、教授，中央研究院数学研究所研究员，1947年应邀去美国普林斯顿高级研究院任访问研究员一年。1949年后，历任浙江大学和复旦大学教授、杭州大学副校长、历届的中国数学会副理事长等职。1955年当选为中国科学院学部委员（院士）。

陈建功在分析学方面的研究涉及实变函数论、复变函数论和微分方程等方面。特别在三角级数论、复变函数几何理论、函数构造论等方面的贡献更为卓著。陈建功在三角级数论方面主要研究傅里叶级数的几乎处处收敛问题。他还考虑了"无条件几乎处处收敛"的问题，即任意改变级数的项的次序仍几乎处处收敛，得到了关于无条件收敛的判别理论。著有《直交函数级数的和》、《实函数论》、《三角级数论》（上、下册）等。1981年《陈建功文集》出版。

陈介祺 Chen Jieqi (1813～1884) 中国清代金石学家。字寿卿，又字酉生，号伯潜。因所藏有"曾伯霥簠"一器，名其室为"宝簠斋"，后即以簠斋为号。晚年别署海滨病史。山东潍县（今山东潍坊）人。道光二十五年（1845）乙巳科进士，授翰林院编修。不久弃官归里，终生未再出仕。陈氏治金石之学，深受阮元影响。他广为收集，精于鉴别，注重铭刻文字，是清代金石学家中收藏最富者。同时，又擅长墨拓技术，有较多的精拓本传世。邓实、褚德彝辑印的《簠斋吉金录》，收录陈氏所藏商周秦汉铜器，以及钱范、造像等，共计380余器。所藏铜器以毛公鼎最为著名，其次则有邢人妄、虢叔旅、兮仲等十余钟，因而又以"十钟山房"为其室名。藏品中数量最多的是玺印，其《十钟山房印举》一书著录的达万件以上。他还注意收集齐鲁陶文和封泥，有开创之功。著作多为未竟之稿，刊行的有：《簠斋金石文考释》1卷、《簠斋尺牍》12册、《东武刘氏款识》1卷、《簠斋藏古目》3册、《传古别录》1卷等，又有与吴式芬合著《封泥考略》10卷。

陈锦华 Chen Jinhua (1929-08～) 中国人民政治协商会议全国委员会副主席。生

于安徽青阳。1946年进上海第一印染厂艺徒训练班学习。1949年加入中国共产党。先后任上海市军管会轻工业处、华东纺织管理局、纺织工业部部长办公室秘书，其间在中国人民大学工业经济函授专修科学习。1960～1971年任纺织工业部办公厅研究室副主任兼党组秘书。1960～1965年在中国人民大学政治经济学专修班、北京电视大学中文系学习。1971年后历任轻工业部计划组负责人，中共上海市委常委，市革委会副主任，市委副书记，副市长兼市计委主任，中国石油化工总公司总经理，党组副书记、书记，国家经济体制改革委员会主任、党组书记。1993～1998年任国家计委主任、党组书记。中共第十四届中央委员。1998年当选为全国政协第九届副主席。

陈景润 Chen Jingrun (1933-05-22～1996-03-19) 中国现代数学家。生于福建福州，卒于北京。1953年毕业于厦门大学数学系。由于他对塔里问题的一个结果作了改进，

受到华罗庚的重视，被调到中国科学院数学研究所工作，先任实习研究员、助理研究员，再越级提升为研究员。1980年当选为中国科学院学部委员（院士）。陈景润主要研究解析数论，在50年代即对高斯圆内格点问题、球内格点问题、塔里问题与华林问题的以往结果，作出了重要改进。60年代后，他又对筛法及其有关重要问题，进行广泛深入的研究。1966年他证明了“每个大偶数都是一个素数及一个不超过两个素数的乘积之和”，使他在哥德巴赫猜想的研究上居世界领先地位。这一结果国际上誉为“陈氏定理”，受到广泛征引。这项工作还使他与王元、潘承洞在1978年共同获得中国自然科学奖一等奖。陈景润共发表学术论文70余篇。

陈镜开 Chen Jingkai (1935-12-01～2010-12-06) 中国举重运动员。广东东莞人。卒于广州。从小喜爱健身运动，1953年从健美运动转练举重。1955年先后入选解放军中南军区举重队、八一队和国家举重队。

1956年在上海举行的“中苏举重友谊赛”中，以133公斤的成绩，打破美国运动员C.温奇保持的56公斤级132.5公斤挺举世界纪录，这是中国运动员创造的第一个世界纪录。1956～1964年，在国内外举重比赛中，先后共9次打破56公斤级和60公斤级挺举世界纪录。后任举重教练。1979～1996年任中国举重协会主席。先后当选为第二至第五届全国人大代表。1980年获国际举重联合会颁发的金质奖章。1983年获亚洲举重联合会颁发的金质奖章，并成为其终身荣誉主席。国际健美联合会曾向陈镜开颁发银质和金质勋章。1987年获国际奥林匹克委员会颁发的奥林匹克银质勋章。1997年入选国际举联名人馆。

陈炯明 Chen Jiongming (1878-01-13～1933-09-22) 中华民国时期粤系军阀首领。字竞存。广东海丰人。卒于香港。1909年当选广东省咨议局议员，加入中国同盟会。

武昌起义后，奉命与邓铿到东江组织民军起义，光复惠州。11月任广东副都督、代理都督。1913年二次革命失败后，逃往新加坡等地经商。1916年春返粤组织民军讨伐袁世凯。1917年拥护孙中山南下护法，任援闽粤军总司令，率部攻闽。8月回师广东，驱逐桂军。10月任粤军总司令兼广东省长。1921年任孙中山广州政府内务总长兼陆军总长，以“保境息民”、“联省自治”为名，抵制北伐。1922年4月被免去陆军总长以外各项职务。6月16日，授意叶举等发动军事叛乱，炮轰广州孙中山总统府，一度占领广州。1923年1月被滇桂粤联军驱逐。后指挥旧部盘踞惠州、潮汕、梅县一带，与国共合作的广州革命政府相对抗。1925年其残部被蒋介石东征军彻底消灭。后寓居香港，一度任致公党总理。

陈居中 Chen Juzhong 中国南宋画家。约活动于12世纪。曾任画院待诏，专工人物、蕃马、走兽，是擅长描绘少数民族生活情态和鞍马的画家。作品笔墨精致活泼，风

《四羊图》（故宫博物院藏）

格俊俏明媚。据记载，所画人物画有《胡笳十八拍图》、《苏李泣别图》、《女猎图》等，故事内容多涉及汉、匈两族关系。现存《文姬归汉图》。走兽代表作《四羊图》描绘了四只山羊在土坡上顽皮嬉戏、顶撞闲耍的情景，是极富情趣的作品。

陈俊生 Chen Junsheng (1927-06～2002-08-08) 中国人民政治协商会议全国委员会副主席，中华人民共和国国务院国务委员。黑龙江桦南人。卒于北京。1947年加入中国共产党。

历任合江省（旧省名）桦南县五道岗区委副书记、书记，桦南县委宣传部副部长，黑龙江省委书记秘书，黑龙江省绥化县委常委、宣传部部长，富裕县委代理书记，克山县委书记，省委宣传部副部长、省委常委、省委副秘书长。“文化大革命”中受到冲击。1973年后历任中共黑龙江省委政策研究室副主任，省委办公室主任，省委秘书长兼齐齐哈尔市委书记，中共黑龙江省委书记，中华全国总工会副主席、书记处书记、党组副书记，中央书记处农村政策研究室副主任，国务院秘书长、国务院机关党组书记，中央国家机关工委书记，国务委员兼任中华全国供销合作总社理事会主任。中共第十三、十四届中央委员。1998年当选为全国政协第九届副主席。

陈凯歌 Chen Kaige (1952-08-12～) 中国电影导演。曾用名陈皑鸽。祖籍福建长乐。生于北京。1970年参军。1974年到北京电影洗印厂当工人。1978年考入北京电影学院导演系。后成为中国第五代导演的代表人物。代表作《黄土地》(1985) 是其独立执导的第一部影片，该片以独特的影像风格和锐利的思想内涵获多项国内外奖。《大阅兵》(1986) 和《孩子王》(1987) 也获多

种奖项。1987年以访问学者身份赴美国。1990年回国后，拍摄了《边走边唱》、《霸王别姬》、《风月》、《荆轲刺秦王》和《和你在一起》。《霸王别姬》于1993年获第46届戛纳电影节金棕榈奖、全球影评人费比西奖、第38届亚太影展最佳导演奖。2000年执导好莱坞影片《温柔杀手》，2005年拍摄影片《无极》，2008年拍摄影片《梅兰芳》。后期作品吸收商业因素，显露出重视票房的倾向。著有自传《少年凯歌》。

陈康 Chen Kang（1902～1992） 中国研究西方哲学的学者。又名陈忠寰。生于江苏扬州，卒于美国加利福尼亚州奥克斯纳。1929年毕业于东南大学哲学系，即赴英国伦敦大学留学，次年到德国学习，师从J.斯腾策尔、N.哈特曼等。1940年以《亚里士多德论分离问题》的论文获柏林大学哲学博士学位。1940年回国后，历任西南联合大学、中央大学、北京大学、同济大学等校教授。1948年任台湾大学教授。1958年去美国，历任埃默里大学、蒙大拿州立大学、得克萨斯大学、南佛罗里达大学等校教授。主要著译有《智慧——亚里士多德所寻求的学问》(1976)、《陈康哲学论文集》(江日新、关子尹编，1985)、《陈康论希腊哲学》(汪子嵩、王太庆编，1990）等。

陈康对柏拉图与亚里士多德哲学的研究颇有成就。他在译述性专著《柏拉图巴曼尼得斯篇》中，论证了对话第一、第二部分之间的关系，并将传统的形而上学与逻辑学解释结合起来，论证了柏拉图在批判苏格拉底早期所提出的以分离为特征的理念论的基础上，提出了范畴论（或“通种论”）。他在精于古文字校刊、词句释义和历史考证的同时，重视方法和义理的研究，注意论证步骤的分析、思想源流的探求和论证内容的评价。在研究前人思想时，他以原著为据，将逻辑与历史有机地联系在一起，不唯权威的定论是从，不作空泛断语，不“饰智惊愚”。

陈克恢 Chen, Ko Kuei（1898-02-26～1988-12-12） 中国药理学家，中药药理研究的创始人。生于上海，卒于美国旧金山。1918年入美国威斯康星大学，1920年毕业后即进入该校医学院，两年后获生理学博士学位。1923年回国，在北京协和医学院药理系任教。1925年去美国，1927年获约翰斯·霍普金斯大学医学博士学位。1929年任礼来药厂药理研究部主任，1937年兼任印第安纳大学医学院教授。1963年从礼来药厂退休，1968年从印第安纳大学退休。

1924年与其导师C.F.施密特共同从中药麻黄中分离出左旋麻黄碱，并发现其多方面的生理活性，很快将其用于治疗支气管哮喘、干草热和其他过敏性疾患。他们又合成一系列结构与麻黄碱相似的化合物，发现许多新药。20世纪50年代前后他与同事在磺胺、麦角、维生素、雌激素、降血糖药、抗甲状腺药和多种抗生素（如红霉素、万古霉素、环丝氨酸）方面进行了大量研究，发表过论文和综述约350余篇。

陈奎元 Chen Kuiyuan（1941－01～ ） 中国人民政治协商会议全国委员会副主席。辽宁康平人。1965年加入中国共产党。1960年入内蒙古师范学院政教系政治教育专业学习。1964年后任中共内蒙古自治区呼伦贝尔盟委党校教员。1972年后历任内蒙古自治区呼伦贝尔盟革委会办公室干事、盟委宣传部科长。其间1975～1977年下放任西新巴旗阿镇镇委书记。1978年任中共内蒙古自治区呼伦贝尔盟委党校副校长，盟委副秘书长、代秘书长、秘书长，盟委副书记、书记。1982～1983年入中央党校培训部培训班学习。1989年后任中共内蒙古自治区党委常委兼自治区高校工委书记，自治区人民政府副主席。1992年后任中共西藏自治区党委副书记、书记。2000年任中共河南省委书记。2003年1月任中国社会科学院院长、党组书记。全国政协第十、十一届副主席。中共十四至十七届中央委员。

陈鲤庭 Chen Liting（1910-10-20～ ） 中国电影、戏剧导演，艺术理论家。曾用名陈思白，笔名麒麟、C.C.T.等。上海人。在读上海大夏大学时翻译了剧本《月亮上升》，并把它改编为《三江好》。1931年，创作街头剧《放下你的鞭子》。1932年参加左翼剧联。1934年任《晨报》影坛专栏的特约撰稿人，翻译介绍苏联的电影理论，如V.I.普多夫金的《电影演员论》等。其后导演《钦差大臣》、《复活》、《屈原》等名剧。1947年编写了第一部电影剧本《遥远的爱》，此后又导演了《幸福狂想曲》、《丽人行》，形成清丽细腻的艺术风格。他的《电影轨范》一书是中国第一部比较系统的电影理论著作。1949年后，创办并主持上海电影文学研究所。

陈立 Chen Li（1902-07-22～2004-03-18） 中国心理学家、教育家。字卓如。生于湖南平江，卒于杭州。1928年获上海沪江大学理学士学位。1933年获英国伦敦大学学理科心理学博士学位。1935年回国后在中央研究院心理研究所和清华大学任工业心理学研究员。1939年起任浙江大学教授。他是中国心理学会第一至四届副理事长，曾任杭州大学校长。在中国最早从事工业心理学研究。1935年出版的《工业心理概观》是中国第一部工业心理学专著。他也是在中国最早采用因素分析方法的心理学家。他早年在清华大学筹建疲劳研究实验室。1949年后，先后开展了事故分析、技术培训、操作分析、工艺流程、视觉疲劳等方面研究。80年代以后，又创建了工业心理学专业的教学和研究基地。在对认知过程理论进行探讨的同时，提出了整体论和宏观工效学思想。1997、1998年先后荣获中国心理学会“终身成就奖”和中国人类工效学会“终身成就奖”。《陈立心理科学论著选》(1992)和《陈立心理科学论著选》(续编)（2001）收入了他的各类论著127篇。

陈立夫 Chen Lifu（1900-08-21～2001-02-08） 中国国民党中央常务委员，CC系首领。原名祖燕。生于浙江吴兴（今湖州），卒于台湾台中。1923年毕业于北洋大学，继而留学美国匹兹堡大学，获硕士学位。回国后初任山东中兴煤矿采矿工程师，1926年任黄埔军校校长办公厅机要秘书，随侍蒋介石左右。1928年起任国民党中央组织部调查科主任等职，与陈果夫组织“中央俱乐部”，形成CC系。后发展成中国国民党中央执行委员会调查统计局（简称中

统），专事反对中国共产党、迫害进步人士及监控国民党反蒋派系的活动，深得蒋介石的信赖。1934年协同蒋推行新生活运动，鼓吹“四维八德”。次年奉蒋之命与中共进行秘密接触和谈判。抗日战争期间及胜利后，历任国民党中央社会部部长、组织部部长、国民政府不管部部长、立法院副院长等职。1949年12月去台湾策划国民党“改造”方案，遭蒋介石排斥。1950年赴美经营养鸡业。1966年重返台湾，任“中华文化复兴运动推行委员会”副委员长、“孔孟学会”理事长。晚年关注两岸交流，期盼中国统一。

陈廉伯 Chen Lianbo（1884～1945－08） 中国清末民国买办实业家。英籍华人。字朴庵。广东南海人。少年时入香港皇仁书院习英文。毕业后，继承祖业任广州昌栈丝庄司理。不久为英国汇丰银行买办。1909年后的10年间，利用买办之便，经营丝业致富。1919年3月出任广东商团总团长。1924年6月，发起成立广东全省商团军联防总部，被举为总长。同年10月，依恃商团军对抗广东孙中山革命政权，妄图建立“商人政府”。失败后逃往香港。1928年起，任南洋兄弟烟草公司香港公司监理、督理。1934年，因被指控滥用公司资金，丢掉督理职务。日本侵华战争全面爆发后，上书港英总督，要求“和平”转让香港于日本，被当局逮捕。日军侵占香港后获释，被日军指定为“华民代表会”代表。1945年8月，乘日轮出走，日轮在铜锣湾触雷沉没。

陈亮 Chen Liang（1143～1194） 中国南宋思想家、文学家。永康学派的代表人物。字同甫。浙江永康人。人称龙川先生。平生不得志，多次上书，献中兴恢复之策，未被采纳，曾两次下狱，晚年获进士第一，授佥书建康军判官厅公事，未到职而卒。在宇宙观上，认为道、理在具体事物之中，不同意把“形上”与“形下”割裂开来。在认识论上，认为知的获得取决于行，强调人的实际活动的作用。在伦理思想上，认为道德与事功是统一的，反对将理与欲、义与利对立起来，他把“有救时之志，除乱之功”的英雄看作是理想的人格，主张“义利双行，王霸并用”。在历史观方面，反对历史退化论，认为历史是循环的，“六十年一变”。著有《陈亮集》。

陈琳 Chen Lin 中国元代画家。字仲美。钱塘（今浙江杭州）人。约活动于成宗大德前后（13世纪末至14世纪初）。山水、花草、禽鸟，无不精工，尤善花鸟。他注重临摹古

《溪凫图》（1301，台北“故宫博物院”藏）

法，又有所创新，改变了南宋院体画陈陈相因的画风习尚，画名独步一时。存世花鸟画仅有《溪凫图》，作品特色鲜明，工笔略带写意，粗细兼用，笔墨潇洒流畅，浓淡墨色富于变化，形象生动，风格古朴，具有文人水墨写意画的韵致。这幅画既反映了陈琳的绘画特色，也代表了元代花鸟画嬗变的时代特征。陈琳还有山水画传世，如《秋山行旅图》、《苍崖古树图》等，均属水墨写意画法。

陈露 Chen Lu（1976－11－24～ ） 中国女子花样滑冰运动员。吉林长春人。从小喜爱滑冰，7岁入业余体校，1985年入吉林省花样滑冰队。1990年和1991年均获世界青少年花样滑冰锦标赛单人滑第3名。1992年在世界花样滑冰锦标赛中获单人滑季军。1993年获世界花样滑冰锦标赛单人滑第3名。1994年在第17届冬季奥林匹克运动会上获单人滑季军。1995年获世界花样滑冰锦标赛单人滑冠军，是中国花样滑冰运动项目的第一个世界冠军。1996年获世界花样滑冰锦标赛单人滑亚军，同年获第3届亚洲冬季运动会单人滑冠军。1998年在第18届冬季奥运会上获单人滑铜牌。

陈梦家 Chen Mengjia（1911－05－11～1966－09－03） 中国考古学家、古文字学家。原籍浙江上虞县。生于南京，卒于北京。1932年毕业于中央大学法律系。出版有诗集《铁马集》、《梦家诗存》等，是新月派后期颇有影响的年轻诗人。1932年底到燕京大学宗教学院学习，1934～1936年攻读容庚教授的古文字学研究生。曾在青岛大学、西南联合大学任教。1944～1947年在美国芝加哥大学讲授中国古文字学，并收集流散欧美的商周铜器资料。回国后，任清华大学中文系教授。1952年调至中国科学院考古研究所任研究员。他的治学道路是因研究古代的宗教、神话、礼俗而治古文字，再由古文字研究转入古史研究和考古学研究。在甲骨学、西周铜器断代、简牍研究方面多有创建。此外，对《尚书》和《竹书纪年》等文献、西周年代、六国纪年和历代度量衡制度等，作过一定的专门研究。主要著作有《殷虚卜辞综述》、《西周铜器断代》、《汉简缀述》等。

陈明仁 Chen Mingren（1903－04－07～1974－05－21） 中国人民解放军高级将领。号子良。生于湖南醴陵，卒于北京。1924年春到广州入孙中山的建国陆海军大元帅府军政部陆军讲武学校。同年转入黄埔军校第1期学习。1925年参加讨伐军阀陈炯明的两次东征。1928年起，在国民党军队中任第10师28旅56团团长、旅长，第80师、第2预备师师长，第71军军长。抗日战争全面爆发后，曾参加抗击日军的九江保卫战、桂南会战。1944年起率部作为中国远征军一部，参加滇西、缅（甸）北对日军反击作战，在收复腾冲、夺取松山、抢占龙陵、攻打回龙山战斗中，屡建战绩。解放战争时期，任国民党军第7兵团司令、华中“剿匪”副总司令兼武汉警备司令和第29军军长、第1兵团司令。1949年到湖南长沙，先后任华中军政长官公署副长官兼长沙警备司令和湖南省政府主席、省“绥靖”总司令。同年8月，在人民解放军向中南地区进军时，与程潜等率部起义，加入人民解放军，任湖南军区副司令员、第21兵团司令员、第55

军军长。曾到广西指挥所部担负剿匪任务。先后兼任湖南省临时人民政府主席、中南军政委员会委员。1955年被授予上将军衔和一级解放勋章。全国政协第一届委员，第三、第四届常务委员，第一、第二、第三届国防委员会委员。

陈墨香 Chen Moxiang (1884～1942) 中国京剧作家。一名敬余，自号观剧道人。湖北安陆人。父陈学棻，为清同治元年翰林，官至工部尚书，素好戏曲。陈墨香受其父影响甚深，除熟谙京剧外，兼通昆曲、梆子。作为京剧票友，陈墨香能演青衣、花旦、刀马旦。1924～1935年，与荀慧生长期合作，为荀编写剧本达50余种。又为程砚秋、王玉蓉等编写过剧本。陈墨香一生改编、创作京剧100多种，主要有《杜十娘》、《红楼二尤》、《荆钗记》、《霍小玉》、《柳如是》、《孔雀东南飞》、《元宵谜》、《香罗带》、《荀灌娘》、《钗头凤》、《勘玉钏》、《鱼藻宫》等。他长于写作以旦角为主的戏，题材多源于古典戏曲、小说，为在封建枷锁下生活着的妇女鸣不平。他写的唱词，毕肖人物声口，不因袭旧套，也不堆砌辞藻，形成了自己的风格。现存戏曲史论著述有《墨香剧话》、《活人大戏》、《梨园岁时记》以及与潘镜芙合编的《梨园外史》等。

陈慕华 Chen Muhua(1921－06－21～2011－05－12) 中国无产阶级革命家、经济工作和妇女儿童工作的领导人，全国人大常委会副委员长，国务院副总理。浙江青田人。

卒于北京。1938年加入中国共产党。任抗日军政大学三分校训练部军事佐理员、延安留守兵团参谋、延安联防司令部后勤部秘书。1945年后历任热河军区参谋、东北铁路保育院院长、中长铁路中央医院副院长。1949年后，历任铁道部、国家计委交通局副处长、处长，对外经济联络总局成套设备局副局长，对外经济联络委员会三局副局长。1971年后任国务院对外经济联络部副部长、部长、党组书记。1980年后任国务院副总理、国家计划生育委员会主任、中央爱国卫生运动委员会主任、国务委员兼对外经济贸易部部长、中央外事工作领导小组成员、中国人民银行行长、中央财经领导小组成员。1988年后任第七、八届全国人大常委会副委员长，中华全国妇女联合会第六、七、八届主席。中共第十至十四届中央委员，第十一、十二届中央政治局候补委员。

陈那 Dignāga (约440～约520) 古印度中期大乘佛教瑜伽行派论师，佛教新因明学创始人。生于南印香至国婆罗门家族。初为小乘佛教犊子部信徒，后改修大乘。主要传弘世亲因明学说，曾在那烂陀寺讲《俱舍论》和唯识、因明学说。他的有相唯识说很有特点；因明学说与古代正理派等的因明学说相对。因明著作甚多，后世编为陈那八论：《观三世论》、《观总相论颂》、《观所缘缘论》、《因轮抉择论》、《似因门论》、《正理门论》、《取事施设论》、《集量论》；另有解释八千颂小品般若的《圆集要义论》。

陈能宽 Chen Nengkuan (1923－05－13～) 中国金属物理学家、核武器科学和技术专家。生于湖南慈利。1946年毕业于交通大学唐山工程学院矿冶工程系。1950年获美

国耶鲁大学工学博士学位。先后在美国约翰斯·霍普金斯大学机械系任助理教授，西屋电器公司研究工程师。1955年底回国，历任中国科学院应用物理所（后改名物理研究所）、金属研究所研究员，第二机械工业部核武器研究院实验部主任、副院长、科技委主任，核工业部科技委副主任，国防科学工业委员会科技委副主任。1980年当选中国科学院学部委员（院士）。

在多种金属单晶体形变、再结晶以及核材料在高温高压下特性方面有独到发现。在原子弹、氢弹研制工作中，领导、组织和参与了爆轰物理、特殊材料冶金、实验核物理等学科的实验与验证。在氢弹实验中，对于构件的动态断裂与防护，波形调整与冲击起爆，二维影响与减弱措施等关键技术与工程科学问题的解决起了重要作用。后又向核武器小型化、安全、轻量等方向努力，探讨了一整套冷试验的物理思想、方法与技术途径。

1982年获全国自然科学奖一等奖，1984年获国家发明奖二等奖，1986年和1987年获国家科技进步奖特等奖。1999年获“两弹一星功勋奖章”。

陈丕显 Chen Pixian (1916－03～1995－08－23) 中国无产阶级革命家，全国人大常委会副委员长。生于福建上杭，卒于北京。曾用名陈家煜。1929年加入共青团，1931年转为中共党员。曾任共青团长汀县、福建省委、团中央各级儿童局书记，团闽赣地区中心县委书记，团中央苏区分局委员，团赣南省委书记。1934年红军长征后，在赣粤边

地区领导了三年游击战争。抗日战争时期担任中共中央东南分局青年部部长、青委书记，苏中区党委副书记、书记兼新四军苏中军区政委。解放战争时期任华中野战军第7纵队政委，中共华中工委书记，新四军华中指挥部政委，苏北兵团、苏北军区政委，苏南区委书记。1949年后，历任中共上海市委第一书记，上海警备区第一政委，上海市政协主席，中共中央华东局书记。1975年后任上海市革委会副主任，云南省委书记、省革委会副主任，湖北省委第一书记、省革委会主任，武汉军区政委。1982年后任中共中央书记处书记、中央政法委书记，第六届全国人大常委会副委员长。中共第八届中央候补委员，第十一、十二届中央委员，第十二、十三届中央顾问委员会常务委员。

陈平 Chen Ping (?～前178) 中国西汉开国功臣。阳武（今河南原阳）人。秦二世元年（前209）陈胜、吴广起义后，六国贵族也纷纷起兵，陈平往事魏王咎。不久受谗亡归项羽，随从入关破秦。刘邦还定三秦时，又间行降汉。先后参加楚汉战争和平定异姓王侯叛乱，成为汉高祖的重要谋士。刘邦困守荥阳时，陈平建议捐金数万斤，离间项羽群臣，使项羽的重要谋士范增忧愤病死。高祖六年（前201）又建议刘邦伪游云梦，逮捕韩信。次年，刘邦为匈奴困于平城（今山西大同北部）7天7夜，后采纳陈平计策，重贿冒顿单于的阏氏，得以解围。汉高祖死后，吕后以陈平为郎中令，傅教惠帝。惠帝六年（前189）与王陵并为左、右丞相。王陵免相后陈平徙为右丞相，但因吕后大封诸吕为王，陈平被削夺实权。吕后死，陈平与太尉周勃合谋平定诸吕之乱，迎立代王刘恒，是为文帝。文帝初，陈平让位周勃，徙为左丞相。不久周勃罢相，陈平专为丞相。文帝二年（前178）卒。

陈其美 Chen Qimei (1878－01－17～1916－05－18) 中国民主革命家。字英士。浙江吴兴（今湖州）人。1906年留学东京警监学校时加入同盟会。1908年奉派回国。次年在上海设立江浙革命机关，创办报刊，宣传革命。同时加入上海青帮。为推动长江流域的革命运动，1911年7月与宋教仁、谭人凤等人在上海正式成立同盟会中部总会，任庶务部长。11月3日，发动上海起义，胜利后被推为沪军都督。随后参加组织江浙联军会攻南京。1912年1月14日，密令蒋介石刺

杀光复会领袖陶成章。3月，袁世凯为解除陈其美兵权，任命其为唐绍仪内阁工商部总长，辞未就任。1913年二次革命时被举为上海讨袁军总司令，率部攻打制造局。失败后应孙中山之命赴日继续筹划反袁斗争。1914年7月出任中华革命党总务部长。1915年11月10日，派人刺死袁的部下上海镇守使郑汝成。12月5日，发动肇和军舰起义，炮轰上海制造局，但未成功。云南护国讨袁军起义后，继续在江浙一带策划起事讨袁，不久在上海寓所被袁世凯派人暗杀。

陈其尤 Chen Qiyou (1892～1970－12－10) 中国民主人士，中国致公党中央主席。广东海丰人。卒于北京。别名陈定恩。广州博济医学堂肄业。早年加入中国同盟会，参加

广州黄花岗反清起义及光复惠州之役。1916年毕业于日本中央大学政治经济系。回国后任陈炯明粤军总司令部机要秘书，福建东山、云霄县县长。1925年加入中国致公党。1935～1938年任蒋介石私人驻香港代表，后被蒋监禁，1941年释放。1947年当选为中国致公党中央副主席。1949年出席中国人民政治协商会议第一届全体会议，当选为全国委员会常委。1949年后，任广东省人民政府委员，当选为中国致公党第四届主席团主席和第五、六届中央主席，第二、三届全国人大常委会委员，全国政协第二、三、四届常委。

陈启源 Chen Qiyuan (约1825～约1905) 中国近代民族工业的先行者。广东新式缫丝厂的创始人。字芷馨。广东南海县人。咸丰四年（1854）出国至南洋，遍历各埠，准备创办缫丝厂。同治十二年（1873）陈启源回国后，在他的故乡南海简村办起一个名叫继昌隆丝偈的缫丝厂。采用机器缫丝，劳动生产率显著提高，其工效相当于手工缫丝的6～10倍，且所缫之丝质量较好，售价较手工缫丝高出1/3。80年代以后，陈启源设计的一种半机械的小型缫丝机，逐渐为广大的手工业者所接受。20世纪30年代以后，广东缫丝工业开始衰落。继昌隆经过多次转手，营业不振。

陈强 Chen Qiang (1918－11－11～) 中国电影、戏剧演员。河北宁晋人。原名陈庆三。1938年在鲁迅艺术学院戏剧系学习。1945年在大型歌剧《白毛女》中饰演恶霸地主黄世仁，

取得很大成功。进入东北电影制片厂后参加拍摄《留下他打老蒋》、《桥》等影片。1950年，在影片《白毛女》中，成功地塑造了黄世仁的银幕形象。1961年，在影片《红色娘子军》中，成功地塑造了反面人物南霸天的艺术形象，获得第3届亚非电影节最佳男演员奖和1962年第1届《大众电影》百花奖的最佳男配角奖。1962年，在影片《魔术师的奇遇》中饰演魔术师陆幻奇。此后，又在《海霞》、《大河奔流》(上、下集)、《瞧这一家子》、《二子开店》、《九九艳阳天》等影片中饰演角色。2001年在《鬼子来了》中饰老刽子手一刀刘。

陈桥兵变 Chenqiao, Soldiers Rebellion of 中国五代时赵匡胤策划的夺取后周政权的军事政变。后周显德六年（959），世宗柴荣病死，继位的恭帝只有7岁。殿前都点检、归德军节度使赵匡胤与禁军高级将领石守信、王审琦等原曾结为义社兄弟，在军队中握有实权。次年元旦，风闻契丹和北汉发兵南下，后周宰相范质等人匆忙派遣赵匡胤统率诸军北上抵御。大军行至陈桥驿（今河南封丘东南陈桥镇），赵匡胤弟匡义（即宋太宗赵炅）和归德军掌书记赵普授意将士把黄袍加在赵匡胤身上，拥立他为皇帝。正月初四，赵匡胤率军回师开封，逼使恭帝禅位，轻易地夺取了后周政权，改国号为宋，建立了赵宋王朝。

陈翘 Chen Qiao (1938－11－10～) 中国舞蹈编导。又名陈霭翘。广东潮州人。1956年开始从事舞蹈创作。由于她长期生活在海南少数民族地区，她的代表作品《三月三》、《草笠舞》、《喜送粮》、《踩波曲》及《摸螺》等富有浓郁的生活气息和地域色彩。《草笠

舞》获世界青年学生和平友谊联欢节金质奖章，《三月三》和《草笠舞》被确认为“中华民族20世纪舞蹈经典作品”。她担任艺术指导的大型歌舞《龙子情》、《潮汕赋》获极大成功。曾任广东民族歌舞团（南方歌舞团）副团长、艺术指导，中国舞蹈家协会副主席，广东舞蹈家协会主席。

陈去病 Chen Qubing (1874～1933) 中国近代诗人。原名庆林，因感奋于汉代霍去病“匈奴未灭，何以家为”之志，改名“去病”。字巢南，一字佩忍，号垂虹亭长。江苏吴江人。卒于故乡同里。甲午战争后，愤慨国耻，倾向维新，1898年与同里金天羽、柳念曾（柳亚子父）创设雪耻学会。1903年赴日留学，加入拒俄义勇队。次年归上海，任《警钟日报》主笔。1906年加入同盟会，在徽州与黄宾虹组织黄社，社名取纪念黄宗羲之意。次年参与编辑《国粹学报》，与吴梅等组织神交社。秋瑾牺牲后，与徐自华设秋社于杭州，创竞雄女学于上海。1909年与高旭、柳亚子共创南社。武昌起义后创办《大汉报》。1913年任江苏讨袁军司令部秘书。1917年随孙中山赴粤“护法”。1922年任孙中山北伐大本营前敌宣传主任。1927年后任南京东南大学教授、江苏革命博物馆馆长等职。梁启超发动文学界革命时，陈去病曾提倡戏剧改良，重视戏剧“鼓动平民”的作用，创办中国最早的戏剧刊物《二十世纪大舞台》。他对南社发展起过重要作用，1917年支持柳亚子对南社内分裂势力的反击。其诗歌主张也与柳亚子同调，推尊“唐音”。他的诗多为感事咏怀之作，抒发了警醒国人、反抗列强、推翻清朝的壮志，悲歌痛哭，沉雄愤切。

他的革命思想中反满民族情绪强烈。为激励反清意识，他曾致力于明末文献整理，在《国粹学报》上撰《明遗民录》和记载东南文人抗清事迹的笔记《五石脂》；辑明末抗清义士吴易遗著。他的《匡门四律》、《偕刘三谒张苍水墓并吊永乐帝》、《自厦门泛海登鼓浪屿有感》等诗，缅怀文天祥、张煌言、郑成功等事迹，寄寓反对清政府和列强之意，表现出浓厚的“光复旧物”思想。其诗风格沉郁悲慨，艺术上去华返朴，与其国粹主义文化倾向相应，在南社诗人中有一定代表性。著有《浩歌堂诗钞》10卷。散文散见于报章杂志。另辑乡邦文献《吴江诗录》26卷、《笠泽词征》30卷、《松陵文集》65卷，撰有《辞赋学纲要》、《诗学纲要》等专著。

陈三立 Chen Sanli (1853～1937) 中国诗人。字伯严，号散原。江西义宁（今修水）人。清光绪十五年（1889）进士，官吏部主事。维新变法时期，列名上海强学会，协助其父湖南巡抚陈宝箴创办新政、倡导新

学，支持梁启超等到长沙宣传变法，与谭嗣同并称“两公子”。戊戌政变后，父子同被革职。他侍父退隐江西南昌西山，筑崝庐以居，往来江南。清亡后，以遗老自处。七七事变爆发时病寓北京，目睹山河沦丧，不胜悲愤，拒药绝食而死，晚节可重。陈三立为近代同光体诗人的首领。陈衍区分近代诗艺术风格为二派，列三立于“生涩奥衍”一派之内。论诗推崇黄庭坚在奥衍中见出自然的风格，其诗取境奇奥，造句瘦硬，炼字精妙。律句如“九霄飞影能摇夜，万窍寒声已怒空”（《雪夜感述》）、“瓦鳞新雪生春艳，旗角寒云卷雁高”（《雪中携叔澥由甫次申饮酒楼》），绝句如《十一月十四夜发南昌月江舟行》：“露气如微虫，波势如卧牛。明月如茧素，裹我江上舟”等，最能体现其诗风。他的优秀诗作大都用白描手法直抒胸臆，诚如陈衍说“其佳处，可以泣鬼神、诉真宰者，未尝不在文从字顺中也”（《近代诗钞》）。

陈三立不仅为同光体诗人所倾倒，诗界革命的倡导者对其评价也甚高。陈三立也擅长古文，能继承桐城派传统。著有《散原精舍诗集》2卷，《续集》3卷，《别集》1卷，以1936年商务印书馆本较为完备。又有《散原精舍文集》17卷，辽宁教育出版社据1949年上海中华书局本于1998年刊行，收入《新世纪万有文库》。今有李开军校点的《散原精舍诗文集》(2003)。

陈少梅 Chen Shaomei (1909-04-05～1954-09-09) 中国书画家。名云彰，字少梅，号

《秋江雨渡》

升湖，以字行。祖籍湖南衡山，生于福建漳州，卒于北京。自幼随父陈嘉言习诗文、书画。稍长随父入京，15岁加入中国画学研究会，隔年加入湖社画会。1930年，作品获得比利时国际博览会美术银奖，使其名声大振。第二年，湖社成立天津分会，陈少梅受命赴津门主持。长期从事书画创作，课徒授画，卖画为生。1952年任中国美术家协会天津分会主席、天津美术学校校长。擅山水、人物，亦工书法，以行楷见长，其画取法浙派及吴门四家，工写兼长，传统功力深厚，笔墨劲健而法度谨严，格调洒脱，清爽隽逸。代表作有《秋江雨渡》、《西园雅集图》等。后期致力于以传统笔墨表现现代生活，创作有《江南春》、《浴牛图》、《小姑山》等。出版有《陈少梅画选》、《陈少梅画集》等。

陈绍宽 Chen Shaokuan(1889-09-13～1969-07-30) 中华民国时期海军高级将领。字厚甫。福建闽县（今属福州）人。卒于福州。1908年毕业于江南水师学堂。1916年被派赴日、美考察海军，在美学习航空和潜艇。1917～1919年赴西欧观战，考察欧美海军并任驻英海军武官。1922年代理海军总司令公署参谋长。1926年任第2舰队司令。

1927年3月正式宣告率部加入国民革命军，参加北伐战争。11月任海军第2舰队司令。1928年任军政部海军署署长。1929年任海军部政务次长代理部务。1931年任海军部部长。1935年被授为海军一级上将。1937年指挥江阴阻塞作战和长江沿线抗击日军的作战。1938年海军部裁撤，改任海军总司令。1945年5月任《联合国宪章》制宪会议中国代表团海军顾问。9月作为中国海军代表出席中国战区接受日军投降典礼。1951年，被选为中国人民政治协商会议全国委员会委员。1954年8月任中华人民共和国国防委员会委员。

陈绍馨 Chen Shaoxin (1906～1966-11-16) 中国社会学家。台湾台北汐止人。卒于台北。早年留学日本东北帝国大学，研习社会学。学成返台后，在台北帝国大学继续从事研究工作。1945年台湾光复，参与国民政府接收台北帝国大学事宜。台湾大学成立后，先后受聘为文学院历史学系、考古人类学系和法学院社会学系教授。著有《台北市中华路棚户调查报告书》、《台湾之城市与工业》（合著）、《台湾妇女生育力调查报告》、《台北市古亭区之区位结构、人口与家庭》、《台湾人口与姓氏分布：社会变迁的基本指标》（合著）等。陈绍馨数十年致力于社会学的教学与研究工作，部分论著已收入《台湾的人口变迁与社会变迁》(1979)，此书为台湾社会学研究的经典之作。其研究范围包括：谚语、文化接触、姓氏分布、家庭和亲属组织、聚落形态、都市区位与都市化、社会阶层化与社会流动、社会变迁及人口过程和分布等。

陈胜、吴广起义 Uprising of Chen Sheng and Wu Guang 中国秦末农民起义。中国历史上第一次全国性的农民战争。陈胜（？～前208）字涉，阳城（今河南商水西南）人，早年为人佣耕。吴广（？～前208）字叔，阳夏（今河南太康）人。秦二世元年（前209）七月，朝廷征发闾左屯戍渔阳，陈胜、吴广为屯长。他们行至大泽乡（今安徽宿县东南），为大雨所阻，不能按期到达。按照秦法，过期要杀头。陈胜、吴广便发动戍卒起义，提出“大楚兴，陈胜王”的口号。陈胜自立为将军，以吴广为都尉，用已被赐死的秦始皇长子扶苏和楚将项燕的名义号召群众反秦。

起义军迅速攻下蕲县（今安徽宿州南）。当义军进据陈县（今河南淮阳）时，已拥有步兵数万。陈胜自立为王，国号张楚，任命吴广为假王，率军西击荥阳，命武臣、张耳、陈馀北攻赵地，邓宗南征九江，周市夺取魏地。张楚政权的建立，促进了全国范围内反秦斗争的高涨，各地百姓久苦于秦政，纷纷杀秦长吏，响应陈胜。六国贵族的残余势力，也纷纷起兵反秦。各地反秦力量的著名首领有刘邦、项梁、项羽、英布等人。

随着反秦斗争的开展，起义军内部的弱点和矛盾也逐步暴露。陈胜滋长了骄傲情绪，听信谗言，诛杀故人，与起义群众的关系日益疏远。派往各地的将领也不听陈胜节制，甚至为争权夺利而互相残杀。如围攻荥阳的起义军将领田臧与吴广意见不合，竟假借陈胜之命杀死吴广，结果导致这支起义军的全军覆灭。章邯解除了起义军对荥阳的包围后，倾全力向陈县猛扑。陈胜应战失利。秦二世二年十二月，陈胜退至下城父（今安徽蒙城西北），被叛徒庄贾杀害。陈胜部将吕臣率领苍头军，随即两度收复陈县，并处死庄贾。

陈胜、吴广相继牺牲，使农民起义遭受暂时的挫折，但各地起义军仍继续进行斗争。以项羽、刘邦等人为首领的起义军，经多次重大战役，消灭了秦军的主力。公元前206年十月，刘邦的军队进抵灞上，秦王子婴奉皇帝符玺投降，秦王朝灭亡。

陈师道 Chen Shidao (1053～1102) 中国北宋诗人。字履常，一字无己，号后山。彭

城（今江苏徐州）人。曾师从曾巩。元祐时因苏轼等推荐，为徐州州学教授。后任太学博士、秘书省正字等职。是江西诗派的代表作家之一。陈师道作诗初学黄庭坚，后致力于学杜甫，成就最高的是五七言律诗，如《除夜对酒赠少章》、《春怀示邻里》等，追步杜诗中句法和遗兴。其五古用力雕琢，要求辞意独造，难脱江西诗派硬涩之习气。但他也有一些感情朴挚的诗。陈师道词难与诗相称。散文较有成就。另有《后山诗话》，提出“诗文宁拙毋巧，宁朴毋华，宁粗毋弱，宁僻毋俗”，与黄庭坚一脉相通。今存清赵鸿烈刊本《后山集》24卷，有《四部备要》本。

陈师曾 Chen Shizeng (1876-03-12～1923-09-11) 中国画家。又名衡恪，号朽道人、槐堂，早年书画署鮕禽，晚年称安阳石室、唐不彀、染仓室。生于湖南凤凰，卒于江苏

《北京风俗画——说书》

南京。6岁学画，及长习文学与书法。1898年入南京江南陆师学堂附设矿路学堂学习。1902年东渡日本留学。1909年回国，历任教育司长、教育部编纂、中国画导师等职。1920年参与倡导成立中国画研究会。1921年他的著名论文《文人画之价值》发表，翌年，他的《中国文人画之研究》一书出版。

陈师曾在当时北京画名极盛。他主张感情移入和画外功夫。他作画讲创造、重生动、求意趣、师造化，他的许多写生小品，尤其是庭院园林小景，意趣盎然。他的山水画既重视传统技法，又学而能变。他的花鸟画，长于大写意笔法，浑厚绮丽，自成简远雄秀一派。他的人物画带有速写和漫画的情趣，《北京风俗画》、《读画图》等，都是从现实生活中来，能突破陈习，反映当时社会劳动大众的苦难生活。他的篆刻使刀如笔，浑古朴茂；小印潇洒秀劲，大印气势磅礴。由于陈师曾的国学基础深厚渊博，所以能熔书画篆刻于一炉。他的著作还有《陈师曾先生遗墨集》、《染仓室印集》、《中国绘画史》等。

陈世骧 Chen Shixiang (1905-11-05～1988-01-25) 中国生物学家、昆虫学家。生于浙

江嘉兴，卒于北京。1934年获巴黎大学博士学位。历任中国科学院昆虫研究所所长、动物研究所所长。1955年当选为中国科学院学部委员（院士）。

陈世骧于1929年开始研究昆虫分类，主要是传统分类，以叶甲总科和实蝇科为对象，兼及昆虫行为和昆虫进化。先后发表了《进化论与分类学》、《生物发展的历史规律》、《进化论的若干基本概念》、《物种概念与分类原理》等论著。他对C.R.达尔文的自然选择学说，提出两点补充：①进化是生物向环境发展的过程，选择学说强调环境选择生物、改变生物的一面，而忽视了生物占领环境、改变环境的另一面。②大量生殖不仅是生存斗争和自然选择的原因，同时又是其结果，本身亦是一种适应现象。他和陈受宜合作发表的《生物的界级分类》，提出把整个生物界划分为三个总界：非细胞总界（病毒）、原核总界和真核总界，代表生物进化的三大阶段。《叶甲总科的系统分类》是把百余年来该总科的三科分类改进为六科系统。曾任《动物分类学报》主编，中国昆虫学会理事长，《中国动物志》编委会主任，中国科协荣誉委员，是全国政协第三届委员，第三、四、五、六届全国人大代表。

陈寿 Chen Shou (233～297) 中国西晋史学家。字承祚。蜀国巴西安汉（今四川南充北）人。少时好学。仕蜀时，为散骑黄门侍郎。因不愿曲意阿附当朝权宦黄皓而屡遭谴黜。入晋后，司空张华爱其才，荐为孝廉，任佐著作郎、出补阳平令，后历任著作郎、治书侍御史。陈寿一生仕途不顺，多次遭到排挤非议。他以才学成名，善于叙事，有良史之才。晋灭吴后，他广泛收集三国时期的官私著作，著成《三国志》，分成三书，即魏书30卷、蜀书15卷、吴书20卷，条分缕析，平行叙述，在断代史中别创一格。后人推重他的史学和文笔，把《三国志》与《史记》、《汉书》、《后汉书》并列，称为四史。他还著有《古国志》(50篇)、《益部耆旧传》(10篇)，编有《蜀相诸葛亮集》等。其著作对后世戏曲小说的影响很大。

《陈书》 *History of Chen Dynasty* 中国记述南朝陈朝历史的纪传体史书。唐姚思廉撰，含本纪6卷、列传30卷，共36卷。是二十四史中卷帙最少的一部。姚思廉，本名简，以字行，雍州万年（今陕西西安）人。父姚察曾撰《陈史》，隋大业时未成而死，遗嘱思廉继续完成。武德五年(622)，姚思廉奉诏修陈史，迁延未成。贞观三年(629)，又奉命修史，贞观十年成书。陈时修史学士顾野王、傅縡开始撰陈史，完成了武帝、文帝本纪。以后中书郎陆琼继续撰写，而失于繁杂，姚察曾就陆书加以删改。姚思廉根据其父旧稿，续补成书。

陈叔宝 Chen Shubao (553～604) 中国南朝陈最后一个皇帝。583～587年在位。见陈后主陈叔宝。

陈叔通 Chen Shutong (1876-08-07～1966-02-17) 中国民主革命战士，爱国主义者，振兴中华文化教育事业的先驱，中华人民共和国国家领导人之一，全国工商联的创始人和领导者，全国政协副主席，全国人大常委会副委员长。浙江杭州人。卒于北京。名敬第，字叔通。早年投身维新运动。1903年中进士，授翰林院编修。1904年入日本东京法政大学。1906年回国，任资政院民选议员，参加反清革命，宣传社会改革。辛亥革命后任中华民国第一届国会议员、大总统秘书、国务院秘书长。1915年参加反袁护国斗争。1927年后任浙江兴业银行董事。1946年参与筹备上海人民团体联合会，积极参加抗日救亡运动。1949年经香港转赴北京，参加全国政协第一届全体会议。中华人民共和国建立后，任中央人民政府委员。1953年参与成立中华全国工商业联合会，任第一、二届主席。同时任中国人民保卫世界和平委员会主席。全国政协第一至四届副主席，第一至三届全国人大副委员长。著作有《政法通论》、《百梅书屋诗存》等。

陈述彭 Chen Shupeng (1920-02-14～2008-11-25) 中国地理学家。中国遥感应用和地理信息系统科学创建者。生于江西萍乡，卒于北京。1941年毕业于浙江大学，历任助教、讲师，1947年在职研究生毕业。1950年调中国科学院地理研究所，任地图室主任等职。创建中国科学院遥感应用研究所，组建云南地理研究所和国家资源与环境信息系统实验室，担任首任所长、室主任。曾任中国地理学会理事长、中国资源卫星应用系统总设计师、国际地理学会地理数据委员会副主席、中国科学院遥感应用

研究所名誉所长、国家环境保护总局科技顾问委员会主任、数字地球国际委员会委员等。早年从事自然地理、地图学的研究，主编有《中国地形鸟瞰图集》、《航空遥感图集（腾冲试验区）》等。后期从事地理与环境工程研究、地球信息科学与数字地球战略研究。著有《地学的探索》（6卷）、《石坚文存》；合著《遥感地学分析》、《遥感大词典》、《地球系统科学》等。曾获国家自然科学奖二、三等奖，国家科技进步奖一、二等奖，陈嘉庚地球科学奖（1998）、国际地图学协会最高荣誉奖（2001）等。1980年当选中国科学院学部委员（院士）。是第三世界科学院院士、国际欧亚科学院院士。

陈树人 Chen Shuren (1884-02-09～1948-10-04) 中国画家。名韶、哲，以字行。别号葭外渔子、二山山樵、得安老人。广东番禺人。卒于广州。岭南画派创始人之一，与高剑父、高奇峰同被称为岭南三杰。1905年加入同盟会，追随孙中山从事民主革命。早年师从广东花鸟画家居廉，1905年赴日本入京都美术学校。回国后任教于广东省优级师范学校、广东省高等学校。1912年与高剑父、潘达微创办《真相画报》。

他工诗善画，尤长花鸟、山水画。1931年创作的《岭南春色》、《木棉图》，寓壮硕于雄丽。盛年长住江南，爱画春雨、杏花、杨柳，秀美而富有节律，展现出春意盎然的境界。他的山水画多写生之作，用笔雄劲峭削。出版过《陈树人画集》、《陈树人中国画选集》，著有《春兄堂诗集》、《寒绿吟草》、《专爱集》、《战尘集》等。

《岭南春色》(1931)

陈潭秋 Chen Tanqiu (1896-01-04～1943-09-27) 中国共产党创始人之一。原名陈澄，字云先。湖北黄冈人。五四运动时期领导武汉学生运动。1920年秋与董必武发起建立武汉共产主义小组。1921年7月出席中共一大。1923年参与领导京汉铁路工人二七大罢工。担任过湖北、江西、江苏、顺直、满洲、福建等省党的领导职务，曾主办过《武汉星期评论》、《群众》周刊和《出路》等刊物。第一次国共合作时期，曾任国民党湖北省执行委员会组织部长。1934年1月出席中华苏维埃第二次全国代表大会，当选为中华苏维埃共和国中央执行委员会委员，并任粮食人民委员。1935年任中共驻共产国际代表。1939年7月任中共驻新疆代表及八路军驻新疆办事处主任，化名徐杰。1943年9月在新疆被军阀盛世才秘密杀害。他在1927年中共五大上当选为中央候补委员。1945年在中共七大会议上因未得到他已经牺牲的消息，仍被选为中央委员。

陈体强 Chen Tiqiang (1917-02-10～1983-10-13) 中国国际法学家。福建闽侯人。卒于北京。1939年毕业于清华大学政治学系。1945～1948年在英国牛津大学攻读国际法，获哲学博士学位。1948年回国，在清华大学政治学系任教。1950年起在中国人民外交学会任职。1956年起，先后在国际关系研究所、国际法研究所和国际问题研究所担任和主持国际法研究工作。1981年起，任外交学院教授并兼任北京大学教授。1981年任外交部法律顾问。1983年当选为中国人民政治协商会议全国委员会委员。他毕生致力于国际法的教学与研究工作，所著《关于承认的国际法》（英文）一书1951年在伦敦出版，在国际法学界受到高度重视，被誉为国际法名著，并被列为当代国际法必读书之一。

陈天华 Chen Tianhua (1875～1905-12-07) 中国清末资产阶级革命派宣传家。原名显宿，字星台，亦字过庭，别号思黄。湖南新化人。光绪二十四年（1898），热心新学的邹沅帆等在新化创办求实学堂，陈天华入该学堂后，受到维新思想的影响。后又到省城的岳麓书院求学。1903年春，以官费生被送日本留学。不久，拒俄事件发生，他加入拒俄义勇队、军国民教育会。后回国准备策动武装起义。他写了《警世钟》、《猛回头》，指出清朝政府已成为洋人的朝廷，号召全国各阶层民众团结起来。不久，在湖南长沙参与发起华兴会，并到江西策动军队起义。1904年春，再到日本留学。8月回国，准备参加华兴会发动的长沙起义。因事泄失败，又去日本。1905年6月，与宋教仁等创办《二十世纪之支那》杂志。8月，中国同盟会成立，他任秘书，并被推为会章起草人之一。《二十世纪之支那》改为同盟会的机关报《民报》后，他在《民报》上先后发表不少文章和政治小说。同年11月，日本文部省颁布歧视并限制中国留学生的《清国留学生取缔规则》，留日学生发动了抵制这个规则的强大运动。为了激励人心，他在12月7日留下《绝命书》，投海自杀。著作辑为《陈天华集》。

陈田鹤 Chen Tianhe (1911-12-08～1955-12-23) 中国作曲家。生于浙江永嘉，卒于河北通县（今北京通州）。1928年入温州私立艺术学院。1930年入上海国立音乐专科学校，从师黄自学习作曲。1934年任教于武昌艺术专科学校，1936年在山东省立剧院从事音乐创作及教学。1940年在重庆任国立音乐院作曲教授兼教务主任，后随院迁至南京，1949年任国立福建音乐专科学校教授。1951年后，先后在北京人民艺术剧院、中央实验歌剧院从事作曲。作品有钢琴曲《序曲》(1934年获“征求有中国风味的钢琴曲”二等奖)，歌曲《哀悼一位民族解放战士》、《山中》、《秋天的梦》等，清唱剧《河梁话别》，管弦乐改编曲《广陵散》，编配歌舞音乐《采茶灯》、《荷花舞》等。并编有《回忆集》和《剑声集》两部歌曲集。

陈廷焯 Chen Tingzhuo (1853～1892) 中国近代文学家。见《白雨斋词话》。

陈抟 Chen Tuan (871～989) 中国五代末北宋初年道士。字图南，号扶摇子，赐号“希夷先生”。亳州真源（今安徽亳州）人，一说普州崇龛（今重庆潼南）人。早年熟读经史百家之言，兼通医理、佛学，明天文地理。后唐长兴年间，举进士不第，遂不求仕禄，以山水为乐，后唐清泰年间(934～936)隐居武当山九室岩，专习胎息服气，辟谷导引内养静功。后晋天福(937～944)时，游四川邛州天庆观，后归关中。后周世宗于显德三年(956)，诏见问以黄白炼丹事，奉对称旨，封谏议大夫，固辞不受，赐号“白云先生”。入华山，居云台观和少华石室。北宋太平兴国九年(984)，多次入阙，深得礼遇，下诏赐号“希夷先生”。陈抟的道教思想融贯儒、佛、道三家学说，启宋代三教合一的思想潮流。其道教丹道思想主张性命双修，养生内炼，澄思息虑，调气入静，顺其自然。以传统的道家学说为核心，吸收儒家、佛教禅定思想，构成一套系统的内丹理论，为宋元道教内丹派的形成奠定了基础。所传《无极图》、《先天图》，后被发展成为“太极图说”、“象数体系”，成为宋代理学的重要组成部分。著有《九室指玄篇》、《易龙图》、《三峰寓言》、《高阳集》、《钓潭集》、《人伦风鉴》(又称《龟鉴》)等。

陈万里 Chen Wanli (1892-08-04～1969-02) 中国摄影家、陶瓷学家。江苏吴县（今苏州）人。卒于北京。又名冥鸿，夷初。1917年6月毕业于北京医学专门学校，曾任北京大学校医、厦门大学国学院导师、浙江省卫生处长、江苏省卫生署长等。1949年11月任故宫博物院研究员。作为中国摄影艺术的拓荒者之一，他于1919年开始从事摄影活动。1923年冬与黄振玉、吴郁周等组织发起中国最早的摄影艺术团体艺术写真研究会，后改为光社，是“光社四杰”之一。1926年在上海举办个人摄影展，是中国最早举办个人影展的人。1928年与郎静山等人组建中华摄影学社（简称华社）。摄影专集有《大风集》、《民十三之故宫》、《故宫图录》、《西陲壁画集》、《越器图录》等。

《断芡》

游记著作有《西行日记》、《闽南游记》、《湘川道上》等。

陈万里长期研究中国传统文化艺术，对中国古陶瓷研究具有深厚造诣。1930年曾赴欧洲考察。他具备丰富的现代科学知识，能将现代考古学的方法用在古陶瓷研究中。他把田野窑址调查作为开展研究的基础，首先进行越窑、龙泉窑等古窑址的调查。20世纪40年代出版论文集《瓷器与浙江》。中华人民共和国建立后，他专门从事陶瓷发展史的研究。主要著作有《陶枕》(1954)、《宋代北方民间瓷器》(1955)、《中国青瓷史略》(1956)、《陶俑》(1957)等书。还发表关于越窑、邢窑、定窑、钧窑、汝窑、龙泉窑、磁州窑、山西琉璃、中国瓷器的外销等数十篇论文，如《中国历代烧制瓷器的成就与特点》、《建国以来对于古窑址的调查》(1959)等。

陈望道 Chen Wangdao (1890-12-09～1977-10-29) 中国语文学家，教育家。原名参一、融。生于浙江义乌。1915年赴日本留学。1920年起，负责《新青年》的编辑工作。同年，他翻译的《共产党宣言》第一个中文全译本在上海出版。后历任上海大学、复旦大学、安徽大学、广西大学等校教授。中华人民共和国建立后，任复旦大学校长。毕生从事文化教育和语文研究工作，是中国现代修辞学研究的开拓者和奠基人。所著《修辞学发凡》出版于1932年，全书引例丰富，归纳系统，阐释详明，对汉语文中种种修辞方式作了系统而详尽的分析归纳。首先提出了消极修辞和积极修辞两大分野的理论，进而把积极修辞分为辞格、辞趣两种，对汉语文中的修辞格式作了全面的概括。《修辞学发凡》创立了中国第一个科学的修辞学体系，开拓了修辞研究的新境界。20世纪30年代，在上海发动了中国文法革新问题的讨论。他从方法论上批判了机械模仿、生搬硬套的错误，明确地提出了用功能观点来研究汉语语法的见解。陈望道是语文改革的积极主张者和实践者。陈望道从事文化学术活动和教育工作达60年，几乎涉猎了社会科学的各个领域。1960年起任《辞海》主编。

陈维稷 Chen Weiji (1902-10-15～1984-01-06) 中国纺织专家和教育家。安徽省青阳县人。卒于北京。1925～1928年在英国利兹大学学习，后去德国实习。1930年回国后历任上海暨南大学、复旦大学教授，南通学院教务长，上海交通大学纺织系主任。曾任上海第一印染厂厂长、中国纺织建设公司总工程师。1949～1982年任中华人民共和国纺织工业部副部长。领导国产棉纺织印染成套设备的研制工作和静电纺纱等重大科研项目并取得显著成果。还主持全国纺织教育工作。曾担任纺织高等院校教材编审委员会主任，主编《中国纺织科学技术史(古代部分)》、《中国大百科全书·纺织》等。自1954年起连续当选中国纺织工程学会第十五至十七届理事长。中国纺织工程学会设有陈维稷优秀论文奖。

陈文贵 Chen Wengui (1902-08-01/23～1974-06-15) 中国微生物学家。生于四川永川（今属重庆），卒于成都。1929年毕业于成都华西协合大学，获医学博士学位。历任四川医学院教授、副院长，中国医学科学院流行病学微生物学研究所研究员。1955年当选为中国科学院学部委员（院士）。20世纪30年代初研究了疫苗血清制造技术，为中国生物制品的制造积累了经验；进行了鼠疫调查和防治工作；30年代中期，被聘为国际卫生组织公共卫生视察员，赴印度及南洋一带考察鼠疫防治措施。40年代初，率队前往中国湖南常德，对日本进行的细菌战进行实地调查，撰写《湖南常德鼠疫报告书》，以大量科学根据判明与揭露日本制造细菌战的事实。50年代，他调查、揭露与控诉了朝鲜战争中美国使用细菌的罪行。荣获朝鲜授予的二级国旗自由勋章。

陈锡联 Chen Xilian (1915-01-04～1999-06-10) 中国无产阶级革命家、军事家，国务院副总理。湖北黄安（今红安）人。卒于北京。1929年参加工农红军，1930年参加共青团，同年转为中国共产党党员。历任红军第四方面军营教导员、团政委、师政委、师长。参加了鄂豫皖苏区历次反“围剿”、川陕苏区反“围攻”斗争和长征。抗日战争时期，历任八路军团长、旅长、军分区司令员，指挥了夜袭阳明堡的战斗。解放战争时期，历任中原野战军纵队司令员、第二野战军兵团司令员，参加了上党、邯郸、

鲁西南、淮海、渡江、西南等战役。中华人民共和国建立后，历任中共重庆市委第一书记、市长，解放军炮兵司令员、沈阳军区司令员，中共中央东北局书记处第一书记。1955年被授予上将军衔。1968年后任辽宁省革命委员会主任、中共辽宁省委书记。1973年任北京军区司令员。1975年被任命为国务院副总理。1980年被批准辞去中共中央政治局委员、国务院副总理的职务。是中共第八届中央候补委员、委员，第九、十、十一届中央政治局委员。1982～1992年被选为中共中央顾问委员会常委。著有《陈锡联回忆录》。

陈献章 Chen Xianzhang (1428～1500) 中国明代思想家。字公甫，号石斋，世称白沙先生。广东新会人。一生屡试不第，遂绝意功名，隐居讲学。擅长行草书，不墨守成章，独创茅龙书风靡一时。陈献章继承陆九渊"心即理"的观点，主张心理为一，理在心中，认为心是宇宙本体，它"无我无人，无古今，塞乎天地之间"，具有"生生化化之妙"。他还认为宇宙之心与人心本是一个，只是人的心被形体和物欲蒙蔽了。他主张通过"静坐"去"洗心"，使心"无累于形骸，无累于外物"，从而达到"天地我立，万化我出，而宇宙在我矣"的境界。他的思想对王守仁心学思想的形成影响很大。著有《白沙子全集》。

陈省身 Chern Shiing-shen (1911-10-26～2004-12-03) 美籍华裔数学家。生于浙江嘉兴，卒于天津。1926年入天津南开大学数学系，1930年毕业后入清华大学，为助教与研究生。1934年赴汉堡就学于当时德国几何学权威W.J.E.布拉施克，1936年完成关于网几何的博士论文后赴法国师从当代微分几何大师É.嘉当继续深造。1937年回国，时值抗日战争期间，先后任教于由清华大学、北京大学、南开大学联合组成的长沙临时大学和西南联合大学。1943～1945年应O.维布伦与H.外尔之邀赴美，在普林斯顿高级研究院工作两年。当时美国拓扑学研究极为兴旺，他结合微分几何与拓扑方法，先后完成了两项划时代的重要工作，其一为黎曼流形的高斯－博内一般公式，另一为埃尔米特流形的示性类论。陈省身的其他数学工作范围极为广泛，重要的有：①紧浸入与紧逼浸入。由他和R.莱雪夫开始，经30多年的进展，其成就已汇成专著。②复变函数值分布的复几何化。其中一著名结果是陈－博特定理。③积分几何的运动公式。其超曲面的情形系同严志达合作。④复流形上实超曲面的陈－莫泽理论。是多复变函数论的一项基本工作。⑤极小曲面和调和映射的工作。⑥陈－西蒙斯微分式。是量子力学异常现象的基本工具。

1946年，陈省身重返中国。在上海建立了中央研究院数学研究所（后迁南京），此后两三年中，他培养了一批青年拓扑学家。1949年他再去美国，先后在芝加哥大学与加州大学伯克利分校任终身教授。1981年在伯克利的以纯粹数学为主的数学科学研究所任第一任所长。1984年退休，先后受聘为北京大学、南开大学名誉教授。1985年创办南开数学研究所，并任所长。同年南开大学授予他名誉博士学位。2001年回国定居。

陈省身由于对数学的重要贡献而享有多种荣誉。早在1961年即当选为美国国家科学院院士；1963～1964年间，任美国数学会副主席；在国际数学家大会上作过多次一小时的大会报告，并参与作出各种重要决策的委员会的工作。先后获得美国数学协会的肖夫内奖（1970）、美国总统颁发的国家科学奖（1975）、美国数学会斯蒂尔奖（1983）、沃尔夫数学奖（1983—1984）、邵逸夫数学奖（2004）。此外，还获得多种学术荣誉称号，如英国皇家学会国外会员、巴西国家科学院通讯院士、印度数学会名誉会员等。

陈修斋 Chen Xiuzhai (1921-03-07～1993-08-23) 中国研究西方哲学的学者。浙江东阳人。1941年秋考入重庆中央政治学校大学部外交系，1945年获法学学士学位。曾任中国哲学会西洋哲学名著编译委员会研究编译员。1949年10月应聘到武汉大学哲学系任教，1952年转入北京大学哲学系任教。1957年夏重返武汉大学哲学系任教授，并担任中华全国外国哲学史学会理事长等职。主要哲学著译有：《哲学史简编》（合著，1957）、《希腊思想和科学精神的起源》（［法］罗斑，1965）、《人类理智新论》（G.W.莱布尼茨，1982）、《欧洲哲学史稿》（与杨祖陶合著，1983、1987）、《欧洲哲学史上的经验主义和理性主义》（主编，1986）、《哲学史方法论研究》（与萧萐父共同主编，1984）、《新系统及其说明》（莱布尼茨，1999）等。

陈旭麓 Chen Xulu (1918-03-31～1988-12-01) 中国历史学家。湖南双峰人。卒于上海。历任华东师范大学历史系副教授、教授，兼任历史系副主任、研究生处处长、副教务长，中国现代史学会副理事长，华东师范大学中西文化研究中心主任、中国近代史研究室主任等职。

早年先后就读于长沙孔道国学专科学校和无锡国学专修学校，1938年入大夏大学文学院中文系，一年后转入历史社会学系。1942年出版《初中本国史》一书，并发表长篇论文《司马迁的历史观》。20世纪40年代后期在大夏大学和圣约翰大学讲授"社会发展史"、"新民主主义革命史"等课程，同时为《大公报》、《观察》等报刊撰写时评。此后，主要从事中国近代史的研究与教学，先后出版和发表了一系列论著，其中关于辛亥革命及中华民国史的研究，以及近代精英思想与思潮演进的剖析，多属拓荒之作。1978年后，以"新陈代谢"的旨趣，致力于中国近代社会变迁和文化史的研究，所涉领域极广，论著大多融义理、考据、词章于一体，以思辨和文笔见称学界。

著有《近代史思辨录》、《浮想录》、《近代中国社会的新陈代谢》等，后编入《陈旭麓学术文存》及4卷本《陈旭麓文集》。另主编《中国近代史丛书》、《盛宣怀档案资料选辑》、《中国近代史词典》、《中华民国史词典》、《近代中国八十年》、《五四以来政派及其思想》等。

陈序经 Chen Xujing (1903～1967-02-19) 中国社会学家。广东文昌县（今属海南）人，卒于天津。1922年考入上海沪江大学，1924年夏转学复旦大学社会学系。1925～

1928年就读于美国伊利诺伊大学，先后获硕士、博士学位。1928年夏回国，历任岭南大学、南开大学、西南联合大学教授，西南联合大学法商学院院长、南开大学经济研究所所长、南开大学教务长、岭南大学校长、中山大学副校长、暨南大学校长、南开大学副校长等职。曾任全国政协委员。学术研究方面，1949年以前主要从事社会学与政治学的教学与研究，尤其注重从文化的角度研究社会；1949年后主要从事东南亚古史和中西交通史等方面的研究。著有《中国文化的出路》、《疍民的研究》、《文化学概观》、《南洋与中国》、《社会学的起源》等。

陈衍 Chen Yan (1856～1937) 中国近代诗人。字叔伊，号石遗。福建侯官（今福州市）人。光绪八年（1882）举人。二十四年在京城参与维新活动，提倡变法。清亡后，与章太炎、金天翮倡办国学会，任无锡国学专修学校教授。陈衍通经史训诂之学，长于作诗。他与郑孝胥同为闽派诗的领袖，提倡三元说，即认为古近体诗有3个演变阶段，第一个高峰是在唐玄宗开元年间，第二个高峰是在唐宪宗元和年间，第三个高峰是在宋哲宗元祐年间。清代同治、光绪年间，继承了三元诗风的是他们极力标榜的同光体。他一生宣扬同光体的成就，对近代旧诗坛影响较大。陈衍的诗着重学王安石、杨万里，笔法曲折独特，骨力清健。著有《石遗室丛书》、《石遗室诗话》和《石遗室论文》等。又选有《近代诗钞》24册。

陈彦衡 Chen Yanheng (1868～1933) 中国京剧乐师。字新铨，又名陈鉴，四川宜宾人。卒于成都。擅长京剧胡琴，对京剧生旦唱腔深有研究。陈彦衡是谭鑫培、梅雨田的密友，与京剧名票友孙春山、林季鸿亦有交往，共同设计创造了不少新颖动听的唱腔。

陈彦衡的京胡伴奏技巧造诣很深，谭鑫培所唱《空城计》、《鱼肠剑》中小腔甚多，很不易托，但由他伴奏独能丝丝入扣。很多著名京剧演员的艺术成就也得力于陈彦衡的指点、传授。余叔岩倒仓后，陈彦衡采取循序渐进的吊嗓方法使他逐渐恢复。言菊朋在胜利公司灌制的唱片都由陈彦衡操琴，其中《取帅印》、《法场换子》、《法门寺》诸剧唱腔都经陈彦衡润色。孟小冬、罗小宝、吴铁广等演员也曾受过他的指点。陈彦衡有著述多种。1917年出版《戏选》，所收《失空斩》、《碰碑》、《打棍出箱》附有工尺谱，首创有工尺的京剧唱腔谱。1921年出版《说谭》。1931年出版《燕台菊萃》。此外，还著有《旧剧丛谈》等。

陈毅 Chen Yi (1901-08-26～1972-01-06) 中国无产阶级革命家、军事家、政治家，中国人民解放军创建人和领导人之一，中华人民共和国元帅。字仲弘。四川乐至人。1919年赴法国勤工俭学。1921年因参加中国留学生的爱国运动被押解回国。1922年加入中国社会主义青年团。1923年到北京中法大学学习，加入中国共产党。1926年初毕业后被派赴四川万县，推动

川军响应北伐。1927年春任武汉中央军事政治学校中共委员会书记。

1927年7月武汉国民政府公开反共后转赴江西，8月上旬在抚州赶上南昌起义部队，任第11军第25师第73团团指导员。起义军南下失败后，与朱德等整顿余部，转战闽赣粤湘边。1928年1月参与领导湘南起义，建立苏维埃政权，成立工农革命军第1师，任师党代表。同年4月与朱德率部到井冈山地区，与毛泽东领导的秋收起义部队会师，组成中国工农红军（初称工农革命军）第4军，先后任师长、军委书记、政治部主任、前委书记等职，参与领导创建和保卫井冈山革命根据地的斗争。1930年后历任新成立的第6军政治委员、中共赣西南特区委员会书记、第22军军长、江西军区总指挥兼政治委员、西方军总指挥等职，积极发展人民武装，参与领导反“围剿”斗争，两次当选为中华苏维埃共和国中央执行委员，两次获红星奖章。1934年10月中共中央率第一方面军主力长征，他留下担任中共中央苏区分局委员、中华苏维埃共和国中央政府办事处主任。后转战赣粤边区，依靠人民群众，坚持了三年极其艰苦的游击战争。抗日战争时期，编组红军游击队为新四军，任中共中央军委新四军分会副书记、新四军第1支队司令员、江南指挥部指挥、苏北指挥部指挥。1940年11月，成立华中总指挥部，代理总指挥。

1941年1月皖南事变后，重建新四军军部，任新四军代军长，继续领导华中军民进行反“扫荡”、反“清乡”斗争。抗日战争胜利后，任新四军军长兼山东军区司令员。1947年1月任华东军区司令员、华东野战军司令员兼政治委员，同副司令员粟裕、副政治委员谭震林等创造性地执行集中优势兵力各个歼灭敌人的作战方针，在粉碎国民党军全面进攻中，指挥部队连续取得宿北、鲁南、莱芜等战役的重大胜利。当蒋介石集中主力对山东实行重点进攻时，又指挥孟良崮战役，一反先打弱敌后打强敌的常用战法，出敌不意地歼灭全部美械装备的国民党军主力整编第74师。1947年秋，根据中共中央的战略部署，同粟裕率华东野战军主力一部实行外线出击，挺进豫皖苏，与刘（伯承）邓（小平）野战军及陈（赓）谢（富治）兵团密切协同，在中原地区大量歼敌，对扭转全国战局起了决定性的作用。1948年5月除继续担任华东军政职务外，又赴中原任中共中央中原局第二书记、中原军区和中原野战军第一副司令员。从同年11月开始，作为总前委的常委之一，参与组织指挥了淮海战役和渡江战役，解放了南京、上海、杭州等城市和东南广大地区。1949年5月起兼任上海市市长。

中华人民共和国建立后，继续担任华东军区、第三野战军司令员。1954年任国务院副总理，并任中央人民政府人民革命军事委员会副主席和国防委员会副主席。1955年被授予中华人民共和国元帅军衔和一级八一勋章、一级独立自由勋章、一级解放勋章。1958年2月起兼任外交部部长。1966年1月任中共中央军委副主席。“文化大革命”期间同林彪、江青反革命集团进行坚决斗争，遭到严重迫害。他是中共第八届中央政治局委员，第七、九届中央委员。1959年起任第三届、四届全国政协副主席。陈毅兼资文武，博学多才。有多种军事、政治论著和诗词，1977年出版有《陈毅诗词选集》。

陈寅恪 Chen Yinke (1890-07-03～1969-10-07) 中国历史学家。江西义宁（今修水）人。生于长沙，卒于广州。祖父陈宝箴，清光绪年间曾任湖南巡抚。父陈三立，诗人。父祖因主张变法，遭清廷革职。陈寅恪少

年时随长兄陈衡恪（师曾，画家）到日本读书，后因病回国就读于上海复旦公学。1910年起，游学欧美，先后在德国柏林大学、瑞士苏黎世大学、法国巴黎高等政治学校、美国哈佛大学等学府深造。除社会科学外，专攻比较语言学，梵文造诣尤其精湛。1925年应清华国学研究院之聘返国，次年到校与王国维、梁启超、赵元任同为导师。1929年，清华国学研究院停办，转为清华大学教授，并兼任北京大学教职。1930年后，又兼任中央研究院历史语言研究所研究员、第一（历史）组主任，故宫博物院理事、清代档案委员会委员。1937年七七事变后，随清华大学到湖南长沙复课。不久，西南联合大学在云南成立，遂于次年到昆明任教。1938年被英国牛津大学聘为中文教授，并于1939、1940年两次准备经香港赴任。由于欧战和其他原因未能成行，遂就任香港大学客座教授。及日军占领香港，乃于1942年返回内地，先后执教桂林广西大学和成都燕京大学。此时他目疾恶化，而牛津大学重申前聘，遂于1945

年秋经印度赴英国，并希望借此机会治疗目疾。但手术未能成功，于是辞去牛津大学教席回国，于1946年重返清华大学。北平面临解放，为避战乱南下上海。1949年初受聘于广州岭南大学。1952年全国院系调整，改任广州中山大学教授。曾当选为全国政协第二届委员，第三、四届常务委员，中国科学院社会科学学部委员，又被聘为中央文史研究馆副馆长、《历史研究》编辑委员会委员。

陈寅恪的研究范围甚广，对魏晋南北朝史、隋唐史、古代宗教史、西域民族史、蒙古史、古代各民族语言、**敦煌学**、中国古代文学，以及史学方法等，都作出了重大贡献。发表论文近百篇，后经修订辑入《金明馆丛稿》(初编、二编)、《寒柳堂集》。专著有《隋唐制度渊源略论稿》、《唐代政治史述论稿》、《元白诗笺证稿》、《柳如是别传》。其《读书札记》(共三集) 和《讲义及杂稿》亦经他人整理出版。

陈撄宁 Chen Yingning (1880～1969-05-23) 中国近代道教学者，居士。原名元善、志祥。字子修。后改名撄宁，号圆顿子。安徽怀宁人。清末秀才，毕业于安徽高等法政学堂。少年时体弱多病，不喜仕宦，羡慕仙学。遂遍历名山道观，寻师访友，钻研《道藏》，并结合西方医疗科学，亲身体验道教养生法。1939～1941年，创办《仙学》月刊。其对《**道藏**》书目重作分类，将七部十二类的旧名目一概取消，只就道藏原有1500种书的性质分为道家、道通、道功、道术、道济、道余、道史、道集、道教、道经、道诫、道法、道仪、道总等14类。1956年，与各地道教界人士发起筹备全国道教组织。1957年，**中国道教协会**成立后，当选为副会长兼秘书长。1961年，当选为会长，并任中国人民政治协商会议第二、三届全国委员会委员。著作颇丰，涉及内容有丹道、史论等，共计有《黄庭经讲义》、《道教起源》、《教理概论》、《静功总说》、《老子第五十章研究》、《静功疗养法》、《仙与三教之异同》等近30余种。

陈映真 Chen Yingzhen (1937-10-06～) 中国台湾小说家、理论批评家、社会活动家。原名陈永善，笔名许南村。祖籍福建安溪县，生于台湾台北县莺歌镇。1957年考入淡江文理学院外文系，曾任英文教师，1965年进入美商辉瑞药厂工作。1967年因“民主台湾同盟”案被国民党当局逮捕入狱8年。1975年出狱后，继续其介入现实的写作，是1977～1978年乡土文学论战的主将之一。1979年以其中篇小说《夜行货车》获台湾第十届吴浊流文学奖。1988年筹组“中国统一联盟”并任创盟主席，积极从事反“台独”促统一的工作。1991年筹划人间出版社出版的《台湾政治经济丛刊》，1992～1994年一共出版了7卷，对日本帝国主义统治下的台湾和战后台湾政治经济、社会发展等议题进行了深入而科学的研究。1996年被中国社会科学院授予荣誉高级研究员职称。1998年创办《人间思想与创作丛刊》，先后出版了《台湾乡土文学·皇民文学的清理与批判》、《噤哑的论争》、《复现的星图》等，系统地清理和批判日本占据时期以来的台湾文学思想史问题。

陈映真是战后台湾文学的重要作家之一。从1959年9月在《笔汇》杂志发表第一篇小说《面摊》至1967年5月入狱，他的作品浪漫、忧郁而有些颓废，既有中国近现代文学传统所充溢的社会主义人道主义的批判精神，也有战后文学所独具的深厚的历史感。这个时期的代表作是《我的弟弟康雄》(1960) 和《将军族》(1964)。20世纪70年代以后，一方面是积极参与乡土文学论战，从理论、思想上清理战后台湾文学恶性西化、脱离现实的倾向；另一方面，创作了一系列反省资本主义“全球化时代”给第三世界国家和地区的人们的生活和精神状态带来深刻影响的重要作品。他根据自己在跨国公司中工作的亲身经验，深入剖析受美国资本支配的企业体制中人与人之间关系的严重异化，对潜藏在“现代化管理理念”下的现实利害关系有深刻的洞察和批判。这个时期的代表作品是“华盛顿大楼”系列小说，包括《夜行货车》、《上班族的一日》、《云》和《万商帝君》等。1983年，他发表的《铃铛花》、《山路》以小说形式反省了20世纪50年代以来国民党的冷战意识形态和白色恐怖给台湾人民造成的巨大精神创伤，同时艺术地呈现了资本主义大众消费社会的形成及其与“革命”理想之间的矛盾，这些文学性的思考以其敏锐和深刻而具有预见性和一定的普遍性。

1985年以后，通过创办《人间》杂志和出版社会科学著作，撰写大量的政论、文论、杂文、散文甚至戏剧等形式来介入并试图改造台湾的现实生活，被称为“最后的乌托邦主义者”。作品结集为《陈映真作品集》(15卷)、《陈映真小说集》。

陈永贵 Chen Yonggui (1914-02-14～1986-03-26) 中国共产党中央政治局委员，国务院副总理，全国劳动模范。山西昔阳人。卒于北京。抗日战争时期加入农会，参加土地改革运动，1946年参加互助组。1948年加入中国共产党。中华人民共和国建立后，

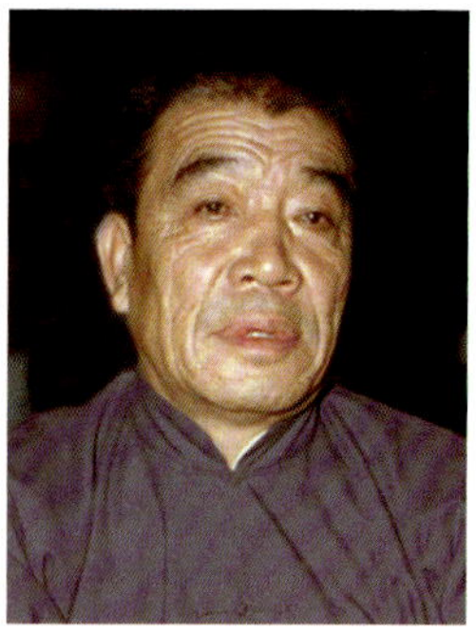

1953年带头组织初级农业生产合作社。先后任山西省昔阳县大寨村生产委员、党支部书记，大寨农业生产合作社主任。带领大寨村农民艰苦奋斗，改造恶劣的自然环境，逐步建成旱涝保收的稳产高产田，为山区落后地区农业生产发展作出了榜样，被选为全国劳动模范。毛泽东和中共中央发出了“农业学大寨”的号召。1967年后，任山西省革命委员会第一副主任、中共山西省委副书记等职。1969年当选为中共第九届中央委员。1973年当选为中共第十届中央委员、中央政治局委员。1975年任国务院副总理，主管全国农业工作。1977年当选为中共第十一届中央委员、中央政治局委员。是第三、四、五届全国人民代表大会代表。1980年9月辞去中央政治局委员和国务院副总理的职务。1983年起任北京东郊农场顾问。

陈永龄 Chen Yongling (1910-11-08～2004-08-15) 中国大地测量学家。生于北京，卒于北京。1931年毕业于国立交通大学（上海本部）土木工程学院。1934年赴英国伦敦大学帝国理工学院测量专业学习，1935年转赴德国柏林工科大学大地测量系学习，1939年获工学博士学位。回国后，曾任西南联合大学、同济大学教授，中国地理研究所大地测量组主任，交通部铁路测量总处处长兼总工程师等。中华人民共和国建立后，历任岭南大学理工学院院长、华南工学院副院长、武汉测绘学院副院长、国家测绘总局测绘科学研究所所长、国家测绘总局总工程师等职。中国测绘学会第一、第二届副理事长。1980年当选中国科学院学部委员（院士）。致力于中国**国家大地网**的全面布设、整体平差、精度分析和大地水准面特征等问题的研究。1947年首次将航空摄影测量技术应用于闽赣铁路线的勘测，1965年为精确测定珠穆朗玛峰的高程制定技术方案。20世纪70年代后期，提出利用卫星多普勒技术测定地心坐标和加强中国大地网的建议，促进中国大地测量新技术的发展。曾编写《测量平差法》(1943)、《大

地测量学》(1950)。1956年又重新编写《大地测量学》上卷第1、2分册。

陈友谅 Chen Youliang (1320～1363) 中国元末大汉政权的建立者。湖北沔阳人。元末农民战争爆发后，参加徐寿辉、邹普胜、倪文俊等人领导的天完红巾军，以功升元帅。元至正十七年(1357)，陈友谅袭杀倪文俊。十九年，杀害在反元战争中功劳卓著的天完将领赵普胜。同年，杀徐寿辉左右侍臣，挟持徐寿辉，自称汉王。次年闰五月，杀徐寿辉，自立为帝。建国号大汉，改元大义。仍以邹普胜为太师。此后，一面继续进行反元战争，一面把军事重心放在对邻境朱元璋部的战争上。大汉将士多数是天完旧属，对陈友谅的篡权夺位深为不满，在战争中相继倒戈降朱，使陈友谅接连败北。二十三年八月，陈友谅在鄱阳湖中流矢身亡。

陈与义 Chen Yuyi (1090～1138) 中国宋代诗人。字去非，号简斋。洛阳(今属河南)人。历官太学博士、中书舍人、礼部侍郎、翰林学士、参知政事。其诗以杜甫为师，与江西诗派风格相近，被列为江西诗派“一祖三宗”之一。但又有所拓展创新，具有独特风格，严羽称为“陈简斋体”(《沧浪诗话·诗体》)。其诗以靖康战乱为界，分为前后两个时期。前期诗风明快清丽，多表现自我的生活情趣，如《和张规臣水墨梅五绝》、《夏日集葆真池上》、《春日二首》等。靖康之乱后，他经历了与杜甫安史之乱相似的遭遇，伤时忧国成为他后期诗歌的主要内容，诗风为之一变。如《伤春》诗云：“庙堂无策可平戎，坐使甘泉照夕峰。初怪上都闻战马，岂知穷海看飞龙。孤臣霜发三千丈，每岁烟花一万重。稍喜长沙向延阁，疲兵敢犯犬羊锋。”谴责朝廷大臣丧权辱国，歌颂抗金人士敢于犯敌，雄浑沉郁，历来被公认为学杜最切之作。《邓州西轩书事》10首，纵论时事，忧深思远，感人至深。与义诗风格多样，除学习杜诗的沉郁顿挫外，他的一些写景、咏物、题画诗，鲜明生动，清新自然，意象空灵。如“摇楫天平渡，迎人树欲来”(《渡江》)、“开门知有雨，老树半身湿”(《休日早起》)之类。与义亦能词。其词大多作于南渡之后，往往寄寓家国兴亡、身世飘零之感。

著有《简斋集》、《须溪先生评点简斋诗集》15卷，有《四库全书》本。南宋绍熙时胡穉撰《增广笺注简斋诗集》31卷，今存元刻本，《四部丛刊》据此影印。另有《简斋外集》1卷，附于元刻本后。其词单刻本有《简斋词》，又称《无住词》，今存明毛晋汲古阁刊本、清康熙间萧江声抄本、《四库全书》本、《彊村丛书》本。中华书局1981年出版有吴书荫、金德厚校点的《陈与义集》。

陈玉成 Chen Yucheng (1837～1862-06-04) 中国太平天国青年将领，后期军事统帅。广西藤县(一说桂平)人。少孤，14岁随叔父参加金田起义。清咸丰三年(1853)，随军西征。次年攻武昌，因功升殿右三十检点，转战湖北、安徽等地。六年春，镇江被困，随燕王秦日纲往援，与守将约定内外夹攻，遂大败清军，解镇江围，并与各友军共破江北、江南大营。石达开出走后，受封为成天豫、又正掌率、前军主将，和李秀成等同主军政。八年夏，与李秀成先破浦口江北大营，继而全歼湘军精锐李续宾部。九年，晋封英王。十年，会同各军再破江南大营，东征苏(州)、常(州)。时湘军四路东下，安庆被围，陈玉成注重上游，力主先救安庆。秋，太平军计分两路，合取湖北，迫敌回救。他率大军趋北路，于次年二月进抵湖北黄州，因受英国侵略者的阻挠和南路李秀成误期，未能合取武昌，遂回师径援安庆，多次苦战失利。八月，安庆陷落，陈玉成退守庐州(今合肥)，受严责革职。同治元年(1862)春，派部将陈得才等率师去陕西等地招兵，庐州守军兵单井围急。四月，率部突围，走寿州(今安徽寿县)，为叛徒苗沛霖诱捕，解送清营。后在河南延津就义。

陈垣 Chen Yuan (1880-11-12～1971-06-21) 中国历史学家，教育家。字援庵。广东新会人。卒于北京。自幼好学，无师承，靠自学闯出一条广深的治学途径。曾任北京大学、北平师范大学、辅仁大学的教授、导师。1926～1952年，任辅仁大学校长，1952～1971年，任北京师范大学校长。1949年以前，他还担任过京师图书馆馆长、故宫博物院图书馆馆长。1949年后，任中国科学院历史研究所第二所所长。历任第一、二、三届全国人大常务委员会委员。1905年，在孙中山先生领导的民主革命影响下，他和几位青年志士在广州创办了《时事画报》。他曾在一段时间内信仰宗教，有《元也里可温考》之作。又先后写成专著《火祆教入中国考》、《摩尼教入中国考》、《回回教入中国史略》。在研究宗教史的同时，他还注意研究元史，写成《元西域人华化考》一文。1931年写成《元典章校补释例》。他在校勘学、考古学的成果还有《旧五代史辑本发覆》、《二十史朔闰表》和《中西回史日历》等书。他广泛收集引用了100种以上的古籍材料，写成《史讳举例》一书。

在8年抗战期间，他连续写成《南宋河北新兴道教考》、《明季滇黔佛教考》、《清初僧诤记》、《中国佛教典籍概论》等宗教史论文及《通鉴胡注表微》，都含有讽今喻世、抒志表微的用意。

陈原 Chen Yuan (1918-05-23～2004-10-26) 中国语言学家、编辑出版家、世界语专家。广东新会人。卒于北京。1938年毕业于中山大学。先后在新知书店、生活书店、三联书店任编辑。1949年以后在三联书店、世界知识出版社、人民出版社、国际书店、文化部出版事业管理局、国家出版局以及商务印书馆担任领导职务。在长达半个世纪的编辑出版生涯中，参与了众多书籍、词典、杂志、丛书的规划与编辑工作。他设计印行的《汉译世界学术名著丛书》引起广泛注意。从60年代末至70年代初开始，以较多的精力从事语言研究。历任中国社会科学院语言文字应用研究所所长，全国术语标准化委员会副主任，中国出版工作者协会副主席、顾问，国家语言文字工作委员会主任等职。主要著作有：《语言与社会生活》、《社会语言学》、《辞书与信息》等。

陈云 Chen Yun (1905-06-13～1995-04-10) 马克思主义者，中国无产阶级革命家、政治家，中国共产党和中华人民共和国领导人，中国社会主义经济建设的开创者和奠基人之一。

出生于江苏省青浦县(今属上海)练塘镇。1919年小学毕业后到上海商务印书馆工作。1925年参加五卅运动。8月参加领导商务印书馆大罢工，任该馆发行所职工会委员长，随后加入中国共产党。参加上海工人三次武装起义。大革命失败后，在家乡和上海从事地下斗争，参加领导农民运动和工人运动。1930年9月在中共六届三中全会上被选为中央候补委员。1931年1月在中共六届四中全会上被选为中央委员，5月任中央特科书记，9月被指定为中共临时中央政治局成员。1932年3月任中共临时中央政治局常委、中华全国总工会党团书记。

1933年1月，进入中央革命根据地。

1934年1月在中共六届五中全会上被选为中央政治局委员、常委，兼任白区工作部部长。同年10月参加长征，先后任红5军团中央代表、军委纵队政委。在遵义会议上，支持毛泽东的正确主张。1935年6月，作为中央代表从四川赴上海，恢复和开展党的秘密工作。9月，由上海到莫斯科，向共产国际报告红军长征及遵义会议的情况，并参加中共驻共产国际代表团的工作。1937年4月回国到达迪化（今乌鲁木齐），任中共中央驻新疆代表，接应红军西路军余部入疆。

1937年11月到延安，12月任中共中央书记处书记兼中央组织部部长。1938年4月，兼任中央青年工作委员会主任。9月，发表《论干部政策》的讲话，提出“了解人、气量大、用得好、爱护人”的12字干部政策。1939年9月至12月，发表《巩固党和加强群众工作》等文章和讲话，指出巩固党、巩固敌后抗日根据地，需要开展深入的群众工作；强调中共作为在根据地当权的党，不应该只知道向群众要东西，更应该时刻注意为群众谋福利，这是发动群众的关键。延安整风期间，是中央总学习委员会的成员。从学习马克思主义哲学和总结中国革命经验教训中，提出领导者指导工作应该采取“不唯上、不唯书、只唯实”“交换、比较、反复”的科学态度。1944年3月，任中共中央西北局委员、西北财经办事处副主任兼政治部主任，主持陕甘宁边区的财政经济工作。1945年6月，在中共七届一中全会上继续当选为中央政治局委员，8月，任中央书记处候补书记。

1945年9月到沈阳，任中共中央东北局委员，参加领导建立东北根据地。11月，任中共中央北满分局书记，后兼任北满军区政委。11月底，同张闻天等联名致电东北局和中央，建议不要把全部注意力集中于大城市，而是将武装力量和干部有计划地主动地迅速地分散到广大乡村、中小城市和铁路支线的战略地区，建立巩固的根据地。得到中央的完全同意。1946年6月，任中共中央东北局常委、副书记和东北民主联军副政委。10月，任中共中央南满分局（亦称辽东分局）书记兼辽东军区政委，领导坚持南满根据地的斗争，为东北民主联军转入攻势作战创造了有利条件。1948年7月，兼任东北财政经济委员会主任。11月沈阳解放，兼任沈阳军事管制委员会主任。1948年10月，当选中华全国总工会主席。

1949年5月，到北平（今北京）任中央财政经济委员会主任。10月中华人民共和国建立，任中央人民政府委员、政务院副总理兼财政经济委员会主任、重工业部部长，领导稳定物价、统一财经、恢复国民经济的工作。1950年10月任中共中央书记处书记。1953年，提出对粮食、棉花、油料等主要农产品实行计划收购与计划供应，即统购统销这一重要政策。1954年2月，兼任中央编制第一个五年计划纲要草案工作小组主持人。在编制和实施第一个五年计划中，主张建设规模必须同国力相适应，人民生活和国家建设必须兼顾，制订经济计划必须做好综合平衡，反对急躁冒进。9月，任国务院副总理。1956年9月，在中共第八次全国代表大会上作《社会主义改造基本完成以后的新问题》的发言，对经济体制提出了构想，即国家经营和集体经营是工商业的主体，一定数量的个体经营是补充；计划生产是工农业生产的主体，按照市场变化而在国家计划许可范围内的自由生产是补充；国家市场是主体，一定范围内国家领导的自由市场是补充。在中共八届一中全会上，当选中央副主席。1956年11月，兼任商业部部长。1957年1月，兼任中央经济工作五人小组组长。1958年9月，兼任国家基本建设委员会主任。

20世纪50年代末60年代初，当国民经济遭受严重困难时，提出压缩基本建设规模、进口粮食、对几种商品实行高价、精简职工和动员城市人口下乡等几个关系全局的意见，对调整和恢复国民经济作出重要贡献。1962年4月，重新出任中央财经小组组长。“文化大革命”中受到不公正批判，在党内只保留了中央委员的名义。1969年10月，被下放江西“蹲点”。1972年4月，回到北京。受周恩来委托，研究国际经济形势和发展对外贸易问题，提出要很好地研究资本主义，不要把实行自力更生的方针同利用资本主义信贷对立起来。1975年1月，当选第四届全国人大常委会副委员长。

1993年5月25日陈云在上海会见青浦县领导人时强调要重视农业的基础地位，提出无农不稳、无粮则乱

1977年3月，在中共中央工作会议上，表示坚决支持让邓小平重新参加中央领导工作，主张重新评价天安门事件。1978年3月，当选第五届全国人大常委会副委员长。在同年11月至12月间召开的中央工作会议上，率先明确提出为天安门事件和薄一波等61人案件平反等重要问题，大大推进了拨乱反正工作。12月，在中共十一届三中全会上，重新当选中央政治局常委、中央副主席，并被选为中央纪律检查委员会第一书记。1979年任国务院副总理、财政经济委员会主任。1982年中共十二大后，继续担任中央政治局常委、中纪委第一书记。作为以邓小平为核心的第二代中央领导集体成员，为成功开创改革开放和社会主义现代化建设的新时期作出了重大贡献。

1979年3月，撰写《计划与市场问题》提纲，针对高度集中的单一计划经济体制的弊端，认为整个社会主义时期必须有两种经验：一是计划经济部分，这是基本的主要的；二是市场调节部分，这是从属的次要的，但又是必需的。同月，和李先念联名写信给中央，提出用两三年的时间调整国民经济。1980年12月，在中央工作会议上作《经济形势与经验教训》的讲话，指出：开国以来经济建设方面的主要错误是“左”的错误；积累和消费的比例要适当，积累比重不要过大。我们要改革，但是步子要稳，要从试点着手，随时总结经验，也就是要“摸着石头过河”。

1980年11月，提出执政党的党风问题是有关党的生死存亡的问题，党风问题必须抓紧搞，永远搞。1981年5月，针对干部队伍老化和青黄不接的状况，提出成千上万地提拔培养中青年干部的建议。1984年10月，指出社会主义国家既要有高度的物质文明，也要有高度的社会主义精神文明，这是永远要坚持的奋斗方向。两个文明一定要一起抓。1990年1月，指出怎样才能做到实事求是，就是十五个字：不唯上、不唯书、只唯实，交换、比较、反复。中共十三大以后，担任中央顾问委员会主任。在以邓小平为核心的第二代中央领导集体向以江泽民为核心的第三代中央领导集体顺利过渡、保持党和国家稳定的重大决策中，发挥了重要的作用。在1989年政治风波中，旗帜鲜明地支持党和政府采取果断措施，维护国家的稳定。

中共十四大以后过着离休生活，仍关心改革开放和社会主义现代化建设事业，强调要努力学习新的东西，不断探索和解决新的问题。1995年4月10日在北京逝世。主要著作收入《陈云文选》(3卷)。

《陈云文选》 *Selected Works of Chen Yun* 陈云的主要著作集。中共中央文献编辑委员会编辑，人民出版社出版。全书3卷共收入190篇著作，约70万字。第1卷收入陈云

1926年7月至1949年6月的著作55篇。内容涉及党的建设、干部队伍建设、革命根据地建设、党的白区工作等各个方面。第2卷收入陈云1949年8月至1956年7月的著作52篇，基本上是论述财经方面的内容，如克服通货膨胀、稳定物价、统一财经工作、对私人工商业的社会主义改造、制定和实施“一五”计划等。第3卷收入陈云1956年9月至1994年2月的著作83篇。这一卷又分3个时期的著作：一是1956年9月至1962年3月，重要内容有改进经济体制和经济管理的意见、建议等，许多著作对克服当时严重困难、扭转被动局面起了重大作用。二是“**文化大革命**”后期，协助**周恩来**总理抓外贸工作的有关内容。三是“文化大革命”之后，确立和实行正确的思想路线、政治路线、组织路线的时期。著作涉及指导和推进全党实现历史的伟大转折、全面调整比例失调的国民经济、按照中国实际情况进行社会主义现代化建设和社会主义经济体制改革等方面的内容。

陈再道 Chen Zaidao (1909-01-24～1993-04-06) 中国无产阶级革命家、军事家，全国政协副主席。湖北麻城人。卒于北京。1927年参加黄麻起义，加入工农革命军鄂

东军。1928年加入中国共产党。历任红军排长、连长、营长，参加了创建鄂豫皖苏区和反“围剿”斗争。1932年后任红四方面军第4军11师团长、师长，参加川陕苏区反“围攻”作战和长征。抗日战争中任八路军129师386旅副旅长、东进纵队司令员、冀南军区司令员。解放战争中任晋冀鲁豫野战军第2纵队司令员、河南军区司令员。1955年被授予上将军衔。历任中南军区司令员、军委武装力量监察部副部长、武汉军区司令员。“**文化大革命**”中遭到**林彪**、**江青**集团迫害。1972年后任福州军区副司令员、中央军委顾问、铁道兵司令员。1983年当选为全国政协第六届副主席。是中共十一届中央委员、中央顾问委员会委员。

陈章 Chen Zhang (1900-05-29～1992-12-09) 中国无线电和电子学教育家。字俊时。生于苏州，卒于南京。1921年毕业于交通大学上海学校电机系。1924年赴美，获普渡大学电机系硕士学位，后在通用电器公司任工程师。1926年底回国。历任广州无线电台工程师兼黄埔军校高级班技术教官，浙江大学电机系副教授，国立交通大学（上海本部）物理系副教授，中央大学电机系教授、系主任、工学院院长。1949年后，任南京工学院无线电工程系教授、系主任和名誉主任。

是中国最早的无线电和电子学教育家之一，长期主讲无线电工程课程。在中央大学开设电子学、电力网、高等交流电机、超高频工程、长途电话和电视学等课。在南京工学院创建了电信和电力两个研究所。

早年曾先后任中国工程师学会董事、《工程季刊》总编，中国电机工程师学会南京分会会长和重庆分会书记，江苏省电机工程师学会理事长等职。此后，任中国电子学会常务理事兼江苏省分会理事长，名誉理事长等。著有《无线电工程学》等教材。

陈桢 Chen Zhen (1894-02-08～1957-11-15) 中国动物学家、遗传学家，生物学史家。生于江苏邗江，卒于北京。1918年毕业于金陵大学。1919～1922年赴美国留学，获哥伦比亚大学硕士学位。

回国后任中央研究院院士。1955年被选为中国科学院学部委员（院士）。历任南京东南大学、北京师范大学、南京中央大学、西南联合大学、清华大学、北京大学教授，中国科学院动物标本整理委员会主任委员、动物图谱编委会主任、动物研究所所长、中国动物学会理事长等职。长期从事生物学教育与科研工作，在多所大学先后开设了细胞学、组织学、系统动物学、动物生理学、动物遗传学等课程，并开创性地在北京大学首讲了中国生物学史。长期从事金鱼遗传与变异的系统研究，以及动物行为学和生物学史的研究工作。著有《普通生物学》、《金鱼外形的变异》、《蚂蚁的社会对它们筑巢活动的影响》等。

陈之佛 Chen Zhifo (1896-09-23～1962-01-15) 中国美术教育家、工艺美术家、中国画家。又名陈绍本、陈杰，号雪翁。生于浙江余姚（今慈溪），卒于江苏南京。1916年毕业于杭州甲种工业学校机织科，留校教图案课。1918年赴日本东京美术学校工艺图案科学习。1923年学成归国，任上海东方艺术专科学校图案科主任和上海艺术大学教授。1928年起，历任广州市立美术专科学校图案科主任，**上海美术专科学校**教授，南京中央大学艺术系教席。先后出版了《图案法ABC》、《表号图案》、《图案教材》等著作，为中国现代工艺美术奠基人。

《松龄鹤寿》

中华人民共和国建立后，受文化部委托，主编《中国工艺美术史》教材。先后任南京大学教授、南京师范学院系主任、南京艺术学院副院长、中国美术家协会理事等职。自1935年起兼事工笔花鸟画创作，早期作品典雅，有出尘之思。后期作品清劲明丽，代表作有《樱花小鸟》、《松龄鹤寿》（见图）等。出版有《陈之佛画集》、《陈之佛画选》等。

陈植 Chen Zhi (1902-11-15～2002-03-20) 中国建筑师和建筑教育家。生于杭州，卒于上海。1915年考入清华学校，1923年赴美留学，就读于宾夕法尼亚大学建筑系，获建筑硕士学位。

在学习期间曾获得柯浦纪念设计竞赛一等奖。1929年回国，在东北大学建筑系任教，并与**梁思成**、**林徽因**和张作甫合办梁林陈张营造事务所，设计了吉林大学教学楼及宿舍。1930年起在上海执业，1931年与**赵深**合办赵深陈植建筑师事务所，1933年更名为华盖建筑师事务所。1935年加入**中国营造学社**。1938～1944年任之江大学建筑系教授。自1952年起，先后任华东建筑公司总建筑师、上海市规划建筑管理局副局长兼总建筑师、上海市民用建筑设计院院长兼总建筑师等。他是第三、四、五、六届全国人

民代表大会代表。

陈植认为建筑创作必须从环境、群体、功能出发，体现民族风格和地方特点。代表作有大上海大戏院、上海浙江兴业银行、鲁迅墓、锦江小礼堂等。

陈至立 Chen Zhili (1942-11～) 中华人民共和国全国人民代表大会常务委员会副委员长，国务院国务委员，北京奥林匹克运动会组织委员会副主席。福建仙游人。

研究生学历，副研究员。1961年1月加入中国共产党。1959年入复旦大学物理系固体物理专业学习。1964年入中国科学院上海硅酸盐研究所电介质物理专业读研究生。1968年后在解放军六四〇九部队丹阳湖农场劳动锻炼。1970年后任中国科学院上海硅酸盐研究所研究实习员、助理研究员，所党委副书记。1980～1982年在美国宾夕法尼亚州立大学材料研究所做访问学者。1984年后任中共上海市科技工作委员会党委副书记、书记，中共上海市委宣传部部长。1989年任中共上海市委副书记。1997年任国家教委党组书记、副主任。1998年任教育部部长、党组书记。2001年在中央党校进修一班学习。2003年3月任国务委员。2008年3月任十一届全国人大副委员长。为中共第十三、十四届中央候补委员，十五至十七届中央委员。

陈中 Chen Zhong (1982-11-22～) 中国女子跆拳道运动员。河南焦作人。1995年入北京体育大学竞技体育学校进行跆拳道训练。1997年入选国家女子跆拳道队，

即在这一年举行的第2届东亚运动会跆拳道比赛中获得67公斤级亚军。1998年获第13届亚洲运动会跆拳道比赛57公斤级季军。1999年获世界女子跆拳道锦标赛72公斤级季军。2000年获第27届奥林匹克运动会跆拳道比赛67公斤以上级冠军，并获亚洲跆拳道锦标赛72公斤级冠军。2001年获世界杯跆拳道比赛72公斤级冠军。又在2004年第28届奥运会跆拳道女子67公斤以上级决赛中卫冕成功。2006年第15届亚运会跆拳道比赛和2007年5月世界跆拳道锦标赛均获72公斤以上级冠军，成为跆拳道世界三大赛事的大满贯得主。2008年4月获第18届亚洲跆拳道锦标赛72公斤以上级冠军。

陈中凡 Chen Zhongfan (1888-09-29～1982-08-22) 中国古典文学研究家。原名钟凡，号觉元。生于江苏盐城（今江苏建湖）。1909年入南京两江师范学堂。1913年考入北京大学，1917年毕业后任北京大学国史编纂处纂辑员、《国民杂志》编委、北京女子高等师范学校国文部主任等职。1921年后任南京东南大学、广东大学、苏州东吴大学、南京金陵大学、上海暨南大学、金陵女子文理学院等校教授及文学院院长、国文系主任等职。抗战期间参加中华全国文艺界抗敌协会。中华人民共和国建立后，任南京大学中文系教授。毕生致力于中国古典文学的教学和研究，治学勤谨，见解独到。所著《中国文学批评史》(1927)为现代最早出现的一部古典文学批评史著作，具有开创意义。主要学术著作还有《古书读校法》、《经学通论》、《诸子通谊》、《中国韵文通论》、《汉魏六朝文学》、《两宋思想述评》、《中国戏剧概要》(与钱南扬合著)等，另有诗词文集《清晖集》行世。

陈中伟 Chen Zhongwei (1929-10-01～2004-03-23) 中国矫形外科和显微外科专家，断肢再植手术的奠基人。生于浙江宁波，卒于上海。1954年毕业于上海第二医学院医疗系，历任

上海市第六人民医院住院医师、主治医师、主任医师，并曾担任科主任、副院长等职。1980年当选为中国科学院学部委员（院士）。1982年调上海医科大学附属中山医院任骨科主任，1986年任上海医科大学教授。1986年当选第三世界科学院院士。1963年与钱允庆等为工人王存柏全断的右手施行再植手术获成功，开创再植外科。主持发明6项断指再植技术，提出的“断肢再植功能恢复标准”，被国际显微重建外科学术界公认为“陈氏标准”。1999年，在第13届国际显微重建外科学会讨论会上荣膺“世纪奖”。

陈忠实 Chen Zhongshi (1942-08-03～) 中国作家。陕西西安人。1962年中学毕业后回乡，先后在西安郊区中小学任教。

1968年12月到毛西公社任副主任、副书记。1978年7月调西安灞桥区，先后任文化馆副馆长、文化局副局长。1965年发表散文处女作《夜过流沙沟》，1973年发表第一篇小说《接班以后》。1985年起先后任陕西省作家协会副主席、主席，中国作家协会副主席。农村生活的经历和对农村生活、农民心理的切身体会和了解，对其创作产生了深刻的影响。其小说写关中的历史和现实，描绘当地农民的爱情和痛苦，形成朴素自然、厚实凝重的风格，富于历史沧桑感。主要著作有长篇小说《白鹿原》，小说集《乡村》、《初夏》、《四妹子》、《夭折》、《蓝袍先生》、《康家小院》等，此外还有散文集《生命之雨》、《原下集》，文论集《创作感受谈》等多种。其中《信任》获1979年全国优秀短篇小说奖，《渭北高原，关于一个人的记忆》获1990～1991年全国报告文学奖，《白鹿原》获第4届茅盾文学奖。1996年有《陈忠实文集》(共5卷）出版。

《陈州粜米》 *Selling Rice in Chenzhou* 中国元杂剧作品。全名《包待制陈州粜米》。作者佚名。曹楝亭本《录鬼簿》陆登善名下有《开仓粜米》名目，或以为即此剧，但无确证。剧情为北宋时，陈州（今河南淮阳）亢旱三年。刘衙内的儿子刘得中、女婿杨金吾被派去开仓放赈，私自高抬粮价，并用小斗大秤，坑害百姓。张撇古与之抗争，被敕赐紫金锤打死。其子小撇古赴开封告状。包拯领“势剑金牌”，微服私访，勘明实情处死杨金吾、刘得中，为民除害。在元杂剧中，包拯被称为“包待制”、“包龙图”，是理想的清官形象。《陈州粜米》是元代包公戏的代表作。剧中描写的包拯已到垂暮之年，本已参透世情，希望“及早归山去”，却挺身而出，“偏和那有势力的官人每卯酉”。本剧现存《元曲选》本。

陈子昂 Chen Zi' ang (661～702) 中国唐代文学家。字伯玉。梓州射洪（今属四川）人。因曾任右拾遗，后世称陈拾遗。青少年时轻财好施，慷慨任侠。24岁举进士，以上书论政得到武后重视，授麟台正字。后迁右拾遗。曾因“逆党”反对武后而株连下狱。在26岁、36岁时两次从军边塞，对边防颇有些远见。38岁辞官还乡，后被县令段简迫害，冤死狱中。陈子昂主张改革六朝以后绮靡纤弱的诗风，恢复《诗经》的风、雅传统，强调比兴寄托，提倡汉魏风骨。存诗100余

首，其中最具代表性的是《感遇》38首、《蓟丘览古赠卢居士藏用》7首和《登幽州台歌》。他的律诗较少，但《晚次乐乡县》、《渡荆门望楚》、《春夜别友人》、《送魏大从军》等五律，音节浏亮，风格雄浑，显示出近体诗趋向成熟时期的特色和刚健有力的诗风。陈子昂是唐诗革新的前驱者。其诗思想进步充实，语言刚健质朴，对唐代诗歌影响巨大，张九龄、李白、杜甫、元稹、白居易都从中受到启迪。但他在大力反对颓风的同时，忽视了六朝诗人长期积累的艺术经验，其诗往往质朴有余而文采不足，有些诗篇语言较枯燥，形象不够鲜明。陈子昂亦是唐代古文运动的前驱者。他的散文虽仍夹杂部分骈偶语句，但大体上质朴疏朗，接近先秦两汉古文，改变了唐初文风，但其散文成就不及诗歌。子昂死后，其友人卢藏用为之编次遗文10卷。明弘治年间杨澄校刻杨春本《陈伯玉文集》10卷，收辑作品较多。今人徐鹏校点的《陈子昂集》比较完备。

陈子龙 Chen Zilong (1608～1647) 中国明代文学家。字卧子，号轶符，晚年又号大樽。松江华亭（今上海市松江县）人。崇祯初与同邑夏允彝等组织几社，与复社相呼应。崇祯十年（1637）中进士。在国事日非的情况下，他颇注意经世致用之学。清军破南京后，他起兵抗清，失败后又结太湖兵以图后举，事泄，在苏州被捕，解送途中，乘隙投水自尽。陈子龙重视诗歌忧时托志的社会作用，他的诗作大部分能够面对现实，有感而发。其诗歌长于状物，妙于托意，能够将诗情巧妙地熔铸在抑扬跌宕的诗章里。在文学主张方面，他赞成前后七子，反对公安、竟陵两派。他在艺术上，取材较前后七子广阔，所作诗文立意深远，寓寄含蓄。他的词坚持"诗庄词媚"的传统观念，少有大声镗鞳之作。著有《陈忠裕公全集》。

陈宗兴 Chen Zongxing (1943－06～) 中国人民政治协商会议全国委员会副主席，中国农工党中央常务副主席。河南正阳人。研究生学历，理学硕士学位，教授。1962～1967年在北京师范大学地理系学习。1967～1968年留校待分配。1968～1970年在解放军八四〇二部队农场劳动锻炼。1970～1979年任西北电力建设局学校教师。1979～1981年为北京师范大学经济地理专业硕士研究生。1981～1997年任西北大学地理系副主任、主任，科研处处长，教务长，副校长、校长。1997～1999年任西安市副市长。1997～2005年任农工党陕西省主委。1997～2003年任农工党中央副主席。1998～2003年任陕西省副省长。1999～2003年任西北农林科技大学校长。2003～2007年任农工党中央专职副主席。2003～2008年任全国政协十届副秘书长（兼职），陕西省政协副主席。2007～2008年任农工党中央常务副主席。2008年任全国政协十一届副主席。全国政协第九届委员，全国政协十届常务委员。

陈祖德 Chen Zude (1944－02－19～) 中国围棋运动员、教练员。上海人。自幼喜爱围棋，师从围棋界元老顾水如。1959年入选上海围棋集训队，次年便入国家集训队。1964、1966和1974年3次获得全国围棋个人赛冠军。1963年首先战胜日本有"棋仙"雅号的九段棋手杉内雅男，1965年又胜日本九段棋手岩田达明，成为首位战胜日本职业九段的中国棋手。首创"中国流"布局。1982年被国家体委授予九段称号。先后任中国围棋协会主席和中国棋院院长等职。著有《我和围棋》、《超越自我》等书。

宸濠之乱 Chenhao, Rebellion of 中国明代宗藩朱宸濠于正德十四年（1519）六月起兵争夺皇位的叛乱事件。宸濠系朱元璋第17子朱权后裔，弘治十年（1497）袭封宁王于南昌。正德九年，宸濠先后贿赂太监刘瑾及佞臣钱宁、伶人臧贤等，恢复已裁撤的护卫，畜养亡命，随意杀逐幽禁地方文武官员和无罪百姓，强夺官民田产动以万计，并劫掠商贾，窝藏盗贼，密谋起兵。又企图以己子入嗣武宗，以取得皇位。太监张忠、御史萧淮等先后告发宸濠之罪行，武宗因下旨收其护卫，令其归还所夺之田，宸濠得知消息后。于正德十四年六月十四日兴兵、杀巡抚孙燧、江西按察副使许逵，革正德年号。七月初，又以其部将守南昌，自率舟师蔽江东下，攻打安庆，欲取南京。汀赣巡抚、佥都御史王守仁闻变，举兵勤王，会齐各地军兵，于七月二十日攻克南昌。朱宸濠闻讯，回救南昌，二十四日与王守仁军相遇于南昌东北的黄家渡，叛军败退八字脑。二十六日，明军以火攻，宸濠大败，将士焚溺而死者3万余人，宸濠与其世子、郡王，及李士实、刘养正、王纶等皆被擒。明武宗仍自率万余官兵南下，以亲征为名南游作乐，直到次年十二月，武宗才班师回通州（今北京通州），并在此处死朱宸濠。

《晨报》 *Morning Post* 近代中国资产阶级政团研究系主办的日报。1916年8月15日在北京创刊。初名《晨钟报》。由梁启超、汤化龙等主持。创刊初期，李大钊曾任总编辑，并写代发刊词《晨钟之使命》。1918年9月，因刊载北洋政府向日本借款的消息而被查封。同年12月，改名《晨报》继续出版。1919年2月7日后，将副刊性质的第7版进行改革，使之成为参加新文化运动和宣传社会主义的园地。此版在李大钊主持下，发表许多宣传俄国革命和马克思主义的文章和专著。1921年10月12日，第7版正式定名为"晨报副刊"，4开4版，单张发行。曾发表鲁迅的《阿Q正传》。1928年6月一度停刊；8月5日改名《新晨报》。后恢复《晨报》报名。1931年九一八事变后，依附南京国民党政府，抗日战争前夕停刊。

谶纬 divination combined with mystical confucianist belief "谶"是方士把一些自然界的偶然现象作为天命的征兆编造出来的隐语或预言；"纬"对"经"而言，是方士假托孔子用诡秘的语言解释经义的著作。谶也有附经的，称为"经谶"；谶纬有图的，称为"图谶"、"图录"、"图纬"等。

最古的谶书是中国的《河图》、《洛书》。《河图》的记载，最早见于《墨子·非攻下》。纬书的内容萌芽于伏生的《尚书大传》和继起的董仲舒的《春秋阴阳》，汉武帝以后才出现托名于经书的纬书，当时《易》、《书》、《诗》、《礼》、《乐》、《春秋》六经和《孝经》都有纬书，总称为《七经纬》。又与《论语谶》、《河图》、《洛书》等合称为"谶纬"，共有81篇。汉末，郗萌又集图纬谶杂占50篇，为《春秋灾异》。这些书总的思想属于阴阳五行体系，其中虽包含一部分有用的天文、历法、地理知识和古史传说，但绝大部分内容荒诞不经，为改朝易代制造根据。王莽、汉光武帝都利用图谶称帝。汉光武帝中元元年（公元56）又将图谶定为功令的必读书，儒生为了利禄，都兼习谶纬，称"七经纬"为"内学"，而原来的经书反称为"外学"。谶纬的地位实际上凌驾于经书之上。其后，汉章帝又召集博士和儒生于白虎观讨论五经同异（见白虎观会议），由班固写成《白虎通德论》，把谶纬和今文经学糅合在一起，使经学进一步谶纬化。

谶纬之学，自西汉哀帝、平帝至东汉，在帝王的提倡和支持下，加之俗儒的附和，盛行于世，成为官方的统治思想。但一些有见识的学者，则坚决反对，揭露和批判谶纬的荒谬无稽，谶纬才无人信从，此类书籍遂至散佚。现存的辑佚的纬书，以明孙瑴《古微书》为最早。明清两代学者做了大量的辑佚工作，日本安居香山和中村璋八又将以往各家所辑佚文汇集为《纬书集成》。1994年河北人民出版社出版的《纬书集成》则作了增补。

柽柳 *Tamarix chinensis*; Chinese tamarisk 柽柳科柽柳属的一种。落叶小乔木或灌木。因一年内开三次花，又称三春柳。亦称观音柳、山川柳、西河柳。柽意为赭色，指茎皮红色而言。柽柳属约90种，产欧洲、亚洲及非洲的草原、半荒漠和荒漠地区。中国有18种，主要生长在西北、华北盐碱地区。代表性种类是柽柳。主要分布于海河、黄河以及辽河流域；北达辽宁，南达江苏、广西、广东、福建等地也有栽培。

小枝纤细下垂，叶多鳞形。花小，两性，呈穗状或总状花序，或有圆锥状花序。蒴果。种子细小，顶端有束毛。喜光，耐高温、低温及大气干旱。对土壤适应性强，既耐干旱瘠薄，又耐水湿，在含盐量0.5%的盐碱地上能正常出苗。深根性。播种或插条繁殖。通常用扦插繁殖，一年生苗在高达1.5米左右即可出圃造林。

可用作营造防风固沙林、盐碱地改良和城市园林树种。柽柳萌条可编织筐篮，并作农具。枝叶为产区优良燃料和肥料，也可作饲料。茎皮约含鞣质5%，可提制栲胶。嫩枝叶为中药材，可发汗透疹、解毒、利尿。枝叶鲜绿，花期长，为良好的蜜源植物。

撑竿跳高 pole vault 田径运动项目之一。运动员两手持竿，经快速助跑将竿插入穴斗中起跳，采用合理的动作并借助撑竿的支撑与弹力，使身体腾越尽可能高的横杆，然后落入海绵包。撑竿跳高是从古代人类与大自然作斗争中所采用的撑竿跳越演变而来。1896年撑竿跳高被列为第1届奥林匹克运动会男子比赛项目。男子撑竿跳高世界纪录是乌克兰运动员S.布勃卡分别在1993年和1994年创造的6.15米（室内）、6.14米（室外）。1999年和2000年，女子撑竿跳高分别被列为第7届世界田径锦标赛和第27届奥林匹克运动会的正式比赛项目，国际田径联合会承认其世界纪录。从事撑竿跳高运动的锻炼，可以发展人体的力量、速度、灵巧和弹跳等素质。

成本函数 cost function 经济学中用于描述在给定生产技术和生产要素价格的条件下，一个企业的产量和为生产这一产量所支付的最小总成本之间数量关系的一种函数式。如果用Q表示产量，用C表示成本，则成本函数可以记为$C=C(Q)$。

成本函数是建立在对生产函数理解的基础上的。在一个企业的生产中，通常把成本函数区分为长期成本函数和短期成本函数。在短期中，至少有一种生产要素的数量无法得到调整，也就是说，这种生产要素的成本是固定的，不随产量的变化而变化，这一部分成本被称作固定成本；其余生产要素的投入量则可以调整，因而会随着产量的变化而调整，相应地，它们所决定的成本也是变化的，这一部分成本被称作可变成本。这样，短期总成本函数总是可以表示为固定成本和可变成本之和，其中固定成本是一个和产量无关的常数；只有可变成本是产量的函数，又称作可变成本函数。而在长期成本函数中，由于所有的生产要素投入量都是可以调整的，因此不存在固定成本和可变成本的区分。长期总成本函数就是产量的函数。

对于短期成本函数和长期成本函数，人们还经常考虑在不同的产量水平下，每一单位的产量的增加所带来的成本的增加量和产量之间的数量关系，从而得到短期边际成本函数和长期边际成本函数。

成本核算 cost accounting 把一定时期内企业生产经营过程中所发生的费用，按其性质和发生地点，分类归集、汇总、核算，计算出该时期内生产经营费用发生总额和分别计算出每种产品的实际成本和单位成本的管理活动。其基本任务是正确、及时地核算产品实际总成本和单位成本，提供正确的成本数据，为企业经营决策提供科学依据，并借以考核成本计划执行情况，综合反映企业的生产经营管理水平。成本核算的内容：①完整地归集与核算成本计算对象所发生的各种耗费。②正确计算生产资料转移价值和应计入本期成本的费用额。③科学地确定成本计算的对象、项目、期间以及成本计算方法和费用分配方法，保证各种产品成本的准确、及时。

成本会计 cost accounting 现代企业会计的一个分支。有广义与狭义之分。广义上指对生产经营过程中所发生的费用进行成本预测、成本决策、成本计划、成本控制、成本核算、成本责任、成本分析和成本考核。狭义的成本会计指成本核算，内容包括：①根据企业不同特点和管理的要求确定成本计算对象。通常有中间性成本计算对象与最终成本计算对象。②选择适当的成本计算方法。成本计算方法有品种法、分批法、分步法、分类法、定额法及满足管理要求的标准成本计算法和作业成本计算法等。③设置和登记成本明细账。④汇集和分配各种产品的生产费用。⑤在完工产品和在产品之间摊配费用。⑥计算出产品成本计算对象的总成本和单位成本。⑦编制成本报表以及对成本会计资料进行分析和考核。此外，尚需制定目标成本，用来与实际成本相比较，以加强成本控制。成本会计主要适用于生产性企业，但其原则和方法也适用于各种非生产性企业。

成本会计是大工业生产发展的产物。为了对生产活动进行监督，为企业经营决策提供信息，出现了与一般会计相分离的生产耗费的核算。到20世纪初，这种核算合并于采用复式簿记的一般会计，遂产生

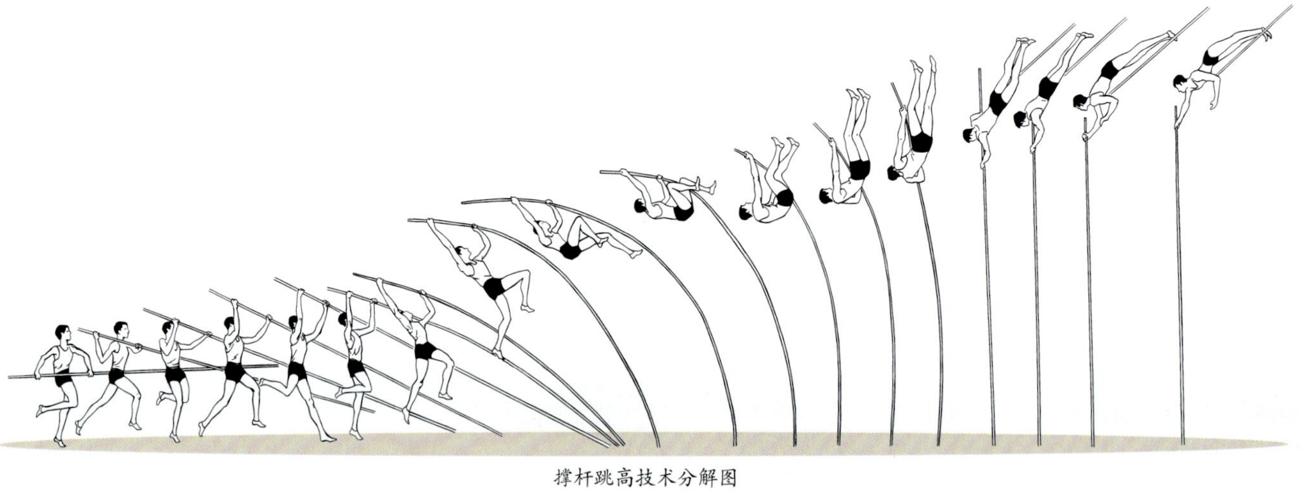

撑杆跳高技术分解图

了成本会计。随着现代经济的发展，特别是信息管理技术的发展，成本会计的职能已经延伸到企业的整个价值链，并深入到企业的外部价值链系统。

成都平原 Chengdu Plain 中国西南地区最大平原。又称盆西平原或川西平原。位于四川盆地西部。广义的成都平原，介于龙泉山和龙门山、邛崃山之间，北起江油，南到乐山五通桥。包括北部的绵阳市、江油市、安县间的涪江冲积平原，中部的岷江、沱江冲积平原，南部的青衣江、大渡河冲积平原等。平原之间有丘陵台地分布，总面积2.3万平方千米。狭义的成都平原，仅指都江堰市、罗江县、金堂县、新津县、绵竹市、邛崃市六地为边界的岷江、沱江冲积平原，面积8 000平方千米，是构成盆西平原的主体部分。因成都适位于平原中央故称成都平原。

公元前256年，秦修建了举世闻名的都江堰水利工程，引岷江水灌溉平原上广大农田，成为四川省种植业发展最早的地区之一。这里水利发达，耕地集中连片，属典型的水田农业区。农作物主要有水稻、小麦和油菜，产量高而稳定，是四川和全国著名的商品粮油生产基地。

成都市 Chengdu City 中国四川省辖市，省会。位于省境中部。西南地区最大城市。辖青羊、锦江、金牛、武侯、成华、龙泉驿、青白江、新都、温江9区及双流、金堂、郫县、大邑、蒲江、新津6县，代管都江堰、彭州、邛崃、崇州4市。面积12 132平方千米。人口1 405万（2010）。

古为蜀国领地。公元前4世纪以前修建蜀王城。秦灭巴蜀，改蜀国为蜀郡，置成都县为郡治。西汉成都为益州治，纺织业盛况空前。东汉末年，已成为当时除长安以外的五大都会之一。221年刘备称帝，史称蜀汉，以成都为国都。唐初属剑南道，置益州大都府。安禄山作乱时，为唐行都，号称“南京”，与长安、扬州、敦煌列为当时四大都市。五代后蜀孟昶在罗城外广植芙蓉树，故又称“芙蓉城”或“蓉城”。宋初，成都为益州路，后为成都府路，是当时全国三大市场（开封、成都、兴元）之一。元设四川等处行中书省，成都始成为省治。1950年为川西行署驻地。1953年恢复四川省建制后，即为四川省省会。

地处成都平原，土壤肥沃，河渠密布，为举世闻名的都江堰灌区一部分。属中亚热带气候，温暖湿润，具有冬干、春旱、夏洪、秋绵雨的特点。年平均气温16.2℃。平均年降水量约1 000毫米。矿产资源有铁、铜、煤、芒硝、石膏和盐卤等。农业历史悠久，耕地集中连片，灌溉方便发达。盛产水稻、小麦、油菜子、花生、蔬菜、水果和肉、蛋、奶等，为四川省商品粮、油、猪、蔬菜和农副产品的主要生产基地。基本形成了以食品、医药、机械、电子四大支柱产业，以及化工、冶金、电力、纺织等多种工业部门。蜀锦、蜀绣、银丝制品、瓷胎竹编、漆器等传统手工艺品均驰名全国。蜀绣是中国四大名绣之一，享有国际声誉。成都是四川和中国西南地区最大的铁路、公路和航空枢纽。铁路有成渝、宝成、成昆、成灌等干线。双流国际机场为中国第六大航空港。公路有川藏、川陕、川滇西路、成渝、成阿、成万等干线公路和成渝、成绵、成乐、成雅、成灌、成都机场等高速公路，以及成都外环、成南高速公路等。

成都是文化发达、古迹众多和风景秀丽的旅游城市。属于国家和省市保护的历史文物105处。高等院校有四川大学、四川师范大学、西南财经大学和电子科技大学等。中国科学院成都分院及四川省的大部分科研单位也集中于此。南郊建有中国西南地区最大体育馆。主要名胜古迹有杜甫草堂、武侯祠、王建墓、青羊宫、望江楼、文殊院、昭觉寺、辛亥保路纪念碑、宝光寺，以及桂湖、动物园、大熊猫繁育研究基地、黄龙溪、龙泉花果山、都江堰、龙溪、仙女山、青城山、九龙沟等风景名胜区。成都是国家历史文化名城。

成都天府广场鸟瞰

成都万佛寺石刻 Stone Statues of Ten-Thousand-Buddha Temple in Chengdu 中国南北朝至唐代的佛教石刻造像。出土于四川省成都市西门外万佛寺遗址。清光绪八年（1882）以来，陆续出土佛像、菩萨像、

石刻《观音立像龛》（四川省博物馆藏）

伎乐天像、须弥座等200余件，现藏四川省博物馆。纪年造像早起南朝晚期至唐大中元年（847），无纪年造像以南朝和唐代数量最多。万佛寺南朝造像多见单体佛像和造像碑。单体造像以立佛为主，佛像袈裟有薄衣贴体和褒衣博带两种样式。北周保定二年（562）益州总管柱国赵国公造阿育王像是梁朝阿育王佛像的续作。造像碑采用高浮雕形式，主体为佛及胁侍、观音及胁侍等组合。唐代造像题材较为丰富，现存佛、弟子、菩萨、天王、力士等是唐代寺院中常见的造像类型。

成仿吾 Cheng Fangwu（1897-08-24～1984-05-17） 中国教育家、文学家、翻译家。湖南新化人。卒于北京。1910年留学日本东京帝国大学，青年时代就精通日语、德语、英语等。1921年，同郭沫若、郁达夫等人发起成立新文学团体创造社。1924～1927年，任广东大学（后改名中山大学）教授兼黄埔军官学校教官。大革命失败后被迫出国，于1928年在法国巴黎参加了中国共产党。1931年秋回国，任中共鄂豫皖省委宣传部长兼鄂豫皖省苏维埃政府文化委员会主席。1934年被选为中华苏维埃共和国中央委员，

从事宣传教育工作并主持中央党校。抗日战争和解放战争时期，历任陕北公学校长、华北联合大学校长、华北大学副校长等。中华人民共和国建立后，曾任中国人民大学副校长、校长，东北师范大学和山东大学校长，第一至五届全国人大代表，全国政协委员、政协第五届常委等职。

他主张办适合中国国情的有中国特色的教育，重视德智体全面发展，尤其重视师资的培养和提高。著有《成仿吾教育文集》、《战火中的大学》等。文学活动以文艺批评为主。有小说、诗、散文合集《流浪》，文艺评论集《使命》，译文《德国诗选》(与郭沫若合译）等。

成汉 Chenghan 中国古代十六国之一。巴賨贵族李雄所建。都成都，盛时有今四川东部、重庆市和云南、贵州的各一部分。历5主，共44年。

成汉世系表

- 李特
  - 李荡——②哀帝李班（334）
  - ①太宗武帝李雄（304～334）——③废主李期（334～338）
  - 李骧——④中宗昭文帝李寿（338～343）——⑤后主李势（343～347）

西晋末年，秦、雍二州连年荒旱，略阳、天水等六郡賨人和汉人等流徙至梁、益地区就食。入蜀后，由于地方官吏的贪暴和政府限期迫令流民还乡，流民领袖、略阳賨人李特等利用流民的怨怒，于301年在绵竹（今四川德阳北）聚众起义。303年义军攻成都，晋益州刺史罗尚联络地方大族，袭杀李特。特弟李流继续领兵作战，不久病死。特子李雄继领部众，于同年攻下成都，据有益州。304年李雄称成都王，306年改称皇帝，国号大成。334年雄病死，兄子李班继位。同年雄子李期杀班自立。338年特弟李骧之子李寿杀期自立，改国号为汉，史称成汉。343年寿死，子李势继位。347年东晋桓温伐蜀，李势兵败出降，成汉亡。

秦雍六郡流民起义在巴賨李氏和六郡大姓领导下，演变成为外来大族与土著大族的斗争。外来大族一度势危，由于涪陵大族徐轝和青城范长生的归附，才转危为安，建立起成汉政权。通过对天师道教主范长生的优待尊重和对部曲制的承认，两类大族相互妥协，形成联合统治。李雄统治时，战事稀少，政刑宽和。赋税也较轻，这是成汉全盛时期。李雄死后，宗室间为争夺帝位不断发生内乱，安定局面被破坏。李寿父子统治时，大兴土木，滥施淫威，百姓不满，在东晋进攻下成汉迅速灭亡。

成汉李寿时期铸“汉兴”钱

成吉思汗 Genghis Khan; Čingis qaran (1162～1227) 大蒙古国开国君主，军事统帅。中国元朝建立后尊为元太祖。见元太祖成吉思汗。

成吉思汗陵 Genghis Khan Mausoleum 祭祀成吉思汗的纪念建筑物。位于中国内蒙古自治区伊金霍洛旗阿勒腾席热镇东南15千米处。伊金霍洛即蒙古语“帝王陵墓”之意。1982年国务院公布此陵为全国重点文物保护单位。

据载，最早祭祀成吉思汗的陵寝由8间白色毡帐组成，简称八白屋，由蒙古族鄂尔多斯部世代守护和祭祀。清初陵寝移至今伊金霍洛。1939年为免遭日本侵略者劫持，又先后移至甘肃榆中和青海湟中塔尔寺安放。1954年迎回后建成今陵园。陵园建在地上，建筑面积1 500多平方米，主体为建在一个高台基座上的三座蒙古式大殿。正殿平面呈八角形，正门南向，双重檐，穹窿顶，殿顶用黄蓝两色琉璃瓦覆盖，顶尖安装琉璃宝瓶。殿中央安放汉白玉成吉思汗坐像。两侧配殿略低，单层檐，形状和装饰与正殿相似。寝宫在正殿后面，内置四顶蒙古包，分别安放成吉思汗及其三位夫人的灵柩。成吉思汗陵每年举行公祭，远近蒙古族及其他各族群众都来参加盛会。

成吉思汗陵三大殿

成康之治 Prosperity of Emperor Cheng and Kang Era 中国周朝成王、康王在位之时，为政者遵循先王遗教，奋勉治理，使天下安宁，刑措40余年不用，史称成康之治。

成昆铁路 Chengdu-Kunming Railway 中国四川成都至云南昆明的铁路。途经峨眉、普雄、西昌、金江和广通，全长1 091千米。北接宝成、成渝、成达铁路，南连贵昆、南昆、昆河和广大铁路。1958、1960、1961年该线三次动工，三次停工。1964年9月复工后，于1971年交付运营。铁路沿线不仅地形复杂，地势险峻，而且线路所经地区存在着山坡崩坍、落石、滑坡、泥石流等各种不良地质现象，修建工程十分艰巨。全线在险峻山区中7次盘山展线，桥梁隧道总延长占线路长度的41.6%。从金口河到埃岱58千米的线路，就有隧道44千米，几乎成为地下铁道。建设工程于1985年荣获中国国家科学技术进步奖特等奖。2000年12月全线完成电气化改造。

成昆铁路乐武展线

成龙 Jackie Chan (1954－04－07～) 中国香港电影演员。原名陈港生。祖籍山东，生于香港。7岁始学艺。10岁演出电影、京剧。1978年主演《蛇形刁手》和《醉拳》。这两部影片是他的成名作，也是谐趣功夫片的经典。1983年执导、主演警匪片《A计划》获得成功。1985年导演的《警察故事》获第5届香港电影金像奖最佳故事片奖。20世纪90年代以后直至2000年的作品有《飞鹰计划》、《重案组》、《红番区》、《玻璃樽》、《赎金之王》等多部。2001年主演好莱坞大片《尖峰时刻2》。此后又有《燕尾服》、《飞龙再生》、《新警察故事》、《环游地球八十天》、《神话》、《宝贝计划》、《尖峰时刻3》等作品。成龙的电影集警察、功夫、喜剧、东方主义于一身，把动作奇观与经典段落、挑战未来与挑战自我结合在一起，在轻松的娱乐气氛中表现了以弱胜强的传统道德主题。1988年被国际青年商会选为“世界十大杰出青年”之一。

成年礼 rite of passage 为承认年轻人具有进入成人社会的能力和资格而举行的仪礼。又称成丁礼。具有结束孩提时期而长大成人的标志意义。通过仪式的青年开始拥有成年人的权利，如结婚、议事等，同时也必须承担社会责任，受成人社会的各种规范约束。成年礼在世界各民族中形式各异。在中国古代有男子20岁举行冠礼、女子15岁行笄礼的规定，在少数民族中有行度戒礼、换裙礼、

中国彝族女子的成年礼仪式

拔牙染齿、文身等习俗。在国外，一些原始民族中女子成年礼常以个人方式单独举行，年龄上比较固定，一般是在女孩第一次来月经时。男子的成年礼过程比较隆重且具有严酷的考验性质，要求受礼青年远离父母和家人，从事沉重的体力劳动和耐力训练，承受鞭打等肉体痛苦和损伤性手术，如割礼、凿齿等。仪式完成后，部落首领向受礼者讲授部族神话、传统习俗、图腾和宗教禁忌、生产和打猎的技艺等。

成人教育 adult education 通过业余、脱产或半脱产的途径对成年人进行的教育，是学校教育的继续、补充和延伸，是终身教育的重要组成部分。

成人教育的基本任务主要是对从业人员进行再教育，不断提高他们的素质和文化科学技术水平，以适应国民经济发展和个人生活的需要。成人教育具有多种职能：①使未受过学校教育处于文盲状态的人补受基础教育。②使只受过不完全教育的人补受初等、中等文化教育或职业技术教育。③使已经受过相当教育的人获得增进、充实新的知识和提高教育的机会。④使任何个人可以根据自己的需要、能力和兴趣进行学习，发展个性，增长知识、才能和道德修养。

成人教育是社会性的教育，它的办学主体是整个社会。其办学形式是多样性的，一般有：各级各类成人学校，如扫盲识字班、职工学校、农民学校、夜大学等；广播电视教育；函授教育；短期培训班；职业补习教育；各种知识、技术讲座；自学考试等。成人教育的修业期限，依不同教育形式从几周到几年不等；有的没有期限。各级成人教育组织发给的毕（修）业证书，原则上与普通学校具有同等效用。

西方成人教育源于14～16世纪文艺复兴时代。19世纪中叶以后，一些资本主义国家实施以成人学校教育、大学推广教育、成人教育社团和成人教育馆（所）为主要形式的成人教育。当代，成人教育组织已遍及世界各国。

在中国，19世纪中叶的太平天国农民政权就把教育划分为儿童教育、妇女教育、士兵教育和群众教育。清朝末年开始创立“为救济年长失学者”的补习教育。1908年，清政府提出“简易识字学塾计划”，有组织的成人教育开始。此后各种形式的成人教育都有所发展。中华人民共和国建立后，成人教育成为中国社会主义教育制度中的重要组成部分。1993年1月，国务院办公厅转发了《关于进一步改革和发展成人高等教育的意见》，提出动员社会各方面的力量，积极兴办多种形式、多种层次、多种规格的成人高等教育，进一步增加和拓宽社会成员接受高中后教育的机会和渠道。1995年颁布的《中华人民共和国教育法》规定：“国家鼓励发展多种形式的成人教育，使国民接受……终身教育。”

成山角 Chengshan Cape 中国国家级风景名胜区。又称“天尽头”、成山头。位于山东半岛最东端，荣成市龙须岛镇，因地处成山山脉最东端、最尽头而得名。成山头三面环海，一面接陆，是中国陆海交接处的最东端，最早看见海上日出的地方，自古就被誉为“太阳启升的地方”。古时成山头被认为是日神所居之地。群峰苍翠连绵，大海浩瀚碧蓝，峭壁巍然，巨浪飞雪，气势恢弘，是理想的旅游避暑胜地。名胜古迹有海驴岛、始皇庙、秦代立石、拜日台、秦桥遗迹、望海亭、观涛阁、镇龙石和西霞口野生动物保护区等。

成舍我 Cheng Shewo (1898-07～1991-04-01) 中国新闻记者、报刊出版家、新闻教育家。原名成勋，后名成平，舍我为其笔名。湖南湘乡人。卒于台北。早年入安徽省安庆第四公学。1915年到奉天（今沈阳），任《健报》校对、编辑。1916年任上海《民国日报》要闻及副刊编辑，并参加进步文学团体——南社。1918年考入北京大学，

课余任《益世报》北京版主笔、采访主任、总编辑。后先后创办了《世界晚报》、北京新闻专科学校、《民生报》、《立报》等报刊、学校。抗日战争爆发后，被聘为国民参政员。1942年在桂林复办新闻专科学校。1945年在重庆出版《世界日报》。抗战胜利后到上海、北平（今北京），复刊《立报》和《世界日报》。1949年移居香港。1952年去台湾，在台北各大学任教。1956年后，在台北创办世界新闻专科学校、《台湾立报》。

成实学派 Satyasiddhi school 中国佛教学派。又称成实宗。以讲论传习《成实论》而得名。研习《成实论》的学者称成实师。盛于南北朝时代。鸠摩罗什门下习《成实论》者有僧导、僧嵩、昙影、僧睿等。僧嵩住彭城（今徐州），僧导居寿春。形成成实学派的两大系。僧渊于彭城从僧嵩受《成实论》、《毗昙论》二论。渊弟子有昙度、慧纪、道登。昙度尤擅《成实论》。寿春僧导一系宏兴于南朝。导并学三论、《维摩经》，刘宋时颇显赫，门徒动辄数千，高足有昙济、道猛、道钟等。道猛曾结交践位前的宋明帝，故后甚得势，奉敕住兴皇寺，该寺后成为南方成实学派的中心。萧齐时，僧钟、慧次为帝室器重的成实论师。梁时僧旻、法云、智藏为成实派三大论师，名重一时。三论师吉藏曾抨击成实之学。陈、隋时仍有智藏等成实论师。唐后成实学派渐衰。

成思危 Cheng Siwei (1935-06～) 中华人民共和国全国人民代表大会常务委员会副委员长。湖南湘乡人。生于北京。1951年到广州南方大学工人学院学习政治理论，

后任广东省总工会组织部科员、广州珠江区“五反”指挥部民船业分队长。1952年入华南工学院无机专业、华东化工学院无机物专业学习。1956年后任化工部沈阳化工研究院技术员。1958年后任化工部华北设计研究分院、天津化工研究院技术员、专题组组长、研究室副主任。1973年后任石化部石油化工科研院技术员，化工部科研总院（科技局）化工一处、无机化工处工程师。1981～1984年赴美国加州大学洛杉矶分校学习，获工商管理硕士学位。1984年后任化工部科技局工程师、总工程师。1988年起当选为全国政协七届委员、八届常委。1988年后任化工部科研总院副院长兼总工程师。1993年后任化工部副总工程师、化工部副部长。

1996年起任民主建国会中央主席（至2007年12月)。1999年任中华职业教育社理事长。1998、2003年当选为第九、十届全国人大常委会副委员长。

成王方鼎 Chengwang Square Ding 中国西周早期青铜器。通高28.5厘米，口长18.1厘米，口宽15.5厘米（见图)。现藏于美国纳尔逊美术馆。内壁有“成王隮”三字铭文，为西周王室祭祀成王的礼器。此鼎基本造型为商末周初流行的方鼎样式。鼎腹长方形、立耳、柱足，但腹较浅，足较高，故

显修长。两鼎耳各饰相对的伏龙，形态生动。鼎腹口沿下每面饰一对长尾的鸟纹，其下正中饰一长列直纹，直纹外的U形外框饰尖长的乳丁纹。在鼎腹四角和正中、柱足上均装饰有突起很高的觚棱，柱足上饰有浮雕的兽面，兽面有长耳歧出。由鼎耳的伏龙、腹足部的觚棱所形成的复杂多变的轮廓线，有力地加强了器物造型庄严而又华丽的效果。

《成唯识论》 *Treatise on the Establishment of the Doctrine of Consciousness Only* 佛教论书。又称《净唯识论》、《唯识论》。唐玄奘取护法等十大论师对世亲《唯识三十颂》的注释，杂糅而译出。10卷。汉译行世后影响很大，成为法相宗所依据的重要论书之一。论旨在说明“实无外境，唯有内识”，万有“唯识所变”。此论的结构仍循《唯识三十颂》中阐述唯识相、唯识性及唯识位的三分次第。疏释主要有唐窥基《成唯识论述记》、《唯识枢要》，慧沼《成唯识论了义灯》等。

成文法 written law 由一定的国家机关按一定程序制定的、以规范性文件的形式表现出来的法，如宪法、法律、行政法规、地方性法规等。这些法源直接具有法律效力。与不成文法相对。又称制定法。

成像侦察卫星 photographic reconnaissance satellite 军事侦察卫星中的一类。通过光电或雷达系统获取地物目标图像信息，经地面加工处理和判读识别后，从中获取各种军事情报。装有光学遥感器（如可见光相机、电视摄像机和红外相机），从轨道上对目标区拍摄，把所获得的图像信息记录在胶片或磁记录器上，再通过回收送回地面或用无线电传输方式实时或延时送回地面的卫星又称照相侦察卫星。为了发现和识别目标、提高分辨率，这种卫星均运行于低轨道。装备成像雷达（合成孔径雷达）的卫星称为雷达成像侦察卫星，具有全天候侦察能力。

按侦察信息送回地面的方式不同，分为返回型成像侦察卫星和传输型成像侦察卫星；按侦察用途不同，分为普查型成像侦察卫星和详查型成像侦察卫星。美国成像侦察卫星已发展到第六代。俄罗斯（包括苏联）已经发展了7代成像侦察卫星。法国、以色列均发射了传输型成像侦察卫星，日本开始发展军用成像卫星及其星座系统，印度已利用遥感卫星进行军事侦察。

成玄英 Cheng Xuanying 中国唐代初期道士。字子实。陕州（今河南陕县）人。通儒学经典，尤重文字训诂学。贞观五年（631），召至京师，帝重之，赐号“西华法师”。后隐居郁州（今江苏连云港市）之云台山。对老庄之学颇有研究，致力于玄理的注疏，继承和发挥了“重玄”思想，使“重玄之道”成为唐朝初年道教哲学思想的一大主流。同时，又吸取了佛教的“三业六根”说，以及“双遣执法”，使道教哲理及道教修炼思想更加升华。著述有《道德真经义疏》、《庄子注》（又名《南华真经注疏》）30卷、《庄子疏》12卷、《老子道德经注》2卷、《老子开题序诀义疏》7卷等。

成岩作用 diagenesis 通常是指沉积物被埋藏后，直到固结为岩石以前所发生的一切物理的和化学（或生物）的变化过程。一般包括沉积物的压实作用、胶结作用、交代作用、结晶作用、淋滤作用、水化作用、水解作用和生物化学作用等。这些作用通常是在压力、温度不高的地壳表层发生的。当成岩物质被覆盖之后，由于厌氧细菌的作用，有机质腐烂分解，产生H_2S、CH_4、NH_3和CO_2等气体，促使碳酸基矿物溶解成重碳酸盐，高价氧化物还原成低价硫化物，酸性氧化环境变为碱性还原环境。此时沉积物质发生重新分配、组合，胶体矿物脱水陈化、压缩胶结，最终固结为岩石。各国学者对“成岩作用”的含义表述不完全一致。

成荫 Cheng Yin (1917-01-21～1984-04-26) 中国电影导演。原名成蕴保。祖籍江苏松江（今属上海)。生于山东曹县，卒于北京。1938年在陕北公学、鲁迅艺术学院戏剧系学习。后调八路军120师政治部战斗剧社任导演。1948年拍摄了短片《东影保育院》。1950年，导演影片《钢铁战士》和《在前进的道路上》。《钢铁战士》获1951年第6届卡罗维发利国际电影节“和平奖”。1952年与汤晓丹合作导演影片《南征北战》。1954年，赴苏联莫斯科电影制片厂实习一年。回国后先后导演了《上海姑娘》(1958)、《万水千山》(1959)、《停战以后》(1962)、《女飞行员》(1966)等故事片。20世纪70年代导演了《红灯记》、《红色娘子军》等舞台艺术片。1981年导演影片《西安事变》，获1982年第2届中国电影金鸡奖最佳导演奖。

成语 idioms 语言词汇中的一部分定型的词组或短句。汉语成语有固定的结构形式和固定的说法，表示一定的意义，在语句中是作为一个整体来应用的。成语有很大一部分是从古代相承沿用下来的，在用词方面往往不同于现代汉语。汉语历史悠久，成语特别多，这也是汉语的一个特点。成语和习用语、谚语相近，但是也略有区别。最主要的一点是习用语和谚语是口语性质的，成语大都出自书面，属于文语性质。成语大都有一定的出处，一般都是四字格式。成语的语法结构有主谓式、动宾式、联合主谓式、联合动宾式、联合名词式、联合动词式、动补式和兼语式等。成语在语言表达中有生动简洁、形象鲜明的作用。

成兆才 Cheng Zhaocai (1874～1929) 中国评剧作家、演员。字捷三（一称洁三)，艺名东来顺，河北滦县人。卒于故里。22岁成为职业莲花落艺人。1909年，与月明珠、余钰波、姚及盛等在唐山组成庆春班(后改称警世戏社)，借鉴河北梆子、京剧的唱腔、伴奏、表演程式和脚色行当，对莲花落进行全面改革，创造了平腔梆子戏，即蹦蹦戏、唐山落子，为后来的评剧艺术奠定了基础。作为庆春班的编辑员，他整理、改编、创作了近百出评剧剧本。剧作中有许多反映的是其故乡冀东的生活风貌和各色人物，形象鲜明，语言生动，具有浓厚的地方色彩。他的剧作不仅为评剧文学奠定了基础，也对评剧风格的形成起着重要作用。作表作有《占花魁》、《杜十娘》、《花为媒》、《井台会》、《杨三姐告状》等，编为《成兆才评剧剧本选集》、《成兆才全集》

出版。其中《花为媒》、《杨三姐告状》摄制成戏曲艺术影片。

成周 Chengzhou 中国西周东都，东周都城。又名洛邑。故址在今河南洛阳市。周武王灭商后，为巩固对东方的统治，计划在伊、洛一带所谓夏人故地建新都，于是“营洛邑而后去”。成王、周公遵武王遗愿，开始在洛邑大规模建新都。其始建年代，《尚书大传》谓：周公摄政，“五年营成周”。而《史记·周本纪》说在“周公行政七年”。新邑建成，成王莅位，举行祀典，返宗周时命周公留守。何休曰：“名成周者，周道始成，王所都也。”（《水经注·穀水》引）成周城中有王城，王城之东建设大郭，用来安置“国人”、徙居殷贵族，并驻以军队，借以控制。从此开创了小城连结大郭的布局。故成周为东都，在西周的政治及经济中有重要的作用。同时分设东、西两都，加强对东、西两地统治，也是中国古代政治历史上的创举。

西周灭亡，平王东迁，定都成周。成周城中，平王所居称王城。战国后期，周赧王微弱，成周又为东周国都城，称为河南。赧王五十九年（前256），秦昭襄王攻占其地，赧王卒，东周亡。成周为周之都城，凡经22王，达515年。

《汉书·地理志》把成周与王城分成两个邑，说王城即汉代河南郡的河南，成周即雒阳。唐兰《作册令尊及作册令彝考释》也以为西周时有成周、王城，“实二邑也”；李学勤《东周与秦代文明》谓西周时期，成周包括王城，平王东迁居王城。敬王时，因避王子朝之乱迁都成周，其城原本东都成周的一部分，此后“王城和成周成了互相分离的两个城”。说法不一。

1954年以后，考古工作者勘察发掘了东周成周遗址。城址平面略呈正方形，城墙用夯土建成。除东南部未发现城墙遗迹外，其余基本完好。北墙在涧河东岸，全长2 890米；西墙北部在涧河东岸，南部在涧河西岸，全长3 200米；南墙及东墙各存残墙约100米。城外发现有护城的壕沟。城址北部有制陶、制骨、铸铜等作坊遗存，城址南部发现大型夯土建筑基址，当原为宫殿区。城中部分布有许多东周时期的墓葬。在城内还发现居民住宅、排水设施等。

成组技术 group technology; GT 用系统分析方法将具有相似信息的事物集合成组并按组进行处理的一种生产技术和管理技术。在成组技术中，对同组事物采用同一方法进行处理，以便提高生产或管理效益。凡是存在着相似性的领域都可以应用成组技术。成组技术于20世纪50年代由苏联学者系统研究形成专门的学科，并最先在苏联推广应用，随后扩展到欧洲、美国和日本。联邦德国的零件分类编码系统和英国的成组生产单元进一步推动了成组技术的发展。中国是60年代初引进成组技术的。成组技术在发展初期主要用在机械加工行业中多品种、中小批量生产上。70年代后已经涉及很多学科领域。此后，成组技术与计算机技术、自动化数控技术、企业现代管理科学、相似理论、方法论和系统论等结合成为一门综合性科学，成为计算机辅助制造和柔性制造系统的基础。

丞相 prime minister 中国古代典领百官、辅佐皇帝治理国政的大臣。丞相制度起源于战国。或设左、右丞相，或设相邦。秦统一后设左、右丞相。西汉文帝后仅设丞相。封国亦设，景帝中元五年（前145）改称相。

汉“丞相之印章”封泥

凡属军国大计或其他要务，皇帝常召集公卿、二千石、博士共同在御前商议；一般政务则由丞相处置执行。皇帝有事，常向丞相咨询，丞相有时可封驳诏书。其具体职责是：任用官吏，或向皇帝荐举人才；对于地方官的守、相有考课和黜陟、诛赏的权力；主管律、令及有关刑狱事务；地方上若有暴动等事，丞相派属官前往镇压；在军事或边防方面也承担一定的责任；全国的计籍和各种图籍等档案都归丞相府保存。

汉代丞相之秩为万石，月俸为谷三百五十斛，钱六万。属官有长史二人，为丞相的助手。另有少史、征事等。又设西曹、东曹、奏曹、集曹、议曹等机构，分管官吏迁除、郡国事务、章奏谋议、征集租谷等事。武帝元狩五年（前118），又置司直，专司刺举百官不法者，以加强丞相的监察职能。

西汉初，任丞相者多为开国功臣，位尊职重，敢于向皇帝直言进谏。汉武帝擢用公孙弘为相，开布衣任相的先例。随着君主集权的加强，武帝重用内廷近臣，对丞相不甚信任，其在位者皆谨小慎微，庸碌无能。武帝末年，霍光为大司马大将军。至西汉末，大司马权势在丞相之上，多由外戚充任。西汉晚期，丞相职权为内朝所夺，无所作为，对君主和权贵阿谀曲从，保其禄位而已。成帝时，以丞相事烦难以独任为由，将丞相职权一分为三，改御史大夫为大司空，遂以大司马、大司空、丞相为三公，丞相权力大为削弱。哀帝时，又改丞相为大司徒。东汉初又改大司徒、大司空为司徒、司空，改大司马为太尉，三公之中以太尉最尊。东汉初为了加强君主权力，权归君主，协以内廷尚书，三公仅为备员。后大权又转移到外戚、宦官手中，三公形同虚设。献帝时，董卓为相国，强梁跋扈，俨然在众官之上。曹操（见魏武帝曹操）又废三公而恢复丞相、御史大夫，并自任丞相。董卓和曹操大权独揽，实与君主无异。

魏晋南北朝在易代之际有时也设丞相或相国，性质与董卓、曹操时所设无异，并非正常官制。唐、宋以后尚书省或中书省有时设左、右丞相，相当于原来的尚书左右仆射，位居尚书令或中书令之次，握有实权。明初中书省无令，仅设左、右丞相，权极重，后为明太祖所废，以内阁大学士行丞相职权，迄清末未再恢复。

承德避暑山庄 Chengde Imperial Summer Resort 中国的避暑胜地及现存占地最大的古代离宫别苑。见避暑山庄。

承德市 Chengde City 中国河北省辖地级市。位于省境东北部，邻接辽宁省和内蒙古自治区。辖双桥区、双滦区、鹰手营子矿区和承德、兴隆、平泉、滦平、隆化5县，以及丰宁满族自治县、宽城满族自治县、围场满族蒙古族自治县。面积39 519平方千米。人口347万（2010）。清初仅为小村落。康熙四十二年（1703），随着避暑山庄的兴建和广建寺庙，人口剧增，渐形成万户大镇。雍正元年（1723）设热河厅，十一年改为承德州，为承受皇帝恩德之意。乾隆四十三年（1778）升为承德府治，属直隶省。由于避暑山庄的建成，承德成为仅次于北京的另一重要政治中心，有塞外京都之称。1928年建立热河省，承德为省会。1956年热河

承德外八庙之一——普陀宗乘之庙远眺

省建制撤销后，划归河北省。

环绕市区的山峦，侏罗纪紫红色砾岩、砂页岩覆盖广泛，经长期风化、剥蚀、自然雕琢成千姿百态的自然风貌，属丹霞地貌，奇峰异石，千姿百态，形成独特的磬锤峰、蛤蟆石、鸡冠山等景观。年平均气温8.9℃，平均年降水量545.3毫米，属大陆性季风气候，夏无酷暑，冬无严寒。7月均温24.4℃，是中国塞北避暑胜地。农作物主要有高粱、玉米、谷子等。矿产主要有萤石、冰洲石、金、煤、银等，其中冰洲石产量位居全国之首。工业主要有煤炭、钢铁、机械、纺织等。多名胜古迹，以避暑山庄、外八庙、磬锤峰（俗称“棒槌山”）为最。承德是国家历史文化名城。

承兑 acceptance 远期汇票的受票人在汇票上盖章、签字，承诺到期付款的票据行为。远期汇票在付款到期日之前，持票人应先给受票人（付款人）提示让其确认到期付款的责任。具体做法是，由受票人在汇票正面空白处写上“承兑”二字，签上本人姓名。承兑行为包括两个具体动作：一是写上“承兑”字样，签上姓名，加注承兑日期；二是把经过承兑的远期汇票还给提示者。承兑日期非常重要，这是推算付款日的依据。远期汇票一经承兑，汇票的主债务人就由原来的出票人变为承兑人。

承压水 confined water 充满于两个隔水层之间的含水层中的地下水。承压含水层可分为补给区、承压区及排泄区三部分（见图）。补给区含水层裸露，具有自由水面，实际上分布着潜水，可直接接受外界补给。

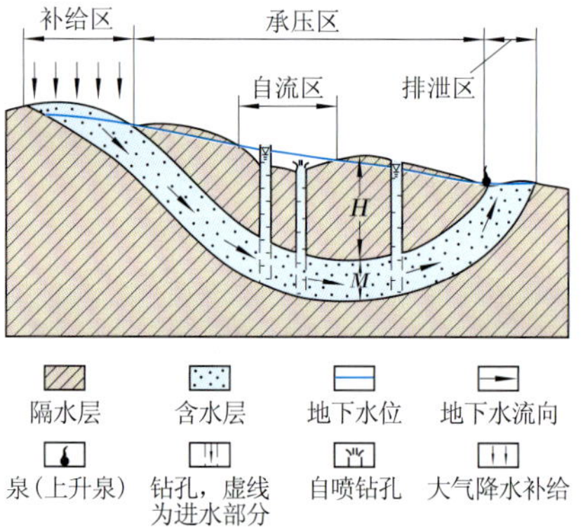

H 压力水头高度 *M* 含水层厚度

承压水盆地示意

承压区含水层的地下水承受压力，当井或钻孔穿过隔水顶板打到承压含水层时，井孔中的水即上涌到含水层顶面以上一定高度，称承压水位或测压水位。从承压水位到含水层顶板的距离称承压水头。当承压水位高于地面时，水从井孔中自行流出，即称自流水。

形成承压水的地质结构有承压水盆地和自流斜地两类。承压水盆地为含有一个或多个承压含水层的向斜构造盆地；倾斜岩层的下端，由于构造错断或岩性变化使水流受阻，则为自流斜地。由于隔水顶板的限制，承压水受水文、气象因素影响较小，动态比较稳定，也不易遭受污染，是宜于饮用的淡水。承压含水层通常规模较大，资源具有多年调节性，但不像潜水资源那样容易补充恢复。

城背溪文化 Chengbeixi Culture 中国新石器时代中期文化。以湖北枝城城背溪遗址而命名。主要分布在鄂西至江汉平原之间的长江沿岸。年代约为公元前6500～前5000年。经济生活以稻作农业为主，在陶

城背溪文化的圜底陶釜

器中普遍有作羼合料使用的炭化稻壳末。农具有石铲、石杵、石磨棒等。渔猎也占重要地位，渔捞尤为发达，遗址中包含大量鱼、鳖、贝、蚌等水生动物的遗骸。制陶技术原始，主要采用泥片贴筑法低温烧制，器类有圜底釜、罐、圈足盘、圜底钵、碗、支座等。偏晚阶段出现少量彩陶，属于中国南方早期彩陶。城背溪文化的发现为江汉地区的大溪文化关庙山类型找到了渊源。

城池 city wall 围绕城邑建造的一整套防御构筑物，以闭合的城墙为主体，包括城门、墩台、楼橹、壕隍等。也指边境的防御墙和大型屯兵堡寨。

发展简史 中国在新石器时代，一些部落为保护自己的居住地，已开始在聚落周围设置防御工事。半坡遗址和姜寨遗址聚落外部挖有壕沟，河南登封王城岗龙山文化中晚期遗址有两座100米×100米的方形城堡。

商代出现了规模较大的围着城墙的都城和地方城邑。河南偃师商城、郑州商城、湖北黄陂盘龙城都是夯土城墙。但安阳殷墟只有壕沟而未发现城墙。春秋战国是中国早期大规模建城的时期，春秋时期的曲阜鲁城、洛阳东周王城、秦雍城等的城墙厚度为10米左右。战国时期的齐临淄、燕下都、楚纪南城的城墙加厚到20米，夯层密实，有瓦质排水道。汉代的边城在城门外出现了曲尺形护门墙，城角出现45°斜出墩台。魏晋南北朝国土分裂，战乱频仍，一些边城的城防设施逐渐应用于内地城邑。在统万城、洛阳金墉城发展出突出城外的墩台——马面。徐州城、邺城等开始在夯土城墙外包砌砖壁。唐代城防设施开始制度化，这时出现了羊马墙、转关桥、弩台等新的城防设施，在边城中还有瓮城（图1）。宋代加强城防建设，把唐代边城所用的瓮城等应用于都城。南宋中期创造出万人敌，为箭楼的前身。南宋末年对蒙古作战，由于火药的使用，为加强防御，城墙多用砖石包砌，城门也改为砖石券洞。明初大事建造地方城邑，大部分城都用砖石包砌，沿用数千年之久的夯土城至此已大部为砖城代替，并在瓮城外创建箭楼和闸楼。明中叶大修长城和设防卫所，使城防设施更为完善。

城池形态 受战国时期的“周王城图”影响，城池绝大部分都做成方形或略长的方形，如秦咸阳城、汉长安城、三国时期的建康城、北魏的洛阳城、唐长安城、辽上京城、金中都、元大都、明清时期的北京城（图2）等。

此外，有在方形基础上的抹角、圆角等形态，也有圆形以及其他一些不规则的形态。有些城池分城建设，即一个城建设有两个或两个以上的城池，如洛阳旧城、西安旧城、兰州旧城等。还有些城建设有“关城”，即在全城的东西南北四个城门外另建小城，如明清时期的西安城。

组成部分 城的主要组成部分如下。

城墙 古代称墉，墙体土筑，断面为梯形，其高宽比各代不同。南宋以后为防御炮火，墙身用砖石包砌的渐多，个别城墙还用糯米灰浆砌筑。

城门 城楼下为夯土墩台，用木柱、木梁为骨架，构成平顶或梯形顶的城门道，台顶上建木构城楼，城楼一至三层，各代不同，居高临下，便于瞭望守御。火药用于战争以后，南宋后期城门道改用砖砌券洞。

瓮城 围在城门外的小城，或圆或方，

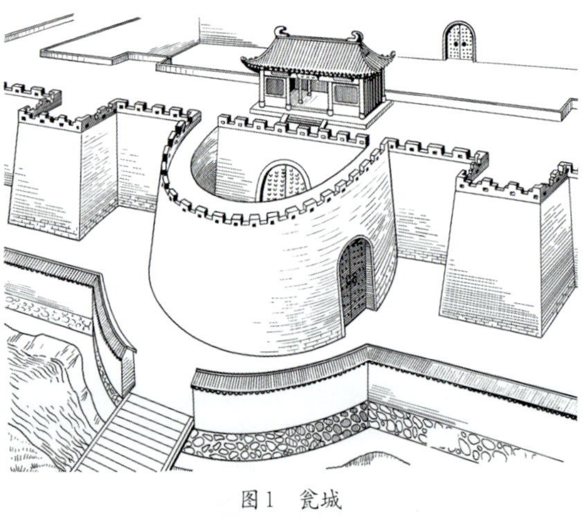

图1 瓮城

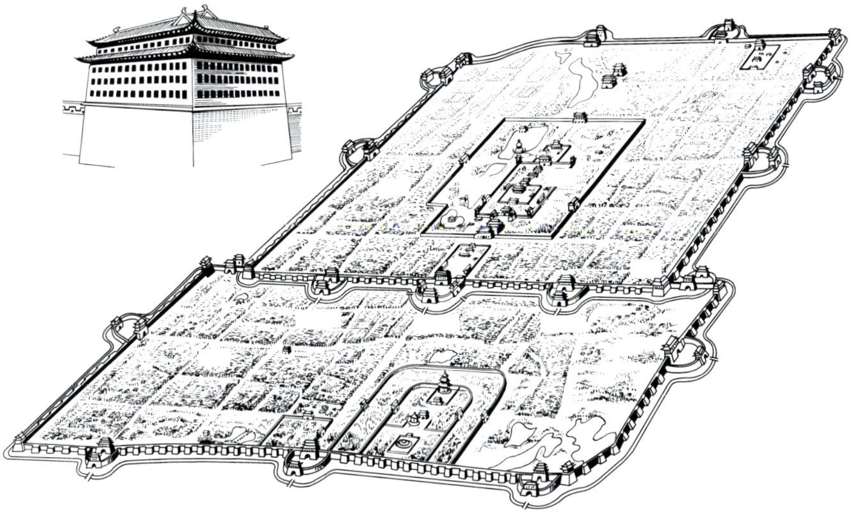

图2　明代北京城

方的又称“方城”。瓮城门开在侧面，以便在大城、瓮城上从两个方向抵御攻打瓮城门之敌。瓮城门到明代又增设闸门，称为闸楼。

马面　向外突出的附城墩台，每隔约60步筑一座。相邻两马面间可组织交叉射击网，对付接近或攀登城墙的敌人。

敌楼和战棚、团楼　防守用的木构掩体。建在马面上的称敌楼，建在城墙上的称战棚，建在城角弧形墩台上的称团楼，构造相同，结构都是密排木柱，上为密梁平顶，向外三面装厚板，开箭窗，顶上铺厚三尺的土层以防炮石。到明代，敌楼发展为砖砌的坚固工事。

城壕　即护城河，无水的称隍。一般阔2丈，深1丈，距城30步左右。在城门处有桥。一端有轴，可以吊起的称“钓桥”；中间有轴，撤去横销可以翻转的称“转关桥”。有的在桥头建半圆形城堡，称“月城”。

羊马墙　城外沿城壕内岸建的小隔城，上筑女墙。羊马墙内屯兵，和大城上的远射配合阻止敌人越壕攻城。

雁翅城　沿江沿海有码头的城邑，自城沿码头两侧至江边或海边筑的城墙，又称翼城。

城隍　中国民间管理地方之神。产生于古代祭祀，经道教演衍后，变为地方守护神。城隍本指护城河，班固《两都赋序》载：“京师修宫室，浚城隍。”祭祀城隍神的例规形成于南北朝时。唐宋时城隍神信仰滋盛。后唐清泰元年（934），城隍被加封为王。宋代于地方有功，被奉为国家祀典，府州皆建城隍庙。元代封之为祐圣王。明初，大封天下城隍神爵位，分为王、公、侯、伯四等，岁时祭祀，分别由国王及府州县守令主之。城隍由护卫神变为阴界监察系统，道教因之称城隍神职司为剪除凶逆、领治亡魂等。至清代，道教民俗信仰中，城隍神又从地方保护神升格为护国安邦、调和风雨之神。

城陵矶　Chenglingji Crag　中国长江中游第一矶。长江中游水陆联运、干支联系的综合枢纽港口。湖南省水路第一门户。位于岳阳市东北15千米江湖交汇的右岸。城陵矶南绾三湘，北控荆汉，扼洞庭湖贯通长江的咽喉，历来为兵家必争之地，亦是湘北内联四水、外通江海的第一港。洞庭湖四水常年有300～500吨级船队及千吨级顶推船队经此出入长江，长江干流船舶亦可于此停靠，年吞吐量约430万吨。港口有专线通京广铁路，便于水陆联运。

城濮之战　Chengpu, Battle of　中国春秋时期，晋、楚为争夺霸权在城濮（今山东鄄城西南临濮集）进行的决战。齐桓公死后，齐之霸业衰落，而南方的楚国日益强盛。周襄王十四年（公元前638），楚败宋军于泓水（今河南柘城北）后，中原鲁、宋、郑、陈、蔡、许、曹、卫等国皆与楚结盟，受楚控制。当时，北方的晋国在文公治理下国力强盛。晋文公平定王室之乱后，亦欲进入中原争霸。宋畏晋而叛楚亲晋，楚成王遂于十九年率军围宋。次年，晋文公亦派军攻击楚之盟国曹、卫以相救。楚成王命楚军主将子玉退兵，子玉不听，释宋围而率军北上。晋文公为报流亡时楚成王对他的接待之恩，实践退避三舍的诺言，将晋军撤到城濮。楚军追至，两军相峙。晋军先击败以陈、蔡军队组成的右军，又伪装败逃，诱楚军追击而败之。子玉溃逃，中途自杀。晋获大胜。楚战败后，北进受阻，中原各国则纷纷离楚归晋，晋文公遂成霸主。

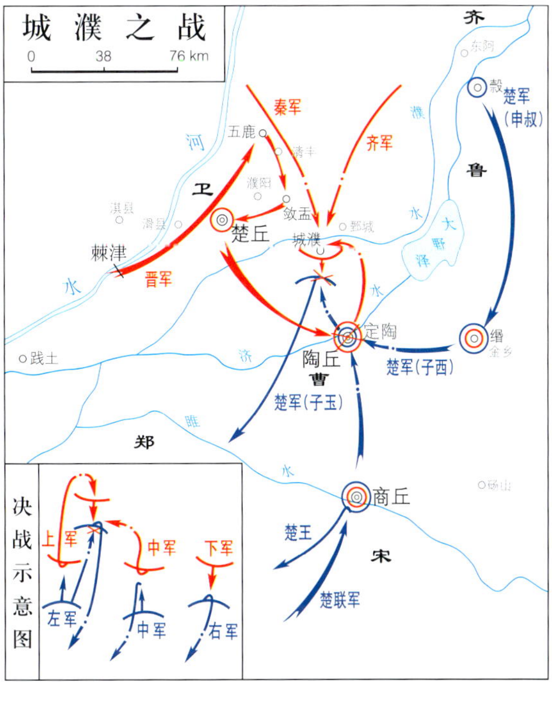

城市　city　以非农业活动和非农业人口为主的聚落。特点是人口数量大、人口密度高，是一定地域范围内的政治、经济、文化中心。中国古代的城和市是两个不同的概念。城是指四周围以高墙，扼守交通要冲，具有防守性质的军事要点；市是指交易市场。随着社会的发展，城与市逐渐融为一体，成为一个统一的聚合体——城市。中国城市划分为四类：非农业人口100万以上为特大城市；50万以上100万以下的为大城市；20万以上50万以下的为中等城市；20万以下的为小城市。

城市病　urban pathologies　发生在城市社区中，由城市生活、就业压力和环境恶化等产生的各种心理混乱、社会冲突、生态失调、反社会行为等问题的总称。见都市病。

城市道路　urban road　供各类机动车、非机动车和行人使用的城市内部的道路。城市道路还为城市地震、火灾等灾害提供了隔离地带、避难场所和抢救通道，为城市绿化、美化提供了场地，为城市环境需要的光照、通风和照明提供了空间，为市民散步、休息和体育锻炼提供方便。

城市道路与公路的区别　城市道路一般较公路宽阔，为适应复杂的交通工具，多划分机动车道和非机动车道等，有的还划出公共汽车优先车道。道路两侧有高出路面的人行道和房屋建筑，人行道下多埋设公共管线。为美化城市而布置绿化带、雕塑艺术品。公路则在车行道外设路肩，两侧种行道树，边沟排水。

城市道路的要求　现代的城市道路是城市总体规划的主要组成部分，它关系到整个城市的有机活动。为了适应城市的人流、车流顺利运行，城市道路要具有：①适当的路幅以容纳繁重的交通。②坚固耐久，平整抗滑的路面以利车辆安全、舒适、迅捷的行驶。③少扬尘、少噪声以利于城市环境卫生。④便利的排水设施以便将雨雪水及时排除。⑤充分的照明设施以利居民晚间活动和车辆运行。⑥道路两侧要设置足够宽的人行道、绿化带、地上杆线、地下管线。

城市各重要活动中心之间要有便捷的道路连接，以缩短车辆的运行距离。城市的各次要部分也需有道路通达，以利居民活动。城市道路繁多又集中在城市的有限面积之内，纵横交错形成网状，出现了许多影响道路交通流畅的交叉路口，所以需要采取各种措施，如设置色灯信号管制、环形交叉、渠化交通、立体交叉等以利交通流畅。城市交通工具种类繁多，速度快慢悬殊，为避免互相阻碍干扰，要组织分道行驶，用隔离带、隔离墩、护栏或画线方法加以分隔。城市公共交通沿线须设置停车站台，还须设置停车场以备停驻车辆。要设置过街天桥或地道，以保障行人安全又避免干扰车辆交通；在交通不繁忙的街道上可画人行横道线。

城市道路分类　根据道路在城市道路系统中的地位和交通功能，城市道路分为：

①快速路。城市中长距离快速交通的动脉，具有四条以上的车道，中央设置分隔带，全部或部分采用立体交叉与控制出入，供车辆以较高的速度行驶的道路。是为流畅地处理城市大量交通而建筑的道路。两侧有非机动车时，必须设完整的分隔带。横过车行道时，需经有控制的交叉路口或地道、天桥。

②主干路。连接城市各主要部分的交通干路，是城市道路的骨架，主要功能是交通运输。主干路上的交通要保证一定的行车速度，故应根据交通量的大小设置相应宽度的车行道，以供车辆通畅行驶。线形应顺捷，交叉口尽可能少，以减少相交道路上车辆进出的干扰，平面交叉要有控制交通的措施，交通量超过平面交叉口的通行能力时，可根据规划采用立体交叉。机动车道与非机动车道应用隔离带分开。交通量大的主干路上快速机动车如小客车等也应与速度较慢的卡车、公共汽车等分道行驶。主干路两侧应有适当宽度的人行道。应严格控制行人横穿主干路。主干路两侧不宜建筑吸引大量人流、车流的公共建筑物，如剧院、体育馆、大商场等。

③次干路。一个区域内的主要道路，是一般交通道路兼有服务功能，配合主干路共同组成干路网，起广泛联系城市各部分与集散交通的作用，一般情况下快慢车混合行驶。条件许可时也可另设非机动车道。道路两侧应设人行道，并可设置吸引人流的公共建筑物。

④支路。次干路与居住区的联络线，为地区交通服务，也起集散交通的作用，两旁可有人行道，也可有商业性建筑。

各类道路的技术标准如下表。

城市道路主要技术指标

道路类别		计算行车速度(km/h)	双向车道数(条)	机动车道宽度(m)	分隔带设置	横断面采用型式
快速路		60～80	≥4	3.75	必须设	双、四幅路
主干路	Ⅰ	50～60	≥4	3.75	应设	单、双、三、四
	Ⅱ	40～50	3～4	3.75	应设	单、双、三
	Ⅲ	30～40	2～4	3.5～3.75	可设	单、双、三
次干路	Ⅰ	40～50	2～4	3.75	可设	单、双、三
	Ⅱ	30～40	2～4	3.5～3.75	不设	单
	Ⅲ	20～30	2	3.5	不设	单
支路	Ⅰ	30～40	2	3.5	不设	单
	Ⅱ	20～30	2	(3.25～)3.5	不设	单
	Ⅲ	20	2	(3.0～)3.5	不设	单

注：①除快速路外，各类道路依城市规模、交通量、地形分为Ⅰ、Ⅱ、Ⅲ级，大城市采用Ⅰ级，中等城市采用Ⅱ级，小城市采用Ⅲ级。②设计使用年限规定：快速路、主干路为20年，次干路为15年，支路为10～15年。

展望　解决日益严重的城市交通问题已成为当前重要课题。已开始实施或正在研究的措施有：①改建地面现有道路系统，增辟城市快速干道、干路、环路以疏导、分散过境交通及市内交通，减轻城市中心区交通压力，以改善地面交通状况。②发展地上高架道路与路堑式地下道路，供高速车辆行驶，减少地面交通的互相干扰。③研制新型交通工具，如气垫车、电动汽车、太阳能汽车等速度高、运量大的车辆，以加大运输速度和运量。④加强交通组织管理，如建立交通管理中心、研制公共交通的电子调度系统、广泛采用绿波交通（汽车按规定的速度行驶至每个平交路口时，均遇绿灯，不需停车而连续通过）、实行公共交通优先等。⑤开展交通流理论研究，采用新交通观测仪器以研究解决日益严重的交通问题。

城市地理学　urban geography　研究城市（镇）的形成、发展、空间结构和分布规律的学科。城市是一种**聚落**，因此曾经是聚落地理学的一部分。由于城市形成和发展的经济基础、职能、内部结构与乡村聚落不同，而且随着**城市化**程度的提高，城市在社会生活中的地位越来越重要，城市地理研究发展迅速，成为**人文地理学**的重要分支学科。具体研究下列内容：①城市化研究，包括城市化的衡量尺度，过程、效果和问题，世界各国城市化的比较，城镇人口集聚的规律等。②城市职能研究，把城市产业分解为以满足市外需要为主和以满足市内需要为主两类，从而确立基本职能与非基本职能的概念，研究城市的性质及其对所在区域的作用。③城市分类研究。④城市体系研究。⑤**城市群**和大城市集群区研究。⑥城市形态研究。⑦城市地域结构研究。⑧城市土地利用研究。⑨城市生态系统研究。⑩城市综合地理研究等。

城市雕塑　urban sculpture　为城市公共场所创作的雕塑作品。主要用于城市的装饰和美化。它使城市景观增加艺术氛围，丰富居民的精神生活。城市雕塑的建立一般要由行政部门或政府下令，由美术或雕塑组织具体负责筹划、实施。

城市雕塑在形式上有圆雕、浮雕，所用材料有石、水泥、铜及其他金属材料。形体一般高大，气势恢弘，具有纪念意义，但亦有点缀场景、形体较小者。城市雕塑在西方具有悠久的历史，从古希腊、罗马

汉白玉雕塑《和平》（坐落于北京复兴门立交桥西北角）

到中世纪、文艺复兴，直到20世纪，几乎遍及各国的大小城市，成为城市建设及其文化的重要组成部分。在中国，虽然秦始皇下令收缴天下兵器，运至都城咸阳销毁，并铸成12个各重24万斤的大铜人，排列在阿房宫殿前，但并不似西方那样自觉将其作为城市的组成部分。在以后的漫长岁月中，也未出现类似西方的城市雕塑。直到20世纪上半叶，才在一些经济、文化比较发达的城市建立了真正意义的城市雕塑，中国的城市雕塑创作进入了新的发展时期。

城市规划 urban planning 为达到某些社会与经济目标而从事的综合性城市发展规划。城市是人类社会经济文化发展到一定阶段的产物，是一定地域范围内社会政治经济文化的中心。城市的形成是人类文明史上的一个飞跃。

城市规划的萌生和发展 早期的城市是在人类居住环境不断演变的过程中，也是在人类自觉和不自觉地对居住环境进行规划安排的过程中逐步发展起来的。在中国陕西西安临潼的新石器时代聚落姜寨遗址，可以认为是居住环境规划的萌芽。影响城市规划有许多因素，主要是经济、军事、宗教、政治、卫生、交通、美学等。古代城市规划多受宗教、防卫等因素的影响，现代城市规划多受社会经济的影响。

中国古代城市规划强调战略思想和整体观念，强调城市与自然结合，强调严格的等级观念。这些思想和城市规划的成就，集中体现在作为"四方之极"、"首善之区"的都城建设上。长安城的建设成就是唐代灿烂文化的重要组成部分。宋开封城在中国都城建设史上的重要性在于它是按照五代周世宗柴荣颁布的诏书有规划地进行扩建的要例。元大都的规划汲取了春秋战国时期理想都城的规划思想，而又因地制宜地予以创造。由大都城演变而成的明北京城，可说已集中国古代都城城市规划之大成。

国外在古希腊城邦时期便出现了希波丹姆规划模式。古罗马建筑师维特鲁威的《建筑十书》提出了当时的"理想"城市模式。文艺复兴时期，建筑师L.B.阿尔贝蒂、A.帕拉第奥、V.斯卡莫齐等也提出了一些反映当时商业兴盛和城市生活多样化的城市理论和城市模式。

产业革命导致世界范围的城市化，大工业的建立和农村人口向城市集中促使城市规模扩大。城市的盲目发展，贫民窟和混乱的社会秩序造成城市环境的恶化，严重影响居民生活。人们开始从各个方面研究对策，现代城市规划学科随之形成。学科内容包括城市规划理论、城市规划实践和城市建设立法。

现代城市规划的重要课题 1933年国际现代建筑协会（CIAM）第四次会议研究了现代城市面临的问题，发表的《雅典宪章》，是现代城市规划理论发展历程中的里程碑。第二次世界大战以后，《雅典宪章》中的一些重大问题得到继续更新和补充，这就出现了1977年的《马丘比丘宪章》。这两个宪章是两个不同历史时期的城市规划理论的总结，对世界城市规划有相当的影响。

①城市布局模式。产业革命后，有人认为城市宜集中建设，如法国建筑师勒·柯布西耶主张充分利用技术成就，建造高层高密度的建筑群，这种思想被称为城市集中主义。有人主张城市宜分散建设，如美国建筑师F.L.赖特提出的"广亩城市"认为城市应与周围的乡村结合在一起，被称为城市分散主义。近年来，从系统观念出发研究城市结构和形态的学者日益增多。

②邻里和社区理论。美国社会学家C.A.佩里最先提出邻里单位概念，被称为社区规划理论的先驱。后来建筑师C.S.斯坦因根据邻里单位理论设计纽约附近雷德布恩居住街坊，取得重大成功。第二次世界大战后，西方国家把邻里单位作为战后住宅建设和城市改建的一项准则。50年代苏联推行的居住小区同西方邻里单位理论有一定的联系。

③城市交通规划。产业革命后，城市的规模越来越大，市内交通问题成为城市发展中最大难题之一。英国警察总监H.A.特里普关于"划区"的规划思想同邻里单位规划思想相结合，发展成为"扩大街坊"概念。此后，发展公共交通的原则现已被广泛接受并推行。

④城市美化和城市设计。1893年为纪念美洲发现400周年，在芝加哥举办世界博览会，芝加哥湖滨地带修建了宏伟的古典建筑、宽阔的林荫大道和优美的游憩场地，受其影响，在美国掀起"城市美化运动"。美国建筑师E.沙里宁提出"城市设计理论"，将城市的美化与城市的各项功能要求有机地结合起来。20世纪50年代以来，城市设计的理论和实践从追求美丽的城市发展到追求有效率的城市文化传承及生态环境的持续发展。

⑤城市绿化、自然环境保护与城市规划。与城市设计相联系的是城市园林的规划和建设。美国风景建筑师F.L.奥姆斯特德在1858年设计了纽约中央公园，这是有计划地建设城市园林绿地系统的开端。实践证明，在城市规划一开始就应该将城市园林绿地系统的规划纳入其中。同时，对景观的科学和艺术探索，以及"大地景观"的概念开始引起人们的注意，一些国家制定了有关保护自然环境的法令。

⑥文化遗产保护与城市规划。由于城市迅速发展，许多古建筑和历史名城不仅受到自然的侵蚀，而且更多地遭到人为的破坏。《雅典宪章》较早地从城市规划角度提出保护古建筑问题。1964年的《保护文物建筑及历史地段的国际宪章》(即《威尼斯宪章》)总结了这方面的理论和经验，1975年联合国教科文组织举办"欧洲传统城市保护年"，1976年的内罗毕会议建议保护城市的历史地段，1979年在华沙召开的会议号召推动文物建筑的普查、立档、登录等工作。同时，各国保护古建筑的立法工作也有进展。

⑦区域规划和国土规划。城市的发展和城市问题的日益严重使人们逐渐认识到不能仅就城市论城市，必须从更大的范围——区域的甚至国土的范围来研究与城市有关的问题。20世纪40年代制定的大伦敦规划在这方面有创造性的发展。后来，一些城市纷纷从商业、交通等方面从事大城市影响区域的研究，出现了区域科学。

⑧城市规划方法的发展。20世纪初，P.格迪斯提出"生活图式"(notation of life)，从地理学、经济学、人类学的观点，就人、地、工作关系来综合分析城市。他的名言"调查先于规划，诊断先于治疗"已成为城市规划工作的座右铭。这种调查—分析—规划的工作程序一直被广泛采用。经多年的实践，城市规划界提出了"持续规划"和"滚动式发展"的规划思想，即主要着眼于近期的发展与建设，对远景目标则不断地加以修正、补充和调整，实行一种动态的平衡。

⑨人居环境建设与全球化时代。1976年在温哥华召开第一次联合国人类居住大会，1996年在伊斯坦布尔召开第二次联合国人类居住大会等，将"人类环境的可持续发展和人人享有适当住房"作为未来发展的方向。吴良镛等人于1993年提出的中国人居环境科学的概念。英国学者P.霍尔提出，随着信息技术和高速公路、高速铁路的建设，特大城市地区呈现一种新的城市组合形式。由十数个至几十个城市组成，地理上分开，功能上联系，围绕一个或多个中心大城市聚集在一起，从新的功能分工中汲取巨大的经济力量。

中国近代、现代城市规划 鸦片战争以后，中国沿海地带出现了殖民地、半殖民地性质的近代化城市，也出现了新的城

意大利乌迪内省帕尔马诺瓦地区俯视图

市规划学说。孙中山的《建国方略》是一个宏大的“国土规划”性质的和地区城市开发规划的纲领。1895～1925年，在中国实业家张謇推动下，南通开辟了新工业区和港区，建立了多核心的城镇体系，这是借鉴西方经验，而诞生在中国文化理念上的创造。此后，上海、南京、重庆等也在不同时期进行了城市规划。

中华人民共和国建立后，随着大规模社会主义经济建设的发展，大量的新城镇建立起来。在第一个五年计划期间，配合国家156项重点工程建设，对150个城市进行了规划。在以后的年代里，城市规划工作受到了挫折。从1979年起，随着中国政治和经济的进步，城市规划工作得到了较快的恢复和发展。在国家政策中明确“城市改革就是要进一步发挥城市的多种功能”，同时开始重视城市化的研究，努力进行科学的预测，以指导城市的发展。1980年国家基本建设委员会颁布了《城市规划编制审批暂行办法》，1984年国务院颁布了中国第一个《城市规划条例》。1989年颁布《中华人民共和国城市规划法》，中国的城市建设法规体系不断完善。20世纪90年代以后，随着经济的发展，城市化进程加快，沿海地区的率先开放，长江三角洲、珠江三角洲以及京津冀环渤海的“城市－地区”城镇群的发展，逐步促进城镇体系、区域与国土研究的开展，城市科学、城市经济、社会文化问题进一步受到关注，加强对世界文化与自然遗产及历史文化名城保护，提高城市设计工作的重要性。

城市规划研究的趋势　在不同时代和不同地区，对城市的发展水平和建设要求不同，因此城市规划的研究重点不尽一致。城市研究仍处于多路探索之中，多学科参与城市研究所取得的成果，不同程度地丰富了城市规划理论与方法。电子计算机、遥感和地理信息系统等新技术手段在城市规划领域中的应用逐步推广，对城市规划科学产生重大影响。在可持续发展理念的影响下，城市规划越来越多地重视实效，关注近期建设及其社会、经济、环境效果。

城市化发展的途径　世界城市人口持续增长，城市将成为世界的主要生活地点。中国是世界上城市化发展规模最大的国家。在城市化快速发展进程中，中国的城市面临城乡协调、区域协调、大中小城市协调以及城市保护与新区建设协调等一系列涉及城市化途径的问题。在强调科学发展观的今天，需要研究适合中国市场经济发展和体制改革需要的城市规划体系，实施更为完善的城市规划管理制度。

城市化　urbanization　人口向城市地域集中和乡村地域转化为城市地域的过程。又称城镇化。这一过程使城市数目增多、城市人口和用地规模扩大，从而不断提高城市人口在总人口中的比重。因此，城市人口比重增大是城市化的重要标志。城市化本质上是居民由从事农业转为第二产业和第三产业并向城市集中，以及居民生活方式和城市空间组织的演变过程。

宁波一污水处理厂

城市化过程经历了3个阶段：①前工业化时期。这时期城市人口增长缓慢，城市化程度低，直到1800年世界城镇人口才占总人口的3%。②工业化时期。18世纪中叶开始的工业革命，促使工业在地域上集中，吸引人口集中，19世纪以后出现一批以工业和商业经济职能为主的新城市。英国最早启动城市化的过程，1801～1851年的半个世纪里城镇人口比重由26%上升至45%。1900年，世界城市人口占总人口的13.6%；1950年，城市人口占世界总人口的28.7%。③后工业化时期。20世纪50年代后发达国家开始进入后工业化时期，全世界城市化进程进一步加速，2000年世界城市化的平均水平已达到50%；城市职能朝动态、综合方向发展，现代城市职能日趋复杂多样；城市空间组织变化，城市中心人口和企业逐渐向城市四周扩散，引起市中心人口减少和郊区城市化（即郊区化），形成逆城市化，在中心城市周围建立卫星城镇等，与中心城市组合成城镇群。

城市基础设施　urban infrastructure　既为物质生产又为人民生活提供一般条件的公共设施，是城市赖以生存和发展的基础。是城市经济社会发展的支撑体系和城市建设的主体部分，其完备程度直接影响城市生活、生产等各项活动的开展。城市基础设施滞后或配置不合理会严重阻碍城市的发展；城市基础设施适度超前、配置合理不仅能满足城市各项活动的要求，而且有利于带动城市建设和经济社会发展，保障城市健康持续地发展。

城市基础设施的范畴甚广，世界各国对其定义和分类有所不同。在中国通常分为广义和狭义的城市基础设施两类。广义的城市基础设施分为城市工程性基础设施和社会性基础设施两大类。城市工程性基础设施包含交通系统、水资源与给排水系统、能源系统、通信系统、环境系统、防灾系统的各项设施，城市社会性基础设施包含行政管理、金融保险、商业服务、文化娱乐、体育运动、医疗卫生、教育、科研、宗教、社会福利、大众住宅等方面的各种设施。狭义的城市基础设施以城市工程性基础设施为主体，含有交通、水、能源、通信、环境、防灾等六大系统。交通系统含城市对外交通和市内交通等设施，有城市航空交通、水运交通（海洋、内河）、轨道交通（铁路、地铁、轻轨、有轨电车）、公路与城市道路系统等工程设施。水系统含水资源开发保护和给水、排水等设施，有城市取水、净水、输配水、雨水排放、污水处理与排放等工程设施。能源系统含电力、燃气、热力等设施，有城市电源、输配电网络、燃气气源、储气、输配气管网、热源、传热管网等工程设施。通信系统含邮政、电信、广播、电视等设施，有邮政与电信局所、有线电话与无线电通信网络、广播与电视台站等工程设施。环境系统含环境保护、园林绿化、环境卫生等设施，有环境监测、治理、环境卫生等工程设施。防灾系统含消防、防空、防洪（汛、潮）、防震、防风、雷击、泥石流、滑坡等灾害的工程设施，以及城市抗灾救灾指挥中心、城市救灾生命线系统等。

基础设施分为生产性基础设施和社会性基础设施两大类。生产性基础设施是为物质生产过程服务的有关成分的综合，是为物质生产过程直接创造必要的物质技术条件。社会性基础设施是为居民的生活和文化服务的设施，是通过保证劳动生产的物质文化和生活，而间接影响再生产过程。

城市气候　urban climate　由于城市特殊下垫面和人类活动所形成的局地气候。有以下主要特点：①气温高（见城市热岛）。②降水多。城市及其下风方向一段距离内降水量较周围农村多，年降水量一般多5%～11%。③相对湿度低。市内相对湿度一般比郊外低。如上海市区年平均相对湿度比周围郊县低了5.8%。④风速小。城区平均风速比郊外小。但在城市街道和高楼附近，因狭管等效应城市中又多局地大风。城市热岛效应还会产生特殊的城市地方风——乡村风。此外，城市中因烟霾多，日照时数减少，以及太阳辐射弱，特别是其中紫外线减弱，不利于人体健康；城市多雾（但雾中相对湿度一般都不到100%），因而能见度差；城市中大气污染程度高等。

城市群 conurbation 集中于一定地域内的规模和职能各不相同、彼此密切联系而又相对独立的若干城市和城镇的组合。又称城镇群。近代以来城市形态的一种。由英国地理学家P.格迪斯于1915年提出。城市群组合形式主要有两种：①以一个大城市为核心，周围伴有若干中、小城镇的团状群组，称为大城市集群区，纽约、巴黎、莫斯科等大都市及其周围地区多属这一形态。②由若干座规模相仿的城市为中心，组成多中心带状或块状的城市群。如德国鲁尔区、中国辽宁中部地区等。随着世界城市化进程的发展，城市群分布的范围将日益扩展。

城市热岛 urban heat island 一个地区（主要指城市中心区）的气温高于周围地区的现象。大中城市平均气温一般可比郊外高出2～3℃。可以用城市中心与郊区两个代表性测点的气温差值，即热岛强度表示。城市人口密集、工厂及车辆排热、居民生活用能的释放、城市建筑物及其下垫面蓄热、地面风速低和局部大气的温室效应等的综合影响是其产生的原因。

城市热岛现象有明显的日、季节变化。日变化表现为夜晚强、白天弱，最大值一般出现在晴朗无风的夜晚。此外，不同地区各季度的热岛现象各不相同。城市热岛对城市环境的影响包括：①形成热岛环流，影响城市风场分布。这样在背景风速较小的情况下，会把城市边缘地区的污染物带进市区，使得市中心的污染物浓度变高。②影响城市区域的空气湿度、云量和降水。③酷热天气出现的时间增加，寒冷天气出现的时间减少。

此外，城市热岛现象在夏季的出现，不仅会使人高温中暑，同时还促使光化学烟雾的形成，污染加重并增加建筑的空调能耗。冬天城市热岛现象会加剧城市中多雾天气的形成。

控制城市热岛现象的措施有：①在规划中注重控制城市规模、城市人口和建筑密度，避免高密度区域过于集中。②保证城市区域充足的蒸发面积、透水铺装和具有遮阳、降温效果的绿化（高大乔木、灌木和棚架绿化等）。③建筑规划保证市区有通畅的自然通风渠道。④提高空调、交通工具的用能效率，控制空调、交通工具的排热。

城市商业银行 city commercial bank 中国由原城市合作银行改名而来的股份制商业银行。1995年以前，中国约有5 000家城市信用社，但大多数已失去合作性质，成为实际上的小型商业银行。1995年，中华人民共和国国务院决定，在城市信用社清产核资的基础上，通过吸收地方财政、企业入股组建城市合作银行。其基本定位是依照商业银行经营原则运作，服务于地方经济和中小企业。由于城市合作银行失去合作性质，已属于股份制商业银行，适用于《中华人民共和国商业银行法》，故于1998年全部更名为城市商业银行。至2007年底，全国城市商业银行共有112家。

城市最低生活保障线 minimum living standard for urban residents 中国政府为救济社会成员中收入难以维持其基本生活需求的人口而制定的一种社会救济标准。又称城市居民最低生活保障标准。各地制定的低保标准的依据主要包括：①维持居民的最低生活需求所需要的物品的种类和数量。②生活必需品所需费用。③市场综合物价指数，尤其是生活必需品的价格指数。④居民的平均收入和消费水平。⑤经济发展状况和财政收入状况。⑥其他社会保障标准。

确定城市最低生活保障线的方法有：①综合测贫法。主要从6个方面提出测算依据：占城镇住户5%的最低收入户的消费资料；各项消费对生活的重要程度；消费的社会效果；消费的经济效益；相关研究的标准；社会供给条件。②菜篮子法。又称基本需要法，先确定一组城镇居民必需的消费项目，再依据公式$PL=\sum X_i P_i+h$计算出贫困线（式中PL为贫困线，X_i为生活必需品，P_i为每项生活必需品的市场价格，h为生活消费中的无效支出，即不可避免的浪费）。③综合法。第一步，找出贫困群体。第二步，分析一般市民和贫困户的收入与消费，求出各项生活必需品，再用市场物价较为客观地求得最低生活保障线。第三步，将贫困线与社会平均（中位）收入挂钩，同时求出当地贫困家庭的恩格尔系数。

城头山古城 Chengtoushan Walled Enclosure 中国新石器时代大溪文化和屈家岭文化的古城。遗址位于湖南澧县南岳村一个平顶岗地上。1978年发现。年代约为公元前4600年或前4500～前2500年。古城平面呈圆形，直径310余米，城外环绕宽35～50米的护城河，现存夯土城墙高出城外地面5～6米。四面有四个城门。城内发现夯土台基、房址、红烧土道路、制陶作坊、祭坛、墓葬、祭祀坑、古稻田，以及大量陶、石、玉、骨器，木桨，船艄，炭化稻谷和数十种植物子粒等。此城在2 000年间经过多次筑造，大溪文化早期修筑的城墙为迄今所知中国最早的城墙，祭坛则是中国南方最早的祭坛。大溪文化时期的水稻田是世界上已知最古老的水稻田。城头山古城的发现对了解长江中游地区的文明起源有重要价值，1996年国务院公布为全国重点文物保护单位。

城头山古城遗址俯视图

城乡规划卫生 hygienic principles in city and country planning 卫生部门为保持城乡自然生态平衡，为居民创造健康的生活居住环境，结合当地自然条件、经济水平、居民健康状况、城乡性质和规模，对城乡总体规划和建设规划进行卫生审查的一种预防性卫生监督工作。

城市生活居住区规划卫生 对居住区的规划卫生要求是：

适当的建筑密度 这对保证住宅有良好的通风、日照，足够的卫生间距、绿化面积和活动场地等极为重要。

人口密度 人口密度过高，表明居住拥挤，人口密集，易传播疾病，绿化面积减少，通风、日照受影响，不易保持安静。

住宅的朝向 中国地处北纬45°以南，最适宜的居室朝向应是南向或东南向。在比较炎热的地区，夏季住宅的自然通风极为重要，为此住宅建筑的长轴应与炎热季节的主导风向（同时也应考虑风速较大的风向）垂直，在寒冷地区寒风方向则应与居住建筑的长轴成小于45°角。选择朝向时，中国北方以考虑日照为主，南方以通风为主。

住宅卫生间距 为了不使前排建筑物影响后排居住建筑物内的日照、通风和采光，按冬季中午室内有3小时左右的日照时间和夏季能通风的要求来确定卫生间距。

村镇建设规划中的卫生问题 村镇总体规划应着重考虑的主要问题有：村镇道路规划建设，村镇供水规划设计，医疗、卫生、保健网的分布规划等。

用地选择 基本卫生要求是：向阳、通风、地势较高；地下水位较低（1.5米以下），水量充足，水质良好，符合卫生要求，或经过处理能达到国家饮用水卫生标准；土壤无污染，地势平坦，略有一定坡度（一般不小于2%），不受洪水淹没和潮汐侵袭；尽可能选择靠近地面水体的地段，以利小气候调节，美化环境，方便交通，又有利于发展。

村镇用地应避开地方病的高发区和自然疫源地，避开铁路、公路、高压输电线路，避开墓地、牲畜掩埋场、沼泽地带，禁止将村镇建在用有机垃圾及有毒废弃物填平的地基上，村镇和污染源之间设有一定距离的卫生防护带。卫生防护带的距离指产生有害因素的企业和场所的污染源至村镇住宅区边界的最小距离。

村镇功能分区　功能分区合适可以把有害因素限制在最小范围内，较大的村镇往往有下列各功能区。

①生活居住区。布置在自然环境和卫生条件较好的地方，大气污染源的上风向，河流污染排放点的上游；与产生噪声、有害废气、废水、废渣的企业保持一定卫生防护距离；要适于绿化、美化和埋设各种卫生设施及管线。在山区丘陵地带要选向阳背风坡段，避免产生逆温、烟雾停滞的山谷地段；北方寒冷地区要避开风口，以防冬季寒风袭击。

②工、副业区。应设在常年主导风向的下风向和河流下游，与生活居住区有一定的卫生防护距离，防护带内布置10～30米的绿化带，以减少污染；污染严重的化工厂更要远离生活居住区；易燃易爆的生产场所要安置在村镇外独立地段，以确保安全。

③公共建筑区。应是人流少、噪声小、不受污染和干扰的地段，具有安静的休息环境。

④饲养区。应设在夏季最大风向的下风向，位于村镇边缘，远离饮用水源的独立地段。要规划排水系统和粪便处理场所。饲养区与生活居住区间，视其规模大小要有不小于100米的绿化卫生防护带。

⑤农业生产区。打谷场应选村镇夏秋季主导风向的下风向，与生活居住区有一定卫生防护距离。晒场禁止用柏油地面，因柏油地面受烈日暴晒后，沥青中的苯并芘会污染粮食。

⑥商业服务场所。农贸市场一般应设在当地主导风向的下风向和村镇边缘的地段，与居住区保持一定距离并隔以绿化防护带。按农贸市场最高峰人流量设计安排农贸市场内公共厕所、垃圾箱等卫生设施。

城乡交错带　rural-urban fringe　兼具城市和乡村的土地利用性质的城市与乡村地区的过渡地带。又称城市边缘地区。在古代和近代，城市与乡村的景观差异十分明显。现代城市同乡村之间则缺乏明显的界线，主要随着城市化和郊区城市化（即郊区化）过程，使得毗邻城市的乡村地区的土地利用，从农业转变为工业、商业、居住区以及其他职能，并相应兴建城市服务设施，从而形成城乡交错带。

城乡一体化　urban and rural integration　城乡重大差别逐步缩小和消灭的过程与目标。实现城乡一体化的根本出路在于发展生产力。主要途径是：①进行现代化建设，包括用现代科学技术改造传统农业，提高农业劳动生产率，全面振兴农村经济。②提高农村人口的教育、科技水平。③实施积极的城镇化战略，协调城乡发展，优化城镇体系，引导小城镇发展，改革户籍管理和城乡分割的就业制度，引导农村富余劳动力跨地区流动就业和城乡统筹就业。④在城乡之间建立经济上联合、技术上协作、平等互利、相互依存的经济网络。

城镇住房制度改革　urban housing system reform　中国对住房“国家包、低租金、福利制”传统实物分配体制的革新。中国经济体制改革的重要组成部分。中国传统的住房制度是与传统产品计划经济体制相适应的，是传统产品计划经济体制的有机构成部分。传统住房制度的根本特征是，强调单一的全民所有制，限制、排斥个人建房、买房和拥有私人住房，由此造成住房严重短缺和超前消费并存，产生了许多弊端。为了建立与社会主义市场经济体制相适应的住房制度，1988年2月，中华人民共和国国务院发布《关于在全国城镇分期分批推进住房制度改革的实施方案》，力求实现3方面的目标：①改革现行住房体制，把住房由公有制为主改变为个人所有为主的住房所有制形式。②配套改革工资、财政、金融、物价、计划等体制，为确定新的住房制度创造条件。③发展房地产业。1998年国务院发布《关于进一步深化城镇住房制度改革，加快住房建设的通知》，进一步提出住房分配货币化和稳步放开已购公房与经济适用房的交易市场。

通过住房制度改革，改变了单一国家所有的住房产权制度，扭转了不合理的住房低租金局面，以货币化分房为中心的改革积极进行。在住房运营机制转换、住房金融发展与创新、住房价格构成、住房市场结构等方面进行着相应的改革。

城子崖遗址　Chengziya　中国山东龙山文化的代表性遗址。位于山东章丘龙山镇。年代为公元前2600～前2000年前后。1928年发现，曾于1930、1931年发掘，是中国考古机构和中国学者独立发掘的第一处史前遗址。当时发现一种以磨光黑陶为特征的史前文化遗存，包括一段城墙，后来命名为龙山文化。1961年国务院公布为全国重点文物保护单位。1990年重新开始发掘，证明该遗址为山东龙山文化和岳石文化以古城为中心的大遗址，并延用至东周。估计龙山文化时期城内人口当以万计。出土遗物的数量和质量明显超过四周中小型遗址。城址周围方圆20余千米范围内，发现大小不等的龙山文化遗址40多处。有学者认为，此城址或具都邑性质，它与周围的遗址共同组成了“都”、“邑”、“聚”（一般聚落）三级结构的早期国家遗址群。

城子崖城垣遗址发掘现场

乘数原理　multiplication principle　用于阐释一国国民经济中，因投资的增减而引起产出（或收入、消费）成倍增减的原理。最早由英国经济学家R.F.卡恩提出。他主要用乘数来估计投资净增量与由此引起的总就业量二者之间的数量关系。J.M.凯恩斯采用这个概念来说明收入与投资之间的关系，使其成为宏观经济学中的一个重要原理。

乘数又称倍数，反映的是两个经济变量之间的一种比例关系，即一种变量的增加或减少会引起另一变量值倍数的增加或减少。宏观经济学中运用乘数表示总需求中某个组成部分的变动所引起的国民收入变动的倍数。常见的乘数有：投资乘数、政府支出乘数、税收乘数、平衡预算乘数等。具体而言，投资乘数指投资变化量所引起的国民收入若干倍的变动。政府支出乘数指政府支出变动所引起的国民收入若干倍的变动。税收乘数指政府税收变动所引起的国民收入若干倍的变动。平衡预算乘数是指政府岁入和政府支出同时以同等数量变动时所引起的国民收入变动的倍数。

以K代表乘数，以ΔY代表国民收入变动量，以ΔAD代表总需求变动，则乘数的计算公式可以写为：$K=\Delta Y/\Delta AD$。乘数一般大于1，因为各经济部门是相互关联的，一个部门的需求变动，会在国民收入各部门中引起连锁反应，从而引起一系列的需求和收入变动的相互作用，最终使国民收入成倍变动。

乘数只适合于有闲置资源，即经济中的实际产出小于其潜在产出时的情况。因为只有这时，总需求即总支出的增加，才会导致国民收入的增加。如果社会资源已经得到了最充分的利用，这时总需求的增加只能导致一般价格水平上升，不能使产量进一步扩大，因而此时也就不存在乘数效应。

西方经济学家认为，乘数原理在财政政策的制定和分析中有重要意义。当宏观经济处于不景气的时候，政府可以实施扩张性的财政政策，通过扩大政府支出和减税等措施，刺激社会总需求。

程长庚 Cheng Changgeng (1811-11-24～1880-01-24) 中国京剧形成初期演员。工老生。名椿，字玉山（一作玉珊），一名闻翀。堂号四箴，戏单常不题名而标“四箴堂”。安徽潜山人。父程祥芑，徽班演员。程长庚幼入徽班坐科，后随父北上，经保定入京演出，显露头角。从道光、咸丰至同治年间，长期主持三庆班并任主要演员。咸丰时开始兼任精忠庙会首，直至去世。他继承了徽班兼容并蓄的传统，熔徽调、汉调和昆腔等多种声腔于一炉，为京剧艺术的形成作出了重要贡献。有“徽班领袖”、“京剧鼻祖”之称。

程长庚演出剧照

程长庚唱用徽音，调高声宏，字正腔圆，气势磅礴，以精湛的演唱技艺塑造了《战樊城》、《文昭关》、《鱼肠剑》的伍员，《战长沙》、《华容道》的关羽，《群英会》、《取南郡》的鲁肃，《取成都》的刘璋，《镇潭州》的岳飞等艺术形象，与当时的余三胜、张二奎并称“老生三杰”和“三鼎甲”。他为人正直，品格高尚，为全班生计拒绝单独出演堂会。为维护戏曲演员的人格，力主废除“站台”陋习（开戏前旦脚演员站在台上应酬看客）。人称“老生新三杰”、“新三鼎甲”的谭鑫培、孙菊仙、汪桂芬都曾得其教益。程长庚还创办了四箴堂科班，造就了陈德霖、钱金福、张淇林等著名演员。

程大位 Cheng Dawei (1533～1606) 中国明代珠算家。字汝思，号宾渠。休宁（今属安徽）人。中年以前在长江中下游经商，注意收集数学著作，研究珠算方法。万历二十年（1592）完成《直指算法统宗》（简称《算法统宗》）。该书17卷，为明末以后影响最大的以珠算盘为计算工具的数学著作。本书的珠算术以定位、留头乘、归除为重点，编纂上注重基本算法，精讲多练，易学易懂，对珠算的普及起了极大的作用。1598年，程大位又将其简编成《算法纂要》4卷。

程菲 Cheng Fei (1988-05-29～) 中国女子体操运动员。生于湖北黄石。1995年入业余体校练体操，1999年入湖北省体操队，2001年入选国家体操队。2005年在世界体操锦标赛中获跳马冠军，其动作“踺子后手翻转体180°接直体前空翻转体540°”，被国际体操联合会命名为“程菲跳”。2006年获世界体操锦标赛跳马和自由体操冠军，并与队友共获女子团体冠军。同年获世界杯体操赛总决赛跳马冠军。2007年获世界体操锦标赛跳马金牌。2008年在北京举行的第29届奥运会上，率队夺得女子体操团体金牌，这是中国女子体操队在奥运会上获得的首枚金牌。同年在世界杯体操总决赛中获跳马和自由体操冠军。

程颢 Cheng Hao (1032～1085) 中国北宋思想家，理学奠基者。字伯淳。学者称明道先生。河南洛阳人。嘉祐年间举进士后，任鄠县及上元县主簿、晋城令。有治绩，官至太子中允、监察御史里行。曾参与王安石变法，后因反对新法，被贬至洛阳任京西路提点刑狱。与先后被贬至洛阳的文彦博、吕公著、司马光等相互联系，继续反对新法。哲宗即位，司马光执政，荐程颢为宗正寺丞，未及行即病逝。嘉定十三年（1220），赐谥纯公。淳祐元年（1241）封河南伯，从祀孔子庙庭。程颢早年受父程珦之命，与弟程颐同向周敦颐问学，由此立志于孔孟之道，又泛览诸家。由于他和程颐长期在洛阳讲学，故他们的学说亦被称为洛学。程颢提出“天者理也”的命题。他把理作为宇宙的本原。就天道的内容来说，程颢形容它是“生”，谓世界生生不已，充满生意，提出“天只是以生为道”，故“天地之大德曰生”。他认为生是天道，是天地之心，于是称天道为仁。按程颢的说法，在生生不已的天道之下，通过阴阳二气的细缊化生，产生天地万物，人只不过是得天地中正之气。故“人与天地一物也”。因此对于人来说，要学道，首先要认识天地万物本来就与我一体的这个道理。人能明白这个道理，达到这种精神境界，即为“仁者”。故说“仁者浑然与万物同体”。他并不重视观察外物，认为人心自有“明觉”，具有良知良能，故自己可以凭直觉体会真理。程颢哲学的主要内容是关于道德修养的学说。他追求所谓浑然一体的精神境界，在方法上是通过直觉冥会，达到所谓物我合一。程颢的“识仁”、“定性”思想，对后来的理学，尤其对陆王心学影响很大。程颢的哲学专著不多，主要哲学代表作有《识仁篇》、《定性书》。他的哲学思想多散见于语录、诗文中。明末徐必达将他与程颐的著作汇编为《二程全书》。今中华书局编为《二程集》出版。

程开甲 Cheng Kaijia (1918-08-03～) 中国物理学家，核武器科学和技术专家。生于江苏吴江。1941年毕业于浙江大学物理系。1948年获英国爱丁堡大学博士学位。

1948年任英国皇家化学工业研究所研究员。1949年后，历任浙江大学物理系讲师，南京大学物理系教授，第二机械工业部核武器研究院副院长，国防科工委核试验研究所副所长、所长，核试验基地副司令。1980年当选中国科学院学部委员（院士）。

在爱丁堡大学师从M.玻恩，与玻恩共同提出超导电性的双带理论模型。20世纪80年代完善并发展这一模型的理论。从事托马斯-费米-狄拉克（TFD）统计分布的理论研究和高压TFD状态方程的研究，并以此论证核材料状态方程和核武器试验的安全问题。90年代提出凝聚态电子理论，开创了材料性能研究和设计的新途径。他创建多学科性的、安全与技术诸要素配合的核武器试验研究所，提议并实施核爆模拟全过程的检测试验，成功设计和主持了包括首次氢弹、首次导弹核武器，首次平洞、竖井和加强型原子弹在内的几十次试验。为中国人民解放军的核武器应用和核火力控制奠定了基础。获得多项国家科技进步奖特等奖和一等奖。1999年获“两弹一星功勋奖章”。编著《固体物理学》一书。

程控电话交换机 stored program controled telephone switching system 通过电子计算机按预先编制的程序控制接续的自动电话交换机。全称存储程序控制电话交换机。分为空分程控电话交换机和时分程控电话交换机。前者是通过交叉点的连通，将某条线上的空隙话音信息，传递到另一条线上；后者是将时分复用线上的某一时隙话音信息，传递到另一时分复用线上。

程控电话交换机由硬件和软件组成。①硬件。包括话路、控制和输入输出部分。话路部分用于收发电话信号、监视电路状态和完成电路连接，主要包括用户电路、中继电路、交换网络、服务电路（包含收号器、发号器、振铃器、回铃音器、连接器等)、扫描器和驱动器等部件。控制部分用于运行各种程序、处理数据和发出驱动命令，主要包括处理机和主存储器。输入输出部分用于提供维护和管理所需的人机通信接口，主要包括外存储器、键盘、显示器、打印机等。②软件。包括程序和数据部分。程序部分包括操作系统程序和应用程序。前者用于任务调度、输入输出控制、障碍检测和恢复处理、障碍诊断、命令执行控制等；后者用于实施各种电话交换事件与状态处理、硬件资源管理、用户服务类别管理、话务量统计、服务观察、软件维护和自动测试等。数据部分包括系统数据、交换框架数据、局数据、路由数据和用户数据。用于表征交换系统特点、本电话站及周围环境特点、各用户的服务类别等。

中国20世纪80年代后期陆续将自行研制的程控电话交换机用于装备市内电话网、长途电话网和军事通信网。

程千帆 Cheng Qianfan (1913-09-21～2000-06-03) 中国古典文学研究家。湖南宁乡人。生于长沙，卒于南京。1932年考进金陵大学中文系，师从黄侃、吴梅、汪

辟疆等学者，在学术上具有较深造诣。在校期间曾从事文学活动，与常任侠等人组织土星笔会，出版文学刊物《诗帆》。毕业后在成都金陵大学、四川大学等校任教，后到武汉大学执教多年，讲授中国古代文学史、古代诗歌及文学理论等。1978年起任南京大学中文系教授、国务院古籍整理出版规划小组顾问、江苏省文史馆馆长、中国唐代文学学会会长、《中华大典》编纂委员会副主任委员等职。程千帆治学涉及史学、文学史、文学批评、校雠学等广泛领域，在唐代诗歌研究方面的成就为人瞩目。出版有《目录学丛考》、《古典诗歌论丛》(与沈祖棻合著)、《唐代进士行卷与文学》、《文论十笺》、《史通笺记》、《闲堂文薮》、《古诗考索》、《被开拓的诗世界》、《校雠广义》、《程氏汉语文学通史》、《两宋文学史》、《闲堂诗文合抄》、《闲堂书简》等著作多种。

程潜 Cheng Qian (1882-03-31～1968-04-09) 中华人民共和国全国人民代表大会常务委员会副委员长，中国国民党爱国将领。

字颂云。湖南醴陵人。卒于北京。1904年赴日本学习军事。1905年加入同盟会。1911年参加武昌起义。1916年4月被举为护国军湖南总司令。1917年任护法军湘南总司令，与北洋军激战于衡阳等地。1923年后任孙中山大元帅府大本营军政部长等职，参加平定陈炯明等役。1926年任国民革命军第6军军长，立下卓著战功。1927年被蒋介石撤销军长等职。9月任国民党中央特别委员会委员，后因与桂系争夺两湖地盘，被李宗仁软禁于武汉三年。抗日战争全面爆发后任第一战区司令长官，指挥所部在平汉路沿线抗击日军。1938年起先后任河南省主席、军事委员长西安行营主任等职。其间对中共及其他进步人士的抗日活动多有掩护。抗战胜利后任武汉行营主任。1948年参加副总统竞选活动，落选后任长沙绥靖公署主任兼湖南省政府主席。1949年8月与陈明仁率部起义，脱离国民党政权。9月出席全国政协第一届全体会议。中华人民共和国建立后，历任中央人民政府委员，第三、四届全国人大常委会副委员长，民革第三、四届中央副主席等职。

程十髮 Cheng Shifa (1921-03-17～2007-07-17) 中国画家。原名程潼。生于江苏松江（今属上海），卒于上海。1941年毕业于上海美术专科学校国画系，1949年开始创作连环画、插图和年画。1952年被聘为华东人民美术出版社创作员。1956年参加上海中国画院的筹备工作，并被聘为画师。历任上海中国画院院长、全国文联委员、中国美术家协会理事、西泠印社副社长、

《孔乙己》

上海交通大学教授。

他兼擅插图、连环画和中国画。代表作有插图《儒林外史》、《西湖民间故事》，连环画《孔乙己》、《画皮》、《阿Q正传108图》以及《胆剑篇》等。20世纪60年代后主要从事中国画创作，以人物和花卉为主。程十髮的中国画得益于他的连环画，长于构图和刻画场面。人物造型具有通俗性、地方性。他的花鸟画继承了任颐清俊活泼的画风，善于用水，色调淡雅，别具神采；插图多吸取明清木版插图简练、富于诗意的长处，粗细相间，有鲜明的民族风格。

程思远 Cheng Siyuan (1908-08-22～2005-07-28) 中国无党派爱国民主人士，社会活动家，全国政协副主席，全国人大常委会副委员长。生于广西宾阳，卒于北京。1937

年获罗马大学政治学博士学位。1930年任国民党政府第4集团军总司令李宗仁秘书。1938年任国民政府军事委员会副参谋总长白崇禧秘书、广西绥靖公署政治部主任。1942年后任国民党第六届中央执委、常委，第四届国民参政会参政员，立法院立法委员，中央非常委员会副秘书长。1949年后寓居香港，曾任《正午报》专栏作家。1956年接受周恩来总理委托，于1965年7月帮助李宗仁夫妇回国，自己也回北京定居。1978年后历任全国政协第五、六届副秘书长，全国政协第七届副主席，中国和平统一促进会会长，中华文化交流与合作促进会理事长。1993年起当选为第八、九届全国人大常委会副委员长。1995年后任中国国际科学和平促进会会长、中华海外联谊会理事会名誉会长、中华炎黄文化研究会理事会会长、台湾研究会理事会会长。1999年3月获美国“肯塔基克罗最高荣誉奖”。著有《李宗仁先生晚年》等。

程邃 Cheng Sui (1605～1691) 中国明末清初篆刻家、画家。字穆倩、朽民，号垢区、青溪、垢道人，自称江东布衣。安徽歙县人。居南京多年，晚年移居扬州。程邃长于金石考证之学，能诗，工书画。书法

程邃刻“徐旭龄印”

擅长隶书，山水画常用渴笔焦墨，沉郁苍古，篆刻开创皖派。著有《会心吟》、《萧然吟诗集》。其篆刻精研汉印法，白文粗犷朴厚，用刀凝重，富有笔意；朱文（阳文）喜用大篆，章法整齐，古拙浑朴。他的朱文印给当时印坛开辟了新境界。其篆刻的边款多只署姓名，字虽不多，但极为凝练深厚。

程序 program 计算任务的处理对象和处理规则的描述。任何以计算机为处理工具的任务都是计算任务。处理对象是数据（如数字、文字、图形、图像、声音等，它们只是表示，而无含义）或信息（赋予数据的含义）。处理规则一般指处理动作和步骤。在低级语言中，程序是一组指令和有关的数据或信息。在高级语言中，程序是一组说明和语句。程序是软件的本体，又是软件的研究对象。程序的质量决定软件的质量。以上是在实现级语言中程序的含义。程序在设计级语言中即设计规约，在功能级语言中即功能规约，在需求级语言中即需求定义。习惯上，程序指实现级语言中的程序。程序的基本成分包括子程序、子例程、例程、协同例程、递归例程、模块和构件，这些均称为程序单位。

子程序是与子计算任务相应的处理对象和处理规则的描述。子例程是由其他程序或子程序调用的子程序。例程和子例程同义。协同例程是一组可以互相调用的程序单位，它们彼此处于平等地位，调用后无须返回到开始位置，且自带工作区。递归例程是可以作为其本身的子例程而被调用的例程。模块是具有相对独立性的一组逻辑上有关的实体，在现代高级语言中，主要成分是一组说明和一组语句。构件是具有封装性、复用性、组装性以及部署性的程序单位。

程序法 procedural law; adjective law 实体法的对称。规定实现实体法有关诉讼手续的法律。又称诉讼法。如民事诉讼法、刑事诉讼法等。实体法与程序法的关系，前者居于主导地位，又称主法；后者是为了保证实现实体法的，又称助法。在审判实践中，既适用实体法又适用程序法，审判实践就是实体法和程序法的综合运用。

程序设计 programming 设计、编制和调试程序的方法和过程。这里的程序一般指实现级语言的程序。

分类 按照结构性质，有结构化程序设计和非结构化程序设计。前者指的是具有结构性的程序设计方法和过程，由基本结构构作复杂结构，后者则不然。按照用户要求，有过程式程序设计和非过程式程序设计。按照程序的成分性质，有顺序程序设计、并发程序设计、并行程序设计、分布式程序设计。按照设计风格，有逻辑式程序设计、函数式程序设计、面向对象程序设计。逻辑式程序设计以逻辑子句为基本构件，函数式程序设计以函数为基本构件，面向对象程序设计以对象类为基本构件。此外，还有形象程序设计、文化程序设计等。

基本内容 程序设计的基本概念有程序、数据、子程序、子例程、协同例程、模块、构件，以及顺序性、并发性、并行性和分布性等。程序是最基本的概念，子程序和协同例程是为了便于程序设计而建立的程序基本单位，顺序性、并发性、并行性和分布性反映程序的内在特性。

程序设计规范是进行程序设计的具体规定。程序设计工具包括书写程序的语言和为了便于程序设计而提供的各种专用程序等。程序设计方法有两类：①全局性的，如结构化程序设计方法，不仅要求程序结构良好，而且要求程序设计过程是结构化的、层次式的、逐层降低抽象级别的。②局部性的，如子例程方法、协同例程方法等。全局性的方法与规范的关系密切，而且互有影响。

程序设计语言 programming language 用以书写计算机程序的语言。程序设计语言包含语法、语义和语用三个方面。语法表示程序的结构或形式，语义表示程序的固有含义，语用表示程序与言语情景有关的含义。

基本成分 主要包括：①数据。②运算。③控制，表达程序中的控制构造。④传输，表达程序中数据的传输。

分类 按照语言级别，分为低级语言和高级语言。低级语言包括字位码、机器语言和汇编语言。其中字位码是计算机唯一可直接理解的语言，但由于它是一连串长长的字位，很难理解，几乎无人直接使用。机器语言是表示成数码形式或者是操作码经过符号化的基本指令集。汇编语言是机器语言中地址部分符号化的结果。高级语言的表示方法更接近于待解问题，特点是与具体机器无关，易学、易用、易维护。

按照用户要求，分为过程式语言和非过程式语言。过程式语言是用户可以指明一列可顺序执行的运算，以表示相应的计算过程，如FORTRAN、COBOL、ALGOL60等语言。凡是用户无法指明计算过程的一列可顺序执行的运算语言，都是非过程式语言，如PROLOG和RPG语言。

按照应用范围，分为通用语言和专用语言。目标非单一的称为通用语言，如FORTRAN、COBOL、ALGOL60等；目标单一的称为专用语言，如APT等。

按照使用方式，分为交互式语言和非交互式语言。具有反映人机交互作用的语言成分的称为交互式语言，如BASIC语言；语言成分不反映人机交互作用的称为非交互式语言，如FORTRAN、COBOL、ALGOL60、PASCAL、C等。

按照成分性质，分为顺序语言、并发语言、并行语言和分布语言。只含顺序成分的称为顺序语言，如FORTRAN、PASCAL、C等。含有并发成分的称为并发语言。如并发PASCAL、Modula和Ada等。含有并行成分的称为并行语言。考虑分布计算要求的称为分布语言，如Modula*。

传统的程序设计语言大都以冯·诺伊曼计算机为设计背景，又称冯·诺伊曼式语言。J.W.巴克斯于1977年提出的函数式语言FP则以非冯·诺伊曼式的计算机为设计背景，因而又称非冯·诺伊曼式语言。

主要语言 ①APT（automatically programmed tools）即自动数控程序语言。第一个专用语言，用于数控机床加工，1956年。

②FORTRAN（formula translation）即公式翻译程序设计语言。第一个广泛使用的高级语言，1956年。

③FLOW-MATIC。第一个用于商用数据处理的语言，语法与英语语法类似，1956年。

④IPL-V（information processing language V）即信息处理语言V。第一个表处理语言，1958年。

⑤COMIT（compiler massachusetts institute of technology）即麻省理工学院编译程序语言。第一个串处理和模式匹配语言，1957年。

⑥COBOL（common business oriented language）即面向商业的通用语言。使用最广泛，1960年。

⑦ALGOL60（algorithmic language 60）即算法语言60。程序设计语言由技艺转向科学的重要标志，1960年。

⑧LISP（list processing）即表处理语言。引进函数式程序设计概念和表处理设施，在人工智能领域内广泛使用，1960年。

⑨JOVIAL（jules own version of IAL）即国际代数语言的朱尔斯文本。第一个具有处理科学计算、输入输出逻辑信息、数据存储和处理等综合功能的语言，1960年。

⑩GPSS（general-purpose systems simulator）即通用系统模拟语言。第一个使模拟成为实用工具的语言，1961年。

⑪APL（a programming language）。提供很多高级运算符的语言，1962年。

⑫JOSS（johnniac open-shop system）即琼尼阿克开放系统语言。第一个交互式语言，1964年。

⑬FORMAC（formula manipulation compiler）即公式处理编译程序语言。第一个广泛用于需要形式代数处理的数学问题领域的语言，1964年。

⑭ SIMULA (simulation language) 即模拟语言。主要用于模拟的语言，是ALGOL60的扩充，1966年。SIMULA67是SIMULA的改进，是第一个对象式（面向对象）语言。

⑮ PASCAL (philips automatic sequence calculator) 即菲利浦自动顺序计算机语言。是在ALGOL60的基础上发展起来的语言，1971年。

⑯ PROLOG (programming in logic)。处理逻辑问题的语言。广泛用于关系数据库、数理逻辑、抽象问题求解、自然语言理解等领域，1971年。

⑰ Smalltalk。对象式程序设计语言。1971年。

⑱ C。使用广泛的程序设计语言。主要用于系统程序设计，1973年。

⑲ Ada。现代模块化语言。属于ALGOL-PASCAL语言族，适于嵌入式应用，1979年。

除了上面列举的语言外，还有一些较为通用的语言，特别是BASIC、PL/1、SNOBOL、ALGOL68等语言。

程砚秋 Cheng Yanqiu (1904-01-01～1958-03-09) 中国京剧演员。工青衣。满族。原名承麟，后改承为程姓。早年艺名菊侬，后更名艳秋，号玉霜。生于北京，卒于北京。自1932年起，易名砚秋，号禦霜。12岁正式参加营业演出，先后与刘鸿声及孙菊仙配演《辕门斩子》、《硃砂痣》、《桑园寄子》等剧，颇获好评。青春期倒仓后，诗人罗瘿公筹资为他赎身，助其深造，先从阎岚秋（九阵风）、乔蕙兰、谢昆泉、张云卿等名家学习京剧武把子及昆曲身段、唱法，后又拜梅兰芳为师，更受教于王瑶卿，并广泛涉猎文学及多种艺术。三年后，与高庆奎、余叔岩配演《御碑亭》、《打渔杀家》、《审头刺汤》等剧，艺术上突飞猛进，声誉日隆。不久开始独立组班，在京、沪、杭一带演出。其后，在不断的艺术实践和创新中，逐步形成个人的艺术风格，创立了有广泛影响的艺术流派，世称"程派"。

程派艺术的重要组成部分是风格独具的程腔。程腔缜密绵延，低回婉转，起伏跌宕，节奏多变，更严守音韵，使旋律与字调紧密结合，因而新颖美妙、动听传神。

程砚秋的演唱行腔圆活，除注重轻重缓急、抑扬顿挫外，在断连之间，更以连为主，连中有断，却又音断意不断、音断气不断。这种演唱方法与他缜密的唱腔特点相结合，形成了深沉含蓄、外柔内刚、若断若续、一气呵成的艺术特色。程砚秋的表演既注重符合生活真实，又讲求舞台形式的美。圆场虽疾步如飞，却能行不露鞋，身不摇晃。还创造了"勾、挑、撑、冲、拨、扬、掸、甩、打、抖"10种水袖技法，可以根据剧情自由组合，变化舞姿，丰富了旦脚水袖的表现力。为保留丰富多彩的水袖技艺，1956年在拍摄影片《荒山泪》中，曾结合剧情运用了近200种水袖动作。

程砚秋在京剧《梅妃》中饰江采苹

抗日战争期间拒绝为敌伪演出，息影舞台，在京郊务农为生。中年以后，由于身体条件的变化，主要致力于总结、传授艺术经验及戏曲理论研究工作。著有《戏曲表演艺术的基础——"四功五法"》、《与青年演员谈如何学艺》、《谈戏曲演唱》、《谈窦娥》、《创腔经验随谈》等文，均收入《程砚秋文集》。所演新戏的代表剧目已编入《程砚秋演出剧本选集》。

程阳风雨桥 Chengyang Wind-Rain Bridge 中国近代梁式木桥。又称程阳永济桥。位于广西壮族自治区三江侗族自治县程阳村马安寨。因桥上有楼亭走廊可避风雨而得名。1912年由侗族工匠设计施工兴修，曾两度被山洪冲毁，后两度修复。桥为二楼三亭四廊木结构。桥层长77.76米、宽3.75米，桥体长81.9米。在河床立二台三墩，桥墩为双尖舟形，桥墩之间用圆木纵横格架组成桥身，桥面满铺木板。桥上两端建楼，楼三檐歇山顶，高6.5米。中央的亭为三檐八角攒尖顶，高7.8米；另两亭四角攒尖顶，高7米。楼亭之间以屋廊相连。亭中设神龛，廊内设长凳，供人避雨时憩息。整座桥只用榫卯接合，制作严谨，外观秀丽，是侗族建筑艺术和技艺的杰作。1982年国务院公布程阳风雨桥为全国重点文物保护单位。

程阳风雨桥景色

程瑶田 Cheng Yaotian (1725～1814) 中国清代学者。字易畴。安徽歙县人。乾隆三十五年（1770）举人，选嘉定县教谕，嘉庆元年（1796）举孝廉方正。他对于经学、制度、舆地、声律、各种名物都有研究，著有《通艺录》42卷，包括24种。如《释宫小记》、《释虫小记》、《释草小记》、《考工创物小记》、《解字小记》、《九谷考》等，多有发明，对研究名物训诂很有帮助。他的《果赢转语记》是一篇词源学的论文，以声音通转的道理来说明事物形状相似，具有相类的特征，其名称往往相近。

程颐 Cheng Yi (1033～1107) 中国北宋哲学家，理学奠基者之一。字正叔，学者称他为伊川先生。河南洛阳人。与兄程颢一同问学于周敦颐，并称"二程"。官至崇政殿说书。反对王安石变法。讲学达30余年。南宋时追谥"公正"。在哲学上，程颐与程颢以"理"为最高范畴。程颐认为，理"冲漠无朕，万象森然已具"，是创造万事万物的根源。他以形而上下论述理与气的关系，认为理是形而上的，阴阳之气是形而下的。形而上之理为形而下之气存在的根据。作为万物之本原的理是唯一的，"天下之理一也，涂虽殊而其归则一……虽物有万殊，事有万变，统之以一"。程颐在论述为学方法时说："涵养须用敬，进学则在致知"，兼重敬与致知，把二者统一起来。程颐根据《大学》提出自己的"格物致知"说。他说："格，至也。物，事也。事皆有理，致其理，乃格物也。"认为格物即是穷理，即穷究事物之理，最终达到所谓豁然贯通，就可以直接体悟天理。他所讲的穷理方法主要是读书、论古今人物、应事接物等。关于知行关系，程颐主张以知为本，先知后行，能知即能行，行是知的结果。在人性问题上，程颐提出"性即理也"的命题。他认为，性无不善，人所以有善与不善，是由于才的不同。才是由气而来的，气有清浊不同，故才有善与不善之分。他主张"去人欲，存天理"，提出了"饿死事极小，失节事极大"的观点。程颐的哲学对宋明哲学产生了很大影响。程颢是以心解理，开创了以后陆王心学一派（见陆王学派）。程颐把理与气相对来论述，开创了朱学一派。程颐主要哲学著作有

《周易程氏传》、《颜子所好何学论》等，另有后人所编《遗书》、《文集》、《经书》等，收入《二程全书》。1981年中华书局出版点校本《二程集》。

程裕淇 Cheng Yuqi (1912－10－07～2002－01－02) 中国地质学家。生于浙江嘉善，卒于北京。1933年毕业于清华大学地学系，1938年获英国利物浦大学哲学博士学位。

曾任中央地质调查所技正、中央研究院地质研究所研究员、中国科学院地质研究所副所长、大冶勘探队队长、中国地质科学院副院长、地质部副部长、地质矿产部总工程师、中国地质学会理事长、国际地质对比计划中国全国委员会主任、国际岩石圈委员会中国委员会执行主席。1955年当选中国科学院学部委员（院士）、地学部副主任。1982年当选伦敦地质学会荣誉会员，1988年获利物浦大学名誉科学博士。1939年初，与黄汉秋发现云南昆阳大型富磷矿，这是中国沉积磷矿的首次发现。50年代初领导鞍山本溪地区铁矿勘查。后多次总结全国铁矿类型，指出找矿方向，促使一些铁矿的发现和扩大远景。60年代结合中国实际，提出“混合岩系列”的概念。70年代中期提出铁矿成矿系列等概念。80年代初提出混合岩化作用的地质背景分类，首次论述了中国各变质期变质岩系、变质带的分布特征和演化。60年代初起，多次领导并参加中国前寒武纪地质典型地区的剖析和全国性总结，有关图件等获1982年国家自然科学奖一等奖（集体）。主要著作有《变质岩的一些基本问题和工作方法》（合著）、《再论矿床成矿系列问题》（合著）、《中国地质》（合著，英文版）等。曾获李四光地质科学奖特别奖、何梁何利基金科学与技术进步奖。

程朱学派 Cheng-Zhu school 中国宋代以程颢、程颐、朱熹为代表的哲学学派。肇始于北宋的周敦颐，奠基于二程，完成于南宋的朱熹。是理学中最大的学派。二程以理为其哲学的最高范畴，提出理是“形而上者”，器是“形而下者”，形而上之理是“所以阴阳者”。并认为“天下只是一个理”，就是君臣父子夫妇等人伦道德之理，这是“无所逃于天地之间”的“天下之定理”。二程以洛阳为中心形成洛学。其著名弟子有谢良佐、杨时等。二程故去后，其再传、三传弟子罗从彦、李侗对其哲学亦有继承、发展。朱熹为李侗弟子，集前人之大成，建立理学体系。他把太极之理作为哲学的最高范畴，系统论述了理气的关系，提出了系统的格物致知说和知行学说，建立了完整的人性学说和有关修养方法的学说。朱熹殁后，程朱学派发生分化，出现心学和以气为本的哲学。继承、发展程朱学派思想较有影响的哲学家有陈淳、真德秀、魏了翁等。

程子华 Cheng Zihua (1905－06－20～1991－03－30) 中国无产阶级革命家，中国人民解放军指挥员和政治工作者，中国经济战线的领导者，全国政协副主席。山西运城人。

卒于北京。1922年入太原国民师范学校。1926年加入中国共产党。同年入黄埔军校武汉分校。次年参加广州起义。1929年后到国民党军中做兵运工作。1931年到中央苏区，历任红35军团长、师长，粤赣军区代参谋长，红25军军长。参加了第二至五次反“围剿”斗争和长征。1935年后任鄂豫陕省委代书记、红25军政委、红15军团政委。抗日战争时期，历任冀中军区政委、中共中央晋察冀分局副书记。解放战争时期，历任冀察热辽中央分局书记、军区司令员兼政委，东北军区2兵团司令员，北平警备区司令员兼政委，第四野战军13兵团司令员。中华人民共和国建立后，历任中共山西省委书记、省人民政府主席、省军区司令员兼政治委员，全国供销合作总社主任，国务院财贸办公室副主任，商业部部长，国家建委、计委副主任，中共中央西南局书记。1978年任民政部部长。1980年起当选为全国政协第五、六届副主席。是中共第七届中央候补委员，第八、十一届中央委员，第十二、十三届中顾委常委。

澄观 Chengguan (738～839) 中国唐代僧人。华严宗第四代祖师。俗姓夏侯，越州山阴（今浙江绍兴）人。11岁从宝林寺霈禅师出家，唐肃宗至德二载（757）受具足戒。后遍游名山，从名僧学相部律、南山律、关河三论。又在瓦官寺听受《大乘起信论》和《涅槃经》，后到钱塘（今杭州）天竺寺法诜处学《华严经》。大历十年（775），往苏州从天台九祖湛然习天台止观及《法华经》、《维摩经》等。继而又从慧忠等禅师咨决南宗禅法，从慧云禅师探求北宗禅理，对佛教以外的其他学问也深加研究。大历十一年（776），历游五台、峨眉诸山，后长住五台山大华严寺，专行方等忏法，主讲《华严经》。将佛菩萨崇拜同《华严》教义密切结合起来，强化了五台山与峨眉山作为文殊、普贤道场的地位。贞元三年（787），撰成《华严经疏》20卷，此即现行的《大方广佛华严经疏》。后又对此疏作了数十卷的演义，即《大方广佛华严经随疏演义钞》。故有“华严疏主”之称。贞元十二年（796），应诏入长安，参与《华严后分》和《守护国界主经》的翻译。传说德宗曾赐号“清凉”，故亦称“清凉国师”。澄观广泛参学禅教各家，提倡诸宗、禅教融通，体现了中唐以后诸宗相互渗透的总趋势。

澄观著述颇丰，约400余卷，现存的有《华严经疏》、《随疏演义钞》、《华严法界玄镜》、《大华严经略策》、《三圣圆融观门》等。门徒百余人，宗密、僧睿、宝印和寂光被称为门下四哲，其中继承其法统的是宗密。

澄江动物群 Chengjiang fauna 寒武纪早期生活于中国云南澄江、昆明一带的海洋动物化石群落。以多门类海生软躯体和保存有软体部分的古无脊椎动物化石为代表。

图1 线形动物中的环饰蠕虫化石，虫体长约5厘米（昆明海口耳材村）

包括海绵、腔肠动物、蠕虫、腕足类、软舌螺、内肛虫、节肢动物和一些分类位置不明的化石。化石丰富，其软体组织、器官保存完美，是迄今世界上已知少数几个早期珍贵无脊椎动物化石产地之一。

澄江动物群的时代介于前寒武纪末期的伊迪卡拉动物群和寒武纪中期的布尔吉

图2 澄江动物群生态群落图

斯页岩动物群之间，正处在只有软躯体后生动物的伊迪卡拉动物群出现之后和生物门类已相当齐全的布尔吉斯页岩动物群出现之前。因此，澄江动物群的发现与研究，对于探讨无脊椎动物的早期演化具有特殊重要的意义，对阐明寒武纪早期地球演化发展的奥秘也提供了具有重大科学价值的线索。

澄江县 Chengjiang County 中国云南省玉溪市辖县。位于省境中部。面积773平方千米。人口17万(2010)，有汉、回、苗、彝等民族。西汉置俞元县。元至元十六年(1279)置澂江路。明洪武十五年(1382)改为澂江府。1913年废府置澂江县。1955年改澄江县。地处滇中高原湖盆口。属中亚热带高原季风气候。矿产有磷、铁、铅、铝、黄铁矿和石膏、石灰岩等。农业主产水稻、玉米、小麦、蚕豆、马铃薯、烤烟、油菜子和水果等。畜牧养殖以生猪、牛、羊等为主。工业有电力、机械、化工、轧钢、建材、食品等。有昆河铁路和宜江等公路干线通过县境。名胜古迹有抚仙湖、西龙潭、梁王山、文庙、海口大桥、热水塘浴场、新河口（湖滨公园）等。

澄泥砚 Jiangzhou inkstone 以特种胶泥加工烧制而成的砚台，产于豫西黄河岸边诸地。中国四大名砚之一。属陶砚，以泥质为原料，可塑造出各种砚形，也可雕刻，可烧成各种颜色。品类有鳝鱼黄、绿豆沙、蟹壳青、玫瑰紫、虾头红、鱼肚白等。还有以石代泥的澄泥石砚，主要产于苏州一带，习惯称为生澄泥石砚。

橙 *Citrus*; orange 芸香科柑橘属植物的统称。常绿乔木。是最具有代表性的柑橘类果树。包括两个基本种：甜橙和酸橙。枝条具刺。叶长椭圆形，叶柄长，翼叶发达。花单生、丛生或呈总状花序，白色，具反卷性。种子长椭圆形或卵圆形，表面具棱纹。

甜橙 又称橙、广柑、黄果。原产中国南部。现为世界亚热带柑橘产区分布最广、生产最多的柑橘类果树。果圆形至长圆形，橙黄色，油胞凸起，果皮不易剥离，无苦味，中心柱充实，汁味甜而香。含有大量的糖和一定量的柠檬酸以及丰富的维生素C，营养价值较高，色、香、味俱佳，是鲜食用的优良果品，也大量用于制果汁和提制香精油等。果实还含维生素P，具极高的医药价值。

甜橙品种按果实成熟期有早、中、晚熟之分。根据果实的形状和特点，可分为四个品种类群：①普通甜橙。果一般为圆形，橙色，果顶无脐，或间有圈印。是甜橙中数量最多的种类。②糖橙。又称无酸甜橙，果形与普通甜橙相似。是极早熟的甜橙品种。③血橙。果肉及果汁全呈紫红色或暗红色。果肉细嫩多汁，具特殊香味，地中海地区是其起源地和主产地。④脐橙。特征为果顶有脐，即有一个发育不全的小果实包埋于果实顶部。无核，肉脆嫩，味浓甜略酸，剥皮与分瓣均较容易，果型大，成熟早，为国际贸易中的重要品种。

酸橙 原产中国南部及东南亚一带。世界亚热带产区均有栽培。果圆形，趋于扁圆；橙黄或橙红色，鲜艳，油胞凹入，果皮较易剥离，具苦味；汁味酸，少香气。叶、花、果所含精油与甜橙所含成分不同，更为芳香悦人。抗寒性比甜橙稍强。中国现有的品种有“朱栾”、“小红橙”、“枸头橙”、“代代”、“虎头柑”（“蚌柑”）等。多作砧木用，或用其果皮制甜果酱和提取芳香油。

秤 scale 普通准确度级和（或）中准确度级的非自动衡器，以及具有相应静态准确度级的自动衡器的总称。根据秤体中是否装有称重传感器等电子装置，可将秤分为电子秤、机械秤和机电秤；也可根据用途不同，分为工业秤、商业秤等。工业秤是为工业生产过程中某些特殊用途设计的各种专用秤的总称，如钢材秤、叉车秤、配料秤、车载秤、皮带秤等。商用秤则是符合中准确度要求和国家计量法规规定的相应检定要求，能用于商品贸易结算和贸易管理的各种秤的总称，如零售秤、计价秤、邮政秤、运费秤、重量价格标签秤等。根据国际法制计量组织的要求，当商用秤用于直接向公众售货时，应具有双面标尺或双面显示功能。

蚩尤 Chiyou 中国古史传说时代古族的代表人物。又传为主兵之神。据说他有兄弟81人，能呼风唤雨，以金作兵器，常以兵作乱。他们勇敢善战，威震天下。黄帝联合炎帝部落，与蚩尤大战于涿鹿（今河北涿鹿南）之野。据说蚩尤作战时能呼风唤雨，制作大雾，令黄帝兵迷失方向，不能战胜。后来黄帝发明了指南车，能在大雾中辨明方向，才将蚩尤战败擒杀。蚩尤死后，升天为星宿。蚩尤活动于今河北、山东、河南及安徽北部地区。传说部分九黎族在蚩尤被战败之后，南下与土著苗蛮所属部落杂居融合在一起。因此，又称蚩尤是南方苗瑶民族的祖先。

痴呆 dementia 一种器质性精神障碍综合征。指在智能已经获得充分发育之后，脑部器质性病变引起的严重智能障碍，表现为在意识清晰的背景上智能全面减退，达到影响生活、工作和社交能力的程度。

病因 引起痴呆的常见疾病有：①中枢神经系统变性疾病，如阿尔茨海默氏病、皮克氏病等；②脑血管疾病，如多发梗死性痴呆。③颅内肿瘤。④严重的颅脑外伤。⑤各种脑炎、脑膜炎。⑥癫痫。⑦脑缺氧。⑧正压性脑积水。⑨内脏疾病所引起的脑病，如肝性脑病、肾性脑病、肺脑综合征。⑩内分泌系统疾病，如垂体前叶功能减退、甲状腺功能减退、甲状旁腺功能亢进或减退、艾迪生氏病、胰原性低血糖等。⑪维生素缺乏、韦尼克-科萨科夫二氏综合征等。⑫各类中毒，如酒精以及汞、铅、砷、铊等重金属中毒。

临床表现 痴呆的早期，患者往往只是感到思维不如以前敏捷，用脑后容易感到疲劳，工作学习感到吃力。症状充分发展的阶段，便会出现以下几个方面的改变：①记忆障碍。记忆障碍开始时主要影响近事记忆，久而久之，远近记忆都明显减退。②抽象思维及判断障碍。③其他大脑皮质高级功能障碍，如失语、失用、失认或空间结构障碍等。④人格改变。表现为原有性格特征的突出与强化。

患者晚期可出现情感淡漠、思想贫乏、意向减退，但意识清晰，以前所学知识仍保持完整。

治疗 有针对性地治疗引起痴呆的基础疾病。合适的医疗护理措施（如舒适的生活环境、适当的膳食、规律的生活制度、和谐的人际交流等），有助于提高患者健康水平，延缓痴呆发展。针对不同症状可给予催眠药、抗抑郁药等。

池塘养鱼 pond culture 在人工建造的相对静水池中饲养鱼、虾、蟹类。是淡水养鱼的主要方式。

池塘条件 中国各地的池塘条件不尽相同。高产池一般6 667平方米（10亩）左右，水深2～2.5米。池塘土质一般为砂壤土。水微碱性（pH7～8.5）、硬度5～8、透明度30厘米左右、溶氧3～6毫克/升。放养前应清除池内过多的淤泥、修整堤埂和用生石灰等杀灭病虫害。

养鱼技术 中国池塘养鱼都采用综合高产养殖技术，这是一种生态养殖模式，即在同一池塘里以养殖1～3种鱼为主，再

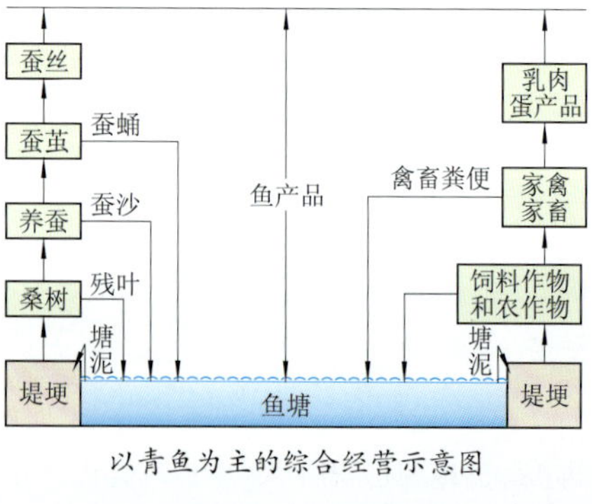

以青鱼为主的综合经营示意图

混养其他鱼类，同时进行合理密养。合理密养是指只要水温适宜、水质良好、混养鱼类的比例和放养鱼种的规格适当、饵料质优充足、饲养管理细致，则放养密度越大，产量越高。

根据中国各地气候、所养鱼种及饵料资源等的不同而形成了多种混养类型。有主养青鱼、鲤鱼、团头鲂、鳗鱼一种鱼的，有主养银鲫和草鱼、草鱼和团头鲂、草鱼和鲢鱼两种鱼的，有主养鲢、鳙、罗非鱼及鳙、鲮、草鱼三种鱼以及主养青虾、河蟹和鳖等。放养规格：鱼类在50～300克，鳖200克，幼虾2厘米。池塘养鱼的日常管理包括清塘消毒、施肥投饵、水环境调控、鱼病防治和轮捕轮放等。

中国有些地区常结合池塘养鱼，与养畜、养禽、养蚕、种菜等进行综合经营，形成一个水陆相互促进的多种经营的良性循环人工复合生态系统（见图），从而取得良好的经济效果。

池州市 Chizhou City 中国安徽省辖地级市。位于省境南部，长江南岸。辖贵池区、东至县、青阳县、石台县。面积8 272平方千米。人口140万（2010）。唐武德四年（621）置池州。元为池州路，明清为池州府。1949年设池州专区，1971年改为池州地区。2000年撤销池州地区，设立地级池州市。属典型亚热带季风气候。境内水系发达。盛产水稻、棉花、油料、竹木、茶叶、蚕茧等农副产品，是中国商品粮、优质棉、出口红茶和速生丰产林基地。主要矿产有金、银、铜、铁、铅、锌、白云石、石灰岩、方解石等，其中石灰岩、白云石、方解石等储量大、品位高、质量好，且大多分布在沿江地带，便于开采和运输。工业初步形成以建材、冶金、化工、纺织、服装、机械、仪表等为支柱的产业群体。长江流经全区160千米，池州港是长江干线重点港口之一，318国道和206国道纵横穿越境内。名胜有九华山、牯牛降自然保护区、升金湖、齐山、慈云洞等。

九华山

驰道 imperial pathway 中国秦汉时专供皇帝出巡时行驰车马的道路。又称御道。秦时修建。《汉书·贾山传》：秦始皇二十七年（前220）“为驰道于天下，东穷燕齐，南极吴楚，江湖之上，濒海之观毕至。道广五十步，三丈而树，厚筑其外，隐以金椎，树以青松”。以后，秦始皇四出巡游，西至陇西、回中，东至泰山、成山，南至衡山、湘山，东北至碣石，东南至浙江、钱唐，均由驰道。西汉时仍被袭用，专为帝王出巡或重要军事行动时所用的路，他人不能侵犯。西汉后不见记载。

弛豫 relaxation 受到扰动的系统在偏离平衡态后又回复到平衡态的现象。由偏离平衡的非平衡态回复到平衡态所需的时间为弛豫时间，它既依赖于系统的性质，还与被讨论的物理量有关。在弛豫时间中发生的状态变化称为弛豫过程。如汽缸中的气体在活塞的作用下膨胀或压缩，由于气体密度趋向均匀的弛豫时间约为毫秒的数量级，而通常活塞运动的特征时间为秒的数量级，故在活塞运动的每一时刻都可认为气体处于平衡态。但有些物理过程的弛豫时间很长，如碳的放射性同位素$^{14}_{6}$C的半衰期T=5 730年，故在弛豫时间很长的衰变过程中实际上始终处于非平衡态。

迟浩田 Chi Haotian（1929-07-09～ ） 中国共产党中央政治局委员，中央军事委员会副主席，中华人民共和国国务院国务委员。山东招远人。1944年参加八路军，任中队文书和县独立营通信员、班长。1946年加入中国共产党。历任连、营文书，文化干事，连副指导员。在胶东保卫战和莱芜、孟良崮等战役中多次立功受奖。1949年参加解放上海战役，任第三野战军27军连指导员，带领一个排消灭国民党军一个连，俘敌副师长以下千余人，被评为甲等战斗模范，获华东三级人民英雄称号。1950年参加抗美援朝战争，任志愿军第27军营教导员，立一等功两次。1952年后任团政治处副主任、主任。1960年毕业于军事学院合成系。任陆军第27军团团政委、师政治部主任、师副政委、军政治部副主任。1970年后任《解放军报》核心小组成员、北京军区副政委。曾赴唐山指挥部队抗震救灾。粉碎江青集团后，曾任《人民日报》社负责人、第一副总编辑。

1977年后任解放军副总参谋长兼总参谋部政治部主任、济南军区政委。1987年后任解放军总参谋长、中华人民共和国中央军委和中共中央军委委员。1988年被授予上将军衔。1993年任国务委员兼国防部部长。1995年任中共中央军委副主席、中华人民共和国中央军委副主席。是中共第十二至十五届中央委员，第十五届中央政治局委员。

持股公司 holding company 以一定量资本控制其他公司的股份为业务的公司。又称控股公司或股权公司。根据持股方式分为两种类型：①纯粹持股公司。不从事任何的实际业务，只以购买股票控制其他企业作为经营的唯一目的和方式。②混合持股公司。既通过购买股票控制其他公司，本身也从事一定的业务经营。持股公司通过发行和销售自己的股票或公司债券来筹集资金，并用于购买其他公司的股票，以控制这些公司。再以此为后盾，扩大发行自己的股票，筹集更多的资金，进一步购买更多的其他公司的股票，如此反复不已。这样，它就可以控制和操纵越来越多的其他公司的资本。

尺八 chiba 中国吹奏气鸣乐器。竹制，竖吹。因长一尺八寸得名。隋唐时期，尺八是宫廷乐舞中的重要乐器，后传入日本。宋代以后，箫、笛等乐器逐渐取代尺八。流行于闽南、台湾、东南亚一带华侨居住区。主要用于福建南音及梨园戏、高甲戏、芗剧和台湾歌仔戏。尺八的形状与箫相似，但管身较箫短而粗，以竹的根部制作，中通无底，除吹口外，有6个按音孔（前5后1）和1个膜孔。音域为$d \sim b^2$。音色柔润而显得空寂。在日本，有唐代传入的雅乐尺八和宋代传入的普化尺八。日本使用的现代尺八是由普化尺八演变而成，用于古典音乐、现代音乐的独奏、合奏中。

尺牍 letter writing 常用的应用文体。见书牍文。

尺蛾 Geometridae; geometrid moth 鳞翅目尺蛾科昆虫的统称。又称尺蠖蛾。分布很广，约有2万种以上。中国有2 000种左右。体多细瘦。除少数种外，一般具喙和翅缰。成虫腹基部有听器，位于气门下方。翅常宽大，常有细波纹，停歇时翅平放。飞翔力不强，少数种的雌蛾翅退化。幼虫称尺蠖，体形如树枝，一般只在第6和第10腹节上各有一对腹足。行动时体曲如造桥，故又称步曲或造桥虫。幼虫受惊时会吐丝下垂，悬在空中，俗称吊死鬼，如槐尺蠖。大都是农林业害虫。中国重要的种类有核桃星尺蛾、柿星尺蛾、木撩尺蛾等。

齿轮 gear 有齿且能互相啮合的机械零件。在机械传动及整个机械领域中应用极其广泛。齿轮在传动中应用很早，公元前300年前，希腊哲学家亚里士多德在《机械问题》中便阐述用青铜或铸铁齿轮传递旋转运动的问题。中国古代发明指南车已应用了整套的轮系。

齿轮有多种类型和分类方法。按其外形分为圆柱齿轮、圆锥齿轮、非圆齿轮、齿条、蜗杆–蜗轮，按齿线形状分为直齿轮、斜齿轮、人字齿轮、曲线齿轮，按轮齿所在的表面分为外齿轮、内齿轮，按制造方法分为铸造齿轮、切制齿轮、轧制齿轮、烧结齿轮等。

齿轮上用于啮合的凸起部分称为轮齿，简称齿，其总数称齿数，用z表示。相邻两齿之间的空间称为齿槽。过所有齿顶端的圆称齿顶圆。过所有齿槽底边的圆称齿根圆。计算齿轮几何尺寸的基准圆称分度圆，用d表示。在分度圆上相邻两齿间的弧线距离称齿距p。定义模数$m=p/\pi$，因而有$d=mz$。定义齿轮分度圆上轮齿齿廓的法线方向与分度圆切线方向所夹的锐角为齿轮的压力角，用α表示。齿轮的各部分名称见图。

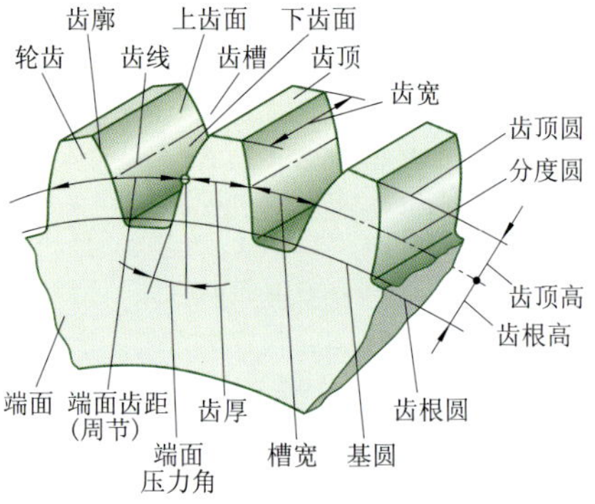

齿轮各部分名称

齿轮测量有单项测量和综合测量两种方法。单项测量主要是测量齿形误差、周节累积误差、周节偏差、齿向误差和齿圈径向跳动等，综合测量通过测量齿轮与被测齿轮啮合传动来测量齿轮的传动精度。

赤壁 Chibi 中国东汉末期孙权、刘备联军与曹操大军发生遭遇战的地点。汉献帝建安十三年(208)，孙刘联军利用火攻大败曹军，从而为三国鼎立奠定了基础。历史上这次著名的战役，因两军首先在赤壁展开遭遇战，故被称为赤壁之战。赤壁所在地，很早以来就有多种不同说法。据南宋王象之《舆地纪胜》记载，今湖北武汉市蔡甸东临障山、汉川市西赤壁山、黄冈市西北赤鼻山、赤壁市西赤壁山（又名石头口)、武汉市武昌西南赤矶山，当时均被认为是“赤壁之战”的赤壁山。然前三说将赤壁置于江北，与赤壁之战形势根本不合，杨守敬在《水经注疏》中即说：“故皆为地学家所驳。”江南二说之中，经考证，今赤壁市赤壁山是赤壁古战场的一个重要组成部分，今武汉市武昌西南的赤矶山则为赤壁之战的发生地。

赤壁市 Chibi City 中国湖北省辖县级市。位于省境东南部，长江中游南岸，西与湖南省为邻。面积1 723平方千米。人口48万(2010)，有汉、回、苗、壮、瑶、土家等民族。古属云梦泽地。三国吴黄武二年(223)置蒲圻县。此后隶属多变。至1986年撤蒲圻县，设立县级蒲圻市。1998年改称赤壁市。由咸宁市代管。矿产有煤、铜、铁、锰、锑、钨、金和大理石、石英砂等。农业主产水稻、小麦、棉花、油菜子、芝麻、苎麻、蔬菜、水果、茶叶及生猪、牛、家禽、水产品等。工业以纺织、服装、建材、机械五金、化学工业、食品饮料、造纸印刷、竹木工艺等为主。名胜古迹有赤壁古战场、陆水风景名胜区、五洪山温泉、太平城古城、蒲圻石城等。

赤壁之战 Chibi, Battle of 中国东汉建安十三年(208)，孙权、刘备联军在长江赤壁（今湖北武昌赤矶山)。大败曹操军队，奠定三国鼎立基础的作战。

曹操基本统一北方后，于建安十三年七月出兵十多万南征荆州，欲一统南北。刘备遣诸葛亮至柴桑（今江西九江西南）会见孙权，共谋抗曹。孙权命周瑜、鲁肃率3万精锐水师，与刘备合军共约5万，溯江迎击曹军，遇于赤壁。曹军初战失利，退驻江北，与联军隔江对峙。周瑜鉴于敌众己寡，久持不利，决意寻机速战，以火攻破曹操水军。联军乘势攻击，曹军伤亡惨重。曹操经华容道（今潜江南）脱逃，退回北方。战后，孙权实力增强，刘备乘胜占据荆州武陵、长沙、桂阳、零陵四郡，奠定了进据益州的基础。三国鼎立格局逐渐形成。

此战，曹操在有利形势下，自负轻敌，不擅水战，终致战败。孙权、刘备结盟抗曹，扬水战之长，巧用火攻，创造了中国军事史上以弱胜强的著名战例。

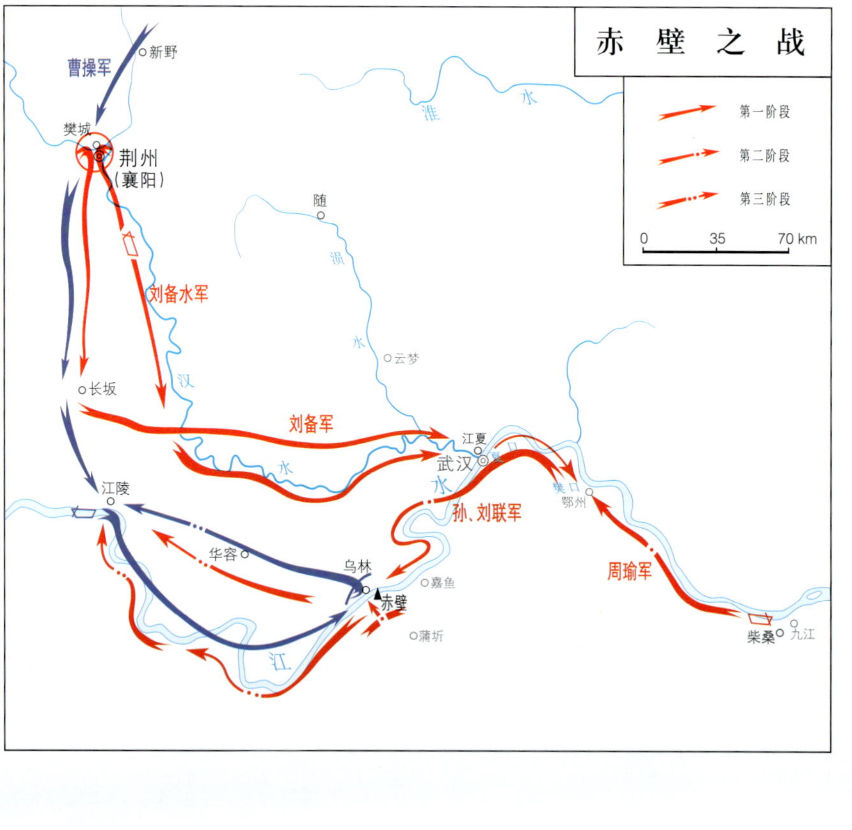

赤潮 red tide 一些浮游生物在一定环境条件下暴发性繁殖或高度集聚引起海水变色的生态异常现象。又称红潮。也是一种海洋生物污染现象和海洋灾害。根据形成赤潮的生物有无毒性，一般将赤潮分为无毒赤潮、有毒赤潮和对人无害但对鱼类及无脊椎动物有害的赤潮三大类。其中以无毒无害的赤潮较为常见。

简况 20世纪以来，随着海洋环境污染和富营养化的加剧，赤潮发生的次数逐年增多。中国赤潮的高发区主要分布在渤海、长江口和珠江口海域。

形成 形成赤潮的生物主要是海洋浮游微藻、原生动物和细菌等，已知在4 000多种微藻中有260多种能形成赤潮，其中有70多种能产生毒素。据统计，分布于中国沿海的赤潮生物有148种（其中43种曾引发过赤潮)。

赤潮发生原因比较复杂，是由外界环境因素（如水文、气象、物理、化学和生物因素）与赤潮生物综合作用的结果。但大多认为，近海水体富营养化是形成赤潮的主因。在正常情况下，海洋环境中营养盐（氮、磷）含量低，往往成为浮游植物繁殖的限制因子。但当大量富含营养物质的生活污水、工业废水（主要是食品、印染和造纸有机废水）和农业废水入海，加之海区的其他理化因子（如温度、光照、海流和微量元素等）对生物的生长和繁殖又有利，赤潮生物便急剧繁殖而形成赤潮。这种由污染引起的赤潮称为人为赤潮。

危害　赤潮的危害方式和危害程度依赤潮类型（有毒或无毒）、规模大小、持续时间长短而有很大的差异。当赤潮生物死亡分解时释放出来的毒素被海产动物摄食、吸收，就造成中毒死亡。人若食用了含这种毒素的海产生物，也可中毒或致死。

防治　要以防为主，严格控制过量有机物排放入近海水域，尤其是港湾水域，防止水体富营养化。加强赤潮发生机理和预测方法的研究，以便及早发现和治理。

赤道　equator　通过地心，垂直于地轴的平面与地球表面的交线。又称地理赤道、大地赤道。它将地球分为南半球和北半球，与地球南北两极距离相等，并成为划分纬度的基准。因此，赤道的纬度是0°。在天文学上，延伸地球赤道面与天球相交的大圆，称为天球赤道，又称天赤道。它与天球两极距离相等。当太阳位于天球赤道平面时，昼夜在任何地方都是等长的，这就是每年出现两次的平分点（春分点和秋分点）。

赤道几内亚　Equatorial Guinea; Guinea Ecuatorial　非洲中西部几内亚湾沿岸国家。版图包括大陆和岛屿两部分。陆邻加蓬和喀麦隆。总面积28 051平方千米，其中岛屿面积2 034平方千米。人口101.5万（2007）。首都马拉博。居民除芳人和布比人外，还有不少混血种人。芳人主要分布在大陆地区，占人口绝大多数；布比人主要聚居在比奥科岛。82%的居民信奉天主教，其余信伊斯兰教、基督教和原始宗教。大陆地区通行芳语，岛屿通行布比语。官方语言为西班牙语和法语。

地理　国土由高原山地、沿海平原岛屿组成。大陆部分高原山地约占80%，海拔500～1 000米，地势以靠近沿海的地区最高，米特拉山海拔1 200米，为大陆部分最高峰，距海岸约40千米；内陆地区一般600～800米。沿海平原狭窄，宽10～30千米；岸线平直、少港湾。河流众多，水量丰富。姆比尼河是全国最大河流，发源于加蓬北部山地，横贯全境。岛屿部分包括比奥科岛（旧称马西埃岛、斐南多波岛）、科里斯科岛、埃洛贝群岛和安诺本岛。比奥科岛和安诺本岛远离本土，是喀麦隆火山带的延伸。最大岛屿比奥科岛，面积2 017平方

千米，距本国大陆160千米；斯蒂贝尔和卡尔代拉两座死火山似驼峰高耸，前者海拔3 007米，为全国最高峰。安诺本岛距本土约500千米，面积17平方千米。热带雨林气候，终年湿热，年平均气温24～26℃，

赤道几内亚马拉博总统府

年降水量2 500毫米。比奥科岛最南端卡尔代拉山南麓的乌雷卡，年降雨量达10 450毫米，是世界最多雨的地区之一。森林资源丰富，木材蓄积量约3.74亿立方米，产黑檀木等珍贵木材。矿产资源有石油、天然气、铜、铁、铀、砂金、铝土矿等。石油、天然气发现较晚，主要分布在比奥科岛附近海域，石油储量估计56亿桶，天然气储量约400亿立方米。

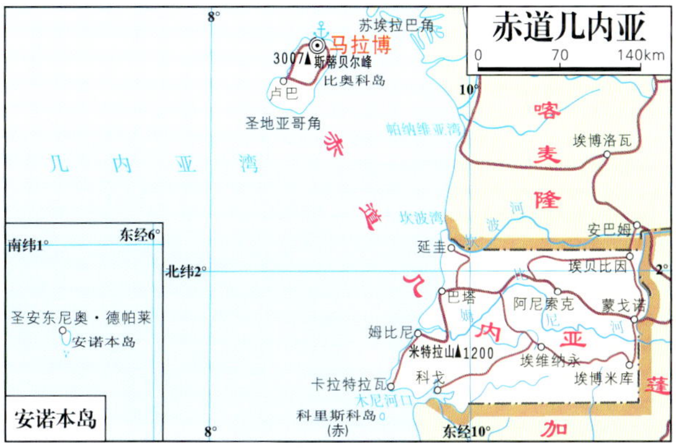

历史　芳人和布比人是当地最早居民，从事农耕和渔业。1471～1778年葡萄牙人先后占领比奥科岛、科里斯科岛和安诺本岛。1778年这些岛屿与赤道几内亚沿海地区被划归西班牙。1845年全境沦为西班牙殖民地。1935年改称西属几内亚。1959年被划为西班牙的两个海外省。1964年1月实行“内部自治”。1968年10月12日宣告独立，称赤道几内亚共和国。

国家实行共和制，三权分立，共和国总统为国家元首和国家武装力量最高统帅；总统由全民直接选举产生，任期7年，可连选连任；议会称人民代表院，是国家最高立法机关。1991年实行多党制，1992年初颁布“政党法”。13个合法政党主要有赤道几内亚民主党、社会民主人民联盟党、民主社会联盟以及自由党、自由民主大会党、社会主义党、人民行动党、社会民主党等。奉行不结盟政策，在睦邻友好、和平共处、平等互利的基础上加强与各国的友好合作关系。系非洲联盟、中部非洲国家经济共同体和中部非洲经济与货币共同体成员。至2005年同121个国家建立了外交关系。1970年10月5日与中国建立外交关系。

经济　20世纪90年代以前，为世界最不发达国家之一。1991年后，由于石油开发和经济改革政策奏效，经济形势日渐好转。2009年国内生产总值132亿美元，人均国内生产总值约1.3万美元，居非洲前列。采矿和农林业是两大经济支柱。居民70%以上以农林业为生，农林产品是仅次于石油的主要出口货物。比奥科岛是热带作物主产区，其中可可、油棕、甘蔗等产量占全国的绝大部分，也是非洲最早引种可可的地区之一。咖啡80%产于大陆地区。粮食不足自给，主要作物为木薯、大蕉等。森林覆盖率达80%，现平均每年出产原木约50万立方米，其中90%用于出口。工业基础薄弱，以食品、农产品加工和木材加工为主。工业主要集中在马拉博和巴塔。无铁路，陆上交通靠公路。海运发展主要满足大陆与各岛屿之间的客货运输需要。马拉博和巴塔是重要海港。其他港口还有卢巴、姆比尼和科戈等。主要机场在马拉博和巴塔，前者为国际空港。

文化　小学实行5年制义务教育，儿童满6岁入学。小学入学率87%。有大学1所（赤道几内亚国立大学）。《黑檀木报》为官方报纸，《人民之声报》、《加塞塔报》分别为政党和民办的报纸。全国有5家国家广播电台，主要用西班牙语播出，也用法语和芳语播

出部分节目。马拉博和巴塔分别设有国家电视台，主要用西班牙语播出。旅游名胜主要有比奥科岛和埃洛贝群岛，以多死火山、火山遗迹和火口湖著称；比奥科岛的沿海风光和众多的种植园对游人也颇具吸引力。

赤道纪念碑 Equatorial Tablet 厄瓜多尔和索马里的名胜。两国都处于赤道通过的地方，各自都在适宜地方建造了这种纪念性标志碑。

厄瓜多尔赤道纪念碑分为新旧两座。旧碑落成于1774年，南距首都基多24千米。碑高10米左右，通体用赭红色花岗岩建成，造型呈方柱形。碑身上刻有“这里是地球的中心”字样。碑顶是一个醒目的大型石刻地球仪，上面有一条象征赤道的白色中心线，从上至下与碑东西两侧台阶上的白线相连，这条白线把地球分为南北两部分。1981年厄瓜多尔政府决定在此碑附近的埃基诺西亚尔谷再建一座新的赤道纪念碑。新碑落成于1982年8月9日。其外形基本与旧碑相同，但比旧碑大三倍：高30米，直径4.5米，重4.5吨。碑里修建了电梯，碑顶设有瞭望台。凡是到基多旅游的人，都可领到管理部门签发的一张证书，证明其某年某月某日曾到南北半球的分界线一游。

索马里赤道纪念碑位于索马里南部港口城市基斯马尤以北60千米处。它是一座3米高的水泥建筑物，顶端装有地球仪和一

厄瓜多尔赤道纪念碑

根东西向的指针，作为赤道线的标志。当地居民常用鲜花结成花环，用棕叶和芭蕉叶扎成牌楼，欢迎来纪念碑游览的客人。

赤道潜流 equatorial undercurrent 赤道附近海域次表层中的海流。处于赤道流之下、中层水之上。与表层南北赤道流的流向相反，自西向东流动，流速较表层的赤道流大。所在的次表层是一个温跃层。1952年首次由T.克伦威尔在太平洋发现，命名为克伦威尔海流。以后在大西洋和印度洋都发现了这种潜流。

就太平洋而言，赤道附近海域从海面至深度为50～100米的表层，是温度均匀的暖水层，其下至深度约300米处为温跃层，即赤道潜流所在的次表层。赤道潜流的厚度约200米，流幅（宽度）约300千米，约介于南纬2°至北纬2°之间；流轴大致与温跃层一致，最大流速达1.5米/秒，流量约为4.0×10^7米^3/秒，流长约为1.4万千米，几乎横跨了太平洋。大西洋赤道潜流

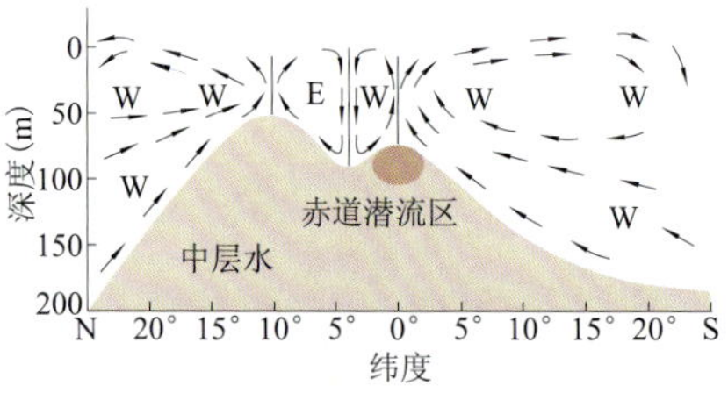

W：自东向西的赤道流 E：自西向东的赤道逆流

赤道潜流区

与此相近。印度洋面主要受季风控制，在赤道处的风主要是经向的，随季节更替而改变方向。每年11月至翌年3月吹北风，5～9月吹南风，都不能产生赤道潜流；只有在3～4月才有印度洋的赤道潜流。

赤豆 *Vigna angularis*; red bean 豆科豇豆属的一种。一年生草本植物。见小豆。

赤峰市 Chifeng City 中国内蒙古自治区辖地级市。位于自治区东南部。邻接河北省、辽宁省。地处内蒙古高原向辽河平原的过渡地带。辖红山、元宝山、松山3区，以及阿鲁科尔沁旗、巴林左旗、巴林右旗、克什克腾旗、翁牛特旗、喀喇沁旗、敖汉旗、宁城县、林西县。面积90 275平方千米。人口434万(2010)，有蒙古、汉、回、满等24个民族。赤峰蒙古语名“乌兰哈达”，意即红山。因城区东北有一座赭红色的山而得名。是红山文化的发祥地。元置全宁、大宁2路。明初属大宁都司。清初置昭乌达盟，乾隆四十三年(1778)设赤峰县。1983年置地级赤峰市。属大陆性季风气候。干旱少雨，多风沙天气，日照长，温差大。有西辽河的两大支流西拉木伦河和老哈河，水量丰富。矿产资源富集，主要有煤、铁、铜、铅、锌、锡等，是国家重要黄金产地和有色金属基地。此外，巴林美石作为艺术瑰宝蜚声海内外。工业有煤炭、电力、纺织、农畜产品加工、有色金属开采、建材等。名胜古迹有辽上京遗址、辽中京遗址、元顺帝避暑胜地等。

赤狐 *Vulpes vulpes*；red fox 食肉目犬科狐属的一种。又称狐狸、红狐、草狐。分布于欧亚大陆、中国、加拿大、美国等地。体型中等，体长约80厘米，重4～6.5千克；体型细长，吻尖，耳大，尾长略超过体长之半；足掌生有浓密短毛；具尾腺，能施放奇特臭味，称狐臊；乳头4对；毛色因季节和地区不同而有较大变异，一般背面棕灰或棕红色，腹部白色或黄白色，尾尖白色，耳背面黑色或黑褐色，四肢外侧黑色条纹延伸至足面。

栖息于各种生境。多疑，行动敏捷，听觉灵敏。夜间活动，天亮回洞抱尾而卧。如果隐蔽条件较好，白天也在洞穴附近活动。捕食各种鼠类、野禽、鸟卵、昆虫和无脊椎动物，也吃浆果、鼬科动物等，偶尔盗食家禽。每年1～2月交配，雄狐为争雌狐而有激烈的争斗。怀孕期约2个月，雄雌共同抚育幼仔，秋后幼仔即能独立生活，寿命约12年。是控制害鼠数量的重要犬科动物。

赤嵌 Chikan 中国台湾城名、地区名、街名。城即今台南市赤嵌楼。17世纪中荷兰在赤嵌所建普罗文查城堡，清顺治十八年、郑氏永历十五年(1661)，郑成功率大军在赤嵌登陆，荷兰守城长官猫难实叮出降，赤嵌城成为郑成功平定全台湾的据点。也指今台南地区。郑成功取赤嵌城后，旋“改赤嵌地方为东都明京，设一府二县”，为承天府及天兴县、万年县。当时赤嵌城外又有赤嵌街，今已融为台南市一部分。

赤链蛇 *Dinodon rufozonatum* 有鳞目游蛇科链蛇属的一种。又称火赤链。广泛分布于中国各省区（除宁夏及青藏高原外），朝鲜半岛、日本也有分布。体背黑褐色，因具有51条以上的红色窄横纹得名。全长1米左右，无毒。背鳞平滑，或体后段中央少数几行微棱。颊鳞常入眶。头背黑色，鳞缘红色，枕部有一倒“V”字形红色斑，眶后有一黑纹向后达第7枚上唇鳞。栖息于平原、丘陵和山区，常见于田野、山坡、路旁、竹林、村舍和水域附近，有时进入住宅内。常卷曲成团。伏于草堆下，多于傍晚活动。11月冬眠，次年3月中旬出蛰。以鱼、蛙、蟾蜍、蜥蜴、蛇、鸟、鼠为食。卵生，每次产卵十余枚，卵呈长椭圆形。

初孵幼蛇全长232～242毫米，吻端具卵齿。

赤眉、绿林起义 Red-Eyebrow and Green-Woodsmen's Uprising 中国新莽末年爆发的农民大起义。西汉后期，土地兼并愈演愈烈，封建统治动荡不安，外戚**王莽**借机篡汉，实行托古改制。结果民怨沸腾，社会危机进一步加深。农民反抗斗争此起彼伏。天凤四年至五年（公元17～18年），农民大起义在三个地区爆发：在今湖北西北有王匡、王凤领导的绿林军（因以绿林山为基地而得名）；在今山东东部和江苏北部有樊崇等领导的赤眉军（因义军均将眉毛涂红而得名）；在今河北一带则有大小数十支起义队伍，其中最大一支称为铜马军。

地皇二年（公元21年），新莽荆州牧发兵2万人进攻绿林军，绿林军击败莽军，部众增至数万人。次年，绿林山一带发生疫病，起义军分兵转移，一路由王常、成丹率领，西入南郡，称下江兵；一路由王匡、王凤、马武率领，北上南阳，称新市兵。新市兵进攻随县时，平林人陈牧、廖湛率众响应，又称平林兵。绿林军起义爆发后，西汉宗室刘玄投奔平林义军，为安集掾。南阳大地主刘縯、刘秀（汉光武帝）兄弟部署宗族、宾客，组成一支七八千人的队伍，称为舂陵军。舂陵军后与下江兵合纵。赤眉军活动于青州一带。他们随处打击地主豪富，没收财物，没有攻城略地的意图。他们相互约定：杀人者死，伤人者偿创。赤眉军在打败王匡、廉丹的10余万新莽军队后，活动于今山东、江苏、安徽、河南诸省交界的广大地区，声势日盛。

与此同时，绿林军于公元23年拥立比较懦弱的汉宗室刘玄为帝，恢复汉的国号，建元更始。同年，绿林军在昆阳（今河南叶县）以少胜多，歼灭了王莽军队的主力；九月，顺利攻取长安。王莽逃至渐台，被商人杜吴砍死，结束了新莽政权的统治。十月，刘玄北都洛阳，次年又移都长安。

更始政权进入长安后，刘玄生活腐化，昼夜宴饮，其亲信赵萌专权恣肆，起义军将领因而离心离德，各谋出路。刘玄亦不愿与赤眉军合作，双方矛盾重重。公元25年，赤眉军立15岁的西汉宗室刘盆子为帝；随即顺利攻占长安，刘玄投降，不久被绞死。由于关中豪强地主隐匿粮食，组织武装，坚壁顽抗，赤眉军在粮食断绝的情况下，不得不退出长安，进入安定、北地一带。不久以后，被已称帝于河北的刘秀围困于宜阳，最后粮尽力竭，被迫投降刘秀。同年夏，樊崇、逄安再次起义，旋即被镇压。

赤霉素 gibberellin 一类主要促进植物细胞伸长的**植物激素**。因其从水稻赤霉菌中分离提纯而得名。已发现120多种。一般分为自由态及结合态两类。

赤霉素是双萜化合物。在高等植物中赤霉素的前体一般认为是贝壳杉烯。各种不同的赤霉素之间的差别在于双键、羟基的数目和位置不同。

赤霉素最突出的生理效应是促进茎的伸长和诱导长日植物在短日条件下抽薹开花。各种植物对赤霉素的敏感程度不同。遗传上矮生的植物如矮生的玉米和豌豆对赤霉素最敏感，经赤霉素处理后株型与非矮生的相似；非矮生植物则只有轻微的反应。赤霉素在种子发芽中起调节作用。许多禾谷类植物例如大麦的种子中，赤霉素促进α-淀粉酶的合成，从而在发芽时迅速水解淀粉。赤霉素能代替红光促进光敏感

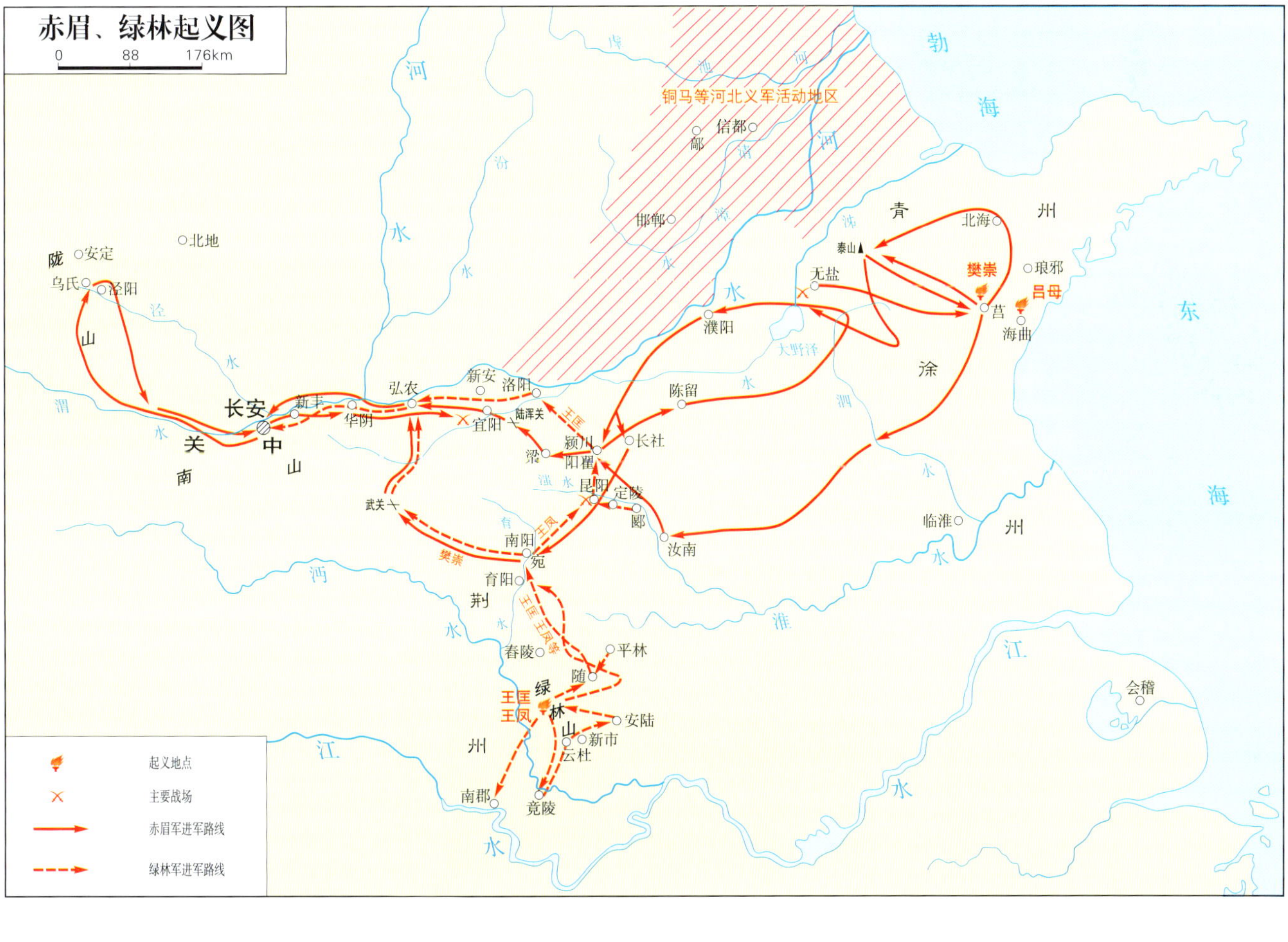

植物莴苣种子的发芽和代替胡萝卜开花所需要的春化作用。赤霉素还能引起某些植物单性果实的形成。对某些植物，特别是无子葡萄品种，在开花时用赤霉素处理，可促进无子果实的发育。但对某些生理现象有时有抑制作用。

赤霉素广泛应用于农业生产。例如提高无子葡萄产量；打破马铃薯休眠；在酿造啤酒时，促进制备麦芽糖用的大麦种子的萌发；当晚稻遇阴雨低温而抽穗迟缓时促进抽穗；或在杂交水稻制种中调节花期以使父母本花期相遇。

赤水河 Chishui River 中国长江上游右岸支流。古称赤虺河。川、黔、滇三省界河。发源于云南省镇雄县芒部，于四川省合江县汇入长江。干流全长523千米，二郎镇以上为上游，复兴场为中、下游分界。主要支流有二道河、桐梓河、习水河等。流域面积2.044万平方千米，多年平均径流量97.4亿立方米，含沙量高达0.93千克/米^3，因水赤红故名。赤水河汛期与雨季一致，5～10月径流量占全年的65%～70%，最大流量可达5 210米^3/秒，多出现于六七月间；11月至翌年4月枯水期，径流量仅占全年的30%～35%。洪枯流量变幅达297倍。赤水河中、上游水能资源丰富，干流水能蕴藏量127万千瓦，可进行6个梯级开发。下游河宽水深，水势平稳，航运便利，自古为川黔盐运要道。因气候温暖湿润，热量丰富，农业发达，盛产水稻、甘蔗、油菜子。赤水河流域又为楠竹、松杉重要产区，天然气、煤、铁、硫等矿产较丰。赤水河还因中国工农红军长征时四渡赤水而闻名。

赤水市 Chishui City 中国贵州省辖县级市。位于省境西北边缘。面积1 801平方千米。人口24万(2010)，以汉族为主，还有苗、布依等民族。汉为符县地。明置仁怀县。清光绪年间改为赤水厅。1913年改为赤水县。1990年撤县改市，由遵义市代管。矿产资源有天然气、煤炭、铜、盐卤等。农业主产水稻、玉米、薯类、豆类和油菜子、花生、蚕桑、水果、茶叶等。森林覆盖率高达62.18%，是黔北著名“绿都”和贵州唯一产楠竹的地方。工业以煤炭、电力、机械、建材、化肥、酿造、竹木加工造纸、皮革、食品加工等为主。有国家级赤水桫椤自然保护区，名胜古迹有十丈洞瀑布、亚热带峡谷风光、红军“四渡赤水”的元厚渡口、官渡崖刻、石鹅嘴摩崖造像等。

赤松子 Chisongzi 中国道教神仙。原为神话中的仙人，后为道教所尊奉。传为神农时雨师。据《列仙传》记载：赤松子服水玉以教神农，炼神服气，能入水不濡，入火不焚，至昆仑山，常止西王母石室中，

随风雨上下，炎帝少女追之，亦得仙俱去。

赤铁矿 hematite 化学成分为Fe_2O_3，晶体属三方晶系的氧化物矿物。赤铁矿含铁量达69.94%，是最主要的炼铁矿物原料之一；还可用作红色颜料和磨料。成分中可含少量的钛、铝、钙、镁等。完好晶体少见，常呈板状、片状、粒状、致密块状、鲕状、豆状、肾状等。在实际工作中，又把呈片状者称镜铁矿；呈细鳞片状者称云母赤铁矿，中国古称云子铁；红褐色粉末状或土状者称铁赭石。赤铁矿晶体呈钢灰色至铁黑色，隐晶质和粉末状赤铁矿呈暗红色。条痕色呈樱桃红色。金属光泽至半金属光泽，铁赭石呈土状光泽。莫氏硬度5.5～6.5。密度4.9～5.3克/厘米^3。性脆。无解理。镜铁矿常含细微磁铁矿包裹体，具有磁性。赤铁矿是自然界分布很广泛的矿物之一，与沉积作用、沉积变质作用和接触变质作用有关，也常见于热液矿床和氧化带中。常与磁铁矿共生，并在一定条件下相互转变；可水化变成针铁矿、水赤铁矿。世界大型的赤铁矿产地有美国苏必利尔湖、巴西米纳斯吉拉斯、意大利厄尔巴。

赤铜矿 cuprite 化学成分为Cu_2O，晶体属等轴晶系的氧化物矿物。晶体呈立方体、八面体、菱形十二面体，或由它们构成的聚形。当晶体沿立方体棱方向生长，呈毛发状或交织成毛绒状者，称为毛赤铜矿（见图）。

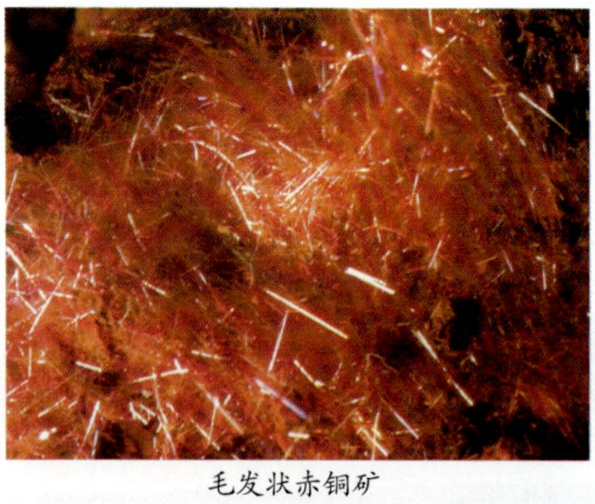

毛发状赤铜矿

完整的赤铜矿单晶体很少见，常呈致密块状、柱状、针状或土状集合体。新鲜面呈红色。金刚光泽至半金属光泽。长期暴露在空气中，晶体表面呈暗红色，光泽变暗。条痕褐红色。莫氏硬度3.5～4.0。密度5.9～6.1克/厘米^3。解理不完全。性脆。具有良好的导电性和光电效应。赤铜矿为典型的表生矿物，是从原生的黄铜矿、斑铜矿等铜的硫化物和次生的辉铜矿转变而成。在铜矿床氧化带中，与自然铜、辉铜矿、孔雀石、蓝铜矿、褐铁矿等共（伴）生。赤铜矿的含铜量高达88.82 %，若大量聚集，是一种重要的铜矿石；通常作为次要铜矿石利用，或作为寻找原生铜矿床的找矿标志。世界著名产地有法国里昂的切西、俄罗斯乌拉尔山等。

赤藓糖 erythrose 含有两个相邻手性碳原子的单糖。

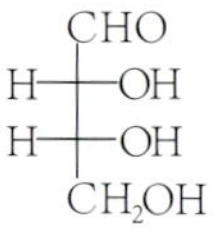

赤藓糖分子式$HOCH_2(CHOH)_2CHO$。自然界游离的赤藓糖尚未见到，D-赤藓糖-4-磷酸酯是某些碳水化合物酶生物合成的中间体。D-赤藓糖为糖浆状液体，有变旋现象；比旋光度$[\alpha]_D^{20}+1 \rightarrow -14.5$（3天，11克/100毫升水）。L-赤藓糖有甜味，$[\alpha]_D^{24}+11.5 \rightarrow +30.5$（长期平衡，3克/100毫升水）。D-赤藓糖一般由D-阿拉伯糖酸钙经过氧化制得；L-赤藓糖可由L-阿拉伯糖酸钙氧化降解制得。含有两个相邻的手性碳原子的有机化合物，如相当于赤藓糖的手性碳原子的构型，则称该化合物为赤式构型，用符号*erythro*表示。

赤眼鳟 *Squaliobarbus curriculus*; redeye carp 鲤形目鲤科赤眼鳟属的唯一种。又称赤眼鱼。古名鳟。分布于亚洲东部黑龙江到珠江及海南省等江河湖泊区，向西达兰州稍北，朝鲜半岛西部亦产。体长，略呈圆筒形，

腹圆，后段稍侧扁；头呈圆锥形，吻钝，外形似草鱼；口呈弧形；上颌两侧有2对痕状小的须；下咽齿3行，顶端稍呈钩状；眼大，近吻端；鳞大，圆形；体背深灰色，腹部浅黄，体侧及背部每个鳞片后缘有黑斑，组成体侧的纵列条纹，眼上半部具红斑，背鳍深灰色，尾鳍后缘呈黑色，其他各鳍灰白色。

为中下层鱼类，喜栖居于江河流速较缓的水域。食性杂，以藻类和水生高等植物为主，兼食水生昆虫、小鱼和卵粒以及淡水壳菜等。生长速度慢，最大个体长可达400毫米，重2 500克。肉可食用。此鱼适应性强，危害小，与其他养殖鱼类混养可提高单位面积产量。